企业会计准则
操作实务
贺志东名家讲义

贺志东 编著

立信会计出版社
LIXIN ACCOUNTING PUBLISHING HOUSE

图书在版编目(CIP)数据

企业会计准则操作实务：贺志东名家讲义 / 贺志东编著. —上海：立信会计出版社，2022.4
ISBN 978-7-5429-7063-3

Ⅰ.①企… Ⅱ.①贺… Ⅲ.①企业—会计准则—中国 Ⅳ.①F279.23

中国版本图书馆 CIP 数据核字(2022)第 049486 号

策划编辑　张巧玲
责任编辑　许　颖

企业会计准则操作实务——贺志东名家讲义
QIYE KUAIJI ZHUNZE CAOZUO SHIWU　　HEZHIDONG MINGJIA JIANGYI

出版发行	立信会计出版社			
地　　址	上海市中山西路 2230 号	邮政编码	200235	
电　　话	(021)64411389	传　真	(021)64411325	
网　　址	www.lixinaph.com	电子邮箱	lixinaph2019@126.com	
网上书店	http://lixin.jd.com	http://lxkjcbs.tmall.com		
经　　销	各地新华书店			
印　　刷	固安华明印业有限公司			
开　　本	890 毫米×1240 毫米	1/16		
印　　张	70.5	插　页	1	
字　　数	1973 千字			
版　　次	2022 年 4 月第 1 版			
印　　次	2022 年 4 月第 1 次			
书　　号	ISBN 978-7-5429-7063-3/F			
定　　价	169.00 元			

如有印订差错，请与本社联系调换

前 言
PREFACE

我国新企业会计准则体系主要包括基本准则、具体准则、应用指南。此外,企业会计准则实施问题专家工作组意见,企业会计准则解释,我国财政部陆续印发的一些有关会计处理规定、会计核算办法和企业财务报表格式等方面的文件,也可视为新企业会计准则体系的组成部分。在该体系中,基本准则是纲,处于第一层次,是"准则的准则",涉及整个会计工作和整个会计准则体系的指导思想和指导原则,对具体准则起统御和指导作用。具体准则是目,处于会计准则体系的第二层次,是根据基本准则制定的,是用来指导企业各类经济业务确认、计量、记录和报告的具体规范,基本涵盖了各类企业的主要经济业务。具体会计准则可以分为一般业务准则、特殊行业或特定业务准则和报告准则三类。应用指南是补充,处于会计准则体系的第三层次,是根据基本准则和具体准则制定的指导会计实务的操作性指南,主要指明在运用具体准则处理经济业务时所涉及的会计科目、账务处理、会计报表及其格式,类似于以前的会计制度。企业会计准则应用指南由两部分组成,第一部分为会计准则解释,第二部分为会计科目和主要账务处理。

企业会计准则体系以强调高质量会计信息的供给和需求为核心,要求财务报告在反映企业管理层受托责任履行情况的同时,应当向会计信息使用者提供决策有用信息。企业会计准则体系在基础理念、指导思想、体系设计、内容安排和具体规定等方面,着眼于提高企业核心竞争力,顺应我国社会主义市场经济发展的要求和企业实际工作需要,着力打造更透明、更相关、更有价值的会计信息,并与国际会计准则达成实质性趋同,在更高层次上实现创新、突破和跨越。

企业会计准则的历史性变革,会在较大程度上改变财务报表数据,对财务工作带来较大影响。因此,新企业会计准则中出现的一些主要变化,值得会计信息使用者关注。

为了帮助全国广大财会、财税、审计人员等尽快、轻松、全面、深入、系统、准确地掌握和应用企业会计准则,提升会计服务效能,助力全国各地基层做好本地区企业会计准则体系的培训工作和以新准则为基础的会计人员继续教育工作,我国著名财税专家贺志东教授编写了本书。本书内容成熟、完整,凝聚了早期多个版本中的精华。早期版本于2007年1月首次问世后,深受广大会计、财务、税务、内部审计、国家审计、注册会计师、注册税务师、企业管理者等财税人士以及高等院校财会专业学生的关注和厚爱,很多机构将其列为内部培训教材,大量财税人士将其选为业余"充电"自学和进行知识更新的宝典。从 2017 年开始，我国对多个会计准则进行了进一步的修订或增补，例如，2018 年 1 月 1 日起分阶段实施《企业会计准则第 22 号——金融工具确认和计量》（财会〔2017〕7 号）、《企业会计准则第 23 号——金融资产转移》（财会〔2017〕8 号）、《企业会计准则第 24 号——套期会计》（财会〔2017〕9 号）、《企业会计准则第 37 号——金融工具列报》（财会〔2017〕14 号）和《企业会计准则第 14 号——收入》（财会〔2017〕22 号）；财务报表的格式也有较大变化，例如，2018 年 12 月 7 日财政部发布了《关于修订印发〈企业会计准则第 21 号——租赁〉的通知》，2019 年 5 月 9 日财政部修订发布了《企业会计准则第 7 号——非货币性资产交换》（修订后自 2019 年 6 月 10 日起施行），2019 年 5 月 16 日财政部修订发布了《企业会计准则第 12 号——债务重组》（修订后自 2019 年 6 月 17 日起施行），2020 年 12 月 19 日财政部修订发布了《企业会计准则第 25 号——保险合同》（修订后自 2023 年 1 月 1 日起施行），等等。为此我们持续淬炼内容，于 2022 年上半年推出本书以飨读者。

本书共 4 篇 42 讲，内容包括：新企业会计准则体系概述，企业会计准则——基本准则，公允价值计量和披露，首次执行企业会计准则，存货，长期股权投资，合营安排，投资性房地产，固定资产，无形资产，非货币性资产交换，资产减值，职工薪酬，企业年金基金，股份支付，债务重组，或有事项，收入，政府补助，借款费用，所得税会计，外币折算，企业合并，租赁，会计政策、会计估计变更和差错更正，资产负债表日后事项，每股收益，金融工具确认和计量，金融资产转移和金融负债终止确认，套期会计，金融工具列报，持有待售的非流动资产、处置组和终止经营，生物资产，石油天然气开采，保险合同，财务报表列报，现金流量表，中期财务报告，合并财务报表，在其他主体中权益的披露，分部报告，关联方披露。各讲介绍了准则的制定或修订背景、准则适用范围、新旧准则差异比较、执行新准则对企业财务的主要影响、各会计要素的确认和计量、会计科目及主要账务处理及会计披露等内容。

本书主要特色：内容依据最新的企业会计基本准则、具体准则和应用指南以及相关解释等编写，专业性、操作性、实用性强；案例丰富、具体，讲解全面、透彻、通俗；资料详尽、条理清晰、查阅方便。

本书主要适用对象：全国各地广大会计、财务、税务、内部审计、国家审计、注册会计师、税务师、企业管理者等财税人士。

囿于学识、科研经费、编写时间等方面原因，书中倘有不足之处，请读者不吝批评指正，以便今后再版时修订。电子邮件地址：jianyi@tax.org.cn。

在本书编写过程中，我们参考和借鉴了国内外一些相关文献资料。本书的出版得到了立信会计出版社、林健仁注册会计师以及智董集团的大力支持和帮助，在此均深表谢意！

目录
CONTENTS

第一篇　综合篇

第一讲　企业会计准则体系概述 ··· 3
 第一节　新企业会计准则体系的内容 ··· 3
 第二节　新企业会计准则的主要变化 ··· 16
 第三节　执行新企业会计准则对企业财务状况的影响分析 ··· 21

第二讲　企业会计准则——基本准则 ··· 25
 第一节　综合知识 ··· 25
 第二节　基本假设（前提） ··· 30
 第三节　会计确认、计量和报告的基础 ··· 34
 第四节　会计信息质量要求 ··· 36
 第五节　会计要素 ··· 44
 第六节　会计记账方法 ··· 55
 第七节　会计计量 ··· 57
 第八节　财务会计报告 ··· 58

第三讲　公允价值计量和披露 ··· 64
 第一节　综合知识 ··· 64
 第二节　三类估值技术：市场法、收益法和成本法 ··· 71
 第三节　考虑资产或负债定价时所使用的三个层次的输入值 ··· 76
 第四节　公允价值的计量 ··· 80
 第五节　公允价值的披露 ··· 90

第四讲　首次执行企业会计准则 ··· 96
 第一节　综合知识 ··· 96
 第二节　确认和计量 ··· 97
 第三节　列报 ··· 104
 第四节　新旧会计科目的衔接 ··· 106

第二篇　一般业务准则篇

第五讲　存货 ··· 115
 第一节　综合知识 ··· 115

第二节　初始计量 ··· 118
　　第三节　后续计量 ··· 124
　　第四节　期末计量 ··· 128
　　第五节　终止计量 ··· 133
　　第六节　具体项目 ··· 134
　　第七节　会计科目和会计分录 ··· 141

第六讲　长期股权投资 ··· 150
　　第一节　综合知识 ··· 150
　　第二节　长期股权投资的初始计量 ··· 155
　　第三节　长期股权投资的后续计量 ··· 161
　　第四节　长期股权投资的期末计量 ··· 170
　　第五节　会计科目和会计分录 ··· 172

第七讲　合营安排 ·· 187
　　第一节　综合知识 ··· 187
　　第二节　共同经营参与方的会计处理 ·· 194
　　第三节　合营企业参与方的会计处理 ·· 196
　　第四节　会计科目和会计分录 ··· 197

第八讲　投资性房地产 ··· 203
　　第一节　综合知识 ··· 203
　　第二节　确认 ·· 206
　　第三节　初始计量 ··· 206
　　第四节　后续计量 ··· 207
　　第五节　终止计量 ··· 210
　　第六节　投资性房地产的转换 ··· 210
　　第七节　会计科目和会计分录 ··· 212

第九讲　固定资产 ·· 220
　　第一节　综合知识 ··· 220
　　第二节　确认 ·· 222
　　第三节　初始计量 ··· 222
　　第四节　后续计量 ··· 229
　　第五节　终止计量 ··· 236
　　第六节　会计科目和会计分录 ··· 240

第十讲　无形资产 ·· 249
　　第一节　综合知识 ··· 249
　　第二节　确认 ·· 254
　　第三节　初始计量 ··· 255
　　第四节　后续计量 ··· 258
　　第五节　终止计量 ··· 260
　　第六节　会计科目和会计分录 ··· 260

第十一讲　非货币性资产交换 ··· 269
　　第一节　综合知识 ··· 269

第二节	非货币性资产交换的确认	271
第三节	非货币性资产交换的计量	272
第四节	会计科目和会计分录	281

第十二讲 资产减值 287
第一节 综合知识 287
第二节 单项资产减值 291
第三节 资产组、总部资产、资产组组合减值 298
第四节 商誉减值 302
第五节 会计科目和会计分录 303

第十三讲 职工薪酬 314
第一节 综合知识 314
第二节 短期薪酬 318
第三节 离职后福利 323
第四节 辞退福利 328
第五节 其他长期职工福利 329
第六节 会计科目和会计分录 330
第七节 附注披露 337

第十四讲 企业年金基金 341
第一节 综合知识 341
第二节 确认和计量 354
第三节 财务报表 356
第四节 会计科目和会计分录 359

第十五讲 股份支付 361
第一节 综合知识 361
第二节 以权益结算的股份支付 366
第三节 以现金结算的股份支付 372
第四节 相关时点、时期股份支付的会计处理 373
第五节 会计科目和会计分录 375

第十六讲 债务重组 380
第一节 综合知识 380
第二节 债务人以资产清偿债务 387
第三节 债务人将债务转为权益工具 392
第四节 修改其他条款 394
第五节 以多项资产清偿债务或者组合方式进行 396
第六节 会计科目和会计分录 398

第十七讲 或有事项 404
第一节 综合知识 404
第二节 确认和计量 407
第三节 会计科目和会计分录 420

第十八讲 收入 427
第一节 综合知识 427

第二节　收入确认和计量的"五步法" ……………………………………………… 430
　　第三节　合同取得成本、合同履约成本、与合同成本有关的资产的摊销和减值 …… 482
　　第四节　特定交易的会计处理 …………………………………………………… 486
　　第五节　会计科目和会计分录 …………………………………………………… 511
　　第六节　收入的列报和披露 ……………………………………………………… 517

第十九讲　政府补助 …………………………………………………………………… 525
　　第一节　综合知识 ………………………………………………………………… 525
　　第二节　政府补助的确认和计量 ………………………………………………… 531
　　第三节　政府补助特定业务的会计处理 ………………………………………… 535
　　第四节　会计科目和会计分录 …………………………………………………… 537

第二十讲　借款费用 …………………………………………………………………… 540
　　第一节　综合知识 ………………………………………………………………… 540
　　第二节　确认和计量 ……………………………………………………………… 542
　　第三节　会计科目和会计分录 …………………………………………………… 550

第二十一讲　所得税会计 ……………………………………………………………… 556
　　第一节　综合知识 ………………………………………………………………… 556
　　第二节　会计账面价值与计税基础的暂时性差异 ……………………………… 564
　　第三节　所得税资产、负债 ………………………………………………………… 569
　　第四节　所得税费用、权益 ………………………………………………………… 577
　　第五节　会计科目和会计分录 …………………………………………………… 580

第二十二讲　外币折算 ………………………………………………………………… 593
　　第一节　综合知识 ………………………………………………………………… 593
　　第二节　外币交易的折算 ………………………………………………………… 598
　　第三节　外币财务报表的折算 …………………………………………………… 605
　　第四节　会计科目和会计分录 …………………………………………………… 609

第二十三讲　企业合并 ………………………………………………………………… 615
　　第一节　综合知识 ………………………………………………………………… 615
　　第二节　同一控制下的企业合并 ………………………………………………… 622
　　第三节　非同一控制下的企业合并 ……………………………………………… 626
　　第四节　业务合并 ………………………………………………………………… 633
　　第五节　会计科目和会计分录 …………………………………………………… 635

第二十四讲　租赁 ……………………………………………………………………… 641
　　第一节　综合知识 ………………………………………………………………… 641
　　第二节　承租人的会计处理 ……………………………………………………… 648
　　第三节　出租人的会计处理 ……………………………………………………… 653
　　第四节　售后租回交易的会计处理 ……………………………………………… 656
　　第五节　会计科目和会计分录 …………………………………………………… 657

第二十五讲　会计政策、会计估计变更和差错更正 ………………………………… 661
　　第一节　综合知识 ………………………………………………………………… 661
　　第二节　会计政策变更 …………………………………………………………… 665

第三节	会计估计变更		670
第四节	前期差错更正		672
第五节	会计科目和会计分录		674

第二十六讲　资产负债表日后事项 676

第一节	综合知识	676
第二节	资产负债表日后调整事项	679
第三节	资产负债表日后非调整事项	684
第四节	会计科目和会计分录	686

第二十七讲　每股收益 687

第一节	综合知识	687
第二节	基本每股收益	690
第三节	稀释每股收益	692
第四节	每股收益重算	698
第五节	每股收益列报	700

第三篇　特殊行业或特定业务准则篇

第二十八讲　金融工具确认和计量 703

第一节	综合知识	703
第二节	金融工具的确认	743
第三节	金融工具的计量	744
第四节	金融工具的确认和计量专题	773
第五节	会计科目和会计分录	783

第二十九讲　金融资产转移和金融负债终止确认 800

第一节	综合知识	800
第二节	金融资产的转移（终止确认、继续确认、继续涉入）	801
第三节	金融负债的终止确认	823
第四节	会计科目的设置和主要账务处理	825
第五节	金融资产转移的披露	827

第三十讲　套期会计 832

第一节	综合知识	832
第二节	套期会计的具体操作	849
第三节	套期会计的替代方法	857
第四节	会计科目和会计分录	859
第五节	套期会计相关披露、对财务状况和经营成果影响的列报	866

第三十一讲　金融工具列报 871

第一节	综合知识	871
第二节	金融工具对财务状况和经营成果影响的列报	876
第三节	与金融工具相关的风险披露	884

第三十二讲　持有待售的非流动资产、处置组和终止经营 897

| 第一节 | 综合知识 | 897 |

第二节	持有待售的非流动资产或处置组	898
第三节	终止经营	904
第四节	会计科目和会计分录	906

第三十三讲 生物资产 909
第一节	综合知识	909
第二节	初始计量	912
第三节	后续计量	916
第四节	终止计量	918
第五节	会计科目和会计分录	919

第三十四讲 石油天然气开采 925
第一节	综合知识	925
第二节	矿区权益的会计处理	928
第三节	油气勘探的会计处理	930
第四节	油气开发的会计处理	931
第五节	油气生产的会计处理	932
第六节	会计科目和会计分录	934

第三十五讲 保险合同 937
第一节	综合知识	937
第二节	保险合同的确认	941
第三节	保险合同的计量	942
第四节	保险合同的确认和计量专题	947
第五节	保险合同的列报	949

第四篇 报告准则篇

第三十六讲 财务报表列报 955
第一节	综合知识	955
第二节	资产负债表	960
第三节	利润表	974
第四节	所有者权益变动表	985
第五节	附注披露	990

第三十七讲 现金流量表 995
第一节	综合知识	995
第二节	经营活动现金流量	999
第三节	投资活动现金流量	1000
第四节	筹资活动现金流量	1000
第五节	现金流量表列报格式及编写说明	1001
第六节	附注披露	1010

第三十八讲 中期财务报告 1014
| 第一节 | 综合知识 | 1014 |
| 第二节 | 中期财务报告概述 | 1016 |

第三节　中期财务报告中各会计要素的确认和计量 ······· 1019
第三十九讲　合并财务报表 ······· 1021
　　第一节　综合知识 ······· 1021
　　第二节　合并处理 ······· 1040
　　第三节　合并财务报表格式和列示说明 ······· 1072
第四十讲　在其他主体中权益的披露 ······· 1081
　　第一节　综合知识 ······· 1081
　　第二节　重大判断和假设的披露 ······· 1082
　　第三节　在子公司中权益的披露 ······· 1083
　　第四节　在合营安排或联营企业中权益的披露 ······· 1088
　　第五节　在未纳入合并财务报表范围的结构化主体中权益的披露 ······· 1093
第四十一讲　分部报告 ······· 1096
　　第一节　综合知识 ······· 1096
　　第二节　报告分部的确定 ······· 1099
　　第三节　分部信息的披露 ······· 1100
第四十二讲　关联方披露 ······· 1105
　　第一节　综合知识 ······· 1105
　　第二节　关联方 ······· 1109
　　第三节　关联方交易 ······· 1113

第二节	中期野外地质工作各项基本内容的认定方法	1019
第三十九讲 合并版表的编表		1021
第一节	总名词说明	1021
第二节	合并处理	1040
第三节	合并版表在综合研究中的示范图	1072
第四十讲	在其他主体中枢活动的概述	1081
第一节	综合说明	1081
第二节	电力列联系和联足的概述	1082
第三节	电子公司中枢活动的概述	1083
第四节	考虑军事地域以及非电中枢活动的概述	1085
第五节	合并测入各方面多元成逐用的要代主体中枢活动的概述	1093
第四十一讲 分部报告		1096
第一节	总名词说明	1096
第二节	报告分部的确定方法	1099
第三节	分部报告的编辑	1100
第四十二讲 关联方披露		1105
第一节	总名词说明	1105
第二节	关联方	1109
第三节	关联方交易	1113

第一篇

综合篇

第一篇

总论篇

第一讲 企业会计准则体系概述

依据会计法制定的国家统一的会计制度，是生成会计信息的重要标准，是规范会计行为和会计秩序的重要依据。认真贯彻实施用于规范会计核算、会计监督、会计机构和会计人员以及会计管理工作等的国家统一的会计制度，是贯彻落实会计法各项规定的具体措施和重要保证，对于依法进行会计核算、实行会计监督、规范会计秩序、提高信息质量、加强会计监管、维护公众利益，都有十分重要的意义。

国家统一的会计制度尤其是规范会计核算的准则制度，是生成和提供口径一致、相互可比会计信息的重要标准，是投资者、债权人、社会公众、政府部门等运用会计信息进行投资决策、宏观调控等的重要依据。

会计准则是会计制度的一部分，它是反映经济活动、确认产权关系、规范收益分配的会计技术标准，是生成和提供会计信息的重要依据。它是实现社会资源优化配置的重要依据，也是国家社会规范乃至强制性规范的重要组成部分，更是政府干预经济活动、规范经济秩序和从事国际经济交往等的重要手段。

第一节 新企业会计准则体系的内容

企业会计准则包括基本准则和具体准则（《企业会计准则——基本准则》第三条，中华人民共和国财政部令第76号2014年7月23日）。从广义的角度来看，新企业会计准则体系由基本准则、具体准则、应用指南和解释等组成。

在我国，会计准则属于法规体系的组成部分。根据《中华人民共和国立法法》的规定，我国的法规体系通常由四个部分构成：一是法律，二是行政法规，三是部门规章，四是规范性文件。其中，法律由全国人民代表大会常务委员会通过，由国家主席签发。行政法规由国务院常务委员会通过，由国务院总理签发。部门规章由国务院主管部门以部长令签发。我国企业会计准则体系中，基本准则属于部门规章，是由财政部于2006年2月15日以第33号部长令签发的，2014年7月23日根据《财政部关于修改〈企业会计准则——基本准则〉的决定》修改；具体准则及其应用指南属于规范性文件，分别于2006年2月15日和2006年10月30日以财政部文件印发，近些年来我国对企业会计准则进行了数次大规模的修订和增补，涉及的变化较大。解释是对具体准则实施过程中出现的问题，具体准则条款规定不清楚或者尚未规定的问题做出的补充说明。我国财政部陆续印发的一些有关会计处理规定、会计核算办法、企业会计准则实施问答和企业财务报表格式等方面的文件，可以视为新企业会计准则体系的组成部分。

执行新准则的企业不再执行旧准则、《企业会计制度》《金融企业会计制度》以及与之相关的各项专业核算方法和问题解答（以下统称旧准则）。

我国企业会计准则一览表（表1-1）：

表 1-1　中国企业会计准则一览表

名称	初次发布时间	初次发布时文号	修订发布时间	修订发布时文号	最新修订后的施行时间
企业会计准则——基本准则	2006年2月15日	财会〔2006〕3号	2014年7月23日	财政部令第76号	修订后自2014年7月23日起施行
企业会计准则第1号——存货	2006年2月15日	财会〔2006〕3号	尚未修订	尚未修订	自2007年7月1日起施行
企业会计准则第2号——长期股权投资	2006年2月15日	财会〔2006〕3号	2014年3月13日	财会〔2014〕14号	修订后自2014年7月1日起施行
企业会计准则第3号——投资性房地产	2006年2月15日	财会〔2006〕3号	尚未修订	尚未修订	自2007年7月1日起施行
企业会计准则第4号——固定资产	2006年2月15日	财会〔2006〕3号	尚未修订	尚未修订	自2007年7月1日起施行
企业会计准则第5号——生物资产	2006年2月15日	财会〔2006〕3号	尚未修订	尚未修订	自2007年7月1日起施行
企业会计准则第6号——无形资产	2006年2月15日	财会〔2006〕3号	尚未修订	尚未修订	自2007年7月1日起施行
企业会计准则第7号——非货币性资产交换	2006年2月15日	财会〔2006〕3号	2019年5月9日	财会〔2019〕8号	修订后自2019年6月10日起施行
企业会计准则第8号——资产减值	2006年2月15日	财会〔2006〕3号	尚未修订	尚未修订	自2007年7月1日起施行
企业会计准则第9号——职工薪酬	2006年2月15日	财会〔2006〕3号	2014年1月27日	财会〔2014〕8号	修订后自2014年7月1日起施行
企业会计准则第10号——企业年金基金	2006年2月15日	财会〔2006〕3号	尚未修订	尚未修订	自2007年7月1日起施行
企业会计准则第11号——股份支付	2006年2月15日	财会〔2006〕3号	尚未修订	尚未修订	自2007年7月1日起施行
企业会计准则第12号——债务重组	2006年2月15日	财会〔2006〕3号	2019年5月16日	财会〔2019〕9号	修订后自2019年6月17日起施行
企业会计准则第13号——或有事项	2006年2月15日	财会〔2006〕3号	尚未修订	尚未修订	自2007年7月1日起施行
企业会计准则第14号——收入	2006年2月15日	财会〔2006〕3号	2017年7月5日	财会〔2017〕22号	修订后自2018年1月1日起施行
企业会计准则第16号——政府补助	2006年2月15日	财会〔2006〕3号	2017年5月10日	财会〔2017〕15号	修订后自2017年6月12日起施行
企业会计准则第17号——借款费用	2006年2月15日	财会〔2006〕3号	尚未修订	尚未修订	自2007年7月1日起施行
企业会计准则第18号——所得税	2006年2月15日	财会〔2006〕3号	尚未修订	尚未修订	自2007年7月1日起施行
企业会计准则第19号——外币折算	2006年2月15日	财会〔2006〕3号	尚未修订	尚未修订	自2007年7月1日起施行
企业会计准则第20号——企业合并	2006年2月15日	财会〔2006〕3号	尚未修订	尚未修订	自2007年7月1日起施行
企业会计准则第21号——租赁	2006年2月15日	财会〔2006〕3号	2018年12月7日	财会〔2018〕35号	修订后自2019年1月1日起施行
企业会计准则第22号——金融工具确认和计量	2006年2月15日	财会〔2006〕3号	2017年3月31日	财会〔2017〕7号	修订后自2018年1月1日起施行
企业会计准则第23号——金融资产转移	2006年2月15日	财会〔2006〕3号	2017年3月31日	财会〔2017〕8号	修订后自2018年1月1日起施行

(续表)

名称	初次发布时间	初次发布时文号	修订发布时间	修订发布时文号	最新修订后的施行时间
企业会计准则第24号——套期会计	2006年2月15日	财会〔2006〕3号	2017年3月31日	财会〔2017〕9号	修订后自2018年1月1日起施行
企业会计准则第25号——保险合同	2006年2月15日	财会〔2006〕3号	2020年12月19日	财会〔2020〕20号	修订后自2023年1月1日起施行
企业会计准则第27号——石油天然气开采	2006年2月15日	财会〔2006〕3号	尚未修订	尚未修订	自2007年7月1日起施行
企业会计准则第28号——会计政策、会计估计变更和差错更正	2006年2月15日	财会〔2006〕3号	尚未修订	尚未修订	自2007年7月1日起施行
企业会计准则第29号——资产负债表日后事项	2006年2月15日	财会〔2006〕3号	尚未修订	尚未修订	自2007年7月1日起施行
企业会计准则第30号——财务报表列报	2006年2月15日	财会〔2006〕3号	2014年1月26日	财会〔2014〕7号	修订后自2014年7月1日起施行
企业会计准则第31号——现金流量表	2006年2月15日	财会〔2006〕3号	尚未修订	尚未修订	自2007年7月1日起施行
企业会计准则第32号——中期财务报告	2006年2月15日	财会〔2006〕3号	尚未修订	尚未修订	自2007年7月1日起施行
企业会计准则第33号——合并财务报表	2006年2月15日	财会〔2006〕3号	2014年2月17日	财会〔2014〕10号	修订后自2014年7月1日起施行
企业会计准则第34号——每股收益	2006年2月15日	财会〔2006〕3号	尚未修订	尚未修订	自2007年7月1日起施行
企业会计准则第35号——分部报告	2006年2月15日	财会〔2006〕3号	尚未修订	尚未修订	自2007年7月1日起施行
企业会计准则第36号——关联方披露	2006年2月15日	财会〔2006〕3号	尚未修订	尚未修订	自2007年7月1日起施行
企业会计准则第37号——金融工具列报	2006年2月15日	财会〔2006〕3号	2014年6月20日和2017年5月2日两次修订	财会〔2014〕23号 财会〔2017〕14号	最新修订后自2018年1月1日起施行
企业会计准则第38号——首次执行企业会计准则	2006年2月15日	财会〔2006〕3号	尚未修订	尚未修订	自2007年7月1日起施行
企业会计准则第39号——公允价值计量	2014年1月26日	财会〔2014〕6号	新发布,尚未修订	新发布,尚未修订	自2014年7月1日起施行
企业会计准则第40号——合营安排	2014年2月17日	财会〔2014〕11号	新发布,尚未修订	新发布,尚未修订	自2014年7月1日起施行
企业会计准则第41号——在其他主体中权益的披露	2014年3月14日	财会〔2014〕16号	新发布,尚未修订	新发布,尚未修订	自2014年7月1日起施行
企业会计准则第42号——持有待售的非流动资产、处置组和终止经营	2017年4月28日	财会〔2017〕13号	新发布,尚未修订	新发布,尚未修订	自2017年5月28日起施行

注 1. 关于企业会计准则的说明

财政部于2006年2月15日印发了《财政部关于印发〈企业会计准则第1号——存货〉等38项具体准则的通知》(财会〔2006〕3号);之后,有新增或修订发布。

原《企业会计准则第14号——收入》和《企业会计准则第15号——建造合同》,修订后并入《企业会计准则第14号——收入》。

原《企业会计准则第24号——套期保值》,修订后改名为《企业会计准则第24号——套期会计》。

原《企业会计准则第25号——原保险合同》和《企业会计准则第26号——再保险合同》,修订后并入《企业会计准则第25号——保险合同》。

2. 关于企业会计准则施行时间的说明

表 1-1 中的施行时间,是在境内外同时上市的企业以及在境外上市并采用国际财务报告准则或企业会计准则编制财务报表的企业的施行时间。

以《企业会计准则第 21 号——租赁》为例,在境内外同时上市的企业以及在境外上市并采用国际财务报告准则或企业会计准则编制财务报表的企业,自 2019 年 1 月 1 日起施行;其他执行企业会计准则的企业自 2021 年 1 月 1 日起施行。

为兼顾我国市场环境和企业实际情况,在实施范围和实施时间上采取分步到位的办法。具体如下:

(1) 在境内外同时上市的企业以及在境外上市并采用国际财务报告准则或企业会计准则编制财务报表的企业自 2019 年 1 月 1 日起实施,以避免出现境内外报表会计准则适用差异。

(2) 其他执行企业会计准则的企业(包括 A 股上市公司)自 2021 年 1 月 1 日起实施,以为其留出充足准备时间,总结借鉴境外上市企业执行新租赁准则的经验,确保准则实施质量。同时,考虑到企业编制合并财务报表实际需要,允许母公司或子公司在境外上市且按照国际财务报告准则或企业会计准则编制其境外财务报表的企业提前实施,但不应早于其同时执行财政部 2017 年 3 月 31 日印发的《企业会计准则第 22 号——金融工具确认和计量》和 2017 年 7 月 5 日印发的《企业会计准则第 14 号——收入》的日期。

执行本准则的企业,不再执行财政部于 2006 年 2 月 15 日印发的《财政部关于印发〈企业会计准则第 1 号——存货〉等 38 项具体准则的通知》(财会〔2006〕3 号)中的《企业会计准则第 21 号——租赁》,以及财政部于 2006 年 10 月 30 日印发的《财政部关于印发〈企业会计准则——应用指南〉的通知》(财会〔2006〕18 号)中的《〈企业会计准则第 21 号——租赁〉应用指南》。

此外,鉴于租赁准则新旧变动较大,为帮助相关企业顺利过渡至新租赁准则,新准则提供两种方法:一是允许企业采用追溯调整;二是根据首次执行本准则的累积影响数,调整首次执行本准则当年年初留存收益及财务报表其他相关项目金额,不调整可比期间信息。同时,在第二种方法下提供了多项简化处理安排。

2011 年 10 月 18 日中华人民共和国财政部发布的《小企业会计准则》,自 2013 年 1 月 1 日起施行。《小企业会计准则》适用于在中华人民共和国境内依法设立的、符合《中小企业划型标准规定》所规定的小型企业标准的企业,但下列 3 类小企业除外:

(1) 股票或债券在市场上公开交易的小企业。

(2) 金融机构或其他具有金融性质的小企业。

(3) 企业集团内的母公司和子公司。

符合《中小企业划型标准规定》所规定的微型企业标准的企业参照执行《小企业会计准则》。

小企业执行会计准则的选择

小企业拥有一定的会计政策选择的权利,符合条件的小企业可以执行《小企业会计准则》,也可以选择执行《企业会计准则》。

符合《小企业会计准则》第二条规定的小企业(即:除股票或债券在市场上公开交易、金融机构或其他具有金融性质、属于企业集团内的母公司和子公司的小企业外,在中华人民共和国境内依法设立的、符合《中小企业划型标准规定》所规定的小型企业标准的企业),可以执行《小企业会计准则》,也可以执行《企业会计准则》。

执行《小企业会计准则》的小企业,发生的交易或者事项若在《小企业会计准则》中未作规范的,可以参照《企业会计准则》中的相关规定进行处理。

执行《企业会计准则》的小企业,不得在执行《企业会计准则》的同时,选择执行《小企业会计准则》的相关规定。

执行《小企业会计准则》的小企业公开发行股票或债券的,应当转为执行《企业会计准则》;因经营规模或企业性质变化导致不符合《小企业会计准则》第二条规定而成为大中型企业或金融企业的,应当从次年 1 月 1 日起转为执行《企业会计准则》。

已执行《企业会计准则》的上市公司、大中型企业和小企业,不得转为执行《小企业会计准则》。

一、基本准则

从国际会计惯例来看,无论国际会计准则理事会,还是美国等国家或地区,在其会计准则制定中,通常都制定了"财务会计概念框架",它既是制定国际财务报告准则和有关国家会计准则的概念基础,也是制定会计准则的基本法则。

我国会计基本准则类似于国际会计准则理事会的《编报财务报表的框架》和美国财务会计准则委员会的《财务会计概念公告》,在企业会计准则体系建设中扮演着同样的角色,它在整个企业会计准则体系中起着统御作用。基本准则规范了包括财务报告目标、会计基本假设、会计信息质量要求、会计要素的定义及其确认、计量原则、财务报告等在内的基本问题,是会计准则制定的出发点,是制定具体准则的基础。

二、具体准则

具体准则处于企业会计准则体系的第二层次,是根据基本准则制定的,用来指导企业各类经济业务确认、计量、记录和报告的具体规范。

具体会计准则大致可以分为一般业务准则、特殊行业或特定业务准则和报告准则三类。

1. 一般业务准则

这类准则主要规范各类企业普遍适用的一般经济业务的确认和计量要求,包括:存货,会计政策、会计估计变更和差错更正,资产负债表日后事项,所得税会计,固定资产,租赁,收入,职工薪酬,股份支付,政府补助,外币折算,借款费用,长期股权投资,企业年金基金,每股收益,无形资产,资产减值,或有事项,投资性房地产,企业合并等准则项目。

2. 特殊行业或特定业务准则

这类准则主要规范特殊行业或特定业务的确认和计量要求,包括:石油天然气开采、生物资产、金融工具确认和计量、金融资产转移、套期会计、金融工具列报、保险合同等准则项目。

注 需要特别注意的是,实际工作中,有相当多的人士误以为金融工具类会计准则只是对商业银行、保险公司、证券公司、政策性银行、信托投资公司、租赁公司、财务公司、典当公司、担保公司、资产管理公司、基金公司、期货公司适用,因而没有系统、深入、认真地学习。实际上,金融工具类会计准则同样适用于一般企业。

3. 报告准则

这类准则主要规范普遍适用于各类企业的报告类准则,包括:财务报表列报、现金流量表、合并财务报表、中期财务报告、分部报告、关联方披露等准则项目。

三、应用指南

应用指南是补充,处于企业会计准则体系的第三层次,是根据基本准则和具体准则制定的指导会计实务的操作性指南,主要指明在运用具体准则处理经济业务时所涉及的会计科目、账务处理、会计报表及其格式,类似于以前的企业会计制度。

应用指南由两部分组成:第一部分为企业会计准则解释,主要对具体准则中的重点、难点和关键点做出解释性规定;第二部分为会计科目和主要账务处理,主要根据具体准则中涉及确认和计量的要求,规定了会计科目及其主要账务处理,基本涵盖了所有企业的各类交易或事项。

1. 企业会计准则解释

在企业会计准则应用指南的准则解释中,《企业会计准则第30号——财务报表列报》解释包含了资产负债表、利润表和所有者权益变动表格式及其附注;《企业会计准则第31号——现金流量表》解释包含了企业现金流量表格式及其附注;《企业会计准则第33号——合并财务报表》解释包含了企业合并报表格式及其附注。

这样安排有助于提升企业财务报表的地位,因为财务报表是综合反映企业实施会计准则形成的最终会计信息,会计信息使用者主要通过财务报表了解企业的财务状况、经营成果和现金流量情况,以便做出决策。这样规定与国际财务报告准则的理念也是一致的。

注 随着有些会计准则的修订、增删等调整,实际工作中这些报表的格式、项目填列方法等已经有变化[如我国财政部修订印发了《财政部关于修订印发2018年度金融企业财务报表格式的通知》《关于修订印发2019年度一般企业财务报表格式的通知》《关于修订印发合并财务报表格式(2019版)的通知》等],需以最新的为准。有兴趣的学员(读者)可经常访问第一财税网(www.tax.org.cn)。

2. 会计科目和主要账务处理

会计科目和主要账务处理涵盖了各类企业的各种交易或事项,是以会计准则中确认、计量原则及其解释为依据所作的规定,规定了会计的确认、计量、记录和报告中记录的规定。

最新会计科目一览表见表1-2所示。

表 1-2　企业会计科目一览表

编号	会计科目名称	明细科目
一、资产类		
1001	库存现金/备用金^	
1002	银行存款	
1003	存放中央银行款项(银行)	本科目可按存放款项的性质进行明细核算
1011	存放同业(银行)	本科目可按存放款项的性质和存放的金融机构进行明细核算
1012	其他货币资金	本科目可按银行汇票或本票、信用证的收款单位,外埠存款的开户银行,分别"银行汇票""银行本票""信用卡""信用证保证金""存出投资款""外埠存款"等进行明细核算
1021	结算备付金(证券)/证券清算款(证券)	本科目可按清算代理机构,分别"自有""客户"等进行明细核算
1031	存出保证金(金融)	本科目可按保证金的类别以及存放单位或交易场所进行明细核算
1101	交易性金融资产	本科目可按金融资产的类别和品种,分别"成本""公允价值变动"等进行明细核算 企业持有的指定为以公允价值计量且其变动计入当期损益的金融资产可在本科目下单设"指定类"明细科目核算
1111	买入返售金融资产(金融)	本科目可按买入返售金融资产的类别和融资方进行明细核算
1121	应收票据	本科目可按开出、承兑商业汇票的单位进行明细核算
1122	应收账款/应收保费(保险)/应收手续费及佣金(金融)	本科目可按债务人进行明细核算
1123	预付账款/预付赔付款(保险)	本科目可按供货单位进行明细核算
1131	应收股利	本科目应当按照被投资单位进行明细核算
1132	应收利息	本科目可按借款人或被投资单位进行明细核算
	应收融资租赁款	本科目可分别设置"租赁收款额""未实现融资收益""未担保余值"等进行明细核算 租赁业务较多的,出租人还可以在"租赁收款额"明细科目下进一步设置明细科目核算
	应收融资租赁款减值准备	
	应收退货成本	本科目可按合同进行明细核算
1201	应收代位追偿款(保险)	本科目可按被追偿单位(或个人)进行明细核算
1211	应收分保账款(保险)	本科目可按再保险分出人或再保险接受人和再保险合同进行明细核算
1212	应收分保合同准备金(再保险分出人)/应收分保未到期责任准备金(再保险分出人)^/应收分保未决赔款准备金(再保险分出人)^/应收分保寿险责任准备金(再保险分出人)^/应收分保长期健康险责任准备金(再保险分出人)^	本科目可按再保险接受人和再保险合同进行明细核算
	应收出口退税款	
1221	其他应收款	本科目可按对方单位(或个人)进行明细核算
1231	坏账准备	本科目可按应收款项的类别进行明细核算
1301	贴现资产(银行)	本科目可按贴现类别和贴现申请人进行明细核算
1302	拆出资金(金融)	本科目可按拆放的金融机构进行明细核算
1303	贷款(银行)/银团贷款、贸易融资、协议透支、信用卡透支、转贷款、垫款(银行)^/保户质押贷款(保险)/质押贷款、抵押贷款(典当)/委托贷款	本科目可按贷款类别、客户,分别"本金""利息调整""已减值"等进行明细核算

(续表)

编号	会计科目名称	明细科目
1304	贷款损失准备（银行）（保险）（典当）/委托贷款损失准备	本科目可按计提贷款损失准备的资产类别进行明细核算
1311	代理兑付证券（证券、银行等）	本科目可按委托单位和证券种类进行明细核算
1321	代理业务资产/受托代销商品	本科目可按委托单位、资产管理类别（如定向、集合和专项资产管理业务）、贷款对象，分别"成本""已实现未结算损益"等进行明细核算
1401	材料采购	本科目可按供应单位和材料品种进行明细核算
1402	在途物资	本科目可按供应单位和物资品种进行明细核算
1403	原材料	本科目可按材料的保管地点（仓库）、材料的类别、品种和规格等进行明细核算
1404	材料成本差异	本科目可以分别"原材料""周转材料"等，按照类别或品种进行明细核算
1405	库存商品/开发产品（房地产开发）/农产品（农业）	本科目可按库存商品的种类、品种和规格等进行明细核算
1406	发出商品/委托代销商品	本科目可按购货单位、商品类别和品种进行明细核算
1407	商品进销差价	本科目可按商品类别或实物管理负责人进行明细核算
1408	委托加工物资	本科目可按加工合同、受托加工单位以及加工物资的品种等进行明细核算
1411	周转材料/周转材料（建造承包商）/包装物ˇ/低值易耗品ˇ	本科目可按周转材料的种类，分别"在库""在用"和"摊销"进行明细核算
1421	消耗性生物资产（农业）/消耗性生物资产跌价准备（农业）ˇ	本科目可按消耗性生物资产的种类、群别等进行明细核算
1431	贵金属（金融）	本科目可按贵金属的类别进行明细核算
1441	抵债资产（金融）	本科目可按抵债资产类别及借款人进行明细核算。抵债资产发生减值的，可以单独设置"抵债资产跌价准备"科目，比照"存货跌价准备"科目进行处理
1451	损余物资（保险）	本科目可按损余物资种类进行明细核算 损余物资发生减值的，可以单独设置"损余物资跌价准备"科目，比照"存货跌价准备"科目进行处理
1461	融资租赁资产	本科目可按租赁资产类别和项目进行明细核算
1462	合同资产	本科目应按合同进行明细核算
1463	合同资产减值准备	本科目应按合同进行明细核算
1471	存货跌价准备	本科目可按存货项目或类别进行明细核算
1481	持有待售资产	本科目按照资产类别进行明细核算 如"固定资产""无形资产""长期股权投资""应收账款""商誉"等
1482	持有待售资产减值准备	本科目按照资产类别进行明细核算
1501	债权投资	本科目可按债权投资的类别和品种，分别"面值""利息调整""应计利息"等进行明细核算
1502	债权投资减值准备	本科目可按债权投资类别和品种进行明细核算
1503	其他债权投资	
1504	其他权益工具投资	本科目可按其他权益工具投资的类别和品种，分别"成本""公允价值变动"等进行明细核算
1511	长期股权投资	本科目应当按照被投资单位进行明细核算 长期股权投资核算采用权益法的，应当分别"投资成本""损益调整""其他综合收益""其他权益变动"进行明细核算
1512	长期股权投资减值准备	本科目应当按照被投资单位进行明细核算

(续表)

编号	会计科目名称	明细科目
1518	继续涉入资产	企业可以按金融资产转移业务的类别、继续涉入的性质或者被转移金融资产的类别设置本科目的明细科目
1521	投资性房地产/投资性房地产累计折旧（摊销）^/投资性房地产减值准备^	本科目可按投资性房地产类别和项目进行明细核算 采用公允价值模式计量的投资性房地产，还应当分别"成本"和"公允价值变动"进行明细核算
1531	长期应收款	本科目可按债务人进行明细核算
1532	未实现融资收益	本科目可按未实现融资收益项目进行明细核算
1541	存出资本保证金（保险）	
1601	固定资产	本科目可按固定资产类别和项目进行明细核算。融资租入的固定资产，可在本科目设置"融资租入固定资产"明细科目
1602	累计折旧	本科目可按固定资产的类别或项目进行明细核算
1603	固定资产减值准备	
1604	在建工程/油气勘探支出、油气开发支出（石油天然气开采）^	本科目可按"建筑工程""安装工程""在安装设备""待摊支出"以及单项工程等进行明细核算
	在建工程减值准备^	
1605	工程物资	本科目可按"专用材料""专用设备""工器具"等进行明细核算
	工程物资减值准备^	工程物资发生减值的，可以单独设置"工程物资减值准备"科目，比照"固定资产减值准备"科目进行处理
1606	固定资产清理	本科目可按被清理的固定资产项目进行明细核算
1611	未担保余值（租赁）	本科目可按承租人、租赁资产类别和项目进行明细核算
	未担保余值减值准备^	未担保余值发生减值的，可以单独设置"未担保余值减值准备"科目
1621	生产性生物资产（农业）	本科目可按"未成熟生产性生物资产"和"成熟生产性生物资产"，分别生物资产的种类、群别、所属部门等进行明细核算
	生产性生物资产减值准备^	生产性生物资产发生减值的，可以单独设置"生产性生物资产减值准备"科目，比照"固定资产减值准备"科目进行处理
1622	生产性生物资产累计折旧（农业）	本科目可按生产性生物资产的种类、群别、所属部门等进行明细核算
1623	公益性生物资产（农业）	本科目可按公益性生物资产的种类或项目进行明细核算
1631	油气资产（石油天然气开采）/油气资产清理（石油天然气开采）^	本科目可按油气资产的类别、不同矿区或油田等进行明细核算
1632	累计折耗（石油天然气开采）	本科目可按油气资产的类别、不同矿区或油田进行明细核算
	使用权资产	本科目可按租赁资产的类别和项目进行明细核算
	使用权资产累计折旧	本科目可按租赁资产的类别和项目进行明细核算
	使用权资产减值准备	本科目可按租赁资产的类别和项目进行明细核算
1701	无形资产	本科目可按无形资产项目进行明细核算
1702	累计摊销	本科目可按无形资产项目进行明细核算
1703	无形资产减值准备	本科目可按无形资产项目进行明细核算
1711	商誉/商誉减值准备^	
1801	长期待摊费用	本科目可按费用项目进行明细核算

(续表)

编号	会计科目名称	明细科目
1811	递延所得税资产	本科目应按可抵扣暂时性差异等项目进行明细核算。根据税法规定可用以后年度税前利润弥补的亏损及税款抵减产生的所得税资产,也在本科目核算
1821	独立账户资产(保险)	本科目可按资产类别进行明细核算
1901	待处理财产损溢	本科目可按盘盈、盘亏的资产种类和项目进行明细核算
	二、负债类	
2001	短期借款	本科目可按借款种类、贷款人和币种进行明细核算
2002	存入保证金(金融)	本科目可按客户进行明细核算
2003	拆入资金(金融)	本科目可按拆入资金的金融机构进行明细核算
2004	向中央银行借款(银行)	本科目可按借款性质进行明细核算
2011	吸收存款(银行)	本科目可按存款类别及存款单位,分别"本金""利息调整"等进行明细核算
2012	同业存放(银行)	本科目可按存放金融机构进行明细核算
2021	贴现负债(银行)	本科目可按贴现类别和贴现金融机构,分别"面值""利息调整"进行明细核算
2101	交易性金融负债	本科目可按金融负债类别,分别"本金""公允价值变动"等进行明细核算 企业持有的指定为以公允价值计量且其变动计入当期损益的金融负债可在本科目下单设"指定类"明细科目核算
2111	卖出回购金融资产款(金融)	本科目可按卖出回购金融资产的类别和融资方进行明细核算
2201	应付票据	本科目可按债权人进行明细核算
2202	应付账款/应付手续费及佣金(金融)/应付赔付款(保险)	本科目可按债权人进行明细核算
2203	预收账款/预收保费(保险)/预收赔付款(保险)	本科目可按购货单位进行明细核算
2204	合同负债	本科目应按合同进行明细核算
	租赁负债	本科目可分别设置"租赁付款额""未确认融资费用"等进行明细核算
2211	应付职工薪酬	本科目可按"工资""职工福利""社会保险费""住房公积金""工会经费""职工教育经费""非货币性福利""辞退福利""股份支付"等进行明细核算
2221	应交税费	本科目应当按照"应交税费"的税种进行明细核算 增值税一般纳税人应当在"应交税费"科目下设置"应交增值税""未交增值税""预交增值税""待抵扣进项税额""待认证进项税额""待转销项税额""增值税留抵税额""简易计税""转让金融商品应交增值税""代扣代交增值税""增值税检查调整"11个明细科目
2231	应付利息	本科目可按存款人或债权人进行明细核算
2232	应付股利	本科目可按投资者进行明细核算
2241	其他应付款	本科目可按其他应付款的项目和对方单位(或个人)进行明细核算
2245	持有待售负债	本科目按照负债类别进行明细核算
2251	应付保单红利(保险)	本科目可按投保人进行明细核算
2261	应付分保账款(保险)	本科目可按再保险分出人或再保险接受人和再保险合同进行明细核算
2311	代理买卖证券款(证券)	本科目可按客户类别等进行明细核算
2312	代理承销证券款(金融)	本科目可按委托单位和证券种类进行明细核算
2313	代理兑付证券款(证券、银行等)	本科目可按委托单位和证券种类进行明细核算
2314	代理业务负债/受托代销商品款	本科目可按委托单位、资产管理类别(如定向、集合和专项资产管理业务)等进行明细核算

(续表)

编号	会计科目名称	明细科目
2401	递延收益	本科目可按政府补助的项目进行明细核算
2501	长期借款	本科目可按贷款单位和贷款种类,分别"本金""利息调整""应计利息"等进行明细核算
2502	应付债券	本科目可按照发行的债券种类进行明细核算,并在各类债券中按"面值""利息调整""应计利息"设置明细科目,进行明细核算
2504	继续涉入负债	企业可以按金融资产转移业务的类别、被转移金融资产的类别或者交易对手设置本科目的明细科目
2601	未到期责任准备金(保险)	本科目可按保险合同进行明细核算
2602	保险责任准备金(保险)/未决赔款准备金(保险)·/寿险责任准备金(保险)·/长期健康险责任准备金(保险)·	本科目可按保险责任准备金类别、保险合同进行明细核算
2611	保户储金(保险)/保户投资款(保险)	本科目可按投保人进行明细核算
2621	独立账户负债(保险)	本科目可按负债类别进行明细核算
2701	长期应付款	本科目可按长期应付款的种类和债权人进行明细核算
2702	未确认融资费用	本科目可按债权人和长期应付款项目进行明细核算
2711	专项应付款	本科目可按资本性投资项目进行明细核算
2801	预计负债	本科目可按形成预计负债的交易或事项进行明细核算
2901	递延所得税负债	本科目可按应纳税暂时性差异的项目进行明细核算
三、共同类		
	合同结算	在此科目下设置"合同结算——价款结算"科目反映定期与客户进行结算的金额,设置"合同结算——收入结转"科目反映按履约进度结转的收入金额
3001	清算资金往来(银行)	本科目可按资金往来单位,分别"同城票据清算""信用卡清算"等进行明细核算
3002	货币兑换(金融)	本科目按币种进行明细核算
3101	衍生工具	本科目可按衍生工具类别进行明细核算
3201	套期工具	本科目可按套期工具类别或套期关系进行明细核算
3202	被套期项目	本科目可按被套期项目类别或套期关系进行明细核算
四、所有者权益类		
4001	实收资本	本科目可按投资者进行明细核算。企业(中外合作经营)在合作期间归还投资者的投资,应在本科目设置"已归还投资"明细科目进行核算
4002	资本公积	本科目应当分别"资本溢价(股本溢价)""其他资本公积"进行明细核算
4004	其他综合收益	在此科目下可设置以下明细科目核算: "400401 以后会计期间不能重分类进损益的其他综合收益项目" "400402 以后会计期间在满足规定条件时将重分类进损益的其他综合收益项目" "400403 所得税影响" "信用减值准备" "套期储备" "套期损益" "套期成本"
4101	盈余公积	本科目应当分别"法定盈余公积""任意盈余公积"进行明细核算 外商投资企业还应分别"储备基金""企业发展基金"进行明细核算 中外合作经营在合作期间归还投资者的投资,应在本科目设置"利润归还投资"明细科目进行核算
4102	一般风险准备(金融)	企业提取的一般风险准备,借记"利润分配——提取一般风险准备"科目,贷记本科目。用一般风险准备弥补亏损,借记本科目,贷记"利润分配——一般风险准备补亏"科目

(续表)

编号	会计科目名称	明细科目
4103	本年利润	
4104	利润分配	本科目应当分别"提取法定盈余公积""提取任意盈余公积""应付现金股利或利润""转作股本的股利""盈余公积补亏"和"未分配利润"等进行明细核算
4201	库存股	
4301	专项储备	
4401	其他权益工具	本科目可按照发行金融工具的种类等进行明细核算
五、成本类		
5001	生产成本/农业生产成本(农业)/开发成本(房地产开发)	本科目可按基本生产成本和辅助生产成本进行明细核算 基本生产成本应当分别按照基本生产车间和成本核算对象(产品的品种、类别、定单、批别、生产阶段等)设置明细账(或成本计算单,下同),并按照规定的成本项目设置专栏
5101	制造费用	本科目可按不同的生产车间、部门和费用项目进行明细核算
5201	劳务成本/待转承销费用(证券)	本科目可按提供劳务种类进行明细核算
5301	研发支出	本科目可按研究开发项目,分别"费用化支出""资本化支出"进行明细核算
5401	工程施工(建造承包商)【可废弃】	本科目可按建造合同,分别"合同成本""间接费用""合同毛利"进行明细核算
5402	工程结算(建造承包商)【可废弃】	本科目可按建造合同进行明细核算
5403	机械作业(建造承包商)	本科目可按施工机械或运输设备的种类等进行明细核算 施工企业内部独立核算的机械施工、运输单位使用自有施工机械或运输设备进行机械作业所发生的各项费用,可按成本核算对象和成本项目进行归集 成本项目一般分为:人工费、燃料及动力费、折旧及修理费、其他直接费用、间接费用(为组织和管理机械作业生产所发生的费用)
	合同取得成本	本科目可按合同进行明细核算
	合同取得成本减值准备	本科目可按合同进行明细核算
	合同履约成本	本科目可按合同,分别"服务成本""工程施工"等进行明细核算
	合同履约成本减值准备	本科目可按合同进行明细核算
六、损益类		
6001	主营业务收入	本科目可按主营业务的种类进行明细核算
6011	利息收入(金融)	本科目可按业务类别进行明细核算
6021	手续费及佣金收入(金融)	本科目可按手续费及佣金收入类别进行明细核算
6031	保费收入(保险)	本科目可按保险合同和险种进行明细核算
6041	租赁收入(租赁)	本科目可按租赁资产类别和项目进行明细核算
6051	其他业务收入	本科目可按其他业务的种类进行明细核算
6061	汇兑损益(金融)	
6101	公允价值变动损益	本科目可按交易性金融资产、交易性金融负债、投资性房地产等进行明细核算
6102	套期损益	本科目可按套期关系进行明细核算
6103	资产处置损益	本科目按照处置的资产类别或处置组进行明细核算
6111	投资收益	本科目应当按照投资项目进行明细核算
6115	净敞口套期损益	本科目可按套期关系进行明细核算
6117	其他收益	计入本科目的政府补助可以按照类型进行明细核算

(续表)

编号	会计科目名称	明细科目
6201	摊回保险责任准备金(再保险分出人)/摊回未决赔款准备金(再保险分出人)ˇ/摊回寿险责任准备金(再保险分出人)ˇ/摊回长期健康险责任准备金(再保险分出人)ˇ	本科目可按保险责任准备金类别和险种进行明细核算
6202	摊回赔付支出(再保险分出人)/摊回赔款支出(再保险分出人)ˇ/摊回年金给付(再保险分出人)ˇ/摊回满期给付(再保险分出人)ˇ/摊回死伤医疗给付(再保险分出人)ˇ	本科目可按险种进行明细核算
6203	摊回分保费用(再保险分出人)	本科目可按险种进行明细核算
6301	营业外收入	本科目可按营业外收入项目进行明细核算
6401	主营业务成本	本科目可按主营业务的种类进行明细核算
6402	其他业务成本	本科目可按其他业务成本的种类进行明细核算
6403	税金及附加	
6411	利息支出(金融)	本科目可按利息支出项目进行明细核算
6421	手续费及佣金支出(金融)	本科目可按支出类别进行明细核算
6501	提取未到期责任准备金(保险)	本科目可按保险合同和险种进行明细核算
6502	提取保险责任准备金(保险)/提取未决赔款准备金(保险)ˇ/提取寿险责任准备金(保险)ˇ/提取长期健康险责任准备金(保险)ˇ	本科目可按保险责任准备金类别、险种和保险合同进行明细核算
6511	赔付支出(保险)/赔款支出(保险)ˇ/满期给付(保险)ˇ/年金给付(保险)ˇ/死伤医疗给付(保险)ˇ/分保赔付支出(保险)ˇ	本科目可按保险合同和险种进行明细核算
6521	保单红利支出(保险)	本科目可按保单红利来源进行明细核算
6531	退保金(保险)	本科目可按险种进行明细核算
6541	分出保费(再保险分出人)	本科目可按险种进行明细核算
6542	分保费用(再保险分出人)	本科目可按险种进行明细核算
6601	销售费用/业务及管理费(金融)	本科目可按费用项目进行明细核算
6602	管理费用	本科目可按费用项目进行明细核算
6603	财务费用	本科目可按费用项目进行明细核算
6604	勘探费用(石油天然气开采)	本科目可按勘探项目进行明细核算
6701	资产减值损失	本科目可按资产减值损失的项目进行明细核算
6702	信用减值损失	
6711	营业外支出	本科目可按支出项目进行明细核算
6801	所得税费用	本科目可按"当期所得税费用""递延所得税费用"进行明细核算
6901	以前年度损益调整	

注：以上会计科目一览表由第一财税网(www.tax.org.cn)专家组耗时整理。作品中右上角加注这个ˇ标志的,表示可单独设置的会计科目。会计科目编号,仅供参考,有的未给出建议数字。

企业应当按照新企业会计准则体系,设置会计科目、进行账务处理,在不违反统一规定的前提下,可以根据本企业的实际情况自行增设、分拆、合并会计科目。不存在的交易或者事项,可以不设置相关的会计科目。应用指南中的会计科目编号,供企业填制会计凭证、登记会计账簿、查阅会计账目、使用会计软件系统时参考,企业也可以根据该规定,结合本企业的实际情况自行确定会计科目编号。

我国新企业会计准则体系实现了与国际财务报告准则的实质性趋同，顺应了完善我国社会主义市场经济体制和经济全球化的需要。

国际财务报告准则（IFRS）与
国际会计准则（IAS）有什么联系和区别

中国的会计准则，称为企业会计准则（CAS）。

国际会计准则理事会（IASB）所颁布的准则称为国际财务报告准则（可以理解它是一本书），其中包括国际会计准则和解释公告。

国际财务报告准则，以前被称为国际会计准则（IAS），现在改名了，可能是国际会计准则理事会的工作人员觉得前者的叫法更有权威性，毕竟会计人员的职能最终就是表现在财务报告上。很明显，现在意思上的国际会计准则只是国际财务报告准则的一个主体部分。

截至本书定稿时，财务报告概念框架有1项、国际财务报告准则有17项、仍有效的国际会计准则为28项、国际财务报告解释公告有16项、解释公告有7项。

1. 财务报告概念框架

财务报告概念框架

2. 国际财务报告准则

国际财务报告准则第1号——首次采用国际财务报告准则

国际财务报告准则第2号——以股份为基础的支付

国际财务报告准则第3号——企业合并

国际财务报告准则第4号——保险合同

国际财务报告准则第5号——持有待售的非流动资产和终止经营

国际财务报告准则第6号——矿产资源的勘探和评价

国际财务报告准则第7号——金融工具：披露

国际财务报告准则第8号——经营分部

国际财务报告准则第9号——金融工具

国际财务报告准则第10号——合并财务报表

国际财务报告准则第11号——合营安排

国际财务报告准则第12号——在其他主体中权益的披露

国际财务报告准则第13号——公允价值计量

国际财务报告准则第14号——递延管制账户

国际财务报告准则第15号——客户合同的收入

国际财务报告准则第16号——租赁

国际财务报告准则第17号——保险合同

3. 国际会计准则

国际会计准则第1号——财务报表列报

国际会计准则第2号——存货

国际会计准则第7号——现金流量表

国际会计准则第8号——会计政策、会计估计变更和差错

国际会计准则第10号——报告期后事项

国际会计准则第11号——建造合同

国际会计准则第12号——所得税

国际会计准则第16号——不动产、厂场和设备

国际会计准则第17号——租赁

国际会计准则第18号——收入

国际会计准则第19号——雇员福利

国际会计准则第20号——政府补助会计和政府援助的披露

国际会计准则第21号——汇率变动的影响

国际会计准则第23号——借款费用

国际会计准则第24号——关联方披露

国际会计准则第26号——退休福利计划的会计和报告

国际会计准则第27号——单独财务报表

国际会计准则第28号——在联营企业和合营企业中的投资

国际会计准则第29号——恶性通货膨胀经济中的财务报告

国际会计准则第32号——金融工具：列报

国际会计准则第33号——每股收益

国际会计准则第34号——中期财务报告

国际会计准则第36号——资产减值

国际会计准则第37号——准备、或有负债和或有资产

国际会计准则第38号——无形资产

国际会计准则第39号——金融工具：确认和计量

国际会计准则第40号——投资性房地产

国际会计准则第41号——农业

4. 国际财务报告解释公告

国际财务报告解释公告第1号——现有退役、复原和类似负债的变动

国际财务报告解释公告第2号——成员在合作主体中的股份和类似工具

国际财务报告解释公告第4号——确定一项协议是否包含租赁

国际财务报告解释公告第5号——退役、复原和环境恢复基金产生的权益

国际财务报告解释公告第 6 号——参与废弃电器和电子设备特定市场产生的负债

国际财务报告解释公告第 7 号——应用《国际会计准则第 29 号——恶性通货膨胀经济中的财务报告》中的重述法

国际财务报告解释公告第 10 号——中期财务报告和减值

国际财务报告解释公告第 12 号——服务特许权协议

国际财务报告解释公告第 14 号——《国际会计准则第 19 号》：对设定受益资产的限制、最低资金要求及其相互作用

国际财务报告解释公告第 16 号——境外经营净投资套期

国际财务报告解释公告第 17 号——对所有者的非现金资产分配

国际财务报告解释公告第 19 号——以权益工具消除金融负债

国际财务报告解释公告第 20 号——露天矿生产阶段的剥采成本

国际财务报告解释公告第 21 号——税费

国际财务报告解释公告第 22 号——外币交易和预付对价

国际财务报告解释公告第 23 号——所得税处理的不确定性

5. 解释公告

解释公告第 7 号——引入欧元

解释公告第 10 号——政府援助：与经营活动没有特定联系的政府援助

解释公告第 15 号——经营租赁：激励措施

解释公告第 25 号——所得税：主体或其股东纳税状况的改变

解释公告第 27 号——评价涉及租赁法律形式的交易的实质

解释公告第 29 号——服务特许权协议：披露

解释公告第 32 号——无形资产：网站成本

注：今后若有变化，请以变化后的为准。

第二节 新企业会计准则的主要变化

新企业会计准则实现了多个方面的创新。例如，新企业会计准则着眼提高社会经济资源的配置效率，在财务报告目标方面，强化了会计信息决策有用的要求；着眼促进企业长远可持续发展，在确认、计量和财务报表结构方面，确立了资产负债表观的核心地位，限制企业短期行为；在会计信息质量要求方面，强调了会计信息应当真实与公允兼具，向投资者提供有价值的信息；等等。

企业会计准则的历史性变革，可能会在很大程度上改变财务报表数据，从而使企业的利润等在短期内发生较大变化。因此，新企业会计准则中出现的一些主要变化，值得会计信息使用者关注，主要体现在几个方面。

一、新企业会计准则将原来的"一般原则"改为"会计信息的质量要求"，会计要素中引入"利得""损失"概念

新《企业会计准则——基本准则》将原来的"一般原则"改为"会计信息的质量要求"。除此之外，原来 12 项一般原则中删除了配比原则、权责发生制原则（权责发生制是企业进行会计确认、计量和报告的基础），把划分收益性支出和资本性支出原则融入具体准则中，把一致性原则融入可比性原则中，增补了"实质重于形式"等要求。新准则中的会计基本原则，继续保留了重要性原则、谨慎性原则等，也强调了可比性（一致性）、明晰性等原则，同时对保留原则的内容也作了适当的补充和完善。

另外，新准则对会计要素的定义进行了重大调整，引入了"利得"和"损失"概念。

利得是指由企业非日常活动所形成的、会导致所有者权益增加的、与所有者投入资本无关的经济利益的流入。损失是指由企业非日常活动所发生的、会导致所有者权益减少的、与向所有者分配利润无关的经济利益的流出。应该注意的是，利得和损失有两个去向，即作为资本公积（或其他综合收益）直接反映在资

产负债表中或作为非经常损益反映在利润表中。

二、新准则仍规定以历史成本为主要计量属性,但又不限于历史成本,在能够取得并可靠计量的前提下引入了重置成本、可变现净值、现值和公允价值等计量属性

新《企业会计准则——基本准则》第四十三条规定:"企业在对会计要素进行计量时,一般应当采用历史成本,采用重置成本、可变现净值、现值、公允价值计量的,应当保证所确定的会计要素金额能够取得并可靠计量。"

公允价值的应用、计量成为我国企业会计准则修改中的一大亮点。美国会计准则和国际财务报告准则比较侧重公允价值的应用,以体现会计信息的相关性。财政部为此多次与国际会计准则理事会讨论有关问题。例如,生物资产是否采用公允价值计量的问题等。公允价值反映现时价值,与决策确实比较相关,但应如何取得并确保其可靠性?而且公允价值增值的收益并无相应的现金流。目前,基本准则明确以历史成本为各会计要素的主要计量基础,但如果能取得公允价值并且公允价值可以可靠计量,则可采用公允价值计量。

考虑到我国市场发展的现状,新准则中主要在金融工具确认和计量、投资性房地产、非同一控制下的企业合并、债务重组和具有商业实质的非货币性资产交换等方面采用了公允价值。

总体上说,新准则对公允价值的运用是适度、谨慎的。

三、新准则出台后,会计自由裁量权加大,有更多的选择权,会计弹性空间增大,更依赖会计人员的主观职业判断

需要会计人员运用职业判断的事项举例:

(一)估计无形资产使用寿命

来源于合同性权利或其他法定权利的无形资产,其使用寿命不应超过合同性权利或其他法定权利的期限;如果合同性权利或其他法定权利能够在到期时因续约等延续,且有证据表明企业续约不需要付出大额成本,续约期应当计入使用寿命。合同或法律没有规定使用寿命的,企业应当综合各方面情况判断,以确定无形资产能为企业带来未来经济利益的期限。例如,与同行业的情况进行比较、参考历史经验,或聘请相关专家进行论证等。按照上述方法仍无法合理确定无形资产为企业带来经济利益期限的,该项无形资产应作为使用寿命不确定的无形资产。

(二)无形资产研发支出

一改旧准则无形资产研发支出全部计入管理费用的原则,新无形资产准则将企业的研发划分成两个阶段,并允许开发支出予以资本化,即将开发支出归入无形资产中定期进行摊销,与以前全部计入管理费用相比,大大降低了对当期利润的冲击。虽然新准则对公司的研究阶段和开发阶段的定义进行了区分,但是,在实际操作中,由于无形资产研发业务复杂、风险大,较难明确划分研究和开发两个阶段。

(三)金融工具会计

金融工具会计准则的变化顺应了金融工具和金融交易日益复杂的发展趋势,需要会计人员做出更多的职业判断。当市场交易不活跃、缺乏市场价格时,需要利用其他信息和估值技术确定公允价值,操作上比较困难。

实务界要系统学习估值技术和方法,才能适应新会计计量的需要。实际上,随着新会计准则的实施,部分资产的计量已超过了报表编制者和审计师的专业能力,需要专门的定价服务机构提供估值服务支持,在实施过程中很可能遇到难以计量的情形。

四、着眼提高会计信息透明度、保护投资者和社会公众利益,在信息披露方面,突出充分披露原则

新准则对原先的财务报告披露要求进行了全面梳理和显著改进,创建了较为完整的财务报告体系,突破了传统的单一会计报表的概念。

企业会计准则要求企业必须编制资产负债表、利润表、现金流量表、所有者权益（股东权益）变动表和附注；附注应当提供充分、详细、及时的补充信息；企业所有控制的子公司都应当纳入合并报表范围；中期财务报告应当定期提供，并采用与年报相一致的会计政策；企业应当披露分部信息以及关联方信息等。企业会计准则对会计信息披露时间、空间、范围、内容等的全面系统规定，使企业财务报告的内涵与外延大大延伸，从而将大大提高企业会计信息透明度，有效维护投资者和社会公众的知情权，体现保护投资者和社会公众利益的基本理念，促进资本市场健康发展，推动建立公开、公平、公正的市场经济秩序。

五、利润调节、操纵受限

（一）存货管理办法变革

新存货准则，取消了"后进先出法"。《国际会计准则第2号——存货》在2003年度的改进计划中已经取消了"后进先出法"，理由是成本流与实物流在大多数情况下不一致。新准则体系建设中，对于非原则性问题，尽可能与国际财务报告准则保持一致。这对生产周期较长的公司将产生一定影响。

原先采用"后进先出法"，存货较多、周转率较低的公司，采用新的存货记账方法后，其毛利率和利润将出现波动。

例如，采用"后进先出法"的家电上市公司，在显像管价格不断下跌过程中，变革为"先进先出法"，后果是成本大幅上升，毛利率快速下滑，当期利润下降。

（二）资产减值准备计提变革

针对借计提和转回减值准备来操纵利润的问题，新资产减值准则明确规定，计提的减值准备不得转回，这也是新准则与国际财务报告准则的实质性差异之一。

当然，仍有可以转回的资产减值。例如：

（1）坏账准备。
（2）存货跌价准备。
（3）消耗性生物资产跌价准备。

（4）合同资产减值准备。
（5）合同取得成本减值准备。
（6）合同履约成本减值准备。
（7）递延所得税资产账面价值的减计金额。
（8）应收融资租赁款减值准备/租赁应收款减值准备。
（9）债权投资减值准备。
（10）保险合同已计提的资产减值准备。
（11）持有待售资产减值准备。

（三）关联方披露

1. 新准则扩展了关联方的范围

新关联方披露准则将构成企业关联方的范围扩展到母公司的关键管理人员或与其关系密切的家庭成员；也扩展到企业主要投资者个人、关键管理人员或与其关系密切的家庭成员共同控制或施加重大影响的其他企业。

2. 新准则取消了有关个别财务报表中关联方关系及其交易信息披露的豁免

新准则规定，企业对外提供合并财务报表的，不必在合并财务报表中披露包括在合并财务报表中的企业集团成员之间的交易，但在个别财务报表中仍然应当披露有关关联方关系及其交易的信息。

（四）新准则在防止利润操纵方面的规定举例

可否利用投资性房地产转换的规定操纵利润？

在成本模式计量的情况下，自用房地产或存货转换后的入账价值以其转换前的账面价值确定。

在公允价值模式计量的情况下，自用房地产或存货转换为采用公允价值模式计量的投资性房地产，该项投资性房地产应当按照转换当日的公允价值计量。转换当日的公允价值小于原账面价值的，其差额作为公允价值变动损益。转换当日的公允价值大于原账面价值的，其差额作为其他综合收益，计入所有者权益。处置该项投资性房地产时，原计入所有者权益的部分应当转入未分配利润。

关联企业之间租赁房地产的，租出方应将

出租的房地产确认为投资性房地产。母公司以经营租赁的方式向子公司租出房地产,该房地产应当确认为母公司的投资性房地产,但在编制合并报表时,作为企业集团的自用房地产。

六、企业合并会计处理发生了变革,合并财务报表基本理论依据发生了变革

(一) 企业合并会计处理的变革

企业合并在法律形式上有吸收合并、新设合并和控股合并。按照合并双方是否处于同一控制下,分为处于同一控制下的企业合并和非同一控制下的企业合并。

1. 同一控制下的企业合并

在本准则制定时中国的企业合并很多是同一控制下的企业合并,这不一定是合并方和被合并方双方完全出于自愿的交易行为,合并对价也不是双方讨价还价的结果,不代表公允价值,因此以账面价值作为会计处理的基础,以避免利润操纵。新准则规定同一控制下的合并,按权益结合法进行会计处理,年中合并视同年初就已实现,被合并方在合并前实现的净利润,应当在合并利润表中单项反映,同时资产按照历史成本计量。

2. 非同一控制下的企业合并

非同一控制下的企业合并(包括吸收合并和新设合并)可以有双方的讨价还价,是双方自愿交易的结果,因此有双方认可的公允价值,并可确认购买商誉。

(二) 合并财务报表基本理论依据的变革

与原《合并会计报表暂行规定》相比,新的合并财务报表准则所依据的基本合并理论已发生变化,从侧重母公司理论转为侧重实体理论。

合并报表范围的确定更关注实质性控制,母公司对所有能控制的子公司均需纳入合并范围,而不一定考虑股权比例。所有者权益为负数的子公司,只要是持续经营的,也应纳入合并范围。这一变革,对上市公司合并报表利润将产生较大影响。

另外,母公司不能控制的被投资单位,不纳入合并财务报表的合并范围。原采用比例合并法的合营企业,应改按权益法核算。

七、金融工具会计准则的变革

关于金融工具的4项具体会计准则(《企业会计准则第22号——金融工具确认和计量》《企业会计准则第23号——金融资产转移》《企业会计准则第24号——套期会计》《企业会计准则第37号——金融工具列报》)主要适用于金融企业,这些准则对金融企业的影响是广泛而深刻的。例如,准则规定衍生金融工具以公允价值计量,并从表外移到表内反映。这就要求上市银行和证券公司善用衍生工具这把"双刃剑",因为表内化将对企业利用衍生金融工具进行风险管理的行为产生重大影响,企业不但要考虑现金流等经济因素,还要考虑衍生金融工具对报表的影响,以避免给报表带来过大的波动。

八、其他方面

(一) 资金的时间价值在新准则中得到体现

例如,金融工具确认和计量的准则要求,公司对应收和应付款项采用实际利率法,按摊余成本计量。这使得拥有长期应收、应付款项的企业不得不将这些长期资产、负债的账面价值减计至未来现金流的折现金额。这种处理方法充分体现了资金的占用成本,并会在一定程度上促进企业管理层对资产负债结构、产品赊销政策进行优化。

注 短期应收款项的预计未来现金流量与其现值相差很小的,在确定相关减值损失时,可不对其预计未来现金流量进行折现。

(二) 成本补偿制度进一步完善

新准则着眼保障经济社会和谐发展,在成本核算方面,进一步完善了成本补偿制度。在经济日益市场化和竞争日趋激烈的当今时代,成本信息发挥着新的不可估量的作用,它不仅是生产、流通、消费、投资等诸环节需要首要考量的因素,也是我国在国际经济交往中争取完全市场经济地位、迎接倾销与反倾销挑战的重要基础。新企业会计准则按照市场化和国际化的要求,进一步完善了成本补偿制度,改进了成

本核算项目和方法。例如，新准则规定企业应当全面核算职工薪酬费用，按照受益对象摊入成本；成本中应当考虑预计环境恢复等资产弃置费用；政府补助应当计入收益等。新准则将企业担负的社会责任引入到会计系统中，其目的是更加科学、合理、全面地反映成本信息，确保成本补偿，避免釜底抽薪、超前分配。

（三）投资

原来按短期、长期划分，短期投资主要是指股票、债券的投资，按照成本与市价孰低原则计量；规定"持有到期"的长期债券要以历史成本计量，并计提减值准备。新准则规定对交易性的股票、债券按金融工具确认和计量准则执行，改变了原来短期投资的处理方法，这部分内容将在金融工具确认和计量这一讲中做细致的阐述。

调整后，投资归入的分类主要为：交易性金融资产（归入"以公允价值计量且其变动计入当期损益的金融资产"类中）；债权投资；其他债权投资；其他权益工具投资；长期股权投资。

除投资性主体、风险投资机构、共同基金以及类似主体（如投资连接保险产品）外，对子公司的长期股权投资应当按成本法核算，对合营企业、联营企业的长期股权投资应当按权益法核算。

（四）新准则要求单独核算和反映投资性房地产

投资性房地产准则是一项新准则，用于规范为赚取租金或资本增值，或者两者兼有而持有的房地产的处理。

在会计报表中应单列"投资性房地产"项目，会计处理可以采用成本模式（与固定资产、无形资产差异不大）或者公允价值模式，但以成本模式为主导。如有活跃市场，能确定公允价值并能可靠计量，也可以采用公允价值计量模式。在公允价值计量模式下不计提折旧。

在本准则制定时，我国许多企业持有投资性房地产。但在原企业会计制度下，投资性房地产和企业自用房地产都被纳入固定资产或无形资产核算，这不利于反映企业房地产的构成情况及各类房地产对企业经营业绩的贡献。因此，投资性房地产准则将投资性房地产作为区别于固定资产和无形资产的一项资产单独进行反映。

（五）固定资产——重新定义了预计净残值，规定了特殊行业预计弃置费的会计处理

1. 固定资产的预计净残值

它是指假定固定资产的预计使用寿命已满并处于使用寿命终了时的预期状态，此时企业从该项资产的处置中获得的扣除预计处置费用后的金额。

2. 固定资产的弃置费用

固定资产准则规定，确定固定资产成本时，应当考虑预计弃置费用因素。之所以这样修改，主要是考虑到我国有些特殊的企业，在资产使用完报废后要发生一笔很大的费用。

弃置义务通常是指根据国家法律和行政法规、国际公约等规定，企业承担的环境保护和生态恢复等义务，如石油天然气企业油气水井及相关设施的弃置、核电站核设施的弃置等。弃置费用的金额较大，企业应当根据《企业会计准则第13号——或有事项》的规定，按照现值计算确定应计入固定资产原价的金额和相应的预计负债。不属于弃置义务的固定资产报废清理费，应在实际发生时作为固定资产处置费用处理。

（六）借款费用

旧准则侧重于固定资产借款，新准则改变了专门借款的概念，不再只限于固定资产的借款。"符合资本化条件的资产"包括固定资产，还包括需要经过相当长时间的构建或生产活动才可以达到预定可使用状态或者可销售状态的存货和投资性房地产等资产。

（七）所得税

旧准则的做法有两种：纳税影响会计法和应付税款法。在实际工作中大部分采用应付税款法。国际财务报告准则较为推崇资产负债表观，所得税费用的计算要以资产负债表观为基础，认为企业盈利还是亏损归根结底要体现在净资产上。而我国以往比较推崇利润表观，新所得税准则采用国际财务报告准则的做法，运

用了资产负债表观。

所得税准则是新准则中实施难度最大的准则之一。与原先的应付税款法相比,该准则的理念有重大变化,强调权责发生制原则和资产负债表观的理念,以利润总额为基础调整若干项目后求得所得税费用的计算基础(按资产负债表观调整利润总额)。

(八) 资产负债表日后事项

资产负债表日后,企业利润分配方案中拟分配的以及经审议批准宣告发放的股利或利润,不确认为资产负债表日的负债,但应当在附注中单独披露。因为其不符合负债定义中所强调的现时义务的标准。

第三节　执行新企业会计准则对企业财务状况的影响分析

由于新准则对比旧准则有很多新变化,执行新准则后,对企业财务状况、经营成果等许多方面都将会产生重大影响。

限于篇幅,以下仅从经营成果角度分析、探讨执行新准则的主要财务影响。

一、可以使当期利润增加的会计准则新规定

(一) 非货币性资产交换准则

非货币性资产交换在该项交换具有商业实质和换出(或换入)资产的公允价值能够可靠计量的情况下,应当以公允价值和应支付的相关税费作为换入资产的成本,公允价值与换出资产账面价值的差额计入当期损益。这个规定改变了以前以换出资产的账面价值作为换入资产价值的做法,一般情况下,将使利润增加。

例如,用自用的账面价值为 600 万元,公允价值为 1 000 万元的房产等价换入一块土地,则应将公允价值 1 000 万元与换出资产账面价值 600 万元的差额 400 万元计入当期损益,使利润增加。

(二) 需要经过相当长时间的购建或者生产活动才能达到预定可使用或者可销售状态的投资性房地产、存货等资产的借款费用资本化

由于借款费用准则扩大了借款费用资本化的资产范围和借款范围,相应地会增加企业当期资产价值,减少当期财务费用,进而增加当期利润。

符合借款费用资本化条件的存货

企业通过借款方式购建或者生产的存货中,符合借款费用资本化条件的,应当将符合资本化条件的借款费用予以资本化。符合借款费用资本化条件的存货,主要包括房地产开发企业开发的用于对外出售的房地产开发产品、机械制造企业制造的用于对外出售的大型机械设备等。这类存货通常需要经过相当长时间的建造或者生产过程,才能达到预定可销售状态。其中"相当长时间",是指为资产的购建或者生产所必需的时间,通常为 1 年以上(包括 1 年)。

(三) 无形资产准则

1. 研发费用资本化

企业的研发能力既决定着企业的生死存亡和核心竞争力,又是一个国家综合经济实力与发展潜力的重要体现。

新准则着眼推动企业自主创新和技术升级,在会计政策选择方面,引入了研发费用资本化制度,改变了原先的研发费用全部费用化的做法,对于符合确认条件的开发活动支出允许资本化,作为资产予以确认。

这一政策将大大改善那些高科技企业、风险投资企业或者研发投入较大的企业的财务状况和业绩水平,为响应中央提出的鼓励企业自主创新的号召创造了良好的会计政策环境,功

在眼前,利在长远,战略意义相当重大。

2. 无形资产的摊销

无形资产的摊销金额一般应确认为当期损益,计入管理费用。某项无形资产包含的经济利益通过所生产的产品或其他资产实现的,无形资产的摊销金额可以计入产品或其他资产成本。

(四) 所得税准则

1. 由应付税款法改为资产负债表债务法,可抵扣暂时性差异使本期递延所得税资产增加,本期所得税费用减少

对于所得税的核算,在执行老制度时,绝大部分企业都采用应付税款法核算;新准则规定,所得税应采用资产负债表债务法核算。

企业在取得资产或发生负债时,应当确定其计税基础。资产、负债的账面价值与其计税基础存在差异的,应当按照所得税准则规定确认所产生的递延所得税资产或递延所得税负债。

由于实际工作中在大部分情况下,都产生可抵扣暂时性差异,这将使本期递延所得税资产增加、本期所得税费用减少,从而使本期利润增加。

2. 能够结转以后年度的可抵扣亏损、税款抵减,确认相应的递延所得税资产,使本期资产增加,利润增加

企业对于能够结转以后年度的可抵扣亏损和税款抵减,应当以很可能获得用来抵扣可抵扣亏损和税款抵减的未来应纳税所得额为限,确认相应的递延所得税资产。

按照原企业会计制度,对由于亏损产生的所得税利益,不得确认为资产;新准则规定,应当以很可能获得用来抵扣可抵扣亏损和税款抵减的未来应纳税所得额为限,确认相应的递延所得税资产,这将使本期资产增加,利润增加。

(五) 投资性房地产准则

在有确凿证据表明投资性房地产的公允价值能够持续可靠取得的情况下,可以对投资性房地产采用公允价值模式进行后续计量。采用公允价值模式计量的,不对投资性房地产计提折旧或进行摊销,应当以资产负债表日投资性房地产的公允价值为基础调整其账面价值,公允价值与原账面价值之间的差额计入当期损益。

由此可见,在原企业会计制度下,房地产应计入固定资产或无形资产,并计提折旧或摊销。执行新准则后,满足一定条件按公允价值计价时,不计提折旧或进行摊销,将使当期费用减少,当期利润增加;此外,将资产负债表日投资性房地产的公允价值与原账面价值之间的差额计入当期损益,在房地产升值的情况下,也将使当期利润增加。

(六) 债务重组准则

执行新债务重组准则后,不再将债务重组利得计入资本公积,而是计入当期损益;对于实物抵债业务,引入公允价值作为计量属性,这将使企业当期利润增加。

二、将使当期利润减少的会计准则新规定——股票期权费用化

《企业会计准则第11号——股份支付》是新增的一项会计准则,目的是规范股份支付的确认、计量和相关信息的披露。关键要素是股票期权费用化和公允价值计量。

股份支付是指企业为获取职工和其他方提供服务或商品而授予权益工具或者承担以权益工具为基础确定的负债的交易,分为以权益结算的股份支付和以现金结算的股份支付。

(一) 原规定

原规定要求在行权前费用一般不纳入表内反映,在实际行权时,才全额计入行权当期的损益。

(二) 新规定

新规定要求企业在行权前按照公允价值确认负债或权益,并将费用计入当期或等待期的损益。

授予后立即可行权的换取职工服务或其他方类似服务的以权益结算的股份支付,应当在授予日按权益工具的公允价值计入相关成本或

费用,相应增加资本公积;完成等待期内的服务或达到规定业绩条件才可行权的以权益结算的股份支付,在等待期内的每一个资产负债表日,按照权益工具授予日的公允价值,将当期取得的服务计入相关成本或费用和资本公积。

在行权日,企业根据实际行权的权益工具数量,计算确定应转入实收资本或股本的金额,将其转入实收资本或股本。

三、可能使当期利润增加也可能使当期利润减少的会计准则新规定

(一)存货准则

由于新规定取消了"后进先出法",如果物价上涨,将使转出的成本减少,从而使利润增加;如果物价下跌,将使转出的成本增加,从而使当期利润减少。

因此,不允许采用"后进先出法"结转存货成本,其对当期利润的影响,取决于物价的走向。

(二)长期股权投资准则

根据新规定,母公司在编制个别报表时,将对子公司的投资由采用权益法核算改为成本法核算(注:不是合并财务报表),如果子公司盈利,将使母公司个别报表的资产减少、利润减少;如果子公司亏损,将使母公司个别报表的资产增加、利润增加。

注 除投资性主体、风险投资机构、共同基金以及类似主体(如投资连接保险产品)外,对子公司的长期股权投资应当按成本法核算,对合营企业、联营企业的长期股权投资应当按权益法核算。

(三)金融工具确认和计量准则(以交易性金融资产为例)

新规定对于交易性金融资产,期末按照公允价值进行后续计量,公允价值的变动计入当期损益。这改变了原制度的按成本与市价孰低法计量的做法。

如果交易性股票投资的股票价格不断上涨,将使利润增加;如果股票价格下降,将使利润减少。由于股票价格升降的不可确定性,故执行新准则后,利润的走向具有不确定性。

(四)套期会计准则(属衍生工具的套期工具)

根据新规定,套期工具为衍生工具的,套期工具公允价值变动形成的利得或损失应当计入当期损益。这改变了原制度只在表外披露的规定,将损益由表外披露移到表内反映。

因期末是损失还是收益具有不确定性,故执行新准则后利润的走向也具有不确定性。

套期工具

衍生工具通常可以作为套期工具。衍生工具包括远期合同、期货合同、互换和期权,以及具有远期合同、期货合同、互换和期权中一种或一种以上特征的工具。例如,企业为规避库存铜品价格下跌的风险,可以通过卖出一定数量铜品的期货合同加以实现,其中卖出铜品的期货合同即套期工具。

衍生工具如果无法有效地降低被套期项目的风险,则不能作为套期工具。例如,对于利率上下限期权或由一项发行的期权和一项购入的期权组成的期权,其实质相当于企业发行一项期权的(企业收取了净期权费),不能将其指定为套期工具。

套期会计方法

套期会计方法是指在相同会计期间将套期工具和被套期项目公允价值变动的抵销结果计入当期损益的方法。

例如,智董公司拟对6个月之后很可能发生的贵金属销售进行现金流量套期,为规避相关贵金属价格下跌的风险,该企业可以现在卖出相同数量的该种贵金属期货合同并指定为套期工具,同时指定预期的贵金属销售为被套期项目。资产负债表日(假定预期贵金属销售尚未发生),期货合同的公允价值上涨了100万元,对应的贵金属预期销售价格的现值下降了100万元。假定上述套期符合运用套期会计方法的条件,该企业应将期货合同的公允价值变动计入所有者权益(其他综合收益),待预期销售交易实际发生时,再转出调整销售收入。

四、减少利润波动的会计准则新规定

(一)资产减值准则

根据新规定,资产减值损失一经确认,在以

后会计期间不得转回。由于资产减值准则主要适用于固定资产、无形资产和商誉，这些资产计提减值之后，当以后资产价值回升时不得转回，这就改变了旧准则可以转回的做法，堵住了有些企业通过计提秘密准备来调节利润的做法，减少了利润的波动。

（二）合并财务报表范围扩大，更关注实质性控制

根据新规定，合并财务报表的合并范围应当以控制为基础加以确定，母公司应将所有能控制的子公司纳入合并范围，这就改变了旧准则中许多例外的情形，使企业无法调节合并范围以达到调节利润的目的，从而减少利润的波动。

第二讲 企业会计准则——基本准则

第一节 综合知识

为了规范企业会计确认、计量和报告行为,保证会计信息质量,根据《中华人民共和国会计法》和其他有关法律、行政法规,2006年2月15日,我国财政部对《企业会计准则》(财政部令第5号)进行了修订。修订后的《企业会计准则——基本准则》由部务会议讨论通过,以中华人民共和国财政部令第33号文件予以公布。2014年7月23日,我国财政部根据《关于修改〈企业会计准则——基本准则〉的决定》对《企业会计准则——基本准则》再次进行了修改(修改后的基本准则,本讲以下简称基本准则、本准则或新准则)。

《企业会计准则——基本准则》由总则、会计信息质量要求、资产、负债、所有者权益、收入、费用、利润、会计计量、财务会计报告以及附则共11章组成。

基本准则的制定背景

1992年11月30日,我国财政部发布了《企业会计准则——基本准则》(从1993年7月1日起实施)。这是从改革开放以来,为了实现与国际惯例接轨,我国在会计方面实行的重大举措,在我国会计改革中具有划时代意义。

随着改革的不断深入,尤其是我国加入WTO之后,世界经济一体化进程不断加快,迫切要求建立更完善的会计准则体系和修订基本准则。

全国人民代表大会于1999年修订了《中华人民共和国会计法》,国务院于2000年制定并发布了《企业财务会计报告条例》,这些新的法律法规对于企业单位的会计核算、财务会计报告的编制以及会计要素的定义等都作了新的规定。原基本准则的相关内容已经与上述法律法规的有关规定不一致,需要加以修改。

基本准则不同于具体准则,应当规定会计的目标、会计的基本假设、会计信息质量要求、会计要素的确认和计量等,从而对各项具体准则的制定起统御作用。然而,从原基本准则的内容来看,离这一功能定位尚有差距,许多应当在基本准则中加以明确的确认、计量要求并没有得到规范。为了体现基本准则在会计准则体系中的功能定位,指导我国具体准则的制定,有必要对基本准则加以修改。

国际会计准则理事会和世界上许多国家在会计准则制定中,通常都有"财务会计概念框架",它既是制定国际财务报告准则和这些国家会计准则的概念基础,也是会计准则制定机构多年摸索、总结的成果。因此,其中的一些合理内容,可以借鉴,并有必要在基本准则中加以体现。

一、基本准则的作用和地位

(一)作用

基本准则的作用在于规范具体会计准则的制定以及没有具体会计准则规范的交易或者事项的会计处理。换言之,基本准则的作用在于为具体会计准则的制定和没有具体会计准则规范的交易或事项的会计处理提供理论指导。

基本准则主要解决会计信息为谁服务、提供会计信息的目标是什么、应该提供哪些会计信息、会计信息应具备哪些质量特征、在何种假设(前提)下提供会计信息和提供会计信息应遵守哪些基本原则等方面的问题。

要透彻理解基本准则,必须将其看成一个

有机的整体,从财务会计报告使用者、会计目标、会计信息的质量特征、会计要素、会计假设、会计确认和计量的一般原则以及操作限制等方面来把握。

(二) 地位

《企业会计准则——基本准则》是我国会计准则体系的重要组成部分。从其所起的作用来看,《企业会计准则——基本准则》类似于国际会计准则体系中的《编制财务报表的框架》,也类似于美国等其他西方国家会计准则体系中的《财务会计概念框架》。

基本准则借鉴国际会计准则《编制财务报表的框架》和美国等西方国家《财务会计概念框架》中适合中国国情的、先进的、合理的内容,但其名称和法律地位则与这两者有区别。

无论国际会计准则理事会的《编制财务报表的框架》,还是美国财务会计准则委员会的《财务会计概念框架》,尽管起着指导会计准则制定的作用,但都不属于会计准则的组成部分,也没有法律约束力。

我国属于成文法法系国家,按照《中华人民共和国立法法》的规定,会计准则系由财政部、国务院部门发布的文件,属于部门规章。这与国际上《财务会计概念框架》的性质和法律地位是不一样的。企业会计基本准则是我国法规体系的构成部分,具有强制执行的特点。如果将其取名为"概念框架",会引起不必要的误会,不利于基本准则的执行,也不利于其法律地位的巩固。所以在我国的企业会计准则体系中,虽然其起到了概念框架的作用,但不宜称其为"概念框架",而应称其为"基本准则"。

二、基本准则的内容框架

《企业会计准则——基本准则》内容框架如图 2-1 所示。

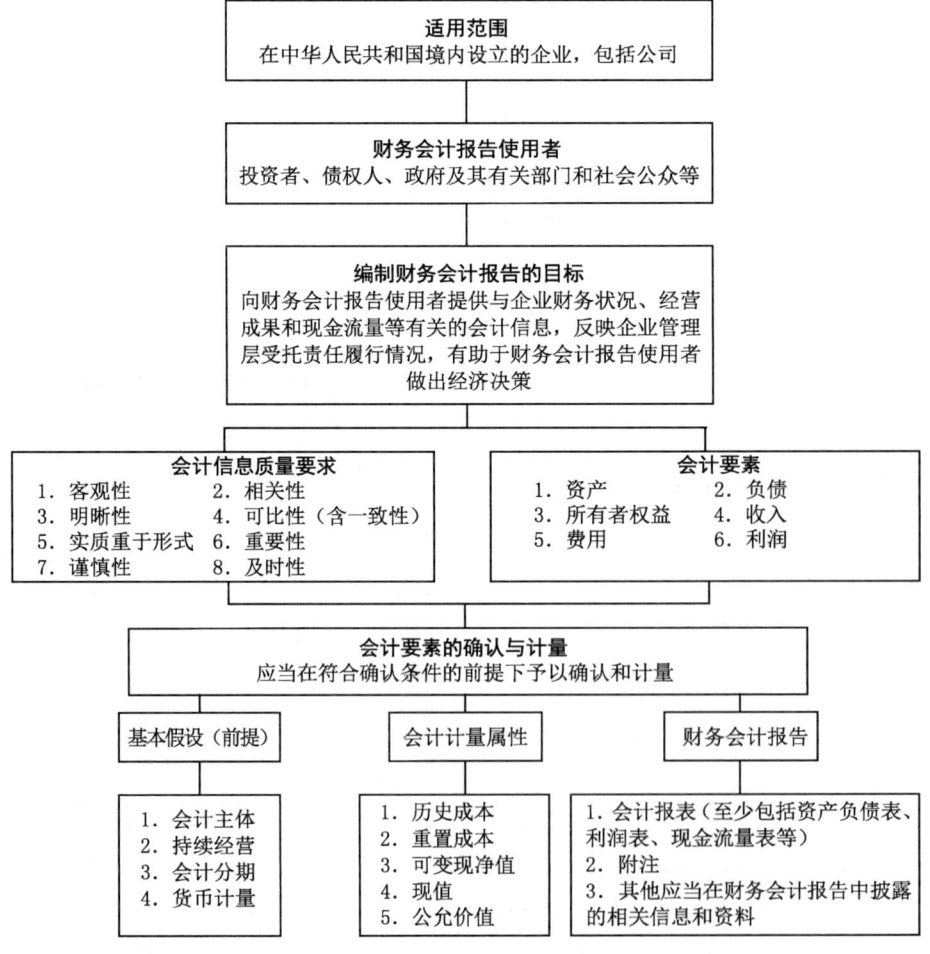

图 2-1 基本准则内容框架

三、基本准则的内容变化

（一）新基本准则对会计目标进行了修改

1. 旧基本准则

在1992年颁布的《企业会计准则——基本准则》中，我国对会计基本目标的表述是："会计信息应当符合国家宏观经济管理的要求；满足有关各方了解企业财务状况和经营成果的需要；满足企业加强内部经营管理的需要。"这个目标过于宽泛，缺乏指导性。

2. 新基本准则

根据会计的本质和国内外的会计实践，修订后会计的基本目标是："为了规范企业会计确认、计量和报告行为，保证会计信息质量，财务会计报告的目标是向财务会计报告使用者提供与企业财务状况、经营成果和现金流量等有关的会计信息，反映企业管理层受托责任履行情况，有助于财务会计报告使用者做出经济决策。"

（二）新基本准则将原来的"一般原则"改为"会计信息质量要求"

1. 旧基本准则

旧基本准则第二章"一般原则"中，具体规定了12项原则。这12项原则都是为了保证会计信息的真实、可靠、及时、有用、清晰明了等要求，国外一般称之为"会计信息或财务报表的质量特征"。

2. 新基本准则

新基本准则将旧基本准则中的第二章"一般原则"改为"会计信息质量要求"，因为这样更能体现该章的内容实质。除此之外，原来12项一般原则中删除了配比原则、权责发生制原则，把划分收益性支出和资本性支出原则融入具体准则中，把一致性原则融入可比性原则中，增补了实质重于形式等原则。

以上变化主要是基于有的原则并没有在会计实务处理中得到一贯遵守；有的原则在其他原则中或具体准则中已有表述而避免重复；有的原则则考虑近些年来国际上通行的要求而修改。

新基本准则中的"会计信息质量要求"，继续保留了重要性、谨慎性原则等，也强调了可比性、一致性和明晰性等原则，同时对保留原则的内容也作了适当的补充和完善。

配比——一定时期的收入要与同时期对应的费用相配比

1. 配比的要求

企业为生产产品、提供劳务等发生的可归属于产品成本、劳务成本等的费用，应当在确认产品销售收入、劳务收入等时，将已销售产品、已提供劳务的成本等计入当期损益；企业发生的支出不产生经济利益的，或者即使能够产生经济利益但不符合或者不再符合资产确认条件的，应当在发生时确认为费用，计入当期损益；企业发生的交易或者事项导致其承担了一项负债而又不确认为一项资产的，应当在发生时确认为费用，计入当期损益。

换句话说，配比原则要求企业在进行会计核算时，收入与其成本、费用等应当相互配比，同一会计期间内的各项收入和与其相关的成本、费用等，应当在该会计期间内确认。

2. 配比的两层含义

配比原则是根据收入与费用的内在联系，要求将一定时期内的收入与为取得收入所发生的费用在同一期间进行确认和计量。

在会计核算工作中坚持配比原则有两层含义：

（1）因果配比，即将收入与其对应的成本相配比。例如，将主营业务收入与主营业务成本相配比，将其他业务收入与其他业务成本相配比。

（2）期间配比，即将一定时期的收入与同时期的费用相配比。例如，将当期的收入与管理费用、财务费用等期间费用相配比等。

划分资本性支出和收益性支出——凡支出的效益及于几个会计期间的，应当作为资本性支出

划分资本性支出和收益性支出，是指企业的会计处理应当合理划分收益性支出与资本性支出的界限。

凡支出的效益仅及于本会计期间的，应当作为收益性支出；凡支出的效益及于几个会计期间的，应当作为资本性支出，以便正确计算各会计期间的损益。

【例 2-1】 赓升公司为上市公司，以生产销售玩具为主营业务。为促进玩具销售，赓升公司投资拍摄动漫影视作品。在获得《国产电视动画片发行许可证》，并在省版权局进行版权登记拥有版权之后，赓升公司将影视作品制作支出确认为存货；将为播放影视作品支付给电视台的播出、广告等费用计入当期销售费用；销售动漫玩具产品时，每月按动漫玩具实现的销售收入占预计总销量收入（动漫玩具未来3年预计收入）的比例对影视剧投资支出金额进行摊销，确认为营业成本。

问题：赓升公司的上述会计处理是否正确？

【分析】企业发生的支出应当资本化为一项资产（即资本化）还是应当计入当期损益（即费用化），判断的依据在于该项支出是否符合资产的定义以及资产的确认条件。《企业会计准则——基本准则》中定义资产为"企业过去的交易或事项所形成的、由企业拥有或控制的、预期会给企业带来经济利益的支出"，在同时满足"与该资源有关的经济利益很可能流入企业，该资源的成本或者价值能够可靠计量"的情况下确认资产。一项支出是否符合资产的定义以及资产的确认条件不仅取决于支出的性质，也取决于交易的目的。

以企业发生的动漫影视作品投资支出为例，影视作品投资支出应根据影视作品的制作目的和盈利模式确定会计处理方式。对于从事影视作品制作的电影企业，如果其制作影视作品的目的是通过销售影视作品著作权、发行权和放映权等获取盈利，且在实质上具有作为影视产品独立盈利的能力，则其发生的影视作品制作支出将在企业销售著作权、发行权和放映权时给企业带来经济利益，符合资产的定义和确认条件，因此企业可以参考财政部《电影企业会计核算办法》（财会〔2004〕19号）规定，对影视作品制作支出资本化。根据《电影企业会计核算办法》，电影企业影视作品制作支出应在"生产成本"科目中进行归集，制作完成并已取得许可证作品的生产成本结转至"库存商品"科目，并在实现作品销售收入时结转为销售成本。对于一次性卖断全部著作权的影视作品，在取得卖断价款时，应将其全部实际成本一次性结转销售成本。

若其投资拍摄影视作品的目的是推销产品，促进相关产品的销售，则应视为一种营销手段，由于其未来给企业带来经济利益的可能性和金额有很大不确定性，不符合资产的确认条件，因此应当比照广告费用支出进行会计处理。广告费应当在发生时计入当期损益。

赓升公司以生产销售玩具为主营业务，投资拍摄动漫影视作品的目的是为了促进动漫玩具销售，不是为了通过销售动漫影视作品著作权、发行权、放映权盈利，且赓升公司一直的盈利模式中不包括通过销售版权获取盈利。因此，赓升公司的动漫影视作品拍摄支出应比照广告费用处理。即赓升公司应将影视作品制作支出、为播放影视作品支付给电视台的播出和广告等费用计入当期销售费用，不应将影视作品制作支出确认为存货并摊销。

【例2-2】2×22年1月1日，赓升公司为建造一条电视机生产线，经与建设银行协商后，决定向建设银行借入期限为4年的长期借款。款项已经划入公司。电视机生产线已经开始建造。赓升公司为建造生产线尚未动用建设银行的借款。

【分析】款项已经划入赓升公司，所以，借款费用已经发生。电视机生产线已经开始建造，所以，为使资产达到预定可使用状态所必要的购建活动已经开始。赓升公司为建造生产线尚未动用建设银行的借款，所以，资产支出尚未发生。

基于上述分析，赓升公司虽然因建造生产线而向建设银行借入长期借款，而且该笔借款已经发生借款费用，但是，赓升公司不能将此借款费用计入电视机生产线的成本，而只能在发生当期确认为费用。

（三）新基本准则对会计要素的定义进行了重大调整，引入了"利得"和"损失"概念

1. 对会计要素的定义作了重大调整

新基本准则对会计要素的定义作了重大调整，主要原因是2000年国务院发布的《企业财务会计报告条例》中，对资产、负债、所有者权益、

收入、费用和利润六大会计要素进行了重新定义，取代了原来基本准则中关于会计要素定义的规定。基本准则修订后的这部分内容完全是按照《企业财务会计报告条例》的规定进行的，而且是新基本准则修改的核心部分。

2. 引入了"利得"和"损失"概念

除修改了六大会计要素的定义之外，新基本准则还吸收了国际会计准则中的合理内容，在"所有者权益""利润"要素中引入国际会计准则中的"利得"和"损失"概念。从国际上来看，不少国家是将其作为独立的会计要素的，即"利得"和"损失"。由于我国《企业财务会计报告条例》规定了会计要素只有6项，但这两个概念又非常重要，所以将其在"所有者权益""利润"要素中加以体现。

利得是指由企业非日常活动所形成的、会导致所有者权益增加的、与所有者投入资本无关的经济利益的流入。损失是指由企业非日常活动所发生的、会导致所有者权益减少的、与向所有者分配利润无关的经济利益的流出。应该注意的是，利得和损失有两个去向，即作为资本公积或其他综合收益直接反映在资产负债表中或作为非经常损益反映在利润表中。

直接计入所有者权益的利得和损失，是指不应计入当期损益、会导致所有者权益发生增减变动的、与所有者投入资本或者向所有者分配利润无关的利得或者损失，主要反映在其他综合收益中。

直接计入当期利润的利得和损失，是指应当计入当期损益、会导致所有者权益发生增减变动的、与所有者投入资本或者向所有者分配利润无关的利得或者损失，如处置固定资产收益，计入资产处置损益。

小知识

直接计入所有者权益或当期利润的利得和损失

1. 所有者权益——直接计入所有者权益的利得和损失

所有者权益的来源包括所有者投入的资本、直接计入所有者权益的利得和损失、留存收益等。

直接计入所有者权益的利得和损失，是指不应计入当期损益、会导致所有者权益发生增减变动的、与所有者投入资本或者向所有者分配利润无关的利得或者损失。

利得是指由企业非日常活动所形成的、会导致所有者权益增加的、与所有者投入资本无关的经济利益的流入。

损失是指由企业非日常活动所发生的、会导致所有者权益减少的、与向所有者分配利润无关的经济利益的流出。

2. 利润——直接计入当期利润的利得和损失

利润是指企业在一定会计期间的经营成果。利润包括收入减去费用后的净额、直接计入当期利润的利得和损失等。

利润＝收入－费用＋直接计入当期利润的利得和损失等

直接计入当期利润的利得和损失，是指应当计入当期损益、会导致所有者权益发生增减变动的、与所有者投入资本或者向所有者分配利润无关的利得或者损失。

（四）新基本准则突出了会计计量属性

新基本准则对会计计量属性作了专门系统的阐述，包括计量基础的种类，每一种计量基础的内涵和运用，仍规定以历史成本为主要计量属性，但又不限于历史成本，在能够取得并可靠计量的提前下引入了重置成本、可变现净值、现值和公允价值等计量属性。

为了适应我国企业和资本市场发展的实际需要，实现我国企业会计准则与国际财务报告准则的持续趋同，经财政部部务会议决定（财政部令第76号），2014年7月23日将《企业会计准则——基本准则》第四十二条第五项修改为："（五）公允价值。在公允价值计量下，资产和负债按照市场参与者在计量日发生的有序交易中，出售资产所能收到或者转移负债所需支付的价格计量。"

（五）新基本准则对财务会计报告进行了修改

1. 旧基本准则

旧基本准则第九章财务报告规定：财务报告由会计报表、会计报表附注和财务情况说明书构成。

2. 新基本准则

新基本准则强调了现金流量表的编制，旧基本准则主要规定应编制"财务状况变动表"，目前的潮流是编制现金流量表；取消了财务情况说明书，因为财务情况说明书涉及的企业生产经营基本情况等内容，不宜通过会计准则来规范。

四、基本准则的适用范围

基本准则适用于在中华人民共和国境内设立的企业。

第二节 基本假设（前提）

会计的基本假设是指一般在会计实践中长期奉行，不需证明便为人们所接受的前提条件。

财务会计要在一定的假设条件下才能确认、计量、记录和报告会计信息，所以会计假设亦称为会计核算的基本前提。

我国《企业会计准则——基本准则》明确了4个基本假设，即会计主体、持续经营、会计分期和货币计量。

一、会计主体

《企业会计准则——基本准则》第五条规定：企业应当对其本身发生的交易或者事项进行会计确认、计量和报告。

会计主体，亦称会计实体、会计个体，是指会计信息所反映的特定单位，它规范了会计工作的空间范围。

（一）会计主体为什么是会计核算的基本前提

会计工作的目的是反映一个单位的财务状况、经营成果和现金流量，为包括投资者在内的各个方面做出决策服务。会计所要反映的总是特定的对象，只有明确规定会计核算的对象，将会计所要反映的对象与包括所有者在内的其他经济实体区别开来，才能保证会计核算工作的正常开展，实现会计的目标。

在会计主体前提下，企业应当对其本身发生的交易或者事项进行会计确认、计量和报告。会计主体基本前提，为会计人员在日常的会计核算中对各项交易或事项做出正确判断、对会计处理方法和会计处理程序做出正确选择提供了依据。

1. 明确会计主体，才能划定会计所要处理的各项交易或事项的范围

在会计核算工作中，只有那些影响企业本身经济利益的各项交易或事项才能加以确认和计量，那些不影响企业本身经济利益的各项交易或事项则不能加以确认和计量。会计核算工作中通常所讲的资产、负债的确认，收入的取得，费用的发生，都是针对特定会计主体而言的。

2. 明确会计主体，才能把握会计处理的立场

企业作为一个会计主体，对外销售商品时（不考虑税金因素），一方面形成一笔收入，同时增加一笔资产或者减少一笔负债，而不是相反；采购材料时，一方面导致现金减少、存货增加，或者债务增加、存货增加，而不是相反。

3. 明确会计主体，才能将会计主体的经济活动与会计主体所有者的经济活动区分开来

例如，由自然人所创办的独资企业或合伙企业，不具有法人资格，企业的资产和负债在法律上被视为业主或合伙人的资产和负债，但在会计核算上必须将企业作为一个会计主体，以便将会计主体的经济活动与会计主体所有者的经济活动区分开来。

这主要是因为，无论会计主体的经济活动，还是会计主体所有者的经济活动，都最终影响所有者的经济利益。但是，会计核算工作只涉及会计主体范围内的经济活动。

为了真实地反映会计主体的财务状况、经营成果和现金流量,必须将会计主体的经济活动与会计主体所有者的经济活动区别开来。

(二)会计主体与法律主体有这些区别

会计主体不同于法律主体。

一般来说,法律主体往往是一个会计主体。例如,一个企业作为一个法律主体,应当建立会计核算体系,独立地反映其财务状况、经营成果和现金流量。

但是,会计主体不一定是法律主体。例如,在企业集团的情况下,一个母公司拥有若干个子公司,企业集团在母公司的统一领导下开展生产经营活动。母子公司虽然是不同的法律主体,但是,为了全面反映企业集团的财务状况、经营成果和现金流量,就有必要将这个企业集团作为一个会计主体,编制合并会计报表。合并财务报表反映的对象是由母公司和其全部子公司组成的会计主体。在编制合并财务报表时应当将母公司和所有子公司作为整体来看待,视为一个会计主体,母公司和子公司发生的经营活动都应当从企业集团这一整体的角度进行考虑,包括对项目重要性的判断。在编制合并财务报表时,对于母公司与子公司、子公司相互之间发生的经济业务,应当视为同一会计主体的内部业务处理,对合并财务报表的财务状况、经营成果和现金流量不产生影响。另外,对于某些特殊交易,如果站在企业集团角度的确认和计量与个别财务报表角度的确认和计量不同,还需要站在企业集团角度就同一交易或事项予以调整。

了解一下未纳入合并财务报表范围的"结构化主体"

在判断某一主体是否为结构化主体,以及判断该主体与企业的关系时,应当综合考虑结构化主体的定义和特征。结构化主体通常具有下列特征中的多项或全部特征:

(1)通常情况下,结构化主体在合同约定的范围内开展业务活动,业务活动范围受到了限制。

例如,从事信贷资产证券化业务的结构化主体,在发行资产支持证券募集资金和购买信贷资产后,根据相关合同,其业务活动是将来源于信贷资产的现金向资产支持证券投资者分配收益。

(2)结构化主体通常是为了特殊目的而设立的主体,有具体明确的目的,而且目的比较单一。

例如,有的企业发起结构化主体是为了将企业的资产转让给结构化主体以迅速回收资金,并改变资产结构来满足资产负债管理的需要;有的企业发起结构化主体是为了满足客户特定的投资需求,吸引到更多的客户;还有的企业发起结构化主体是为了专门从事研究开发活动,或开展租赁业务等。

(3)结构化主体的股本(如有)不足以支撑其业务活动,必须依靠其他次级财务支持。

次级财务支持是指承受结构化主体部分或全部预计损失的可变权益,其中的"次级"代表受偿顺序在后。股本本身就是一种次级财务支持,其他次级财务支持包括次级债权、对承担损失做出的承诺或担保义务等。通常情况下,结构化主体的股本占资产规模的份额较小,甚至没有股本。当股本很少或没有股本,不足以支撑结构化主体的业务活动时,通常需要依靠其他次级财务支持来为结构化主体注入资金,支撑结构化主体的业务活动。

(4)结构化主体通过向投资者发行不同等级的证券(如分级产品)等金融工具进行融资。等级不同的证券,信用风险及其他风险的集中程度也不同。

例如,以发行分级产品的方式融资是对各级产品的受益权进行了分层配置。购买优先级的投资者享有优先受益权,购买次级的投资者享有次级受益权。投资期满后,投资收益在逐级保证受益人本金、预期收益及相关费用后的余额归购买次级的投资者,如果出现投资损失,先由购买次级的投资者承担。由于不同等级的证券具有不同的信用风险、利率风险或流动性风险,发行分级产品可以满足不同风险偏好投资者的投资需求。

二、持续经营

企业会计确认、计量和报告应当以持续经营为前提。持续经营,是指在可以预见的将来,企业将会按当前的规模和状态继续经营下去,不会停业,也不会大规模削减业务。在持续经营前提下,企业会计确认、计量和报告应当以持续、正常的生产经营活动为前提。

企业是否持续经营,在会计原则、会计方法的选择上有很大差别。一般情况下,应当假定企业将会按当前的规模和状态继续经营下去，不会停业，也不会大规模削减业务。明确这个基本前提，就意味着会计主体将按照既定用途使用资产，按照既定的合约条件清偿债务，会计人员就可以在此基础上选择会计原则和会计方法。

例如，一般情况下，企业的固定资产可以在一个较长的时期发挥作用，如果可以判断企业会持续经营，就可以假定企业的固定资产会在持续经营的生产经营过程中长期发挥作用，并服务于生产经营过程，固定资产就可以根据历史成本进行记录，并采用折旧的方法，将历史成本分摊到各个会计期间或相关产品的成本中。如果判断企业不会持续经营，固定资产就不应采用历史成本进行记录并按期计提折旧。

由于持续经营是根据企业发展的一般情况所作的设定，而任何企业都存在破产、清算的风险，也就是说，企业不能持续经营的可能性总是存在的。为此，需要企业定期对其持续经营基本前提做出分析和判断。如果可以判断企业不会持续经营，就应当改变会计核算的原则和方法，并在企业财务报告中做相应披露。

注 明确这个基本假设，就意味着会计主体将按照既定用途使用资产，按照既定合约条件清偿债务，并根据企业会计准则进行确认、计量和报告，而不是按照企业破产清算有关会计处理规定处理。因此，对于封闭式基金、理财产品、信托计划等寿命固定或可确定的结构化主体，有限寿命本身并不影响持续经营假设的成立。

企业应当以持续经营为基础编制财务报表。持续经营是会计的基本前提，也是会计确认、计量及编制财务报表的基础。在编制财务报表的过程中，企业管理层应当全面评估企业的持续经营能力。企业管理层在对企业持续经营能力进行评估时，应当利用其所有可获得的信息，评估涵盖的期间应包括企业自资产负债表日起至少12个月，评估需要考虑的因素包括宏观政策风险、市场经营风险、企业目前或长期的盈利能力、偿债能力、财务弹性以及企业管理层改变经营政策的意向等。评价结果表明对持续经营能力产生重大怀疑的，企业应当在附注中披露导致对持续经营能力产生重大怀疑的影响因素以及企业拟采取的改善措施。

企业在评估持续经营能力时应当结合考虑企业的具体情况。通常情况下，如果企业过去每年都有可观的净利润，并且易于获取所需的财务资源，则对持续经营能力的评估易于判断，这表明企业以持续经营为基础编制财务报表是合理的，而无须进行详细分析。反之，如果企业过去多年有亏损的记录等情况，则需要通过考虑更加广泛的相关因素来做出评价，如目前和预期未来的盈利能力、债务清偿计划、替代融资的潜在来源等。

企业如果存在以下情况之一，则通常表明其处于非持续经营状态：企业已在当期进行清算或停止营业；企业已经正式决定在下一个会计期间进行清算或停止营业；企业已确定在当期或下一个会计期间没有其他可供选择的方案而将被迫进行清算或停止营业。企业处于非持续经营状态时，应当采用清算价值等其他基础编制财务报表，如破产企业的资产采用可变现净值计量、负债按照其预计的结算金额计量等。在非持续经营情况下，企业应当在附注中声明财务报表未以持续经营为基础列报、披露未以持续经营为基础的原因以及财务报表的编制基础。

小知识

企业破产清算的会计确认、计量和报告以非持续经营为前提

企业破产清算的会计确认、计量和报告以非持续经营为前提的主要原因包括以下几条。

（一）传统财务会计的基本假设对破产清算会计不再适用

财务会计的会计主体、会计分期、持续经营和货币计量四个基本假设是进行会计核算的基本前提，也是设计和选择会计方法的重要依据。但是企业进入破产清算程序后，由于所处的环境发生了巨大的变化，使这些会计假设赖以存在的条件已不复存在，自然也使这些原来的假设变得不再合理和必要。

具体体现在以下方面。

1. 会计主体假设

企业在正常经营的情况下，会计主体是企业自身，而进入清算后,因破产管理人的进入和接管,使会计主体发生了变化。在法院宣告企业破产后,破产管理人进入以前,企业仍作为一个会计主体,而破产管理人进入以后,破产管理人作为一个新的会计主体出现。

2. 持续经营假设

对传统财务会计而言,只有在这一假设的前提下,企业在会计信息的收集和处理上所使用的会计处理方法才能保持稳定,企业的会计记录和会计报表才能真实可靠。但是,在破产清算的情况下,持续经营的假设显然不再成立,资产的价值必须按照破产清算净值进行计量,负债必须按照破产债务清偿价值计量。

3. 会计期间假设

该假设是指将企业持续不断的经营活动分割为一定的期间,据以结算账目,编制会计报表,从而及时地提供有关财务状况、经营成果和现金流量的会计信息。但是,在破产清算的情况下,由于持续经营的前提条件已不复存在,会计分期假设也自然随之消失。

(二)破产清算会计超越了传统的财务会计一些基本原则和要求规范

在破产清算的情况下,由于企业所处的经济环境的变化,会计核算假设发生重大的变化,从而使得许多原来的会计核算信息质量要求难以为破产清算会计所采用。

具体包括以下方面。

1. 历史成本

在传统的财务会计中,这是企业计量资产成本的基本要求,但在破产清算会计中,资产的价值更注重以破产资产清算净值来计量。

2. 配比性

在传统的财务会计中,企业的营业收入与其对应的成本、费用相互配合,这样有利于正确计算和考核企业的经营成果。而在企业进入破产清算以后,其会计核算的目的等不再是要求正确核算企业的经营成果,而是侧重于资产的变现和债务的偿还,自然也无须强调配比性。

3. 合理划分收益性支出与资本性支出

这在传统财务会计中是十分重要的,尤其对于计算企业当期的损益更为重要。但是在破产清算中,由于持续经营的假设不复存在,自然不必再对支出做类似的划分。

三、会计分期

《企业会计准则——基本准则》第七条规定:企业应当划分会计期间,分期结算账目和编制财务报告。

会计分期,亦称会计期间,是指将一个企业持续经营的生产经营活动划分为一个个连续的、长短相同的期间。

在会计分期前提下,会计应当划分会计期间,分期结算账目和编制财务报告。会计期间分为年度、半年度、季度和月度。年度、半年度、季度和月度均按公历起讫日期确定。半年度、季度和月度均称为会计中期。

会计分期的目的是,将持续经营的生产经营活动划分成连续、相等的期间,据以结算盈亏,按期编报财务报告,从而及时向各方面提供有关企业财务状况、经营成果和现金流量的信息。

根据持续经营基本前提,一个企业将要按当前的规模和状态持续经营下去。要最终确定企业的生产经营成果,只能等到一个企业在若干年后歇业的时候核算一次盈亏。但是,企业的生产经营活动和投资决策要求及时得到有关信息,不能等到歇业时一次性地核算盈亏。因此,就需要将企业持续经营的生产经营活动划分为一个个连续的、长短相同的期间,分期核算和反映。明确会计分期基本前提对会计核算有着重要影响。由于会计分期,才产生了当期与其他期间的差别,从而出现权责发生制和收付实现制的区别,才使不同类型的会计主体有了记账的基准,进而出现了应收、应付、递延、预提和待摊等会计处理方法。

最常见的会计期间是一年,以一年确定的会计期间称为会计年度,按年度编制的财务会计报表亦称为年报,以中期为基础编制的财务报告亦称为中期财务报告。在我国,会计年度自公历每年的1月1日起至12月31日止。为满足人们对会计信息的需要,也要求企业按短于一年的期间编制财务报告,如要求上市公司每个季度提供一次财务报告。

【例2-3】 赓升医药公司根据当地政府的统一规划,2×22年2月与政府下属的土地开发公司签订拆迁补偿协议,给予公司补偿总金额为1.9亿元,一次性支付。具体补偿项目及金额包括房屋建筑物及其附属物价款4000万元、设备价款5000万元、停产停业损失补助2000万元、品种转移费 8 000 万元。在拆迁补偿谈判中，医药公司与土地开发公司就品种转移费进行了协商。按照目前在产的药品品种数量以及预计的每种药品的变更注册、重新认证等相关费用进行估计，土地开发公司同意向医药公司支付品种转移费 8 000 万元。品种转移费源于《药品注册管理办法》等文件的规定，药品生产场地变更需要重新注册申请，涉及申报、审评、审批等程序。医药公司从现在的注册经营地搬迁到新的生产地点之后，需要就每一类药品的新生产场地重新注册申请，相应会发生试生产及注册申请相关费用；另外，各种药品的重新注册申请是分阶段进行的，相关费用逐期发生。医药公司预计，2×22 年年底之前将房屋建筑物腾空交付；10% 的药品将在 2×22 年完成新生产场地的重新注册申请；其余药品在未来期间陆续完成生产场地重新注册申请，在完成重新注册之前，医药公司将委托其他生产厂商代为生产这些药品。

问题：医药公司是否应该将上述补偿中的品种转移补偿费递延到未来注册申请费用发生的期间确认为收益？

【分析】（1）该业务中，政府按照市场价格征收土地，医药公司将房屋建筑物腾空交付给土地开发公司，此后不再有任何后续义务，本质上是一种商业行为，补偿价款属于交易对价，不具有无偿性的特征，与企业向其他非政府部门处置资产并收取对价并不存在区别。

除非有明确证据表明企业收到的款项明显高于所交付资产的市场价格，否则不适用政府补助准则。

（2）该交易实质为资产处置，对价所包含内容只是定价时的考虑因素，是定价的一种方式。

（3）提供的类似于房屋建筑物和设备补偿款是对房屋建筑物和设备损失的补偿，品种转移费本质上是对企业以前年度经营形成的生产经营资质因搬迁而提供的补偿。

综上所述，鉴于该业务性质为资产处置而非政府补助，对应的损益应该在完成房屋建筑物交付时作为资产处置损益一次性确认，不应该将上述补偿中的品种转移补偿在未来注册申请费用发生期间分期确认为收益。

四、货币计量

货币计量，是指会计主体在会计核算过程中采用货币作为计量单位，计量、记录和报告会计主体的生产经营活动。《企业会计准则——基本准则》第八条规定：企业会计应当以货币计量。

在会计核算过程中之所以选择货币作为计量单位，是由货币的本身属性决定的。货币是商品的一般等价物，是衡量一般商品价值的共同尺度，具有价值尺度、流通手段、储藏手段和支付手段等特点。其他的计量单位，如重量、长度、容积、台、件等，只能从一个侧面反映企业的生产经营情况，无法在量上进行汇总和比较，不便于实物管理和会计计量。所以，为全面反映企业的生产经营、业务收支等情况，会计核算就选择了货币作为计量单位。

当然，统一采用货币尺度，也有不利之处，许多影响财务状况、经营成果和现金流量的因素，并不是都能用货币来计量的，如企业经营战略、在消费者当中的信誉度、企业的地理位置、企业的技术开发能力等。为了弥补货币计量的局限性，要求企业采用一些非货币指标作为会计报表的补充。

第三节 会计确认、计量和报告的基础

《企业会计准则——基本准则》第九条规定：企业应当以权责发生制为基础进行会计确认、计量和报告。

除现金流量表按照收付实现制编制外，企

业应当按照权责发生制编制其他财务报表。在采用权责发生制会计的情况下,当项目符合《企业会计准则——基本准则》中财务报表要素的定义和确认标准时,企业就应当确认相应的资产、负债、所有者权益、收入和费用,并在财务报表中加以反映。

一、权责发生制基础有这些要求

在企业会计核算以权责发生制为基础的情况下,凡是当期已经实现的收入和已经发生或应当负担的费用,不论款项是否收付,都应当作为当期的收入和费用;凡是不属于当期的收入和费用,即使款项已在当期收付,也不应当作为当期的收入和费用。

有时,企业发生的货币收支业务与交易或事项本身并不完全一致。例如,款项已经收到,但销售并未实现;或者款项已经支付,但并不是为本期生产经营活动而发生的。为了明确会计核算的确认基础,更真实地反映特定会计期间的财务状况和经营成果,就要求企业在会计核算过程中应当以权责发生制为基础。

二、权责发生制与收付实现制有这些区别

收付实现制是与权责发生制相对应的一种确认基础,它是以收到或支付现金作为确认收入和费用的依据。

我国政府会计由预算会计和财务会计构成。政府会计应当实现预算会计和财务会计双重功能。预算会计应准确完整反映政府预算收入、预算支出和预算结余等预算执行信息,财务会计应全面准确反映政府的资产、负债、净资产、收入、费用等财务信息。预算会计实行收付实现制,国务院另有规定的,从其规定;财务会计实行权责发生制。政府会计主体应当编制决算报告和财务报告。政府决算报告,以预算会计核算生成的数据为准;政府财务报告的编制主要以权责发生制为基础,以财务会计核算生成的数据为准。

【例2-4】 预提奖励基金的财会处理。赓升公司制定了"奖励基金管理办法"和"奖励基金运用方案",相关文件已经由公司董事会和股东大会审议通过。根据奖励基金的管理办法,公司每年度会根据业绩达标情况决定是否预提奖励基金并确定预提比例。根据奖励基金的运用方案,公司将以每5年为一个周期,运用该周期内预提的奖励基金通过设立指定受益对象的专项金融产品(例如信托计划、证券投资基金等金融产品)在二级市场购买公司股票。周期结束后,公司将根据奖励对象所承担的岗位职责、任职期限、绩效表现、业绩贡献等综合指标确定参与本周期奖励方案的人员名单、分配系数、所持份额等情况。分配方案报经董事会审议批准后,奖励对象将被授予专项金融产品的份额。

同时,奖励基金的运用方案显示,奖励对象为年龄不超过法定退休年龄的在职人员,同时要求部分奖励对象于周期的最后3年在公司履职,但并不局限于计提奖励基金当年已在公司工作的员工。

问题:赓升公司将奖励基金在预提年度确认为应付职工薪酬是否符合企业会计准则规定?

【分析】 对于预提奖励基金的会计处理,关键在于应当符合权责发生制原则,即职工提供的服务与相关金额的确认相配比。如果员工已经在相应期间提供了服务,确定金额的奖励基金被用于作为相应服务的对价支付,企业因此而产生的现时支付义务可以满足负债的确认条件。因此,按照奖励基金的设立目的不同可以分为以下两种情况:第一种情况,如果公司将预提奖励基金作为奖励员工在过去已经为公司提供的服务的报酬,承担不可撤销的支付义务,则其符合负债的定义,应当计入应付职工薪酬;第二种情况,如果公司预提奖励基金是为获得员工在未来期间的服务而拟支付的成本,不能对应到具体员工且相关服务并未实际提供,不能将所提取的金额确认相关负债。

在本案例中,赓升公司的"奖励基金运用方案"以5年为一个周期,部分有资格参与奖励基金分配的人员仅需在周期的最后3年在公司履

职。这意味着最终被授予奖励基金的员工可能在计提奖励基金的当年并未在公司提供服务，所预提的奖励基金所指向的服务并非员工已经提供的服务，因此将相应奖励基金作为当期费用或成本、确认应付职工薪酬显然是不恰当的。同时，虽然奖励基金在提取时考虑了提取年度的公司业绩达标情况，但是奖励基金的分配取决于周期结束后对于整个周期的考核结果，并且如何进行分配以及具体的分配比例仍需经过董事会的批准。在此情况下，预提奖励基金实际是用于获得员工未来年度的服务而非已提供服务的成本。在奖励基金的预提时点，相关金额未明确对应到相应员工，未构成公司的现实义务。因此，基于上述具体情况，不应简单按照计提奖励基金的时点将其确认为应付职工薪酬。

另外，在本案例中，赓升公司应当考虑是否需要合并该专项金融产品。赓升公司如果合并该专项金融产品，考虑到公司授予职工的是专项金融产品的份额，该安排有可能构成股份支付，赓升公司则需要进一步考虑授予日以及等待期的确定。

第四节　会计信息质量要求

现代企业管理的核心是财务管理，做好财务管理工作，基础在会计。会计通过生成、加工和提供信息，反映和监督企业整个经济活动，从而影响或参与企业制定战略目标、做出生产经营和投融资决策。真实完整的会计信息是企业做出正确决策、如实反映受托责任履行情况的关键。

什么样的信息才是有用的信息？这涉及财务会计信息的质量特征。

财务会计信息的质量特征是选择或评价可供取舍的会计方法和程序等方面标准，是财务报告(亦称财务会计报告)目标的具体化，主要回答什么样的会计信息才是有用的或有助于决策的会计信息。

会计信息质量要求主要包括以下八项。

一、客观性——不是以实际发生的交易或事项为依据的信息，会误导您进行错误决策

客观性要求企业应当以实际发生的交易或者事项为依据进行会计确认、计量和报告，如实反映符合确认和计量要求的各项财务报告要素及其他相关会计信息，保证会计信息真实可靠、内容完整。

客观性是对会计工作的基本要求。会计工作提供信息的目的是满足会计信息使用者的决策需要。因此，应该做到内容真实、数字准确、资料可靠。在会计核算工作中坚持客观性原则，应当在会计核算时客观地反映企业的财务状况、经营成果和现金流量，保证会计信息的真实性；会计工作应当正确运用会计原则和方法，准确反映企业的实际情况；会计信息应当能够经受验证，以核实其是否真实。如果企业的会计核算不是以实际发生的交易或事项为依据，没有如实地反映企业的财务状况、经营成果和现金流量，会计工作就失去了存在的意义，甚至会误导会计信息使用者，导致决策的失误。

【例2-5】 康得新公司无力按期兑付短期融资券本息，原来利润总额119亿元是虚增的！为何事先没分析出？

2019年1月，康得新复合材料集团股份有限公司(以下简称康得新)因无力按期兑付15亿元短期融资券本息，业绩真实性存疑，引起市场的广泛关注和高度质疑。证监会迅速反应，果断出击，决定对康得新涉嫌信息披露违法行为立案调查。

经查，康得新涉嫌在2015年至2018年期间，通过虚构销售业务等方式虚增营业收入，并

通过虚构采购、生产、研发、产品运输等业务的方式虚增营业成本、研发费用和销售费用。通过上述方式，康得新共虚增利润总额达119亿元！此外，康得新还涉嫌未在相关年度报告中披露控股股东非经营性占用资金的关联交易和为控股股东提供担保，以及未如实披露募集资金使用情况等违法行为。上述行为导致康得新披露的相关年度报告存在虚假记载和重大遗漏。

【分析】 康得新究竟采用了什么样的造假手法？

1. 存货方面

康得新造假的手法很简单，就是大家常说的虚增收入。但是，康得新并没有虚减成本，而是对应虚增成本，这样子，公司的毛利率就是稳定的，不会出现大的波动。同时虚增研发费用、销售费用，保证利润率也维持正常。这也是康得新造假的高明之处，从财务分析的角度，毛利率、费用率、利润率均正常波动，就很难让人怀疑。

即使康得新使用了如此高明的手法，依旧留下了一些蛛丝马迹——存货占比太低了。公司虚增收入和成本时，为防止事务所通过存货盘点发现舞弊行为，没有虚增太多的存货，所以导致存货的规模没有随着收入规模一起增长，不符合商业逻辑。

康得新存货数据显示，存货余额一直稳定增长。虽然2013年至2017年几乎没怎么增长，截至2018年财报，公司存货8.51亿元，但是存货占总资产的比例越来越低，2011年和2013年存货占比高达10%以上，近6年占比逐年下滑，2017年和2018年只有2.3%，一点都不像一家制造企业。

对比来看，南洋科技存货占总资产的比例一直维持在5%左右；激智科技由于规模较小，波动较大，最低也有8%以上；康得新一直对标的市值1 000亿美元以上的3M公司，其存货占比多年维持在10%～12%间。而康得新的存货占比只有2.32%，确实让人费解。

最后，我们看康得新的存货周转天数，2017年和2018年分别只有30天和29天，也就意味着存货一个月周转一次。而对比公司则明显在三个月左右，即使是3M公司，其存货周转天数也为90天左右。

看康得新2018年半年报存货明细，库存商品仅有3.51亿元，占存货的比例为50%左右。如果周转天数是30天的话，也就意味着一个月时间可以卖出去。

存货余额占比和存货周转天数跟行业可比公司差异大，非常奇怪。

2. 货币资金方面

一些上市公司财务造假的目的一般是虚增利润，那么净利润必然转入所有者权益的未分配利润科目，与此对应，必须有造假的资产负债表的科目。所有者权益的未分配利润虚增的话，对应的要么是虚减负债，要么是虚增资产，由于调减负债比较困难，因此虚增资产是财务造假最常见的手段。

一般情况下虚增应收账款最容易，但是最低级，一个"函证"基本就露馅了；虚增存货也比较容易查出，尤其是容易盘点的存货，一个"盘点"就装不下去了。而虚增在建工程和固定资产相对比较难以核查。

那么康得新虚增了什么资产？整理康得新简易的资产构成后发现，只有货币资金才能隐藏119亿元利润总额和89亿元的净利润。当然，预付账款、应收账款等都有可能是虚增的，但是最主要就是这一百多亿元的货币资金，难怪大股东占用资金高达122亿元。

所以事情就很清楚了，根本不是大股东占用上市公司122亿元资金，而是大股东把钱通过净利润的方式虚增进来，之后才拿回去。

那么现在整个逻辑链条就很清晰了，康得新通过虚构销售业务方式虚增营业收入，并通过虚构采购、生产、研发、产品运输等业务的方式虚增营业成本、研发费用和销售费用。与此同时，虚构收入和采购的对手方应该都是大股东的关联方，他们通过占用上市公司资金的方式把钱流回到上市公司体系，一边占用，一边回款，一边流向国外，所以现金流量表看起来虽然有波动，但是整体是正常的。

接下来的疑点就是：如果虚构收入、成本，公司的大部分客户是假的，大部分采购对象也是假的，大部分出口业务估计也是假的，这一切都是假的，那么作为客户和采购对象的关联方是谁？为什么事务所和证券公司都没发现？这么"简单"的造假为什么可以瞒过这么多专业人士的眼睛？这些钱以采购的名义流向了国外，是不是流向了钟玉（康得新集团前董事长）待在国外的子女那里？

对于康得新和钟玉，证监会表示："康得新所涉及的信息披露违法行为持续时间长、涉案金额巨大、手段极其恶劣、违法情节特别严重。"

证监会重申，上市公司及大股东必须讲真话，做真账，及时讲话，牢牢守住"四条底线"：不披露虚假信息，不从事内幕交易，不操纵股票价格，不损害上市公司利益。（本文相关资料数据整理自互联网。文章内容仅供参考，转载目的在于传递更多信息，并不代表赞同其观点，如有错漏请以证监部门官方结论为准。）

二、相关性——会计信息要与决策相关，具有反馈和预测价值

相关性要求企业提供的会计信息应当与财务报告使用者的经济需要相关，有助于财务报告使用者对企业过去、现在或者未来的情况做出评价或者预测。

信息的价值在于其与决策相关，有助于决策。相关的会计信息能够有助于财务报告使用者评价过去的决策，证实或修正某些预测，从而具有反馈价值；有助于财务报告使用者做出预测，做出决策，从而具有预测价值。

在会计核算工作中坚持相关性原则，就要求在收集、加工、处理和提供会计信息过程中，充分考虑财务报告使用者的信息需求。

对于特定用途的会计信息，不一定都能通过财务报告来提供，而可以采用其他形式加以提供。

如果会计信息提供以后，没有满足财务报告使用者的需要，对财务报告使用者的决策没有什么作用，就不具有相关性。

三、明晰性——会计信息应清晰明了，否则难以理解和使用

企业提供的会计信息应当清晰明了，便于财务报告使用者理解和使用。

提供会计信息的目的在于使用，要使用会计信息首先必须了解会计信息的内涵，弄懂会计信息的内容，这就要求会计核算和财务报告必须清晰明了。

在会计核算工作中坚持明晰性原则，会计记录应当准确、清晰，填制会计凭证、登记会计账簿必须做到依据合法、账户对应关系清楚、文字摘要完整；在编制会计报表时，项目勾稽关系清楚、项目完整、数字准确。

如果企业的会计核算和编制的财务报告不能做到清晰明了、便于理解和使用，就不符合明晰性原则的要求，不能满足财务报告使用者的决策需求。

四、可比性、一致性——对于相同或者相似的交易或者事项，同一企业不同时期应当采用一致的会计政策，不同企业应当采用规定的会计政策从而确保会计信息口径一致、相互可比

企业提供的会计信息应当具有可比性。同一企业不同时期发生的相同或者相似的交易或者事项，应当采用一致的会计政策，不得随意变更。确需变更的，应当在附注中说明。不同企业发生的相同或者相似的交易或者事项，应当采用规定的会计政策，确保会计信息口径一致、相互可比。

企业提供的会计信息应当具有可比性，目的是使同一企业不同期间和同一期间不同企业的财务报表相互可比。企业发生的交易或事项具有复杂性和多样化，对于某些交易或事项可以有多种会计核算方法。例如，存货的领用和发出，可以采用先进先出法、加权平均法或者个别计价法确定其实际成本；固定资产折旧方法可以采用年限平均法、工作量法、年数总和法、

双倍余额递减法等。保证会计信息可比性的前提是企业在各个会计期间应尽可能地采用相同的会计核算方法,即同一企业不同时期发生的相同或者相似的交易或者事项,应当采用一致的会计政策,不能随意变更。确需变更的,应当在附注中说明。

不同的企业可能处于不同行业、不同地区,经济业务发生于不同时点,为了保证会计信息能够满足决策的需要,便于比较不同企业的财务状况、经营成果和现金流量,企业应当遵循可比性要求,即不同企业发生的相同或者相似的交易或者事项,应当采用规定的会计政策,确保会计信息口径一致、相互可比。如果对于相同或者相似的交易或者事项,不同的企业或者同一企业在不同的会计期间采用不同的会计政策,将不利于财务报告使用者对会计信息的理解,不利于会计信息作用的发挥。

财务报表项目的列报应当在各个会计期间保持一致,不得随意变更。这一要求不仅只针对财务报表中的项目名称,还包括财务报表项目的分类、排列顺序等方面。

在下列情况下,企业可以变更财务报表项目的列报:会计准则要求改变财务报表项目的列报;企业经营业务的性质发生重大变化或对企业经营影响较大的交易或事项发生后,变更财务报表项目的列报能够提供更可靠、更相关的会计信息。企业变更财务报表项目列报的,应当根据财务报表列报会计准则的有关规定提供列报的比较信息。

五、实质重于形式——不要被法律形式所迷惑,要穿透,要看交易或者事项的实质

企业应当按照交易或者事项的经济实质进行会计确认、计量和报告,不应仅以交易或者事项的法律形式为依据。

在实际工作中,交易或事项的外在法律形式或人为形式并不总能完全反映其实质内容。所以,会计信息要想反映其所拟反映的交易或事项,就必须根据交易或事项的实质和经济现实,而不能仅仅根据它们的法律形式进行核算和反映。

例如,企业以存货换取客户的固定资产、无形资产等的,按照收入会计准则的规定进行会计处理,但没有商业实质的非货币性资产交换,不确认收入。

【例2-6】 赓升公司与客户签订租赁合同,向客户提供设备租赁服务,同时签订补充协议,约定租赁期结束后将设备销售给客户。协议约定:客户将设备用于隧道工程施工,租期一般6~12个月,合同总租金为设备价款70%以上;设备运抵现场后,客户按照设备价款30%~40%预付3~6个月的租金,剩余租金在剩余租赁期间内分月付清;若客户在付款期内未按约定付清全部租金,公司有权解除合同并收回设备;租赁期满后,客户以设备的销售价格扣除已支付租金后余值购买租赁设备,全部价款支付完毕,设备所有权转让给客户。

【分析】《企业会计准则第21号——租赁》(2018年修订)第四十二条明确规定:"对于生产商或经销商作为出租人的融资租赁,在租赁期开始日应当按照租赁资产公允价值与租赁收款额按市场利率折现的现值两者孰低确认收入,并按租赁资产账面价值扣除未担保余值的现值后的余额结转销售成本。"

尽管该交易的法律形式是租赁合同,但是该交易主要目的是销售商品,交易的实质是分期收款销售,租金仅是分期收款的一种方式。从该交易的租金安排来看,一项设备通常使用寿命在5年以上,6~12个月收取设备价款的70%作为租金,明显不是常规租赁交易下租金的公允价值。该情形应当按照实质重于形式的原则,作为分期收款销售商品处理更能反映交易的本质。企业应当在客户取得相关商品控制权时,按照有权收取的对价金额确认收入。另外,企业对于合同或协议价款的收取采用递延方式,如果该安排中存在重大融资成分,应当按照假定客户在取得商品控制权时即以现金支付的应付金额(即现销价格)确定交易价格。应收的合同或协议价款与现销价格之间的差额,应当在合同或协议期间内采用实际利率法进行摊

销,计入当期损益。

如果企业的会计核算仅仅按照交易或事项的法律形式或人为形式进行,而其法律形式或人为形式又没有反映其经济实质和经济现实,那么,其最终结果将不仅不会有利于财务报告使用者的决策,反而会误导财务报告使用者的决策。

【例2-7】 赓升公司为一家ST公司,由于经营不善导致资不抵债。赓升公司的主要经营性资产已经被出售或者报废,剩余资产主要是一些往来款项。赓升公司2×11年实施资产重组,将全部资产出售给实际控制人怡平公司,并由怡平公司承担全部负债,之后向潜在控股股东映东公司定向发行股票购买其下属8家子公司的股权。

赓升公司的实际控制人怡平公司在2×11年12月承接赓升公司所有负债3亿元,同时收购赓升公司所有资产2亿元,最终交易价格确定为0元。置换给怡平公司的资产负债都是往来款项,公允价值为-1亿元。赓升公司认同如果交易对方是第三方的话,不可能与之达成这样的交易。但赓升公司又认为本交易属于重大资产重组中对原上市公司的资产剥离,由此产生的债务重组收益并非一般意义上的利益输送,而是为了从根本上解决上市公司的财务危机,可以确认为当期利润。因此,拟在2×11年年报中将资产与债务相抵的差额部分1亿元确认为债务重组收益。

问题:赓升公司在上述交易中是否可以确认债务重组收益?

【分析】 如果股东捐赠行为是基于交易双方的特殊身份才得以发生,且使交易一方明显的、单方面的从中获益,则可以界定为具有资本投入性质。上述界定标准一方面强调了要关注交易是否基于双方的特殊身份才得以发生,即强调交易是否具有经济实质,另一方面强调交易的经济后果是使一方明显(强调程度)单方面(强调经济利益的不对等性)从中获益。

此外,权益性交易是一个广义的概念,除上文所述的所有者以其所有者身份与主体之间的交易外,还包括不同所有者之间的交易。

例如,企业在取得对子公司的控制权,形成企业合并后,购买少数股东全部或部分权益的,实质上是股东之间的权益性交易。

又如,企业购买上市公司,被购买的上市公司不构成业务的,购买企业应按照权益性交易的原则进行处理,不得确认商誉或确认计入当期损益。

综上所述,权益性交易的主要特征可以从如下几个方面进行概括。

1. 权益性交易的交易对象

权益性交易除所有者以其所有者身份与主体之间的交易外,还包括不同所有者之间的交易,且后者多为合并报表层面不同所有者(母公司与子公司少数股东)之间。

2. 权益性交易对主体权益总额的影响

主体与所有者之间的权益性交易会导致主体权益总额发生增减变动,所有者之间的权益性交易不影响权益总额,但会改变权益内部各项目金额。

3. 权益性交易的会计处理结果

与权益性交易有关的利得和损失应直接计入权益,不会影响当期损益。

对于所有者之间的权益性交易,如果涉及合并报表的,则应从合并报表主体的范围来界定其是否属于权益性交易。如果母公司因转让子公司股权(权益)而丧失控制权的,被转让公司不再纳入合并报表,不存在母公司以所有者身份出现的问题。如果母公司转让子公司股权(权益)但未丧失控制权,该子公司仍然纳入合并报表范围,就合并报表主体而言,母公司以子公司所有者身份与其他所有者之间进行的交易应作为权益性交易处理。

本案例中,赓升公司的实际控制人怡平公司在2×11年12月承接赓升公司所有负债3亿元,同时收购赓升公司所有资产2亿元,最终交易价格确定为0元。显然,赓升公司从该交易中获益1亿元,但这并非产生于正常的债务重组交易,不属于实际债权人给予赓升公司的让步,因此将资产与债务相抵的差额部分1亿元确认为债务重组收益是不恰当的。

事实上，差额部分1亿元由怡平公司承担，是基于怡平公司是赓升公司实际控制人的特殊身份而给予赓升公司的利益输送，赓升公司明显单方面从中获益，因此，该交易的经济实质应当认定为实际控制人向上市公司的资本投入。根据《企业会计准则第12号——债务重组》（2019年修订）的相关规定，债权人或债务人中的一方直接或间接对另一方持股且以股东身份进行债务重组的，且该债务重组的交易实质是债权人或债务人进行了权益性分配或接受了权益性投入的，适用权益性交易的有关会计处理规定。

此外，在本案例中，控股股东怡平公司的确不是简单地向上市公司输送利益，而是为了将上市公司打造成一个"空壳"公司，以便于新的控股股东映东公司将优质资产注入。从这个意义上来讲，怡平公司高价购买上市公司的资产，本质上是老股东与新股东之间的交易，对于上市公司赓升公司来讲，是所有者之间的交易，也应该判断为权益性交易。

综上所述，赓升公司应将剥离给实际控制人的资产和负债相抵后差额部分，确认为资本公积，不能在利润表中确认债务重组收益。

专家点拨

在资本市场发展初期，通过关联方的直接或间接捐赠向上市公司输送利益，增加上市公司当期账面盈余的交易时有发生。为从根本上杜绝通过非公允的关联方交易随意调节利润的行为，我国财政部曾经在2001年发布了《关联方之间出售资产等有关会计处理问题暂行规定》（财会〔2001〕64号），证监会也有针对性地加强了对上市公司相关行为的约束，从而基本上遏制了通过非公允关联方交易操纵利润的现象。

2007年新会计准则开始实施后，原会计准则配套的文件，包括财会〔2001〕64号等均不再执行。按原会计准则，一般情况下非货币性资产交换和债务重组不涉及损益确认，超过一定限额的关联方交易损益也不能确认。而按照2006年2月15日颁布的《企业会计准则第7号——非货币性资产交换》和《企业会计准则第12号——债务重组》的规定，一般情况下，非货币性资产交换应视同旧资产的出售和新资产的购入，在换出资产视同销售的过程中要确认损益；债务重组交易中，债务人因被豁免而取得的收益要计入当期损益。由于新旧会计准则的上述差异，执行新会计准则之初，市场中出现了部分上市公司的控股股东通过向上市公司直接或间接的捐赠（以下简称股东捐赠行为）来输送利润的交易事项，其中尤以被处退市风险警示的"*ST公司"为甚。除此之外，利用与控股股东的非公允关联交易来调控利润也是部分公司包装业绩的主要手段。股东捐赠行为的表现形式主要包括：

（1）控股股东或其关联方向上市公司捐赠现金或其他实物资产。

（2）控股股东或其关联方以显失公允的价格向上市公司购买资产。

（3）控股股东或其关联方豁免上市公司债务或代上市公司对外清偿债务。

（4）在控股股东的安排下，上市公司与第三方进行非公允交易。

针对上述利益输送行为，我国财政部在2008年年底发布了财会函〔2008〕60号，规定企业直接或间接接受控股股东或控股股东子公司的捐赠，从经济实质上判断属于控股股东对企业的资本性投入，应作为权益性交易，相关利得计入资本公积。

中国证监会在此基础上，发布了证监会公告〔2008〕48号，要求上市公司应充分关注控股股东、控股股东控制的其他关联方、上市公司的实际控制人等向公司进行直接或间接捐赠行为（包括直接捐赠现金或实物资产、直接豁免或代为清偿债务等）的经济实质。如果交易的经济实质表明属于控股股东、控股股东控制的其他关联方或上市公司实际控制人向上市公司资本投入性质的，公司应当按照实质重于形式原则，将该交易作为权益交易，形成的利得计入资本公积。

上述规定从原则上规范了大股东捐赠行为的会计处理，规定发布之后，在很大程度上遏制了上市公司控股股东向上市公司输送利益的行为。然而，近些年来，市场上又出现了一些新的利益输送方式，与以往的直接捐赠相比，现在大股东向上市公司输送利益的方式更为隐蔽和复杂，需要更多的专业判断。

财政部在2008年年底发布的《关于做好执行会计准则企业2008年年报工作的通知》（财会函〔2008〕60号）中规定："企业接受的捐赠和债务豁免，按照会计准则规定符合确认条件的，通常应当确认为当期收益。如果接受控股股东或控股股东的子公司直接或间接的捐赠，从经济实质上判断属于控股股东对企业的资本性投入，应作为权益性交易，相关利得计入所有者权益（资本公积）。"

中国证监会在2008年年底发布《关于做好上市公司2008年度报告相关工作安排的公告》（证监会公告〔2008〕48号），在会计准则规定的基础上，对上市公司涉及股东捐赠行为的会计处理原则做出了明确规定："公司应充分关注控股股东、控股股东控制的其他关联方、上市公司的实际控制人等向公司进行直接或间接捐赠行为（包括直接捐赠现金或实物资产、直接豁免或代为清偿债务等）的经济实质。如果交易的经济实质表明属于控股股东、控股股东控制的其他关联方或上市公司实际控制人向上市公司资本投入性质的，公司应当按照企业会计准则中'实质重于形式'的原则，将该交易作为权益交易，形成的利得计入所有者权益（资本公积）。"

《企业会计准则第12号——债务重组》（2019年修订）第四条规定："（三）债权人或债务人中的一方直接或间接对另一方持股且以股东身份进行债务重组的，或者债权人与债务人在债务重组前后均受同一方或相同的多方最终控制，且该债务重组的交易实质是债权人或债务人进行了权益性分配或接受了权益性投入的，适用权益性交易的有关会计处理规定。"

六、重要性——提供会计信息的收益要大于成本，从性质和金额大小两方面进行主观职业判断，不要眉毛胡子一把抓，要抓住重点

企业提供的会计信息应当反映与企业财务状况、经营成果和现金流量等有关的所有重要交易或者事项。

重要性是指在合理预期下，如果财务报表某项目的省略或错报会影响使用者据此做出经济决策的，那么该项目就具有重要性。

重要性原则与会计信息成本效益直接相关。坚持重要性原则，就能够使提供会计信息的收益大于成本。对于那些不重要的项目，如果也采用严格的会计程序，分别核算，分项反映，就会导致会计信息的成本大于收益。

在评价某些项目的重要性时，很大程度上取决于会计人员的职业判断。企业在进行重要性判断时，应当根据所处环境，从项目的性质和金额大小两方面予以判断：一方面，应当考虑该项目的性质是否属于企业日常活动，是否显著影响企业的财务状况、经营成果和现金流量等因素；另一方面，判断项目金额大小的重要性，应当通过单项金额占资产总额、负债总额、所有者权益总额、营业收入总额、营业成本总额、净利润、综合收益总额等直接相关或所属报表单列项目金额的比重加以确定。

例如，企业合并形成的长期股权投资，应先判断其为同一控制下控股合并还是非同一控制下控股合并，再确定其初始投资成本。同一控制下企业合并形成的长期股权投资，按照合并日应享有被合并方净资产的账面价值的份额确定长期股权投资的初始投资成本。此事存在一个重要前提，前提是合并前合并方与被合并方采用的会计政策应当一致。企业合并前合并方与被合并方采用的会计政策不同的，应基于重要性原则，统一合并方与被合并方的会计政策。在按照合并方的会计政策对被合并方净资产的账面价值进行调整的基础上，计算确定长期股权投资的初始投资成本。

关于项目在财务报表中是单独列报还是汇总列报，应当依据重要性原则来判断。总的原则是，如果某项目单个看不具有重要性，则可将其与其他项目汇总列报；如具有重要性，则应当单独列报。

企业应当遵循如下规定：

（1）性质或功能不同的项目，一般应当在财务报表中单独列报，但是不具有重要性的项目可以汇总列报。

例如，存货和固定资产在性质上和功能上

都有本质差别,必须分别在资产负债表上单独列报。

(2) 性质或功能类似的项目,一般可以汇总列报,但是对其具有重要性的类别应该单独列报。例如,原材料、低值易耗品等项目在性质上类似,均通过生产过程形成企业的产品存货,因此可以汇总列报,汇总之后的类别统称"存货",在资产负债表上单独列报。

(3) 项目单独列报的原则不仅适用于报表,还适用于附注。某些项目的重要性不足以在资产负债表、利润表、现金流量表或所有者权益变动表中单独列示,但对附注却具有重要性,在这种情况下应当在附注中单独披露。

例如,对某制造业企业而言,原材料、在产品、库存商品等项目的重要性不足以在资产负债表上单独列示,因此在资产负债表上汇总列示,但是鉴于其对该制造业企业的重要性,应当在附注中单独披露。

(4)《企业会计准则第30号——财务报表列报》规定在财务报表中单独列报的项目,企业应当单独列报。其他会计准则规定单独列报的项目,企业应当增加单独列报项目。

企业对不存在相应业务的报表项目可结合本企业的实际情况进行必要删减,企业根据重要性原则并结合本企业的实际情况可以对确需单独列示的内容增加报表项目。

重要性是判断财务报表项目是否单独列报的重要标准。

企业对于各个项目的重要性判断标准一经确定,不得随意变更。

七、谨慎性——保持应有的谨慎,不应高估资产或者收益、低估负债或者费用

企业对交易或者事项进行会计确认、计量和报告应当保持应有的谨慎,不应高估资产或者收益、低估负债或者费用。

企业的经营活动充满着风险和不确定性,在会计核算工作中坚持谨慎性原则,要求企业在面临不确定因素的情况下做出职业判断时,应当保持必要的谨慎,充分估计到各种风险和损失,既不高估资产或收益,也不低估负债或费用。

例如,要求企业在资产负债表日判断资产是否存在可能发生减值的迹象。资产存在减值迹象的,应当估计其可收回金额。可收回金额的计量结果表明资产的可收回金额低于其账面价值的,应当将资产的账面价值减记至可收回金额,减记的金额确认为资产减值损失,计入当期损益,同时计提相应的资产减值准备,就充分体现了谨慎性原则。

金融资产减值会计由"已发生损失法"改为"预期损失法"

为了规范金融工具的确认和计量,我国制定了《企业会计准则第22号——金融工具确认和计量》(注:相当多的未认真进行知识更新的财会、管理等人士错误地以为金融工具会计准则是专门适用于金融企业,其实,金融工具会计准则一样适用于一般企业)。在境内外同时上市的企业以及在境外上市并采用国际财务报告准则或企业会计准则编制财务报告的企业,自2018年1月1日起施行;其他境内上市企业自2019年1月1日起施行;执行企业会计准则的非上市企业自2021年1月1日起施行。

1. 修订前会计准则

原先金融工具确认和计量准则对于金融资产减值的会计处理采用的是"已发生损失法",即只有在客观证据表明金融资产已经发生损失时,才对相关金融资产计提减值准备。

2. 修订后会计准则

修订后的金融工具确认和计量准则将金融资产减值会计处理由"已发生损失法"修改为"预期损失法",要求考虑金融资产未来预期信用损失情况,从而更加及时、足额地计提金融资产减值准备,便于揭示和防控金融资产信用风险。

对于购入或源生的未发生信用减值的金融资产,企业应当判断金融工具的违约风险自初始确认以来是否显著增加,如果已显著增加,企业应采用概率加权方法,计算确定该金融工具在整个存续期的预期信用损失,以此确认和计提减值损失准备。如果未显著增加,企业应当按照相当于该金融工具未来12个月内预期信用损失的金额确认和计提损失准备。

需要注意的是,谨慎性并不意味着企业可以任意设置各种秘密准备,否则,就属于滥用谨慎性,将按照对会计差错更正的要求进行相应的会计处理。

八、及时性——及时收集、处理和传递会计信息,不得提前或者延后

企业对于已经发生的交易或者事项,应当及时进行会计确认、计量和报告,不得提前或者延后。

会计信息的价值在于帮助所有者或其他方做出经济决策,具有时效性。即使客观、可比、相关的会计信息,如果不及时提供,对于财务报告使用者也没有任何意义,甚至可能误导财务报告使用者。

在会计核算过程中坚持及时性原则,要遵守下述要求:

(1) 及时收集会计信息,即在经济业务发生后,及时收集整理各种原始单据。

(2) 及时处理会计信息,即在国家统一的会计制度规定的时限内,及时编制出财务报告。

(3) 及时传递会计信息,即在国家统一的会计制度规定的时限内,及时将编制出的财务报告传递给财务报告使用者。

如果企业的会计核算不能及时进行,会计信息不能及时提供,就无助于经济决策,就不符合及时性原则的要求。

第五节 会计要素

会计要素,亦称财务报告要素,是会计核算对象的基本分类,是设定财务报告结构和内容的依据,也是进行确认和计量的依据。财务报告要素主要解决会计向会计信息使用者提供哪些会计信息以及如何提供这些信息的问题。只有对财务报告要素做出科学严格的定义,才能为会计的确认、计量、记录和报告奠定坚实的基础。

具体来说,企业应当按照交易或者事项的经济特征确定财务报告要素。

财务报告要素包括资产、负债、所有者权益、收入、费用和利润。

会计要素的种类如图2-2所示。

一、资产

企业从事生产经营活动必须具备一定的物质资源,或者说物质条件。在市场经济条件下,这些必要的物质条件表现为货币资金、厂房场地、机器设备、原材料等。这些货币资金、厂房场地、机器设备、原材料等,称为资产,它们是企业从事生产经营活动的物质基础。除上述货币

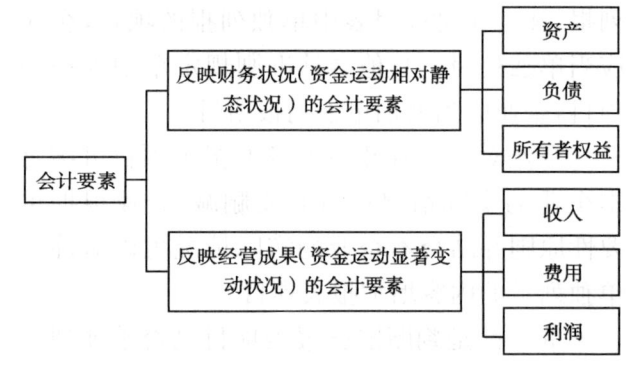

图2-2 会计要素的种类

资金、厂房场地、机器设备、原材料等外,资产还包括不具有物质形态但有助于生产经营活动进行的专利权、商标权等无形资产,此外,还包括对其他单位的投资。

资产,是指过去的交易或者事项形成的、由企业拥有或者控制的、预期会给企业带来经济利益的资源。

(一) 资产的三个特征

1. 资产能够直接或间接地给企业带来经济利益

资产定义中所指的"预期会给企业带来经

济利益",是指直接或者间接导致现金和现金等价物流入企业的潜力。其中,经济利益,是指直接或间接地流入企业的现金或现金等价物。

资产导致经济利益流入企业的方式多种多样,例如,单独或与其他资产组合为企业带来经济利益;以资产交换其他资产;以资产偿还债务等。

资产之所以成为资产,就在于其能够为企业带来经济利益。如果某项目不能给企业带来经济利益,那么就不能确认为企业的资产。例如,货币资金可以用于购买所需要的商品或用于利润分配;厂房场地、机器设备、原材料等可以用于生产经营过程,制造商品或提供劳务,出售后收回货款,货款即为企业所获得的经济利益。

2. 资产都是为企业所拥有的,或者即使不为企业所拥有,也是企业所控制的

资产定义中所指的"由企业拥有或者控制",是指企业享有某项资源的所有权,或者虽然不享有某项资源的所有权,但该资源能被企业所控制。

企业拥有资产,就能够排他性地从资产中获取经济利益。有些资产虽然不为企业所拥有,但是企业能够支配这些资产,因此同样能够排他性地从资产中获取经济利益。如果企业不能拥有或控制资产所能带来的经济利益,那么就不能作为企业的资产。例如,对于以融资租赁方式租入的固定资产来说,虽然企业并不拥有其所有权,但是由于租赁合同规定的租赁期相当长,接近于该资产的使用寿命;租赁期结束时,承租企业有优先购买该资产的选择权;在租赁期内,承租企业有权支配资产并从中受益。所以,以融资租赁方式租入的固定资产应视为企业的资产。

注 原租赁准则下,承租人和出租人在租赁开始日,应当根据与资产所有权有关的全部风险和报酬是否转移,将租赁分为融资租赁和经营租赁。对于融资租赁,承租人在资产负债表中确认租入资产和相关负债;对于经营租赁,承租人在资产负债表中不确认其取得的资产使用权和租金支付义务。由此导致承租人财务报表未全面反映因租赁交易取得的权利和承担的义务,也为实务中构建交易以符合特定类型租赁提供了动机和机会,降低了财务报表的可比性。

新租赁准则下,承租人不再将租赁区分为经营租赁或融资租赁,而是采用统一的会计处理模型,对短期租赁和低价值资产租赁以外的其他所有租赁均确认使用权资产和租赁负债,并分别计提折旧和利息费用。

短期租赁,是指在租赁期开始日,租赁期不超过12个月的租赁。

低价值资产租赁,是指单项租赁资产为全新资产时价值较低的租赁。

承租人对于短期租赁和低价值资产租赁可以选择不确认使用权资产和租赁负债,而是采用与原经营租赁相似的方式进行会计处理。

3. 资产是由过去的交易或事项形成的

资产定义中所指的"企业过去的交易或者事项",包括购买、生产、建造行为或其他交易或者事项。

预期在未来发生的交易或者事项不形成资产。资产必须是现实的资产,而不能是预期的资产。只有过去发生的交易或事项才能增加或减少企业的资产,而不能根据谈判中的交易或计划中的经济业务来确认资产。例如,已经发生的固定资产购买交易会形成企业的资产,而计划中的固定资产购买交易则不会形成企业的资产。

(二) 资产的分类

资产可以按照不同的标准进行分类,比较常见的是按照流动性和按照有无实物形态进行分类。

1. 按照流动性对资产进行分类,可以分为流动资产和非流动资产

1) 流动资产

资产满足下列条件之一的,应当归类为流动资产:

(1) 预计在一个正常营业周期中变现、出售或耗用。

(2) 主要为交易目的而持有。

(3) 预计在资产负债表日起一年内(含一年)变现。

(4) 在资产负债表日起一年内,交换其他资产或清偿负债的能力不受限制的现金或现金等价物。

通常情况下,流动资产包括:货币资金、交易性金融资产、衍生金融资产、应收票据、应收账款、应收款项融资、预付款项、其他应收款、存货、合同资产、持有待售资产、一年内到期的非流动资产、其他流动资产。

2)非流动资产

流动资产以外的资产应当归类为非流动资产。

非流动资产包括:债权投资、其他债权投资、长期应收款、长期股权投资、其他权益工具投资、其他非流动金融资产、投资性房地产、固定资产、在建工程、生产性生物资产、油气资产、使用权资产、无形资产、开发支出、商誉、长期待摊费用、递延所得税资产、其他非流动资产。

2. 按照有无实物形态对资产进行分类,可以分为有形资产和无形资产

例如,存货、固定资产等属于有形资产,因为它们具有物质实体;货币资金、应收款项、交易性金融资产、长期股权投资、长期债权投资、专利权、商标权等属于无形资产,因为它们没有物质实体,而是表现为某种法定权利或技术。

一般来说,通常将无形资产作狭义的理解,仅将专利权、商标权等不具有物质形态,能够为企业带来超额利润的资产称为无形资产。

(三) 资产确认的两个条件(同时满足)

符合资产定义的资源,在同时满足以下条件时,才能确认为资产:

(1)与该资源有关的经济利益很可能流入企业。

这里讲的"很可能",是指发生的可能性超过50%的概率。对于资产而言,其预期会给企业带来经济利益,所以,在确认资产时,只有当其包含的经济利益流入企业的可能性超过50%,并同时满足其他确认条件,企业才能加以确认;否则,不能将其确认为资产。例如,对于公司因销售业务而形成的应收款项,如果公司所销售的商品完全满足合同要求,同时没有其他例外情况发生,公司能够在未来某一时日完全收回款项。也就是说,公司因销售业务而形成的应收款项所包含的经济利益很可能流入企业,满足财务报告要素确认的第一个条件。

(2)该资源的成本或者价值能够可靠地计量。

会计工作就是要以货币计量的形式,在财务报告中反映企业的财务状况、经营成果和现金流量,因此,能否可靠地计量是财务报告要素确认的一个基本前提。如果与资源有关的经济利益能够可靠地计量,并同时满足财务报告要素确认的其他条件,就可以在会计报表中加以确认;否则,企业不应加以确认。也就是说,如果与资产有关的经济利益不能够可靠地计量,就无法在资产负债表中作为资产列示。在考虑资源确认条件时要求与该资源有关的经济利益能够可靠地计量,并不意味着不需要进行估计。

例如,对于无形资产项目中的自创商誉,由于企业在自创商誉过程中发生的支出难以计量,因而不能作为企业的无形资产予以确认。

(四) 资产在资产负债表的列示

符合资产定义和资产确认条件的项目,应当列入资产负债表;符合资产定义、但不符合资产确认条件的项目,不应当列入资产负债表。

例如,一些高科技企业的科技人才,如果他们与企业签订了服务合同,并且合同规定在一定期间内其不能为其他企业提供服务,那么在这种情况下,虽然这些科技人才的知识在规定的期限内预期能够给企业带来经济利益,但是,由于这些技术人才的知识难以辨认,同时为形成这些知识所发生的支出难以计量,因而,不能作为企业的无形资产予以确认,不应当列入资产负债表。

二、负债

负债,是指企业过去的交易或者事项形成的、预期会导致经济利益流出企业的现时义务。

(一) 负债的三个特征

1. 负债是企业承担的现时义务

现时义务,是指企业在现行条件下已承担的义务,包括法定义务和推定义务。

1) 法定义务

通常是指企业在经济管理和经济协调中，依照经济法律、法规的规定必须履行的责任。如企业与其他企业签订购货合同产生的义务，就属于法定义务。因国家法律、法规的要求产生的义务，如企业按税法要求交纳所得税的义务，也属于法定义务。

2) 推定义务

通常是指企业在特定情况下产生或推断出的责任。

例如，赓升化工公司是一家化工企业，因扩大经营规模，到英国创办了一家分公司。如果英国尚未针对赓升公司这类企业的生产经营可能产生的环境污染制定相关法律，则赓升公司的分公司对在英国生产经营可能产生的环境污染不承担法定义务。但是此时，如果赓升公司为在英国树立良好的社会形象，自行向社会公告，宣称将对生产经营可能产生的环境污染进行治理。赓升公司的分公司为此承担的义务就属于推定义务。

负债是企业的现时义务，也就是说，负债作为企业的一种义务，是由企业过去的交易或事项形成的现在已承担的义务。

例如，银行借款是因为企业接受了银行贷款而形成的，如果企业没有接受银行贷款，则不会发生银行借款这项负债；应付账款是因为企业采用信用方式购买商品或接受劳务而形成的，在购买商品或接受劳务发生之前，相应的应付账款并不存在。

2. 负债的清偿预期会导致经济利益流出企业

清偿负债导致经济利益流出企业的形式多种多样：用现金偿还或以实物资产偿还；以提供劳务偿还；部分转移资产部分提供劳务偿还；将负债转为所有者权益，如将国有企业对金融机构的债务转为金融机构拥有的所有者权益。企业不能或很少可以回避现时义务。如果企业能够回避该项义务，则不能将其确认为企业的负债。

3. 负债是由过去的交易或事项形成的

作为现时义务，负债是过去已经发生的交易或事项所产生的结果，是现实的义务。

只有过去发生的交易或事项才能增加或减少企业的负债，未来发生的交易或者事项形成的义务，不属于现时义务，不应当确认为负债。

（二）负债的分类

按照流动性对负债进行分类，可以分为流动负债和非流动负债。

1. 流动负债

负债满足下列条件之一的，应当归类为流动负债：

（1）预计在一个正常营业周期中清偿。

（2）主要为交易目的而持有。

（3）在资产负债表日起一年内到期应予以清偿。

（4）企业无权自主地将清偿推迟至资产负债表日后一年以上。

通常情况下，流动负债包括：短期借款、交易性金融负债、衍生金融负债、应付票据、应付账款、预收款项、合同负债、应付职工薪酬、应交税费、其他应付款、持有待售负债、一年内到期的非流动负债、其他流动负债。

2. 非流动负债

流动负债以外的负债应当归类为非流动负债。

非流动负债包括：长期借款、应付债券（含优先股、永续债）、租赁负债、长期应付款、预计负债、递延收益、递延所得税负债、其他非流动负债。

3. 两种特别指出的情况

（1）对于在资产负债表日起一年内到期的负债，企业预计能够自主地将清偿义务展期至资产负债表日起一年以上的，应当归类为非流动负债；不能自主地将清偿义务展期的，即使在资产负债表日后、财务报告批准报出日前签订了重新安排清偿计划协议，该项负债仍应归类为流动负债。

（2）企业在资产负债表日或之前违反了长期借款协议，导致贷款人可随时要求清偿的负债，应当归类为流动负债。贷款人在资产负债表日或之前同意提供在资产负债表日起一年以上的宽限期，企业能够在此期限内改正违约行为,且贷款人不能要求随时清偿的,该项负债应当归类为非流动负债。

(三) 负债确认的两个条件(同时满足)

符合负债定义的义务,在同时满足以下条件时,才能确认为负债:

(1) 与该义务有关的经济利益很可能流出企业。

对于负债而言,其预期会导致经济利益流出企业,所以,在确认负债时,只有当其包含的经济利益流出企业的可能性超过50%,并同时满足其他确认条件,企业才能加以确认;否则,不能将其确认为负债。

例如,对于公司因购买业务而形成的应付款项而言,如果公司所购买的商品完全满足合同要求,同时没有其他例外情况发生,公司能够在合同规定的未来某一时日履行其所承担的义务,支付这笔款项。也就是说,公司因购买业务而形成的应付款项所包含的经济利益很可能流出企业,满足财务报告要素确认的第一个条件。

(2) 未来流出的经济利益的金额能够可靠地计量。

会计工作就是要以货币计量的形式,在财务报告中反映企业的财务状况、经营成果和现金流量,因此,能否可靠地计量是财务报告要素确认的一个基本前提。如果与义务有关的经济利益能够可靠地计量,并同时满足财务报告要素确认的其他条件,就可以在财务报告中加以确认;否则,企业不应加以确认。也就是说,如果与负债有关的经济利益不能够可靠地计量,就无法在资产负债表中作为负债予以列示。在考虑负债确认条件时要求与义务有关的经济利益能够可靠地计量,并不意味着不需要进行估计。

例如,某公司涉及一起诉讼案。根据以往的审判结果判断,公司很可能败诉,相关的赔偿金额也可以估算出一个范围,此时,就可以认为该公司因未决诉讼承担的现时义务的金额能够可靠地估计。但是,如果公司不能对相关的赔偿金额做出可靠的估计,即使公司因未决诉讼承担的现时义务满足负债确认的其他条件,也不能作为企业的负债予以确认。

(四) 负债在资产负债表的列示

符合负债定义和负债确认条件的项目,应当列入资产负债表;符合负债定义、但不符合负债确认条件的项目,不应当列入资产负债表。

三、所有者权益

所有者权益(公司的所有者权益亦称为股东权益)是指企业资产扣除负债后,由所有者享有的剩余权益。

所有者权益是所有者对企业资产的剩余索取权,它是企业资产中扣除债权人权益后应由所有者享有的部分,既可反映所有者投入资本的保值增值情况,又体现了保护债权人权益的理念。

(一) 所有者权益的三个特征

(1) 除非发生减资、清算,企业不需要偿还所有者权益。

(2) 企业清算时,只有在清偿所有的负债后,所有者权益才返还给所有者。

(3) 所有者凭借所有者权益能够参与利润的分配。

所有者权益在性质上体现为所有者对企业资产的剩余权益,在数量上也就体现为资产和负债的计量。

(二) 所有者权益的主要来源

所有者权益的来源包括所有者投入的资本、直接计入所有者权益的利得和损失、留存收益。

所有者权益的来源具体包括实收资本(或股本)、其他权益工具(含优先股、永续债)、资本公积、其他综合收益、专项储备、盈余公积、未分配利润。商业银行等金融企业在税后利润中提取的一般风险准备,也构成所有者权益。

1. 所有者投入的资本

该来源是指所有者投入企业的所有资本,它既包括构成企业注册资本或者股本部分的金额,也包括投入资本超过注册资本或者股本部分的金额,即资本溢价或者股本溢价,这部分投入资本在我国企业会计准则体系中被计入了资本公积,并在资产负债表中的资本公积项目下反映。

其他资本公积

资本公积是企业收到投资者出资额超出其注册资本（或股本）中所占份额的部分，以及其他资本公积等。资本公积包括资本溢价（或股本溢价）和其他资本公积。

其他资本公积涉及的情况相对比较复杂，下面简单介绍3种：

（1）采用权益法核算的长期股权投资。

企业的长期股权投资，采用权益法核算时，因被投资单位除净损益、其他综合收益以及利润分配以外的所有者权益的其他变动（主要包括被投资单位接受其他股东的资本性投入、被投资单位发行可分离交易的可转债中包含的权益成分、以权益结算的股份支付、其他股东对被投资单位增资导致投资方持股比例变动等），投资企业按应享有份额而增加或减少的资本公积直接计入投资方所有者权益（资本公积——其他资本公积）。

企业对被投资单位的长期股权投资采用权益法核算的，在持股比例不变的情况下，对因被投资单位除净损益、其他综合收益和利润分配以外的所有者权益的其他变动，应按持股比例计算其应享有或应分担被投资单位所有者权益的增减额，调整长期股权投资的账面价值和资本公积（其他资本公积）。在处置长期股权投资时，应转销与该笔投资相关的其他资本公积。

（2）以权益结算的股份支付。

以权益结算的股份支付换取职工或其他方提供服务的，应按照确定的金额将当期取得的服务计入相关资产成本或当期费用，同时增加资本公积（其他资本公积）。根据国家有关规定企业实行股权激励的，如果在等待期内取消了授予的权益工具，企业应在进行权益工具加速行权处理时，将剩余等待期内应确认的金额计入当期损益，并同时确认资本公积（其他资本公积）。

以权益结算的股份支付换取职工或其他方提供服务的，应按照确定的金额计入"管理费用"科目，同时增加资本公积（其他资本公积）。在职工或其他方行权日，应按实际行权的权益数量计算确定的金额，借记"资本公积——其他资本公积"科目，按计入实收资本或股本的金额贷记"实收资本"或"股本"科目，并将其差额计入"资本公积——资本溢价"或"资本公积——股本溢价"科目。

（3）企业集团内发生的股份支付交易。

企业集团（由母公司和其他全部子公司构成）内发生的股份支付交易，如结算企业为接受服务企业的投资者，应当按照授予日权益工具的公允价值或应承担负债的公允价值确认为对接受服务企业的长期股权投资，同时确认资本公积（其他资本公积）或负债。

2. 直接计入所有者权益的利得和损失

该来源是指不应计入当期损益、会导致所有者权益发生增减变动的、与所有者投入资本或者向所有者分配利润无关的利得或者损失。

其中，利得是指由企业非日常活动所形成的、会导致所有者权益增加的、与所有者投入资本无关的经济利益的流入；损失是指由企业非日常活动所发生的、会导致所有者权益减少的、与向所有者分配利润无关的经济利益的流出。

直接计入所有者权益的利得和损失，主要包括以公允价值计量且其变动计入其他综合收益的金融资产的公允价值变动额，现金流量套期中套期工具公允价值变动额（有效套期部分）、外币财务报表折算差额等。

3. 留存收益

该来源是企业历年实现的净利润留存于企业的部分，主要包括累计计提的盈余公积和未分配利润。

注 如果以前年度未分配利润有盈余（即年初未分配利润余额为正数），在计算提取法定盈余公积的基数时，不应包括企业年初未分配利润；如果以前年度有未弥补的亏损（即年初未分配利润余额为负数），应先弥补以前年度亏损再提取盈余公积。

（三）所有者权益的确认条件

所有者权益体现的是所有者在企业中的剩余权益，因此，所有者权益的确认主要依赖于其他会计要素，尤其是资产和负债的确认；所有者权益金额的确定也主要取决于资产和负债的计量。

例如，企业接受投资者投入的资产，在该资产符合企业资产确认条件时，就相应地符合了所有者权益的确认条件；当该资产的价值能够可靠计量时，所有者权益的金额也就可以确定。

四、收入

收入，是指企业在日常活动中形成的、会导致所有者权益增加的、与所有者投入资本无关的经济利益的总流入。

(一) 收入的四个特征

1. 收入从企业的日常活动中产生，而不是从偶发的交易或事项中产生

日常活动，是指企业为完成其经营目标而从事的所有活动，以及与之相关的其他活动，如商业企业从事商品销售活动、金融企业从事贷款活动、工业企业制造和销售产品等。

企业所进行的有些活动并不是经常发生的，如工业企业出售作为原材料的存货，此时，虽然不是经常发生的，但因与日常活动有关，也属于收入。但是，有些交易或事项虽然也能为企业带来经济利益，但由于不属于企业的日常经营活动，所以，其流入的经济利益不属于收入，如工业企业出售固定资产净收益。

2. 收入可能表现为企业资产的增加，或负债的减少，或两者兼而有之

收入为企业带来经济利益的形式多种多样，既可能表现为资产的增加，如增加银行存款、形成应收款项；也可能表现为负债的减少，如减少预收账款；还可能表现为两者的组合，如销售实现时，部分冲减预收的货款，部分增加银行存款。

3. 收入会导致企业所有者权益的增加

企业取得收入能导致所有者权益的增加。但是，收入与相关的成本费用相配比后，则可能增加所有者权益，也可能减少所有者权益。由于收入是经济利益的总流入，所以，收入会导致所有者权益的增加。

4. 收入只包括本企业经济利益的总流入

企业所有者向企业投入资本导致的经济利益的总流入，一方面增加企业的资产，另一方面增加企业的所有者权益，因此，不增加企业的所有者权益，不能作为本企业的收入。同样的道理，企业为第三方或者客户代收的款项，如增值税、代收利息等，一方面增加企业的资产，另一方面增加企业的负债，因此，不增加企业的所有者权益，也不属于本企业的经济利益，不能作为本企业的收入。

(二) 收入确认的五个条件（同时满足）

当企业与客户之间的合同同时满足下列条件时，企业应当在客户取得相关商品控制权时确认收入：

(1) 合同各方已批准该合同并承诺将履行各自义务。

(2) 该合同明确了合同各方与所转让商品或提供劳务（以下简称转让商品）相关的权利和义务。

(3) 该合同有明确的与所转让商品相关的支付条款。

(4) 该合同具有商业实质，即履行该合同将改变企业未来现金流量的风险、时间分布或金额。

(5) 企业因向客户转让商品而有权取得的对价很可能收回。

在合同开始日即满足上述条件的合同，企业在后续期间无须对其进行重新评估，除非有迹象表明相关事实和情况发生重大变化。合同开始日通常是指合同生效日。

在合同开始日不满足上述条件的合同，企业应当对其进行持续评估，并在其满足上述条件时，企业才能在客户取得相关商品控制权时确认收入。

对于不符合上述条件的合同，企业只有在不再负有向客户转让商品的剩余义务，且已向客户收取的对价无须退回时，才能将已收取的对价确认为收入；否则，应当将已收取的对价作为负债进行会计处理。没有商业实质的非货币性资产交换，不确认收入。

(三) 收入在利润表的列示

符合收入定义和收入确认条件的项目，应当列入利润表。

五、费用

费用，是指企业在日常活动中发生的、会导致所有者权益减少的、与向所有者分配利润无关的经济利益的总流出。

(一) 费用的三个特征

1. 费用是企业在日常活动中发生的经济利益的流出，而不是从偶发的交易或事项中发生的经济利益的流出

商业企业从事商品采购活动、金融企业从

事存款业务、工业企业采购原材料等所发生的经济利益的流出,属于费用。但是,有些交易或事项虽然也能使企业发生经济利益的流出,但由于不属于企业的日常经营活动,所以,其经济利益的流出不属于费用而是损失,如工业企业出售固定资产。

2. 与向所有者分配利润无关的经济利益的总流出

费用的发生应当会导致经济利益的流出,例如表现为现金或者现金等价物的流出,或者存货、固定资产、无形资产、生物资产、投资性房地产等的流出或者消耗等,从而导致资产的减少或者负债的增加(最终也会导致资产的减少)。向所有者分配利润的经济利益的流出属于所有者权益的抵减项目,不应确认为费用,应当将其排除在费用的定义之外。

3. 费用会导致所有者权益的减少

企业发生费用会导致所有者权益的减少,不会导致所有者权益减少的经济利益的流出不符合费用的定义,不应确认为费用。

(二) 费用的分类

按照费用与收入的关系,费用可以分为营业成本和期间费用。

1. 营业成本

营业成本是指销售商品或提供劳务的成本。营业成本按照其销售商品或提供劳务在企业日常活动中所处地位可以分为主营业务成本和其他业务成本。

2. 期间费用

期间费用包括管理费用、销售费用和财务费用。

管理费用是企业行政管理部门为组织和管理生产经营活动而发生的各种费用;销售费用是企业在销售商品、提供劳务等日常活动中发生的除营业成本以外的各项费用以及专设销售机构的各项经费;财务费用是企业筹集生产经营所需资金而发生的费用。

(三) 费用确认的两个条件(同时满足)

费用只有在经济利益很可能流出从而导致企业资产减少或者负债增加、且经济利益的流出额能够可靠计量时才能予以确认。

1. 经济利益很可能流出企业

经济利益是否很可能流出企业,是费用确认的基本条件。如果经济利益很可能流出企业,则在满足其他条件时才能确认费用;如果经济利益不是很可能流出企业,或者费用流出企业的可能性小于不能流出企业的可能性,则即使满足其他确认条件,也不能确认费用。

2. 经济利益流出额能够可靠计量

流出企业的经济利益只有在能够可靠计量时,才有可能确认并在利润表中加以列示;如果流出企业的经济利益不能够可靠计量,则无法在利润表中加以列示。

企业为生产产品、提供劳务等发生的可归属于产品成本、劳务成本等的费用,应当在确认产品销售收入、劳务收入等时,将已销售产品、已提供劳务的成本等计入当期损益。

企业发生的支出不产生经济利益的,或者即使能够产生经济利益但不符合或者不再符合资产确认条件的,应当在发生时确认为费用,计入当期损益。企业发生的交易或者事项导致其承担了一项负债而又不确认为一项资产的,应当在发生时确认为费用,计入当期损益。

(四) 费用在利润表这样列示

符合费用定义和费用确认条件的项目,应当列入利润表。

六、利润

利润是指企业在一定会计期间的经营成果。

通常情况下,如果企业实现了利润,表明企业的所有者权益将增加,业绩得到了提升;反之,如果企业发生了亏损(即利润为负数),表明企业的所有者权益将减少,业绩下滑了。因此,利润往往是评价企业管理层业绩的一项重要指标,也是投资者等财务报告使用者进行决策时的重要参考。

(一) 利润的来源构成

利润包括收入减去费用后的净额、直接计入当期利润的利得和损失等。

直接计入当期利润的利得和损失,是指应

当计入当期损益、会导致所有者权益发生增减变动的、与所有者投入资本或者向所有者分配利润无关的利得或者损失。

利润总额扣除所得税影响后的净额为净利润。未计入当期利润的利得和损失扣除所得税影响后的净额计入其他综合收益项目。净利润与其他综合收益的合计金额为综合收益总额。

利润金额的计量取决于收入和费用、直接计入当期利润的利得和损失金额的计量。

(二) 利润的确认条件

利润反映的是收入减去费用、利得减去损失后的净额的概念，因此，利润的确认主要依赖于收入和费用以及利得和损失的确认，其金额的确定也主要取决于收入、费用、利得和损失金额的计量。

(三) 新会计准则下这些利润方面相关概念及其计算的变化

1. 营业利润

企业的营业利润是企业利润的主要来源，它最能反映一个企业的核心竞争力，其在利润总额中的构成比例高低，决定着企业利润总额质量的高低。

营业利润 = 营业收入 − 营业成本 − 税金及附加 − 销售费用 − 管理费用 − 研发费用 − 财务费用 + 其他收益 + 投资收益 (− 投资损失) + 净敞口套期收益 (− 净敞口套期损失) + 公允价值变动收益 (− 公允价值变动损失) − 信用减值损失 − 资产减值损失 + 资产处置收益 (− 资产处置损失)

2. 利润总额

利润总额 = 营业利润 + 营业外收入 − 营业外支出

3. 净利润 (即税后利润)

净利润 = 利润总额 − 所得税费用

4. 综合收益、其他综合收益、综合收益总额 (请注意区别)

1) 综合收益

它是指企业在某一期间除与所有者以其所有者身份进行的交易之外的其他交易或事项所引起的所有者权益变动。

注 综合收益建立在"资产负债观"基础之上，把全部已确认但未实现的利得或损失纳入财务报表中，反映报告期内企业与所有者以外的其他各方之间的交易或事项所引起的净资产的变动额；综合收益的概念，突破了传统会计收益的实现原则，引入了公允价值，使公允价值作为计量属性的使用成为一种必然的趋势。

在资产负债表中，"其他综合收益"以前并没有作为一个单独的科目，而是计入资本公积中，但现在作为了一个单独的科目，以便于和资本公积区分。这种核算方式，有利于使资本公积的核算内容明晰化。资本公积原本核算的内容主要为股东资本性投入的部分，与其他综合收益混在一个科目中，将不便于报表使用者理解和分析。

2) 综合收益总额

它反映净利润和其他综合收益扣除所得税影响后的净额相加后的合计金额。

3) 其他综合收益

它是指企业未在当期损益中确认的各项利得和损失。

其他综合收益项目分为下列两大类：

(1) 以后会计期间不能重分类进损益的其他综合收益项目。主要包括：

A. 重新计量设定受益计划变动额（职工薪酬"离职后福利"）。

根据《企业会计准则第 9 号——职工薪酬》，有设定受益计划形式离职后福利的企业应当将重新计量设定受益计划净负债或净资产导致的变动计入其他综合收益，并且在后续会计期间不允许转回至损益。

B. 权益法下不能转损益的其他综合收益（长期股权投资）。

根据《企业会计准则第 2 号——长期股权投资》，投资方取得长期股权投资后，应当按照应享有或应分担的被投资单位其他综合收益的份额，确认其他综合收益，同时调整长期股权投资的账面价值。投资单位在确定应享有或应分担的被投资单位其他综合收益的份额时，该份额的性质取决于被投资单位的其他综合收益的性质，即如果被投资单位的其他综合收益属于"以后会计期间不能重分类进损益"类别，则投资方确认的份额也属于"以后会计期间不能重分类进损益"类别。

C. 其他权益工具投资公允价值变动（非交易性权益工具投资）。

"其他权益工具投资"科目核算企业指定为以公允价值计量且其变动计入其他综合收益的非交易性权益工具投资。该科目可按其他权益工具投资的类别和品种，分别"成本""公允价值变动"等进行明细核算。

对于指定为以公允价值计量且其变动计入其他综合收益的非交易性权益工具投资，除了获得的股利（属于投资成本收回部分的除外）计入当期损益外，其他相关的利得和损失（包括汇兑损益）均应计入其他综合收益，且后续不得转入当期损益。当其终止确认时，之前计入其他综合收益的累计利得或损失应当从其他综合收益中转出，计入留存收益。

D. 企业自身信用风险公允价值变动（指定为以公允价值计量且其变动计入当期损益的金融负债）。

企业根据会计准则规定将金融负债指定为以公允价值计量且其变动计入当期损益的金融负债的，该金融负债所产生的利得或损失应当按照下列规定进行处理：第一，由企业自身信用风险变动引起的该金融负债公允价值的变动金额，应当计入其他综合收益；第二，该金融负债的其他公允价值变动计入当期损益。按照上述第一项的规定对该金融负债的自身信用风险变动的影响进行处理会造成或扩大损益中的会计错配的，企业应当将该金融负债的全部利得或损失（包括企业自身信用风险变动的影响金额）计入当期损益。该金融负债终止确认时，之前计入其他综合收益的累计利得或损失应当从其他综合收益中转出，计入留存收益。

（2）以后会计期间在满足规定条件时将重分类进损益的其他综合收益项目。主要包括：

A. 权益法下可转损益的其他综合收益（长期股权投资）。

根据《企业会计准则第2号——长期股权投资》，投资方取得长期股权投资后，应当按照应享有或应分担的被投资单位其他综合收益的份额，确认其他综合收益，同时调整长期股权投资的账面价值。如果被投资单位的其他综合收益属于"以后会计期间在满足规定条件时将重分类进损益"类别，则投资方确认的份额也属于"以后会计期间在满足规定条件时将重分类进损益"类别。

B. 金融资产重分类计入其他综合收益的金额。

企业将一项以公允价值计量且其变动计入其他综合收益的金融资产重分类为以摊余成本计量的金融资产的，应当将之前计入其他综合收益的累计利得或损失转出，调整该金融资产在重分类日的公允价值，并以调整后的金额作为新的账面价值，即视同该金融资产一直以摊余成本计量。该金融资产重分类不影响其实际利率和预期信用损失的计量。

企业将一项以公允价值计量且其变动计入其他综合收益的金融资产重分类为以公允价值计量且其变动计入当期损益的金融资产的，应当继续以公允价值计量该金融资产。同时，企业应当将之前计入其他综合收益的累计利得或损失从其他综合收益转入当期损益。

按照《企业会计准则第22号——金融工具确认和计量》第十八条分类为以公允价值计量且其变动计入其他综合收益的金融资产所产生的所有利得或损失，除减值损失或利得和汇兑损益之外，均应当计入其他综合收益，直至该金融资产终止确认或被重分类。但是，采用实际利率法计算的该金融资产的利息应当计入当期损益。该金融资产计入各期损益的金额应当与视同其一直按摊余成本计量而计入各期损益的金额相等。该金融资产终止确认时，之前计入其他综合收益的累计利得或损失应当从其他综合收益中转出，计入当期损益。企业将该金融资产重分类为其他类别金融资产的，应当根据《企业会计准则第22号——金融工具确认和计量》第三十一条规定，对之前计入其他综合收益的累计利得或损失进行相应处理。

C. 其他债权投资公允价值变动。

金融资产同时符合下列条件的，应当分类

为以公允价值计量且其变动计入其他综合收益的金融资产(通过"其他债权投资"科目核算,可按金融资产类别和品种,分别"成本""利息调整""公允价值变动"等进行明细核算):第一,企业管理该金融资产的业务模式既以收取合同现金流量为目标又以出售该金融资产为目标;第二,该金融资产的合同条款规定,在特定日期产生的现金流量,仅为对本金和以未偿付本金金额为基础的利息的支付。

上述分类为以公允价值计量且其变动计入其他综合收益的金融资产所产生的所有利得或损失,除减值损失或利得和汇兑损益之外,均应当计入其他综合收益,直至该金融资产终止确认或被重分类。但是,采用实际利率法计算的该金融资产的利息应当计入当期损益。该金融资产计入各期损益的金额应当与视同其一直按摊余成本计量而计入各期损益的金额相等。该金融资产终止确认时,之前计入其他综合收益的累计利得或损失应当从其他综合收益中转出,计入当期损益。

对于上述分类为以公允价值计量且其变动计入其他综合收益的金融资产(债务工具投资)整体转移满足终止确认条件的,企业在计量该项转移形成的损益时,应当将原计入其他综合收益的公允价值变动累计利得或损失转出(注意此种处理不适用于根据《企业会计准则第22号——金融工具确认和计量》准则第十九条指定为以公允价值计量且其变动计入其他综合收益的非交易性权益工具投资)。

如果涉及转移的金融资产为上述分类为以公允价值计量且其变动计入其他综合收益的金融资产的,不再确认部分的金额所对应的原计入其他综合收益的公允价值变动累计额计入当期损益。

D. 其他债权投资信用减值准备。

金融资产同时符合下列条件的,应当分类为以公允价值计量且其变动计入其他综合收益的金融资产(通过"其他债权投资"科目核算,可按金融资产类别和品种,分别"成本""利息调整""公允价值变动"等进行明细核算):第一,企业管理该金融资产的业务模式既以收取合同现金流量为目标又以出售该金融资产为目标;第二,该金融资产的合同条款规定,在特定日期产生的现金流量,仅为对本金和以未偿付本金金额为基础的利息的支付。

对于分类为以公允价值计量且其变动计入其他综合收益的金融资产,企业应当在其他综合收益中确认其损失准备(通过"其他综合收益——信用减值准备"科目核算,以预期信用损失为基础计提损失准备),并将减值损失或利得计入当期损益,且不应减少该金融资产在资产负债表中列示的账面价值。

E. 现金流量套期储备(有效套期的部分)。

根据《企业会计准则第24号——套期会计》,现金流量套期利得或损失中属于有效套期的部分,应当直接确认为所有者权益(其他综合收益);属于无效套期的部分,应当计入当期损益。对于前者,套期会计准则规定在一定的条件下,将原直接计入所有者权益中的套期工具利得或损失转出,计入当期损益。

F. 外币财务报表折算差额。

根据《企业会计准则第19号——外币折算》,企业对境外经营的财务报表进行折算时,应当将外币财务报表折算差额在资产负债表中所有者权益项目下单独列示(其他综合收益);企业在处置境外经营时,应当将资产负债表中所有者权益项目下列示的、与该境外经营相关的外币报表折算差额,自所有者权益项目转入处置当期损益,部分处置境外经营的,应当按处置的比例计算处置部分的外币财务报表折算差额,转入处置当期损益。

G. 根据相关会计准则规定的其他项目。

例如,根据《企业会计准则第3号——投资性房地产》,自用房地产或作为存货的房地产转换为以公允价值模式计量的投资性房地产在转换日公允价值大于账面价值部分计入其他综合收益;待该投资性房地产处置时,将该部分转入当期损益等。

第六节 会计记账方法

《企业会计准则——基本准则》第十一条规定：企业应当采用借贷记账法记账。

一、复式记账法

复式记账法是指根据资产与负债和所有者权益的平衡原理，对于每一项经济业务所引起的资金运动，都必须用相等的金额同时在两个或两个以上的相互联系的账户中进行全面登记的一种科学的记账方法。

由于科目分类、记账符号、记账规则和试算平衡等方面有所不同，可以将复式记账法分为不同种类，如图2-3所示。

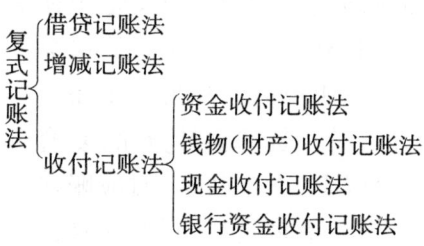

图2-3 复式记账法的种类

（一）复式记账法的优点

复式记账法是从单式记账法发展而来的。单式记账法是一种比较原始的、不完整的记账方法，它是就经济业务的单方面或一个方面来记账。最早的单式簿记是以现金为主体来进行的。采用单式记账方法，账户设置要求不严格，记录比较简单，账务处理不严密，内容不完整，各账户之间的记录互不联系，也没有明显的平衡关系。因此，这种记账方法无法适应社会经济发展的客观需要，目前已不再采用。

复式记账法克服了单式记账法的缺点，扩大了记账法的应用领域，提高了记账质量。其优点表现在以下几个方面：

（1）设置了较完整的会计科目，各个会计科目固定了一定的经济内容，明确了账户的用途和结构，使会计科目系统化。

（2）对发生的每一项经济业务，都要将相同的金额在两个或两个以上相互联系的账户中按规定的会计科目，并以分类的形式来进行登记，显示出它们的对应关系。

（3）使用复式记账法可使经济业务的本期发生额和期末结余额均能自行保持平衡关系，保证了会计记录的正确性。所以，记账方法从单式发展到复式，是会计方法上一个重大进步。使用复式记账法，能够保证会计在反映、监督和分析经济业务的发生更加合理化和科学化，促使会计管理更好地发挥它应有的职能作用。

（二）复式记账法的基本内容

复式记账法以"资产＝负债＋所有者权益"的平衡公式作为其理论依据。按照这个平衡原理，任何一项经济业务的发生，都会引起资金运用和来源或者它们两者之间内部关系发生增减变化，这种变化，通过两个或两个以上的账户（科目），以相同的金额，相互联系地全面地反映出来。

采用复式记账法，必须制定会计科目，然后，根据会计科目开设相应的账户。对所有的账户都要固定记账方向和表示这个方向的记号，即记账符号。如企业资产增加记在这个方向，负债和所有者权益减少记在那个方向等，都要事先确定记账符号，才能进行复式记账。

采用复式记账时，必须根据资金增减变化的客观规律制定记账规则，以便每发生一项经济业务，都按照记账规则去记账。填制记账凭证、登记账簿和编制报表都必须严格遵守记账规则，以取得正确的会计资料。

会计分录，亦称记账公式，是指经济业务所运用的账户、记账方向（记账符号，如收付、借贷、增减等）和入账金额的一种记录。编制会计分录是对经济业务的发生或完成进行反映和监督的一种形式，也是保证记账正确的重要手段。由于各种记账方法的记账符号、记账规则不同，因此，编制会计分录的表达方式也不同。

会计分录始终保持平衡关系是复式记账法的基本要求。平衡关系可用公式表示为：

$$\frac{资产类所有账户}{借方余额合计} = \frac{负债类所有账户}{贷方余额合计} + \frac{所有者权益类所有账户贷方余额合计}{}$$

通过平衡公式的计算，就可以根据经济业务所编制的分录和入账金额进行发生额和余额的试算平衡，以检查会计记录是否正确无误。

二、借贷记账法

借贷记账法是历史上第一个复式记账法，也是当前世界各国普遍使用的一种记账方法。借贷记账法开始是单式记账法，到了15世纪逐步形成比较完备的复式记账法。采用"借"和"贷"这两字，其目的是适应借贷资本家记录其货币的存入和支出的需要。随着资本主义的发展，记账的内容不断扩大，用来记录各种经济业务，借贷两字也就逐渐失去了原来的含义，而转化为纯粹的记账符号，变成了会计上的专用术语。

借贷记账法以"借"和"贷"作为记账符号，以"有借必有贷，借贷必相等"作为记账规则，对每一项经济业务，都在两个或两个以上账户中，以相等的金额、相反的方向，全面地、相互联系地记录经济业务。

（一）借贷记账法的基本原理

1. 理论依据

借贷记账法一般以"资产＝负债＋所有者权益"平衡公式为理论基础。这种资金平衡关系是借贷记账法进行记账的必然结果。

2. 账户结构

在借贷记账法下，任何账户都分为借、贷两方，一方登记数额增加，另一方登记数额则相应减少。在资产类账户中，习惯上用借方登记它的增加数，贷方登记它的减少数，而在负债及所有者权益中，则用贷方登记它的增加数，借方登记它的减少数。在资产类账户中，其减少额不可能大于它的期初余额与本期增加额之和，所以期末如有余额，必定在借方。而在负债及所有者权益账户中，其增加额与期初余额之和，通常要大于本期减少数，所以，期末如有余额，必定在贷方。资产类账户和负债及所有者权益类账户期末余额计算公式为：

$$\frac{资产类}{账户余额} = \frac{期初}{余额} + \frac{本期借方}{发生额} - \frac{本期贷方}{发生额}$$

$$\frac{负债及所有者权益类账户余额}{} = \frac{期初}{余额} + \frac{本期贷方}{发生额} - \frac{本期借方}{发生额}$$

3. 记账规则

采用借贷记账法，对每一项经济业务，不论其只涉及资产或负债与所有者权益的方面的账户，还是同时涉及资产和负债与所有者权益两方面的账户，都必须记入一个账户的借方和另一个账户的贷方，而且记入借方与记入贷方的数额必须相等。因此，借贷记账法的记账规则可概括为：有借必有贷，借贷必相等。

对某项经济业务标明其应借应贷账户及其金额的记录，我们将其称为会计分录。

按照所涉及账户的多少，会计分录分为简单会计分录和复合会计分录。简单会计分录是指只涉及一个账户借方和另一个账户贷方的会计分录，即一借一贷的会计分录；复合会计分录是指由两个以上（不含两个）对应账户所组成的会计分录，即一借多贷或一贷多借的会计分录。通常情况下，复合会计分录可以分解为若干个简单会计分录。

（二）借贷记账法的试算平衡

试算平衡，是指根据资产、负债和所有者权益的会计等式以及借贷记账法的记账规则，检查所有账户记录是否正确。它是通过编制总分类账户试算平衡表来进行的。

试算平衡有发生额试算平衡法和余额试算平衡法。

1. 发生额试算平衡法

发生额试算平衡法是根据本期所有账户借方发生额合计等于贷方发生额合计的恒等关系，检查本期发生额记录是否正确的方法。

计算公式为：

$$\frac{全部账户本期}{借方发生额合计} = \frac{全部账户本期}{贷方发生额合计}$$

2. 余额试算平衡法

余额试算平衡法是根据本期所有账户借方

余额合计与贷方余额合计的恒等关系,检查本期账户记录是否正确的方法。

根据余额时间的不同,又分为期初余额平衡与期末余额平衡两种。期初余额平衡是期初所有账户借方余额合计与贷方余额合计相等。期末余额平衡是期末所有账户借方余额合计与贷方余额合计相等。

计算公式为：

$$\frac{\text{全部账户的借方}}{\text{期初余额合计}} = \frac{\text{全部账户的贷方}}{\text{期初余额合计}}$$

$$\frac{\text{全部账户的借方}}{\text{期末余额合计}} = \frac{\text{全部账户的贷方}}{\text{期末余额合计}}$$

第七节 会 计 计 量

会计计量,是指根据一定的计量标准和计量方法,在资产负债表和利润表中确认和列示财务报告要素而确定其金额的过程。

会计计量基础,亦称会计计量属性,是指用货币对财务报告要素进行计量时的标准。根据《企业会计准则——基本准则》的规定,会计计量属性主要有历史成本、重置成本、可变现净值、现值和公允价值。

企业在将符合确认条件的财务报告要素登记入账并列报于会计报表及其附注(亦称财务报表,下同)时,应当按照规定的会计计量属性进行计量,确定其金额。

企业在对财务报告要素进行计量时,一般应当采用历史成本,采用重置成本、可变现净值、现值、公允价值计量的,应当保证所确定的财务报告要素金额能够取得并可靠计量。

一、历史成本

历史成本,亦称原始成本。在历史成本计量下,资产按照购置时支付的现金或者现金等价物的金额计量。一般情况下,资产的历史成本越高,资产的原始价值就越大;反之,资产的原始价值就越小,两者在质和量的内涵上是一致的。

在历史成本计量下,资产按照购置时支付的现金或者现金等价物的金额,或者按照购置资产时所付出的对价的公允价值计量。负债按照因承担现时义务而实际收到的款项或者资产的金额,或者承担现时义务的合同金额,或者按照日常活动中为偿还负债预期需要支付的现金或者现金等价物的金额计量。

二、重置成本

在重置成本计量下,资产按照现在购买相同或者相似资产所需支付的现金或现金等价物的金额计量;负债按照现在偿付该项债务所需支付的现金或者现金等价物的金额计量。

三、可变现净值

在可变现净值计量下,资产按照其正常对外销售所能收到现金或者现金等价物的金额扣减该资产至完工时估计将要发生的成本、估计的销售费用以及相关税费后的金额计量。

四、现值

现值是指资产或负债形成的未来现金流量的折现价值。

在现值计量下,资产按照预计从其持续使用和最终处置中所产生的未来净现金流入量的折现金额计量。负债按照预计期限内需要偿还的未来净现金流出量的折现金额计量。

五、公允价值

在公允价值计量下,资产和负债按照市场参与者在计量日发生的有序交易中,出售资产所能收到或者转移负债所需支付的价格计量。

企业应当采用适当且可获得足够数据的方法来计量公允价值,而且要尽可能使用相关的可观察输入值,尽量避免使用不可观察输入值。

公允价值在计量时应分为三个层次,第一层次是企业在计量日能获得相同资产或负债在活跃市场上报价的,以该报价为依据确定公允价值;第二层次是企业在计量日能获得类似资产或负债在活跃市场上的报价,或相同或类似资产或负债在非活跃市场上的报价的,以该报价为依据做必要调整确定公允价值;第三层次是企业无法获得相同或类似资产可比市场交易价格的,以其他反映市场参与者对资产或负债定价时所使用的参数为依据确定公允价值。

【例2-8】 赓升公司对应收账款管理的业务模式是以收取合同现金流量和出售金融资产为目标,因此将其分类为以公允价值计量且其变动计入其他综合收益的金融资产(即应收款项融资)。因为预计应收账款的收款期小于1年,所以按照修订后的《企业会计准则第14号——收入》的规定,不存在重大融资成分,可以按照合同对价确认应收账款和收入,金额为100万元。但是因应收账款的初始确认日与到期日之间存在时间差,其考虑折现影响后的公允价值为98万元,并不等于合同对价。

请问:在此类业务模式下,应收账款初始入账金额的公允价值与合同对价之间的差异如何处理?

【分析】 根据《企业会计准则第14号——收入》(2017年修订)的规定,合同开始日,企业预计客户取得商品控制权与客户支付价款间隔不超过一年的,可以不考虑合同中存在的重大融资成分。因此,对于实际收款期短于1年的应收账款,可以不考虑重大融资成分,按照合同对价100万元确认应收账款和收入。这是收入准则对于此类应收账款在初始确认上的简化规定。但是,如果此类应收账款不是以摊余成本计量而是以公允价值计量,在估计公允价值时,相关准则却没有类似的简化规定,无论期限是否短于1年,都需要考虑折现对公允价值的影响,因此考虑折现后应收账款的公允价值可能为98万元,从而出现了100万元的合同对价与98万元的公允价值之间的差异。

根据《企业会计准则第22号——金融工具确认和计量》(2017年修订)第三十三条的规定,企业初始确认的应收账款未包含收入准则所定义的重大融资成分或根据收入准则规定不考虑不超过一年的合同中的融资成分的,应当按照该准则定义的交易价格进行初始计量。而根据《企业会计准则第14号——收入》(2017年修订)第十四条的规定,交易价格是指企业因向客户转让商品而预期有权收取的对价金额。在本例中,该交易价格即是合同对价100万元。因此,应收账款的初始确认金额应认为是100万元,而98万元与100万元的差异应看成是后续计量时的公允价值变动,该变动应基于应收账款的分类而进行不同的会计处理:如果应收账款被分类为以公允价值计量且其变动计入当期损益,则该变动2万元应计入损益;如果应收账款被分类为以公允价值计量且其变动计入其他综合收益,则该变动2万元应计入其他综合收益中。

第八节　财务会计报告

财务会计报告,是指企业对外提供的反映企业某一特定日期的财务状况和某一会计期间的经营成果、现金流量等会计信息的文件。企业应当编制财务会计报告(亦称财务报告,下同)。

【例2-9】 赓升公司为上市公司。该公司2×21年预付给供应商1000万元用于进口某台机器设备。2×21年12月31日,该机器设备尚未到货。赓升公司查阅了《企业会计准则——应用指南》附录中的科目账务处理,注意到"1123 预付账款"中指出"企业进行在建工程预付的工程价款,也在本科目核算"。赓升公司因此将该笔1 000万元的预付设备采购款在"预付账款"科目进行核算。在编制2×21年度财务报表时，由于一般企业财务报表格式将"预付款项"作为一个单独的报表项目列示于流动资产，因此，赓升公司将这1 000万元预付设备款包含在流动资产中的"预付款项"中进行列报。

问题：用于购建固定资产的预付款项在资产负债表中应该如何列报？

【分析】《企业会计准则——应用指南》的附录规范了会计科目和主要账务处理。会计科目和主要账务处理依据企业会计准则中确认和计量的规定制定，涵盖了各类企业的交易或者事项。企业在不违反会计准则中确认、计量和报告规定的前提下，可以根据企业的实际情况自行增设、分拆、合并会计科目。

财政部发布了一般企业财务报表格式、合并财务报表格式等报表格式，其报表项目来自《企业会计准则——应用指南》附录中的主要科目，并按照这些科目常见的余额情况在报表中相应列示。

在实务中，一些上市公司教条地使用报表格式，简单地认为会计科目使用与财务报表列报科目应该完全一致，导致财务报表并未按照《企业会计准则——基本准则》的原则和《企业会计准则第30号——财务报表列报》（2014年修订）的要求进行列报。

首先，企业不能仅仅根据日常核算时所使用的会计科目来决定资产负债表中的列报。《企业会计准则——应用指南》的附录只是对企业的会计科目设置和日常会计核算提供指引，而在编制财务报表、确定资产的分类时还是应该根据其实际情况，遵循《企业会计准则第30号——财务报表列报》（2014年修订）中有关流动性分类的原则进行考虑。

另外，用于购建固定资产的预付款项应该列报为流动资产还是非流动资产的问题，实务中存在不同的观点。

一种观点认为，如何列报预付工程设备款应该取决于预付款结转为其所购买的资产的时间。如果预付款预计将在未来一年（或者一个营业周期）之内结转为其他资产，则预付款应作为流动资产列报，否则，应作为非流动资产列报。

另外一种观点认为，判断预付款作为流动资产还是非流动资产列报应该依据该预付款所购买的标的资产的类别来决定。例如，为购买存货而支付的预付款应当列报为流动资产，而为购买固定资产而支付的预付款则应该列报为非流动资产。

根据《企业会计准则第30号——财务报表列报》（2014年修订）的有关规定，预计在资产负债表日起一年内或一个正常营业周期中变现、出售或耗用的资产为流动资产。从预付账款的性质分析，企业显然不是为了出售或耗用的目的而持有预付账款，因此在考虑预付款项的分类时，应当重点分析其"变现"的时间。我们认为，这里的"变现"的含义并不是指将该项资产处置后收回现金，而是指该项资产的经济利益的预期实现方式。因此，我们需要从预付账款所包含的经济利益的实现方式和时间来分析其在资产负债表中的分类。从预付账款的性质来看，预付账款是企业为了购买某项资产而预先支付的合同价款。通常情况下，企业为取得某项资产而支付预付款，在评价其经济利益时，并不会以该笔预付款是否成功地转化为其所购买的资产作为依据，而是会将其视为该项资产的一部分，分析该项资产的经济利益是否实现。例如，企业为购买存货或固定资产而支付一笔预付款，企业并不会以该笔预付账款已经结转为存货或固定资产就视为其经济利益已经实现，而是会关注该款项所购买的存货的出售或耗用情况、所购买的固定资产的使用情况来判断该笔款项经济利益的实现情况。因此，在分析预付账款经济利益的预期实现方式时，不能与其所购买的资产割裂开来，而是应该取决于其最终形成的资产的经济利益实现的时间及方式。

此外，从报表使用者理解财务报表所传达的信息来看，正常情况下，为购买长期资产而支付的预付账款不可能在短期内变现，而是会转化为一项非流动资产，企业在未来较长的时期内使用该项非流动资产并从中获利。在这种情况下,如果将预付账款分类为流动资产,则很可能会对报表使用者产生误导,使其对企业的流动性、短期偿债能力等做出错误的评价,进而影响报表使用者的经济决策。

因此,我们认为,为购建固定资产而预付的款项,日常会计核算时在"预付账款"科目反映,在期末编制财务报表时,应分类为非流动资产,列示于其他非流动资产中,并在附注中披露其性质。

公司应注重区分核算科目与报表列报的区别,原则上,不管日常核算采用什么科目,在进行报表列报时,都应该按照《企业会计准则第30号——财务报表列报》(2014年修订)中关于流动性与非流动性的划分原则进行判断,合理确定相关项目在报表中的列报方式。

【法律依据】《企业会计准则——基本准则》规定:"资产是指企业过去的交易或者事项形成的、由企业拥有或者控制的、预期会给企业带来经济利益的资源……负债是指企业过去的交易或者事项形成的、预期会导致经济利益流出企业的现时义务。"

《企业会计准则第30号——财务报表列报》(2014年修订)第十七条规定:"资产满足下列条件之一的,应当归类为流动资产:

(一)预计在一个正常营业周期中变现、出售或耗用。

(二)主要为交易目的而持有。

(三)预计在资产负债表日起一年内变现。

(四)自资产负债表日起一年内,交换其他资产或清偿负债的能力不受限制的现金或现金等价物。"

《企业会计准则第30号——财务报表列报》(2014年修订)第十九条规定:"负债满足下列条件之一的,应当归类为流动负债:

(一)预计在一个正常营业周期中清偿。

(二)主要为交易目的而持有。

(三)自资产负债表日起一年内到期应予以清偿。

(四)企业无权自主地将清偿推迟至资产负债表日后一年以上。

负债在其对手方选择的情况下可通过发行权益进行清偿的条款与负债的流动性划分无关。"

一、财务报告的目标

财务报告的目标是向财务报告使用者提供与企业财务状况、经营成果和现金流量等有关的会计信息,反映企业管理层受托责任履行情况,有助于财务报告使用者做出经济决策。

财务报告的目标不会自动实现,只有通过会计人员运用良好的会计准则、会计方法和程序来生成会计信息,才能最终实现财务报告的目标。

修订后的基本准则对编制财务
会计报告目标的表述

鉴于旧基本准则在财务会计目标中存在的缺陷,修订后的基本准则将财务会计的目标定位为"向财务会计报告使用者提供与企业财务状况、经营成果和现金流量等有关的会计信息,反映企业管理层受托责任履行情况,有助于财务会计报告使用者做出经济决策"。

这一定位克服了旧基本准则在会计目标定位上的不足,与国际会计准则中对财务会计目标的定位一致,体现了我国的财务会计既重视决策有用又重视受托责任的双重目标。

财务会计的目标

财务会计的目标是指在一定的历史条件下,人们通过财务会计所意欲实现的目的或达到的最终结果。财务会计的目标主要解决向谁提供信息、为何提供信息和提供何种信息这三个问题。

关于财务会计目标的观点主要有两种:决策有用观和受托责任观。这两种观点并不相互排斥,只是强调的侧重点不同,所以许多国家财务会计目标是两者的结合。

旧基本准则对编制财务会计报告的目标表述存在缺陷。在1992年颁布的旧基本准则中,我国对会计目标的表述是:"会计信息应当符合国家宏观经济管理的要求;满足有关各方了解企业财务状况和经营成果的需要;满足企业加强内部经营管理的需要。"这种表述至少有以下缺陷:

(1)过于强调"符合国家宏观经济管理的要求"。

在社会主义市场经济条件下,建立现代企业制度必然要求企业是独立的法人,即使国有企业,按照两权分离的原则,国家也不能任意对企业进行行政干预。国家虽然是企业最大的投资者,但也应和其他投资者一样,通过财务报告了解企业的经营状况,并以此作为决策的基础。企业没有义务为最大的投资者专门提供特殊的财务信息。旧基本准则把"满足国家宏观经济管理的需要"单独列出并放在突出位置,却没有突出满足投资者或信贷者使用信息的需要,这明显地带有"计划经济"的色彩,不符合建立和完善现代企业制度以及市场经济的需要。

(2) 目标过于笼统,对实践缺乏指导意义。

美国财务会计准则委员会和国际会计准则理事会制定的财务报告的目标均具体说明了企业应该提供决策有用的和反映经管责任的信息,并具体规定了提供的信息应包括企业的资源及其变动情况、盈利能力、偿债能力、现金流动的情况以及受托责任完成情况等各个方面。

但我国旧基本准则中仅仅提到"满足有关各方了解企业财务状况和经济成果的需要",对企业具体应提供什么信息、信息的用途等并未做出详细的规定。

只有合理地确定会计目标,会计信息的质量特征、报表要素、要素的确认、计量和报告才能依次有逻辑地建立起来,目标才能对准则的制定起到指南和评判的作用。

(3) 目标涵盖面过宽,容易造成认识上的混乱。

从性质上看,基本准则是财务报表准则,因此其制定的目标也应该是财务报表的目标,主要应满足外部使用者使用信息的需要。

而旧基本准则把管理会计的目标"满足企业加强内部经营管理的需要"纳入财务会计目标中,这不但与财务报表部分的内容相脱节(在财务报表部分,旧基本准则第九章仅提到外部报表,并没有涉及内部报表),也容易造成对会计目标认识的混乱。

财务会计的目标固然是最基本、最重要的,但不能因此涵盖其他会计学科的目标。只有对财务会计的目标进行充分研究,才能在其他会计学科的目标研究上取得突破。如果不加以区分,把所有的目标通通强加到财务会计上,那么最终只能是"欲速而不达"。

二、财务会计报告的使用者

财务会计报告使用者,是指那些需要运用财务会计信息进行有关决策的组织或人士。这些组织或人士要做出正确的决策,除了要具备决策技能外,还需要占有充分、可靠的信息,包括会计信息和非会计信息。财务会计报告的目的在于为财务会计报告使用者提供有用的会计信息。

为了向财务会计报告使用者提供有用的信息,首先必须弄清财务会计报告使用者究竟有哪些。按其与企业的关系,可以将财务会计报告使用者分成两大类:外部使用者和内部使用者。会计信息的外部使用者按其与企业经济利益关系的紧密程度,可分为有直接利益关系的使用者和有间接利益关系的使用者。前者如投资者和债权人等,后者如政府监管部门、供应商、客户以及社会公众等。会计信息的内部使用者主要包括企业管理层和企业内部的职工。

这些财务会计报告使用者做出的决策不同,所需要的会计信息也不一样,财务会计不可能按每个使用者提供其所需的特别信息,只能提供通用的会计信息。这些通用的会计信息主要是关于企业财务状况、经营成果和现金流量的信息。

三、财务报告的组成部分

财务报告包括财务报表(又名会计报表)及其附注和其他应当在财务报告中披露的相关信息和资料。

财务报表是对企业财务状况、经营成果和现金流量的结构性表述。财务报表至少应当包括下列组成部分(如图2-4所示):资产负债表;利润表;现金流量表;所有者权益(或股东权益,下同)变动表;附注。

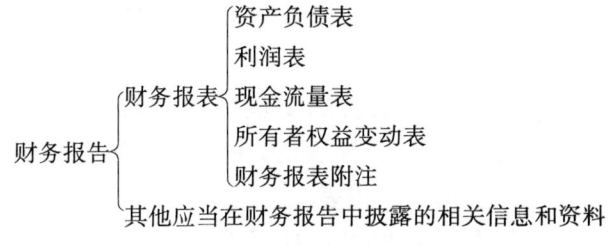

图2-4 财务报告的组成

财务报表上述组成部分具有同等的重要程度。《企业会计准则第30号——财务报表列报》对资产负债表、利润表、所有者权益变动表和附注的列报和披露进行了规范；同时，企业编制现金流量表的，还应当遵循《企业会计准则第31号——现金流量表》，但是《企业会计准则第30号——财务报表列报》对财务报表列报的基本要求同样适用于现金流量表的列报。

四、财务报表的类型

（一）按照财务报表编报期间的不同，财务报表可以分为中期财务报表和年度财务报表

中期财务报告，是指以中期为基础编制的财务报告。中期，是指短于一个完整的会计年度的报告期间。月度财务报告、季度财务报告、半年度财务报告等都属于中期财务报告。

中期财务报表和年度财务报表，都应遵循《企业会计准则第30号——财务报表列报》的规定；同时，企业编制中期财务报表的，还应当遵循《企业会计准则第32号——中期财务报告》。

1. 个别报表有这些要求

中期财务报告至少应当包括资产负债表、利润表、现金流量表和附注。

中期资产负债表、利润表和现金流量表应当是完整报表，其格式和内容应当与上年度财务报表相一致。

当年新施行的会计准则对财务报表格式和内容作了修改的，中期财务报表应当按照修改后的报表格式和内容编制，上年度比较财务报表的格式和内容，也应当作相应调整。

基本每股收益和稀释每股收益应当在中期利润表中单独列示。

2. 合并报表有这些要求

上年度编制合并财务报表的，中期期末应当编制合并财务报表。

上年度财务报告除了包括合并财务报表，还包括母公司财务报表的，中期财务报告也应当包括母公司财务报表。

上年度财务报告包括了合并财务报表，但报告中期内处置了所有应当纳入合并范围的子公司的，中期财务报告只需提供母公司财务报表，但上年度比较财务报表仍应当包括合并财务报表，上年度可比中期没有子公司的除外。

3. 比较报表有这些要求

中期财务报告应当按照下列规定提供比较财务报表：

（1）本中期末的资产负债表和上年度末的资产负债表。

（2）本中期的利润表、年初至本中期末的利润表以及上年度可比期间的利润表。

（3）年初至本中期末的现金流量表和上年度年初至可比本中期末的现金流量表。

4. 报表附注有这些要求

（1）财务报表项目在报告中期作了调整或者修订的，上年度比较财务报表项目有关金额应当按照本年度中期财务报表的要求重新分类，并在附注中说明重新分类的原因及其内容，无法重新分类的，应当在附注中说明不能重新分类的原因。

（2）中期财务报告中的附注应当以年初至本中期末为基础编制，披露自上年度资产负债表日之后发生的，有助于理解企业财务状况、经营成果和现金流量变化情况的重要交易或者事项。

对于理解本中期财务状况、经营成果和现金流量有关的重要交易或者事项，也应当在附注中作相应披露。

（3）中期财务报告中的附注至少应当包括下列信息：

① 中期财务报表所采用的会计政策与上年度财务报表相一致的声明。会计政策发生变更的，应当说明会计政策变更的性质、内容、原因及其影响数；无法进行追溯调整的，应当说明原因。

② 会计估计变更的内容、原因及其影响数；影响数不能确定的，应当说明原因。

③ 前期差错的性质及其更正金额；无法进行追溯重述的，应当说明原因。

④ 企业经营的季节性或者周期性特征。

⑤ 存在控制关系的关联方发生变化的情况；关联方之间发生交易的，应当披露关联方关系的性质、交易类型和交易要素。

⑥ 合并财务报表的合并范围发生变化的情况。

⑦ 对性质特别或者金额异常的财务报表项目的说明。

⑧ 证券发行、回购和偿还情况。

⑨ 向所有者分配利润的情况，包括在中期内实施的利润分配和已提出或者已批准但尚未实施的利润分配情况。

⑩ 根据《企业会计准则第35号——分部报告》规定应当披露分部报告信息的，应当披露主要报告形式的分部收入与分部利润（亏损）。

⑪ 中期资产负债表日至中期财务报告批准报出日之间发生的非调整事项。

⑫ 上年度资产负债表日以后所发生的或有负债和或有资产的变化情况。

⑬ 企业结构变化情况，包括企业合并，对被投资单位具有重大影响、共同控制或者控制关系的长期股权投资的购买或者处置，终止经营等。

⑭ 其他重大交易或者事项，包括重大的长期资产转让及其出售情况、重大的固定资产和无形资产取得情况、重大的研究和开发支出、重大的资产减值损失情况等。

企业在提供上述⑤和⑩有关关联方交易、分部收入与分部利润（亏损）信息时，应当同时提供本中期（或者本中期末）和本年度年初至本中期末的数据，以及上年度可比本中期（或者可比期末）和可比年初至本中期末的比较数据。

（4）企业在确认、计量和报告各中期财务报表项目时，对项目重要性程度的判断，应当以中期财务数据为基础，不应以年度财务数据为基础。中期会计计量与年度财务数据相比，可在更大程度上依赖于估计，但是，企业应当确保所提供的中期财务报告包括了相关的重要信息。

（5）在同一会计年度内，以前中期财务报告中报告的某项估计金额在最后一个中期发生了重大变更、企业又不单独编制该中期财务报告的，应当在年度财务报告的附注中披露该项估计变更的内容、原因及其影响金额。

（二）按照财务报表编报主体的不同，财务报表可以分为个别财务报表和合并财务报表

合并财务报表，是指反映母公司和其全部子公司形成的企业集团整体财务状况、经营成果和现金流量的财务报表。

母公司，是指控制一个或一个以上主体（含企业、被投资单位中可分割的部分，以及企业所控制的结构化主体等，下同）的主体。结构化主体，是指在确定其控制方时没有将表决权或类似权利作为决定因素而设计的主体。子公司，是指被母公司控制的主体。

编制的个别财务报表和合并财务报表，都应遵循《企业会计准则第30号——财务报表列报》的规定；同时，企业编制合并财务报表的，还应当遵循《企业会计准则第33号——合并财务报表》。

1. 合并财务报表的特点

与个别财务报表相比，合并财务报表具有下列特点：

（1）合并财务报表反映的对象是由母公司和其全部子公司组成的会计主体。

（2）合并财务报表的编制者是母公司，但所对应的会计主体是由母公司及其控制的所有子公司所构成的合并财务报表主体（简称"合并集团"）。

（3）合并财务报表是站在合并财务报表主体的立场上，以纳入合并范围的企业个别财务报表为基础，根据其他有关资料，抵销母公司与子公司、子公司相互之间发生的内部交易，考虑了特殊交易事项对合并财务报表的影响后编制的，旨在反映合并财务报表主体作为一个整体的财务状况、经营成果和现金流量。

2. 合并财务报表的组成部分

合并财务报表至少应当包括下列组成部分：合并资产负债表；合并利润表；合并现金流量表；合并所有者权益（或股东权益，下同）变动表；附注。

企业集团中期期末编制合并财务报表的，至少应当包括合并资产负债表、合并利润表、合并现金流量表和附注。

第三讲 公允价值计量和披露

第一节 综合知识

一、相关知识概述

什么是会计计量？它是指根据一定的计量标准和计量方法，在资产负债表和利润表中确认和列示会计要素而确定其金额的过程。

企业在将符合确认条件的会计要素登记入账并列报于会计报表及其附注（亦称财务报表，下同）时，应当按照规定的会计计量属性进行计量，确定其金额。

我国《企业会计准则——基本准则》对会计计量属性作了专门系统的阐述，包括计量基础的种类，每一种计量基础的内涵和运用，仍规定以历史成本为主要计量属性，但又不限于历史成本，在能够取得并可靠计量的前提下引入了重置成本、可变现净值、现值和公允价值等计量属性。

公允价值，是指市场参与者在计量日发生的有序交易中，出售一项资产所能收到或者转移一项负债所需支付的价格，即脱手价格。

 小知识

若不搞清楚公允价值的含义，实际上您就没有真正懂公允价值的概念。

公允价值有四个含义，如表3-1所示。

表3-1 公允价值的四个含义

资产出售或者债务转移发生在计量日，而不是其他日期	企业应当严格按照公允价值定义对相关资产或负债进行公允价值计量 在计量日，企业无论是否能够观察到相关资产或负债的交易价格或者其他市场信息（如类似资产或负债的报价、市场利率或其他输入值等），其公允价值计量的目标应当保持一致，即估计市场参与者在计量日的有序交易中出售一项资产或者转移一项负债的价格
公允价值是脱手价格	资产或负债的脱手价格体现了持有资产或承担负债的市场参与者在计量日，对该资产或负债相关的未来现金流入和流出的预期。即使企业打算通过使用该资产而非出售该资产获得现金流入，脱手价格仍能通过向将以相同方式使用该资产的市场参与者出售这一资产，体现从该资产的使用获得现金流量的预期
突出市场参与者概念	原公允价值定义中的"在公平交易中，熟悉情况的交易双方"不够清晰明确，因此，公允价值计量会计准则将市场参与者定义为在相关资产或负债主要市场（或最有利市场）中，相互独立的、熟悉资产或负债情况的、能够且愿意进行资产或负债交易的买方和卖方
将原债务"清偿"概念转为"转移"概念	企业以公允价值计量相关负债，应当基于市场，但企业使用自有资源清偿该负债时，相对于市场具有一定优势。企业具有的这种相对优势应反映在清偿过程中，而不应反映在清偿之前的损益中 此外，转移概念体现了市场参与者对流动性、不确定性以及与负债相关的其他因素的预期，而清偿概念则并非如此，它仅考虑了企业的特定因素。因此，公允价值计量会计准则要求负债的公允价值应当在假定将负债转移给其他市场参与者的基础上进行计量

（一）以公允价值计量相关资产或负债时，要考虑两个因素

1. 相关资产或负债的特征

企业以公允价值计量相关资产或负债，应当考虑该资产或负债的特征以及该资产或负债是以单项还是以组合的方式进行计量等因素。

本准则中相关资产或负债，是指其他相关会计准则要求或允许企业以公允价值计量的资

产或负债,也包括企业自身权益工具。例如,《企业会计准则第 3 号——投资性房地产》中规范的采用公允价值模式进行后续计量的投资性房地产,《企业会计准则第 5 号——生物资产》中规范的采用公允价值进行后续计量的生物资产,《企业会计准则第 8 号——资产减值》中规范的使用公允价值确定可收回金额的资产,《企业会计准则第 10 号——企业年金基金》中规范的以公允价值计量的企业年金基金投资,《企业会计准则第 16 号——政府补助》中规范的以非货币性资产形式取得的政府补助,《企业会计准则第 20 号——企业合并》中规范的非同一控制下企业合并中取得的可辨认资产和负债以及作为合并对价发行的权益工具,《企业会计准则第 22 号——金融工具确认和计量》中规范的以公允价值计量且其变动计入当期损益的金融资产或金融负债等。

企业以公允价值计量相关资产或负债,应当考虑该资产或负债所具有的特征,如资产的状况及所在位置、出售或使用资产的限制等。如果市场参与者在计量相关资产或负债公允价值时会考虑这些资产或负债的特征,企业在计量该资产或负债公允价值时,也应当考虑这些特征因素。

1) 资产状况和所在位置

市场参与者以公允价值计量一项非金融资产时,通常会考虑该资产的地理位置和环境、使用功能、结构、新旧程度、可使用状况等。因此,企业计量其公允价值时,也应考虑这些特征,对类似资产的可观察市场价格或其他交易信息进行调整,以确定该资产的公允价值。

2) 对资产出售或使用的限制

企业以公允价值计量相关资产,应当考虑出售或使用该资产所存在的限制因素。企业为合理确定相关资产的公允价值,应当区分该限制是针对资产持有者的,还是针对该资产本身的。

(1) 如果该限制是针对相关资产本身的,那么此类限制是该资产具有的一项特征,任何持有该资产的企业都会受到影响,市场参与者在计量日对该资产进行定价时会考虑这一特征。因此,企业以公允价值计量该资产,应当考虑该限制特征。

(2) 如果该限制是针对资产持有者的,那么此类限制并不是该资产的特征,只会影响当前持有该资产的企业,而其他企业可能不会受到该限制的影响,市场参与者在计量日对该资产进行定价时不会考虑该限制因素。因此,企业以公允价值计量该资产时,也不应考虑针对该资产持有者的限制因素。

2. 资产或负债的计量单元(最小单位)

计量单元,是指相关资产或负债以单独或者组合方式进行计量的最小单位。相关资产或负债的计量单元应当由要求或者允许以公允价值计量的其他相关会计准则规定,但本准则第十章规范的市场风险或信用风险可抵销的金融资产和金融负债的公允价值计量除外。

企业在确认相关资产或负债时就已经确定了该资产或负债的计量单元。

企业以公允价值计量相关资产或负债,该资产或负债可以是单项资产或负债,如一台机器设备、一项专利权或一项金融资产或负债;也可以是资产组合、负债组合或资产和负债的组合,如由多台设备构成的一条生产线、《企业会计准则第 20 号——企业合并》中规范的业务等。

企业是以单项还是以组合的方式对相关资产或负债进行公允价值计量,取决于该资产或负债的计量单元。

企业以公允价值计量相关资产或负债,应当按照《企业会计准则第 8 号——资产减值》《企业会计准则第 22 号——金融工具确认与计量》《企业会计准则第 20 号——企业合并》等其他相关会计准则规定的计量单元进行计量。

例如,智董公司拥有一台大型设备,主要用于生产医疗器械。2×20 年,该设备生产的医疗器械销售率大幅下降。2×20 年 12 月 31 日,智董公司对该设备进行减值测试。按照《企业会计准则第 8 号——资产减值》的有关规定,智董公司能够在期末确定该设备可收回金额的,计量单元则为该设备这一单项资产,否则智董公司应将该设备所属的资产组作为一个计量单元,以确定该资产组的可收回金额。

对于市场风险或信用风险可抵销的金融资产、金融负债和其他合同,在符合本准则要求的情况下,企业可以将该金融资产、金融负债和其他合同的组合作为计量单元。

(二) 以公允价值计量相关资产或负债时,需要采用的三个假定

1. 假定是当前市场情况下的有序交易

企业以公允价值计量相关资产或负债,应当假定市场参与者在计量日出售资产或者转移负债的交易,是当前市场情况下的有序交易。

企业应用于相关资产或负债公允价值计量的有序交易,是在计量日前一段时期内该资产或负债具有惯常市场活动的交易,不包括被迫清算和抛售。

1) 相关资产或负债有序交易的识别

企业在确定一项交易是否为有序交易时,应当全面理解交易环境和有关事实。企业应当基于可获取的信息,如市场环境变化、交易规则和习惯、价格波动幅度、交易量波动幅度、交易发生的频率、交易对手信息、交易原因、交易场所和其他能够获得的信息,运用专业判断对交易行为和交易价格进行分析,以判断该交易是否为有序交易。

企业不必为确定一项交易是否为有序交易而不计成本,但不能忽视可合理获得的信息。当企业成为交易一方时,通常假定该企业有充分的信息来判断该交易是否为有序交易。

当企业遇到下列情况时,相关资产或负债的交易活动通常不应作为有序交易:

(1) 在当前市场情况下,市场在计量日之前一段时间内不存在相关资产或负债的惯常市场交易活动。

(2) 在计量日之前,相关资产或负债存在惯常的市场交易,但资产出售方或负债转移方仅与单一的市场参与者进行交易。

(3) 资产出售方或负债转移方处于或者接近于破产或托管状态,即资产出售方或负债转移方已陷入财务困境。

(4) 资产出售方为满足法律或者监管规定而被要求出售资产,即被迫出售。

(5) 与相同或类似资产或负债近期发生的其他交易相比,出售资产或转移负债的价格是一个异常值。

2) 相关资产或负债有序交易价格的应用

企业判定相关资产或负债的交易是有序交易的,在以公允价值计量该资产或负债时,应当考虑该交易的价格,即以该交易价格为基础确定该资产或负债的公允价值。企业在公允价值计量过程中赋予有序交易价格的权重时,应当考虑交易量、交易的可比性、交易日与计量日的临近程度等因素。

企业判定相关资产或负债的交易不是有序交易的,在以公允价值计量该资产或负债时,不应考虑该交易的价格,或者赋予该交易价格较低权重。

企业根据现有信息不足以判定该交易是否为有序交易的,在以公允价值计量该资产或负债时,应当考虑该交易的价格,但不应将该交易价格作为计量公允价值的唯一依据或主要依据。相对于其他已知的有序交易价格,企业应赋予该交易较低权重。

2. 假定出售资产或者转移负债的有序交易在该资产或负债的主要市场或最有利市场进行

企业以公允价值计量相关资产或负债,应当假定出售资产或者转移负债的有序交易在该资产或负债的主要市场进行。不存在主要市场的,企业应当假定该交易在相关资产或负债的最有利市场进行。

主要市场,是指相关资产或负债交易量最大和交易活跃程度最高的市场。最有利市场,是指在考虑交易费用和运输费用后,能够以最高金额出售相关资产或者以最低金额转移相关负债的市场。

1) 主要市场或最有利市场的识别

企业根据可合理取得的信息,能够在交易日确定相关资产或负债交易量最大和交易活跃程度最高的市场的,应当将该市场作为相关资产或负债的主要市场。

企业根据可合理取得的信息，无法在交易日确定相关资产或负债交易量最大和交易活跃程度最高的市场的，应当在考虑交易费用和运输费用后，能够以最高金额出售该资产或者以最低金额转移该负债的市场作为最有利市场。

企业在识别相关资产或负债的主要市场（或者在不存在主要市场情况下的最有利市场）时，应当考虑所有可以合理取得的信息，但不必不计成本地考察所有可能的市场。通常情况下，如果不存在相反的证据，企业正常进行资产出售或者负债转移的市场可以视为主要市场或最有利市场。

相关资产或负债的主要市场（或者在不存在主要市场情况下的最有利市场）应当是企业可进入的市场，但不要求企业于计量日在该市场上实际出售资产或者转移负债。

企业应当从自身角度，而非市场参与者角度，判定相关资产或负债的主要市场（或者在不存在主要市场情况下的最有利市场）。

不同的企业可以进入不同的市场，对相同资产或负债而言，不同企业可能具有不同的主要市场（或者在不存在主要市场情况下的最有利市场）。例如，智董公司与银行签订了一项初始交易价格为零的利率互换。该企业只能进入利率互换的零售市场，而银行则能够同时进入利率互换的零售市场和做市商市场，并且其主要业务发生在做市商市场。因此，该企业与银行就存在不同的主要市场，该企业应当以零售市场为主要市场，该银行应当以做市商市场为主要市场。

2) 主要市场或最有利市场的应用

企业应当以主要市场上相关资产或负债的价格为基础，计量该资产或负债的公允价值。主要市场是资产或负债流动性最强的市场，能够为企业提供最具代表性的参考信息。因此，无论相关资产或负债的价格是直接从市场观察得到，还是通过其他估值技术获得，企业都应当以主要市场上相关资产或负债的价格为基础，计量该资产或负债的公允价值。即使企业能够于计量日在主要市场以外的另一个市场上，获得更高的出售价格或更低的转移价格，企业也仍应当以主要市场上相关资产或负债的价格为基础，计量该资产或负债的公允价值。

不存在主要市场或者无法确定主要市场的，企业应当以相关资产或负债最有利市场的价格为基础，计量其公允价值。企业在确定最有利市场时，应当考虑交易费用、运输费用等。

交易费用不属于相关资产或负债的特征，只与特定交易有关，取决于企业参与该资产或负债交易的不同方式（如零售交易或批发交易，交易所交易或场外交易等）。交易费用是指企业发生的可直接归属于资产出售或者负债转移的费用。交易费用在进行相关资产或负债交易时不可避免。交易费用直接由交易引起，并且是企业进行交易所必需的。如果企业未决定出售资产或转移负债，该费用将不会产生。企业应当根据其他相关会计准则对交易费用进行会计处理。

企业在根据主要市场或最有利市场的交易价格确定相关资产或负债的公允价值时，不应根据交易费用对该价格进行调整。例如，智董公司委托某证券公司于2×20年12月1日购买某上市公司200万股普通股股票，作为交易性金融资产持有。2×20年12月1日，该上市公司股票价格为每股10元。智董公司共支付2002万元，其中2万元是支付给证券公司的手续费。智董公司在2×20年12月1日初始确认该交易性金融资产时，每一股股票的公允价值应当是10元，而不是10.01元。

交易费用不包括运输费用。相关资产所在地理位置是该资产的特征，企业应当根据使该资产从当前位置转移到主要市场（或者在不存在主要市场情况下的最有利市场）的运输费用调整主要市场（或者在不存在主要市场情况下的最有利市场）的价格。

【例3-1】 2×20年12月31日，智董公司在非同一控制下的企业合并业务中获得100吨原材料。在合并日，智董公司应当以公允价值计量这批存货。根据市场交易情况，该原材料在深圳和上海有两个活跃的交易市场。智董公司能够进入这两个市场,并能够取得该存货在这两个市场的交易数据(如表3-2所示)。

表3-2 A原材料2×20年12月31日市场交易数据

市场	销售价格(万元/吨)	历史交易量(吨)
深圳	35	850万
上海	37	150万

假定在深圳的市场出售这批存货的交易费用(如相关税费等)为275万元,将这批存货运抵深圳的成本为45万元;在上海的市场出售这批存货的交易费用为295万元,将这批存货运抵上海的成本为65万元。

【分析】 智董公司根据市场交易数据能够确定深圳的市场拥有最大交易量、交易活跃程度最高,判定深圳的市场为该原材料的主要市场。因此,智董公司应当以深圳的市场价格为基础估计这批存货的公允价值。

智董公司在估计这批存货的公允价值时,应当使用在主要市场中出售该原材料将收到的价格,并考虑运输费用,但不考虑交易费用。因此,这批存货的公允价值计量应使用深圳的市场中的价格(3 500万元),减去运输费用(45万元),从而这批存货的公允价值为3 455万元。

在本例中,尽管上海的市场上出售原材料的价格(37万元)要高于深圳市场的价格(35万元),但根据本准则的规定,智董公司也不能以上海的市场价格为基础确定这批存货的公允价值。

【例3-2】 承[例3-1],假设智董公司无法获得这批存货在深圳和上海的历史交易量。

【分析】 如果智董公司无法获得这批存货在深圳和上海的历史交易量,则智董公司应当在考虑交易费用和运输费用后将能够获得经济利益最大化的市场确定为最有利市场,即在该市场中出售这批存货收到的净额最高。

由于市场参与者在上海的市场中出售该存货能够收到的净额为3 340万元(3 700-295-65),高于在深圳的市场出售该存货能够收到的净额3 180万元(3 500-275-45),因此,在智董公司无法确定主要市场情况下,上海的市场为

最有利市场。智董公司应当以上海的市场价格为基础估计这批存货的公允价值。

智董公司估计这批存货的公允价值时,应当使用最有利市场的价格,并考虑运输费用,但不考虑交易费用,即上海的市场中的价格(3 700万元)减去运输费用(65万元),从而这批存货的公允价值为3 635万元。

【特别注意】 在本例中,尽管智董公司在确定最有利市场时考虑了交易费用,但在计量这批存货公允价值时不考虑交易费用,而仅针对运输费用进行调整。

企业以公允价值计量相关资产或负债,即使在计量日不存在提供出售资产或转移负债价格信息的可观察市场,企业仍应当从持有资产或承担负债的市场参与者的角度进行考虑,并假设当日发生了交易。该假设的交易是估计出售资产或转移负债价格的基础。

3. 采用市场参与者在对该资产或负债定价时为实现其经济利益最大化所使用的假设

企业以公允价值计量相关资产或负债,应当充分考虑市场参与者之间的交易,采用市场参与者在对该资产或负债定价时为实现其经济利益最大化所使用的假设。

1)市场参与者的特征

(1)市场参与者应当相互独立,不存在《企业会计准则第36号——关联方披露》所述的关联方关系。

例如,智董公司是贵琛公司的母公司。2×20年12月31日,智董公司与贵琛公司签订股权转让协议,以每股10元的协议价格受让贵琛公司持有的某上市公司100万股普通股股票,并作为交易性金融资产持有。12月31日,该上市公司普通股股票的公开市场报价(收盘价)为每股9元。由于智董公司和贵琛公司之间存在控制与被控制的关系,其签订的股份转让协议价格明显高于公开市场报价,因此,智董、贵琛公司之间的交易不能作为市场参与者之间的交易,其交易价格不能作为计量相关资产公允价值的基础。但如果企业有证据表明,关联方之间的交易是按市场条款达成的,则关联方之间

的交易可以作为市场参与者之间的交易，交易价格可作为公允价值计量的基础。例如，承上例，贵琛公司以每股9元的价格向其母公司（智董公司）转让该上市公司股份，两者之间的交易价格等于计量日公开市场报价，则智董、贵琛公司之间的交易可作为市场参与者之间的交易，其交易价格能够作为计量相关资产公允价值的基础。

（2）市场参与者应当熟悉情况，根据可获得的信息，包括通过正常的尽职调查获取的信息，对相关资产或负债以及交易具备合理认知。

（3）市场参与者应当有能力并自愿进行相关资产或负债的交易，而非被迫或以其他强制方式进行交易。

2）市场参与者的确定

企业在确定市场参与者时，应当考虑所计量的相关资产或负债、该资产或负债的主要市场（或者在不存在主要市场情况下的最有利市场）以及在该市场上与企业进行交易的市场参与者等因素，从总体上识别市场参与者。例如，某一市场参与者愿意为一项业务支付更高的价格，因为该市场参与者能从该业务中获得协同效应，而其他市场参与者无法获得相同的协同效用。企业在确定该业务的公允价值时，不应以该特定市场参与者的报价为基础，而应当以大多数市场参与者愿意支付的价格为基础。

企业在确定市场参与者时至少应当考虑下列因素：

（1）所计量的相关资产或负债。例如，金融资产的市场参与者与非金融资产的市场参与者之间将存在较大差别。

（2）该资产或负债的主要市场（或者在不存在主要市场情况下的最有利市场）。主要市场（或者在不存在主要市场情况下的最有利市场）是基于企业角度确定的。

因此，与企业在同一行业的其他企业有可能是市场参与者，但市场参与者也可能来自其他行业。例如，在计量制造业企业拥有的土地使用权的公允价值时，房地产开发企业也可能作为市场参与者。

（3）企业将在主要市场或最有利市场进行交易的市场参与者。

3）市场参与者的应用

企业以公允价值计量相关资产或负债，应当基于市场参与者之间的交易确定该资产或负债的公允价值。如果市场参与者在交易中考虑了相关资产或负债的特征以及相关风险等，并根据这些特征或风险对该资产或负债的交易价格进行了调整，那么企业也应当采用市场参与者在对该资产或负债定价时所使用的这些假设。

企业应当从市场参与者角度计量相关资产或负债的公允价值，而不应考虑企业自身持有资产、清偿或者以其他方式履行负债的意图和能力。

二、会计准则概述

（一）本准则的相关背景

随着经济业务的不断发展和创新，以及财务报表使用者对财务信息相关性、及时性需求的日益增强，公允价值在真实反映交易实质、及时提供价值信息、揭示相关风险等方面显现出重要作用，因而在财务报告中得到广泛应用。我国在企业会计准则体系建设中也越来越重视公允价值的应用。2006年发布的《企业会计准则——基本准则》明确将公允价值作为计量属性之一，《企业会计准则第3号——投资性房地产》《企业会计准则第5号——生物资产》《企业会计准则第7号——非货币性资产交换》《企业会计准则第8号——资产减值》《企业会计准则第12号——债务重组》《企业会计准则第16号——政府补助》《企业会计准则第20号——企业合并》《企业会计准则第22号——金融工具确认和计量》等具体准则中也规范了公允价值在相关经济业务中的应用。

但公允价值在实际应用中仍存在一些亟待解决的问题，例如公允价值概念不明晰、缺乏统一的公允价值计量框架和要求、公允价值相关信息的披露不够充分和透明等。为更加有效、统一地应用公允价值计量,国内实务界等在企业会计准则执行过程中提出建议,有必要根据实务需要,并结合我国现有市场特征,对公允价值计量制定相关的会计处理规定,并提供详尽的操作性指引。

2008年国际金融危机爆发后,公允价值计量受到全世界关注。为应对国际金融危机,二十国集团和金融稳定理事会提出建立一套全球统一的高质量会计准则。其中,公允价值计量准则就是与国际金融危机密切相关的重要准则之一。为响应二十国集团和金融稳定理事会提出的倡议,国际会计准则理事会加快了对公允价值计量准则项目的研究和制定工作,并于2011年5月12日发布了《国际财务报告准则第13号——公允价值计量》。该准则重新定义了公允价值,制定了统一的公允价值计量框架,规范了公允价值的披露要求,为我国规范公允价值应用提供了有益参考。

为了适应社会主义市场经济发展需要,规范企业公允价值计量和披露,提高会计信息质量,并保持我国企业会计准则与国际财务报告准则的持续趋同,我国财政部2014年1月26日发布了《企业会计准则第39号——公允价值计量》(财会〔2014〕6号,本讲简称"本准则"或"新准则"),自2014年7月1日起在所有执行企业会计准则的企业范围内施行。

(二)本准则的适用范围

本准则适用于资产、负债、企业自身权益工具的公允价值计量(包括初始计量和后续计量)和披露。

除特定情况外,其他会计准则要求或允许企业进行公允价值计量或披露的,企业应当根据本准则的要求对资产、负债、企业自身权益工具的公允价值进行计量或披露,但对于企业是否应当以公允价值计量相关资产或负债、何时进行公允价值计量、公允价值变动应当计入当期损益还是所有者权益等会计处理问题,则由其他相关会计准则进行规范。

有些资产或负债的计量以公允价值为基础,例如,企业在资产减值测试中使用的公允价值减去处置费用后的净额。由于这些计量基于公允价值,公允价值计量所使用的估值技术、输入值、最终所形成的相关信息,将对这些计量产生重大影响,因此本准则决定,公允价值减去处置费用后的净额等这些基于公允价值的计量也应当按照本准则的规定对相关的公允价值进行计量。

对于以摊余成本计量的金融工具等,尽管这些资产或负债不以公允价值计量,但《企业会计准则第37号——金融工具列报》要求企业披露这些资产或负债的公允价值信息,因此,本准则认为,这些资产或负债的披露也应当适用本准则。

新的公允价值定义强调了公允价值是基于市场的计量,不是特定主体的计量。因此,考虑到下列各项中包含了企业基于自身角度的判断和估计,而非完全以市场为基础的计量,本准则决定,可变现净值、预计未来现金流量现值等与公允价值计量属性类似的其他计量属性的计量和披露,股份支付业务相关的计量和披露,以及租赁业务相关的计量和披露不适用本准则。

此外,为了简化以公允价值减去处置费用后的净额确定可收回金额的资产、职工离职后福利计划资产、企业年金基金投资的公允价值披露,本准则要求企业分别按照《企业会计准则第8号——资产减值》《企业会计准则第9号——职工薪酬》和《企业会计准则第10号——企业年金基金》的规定披露这些资产的公允价值相关信息。尽管这些资产的公允价值披露被排除在本准则之外,但是这些资产的公允价值计量还是应当遵循本准则的公允价值计量要求。

第二节 三类估值技术：市场法、收益法和成本法

企业以公允价值计量相关资产或负债,应当采用在当前情况下适用并且有足够可利用数据和其他信息支持的估值技术。

企业使用估值技术的目的,是估计市场参与者在计量日当前市场情况下的有序交易中出售资产或者转移负债的价格。

用什么技术？怎样估计以公允价值计量的资产或负债的价格？

估值技术通常包括市场法、收益法和成本法。

一、市场法——直接使用相同或类似资产或负债的公开报价、市场乘数法（上市公司比较法、交易案例比较法）

市场法是利用相同或类似的资产、负债或资产和负债组合的价格及其他相关市场交易信息进行估值的技术。

企业应用市场法估计相关资产或负债公允价值的,可利用相同或类似的资产、负债或资产和负债的组合（如一项业务）的价格和其他相关市场交易信息进行估值。

企业在使用市场法时,应当以市场参与者在相同或类似资产出售中能够收到或者转移相同或类似负债需要支付的公开报价为基础。企业在市场价格或其他相关市场交易信息基础上,应当根据该资产或负债的特征,如当前状况、地理位置、出售和使用的限制等,对相同或类似资产或负债的市场价格进行调整,以确定该资产或负债的公允价值。

【例3-3】 2×20年7月1日,智董公司购入贵琛上市公司10万股普通股股票,共支付120万元,假定不考虑相关税费。

【分析】 智董公司将对贵琛上市公司的投资作为交易性金融资产持有。2×20年12月31日,贵琛上市公司普通股股票的收盘价为每股11.5元。智董公司在编制2×20年度财务报表时,采用市场法确定其持有的对贵琛上市公司投资的公允价值。根据贵琛上市公司普通股股票于2×20年12月31日的收盘价,智董公司对贵琛上市公司投资的公允价值为115万元（11.5×10）。

企业在应用市场法时,除直接使用相同或类似资产或负债的公开报价外,还可以使用市场乘数法等估值方法。市场乘数法是一种使用可比企业市场数据估计公允价值的方法,包括上市公司比较法、交易案例比较法等。企业采用上市公司比较法时,可使用的市场乘数包括市盈率、市净率、企业价值/税息折旧及摊销前利润乘数等。企业应当进行职业判断,考虑与计量相关的定性和定量因素,选择恰当的市场乘数。

二、收益法——现金流量折现法[传统法、期望现金流量法（含资本资产定价模型）]、期权定价模型（布莱克-斯科尔斯模型、二叉树模型、蒙特卡洛模拟法）

收益法是企业将未来金额转换成单一现值的估值技术。企业使用收益法时,应当反映市场参与者在计量日对未来现金流量或收入费用等金额的预期。

企业使用的收益法包括现金流量折现法、期权定价模型等估值方法。

（一）现金流量折现法

现金流量折现法是企业在收益法中最常用到的估值方法。

现值是企业运用折现率将未来金额与现在金额联系起来所使用的工具。企业使用现金流量折现法估计相关资产或负债的公允价值时,需要在计量日从市场参与者角度考虑相关资产或负债的未来现金流量、现金流量金额和时间的可能变动、货币时间价值、因承受现金流量固有不确定性而要求的补偿（风险溢价）与负债相

关的不履约风险(包括企业自身信用风险)、市场参与者在当前情况下可能考虑的其他因素等。

企业采用的现金流量折现法因其中所包含的上述因素的不同而有可能不同。企业以现金流量折现法估计相关资产或负债的公允价值,为避免重复计算或忽略风险因素的影响,折现率与现金流量应当保持一致。例如,企业使用了合同现金流量的,应当采用能够反映预期违约风险的折现率;使用了概率加权现金流量的,应当采用无风险利率;使用了包含通货膨胀影响的现金流量的,应当采用名义折现率;使用了排除通货膨胀影响的现金流量的,应当采用实际利率;使用税后现金流量的,应当采用税后折现率;使用税前现金流量的,应当采用税前折现率;使用人民币现金流量的,应当使用与人民币相关的利率等。

企业在现金流量折现法中所使用的现金流量是估计金额,而非确定的已知金额。当存在违约风险时,即使合同约定的金额(如贷款承诺中约定的贷款金额)也是不确定的,所以,企业使用现金流量折现法时,将面临较多不确定性。

企业在以公允价值计量该资产或负债时应当考虑风险溢价。企业在某些情况下确定合适的风险溢价可能会存在较大的困难,但企业不能仅仅因为难以确定风险溢价而在公允价值计量中不考虑风险调整因素。

根据对风险的调整方式和采用现金流量类型,可以将现金流量折现法区分为两种方法:传统法和期望现金流量法。

1. 传统法

传统法是使用在估计金额范围内最有可能的现金流量和经风险调整的折现率的一种折现方法。

企业在传统法中所使用的现金流量,包括合同现金流量、承诺现金流量或最有可能的现金流量等。这些现金流量都以特定事项为前提条件。例如,债券中包含的合同现金流量或承诺现金流量以债务人不发生违约为前提条件。

企业所使用的经风险调整的折现率,应当来自市场上交易的类似资产或负债的可观察回报率。在不存在可观察的市场回报率情况下,企业也可以使用估计的市场回报率。

【例3-4】 智董公司采用公允价值模式对其拥有的投资性房地产进行后续计量。2×15年,智董公司将其在某市市中心拥有的一幢写字楼用于出租。该写字楼共五层,总建筑面积30 000平方米,可出租面积约16 800平方米。考虑到在计量日前一段时间内不存在相同或类似写字楼在活跃市场的交易价格,但类似商业房地产的租赁市场非常活跃,智董公司决定采用收益法中的现金流量折现法估计该写字楼于2×15年12月31日的公允价值,即通过将未来预测期内的现金流量和该写字楼在预测期最后一年的余值用恰当的折现率折现到计量日。

【分析】 根据市场状况,智董公司采用了以下假设:

1. 预测期

预测期为2×15年12月31日至2×20年12月31日。

2. 收益期

以计量日至土地使用权终止日之间的期间为收益期,即35年。

3. 折现率

智董公司通过对该市大量类似商业房地产的市场调查,并考虑评估对象位置、交通便利性以及在营运期内的相关风险(如营运风险、房地产风险、现金流动风险及其他风险)进行分析和调整,最终确定折现率为9%。

4. 租金

截至2×18年12月31日,该写字楼带租赁合同运营。因此,智董公司分析租金收益时按租赁期内和租赁期外两种情况考虑,2×16年至2×18年租赁期内采用租赁合同规定的租金,2×19年和2×20年租赁期外采用市场租金。

5. 费用支出

智董公司预计税金及附加、房产税、财产保险费、城镇土地使用税、营运费用、营销推广费用等占每年租金收入的25%。

智董公司根据上述信息,确定该写字楼于

2×15年12月31日的公允价值为274 804万元。具体计算过程如表3-3所示。

表3-3 写字楼公允价值计算　　　　　　　　　　　　　　　　　　　　　　　　单位：万元

公允价值	2×16年	2×17年	2×18年	2×19年	2×20年	合计
① 总租金收益	36 000	42 000	49 500	51 000	52 500	
② 总费用＝①×25%	9 000	10 500	12 375	12 750	13 125	
③ 租金净收益＝①－②	27 000	31 500	37 125	38 250	39 375	
④ 未来30年的现金流量					218 751	
⑤ 折现率（9%）	0.9174	0.8417	0.7722	0.7084	0.6499	
⑥ 现金流量现值＝[③＋④]×⑤	24 770	26 514	28 668	27 096	167 756	274 804

注：为了简化，假定该写字楼未来30年的余值折现到2×20年12月31日的价值为218 751万元。

企业在确定资产或负债是否类似时，需要考虑现金流量的性质（如现金流量是合同现金流量还是非合同现金流量、现金流量是否会对经济条件的改变做出类似反应）以及信用状况、抵押品、期限、限制性合同和流动性等其他因素。

2. 期望现金流量法（含资本资产定价模型）

期望现金流量法是使用风险调整的期望现金流量和无风险利率，或者使用未经风险调整的期望现金流量和包含市场参与者要求的风险溢价的折现率的一种折现方法。

企业应当以概率为权重计算的期望现金流量反映未来所有可能的现金流量。企业在期望现金流量法中使用的现金流量是对所有可能的现金流量进行了概率加权，最终得到的期望现金流量不再以特定事项为前提条件，这不同于企业在传统法中所使用的现金流量。

企业在应用期望现金流量法时，有两种方法调整相关资产或负债期望现金流量的风险溢价。

方法一，企业从以概率为权重计算的期望现金流量中扣除风险溢价，得到确定等值现金流量，并按照无风险利率对确定等值现金流量折现，从而估计出相关资产或负债的公允价值。当市场参与者对于以确定的现金流量交换期望现金流量无偏好时，该确定的现金流量即确定等值现金流量。

例如，如果市场参与者愿意以100元的确定现金流量交换125元的期望现金流量，该100元即125元的确定等值（25元代表风险溢价）。在这种情况下，持有125元的期望现金流量和持有100元现金，对于市场参与者而言是无差异的。

方法二，企业在无风险利率之上增加风险溢价，得到期望回报率，并使用该期望回报率对以概率为权重计算的现金流量进行折现，从而估计出相关资产或负债的公允价值。企业可以使用对风险资产进行计价的模型估计期望回报率，如资本资产定价模型。

【例3-5】 为了说明期望现金流量法调整风险的两种方法，假定根据可能的现金流量和概率（表3-4），计算确定资产在一年内拥有1 450万元的期望现金流量。假定适用的一年期无风险利率为6%，具有相同风险状况的资产的系统性风险溢价为2%。

表3-4 可能的现金流量及概率　　　　　　　　　　单位：万元

可能的现金流量	概率	概率加权现金流量
1 000	15%	150
1 200	50%	600
2 000	35%	700
期望现金流量		1 450

【分析】 在本例中，期望现金流量（1 450万元）代表三个可能结果的概率加权平均。在实际情况下，可能存在更多结果，但企业应用期望现金流量法时，不需要运用复杂的模型和技术考虑所有可能的现金流量分布，而应当确定现金流量有限数量的可能结果和概率。例如，企业可能使用相关历史期间的实际现金流量，并在考虑市场参与者假设的基础上，对经济形势或市场情况、行业趋势和竞争程度等外部因素和具体影响企业内部因素的变动进行调整。

(1) 企业在使用期望现金流量法第一种方法时,应当根据风险溢价对期望现金流量进行调整。

第一步:企业通过使用2%的风险溢价,计算出现金流量的风险调整为26.85万元[1 450－1 450(1.06/1.08)]。

第二步:企业使用期望现金流量减去26.85万元风险调整,得出经市场风险调整的期望现金流量是1 423.15万元(1 450－26.85)。

第三步:企业以无风险利率(6%)对经市场风险调整的期望现金流量进行折现,得到该项资产的现值(公允价值)为1 342.59万元(1 423.15÷1.06)。

(2) 企业在使用期望现金流量法第二种方法时,应当根据风险溢价对折现率进行调整。

第一步:企业将无风险利率(6%)加上风险溢价(2%),得到期望回报率8%。

第二步:企业使用期望回报率对期望现金流量(1 450万元)进行折现,得到该项资产的现值(公允价值)为1 342.59万元(1 450÷1.08)。

企业使用期望现金流量法的上述两种方法,得到的现金流量现值应当是相同的。因此,企业在使用期望现金流量法估计相关资产或负债的公允价值时,期望现金流量法的上述两种方法均可使用。企业对期望现金流量法第一种方法或第二种方法的选择,取决于被计量资产或负债的特征和环境因素,企业是否可获取足够多的数据,以及企业运用判断的程度等。

(二) 期权定价模型

企业可以使用布莱克-斯科尔斯模型、二叉树模型、蒙特卡洛模拟法等期权定价模型估计期权的公允价值。其中,布莱克-斯科尔斯期权定价模型可以用于认股权证和具有转换特征的金融工具的简单估值。布莱克-斯科尔斯期权定价模型中的输入值包括即期价格、行权价格、合同期限、预计或内含波动率、无风险利率、期望股息率等。

蒙特卡洛模拟法适用于包含复杂属性(如包括可变行权价格或转换价格、对行权时间具有限制条款等)的认股权证或具有转换特征的金融工具。蒙特卡洛模拟法将根据认股权证或具有转换特征的金融工具的条款、条件以及其他假设,随机生成数千甚至数百万的可能结果,计算每种可能情形的相关回报,这些回报用概率加权并折现以计算相关资产或负债的公允价值。

三、成本法——通常是指现行重置成本法

成本法,是反映当前要求重置相关资产服务能力所需金额的估值技术,通常是指现行重置成本法。

在成本法下,企业应当根据折旧贬值情况,对市场参与者获得或构建具有相同服务能力的替代资产的成本进行调整。折旧贬值包括实体性损耗、功能性贬值以及经济性贬值。企业主要使用现行重置成本法估计与其他资产或其他资产和负债一起使用的有形资产的公允价值。

【例3-6】 智董公司于2×18年1月1日购买了一台数控设备,其原始成本为1 000万元,预计使用寿命为15年。2×20年,该数控设备生产的产品有替代产品上市,导致智董公司产品市场份额骤降35%。2×20年12月31日,智董公司决定对该数控设备进行减值测试,根据该数控设备的公允价值减去处置费用后的净额与预计未来现金流量现值较高者确定可收回金额。根据可获得的市场信息,智董公司决定采用重置成本法估计该数控设备的公允价值。

【分析】 智董公司在估计公允价值时,因无法获得该数控设备的市场交易数据,也无法获取其各项成本费用数据,故采用以设备历史成本为基础,根据同类设备的价格上涨指数来确定公允价值的物价指数法。假设2×18年至2×20年,此类数控设备价格指数按年分别为上涨的8%、5%和4%。此外,在考虑实体性贬值、功能性贬值和经济性贬值后,在购买日该数控设备的成新率为75%。因此,智董公司估计该设备公允价值为884.52万元(1 000×1.08×1.05×1.04×75%)。

四、会计名家告诉您如何选择估值技术

企业在某些情况下使用单项估值技术是恰

当的,如企业使用相同资产或负债在活跃市场上的公开报价计量该资产或负债的公允价值。但在有些情况下,企业可能需要使用多种估值技术,如企业对未上市企业股权投资的估值,将采用市场法和收益法。企业应当运用更多职业判断,确定恰当的估值技术,至少应当考虑下列因素:根据企业可获得的市场数据和其他信息,其中一种估值技术是否比其他估值技术更恰当;其中一种估值技术所使用的输入值是否更容易在市场上观察到或者只需作更少的调整;其中一种估值技术得到的估值结果区间是否在其他估值技术的估值结果区间内;市场法和收益法结果存在较大差异的,进一步分析存在较大差异的原因,如其中一种估值技术可能使用不当,或者其中一种估值技术所使用的输入值可能不恰当等。

企业在公允价值后续计量中使用了估值技术,并且运用了不可观察输入值的,应当确保该估值技术反映了计量日可观察的市场数据,如类似资产或负债的最近交易价格等。企业以相关资产或负债的交易价格作为其初始确认时的公允价值,并在公允价值后续计量中使用了不可观察输入值的,应当校正后续计量中运用的估值技术,以使得该估值技术确定的初始确认结果与初始确认时的交易价格相等。企业通过校准估值技术,能够确保估值技术反映当前市场情况,避免发生估值技术未反映相关资产或负债的特征。

【例3-7】 智董公司在2×20年12月31日购买了贵琛公司10万股普通股股票,占贵琛公司所有发行在外股份的5%。贵琛公司是一家非上市的股份公司,不存在活跃市场的公开报价。智董公司共支付1 125万元,假定该交易价格等于该投资在2×20年12月31日的公允价值。

智董公司预期后续将使用可比公司估值乘数技术计量这些股权的公允价值,并且将会在该估值技术中使用贵琛公司业绩衡量指标、流动性折价等不可观察输入值。因此,智董公司以1 125万元的交易价格对后续使用的估值模型进行校准,以使得使用该估值模型得到的该投资在初始确认时的估计值等于交易价格,确保该估值模型已充分反映了该投资的所有特征。

假定贵琛公司2×20年12月31日的税息折旧及摊销前利润为2 500万元,流动性折价为10%,并且智董公司从市场上获得可比公司的企业价值/税息折旧及摊销前利润(EV/EBITDA)乘数为10倍。智董公司运用该乘数和贵琛公司税息折旧及摊销前利润估计得到贵琛公司在2×20年12月31日的价值为25 000万元,其持有的5%股权的价值为1 250万元,在考虑流动性折价后得到的估计价值为1 125万元。

【分析】 智董公司后续计量中使用的估值模型和选择的输入值反映了当前市场情况,如表3-5所示。

表3-5 贵琛公司估计价值计算

单位:万元

① 贵琛公司2×20年12月31日的税息折旧及摊销前利润	2 500
② 企业价值/税息折旧及摊销前利润乘数(10倍)	10
③ 贵琛公司价值=①×②	25 000
④ 5%股权所占份额=5%×③	1 250
⑤ 流动性折价(10%)	10%
⑥ 流动性折价调整=10%×④	125
⑦ 2×20年12月31日5%股权的估计价值=④-⑥	1 125

在每个后续计量日,智董公司将评价在初始确认计量公允价值时使用的假设是否发生变动(企业价值/税息折旧及摊销前利润乘数为10倍是否合适,在初始确认用于取得少数股东权益折价和流动性折价的假设在计量日是否有效)。如果这些假设发生变化,智董公司将考虑这些变化如何影响计量以及新的事实是否需要包括在估值技术中。总之,智董公司应确保估值技术在计量日反映当前市场状况,如果影响贵琛公司的事实和情况及其经营环境发生变化,还应做出必要的调整。

企业在估计不存在活跃市场的权益工具的公允价值时,如果自权益工具购买日至计量日之间的间隔较短,并且在此期间没有发生对该权益工具价值产生重大影响的事件,企业可采用近期交易价格作为无公开报价权益工具的公允价值;如果权益工具非近期购买,或者自购买日至计量日之间发行权益工具的企业(发行人)发生了重大变化,企业可能不应按照近期交易价格确定权益工具的公允价值,应当根据发行人所处的发展阶段,选用恰当的估值方法进行估值。

例如,对于成熟的被投资企业,企业可采用市场法计量其无公开报价权益工具的公允价值。企业选择可比公司作为基准公司时,应当重点考虑业务的性质、业务的盈利能力及所在地。企业无法找到与被投资企业在同一行业的上市公司时,可选择最相近行业和具有相似经营风险和利润率的公司作为替代。企业选定可比公司后,应当对关键指标的差异进行调整,从而增强市场法的适用性和可靠性。这些所需调整的关键指标差异包括可比公司所在不同市场的估值水平,可比公司与被投资企业之间增长性、盈利能力、股本回报率、流动性差异等。另外,企业可使用行业特定的一些业务驱动因素进行比较(如股价/页面浏览量、股价/床位)。

又如,对于迅速成长的被投资企业,企业可采用收益法计量其无公开报价权益工具的公允价值。企业使用该方法时,需要进行一系列财务预测,预测时间至少包括企业一个业务周期,一般不少于5年。如果被投资企业已经确定在近期能够实现上市流通,并且相应的股价已大致确定,企业可采用投资收益折现法来确定被投资企业发行的权益工具的公允价值,使用较低的风险回报率确定计量日的现值。企业应当采用市场法对收益法的结果进行交叉检验。

企业在公允价值计量中使用的估值技术一经确定,不得随意变更。企业公允价值计量中应用的估值技术应当在前后各会计期间保持一致,除非变更估值技术或其应用方法能使计量结果在当前情况下同样或者更能代表公允价值,包括但不限于下列情况:出现新的市场;可以取得新的信息;无法再取得以前使用的信息;改进了估值技术;市场状况发生变化等。

企业变更估值技术及其应用方法的,应当按照《企业会计准则第28号——会计政策、会计估计变更和差错更正》的规定作为会计估计变更处理,并根据本准则的披露要求对估值技术及其应用方法的变更进行披露,而不需要按照《企业会计准则第28号——会计政策、会计估计变更和差错更正》的规定对相关会计估计变更进行披露。

企业无论使用何种估值技术,都应当考虑当前市场状况并做出市场参与者可能进行的风险调整,如对信用风险和流动性风险的调整。

五、要定期校正估值技术,确保其反映计量日可观察的市场数据

企业在应用估值技术估计相关资产或负债的公允价值时,应当根据可观察的市场信息定期校准估值模型,以确保所使用的估值模型能够反映当前市场状况,并识别估值模型本身可能存在的潜在缺陷。

如果企业所使用的估值技术未能考虑市场参与者在对相关资产或负债估值时所考虑的所有因素,那么企业通过该估值技术获得的金额不能作为对计量日当前交易价格的估计。

第三节 考虑资产或负债定价时所使用的三个层次的输入值

企业以公允价值计量相关资产或负债,应当考虑市场参与者在对相关资产或负债进行定价时所使用的假设,包括有关风险的假设,如所用特定估值技术的内在风险等。

一、综合知识

(一) 市场参与者所使用的假设即输入值，可分为可观察输入值和不可观察输入值

企业使用估值技术时，应当优先使用可观察输入值，仅当相关可观察输入值无法取得或取得不切实可行时才使用不可观察输入值。企业通常可以从交易所市场、做市商市场、经纪人市场、直接交易市场获得可观察输入值。在交易所市场上，企业可直接获得相关资产或负债的收盘价。在做市商市场上，做市商随时准备用自有资本买入或者卖出做市项目，以此提供流动性并形成市场，所以出价和要价比收盘价更容易获得。但在直接交易市场上，买卖双方独立协商，无中介参与，所以企业难以获得这些交易。

企业为估计相关资产或负债公允价值必须使用一些不可观察输入值的，如果市场参与者在对该资产或负债的公允价值计量时会用到这些不可观察输入值，那么企业也应当使用这些不可观察输入值。

无论企业在以公允价值计量相关资产或负债过程中是否使用不可观察输入值，其公允价值计量的目的仍是基于市场参与者角度确定在当前市场条件下计量日有序交易中该资产或负债的脱手价格。

(二) 公允价值计量中相关的溢价和折价

企业应当选择与市场参与者在相关资产或负债交易中会考虑的、与该资产或负债特征相一致的输入值。在企业能够获得相同或类似资产或负债在活跃市场的报价、市场参与者将考虑与相关资产或负债的特征相关的溢价或折价的情况下，企业应当根据这些溢价或折价，如控制权溢价、少数股东权益折价、流动性折价等，对相同或类似资产或负债的市场交易价格进行调整。

企业不应考虑与要求或允许公允价值计量的其他相关会计准则中规定的计量单元不一致的溢价或折价，如反映企业持有规模特征（大宗持有因素）的溢价或折价。例如，智董公司持有一家上市公司 16 800 万股普通股股票。该上市公司在资本市场上一般平均日交易量约为 10 000 万股普通股股票。如果该企业全部出售其持有的上市公司股份，将会造成流动性问题，该上市公司每股普通股股价将发生严重下跌。大宗持有因素是与交易相关的特定因素，因企业交易该资产的方式不同而有所不同。该因素与企业持有股份数量（持有规模）有关，不是该资产（上市公司普通股股票）的特征。

(三) 以出价和要价为基础的输入值

当相关资产或负债具有出价和要价时，企业可以使用出价与要价价差中在当前市场情况下最能代表该资产或负债公允价值的价格计量该资产或负债。出价是经纪人或做市商购买一项资产或处置一项负债所愿意支付的价格，要价是经纪人或做市商出售一项资产或承担一项负债所愿意收取的价格。

企业可使用出价计量资产头寸，使用要价计量负债头寸，也可使用市场参与者在实务中使用的在出价和要价之间的中间价或其他定价惯例计量相关资产或负债。其他方法可作为权宜之计使用。但是，企业不应使用与公允价值计量假定不一致的权宜之计，如对资产使用要价和对负债使用出价。

(四) 将估值技术所使用的输入值划分为三个层次——公允价值层次

为提高公允价值计量和相关披露的一致性和可比性，企业应当将估值技术所使用的输入值划分为三个层次，并最优先使用活跃市场上相同资产或负债未经调整的报价（第一层次输入值），最后使用不可观察输入值（第三层次输入值）。

二、专题知识

(一) 第一层次输入值——在计量日能够取得的相同资产或负债在活跃市场上未经调整的报价

第一层次输入值是企业在计量日能够取得的相同资产或负债在活跃市场上未经调整的报价。活跃市场，是指相关资产或负债交易量及

交易频率足以持续提供定价信息的市场。在活跃市场,交易对象具有同质性,可随时找到自愿交易的买方和卖方,并且市场价格信息是公开的。当交易量和交易活动显著下降、可获得的价格因时间或市场参与者不同存在显著差异、可获得的价格并非当前价格时,当前市场可能不是活跃市场。

在活跃市场中,企业应当能够易于且可定期从交易所、交易商、经纪人、行业集团、定价机构或监管机构等获得相关资产或负债的报价。企业从活跃市场获得的这些报价,应当能够代表在公平交易基础上实际并经常发生的市场交易。异常的市场报价不应作为第一层次输入值。例如,债券交易中出现的频繁对敲交易形成的市场价格。

企业使用相同资产或负债在活跃市场的公开报价对该资产或负债进行公允价值计量时,通常不应进行调整。但下列情况除外:

(1)企业持有大量类似但不相同的以公允价值计量的资产或负债,这些资产或负债存在活跃市场报价,但难以获得每项资产或负债在计量日单独的定价信息。

例如,银行等金融机构持有大量的类似债券,可能在计量日较难取得每一债券的价格信息,而使用其中一些债券的报价确定其他类似债券的公允价值。在这种情况下,企业可使用不完全依赖于单个报价的备选定价方法作为权宜之计,但公允价值计量应当划入较低层次。

(2)因发生影响公允价值计量的重大事件等导致活跃市场的报价不代表计量日的公允价值。

例如,在证券市场闭市之后但在计量日之前发生的买卖双方直接交易、经纪人交易或公告等重大事项。企业应当制定相应会计政策并一致应用,以识别那些可能影响公允价值计量的重大事项。企业根据该新信息而对报价有所调整的,公允价值计量应当划入较低层次。

(3)不存在相同或类似负债或企业自身权益工具报价,但其他方将其作为资产持有的负债或自身权益工具的公允价值。

如果无须对资产报价进行调整,公允价值计量结果为第一层次。但企业对资产报价进行调整的,公允价值计量应当划入较低层次。

在活跃市场中,企业应当以单项资产或负债的市场报价(第一层次输入值)与企业持有数量的乘积确定其持有的金融资产或金融负债的公允价值。即使市场正常日交易量不足以吸收企业的持有量,以致在市场交易中出售该金融资产或转移该金融负债可能影响市场报价的情况下,企业也应如此。

(二)第二层次输入值——除第一层次输入值外相关资产或负债直接或间接可观察的输入值

第二层次输入值是除第一层次输入值外相关资产或负债直接或间接可观察的输入值。

对于具有特定期限(如合同期限)的相关资产或负债,第二层次输入值必须在其几乎整个期限内是可观察的。

第二层次输入值包括:

(1)活跃市场中类似资产或负债的报价。

(2)非活跃市场中相同或类似资产或负债的报价。

(3)除报价以外的其他可观察输入值,包括在正常报价间隔期间可观察的利率和收益率曲线等。

(4)市场验证的输入值等。市场验证的输入值,是指通过相关性分析或其他手段,主要来源于可观察市场数据的输入值或者经过可观察市场数据验证的输入值。

企业以公允价值计量相关资产或负债的,类似资产或负债在活跃市场或非活跃市场的报价为该资产或负债的公允价值计量提供了依据,但企业需要对该报价进行调整。企业在确定哪些资产或负债与相关资产或负债类似时,需要进行判断。

在非有序交易情况下,企业确定相关资产或负债的交易价格或报价不能完全代表计量日该资产或负债的公允价值,却又以该交易价格或报价为基础计量其公允价值的,则应当对该交易价格或报价进行调整。例如,在非活跃市场上,相同资产或负债的最近交易日不是该资产或负债的公允价值计量日的,企业应当考虑两个日期的间隔期间内市场状况是否发生变动,如金融工具发行人信用评级的变动,与市场风险相关的信用利差变动等。

企业应当根据相关资产或负债的特征,对第二层次输入值进行调整。这些特征包括资产状况或所在位置、输入值与可比资产或负债的相关程度、可观察输入值所在市场的交易量和活跃程度等。企业使用重要的不可观察输入值对第二层次输入值进行调整,且该调整对公允价值计量整体而言是重大的,公允价值计量结果应当划分为第三层次。

(三) 第三层次输入值——相关资产或负债的不可观察输入值

第三层次输入值是相关资产或负债的不可观察输入值。

第三层次输入值包括不能直接观察和无法由可观察市场数据验证的利率、股票波动率、企业合并中承担的弃置义务的未来现金流量、企业使用自身数据做出的财务预测等。

企业只有在相关资产或负债几乎很少存在市场交易活动,导致相关可观察输入值无法取得或取得不切实可行的情况下,才能使用第三层次输入值,即不可观察输入值。但企业计量公允价值的目标仍应当保持不变,即从持有资产或承担负债的市场参与者角度确定资产或负债在计量日有序交易中的脱手价格。因此,企业使用不可观察输入值仍应当反映市场参与者给资产或负债定价时使用的假设,包括有关风险的假设,如特定估值技术及其输入值的固有风险的假设等。

企业在确定不可观察输入值时,应当使用在当前情况下可以合理取得的最佳信息,包括所有可合理取得的市场参与者假设。企业可在内部数据的基础上确定不可观察输入值,但如果有证据表明其他市场参与者将使用不同于企业内部数据的其他数据,或者这些企业内部数据是企业特定数据、其他市场参与者不具备企业相关特征(如企业的协同效应)时,企业应当对其内部数据做出相应调整。

企业不必为获取关于市场参与者假设的信息而不计成本,但应当考虑所有可合理获得的有关市场参与者假设的信息。

如果市场参与者在对相关资产或负债定价时考虑了风险调整,则企业在公允价值计量时如果没有考虑该风险调整,那么该计量就不能代表公允价值。例如,当相关资产或负债(或类似资产或负债)的交易量或交易活动比正常市场交易活动显著下降,交易价格或报价无法代表该资产或负债的公允价值时,企业应当考虑风险调整。

企业遇到下列情形时,应当确定相关资产或负债的交易量或交易活跃程度是否出现大幅下降:

(1) 最近几乎没有发生该资产或负债的交易。

(2) 该资产或负债的报价信息不是基于当前信息。

(3) 报价信息在一段时间内或在做市商之间(如一些经纪人市场)变化极大。

(4) 以往与该资产或负债公允价值高度相关的指数被证明与该资产或负债近期公允价值的指导价格不相关。

(5) 与企业对期望现金流量的估计相比,在考虑了关于该资产或负债信用风险和其他不履约风险可获得的所有市场数据后,可观察交易或报价的隐含流动性风险溢价、收益率或业绩指标(如拖欠率或损失严重程度)大幅增加。

(6) 出价和要价之间的价差很大或者大幅增加。

(7) 该资产或负债(或者类似资产或负债)一级市场的交易活动大幅降低或不存在此类市场。

(8) 几乎没有公开可获得的信息,如一些交易活动由买卖双方直接进行。

相关资产或负债的交易量或交易活跃程度大幅下降的,企业可能需要改变估值技术或者使用多种估值技术,如使用市场法和收益法。当权衡使用不同估值技术取得的公允价值计量结果时,企业应当考虑公允价值计量各种结果的合理性。即使相关资产或负债的交易量或活跃程度出现大幅下降，企业计量公允价值的目标仍应保持不变。如果资产或负债的交易量或交易活跃程度大幅下降，估计市场参与者在计量日按照当前市场情况愿意进行交易的价格，依赖于计量日的事实和环境，这需要企业进行判断。

（四）公允价值计量结果所属的层次

公允价值计量结果所属的层次，由对公允价值计量整体而言重要的输入值所属的最低层次决定。企业应当在考虑相关资产或负债特征的基础上判断输入值的重要性。企业在进行重要性评估时，应当考虑公允价值计量本身，而不是考虑公允价值的变动以及这些变动的会计处理。企业应当在书面文件中记录其如何评估输入值对于公允价值计量的重要性，并一致应用该政策。

公允价值计量结果所属的层次，取决于估值技术的输入值，而不是估值技术本身。当企业使用的所有输入值都属于同一层次时，如企业使用未经调整的活跃市场的报价计量公允价值，公允价值计量结果所属的层次就比较容易确定。但企业在公允价值计量中所使用的输入值可能会属于不同层次，在这种情况下，企业评价某一输入值对公允价值计量整体的重要性，就需要职业判断，考虑与相关资产或负债有关的特定因素。

如果企业在公允价值计量中需要使用不可观察输入值对可观察输入值进行调整，并且该调整引起相关资产或负债公允价值计量结果显著增加或显著减少，则公允价值计量结果应当划入第三层次的公允价值计量。

企业在确定公允价值计量所属的层次时，不应考虑为取得基于公允价值的其他计量所做的调整，如计量公允价值减去处置费用时的处置费用。

（五）第三方报价机构的估值

企业使用第三方报价机构（如经纪人、做市商等）提供的出价或要价计量相关资产或负债公允价值的，应当确保该第三方报价机构提供的出价或要价遵循了本准则要求。企业应当综合考虑相关资产或负债所处市场的特点、交易是否活跃、是否有足够数量的报价方、报价方是否权威、报价是否持续等因素，对出价和要价的质量进行判断。

企业即使使用了第三方报价机构提供的估值，也不应简单将该公允价值计量结果划入第三层次输入值。企业应当了解估值服务中应用到的输入值，并根据该输入值的可观察性和重要性，确定相关资产或负债公允价值计量结果的层次。例如，第三方报价机构提供了相同资产或负债在活跃市场报价的，企业应当将该资产或负债的公允价值计量划入第一层次。

如果相关资产或负债的交易量或交易活跃程度出现大幅下降，企业应当评估第三方报价机构在形成报价过程中是否使用了反映有序交易的当前信息或反映市场参与者假定（包括有关风险的假定）的估值技术。

企业在权衡作为公允价值计量输入值的报价时，应当考虑报价的性质，如报价是参考价格还是具有约束性的要约，对第三方报价机构提供的具有约束性要约的报价应赋予更多权重，并对不能反映交易结果的报价赋予较少权重。

第四节　公允价值的计量

一、公允价值的初始计量——通常等于交易价格

企业应当根据交易性质和相关资产或负债的特征等，判断初始确认时的公允价值是否与其交易价格相等。

交易价格是进入价格,而公允价值是脱手价格

企业在取得资产或者承担负债的交易中,交易价格是取得该资产所支付或者承担该负债所收到的价格,即进入价格。而相关资产或负债的公允价值是脱手价格,即出售该资产所能收到的价格或者转移该负债所需支付的价格。

(一) 在大多数情况下,相关资产或负债的公允价值(即脱手价格)等于交易价格(即进入价格)

企业未必以取得资产时所支付的价格出售该资产,同样未必以承担负债时所收取的价格转移该负债。虽然企业取得资产或承担负债的进入价格不一定等于该资产或负债的脱手价格,但在大多数情况下,相关资产或负债的进入价格等于其脱手价格。例如,在交易日,企业购买一项资产的交易发生在出售该项资产主要市场(或者在不存在主要市场情况下的最有利市场)上的,取得该资产的交易价格与脱手价格相等。

(二) 不应将取得资产或者承担负债的交易价格(即进入价格)作为该资产或负债的公允价值(即脱手价格)的情形

在下列情况中,企业以公允价值对相关资产或负债进行初始计量的,不应将取得资产或者承担负债的交易价格作为该资产或负债的公允价值。

1. 关联方之间的交易

但如果企业有证据表明关联方之间的交易是按照市场条款进行的,该交易价格仍可作为确定其公允价值的基础。

2. 被迫进行的交易,或者资产出售方(或负债转移方)在交易中被迫接受价格的交易

例如,资产出售方或负债转移方为满足监管或法律的要求而被迫出售资产或转移负债,或者资产出售方或负债转移方正陷于财务困境。

3. 交易价格所代表的计量单元不同于以公允价值计量的相关资产或负债的计量单元

例如,以公允价值计量的相关资产或负债仅是交易(如企业合并)中的一部分,而交易除该资产或负债外,还包括按照其他会计准则应单独计量但未确认的无形资产。

4. 进行交易的市场不是该资产或负债的主要市场(或者在不存在主要市场情况下的最有利市场)

例如,某商业银行是银行间债券市场的做市商,既可以与其他做市商在银行间债券市场进行交易,也可以与客户在交易所市场进行交易。但对于该银行而言,债券交易的主要市场(或者在不存在主要市场情况下的最有利市场)是与其他做市商进行交易的银行间债券市场,交易所市场上的交易价格则有可能不同于银行间债券市场上的交易价格。

其他相关会计准则中相关资产或负债公允价值(即脱手价格)与交易价格(即进入价格)的差额的处理

(1) 其他相关会计准则要求或允许企业以公允价值对相关资产或负债进行初始计量,并且交易价格与公允价值不相等的,交易价格与公允价值的差额应当按照其他相关会计准则的要求进行处理。

(2) 如果其他相关会计准则对此未做出明确规定的,企业应当将该差额计入当期损益。

二、非金融资产的公允价值计量——从市场参与者的角度,基于最佳用途确定估值

企业以公允价值计量非金融资产,应当考虑市场参与者通过直接将该资产用于最佳用途产生经济利益的能力,或者通过将该资产出售给能够用于最佳用途的其他市场参与者产生经济利益的能力。

最佳用途,是指市场参与者实现一项非金融资产或其所属的资产和负债组合的价值最大化时该非金融资产的用途。

(一) 非金融资产最佳用途

1. 确定非金融资产最佳用途的考虑因素

企业确定非金融资产的最佳用途,应当考虑法律上是否允许、实物上是否可能以及财务

上是否可行等因素(表3-6)。

表3-6　企业确定非金融资产的最佳用途应当考虑的因素

法律上是否允许	企业判断非金融资产的用途在法律上是否允许,应当考虑市场参与者在对该资产定价时考虑的资产使用在法律上的限制
实物上是否可能	企业判断非金融资产的用途在实物上是否可能,应当考虑市场参与者在对该资产定价时考虑的资产实物特征
财务上是否可行	企业判断非金融资产的用途在财务上是否可行,应当考虑在法律上允许且实物上可能的情况下,使用该资产能否产生足够的收益或现金流量,从而在补偿使资产用于该用途所发生的成本后,仍然能够满足市场参与者所要求的投资回报

2. 确定非金融资产最佳用途的角度

企业应当从市场参与者的角度确定非金融资产的最佳用途。

通常情况下,企业对非金融资产的现行用途可以视为最佳用途,除非市场因素或者其他因素表明市场参与者按照其他用途使用该资产可以实现价值最大化。

【例3-8】 智董公司拥有一组资产,包括收费软件资产(向客户收取许可证费用)和配套使用的数据库支持系统,这两项资产结合使用。2×20年,由于市场上出现新的可替代软件,智董公司可收取的许可证费用大幅减少。因此,智董公司需要对该资产组进行减值测试。为此,智董公司需确定该资产组公允价值减去处置费用后的净额。

由于没有证据表明这些资产的当前用途并非其最佳用途,智董公司确定这些资产的最佳用途是其当前用途,并且每一项资产将主要通过与其他资产结合使用来为市场参与者提供最大价值。

假定市场参与者有两种类型,一种是同行业企业(如智董公司的竞争对手),另一种是不具有互补性投资的投资公司。不同市场参与者对这些资产的不同使用,决定了不同市场参与者对各项资产具有不同定价。

1. 同行业企业

假定同行业企业拥有与软件资产配套使用的其他资产(同行业企业具有协同效应);软件资产只会在有限的过渡期内使用,且在过渡期结束时无法单独出售。由于同行业企业拥有替代资产,软件资产将不会在其整个剩余经济寿命内被使用。同行业企业对软件资产和配套资产的定价分别为800万元、300万元,整个资产组合的定价为1 100万元。这些价格反映了同行业企业使用该资产组合内这些资产所产生的协同效应。

2. 投资公司

假定投资公司未拥有与软件资产配套使用的其他资产以及软件资产的替代资产。由于投资公司无替代资产,软件资产将在其整个剩余经济寿命内被使用。投资公司对软件资产和配套资产的定价分别为700万元、300万元,整个资产组合的定价为1 000万元。

假定两类买家对配套资产的定价相同,均为300万元。

【分析】 根据上述分析,同行业企业愿意为整个资产组合支付的价格高于投资公司的价格,因此软件资产和配套资产的公允价值应基于同行业企业对整个资产组合的使用来确定(800万元和300万元)。

【例3-9】 2×20年12月1日,智董公司在非同一控制下的吸收合并中取得一块土地的使用权。该土地在合并前被作为工业用地,一直用于出租。智董公司取得该土地使用权后,仍将其用于出租。智董公司以公允价值计量其拥有的投资性房地产。

2×21年3月31日,邻近的一块土地被开发用于建造住宅,作为高层公寓大楼的住宅用地使用。由于本地区的区域规划自2×21年1月1日以来已经做出调整,智董公司确定,在履行相关手续后,可将该土地的用途从工业用地变更为住宅用地,因为市场参与者在对该土地进行定价时,将考虑该土地可作为住宅用地进行开发的可能性。该土地的最佳用途将通过比较以下两项确定:

(1) 该土地仍用于工业用途(该土地与厂房结合使用)的价值。

(2) 该土地作为用于建造住宅的空置土地的价值,同时应考虑将该土地变为空置土地而必须发生的拆除厂房成本及其他成本。

【分析】 该土地的最佳用途应根据上述两个价值的较高者来确定。假定该土地现时用于工业用途的价值是1 000万元,而用于建造住宅时其价值是1 500万元,同时,必须发生的拆除厂房成本及其他成本为200万元。因此,该土地使用权的公允价值应当为1 300万元[1 500－200＝1 300(万元)],结果大于1 000万元]。

(二)基于最佳用途确定估值前提

1. 一般规定——在最佳用途的基础上确定该非金融资产的估值前提

企业以公允价值计量非金融资产,应当在最佳用途的基础上确定该非金融资产的估值前提,即单独使用该非金融资产还是将其与其他资产或负债组合使用:

(1)通过单独使用实现非金融资产最佳用途的。

该非金融资产的公允价值应当是将该资产出售给同样单独使用该资产的市场参与者的当前交易价格。

(2)通过与其他资产或负债组合使用实现非金融资产最佳用途的。

该非金融资产的公允价值应当是将该资产出售给以同样组合方式使用资产的市场参与者的当前交易价格,并且假定市场参与者可以取得组合中的其他资产或负债。其中,负债包括企业为筹集营运资金产生的负债,但不包括企业为组合之外的资产筹集资金所产生的负债。最佳用途假定应当一致地应用于组合中所有与最佳用途相关的资产。

企业以公允价值计量非金融资产时,即使通过与其他资产或负债组合使用实现该非金融资产最佳用途的,该资产也必须按照与其他会计准则规定的计量单元相一致的方式(可能是单项资产)出售。因为假定市场参与者已取得使该资产正常运作的组合中其他资产和负债。

例如,智董公司在非同一控制下的企业合并中取得一台精密设备,该设备是被并购方生产流水线上的专用设备。该设备需要与流水线上其他设备一起组合使用实现最佳用途,在此基础上,智董公司采用收益法对整个流水线进行估值。智董公司按照一定标准,将该公允价值分配到各组成部分,最终确定该精密设备的公允价值。该精密设备作为单项资产,是其他准则所规定的计量单元。因此,智董公司遵循最佳用途,以组合为基础进行估值,但在计量时按照计量单元,将组合的估值分配至各单项资产,以确定该精密设备的公允价值。

2. 专门规定——与其他资产或负债组合使用

企业以公允价值计量与其他资产(如安装或配置)或与其他资产及负债(如一项业务)组合使用的非金融资产时,估值前提对该非金融资产公允价值的影响因下列情况而有所不同:

(1)非金融资产与其他资产或负债组合使用前提下的公允价值,与该非金融资产单独使用前提下的公允价值可能相等。

例如,企业以公允价值对持续运营的业务进行计量时,需要对业务的整体进行估值。由于市场参与者都能获得业务中每一项资产或负债的协同效应,所以无论资产单独使用还是与其他资产或负债组合使用,协同效应都会影响各项资产和负债的公允价值。

(2)非金融资产与其他资产或负债组合使用前提下的公允价值,可通过对单独使用的该非金融资产价值进行调整反映。

例如,非金融资产是一台机器设备,其公允价值计量基于类似机器(没有为使用进行安装或配置)的可观察价格确定,并就运输和安装成本进行调整,从而在公允价值计量中反映了机器的当前状况和位置。

(3)非金融资产与其他资产或负债组合使用前提下的公允价值,可通过市场参与者在资产公允价值计量中采用的假设反映。

例如,非金融资产是特殊的存货(在产品),市场参与者会将存货转化为产成品,该存货的公允价值将假设市场参与者已经获取或能够获取将存货转化为产成品所需的任何特殊机器设备。

(4)非金融资产与其他资产或负债组合使

用前提下的公允价值,可通过估值技术反映。

例如,在使用多期超额收益法计量无形资产的公允价值时,该估值技术特别考虑了无形资产所在组合中的其他配套资产和相关负债的贡献。

(5) 在少数情况下,非金融资产与其他资产或负债组合使用前提下的公允价值,可通过分配资产组合的公允价值,获得近似于公允价值的金额。

例如,某电力集团拟处置其拥有的一家电厂及其输电系统,对于该输电系统,难以脱离该电厂等其他相关资产而单独产生现金流入,因此该电力集团必须将电厂和输电系统组合在一起,先确定该资产组合的公允价值,然后从资产组合的公允价值中减去电厂的公允价值来确定输电系统的公允价值。

【例3-10】 2×20年8月8日(合并日),智董公司在非同一控制下的企业合并中获得一台可辨认的机器。按照《企业会计准则第20号——企业合并》的要求,智董公司需要估计该资产在2×20年8月8日的公允价值。被合并方最初通过外购取得该机器,并对该机器进行了小范围的特定配置,以适用于自身经营。智董公司自取得该机器后将其用于生产经营。

智董公司发现,该资产将在使用安装或配置后,通过与其他资产结合使用,来为市场参与者提供最大价值,并且没有证据表明该机器的当前用途不是最佳用途。因此,该机器的最佳用途是与其他资产相结合的当前用途。

假定智董公司可获得应用成本法和市场法的充分数据。考虑到智董公司无法通过该机器取得单独可辨认收入作为未来现金流量的可靠估计,并且智董公司无法获得类似二手机器的租赁费率(资产剩余服务寿命内的租赁付款额)用以预测该机器的未来收入,因此,智董公司未使用收益法。

【分析】 智董公司关于市场法和成本法的应用如下:

(1) 智董公司应用市场法时,将采用类似机器的报价,并就该配置后的机器与类似机器之间的差异进行调整,考虑了该机器当前状况及地理位置。智董公司运用市场法确定该机器在2×20年8月8日的公允价值为180万元。

(2) 智董公司应用成本法时,需要估计当前建造具有类似用途并且经过配置后的替代机器所需的金额,考虑了机器的现状及其运行所处的环境,包括实体性损耗、功能性贬值、经济性贬值,以及安装成本。智董公司运用成本法确定该机器在2×20年8月8日的公允价值为195万元。

考虑到市场法所使用的输入值(类似机器的报价)仅需做出较少调整,智董公司认为市场法得出的估计值更能代表该机器的公允价值。因此,智董公司确定该机器在2×20年8月8日的公允价值为180万元。

如果对该机器的特定配置涉及范围较广,或者无法获得应用市场法的充分数据,智董公司将应用成本法。如果资产是与其他资产相结合使用,则成本法假设该机器将出售给拥有配套资产的市场参与者买方。出售机器所收到的价格(脱手价格)应当不超过市场参与者买方为购置或建造具有类似用途的替代机器将发生的成本或者市场参与者买方通过使用该机器将获得的经济利益。

【例3-11】 2×20年12月1日,智董公司通过非货币性资产交换取得一项内部研发的软件资产以及与该软件资产结合使用的相关数据库。智董公司可通过向客户授予该软件资产的许可证取得收入。按照《企业会计准则第7号——非货币性资产交换》要求,智董公司应当确定该软件资产在2×20年12月1日的公允价值。

【分析】 智董公司确定,该软件资产将通过与相关数据库结合使用来为市场参与者提供最大价值,并且没有证据表明该软件资产的当前用途不是最佳用途。因此,智董公司认为,该软件资产的最佳用途是其当前用途。在本例中,授予软件资产的许可证本身并未表明该资产的公允价值可通过该资产单独被市场参与者使用而实现最大化。

考虑到智董公司无法获得关于可比软件资产的市场交易信息,因此智董公司无法使用市场法。

此外,该软件资产是利用专有信息开发的,其具有某些独有特征且不易被复制。智董公司确定市场参与者将无法研发出具有类似用途的替代软件资产。智董公司认为成本法也不适用。

因此,智董公司采用收益法确定该软件资产的公允价值。

智董公司应用收益法时,将采用现金流量折现法。现金流量折现法所使用的现金流量反映了该软件资产在其经济寿命内预期产生的收入,即向客户收取的许可证收入。该方法所得出的公允价值为3 000万元。因此,智董公司估计该软件资产在2×20年12月1日的公允价值为根据收益法得出的3 000万元。

三、负债和企业自身权益工具的公允价值计量——"相同或类似负债或企业自身权益工具可观察市场报价""该资产(其他方将其作为资产持有)的公允价值"、采用估值技术来确定

在任何情况下,企业都应当最优先使用相关的可观察输入值,只有在相关可观察输入值无法取得或取得不切实可行的情况下,才可以使用不可观察输入值,用以估计在计量日市场参与者之间按照当前市场情况转移一项负债或权益工具的有序交易中的价格。

(一)以公允价值计量负债或企业自身权益工具时存在的一个假定

企业以公允价值计量负债,应当假定在计量日将该负债转移给其他市场参与者,而且该负债在转移后继续存在,并由作为受让方的市场参与者履行义务。

企业以公允价值计量自身权益工具,应当假定在计量日将该自身权益工具转移给其他市场参与者,而且该自身权益工具在转移后继续存在,并由作为受让方的市场参与者取得与该工具相关的权利,承担相应的义务。

(二)以公允价值计量负债或企业自身权益工具时,应当遵循的三个原则

企业以公允价值计量负债或自身权益工具,应当遵循下列原则:

(1)存在相同或类似负债或企业自身权益工具可观察市场报价的,应当以该报价为基础确定该负债或企业自身权益工具的公允价值。

(2)不存在相同或类似负债或企业自身权益工具可观察市场报价,但其他方将其作为资产持有的,企业应当在计量日从持有该资产的市场参与者角度,以该资产的公允价值为基础确定该负债或自身权益工具的公允价值。

当该资产的某些特征不适用于所计量的负债或企业自身权益工具时,企业应当根据该资产的公允价值进行调整,以调整后的价值确定负债或企业自身权益工具的公允价值。这些特征包括资产出售受到限制、资产与所计量负债或企业自身权益工具类似但不相同、资产的计量单元与负债或企业自身权益工具的计量单元不完全相同等。

(3)不存在相同或类似负债或企业自身权益工具可观察市场报价,并且其他方未将其作为资产持有的,企业应当从承担负债或者发行权益工具的市场参与者角度,采用估值技术确定该负债或企业自身权益工具的公允价值。

(三)确定负债或企业自身权益工具公允价值的具体方法

1. 具有可观察市场报价的相同或类似负债或企业自身权益工具

如果存在相同或类似负债或企业自身权益工具可观察市场报价,企业应当以该报价为基础确定负债或企业自身权益工具的公允价值。

但在很多情况下,由于法律限制或企业未打算转移负债或企业自身权益工具等原因,企业可能无法获得转移相同或类似负债或企业自身权益工具的公开报价。

在上述情形下,企业应当确定该负债或自身权益工具是否被其他方作为资产持有。相关负债或企业自身权益工具被其他方作为资产持

有的,企业应当在计量日从持有对应资产的市场参与者角度,以对应资产的公允价值为基础,确定该负债或企业自身权益工具的公允价值;相关负债或企业自身权益工具没有被其他方作为资产持有的,企业应当从承担负债或者发行权益工具的市场参与者角度,采用估值技术确定该负债或企业自身权益工具的公允价值。

2. 被其他方作为资产持有的负债或企业自身权益工具

对于不存在相同或类似负债或企业自身权益工具可观察的市场报价,但其他方将其作为资产持有的负债或企业自身权益工具,企业应当根据下列方法估计其公允价值:

(1) 如果对应资产存在活跃市场的报价,并且企业能够获得该报价,企业应当以对应资产的报价为基础确定该负债或企业自身权益工具的公允价值。

(2) 如果对应资产不存在活跃市场的报价,或者企业无法获得该报价,企业可使用其他可观察的输入值,如对应资产在非活跃市场中的报价。

(3) 如果上述(1)和(2)中的可观察价格都不存在,企业应使用收益法、市场法等估值技术。企业使用收益法的,应当考虑市场参与者将该负债或企业自身权益工具作为资产持有时预期收到的现金流量现值。企业使用市场法的,应当考虑其他市场参与者作为资产持有的类似负债或企业自身权益工具的报价。

对应资产的某些特征不适用于负债或企业自身权益工具的,企业应当对该资产的市场报价进行调整,以调整后的价格确定该负债或企业自身权益工具的公允价值。这些调整因素包括:

(1) 对应资产的出售受到限制。

(2) 与对应资产相关的负债或企业自身权益工具,与所计量负债或企业自身权益工具类似但不相同。负债或权益工具可能具有一些特征,如发行方的信用质量,与被作为资产持有的类似负债或权益工具的公允价值中反映的特征不同。

(3) 对应资产的计量单元与负债或企业自身权益工具的计量单元不完全相同。如果对应资产的价格反映了相关债权和第三方信用增级,而负债的计量单元不包括第三方的信用增级,则企业在以公允价值计量该负债时,应当调整对应资产的可观察价格,剔除第三方信用增级的影响。

(4) 其他需要调整的因素。

【例3-12】 2×20年3月5日,智董公司发行了面值总额为5 000万元的AA级15年期固定利率债券,面值为100元,票面年利率为10%。智董公司将该金融负债指定为以公允价值计量且其变动计入当期损益的金融负债。

该债券在中国银行间债券市场具有大量交易。2×20年12月31日,每百元面值在考虑应计利息付款额后的交易价格为95元。智董公司使用该债券的活跃市场报价估计其负债的公允价值。

【分析】 智董公司在确定该债券的活跃市场报价是否代表负债的公允价值时,应当评估债券的报价是否包含不适用于负债公允价值计量的因素的影响,如债券的报价是否包含了第三方信用增级的影响。智董公司确定无须对资产的报价进行任何调整。据此,智董公司认为,该负债在2×20年12月31日的公允价值为4 750万元[5 000×(95÷100)]。

3. 未被其他方作为资产持有的负债或企业自身权益工具

不存在相同或类似负债或企业自身权益工具可观察的市场报价,并且其他方未将其作为资产持有的,企业应当从承担负债或者发行权益工具的市场参与者角度,采用估值技术确定该负债或企业自身权益工具的公允价值。即使不存在对应资产(如弃置义务),企业也可使用估值技术计量该负债的公允价值,如市场参与者预期在履行义务时将发生的未来现金流出的现值。

企业使用现金流量折现法计量未被其他方作为资产持有的负债的公允价值时,应当估计市场参与者为履行相关义务预期流出的未来现金流量。这些流出的未来现金流量应当包括市场参与者关于履行义务成本的预期以及市场参与者为承担义务所要求的补偿。该补偿包括市场参与者承担履约义务(履行义务的价值,如使用了本可用于其他用途的资源)所要求的回报,以及承担与该义务相关风险(反映实际现金流出可能不同于预期现金流出风险的风险溢价)所要求的回报。企业可通过增加现金流出金额,或者通过降低用于将未来现金流量折现到现值的折现率,将风险溢价反映在未被其他方作为资产持有的负债或企业自身权益工具的公允价值计量中。企业应确保不重复计算或忽略对风险的调整,如企业已考虑与承担义务相关的风险补偿,并增加了预计现金流量,则不应再为反映该风险而调整折现率。

企业采用现金流量折现法计量公允价值时,还应当考虑市场参与者在主要市场(或最有利市场)中发行相同合同条款的负债或权益工具时对相同项目(如具有相同信用特征的项目)进行定价时使用的假设,承担相同负债或发行相同权益工具所取得的金额。

【例3-13】 2×20年1月1日,智董公司通过非同一控制下的企业合并取得贵琛公司的控制权。贵琛公司为在某地开采天然气,建立了一个钻井平台,并于2×20年1月1日投入使用。根据相关法律要求,贵琛公司在该地钻井平台寿命期结束后将其拆除,该平台的寿命期预计为10年。智董公司为编制合并日资产负债表,需要估计各可辨认资产和负债的公允价值。

智董公司使用期望现金流量法来计量该弃置义务的公允价值。承担该弃置义务的市场参与者使用下列输入值估计预计将会收到的价格,适当时使用其加权平均数:

(1) 人工成本。

(2) 间接费用的分摊。

(3) 市场参与者因实施相关活动及承担与拆除该资产相关的风险而要求的补偿。

此类补偿包括下列两项:

① 来自人工成本和间接费用的利润。

② 实际现金流出可能不同于预计现金流出的风险,不包括通货膨胀影响。

(4) 通货膨胀对估计的成本和利润的影响。

(5) 货币时间价值,通过无风险利率反映。

(6) 与智董公司不履行义务风险相关的不履约风险,包括智董公司自身信用风险。

【分析】 基于市场参与者将考虑的上述输入值,智董公司以公允价值计量该弃置义务所使用的重大假设如下:

(1) 人工成本依据当前市场条件下聘请承包商拆除钻井平台的薪酬水平确定,并就预期未来薪酬增长进行调整。智董公司对估计区间内的现金流量值进行评估,如表3-7所示。

表3-7 可能的现金流量及概率

单位:万元

现金流量估计值	概　率	期望现金流量
10 000	15%	1 500
20 000	40%	8 000
30 000	45%	13 500
合　计		23 000

其中,概率评估是基于智董公司履行此类义务的经验及其对市场的了解而确定的。

(2) 智董公司采用人工成本的一定比率(预计为人工成本的80%)估计应分摊的间接费用和设备运行成本。这与市场参与者的成本结构相符。

(3) 智董公司估计市场参与者实施相关活动及承担与拆除该资产相关的风险而要求的补偿如下:

① 第三方承包商通常对人工成本及分摊的内部成本进行加成以保证工程的利润率。所使用的利润率(20%)反映了智董公司对业内承包商拆除钻井平台通常赚取的经营利润的了解。智董公司认为该利润率与市场参与者就实施相关活动而要求的补偿率一致。

② 由于为可能在10年内都不会进行的项目锁定当前价格存在固有不确定性,承包商通常要求就实际现金流出可能不同于预计现金流出的风险做出补偿。智董公司估计溢价金额为期望现金流量的5%,并包括通货膨胀的影响。

(4) 智董公司根据可获得的市场数据,假设

10年期间的通货膨胀率为4%。

(5) 2×20年1月1日,10年期无风险利率为5%。智董公司为反映不履约风险,在无风险利率基础上增加3.5%。因此,用于计算现金流量现值的折现率为8.5%。

智董公司认为上述假设与市场参与者的假设是一致的。如表3-8所示,智董公司估计该弃置义务在2×20年1月1日的公允价值为34 151万元。

表3-8 智董公司估计弃置业务的公允价值

单位:万元

项目	金额
① 预计人工成本	23 000
② 分摊的间接费用和设备成本=0.80×①	18 400
③ 承包商的利润加成=0.20×(①+②)	8 280
④ 通货膨胀调整前的期望现金流量=①+②+③	49 680
⑤ 10年期4%通货膨胀率的系数	1.4802
⑥ 通货膨胀调整后的期望现金流量=④×⑤	73 536
⑦ 市场风险溢价=0.05×⑥	3 677
⑧ 市场风险调整后的期望现金流量=⑥+⑦	77 213
⑨ 8.5%折现率的系数	0.4423
⑩ 折现后的期望现值=⑧×⑨	34 151

(四)以公允价值计量相关负债,应当考虑不履约风险,并假定不履约风险在负债转移前后保持不变

企业以公允价值计量相关负债,应当考虑不履约风险,并假定不履约风险在负债转移前后保持不变。不履约风险,是指企业不履行义务的风险,包括但不限于企业自身信用风险。

企业以公允价值计量相关负债时,应该考虑其信用风险(信用状况)的影响,以及其他可能影响负债履行的因素。这些因素的影响会因不同负债而有所不同。例如,该负债是否是一项偿付现金的义务(金融负债)或者一项提供商品或服务的义务(非金融负债),或者存在与该负债相关的信用增级条款。

企业以公允价值计量相关负债,应当基于该负债计量单元考虑不履约风险对负债公允价值的影响。负债附有不可分割的第三方信用增级(如第三方的债务担保),并且该信用增级与负债是分别进行会计处理的。企业估计该负债公允价值时不应考虑该信用增级的影响,而仅应当考虑企业自身的信用状况。

(五)负债或企业自身权益工具转移受限时,要区分不同情况决定是否对输入值进行调整

企业以公允价值计量负债或自身权益工具,并且该负债或自身权益工具存在限制转移因素的,如果企业在公允价值计量的输入值中已经考虑了这些因素,则不应再单独设置相关输入值,也不应对其他输入值进行相关调整。

例如,债权人和债务人在交易日完全了解相关义务包含转移限制的情况,并接受负债的交易价格。由于交易价格已包含转移限制,企业不需要在交易日或后续计量日通过重新设立单独输入值或者对现有输入值的调整来反映转移限制的影响。

但对于负债转移的限制未反映在交易价格或用于计量公允价值的其他输入值中的,企业应当对输入值进行调整,以反映该限制。

(六)具有可随时要求偿还特征的金融负债的公允价值,不应低于债权人要求偿还时的应付金额

具有可随时要求偿还特征的金融负债的公允价值,不应低于债权人要求偿还时的应付金额,即从可要求偿还的第一天起折现的现值。

例如,对于银行而言,其吸收的客户活期存款是具有可随时要求偿还特征的金融负债,反映了银行需根据存款人需求随时偿还现金给存款人或者存款人指定的第三方的合同义务。

在许多情况下,此类金融负债可观察的市场价格是客户与银行之间产生此类负债时所使用的价格,即要求偿还的金额。企业不应将具有可随时要求偿还特征的金融负债的公允价值确认为低于要求偿还时的应付金额,否则,这一做法将使此类金融负债因在初始确认时以低于随时要求偿还的金额计量而立即产生一项利得。该结果显然不合理。因此,具有可随时要求偿还特征的金融负债的公允价值,不应低于债权人要求偿还时的应付金额。

四、金融资产和金融负债组合（市场风险或信用风险可抵销的金融资产和金融负债）的公允价值计量——"出售特定风险敞口的净多头（资产）所能收到的价格"或"转移特定风险敞口的净空头（负债）所需支付的价格"

企业持有一组金融资产和金融负债时，将会面临市场风险（包括利率风险、货币风险和其他价格风险等）和交易对手的信用风险。通常情况下，企业不是通过"出售"金融资产或"转移"金融负债来管理其面临的市场风险及信用风险敞口，而是基于一个或多个特定市场风险或特定交易对手信用风险的净敞口管理这些金融工具。

企业基于其市场风险或特定交易对手信用风险的净敞口来管理其金融资产和金融负债时，在满足本准则要求的情况下，可以在当前市场情况下市场参与者之间于计量日进行的有序交易中，以出售特定风险敞口的净多头（资产）所能收到的价格或转移特定风险敞口的净空头（负债）所需支付的价格为基础，计量该组金融资产和金融负债的公允价值。

企业应当以与市场参与者在计量日对净风险敞口定价一致的方式，计量一组金融资产和金融负债的公允价值。

关于组合管理的金融资产和金融负债的列报，企业应当遵循其他相关会计准则。例如，如果相关会计准则不允许金融工具以净额为基础列报，企业在资产负债表中应当分别列报金融资产和金融负债。在这种情况下，企业需要将以净风险敞口为基础组合管理的金融资产和金融负债组合的公允价值分配至各金融资产和金融负债。企业应当合理、一贯地采用适合于当前情况的方法进行分配。

（一）金融资产和金融负债组合计量的条件

企业按照本准则的例外规定以公允价值计量金融资产和金融负债组合的，应当同时满足下列条件：

（1）企业在风险管理或投资策略的正式书面文件中已载明，以特定市场风险或特定对手信用风险的净敞口为基础，管理金融资产和金融负债的组合。企业应当提供证据，以证明其一致地基于市场风险或信用风险的净敞口管理金融工具。因为企业可能在各期间针对特定投资组合保持一致的管理，也可能在有些期间针对该投资组合运用净额基础，而在其他期间运用总额基础。

（2）企业以特定市场风险或特定对手信用风险的净敞口为基础，向企业关键管理人员报告金融资产和金融负债组合的信息。

（3）企业在每个资产负债表日持续以公允价值计量组合中的金融资产和金融负债，企业应当（或者已选择，如应用公允价值选择权）持续以公允价值计量这些金融工具。企业并未以净额基础管理风险敞口，或并未基于公允价值管理这些金融工具的，不应基于企业的净风险敞口来计量这些金融工具的公允价值。

本准则的例外要求仅适用于符合上述条件的并由《企业会计准则第 22 号——金融工具确认和计量》规范的金融资产、金融负债和其他合同的公允价值计量。

（二）金融资产和金融负债的市场风险敞口

企业以公允价值计量基于特定市场风险的净敞口管理的金融资产和金融负债的，应当对市场风险净敞口使用价差（出价－要价）内最能代表当前市场环境下公允价值的价格。

企业以公允价值计量基于特定市场风险的净敞口管理的金融资产和金融负债的，金融资产和金融负债应当具有实质上相同的特定市场风险敞口。例如，企业不会对与金融资产相关的利率风险和与金融负债相关的商品价格风险进行结合管理，因为这样的做法不会减小企业利率风险或商品价格风险的敞口。企业运用该规定的，应当考虑由于市场风险参数不完全相同所引起的基差风险。企业会因基差风险不同而选择不同的市场风险输入值。因此，企业对金融资产和该金融负债进行组合管理的，如果不能缓解金融资产面临的市场风险和金融负债面临的其他市场风险，则不应运用该规定。

类似地，企业以公允价值计量基于特定市场风险的净敞口管理的金融资产和金融负债的，金融资产和金融负债应当具有实质上相同的特定市场风险的期限。因期限不同而导致在一段时期市场风险未被抵销的，企业应当分别计量其在市场风险被抵销时期的市场风险净敞口，以及在其他时期（市场风险未被抵销的时期）的市场风险总敞口。例如，企业使用12个月的期货合同对应5年期金融工具中与12个月利率风险敞口价值相关的现金流量，对于由这些金融资产和金融负债组成的组合，企业以净额为基础计量12个月利率风险敞口的公允价值，以总额为基础计量剩余利率风险敞口（第2~5年）的公允价值。

（三）金融资产和金融负债的信用风险敞口

企业以公允价值计量相关资产或负债，如果已与交易对手达成了在出现违约情况下将考虑所有能够缓释信用风险敞口的安排（如与交易对手订立的总互抵协议，或者要求基于各方对另一方信用风险的净敞口交换担保品的协议），则应在公允价值计量中考虑交易对手信用风险的净敞口或者该交易对手对企业信用风险的净敞口。企业以公允价值计量相关资产或负债，应当反映市场参与者对这些安排在出现违约情况下能够依法强制执行的可能性的预期。

企业为管理一个或多个特定市场风险净敞口而进行组合管理的金融资产和金融负债，可以不同于企业为管理其特定交易对手信用风险净敞口而进行组合管理的金融资产和金融负债，因为企业所有合同不可能均与相同的交易对手订立。

第五节　公允价值的披露

企业应当披露在公允价值计量中所使用的估值技术和输入值，以及在持续的公允价值计量中使用的重大不可观察输入值及其对当期损益或其他综合收益的影响，以使财务报表使用者能够做出合理评价。

企业应当根据所处的市场环境，考虑公允价值披露的详尽程度、重要程度、汇总或细化程度，以及是否需要向报表使用者提供额外信息，以帮助这些使用者评价公允价值披露的量化信息。

一、披露公允价值的形式：表格

企业应当以表格形式披露本准则要求的量化信息，除非其他形式更适当。

二、按照组别披露公允价值

（一）关于按照组别披露公允价值的一般规定

企业应当根据相关资产或负债的性质、特征、风险以及公允价值计量的层次，对相关资产或负债进行恰当分组，并按照组别披露公允价值计量的相关信息。

相关资产或负债的组别通常是在资产负债表列报项目基础上根据相关资产或负债的性质、特征、风险以及公允价值计量的层次（如估值技术、输入值或其他事项等）进一步细化。

企业应当披露各组别与资产负债表列报项目之间的调节信息。

对于第三层次公允价值计量，企业应当更加细化地披露，以充分反映第三层次公允价值计量涉及的不确定性和主观性。

其他相关会计准则明确规定了相关资产或负债组别且其分组原则符合本准则规定的，企业可直接使用该组别提供相关信息。

（二）区分持续的和非持续的公允价值计量并进行信息披露

持续的公允价值计量，是指其他相关会计准则要求或允许企业在每个资产负债表日持续以公允价值进行的计量，如对交易性金融资产公允价值的计量。

非持续的公允价值计量,是指其他相关会计准则要求或允许企业在特定情况下的资产负债表中以公允价值进行的计量,如对持有待售的非流动资产公允价值的计量。

公允价值计量准则对已确认的公允价值计量有不同的披露要求,这取决于这些公允价值计量是持续的还是非持续的。因此,企业在进行公允价值披露时,应当区分持续的公允价值计量和非持续的公允价值计量,并适用不同的披露要求。

对于持续和非持续的公允价值计量,企业至少应提供各组资产或负债的定量信息。

1. 持续的公允价值计量信息的披露

在相关资产或负债初始确认后的每个资产负债表日,企业至少应当在附注中披露持续以公允价值计量的每组资产和负债的下列信息:

(1) 其他相关会计准则要求或者允许企业在资产负债表日持续以公允价值计量的项目和金额。

(2) 公允价值计量的层次。

(3) 在各层次之间转换的金额和原因,以及确定各层次之间转换时点的政策。每一层次的转入与转出应当分别披露。

(4) 对于第二层次的公允价值计量,企业应当披露使用的估值技术和输入值的描述性信息。当变更估值技术时,企业还应当披露这一变更以及变更的原因。

(5) 对于第三层次的公允价值计量,企业应当披露使用的估值技术、输入值和估值流程的描述性信息。当变更估值技术时,企业还应当披露这一变更以及变更的原因。

企业应当披露公允价值计量中使用的重要的、可合理取得的不可观察输入值的量化信息。

(6) 对于第三层次的公允价值计量,企业应当披露期初余额与期末余额之间的调节信息,包括计入当期损益的已实现利得或损失总额,以及确认这些利得或损失时的损益项目;计入当期损益的未实现利得或损失总额,以及确认这些未实现利得或损失时的损益项目(如相关资产或负债的公允价值变动损益等);计入当期其他综合收益的利得或损失总额,以及确认这些利得或损失时的其他综合收益项目;分别披露相关资产或负债购买、出售、发行及结算情况。

(7) 对于第三层次的公允价值计量,当改变不可观察输入值的金额可能导致公允价值显著变化时,企业应当披露有关敏感性分析的描述性信息。

这些输入值和使用的其他不可观察输入值之间具有相关关系的,企业应当描述这种相关关系及其影响。其中,不可观察输入值至少包括上述(5)要求披露的不可观察输入值。

对于金融资产和金融负债,如果为反映合理、可能的其他假设而变更一个或多个不可观察输入值将导致公允价值的重大改变,企业还应当披露这一事实、变更的影响金额及其计算方法。

(8) 当非金融资产的最佳用途与其当前用途不同时,企业应当披露这一事实及其原因。

2. 非持续的公允价值计量信息的披露

在相关资产或负债初始确认后的资产负债表中,企业至少应当在附注中披露非持续以公允价值计量的每组资产和负债的下列信息:

(1) 其他相关会计准则要求或者允许企业在特定情况下非持续以公允价值计量的项目和金额,以及以公允价值计量的原因。

(2) 公允价值计量的层次。

(3) 对于第二层次的公允价值计量,企业应当披露使用的估值技术和输入值的描述性信息。当变更估值技术时,企业还应当披露这一变更以及变更的原因。

(4) 对于第三层次的公允价值计量,企业应当披露使用的估值技术、输入值和估值流程的描述性信息。当变更估值技术时,企业还应当披露这一变更以及变更的原因。企业应当披露公允价值计量中使用的重要不可观察输入值的量化信息。

(5) 当非金融资产的最佳用途与其当前用途不同时,企业应当披露这一事实及其原因。

小知识

区分持续的和非持续的公允价值计量并进行信息披露

1. 各层次公允价值计量信息的披露

对于持续的和非持续的公允价值计量，企业应当披露第一、第二、第三层次公允价值计量中所属项目及其金额。具体披露如表3-9所示。

2. 第二层次公允价值计量的定量信息的披露

对于持续和非持续的第二层次公允价值计量，企业应当披露第二层次公允价值计量中所属项目及其金额，以及在公允价值计量中使用的估值技术和输入值的描述性信息。当变更估值技术时，企业还应当披露这一变更以及变更的原因。关于第二层次公允价值计量中所属项目及其金额，具体披露格式如表3-9所示。

3. 第三层次公允价值资产或负债的披露

对于持续和非持续的第三层次公允价值计量，企业应当披露第三层次公允价值计量中所属项目及其金额。具体披露见表3-9。

表3-9 公允价值计量披露格式

项目	2×20年12月31日	第一层次公允价值计量	第二层次公允价值计量	第三层次公允价值计量	合计
一、持续的公允价值计量					
（一）以公允价值计量且其变动计入当期损益的金融资产					
1. 交易性金融资产					
（1）债务工具投资					
（2）权益工具投资					
（3）衍生金融资产					
2. 指定为以公允价值计量且其变动计入当期损益的金融资产					
（1）债务工具投资					
（2）权益工具投资					
（二）投资性房地产					
1. 出租的土地使用权					
2. 出租的建筑物					
3. 持有并准备增值后转让的土地使用权					
（三）生物资产					
1. 消耗性生物资产					
2. 生产性生物资产					
持续以公允价值计量的资产总额					
二、非持续的公允价值计量					
（一）持有待售资产					
非持续以公允价值计量的资产总额					
……					

注：企业可以根据本准则的规定，并结合自身实际情况，对具体项目做相应调整。除非存在企业认为更适合的格式，否则负债将采用类似的表格列报。

对于划入第三层次的持续的公允价值计量，企业应当披露每组资产或负债如何从期初余额调节至期末余额。企业可以采用表格形式披露相关信息，具体披露格式如表3-10所示。

表 3-10 第三层次公允价值计量

项 目	期初余额	转入第三层次	转出第三层次	当期利得或损失总额		购买、发行、出售和结算				期末余额	对于在报告期末持有的资产,计入损益的当期未实现利得或损失的变动
				计入损益	计入其他综合收益	购买	发行	出售	结算		
交易性金融资产											
债务工具投资											
权益工具投资											
衍生金融资产											
指定为以公允价值计量且其变动计入当期损益的金融资产											
债务工具投资											
权益工具投资											
投资性房地产											
出租的土地使用权											
出租的建筑物											
持有并准备增值后转让的土地使用权											
生物资产											
消耗性生物资产											
生产性生物资产											
合计											

注：企业可以根据本准则的规定,并结合自身实际情况,对具体项目作相应调整。除非存在企业认为更适合的格式,否则负债将采用类似的表格列报。

其中,计入当前损益的利得和损失中与金融资产和非金融资产有关的损益信息的披露如表 3-11 所示。

对于持续和非持续的公允价值计量,对于重要的、可合理取得的不可观察输入值的量化信息,企业可以采用表格形式披露相关信息,具体披露格式如表 3-12 所示。

表 3-11 与金融资产和非金融资产有关损益信息的披露

	与金融资产有关的损益	与非金融资产有关的损益
计入损益的当期利得或损失总额		
对于在报告期末持有的资产,计入损益的当期未实现利得或损失的变动		

表 3-12 第三层次公允价值计量的定量信息

	2×20年12月31日的公允价值	估值技术	不可观察输入值	范围区间（加权平均值）
权益工具投资		现金流量折现法	加权平均资本成本	
			长期收入增长率	
			长期税前营业利润	
			流动性折价	
			控制权溢价	
		上市公司比较法	流动性折价	
			控制权溢价	

(续表)

2×20年12月31日的公允价值	估值技术	不可观察输入值	范围区间（加权平均值）
债务工具投资	现金流量折现法	提前偿付率	
		违约概率	
		违约损失率	
衍生金融资产	期权定价模型	波动率	
		交易对手信用风险	
		自身信用风险	
出租的建筑物	现金流量折现法	长期净营业收入利润率	
		计算资产余值所使用的利率	

注：企业可以根据本准则的规定，并结合自身实际情况，对具体项目作相应调整。除非存在企业认为更适合的格式，否则负债将采用类似的表格列报。

三、公允价值计量各层次之间转换的披露

企业调整公允价值计量层次转换时点的相关会计政策应当在前后各会计期间保持一致，并按照本准则第四十四条（三）的规定（即"在各层次之间转换的金额和原因，以及确定各层次之间转换时点的政策。每一层次的转入与转出应当分别披露"）进行披露。

企业调整公允价值计量层次转换时点的相关会计政策应当一致地应用于转出的公允价值计量层次和转入的公允价值计量层次。

对于持续的公允价值计量，企业应当披露在公允价值计量各层次之间转换的金额和原因。无论各层次之间转换的金额是否重大，企业都应当披露转入或转出第一、第二、第三层次的金额，以有助于财务报表使用者分析企业未来的流动性风险和企业对公允价值计量相对主观性的风险敞口，并且每一层次的转入与转出应当分别披露。

企业应当披露确定各层次之间转换时点的政策。企业确定转换时点的政策应至少包括以下内容：导致各层次发生转换的事件或情况变化的日期；报告期期初；报告期期末。

企业调整公允价值计量层次转换时点的相关会计政策，应当一致地应用于转出的公允价值计量层次和转入的公允价值计量层次，并在前后各会计期间保持一致。

四、市场风险或信用风险可抵销的金融资产和金融负债的公允价值计量的披露

企业以公允价值计量市场风险或信用风险可抵销的金融资产和金融负债组合的，应当披露该事实。

政策依据

企业以市场风险和信用风险的净敞口为基础管理金融资产和金融负债的，可以以计量日市场参与者在当前市场条件下有序交易中出售净多头（即资产）或者转移净空头（即负债）的价格为基础，计量该金融资产和金融负债组合的公允价值。

市场风险或信用风险可抵销的金融资产或金融负债，应当是由《企业会计准则第22号——金融工具确认和计量》规范的金融资产和金融负债，也包括不符合金融资产或金融负债定义但按照《企业会计准则第22号——金融工具确认和计量》进行会计处理的其他合同。

与市场风险或信用风险可抵销的金融资产和金融负债相关的财务报表列报，应当适用其他相关会计准则。

五、非金融资产最佳用途不同于当前用途的披露要求

对于持续和非持续的公允价值计量，非金融资产的最佳用途与其当前用途不同的，企业应当披露这一事实及其原因。

企业披露该信息有助于报表使用者了解企

业有关该非金融资产的使用方式以及与企业战略和经营计划的契合方式,能够为财务报表使用者提供预测未来现金流量的有用信息。

六、在发行时附有不可分割的第三方信用增级的负债的披露

对于以公允价值计量且在发行时附有不可分割的第三方信用增级的负债,发行人应当披露这一事实(企业应当披露该信用增级),并说明该信用增级是否已反映在该负债的公允价值计量中。

七、不以公允价值计量但以公允价值披露情形下的披露

对于不以公允价值计量但以公允价值披露的资产和负债,企业应当披露下列信息:

(1) 公允价值计量结果所属的层次。

(2) 对于第二层次公允价值计量,披露使用的估值技术和输入值的描述性信息。当变更估值技术时,披露这一变更以及变更的原因。

(3) 对于第三层次公允价值计量,披露使用的估值技术和输入值的描述性信息。当变更估值技术时,披露这一变更以及变更的原因。

(4) 非金融资产最佳用途与其当前用途不同的,披露这一事实及其原因。

第四讲 首次执行企业会计准则

（新、旧准则过渡的"衔接办法"）

第一节 综合知识

一、相关知识概述

1. 相关概念

首次执行企业会计准则，是指企业第一次执行企业会计准则体系，包括基本准则、具体准则和会计准则应用指南。

2. 附注披露

企业应当在附注中披露首次执行企业会计准则财务报表项目金额的变动情况。

二、会计准则概述

（一）本准则的相关背景

2007年1月1日起，我国上市公司均须执行企业会计准则，其他企业也陆续执行企业会计准则。新企业会计准则的许多规定与原企业会计准则、企业会计制度和金融企业会计制度有很大的不同，许多差别不是简单的科目变化和报表项目变化，而是确认、计量原则的变化，是基本理念的变化。这导致同一事项按新旧会计准则的会计处理截然不同。例如，新会计准则较多地使用公允价值，而过去较多地使用历史成本。在首次执行日过渡时，按新会计准则规定应以公允价值计量的项目如何进行账务调整？衍生金融工具原来在表外反映，而新会计准则要求纳入表内核算。在首次执行日实施新会计准则这一时点上如何处理？企业在首次执行日的前一年仍然按照原会计制度和相关准则编制财务报表，首次执行日所在年度则要按照新会计准则编制财务报表，如何保证两个年度财务报表的可比性？首次执行日仍然使用原会计报表，还是需要重新编制首次执行日的会计报表？首次执行日所在年度以前的会计报表如何处理？上述这些问题的恰当处理，不仅直接关系到企业会计准则的贯彻实施，影响新旧会计标准的平稳过渡，而且也会影响会计信息的可比性，影响企业财务状况、经营成果和现金流量的客观反映。

正是基于上述考虑，我国在制定企业会计准则时，同时制定、实施《企业会计准则第38号——首次执行企业会计准则》。为了规范首次执行企业会计准则对会计要素的确认、计量和财务报表列报，根据《企业会计准则——基本准则》，我国财政部2006年2月15日公布了《企业会计准则第38号——首次执行企业会计准则》（本讲简称"本准则"或"新准则"）。本准则由总则、确认和计量以及列报组成，共3章、21条。该准则与国际财务报告准则第1号的原则规定相同，也从一个侧面表明我国会计准则体系全面趋同国际会计准则。

（二）本准则的适用范围

本准则仅仅适用于企业首次执行企业会计准则这一特定阶段，目的是规范原企业会计制度和相关准则向企业会计准则过渡的会计处理和财务报表列报。这里所说的"首次执行企会计准则",是指企业第一次执行企业会计准则体系,包括基本准则、各项具体准则和会计准则应用指南。

例如,我国上市公司于 2007 年 1 月 1 日开始全面采用企业会计准则体系,则 2007 年 1 月 1 日后均须按照企业会计准则进行确认、计量、记录与报告,并须按企业会计准则体系的要求编制 2007 年度财务报表,即首份年度财务报表,2007 年 12 月 31 日为报告日。

但是,根据《企业会计准则第 30 号——财务报表列报》的规定,企业至少应当提供上一会计期间所有列报项目的比较数据,以及与理解当期财务报表相关的说明。也就是说,企业在提供 2007 年度财务报表的同时还须提供 2006 年度的比较财务报表。但是,2006 年度的财务报表是按照原企业会计制度和相关会计准则编制的,如果不加调节直接列报,势必影响信息的可比性,有必要将 2006 年度财务报表按新企业会计准则的要求进行调整并重编。

由于利润表和现金流量表属于期间报表,直接按新会计准则要求重编后即可列报。而资产负债表则不同,它属于时点报表,要重新编制 2006 年 12 月 31 日的资产负债表,就必须先编制 2006 年 1 月 1 日的资产负债表,然后对 2006 年度发生的经济业务按照新准则确认和计量要求进行处理后,才能编制出 2006 年 12 月 31 日的资产负债表。

所以,本准则的核心内容就是规范首次执行企业会计准则时,会计政策的衔接及过渡方法、会计确认与计量要求以及首次执行企业会计准则的财务报表列报要求。

首次执行企业会计准则后发生的会计政策变更,适用《企业会计准则第 28 号——会计政策、会计估计变更和差错更正》。

(三) 本准则的主要变化

一直以来,为了做好新旧会计标准的衔接工作,保证企业会计核算的正常运行,我国财政部一般采用出台"衔接办法"的方式或在具体会计准则里设置"衔接办法"专门条款来规范衔接工作,保证企业会计核算的平稳过渡。

在新旧准则过渡中,我国没有采用以前的习惯做法——制定"衔接办法",而是采用了国际上的习惯称谓,称为"首次执行企业会计准则",这样做比较彻底地实现与国际同步,易于国际社会理解和认可。因此,本准则实际上就是新旧准则的"衔接办法"。

执行新准则对企业财务状况的影响分析

(1) 新准则规定了在首次执行日编制期初资产负债表时,哪些事项应追溯调整,哪些事项不应追溯调整。特别是当追溯调整法要求管理层在已知特定交易结果后对过去的情形进行判断时,禁止追溯调整。这就避免了实行新会计准则操纵利润的可能。

(2) 执行新准则后,按要求进行追溯调整是非常细致而艰苦的工作。追溯调整后,相关的资产、负债和所有者权益有所改变,对企业的财务状况将会产生重大影响。追溯调整夯实了资产、确认了负债,对未来企业经营必然产生重大的有利影响。

第二节　确认和计量

一、首次采用企业会计准则的基准处理方法——追溯调整法

期初资产负债表须按企业会计准则的会计政策及相关确认、计量原则编制,与原资产负债表所采用的会计政策可能不同,除准则规定的例外情形外,因会计政策不同而导致的调整,应直接调整首次执行日的留存收益,就像企业一直按照企业会计准则进行处理一样。因此,追溯调整法是企业首次采用企业会计准则的基准处理方法,也是编制期初资产负债表应坚持的一般原则。

【例 4-1】 首次执行新准则时应收账款减值准备变化是会计政策变更还是会计估计变更。

智董公司自 2×20 年 1 月 1 日开始适用新金融工具准则。在原金融工具准则下，智董公司的应收账款按照账龄法计提减值准备，分别为 1 年以内、1~2 年、2~3 年、3 年以上，计提比例分别为 5%、20%、50%、100%。

智董公司执行新金融工具准则后，按照新准则的规定对应收账款的坏账计提比例有所调整。因此 2×20 年 1 月 1 日，智董公司应收账款减值准备的金额较 2×19 年 12 月 31 日增加了 1 000 万元。

问题：上述变更属于会计政策变更还是会计估计变更？

【分析】 因本例讨论的问题是针对新金融工具准则首次执行日金融资产减值的变化，而减值的变化一般会被理解为会计估计的变化，所以在实务中会对这种变更是属于会计政策变更还是会计估计变更产生疑问。

新金融工具准则下对于减值的确认和计量的规定有了本质变化，从已发生损失模型变为预期信用损失模型。从理论上看，减值方法的变化主要体现在：

1. 预期信用损失模型是单一的减值模型

在原准则下，企业根据金融资产的类别来应用不同的减值评估方法。例如对可供出售金融资产的债务工具的减值估计是基于公允价值的波动，而与以摊余成本计量的类似金融资产的减值方法不一致，因此有报表使用者质疑，如果金融资产不是用来出售，以公允价值计量减值可能没有相关性。此外，在原准则下权益工具投资的减值不能转回损益，而债务工具投资的减值可以转回，也存在处理上的不一致。

在新准则下，相同的减值模型适用于所有需要减值的金融工具。无论是以摊余成本计量的金融资产，还是以公允价值计量且其变动计入其他综合收益的金融资产，由于其合同现金流量特征仅代表本金及利息的支付，且持有金融资产以收取合同现金流量是相关业务模式的一项必备特征，因此预期信用损失模型估计减值的基础是合同现金流量短缺和信用风险变动，而不是资产的公允价值变动。

2. 预期信用损失的计量

在原准则下，企业根据最可能出现的结果估计金融资产的已发生减值准备，而不考虑发生违约的风险。在新准则下，预期信用损失是在金融工具的剩余存续期内预期现金流量短缺的现值，而对现金流量的估计为期望值，即对现金流量金额和时间的估计是以概率加权平均后的结果。所以，预期信用损失的金额将同时反映发生违约的风险，以及发生违约后产生的损失金额。

3. 预期信用损失的确认更为及时

在原准则下，只有当存在减值的客观证据或发生信用损失时才确认信用损失，其结果是企业即使已预见到了未来事项对减值的影响，也不能考虑进来，导致信用损失确认延迟，并在全球金融危机期间被认定为会计准则的一项缺陷。

在新准则下，相关金融资产在初始确认的时候即应当考虑预期信用损失，并在报告日需要利用可获得的最佳信息对信用损失预期的变动进行更新，因此更具前瞻性。该模型与已发生损失模型相比考虑了更广泛的信息，能更迅速地反映经济状况的变化，更早地对预期信用损失进行确认。

根据《企业会计准则第 28 号——会计政策、会计估计变更和差错更正》的规定，会计政策是指企业在会计确认、计量和报告中所采用的原则、基础和会计处理方法。根据上文分析，预期信用损失模型使得企业在确认和计量减值时所采用的原则、基础和会计处理方法发生了变化，属于一项会计政策变更，相关变动应在新金融工具准则的首次执行日计入当日的留存收益中。

> **小知识**
>
> **原同时按照国内及国际财务报告准则对外提供财务报告的 B 股、H 股等上市公司，首次执行日如何调整？**
>
> 原同时按照国内及国际财务报告准则对外提供财

务报告的B股、H股等上市公司,首次执行日根据取得的相关信息,能够对因会计政策变更所涉及的交易或事项的处理结果进行追溯调整的,以追溯调整后的结果作为首次执行日的余额。

二、首次执行日需要做什么工作

所谓首次执行日,是按照企业会计准则编制的第一套年度财务报表中列报的比较信息最早期间的期初。

在首次执行日,企业应当根据本准则第四条及其应用指南,结合本单位的实际情况,对首次执行日前的资产负债表及相关账目的各项余额进行分析,按照新准则规定重新分类、确认和计量,设置新旧会计科目余额对照表,结束旧账,建立新账,编制期初资产负债表,作为执行企业会计准则体系的起点。

(一) 重新分类、确认、计量

在首次执行日,企业应当对所有资产、负债和所有者权益按照企业会计准则的规定进行重新分类、确认和计量,并编制期初资产负债表。

为了日后采用企业会计准则的会计计量创造一个出发点,各初次采用企业会计准则的企业需要在向企业会计准则过渡的当天准备好一份期初的按企业会计准则编制的资产负债表,这也是在企业会计准则下该企业第一次提供的可比较信息。例如,某公司从2022年起执行新准则,那么它就需要按新准则重编2022年1月1日的资产负债表。

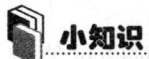

企业在编制年报时,首次执行日有关资产、负债及所有者权益项目的金额是否要进一步复核?

企业在编制首份年报时,应当对首次执行日有关资产、负债及所有者权益项目的账面余额进行复核,经注册会计师审计后,在附注中以列表形式披露年初所有者权益的调节过程以及做出修正的项目、影响金额及其原因。

(二) 编制期初资产负债表
1. 期初资产负债表的含义

期初资产负债表,就是企业首次执行日的资产负债表,它是按照企业会计准则进行会计处理的新起点。

期初资产负债表是按企业会计准则进行会计处理的起点。确保期初资产负债表按企业会计准则编制,既是实施企业会计准则的基础,也是保证会计信息可比性的需要。由于首次执行日的原资产负债表按原会计制度或相关会计准则编制,因而在实施企业会计准则时,需要对原资产负债表进行调整和重编,从而形成期初资产负债表。

2. 为什么只要编制期初资产负债表,而不需要编制期初利润表和现金流量表

利润表和现金流量表属于期间报表,直接按新会计准则要求重编后即可列报。而资产负债表则不同,它属于时点报表,要重新编制2021年12月31日的资产负债表,就必须先编制2021年1月1日的资产负债表,然后对2021年度发生的经济业务按照新会计准则的确认和计量要求进行处理后,才能编制出2021年12月31日的资产负债表。

三、具体操作——如何编制期初资产负债表

(一) 需要追溯调整的项目

编制期初资产负债表时,除按照本准则第五条至第十九条规定要求追溯调整的项目外,其他项目不应追溯调整。

1. 除不应追溯调整的事项外,应对期初资产负债表进行的调整

(1) 确认企业会计准则要求确认的所有资产和负债。

例如,原会计制度及相关会计准则对固定资产弃置费用没有规定,企业发生的弃置费用一般直接计入当期费用。但是,根据《企业会计准则第4号——固定资产》的规定,确定固定资产成本时,应考虑弃置费用。因此,企业在首次执行日,对于弃置费用应确认为一项资产,计入固定资产成本。

再如,《企业会计准则第9号——职工薪酬》要求将(满足预计负债确认条件的)因解除与职工的劳动关系给予补偿而产生的负债计入"应

付职工薪酬"科目,而原会计制度及相关会计准则却无此项要求,此次实施企业会计准则时,应予以确认。

(2) 不得确认企业会计准则未要求确认的资产和负债。

例如,企业会计准则对资产采用了更为严格的定义,可能导致原来符合资产定义的项目不再符合资产的定义,这些原来确认的资产在此次实施企业会计准则时,应终止确认。

(3) 按照企业会计准则的要求,对资产、负债和权益组成项目进行重新分类和列报。

例如,我国原来没有投资性房地产的列报要求,而《企业会计准则第3号——投资性房地产》要求单独列报投资性房地产。据此,企业应分析原固定资产、无形资产余额,并按新准则的要求重新分类为投资性房地产、固定资产和无形资产。金融资产和金融负债的分类也存在类似的要求。

(4) 采用企业会计准则对所有已确认的资产、负债进行计量。

例如,我国原所得税会计处理暂行规定对所得税有两种处理方法,即应付税款法和纳税影响会计法,而《企业会计准则第18号——所得税》要求企业确认所有暂时性差异导致的递延所得税资产和递延所得税负债。因此,企业在首次执行日,对于暂时性差异,必须按新准则的要求进行计量,确认递延所得税资产或递延所得税负债。

总之,在企业首次执行企业会计准则时,其期初资产负债表的确认、计量、分类、列报等均须符合企业会计准则体系的所有要求,除非准则明确规定不得追溯调整,或者追溯调整不切实可行。

2. 首次执行日追溯调整事项的会计处理

1) 长期股权投资

对于首次执行日的长期股权投资,应当分别下列情况处理:

(1) 根据《企业会计准则第20号——企业合并》,属于同一控制下企业合并产生的长期股权投资,尚未摊销完毕的股权投资差额应全额冲销,并调整留存收益,以冲销股权投资差额后的长期股权投资账面余额作为首次执行日的认定成本。

(2) 除上述情形以外的其他采用权益法核算的长期股权投资,存在股权投资贷方差额的,应冲销贷方差额,调整留存收益,并以冲销贷方差额后的长期股权投资账面余额作为首次执行日的认定成本;存在股权投资借方差额的,应当将长期股权投资的账面余额作为首次执行日的认定成本。

2) 投资性房地产

对于有确凿证据表明可以采用公允价值模式计量的投资性房地产,在首次执行日可以按照公允价值进行计量,并将账面价值与公允价值的差额,调整留存收益。

3) 预计的资产弃置费用

在首次执行日,对于满足预计负债确认条件且该日之前尚未计入固定资产成本的弃置费用,应当增加该项资产成本,并确认相应的负债。同时,将应补提的折旧(折耗)调整留存收益。

首次执行日预计资产弃置费用的折现率:根据本准则第七条规定,企业在预计首次执行日前尚未计入资产成本的弃置费用时,应当满足预计负债的确认条件,选择该项资产初始确认开始至首次执行日期间适用的折现率,以该项预计负债折现后的金额增加资产成本,据此计算确认应补提的资产折旧(或油气资产的折耗),同时调整期初留存收益。

折现率的选择应当考虑货币的时间价值和相关期间通货膨胀等因素的影响。

预计弃置费用的资产范围,遵循《企业会计准则第4号——固定资产》及其应用指南的相关规定。

4) 职工薪酬(辞退福利)

对于首次执行日存在的解除与职工的劳动关系计划,满足《企业会计准则第9号——职工薪酬》预计负债确认条件的,应当确认因解除与职工的劳动关系给予补偿而产生的负债,并调整留存收益。

5) 企业年金基金

对于企业年金基金在运营中所形成的投资,应当在首次执行日按照其公允价值进行计量,并将账面价值与公允价值的差额调整留存收益。

6) 满足预计负债确认条件的重组义务

在首次执行日,企业应当按照《企业会计准则第 13 号——或有事项》的规定,将满足预计负债确认条件的重组义务,确认为预计负债,并调整留存收益。

7) 所得税

企业应当按照《企业会计准则第 18 号——所得税》的规定,在首次执行日对资产、负债的账面价值与计税基础不同形成的暂时性差异的所得税影响进行追溯调整,并将影响金额调整留存收益。

首次执行日所得税的处理:根据本准则第十二条规定,在首次执行日,企业应当停止采用应付税款法或原纳税影响会计法,改按所得税准则规定的资产负债表债务法。

采用应付税款法核算所得税费用的,应当按照企业会计准则相关规定调整后的资产、负债账面价值为基础,与其计税基础进行比较,确定应纳税暂时性差异和可抵扣暂时性差异,采用适用的税率计算递延所得税负债及递延所得税资产金额,相应调整期初留存收益。

采用原纳税影响会计法核算所得税费用的,应根据《企业会计准则第 18 号——所得税》计算递延所得税负债和递延所得税资产的金额,同时冲销原来的递延所得税借项或贷项的金额,上述两项金额之间的差额调整期初留存收益。

8) 可行权日在首次执行日或之后的股份支付

对于可行权日在首次执行日或之后的股份支付,应当根据《企业会计准则第 11 号——股份支付》的规定,按照权益工具、其他方服务或承担以权益工具为基础计算确定的负债的公允价值,将应计入首次执行日之前等待期的成本费用金额调整留存收益,相应增加所有者权益或负债。首次执行日之前可行权的股份支付,不应追溯调整。

根据本准则第十条,授予职工以权益结算的股份支付,应当按照权益工具在授予日的公允价值调整期初留存收益,相应增加资本公积;授予日的公允价值不能可靠计量的,应当按照权益工具在首次执行日的公允价值计量。

授予职工以现金结算的股份支付,应当按照权益工具在等待期内首次执行日之前各资产负债表日的公允价值计量,减少期初留存收益,相应增加应付职工薪酬;上述各资产负债表日的公允价值不能可靠计量的,应当按照权益工具在首次执行日的公允价值计量。

授予其他方的股份支付,在首次执行日,比照授予职工的股份支付处理。

9) 企业合并

除下列项目外,对于首次执行日之前发生的企业合并不应追溯调整:

(1) 按照《企业会计准则第 20 号——企业合并》属于同一控制下企业合并,原已确认商誉的摊余价值,应当全额冲销,并调整留存收益。

按照该准则的规定属于非同一控制下企业合并的,应当将商誉在首次执行日的摊余价值作为认定成本,不再进行摊销。

本准则第十三条第(二)、(三)规定是指首次执行日之前发生的、符合《企业会计准则第 20 号——企业合并》中的非同一控制下的企业合并,不涉及同一控制下的企业合并。

(2) 首次执行日之前发生的企业合并,合并合同或协议中约定根据未来事项的发生对合并成本进行调整的,如果首次执行日预计未来事项很可能发生并且对合并成本的影响金额能够可靠计量的,应当按照该影响金额调整已确认商誉的账面价值。

(3) 企业应当按照《企业会计准则第 8 号——资产减值》的规定,在首次执行日对商誉进行减值测试,发生减值的,应当以计提减值准备后的金额确认,并调整留存收益。

10) 金融资产

在首次执行日,企业应当将所持有的金融

资产(不含《企业会计准则第2号——长期股权投资》规范的投资),划分为以公允价值计量且其变动计入当期损益的金融资产、债权投资、其他债权投资、其他权益工具投资、应收款项。

11) 金融负债

对于在首次执行日指定为以公允价值计量且其变动计入当期损益的金融负债,应当在首次执行日按照公允价值计量,并将账面价值与公允价值的差额调整留存收益。

12) 衍生金融工具的计量

对于未在资产负债表内确认或已按成本计量的衍生金融工具(不包括套期工具),应当在首次执行日按照公允价值计量,同时调整留存收益。

13) 包含负债和权益成分的非衍生金融工具的分拆

对于企业发行的包含负债和权益成分的非衍生金融工具,应当根据《企业会计准则第37号——金融工具列报》的规定,在首次执行日进行处理:

(1) 满足一定条件的嵌入衍生工具应当从混合合同中分拆,作为单独的衍生工具进行处理。

(2) 混合合同主合同为金融资产的,应将混合合同作为一个整体进行会计处理,不用分拆。

(3) 混合合同不属于金融资产的,如无法对嵌入衍生工具进行单独计量,应将混合合同整体指定为以公允价值计量且其变动计入当期损益。

14) 套期保值

在首次执行日,对于不符合《企业会主准则第24号——套期会计》规定的套期会计方法运用条件的套期保值,应当终止采用原套期会计方法,并按照《企业会计准则第24号——套期会计》处理。

15) 再保险

发生再保险分出业务的企业应当在首次执行日按照《企业会计准则第25号——保险合同》的规定,将应向再保险接受人摊回的相应准备金确认为资产,并调整各项准备金的账面价值。

注 2020年12月,我国财政部修订发布了《企业会计准则第25号——保险合同》,自2023年1月1日起施行。

(二) 不需要追溯调整的项目——首次执行日采用未来适用法有关项目的处理

本准则第四条规定,编制期初资产负债表时,除按照本准则第五条至第十九条规定要求追溯调整的项目外,其他项目不应追溯调整。对不应追溯调整的项目应当采用未来适用法。

注 因《企业会计准则第38号——首次执行企业会计准则》至今尚未修订,而其他会计准则有的已经有修订或今后还将修订,相关内容请以修订后的为准(请参阅本书相关章节)。

1. 会计估计

企业在首次执行日按照企业会计准则所做的估计,应当与按照原会计制度或准则所做的估计一致,不应追溯调整,除非有客观证据表明原估计是错误的。首次执行日以后获得的、表明首次执行日后发生情况的新信息,视同《企业会计准则第29号——资产负债表日后事项》中的非调整事项处理。

按照企业会计准则规定需要做出的会计估计事项,在原会计制度或准则不要求估计的,如某些资产、负债的公允价值等,在首次执行日,关于市场价格、利率或汇率的估计应当反映该日的市场状况。

2. 超过正常信用条件延期付款(或收款)、实质上具有融资性质的购销业务

对于首次执行日处于收款过程中的采用递延收款方式、实质上具有融资性质的销售商品或提供劳务收入,例如采用分期收款方式的销售,首次执行日之前已确认的收入和结转的成本不再追溯调整。首次执行日后的第一个会计期间,企业应当将尚未确认但符合收入确认条件的合同或协议剩余价款部分确认为长期应收款,按其公允价值确认为营业收入,两者的差额作为未实现融资收益,在剩余收款期限内采用实际利率法进行摊销。在确认收入的同时,应当相应地结转成本。首次执行日之前购买的固定资产、无形资产在超过正常信用条件的期限内延期付款、实质上具有融资性质的,首次执行日之前已计提的折旧和摊销额,不再追溯调整。在首次执行日,企业应当以尚未支付的款项与其现值之间的差额,减少资产的账面价值,同时确认为未确认融资费用。首次执行日后,企业应当以调整后的资产账面价值作为认定成本并以此为基础计提折旧,未确认融资费用应当在剩余付款期限内采用实际利率法进行摊销。

3. 职工福利费

首次执行日企业的职工福利费余额,应当全部转入应付职工薪酬(职工福利)。首次执行日后第一个会计期间,按照《企业会计准则第9号——职工薪酬》规定,根据企业实际情况和职工福利计划确认应付职工薪酬(职工福利),该项金额与原转入的应付职工薪酬(职工福利)之间的差额调整管理费用。

4. 借款费用

对于处于开发阶段的内部开发项目、处于生产过程中的需要经过相当长时间才能达到预定可销售状态的存货(如飞机和船舶),以及营造、繁殖需要经过相当长时间才能达到预定可使用或可销售状态的生物资产,首次执行日之前未予资本化的借款费用,不应追溯调整。

上述尚未完成开发或尚未完工的各项资产,首次执行日及以后发生的借款费用,符合《企业会计准则第17号——借款费用》规定的资本化条件的部分,应当予以资本化。

5. 无形资产

首次执行日处于开发阶段的内部开发项目,首次执行日之前已经费用化的开发支出,不应追溯调整;根据《企业会计准则第6号——无形资产》规定,首次执行日及以后发生的开发支出,符合无形资产确认条件的,应当予以资本化。

企业持有的无形资产,应当以首次执行日的摊余价值作为认定成本,对于使用寿命有限的无形资产,应当在剩余使用寿命内根据《企业会计准则第6号——无形资产》的规定进行摊销。对于使用寿命不确定的无形资产,在首次执行日后应当停止摊销,按照《企业会计准则第6号——无形资产》的规定处理。

首次执行日之前已计入在建工程和固定资产的土地使用权,符合《企业会计准则第6号——无形资产》的规定应当单独确认为无形资产的,首次执行日应当进行重分类,将归属于土地使用权的部分从原资产账面价值中分离,作为土地使用权的认定成本,按照《企业会计准则第6号——无形资产》的规定处理。

6. 开办费

首次执行日企业的开办费余额,应当在首次执行日后第一个会计期间内全部确认为管理费用。

金融资产的分类已经变了,别再傻傻地谈持有至到期投资、可供出售金融资产了

我国《企业会计准则第22号——金融工具确认和计量》(在境内外同时上市的企业以及在境外上市并采用国际财务报告准则或企业会计准则编制财务报告的企业,自2018年1月1日起施行;其他境内上市企业自2019年1月1日起施行;执行企业会计准则的非上市企业自2021年1月1日起施行)对金融资产的分类由原先"四分类"改为"三分类"。

1. 修订前

原先金融工具确认和计量准则按照持有金融资产的意图和目的将金融资产分为四类(即以公允价值计量且其变动计入当期损益的金融资产、持有至到期投资、贷款和应收款项、可供出售金融资产),分类较为复杂,存在一定的主观性,在一定程度上影响了会计信息的可比性。

2. 修订后

新修订的金融工具确认和计量准则规定以企业持有金融资产的"业务模式"和"金融资产合同现金流量特征"作为金融资产分类的判断依据,将金融资产分类为以摊余成本计量的金融资产、以公允价值计量且其变动计入其他综合收益的金融资产以及以公允价值计量且其变动计入当期损益的金融资产三类,减少了金融资产类别,提高了分类的客观性和会计处理的一致性。

1) 以摊余成本计量的金融资产

金融资产同时符合下列条件的,应当分类为以摊余成本计量的金融资产:

(1) 企业管理该金融资产的业务模式是以收取合同现金流量为目标。

(2) 该金融资产的合同条款规定,在特定日期产生的现金流量,仅为对本金和以未偿付本金金额为基础的利息的支付。

企业成为金融工具合同的一方时,应当按照上述分类条件,将其确认为一项以摊余成本计量的金融资产。

例如,普通债券的合同现金流量是到期收回本金及按约定利率在合同期间按时收取固定或浮动利息。在没有其他特殊安排的情况下,普通债券通常可能符合本金加利息的合同现金流量特征。如果企业管理该债券的业务模式是以收取合同现金流量为目标,则该债券可以分类为以摊余成本计量的金融资产。

以摊余成本计量的金融资产可以重分类为以公允价值计量且其变动计入当期损益的金融资产,或者重分类为以公允价值计量且其变动计入其他综合收益的金融资产,反之亦然。

以摊余成本计量的金融资产可分为货币资金、应收款项、贷款、债权投资。

2) 以公允价值计量且其变动计入其他综合收益的金融资产

金融资产同时符合下列条件的,应当分类为以公允价值计量且其变动计入其他综合收益的金融资产:

(1) 企业管理该金融资产的业务模式既以收取合同现金流量为目标又以出售该金融资产为目标。

(2) 该金融资产的合同条款规定,在特定日期产生的现金流量,仅为对本金和以未偿付本金金额为基础的利息的支付。

在初始确认时,企业可以将非交易性权益工具投资指定为以公允价值计量且其变动计入其他综合收益的金融资产,并按准则规定确认股利收入。该指定一经做出,不得撤销。金融资产满足下列条件之一的,表明企业持有该金融资产的目的是交易性的:

(1) 取得相关金融资产的目的,主要是为了近期出售。

(2) 相关金融资产在初始确认时属于集中管理的可辨认金融工具组合的一部分,且有客观证据表明近期实际存在短期获利模式。

(3) 相关金融资产属于衍生工具。

但符合财务担保合同定义的衍生工具以及被指定为有效套期工具的衍生工具除外。

以公允价值计量且其变动计入其他综合收益的金融资产可以重分类为以摊余成本计量的金融资产,或者重分类为以公允价值计量且其变动计入当期损益的金融资产,反之亦然。

3) 以公允价值计量且其变动计入当期损益的金融资产

企业分类为以摊余成本计量的金融资产和以公允价值计量且其变动计入其他综合收益的金融资产之外的金融资产,应当分类为以公允价值计量且其变动计入当期损益的金融资产。

例如,企业常见的下列投资产品通常应当分类为以公允价值计量且其变动计入当期损益的金融资产:

(1) 股票,股票的合同现金流量源自收取被投资企业未来股利分配以及其清算时获得剩余收益的权利。由于股利及获得剩余收益的权利均不符合《企业会计准则第22号——金融工具确认和计量》关于本金和利息的定义,因此股票不符合本金加利息的合同现金流量特征。在不考虑《企业会计准则第22号——金融工具确认和计量》第十九条特殊指定的情况下,企业持有的股票应当分类为以公允价值计量且其变动计入当期损益的金融资产。

(2) 基金,常见的股票型基金、债券型基金、货币基金或混合基金,通常投资于动态管理的资产组合,投资者从该类投资中所取得的现金流量既包括投资期间基础资产产生的合同现金流量,也包括处置基础资产的现金流量。基金一般情况下不符合本金加利息的合同现金流量特征。企业持有的基金通常应当分类为以公允价值计量且其变动计入当期损益的金融资产。

(3) 可转换债券,除按一般债权类投资的特性到期收回本金、获取约定利息或收益外,还嵌入了一项转股权。通过嵌入衍生工具,企业获得的收益在基本借贷安排的基础上,会产生基于其他因素变动的不确定性。

企业持有的可转换债券不再将转股权单独分拆,而是将可转换债券作为一个整体进行评估,由于可转换债券不符合本金加利息的合同现金流量特征,企业持有的可转换债券投资应当分类为以公允价值计量且其变动计入当期损益的金融资产。此外,在初始确认时,如果能够消除或显著减少会计错配,企业可以将金融资产指定为以公允价值计量且其变动计入当期损益的金融资产。该指定一经做出,不得撤销。

第三节 列 报

一、首份财务报表的编制要求

在首次执行日后按照企业会计准则编制的首份年度财务报表(以下简称首份年度财务报表)期间,企业应当按照《企业会计准则第30号——财务报表列报》和《企业会计准则第 31 号——现金流量表》的规定,编报资产负债表、利润表、现金流量表和所有者权益变动表及附注。例如,某上市公司自 2021 年 1 月 1 日起执行新企业会计准则,则 2021 年度的财务报表就是首份年度财务报表。

对外提供合并财务报表的,应当遵循《企业会计准则第 33 号——合并财务报表》的规定。

在首份年度财务报表涵盖的期间内对外提供中期财务报告的,应当遵循《企业会计准则第 32 号——中期财务报告》的规定。例如,上市公司 2021 年 1 月 1 日执行企业会计准则,而根据证监会有关规定需要披露 2021 年第一季度财务报告,该财务报告应根据《企业会计准则第 32 号——中期财务报告》的相关规定编报。

企业应当在附注中披露首次执行企业会计准则财务报表项目金额的变动情况。

首份年度财务报表的编制如图 4-1 所示。

首份年度财务报表 { 资产负债表 / 利润表 / 现金流量表 / 所有者权益变动表 / 中期财务报告 / 合并财务报表 / 附注

图 4-1 首份年度财务报表的编制

(一) 首份中期财务报告和首份年度财务报表

首份中期财务报告至少应当包括资产负债表、利润表、现金流量表和附注。首份年度财务报表应当是一套完整的财务报表,至少包括资产负债表、利润表、现金流量表、所有者权益变动表和附注。

在实际应用中,首份中期财务报告至少应当包括按照新准则编制的上年度资产负债表、上年度可比中期的利润表、上年度至可比本中期末的现金流量表。首份年度财务报表至少应当包括按照新准则列报的上一年度全部比较信息。

按新准则规定列报比较信息的,首次执行日是在首份年度财务报表中按照新准则列报全部比较信息最早期间的期初。

如果母公司执行企业会计准则但子公司按规定尚未执行企业会计准则的,母公司在编制合并财务报表时,应当按照企业会计准则的规定调整子公司的财务报表;如果子公司已执行企业会计准则,但母公司按规定尚未执行企业会计准则的,母公司在编制合并财务报表时,应当将子公司按照企业会计准则编制的财务报表直接合并,不需要调整。

(二) 首份中期财务报告和首份年度财务报表附注

企业应当按照各项会计准则关于附注的规定,在首份中期财务报告和首份年度财务报表附注中进行披露,其中应当以列表形式详细披露如下数据的调节过程,以反映首次执行企业会计准则对企业财务状况、经营业绩和现金流量的影响。

(1) 首次执行日按原会计制度或准则列报的所有者权益,调整为按企业会计准则列报的所有者权益。

(2) 按原会计制度或准则列报的最近年度年末所有者权益,调整为按照企业会计准则列报的所有者权益。

(3) 按原会计制度或准则列报的最近年度损益,调整为按照企业会计准则列报的损益。

(4) 比较中期期末按原会计制度或准则列报的所有者权益,调整为按企业会计准则列报的所有者权益。

(5) 比较中期按原会计制度或准则列报的损益(可比中期和上年年初至可比中期末累计数),调整为同一期间按企业会计准则列报的损益。

对于需要提供季报或半年报的企业,执行企业会计准则后首份年度财务报表期间内的第一季度季报(或第一份半年报),需要披露上述 5 项数据的调节过程,第二、三季度季报只需要提供上述第(4)、(5)两项数据的调节过程。

二、比较财务报表的编制

首份年度财务报表至少应当包括上年度按照企业会计准则列报的比较信息。

例如,上市公司 2021 年 1 月 1 日起执行企业会计准则,则2021年度财务报表至少应提供2020年的比较数据。财务报表项目的列报发生变更的,应当对上年度比较数据按照企业会计准则的列报要求进行调整,但不切实可行的除外。与原会计制度和相关准则相比,企业会计准则关于财务报表列报项目及要求的变化很大,上市公司在提供2021年的首份年度财务报表时,对于提供的2020年度的比较数据,应按企业会计准则的要求进行调整,这也就是编制期初资产负债表的根本原因。

对于原未纳入合并范围但按照《企业会计准则第33号——合并财务报表》规定应纳入合并范围的子公司,在上年度的比较合并财务报表中,企业应当将该子公司纳入合并范围。对于原已纳入合并范围但按照该准则规定不应纳入合并范围的子公司,在上年度的比较合并财务报表中,企业不应将该子公司纳入合并范围。上年度比较合并财务报表中列示的少数股东权益,应当按照该准则的规定,在所有者权益类列示。

应当列示每股收益的企业,比较财务报表中上年度的每股收益按照《企业会计准则第34号——每股收益》的规定计算和列示。我国原来没有单独的每股收益准则,上市公司均根据中国证监会的要求计算全面摊薄每股收益和加权平均每股收益。《企业会计准则第34号——每股收益》要求计算基本每股收益和稀释的每股收益,计算方法也有差别。

应当披露分部信息的企业,比较财务报表中上年度关于分部的信息按照《企业会计准则第35号——分部报告》的规定披露。

编制比较财务报表需要考虑的事项如图4-2所示。

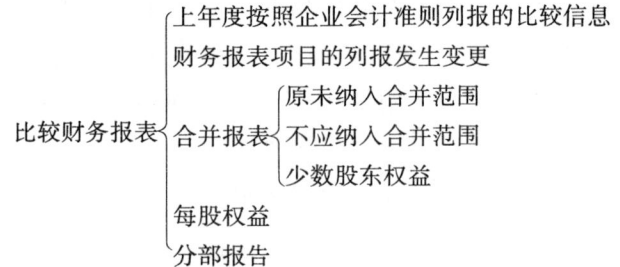

图4-2 编制比较财务报表需要考虑的事项

第四节　新旧会计科目的衔接

一、"现金""银行存款""其他货币资金""应收票据""应收股利""应收利息""应收账款""其他应收款""坏账准备"和"预付账款"科目

新准则设置了"库存现金""银行存款""其他货币资金""应收票据""应收股利""应收利息""应收账款""其他应收款""坏账准备"和"预付账款"科目,其核算内容与原制度相应科目的核算内容基本相同。

调账时,应将以上科目的余额直接转至新账,也可沿用旧账。

二、"短期投资"和"短期投资跌价准备"科目

新准则没有设置"短期投资"和"短期投资跌价准备"科目,而设置了"交易性金融资产"等科目,并要求分别"成本""公允价值变动"进行明细核算。

调账时,企业应当根据新准则的划分标准将原制度中的短期投资重新划分为交易性金融资产等。

企业应当按照首次执行日的公允价值自"短期投资"和"短期投资跌价准备"科目转入"交易性金融资产——成本"等科目;原账面价值与首次执行日公允价值的差额相应调整"盈余公积"和"年初未分配利润"科目金额。

三、"应收补贴款"科目

新准则没有设置"应收补贴款"科目。

调账时,企业应将"应收补贴款"科目的余额转至"其他应收款"科目。

四、"物资采购""在途物资""原材料""包装物""低值易耗品""材料成本差异""库存商品""商品进销差价""委托加工物资""代理业务负债（受托代销商品）""待摊费用"和"存货跌价准备"科目

新准则设置了"材料采购""在途物资""原材料""周转材料""材料成本差异""库存商品""商品进销差价""委托加工物资""代理业务负债（受托代销商品）"和"存货跌价准备"科目，核算内容与原制度相同。

调账时，应将"物资采购"科目的余额转入"材料采购"科目；将"包装物"科目和"低值易耗品"科目的余额一并转入"周转材料"科目；将"库存商品"科目的余额转入"库存商品"科目；对于房地产开发企业的开发产品也可以将其金额转入"开发产品"科目；对于农业企业收获的农产品也可以将其金额转入"农产品"科目；其他科目的余额直接转至新账，也可沿用旧账。

另外，新准则还增设了"投资性房地产"科目，对农业企业专设了"消耗性生物资产"科目，对建造承包商设置了"周转材料"科目。调账时，应将原存货项目中属于投资性房地产、消耗性生物资产或周转材料的金额自有关科目转入"投资性房地产""消耗性生物资产"或"周转材料"科目。

注 新企业会计准则没有设置"待摊费用"科目，但允许企业根据需要自行增设相应科目用于日常核算。

资产负债表日，对于执行新准则后发生的尚未摊销完毕的待摊费用余额，应根据其性质进行分析，在资产负债表"预付账款""其他流动资产"等项目中填列。

五、"自制半成品""委托代销商品"和"分期收款发出商品"科目

新准则没有设置"自制半成品""委托代销商品"和"分期收款发出商品"科目，而设置了"发出商品"科目。

调账时，应将"自制半成品"科目的余额转入"生产成本"科目；将"委托代销商品"科目的余额转入"发出商品"科目；对"分期收款发出商品"科目的余额进行分析，其中尚未满足收入确认条件的发出商品部分转入"发出商品"科目，已经满足收入确认条件的发出商品部分转入"主营业务成本"科目。企业也可沿用"委托代销商品"科目核算委托其他单位代销的商品。

六、"长期股权投资"科目

新准则设置了"长期股权投资"科目，但其核算内容和核算方法与原制度相比有所变化，另外新准则还设置了"交易性金融资产"等科目。

调账时，企业应对"长期股权投资"科目的余额进行分析。

对于同一控制下企业合并产生的长期股权投资，"长期股权投资——股权投资差额"科目余额全额冲销，并相应调整"盈余公积"和"年初未分配利润"科目；"长期股权投资——投资成本、损益调整、股权投资准备"科目余额一并转入"长期股权投资——投资成本"科目。

对于非同一控制下企业合并产生的长期股权投资，"长期股权投资——股权投资差额"科目的贷方余额全额冲销，并相应调整"盈余公积"和"年初未分配利润"科目；"长期股权投资——投资成本、损益调整、股权投资准备"科目余额以及"长期股权投资——股权投资差额"科目的借方余额一并转入"长期股权投资——投资成本"科目。

对合营企业、联营企业的长期股权投资，"长期股权投资——股权投资差额"科目的贷方余额全额冲销，并相应调整"盈余公积"和"年初未分配利润"科目；"长期股权投资——投资成本"科目余额以及"长期股权投资——股权投资差额"科目的借方余额一并转入"长期股权投资——投资成本、损益调整、股权投资准备"科目余额。

投资企业对被投资单位不具有共同控制或重大影响，并且在活跃市场中没有报价、公允价值不能可靠计量的长期股权投资，应将"长期股权投资"科目直接转至新账，也可沿用旧账。

企业应当将上述几类投资相对应的长期股权投资减值准备金额自"长期投资减值准备"科

目转入"长期股权投资减值准备"科目。

投资企业对被投资单位不具有共同控制或重大影响,并且能够可靠计量其公允价值的长期股权投资,应当根据新准则的划分标准重新划分为交易性金融资产等。按照其首次执行日公允价值自"长期股权投资"和"长期股权投资减值准备"科目转入"交易性金融资产——成本"等科目;原账面价值与首次执行日公允价值的差额相应调整"盈余公积"和"年初未分配利润"科目金额。

七、"长期债权投资"科目

新准则没有设置"长期债权投资"科目,而设置了"债权投资""其他债权投资""交易性金融资产""其他权益工具投资"科目。

调账时,企业应当按照新准则的划分标准,将原制度中的长期债权投资重新划分为债权投资、其他债权投资、交易性金融资产或其他权益工具投资等。

八、"应收融资租赁款""融资租赁资产"和"未实现融资收益"科目

新准则刚颁布时并没有设置"应收融资租赁款"科目,而设置了"长期应收款"和"未实现融资收益"科目,另外对租赁企业专设了"融资租赁资产"科目,后颁布或修改准则和指南陆续又使用了"应收融资租赁款"等科目。

调账时,应将"应收融资租赁款"科目的余额转入"长期应收款"科目或保留原科目;一般企业将"融资租赁资产"科目的余额转入"固定资产清理"科目,租赁企业则将"融资租赁资产"科目的余额直接转至新账,也可沿用旧账;将"未实现融资收益"科目的余额直接转至新账,也可沿用旧账。

企业采用递延方式分期收款、实质上具有融资性质的经营活动,调账时已满足收入确认条件的,应按应收合同或协议余款借记"长期应收款"科目,按其公允价值贷记"主营业务收入"等科目,按差额贷记"未实现融资收益"科目。

九、"固定资产""累计折旧""固定资产减值准备""工程物资""在建工程""固定资产清理""无形资产"和"无形资产减值准备"科目

新准则设置了"固定资产""累计折旧""固定资产减值准备""工程物资""在建工程""固定资产清理""无形资产"和"无形资产减值准备"科目,其核算内容与原制度相应科目的核算内容相同。新准则没有设置"在建工程减值准备"科目,而增设了"投资性房地产"和"累计摊销"科目,对农业企业专设了"生产性生物资产""生产性生物资产累计折旧"和"公益性生物资产"科目,对石油天然气开采企业专设了"油气资产""累计折耗"和"油气资产减值准备"科目。

调账时,应将"固定资产"(投资性房地产、石油天然气开采企业的油气资产除外)、"累计折旧"(采用公允价值模式计量的投资性房地产、油气资产已计提的折旧除外)、"固定资产减值准备""工程物资""在建工程""固定资产清理""无形资产"(投资性房地产、商誉除外)和"无形资产减值准备"科目的余额直接转至新账,也可沿用旧账;将"在建工程减值准备"科目的余额转入"在建工程"科目贷方。

存在投资性房地产并且按照新准则采用成本模式计量的,应将投资性房地产的账面余额自"固定资产"或"无形资产"科目转入"投资性房地产"科目;投资性房地产采用公允价值模式计量的,应当按照首次执行日投资性房地产的公允价值自"固定资产""累计折旧""固定资产减值准备"或"无形资产""无形资产减值准备"科目转入"投资性房地产——成本"科目,原账面价值与首次执行日公允价值的差额相应调整"盈余公积"和"年初未分配利润"科目金额。

农业企业应将"生产性生物资产"和"生产性生物资产累计折旧"科目的余额直接转至新账,也可沿用旧账;将"公益林"科目的余额转入"公益性生物资产"科目。

石油天然气开采企业应将油气资产及其累

计折旧金额、减值准备金额自有关科目转入"油气资产""累计折耗"和"油气资产减值准备"科目。对于首次执行日满足预计负债确认条件且该日之前尚未计入资产成本的弃置费用，应增加该项资产成本，并计入预计负债；同时，将应补提的折旧（折耗）计入"累计折耗"科目，并相应调整"盈余公积"和"年初未分配利润"科目。

十、"商誉"科目

原制度中商誉项目在"无形资产"科目中核算，新准则增设了"商誉"科目，并且核算内容和核算方法有所改变。

调账时，对于同一控制下企业合并，原已确认商誉的摊余价值应全额从"无形资产"科目中冲销，并相应调整"盈余公积"和"年初未分配利润"科目金额。对于非同一控制下企业合并，原已确认商誉的摊余价值应从"无形资产"科目转入"商誉"科目；原合并合同或协议中约定根据未来事项的发生对合并成本进行调整的，如果首次执行日预计未来事项很可能发生并对合并成本的影响金额能够可靠计量的，应当按照该影响金额调整已确认商誉的账面价值；首次执行日，还应对商誉进行减值测试，发生减值的，则以计提减值准备后的金额确认。

十一、"长期待摊费用"和"待处理财产损溢"科目

新准则设置了"长期待摊费用"和"待处理财产损溢"科目，其核算内容与原制度相应科目的核算内容基本相同。

调账时，应将以上科目的余额直接转至新账，也可沿用旧账。

十二、"递延所得税资产"和"递延所得税负债"科目

原制度要求采用纳税影响会计法进行所得税会计处理的企业设置"递延税款"科目，而新准则设置了"递延所得税资产"和"递延所得税负债"科目，其核算方法与原制度相比有所变化。

调账时，企业应计算首次执行日资产、负债的账面价值与计税基础不同形成的暂时性差异的所得税影响，并计入"递延所得税资产"或"递延所得税负债"科目，同时追溯调整"年初未分配利润"和"盈余公积"科目金额。原采用纳税影响会计法的企业，还应将原制度"递延所得税"科目的余额全额冲销，相应调整"年初未分配利润"和"盈余公积"科目金额。

十三、"短期借款""应付票据""应付账款""预收账款""代销商品款""应付股利""应付利息""其他应付款"和"预提费用"科目

新制度设置了"短期借款""应付票据""应付账款""预收账款""代销商品款""应付股利""应付利息"和"其他应付款"科目，其核算内容与原制度相应科目的核算内容相同。

调账时，应将上述科目的余额直接转至新账，也可沿用旧账。

注 新企业会计准则没有设置"预提费用"科目，但允许企业根据需要自行增设相应科目用于日常核算。

资产负债表日，对于执行新准则后发生的尚未冲减完毕的预提费用余额，应根据其性质进行分析，在资产负债表"应付利息""其他应付款""其他流动负债"等项目中填列。

十四、"应付短期债券"科目

新准则没有设置"应付短期债券"科目，而设置了"交易性金融负债"科目。

调账时，对于企业持有的以公允价值计量且其变动计入当期损益的金融负债和直接指定为以公允价值计量且其变动计入当期损益的金融负债，应按其首次执行日公允价值自"应付短期债券"等科目转入"交易性金融负债——成本"科目；原账面价值与首次执行日公允价值的差额相应调整"盈余公积"和"年初未分配利润"科目金额。

十五、"应付工资""应付福利费""应交税金"和"其他应交款"

新准则设置了"应付职工薪酬"和"应交税

费"科目,其核算内容与原制度相应科目的核算内容相同。

调账时,应将"应付工资"和"应付福利费"科目的余额转入"应付职工薪酬"科目,将"应交税金"和"其他应交款"科目的余额转入"应交税费"科目。对于首次执行日存在的解除与职工的劳动关系计划,满足预计负债确认条件的,应将因解除与职工的劳动关系给予补偿而产生的负债计入"应付职工薪酬"科目,并相应调整"盈余公积"和"年初未分配利润"科目。

十六、"待转资产价值"科目

新准则没有设置"待转资产价值"科目。

调账时,应将"待转资产价值"科目余额扣除应交所得税后的金额转入"营业外收入"科目,将应交所得税金额转入"递延所得税负债"科目。

十七、"预计负债"科目

新准则设置了"预计负债"科目,但核算方法与原制度相比有所变化。

调账时,应将"预计负债"科目的余额直接转至新账,也可沿用旧账。

对于首次执行日满足预计负债确认条件的重组义务,应计入预计负债,并相应调整"盈余公积"和"年初未分配利润"科目;对于首次执行日满足预计负债确认条件且该日之前尚未计入资产成本的弃置费用,应计入预计负债,并增加资产成本。

十八、"长期借款""应付债券""长期应付款""未确认融资费用"和"专项应付款"科目

新准则设置了"长期借款""应付债券""长期应付款""未确认融资费用""专项应付款"科目,其核算内容与原制度相应科目的核算内容相同。

调账时,可将科目的余额直接转至新账,也可沿用旧账。

十九、"实收资本"或"股本"科目

新准则设置了"实收资本"或"股本"科目,其核算内容与原制度相应科目的核算内容相同。

调账时,应将"实收资本"或"股本"科目的余额直接转至新账,也可沿用旧账。

二十、"资本公积"科目

新准则"资本公积"科目的核算内容较原制度有所增加。

调账时,应将"资本公积——资本(或股本)溢价"科目的余额直接转入"资本公积——资本(或股本)溢价"科目,将"资本公积"科目下其他明细科目的余额一并转入"资本公积——其他资本公积"或"其他综合收益"科目。

注 在资产负债表中,"其他综合收益"以前并没有作为一个单独的科目,而是计入资本公积中,而现在作为了一个单独的科目,以便于和资本公积区分。这种核算方式,有利于使资本公积的核算内容明晰化。资本公积原本核算的内容主要为股东资本性投入的部分,与其他综合收益混在一个科目中,不便于报表使用者理解和分析。

二十一、"盈余公积"科目

新准则设置了"盈余公积"科目,其核算内容与原制度相应科目的核算内容相同。

调账时,应将"盈余公积"科目金额经有关调整后的余额直接转至新账,也可沿用旧账。

二十二、"本年利润"科目

新准则设置了"本年利润"科目,其核算内容与原制度相应科目的核算内容相同。由于"本年利润"科目年末无余额,不需要进行调账处理。

二十三、"利润分配"科目

新准则设置了"利润分配"科目,其核算内容较原制度相应科目的核算内容有所增加。

调账时,应将"利润分配——未分配利润"科目金额经有关调整后的余额转入新账,也可沿用旧账。

二十四、"主营业务收入""其他业务收入""投资收益""补贴收入""营业外收入""主营业务成本""其他业务成本""营业税金及附加""销售费用""管理费用""财务费用""营业外支出""所得税费用"和"以前年度损益调整"科目

新准则设置了"主营业务收入""其他业务收入""投资收益""营业外收入""主营业务成本""其他业务成本""税金及附加""销售费用""管理费用""财务费用""营业外支出""所得税费用"和"以前年度损益调整"科目,没有设置"补贴收入"科目。

根据新准则规定,"税金及附加"科目除核算主营业务负担的税金及附加以外,对于其他经营活动发生的税金及附加,也应通过该科目核算;"销售费用"科目的核算内容与原制度"营业费用"科目的核算内容相同;其他科目的核算内容与原制度相应科目的核算内容基本相同。由于上述科目年末无余额,不需要进行调账处理。

第二篇

一般业务准则篇

第五讲 存 货

第一节 综合知识

一、相关知识概述

存货,是指企业在日常活动中持有以备出售的产成品或商品、处在生产过程中的在产品、在生产过程或提供劳务过程中耗用的材料和物料等。

(一) 存货的特征

存货最基本的特征是,企业持有存货的最终目的是出售,不论是用于直接出售,还是需经过进一步加工后才能对外出售。

存货的这一特征就使存货明显区别于固定资产等非流动资产。企业持有固定资产的主要目的是自用而不是出售。例如,某机床厂生产的机床,主要是为了对外出售,应作为企业的存货,但是,如果该企业将其中的某一台机床留作自用,则该台机床应作为企业的固定资产而不是存货。

(二) 存货的构成

存货包括各类原材料、在产品、半成品、产成品、商品、周转材料(如包装物和低值易耗品)以及委托代销商品等(表5-1)。

表 5-1 存货的内容

原材料	指企业在生产过程中经加工改变其形态或性质并构成产品主要实体的各种原料及主要材料、辅助材料、外购半成品(外购件)、修理用备件(备品备件)、包装材料、燃料等
在产品	指企业正在制造尚未完工的生产物,包括正在各个生产工序加工的产品和已加工完毕但尚未检验或已检验但尚未办理入库手续的产品
半成品	指经过一定生产过程并已检验合格交付半成品仓库保管,但尚未制造完工成为产成品,仍需进一步加工的中间产品,但不包括从一个生产车间转给另一个生产车间继续加工的自制半成品以及不能单独计算成本的自制半成品,这类自制半成品属于在产品
产成品	指制造企业已经完成全部生产过程并验收入库,可以按照合同规定的条件送交订货单位,或者可以作为商品对外销售的产品。企业接受外来原材料加工制造的代制品和为外单位加工修理的代修品,制造和修理完成验收入库后,应视同企业的产成品
商品	指企业外购或委托加工完成验收入库用于销售的各种商品
周转材料	指企业能够多次使用,逐渐转移其价值但仍保持原有形态不确认为固定资产的材料,包括包装物和低值易耗品,以及企业(建筑企业)的钢模板、木模板、脚手架和其他周转使用的材料等
委托代销商品	指企业委托其他单位代销的商品

注 1. 包装物和低值易耗品等周转材料

具有固定资产的某些特征,例如企业可使用的期限可能超过一年,但考虑到我国多年实务处理的习惯以及重要性的要求,存货准则仍然将这类资产作为存货核算。

2. 为建造固定资产等各项工程而储备的各种材料

虽然同属于材料,但是由于用于建造固定资产等各项工程,其价值分次进行转移,并不符合存货的定义,因此不能作为企业的存货进行核算。

3. 代销商品

在售出前,所有权属于委托方,因此,代销商品应作为委托方的存货处理。

（三）存货的确认

存货同时满足下列条件的，才能予以确认：

（1）与该存货有关的经济利益很可能流入企业。

存货是企业一项重要的流动资产，对存货的确认，关键是判断该项存货是否可能给企业带来经济利益或所包含的经济利益是否可能流入企业。

通常，存货的所有权是存货包含的经济利益很可能流入企业的一个重要标志。一般情况下，根据销售合同已经售出（取得现金或收取现金的权利）、所有权已经转移的存货，因其所含经济利益已不能流入本企业，因而不能再作为企业的存货进行核算，即使该存货尚未运离企业。再如，委托代销商品的所有权并未转移至受托方，因而只是委托企业存货的一部分。

总之，企业在判断存货所含经济利益能否流入企业时，通常应考虑该项存货所有权的归属。

实务中存货范围的确认

实务中，存货范围的确认，通常应以企业对存货是否具有法定所有权为依据，凡在盘存日，法定所有权属于企业的所有一切物品，不论其存放地点，都应视为企业的存货。即所有在库、在耗、在用、在途的存货均确认为企业的存货；反之，凡是法定所有权不属于企业的物品，即使存放于企业，也不应确认为企业的存货。

（2）该存货的成本能够可靠地计量。

成本能够可靠地计量是资产确认的一项基本条件。存货作为企业资产的组成部分，要予以确认的条件也必须是能够对其成本进行可靠的计量。存货的成本能够可靠地计量必须以取得确凿、可靠的证据为依据，并且具有可验证性。如果存货成本不能可靠地计量，则不能确认为一项存货。

例如，企业承诺的订货合同，由于并未实际发生，不能可靠确定其成本，因此就不能确认为购买企业的存货。

注 自2022年1月1日起，试运行销售（即：企业将固定资产达到预定可使用状态前或者研发过程中产出的产品或副产品对外销售）产出的有关产品或副产品在对外销售前，符合《企业会计准则第1号——存货》规定的应当确认为存货，符合其他相关企业会计准则中有关资产确认条件的应当确认为相关资产。

（四）存货的披露

1. 存货项目在资产负债表中的反映

在资产负债表中，存货项目按照减去存货跌价准备的净额反映。

2. 存货在附注中的披露

企业应当在附注中披露与存货有关的下列信息：

（1）各类存货的期初和期末账面价值。

（2）确定发出存货成本所采用的方法。

（3）存货可变现净值的确定依据，存货跌价准备的计提方法，当期计提的存货跌价准备的金额，当期转回的存货跌价准备的金额，以及计提和转回的有关情况。

（4）用于担保的存货账面价值。

二、会计准则概述

（一）本准则的相关背景

2001年11月9日财政部制定发布的《企业会计准则——存货》（本讲简称旧准则），要求从2002年1月1日起暂在股份有限公司施行，同时鼓励其他企业施行。旧准则施行以来，为提高企业的存货相关信息质量发挥了积极的作用。

为了规范存货的确认、计量和相关信息的披露，根据《企业会计准则——基本准则》，我国财政部对旧准则进行了修订，并于2006年2月发布了《企业会计准则第1号——存货》（本讲简称"本准则"或"新准则"），自2007年1月1日起在上市公司范围内施行，鼓励其他企业执行。

（二）本准则的适用范围

下列各项适用其他相关会计准则：

（1）消耗性生物资产，适用《企业会计准则第5号——生物资产》。

（2）通过建造合同归集的存货成本适用企业会计准则中关于建造合同的规定。

（三）本准则的主要变化

1. 总体结构有所变化

1）旧准则

旧准则由引言、定义、确认、初始计量、发出存货成本的确定、期末计量、存货成本结转、披露、衔接和附则共十部分内容组成。

2）新准则

新准则由总则、确认、计量和披露共四章内容组成。

2. 取消了确定发出存货实际成本的后进先出法

新准则取消了确定发出存货实际成本的后进先出法。这一做法主要基于以下两点考虑：

（1）确定发出存货实际成本的后进先出法不具有普遍性或不能真实反映存货流转情况。

例如，一些企业采用后进先出法确定发出存货的实际成本，但其中不少企业为避免先购入或先生产完工验收入库的存货存储时间过长，导致货物变质或毁损，便将先入库的货物先发出，这样就造成了存货的实物流转与成本流转相互脱节。

（2）改进后的《国际会计准则第2号》已取消了确定发出存货实际成本的后进先出法，新准则的有关修订，便于我国的会计准则与相关国际会计准则进一步趋同。

3. 修改了对商品流通企业存货采购成本内容的相关说明

1）旧准则

旧准则中明确规定，商品流通企业存货采购成本包括采购价格、进口关税和其他税金等。

2）新准则

《企业会计准则第1号——存货》第六条规定，存货的采购成本，包括购买价款、相关税费、运输费、装卸费、保险费以及其他可归属于存货采购成本的费用。《〈企业会计准则第1号——存货〉应用指南》规定，企业（商品流通）在采购商品过程中发生的运输费、装卸费、保险费以及其他可归属于存货采购成本的费用等进货费用，应当计入存货采购成本，也可以先进行归集，期末根据所购商品的存销情况进行分摊。对于已售商品的进货费用，计入当期损益；对于未售商品的进货费用，计入期末存货成本。企业采购商品的进货费用金额较小的，可以在发生时直接计入当期损益。

4. 某些存货发生的借款费用可以资本化

企业的借款费用是由《企业会计准则——借款费用》来规范的。为了控制企业借款费用资本化，原《企业会计准则——借款费用》规定，只有固定资产的借款费用可以资本化。

但是在实际工作中，银行并不给企业中长期贷款，而是流动资金借款；企业不一定将借款用于流动项目，而是进行固定资产建造。有些企业的存货需要相当长的时间才能达到可销售状态。例如，船舶是造船厂的存货，船舶要达到可销售状态需要较长时间。此次对借款费用准则进行修订时，我国财政部适当地考虑了这些因素。

修订后的借款费用准则将借款费用资本化的范围扩大到某些需要相当长时间才能达到可销售状态的存货项目，扩大了借款费用资本化的范围。

5. 增加了企业为提供劳务而发生的相关费用应计入存货成本的说明

新准则第三章第十三条，增加了旧准则中未提及的内容，即：“企业提供劳务，所发生的从事劳务提供人员的直接人工和其他直接费用以及可归属的间接费用，计入存货成本。"

值得注意的是，该内容在旧准则中虽未曾明确，但在实际工作中，企业已经采用与新准则要求一致的做法进行相关会计处理。

新准则第三章第十四条，也相应地将旧准则中"对于不能替代使用的存货、为特定项目专门购入或制造的存货，一般应当采用个别计价法确定发出存货的成本"扩展为"对于不能替代使用的存货、为特定项目专门购入或制造的存货以及提供的劳务，通常采用个别计价法确定发出存货的成本"。

6. 取消了接受捐赠存货成本确定的相关说明

在旧准则的基础上，新准则中删去了捐赠方提供有关凭证和捐赠方未提供有关凭证情况下企业接受捐赠存货成本确定的说明。

7. 新准则对发生的毁损如何计入当期损益有更详细的说明

1）旧准则

旧准则规定，盘亏或毁损存货造成的损失，

应当计入当期损益。

2）新准则

新准则在第三章第二十一条中进一步规定，企业发生的存货毁损，应当将处置收入扣除账面价值和相关税费后的金额计入当期损益。存货的账面价值是存货成本扣减累计跌价准备后的金额。存货盘亏造成的损失，应当计入当期损益。

8. 调整了应当在财务报表附注中披露的存货信息内容

1）删除的内容

在旧准则的基础上，新准则中删去了企业"应当披露存货的取得方式、低值易耗品和包装物的摊销方法、当期确认为费用的存货成本"的内容。但此项调整不应影响企业根据经营管理和信息披露的特殊需要，仍在财务报表附注中向有关方面提供上述信息和其他新准则中未要求披露的存货信息的做法。

由于新准则中取消了确定发出存货成本的后进先出法，因此在应当披露的存货信息内容中，新准则也相应取消了旧准则中要求披露"采用后进先出法确定的发出存货成本与采用先进先出法或移动平均法确定的发出存货成本的差异"的内容。

2）补充的内容

新准则中补充了企业应当披露确定发出存货成本所采用的方法的要求。

执行新准则对企业财务状况的影响分析

（1）由于新准则取消了确定发出存货成本的后进先出法，在市场物价不稳定的情况下，对采用这些方法确定发出存货成本的企业的财务状况和经营成果构成了一定的影响。

① 物价持续上升时，采用后进先出法确定发出存货成本的企业，其发出存货的成本偏高，期末存货价值偏低，利润表中当期利润、资产负债表中的存货资产额和权益额均相应减少。

② 物价持续下降时，采用后进先出法确定发出存货成本的企业，其利润表中当期利润、资产负债表中的存货资产额和权益额均相应增加。

新准则取消两种发出存货成本确定方法，对相关企业财务状况和经营成果产生的影响，取决于市场价格的走向。

（2）由于借款费用资本化的范围扩大到某些存货项目，如需要经过相当长时间才能达到可销售状态的存货。

① 对利润表的影响：使当期的财务费用减少，当期利润增加，期末未分配利润增加。

② 对资产负债表的影响：使当期存货成本增加，使当期权益增加。

新准则为更加客观、有效地反映存货对企业财务状况、经营成果的影响提供了更加有力的保证。

在首次执行日，企业的存货余额不应进行追溯调整，包括原来采用后进先出法确定发出存货成本的存货余额也不应进行追溯调整，即企业应将首次执行日的各项存货的账面余额作为首次执行日的存货成本。

第二节 初始计量

一、一般规定

存货应当按照成本进行初始计量。这里的"成本"是指存货取得时的实际成本，亦称历史成本。

存货成本包括采购成本、加工成本和其他成本。

不同存货的成本构成内容不同：原材料、商品、周转材料等通过购买而取得的存货的成本由采购成本构成；产成品、在产品、半成品、委托加工物资等通过进一步加工而取得的存货的成本由采购成本、加工成本以及使存货达到目前场所和状态所发生的其他成本构成。

二、存货的采购成本

存货的采购成本，是指企业物资从采购到

入库前所发生的全部支出,包括购买价款、相关税费、运输费、装卸费、保险费以及其他可归属于存货采购成本的费用。

商品流通企业在采购商品过程中发生的运输费、装卸费、保险费以及其他可归属于存货采购成本的费用等进货费用,应当计入存货采购成本。在实务中,企业也可以先进行归集,期末根据所购商品的存销情况进行分摊。对于已售商品的进货费用,计入当期损益(主营业务成本);对于未售商品的进货费用,计入期末存货成本。商品流通企业的进货费用金额较小的,可以在发生时直接计入当期损益(销售费用)。

【例5-1】 2×21年5月17日,智董公司购入原材料一批,原材料已经运到,并验收入库,但发票等结算凭证尚未收到,货款尚未支付。月末,按照暂估价58 500元入账。

【分析】 其账务处理如下(单位:元):

借:原材料 58 500
　　贷:应付账款——暂估应付账款 58 500

下月初,用红字将上述会计分录原账冲回。其账务处理如下(单位:元):

借:原材料 58 500(红字)
　　贷:应付账款——暂估应付账款
　　　　　　　　　　　58 500(红字)

6月13日,发票等结算凭证已到,取得的增值税专用发票上注明的原材料价款为45 000元,增值税进项税额为5 850元*,货款已通过银行转账支付。其账务处理如下(单位:元):

借:原材料 45 000
　　应交税费——应交增值税(进项税额)
　　　　　　　　　　　5 850
　　贷:银行存款 50 850

*注:案例中增值税税率为虚拟值,下同。

关于增值税税率

自2018年5月1日起,纳税人发生增值税应税销售行为或者进口货物,原适用17%和11%税率的,税率分别调整为16%、10%;纳税人购进农产品,原适用11%扣除率的,扣除率调整为10%;自2018年5月1日起,纳税人购进用于生产销售或委托加工16%税率货物的农产品,按照12%的扣除率计算进项税额;原适用17%税率且出口退税率为17%的出口货物,出口退税率调整至16%;原适用11%税率且出口退税率为11%的出口货物、跨境应税行为,出口退税率调整至10%。

自2019年4月1日起制造业等行业16%的税率降至13%,交通运输业、建筑业等行业原来10%的税率降至9%;保持6%一档的税率不变,但通过采取对生产、生活性服务业增加税收抵扣等配套措施,确保所有行业税负只减不增。

【例5-2】 智董公司为增值税一般纳税人,2×21年5月共发生以下5项业务。

(1)5月14日购入原材料一批,取得的增值税专用发票上注明的原材料价款为300 000元,增值税进项税额为39 000元,发票等结算凭证已经收到,货款已通过银行转账支付,原材料已经验收入库。该批原材料的计划成本为330 000元。

【分析】 其账务处理如下(单位:元):

借:材料采购 300 000
　　应交税费——应交增值税(进项税额)
　　　　　　　　　　　39 000
　　贷:银行存款 339 000

(2)5月17日购入原材料一批,取得的增值税专用发票上注明的原材料价款为600 000元,增值税进项税额为78 000元,发票等结算凭证已经收到,货款已通过银行转账支付,但原材料尚未运到。该批原材料的计划成本为540 000元。

【分析】 其账务处理如下(单位:元):

借:材料采购 600 000
　　应交税费——应交增值税(进项税额)
　　　　　　　　　　　78 000
　　贷:银行存款 678 000

(3)5月24日购入原材料一批,取得的增值税专用发票上注明的原材料价款为30 000元,增值税进项税额为3 900元,原材料已经运到,并验收入库。双方商定采用商业承兑汇票结算方式支付货款,付款期限为4个月。该批原材料的计划成本为36 600元。

【分析】 其账务处理如下(单位:元):

借：材料采购　　　　　　　　30 000
　　应交税费——应交增值税(进项税额)
　　　　　　　　　　　　　　　3 900
　　贷：应付票据　　　　　　　33 900

(4) 5月31日，智董公司汇总本月所采购已入库原材料的计划成本为366 600元(330 000＋36 600)，实际成本为330 000元(300 000＋30 000)，月末结转材料成本差异为－36 600元(330 000－366 600)(节约额)。

【分析】　其账务处理如下(单位：元)：

借：原材料　　　　　　　　366 600
　　贷：材料采购　　　　　　366 600
借：材料采购　　　　　　　　36 600
　　贷：材料成本差异　　　　　36 600

(5) 5月31日，智董公司B种原材料"发料凭证汇总表"记载，基本生产车间领用234 000元，辅助生产车间领用90 000元，车间管理部门领用14 400元，厂部管理部门领用28 800元，销售部门领用3 600元。本月B种原材料成本差异率为＋3%。

【分析】　其账务处理如下(单位：元)：

① 发出B种原材料：

借：生产成本　　　　　　　　324 000
　　制造费用　　　　　　　　　14 400
　　管理费用　　　　　　　　　28 800
　　销售费用　　　　　　　　　 3 600
　　贷：原材料——B种　　　　370 800

② 结转B种原材料成本差异：

借：生产成本　　　　　　　　　9 720
　　制造费用　　　　　　　　　　 432
　　管理费用　　　　　　　　　　 864
　　销售费用　　　　　　　　　　 108
　　贷：材料成本差异　　　　　11 124

三、存货的加工成本

(一) 存货加工成本的组成

存货的加工成本包括直接人工以及按照一定方法分配的制造费用。

制造费用，是指企业为生产产品和提供劳务而发生的各项间接费用。企业应当根据制造费用的性质，合理地选择制造费用分配方法。

(二) 存货加工成本的分配

在同一生产过程中，同时生产两种或两种以上的产品，并且每种产品的加工成本不能直接区分的，其加工成本应当按照合理的方法在各种产品之间进行分配。

可选用的分配方法通常有按生产工人工资、按生产工人工时、按机器工时、按耗用原材料的数量或成本、按直接成本(原材料、燃料、动力、生产工人工资及福利费之和)和按产成品产量等。分配方法一经确定，不得随意变更。存货加工成本在在产品和完工产品之间的成本分配应通过成本核算方法进行计算确定。

存货加工成本的分配，包括直接人工的分配、制造费用的分配和联产品加工成本的分配。

1. 直接人工的分配

如果生产车间同时生产几种产品，则其发生的直接人工，应采用一定方法分配计入各产品成本中。由于工资形成的方式不同，直接人工的分配方法也不同。例如，按计时工资分配直接人工、按计件工资分配直接人工。

2. 制造费用的分配

企业应根据制造费用的性质、产品的性质以及生产的方式，结合自身的实际情况，对正常生产活动发生的制造费用，合理选用分配方法。由于企业各个生产车间或部门的生产任务、技术装备程度、管理水平和费用水准各不相同，因此，制造费用的分配一般按生产车间或部门进行。企业所选择的制造费用分配方法，必须与制造费用的发生具有较密切的相关性，并且使分配到每种产品上的制造费用金额基本合理。

但是，同时应适当考虑计算手续的简便性。在各种产品之间分配制造费用的方法，通常有按生产工人工资、按生产工人工时、按机器工时、按耗用原材料的数量或成本、按直接成本(原材料、燃料、动力、生产工人工资及提取的职工福利费之和)和按产成品产量等。

注　传统成本计算法通过两个层次分配间接费用。企业发生的间接费用(主要是制造费用)首先归集到费用(主要是制造费用)账户,然后,再根据一定标准分配到产品。这隐含着"产品消耗资源"的假设。资源消耗量直接分配到产品,形成产品成本。从表面上看,这合乎逻辑,也无懈可击。其实,仔细地观察,它掩盖了作业在资源转化为产品过程中的作用这个实质性问题。实际上,作业是资源转换为产品必不可少的关键环节。然而,在传统成本计算方法下,这却是一个"黑箱"。尽管作业成本计算也采用两个层次分配间接费用(除了制造费用之外,还包括其他间接费用),但它以成本动因为媒介,从而打开了传统成本计算法的"黑箱",不再是一步将资源越过作业分配到产品。我们知道,传统成本计算法忽视了各种产品生产的复杂性和技术含量不同以及与此相联系的作业量不同。而作业成本计算考虑了引起间接费用发生的各种成本动因,并以此为基础分配间接费用,因而,它能提供较为相关的成本信息。可见,对比传统成本计算法,作业成本计算提高了成本信息的相关性。

然而,作业成本计算的意义远不止于此。更为重要的是,传统成本计算只是为了存货估价而将已发生的费用分配到成本计算对象,而作业成本计算则是为了管理决策,改进企业经营过程而将已发生的费用分配到计算对象。这一点可以从作业成本计算的"二维"观念——成本分配观和流程观得到进一步说明。

作业成本计算克服了单纯以直接人工成本等标准分配制造费用的局限性,缩小制造费用的分配范围(由整个企业统一分配改为由若干个"成本库"分别进行分配),增加制造费用分配标准(由单一标准改为多元标准),即按引起制造费用发生的各种成本动因进行分配。由于所选择的成本动因最能代表各成本库的作业活动,因而,可以避免成本对象的成本扭曲。

由于生产成本中的直接材料成本和直接人工成本属于直接成本,因而,作业成本计算对直接材料成本和直接人工成本的核算方法与传统的成本计算方法并无不同。其特点主要体现在制造费用的分配上。

3. 联产品加工成本的分配

联产品,是指使用同种原料,经过同一生产过程同时生产出来的两种或两种以上的主要产品。在分离点以前发生的成本,称为联合成本。分离点,是指在联产品生产中,投入相同原料,经过同一生产过程,分离为各种联产品的时点。分离后的联产品,有的可以直接销售,有的还需进一步加工才可供销售。

联产品成本的计算,通常分为两个阶段进行:

(1) 联产品分离前发生的生产费用即联合成本,可按一个成本核算对象设置一个成本明细账进行归集,然后将其总额按一定分配方法,如售价法、实物数量法等,在各联产品之间进行分配。

(2) 分离后按各种产品分别设置明细账,归集其分离后所发生的加工成本。

此外,需要说明的是,在分配主产品和副产品的加工成本时,通常先确定副产品的加工成本,将其差额确定为主产品的加工成本。副产品,是指在同一生产过程中,使用同种原料,在生产主要产品的同时附带生产出来的非主要产品。它的产量取决于主产品的产量,随主产品产量的变动而变动,由于副产品价值相对较低,而且在全部产品生产中所占的比重较小,因而可以采用简化的方法确定其成本;然后从总成本中扣除,其余额就是主产品的成本。

四、除采购成本、加工成本以外的,使存货达到目前场所和状态所发生的其他支出

存货的其他成本,是指除采购成本、加工成本以外的使存货达到目前场所和状态所发生的其他支出。

例如,为特定客户设计产品所发生的设计费用等。企业设计产品发生的设计费用通常应计入当期损益,但是为特定客户设计产品所发生的、可直接确定的设计费用应计入存货的成本。

五、通过特定方式取得的存货

其初始计量方法如下:

(一) 投资者投入存货的成本

投资者投入存货的成本,应当按照投资合同或协议约定的价值确定,但合同或协议约定价值不公允的除外。

【例5-3】 2×21年1月1日,智董公司收到贵琛公司投入的原材料一批,收到的专用发票上注明的增值税进项税额为58 500元,双方确认的价值为450 000元;智董公司股本总额为3 000 000元,贵琛公司占10%。

【分析】 智董公司的账务处理如下(单位:元):

借：原材料	450 000	
应交税费——应交增值税（进项税额）		
	58 500	
贷：实收资本（或股本）——贵琛公司		
	300 000	
资本公积	208 500	

（二）企业接受的债务人以非现金资产抵偿债务方式取得的存货的成本

应根据《企业会计准则第12号——债务重组》的要求确定。

（三）收获时农产品的成本

收获时农产品的成本，应当按照《企业会计准则第5号——生物资产》确定。

（四）债务重组取得的存货的成本

债务重组取得的存货的成本，应当按照《企业会计准则第12号——债务重组》确定。

（五）以非货币性资产交换换入存货的成本

应根据《企业会计准则第7号——非货币性资产交换》的要求确定。

非货币性资产交换，是指交易双方主要以存货、固定资产、无形资产和长期股权投资等非货币性资产进行的交换。该交换不涉及或只涉及少量的货币性资产（即补价）。货币性资产，是指企业持有的货币资金和将以固定或可确定的金额收取的资产，包括现金、银行存款、应收账款和应收票据以及准备持有至到期的债券投资等。非货币性资产，是指货币性资产以外的资产。

（1）非货币性资产交换同时满足下列条件的，应当以公允价值和应支付的相关税费作为换入资产的成本，公允价值与换出资产账面价值的差额计入当期损益：

① 该项交换具有商业实质。

② 换入资产或换出资产的公允价值能够可靠地计量。

满足下列条件之一的非货币性资产交换具有商业实质：

① 换入资产的未来现金流量在风险、时间和金额方面与换出资产显著不同。

② 换入资产与换出资产的预计未来现金流量现值不同，且其差额与换入资产和换出资产的公允价值相比是重大的。在确定非货币性资产交换是否具有商业实质时，企业应当关注交易各方之间是否存在关联方关系。关联方关系的存在可能导致发生的非货币性资产交换不具有商业实质。

（2）在下列情况下，换入资产或换出资产的公允价值能够可靠地计量：

① 换入或换出资产存在活跃市场的，表明该资产的公允价值能够可靠地计量。

对于存在活跃市场的交易性证券、存货、长期股权投资、固定资产、无形资产等非货币性资产，应当以资产的市场价格为基础确定其公允价值。

② 换入或换出资产本身不存在活跃市场，但类似资产存在活跃市场的，表明该资产的公允价值能够可靠地计量。

对于类似资产存在活跃市场的存货、长期股权投资、固定资产、无形资产等非货币性资产，应当以调整后的类似资产市场价格为基础确定其公允价值。

③ 换入或换出资产不存在同类或类似资产可比市场交易，采用估值技术确定的公允价值估计数的变动区间很小，或者在公允价值估计数变动区间内，各种用于确定公允价值估计数的概率能够合理确定的，视为公允价值能够可靠地计量。

换入资产和换出资产公允价值均能够可靠计量的，应当以换出资产的公允价值作为确定换入资产成本的基础，但有确凿证据表明换入资产的公允价值更加可靠的除外。

在涉及补价的情况下，判断一项资产交换是否属于非货币性资产交换，通常以补价占整个资产交换金额的比例低于25%作为参考。支付的补价占换入资产公允价值（或占换出资产公允价值与支付的补价之和）的比例，或者收到的补价占换出资产公允价值（或占换入资产公允价值和收到的补价之和）的比例低于25%的，视为非货币性资产交换；高于25%（含25%）的，视为以货币性资产取得非货币性资产，适用《企业会计准则第 14 号——收入》等相关准则。

在涉及补价的情况下,支付补价方收到的存货的成本,按换出资产的公允价值加上支付的补价和应支付的相关税费(或换入存货的公允价值加上应支付的相关税费)确定,并将换出资产的公允价值与换出资产的账面价值之间的差额计入当期损益。

在涉及补价的情况下,收到补价方收到的存货的成本,按换出资产的公允价值减去收到的补价再加上应支付的相关税费(或换入存货的公允价值加上应支付的相关税费)确定,并将换出资产的公允价值与换出资产的账面价值之间的差额计入当期损益。

未同时满足上述第(1)条规定的两个条件("该交换具有商业实质"和"换入资产或换出资产的公允价值能够可靠地计量")的非货币性资产交换,应当以换出资产的账面价值和应支付的相关税费作为换入资产的成本,不确认损益。

在涉及补价的情况下,支付补价方收到的存货的成本,按换出资产的账面价值加上支付的补价和应支付的相关税费确定。

在涉及补价的情况下,收到补价方收到的存货的成本,按换出资产的账面价值减去收到的补价并加上应支付的相关税费确定。

(3)非货币性资产交换同时换入多项资产的,在确定各项换入资产的成本时,应当分别按下列情况处理:

① 非货币性资产交换具有商业实质,且换入资产的公允价值能够可靠计量的,应当按照换入各项资产的公允价值占换入资产公允价值总额的比例,对换入资产的成本总额进行分配,确定各项换入资产的成本。

② 非货币性资产交换不具有商业实质,或者虽具有商业实质但换入资产的公允价值不能可靠计量的,应当按照换入各项资产的原账面价值占换入资产原账面价值总额的比例,对换入资产的成本总额进行分配,确定各项换入资产的成本。

(4)换出资产的公允价值与换出资产的账面价值之间的差额计入当期损益,具体而言,应当分下列情况处理:

① 换出资产为存货的,应当视同销售处理,根据《企业会计准则第 14 号——收入》规定按其公允价值确认商品销售收入,同时结转商品销售成本。

② 换出资产为固定资产、无形资产的,计入资产处置损益。

③ 换出资产为长期股权投资的,计入投资收益。

(5)企业应当在附注中披露与非货币性资产交换有关的下列信息:

① 换入资产、换出资产的类别。

② 换入资产成本的确定方式。

③ 换入资产、换出资产的公允价值以及换出资产的账面价值。

④ 非货币性资产交换确认的损益。

(六)通过建造合同归集的存货成本

应当按照建造合同方面的会计准则规定确定。

(七)企业在合并过程中取得的存货的成本

应当按照《企业会计准则第 20 号——企业合并》的规定确定。

(八)企业提供劳务所发生的存货成本

企业提供劳务的,所发生的从事劳务提供人员的直接人工和其他直接费用以及可归属的间接费用,计入存货成本。

六、特别规定

(一)借款费用

对某些特殊存货项目,如需要经过相当长时间的生产活动才能够达到可销售状态的存货,占用借款而发生的借款费用,应按《企业会计准则第 17 号——借款费用》的有关规定予以处理。

【例 5-4】 智董公司按照与远洋运输有限责任公司签订的合同,于 2×21 年 7 月 1 日开工,为远洋运输有限责任公司建造大型车辆滚装船,预计建造工期为 22 个月。为建造该型车辆滚装船,智董公司于 2×21 年 6 月 30 日由银行借入 3 年期、到期还本付息、不计复利的专门借款 6 000 万元。2×21 年度,智董公司借入该项专门借款应计提借款利息 200.85 万元,其中按《企业会计准则第 17 号——借款费用》规定计算的符合资本化条件的借款利息为 75.075 万元。

【分析】 智董公司 2×21 年度应将 2×21 年计提的银行借款利息中的 75.075 万元计入存货成本(即产品成本),其余 125.775 万元银行借款利息仍应计入发生当期的财务费用。

(二) 不计入存货成本

企业发生的下列费用应当在发生时确认为当期损益,不计入存货成本:

(1) 非正常消耗的直接材料、直接人工和制造费用。

非正常消耗的直接材料、直接人工和制造费用通常是指超定额的废品损失以及由自然灾害而发生的直接材料、直接人工和制造费用。

(2) 仓储费用(不包括在生产过程中为达到下一个生产阶段所必需的费用)。

(3) 不能归属于使存货达到目前场所和状态的其他支出。

第三节 后续计量

一、发出存货成本的确定

(一) 为什么要选择计价方法

由于各种存货是分次购入或分批生产形成的,同一项目的存货的单价或单位成本往往不同,要确定发出存货的成本,就要选择一定的计价方法。

(二) 重要性

选择正确的存货计价方法,对于真实地反映存货的价值是非常重要的。只有正确计算购入和发出存货的价值,才能准确地计算生产成本、销售成本、所得税和净损益。存货计价的方法不同,对企业财务状况、经营损益、所得税均有影响。

(三) 计价方法

《企业会计准则第 1 号——存货》规定的计价方法有先进先出法、加权平均法、个别计价法等。加权平均法又分为月末一次加权平均法和移动加权平均法。

在实务中,为了管理的需要,企业通常还采用毛利率法、零售价法、计划成本法等来核算发出存货的成本。

1. 先进先出法

先进先出法是假定"先入库的存货先发出",并根据这种假定的成本流转次序确定发出存货成本的一种方法。

2. 月末一次加权平均法

月末一次加权平均法是在材料等存货按实际成本进行明细分类核算时,以本月各批进货数量和月初数量为权数计算材料等存货的平均单位成本的一种方法。即以本月进货数量和月初数量之和,去除本月进货成本和月初成本总和,来确定加权平均单位成本,从而计算出本月发出存货及月末存货的成本。

计算公式为:

$$\text{存货的加权平均单位成本} = \frac{\text{月初库存存货的实际成本} + \sum(\text{本月各批进货的实际单位成本} \times \text{本月各批进货的数量})}{\text{月初库存存货数量} + \sum \text{本月各批进货数量}}$$

$$\text{本月发出存货的成本} = \text{本月发出存货的数量} \times \text{存货的加权平均单位成本}$$

$$\text{本月月末库存存货的成本} = \text{月末库存存货的数量} \times \text{存货的加权平均单位成本}$$

3. 移动加权平均法

移动加权平均法是指在每次收货以后,立即根据库存存货数量和总成本,计算出新的平均单位成本的一种计算方法。

计算公式为:

存货的移动加权平均单位成本

$$=\frac{\text{本次进货之前库存存货的实际成本}+\text{本次进货的实际成本}}{\text{本次进货之前库存存货数量}+\text{本次进货的数量}}$$

$$\text{发出存货的成本}=\text{本次发出存货的数量}\times\text{存货的移动加权平均单位成本}$$

$$\text{月末库存存货的成本}=\text{月末库存存货的数量}\times\text{月末存货的移动加权平均单位成本}$$

4. 个别计价法

个别计价法是指对库存和发出的每一特定存货或每一批特定存货的个别成本或每批成本加以认定的一种方法。

采用个别计价法，一般需要具备两个条件：

（1）存货项目必须是可以辨别认定的。

（2）必须有详细的记录，据以了解每一个别存货或每批存货项目的具体情况。

在制造业，个别计价法主要适用于为某一特定的项目专门购入或制造并单独存放的存货。这种方法不能用于可替代使用的存货，如果用于可替代使用的存货，则可能导致企业任意选用较高或较低的单位成本进行计价，来调整当期的利润。

注 （1）对于不能替代使用的存货、为特定项目专门购入或制造的存货以及提供的劳务，通常采用个别计价法确定发出存货的成本。

（2）在实际工作中，越来越多的企业采用计算机信息系统进行会计处理，个别计价法可以广泛应用于发出存货的计价，并且个别计价法确定的存货成本最为准确。

5. 毛利率法

毛利率法是根据本期销售净额乘以前期实际（或本月计划）毛利率匡算本期销售毛利，并计算发出存货成本的一种方法。本方法常见于商品流通企业。

计算公式为：

$$\text{销售净额}=\text{商品销售收入}-\text{销售退回与折让}$$

$$\text{销售毛利}=\text{销售净额}\times\text{毛利率}$$

$$\text{销售成本}=\text{销售净额}-\text{销售毛利}=\text{销售净额}\times(1-\text{毛利率})$$

$$\text{期末存货成本}=\text{期初存货成本}+\text{本期购货成本}-\text{本期销售成本}$$

6. 零售价法

零售价法是指用成本占零售价的百分比计算期末存货成本的一种方法。该方法主要适用于商业零售企业。

其计算步骤和计算公式如下：

（1）期初存货和本期购货同时按成本和零售价记录，以便计算可供销售的存货成本和售价总额。

（2）本期销货只按售价记录，从本期可供销售的存货售价总额中减去本期销售的售价总额，计算出期末存货的售价总额。

（3）计算存货成本占零售价的百分比，即成本率。

计算公式为：

$$\text{成本率}=\frac{\text{期初存货成本}+\text{本期购货成本}}{\text{期初存货售价}+\text{本期购货售价}}\times100\%$$

（4）计算期末存货成本。

计算公式为：

$$\text{期末存货成本}=\text{期末存货售价总额}\times\text{成本率}$$

（5）计算本期销售成本。

计算公式为：

$$\text{本期销售成本}=\text{期初存货成本}+\text{本期购货成本}-\text{期末存货成本}$$

在我国的会计实务中，商品零售企业广泛采用售价金额计价法。实际上，售价金额计价法并不是一种单独的存货计价方法，而是零售价法的一种账务处理方式。这种方法是通过设置"商品进销差价"科目进行处理的，平时商品存货的进、销、存均按售价记账，售价与进价的差额记入"商品进销差价"科目，期末通过计算进销差价率的办法计算本期已销商品应分摊的进销差价，并据以调整本期销售成本。进销差价率的计算公式如下：

$$\text{进销差价率}=\frac{\text{期初库存商品进销差价}+\text{当期发生的商品进销差价}}{\text{期初库存商品售价}+\text{当期发生的商品售价}}\times100\%$$

$$=1-\text{销售成本率}$$

$$\text{本期已销售商品应分摊的进销差价}=\text{本期商品销售收入}\times\text{进销差价率}$$

$$\text{本期销售商品的实际成本} = \text{本期商品销售收入} - \text{本期已销售商品应分摊的进销差价}$$

上述"当期发生的商品进销差价"包括当期购进、委托加工收回、销售退回等原因发生的库存商品的进销差价。上述"当期发生的商品售价"包括当期购进商品的售价、销售退回商品的售价等。

委托代销商品可用上月的差价率计算应分摊的进销差价；企业的差价率各月之间比较均衡的，也可以采用上月的差价率计算分摊本月已销商品应负担的进销差价。企业无论是采用当月的差价率还是采用上月的差价率计算并分摊进销差价，均应在年度终了，对商品的进销差价进行一次核实调整。企业一般应按商品类别或实物负责人计算确定商品的差价率。

商品进销差价率还可以按下列公式计算：

进销差价率 = 月末分摊前"商品进销差价"科目余额 ÷ ("库存商品"科目月末余额 + "委托代销商品"科目月末余额 + "发出商品"科目月末余额 + 本月"主营业务收入"科目贷方发生额) × 100%

式中所称"主营业务收入"，是指采用售价进行商品日常核算的销售商品所取得的收入。

期末编制资产负债表时，存货项目中的商品存货部分，应根据"库存商品"科目的期末余额扣除"商品进销差价"科目的期末余额（即实际成本）列示。

7. 计划成本法

计划成本法是指存货的收入、发出和结余均按预先制定的计划成本计价，同时另设"成本差异"科目，登记、分摊、按期结转实际成本与计划成本的差额，期末将发出和结存存货的成本调整为实际成本的一种计价方法。

发出存货应负担的成本差异，必须按月分摊，不得在季末或年末一次计算。发出存货应负担的成本差异，除委托外部加工发出存货可以按月初成本差异率计算外，都应使用当月的实际成本差异率；如果月初的成本差异率与本月成本差异率相差不大，也可按月初的成本差异率计算。计算方法一经确定，不得随意变更。

以材料为例，计算公式如下：

$$\text{本月材料成本差异率} = \frac{\text{月初结存材料差异} + \text{本月收入材料成本差异总额}}{\text{月初结存材料计划成本} + \text{本月收入材料计划成本总额}} \times 100\%$$

$$\text{月初材料成本差异率} = \frac{\text{月初结存材料的成本差异}}{\text{月初结存材料的计划成本}} \times 100\%$$

$$\text{本月发出材料应负担成本差异额} = \text{发出材料的计划成本} \times \text{本月材料成本差异率}$$

本月收入存货的计划成本中不包括暂估入账的存货的计划成本。

企业应按照存货的类别或品种，如原材料、包装物、低值易耗品等，对材料成本差异进行明细核算，不能使用一个综合差异率来分摊发出存货和库存存货应负担的材料成本差异。

计划成本法一般适用于存货品种繁多、收发频繁的企业。

注 企业在日常核算中采用计划成本法或售价金额核算法核算的存货成本，实质上也是存货的实际成本。例如，采用计划成本法，通过"材料成本差异"或"产成品成本差异"科目将材料或产成品的计划成本调整为实际成本；采用售价金额核算法，通过"商品进销差价"科目将商品的售价调整为实际成本（进价）。

【例5-5】 2×21年5月1日，智董公司结存A种原材料1200千克，每千克单价3.00元；5月7日、5月21日、5月31日分别购进A种原材料800千克、1200千克、800千克，每千克单价分别是3.20元、3.30元、3.50元；5月15日、5月27日分别发出A种原材料1600千克、800千克。

【分析】 以下将分别使用先进先出法，月末一次加权平均法和个别计价法计算本月A材料的发货成本和月末结存成本。

1. 先进先出法

按先进先出法计价时，发出和结存A种原材料的成本如表5-2所示。

根据表5-2的结果可知：

本月发出A种原材料的成本 = 3 600 + 1 280 + 1 280 + 1 320 = 7 480（元）。

月末结存A种原材料的成本 = 2 640 + 2 800 = 5 440（元）。

2. 月末一次加权平均法

加权平均法是根据存货期初结存和本期收入的数量和单价,期末一次计算出存货的本月加权平均单价,作为本期发出存货和期末结存存货的单价,以求得本期发出存货和期末结存存货价值的一种方法。计算公式如下:

$$加权平均单价 = \frac{期初结存存货实际成本 + 本期收入存货实际成本}{期初结存存货数量 + 本期收入存货数量}$$

$$发出存货的成本 = 本期发出存货的数量 \times 加权平均单价$$

$$期末结存存货的成本 = 期末结存存货的数量 \times 加权平均单价$$

表 5-2 A 种原材料成本

日期		收入			发出			结存		
月	日	数量(千克)	单价(元)	金额(元)	数量(千克)	单价(元)	金额(元)	数量(千克)	单价(元)	金额(元)
5	1							1 200	3.00	3 600
5	7	800	3.20	2 560				1 200 800	3.00 3.20	3 600 2 560
5	15				1 200 400	3.00 3.20	3 600 1 280	400	3.20	1 280
5	21	1 200	3.30	3 960				400 1 200	3.20 3.30	1 280 3 960
5	27				400 400	3.20 3.30	1 280 1 320	800	3.30	2 640
5	31	800	3.50	2 800				800 800	3.30 3.50	2 640 2 800

此方法只在月末一次计算加权平均单价,比较简单,而且在市场价格上涨或下跌所计算出来的单位成本平均化,对存货成本的分摊较为折中。但是,这种方法平时无法从账上提供发出和结存存货的单价和金额,不利于加强对存货的管理。

沿用[例 5-5]的资料。

加权平均单价＝
$$\frac{1\,200\times3.00+800\times3.2+1\,200\times3.3+800\times3.50}{1\,200+800+1\,200+800}$$
$$=3.23(元)。$$

本月发出 A 种原材料的成本＝2 400×3.23＝7 752(元)。

月末结存 A 种原材料的成本＝1 600×3.23＝5 168(元)。

3. 个别计价法

个别计价法,亦称个别认定法、具体辨认法、分批实际法,是指按照各项存货,逐一辨认各批发出存货和期末存货所属的购进批次或生产批次,分别按其购入或生产所确定的单位成本作为计算各批次发出存货和期末存货成本的方法。采用这种方法,一般需具备两个条件:一是存货项目必须是可以辨别认定的;二是必须要有详细的记录,据以了解每一个别存货或每批存货项目的具体情况。计算公式如下:

每次(批)存货的发出成本＝该次(批)存货的发出数量×该次(批)存货的实际单价采用这种方法,计算发出存货的成本和期末存货的成本比较合理、准确,但实际操作的工作量较大,困难也较大。

在制造业,个别计价法主要适用于为某一特定的项目专门购入或制造并单独存放的存货。这种方法不能用于可互换使用的存货,如果用于可互换使用的存货,则可能导致企业任意选用较高或较低的单价进行计价,以调整当期的利润。

(四) 选用具体计价方法时的注意事项

在选用具体计价方法时需要注意:

(1) 对于性质和用途相似的存货,应当采用相同的成本计算方法确定发出存货的成本。

(2) 后进先出法已被取消。

由于后进先出法不能真实地反映存货的实际流转,因此,存货准则取消了后进先出法,这与国际准则的有关规定是一致的。

企业应当采用先进先出法、加权平均法(包括移动加权平均法)或者个别计价法确定发出存货的实际成本,不得采用后进先出法确定发出存货的实际成本。

(五) 自行决定、不得随意变更

对存货日常核算采用何种方法,由企业根据实际情况自行决定,但计价方法一经选定,不得随意变更,以保证前后各期一致。

二、周转材料的摊销

对于企业在正常生产经营过程中多次使用的、但未列入固定资产目录的周转材料,可以采用一次转销法、五五摊销法和分次摊销法进行摊销。

企业的周转材料如包装物和低值易耗品,应当采用一次转销法或者五五摊销法进行摊销;建造承包商的钢模板、木模板、脚手架等其他周转材料,可以采用一次转销法、五五摊销法或者分次摊销法进行摊销。

【例5-6】 2×21年6月3日,智董公司第一生产车间领用工具一批,成本23 560元,采用一次摊销法。2×21年9月11日,第一生产车间领用的工具不能继续使用,决定报废。残料已入库,价值670元。

【分析】 其会计处理如下(单位:元)。

(1) 领用工具时:

借:制造费用   23 560
    贷:周转材料   23 560

(2) 工具报废时:

借:原材料   670
    贷:制造费用   670

【例5-7】 2×21年3月1日,智董公司厂部管理部门领用一批新的低值易耗品,成本为800元,拟采用五五摊销法进行摊销。2×21年4月23日,智董公司厂部管理部门领用的低值易耗品不能继续使用,决定报废。残料已入库,价值15元。

【分析】 其会计处理如下(单位:元)。

(1) 领用低值易耗品:

借:周转材料——在用低值易耗品   800
    贷:周转材料——在库低值易耗品   800

(2) 摊销低值易耗品:

借:管理费用   400
    贷:周转材料——低值易耗品摊销   400

(3) 低值易耗品报废:

借:周转材料——低值易耗品摊销   400
    原材料   15
    管理费用   385
    贷:周转材料——在用低值易耗品   800

第四节 期末计量

一、时间、计量方法——成本与可变现净值孰低

企业的存货应当在期末(即资产负债表日)按成本与可变现净值孰低计量,对可变现净值低于存货成本的差额,计提存货跌价准备,计入当期损益。即期末存货的计价方法采用成本与可变现净值孰低法。

成本与可变现净值孰低法,是指对期末存货按照成本与可变现净值两者之中较低者计量的方法。即当成本低于可变现净值时,期末存货按成本计量;当可变现净值低于成本时,期末存货按可变现净值计量。

小知识

"成本与可变现净值孰低法"的理论基础

"成本与可变现净值孰低法"的理论基础主要是使

存货符合资产的定义。当存货的可变现净值下跌至成本以下时,由此所形成的损失已不符合资产的定义,因而应将这部分损失从资产价值中抵销,列入当期损益。否则,当存货的可变现净值低于其成本价值时,如果仍然以其历史成本计价,就会出现虚夸资产的现象,导致会计信息的失真。因此,成本与可变现净值孰低法是谨慎性原则在存货会计上的具体运用,是对历史成本原则的修正。

(一) 成本

成本与可变现净值孰低法中的"成本",是指期末存货的实际成本(即历史成本);如企业在存货成本的日常核算中采用计划成本法、售价金额核算法等简化核算方法,则"成本"为经调整后的实际成本。

(二) 可变现净值的确定

资产负债表日,企业应当确定存货的可变现净值。

可变现净值是指在日常活动中,以存货的估计售价减去至完工时估计将要发生的成本、估计的销售费用以及相关税费后的金额,并不是指存货的现行售价。

其计算公式为:

$$
\begin{aligned}
存货的可变现净值 = &\ 存货的估计售价 - 至完工时估计将要发生的成本 \\
& - 估计的销售费用 - 相关税费
\end{aligned}
$$

由上述可知,可变现净值是存货的预计未来净现金流量而不是存货的售价或合同价。企业预计的销售存货现金流量,并不完全等于存货的可变现净值。存货在销售过程中可能发生的销售费用和相关税费以及为达到预定可销售状态还可能发生的加工成本等相关支出,构成现金流入的抵减项目。企业预计的销售存货现金流量扣除这些抵减项目后,才能确定存货的可变现净值。

1. 可变现净值的确定基础、考虑因素

企业确定存货的可变现净值,应当以取得的确凿证据为基础,并且考虑持有存货的目的、资产负债表日后事项的影响等因素。

(1) 以确凿证据为基础计算确定存货的可变现净值。

存货可变现净值的确凿证据,是指对确定存货的可变现净值和成本有直接影响的客观证明,如产成品或商品的市场销售价格、与产成品或商品相同或类似商品的市场销售价格、销货方提供的有关资料和生产成本资料等;存货的采购成本、加工成本和其他成本以及其他方式取得的存货成本,应当以外来原始凭证、生产成本账簿记录等作为确凿证据。

(2) 考虑持有存货的目的。

企业持有存货的目的不同,确定存货可变现净值的计算方法也不同,如用于出售的存货和用于继续加工的存货,其可变现净值的计算就不相同。

> **小知识**
>
> **企业持有存货的目的**
>
> 企业持有存货的目的,通常可以分为:
>
> (1) 持有以备出售,如商品、产成品,其中又分为有合同约定的存货和没有合同约定的存货。
>
> (2) 将在生产过程或提供劳务过程中耗用,如材料等。

企业持有的、目的不同的存货的可变现净值的确定方法如下:

① 产成品、商品和用于出售的材料等直接用于出售的商品存货,在正常生产经营过程中,应当以该存货的估计售价减去估计的销售费用和相关税费后的金额,确定其可变现净值。

② 需要经过加工的材料存货,在正常生产经营过程中,应当以所生产的产成品的估计售价减去至完工时估计将要发生的成本、估计的销售费用和相关税费后的金额,确定其可变现净值。

③ 资产负债表日,同一项存货中一部分有合同价格约定、其他部分不存在合同价格的,企业应分别确定其可变现净值,并与其相对应的成本进行比较,分别确定存货跌价准备的计提或转回的金额。

(3) 考虑资产负债表日后事项的影响

企业在确定存货的可变现净值时,应当以资产负债表日取得最可靠的证据估计的售价为基础并考虑持有存货的目的。资产负债表日至财务报告批准报出日之间存货售价发生波动的,如有确凿证据表明其对资产负债表日存货已经存在的情况提供了新的证据,应当作为调整事项进行处理;否则,作为非调整事项处理。

2. 可变现净值的确定方法

(1)为生产而持有的材料等。

为生产而持有的材料等,用其生产的产成品的可变现净值高于成本的,该材料仍然应当按照成本计量;材料价格的下降表明产成品的可变现净值低于成本的,该材料应当按照可变现净值计量。

专家点拨

材料存货在期末通常按照成本计量,除非企业用其生产的产成品发生了跌价,并且该跌价是由材料本身的价格下跌所引发的,才需要考虑计算材料存货的可变现净值,然后将该材料的可变现净值与成本进行比较,从而确定材料存货是否发生了跌价问题。

(2)为执行销售合同或者劳务合同而持有的存货。

为执行销售合同或者劳务合同而持有的存货,其可变现净值应当以合同价格为基础计算。企业持有存货的数量多于销售合同订购数量的,超出部分的存货的可变现净值应当以一般销售价格为基础计算。

【例 5-8】 2×21 年 12 月 31 日,智董公司库存原材料——A 材料的账面价值(成本)为 3 600 000 元,市场购买价格总额为 300 000 元,假设不发生其他购买费用。由于 A 材料市场销售价格下降,市场上用 A 材料生产的 X 产品的市场销售价格也发生了相应下降,下降了 10%。由此造成智董公司 X 产品的市场销售价格总额由 9 000 000 元降为 8 100 000 元,但生产成本仍为 8 400 000 元,将 A 材料加工成 X 产品尚须投入 4 800 000 元,估计销售费用及税金为 300 000 元。

要求:确定 2×21 年 12 月 31 日 A 材料的价值。

【分析】 根据上述资料,可按照以下步骤进行确定:

(1)计算用该原材料所生产的产成品的可变现净值。

X 产品的可变现净值=X 产品估计售价-估计的销售费用及相关税金=8 100 000-300 000=7 800 000(元)。

(2)将用该原材料所生产的产成品的可变现净值与其成本进行比较。

X 产品的可变现净值 7 800 000 元小于其成本 8 400 000 元,即 A 材料价格的下降表明 X 产品的可变现净值低于成本,因此 A 材料应当按可变现净值计量。

(3)计算该原材料的可变现净值,并确定其期末价值。

A 材料的可变现净值=X 产品的售价总额-将 A 材料加工成 X 产品尚需投入的成本-估计销售费用及相关税金=8 100 000-4 800 000-300 000=3 000 000(元)。

A 材料的可变现净值 3 000 000 元小于其成本 3 600 000 元,因此 A 材料的期末价值应为其可变现净值 3 000 000 元,即 A 材料应按 3 000 000 元列示在 2×21 年 12 月 31 日资产负债表的存货项目之中。

二、存货跌价准备的计提与转回

在资产负债表日,存货应当按照成本与可变现净值孰低计量。存货的成本高于其可变现净值的,按其差额计提存货跌价准备;存货的成本低于其可变现净值的,按其成本计量,不计提存货跌价准备,但原已计提存货跌价准备的,应在已计提存货跌价准备金额的范围内转回。

(一)计提

1. 需要计提的情形,计入到哪里

存货成本高于其可变现净值的,应当计提存货跌价准备,计入当期损益。

当存在下列情况之一时,表明存货的可变现净值低于成本,应计提存货跌价准备:

①该存货的市价持续下跌,并且在可预见的未来无回升的希望。

②企业使用该项原材料生产的产品的成本

大于产品的销售价格。

③ 企业因产品更新换代,原有库存原材料已不适应新产品的需要,而该原材料的市场价格又低于其账面成本。

④ 因企业所提供的商品或劳务过时或消费者偏好改变而使市场的需求发生变化,导致市场价格逐渐下跌。

⑤ 其他足以证明该项存货实质上已经发生减值的情形。

存在下列情形之一的,表明存货的可变现净值为零:

① 已霉烂变质的存货。

② 已过期且无转让价值的存货。

③ 生产中已不再需要,并且已无使用价值和转让价值的存货。

④ 其他足以证明已无使用价值和转让价值的存货。

2. 三种可供选择的计算方法——单个、类别、合并计提

(1) 企业通常应当按照单个存货项目计提存货跌价准备。

(2) 对于数量繁多、单价较低的存货,可以按照存货类别计提存货跌价准备。

(3) 与在同一地区生产和销售的产品系列相关、具有相同或类似最终用途或目的,且难以与其他项目分开计量的存货,可以合并计提存货跌价准备。

即企业按成本与可变现净值孰低法对存货计价时,有三种不同的计算方法可供选择:

① 单项比较法,亦称逐项比较法或个别比较法,指对库存的每一种存货的成本与可变现净值逐项进行比较,每项存货均取较低数确定期末的存货成本。

② 分类比较法,亦称类比法,指按存货类别的成本与可变现净值进行比较,每类存货取其较低数确定存货的期末成本。

③ 综合比较法,亦称总额比较法,指按全部存货的总成本与可变现净值总额相比较,以较低数作为期末全部存货的成本。

因存货价值回升而转回的存货跌价准备,按上述同一原则确定当期应转回的金额。

3. 不得计提秘密准备

企业应当合理地计提存货跌价准备,但不得计提秘密准备。如有确凿证据表明企业不恰当地运用了谨慎性原则计提秘密准备的,应当作为重大会计差错予以更正,并在财务报表附注中说明事项的性质、调整金额,以及对企业财务状况、经营成果的影响。

(二) 转回

以前减记存货价值的影响因素已经消失的,减记的金额应当予以恢复,并在原已计提的存货跌价准备金额内转回,转回的金额计入当期损益。

【例 5-9】 2×21 年 5 月 31 日,智董公司的一批存货 A 账面余额为 300 000 元,预计可变现净值为 270 000 元,智董公司应计提的存货跌价准备为 30 000 元。

【分析】 其会计处理如下(单位:元):

借:资产减值损失——计提的存货跌价准备
　　　　　　　　　　　　　　　30 000
　贷:存货跌价准备　　　　　　30 000

2×21 年 6 月 30 日,智董公司的上述存货 A 账面余额为 300 000 元,预计可变现净值为 255 000 元,智董公司应补提的存货跌价准备为 15 000 元。其会计处理如下(单位:元):

借:资产减值损失——计提的存货跌价准备
　　　　　　　　　　　　　　　15 000
　贷:存货跌价准备　　　　　　15 000

2×21 年 7 月 31 日,智董公司上述存货 A 的可变现净值又有恢复,账面余额为 300 000 元,预计可变现净值为 291 000 元,智董公司应冲减计提的存货跌价准备为 36 000 元。其会计处理如下(单位:元):

借:存货跌价准备　　　　　　36 000
　贷:资产减值损失——计提的存货跌价准备
　　　　　　　　　　　　　　　36 000

【例 5-10】 假定智董公司 2×21 年 12 月 31 日库存 ABC 型机器 12 台,成本(不含增值税)为 360 万元,单位成本为 30 万元。该批

ABC型机器全部销售给贵琛公司。与贵琛公司签订的销售合同约定,2×22年1月20日,智董公司应按每台30万元的价格(不含增值税)向贵琛公司提供ABC型机器12台。

智董公司销售部门提供的资料表明,向长期客户——贵琛公司销售的ABC型机器的平均运杂费等销售费用为0.12万元/台;向其他客户销售ABC型机器的平均运杂费等销售费用为0.1万元/台。

2×21年12月31日,ABC型机器的市场销售价格为32万元/台。在本例中,能够证明ABC型机器的可变现净值的确凿证据是智董公司与贵琛公司签订的有关ABC型机器的销售合同、市场销售价格资料、账簿记录和智董公司销售部门提供的有关销售费用的资料等。根据该销售合同规定,库存的12台ABC型机器的销售价格全部由销售合同约定。

【分析】 在这种情况下,ABC型机器的可变现净值应以销售合同约定的价格30万元/台为基础确定。据此,ABC型机器的可变现净值=30×12-0.12×12=360-1.44=358.56(万元),低于ABC型机器的成本360万元,应按其差额1.44万元计提存货跌价准备(假定以前未对ABC型计提存货跌价准备)。如果ABC型机器的成本为350万元,则不需计提存货跌价准备。

(三)账务处理

企业应设置"存货跌价准备"科目核算实际计提的存货跌价准备,贷方登记期末实际计提的存货跌价准备,借方登记冲减或结转的存货跌价准备,期末贷方余额反映企业累计已计提但尚未转销的存货跌价准备。该科目可按存货项目或类别设置明细账进行明细核算。

具体做法是:每一会计期末,比较成本与可变现净值计算出应计提的跌价准备,然后与"存货跌价准备"科目的余额进行比较,若应提数大于已提数,应予补提;反之,应冲减部分已提数(必须在原已计提的存货跌价准备金额内冲减)。提取和补提存货跌价准备时,借记"资产减值损失"科目,贷记"存货跌价准备"科目;已计提跌价准备的存货价值以后得以恢复的,应在原已计提的存货跌价准备金额内,按恢复增加的金额,借记"存货跌价准备"科目,贷记"资产减值损失"科目。

已计提跌价准备的存货中已经销售的部分、用于债务重组和非货币性资产交换等方式转出的部分,应在结转成本的同时,结转其已计提的跌价准备,借记"存货跌价准备"科目,贷记"主营业务成本"等科目。

三、存货清查

企业应当定期或者至少于每年年度终了对存货进行全面清查,如由于存货遭受毁损、全部或部分陈旧过时或销售价格低于成本等原因,使存货成本高于可变现净值的,应按可变现净值低于成本的差额,计提存货跌价准备;如果以前减记存货价值的影响因素已经消失,则减记的金额应当予以恢复,并在原已计提的存货跌价准备的金额内转回,以此减少计提的存货跌价准备。

(一)存货数量的确定方法

企业确定存货的实物数量有两种方法:一种是实地盘存制;另一种是永续盘存制。

1. 实地盘存制

"实地盘存制"亦称"定期盘存制",是指企业平时只在账簿中登记存货的增加数,不记减少数,期末根据清点所得的实存数,计算本期存货的减少数。使用这种方法平时的核算工作比较简便,但不能随时反映各种物资的收发结存情况,不能随时结转成本,并把物资的自然和人为短缺数隐含在发出数量之内;同时由于缺乏经常性资料,不便于对存货进行计划和控制,所以实地盘存制的实用性较差,通常仅适用于一些单位价值较低、自然损耗大、数量不稳定、进出频繁的特定货物。

2. 永续盘存制

"永续盘存制"亦称"账面盘存制",是指企业设置各种数量金额的存货明细账,根据有关凭证,逐日逐笔登记材料、产品、商品等的收发领退数量和金额,随时结出账面结存数量和金额。采用永续盘存制,可随时掌握各种存货的收发、结存情况,有利于存货管理。

为了核对存货账面记录,永续盘存制亦要求进行存货的实物盘点。盘点可定期或不定期进行,通常在生产经营活动的间隙盘点部分或全部存货;会计年度终了,应进行一次全面的盘点清查,并编制盘点表,保证账物相符,如有不符应查明原因并及时处理。

我国企业会计实务中,存货的数量核算一般采用永续盘存制。但不论采用何种方法,前后各期都应保持一致。

(二)存货清查的账务处理

企业存货应当定期盘点,盘点结果如果与账面记录不符,应于期末前查明原因,并根据企业的管理权限,经股东大会或董事会,或经理(厂长)会议或类似机构批准后,在期末结账前处理完毕。

盘盈或盘亏的存货,如在期末结账前尚未经批准,应在对外提供财务报告时先按以下规定进行处理,并在财务报表附注中做出说明,如果期后批准处理的金额与已处理的金额不一致,应按其差额调整会计报表相关项目的年初数。

为核算企业在存货清查过程中查明的各项存货盘盈、盘亏和毁损的价值,企业应设置"待处理财产损溢——待处理流动资产损溢"科目进行核算。该科目处理前的借方余额,反映企业尚未处理的各种财产的净损失;处理前的贷方余额,反映企业尚未处理的各种财产的净溢余。期末,处理后该科目应无余额。

盘盈的各种存货,借记"原材料""库存商品"等科目,贷记"待处理财产损溢——待处理流动资产损溢"科目。

盘亏、毁损的各种存货,借记"待处理财产损溢——待处理流动资产损溢"科目,贷记"原材料""库存商品""应交税费——应交增值税(进项税额转出)""应交税费——应交消费税"等科目。采用计划成本(或售价)核算的,还应当同时结转成本差异(或商品进销差价)。已计提存货跌价准备的,还应当同时结转存货跌价准备。

盘盈、盘亏、毁损的存货,报经批准后处理时:盘盈的存货,借记"待处理财产损溢——待处理流动资产损溢"科目,贷记"管理费用"科目;盘亏、毁损的存货,按处置收入或残料价值,借记"库存现金""原材料"等科目,按可收回的保险赔偿或过失人赔偿,借记"其他应收款"等科目;其余损失,属于管理原因等造成一般经营损失的,借记"管理费用"科目;属于自然灾害等非正常损失的,借记"营业外支出——非常损失"科目;最后贷记"待处理财产损溢——待处理流动资产损溢"科目。

第五节 终止计量

一、已售

对于已售存货,应当将其成本结转为当期损益,相应的存货跌价准备也应当予以结转。

企业销售产品或商品时,应当在确认商品销售收入时结转相应的产成品或商品成本,计入主营业务成本。如果对该产成品或商品计提了存货跌价准备,还应冲减主营业务成本,实际上是按已售产成品或商品的账面价值结转主营业务成本。

二、毁损、盘亏

(一)毁损

企业发生的存货毁损,应当将处置收入扣除账面价值和相关税费后的金额计入当期损益。存货的账面价值是存货成本扣减累计跌价准备后的金额。其计算公式如下:

$$\begin{aligned}\text{存货毁损计入当} \atop \text{期损益的金额} &= {\text{存货处} \atop \text{置收入}} - {\text{存货账} \atop \text{面价值}} - {\text{相关} \atop \text{税费}} \\ &= {\text{存货处} \atop \text{置收入}} - \left({\text{存货} \atop \text{成本}} - {\text{累计跌} \atop \text{价准备}}\right) - {\text{相关} \atop \text{税费}}\end{aligned}$$

(二) 盘亏

存货盘亏造成的损失，应当计入当期损益。

【例 5-11】 2×21 年 12 月 31 日，智董股份有限公司对甲原材料进行盘点，发现盘亏原材料 1 500 千克，实际单位成本 2.00 元，转出增值税进项税额为 390 元（假设当时增值税率 13%）。经查，属于当年夏天因自然灾害造成的毁损。其中，应由保管员刘伟赔偿 800 元；属于保险公司责任范围，应由保险公司赔偿 1 750 元；余额 840 元计入营业外支出。

【分析】 其会计处理如下（单位：元）。

(1) 批准处理前：

借：待处理财产损溢——待处理流动资产损溢 3 390
　　贷：原材料 3 000
　　　　应交税费——应交增值税（进项税额转出） 390

(2) 批准处理后：

借：其他应收款——刘伟 800
　　　　　　　　——保险公司 1 750
　　营业外支出——非常损失 840
　　贷：待处理财产损溢——待处理流动资产损溢 3 390

第六节　具体项目

一、原材料

(一) 科目设置

原材料是指企业库存的各种材料，包括原料及主要材料、辅助材料、外购半成品（外购件）、修理用件（备品备件）、包装材料、燃料等。

企业原材料的日常核算，可以采用计划成本，也可以采用实际成本。具体采用哪一种方法，由企业根据具体情况自行决定。

原材料品种繁多的企业，一般可以采用计划成本进行日常核算，对于某些品种不多，但占产品成本比重较大的原料或主要材料，也可以单独采用实际成本进行核算。规模较小、原材料品种简单、采购业务不多的企业，也可以全部采用实际成本进行材料的日常核算。采用计划成本进行原材料日常核算的企业，原材料计划成本所包括的内容应与其实际成本相一致，并应当尽可能地接近实际。计划成本除有特殊情况应当及时调整外，在年度内一般不作变动。

企业应设置"原材料"科目核算库存的各种材料的实际成本或计划成本。借方登记外购、自制、委托加工完成、投资者投入、盘盈等原因增加的原材料实际成本或计划成本；贷方登记领用、发出加工、对外销售以及盘亏、毁损等原因减少的原材料实际成本或计划成本；期末借方余额反映企业库存材料的实际成本或计划成本。

企业对外进行来料加工装配业务而收到的原材料、零件等，应单独设置备查簿进行登记；委托外单位加工的材料、商品的加工成本，直接在"委托加工物资"科目核算；企业购入的在建工程所需要的材料、机器设备等，在"工程物资"科目核算。

"原材料"科目应按材料的保管地点（仓库）、材料的类别、品种和规格设置材料明细账（或材料卡片）进行明细核算。材料明细账根据收料凭证和发料凭证逐笔登记。一个企业至少应有一套有数量和金额的材料明细账。这套明细账可以由财务会计部门登记，也可以由材料仓库的管理人员登记。在后一种情况下，财务会计部门对仓库登记的材料明细账，必须定期稽核，以保证记录正确无误。

（二）按实际成本计价的原材料核算

1. 在途原材料

企业应设置"在途物资"科目，核算企业购入的、货款已付但尚未到达或尚未验收入库的各种原材料的采购成本。借方登记支付或承付的材料价款和运杂费等；贷方登记已经付款或已开出承兑商业汇票并已验收入库的材料的采购成本，应向供应单位、运输单位收回的材料物资短缺或其他应增减采购成本的索赔款项，需要报经批准或尚待查明原因处理的途中短缺和毁损，以及由于意外事故造成的非常损失；期末借方余额反映企业已付款或已开出承兑商业汇票但尚未到达或尚未验收入库的在途材料的采购成本。该科目应按供应单位设置的明细账进行明细核算。

企业购入的原材料，在支付货款和运杂费或开出承兑商业汇票时尚未到达或尚未验收入库的，按准予抵扣的增值税税额和消费税税额，借记"应交税费——应交增值税（进项税额）""应交税费——应交消费税"科目；按实际支付金额或应付的款项与准予抵扣的增值税税额和消费税税额的差额，借记"在途物资"科目；按实际支付金额或应付的款项，贷记"银行存款""应付票据"等科目。由企业运输部门以自备运输工具，将外购的原材料运回企业，计算购入原材料应分担的运输费用时，借记"在途物资"科目，贷记"生产成本"等科目。

需要注意的是，企业根据合同规定预付给供应单位的购货定金或部分货款，应作为预付购货款在"预付账款"科目核算，不应将预付的账款作为材料价款在"在途物资"科目核算。只有在收到购货发票和账单后，才能根据发票账单所列金额据以记入"在途物资"科目，同时结转预付的购货款。

2. 原材料的收发

（1）企业购入的已验收入库的原材料，分别下列情况处理：

① 发票账单已到，并已支付款项的，借记"原材料"科目，贷记"在途物资""预付账款"等科目。

② 发票账单与原材料同时到达，物资验收入库，但尚未支付货款和运杂费，或尚未开出承兑商业汇票的，借记"原材料""应交税费——应交增值税（进项税额）"等科目，贷记"应付账款"等科目。

③ 发票账单与原材料同时到达，物资验收入库，同时支付货款和运杂费，或开出承兑商业汇票的，借记"原材料""应交税费——应交增值税（进项税额）"等科目，贷记"银行存款""应付票据"等科目。

④ 尚未收到发票账单的，按暂估价值入账，借记"原材料"等科目，贷记"应付账款——暂估应付账款"科目；下月初作相反的会计记录，予以冲回，以便下月付款或开出承兑商业汇票后，按正常程序处理。

（2）自制或委托外单位加工完成的并已验收入库的原材料，按实际成本，借记"原材料"科目，贷记"生产成本"科目或"委托加工物资"科目。

（3）投资者投入的原材料，按确定的实际成本，借记"原材料"科目，按专用发票上注明的增值税税额，借记"应交税费——应交增值税（进项税额）"科目，按其在注册资本中所占有的份额，贷记"实收资本"（或"股本"）等科目，按其差额，贷记"资本公积"科目。

（4）企业接受的债务人以非现金资产抵偿债务方式取得的原材料，或以应收债权换入的原材料，按确定的实际成本，借记"原材料"科目；按可抵扣的增值税进项税额，借记"应交税费——应交增值税（进项税额）"科目；按应收债权已计提的坏账准备，借记"坏账准备"科目；按应收债权的账面余额，贷记"应收账款"科目；按应支付的相关税费，贷记"银行存款""应交税费"等科目；按支付的补价，贷记"银行存款"等科目；按其差额，借记"营业外支出"科目或贷记"资产减值损失"科目。

（5）企业以非货币性资产交换换入的原材料，按确定的实际成本，借记"原材料"科目；按可抵扣的增值税进项税额，借记"应交税费——应交增值税（进项税额）"科目，按收到或支付的补价,借记或贷记"银行存款"等科目,按应支付的相关税费,贷记"银行存款"等科目,按换出资产的不同类型,分别贷记有关科目。

(6) 企业生产经营领用原材料,按实际成本,借记"生产成本(基本生产成本、辅助生产成本)""制造费用""销售费用""管理费用"等科目,贷记"原材料"科目;企业发出委托外单位加工的原材料,按实际成本,借记"委托加工物资"科目,贷记"原材料"科目;集体福利部门领用的原材料,按实际成本加上不予抵扣的增值税税额等,借记"应付职工薪酬"等科目,按实际成本,贷记"原材料"科目,按不予抵扣的增值税税额,贷记"应交税费—应交增值税(进项税额转出)"等科目。

采用实际成本进行材料日常核算的企业,发出原材料的实际成本,可以采用先进先出法、加权平均法、个别计价法等方法计算确定。对不同的原材料可以采用不同的计价方法。材料计价方法一经确定,不得随意变更。如需变更,应在附注中予以说明。

(7) 出售原材料,按已收或应收的价款,借记"银行存款"科目或"应收账款"等科目,按实现的营业收入,贷记"其他业务收入",按应交的增值税税额,贷记"应交税费——应交增值税(销项税额)"科目;月度终了,按出售原材料的实际成本,借记"其他业务成本"科目,贷记"原材料"科目,同时按已计提的存货跌价准备,借记"存货跌价准备"科目,贷记"其他业务成本"科目。

(8) 将原材料用于非货币性资产交换、抵偿债务,按发出原材料的实际成本借记"其他业务成本"科目,贷记"原材料"科目;结转已计提的存货跌价准备,借记"存货跌价准备"科目,贷记"其他业务成本"科目。

(9) 原材料盘亏、毁损的核算参见存货清查相关内容。

注 在进行原材料收入的核算时,如原材料属于已税消费品且所含消费税税额按规定准予抵扣的,应将这部分消费税税额从实际成本中分离出来,记入"应交税费——应交消费税"科目的借方,同样这类原材料用于除"连续生产应税消费品"外的项目时,原按规定准予抵扣的消费税税额应转入对应项目的成本,借记有关科目,贷记"应交税费——应交消费税"科目。

3. 原材料采购过程中的短缺和毁损的处理

采购材料在途中发生短缺和毁损,应根据造成短缺和毁损的原因分别处理,不能全部计入外购材料的采购成本。

(1) 定额内合理的途中损耗,计入材料的采购成本。

(2) 能确定由供应单位、运输单位、保险公司或其他过失人赔偿的,应向有关单位或责任人索赔,自"在途物资"科目转入"应付账款"科目或"其他应收款"科目。

(3) 凡尚待查明原因和需要报经批准才能转销处理的损失,应将其损失从"在途物资"科目转入"待处理财产损溢"科目,查明原因后再分别处理:

① 属于应由供货单位、运输单位、保险公司或其他过失人负责赔偿的,将其损失从"待处理财产损溢"科目转入"应付账款"科目或"其他应收款"科目。

② 属于自然灾害造成的损失,应按扣除残料价值和保险公司赔偿后的净损失,从"待处理财产损溢"科目转入"营业外支出——非常损失"科目。

③ 属于无法收回的其他损失,报经批准后,将其从"待处理财产损溢"科目转入"管理费用"科目。

(4) 在上述(2)和(3)两种情况下,短缺和毁损的材料所负担的增值税税额和准予抵扣的消费税税额应自"应交税费——应交增值税(进项税额)""应交税费——应交消费税"科目随同"在途物资"科目转入相对应科目。

(三) 按计划成本计价的原材料核算

1. 成本差异的确定

原材料成本差异是指相同数量的原材料的实际成本与计划成本的差额。实际成本大于计划成本的差异为超支额,反之,为节约额。材料成本差异必须根据规定的方法计算出分配率,按月进行分配,不得任意多摊、少摊或不摊。

2. 科目设置及账务处理

按计划成本进行原材料的收发核算,除设置"原材料"科目外,还应设置"材料采购"和"材料成本差异"科目。

(1)"材料采购"科目用来核算企业采用计划成本进行材料(包括包装物、低值易耗品)日常核算而购入材料的采购成本,借方登记支付或承付的材料实际采购成本;贷方登记转出的已经付款或已开出承兑商业汇票并已验收入库的材料的实际采购成本,应向供应单位、运输单位收回的材料物资短缺或其他应增减采购成本的索赔款项,需要报经批准或尚待查明原因处理的途中短缺和毁损,以及由于意外事故造成的非常损失;期末借方余额反映企业已收到发票账单,但尚未到达或尚未验收入库的在途材料的采购成本。该科目应按供应单位和物资品种设置明细账,进行明细核算。采用计划成本核算的原材料采购业务,不管结算方式如何,一律通过"材料采购"科目核算。

企业购入原材料收到发票账单时,按应计入材料采购成本的金额,借记"材料采购"科目,按可抵扣的增值税税额,借记"应交税费——应交增值税(进项税额)"科目,按实际支付或应付的款项,贷记"银行存款""库存现金""其他货币资金""应付账款""应付票据""预付账款"等科目。

(2)"材料成本差异"科目用来核算企业材料(包括包装物、低值易耗品)的实际成本与计划成本之间的差异,借方登记材料实际成本大于计划成本的差异(超支额)和结转的材料的实际成本小于计划成本的差异,以及调整库存材料计划成本时调整减少的计划成本;贷方登记材料实际成本小于计划成本的差异(节约额)和结转的各种材料的成本差异,以及调整库存材料计划成本时调整增加的计划成本;期末借方余额反映企业库存材料的实际成本大于计划成本的差异,贷方余额反映企业库存材料的实际成本小于计划成本的差异。该科目应当分别"原材料""周转材料"等科目进行明细核算,并分别计算成本差异率。

企业根据具体情况,可以单独设置"材料成本差异"科目;也可以在"原材料""周转材料"等科目下设置"成本差异"明细科目进行核算。

3. 原材料的收发

(1)购入并已验收入库的原材料,月末,根据仓库转来的外购收料凭证(包括本月付款或开出承兑商业汇票的上月收料凭证),按计划成本,借记"原材料"科目,按实际成本,贷记"材料采购"科目,按计划成本与实际成本的差异,借记或贷记"材料成本差异"科目。

月末,对于尚未收到发票账单的收料凭证,应按计划成本暂估入账,借记"原材料"科目,贷记"应付账款——暂估应付账款"科目,下月初作相反分录予以冲回。下月收到发票账单时,借记"材料采购"科目和"应交税费——应交增值税(进项税额)"科目,贷记"银行存款""应付票据"等科目。并在下月末一并转入"原材料"科目。

(2)自制或委托外单位加工完成的并已验收入库的原材料,按计划成本,借记"原材料"科目,按实际成本,贷记"生产成本"科目或"委托加工物资"科目,按计划成本与实际成本的差异,借记或贷记"材料成本差异"科目。

(3)以其他方式增加的原材料,在原材料验收入库时,按计划成本,借记"原材料"科目,按不同方式下确定的原材料的实际成本,贷记有关科目,按计划成本与实际成本的差异,借记或贷记"材料成本差异"科目。

(4)原材料发出日常领用、发出原材料均按计划成本记账,月度终了,按照发出各种原材料的计划成本,计算应负担的成本差异,借记有关科目,贷记"材料成本差异"科目(实际成本小于计划成本的差异作相反的会计分录)。材料成本差异应按发出材料的不同去向进行分配,记入相应会计科目:

① 产品生产、辅助生产等领用的材料应分摊的成本差异,应转入"生产成本——基本生产成本""生产成本——辅助生产成本""制造费用"科目。

② 企业行政管理部门领用的材料应分摊的

成本差异,转入"管理费用"科目。

③ 对外销售材料应分摊的成本差异,应转入"其他业务成本"科目。

④ 发出委托加工材料应分摊的成本差异,转入"委托加工物资"科目。

⑤ 基建工程等部门领用的材料应分摊的成本差异,转入"在建工程"科目。

⑥ 销售机构领用的材料应分摊的成本差异,转入"销售费用"科目。另外,盘亏、毁损材料应分摊的材料成本差异,应转入"待处理财产损溢"科目。

材料成本差异的结转,一般在月份终了时进行,不得在季末或年末一次计算。

(5) 入库材料的计划成本应当尽可能接近实际成本。

除特殊情况外,计划成本在年度内不得随意变更。企业调整材料计划成本时,调整的金额应自"原材料"等科目转入"材料成本差异"科目;调整减少计划成本的金额,记入"材料成本差异"科目的借方;调整增加计划成本的金额,记入"材料成本差异"科目的贷方。

二、委托加工物资

与材料的销售不同,企业发出委托外单位加工的物资,只是改变了物资的存放地点,仍属于企业存货的范畴。为了核算委托加工物资的实际成本,企业应设置"委托加工物资"科目。本科目的借方核算发出加工物资的实际成本,以及支付的加工费和往返运杂费、保险费;贷方核算加工完成验收入库的物资的实际成本,以及退回剩余材料的实际成本;期末借方余额反映企业委托外单位加工尚未完成物资的实际成本(包括原发出的材料价值,已发生的加工费和运杂费等)。

"委托加工物资"科目应按加工合同、受托加工单位,以及加工物资的品种等设置明细科目,并进行明细核算。

(1) 发给外单位加工的物资,按实际成本,借记"委托加工物资"科目,贷记"原材料""库存商品"等科目;按计划成本(或售价)核算的企业,还应当同时结转成本差异或商品进销差价,借记"委托加工物资"科目,贷记"材料成本差异"科目或"商品进销差价"等科目;实际成本小于计划成本的差异,作相反的会计分录。

企业支付加工费用、应承担的运杂费等,借记"委托加工物资""应交税费——应交增值税(进项税额)"等科目,贷记"银行存款"等科目;需要缴纳消费税的委托加工物资,其由受托方代收代缴的消费税,分别以下情况处理:

① 收回后以不高于受托方的计税价格出售的,以及用于非消费税项目的,应将受托方代收代缴的消费税计入委托加工物资成本,借记"委托加工物资"科目,贷记"应付账款""银行存款"等科目;委托方以高于受托方的计税价格出售的,不属于直接出售,需按照规定申报缴纳消费税,在计税时准予扣除受托方已代收代缴的消费税,借记"应交税费——应交消费税"科目,贷记"应付账款""银行存款"等科目。

② 收回后用于连续生产、按规定准予抵扣的,按受托方代收代缴的消费税,借记"应交税费——应交消费税"科目,贷记"应付账款""银行存款"等科目。

(2) 加工完成验收入库的物资和剩余的物资,按加工收回物资的实际成本和剩余物资的实际成本,借记"原材料""库存商品"等科目(采用计划成本或售价核算的企业,按计划成本或售价记入"原材料"或"库存商品"科目,实际成本与计划成本或售价之间的差异,记入"材料成本差异"或"商品进销差价"科目),贷记"委托加工物资"科目。

三、周转材料

周转材料主要包括企业能够多次使用,逐渐转移其价值但仍保持原有形态不确认为固定资产的包装物和低值易耗品等,以及建筑企业的钢模板、木模板、脚手架和其他周转使用的材料等。周转材料符合固定资产定义和确认条件的,应当作为固定资产核算。

包装物,指为了包装本企业产成品和商品而储备的各种包装容器,如桶、箱、瓶、坛、袋等。

其范围包括：

（1）生产过程中用于包装产品作为产品组成部分的包装物。

（2）随同产品出售不单独计价的包装物。

（3）随同产品出售单独计价的包装物。

（4）出租或出借给购买单位使用的包装物。

企业的各种包装材料，如纸、绳、铁丝、铁皮等，应在"原材料"科目内核算，用于储存和保管产品、材料而不对外出售的包装物，应按其价值的大小和使用年限的长短，分别在"固定资产"科目或"周转材料"科目或单设的"低值易耗品"科目核算；计划上单独列作企业商品产品的自制包装物，应作为库存商品处理。低值易耗品，指不能作为固定资产的各种用具物品，如工具、管理用具、玻璃器皿、劳动保护用品以及在经营过程中周转使用的容器等。

为了核算企业周转材料的计划成本或实际成本，应设置"周转材料"科目，该科目应按周转材料的种类，分别在"在库""在用""摊销"明细科目进行明细核算。该科目的期末借方余额反映企业在库周转材料的计划成本或实际成本以及在用周转材料的摊余价值。

对于企业的包装物和低值易耗品，也可以单独设置"包装物"科目和"低值易耗品"科目进行核算。

周转材料的主要账务处理包括：

（1）购入、自制、委托外单位加工完成验收入库的周转材料等，应当比照"原材料"科目相关规定进行处理。

（2）周转材料应当按照使用次数分次计入成本费用，领用时按其账面价值，借记"周转材料——在用"科目，贷记"周转材料——在库"科目；摊销时应按摊销额，借记"管理费用""生产成本""销售费用""工程施工"等科目，贷记"周转材料——摊销"科目。

周转材料报废时应补提摊销额，借记"管理费用""生产成本""销售费用""工程施工"等科目，贷记"周转材料——摊销"科目；同时，按报废周转材料的残料价值，借记"原材料"等科目，贷记"管理费用""生产成本""销售费用""工程施工"等科目；并转销全部已提摊销额，借记"周转材料——摊销"科目，贷记"周转材料——在用"科目。

（3）周转材料金额较小的，可在领用时一次计入成本费用，以简化核算，领用时按其账面价值，借记"管理费用""生产成本""销售费用""工程施工"等科目，贷记"周转材料"科目。为加强实物管理，应当在备查簿上登记。

周转材料报废时，应按报废周转材料的残料价值，借记"原材料"等科目，贷记"管理费用""生产成本""销售费用""工程施工"等科目。

（4）周转材料采用计划成本进行日常核算的，领用等发出周转材料时，还应同时结转应分摊的成本差异。周转材料已计提存货跌价准备的，应同时结转已计提的跌价准备。

四、库存商品

库存商品包括库存的外购商品、产成品、存放在门市部准备出售的商品、发出展览的商品、销售退回的以及寄存在外的商品等。工业企业接受来料加工制造的代制品和为外单位加工修理的代修品，在制造和修理完成验收入库后，视同企业的产成品，属于库存商品；可以降价出售的不合格品，也属于库存商品，但应当与合格商品分开记账。委托外单位加工的商品，不属于库存商品；已经完成销售手续并确认销售收入，但购买单位在月末未提取的商品，应作为代管商品处理，单独设置"代管商品"备查簿进行登记，不属于库存商品。

企业应设置"库存商品"科目核算库存的各种商品的实际成本（或进价）或计划成本（或售价），并按库存商品的种类、品种和规格及有效地点设置明细账进行明细核算。存放在本企业所属门市部准备销售的商品，送交展览会展出的商品，以及已发出尚未办理托收手续的商品，都应在本科目下单设明细账进行核算。"库存商品"科目期末借方余额反映企业库存商品的实际成本（或进价）或计划成本（或售价）。

（一）工业企业库存商品的核算

工业企业的库存商品主要指产成品，在特

殊情况下也有少量的外购商品。

(1) 工业企业生产的产成品一般应按实际成本进行核算,产成品的收入、发出和销售,平时只记数量不记金额;月末计算入库产成品的实际成本;对发出和销售的产成品,可以采用先进先出法、加权平均法、移动平均法或者个别计价法等方法确定其实际成本。核算方法一经确定,不得随意变更。

产成品种类比较多的企业,也可以按计划成本进行日常核算。

(2) 工业企业生产完成验收入库的产成品,按实际成本,借记"库存商品"科目,贷记"生产成本"等科目;采用计划成本核算的企业,按计划成本,借记"库存商品"科目,按实际成本,贷记"生产成本"等科目,按计划成本与实际成本的差异,借记或贷记"产品成本差异"科目。

工业企业对外销售产成品(包括采用分期收款方式销售产成品),结转销售成本时,借记"主营业务成本"科目,贷记"库存商品"科目。采用计划成本核算的,还应结转应分摊的实际成本与计划成本的差异,借记"产品成本差异"科目,贷记"主营业务成本"科目;实际成本大于计划成本的差异,作相反的会计分录。

(3) 工业企业购入、委托外单位加工库存商品等,比照"原材料""委托加工物资"科目的相关规定进行会计处理。

(二)商品流通企业库存商品的核算

商品流通企业的库存商品主要指外购或委托加工完成验收入库用于销售的各种商品。

(1) 外购商品或委托加工商品的发票账单已到、但尚未验收入库,其采购成本或加工成本在"在途物资"科目或"委托加工物资"科目核算,可比照原材料和委托加工材料进行会计处理。

(2) 库存商品采用进价核算的企业:

① 企业已采购的商品到达并验收入库后,按商品进价,借记"库存商品"科目,贷记"在途物资"科目;企业委托外单位加工收回的商品,按商品进价,借记"库存商品"科目,贷记"委托加工物资"科目。

② 购入的商品已经到达并已验收入库,同时收到发票账单,但尚未支付货款和运杂费或尚未开出承兑商业汇票的,借记"库存商品""应交税费——应交增值税(进项税额)"等科目,贷记"应付账款"等科目。

③ 购入商品与发票账单同时到达,商品验收入库,同时支付货款和运杂费或开出承兑商业汇票的,借记"库存商品""应交税费——应交增值税(进项税额)"等科目,贷记"银行存款""应付票据"等科目。

④ 购入的商品已经到达并已验收入库,尚未收到发票账单的,按暂估价值入账,借记"库存商品"科目,贷记"应付账款——暂估应付账款"科目;下月初用红字作同样的记录,予以冲回,以便下月付款或开出承兑商业汇票后,比照第③点进行处理。

⑤ 企业对外销售发出的商品(包括采用分期收款方式销售的商品),结转销售成本时,可按先进先出法、加权平均法、移动平均法、个别计价法、毛利率法等方法计算已销商品的实际成本,核算方法一经确定,不得随意变更。企业结转发出商品的成本,借记"主营业务成本"科目,贷记"库存商品"科目。

(3) 库存商品采用售价金额核算的企业

企业应设置"商品进销差价"科目核算商品的售价与进价之间的差额,并在月末分摊已销商品的进销差价。"商品进销差价"科目应按商品类别或实物负责人设置明细账,进行明细核算;其期末贷方余额反映企业库存商品的商品进销差价。

① 已采购的商品到达并验收入库后,按商品售价,借记"库存商品"科目,按商品进价(实际成本),贷记"在途物资"科目,按商品售价与进价之间的差额,贷记"商品进销差价"科目;企业委托外单位加工收回的商品,按商品售价,借记"库存商品"科目,按委托加工商品的进价(实际成本),贷记"委托加工物资"科目,按商品售价与进价之间的差额,贷记"商品进销差价"科目。

② 其他形式的购入业务,可比照上述第(2)

项第②～④点进行处理,并将售价与进价的差额确认为"商品进销差价"。

③ 企业对外销售发出的商品(包括采用分期收款方式销售商品),平时结转销售成本时可按商品售价结转,借记"主营业务成本"科目,贷记"库存商品"科目。月末应按商品进销差价率计算分摊本月已销商品应分摊的进销差价,借记"商品进销差价"科目,贷记"主营业务成本"科目。

(三) 企业接受投资者投入的库存商品、接受债务人以非现金资产抵偿债务方式取得的库存商品以及非货币性交易取得的库存商品等

应根据相关会计准则的规定,比照上述(一)和(二)进行会计处理。

(四) 对库存商品的存货跌价准备

参见存货的确认和计量相关内容。

五、发出商品

企业在日常的销售活动中,有时会出现对外销售已发出商品、但不满足《企业会计准则第14号——收入》规定的确认条件的情况,因而不能结转商品销售成本。因此,企业应设置"发出商品"科目,核算这部分商品的实际成本(或进价)或计划成本(或售价),采用计划成本(或售价)核算的,其对应的成本差异(或进销差价)仍在"产品成本差异"(或"商品进销差价")科目核算。"发出商品"科目应当按照购货单位及商品类别和品种设置明细账进行明细核算;其期末借方余额反映企业商品销售中不满足收入确认条件的已发出商品的实际成本(或进价)或计划成本(或售价)。

企业委托其他单位代销的商品,也在"发出商品"科目核算,对采用支付手续费方式委托其他单位代销的商品,企业也可以另设"委托代销商品"科目,并按照受托单位进行明细核算。

企业发出商品的主要账务处理如下:

(1) 对于不满足收入确认条件的发出商品,应按发出商品的实际成本(或进价)或计划成本(或售价),借记"发出商品"科目,贷记"库存商品"科目。

(2) 发出商品满足收入确认条件时,应结转销售成本,借记"主营业务成本"科目,贷记"发出商品"科目。采用计划成本或售价核算的,还应结转应分摊的产品成本差异或商品进销差价,实际成本小于计划成本的差异或进价小于售价的差异,借记"产品成本差异"科目或"商品进销差价"科目,贷记"主营业务成本"科目;实际成本大于计划成本的差异或进价大于售价的差异,作相反的会计分录。

(3) 发出商品如发生退回,应按退回商品的实际成本(或进价)或计划成本(或售价),借记"库存商品"科目,贷记"发出商品"科目。

第七节 会计科目和会计分录

以下是第一财税网(www.tax.org.cn)耗时整理的相关会计科目和会计分录,供实际工作中随时查阅、使用。

一、1401 材料采购

(一) 核算内容

本科目核算企业采用计划成本进行材料日常核算而购入材料的采购成本。采用实际成本进行材料日常核算的,购入材料的采购成本,在"在途物资"科目核算。委托外单位加工材料、商品的加工成本,在"委托加工物资"科目核算。购入的工程用材料,在"工程物资"科目核算。

(二) 明细核算

本科目可按供应单位和材料品种进行明细核算。

(三) 主要账务处理

(1) 企业支付材料价款和运杂费等,按应计入材料采购成本的金额,借记本科目,按实际支付或应支付的金额,贷记"银行存款""库存现金""其他货币资金""应付账款""应付票据""预付账款"等科目。涉及增值税进项税额的,还应进行相应的处理。

(2) 期末,企业应将仓库转来的外购收料凭证,分别下列不同情况进行处理:

① 对于已经付款或已开出、承兑商业汇票的收料凭证,应按实际成本和计划成本分别汇总,按计划成本,借记"原材料""周转材料"等科目,贷记本科目;将实际成本大于计划成本的差异,借记"材料成本差异"科目,贷记本科目;实际成本小于计划成本的差异作相反的会计分录。

② 对于尚未收到发票账单的收料凭证,应按计划成本暂估入账,借记"原材料""周转材料"等科目,贷记"应付账款——暂估应付账款"科目,下期初做相反分录予以冲回。下期收到发票账单的收料凭证,借记本科目,贷记"银行存款""应付账款""应付票据"等科目。涉及增值税进项税额的,还应进行相应的处理。

(四) 期末余额

本科目期末借方余额,反映企业在途材料的采购成本。

二、1402 在途物资

(一) 核算内容

本科目核算企业采用实际成本(或进价)进行材料、商品等物资的日常核算、货款已付尚未验收入库的在途物资的采购成本。

(二) 明细核算

本科目可按供应单位和物资品种进行明细核算。

(三) 主要账务处理

(1) 企业购入材料、商品,按应计入材料、商品采购成本的金额,借记本科目,按实际支付或应支付的金额,贷记"银行存款""应付账款""应付票据"等科目。涉及增值税进项税额的,还应进行相应的处理。

(2) 所购材料、商品到达验收入库,借记"原材料""库存商品"等科目,贷记本科目。

库存商品采用售价核算的,按售价,借记"库存商品"科目,按进价,贷记本科目,进价与售价之间的差额,借记或贷记"商品进销差价"科目。

(四) 期末余额

本科目期末借方余额,反映企业在途材料、商品等物资的采购成本。

三、1403 原材料

(一) 核算内容

本科目核算企业库存的各种材料,包括原料及主要材料、辅助材料、外购半成品(外购件)、修理用备件(备品备件)、包装材料、燃料等的计划成本或实际成本。

收到来料加工装配业务的原料、零件等,应当设置备查簿进行登记。

(二) 明细核算

本科目可按材料的保管地点(仓库)、材料的类别、品种和规格等进行明细核算。

(三) 主要账务处理

(1) 企业购入并已验收入库的材料,按计划成本或实际成本,借记本科目,按实际成本,贷记"材料采购"或"在途物资"科目,按计划成本与实际成本的差异,借记或贷记"材料成本差异"科目。

(2) 自制并已验收入库的材料,按计划成本或实际成本,借记本科目,按实际成本,贷记"生产成本"科目,按计划成本与实际成本的差异,借记或贷记"材料成本差异"科目。

委托外单位加工完成并已验收入库的材料,按计划成本或实际成本,借记本科目,按实际成本,贷记"委托加工物资"科目,按计划成本与实际成本的差异,借记或贷记"材料成本差异"科目。

(3) 生产经营领用材料,借记"生产成本""制造费用""销售费用""管理费用"等科目,贷记本科目。出售材料结转成本,借记"其他业务成本"科目,贷记本科目。发出委托外单位加工的材料,借记"委托加工物资"科目,贷记本科目。采用计划成本进行材料日常核算的,发出材料还应结转材料成本差异,将发出材料的计划成本调整为实际成本。

采用实际成本进行材料日常核算的,发出材料的实际成本,可以采用先进先出法、加权平均法或个别认定法计算确定。

(四) 期末余额

本科目期末借方余额,反映企业库存材料的计划成本或实际成本。

四、1404 材料成本差异

(一) 核算内容

本科目核算企业采用计划成本进行日常核算的材料计划成本与实际成本的差额。企业也可以在"原材料""周转材料"等科目设置"成本差异"明细科目。

(二) 明细核算

本科目可以分别"原材料""周转材料"等,按照类别或品种进行明细核算。

(三) 主要账务处理

(1) 入库材料发生的材料成本差异,实际成本大于计划成本的差异,借记本科目,贷记"材料采购"科目;实际成本小于计划成本的差异作相反的会计分录。

入库材料的计划成本应当尽可能接近实际成本。除特殊情况外,计划成本在年度内不得随意变更。

(2) 结转发出材料应负担的材料成本差异,按实际成本大于计划成本的差异,借记"生产成本""管理费用""销售费用""委托加工物资""其他业务成本"等科目,贷记本科目;实际成本小于计划成本的差异作相反的会计分录。

发出材料应负担的成本差异应当按期(月)分摊,不得在季末或年末一次计算。发出材料应负担的成本差异,除委托外部加工发出材料可按期初成本差异率计算外,应使用当期的实际差异率;期初成本差异率与本期成本差异率相差不大的,也可按期初成本差异率计算。计算方法一经确定,不得随意变更。材料成本差异率的计算公式如下:

$$\text{本期材料成本差异率} = \left(\frac{\text{期初结存材料的成本差异} + \text{本期验收入库材料的成本差异}}{\text{期初结存材料的计划成本} + \text{本期验收入库材料的计划成本}} \right) \times 100\%$$

$$\text{期初材料成本差异率} = \frac{\text{期初结存材料的成本差异}}{\text{期初结存材料的计划成本}} \times 100\%$$

$$\text{发出材料应负担的成本差异} = \text{发出材料的计划成本} \times \text{材料成本差异率}$$

(四) 期末余额

本科目期末借方余额,反映企业库存材料等的实际成本大于计划成本的差异;贷方余额反映企业库存材料等的实际成本小于计划成本的差异。

五、1405 库存商品/开发产品(房地产开发)/农产品(农业)

(一) 核算内容

本科目核算企业库存的各种商品的实际成本(或进价)或计划成本(或售价),包括库存产成品、外购商品、存放在门市部准备出售的商品、发出展览的商品以及寄存在外的商品等。

接受来料加工制造的代制品和为外单位加工修理的代修品,在制造和修理完成验收入库后,视同企业的产成品,也通过本科目核算。

企业(房地产开发)的开发产品,可将本科目改为"1405 开发产品"科目。

企业(农业)收获的农产品,可将本科目改为"1405 农产品"科目。

(二) 明细核算

本科目可按库存商品的种类、品种和规格等进行明细核算。

(三) 主要账务处理

(1) 企业生产的产成品一般应按实际成本核算,产成品的入库和出库,平时只记数量不记金额,期(月)末计算入库产成品的实际成本。生产完成验收入库的产成品,按其实际成本,借记本科目、"农产品"等科目,贷记"生产成本""消耗性生物资产""农业生产成本"等科目。

产成品种类较多的,也可按计划成本进行日常核算,其实际成本与计划成本的差异,可以单独设置"产品成本差异"科目,比照"材料成本差异"科目核算。

采用实际成本进行产成品日常核算的,发出产成品的实际成本,可以采用先进先出法、加权平均法或个别认定法计算确定。

对外销售产成品(包括采用分期收款方式销售产成品),结转销售成本时,借记"主营业务成本"科目,贷记本科目。采用计划成本核算的,发出产成品还应结转产品成本差异,将发出产成品的计划成本调整为实际成本。

(2) 购入商品采用进价核算的,在商品到达验收入库后,按商品进价,借记本科目,贷记"银行存款""在途物资"等科目。委托外单位加工收回的商品,按商品进价,借记本科目,贷记"委托加工物资"科目。

购入商品采用售价核算的,在商品到达验收入库后,按商品售价,借记本科目,按商品进价,贷记"银行存款""在途物资"等科目,按商品售价与进价的差额,贷记"商品进销差价"科目。委托外单位加工收回的商品,按商品售价,借记本科目,按委托加工商品的账面余额,贷记"委托加工物资"科目,按商品售价与进价的差额,贷记"商品进销差价"科目。

对外销售商品(包括采用分期收款方式销售商品),结转销售成本时,借记"主营业务成本"科目,贷记本科目。采用进价进行商品日常核算的,发出商品的实际成本,可以采用先进先出法、加权平均法或个别认定法计算确定。采用售价核算的,还应结转应分摊的商品进销差价。

(3) 企业(房地产开发)开发的产品,达到预定可销售状态时,按实际成本,借记"开发产品"科目,贷记"开发成本"科目。期末,企业结转对外转让、销售和结算开发产品的实际成本,借记"主营业务成本"科目,贷记"开发产品"科目。

企业将开发的营业性配套设施用于本企业从事第三产业经营用房,应视同自用固定资产进行处理,并按营业性配套设施的实际成本,借记"固定资产"科目,贷记"开发产品"科目。

(四) 期末余额

本科目期末借方余额,反映企业库存商品的实际成本(或进价)或计划成本(或售价)。

六、1406 发出商品/委托代销商品

(一) 核算内容

本科目核算企业未满足收入确认条件但已发出商品的实际成本(或进价)或计划成本(或售价)。采用支付手续费方式委托其他单位代销的商品,也可以单独设置"委托代销商品"科目。

(二) 明细核算

本科目可按购货单位、商品类别和品种进行明细核算。

(三) 主要账务处理

(1) 对于未满足收入确认条件的发出商品,应按发出商品的实际成本(或进价)或计划成本(或售价),借记本科目,贷记"库存商品"科目。

发出商品发生退回的,应按退回商品的实际成本(或进价)或计划成本(或售价),借记"库存商品"科目,贷记本科目。

(2) 发出商品满足收入确认条件时,应结转销售成本,借记"主营业务成本"科目,贷记本科目。采用计划成本或售价核算的,还应结转应分摊的产品成本差异或商品进销差价。

(四) 期末余额

本科目期末借方余额,反映企业发出商品的实际成本(或进价)或计划成本(或售价)。

七、1407 商品进销差价

(一) 核算内容

本科目核算企业采用售价进行日常核算的商品售价与进价之间的差额。

(二) 明细核算

本科目可按商品类别或实物管理负责人进行明细核算。

(三) 主要账务处理

(1) 企业购入、加工收回以及销售退回等增加的库存商品,按商品售价,借记"库存商品"科目,按商品进价,贷记"银行存款""委托加工物资"等科目,按售价与进价之间的差额,贷记本科目。

(2) 期(月)末分摊已销商品的进销差价,借记本科目,贷记"主营业务成本"科目。销售商品应分摊的商品进销差价,按以下公式计算:

商品进销差价率 = 期末分摊前本科目余额 ÷ ("库存商品"科目期末余额 + "委托代销商品"科目期末余额 + "发出商品"科目期末余额 + 本期"主营业务收入"科目贷方发生额) × 100%

本期销售商品应分摊的商品进销差价 = 本期"主营业务收入"科目贷方发生额 × 商品进销差价率

企业的商品进销差价率各期之间比较均衡的，也可以采用上期商品进销差价率计算分摊本期的商品进销差价。年度终了，应对商品进销差价进行核实调整。

（四）期末余额

本科目的期末贷方余额，反映企业库存商品的商品进销差价。

八、1408 委托加工物资

（一）核算内容

本科目核算企业委托外单位加工的各种材料、商品等物资的实际成本。

（二）明细核算

本科目可按加工合同、受托加工单位以及加工物资的品种等进行明细核算。

（三）主要账务处理

（1）企业发给外单位加工的物资，按实际成本，借记本科目，贷记"原材料""库存商品"等科目；按计划成本或售价核算的，还应同时结转材料成本差异或商品进销差价。

（2）支付加工费、运杂费等，借记本科目，贷记"银行存款"等科目；需要交纳消费税的委托加工物资，由受托方代收代交的消费税，借记本科目（收回后用于直接销售的）或"应交税费——应交消费税"科目（收回后用于继续加工的），贷记"应付账款""银行存款"等科目。

（3）加工完成验收入库的物资和剩余的物资，按加工收回物资的实际成本和剩余物资的实际成本，借记"原材料""库存商品"等科目，贷记本科目。

采用计划成本或售价核算的，按计划成本或售价，借记"原材料"或"库存商品"科目，按实际成本，贷记本科目，按实际成本与计划成本或售价之间的差额，借记或贷记"材料成本差异"或贷记"商品进销差价"科目。

采用计划成本或售价核算的，也可以采用上期材料成本差异率或商品进销差价率计算分摊本期应分摊的材料成本差异或商品进销差价。

（四）期末余额

本科目期末借方余额，反映企业委托外单位加工尚未完成物资的实际成本。

九、1411 周转材料/周转材料（建造承包商）/包装物/低值易耗品

（一）核算内容

本科目核算企业周转材料的计划成本或实际成本，包括包装物、低值易耗品，以及企业（建造承包商）的钢模板、木模板、脚手架等。

企业的包装物、低值易耗品，也可以单独设置"包装物""低值易耗品"科目。

（二）明细核算

本科目可按周转材料的种类，分别"在库""在用"和"摊销"进行明细核算。

（三）主要账务处理

（1）企业购入、自制、委托外单位加工完成并已验收入库的周转材料等，比照"原材料"科目的相关规定进行处理。

（2）采用一次转销法的，领用时应按其账面价值，借记"管理费用""生产成本""销售费用""工程施工"等科目，贷记本科目。

周转材料报废时，应按报废周转材料的残料价值，借记"原材料"等科目，贷记"管理费用""生产成本""销售费用""工程施工"等科目。

（3）采用其他摊销法的，领用时应按其账面价值，借记本科目（在用），贷记本科目（在库）；摊销时应按摊销额，借记"管理费用""生产成本""销售费用""工程施工"等科目，贷记本科目（摊销）。

周转材料报废时应补提摊销额，借记"管理费用""生产成本""销售费用""工程施工"等科目，贷记本科目（摊销）；同时，按报废周转材料的残料价值，借记"原材料"等科目，贷记"管理费用""生产成本""销售费用""工程施工"等科

目;并转销全部已提摊销额,借记本科目(摊销),贷记本科目(在用)。

(4) 周转材料采用计划成本进行日常核算的,领用等发出周转材料时,还应同时结转应分摊的成本差异。

(四) 期末余额

本科目期末借方余额,反映企业在库周转材料的计划成本或实际成本以及在用周转材料的摊余价值。

十、1421 消耗性生物资产(农业)/消耗性生物资产跌价准备

(一) 核算内容

本科目核算企业(农业)持有的消耗性生物资产的实际成本。消耗性生物资产发生减值的,可以单独设置"消耗性生物资产跌价准备"科目,比照"存货跌价准备"科目进行处理。

(二) 明细核算

本科目可按消耗性生物资产的种类、群别等进行明细核算。

(三) 主要账务处理

(1) 外购的消耗性生物资产,按应计入消耗性生物资产成本的金额,借记本科目,贷记"银行存款""应付账款""应付票据"等科目。

(2) 自行栽培的大田作物和蔬菜,应按收获前发生的必要支出,借记本科目,贷记"银行存款"等科目。自行营造的林木类消耗性生物资产,应按郁闭前发生的必要支出,借记本科目,贷记"银行存款"等科目。自行繁殖的育肥畜、水产养殖的动植物,应按出售前发生的必要支出,借记本科目,贷记"银行存款"等科目。

(3) 取得天然起源的消耗性生物资产,应按名义金额,借记本科目,贷记"营业外收入"科目。

(4) 产畜或役畜淘汰转为育肥畜的,按转群时的账面价值,借记本科目,按已计提的累计折旧,借记"生产性生物资产累计折旧"科目,按其账面余额,贷记"生产性生物资产"科目。已计提减值准备的,还应同时结转减值准备。

育肥畜转为产畜或役畜的,应按其账面余额,借记"生产性生物资产"科目,贷记本科目。已计提跌价准备的,还应同时结转跌价准备。

(5) 择伐、间伐或抚育更新性质采伐而补植林木类消耗性生物资产发生的后续支出,借记本科目,贷记"银行存款"等科目。林木类消耗性生物资产达到郁闭后发生的管护费用等后续支出,借记"管理费用"科目,贷记"银行存款"等科目。

(6) 农业生产过程中发生的应归属于消耗性生物资产的费用,按应分配的金额,借记本科目,贷记"农业生产成本"科目。

(7) 消耗性生物资产收获为农产品时,应按其账面余额,借记"农产品"科目,贷记本科目。已计提跌价准备的,还应同时结转跌价准备。

(8) 出售消耗性生物资产,应按实际收到的金额,借记"银行存款"等科目,贷记"主营业务收入"等科目。按其账面余额,借记"主营业务成本"等科目,贷记本科目。已计提跌价准备的,还应同时结转跌价准备。

(四) 期末余额

本科目期末借方余额,反映企业消耗性生物资产的实际成本。

附:报表列示

企业在进行存货的具体账务处理时,可以根据需要设置"材料采购""在途物资""原材料""材料成本差异""库存商品""发出商品""商品进销差价""委托加工物资""周转材料""存货跌价准备""资产减值损失"等会计科目。企业以支付手续费方式委托其他单位代销的商品,在"发出商品"科目核算,也可以单独设置"委托代销商品"科目并比照"发出商品"科目进行核算;企业采用收取手续费方式受托代销的商品,在"代理业务资产"和"代理业务负债"科目核算,也可以将"代理业务资产"科目改为"受托代销商品"科目,同时,将"代理业务负债"科目改为"受托代销商品款"科目进行核算。

十一、1431 贵金属(金融)

(一) 核算内容

本科目核算企业(金融)持有的黄金、白银等贵金属存货的成本。

企业（金融）为上市交易而持有的贵金属，比照"交易性金融资产"科目进行处理。

（二）明细核算

本科目可按贵金属的类别进行明细核算。

（三）主要账务处理

（1）企业购买的贵金属，借记本科目，贷记"存放中央银行款项"等科目。

（2）出售的贵金属，应按实际收到的金额，借记"存放中央银行款项"等科目，贷记"其他业务收入"科目。按其账面余额，借记"其他业务成本"科目，贷记本科目。

（四）期末余额

本科目期末借方余额，反映企业持有贵金属存货的成本。

十二、1441 抵债资产（金融）

（一）核算内容

本科目核算企业（金融）依法取得并准备按有关规定进行处置的实物抵债资产的成本。

企业（金融）依法取得并准备按有关规定进行处置的非实物抵债资产（不含股权投资），也通过本科目核算。

（二）明细核算

本科目可按抵债资产类别及借款人进行明细核算。抵债资产发生减值的，可以单独设置"抵债资产跌价准备"科目，比照"存货跌价准备"科目进行处理。

（三）主要账务处理

（1）企业取得的抵债资产，按抵债资产的公允价值，借记本科目，按相关资产已计提的减值准备，借记"贷款损失准备""坏账准备"等科目，按相关资产的账面余额，贷记"贷款""应收手续费及佣金"等科目，按应支付的相关税费，贷记"应交税费"科目，按其差额，借记"营业外支出"科目。如为贷方差额，应贷记"资产减值损失"科目。

注 根据《企业会计准则第22号——金融工具确认和计量》的规定，对企业应收款项、合同资产和租赁应收款发生信用减值核算时由原来的"资产减值损失"账户改成"信用减值损失"账户。

（2）抵债资产保管期间取得的收入，借记"库存现金""银行存款""存放中央银行款项"等科目，贷记"其他业务收入"等科目。保管期间发生的直接费用，借记"其他业务成本"等科目，贷记"库存现金""银行存款""存放中央银行款项"等科目。

（3）处置抵债资产时，应按实际收到的金额，借记"库存现金""银行存款""存放中央银行款项"等科目，按应支付的相关税费，贷记"应交税费"科目，按其账面余额，贷记本科目，按其差额，贷记"营业外收入"科目或借记"营业外支出"科目。已计提抵债资产跌价准备的，还应同时结转跌价准备。

注 "资产处置损益"科目核算企业出售划分为持有待售的非流动资产（金融工具、长期股权投资和投资性房地产除外）或处置组（子公司和业务除外）时确认的处置利得或损失，以及处置未划分为持有待售的固定资产、在建工程、生产性生物资产及无形资产而产生的处置利得或损失。

债务重组中因处置非流动资产产生的利得或损失和非货币性资产交换中换出非流动资产产生的利得或损失也在"资产处置损益"科目核算。

（4）取得抵债资产后转为自用的，应在相关手续办妥时，按转换日抵债资产的账面余额，借记"固定资产"等科目，贷记本科目。已计提抵债资产跌价准备的，还应同时结转跌价准备。

（四）期末余额

本科目期末借方余额，反映企业取得的尚未处置的实物抵债资产的成本。

十三、1451 损余物资（保险）

（一）核算内容

本科目核算企业（保险）按照原保险合同约定承担赔偿保险金责任后取得的损余物资成本。

（二）明细核算

本科目可按损余物资种类进行明细核算。

损余物资发生减值的，可以单独设置"损余物资跌价准备"科目，比照"存货跌价准备"科目进行处理。

(三) 主要账务处理

（1）企业承担赔偿保险金责任后取得的损余物资，按同类或类似资产的市场价格计算确定的金额，借记本科目，贷记"赔付支出"科目。

（2）处置损余物资时，按实际收到的金额，借记"库存现金""银行存款"等科目，按其账面余额，贷记本科目，按其差额，借记或贷记"赔付支出"科目。已计提跌价准备的，还应同时结转跌价准备。

(四) 期末余额

本科目期末借方余额，反映企业承担赔偿保险金责任后取得的损余物资成本。

十四、1471 存货跌价准备

(一) 核算内容

本科目核算企业存货的跌价准备。

(二) 明细核算

本科目可按存货项目或类别进行明细核算。

(三) 主要账务处理

（1）资产负债表日，存货发生减值的，按存货可变现净值低于成本的差额，借记"资产减值损失"科目，贷记本科目。

已计提跌价准备的存货价值以后又得以恢复，应在原已计提的存货跌价准备金额内，按恢复增加的金额，借记本科目，贷记"资产减值损失"科目。

发出存货结转存货跌价准备的，借记本科目，贷记"主营业务成本""生产成本"等科目。

（2）企业（建造承包商）建造合同执行中预计总成本超过合同总收入的，应按其差额，借记"资产减值损失"科目，贷记本科目。合同完工时，借记本科目，贷记"主营业务成本"科目。

(四) 期末余额

本科目期末贷方余额，反映企业已计提但尚未转销的存货跌价准备。

十五、5001 生产成本/农业生产成本(农业)/开发成本(房地产开发)

(一) 核算内容

本科目核算企业进行工业性生产发生的各项生产成本，包括生产各种产品（产成品、自制半成品等）、自制材料、自制工具、自制设备等。

企业（农业）进行农业生产发生的各项生产成本，可将本科目改为"5001 农业生产成本"科目，并分别种植业、畜牧养殖业、林业和水产业确定成本核算对象（消耗性生物资产、生产性生物资产、公益性生物资产和农产品）和成本项目，进行费用的归集和分配。

企业（房地产开发）可将本科目改为"5001 开发成本"科目。

(二) 明细核算

本科目可按基本生产成本和辅助生产成本进行明细核算。

基本生产成本应当分别按照基本生产车间和成本核算对象（产品的品种、类别、定单、批别、生产阶段等）设置明细账（或成本计算单，下同），并按照规定的成本项目设置专栏。

(三) 主要账务处理

（1）企业发生的各项直接生产成本，借记本科目（基本生产成本、辅助生产成本），贷记"原材料""库存现金""银行存款""应付职工薪酬"等科目。

各生产车间应负担的制造费用，借记本科目（基本生产成本、辅助生产成本），贷记"制造费用"科目。

辅助生产车间为基本生产车间、企业管理部门和其他部门提供的劳务和产品，期（月）末按照一定的分配标准分配给各受益对象，借记本科目（基本生产成本）、"管理费用""销售费用""其他业务成本""在建工程"等科目，贷记本科目（辅助生产成本）。

企业已经生产完成并已验收入库的产成品以及入库的自制半成品，应于期（月）末，借记"库存商品"等科目，贷记本科目（基本生产成本）。

（2）生产性生物资产在产出农产品过程中发生的各项费用，借记"农业生产成本"科目，贷记"库存现金""银行存款""原材料""应付职工薪酬""生产性生物资产累计折旧"等科目。

农业生产过程中发生的应由农产品、消耗性生物资产、生产性生物资产和公益性生物资产共同负担的费用,借记"农业生产成本——共同费用"科目,贷记"库存现金""银行存款""原材料""应付职工薪酬""农业生产成本"等科目。

期(月)末,可按一定的分配标准对上述共同负担的费用进行分配,借记"农业生产成本——农产品""消耗性生物资产""生产性生物资产""公益性生物资产"等科目,贷记"农业生产成本——共同费用"科目。

应由生产性生物资产收获的农产品负担的费用,应当采用合理的方法在农产品各品种之间进行分配;如有尚未收获的农产品,还应当在已收获和尚未收获的农产品之间进行分配。

生产性生物资产收获的农产品验收入库时,按其实际成本,借记"农产品"科目,贷记本科目(农产品)。

(四) 期末余额

本科目期末借方余额,反映企业尚未加工完成的在产品成本或尚未收获的农产品成本。

第六讲 长期股权投资

第一节 综合知识

一、相关知识概述

(一) 长期股权投资的构成

长期股权投资,是指投资方对被投资单位实施控制、重大影响的权益性投资,以及对其合营企业的权益性投资(如图6-1所示)。

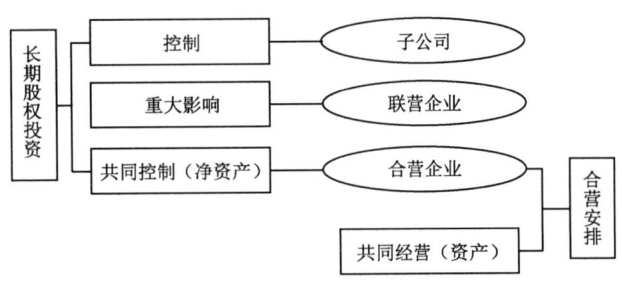

图6-1 长期股权投资的构成及与合营安排的关系

1. 投资方能够对被投资单位实施控制的权益性投资,即对子公司投资

控制,是指投资方拥有对被投资单位的权力,通过参与被投资单位的相关活动而享有可变回报,并且有能力运用对被投资单位的权力影响其回报金额。

对控制和相关活动的理解及具体判断:

(1) 在确定能否对被投资单位实施控制时,投资方应当按照《企业会计准则第33号——合并财务报表》的有关规定进行判断。

(2) 投资方能够对被投资单位实施控制的,被投资单位为其子公司。

(3) 投资方属于《企业会计准则第33号——合并财务报表》规定的投资性主体且子公司不纳入合并财务报表的情况除外。

2. 投资方与其他合营方一同对被投资单位实施共同控制且对被投资单位净资产享有权利的权益性投资,即对合营企业投资

(1) 共同控制的概念。

共同控制,是指按照相关约定对某项安排所共有的控制,并且该安排的相关活动必须经过分享控制权的参与方一致同意后才能决策。

(2) 共同控制和合营企业的理解及具体判断。

在确定被投资单位是否为合营企业时,应当按照《企业会计准则第40号——合营安排》的有关规定进行判断。

合营安排是指一项由两个或两个以上的参与方共同控制的安排。合营安排分为共同经营和合营企业。共同经营,是指合营方享有该安排相关资产且承担该安排相关负债的合营安排。合营企业,是指合营方仅对该安排的净资产享有权利的合营安排。未通过"单独主体"达成的合营安排,归类为"共同经营";通过"单独主体"达成合营安排,通常应当划分为合营企业——归类为"合营企业"还是"共同经营",需要从法律形式、合同安排、其他事实和情况这三个方面判断。

注 本准则中的"合营企业"概念不同于《中外合资经营企业法》中的"合营企业",容易造成理解上的混淆和歧义。建议修改为"共控企业"。

3. 投资方对被投资单位具有重大影响（通常享有 20%以上但低于 50%的表决权）的权益性投资，即对联营企业投资

（1）什么是重大影响？

重大影响，是指投资方对被投资单位的财务和经营政策有参与决策的权力，但并不能够控制或者与其他方一起共同控制这些政策的制定。

投资方能够对被投资单位施加重大影响的，被投资单位为其联营企业。

（2）重大影响判断。

实务中，较为常见的重大影响体现为在被投资单位的董事会或类似权力机构中派有代表，通过在被投资单位财务和经营决策制定过程中的发言权实施重大影响。

关于重大影响的判断

企业通常可以通过以下一种或几种情形来判断是否对被投资单位具有重大影响：

（1）在被投资单位的董事会或类似权力机构中派有代表。

在这种情况下，由于在被投资单位的董事会或类似权力机构中派有代表，并相应享有实质性的参与决策权，投资方可以通过该代表参与被投资单位财务和经营政策的制定，达到对被投资单位施加重大影响。

（2）参与被投资单位财务和经营政策制定过程。

在这种情况下，在制定政策过程中可以为其自身利益提出建议和意见，从而可以对被投资单位施加重大影响。

（3）与被投资单位之间发生重要交易。

有关的交易因对被投资单位的日常经营具有重要性，进而一定程度上可以影响到被投资单位的生产经营决策。

（4）向被投资单位派出管理人员。

在这种情况下，管理人员有权力主导被投资单位的相关活动，从而能够对被投资单位施加重大影响。

（5）向被投资单位提供关键技术资料。

因被投资单位的生产经营需要依赖投资方的技术或技术资料，表明投资方对被投资单位具有重大影响。

存在上述一种或多种情形并不意味着投资方一定对被投资单位具有重大影响，企业需要综合考虑所有事实和情况来做出恰当的判断。

投资方直接或通过子公司间接持有被投资单位 20%以上但低于 50%的表决权时，一般认为对被投资单位具有重大影响，除非有明确的证据表明该种情况下不能参与被投资单位的生产经营决策，不形成重大影响。

"在确定能否对被投资单位施加重大影响时，应当考虑投资方和其他方持有的被投资单位当期可转换公司债券、当期可执行认股权证等潜在表决权因素。"在确定能否对被投资单位施加重大影响时，一方面应考虑投资方直接或间接持有被投资单位的表决权股份，同时要考虑投资方及其他方持有的当期可执行潜在表决权在假定转换为对被投资单位的股权后产生的影响，如被投资单位发行的当期可转换的认股权证、股份期权及可转换公司债券等的影响。

（二）长期股权投资的披露

长期股权投资的披露，适用《企业会计准则第 41 号——在其他主体中权益的披露》。

二、会计准则概述

（一）本准则的相关背景

为了规范长期股权投资的确认、计量，我国财政部 2006 年 2 月 15 日发布了《企业会计准则第 2 号——长期股权投资》，2014 年 3 月 13 日对其进行了修订（财会〔2014〕14 号）（修订后的长期股权投资会计准则，本讲简称"本准则"或"新准则"）。

本准则的修订背景：

（1）适应企业实务需要。

原准则对权益法的有关会计处理做出了规定。近年来，实务中反映，关于被投资方除净损益、其他综合收益和分红以外的其他权益变动，原准则的相关规定仍不够明确，不能满足实务需要。为推动企业会计准则的有效实施、提高企业会计信息质量，有必要通过修订原准则进一步明确此问题。

（2）整合企业会计准则解释和年报通知等相关内容。

原准则发布后，我国财政部陆续通过企业

会计准则解释第1~6号、年报通知等文件对准则中的部分内容进行了修订和完善。但由于上述规定散见在多个文件中，同时法律层次较低，不便于企业贯彻实施，有必要对有关规定进行全面梳理和整合，修订、完善原准则。

（3）与国际财务报告准则持续趋同。

国际会计准则理事会（IASB）于2011年发布《国际财务报告准则第10号——合并财务报表》（IFRS10），以取代《国际会计准则第27号——合并财务报表和单独财务报表》有关合并财务报表的部分以及《解释公告第12号——合并：特殊目的主体》。同年，IASB还发布了《国际财务报告准则第11号——合营安排》（IFRS11）和《国际财务报告准则第12号——在其他主体中权益的披露》（IFRS12），并对《国际会计准则第28号——对联营、合营的投资》（IAS28）进行了修订。以上新发布准则和修订准则对原准则的影响，主要体现为控制、共同控制以及合营企业等定义以及披露要求的变化。

针对国际财务报告准则的新变化，为实现与国际财务报告准则的持续趋同，有必要及时修订原准则。

（二）适用范围（归纳信息见表6-1）

1. 适用本准则的范围

《企业会计准则第2号——长期股权投资》规范了符合条件的权益性投资的确认和计量。

适用本准则的范围有：

（1）投资方能够对被投资单位实施控制的权益性投资，即对子公司投资。

（2）投资方与其他合营方一同对被投资单位实施共同控制且对被投资单位净资产享有权利的权益性投资，即对合营企业投资。

（3）投资方对被投资单位具有重大影响的权益性投资，即对联营企业投资。

2. 适用金融工具确认和计量准则的范围

（1）风险投资机构、共同基金以及类似主体（如投资连结保险产品）——以公允价值计量且其变动计入当期损益的金融资产。

长期股权投资准则规范的权益性投资不包括风险投资机构、共同基金以及类似主体（如投资连结保险产品）持有的、在初始确认时按照金融工具确认和计量准则的规定以公允价值计量且其变动计入当期损益的金融资产，这类金融资产即使符合持有待售条件，也应继续按金融工具确认和计量准则进行会计处理。

（2）投资性主体——对不纳入合并财务报表的子公司的权益性投资。

投资性主体对不纳入合并财务报表的子公司的权益性投资，应按照公允价值计量且其变动计入当期损益。

（3）对被投资方不具有控制、共同控制或重大影响，并在活跃市场中没有报价、公允价值不能可靠计量的权益性投资。

其他投资适用《企业会计准则第22号——金融工具确认和计量》等相关准则。

需要注意的是，自2014年7月1日起，投资企业持有的对被投资方不具有控制、共同控制或重大影响，并在活跃市场中没有报价、公允价值不能可靠计量的权益性投资排除在长期股权投资范围之外，应按照金融工具的确认和计量准则进行会计处理。

表6-1 对应适用会计准则及会计处理方法一览表

适用会计准则	情形	归类	后续计量方法
长期股权投资准则	控制	子公司	成本法
	共同控制（净资产）	合营企业	权益法
	重大影响（20%以上但低于50%的表决权）	联营企业	权益法
合营安排准则	共同经营（资产）	共同经营	分别对共同经营中合营方、对共同经营不享有共同控制的参与方按合营安排准则进行会计处理

(续表)

适用会计准则	情形	归类	后续计量方法
金融工具确认和计量准则	对被投资方不具有控制、共同控制或重大影响,并在活跃市场中没有报价、公允价值不能可靠计量的权益性投资	权益性投资	公允价值计量
	投资性主体——对不纳入合并财务报表的子公司的权益性投资	权益性投资	
	风险投资机构、共同基金以及类似主体(如投资连结保险产品)——以公允价值计量且其变动计入当期损益的金融资产	金融资产	

企业应当如何判断某项投资的会计处理适用《企业会计准则第2号——长期股权投资》还是适用《企业会计准则第22号——金融工具确认和计量》?

首先,企业应当判断投资方是否对被投资单位实施控制、共同控制或重大影响,从而使该投资适用长期股权投资准则。

其次,如果该投资不适用长期股权投资准则,企业应当根据金融工具确认计量准则,判断该投资是否为权益工具投资,并进行相应会计处理。

风险投资机构、共同基金以及类似主体持有的、在初始确认时按照金融工具确认计量准则的规定以公允价值计量且其变动计入当期损益的金融资产,投资性主体对不纳入合并财务报表的子公司的权益性投资,适用金融工具确认计量准则。

【例6-1】 智董公司于2×20年1月出资1亿元对贵琛合伙企业进行增资,增资后智董公司持有贵琛合伙企业40%的权益同时约定贵琛合伙企业在2×20年12月31日、2×21年12月31日两个时点分别以固定价格6 000万元和1亿元向智董公司赎回15%、25%的权益。

【分析】 一般而言,企业对外投资的法律形式要件都体现了其实质的投资意图和性质。然而,在当前市场经济条件下,企业投资模式日趋多元化,除传统的纯粹债权或者纯粹权益投资外,不少企业的投资模式同时具备债权性投资和权益性投资的特点,增大了识别和判断的难度。

上述交易从表面形式看为权益性投资,智董公司办理了正常的出资手续,符合法律上出资的形式要件。然而,从投资的性质而言,该投资并不具备权益性投资的普遍特征。上述智董公司的投资在其出资之日,就约定了在固定的时间以固定的金额退出,退出时间也较短(全部退出日距初始投资日也仅有2年)。从风险角度分析,智董公司实际上仅承担了贵琛合伙企业的信用风险而不是贵琛合伙企业的经营风险,其交易实质更接近于智董公司接受贵琛合伙企业的权益作为质押物,向其提供资金并收取资金占用费,该投资的实质为债权性投资,应按照金融工具确认和计量准则等相关准则进行会计处理。

(三) 本准则的主要变化

此次修订主要涉及长期股权投资的范围、权益法的有关会计处理、按个别财务报表和合并财务报表分别就有关交易事项进行会计处理,以及我国企业会计准则中有关长期股权投资的条款的整合。

1. 关于长期股权投资的范围

原准则规定,投资企业持有的对被投资方不具有控制、共同控制或重大影响,并在活跃市场中没有报价、公允价值不能可靠计量的权益性投资(以下简称"该类股权投资"),应当按照成本法核算。《国际会计准则第27号——单独财务报表》(IAS27)规定,企业在单独财务报表中,可以采用成本法或公允价值对所持有的子公司、联营和合营的权益性投资进行会计处理。《国际会计准则第28号——对联营企业投资的会计》(IAS28)规定,企业对联营、合营企业的权益性投资,应当采用权益法进行会计处理。《国际财务报告准则第9号——金融工具》(IFRS9)规定,IAS27和IAS28规定的对子公司、联营和合营的权益性投资以外的投资,按照IFRS9进行会计处理,同时,在某些特殊情况下,该类股权投资可以采用成本法进行会计处理。

本准则将该类股权投资排除在长期股权投

资范围之外,规定按照金融工具的确认和计量准则进行会计处理。

主要理由:

(1) 从股权投资的持有意图或获利模式等来看,企业的金融资产通常为短期持有,在市场上通过买卖获利或按合同协议取得既定收益;企业的长期股权投资,通常在较长期间内持有,对被投资方具有不同程度的影响力,能够通过参与被投资方重大决策而获得可变回报。因此,该类股权投资与金融工具的确认和计量准则所规定的金融资产具有一定程度的同质性,将其排除在长期股权投资范围外,有助于使本准则和金融工具的确认和计量准则所规范的内容更为明晰。

(2)《企业会计准则第 39 号——公允价值计量》(以下简称"公允价值计量准则")于 2014 年 1 月 26 日发布,明确规定了不同条件下公允价值计量的会计处理,该类股权投资应当按照公允价值计量准则确定公允价值。

(3) 长期股权投资会计准则(2014)修订发布前,某些 A+H 公司将该类股权投资确认为可供出售金融资产,有助于解决目前实务中该类股权投资因被投资方在以后期间实现上市而发生的巨额公允价值变动一次性计入损益的问题。

(4) 在明确规定该类股权投资按照金融工具的确认和计量准则进行会计处理的情况下,投资企业仍然可以按规定采用成本法对符合条件的该类股权投资进行会计处理,不会对现行有效做法形成不利影响。

2. 关于投资企业应享有被投资方除净损益、其他综合收益和分红以外的其他所有者权益变动的会计处理

原准则规定了投资企业应享有被投资方净损益、其他综合收益和分红所导致的所有者权益变动的会计处理,但并未对其他因素导致的所有者权益变动(如被投资方收到其他投资企业的捐赠或出资溢价等权益性交易,以下简称"其他权益变动")的会计处理做出明确规定。国际财务报告准则也并未对此问题做出明确规定。2012 年年底,国际会计准则理事会(IASB)在《权益法:投资企业应享有的被投资方其他所有者权益变动(征求意见稿)》中提出了相关解决方案,即其他权益变动应在权益中予以确认,且在终止权益法核算时转入当期损益。根据国际会计准则理事会会议记录,2014 年 5 月,国际会计准则理事会决定停止该项目,关于此问题的会计处理仍然不明确。

本准则规定投资方应享有被投资方的其他权益变动,应当计入权益。

主要理由:

(1) 如果计入损益会影响投资者对会计主体正常盈利能力的判断。以我国创投企业为例,在被投资方不断引入其他投资方的情况下,创投企业应享有的被投资方权益往往因资本溢价而发生变动,在没有分红限制的情况下提前将这些权益变动确认为损益,可能会导致未实现收益提前流出企业。

(2) 关于此问题的不同意见由来已久,实务中存在着不同的处理和操作,影响了企业间会计信息的可比性,也不利于财务报告使用者做出恰当的决策,应尽快予以明确,及时规范企业有关会计处理。

(3) 既然 IASB 已经就此问题形成了倾向性意见,代表这种做法是目前较为恰当的现实选择。

3. 关于按个别财务报表和合并财务报表分别就有关交易事项进行会计处理

原准则并未就个别财务报表和合并财务报表,分别对有关交易事项进行会计处理做出规定。根据国际惯例,有关国家和地区按照本国或本地区的公司法、税法等法律法规,对法定财务报表做出规定。国际财务报告准则也并未涉及法定财务报表。IAS27 规定了单独财务报表的会计处理。单独财务报表是指由母公司或对被投资方共同控制或具有重要影响的投资者编制的财务报表,在该报表中股权投资都以成本法或按 IFRS9 处理。我国个别财务报表不是 IAS27 规定的单独财务报表。

本准则规定按个别财务报表和合并财务报表分别就有关交易事项进行会计处理。

在我国，个别财务报表是反映一个企业作为独立法人主体财务状况情况的报表，需要在一定程度上考虑国家相关法律法规要求，例如注册资本登记管理制度、利润分配要求等等。个别财务报表作为一个企业的法定财务报表，应该反映这个企业从事交易的实际情况。因此，个别财务报表在一定程度上对相关交易的处理应与合并财务报表区别开来。例如，企业因部分处置股权而丧失对被投资方的控制权时，根据合并财务报表准则的规定，在合并财务报表中，剩余股权应按照丧失控制权之日的公允价值计量，公允价值与账面价值的差额计入当期损益；但是，这种处理方法不适合应用在个别财务报表中，理由是，个别财务报表的损益是公司利润的基础，一次性确认大量未实现的、没有现金流支持的损益，不符合实际情况，也会给企业带来后续利润分配的压力。

4. 吸收整合企业会计准则解释、年报通知等相关内容

本准则对散见在企业会计准则解释第1~6号和年报通知等文件中的有关内容进行了整合，具体包括：

（1）明确规定投资企业采用成本法核算对被投资方的投资时，投资企业确认投资收益的会计处理，取消了原准则中以被投资方接受投资后产生的累积净利润的分配额为限的规定。

（2）明确规定了投资企业采用权益法核算时应如何确认应享有被投资方净损益和其他原因导致的净资产变动的份额。

（3）明确规定了投资企业在计算确认应享有或应分担被投资方的净损益时，与被投资方之间发生的未实现内部交易损益按照持股比例计算归属于投资企业的部分应当予以抵销。

（4）明确规定了投资企业因增加投资或减少投资等原因导致对被投资方的控制、共同控制或重大影响发生变化的会计处理，即长期股权投资核算方法随着以上变化相应在成本法、权益法之间的转换衔接，以及改按金融工具的确认和计量准则进行会计处理的衔接规定。

第二节　长期股权投资的初始计量

长期股权投资的初始计量方法，如表6-2所示。

表6-2　长期股权投资的初始计量

情形		会计处理
企业合并形成的	同一控制下企业合并形成的	（1）合并方以支付现金、转让非现金资产或承担债务方式作为合并对价的，应当在合并日按照被合并方所有者权益在最终控制方合并财务报表中的账面价值的份额作为长期股权投资的初始投资成本 长期股权投资初始投资成本与支付的现金、转让的非现金资产以及所承担债务账面价值之间的差额，应当调整资本公积；资本公积不足冲减的，调整留存收益 （2）合并方以发行权益性证券作为合并对价的应当在合并日按照被合并方所有者权益在最终控制方合并财务报表中的账面价值的份额作为长期股权投资的初始投资成本 按照发行股份的面值总额作为股本，长期股权投资初始投资成本与所发行股份面值总额之间的差额，应当调整资本公积；资本公积不足冲减的，调整留存收益
	非同一控制下企业合并形成的	按照《企业会计准则第20号——企业合并》的有关规定确定的合并成本作为长期股权投资的初始投资成本 合并方或购买方为企业合并发生的审计、法律服务、评估咨询等中介费用以及其他相关管理费用，应当于发生时计入当期损益
以支付现金取得		按照实际支付的购买价款作为初始投资成本 初始投资成本包括与取得长期股权投资直接相关的费用、税金及其他必要支出

(续表)

情形	会计处理
以发行权益性证券取得	按照发行权益性证券的公允价值作为初始投资成本 与发行权益性证券直接相关的费用,应当按照《企业会计准则第37号——金融工具列报》的有关规定确定
通过非货币性资产交换取得	按照《企业会计准则第7号——非货币性资产交换》的有关规定确定
通过债务重组取得	按照《企业会计准则第12号——债务重组》的有关规定确定
公司制改建	对资产、负债的账面价值按照评估价值调整的,长期股权投资应以评估价值作为改制时的认定成本,评估值与原账面价值的差异应计入资本公积(资本溢价或股本溢价)

一、企业合并形成的长期股权投资的初始计量

企业合并形成的长期股权投资,应分别同一控制下控股合并与非同一控制下控股合并确定其初始投资成本。

通过多次交易分步实现的企业合并,各项交易是否属于"一揽子交易",应按合并财务报表准则的有关规定进行判断。

(一) 同一控制下企业合并形成的长期股权投资

在按照合并日应享有被合并方净资产的账面价值的份额确定长期股权投资的初始投资成本时,前提是合并前合并方与被合并方采用的会计政策应当一致。企业合并前合并方与被合并方采用的会计政策不同的,应基于重要性原则,统一合并方与被合并方的会计政策。在按照合并方的会计政策对被合并方净资产的账面价值进行调整的基础上,计算确定长期股权投资的初始投资成本。

1. 以支付现金、转让非现金资产或承担债务方式作为合并对价

合并方以支付现金、转让非现金资产或承担债务方式作为合并对价的,应当在合并日按照所取得的被合并方在最终控制方合并财务报表中的净资产的账面价值的份额作为长期股权投资的初始投资成本。

被合并方在合并日的净资产账面价值为负数的,长期股权投资成本按零确定,同时在备查簿中予以登记。

如果被合并方在被合并以前,是最终控制方通过非同一控制下的企业合并所控制的,则合并方长期股权投资的初始投资成本还应包含相关的商誉金额。

长期股权投资的初始投资成本与支付的现金、转让的非现金资产及所承担债务账面价值之间的差额,应当调整资本公积(资本溢价或股本溢价);资本公积(资本溢价或股本溢价)的余额不足冲减的,依次冲减盈余公积和未分配利润。

2. 以发行权益性工具作为合并对价

合并方以发行权益性工具作为合并对价的,应按发行股份的面值总额作为股本,长期股权投资的初始投资成本与所发行股份面值总额之间的差额,应当调整资本公积(资本溢价或股本溢价);资本公积(资本溢价或股本溢价)不足冲减的,依次冲减盈余公积和未分配利润。

合并方发生的审计、法律服务、评估咨询等中介费用以及其他相关管理费用,于发生时计入当期损益。

与发行权益性工具作为合并对价直接相关的交易费用,应当冲减资本公积(资本溢价或股本溢价),资本公积(资本溢价或股本溢价)不足冲减的,依次冲减盈余公积和未分配利润。

与发行债务性工具作为合并对价直接相关的交易费用,应当计入债务性工具的初始确认金额。

【例6-2】 2×21年6月30日,智董公司向同一集团内贵琛公司的原股东赓升公司定向增发2 000万股普通股(每股面值为1元,市价为18元),取得贵琛公司100%的股权,相关手续于当日完成,并能够对贵琛公司实施控制。合并

后贵琛公司仍维持其独立法人资格继续经营。贵琛公司之前为赓升公司于2×19年以非同一控制下企业合并的方式收购的全资子公司。合并日，贵琛公司财务报表中净资产的账面价值为3 000万元，赓升公司合并财务报表中的贵琛公司净资产账面价值为5 000万元（含商誉800万元）。假定智董公司和贵琛公司都受赓升公司同一控制。不考虑相关税费等其他因素影响。

【分析】 本例中，智董公司在合并日应确认对贵琛公司的长期股权投资，初始投资成本为应享有贵琛公司在赓升公司合并财务报表中的净资产账面价值的份额（含相关商誉），会计处理如下：

借：长期股权投资——投资成本　　50 000 000
　　贷：股本　　　　　　　　　　　　20 000 000
　　　　资本公积——股本溢价　　　　30 000 000

3. 被合并方编制合并财务报表时，长期股权投资初始投资成本的确认

如果被合并方编制合并财务报表，则应当以合并日被合并方的合并财务报表为基础确认长期股权投资的初始投资成本。

4. 通过多次交易分步取得同一控制下被投资单位的股权而最终形成企业合并情况下，长期股权投资初始投资成本的确认

企业通过多次交易分步取得同一控制下被投资单位的股权，最终形成企业合并的，应当判断多次交易是否属于"一揽子交易"。

（1）属于一揽子交易的。

合并方应当将各项交易作为一项取得控制权的交易进行会计处理。

（2）不属于"一揽子交易"的。

取得控制权日，应按照以下步骤进行会计处理：

① 确定同一控制下企业合并形成的长期股权投资的初始投资成本。

在合并日，根据合并后应享有被合并方净资产在最终控制方合并财务报表中的账面价值的份额，确定长期股权投资的初始投资成本。

② 长期股权投资初始投资成本与合并对价账面价值之间的差额的处理。

合并日长期股权投资的初始投资成本，与达到合并前的长期股权投资账面价值加上合并日进一步取得股份新支付对价的账面价值之和的差额，调整资本公积（资本溢价或股本溢价），资本公积不足冲减的，冲减留存收益。

③ 其他综合收益、其他所有者权益变动、处置后剩余股权的会计处理。

合并日之前持有的股权投资，因采用权益法核算或金融工具确认和计量准则核算而确认的其他综合收益，暂不进行会计处理，直至处置该项投资时采用与被投资单位直接处置相关资产或负债相同的基础进行会计处理；因采用权益法核算而确认的被投资单位净资产中除净损益、其他综合收益和利润分配以外的所有者权益其他变动，暂不进行会计处理，直至处置该项投资时转入当期损益。其中，处置后的剩余股权根据本准则采用成本法或权益法核算的，其他综合收益和其他所有者权益应按比例结转，处置后的剩余股权改按金融工具确认和计量准则进行会计处理的，其他综合收益和其他所有者权益应全部结转。

④ 编制合并财务报表。

合并方应当按照《企业会计准则第20号——企业合并》（以下简称企业合并准则）和合并财务报表准则的规定编制合并财务报表。合并方在达到合并之前持有的长期股权投资，在取得日与合并方与被合并方同处于同一方最终控制之日孰晚日与合并日之间已确认有关损益、其他综合收益和其他所有者权益变动，应分别冲减比较报表期间的期初留存收益或当期损益。

【例6-3】 2×19年1月1日，赓升公司取得同一控制下的智董公司20%的股份，实际支付款项3 000万元，能够对智董公司施加重大影响。相关手续于当日办理完毕。当日，智董公司可辨认净资产账面价值为11 000万元（假定与公允价值相等）。2×19年及2×20年，智董公司共实现净利润500万元，无其他所有者权益变动。

2×21年1月1日，赓升公司以定向增发

1 000万股普通股(每股面值为1元,每股公允价值为5元)的方式购买同一控制下另一企业所持有的智董公司40%股权,相关手续于当日完成。进一步取得投资后,赓升公司能够对智董公司实施控制。当日,智董公司在最终控制方合并财务报表中的净资产的账面价值为11 500万元。

假定赓升公司和智董公司采用的会计政策和会计期间相同,均按照10%的比例提取盈余公积。赓升公司和智董公司一直同受同一最终控制方控制。上述交易不属于一揽子交易。不考虑相关税费等其他因素影响。

【分析】 赓升公司有关会计处理如下:

(1)确定合并日长期股权投资的初始投资成本。

合并日追加投资后赓升公司持有智董公司股权比例为60%(20%+40%)。

合并日赓升公司享有智董公司在最终控制方合并财务报表中净资产的账面价值份额为6 900万元(11 500×60%)。

(2)长期股权投资初始投资成本与合并对价账面价值之间的差额的处理。

原20%的股权投资采用权益法核算,在合并日的原账面价值为3 100万元(3 000+500×20%)。

追加投资(40%)所支付对价的账面价值为1 000万元。

合并对价账面价值为4 100万元(3 100+1 000)。

长期股权投资初始投资成本与合并对价账面价值之间的差额为2 800万元(6 900-4 100)。

借:长期股权投资——投资成本　69 000 000
　贷:长期股权投资——投资成本　30 000 000
　　　　　　　　　　——损益调整　1 000 000
　　　股本　　　　　　　　　　　10 000 000
　　　资本公积(股本溢价)　　　28 000 000

(二)非同一控制下企业合并形成的长期股权投资

1. 一般情况下

非同一控制下的控股合并中,购买方应当以《企业会计准则第20号——企业合并》确定的企业合并成本作为长期股权投资的初始投资成本。

企业合并成本包括购买方付出的资产、发生或承担的负债、发行的权益性工具或债务性工具的公允价值之和。

购买方为企业合并发生的审计、法律服务、评估咨询等中介费用以及其他相关管理费用,应于发生时计入当期损益;购买方作为合并对价发行的权益性工具或债务性工具的交易费用,应当计入权益性工具或债务性工具的初始确认金额。

【例6-4】 2×19年3月31日,智董公司取得贵琛公司80%的股权,取得该部分股权后能够对贵琛公司实施控制。为核实贵琛公司的资产价值,智董公司聘请资产评估机构对贵琛公司的资产进行评估,支付评估费用10万元。合并中,智董公司支付的有关资产在购买日的账面价值与公允价值如表6-3所示。假定合并前智董公司与贵琛公司不存在任何关联方关系。不考虑相关税费等其他因素影响。

表6-3　有关资产在购买日的账面价值与公允价值

2×19年3月31日　　　　　　　　　单位:元

项目	账面价值	公允价值
土地使用权(自用)	8 000 000	12 800 000
专利技术	3 200 000	4 000 000
银行存款	3 200 000	3 200 000
合计	14 400 000	20 000 000

注:智董公司用作合并对价的土地使用权和专利技术原价为1 280万元,至企业合并发生时已累计摊销160万元。

【分析】 本例中,因智董公司与贵琛公司在合并前不存在任何关联方关系,应作为非同一控制下的企业合并处理。

智董公司对于合并形成的对贵琛公司的长期股权投资,会计处理如下:

借:长期股权投资——投资成本　20 000 000
　　管理费用　　　　　　　　　　100 000
　　累计摊销　　　　　　　　　1 600 000
　贷:无形资产　　　　　　　　12 800 000
　　　银行存款　　　　　　　　3 300 000
　　　营业外收入　　　　　　　5 600 000

2. 特殊情况下

通过多次交易分步实现非同一控制下企业合并,改按成本法核算的初始投资成本。

(1) 一般规定。

企业通过多次交易分步实现非同一控制下企业合并的,在编制个别财务报表时,应当按照原持有的股权投资的账面价值加上新增投资成本之和,作为改按成本法核算的初始投资成本。

(2) 购买日之前持有的股权采用权益法核算的。

相关其他综合收益应当在处置该项投资时采用与被投资单位直接处置相关资产或负债相同的基础进行会计处理,因被投资方除净损益、其他综合收益和利润分配以外的其他所有者权益变动而确认的所有者权益,应当在处置该项投资时相应转入处置期间的当期损益。其中,处置后的剩余股权根据本准则采用成本法或权益法核算的,其他综合收益和其他所有者权益应按比例结转,处置后的剩余股权改按金融工具确认和计量准则进行会计处理的,其他综合收益和其他所有者权益应全部结转。

(3) 购买日之前持有的股权投资,采用金融工具确认和计量准则进行会计处理的。

应当将按照该准则确定的股权投资的公允价值加上新增投资成本之和,作为改按成本法核算的初始投资成本,原持有股权的公允价值与账面价值之间的差额以及原计入其他综合收益的累计公允价值变动应当全部转入改按成本法核算的当期投资收益。

【例6-5】 2×19年1月1日,智董公司以现金15 000万元自非关联方处取得了贵琛公司20%股权,并能够对其施加重大影响。当日,贵琛公司可辨认净资产公允价值为7亿元。2×21年7月1日,智董公司另支付现金40 000万元,自另一非关联方处取得贵琛公司40%股权,并取得对贵琛公司的控制权。购买日,智董公司原持有的对贵琛公司的20%股权的公允价值为20 000万元,账面价值为17 500万元,确认与贵琛公司权益法核算相关的累计其他综合收益为2 000万元,其他所有者权益变动500万元;贵琛公司可辨认净资产公允价值为9亿元。假设智董公司购买贵琛公司20%股权和后续购买40%的股权的交易不构成"一揽子交易"。以上交易的相关手续均于当日完成。不考虑相关税费等其他因素影响。

【分析】 购买日前,智董公司持有贵琛公司的投资作为联营企业进行会计核算,购买日前智董公司原持有股权的账面价值为17 500万元(15 000+2 000+500)。

应支付对价的公允价值为40 000万元。

购买日对子公司按成本法核算的初始投资成本为57 500万元(40 000+17 500)。

购买日前智董公司原持有股权相关的其他综合收益2 000万元以及其他所有者权益变动500万元在购买日均不进行会计处理。

智董公司合并财务报表的会计处理,请参见本书合并财务报表准则讲解的相关内容。

或有对价

(1) 同一控制下企业合并形成的长期股权投资的或有对价。

同一控制下企业合并方式形成的长期股权投资,初始投资时,应按照《企业会计准则第13号——或有事项》的规定,判断是否应就或有对价确认预计负债或者确认资产,以及应确认的金额;确认预计负债或资产的,该预计负债或资产金额与后续或有对价结算金额的差额不影响当期损益,而应当调整资本公积(资本溢价或股本溢价),资本公积(资本溢价或股本溢价)不足冲减的,调整留存收益。

(2) 非同一控制下企业合并形成的长期股权投资的或有对价。

参照企业合并准则的有关规定进行会计处理。

二、以支付现金取得的长期股权投资的初始计量

应当按照实际支付的购买价款作为初始投资成本。初始投资成本包括与取得长期股权投资直接相关的费用、税金及其他必要支出。

以支付现金取得长期股权投资的,应当按

照实际应支付的购买价款作为初始投资成本，包括购买过程中支付的手续费等必要支出，但所支付价款中包含的被投资单位已宣告但尚未发放的现金股利或利润作为应收项目核算，不构成取得长期股权投资的成本。

【例6-6】 2×21年6月18日，智董公司自公开市场中买入贵琛公司20%的股份，实际支付价款50 000万元，支付手续费等相关费用500万元，并于同日完成了相关手续。智董公司取得该部分股权后能够对贵琛公司施加重大影响。不考虑相关税费等其他因素影响。

【分析】 智董公司应当按照实际支付的购买价款及相关交易费用作为取得长期股权投资的成本，有关会计处理如下：

借：长期股权投资——投资成本　505 000 000
　　贷：银行存款　　　　　　　　　505 000 000

初始投资成本中包含的已宣告尚未发放现金股利或利润的处理

企业无论以何种方式取得长期股权投资，取得投资时，对于支付的对价中包含的应享有被投资单位已经宣告但尚未发放的现金股利或利润应确认为应收项目，不构成取得长期股权投资的初始投资成本。

【例6-7】 承[例6-6]。假定智董公司取得该项投资时，贵琛公司已经宣告但尚未发放现金股利，智董公司按其持股比例计算确定可分得100万元。不考虑所得税影响。

【分析】 智董公司在确认该长期股权投资时，应将包含的现金股利部分单独进行以下会计处理：

借：长期股权投资——投资成本　504 000 000
　　应收股利　　　　　　　　　　1 000 000
　　贷：银行存款　　　　　　　　　505 000 000

三、以发行权益性证券取得的长期股权投资的初始计量

应当按照发行权益性证券的公允价值作为初始投资成本。与发行权益性证券直接相关的费用，应当按照《企业会计准则第37号——金融工具列报》的有关规定确定。

以发行权益性证券取得长期股权投资的，应当按照所发行证券的公允价值作为初始投资成本，但不包括应自被投资单位收取的已宣告但尚未发放的现金股利或利润。

投资方通过发行权益性证券（权益性工具）取得长期股权投资的，所发行工具的公允价值，应按《企业会计准则第39号——公允价值计量》等相关准则确定。为发行权益性工具支付给有关证券承销机构等的手续费、佣金等与工具发行直接相关的费用，不构成取得长期股权投资的成本。该部分费用应自所发行证券的溢价发行收入中扣除，溢价收入不足冲减的，应依次冲减盈余公积和未分配利润。

一般而言，投资者投入的长期股权投资应根据法律法规的要求进行评估作价，在公平交易当中，投资者投入的长期股权投资的公允价值，与所发行证券（工具）的公允价值不应存在重大差异。如有确凿证据表明，取得长期股权投资的公允价值比所发行证券（工具）的公允价值更加可靠的，以投资者投入的长期股权投资的公允价值为基础确定其初始投资成本。

投资方通过发行债务性证券（债务性工具）取得长期股权投资的，比照通过发行权益性证券（权益性工具）处理。

【例6-8】 2×21年6月，智董公司通过增发5 000万股普通股（面值1元/股），从非关联方处取得贵琛公司20%的股权，所增发股份的公允价值为10 000万元。为增发该部分股份，智董公司向证券承销机构等支付了500万元的佣金和手续费。相关手续于增发当日完成。假定智董公司取得该部分股权后能够对贵琛公司施加重大影响。贵琛公司20%的股权的公允价值与智董公司增发股份的公允价值不存在重大差异。不考虑相关税费等其他因素影响。

【分析】 本例中，由于贵琛公司20%股权的公允价值与智董公司增发股份的公允价值不存在重大差异，智董公司应当以所发行股份的公允价值作为取得长期股权投资的初始投资成本。有关会计处理如下：

```
借：长期股权投资——投资成本    100 000 000
    贷：股本                        50 000 000
        资本公积——股本溢价        50 000 000
```

发行权益性证券过程中支付的佣金和手续费，应冲减权益性证券的溢价发行收入。会计处理如下：

```
借：资本公积——股本溢价          5 000 000
    贷：银行存款                    5 000 000
```

【例6-9】 非上市企业智董公司在成立时，赓升公司以其持有的对贵琛公司的长期股权投资作为出资投入智董公司。贵琛公司为上市公司，其权益性证券有活跃市场报价。投资合同约定，赓升公司作为出资的长期股权投资作价5 000万元（该作价与其公允价值相当）。交易完成后，智董公司注册资本增加至15 000万元，其中赓升公司的持股比例为20%。智董公司取得该长期股权投资后能够对贵琛公司施加重大影响。不考虑相关税费等其他因素影响。

【分析】 赓升公司向智董公司投入的长期股权投资具有活跃市场报价，而智董公司所发行的权益性工具的公允价值不具有活跃市场报价，因此，智董公司应采用贵琛公司股权的公允价值来确认长期股权投资的初始成本。智董公司应进行的会计处理为：

```
借：长期股权投资——投资成本    50 000 000
    贷：实收资本                   30 000 000
        资本公积——资本溢价       20 000 000
```

四、通过非货币性资产交换取得的长期股权投资的初始计量

其初始投资成本应当按照《企业会计准则第7号——非货币性资产交换》的有关规定确定。

五、通过债务重组取得的长期股权投资的初始计量

其初始投资成本应当按照《企业会计准则第12号——债务重组》的有关规定确定。

六、企业进行公司制改建的初始计量

此时，对资产、负债的账面价值按照评估价值调整的，长期股权投资应以评估价值作为改制时的认定成本，评估价值与原账面价值的差异应计入资本公积（资本溢价或股本溢价）。

第三节 长期股权投资的后续计量

一、后续计量方法——成本法和权益法的适用

长期股权投资在持有期间，根据投资方对被投资单位的影响程度分别采用成本法及权益法进行核算。

（一）投资性主体对子公司的会计处理

在个别财务报表中，投资性主体对子公司的会计处理应与合并财务报表原则一致。

关于投资性主体的理解及具体判断，见合并财务报表准则及其应用指南的相关内容。

（二）风险投资机构、共同基金以及类似主体

风险投资机构、共同基金以及类似主体（如投资连接保险产品）持有的、在初始确认时按照金融工具确认和计量准则的规定以公允价值计量且其变动计入当期损益的金融资产的，应当按照金融工具确认和计量准则进行后续计量。

（三）对子公司、合营企业、联营企业的长期股权投资

除上述以外，对子公司的长期股权投资应当按成本法核算，对合营企业、联营企业的长期股权投资应当按权益法核算，不允许选择按照金融工具确认和计量准则进行会计处理。

二、后续计量长期股权投资的成本法

（一）成本法的适用范围

投资方持有的对子公司投资应当采用成本

法核算,投资方为投资性主体且子公司不纳入其合并财务报表的除外。

投资方在判断对被投资单位是否具有控制时,应综合考虑直接持有的股权和通过子公司间接持有的股权。在个别财务报表中,投资方进行成本法核算时,应仅考虑直接持有的股权份额。

注 长期股权准则要求投资方对子公司的长期股权投资采用成本法核算,主要是为了避免在子公司实际宣告发放现金股利或利润之前,母公司垫付资金发放现金股利或利润等情况,解决了原来权益法核算下投资收益不能足额收回导致超分配的问题。

(二)成本法下长期股权投资账面价值的调整及投资损益的确认

采用成本法核算的长期股权投资,在追加投资时,按照追加投资支付的成本的公允价值及发生的相关交易费用增加长期股权投资的账面价值。被投资单位宣告分派现金股利或利润的,投资方根据应享有的部分确认当期投资收益。

注 修订后的本准则明确规定投资企业采用成本法核算对被投资方的投资时,投资企业确认投资收益的会计处理,取消了原准则中以被投资方接受投资后产生的累积净利润的分配额为限的规定。

【例6-10】 2×19年1月,智董公司自非关联方处以现金1 000万元取得对贵琛公司60%的股权,相关手续于当日完成,并能够对贵琛公司实施控制。2×20年3月,贵琛公司宣告分派现金股利,智董公司按其持股比例可取得50万元。不考虑相关税费等其他因素影响。

【分析】 智董公司有关会计处理如下:

2×19年1月:

借:长期股权投资——投资成本　　10 000 000
　　贷:银行存款　　　　　　　　　　　10 000 000

2×20年3月:

借:应收股利　　　　　　　　　　　　500 000
　　贷:投资收益　　　　　　　　　　　　500 000

企业按照上述规定确认自被投资单位应分得的现金股利或利润后,应当考虑长期股权投资是否发生减值。在判断该类长期股权投资是否存在减值迹象时,应当关注长期股权投资的账面价值是否大于享有被投资单位净资产(包括相关商誉)账面价值的份额等类似情况。出现类似情况时,企业应当按照资产减值准则对长期股权投资进行减值测试,可收回金额低于长期股权投资账面价值的,应当计提减值准备。

值得注意的是,子公司将未分配利润或盈余公积直接转增股本(实收资本),且未向投资方提供等值现金股利或利润的选择权时,母公司并没有获得收取现金股利或者利润的权力,上述交易通常属于子公司自身权益结构的重分类,母公司不应确认相关的投资收益。

三、后续计量长期股权投资的权益法

(一)综合规定

对合营企业和联营企业投资应当采用权益法核算。

投资方在判断对被投资单位是否具有共同控制、重大影响时,应综合考虑直接持有的股权和通过子公司间接持有的股权。

【特别注意】 在综合考虑直接持有的股权和通过子公司间接持有的股权后,如果认定投资方在被投资单位拥有共同控制或重大影响,在个别财务报表中,投资方进行权益法核算时,应仅考虑直接持有的股权份额;在合并财务报表中,投资方进行权益法核算时,应同时考虑直接持有和间接持有的份额。

注 修订后的本准则明确规定了投资企业采用权益法核算时应如何确认应享有被投资方净损益和其他原因导致的净资产变动的份额。

按照权益法核算的长期股权投资,一般会计处理为:

(1)初始投资或追加投资时,按照初始投资成本或追加投资的投资成本,增加长期股权投资的账面价值。

(2)比较初始投资成本与投资时应享有被投资单位可辨认净资产公允价值的份额,前者大于后者的,不调整长期股权投资账面价值;前者小于后者的,应当按照两者之间的差额调增长期股权投资的账面价值,同时计入取得投资当期损益。

(3) 持有投资期间,随着被投资单位所有者权益的变动相应调整增加或减少长期股权投资的账面价值,并分别以下情况处理:

① 对于因被投资单位实现净损益和其他综合收益而产生的所有者权益的变动,投资方应当按照应享有的份额,增加或减少长期股权投资的账面价值,同时确认投资损益和其他综合收益。

② 对于被投资单位宣告分派的利润或现金股利计算应分得的部分,相应减少长期股权投资的账面价值。

③ 对于被投资单位除净损益、其他综合收益以及利润分配以外的因素导致的其他所有者权益变动,相应调整长期股权投资的账面价值,同时确认资本公积(其他资本公积)。

在持有投资期间,被投资单位编制合并财务报表的,应当以合并财务报表中净利润、其他综合收益和其他所有者权益变动中归属于被投资单位的金额为基础进行会计处理。

(二) 具体规定

1. 初始投资成本的调整

投资方取得对联营企业或合营企业的投资以后,对于取得投资时初始投资成本与应享有被投资单位可辨认净资产公允价值份额之间的差额,应区别情况处理。

(1) 初始投资成本大于取得投资时应享有被投资单位可辨认净资产公允价值份额的。

该部分差额是投资方在取得投资过程中通过作价体现出的与所取得股权份额相对应的商誉价值,这种情况下不要求对长期股权投资的成本进行调整。被投资单位可辨认净资产的公允价值,应当比照企业合并准则的有关规定确定。

(2) 初始投资成本小于取得投资时应享有被投资单位可辨认净资产公允价值份额的。

两者之间的差额体现为双方在交易作价过程中转让方的让步,该部分经济利益流入应计入取得投资当期的营业外收入,同时调整增加长期股权投资的账面价值。

【例 6-11】 2×21 年 1 月,智董公司取得贵琛公司 40% 的股权,支付价款 9 000 万元。取得投资时,被投资单位净资产账面价值为 20 000 万元(假定被投资单位各项可辨认净资产的公允价值与其账面价值相同)。智董公司在取得贵琛公司的股权后,能够对贵琛公司施加重大影响。不考虑相关税费等其他因素影响。

【分析】 本例中,应对该投资采用权益法核算。取得投资时,智董公司有关会计处理如下:

借:长期股权投资——投资成本　90 000 000
　　贷:银行存款　　　　　　　　　90 000 000

长期股权投资的初始投资成本 9 000 万元大于取得投资时应享有被投资单位可辨认净资产公允价值的份额 8 000 万元(20 000×40%),该差额 1 000 万元不调整长期股权投资的账面价值。

假定本例中取得投资时被投资单位可辨认净资产的公允价值为 25 000 万元,智董公司按持股比例 40% 计算确定应享有 10 000 万元,则初始投资成本与应享有被投资单位可辨认净资产公允价值份额之间的差额 1 000 万元应计入取得投资当期的营业外收入。有关会计处理如下:

借:长期股权投资——投资成本　100 000 000
　　贷:银行存款　　　　　　　　　90 000 000
　　　　营业外收入　　　　　　　　10 000 000

2. 投资损益的确认

采用权益法核算的长期股权投资,在确认应享有(或分担)被投资单位的净利润(或净亏损)时,在被投资单位账面净利润的基础上,应考虑以下因素的影响进行适当调整。

(1) 被投资单位采用的会计政策和会计期间与投资方不一致的,应按投资方的会计政策和会计期间对被投资单位的财务报表进行调整,在此基础上确定被投资单位的损益。

权益法下,是将投资方与被投资单位作为一个整体对待。作为一个整体其所产生的损益,应当在一致的会计政策基础上确定。被投资单位采用的会计政策与投资方不同的,投资方应当基于重要性原则,按照本企业的会计政策对被投资单位的损益进行调整。

(2) 以取得投资时被投资单位固定资产、无形资产等的公允价值为基础计提的折旧额或摊销额,以及有关资产减值准备金额等对被投资单位净利润的影响。

被投资单位利润表中的净利润是以其持有的资产、负债账面价值为基础持续计算的,而投资方在取得投资时,是以被投资单位有关资产、负债的公允价值为基础确定投资成本,取得投资后应确认的投资收益代表的是被投资单位资产、负债在公允价值计量的情况下在未来期间通过经营产生的损益中归属于投资方的部分。

【特别注意】 投资方取得投资时,被投资单位有关资产、负债的公允价值与其账面价值不同的,未来期间,在计算归属于投资方应享有的净利润或应承担的净亏损时,应考虑对被投资单位计提的折旧额、摊销额以及资产减值准备金额等进行调整。

值得注意的是,尽管在评估投资方对被投资单位是否具有重大影响时,应当考虑潜在表决权的影响,但在确定应享有的被投资单位实现的净损益、其他综合收益和其他所有者权益变动的份额时,潜在表决权所对应的权益份额不应予以考虑。

此外,如果被投资单位发行了分类为权益的可累积优先股等类似的权益工具,无论被投资单位是否宣告分配优先股股利,投资方计算应享有被投资单位的净利润时,均应将归属于其他投资方的累积优先股股利予以扣除。

【例 6-12】 2×20 年 1 月 10 日,智董公司购入贵琛公司 30% 的股份,购买价款为 11 000 万元,自取得投资之日起能够对贵琛公司施加重大影响。取得投资当日,贵琛公司可辨认净资产公允价值为 30 000 万元,除表 6-4 所列项目外,贵琛公司其他资产、负债的公允价值与账面价值相同。

表 6-4 部分资产的公允价值与账面价值   单位:万元

项目	账面原价	已提折旧或摊销	公允价值	贵琛公司预计使用年限	智董公司取得投资后剩余使用年限
存货	2 500		3 500		
固定资产	6 000	1 200	8 000	20	16
无形资产	3 500	700	4 000	10	8
小计	12 000	1 900	15 500		

【分析】 假定贵琛公司于 2×20 年实现净利润 3 000 万元,其中在智董公司取得投资时的账面存货有 80% 对外出售。智董公司与贵琛公司的会计年度及采用的会计政策相同。固定资产、无形资产等均按直线法提取折旧或摊销,预计净残值均为 0。假定智董公司、贵琛公司间未发生其他任何内部交易。

2×20 年 12 月 31 日,智董公司在确定其应享有的投资收益时,应在贵琛公司实现净利润的基础上,根据取得投资时贵琛公司有关资产的账面价值与其公允价值差额的影响进行调整(假定不考虑所得税及其他税费等因素影响):

存货账面价值与公允价值的差额应调减的利润为 800 万元[(3 500−2 500)×80%]。

固定资产公允价值与账面价值差额应调整增加的折旧额为 200 万元(8 000÷16−6 000÷20)。

无形资产公允价值与账面价值差额应调整增加的摊销额为 150 万元(4 000÷8−3 500÷10)。

调整后的净利润为 1 850 万元(3 000−800−200−150)。

智董公司应享有份额为 555 万元(1 850×30%)。确认投资收益的相关会计处理如下:

借:长期股权投资——损益调整　　5 550 000
　　贷:投资收益　　　　　　　　　　　5 550 000

(3) 对于投资方或纳入投资方合并财务报

表范围的子公司与其联营企业及合营企业之间发生的未实现内部交易损益应予抵销。

即,投资方与联营企业及合营企业之间发生的未实现内部交易损益,按照应享有的比例计算归属于投资方的部分,应当予以抵销,在此基础上确认投资损益。

投资方与被投资单位发生的内部交易损失,按照资产减值准则等规定属于资产减值损失的,应当全额确认。

注 修订后的本准则明确规定了投资企业在计算确认应享有或应分担被投资方的净损益时,与被投资方之间发生的未实现内部交易损益按照持股比例计算归属于投资企业的部分应当予以抵销。

【特别注意】 投资方与其联营企业和合营企业之间的未实现内部交易损益抵销与投资方与子公司之间的未实现内部交易损益抵销有所不同,母子公司之间的未实现内部交易损益在合并财务报表中是全额抵销的(无论是全资子公司还是非全资子公司),而投资方与其联营企业和合营企业之间的未实现内部交易损益抵销仅仅是投资方(或是纳入投资方合并财务报表范围的子公司)享有联营企业或合营企业的权益份额。

应当注意的是,投资方与联营、合营企业之间发生投出或出售资产的交易,该资产构成业务的,应当按照《企业会计准则第20号——企业合并》《企业会计准则第33号——合并财务报表》的有关规定进行会计处理。有关会计处理如下:

① 联营、合营企业向投资方出售业务的,投资方应按《企业会计准则第20号——企业合并》的规定进行会计处理。投资方应全额确认与交易相关的利得或损失。

② 投资方向联营、合营企业投出业务,投资方因此取得长期股权投资但未取得控制权的,应以投出业务的公允价值作为新增长期股权投资的初始投资成本,初始投资成本与投出业务的账面价值之差,全额计入当期损益。投资方向联营、合营企业出售业务,取得的对价与业务的账面价值之间的差额,全额计入当期损益。

【例6-13】 智董公司为某汽车生产厂商。2×20年1月,智董公司以其所属的从事汽车配饰生产的一个分公司(构成业务),向其持股30%的联营企业贵琛公司增资。同时,贵琛公司的其他投资方(持有贵琛公司70%股权)也以现金21 000万元向贵琛公司增资。增资后,智董公司对贵琛公司的持股比例不变,并仍能施加重大影响。上述分公司(构成业务)的净资产(资产与负债的差额,下同)账面价值为5 000万元。该业务的公允价值为9 000万元。不考虑相关税费等其他因素影响。

【分析】 本例中,智董公司是将一项业务投给联营企业作为增资。智董公司应当按照所投出分公司(业务)的公允价值9 000万元作为新取得长期股权投资的初始投资成本,初始投资成本与所投出业务的净资产账面价值5 000万元之间的差额4 000万元应全额计入当期损益。

投出或出售的资产不构成业务的,应当分别顺流交易和逆流交易进行会计处理。顺流交易是指投资方向其联营企业或合营企业投出或出售资产。逆流交易是指联营企业或合营企业向投资方出售资产。未实现内部交易损益体现在投资方或其联营企业、合营企业持有的资产账面价值中的,在计算确认投资损益时应予抵销。

对于投资方向联营企业或合营企业投出或出售资产的顺流交易,在该交易存在未实现内部交易损益的情况下(有关资产未对外部独立第三方出售或未被消耗),投资方在采用权益法计算确认应享有联营企业或合营企业的投资损益时,应抵销该未实现内部交易损益的影响,同时调整对联营企业或合营企业长期股权投资的账面价值;投资方因投出或出售资产给其联营企业或合营企业而产生的损益中,应仅限于确认归属于联营企业或合营企业其他投资方的部分。即在顺流交易中,投资方投出资产或出售资产给其联营企业或合营企业产生的损益中,按照应享有比例计算确定归属于本企业的部分不予确认。

【例6-14】 2×17年1月,智董公司取得了贵琛公司30%有表决权的股份,能够对贵琛公司施加重大影响。2×20年11月,智董公司将其账面价值为400万元的商品以1 000万元的价格出售给贵琛公司,贵琛公司将取得的商品作为管理用固定资产,预计使用寿命为10年,净残值为0。假定智董公司取得该项投资时,贵琛公司各项可辨认资产、负债的公允价值与其账面价值相同,两者在以前期间未发生过内部交易。贵琛公司2×20年实现净利润为1 000万元。不考虑所得税及其他相关税费等其他因素影响。

【分析】 本例中,智董公司在该项交易中实现利润600万元,其中的180万元(600×30%)是针对本公司持有的对联营企业的权益份额,在采用权益法计算确认投资损益时应予抵销,同时应考虑相关固定资产折旧对损益的影响。贵琛公司取得的该项固定资产在2×20年度因计提折旧而对投资损益产生的影响为5万元(600÷10÷12)。即智董公司应当进行以下会计处理:

借:长期股权投资——损益调整[(10 000 000－
　　6 000 000＋50 000)×30%]　1 215 000
　　贷:投资收益　　　　　　　　　　　1 215 000

对于联营企业或合营企业向投资方投出或出售资产的逆流交易,比照上述顺流交易处理。

应当说明的是,投资方与其联营企业及合营企业之间发生的无论是顺流交易还是逆流交易产生的未实现内部交易损失,其中属于所转让资产发生减值损失的,有关未实现内部交易损失不应予以抵销。

【例6-15】 2×17年1月,智董公司取得贵琛公司30%有表决权的股份,能够对贵琛公司施加重大影响。2×20年,智董公司将其账面价值为500万元的商品以400万元的价格出售给贵琛公司。2×20年资产负债表日,该批商品尚未对外部第三方出售。假定智董公司取得该项投资时,贵琛公司各项可辨认资产、负债的公允价值与其账面价值相同,两者在以前期间未发生过内部交易。贵琛公司2×20年净利润为1 000万元。不考虑相关税费等其他因素影响。

【分析】 智董公司在确认应享有贵琛公司2×20年净损益时,如果有证据表明该商品交易价格400万元与其账面价值500万元之间的差额为减值损失的,不应予以抵销。智董公司应当进行以下会计处理:

借:长期股权投资——损益调整(10 000 000×30%)
　　　　　　　　　　　　　　　　　3 000 000
　　贷:投资收益　　　　　　　　　　3 000 000

3. 被投资单位其他综合收益变动的处理

被投资单位其他综合收益发生变动的,投资方应当按照归属于本企业的部分,相应调整长期股权投资的账面价值,同时增加或减少其他综合收益。

4. 取得现金股利或利润的处理

按照权益法核算的长期股权投资,投资方自被投资单位取得的现金股利或利润,应抵减长期股权投资的账面价值。在被投资单位宣告分派现金股利或利润时,借记"应收股利"科目,贷记"长期股权投资——损益调整"科目。

5. 超额亏损的确认

长期股权投资准则规定,投资方确认应分担被投资单位发生的损失,原则上应以长期股权投资及其他实质上构成对被投资单位净投资的长期权益减记至零为限,投资方负有承担额外损失义务的除外。

这里所讲"其他实质上构成对被投资单位净投资的长期权益"通常是指长期应收项目。例如,投资方对被投资单位的长期债权,该债权没有明确的清偿计划且在可预见的未来期间不准备收回的,实质上构成对被投资单位的净投资。应予说明的是,该类长期权益不包括投资方与被投资单位之间因销售商品、提供劳务等日常活动所产生的长期债权。

按照长期股权投资准则的规定,投资方在确认应分担被投资单位发生的亏损时,应将长期股权投资及其他实质上构成对被投资单位净投资的长期权益项目的账面价值综合起来考虑。在长期股权投资的账面价值减记至零的情况下,如果仍有未确认的投资损失,应以其他长期权益的账面价值为基础继续确认。另外，投资方在确认应分担被投资单位的净损失时，除应考虑长期股权投资及其他长期权益的账面价值以外，如果在投资合同或协议中约定将履行其他额外的损失补偿义务，还应按《企业会计准则第13号——或有事项》的规定确认预计将承担的损失金额。

值得注意的是，在合并财务报表中，子公司发生超额亏损的，子公司少数股东应当按照持股比例分担超额亏损。即在合并财务报表中，子公司少数股东分担的当期亏损超过了少数股东在该子公司期初所有者权益中所享有的份额的，其余额应当冲减少数股东权益。

在确认有关的投资损失以后，被投资单位以后期间实现盈利的，应按以上相反顺序分别减记已确认的预计负债、恢复其他长期权益和长期股权投资的账面价值，同时确认投资收益。即应当按顺序分别借记"预计负债""长期应收款""长期股权投资"等科目，贷记"投资收益"科目。

【例6-16】 智董公司持有贵琛公司30%的股权，能够对贵琛公司施加重大影响。2×19年12月31日，该项长期股权投资的账面价值为3 500万元。2×20年，贵琛公司由于一项主要经营业务市场条件发生变化，当年亏损5 000万元。假定智董公司在取得该投资时，贵琛公司各项可辨认资产、负债的公允价值与其账面价值相等，双方所采用的会计政策及会计期间也相同。因此，智董公司当年度应确认的投资损失为1 500万元。确认上述投资损失后，长期股权投资的账面价值变为2 000万元。不考虑相关税费等其他因素影响。

【分析】 如果贵琛公司2×20年的亏损额为15 000万元，智董公司按其持股比例确认应分担的损失为4 500万元，但长期股权投资的账面价值仅为3 500万元。如果没有其他实质上构成对被投资单位净投资的长期权益项目，则智董公司应确认的投资损失仅为3 500万元，超额损失在账外进行备查登记。在确认了3 500万元的投资损失，长期股权投资的账面价值减记至零

以后，如果智董公司账上仍有应收贵琛公司的长期应收款2 000万元，该款项从目前情况看，没有明确的清偿计划，且在可预见的未来期间不准备收回（并非产生于商品购销等日常活动），则智董公司应进行以下会计处理：

借：投资收益　　　　　　　　　35 000 000
　　贷：长期股权投资——损益调整　35 000 000
借：投资收益　　　　　　　　　10 000 000
　　贷：长期应收款　　　　　　　10 000 000

6. 被投资单位除净损益、其他综合收益以及利润分配以外的所有者权益的其他变动

被投资单位除净损益、其他综合收益以及利润分配以外的所有者权益的其他变动的因素，主要包括：

① 被投资单位接受其他股东的资本性投入。

② 被投资单位发行可分离交易的可转债中包含的权益成分。

③ 以权益结算的股份支付。

④ 其他股东对被投资单位增资导致投资方持股比例变动等。

投资方应按所持股权比例计算应享有的份额，调整长期股权投资的账面价值，同时计入资本公积（其他资本公积），并在备查簿中予以登记。

投资方在后续处置股权投资但对剩余股权仍采用权益法核算时，应按处置比例将这部分资本公积转入当期投资收益；对剩余股权终止权益法核算时，将这部分资本公积全部转入当期投资收益。

【例6-17】 2×19年6月18日，智董、贵琛、欣郁公司分别以现金1 000万元、2 000万元和2 000万元出资设立怡平公司，分别持有怡平公司20%、40%、40%的股权。智董公司对怡平公司具有重大影响，采用权益法对有关长期股权投资进行核算。怡平公司自设立日起至2×21年1月1日实现净损益5 000万元，除此以外，无其他影响净资产的事项。2×21年1月1日，经智董、贵琛、欣郁公司协商，贵琛公司对怡平公司增资4 000万元，增资后怡平公司净资产为14 000万元，智董、贵琛、欣郁公司分别持

有怡平公司15%、50%、35%的股权,智董公司对怡平公司仍有重大影响。相关手续于当日完成。假定智董公司与怡平公司适用的会计政策、会计期间相同,双方在当期及以前期间未发生其他内部交易。不考虑相关税费等其他因素影响。

【分析】 2×21年1月1日,贵琛公司增资前,怡平公司的净资产账面价值为10 000万元,智董公司应享有怡平公司权益的份额为2 000万元(10 000×20%)。贵琛公司单方面增资后,怡平公司的净资产增加4 000万元,智董公司应享有怡平公司权益的份额为2 100万元(14 000×15%)。智董公司享有的权益变动100万元(2 100-2 000),属于怡平公司除净损益、其他综合收益和利润分配以外所有者权益的其他变动。智董公司对怡平公司的长期股权投资的账面价值应调增100万元,并相应调整"资本公积——其他资本公积"。

7. 投资方持股比例增加但仍采用权益法核算的处理

投资方因增加投资等原因对被投资单位的持股比例增加,但被投资单位仍然是投资方的联营企业或合营企业时,投资方应当按照新的持股比例对股权投资继续采用权益法进行核算。

在新增投资日,如果新增投资成本大于按新增持股比例计算的被投资单位可辨认净资产于新增投资日的公允价值份额,不调整长期股权投资成本;如果新增投资成本小于按新增持股比例计算的被投资单位可辨认净资产于新增投资日的公允价值份额,应按该差额,调整长期股权投资成本和营业外收入。进行上述调整时,应当综合考虑与原持有投资和追加投资相关的商誉或计入损益的金额。

【例6-18】 2×17年1月1日,智董公司以现金10 000万元向非关联方购买贵琛公司20%的股权,并对贵琛公司具有重大影响。当日,贵琛公司可辨认净资产公允价值与账面价值相等,均为40 000万元。2×17年1月1日至2×20年1月1日期间,贵琛公司实现净损益8 000万元,除此以外,无其他引起净资产发生变动的事项。2×20年1月1日,智董公司以现金4 800万元向另一非关联方购买贵琛公司10%的股权,仍对贵琛公司具有重大影响,相关手续于当日完成。当日,贵琛公司可辨认净资产公允价值为6亿元。不考虑相关税费等其他因素影响。

【分析】 智董公司于2×17年1月1日第一次购买贵琛公司股权时,应享有贵琛公司可辨认净资产公允价值份额为8 000万元(40 000×20%)。智董公司支付对价的公允价值为10 000万元,因此智董公司2×17年1月1日确认对贵琛公司的长期股权投资的初始投资成本为10 000万元,其中含2 000万元的内含商誉。

借:长期股权投资——投资成本 100 000 000
　　贷:银行存款 100 000 000

智董公司2×20年1月1日第二次购买贵琛公司股权时,应享有贵琛公司可辨认净资产公允价值份额为6 000万元(60 000×10%),智董公司支付对价的公允价值为4 800万元。智董公司本应调整第二次投资的长期股权投资成本为6 000万元,并将1 200万元的负商誉确认1 200万元的营业外收入。然而,由于智董公司第一次权益法投资时确认了2 000万元的内含正商誉,两次商誉综合考虑后的金额为正商誉800万元。因此,智董公司2×20年1月1日确认的对第二次投资的长期股权投资的初始投资成本仍为4 800万元,并在备查簿中记录两次投资各自产生的商誉和第二次投资时综合考虑两次投资产生的商誉后的调整情况。

借:长期股权投资 48 000 000
　　贷:银行存款 48 000 000

四、长期股权投资后续计量方法的变换

修订后的本准则明确规定了投资企业因增加投资或减少投资等原因导致对被投资方的控制、共同控制或重大影响发生变化的会计处理,即长期股权投资核算方法随着以上变化相应在成本法、权益法之间的转换衔接,以及改按金融工具的确认和计量准则进行会计处理的衔接规定。

(一) 公允价值计量转权益法核算

原持有的对被投资单位的股权投资（不具有控制、共同控制或重大影响的），按照金融工具确认和计量准则进行会计处理的，因追加投资等原因导致持股比例上升，能够对被投资单位施加重大影响或共同控制的，在转按权益法核算时，投资方应当按照金融工具确认和计量准则确定的原股权投资的公允价值加上为取得新增投资而应支付对价的公允价值，作为改按权益法核算的初始投资成本。

然后，比较上述计算所得的初始投资成本，与按照追加投资后全新的持股比例计算确定的应享有被投资单位在追加投资日可辨认净资产公允价值份额之间的差额，前者大于后者的，不调整长期股权投资的账面价值；前者小于后者的，差额应调整长期股权投资的账面价值，并计入当期营业外收入。

(二) 公允价值计量或权益法核算转成本法核算

投资方原持有的对被投资单位不具有控制、共同控制或重大影响的按照金融工具确认和计量准则进行会计处理的权益性投资，或者原持有对联营企业、合营企业的长期股权投资，因追加投资等原因，能够对被投资单位实施控制的，应按企业会计准则中有关企业合并形成的长期股权投资的规定进行会计处理。

(三) 权益法核算转公允价值计量

原持有的对被投资单位具有共同控制或重大影响的长期股权投资，因部分处置等原因导致持股比例下降，不能再对被投资单位实施共同控制或重大影响的，应改按金融工具确认和计量准则对剩余股权投资进行会计处理，其在丧失共同控制或重大影响之日的公允价值与账面价值之间的差额计入当期损益。原采用权益法核算的相关其他综合收益应当在终止采用权益法核算时，采用与被投资单位直接处置相关资产或负债相同的基础进行会计处理，因被投资方除净损益、其他综合收益和利润分配以外的其他所有者权益变动而确认的所有者权益，应当在终止采用权益法核算时全部转入当期损益。

(四) 成本法转权益法

因处置投资等原因导致对被投资单位由能够实施控制转为与其他投资方一起实施共同控制或者具有重大影响的，首先应按处置投资的比例结转应终止确认的长期股权投资成本。

然后，比较剩余长期股权投资的成本与按照剩余持股比例计算原投资时应享有被投资单位可辨认净资产公允价值的份额，前者大于后者的，属于投资作价中体现的商誉部分，不调整长期股权投资的账面价值；前者小于后者的，在调整长期股权投资成本的同时，调整留存收益。

对于原取得投资时至处置投资时（转为权益法核算）之间被投资单位实现净损益中投资方应享有的份额，一方面应当调整长期股权投资的账面价值，同时，对于原取得投资时至处置投资当期期初被投资单位实现的净损益（扣除已宣告发放的现金股利和利润）中应享有的份额，调整留存收益，对于处置投资当期期初至处置投资之日被投资单位实现的净损益中享有的份额，调整当期损益；在被投资单位其他综合收益变动中应享有的份额，在调整长期股权投资账面价值的同时，应当计入其他综合收益；除净损益、其他综合收益和利润分配外的其他原因导致被投资单位其他所有者权益变动中应享有的份额，在调整长期股权投资账面价值的同时，应当计入资本公积（其他资本公积）。长期股权投资自成本法转为权益法后，未来期间应当按照长期股权投资准则规定计算确认应享有被投资单位实现的净损益、其他综合收益和所有者权益其他变动的份额。

【例6-19】 智董公司原持有贵琛公司60％的股权，能够对贵琛公司实施控制。2×19年11月18日，智董公司对贵琛公司的长期股权投资的账面价值为3 000万元，未计提减值准备。智董公司将其持有的对贵琛公司长期股权投资中的1/3出售给非关联方，取得价款1 800万元。当日被投资单位可辨认净资产公允价值总额为

8 000万元。相关手续于当日完成。智董公司不再对贵琛公司实施控制,但具有重大影响。智董公司原取得贵琛公司60%股权时,贵琛公司可辨认净资产公允价值总额为4 500万元(假定公允价值与账面价值相同)。自智董公司取得对贵琛公司长期股权投资后至部分处置投资前,贵琛公司实现净利润2 500万元。其中,自智董公司取得投资日至2×19年年初实现净利润2 000万元。假定贵琛公司一直未进行利润分配。除所实现净损益外,贵琛公司未发生其他计入资本公积的交易或事项。智董公司按净利润的10%提取盈余公积。不考虑相关税费等其他因素影响。

【分析】 在出售20%的股权后,智董公司对贵琛公司的持股比例为40%,对贵琛公司施加重大影响。对贵琛公司长期股权投资应由成本法改为按照权益法核算。有关会计处理如下:

(1)确认长期股权投资处置损益:

借:银行存款　　　　　　　18 000 000
　　贷:长期股权投资　　　　10 000 000
　　　　投资收益　　　　　　 8 000 000

(2)调整长期股权投资账面价值:

剩余长期股权投资的账面价值为2 000万元,与原投资时应享有被投资单位可辨认净资产公允价值份额之间的差额200万元(2 000－4 500×40%)为商誉,该部分商誉的价值不需要对长期股权投资的成本进行调整。

处置投资以后按照持股比例计算享有被投资单位自购买日至处置投资日期初之间实现的净损益为800万元(2 000×40%),应调整增加长期股权投资的账面价值,同时调整留存收益;

处置期初至处置日之间实现的净损益200万元[(2 500－2 000)×40%],应调整增加长期股权投资的账面价值,同时计入当期投资收益。企业应进行以下会计处理:

借:长期股权投资　　　　　10 000 000
　　贷:盈余公积　　　　　　　 800 000
　　　　利润分配——未分配利润 7 200 000
　　　　投资收益　　　　　　 2 000 000

(五)成本法核算转公允价值计量

原持有的对被投资单位具有控制的长期股权投资,因部分处置等原因导致持股比例下降,不能再对被投资单位实施控制、共同控制或重大影响的,应改按金融工具确认和计量准则进行会计处理,在丧失控制之日的公允价值与账面价值之间的差额应计入当期投资收益。

关于股票股利的处理

被投资单位分派股票股利的,投资方不作会计处理,但应于除权日注明所增加的股数,以反映股份的变化情况。

关于投资性主体转变时的会计处理

当企业由非投资性主体转变为投资性主体时,其对自转变日起不再纳入合并财务报表范围的子公司采用公允价值计量且其变动计入当期损益,转变日公允价值和原账面价值的差额计入所有者权益。

当企业由投资性主体转变为非投资性主体时,其对自转变日起开始纳入合并财务报表范围的子公司采用成本法进行后续计量。转变日的公允价值为成本法核算的初始成本。

第四节　长期股权投资的期末计量

一、处置长期股权投资的会计处理

企业持有长期股权投资的过程中,由于各方面的考虑,决定将所持有的对被投资单位的股权全部或部分对外出售时,应相应结转与所售股权相对应的长期股权投资的账面价值。一般情况下,出售所得价款与处置长期股权投资账面价值之间的差额,应确认为处置损益。

投资方全部处置权益法核算的长期股权投资时，原权益法核算的相关其他综合收益应当在终止采用权益法核算时采用与被投资单位直接处置相关资产或负债相同的基础进行会计处理。因被投资方除净损益、其他综合收益和利润分配以外的其他所有者权益变动而确认的所有者权益，应当在终止采用权益法核算时全部转入当期投资收益。

投资方部分处置权益法核算的长期股权投资，剩余股权仍采用权益法核算的，原权益法核算的相关其他综合收益应当采用与被投资单位直接处置相关资产或负债相同的基础处理并按比例结转，因被投资方除净损益、其他综合收益和利润分配以外的其他所有者权益变动而确认的所有者权益，应当按比例结转入当期投资收益。

企业部分处置持有的长期股权投资仍持有剩余股权时，在转换日的会计处理应参看企业会计准则中关于长期股权投资核算方法的转换的内容。

企业通过多次交易分步处置对子公司股权投资直至丧失控制权，如果上述交易属于一揽子交易的，应当将各项交易作为一项处置子公司股权投资并丧失控制权的交易进行会计处理；但是，在丧失控制权之前每一次处置价款与所处置的股权对应的长期股权投资账面价值之间的差额，在个别财务报表中，应当先确认为其他综合收益，到丧失控制权时再一并转入丧失控制权的当期损益。

▶ **小资料**

**关于不丧失控制权情况下处置
部分对子公司投资会计处理的复函**

（财会便〔2009〕14号　2009年2月27日）

证监会会计部：

你部"关于处置子公司长期股权投资（不丧失控制权）会计处理有关问题"的来函收悉，就其中涉及的会计处理问题，经研究，我们的意见为：

母公司在不丧失控制权的情况下部分处置对子公司的长期股权投资，在合并财务报表中处置价款与处置长期股权投资相对应享有子公司净资产的差额应当计入所有者权益。同时发行A股及H股的企业，在境内外财务报告中对该交易事项原则上应当采用相同的会计政策。

二、相关所得税影响

符合条件的居民企业之间的股息、红利等权益性投资收益为免税收入。因此，通常情况下，当居民企业持有另一居民企业的股权意图为长期持有，通过股息、红利或者其他协同效应获取回报时，其实质所得税率为零，不存在相关所得税费用。只有当居民企业通过转让股权获取资本利得收益时，该笔资产转让利得才产生相应的所得税费用。

从资产负债表角度考虑，资产的账面价值代表的是企业在持续持有及最终处置某项资产的一定期间内，该项资产能够为企业带来的未来经济利益，而其计税基础代表的是在这一期间内，就该项资产按照税法规定可以税前扣除的金额。当资产的账面价值大于其计税基础的，两者之间的差额将会于未来期间产生应税金额，增加未来期间的应纳税所得额及应交所得税，对企业形成经济利益流出的义务。根据《企业会计准则第18号——所得税》的相关规定，企业对与子公司、联营企业、合营企业投资等相关的应纳税暂时性差异，应当确认递延所得税负债，只有在同时满足以下两个条件时除外：一是投资企业能够控制暂时性差异转回的时间；二是该暂时性差异在可预见的未来很可能不会转回。当投资方改变其持有投资意图拟对外出售时，不再符合上述条件，应确认其递延所得税影响。

第五节 会计科目和会计分录

以下是第一财税网(www.tax.org.cn)耗时整理的相关会计科目和会计分录,供实际工作中随时查阅、使用。

一、1511 长期股权投资

(一) 核算内容

本科目核算企业持有的长期股权投资。

(二) 明细核算

本科目应当按照被投资单位进行明细核算。

长期股权投资核算采用权益法的,应当分别"投资成本""损益调整""其他综合收益""其他权益变动"进行明细核算。

(三) 主要账务处理

1. 企业合并形成的长期股权投资

(1) 同一控制下企业合并形成的长期股权投资。

合并方以支付现金、转让非现金资产或承担债务方式作为合并对价的,应在合并日按取得被合并方所有者权益在最终控制方合并财务报表中的账面价值的份额,借记本科目(投资成本),按支付的合并对价的账面价值,贷记或借记有关资产、负债科目,按其差额,贷记"资本公积——资本溢价或股本溢价"科目;如为借方差额,借记"资本公积——资本溢价或股本溢价"科目,资本公积(资本溢价或股本溢价)不足冲减的,应依次借记"盈余公积""利润分配——未分配利润"科目。合并方以发行权益性证券作为合并对价的,应当在合并日按照被合并方所有者权益在最终控制方合并财务报表中的账面价值的份额,借记本科目(投资成本),按照发行股份的面值总额,贷记"股本",按其差额,贷记"资本公积——资本溢价或股本溢价";如为借方差额,借记"资本公积——资本溢价或股本溢价"科目,资本公积(资本溢价或股本溢价)不足冲减的,应依次借记"盈余公积""利润分配——未分配利润"科目。

(2) 非同一控制下企业合并形成的长期股权投资。

购买方以支付现金、转让非现金资产或承担债务方式等作为合并对价的,应在购买日按照《企业会计准则第 20 号——企业合并》确定的合并成本,借记本科目(投资成本),按付出的合并对价的账面价值,贷记或借记有关资产、负债科目,按发生的<u>直接相关费用(如资产处置费用)</u>,贷记"银行存款"等科目,按其差额,贷记"主营业务收入""营业外收入""投资收益"等科目或借记"管理费用""营业外支出""主营业务成本"等科目。

购买方以发行权益性证券作为合并对价的,应在购买日按照发行的权益性证券的公允价值,借记本科目(投资成本),按照发行的权益性证券的面值总额,贷记"股本",按其差额,贷记"资本公积——资本溢价或股本溢价"。

企业为企业合并发生的审计、法律服务、评估咨询等<u>中介费用</u>以及其他相关管理费用,应当于发生时借记"管理费用"科目,贷记"银行存款"等科目。

2. 以非企业合并方式形成的长期股权投资

以支付现金、非现金资产等其他方式取得的长期股权投资,应按现金、非现金货币性资产的公允价值或按照《企业会计准则第 7 号——非货币性资产交换》《企业会计准则第 12 号——债务重组》的有关规定确定的初始投资成本,借记本科目,贷记"银行存款"等科目,贷记"营业外收入"或借记"营业外支出"等处置非现金资产相关的科目。

注 债务重组中因处置非流动资产产生的利得或损失和非货币性资产交换中换出非流动资产产生的利得或损失现在已经改为在"资产处置损益"科目核算。

3. 采用成本法核算的长期股权投资的处理

长期股权投资采用成本法核算的,应按被

投资单位宣告发放的现金股利或利润中属于本企业的部分,借记"应收股利"科目,贷记"投资收益"科目。

4. 采用权益法核算的长期股权投资的处理

企业的长期股权投资采用权益法核算的,应当分别下列情况进行处理:

(1) 长期股权投资的初始投资成本大于投资时应享有被投资单位可辨认净资产公允价值份额的,不调整已确认的初始投资成本;长期股权投资的初始投资成本小于投资时应享有被投资单位可辨认净资产公允价值份额的,应按其差额,借记本科目(投资成本),贷记"营业外收入"科目。

(2) 资产负债表日,企业应按被投资单位实现的净利润(以取得投资时被投资单位可辨认净资产的公允价值为基础计算)中企业享有的份额,借记本科目(损益调整),贷记"投资收益"科目。被投资单位发生净亏损作相反的会计分录,但以本科目的账面价值减记至零为限;还需承担的投资损失,应将其他实质上构成对被投资单位净投资的"长期应收款"等的账面价值减记至零为限;除按照以上步骤已确认的损失外,按照投资合同或协议约定将承担的损失,确认为预计负债。除上述情况仍未确认的应分担被投资单位的损失,应在账外备查登记。发生亏损的被投资单位以后实现净利润的,应按与上述相反的顺序进行处理。

取得长期股权投资后,被投资单位宣告发放现金股利或利润时,企业计算应分得的部分,借记"应收股利"科目,贷记本科目(损益调整)。

收到被投资单位发放的股票股利,不进行账务处理,但应在备查簿中登记。

(3) 发生亏损的被投资单位以后实现净利润的,企业计算应享有的份额,如有未确认投资损失的,应先弥补未确认的投资损失,弥补损失后仍有余额的,依次借记"长期应收款"科目和本科目(损益调整),贷记"投资收益"科目。

(4) 被投资单位除净损益、利润分配以外的其他综合收益变动和所有者权益的其他变动,企业按持股比例计算应享有的份额,借记本科目(其他综合收益和其他权益变动),贷记"其他综合收益"和"资本公积——其他资本公积"科目。

5. 处置长期股权投资的处理

处置长期股权投资时,应按实际收到的金额,借记"银行存款"等科目,原已计提减值准备的,借记"长期股权投资减值准备"科目,按其账面余额,贷记本科目,按尚未领取的现金股利或利润,贷记"应收股利"科目,按其差额,贷记或借记"投资收益"科目。

处置采用权益法核算的长期股权投资时,应当采用与被投资单位直接处置相关资产或负债相同的基础,对相关的其他综合收益进行会计处理。按照上述原则可以转入当期损益的其他综合收益,应按结转的长期股权投资的投资成本比例结转原记入"其他综合收益"科目的金额,借记或贷记"其他综合收益"科目,贷记或借记"投资收益"科目。

处置采用权益法核算的长期股权投资时,还应按结转的长期股权投资的投资成本比例结转原记入"资本公积——其他资本公积"科目的金额,借记或贷记"资本公积——其他资本公积"科目,贷记或借记"投资收益"科目。

(四)期末余额

本科目期末借方余额,反映企业长期股权投资的价值。

二、1512 长期股权投资减值准备

(一)核算内容

本科目核算企业长期股权投资发生减值时计提的减值准备。

(二)明细核算

本科目应当按照被投资单位进行明细核算。

(三)主要账务处理

资产负债表日,企业根据《企业会计准则第8号——资产减值》确定长期股权投资发生减值的,按应减记的金额,借记"资产减值损失"科目,贷记本科目。

处置长期股权投资时,应同时结转已计提的长期股权投资减值准备。

(四) 期末余额

本科目期末贷方余额,反映企业已计提但尚未转销的长期股权投资减值准备。

三、1122 应收账款/应收保费(保险)/应收手续费及佣金(金融)

(一) 核算内容

本科目核算以摊余成本计量的、企业因销售商品、提供劳务等日常活动应收取的款项。

企业(保险)按照原保险合同约定应向投保人收取的保费,可将本科目改为"1122 应收保费"科目,并按照投保人进行明细核算。

企业(金融)应收取的手续费和佣金,可将本科目改为"1124 应收手续费及佣金"科目,并按照债务人进行明细核算。

因销售商品、提供劳务等,采用递延方式收取合同或协议价款、实质上具有融资性质的,在"长期应收款"科目核算。

(二) 明细核算

本科目可按债务人进行明细核算。

(三) 主要账务处理

(1) 企业发生应收账款,按应收金额,借记本科目,按确认的营业收入,贷记"主营业务收入""手续费及佣金收入""保费收入"等科目。收回应收账款时,借记"银行存款"等科目,贷记本科目。涉及增值税销项税额的,还应进行相应的处理。

代购货单位垫付的包装费、运杂费,借记本科目,贷记"银行存款"等科目。收回代垫费用时,借记"银行存款"科目,贷记本科目。

(2) 企业与债务人进行债务重组,应当分别债务重组的不同方式进行处理。

① 收到债务人清偿债务的款项小于该项应收账款账面价值的,应按实际收到的金额,借记"银行存款"等科目,按重组债权已计提的坏账准备,借记"坏账准备"科目,按重组债权的账面余额,贷记本科目,按其差额,借记"投资收益"科目。

收到债务人清偿债务的款项大于该项应收账款账面价值的,应按实际收到的金额,借记"银行存款"等科目,按重组债权已计提的坏账准备,借记"坏账准备"科目,按重组债权的账面余额,贷记本科目,按其差额,贷记"信用减值损失"科目。

以下债务重组涉及重组债权减值准备的,应当比照此规定进行处理。

② 接受债务人用于清偿债务的非现金资产,应按该项非现金资产的公允价值,借记"原材料""库存商品""固定资产""无形资产"等科目,按重组债权的账面余额,贷记本科目,按应支付的相关税费和其他费用,贷记"银行存款""应交税费"等科目,按其差额,借记"投资收益"科目。涉及增值税进项税额的,还应进行相应的处理。

注 债务重组中因处置非流动资产产生的利得或损失和非货币性资产交换中换出非流动资产产生的利得或损失在"资产处置损益"科目核算。

③ 将债权转为投资,应按享有股份的公允价值,借记"长期股权投资"科目,按重组债权的账面余额,贷记本科目,按应支付的相关税费和其他费用,贷记"银行存款""应交税费"等科目,按其差额,借记"投资收益"科目。

④ 以修改其他债务条件进行清偿的,应按修改其他债务条件后债权的公允价值,借记本科目,按重组债权的账面余额,贷记本科目,按其差额,借记"投资收益"科目。

(四) 期末余额

本科目期末借方余额,反映企业尚未收回的应收账款;期末如为贷方余额,反映企业预收的账款。

四、1131 应收股利

(一) 核算内容

本科目核算企业应收取的现金股利和应收取其他单位分配的利润。

(二) 明细核算

本科目应当按照被投资单位进行明细核算。

(三) 主要账务处理

(1) 被投资单位宣告发放现金股利或利润,

按应归本企业享有的金额，借记本科目，贷记"投资收益"或"长期股权投资——损益调整"科目。

（2）收到现金股利或利润，借记"银行存款"等科目，贷记本科目。

（四）期末余额

本科目期末借方余额，反映企业尚未收回的现金股利或利润。

五、1481 持有待售资产

（一）核算内容

本科目核算持有待售的非流动资产和持有待售的处置组中的资产。

（二）明细核算

本科目按照资产类别进行明细核算。

（三）主要账务处理

企业将相关非流动资产或处置组划分为持有待售类别时，按各类资产的账面价值或账面余额，借记本科目，按已计提的累计折旧、累计摊销等，借记"累计折旧""累计摊销"等科目，按各项资产账面余额，贷记"固定资产""无形资产""长期股权投资""应收账款""商誉"等科目，适用持有待售会计准则计量规定的非流动资产已计提减值准备的，还应同时结转已计提的减值准备。

注 对于取得日划分为持有待售类别的非流动资产或处置组，企业应当在初始计量时比较假定其不划分为持有待售类别情况下的初始计量金额和公允价值减去出售费用后的净额，以两者孰低计量。

（四）期末余额

本科目期末借方余额，反映企业持有待售的非流动资产和持有待售的处置组中资产的账面余额。

附：报表列示

反映资产负债表日划分为持有待售类别的非流动资产及划分为持有待售类别的处置组中的流动资产和非流动资产的期末账面价值。

该项目应根据"持有待售资产"科目的期末余额，减去"持有待售资产减值准备"科目的期末余额后的金额填列。

注 企业如有划分为持有待售的非流动资产及划分为持有待售的处置组中的资产，应当在资产负债表资产项下"存货"项目和"一年内到期的非流动资产"项目之间增设"划分为持有待售的资产"项目，反映资产负债表日划分为持有待售的非流动资产及划分为持有待售的处置组中的资产的期末余额；如有划分为持有待售的处置组中的负债，应当在资产负债表负债项下"其他应付款"项目和"一年内到期的非流动负债"项目之间增设"划分为持有待售的负债"项目，反映资产负债表日划分为持有待售的处置组中的负债的期末余额。

六、1531 长期应收款

（一）核算内容

本科目核算企业的长期应收款项，包括融资租赁产生的应收款项、采用递延方式具有融资性质的销售商品和提供劳务等产生的应收款项等。

实质上构成对被投资单位净投资的长期权益，也通过本科目核算。

（二）明细核算

本科目可按债务人进行明细核算。

（三）主要账务处理

（1）采用递延方式分期收款销售商品或提供劳务等经营活动产生的长期应收款，满足收入确认条件的，按应收的合同或协议价款，借记本科目，按应收合同或协议价款的公允价值（折现值），贷记"主营业务收入"等科目，按其差额，贷记"未实现融资收益"科目。涉及增值税的，还应进行相应的处理。

（2）如有实质上构成对被投资单位净投资的长期权益，被投资单位发生的净亏损应由本企业承担的部分，在"长期股权投资"的账面价值减记至零以后，还需承担的投资损失，应以本科目中实质上构成了对被投资单位净投资的长期权益部分账面价值减记至零为限，继续确认投资损失，借记"投资收益"科目，贷记本科目。除上述已确认投资损失外，投资合同或协议中约定仍应承担的损失，确认为预计负债。

（四）期末余额

本科目的期末借方余额，反映企业尚未收回的长期应收款。

七、4001 实收资本

(一) 核算内容

本科目核算企业接受投资者投入的实收资本。股份有限公司应将本科目改为"4001 股本"科目。企业收到投资者出资超过其在注册资本或股本中所占份额的部分,作为资本溢价或股本溢价,在"资本公积"科目核算。

(二) 明细核算

本科目可按投资者进行明细核算。企业(中外合作经营)在合作期间归还投资者的投资,应在本科目设置"已归还投资"明细科目进行核算。

(三) 主要账务处理

(1) 实收资本的主要账务处理。

① 企业接受投资者投入的资本,借记"银行存款""其他应收款""固定资产""无形资产""长期股权投资"等科目,按其在注册资本或股本中所占份额,贷记本科目,按其差额,贷记"资本公积——资本溢价或股本溢价"科目。

注 采用权益法核算的长期股权投资,收到被投资单位发放的股票股利,不进行账务处理,但应在备查簿中登记。被投资单位分派股票股利的,投资方不作会计处理,但应于除权日注明所增加的股数,以反映股份的变化情况。

企业派发股票股利、公积金转增资本、拆股或并股等,会增加或减少其发行在外普通股或潜在普通股的数量,但不影响所有者权益总额,也不改变企业的盈利能力。企业应当在相关报批手续全部完成后,按调整后的股数重新计算各列报期间的每股收益。上述变化发生于资产负债表日至财务报告批准报出日之间的,应当以调整后的股数重新计算各列报期间的每股收益。

金融工具或其组成部分属于权益工具的,其发行(含再融资)、回购、出售或注销时,发行方应当作为权益的变动处理。发行方不应当确认权益工具的公允价值变动。发行方向权益工具持有方的分配应当作为其利润分配处理,发放的股票股利不影响发行方的所有者权益总额。

经股东大会或类似机构决议,用资本公积转增资本,借记"资本公积——资本溢价或股本溢价"科目,贷记本科目。

② 以权益结算的股份支付换取职工或其他方提供服务的,应在行权日,按根据实际行权情况确定的金额,借记"资本公积——其他资本公积"科目,按应计入实收资本或股本的金额,贷记本科目。

注 "其他权益工具"科目核算企业发行的除普通股以外的归类为权益工具的各种金融工具。发行方发行的金融工具为既有负债成分又有权益工具成分的复合金融工具的,应按实际收到的金额,借记"银行存款"或"存放中央银行款项"等科目,按金融工具的面值,贷记"应付债券——面值"等科目,按负债成分的公允价值与金融工具面值之间的差额,借记或贷记"应付债券——利息调整"等科目,按实际收到的金额扣除负债成分的公允价值后的金额,贷记"其他权益工具"科目。发行复合金融工具发生的交易费用,应当在负债成分和权益成分之间按照各自占总发行价款的比例进行分摊。与多项交易相关的共同交易费用,应当在合理的基础上,采用与其他类似交易一致的方法,在各项交易之间进行分摊。对于分摊至负债成分的交易费用,应当计入该负债成分的初始计量金额(若该负债成分按摊余成本进行后续计量)或计入当期损益(若该负债成分按公允价值进行后续计量且其变动计入当期损益);对于分摊至权益成分的交易费用,应当从权益中扣除。发行方按合同条款约定将发行的除普通股以外的金融工具转换为普通股的,按该工具对应的其他权益工具或金融负债的账面价值,借记"其他权益工具"科目、"应付债券"等科目,按普通股的面值,贷记"实收资本(或股本)"等科目,按其差额,贷记"资本公积——资本溢价(或股本溢价)"等科目(如转股时金融工具的账面价值零头不足转换为1股普通股,发行方以现金或其他金融资产退换零头时,还需按支付的现金或其他金融资产的金额,贷记"银行存款"或"存放中央银行款项"等科目)。

"应付债券"科目核算企业为筹集(长期)资金而发行的以摊余成本计量的债券。企业发行的可转换公司债券,应将负债和权益成分进行分拆,分拆后形成的负债成分在"应付债券"科目核算。

(2) 企业按法定程序报经批准减少注册资本的,借记本科目,贷记"库存现金""银行存款"等科目。

股份有限公司采用收购本公司股票方式减资的,按股票面值和注销股数计算的股票面值总额,借记本科目,按所注销库存股的账面余额,贷记"库存股"科目,按其差额,借记"资本公积——股本溢价"科目,股本溢价不足冲减的,应借记"盈余公积""利润分配——未分配利润"科目;购回股票支付的价款低于面值总额的,应按股票面值总额,借记本科目,按所注销库存股的账面余额,贷记"库存股"科目,按其差额,贷记"资本公积——股本溢价"科目。

(3) 企业(中外合作经营)根据合同规定在合作期间归还投资者的投资,借记本科目(已归还投资),贷记"银行存款"等科目;同时,借记"利润分配——利润归还投资"科目,贷记"盈余公积——利润归还投资"科目。

中外合作经营清算,借记本科目、"资本公积""盈余公积""利润分配——未分配利润"等科目,贷记本科目(已归还投资)、"银行存款"等科目。

(四) 期末余额

本科目期末贷方余额,反映企业实收资本或股本总额。

八、4002 资本公积

(一) 核算内容

本科目核算企业收到投资者出资额超出其在注册资本或股本中所占份额的部分。直接计入所有者权益的利得和损失(不含"其他综合收益"),也通过本科目核算。

注 企业发行认股权和债权分离交易的可转换公司债券,所发行的认股权符合金融工具会计准则有关权益工具定义的,应当确认为一项权益工具(其他权益工具),并以发行价格减去不附认股权且其他条件相同的公司债券公允价值后的净额进行计量。认股权持有方到期没有行权的,企业应当在到期时将原计入其他权益工具的部分转入资本公积(股本溢价)。

(二) 明细核算

本科目应当分别"资本溢价(股本溢价)""其他资本公积"进行明细核算。

(三) 主要账务处理

(1) 企业接受投资者投入的资本、将债务转为资本等形成的资本公积,借记有关科目,贷记"实收资本"或"股本"科目、本科目(资本溢价或股本溢价)等。

注 企业发行可转换公司债券权益成份现在通过"其他权益工具"科目核算,不再通过"资本公积——其他资本公积"科目核算。"其他权益工具"科目核算企业发行的除普通股以外的归类为权益工具的各种金融工具。发行方发行的金融工具为既有负债成分又有权益工具成分的复合金融工具的,应按实际收到的金额,借记"银行存款"或"存放中央银行款项"等科目,按金融工具的面值,贷记"应付债券——面值"等科目,按负债成分的公允价值与金融工具面值之间的差额,借记或贷记"应付债券——利息调整"等科目,按实际收到的金额扣除负债成分的公允价值后的金额,贷记"其他权益工具"科目。发行复合金融工具发生的交易费用,应当在负债成分和权益成分之间按照各自占总发行价款的比例进行分摊。与多项交易相关的共同交易费用,应当在合理的基础上,采用与其他类似交易一致的方法,在各项交易之间进行分摊。对于分摊至负债成分的交易费用,应当计入该负债成分的初始计量金额(若该负债成分按摊余成本进行后续计量)或计入当期损益(若该负债成分按公允价值进行后续计量且其变动计入当期损益);对于分摊至权益成分的交易费用,应当从权益中扣除。发行方按合同条款约定将发行的除普通股以外的金融工具转换为普通股的,按该工具对应的其他权益工具或金融负债的账面价值,借记"其他权益工具"科目、"应付债券"等科目,按普通股的面值,贷记"实收资本(或股本)"等科目,按其差额,贷记"资本公积——资本溢价(或股本溢价)"等科目(如转股时金融工具的账面价值零头不足转换为1股普通股,发行方以现金或其他金融资产退换零头时,还需按支付的现金或其他金融资产的金额,贷记"银行存款"或"存放中央银行款项"等科目)。"应付债券"科目核算企业为筹集(长期)资金而发行的以摊余成本计量的债券。企业发行的可转换公司债券,应将负债和权益成分进行分拆,分拆后形成的负债成分在"应付债券"科目核算。

企业取得的搬迁补偿款扣除转入递延收益的金额后如有结余的,作为资本公积处理(《企业会计准则解释第3号》)。

与发行权益性证券直接相关的手续费、佣金等交易费用,借记本科目(股本溢价)等,贷记"银行存款"等科目。经股东大会或类似机构决议,用资本公积转增资本,借记本科目(资本溢价或股本溢价),贷记"实收资本"或"股本"科目。

(2) 同一控制下控股合并形成的长期股权投资,应在合并日按取得被合并方所有者权益账面价值的份额,借记"长期股权投资"科目,按享有被投资单位已宣告但尚未发放的现金股利或利润,借记"应收股利"科目,按支付的合并对价的账面价值,贷记有关资产科目或借记有关负债科目,按其差额,贷记本科目(资本溢价或股本溢价);为借方差额的,借记本科目(资本溢价或股本溢价),资本公积(资本溢价或股本溢价)不足冲减的,借记"盈余公积""利润分配——未分配利润"科目。

同一控制下吸收合并涉及的资本公积,比照上述原则进行处理。

(3)被投资单位除净损益、利润分配以外的其他综合收益变动和所有者权益的其他变动,企业按持股比例计算应享有的份额,借记"长期股权投资"科目(其他综合收益和其他权益变动),贷记"其他综合收益"和"资本公积——其他资本公积"科目。

处置采用权益法核算的长期股权投资时,应当采用与被投资单位直接处置相关资产或负债相同的基础,对相关的其他综合收益进行会计处理。按照上述原则可以转入当期损益的其他综合收益,应按结转的长期股权投资的投资成本比例结转原记入"其他综合收益"科目的金额,借记或贷记"其他综合收益"科目,贷记或借记"投资收益"科目。

处置采用权益法核算的长期股权投资时,还应按结转的长期股权投资的投资成本比例结转原记入"资本公积——其他资本公积"科目的金额,借记或贷记"资本公积——其他资本公积"科目,贷记或借记"投资收益"科目。

(4)以权益结算的股份支付换取职工或其他方提供服务的,应按照确定的金额,借记"管理费用"等科目,贷记本科目(其他资本公积)。

在行权日,应按实际行权的权益工具数量计算确定的金额,借记本科目(其他资本公积),按计入实收资本或股本的金额,贷记"实收资本"或"股本"科目,按其差额,贷记本科目(资本溢价或股本溢价)。

注 自用房地产或存货转换为采用公允价值模式计量的投资性房地产,按照"投资性房地产"科目的相关规定进行处理,现在已经改为相应调整其他综合收益。

(5)股份有限公司采用收购本公司股票方式减资的,按股票面值和注销股数计算的股票面值总额,借记"股本"科目,按所注销的库存股的账面余额,贷记"库存股"科目,按其差额,借记本科目(股本溢价),股本溢价不足冲减的,应借记"盈余公积""利润分配——未分配利润"科目;购回股票支付的价款低于面值总额的,应按股票面值总额,借记"股本"科目,按所注销的库存股的账面余额,贷记"库存股"科目,按其差额,贷记本科目(股本溢价)。

注 现金流量套期利得或损失中属于有效套期的部分,应当直接确认为所有者权益(其他综合收益);属于无效套期的部分,应当计入当期损益。对于前者,套期会计准则规定在一定的条件下,将原直接计入所有者权益中的套期工具利得或损失转出,计入当期损益。

资产负债表日,套期工具形成的利得或损失中属于套期有效部分的,借记或贷记"套期工具"科目,贷记或借记"其他综合收益——套期储备"科目;属于套期无效部分的,借记或贷记"套期工具"科目,借记或贷记"套期损益"科目。企业将套期储备转出时,借记或贷记"其他综合收益——套期储备",贷记或借记有关科目。

(四)期末余额

本科目期末贷方余额,反映企业的资本公积。

九、4004 其他综合收益

(一)核算内容

其他综合收益是指企业根据企业会计准则规定未在损益中确认的各项利得和损失扣除所得税影响后的净额。

注 综合收益建立在"资产负债观"基础之上,把全部已确认但未实现的利得或损失纳入财务报表中,反映报告期内企业与所有者以外的其他各方之间的交易或事项所引起的净资产的变动额;综合收益的概念,突破了传统会计收益的实现原则,引入了公允价值,使公允价值作为计量属性的使用成为一种必然的趋势。

在资产负债表中,"其他综合收益"以前并没有作为一个单独的科目,而是计入资本公积中,而现在作为了一个单独的科目,以便于和资本公积区分。这种核算方式,有利于使资本公积的核算内容明晰化。资本公积原本核算的内容主要为股东资本性投入的部分,与其他综合收益混在一个科目中,将不便于报表使用者理解和分析。

(二) 明细核算

在此科目下可设置以下明细科目核算：

1."400401 以后会计期间不能重分类进损益的其他综合收益项目"

主要包括：

(1) 重新计量设定受益计划变动额（职工薪酬"离职后福利"）。

根据《企业会计准则第9号——职工薪酬》，有设定受益计划形式离职后福利的企业应当将重新计量设定受益计划净负债或净资产导致的变动计入其他综合收益，并且在后续会计期间不允许转回至损益。

(2) 权益法下不能转损益的其他综合收益（长期股权投资）。

根据《企业会计准则第2号——长期股权投资》，投资方取得长期股权投资后，应当按照应享有或应分担的被投资单位其他综合收益的份额，确认其他综合收益，同时调整长期股权投资的账面价值。投资单位在确定应享有或应分担的被投资单位其他综合收益的份额时，该份额的性质取决于被投资单位的其他综合收益的性质，即如果被投资单位的其他综合收益属于"以后会计期间不能重分类进损益"类别，则投资方确认的份额也属于"以后会计期间不能重分类进损益"类别。

(3) 其他权益工具投资公允价值变动（非交易性权益工具投资）。

"其他权益工具投资"科目核算企业指定为以公允价值计量且其变动计入其他综合收益的非交易性权益工具投资。本科目可按其他权益工具投资的类别和品种，分别"成本""公允价值变动"等进行明细核算。

对于指定为以公允价值计量且其变动计入其他综合收益的非交易性权益工具投资，除了获得的股利（属于投资成本收回部分的除外）计入当期损益外，其他相关的利得和损失（包括汇兑损益）均应计入其他综合收益，且后续不得转入当期损益。当其终止确认时，之前计入其他综合收益的累计利得或损失应当从其他综合收益中转出，计入留存收益。

注 套期会计中的"套期损益"明细科目：

(1) 本明细科目核算公允价值套期下对指定为以公允价值计量且其变动计入其他综合收益的非交易性权益工具投资或其组成部分进行套期时，套期工具和被套期项目公允价值变动形成的利得和损失。

(2) 本明细科目可按套期关系进行明细核算。

(3) 主要账务处理：

① 资产负债表日，应当按照套期工具产生的利得，借记"套期工具"科目，贷记本明细科目；套期工具产生损失作相反的会计分录。

② 资产负债表日，应当按照被套期项目因被套期风险敞口形成的利得，借记"被套期项目"科目，贷记本明细科目；被套期项目因被套期风险敞口形成损失作相反的会计分录。

(4) 当套期关系终止时，应当借记或贷记本明细科目，贷记或借记"利润分配——未分配利润"等科目。

(4) 企业自身信用风险公允价值变动（指定为以公允价值计量且其变动计入当期损益的金融负债）。

企业根据会计准则规定将金融负债指定为以公允价值计量且其变动计入当期损益的金融负债的，该金融负债所产生的利得或损失应当按照下列规定进行处理：

① 由企业自身信用风险变动引起的该金融负债公允价值的变动金额，应当计入其他综合收益。

② 该金融负债的其他公允价值变动计入当期损益。

按照此处①的规定对该金融负债的自身信用风险变动的影响进行处理会造成或扩大损益中的会计错配的，企业应当将该金融负债的全部利得或损失（包括企业自身信用风险变动的影响金额）计入当期损益。该金融负债终止确认时，之前计入其他综合收益的累计利得或损失应当从其他综合收益中转出，计入留存收益。

2."400402 以后会计期间在满足规定条件时将重分类进损益的其他综合收益项目"

主要包括：

(1) 权益法下可转损益的其他综合收益（长期股权投资）。

根据《企业会计准则第2号——长期股权投

资》，投资方取得长期股权投资后，应当按照应享有或应分担的被投资单位其他综合收益的份额，确认其他综合收益，同时调整长期股权投资的账面价值。如果被投资单位的其他综合收益属于"以后会计期间在满足规定条件时将重分类进损益"类别，则投资方确认的份额也属于"以后会计期间在满足规定条件时将重分类进损益"类别。

(2) 金融资产重分类计入其他综合收益的金额。

企业将一项以公允价值计量且其变动计入其他综合收益的金融资产重分类为以摊余成本计量的金融资产的，应当将之前计入其他综合收益的累计利得或损失转出，调整该金融资产在重分类日的公允价值，并以调整后的金额作为新的账面价值，即视同该金融资产一直以摊余成本计量。该金融资产重分类不影响其实际利率和预期信用损失的计量。

企业将一项以公允价值计量且其变动计入其他综合收益的金融资产重分类为以公允价值计量且其变动计入当期损益的金融资产的，应当继续以公允价值计量该金融资产。同时，企业应当将之前计入其他综合收益的累计利得或损失从其他综合收益转入当期损益。

按照《企业会计准则第22号——金融工具确认和计量》第十八条分类为以公允价值计量且其变动计入其他综合收益的金融资产所产生的所有利得或损失，除减值损失或利得和汇兑损益之外，均应当计入其他综合收益，直至该金融资产终止确认或被重分类。但是，采用实际利率法计算的该金融资产的利息应当计入当期损益。该金融资产计入各期损益的金额应当与视同其一直按摊余成本计量而计入各期损益的金额相等。该金融资产终止确认时，之前计入其他综合收益的累计利得或损失应当从其他综合收益中转出，计入当期损益。企业将该金融资产重分类为其他类别金融资产的，应当根据《企业会计准则第22号——金融工具确认和计量》第三十一条的规定，对之前计入其他综合收益的累计利得或损失进行相应处理。

(3) 其他债权投资公允价值变动。

金融资产同时符合下列条件的，应当分类为以公允价值计量且其变动计入其他综合收益的金融资产(通过"其他债权投资"科目核算，可按金融资产类别和品种，分别"成本""利息调整""公允价值变动"等进行明细核算)：

① 企业管理该金融资产的业务模式既以收取合同现金流量为目标又以出售该金融资产为目标。

② 该金融资产的合同条款规定，在特定日期产生的现金流量，仅为对本金和以未偿付本金金额为基础的利息的支付。

上述分类为以公允价值计量且其变动计入其他综合收益的金融资产所产生的所有利得或损失，除减值损失或利得和汇兑损益之外，均应当计入其他综合收益，直至该金融资产终止确认或被重分类。但是，采用实际利率法计算的该金融资产的利息应当计入当期损益。该金融资产计入各期损益的金额应当与视同其一直按摊余成本计量而计入各期损益的金额相等。该金融资产终止确认时，之前计入其他综合收益的累计利得或损失应当从其他综合收益中转出，计入当期损益。

对于上述分类为以公允价值计量且其变动计入其他综合收益的金融资产(债务工具投资)整体转移满足终止确认条件的，企业在计量该项转移形成的损益时，应当将原计入其他综合收益的公允价值变动累计利得或损失转出(注意：不适用于根据《企业会计准则第22号——金融工具确认和计量》准则第十九条指定为以公允价值计量且其变动计入其他综合收益的非交易性权益工具投资)。

如果涉及转移的金融资产为上述分类为以公允价值计量且其变动计入其他综合收益的金融资产的，不再确认部分的金额对应的原计入其他综合收益的公允价值变动累计额计入当期损益。

(4) 其他债权投资信用减值准备。

金融资产同时符合下列条件的，应当分类为以公允价值计量且其变动计入其他综合收益的金融资产(通过"其他债权投资"科目核算,可按金融资产类别和品种,分别"成本""利息调整""公允价值变动"等进行明细核算):

① 企业管理该金融资产的业务模式既以收取合同现金流量为目标又以出售该金融资产为目标。

② 该金融资产的合同条款规定,在特定日期产生的现金流量,仅为对本金和以未偿付本金金额为基础的利息的支付。

对于上述分类为以公允价值计量且其变动计入其他综合收益的金融资产,企业应当<u>在其他综合收益中确认其损失准备</u>(通过"其他综合收益——信用减值准备"科目核算,以预期信用损失为基础计提损失准备),<u>并将减值损失或利得计入当期损益,且不应减少该金融资产在资产负债表中列示的账面价值</u>。

注 "信用减值准备"明细科目。

本明细科目核算企业按照金融工具确认和计量会计准则第十八条分类为以公允价值计量且其变动计入其他综合收益的金融资产以预期信用损失为基础计提的损失准备。

《利润表》中"其他债权投资信用减值准备"行项目,反映企业按照《企业会计准则第 22 号——金融工具确认和计量》(2017 年修订)第十八条分类为以公允价值计量且其变动计入其他综合收益的金融资产的损失准备。该项目应根据"其他综合收益"科目下的"信用减值准备"明细科目的发生额分析填列。

(5) 现金流量套期储备(<u>有效套期的部分</u>)。

根据《企业会计准则第 24 号——套期会计》,现金流量套期利得或损失中属于有效套期的部分,应当直接确认为所有者权益(其他综合收益);属于无效套期的部分,应当计入当期损益。对于前者,套期会计准则规定在一定的条件下,将原直接计入所有者权益中的套期工具利得或损失转出,计入当期损益。

注 套期会计中的"套期储备"明细科目。

(1) 本明细科目核算现金流量套期下套期工具累计公允价值变动中的套期有效部分。

(2) 本明细科目可按套期关系进行明细核算。

(3) 主要账务处理:

① 资产负债表日,套期工具形成的利得或损失中属于套期有效部分的,借记或贷记"套期工具"科目,贷记或借记本明细科目;属于套期无效部分的,借记或贷记"套期工具"科目,贷记或借记"套期损益"科目。

② 企业将套期储备转出时,借记或贷记本明细科目,贷记或借记有关科目。

《利润表》中"现金流量套期储备"行项目,反映企业套期工具产生的利得或损失中属于套期有效的部分。该项目应根据"其他综合收益"科目下的"套期储备"明细科目的发生额分析填列。

(6) 外币财务报表折算差额。

根据《企业会计准则第 19 号——外币折算》,企业对境外经营的财务报表进行折算时,应当将外币财务报表折算差额在资产负债表中所有者权益项目下单独列示(其他综合收益);企业在处置境外经营时,应当将资产负债表中所有者权益项目下列示的、与该境外经营相关的外币报表折算差额,自所有者权益项目转入处置当期损益,部分处置境外经营的,应当按处置的比例计算处置部分的外币财务报表折算差额,转入处置当期损益。

(7) 根据相关会计准则规定的其他项目。

例如,根据《企业会计准则第 3 号——投资性房地产》,自用房地产或作为存货的房地产转换为以公允价值模式计量的投资性房地产在转换日公允价值大于账面价值部分计入其他综合收益;待该投资性房地产处置时,将该部分转入当期损益等。

3. "400403 所得税影响"等明细科目核算

此前在资本公积中核算的所得税影响现在在此科目所得税影响中核算。

4. "套期成本"

(1) 本明细科目核算企业将期权的时间价值、远期合同的远期要素或金融工具的外汇基差排除在套期工具之外时,期权的时间价值等产生的公允价值变动。

(2) 本明细科目可按套期关系进行明细核算。

(3) 主要账务处理。

① 资产负债表日,对于期权的时间价值等的公允价值变动中与被套期项目相关的部分,应当借记或贷记"衍生工具"等科目,贷记或借记本明细科目。

② 企业在将相关金额从其他综合收益中转出时,借记或贷记本明细科目,贷记或借记有关科目。

A. 期权时间价值的会计处理。

企业将期权合同的内在价值和时间价值分开,只将期权的内在价值变动指定为套期工具时,应当区分被套期项目的性质是与交易相关还是与时间段相关,并进行不同的会计处理。

a. 被套期项目与交易相关的,对其进行套期的期权的时间价值具备该项交易成本的特征。

企业应当将期权时间价值的公允价值变动中与被套期项目相关的部分计入其他综合收益,并按照与现金流量套期储备相同的会计处理方法进行处理。

b. 被套期项目与时间段相关的,对其进行套期的期权时间价值具备为保护企业在特定时间段内规避风险所需支付成本的特征。

企业应当将期权时间价值的公允价值变动中与被套期项目相关的部分计入其他综合收益。同时,企业应当按照系统、合理的方法,将期权被指定为套期工具当日的时间价值中与被套期项目相关的部分,在套期关系影响损益或其他综合收益(仅限于企业对指定为以公允价值计量且其变动计入其他综合收益的非交易性权益工具投资的公允价值套期)的期间内摊销,摊销金额从其他综合收益中转出,计入当期损益。由于期权的时间价值在期权到期时将归零,因此在期权存续期内的累计时间价值的公允价值变动等于指定套期时的时间价值。时间价值变动计入其他综合收益的金额应当根据变动的实际情况确定,但从其他综合收益转入当期损益(即摊销)的金额应当按照系统、合理的方法确定。转入和转出的金额最终是一致的,即指定套期时的时间价值。若企业终止运用套期会计,则其他综合收益中剩余的相关金额应当转出,计入当期损益。

期权的主要条款(如名义金额、期限和标的)与被套期项目相一致的,期权的实际时间价值与被套期项目相关;期权的主要条款与被套期项目不完全一致的,企业应当通过对主要条款与被套期项目完全匹配的期权进行估值确定校准时间价值,并确认期权的实际时间价值中与被套期项目相关的部分。在套期关系开始时,期权的实际时间价值高于校准时间价值的,企业应当以校准时间价值为基础,将其累计公允价值变动计入其他综合收益,并将这两个时间价值的公允价值变动差额计入当期损益;在套期关系开始时,期权的实际时间价值低于校准时间价值的,企业应当将两个时间价值中累计公允价值变动的较低者计入其他综合收益,如果实际时间价值的累计公允价值变动扣减累计计入其他综合收益金额后尚有剩余的,应当计入当期损益。

B. 远期合同的远期要素和金融工具的外汇基差的会计处理。

企业将远期合同的远期要素和即期要素分开、只将即期要素的价值变动指定为套期工具的,或者将金融工具的外汇基差单独分拆、只将排除外汇基差后的金融工具指定为套期工具的,可以按照与期权时间价值相同的处理方式对远期合同的远期要素或金融工具的外汇基差进行会计处理,也可以按照常规会计处理方法进行处理。

(三) **主要账务处理**

请参阅上述内容。

(四) **期末余额**

请参阅上述内容。

注 资本公积的核算主要与股本投入相关,而其他综合收益属于已经实现但暂时不能计入本年利润或费用的项目。一般来说,资本公积属于已经确定的一个事实,后续期间不会再予以转出。而其他综合收益类似于一个过渡科目,在未来期间还需要予以转出(注:有的项目在以后会计期间不能重分类进损益)。

附:报表列示

反映企业其他综合收益的期末余额。

本项目应根据"其他综合收益"科目的期末余额填列。

注 (1)《利润表》中"**其他权益工具投资公允价值变动**"行项目,反映企业指定为以公允价值计量且其变动计入**其他综合收益**的非交易性权益工具投资发生的公允价值变动。该项目应根据"其他综合收益"科目的相关明细科目的发生额分析填列。

（2）《利润表》中"企业自身信用风险公允价值变动"行项目,反映企业指定为以公允价值计量且其变动计入当期损益的金融负债,由企业自身信用风险变动引起的公允价值变动而计入其他综合收益的金额。该项目应根据"其他综合收益"科目的相关明细科目的发生额分析填列。

（3）《利润表》中"其他债权投资公允价值变动"行项目,反映企业分类为以公允价值计量且其变动计入其他综合收益的债权投资发生的公允价值变动。企业将一项以公允价值计量且其变动计入其他综合收益的金融资产重分类为以摊余成本计量的金融资产,或重分类为以公允价值计量且其变动计入当期损益的金融资产时,之前计入其他综合收益的累计利得或损失从其他综合收益中转出的金额作为该项目的减项。该项目应根据"其他综合收益"科目下的相关明细科目的发生额分析填列。

（4）《利润表》中"金融资产重分类计入其他综合收益的金额"行项目,反映企业将一项以摊余成本计量的金融资产重分类为以公允价值计量且其变动计入其他综合收益的金融资产时,计入其他综合收益的原账面价值与公允价值之间的差额。该项目应根据"其他综合收益"科目下的相关明细科目的发生额分析填列。

（5）《利润表》中"其他债权投资信用减值准备"行项目,反映企业按照《企业会计准则第22号——金融工具确认和计量》（2017年修订）第十八条分类为以公允价值计量且其变动计入其他综合收益的金融资产的损失准备。该项目应根据"其他综合收益"科目下的"信用减值准备"明细科目的发生额分析填列。

（6）《利润表》中"现金流量套期储备"行项目,反映企业套期工具产生的利得或损失中属于套期有效的部分。该项目应根据"其他综合收益"科目下的"套期储备"明细科目的发生额分析填列。

十、6111 投资收益

（一）核算内容

本科目核算企业持有交易性金融资产等的期间内取得的投资收益以及出售交易性金融资产等实现的投资收益或投资损失;企业根据长期股权投资准则确认的投资收益或投资损失。

注 新修改后的债务重组会计准则下,对于债权人,债务重组收益,通过"投资收益"科目核算。对于债务人,采用以资产清偿债务方式进行债务重组的,债务人以非金融资产清偿债务,应将所清偿债务账面价值与转让资产账面价值之间的差额,以及所清偿债务和处置组中负债的账面价值之和与处置组中资产的账面价值之间的差额,记入"其他收益——债务重组收益"科目;以多项资产清偿债务或者组合方式进行债务重组的,债务人所清偿债务的账面价值与转让资产的账面价值以及权益工具和重组债务的确认金额之和的差额,记入"其他收益——债务重组收益"或"投资收益"（仅涉及金融工具时）科目。

（二）明细核算

本科目应当按照投资项目进行明细核算。

（三）主要账务处理

1. 交易性金融资产

本科目借方登记企业取得交易性金融资产时支付的交易费用、出售交易性金融资产等发生的投资损失,贷方登记企业持有交易性金融资产等的期间内取得的投资收益以及出售交易性金融资产等实现的投资收益。

2. 长期股权投资

（1）长期股权投资采用成本法核算的,企业应按被投资单位宣告发放的现金股利或利润中属于本企业的部分,借记"应收股利"科目,贷记本科目。

（2）长期股权投资采用权益法核算的,资产负债表日,应按被投资单位实现的净利润（以取得投资时被投资单位可辨认净资产的公允价值为基础计算）中企业享有的份额,借记"长期股权投资——损益调整"科目,贷记本科目。

被投资单位发生亏损、分担亏损份额未超过长期股权投资账面价值或分担亏损份额超过长期股权投资账面价值而冲减实质上构成对被投资单位长期净投资的,借记本科目,贷记"长期股权投资——损益调整""长期应收款"。除按照上述步骤已确认的损失外,按照投资合同或协议约定企业将承担的损失,借记本科目,贷记"预计负债"。发生亏损的被投资单位以后实现净利润的,企业计算的应享有的份额,如有未确认投资损失的,应先弥补未确认的投资损失,弥补损失后仍有余额的,借记"预计负债""长期应收款""长期股权投资——损益调整"等科目,贷记本科目。

（3）处置长期股权投资时,应按实际收到的金额,借记"银行存款"等科目,原已计提减值准备的,借记"长期股权投资减值准备"科目,按其账面余额,贷记"长期股权投资"科目,按尚未领取的现金股利或利润,贷记"应收股利"科目,按其差额,贷记或借记本科目。

处置采用权益法核算的长期股权投资时,应当采用与被投资单位直接处置相关资产或负债相同的基础,对相关的其他综合收益进行会计处理。按照上述原则可以转入当期损益的其他综合收益,应按结转长期股权投资的投资成本比例结转原记入"其他综合收益"科目的金额,借记或贷记"其他综合收益"科目,贷记或借记本科目。

处置采用权益法核算的长期股权投资时,还应按结转长期股权投资的投资成本比例结转原记入"资本公积——其他资本公积"科目的金额,借记或贷记"资本公积——其他资本公积"科目,贷记或借记本科目。

3. 债务重组

对于终止确认的债权,债权人应当结转已计提的减值准备中对应该债权终止确认部分的金额。对于终止确认的分类为以公允价值计量且其变动计入其他综合收益的债权,之前计入其他综合收益的累计利得或损失应当从其他综合收益中转出,记入"投资收益"科目。

(1) 债权人的会计处理(采用以资产清偿债务方式进行债务重组的)。

① 债权人受让金融资产。

债权人受让包括现金在内的单项或多项金融资产的,应当按照《企业会计准则第22号——金融工具确认和计量》的规定进行确认和计量。

金融资产初始确认时应当以其公允价值计量。

金融资产确认金额与债权终止确认日账面价值之间的差额,记入"投资收益"科目,但收取的金融资产的公允价值与交易价格(即放弃债权的公允价值)存在差异的,应当以下规定处理:

A. 在初始确认时,金融资产或金融负债的公允价值依据相同资产或负债在活跃市场上的报价或者以仅使用可观察市场数据的估值技术确定的,企业应当将该公允价值与交易价格之间的差额确认为一项利得或损失。

B. 在初始确认时,金融资产或金融负债的公允价值以其他方式确定的,企业应当将该公允价值与交易价格之间的差额递延。初始确认后,企业应当根据某一因素在相应会计期间的变动程度将该递延差额确认为相应会计期间的利得或损失。该因素应当仅限于市场参与者对该金融工具定价时将予考虑的因素,包括时间等。

② 债权人受让非金融资产。

以资产清偿债务方式进行债务重组的,债权人初始确认受让的金融资产以外的资产时,放弃债权的公允价值与账面价值之间的差额,记入"投资收益"科目。

③ 债权人受让多项资产。

债权人受让多项非金融资产,或者包括金融资产、非金融资产在内的多项资产的,应当按照《企业会计准则第22号——金融工具确认和计量》的规定确认和计量受让的金融资产;按照受让的金融资产以外的各项资产在债务重组合同生效日的公允价值比例,对放弃债权在合同生效日的公允价值扣除受让金融资产当日公允价值后的净额进行分配,并以此为基础分别确定各项资产的成本。

放弃债权的公允价值与账面价值之间的差额,记入"投资收益"科目。

④ 债权人受让处置组。

债务人以处置组清偿债务的,债权人应当分别按照《企业会计准则第22号——金融工具确认和计量》和其他相关准则的规定,对处置组中的金融资产和负债进行初始计量,然后按照金融资产以外的各项资产在债务重组合同生效日的公允价值比例,对放弃债权在合同生效日的公允价值以及承担的处置组中负债的确认金额之和,扣除受让金融资产当日公允价值后的净额进行分配,并以此为基础分别确定各项资产的成本。

放弃债权的公允价值与账面价值之间的差额,记入"投资收益"科目。

(2)债权人的会计处理(采用修改其他条款方式进行债务重组的)。

① 全部债权终止确认。

债务重组采用以修改其他条款方式进行的,如果修改其他条款导致全部债权终止确认,债权人应当按照修改后的条款以公允价值初始计量重组债权,重组债权的确认金额与债权终止确认日账面价值之间的差额,记入"投资收益"科目。

② 未导致债权终止确认。

如果修改其他条款未导致债权终止确认,债权人应当根据其分类,继续以摊余成本、以公允价值计量且其变动计入其他综合收益或者以公允价值计量且其变动计入当期损益进行后续计量。

对于以摊余成本计量的债权,债权人应当根据重新议定合同的现金流量变化情况,重新计算该重组债权的账面余额,并将相关利得或损失记入"投资收益"科目。重新计算的该重组债权的账面余额,应当根据将重新议定或修改的合同现金流量按债权原实际利率折现的现值确定,购买或源生的已发生信用减值的重组债权,应按经信用调整的实际利率折现。对于修改或重新议定合同所产生的成本或费用,债权人应当调整修改后的重组债权的账面价值,并在修改后重组债权的剩余期限内摊销。

(3)债权人的会计处理(以多项资产清偿债务或者组合方式进行债务重组的)。

债务重组采用组合方式进行的,一般可以认为对全部债权的合同条款做出了实质性修改,债权人应当按照修改后的条款,以公允价值初始计量重组债权和受让的新金融资产,按照受让的金融资产以外的各项资产在债务重组合同生效日的公允价值比例,对放弃债权在合同生效日的公允价值扣除重组债权和受让金融资产当日公允价值后的净额进行分配,并以此为基础分别确定各项资产的成本。放弃债权的公允价值与账面价值之间的差额,记入"投资收益"科目。

(4)债务人的会计处理(采用以资产清偿债务方式进行债务重组,债务人以金融资产清偿债务)。

债务人以单项或多项金融资产清偿债务的,债务的账面价值与偿债金融资产账面价值的差额,记入"投资收益"科目。偿债金融资产已计提减值准备的,应结转已计提的减值准备。对于以分类为以公允价值计量且其变动计入其他综合收益的债务工具投资清偿债务的,之前计入其他综合收益的累计利得或损失应当从其他综合收益中转出,记入"投资收益"科目。对于以指定为以公允价值计量且其变动计入其他综合收益的非交易性权益工具投资清偿债务的,之前计入其他综合收益的累计利得或损失应当从其他综合收益中转出,记入"盈余公积""利润分配——未分配利润"等科目。

(5)债务人的会计处理(采用将债务转为权益工具方式进行债务重组的)。

将债务转为权益工具方式进行债务重组的,债务人应当在所清偿债务符合终止确认条件时予以终止确认。

债务人初始确认权益工具时应当按照权益工具的公允价值计量,权益工具的公允价值不能可靠计量的,应当按照所清偿债务的公允价值计量。

所清偿债务账面价值与权益工具确认金额之间的差额,应当计入当期损益("投资收益"科目)。

债务人因发行权益工具而支出的相关税费等,应当依次冲减资本溢价、盈余公积、未分配利润等。

(6)债务人的会计处理(采用修改其他条款方式进行债务重组的)。

采用修改其他条款方式进行债务重组的,债务人应当按照《企业会计准则第22号——金融工具确认和计量》和《企业会计准则第37号——金融工具列报》的规定,确认和计量重组债务。

债务重组采用修改其他条款方式进行的,如果修改其他条款导致债务终止确认,债务人应当按照公允价值计量重组债务,终止确认的债务账面价值与重组债务确认金额之间的差额,记入"投资收益"科目。

如果修改其他条款未导致债务终止确认,或者仅导致部分债务终止确认,对于未终止确认的部分债务,债务人应当根据其分类,继续以摊余成本、以公允价值计量且其变动计入当期损益或其他适当方法进行后续计量。对于以摊余成本计量的债务,债务人应当根据重新议定合同的现金流量变化情况,重新计算该重组债务的账面价值,并将相关利得或损失记入"投资收益"科目。重新计算的该重组债务的账面价值,应当根据将重新议定或修改的合同现金流量按债务的原实际利率或按《企业会计准则第24号——套期会计》第二十三条规定的重新计算的实际利率(如适用)折现的现值确定。

对于修改或重新议定合同所产生的成本或费用,债务人应当调整修改后的重组债务的账面价值,并在修改后重组债务的剩余期限内摊销。

(7)债务人的会计处理(以多项资产清偿债务或者组合方式进行债务重组的)。

债务重组采用以资产清偿债务、将债务转为权益工具、修改其他条款等方式的组合进行的,对于权益工具,债务人应当在初始确认时按照权益工具的公允价值计量,权益工具的公允价值不能可靠计量的,应当按照所清偿债务的公允价值计量。对于修改其他条款形成的重组债务,债务人应当参照上述"修改其他条款"部分的介绍,确认和计量重组债务。所清偿债务的账面价值与转让资产的账面价值以及权益工具和重组债务的确认金额之和的差额,记入"其他收益——债务重组收益"或"投资收益"(仅涉及金融工具时)科目。

(四)期末余额

期末,应将本科目余额转入"本年利润"科目,本科目结转后应无余额。

十一、6701 资产减值损失

(一)核算内容

本科目核算企业计提各项资产减值准备所形成的损失。

注 根据《企业会计准则第22号——金融工具确认和计量》的规定,对企业应收款项、合同资产和租赁应收款发生信用减值核算时由原来的"资产减值损失"账户改成"信用减值损失"账户。

(二)明细核算

本科目可按资产减值损失的项目进行明细核算。

(三)主要账务处理

(1)企业的存货、长期股权投资、固定资产、无形资产等资产发生减值的,按应减记的金额,借记本科目,贷记"存货跌价准备""长期股权投资减值准备""固定资产减值准备""无形资产减值准备"等科目。

在建工程、工程物资、生产性生物资产、商誉、抵债资产、损余物资、采用成本模式计量的投资性房地产等资产发生减值的,应当设置相应的减值准备科目,比照上述规定进行处理。

(2)企业计提存货跌价准备等,相关资产的价值又得以恢复的,应在原已计提的减值准备金额内,按恢复增加的金额,借记"存货跌价准备"等科目,贷记本科目。

(四)期末余额

期末,应将本科目余额转入"本年利润"科目,结转后本科目无余额。

第七讲

合 营 安 排

第一节 综合知识

一、相关知识概述

什么是合营安排？它是指一项由两个或两个以上的参与方共同控制的安排。

（一）合营安排的两个特征

1. 合营安排通过形式和内容上的相关约定对各参与方予以约束

相关约定，是指据以判断是否存在共同控制的一系列具有执行力的合约。

（1）在形式上，相关约定通常包括：

合营安排各参与方达成的合同安排，如合同、协议、会议纪要、契约等，也包括对该安排构成约束的法律形式本身。

（2）在内容上，相关约定包括但不限于对以下内容的约定：

① 对合营安排的目的、业务活动及期限的约定。

② 对合营安排的治理机构（如董事会或类似机构）成员的任命方式的约定。

③ 对合营安排相关事项的决策方式的约定，包括哪些事项需要参与方决策、参与方的表决权情况、决策事项所需的表决权比例等内容。合营安排相关事项的决策方式是分析是否存在共同控制的重要因素。

④ 对参与方需要提供的资本或其他投入的约定。

⑤ 对合营安排的资产、负债、收入、费用、损益在参与方之间的分配方式的约定。

当合营安排通过单独主体达成时，该单独主体所制定的条款、章程或其他法律文件有时会涵盖相关约定的全部或部分内容。

2. 两个或两个以上的参与方对该安排实施共同控制

（1）共同控制不同于"控制"。

共同控制由两个或两个以上的参与方实施，而控制由单一参与方实施。

（2）共同控制也不同于"重大影响"。

享有重大影响的参与方只拥有参与安排的财务和经营政策的决策的权力，但并不能够控制或者与其他方一起共同控制这些政策的制定。

（二）合营安排的认定

要认定一项安排是否为合营安排，需要准确把握"共同控制""参与方"等概念。其中，是否存在共同控制是判断一项安排是否为合营安排的关键。

1. 共同控制

共同控制，是指按照相关约定对某项安排所共有的控制，并且该安排的相关活动必须经过分享控制权的参与方一致同意后才能决策。

在判断是否存在共同控制时，应当按照本准则，首先判断是否由所有参与方或参与方组合集体控制该安排，其次再判断该安排相关活动的决策是否必须经过这些参与方一致同意。

相关活动是指对某项安排的回报产生重大影响的活动。某项安排的相关活动应当根据具体情况进行判断，通常包括商品或劳务的销售和购买、金融资产的管理、资产的购买和处置、研究与开发活动以及融资活动等。

【例7-1】 假定一项安排涉及三方：智董公司在该安排中拥有50%的表决权股份，贵琛公司和欣郁公司各拥有25%的表决权股份。智董公司、贵琛公司、欣郁公司之间的相关约定规定，该安排相关活动决策至少需要75%的表决权通过方可做出。

【分析】 尽管智董公司拥有50%的表决权，但是智董公司没有控制该安排，因为智董公司对安排的相关活动做出决策需要获得贵琛公司或欣郁公司的同意。在本例中，智董公司和贵琛公司的组合或智董公司和欣郁公司的组合均可集体控制该安排。这样，存在多种参与方之间的组合能够达到75%表决权的要求。在此情况下，该安排要成为合营安排，需要在相关约定中指明哪些参与方一致同意才能对相关活动做出决策。

仅享有保护性权利的参与方不享有共同控制

保护性权利，是指仅为了保护权利持有人利益却没有赋予持有人对相关活动进行决策的一项权利。保护性权利通常只能在合营安排发生根本性改变或某些例外情况发生时才能够行使，它既没有赋予其持有人对合营安排拥有权力，也不能阻止其他参与方对合营安排拥有权力。值得注意的是，对于某些安排，相关活动仅在特定情况或特定事项发生时开展。例如，某些安排在设计时就确定了安排的活动及其回报，在特定情况或特定事项发生之前不需要进行重大决策。这种情况下，权利在特定情况或特定事项发生时方可行使并不意味该权利是保护性权利。

如果一致同意的要求仅仅与向某些参与方提供保护性权利的决策有关，而与该安排的相关活动的决策无关，那么拥有该保护性权利的参与方不会仅仅因为该保护性权利而成为该项安排的合营方。因此，在评估参与方能否共同控制合营安排时，必须具体区别参与方持有的权利是否为保护性权利，该权利不影响其他参与方控制或共同控制该安排。

2. 合营安排中的不同参与方

只要两个或两个以上的参与方对该安排实施共同控制，一项安排就可以被认定为合营安排，并不要求所有参与方都对该安排享有共同控制。

对合营安排享有共同控制的参与方（分享控制权的参与方）被称为"合营方"；对合营安排不享有共同控制的参与方被称为"非合营方"。

（三）合营安排的分类

合营安排分为共同经营和合营企业。

1. 共同经营

共同经营，是指合营方享有该安排相关资产且承担该安排相关负债的合营安排。

2. 合营企业

合营企业，是指合营方仅对该安排的净资产享有权利的合营安排。

注 本准则中的"合营企业"概念不同于《中外合资经营企业法》中的"合营企业"，容易造成理解上的混淆和歧义。建议修改为"共控企业"。

合营方应当根据其在合营安排的正常经营中享有的权利和承担的义务，来确定合营安排的分类。对权利和义务进行评价时，应当考虑该合营安排的结构、法律形式以及合营安排中约定的条款、其他相关事实和情况等因素。

合营安排是为不同目的而设立的（如参与方为了共同承担成本和风险，或者参与方为了获得新技术或新市场），可以采用不同的结构和法律形式。一些安排不要求采用单独主体的形式开展其活动，另一些安排则涉及构造单独主体。在实务中，主体可以从合营安排是否通过单独主体达成为起点，判断一项合营安排是共同经营还是合营企业。

单独主体

本准则中的单独主体（下同），是指具有单独可辨认的财务架构的主体，包括单独的法人主体和不具备法人主体资格但法律所认可的主体。

单独主体并不一定要具备法人资格，但必须具有法律所认可的单独可辨认的财务架构，确认某主体是否属于单独主体必须考虑适用的法律法规。

具有可单独辨认的资产、负债、收入、费用、财务安排和会计记录,并且具有一定法律形式的主体,构成法律认可的单独可辨认的财务架构。

合营安排最常见的形式包括有限责任公司、合伙企业、合作企业等。

某些情况下,信托、基金也可被视为单独主体。

(1) 未通过"单独主体"达成的合营安排,归类为"共同经营"。

在这种情况下,合营方通常通过相关约定享有与该安排相关资产的权利并承担与该安排相关负债的义务,同时,享有相应收入的权利并承担相应费用的责任,因此该合营安排应当划分为共同经营。

【例7-2】 智董公司、贵琛公司、鑫裕公司建立了一项共同制造电脑的安排。协议约定:该安排相关活动的决策需要智董公司、贵琛公司、鑫裕公司一致同意方可做出;智董公司负责生产并安装电脑CPU,贵琛公司负责生产电脑主板和电源,鑫裕公司负责生产其他部件并进行组装;智董公司、贵琛公司、鑫裕公司负责各自部分的成本费用,如人工成本、生产成本等;电脑实现对外销售后,智董公司、贵琛公司、鑫裕公司各自获得销售收入的1/3。

【分析】 本例中,由于关于该安排相关活动的决策需要智董公司、贵琛公司、鑫裕公司一致同意方可做出,所以智董公司、贵琛公司、鑫裕公司共同控制该安排,该安排为合营安排。

由于智董公司、贵琛公司、鑫裕公司只是各自负责电脑制造的相应部分,并未成立一个单独主体,因此该合营安排不可能是合营企业,只可能是共同经营。

(2) 通过"单独主体"达成合营安排,通常应当划分为合营企业——归类为"合营企业"还是"共同经营",需要从法律形式、合同安排、其他事实和情况这三个方面判断。

通过单独主体达成的合营安排,通常应当划分为合营企业。但有确凿证据表明满足下列任一条件并且符合相关法律法规规定的合营安排应当划分为共同经营:

① 合营安排的法律形式表明,合营方对该安排中的相关资产和负债分别享有权利和承担义务。

② 合营安排的合同条款约定,合营方对该安排中的相关资产和负债分别享有权利和承担义务。

③ 其他相关事实和情况表明,合营方对该安排中的相关资产和负债分别享有权利和承担义务,如合营方享有与合营安排相关的几乎所有产出,并且该安排中负债的清偿持续依赖于合营方的支持。

也就是说,如果合营安排通过单独主体达成,在判断该合营安排是共同经营还是合营企业时,通常首先分析单独主体的法律形式。法律形式不足以判断时,将法律形式与合同安排结合进行分析,法律形式和合同安排均不足以判断时,进一步考虑其他事实和情况(图7-1)。

(3) 分析单独主体的法律形式——参与方享有合营安排的净资产的权利,能将参与方和单独主体分离(如"公司"),就归类为"合营企业"。

各参与方应当根据该单独主体的法律形式,判断该安排是赋予参与方享有与安排相关资产的权利并承担与安排相关负债的义务,还是赋予参与方享有该安排的净资产的权利。也就是说,各参与方应当依据单独主体的法律形式判断是否能将参与方和单独主体分离。例如,各参与方可能通过单独主体执行合营安排,单独主体的法律形式决定在单独主体中的资产和负债是单独主体的资产和负债,而不是各参与方的资产和负债。在这种情况下,基于单独主体的法律形式赋予各参与方的权利和义务,可以初步判定该项安排是合营企业。

在各参与方通过单独主体达成合营安排的情形下,当且仅当单独主体的法律形式没有将参与方和单独主体分离(单独主体持有的资产和负债是各参与方的资产和负债)时,基于单独主体的法律形式赋予参与方权利和义务的判断,足以说明该合营安排是共同经营。

通常,单独主体的资产和负债很可能与参与方在法律形式上明显分割开来。例如,根据《中华人民共和国公司法》(简称《公司法》)的有关规定:"公司是企业法人,有独立的法人财产,

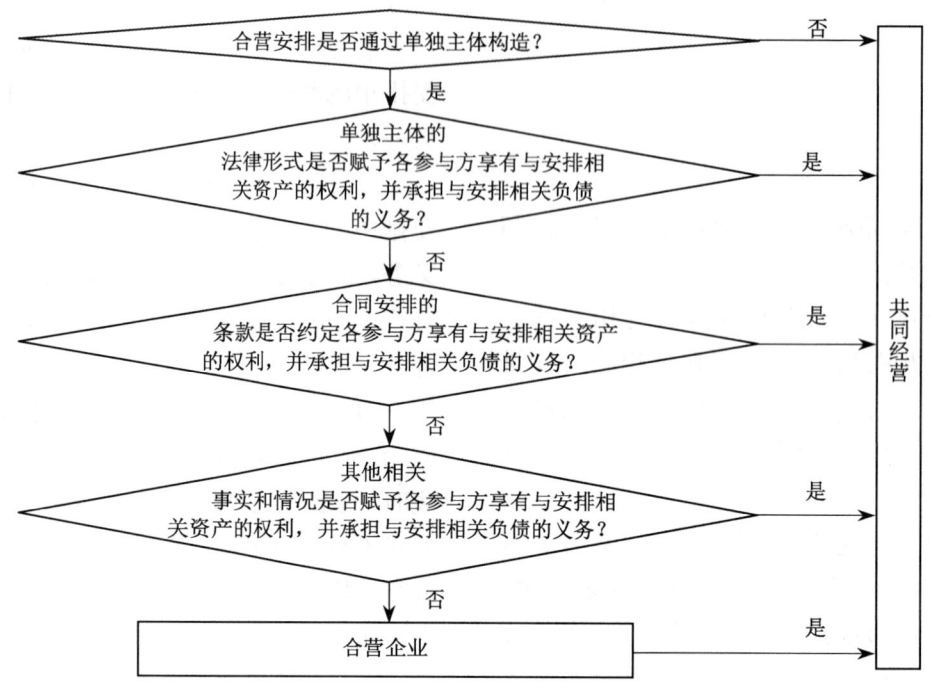

图 7-1 合营安排类型判断图

享有法人财产权。公司以其全部财产对公司的债务承担责任。有限责任公司的股东以其认缴的出资额为限对公司承担责任;股份有限公司的股东以其认购的股份为限对公司承担责任。"因此,当一项合营安排是按照《公司法》设立的有限责任公司或者股份有限公司时,其法律形式将合营安排对资产的权利和对负债的义务与该安排的参与方明显分割开来。

【例 7-3】 智董公司和贵琛公司均为建筑公司。智董公司和贵琛公司签订了一项合同,以共同完成一项与政府之间的合同,即设计并建造两个城市间的一座大桥。在合同中,智董公司和贵琛公司明确了各自的参与份额,并明确了双方共同控制该安排,合同安排的主要事项是向政府移交建造完成的大桥。

智董公司和贵琛公司成立了一个单独主体丙,通过丙具体实施该安排。丙代表智董公司和贵琛公司与政府签订合同,并向政府提供建造服务。此外,有关该安排的资产和负债由丙持有。假定丙的法律形式的主要特征是智董公司和贵琛公司,而不是丙,拥有该安排的资产,并承担该安排的负债。

智董公司和贵琛公司还在合同中约定:

(1) 智董公司和贵琛公司根据其在该安排中的参与份额分享该安排相关活动所需的全部资产的相应权利。

(2) 智董公司和贵琛公司根据其在该安排中的参与份额承担该安排的各项债务。

(3) 智董公司和贵琛公司根据其在该安排中的参与份额分享由该安排相关活动产生的损益。

【分析】 本例中,该安排通过单独主体达成,该单独主体的法律形式没有将参与方与单独主体分离开来(即主体丙持有的资产和负债是智董公司和贵琛公司的资产和负债)。此外,智董公司和贵琛公司在合同中强调了这项规定,即合同规定智董公司和贵琛公司拥有通过主体丙实施的安排的资产,并承担其负债。因此,该合营安排是共同经营。

3. 分析合同安排

当单独主体的法律形式并不能将合营安排对资产的权利和对负债的义务授予该安排的参与方时,还需要进一步分析各参与方之间是否通过合同安排赋予该安排的参与方对合营安排资产的权利和对合营安排负债的义务。

合同安排中常见的某些特征或者条款可能表明该安排为共同经营或者合营企业。共同经营和合营企业的一些普遍特征的比较包括但不限于表7-1所列。

表7-1 共同经营和合营企业对比

对比项目	共同经营	合营企业
合营安排的条款	参与方对合营安排的相关资产享有权利并对相关负债承担义务	参与方对与合营安排有关的净资产享有权利,即单独主体(而不是参与方)享有与安排相关资产的权利,并承担与安排相关负债的义务
对资产的权利	参与方按照约定的比例分享合营安排的相关资产的全部利益(如权利、权属或所有权等)	资产属于合营安排自身,参与方并不对资产享有权利
对负债的义务	参与方按照约定的比例分担合营安排的成本、费用、债务及义务。第三方对该安排提出的索赔要求,参与方作为义务人承担赔偿责任	合营安排对自身的债务或义务承担责任。参与方仅以其各自对该安排认缴的投资额为限对该安排承担相应的义务。合营安排的债权方无权就该安排的债务对参与方进行追索
收入、费用及损益	合营安排建立了各参与方按照约定的比例(如按照各自所耗用的产能比例)分配收入和费用的机制。某些情况下,参与方按约定的份额比例享有合营安排产生的净损益不会必然使其被分类为合营企业,仍应当分析参与方对该安排相关资产的权利以及对该安排相关负债的义务	各参与方按照约定的份额比例享有合营安排产生的净损益
担保	参与方为合营安排提供担保(或提供担保的承诺)的行为本身并不直接导致一项安排被分类为共同经营	

注意事项

(1) 有时,仅从法律形式判断,一项合营安排符合合营企业的特征,但是,综合考虑合同安排后,合营方享有该合营安排相关资产并且承担该合营安排相关负债,此时,该合营安排应当被划分为共同经营。

(2) 合营安排各参与方可能为合营安排提供担保。例如,合营安排的某个参与方可能向第三方承诺以下事项:合营安排向第三方提供的服务将满足一定质量或性质要求;合营安排将偿还从第三方获取的资金;该参与方在合营安排处于困境时向该安排提供支持。

值得注意的是,不能仅凭合营方对合营安排提供债务担保即将其视为合营方承担该安排相关负债。担保所赋予担保人的是对被担保人债务的次级义务,而非首要义务,因此,担保不是承担债务义务的决定性因素。如果担保提供方在被担保人违约时须付款或履行责任,这可能表明相关事实和情况发生了变化,或者可能伴随该安排的合同条款发生了变化。这些变化可能引起对该安排是否仍具有共同控制的重新评估。另外,合营方承担向合营安排支付认缴出资义务的,不视为合营方承担该安排相关负债。

【例7-4】 智董公司和贵琛公司均为房地产公司。为并购和经营一家酒店,智董公司和贵琛公司成立了一个进行项目管理的单独主体丙。假定主体丙的法律形式使得主体丙(而不是智董公司和贵琛公司)拥有与该安排相关的资产,并承担相关负债。相关活动包括物业管理公司的任免、资本性支出、重要的租赁协议的签订等。

协议中约定:

(1) 主体丙相关活动的决策需要智董公司和贵琛公司一致同意方可做出。

(2) 主体丙拥有该酒店,智董公司和贵琛公司并不对该酒店拥有产权。

(3) 智董公司和贵琛公司不承担主体丙的债务或其他义务。如果主体丙不能偿还其债务,或者不能清偿第三方的义务,智董公司和贵琛公司对第三方承担的负债仅限于智董公司和贵琛公司未支付的出资额部分。

(4) 智董公司和贵琛公司有权出售或抵押其在主体丙中的权益。

(5) 智董公司和贵琛公司根据其在主体丙中的权益份额分享酒店经营净损益。

【分析】 本例中,智董公司和贵琛公司共同控制主体丙,主体丙是一项合营安排,而且是一项通过单独主体达成的合营安排。主体丙的法律形式使其在自身立场上考虑问题(即主体丙持有的资产和负债是其自身的资产和负债,不是智董公司和贵琛公司的资产和负债)。此外,协议表明,智董公司和贵琛公司拥有主体丙净资产的权利,而不是拥有主体丙资产的权利,并承担主体丙负债义务,而且也没有其他事实和情形表明参与方实质上享有与该安排相关资产的几乎所有经济利益,并承担与该安排相关的负债义务。因此,该合营安排是合营企业。智董公司和贵琛公司将其在主体丙净资产中的权利确认为一项长期股权投资,按照权益法进行会计处理。

4. 分析其他事实和情况

如果一项安排的法律形式与合同安排均没有将该安排的资产的权利和对负债的义务授予该安排的参与方,则应考虑其他事实和情况,包括合营安排的目的和设计,其与参与方的关系及其现金流的来源等。

关于重新评估

企业对合营安排是否拥有共同控制权,以及评估该合营安排是共同经营还是合营企业,这需要企业予以判断并持续评估。在进行判断时,企业需要对所有的相关事实和情况加以考虑。

如果法律形式、合同条款等相关事实和情况发生变化,合营安排参与方应当对合营安排进行重新评估:一是评估原合营方是否仍对该安排拥有共同控制权;二是评估合营安排的类型是否发生变化。

相关事实和情况的变化有时可能导致某一参与方控制该安排,从而使该安排不再是合营安排。由于相关事实和情况发生变化,合营安排的分类可能发生变化,可能由合营企业转变为共同经营,或者由共同经营转为合营企业,应根据具体事实和情况进行判断。例如,经重新协商、修订后的合营安排的合同条款约定参与方拥有对资产的权利,并承担对负债的义务,这种情况下,该安排的分类可能发生了变化,应重新评估该安排是否由合营企业转为共同经营。

(四)附注披露

合营方在合营安排中权益的披露,适用《企业会计准则第41号——在其他主体中权益的披露》。

二、会计准则概述

(一)本准则的相关背景

为了规范合营安排的认定、分类以及各参与方在合营安排中权益等的会计处理,我国财政部2014年2月17日制定了《企业会计准则第40号——合营安排》(财会〔2014〕11号,本讲简称"本准则"或"新准则"),自2014年7月1日起在所有执行企业会计准则的企业范围内施行。

本准则的制定背景:

(1) 适应企业实务需要。

长期以来,我国没有单独的合营安排准则,而是将相关内容放在长期股权投资准则应用指南和相关讲解中予以规范。随着我国市场经济的不断发展,合营安排日益增多,实务界、监管部门等在企业会计准则执行过程中提出建议,需要有一项单独的会计准则以规范合营安排的分类和各参与方的会计处理。因此,为不断丰富和完善企业会计准则体系,适应企业实务需要,有必要根据我国实际情况单独制定本准则。

(2) 与国际财务报告准则持续趋同。

2011年5月12日,国际会计准则理事会发布《国际财务报告准则第11号——合营安排》(以下简称 IFRS11),取代了《国际会计准则第31号——合营中的权益》和《解释公告第13号——共同控制主体:合营者的非货币性投入》。其中主要涉及三方面的变化:一是将合营安排三分类(共同控制资产、共同控制经营和共同控制主体)改为两分类(共同经营和合营企业);二是要求基于合营安排中各方的权利和义务来确定某项合营安排是共同经营还是合营企业,是否存在单独主体不再是据以做出判断的唯一因素;三是要求在合并财务报表中统一采用权益法核算合营企业中的权益,取消比例合并法。

2012年12月,国际会计准则理事会发布《取得共同经营中的利益份额(征求意见稿)》,讨论合营方自共同经营购买业务时的会计处理问题。2014年5月,国际会计准则理事会正式发布《取得共同经营中的利益份额》,规定自构成业务的共同经营中取得利益份额的,会计处理适用《国际财务报告准则第3号——企业合并》以及其他相关准则,其他相关准则的规定不能与 IFRS11 的规定相冲突。IFRS11 为我国规范合营安排的会计处理提供了有益参考。

综上,适应社会主义市场经济发展的需要,为进一步完善企业会计准则体系,并保持我国企业会计准则与国际财务报告准则的持续趋同,根据《企业会计准则——基本准则》,我国财政部制定了《企业会计准则第 40 号——合营安排》。

(二) 本准则的适用范围

由两个或两个以上的参与方共同控制的安排均属于合营安排准则的范围。

特殊情况

风险资本组织、共同基金、信托公司或包括投连险基金在内的类似主体,持有的在合营企业中的权益,不采用权益法核算,而是以公允价值计量且其变动计入损益。

当认定风险资本组织、共同基金、信托公司或包括投连险基金在内的类似主体在合营企业中拥有权益时,允许这些主体对持有的在合营企业中的权益,按照《企业会计准则第 22 号——金融工具确认和计量》(简称"金融工具确认和计量准则")以公允价值计量,且其变动计入损益。

做出这一规定的原因,是考虑到对这些主体所持有的投资以公允价值计量比采用权益法核算能够为财务报表使用者提供更有用的信息,而不是将这些主体拥有在合营企业中的权益排除在本准则的范围之外。即,这种豁免只是计量方面的豁免,而不是范围方面的豁免。

(三) 本准则与其他相关准则的关系

当一项安排因不存在共同控制,从而被排除在本准则范围之外时,主体应根据相关企业会计准则,如长期股权投资准则、合并财务报表准则、金融工具确认和计量准则等相关准则,对其在安排中的权益进行会计处理。本准则与其他相关准则之间的关系如图 7-2 所示。

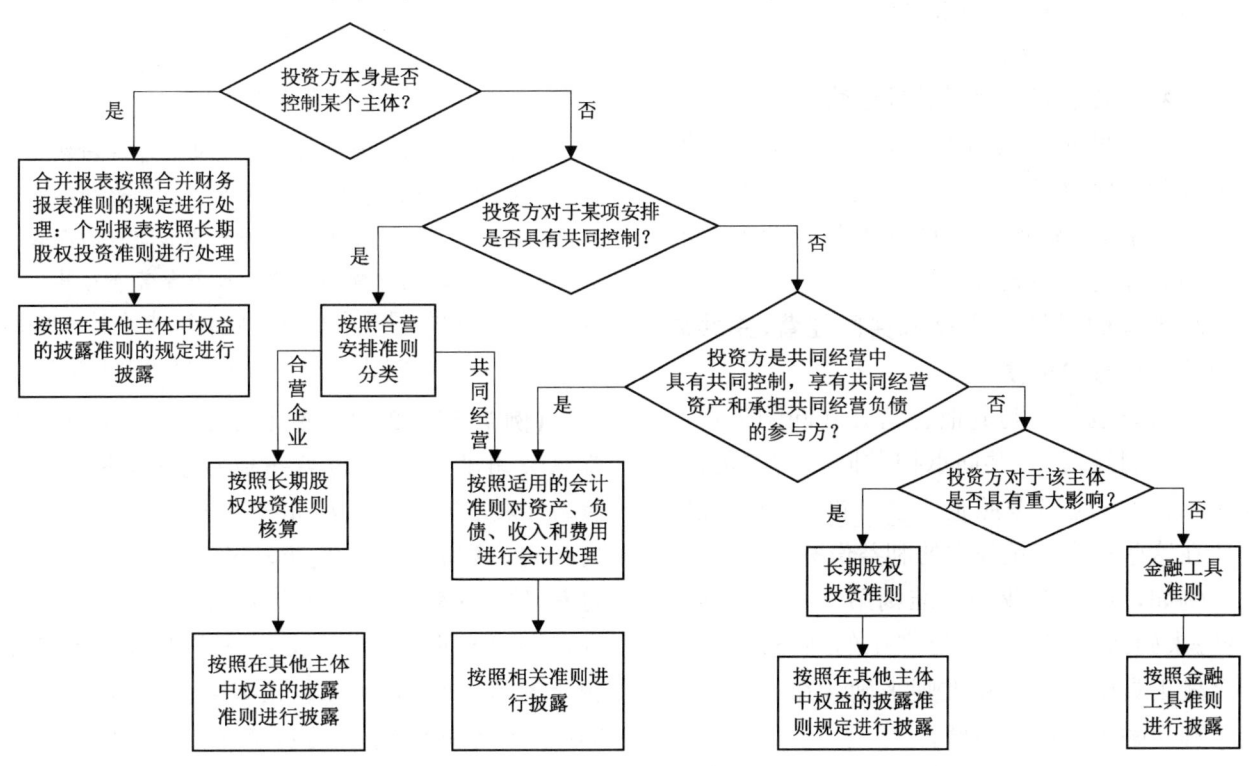

图 7-2 本准则与其他相关准则关系图

第二节 共同经营参与方的会计处理

一、共同经营中合营方的会计处理

（一）一般会计处理原则

1. 合营方应当确认其与共同经营中利益份额相关的项目，并按照相关企业会计准则的规定进行会计处理

（1）确认单独所持有的资产，以及按其份额确认共同持有的资产。

（2）确认单独所承担的负债，以及按其份额确认共同承担的负债。

（3）确认出售其享有的共同经营产出份额所产生的收入。

（4）按其份额确认共同经营因出售产出所产生的收入。

（5）确认单独所发生的费用，以及按其份额确认共同经营发生的费用。

2. 将其自有资产用于共同经营

合营方可能将其自有资产用于共同经营，如果合营方保留了对这些资产的全部所有权或控制权，则这些资产的会计处理与合营方自有资产的会计处理并无差别。

3. 共同购买资产来投入共同经营，并共同承担共同经营的负债

合营方也可能与其他合营方共同购买资产来投入共同经营，并共同承担共同经营的负债，此时，合营方应当按照企业会计准则相关规定确认在这些资产和负债中的利益份额。

例如，按照《企业会计准则第4号——固定资产》来确认在相关固定资产中的利益份额，按照金融工具确认和计量准则来确认在相关金融资产和金融负债中的份额。

4. 通过单独主体达成共同经营时的会计处理

共同经营通过单独主体达成时，合营方应确认按照上述原则单独所承担的负债，以及按本企业的份额确认共同承担的负债。

但合营方对于因其他股东未按约定向合营安排提供资金，按照我国相关法律或相关合同约定等规定而承担连带责任的，从其规定，在会计处理上应遵循《企业会计准则第13号——或有事项》。

合同安排

合同安排通常描述了该安排所从事活动的性质，以及各参与方打算共同开展这些活动的方式。例如，合营安排各参与方可能同意共同生产产品，每一参与方负责特定的任务，使用各自的资产，承担各自的负债。合同安排也可能规定了各参与方分享共同收入和分担共同费用的方式。在这种情况下，每个合营方在其资产负债表上确认其用于完成特定任务的资产和负债，并根据相关约定确认相关的收入和费用份额。

相关约定

当合营安排各参与方可能同意共同拥有和经营一项资产时，相关约定规定了各参与方对共同经营资产的权利，以及来自该项资产的收入或产出和相应的经营成本在各参与方之间分配的方式。每个合营方对其在共同资产中的份额、同意承担的负债份额进行会计处理，并按照相关约定确认其在产出、收入和费用中的份额。

【例 7-5】 2×21 年 1 月 1 日，智董公司和贵琛公司共同出资购买一栋写字楼，各自拥有该写字楼 50% 的产权，用于出租收取租金。合同约定，该写字楼相关活动的决策需要智董公司和贵琛公司一致同意方可做出；智董公司和贵琛公司的出资比例、收入分享比例和费用分担比例均为各自 50%。该写字楼购买价款为 8 000 万元，由智董公司和贵琛公司以银行存款支付，预计使用寿命 20 年，预计净残值为 320 万元，采用年限平均法按月计提折旧。该写字楼的租赁合同约定，租赁期限为 10 年，每年租金为 480 万元，按月交付。该写字楼每月支付维修费 2 万元。另外，智董公司和贵琛公司约定，该写字楼的后续维护和维修支出(包括再装修支出和任何其他的大修支出)以及与该写字楼相关的任何资金需求,均由智董公司和贵琛公司按比例承担。假设智董公司和贵琛公司均采用成本法对投资性房地产进行后续计量,不考虑税费等其他因素影响。

【分析】 本例中,由于关于该写字楼相关活动的决策需要智董公司和贵琛公司一致同意方可做出,所以智董公司和贵琛公司共同控制该写字楼,购买并出租该写字楼为一项合营安排。由于该合营安排并未通过一个单独主体来架构,并明确约定了智董公司和贵琛公司享有该安排中资产的权利、获得该安排相应收入的权利、承担相应费用的责任等,因此该合营安排是共同经营。

智董公司的相关会计处理如下(单位:万元)。

(1)出资购买写字楼时。

借:投资性房地产(8 000×50%)　　4 000
　　贷:银行存款　　　　　　　　　　　　4 000

(2)每月确认租金收入时。

借:银行存款(480×50%÷12)　　　20
　　贷:其他业务收入　　　　　　　　　　20

(3)每月计提写字楼折旧时。

借:其他业务成本　　　　　　　　　　16
　　贷:投资性房地产累计折旧
　　　　(8 000-320)÷20÷12×50%　　16

(4)每月支付维修费时。

借:其他业务成本(2×50%)　　　　　1
　　贷:银行存款　　　　　　　　　　　　　1

(二)合营方向共同经营投出或者出售不构成业务的资产的会计处理

1. 未实现内部利润——暂不确认

合营方向共同经营投出或出售资产等(该资产构成业务的除外),在共同经营将相关资产出售给第三方或相关资产消耗之前(未实现内部利润仍包括在共同经营持有的资产账面价值中时),应当仅确认归属于共同经营其他参与方的利得或损失。

2. 资产减值损失——全额确认

交易表明投出或出售的资产发生符合《企业会计准则第8号——资产减值》(简称"资产减值损失准则")等规定的资产减值损失的,合营方应当全额确认该损失。

(三)合营方自共同经营购买不构成业务的资产的会计处理

1. 未实现内部利润——暂不确认

合营方自共同经营购买资产等(该资产构成业务的除外),在将该资产等出售给第三方之前(未实现内部利润仍包括在合营方持有的资产账面价值中时),不应当确认因该交易产生的损益中该合营方应享有的部分。即,此时应当仅确认因该交易产生的损益中归属于共同经营其他参与方的部分。

2. 资产减值损失——确认相应份额

当这类交易提供证据表明购入的资产发生符合资产减值损失准则等规定的资产减值损失的,合营方应当按其承担的份额确认该部分损失。

【例7-6】 智董公司和贵琛公司共同设立一项安排丙,假定该安排被划分为共同经营,智董公司和贵琛公司对于安排丙的资产、负债及损益分别享有60%、40%的份额。2×20年12月31日,智董公司支付采购价款(不含增值税)100万元,购入安排丙的一批产品,智董公司将该批产品作为存货入账,尚未对外出售。该项产品在安排丙中的账面价值为80万元。

本例中,安排丙因上述交易确认了收益20万元。智董公司对该收益按份额应享有12万元(20×60%)。但由于在资产负债表日,该项存货仍未出售给第三方,因此该未实现内部损益12万元应当被抵销,相应减少存货的账面价值。但贵琛公司对该收益应享有8万元应当予以确认(20×40%),贵琛公司享有的8万元收益反映在智董公司存货的期末账面价值中。

(四)合营方取得构成业务的共同经营的利益份额时,按照企业合并准则等相关准则进行相应的会计处理

合营方取得共同经营中的利益份额,且该共同经营构成业务时,应当按照企业合并准则

等相关准则进行相应的会计处理,但其他相关准则的规定不能与本准则的规定相冲突。

企业应当按照企业合并准则的相关规定判断该共同经营是否构成业务。该处理原则不仅适用于收购现有的构成业务的共同经营中的利益份额,也适用于与其他参与方一起设立共同经营,且由于有其他参与方注入既存业务,使共同经营设立时即构成业务。

合营方增加其持有的一项构成业务的共同经营的利益份额时,如果合营方对该共同经营仍然是共同控制,则合营方之前持有的共同经营的利益份额不应按照新增投资日的公允价值重新计量。

二、对共同经营不享有共同控制的参与方的会计处理原则

(一)比照合营方进行会计处理

对共同经营不享有共同控制的参与方(非合营方),如果享有该共同经营相关资产且承担该共同经营相关负债的,比照合营方进行会计处理。

即共同经营的参与方,不论其是否具有共同控制,只要能够享有共同经营相关资产的权利并承担共同经营相关负债的义务,对在共同经营中的利益份额采用与合营方相同的会计处理。

(二)按照相关企业会计准则的规定进行会计处理

除(一)中规定的情况以外,应当按照相关企业会计准则的规定对其利益份额进行会计处理。例如,如果该参与方对于合营安排的净资产享有权利并且具有重大影响,则按照长期股权投资准则等相关规定进行会计处理;如果该参与方对于合营安排的净资产享有权利并且无重大影响,则按照金融工具确认和计量准则等相关规定进行会计处理;向共同经营投出构成业务的资产的,以及取得共同经营的利益份额的,则按照合并财务报表及企业合并等相关准则进行会计处理。

【例7-7】 智董公司、贵琛公司、鑫裕公司共同设立合营安排欣奕公司,表决权比例分别为42%、43%及15%。假设根据协议,智董公司、贵琛公司共同控制欣奕公司,且该合营安排为共同经营,除上述外无其他需考虑的因素。

【分析】 在本例中,智董公司、贵琛公司对合营安排具有共同控制权,而鑫裕公司仅仅是该项合营安排的参与方。假设鑫裕公司对于欣奕公司的净资产享有权利,那么鑫裕公司应当判断其持有的15%的表决权比例是否使其对合营安排具有重大影响,进而按照长期股权投资准则或金融工具确认和计量准则进行会计处理。

第三节 合营企业参与方的会计处理

一、合营方——按长期股权投资准则处理

合营企业中,合营方应当按照《企业会计准则第2号——长期股权投资》的规定核算其对合营企业的投资。

二、非合营方——根据对该合营企业的影响程度,按长期股权投资准则或金融工具确认和计量准则处理

对合营企业不享有共同控制的参与方(非合营方)应当根据其对该合营企业的影响程度进行相关会计处理:

(一)对该合营企业具有重大影响的

应当按照长期股权投资准则的规定核算其对该合营企业的投资。

(二)对该合营企业不具有重大影响的

应当按照金融工具确认和计量准则的规定核算其对该合营企业的投资。

第四节 会计科目和会计分录

以下是第一财税网(www.tax.org.cn)耗时整理的相关会计科目和会计分录，供实际工作中随时查阅、使用。

一、1511 长期股权投资

(一) 核算内容

本科目核算企业持有的长期股权投资。

(二) 明细核算

本科目应当按照被投资单位进行明细核算。

长期股权投资核算采用权益法的，应当分别"投资成本""损益调整""其他综合收益""其他权益变动"进行明细核算。

(三) 主要账务处理

1. 企业合并形成的长期股权投资

(1) 同一控制下企业合并形成的长期股权投资。

合并方以支付现金、转让非现金资产或承担债务方式作为合并对价的，应在合并日按取得被合并方所有者权益在最终控制方合并财务报表中的账面价值的份额，借记本科目(投资成本)，按支付的合并对价的账面价值，贷记或借记有关资产、负债科目，按其差额，贷记"资本公积——资本溢价或股本溢价"科目；如为借方差额，借记"资本公积——资本溢价或股本溢价"科目，资本公积(资本溢价或股本溢价)不足冲减的，应依次借记"盈余公积""利润分配——未分配利润"科目。合并方以发行权益性证券作为合并对价的，应当在合并日按照被合并方所有者权益在最终控制方合并财务报表中的账面价值的份额，借记本科目(投资成本)，按照发行股份的面值总额，贷记"股本"，按其差额，贷记"资本公积——资本溢价或股本溢价"；如为借方差额，借记"资本公积——资本溢价或股本溢价"科目，资本公积(资本溢价或股本溢价)不足冲减的，应依次借记"盈余公积""利润分配——未分配利润"科目。

(2) 非同一控制下企业合并形成的长期股权投资。

购买方以支付现金、转让非现金资产或承担债务方式等作为合并对价的，应在购买日按照《企业会计准则第 20 号——企业合并》确定的合并成本，借记本科目(投资成本)，按付出的合并对价的账面价值，贷记或借记有关资产、负债科目，按发生的直接相关费用(如资产处置费用)，贷记"银行存款"等科目，按其差额，贷记"主营业务收入""营业外收入""投资收益"等科目或借记"管理费用""营业外支出""主营业务成本"等科目。购买方以发行权益性证券作为合并对价的，应在购买日按照发行的权益性证券的公允价值，借记本科目(投资成本)，按照发行的权益性证券的面值总额，贷记"股本"，按其差额，贷记"资本公积——资本溢价或股本溢价"。企业为企业合并发生的审计、法律服务、评估咨询等中介费用以及其他相关管理费用，应当于发生时借记"管理费用"科目，贷记"银行存款"等科目。

2. 以非企业合并方式形成的长期股权投资

以支付现金、非现金资产等其他方式取得的长期股权投资，应按现金、非现金货币性资产的公允价值或按照《企业会计准则第 7 号——非货币性资产交换》《企业会计准则第 12 号——债务重组》的有关规定确定的初始投资成本，借记本科目，贷记"银行存款"等科目，贷记"营业外收入"或借记"营业外支出"等处置非现金资产相关的科目。

注 债务重组中因处置非流动资产产生的利得或损失和非货币性资产交换中换出非流动资产产生的利得或损失在"资产处置损益"科目核算。

3. 采用成本法核算的长期股权投资的处理

长期股权投资采用成本法核算的，应按被

投资单位宣告发放的现金股利或利润中属于本企业的部分,借记"应收股利"科目,贷记"投资收益"科目。

4. 采用权益法核算的长期股权投资的处理

企业的长期股权投资采用权益法核算的,应当分别下列情况进行处理:

(1) 长期股权投资的初始投资成本大于投资时应享有被投资单位可辨认净资产公允价值份额的,不调整已确认的初始投资成本;长期股权投资的初始投资成本小于投资时应享有被投资单位可辨认净资产公允价值份额的,应按其差额,借记本科目(投资成本),贷记"营业外收入"科目。

(2) 资产负债表日,企业应按被投资单位实现的净利润(以取得投资时被投资单位可辨认净资产的公允价值为基础计算)中企业享有的份额,借记本科目(损益调整),贷记"投资收益"科目。被投资单位发生净亏损作相反的会计分录,但以本科目的账面价值减记至零为限;还需承担的投资损失,应将其他实质上构成对被投资单位净投资的"长期应收款"等的账面价值减记至零为限;除按照以上步骤已确认的损失外,按照投资合同或协议约定将承担的损失,确认为预计负债。除上述情况仍未确认的应分担被投资单位的损失,应在账外备查登记。发生亏损的被投资单位以后实现净利润的,应按与上述相反的顺序进行处理。

取得长期股权投资后,被投资单位宣告发放现金股利或利润时,企业计算应分得的部分,借记"应收股利"科目,贷记本科目(损益调整)。

收到被投资单位发放的股票股利,不进行账务处理,但应在备查簿中登记。

(3) 发生亏损的被投资单位以后实现净利润的,企业计算应享有的份额,如有未确认投资损失的,应先弥补未确认的投资损失,弥补损失后仍有余额的,依次借记"长期应收款"科目和本科目(损益调整),贷记"投资收益"科目。

(4) 被投资单位除净损益、利润分配以外的其他综合收益变动和所有者权益的其他变动,企业按持股比例计算应享有的份额,借记本科目(其他综合收益和其他权益变动),贷记"其他综合收益"和"资本公积——其他资本公积"科目。

5. 处置长期股权投资的处理

处置长期股权投资时,应按实际收到的金额,借记"银行存款"等科目,原已计提减值准备的,借记"长期股权投资减值准备"科目,按其账面余额,贷记本科目,按尚未领取的现金股利或利润,贷记"应收股利"科目,按其差额,贷记或借记"投资收益"科目。

处置采用权益法核算的长期股权投资时,应当采用与被投资单位直接处置相关资产或负债相同的基础,对相关的其他综合收益进行会计处理。按照上述原则可以转入当期损益的其他综合收益,应按结转的长期股权投资的投资成本比例结转原记入"其他综合收益"科目的金额,借记或贷记"其他综合收益"科目,贷记或借记"投资收益"科目。

处置采用权益法核算的长期股权投资时,还应按结转的长期股权投资的投资成本比例结转原记入"资本公积——其他资本公积"科目的金额,借记或贷记"资本公积——其他资本公积"科目,贷记或借记"投资收益"科目。

(四) 期末余额

本科目期末借方余额,反映企业长期股权投资的价值。

二、1512 长期股权投资减值准备

(一) 核算内容

本科目核算企业长期股权投资发生减值时计提的减值准备。

(二) 明细核算

本科目应当按照被投资单位进行明细核算。

(三) 主要账务处理

资产负债表日,企业根据《企业会计准则第8号——资产减值》确定长期股权投资发生减值的,按应减记的金额,借记"资产减值损失"科目,贷记本科目。

处置长期股权投资时,应同时结转已计提的长期股权投资减值准备。

（四）期末余额

本科目期末贷方余额，反映企业已计提但尚未转销的长期股权投资减值准备。

三、6111 投资收益

（一）核算内容

本科目核算企业持有交易性金融资产等的期间内取得的投资收益以及出售交易性金融资产等实现的投资收益或投资损失；企业根据长期股权投资准则确认的投资收益或投资损失。

注 新修改后的债务重组会计准则下，对于债权人，债务重组收益，通过"投资收益"科目核算。对于债务人，采用以资产清偿债务方式进行债务重组的，债务人以非金融资产清偿债务，应将所清偿债务账面价值与转让资产账面价值之间的差额，以及所清偿债务和处置组中负债的账面价值之和与处置组中资产的账面价值之间的差额，记入"其他收益——债务重组收益"科目；以多项资产清偿债务或者组合方式进行债务重组的，债务人所清偿债务的账面价值与转让资产的账面价值以及权益工具和重组债务的确认金额之和的差额，记入"其他收益——债务重组收益"或"投资收益"（仅涉及金融工具时）科目。

（二）明细核算

本科目应当按照投资项目进行明细核算。

（三）主要账务处理

1. 交易性金融资产

本科目借方登记企业取得交易性金融资产时支付的交易费用、出售交易性金融资产等发生的投资损失，贷方登记企业持有交易性金融资产等的期间内取得的投资收益以及出售交易性金融资产等实现的投资收益。

2. 长期股权投资

（1）长期股权投资采用成本法核算的，企业应按被投资单位宣告发放的现金股利或利润中属于本企业的部分，借记"应收股利"科目，贷记本科目。

（2）长期股权投资采用权益法核算的，资产负债表日，应按被投资单位实现的净利润（以取得投资时被投资单位可辨认净资产的公允价值为基础计算）中企业享有的份额，借记"长期股权投资——损益调整"科目，贷记本科目。

被投资单位发生亏损、分担亏损份额未超过长期股权投资账面价值或分担亏损份额超过长期股权投资账面价值而冲减实质上构成对被投资单位长期净投资的，借记本科目，贷记"长期股权投资——损益调整""长期应收款"。除按照上述步骤已确认的损失外，按照投资合同或协议约定企业将承担的损失，借记本科目，贷记"预计负债"。发生亏损的被投资单位以后实现净利润的，企业计算的应享有的份额，如有未确认投资损失的，应先弥补未确认的投资损失，弥补损失后仍有余额的，借记"预计负债""长期应收款""长期股权投资——损益调整"等科目，贷记本科目。

（3）处置长期股权投资时，应按实际收到的金额，借记"银行存款"等科目，原已计提减值准备的，借记"长期股权投资减值准备"科目，按其账面余额，贷记"长期股权投资"科目，按尚未领取的现金股利或利润，贷记"应收股利"科目，按其差额，贷记或借记本科目。

处置采用权益法核算的长期股权投资时，应当采用与被投资单位直接处置相关资产或负债相同的基础，对相关的其他综合收益进行会计处理。按照上述原则可以转入当期损益的其他综合收益，应按结转长期股权投资的投资成本比例结转原记入"其他综合收益"科目的金额，借记或贷记"其他综合收益"，贷记或借记本科目。

处置采用权益法核算的长期股权投资时，还应按结转长期股权投资的投资成本比例结转原记入"资本公积——其他资本公积"科目的金额，借记或贷记"资本公积——其他资本公积"科目，贷记或借记本科目。

3. 债务重组

对于终止确认的债权，债权人应当结转已计提的减值准备中对应该债权终止确认部分的金额。对于终止确认的分类为以公允价值计量且其变动计入其他综合收益的债权，之前计入其他综合收益的累计利得或损失应当从其他综合收益中转出，记入"投资收益"科目。

（1）债权人的会计处理（采用以资产清偿债务方式进行债务重组的）。

① 债权人受让金融资产。

债权人受让包括现金在内的单项或多项金融资产的,应当按照《企业会计准则第 22 号——金融工具确认和计量》的规定进行确认和计量。

金融资产初始确认时应当以其公允价值计量。

金融资产确认金额与债权终止确认日账面价值之间的差额,记入"投资收益"科目,但收取的金融资产的公允价值与交易价格(即放弃债权的公允价值)存在差异的,应当以下规定处理:

A. 在初始确认时,金融资产或金融负债的公允价值依据相同资产或负债在活跃市场上的报价或者以仅使用可观察市场数据的估值技术确定的,企业应当将该公允价值与交易价格之间的差额确认为一项利得或损失。

B. 在初始确认时,金融资产或金融负债的公允价值以其他方式确定的,企业应当将该公允价值与交易价格之间的差额递延。初始确认后,企业应当根据某一因素在相应会计期间的变动程度将该递延差额确认为相应会计期间的利得或损失。该因素应当仅限于市场参与者对该金融工具定价时将予考虑的因素,包括时间等。

② 债权人受让非金融资产。

以资产清偿债务方式进行债务重组的,债权人初始确认受让金融资产以外的资产时,放弃债权的公允价值与账面价值之间的差额,记入"投资收益"科目。

③ 债权人受让多项资产。

债权人受让多项非金融资产,或者包括金融资产、非金融资产在内的多项资产的,应当按照《企业会计准则第 22 号——金融工具确认和计量》的规定确认和计量受让的金融资产;按照受让的金融资产以外的各项资产在债务重组合同生效日的公允价值比例,对放弃债权在合同生效日的公允价值扣除受让金融资产当日公允价值后的净额进行分配,并以此为基础分别确定各项资产的成本。

放弃债权的公允价值与账面价值之间的差额,记入"投资收益"科目。

④ 债权人受让处置组。

债务人以处置组清偿债务的,债权人应当分别按照《企业会计准则第 22 号——金融工具确认和计量》和其他相关准则的规定,对处置组中的金融资产和负债进行初始计量,然后按照金融资产以外的各项资产在债务重组合同生效日的公允价值比例,对放弃债权在合同生效日的公允价值以及承担的处置组中负债的确认金额之和,扣除受让金融资产当日公允价值后的净额进行分配,并以此为基础分别确定各项资产的成本。

放弃债权的公允价值与账面价值之间的差额,记入"投资收益"科目。

(2) 债权人的会计处理(采用修改其他条款方式进行债务重组的)。

① 全部债权终止确认。

债务重组采用以修改其他条款方式进行的,如果修改其他条款导致全部债权终止确认,债权人应当按照修改后的条款以公允价值初始计量重组债权,重组债权的确认金额与债权终止确认日账面价值之间的差额,记入"投资收益"科目。

② 未导致债权终止确认。

如果修改其他条款未导致债权终止确认,债权人应当根据其分类,继续以摊余成本、以公允价值计量且其变动计入其他综合收益或者以公允价值计量且其变动计入当期损益进行后续计量。

对于以摊余成本计量的债权,债权人应当根据重新议定合同的现金流量变化情况,重新计算该重组债权的账面余额,并将相关利得或损失记入"投资收益"科目。重新计算的该重组债权的账面余额,应当根据将重新议定或修改的合同现金流量按债权原实际利率折现的现值确定,购买或源生的已发生信用减值的重组债权,应按经信用调整的实际利率折现。对于修改或重新议定合同所产生的成本或费用,债权人应当调整修改后的重组债权的账面价值,并在修改后重组债权的剩余期限内摊销。

③ 债权人的会计处理(以多项资产清偿债

务或者组合方式进行债务重组的)。

债务重组采用组合方式进行的,一般可以认为对全部债权的合同条款做出了实质性修改,债权人应当按照修改后的条款,以公允价值初始计量重组债权和受让的新金融资产,按照受让的金融资产以外的各项资产在债务重组合同生效日的公允价值比例,对放弃债权在合同生效日的公允价值扣除重组债权和受让金融资产当日公允价值后的净额进行分配,并以此为基础分别确定各项资产的成本。放弃债权的公允价值与账面价值之间的差额,记入"投资收益"科目。

④ 债务人的会计处理(采用以资产清偿债务方式进行债务重组,债务人以金融资产清偿债务)。

债务人以单项或多项金融资产清偿债务的,债务的账面价值与偿债金融资产账面价值的差额,记入"投资收益"科目。偿债金融资产已计提减值准备的,应结转已计提的减值准备。对于以分类为以公允价值计量且其变动计入其他综合收益的债务工具投资清偿债务的,之前计入其他综合收益的累计利得或损失应当从其他综合收益中转出,记入"投资收益"科目。对于以指定为以公允价值计量且其变动计入其他综合收益的非交易性权益工具投资清偿债务的,之前计入其他综合收益的累计利得或损失应当从其他综合收益中转出,记入"盈余公积""利润分配——未分配利润"等科目。

⑤ 债务人的会计处理(采用将债务转为权益工具方式进行债务重组的)。

将债务转为权益工具方式进行债务重组的,债务人应当在所清偿债务符合终止确认条件时予以终止确认。

债务人初始确认权益工具时应当按照权益工具的公允价值计量,权益工具的公允价值不能可靠计量的,应当按照所清偿债务的公允价值计量。

所清偿债务账面价值与权益工具确认金额之间的差额,应当计入当期损益("投资收益"科目)。

债务人因发行权益工具而支出的相关税费等,应当依次冲减资本溢价、盈余公积、未分配利润等。

⑥ 债务人的会计处理(采用修改其他条款方式进行债务重组的)。

采用修改其他条款方式进行债务重组的,债务人应当按照《企业会计准则第 22 号——金融工具确认和计量》和《企业会计准则第 37 号——金融工具列报》的规定,确认和计量重组债务。

债务重组采用修改其他条款方式进行的,如果修改其他条款导致债务终止确认,债务人应当按照公允价值计量重组债务,终止确认的债务账面价值与重组债务确认金额之间的差额,记入"投资收益"科目。

如果修改其他条款未导致债务终止确认,或者仅导致部分债务终止确认,对于未终止确认的部分债务,债务人应当根据其分类,继续以摊余成本、以公允价值计量且其变动计入当期损益或其他适当方法进行后续计量。对于以摊余成本计量的债务,债务人应当根据重新议定合同的现金流量变化情况,重新计算该重组债务的账面价值,并将相关利得或损失记入"投资收益"科目。重新计算的该重组债务的账面价值,应当根据将重新议定或修改的合同现金流量按债务的原实际利率或按《企业会计准则第 24 号——套期会计》第二十三条规定的重新计算的实际利率(如适用)折现的现值确定。

对于修改或重新议定合同所产生的成本或费用,债务人应当调整修改后的重组债务的账面价值,并在修改后重组债务的剩余期限内摊销。

⑦ 债务人的会计处理(以多项资产清偿债务或者组合方式进行债务重组的)。

债务重组采用以资产清偿债务、将债务转为权益工具、修改其他条款等方式的组合进行的,对于权益工具,债务人应当在初始确认时按照权益工具的公允价值计量,权益工具的公允价值不能可靠计量的,应当按照所清偿债务的公允价值计量。对于修改其他条款形成的重组债务,债务人应当参照上述"修改其他条款"部分的介绍,确认和计量重组债务。所清偿债务的账面价值与转让资产的账面价值以及权益工具和重组债务的确认金额之和的差额,记入"其他收益——债务重组收益"或"投资收益"(仅涉及金融工具时)科目。

(四) 期末余额

期末,应将本科目余额转入"本年利润"科目,本科目结转后应无余额。

第八讲 投资性房地产

第一节 综合知识

一、相关知识概述

投资性房地产，是指为赚取租金或资本增值，或两者兼有而持有的房地产。

投资性房地产应当能够单独计量和出售。

(一) 投资性房地产的范围

投资性房地产主要包括：

(1) 已出租的建筑物和已出租的土地使用权，是指以经营租赁（不含融资租赁）方式出租的建筑物和土地使用权，包括自行建造或开发完成后用于出租的房地产。其中，用于出租的建筑物是指企业拥有产权的建筑物；用于出租的土地使用权是指企业通过受让方式取得的土地使用权。

已出租的投资性房地产租赁期满，虽暂时空置，但以后将继续用于出租的，仍作为投资性房地产。

(2) 持有并准备增值后转让的土地使用权，是指企业通过受让方式取得的、准备增值后转让的土地使用权。

闲置土地不属于持有并准备增值的土地使用权。闲置土地是指土地使用者依法取得土地使用权后，未经原批准用地的人民政府同意，超过规定的期限未动工开发建设的建设用地。

具有下列情形之一的，也可以认定为闲置土地：

① 国有土地有偿使用合同或者建设用地批准书未规定动工开发建设日期，自国有土地有偿使用合同生效或者土地行政主管部门建设用地批准书颁发之日起满1年未动工开发建设的。

② 已动工开发建设但开发建设的面积占应动工开发建设总面积不足1/3或者已投资额占总投资额不足25%且未经批准中止开发建设连续满1年的。

③ 法律、行政法规规定的其他情形。

(3) 一项房地产，部分用于赚取租金或资本增值，部分用于生产商品、提供劳务或经营管理，用于赚取租金或资本增值的部分能够单独计量和出售的，可以确认为投资性房地产。否则，不能作为投资性房地产。

(4) 企业将建筑物出租并按出租协议向承租人提供保安和维修等其他服务，所提供的其他服务在整个协议中不重大的，可以将该建筑物确认为投资性房地产；所提供的其他服务在整个协议中重大的，该建筑物应视为企业的经营场所，应当确认为自用房地产。

(5) 关联企业之间租赁房地产的，租出方应将出租的房地产确认为投资性房地产。

母公司以经营租赁的方式向子公司租出房地产，该项房地产应当确认为母公司的投资性房地产。但在编制合并报表时，作为企业集团的自用房地产。

(6) 企业拥有并自行经营的旅馆饭店，其经营目的是通过向客户提供客房服务取得服务收入，该业务不具有租赁性质，不属于投资性房地产；将其拥有的旅馆饭店部分或全部出租，且出租的部分能够单独计量和出售的,出租的部分可以确认为投资性房地产。

(7) 自用房地产,是指为生产商品、提供劳务或者经营管理而持有的房地产,如企业的厂房和办公楼,企业生产经营用的土地使用权等。

企业出租给本企业职工居住的宿舍,即使按照市场价格收取租金,也不属于投资性房地产。这部分房产间接为企业自身的生产经营服务,具有自用房地产的性质。

(8) 作为存货的房地产,是指房地产开发企业销售的或为销售而正在开发的商品房和土地。这部分房地产属于房地产开发企业的存货。

(二) 投资性房地产的披露

企业应当在附注中披露与投资性房地产有关的下列信息：

(1) 投资性房地产的种类、金额和计量模式。

(2) 采用成本模式的,投资性房地产的折旧或摊销,以及减值准备的计提情况。

(3) 采用公允价值模式的,公允价值的确定依据和方法,以及公允价值变动对损益的影响。

(4) 房地产转换情况、理由,以及对损益或所有者权益的影响。

(5) 当期处置的投资性房地产及其对损益的影响。

二、会计准则概述

(一) 本准则的相关背景

随着经济的发展和投资观念的改变,将房地产作为一种投资手段已是非常普遍的经济现象,甚至成为一些企业新的经济增长点。有的企业将投资房地产作为主营业务,有的企业则是兼营房地产投资业务,有的企业投资房地产主要是为了房地产的增值而盈利,有的企业投资房地产则是为了抵御通货膨胀的风险。

以往,人们习惯地将企业投资性房地产作为一般的固定资产看待,并按其估计使用年限提取折旧。但是,这种固定资产净值往往不能反映投资性房地产的真实价值。投资性房地产在经过数年以后,其市场价值不仅可能高于其账面净值,而且还经常高出其账面原值的数倍。另一方面,对房地产的投资一般金额大、周期长、流动与变现能力较差,往往具有高收益和高风险并存的特点。在这种情况下,将投资性房地产作为一般的固定资产处理显然是不适合的。因此,在会计实务上迫切需要将投资性房地产从原有的固定资产中划分出来,作为单独一类确定会计规范,投资性房地产准则应运而生。

在本准则制定时,世界上对投资性房地产业务制定会计准则的有英国、中国香港、国际会计准则委员会等。

为了规范投资性房地产的确认、计量和相关信息的披露,我国财政部于 2006 年 2 月根据《企业会计准则——基本准则》,发布了《企业会计准则第 3 号——投资性房地产》(本讲简称"本准则"或"新准则")。执行新的会计准则的企业不再执行旧准则,《企业会计准则》和《金融企业会计制度》。

(二) 本准则的适用范围

1. 本准则规范的投资性房地产

(1) 已出租的土地使用权。

(2) 持有并准备增值后转让的土地使用权。

(3) 已出租的建筑物。

2. 适用其他相关会计准则的项目

(1) 企业代建的房地产,适用企业会计准则中关于建造合同的规定。

(2) 投资性房地产的租金收入和售后租回,适用《企业会计准则第 21 号——租赁》。

(三) 本准则的主要变化

1. 要求单独核算和反映投资性房地产

在本准则制定时,我国许多企业持有投资性房地产。但在原先会计制度下,投资性房地产和企业自用房地产都被纳入固定资产或无形资产核算,这不利于反映企业房地产的构成情况以及各类房地产对企业经营业绩的贡献。

因此,本准则将投资性房地产作为区别于固定资产和无形资产的一项资产单独进行反映。

在以往会计制度中,非房地产开发企业以投资为目的而拥有的土地使用权及房屋、建筑物是作为固定资产或无形资产进行核算的。新准则则将为赚取租金或资本增值而持有的房地产列入"投资性房地产"科目进行反映。

此前财政部颁布的《关于执行〈企业会计制度〉和相关会计准则有关问题解答（四）》（简称《解答四》）的通知中，第九点曾对房地产开发企业出租的开发产品有过单独的解释。《解答四》规定对于这类资产，应当设置"出租开发产品"科目，并在其下设置"出租产品"和"出租产品摊销"两个明细科目，核算企业开发完成用于出租经营的土地和房屋的实际成本以及出租产品摊销的价值。企业在期末编制报表时，对于意图出售而暂时出租的开发产品的账面价值，规定在资产负债表的"存货"项目内列示；对于以出租为目的的出租开发产品的账面价值，规定在资产负债表的"其他长期资产"项目中列示。同时，在会计报表附注中披露出租房地产的成本、租赁合同主要条款等内容。

可见，在房地产开发企业出租的开发产品上基本沿用了单独反映的处理办法。只是在科目设置上将原来的二级科目升格为一级科目。

2. 在初始计量方面

在对投资性房地产进行初始计量时，新准则与旧准则都是按照取得时的实际成本计算投资性房地产的成本，差别就在于计入不同的会计科目下。

3. 在后续计量方面——新准则适当引入了公允价值计量模式，借鉴了国际财务报告准则中确定公允价值的方法

本准则以成本模式作为投资性房地产后续计量的基准模式，并适当引入了公允价值模式。

（1）旧准则。

旧准则规定，房地产开发企业自行开发的房地产或企业固定资产中的房地产用于对外出租的，在存货或固定资产科目中核算（土地使用权在"无形资产"科目核算）。实际上就是按照成本模式进行计量。在业务处理时，"出租开发产品"按期摊销出租产品的成本；"固定资产"计提折旧；"无形资产"进行摊销。

如果后续支出使可能流入企业的未来经济利益超过了原先的估计，计入固定资产账面价值，增计后金额不应超过该固定资产的可收回金额，除此以外的后续支出计入当期费用。

减值准备会计期末按可收回金额低于账面价值的差额计提固定资产减值准备，并计入当期损益。

（2）新准则规定投资性房地产的后续计量可以有以下两种办法：

① 成本模式。

采用成本模式计量的建筑物的后续计量，比照《企业会计准则第4号——固定资产》准则的有关规定处理；采用成本模式计量的土地使用权的后续计量，比照《企业会计准则第6号——无形资产》准则的有关规定处理。

② 公允价值模式。

公允价值模式符合投资性房地产的特性，能够较好地反映投资性房地产的市场价值和盈利能力。

就在本准则制定时的情况看，投资性房地产的公允价值在某些情况下是可以取得的。但考虑到我国的房地产市场还不够成熟，交易信息的公开程度还不够高，该准则未完全采用公允价值模式。

如果有确凿证据表明投资性房地产的公允价值能够持续可靠地取得，才应当采用公允价值模式。公允价值模式下，成本计量时不计提折旧或摊销，以会计期末的公允价值为基础调整账面价值，公允价值与原账面价值的差额计入当期损益。

适当引入公允价值模式是在综合考虑投资性房地产特性和我国房地产市场现状的基础上所做出的决定，也是该准则的一大突破。

4. 新准则增加了有关投资性房地产转换的规定

（1）新准则。

① 在成本模式计量的情况下，房地产转换后的入账价值以其转换前的账面价值确定。

② 在公允价值模式计量的情况下，投资性房地产转换为自用房地产或存货，以转换日公允价值作为自用房地产或存货的账面价值，转

换日公允价值与投资性房地产原账面价值之间的差额计入当期损益。自用房地产或存货转换为投资性房地产,转换日公允价值小于原账面价值,差额计入当期损益;转换日公允价值大于原账面价值,将其差额在已计提的减值准备或跌价准备的范围内计入当期损益,剩余部分计入其他综合收益。

（2）旧准则。

旧准则没有这方面的规定。

5. 处置

新准则规定：企业出售、转让、报废投资性房地产或者发生投资性房地产毁损时,应当将处置收入扣除其账面价值和相关税费后的金额计入当期损益。

这就表示新准则处置投资性房地产时不涉及追溯调整。

执行新准则对企业财务状况的影响分析

在新准则发布实施后,对于投资性房地产不同的会计处理方法对企业的财务报表将会有不同的影响。

新准则第九条规定：企业应当在资产负债表日采用成本模式对投资性房地产进行后续计量（采用成本模式计量的建筑物的后续计量,适用《企业会计准则第4号——固定资产》；采用成本模式计量的土地使用权的后续计量,适用《企业会计准则第6号——无形资产》）。

这个时候业务的处理并不影响企业财务报表上的数据,只是应在资产负债表上将投资性房地产作为一项资产单独列示,对资产负债表的结构有一定影响。

新准则第十条规定：在有确凿证据表明投资性房地产的公允价值能够持续可靠取得的情况下,可以对投资性房地产采用公允价值模式进行后续计量。采用公允价值模式计量的,不对投资性房地产计提折旧或进行摊销,应当以资产负债表日投资性房地产的公允价值为基础调整其账面价值,公允价值与原账面价值之间的差额计入当期损益。

由此可见,在原会计制度下,房地产应计入固定资产或无形资产,并计提折旧或摊销;执行新准则后,满足一定条件按公允价值计价时,不计提折旧或进行摊销,使费用减少,当期利润增加;此外,将资产负债表日投资性房地产的公允价值与原账面价值之间的差额计入当期损益,在房地产升值的情况下,也使利润增加。

第二节　确　认

一、初始确认

投资性房地产同时满足下列条件时,才能予以确认：

（1）与该投资性房地产有关的经济利益很可能流入企业。

（2）该投资性房地产的成本能够可靠地计量。

该确认条件与企业的一般资产的确认条件相同,并无特别之处。

二、终止确认

当投资性房地产被处置,或者永久退出使用且预计不能从其处置中取得经济利益时,应当终止确认该项投资性房地产。

第三节　初始计量

一、会计计量属性综述

投资性房地产应当按照成本进行初始计量。

投资性房地产的初始计量采用历史成本原则,即企业取得投资性房地产时,应当按照取得时的实际成本进行初始计量,这与普通资产的核算标准相同。

二、不同取得渠道下投资性房地产的入账成本

不同取得渠道下，投资性房地产的入账成本的构成有所不同。

(一) 外购投资性房地产的成本

包括购买价款、相关税费和可直接归属于该资产的其他支出。

【例 8-1】 2×22 年 2 月，智董公司计划购入一栋大厦用于对外出租。

2×22 年 3 月 3 日，智董公司与贵琛公司签订了经营租赁合同，约定自大厦购买日起将该栋大厦出租给贵琛公司，为期 5 年。

2×22 年 4 月 8 日，智董公司实际购入大厦，支付价款共计 6 000 万元。

假设不考虑相关税费及其他因素影响。

【分析】 智董公司作账务处理：

借：投资性房地产——某大厦　　60 000 000
　　贷：银行存款　　　　　　　　　60 000 000

(二) 自行建造投资性房地产的成本

由建造该项资产达到预定可使用状态前所发生的必要支出构成。

【例 8-2】 2×21 年 2 月 8 日，智董公司从赓升公司购入一块土地(使用年限为 50 年)，在此土地上开始自行建造 2 栋厂房。

2×21 年 11 月 8 日，智董公司预计厂房即将完工，与贵琛公司签订了经营租赁合同，将其中的一栋厂房租赁给贵琛公司使用(合同约定于厂房完工交付使用时开始起租)。

2×21 年 12 月 18 日，2 栋厂房同时完工达到预定可使用状态并交付使用。该土地所有权的成本为 45 000 000 元，该土地使用权已累计计提摊销 825 000 元；2 栋厂房的实际造价成本均为 60 000 000 元，能够单独出售。假设 2 栋厂房分别占用这块土地的一半面积，为简化处理，以占用的土地面积作为土地使用权的划分依据。假设智董公司采用成本模式进行后续计量。

【分析】 建造完工交付使用两栋楼，共占用土地使用权的成本为 45 000 000 元，出租厂房占用的土地使用权由"无形资产——土地使用权"科目记入"投资性房地产——已出租土地所有权"科目；已计提土地使用权摊销应平均分摊，由"累计摊销"科目记入"投资性房地产累计摊销"科目。

智董公司作账务处理：

借：固定资产——厂房　　　　　60 000 000
　　投资性房地产——厂房　　　60 000 000
　　贷：在建工程——厂房　　　　120 000 000

将出租厂房应分摊的土地使用权转作投资性房地产累计摊销：

借：投资性房地产——已出租土地使用权
　　　　　　　　　　　　　　　22 500 000
　　累计摊销　　　　　　　　　　412 500
　　贷：无形资产——土地使用权(45 000 000/2)
　　　　　　　　　　　　　　　22 500 000
　　　　投资性房地产累计摊销(825 000/2)
　　　　　　　　　　　　　　　　412 500

(三) 以其他方式取得的投资性房地产的成本

按照相关会计准则的规定确定。

第四节　后续计量

投资性房地产的后续计量是指在资产负债表日采用一定的计量模式对投资性房地产价值进行的计量。

一、投资性房地产的后续计量模式的类型

根据采用的计量模式不同，投资性房地产

的后续计量模式分为成本模式和公允价值模式两种计量模式。

二、与投资性房地产有关的后续支出

与投资性房地产有关的后续支出，满足本准则第六条规定的确认条件的，应当计入投资性房地产成本；不满足本准则第六条规定的确认条件的，应当在发生时计入当期损益。

【例8-3】 智董公司2×21年1月1日开始对其出租用厂房进行改扩建，该投资性房地产采用成本计量模式，原价为3 000万元，已提折旧1 800万元。工程期为半年，于5月1日达到预定可使用状态。智董公司共支付了6 300万元的工程款，残值回收6万元，款项均以银行存款方式结算。

【分析】 会计分录如下（单位：万元）。

（1）将厂房投入改扩建时：

借：在建工程　　　　　　　1 200
　　累计折旧　　　　　　　1 800
　　贷：投资性房地产　　　　　　3 000

（2）支付改扩建工程款时：

借：在建工程　　　　　　　6 300
　　贷：银行存款　　　　　　　　6 300

（3）回收残值时：

借：银行存款　　　　　　　　　6
　　贷：在建工程　　　　　　　　　6

（4）工程完工时：

借：投资性房地产　　　　　7 494
　　贷：在建工程　　　　　　　　7 494

三、计量模式的选择

企业应于会计期末采用成本模式对投资性房地产进行后续计量。如果有确凿证据表明投资性房地产的公允价值能够持续可靠地取得，应当采用公允价值模式。

我国会计准则规定投资性房地产后续计量优选模式是成本模式，而公允价值模式须满足规定条件方可选择。

注 企业通常应当采用成本模式对投资性房地产进行后续计量，也可采用公允价值模式对投资性房地产进行后续计量。但同一企业只能采用一种模式对所有投资性房地产进行后续计量，不得同时采用两种计量模式。

四、采用成本模式对投资性房地产进行后续计量

企业通常应当采用成本模式对投资性房地产进行计量。

在成本模式下，应当按照《企业会计准则第4号——固定资产》和《企业会计准则第6号——无形资产》对已出租的建筑物或土地使用权进行计量，并计提折旧或摊销；如果存在减值迹象的，应当按照《企业会计准则第8号——资产减值》进行减值测试，计提相应的减值准备。

（一）采用成本模式计量的建筑物的后续计量

适用《企业会计准则第4号——固定资产》。

【例8-4】 智董公司将一栋大厦出租给贵琛公司使用，确认为投资性房地产，采用成本模式进行后续计量。经营租赁合同约定，贵琛公司每月等额支付智董公司租金2 000 000元。

假设这栋办公楼的成本为360 000 000元，按照年限平均法计提折旧，使用寿命为20年，预计净残值为0。不考虑相关税费。

【分析】 智董公司作账务处理：

（1）每月计提折旧。

每月计提的折旧＝（360 000 000÷20）÷12
＝1 500 000（元）

借：其他业务成本——出租大厦折旧
　　　　　　　　　　　　　　1 500 000
　　贷：投资性房地产累计折旧　1 500 000

（2）每月确认租金收入。

借：银行存款（或其他应收款）2 000 000
　　贷：其他业务收入——出租大厦租金收入
　　　　　　　　　　　　　　2 000 000

（二）采用成本模式计量的土地使用权的后续计量

适用《企业会计准则第6号——无形资产》。

【例8-5】 智董公司2×21年7月1日接受贵琛公司投入的一项土地使用权，双方协议

价为3 400万元。智董公司取得该土地后,拟于适当时机转让。该土地使用权的法定有效期为50年。

【分析】 智董公司所接受的土地使用权符合投资性房地产的界定条件,应单独列于"投资性房地产"科目核算,其价值摊销应参照《企业会计准则——无形资产》的相关规定进行处理。具体如下:

(1) 该投资性房地产的入账成本:双方协议价=3 400(万元)。

(2) 2×21年的摊销额=3 400÷50×6÷12=34(万元)。

(3) 会计分录(单位:万元)。

借:其他业务成本　　　　　　　34
　　贷:投资性房地产累计折旧　　　34

五、采用公允价值模式对投资性房地产进行后续计量

(一) 条件

只有存在确凿证据表明投资性房地产的公允价值能够持续可靠取得的,才可以采用公允价值模式计量。

采用公允价值模式计量的投资性房地产,应当同时满足的条件:

(1) 投资性房地产所在地有活跃的房地产交易市场,意味着投资性房地产可以在房地产交易市场中直接交易。

所在地,通常是指投资性房地产所在的城市。对于大中城市,应当具体化为投资性房地产所在的城区。

活跃市场,是指同时具有下列特征的市场:

① 市场内交易对象具有同质性。

② 可随时找到自愿交易的买方和卖方。

③ 市场价格信息是公开的。

(2) 企业能够从房地产交易市场上取得同类或类似房地产的市场价格及其他相关信息,从而对投资性房地产的公允价值做出科学合理的估计。

同类或类似的房地产,对建筑物而言,是指所处地理位置和地理环境相同、性质相同、结构类型相同或相近、新旧程度相同或相近、可使用状况相同或相近的建筑物;对于土地使用权而言,是指同一城区、同一位置区域、所处地理环境相同或相近、可使用状况相同或相近的土地。

(二) 资产负债表日账面价值的调整

采用公允价值模式计量的,不对投资性房地产计提折旧或进行摊销,应当以资产负债表日投资性房地产的公允价值为基础调整其账面价值,公允价值与原账面价值之间的差额计入当期损益。

【例8-6】 2×21年12月31日,智董公司的某投资性房地产的公允价值为1 368万元,此前,该投资性房地产的账面价值为1 268万元。

【分析】 智董公司的会计处理如下(单位:元):

借:投资性房地产　　　　　　1 000 000
　　贷:公允价值变动损益　　　1 000 000

六、计量模式的变更

(一) 企业对投资性房地产的计量模式一经确定,不得随意变更

企业对投资性房地产的计量模式一经确定,不得随意变更。因为公允价值模式的采用就意味着期末投资性房地产账面价值总是处于变动状态,而且准则规定因公允价值变动产生的价值调整要计入当期损益,这就为企业操纵利润提供了运作空间。为避免这种情况的发生,投资性房地产准则规定其核算模式一经确定不得随意更改,这与我们会计政策变更的相关规定是一致的。

(二) 成本模式转为公允价值模式的,应当作为会计政策变更

成本模式转为公允价值模式的,应当作为会计政策变更,按照《企业会计准则第28号——会计政策、会计估计变更和差错更正》处理。

(三) 不得从公允价值模式转为成本模式

已采用公允价值模式计量的投资性房地产,不得从公允价值模式转为成本模式。

第五节 终止计量

当投资性房地产被处置,或者永久退出使用且预计不能从其处置中取得经济利益时,应当终止确认该项投资性房地产。

企业出售、转让、报废投资性房地产或者发生投资性房地产毁损,应当将处置收入扣除其账面价值和相关税费后的金额计入当期损益。

注 企业因其他原因如非货币性资产交换等而减少投资性房地产,也属于投资性房地产的处置。

一、成本模式计量的投资性房地产的处置

处置采用成本模式计量的投资性房地产时,应当按实际收到的金额,借记"银行存款"等科目,贷记"其他业务收入"科目,按该项投资性房地产的账面价值,借记"其他业务成本"科目,按其账面余额,贷记"投资性房地产"科目,按照已计提的折旧或摊销,借记"投资性房地产累计折旧(摊销)"科目,原已计提减值准备的,借记"投资性房地产减值准备"科目。

【例 8-7】 智董公司将其出租的一栋写字楼确认为投资性房地产(采用成本模式计量)。

租赁期届满后,智董公司将该栋写字楼出售给贵琛公司,合同价款为 600 000 000 元,贵琛公司已用银行存款付清;出售时该栋写字楼的成本为 540 000 000 元,已计提折旧 60 000 000 元。不考虑相关税费。

【分析】 智董公司的账务处理如下:

借:银行存款　　　　　　　　600 000 000
　　贷:其他业务收入　　　　　　600 000 000
借:其他业务成本　　　　　　480 000 000
　　投资性房地产累计折旧　　　60 000 000
　　贷:投资性房地产——写字楼　540 000 000

二、公允价值模式计量的投资性房地产的处置

处置采用公允价值模式计量的投资性房地产时,应当按实际收到的金额,借记"银行存款"等科目,贷记"其他业务收入"科目。

按该项投资性房地产的账面余额,借记"其他业务成本"科目,按其成本,贷记"投资性房地产——成本"科目。

按其累计公允价值变动,贷记或借记"投资性房地产——公允价值变动"科目,同时结转投资性房地产累计公允价值变动。

若存在原转换日计入其他综合收益的金额,也一并结转。

第六节 投资性房地产的转换

一、转换的条件

企业有确凿证据表明房地产用途发生改变,满足下列条件之一的,应当将投资性房地产转换为其他资产或者将其他资产转换为投资性房地产:

(1) 投资性房地产开始自用。

(2) 作为存货的房地产,改为出租。

(3) 自用土地使用权停止自用,用于赚取租金或资本增值。

(4) 自用建筑物停止自用,改为出租。

二、转换的时间

(1) 投资性房地产开始自用。

转换日是指房地产达到自用状态,企业开始将房地产用于生产商品、提供劳务或者经营管理的日期。

投资性房地产开始自用,是指投资性房地产转为自用房地产。

(2) 作为存货的房地产改为出租,或者自用建筑物或土地使用权停止自用改为出租。

转换日应当为租赁期开始日。租赁期开始日是指承租人有权行使其使用租赁资产权利的日期。

(3) 自用土地使用权停止自用,改为用于资本增值。

转换日是指停止将该项土地使用权用于生产商品、提供劳务或经营管理,且该土地使用权能够单独计量和转让的日期。

三、在成本模式下的转换

在成本模式下,应当将房地产转换前的账面价值作为转换后的入账价值。

【例 8-8】 2×21 年 6 月 30 日,智董公司因投资性房地产用途发生变化,决定将某投资性房地产转换为自用房地产。当日,该投资性房地产已计提累计折旧 36 万元,已计提减值准备 15 万元。假定该投资性房地产账面原价为 105 万元,不考虑其他因素。

【分析】 智董公司的会计处理如下(单位:元):

借:固定资产　　　　　　　　1 050 000
　　贷:投资性房地产　　　　　　　　1 050 000
借:投资性房地产累计折旧　　　360 000
　　贷:累计折旧　　　　　　　　　　360 000
借:投资性房地产减值准备　　　150 000
　　贷:固定资产减值准备　　　　　　150 000

四、在公允模式下的转换

(1) 采用公允价值模式计量的投资性房地产转换为自用房地产时,应当以其转换当日的公允价值作为自用房地产的账面价值,公允价值与原账面价值的差额计入当期损益。

【例 8-9】 2×21 年 9 月 30 日,鑫裕公司决定将某投资性房地产转换为自用的建筑物。该投资性房地产的账面余额为 690 万元,当日,该投资性房地产的公允价值为 720 万元。假定不考虑其他因素。

【分析】 鑫裕公司的会计处理如下(单位:元):

借:固定资产　　　　　　　　7 200 000
　　贷:投资性房地产　　　　　　　　6 900 000
　　　　公允价值变动损益　　　　　　300 000

(2) 自用房地产或存货转换为采用公允价值模式计量的投资性房地产时,投资性房地产按照转换当日的公允价值计价,转换当日的公允价值小于原账面价值的,其差额计入当期损益;转换当日的公允价值大于原账面价值的,其差额计入所有者权益。

【例 8-10】 2×21 年 8 月 31 日,贵琛公司决定将其持有作为开发产品核算的房地产作为投资性房地产,采用公允价值模式核算。当日,该开发产品的账面余额为 30 万元,已计提存货跌价准备 6 万元,公允价值为 33 万元。假定不考虑其他因素。

【分析】 贵琛公司的会计处理如下(单位:元):

借:投资性房地产　　　　　　　330 000
　　存货跌价准备　　　　　　　　60 000
　　贷:开发产品　　　　　　　　　　300 000
　　　　其他综合收益　　　　　　　　90 000

【例 8-11】 2×21 年 5 月 31 日,智董公司决定将某自用建筑物作为投资性房地产,采用公允价值模式核算。当日,该自用建筑物的账面原价为 300 万元,已计提累计折旧 60 万元,已计提减值准备 33 万元,公允价值为 180 万元。假定不考虑其他因素。

【分析】 智董公司的会计处理如下(单位:元):

借:投资性房地产　　　　　　　1 800 000
　　累计折旧　　　　　　　　　　600 000
　　固定资产减值准备　　　　　　330 000
　　公允价值变动损益　　　　　　270 000
　　贷:固定资产　　　　　　　　　　3 000 000

五、自用房地产或存货转换为采用公允价值模式计量的投资性房地产

自用房地产或存货转换为采用公允价值模式计量的投资性房地产,投资性房地产应当按照转换当日的公允价值计量。

转换当日的公允价值小于原账面价值的,其差额作为投资损失,计入当期损益。

自用房地产或作为存货的房地产转换为以公允价值模式计量的投资性房地产在转换日公允价值大于账面价值部分计入其他综合收益;待该投资性房地产处置时,将该部分转入当期损益。

第七节　会计科目和会计分录

以下是第一财税网(www.tax.org.cn)耗时整理的相关会计科目和会计分录,供实际工作中随时查阅、使用。

一、1521 投资性房地产/投资性房地产累计折旧(摊销)/投资性房地产减值准备

(一)核算内容

本科目核算企业采用成本模式计量的投资性房地产的成本。

企业采用公允价值模式计量投资性房地产的,也通过本科目核算。

采用成本模式计量的投资性房地产的累计折旧或累计摊销,可以单独设置"投资性房地产累计折旧(摊销)"科目,比照"累计折旧"等科目进行处理。

采用成本模式计量的投资性房地产发生减值的,可以单独设置"投资性房地产减值准备"科目,比照"固定资产减值准备"等科目进行处理。

(二)明细核算

本科目可按投资性房地产类别和项目进行明细核算。

采用公允价值模式计量的投资性房地产,还应当分别"成本"和"公允价值变动"进行明细核算。

(三)主要账务处理

(1)采用成本模式计量投资性房地产的主要账务处理。

① 企业外购、自行建造等取得的投资性房地产,按应计入投资性房地产成本的金额,借记本科目,贷记"银行存款""在建工程"等科目。

② 将作为存货的房地产转换为投资性房地产的,应按其在转换日的账面余额,借记本科目,贷记"开发产品"等科目。已计提跌价准备的,还应同时结转跌价准备。

将自用的建筑物等转换为投资性房地产的,应按其在转换日的原价、累计折旧、减值准备等,分别转入本科目、"投资性房地产累计折旧(摊销)""投资性房地产减值准备"科目。

③ 按期(月)对投资性房地产计提折旧或进行摊销,借记"其他业务成本"科目,贷记"投资性房地产累计折旧(摊销)"科目。取得的租金收入,借记"银行存款"等科目,贷记"其他业务收入"科目。

④ 将投资性房地产转为自用时,应按其在转换日的账面余额、累计折旧、减值准备等,分别转入"固定资产""累计折旧""固定资产减值准备"等科目。

⑤ 处置投资性房地产时,应按实际收到的金额,借记"银行存款"等科目,贷记"其他业务收入"科目。按该项投资性房地产的累计折旧或累计摊销,借记"投资性房地产累计折旧(摊销)"科目,按该项投资性房地产的账面余额,贷记本科目,按其差额,借记"其他业务成本"科目。已计提减值准备的,还应同时结转减值准备。

(2)采用公允价值模式计量投资性房地产的主要账务处理。

① 企业外购、自行建造等取得的投资性房地产,按应计入投资性房地产成本的金额,借记本科目(成本),贷记"银行存款""在建工程"等科目。

② 将作为存货的房地产转换为投资性房地产的,应按其在转换日的公允价值,借记本科目(成本),按其账面余额,贷记"开发产品"等科目,按其差额,贷记"其他综合收益"科目或借记"公允价值变动损益"科目。已计提跌价准备的,还应同时结转跌价准备。

将自用的建筑物等转换为投资性房地产的,按其在转换日的公允价值,借记本科目(成本),按已计提的累计折旧等,借记"累计折旧"等科目,按其账面余额,贷记"固定资产"等科目,按其差额,贷记"其他综合收益"科目或借记"公允价值变动损益"科目。已计提减值准备的,还应同时结转减值准备。

③ 资产负债表日,投资性房地产的公允价值高于其账面余额的差额,借记本科目(公允价值变动),贷记"公允价值变动损益"科目;公允价值低于其账面余额的差额作相反的会计分录。

取得的租金收入,借记"银行存款"等科目,贷记"其他业务收入"科目。

④ 将投资性房地产转为自用时,应按其在转换日的公允价值,借记"固定资产"等科目,按其账面余额,贷记本科目(成本、公允价值变动),按其差额,贷记或借记"公允价值变动损益"科目。

⑤ 处置投资性房地产时,应按实际收到的金额,借记"银行存款"等科目,贷记"其他业务收入"科目。按该项投资性房地产的账面余额,借记"其他业务成本"科目,贷记本科目(成本),贷记或借记本科目(公允价值变动);同时,按该项投资性房地产的公允价值变动,借记或贷记"公允价值变动损益"科目,贷记或借记"其他业务收入"科目。按该项投资性房地产在转换日计入其他综合收益的金额,借记"其他综合收益"科目,贷记"其他业务收入"科目。

(3) 投资性房地产作为企业主营业务的,应通过"主营业务收入"和"主营业务成本"科目核算相关的损益。

(四) 期末余额

本科目期末借方余额,反映企业采用成本模式计量的投资性房地产成本。企业采用公允价值模式计量的投资性房地产,反映投资性房地产的公允价值。

二、6402 其他业务成本

(一) 核算内容

本科目核算企业确认的除主营业务活动以外的其他经营活动所发生的支出,包括销售材料的成本、出租固定资产的折旧额、出租无形资产的摊销额、出租包装物的成本或摊销额等。

除主营业务活动以外的其他经营活动发生的相关税费,在"税金及附加"科目核算。

采用成本模式计量投资性房地产的,其投资性房地产计提的折旧额或摊销额,也通过本科目核算。

(二) 明细核算

本科目可按其他业务成本的种类进行明细核算。

(三) 主要账务处理

企业发生的其他业务成本,借记本科目,贷记"原材料""周转材料"等科目。

(四) 期末余额

期末,应将本科目的余额转入"本年利润"科目,结转后本科目无余额。

三、4004 其他综合收益

(一) 核算内容

其他综合收益是指企业根据企业会计准则规定未在损益中确认的各项利得和损失扣除所得税影响后的净额。

注 综合收益建立在"资产负债观"基础之上,把全部已确认但未实现的利得或损失纳入财务报表中,反映报告期内企业与所有者以外的其他各方之间的交易或事项所引起的净资产的变动额;综合收益的概念,突破了传统会计收益的实现原则,引入了公允价值,使公允价值作为计量属性的使用成为一种必然的趋势。

在资产负债表中,"其他综合收益"以前并没有作为一个单独的科目,而是计入资本公积中,而现在作为了一个单独的科目,以便于和资本公积区分。这种核算方式,有利于使资本公积的核算内容明晰化。资本公积原本核算的内容主要为股东资本性投入的部分,与其他综合收益混在一个科目中,将不便于报表使用者理解和分析。

(二)明细核算

在此科目下可设置以下明细科目核算。

1."400401 以后会计期间不能重分类进损益的其他综合收益项目"

主要包括:

(1)重新计量设定受益计划变动额(职工薪酬"离职后福利")。

根据《企业会计准则第9号——职工薪酬》,有设定受益计划形式离职后福利的企业应当将重新计量设定受益计划净负债或净资产导致的变动计入其他综合收益,并且在后续会计期间不允许转回至损益。

(2)权益法下不能转损益的其他综合收益(长期股权投资)。

根据《企业会计准则第2号——长期股权投资》,投资方取得长期股权投资后,应当按照应享有或应分担的被投资单位其他综合收益的份额,确认其他综合收益,同时调整长期股权投资的账面价值。投资单位在确定应享有或应分担的被投资单位其他综合收益的份额时,该份额的性质取决于被投资单位的其他综合收益的性质,即如果被投资单位的其他综合收益属于"以后会计期间不能重分类进损益"类别,则投资方确认的份额也属于"以后会计期间不能重分类进损益"类别。

(3)其他权益工具投资公允价值变动(非交易性权益工具投资)。

"其他权益工具投资"科目核算企业指定为以公允价值计量且其变动计入其他综合收益的非交易性权益工具投资。本科目可按其他权益工具投资的类别和品种,分别"成本""公允价值变动"等进行明细核算。

对于指定为以公允价值计量且其变动计入其他综合收益的非交易性权益工具投资,除了获得的股利(属于投资成本收回部分的除外)计入当期损益外,其他相关的利得和损失(包括汇兑损益)均应计入其他综合收益,且后续不得转入当期损益。当其终止确认时,之前计入其他综合收益的累计利得或损失应当从其他综合收益中转出,计入留存收益。

注 套期会计中的"套期损益"明细科目:

(1)本明细科目核算<u>公允价值套期</u>下对指定为以公允价值计量且其变动计入其他综合收益的<u>非交易性权益工具投资</u>或其组成部分进行套期时,套期工具和被套期项目公允价值变动形成的利得和损失。

(2)本明细科目可按套期关系进行明细核算。

(3)主要账务处理:

① <u>资产负债表日</u>,应当按照套期工具产生的利得,借记"套期工具"科目,贷记本明细科目;套期工具产生损失作相反的会计分录。

② <u>资产负债表日</u>,应当按照被套期项目因被套期风险敞口形成的利得,借记"被套期项目"科目,贷记本明细科目;被套期项目因被套期风险敞口形成损失作相反的会计分录。

(4)当<u>套期关系终止时</u>,应当借记或贷记本明细科目,贷记或借记"<u>利润分配——未分配利润</u>"等科目。

(4)企业自身信用风险公允价值变动(指定为以公允价值计量且其变动计入当期损益的金融负债)。

企业根据会计准则规定将金融负债指定为以公允价值计量且其变动计入当期损益的<u>金融负债</u>的,该金融负债所产生的利得或损失应当按照下列规定进行处理:

① 由企业自身信用风险变动引起的该金融负债公允价值的变动金额,应当计入其他综合收益。

② 该金融负债的其他公允价值变动计入当期损益。

按照此处①的规定对该金融负债的自身信用风险变动的影响进行处理会造成或扩大损益中的会计错配的,企业应当将该金融负债的全部利得或损失(包括企业自身信用风险变动的影响金额)计入当期损益。该金融负债终止确认时,之前计入其他综合收益的累计利得或损失应当从其他综合收益中转出,计入留存收益。

2."400402 以后会计期间在满足规定条件时将重分类进损益的其他综合收益项目"

主要包括:

(1) 权益法下可转损益的其他综合收益（长期股权投资）。

根据《企业会计准则第2号——长期股权投资》，投资方取得长期股权投资后，应当按照应享有或应分担的被投资单位其他综合收益的份额，确认其他综合收益，同时调整长期股权投资的账面价值。如果被投资单位的其他综合收益属于"以后会计期间在满足规定条件时将重分类进损益"类别，则投资方确认的份额也属于"以后会计期间在满足规定条件时将重分类进损益"类别。

(2) 金融资产重分类计入其他综合收益的金额。

企业将一项以公允价值计量且其变动计入其他综合收益的金融资产重分类为以摊余成本计量的金融资产的，应当将之前计入其他综合收益的累计利得或损失转出，调整该金融资产在重分类日的公允价值，并以调整后的金额作为新的账面价值，即视同该金融资产一直以摊余成本计量。该金融资产重分类不影响其实际利率和预期信用损失的计量。

企业将一项以公允价值计量且其变动计入其他综合收益的金融资产重分类为以公允价值计量且其变动计入当期损益的金融资产的，应当继续以公允价值计量该金融资产。同时，企业应当将之前计入其他综合收益的累计利得或损失从其他综合收益转入当期损益。

按照《企业会计准则第22号——金融工具确认和计量》第十八条分类为以公允价值计量且其变动计入其他综合收益的金融资产所产生的所有利得或损失，除减值损失或利得和汇兑损益之外，均应当计入其他综合收益，直至该金融资产终止确认或被重分类。但是，采用实际利率法计算的该金融资产的利息应当计入当期损益。该金融资产计入各期损益的金额应当与视同其一直按摊余成本计量而计入各期损益的金额相等。该金融资产终止确认时，之前计入其他综合收益的累计利得或损失应当从其他综合收益中转出，计入当期损益。企业将该金融资产重分类为其他类别金融资产的，应当根据《企业会计准则第22号——金融工具确认和计量》第三十一条规定，对之前计入其他综合收益的累计利得或损失进行相应处理。

(3) 其他债权投资公允价值变动。

金融资产同时符合下列条件的，应当分类为以公允价值计量且其变动计入其他综合收益的金融资产（通过"其他债权投资"科目核算，可按金融资产类别和品种，分别"成本""利息调整""公允价值变动"等进行明细核算）：

① 企业管理该金融资产的业务模式既以收取合同现金流量为目标又以出售该金融资产为目标。

② 该金融资产的合同条款规定，在特定日期产生的现金流量，仅为对本金和以未偿付本金金额为基础的利息的支付。

上述分类为以公允价值计量且其变动计入其他综合收益的金融资产所产生的所有利得或损失，除减值损失或利得和汇兑损益之外，均应当计入其他综合收益，直至该金融资产终止确认或被重分类。但是，采用实际利率法计算的该金融资产的利息应当计入当期损益。该金融资产计入各期损益的金额应当与视同其一直按摊余成本计量而计入各期损益的金额相等。该金融资产终止确认时，之前计入其他综合收益的累计利得或损失应当从其他综合收益中转出，计入当期损益。

对于上述分类为以公允价值计量且其变动计入其他综合收益的金融资产（债务工具投资）整体转移满足终止确认条件的，企业在计量该项转移形成的损益时，应当将原计入其他综合收益的公允价值变动累计利得或损失转出（注意：不适用于根据《企业会计准则第22号——金融工具确认和计量》准则第十九条指定为以公允价值计量且其变动计入其他综合收益的非交易性权益工具投资）。

如果涉及转移的金融资产为上述分类为以公允价值计量且其变动计入其他综合收益的金融资产的，不再确认部分的金额对应的原计入其他综合收益的公允价值变动累计额计入当期损益。

(4) 其他债权投资信用减值准备。

金融资产同时符合下列条件的,应当分类为以公允价值计量且其变动计入其他综合收益的金融资产(通过"其他债权投资"科目核算,可按金融资产类别和品种,分别"成本""利息调整""公允价值变动"等进行明细核算):

① 企业管理该金融资产的业务模式既以收取合同现金流量为目标又以出售该金融资产为目标。

② 该金融资产的合同条款规定,在特定日期产生的现金流量,仅为对本金和以未偿付本金金额为基础的利息的支付。

对于上述分类为以公允价值计量且其变动计入其他综合收益的金融资产,企业应当在其他综合收益中确认其损失准备(通过"其他综合收益——信用减值准备"科目核算,以预期信用损失为基础计提损失准备),并将减值损失或利得计入当期损益,且不应减少该金融资产在资产负债表中列示的账面价值。

注 "信用减值准备"明细科目。

本明细科目核算企业按照金融工具确认和计量会计准则第十八条分类为以公允价值计量且其变动计入其他综合收益的金融资产以预期信用损失为基础计提的损失准备。

《利润表》中"其他债权投资信用减值准备"行项目,反映企业按照《企业会计准则第22号——金融工具确认和计量》(2017年修订)第十八条分类为以公允价值计量且其变动计入其他综合收益的金融资产的损失准备。该项目应根据"其他综合收益"科目下的"信用减值准备"明细科目的发生额分析填列。

(5) 现金流量套期储备(有效套期的部分)。

根据《企业会计准则第24号——套期会计》,现金流量套期利得或损失中属于有效套期的部分,应当直接确认为所有者权益(其他综合收益);属于无效套期的部分,应当计入当期损益。对于前者,套期会计准则规定在一定的条件下,将原直接计入所有者权益中的套期工具利得或损失转出,计入当期损益。

注 套期会计中的"套期储备"明细科目。

(1) 本明细科目核算现金流量套期下套期工具累计公允价值变动中的套期有效部分。

(2) 本明细科目可按套期关系进行明细核算。

(3) 主要账务处理:

① 资产负债表日,套期工具形成的利得或损失中属于套期有效部分的,借记或贷记"套期工具"科目,贷记或借记本明细科目;属于套期无效部分的,借记或贷记"套期工具"科目,贷记或借记"套期损益"科目。

② 企业将套期储备转出时,借记或贷记本明细科目,贷记或借记有关科目。

《利润表》中"现金流量套期储备"行项目,反映企业套期工具产生的利得或损失中属于套期有效的部分。该项目应根据"其他综合收益"科目下的"套期储备"明细科目的发生额分析填列。

(6) 外币财务报表折算差额。

根据《企业会计准则第19号——外币折算》,企业对境外经营的财务报表进行折算时,应当将外币财务报表折算差额在资产负债表中所有者权益项目下单独列示(其他综合收益);企业在处置境外经营时,应当将资产负债表中所有者权益项目下列示的、与该境外经营相关的外币报表折算差额,自所有者权益项目转入处置当期损益,部分处置境外经营的,应当按处置的比例计算处置部分的外币财务报表折算差额,转入处置当期损益。

(7) 根据相关会计准则规定的其他项目。

例如,根据《企业会计准则第3号——投资性房地产》,自用房地产或作为存货的房地产转换为以公允价值模式计量的投资性房地产在转换日公允价值大于账面价值部分计入其他综合收益;待该投资性房地产处置时,将该部分转入当期损益等。

3. "400403 所得税影响"等明细科目核算

此前在资本公积中核算的所得税影响现在在此科目所得税影响中核算。

4. "套期成本"

(1) 本明细科目核算企业将期权的时间价值、远期合同的远期要素或金融工具的外汇基差排除在套期工具之外时,期权的时间价值等产生的公允价值变动。

(2) 本明细科目可按套期关系进行明细核算。

(3) 主要账务处理。

① 资产负债表日，对于期权的时间价值等的公允价值变动中与被套期项目相关的部分，应当借记或贷记"衍生工具"等科目，贷记或借记本明细科目。

② 企业在将相关金额从其他综合收益中转出时，借记或贷记本明细科目，贷记或借记有关科目。

A. 期权时间价值的会计处理。

企业将期权合同的内在价值和时间价值分开，只将期权的内在价值变动指定为套期工具时，应当区分被套期项目的性质是与交易相关还是与时间段相关，并进行不同的会计处理。

a. 被套期项目与交易相关的，对其进行套期的期权的时间价值具备该项交易成本的特征。

企业应当将期权时间价值的公允价值变动中与被套期项目相关的部分计入其他综合收益，并按照与现金流量套期储备相同的会计处理方法进行处理。

b. 被套期项目与时间段相关的，对其进行套期的期权时间价值具备为保护企业在特定时间段内规避风险所需支付成本的特征。

企业应当将期权时间价值的公允价值变动中与被套期项目相关的部分计入其他综合收益。同时，企业应当按照系统、合理的方法，将期权被指定为套期工具当日的时间价值中与被套期项目相关的部分，在套期关系影响损益或其他综合收益（仅限于企业对指定为以公允价值计量且其变动计入其他综合收益的非交易性权益工具投资的公允价值套期）的期间内摊销，摊销金额从其他综合收益中转出，计入当期损益。由于期权的时间价值在期权到期时将归零，因此在期权存续期内的累计时间价值的公允价值变动等于指定套期时的时间价值。时间价值变动计入其他综合收益的金额应当根据变动的实际情况确定，但从其他综合收益转入当期损益（即摊销）的金额应当按照系统、合理的方法确定。转入和转出的金额最终是一致的，即指定套期时的时间价值。若企业终止运用套期会计，则其他综合收益中剩余的相关金额应当转出，计入当期损益。

期权的主要条款（如名义金额、期限和标的）与被套期项目相一致的，期权的实际时间价值与被套期项目相关；期权的主要条款与被套期项目不完全一致的，企业应当通过对主要条款与被套期项目完全匹配的期权进行估值确定校准时间价值，并确认期权的实际时间价值中与被套期项目相关的部分。在套期关系开始时，期权的实际时间价值高于校准时间价值的，企业应当以校准时间价值为基础，将其累计公允价值变动计入其他综合收益，并将这两个时间价值的公允价值变动差额计入当期损益；在套期关系开始时，期权的实际时间价值低于校准时间价值的，企业应当将两个时间价值中累计公允价值变动的较低者计入其他综合收益，如果实际时间价值的累计公允价值变动扣减累计计入其他综合收益金额后尚有剩余的，应当计入当期损益。

B. 远期合同的远期要素和金融工具的外汇基差的会计处理。

企业将远期合同的远期要素和即期要素分开、只将即期要素的价值变动指定为套期工具的，或者将金融工具的外汇基差单独分拆、只将排除外汇基差后的金融工具指定为套期工具的，可以按照与期权时间价值相同的处理方式对远期合同的远期要素或金融工具的外汇基差进行会计处理，也可以按照常规会计处理方法进行处理。

（三）主要账务处理

请参阅上述内容。

（四）期末余额

请参阅上述内容。

注 资本公积的核算主要与股本投入相关，而其他综合收益属于已经实现但暂时不能计入本年利润或费用的项目。一般来说，资本公积属于已经确定的一个事实，后续期间不会再予以转出。而其他综合收益类似于一个过渡科目，在未来期间还需要予以转出（注：有的项目在以后会计期间不能重分类进损益）。

附：报表列示

反映企业其他综合收益的期末余额。

本项目应根据"其他综合收益"科目的期末

余额填列。

注 （1）《利润表》中"其他权益工具投资公允价值变动"行项目，反映企业指定为以公允价值计量且其变动计入其他综合收益的非交易性权益工具投资发生的公允价值变动。该项目应根据"其他综合收益"科目的相关明细科目的发生额分析填列。

（2）《利润表》中"企业自身信用风险公允价值变动"行项目，反映企业指定为以公允价值计量且其变动计入当期损益的金融负债，由企业自身信用风险变动引起的公允价值变动而计入其他综合收益的金额。该项目应根据"其他综合收益"科目的相关明细科目的发生额分析填列。

（3）《利润表》中"其他债权投资公允价值变动"行项目，反映企业分类为以公允价值计量且其变动计入其他综合收益的债权投资发生的公允价值变动。企业将一项以公允价值计量且其变动计入其他综合收益的金融资产重分类为以摊余成本计量的金融资产，或重分类为以公允价值计量且其变动计入当期损益的金融资产时，之前计入其他综合收益的累计利得或损失从其他综合收益中转出的金额作为该项目的减项。该项目应根据"其他综合收益"科目下的相关明细科目的发生额分析填列。

（4）《利润表》中"金融资产重分类计入其他综合收益的金额"行项目，反映企业将一项以摊余成本计量的金融资产重分类为以公允价值计量且其变动计入其他综合收益的金融资产时，计入其他综合收益的原账面价值与公允价值之间的差额。该项目应根据"其他综合收益"科目下的相关明细科目的发生额分析填列。

（5）《利润表》中"其他债权投资信用减值准备"行项目，反映企业按照《企业会计准则第22号——金融工具确认和计量》（2017年修订）第十八条分类为以公允价值计量且其变动计入其他综合收益的金融资产的损失准备。该项目应根据"其他综合收益"科目下的"信用减值准备"明细科目的发生额分析填列。

（6）《利润表》中"现金流量套期储备"行项目，反映企业套期工具产生的利得或损失中属于套期有效的部分。该项目应根据"其他综合收益"科目下的"套期储备"明细科目的发生额分析填列。

四、6101 公允价值变动损益/6102 套期损益

（一）核算内容

本科目核算企业交易性金融资产、交易性金融负债，以及采用公允价值模式计量的投资性房地产、衍生工具、套期保值业务等公允价值变动形成的应计入当期损益的利得或损失。

指定为以公允价值计量且其变动计入当期损益的金融资产或金融负债公允价值变动形成的应计入当期损益的利得或损失，也在本科目核算。

企业开展套期保值业务的，有效套期关系中套期工具或被套期项目的公允价值变动，也可以单独设置"6102 套期损益"科目核算。

（二）明细核算

本科目可按交易性金融资产、交易性金融负债、投资性房地产等进行明细核算。

（三）主要账务处理

（1）资产负债表日，企业应按交易性金融资产的公允价值高于其账面余额的差额，借记"交易性金融资产——公允价值变动"科目，贷记本科目；公允价值低于其账面余额的差额作相反的会计分录。

出售交易性金融资产时，应按实际收到的金额，借记"银行存款""存放中央银行款项"等科目，按该金融资产的账面余额，贷记"交易性金融资产"科目，按其差额，借记或贷记"投资收益"科目。

（2）资产负债表日，交易性金融负债的公允价值高于其账面余额的差额，借记本科目，贷记"交易性金融负债"等科目；公允价值低于其账面余额的差额作相反的会计分录。

处置交易性金融负债，应按该金融负债的账面余额，借记"交易性金融负债"科目，按实际支付的金额，贷记"银行存款""存放中央银行款项""结算备付金"等科目，按其差额，贷记或借记"投资收益"科目。

（3）采用公允价值模式计量的投资性房地产、衍生工具、套期工具、被套期项目等形成的公允价值变动，按照"投资性房地产""衍生工具""套期工具""被套期项目"等科目的相关规定进行处理。

（四）期末余额

期末，应将本科目余额转入"本年利润"科目，结转后本科目无余额。

五、6701 资产减值损失

(一) 核算内容

本科目核算企业计提各项资产减值准备所形成的损失。

注 根据《企业会计准则第 22 号——金融工具确认和计量》的规定,对企业应收款项、合同资产和租赁应收款发生信用减值核算时由原来的"资产减值损失"账户改成"信用减值损失"账户。

(二) 明细核算

本科目可按资产减值损失的项目进行明细核算。

(三) 主要账务处理

(1) 企业的存货、长期股权投资、固定资产、无形资产等资产发生减值的,按应减记的金额,借记本科目,贷记"存货跌价准备""长期股权投资减值准备""固定资产减值准备""无形资产减值准备"等科目。

在建工程、工程物资、生产性生物资产、商誉、抵债资产、损余物资、采用成本模式计量的投资性房地产等资产发生减值的,应当设置相应的减值准备科目,比照上述规定进行处理。

(2) 企业计提存货跌价准备等,相关资产的价值又得以恢复的,应在原已计提的减值准备金额内,按恢复增加的金额,借记"存货跌价准备"等科目,贷记本科目。

(四) 期末余额

期末,应将本科目余额转入"本年利润"科目,结转后本科目无余额。

第九讲

固定资产

第一节 综合知识

一、相关知识概述

(一) 固定资产的特征

固定资产,是指同时具有下列特征的有形资产:

(1) 为生产商品、提供劳务、出租或经营管理而持有的。

(2) 使用寿命超过一个会计年度。

专家点拨

上述两个特征表明,会计上将某一有形资产作为固定资产,其持有目的是企业为了生产商品、提供劳务、出租或经营管理;同时,其必须具有一定耐用性,使用寿命要超过一个会计年度。

其中,"出租"不包括作为投资性房地产的以经营租赁方式租出的建筑物。

固定资产的使用寿命是指企业使用固定资产的预计期间,或者该固定资产所能生产产品或提供劳务的数量。

备品备件和维修设备通常确认为存货,但某些备品备件和维修设备需要与相关固定资产组合发挥效用,如民用航空运输企业的高价周转件,应当确认为固定资产。

由于企业的经营内容、经营规模等各不相同,固定资产的价值并无绝对标准,各企业应根据上述规定的固定资产的标准,结合本企业的具体情况加以确定。

(二) 固定资产目录

企业应当根据《企业会计准则第4号——固定资产》规定,结合本企业的实际情况,制定固定资产目录,包括每类或每项固定资产的使用寿命、预计净残值、折旧方法等,并将其编制成册,经股东大会或董事会、经理(厂长)会议或类似机构批准,按照法律、行政法规等规定报送有关各方备案。固定资产目录一经确定不得随意变更,如需变更,仍应履行上述程序,并按《企业会计准则第28号——会计政策、会计估计变更和差错更正》的规定加以处理。

(三) "固定资产登记簿"和"固定资产卡片"

为了反映固定资产的具体情况,企业应通过设置"固定资产登记簿"和"固定资产卡片"等,对固定资产按类别或项目进行明细核算。

(四) 固定资产在附注中的披露

企业应当在附注中披露与固定资产有关的下列信息:

(1) 固定资产的确认条件、分类、计量基础和折旧方法。

(2) 各类固定资产的使用寿命、预计净残值和折旧率。

(3) 各类固定资产的期初和期末原价、累计折旧额及固定资产减值准备累计金额。

(4) 当期确认的折旧费用。

(5) 对固定资产所有权的限制及其金额和用于担保的固定资产账面价值。

(6) 准备处置的固定资产名称、账面价值、公允价值、预计处置费用和预计处置时间等。

二、会计准则概述

(一) 本准则的相关背景

为了规范固定资产的确认、计量和相关信息的披露,根据《企业会计准则——基本准则》,我国财政部制定了《企业会计准则第4号——固定资产》(本讲简称"本准则"或"新准则")。

(二) 本准则的适用范围

下列各项适用其他相关会计准则:

(1) 作为投资性房地产的建筑物,适用《企业会计准则第3号——投资性房地产》。

(2) 生产性生物资产,适用《企业会计准则第5号——生物资产》。

(三) 本准则的主要变化

1. 预计净残值

(1) 新准则。

预计净残值是指假定固定资产的预计使用寿命已满并处于使用寿命终了时的预期状态;企业目前从该项资产的处置中获得的扣除预计处置费用后的金额。企业应当根据固定资产的性质和使用情况,合理确定固定资产的使用寿命和预计净残值。

固定资产的使用寿命、预计净残值一经确定,不得随意变更。但是,符合本准则第十九条规定的除外。

企业至少应当于每年年度终了,对固定资产的使用寿命、预计净残值和折旧方法进行复核。

预计净残值预计数与原先估计数有差异的,应当调整预计净残值。

固定资产使用寿命、预计净残值和折旧方法的改变应当作为会计估计变更。

企业持有待售的固定资产,应当对其预计净残值进行调整。

(2) 旧准则。

旧准则没有规定对企业持有待售的固定资产的预计净残值进行调整。

2. 规定了特殊行业预计弃置费的会计处理

固定资产准则规定,固定资产预计的处置费用应计入固定资产的成本,计提折旧。

之所以这样修改,主要是考虑到我国有些特殊的企业,在资产使用完报废后要发生一笔很大的费用。

例如,核电站在报废的时候要发生大笔的处置费用,如果正常经营过程中没有预先提取,就不利于企业财务状况和经营成果的反映。

3. 取消了后续支出的确认原则

修订后的固定资产准则取消了原来规定的后续支出的确认原则,指出固定资产后续支出和初始支出的确认原则仍然是相同的,要符合固定资产确认的条件。如果后续支出不符合固定资产确认条件,就不能资本化,而应予以费用化。

4. 取消了固定资产减值转回

新的会计准则体系增加了资产减值准则,其明确规定,减值损失不允许转回,确保财务状况和经营业绩更加真实、可靠,避免利用资产减值操纵盈余管理,保护投资者利益。

【例 9-1】 智董出租汽车公司某类出租汽车原值1 200万元,按照5年平均计提折旧,不考虑净残值,第一年折旧为240万元,第一年年末按照预计现金流量的现值小于账面价值计提了180万元减值准备,第二年折旧额为195万元[(1 200−240−180)÷4],第三年年末减值因素消失。

【分析】 按照新准则规定,资产减值损失一经确认,在以后会计期间不得转回。所以,该类出租汽车账面价值不随可收回金额的提高而恢复,下一年仍然按照195万元计提折旧。

> **小知识**
>
> *执行新准则对企业财务状况的影响分析*
>
> 固定资产新准则与旧准则比较,实质性差异不大,不会对企业财务状况造成重大影响。
>
> 可能产生影响的有:
>
> (1) 旧准则固定资产定义有"单位价值较高"这一标准,新准则固定资产定义中未包括单位价值标准的原则性限制,如果企业因此改变了固定资产定义的价值标准,会改变企业资产结构及今后的折旧费用。
>
> (2) 新的固定资产准则将固定资产预计的处置费用以折现金额计入固定资产入账价值
>
> 将发生的符合条件的后续支出确认为固定资产,会

使固定资产的计量结果增大,导致企业资产结构发生变化,使长期资产比重提高。

固定资产计量结果增大,同时预计净残值强调现值,结果会使企业各期计提的折旧额增加,导致各期的支出、费用增加,使企业的收益水平及所有者权益金额降低。

第二节 确 认

一、固定资产的初始确认

(一)确认条件

固定资产在同时满足以下两个条件时,才能加以确认:

(1)该固定资产包含的经济利益很可能流入企业。

(2)该固定资产的成本能够可靠地计量。

企业对符合固定资产特征和确认条件的有形资产,应当确认为固定资产;不符合的确认为存货或其他有关资产。

(二)固定资产的各组成部分确认为单项固定资产

对于固定资产的各组成部分,各自具有不同的使用寿命或者以不同的方式为企业提供经济利益,从而适用不同的折旧率或折旧方法的,应当单独确认为固定资产。

(三)环保设备和安全设备等资产确认为固定资产

对于企业的环保设备和安全设备等资产,虽然不能直接为企业带来经济利益,却有助于企业从相关资产获得经济利益,也应当确认为固定资产,但这类资产与相关资产的账面价值之和不能超过这两类资产可收回金额总额。

注 自2022年1月1日起,试运行销售(即:企业将固定资产达到预定可使用状态前或者研发过程中产出的产品或副产品对外销售)产出的有关产品或副产品在对外销售前,符合《企业会计准则第1号——存货》规定的应当确认为存货,符合其他相关企业会计准则中有关资产确认条件的应当确认为相关资产。

二、固定资产的终止确认

固定资产满足下列条件之一的,应当予以终止确认。

(一)该固定资产处于处置状态

固定资产处于处置状态是指该固定资产不再用于生产商品、提供劳务、出租或经营管理,已不再符合固定资产的定义,应予终止确认。

(二)该固定资产预期通过使用或处置不能产生经济利益

如果一项固定资产预期通过使用或处置不能再产生经济利益,就不再符合固定资产的定义和确认条件,应予终止确认。

企业持有待售的固定资产,应当对其预计净残值进行调整。

企业根据本准则第六条的规定,将发生的固定资产后续支出计入固定资产成本的,应当终止确认被替换部分的账面价值。

第三节 初 始 计 量

固定资产的计量主要分为初始计量和后续计量。固定资产的初始计量是指固定资产取得时入账价值的确定;固定资产的后续计量是指对固定资产的使用寿命、预计净残值、各期折旧额以及减值的确定。

企业固定资产取得的方式,主要有外购、自

行建造、投资者投入、非货币性资产交换换入、债务重组取得、企业合并取得、融资租赁取得等。由于企业取得固定资产的途径和方式不同,其成本的确定也有所差异。

注 自2022年1月1日起,企业将固定资产达到预定可使用状态前或者研发过程中产出的产品或副产品对外销售的,应当按照《企业会计准则第14号——收入》《企业会计准则第1号——存货》等规定,对试运行销售相关的收入和成本分别进行会计处理,计入当期损益,不应将试运行销售相关收入抵销相关成本后的净额冲减固定资产成本或者研发支出。

以上所称"固定资产达到预定可使用状态前产出的产品或副产品",包括测试固定资产可否正常运转时产出的样品等情形。

测试固定资产可否正常运转而发生的支出属于固定资产达到预定可使用状态前的必要支出,应当按照《企业会计准则第4号——固定资产》的有关规定,计入该固定资产成本。

以上所称"测试固定资产可否正常运转",指评估该固定资产的技术和物理性能是否达到生产产品、提供服务、对外出租或用于管理等标准的活动,不包括评估固定资产的财务业绩。

一、固定资产初始计量综述

(一) 固定资产初始计量属性

固定资产应当按照成本进行初始计量,已入账的固定资产成本也被称为固定资产原值。

(二) 确定固定资产成本时,应当考虑预计弃置费用

弃置费用通常是指根据国家法律和行政法规、国际公约等规定,企业承担的环境保护和生态恢复等义务所确定的支出,如核电站设施等的弃置和恢复环境义务等。

1. 弃置费用的适用范围

弃置费用仅适用于特定行业的特定固定资产,例如,石油天然气企业油气水井及相关设施的弃置、核电站核废料的处置等。

一般企业固定资产成本不应预计弃置费用。

2. 弃置费用的义务

弃置费用的义务通常有国家法律和行政法规、国际公约等有关规定约束,例如,国家法律、行政法规要求企业的环境保护和生态环境恢复的义务等。

3. 计入固定资产原价的金额和相应的预计负债

弃置费用的金额通常较大。企业应当根据《企业会计准则第13号——或有事项》,按照现值计算确定应计入固定资产成本的金额和相应的预计负债。

4. 一般企业固定资产的报废清理费的会计处理

一般企业不属于弃置义务的固定资产的报废清理费,应在实际发生时作为固定资产的处置费用(清理费用)处理,不属于本准则规范的弃置费用。

固定资产报废清理费,应当在发生时作处理。

5. 油气资产的弃置费用的会计处理

油气资产的弃置费用,应当按照《企业会计准则第27号——石油天然气开采》及其应用指南的规定处理。

小知识

企业因固定资产弃置费用确认的预计负债发生变动的,应当如何进行会计处理?

自2014年1月17日起,弃置费用形成的预计负债在确认后,按照实际利率法计算的利息费用应当确认为财务费用;由于技术进步、法律要求或市场环境变化等原因,特定固定资产的履行弃置义务可能因发生支出金额、预计弃置时点、折现率等变动而引起预计负债变动,应按照以下原则调整该固定资产的成本:

(1) 对于预计负债的减少,以该固定资产账面价值为限扣减固定资产成本。如果预计负债的减少超过该固定资产账面价值,超出部分确认为当期损益。

(2) 对于预计负债的增加,增加该固定资产的成本。

按照上述原则调整的固定资产,在资产剩余使用年限内计提折旧。一旦该固定资产的使用寿命结束,预计负债的所有后续变动应在发生时确认为损益。

对存在弃置义务的固定资产,应在取得固定资产时,按预计弃置费用的现值,借记"固定资产"科目,贷记"预计负债"科目。在该项固定资产的使用寿命内,按弃置费用计算确定各期应负担的利息费用,借记"财务费用"科目,贷记

"预计负债"科目。固定资产装修发生的装修费用满足固定资产确认条件的,也应借记"固定资产"等科目,贷记"银行存款"等科目。

(三) 应当计入固定资产成本的借款费用

应计入固定资产成本的借款费用,按照《企业会计准则第17号——借款费用》处理。

二、外购固定资产的成本

(一) 构成

外购固定资产的成本,包括购买价款、相关税费(不含可以从增值税销项税额中抵扣的进项税额)、使固定资产达到预定可使用状态前所发生的可归属于该项资产的运输费、装卸费、安装费和专业人员服务费等。

注 企业外购的固定资产包括购入不需要安装的固定资产和购入需要安装的固定资产。企业购入不需要安装的固定资产,按应计入固定资产成本的金额,借记"固定资产"科目,贷记"银行存款""其他应付款""应付票据"等科目。购入需要安装的固定资产,先记入"在建工程"科目,达到预定可使用状态时再转入"固定资产"科目。

(二) 分配、分别确定

若以一笔款项购入多项没有单独标价的固定资产,应当按照各项固定资产公允价值比例对总成本进行分配,分别确定各项固定资产的成本。

(三) 具有融资性质的

购买固定资产的价款超过正常信用条件延期支付,实质上具有融资性质的,固定资产的成本以购买价款的现值为基础确定。实际支付的价款与购买价款的现值之间的差额,除按照《企业会计准则第17号——借款费用》应予资本化的以外,应当在信用期间内计入当期损益。

注 如果购入固定资产超过正常信用条件延期支付价款(如分期付款购买固定资产),实质上具有融资性质的,则应按所购固定资产应付购买价款的现值,借记"固定资产"科目或"在建工程"科目,按应支付的金额,贷记"长期应付款"科目,按其差额,借记"未确认融资费用"科目。

【例9-2】 深圳市某制造企业智董公司,2×21年4月1日,向贵琛公司(为增值税一般纳税人)一次购进了三套不同型号且具有不同生产能力的设备甲、乙和丙。智董公司取得的增值税专用发票上注明的价款为100 000元,增值税税额13 000元,另外支付包装费5 000元、增值税税额300元,全部以银行存款转账支付。假定设备甲、乙和丙均满足固定资产的定义及其确认条件,公允价值分别为20 000元、25 000元和50 000元;不考虑其他相关税费。

【分析】 智董公司的账务处理如下。

(1)确定应计入固定资产成本的金额,包括买价、包装费,即:100 000+5 000=105 000(元)。

(2)确定甲、乙和丙设备各自的入账价值。

甲设备入账价值=105 000×20 000÷(20 000+25 000+50 000)×100%=22 105.26(元)。

乙设备入账价值=105 000×25 000÷(20 000+25 000+50 000)×100%=27 631.58(元)。

丙设备入账价值=105 000×50 000÷(20 000+25 000+50 000)×100%=55 263.16(元)。

(3)会计分录(单位:元):

借:固定资产——甲　　　　22 105.26
　　　　　——乙　　　　27 631.58
　　　　　——丙　　　　55 263.16
　　应交税费——应交增值税(进项税额)
　　　　　　　　　　　　13 300
　贷:银行存款　　　　　118 300

三、自行建造固定资产的成本

自行建造固定资产,是企业为了新建、改建、扩建固定资产或者对固定资产进行技术改造、设备更新而由企业自行建造的固定资产。

(一) 构成

自行建造固定资产的成本,由建造该项资产达到预定可使用状态前所发生的必要支出构成。

(二) 借款费用

因自行建造固定资产从银行借款或发行债

券等而发生的借款费用,应按照《企业会计准则第17号——借款费用》的规定,确定应计入固定资产成本的借款费用。

(三) 账务处理

企业自行建造固定资产的核算,主要是通过设置"在建工程""工程物资"等科目进行。企业进行的固定资产新建工程、改建工程、扩建工程、大修理工程和购入需要安装的固定资产,应通过"在建工程"科目核算,工程完工达到预定可使用状态时再转入"固定资产"科目。

1. 在建工程

"在建工程"科目用于核算企业基建、技改等在建工程发生的价值,该科目借方登记各项发生的实际支出,贷方登记工程完工结转的实际成本,借方余额表示企业尚未完工的基建工程发生的各项实际支出。企业与固定资产有关的后续支出,包括固定资产发生的日常修理费、大修理费用、更新改造支出、房屋的装修费用等,满足《企业会计准则第4号——固定资产》规定的固定资产确认条件的,也在本科目核算;不满足固定资产确认条件的,应在"管理费用"科目或"销售费用"科目核算,不在本科目核算。该科目应当按照"建筑工程""安装工程""在安装设备""待摊支出"以及单项工程进行明细核算。在建工程发生减值的,应在本科目设置"减值准备"明细科目进行核算。

企业在建工程的主要账务处理如下:

(1) 企业发包的在建工程,按合同规定向承包企业预付工程款、备料款时,借记"在建工程"科目,贷记"银行存款"等科目。将设备交付承包企业进行安装时,借记"在建工程——在安装设备"科目,贷记"工程物资"科目。

与承包企业办理工程价款结算时,按补付的工程款,借记"在建工程"科目,贷记"银行存款""应付账款"等科目。

(2) 企业自营的在建工程领用工程物资、本企业原材料或库存商品的,借记"在建工程"科目,贷记"工程物资""原材料""库存商品"等科目。采用计划成本核算的,应同时结转应分摊的成本差异。在建工程应负担的职工薪酬,借记"在建工程"科目,贷记"应付职工薪酬"科目。辅助生产部门为工程提供的水、电、设备安装、修理、运输等劳务,借记"在建工程"科目,贷记"生产成本——辅助生产成本"等科目。

(3) 在建工程发生的管理费、征地费、可行性研究费、临时设施费、公证费、监理费及应负担的税费等,借记"在建工程——待摊支出"科目,贷记"银行存款"等科目。

在建工程发生的借款费用满足《企业会计准则第17号——借款费用》资本化条件的,借记"在建工程——待摊支出"科目,贷记"长期借款""应付利息"等科目。

由于自然灾害等原因造成的在建工程报废或毁损,减去残料价值和过失人或保险公司等赔款后的净损失,借记"营业外支出——非常损失"科目,贷记"在建工程——建筑工程""在建工程——安装工程"等科目。

建设期间发生的工程物资盘亏、报废及毁损净损失,借记"在建工程——待摊支出"科目,贷记"工程物资"科目;盘盈的工程物资或处置净收益,作相反的会计分录。

在建工程进行负荷联合试车发生的费用,借记"在建工程——待摊支出"科目,贷记"银行存款""原材料"等科目;试车形成的产品转为库存商品的,借记"银行存款""库存商品"等科目,贷记"在建工程——待摊支出"科目。

注 自2022年1月1日起,企业将固定资产达到预定可使用状态前或者研发过程中产出的产品或副产品对外销售的,应当按照《企业会计准则第14号——收入》《企业会计准则第1号——存货》等规定,对试运行销售相关的收入和成本分别进行会计处理,计入当期损益,不应将试运行销售相关收入抵销相关成本后的净额冲减固定资产成本或者研发支出。

(4) 在建工程完工已领出的剩余物资应办理退库手续,借记"工程物资"科目,贷记"在建工程"科目。已计提减值准备的,还应同时结转减值准备。

工程完工后剩余的物资转作本企业存货的,借记"原材料"等科目,贷记"工程物资"科目。

(5) 在建工程达到预定可使用状态时,应计算分配待摊支出,借记"在建工程——某工程"科目,贷记"在建工程——待摊支出"科目;结转在建工程成本时,借记"固定资产"等科目,贷记"在建工程——某工程"科目。

注 一般纳税人自2016年5月1日后取得并按固定资产核算的不动产或者2016年5月1日后取得的不动产在建工程,其进项税额按增值税制度规定自取得之日起分2年从销项税额中抵扣的,应当按取得成本,借记"固定资产""在建工程"等科目,按当期可抵扣的增值税额,借记"应交税费——应交增值税(进项税额)"科目,按以后期间可抵扣的增值税额,借记"应交税费——待抵扣进项税额"科目,按应付或实际支付的金额,贷记"应付账款""应付票据""银行存款"等科目。尚未抵扣的进项税额待以后期间允许抵扣时,按允许抵扣的金额,借记"应交税费——应交增值税(进项税额)"科目,贷记"应交税费——待抵扣进项税额"科目。自2019年4月1日起,纳税人取得不动产或者不动产在建工程的进项税额不再分2年抵扣。

2. 工程物资

"工程物资"科目用于核算企业为在建工程准备的各种物资的价值,包括工程用材料、尚未安装的设备以及为生产准备的工器具等,该科目借方登记购入为工程准备的物资价值等,贷方登记工程领用的物资价值,期末借方余额反映企业为在建工程准备的各种物资的价值。该科目应当按照"专用材料""专用设备""工器具"等进行明细核算。工程物资发生减值准备的,应在"工程物资"科目下设置"减值准备"明细科目进行核算,也可以单独设置"工程物资减值准备"科目进行核算。

应当注意,自行建造的固定资产,如果已达到预定可使用状态但尚未办理竣工决算手续的,可先按估计价值入账,待确定实际成本后再进行调整。

【例9-3】 智董公司甲项目建设工程相关资料如表9-1所示。

表9-1 建造期间发生的有关经济业务

日期	经济业务
2×21年5月1日	智董公司启动甲项目建设工程。该工程包括A、B、C(安装生产设备)3个单项工程
2×21年6月1日	智董公司将该项目出包给贵琛公司承建。双方签订合同,A工程的价款为36 000 000元,B工程的价款为24 000 000元,C工程需支付安装费用3 000 000元,上述价款中均不含增值税
2×21年6月8日	智董公司按合同约定向贵琛公司预付10%备料款6 000 000元(其中,A工程3 600 000元,B工程2 400 000元)
2×21年11月7日	A工程和B工程的工程进度达到50%,智董公司与贵琛公司办理工程价款结算30 000 000元(其中,A工程18 000 000元,B工程12 000 000元)。贵琛公司开具的增值税专用发票上注明的价款为30 000 000元,增值税税额为2 700 000元。智董公司抵扣了预付备料款后,将余款通过银行转账付讫
2×21年12月15日	智董公司购入需安装的设备,取得的增值税专用发票上注明的价款为27 000 000元,增值税税额为3 510 000元,已通过银行转账支付
2×22年3月8日	建筑工程主体已完工,智董公司与贵琛公司办理工程价款结算30 000 000元(其中,A工程18 000 000元,B工程12 000 000元)。贵琛公司开具的增值税专用发票上注明的价款为30 000 000元,增值税税额为2 700 000元。智董公司通过银行转账支付了上述款项
2×22年4月1日	智董公司将生产设备运抵现场,交贵琛公司安装
2×22年5月18日	生产设备安装到位,智董公司与贵琛公司办理设备安装价款结算。贵琛公司开具的增值税专用发票上注明的价款为3 000 000元,增值税税额为270 000元。智董公司通过银行转账支付上述款项
2×22年6月1日	完成验收,各项指标达到设计要求

整个工程项目发生管理费、可行性研究费、监理费共计1 800 000元,未取得增值税专用发票,款项已通过银行转账支付。

假定不考虑其他相关税费和其他因素。

【分析】 智董公司的账务处理：

1. 2×21年6月8日，预付备料款。

借：预付账款——贵琛公司　　　6 000 000
　　贷：银行存款　　　　　　　　　6 000 000

2. 2×21年11月7日，办理工程价款结算。

借：在建工程——贵琛公司——建筑工程
　　　　——A工程　　　　　18 000 000
　　　　——B工程　　　　　12 000 000
　　应交税费——应交增值税（进项税额）
　　　　　　　　　　　　　　 2 700 000
　　贷：银行存款　　　　　　　26 700 000
　　　　预付账款——贵琛公司　 6 000 000

3. 2×21年12月15日，购入设备。

借：工程物资——××设备　　　27 000 000
　　应交税费——应交增值税（进项税额）
　　　　　　　　　　　　　　 3 510 000
　　贷：银行存款　　　　　　　30 510 000

4. 2×22年3月8日，办理建筑工程价款结算。

借：在建工程——贵琛公司——建筑工程
　　　　——A工程　　　　　18 000 000
　　　　——B工程　　　　　12 000 000
　　应交税费——应交增值税（进项税额）
　　　　　　　　　　　　　　 2 700 000
　　贷：银行存款　　　　　　　32 700 000

5. 2×22年4月1日，将设备交贵琛公司安装。

借：在建工程——贵琛公司——安装工程——××设备
　　　　　　　　　　　　　　27 000 000
　　贷：工程物资——××设备　 27 000 000

6. 2×22年5月18日，办理安装工程价款结算。

借：在建工程——贵琛公司——安装工程——××设备
　　　　　　　　　　　　　　 3 000 000
　　应交税费——应交增值税（进项税额）
　　　　　　　　　　　　　　　 270 000
　　贷：银行存款　　　　　　　 3 270 000

7. 支付工程发生的管理费、可行性研究费、监理费。

借：在建工程——贵琛公司——待摊支出
　　　　　　　　　　　　　　 1 800 000
　　贷：银行存款　　　　　　　 1 800 000

8. 结转固定资产。

(1) 计算分摊待摊支出。

待摊支出分摊率＝1 800 000÷(36 000 000＋24 000 000＋27 000 000＋3 000 000)×100%＝2%。

A工程应分摊的待摊支出＝36 000 000×2%＝720 000（元）。

B工程应分摊的待摊支出＝24 000 000×2%＝480 000（元）。

C工程应分摊的待摊支出＝(27 000 000＋3 000 000)×2%＝600 000（元）。

借：在建工程——贵琛公司——建筑工程
　　　　——A工程　　　　　　　720 000
　　　　——B工程　　　　　　　480 000
　　　　——C工程——××设备
　　　　　　　　　　　　　　　600 000
　　贷：在建工程——贵琛公司——待摊支出
　　　　　　　　　　　　　　 1 800 000

(2) 计算完工固定资产的成本。

A工程的成本＝36 000 000＋720 000＝36 720 000（元）。

B工程的成本＝24 000 000＋480 000＝24 480 000（元）。

C工程的成本＝(27 000 000＋3 000 000)＋600 000＝30 600 000（元）。

借：固定资产——A工程　　　　36 720 000
　　　　——B工程　　　　　　24 480 000
　　　　——××设备　　　　　30 600 000
　　贷：在建工程——贵琛公司——建筑工程
　　　　——A工程　　　　　　36 720 000
　　　　——B工程　　　　　　24 480 000
　　　　——C工程——××设备
　　　　　　　　　　　　　　30 600 000

四、投资者投入固定资产的成本

投资者投入固定资产的成本，应当按照投资合同或协议约定的价值确定，但合同或协议约定价值不公允的除外。

注 企业接受投资者投入的固定资产,按投资合同或协议约定的价值,借记"固定资产"科目,贷记"实收资本"(或"股本")等科目。

【例9-4】 2×22年4月8日,智董人类基因公司设立,收到贵琛公司作为资本投入的一台基因测序仪(不需要安装)。

经约定,该基因测序仪的价值为10 000 000元(与公允价值相符,不考虑其他因素);增值税进项税额为1 300 000元,由投资方支付税款,并提供或开具增值税专用发票;投入资本(11 300 000元)全部作为实收资本。

【分析】 该项固定资产合同约定的价值与公允价值相符,智董公司接受贵琛公司投入的固定资产按合同约定金额与增值税进项税额之和作为实收资本,因此,应按11 300 000元的金额贷记"实收资本"科目。

智董公司编制会计分录:

借:固定资产　　　　　　　　10 000 000
　　应交税费——应交增值税(进项税额)
　　　　　　　　　　　　　　 1 300 000
　　贷:实收资本——贵琛公司　11 300 000

五、非货币性资产交换换入的固定资产

应根据《企业会计准则第7号——非货币性资产交换》的要求加以确定。

六、债务重组取得的固定资产

应根据《企业会计准则第12号——债务重组》的要求,对取得的固定资产按其公允价值入账。

七、企业合并取得的固定资产

企业合并,是指将两个或者两个以上单独的企业合并形成一个报告主体的交易或事项。企业合并分为同一控制下的企业合并和非同一控制下的企业合并。

企业合并取得的固定资产的成本,应根据《企业会计准则第20号——企业合并》的要求加以确定。

(一) 同一控制下的企业合并取得的固定资产

参与合并的企业在合并前后均受同一方或相同的多方最终控制且该控制并非暂时性的,为同一控制下的企业合并。同一控制下的企业合并,在合并日取得对其他参与合并企业控制权的一方为合并方,参与合并的其他企业为被合并方。

合并方企业在企业合并中取得的固定资产,应当按照合并日在被合并方企业的账面价值计量。合并方企业取得的净资产账面价值与支付的合并对价账面价值(或发行股份面值总额)的差额,应当调整资本公积;资本公积不足冲减的,调整留存收益。

(二) 非同一控制下的企业合并取得的固定资产

参与合并的各方在合并前后不受同一方或相同的多方最终控制的,为非同一控制下的企业合并。非同一控制下的企业合并,在购买日取得对其他参与合并企业控制权的一方为购买方,参与合并的其他企业为被购买方。

购买方企业在合并中取得的被购买方固定资产,如果该固定资产所带来的经济利益很可能流入企业且公允价值能够可靠地计量的,应当单独予以确认并按照公允价值计量。

八、融资租入的固定资产

融资租赁取得的固定资产的成本,应根据《企业会计准则第21号——租赁》的要求加以确定。

此外,企业在财产清查中若发现盘盈固定资产,应作为前期会计差错进行更正,通过"以前年度损益调整"科目核算。

第四节 后续计量

一、固定资产折旧

(一) 固定资产折旧概述

固定资产折旧是指在固定资产使用寿命内,按照确定的方法对应计折旧额进行系统分摊。

应计折旧额,是指应当计提折旧的固定资产的原价扣除其预计净残值后的金额。已计提减值准备的固定资产,还应当扣除已计提的固定资产减值准备累计金额。

1. 固定资产折旧的性质

从本质上讲,折旧是一种费用,是固定资产在使用过程中由于逐渐损耗而减少的那部分价值。固定资产损耗分为有形损耗和无形损耗两种。有形损耗是指固定资产由于使用和自然力的影响而引起的使用价值和价值的损失;无形损耗是指固定资产由于科学技术进步而引起的在价值上的损失。根据配比原则,对固定资产损耗的价值,应在固定资产的预计有效使用期内,以计提折旧的方式计入各期成本费用,从各期营业收入中逐步得到补偿。

2. 影响固定资产折旧的因素

影响固定资产折旧的基本因素或者说企业计算提取各期固定资产折旧的主要依据有:

(1) 固定资产的原值。

固定资产的原值是指企业计提固定资产折旧时的基数,即固定资产取得时的入账价值或原价。

(2) 固定资产的预计净残值。

预计净残值是指假定固定资产预计使用寿命已满并处于使用寿命终了时的预期状态,企业目前从该项资产处置中获得的扣除预计处置费用后的金额。

因此,在计算应计折旧额时,预计净残值应从固定资产原值中扣除。

(3) 固定资产的使用寿命。

固定资产使用寿命的长短,直接影响到各期应计提的折旧额。

企业确定固定资产使用寿命,应当考虑下列因素:

① 预计生产能力或实物产量。

② 预计有形损耗和无形损耗。

如设备使用中发生磨损、房屋建筑物受到自然侵蚀等有形损耗;因新技术的出现而使现有的资产技术水平相对陈旧、市场需求变化使产品过时等无形损耗。

③ 法律或者类似规定对资产使用的限制。

企业应当根据固定资产的性质和使用情况,合理确定固定资产的使用寿命和预计净残值。固定资产的使用寿命、预计净残值一经确定,不得随意变更。除非当企业按规定定期对固定资产的使用寿命进行复核时,发现固定资产的使用寿命的预期数与原先的估计数有重大差异,则应当调整固定资产折旧年限。

3. 固定资产计提折旧的范围

除下述特殊情况外,企业应对所有固定资产计提折旧:

(1) 已提足折旧仍继续使用的固定资产,不计提折旧。

所谓提足折旧,是指已经提足该项固定资产的应计折旧额。

固定资产提足折旧后,不管能否继续使用,均不再计提折旧。

(2) 处于修理、更新改造过程而停止使用的固定资产,符合固定资产确认条件的,应当转入在建工程,停止计提折旧;不符合固定资产确认条件的,不应转入在建工程,照提折旧。

(3) 提前报废的固定资产,也不再补提折旧。

(4) 对已达到预定可使用状态的固定资产,无论是否交付使用,尚未办理竣工决算的,应当按照估计价值确认为固定资产,并计提折旧;待办理了竣工决算手续后,再按实际成本调整原来的暂估价值,但不需要调整原已计提的折旧额。

(5) 对符合固定资产确认条件的固定资产装修费用,应当在两次装修期间与固定资产剩余使用寿命两者中较短的期间内计提折旧。

(6) 对融资租赁方式租入的固定资产发生的装修费用,符合固定资产确认条件的,应当在两次装修期间、剩余租赁期与固定资产剩余使用寿命三者中较短的期间内计提折旧。

(7) 按规定单独估价作为固定资产入账的土地,不计提折旧。

注 企业对固定资产进行更新改造时,应将更新改造的固定资产的账面价值转入在建工程,并在此基础上确定更新改造后固定资产原价。处于更新改造过程而停止使用的固定资产,因已转入在建工程,因此不计提折旧,待更新改造项目达到可使用状态转为固定资产后,再按重新确定的折旧方法和该项固定资产尚可使用年限计提折旧。

企业因进行大修理而停用的固定资产,应当照提折旧,计提的折旧应计入相关成本费用。

(二) 固定资产折旧的方法

企业应当根据与固定资产有关的经济利益的预期实现方式,合理选择固定资产折旧方法。

固定资产的折旧方法一经确定,不得随意变更(除非与固定资产有关的经济利益预期实现方式有重大改变)。

企业可选用的折旧方法包括年限平均法、工作量法、加速折旧法等。

1. 年限平均法

年限平均法,亦称直线法,是将固定资产的折旧均衡地分摊到各期的一种方法。采用这种方法计算的每期折旧额均是相等的。

这种折旧方法假定固定资产依使用年限均匀损耗,按使用年限平均计提折旧,因此,在使用期内的各会计期间(年份或月份)计提的折旧额相等,折旧的积累额呈直线上升的趋势。

(1) 优缺点。

采用年限平均法计算固定资产折旧虽然比较简便,但它也存在一些明显的局限性。

① 固定资产在不同使用年限提供的经济效益是不同的。一般来讲,固定资产在其使用前期工作效率相对较高,所带来的经济利益也就多;而在其使用后期,工作效率一般呈下降趋势,因而,所带来的经济利益也就逐渐减少。年限平均法不考虑这一事实,明显是不合理的。

② 固定资产在不同的使用年限发生的维修费用也不一样。固定资产的维修费用将随着其使用时间的延长而不断增大,而年限平均法也没有考虑这一因素。

当固定资产各期的负荷程度相同时,各期应分摊相同的折旧费,这时采用年限平均法计算折旧是合理的。但是,若固定资产各期负荷程度不同,采用年限平均法计算折旧时,则不能反映固定资产的实际使用情况,提取的折旧数与固定资产的损耗程度也不相符。

(2) 适用范围。

这种方法适用于在各个会计期间使用程度比较均衡的固定资产。

(3) 计算公式。

其计算公式为:

$$\text{固定资产年折旧额} = \left[\text{固定资产原值} - \left(\text{预计残值收入} - \text{预计清理费用}\right)\right] \div \text{固定资产预计使用年限}$$

$$= \left(\text{固定资产原值} - \text{预计净残值}\right) \div \text{固定资产预计使用年限}$$

$$\text{固定资产月折旧额} = \text{固定资产年折旧额} \div 12$$

(4) 折旧率。

在会计实务中,通常以折旧率这个相对数来反映固定资产在单位时间的折旧程度,每月应计提的折旧额,一般是根据固定资产的原值乘以月折旧率计算的。

折旧率即一定期间内固定资产折旧额对固定资产原价的比率。

其计算公式为:

$$\text{年折旧率} = \left(\text{固定资产年折旧额} \div \text{固定资产原值}\right) \times 100\%$$

或:

$$\text{年折旧率} = \left[\left(1 - \text{预计净残值率}\right) \div \text{预计使用年限}\right] \times 100\%$$

$$\text{月折旧率} = \text{年折旧率} \div 12$$

月折旧额 = 固定资产原价 × 月折旧率

类别：

① 个别折旧率（单项折旧率）。

按某项固定资产计算的折旧率，称为个别折旧率或单项折旧率，它是某项固定资产在一定期间的折旧额与该项固定资产原值的比率。

② 分类折旧率。

分类折旧率是指固定资产分类折旧额与该类固定资产原值的比率，采用这种方法，应先把性质、结构和使用年限接近的固定资产归为一类，再按类计算平均折旧率。

③ 综合折旧率。

综合折旧率是指某一期间企业的全部固定资产折旧额与全部固定资产原值的比率。

以上三种折旧率各有其优缺点，现行会计实务中一般采用分类折旧率。

分类折旧率和综合折旧率计算公式为：

$$年分类折旧率 = \left(\frac{某类固定资产折旧额}{某类固定资产原值}\right) \times 100\%$$

$$月分类折旧率 = 年分类折旧率 \div 12$$

$$年综合折旧率 = \left(\frac{企业全部固定资产折旧额}{企业全部固定资产原值}\right) \times 100\%$$

$$月综合折旧率 = 年综合折旧率 \div 12$$

【例 9-5】 智董公司有一厂房，原价为 500 000 元，预计可使用 20 年，按照有关规定，该厂房报废时的净残值率为 2%。

【分析】 该厂房的折旧率和折旧额的计算如下：

$$年折旧率 = \frac{1 - 2\%}{20} \times 100\% = 4.9\%$$

$$月折旧率 = 4.9\% \div 12 = 0.41\%$$

$$月折旧额 = 500\,000 \times 0.41\% = 2\,050(元)$$

2. 工作量法

工作量法亦称作业量法，是根据固定资产在使用期间完成的总的工作量平均计算折旧的一种方法。

作量法和平均年限法都是平均计算折旧的方法，都属直线法。但是，工作量法是假定同定资产在使用期内依工作量均匀损耗，按工作量平均计算折旧，在一定期间内固定资产的工作量越多，其计提的折旧也就越多。因此，固定资产在各会计期间的工作量不同，其计提的折旧额也就不会相等。

（1）优缺点。

这种方法弥补年限平均法只重视使用时间，不考虑使用强度的缺点。

（2）适用范围。

这与平均年限法又有所不同，这种方法适用于损耗程度与完成工作量成正比关系的固定资产，或者在使用期内不能均衡使用的固定资产。

（3）计算公式。

其计算公式为：

$$单位工作量折旧额 = (固定资产原值 - 预计净残值) \div 预计总工作量$$

$$= [固定资产原值 \times (1 - 预计净残值率)] \div 预计总工作量$$

$$月折旧额 = 单位工作量折旧额 \times 当月实际完成工作量$$

（4）应用方式。

在会计实务中，工作量法广泛应用于以下三种方式：

① 按工作小时计算折旧。

$$单位工作小时折旧额 = (固定资产原值 - 预计净残值) \div 预计总工作小时$$

$$= [固定资产原值 \times (1 - 预计净残值率)] \div 预计总工作小时$$

② 按行驶里程计算折旧。

$$单位里程折旧额 = (固定资产原值 - 预计净残值) \div 预计总行驶里程$$

$$= [固定资产原值 \times (1 - 预计净残值率)] \div 预计总行驶里程$$

③ 按台班计算折旧。

$$单位台班折旧额 = (固定资产原值 - 预计净残值) \div 预计总工作台班数$$

$$= [固定资产原值 \times (1 - 预计净残值率)] \div 预计总工作台班数$$

【例 9-6】 智董公司的一辆运货卡车的原价

为60 000元,预计总行驶里程为50万公里,其报废时的净残值率为5%。本月行驶4 000公里。

【分析】 该辆汽车的月折旧额计算如下:

单位里程折旧额 = 60 000 × (1 − 5%) ÷ 500 000 = 0.114(元/公里)。

本月折旧额 = 4 000 × 0.114 = 456(元)。

3. 加速折旧法

加速折旧法,亦称快速折旧法或递减折旧法。

(1) 特点。

采用加速折旧法后,在固定资产使用的早期多提折旧,后期少提折旧,其递减的速度逐年加快。

加快折旧速度,目的是使固定资产成本在估计耐用年限内加快得到补偿。

(2) 方法。

加速折旧的计提方法有多种,常用的有以下两种:

① 双倍余额递减法。

双倍余额递减法是在不考虑固定资产残值的情况下,根据每期期初固定资产账面余额和双倍的直线法折旧率计算固定资产折旧的一种方法。

计算公式为:

在计算折旧率时通常不考虑固定资产残值。在不考虑预计残值时,其计算公式为:

直线折旧率 = (1 ÷ 预计使用年限) × 100%

年折旧率(双倍直线折旧率) = (2 ÷ 预计使用年限) × 100%

年折旧额 = 期初固定资产账面净值 × 双倍直线折旧率

月折旧率 = 双倍直线折旧率 ÷ 12

月折旧额 = 固定资产期初账面净值 × 月折旧率

或:

月折旧额 = 年折旧额 ÷ 12

或者:

年折旧率 = 2 ÷ 预计的折旧年限 × 100%

月折旧率 = 年折旧率 ÷ 12

月折旧额 = 固定资产账面净值 × 月折旧率

注意事项:由于双倍余额递减法不考虑固定资产的预计净残值,因此,在应用这种方法时必须注意不能使固定资产的账面折余价值降低到它的预计净残值以下,即实行双倍余额递减法计提折旧的固定资产,应当在其固定资产折旧年限到期以前两年内,将固定资产净值扣除预计净残值后的余额平均摊销。

【例9-7】 智董公司一项固定资产的原价为10 000元,预计使用年限为5年,预计净残值200元。按双倍余额递减法计算折旧。

【分析】 每年的折旧额计算如下:

双倍直线折旧率 = (2 ÷ 5) × 100% = 40%。

第一年应提的折旧额 = 10 000 × 40% = 4 000(元)。

第二年应提的折旧额 = (10 000 − 4 000) × 40% = 2 400(元)。

第三年应提的折旧额 = (6 000 − 2 400) × 40% = 1 440(元)。

从第四年起改按平均年限法(直线法)计提折旧。

第四、五年的年折旧额 = (2 160 − 200) ÷ 2 = 980(元)。

注意事项

由于采用双倍余额递减法在确定折旧率时不考虑固定资产净残值因素,因此,在采用这种方法时,应注意以下两点:

(1) 由于每年的折旧额是递减的,因而可能出现某年按双倍余额递减法所提折旧额小于按直线法计提的折旧额。

当这一情况在某一折旧年度出现时,应换为按直线法计提折旧。通常在下列条件成立时,换为直线法计提折旧:

该年按双倍余额递减法计算的折旧额 < (当期固定资产期初账面净值 − 预计净残值) ÷ 剩余使用年限

(2) 各年计提折旧后,固定资产账面净值不能小于预计净残值。

避免这一现象的方法是:在可能出现此现象的那一年转换为直线法,即:将当年年初的固定资产账面净值减去预计净残值,其差额在剩余的使用年限中平均摊销。但在实际工作中,企业一般采用简化的办法,在固定资产预计耐用年限到期前两年转换成直线法。

② 年数总和法。

年数总和法，亦称合计年限法，是将固定资产的原值减去净残值后的净额乘以一个逐年递减的分数计算每年的折旧额，这个分数的分子代表固定资产尚可使用的年数，分母代表使用年数的逐年数字总和。

这种方法的特点是：计算折旧的基数是固定不变的，折旧率依固定资产尚可使用年限来确定，各年折旧率呈递减趋势，依此计算的折旧额也呈递减趋势。

年数总和法的各年折旧率，是以固定资产尚可使用年限作分子，以固定资产使用年限的逐年数字之和作分母。假定固定资产使用年限为 n 年，分母即为 $1+2+3+\cdots+n=n(n+1)/2$。

计算公式为：

$$年折旧率 = \frac{尚可使用年限}{预计使用年限的逐年数字总和}$$

$$= \left(\frac{预计使用年限 - 已使用年限}{}\right) \div \left[预计使用年限 \times \left(1+预计使用年限\right) \div 2\right]$$

$$月折旧率 = 年折旧率 \div 12$$

$$年折旧额 = (固定资产原值 - 预计净残值) \times 年折旧率$$

$$月折旧额 = (固定资产原值 - 预计净残值) \times 月折旧率$$

【例 9-8】 某项固定资产的原值为 50 000 元，预计使用年限为 5 年，预计净残值为 2 000 元。采用年数总和法计算的各年折旧额如表 9-2 所示。

表 9-2 采用年数总和法计算的各年折旧额

单位：元

年份	尚可使用年限（年）	原值－净残值	变动折旧率	每年折旧额	累计折旧
1	5	48 000	5/15	16 000	16 000
2	4	48 000	4/15	12 800	28 800
3	3	48 000	3/15	9 600	38 400
4	2	48 000	2/15	6 400	44 800
5	1	48 000	1/15	3 200	48 000

（三）固定资产折旧的账务处理

固定资产折旧通过"累计折旧"科目核算，该科目属资产类科目，是"固定资产"科目的备抵科目。贷方登记计提的固定资产折旧额和增加固定资产时而相应增加的折旧额；借方登记因出售、报废清理、盘亏等原因减少固定资产时转销的所提折旧额；余额在贷方，表示企业现有固定资产的累计折旧额。

固定资产应当按月计提折旧。通常对当月增加的固定资产，当月不提折旧，从下月起计提折旧；对当月减少的固定资产，当月照提折旧，从下月起不提折旧。固定资产提足折旧后，不论是否继续使用，均不再提取折旧；提前报废的固定资产，也不再补提折旧。所谓提足折旧，是指已经提足该项固定资产应提的折旧总额。应提的折旧总额为固定资产原价减去预计残值加上预计清理费用或销售费用。

已达到预定可使用状态，但尚未办理竣工决算的固定资产，应当按照估计价值确认为固定资产，并计提折旧；待办理了竣工决算手续后，再按实际成本调整原来的暂估价值，但不需要调整原已计提的折旧额。

每月计提的固定资产折旧费，应根据用途计入相关资产的成本或者当期损益，借记"制造费用""销售费用""管理费用""其他业务成本""研发支出"等科目，贷记"累计折旧"科目。在会计实务中，每月固定资产折旧的计算是通过编制固定资产折旧计算表进行的。固定资产折旧计算表是在上月计提折旧的基础上，对上月固定资产的增减情况进行调整后计算当月应提的折旧。本月应计提折旧额计算公式为：

$$本月应计提折旧额 = 上月应计提折旧额 + 上月增加的固定资产应计提折旧额 - 上月减少的固定资产应计提折旧额$$

固定资产折旧计算表可以由会计部门编制，也可以由各使用部门编制，最后由会计部门按固定资产使用部门进行汇总编制固定资产折旧汇总表，据以编制记账凭证。

二、固定资产的后续支出

企业的固定资产在使用期间还会发生包括

固定资产在使用过程中发生的日常修理费、大修理费用、更新改造支出、房屋的装修费用等,这些支出统称为固定资产的后续支出。

对于发生的固定资产后续支出,在会计处理上应区分为资本化的后续支出和费用化的后续支出两种情况,分别进行处理,其会计处理原则如下:

(1) 固定资产发生的后续支出,符合固定资产确认条件的,应当计入固定资产成本,同时将被替换部分的账面价值扣除;不符合固定资产确认条件的,应当在发生时计入当期管理费用或销售费用。

(2) 固定资产日常修理费用,通常不符合固定资产确认条件,应当在发生时计入当期管理费用或销售费用。

注 (1) 固定资产发生的更新改造支出、房屋装修费用等,符合本准则第四条规定的确认条件的,应当计入固定资产成本,同时将被替换部分的账面价值扣除;不符合本准则第四条规定的确认条件的,应当在发生时计入当期管理费用。

(2) 固定资产的大修理费用和日常修理费用,通常不符合本准则第四条规定的确认条件,应当在发生时计入当期管理费用,不得采用预提或待摊方式处理。

(3) 企业以经营租赁方式租入的固定资产发生的改良支出,应予资本化,作为长期待摊费用,合理进行摊销。

不符合固定资产资本化后续支出条件的固定资产日常修理费用应如何进行会计处理?

企业应当根据《企业会计准则第1号——存货》(财会〔2006〕3号)、《企业会计准则第4号——固定资产》(财会〔2006〕3号)等有关规定进行会计处理。因此,不符合固定资产资本化后续支出条件的固定资产日常修理费用,在发生时应当按照受益对象计入当期损益或计入相关资产的成本。与存货的生产和加工相关的固定资产日常修理费用按照存货成本确定原则进行处理,行政管理部门、企业专设的销售机构等发生的固定资产日常修理费用按照功能分类计入管理费用或销售费用。

(一) 资本化的固定资产后续支出

固定资产发生可资本化的后续支出时,企业一般应将该固定资产的原价、已计提的累计折旧和减值准备转销,将其账面价值转入在建工程,并停止计提折旧。发生的可资本化的后续支出,通过"在建工程"科目核算。在固定资产发生的后续支出完工并达到预定可使用状态时,再从在建工程转为固定资产,并按重新确定的使用寿命、预计净残值和折旧方法计提折旧。

【例9-9】 2×19年12月,智董公司(从事病毒防控口服液生产的企业)自行建成了一条病毒防控口服液生产线并投入使用。建造成本为3 000 000元;采用年限平均法计提折旧;预计使用年限为6年,预计净残值率为固定资产原价的3%。

2×21年12月31日,由于现有这条病毒防控口服液生产线的生产能力已难以满足公司生产发展的需要,但如果新建生产线其成本过高、周期过长,于是该公司决定对现有生产线进行改扩建,以提高其生产能力(假定该生产线未发生过减值)。至2×22年4月30日,完成了对这条生产线的改扩建工程,达到预定可使用状态。改扩建过程中发生以下支出:用银行存款购买工程物资一批,增值税专用发票上注明的价款为1 050 000元,增值税税额为136 500元,已全部用于改扩建工程;发生有关人员薪酬420 000元。

该生产线改扩建工程达到预定可使用状态后,折旧方法仍为年限平均法;生产能力大大提高,预计尚可使用年限为7年;预计净残值率为改扩建后其账面价值的4%。

为简化计算过程,假定智董公司按年度计提固定资产折旧,整个过程不考虑其他相关税费。

【分析】 该病毒防控口服液生产线改扩建后生产能力大大提高,能够为企业带来更多的经济利益,改扩建的支出金额也能可靠计量,因此该后续支出符合固定资产的确认条件,应计入固定资产的成本。

智董公司的账务处理:

1. 2×20年1月1日至2×21年12月31日两年间,各年计提固定资产折旧:

借:制造费用　　　　　　　　　485 000
　贷:累计折旧　　　　　　　　　485 000

注 固定资产后续支出发生前,该条病毒防控口服液生产线的应计折旧额=3 000 000×(1-3%)=2 910 000(元)。

年折旧额=2 910 000÷6=485 000(元)。

2. 2×21年12月31日,将该生产线的账面价值2 030 000元[3 000 000-(485 000×2)]转入在建工程:

借:在建工程——病毒防控口服液生产线
　　　　　　　　　　　　　2 030 000
　　累计折旧　　　　　　　　970 000
　贷:固定资产——病毒防控口服液生产线
　　　　　　　　　　　　　3 000 000

3. 发生改扩建工程支出:

借:工程物资　　　　　　　1 050 000
　　应交税费——应交增值税(进项税额)
　　　　　　　　　　　　　　136 500
　贷:银行存款　　　　　　1 186 500

借:在建工程——病毒防控口服液生产线
　　　　　　　　　　　　　1 470 000
　贷:工程物资　　　　　　1 050 000
　　　应付职工薪酬　　　　　420 000

4. 2×22年4月30日,生产线改扩建工程达到预定可使用状态,转为固定资产:

借:固定资产——病毒防控口服液生产线
　　　　　　　　　　　　　3 500 000
　贷:在建工程——病毒防控口服液生产线
　　　　　　　　　　　　　3 500 000

5. 2×22年应计提的折旧额为320 000元(40 000×8),会计分录:

借:制造费用　　　　　　　　320 000
　贷:累计折旧　　　　　　　320 000

注 2×22年4月30日,转为固定资产后,按重新确定的使用寿命、预计净残值和折旧方法计提折旧:

应计折旧额=3 500 000×(1-4%)=3 360 000(元)。
月折旧额=3 360 000÷(7×12)=40 000(元)。

2×23年至2×28年每年应计提的折旧额为480 000元(40 000×12),会计分录:

借:制造费用　　　　　　　　480 000
　贷:累计折旧　　　　　　　480 000

2×29年应计提的折旧额为160 000元(40 000×4),会计分录:

借:制造费用　　　　　　　　160 000
　贷:累计折旧　　　　　　　160 000

企业发生的一些固定资产后续支出可能涉及替换原固定资产的某组成部分。如对某项机器设备进行检修时,发现其中的电机(未单独确认为一项固定资产)出现难以修复的故障,将其拆除后重新安装了一个新电机。在这种情况下,当发生的后续支出符合固定资产确认条件时,应将其计入固定资产成本,同时将被替换部分的账面价值扣除,以避免将替换部分的成本和被替换部分的成本同时计入固定资产成本,导致固定资产成本重复计算。

【例9-10】 2×22年6月30日,智董公司一台生产用电梯出现故障,经检修发现其中的Y机器磨损严重,需要更换。假定原Y机器磨损严重,没有任何价值。该电梯购买于2×18年6月30日,智董公司已将其整体作为一项固定资产进行了确认,原价2 000 000元(其中的Y机器在2×18年6月30日的市场价格为425 000元),预计净残值为0,预计使用年限为10年,采用年限平均法计提折旧。

为继续使用该电梯并提高工作效率,智董公司决定对其进行改造,为此购买了一台更大功率的Y机器替代原Y机器。新购置Y机器的价款为410 000元,增值税税额为53 300元,款项已通过银行转账支付;改造过程中,辅助生产车间发生了劳务支出75 000元。

不考虑其他相关税费。

【分析】 该更新改造支出符合固定资产的确认条件,应予资本化;同时应终止确认原Y机器价值。

智董公司的账务处理为:

1. 固定资产转入在建工程。

借:营业外支出——处置非流动资产损失
　　　　　　　　　　　　　　255 000
　　在建工程——电梯　　　　945 000
　　累计折旧——电梯(2 000 000÷10×4)
　　　　　　　　　　　　　　800 000
　贷:固定资产——电梯　　2 000 000

注 2×22年6月30日,原Y机器的价值为:425 000－(425 000÷10)×4＝255 000(元)。

2. 更新改造支出。

借:工程物资——新Y机器　　　　410 000
　　应交税费——应交增值税(进项税额)
　　　　　　　　　　　　　　　　53 300
　　贷:银行存款　　　　　　　　463 300
借:在建工程——电梯　　　　　　485 000
　　贷:工程物资——新Y机器　　　410 000
　　　　生产成本——辅助生产成本　75 000

3. 在建工程转回固定资产。

借:固定资产——电梯　　　　　1 430 000
　　贷:在建工程——电梯　　　　1 430 000

企业对固定资产进行定期检查发生的大修理费用,有确凿证据表明符合固定资产确认条件的部分,应予资本化计入固定资产成本,不符合固定资产确认条件的,应当费用化,计入当期损益。

(二) 费用化的固定资产后续支出

一般情况下,固定资产投入使用之后,由于固定资产磨损、各组成部分耐用程度不同,可能导致固定资产的局部损坏,为了维护固定资产的正常运转和使用,充分发挥其使用效能,企业会对固定资产进行必要的维护。

固定资产的日常维护支出通常不满足固定资产的确认条件,应在发生时直接计入当期损益。企业行政管理部门等发生的固定资产修理费用等后续支出计入管理费用;企业专设销售机构的,其发生的与专设销售机构相关的固定资产修理费用等后续支出,计入销售费用。固定资产更新改造支出不满足固定资产确认条件的,也应在发生时直接计入当期损益。

【例9-11】 智董公司(增值税一般纳税人)2×22年4月1日自行对管理部门使用的设备进行日常修理,发生修理费并取得增值税专用发票,注明修理费30 000元,税率13%,增值税税额3 900元。

【分析】 智董公司对管理部门使用的设备进行日常修理发生的修理费不符合固定资产后续资本化的条件,应将其在发生时计入当期损益,记入"管理费用"科目。

智董公司编制会计分录:

借:管理费用　　　　　　　　　　30 000
　　应交税费——应交增值税(进项税额)
　　　　　　　　　　　　　　　　3 900
　　贷:银行存款　　　　　　　　33 900

三、固定资产的使用寿命、预计净残值和折旧方法的复核

企业至少应当于每年年度终了,对固定资产的使用寿命、预计净残值和折旧方法进行复核。

使用寿命预计数与原先估计数有差异的,应当调整固定资产使用寿命。

预计净残值预计数与原先估计数有差异的,应当调整预计净残值。

与固定资产有关的经济利益预期实现方式有重大改变的,应当改变固定资产折旧方法。

固定资产使用寿命、预计净残值和折旧方法的改变应当作为会计估计变更。

四、固定资产的减值

固定资产的减值,应当按照《企业会计准则第8号——资产减值》处理。

第五节　终止计量

企业出售、转让、报废固定资产或发生固定资产毁损,应当将处置收入扣除账面价值和相关税费后的金额计入当期损益。固定资产的账面价值是固定资产成本扣减累计折旧和累计减值准备后的金额。

一、固定资产的处置包括的情形

固定资产的处置包括固定资产的出售、报废和毁损、对外投资、非货币性资产交换、债务重组等。

持有待售的固定资产

持有待售的固定资产,是指在当前状况下仅根据出售同类固定资产的惯例就可以直接出售且极可能出售的固定资产,如已经与买主签订了不可撤销的销售协议等。企业对于持有待售的固定资产,应当调整该项固定资产的预计残值,使该项固定资产的预计净残值能够反映其公允价值减去处置费用后的金额,但不得超过符合持有待售条件时该项固定资产的原账面价值,原账面价值高于预计净残值的差额,应作为资产减值损失计入当期损益。

持有待售的固定资产从划归为持有待售之日起停止计提折旧和减值测试。

二、设置"固定资产清理"科目

为了核算企业因出售、报废和毁损、对外投资、非货币性资产交换、债务重组等固定资产处置原因转入清理的固定资产价值以及在清理过程中所发生的清理费用和清理收入等,企业应设置"固定资产清理"科目,该科目借方反映被清理固定资产账面价值、清理过程中发生的费用及其相关税费;贷方反映收回出售固定资产的价款、残料价值和变价收入以及应由保险公司或过失人赔偿的损失等;期末余额反映企业尚未清理完毕固定资产的价值以及清理净损益(清理收入减去清理费用)。该科目应按照被清理的固定资产项目进行明细核算。

三、会计处理步骤

(一)出售、转让、报废和毁损、对外投资、融资租赁、非货币性资产交换、债务重组

企业出售、转让、报废固定资产或发生固定资产毁损,应当将处置收入扣除账面价值和相关税费后的金额计入当期损益。固定资产的账面价值是固定资产成本扣减累计折旧和累计减值准备后的金额。

企业因出售、转让、报废和毁损、对外投资、融资租赁、非货币性资产交换、债务重组等处置固定资产,其会计处理一般经过以下五个步骤。

1. 固定资产转入清理

固定资产转入清理时,按该项固定资产账面价值,借记"固定资产清理"科目,按已计提的累计折旧,借记"累计折旧"科目,原已计提减值准备的,借记"固定资产减值准备"科目,按其账面余额,贷记"固定资产"科目。

2. 发生清理费用

固定资产清理过程中发生的有关费用以及应支付的相关税费,借记"固定资产清理"科目,贷记"银行存款""应交税费"等科目。

3. 出售收入和残料的处理

企业收回出售固定资产的价款、残料价值和变价收入等,应冲减清理支出。按实际收到的出售价款以及残料变价收入等,借记"银行存款""原材料"等科目,贷记"固定资产清理"科目。

4. 保险赔偿的处理

企业计算或收到的应由保险公司或过失人赔偿的损失,应冲减清理支出,借记"其他应收款""银行存款"等科目,贷记"固定资产清理"科目。

5. 清理净损益的处理

固定资产清理完成的净损失,属于生产经营期间正常的处理损失,借记"资产处置损益"科目,贷记"固定资产清理"科目;属于生产经营期间由于自然灾害等非正常原因造成的损失,借记"营业外支出——非常损失"科目,贷记"固定资产清理"科目,固定资产清理完成后的净收益,借记"固定资产清理"科目,贷记"营业外收入"科目。

注 固定资产和无形资产处置时的会计处理,按照《〈企业会计准则第42号——持有待售的非流动资产、处置组和终止经营〉应用指南(2018)》进行了调整。

调整固定资产和无形资产处置形成净损益的会计核算:

<u>区分出售、报废和毁损</u>。固定资产和无形资产出售产生的处置净损益通过"资产处置损益"科目核算;固定资产报废、毁损产生的处置净损益通过"营业外收入"或

"营业外支出"科目核算。

其他内容无实质性变动。

【例9-12】 2×21年12月30日,智董公司(增值税一般纳税人)出售一座水塔(该水塔系2×17年6月1日自建完工达到预定可使用状态,成本为6 000 000元,已计提折旧4 500 000元,未计提减值准备)。收到出售价款3 600 000元,增值税税率为9%,增值税税额为324 000元,款项已存入银行。不考虑其他相关因素。

【分析】 智董公司编制会计分录:

1. 将出售固定资产转入清理时:

借:固定资产清理　　　　　1 500 000
　　累计折旧　　　　　　　4 500 000
　贷:固定资产　　　　　　　　　　6 000 000

2. 收到出售固定资产的价款和税款时:

借:银行存款　　　　　　　3 924 000
　贷:固定资产清理　　　　　　　　3 600 000
　　　应交税费——应交增值税(销项税额)
　　　　　　　　　　　　　　　　　324 000

3. 结转出售固定资产实现的利得时:

借:固定资产清理　　　　　2 100 000
　贷:资产处置损益　　　　　　　　2 100 000

注　固定资产清理完毕时,"固定资产清理"科目为贷方余额2 100 000元(3 600 000-1 500 000),属于处置净收益,应结转至"资产处置损益"科目的贷方,结转后"固定资产清理"科目无余额。

【例9-13】 贵琛公司(增值税一般纳税人)决定提前报废现有的一台性能严重下降的机器(该机器原价为2 500 000元,已计提折旧2 250 000元,未计提减值准备),取得报废残值变价收入100 000元,增值税税额为13 000元,报废清理过程中发生自行清理费用17 500元。有关收入、支出均通过银行办理结算。不考虑其他相关因素。

【分析】 贵琛公司编制会计分录:

1. 将报废固定资产转入清理时:

借:固定资产清理　　　　　　250 000
　　累计折旧　　　　　　　2 250 000
　贷:固定资产　　　　　　　　　　2 500 000

2. 收回残料变价收入时:

借:银行存款　　　　　　　　113 000
　贷:固定资产清理　　　　　　　　100 000
　　　应交税费——应交增值税(销项税额)
　　　　　　　　　　　　　　　　　13 000

3. 支付清理费用时:

借:固定资产清理　　　　　　　17 500
　贷:银行存款　　　　　　　　　　17 500

4. 结转报废固定资产发生的净损失时:

借:营业外支出——非流动资产处置损失
　　　　　　　　　　　　　　　　167 500
　贷:固定资产清理　　　　　　　　167 500

注　固定资产清理结束时,"固定资产清理"科目为借方余额167 500元(250 000-100 000+17 500),由于属于生产经营期间正常的处置净损失,应结转至"营业外支出——非流动资产处置损失"科目的借方,结转后"固定资产清理"科目无余额。

【例9-14】 鑫裕公司(增值税一般纳税人),因遭受地震而毁损一座仓库(该仓库未计提减值准备,原价24 000 000元,已计提折旧6 000 000元)。

收到保险公司理赔款9 000 000元,存入银行。

残料估计价值300 000元,残料已办理入库。

发生清理费用并取得增值税专用发票,注明的装卸费为120 000元,增值税税额为7 200元,全部款项以银行存款支付。

假定不考虑其他相关税费。

【分析】 鑫裕公司编制会计分录:

1. 将毁损的仓库转入清理时:

借:固定资产清理　　　　　18 000 000
　　累计折旧　　　　　　　6 000 000
　贷:固定资产　　　　　　　　　24 000 000

2. 残料入库时:

借:原材料　　　　　　　　　300 000
　贷:固定资产清理　　　　　　　　300 000

3. 支付清理费用时:

借：固定资产清理　　　　　　　120 000
　　应交税费——应交增值税（进项税额）
　　　　　　　　　　　　　　　　7 200
　　贷：银行存款　　　　　　　127 200

4. 确认并收到保险公司理赔款项时：

借：其他应收款　　　　　　　9 000 000
　　贷：固定资产清理　　　　9 000 000

借：银行存款　　　　　　　　9 000 000
　　贷：其他应收款　　　　　9 000 000

5. 结转毁损固定资产损失时：

借：营业外支出——非常损失　8 820 000
　　贷：固定资产清理　　　　8 820 000

注　固定资产清理结束时，"固定资产清理"科目为借方余额 8 820 000 元（18 000 000－300 000＋120 000－9 000 000），由于属于自然灾害等非正常原因造成的清理净损失，应结转至"营业外支出——非常损失"科目的借方，结转后"固定资产清理"科目无余额。

（二）盘盈、盘亏

1. 固定资产盘盈

企业在财产清查中盘盈的固定资产，应当作为重要的前期差错进行会计处理。企业在财产清查中盘盈的固定资产，在按管理权限报经批准处理前，应先通过"以前年度损益调整"科目核算。

盘盈的固定资产，应按重置成本确定其入账价值，借记"固定资产"科目，贷记"以前年度损益调整"科目；由于以前年度损益调整而增加的所得税费用，借记"以前年度损益调整"科目，贷记"应交税费——应交所得税"科目；将以前年度损益调整科目余额转入留存收益时，借记"以前年度损益调整"科目，贷记"盈余公积""利润分配——未分配利润"科目。

【例 9-15】　2×22 年 1 月 18 日，欣奕公司（增值税一般纳税人）进行财产清查，发现在 2×20 年 12 月购入的一台设备尚未入账（重置成本为 150 000 元）。

假定该公司按净利润的 10% 提取法定盈余公积，不考虑相关税费及其他因素的影响。

【分析】　欣奕公司盘盈固定资产应作为重要的前期差错进行会计处理，通过"以前年度损益调整"科目进行核算。

该公司编制会计分录：

（1）盘盈固定资产时：

借：固定资产　　　　　　　　　150 000
　　贷：以前年度损益调整　　　150 000

（2）结转为留存收益时：

借：以前年度损益调整　　　　　150000
　　贷：盈余公积——法定盈余公积　15 000
　　　　利润分配——未分配利润　135 000

2. 固定资产盘亏

企业在财产清查中盘亏的固定资产，按照盘亏固定资产的账面价值，借记"待处理财产损溢"科目，按照已计提的累计折旧，借记"累计折旧"科目，按照已计提的减值准备，借记"固定资产减值准备"科目，按照固定资产的原价，贷记"固定资产"科目。

企业按照管理权限报经批准后处理时，按照可收回的保险赔偿或过失人赔偿，借记"其他应收款"科目，按照应计入营业外支出的金额，借记"营业外支出——盘亏损失"科目，贷记"待处理财产损溢"科目。

【例 9-16】　2×22 年 4 月 28 日，贵琛公司（增值税一般纳税人）进行财产清查，发现短缺一台测温仪（原价为 50 000 元，购入时增值税税额为 6 500 元，已计提折旧 35 000 元）。

【分析】　贵琛公司编制会计分录：

（1）盘亏固定资产时：

借：待处理财产损溢　　　　　　15 000
　　累计折旧　　　　　　　　　35 000
　　贷：固定资产　　　　　　　50 000

（2）转出不可抵扣的进项税额时：

借：待处理财产损溢　　　　　　1 950
　　贷：应交税费——应交增值税（进项税额转出）
　　　　　　　　　　　　　　　1 950

注　该测温仪因盘亏，其购入时的增值税进项税额中不可从销项税额中抵扣的金额为 1 950 元[（50 000－35 000）×13%]。

（3）报经批准转销时：

借：营业外支出——盘亏损失   16 950
　　贷：待处理财产损溢   16 950

注 资产处置收益(—损失)反映企业出售划分为持有待售的非流动资产(金融工具、长期股权投资和投资性房地产除外)或处置组(子公司和业务除外)时确认的处置利得或损失，以及处置未划分为持有待售的固定资产、在建工程、生产性生物资产及无形资产而产生的处置利得或损失，还包括债务重组中因处置非流动资产产生的利得或损失和非货币性资产交换中换出非流动资产产生的利得或损失。

第六节　会计科目和会计分录

以下是第一财税网(www.tax.org.cn)耗时整理的相关会计科目和会计分录，供实际工作中随时查阅、使用。

一、1601 固定资产

(一) 核算内容

本科目核算企业持有的固定资产原价。建造承包商的临时设施，以及企业购置计算机硬件所附带的、未单独计价的软件，也通过本科目核算。

(二) 明细核算

本科目可按固定资产类别和项目进行明细核算。融资租入的固定资产，可在本科目设置"融资租入固定资产"明细科目。

(三) 主要账务处理

(1) 企业购入不需要安装的固定资产，按应计入固定资产成本的金额，借记本科目，贷记"银行存款"等科目。购入需要安装的固定资产，先记入"在建工程"科目，达到预定可使用状态时再转入本科目。

购入固定资产超过正常信用条件延期支付价款、实质上具有融资性质的，按应付购买价款的现值，借记本科目或"在建工程"科目，按应支付的金额，贷记"长期应付款"科目，按其差额，借记"未确认融资费用"科目。

(2) 自行建造达到预定可使用状态的固定资产，借记本科目，贷记"在建工程"科目。已达到预定可使用状态、但尚未办理竣工决算手续的固定资产，应按估计价值入账，待确定实际成本后再进行调整。

(3) 融资租入的固定资产，在租赁期开始日，按应计入固定资产成本的金额(租赁开始日租赁资产公允价值与最低租赁付款额现值两者中较低者，加上初始直接费用)，借记本科目或"在建工程"科目，按最低租赁付款额，贷记"长期应付款"科目，按发生的初始直接费用，贷记"银行存款"等科目，按其差额，借记"未确认融资费用"科目。

租赁期届满，企业取得该项固定资产所有权的，应将该项固定资产从"融资租入固定资产"明细科目转入有关明细科目。

(4) 固定资产存在弃置义务的，应在取得固定资产时，按预计弃置费用的现值，借记本科目，贷记"预计负债"科目。在该项固定资产的使用寿命内，计算确定各期应负担的利息费用，借记"财务费用"科目，贷记"预计负债"科目。

(5) 处置固定资产时，按该项固定资产账面价值，借记"固定资产清理"科目，按已提的累计折旧，借记"累计折旧"科目，按其账面原价，贷记本科目。已计提减值准备的，还应同时结转已计提的减值准备。

(四) 期末余额

本科目期末借方余额，反映企业固定资产的原价。

二、1602 累计折旧

(一) 核算内容

本科目核算企业固定资产的累计折旧。

(二) 明细核算

本科目可按固定资产的类别或项目进行明

细核算。

(三) 主要账务处理

按期(月)计提固定资产的折旧,借记"制造费用""销售费用""管理费用""研发支出""其他业务成本"等科目,贷记本科目。处置固定资产还应同时结转累计折旧。

(四) 期末余额

本科目期末贷方余额,反映企业固定资产的累计折旧额。

三、1603 固定资产减值准备

(一) 核算内容

本科目核算企业固定资产的减值准备。

(二) 主要账务处理

资产负债表日,固定资产发生减值的,按应减记的金额,借记"资产减值损失"科目,贷记本科目。处置固定资产还应同时结转减值准备。

(三) 期末余额

本科目期末贷方余额,反映企业已计提但尚未转销的固定资产减值准备。

四、1604 在建工程/油气勘探支出、油气开发支出(石油天然气开采)

(一) 核算内容

本科目核算企业基建、更新改造等在建工程发生的支出。在建工程发生减值的,可以单独设置"在建工程减值准备"科目,比照"固定资产减值准备"科目进行处理。

企业(石油天然气开采)发生的油气勘探支出和油气开发支出,可以单独设置"油气勘探支出""油气开发支出"科目。

(二) 明细核算

本科目可按"建筑工程""安装工程""在安装设备""待摊支出"以及单项工程等进行明细核算。

(三) 主要账务处理

(1) 企业在建工程发生的管理费、征地费、可行性研究费、临时设施费、公证费、监理费及应负担的税费等,借记本科目(待摊支出),贷记"银行存款"等科目。

(2) 企业发包的在建工程,应按合理估计的发包工程进度和合同规定结算的进度款,借记本科目,贷记"银行存款""预付账款"等科目。将设备交付建造承包商建造安装时,借记本科目(在安装设备),贷记"工程物资"科目。

工程完成时,按合同规定补付的工程款,借记本科目,贷记"银行存款"科目。

(3) 企业自营在建工程的主要账务处理。

① 自营的在建工程领用工程物资、原材料或库存商品的,借记本科目,贷记"工程物资""原材料""库存商品"等科目。采用计划成本核算的,应同时结转应分摊的成本差异。涉及增值税的,还应进行相应的处理。

在建工程应负担的职工薪酬,借记本科目,贷记"应付职工薪酬"科目。

辅助生产部门为工程提供的水、电、设备安装、修理、运输等劳务,借记本科目,贷记"生产成本——辅助生产成本"等科目。

在建工程发生的借款费用满足借款费用资本化条件的,借记本科目,贷记"长期借款""应付利息"等科目。

② 在建工程进行负荷联合试车发生的费用,借记本科目(待摊支出),贷记"银行存款""原材料"等科目;试车形成的产品或副产品转为库存商品的,借记"银行存款""库存商品"等科目,贷记本科目(待摊支出)。

注 自2022年1月1日起,企业将固定资产达到预定可使用状态前或者研发过程中产出的产品或副产品对外销售的,应当按照《企业会计准则第14号——收入》《企业会计准则第1号——存货》等规定,对试运行销售相关的收入和成本分别进行会计处理,计入当期损益,不应将试运行销售相关收入抵销相关成本后的净额冲减固定资产成本或者研发支出。

③ 在建工程达到预定可使用状态时,应计算分配待摊支出,借记本科目(××工程),贷记本科目(待摊支出);结转在建工程成本,借记"固定资产"等科目,贷记本科目(××工程)。

在建工程完工已领出的剩余物资应办理退库手续,借记"工程物资"科目,贷记本科目。

④ 建设期间发生的工程物资盘亏、报废及

毁损净损失,借记本科目,贷记"工程物资"科目;盘盈的工程物资或处置净收益作相反的会计分录。

由于自然灾害等原因造成的在建工程报废或毁损,减去残料价值和过失人或保险公司等赔款后的净损失,借记"营业外支出——非常损失"科目,贷记本科目(建筑工程、安装工程等)。

(4) 企业(石油天然气开采)在油气勘探过程中发生的各项钻井勘探支出,借记"油气勘探支出"科目,贷记"银行存款""应付职工薪酬"等科目。属于发现探明经济可采储量的钻井勘探支出,借记"油气资产"科目,贷记"油气勘探支出"科目;属于未发现探明经济可采储量的钻井勘探支出,借记"勘探费用"科目,贷记"油气勘探支出"科目。

企业(石油天然气开采)在油气开发过程中发生的各项相关支出,借记"油气开发支出"科目,贷记"银行存款""应付职工薪酬"等科目。开发工程项目达到预定可使用状态时,借记"油气资产"科目,贷记"油气开发支出"科目。

(四) 期末余额

本科目的期末借方余额,反映企业尚未达到预定可使用状态的在建工程的成本。

五、在建工程减值准备

在建工程发生减值的,可以单独设置"在建工程减值准备"科目,比照"固定资产减值准备"科目进行处理。

六、1605 工程物资

(一) 核算内容

本科目核算企业为在建工程准备的各种物资的成本,包括工程用材料、尚未安装的设备以及为生产准备的工器具等。

(二) 明细核算

本科目可按"专用材料""专用设备""工器具"等进行明细核算。工程物资发生减值的,可以单独设置"工程物资减值准备"科目,比照"固定资产减值准备"科目进行处理。

(三) 主要账务处理

(1) 购入为工程准备的物资,借记本科目,贷记"银行存款""其他应付款"等科目。

(2) 领用工程物资,借记"在建工程"科目,贷记本科目。工程完工后将领出的剩余物资退库时作相反的会计分录。已计提减值准备的,还应同时结转减值准备。

(3) 工程完工后剩余的工程物资转作本企业存货的,借记"原材料"等科目,贷记本科目。

(四) 期末余额

本科目期末借方余额,反映企业为在建工程准备的各种物资的成本。

七、工程物资减值准备

工程物资发生减值的,可以单独设置"工程物资减值准备"科目,比照"固定资产减值准备"科目进行处理。

八、1606 固定资产清理

(一) 核算内容

本科目核算企业因出售、报废、毁损、对外投资、非货币性资产交换、债务重组等原因转出的固定资产价值以及在清理过程中发生的费用等。

(二) 明细核算

本科目可按被清理的固定资产项目进行明细核算。

(三) 主要账务处理

(1) 企业因出售、报废、毁损、对外投资、非货币性资产交换、债务重组等转出的固定资产,按该项固定资产的账面价值,借记本科目,按已计提的累计折旧,借记"累计折旧"科目,按其账面原价,贷记"固定资产"科目。已计提减值准备的,还应同时结转减值准备。

(2) 清理过程中应支付的相关税费及其他费用,借记本科目,贷记"银行存款""应交税费——应交增值税(进项税额)"等科目。收回出售固定资产的价款、残料价值和变价收入等,借记"银行存款""原材料"等科目,贷记本科目。应由保险公司或过失人赔偿的损失,借记"其他应收款"等科目,贷记本科目。

(3) 固定资产清理完成后，属于生产经营期间正常的处理损失，借记"资产处置损益"科目，贷记本科目；属于自然灾害等非正常原因造成的损失，借记"营业外支出——非常损失"科目，贷记本科目。如为贷方余额，借记本科目，贷记"资产处置损益"科目。

注 债务重组中因处置非流动资产产生的利得或损失和非货币性资产交换中换出非流动资产产生的利得或损失在"资产处置损益"科目核算。

（四）期末余额

本科目期末借方余额，反映企业尚未清理完毕的固定资产清理净损失。

九、1801 长期待摊费用

（一）核算内容

本科目核算企业已经发生但应由本期和以后各期负担的分摊期限在1年以上的各项费用，如以经营租赁方式租入的固定资产发生的改良支出等。

（二）明细核算

本科目可按费用项目进行明细核算。

（三）主要账务处理

企业发生的长期待摊费用，借记本科目，贷记"银行存款""原材料"等科目。摊销长期待摊费用，借记"管理费用""销售费用"等科目，贷记本科目。

（四）期末余额

本科目期末借方余额，反映企业尚未摊销完毕的长期待摊费用。

十、1461 融资租赁资产

（一）核算内容

本科目核算租赁企业作为出租人为开展融资租赁业务取得资产的成本。

租赁业务不多的企业，也可通过"固定资产"等科目核算。租赁企业和其他企业对于融资租赁资产在未融资租赁期间的会计处理遵循固定资产准则或其他适用的会计准则。

（二）明细核算

本科目可按租赁资产类别和项目进行明细核算。

（三）主要账务处理

(1) 出租人购入和以其他方式取得融资租赁资产的，借记本科目，贷记"银行存款"等科目。

(2) 在租赁期开始日，出租人应当按尚未收到的租赁收款额，借记"应收融资租赁款——租赁收款额"科目，按预计租赁期结束时的未担保余值，借记"应收融资租赁款——未担保余值"科目，按已经收取的租赁款，借记"银行存款"等科目，按融资租赁方式租出资产的账面价值，贷记本科目；融资租赁方式租出资产的公允价值与账面价值的差额，借记或贷记"资产处置损益"科目；按发生的初始直接费用，贷记"银行存款"等科目；差额贷记"应收融资租赁款——未实现融资收益"科目。

（四）期末余额

本科目期末借方余额，反映企业融资租赁资产的成本。

十一、1481 持有待售资产

（一）核算内容

本科目核算持有待售的非流动资产和持有待售的处置组中的资产。

（二）明细核算

本科目按照资产类别进行明细核算。

（三）主要账务处理

企业将相关非流动资产或处置组划分为持有待售类别时，按各类资产的账面价值或账面余额，借记本科目，按已计提的累计折旧、累计摊销等，借记"累计折旧""累计摊销"等科目，按各项资产账面余额，贷记"固定资产""无形资产""长期股权投资""应收账款""商誉"等科目，适用本准则计量规定的非流动资产已计提减值准备的，还应同时结转已计提的减值准备。

注 对于取得日划分为持有待售类别的非流动资产或处置组，企业应当在初始计量时比较假定其不划分为持有待售类别情况下的初始计量金额和公允价值减去出售费用后的净额，以两者孰低计量。

（四）期末余额

本科目期末借方余额，反映企业持有待售

的非流动资产和持有待售的处置组中资产的账面余额。

附：报表列示

反映资产负债表日划分为持有待售类别的非流动资产及划分为持有待售类别的处置组中的流动资产和非流动资产的期末账面价值。

该项目应根据"持有待售资产"科目的期末余额，减去"持有待售资产减值准备"科目的期末余额后的金额填列。

注 企业如有划分为持有待售的非流动资产及划分为持有待售的处置组中的资产，应当在资产负债表资产项下"存货"项目和"一年内到期的非流动资产"项目之间增设"划分为持有待售的资产"项目，反映资产负债表日划分为持有待售的非流动资产及划分为持有待售的处置组中的资产的期末余额；如有划分为持有待售的处置组中的负债，应当在资产负债表负债项下"其他应付款"项目和"一年内到期的非流动负债"项目之间增设"划分为持有待售的负债"项目，反映资产负债表日划分为持有待售的处置组中的负债的期末余额。

十二、1901 待处理财产损溢

（一）核算内容

本科目核算企业在清查财产过程中查明的各种财产盘盈、盘亏和毁损的价值。物资在运输途中发生的非正常短缺与损耗，也通过本科目核算。企业如有盘盈固定资产的，应作为前期差错记入"以前年度损益调整"科目。

（二）明细核算

本科目可按盘盈、盘亏的资产种类和项目进行明细核算。

（三）主要账务处理

(1) 盘盈的各种材料、产成品、商品、生物资产等，借记"原材料""库存商品""消耗性生物资产"等科目，贷记本科目。

盘亏、毁损的各种材料、产成品、商品、生物资产等，盘亏的固定资产，借记本科目，贷记"原材料""库存商品""消耗性生物资产""固定资产"等科目。材料、产成品、商品采用计划成本（或售价）核算的，还应同时结转成本差异（或商品进销差价）。涉及增值税的，还应进行相应处理。

(2) 盘亏、毁损的各项资产，按管理权限报经批准后处理时，按残料价值，借记"原材料"等科目，按可收回的保险赔偿或过失人赔偿，借记"其他应收款"科目，按本科目余额，贷记本科目，按其借方差额，借记"管理费用""营业外支出"等科目。

盘盈的除固定资产以外的其他财产，借记本科目，贷记"管理费用""营业外收入"等科目。

（四）期末余额

企业的财产损溢，应查明原因，在期末结账前处理完毕，处理后本科目应无余额。

十三、2701 长期应付款

（一）核算内容

本科目核算企业除长期借款和应付债券以外的其他各种长期应付款项，包括应付融资租入固定资产的租赁费、以分期付款方式购入固定资产等发生的应付款项等。

（二）明细核算

本科目可按长期应付款的种类和债权人进行明细核算。

（三）主要账务处理

(1) 企业融资租入的固定资产，在租赁期开始日，按应计入固定资产成本的金额（租赁开始日租赁资产公允价值与最低租赁付款额现值两者中较低者，加上初始直接费用），借记"在建工程"或"固定资产"科目，按最低租赁付款额，贷记本科目，按发生的初始直接费用，贷记"银行存款"等科目，按其差额，借记"未确认融资费用"科目。

按期支付的租金，借记本科目，贷记"银行存款"等科目。

(2) 购入有关资产超过正常信用条件延期支付价款、实质上具有融资性质的，应按购买价款的现值，借记"固定资产""在建工程"等科目，按应支付的金额，贷记本科目，按其差额，借记"未确认融资费用"科目。

按期支付的价款，借记本科目，贷记"银行存款"科目。

（四）期末余额

本科目期末贷方余额，反映企业应付未付的长期应付款项。

十四、2702 未确认融资费用

（一）核算内容

本科目核算企业应当分期计入利息费用的未确认融资费用。

（二）明细核算

本科目可按债权人和长期应付款项目进行明细核算。

（三）主要账务处理

（1）企业融资租入的固定资产，在租赁期开始日，按应计入固定资产成本的金额（租赁开始日租赁资产公允价值与最低租赁付款额现值两者中较低者，加上初始直接费用），借记"在建工程"或"固定资产"科目，按最低租赁付款额，贷记"长期应付款"科目，按发生的初始直接费用，贷记"银行存款"等科目，按其差额，借记本科目。

采用实际利率法分期摊销未确认融资费用，借记"财务费用""在建工程"等科目，贷记本科目。

（2）购入有关资产超过正常信用条件延期支付价款、实质上具有融资性质的，应按购买价款的现值，借记"固定资产""在建工程"等科目，按应支付的金额，贷记"长期应付款"科目，按其差额，借记本科目。

采用实际利率法分期摊销未确认融资费用，借记"在建工程""财务费用"等科目，贷记本科目。

（四）期末余额

本科目期末借方余额，反映企业未确认融资费用的摊余价值。

十五、2801 预计负债

（一）核算内容

本科目核算企业确认的对外提供担保、未决诉讼、产品质量保证、重组义务、亏损性合同、应付退货款等预计负债。

（二）明细核算

本科目可按形成预计负债的交易或事项进行明细核算。

（三）主要账务处理

（1）企业由对外提供担保、未决诉讼、重组义务产生的预计负债，应按确定的金额，借记"营业外支出"等科目，贷记本科目。由产品质量保证产生的预计负债，应按确定的金额，借记"销售费用"科目，贷记本科目。

由资产弃置义务产生的预计负债，应按确定的金额，借记"固定资产"或"油气资产"科目，贷记本科目。在固定资产或油气资产的使用寿命内，按计算确定各期应负担的利息费用，借记"财务费用"科目，贷记本科目。

（2）实际清偿或冲减的预计负债，借记本科目，贷记"银行存款"等科目。

（3）根据确凿证据需要对已确认的预计负债进行调整的，调整增加的预计负债，借记有关科目，贷记本科目；调整减少的预计负债作相反的会计分录。

（四）期末余额

本科目期末贷方余额，反映企业已确认尚未支付的预计负债。

附：报表列示

按照《企业会计准则第 14 号——收入》（2017 年修订）的相关规定确认为预计负债的应付退货款，应当根据"预计负债"科目下的"应付退货款"明细科目是否在一年或一个正常营业周期内清偿，在资产负债表"其他流动负债"或"预计负债"项目中填列。

十六、5101 制造费用

（一）核算内容

本科目核算企业生产车间（部门）为生产产品和提供劳务而发生的各项间接费用。企业行政管理部门为组织和管理生产经营活动而发生的管理费用，在"管理费用"科目核算。

（二）明细核算

本科目可按不同的生产车间、部门和费用项目进行明细核算。

（三）主要账务处理

（1）生产车间发生的机物料消耗，借记本科目,贷记"原材料"等科目。

(2) 发生的生产车间管理人员的工资等职工薪酬,借记本科目,贷记"应付职工薪酬"科目。

(3) 生产车间计提的固定资产折旧,借记本科目,贷记"累计折旧"科目。

(4) 生产车间支付的办公费、水电费等,借记本科目,贷记"银行存款"等科目。

(5) 发生季节性的停工损失,借记本科目,贷记"原材料""应付职工薪酬""银行存款"等科目。

(6) 将制造费用分配计入有关的成本核算对象,借记"生产成本(基本生产成本、辅助生产成本)""劳务成本"等科目,贷记本科目。

(7) 季节性生产企业制造费用全年实际发生额与分配额的差额,除其中属于为下一年开工生产做准备的可留待下一年分配外,其余部分实际发生额大于分配额的差额,借记"生产成本——基本生产成本"科目,贷记本科目;实际发生额小于分配额的差额作相反的会计分录。

(四) 期末余额

除季节性的生产性企业外,本科目期末应无余额。

十七、6051 其他业务收入

(一) 核算内容

本科目核算企业确认的除主营业务活动以外的其他经营活动实现的收入,包括出租固定资产、出租无形资产、出租包装物和商品、销售材料、用材料进行非货币性交换(非货币性资产交换具有商业实质且公允价值能够可靠计量)或债务重组等实现的收入。

企业(保险)经营受托管理业务收取的管理费收入,也通过本科目核算。

(二) 明细核算

本科目可按其他业务的种类进行明细核算。

(三) 主要账务处理

企业确认其他业务收入的主要账务处理参见"主营业务收入"科目。

(四) 期末余额

期末,应将本科目的余额转入"本年利润"科目,结转后本科目应无余额。

十八、6103 资产处置损益

(一) 核算内容

本科目核算企业出售划分为持有待售的非流动资产(金融工具、长期股权投资和投资性房地产除外)或处置组(子公司和业务除外)时确认的处置利得或损失,以及处置未划分为持有待售的固定资产、在建工程、生产性生物资产及无形资产而产生的处置利得或损失。

债务重组中因处置非流动资产产生的利得或损失和非货币性资产交换中换出非流动资产产生的利得或损失也在本科目核算。

(二) 明细核算

本科目按照处置的资产类别或处置组进行明细核算。

(三) 主要账务处理

企业处置持有待售的非流动资产或处置组时,按处置过程中收到的价款,借记"银行存款"等科目,按相关负债的账面余额,借记"持有待售负债"科目,按相关资产的账面余额,贷记"持有待售资产"科目,按其差额借记或贷记本科目,已计提减值准备的,还应同时结转已计提的减值准备;按处置过程中发生的相关税费,借记本科目,贷记"银行存款""应交税费"等科目。

(四) 期末余额

期末,应将本科目余额转入"本年利润"科目,本科目结转后应无余额。

附:报表列示

反映企业出售划分为持有待售的非流动资产(金融工具、长期股权投资和投资性房地产除外)或处置组(子公司和业务除外)时确认的处置利得或损失,以及处置未划分为持有待售的固定资产、在建工程、生产性生物资产及无形资产而产生的处置利得或损失。债务重组中因处置非流动资产(金融工具、长期股权投资和投资性房地产除外)产生的利得或损失和非货币性资产交换中换出非流动资产(金融工具、长期股权投资和投资性房地产除外)产生的利得或损失也包括在本项目内。

该项目应根据"资产处置损益"科目的发生

额分析填列;如为处置损失,以"—"号填列。

十九、6402 其他业务成本

(一) 核算内容

本科目核算企业确认的除主营业务活动以外的其他经营活动所发生的支出,包括销售材料的成本、出租固定资产的折旧额、出租无形资产的摊销额、出租包装物的成本或摊销额等。

除主营业务活动以外的其他经营活动发生的相关税费,在"税金及附加"科目核算。

采用成本模式计量投资性房地产的,其投资性房地产计提的折旧额或摊销额,也通过本科目核算。

(二) 明细核算

本科目可按其他业务成本的种类进行明细核算。

(三) 主要账务处理

企业发生的其他业务成本,借记本科目,贷记"原材料""周转材料"等科目。

(四) 期末余额

期末,应将本科目的余额转入"本年利润"科目,结转后本科目无余额。

二十、6601 销售费用/业务及管理费(金融)

(一) 核算内容

本科目核算企业销售商品和材料、提供劳务的过程中发生的各种费用,包括保险费、包装费、展览费和广告费、商品维修费、预计产品质量保证损失、运输费、装卸费等以及为销售本企业商品而专设的销售机构(含销售网点、售后服务网点等)的职工薪酬、业务费、折旧费等经营费用。

企业发生的与专设销售机构相关的固定资产修理费用等后续支出,也在本科目核算。

企业(金融)应将本科目改为"6601 业务及管理费"科目,核算企业(金融)在业务经营和管理过程中所发生的各项费用,包括折旧费、业务宣传费、业务招待费、电子设备运转费、钞币运送费、安全防范费、邮电费、劳动保护费、外事费、印刷费、低值易耗品摊销、职工工资及福利费、差旅费、水电费、职工教育经费、工会经费、会议费、诉讼费、公证费、咨询费、无形资产摊销、长期待摊费用摊销、取暖降温费、聘请中介机构费、技术转让费、绿化费、董事会费、财产保险费、劳动保险费、待业保险费、住房公积金、物业管理费、研究费用、提取保险保障基金等。

企业(金融)不应设置"管理费用"科目。

(二) 明细核算

本科目可按费用项目进行明细核算。

(三) 主要账务处理

(1) 企业在销售商品过程中发生的包装费、保险费、展览费和广告费、运输费、装卸费等费用,借记本科目,贷记"库存现金""银行存款"等科目。

(2) 发生的为销售本企业商品而专设的销售机构的职工薪酬、业务费等经营费用,借记本科目,贷记"应付职工薪酬""银行存款""累计折旧"等科目。

(四) 期末余额

期末,应将本科目余额转入"本年利润"科目,结转后本科目无余额。

二十一、6602 管理费用

(一) 核算内容

本科目核算企业为组织和管理企业生产经营所发生的管理费用,包括企业在筹建期间内发生的开办费、董事会和行政管理部门在企业的经营管理中发生的或者应由企业统一负担的公司经费(包括行政管理部门职工工资及福利费、物料消耗、低值易耗品摊销、办公费和差旅费等)、工会经费、董事会费(包括董事会成员津贴、会议费和差旅费等)、聘请中介机构费、咨询费(含顾问费)、诉讼费、业务招待费、技术转让费、矿产资源补偿费、研究费用、排污费等。

企业(商品流通)管理费用不多的,可不设置本科目,本科目的核算内容可并入"销售费用"科目核算。企业生产车间(部门)和行政管理部门等发生的固定资产修理费用等后续支出,也在本科目核算。

注 房产税、土地使用税(不含与投资性房地产相关的房产税、土地使用税)、车船税、印花税,以前在"管理费用"科目核算。

(二) 明细核算

本科目可按费用项目进行明细核算。

(三) 主要账务处理

(1) 企业在筹建期间内发生的开办费,包括人员工资、办公费、培训费、差旅费、印刷费、注册登记费以及不计入固定资产成本的借款费用等在实际发生时,借记本科目(开办费),贷记"银行存款"等科目。

(2) 行政管理部门人员的职工薪酬,借记本科目,贷记"应付职工薪酬"科目。

(3) 行政管理部门计提的固定资产折旧,借记本科目,贷记"累计折旧"科目。

发生的办公费、水电费、业务招待费、聘请中介机构费、咨询费、诉讼费、技术转让费、研究费用,借记本科目,贷记"银行存款""研发支出"等科目。

按规定计算确定的应交矿产资源补偿费,借记本科目,贷记"应交税费"科目。

(四) 期末余额

期末,应将本科目的余额转入"本年利润"科目,结转后本科目无余额。

二十二、6701 资产减值损失

(一) 核算内容

本科目核算企业计提各项资产减值准备所形成的损失。

注 根据《企业会计准则第 22 号——金融工具确认和计量》的规定,对企业应收款项、合同资产和租赁应收款发生信用减值核算时由原来的"资产减值损失"账户改成"信用减值损失"账户。

(二) 明细核算

本科目可按资产减值损失的项目进行明细核算。

(三) 主要账务处理

(1) 企业的存货、长期股权投资、固定资产、无形资产等资产发生减值的,按应减记的金额,借记本科目,贷记"存货跌价准备""长期股权投资减值准备""固定资产减值准备""无形资产减值准备"等科目。

在建工程、工程物资、生产性生物资产、商誉、抵债资产、损余物资、采用成本模式计量的投资性房地产等资产发生减值的,应当设置相应的减值准备科目,比照上述规定进行处理。

(2) 企业计提存货跌价准备等,相关资产的价值又得以恢复的,应在原已计提的减值准备金额内,按恢复增加的金额,借记"存货跌价准备"等科目,贷记本科目。

(四) 期末余额

期末,应将本科目余额转入"本年利润"科目,结转后本科目无余额。

第十讲 无形资产

第一节 综合知识

一、相关知识概述

无形资产,是指企业拥有或者控制的没有实物形态的可辨认非货币性资产。

无形资产的含义

(1) 可辨认性。

可辨认性是无形资产区别于商誉的特性。商誉是一种主观性很强的资产,商誉的核算和披露是由合并会计准则规范的。为了将商誉和无形资产区分开来,无形资产的定义要求无形资产具有可辨认性。无形资产是否具有可辨认性,可用多种方式来判断。如果无形资产是可分的,那么无形资产就具有可辨认性;如果无形资产是与一组资产一起获得的,交易中可能包括法定权利的转移,那么这可使企业辨认该无形资产;如果内部项目的目的是为企业创造法定权利,那么这些权利的性质可能有助于企业辨认潜在的、内部产生的无形资产。此外,即使某项资产只能与其他资产一起产生未来经济利益,如果企业可以辨认该资产引起的未来经济利益,那么该资产也是可辨认的。

(2) 对资源的控制。

这是指企业有权获得潜在资源的未来经济利益,并能约束其他方面获取这些利益。企业可以用多种方式判断其是否控制了无形资产。一般来说,企业控制无形资产引起的未来经济权益的能力是因在法庭上可强制执行的法定权利而产生。如果某项无形资产受合同或协议约束或受雇员法定保密职责的保护,那么企业就控制该项无形资产产生的利益。

(3) 未来经济利益。

无形资产引起的未来经济利益可能包括销售产品或提供劳务的收入、成本"节约"或企业使用该无形资产引起的其他利益。例如,在生产工序中使用智能化技术,可以降低未来生产成本,而不是增加未来收入。

(一) 无形资产的特征

无形资产的特征主要有四种。

1. 无形资产不具有实物形态

无形资产通常表现为某种权利、技术或获取超额利润的综合能力。它没有实物形态,却能够为企业带来未来经济利益,或使企业获取超额收益。不具有实物形态是无形资产区别于其他资产的显著特征。无形资产引起的未来经济利益可能包括销售产品和提供劳务的收入,或企业使用该无形资产而"节约"的成本或获得的其他利益。例如,在生产工序中使用知识产权,可能会降低未来生产成本,而不是增加未来收入。

2. 无形资产属于非货币性长期资产

区别于货币性资产和非货币性流动资产,无形资产的另一个显著特征在于,其属于非货币性长期资产。因此,无形资产不仅仅是没有实物形态,而且还应是非货币性长期资产。作为长期资产应能在超过企业的一个营业周期内为企业创造经济利益,有些虽然具有无形资产的其他特性,却不能在超过一个经营周期内为企业服务的资产,不能作为无形资产核算。

3. 无形资产是可辨认的

将无形资产定义为可辨认的,主要是与商

誉清楚地区分开来。企业合并中取得的商誉代表了购买者为了从不能单独辨认并独立确认的资产中获得预期未来经济利益而进行的支付。这些未来经济利益可能产生于取得的可辨认资产之间的协同作用,也可能产生于购买者在企业合并中准备支付的但却不符合在财务报表上确认条件的资产。

资产满足下列条件之一的,符合无形资产定义中的可辨认性标准:

(1) 能够从企业中分离或者划分出来,并能单独或者与相关合同、资产或负债一起,用于出售、转移、授予许可、租赁或者交换。

(2) 源自合同性权利或其他法定权利,无论这些权利是否可以从企业或其他权利和义务中转移或者分离。

4. 无形资产的可控制性

当企业有权获得潜在资源产生的未来经济利益,并能约束其他方获取这些利益,说明企业控制了该资产。企业控制无形资产产生未来经济利益的能力,一般来自可强制执行的法定权利,也可以采用其他方法来控制未来经济利益。如果某项资源产生未来经济利益的能力缺乏法定权利来保护或其他方式来控制,则不能确认为无形资产。如企业可能拥有一定的客户基础或市场份额,并由于为建立客户关系和信赖付出了努力而期望这些客户继续与其进行商业往来,但是这种与客户的关系或客户对企业的信赖往往缺乏法定权利来保护,企业无法对其进行控制,所以,如客户基础、市场份额、客户关系和客户信赖等项目,通常不作为无形资产。

(二) 无形资产的构成

无形资产主要包括专利权、非专利技术、商标权、著作权、土地使用权和特许权等。

1. 专利权

专利权是指专利发明人经过专利申请获得批准,从而得到法律保护的对某一产品的设计、造型、配方、结构、制造工艺或程序等拥有的专门权利。专利权分为发明专利和实用新型及外观设计专利两种,自申请日起计算,发明专利权的期限为 20 年,实用新型及外观设计专利权的期限为 10 年。发明者在取得专利权后,在有效期限内将享有专利的独占权。

2. 非专利技术

非专利技术是指专利权未经申请的没有公开的专门技术、工艺规程、经验和产品设计等。非专利技术因其未经法定机关按法律程序批准和认可,所以不受法律保护。非专利技术没有法律上的有效年限,只有经济上的有效年限。

3. 商标权

商标权是商标所有者将某类指定的产品或商品上使用的特定名称或图案即商标,依法注册登记后,取得的受法律保护的独家使用权利。商标是用来辨认特定商品和劳务的标记,代表着企业的一种信誉,从而具有相应的经济价值。注册商标的有效期限为 10 年,期满可依法延长。

4. 著作权

著作权亦称版权,指作者对其创作的文学、科学和艺术作品依法享有的某些特殊权利。著作权包括两方面的权利,即精神权利(人身权利)和经济权利(财产权利)。前者指作品署名、发表作品、确认作者身份、保护作品的完整性、修改已经发表的作品等权利,包括发表权、署名权、修改权和保护作品完整权;后者指以出版、表演、广播、展览、录制唱片、摄制影片等方式使用作品,以及因授权他人使用作品而获得经济利益的权利。

5. 土地使用权

土地使用权是某一企业按照法律规定所取得的在一定时期对国有土地进行开发、利用和经营的权利。根据法律规定,在我国境内的土地都属于国家或集体所有,任何单位和个人不得侵占、买卖、出租或非法转让。国家和集体可以依照法定程序对土地使用权实行有偿出让,企业也可以依照法定程序取得土地使用权,或将已取得的土地使用权依法转让。企业取得土地使用权的方式大致有划拨取得、外购取得、投资者投入取得等。

6. 特许权

特许权亦称特许经营权、专营权,指企业在

某一地区经营或销售某种特定商品的权利或是一家企业接受另一家企业使用其商标、商号、技术秘密等权利。前者一般是由政府机构授权准许企业使用或在一定地区享有经营某种业务的特权，如烟草专卖权；后者指企业间依照签订的合同，有期限或无期限使用另一家企业的某些权利，如连锁店分店使用总店的名称等。

本准则不规范商誉的处理

商誉是企业合并成本大于合并取得被购买方各项可辨认资产、负债公允价值份额的差额，其存在无法与企业自身分离，不具有可辨认性。

企业自创的商誉以及未满足无形资产确认条件的其他项目，不能作为企业的无形资产。

(三) 企业无形项目的支出，一般在发生时计入当期损益

企业无形项目的支出，除下列情形外，均应于发生时计入当期损益：

(1) 符合本准则规定的确认条件、构成无形资产成本的部分。

(2) 非同一控制下企业合并中取得的、不能单独确认为无形资产、构成购买日确认的商誉的部分。

(四) 土地使用权的处理

企业取得的土地使用权通常应确认为无形资产。土地使用权用于自行开发建造厂房等地上建筑物时，土地使用权与地上建筑物分别进行摊销和提取折旧。但下列情况除外：

(1) 房地产开发企业取得的土地使用权用于建造对外出售的房屋建筑物，相关的土地使用权应当计入所建造的房屋建筑物成本。

(2) 企业外购的房屋建筑物支付的价款无法在地上建筑物与土地使用权之间分配的，应当按照《企业会计准则第4号——固定资产》规定，确认为固定资产原价。

(3) 企业改变土地使用权的用途，将其作为用于出租或增值目的时，应将其账面价值转为投资性房地产。

用于开发建造房屋建筑物的土地使用权是否满足借款费用会计准则关于"符合资本化条件的资产"的定义？

符合资本化条件的资产是指需要经过相当长时间的构建或生产活动才能达到预定可使用或者可销售状态的固定资产、投资性房地产和存货等资产。

在开发建造房屋建筑物过程中，企业取得的土地使用权应当区别下列情况处理：

自行开发建造厂房等建筑物，土地使用权与建筑物应当分别进行会计处理，土地使用权的账面价值不与地上建筑物合并计算其成本，而仍作为无形资产进行会计处理。在该情形下，土地使用权在取得时通常已达到预定使用状态，土地使用权不满足借款费用准则规定的"符合资本化条件的资产"定义。因此，根据借款费用准则，企业应当以建造支出(包括土地使用权在房屋建造期间计入在建工程的摊销金额)为基础，而不是以土地使用权支出为基础，确定应予资本化的借款费用金额。

房地产开发企业，取得的土地使用权用于建造对外出售的房屋建筑物，相关的土地使用权应当计入所建造的房屋建筑物成本。在该情况下，建造的房屋建筑物满足借款费用准则规定的"符合资本化条件的资产"定义。因此，根据借款费用准则，企业应当以包括土地使用权支出的建造成本为基础，确定应予资本化的借款费用金额。

(五) 无形资产在附注中的披露

企业应当按照无形资产的类别在附注中披露与无形资产有关的下列信息：

(1) 无形资产的期初和期末账面余额、累计摊销额及减值准备累计金额。

(2) 使用寿命有限的无形资产，其使用寿命的估计情况；使用寿命不确定的无形资产，其使用寿命不确定的判断依据。

(3) 无形资产的摊销方法。

(4) 用于担保的无形资产账面价值、当期摊销额等情况。

(5) 计入当期损益和确认为无形资产的研究开发支出金额。

二、会计准则概述

(一) 本准则的相关背景

为了规范无形资产的确认、计量和相关信

息的披露,根据《企业会计准则——基本准则》,我国财政部制定了《企业会计准则第6号——无形资产》(本讲简称"本准则"或"新准则")。

(二) 本准则的适用范围

下列各项适用其他相关会计准则:

(1) 作为投资性房地产的土地使用权,适用《企业会计准则第3号——投资性房地产》。

(2) 企业合并中形成的商誉,适用《企业会计准则第8号——资产减值》和《企业会计准则第20号——企业合并》。

商誉是企业合并成本大于合并取得被购买方各项可辨认资产、负债公允价值份额的差额,其存在无法与企业自身分离,不具有可辨认性,不属于本准则所规范的无形资产。

(3) 石油天然气矿区权益,适用《企业会计准则第27号——石油天然气开采》。

(三) 本准则的主要变化

1. 准则适用范围

(1) 旧准则。

旧准则规定,无形资产准则不涉及企业合并中产生的商誉,但同时规定,无形资产分为可辨认无形资产和不可辨认无形资产,不可辨认无形资产是指商誉。

这样在内容的表述上前后就有了矛盾,到底包不包括商誉就有了疑问,概念不清晰。

(2) 新准则。

下列各项适用其他相关会计准则:

① 作为投资性房地产的土地使用权,适用《企业会计准则第3号——投资性房地产》。

② 企业合并中形成的商誉,适用《企业会计准则第8号——资产减值》和《企业会计准则第20号——企业合并》。

③ 石油天然气矿区权益,适用《企业会计准则第27号——石油天然气开采》。

2. 新准则对无形资产的定义作了修正

(1) 旧准则给无形资产所下的定义指出,无形资产指企业为生产商品、提供劳务、出租给他人或为管理目的而持有的、没有实物形态的非货币性长期资产。无形资产分为可辨认无形资产和不可辨认无形资产。

(2) 修订后的准则规定,无形资产指没有实物形态的可辨认非货币性资产。无形资产不再区分可否辨认,也排除了商誉。这与国际会计准则中的定义是完全一样的。

3. 无形资产的分类

(1) 旧准则。

旧准则根据无形资产是否可以辨认,将其分为可辨认无形资产和不可辨认无形资产。

可辨认无形资产包括专利权、非专利技术、商标权、著作权、土地使用权和特许权等;不可辨认无形资产是指商誉。旧准则仅对自创商誉不能加以确认提出了要求。

(2) 新准则。

新准则未对无形资产做上述分类,同时,也扩大了不应当确认为无形资产的范围,如新准则规定企业内部产生的品牌、报刊名等,因其成本无法明确区分,不应当确认为无形资产。

4. 投资者投入无形资产的确认

在投资者投入无形资产确认规定上,取消旧准则"企业为首次发行股票而接受投资者投入的无形资产,应以该无形资产在投资方的账面价值作为入账价值"(在制定过程中主要考虑证券监督管理委员会等相关方面的意见)。这一规定实际工作中难以操作,例如用无账面价值的无形资产投资如何入账等。

新准则增加了"按照投资合同或协议约定的价值确定,但合同或协议约定价值不公允的除外",强调"投资双方确认"的形式是必须有合同价或协议价,并且合同价或协议价必须公允。

5. 研究费用费用化,开发费用资本化

(1) 旧准则。

旧准则规定:"企业自行开发并依法申请取得的无形资产,其入账价值应按依法取得时发生的注册费、律师费等费用确定;依法申请取得前发生的研究与开发费用,应于发生时确认为当期费用。"

(2) 新准则。

新准则对研究开发费用的费用化进行了修订,研究费用依然是费用化处理,进入开发程序后,开发过程中的费用如果符合相关条件,就可以资本化。也就是研究费用费用化，开发费用资本化。

6. 借款费用——购买无形资产的价款超过正常信用条件延期支付

购买无形资产的价款超过正常信用条件延期支付的，无形资产的成本为其等值现金价格；实际支付的价款与确认的成本之间的差额，除按照《企业会计准则第17号——借款费用》应予资本化的以外，应当在信用期间内确认为利息费用。

7. 新准则增加了有关不确定使用寿命无形资产的会计处理规定

与旧准则相比，新准则关于无形资产后续计量部分，增加了企业取得无形资产时应分析判断其使用寿命的要求，并对使用寿命有限的无形资产和使用寿命不确定的无形资产分别进行了界定。

对于使用寿命有限的无形资产应当估计该使用寿命的年限或者构成使用寿命的产量等类似计量单位数量。

8. 无形资产摊销

新、旧准则均要求无形资产成本应当在使用寿命内系统合理地摊销。但与旧准则相比，新准则有以下方面变化：

（1）无形资产摊销的起讫时间。

① 旧准则只规定了无形资产摊销的起始时间，而未明确提出终结时间，并且规定的起始时间也比较具体。如旧准则规定，无形资产的成本，应自取得当月起在预计使用年限内分期平均摊销；而新准则则规定，企业摊销无形资产，应当自无形资产可供使用时起，至不再作为无形资产确认时止。

② 新准则规定了无形资产摊销的起讫时间，但比较概括。

（2）无形资产摊销期限。

① 旧准则规定无形资产摊销期限比较具体，在提出无形资产应在预计使用年限内分期平均摊销要求的同时，也对预计使用年限超过相关合同规定的受益年限或法律规定的有效年限的情况下，应如何确定无形资产摊销年限做出了原则性的确定。

如合同规定了受益年限但法律没有规定有效年限的，摊销年限不应超过受益年限；合同没有规定受益年限但法律规定了有效年限的，摊销年限不应超过有效年限；合同规定了受益年限，法律也规定了有效年限的，摊销年限不应超过受益年限与有效年限两者之中较短者；如果合同没有规定受益年限，法律也没有规定有效年限的，摊销年限不应超过10年。

② 新准则未对此提出要求。

（3）无形资产摊销方法。

① 旧准则对如何选择无形资产摊销方法未作要求，也没有明确提出直线法摊销的概念。

② 新准则对企业选择无形资产摊销方法提出了要求，规定：企业选择的无形资产摊销方法，应当反映企业预期消耗该项无形资产所产生的未来经济利益的方式。无法可靠确定消耗方式的，应当采用直线法摊销。

（4）无形资产摊销金额的确定。

① 旧准则只规定无形资产的成本，应自取得当月起在预计使用年限内分期平均摊销。未明确提出无形资产应摊销金额的确定方法。

② 新准则第十八条规定：无形资产的应摊销金额为其入账价值扣除残值后的金额，已经计提无形资产减值准备的，还应扣除已经提取的减值准备金额。

（5）使用寿命不确定的无形资产不应摊销。

新准则规定，使用寿命不确定的无形资产不应摊销，而旧准则未对此做出要求。

9. 无形资产减值

新的会计准则体系增加了资产减值准则，资产减值准则明确规定无形资产减值准备不得转回。

10. 新准则删除的内容

（1）删除了接受捐赠无形资产入账价值的确定方法。

（2）如果预计使用年限超过了相关合同规定的受益年限或法律规定的有效年限，无形资产的摊销年限按如下原则确定：

① 合同规定了受益年限但法律没有规定有效年限的，摊销年限不应超过受益年限。

② 合同没有规定受益年限但法律规定了有效年限的,摊销年限不应超过有效年限。

③ 合同规定了受益年限,法律也规定了有效年限的,摊销年限不应超过受益年限与有效年限两者之中较短者。

④ 合同没有规定受益年限,法律也没有规定有效年限的,摊销年限不应超过10年。

> **小知识**
>
> **执行新准则对企业财务状况的影响分析**
>
> 无形资产准则变动较大,执行新准则后对企业发生较大的影响,包括:
>
> (1) 初始计量中对企业内部开发费用允许资本化的会计处理方法将增加开发期企业资产价值,增加开发期企业的收益。
>
> (2) 取消旧准则第十条中的"企业为首次发行股票而接受投资者投入的无形资产,应以该无形资产在投资方的账面价值作为入账价值"。
>
> 这条规定取消后,企业就可以按照投资双方约定的价格作为入账价值,从而造成权益增加,资产结构随之发生变化,权益比率提高,有利于增强企业在市场中的竞争能力。
>
> (3) 增加有关不确定使用寿命无形资产的会计处理规定,明确规定了此类无形资产不再采用摊销的办法,而是采用减值测试,这可能改变企业的资产和损益状况。
>
> (4) 无形资产减值准备一旦提取就不允许冲回。此条规定将极大地遏制利用资产减值准备粉饰财务报告、调整利润的行为。因此减少企业的损益,从而造成权益减少,资产结构随之发生变化,权益比率降低。

第二节 确 认

一、确认条件

无形资产同时满足下列条件的,才能予以确认:

(一) 产生的经济利益很可能流入企业

作为企业无形资产予以确认的项目,必须具备产生的经济利益很可能流入企业这项基本条件。

实务中,要确定无形资产创造的经济利益是否很可能流入企业,需要实施职业判断。在实施这种判断时,需要考虑相关的因素。

例如,企业是否有足够的人力资源、高素质的管理队伍、相关的硬件设备、相关的原材料等来配合无形资产为企业创造经济利益。当然,最为重要的是应关注外界因素的影响,例如是否存在相关的新技术、新产品冲击与无形资产相关的技术或据其生产的产品的市场等。总之,在实施判断时,企业的管理部门应对无形资产在预计使用年限内存在的各种因素做出最稳健的估计。

注 企业应能够控制无形资产所产生的经济利益,即企业拥有无形资产的法定所有权,或企业与他人签订了协议,使得企业的相关权利受到法律的保护。企业在判断无形资产产生的经济利益是否很可能流入时,应当对无形资产在预计使用寿命内可能存在的各种经济因素做出合理估计,并且应当有明确证据支持。

(二) 成本能够可靠地计量

成本能够可靠地计量是资产确认的一项基本条件。对于无形资产来说,这个条件显得十分重要。例如,高新科技企业的科技人才,假定其与企业签订了服务合同,且合同规定其在一定期限内不能为其他企业提供服务。在这种情况下,虽然这些科技人才的知识在规定的期限内预期能够为企业创造经济利益,但由于这些技术人才的知识难以辨认,加之为形成这些知识所发生的支出难以计量,从而不能作为企业的无形资产加以确认。

二、不应确认

企业自创商誉以及内部产生的品牌、报刊名等,不应确认为无形资产。

第三节 初始计量

无形资产应当按照成本进行初始计量，按照取得无形资产的不同来源分别计量，确定入账价值。

注 自2022年1月1日起，企业将研发过程中产出的产品或副产品对外销售的，应当按照《企业会计准则第14号——收入》《企业会计准则第1号——存货》等规定，对试运行销售相关的收入和成本分别进行会计处理，计入当期损益，不应将试运行销售相关收入抵销相关成本后的净额冲减研发支出。

一、外购无形资产的成本

外购无形资产的成本，包括购买价款、相关税费（不含可以从增值税销项税额中抵扣的进项税额）以及直接归属于使该项资产达到预定用途所发生的其他支出。

注 企业外购的无形资产，按应计入无形资产成本的金额，借记"无形资产"科目，贷记"银行存款"等科目。

购买无形资产的价款超过正常信用条件延期支付，实质上具有融资性质的，无形资产的成本以购买价款的现值为基础确定。实际支付的价款与购买价款的现值之间的差额，除按照《企业会计准则第17号——借款费用》应予资本化的以外，应当在信用期间内计入当期损益。

注 购入无形资产超过正常信用条件延期支付价款，实质上是具有融资性质的，应按所购无形资产购买价款的现值，借记"无形资产"科目，按应支付的金额，贷记"长期应付款"科目，按其差额，借记"未确认融资费用"科目。

【例10-1】 智董公司（增值税一般纳税人）2×22年4月份以银行存款购入一项非专利技术。取得的增值税专用发票上注明的价款为4 500 000元，增值税税额为270 000元。

【分析】 智董公司编制会计分录：

借：无形资产——非专利技术　　4 500 000
　　应交税费——应交增值税（进项税额）
　　　　　　　　　　　　　　　　270 000
　贷：银行存款　　　　　　　　4 770 000

注 外购无形资产，取得增值税专用发票的，按注明的增值税进项税额，借记"应交税费——应交增值税（进项税额）"科目；取得增值税普通发票的，按照注明的价税合计金额作为无形资产的成本，其进项税额不可抵扣。

二、自行开发的无形资产

自行开发的无形资产，开发阶段的支出符合资本化条件的，才能确认为无形资产，其成本包括自满足本准则第四条和第九条规定后至达到预定用途前所发生的支出总额，但是对于以前期间已经费用化的支出不再调整。

企业自行进行的研究开发项目，区分为研究阶段与开发阶段。企业内部研究开发项目的支出，应当区分研究阶段支出与开发阶段支出。

（一）研究阶段与开发阶段的区分

研究是指为获取并理解新的科学或技术知识而进行的独创性的有计划调查。

1. 研究阶段

研究阶段，是指为获取新的技术和知识等进行的有计划的调查，其特点在于研究阶段是探索性的，为进一步的开发活动进行资料及相关方面的准备，从已经进行的研究活动看，将来是否会转入开发、开发后是否会形成无形资产等具有较大的不确定性。

有关研究活动的举例为：意在获取知识而进行的活动；研究成果或其他知识的应用研究、评价和最终选择；材料、设备、产品、工序、系统或服务替代品的研究；新的或经改进的材料、设备、产品、工序、系统或服务的可能替代品的配制、设计、评价和最终选择等。

2. 开发阶段

开发是指在进行商业性生产或使用前，将研究成果或其他知识应用于某项计划或设计，以生产出新的或具有实质性改进的材料、装置、产品等。

开发阶段相对研究阶段而言，应当是完成

了研究阶段的工作,在很大程度上形成一项新产品或新技术的基本条件已经具备。

有关开发活动的举例为:生产前或使用前的原型和模型的设计、建造和测试;含新技术的工具、夹具、模具和冲模的设计;不具有商业性生产经济规模的试生产设施的设计、建造和运营;新的或经改造的材料、设备、产品、工序、系统或服务所选定的替代品的设计、建造和测试等。

(二) 研究阶段支出与开发阶段支出的区分及会计处理

1. 研究阶段的支出

企业研究阶段的支出全部费用化,计入当期损益(管理费用):"企业内部研究开发项目研究阶段的支出,应当于发生时计入当期损益。"

2. 开发阶段的支出

开发阶段的支出符合资本化条件的,才能确认为无形资产;不符合资本化条件的计入当期损益(管理费用)。

企业内部研究开发项目开发阶段的支出,同时满足下列条件的,才能确认为无形资产:

(1) 完成该无形资产以使其能够使用或出售在技术上具有可行性。

判断无形资产的开发在技术上具有可行性,应当以目前阶段的成果为基础,并提供相关证据和材料,证明企业进行开发所需的技术条件等已经具备,不存在技术上的障碍或其他不确定性。例如,企业已经完成了全部计划、设计和测试活动,这些活动是使资产能够达到设计规划书中的功能、特征和技术所必需的活动,或经过专家鉴定等。

(2) 具有完成该无形资产并使用或出售的意图。

企业能够说明其持有开发无形资产的目的,例如,具有完成该无形资产并使用或出售的意图。

(3) 无形资产产生经济利益的方式。

无形资产能够为企业带来未来经济利益,应当对运用该无形资产生产的产品市场情况进行可靠预计,以证明所生产的产品存在市场并能够带来经济利益的流入,或能够证明市场上存在对该类无形资产的需求。

(4) 有足够的技术、财务资源和其他资源支持,以完成该无形资产的开发,并有能力使用或出售该无形资产。

企业能够证明无形资产开发所需的技术、财务和其他资源,以及获得这些资源的相关计划。自有资金不足以提供支持的,是否存在外部其他方面的资金支持,如银行等金融机构愿意为该无形资产的开发提供所需资金的声明等。

(5) 归属于该无形资产开发阶段的支出能够可靠地计量。

企业对于研究开发的支出应当能够单独核算。例如,直接发生的研发人员工资、材料费,以及相关设备折旧费等能够对象化;同时从事多项研究开发活动的,所发生的支出能够按照合理的标准在各项研究开发活动之间进行分配。研发支出无法明确分配的,应当计入当期损益,不计入开发活动的成本。

3. 无法区分研究阶段支出和开发阶段支出

无法区分研究阶段支出和开发阶段支出,应当将其所发生的研发支出全部费用化,计入当期损益(管理费用)。

企业取得的已作为无形资产确认的正在进行中的研究开发项目,在取得后发生的支出应当按照本准则第七条至第九条的规定处理。

【例10-2】 智董公司正在研究和开发一项新工艺,2×21年9月以前发生各项研究、调查、试验等费用168万元,2×21年9月至12月发生材料人工等各项支出320万元,在2×21年8月末,该公司已经可以证实该项新工艺必然开发成功,并满足无形资产确认标准。2×22年1月至6月又发生材料费用、直接参与开发人员的工资、场地设备等租金和注册费等支出680万元。2×22年6月末该项新工艺完成,预计该项新工艺所含专有技术的可收回金额为1 100万元。该公司可以确定,2×21年9月1日是该项无形资产的确认标准满足日,2×21年9月1日以后的支出1 000万元可以资本化,确认为无形资产价值,2×21年12月31日在资产负债表列示该项无形资产320万元,2×22年6月30日资产负债表列示该项无形资产1 000万元。而2×21年9月以前发生各项研究调查试验等费用168万元要作为2×21年管理费用列示。

(三) "研发支出"科目及主要账务处理

为了核算企业进行研究与开发无形资产过程中发生的各项支出,企业应设置"研发支出"科目。该科目为费用类科目,借方登记实际发生的研发支出,贷方登记转为无形资产和管理费用的金额,借方余额反映企业正在进行的研究开发项目中满足资本化条件的支出。企业应当按照研究开发项目,分"费用化支出"与"资本化支出"进行明细核算。

企业自行开发无形资产发生的研发支出,不满足资本化条件的,借记"研发支出——费用化支出"科目,满足资本化条件的,借记"研发支出——资本化支出"科目,贷记"原材料""银行存款""应付职工薪酬"等科目。

企业以其他方式取得的正在进行的研究开发项目,应按确定的金额,借记"研发支出——资本化支出"科目,贷记"银行存款"等科目。以后发生的研发支出,比照上述企业自行开发无形资产发生的研发支出进行处理。

企业研究开发项目达到预定用途形成无形资产的,应按"研发支出——资本化支出"科目的余额,借记"无形资产"科目,贷记"研发支出——资本化支出"科目。

期末,企业应将研发支出科目归集的费用化支出金额转入"管理费用"科目,借记"管理费用"科目,贷记"研发支出——费用化支出"科目。

【例10-3】 智董公司自行研究、开发一项技术,截至2×20年12月31日,发生研发支出合计10 000 000元。

经测试,该项研发活动完成了研究阶段,从2×21年1月1日进入开发阶段。

2×21年1月至9月共发生开发支出1 500 000元,假定符合开发支出资本化的确认条件,取得的增值税专用发票上注明的增值税税额为195 000元。

2×21年9月30日,该项研发活动结束,形成一项达到预定使用状态的非专利技术。

【分析】 智董公司编制会计分录:

1. 2×20年发生的研发支出:

借:研发支出——费用化支出　　10 000 000
　　贷:银行存款等　　　　　　　　　10 000 000

2. 2×20年12月31日,结转研究阶段的支出:

借:管理费用　　　　　　　　　10 000 000
　　贷:研发支出——费用化支出　　10 000 000

3. 2×21年,确认符合资本化条件的开发支出:

借:研发支出——资本化支出　　1 500 000
　　应交税费——应交增值税(进项税额)
　　　　　　　　　　　　　　　　195 000
　　贷:银行存款等　　　　　　　　1 695 000

4. 2×21年9月30日,该技术研发完成并形成无形资产:

借:无形资产　　　　　　　　　1 500 000
　　贷:研发支出——资本化支出　　1 500 000

三、投资者投入无形资产的成本

投资者投入无形资产的成本,应当按照投资合同或协议约定的价值确定,但合同或协议约定价值不公允的除外。

注 投资者投入的无形资产,按投资各方确认的价值,借记"无形资产"科目,贷记"实收资本"或"股本"等科目。

【例10-4】 2×22年4月8日,鑫裕公司设立,收到智董公司一项作为资本投入的商标权,同时收到贵琛公司作为资本投入的一项土地使用权。

经约定,该商标权价值为300 000元(与公允价值相符,不考虑其他因素),该土地使用权价值为400 000元;该商标权的增值税进项税额为18 000元,该土地使用权的增值税进项税额为36 000元,由投资方支付税款,并提供或开具增值税专用发票。

【分析】 上述商标权和土地使用权的合同约定价值均与其公允价值相符,因此,应分别按300 000元和400 000元的金额借记"无形资产"科目;同时,该进项税额允许抵扣,因此,增值税专用发票上注明的增值税税额分别为18 000元和36 000元,应借记"应交税费——应交增值税

（进项税额）"科目。智董公司、贵琛公司投入的商标权和土地使用权按合同约定金额作为实收资本，因此，应分别按318 000元和436 000元的金额贷记"实收资本"科目。

鑫裕公司编制会计分录：

借：无形资产——商标权　　　300 000
　　　　　　——土地使用权　　400 000
　　应交税费——应交增值税（进项税额）
　　　　　　　　　　　　　　 54 000
　　贷：实收资本——智董公司　318 000
　　　　　　　　——贵琛公司　436 000

四、非货币性资产交换取得的无形资产的成本

应当按照《企业会计准则第7号——非货币性资产交换》的规定加以确定。

五、债务重组取得的无形资产的成本

应当按照《企业会计准则第12号——债务重组》的规定加以确定。

六、接受政府补助取得的无形资产的成本

应当按照《企业会计准则第16号——政府补助》的规定加以确定。

企业接受政府补助而取得的无形资产，应按照所取得的无形资产的公允价值入账，如果公允价值不能可靠取得，也可以按照名义金额入账。收到无形资产时，按公允价值或名义金额，借记"无形资产"科目，与企业日常活动相关的政府补助，应当按照经济业务实质，贷记"其他收益"科目（总额法）或冲减相关成本费用；与企业日常活动无关的政府补助，贷记"营业外收入"科目（确认的应在以后期间计入当期损益的政府补助则贷记"递延收益"科目）或冲减相关成本费用。

七、企业合并取得的无形资产的成本

应当按照《企业会计准则第20号——企业合并》的规定加以确定。

企业合并取得的无形资产，其公允价值能够可靠计量的，应当单独确认为无形资产。企业合并取得的无形资产，通常按照合同或法律规定产生的权利加以确认；某些并非合同或法律规定的权利，但能够与被购买企业的其他资产区分并单独出售或转让的，应当确认为无形资产。

第四节　后续计量

一、摊销

使用寿命有限的无形资产应当摊销，使用寿命不确定的无形资产不予摊销。

（一）无形资产使用寿命的确定

企业应当于取得无形资产时分析判断其使用寿命。

无形资产的使用寿命为有限的，应当估计该使用寿命的年限或者构成使用寿命的产量等类似计量单位数量；无法预见无形资产为企业带来经济利益期限的，应当视为使用寿命不确定的无形资产。

1. 流程

企业持有的无形资产，通常来源于合同性权利或是其他法定权利，而且合同规定或法律规定有明确的使用年限。来源于合同性权利或其他法定权利的无形资产，其使用寿命不应超过合同性权利或其他法定权利的期限；如果合同性权利或其他法定权利能够在到期时因续约等延续，且有证据表明企业续约不需要付出大额成本，续约期应当计入使用寿命。

合同或法律没有规定使用寿命的，企业应当综合各方面情况，聘请相关专家进行论证，或与同行业的情况进行比较，以及参考历史经验

等,确定无形资产为企业带来未来经济的期限。

经过上述努力仍无法合理确定无形资产为企业带来经济利益期限的,才能将其作为使用寿命不确定的无形资产。

2. 应当考虑的相关因素

企业确定无形资产的使用寿命,应当考虑以下因素:

(1) 该资产通常的产品寿命周期、可获得的类似资产使用寿命的信息。

(2) 技术、工艺等方面的现实情况及对未来发展的估计。

(3) 以该资产生产的产品或服务的市场需求情况。

(4) 现在或潜在的竞争者预期采取的行动。

(5) 为维持该资产产生未来经济利益的能力预期的维护支出,以及企业预计支付有关支出的能力。

(6) 对该资产的控制期限,使用的法律或类似限制,如特许使用期间、租赁期间等。

(7) 与企业持有的其他资产使用寿命的关联性等。

(二) 使用寿命确定的无形资产应当摊销

1. 摊销期

使用寿命有限的无形资产,其应摊销金额应当在使用寿命内系统合理摊销。

2. 摊销起点与终点

企业摊销无形资产,应当自无形资产可供使用时起,至不再作为无形资产确认时止。

3. 摊销方法

企业选择的无形资产摊销方法,应当反映与该项无形资产有关的经济利益的预期实现方式。

无法可靠确定预期实现方式的,应当采用直线法摊销。

4. 列支

无形资产的摊销金额一般应当计入当期损益,其他会计准则另有规定的除外。

5. 应摊销金额

无形资产的应摊销金额为其成本扣除预计残值后的金额。已计提减值准备的无形资产,还应扣除已计提的无形资产减值准备累计金额。使用寿命有限的无形资产,其残值应当视为零,但下列情况除外:

(1) 有第三方承诺在无形资产使用寿命结束时购买该无形资产。

(2) 可以根据活跃市场得到预计残值信息,并且该市场在无形资产使用寿命结束时很可能存在。

(三) 使用寿命不确定的无形资产不予摊销

使用寿命不确定的无形资产不应摊销。

二、减值

无形资产的减值,应当按照《企业会计准则第8号——资产减值》处理。

专家点拨

如果无形资产将来为企业创造的经济利益,不足以补偿无形资产的成本(摊余成本),则说明无形资产发生了减值,具体表现为无形资产的账面价值高于其可收回金额。

在资产负债表日,无形资产存在可能发生减值迹象,且其可收回金额低于账面价值的,企业应当将该无形资产的账面价值减记至可收回金额,减记的金额确认为减值损失,计提相应的资产减值准备。

企业按照应减记的金额,借记"资产减值损失——无形资产减值损失"科目,贷记"无形资产减值准备"科目。

企业无形资产减值损失一经确认,在以后会计期间不得转回。

三、复核

(一) 对使用寿命确定的无形资产的复核

企业至少应当于每年年度终了,对使用寿命有限的无形资产的使用寿命及摊销方法进行复核。无形资产的使用寿命及摊销方法与以前估计不同的,应当改变摊销期限和摊销方法。

(二) 对使用寿命不确定的无形资产的复核

企业应当在每个会计期间对使用寿命不确定的无形资产的使用寿命进行复核。如果有证据表明无形资产的使用寿命是有限的,应当估计其使用寿命,并按本准则规定处理。

第五节 终止计量

企业处置无形资产,应当将取得的价款扣除该无形资产账面价值以及出售相关税费后的差额作为资产处置损益进行会计处理。

企业处置无形资产,应当按照实际收到或应收的金额等,借记"银行存款""其他应收款"等科目,按照已计提的累计摊销,借记"累计摊销"科目,按照实际支付的相关费用,贷记"银行存款"等科目,按无形资产账面余额,贷记"无形资产"科目,按照开具的增值税专用发票上注明的增值税销项税税额,贷记"应交税费——应交增值税(销项税额)"科目,按照其差额,贷记或借记"资产处置损益"科目。已计提减值准备的,还应同时结转减值准备,借记"无形资产减值准备"科目。

一、无形资产出售

企业出售无形资产,应当按照实际收到或应收的金额等,借记"银行存款""其他应收款"等科目,按照已计提的累计摊销,借记"累计摊销"科目,按照实际支付相关费用的可抵扣进项税额,借记"应交税费——应交增值税(进项税额)"科目,按照实际支付的相关费用,贷记"银行存款"等科目,按无形资产账面余额,贷记"无形资产"科目,按照开具的增值税专用发票上注明的增值税销项税额,贷记"应交税费——应交增值税(销项税额)"科目,按照其差额,贷记或借记"资产处置损益"科目。已经计提减值准备的,应同时结转减值准备,借记"无形资产减值准备"科目。

注 固定资产和无形资产处置时的会计处理,按照《〈企业会计准则第42号——持有待售的非流动资产、处置组和终止经营〉应用指南(2018)》进行了调整。

调整固定资产和无形资产处置形成净损益的会计核算:区分出售、报废和毁损。固定资产和无形资产出售产生的处置净损益通过"资产处置损益"科目核算;固定资产报废、毁损产生的处置净损益通过"营业外收入"或"营业外支出"科目核算。其他内容无实质性变动。

二、无形资产转销

无形资产预期不能为企业带来经济利益的,应当将该无形资产的账面价值予以转销。当无形资产预期不能为企业带来经济利益的,应按已计提的累计摊销,借记"累计摊销"科目,原已计提减值准备的,借记"无形资产减值准备"科目,按其账面余额,贷记"无形资产"科目,按其差额,借记"营业外支出——处置非流动资产损失"科目。

第六节 会计科目和会计分录

以下是第一财税网(www.tax.org.cn)耗时整理的相关会计科目和会计分录,供实际工作中随时查阅、使用。

一、1701 无形资产

(一) 核算内容

本科目核算企业持有的无形资产成本,包括专利权、非专利技术、商标权、著作权、土地使用权等。

(二) 明细核算

本科目可按无形资产项目进行明细核算。

(三) 主要账务处理

(1) 企业外购的无形资产,按应计入无形资产成本的金额,借记本科目,贷记"银行存款"等科目。

自行开发的无形资产,按应予资本化的支出,借记本科目,贷记"研发支出"科目。

(2) 无形资产预期不能为企业带来经济利益的,应按已计提的累计摊销,借记"累计摊销"科目,按其账面余额,贷记本科目,按其差额,借记"营业外支出"科目。已计提减值准备的,还应同时结转减值准备。

(3) 处置无形资产,应按实际收到的金额等,借记"银行存款"等科目,按已计提的累计摊销,借记"累计摊销"科目,按应支付的相关税费及其他费用,贷记"应交税费""银行存款"等科目,按其账面余额,贷记本科目,按其差额,贷记或借记"资产处置损益"科目。已计提减值准备的,还应同时结转减值准备。

(四)期末余额

本科目期末借方余额,反映企业无形资产的成本。

二、1703 无形资产减值准备

(一)核算内容

本科目核算企业无形资产的减值准备。

(二)明细核算

本科目可按无形资产项目进行明细核算。

(三)主要账务处理

资产负债表日,无形资产发生减值的,按应减记的金额,借记"资产减值损失"科目,贷记本科目。处置无形资产还应同时结转减值准备。

(四)期末余额

本科目期末贷方余额,反映企业已计提但尚未转销的无形资产减值准备。

三、1702 累计摊销

(一)核算内容

本科目核算企业对使用寿命有限的无形资产计提的累计摊销。

(二)明细核算

本科目可按无形资产项目进行明细核算。

(三)主要账务处理

企业按期(月)计提无形资产的摊销,借记"管理费用""其他业务成本"等科目,贷记本科目。处置无形资产还应同时结转累计摊销。

(四)期末余额

本科目期末贷方余额,反映企业无形资产的累计摊销额。

四、1481 持有待售资产

(一)核算内容

本科目核算持有待售的非流动资产和持有待售的处置组中的资产。

(二)明细核算

本科目按照资产类别进行明细核算。

(三)主要账务处理

企业将相关非流动资产或处置组划分为持有待售类别时,按各类资产的账面价值或账面余额,借记本科目,按已计提的累计折旧、累计摊销等,借记"累计折旧""累计摊销"等科目,按各项资产账面余额,贷记"固定资产""无形资产""长期股权投资""应收账款""商誉"等科目,适用本准则计量规定的非流动资产已计提减值准备的,还应同时结转已计提的减值准备。

注 对于取得日划分为持有待售类别的非流动资产或处置组,企业应当在初始计量时比较假定其不划分为持有待售类别情况下的初始计量金额和公允价值减去出售费用后的净额,以两者孰低计量。

(四)期末余额

本科目期末借方余额,反映企业持有待售的非流动资产和持有待售的处置组中资产的账面余额。

附:报表列示

反映资产负债表日划分为持有待售类别的非流动资产及划分为持有待售类别的处置组中的流动资产和非流动资产的期末账面价值。

该项目应根据"持有待售资产"科目的期末余额,减去"持有待售资产减值准备"科目的期末余额后的金额填列。

注 企业如有划分为持有待售的非流动资产及划分为持有待售的处置组中的资产,应当在资产负债表资产项下"存货"项目和"一年内到期的非流动资产"项目之间增设

"划分为持有待售的资产"项目,反映资产负债表日划分为持有待售的非流动资产及划分为持有待售的处置组中的资产的期末余额;如有划分为持有待售的处置组中的负债,应当在资产负债表负债项下"其他应付款"项目和"一年内到期的非流动负债"项目之间增设"划分为持有待售的负债"项目,反映资产负债表日划分为持有待售的处置组中的负债的期末余额。

五、1122 应收账款/应收保费(保险)/应收手续费及佣金(金融)

(一) 核算内容

本科目核算以摊余成本计量的、企业因销售商品、提供劳务等日常活动应收取的款项。

企业(保险)按照原保险合同约定应向投保人收取的保费,可将本科目改为"1122 应收保费"科目,并按照投保人进行明细核算。

企业(金融)应收取的手续费和佣金,可将本科目改为"1124 应收手续费及佣金"科目,并按照债务人进行明细核算。

因销售商品、提供劳务等,采用递延方式收取合同或协议价款、实质上具有融资性质的,在"长期应收款"科目核算。

(二) 明细核算

本科目可按债务人进行明细核算。

(三) 主要账务处理

(1) 企业发生应收账款,按应收金额,借记本科目,按确认的营业收入,贷记"主营业务收入""手续费及佣金收入""保费收入"等科目。收回应收账款时,借记"银行存款"等科目,贷记本科目。涉及增值税销项税额的,还应进行相应的处理。

代购货单位垫付的包装费、运杂费,借记本科目,贷记"银行存款"等科目。收回代垫费用时,借记"银行存款"科目,贷记本科目。

(2) 企业与债务人进行债务重组,应当分别债务重组的不同方式进行处理。

① 收到债务人清偿债务的款项小于该项应收账款账面价值的,应按实际收到的金额,借记"银行存款"等科目,按重组债权已计提的坏账准备,借记"坏账准备"科目,按重组债权的账面余额,贷记本科目,按其差额,借记"投资收益"科目。

收到债务人清偿债务的款项大于该项应收账款账面价值的,应按实际收到的金额,借记"银行存款"等科目,按重组债权已计提的坏账准备,借记"坏账准备"科目,按重组债权的账面余额,贷记本科目,按其差额,贷记"信用减值损失"科目。

以下债务重组涉及重组债权减值准备的,应当比照此规定进行处理。

② 接受债务人用于清偿债务的非现金资产,应按该项非现金资产的公允价值,借记"原材料""库存商品""固定资产""无形资产"等科目,按重组债权的账面余额,贷记本科目,按应支付的相关税费和其他费用,贷记"银行存款""应交税费"等科目,按其差额,借记"投资收益"科目。涉及增值税进项税额的,还应进行相应的处理。

注 债务重组中因处置非流动资产产生的利得或损失和非货币性资产交换中换出非流动资产产生的利得或损失在"资产处置损益"科目核算。

③ 将债权转为投资,应按享有股份的公允价值,借记"长期股权投资"科目,按重组债权的账面余额,贷记本科目,按应支付的相关税费和其他费用,贷记"银行存款""应交税费"等科目,按其差额,借记"投资收益"科目。

④ 以修改其他债务条件进行清偿的,应按修改其他债务条件后债权的公允价值,借记本科目,按重组债权的账面余额,贷记本科目,按其差额,借记"投资收益"科目。

(四) 期末余额

本科目期末借方余额,反映企业尚未收回的应收账款;期末如为贷方余额,反映企业预收的账款。

六、6103 资产处置损益

(一) 核算内容

本科目核算企业出售划分为持有待售的非流动资产(金融工具、长期股权投资和投资性房地产除外)或处置组(子公司和业务除外)时确认的处置利得或损失,以及处置未划分为持有待售的固定资产、在建工程、生产性生物资产及无形资产而产生的处置利得或损失。

债务重组中因处置非流动资产产生的利得或损失和非货币性资产交换中换出非流动资产产生的利得或损失也在本科目核算。

（二）明细核算

本科目按照处置的资产类别或处置组进行明细核算。

（三）主要账务处理

企业处置持有待售的非流动资产或处置组时，按处置过程中收到的价款，借记"银行存款"等科目，按相关负债的账面余额，借记"持有待售负债"科目，按相关资产的账面余额，贷记"持有待售资产"科目，按其差额借记或贷记本科目，已计提减值准备的，还应同时结转已计提的减值准备；按处置过程中发生的相关税费，借记本科目，贷记"银行存款""应交税费"等科目。

（四）期末余额

期末，应将本科目余额转入"本年利润"科目，本科目结转后应无余额。

附：报表列示

反映企业出售划分为持有待售的非流动资产（金融工具、长期股权投资和投资性房地产除外）或处置组（子公司和业务除外）时确认的处置利得或损失，以及处置未划分为持有待售的固定资产、在建工程、生产性生物资产及无形资产而产生的处置利得或损失。债务重组中因处置非流动资产（金融工具、长期股权投资和投资性房地产除外）产生的利得或损失和非货币性资产交换中换出非流动资产（金融工具、长期股权投资和投资性房地产除外）产生的利得或损失也包括在本项目内。

该项目应根据"资产处置损益"科目的发生额分析填列；如为处置损失，以"一"号填列。

七、5301 研发支出

（一）核算内容

本科目核算企业进行研究与开发无形资产过程中发生的各项支出。

（二）明细核算

本科目可按研究开发项目，分别"费用化支出""资本化支出"进行明细核算。

（三）主要账务处理

（1）企业自行开发无形资产发生的研发支出，不满足资本化条件的，借记本科目（费用化支出），满足资本化条件的，借记本科目（资本化支出），贷记"原材料""银行存款""应付职工薪酬"等科目。

（2）研究开发项目达到预定用途形成无形资产的，应按本科目（资本化支出）的余额，借记"无形资产"科目，贷记本科目（资本化支出）。

期（月）末，应将本科目归集的费用化支出金额转入"管理费用"科目，借记"管理费用"科目，贷记本科目（费用化支出）。

（四）期末余额

本科目期末借方余额，反映企业正在进行无形资产研究开发项目满足资本化条件的支出。

八、6402 其他业务成本

（一）核算内容

本科目核算企业确认的除主营业务活动以外的其他经营活动所发生的支出，包括销售材料的成本、出租固定资产的折旧额、出租无形资产的摊销额、出租包装物的成本或摊销额等。

除主营业务活动以外的其他经营活动发生的相关税费，在"税金及附加"科目核算。

采用成本模式计量投资性房地产的，其投资性房地产计提的折旧额或摊销额，也通过本科目核算。

（二）明细核算

本科目可按其他业务成本的种类进行明细核算。

（三）主要账务处理

企业发生的其他业务成本，借记本科目，贷记"原材料""周转材料"等科目。

（四）期末余额

期末，应将本科目的余额转入"本年利润"科目，结转后本科目无余额。

九、6601 销售费用/业务及管理费（金融）

（一）核算内容

本科目核算企业销售商品和材料、提供劳务的过程中发生的各种费用，包括保险费、包装费、展览费和广告费、商品维修费、预计产品质量保证损失、运输费、装卸费等以及为销售本企业商品而专设的销售机构（含销售网点、售后服务网点等）的职工薪酬、业务费、折旧费等经营费用。

企业发生的与专设销售机构相关的固定资产修理费用等后续支出，也在本科目核算。

企业（金融）应将本科目改为"6601 业务及管理费"科目，核算企业（金融）在业务经营和管理过程中所发生的各项费用，包括折旧费、业务宣传费、业务招待费、电子设备运转费、钞币运送费、安全防范费、邮电费、劳动保护费、外事费、印刷费、低值易耗品摊销、职工工资及福利费、差旅费、水电费、职工教育经费、工会经费、会议费、诉讼费、公证费、咨询费、无形资产摊销、长期待摊费用摊销、取暖降温费、聘请中介机构费、技术转让费、绿化费、董事会费、财产保险费、劳动保险费、待业保险费、住房公积金、物业管理费、研究费用、提取保险保障基金等。

企业（金融）不应设置"管理费用"科目。

（二）明细核算

本科目可按费用项目进行明细核算。

（三）主要账务处理

（1）企业在销售商品过程中发生的包装费、保险费、展览费和广告费、运输费、装卸费等费用，借记本科目，贷记"库存现金""银行存款"等科目。

（2）发生的为销售本企业商品而专设的销售机构的职工薪酬、业务费等经营费用，借记本科目，贷记"应付职工薪酬""银行存款""累计折旧"等科目。

（四）期末余额

期末，应将本科目余额转入"本年利润"科目，结转后本科目无余额。

十、6701 资产减值损失

（一）核算内容

本科目核算企业计提各项资产减值准备所形成的损失。

注 根据《企业会计准则第 22 号——金融工具确认和计量》的规定，对企业应收款项、合同资产和租赁应收款发生信用减值核算时由原来的"资产减值损失"账户改成"信用减值损失"账户。

（二）明细核算

本科目可按资产减值损失的项目进行明细核算。

（三）主要账务处理

（1）企业的存货、长期股权投资、固定资产、无形资产等资产发生减值的，按应减记的金额，借记本科目，贷记"存货跌价准备""长期股权投资减值准备""固定资产减值准备""无形资产减值准备"等科目。

在建工程、工程物资、生产性生物资产、商誉、抵债资产、损余物资、采用成本模式计量的投资性房地产等资产发生减值的，应当设置相应的减值准备科目，比照上述规定进行处理。

（2）企业计提存货跌价准备等，相关资产的价值又得以恢复的，应在原已计提的减值准备金额内，按恢复增加的金额，借记"存货跌价准备"等科目，贷记本科目。

（四）期末余额

期末，应将本科目余额转入"本年利润"科目，结转后本科目无余额。

十一、6711 营业外支出

（一）核算内容

本科目核算企业发生的各项营业外支出，包括非流动资产毁损报废损失、捐赠支出、非常损失、盘亏损失、罚款费用等。

注（1）债务重组中因处置非流动资产产生的利得或损失和非货币性资产交换中换出非流动资产产生的利得或损失在"资产处置损益"科目核算。

（2）新的《企业会计准则第 12 号——债务重组》下，债权人的债务重组损失记入"投资收益"科目。新债务重组会计准则,修改了债务重组的定义,债务重组中涉及的债权和债务与其他金融工具不再区别对待。对于债务重组采用债务人以资产清偿债务方式的,债权人初始确认受让的金融资产以外的资产时,以成本计量。不再区分债务重组利得、损失和资产处置损益,合并作为债务重组相关损益。不要求区分不同资产类型确认处置损益,而是将相关损益合并反映。

债务重组构成权益性交易的,应当适用权益性交易的有关会计处理规定,债权人和债务人不确认构成权益性交易的债务重组相关损益。债务重组构成权益性交易的情形包括:①债权人直接或间接对债务人持股,或者债务人直接或间接对债权人持股,且持股方以股东身份进行债务重组;②债权人与债务人在债务重组前后均受同一方或相同的多方最终控制,且该债务重组的交易实质是债权人或债务人进行了权益性分配或接受了权益性投入。

例如,甲公司是乙公司股东,为了弥补乙公司临时性经营现金流短缺,甲公司向乙公司提供 1 000 万元无息借款,并约定于 6 个月后收回。借款期满时,尽管乙公司具有充足的现金流,甲公司仍然决定免除乙公司部分本金还款义务,仅收回 200 万元借款。在此项交易中,如果甲公司不以股东身份而是以市场交易者身份参与交易,在乙公司具有足够偿债能力的情况下不会免除其部分本金。因此,甲公司和乙公司应当将该交易作为权益性交易,不确认债务重组相关损益。

债务重组中不属于权益性交易的部分仍然适用本准则。例如,假设前例中债务人乙公司确实出现财务困难,其他债权人对其债务普遍进行了减半的豁免,那么甲公司作为股东比其他债务人多豁免 300 万元债务的交易应当作为权益性交易,正常豁免 500 万元债务的交易适用《企业会计准则第 12 号——债务重组》。

企业在判断债务重组是否构成权益性交易时,应当遵循实质重于形式原则。例如,假设债权人对债务人的权益性投资通过其他人代持,债权人不具有股东身份,但实质上以股东身份进行债务重组,债权人和债务人应当认为该债务重组构成权益性交易。

(二) 明细核算

本科目可按支出项目进行明细核算。

(三) 主要账务处理

企业确认流动资产毁损报废报失,比照"固定资产清理""无形资产""原材料""库存商品""应付账款"等科目的相关规定进行处理。

盘亏、毁损的资产发生的净损失,按管理权限报经批准后,借记本科目,贷记"待处理财产损溢"科目。

(四) 期末余额

期末,应将本科目余额转入"本年利润"科目,结转后本科目无余额。

十二、6001 主营业务收入

(一) 核算内容

本科目核算企业确认的销售商品、提供服务等主营业务的收入。

(二) 明细核算

本科目可按主营业务的种类进行明细核算。

(三) 主要账务处理

(1) 企业在履行了合同中的单项履约义务时,应按照已收或应收的合同价款,加上应收取的增值税额,借记"银行存款""应收账款""应收票据""合同资产"等科目,按应确认的收入金额,贷记本科目,按应收取的增值税税额,贷记"应交税费——应交增值税(销项税额)""应交税费——待转销项税额"等科目。

(2) 合同中存在企业为客户提供重大融资利益的,企业应按照应收合同价款,借记"长期应收款"等科目,按照假定客户在取得商品控制权时即以现金支付而需支付的金额(即现销价格)确定的交易价格,贷记本科目,按其差额,贷记"未实现融资收益"科目;合同中存在客户为企业提供重大融资利益的,企业应按照已收合同价款,借记"银行存款"等科目,按照假定客户在取得商品控制权时即以现金支付的应付金额(即现销价格)确定的交易价格,贷记"合同负债"等科目,按其差额,借记"未确认融资费用"科目。涉及增值税的,还应进行相应的处理。

(3) 企业收到的对价为非现金资产时,应按该非现金资产在合同开始日的公允价值,借记"存货""固定资产""无形资产"等有关科目,贷记本科目。涉及增值税的,还应进行相应的处理。

(四) 期末余额

期末,应将本科目的余额转入"本年利润"科目,结转后本科目应无余额。

十三、6051 其他业务收入

(一) 核算内容

本科目核算企业确认的除主营业务活动以外的其他经营活动实现的收入,包括出租固定资产、出租无形资产、出租包装物和商品、销售材料、用材料进行非货币性交换(非货币性资产交换具有商业实质且公允价值能够可靠计量)或债务重组等实现的收入。

企业(保险)经营受托管理业务收取的管理费收入,也通过本科目核算。

(二) 明细核算

本科目可按其他业务的种类进行明细核算。

(三) 主要账务处理

企业确认其他业务收入的主要账务处理参见"主营业务收入"科目。

(四) 期末余额

期末,应将本科目的余额转入"本年利润"科目,结转后本科目应无余额。

十四、6301 营业外收入

(一) 核算内容

本科目核算企业发生的各项营业外收入,主要包括非流动资产毁损报废收益、政府补助(不含总额法下与日常活动相关的政府补助)、盘盈利得、捐赠利得等。

(二) 明细核算

本科目可按营业外收入项目进行明细核算。

(三) 主要账务处理

企业确认非流动资产毁损报废收益,比照"固定资产清理""无形资产""原材料""库存商品""应付账款"等科目的相关规定进行处理。

确认的政府补助利得(不含总额法下与日常活动相关的政府补助),借记"银行存款""递延收益"等科目,贷记本科目。

(四) 期末余额

期末,应将本科目余额转入"本年利润"科目,结转后本科目无余额。

注 (1) 企业选择总额法对与日常活动相关的政府补助进行会计处理的,应增设"6117 其他收益"科目进行核算。"其他收益"科目核算总额法下与日常活动相关的政府补助以及其他与日常活动相关且应直接计入"6117 其他收益"科目的项目。

(2) "资产处置损益"科目核算企业出售划分为持有待售的非流动资产(金融工具、长期股权投资和投资性房地产除外)或处置组(子公司和业务除外)时确认的处置利得或损失,以及处置未划分为持有待售的固定资产、在建工程、生产性生物资产及无形资产而产生的处置利得或损失。

债务重组中因处置非流动资产产生的利得或损失和非货币性资产交换中换出非流动资产产生的利得或损失也在"资产处置损益"科目核算。

(3) 新的《企业会计准则第 12 号——债务重组》下,债务人的债务重组利得记入"其他收益——债务重组收益"或"投资收益"(仅涉及金融工具时)科目。新债务重组会计准则,修改了债务重组的定义,债务重组中涉及的债权和债务与其他金融工具不再区别对待。对于债务重组采用债务人以资产清偿债务方式的,债权人初始确认受让的金融资产以外的资产时,以成本计量。不再区分债务重组利得、损失和资产处置损益,合并作为债务重组相关损益。不要求区分不同资产类型确认处置损益,而是将相关损益合并反映。

债务重组构成权益性交易的,应当适用权益性交易的有关会计处理规定,债权人和债务人不确认构成权益性交易的债务重组相关损益。债务重组构成权益性交易的情形包括:①债权人直接或间接对债务人持股,或者债务人直接或间接对债权人持股,且持股方以股东身份进行债务重组;②债权人与债务人在债务重组前后均受同一方或相同的多方最终控制,且该债务重组的交易实质是债权人或债务人进行了权益性分配或接受了权益性投入。

例如,甲公司是乙公司股东,为了弥补乙公司临时性经营现金流短缺,甲公司向乙公司提供 1 000 万元无息借款,并约定于 6 个月后收回。借款期满时,尽管乙公司具有充足的现金流,甲公司仍然决定免除乙公司部分本金还款义务,仅收回 200 万元借款。在此项交易中,如果甲公司不以股东身份而是以市场交易者身份参与交易,在乙公司具有足够偿债能力的情况下不会免除其部分本金。因此,甲公司和乙公司应当将该交易作为权益性交易,不确认债务重组相关损益。

债务重组中不属于权益性交易的部分仍然适用本准则。例如,假设前例中债务人乙公司确实出现财务困难,其他债权人对其债务普遍进行了减半的豁免,那么甲公司作为股东比其他债务人多豁免 300 万元债务的交易应当作为权益性交易,正常豁免 500 万元债务的交易适用《企业会计准则第 12 号——债务重组》。

企业在判断债务重组是否构成权益性交易时，应当遵循实质重于形式原则。例如，假设债权人对债务人的权益性投资通过其他人代持，债权人不具有股东身份，但实质上以股东身份进行债务重组，债权人和债务人应当认为该债务重组构成权益性交易。

十五、1711 商誉/商誉减值准备^

(一)核算内容

本科目核算企业合并中形成的商誉价值。

商誉发生减值的，可以单独设置"商誉减值准备"科目，比照"无形资产减值准备"科目进行处理。

(二)主要账务处理

非同一控制下企业合并中确定的商誉价值，借记本科目，贷记有关科目。

(三)期末余额

本科目期末借方余额，反映企业商誉的价值。

十六、4001 实收资本

(一)核算内容

本科目核算企业接受投资者投入的实收资本。股份有限公司应将本科目改为"4001 股本"科目。企业收到投资者出资超过其在注册资本或股本中所占份额的部分，作为资本溢价或股本溢价，在"资本公积"科目核算。

(二)明细核算

本科目可按投资者进行明细核算。企业（中外合作经营）在合作期间归还投资者的投资，应在本科目设置"已归还投资"明细科目进行核算。

(三)主要账务处理

(1) 实收资本的主要账务处理。

① 企业接受投资者投入的资本，借记"银行存款""其他应收款""固定资产""无形资产""长期股权投资"等科目，按其在注册资本或股本中所占份额，贷记本科目，按其差额，贷记"资本公积——资本溢价或股本溢价"科目。

② 股东大会批准的利润分配方案中分配的股票股利，应在办理增资手续后，借记"利润分配"科目，贷记本科目。

注 采用权益法核算的长期股权投资，收到被投资单位发放的股票股利，不进行账务处理，但应在备查簿中登记。被投资单位分派股票股利的，投资方不作会计处理，但应于除权日注明所增加的股数，以反映股份的变化情况。

企业派发股票股利、公积金转增资本、拆股或并股等，会增加或减少其发行在外普通股或潜在普通股的数量，但不影响所有者权益总额，也不改变企业的盈利能力。企业应当在相关报批手续全部完成后，按调整后的股数重新计算各列报期间的每股收益。上述变化发生于资产负债表日至财务报告批准报出日之间的，应当以调整后的股数重新计算各列报期间的每股收益。

金融工具或其组成部分属于权益工具的，其发行（含再融资）、回购、出售或注销时，发行方应当作为权益的变动处理。发行方不应当确认权益工具的公允价值变动。发行方向权益工具持有方的分配应当作为其利润分配处理，发放的股票股利不影响发行方的所有者权益总额。

经股东大会或类似机构决议，用资本公积转增资本，借记"资本公积——资本溢价或股本溢价"科目，贷记本科目。

③ 以权益结算的股份支付换取职工或其他方提供服务的，应在行权日，按根据实际行权情况确定的金额，借记"资本公积——其他资本公积"科目，按应计入实收资本或股本的金额，贷记本科目。

注 "其他权益工具"科目核算企业发行的除普通股以外的归类为权益工具的各种金融工具。发行方发行的金融工具为既有负债成分又有权益工具成分的复合金融工具的，应按实际收到的金额，借记"银行存款"或"存放中央银行款项"等科目，按金融工具的面值，贷记"应付债券——面值"等科目，按负债成分的公允价值与金融工具面值之间的差额，借记或贷记"应付债券——利息调整"等科目，按实际收到的金额扣除负债成分的公允价值后的金额，贷记"其他权益工具"科目。发行复合金融工具发生的交易费用，应当在负债成分和权益成分之间按照各自占总发行价款的比例进行分摊。与多项交易相关的共同交易费用，应当在合理的基础上，采用与其他类似交易一致的方法，在各项交易之间进行分摊。对于分摊至负债成分的交易费用，应当计入该负债成分的初始计量金额（若该负债成分按摊余成本进行后续计量）或计入当期损益（若该负债成分按公允价值进行后续计量且其变动计入当期损益）；对于分摊至权益成分的交易费用，应当从权益中扣除。发行方按合同条款约定将发行的除普通股以外的金融工具转换为普通股的,按该工具对应的其他权益工具或金融负债的账面价值,借记"其他权益工具"科目、"应付债券"等科目,按普通股的面值,贷记"实收资本(或股本)"等科目,按其差额,贷记"资本公积——资本溢价(或股本溢价)"等科目(如转股时金融工具的账面价值零头不足转换为1股普通股,发行方以现金或其他金融资产退换零头时,还需按支付的现金或其他金融资产的金额,贷记"银行存款"或"存放中央银行款项"等科目)。

"应付债券"科目核算企业为筹集(长期)资金而发行的以摊余成本计量的债券。企业发行的可转换公司债券,应将负债和权益成分进行分拆,分拆后形成的负债成分在"应付债券"科目核算。

(2)企业按法定程序报经批准减少注册资本的,借记本科目,贷记"库存现金""银行存款"等科目。

股份有限公司采用收购本公司股票方式减资的,按股票面值和注销股数计算的股票面值总额,借记本科目,按所注销库存股的账面余额,贷记"库存股"科目,按其差额,借记"资本公积——股本溢价"科目,股本溢价不足冲减的,应借记"盈余公积""利润分配——未分配利润"科目;购回股票支付的价款低于面值总额的,应按股票面值总额,借记本科目,按所注销库存股的账面余额,贷记"库存股"科目,按其差额,贷记"资本公积——股本溢价"科目。

(3)企业(中外合作经营)根据合同规定在合作期间归还投资者的投资,借记本科目(已归还投资),贷记"银行存款"等科目;同时,借记"利润分配——利润归还投资"科目,贷记"盈余公积——利润归还投资"科目。

中外合作经营清算,借记本科目、"资本公积""盈余公积""利润分配——未分配利润"等科目,贷记本科目(已归还投资)、"银行存款"等科目。

(四)期末余额

本科目期末贷方余额,反映企业实收资本或股本总额。

第十一讲 非货币性资产交换

第一节 综合知识

一、相关知识概述

(一) 相关概念

非货币性资产交换，是指企业主要以固定资产、无形资产、投资性房地产和长期股权投资等非货币性资产进行的交换。该交换不涉及或只涉及少量的货币性资产（即补价）。

货币性资产，是指企业持有的货币资金和收取固定或可确定金额的货币资金的权利。

非货币性资产，是指货币性资产以外的资产。

(二) 附注披露

企业应当在附注中披露与非货币性资产交换有关的下列信息：

(1) 非货币性资产交换是否具有商业实质及其原因。

(2) 换入资产、换出资产的类别。

(3) 换入资产初始计量金额的确定方式。

(4) 换入资产、换出资产的公允价值以及换出资产的账面价值。

(5) 非货币性资产交换确认的损益。

修订前后比较

新增关于非货币性资产交换商业实质判断的披露要求，预计将为财务报表使用者提供更多有用信息。

二、会计准则概述

(一) 本准则的相关背景

非货币性资产交换业务在我国企业会计准则体系中是以专门准则进行规范，而国际财务报告准则下的相关规范则分散在固定资产、无形资产、投资性房地产等准则中。但国际国内准则对此类业务规范的基本原则是一致的。

为了规范非货币性资产交换的确认、计量和相关信息的披露，我国财政部2019年5月9日修订发布了《企业会计准则第7号——非货币性资产交换》（本讲简称"本准则"或"新准则"），自2019年6月10日起施行。2006年2月15日财政部印发的《财政部关于印发〈企业会计准则第1号——存货〉等38项具体准则的通知》（财会〔2006〕3号）中的《企业会计准则第7号——非货币性资产交换》同时废止。财政部此前发布的有关非货币性资产交换会计处理规定与本准则不一致的，以本准则为准。

为适应社会主义市场经济发展需要，规范非货币性资产交换的会计处理，提高会计信息质量，根据《企业会计准则——基本准则》，我国财政部对《企业会计准则第7号——非货币性资产交换》进行了修订（2019年5月9日，财会〔2019〕8号），在所有执行企业会计准则的企业范围内施行。

《企业会计准则第7号——非货币性资产交换》于2006年发布，在多年的实施过程中，对于规范实务中的非货币性资产交换这类特殊交易起到很好的指导作用。

随着会计实务的发展和近年来新会计准则的发布实施，有必要对非货币性资产交换准则进行相应修订，以更好地指导实务操作。主要原因包括：

（1）保持准则体系的内在协调。2017年，我国财政部发布了修订后的《企业会计准则第14号——收入》（以下简称"新收入会计准则"），自2018年1月1日起分步实施，对相关业务做出新的规范要求。为在会计处理上与新收入会计准则保持一致，有必要对非货币性资产交换准则做出相应调整。

（2）避免对多项准则反复修订。非货币性资产交换准则对非货币性资产交换中的换入资产和换出资产的确认和计量原则进行了规定，便于实务操作，如果废止，则需要逐一修订固定资产、无形资产、投资性房地产和长期股权投资等多项准则。为了保持准则体系的稳定性，避免反复修订其他准则，不宜废止非货币性资产交换准则。

（3）明确准则实施中的有关问题。针对实务中反映的非货币性资产交换准则的有关实施问题，例如，以非货币性资产交换取得同一控制下企业合并的适用准则、换入和换出资产时点不明确等问题，有必要通过修订非货币性资产交换准则加以明确。

为提高会计信息质量，进一步规范非货币性资产交换的确认、计量和披露，切实解决我国企业相关会计实务问题，我国财政部结合我国实际，同时保持与国际财务报告准则的持续趋同，修订了非货币性资产交换准则。

（二）本准则的适用范围

本准则适用于所有非货币性资产交换，但下列各项适用其他相关会计准则：

（1）企业以存货换取客户的非货币性资产的，适用《企业会计准则第14号——收入》。

（2）非货币性资产交换中涉及企业合并的，适用《企业会计准则第20号——企业合并》《企业会计准则第2号——长期股权投资》和《企业会计准则第33号——合并财务报表》。

（3）非货币性资产交换中涉及由《企业会计准则第22号——金融工具确认和计量》规范的金融资产的，金融资产的确认、终止确认和计量适用《企业会计准则第22号——金融工具确认和计量》和《企业会计准则第23号——金融资产转移》。

（4）非货币性资产交换中涉及由《企业会计准则第21号——租赁》规范的使用权资产或应收融资租赁款等的，相关资产的确认、终止确认和计量适用《企业会计准则第21号——租赁》。

（5）非货币性资产交换的一方直接或间接对另一方持股且以股东身份进行交易的，或者非货币性资产交换的双方均受同一方或相同的多方最终控制，且该非货币性资产交换的交易实质是交换的一方向另一方进行了权益性分配或交换的一方接受了另一方权益性投入的，适用权益性交易的有关会计处理规定。

（三）本准则的主要变化

为满足广大利益相关者需求，维护会计准则体系内在协调一致性，我国财政部对非货币性资产交换准则进行了修订，主要包括以下方面：

1. 明确准则的适用范围

原非货币性资产交换准则没有对准则的适用范围进行规范，当非货币性资产交换准则规定的会计处理原则与其他准则规定的会计处理原则不一致时，可能因准则适用范围不清而导致实务差异。因此，本次修订明确了非货币性资产交换准则的适用范围，将应遵循其他准则的交易排除在非货币性资产交换准则之外。

2. 保持准则体系内在协调

新收入会计准则对存货销售取得非现金对价的情形在确认、计量和披露方面做出了明确规定，这些新的规范要求与原非货币性资产交换准则在范围上出现交叉，且在计量原则上不一致。为了与新收入会计准则保持协调，本次做出以下修订：

（1）增加规范非货币性资产交换的确认时点，即换入资产应在符合资产定义并满足资产确认条件时予以确认，换出资产应在满足资产终止确认条件时终止确认。

（2）将非货币性资产交换的计量原则与新收入会计准则协调一致，即以换入资产的公允价值为首选进行会计处理。

第二节 非货币性资产交换的确认

一、换入资产与换出资产确认原则

企业应当分别按照下列原则对非货币性资产交换中的换入资产进行确认,对换出资产终止确认:

(1) 对于换入资产,企业应当在换入资产符合资产定义并满足资产确认条件时予以确认。

(2) 对于换出资产,企业应当在换出资产满足资产终止确认条件时终止确认。

根据上述原则,对于非货币性资产交换,企业将换入的资产视为购买取得资产,并按照相关会计准则的规定进行初始确认;将换出的资产视为销售或处置资产,并按照相关会计准则的规定进行终止确认。例如,智董公司在非货币性资产交换中的换入资产和换出资产均为固定资产,按照《企业会计准则第 4 号——固定资产》和《企业会计准则第 14 号——收入》的规定,换入的固定资产应当在与该固定资产有关的经济利益很可能流入企业,且成本能够可靠地计量时确认;换出的固定资产应当以交换对方(即换入企业)取得该固定资产控制权时点作为处置时点终止确认。又如,在非货币性资产交换交易中,如果换入资产为对联营企业的长期股权投资,按照《企业会计准则第 2 号——长期股权投资》的规定,企业应当在能够对被投资单位实施重大影响时确认该换入的长期股权投资;如果换出资产为对联营企业的长期股权投资,企业应当在处置长期股权投资时点区分处置是否使企业丧失对被投资单位的重大影响,分别按照《企业会计准则第 22 号——金融工具确认和计量》或《企业会计准则第 2 号——长期股权投资》的规定进行会计处理。

二、换入资产的确认时点与换出资产的终止确认时点不一致时,在资产负债表日的处理

换入资产的确认时点与换出资产的终止确认时点存在不一致的,企业在资产负债表日应当按照下列原则进行处理:

(1) 换入资产满足资产确认条件,换出资产尚未满足终止确认条件的,在确认换入资产的同时将交付换出资产的义务确认为一项负债。

(2) 换入资产尚未满足资产确认条件,换出资产满足资产终止确认条件的,在终止确认换出资产的同时将取得换入资产的权利确认为一项资产。

小知识

修订前后比较

对于"确认"时点的专门规范,是本次修订新增的内容,明确了资产确认与终止确认需要按照相关准则分别考虑,对换入资产的确认和换出资产终止确认时点存在不一致的情况给出了明确的处理原则。

根据本准则的规定,非货币性资产交换中资产应当符合资产的定义并满足资产的确认条件,且作为资产列报于企业的资产负债表上。通常情况下,换入资产的确认时点与换出资产的终止确认时点应当相同或相近,也就是说,作为非货币性资产交换的一方,企业取得换入资产的时点与其销售或处置换出资产的时点应当相同或相近。实务中,由于资产控制权转移所必须的运输或转移程序等方面的原因(如资产运输至对方地点所需的合理运输时间、办理股权或房产过户手续等),可能导致换入资产满足确认条件的时点与换出资产满足终止确认条件的时点存在短暂不一致,企业可以按照重要性原则,在换入资产满足确认条件和换出资产满足终止确认条件孰晚的时点进行会计处理。在换入资产的确认时点与换出资产的终止确认时点存在不一致的情形下,在资产负债表日,企业应当按照本准则规定的下列原则进行会计处理:换入资产满足资产确认条件,换出资产尚未满足终止确认条件的,在确认换入资产的同时

将交付换出资产的义务确认为一项负债,如其他应付款;换入资产尚未满足资产确认条件,换出资产满足终止确认条件的,在终止确认换出资产的同时将取得换入资产的权利确认为一项资产,如其他应收款。

第三节 非货币性资产交换的计量

一、非货币性资产交换的计量原则

(一)"以公允价值为基础计量"与"以账面价值为基础计量"的划分原则

非货币性资产交换同时满足下列条件的,应当以公允价值为基础计量:

(1) 该项交换具有商业实质。
(2) 换入资产或换出资产的公允价值能够可靠地计量。换入资产和换出资产的公允价值均能够可靠计量的,应当以换出资产的公允价值为基础计量,但有确凿证据表明换入资产的公允价值更加可靠的除外。

商业实质的判断

满足下列条件之一的非货币性资产交换具有商业实质:

(1) 换入资产的未来现金流量在风险、时间分布或金额方面与换出资产显著不同。
(2) 使用换入资产所产生的预计未来现金流量现值与继续使用换出资产不同,且其差额与换入资产和换出资产的公允价值相比是重大的。

在判断资产交换是否具有商业实质时,企业应当重点考虑由于发生了该项资产交换预计使企业未来现金流量发生变动的程度。只有当换入资产的未来现金流量和换出资产的未来现金流量相比发生较大变化,或使用换入资产进行经营和继续使用换出资产进行经营所产生的预计未来现金流量现值之间的差额较大时,才表明该交易的发生使企业经济状况发生了明显改变,交换才因而具有商业实质。企业应当根据本准则的规定,遵循实质重于形式的原则,判断非货币性资产交换是否具有商业实质。

1. 判断条件

(1) 换入资产的未来现金流量在风险、时间分布或金额方面与换出资产显著不同。企业应当对比考虑换入资产与换出资产的未来现金流量在风险、时间或金额的三个方面,对非货币性资产交换是否具有商业实质进行综合判断。通常情况下,只要换入资产和换出资产的未来现金流量在风险、时间或金额中的某个方面存在显著不同,即表明满足商业实质的判断条件。

例如,企业以一项生产用的设备换入一批存货,设备作为固定资产要在较长的时间内为企业带来现金流量,而存货流动性强,能够在较短的时间内产生现金流量。两者产生现金流量的时间相差较大,即使假定两者产生未来现金流量的风险和总额均相同,可以认为上述固定资产与存货的未来现金流量显著不同,因而交换具有商业实质。

又如,甲企业以其用于经营出租的一幢公寓楼,与乙企业同样用于经营出租的一幢公寓楼进行交换,两幢公寓楼的租期、每期租金总额均相同,但是甲企业的公寓楼是租给一家财务及信用状况良好的知名上市公司作为职工宿舍,乙企业的公寓楼则是租给多个个人租户。相比较而言,甲企业无法取得租金的风险较小,乙企业取得租金依赖于各个个人租户的财务和信用状况,两者现金流量流入的风险或不确定性程度存在明显差异,可以认为两幢公寓楼的未来现金流量显著不同,因而交换具有商业实质。

(2) 使用换入资产所产生的预计未来现金流量现值与继续使用换出资产所产生的预计未来现金流量现值不同,且其差额与换入资产和换出资产的公允价值相比是重大的。

企业如果按照上述第(1)项判断条件难以判断非货币性资产交换是否具有商业实质,可以按照第(2)项条件,分别计算使用换入资产进行相关经营的预计未来现金流量现值和继续使用换出资产进行相关经营的预计未来现金流量现值,通过两者比较进行判断。企业在计算预计未来现金流量现值时,应当按照资产在企业自身持续使用过程和最终处置时预计产生的税后未来现金流量(使用企业自身的所得税税率),根据企业自身而不是市场参与者对资产特定风险的评价,选择恰当的折现率对预计未来现金流量折现后的金额加以确定,以体现资产对企业自身的特定价值。

从市场参与者的角度分析,换入资产和换出资产的未来现金流量在风险、时间或金额方面可能相同或相似。但是对于企业自身而言,鉴于换入资产的性质和换入企业经营活动的特征等因素,换入资产与换入企业其他现有资产相结合,能够比换出资产发挥更大的作用,使换入企业受该换入资产影响的经营活动部分产生的现金流量与换出资产明显不同,进而使用换入资产进行相关经营的预计未来现金流量现值与继续使用换出资产进行相关经营的预计未来现金流量现值存在重大差异,当其差额与换入资产和换出资产的公允价值相比是重大的,则表明交换具有商业实质。

例如,甲企业以持有的某非上市公司 A 企业的 10% 股权换入乙企业拥有的一项专利权。假定从市场参与者的角度来看,该股权与该项专利权的公允价值相同,两项资产未来现金流量的风险、时间和金额亦相似。通过第(1)项判断条件难以得出交易是否具有商业实质的结论。根据第(2)项判断条件,对换入专利权的甲企业来说,该项专利权能够解决其生产中的技术难题,使其未来的生产产量成倍增长,从而产生的预计未来现金流量现值与换出的股权投资有较大差异,且其差额与换入资产和换出资产的公允价值相比是重大的,因而可认为该交换具有商业实质。对换入股权的乙企业来说,其取得甲企业换出的 A 企业 10% 股权后,对 A 企业的投资关系由重大影响变为控制,从而产生的预计未来现金流量现值与换出的专利权有较大差异,且其差额与换入资产和换出资产的公允价值相比也是重大的,因而可认为该交换具有商业实质。

2.判断商业实质时对资产类别的考虑

企业在判断非货币性资产交换是否具有商业实质时,通常还可以考虑资产是否属于同一类别来进行分析。同类别的资产是指在资产负债表中列示为同一报表项目的资产;不同类别的资产是指在资产负债表中列示为不同报表项目的资产,例如存货、固定资产、无形资产、投资性房地产、长期股权投资等都是不同类别的非货币性资产。一般来说,不同类别的非货币性资产产生经济利益的方式不同,其产生的未来现金流量在风险、时间或金额方面也很可能不相同。不同类别非货币性资产之间的交换(如存货和固定资产之间的交换、固定资产和长期股权投资之间的交换等)是否具有商业实质,通常较易判断;而同类别非货币性资产之间的交换(如存货之间、固定资产之间、长期股权投资之间

等)是否具有商业实质,则通常较难判断,需要根据上述两项判断条件综合判断。

例如,企业将一项用于出租的投资性房地产,与另一企业的厂房进行交换,换入的厂房作为自用固定资产,属于不同类别的非货币性资产之间的交换。在该交换交易下,换出的投资性房地产的未来现金流量为每期的租金,换入的固定资产的未来现金流量为该厂房独立产生、或包括该厂房的资产组协同产生的现金流量。通常情况下,由定期租金带来的现金流量与用于生产经营的固定资产产生的现金流量在风险、时间或金额方面显著不同,因而两项资产的交换具有商业实质。

再如,企业将其拥有的一幢建筑物,与另一企业拥有的在同地点的另一幢建筑物进行交换,两幢建筑物的建造时间、建造成本等均相同,属于同类别的非货币性资产之间的交换。在该交换交易下,两幢建筑物未来现金流量的风险、时间和金额可能相同,也可能不同。如果其中一幢建筑物可以立即出售,企业管理层也打算将其立即出售,而另一幢建筑物难以出售或只能在一段较长的时间内出售,则可以表明两项资产未来现金流量的风险、时间或金额显著不同,因而这两项资产的交换具有商业实质。

此外,需要说明的是,从事相同经营业务的企业之间相互交换具有类似性质和相等价值的商品,以便在不同地区销售,这种同类别的非货币性资产之间的交换不具有商业实质。实务中,这种交换通常发生在某些特定商品上,常见的例子如石油或牛奶等。

(二)"以公允价值为基础计量"与"以账面价值为基础计量"的计量原则(如表 11-1 所示)

表 11-1 "以公允价值为基础计量"与"以账面价值为基础计量"的计量原则

以公允价值为基础计量	以账面价值为基础计量
首选换出资产的公允价值;换入资产公允价值更可靠的,选择换入资产公允价值	使用换出资产的账面价值

二、以公允价值为基础计量

以公允价值为基础计量的非货币性资产交换,对于换入资产,应当以换出资产的公允价值和应支付的相关税费作为换入资产的成本进行初始计量;对于换出资产,应当在终止确认时,将换出资产的公允价值与其账面价值之间的差额计入当期损益。

有确凿证据表明换入资产的公允价值更加可靠的,对于换入资产,应当以换入资产的公允价值和应支付的相关税费作为换入资产的初始计量金额;对于换出资产,应当在终止确认时,将换入资产的公允价值与换出资产账面价值之间的差额计入当期损益。

(1) 以公允价值为基础计量的非货币性资产交换,涉及补价的,应当按照下列规定进行处理:

① 支付补价的,以换出资产的公允价值,加上支付补价的公允价值和应支付的相关税费,作为换入资产的成本,换出资产的公允价值与其账面价值之间的差额计入当期损益。

有确凿证据表明换入资产的公允价值更加可靠的,以换入资产的公允价值和应支付的相关税费作为换入资产的初始计量金额,换入资产的公允价值减去支付补价的公允价值,与换出资产账面价值之间的差额计入当期损益。

② 收到补价的,以换出资产的公允价值,减去收到补价的公允价值,加上应支付的相关税费,作为换入资产的成本,换出资产的公允价值与其账面价值之间的差额计入当期损益。

有确凿证据表明换入资产的公允价值更加可靠的,以换入资产的公允价值和应支付的相关税费作为换入资产的初始计量金额,换入资产的公允价值加上收到补价的公允价值,与换出资产账面价值之间的差额计入当期损益。

(2) 以公允价值为基础计量的非货币性资产交换,同时换入或换出多项资产的,应当按照下列规定进行处理:

① 对于同时换入的多项资产,按照换入的金融资产以外的各项换入资产公允价值相对比例,将换出资产公允价值总额(涉及补价的,加上支付补价的公允价值或减去收到补价的公允价值)扣除换入金融资产公允价值后的净额进行分摊,以分摊至各项换入资产的金额,加上应支付的相关税费,作为各项换入资产的成本进行初始计量。

有确凿证据表明换入资产的公允价值更加可靠的,以各项换入资产的公允价值和应支付的相关税费作为各项换入资产的初始计量金额。

② 对于同时换出的多项资产,将各项换出资产的公允价值与其账面价值之间的差额,在各项换出资产终止确认时计入当期损益。

有确凿证据表明换入资产的公允价值更加可靠的,按照各项换出资产的公允价值的相对比例,将换入资产的公允价值总额(涉及补价的,减去支付补价的公允价值或加上收到补价的公允价值)分摊至各项换出资产,分摊至各项换出资产的金额与各项换出资产账面价值之间的差额,在各项换出资产终止确认时计入当期损益。

【例11-1】 智董公司和贵琛公司均为增值税一般纳税人,适用的增值税税率均为13%。2×21年8月,为适应业务发展的需要,经协商,智董公司决定以生产经营过程中使用的机器设备和专用货车换入贵琛公司生产经营过程中使用的小汽车和客运汽车。智董公司设备的账面原价为1 800万元,在交换日的累计折旧为300万元,公允价值为1 350万元;货车的账面原价为600万元,在交换日的累计折旧为480万元,公允价值为100万元。贵琛公司小汽车的账面原价为1 300万元,在交换日的累计折旧为680万元,公允价值为700万元;客运汽车的账面原价为1 300万元,在交换日的累计折旧为690万元,公允价值为709.5万元。贵琛公司另外向智董公司支付银行存款45.765万元,其中包括由于换出和换入资产公允价值不同而支付的补价40.5万元,以及换出资产销项税额与换入资产进项税额的差额5.265万元。

假定智董公司和贵琛公司都没有为换出资产计提减值准备;智董公司换入贵琛公司的小汽车、客运汽车作为固定资产使用和管理;贵琛公司换入智董公司的设备、货车作为固定资产使用和管理。假定智董公司和贵琛公司上述交易涉及的增值税进项税额按照税法规定可抵扣且已得到认证;不考虑其他相关税费。

【分析】 本例涉及收付货币性资产,应当计算智董公司收到的货币性资产占智董公司换出资产公允价值总额的比例(等于贵琛公司支付的货币性资产占贵琛公司换入资产公允价值的比例),即：40.5÷(1 350+100)=2.79%。

以上比例小于25%,可以认定这一涉及多项资产的交换行为属于非货币性资产交换。对于智董公司而言,为了拓展运输业务,需要小汽车、客运汽车等,贵琛公司为了扩大产品生产,需要设备和货车,换入资产对换入企业均能发挥更大的作用。因此,该项涉及多项资产的非货币性资产交换具有商业实质;同时,各单项换入资产和换出资产的公允价值均能可靠计量,因此,智董、贵琛公司均应当以公允价值为基础确定换入资产的总成本,确认产生的相关损益。同时,按照各单项换入资产的公允价值占换入资产公允价值总额的比例,确定各单项换入资产的成本。

智董公司的账务处理如下：

(1) 根据税法的有关规定：

换出设备的增值税销项税额=1 350×13%=175.5(万元)。

换出货车的增值税销项税额=100×13%=13(万元)。

换入小汽车、客运汽车的增值税进项税额=(709.5+700)×13%=183.235(万元)。

(2) 计算换入资产、换出资产公允价值总额：

换出资产公允价值总额=1 350+100=1 450(万元)。

换入资产公允价值总额=709.5+700=1 409.5(万元)。

(3) 计算换入资产总成本：

换入资产总成本=换出资产公允价值-补价+应支付的相关税费=1 450-40.5+0=1 409.5(万元)。

(4) 计算确定换入各项资产的公允价值占换入资产公允价值总额的比例：

小汽车公允价值占换入资产公允价值总额的比例=709.5÷1 409.5=50.34%。

客运汽车公允价值占换入资产公允价值总额的比例=700÷1 409.5=49.66%。

(5) 计算确定换入各项资产的成本：

小汽车的成本=1 409.5×50.34%=709.5(万元)。

客运汽车的成本=1 409.5×49.66%=700(万元)。

(6) 会计分录：

借：固定资产清理　　　　　　16 200 000
　　累计折旧　　　　　　　　　7 800 000
　　贷：固定资产——设备　　　　18 000 000
　　　　　　　　——货车　　　　 6 000 000

借：固定资产——小汽车　　　　7 095 000
　　　　　　——客运汽车　　　7 000 000
　　应交税费——应交增值税(进项税额)
　　　　　　　　　　　　　　　1 832 350
　　银行存款　　　　　　　　　　457 650
　　资产处置损益　　　　　　　1 700 000
　　贷：固定资产清理　　　　　16 200 000
　　　　应交税费——应交增值税(销项税额)
　　　　　　　　　　　　　　　1 885 000

贵琛公司的账务处理如下：

(1) 根据税法的有关规定：

换入货车的增值税进项税额=100×13%=13(万元)。

换入设备的增值税进项税额=1 350×13%=175.5(万元)。

换出小汽车、客运汽车的增值税销项税额=(709.5+700)×13%=183.235(万元)。

(2) 计算换入资产、换出资产公允价值总额：

换入资产公允价值总额=1 350+100=1 450(万元)。

换出资产公允价值总额=709.5+700=1 409.5(万元)。

(3) 确定换入资产总成本：

换入资产总成本=换出资产公允价值+支付的补价=1 409.5+40.5=1 450(万元)。

(4) 计算确定换入各项资产的公允价值占换入资产公允价值总额的比例：

设备公允价值占换入资产公允价值总额的比例=1 350÷1 450=93.10%。

货车公允价值占换入资产公允价值总额的比例=100÷1 450=6.90%。

(5) 计算确定换入各项资产的成本：

设备的成本＝1 450×93.10％＝1 350(万元)。

货车的成本＝1 450×6.90％＝100(万元)。

(6) 会计分录：

借：固定资产清理　　　　　　　12 300 000
　　累计折旧　　　　　　　　　 13 700 000
　　贷：固定资产——小汽车　　　　　　　13 000 000
　　　　　　　　——客运汽车　　　　　　13 000 000

借：固定资产——设备　　　　　 13 500 000
　　　　　　　——货车　　　　　　1 000 000
　　应交税费——应交增值税(进项税额)
　　　　　　　　　　　　　　　　 1 885 000
　　贷：固定资产清理　　　　　　　　　　12 300 000
　　　　应交税费——应交增值税(销项税额)
　　　　　　　　　　　　　　　　　　　　 1 832 350
　　　　银行存款　　　　　　　　　　　　　 457 650
　　　　资产处置损益　　　　　　　　　　 1 795 000

【例11-2】 智董公司和贵琛公司均为增值税一般纳税人。经协商，智董公司和贵琛公司于2×20年7月18日签订资产交换合同，当日生效。合同约定，智董公司用于交换的资产包括：一间生产用厂房，公允价值为330万元；一幢自购入时就全部用于经营出租的写字楼，公允价值为1 170万元。贵琛公司用于交换的资产包括：一块土地的使用权，公允价值为720万元；经营过程中使用的10台A机器，公允价值为900万元。智董公司以银行存款向贵琛公司支付补价120万元。双方于2×20年8月1日完成了资产交换手续。交换当日，智董公司的厂房的账面价值为360万元(其中账面原价为450万元，已计提折旧90万元)，作为采用成本模式计量的投资性房地产的写字楼的账面价值为1 080万元(其中账面原价为1 260万元，已计提折旧180万元)，贵琛公司的土地使用权的账面价值为630万元(其中成本660万元，累计摊销额为30万元)，10台A机器的账面价值为960万元(其中账面原价为1 200万元，已计提折旧240万元)。智董公司开具两张增值税专用发票，分别注明厂房的计税价格330万元、增值税税额29.7万元；写字楼的计税价格1 170万元、增值税税额105.3万元。贵琛公司开具两张增值税专用发票，分别注明土地使用权的计税价格720万元、增值税税额64.8万元；10台A机器的计税价格900万元、增值税税额117万元。智董公司以银行存款向贵琛公司支付增值税差额46.8万元。交易过程中，智董公司用银行存款支付了土地使用权的契税及过户费用15万元，贵琛公司用银行存款分别支付了厂房和写字楼的契税及过户费用9万元和30万元。

假设智董公司和贵琛公司此前均未对上述资产计提减值准备，上述资产交换后的用途不发生改变。不考虑其他税费。

【分析】 本例中，涉及收付货币性资产，应当计算货币性资产占整个资产交换的比例。补价120万元占整个资产交换金额1 620万元的比例为7.41％，小于25％，属于非货币性资产交换。

本例中用于交换的厂房是通过在厂房使用寿命内与其他资产协同生产产品并对外销售而产生现金流量，写字楼是通过经营出租并定期收取租金而产生稳定均衡的现金流量，土地使用权是通过在其上建造房屋后与房屋共同产生现金流量，A机器是通过使用或提供服务而产生独立的现金流量，各项资产的未来现金流量在风险、时间和金额方面均明显不同，因而交换具有商业实质。同时，各项资产的公允价值都能够可靠地计量，符合以公允价值为基础计量的条件。假设均没有确凿证据表明换入资产的公允价值更加可靠，智董公司和贵琛公司均以换出资产的公允价值为基础确定各项换入资产的成本，并确认各项换出资产产生的损益。

智董公司的会计处理如下：

(1) 确定各项换入资产的初始计量金额。见表11-2。

(2) 确定各项换出资产终止确认的相关损益。见表11-3。

表 11-2　各项换入资产的初始计量金额

换入资产	公允价值	换出资产公允价值总额＋补价	分摊额	相关税费	初始计量金额
无形资产——土地使用权	7 200 000	不适用	7 200 000	150 000	7 350 000
固定资产——A 机器	9 000 000	不适用	9 000 000	0	9 000 000
合计	16 200 000	16 200 000	16 200 000	150 000	16 350 000

表 11-3　各项换出资产终止确认的相关损益

换出资产	账面价值	公允价值	处置损益
固定资产——厂房	3 600 000	3 300 000	−300 000
投资性房地产	10 800 000	11 700 000	900 000
合计	14 400 000	15 000 000	600 000

(3) 智董公司的账务处理如下：

① 终止确认换出的厂房，转入固定资产清理。

借：固定资产清理　　　　　　　　3 897 000
　　累计折旧——厂房　　　　　　　900 000
　　贷：固定资产——厂房　　　　　　　　4 500 000
　　　　应交税费——应交增值税（销项税额）
　　　　　　　　　　　　　　　　　　297 000

② 确认换入的土地使用权和 A 机器，同时确认换出资产相关损益。

借：无形资产——土地使用权　　　7 200 000
　　固定资产——A 机器　　　　　9 000 000
　　应交税费——应交增值税（进项税额）
　　　　　　　　　　　　　　　　1 818 000
　　资产处置损益　　　　　　　　　300 000
　　贷：固定资产清理　　　　　　　　　　3 897 000
　　　　其他业务收入　　　　　　　　　11 700 000
　　　　应交税费——应交增值税（销项税额）
　　　　　　　　　　　　　　　　　　1 053 000
　　　　银行存款　　　　　　　　　　　1 668 000

③ 确认换入的土地使用权的相关税费

借：无形资产——土地使用权　　　150 000
　　贷：银行存款　　　　　　　　　　　150 000

④ 终止确认换出的投资性房地产，结转其他业务成本。

借：其他业务成本　　　　　　　　10 800 000
　　投资性房地产累计折旧　　　　1 800 000
　　贷：投资性房地产　　　　　　　　　12 600 000

贵琛公司的会计处理如下：

(1) 确定各项换入资产的初始计量金额。

见表 11-4。

(2) 确定各项换出资产终止确认的相关损益。

见表 11-5。

表 11-4　各项换入资产的初始计量金额

换入资产	公允价值	换出资产公允价值总额−补价	分摊额	相关税费	初始计量金额
固定资产——厂房	3 300 000	不适用	3 300 000	90 000	3 390 000
投资性房地产	11 700 000	不适用	11 700 000	300 000	12 000 000
合计	15 000 000	15 000 000	15 000 000	390 000	15 390 000

表 11-5　各项换出资产终止确认的相关损益

换出资产	账面价值	公允价值	处置损益
无形资产——土地使用权	6 300 000	7 200 000	900 000
固定资产——A 机器	9 600 000	9 000 000	−600 000
合计	15 900 000	16 200 000	300 000

(3) 贵琛公司的账务处理如下：

① 终止确认换出的10台A机器，转入固定资产清理。

　　借：固定资产清理　　　　　　　10 770 000
　　　　累计折旧——A机器　　　　　2 400 000
　　　　贷：固定资产——A机器　　　　　12 000 000
　　　　　　应交税费——应交增值税（销项税额）
　　　　　　　　　　　　　　　　　　　1 170 000

② 确认换入的厂房和写字楼，同时确认换出资产相关损益。

　　借：固定资产——厂房　　　　　　3 300 000
　　　　投资性房地产　　　　　　　　11 700 000
　　　　应交税费——应交增值税（进项税额）
　　　　　　　　　　　　　　　　　　1 350 000
　　　　银行存款　　　　　　　　　　1 668 000
　　　　累计摊销　　　　　　　　　　　300 000
　　　　贷：无形资产——土地使用权　　　6 600 000
　　　　　　应交税费——应交增值税（销项税额）
　　　　　　　　　　　　　　　　　　　648 000
　　　　　　资产处置损益　　　　　　　　300 000
　　　　　　固定资产清理　　　　　　　10 770 000

③ 确认换入的厂房和写字楼的相关税费

　　借：固定资产——厂房　　　　　　　　90 000
　　　　投资性房地产　　　　　　　　　300 000
　　　　贷：银行存款　　　　　　　　　　390 000

【例11-3】 沿用[例11-2]，假设其他条件不变，合同约定智董公司用于交换的资产还包括一项对继来公司的股票投资，智董公司将该投资作为交易性金融资产核算。该股票投资在2×20年7月18日的公允价值为90万元，账面价值为75万元。由于该股票有较好的前景，按合同约定智董公司向贵琛公司支付补价24万元。

【分析】 本例中，沿用[例11-2]的分析，智董公司和贵琛公司均以换出资产的公允价值为基础确定各项换入资产的成本，并确认各项换出资产产生的损益。另外，智董公司和贵琛公司用于交换的非货币性资产中包含交易性金融资产，属于由《企业会计准则第22号——金融工具确认和计量》规范的金融资产。智董公司和贵琛公司应按照《企业会计准则第22号——金融工具确认和计量》和《企业会计准则第23号——金融资产转移》的规定分别对换出和换入的交易性金融资产进行会计处理。

智董公司的会计处理如下：
(1) 确定各项换入资产的初始计量金额。
见表11-6。
(2) 确定各项换出资产终止确认的相关损益。
见表11-7。

表11-6　各项换入资产的初始计量金额

换入资产	公允价	换出资产公允价值总额＋补价	分摊额	相关税费	初始计量金额
无形资产——土地使用权	7 200 000	不适用	7 173 300	150 000	7 323 300
固定资产——A机器	9 000 000	不适用	8 966 700	0	8 966 700
合计	16 200 000	16 140 000	16 140 000	150 000	16 290 000

表11-7　各项换出资产终止确认的相关损益

换出	账面价值	公允价值	处置损益
交易性金融资产——继来公司股票	750 000	900 000	150 000
固定资产——厂房	3 600 000	3 300 000	−300 000
投资性房地产	10 800 000	11 700 000	900 000
合计	15 150 000	15 900 000	750 000

注：假定根据《企业会计准则第22号——金融工具确认和计量》和《企业会计准则第23号——金融资产转移》的相关规定，换出的"交易性金融资产——继来公司股票"满足整体终止确认的条件，智董公司应当按照上述准则的规定对终止确认进行会计处理。

(3) 智董公司的账务处理。

略。

贵琛公司的会计处理如下：

(1) 确定各项换入资产的初始计量金额。

贵琛公司换入的多项资产中包含由《企业会计准则第22号——金融工具确认和计量》规范的交易性金融资产，应当按照《企业会计准则第22号——金融工具确认和计量》的规定进行会计处理。贵琛公司在确定换入的其他多项资产的初始计量金额时，应当将该金融资产公允价值从换出资产公允价值总额（涉及补价的，加上支付补价的公允价值或减去收到补价的公允价值）中扣除。

用于分摊的金额计算如下：

换出资产的公允价值无形资产——土地使用权	7 200 000
固定资产——A机器	9 000 000
换出资产的公允价值总额	16 200 000
减：收到的补价	−240 000
	15 960 000
减：换入的金融资产的公允价值	−900 000
用于分摊的金额	15 060 000

分摊的计算过程如表11-8所示。

表11-8 分摊的计算过程

换入资产	公允价值	换出资产公允价值总额−补价	分摊额	相关税费	初始计量金额
固定资产——厂房	3 300 000	不适用	3 313 200	90 000	3 403 200
投资性房地产	11 700 000	不适用	11 746 800	300 000	12 046 800
合计	15 000 000	15 060 000	15 060 000	390 000	15 450 000
交易性金融资产——继来公司股票	900 000	不适用	不适用	0	900 000

(2) 确定各项换出资产终止确认的相关损益。

同[例11-2]，此处略。

(3) 贵琛公司的账务处理：

略。

三、以账面价值为基础计量

不满足本准则第六条规定条件的非货币性资产交换，应当以账面价值为基础计量。对于换入资产，企业应当以换出资产的账面价值和应支付的相关税费作为换入资产的初始计量金额；对于换出资产，终止确认时不确认损益。

以账面价值为基础计量的非货币性资产交换，涉及补价的，应当按照下列规定进行处理：

(1) 支付补价的，以换出资产的账面价值，加上支付补价的账面价值和应支付的相关税费，作为换入资产的初始计量金额，不确认损益。

(2) 收到补价的，以换出资产的账面价值，减去收到补价的公允价值，加上应支付的相关税费，作为换入资产的初始计量金额，不确认损益。

【例11-4】 鑫裕公司拥有一台专有设备，该设备账面原价450万元，已计提折旧330万元，丁公司拥有一项长期股权投资，账面价值90万元，两项资产均未计提减值准备。鑫裕公司决定以其专有设备交换丁公司的长期股权投资，该专有设备是生产某种产品必需的设备。由于专有设备系当时专门制造、性质特殊，其公允价值不能可靠计量；丁公司拥有的长期股权投资的公允价值也不能可靠计量。经双方商定，丁公司支付了20万元补价。假定交易不考虑相关税费。

【分析】 该项资产交换涉及收付货币性资产，即补价20万元。对鑫裕公司而言，收到的补价20万元÷换出资产账面价值120万元＝16.7%，小于25%。因此，该项交换属于非货币性资产交换，丁公司的情况也类似。由于两项资产的公允价值不能可靠计量，因此，鑫裕、丁公司换入资产的成本均应当按照换出资产的账面价值确定。

鑫裕公司的账务处理如下：

借：固定资产清理	1 200 000
累计折旧	3 300 000
贷：固定资产——专有设备	4 500 000

```
借：长期股权投资           1 000 000
    银行存款                200 000
    贷：固定资产清理              1 200 000
```

丁公司的账务处理如下：

```
借：固定资产——专有设备     1 100 000
    贷：长期股权投资                900 000
        银行存款                    200 000
```

从上例可以看出，尽管丁公司支付了20万元补价，但由于整个非货币性资产交换是以账面价值为基础计量的，支付补价方和收到补价方均不确认损益。对鑫裕公司而言，换入资产是长期股权投资和银行存款20万元，换出资产专有设备的账面价值为120万元(450-330)，因此，长期股权投资的成本就是换出设备的账面价值减去货币性资产的差额，即100万元(120-20)；对丁公司而言，换出资产是长期股权投资和银行存款，换入资产专有设备的成本等于换出资产的账面价值，即110万元(90+20)。由此可见，在以账面价值计量的情况下，发生的补价是用来调整换入资产的成本，不涉及确认损益问题。

以账面价值为基础计量的非货币性资产交换，同时换入或换出多项资产的，应当按照下列规定进行处理：

（1）对于同时换入的多项资产，按照各项换入资产的公允价值的相对比例，将换出资产的账面价值总额（涉及补价的，加上支付补价的账面价值或减去收到补价的公允价值）分摊至各项换入资产，加上应支付的相关税费，作为各项换入资产的初始计量金额。换入资产的公允价值不能够可靠计量的，可以按照各项换入资产的原账面价值的相对比例或其他合理的比例对换出资产的账面价值进行分摊。

（2）对于同时换出的多项资产，各项换出资产终止确认时均不确认损益。

修订前后比较

（1）删除了原准则中关于关联方关系是否影响具有商业实质的判断规定。

（2）计量原则和会计处理规范更清晰、更细化。

（3）在会计处理规范中，考虑了涉及金融资产的情况下，相关金融工具准则的处理原则，例如补价的处理、涉及多项资产的分摊规定中，都有体现与金融工具准则的协调一致。

【例11-5】 智董公司是一家基因科技公司，因经营战略发生重大转变，将专注于基因的合成和销售，其拥有的一项合成A基因的专利权难以满足新的经营战略。贵琛公司也是一家基因科技公司，正在开展一系列基因方面的新业务。2×20年6月30日，智董公司和贵琛公司协商后决定，智董公司将其A基因的专利权转让给贵琛公司，作为交换，贵琛公司将其刚申请专利的一项B基因技术转让给智董公司，由其进行合成推广。当日，智董公司换出的A基因专利权的账面价值为135万元（其中账面原价为180万元，累计摊销额为45万元）；贵琛公司刚申请专利的B基因已转为无形资产核算，账面价值为150万元，尚未进行摊销。假设两项专利权的公允价值不能可靠计量。

假设整个交易过程中没有发生相关税费。双方取得专利权后仍分别作为无形资产核算。

【分析】 本例中，整个资产交换过程没有涉及收付货币性资产，交换的资产为无形资产，属于非货币性资产交换。由于用于交换的两项基因专利权的公允价值不能可靠地计量，因此智董公司和贵琛公司均应当以换出资产的账面价值为基础确定换入资产的初始计量金额，换出资产不确认损益。

智董公司的账务处理如下：

```
借：无形资产——B基因专利权    1 350 000
    累计摊销——A基因专利权      450 000
    贷：无形资产——A基因专利权      1 800 000
```

贵琛公司的账务处理如下：

```
借：无形资产——A基因专利权    1 500 000
    贷：无形资产——B基因专利权      1 500 000
```

【例11-6】 沿用[例11-5]，假设其他条件不变，智董公司和贵琛公司进行专利权交换的同时，智董公司还将一套A基因合成专用设备转移给贵琛公司，贵琛公司将一套专门用于B

基因存储的设备转移给智董公司。2×20年6月30日,智董公司换出的专用设备的账面价值为1 260万元(其中账面原价为1 500万元,已计提折旧240万元),贵琛公司换出的基因存储设备账面价值为1 200万元(其中账面原价为2 100万元,已计提折旧900万元)。假设两项设备均为自行研究制造的专用设备,其公允价值不能可靠计量。

【分析】 本例中,由于用于交换的两项基因专利和两套设备的公允价值均不能可靠地计量,因此智董公司和贵琛公司均应当以换出资产的账面价值为基础确定换入资产的初始计量金额,换出资产不确认损益。对于同时换入的多项资产,由于换入资产的公允价值不能可靠地计量,智董公司和贵琛公司均按照各项换入资产的原账面价值的相对比例,将换出资产的账面价值总额分摊至各项换入资产,作为各项换入资产的初始计量金额。对于同时换出的多项资产,终止确认时按照账面价值转销,不确认损益。

智董公司的会计处理如下:

(1)确定各项换入资产的初始计量金额。
见表11-9:

表11-9 各项换入资产的初始计量金额

换入资产	在换出方的原账面价值	换出资产账面价值	初始计量金额
无形资产——B基因专利	1 500 000	不适用	1 550 000
固定资产——基因存储设备	12 000 000	不适用	12 400 000
合计	13 500 000	13 950 000	13 950 000

(2)对于同时换出的多项资产,终止确认时按照账面价值转销,不确认损益。

(3)智董公司的账务处理如下:

借:固定资产清理　　　　　　12 600 000
　　累计折旧——A基因专用设备　2 400 000
　贷:固定资产——A基因专用设备　15 000 000

借:无形资产——B基因专利权　　1 550 000
　　固定资产——基因存储设备　12 400 000
　　累计摊销——A基因专利权　　450 000
　贷:无形资产——A基因专利权　　1 800 000
　　　固定资产清理　　　　　　12 600 000

贵琛公司的会计处理如下:

(1)确定各项换入资产的初始计量金额。
见表11-10:

表11-10 各项换入资产的初始计量金额

换入资产	在换出方的原账面价	换出资产账面价	初始计量金额
无形资产——A基因专利权	1 350 000	不适用	1 306 452
固定资产——A基因专用设备	12 600 000	不适用	12 193 548
合计	13 950 000	13 500 000	13 500 000

(2)对于同时换出的多项资产,终止确认时按照账面价值转销,不确认损益。

(3)贵琛公司的账务处理如下:

借:固定资产清理　　　　　　12 000 000
　　累计折旧——基因存储设备　9 000 000
　贷:固定资产——基因存储设备　21 000 000

借:无形资产——A基因专利权　　1 306 452
　　固定资产——A基因专用设备　12 193 548
　贷:无形资产——B基因专利权　　1 500 000
　　　固定资产清理　　　　　　12 000 000

第四节 会计科目和会计分录

以下是第一财税网(www.tax.org.cn)耗时整理的相关会计科目和会计分录,供实际工作中随时查阅、使用。

一、6103 资产处置损益

(一)核算内容

本科目核算企业出售划分为持有待售的非流动资产(金融工具、长期股权投资和投资性房地产除外）或处置组（子公司和业务除外）时确认的处置利得或损失，以及处置未划分为持有待售的固定资产、在建工程、生产性生物资产及无形资产而产生的处置利得或损失。

债务重组中因处置非流动资产产生的利得或损失和非货币性资产交换中换出非流动资产产生的利得或损失也在本科目核算。

（二）明细核算

本科目按照处置的资产类别或处置组进行明细核算。

（三）主要账务处理

企业处置持有待售的非流动资产或处置组时，按处置过程中收到的价款，借记"银行存款"等科目，按相关负债的账面余额，借记"持有待售负债"科目，按相关资产的账面余额，贷记"持有待售资产"科目，按其差额借记或贷记本科目，已计提减值准备的，还应同时结转已计提的减值准备；按处置过程中发生的相关税费，借记本科目，贷记"银行存款""应交税费"等科目。

（四）期末余额

期末，应将本科目余额转入"本年利润"科目，本科目结转后应无余额。

附：报表列示

反映企业出售划分为持有待售的非流动资产（金融工具、长期股权投资和投资性房地产除外）或处置组（子公司和业务除外）时确认的处置利得或损失，以及处置未划分为持有待售的固定资产、在建工程、生产性生物资产及无形资产而产生的处置利得或损失。债务重组中因处置非流动资产（金融工具、长期股权投资和投资性房地产除外）产生的利得或损失和非货币性资产交换中换出非流动资产（金融工具、长期股权投资和投资性房地产除外）产生的利得或损失也包括在本项目内。

该项目应根据"资产处置损益"科目的发生额分析填列；如为处置损失，以"一"号填列。

二、6051 其他业务收入

（一）核算内容

本科目核算企业确认的除主营业务活动以外的其他经营活动实现的收入，包括出租固定资产、出租无形资产、出租包装物和商品、销售材料、用材料进行非货币性交换（非货币性资产交换具有商业实质且公允价值能够可靠计量）或债务重组等实现的收入。

企业（保险）经营受托管理业务收取的管理费收入，也通过本科目核算。

（二）明细核算

本科目可按其他业务的种类进行明细核算。

（三）主要账务处理

企业确认其他业务收入的主要账务处理参见"主营业务收入"科目。

（四）期末余额

期末，应将本科目的余额转入"本年利润"科目，结转后本科目应无余额。

三、6301 营业外收入

（一）核算内容

本科目核算企业发生的各项营业外收入，主要包括非流动资产毁损报废收益、政府补助（不含总额法下与日常活动相关的政府补助）、盘盈利得、捐赠利得等。

（二）明细核算

本科目可按营业外收入项目进行明细核算。

（三）主要账务处理

企业确认非流动资产毁损报废收益，比照"固定资产清理""无形资产""原材料""库存商品""应付账款"等科目的相关规定进行处理。

确认的政府补助利得（不含总额法下与日常活动相关的政府补助），借记"银行存款""递延收益"等科目，贷记本科目。

（四）期末余额

期末，应将本科目余额转入"本年利润"科目，结转后本科目无余额。

注 （1）"资产处置损益"科目核算企业出售划分为持有待售的非流动资产（金融工具、长期股权投资和投资性房地产除外）或处置组（子公司和业务除外）时确认的处置利得或损失，以及处置未划分为持有待售的固定资产、在建工程、生产性生物资产及无形资产而产生的处置利得或损失。

债务重组中因处置非流动资产产生的利得或损失和非货币性资产交换中换出非流动资产产生的利得或损失也在"资产处置损益"科目核算。

(2) 新的《企业会计准则第 12 号——债务重组》下,债务人的债务重组利得记入"其他收益——债务重组收益"或"投资收益"(仅涉及金融工具时)科目。新债务重组会计准则,修改了债务重组的定义,债务重组中涉及的债权和债务与其他金融工具不再区别对待。对于债务重组采用债务人以资产清偿债务方式的,债权人初始确认受让的金融资产以外的资产时,以成本计量。不再区分债务重组利得、损失和资产处置损益,合并作为债务重组相关损益。不要求区分不同资产类型确认处置损益,而是将相关损益合并反映。

债务重组构成权益性交易的,应当适用权益性交易的有关会计处理规定,债权人和债务人不确认构成权益性交易的债务重组相关损益。债务重组构成权益性交易的情形包括:

① 债权人直接或间接对债务人持股,或者债务人直接或间接对债权人持股,且持股方以股东身份进行债务重组。

② 债权人与债务人在债务重组前后均受同一方或相同的多方最终控制,且该债务重组的交易实质是债权人或债务人进行了权益性分配或接受了权益性投入。

例如,智董公司是乙公司股东,为了弥补乙公司临时性经营现金流短缺,智董公司向乙公司提供 1 000 万元无息借款,并约定于 6 个月后收回。借款期满时,尽管乙公司具有充足的现金流,智董公司仍然决定免除乙公司部分本金还款义务,仅收回 200 万元借款。在此项交易中,如果智董公司不以股东身份而是以市场交易者身份参与交易,在乙公司具有足够偿债能力的情况下不会免除其部分本金。因此,智董公司和乙公司应当将该交易作为权益性交易,不确认债务重组相关损益。

债务重组中不属于权益性交易的部分仍然适用《企业会计准则第 12 号——债务重组》。例如,假设前例中债务人乙公司确实出现财务困难,其他债权人对其债务普遍进行了减半的豁免,那么智董公司作为股东比其他债权人多豁免 300 万元债务的交易应当作为权益性交易,正常豁免 500 万元债务的交易适用《企业会计准则第 12 号——债务重组》。

企业在判断债务重组是否构成权益性交易时,应当遵循实质重于形式原则。例如,假设债权人对债务人的权益性投资通过其他人代持,债权人不具有股东身份,但实质上以股东身份进行债务重组,债权人和债务人应当认为该债务重组构成权益性交易。

(3) 企业选择总额法对与日常活动相关的政府补助进行会计处理的,应增设"6117 其他收益"科目进行核算。

"其他收益"科目核算总额法下与日常活动相关的政府补助以及其他与日常活动相关且应直接计入本科目的项目。

四、6711 营业外支出

(一) 核算内容

本科目核算企业发生的各项营业外支出,包括非流动资产毁损报废损失、捐赠支出、非常损失、盘亏损失、罚款支出等。

注 (1) 债务重组中因处置非流动资产产生的利得或损失和非货币性资产交换中换出非流动资产产生的利得或损失在"资产处置损益"科目核算。

(2) 新的《企业会计准则第 12 号——债务重组》下,债权人的债务重组损失记入"投资收益"科目。新债务重组会计准则,修改了债务重组的定义,债务重组中涉及的债权和债务与其他金融工具不再区别对待。对于债务重组采用债务人以资产清偿债务方式的,债权人初始确认受让的金融资产以外的资产时,以成本计量。不再区分债务重组利得、损失和资产处置损益,合并作为债务重组相关损益。不要求区分不同资产类型确认处置损益,而是将相关损益合并反映。

债务重组构成权益性交易的,应当适用权益性交易的有关会计处理规定,债权人和债务人不确认构成权益性交易的债务重组相关损益。债务重组构成权益性交易的情形包括:

① 债权人直接或间接对债务人持股,或者债务人直接或间接对债权人持股,且持股方以股东身份进行债务重组。

② 债权人与债务人在债务重组前后均受同一方或相同的多方最终控制,且该债务重组的交易实质是债权人或债务人进行了权益性分配或接受了权益性投入。

例如,智董公司是乙公司股东,为了弥补乙公司临时性经营现金流短缺,智董公司向乙公司提供 1 000 万元无息借款,并约定于 6 个月后收回。借款期满时,尽管乙公司具有充足的现金流,智董公司仍然决定免除乙公司部分本金还款义务,仅收回 200 万元借款。在此项交易中,如果智董公司不以股东身份而是以市场交易者身份参与交易,在乙公司具有足够偿债能力的情况下不会免除其部分本金。因此,智董公司和乙公司应当将该交易作为权益性交易,不确认债务重组相关损益。

债务重组中不属于权益性交易的部分仍然适用《企业会计准则第12号——债务重组》。例如，假设前例中债务人乙公司确实出现财务困难，其他债权人对其债务普遍进行了减半的豁免，那么智董公司作为股东比其他债权人多豁免300万元债务的交易应当作为权益性交易，正常豁免500万元债务的交易适用《企业会计准则第12号——债务重组》。

企业在判断债务重组是否构成权益性交易时，应当遵循实质重于形式原则。例如，假设债权人对债务人的权益性投资通过其他人代持，债权人不具有股东身份，但实质上以股东身份进行债务重组，债权人和债务人应当认为该债务重组构成权益性交易。

(二) 明细核算

本科目可按支出项目进行明细核算。

(三) 主要账务处理

企业确认非流动资产毁损报废损失，比照"固定资产清理""无形资产""原材料""库存商品""应付账款"等科目的相关规定进行处理。

盘亏、毁损的资产发生的净损失，按管理权限报经批准后，借记本科目，贷记"待处理财产损溢"科目。

(四) 期末余额

期末，应将本科目余额转入"本年利润"科目，结转后本科目无余额。

五、1606 固定资产清理

(一) 核算内容

本科目核算企业因出售、报废、毁损、对外投资、非货币性资产交换、债务重组等原因转出的固定资产价值以及在清理过程中发生的费用等。

(二) 明细核算

本科目可按被清理的固定资产项目进行明细核算。

(三) 主要账务处理

（1）企业因出售、报废、毁损、对外投资、非货币性资产交换、债务重组等转出的固定资产，按该项固定资产的账面价值，借记本科目，按已计提的累计折旧，借记"累计折旧"科目，按其账面原价，贷记"固定资产"科目。已计提减值准备的，还应同时结转减值准备。

（2）清理过程中应支付的相关税费及其他费用，借记本科目，贷记"银行存款""应交税费——应交增值税（进项税额）"等科目。收回出售固定资产的价款、残料价值和变价收入等，借记"银行存款""原材料"等科目，贷记本科目。应由保险公司或过失人赔偿的损失，借记"其他应收款"等科目，贷记本科目。

（3）固定资产清理完成后，属于生产经营期间正常的处理损失，借记"资产处置损益"科目，贷记本科目；属于自然灾害等非正常原因造成的损失，借记"营业外支出——非常损失"科目，贷记本科目。如为贷方余额，借记本科目，贷记"资产处置损益"科目。

注 债务重组中因处置非流动资产产生的利得或损失和非货币性资产交换中换出非流动资产产生的利得或损失在"资产处置损益"科目核算。

(四) 期末余额

本科目期末借方余额，反映企业尚未清理完毕的固定资产清理净损失。

六、1511 长期股权投资

(一) 核算内容

本科目核算企业持有的长期股权投资。

(二) 明细核算

本科目应当按照被投资单位进行明细核算。

长期股权投资核算采用权益法的，应当分别"投资成本""损益调整""其他综合收益""其他权益变动"进行明细核算。

(三) 主要账务处理

1. 企业合并形成的长期股权投资

（1）同一控制下企业合并形成的长期股权投资。

合并方以支付现金、转让非现金资产或承担债务方式作为合并对价的，应在合并日按取得被合并方所有者权益在最终控制方合并财务报表中的账面价值的份额，借记本科目（投资成本），按支付的合并对价的账面价值，贷记或借记有关资产、负债科目，按其差额，贷记"资本公积——资本溢价或股本溢价"科目；如为借方差额，借记"资本公积——资本溢价或股本溢价"

科目,资本公积(资本溢价或股本溢价)不足冲减的,应依次借记"盈余公积""利润分配——未分配利润"科目。合并方以发行权益性证券作为合并对价的,应当在合并日按照被合并方所有者权益在最终控制方合并财务报表中的账面价值的份额,借记本科目(投资成本),按照发行股份的面值总额,贷记"股本",按其差额,贷记"资本公积——资本溢价或股本溢价";如为借方差额,借记"资本公积——资本溢价或股本溢价"科目,资本公积(资本溢价或股本溢价)不足冲减的,应依次借记"盈余公积""利润分配——未分配利润"科目。

(2) 非同一控制下企业合并形成的长期股权投资。

购买方以支付现金、转让非现金资产或承担债务方式等作为合并对价的,应在购买日按照《企业会计准则第 20 号——企业合并》确定的合并成本,借记本科目(投资成本),按付出的合并对价的账面价值,贷记或借记有关资产、负债科目,按发生的<u>直接相关费用(如资产处置费用)</u>,贷记"银行存款"等科目,按其差额,贷记"主营业务收入""营业外收入""投资收益"等科目或借记"管理费用""营业外支出""主营业务成本"等科目。购买方以发行权益性证券作为合并对价的,应在购买日按照发行的权益性证券的公允价值,借记本科目(投资成本),按照发行的权益性证券的面值总额,贷记"股本",按其差额,贷记"资本公积——资本溢价或股本溢价"。企业为企业合并发生的审计、法律服务、评估咨询等<u>中介费用</u>以及其他相关管理费用,应当于发生时借记"管理费用"科目,贷记"银行存款"等科目。

2. 以非企业合并方式形成的长期股权投资

以支付现金、非现金资产等其他方式取得的长期股权投资,应按现金、非现金货币性资产的公允价值或按《企业会计准则第 7 号——非货币性资产交换》《企业会计准则第 12 号——债务重组》的有关规定确定的初始投资成本,借记本科目,贷记"银行存款"等科目,贷记"营业外收入"或借记"营业外支出"等处置非现金资产相关的科目。

注 债务重组中因处置非流动资产产生的利得或损失和非货币性资产交换中换出非流动资产产生的利得或损失在"资产处置损益"科目核算。

3. 采用成本法核算的长期股权投资的处理

长期股权投资采用成本法核算的,应按被投资单位宣告发放的现金股利或利润中属于本企业的部分,借记"应收股利"科目,贷记"投资收益"科目。

4. 采用权益法核算的长期股权投资的处理

企业的长期股权投资采用权益法核算的,应当分别下列情况进行处理:

① 长期股权投资的初始投资成本大于投资时应享有被投资单位可辨认净资产公允价值份额的,不调整已确认的初始投资成本;长期股权投资的初始投资成本小于投资时应享有被投资单位可辨认净资产公允价值份额的,应按其差额,借记本科目(投资成本),贷记"营业外收入"科目。

② 资产负债表日,企业应按被投资单位实现的净利润(以取得投资时被投资单位可辨认净资产的公允价值为基础计算)中企业享有的份额,借记本科目(损益调整),贷记"投资收益"科目。被投资单位发生净亏损作相反的会计分录,但以本科目的账面价值减记至零为限;还需<u>承担的投资损失</u>,应将其他实质上构成对被投资单位净投资的"长期应收款"等的账面价值减记至零为限;除按照以上步骤已确认的损失外,按照投资合同或协议约定将承担的损失,确认为预计负债。除上述情况仍未确认的应分担被投资单位的损失,应在账外备查登记。发生亏损的被投资单位以后实现净利润的,应按与上述相反的顺序进行处理。

取得长期股权投资后,被投资单位宣告发放现金股利或利润时,企业计算应分得的部分,借记"应收股利"科目,贷记本科目(损益调整)。

<u>收到被投资单位发放的股票股利,不进行账务处理,但应在备查簿中登记。</u>

③ 发生亏损的被投资单位以后实现净利润的,企业计算应享有的份额,如有未确认投资损

失的,应先弥补未确认的投资损失,弥补损失后仍有余额的,依次借记"长期应收款"科目和本科目(损益调整),贷记"投资收益"科目。

④ 被投资单位除净损益、利润分配以外的其他综合收益变动和所有者权益的其他变动,企业按持股比例计算应享有的份额,借记本科目(其他综合收益和其他权益变动),贷记"其他综合收益"和"资本公积——其他资本公积"科目。

5. 处置长期股权投资的处理

处置长期股权投资时,应按实际收到的金额,借记"银行存款"等科目,原已计提减值准备的,借记"长期股权投资减值准备"科目,按其账面余额,贷记本科目,按尚未领取的现金股利或利润,贷记"应收股利"科目,按其差额,贷记或借记"投资收益"科目。

处置采用权益法核算的长期股权投资时,应当采用与被投资单位直接处置相关资产或负债相同的基础,对相关的其他综合收益进行会计处理。按照上述原则可以转入当期损益的其他综合收益,应按结转的长期股权投资的投资成本比例结转原记入"其他综合收益"科目的金额,借记或贷记"其他综合收益"科目,贷记或借记"投资收益"科目。

处置采用权益法核算的长期股权投资时,还应按结转的长期股权投资的投资成本比例结转原记入"资本公积——其他资本公积"科目的金额,借记或贷记"资本公积——其他资本公积"科目,贷记或借记"投资收益"科目。

(四) 期末余额

本科目期末借方余额,反映企业长期股权投资的价值。

第十二讲

资 产 减 值

第一节 综合知识

一、相关知识概述

资产减值,是指资产的可收回金额低于其账面价值。

资产减值会计准则中的资产除了特别规定外,包括单项资产和资产组。

计算公式:

资产减值＝资产的可收回金额－其账面价值

【例12-1】 智董公司某类设备原值2 168万元,已计提折旧300万元,已提减值准备268万元,2×21年12月31日,智董公司该类设备明显存在减值迹象,减值测试表明,如果该公司出售设备,买方愿意以1 250万元的销售净价收购;如果继续使用,尚可使用5年,未来4年现金流量净值及第5年使用和期满处置现金流量净值分别为400万元、300万元、250万元、200万元、190万元,采用折现率5%。

【分析】 其步骤如下。

(1) 计算固定资产账面价值:

账面价值＝原值－累计折旧－资产减值＝2 168－300－268＝1 600(万元)。

(2) 计算资产可收回金额:

① 公允价值减去处置费用后的净额＝1 250(万元)。

② 预计未来现金流量的现值。

预计未来现金流量现值＝$400÷1.05+300÷1.05^2+250÷1.05^3+200÷1.05^4+190÷1.05^5$
＝1 190(万元)。

③ 按照公允价值减去处置费用后的净额和未来现金流量的现值孰高原则确定可收回金额＝1 250(万元)。

(3) 确认减值准备:

计提减值准备＝1 600－1 250＝350(万元)。

(一) 资产减值损失不得转回

资产减值损失一经确认,在以后会计期间不得转回。

(二) 资产减值在附注中的披露

(1) 企业应当在附注中披露与资产减值有关的下列信息:

① 当期确认的各项资产减值损失金额。

② 计提的各项资产减值准备累计金额。

③ 提供分部报告信息的,应当披露每个报告分部当期确认的减值损失金额。

(2) 发生重大资产减值损失的,应当在附注中披露导致每项重大资产减值损失的原因和当期确认的重大资产减值损失的金额。

发生重大减值损失的资产是单项资产的,应当披露该单项资产的性质。提供分部报告信息的,还应披露该项资产所属的主要报告分部。

发生重大减值损失的资产是资产组(或者资产组组合,下同)的,应当披露:

① 资产组的基本情况。

② 资产组中所包括的各项资产于当期确认的减值损失金额。

③ 资产组的组成与前期相比发生变化的,应当披露变化的原因以及前期和当期资产组组

成情况。

(3) 对于重大资产减值,应当在附注中披露资产(或者资产组,下同)可收回金额的确定方法。

① 可收回金额按资产的公允价值减去处置费用后的净额确定的,还应当披露公允价值减去处置费用后的净额的估计基础。

② 可收回金额按资产预计未来现金流量的现值确定的,还应当披露估计其现值时所采用的折现率,以及该资产前期可收回金额也按照其预计未来现金流量的现值确定的情况下,前期所采用的折现率。

(4)"当期确认的各项资产减值损失金额、计提的各项资产减值准备累计金额、资产组中所包括的各项资产于当期确认的减值损失金额"信息应当按照资产类别予以披露。

资产类别应当以资产在企业生产经营活动中的性质或者功能是否相同或者相似为基础确定。

(5) 分摊到某资产组的商誉(或者使用寿命不确定的无形资产,下同)的账面价值占商誉账面价值总额的比例重大的,应当在附注中披露下列信息:

① 分摊到该资产组的商誉的账面价值。

② 该资产组可收回金额的确定方法。

可收回金额按照资产组公允价值减去处置费用后的净额确定的,还应当披露确定公允价值减去处置费用后的净额的方法。

资产组的公允价值减去处置费用后的净额不是按照市场价格确定的,应当披露:

A. 企业管理层在确定公允价值减去处置费用后的净额时所采用的各关键假设及其依据。

B. 企业管理层在确定各关键假设相关的价值时,是否与企业历史经验或者外部信息来源相一致;如不一致,应当说明理由。

可收回金额按照资产组预计未来现金流量的现值确定的,应当披露:

A. 企业管理层预计未来现金流量的各关键假设及其依据。

B. 企业管理层在确定各关键假设相关的价值时,是否与企业历史经验或者外部信息来源相一致;如不一致,应当说明理由。

C. 估计现值时所采用的折现率。

(6) 商誉的全部或者部分账面价值分摊到多个资产组、且分摊到每个资产组的商誉的账面价值占商誉账面价值总额的比例不重大的,企业应当在附注中说明这一情况以及分摊到上述资产组的商誉合计金额。

商誉账面价值按照相同的关键假设分摊到上述多个资产组、且分摊的商誉合计金额占商誉账面价值总额的比例重大的,企业应当在附注中说明这一情况,并披露下列信息:

① 分摊到上述资产组的商誉的账面价值合计。

② 采用的关键假设及其依据。

③ 企业管理层在确定各关键假设相关的价值时,是否与企业历史经验或者外部信息来源相一致;如不一致,应当说明理由。

二、会计准则概述

(一) 本准则的相关背景

在信息技术和知识经济时代,企业所面临的产品市场、技术市场和金融市场日新月异,企业的经营前景充满了风险和不确定性因素,企业资产的盈利能力也失去了其在工业时代所具有的稳定性。会计作为主观见之于客观的能动反映系统,应当反映这种盈利能力的变化。近些年来,资产减值问题已经引起了各国会计理论界和实务界的普遍关注,正如著名会计学家查特菲尔德所说,"会计的发展是反映性的。"美国、英国、加拿大等国的准则制定机构和国际会计准则委员会[IASC,现为国际会计准则理事会(IASB)]等纷纷组织专家学者对资产减值的会计问题进行了广泛的探讨和研究,并先后出台了资产减值会计准则,以规范会计实务界的行为,更好地增强会计信息的有用性。

伴随着1993年以来的国内会计改革的进程,我国资产减值会计规范也取得了长足的发展。从"两则两制"规定应收账款计提坏账准备到《股份有限公司会计制度》规定计提坏账准备、存货跌价准备、短期投资跌价准备和长期投资减值准备,再到《企业会计制度》将计提准备的资产范围进一步扩大到固定资产、无形资产、在建工程和委托贷款。应该说,我国的资产减值会计正在朝着全面的方向发展,而且也成为我国近期会计改革的核心内容之一。但是,不可否认,我国当前资产减值会计规范仍然存在一些问题,概括地讲,主要包括以下几个方面。

1. 规则不够系统

我国原先与资产减值相关的规定分散在《企业会计准则——投资》《企业会计准则——存货》《企业会计准则——固定资产》《企业会计准则——无形资产》和《企业会计制度》中,相关的规定缺乏系统性,对于资产减值会计的一些基本问题没有统一的说法,不利于会计人员实务中的操作,也不利于应对日益变化的经济环境。

2. 规定不够具体

在资产减值的确认、计量方面的规定可操作性较差,在长期资产的计量方面表现得尤为明显。《企业会计制度》中规定,长期资产应当按照账面价值与可收回金额孰低计量,如果可收回金额低于账面价值,就应当计提减值准备,但是对可收回金额只给出了一个定义,对如何确定其金额却没有给出可操作性的指导意见。按照原先定义,可收回金额是指资产的销售净价与预期从该资产的持续使用和使用结束时的处置中形成的预计未来现金流量的现值两者中的较高者,在确定时需要考虑的因素很多,而且技术要求较高,特别是现值的计算涉及未来各年度现金流量的估计和折现率的选用,对会计人员来说操作起来难度比较大。

原先规范对于某些问题的规定较模糊。例如,《企业会计制度》第五十一条规定:"企业应当合理地计提各项资产减值准备,但不得计提秘密准备。"做出这一规定的目的是防止企业滥用谨慎性原则调节利润,但对秘密准备没有明确的界定,不便于审计实务中明确区分。《企业会计制度》虽然规定禁止计提秘密准备,但对减值损失的转回如何操作缺乏具体规定,这样容易导致会计实务中职业判断的滥用。

3. 内容不够全面

在某些企业可能出现无法按照单项资产进行减值测试的状况,这就需要按照资产组合或者现金产出单元来计提减值准备,但是我国原先缺乏这方面的规定。还有,针对资产组合计提的减值损失如何分配,商誉的减值该如何处理,总部资产该如何计提减值准备等都没有相应的制度进行规范。

4. 披露不够充分

《企业会计制度》除要求编制资产减值明细表外,并未对资产减值信息的披露做出详细的规定,而相关准则中的规定也不甚全面具体。例如,存货准则中只要求披露当期计提和当期转回的存货跌价准备、存货跌价准备计提的方法及确定可变现净值的依据;固定资产准则只要求披露当期确认和当期转回的资产减值损失;而投资准则和无形资产准则也仅要求披露当年计提的投资损失准备和无形资产减值准备。

5. 实施不够广泛

原《企业会计准则——投资》《企业会计准则——存货》《企业会计准则——固定资产》《企业会计准则——无形资产》和《企业会计制度》只要求在股份有限公司施行,对其他类型的企业没有强制要求。虽然除上市公司外,有些企业并不大规模对外提供财务报告,但是无论从企业内部管理的角度,还是从这一些企业的会计信息使用者的角度,不执行资产减值会计规范,必然会在一定程度上降低会计信息的作用。企业在执行相关会计规范时对资产减值的会计处理还存在着认识上的偏差,我国资产减值会计规范有待进一步地完善和系统化。特别是对于长期资产减值的确认和计量过程中的一些技术性问题缺乏可操作性的指导意见,导致了会计实务中的随意性。

为了进一步规范企业资产减值的会计处理和相关信息的披露,我国财政部 2006 年制定和颁布了《企业会计准则第 8 号——资产减值》(本讲简称"本准则"或"新准则")。

(二) 本准则的适用范围

下列各项适用其他相关会计准则:

(1) 存货的减值,适用《企业会计准则第 1 号——存货》。

(2) 采用公允价值模式计量的投资性房地产的减值,适用《企业会计准则第 3 号——投资性房地产》。

(3) 消耗性生物资产的减值,适用《企业会计准则第 5 号——生物资产》。

(4) 建造合同形成的资产的减值,适用企业会计准则中关于建造合同的规定。

(5) 递延所得税资产的减值,适用《企业会计准则第 18 号——所得税》。

(6) 融资租赁中出租人未担保余值的减值,适用《企业会计准则第 21 号——租赁》。

(7)《企业会计准则第 22 号——金融工具确认和计量》规范的金融资产的减值,适用《企业会计准则第 22 号——金融工具确认和计量》。

(8) 未探明石油天然气矿区权益的减值,适用《企业会计准则第 27 号——石油天然气开采》。

(三) 本准则的主要变化

资产减值是新准则,原有的资产减值规定散落在原各个具体准则和原《企业会计制度》中,除其他具体准则做出规范以外,新准则对普遍的资产减值确认、计量和披露做出了规定。

新准则与原各项具体准则和原《企业会计制度》规定的八项资产减值准备差异表现在以下几个方面。

1. 明确了进行减值测试的前提,在减值迹象判断上,新准则比原先会计制度有要求、更加明确

新准则规定,会计期末企业是否必须计提资产减值准备,首先取决于资产是否存在减值迹象。如果资产不存在减值迹象,则既不必估计资产的可收回金额,也不必确认减值损失。只有在存在减值迹象的情况下,才要求估计资产可收回金额。

2. 资产可收回金额的计量更具有可操作性

新准则规定,资产可收回金额应当根据资产的公允价值减去处置费用后的净额与资产预计未来现金流量的现值两者之间较高者确定。

新准则对资产的公允价值减去处置费用后的净额以及资产预计未来现金流量现值的计量提供了较为详细的应用指南,便于实务操作。

3. 引入了"资产组"的概念,明确了按资产组计提减值准备的方法

我国原资产减值准备都要求以单项资产为基础计提,但是在实务中,许多固定资产、无形资产难以单独产生现金流量,因此,要求以单项资产为基础计提减值准备在操作上有困难。

新准则引入了"资产组"的概念,要求对于不能独立产生现金流量的资产,应当按其所归属的资产组为基础进行减值测试,计算确认减值损失。

4. 引入了"总部资产""资产组组合"的概念

(1) 总部资产。

企业总部资产包括企业集团或其事业部的办公楼、电子数据处理设备等资产。总部资产的显著特征是难以脱离其他资产或者资产组产生独立的现金流入,而且其账面价值难以完全归属于某一资产组。

有迹象表明某项总部资产可能发生减值的,企业应当计算确定该总部资产所归属的资产组或者资产组组合的可收回金额,然后将其与相应的账面价值相比较,据以判断是否需要确认减值损失。

(2) 资产组组合。

资产组组合,是指由若干个资产组组成的最小资产组组合,包括资产组或者资产组组合,以及按合理方法分摊的总部资产部分。

5. 规定了商誉减值的处理方法

因非同一控制的企业合并(购买法)形成的商誉,先分摊至相关的资产组或资产组组合;至少每年年终结合与其相关的资产组或资产组组合进行减值测试。

(1) 测试。

企业合并所形成的商誉,至少应当在每年年度终了进行减值测试。商誉应当结合与其相关的资产组或者资产组组合进行减值测试。

相关的资产组或者资产组组合应当是能够从企业合并的协同效应中受益的资产组或者资产组组合,不应当大于按照《企业会计准则第 35 号——分部报告》所确定的报告分部。

(2) 分摊。

企业进行资产减值测试,对于因企业合并形成的商誉的账面价值,应当自购买日起按照合理的方法分摊至相关的资产组;难以分摊至相关的资产组的,应当将其分摊至相关的资产组组合。

在将商誉的账面价值分摊至相关的资产组或者资产组组合时,应当按照各资产组或者资产组组合的公允价值占相关资产组或者资产组组合公允价值总额的比例进行分摊。公允价值难以可靠计量的,按照各资产组或者资产组组合的账面价值占相关资产组或者资产组组合账面价值总额的比例进行分摊。

企业因重组等原因改变了其报告结构,从而影响到已分摊商誉的一个或者若干个资产组或者资产组组合构成的,应当将商誉重新分摊至受影响的资产组或者资产组组合。

(3) 减值测试顺序及处理。

① 在对包含商誉的相关资产组或者资产组组合进行减值测试时,如与商誉相关的资产组或者资产组组合存在减值迹象的,应当先对不包含商誉的资产组或者资产组组合进行减值测试,计算可收回金额,并与相关账面价值相比较,确认相应的减值损失。

② 对包含商誉的资产组或者资产组组合进行减值测试,比较这些相关资产组或者资产组组合的账面价值(包括所分摊的商誉的账面价值部分)与其可收回金额,如相关资产组或者资产组组合的可收回金额低于其账面价值的,应当确认商誉的减值损失,按照《企业会计准则第8号——资产减值》第二十二条的规定处理。

6. 已计提的减值准备不允许转回

(1) 资产减值损失一经确认,在以后会计期间不得转回。

新准则规定已计提的减值准备不允许转回,这是新会计准则体系与国际会计准则的实质性差异之一。

公允价值很大程度是靠人为判断,中国目前还无法广泛使用公允价值,允许已计提的减值准备转回可能会使得人为调整利润的行为屡屡出现。

(2) 适用其他相关会计准则的资产减值的会计处理。

可以转回的资产减值主要有:

① 坏账准备。
② 存货跌价准备。
③ 消耗性生物资产跌价准备。
④ 合同资产减值准备。
⑤ 合同取得成本减值准备。
⑥ 合同履约成本减值准备。
⑦ 递延所得税资产账面价值的减计金额。
⑧ 应收融资租赁款减值准备/租赁应收款减值准备。
⑨ 债权投资减值准备。
⑩ 保险合同已计提的资产减值准备。
⑪ 持有待售资产减值准备。

执行新准则对企业财务状况的影响分析

(1) 商誉减值。

规定每年至少减值测试一次,首次采用将对损益影响很大。

(2) 减值不得转回。

我国原会计制度允许对已经确认的资产减值损失予以转回。但是,以我国实际运行情况看,该规定已经成为一些企业操纵损益的主要手段,不利于提高会计信息质量。

本准则实施以后,将不会有利用减值准备转回而迅速改善财务状况的现象,使得报表信息更加客观真实。

第二节　单项资产减值

企业应当在资产负债表日判断资产是否存在减值的迹象。有确凿证据表明资产存在减值迹象的,应当进行减值测试,估计资产的可收回金额。

有迹象表明一项资产可能发生减值的,企业应当以单项资产为基础估计其可收回金额。企业难以对单项资产的可收回金额进行估计的,应当以该资产所属的资产组为基础确定资产组的可收回金额。

一、迹象判断(是否可能已减值)

企业应当在资产负债表日判断资产是否存在可能发生减值的迹象。

存在下列迹象的,表明资产可能发生了减值:

(1) 资产的市价当期大幅度下跌,其跌幅明显高于因时间的推移或者正常使用而预计的下跌。

(2) 企业经营所处的经济、技术或者法律等环境以及资产所处的市场在当期或者将在近期发生重大变化,从而对企业产生不利影响。

(3) 市场利率或者其他市场投资报酬率在当期已经提高,从而影响企业计算资产预计未来现金流量现值的折现率,导致资产可收回金额大幅度降低。

(4) 有证据表明资产已经陈旧过时或者其实体已经损坏。

(5) 资产已经或者将被闲置、终止使用或者计划提前处置。

(6) 企业内部报告的证据表明资产的经济绩效已经低于或者将低于预期,如资产所创造的净现金流量或者实现的营业利润(或者亏损)远远低于(或者高于)预计金额等。

(7) 其他表明资产可能已经发生减值的迹象。

二、减值测试(估算判断)

(一) 需要进行减值测试的情形

有确凿证据表明资产存在减值迹象的,应当进行减值测试。

(二) 必经减值测试的情形

因企业合并所形成的商誉和使用寿命不确定的无形资产,无论是否存在减值迹象,每年都应当进行减值测试。

(三) 没有减值、可以不估计可收回金额的情形

资产的公允价值减去处置费用后的净额与资产预计未来现金流量的现值,只要有一项超过了资产的账面价值,就表明资产没有发生减值,不需再估计另一项金额。

在估计资产可收回金额时,应当遵循重要性原则。根据这一原则,资产存在下列情况的,可以不估计其可收回金额:

(1) 以前报告期间的计算结果表明,资产可收回金额远高于其账面价值,之后又没有消除这一差异的交易或者事项,资产负债表日可以不重新估计该资产的可收回金额。

(2) 以前报告期间的计算与分析表明,资产可收回金额相对于本准则列示的减值迹象反应不敏感,在本报告期间又发生了该减值迹象的。例如,当期市场利率或市场投资报酬率上升,该上升对计算资产未来现金流量现值采用的折现率影响不大的,可以不因上述减值迹象的出现而重新估计该资产的可收回金额。

(四) 资产的账面价值

资产的账面价值是资产成本扣减累计折旧和累计减值准备后的金额。

(五) 估计可收回金额

资产存在减值迹象的,应当估计其可收回金额。

资产的可收回金额计算如图12-1所示。

1. "资产的公允价值减去处置费用后的净额"的金额确定

资产的公允价值减去处置费用后的净额,应当根据公平交易中销售协议价格减去可直接归属于该资产处置费用的金额确定。

不存在销售协议但存在资产活跃市场的,应当按照该资产的市场价格减去处置费用后的金额确定。资产的市场价格通常应当根据资产的买方出价确定。

在不存在销售协议和资产活跃市场的情况下,应当以可获取的最佳信息为基础,估计资产的公允价值减去处置费用后的净额,该净额可以参考同行业类似资产的最近交易价格或者结

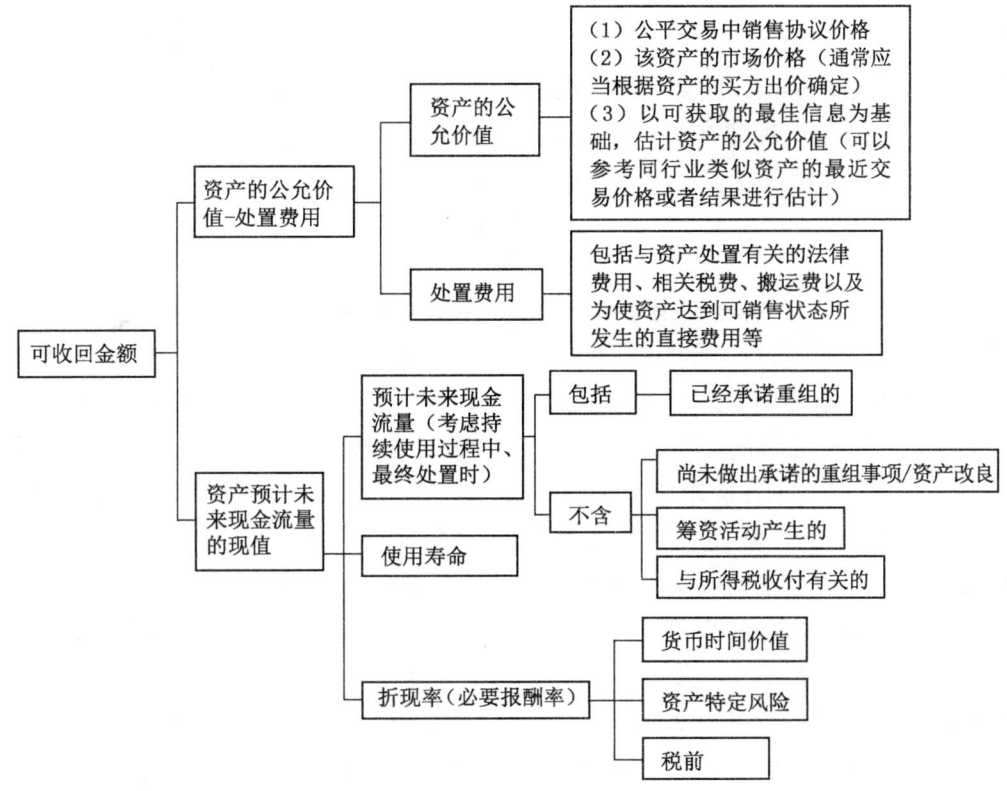

图 12-1 资产的可收回金额

果进行估计。

企业按照上述规定仍然无法可靠估计资产的公允价值减去处置费用后的净额的,应当以该资产预计未来现金流量的现值作为其可收回金额。

【例 12-2】 智董公司的某项资产在公平交易中的销售协议价格为 268 万元,可直接归属于该资产的处置费用为 28 万元。

【分析】 智董公司应确定该资产的公允价值减去处置费用后的净额为 240 万元。

【例 12-3】 智董公司的某项资产不存在销售协议但存在活跃市场,市场价格为 210 万元,估计的处置费用为 18 万元。

【分析】 智董公司应确定该项资产的公允价值减去处置费用后的净额为 192 万元。

【例 12-4】 智董公司的某项资产不存在销售协议,也不存在活跃市场。智董公司参考同行业类似资产的最近交易价格估计该资产的公允价值为 349 万元,可直接归属于该资产的处置费用为 9 万元。

【分析】 智董公司应确定该项资产的公允价值减去处置费用后的净额为 340 万元。

有时,企业在确定资产的公允价值减去处置费用后的净额时,会涉及相关的负债。在这种情况下,企业在确定资产的公允价值减去处置费用后的净额时,除已经确认为负债的部分外,其他处置费用应当在确定资产的公允价值减去处置费用后的净额时扣除,如印花税、资产的清理费用、使资产达到销售状态而发生的直接增量费用等。但是,与处置资产后发生的业务规模缩减或重组有关的费用,不是资产处置的直接增量费用,在确定资产的公允价值减去处置费用后的净额时不应当包括在内。

2. 资产预计未来现金流量现值的确定

资产预计未来现金流量的现值,应当按照资产在持续使用过程中和最终处置时所产生的预计未来现金流量,选择恰当的折现率对其进行折现后的金额加以确定。

预计资产未来现金流量的现值,应当综合考虑资产的预计未来现金流量、使用寿命和折现率等因素。

(1) 计算。

资产未来现金流量的现值，应当根据该资产预计的未来现金流量和折现率在资产剩余使用寿命内予以折现后的金额确定。

计算公式如下：

$$资产预计未来现金流量的现值 = \sum \left[\frac{第t年预计资产未来现金流量}{(1+折现率)^t}\right]$$

【例 12-5】 智董运输公司 2×10 年年末对一艘远洋运输船舶进行减值测试。

该船舶原值为 30 000 万元，累计折旧 14 000 万元，2×10 年年末账面价值为 16 000 万元，预计尚可使用 8 年。假定该船舶的公允价值减去处置费用后的净额难以确定，该公司通过计算其未来现金流量的现值确定可收回金额。

公司在考虑了与该船舶资产有关的货币时间价值和特定风险因素后，确定 10% 为该资产的最低必要报酬率，并将其作为计算未来现金流量现值时使用的折现率。

公司根据有关部门提供的该船舶历史营运记录、船舶性能状况和未来每年运量发展趋势，预计未来每年营运收入和相关人工费用、燃料费用、安全费用、港口码头费用以及日常维护费用等支出，在此基础上估计该船舶在 2×11 年至 2×18 年每年预计未来现金流量分别为：2 500 万元、2 460 万元、2 380 万元、2 360 万元、2 390 万元、2 470 万元、2 500 万元和 2 510 万元。

【分析】 根据上述预计未来现金流量和折现率，公司计算船舶预计未来现金流量的现值为 13 038 万元，计算过程如表 12-1 所示。

表 12-1　船舶未来现金流量计算　单位：万元

年　份	预计未来现金流量	现值系数（折现率为10%）（可根据公式计算或者直接查复利现值系数表取得）	预计未来现金流量的现值
2×11 年	2 500	0.9091	2 273
2×12 年	2 460	0.8264	2 033
2×13 年	2 380	0.7513	1 788
2×14 年	2 360	0.6830	1 612
2×15 年	2 390	0.6209	1 484

(续表)

年　份	预计未来现金流量	现值系数（折现率为10%）（可根据公式计算或者直接查复利现值系数表取得）	预计未来现金流量的现值
2×16 年	2 470	0.5645	1 394
2×17 年	2 500	0.5132	1 283
2×18 年	2 510	0.4665	1 171
合　　计			13 038

由于船舶的账面价值为 16 000 万元，可收回金额为 13 038 万元，其账面价值高于可收回金额 2 962 万元（16 000－13 038）。公司 2×10 年年末应将账面价值高于可收回金额的差额确认为当期资产减值损失，并计提相应的减值准备。

(2) 流量（折现前）。

① 预计资产未来现金流量的方法。

预计资产未来现金流量，通常应当根据资产未来每期最有可能产生的现金流量进行预测。采用期望现金流量法更为合理的，应当采用期望现金流量法预计资产未来现金流量。

采用期望现金流量法，资产未来现金流量应当根据每期现金流量期望值进行预计，每期现金流量期望值，按照各种可能情况下的现金流量乘以相应的发生概率加总计算。

② 预计资产未来现金流量的组成。

预计的资产未来现金流量应当包括下列各项：

A. 资产持续使用过程中预计产生的现金流入。

B. 为实现资产持续使用过程中产生的现金流入所必需的预计现金流出（包括为使资产达到预定可使用状态所发生的现金流出）。该现金流出应当是可直接归属于或者可通过合理和一致的基础分配到资产中的现金流出。

C. 资产使用寿命结束时，处置资产所收到或者支付的净现金流量。

(3) 预计资产未来现金流量的基础。

① 预计资产未来现金流量时，企业管理层应当在合理和有依据的基础上对资产剩余使用寿命内整个经济状况进行最佳估计。

预计资产的未来现金流量，应当以经企业

管理层批准的最近财务预算或者预测数据,以及该预算或者预测期之后年份稳定的或者递减的增长率为基础。企业管理层如能证明递增的增长率是合理的,可以以递增的增长率为基础。

建立在预算或者预测基础上的预计现金流量最多涵盖5年,企业管理层如能证明更长的期间是合理的,可以涵盖更长的期间。

在对预算或者预测期之后年份的现金流量进行预计时,所使用的增长率除了企业能够证明更高的增长率是合理的之外,不应当超过企业经营的产品、市场、所处的行业或者所在国家或者地区的长期平均增长率,或者该资产所处市场的长期平均增长率。

② 预计资产的未来现金流量,应当以资产的当前状况为基础,不应当包括与将来可能会发生的、尚未做出承诺的重组事项或者与资产改良有关的预计未来现金流量。

预计资产的未来现金流量也不应当包括筹资活动产生的现金流入或者流出以及与所得税收付有关的现金流量。

企业已经承诺重组的,在确定资产的未来现金流量的现值时,预计的未来现金流入和流出数,应当反映重组所能节约的费用和由重组所带来的其他利益,以及因重组所导致的估计未来现金流出数。其中重组所能节约的费用和由重组所带来的其他利益,通常应当根据企业管理层批准的最近财务预算或者预测数据进行估计;因重组所导致的估计未来现金流出数应当根据《企业会计准则第13号——或有事项》所确认的因重组所发生的预计负债金额进行估计。

(4) 预计资产未来现金流量应当考虑的因素。

① 预计未来现金流量和折现率,应当在一致的基础上考虑因一般通货膨胀而导致物价上涨因素的影响。如果折现率考虑了这一影响因素,资产预计未来现金流量也应当考虑;折现率没有考虑这一影响因素的,预计未来现金流量也不应考虑。

② 预计资产未来现金流量,应当分析以前期间现金流量预计数与实际数差异的情况,以评判预计当期现金流量依据假设的合理性。

通常应当确保当期预计现金流量依据的假设与前期实际结果相一致。

③ 预计资产未来现金流量应当以资产的当前状况为基础,不应包括与将来可能会发生的、尚未做出承诺的重组事项或者与资产改良有关的预计未来现金流量。但未来发生的现金流出是为了维持资产正常运转或者资产原定正常产出水平所必需的,预计资产未来现金流量时应当将其考虑在内。

④ 预计在建工程、开发过程中的无形资产等资产的未来现金流量,应当包括预期为使该类资产达到预定可使用或可销售状态而发生的全部现金流出。

⑤ 资产的未来现金流量受内部转移价格影响的,应当采用在公平交易的前提下,企业管理层能够达成的最佳的未来价格估计数进行预计。

(5) 折现率。

折现率是反映当前市场货币时间价值和资产特定风险的税前利率。该折现率是企业在购置或者投资资产时所要求的必要报酬率。

在预计资产的未来现金流量时已经对资产特定风险的影响作了调整的,估计折现率不需要考虑这些特定风险。如果用于估计折现率的基础是税后的,应当将其调整为税前的折现率。

预计资产的未来现金流量涉及外币的,应当以该资产所产生的未来现金流量的结算货币为基础,按照该货币适用的折现率计算资产的现值;然后将该外币现值按照计算资产未来现金流量现值当日的即期汇率进行折算。

关于折现率的确定方法

折现率的确定通常应当以该资产的市场利率为依据。该资产的利率无法从市场获得的,可以使用替代利率估计折现率。

替代利率可以根据加权平均资金成本、增量借款利率或者其他相关市场借款利率作适当调整后确定。调整时,应当考虑与资产预计现金流量有关的特定风险以及其他有关政治风险、货币风险和价格风险等。

估计资产未来现金流量现值,通常应当使用单一的折现率。资产未来现金流量的现值对未来不同期间的风险差异或者利率的期间结构反应敏感的,应当在未来各不同期间采用不同的折现率。

【例12-6】 2×16年12月31日,智董公司对在生产经营过程中使用的某生产线进行检查时发现该类生产线可能发生减值。该生产线的公允价值总额为1 210 000元,可归属于该生产线的处置费用为10 000元;预计尚可使用5年,预计其在未来4年内每年年末产生的现金流量分别为:400 000元、360 000元、320 000元、250 000元;第5年产生的现金流量以及使用寿命结束时处置形成的现金流量合计为200 000元。假定在考虑相关因素的基础上,智董公司决定采用5%的折现率。有关计算过程如表12-2所示。

表12-2 固定资产未来现金流量现值计算表

单位:元

年份	预计未来现金流量	折现率(%)	现值系数	预计未来现金流量现值
2×17年	400 000	5	0.952 4	380 960
2×18年	360 000	5	0.907 0	326 520
2×19年	320 000	5	0.863 8	276 416
2×20年	250 000	5	0.822 7	205 675
2×21年	200 000	5	0.783 5	156 700
合计				1 346 271

【分析】 由表12-2可知,智董公司预计资产未来现金流量的现值为1 346 271元,大于其公允价值减去处置费用后的净额1 200 000元(1 210 000−10 000),所以,该生产线的可收回金额为1 346 271元。

假设2×16年12月31日该生产线的账面价值为1 500 000元,以前年度没有计提资产减值准备。智董公司的会计处理如下(单位:元):

借:资产减值损失　　　　　　　　153 729
　　贷:固定资产减值准备　　　　　　153 729

【例12-7】 2×21年12月31日,智董公司在对外购专利权的账面价值进行检查时,发现市场上已存在类似专利技术所生产的产品,从而对智董公司产品的销售造成重大不利影响。当时,该专利权的摊余价值为18 000元,剩余摊销年限为5年。按2×21年12月31日技术市场的行情,如果智董公司将该专利权予以出售,则在扣除发生的律师费和其他相关税费后,可以获得15 000元。但是,如果智董公司计划继续使用该专利权进行产品生产,则在未来5年内预计可以获得的未来现金流量的现值为13 500元(假定使用年限结束时处置收益为零)。

本例中,智董公司该专利权的公允价值减去处置费用后的净额为15 000元,预计未来现金流量现值为13 500元,因此,智董公司该专利权的可收回金额为15 000元。

【分析】 智董公司的会计处理如下(单位:元):

借:资产减值损失　　　　　　　　3 000
　　贷:无形资产减值准备　　　　　　3 000

三、计提减值准备、确认减值损失

资产的可收回金额低于其账面价值的,企业应当将资产的账面价值减记至可收回金额,减记的金额确认为资产减值损失,计入当期损益,同时计提相应的资产减值准备。

 小知识

资产减值损失的账务处理

为了核算企业固定资产和无形资产发生减值时计提的减值准备,应设置"固定资产减值准备""无形资产减值准备"总账科目,该科目贷方登记发生减值时计提的减值准备,借方登记资产处置时应结转的已计提减值准备,期末贷方余额反映企业已计提但尚未转销的资产减值准备。

企业应在资产负债表日,根据《企业会计准则第8号——资产减值》确定固定资产发生减值的,按应减记的金额,借记"资产减值损失"科目,贷记"固定资产减值准备"科目或"无形资产减值准备"科目。处置固定资产或无形资产时,应同时结转已计提的资产减值准备。

四、折旧或者摊销费用在未来期间作相应调整

资产减值损失确认后,减值资产的折旧或者摊销费用应当在未来期间作相应调整,以使该资产在剩余使用寿命内,系统地分摊调整后

的资产账面价值(扣除预计净残值)。

注 资产减值损失确认后,减值资产的折旧或者摊销费用应当在未来期间作相应调整,以使该资产在剩余使用寿命内,系统地分摊调整后的资产账面价值(扣除预计净残值)。已计提减值准备的固定资产应当按照该项资产的账面价值以及尚可使用寿命重新计算确定折旧率和折旧额。已计提减值准备的需要摊销的无形资产,应当按照该项资产的账面价值以及尚可使用寿命重新计算确定摊销额。

【例12-8】 2×08年12月23日,智董公司(生产性企业)购置了一台不需安装的设备,价值为13 000 000元,款项以银行存款支付。在考虑相关因素的基础上,预计该设备的使用寿命为8年,预计净残值为650 000元,采用年限平均法计提折旧。

2×12年12月31日,在进行检查时发现,该设备有可能发生减值,现时的公允价值减去处置费用后的净额为2 040 000元,未来4年内持续使用以及使用寿命结束时的处置中形成的现金流量现值为2 808 000元。

2×14年12月31日,在进行检查时发现,以前期间据以计提固定资产减值的各种因素发生变化,产生有利影响,目前市场上该类设备的公允价值减去处置费用后的净额为4 800 000元,未来2年内持续使用以及使用寿命结束时的处置中形成的现金流量现值为5 600 000元。

假设整个过程不考虑其他相关税费;该设备在2×12年12月31日以前没有计提固定资产减值准备;该设备一直采用年限平均法计提折旧;预计净残值始终为650 000元;预计使用寿命没有发生变更。为简化计算过程,假定按年度计提固定资产折旧。

【分析】 (1) 2×09年1月1日至2×12年12月31日,每年计提的折旧金额分别为1 543 750元[(13 000 000-650 000)÷8],累计折旧金额为6 175 000元(1 543 750×4)。

(2) 2×12年12月31日,在不考虑计提减值准备因素情况下计算确定的固定资产净值为6 825 000元(13 000 000-6 175 000);公允价值减去处置费用后的净额为2 040 000元,预计未来现金流量现金为2 808 000元,所以可收回金额为2 808 000元。因此,应计提固定资产减值准备金额为4 017 000元(6 825 000-2 808 000)。

(3) 2×13年、2×14年两年间,每年计提的折旧金额分别为539 500元[(2 808 000-650 000)÷4]。

(4) 2×14年12月31日,该设备公允价值减去处置费用后的净额为4 800 000元,预计未来现金流量现值为5 600 000元,所以可收回金额为5 600 000元,高于固定资产账面价值1 729 000元(2 808 000-539 500×2),不需计提固定资产减值准备,也不应将以前期间计提的固定资产减值准备予以转回。

(5) 2×15年、2×16年两年间,每年应计提的折旧金额均为539 500元[(2 808 000-539 500×2-650 000)÷2]。

(6) 2×16年12月31日,该固定资产的账面价值为预计净残值650 000元。

该设备的账面价值变化如表12-3所示。

表12-3 设备的账面价值变化 单位:元

日期	内容	金额
2×09年1月1日	固定资产原价	13 000 000
2×09年	计提折旧	1 543 750[(13 000 000-650 000)÷8]
2×09年12月31日	账面价值	11 456 250
2×10年	计提折旧	1 543 750
2×10年12月31日	账面价值	9 912 500
2×11年	计提折旧	1 543 750
2×12年	计提折旧	1 543 750
2×12年12月31日	确认减值前的账面价值	6 825 000
2×12年	确认减值	4 017 000(6 825 000-2 808 000)
2×12年12月31日	确认减值后的账面价值	2 808 000

(续表)

日期	内容	金额
2×13年	计提折旧	539 500〔(2 808 000－650 000)÷4〕
2×14年	计提折旧	539 500
2×15年	计提折旧	539 500
2×16年	计提折旧	539 500
2×16年12月31日	账面价值	650 000

智董公司的会计处理如下(单位:元)。

(1) 2×08年12月23日,取得固定资产。

借:固定资产　　　　　　　　13 000 000
　　贷:银行存款　　　　　　　　13 000 000

(2) 2×09年12月31日、2×10年12月31日、2×11年12月31日,分别计提固定资产折旧。

借:制造费用　　　　　　　　1 543 750
　　贷:累计折旧　　　　　　　　1 543 750

(3) 2×12年12月31日,计提固定资产折旧和固定资产减值准备。

借:制造费用　　　　　　　　1 543 750
　　贷:累计折旧　　　　　　　　1 543 750

借:资产减值损失　　　　　　　4 017 000
　　贷:固定资产减值准备　　　　　4 017 000

(4) 2×13年12月31日,计提固定资产折旧。

借:制造费用　　　　　　　　539 500
　　贷:累计折旧　　　　　　　　539 500

(5) 2×14年12月31日、2×15年12月31日、2×16年12月31日,计提固定资产折旧。

借:制造费用　　　　　　　　539 500
　　贷:累计折旧　　　　　　　　539 500

(6) 2×16年12月31日,转销固定资产减值准备。

借:固定资产减值准备　　　　　4 017 000
　　贷:固定资产　　　　　　　　4 017 000

第三节　资产组、总部资产、资产组组合减值

一、资产组减值

资产组,是指企业可以认定的最小资产组合,其产生的现金流入应当基本上独立于其他资产或者资产组产生的现金流入。

资产组应当由创造现金流入相关的资产组成。

【例12-9】 智董矿业公司拥有一个铁矿,建设有一条与铁矿的生产和运输相配套的专用铁路线。

【分析】 该铁路线在持续使用过程中,难以脱离与铁矿生产和运输相关的资产而产生单独的现金流入(除非报废出售)。该公司难以对该专用铁路线的可收回金额进行单独估计。该专用铁路线和铁矿其他相关资产必须结合在一起,成为一个资产组,以估计该资产组的可收回金额。

【例12-10】 智董公司按照与当地政府签订的合同提供交通服务,合同要求智董公司在4条单独的线路上提供最低限度的交通服务。智董公司投入每条线路的资产和每条线路产生的现金流量能够分别认定,其中一条线路在重大亏损状况下运营。

【分析】 智董公司由于无权缩减任何一条公交线路,因此,从持续使用中产生的、基本上独立于其他资产或资产组产生的现金流入的可认定的最小现金流入是4条线路合并产生的现金流入。因此,智董公司应将4条公交线路认定为资产组。

在特别情况下,如果几项资产的组合生产的产品(或者其他产出)存在活跃市场,即使部分或者所有这些产品(或者其他产出)均供内部

使用,也应当在满足资产组定义的情况下,将这几项资产的组合认定为资产组。这是因为该资产组能够通过持续使用产生现金流入,且其持续使用基本上独立于其他资产或者资产组。如果该资产组的现金流入受内部转移价格的影响,则应当按照企业管理层在公平交易中对未来价格的最佳估计数来确定资产组的未来现金流量。

(一) 资产组的认定

1. 认定依据、考虑因素

资产组的认定,应当以资产组产生的主要现金流入是否独立于其他资产或者资产组的现金流入为依据。同时,在认定资产组时,应当考虑企业管理层管理生产经营活动的方式(如是按照生产线、业务种类还是按照地区或者区域等)和对资产的持续使用或者处置的决策方式等。

(1) 认定资产组最关键因素是该资产组能否独立产生现金流入。

企业的某一生产线、营业网点、业务部门等,如果能够独立于其他部门或者单位等创造收入、产生现金流,或者其创造的收入和现金流入绝大部分独立于其他部门或者单位的,并且属于可认定的最小的资产组合的,通常应将该生产线、营业网点、业务部门等认定为一个资产组。

几项资产的组合生产的产品(或者其他产出)存在活跃市场的,无论这些产品或者其他产出是用于对外出售还是仅供企业内部使用,均表明这几项资产的组合能够独立创造现金流入,应当将这些资产的组合认定为资产组。

(2) 企业对生产经营活动的管理或者监控方式,以及对资产使用或者处置的决策方式等,也是认定资产组应考虑的重要因素。

例如,某服装企业有童装、西装、衬衫三个工厂,每个工厂在核算、考核和管理等方面都相对独立,在这种情况下,每个工厂通常为一个资产组。

某家具制造商有 A 车间和 B 车间,A 车间专门生产家具部件,生产完后由 B 车间负责组装,该企业对 A 车间和 B 车间资产的使用和处置等决策是一体的,在这种情况下,A 车间和 B 车间通常应当认定为一个资产组。

2. 资产组认定的变更

资产组一经确定,各个会计期间应当保持一致,不得随意变更。

如需变更,企业管理层应当证明该变更是合理的,并根据本准则第二十七条的规定在附注中作相应说明。

(二) 资产组的账面价值

资产组账面价值的确定基础应当与其可收回金额的确定方式相一致。

资产组的账面价值包括可直接归属于资产组与可以合理和一致地分摊至资产组的资产账面价值,通常不应当包括已确认负债的账面价值,但如不考虑该负债金额就无法确定资产组可收回金额的除外。

(三) 资产组的可收回金额

有迹象表明一项资产可能发生减值的,企业应当以单项资产为基础估计其可收回金额。企业难以对单项资产的可收回金额进行估计的,应当以该资产所属的资产组为基础确定资产组的可收回金额。

资产组的可收回金额应当按照该资产组的公允价值减去处置费用后的净额与其预计未来现金流量的现值两者之间较高者确定。

资产组在处置时如要求购买者承担一项负债(如环境恢复负债等)、该负债金额已经确认并计入相关资产账面价值,而且企业只能取得包括上述资产和负债在内的单一公允价值减去处置费用后的净额的,为了比较资产组的账面价值和可收回金额,在确定资产组的账面价值及其预计未来现金流量的现值时,应当将已确认的负债金额从中扣除。

如果该资产组的现金流入受内部转移价格的影响,应当按照企业管理层在公平交易中对未来价格的最佳估计数来确定资产组的未来现金流量。

(四) 资产组的减值测试

企业对某一资产组进行减值测试,应当先认定所有与该资产组相关的总部资产,再根据相关总部资产能否按照合理和一致的基础分摊至该资产组分别下列情况处理。

(1) 对于相关总部资产能够按照合理和一致的基础分摊至该资产组的部分,应当将该部分总部资产的账面价值分摊至该资产组,再据以比较该资产组的账面价值(包括已分摊的总部资产的账面价值部分)和可收回金额,并按照本准则第二十二条的规定处理。

(2) 对于相关总部资产中有部分资产难以按照合理和一致的基础分摊至该资产组的,应当按照下列步骤处理:

① 在不考虑相关总部资产的情况下,估计和比较资产组的账面价值和可收回金额,并按照本准则第二十二条的规定处理。

② 认定由若干个资产组组成的最小的资产组组合,该资产组组合应当包括所测试的资产组与可以按照合理和一致的基础将该部分总部资产的账面价值分摊其上的部分。

③ 比较所认定的资产组组合的账面价值(包括已分摊的总部资产的账面价值部分)和可收回金额,并按照本准则第二十二条的规定处理。

【例12-11】 智董公司在三地分别拥有A、B、C三家分公司,其中,C分公司是上年吸收合并的公司。这三家分公司的经营活动由一个总部负责运作。由于A、B、C三家分公司均能产生独立于其他分公司的现金流入,所以智董公司将这三家分公司确定为三个资产组。2×14年12月1日,企业经营所处的技术环境发生了重大不利变化,出现减值迹象,需要进行减值测试。假设总部资产的账面价值为150万元,能够按照各资产组账面价值的比例进行合理分摊,A分公司资产的使用寿命为10年,B、C分公司和总部资产的使用寿命为20年。减值测试时,A、B、C三个资产组的账面价值分别为100万元、150万元和200万元(其中合并商誉为15万元)。该公司计算得出A分公司资产的可收回金额为219万元,B分公司资产的可收回金额为156万元,C分公司资产的可收回金额为200万元。试进行该公司的减值测试。

【分析】 进行减值测试,首先要采用合理的方法将总部资产分配至各资产组,然后比较各资产组的可收回金额与账面价值,最后将各资产组的资产减值额在总部资产和各资产组之间分配。

1. 将总部资产分配至各资产组

由于各资产组的使用寿命不同,不能直接按其账面价值分配总部资产,而应根据各资产组使用寿命对各资产组的账面价值进行调整,按各资产组调整后的账面价值来分配总部资产。B、C资产组的使用寿命是A资产组使用寿命的两倍,换之,B、C分公司一元资产的账面价值相当于A分公司二元资产的账面价值。所以分配总部资产时的账面价值应为800万元(100+2×150+2×200)。

总部资产应分配给A资产组的数额=150×100/800=19(万元)。

总部资产应分配给B资产组的数额=150×300/800=56(万元)。

总部资产应分配给C资产组的数额=150×400/800=75(万元)。

分配后各资产组的账面价值为:

A资产组的账面价值=100+19=119(万元)。

B资产组的账面价值=150+56=206(万元)。

C资产组的账面价值=200+75=275(万元)。

2. 进行减值测试

A资产组的账面价值为119万元,可收回金额为219万元,没有发生减值。

B资产组的账面价值为206万元,可收回金额为156万元,发生减值50万元。

C资产组的账面价值为275万元,可收回金额为200万元,发生减值75万元。

3. 将各资产组的减值额在总部资产和各资产组之间分配

B资产组减值额分配给总部资产的数额=50×56÷206≈13.60(万元),分配给B资产组本身的数额=50×150÷206≈36.40(万元)。

C资产组中的减值额先冲减合并商誉15万元,余下的分配给总部和C资产组。分配给总部的资产减值=60×75÷275≈16.36(万元),分配给C资产组本身的数额=60×200÷275≈43.64(万元)。

(五) 资产组减值损失的确认与抵减

资产组或者资产组组合的可收回金额低于其账面价值的(总部资产和商誉分摊至某资产组或者资产组组合的,该资产组或者资产组组合的账面价值应当包括相关总部资产和商誉的分摊额),应当确认相应的减值损失。

减值损失金额应当先抵减分摊至资产组或者资产组组合中商誉的账面价值,再根据资产组或者资产组组合中除商誉之外的其他各项资产的账面价值所占比重,按比例抵减其他各项资产的账面价值。

以上资产账面价值的抵减,应当作为各单项资产(包括商誉)的减值损失处理,计入当期损益。抵减后的各资产的账面价值不得低于以下三者之中最高者:该资产的公允价值减去处置费用后的净额(如可确定的)、该资产预计未来现金流量的现值(如可确定的)和零。

因此而导致的未能分摊的减值损失金额,应当按照相关资产组或者资产组组合中其他各项资产的账面价值所占比重进行分摊。

【例12-12】 智董公司属于矿业生产企业。根据我国有关法律的规定,开采矿产的企业必须在完成开采后将该地区恢复原貌,恢复费用包括表土覆盖层的复原,因为表土覆盖层在矿山开发前必须搬走。表土覆盖层一旦移走,企业就应为其确认一笔预计负债,其有关费用计入矿山成本,并在矿山使用寿命内计提折旧。假定智董公司为恢复费用确认的预计负债的账面金额为1 000万元。2×21年12月31日,智董公司正在对矿山进行减值测试。矿山的资产组是整座矿山。智董公司已收到愿以1 600万元的价格购买该矿山的合同,这一价格已经考虑了复原表土覆盖层的成本。矿山预计未来现金流量的现值为2 400万元,不包括恢复费用;矿山的账面价值为2 000万元。假定不考虑矿山的处置费用。

【分析】 资产组的公允价值减去处置费用后的净额为1 600万元,其预计未来现金流量的现值在考虑恢复费用后估计为1 400万元(2 400－1 000)。资产组的账面价值为1 000万元,即矿山的账面价值2 000万元与恢复费用1 000万元之间的差额。因此,智董公司可以确定该矿山的可收回金额1 600万元大于其账面价值1 000万元,没有发生减值。

【例12-13】 智董公司于2×21年12月31日对某资产组进行减值测试,其账面价值为2 750 000元;该资产组合除包括固定资产生产线、办公楼、宿舍、浴室、理发室外,还包括一批负债,账面价值分别为590 000元、780 000元、950 000元、180 000元、400 000元、150 000元。经咨询有关专家,智董公司确定该资产组的公允价值减去处置费用后的净额为2 150 000元,未来现金流量现值为2 050 000元。

因此,该资产组发生减值,确认的减值损失为600 000元(2 750 000－2 150 000),同时根据该资产组内固定资产的账面价值,按比例分摊减值损失至资产组内的固定资产。分摊过程如表12-4所示。

表12-4 资产组减值损失分摊 单位:元

资产组合	分摊减值损失前账面价值	分摊比例(%)	分摊的减值损失	分摊减值损失后账面价值
负债	(150 000)		0	(150 000)
固定资产:				
生产线	590 000	20.34	(122 040)	467 960
办公楼	780 000	26.9	(161 400)	618 600
宿舍	950 000	32.76	(196 560)	753 440
浴室	180 000	6.21	(37 260)	142 740
理发室	400 000	13.79	(82 740)	317 260
小计	2 900 000	100	(600 000)	2 300 000
合计	2 750 000		(600 000)	2 150 000

【分析】 根据表12-4的分摊结果，智董公司的会计处理如下（单位：元）。

```
借：资产减值损失                        600 000
    贷：固定资产减值准备——生产线      122 040
                        ——办公楼      161 400
                        ——宿舍        196 560
                        ——浴室         37 260
                        ——理发室       82 740
```

如果智董公司确定的固定资产宿舍的公允价值减去处置费用后的净额为822 000元。即宿舍分摊减值损失后的账面价值（753 440元）低于其公允价值减去处置费用后的净额（822 000元），多分摊的减值损失68 560元（822 000－753 440）应根据该资产组内其他固定资产初次分摊减值损失后的账面价值，按比例分摊至资产组内的其他固定资产。分摊过程如表12-5所示。

二、总部资产减值

企业总部资产包括企业集团或其事业部的办公楼、电子数据处理设备等资产。

总部资产的显著特征是难以脱离其他资产或者资产组产生独立的现金流入，而且其账面价值难以完全归属于某一资产组。

表12-5 资产减值损失分摊　　单位：元

资产组其他固定资产	分摊减值损失后账面价值	重新分摊比例（%）	减值损失重新分摊	重新分摊减值损失后账面价值
生产线	467 960	30.26	(20 746.3)	447 213.7
办公楼	618 600	40	(27 424)	591 176
浴室	142 740	9.23	(6 328.1)	136 411.9
理发室	317 260	20.51	(14 061.6)	303 198.4
小计	1 546 560	100	(68 560)	1 478 000
宿舍	753 440		68 560	822 000
长期资产合计	2 300 000		0	2 300 000

有迹象表明某项总部资产可能发生减值的，企业应当计算确定该总部资产所归属的资产组或者资产组组合的可收回金额，然后将其与相应的账面价值相比较，据以判断是否需要确认减值损失。

三、资产组组合减值

资产组组合，是指由若干个资产组组成的最小资产组组合，包括资产组或者资产组组合，以及按合理方法分摊的总部资产部分。

第四节　商　誉　减　值

一、商誉减值测试

（一）商誉减值测试的时间

企业合并所形成的商誉，至少应当在每年年度终了进行减值测试。

（二）商誉减值测试的方法

商誉应当结合与其相关的资产组或者资产组组合进行减值测试。

相关的资产组或者资产组组合应当是能够从企业合并的协同效应中受益的资产组或者资产组组合，不应当大于按照《企业会计准则第35号——分部报告》所确定的报告分部。

（三）商誉减值测试的顺序及处理

在对包含商誉的相关资产组或者资产组组合进行减值测试时，如与商誉相关的资产组或者资产组组合存在减值迹象的，应当先对不包含商誉的资产组或者资产组组合进行减值测试，计算可收回金额，并与相关账面价值相比较，确认相应的减值损失。再对包含商誉的资产组或者资产组组合进行减值测试，比较这些相关资产组或者资产组组合的账面价值（包括所分摊的商誉的账面价值部分）与其可收回金额，如相关资产组或者资产组组合的可收回金额低于其账面价值的，应当确认商誉的减值损失,按照本准则第二十二条的规定处理。

"相关资产减值准备"可以按照各项资产账面价值在可辨认资产账面价值中所占的比例进行分配。

【例12-14】 智董公司在2×21年1月1日以2 500万元收购了贵琛公司100%的股份,购买日贵琛公司可辨认净资产的公允价值为2 000万元。2×21年12月31日有关资料为:

(1) 企业合并财务报表确认商誉500万元;

(2) 年末贵琛公司可辨认净资产的账面价值为3 000万元。假定贵琛公司的全部资产是产生现金流量的最小组合。2×21年年末,智董公司确定贵琛公司的可收回金额为2 000万元。试对商誉进行减值测试,如果发生减值损失,对减值损失进行分配。

【分析】 首先应确定贵琛公司这一资产组在2021年年末的账面价值。由于合并商誉是在购买贵琛公司时发生的,可以将其全部分配给贵琛公司这一资产组。故贵琛公司这一资产组的账面价值为3 500万元(500+3 000)。

然后进行减值测试。由于贵琛公司可收回金额为2 000万元,账面价值为3 500万元,故发生了资产减值。资产减值的数额为1 500万元。

最后,将减值损失冲减商誉500万元,余下的1 000万元分配给贵琛公司可辨认净资产。

(四) 存在少数股东权益情况下的商誉减值测试

在合并财务报表中反映的商誉,不包括子公司归属于少数股东的商誉。但对相关资产组(或者资产组组合,下同)进行减值测试时,应当调整资产组的账面价值,将归属于少数股东权益的商誉包括在内,然后根据调整后的资产组账面价值与其可收回金额(可收回金额的预计包括了少数股东在商誉中的权益价值部分)进行比较,以确定资产组(包括商誉)是否发生了减值。

上述资产组如已发生减值的,应当按照资产减值准则第二十二条规定进行处理,但由于根据上述步骤计算的商誉减值损失包括了应由少数股东权益承担的部分,应当将该损失在可归属于母公司和少数股东权益之间按比例进行分摊,以确认归属于母公司的商誉减值损失。

二、商誉账面价值的分摊

企业进行资产减值测试,对于因企业合并形成的商誉的账面价值,应当自购买日起按照合理的方法分摊至相关的资产组;难以分摊至相关的资产组的,应当将其分摊至相关的资产组组合。

在将商誉的账面价值分摊至相关的资产组或者资产组组合时,应当按照各资产组或者资产组组合的公允价值占相关资产组或者资产组组合公允价值总额的比例进行分摊。公允价值难以可靠计量的,按照各资产组或者资产组组合的账面价值占相关资产组或者资产组组合账面价值总额的比例进行分摊。

企业因重组等原因改变了其报告结构,从而影响到已分摊商誉的一个或者若干个资产组或者资产组组合构成的,应当按照与本条前款规定相似的分摊方法,将商誉重新分摊至受影响的资产组或者资产组组合。

第五节 会计科目和会计分录

以下是第一财税网(www.tax.org.cn)耗时整理的相关会计科目和会计分录,供实际工作中随时查阅、使用。

注 不适用资产减值会计准则的资产减值方面会计科目和会计分录,也整理在此,方便学习。

一、6701 资产减值损失

(一) 核算内容

本科目核算企业计提各项资产减值准备所形成的损失。

注 根据《企业会计准则第22号——金融工具确认和计量》的规定，对企业应收款项、合同资产和租赁应收款发生信用减值核算时由原来的"资产减值损失"账户改成"信用减值损失"账户。

(二) 明细核算

本科目可按资产减值损失的项目进行明细核算。

(三) 主要账务处理

(1) 企业的存货、长期股权投资、固定资产、无形资产等资产发生减值的，按应减记的金额，借记本科目，贷记"存货跌价准备""长期股权投资减值准备""固定资产减值准备""无形资产减值准备"等科目。

在建工程、工程物资、生产性生物资产、商誉、抵债资产、损余物资、采用成本模式计量的投资性房地产等资产发生减值的，应当设置相应的减值准备科目，比照上述规定进行处理。

(2) 企业计提存货跌价准备等，相关资产的价值又得以恢复的，应在原已计提的减值准备金额内，按恢复增加的金额，借记"存货跌价准备"等科目，贷记本科目。

(四) 期末余额

期末，应将本科目余额转入"本年利润"科目，结转后本科目无余额。

注 应收款项确认减值损失的会计科目，现在已经由"资产减值损失"调整为"信用减值损失"，原确认时借记"资产减值损失"，现改为借记"信用减值损失"科目，而存货、固定资产和无形资产减值的会计处理科目不变，仍为"资产减值损失"。

二、6702 信用减值损失

(一) 核算内容

本科目核算企业计提金融工具确认和计量会计准则要求的各项金融工具减值准备所形成的预期信用损失。

注 根据《企业会计准则第22号——金融工具确认和计量》可知：对企业应收款项、合同资产和租赁应收款发生信用减值核算时由原来的"资产减值损失"账户改成"信用减值损失"账户。

根据《企业会计准则第22号——金融工具确认和计量》(2017年)应用指南，金融资产减值准备所形成的预期信用损失应通过"信用减值损失"科目核算。因此，企业执行《企业会计准则第22号——金融工具确认和计量》(2017年)后，其发生的坏账准备应通过"信用减值损失"科目核算，不再通过"资产减值损失"科目核算。

(二) 主要账务处理

企业应当在资产负债表日计算金融工具(或金融工具组合)预期信用损失。如果该预期信用损失大于该工具(或组合)当前减值准备的账面金额，企业应当将其差额确认为减值损失，借记"信用减值损失"科目，根据金融工具的种类，贷记"贷款损失准备""债权投资减值准备""坏账准备""合同资产减值准备""租赁应收款减值准备""预计负债"(用于贷款承诺及财务担保合同)或"其他综合收益"(用于以公允价值计量且其变动计入其他综合收益的债权类资产，企业可设置二级科目"其他综合收益——信用减值准备"核算此类工具的减值准备)等科目(上述贷记科目，以下统称"贷款损失准备"等科目)；如果资产负债表日计算的预期信用损失小于该工具(或组合)当前减值准备的账面金额(例如，从按照整个存续期预期信用损失计量损失准备转为按照未来12个月预期信用损失计量损失准备时，可能出现这一情况)，则企业应当将差额确认为利得，作相反的会计分录。

(三) 期末余额

期末，应将本科目余额转入"本年利润"科目，结转后本科目无余额。

附：报表列示

反映企业按照《企业会计准则第22号——金融工具确认和计量》(财会〔2017〕7号)的要求计提的各项金融工具信用减值准备所确认的信用损失。

该项目应根据"信用减值损失"科目的发生额分析填列。

三、应收融资租赁款减值准备

(一) 核算内容

本科目核算应收融资租赁款的减值准备。

(二) 主要账务处理

应收融资租赁款的预期信用损失,按应减记的金额,借记"信用减值损失"科目,贷记本科目。转回已计提的减值准备时,作相反的会计分录。

(三) 期末余额

本科目期末贷方余额,反映应收融资租赁款的累计减值准备金额。

四、1212 应收分保合同准备金(再保险分出人)/应收分保未到期责任准备金(再保险分出人)^/应收分保未决赔款准备金(再保险分出人)^/应收分保寿险责任准备金(再保险分出人)^/应收分保长期健康险责任准备金(再保险分出人)^

(一) 核算内容

本科目核算企业(再保险分出人)从事再保险业务确认的应收分保未到期责任准备金,以及应向再保险接受人摊回的保险责任准备金。

企业(再保险分出人)可以单独设置"应收分保未到期责任准备金""应收分保未决赔款准备金""应收分保寿险责任准备金""应收分保长期健康险责任准备金"等科目。

(二) 明细核算

本科目可按再保险接受人和再保险合同进行明细核算。

(三) 主要账务处理

(1) 企业在确认非寿险原保险合同保费收入的当期,按相关再保险合同约定计算确定的相关应收分保未到期责任准备金金额,借记本科目,贷记"提取未到期责任准备金"科目。

资产负债表日,调整原保险合同未到期责任准备金余额,按相关再保险合同约定计算确定的应收分保未到期责任准备金的调整金额,借记"提取未到期责任准备金"科目,贷记本科目。

(2) 在提取原保险合同未决赔款准备金、寿险责任准备金、长期健康险责任准备金的当期,按相关再保险合同约定计算确定的应向再保险接受人摊回的保险责任准备金金额,借记本科目,贷记"摊回保险责任准备金"科目。

(3) 在确定支付赔付款项金额或实际发生理赔费用而冲减原保险合同相应未决赔款准备金、寿险责任准备金、长期健康险责任准备金余额的当期,按相关应收分保保险责任准备金的相应冲减金额,借记"摊回保险责任准备金"科目,贷记本科目。

(4) 在对原保险合同未决赔款准备金、寿险责任准备金、长期健康险责任准备金进行充足性测试补提保险责任准备金时,按相关再保险合同约定计算确定的应收分保保险责任准备金的相应增加额,借记本科目,贷记"摊回保险责任准备金"科目。

(5) 在原保险合同提前解除而转销相关未到期责任准备金余额的当期,借记"提取未到期责任准备金"科目,贷记本科目。

在原保险合同提前解除而转销相关寿险责任准备金、长期健康险责任准备金余额的当期,按相关应收分保保险责任准备金余额,借记"摊回保险责任准备金"科目,贷记本科目。

(四) 期末余额

本科目期末借方余额,反映企业从事再保险业务确认的应收分保合同准备金余额。

五、1231 坏账准备

(一) 核算内容

本科目核算企业以摊余成本计量的应收款项等金融资产以预期信用损失为基础计提的损失准备。

企业应当设置"坏账准备"科目,核算应收款项的坏账准备计提、转销等情况。

"坏账准备"科目的贷方登记当期计提的坏账准备、收回已转销的应收账款而恢复的坏账准备,借方登记实际发生的坏账损失金额和冲减的坏账准备金额。

(二) 明细核算

本科目可按应收款项的类别进行明细核算。

(三) 主要账务处理

企业计提坏账准备时,按照应减记的金额,借记"信用减值损失——计提的坏账准备"科目,贷记"坏账准备"科目。冲减多计提的坏账准备时,借记"坏账准备"科目,贷记"信用减值损失——计提的坏账准备"科目。

企业确实无法收回的应收款项按管理权限报经批准后作为坏账转销时,应当冲减已计提的坏账准备。已确认并转销的应收款项以后又收回的,应当按照实际收到的金额增加坏账准备的账面余额。企业实际发生坏账损失时,借记"坏账准备"科目,贷记"应收账款""其他应收款"等科目。

已确认并转销的应收款项以后又收回的,应当按照实际收到的金额增加坏账准备的账面余额。已确认并转销的应收款项以后又收回时,借记"应收账款""其他应收款"等科目,贷记"坏账准备"科目;同时,借记"银行存款"科目,贷记"应收账款""其他应收款"等科目。

(四) 期末余额

期末贷方余额,反映企业已计提但尚未转销的坏账准备。

六、1304 贷款损失准备(银行)(保险)(典当)/委托贷款损失准备

(一) 核算内容

本科目核算企业(银行)以摊余成本计量的贷款以预期信用损失为基础计提的损失准备。

计提贷款损失准备的资产包括客户贷款、拆出资金、贴现资产、银团贷款、贸易融资、协议透支、信用卡透支、转贷款和垫款等。

企业(保险)的保户质押贷款计提的减值准备,也在本科目核算。

企业(典当)的质押贷款、抵押贷款计提的减值准备,也在本科目核算。

注 企业委托银行或其他金融机构向其他单位贷出的款项计提的减值准备,可将本科目改为"1304 委托贷款损失准备"科目。

(二) 明细核算

本科目可按计提贷款损失准备的资产类别进行明细核算。

七、1421 消耗性生物资产(农业)/消耗性生物资产跌价准备

(一) 核算内容

本科目核算企业(农业)持有的消耗性生物资产的实际成本。消耗性生物资产发生减值的,可以单独设置"消耗性生物资产跌价准备"科目,比照"存货跌价准备"科目进行处理。

(二) 明细核算

本科目可按消耗性生物资产的种类、群别等进行明细核算。

(三) 主要账务处理

(1) 外购的消耗性生物资产,按应计入消耗性生物资产成本的金额,借记本科目,贷记"银行存款""应付账款""应付票据"等科目。

(2) 自行栽培的大田作物和蔬菜,应按收获前发生的必要支出,借记本科目,贷记"银行存款"等科目。自行营造的林木类消耗性生物资产,应按郁闭前发生的必要支出,借记本科目,贷记"银行存款"等科目。自行繁殖的育肥畜、水产养殖的动植物,应按出售前发生的必要支出,借记本科目,贷记"银行存款"等科目。

(3) 取得天然起源的消耗性生物资产,应按名义金额,借记本科目,贷记"营业外收入"科目。

(4) 产畜或役畜淘汰转为育肥畜的,按转群时的账面价值,借记本科目,按已计提的累计折旧,借记"生产性生物资产累计折旧"科目,按其账面余额,贷记"生产性生物资产"科目。已计提减值准备的,还应同时结转减值准备。

育肥畜转为产畜或役畜的,应按其账面余额,借记"生产性生物资产"科目,贷记本科目。已计提跌价准备的,还应同时结转跌价准备。

(5) 择伐、间伐或抚育更新性质采伐而补植林木类消耗性生物资产发生的后续支出,借记本科目,贷记"银行存款"等科目。林木类消耗性生物资产达到郁闭后发生的管护费用等后续支出,借记"管理费用"科目,贷记"银行存款"等科目。

(6) 农业生产过程中发生的应归属于消耗性生物资产的费用,按应分配的金额,借记本科目,贷记"农业生产成本"科目。

(7) 消耗性生物资产收获为农产品时,应按其账面余额,借记"农产品"科目,贷记本科目。已计提跌价准备的,还应同时结转跌价准备。

(8) 出售消耗性生物资产,应按实际收到的金额,借记"银行存款"等科目,贷记"主营业务

收入"等科目。按其账面余额,借记"主营业务成本"等科目,贷记本科目。已计提跌价准备的,还应同时结转跌价准备。

(四) 期末余额

本科目期末借方余额,反映企业消耗性生物资产的实际成本。

八、1463 合同资产减值准备

(一) 核算内容

本科目核算合同资产的减值准备。

(二) 明细核算

本科目应按合同进行明细核算。

(三) 主要账务处理

合同资产发生减值的,按应减记的金额,借记"资产减值损失"科目,贷记本科目;转回已计提的资产减值准备时,作相反的会计分录。

注 根据《企业会计准则第 22 号——金融工具确认和计量》的规定,对企业应收款项、合同资产和租赁应收款发生信用减值核算时,由原来的"资产减值损失"账户改成"信用减值损失"账户。

(四) 期末余额

本科目期末贷方余额,反映企业已计提但尚未转销的合同资产减值准备。

九、1471 存货跌价准备

(一) 核算内容

本科目核算企业存货的跌价准备。

(二) 明细核算

本科目可按存货项目或类别进行明细核算。

(三) 主要账务处理

(1) 资产负债表日,存货发生减值的,按存货可变现净值低于成本的差额,借记"资产减值损失"科目,贷记本科目。

已计提跌价准备的存货价值以后又得以恢复,应在原已计提的存货跌价准备金额内,按恢复增加的金额,借记本科目,贷记"资产减值损失"科目。

发出存货结转存货跌价准备的,借记本科目,贷记"主营业务成本""生产成本"等科目。

(2) 企业(建造承包商)建造合同执行中预计总成本超过合同总收入的,应按其差额,借记"资产减值损失"科目,贷记本科目。合同完工时,借记本科目,贷记"主营业务成本"科目。

(四) 期末余额

本科目期末贷方余额,反映企业已计提但尚未转销的存货跌价准备。

十、1482 持有待售资产减值准备

(一) 核算内容

本科目核算适用本准则计量规定的持有待售的非流动资产和持有待售的处置组计提的允许转回的资产减值准备和商誉的减值准备。

(二) 明细核算

本科目按照资产类别进行明细核算。

(三) 主要账务处理

初始计量或资产负债表日,持有待售的非流动资产或处置组中的资产发生减值的,按应减记的金额,借记"资产减值损失"科目,贷记本科目。后续资产负债表日持有待售的非流动资产或处置组中的资产减值转回的,按允许转回的金额,借记本科目,贷记"资产减值损失"科目。

(四) 期末余额

本科目期末贷方余额,反映企业已计提但尚未转销的持有待售资产减值准备。

十一、1502 债权投资减值准备

注 原"1502 持有至到期投资减值准备"科目改为"1502 债权投资减值准备"科目。

(一) 核算内容

本科目核算企业以摊余成本计量的债权投资以预期信用损失为基础计提的损失准备。

(二) 明细核算

本科目可按债权投资类别和品种进行明细核算。

(三) 主要账务处理

企业应当在资产负债表日计算金融工具(或金融工具组合)预期信用损失。如果该预期信用损失大于该工具(或组合)当前减值准备的账面金额,企业应当将其差额确认为减值损失,借记"信用减值损失"科目,根据金融工具的种

类,贷记"贷款损失准备""债权投资减值准备""坏账准备""合同资产减值准备""租赁应收款减值准备""预计负债"(用于贷款承诺及财务担保合同)或"其他综合收益"(用于以公允价值计量且其变动计入其他综合收益的债权类资产,企业可以设置二级科目"其他综合收益——信用减值准备"核算此类工具的减值准备)等科目(上述贷记科目,以下统称"贷款损失准备"等科目);如果资产负债表日计算的预期信用损失小于该工具(或组合)当前减值准备的账面金额(例如,从按照整个存续期预期信用损失计量损失准备转为按照未来12个月预期信用损失计量损失准备时,可能出现这一情况),则应当将差额确认为减值利得,作相反的会计分录。

(四)期末余额

本科目期末贷方余额,反映企业已计提但尚未转销的债权投资减值准备。

十二、1512 长期股权投资减值准备

(一)核算内容

本科目核算企业长期股权投资发生减值时计提的减值准备。

(二)明细核算

本科目应当按照被投资单位进行明细核算。

(三)主要账务处理

资产负债表日,企业根据《企业会计准则第8号——资产减值》确定长期股权投资发生减值的,按应减记的金额,借记"资产减值损失"科目,贷记本科目。

处置长期股权投资时,应同时结转已计提的长期股权投资减值准备。

(四)期末余额

本科目期末贷方余额,反映企业已计提但尚未转销的长期股权投资减值准备。

十三、1521 投资性房地产/投资性房地产累计折旧(摊销)/投资性房地产减值准备

(一)核算内容

本科目核算企业采用成本模式计量的投资性房地产的成本。

企业采用公允价值模式计量投资性房地产的,也通过本科目核算。

采用成本模式计量的投资性房地产的累计折旧或累计摊销,可以单独设置"投资性房地产累计折旧(摊销)"科目,比照"累计折旧"等科目进行处理。

采用成本模式计量的投资性房地产发生减值的,可以单独设置"投资性房地产减值准备"科目,比照"固定资产减值准备"等科目进行处理。

(二)明细核算

本科目可按投资性房地产类别和项目进行明细核算。

采用公允价值模式计量的投资性房地产,还应当分别"成本"和"公允价值变动"进行明细核算。

(三)主要账务处理

(1)采用成本模式计量投资性房地产的主要账务处理。

① 企业外购、自行建造等取得的投资性房地产,按应计入投资性房地产成本的金额,借记本科目,贷记"银行存款""在建工程"等科目。

② 将作为存货的房地产转换为投资性房地产的,应按其在转换日的账面余额,借记本科目,贷记"开发产品"等科目。已计提跌价准备的,还应同时结转跌价准备。

将自用的建筑物等转换为投资性房地产的,应按其在转换日的原价、累计折旧、减值准备等,分别转入本科目、"投资性房地产累计折旧(摊销)""投资性房地产减值准备"科目。

③ 按期(月)对投资性房地产计提折旧或进行摊销,借记"其他业务成本"科目,贷记"投资性房地产累计折旧(摊销)"科目。取得的租金收入,借记"银行存款"等科目,贷记"其他业务收入"科目。

④ 将投资性房地产转为自用时,应按其在转换日的账面余额、累计折旧、减值准备等,分别转入"固定资产""累计折旧""固定资产减值准备"等科目。

⑤ 处置投资性房地产时,应按实际收到的金额,借记"银行存款"等科目,贷记"其他业务

收入"科目。按该项投资性房地产的累计折旧或累计摊销,借记"投资性房地产累计折旧(摊销)"科目,按该项投资性房地产的账面余额,贷记本科目,按其差额,借记"其他业务成本"科目。已计提减值准备的,还应同时结转减值准备。

(2) 采用公允价值模式计量投资性房地产的主要账务处理。

① 企业外购、自行建造等取得的投资性房地产,按应计入投资性房地产成本的金额,借记本科目(成本),贷记"银行存款""在建工程"等科目。

② 将作为存货的房地产转换为投资性房地产的,应按其在转换日的公允价值,借记本科目(成本),按其账面余额,贷记"开发产品"等科目,按其差额,贷记"其他综合收益"科目或借记"公允价值变动损益"科目。已计提跌价准备的,还应同时结转跌价准备。

将自用的建筑物等转换为投资性房地产的,按其在转换日的公允价值,借记本科目(成本),按已计提的累计折旧等,借记"累计折旧"等科目,按其账面余额,贷记"固定资产"等科目,按其差额,贷记"其他综合收益"科目或借记"公允价值变动损益"科目。已计提减值准备的,还应同时结转减值准备。

③ 资产负债表日,投资性房地产的公允价值高于其账面余额的差额,借记本科目(公允价值变动),贷记"公允价值变动损益"科目;公允价值低于其账面余额的差额作相反的会计分录。

取得的租金收入,借记"银行存款"等科目,贷记"其他业务收入"科目。

④ 将投资性房地产转为自用时,应按其在转换日的公允价值,借记"固定资产"等科目,按其账面余额,贷记本科目(成本、公允价值变动),按其差额,贷记或借记"公允价值变动损益"科目。

⑤ 处置投资性房地产时,应按实际收到的金额,借记"银行存款"等科目,贷记"其他业务收入"科目。按该项投资性房地产的账面余额,借记"其他业务成本"科目,贷记本科目(成本),贷记或借记本科目(公允价值变动);同时,按该项投资性房地产的公允价值变动,借记或贷记"公允价值变动损益"科目,贷记或借记"其他业务收入"科目。按该项投资性房地产在转换日计入其他综合收益的金额,借记"其他综合收益"科目,贷记"其他业务收入"科目。

(3) 投资性房地产作为企业主营业务的,应通过"主营业务收入"和"主营业务成本"科目核算相关的损益。

(四) 期末余额

本科目期末借方余额,反映企业采用成本模式计量的投资性房地产成本。企业采用公允价值模式计量的投资性房地产,反映投资性房地产的公允价值。

十四、1603 固定资产减值准备

(一) 核算内容

本科目核算企业固定资产的减值准备。

(二) 主要账务处理

资产负债表日,固定资产发生减值的,按应减记的金额,借记"资产减值损失"科目,贷记本科目。处置固定资产还应同时结转减值准备。

(三) 期末余额

本科目期末贷方余额,反映企业已计提但尚未转销的固定资产减值准备。

十五、在建工程减值准备

在建工程发生减值的,可以单独设置"在建工程减值准备"科目,比照"固定资产减值准备"科目进行处理。

十六、工程物资减值准备

工程物资发生减值的,可以单独设置"工程物资减值准备"科目,比照"固定资产减值准备"科目进行处理。

十七、使用权资产减值准备

(一) 核算内容

本科目核算使用权资产的减值准备。

(二) 明细核算

本科目可按租赁资产的类别和项目进行明

细核算。

（三）主要账务处理

（1）使用权资产发生减值的，按应减记的金额，借记"资产减值损失"科目，贷记本科目。

（2）因租赁范围缩小、租赁期缩短或转租等原因减记或终止确认使用权资产时，承租人应同时结转相应的使用权资产累计减值准备。

使用权资产减值准备一旦计提，不得转回。

（四）期末余额

本科目期末贷方余额，反映使用权资产的累计减值准备金额。

十八、1703 无形资产减值准备

（一）核算内容

本科目核算企业无形资产的减值准备。

（二）明细核算

本科目可按无形资产项目进行明细核算。

（三）主要账务处理

资产负债表日，无形资产发生减值的，按应减记的金额，借记"资产减值损失"科目，贷记本科目。处置无形资产还应同时结转减值准备。

（四）期末余额

本科目期末贷方余额，反映企业已计提但尚未转销的无形资产减值准备。

十九、1711 商誉/商誉减值准备^

（一）核算内容

本科目核算企业合并中形成的商誉价值。

商誉发生减值的，可以单独设置"商誉减值准备"科目，比照"无形资产减值准备"科目进行处理。

（二）主要账务处理

非同一控制下企业合并中确定的商誉价值，借记本科目，贷记有关科目。

（三）期末余额

本科目期末借方余额，反映企业商誉的价值。

二十、2601 未到期责任准备金（保险）

（一）核算内容

本科目核算企业（保险）提取的非寿险原保险合同未到期责任准备金。再保险接受人提取的再保险合同分保未到期责任准备金，也在本科目核算。

（二）明细核算

本科目可按保险合同进行明细核算。

（三）主要账务处理

（1）企业确认原保费收入、分保费收入的当期，应按保险精算确定的未到期责任准备金，借记"提取未到期责任准备金"科目，贷记本科目。

（2）资产负债表日，按保险精算重新计算确定的未到期责任准备金与已确认的未到期责任准备金的差额，借记本科目，贷记"提取未到期责任准备金"科目。

（3）原保险合同提前解除的，按相关未到期责任准备金余额，借记本科目，贷记"提取未到期责任准备金"科目。

（四）期末余额

本科目期末贷方余额，反映企业的未到期责任准备金。

二十一、2602 保险责任准备金（保险）/未决赔款准备金（保险）^/寿险责任准备金（保险）^/长期健康险责任准备金（保险）^

（一）核算内容

本科目核算企业（保险）提取的原保险合同保险责任准备金，包括未决赔款准备金、寿险责任准备金、长期健康险责任准备金。

再保险接受人提取的再保险合同保险责任准备金，也在本科目核算。

企业（保险）也可以单独设置"未决赔款准备金""寿险责任准备金""长期健康险责任准备金"等科目。

（二）明细核算

本科目可按保险责任准备金类别、保险合同进行明细核算。

（三）主要账务处理

（1）企业确认寿险保费收入，应按保险精算确定的寿险责任准备金、长期健康险责任准备金，借记"提取保险责任准备金"科目，贷记本科目。

投保人发生非寿险保险合同约定的保险事故当期，企业应按保险精算确定的未决赔款准备金，借记"提取保险责任准备金"科目，贷记本科目。

对保险责任准备金进行充足性测试，应按补提的保险责任准备金，借记"提取保险责任准备金"科目，贷记本科目。

（2）原保险合同保险人确定支付赔付款项金额或实际发生理赔费用的当期，应按冲减的相应保险责任准备金余额，借记本科目，贷记"提取保险责任准备金"科目。

再保险接受人收到分保业务账单的当期，应按分保保险责任准备金的相应冲减金额，借记本科目，贷记"提取保险责任准备金"科目。

（3）寿险原保险合同提前解除的，应按相关寿险责任准备金、长期健康险责任准备金余额，借记本科目，贷记"提取保险责任准备金"科目。

（四）期末余额

本科目期末贷方余额，反映企业的保险责任准备金。

二十二、4102 一般风险准备（金融）

（一）核算内容

本科目核算企业（金融）按规定从净利润中提取的一般风险准备。

（二）明细核算

企业提取的一般风险准备，借记"利润分配——提取一般风险准备"科目，贷记本科目。用一般风险准备弥补亏损，借记本科目，贷记"利润分配——一般风险准备补亏"科目。

（三）期末余额

本科目期末贷方余额，反映企业的一般风险准备。

二十三、合同取得成本减值准备

（一）核算内容

本科目核算与合同取得成本有关的资产的减值准备。

（二）明细核算

本科目可按合同进行明细核算。

（三）主要账务处理

与合同取得成本有关的资产发生减值的，按应减记的金额，借记"资产减值损失"科目，贷记本科目；转回已计提的资产减值准备时，作相反的会计分录。

（四）期末余额

本科目期末贷方余额，反映企业已计提但尚未转销的合同取得成本减值准备。

二十四、合同履约成本减值准备

（一）核算内容

本科目核算与合同履约成本有关的资产的减值准备。

（二）明细核算

本科目可按合同进行明细核算。

（三）主要账务处理

与合同履约成本有关的资产发生减值的，按应减记的金额，借记"资产减值损失"科目，贷记本科目；转回已计提的资产减值准备时，作相反的会计分录。

（四）期末余额

本科目期末贷方余额，反映企业已计提但尚未转销的合同履约成本减值准备。

二十五、6201 摊回保险责任准备金（再保险分出人）/摊回未决赔款准备金（再保险分出人）^/摊回寿险责任准备金（再保险分出人）^/摊回长期健康险责任准备金（再保险分出人）^

（一）核算内容

本科目核算企业（再保险分出人）从事再保险业务应向再保险接受人摊回的保险责任准备金，包括未决赔款准备金、寿险责任准备金、长期健康险责任准备金。

企业（再保险分出人）也可以单独设置"摊回未决赔款准备金""摊回寿险责任准备金""摊回长期健康险责任准备金"等科目。

（二）明细核算

本科目可按保险责任准备金类别和险种进行明细核算。

（三）主要账务处理

（1）企业在提取原保险合同保险责任准备金的当期，应按相关再保险合同约定计算确定的应向再保险接受人摊回的保险责任准备金，借记"应收分保合同准备金"科目，贷记本科目。

对原保险合同保险责任准备金进行充足性测试补提保险责任准备金，应按相关再保险合同约定计算确定的应收分保保险责任准备金的相应增加额，借记"应收分保合同准备金"科目，贷记本科目。

（2）在确定支付赔付款项金额或实际发生理赔费用而冲减原保险合同相应保险责任准备金余额的当期，应按相关应收分保保险责任准备金的相应冲减金额，借记本科目，贷记"应收分保合同准备金"科目。

（3）在寿险原保险合同提前解除而转销相关寿险责任准备金、长期健康险责任准备金余额的当期，应按相关应收分保保险责任准备金余额，借记本科目，贷记"应收分保合同准备金"科目。

（四）期末余额

期末，应将本科目余额转入"本年利润"科目，结转后本科目无余额。

二十六、6501 提取未到期责任准备金（保险）

（一）核算内容

本科目核算企业（保险）提取的非寿险原保险合同未到期责任准备金和再保险合同分保未到期责任准备金。

（二）明细核算

本科目可按保险合同和险种进行明细核算。

（三）主要账务处理

（1）企业在确认原保费收入、分保费收入的当期，应按保险精算确定的未到期责任准备金，借记本科目，贷记"未到期责任准备金"科目。

（2）资产负债表日，应按保险精算重新计算确定的未到期责任准备金与已确认的未到期责任准备金的差额，借记"未到期责任准备金"科目，贷记本科目。

（3）原保险合同提前解除的，应按相关未到期责任准备金余额，借记"未到期责任准备金"科目，贷记本科目。

（4）在确认非寿险原保险合同保费收入的当期，按相关再保险合同约定计算确定的相关应收分保未到期责任准备金金额，借记"应收分保合同准备金"科目，贷记本科目。

资产负债表日，调整原保险合同未到期责任准备金余额的，按相关再保险合同约定计算确定的应收分保未到期责任准备金的调整金额，借记本科目，贷记"应收分保合同准备金"科目。

（四）期末余额

期末，应将本科目余额转入"本年利润"科目，结转后本科目无余额。

二十七、6502 提取保险责任准备金（保险）/提取未决赔款准备金（保险）^/提取寿险责任准备金（保险）^/提取长期健康险责任准备金（保险）^

（一）核算内容

本科目核算企业（保险）提取的原保险合同保险责任准备金，包括提取的未决赔款准备金、提取的寿险责任准备金、提取的长期健康险责任准备金。

再保险接受人提取的再保险合同保险责任准备金，也在本科目核算。

企业（保险）也可以单独设置"提取未决赔款准备金""提取寿险责任准备金""提取长期健康险责任准备金"等科目。

（二）明细核算

本科目可按保险责任准备金类别、险种和保险合同进行明细核算。

（三）主要账务处理

（1）企业确认寿险保费收入，应按保险精算确定的寿险责任准备金、长期健康险责任准备金，借记本科目，贷记"保险责任准备金"科目。

投保人发生非寿险保险合同约定的保险事故当期，企业应按保险精算确定的未决赔款准备金，借记本科目，贷记"保险责任准备金"科目。对保险责任准备金进行充足性测试,应按补提的保险责任准备金,借记本科目,贷记"保险责任准备金"科目。

(2) 原保险合同保险人确定支付赔付款项金额或实际发生理赔费用的当期,应按冲减的相应保险责任准备金余额,借记"保险责任准备金"科目,贷记本科目。

再保险接受人收到分保业务账单的当期,应按分保保险责任准备金的相应冲减金额,借记"保险责任准备金"科目,贷记本科目。

(3) 寿险原保险合同提前解除的,应按相关寿险责任准备金、长期健康险责任准备金余额,借记"保险责任准备金"科目,贷记本科目。

(四) 期末余额

期末,应将本科目余额转入"本年利润"科目,结转后本科目无余额。

第十三讲 职 工 薪 酬

第一节 综 合 知 识

一、相关知识概述

（一）职工薪酬的概念

1. 职工的定义

本准则所称的职工，是指与企业订立劳动合同的所有人员，含全职、兼职和临时职工，也包括虽未与企业订立劳动合同但由企业正式任命的人员。至少应当包括：

（1）与企业订立劳动合同的所有人员，含全职、兼职和临时职工。按照我国《劳动法》和《劳动合同法》的规定，企业作为用人单位应当与劳动者订立劳动合同。职工首先应当包括这部分人员，即与企业订立了固定期限、无固定期限或者以完成一定工作作为期限的劳动合同的所有人员。

（2）未与企业订立劳动合同但由企业正式任命的人员，如部分董事会成员、监事会成员等。企业按照有关规定设立董事、监事，或者董事会、监事会的，如所聘请的独立董事、外部监事等，虽然没有与企业订立劳动合同，但属于由企业正式任命的人员，属于职工薪酬会计准则所称的职工。

（3）在企业的计划和控制下，虽未与企业订立劳动合同或未由其正式任命，但向企业所提供服务与职工所提供服务类似的人员，也属于职工的范畴，包括通过企业与劳务中介公司签订用工合同而向企业提供服务的人员，这些劳务用工人员属于职工薪酬会计准则所称的职工。

2. 职工薪酬的定义

职工薪酬，是指企业为获得职工提供的服务或解除劳动关系而给予的各种形式的报酬或补偿。企业提供给职工配偶、子女、受赡养人、已故员工遗属及其他受益人等的福利，也属于职工薪酬。

（二）职工薪酬的组成

职工薪酬主要包括短期薪酬、离职后福利、辞退福利和其他长期职工福利。

1. 短期薪酬

短期薪酬，是指企业在职工提供相关服务的年度报告期间结束后12个月内将全部予以支付的职工薪酬，因解除与职工的劳动关系给予的补偿除外。因解除与职工的劳动关系给予的补偿属于辞退福利的范畴。

短期薪酬主要包括：

（1）职工工资、奖金、津贴和补贴。

企业按照构成工资总额的计时工资、计件工资、支付给职工的超额劳动报酬等的劳动报酬，为了补偿职工特殊或额外的劳动消耗和因其他特殊原因支付给职工的津贴，以及为了保证职工工资水平不受物价影响支付给职工的物价补贴等。其中，企业按照短期奖金计划向职工发放的奖金属于短期薪酬，按照长期奖金计划向职工发放的奖金属于其他长期职工福利。

（2）职工福利费。

企业向职工提供的生活困难补助、丧葬补

助费、抚恤费、职工异地安家费、防暑降温费等职工福利支出。

（3）医疗保险费、工伤保险费和生育保险费等社会保险费。

企业按照国家规定的基准和比例计算，向社会保险经办机构缴存的医疗保险费、工伤保险费和生育保险费。

（4）住房公积金。

企业按照国家规定的基准和比例计算，向住房公积金管理机构缴存的住房公积金。

（5）工会经费和职工教育经费。

企业为了改善职工文化生活、为职工学习先进技术和提高文化水平和业务素质，用于开展工会活动和职工教育及职业技能培训等相关支出。

（6）短期带薪缺勤。

职工虽然缺勤但企业仍向其支付报酬的安排，包括年休假、病假、婚假、产假、丧假、探亲假等。长期带薪缺勤属于其他长期职工福利。

（7）短期利润分享计划。

因职工提供服务而与职工达成的基于利润或其他经营成果提供薪酬的协议。长期利润分享计划属于其他长期职工福利。

（8）其他短期薪酬。

除上述薪酬以外的其他为获得职工提供的服务而给予的短期薪酬。

2. 离职后福利

离职后福利，是指企业为获得职工提供的服务而在职工退休或与企业解除劳动关系后，提供的各种形式的报酬和福利，属于短期薪酬和辞退福利的除外。

离职后福利计划，是指企业与职工就离职后福利达成的协议，或者企业为向职工提供离职后福利制定的规章或办法等。离职后福利计划按照企业承担的风险和义务情况，可以分为设定提存计划和设定受益计划。其中，设定提存计划，是指企业向独立的基金缴存固定费用后，不再承担进一步支付义务的离职后福利计划。设定受益计划，是指除设定提存计划以外的离职后福利计划。

3. 辞退福利

辞退福利，是指企业在职工劳动合同到期之前解除与职工的劳动关系，或者为鼓励职工自愿接受裁减而给予职工的补偿。

辞退福利主要包括：

（1）在职工劳动合同尚未到期前，不论职工本人是否愿意，企业决定解除与职工的劳动关系而给予的补偿。

（2）在职工劳动合同尚未到期前，为鼓励职工自愿接受裁减而给予的补偿，职工有权利选择继续在职或接受补偿离职。

辞退福利通常采取解除劳动关系时一次性支付补偿的方式，也采取在职工不再为企业带来经济利益后，将职工工资支付到辞退后未来某一期间的方式。

4. 其他长期职工福利

其他长期职工福利，是指除短期薪酬、离职后福利、辞退福利之外所有的职工薪酬，包括长期带薪缺勤、长期残疾福利、长期利润分享计划等。

二、会计准则概述

（一）本准则的相关背景

人工成本是企业在生产经营过程中发生的各种耗费支出的主要组成部分，直接关系到产品成本和产品价格，也直接影响到企业生产经营的成果。为了明确界定完整的人工成本，明确企业使用各种人力资源所付出的全部代价，全面反映企业实际承担的人工耗费水平，我国财政部于2006年2月15日发布了《企业会计准则第9号——职工薪酬》（以下简称原准则）。

原准则从人工成本的理念出发，对职工薪酬加以界定，并对除以股份为基础的薪酬以外的职工薪酬的确认、计量和披露等进行了规范，其中主要侧重短期职工薪酬和辞退福利的会计处理。原准则对于规范我国企业职工薪酬的会计处理，加强企业职工薪酬相关信息的披露，以及保护企业职工权益等发挥了重要的积极作用。

近年来，随着我国市场经济的发展，社会保障法律体系逐渐完善，企业向职工提供福利的形式不断丰富，对职工薪酬的会计处理及相关信息披露提出了新的挑战和要求，原准则的相关内容亟须进行修改和完善。例如，原准则的正文过于原则，对于带薪缺勤、利润分享计划、辞退福利等的确认与计量的具体规定或者不明确，或者比较分散，不利于实务操作；又如，原准则关于离职后福利的会计处理规范不完整，导致会计实务中离职后福利适用的会计政策、披露的内容等都有所不一致；再如，长期辞退计划导致的应付职工薪酬的估计和折现、企业内退职工的工资薪金调整等问题应当如何处理，准则应当予以明确等。

国际会计准则理事会于2011年6月发布了对《国际会计准则第19号——雇员福利》（以下简称《国际会计准则第19号》）的修订，取消了"区间法"，要求全额确认重新计量设定受益计划净负债或净资产的变动而不允许递延，简化了设定受益计划的列报模式等。修订后的《国际会计准则第19号》发布后，得到了全球各利益相关方的支持，为我国进一步完善职工薪酬准则提供了有益的参考。

为了规范职工薪酬的确认、计量和相关信息的披露，并保持我国企业会计准则与国际财务报告准则的持续趋同，我国财政部2006年2月25日发布了《企业会计准则第9号——职工薪酬》，2014年1月27日财政部对其进行了修订（财会〔2014〕8号，本讲简称"本准则"或"新准则"），修订后的本准则自2014年7月1日起在所有执行企业会计准则的企业范围内施行。

（二）本准则的适用范围

企业应当遵循本准则的要求对短期薪酬、离职后福利、辞退福利和其他长期职工福利等职工薪酬进行确认、计量和披露。

对于企业年金基金，企业应当按照《企业会计准则第10号——企业年金基金》的相关规定进行会计处理。

对于企业向其职工发放的以股份为基础的支付，属于职工薪酬范畴，但其会计处理应当遵循《企业会计准则第11号——股份支付》的相关规定。

（三）本准则的主要变化

1. 关于职工薪酬的范围和分类

原准则界定的职工薪酬为企业为获得职工提供的服务而给予各种形式的报酬以及其他相关支出，并通过列举的形式列示了职工薪酬包括的内容。原准则对职工薪酬的界定方式不尽全面，并且未能充分反映各类职工薪酬的特点。

为此，本准则引入了离职后福利和其他长期职工福利，充实和明确了短期薪酬和辞退福利的有关内容，因而将职工薪酬分为四类，即短期薪酬、离职后福利、辞退福利和其他长期职工福利，较为全面地涵盖了职工薪酬的内容，并根据不同的性质加以分类，以完整规范与职工薪酬相关的会计处理问题。本准则规定，职工薪酬是指企业为获得职工提供的服务或解除劳动关系而给予的各种形式的报酬或补偿。企业提供给职工配偶、子女、受赡养人、已故员工遗属及其他受益人等的福利，也属于职工薪酬。

本准则从经济实质上对职工与职工薪酬及其会计处理予以规范，尽可能与其他部门发布的职工薪酬文件相协调。本准则主要是从职工及职工薪酬相关的经济业务对企业财务状况、经营成果和现金流量的影响角度，规范相关会计处理要求，与其他部门发布的职工薪酬有关文件的出发点不同，可能导致有些概念不尽一致，这也是正常的、合理的，并已得到了有关部门的理解和支持。

2. 关于短期薪酬的会计处理

原准则没有提出短期薪酬的概念，本准则对短期薪酬的定义和内容加以界定，并单设一章规范了短期薪酬的会计处理。本准则统一了短期薪酬的基本处理原则，即企业应当在职工为其提供服务的会计期间，将实际发生的短期薪酬确认为负债，并计入当期损益或相关资产成本。

本准则对短期薪酬的内容及其会计处理进行了改进和完善，引入了带薪缺勤、利润分享计划（或奖金计划）的有关会计处理。短期带薪缺勤、短期利润分享计划（或短期奖金计划）归为短期薪酬,而长期带薪缺勤、长期利润分享计划（或长期奖金计划）归为其他长期职工福利。

3. 关于辞退福利的会计处理

原准则规范了辞退福利的会计处理,要求辞退计划满足准则规定的确认条件时,应当确认一项负债,同时计入当期费用,以使财务报表使用者及时了解企业因根据辞退计划提供辞退福利所承担的义务情况。但是原准则在执行中涉及辞退福利的性质分类,长期辞退福利折现率的确定等仍然不够明确。

为此,本准则充实了关于辞退福利的会计处理规定,进一步明确了辞退福利与职工为企业提供的服务并不直接相关,要求明确区分辞退福利与离职后福利。同时,在报告期末 12 个月内不需要全部支付的辞退福利应适用其他长期福利的有关规定,这为职工内退等长期辞退福利的会计处理提供了更充分的指南。

4. 关于离职后福利的会计处理

原准则没有提出离职后福利的类别,除企业为职工缴纳的养老保险、失业保险等各种社会保障费用和企业年金外,没有关于其他离职后福利的相关规范。但实务中,有些企业向职工提供了"待遇承诺型"的福利计划,需要进行会计规范。

在离职后福利会计规范中引入设定受益计划,有助于适应我国社会保障法律体系和企业职工薪酬制度发展的需要,统一规范离职后福利适用的会计政策、披露要求,有利于使财务报告更充分地反映企业提供的职工薪酬对其财务状况、经营成果和现金流量的影响,有利于将企业对职工的隐形负债显性化,从而也有利于企业进行财务规划、并购定价等。将离职后福利分为设定提存计划和设定受益计划,有利于明确各类不同性质离职后福利的会计处理,有利于恰当地体现企业在未来一定时期内应当承担的职工薪酬负债,也便于会计上的分类处理及管理上的分析。本准则充实了离职后福利的内容,专设"离职后福利"一章,区分设定提存计划和设定受益计划,完整地规范离职后福利的会计处理。

5. 关于设定受益计划的会计处理

设定受益计划的会计处理相对复杂,为便于企业和会计师事务所等正确理解和执行,准则的可操作性十分重要。本准则通过充分调研国内企业的实际情况,并借鉴 2011 年修订后的《国际会计准则第 19 号——雇员福利》对设定受益计划会计处理的改进做法,详细规范了设定受益计划的会计处理,并提供了相关指南。

本准则规定,企业应当采用预期累计单位成本法计量设定受益计划产生的福利义务和成本,归属于职工提供服务的期间,并计入当期损益或相关资产成本。2011 年修订后的《国际会计准则第 19 号——雇员福利》对设定受益计划会计处理取消了"区间法",消除了递延相关精算利得和损失的选择权,并要求将重新计量设定受益计划净负债或净资产所产生的变动计入其他综合收益,使设定受益计划产生的资产和负债的变动与企业日常经营所产生的变动区分开来。《国际会计准则第 19 号》的修订使设定受益计划的会计处理更为合理。为此,本准则借鉴《国际会计准则第 19 号》的改进,规定企业应当充分、定期地确定其设定受益义务的现值和计划资产的公允价值,及时确认所有设定受益净资产或净负债的变动,以便真实地反映设定受益计划对企业的财务影响;本准则还规定,设定受益计划中重新计量设定受益计划净负债或净资产所产生的变动应当计入其他综合收益,并且在后续会计期间不允许转回至损益,但企业可以在权益范围内转移这些在其他综合收益中确认的金额。本准则对设定受益计划的会计处理规范既兼顾了我国的实际情况,又与国际财务报告准则保持了一致。

6. 关于其他长期职工福利的会计处理

实务中企业提供的职工薪酬种类繁多,在列举常见的三类职工薪酬（短期薪酬、离职后福利、辞退福利）的基础上,本准则增设"其他长期职工福利"一章,包括除短期薪酬、离职后福利和辞退福利以外的所有职工薪酬,如长期带薪缺勤、长期残疾福利、长期利润分享和奖金计划等,这有助于囊括实务中可能存在的其他职工薪酬,以完整规范与职工薪酬相关的会计处理问题。

关于其他长期职工福利的会计处理,本准则规定符合设定提存计划条件的其他长期职工福利,按照关于设定提存计划的有关规定进行处理;对于不符合设定提存计划条件的其他长期职工福利,其确认与计量应适用设定受益计划的有关规定,但为简化会计处理,本准则规定重新计量其他长期职工福利净负债或净资产所产生的变动直接计入当期损益或相关资产成本。

7. 关于职工薪酬的披露

充分详细披露有关职工薪酬的信息十分重要,有助于了解企业的人工成本,保障投资者的利益。为此,本准则强化了职工薪酬的披露要求,要求企业在附注中分别按照短期薪酬、离职后福利、辞退福利和其他长期职工福利类别,对各类别职工薪酬的性质、金额和计算依据等进行充分披露。

鉴于设定受益计划的复杂性,企业应当充分披露设定受益计划的重要信息。为此,本准则对设定受益计划的披露内容进行了详细规定,包括设定受益计划的特征及相关风险,设定受益计划在财务报表中确认的金额及其变动,设定受益计划对企业未来现金流量金额、时间和不确定性的影响,以及设定受益计划义务现值所依赖的重大精算假设及有关敏感性分析的结果等内容。

第二节 短期薪酬

企业应当在职工为其提供服务的会计期间,将实际发生的短期薪酬确认为负债,并计入当期损益,其他会计准则要求或允许计入资产成本的除外。

一、职工工资、奖金、津贴和补贴的会计处理

企业发生的职工工资、津贴和补贴等短期薪酬,应当根据职工提供服务情况和工资标准等计算应计入职工薪酬的工资总额,并按照受益对象计入当期损益或相关资产成本,借记"生产成本""制造费用""合同履约成本""管理费用""销售费用"等科目,贷记"应付职工薪酬"科目。发放时,借记"应付职工薪酬"科目,贷记"银行存款"等科目。

【例13-1】 2×22年7月份,智董公司应付职工工资总额为2 079 000元。"工资费用分配汇总表"中列示的产品生产人员工资为1 440 000元、车间管理人员工资为315 000元、企业行政管理人员工资为271 800元、专设销售机构人员工资为52 200元。

【分析】 智董公司编制会计分录:

借:生产成本——基本生产成本　　1 440 000
　　制造费用　　　　　　　　　　　315 000
　　管理费用　　　　　　　　　　　271 800
　　销售费用　　　　　　　　　　　 52 200
　　贷:应付职工薪酬——工资　　2 079 000

【例13-2】 承[例13-1],智董公司根据"工资费用分配汇总表"结算本月应付职工工资总额2 079 000元。其中,企业代垫职工房租60 000元、代垫职工家属医药费24 000元、代扣个人所得税36 000元,实发工资1 959 000元。

【分析】 企业一般在每月发放工资前,根据"工资费用分配汇总表"中的"实发金额"栏的合计数,通过开户银行支付给职工或从开户银行提取现金,然后再向职工发放。企业按照有关规定向职工支付工资、奖金、津贴、补贴等,借记"应付职工薪酬——工资"科目,贷记"银行存款""库存现金"等科目;企业从应付职工薪酬中扣还的各种款项(代垫的家属药费、个人所得税等),借记"应付职工薪酬"科目,贷记"银行存款""库存现金""其他应收款""应交税费——应

交个人所得税"等科目。

智董公司编制会计分录:

1. 通过银行网银转账发放工资:

借:应付职工薪酬——工资　　　1 959 000
　　贷:银行存款　　　　　　　　　　1 959 000

2. 代垫款项:

借:应付职工薪酬——工资　　　　120 000
　　贷:其他应收款——职工房租　　　　60 000
　　　　　　　　　——代垫医药费　　　24 000
　　　应交税费——应交个人所得税　　　36 000

二、职工福利费的会计处理

企业发生的职工福利费,应当在实际发生时根据实际发生额计入当期损益或相关资产成本。

【例 13-3】 贵琛公司的职工食堂,每月根据在岗职工数量及岗位分布情况、相关历史经验数据等计算需要补贴食堂的金额,从而确定企业每期因补贴职工食堂需要承担的福利费金额。

2×22 年 9 月,企业在岗职工共计 200 人,其中管理部门 30 人,生产车间生产人员 170 人,企业的历史经验数据表明,每个职工每月需补贴食堂 750 元。

【分析】 贵琛公司编制会计分录:

借:生产成本　　　　　　　127 500
　　管理费用　　　　　　　 22 500
　　贷:应付职工薪酬——职工福利费　　150 000

【例 13-4】 承[例 13-3],2×22 年 10 月,贵琛公司支付 150 000 元补贴给食堂。

【分析】 贵琛公司编制会计分录:

借:应付职工薪酬——职工福利费　　150 000
　　贷:银行存款　　　　　　　　　　　150 000

注 关于职工福利费。

我国新《企业财务通则》将原来应当由职工福利费开支的基本医疗保险、补充医疗保险、补充养老保险等内容,都规定为直接列入成本(费用),企业因此不再按照工资总额的 14% 计提职工福利费,终结了已经延续了几十年的职工福利费财务制度。

三、医疗保险费、工伤保险费和生育保险费等社会保险费,住房公积金,工会经费和职工教育经费的会计处理

企业为职工缴纳的医疗保险费、工伤保险费、生育保险费等社会保险费和住房公积金,以及按规定提取的工会经费和职工教育经费,应当在职工为其提供服务的会计期间,根据规定的计提基础和计提比例计算确定相应的职工薪酬金额,并确认相关负债,按照受益对象计入当期损益或相关资产成本,借记"生产成本""制造费用""管理费用"等科目,贷记"应付职工薪酬"科目。

注 《企业财务通则》第四十四条规定:"企业为职工缴纳住房公积金以及职工住房货币化分配的财务处理,按照国家有关规定执行。职工教育经费按照国家规定的比例提取,专项用于企业职工后续职业教育和职业培训。工会经费按照国家规定比例提取并拨缴工会。"根据《工会法》的规定,企业有会员 25 人以上的,应当建立基层工会委员会;不足 25 人的,可以单独建立或者联合建立基层工会委员会,也可以选举组织员一人,组织会员开展活动。任何组织和个人不得随意撤销、合并工会组织。职工 200 人以上的企业、事业单位的工会,可以设专职工会主席。企业、事业单位研究经营管理和发展的重大问题应当听取工会的意见;召开讨论有关工资、福利、劳动安全卫生、社会保险等涉及职工切身利益的会议,必须有工会代表参加。建立工会组织的企业,按每月全部职工工资总额的 2% 向工会拨缴经费,并在成本(费用)中列支。企业无正当理由拖延或者拒不拨缴工会经费的,基层工会或者上级工会可以向当地人民法院申请支付令;拒不执行支付令的,工会可以依法申请人民法院强制执行。工会经费主要用于为职工服务和工会活动。

2019 年 3 月 25 日,国务院办公厅发布了《国务院办公厅关于全面推进生育保险和职工基本医疗保险合并实施的意见》(以下简称《意见》)。生育保险基金并入职工基本医疗保险基金,统一征缴,统筹层次一致。也就是说,生育保险并不是取消了,而是与职工基本医疗保险合并。国家医保局相关负责人表示,两项保险合并实施,一是确保待遇不变,不下降,二是确保制度可持续。职工享受的生育保险待遇丝毫不会影响。即只是改变了一个基金(经办)的渠道,但没有改变参保人的范围,没有改变设定的生育保险保障项目和支付水平,同样生育保险个人是不缴费的,由单位来缴费,这个政策也同样保留。

【例13-5】 承[例13-1],2×22年7月,智董公司按照职工工资总额的2%确认应付工会经费,按职工工资总额的8%确认应付职工教育经费。

【分析】 智董公司应确认的应付职工薪酬 = (1 440 000 + 315 000 + 271 800 + 52 200) × (2% + 8%) = 207 900(元),其中,工会经费为41 580元、职工教育经费为166 320元。

应记入"生产成本"科目的金额 = 1 440 000 × (2% + 8%) = 144 000(元);应记入"制造费用"科目的金额 = 315 000 × (2% + 8%) = 31 500(元);应记入"管理费用"科目的金额 = 271 800 × (2% + 8%) = 27 180(元);应记入"销售费用"科目的金额 = 52 200 × (2% + 8%) = 5 220(元)。

智董公司编制会计分录:

```
借:生产成本——基本生产成本      144 000
    制造费用                      31 500
    管理费用                      27 180
    销售费用                       5 220
    贷:应付职工薪酬——工会经费        41 580
              ——职工教育经费    166 320
```

【例13-6】 承[例13-1],2×22年7月,该公司根据规定的计提标准,计算应由企业负担的向社会保险经办机构缴纳社会保险费(不含基本养老险和失业保险费)共计249 480元,按照规定标准计提住房公积金为228 690元。假定该公司从应付职工薪酬中代扣个人应缴纳的社会保险费(不含基本养老险和失业保险)41 580元、住房公积金为228 690元,共计270 270元。

【分析】 应确认的应付职工薪酬 = 249 480 + 228 690 = 478 170(元),应记入"生产成本"科目的金额 = 478 170 × (1 440 000 ÷ 2 079 000) = 331 200(元);应记入"制造费用"科目的金额 = 478 170 × (315 000 ÷ 2 079 000) = 72 450(元);应记入"管理费用"科目的金额 = 478 170 × (271 800 ÷ 2 079 000) = 62 514(元);应记入"销售费用"科目的金额 = 478 170 − 331 200 − 72 450 − 62 514 = 12 006(元)。

智董公司编制会计分录:

```
借:生产成本——基本生产成本      331 200
    制造费用                      72 450
    管理费用                      62 514
    销售费用                      12 006
    贷:应付职工薪酬——社会保险费     249 480
              ——住房公积金       228 690
借:应付职工薪酬——工资          270 270
    贷:其他应付款——社会保险费         41 580
              ——住房公积金       228 690
```

注 关于职工教育经费。

旧《企业财务通则》规定职工教育经费是指企业为职工学习先进技术和提高文化水平而支付的费用,按照职工工资总额1.5%提取。

新《企业财务通则》没有直接规定职工教育经费的提取比例,但明确规定职工教育经费专项用于企业职工的后续职业教育和职业培训。

《企业财务通则》第四十四条规定:"企业为职工缴纳住房公积金以及职工住房货币化分配的财务处理,按照国家有关规定执行。职工教育经费按照国家规定的比例提取,专项用于企业职工后续职业教育和职业培训。工会经费按照国家规定比例提取并拨缴工会。"

财政部和税务总局关于企业职工教育经费税前扣除的政策规定,一般企业按照职工工资总额的1.5%从成本(费用)中提取职工教育经费,作为负债管理。从业人员技术素质要求高、培训任务重、经济效益较好的企业可按2.5%提取。为鼓励企业加大职工教育投入,自2018年1月1日起,企业发生的职工教育经费支出,不超过工资薪金总额8%的部分,准予在计算企业所得税应纳税所得额时扣除;超过部分,准予在以后纳税年度结转扣除(财税〔2018〕51号)。

根据财政部、全国总工会等11个部门联合印发的《关于企业职工教育经费提取与使用管理的意见》(财建〔2006〕317号),职工教育培训经费必须专款专用,面向全体职工开展教育培训,特别是要加强各类高技能人才的培养。具体列支范围包括:

(1) 上岗和转岗培训。

(2) 各类岗位适应性培训。

(3) 岗位培训、职业技术等级培训、高技能人才培训。

(4) 专业技术人员继续教育。

(5) 特种作业人员培训。

(6) 企业组织的职工外送培训的经费支出。

(7) 职工参加的职业技能鉴定、职业资格认证等经费支出。

(8) 购置教学设备与设施。

(9) 职工岗位自学成才奖励费用。
(10) 职工教育培训管理费用。
(11) 有关职工教育的其他开支。

经单位批准参加继续教育以及政府有关部门集中举办的专业技术、岗位培训、职业技术等级培训、高技能人才培训所需经费，可从职工教育经费中列支。企业职工参加社会上的学历教育以及个人为取得学位而参加的在职教育，所需费用应由个人承担。企业高层管理人员的境外培训和考察，其一次性单项支出较高的费用应从其他管理费用中支出。矿山和建筑企业等聘用外来农民工较多的企业，以及在城市化进程中接受农村转移劳动力较多的企业，对农民工和农村转移劳动力培训所需的费用，可从职工教育经费中支出。

职工教育经费由企业按照国家有关财务规定自主支配使用，任何政府部门或者其他单位不得以统筹的名义，直接向企业收取职工教育经费。为保障企业职工的学习权利和提高他们的基本技能，职工教育培训经费的60%以上应用于企业一线职工的教育和培训。企业应当按规定向职工公开职工教育经费有关财务、会计信息。

四、短期带薪缺勤的会计处理

带薪缺勤应当根据其性质及其职工享有的权利，分为累积带薪缺勤和非累积带薪缺勤两类。企业应当对累积带薪缺勤和非累积带薪缺勤分别进行会计处理。如果带薪缺勤属于长期带薪缺勤的，企业应当作为其他长期职工福利处理。

（一）累积带薪缺勤及其会计处理

累积带薪缺勤，是指带薪权利可以结转下期的带薪缺勤，本期尚未用完的带薪缺勤权利可以在未来期间使用。企业应当在职工提供了服务从而增加了其未来享有的带薪缺勤权利时，确认与累积带薪缺勤相关的职工薪酬，并以累积未行使权利而增加的预期支付金额计量。

有些累积带薪缺勤在职工离开企业时，对于未行使的权利，职工有权获得现金支付。职工在离开企业时能够获得现金支付的，企业应当确认企业必须支付的职工全部累积未使用权利的金额。企业应当根据资产负债表日因累积未使用权利而导致的预期支付的追加金额，作为累积带薪缺勤费用进行预计。

【例13-7】 贵琛公司共有1000名职工，从2×20年1月1日起，该公司实行累积带薪缺勤制度。该制度规定，每个职工每年可享受5个工作日带薪年休假，未使用的年休假只能向后结转一个日历年度，超过一年未使用的权利作废；职工休年休假时，首先使用当年可享受的权利，不足部分再从上年结转的带薪年休假中扣除；职工离开公司时，对未使用的累积带薪年休假无权获得现金支付。

2×20年12月31日，每个职工当年平均未使用带薪年休假为2天。贵琛公司预计2×21年有950名职工将享受不超过5天的带薪年休假，剩余50名职工每人将平均享受6天半年休假，假定这50名职工全部为总部管理人员，该公司平均每名职工每个工作日工资为500元。

【分析】 根据上述资料，贵琛公司职工2×20年已休带薪年休假的，由于在休假期间照发工资，因此相应的薪酬已经计入公司每月确认的薪酬金额中。与此同时，公司还需要预计职工2×20年享有但尚未使用的、预期将在下一年度使用的累积带薪缺勤，并计入当期损益或者相关资产成本。在本例中，贵琛公司在2×20年12月31日预计由于职工累积未使用的带薪年休假权利而导致预期将支付的工资负债即75天（50×1.5天）的年休假工资金额37 500元（75×500），并做如下账务处理：

借：管理费用　　　　　　　　　37 500
　贷：应付职工薪酬——累积带薪缺勤　37 500

（二）非累积带薪缺勤及其会计处理

非累积带薪缺勤，是指带薪权利不能结转下期的带薪缺勤，本期尚未用完的带薪缺勤权利将予以取消，并且职工离开企业时也无权获得现金支付。我国企业职工休婚假、产假、丧假、探亲假、病假期间的工资通常属于非累积带薪缺勤。由于职工提供服务本身不能增加其能够享受的福利金额，企业在职工未缺勤时不应当计提相关费用和负债。为此，企业应当在职工实际发生缺勤的会计期间确认与非累积带薪缺勤相关的职工薪酬。企业确认职工享有的与非累积带薪缺勤权利相关的薪酬，视同职工出勤确认的当期损益或相关资产成本。通常情况下，与非累积带薪缺勤相关的职工薪酬已经包括在企业每期向职工发放的工资等薪酬中,因此,不必额外作相应的账务处理。

五、短期利润分享计划的会计处理

企业制定有短期利润分享计划的,如当职工完成规定业绩指标,或者在企业工作了特定期限后,能够享有按照企业净利润的一定比例计算的薪酬,企业应当按照本准则的规定,进行有关会计处理。

短期利润分享计划同时满足下列条件的,企业应当确认相关的应付职工薪酬,并计入当期损益或相关资产成本:

(1) 企业因过去事项导致现在具有支付职工薪酬的法定义务或推定义务。

(2) 因利润分享计划所产生的应付职工薪酬义务能够可靠估计。

属于下列三种情形之一的,视为义务金额能够可靠估计:

(1) 在财务报告批准报出之前企业已确定应支付的薪酬金额。

(2) 该利润分享计划的正式条款中包括确定薪酬金额的方式。

(3) 过去的惯例为企业确定推定义务金额提供了明显证据。

企业在计量利润分享计划产生的应付职工薪酬时,应当反映职工因离职而没有得到利润分享计划支付的可能性。

如果企业预期在职工为其提供相关服务的年度报告期间结束后 12 个月内,不需要全部支付利润分享计划产生的应付职工薪酬,该利润分享计划应当适用本准则其他长期职工福利的有关规定。

企业根据经营业绩或职工贡献等情况提取的奖金,属于奖金计划,应当比照短期利润分享计划进行处理。

【例 13-8】 鑫裕公司于 2×21 年初制定和实施了一项短期利润分享计划,以对公司管理层进行激励。该计划规定,公司全年的净利润指标为 1 000 万元,如果在公司管理层的努力下完成的净利润超过 1 000 万元,公司管理层将可以分享超过 1 000 万元净利润部分的 10% 作为额外报酬。假定至 2×21 年 12 月 31 日,鑫裕公司全年实际完成净利润 1 500 万元。

【分析】 假定不考虑离职等其他因素,则鑫裕公司管理层按照利润分享计划可以分享利润 50 万元[(1 500-1 000)×10%]作为其额外的薪酬。

鑫裕公司 2×21 年 12 月 31 日的相关账务处理如下:

借:管理费用　　　　　　　　　500 000
　　贷:应付职工薪酬——利润分享计划　500 000

六、非货币性福利的会计处理

企业向职工提供非货币性福利的,应当按照公允价值计量。例如,企业以自产的产品作为非货币性福利提供给职工的,应当按照该产品的公允价值和相关税费确定职工薪酬金额,并计入当期损益或相关资产成本。相关收入的确认、销售成本的结转以及相关税费的处理,与企业正常商品销售的会计处理相同。企业以外购的商品作为非货币性福利提供给职工的,应当按照该商品的公允价值和相关税费确定职工薪酬的金额,并计入当期损益或相关资产成本。

【例 13-9】 智董公司是一家生产笔记本电脑的企业,共有职工 2 000 名。2×21 年 1 月 15 日,智董公司决定以其生产的笔记本电脑作为节日福利发放给公司每名职工。每台笔记本电脑的售价为 1.40 万元,成本为 1 万元。智董公司适用的增值税税率为 13%,已开具了增值税专用发票。假定 2 000 名职工中 1 700 名为直接参加生产的职工,300 名为总部管理人员。假定智董公司于当日将笔记本电脑发放给各职工。

【分析】 根据上述资料,智董公司计算笔记本电脑的售价总额及其增值税销项税额如下:

笔记本电脑的售价总额=1.40×1 700+1.40×300=2 380+420=2 800(万元)。

笔记本电脑的增值税销项税额=1 700×1.40×13%+300×1.40×13%=309.4+54.6=364(万元)。

应当计入生产成本的职工薪酬金额=2 380

+309.4＝2 689.4(万元)。

应当计入管理费用的职工薪酬金额＝420＋54.6＝474.6(万元)。

智董公司有关账务处理如下：

借：生产成本	26 894 000
管理费用	4 746 000
贷：应付职工薪酬——非货币性福利	31 640 000

借：应付职工薪酬——非货币性福利	
	31 640 000
贷：主营业务收入	28 000 000
应交税费——应交增值税(销项税额)	
	3 640 000
借：主营业务成本	20 000 000
贷：库存商品	20 000 000

第三节 离职后福利

离职后福利,是指企业为获得职工提供的服务而在职工退休或与企业解除劳动关系后,提供的各种形式的报酬和福利,属于短期薪酬和辞退福利的除外。

离职后福利包括退休福利(如养老金和一次性的退休支付)及其他离职后福利(如离职后人寿保险和离职后医疗保障)。

职工正常退休时获得的养老金等离职后福利,是职工与企业签订的劳动合同到期或者职工达到了国家规定的退休年龄时,获得的离职后生活补偿金额。企业给予补偿的事项是职工在职时提供的服务而不是退休本身,因此,企业应当在职工提供服务的会计期间对离职后福利进行确认和计量。

企业向职工提供了离职后福利的,无论是否设立了单独主体接受提存金并支付福利,均应当适用本准则的相关要求对离职后福利进行会计处理。

离职后福利计划,是指企业与职工就离职后福利达成的协议,或者企业为向职工提供离职后福利制定的规章或办法等。

离职后福利计划的分类

企业应当将离职后福利计划分类为设定提存计划和设定受益计划。

(1)设定提存计划。

设定提存计划,是指企业向单独主体(如基金等)缴存固定费用后,不再承担进一步支付义务的离职后福利计划。

(2)设定受益计划。

设定受益计划,是指除设定提存计划以外的离职后福利计划。

一、对设定提存计划的会计处理

对于设定提存计划,企业应当根据在资产负债表日为换取职工在会计期间提供的服务而应向单独主体缴存的提存金,确认为职工薪酬负债,并计入当期损益或相关资产成本。

【例13-10】 智董公司为管理人员设立了一项企业年金。每月该企业按照每个管理人员工资的5％向独立于智董公司的年金基金缴存企业年金,年金基金将其计入该管理人员个人账户并负责资金的运作。2×21年,按照计划安排,该企业向年金基金缴存的金额为1 980万元。

管理人员退休时可以一次性获得其个人账户的累计额,包括公司历年来的缴存额以及相应的投资收益。公司除了按照约定向年金基金缴存之外不再负有其他义务,既不享有缴存资金产生的收益,也不承担投资风险。因此,该福利计划为设定提存计划。

【分析】 智董公司账务处理如下：

借：管理费用	19 800 000
贷：应付职工薪酬	19 800 000
借：应付职工薪酬	19 800 000
贷：银行存款	19 800 000

二、对设定受益计划的会计处理

设定提存计划和设定受益计划的区分，取决于离职后福利计划的主要条款和条件所包含的经济实质。在设定提存计划下，企业的义务以企业应向独立主体缴存的提存金金额为限，职工未来所能取得的离职后福利金额取决于向独立主体支付的提存金金额，以及提存金所产生的投资回报，从而精算风险和投资风险实质上要由职工来承担。在设定受益计划下，企业的义务是为现在及以前的职工提供约定的福利，并且精算风险和投资风险实质上由企业来承担。

当企业负有下列义务时，该计划就是一项设定受益计划：

（1）计划福利公式不仅仅与提存金金额相关，且要求企业在资产不足以满足该公式的福利时提供进一步的提存金。

（2）通过计划间接地或直接地对提存金的特定回报做出担保。

设定受益计划可能是不注入资金的，或者可能全部或部分地由企业（有时由其职工）向独立主体以缴纳提存金形式注入资金，并由该独立主体向职工支付福利。到期时已注资福利的支付不仅取决于独立主体的财务状况和投资业绩，而且取决于企业补偿独立主体资产不足的意愿和能力。企业实质上承担着与计划相关的精算风险和投资风险。因此，设定受益计划所确认的费用并不一定是本期应付的提存金金额。企业存在一项或多项设定受益计划的，对于每一项计划应当分别进行会计处理。

（一）确定设定受益计划义务的现值和当期服务成本

企业应当根据预期累计福利单位法，采用无偏且相互一致的精算假设对有关人口统计变量和财务变量等做出估计，计量设定受益计划所产生的义务，并确定相关义务的归属期间。企业应当根据资产负债表日与设定受益计划义务期限和币种相匹配的国债或活跃市场上的高质量公司债券的市场收益率确定折现率，将设定受益计划所产生的义务予以折现，以确定设定受益计划义务的现值和当期服务成本。

设定受益计划义务的现值，是指企业在不扣除任何计划资产的情况下，为履行获得当期和以前期间职工服务产生的最终义务，所需支付的预期未来金额的现值。设定受益计划的最终义务受到许多变量的影响，如职工离职率、死亡率、职工缴付的提存金等。企业在折现时，即使预期有部分义务在报告期间结束后的12个月内结算，企业仍应对整项义务进行折现。企业应当就至报告期末的任何重大交易及环境的其他重大变化（包括市场价格和利率的变化）进行调整，在每年年末进行复核。

企业应当通过预期累计福利单位法确定其设定受益计划义务的现值、当期服务成本和过去服务成本。根据预期累计福利单位法，职工每提供一个期间的服务，就会增加一个单位的福利权利。企业应当对每一单位的福利权利进行单独计量，并将所有单位的福利权利累计形成最终义务。企业应当将福利归属于提供设定受益计划的义务发生的期间。这一期间是指从职工提供服务以获取企业在未来报告期间预计支付的设定受益计划福利开始，至职工的继续服务不会导致这一福利金额显著增加之日为止。

企业在确定设定受益计划义务的现值、当期服务成本以及过去服务成本时，应当根据计划的福利公式将设定受益计划产生的福利义务归属于职工提供服务的期间，并计入当期损益或相关资产成本。

当职工后续年度的服务将导致其享有的设定受益计划福利水平显著高于以前年度时，企业应当按照直线法将累计设定受益计划义务分摊确认于职工提供服务而导致企业第一次产生设定受益计划福利义务至职工提供服务不再导致该福利义务显著增加的期间。在确定后续年度服务是否将导致职工享有的设定受益福利水平显著高于以前年度时，不应考虑仅因未来工资水平提高而导致设定受益计划义务显著增加的情况。

精算假设，是指企业对影响离职后福利最

终义务的各种变量的最佳估计。精算假设应当是客观公正和相互可比的，无偏且相互一致的。精算假设包括人口统计假设和财务假设。人口统计假设包括死亡率、职工的离职率、伤残率、提前退休率等。财务假设包括折现率、福利水平和未来薪酬等。其中，折现率应当根据资产负债表日与设定受益计划义务期限和币种相匹配的国债或活跃市场上的高质量公司债券的市场收益率确定。

经验调整是设定受益计划义务的实际数与估计数之间的差异。在某些情况下，设定受益计划对于未来福利水平调整未做出明确规定的，企业将有关福利水平的增加确认为精算假设与实际经验的差异（产生精算利得或损失），还是计划的修改（产生过去服务成本），需要运用职业判断。通常情况下，如果设定受益计划未明确规定未来福利水平的调整，过去的调整也并不频繁，同时如果精算假设中并无福利水平增长的假设，企业应将福利水平变化的影响归属于过去服务成本。

【例13-11】 智董公司在2×21年1月1日设立了一项设定受益计划，并于当日开始实施。该设定受益计划规定：

（1）智董公司向所有在职员工提供统筹外补充退休金，这些职工在退休后每年可以额外获得12万元退休金，直至去世。

（2）职工获得该额外退休金基于自该计划开始日起为公司提供的服务，而且应当自该设定受益计划开始日起一直为公司服务至退休。

为简化起见，假定符合计划的职工为100人，当前平均年龄为40岁，退休年龄为60岁，还可以为公司服务20年。假定在退休前无人离职，退休后平均剩余寿命为15年。假定适用的折现率为10%，并且假定不考虑未来通货膨胀影响等其他因素。

计算设定受益计划义务及其现值如表13-1所示。计算职工服务期间每期服务成本如表13-2所示。

表13-1 计算设定受益计划义务及其现值 单位：万元

	退休后第1年	退休后第2年	退休后第3年	退休后第4年	……	退休后第14年	退休后第15年
①当年支付	1 200	1 200	1 200	1 200	……	1 200	1 200
②折现率	10%	10%	10%	10%	……	10%	10%
③复利现值系数	0.9091	0.8264	0.7513	0.6830	……	0.2633	0.2394
④退休时点现值=①×③	1 091	992	902	820	……	316	287
⑤退休时点现值合计	9 127						

表13-2 计算职工服务期间每期服务成本 单位：万元

服务年份	服务第1年	服务第2年	……	服务第19年	服务第20年
福利归属			……		
——以前年度	0	456.35	……	8 214.3	8 670.65
——当年	456.35	456.35	……	456.35	456.35
——以前年度+当年	456.35	912.7	……	8 670.65	9 127
期初义务	0	74.62	……	6 788.68	7 882.41
利息	0	7.46	……	678.87	788.24
当期服务成本	74.62*	82.08**	……	414.86***	456.35
期末义务	74.62	164.16	……	7 882.41	9 127****

注：*$74.62 = \frac{456.35}{(1+10\%)^{19}}$。　**$82.08 = \frac{456.35}{(1+10\%)^{18}}$。　***$414.86 = \frac{456.35}{(1+10\%)}$。

****含尾数调整。

【分析】 服务第1～20年的账务处理如下：

服务第1年年末：

借：管理费用（或相关资产成本） 746 200
　　贷：应付职工薪酬——设定受益计划义务 746 200

服务第2年年末：

借：管理费用（或相关资产成本） 820 800
　　贷：应付职工薪酬——设定受益计划义务 820 800

借：财务费用（或相关资产成本） 74 600
　　贷：应付职工薪酬——设定受益计划义务 74 600

服务第3～20年，以此类推处理。

（二）确定设定受益计划净负债或净资产

设定受益计划存在资产的，企业应当将设定受益计划义务的现值减去设定受益计划资产公允价值所形成的赤字或盈余确认为一项设定受益计划净负债或净资产。

设定受益计划存在盈余的，企业应当以设定受益计划的盈余和资产上限两项的孰低者计量设定受益计划净资产。其中，资产上限，是指企业可从设定受益计划退款或减少未来向独立主体缴存提存金而获得的经济利益的现值。

计划资产包括长期职工福利基金持有的资产、符合条件的保险单等，但不包括企业应付但未付给独立主体的提存金、由企业发行并由独立主体持有的任何不可转换的金融工具。

（三）确定应当计入当期损益的金额

报告期末，企业应当在损益中确认的设定受益计划产生的职工薪酬成本包括服务成本、设定受益净负债或净资产的利息净额。其中，服务成本包括当期服务成本、过去服务成本和结算利得或损失。设定受益净负债或净资产的利息净额包括计划资产的利息收益、设定受益计划义务的利息费用以及资产上限影响的利息。除非其他相关会计准则要求或允许职工福利成本计入资产成本，企业应当将服务成本和设定受益净负债或净资产的利息净额计入当期损益。

1. 当期服务成本

当期服务成本，是指因职工当期提供服务所导致的设定受益计划义务现值的增加额。在[例13-6]中，智董公司服务第1年年末应当计入当期损益的当期服务成本为74.62万元。

2. 过去服务成本

过去服务成本，是指设定受益计划修改所导致的与以前期间职工服务相关的设定受益计划义务现值的增加或减少。当企业设立或取消一项设定受益计划或改变现有设定受益计划下的应付福利时，设定受益计划就发生了修改。

过去服务成本可以是正的，如设立或改变设定受益计划从而导致设定受益计划义务的现值增加；也可以是负的，如取消或改变设定受益计划从而导致设定受益计划义务的现值减少。如果企业减少了设定受益计划的应付福利，但同时增加了在该计划下针对相同职工其他应付福利，企业应当将变动的净额作为单项变动处理。

过去服务成本不包括下列各项：

（1）以前假定的薪酬增长金额与实际发生金额之间的差额，对支付以前年度服务产生的福利义务的影响。

（2）企业对支付养老金增长金额具有推定义务的，对于可自行决定养老金增加金额的高估和低估。

（3）财务报表中已确认的精算利得或计划资产回报导致的福利变化的估计。

（4）在没有新的福利或福利未发生变化的情况下，职工达到既定要求之后导致既定福利（并不取决于未来雇佣的福利）的增加。

3. 结算利得和损失

企业应当在设定受益计划结算时，确认一项结算利得或损失。设定受益计划结算，是指企业为了消除设定受益计划所产生的部分或所有未来义务进行的交易，而不是根据计划条款和所包含的精算假设向职工支付福利。设定受益计划结算利得或损失是下列两项的差额：

（1）在结算日确定的设定受益计划义务的现值。

（2）结算价格，包括转移的计划资产的公允价值和企业直接发生的与结算相关的支付。

4. 设定受益计划净负债或净资产的利息净额

设定受益计划净负债或净资产的利息净额，是指设定受益净负债或净资产在职工提供服务期间由于时间变化而产生的变动，包括计划资产的利息收益、设定受益计划义务的利息费用以及资产上限影响的利息。

企业应当通过将设定受益计划净负债或净资产乘以适当的折现率来确定设定受益计划净负债或净资产的利息净额。企业应当在会计期间开始时确定设定受益计划净负债或净资产和折现率，并考虑该期间由于福利提存和福利支付所导致的设定受益计划净负债或净资产的变动，但不应当考虑设定受益计划净负债或净资产在本会计期间的任何其他变动（如精算利得和损失）。

企业应当通过将计划资产公允价值乘以折现率来确定计划资产的利息收益，作为计划资产回报的组成部分。企业应当将计划资产的利息收益和计划资产回报之间的差额包括在设定受益计划净负债或净资产的重新计量中。

企业计算设定受益计划净负债或净资产的利息净额时，应当考虑资产上限的影响。企业应当通过将资产上限的影响乘以折现率来确定资产上限影响的利息，作为资产上限影响总变动的一部分。企业应当在会计期间开始时确定资产上限的影响和折现率。企业应当将资产上限影响的利息金额与资产上限影响总变动之间的差额包括在设定受益计划净负债或净资产的重新计量中。

（四）确定应当计入其他综合收益的金额

企业应当将重新计量设定受益计划净负债或净资产所产生的变动计入其他综合收益，并且在后续会计期间不允许转回至损益，但企业可以在权益范围内转移这些在其他综合收益中确认的金额。

重新计量设定受益计划净负债或净资产所产生的变动包括下列部分。

（1）精算利得或损失，即由于精算假设和经验调整导致之前所计量的设定受益计划义务现值的增加或减少。

企业未能预计的过高或过低的职工离职率、提前退休率、死亡率、过高或过低的薪酬、福利的增长以及折现率变化等因素，将导致设定受益计划产生精算利得和损失。精算利得或损失不包括因设立、修改或结算设定受益计划所导致的设定受益计划义务的现值变动，或者设定受益计划下应付福利的变动。这些变动产生了过去服务成本或结算利得或损失。

【例13-12】 承[例13-11]。假定智董公司在该计划开始后职工提供服务的第3年年末重新计量该设定受益计划的净负债。智董公司发现，由于预期寿命等精算假设和经验调整导致该设定受益计划义务的现值增加，形成精算损失15万元。

【分析】 会计分录如下：

借：其他综合收益——设定受益计划净负债或净资产
　　重新计量——精算损失　　　150 000
　贷：应付职工薪酬——设定受益计划义务
　　　　　　　　　　　　　　　150 000

（2）计划资产回报，扣除包括在设定受益净负债或净资产的利息净额中的金额。

计划资产的回报，是指计划资产产生的利息、股利和其他收入，以及计划资产已实现和未实现的利得或损失。企业在确定计划资产回报时，应当扣除管理该计划资产的成本以及计划本身的应付税款，但计量设定受益义务时所采用的精算假设所包括的税款除外。管理该计划资产以外的其他管理费用无须从计划资产回报中扣减。

（3）资产上限影响的变动，扣除包括在设定受益计划净负债或净资产的利息净额中的金额。

第四节 辞退福利

辞退福利，是指企业在职工劳动合同到期之前解除与职工的劳动关系，或者为鼓励职工自愿接受裁减而给予职工的补偿。由于导致义务产生的事项是终止雇佣而不是为获得职工的服务，企业应当将辞退福利作为单独一类职工薪酬进行会计处理。

企业在确定提供的经济补偿是否为辞退福利时，应当区分辞退福利和正常退休养老金。辞退福利是在职工与企业签订的劳动合同到期前，企业根据法律与职工本人或职工代表（如工会）签订的协议，或者基于商业惯例，承诺当其提前终止对职工的雇佣关系时支付的补偿，引发补偿的事项是辞退。

对于职工虽然没有与企业解除劳动合同，但未来不再为企业提供服务，不能为企业带来经济利益，企业承诺提供实质上具有辞退福利性质的经济补偿的，如发生"内退"的情况，在其正式退休日期之前应当比照辞退福利处理，在其正式退休日期之后，应当按照离职后福利处理。

企业向职工提供辞退福利的，应当在企业不能单方面撤回因解除劳动关系计划或裁减建议所提供的辞退福利时、企业确认涉及支付辞退福利的重组相关的成本或费用时两者孰早日，确认辞退福利产生的职工薪酬负债，并计入当期损益。

企业有详细、正式的重组计划并且该重组计划已对外公告时，表明已经承担了重组义务。重组计划包括重组涉及的业务、主要地点、需要补偿的职工人数及其岗位性质、预计重组支出、计划实施时间等。

实施职工内部退休计划的，企业应当比照辞退福利处理。在内退计划符合本准则规定的确认条件时，企业应当按照内退计划规定，将自职工停止提供服务日至正常退休日期间企业拟支付的内退职工工资和缴纳的社会保险费等，确认为应付职工薪酬，一次性计入当期损益，不能在职工内退后各期分期确认因支付内退职工工资和为其缴纳社会保险费等产生的义务。

企业应当按照辞退计划条款的规定，合理预计并确认辞退福利产生的职工薪酬负债，并具体考虑下列情况。

（1）对于职工没有选择权的辞退计划，企业应当根据计划条款规定拟解除劳动关系的职工数量、每一职位的辞退补偿等确认职工薪酬负债。

（2）对于自愿接受裁减建议的辞退计划，由于接受裁减的职工数量不确定，企业应当根据《企业会计准则第13号——或有事项》规定，预计将会接受裁减建议的职工数量，根据预计的职工数量和每一职位的辞退补偿等确认职工薪酬负债。

（3）对于辞退福利预期在其确认的年度报告期间期末后12个月内完全支付的辞退福利，企业应当适用短期薪酬的相关规定。

（4）对于辞退福利预期在年度报告期间期末后12个月内不能完全支付的辞退福利，企业应当适用本准则关于其他长期职工福利的相关规定，即实质性辞退工作在一年内实施完毕但补偿款项超过一年支付的辞退计划，企业应当选择恰当的折现率，以折现后的金额计量应计入当期损益的辞退福利金额。

【例13-13】 智董公司是一家空调制造企业。2×20年9月，为了能够在下一年度顺利实施转产，智董公司管理层制定了一项辞退计划。计划规定，从2×21年1月1日起，企业将以职工自愿方式，辞退其柜式空调生产车间的职工。辞退计划的详细内容，包括拟辞退的职工所在部门、数量、各级别职工能够获得的补偿以及计划大体实施的时间等均已与职工沟通，并达成一致意见，辞退计划已于2×20年12月10日经董事会正式批准，辞退计划将于下一个年度内实施完毕。该项辞退计划的详细内容如表13-3所示。

表13-3　智董公司辞退计划　单位：万元

所属部门	职位	辞退数量（人）	工龄（年）	每人补偿
空调车间	车间主任副主任	10	1～10	10
			10～20	20
			20～30	30
	高级技工	50	1～10	8
			10～20	18
			20～30	28
	一般技工	100	1～10	5
			10～20	15
			20～30	25
合计		160		

企业预计2×21年年末各级别职工拟接受辞退职工数量的最佳估计数（最可能发生数）及其应支付的补偿如表13-4所示。

【分析】 按照《企业会计准则第13号——或有事项》有关计算最佳估计数的方法，预计接受辞退的职工数量可以根据最可能发生的数量

表13-4　预计拟接受辞退职工的最佳估计数及其应支付补偿　单位：万元

所属部门	职位	辞退数量（人）	工龄（年）	接受数量（人）	每人补偿额	补偿金额
空调车间	车间主任副主任	10	1～10	5	10	50
			10～20	2	20	40
			20～30	1	30	30
	高级技工	50	1～10	20	8	160
			10～20	10	18	180
			20～30	5	28	140
	一般技工	100	1～10	50	5	250
			10～20	20	15	300
			20～30	10	25	250
合计		160		123		1 400

确定。根据表13-4，愿意接受辞退职工的最可能数量为123名，预计补偿总额为1 400万元，则企业在2×20年（辞退计划是2×20年12月10日由董事会批准）应做如下账务处理：

借：管理费用　　　　　　　　　14 000 000
　　贷：应付职工薪酬——辞退福利　14 000 000

第五节　其他长期职工福利

其他长期职工福利，是指除短期薪酬、离职后福利和辞退福利以外的其他所有职工福利。其他长期职工福利包括长期带薪缺勤、其他长期服务福利、长期残疾福利、长期利润分享计划和长期奖金计划等。

企业向职工提供的其他长期职工福利，符合设定提存计划条件的，应当按照设定提存计划的有关规定进行会计处理。企业向职工提供的其他长期职工福利，符合设定受益计划条件的，企业应当按照设定受益计划的有关规定，确认和计量其他长期职工福利净负债或净资产。在报告期末，企业应当将其他长期职工福利产生的职工薪酬成本确认为下列组成部分：

（1）服务成本。

（2）其他长期职工福利净负债或净资产的利息净额。

（3）重新计量其他长期职工福利净负债或净资产所产生的变动。

为了简化相关会计处理，上述项目的总净额应计入当期损益或相关资产成本。

长期残疾福利水平取决于职工提供服务期间长短的，企业应在职工提供服务的期间确认应付长期残疾福利义务，计量时应当考虑长期残疾福利支付的可能性和预期支付的期限；与职工提供服务期间长短无关的，企业应当在导致职工长期残疾的事件发生的当期确认应付长期残疾福利义务。

第六节 会计科目和会计分录

以下是第一财税网(www.tax.org.cn)耗时整理的相关会计科目和会计分录,供实际工作中随时查阅、使用。

一、2211 应付职工薪酬

(一) 核算内容

本科目核算企业根据有关规定应付给职工的各种薪酬。

企业(外商)按规定从净利润中提取的职工奖励及福利基金,也在本科目核算。

(二) 明细核算

本科目可按"工资""职工福利""社会保险费""住房公积金""工会经费""职工教育经费""非货币性福利""辞退福利""股份支付"等进行明细核算。

(三) 主要账务处理

(1) 企业发生应付职工薪酬的主要账务处理。

① 生产部门人员的职工薪酬,借记"生产成本""制造费用""劳务成本"等科目,贷记本科目。应由在建工程、研发支出负担的职工薪酬,借记"在建工程""研发支出"等科目,贷记本科目。管理部门人员、销售人员的职工薪酬,借记"管理费用"或"销售费用"科目,贷记本科目。

② 企业以其自产产品发放给职工作为职工薪酬的,借记"管理费用""生产成本""制造费用"等科目,贷记本科目。

无偿向职工提供住房等固定资产使用的,按应计提的折旧额,借记"管理费用""生产成本""制造费用"等科目,贷记本科目;同时,借记本科目,贷记"累计折旧"科目。

租赁住房等资产供职工无偿使用的,按每期应支付的租金,借记"管理费用""生产成本""制造费用"等科目,贷记本科目。

③ 因解除与职工的劳动关系给予的补偿,借记"管理费用"科目,贷记本科目。

④ 企业以现金与职工结算的股份支付,在等待期内每个资产负债表日,按当期应确认的成本费用金额,借记"管理费用""生产成本""制造费用"等科目,贷记本科目。在可行权日之后,以现金结算的股份支付当期公允价值的变动金额,借记或贷记"公允价值变动损益"科目,贷记或借记本科目。企业(外商)按规定从净利润中提取的职工奖励及福利基金,借记"利润分配——提取的职工奖励及福利基金"科目,贷记本科目。

(2) 企业发放职工薪酬的主要账务处理。

① 向职工支付工资、奖金、津贴、福利费等,从应付职工薪酬中扣还的各种款项(代垫的家属药费、个人所得税等)等,借记本科目,贷记"银行存款""库存现金""其他应收款""应交税费——应交个人所得税"等科目。

② 支付工会经费和职工教育经费用于工会活动和职工培训,借记本科目,贷记"银行存款"等科目。

③ 按照国家有关规定缴纳社会保险费和住房公积金,借记本科目,贷记"银行存款"科目。

④ 企业以其自产产品发放给职工的,借记本科目,贷记"主营业务收入"科目;同时,还应结转产成品的成本。涉及增值税销项税额的,还应进行相应的处理。

支付租赁住房等资产供职工无偿使用所发生的租金,借记本科目,贷记"银行存款"等科目。

⑤ 企业以现金与职工结算的股份支付,在行权日,借记本科目,贷记"银行存款""库存现金"等科目。

⑥ 企业因解除与职工的劳动关系给予职工的补偿,借记本科目,贷记"银行存款""库存现金"等科目。

(四) 期末余额

本科目期末贷方余额,反映企业应付未付的职工薪酬。

二、4004 其他综合收益

(一) 核算内容

其他综合收益是指企业根据企业会计准则规定未在损益中确认的各项利得和损失扣除所得税影响后的净额。

注 综合收益建立在"资产负债观"基础之上,把全部已确认但未实现的利得或损失纳入财务报表中,反映报告期内企业与所有者以外的其他各方之间的交易或事项所引起的净资产的变动额;综合收益的概念,突破了传统会计收益的实现原则,引入了公允价值,使公允价值作为计量属性的使用成为一种必然的趋势。

在资产负债表中,"其他综合收益"以前并没有作为一个单独的科目,而是计入资本公积中,而现在作为了一个单独的科目,以便于和资本公积区分。这种核算方式,有利于使资本公积的核算内容明晰化。资本公积原本核算的内容主要为股东资本性投入的部分,与其他综合收益混在一个科目中,将不便于报表使用者理解和分析。

(二) 明细核算

在此科目下可设置以下明细科目核算。

1. "400401 以后会计期间不能重分类进损益的其他综合收益项目"

主要包括:

(1) 重新计量设定受益计划变动额(职工薪酬"离职后福利")。

根据《企业会计准则第9号——职工薪酬》,有设定受益计划形式离职后福利的企业应当将重新计量设定受益计划净负债或净资产导致的变动计入其他综合收益,并且在后续会计期间不允许转回至损益。

(2) 权益法下不能转损益的其他综合收益(长期股权投资)。

根据《企业会计准则第2号——长期股权投资》,投资方取得长期股权投资后,应当按照应享有或应分担的被投资单位其他综合收益的份额,确认其他综合收益,同时调整长期股权投资的账面价值。投资单位在确定应享有或应分担的被投资单位其他综合收益的份额时,该份额的性质取决于被投资单位的其他综合收益的性质,即如果被投资单位的其他综合收益属于"以后会计期间不能重分类进损益"类别,则投资方确认的份额也属于"以后会计期间不能重分类进损益"类别。

(3) 其他权益工具投资公允价值变动(非交易性权益工具投资)。

"其他权益工具投资"科目核算企业指定为以公允价值计量且其变动计入其他综合收益的非交易性权益工具投资。本科目可按其他权益工具投资的类别和品种,分别"成本""公允价值变动"等进行明细核算。

对于指定为以公允价值计量且其变动计入其他综合收益的非交易性权益工具投资,除了获得的股利(属于投资成本收回部分的除外)计入当期损益外,其他相关的利得和损失(包括汇兑损益)均应计入其他综合收益,且后续不得转入当期损益。当其终止确认时,之前计入其他综合收益的累计利得或损失应当从其他综合收益中转出,计入留存收益。

注 套期会计中的"套期损益"明细科目:

(1) 本明细科目核算公允价值套期下对指定为以公允价值计量且其变动计入其他综合收益的非交易性权益工具投资或其组成部分进行套期时,套期工具和被套期项目公允价值变动形成的利得和损失。

(2) 本明细科目可按套期关系进行明细核算。

(3) 主要账务处理:

① 资产负债表日,应当按照套期工具产生的利得,借记"套期工具"科目,贷记本明细科目;套期工具产生损失作相反的会计分录。

② 资产负债表日,应当按照被套期项目因被套期风险敞口形成的利得,借记"被套期项目"科目,贷记本明细科目;被套期项目因被套期风险敞口形成损失作相反的会计分录。

(4) 当套期关系终止时,应当借记或贷记本明细科目,贷记或借记"利润分配——未分配利润"等科目。

(4) 企业自身信用风险公允价值变动(指定为以公允价值计量且其变动计入当期损益的金融负债)。

企业根据会计准则规定将金融负债指定为以公允价值计量且其变动计入当期损益的金融

负债的,该金融负债所产生的利得或损失应当按照下列规定进行处理:

① 由企业自身信用风险变动引起的该金融负债公允价值的变动金额,应当计入其他综合收益。

② 该金融负债的其他公允价值变动计入当期损益。

按照此处①的规定对该金融负债的自身信用风险变动的影响进行处理会造成或扩大损益中的会计错配的,企业应当将该金融负债的全部利得或损失(包括企业自身信用风险变动的影响金额)计入当期损益。该金融负债终止确认时,之前计入其他综合收益的累计利得或损失应当从其他综合收益中转出,计入留存收益。

2. "400402 以后会计期间在满足规定条件时将重分类进损益的其他综合收益项目"

主要包括:

(1) 权益法下可转损益的其他综合收益(长期股权投资)。

根据《企业会计准则第2号——长期股权投资》,投资方取得长期股权投资后,应当按照应享有或应分担的被投资单位其他综合收益的份额,确认其他综合收益,同时调整长期股权投资的账面价值。如果被投资单位的其他综合收益属于"以后会计期间在满足规定条件时将重分类进损益"类别,则投资方确认的份额也属于"以后会计期间在满足规定条件时将重分类进损益"类别。

(2) 金融资产重分类计入其他综合收益的金额。

企业将一项以公允价值计量且其变动计入其他综合收益的金融资产重分类为以摊余成本计量的金融资产的,应当将之前计入其他综合收益的累计利得或损失转出,调整该金融资产在重分类日的公允价值,并以调整后的金额作为新的账面价值,即视同该金融资产一直以摊余成本计量。该金融资产重分类不影响其实际利率和预期信用损失的计量。

企业将一项以公允价值计量且其变动计入其他综合收益的金融资产重分类为以公允价值计量且其变动计入当期损益的金融资产的,应当继续以公允价值计量该金融资产。同时,企业应当将之前计入其他综合收益的累计利得或损失从其他综合收益转入当期损益。

按照《企业会计准则第22号——金融工具确认和计量》第十八条分类为以公允价值计量且其变动计入其他综合收益的金融资产所产生的所有利得或损失,除减值损失或利得和汇兑损益之外,均应当计入其他综合收益,直至该金融资产终止确认或被重分类。但是,采用实际利率法计算的该金融资产的利息应当计入当期损益。该金融资产计入各期损益的金额应当与视同其一直按摊余成本计量而计入各期损益的金额相等。该金融资产终止确认时,之前计入其他综合收益的累计利得或损失应当从其他综合收益中转出,计入当期损益。企业将该金融资产重分类为其他类别金融资产的,应当根据《企业会计准则第22号——金融工具确认和计量》第三十一条规定,对之前计入其他综合收益的累计利得或损失进行相应处理。

(3) 其他债权投资公允价值变动。

金融资产同时符合下列条件的,应当分类为以公允价值计量且其变动计入其他综合收益的金融资产(通过"其他债权投资"科目核算,可按金融资产类别和品种,分别"成本""利息调整""公允价值变动"等进行明细核算):

① 企业管理该金融资产的业务模式既以收取合同现金流量为目标又以出售该金融资产为目标。

② 该金融资产的合同条款规定,在特定日期产生的现金流量,仅为对本金和以未偿付本金金额为基础的利息的支付。

上述分类为以公允价值计量且其变动计入其他综合收益的金融资产所产生的所有利得或损失,除减值损失或利得和汇兑损益之外,均应当计入其他综合收益,直至该金融资产终止确认或被重分类。但是,采用实际利率法计算的该金融资产的利息应当计入当期损益。该金融资产计入各期损益的金额应当与视同其一直按摊余成本计量而计入各期损益的金额相等。该金融资产终止确认时,之前计入其他综合收益的累计利得或损失应当从其他综合收益中转出,计入当期损益。

对于上述分类为以公允价值计量且其变动计入其他综合收益的金融资产(债务工具投资)整体转移满足终止确认条件的,企业在计量该项转移形成的损益时,应当将原计入其他综合收益的公允价值变动累计利得或损失转出(注意不适用于根据《企业会计准则第 22 号——金融工具确认和计量》准则第十九条指定为以公允价值计量且其变动计入其他综合收益的非交易性权益工具投资)。

如果涉及转移的金融资产为上述分类为以公允价值计量且其变动计入其他综合收益的金融资产的,不再确认部分的金额对应的原计入其他综合收益的公允价值变动累计额计入当期损益。

(4) 其他债权投资信用减值准备。

金融资产同时符合下列条件的,应当分类为以公允价值计量且其变动计入其他综合收益的金融资产(通过"其他债权投资"科目核算,可按金融资产类别和品种,分别"成本""利息调整""公允价值变动"等进行明细核算):

① 企业管理该金融资产的业务模式既以收取合同现金流量为目标又以出售该金融资产为目标。

② 该金融资产的合同条款规定,在特定日期产生的现金流量,仅为对本金和以未偿付本金金额为基础的利息的支付。

对于上述分类为以公允价值计量且其变动计入其他综合收益的金融资产,企业应当在其他综合收益中确认其损失准备(通过"其他综合收益——信用减值准备"科目核算,以预期信用损失为基础计提损失准备),并将减值损失或利得计入当期损益,且不应减少该金融资产在资产负债表中列示的账面价值。

注 "信用减值准备"明细科目,本明细科目核算企业按照金融工具确认和计量会计准则第十八条分类为以公允价值计量且其变动计入其他综合收益的金融资产以预期信用损失为基础计提的损失准备。

《利润表》中"其他债权投资信用减值准备"行项目,反映企业按照《企业会计准则第 22 号——金融工具确认和计量》(2017 年修订)第十八条分类为以公允价值计量且其变动计入其他综合收益的金融资产的损失准备。该项目应根据"其他综合收益"科目下的"信用减值准备"明细科目的发生额分析填列。

(5) 现金流量套期储备(有效套期的部分)。

根据《企业会计准则第 24 号——套期会计》,现金流量套期利得或损失中属于有效套期的部分,应当直接确认为所有者权益(其他综合收益);属于无效套期的部分,应当计入当期损益。对于前者,套期会计准则规定在一定的条件下,将原直接计入所有者权益中的套期工具利得或损失转出,计入当期损益。

注 套期会计中的"套期储备"明细科目:

(1) 本明细科目核算现金流量套期下套期工具累计公允价值变动中的套期有效部分。

(2) 本明细科目可按套期关系进行明细核算。

(3) 主要账务处理:

① 资产负债表日,套期工具形成的利得或损失中属于套期有效部分的,借记或贷记"套期工具"科目,贷记或借记本明细科目;属于套期无效部分的,借记或贷记"套期工具"科目,贷记或借记"套期损益"科目。

② 企业将套期储备转出时,借记或贷记本明细科目,贷记或借记有关科目。

《利润表》中"现金流量套期储备"行项目,反映企业套期工具产生的利得或损失中属于套期有效的部分。该项目应根据"其他综合收益"科目下的"套期储备"明细科目的发生额分析填列。

(6) 外币财务报表折算差额。

根据《企业会计准则第 19 号——外币折算》,企业对境外经营的财务报表进行折算时,应当将外币财务报表折算差额在资产负债表中所有者权益项目下单独列示(其他综合收益);企业在处置境外经营时,应当将资产负债表中所有者权益项目下列示的、与该境外经营相关的外币报表折算差额,自所有者权益项目转入处置当期损益,部分处置境外经营的,应当按处置的比例计算处置部分的外币财务报表折算差额,转入处置当期损益。

(7) 根据相关会计准则规定的其他项目(自

用房地产或作为存货的房地产转换为以公允价值模式计量的投资性房地产在转换日公允价值大于账面价值部分)。

例如,根据《企业会计准则第3号——投资性房地产》,自用房地产或作为存货的房地产转换为以公允价值模式计量的投资性房地产在转换日公允价值大于账面价值部分计入其他综合收益;待该投资性房地产处置时,将该部分转入当期损益等。

3. "400403 所得税影响"等明细科目核算

此前在资本公积中核算的所得税影响现在此科目所得税影响中核算。

4. "套期成本"

(1) 本明细科目核算企业将期权的时间价值、远期合同的远期要素或金融工具的外汇基差排除在套期工具之外时,期权的时间价值等产生的公允价值变动。

(2) 本明细科目可按套期关系进行明细核算。

(3) 主要账务处理。

① 资产负债表日,对于期权的时间价值等的公允价值变动中与被套期项目相关的部分,应当借记或贷记"衍生工具"等科目,贷记或借记本明细科目。

② 企业在将相关金额从其他综合收益中转出时,借记或贷记本明细科目,贷记或借记有关科目。

A. 期权时间价值的会计处理。

企业将期权合同的内在价值和时间价值分开,只将期权的内在价值变动指定为套期工具时,应当区分被套期项目的性质是与交易相关还是与时间段相关,并进行不同的会计处理。

a. 被套期项目与交易相关的,对其进行套期的期权的时间价值具备该项交易成本的特征。

企业应当将期权时间价值的公允价值变动中与被套期项目相关的部分计入其他综合收益,并按照与现金流量套期储备相同的会计处理方法进行处理。

b. 被套期项目与时间段相关的,对其进行套期的期权时间价值具备为保护企业在特定时间段内规避风险所需支付成本的特征。

企业应当将期权时间价值的公允价值变动中与被套期项目相关的部分计入其他综合收益。同时,企业应当按照系统、合理的方法,将期权被指定为套期工具当日的时间价值中与被套期项目相关的部分,在套期关系影响损益或其他综合收益(仅限于企业对指定为以公允价值计量且其变动计入其他综合收益的非交易性权益工具投资的公允价值套期)的期间内摊销,摊销金额从其他综合收益中转出,计入当期损益。由于期权的时间价值在期权到期时将归零,因此在期权存续期内的累计时间价值的公允价值变动等于指定套期时的时间价值。时间价值变动计入其他综合收益的金额应当根据变动的实际情况确定,但从其他综合收益转入当期损益(即摊销)的金额应当按照系统、合理的方法确定。转入和转出的金额最终是一致的,即指定套期时的时间价值。若企业终止运用套期会计,则其他综合收益中剩余的相关金额应当转出,计入当期损益。

期权的主要条款(如名义金额、期限和标的)与被套期项目相一致的,期权的实际时间价值与被套期项目相关;期权的主要条款与被套期项目不完全一致的,企业应当通过对主要条款与被套期项目完全匹配的期权进行估值确定校准时间价值,并确认期权的实际时间价值中与被套期项目相关的部分。在套期关系开始时,期权的实际时间价值高于校准时间价值的,企业应当以校准时间价值为基础,将其累计公允价值变动计入其他综合收益,并将这两个时间价值的公允价值变动差额计入当期损益;在套期关系开始时,期权的实际时间价值低于校准时间价值的,企业应当将两个时间价值中累计公允价值变动的较低者计入其他综合收益,如果实际时间价值的累计公允价值变动扣减累计计入其他综合收益金额后尚有剩余的,应当计入当期损益。

B. 远期合同的远期要素和金融工具的外汇基差的会计处理。

企业将远期合同的远期要素和即期要素分开、只将即期要素的价值变动指定为套期工具的,或者将金融工具的外汇基差单独分拆、只将排除外汇基差后的金融工具指定为套期工具的,可以按照与期权时间价值相同的处理方式对远期合同的远期要素或金融工具的外汇基差进行会计处理,也可以按照常规会计处理方法进行处理。

(三) 主要账务处理

请参阅上述内容。

(四) 期末余额

请参阅上述内容。

注 资本公积的核算主要与股本投入相关,而其他综合收益属于已经实现但暂时不能计入本年利润或费用的项目。一般来说,资本公积属于已经确定的一个事实,后续期间不会再予以转出。而其他综合收益类似于一个过渡科目,在未来期间还需要予以转出(注:有的项目在以后会计期间不能重分类进损益)。

附: 报表列示

反映企业其他综合收益的期末余额。

本项目应根据"其他综合收益"科目的期末余额填列。

注 (1)《利润表》中"其他权益工具投资公允价值变动"行项目,反映企业指定为以公允价值计量且其变动计入其他综合收益的非交易性权益工具投资发生的公允价值变动。该项目应根据"其他综合收益"科目的相关明细科目的发生额分析填列。

(2)《利润表》中"企业自身信用风险公允价值变动"行项目,反映企业指定为以公允价值计量且其变动计入当期损益的金融负债,由企业自身信用风险变动引起的公允价值变动而计入其他综合收益的金额。该项目应根据"其他综合收益"科目的相关明细科目的发生额分析填列。

(3)《利润表》中"其他债权投资公允价值变动"行项目,反映企业分类为以公允价值计量且其变动计入其他综合收益的债权投资发生的公允价值变动。企业将一项以公允价值计量且其变动计入其他综合收益的金融资产重分类为以摊余成本计量的金融资产,或重分类为以公允价值计量且其变动计入当期损益的金融资产时,之前计入其他综合收益的累计利得或损失从其他综合收益中转出的金额作为该项目的减项。该项目应根据"其他综合收益"科目下的相关明细科目的发生额分析填列。

(4)《利润表》中"金融资产重分类计入其他综合收益的金额"行项目,反映企业将一项以摊余成本计量的金融资产重分类为以公允价值计量且其变动计入其他综合收益的金融资产时,计入其他综合收益的原账面价值与公允价值之间的差额。该项目应根据"其他综合收益"科目下的相关明细科目的发生额分析填列。

(5)《利润表》中"其他债权投资信用减值准备"行项目,反映企业按照《企业会计准则第22号——金融工具确认和计量》(2017年修订)第十八条分类为以公允价值计量且其变动计入其他综合收益的金融资产的损失准备。该项目应根据"其他综合收益"科目下的"信用减值准备"明细科目的发生额分析填列。

(6)《利润表》中"现金流量套期储备"行项目,反映企业套期工具产生的利得或损失中属于套期有效的部分。该项目应根据"其他综合收益"科目下的"套期储备"明细科目的发生额分析填列。

三、4101 盈余公积

(一) 核算内容

本科目核算企业从净利润中提取的盈余公积。

(二) 明细核算

本科目应当分别"法定盈余公积""任意盈余公积"进行明细核算。

外商投资企业还应分别"储备基金""企业发展基金"进行明细核算。

中外合作经营在合作期间归还投资者的投资,应在本科目设置"利润归还投资"明细科目进行核算。

(三) 主要账务处理

(1) 企业按规定提取的盈余公积,借记"利润分配——提取法定盈余公积、提取任意盈余公积"科目,贷记本科目(法定盈余公积、任意盈余公积)。

外商投资企业按规定提取的储备基金、企业发展基金、职工奖励及福利基金,借记"利润分配——提取储备基金、提取企业发展基金、提取职工奖励及福利基金"科目,贷记本科目(储备基金、企业发展基金)、"应付职工薪酬"科目。

(2) 经股东大会或类似机构决议,用盈余公积弥补亏损或转增资本,借记本科目,贷记"利润分配——盈余公积补亏""实收资本"或"股本"科目。

经股东大会决议，用盈余公积派送新股，按派送新股计算的金额，借记本科目，按股票面值和派送新股总数计算的股票面值总额，贷记"股本"科目。

中外合作经营根据合同规定在合作期间归还投资者的投资，应按实际归还投资的金额，借记"实收资本——已归还投资"科目，贷记"银行存款"等科目；同时，借记"利润分配——利润归还投资"科目，贷记本科目（利润归还投资）。

（四）期末余额

本科目期末贷方余额，反映企业的盈余公积。

四、4104 利润分配

（一）核算内容

本科目核算企业利润的分配（或亏损的弥补）和历年分配（或弥补）后的余额。

（二）明细核算

本科目应当分别"提取法定盈余公积""提取任意盈余公积""应付现金股利或利润""转作股本的股利""盈余公积补亏"和"未分配利润"等进行明细核算。

（三）主要账务处理

（1）利润分配的主要账务处理。

① 企业按规定提取的盈余公积，借记本科目（提取法定盈余公积、提取任意盈余公积），贷记"盈余公积——法定盈余公积、任意盈余公积"科目。

外商投资企业按规定提取的储备基金、企业发展基金、职工奖励及福利基金，借记本科目（提取储备基金、提取企业发展基金、提取职工奖励及福利基金），贷记"盈余公积——储备基金、企业发展基金""应付职工薪酬"等科目。

企业（金融）按规定提取的一般风险准备，借记本科目（提取一般风险准备），贷记"一般风险准备"科目。

② 经股东大会或类似机构决议，分配给股东或投资者的现金股利或利润，借记本科目（应付现金股利或利润），贷记"应付股利"科目。

经股东大会或类似机构决议，分配给股东的股票股利，应在办理增资手续后，借记本科目（转作股本的股利），贷记"股本"科目。

注 采用权益法核算的长期股权投资，收到被投资单位发放的股票股利，不进行账务处理，但应在备查簿中登记。被投资单位分派股票股利的，投资方不作会计处理，但应于除权日注明所增加的股数，以反映股份的变化情况。

发行在外普通股或潜在普通股的数量因派发股票股利、公积金转增资本、拆股而增加或因并股而减少，但不影响所有者权益金额的，应当按调整后的股数重新计算各列报期间的每股收益。上述变化发生于资产负债表日至财务报告批准报出日之间的，应当以调整后的股数重新计算各列报期间的每股收益。企业派发股票股利、公积金转增资本、拆股或并股等，会增加或减少其发行在外普通股或潜在普通股的数量，但不影响所有者权益总额，也不改变企业的盈利能力。企业应当在相关报批手续全部完成后，按调整后的股数重新计算各列报期间的每股收益。上述变化发生于资产负债表日至财务报告批准报出日之间的，应当以调整后的股数重新计算各列报期间的每股收益。

金融工具或其组成部分属于权益工具的，其发行（含再融资）、回购、出售或注销时，发行方应当作为权益的变动处理。发行方不应当确认权益工具的公允价值变动。发行方向权益工具持有方的分配应当作为其利润分配处理，发放的股票股利不影响发行方的所有者权益总额。

用盈余公积弥补亏损，借记"盈余公积——法定盈余公积或任意盈余公积"科目，贷记本科目（盈余公积补亏）。

企业（金融）用一般风险准备弥补亏损，借记"一般风险准备"科目，贷记本科目（一般风险准备补亏）科目。

（2）年度终了，企业应将本年实现的净利润，自"本年利润"科目转入本科目，借记"本年利润"科目，贷记本科目（未分配利润），为净亏损的作相反的会计分录；同时，将"利润分配"科目所属其他明细科目的余额转入本科目"未分配利润"明细科目。结转后，本科目除"未分配利润"明细科目外，其他明细科目应无余额。

（四）期末余额

本科目年末余额，反映企业的未分配利润（或未弥补亏损）。

五、4201 库存股

（一）核算内容

本科目核算企业收购、转让或注销的本公司股份金额。

（二）主要账务处理

（1）企业为减少注册资本而收购本公司股份的，应按实际支付的金额，借记本科目，贷记"银行存款"等科目。

（2）为奖励本公司职工而收购本公司股份的，应按实际支付的金额，借记本科目，贷记"银行存款"等科目，同时做备查登记。

将收购的股份奖励给本公司职工属于以权益结算的股份支付，如有实际收到的金额，借记"银行存款"科目，按根据职工获取奖励股份的实际情况确定的金额，借记"资本公积——其他资本公积"科目，按奖励库存股的账面余额，贷记本科目，按其差额，贷记或借记"资本公积——股本溢价"科目。

（3）股东因对股东大会做出的公司合并、分立决议持有异议而要求企业收购本公司股份的，企业应按实际支付的金额，借记本科目，贷记"银行存款"等科目。

（4）转让库存股，应按实际收到的金额，借记"银行存款"等科目，按转让库存股的账面余额，贷记本科目，按其差额，贷记"资本公积——股本溢价"科目；为借方差额的，借记"资本公积——股本溢价"科目，股本溢价不足冲减的，应借记"盈余公积""利润分配——未分配利润"科目。

（5）注销库存股，应按股票面值和注销股数计算的股票面值总额，借记"股本"科目，按注销库存股的账面余额，贷记本科目，按其差额，借记"资本公积——股本溢价"科目，股本溢价不足冲减的，应借记"盈余公积""利润分配——未分配利润"科目。

（三）期末余额

本科目期末借方余额，反映企业持有尚未转让或注销的本公司股份金额。

第七节 附注披露

在资产负债表中，企业应当根据应支付的职工薪酬负债流动性，对职工薪酬负债按照流动和非流动进行分类列报。短期薪酬、离职后福利中的设定提存计划负债、其他长期职工福利中的符合设定提存计划条件的负债、辞退福利中将于资产负债表日后12个月内支付的部分应当在资产负债表的流动负债项下"应付职工薪酬"项目中列示。辞退福利中将于资产负债表日起12个月之后支付的部分、离职后福利中设定受益计划净负债、其他长期职工福利中符合设定受益计划条件的净负债应当在资产负债表的非流动负债项下单独列示。

对于重新计量设定受益计划净负债或净资产所产生的变动，企业如在权益范围内转移这些在其他综合收益中确认的金额，应当在所有者权益变动表"（四）所有者权益内部结转"项下"3.盈余公积弥补亏损"和"4.其他"项目之间增设"4.结转重新计量设定受益计划净负债或净资产所产生的变动"项目（"其他"项目序号顺延）加以列示。

一、短期薪酬的披露

企业应当在附注中披露与短期薪酬有关的下列信息：

（1）应当支付给职工的工资、奖金、津贴和补贴及其期末应付未付金额。

（2）应当为职工缴纳的医疗保险费、工伤保险费和生育保险费等社会保险费及其期末应付未付金额。

（3）应当为职工缴存的住房公积金及其期

末应付未付金额。

（4）为职工提供的非货币性福利及其计算依据。

（5）依据短期利润分享计划提供的职工薪酬金额及其计算依据。

（6）其他短期薪酬。

具体披露格式如表13-5所示。涉及上述（4）（5）项计算依据的，还需要额外披露。

表13-5　短期薪酬的披露

短期薪酬项目	本期应付金额	期末应付未付金额
一、工资、奖金、津贴和补贴		
二、职工福利费		
三、社会保险费		
其中：1. 医疗保险费		
2. 工伤保险费		
3. 生育保险费		
四、住房公积金		
五、工会经费和职工教育经费		
六、短期带薪缺勤		
七、短期利润分享计划		
八、其他短期薪酬		
合计		

二、离职后福利的披露

（一）设定提存计划的披露要求

企业应当在附注中披露所设立或参与的设定提存计划的性质、计算缴费金额的公式或依据、当期缴费金额以及期末应付未付金额。其中，设定提存计划的当期缴费金额和期末应付未付金额的具体披露格式如表13-6所示。

表13-6　设定提存计划的披露

设定提存计划项目	当期缴费金额	期末应付未付金额
一、基本养老保险费		
二、失业保险费		
三、企业年金缴费		
……		
合计		

（二）设定受益计划的披露要求

企业应当在附注中披露与设定受益计划有关的下列信息：

1. 设定受益计划的特征及与之相关的风险

企业应当披露设定受益计划的特征，通常包括设定受益计划所提供的福利的性质、企业在该计划管理中的职责、国家对该类计划的监管要求等。

企业应当披露设定受益计划相关的风险，即设定受益计划使企业面临的风险，并重点关注企业特有或计划特有的异常风险，以及重要风险的集中程度。例如，如果智董公司的设定受益计划资产主要投资于房地产，则该计划可能导致企业面临集中的房地产市场风险。

企业如有对计划的修改或结算的，还应当披露修改或结算计划的有关情况。

2. 设定受益计划在财务报表中确认的金额及其变动

企业应当披露设定受益净负债（或净资产）及其组成部分，以及设定受益计划产生的职工薪酬成本及其组成部分的期初余额和期末余额的调节情况。具体披露格式如表13-7所示。

表13-7　设定受益计划的披露

	设定受益计划义务现值		计划资产的公允价值		设定受益计划净负债（净资产）	
	本期金额	上期金额	本期金额	上期金额	本期金额	上期金额
一、期初余额						
二、计入当期损益的设定受益成本						
1. 当期服务成本			—	—		
2. 过去服务成本			—	—		
3. 结算利得（损失以"—"号表示）			—	—		
4. 利息净额						
三、计入其他综合收益的设定受益成本						

(续表)

	设定受益计划义务现值		计划资产的公允价值		设定受益计划净负债（净资产）	
	本期金额	上期金额	本期金额	上期金额	本期金额	上期金额
设定受益计划净负债（净资产）的重新计量						
1. 精算利得（损失以"—"号表示）			—	—		
2. 计划资产回报（计入利息净额的除外）						
3. 资产上限影响的变动（计入利息净额的除外）						
四、其他变动						
1. 结算时消除的负债						
2. 已支付的福利						
……						
五、期末余额						

企业不存在计划资产的，无须披露表 13-7 中的"设定受益计划义务现值"栏和"计划资产的公允价值"栏。

企业存在计划资产的，应当按照计划资产的性质和风险按类别披露计划资产的公允价值。具体披露格式如表 13-8 所示。企业还应当说明各类计划资产是否存在活跃市场公开报价。

表 13-8　计划资产的公允价值的披露

计划资产的构成	计划资产的公允价值	
	期末余额	期初余额
1. 现金和现金等价物		
2. 权益工具投资①		
（1）……		
（2）……		
……		
3. 债务工具投资②		
（1）……		
（2）……		
……		
4. ……		
合　　计		

3. 设定受益计划对企业未来现金流量金额、时间和不确定性的影响

企业应当披露影响设定受益计划未来缴存金额的有关筹资政策和计划、下一会计年度预期将缴存的金额，并披露设定受益义务有关到期情况的信息，如设定受益义务的加权平均期间、对有关福利支付的到期日分析等。

4. 设定受益义务现值所依赖的重大精算假设及有关敏感性分析的结果

企业应当披露精算估计所采用的重大假设，具体披露格式如表 13-9 所示。

表 13-9　精算估计的重大假设的披露

精算估计的重大假设	本期期末	上期期末
折现率		
死亡率		
预计平均寿命		
薪酬的预期增长率		

企业应当按照表 13-9 所列的重大精算假设，披露各项重大精算假设对设定受益义务的敏感性分析，并披露用于编制敏感性分析的方法和假设，以及有关方法的局限性。企业用于编制敏感性分析的方法和假设如发生了变动，企业还应当披露这一事实，并说明变动的理由。

三、辞退福利的披露

企业应当在附注中披露本年度因解除劳动关系所提供辞退福利及其期末应付未付金额。

---

① 按行业类型或公司规模或地域等分类。
② 按债务工具发行人类型或信用评级或地域等分类。

【例13-14】 承[例13-13]。智董公司应当在2×20年财务报表附注中披露有关辞退福利的信息如下:本公司本年度因解除劳动关系所提供辞退福利为1 400万元,期末应付未付金额为1 400万元。

四、其他长期职工福利的披露

企业应当在附注中披露提供的其他长期职工福利的性质、金额,及其计算依据。

第十四讲

企业年金基金

第一节 综合知识

一、相关知识概述

对于很多企业职工来说，相对于养老金而言，"企业年金"还是一个比较陌生的概念。

"企业年金"是指企业及其职工在依法参加基本养老保险的基础上，通过集体协商自主建立的补充养老保险制度，是我国多层次养老保险制度体系中第二支柱的重要组成部分。

"企业年金基金"是指根据依法制定的企业年金计划筹集的资金及其投资运营收益形成的企业补充养老保险基金。

世界各国普遍建立和完善养老保险体系的"三个层次"

在欧美国家，企业年金一般称为补充养老保险计划（Supplementary Pension Schemes），通常又与其他术语混用，如职业年金（Occupational Pension）、第二层次养老保险（Second Pill Pension）、私人年金（Private Pension）、自愿养老保险（Voluntary Pension）等。而在欧盟国家养老保险文献中，以补充养老金计划和职业年金计划较为普遍，而美国则以私人养老金计划为主。

企业年金是对基本养老保险的补充，目的是提高退休人员的生活水平，使职工退休后，在领取国家法定养老金之外，还有另外一笔生活费来源，以缓解较低的法定养老金水平导致生活水平的大幅度降低。

可见，企业年金的实质是一种应对和防范生存风险的方法。个人所面临的风险之一是人力资本（生存能力）的递减。生产率，尤其是劳动生产率，通常在某个年龄之后逐渐递减，这部分解释了人们为什么在某时刻停止工作而退休。与退休相伴的是老年经济安全的问题。

老年经济安全问题的产生在于老年人不但需要维持自己及家属生计的经济能力，也需要对意外事故发生时有预存经济储备才行。但老年人经济能力普遍不足，中国如此，西方国家也是如此。主要问题在于，人到老年，就业与工作机会减少，但生活财务需求依然存在，需要有储蓄才行。据各项研究指出，大部分人在老年时房屋贷款虽已偿清，但相继而来的是：首先，工商业发达的结果，诱人的消费品，刺激人们的购买欲，老年人的消费并不会因贷款的还清而降低；其次，老年人由于健康问题导致医疗保健费用增多，生活需要人照顾，也会导致生活费用的增加，储蓄不多、生活费用不足就不足为奇了；再者，通货膨胀也会侵蚀储蓄，使老年人只能维持较低的生活水准，或逐渐用掉积蓄；此外，人类寿命的延长也是老年经济安全问题形成的重要原因。

而退休金制度的主要功能是为因年老财务来源枯竭而仍然活着的人提供保障。在现代社会，人们可选择三种途径为自己提供退休收入。

1. 基本养老保险

基金养老保险是指国家举办的、以法律为依据的、强制实施的保障国民老年生活的养老保险计划。

其主要特点是：

（1）以政府信用作保证，通过国家行政强制实施并由政府直接举办，实现对退休老年人基本生活的保障。

（2）政府根据本国经济和社会发展的需要，划定一定的保障范围，强制要求覆盖在内的国民参加保险。

（3）养老待遇的确定向低收入者倾斜，具有较强的社会再分配功能。

（4）以满足人们基本生活需要为目的。

2. 企业年金

企业年金是企业建立的养老保险计划。在建立了基本养老保险制度的国家,企业年金是补充养老保险的主要运作形式。在没有建立基本养老保险制度的国家,企业年金是养老保障的主要形式。其实施主体是企业,其客体是养老金,其对象是企业员工。它强调与就业相关联和提供补充退休收入保障。

3. 个人年金或储蓄

由劳动者个人和家庭建立的以自愿储蓄或其他方式建立的补充性退休收入保障计划。通常可将老年生存风险转移给保险公司,称为保险型退休金计划(Insured Pension Plan),或委托银行、信托公司,称为非保险型退休计划(Noninsured Pension Plan)或称为信托型基金计划(Trust Fund Plan),也可两类计划并用。

以上三种途径,是世界各国所普遍建立和完善养老保险体系的"三大支柱"或"三个层次"。

可见,企业年金是养老保障体系组成部分,处于多层次养老保障体系中的第二层次。

(一)企业年金基金的特征

与政府举办的基本养老保险相比,企业年金主要有以下基本特征:

1. 企业年金处于社会保险制度的第二层面,处于配套地位

从世界各国的情况看,基本养老保险承担的是维护社会稳定和保障国民基本生活的责任,因而它需要以国家或政府作为基本的责任主体。而企业补充养老保险并非以此为额定责任,也缺乏永久性的责任主体或担保人,如企业可能因财力所限而暂时终止为其职工补充养老保险,也可能因经营不善而破产,从而终结补充养老保险。因此,维护社会稳定、保障国民基本生活的社会性保障需求,主要是通过各种以国家或政府为责任主体或担保人的社会保障措施来获得满足的。

2. 企业年金具有立法的半强制性,但更主要的是体现出政策的导向性

世界各国基本养老保险在实施过程中均以法律或法规来强制实施,具有体现国家意志的强制性。而企业年金具有相当程度的自主性与灵活性,绝大多数情况下取决于企业的自愿,取决于企业与职工的谈判和协商。可见,企业年金并非属于强制行为。但由于企业补充养老保险对社会保障体系的完善具有积极的作用,因此,世界各国都对企业补充养老保险实行提倡和鼓励政策。

3. 公平性较差

由于法制的规范性和强制性,作为保障社会成员基本生活的基本养老保险,较多地体现"普惠性",使基本养老保险制度具有公平性。在企业年金中,公平性却明显地要弱得多。因为,企业年金取决于企业所在地区经济发展水平和企业自身的经济效益,地区经济发展的不平衡和企业经济效益的巨大差异,必然决定着劳动者在企业补充养老保险中受益水平的较大差异性,进而表现出地区、行业或企业之间的补充养老保险水平较大的不公平性。

4. 政府承担的责任较小

基本养老保险是政府对国民应尽的责任,国家或政府对其财务负最后的担保责任。而对企业补充养老保险,政府不会对其财务提供担保,所以被保险人的保障程度取决于企业年金运作状况和补充养老保险经营主体经营状况,因而具有较大的风险性。

5. 收入关联制

基本养老保险既可以是普惠制,也可以是收入关联制,而企业年金则都是收入关联制。

(二)企业年金、企业年金基金相关知识

1.《企业年金办法》

2017年12月18日,人力资源和社会保障部、财政部联合印发了《企业年金办法》(人力资源和社会保障部 财政部令第36号),自2018年2月1日起施行。

(1)建立企业年金对企业及其职工有什么作用?覆盖范围有哪些?

企业建立企业年金,有利于完善职工薪酬体系,展现企业良好文化、增强人才吸引力、稳定职工队伍。职工参加企业年金,有利于在基本养老保险的基础上,另外增加一份养老积累,进一步提高退休后的收入水平和生活质量。

《企业年金办法》主要适用于企业及其职工。需要说明的是,经过多年的改革发展,企业职工基本养老保险已覆盖城镇各类企业及其职

工、社会组织及其专职工作人员、机关事业单位编制外工作人员等。《企业年金办法》规定，参加企业职工基本养老保险的其他用人单位及其职工建立补充养老保险的，参照本办法执行。因此，只要参加了企业职工基本养老保险的用人单位及其职工，都可以建立企业年金制度。

（2）企业年金采取什么形式的管理模式？

企业年金实行完全积累，为每个参加企业年金的职工建立企业年金个人账户。职工企业年金个人账户下设企业缴费子账户和个人缴费子账户，分别记录企业缴费分配给个人的部分及其投资收益，以及本人缴费及其投资收益。企业年金基金按照国家有关规定进行投资运营，投资运营收益并入企业年金基金。

（3）建立企业年金有什么条件和程序？

企业和职工建立企业年金，应当依法参加基本养老保险并履行缴费义务，企业具有相应的经济负担能力。

企业和职工一方通过集体协商确定建立企业年金，而后制定企业年金方案。企业年金方案应当提交职工大会或者职工代表大会讨论通过，并报送所在地县级以上人力资源社会保障行政部门。

企业年金遵循信托法原则。企业年金方案备案后，企业和职工（合称委托人）应当选定企业年金受托人（符合国家规定的法人受托机构或者企业按照国家规定成立的企业年金理事会），由企业代表委托人与受托人签订受托管理合同。受托管理合同签订后，受托人应当委托具有企业年金管理资格的账户管理人、投资管理人和托管人，负责企业年金基金的账户管理、投资运营和托管。企业年金基金管理人按照国家规定分工协作，共同实现企业年金基金的依法合规运营和保值增值。

（4）企业年金方案应包括哪些内容？是否可以变更、终止？

企业年金方案应当包括参加人员、资金筹集与分配的比例和办法、账户管理、权益归属、基金管理、待遇计发和支付方式、方案的变更和终止、组织管理和监督方式、双方约定的其他事项等内容。

实践中，企业确实有变更和终止企业年金方案的需求。《企业年金办法》规定，企业与职工一方可以根据本企业情况，按照国家政策规定，经协商一致，变更企业年金方案。企业因依法解散、被依法撤销、被依法宣告破产或者因不可抗力等原因，致使企业年金方案无法履行的，以及企业年金方案约定的其他终止条件出现的，企业年金方案终止。企业年金方案变更和终止所需材料，按照《人力资源社会保障部办公厅关于进一步做好企业年金方案备案工作的意见》（人社厅发〔2014〕60号）规定执行。

（5）企业年金的资金来源和筹资规模是如何规定的？

企业年金所需费用由企业和职工个人共同缴纳。企业缴费每年不超过本企业职工工资总额的8%，企业和职工个人缴费合计不超过本企业职工工资总额的12%。具体所需费用，由企业和职工双方协商确定。职工个人缴费由企业从职工个人工资中代扣代缴。

（6）企业年金缴费如何分配？

企业缴费应当按照企业年金方案确定的比例和办法计入职工企业年金个人账户，职工个人缴费计入本人企业年金个人账户。企业可以根据职工岗位、责任和贡献等不同，在分配企业缴费时存在一定的区别，体现企业年金的激励作用；同时也应兼顾公平、控制差距，企业当期缴费计入职工企业年金个人账户的最高额不得超过平均额的5倍。

（7）企业是否可以中止缴费？对恢复缴费和补缴有无规定？

《企业年金办法》明确规定，企业在经营亏损、重组并购等情况下，经与职工一方协商，可以中止缴费。不能继续缴费的情况消失后，企业和职工恢复缴费，并可以根据本企业实际情况，按照中止缴费时的企业年金方案予以补缴，补缴的年限和金额不得超过实际中止的年限和金额。这样规定，既符合企业年金的运行实际，体现了企业年金制度的灵活性，以及对企业市场主体地位的尊重和照顾，又有利于企业及职工根据自身经济情况合理补缴中止的缴费,能更好地维护职工的企业年金权益。

(8) 企业年金权益归属问题是如何规定的?

实践中,对于职工企业年金个人账户中企业缴费及其投资收益,企业年金方案普遍设置了归属于职工个人的规则,但一些企业年金方案设置的归属规则不够合理,不利于保护职工权益。《企业年金办法》兼顾了企业和职工双方的权利和义务,规定企业与职工一方协商,可以规定职工企业年金个人账户中的企业缴费及其投资收益自始归属于职工个人,也可以规定随着职工在本企业工作年限的增加逐步归属于职工个人,全部归属于职工的期限不超过8年,并明确了几种例外情形。

(9) 职工企业年金个人账户如何转移?

为保障流动就业职工的企业年金权益,《企业年金办法》在完善企业年金个人账户转移规定的基础上,增加了与职业年金转移接续的规定。即职工变动工作单位时,新就业单位已经建立企业(职业)年金的,原企业年金个人账户权益应当随同转入新就业单位企业(职业)年金;职工新就业单位没有建立企业(职业)年金的,原企业年金个人账户可以暂时由原管理机构管理,也可以由法人受托机构发起的集合计划设置的保留账户暂时管理。另外,《企业年金办法》还明确了企业年金方案终止后,职工企业年金个人账户的转移办法。

(10) 职工什么情况下可以领取企业年金待遇?

《企业年金办法》规定,职工在达到国家规定的退休年龄、完全丧失劳动能力、出国(境)定居时,可以领取企业年金;职工或者退休人员死亡后,其企业年金个人账户余额可以继承。其中,职工完全丧失劳动能力时可以领取企业年金是新增内容,这有利于进一步体现企业年金的保障作用,适当改善完全丧失劳动能力职工的生活。

(11) 企业年金的领取方式有哪些?

与职业年金办法基本一致并保持适当灵活性,是企业年金待遇领取方式的特点。

① 倡导按月领取,有利于发挥企业年金长期养老保险的作用。

② 允许分次领取,有利于退休人员根据本人企业年金个人账户资金额,结合企业年金个人所得税政策和自己的需要,选择合适的领取次数。

③ 保留了一次性领取方式,更加人性化,给予退休人员更多选择。

④ 可以购买商业养老保险产品,进一步丰富补充养老保险方式。

2.《企业年金基金管理办法》

为维护企业年金各方当事人的合法权益,规范企业年金基金管理,根据劳动法、信托法、合同法、证券投资基金法等法律和国务院有关规定,2011年2月12日,人力资源和社会保障部、中国银行业监督管理委员会、中国证券监督管理委员会、中国保险监督管理委员会联合印发了《企业年金基金管理办法》,自2011年5月1日起施行。2004年2月23日发布的《企业年金基金管理试行办法》(劳动和社会保障部令第23号)同时废止。

(1) 综合知识。

企业年金基金的受托管理、账户管理、托管、投资管理以及监督管理适用本办法。

建立企业年金计划的企业及其职工作为委托人,与企业年金理事会或者法人受托机构(以下简称受托人)签订受托管理合同。受托人与企业年金基金账户管理机构(以下简称账户管理人)、企业年金基金托管机构(以下简称托管人)和企业年金基金投资管理机构(以下简称投资管理人)分别签订委托管理合同。受托人应当将受托管理合同和委托管理合同报人力资源社会保障行政部门备案。

一个企业年金计划应当仅有一个受托人、一个账户管理人和一个托管人,可以根据资产规模大小选择适量的投资管理人。同一企业年金计划中,受托人与托管人、托管人与投资管理人不得为同一人;建立企业年金计划的企业成立企业年金理事会作为受托人的,该企业与托管人不得为同一人;受托人与托管人、托管人与投资管理人、投资管理人与其他投资管理人的总经理和企业年金从业人员,不得相互兼任。同一企业年金计划中,法人受托机构具备账户管理或者投资管理业务资格的,可以兼任账户管理人或者投资管理人。

法人受托机构兼任投资管理人时,应当建立风险控制制度,确保各项业务管理之间的独立性;设立独立的受托业务和投资业务部门,办公区域、运营管理流程和业务制度应当严格分离;直接负责的高级管理人员、受托业务和投资业务部门的工作人员不得相互兼任。同一企业年金计划中,法人受托机构对待各投资管理人应当执行统一的标准和流程,体现公开、公平、公正原则。

企业年金基金缴费必须归集到受托财产托管账户,并在45日内划入投资资产托管账户。企业年金基金财产独立于委托人、受托人、账户管理人、托管人、投资管理人和其他为企业年金基金管理提供服务的自然人、法人或者其他组织的固有财产及其管理的其他财产。企业年金基金财产的管理、运用或者其他情形取得的财产和收益,应当归入基金财产。

委托人、受托人、账户管理人、托管人、投资管理人和其他为企业年金基金管理提供服务的自然人、法人或者其他组织,因依法解散、被依法撤销或者被依法宣告破产等原因进行终止清算的,企业年金基金财产不属于其清算财产。

企业年金基金财产的债权,不得与委托人、受托人、账户管理人、托管人、投资管理人和其他为企业年金基金管理提供服务的自然人、法人或者其他组织固有财产的债务相互抵销。不同企业年金计划的企业年金基金的债权债务,不得相互抵销。

非因企业年金基金财产本身承担的债务,不得对基金财产强制执行。

受托人、账户管理人、托管人、投资管理人和其他为企业年金基金管理提供服务的自然人、法人或者其他组织必须恪尽职守,履行诚实、信用、谨慎、勤勉的义务。

(2) 受托人。

受托人,是指受托管理企业年金基金的符合国家规定的养老金管理公司等法人受托机构(以下简称法人受托机构)或者企业年金理事会。

建立企业年金计划的企业,应当通过职工大会或者职工代表大会讨论确定,选择法人受托机构作为受托人,或者成立企业年金理事会作为受托人。

企业年金理事会由企业代表和职工代表等人员组成,也可以聘请企业以外的专业人员参加,其中职工代表不少于三分之一。理事会应当配备一定数量的专职工作人员。

企业年金理事会中的职工代表和企业以外的专业人员由职工大会、职工代表大会或者其他形式民主选举产生。企业代表由企业方聘任。理事任期由企业年金理事会章程规定,但每届任期不得超过3年。理事任期届满,连选可以连任。

企业年金理事会理事应当具备下列条件:

① 具有完全民事行为能力。

② 诚实守信,无犯罪记录。

③ 具有从事法律、金融、会计、社会保障或者其他履行企业年金理事会理事职责所必需的专业知识。

④ 具有决策能力。

⑤ 无个人所负数额较大的债务到期未清偿情形。

企业年金理事会依法独立管理本企业的企业年金基金事务,不受企业方的干预,不得从事任何形式的营业性活动,不得从企业年金基金财产中提取管理费用。

企业年金理事会会议,应当由理事本人出席;理事因故不能出席,可以书面委托其他理事代为出席,委托书中应当载明授权范围。理事会做出决议,应当经全体理事三分之二以上通过。理事会应当对会议所议事项的决定形成会议记录,出席会议的理事应当在会议记录上签名。

理事应当对企业年金理事会的决议承担责任。理事会的决议违反法律、行政法规、本办法规定或者理事会章程,致使企业年金基金财产遭受损失的,理事应当承担赔偿责任。但经证明在表决时曾表明异议并记载于会议记录的,该理事可以免除责任。企业年金理事会对外签订合同,应当由全体理事签字。

法人受托机构应当具备下列条件:

① 经国家金融监管部门批准,在中国境内注册的独立法人。

② 注册资本不少于5亿元人民币,且在任何时候都维持不少于5亿元人民币的净资产。

③ 具有完善的法人治理结构。

④ 取得企业年金基金从业资格的专职人员达到规定人数。

⑤ 具有符合要求的营业场所、安全防范设施和与企业年金基金受托管理业务有关的其他设施。

⑥ 具有完善的内部稽核监控制度和风险控制制度。

⑦ 近3年没有重大违法违规行为。

⑧ 国家规定的其他条件。

受托人应当履行下列职责:

① 选择、监督、更换账户管理人、托管人、投资管理人。

② 制定企业年金基金战略资产配置策略。

③ 根据合同对企业年金基金管理进行监督。

④ 根据合同收取企业和职工缴费,向受益人支付企业年金待遇,并在合同中约定具体的履行方式。

⑤ 接受委托人查询,定期向委托人提交企业年金基金管理和财务会计报告。发生重大事件时,及时向委托人和有关监管部门报告;定期向有关监管部门提交开展企业年金基金受托管理业务情况的报告。

⑥ 按照国家规定保存与企业年金基金管理有关的记录自合同终止之日起至少15年。

⑦ 国家规定和合同约定的其他职责。

受益人,是指参加企业年金计划并享有受益权的企业职工。

有下列情形之一的,法人受托机构职责终止:

① 违反与委托人合同约定的。

② 利用企业年金基金财产为其谋取利益,或者为他人谋取不正当利益的。

③ 依法解散、被依法撤销、被依法宣告破产或者被依法接管的。

④ 被依法取消企业年金基金受托管理业务资格的。

⑤ 委托人有证据认为更换受托人符合受益人利益的。

⑥ 有关监管部门有充分理由和依据认为更换受托人符合受益人利益的。

⑦ 国家规定和合同约定的其他情形。

企业年金理事会有上述第②项规定情形的,企业年金理事会职责终止,由委托人选择法人受托机构担任受托人。企业年金理事会有第①③至⑦项规定情形之一的,应当按照国家规定重新组成,或者由委托人选择法人受托机构担任受托人。

受托人职责终止的,委托人应当在45日内委任新的受托人。受托人职责终止的,应当妥善保管企业年金基金受托管理资料,在45日内办理完毕受托管理业务移交手续,新受托人应当接收并行使相应职责。

(3) 账户管理人。

账户管理人,是指接受受托人委托管理企业年金基金账户的专业机构。

账户管理人应当具备下列条件:

① 经国家有关部门批准,在中国境内注册的独立法人。

② 注册资本不少于5亿元人民币,且在任何时候都维持不少于5亿元人民币的净资产。

③ 具有完善的法人治理结构。

④ 取得企业年金基金从业资格的专职人员达到规定人数。

⑤ 具有相应的企业年金基金账户信息管理系统。

⑥ 具有符合要求的营业场所、安全防范设施和与企业年金基金账户管理业务有关的其他设施。

⑦ 具有完善的内部稽核监控制度和风险控制制度。

⑧ 近3年没有重大违法违规行为。

⑨ 国家规定的其他条件。

账户管理人应当履行下列职责:

① 建立企业年金基金企业账户和个人账户。

② 记录企业、职工缴费以及企业年金基金投资收益。

③ 定期与托管人核对缴费数据以及企业年金基金账户财产变化状况，及时将核对结果提交受托人。

④ 计算企业年金待遇。

⑤ 向企业和受益人提供企业年金基金企业账户和个人账户信息查询服务；向受益人提供年度权益报告。

⑥ 定期向受托人提交账户管理数据等信息以及企业年金基金账户管理报告；定期向有关监管部门提交开展企业年金基金账户管理业务情况的报告。

⑦ 按照国家规定保存企业年金基金账户管理档案自合同终止之日起至少15年。

⑧ 国家规定和合同约定的其他职责。

有下列情形之一的，账户管理人职责终止：

① 违反与受托人合同约定的。

② 利用企业年金基金财产为其谋取利益，或者为他人谋取不正当利益的。

③ 依法解散、被依法撤销、被依法宣告破产或者被依法接管的。

④ 被依法取消企业年金基金账户管理业务资格的。

⑤ 受托人有证据认为更换账户管理人符合受益人利益的。

⑥ 有关监管部门有充分理由和依据认为更换账户管理人符合受益人利益的。

⑦ 国家规定和合同约定的其他情形。

账户管理人职责终止的，受托人应当在45日内确定新的账户管理人。账户管理人职责终止的，应当妥善保管企业年金基金账户管理资料，在45日内办理完毕账户管理业务移交手续，新账户管理人应当接收并行使相应职责。

（4）托管人。

托管人，是指接受受托人委托保管企业年金基金财产的商业银行。

托管人应当具备下列条件：

① 经国家金融监管部门批准，在中国境内注册的独立法人。

② 注册资本不少于50亿元人民币，且在任何时候都维持不少于50亿元人民币的净资产。

③ 具有完善的法人治理结构。

④ 设有专门的资产托管部门。

⑤ 取得企业年金基金从业资格的专职人员达到规定人数。

⑥ 具有保管企业年金基金财产的条件。

⑦ 具有安全高效的清算、交割系统。

⑧ 具有符合要求的营业场所、安全防范设施和与企业年金基金托管业务有关的其他设施。

⑨ 具有完善的内部稽核监控制度和风险控制制度。

⑩ 近3年没有重大违法违规行为。

⑪ 国家规定的其他条件。

托管人应当履行下列职责：

① 安全保管企业年金基金财产。

② 以企业年金基金名义开设基金财产的资金账户和证券账户等。

③ 对所托管的不同企业年金基金财产分别设置账户，确保基金财产的完整和独立。

④ 根据受托人指令，向投资管理人分配企业年金基金财产。

⑤ 及时办理清算、交割事宜。

⑥ 负责企业年金基金会计核算和估值，复核、审查和确认投资管理人计算的基金财产净值。

⑦ 根据受托人指令，向受益人发放企业年金待遇。

⑧ 定期与账户管理人、投资管理人核对有关数据。

⑨ 按照规定监督投资管理人的投资运作，并定期向受托人报告投资监督情况。

⑩ 定期向受托人提交企业年金基金托管和财务会计报告；定期向有关监管部门提交开展企业年金基金托管业务情况的报告。

⑪ 按照国家规定保存企业年金基金托管业务活动记录、账册、报表和其他相关资料自合同终止之日起至少15年。

⑫ 国家规定和合同约定的其他职责。

托管人发现投资管理人依据交易程序尚未

成立的投资指令违反法律、行政法规、其他有关规定或者合同约定的,应当拒绝执行,立即通知投资管理人,并及时向受托人和有关监管部门报告。托管人发现投资管理人依据交易程序已经成立的投资指令违反法律、行政法规、其他有关规定或者合同约定的,应当立即通知投资管理人,并及时向受托人和有关监管部门报告。

有下列情形之一的,托管人职责终止:

① 违反与受托人合同约定的。

② 利用企业年金基金财产为其谋取利益,或者为他人谋取不正当利益的。

③ 依法解散、被依法撤销、被依法宣告破产或者被依法接管的。

④ 被依法取消企业年金基金托管业务资格的。

⑤ 受托人有证据认为更换托管人符合受益人利益的。

⑥ 有关监管部门有充分理由和依据认为更换托管人符合受益人利益的。

⑦ 国家规定和合同约定的其他情形。

托管人职责终止的,受托人应当在45日内确定新的托管人。托管人职责终止的,应当妥善保管企业年金基金托管资料,在45日内办理完毕托管业务移交手续,新托管人应当接收并行使相应职责。

禁止托管人有下列行为:

① 托管的企业年金基金财产与其固有财产混合管理。

② 托管的企业年金基金财产与托管的其他财产混合管理。

③ 托管的不同企业年金计划、不同企业年金投资组合的企业年金基金财产混合管理。

④ 侵占、挪用托管的企业年金基金财产。

⑤ 国家规定和合同约定禁止的其他行为。

(5) 投资管理人。

投资管理人,是指接受受托人委托投资管理企业年金基金财产的专业机构。

投资管理人应当具备下列条件:

① 经国家金融监管部门批准,在中国境内注册,具有受托投资管理、基金管理或者资产管理资格的独立法人。

② 具有证券资产管理业务的证券公司注册资本不少于10亿元人民币,且在任何时候都维持不少于10亿元人民币的净资产;养老金管理公司注册资本不少于5亿元人民币,且在任何时候都维持不少于5亿元人民币的净资产;信托公司注册资本不少于3亿元人民币,且在任何时候都维持不少于3亿元人民币的净资产;基金管理公司、保险资产管理公司、证券资产管理公司或者其他专业投资机构注册资本不少于1亿元人民币,且在任何时候都维持不少于1亿元人民币的净资产。

③ 具有完善的法人治理结构。

④ 取得企业年金基金从业资格的专职人员达到规定人数。

⑤ 具有符合要求的营业场所、安全防范设施和与企业年金基金投资管理业务有关的其他设施。

⑥ 具有完善的内部稽核监控制度和风险控制制度。

⑦ 近3年没有重大违法违规行为。

⑧ 国家规定的其他条件。

投资管理人应当履行下列职责:

① 对企业年金基金财产进行投资。

② 及时与托管人核对企业年金基金会计核算和估值结果。

③ 建立企业年金基金投资管理风险准备金。

④ 定期向受托人提交企业年金基金投资管理报告;定期向有关监管部门提交开展企业年金基金投资管理业务情况的报告。

⑤ 根据国家规定保存企业年金基金财产会计凭证、会计账簿、年度财务会计报告和投资记录自合同终止之日起至少15年。

⑥ 国家规定和合同约定的其他职责。

有下列情形之一的,投资管理人应当及时向受托人报告:

① 企业年金基金单位净值大幅度波动的。

② 可能使企业年金基金财产受到重大影响的有关事项。

③ 国家规定和合同约定的其他情形。

有下列情形之一的,投资管理人职责终止:

① 违反与受托人合同约定的。

② 利用企业年金基金财产为其谋取利益,或者为他人谋取不正当利益的。

③ 依法解散、被依法撤销、被依法宣告破产或者被依法接管的。

④ 被依法取消企业年金基金投资管理业务资格的。

⑤ 受托人有证据认为更换投资管理人符合受益人利益的。

⑥ 有关监管部门有充分理由和依据认为更换投资管理人符合受益人利益的。

⑦ 国家规定和合同约定的其他情形。

投资管理人职责终止的,受托人应当在45日内确定新的投资管理人。投资管理人职责终止的,应当妥善保管企业年金基金投资管理资料,在45日内办理完毕投资管理业务移交手续,新投资管理人应当接收并行使相应职责。

禁止投资管理人有下列行为:

① 将其固有财产或者他人财产混同于企业年金基金财产。

② 不公平对待企业年金基金财产与其管理的其他财产。

③ 不公平对待其管理的不同企业年金基金财产。

④ 侵占、挪用企业年金基金财产。

⑤ 承诺、变相承诺保本或者保证收益。

⑥ 利用所管理的其他资产为企业年金计划委托人、受益人或者相关管理人谋取不正当利益。

⑦ 国家规定和合同约定禁止的其他行为。

(6) 基金投资。

企业年金基金投资管理应当遵循谨慎、分散风险的原则,充分考虑企业年金基金财产的安全性、收益性和流动性,实行专业化管理。

企业年金基金财产限于境内投资,投资范围包括银行存款、国债、中央银行票据、债券回购、万能保险产品、投资连结保险产品、证券投资基金、股票,以及信用等级在投资级以上的金融债、企业(公司)债、可转换债(含分离交易可转换债)、短期融资券和中期票据等金融产品。

每个投资组合的企业年金基金财产应当由一个投资管理人管理,企业年金基金财产以投资组合为单位按照公允价值计算应当符合下列规定:

① 投资银行活期存款、中央银行票据、债券回购等流动性产品以及货币市场基金的比例,不得低于投资组合企业年金基金财产净值的5%;清算备付金、证券清算款以及一级市场证券申购资金视为流动性资产;投资债券正回购的比例不得高于投资组合企业年金基金财产净值的40%。

② 投资银行定期存款、协议存款、国债、金融债、企业(公司)债、短期融资券、中期票据、万能保险产品等固定收益类产品以及可转换债(含分离交易可转换债)、债券基金、投资连结保险产品(股票投资比例不高于30%)的比例,不得高于投资组合企业年金基金财产净值的95%。

③ 投资股票等权益类产品以及股票基金、混合基金、投资连结保险产品(股票投资比例高于或者等于30%)的比例,不得高于投资组合企业年金基金财产净值的30%。其中,企业年金基金不得直接投资于权证,但因投资股票、分离交易可转换债等投资品种而衍生获得的权证,应当在权证上市交易之日起10个交易日内卖出。

根据金融市场变化和投资运作情况,人力资源社会保障部会同中国银监会、中国证监会和中国保监会,适时对投资范围和比例进行调整。

单个投资组合的企业年金基金财产,投资于一家企业所发行的股票,单期发行的同一品种短期融资券、中期票据、金融债、企业(公司)债、可转换债(含分离交易可转换债),单只证券投资基金,单个万能保险产品或者投资连结保险产品,分别不得超过该企业上述证券发行量、该基金份额或者该保险产品资产管理规模的5%;按照公允价值计算,也不得超过该投资组合企业年金基金财产净值的10%。单个投资组合的企业年金基金财产,投资于经备案的符合第四十八条投资比例规定的单只养老金产品,不得超过该投资组合企业年金基金财产净值的30%,不受上述10%规定的限制。

投资管理人管理的企业年金基金财产投资于自己管理的金融产品须经受托人同意。

因证券市场波动、上市公司合并、基金规模变动等投资管理人之外的因素致使企业年金基金投资不符合本办法第四十八条、第五十条规定的比例或者合同约定的投资比例的,投资管理人应当在可上市交易之日起10个交易日内调整完毕。

企业年金基金证券交易以现货和国务院规定的其他方式进行,不得用于向他人贷款和提供担保。投资管理人不得从事使企业年金基金财产承担无限责任的投资。

(7) 收益分配及费用。

账户管理人应当采用份额计量方式进行账户管理,根据企业年金基金单位净值,按周或者按日足额记入企业年金基金企业账户和个人账户。

受托人年度提取的管理费不高于受托管理企业年金基金财产净值的0.2%。

账户管理人的管理费按照每户每月不超过5元人民币的限额,由建立企业年金计划的企业另行缴纳。保留账户和退休人员账户的账户管理费可以按照合同约定由受益人自行承担,从受益人个人账户中扣除。

托管人年度提取的管理费不高于托管企业年金基金财产净值的0.2%。

投资管理人年度提取的管理费不高于投资管理企业年金基金财产净值的1.2%。

根据企业年金基金管理情况,人力资源社会保障部会同中国银监会、中国证监会和中国保监会,适时对有关管理费进行调整。

投资管理人从当期收取的管理费中,提取20%作为企业年金基金投资管理风险准备金,专项用于弥补合同终止时所管理投资组合的企业年金基金当期委托投资资产的投资亏损。

当合同终止时,如所管理投资组合的企业年金基金财产净值低于当期委托投资资产的,投资管理人应当用风险准备金弥补该时点的当期委托投资资产亏损,直至该投资组合风险准备金弥补完毕;如所管理投资组合的企业年金基金当期委托投资资产没有发生投资亏损或者风险准备金弥补后有剩余的,风险准备金划归投资管理人所有。

企业年金基金投资管理风险准备金应当存放于投资管理人在托管人处开立的专用存款账户,余额达到投资管理人所管理投资组合基金财产净值的10%时可以不再提取。托管人不得对投资管理风险准备金账户收取费用。

风险准备金由投资管理人进行管理,可以投资于银行存款、国债等高流动性、低风险金融产品。风险准备金产生的投资收益,应当纳入风险准备金管理。

(8) 计划管理和信息披露。

企业年金单一计划指受托人将单个委托人交付的企业年金基金,单独进行受托管理的企业年金计划。企业年金集合计划指同一受托人将多个委托人交付的企业年金基金,集中进行受托管理的企业年金计划。

法人受托机构设立集合计划,应当制定集合计划受托管理合同,为每个集合计划确定账户管理人、托管人各一名,投资管理人至少三名;并分别与其签订委托管理合同。集合计划受托人应当将制定的集合计划受托管理合同、签订的委托管理合同以及该集合计划的投资组合说明书报人力资源社会保障部备案。

一个企业年金方案的委托人只能建立一个企业年金单一计划或者参加一个企业年金集合计划。委托人加入集合计划满3年后,方可根据受托管理合同规定选择退出集合计划。

发生下列情形之一的,企业年金单一计划变更:

① 企业年金计划受托人、账户管理人、托管人或者投资管理人变更。

② 企业年金基金管理合同主要内容变更。

③ 企业年金计划名称变更。

④ 国家规定的其他情形。

发生上述规定情形时,受托人应当将相关企业年金基金管理合同重新报人力资源社会保障行政部门备案。

企业年金单一计划终止时,受托人应当组织清算组对企业年金基金财产进行清算。清算费用从企业年金基金财产中扣除。清算组由企业代表、职工代表、受托人、账户管理人、托管人、投资管理人以及由受托人聘请的会计师事务所、律师事务所等组成。清算组应当自清算工作完成后 3 个月内,向人力资源社会保障行政部门和受益人提交经会计师事务所审计以及律师事务所出具法律意见书的清算报告。人力资源社会保障行政部门应当注销该企业年金计划。

受益人工作单位发生变化,新工作单位已经建立企业年金计划的,其企业年金个人账户权益应当转入新工作单位的企业年金计划管理。新工作单位没有建立企业年金计划的,其企业年金个人账户权益可以在原法人受托机构发起的集合计划设置的保留账户统一管理;原受托人是企业年金理事会的,由企业与职工协商选择法人受托机构管理。

企业年金单一计划终止时,受益人企业年金个人账户权益应当转入原法人受托机构发起的集合计划设置的保留账户统一管理;原受托人是企业年金理事会的,由企业与职工协商选择法人受托机构管理。

发生以下情形之一的,受托人应当聘请会计师事务所对企业年金计划进行审计,审计费用从企业年金基金财产中扣除:

① 企业年金计划连续运作满 3 个会计年度时。

② 企业年金计划管理人职责终止时。

③ 国家规定的其他情形。

账户管理人、托管人、投资管理人应当自上述情况发生之日起配合会计师事务所对企业年金计划进行审计。受托人应当自上述情况发生之日起的 50 日内向委托人以及人力资源社会保障行政部门提交审计报告。

受托人应当在每季度结束后 30 日内向委托人提交企业年金基金管理季度报告;并应当在年度结束后 60 日内向委托人提交企业年金基金管理和财务会计年度报告。

账户管理人应当在每季度结束后 15 日内向受托人提交企业年金基金账户管理季度报告;并应当在年度结束后 45 日内向受托人提交企业年金基金账户管理年度报告。

托管人应当在每季度结束后 15 日内向受托人提交企业年金基金托管和财务会计季度报告;并应当在年度结束后 45 日内向受托人提交企业年金基金托管和财务会计年度报告。

投资管理人应当在每季度结束后 15 日内向受托人提交经托管人确认财务管理数据的企业年金基金投资组合季度报告;并应当在年度结束后 45 日内向受托人提交经托管人确认财务管理数据的企业年金基金投资管理年度报告。

法人受托机构、账户管理人、托管人和投资管理人发生下列情形之一的,应当及时向人力资源社会保障部报告;账户管理人、托管人和投资管理人应当同时抄报受托人:

① 减资、合并、分立、依法解散、被依法撤销、决定申请破产或者被申请破产的。

② 涉及重大诉讼或者仲裁的。

③ 董事长、总经理、直接负责企业年金业务的高级管理人员发生变动的。

④ 国家规定的其他情形。

受托人、账户管理人、托管人和投资管理人应当按照规定报告企业年金基金管理情况,并对所报告内容的真实性、完整性负责。

(三)企业年金基金会计处理涉及的主要当事人

企业年金基金管理各方当事人包括委托人、受托人、账户管理人、托管人、投资管理人和中介服务机构等。

各方当事人应当将企业年金基金与其固有财产及其管理的其他财产严格区分。

1. 委托人

委托人,是指设立企业年金基金的企业及其职工。委托人应当与受托人签订书面合同。

企业及职工缴费的相关会计核算在职工薪酬准则中规定,企业年金基金会计准则不涉及委托人的会计核算。

2. 受托人

受托人,是指受托管理企业年金基金的符合国家规定的养老金管理公司等法人受托机构或者企业年金理事会。

受托人应当接受委托人查询,定期向委托人提交企业年金基金管理和财务会计报告。

3. 账户管理人

账户管理人,是指接受受托人委托管理企业年金基金账户的专业机构。账户管理人根据账户管理合同负责建立企业年金基金企业账户和个人账户,记录企业、职工缴费以及企业年金基金投资收益情况,计算企业年金待遇,提供账户查询和报告活动等。

4. 托管人

托管人,是指接受受托人委托保管企业年金基金财产的商业银行。

5. 投资管理人

投资管理人,是指接受受托人委托投资管理企业年金基金财产的专业机构。

6. 中介服务机构

中介服务机构,是指为企业年金管理提供服务的投资顾问公司、信用评估公司、精算咨询公司、律师事务所、会计师事务所等。

(四) 企业年金基金是一个独立的会计主体

企业年金基金应当作为独立的会计主体进行确认、计量和列报。

尽管企业年金基金会计准则属于企业会计准则的一部分,但企业年金基金本身并不以企业为主体,企业年金基金是一个独立的会计主体,这是企业年金基金会计一个很独特的方面。企业年金基金的受托人、账户管理人、托管人和投资管理人自身都是一个独立的会计主体,他们有自己的经营活动,都以自身作为会计主体进行会计核算。同时,企业年金基金作为一个独立主体,还应独立建账,独立核算。既然企业年金基金是一个独立的主体,基金要投资运作,根本目的就是取得投资收益。同时,企业年金基金在运作过程中会形成资产,产生负债,最终形成净资产。企业年金基金的运作还会产生收入和费用,所以,企业年金基金会计有五个要素——资产、负债、净资产、收入和费用,它们就是企业年金基金会计的对象,这一点与证券投资基金会计很相似。

企业和职工作为委托人将企业年金基金委托给受托人管理运作是一种信托行为。企业年金基金作为一种信托财产,必须存入企业年金专户,严格独立于委托人、受托人、账户管理人、托管人、投资管理人和其他为企业年金基金管理提供服务的自然人、法人或其他组织的固有财产及其管理的其他资产,并作为独立的会计主体进行确认、计量和列报。

委托人、受托人、托管人、账户管理人、投资管理人和其他为企业年金基金管理提供服务的主体,应当将企业年金基金与其固有资产和其他资产严格区分,确保企业年金基金的安全。

(五) 企业年金基金会计的主要流程

企业年金基金的唯一用途就是进行投资,企业年金基金会计核算的所有内容均由投资活动引起,投资的核算是企业年金基金会计核算的核心。例如,委托人缴费形成银行存款,用银行存款购买股票形成股票投资,购买债券形成债券投资,购买基金形成基金投资,购买的股票、债券和基金会取得投资收益(如股利收入、利息收入、基金红利收入等),出售时会形成差价收入(如股票差价收入、债券差价收入、基金差价收入等),应支付的受托人、账户管理人、托管人及投资人的报酬会形成企业年金基金的负债,同时形成企业年金基金的费用,企业年金基金收入与费用的差额再减去应支付的企业年金基金待遇就形成一定时期企业年金基金净资产的变动额,与企业年金基金期初净资产相加,即可求得企业年金基金的期末净资产,这就是企业年金基金会计的主要流程。

二、会计准则概述

(一) 本准则的相关背景

建立多层次养老保险制度体系,合理区分政府、单位和职工的养老责任,是积极应对人口老龄化、促进养老保险制度可持续发展的迫切需要,是我国社会保障制度改革的重要任务和目标,同时也是世界上多数建立社会保障制度国家的普遍选择。

我国多层次养老保险制度包括基本养老保险、企业(职业)年金、个人储蓄性养老保险和商业养老保险。

补充养老保险,亦称年金,通常是非强制性的,各国政府通过各种优惠政策加以鼓励发展。我国补充养老保险根据举办主体不同分为企业补充养老保险(企业年金)、机关事业单位工作人员补充养老保险(职业年金)。企业年金,是指企业及其职工在依法参加基本养老保险的基础上,依据国家政策和本企业经济状况自愿建立的、旨在提高职工退休后生活水平、对国家基本养老保险进行重要补充的一种养老保险形式。

2017年我国人力资源社会保障部、财政部印发了《企业年金办法》。企业及职工自主建立,并依据自身经济负担能力确定缴费规模。企业年金由企业和职工共同缴费。其中企业缴费规模每年不超过本企业工资总额的8%,加上职工个人缴费,合计缴费不超过工资总额的12%。参加企业年金计划的职工在达到国家规定退休年龄、完全丧失劳动能力、出国(境)定居时,可从本人企业年金个人账户中领取企业年金待遇,作为基本养老保险的补充;可以按月、分次或一次性领取,也可以全部或者部分购买商业养老保险产品。职工或者退休人员死亡后,其企业年金个人账户余额可以继承。在税收政策上,按月或分次(按年、按季分摊到各月)领取的企业年金,每月全额纳入综合所得中的"工资、薪金所得"项目计征个人所得税;而一次性领取企业年金个人账户资金,除出境定居、死亡继承者可以按12个月分摊计税外,其他都要作为一个月的工资薪金所得计征个人所得税。这项政策的实施是引导职工采用按月、分期领取企业年金方式,而不鼓励一次性领取。

必须明确的是,企业年金基金会计准则仅规范补充养老保险基金的会计核算,既不涉及基本养老保险基金的会计核算,更不涉及个人商业养老保险的会计核算。另外,对于企业向职工支付工资、福利、保险等的会计核算,由职工薪酬准则加以规范,企业年金基金准则的规范范围与国际会计准则完全一致。但是,必须指出的是,企业年金基金准则与《国际会计准则第26号——退休福利计划的会计和报告》仍有一项实质性差别,即国际会计准则规定了设定提存计划和设定受益计划两种会计核算模式,而我国法律、法规没有规定设定受益计划的企业年金基金模式,故本次发布的企业年金基金会计准则实质上仅规范了设定提存计划的企业年金会计模式。

财政部为了规范企业年金基金的确认、计量和财务报表列报等,在尽力与国际会计准则趋同的原则下,于2006年2月发布了《企业会计准则第10号——企业年金基金》(本讲简称"本准则"或"新准则")。

(二)本准则的适用范围

企业年金基金的确认、计量和财务报表列报。

(三)本准则的主要变化

旧企业会计制度对补充养老保险的核算非常简单,仅是把支付补充养老保险作为费用列支,没有将其作为独立的会计主体进行核算。

新准则属于新增会计准则,主要是根据企业年金和企业年金基金管理等方面有关规定而建立的企业年金方案以及对年金基金的管理和运营过程进行会计处理,包括对年金基金的资产、负债、收入、费用和净资产进行确认、计量和报告。

执行新准则对企业财务状况的影响分析

(1)企业年金准则与企业的日常经营无关,只是规定了企业年金作为独立会计主体进行列报的详细报表格式和一些会计处理。

该准则针对的对象并不是作为企业年金委托人的上市公司或相关企业,而是企业年金基金的受托人、账户管理人、托管人和投资管理人,因此,该准则的颁布对企业没有什么实质影响,而是为了适应当前企业年金发展的需要。

(2)企业年金准则对我国社会保障体系的建设和完善具有非常重要的意义,是在我国目前的基本养老保险体系和个人商业养老保险体系以外的重要补充。企业年金准则的制定使得目前已经客观存在的补充养老金市场得到规范,有利于这一市场的统一管理。

第二节 确认和计量

企业年金基金应当分别资产、负债、收入、费用和净资产进行确认和计量。

一、企业年金基金投资运营的初始计量、估值日及其后续计量

企业年金基金投资运营的公允价值,适用《企业会计准则第22号——金融工具确认和计量》。

初始取得投资时,应当以交易日支付的价款作为其公允价值入账,记入交易性金融资产。发生的交易费用及相关税费直接计入当期损益,记入交易费用。购入股票、债券等已宣告但尚未发放的股利、利息计入初始投资成本,增加交易性金融资产;实际收到发放的股利、利息冲减初始投资成本,即冲减交易性金融资产。

企业年金基金应当按日估值,或至少按周进行估值,即将每个工作日结束时或每周五确定为估值日。估值日对投资进行估值时,应当以估值日的公允价值计量,以此调整原账面价值,增加(或冲减)交易性金融资产。公允价值与原账面价值的差额作为公允价值变动收益。

二、企业年金基金运营形成的各项收入

企业年金基金运营形成的各项收入包括存款利息收入、买入返售证券收入、公允价值变动收益、投资处置收益和其他收入。

收入应当按照下列规定确认和计量:

(1) 存款利息收入,按照本金和适用的利率确定。

(2) 买入返售证券收入,在融券期限内按照买入返售证券价款和协议约定的利率确定。

(3) 公允价值变动收益,在估值日按照当日投资公允价值与原账面价值(上一估值日投资公允价值)的差额确定。

(4) 投资处置收益,在交易日按照卖出投资所取得的价款与其账面价值的差额确定。

(5) 风险准备金补亏等其他收入,按照实际发生的金额确定。

三、企业年金基金运营发生的各项费用

企业年金基金运营发生的各项费用包括交易费用、受托人管理费、托管人管理费、投资管理人管理费、卖出回购证券支出和其他费用。

费用应当按照下列规定确认和计量:

(1) 交易费用,包括支付给代理机构、咨询机构、券商的手续费和佣金及其他必要支出,按照实际发生的金额确定。

(2) 受托人管理费、托管人管理费和投资管理人管理费,根据相关规定按实际计提的金额确定。

(3) 卖出回购证券支出,在融资期限内按照卖出回购证券价款和协议约定的利率确定。

(4) 其他费用,按照实际发生的金额确定。

四、企业年金基金缴费及其运营形成的各项资产

企业年金基金缴费及其运营形成的各项资产包括货币资金、应收证券清算款、应收利息、买入返售证券、其他应收款、债券投资、基金投资、股票投资以及其他投资等。

企业年金基金在运营中根据国家规定的投资范围取得的国债、信用等级在投资级以上的金融债和企业债、可转换债、投资性保险产品、证券投资基金、股票等具有良好流动性的金融产品,其初始取得和后续估值应当以公允价值计量:

(1) 初始取得投资时,应当以交易日支付的成交价款作为其公允价值。发生的交易费用直接计入当期损益。

(2) 估值日对投资进行估值时,应当以其公

允价值调整原账面价值,公允价值与原账面价值的差额计入当期损益。

投资公允价值的确定,适用于《企业会计准则第22号——金融工具确认和计量》。

五、企业年金基金运营形成的各项负债

企业年金基金运营形成的各项负债包括应付证券清算款、应付受益人待遇、应付受托人管理费、应付托管人管理费、应付投资管理人管理费、应交税费、卖出回购证券款、应付利息、应付佣金和其他应付款等。

企业年金基金负债会计处理的特殊性主要是应付企业年金待遇和应付的各种管理费用,下面简要介绍应付受益人待遇、应付各种管理费用以及卖出回购证券款的会计核算。

(一) 应付受益人待遇

职工提取或转移企业年金基金(待遇给付或转移)涉及委托人、受托人、托管人、账户管理人和受益人,其一般运作流程如下:

(1) 委托人向受托人发送企业年金支付或转移的通知。

(2) 受托人通知账户管理人计算支付待遇。

(3) 账户管理人将计算支付待遇结果反馈给受托人,并与受托人核对。

(4) 受托人通知托管人支付或转移金额(如受托财产托管专户有足够余额可直接支付或转移;若不足,受托人可调减委托投资托管专户,并转入受托财产托管专户),托管人将相应资金划入受托人指定账户,并向受托人和账户管理人报告。

(5) 受托人指令账户管理人进行待遇支付或转移的账户处理,账户管理人与托管人提供的支付结果核对,扣减或转移个人账户资产,并向受益人提供年金基金的最新账户数据或向新年金计划移交账户资料。

(二) 应付各种管理费用

受托人、托管人、投资管理人的管理费均从企业年金基金中提取,一方面形成企业年金基金的负债,另一方面形成企业年金基金的费用。

(三) 卖出回购证券款

卖出回购证券的一方主要目的是进行融资,到期后还要回购原来卖出的证券,因而收到的卖出回购证券款应作为负债处理。"卖出回购证券款"科目核算按规定进行证券回购业务卖出证券取得的款项,其贷方核算卖出回购证券收到的款项,借方核算卖出回购证券到期回购的证券,其贷方余额反映卖出回购证券的实有数额。

六、企业年金投资管理风险准备金的提取与补亏

投资管理人应当根据国家有关规定,按当期收取的管理费的一定比例提取企业年金基金投资管理风险准备金,作为专项用于弥补企业年金基金投资亏损。

企业年金基金支付的投资管理人管理费,应当按照应付的实际金额记入投资管理人管理费,同时确认为负债(应付投资管理人管理费)。

企业年金基金取得投资管理人缴纳的风险准备金补亏时,应当按照收到或应收的实际金额计入其他收入。

七、企业年金基金的净资产

企业年金基金的净资产,是指企业年金基金的资产减去负债后的余额。资产负债表日,应当将当期各项收入和费用结转至净资产。

净资产应当分别企业和职工个人设置账户,根据企业年金计划按期将运营收益分配计入各账户。

净资产应当按照下列规定确认和计量:

(1) 向企业和职工个人收取的缴费,按照收到的金额增加净资产。

(2) 向受益人支付的待遇,按照应付的金额减少净资产。

(3) 因职工调入企业而发生的个人账户转入金额,增加净资产。

(4) 因职工调离企业而发生的个人账户转出金额,减少净资产。

第三节 财务报表

一、财务报表的编报概述

企业年金基金财务报表包括资产负债表、净资产变动表和附注。

托管人、投资管理人应当编制并向受托人提交企业年金基金财务报告。受托人是编制和对外报告企业年金基金财务报表的法定责任人，应当按照本准则及相关法规的规定，在每季度结束后15日内和年度结束后45日内向委托人提交季度、年度企业年金基金管理报告，其中年度企业年金基金财务会计报告须经会计师事务所审计。托管人应当在每季度结束10日内和年度结束后30日内向受托人提交季度、年度企业年金基金托管和财务会计报告，其中年度财务会计报告须经会计师事务所审计。账户管理人应当在每季度结束后10日内和年度结束后30日内向受托人提交季度、年度企业年金基金账户管理报告。投资管理人应在每季结束后10日内和年度结束后30日内向受托人提交经托管人确认的季度、年度企业年金基金投资组合报告。

二、资产负债表

资产负债表（表14-1）反映企业年金基金在某一特定日期的财务状况，应当按照资产、负债和净资产分类列示。

表14-1　资产负债表　　　　　　　　　　会年金：01表

编制单位：　　　　　　　　　　年　月　日　　　　　　　　　　单位：元

资产	行次	年初数	期末数	负债和净资产	行次	年初数	期末数
资产：				负债：			
货币资金				应付证券清算款			
应收证券清算款				应付受益人待遇			
应收利息				应付受托人管理费			
买入返售证券				应付托管人管理费			
其他应收款				应付投资管理人管理费			
债券投资				应交税费			
基金投资				卖出回购证券款			
股票投资				应付利息			
其他投资				应付佣金			
其他资产				其他应付款			
				负债合计			
				净资产：			
				企业年金基金净值			
资产总计				负债和净资产总计			

资产负债表的编制说明：

（一）"货币资金"项目

反映期末存放在金融机构的各种款项，应根据"银行存款""结算备付金""交易保证金"等科目的期末余额填列。

（二）"应收证券清算款"项目

反映期末尚未收回的证券清算款，应根据"证券清算款"科目所属明细科目期末借方余额填列。

（三）"应收利息"项目

反映期末尚未收回的各项利息，应根据"应

收利息"科目期末余额填列。

（四）"买入返售证券"项目

反映期末已经买入但尚未到期返售证券的实际成本，应根据"买入返售证券"科目期末余额填列。

（五）"其他应收款"项目

反映除应收证券清算款、应收利息、应收红利、应收股利以外的，期末尚未收回的其他各种应收款、暂付款项等，应根据"其他应收款"等科目的期末余额分析计算填列。

（六）"债券投资"项目

反映期末持有债券投资的公允价值，应根据"交易性金融资产"及其明细科目的期末余额分析填列。

（七）"基金投资"项目

反映期末持有基金投资的公允价值，应根据"交易性金融资产"及其明细科目的期末余额分析填列。

（八）"股票投资"项目

反映期末持有股票投资的公允价值，应根据"交易性金融资产"及其明细科目的期末余额分析填列。

（九）"其他投资"项目

反映期末持有的除上述投资以外的资产的公允价值，应根据"交易性金融资产"等相关科目的期末余额分析填列。

（十）"其他资产"项目

反映除上述资产以外的其他资产，应根据"交易性金融资产"等相关科目的期末余额分析填列。"应收红利""应收股利"科目期末余额也填列在此项目。

（十一）"应付证券清算款"项目

反映期末尚未支付的证券清算款，应根据"证券清算款"科目所属明细科目期末余额填列。

（十二）"应付受益人待遇"项目

反映期末尚未支付受益人待遇的款项，应根据"应付受益人待遇"科目所属明细科目期末余额填列。

（十三）"应付受托人管理费"项目

反映期末尚未支付受托人的管理费用，应根据"应付受托人费用"科目期末余额填列。

（十四）"应付托管人管理费"项目

反映期末尚未支付托管人的管理费用，应根据"应付托管人管理费"科目期末余额计算填列。

（十五）"应付投资管理人管理费"项目

反映期末尚未支付投资管理人的管理费用，应根据"应付投资管理人管理费"科目期末余额计算填列。

（十六）"应交税费"项目

反映期末应交未交的相关税费，应根据"应交税费"科目的期末余额填列。

（十七）"卖出回购证券款"项目

反映已经卖出但尚未到期回购的证券款，应根据"卖出回购证券款"科目的期末余额填列。

（十八）"应付利息"项目

反映期末尚未支付的各项利息，应根据"应付利息"科目期末余额填列。

（十九）"应付佣金"项目

反映期末尚未支付券商的佣金，应根据"应付佣金"科目的期末余额填列。

（二十）"其他应付款"项目

反映除上述负债以外的其他负债，如暂收款、多收的款项等，应根据"其他应付款"等有关科目期末余额分析填列。

（二十一）"企业年金基金净值"项目

反映期末企业年金基金净值，应根据"企业年金基金"及其明细科目分析填列。

三、净资产变动表

净资产变动表（表14-2）反映企业年金基金在一定会计期间的净资产增减变动情况。

表14-2　净资产变动表　　会年金：02表

编制单位：　　　　　年　月　　　　　单位：元

项　　目	行次	本月数	本月累计数
一、期初净资产			
二、本期净资产增加数			
（一）本期收入			
1. 存款利息收入			
2. 买入返售证券收入			

(续表)

项目	行次	本月数	本月累计数
3.公允价值变动收益			
4.投资处置收益			
5.其他收入			
(二)收取企业缴费			
(三)收取职工个人缴费			
(四)个人账户转入			
三、本期净资产减少数			
(一)本期费用			
1.交易费用			
2.受托人管理费			
3.托管人管理费			
4.投资管理人管理费			
5.卖出回购证券支出			
6.其他费用			
(二)支付受益人待遇			
(三)个人账户转出			
四、期末净资产			

净资产变动表的编制说明：

(一)"期初净资产"项目

反映企业年金基金期初净值，应根据上期末"企业年金基金"及其明细科目贷方余额分析填列。

(二)"存款利息收入"项目

反映本期存放金融机构各种存款的利息收入，应根据"利息收入"科目期末结转"本期收益"科目的数额填列。

(三)"买入返售证券收入"项目

反映本期买入返售证券业务而实现的利息收入，应根据"买入返售证券收入"科目期末结转"本期收益"科目的数额填列。

(四)"公允价值变动收益"项目

反映本期持有债券、基金、股票等投资的公允价值变动情况，应根据"公允价值变动收益"科目期末结转"本期收益"科目的数额填列。

(五)"投资处置收益"项目

反映本期投资处置时实现的收益，以及投资持有期间收到被投资单位发放的现金股利、红利，或按债券票面利率计算的利息收入。应根据"投资收益"科目期末结转"本期收益"科目的数额分析填列。

(六)"其他收入"项目

反映本期除以上收入外的其他收入，应根据"其他收入"科目期末结转"本期收益"科目的数额填列。

(七)"收取企业缴费"项目

反映本期收到的企业缴费，应根据"企业年金基金"及其明细科目的余额分析填列。

(八)"收取职工个人缴费"项目

反映本期收到的职工个人缴费，应根据"企业年金基金"及其明细科目的余额分析填列。

(九)"个人账户转入"项目

反映本期从其他企业调入本企业职工个人账户转入的金额，应根据"企业年金基金——个人账户转入"科目的余额填列。

(十)"交易费用"项目

反映本期投资运营中发生的手续费、佣金及其他必要支出，应根据"交易费用"科目期末结转"本期收益"科目的数额填列。

(十一)"受托人管理费"项目

反映本期按照合同约定计提的受托人管理费用，应根据"受托人管理费"科目期末结转"本期收益"科目的数额填列。

(十二)"托管人管理费"项目

反映本期按照合同约定计提的托管人管理，应根据"托管人管理费"科目期末结转"本期收益"科目的数额填列。

(十三)"投资管理人管理费"项目

反映本期按照合同约定计提的投资管理人管理费用，应根据"投资管理人管理费"科目期末结转"本期收益"科目的数额填列。

(十四)"卖出回购证券支出"项目

反映本期发生的卖出回购证券业务的支出，应根据"卖出回购证券款"科目期末结转"本期收益"科目的数额填列。

(十五)"其他费用"项目

反映本期除上述费用之外的其他各项费用，应根据"其他费用"科目期末结转"本期收益"科目的数额填列。

(十六)"支付受益人待遇"项目

反映本期支付受益人待遇的金额，应根据"企业年金基金"及其明细科目的期末余额填列。

(十七) "个人账户转出"项目

反映本期企业职工调出、离职等原因从个人账户转出的金额,应根据"企业年金基金——个人账户转出"科目的期末余额填列。

四、附注

附注应当披露下列信息:
(1) 企业年金计划的主要内容及重大变化。
(2) 投资种类、金额及公允价值的确定方法。
(3) 各类投资占投资总额的比例。
(4) 可能使投资价值受到重大影响的其他事项。

企业年金基金财务报表的附注中,还应当披露以下内容:

(1) 财务报表的编制基础,主要包括会计年度、记账本位币、会计计量所运用的计量基础。
(2) 重要会计政策和会计估计变更及差错更正的说明。
(3) 重要报表项目的说明,包括货币资金、买入返售证券、债券投资、基金投资、股票投资、其他投资、其他资产、卖出回购证券款、支出受益人待遇、受托人管理费、托管人管理费、投资管理人管理费及其他应付款等。
(4) 或有和承诺事项、资产负债表日后事项、关联方关系及其交易的说明。
(5) 风险管理,包括风险管理政策、信用风险、流动风险、市场风险等。

第四节 会计科目和会计分录

托管人、投资管理人应当设置相应会计科目和账户,对各种交易或事项进行会计处理。

投资管理人应及时与托管人核对企业年金基金会计记录和估值结果。

托管人负责复核、审查投资管理人计算的基金财产净值。

以下是第一财税网(www.tax.org.cn)耗时整理的相关会计科目和会计分录,供实际工作中随时查阅、使用。

一、摊回赔付支出

(一) 会计科目

企业应设置"摊回赔付支出"科目核算企业(再保险分出人)向再保险接受人摊回的赔付成本。

企业也可以分别设置"摊回赔款支出""摊回年金给付""摊回满期给付""摊回死伤医疗给付"等科目,分别核算企业应向再保险接受人摊回的赔款支出、满期给付、死伤医疗给付。

期末,应将本科目余额转入"本年利润"科目,结转后本科目无余额。

本科目应当按照险种进行明细核算。

(二) 摊回赔付支出的主要账务处理

(1) 企业在确定支付赔付款项金额或实际发生理赔费用而确认原保险合同赔付成本的当期,应按相关再保险合同约定计算确定的应向再保险接受人摊回的赔付成本金额,借记"应收分保账款"科目,贷记本科目。

(2) 在因取得和处置损余物资、确认和收到应收代位追偿款等而调整原保险合同赔付成本的当期,应按相关再保险合同约定计算确定的摊回赔付成本的调整金额,借记或贷记本科目,贷记或借记"应收分保账款"科目。

(3) 对于超额赔款再保险等非比例再保险合同,在能够计算确定应向再保险接受人摊回的赔付成本时,应按摊回的赔付成本金额,借记"应收分保账款"科目,贷记本科目。

二、赔付支出

(一) 会计科目

企业应设置"赔付支出"科目核算企业(保险)支付的原保险合同赔付款项和再保险合同赔付款项。

企业也可以分别设置"赔款支出""满期给付""年金给付""死伤医疗给付""分保赔付支出"科目,分别核算支付的赔款支出、满期给付、年金给付、死伤医疗给付或分保赔付支出。

期末,应将本科目余额转入"本年利润"科目,结转后本科目无余额。

本科目应当按照险种和原保险合同或再保险合同进行明细核算。

(二)赔付支出的主要账务处理

(1)企业在确定支付赔付款项金额或实际发生理赔费用的当期,借记本科目,贷记"银行存款""库存现金"等科目。

(2)承担赔付保险金责任应当确认的代位追偿款,借"应收代位追偿款"科目,贷记本科目。

收到应收代位追偿款时,应按实际收到的金额,借记"库存现金""银行存款"等科目,原已计提坏账准备的,借记"坏账准备"科目,按应收代位追偿款的账面余额,贷记"应收代位追偿款"科目,按其差额,借记或贷记本科目。

(3)承担赔偿保险金责任取得的损余物资,应按同类或类似资产的市场价格计算确定的金额,借记"损余物资"科目,贷记本科目。

处置损余物资,应按实际收到的金额,借记"库存现金""银行存款"等科目,按损余物资的账面余额,贷记"损余物资"科目,按其差额,借记或贷记本科目。

(4)再保险接受人收到分保业务账单的当期,应按账单标明的分保赔付款项金额,借记本科目,贷记"应付分保账款"科目。

第十五讲 股份支付

第一节 综合知识

一、相关知识概述

股份支付，是"以股份为基础的支付"的简称，是指企业为获取职工和其他方提供服务而授予权益工具或者承担以权益工具为基础确定的负债的交易。

以股份为基础的支付，是一项以股份为基础的安排下的交易。在现代企业制度下，随着管理激励机制和金融工具的创新，股权越来越多地成为一种支付手段。而这种支付在最终结算时，通常采取以权益结算，或以现金结算，或以现金和权益结算三种形式。上述支付股权的目的通常在于获得存货、消费品、固定资产、无形资产和其他非金融资产等商品或雇员劳务等服务。

（一）股份支付的特征

主要有：

1. 股份支付是企业与职工或其他方之间发生的交易

以股份为基础的支付可能发生在企业与股东之间、合并交易中的合并方与被合并方之间或者企业与其职工之间，只有发生在企业与其职工或向企业提供服务的其他方之间的交易，才可能符合股份支付的定义。

2. 股份支付是以获取职工或其他方服务为目的的交易

企业在股份支付交易中旨在获取其职工或其他方提供的服务（费用）或取得这些服务的权利（资产）。企业获取这些服务或权利的目的是用于其正常生产经营，不是转手获利等。

3. 股份支付交易的对价或其定价与企业自身权益工具未来的价值密切相关

股份支付交易与企业与其职工间其他类型交易的最大不同，是交易对价或其定价与企业自身权益工具未来的价值密切相关。在股份支付中，企业要么向职工支付其自身权益工具，要么向职工支付一笔现金，而其金额高低取决于结算时企业自身权益工具的公允价值。对价的特殊性可以说是股份支付定义中最突出的特征。企业自身权益工具包括会计主体本身、母公司和同一集团内的其他会计主体的权益工具。

（二）股份支付的类型

股份支付分为以权益结算的股份支付和以现金结算的股份支付。

1. 以权益结算的股份支付

以权益结算的股份支付是指企业为获取服务以股份或其他权益工具作为对价进行结算的交易。

根据《企业会计准则解释第 4 号》（财会〔2010〕15 号），对于企业集团（由母公司和其全部子公司构成）内发生的股份支付交易，接受服务企业没有结算义务的，应当将该股份支付交易作为权益结算的股份支付处理。

2. 以现金结算的股份支付

以现金结算的股份支付是指企业为获取服务承担以股份或其他权益工具为基础计算确定

的交付现金或其他资产义务的交易。

《企业会计准则第11号——股份支付》所指的权益工具是企业自身权益工具。

(三) 股份支付的依据、实质、适用准则

我国《证券法》《公司法》和《上市公司股权激励管理办法(试行)》等规定,企业可以通过股票期权等权益工具对职工实行激励的办法,已完成股权分置改革的上市公司,允许建立股权激励机制。本准则以上述法律规定为依据,规范了此类激励办法的确认、计量和列报。

企业授予职工股票期权、认股权证等衍生工具或其他权益工具以换取职工提供的服务,从而实现对职工的激励或补偿,实质上属于职工薪酬的组成部分。

由于股份支付是以权益工具的公允价值为计量基础,《企业会计准则第9号——职工薪酬》规定,以股份为基础的薪酬适用本准则。

(四) 股份支付的环节、时点

以薪酬性股票期权为例,典型的股份支付通常涉及四个主要环节:授予、可行权、行权和出售(图15-1)。

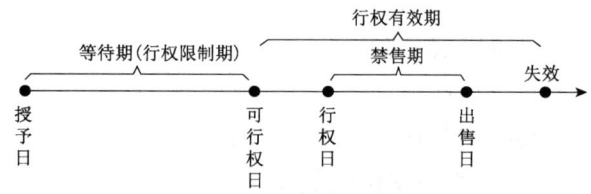

图15-1 典型的股份支付交易环节示意图

1. 授予日

授予日是指股份支付协议获得批准的日期。其中"获得批准",是指企业与职工或其他方就股份支付的协议条款和条件已达成一致,该协议获得股东大会或类似机构的批准。这里的"达成一致"是指,在双方对该计划或协议内容充分形成一致理解的基础上,均接受其条款和条件。如果按照相关法规的规定,在提交股东大会或类似机构之前存在必要程序或要求,则应履行该程序或满足该要求。

2. 可行权日

可行权日是指可行权条件得到满足、职工或其他方具有从企业取得权益工具或现金权利的日期。

有的股份支付协议是一次性可行权,有的则是分批可行权。只有已经可行权的股票期权,才是职工真正拥有的"财产",才能去择机行权。从授予日至可行权日的时段,是可行权条件得到满足的期间,因此称为"等待期",亦称"行权限制期"。

等待期

等待期,是指可行权条件得到满足的期间。对于可行权条件为规定服务期间的股份支付,等待期为授予日至可行权日的期间;对于可行权条件为规定业绩的股份支付,应当在授予日根据最可能的业绩结果预计等待期的长度。

3. 行权日

行权日是指职工和其他方行使权利、获取现金或权益工具的日期。例如,持有股票期权的职工行使了以特定价格购买一定数量本公司股票的权利,该日期即为行权日。行权是按期权的约定价格实际购买股票,一般是在可行权日之后至期权到期日之前的可选择时段内行权。

4. 出售日

出售日是指股票的持有人将行使期权所取得的期权股票出售的日期。按照我国法规规定,用于期权激励的股份支付协议,应在行权日与出售日之间设立禁售期,其中国有控股上市公司的禁售期不得低于两年。

(五) 股份支付中涉及的可行权条件

股份支付中通常涉及可行权条件。

可行权条件是指能够确定企业是否得到职工或其他方提供的服务,且该服务使职工或其他方具有获取股份支付协议规定的权益工具或现金等权利的条件。反之,为非可行权条件。

1. 可行权条件的构成

可行权条件包括服务期限条件和业绩条件。在满足这些条件之前,职工或其他方无法获得股份。

业绩条件

业绩条件是指职工或其他方完成规定服务期限且企业已达到特定业绩目标才可行权的条件,具体包括市场条件和非市场条件。

1. 市场条件

市场条件是指行权价格、可行权条件以及行权可能性与权益工具的市场价格相关的业绩条件,如股份支付协议中关于股价上升至何种水平职工或其他方可相应取得多少股份的规定。

企业在确定权益工具在授予日的公允价值时,应考虑股份支付协议中规定的市场条件和非可行权条件的影响;市场条件和非可行权条件是否得到满足,不影响企业对预计可行权情况的估计。

2. 非市场条件

非市场条件是指除市场条件之外的其他业绩条件,如股份支付协议中关于达到最低盈利目标或销售目标才可行权的规定。

对于可行权条件为业绩条件的股份支付,在确定权益工具的公允价值时,应考虑市场条件的影响,只要职工满足了其他所有非市场条件,企业就应当确认已取得的服务。

2. 可行权条件的修改

通常情况下,股份支付协议生效后,不应对其条款和条件随意修改。但在某些情况下,可能需要修改授予权益工具的股份支付协议中的条款和条件。例如,股票除权、除息或其他原因需要调整行权价格或股票期权数量。此外,为取得更佳的激励效果,有关法规也允许企业依据股份支付协议的规定,调整行权价格或股票期权数量,但应当由董事会做出决议并经股东大会审议批准,或者由股东大会授权董事会决定。

在会计核算上,无论已授予的权益工具的条款和条件如何修改,甚至取消权益工具的授予或结算该权益工具,企业都应至少确认按照所授予的权益工具在授予日的公允价值来计量获取的相应服务,除非因不能满足权益工具的可行权条件(除市场条件外)而无法行权。

(1)条款和条件的有利修改。

企业应当分别以下情况,确认导致股份支付公允价值总额升高以及其他对职工有利的修改的影响:

① 如果修改增加了所授予的权益工具的公允价值,企业应按照权益工具公允价值的增加相应地确认取得服务的增加。权益工具公允价值的增加,是指修改前后的权益工具在修改日的公允价值之间的差额。

② 如果修改增加了所授予的权益工具的数量,企业应将增加的权益工具的公允价值相应地确认为取得服务的增加。

③ 如果企业按照有利于职工的方式修改可行权条件,如缩短等待期、变更或取消业绩条件(非市场条件),企业在处理可行权条件时,应当考虑修改后的可行权条件。

(2)条款和条件的不利修改。

如果企业以减少股份支付公允价值总额的方式或其他不利于职工的方式修改条款和条件,企业仍应继续对取得的服务进行会计处理,一如同该变更从未发生,除非企业取消了部分或全部已授予的权益工具。具体包括如下几种情况:

① 如果修改减少了授予的权益工具的公允价值,企业应当继续以权益工具在授予日的公允价值为基础,确认取得服务的金额,而不应考虑权益工具公允价值的减少。

② 如果修改减少了所授予的权益工具的数量,企业应当将减少部分作为已授予的权益工具的取消来进行处理。

③ 如果企业以不利于职工的方式修改了可行权条件,如延长等待期、增加或变更业绩条件(非市场条件),企业在处理可行权条件时,不应考虑修改后的可行权条件。

(3)取消或结算。

如果企业在等待期内取消了所授予的权益工具或结算了所授予的权益工具(因未满足可行权条件而被取消的除外),企业应当:

① 将取消或结算作为加速可行权处理,立即确认原本应在剩余等待期内确认的金额。

② 在取消或结算时支付给职工的所有款项均应作为权益的回购处理,回购支付的金额高

于该权益工具在回购日公允价值的部分，计入当期费用。

③ 如果向职工授予新的权益工具，并在新权益工具授予日认定所授予的新权益工具是用于替代被取消的权益工具的，企业应以与处理原权益工具条款和条件修改相同的方式，对所授予的替代权益工具进行处理。权益工具公允价值的增加，是指在替代权益工具的授予日，替代权益工具公允价值与被取消的权益工具净公允价值之间的差额。被取消的权益工具的净公允价值，是指其在取消前立即计量的公允价值减去因取消原权益工具而作为权益回购支付给职工的款项。如果企业未将新授予的权益工具认定为替代权益工具，则应将其作为一项新授予的股份支付进行处理。

企业如果回购其职工已可行权的权益工具，应当借记所有者权益，回购支付的金额高于该权益工具在回购日公允价值的部分，计入当期费用。

（六）股份支付在附注中的披露

企业应当在附注中披露与股份支付有关的下列信息：

（1）当期授予、行权和失效的各项权益工具总额。

（2）期末发行在外的股份期权或其他权益工具行权价格的范围和合同剩余期限。

（3）当期行权的股份期权或其他权益工具以其行权日价格计算的加权平均价格。

（4）权益工具公允价值的确定方法。

企业对性质相似的股份支付信息可以合并披露。

企业应当在附注中披露股份支付交易对当期财务状况和经营成果的影响，至少包括下列信息：

（1）当期因以权益结算的股份支付而确认的费用总额。

（2）当期因以现金结算的股份支付而确认的费用总额。

（3）当期以股份支付换取的职工服务总额及其他方服务总额。

二、会计准则概述

（一）本准则的相关背景

随着我国资本市场的不断发展和完善，起源于美国等西方国家的以股份为基础的支付交易形式在我国经常出现。

鉴于股票期权在激励企业经营者、减少代理成本、改善治理结构、促进稳健经营等方面的作用已经成为不争事实，在本准则制定时相当比例的上市公司实施以股份为基础的支付的需求较为迫切，它们期待着借此对公司管理层起到长期激励作用，避免经营者的短期行为。

以股份为基础的支付本质上既有权益的特征，又有负债的特征，加之难以计量的特点，其会计问题就显得尤为复杂。

以股份为基础的支付会计可以说是会计界的一个难题，也是一个备受争议的话题。首先是股权支付的确认问题，是利润分配观还是费用观。尽管学术界仍在争论不休，但是自美国财务会计准则委员会（Financial Accounting Standards Board，FASB）的第123号财务会计准则公告（Statements of Financial Accounting Standards，SFAS）《以股票为基础的补偿会计》（Accounting for Stock-Based Compensation）于1994年出台之后，制度设计上基本上统一为费用观，尽管学术界不时有不同意见出现，但是已经不占主流。其次是股权支付的计量问题，已经争论了几十年。股权支付计量难，这是不争的事实。由于股权支付的计量和企业的盈利直接相关，而会计准则是各方利益协调的产物。所以，美国财务会计准则委员会在1984年修订第25号意见书的时候，出现一些高科技企业向国会游说，甚至威胁到会计准则委员会的地位问题。会计准则委员会不得不妥协，做出了企业可以选择不同计量方法的决定。

安然事件之后，以股份为基础的支付（尤其是股票期权）再次成为众矢之的，有些经济学家甚至认为股票期权制度是导致安然事件的罪魁祸首之一。修订以股份为基础的支付准则再次被提上议事日程。

在本准则制定时，对于以股份为基础的支付的会计处理，依然有效的准则包括修订后的第 19 号国际会计准则（International Accounting Standards，IAS）《雇员福利》（*Employee Benefits*），英国的会计准则紧急工作小组（Urgent Issue Task Force，UITF）制定的《经理人股票期权融资会计》（*Accounting for ESOP Trusts*）和《员工持股计划》（*Employee Share Schemes*），美国财务会计准则委员会的第 123 号财务会计准则公告《以股票为基础的补偿会计》和会计原则委员会（Accounting Principles Board，APB）的第 25 号意见书（APB Opinion No.25）《向雇员发行股票会计》（*Accounting for Stock Issued to Employees*）。针对股票期权的重新定价问题，2000 年 5 月，美国财务会计准则委员会发布了第 44 号解释公告（FASB Interpretation No.44）《涉及股票补偿的特定交易会计——对第 25 号意见书的解释》（*Accounting for Certain Transaction Involving Stock Compensation-an Interpretation of APB Opinions No.25*），对这一行为进行了会计规范。

2004 年 3 月 31 日，美国财务会计准则委员会发布了《以股份为基础的支付——对 123 号和 95 号会计准则的修订》征求意见稿，征求意见截止日期为 2004 年 6 月 30 日，并准备将正式出台的会计准则运用于 2004 年 12 月 15 日开始的会计年度。2004 年 2 月 19 日，国际会计准则委员会（International Accounting Standard Board，IASB）出台了国际财务报告准则（International Financial Reporting Standards，IFRS）第 2 号《以股份为基础的支付》（以下简称 IFRS2），并且规定该准则从 2005 年 1 月 1 日起实施。在会计准则协同的趋势下，该征求意见稿的内容和国际财务报告准则第 2 号已基本一致。

上述准则所规范的以股份为基础的支付，涉及面广阔，不仅包括经理人股票期权、股票增值权、员工持股计划等形式，还包括以股权购买商品、以股抵债，甚至还包括向大股东定向增发股票换取资产等。

我国股份制企业支付给职工的报酬除了在《企业会计准则——职工薪酬》中所提及的项目之外，还包括以股份为基础的支付。原会计制度和准则未对股份支付业务进行明确的规范，对股权激励的规范散见于其他一些相关规定。2002 年 11 月财政部财企〔2002〕508 号《关于实施〈关于国有高新技术企业开展股权激励试点工作的指导意见〉有关问题的通知》对国有高新技术企业的股权激励试点进行了规范。2005 年 8 月证监会和国资委、财政部等五部委联合推出了《关于上市公司股权分置改革的指导意见》指出，完成股权分置改革的上市公司可以实施管理层股权激励，上市公司管理层股权激励的具体实施和考核办法，以及配套的监督制度由证券监管部门会同有关部门制定。2005 年 10 月国发〔2005〕34 号《国务院批转证监会关于提高上市公司质量意见的通知》中明确指出，上市公司要探索并规范激励机制，通过股权激励等多种方式，充分调动上市公司高级管理人员及员工的积极性。《公司法》和《证券法》修改后，中国证监会于 2005 年 11 月发布了《上市公司股权激励管理办法（试行）》规范企业股权激励活动。可以预见，股权激励在我国将会成为一种重要的激励机制和经济业务。中国市场迫切需要规范股份支付活动的会计准则。

为适应社会主义市场经济的发展、满足企业对股份支付业务会计处理的需要，借鉴国际财务报告准则，结合有关监管部门规范企业股权激励行为的规定，考虑我国现实经济生活中存在的各种股份支付业务，我国财政部制定了《企业会计准则第 11 号——股份支付》（本讲简称"本准则"或"新准则"）。新准则在我国首次规范了企业以自身股份为基础进行支付的业务，统一了实务中存在的不同处理。该准则的确认和计量原则与国际准则趋同，同时充分考虑了我国现实经济生活中存在的各种股份支付业务。

（二）本准则的适用范围

下列各项适用其他相关会计准则：

（1）企业合并中发行权益工具取得其他企业净资产的交易，适用《企业会计准则第 20 号——企业合并》。

(2) 以权益工具作为对价取得其他金融工具等交易,适用《企业会计准则第 22 号——金融工具确认和计量》。

(三) 本准则的主要变化

新准则是新颁布的一项会计准则,在此之前,有关股份支付的规定以《上市公司股权激励管理办法(试行)》为主。新准则与旧准则之间差异较大,表现在以下方面。

1. 规范对象的范围不同

(1) 旧准则。

旧准则只是针对企业以各种形式对高管人员的奖励。

(2) 新准则。

新准则规范企业为获取职工和其他方提供服务而授予权益工具或承担以其为基础确定的负债。新准则扩大了规范对象的范围,包括对职工(包括高管人员)和职工以外的各方。

2. 计量标准不同

(1) 旧准则。

旧准则按照企业支付的实际成本计量,没有涉及公允价值。

(2) 新准则。

新准则以权益结算的股份支付换取职工提供服务的,应当以授予职工权益工具的公允价值计量。

其他方服务的公允价值能够可靠计量的,应当按照其他方服务在取得日的公允价值,计入相关成本或费用,相应增加所有者权益。其他方服务的公允价值不能可靠计量但权益工具公允价值能够可靠计量的,应当按照权益工具在服务取得日的公允价值,计入相关成本或费用,相应增加所有者权益。

以现金结算的股份支付,应当按照企业承担的以股份或其他权益工具为基础计算确定的负债的公允价值计量。

3. 会计处理的系统性不同

(1) 旧准则。

旧准则只是对高管层激励方面做了一些粗线条的规定。

(2) 新准则。

新准则在会计处理方面更具有系统性和可操作性。例如,把股份支付分为以权益结算的股份支付、以现金结算的股份支付两种;核算过程包括授予日、等待期、行权日的处理;对股份支付的披露也做出了相应的规定。

执行新准则对企业财务状况的影响分析

新准则的实施对于现在没有股份支付业务的部分企业可能影响比较小,对于现在和将来都存在股份支付业务的企业则可能存在很大的影响。

旧准则在行权前费用一般不纳入表内反映,在实际行权时,才全额计入行权当期的损益;采用新准则,则要求企业在行权前按照公允价值确认负债或权益,并将费用计入当期或等待期的损益。这会影响企业期末资产负债表和利润表。

在新准则下,采用公允价值计算期权成本费用,对实行股权激励的公司的业绩影响偏负面,尤其对那些主要依赖企业家才能或人力资源的新兴行业将引起利润的大幅下降。

第二节　以权益结算的股份支付

以权益结算的股份支付,是指企业为获取服务而以股份或其他权益工具作为对价进行结算的交易。

一、以权益结算的股份支付的类别

以权益结算的股份支付最常用的工具有两类:限制性股票和股票期权。

(一) 限制性股票

限制性股票是指职工或其他方按照股份支付协议规定的条款和条件,从企业获得一定数量的本企业股票。企业授予职工一定数量的股票,在一个确定的等待期内或在满足特定业绩指标之前,职工出售股票要受到持续服务期限条款或业绩条件的限制。

(二) 股票期权

股票期权是指企业授予职工或其他方在未来一定期限内以预先确定的价格和条件购买本企业一定数量股票的权利。

二、以权益结算的股份支付的确认和计量原则

(一) 换取职工服务的股份支付的确认和计量原则

以权益结算的股份支付换取职工提供服务的,企业应当以授予职工权益工具的公允价值计量。

权益工具的公允价值,应当按照《企业会计准则第 22 号——金融工具确认和计量》确定。

 小知识

权益工具公允价值

股份支付中权益工具的公允价值的确定,应当以市场价格为基础。

一些股份和股票期权并没有一个活跃的交易市场,在这种情况下,应当考虑估值技术。通常情况下,企业应当按照《企业会计准则第 22 号——金融工具确认和计量》的有关规定确定权益工具的公允价值,并根据股份支付协议的条款的条件进行调整。

1. 股份

对于授予职工的股份,企业应按照其股份的市场价格计量。如果其股份未公开交易,则应考虑其条款和条件估计其市场价格。例如,如果股份支付协议规定了期权股票的禁售期,则会对可行权日后市场参与者愿意为该股票支付的价格产生影响,并进而影响该股票期权的公允价值。

2. 股票期权

对于授予职工的股票期权,因其通常受到一些不同于交易期权的条款和条件的限制,因而在许多情况下难以获得其市场价格。如果不存在条款和条件相似的交易期权,就应通过期权定价模型来估计所授予的期权的公允价值。

在选择适用的期权定价模型时,企业应考虑熟悉情况和自愿的市场参与者将会考虑的因素。所有适用于估计授予职工期权的定价模型至少应考虑以下因素:

(1) 期权的行权价格。
(2) 期权期限。
(3) 基础股份的现行价格。
(4) 股价的预计波动率。
(5) 股份的预计股利。
(6) 期权期限内的无风险利率。

此外,企业选择的期权定价模型还应考虑熟悉情况和自愿的市场参与者在确定期权价格时会考虑的其他因素,但不包括那些在确定期权公允价值时不考虑的可行权条件和再授予特征因素。确定授予职工的股票期权的公允价值,还需要考虑提早行权的可能性。

(1) 期权定价模型的输入变量的估计。

在估计基础股份的预计波动率和股利时,目标是尽可能接近当前市场或协议交换价格所反映的价格预期。在通常情况下,对于未来波动率、股利和行权行为的预期存在一个合理的区间。这时应将区间内的每项可能数额乘以其发生概率,加权计算上述输入变量的期望值。

(2) 预计提早行权。

出于各种原因,职工经常在期权失效日之前提早行使股票期权。考虑预计提早行权对期权公允价值的影响的具体方法,取决于所采用的期权定价模型的类型。但无论采用何种方法,估计提早行权时都要考虑以下因素:

① 等待期的长度。
② 以往发行在外的类似期权的平均存续时间。
③ 基础股份的价格(有时根据历史经验,职工在股价超过行权价格达到特定水平时倾向于行使期权)。
④ 职工在企业中所处的层级(有时根据历史经验,高层职工倾向于较晚行权)。
⑤ 基础股份的预计波动率(一般而言,职工倾向于更早地行使高波动率的股份的期权)。

(3) 预计波动率。

预计波动率是对预期股份价格在一个期间内可能发生的波动金额的度量。期权定价模型中所用的波动率的量度,是一段时间内股份的连续复利回报率的年度标准差。波动率通常以年度表示,而不管计算时使用的是何种时间跨度基础上的价格,如每日、每周或每月的价格。一个期间股份的回报率(可能是正值也可能是负值)衡量了股东从股份的股利和价格涨跌中受益的多少。股份的预计年波动率是指一个范围(置信区间),连续复利年回报率预期处在这个范围内的概率大约为 2/3(置信区间)。估计预计波动率要考虑以下因素:

① 如果企业有股票期权或其他包含期权特征的交易工具(如可转换公司债券)的买卖,则应考虑这些交易

工具所内含的企业股价波动率。

② 在与期权的预计期限(考虑期权剩余期限和预计提早行权的影响)大体相当的最近一个期间内企业股价的历史波动率。

③ 企业股份公开交易的时间。

与上市时间更久的类似企业相比,新上市企业的历史波动率可能更大。

④ 波动率向其均值(即其长期平均水平)回归的趋势,以及表明预计未来波动率可能不同于以往波动率的其他因素。有时,企业股价在某一特定期间因为特定原因剧烈波动,如收购要约或重大重组失败,则在计算历史平均年度波动率时,可剔除这个特殊期间。

⑤ 获取价格要有恰当且规则的间隔。

价格的获取在各期应保持一贯性。例如,企业可用每周收盘价或每周最高价,但不应在某些周用收盘价、某些周用最高价。再如,获取价格时应使用与行权价格相同的货币来表示。

除了上述考虑因素,如果企业因新近上市而没有关于历史波动率的充分信息,应按可获得交易活动数据的最长期间计算其历史波动率,也可考虑类似企业在类似阶段可比期间的历史波动率。如果企业是非上市企业,在估计预计波动率时没有历史信息可循的,可考虑以下替代因素:

① 在某些情况下,定期向其职工(或其他方)发行期权或股份的非上市企业,可能已为其股份设立了一个内部"市场"。估计预计波动率时可以考虑这些"股价"的波动率。

② 如果上述方法不适用,而企业以类似上市企业股价为基础估计其自身股份的价值,企业可考虑类似上市企业股价的历史或内含波动率。

③ 如果企业未以类似上市企业股价为基础估计其自身股份价值,而是采用了其他估价方法对自身股份进行估价,则企业可推导出一个与该估价方法基础一致的预计波动率估计数。

(4) 预计股利。

计量所授予的股份或期权的公允价值时是否应当考虑预计股利,取决于被授予方是否有权取得股利或股利等价物。

如果职工被授予期权,并有权在授予日和行权日之间取得基础股份的股利或股利等价物(可现金支付,也可抵减行权价格),所授予的期权应当像不支付基础股份的股利那样进行估价,即预计股利的输入变量应为零。相反,如果职工对等待期内或行权前的股利或股利等价物没有要求权,对股份或期权在授予日公允价值的估计就应考虑预计股利因素。一般来说,预计股利应以公开可获得的信息为基础。不支付股利且没有支付股利计划的企业应假设预计股利收益率为零。如果无股利支付历史的新企业被预期在其职工股票期权期限内开始支付股利,可使用其历史股利收益率(零)与大致可比的同类企业的股利收益率均值的平均数。

(5) 无风险利率。

无风险利率一般是指期权行权价格以该货币表示的、剩余期限等于被估价期权的预计期限(基于期权的剩余合同期限,并考虑预计提早行权的影响)的零息国债当前可获得的内含收益率。如果没有此类国债,或环境表明零息国债的内含收益率不能代表无风险利率,应使用适当的替代利率。

(6) 资本结构的影响。

通常情况下,交易期权是由第三方而不是企业签出的。当这些股票期权行权时,签出人将股份交付给期权持有者。这些股份是从现有股东手中取得的。因此,交易期权的行权不会有稀释效应。

如果股票期权是从企业签出的,在行权时需要增加已发行在外的股份数量(要么正式增发,要么使用先前回购的库存股)。假定股份将按行权价格而不是行权日的市场价格发行,这种现实或潜在的稀释效应可能会降低股价,因此期权持有者行权时,无法获得像行使其他方面类似但不稀释股价的交易期权一样多的利益。这一问题能否对企业授予股票期权的价值产生显著影响,取决于各种因素,包括行权时增加的股份数量(相对于已发行在外股份数量)。如果市场已预期企业将会授予期权,则可能已将潜在稀释效应体现在了授予日的股价中。企业应考虑所授予的股票期权未来行权的潜在稀释效应,是否可能对股票期权在授予日的公允价值构成影响。企业可修改期权定价模型,以将潜在稀释效应纳入考虑范围。

权益工具公允价值无法可靠确定时的处理

在极少数情况下,授予权益工具的公允价值无法可靠计量,企业应在获取服务的时点、后续的每个资产负债表日和结算日,以内在价值计量该权益工具,内在价值的变动应计入当期损益。同时,企业应以最终可行权或实际行权的权益工具数量为基础,确认取得服务的金额。

内在价值是指交易对方有权认购或取得的股份的公允价值,与其按照股份支付协议应当支付的价格间的差额。

企业对上述以内在价值计量的已授予权益工具进

行结算,应当遵循以下要求:

(1)结算发生在等待期内的,企业应当将结算作为加速可行权处理,即立即确认本应于剩余等待期内确认的服务金额。

(2)结算时支付的款项应当作为回购该权益工具处理,即减少所有者权益。结算支付的款项高于该权益工具在回购日内在价值的部分,计入当期损益。

1. 授予日(授予后立即可行权的)

对于授予后立即可行权的换取职工提供服务的权益结算的股份支付(例如授予限制性股票的股份支付),应在授予日按照权益工具的公允价值,将取得的服务计入相关资产成本或当期费用,同时计入资本公积中的股本溢价。

2. 在等待期内的每个资产负债表日(授予后不能立即行权的)

完成等待期内的服务或达到规定业绩条件才可行权的换取职工服务的以权益结算的股份支付,在等待期内的每个资产负债表日,应当以对可行权权益工具数量的最佳估计为基础,按照权益工具授予日的公允价值,将当期取得的服务计入相关成本或费用和资本公积。

在资产负债表日,后续信息表明可行权权益工具的数量与以前估计不同的,应当进行调整,并在可行权日调整至实际可行权的权益工具数量。

3. 可行权日之后

企业在可行权日之后不再对已确认的相关成本或费用和所有者权益总额进行调整。

(二)换取其他方服务的股份支付的确认和计量原则

以权益结算的股份支付换取其他方服务的,应当分下列情况处理。

1. 取得日

(1)其他方服务的公允价值能够可靠计量的。

其他方服务的公允价值能够可靠计量的,应当按照其他方服务在取得日的公允价值,计入相关成本或费用,相应增加所有者权益。

(2)其他方服务的公允价值不能可靠计量但权益工具公允价值能够可靠计量的。

其他方服务的公允价值不能可靠计量但权益工具公允价值能够可靠计量的,应当按照权益工具在服务取得日的公允价值,计入相关成本或费用,相应增加所有者权益。

2. 行权日

在行权日,企业根据实际行权的权益工具数量,计算确定应转入实收资本或股本的金额,将其转入实收资本或股本。

【例15-1】 2×19年1月1日,智董公司向500名管理人员授予股票期权100股/人,当日股票的市场价格为3元/股。授予的条件是要求职工必须自授予日起在公司工作3年。

由于在授予日该项股票期权不能立即行权,该项股份支付在授予日则不能予以确认,而应在年度末根据估计的在企业持续工作3年的职工数量确认可能支付的股票期权数量,按职工提供服务的时间,计算应计入本期生产的成本或费用。

【分析】 2×19年12月31日,与该企业签订该项股票期权协议的500名管理人员中有20人辞职,企业估计剩余的480名均会继续在本企业中工作至2×21年年底,则股份支付的会计处理如下:

预计可能支付的股票期权=480×100=48 000(股)。

应计入2×19年的股份支付成本=48 000×3×1/3=48 000(元)。

借:管理费用　　　　　　　　48 000
　贷:资本公积——股份支付　　　　48 000

2×20年年末,如果480名员工仍在该企业工作,则企业同样应按职工完成的服务的时间计算应分摊的成本。会计分录与2×19年相同。2×20年年底和2×21年年底,企业股票的市场价格会发生变化,与权益授予日股票的市场价格有所不同,但确认各期应负担的股份支付成本或费用时,均以授予日股票的公允价值为基础,而不考虑之后其公允价值的变化。只有股份支付的数量发生变化才会影响计入各期的成本或费用和资本公积中预计计提的股份支付的金额。

2×21年12月31日,剩余的480名管理人

员均可以按股票期权协议取得股票,则2×21年年底的会计处理为分摊2×21年的股份支付成本:

  借:管理费用   48 000
    贷:资本公积——其他资本公积 48 000

之后,行权日的会计分录为:

  借:资本公积——其他资本公积 144 000
    贷:股本   48 000
      资本公积——股票溢价 96 000

【例15-2】 智董公司由于2×19年企业效益大幅度上升,2×20年3月10日股东大会通过,经相关主管部门批准,准备以增发的股票奖励企业生产员工,每名职工可获得公司的普通股股票1 000股,共计470 000股,该公司股票目前市场价格为5元/股。2×20年5月10日,办理相关过户手续,将股票支付给职工。此时该公司股票市场价格为5.5元/股。

【分析】

(1)2×20年3月10日,股份授予日的会计分录为:

  借:生产成本   2 350 000
    贷:资本公积——其他资本公积 2 350 000

(2)2×20年5月10日,行权日的会计分录为:

  借:生产成本   235 000
    资本公积——其他资本公积 2 350 000
    贷:股本   470 000
      资本公积   2 115 000

三、对于授予限制性股票的股权激励计划的会计处理

该问题主要涉及《企业会计准则第11号——股份支付》《企业会计准则第22号——金融工具确认和计量》《企业会计准则第34号——每股收益》和《企业会计准则第37号——金融工具列报》等准则。

(一)授予限制性股票的会计处理

上市公司实施限制性股票的股权激励安排中,常见做法是上市公司以非公开发行的方式向激励对象授予一定数量的公司股票,并规定锁定期和解锁期,在锁定期和解锁期内,不得上市流通及转让。达到解锁条件,可以解锁;如果全部或部分股票未被解锁而失效或作废,通常由上市公司按照事先约定的价格立即进行回购。

对于此类授予限制性股票的股权激励计划,向职工发行的限制性股票按有关规定履行了注册登记等增资手续的,上市公司应当根据收到职工缴纳的认股款确认股本和资本公积(股本溢价),按照职工缴纳的认股款,借记"银行存款"等科目,按照股本金额,贷记"股本"科目,按照其差额,贷记"资本公积——股本溢价"科目;同时,就回购义务确认负债(作收购库存股处理),按照发行限制性股票的数量以及相应的回购价格计算确定的金额,借记"库存股"科目,贷记"其他应付款——限制性股票回购义务"(包括未满足条件而须立即回购的部分)等科目。

上市公司应当综合考虑限制性股票锁定期和解锁期等相关条款,按照《企业会计准则第11号——股份支付》相关规定判断等待期,进行与股份支付相关的会计处理。对于因回购产生的义务确认的负债,应当按照《企业会计准则第22号——金融工具确认和计量》相关规定进行会计处理。上市公司未达到限制性股票解锁条件而需回购的股票,按照应支付的金额,借记"其他应付款——限制性股票回购义务"等科目,贷记"银行存款"等科目;同时,按照注销的限制性股票数量相对应的股本金额,借记"股本"科目,按照注销的限制性股票数量相对应的库存股的账面价值,贷记"库存股"科目,按其差额,借记"资本公积——股本溢价"科目。上市公司达到限制性股票解锁条件而无需回购的股票,按照解锁股票相对应的负债的账面价值,借记"其他应付款——限制性股票回购义务"等科目,按照解锁股票相对应的库存股的账面价值,贷记"库存股"科目,如有差额,则借记或贷记"资本公积——股本溢价"科目。

(二)等待期内发放现金股利的会计处理和基本每股收益的计算

上市公司在等待期内发放现金股利的会计

处理及基本每股收益的计算,应视其发放的现金股利是否可撤销采取不同的方法:

1. 现金股利可撤销,即一旦未达到解锁条件,被回购限制性股票的持有者将无法获得(或需要退回)其在等待期内应收(或已收)的现金股利

等待期内,上市公司在核算应分配给限制性股票持有者的现金股利时,应合理估计未来解锁条件的满足情况,该估计与进行股份支付会计处理时在等待期内每个资产负债表日对可行权权益工具数量进行的估计应当保持一致。对于预计未来可解锁限制性股票持有者,上市公司应分配给限制性股票持有者的现金股利应当作为利润分配进行会计处理,借记"利润分配——应付现金股利或利润"科目,贷记"应付股利——限制性股票股利"科目;同时,按分配的现金股利金额,借记"其他应付款——限制性股票回购义务"等科目,贷记"库存股"科目;实际支付时,借记"应付股利——限制性股票股利"科目,贷记"银行存款"等科目。对于预计未来不可解锁限制性股票持有者,上市公司应分配给限制性股票持有者的现金股利应当冲减相关的负债,借记"其他应付款——限制性股票回购义务"等科目,贷记"应付股利——限制性股票股利"科目;实际支付时,借记"应付股利——限制性股票股利"科目,贷记"银行存款"等科目。后续信息表明不可解锁限制性股票的数量与以前估计不同的,应当作为会计估计变更处理,直到解锁日预计不可解锁限制性股票的数量与实际未解锁限制性股票的数量一致。

等待期内计算基本每股收益时,分子应扣除当期分配给预计未来可解锁限制性股票持有者的现金股利;分母不应包含限制性股票的股数。

2. 现金股利不可撤销,即不论是否达到解锁条件,限制性股票持有者仍有权获得(或不得被要求退回)其在等待期内应收(或已收)的现金股利

等待期内,上市公司在核算应分配给限制性股票持有者的现金股利时,应合理估计未来解锁条件的满足情况,该估计与进行股份支付会计处理时在等待期内每个资产负债表日对可行权权益工具数量进行的估计应当保持一致。对于预计未来可解锁限制性股票持有者,上市公司应分配给限制性股票持有者的现金股利应当作为利润分配进行会计处理,借记"利润分配——应付现金股利或利润"科目,贷记"应付股利——限制性股票股利"科目;实际支付时,借记"应付股利——限制性股票股利"科目,贷记"银行存款"等科目。对于预计未来不可解锁限制性股票持有者,上市公司应分配给限制性股票持有者的现金股利应当计入当期成本费用,借记"管理费用"等科目,贷记"应付股利——应付限制性股票股利"科目;实际支付时,借记"应付股利——限制性股票股利"科目,贷记"银行存款"等科目。后续信息表明不可解锁限制性股票的数量与以前估计不同的,应当作为会计估计变更处理,直到解锁日预计不可解锁限制性股票的数量与实际未解锁限制性股票的数量一致。

等待期内计算基本每股收益时,应当将预计未来可解锁限制性股票作为同普通股一起参加剩余利润分配的其他权益工具处理,分子应扣除归属于预计未来可解锁限制性股票的净利润;分母不应包含限制性股票的股数。

四、回购股份进行职工期权激励

企业以回购股份形式奖励本企业职工的,属于权益结算的股份支付。我国《公司法》规定,企业可回购本公司股份奖励给本公司职工,用于收购的资金应当从公司的税后利润中支付。企业回购股份时,应按回购股份的全部支出作为库存股处理,同时进行备查登记。

按照《企业会计准则第11号——股份支付》对职工权益结算股份支付的规定,企业应当在等待期内每个资产负债表日按照权益工具在授予日的公允价值,将取得的职工服务计入成本费用,同时增加资本公积(其他资本公积)。在职工行权购买本企业股份时,企业应转销交付职工的库存股成本和等待期内资本公积(其他资本公积)累计金额,同时,按照其差额调整资本公积(股本溢价)。

具体应当进行以下处理：

（一）按照公司法规定预留未分配利润

企业实行职工期权激励所需资金，应控制在当期可供投资者分配的利润数额之内。预留回购股份的全部支出应当通过备查簿入账，借记利润分配(未分配利润)，贷记资本公积。

（二）回购股份

企业实际回购股份时，应当按照回购股份的全部支出，借记"库存股"科目，同时贷记"银行存款"科目。

（三）确认成本费用

按照本准则关于权益结算股份支付换取职工服务的规定，企业应当在等待期内每个资产负债表日，将取得的职工或其他方提供的服务计入成本费用，同时增加资本公积。

（四）职工行权

职工在行权日应按照期权激励办法规定的价格，行使购买企业股份的权利。

企业应按职工行权时购买本企业股票收到的价款，借记"银行存款"等科目，同时转销等待期内在其他资本公积中累计确认的金额，借记"资本公积——其他资本公积"科目，按回购的库存股成本，贷记"库存股"科目，按照上述借贷方差额，贷记"资本公积——资本溢价"科目。

第三节 以现金结算的股份支付

以现金结算的股份支付，是指企业为获取服务而承担的以股份或其他权益工具为基础计算的交付现金或其他资产的义务的交易。

一、以现金结算的股份支付的类别

以现金结算的股份支付最常用的工具有两类：模拟股票和现金股票增值权。

股票增值权和模拟股票，是用现金支付模拟的股权激励机制，即与股票挂钩，但用现金支付。除不需实际行权和持有股票之外，现金股票增值权的运作原理与股票期权是一样的，都是一种增值权形式的与股票价值挂钩的薪酬工具。除不需实际授予股票和持有股票之外，模拟股票的运作原理与限制性股票是一样的。

二、现金结算的股份支付的确认和计量原则

以现金结算的股份支付，应当按照企业承担的以股份或其他权益工具为基础计算确定的负债的公允价值计量。

（一）授予后立即可行权的以现金结算的股份支付

授予后立即可行权的以现金结算的股份支付，应当在授予日以企业承担负债的公允价值计入相关成本或费用，相应增加负债。

（二）授予后不能立即行权的以现金结算的股份支付

完成等待期内的服务或达到规定业绩条件以后才可行权的以现金结算的股份支付，在等待期内的每个资产负债表日，应当以对可行权情况的最佳估计为基础，按照企业承担负债的公允价值金额，将当期取得的服务计入成本或费用和相应的负债。

（三）当期承担债务的公允价值的调整

在资产负债表日，后续信息表明企业当期承担债务的公允价值与以前估计不同的，应当进行调整，并在可行权日调整至实际可行权水平。

企业应当在相关负债结算前的每个资产负债表日以及结算日，对负债的公允价值重新计量，其变动计入当期损益。

【例15-3】 2×19年1月1日，智董公司确定公司高级管理人员的奖励机制为：如果公司达到了一定的业绩，公司将支付与公司股票价格5万股等值的现金奖励，公司现行股票价格为3元/股。预计公司会在2×20年实现规定的业绩。2×20年6月底，公司业绩就达到了规定，公

司按承诺对高级管理人员进行奖励。2×19年年底,该公司股票的市场价格为 3.5 元/股,2×20 年 6 月底,股票价格为 4 元/股。

【分析】 由于存在行权条件,授予日不需进行会计处理。等待期为 2×19 年年初至 2×20 年年底的两年时间。

(1) 等待期中,2×19 年年底:

借:管理费用(3.5×5/2)　　　　　　87 500
　　贷:应付职工薪酬——股份支付　　　87 500

(2) 2×20 年 6 月底,可行权日:

实际行权成本=4×5=20(万元)。

借:管理费用　　　　　　　　　　112 500
　　贷:应付职工薪酬——股份支付　　112 500

(3) 在实际支付奖励时:

借:应付职工薪酬——股份支付　　200 000
　　贷:银行存款　　　　　　　　　200 000

第四节　相关时点、时期股份支付的会计处理

股份支付的会计处理必须以完整、有效的股份支付协议为基础。

一、授予日通常不作会计处理

授予日是股份支付协议获得批准的日期。其中"获得批准",是指企业与职工(或其他方)双方就股份支付交易的协议条款和条件已达成一致,该协议获得股东大会或类似机构的批准。

除了立即可行权的股份支付外,无论权益结算的股份支付或者现金结算的股份支付,企业在授予日均不作会计处理。本准则第五条、第十一条规定了对授予日后立即可行权的股份支付的处理,授予日后立即可行权的情况在实务中较为少见。

二、等待期内每个资产负债表日的会计处理

股份支付在授予后通常不能立即行权,而是必须履行一定服务年限或达到一定业绩条件才可行权。

(1) 等待期内每个资产负债表日,企业应将取得的职工或其他方提供的服务计入成本费用,除权益结算的对其他方股份支付外,计入成本费用的金额应当按照权益工具的公允价值计量。

对于权益结算的涉及职工的股份支付,应按授予日权益工具的公允价值计量,确定成本费用和相应的资本公积,不确认其后续公允价值变动;对于现金结算的涉及职工的股份支付,应按资产负债表日权益工具的公允价值重新计量,确认成本费用和相应的应付职工薪酬,在可行权日之后的公允价值变动计入当期损益(公允价值变动损益)。

股份支付交易中权益工具的公允价值应按照《企业会计准则第 22 号——金融工具确认和计量》确定。对于授予的股份期权等权益工具的公允价值,应当按照其市场价格计量;没有市场价格的,应当参照具有相同交易条款的期权的市场价格;以上两者均无法获取的,应采用期权定价模型估计,选用的期权定价模型至少应当考虑以下因素:

① 期权的行权价格。
② 期权的有效期。
③ 标的股份的现行价格。
④ 股价预计波动率。
⑤ 股份的预计股利。
⑥ 期权有效期内的无风险利率。

(2) 等待期内每个资产负债表日,企业应当根据最新取得的可行权职工人数变动等后续信息做出最佳估计,修正预计可行权的权益性工具数量。在可行权日,最终预计可行权权益工具的数量应当与实际可行权数量一致。

根据预计可行权的权益工具数量和上述权益工具的公允价值,计算截至当期累计应确认的成本费用金额,再减去前期累计已确认金额,作为当期应确认的成本费用金额。

【例15-4】 2×18年12月,智董公司董事会批准了一项股份支付协议。协议规定,2×19年1月1日,公司向其200名管理人员每人授予100股股票期权,这些管理人员必须从2×19年1月1日起在公司连续服务3年,服务期满时才能够以每股4元购买100股智董公司股票。公司估计该期权在授予日(2×19年1月1日)的公允价值为15元。

第一年有20名管理人员离开智董公司,智董公司估计3年中离开的管理人员比例将达到20%;第二年又有10名管理人员离开公司,公司将估计的管理人员离开比例修正为15%;第三年又有15名管理人员离开。

【分析】

1. 费用和资本公积计算过程如表15-1所示

表15-1 费用和资本公积计算过程 　单位:元

年 份	计 算	当期费用	累计费用
2×19年	200×100×(1−20%)×15×1/3	80 000	80 000
2×20年	200×100×(1−15%)×15×2/3	90 000	170 000
2×21年	155×100×15−170 000	62 500	232 500

2. 会计处理

(1) 2×19年1月1日:

授予日不做处理。

(2) 2×19年12月31日:

借:管理费用　　　　　　　　80 000
　　贷:资本公积——其他资本公积　　80 000

(3) 2×20年12月31日:

借:管理费用　　　　　　　　90 000
　　贷:资本公积——其他资本公积　　90 000

(4) 2×21年12月31日:

借:管理费用　　　　　　　　62 500
　　贷:资本公积——其他资本公积　　62 500

【例15-5】 2×17年11月,智董公司董事会批准了一项股份支付协议。协议规定,2×17年1月1日,公司为其200名中层以上管理人员每人授予100份现金股票增值权,这些管理人员必须在该公司连续服务3年,即可自2×19年12月31日起根据股价的增长幅度可以行权获得现金。

该股票增值权应在2×21年12月31日之前行使完毕。智董公司估计,该股票增值权在负债结算之前每一个资产负债表日以及结算日的公允价值和可行权后的每份股票增值权现金支出额如表15-2所示。

表15-2 公允价值和支付现金 　单位:元

年 份	公允价值	支付现金
2×17年	14	
2×18年	15	
2×19年	18	16
2×20年	21	20
2×21年		25

第一年有20名管理人员离开智董公司,智董公司估计3年中还将有15名管理人员离开;第二年又有10名管理人员离开公司,公司估计还将有10名管理人员离开;第三年又有15名管理人员离开。第三年末,假定有70人行使股份增值权取得了现金。

【分析】

1. 费用和应付职工薪酬计算过程如表15-3所示

表15-3 费用和应付职工薪酬计算过程

　　　　　　　　　　　　　　单位:元

年份	负债计算(1)	支付现金(2)	当期费用(3)
2×17年	(200−35)×100×14×1/3=77 000		77 000
2×18年	(200−40)×100×15×2/3=160 000		83 000
2×19年	(200−45−70)×100×18=153 000	70×100×16=112 000	105 000

其中:当期(3)=当期(1)−上期(1)+当期(2)

2. 会计处理

(1) 2×17年1月1日:

授予日不做处理。

(2) 2×17年12月31日:

```
借：管理费用                    77 000
    贷：应付职工薪酬——股份支付        77 000
```
(3) 2×18年12月31日：
```
借：管理费用                    83 000
    贷：应付职工薪酬——股份支付        83 000
```
(4) 2×19年12月31日：
```
借：管理费用                    105 000
    贷：应付职工薪酬——股份支付       105 000
借：应付职工薪酬——股份支付       112 000
    贷：银行存款                  112 000
```

三、可行权日之后的会计处理

（一）对于权益结算的股份支付

在可行权日之后不再对已确认的成本费用和所有者权益总额进行调整。

企业应在行权日根据行权情况，确认股本和资本溢价，同时结转等待期内确认的资本公积（其他资本公积）。如果全部或部分权益工具未被行权而失效或作废，应在行权有效期截止日将其从资本公积（其他资本公积）转入未分配利润，不冲减成本费用。

（二）对于现金结算的股份支付

企业在可行权日之后不再确认由换入服务引起的成本费用增加，但负债公允价值的变动应当计入当期损益（公允价值变动损益）。

集团股份支付的会计处理

企业应正确识别企业集团内涉及不同企业的股份支付交易中有关各方的权利和义务，按照《企业会计准则第11号——股份支付》和《企业会计准则解释第4号》的规定，确认企业所获得的职工服务的成本或费用及相关的所有者权益或负债。

企业集团（由母公司和其全部子公司构成）内发生的股份支付交易，应当按照以下规定进行会计处理。

(1) 结算企业以其本身权益工具结算的，应当将该股份支付交易作为权益结算的股份支付处理；除此之外，应当作为现金结算的股份支付处理。

结算企业是接受服务企业的投资者的，应当按照授予日权益工具的公允价值或应承担负债的公允价值确认为对接受服务企业的长期股权投资，同时确认资本公积（其他资本公积）或负债。

(2) 接受服务企业没有结算义务或授予本企业职工的是其本身权益工具的，应当将该股份支付交易作为权益结算的股份支付处理；接受服务企业具有结算义务且授予本企业职工的是企业集团内其他企业权益工具的，应当将该股份支付交易作为现金结算的股份支付处理。

第五节　会计科目和会计分录

以下是第一财税网（www.tax.org.cn）耗时整理的相关会计科目和会计分录，供实际工作中随时查阅、使用。

一、2211 应付职工薪酬

（一）核算内容

本科目核算企业根据有关规定应付给职工的各种薪酬。

企业（外商）按规定从净利润中提取的职工奖励及福利基金，也在本科目核算。

（二）明细核算

本科目可按"工资""职工福利""社会保险费""住房公积金""工会经费""职工教育经费""非货币性福利""辞退福利""股份支付"等进行明细核算。

（三）主要账务处理

1. 企业发生应付职工薪酬的主要账务处理

(1) 生产部门人员的职工薪酬，借记"生产成本""制造费用""劳务成本"等科目，贷记本科目。应由在建工程、研发支出负担的职工薪酬，借记"在建工程""研发支出"等科目，贷记本科目。管理部门人员、销售人员的职工薪酬，借记"管理费用"或"销售费用"科目，贷记本科目。

(2) 企业以其自产产品发放给职工作为职

工薪酬的,借记"管理费用""生产成本""制造费用"等科目,贷记本科目。

无偿向职工提供住房等固定资产使用的,按应计提的折旧额,借记"管理费用""生产成本""制造费用"等科目,贷记本科目;同时,借记本科目,贷记"累计折旧"科目。

租赁住房等资产供职工无偿使用的,按每期应支付的租金,借记"管理费用""生产成本""制造费用"等科目,贷记本科目。

(3) 因解除与职工的劳动关系给予的补偿,借记"管理费用"科目,贷记本科目。

(4) 企业以现金与职工结算的股份支付,在等待期内每个资产负债表日,按当期应确认的成本费用金额,借记"管理费用""生产成本""制造费用"等科目,贷记本科目。在可行权日之后,以现金结算的股份支付当期公允价值的变动金额,借记或贷记"公允价值变动损益"科目,贷记或借记本科目。企业(外商)按规定从净利润中提取的职工奖励及福利基金,借记"利润分配——提取的职工奖励及福利基金"科目,贷记本科目。

2. 企业发放职工薪酬的主要账务处理

(1) 向职工支付工资、奖金、津贴、福利费等,从应付职工薪酬中扣还的各种款项(代垫的家属药费、个人所得税等)等,借记本科目,贷记"银行存款""库存现金""其他应收款""应交税费——应交个人所得税"等科目。

(2) 支付工会经费和职工教育经费用于工会活动和职工培训,借记本科目,贷记"银行存款"等科目。

(3) 按照国家有关规定缴纳社会保险费和住房公积金,借记本科目,贷记"银行存款"科目。

(4) 企业以其自产产品发放给职工的,借记本科目,贷记"主营业务收入"科目;同时,还应结转产成品的成本。涉及增值税销项税额的,还应进行相应的处理。

支付租赁住房等资产供职工无偿使用所发生的租金,借记本科目,贷记"银行存款"等科目。

(5) 企业以现金与职工结算的股份支付,在行权日,借记本科目,贷记"银行存款""库存现金"等科目。

(6) 企业因解除与职工的劳动关系给予职工的补偿,借记本科目,贷记"银行存款""库存现金"等科目。

(四) 期末余额

本科目期末贷方余额,反映企业应付未付的职工薪酬。

二、4001 实收资本

(一) 核算内容

本科目核算企业接受投资者投入的实收资本。股份有限公司应将本科目改为"4001 股本"科目。企业收到投资者出资超过其在注册资本或股本中所占份额的部分,作为资本溢价或股本溢价,在"资本公积"科目核算。

(二) 明细核算

本科目可按投资者进行明细核算。企业(中外合作经营)在合作期间归还投资者的投资,应在本科目设置"已归还投资"明细科目进行核算。

(三) 主要账务处理

(1) 企业接受投资者投入的资本,借记"银行存款""其他应收款""固定资产""无形资产""长期股权投资"等科目,按其在注册资本或股本中所占份额,贷记本科目,按其差额,贷记"资本公积——资本溢价或股本溢价"科目。

(2) 股东大会批准的利润分配方案中分配的股票股利,应在办理增资手续后,借记"利润分配"科目,贷记本科目。

注 采用权益法核算的长期股权投资,收到被投资单位发放的股票股利,不进行账务处理,但应在备查簿中登记。被投资单位分派股票股利的,投资方不作会计处理,但应于除权日注明所增加的股数,以反映股份的变化情况。

企业派发股票股利、公积金转增资本、拆股或并股等,会增加或减少其发行在外普通股或潜在普通股的数量,但不影响所有者权益总额,也不改变企业的盈利能力。企业应当在相关报批手续全部完成后,按调整后的股数重新计算各列报期间的每股收益。上述变化发生于资产负债表日至财务报告批准报出日之间的,应当以调整后的股数重新计算各列报期间的每股收益。

金融工具或其组成部分属于权益工具的,其发行(含再融资)、回购、出售或注销时,发行方应当作为权益的变动处理。发行方不应当确认权益工具的公允价值变动。发行方向权益工具持有方的分配应当作为其利润分配处理,发放的股票股利不影响发行方的所有者权益总额。

经股东大会或类似机构决议,用资本公积转增资本,借记"资本公积——资本溢价或股本溢价"科目,贷记本科目。

(3)以权益结算的股份支付换取职工或其他方提供服务的,应在行权日,按根据实际行权情况确定的金额,借记"资本公积——其他资本公积"科目,按应计入实收资本或股本的金额,贷记本科目。

注 "其他权益工具"科目核算企业发行的除普通股以外的归类为权益工具的各种金融工具。发行方发行的金融工具为既有负债成分又有权益工具成分的复合金融工具的,应按实际收到的金额,借记"银行存款"或"存放中央银行款项"等科目,按金融工具的面值,贷记"应付债券——面值"等科目,按负债成分的公允价值与金融工具面值之间的差额,借记或贷记"应付债券——利息调整"等科目,按实际收到的金额扣除负债成分的公允价值后的金额,贷记"其他权益工具"科目。发行复合金融工具发生的交易费用,应当在负债成分和权益成分之间按照各自占总发行价款的比例进行分摊。与多项交易相关的共同交易费用,应当在合理的基础上,采用与其他类似交易一致的方法,在各项交易之间进行分摊。对于分摊至负债成分的交易费用,应当计入<u>该负债成分的初始计量金额</u>(若该负债成分按摊余成本进行后续计量)或计入<u>当期损益</u>(若该负债成分按公允价值进行后续计量且其变动计入当期损益);对于分摊至权益成分的交易费用,应当<u>从权益中扣除</u>。发行方按合同条款约定将发行的除普通股以外的金融工具转换为普通股的,按该工具对应的其他权益工具或金融负债的账面价值,借记"其他权益工具"科目、"应付债券"等科目,按普通股的面值,贷记"实收资本(或股本)"等科目,按其差额,贷记"资本公积——资本溢价(或股本溢价)"等科目(如转股时金融工具的账面价值零头不足转换为1股普通股,发行方以现金或其他金融资产退换零头时,还需按支付的现金或其他金融资产的金额,贷记"银行存款"或"存放中央银行款项"等科目)。

"应付债券"科目核算企业为筹集(长期)资金而发行的以摊余成本计量的债券。企业发行的<u>可转换公司债券</u>,应将负债和权益成分进行分拆,<u>分拆后形成的负债成</u>分在"应付债券"科目核算。

(4)企业按法定程序报经批准减少注册资本的,借记本科目,贷记"库存现金""银行存款"等科目。

股份有限公司采用收购本公司股票方式减资的,按股票面值和注销股数计算的股票面值总额,借记本科目,按所注销库存股的账面余额,贷记"库存股"科目,按其差额,借记"资本公积——股本溢价"科目,股本溢价不足冲减的,应借记"盈余公积""利润分配——未分配利润"科目;购回股票支付的价款低于面值总额的,应按股票面值总额,借记本科目,按所注销库存股的账面余额,贷记"库存股"科目,按其差额,贷记"资本公积——股本溢价"科目。

(5)企业(中外合作经营)根据合同规定在合作期间归还投资者的投资,借记本科目(已归还投资),贷记"银行存款"等科目;同时,借记"利润分配——利润归还投资"科目,贷记"盈余公积——利润归还投资"科目。

中外合作经营清算,借记本科目、"资本公积""盈余公积""利润分配——未分配利润"等科目,贷记本科目(已归还投资)、"银行存款"等科目。

(四)期末余额

本科目期末贷方余额,反映企业实收资本或股本总额。

三、4002 资本公积

(一)核算内容

本科目核算企业收到投资者出资额超出其在注册资本或股本中所占份额的部分。直接计入所有者权益的利得和损失(不含"其他综合收益"),也通过本科目核算。

注 企业发行认股权和债权分离交易的可转换公司债券,所发行的认股权符合本准则有关权益工具定义的,应当确认为一项权益工具(其他权益工具),并以发行价格减去不附认股权且其他条件相同的公司债券公允价值后的净额进行计量。认股权持有方到期没有行权的,企业应当在到期时将原计入其他权益工具的部分转入资本公积(股本溢价)。

(二) 明细核算

本科目应当分别"资本溢价(股本溢价)""其他资本公积"进行明细核算。

(三) 主要账务处理

(1) 企业接受投资者投入的资本、将债务转为资本等形成的资本公积,借记有关科目,贷记"实收资本"或"股本"科目、本科目(资本溢价或股本溢价)等。

注 企业发行可转换公司债券权益成份现在通过"其他权益工具"科目核算,不再通过"资本公积——其他资本公积"科目核算。"其他权益工具"科目核算企业发行的除普通股以外的归类为权益工具的各种金融工具。发行方发行的金融工具为既有负债成分又有权益工具成分的复合金融工具的,应按实际收到的金额,借记"银行存款"或"存放中央银行款项"等科目,按金融工具的面值,贷记"应付债券——面值"等科目,按负债成分的公允价值与金融工具面值之间的差额,借记或贷记"应付债券——利息调整"等科目,按实际收到的金额扣除负债成分的公允价值后的金额,贷记"其他权益工具"科目。发行复合金融工具发生的交易费用,应当在负债成分和权益成分之间按照各自占总发行价款的比例进行分摊。与多项交易相关的共同交易费用,应当在合理的基础上,采用与其他类似交易一致的方法,在各项交易之间进行分摊。对于分摊至负债成分的交易费用,应当计入该负债成分的初始计量金额(若该负债成分按摊余成本进行后续计量)或计入当期损益(若该负债成分按公允价值进行后续计量且其变动计入当期损益);对于分摊至权益成分的交易费用,应当从权益中扣除。发行方按合同条款约定将发行的除普通股以外的金融工具转换为普通股的,按该工具对应的其他权益工具或金融负债的账面价值,借记"其他权益工具"科目、"应付债券"等科目,按普通股的面值,贷记"实收资本(或股本)"等科目,按其差额,贷记"资本公积——资本溢价(或股本溢价)"等科目(如转股时金融工具的账面价值零头不足转换为1股普通股,发行方以现金或其他金融资产退换零头时,还需按支付的现金或其他金融资产的金额,贷记"银行存款"或"存放中央银行款项"等科目)。"应付债券"科目核算企业为筹集(长期)资金而发行的以摊余成本计量的债券。企业发行的可转换公司债券,应将负债和权益成分进行分拆,分拆后形成的负债成分在"应付债券"科目核算。

企业取得的搬迁补偿款扣除转入递延收益的金额后如有结余的,作为资本公积处理(《企业会计准则解释第3号》)。

与发行权益性证券直接相关的手续费、佣金等交易费用,借记本科目(股本溢价)等,贷记"银行存款"等科目。经股东大会或类似机构决议,用资本公积转增资本,借记本科目(资本溢价或股本溢价),贷记"实收资本"或"股本"科目。

(2) 同一控制下控股合并形成的长期股权投资,应在合并日按取得被合并方所有者权益账面价值的份额,借记"长期股权投资"科目,按享有被投资单位已宣告但尚未发放的现金股利或利润,借记"应收股利"科目,按支付的合并对价的账面价值,贷记有关资产科目或借记有关负债科目,按其差额,贷记本科目(资本溢价或股本溢价);为借方差额的,借记本科目(资本溢价或股本溢价),资本公积(资本溢价或股本溢价)不足冲减的,借记"盈余公积""利润分配——未分配利润"科目。

同一控制下吸收合并涉及的资本公积,比照上述原则进行处理。

(3) 被投资单位除净损益、利润分配以外的其他综合收益变动和所有者权益的其他变动,企业按持股比例计算应享有的份额,借记"长期股权投资"科目(其他综合收益和其他权益变动),贷记"其他综合收益"和"资本公积——其他资本公积"科目。

处置采用权益法核算的长期股权投资时,应当采用与被投资单位直接处置相关资产或负债相同的基础,对相关的其他综合收益进行会计处理。按照上述原则可以转入当期损益的其他综合收益,应按结转的长期股权投资的投资成本比例结转原记入"其他综合收益"科目的金额,借记或贷记"其他综合收益"科目,贷记或借记"投资收益"科目。

处置采用权益法核算的长期股权投资时,还应按结转的长期股权投资的投资成本比例结转原记入"资本公积——其他资本公积"科目的金额,借记或贷记"资本公积——其他资本公积"科目,贷记或借记"投资收益"科目。

(4) 以权益结算的股份支付换取职工或其他方提供服务的,应按照确定的金额,借记"管理费用"等科目,贷记本科目(其他资本公积)。

在行权日,应按实际行权的权益工具数量计算确定的金额,借记本科目(其他资本公积),按计入实收资本或股本的金额,贷记"实收资本"或"股本"科目,按其差额,贷记本科目(资本溢价或股本溢价)。

注 自用房地产或存货转换为采用公允价值模式计量的投资性房地产,按照"投资性房地产"科目的相关规定进行处理,现在已经改为相应调整其他综合收益。

(5) 股份有限公司采用收购本公司股票方式减资的,按股票面值和注销股数计算的股票面值总额,借记"股本"科目,按所注销的库存股的账面余额,贷记"库存股"科目,按其差额,借记本科目(股本溢价),股本溢价不足冲减的,应借记"盈余公积""利润分配——未分配利润"科目;购回股票支付的价款低于面值总额的,应按股票面值总额,借记"股本"科目,按所注销的库存股的账面余额,贷记"库存股"科目,按其差额,贷记本科目(股本溢价)。

注 现金流量套期利得或损失中属于有效套期的部分,应当直接确认为所有者权益(其他综合收益);属于无效套期的部分,应当计入当期损益。对于前者,套期会计准则规定在一定的条件下,将原直接计入所有者权益中的套期工具利得或损失转出,计入当期损益。

资产负债表日,套期工具形成的利得或损失中属于套期有效部分的,借记或贷记"套期工具"科目,贷记或借记"其他综合收益——套期储备"科目;属于套期无效部分的,借记或贷记"套期工具"科目,贷记或借记"套期损益"科目。企业将套期储备转出时,借记或贷记"其他综合收益——套期储备",贷记或借记有关科目。

(四) 期末余额

本科目期末贷方余额,反映企业的资本公积。

四、4201 库存股

(一) 核算内容

本科目核算企业收购、转让或注销的本公司股份金额。

(二) 主要账务处理

(1) 企业为减少注册资本而收购本公司股份的,应按实际支付的金额,借记本科目,贷记"银行存款"等科目。

(2) 为奖励本公司职工而收购本公司股份的,应按实际支付的金额,借记本科目,贷记"银行存款"等科目,同时做备查登记。

将收购的股份奖励给本公司职工属于以权益结算的股份支付,如有实际收到的金额,借记"银行存款"科目,按根据职工获取奖励股份的实际情况确定的金额,借记"资本公积——其他资本公积"科目,按奖励库存股的账面余额,贷记本科目,按其差额,贷记或借记"资本公积——股本溢价"科目。

(3) 股东因对股东大会做出的公司合并、分立决议持有异议而要求企业收购本公司股份的,企业应按实际支付的金额,借记本科目,贷记"银行存款"等科目。

(4) 转让库存股,应按实际收到的金额,借记"银行存款"等科目,按转让库存股的账面余额,贷记本科目,按其差额,贷记"资本公积——股本溢价"科目;为借方差额的,借记"资本公积——股本溢价"科目,股本溢价不足冲减的,应借记"盈余公积""利润分配——未分配利润"科目。

(5) 注销库存股,应按股票面值和注销股数计算的股票面值总额,借记"股本"科目,按注销库存股的账面余额,贷记本科目,按其差额,借记"资本公积——股本溢价"科目,股本溢价不足冲减的,应借记"盈余公积""利润分配——未分配利润"科目。

(三) 期末余额

本科目期末借方余额,反映企业持有尚未转让或注销的本公司股份金额。

第十六讲 债务重组

第一节 综合知识

一、相关知识概述

(一) 债务重组的概念

1. 什么是债务重组

债务重组,是指在不改变交易对手方的情况下,经债权人和债务人协定或法院裁定,就清偿债务的时间、金额或方式等重新达成协议的交易。

> **专家点拨**
>
> 债务重组涉及债权人和债务人,对债权人而言为"债权重组",对债务人而言为"债务重组",为便于表述统称为"债务重组"。

本准则规范的债务重组不强调在债务人发生财务困难的背景下进行,也不论债权人是否做出让步。也就是说,无论何种原因导致债务人未按原定条件偿还债务,也无论双方是否同意债务人以低于债务的金额偿还债务,只要债权人和债务人就债务条款重新达成了协议,就符合债务重组的定义,属于本准则规范的范围。例如,债权人在减免债务人部分债务本金的同时提高剩余债务的利息,或者债权人同意债务人用等值库存商品抵偿到期债务等,均属于本准则规范的债务重组。

> **专家点拨**
>
> 修订后债务重组的定义中取消了原准则下"债务人发生财务困难"且"债权人做出让步"的前提条件,即不再要求就债务人是否发生财务困难以及债权人是否做出让步进行判断,因此扩大了修订后准则的适用范围。

2. 本准则中的债务重组是在不改变交易对手方的情况下进行的交易

实务中经常出现第三方参与相关交易的情形,例如,某公司以不同于原合同条款的方式代债务人向债权人偿债;又如,新组建的公司承接原债务人的债务,与债权人进行债务重组;再如,资产管理公司从债权人处购得债权,再与债务人进行债务重组。

在上述情形下,企业应当首先考虑债权和债务是否发生**终止确认**,适用《企业会计准则第22号——金融工具确认和计量》和《企业会计准则第23号——金融资产转移》等准则,再就债务重组交易适用本准则。

对于终止确认的债权,债权人应当结转已计提的减值准备中对应该债权终止确认部分的金额。对于终止确认的分类为以公允价值计量且其变动计入其他综合收益的债权,之前计入其他综合收益的累计利得或损失应当从其他综合收益中转出,记入"投资收益"科目。

> **专家点拨**
>
> 应记入"投资收益"科目,不是"营业外收入"或"营业外支出"科目。

3. 本准则中的债务重组涉及的债权和债务的范围

本准则中的**债务重组涉及的债权和债务**是指《企业会计准则第22号——金融工具确认和

计量》规范的金融工具。

专家点拨

本准则中的债务重组涉及的债权和债务,是指《企业会计准则第 22 号——金融工具确认和计量》规范的债权和债务,针对合同资产、合同负债、预计负债等进行的交易安排,不属于本准则规范的范围,针对租赁应收款和租赁应付款的债务重组,属于本准则规范的范围。

关于债权和债务的终止确认

债务重组中涉及的债权和债务的终止确认,应当遵循《企业会计准则第 22 号——金融工具确认和计量》和《企业会计准则第 23 号——金融资产转移》有关金融资产和金融负债终止确认的规定。

债权人在收取债权现金流量的合同权利终止时终止确认债权,债务人在债务的现时义务解除时终止确认债务。

只有在符合上述终止确认条件时才能终止确认相关债权和债务,并确认债务重组相关损益。

对于在报告期间已经开始协商、但在报告期资产负债表日后的债务重组,不属于资产负债表日后调整事项。

由于债权人与债务人之间进行的债务重组涉及债权和债务的认定,以及清偿方式和期限等的协商,通常需要经历较长时间,例如破产重整中进行的债务重组。因此,债务人只有在符合上述终止确认条件时才能终止确认相关债务,并确认债务重组相关损益。在签署债务重组合同的时点,如果债务的现时义务尚未解除,债务人不能确认债务重组相关损益。

(二) 债务重组的方式

债务重组方式主要包括采用债务人以资产清偿债务、债务人将债务转为权益工具、修改其他条款方式,以及上述一种以上方式的组合。

这些债务重组方式都是通过债权人和债务人重新协定或者法院裁定达成的,与原来约定的偿债方式不同。

企业如何判断所进行的债务重组是否属于将债务转为权益工具("债转股")方式?

在债务人将债务转为权益工具方式中,权益工具是指根据《企业会计准则第 37 号——金融工具列报》(财会〔2017〕14 号)分类为"权益工具"的金融工具,体现为股本、实收资本、资本公积等。

实务中,有些债务重组名义上采用"债转股"的方式,但同时附加相关条款,如约定债务人在未来某个时点以某一金额回购股权,或债权人持有的股份享有强制分红权等。对于债务人,这些"股权"并不是根据金融工具列报准则分类为权益工具的金融工具,从而不属于债务人将债务转为权益工具的债务重组方式。

债权人和债务人还可能协议以一项同时包含金融负债成分和权益工具成分的复合金融工具替换原债权债务,这类交易也不属于债务人将债务转为权益工具的债务重组方式。

(三) 债务重组在附注中的披露

债权人应当在附注中根据债务重组方式分组披露债权账面价值和债务重组相关损益,以及债务重组导致的对联营企业或合营企业的权益性投资增加额、该投资占联营企业或合营企业股份总额的比例。债务人应当在附注中根据债务重组方式分组披露债务账面价值和债务重组相关损益,以及债务重组导致的股本等所有者权益的增加额。

债务重组中涉及的债权、重组债权、债务、重组债务和其他金融工具的披露,应当按照《企业会计准则第 37 号——金融工具列报》的规定处理。此外,债权人和债务人还应当在附注中披露与债务重组有关的额外信息。

债权人应当在附注中披露与债务重组有关的下列信息:

1. 债权人应当在附注中披露与债务重组有关的信息

债权人应当在附注中披露与债务重组有关的下列信息:

(1) 根据债务重组方式,分组披露债权账面价值和债务重组相关损益。

分组时,债权人可以按照以资产清偿债务方式、将债务转为权益工具方式、修改其他条款方式、组合方式为标准分组,也可以根据重要性原则以更细化的标准分组。

(2) 债务重组导致的对联营企业或合营企业的权益性投资增加额,以及该投资占联营企业或合营企业股份总额的比例。

2. 债务人应当在附注中披露与债务重组有关的信息

债务人应当在附注中披露与债务重组有关的下列信息:

(1) 根据债务重组方式,分组披露债务账面价值和债务重组相关损益。

分组的标准与对债权人的要求类似。

(2) 债务重组导致的股本等所有者权益的增加额。

报表使用者可能关心与债务重组相关的其他信息,例如,债权人和债务人是否具有关联方关系;又如,如何确定债务转为权益工具方式中的权益工具以及修改其他条款方式中的重组债权或重组债务等的公允价值;再如,是否存在与债务重组相关的或有事项等。企业应当根据《企业会计准则第13号——或有事项》《企业会计准则第22号——金融工具确认和计量》《企业会计准则第36号——关联方披露》《企业会计准则第37号——金融工具列报》《企业会计准则第39号——公允价值计量》等准则规定,披露相关信息。

修订前后的重要变化

修订后准则新增分组披露的要求,将对债务重组的信息分解程度提出更高要求,以便为财务报表使用者提供更多有用信息。

具体对比如表16-1所示。

表16-1 附注披露修订前后的对比

债权人		债务人	
修订前	修订后*	修订前	修订后**
债权人应当在附注中披露与债务重组有关的下列信息: (一)债务重组方式 (二)确认的债务重组损失总额 (三)债权转为股份所导致的投资增加额及该投资占债务人股份总额的比例 (四)或有应收金额 (五)债务重组中受让的非现金资产的公允价值、由债权转成的股份的公允价值和修改其他债务条件后债权的公允价值的确定方法及依据	债权人应当在附注中披露与债务重组有关的下列信息: (一)根据债务重组方式,分组披露债权账面价值和债务重组相关损益 (二)债务重组导致的对联营企业或合营企业的权益性投资增加额,以及该投资占联营企业或合营企业股份总额的比例	债务人应当在附注中披露与债务重组有关的下列信息: (一)债务重组方式 (二)确认的债务重组利得总额 (三)将债务转为资本所导致的股本(或者实收资本)增加额 (四)或有应付金额 (五)债务重组中转让的非现金资产的公允价值、由债务转成的股份的公允价值和修改其他债务条件后债务的公允价值的确定方法及依据	债务人应当在附注中披露与债务重组有关的下列信息: (一)根据债务重组方式,分组披露债务账面价值和债务重组相关损益 (二)债务重组导致的股本等所有者权益的增加额

注:* 删除了或有应收金额的披露要求。
　　** 删除了或有应付金额的披露要求。

二、会计准则概述

(一) 本准则的相关背景

为适应社会主义市场经济发展需要,规范债务重组的会计处理,提高会计信息质量,2019年5月16日我国财政部对《企业会计准则第12号——债务重组》(2006年2月15日财会〔2006〕3号)进行了修订,自2019年6月17日起在所有执行企业会计准则的企业范围内施行(修订后的债务重组会计准则,本讲简称"本准则"或"新准则")。

2006年2月15日财政部印发的《财政部关于印发〈企业会计准则第1号——存货〉等38项具体准则的通知》(财会〔2006〕3号)中的《企业会计准则第12号——债务重组》同时废止。

财政部此前发布的有关债务重组会计处理规定与本准则不一致的,以本准则为准。

企业对施行日及之后发生的债务重组采用未来适用法处理。企业对2019年1月1日至本准则施行日之间发生的债务重组,应根据本准则进行调整。企业对2019年1月1日之前发生的债务重组,不需要按照本准则的规定进行追溯调整。

本准则的修订背景：

随着经济业务日益复杂和近年来新会计准则的发布实施，有必要对债务重组准则进行相应修订，主要原因包括：

1. 保持企业会计准则体系的内在协调

2017年，我国财政部发布新的《企业会计准则第14号——收入》（以下简称新收入准则）以及《企业会计准则第22号——金融工具确认和计量》《企业会计准则第23号——金融资产转移》和《企业会计准则第37号——金融工具列报》（以下简称新金融工具准则）等准则，对相关业务提出新的规范要求。

为在会计处理原则上与新发布的其他会计准则保持一致，有必要修订债务重组准则。

2. 改进债务重组实务操作

在以往的准则执行过程中，由于债务重组准则与金融工具相关准则存在交叉，导致实务应用中存在分歧，造成准则实施的随意性。

为便于实务操作和确保准则有效实施，有必要修订债务重组准则。

3. 避免对多项企业会计准则反复修订

债务重组准则中包括了多项现有其他准则中未予规范的处理原则，具体包括债务重组取得的存货、固定资产、无形资产、投资性房地产、生物资产等非现金资产的入账价值，债务转为权益工具情况下权益工具的入账价值，债务重组的披露等。如果废止债务重组准则，需要逐一修订存货、长期股权投资、投资性房地产、固定资产、生物资产、无形资产、金融工具等多项准则。为保持准则体系的稳定性，避免反复修订其他准则，不宜废止债务重组准则。

为提高会计信息质量，进一步规范债务重组的确认、计量和披露，切实解决我国企业相关会计实务问题，我国财政部结合我国实际，同时保持与国际财务报告准则的持续趋同，我国财政部修订了债务重组准则。

（二）本准则的适用范围

1. 不适用债务重组会计准则的

（1）债务人在破产清算期间进行的债务重组。

债务人在破产清算期间进行的债务重组不属于本准则规范的范围，应当按照企业破产清算有关会计处理规定处理。

（2）债务重组中涉及的债权、重组债权、债务、重组债务和其他金融工具的确认、计量和列报。

债务重组中涉及的债权、重组债权、债务、重组债务和其他金融工具的确认、计量和列报，适用《企业会计准则第22号——金融工具确认和计量》和《企业会计准则第37号——金融工具列报》等金融工具相关准则。

（3）通过债务重组形成企业合并的。

通过债务重组形成企业合并的，适用《企业会计准则第20号——企业合并》。债务人以股权投资清偿债务或者将债务转为权益工具，可能对应导致债权人取得被投资单位或债务人控制权，在债权人的个别财务报表层面和合并财务报表层面，债权人取得长期股权投资或者资产和负债的确认和计量适用《企业会计准则第20号——企业合并》的有关规定。

（4）债务重组构成权益性交易的。

构成权益性交易的债务重组，不适用债务重组会计准则。

债务重组构成权益性交易的，应当适用权益性交易的有关会计处理规定，债权人和债务人不确认构成权益性交易的债务重组相关损益。

如何判断债务重组是否构成权益性交易？

① 债务重组构成权益性交易的情形包括：

A. 债权人直接或间接对债务人持股，或者债务人直接或间接对债权人持股，且持股方以股东身份进行债务重组。

B. 债权人与债务人在债务重组前后均受同一方或相同的多方最终控制，且该债务重组的交易实质是债权人或债务人进行了权益性分配或接受了权益性投入。

② 企业在判断债务重组是否构成权益性交易时，应当遵循实质重于形式原则。

例如，假设债权人对债务人的权益性投资通过其他人代持，债权人不具有股东身份，但实质上以股东身份进行债务重组,债权人和债务人应当认为该债务重组构成权益性交易。

【例 16-1】 贵琛公司是智董公司股东,为了弥补智董公司临时性经营现金流短缺,贵琛公司向智董公司提供 500 万元无息借款,并约定于 3 个月后收回。借款期满时,尽管智董公司具有充足的现金流,贵琛公司仍然决定免除智董公司部分本金还款义务,仅收回 100 万元借款。

在此项交易中,如果贵琛公司不以股东身份而是以市场交易者身份参与交易,在智董公司具有足够偿债能力的情况下不会免除其部分本金。因此,贵琛公司和智董公司应当将该交易作为权益性交易,不确认债务重组相关损益。

如果构成权益性交易,是否确认债务重组相关损益?

债务重组构成权益性交易的,应当适用权益性交易的有关会计处理规定,即债权人和债务人不确认构成权益性交易的债务重组相关损益。

2. 适用债务重组会计准则的

除上述各项适用其他相关会计准则外,本准则适用于所有债务重组。

专家点拨

(1) 经法院裁定进行债务重整并按持续经营进行会计核算的,适用于本准则。

(2) 债务重组中不属于权益性交易的部分仍然适用本准则。

【例 16-2】 假设[例 16-1]中债务人智董公司确实出现财务困难,其他债权人对其债务普遍进行了减半的豁免,那么贵琛公司作为股东比其他债务人多豁免 150 万元债务的交易应当作为权益性交易,正常豁免 250 万元债务的交易适用本准则。

(三) 本准则的主要变化

为满足广大利益相关者需求,维护会计准则体系内在协调一致性,利于准则实施和落地,我国财政部对债务重组准则进行了修订,主要包括以下方面:

1. 修改了债务重组的定义——债务重组中涉及的债权和债务与其他金融工具不作区别对待,不强调在债务人发生财务困难的背景下进行,也不论债权人是否做出让步

原债务重组准则以"债务人发生财务困难"、债权人"做出让步"为标准,将重组债权和债务区别于其他金融工具限定在较小范围内。

考虑到债务重组准则、应用指南和讲解已规定,重组债权和债务与金融工具的确认和计量原则一致,因而对债务重组区别于其他金融工具加以定义不再具有实际意义,反而可能导致因准则适用范围不清晰引起误读。因此,本次修订修改了债务重组的定义,债务重组中涉及的债权和债务与其他金融工具不作区别对待。

2. 重组债权和债务的会计处理规定,与新金融工具准则协调一致

将重组债权和债务的会计处理规定索引至新金融工具准则,从而与新金融工具准则协调一致,同时删除关于或有应收、应付金额遵循或有事项准则的规定。

3. 债权人初始确认受让的金融资产以外的资产时以成本计量(债务人以资产清偿债务方式下)

对于债务重组采用债务人以资产清偿债务方式的,债权人初始确认受让的金融资产以外的资产时以"成本"计量。此处的所谓"成本"也就是基于放弃债权的公允价值来确定受让资产的初始入账价值,而不再是受让资产本身的公允价值,该变化要求债权人设法确定其放弃债权的公允价值。相应地,债权重组损益的计算也由原准则下的受让资产的公允价值与放弃债权的账面价值之差,修改为放弃债权的公允价值与其账面价值之差。

专家点拨

按照原准则,债权人受让资产应当以公允价值计量。

现行准则体系中,以其他方式取得的存货、长期股权投资、投资性房地产、固定资产、生物资产、无形资产等金融资产以外的资产,一般以成本计量。

4. 债务重组相关损益合并(不再区分债务重组利得、损失和资产处置损益)

不再区分债务重组利得、损失和资产处置损益,合并作为债务重组相关损益。

债务重组的新旧会计处理差异一览表

债务重组的新旧会计处理主要差异,如表16-2所示。

表16-2 债务重组的新旧会计处理主要差异

重组方式	债权人的会计处理		债务人的会计处理	
	旧准则	新准则	旧准则	新准则
一、以金融资产以外的资产清偿债务	受让资产的初始计量金额=受让资产的公允价值 债务重组损益=受让资产的公允价值-放弃债权的账面价值	受让资产的初始计量金额=放弃债权的公允价值+其他直接相关成本 债务重组损益=放弃债权的公允价值-放弃债权的账面价值	债务重组损益=重组债务的账面价值-转让资产的公允价值 转让资产损益=转让资产的公允价值-转让资产的账面价值	债务重组损益=清偿债务的账面价值-转让资产的账面价值
二、债转股(联营或者合营企业)	权益性投资的初始计量金额=享有股份的公允价值 债务重组损益=投资的初始入账价值-放弃债权的账面价值	权益性投资的初始计量金额=放弃债权的公允价值+其他直接相关成本 债务重组损益=放弃债权的公允价值-放弃债权的账面价值	权益工具的确认金额=发行权益工具的公允价值 债务重组损益=重组债务的账面价值-发行权益工具的公允价值	权益工具的确认金额=发行权益工具的公允价值 债务重组损益=重组债务的账面价值-发行权益工具的公允价值 注:权益工具公允价值不可计量时,允许以所清偿债务的公允价值作为权益工具的初始计量金额
三、采用修改其他条款方式	重组后债权的初始计量金额=新债权的公允价值 债务重组损益=重组后债权入账价值(或收到的现金)-放弃债权的账面价值	按照《CAS22——金融工具确认和计量》的规定确认和计量重组债权及债务重组损益	重组后债务的初始计量金额=新债务的公允价值 债务重组损益=重组债务的账面价值-重组后债务的账面价值(或支付的现金)	按照《CAS22——金融工具确认和计量》和《CAS37——金融工具列报》的规定确认和计量重组债务及债务重组损益
四、以多项资产清偿债务或者组合方式进行的债务重组	应当依次以收到的现金、接受的非现金资产公允价值、债权人享有股份的公允价值及重组后新债权的公允价值确认相关资产的初始计量金额 债务重组损益=上述资产的入账价值-放弃债权的账面价值	首先按照《CAS22——金融工具确认和计量》的规定确认和计量受让金融资产和重组债权,然后按照放弃债权的公允价值扣减受让金融资产和重组债权的确认金额后的净额基于受让的金融资产以外的各项资产的公允价值比例进行分配,并以此为基础并按照修订后准则的相关规定分别确认各项资产的成本 债务重组损益=放弃债权的公允价值-放弃债权的账面价值	分别按照前述一、二、三旧准则相关规定确认发行的权益工具和重组后债务 各转让资产损益=各转让资产的公允价值-各转让资产的账面价值 债务重组损益=清偿债务的账面价值-支付的现金(/-转让的非现金资产公允价值/-重组后债务的公允价值)	分别按照前述一、二、三新准则相关规定确认发行的权益工具和重组债务 债务重组损益=清偿债务的账面价值-转让资产账面价值(/-发行权益工具的确认金额/-重组后债务的确认金额)

从债权人角度来看,债务重组准则修订前后的重要变化

当债权人初始确认金融资产以外的受让资产时,修订后准则要求按照成本计量受让资产,也就是基于放弃债权的公允价值来确定受让资产的初始入账价值,而不再是受让资产本身的公允价值,该变化要求债权人设法确定其放弃债权的公允价值。

对于采用修改其他条款方式进行债务重组的,修订后准则要求债权人对重组债权按照金融工具准则进行确认和计量,而不再要求直接将修改其他债务条件后的债权的公允价值作为重组后债权的账面价值。该项修订在增强两个准则之间的内在一致性的同时,也将要求债权人运用专业判断来确定原债权是否满足金融工具准则的金融资产终止确认条件,并根据判断结果采用不同的会计处理方法。

对于以多项资产清偿债务或者组合方式进行债务重组的,债权人需要分别确定重组债权的公允价值、受让的金融资产的公允价值以及金融资产以外的其他受让资产的公允价值,并且按照受让的金融资产以外的各项资产的公允价值比例,对放弃债权的公允价值扣除受让金融资产和重组债权确认金额后的净额进行分配,并以此为基础按照相关规定分别确定各项资产的成本,而原准则仅要求估计受让资产的公允价值并且不涉及成本分配工作。

相应地,债权重组损益的计算也由原准则下的受让资产的公允价值与放弃债权的账面价值之差,修改为放弃债权的公允价值与其账面价值之差。

重要变化内容如表16-3所示。

表16-3 债务重组准则修订前后的重要变化(债权人角度)

比较项目	原准则	修订后准则
受让资产的确认时点	无	在相关资产符合其定义和确认条件时予以确认
债权人受让金融资产以外的资产的初始计量	受让资产的公允价值	受让资产的成本,即放弃债权的公允价值和其他成本
债权重组相关损益	重组债权的账面余额与受让资产的公允价值之间的差额,债权人已对债权计提减值准备的,应当先将该差额冲减减值准备,减值准备不足以冲减的部分,计入当期损益	放弃债权的公允价值与账面价值之间的差额
采用修改其他条款方式进行的债务重组	将修改其他债务条件后的债权的公允价值作为重组后债权的账面价值	按照《企业会计准则第22号——金融工具确认和计量》的规定,确认和计量重组债权
以多项资产清偿债务或者组合方式进行的债务重组	依次以收到的现金、接受的非现金资产公允价值、债权人享有股份的公允价值冲减重组债权的账面余额,再按照有关修改其他债务条件的要求进行处理	首先按照《企业会计准则第22号——金融工具确认和计量》的规定确认和计量受让的金融资产和重组债权,然后按照受让的金融资产以外的各项资产的公允价值比例,对放弃债权的公允价值扣除受让金融资产和重组债权确认金额后的净额进行分配,并以此为基础按照修订后准则的相关规定分别确定各项资产的成本

从债务人角度来看,债务重组准则修订前后的重要变化

对于以资产清偿债务方式进行债务重组的,修订后准则不再要求区分债务重组损益和资产处置损益,而是合并作为债务重组相关损益反映。相应地,修订后准则也不再要求债务人评估所转让的非现金资产的公允价值。这同时意味着,对于以多项资产清偿债务的债务重组,也不再有必要区分不同资产类型,并将损益总额分配至不同资产的处置损益中分别确认。

对于将债务转为权益工具方式进行债务重组的,修订后准则仍要求债务人初始确认权益工具时应当按照权益工具的公允价值计量,但对于权益工具的公允价值不能可靠计量的,修订后准则要求按照所清偿债务的公允价值计量。

对于采用修改其他条款方式进行债务重组的,修订后准则要求债务人对重组债务按照金融工具准则进行确认和计量,而不再要求直接将修改其他债务条件后的债务的公允价值作为重组后债务的账面价值。该项修订在增强两个准则之间的内在一致性的同时,也将要求债务人运用专业判断来确定原债务是否满足金融工具准则的金融负债终止确认条件,并根据判断结果采用不同的会计处理方法。

重要变化内容如表16-4所示。

表16-4 债务重组准则修订前后的重要变化(债务人角度)

比较项目	原准则	修订后准则
相关资产和债务的终止确认时点	无	债务人应当在相关资产和所清偿债务符合终止确认条件时予以终止确认
以资产清偿债务方式进行的债务重组	债务人应当将重组债务的账面价值与转让的非现金资产公允价值之间的差额,计入当期损益。转让的非现金资产公允价值与其账面价值之间的差额,计入当期损益	所清偿债务账面价值与转让资产账面价值之间的差额计入当期损益
债权重组相关损益	债务人应当将债权人放弃债权而享有股份的面值总额确认为股本(或者实收资本),股份的公允价值总额与股本(或者实收资本)之间的差额确认为资本公积 重组债务的账面价值与股份的公允价值总额之间的差额,计入当期损益	债务人初始确认权益工具时应当按照权益工具的公允价值计量,权益工具的公允价值不能可靠计量的,应当按照所清偿债务的公允价值计量。所清偿债务账面价值与权益工具确认金额之间的差额,应当计入当期损益

(续表)

比较项目	原准则	修订后准则
采用修改其他条款方式进行的债务重组	债务人应当将修改其他债务条件后债务的公允价值作为重组后债务的入账价值。重组债务的账面价值与重组债务的入账价值之间的差额,计入当期损益。修改后的债务条款如涉及或有应付金额,且该或有应付金额符合《企业会计准则第13号——或有事项》中有关预计负债确认条件的,债务人应当将该或有应付金额确认为预计负债。重组债务的账面价值,与重组后债务的入账价值和预计负债金额之和的差额,计入当期损益。或有应付金额,是指需要根据未来某种事项出现而发生的应付金额,而且该未来事项的出现具有不确定性	债务人应当按照《企业会计准则第22号——金融工具确认和计量》和《企业会计准则第37号——金融工具列报》的规定,确认和计量重组债务
以多项资产清偿债务或者组合方式进行的债务重组	债务人应当依次以支付的现金、转让的非现金资产公允价值、债权人享有股份的公允价值冲减重组债务的账面价值,再按照本准则第七条的规定处理	债务人应当按照本准则第十一条和第十二条的规定确认和计量权益工具和重组债务,所清偿债务的账面价值与转让资产的账面价值以及权益工具和重组债务的确认金额之和的差额,应当计入当期损益

第二节 债务人以资产清偿债务

债务人以资产清偿债务,是债务人转让其资产给债权人以清偿债务的债务重组方式。

一、债权人的会计处理(采用以资产清偿债务方式进行债务重组的)

债务重组采用以资产清偿债务方式进行的,债权人应当在受让的相关资产符合其定义和确认条件时予以确认。

债务重组采用以资产清偿债务方式,债权人初始确认受让的非金融资产应当以成本计量。

(一) 债权人受让金融资产

债权人受让包括现金在内的单项或多项金融资产的,应当按照《企业会计准则第22号——金融工具确认和计量》的规定进行确认和计量。

金融资产初始确认时应当以其公允价值计量。

金融资产确认金额与债权终止确认日账面价值之间的差额,记入"投资收益"科目,但收取的金融资产的公允价值与交易价格(即放弃债权的公允价值)存在差异的,应当按照《企业会计准则第22号——金融工具确认和计量》第三十四条①的规定处理。

(二) 债权人受让非金融资产

以资产清偿债务方式进行债务重组的,债权人初始确认受让金融资产以外的资产时,应当按照表16-5所示原则以成本计量。

---

① 《企业会计准则第22号——金融工具确认和计量》第三十四条规定,企业应当根据《企业会计准则第39号——公允价值计量》的规定,确定金融资产和金融负债在初始确认时的公允价值。公允价值通常为相关金融资产或金融负债的交易价格。金融资产或金融负债公允价值与交易价格存在差异的,企业应当区别下列情况进行处理:第一,在初始确认时,金融资产或金融负债的公允价值依据相同资产或负债在活跃市场上的报价或者以仅使用可观察市场数据的估值技术确定的,企业应当将该公允价值与交易价格之间的差额确认为一项利得或损失。第二,在初始确认时,金融资产或金融负债的公允价值以其他方式确定的,企业应当将该公允价值与交易价格之间的差额递延。初始确认后,企业应当根据某一因素在相应会计期间的变动程度将该递延差额确认为相应会计期间的利得或损失。该因素应当仅限于市场参与者对该金融工具定价时将予考虑的因素,包括时间等。

表 16-5 债权人受让非金融资产的成本计量

存货的成本	包括放弃债权的公允价值,以及使该资产达到当前位置和状态所发生的可直接归属于该资产的税金、运输费、装卸费、保险费等其他成本
对联营企业或合营企业投资的成本	包括放弃债权的公允价值,以及可直接归属于该资产的税金等其他成本
投资性房地产的成本	包括放弃债权的公允价值,以及可直接归属于该资产的税金等其他成本
固定资产的成本	包括放弃债权的公允价值,以及使该资产达到预定可使用状态前所发生的可直接归属于该资产的税金、运输费、装卸费、安装费、专业人员服务费等其他成本。确定固定资产成本时,应当考虑预计弃置费用因素
生物资产的成本	包括放弃债权的公允价值,以及可直接归属于该资产的税金、运输费、保险费等其他成本
无形资产的成本	包括放弃债权的公允价值,以及可直接归属于使该资产达到预定用途所发生的税金等其他成本

放弃债权的公允价值与账面价值之间的差额,记入"投资收益"科目。

如果债权人与债务人间的债务重组是在公平交易的市场环境中达成的交易,放弃债权的公允价值通常与受让资产的公允价值相等,且通常不高于放弃债权的账面余额。

(三) 债权人受让多项资产

债权人受让多项非金融资产,或者包括金融资产、非金融资产在内的多项资产的,应当按照《企业会计准则第 22 号——金融工具确认和计量》的规定确认和计量受让的金融资产;按照受让的金融资产以外的各项资产在债务重组合同生效日的公允价值比例,对放弃债权在合同生效日的公允价值扣除受让金融资产当日公允价值后的净额进行分配,并以此为基础分别确定各项资产的成本。

放弃债权的公允价值与账面价值之间的差额,记入"投资收益"科目。

【例 16-3】 2×19 年 11 月 5 日,智董公司(增值税一般纳税人,税率为 13%)赊销一批材料给贵琛公司(增值税一般纳税人,税率为 13%),价格 702 万元(含税)。

2×20 年 9 月 10 日,贵琛公司因发生财务困难,无法按合同约定偿还债务,双方协商进行债务重组。智董公司同意贵琛公司用其生产的商品、作为固定资产管理的机器设备和一项债券投资抵偿欠款。

抵债资产于 2×20 年 9 月 20 日转让完毕。

相关资料见表 16-6 所示。

表 16-6 相关资料

情形	债务人(贵琛公司)		债权人(智董公司)		备注
	9 月 10 日	9 月 20 日	9 月 10 日	9 月 20 日	—
相关说明	—	贵琛公司以摊余成本计量该项债务 当日,该项债务的账面价值仍为 702 万元	当日,该债权的公允价值为 630 万元	智董公司以摊余成本计量该项债权 已计提坏账准备 57 万元	—
债务人用商品抵债	市价(不含增值税)为 270 万元	成本为 210 万元	—	作为周转材料——低值易耗品核算	计税价格为 270 万元
债务人用设备抵债	公允价值为 225 万元	账面原价为 450 万元,累计折旧为 120 万元,已计提减值准备 54 万元 发生设备运输费用 1.95 万元	—	作为固定资产核算 发生设备安装费用 4.5 万元	计税价格为 225 万元
债务人用债券抵债	市价为 70.65 万元	贵琛公司以摊余成本计量用于抵债的债券投资 票面价值总额为 45 万元 票面利率与实际利率一致,按年付息,假定贵琛公司尚未对债券确认利息收入	—	作为以公允价值计量且其变动计入当期损益的金融资产核算 债券投资市价为 63 万元	—

【分析】

1. 债权人的会计处理

债权人受让多项非金融资产,或者包括金融资产、非金融资产在内的多项资产的,应当按照《企业会计准则第22号——金融工具确认和计量》的规定确认和计量受让的金融资产;按照受让的金融资产以外的各项资产在债务重组合同生效日的公允价值比例,对放弃债权在合同生效日的公允价值扣除受让金融资产当日公允价值后的净额进行分配,并以此为基础分别确定各项资产的成本。

放弃债权的公允价值与账面价值之间的差额,记入"投资收益"科目。

低值易耗品可抵扣增值税=270×13%=35.1(万元)。

设备可抵扣增值税=225×13%=29.25(万元)。

低值易耗品和固定资产的成本应当以其公允价值比例(270:225)对放弃债权公允价值扣除受让金融资产公允价值后的净额进行分配后的金额为基础确定。

低值易耗品的成本=270÷(270+225)×(630-70.65-35.1-29.25)=270(万元)。

固定资产的成本=225÷(270+225)×(630-70.65-35.1-29.25)=225(万元)。

2×20年9月20日,智董公司的账务处理如下:

(1) 结转债务重组相关损益。

借:周转材料——低值易耗品　　2 700 000
　　在建工程——在安装设备　　2 250 000
　　应交税费——应交增值税　　　643 500
　　交易性金融资产　　　　　　　630 000
　　坏账准备　　　　　　　　　　570 000
　　投资收益　　　　　　　　　　226 500
　　贷:应收账款——贵琛公司　　7 020 000

(2) 支付安装费用。

借:在建工程——在安装设备　　　45 000
　　贷:银行存款　　　　　　　　45 000

(3) 安装完毕达到可使用状态。

借:固定资产——××设备　　　2 295 000
　　贷:在建工程——在安装设备　2 295 000

2. 债务人的会计处理

贵琛公司9月20日的账务处理如下:

借:固定资产清理　　　　　　　2 760 000
　　累计折旧　　　　　　　　　1 200 000
　　固定资产减值准备　　　　　　540 000
　　贷:固定资产　　　　　　　　4 500 000

借:固定资产清理　　　　　　　　19 500
　　贷:银行存款　　　　　　　　19 500

借:应付账款　　　　　　　　　7 020 000
　　贷:固定资产清理　　　　　　2 779 500
　　　　库存商品　　　　　　　2 100 000
　　　　应交税费——应交增值税　643 500
　　　　债权投资——面值　　　　450 000
　　　　其他收益——债务重组收益1 047 000

(四) 债权人受让处置组

债务人以处置组清偿债务的,债权人应当分别按照《企业会计准则第22号——金融工具确认和计量》和其他相关准则的规定,对处置组中的金融资产和负债进行初始计量,然后按照金融资产以外的各项资产在债务重组合同生效日的公允价值比例,对放弃债权在合同生效日的公允价值以及承担的处置组中负债的确认金额之和,扣除受让金融资产当日公允价值后的净额进行分配,并以此为基础分别确定各项资产的成本。

放弃债权的公允价值与账面价值之间的差额,记入"投资收益"科目。

(五) 债权人将受让的资产或处置组划分为持有待售类别

债务人以资产或处置组清偿债务,且债权人在取得日未将受让的相关资产或处置组作为非流动资产和非流动负债核算,而是将其划分为持有待售类别的,债权人应当在初始计量时,比较假定其不划分为持有待售类别情况下的初始计量金额和公允价值减去出售费用后的净额,以两者孰低计量。

|专家点拨|

对于以资产清偿债务方式进行的债务重组,由于债权人在拥有或控制相关资产时,通常其收取债权现金流量的合同权利也同时终止,债权人一般可以终止确认该债权。

二、债务人的会计处理（采用以资产清偿债务方式进行债务重组的）

以资产清偿债务方式进行债务重组的，债务人应当在相关资产和所清偿债务符合终止确认条件时予以终止确认，所清偿债务账面价值与转让资产账面价值之间的差额计入当期损益。

（一）债务人用于偿债的资产通常是已经在资产负债表中确认的资产

债务人用于偿债的资产通常是已经在资产负债表中确认的资产，例如，现金、应收账款、长期股权投资、投资性房地产、固定资产、在建工程、生物资产、无形资产等。债务人以日常活动产出的商品或服务清偿债务的，用于偿债的资产可能体现为存货等资产。

在受让上述资产后，按照相关会计准则要求及本企业会计核算要求，债权人核算相关受让资产的类别可能与债务人不同。例如，债务人以作为固定资产核算的房产清偿债务，债权人可能将受让的房产作为投资性房地产核算；债务人以部分长期股权投资清偿债务，债权人可能将受让的投资作为金融资产核算；债务人以存货清偿债务，债权人可能将受让的资产作为固定资产核算等。

（二）债务人也可能以不符合确认条件而未予确认的资产清偿债务

除上述已经在资产负债表中确认的资产外，债务人也可能以不符合确认条件而未予确认的资产清偿债务。例如，债务人以未确认的内部产生品牌清偿债务，债权人在获得的商标权符合无形资产确认条件的前提下作为无形资产核算。

（三）债务人还可能以处置组清偿债务

在少数情况下，债务人还可能以处置组（即一组资产和与这些资产直接相关的负债）清偿债务。

1) 债务人以金融资产清偿债务

债务人以单项或多项金融资产清偿债务的，债务的账面价值与偿债金融资产账面价值的差额，记入"投资收益"科目。

偿债金融资产已计提减值准备的，应结转已计提的减值准备。

对于以分类为以公允价值计量且其变动计入其他综合收益的债务工具投资清偿债务的，之前计入其他综合收益的累计利得或损失应当从其他综合收益中转出，记入"投资收益"科目。

对于以指定为以公允价值计量且其变动计入其他综合收益的非交易性权益工具投资清偿债务的，之前计入其他综合收益的累计利得或损失应当从其他综合收益中转出，记入"盈余公积""利润分配——未分配利润"等科目。

2) 债务人以非金融资产清偿债务

债务人以单项或多项非金融资产（如固定资产、日常活动产出的商品或服务等）清偿债务，或者以包括金融资产和非金融资产在内的多项资产清偿债务的，不需要区分资产处置损益和债务重组损益，也不需要区分不同资产的处置损益，而应将所清偿债务账面价值与转让资产账面价值之间的差额，记入"其他收益——债务重组收益"科目。

偿债资产已计提减值准备的，应结转已计提的减值准备。

债务人以包含非金融资产的处置组清偿债务的，应当将所清偿债务和处置组中负债的账面价值之和，与处置组中资产的账面价值之间的差额，记入"其他收益——债务重组收益"科目。处置组所属的资产组或资产组组合按照《企业会计准则第8号——资产减值》分摊了企业合并中取得的商誉的，该处置组应当包含分摊至处置组的商誉。处置组中的资产已计提减值准备的，应结转已计提的减值准备。

专家点拨

由于债务人通过交付资产或权益工具解除了其清偿债务的现时义务，债务人一般可以终止确认该债务。

债务人以存货清偿债务是否作为存货销售处理？

根据债务重组准则第十条，以资产清偿债务方式进行债务重组的，债务人应当将所清偿债务账面价值与转让资产账面价值之间的差额计入当期损益。

根据《企业会计准则第 14 号——收入》(财会〔2017〕22 号)第二条,收入是指企业在日常活动中形成的、会导致所有者权益增加的、与所有者投入资本无关的经济利益的总流入。

通常情况下,债务重组不属于企业的日常活动,因此债务重组不适用收入准则,不应作为存货的销售处理。所清偿债务账面价值与存货账面价值之间的差额,记入"其他收益"。

【例 16-4】 2×21 年 8 月 8 日,贵琛公司销售一批材料给智董公司,含税价格为 702 000 元。9 月 18 日,智董公司无法按合同规定偿还债务,经双方协议,贵琛公司同意减免智董公司 120 000 元债务,余额用银行存款立即偿清。贵琛公司已对该债权计提了 3 000 元坏账准备。

【分析】 (1)贵琛公司应做如下账务处理:

借:银行存款　　　　　　　　582 000
　　坏账准备　　　　　　　　 3 000
　　投资收益　　　　　　　　117 000
　贷:应收账款　　　　　　　　702 000

(2)智董公司应作如下账务处理:

借:应付账款　　　　　　　　702 000
　贷:银行存款　　　　　　　　582 000
　　　投资收益　　　　　　　　120 000

【例 16-5】 2×21 年 7 月 7 日,智董公司向贵琛公司销售一批商品,智董公司将该应收贵琛公司款项分类为以摊余成本计量的金融资产(入账金额为 285 万元),贵琛公司将该应付账款分类为以摊余成本计量的金融负债(入账金额为 285 万元)。

2×21 年 11 月 7 日,智董公司、贵琛公司双方签订债务重组合同,贵琛公司以一项作为无形资产核算的著作权(账面余额为 300 万元,累计摊销额为 30 万元,已计提减值准备为 6 万元)偿还该欠款。

2×21 年 11 月 11 日,智董公司该应收款项的公允价值为 261 万元,已计提坏账准备 21 万元,办理完成该无形资产转让手续而支付评估费用 12 万元;当日,贵琛公司应付款项的账面价值仍为 285 万元。假设不考虑相关税费。

【分析】

本案例属于债务人(贵琛公司)以资产(一项作为无形资产核算的著作权,账面余额为 300 万元,累计摊销额为 30 万元,已计提减值准备 6 万元)清偿债务(应付账款——分类为以摊余成本计量的金融负债 285 万元),是债务人(贵琛公司)转让其资产给债权人(智董公司)以清偿债务的债务重组方式。

(1)债权人的会计处理。

2×21 年 11 月 11 日,以资产清偿债务方式进行债务重组的,债权人(智董公司)初始确认受让的无形资产时,应当以成本计量,无形资产的成本(273 万元)包括放弃债权的公允价值(261 万元),以及可直接归属于使该资产达到预定用途所发生的税金等其他成本(评估费用 12 万元)。

放弃债权的公允价值(261 万元)与账面价值(285-21=264 万元)之间的差额,记入"投资收益"科目(3 万元)。

智董公司的账务处理如下:

借:无形资产　　　　　　　　2 730 000
　　坏账准备　　　　　　　　 210 000
　　投资收益　　　　　　　　 30 000
　贷:应收账款　　　　　　　　2 850 000
　　　银行存款　　　　　　　　 120 000

▎专家点拨

假设智董公司管理层决议,受让该著作权后将在半年内将其出售,当日无形资产的公允价值为 261 万元,预计未来出售该著作权时将发生 3 万元的出售费用,该著作权满足持有待售资产确认条件。

那么,11 月 11 日,债务人(贵琛公司)以资产清偿债务,且债权人(智董公司)在取得日未将受让的相关资产作为非流动资产核算,而是将其划分为持有待售类别的,债权人(智董公司)应当在初始计量时,比较假定其不划分为持有待售类别情况下的初始计量金额(273 万元)和公允价值减去出售费用后的净额(261-3=258 万元),以两者孰低计量。

债权人智董公司的账务处理如下:

```
借：持有待售资产——无形资产    2 580 000
    坏账准备                      210 000
    资产减值损失                  180 000
    贷：应收账款                          2 850 000
        银行存款                            120 000
```

（2）债务人的会计处理。

债务人（贵琛公司）以单项非金融资产（一项作为无形资产核算的著作权，账面余额为300万元，累计摊销额为30万元，已计提减值准备6万元）清偿债务（应付账款——分类为以摊余成本计量的金融负债285万元）的，不需要区分资产处置损益和债务重组损益，也不需要区分不同资产的处置损益，而应将所清偿债务账面价值（285万元）与转让资产账面价值（300-30-6＝264万元）之间的差额，记入"其他收益——债务重组收益"科目（21万元）。偿债资产已计提减值准备的，应结转已计提的减值准备（6万元）。

贵琛公司11月11日的账务处理如下：

```
借：应付账款                   2 850 000
    累计摊销                     300 000
    无形资产减值准备              60 000
    贷：无形资产                       3 000 000
        其他收益——债务重组收益        210 000
```

第三节　债务人将债务转为权益工具

债务人将债务转为权益工具，这里的权益工具，是指根据《企业会计准则第37号——金融工具列报》分类为"权益工具"的金融工具，会计处理上体现为股本、实收资本、资本公积等科目。

▍专家点拨

实务中，有些债务重组名义上采用"债转股"的方式，但同时附加相关条款，如约定债务人在未来某个时点有义务以某一金额回购股权，或债权人持有的股份享有强制分红权等。对于债务人，这些"股权"可能并不是根据《企业会计准则第37号——金融工具列报》分类为权益工具的金融工具，从而不属于债务人将债务转为权益工具的债务重组方式。

债权人和债务人还可能协议以一项同时包含金融负债成分和权益工具成分的复合金融工具替换原债权债务，这类交易也不属于债务人将债务转为权益工具的债务重组方式。

一、债权人的会计处理（采用将债务转为权益工具方式进行债务重组的）

债务重组采用将债务转为权益工具方式进行的，债权人应当在受让的相关资产符合其定义和确认条件时予以确认。

债务重组采用将债务转为权益工具方式且导致债权人将债权转为对联营企业或合营企业的权益性投资的，债权人初始确认受让的非金融资产应当以成本计量。

▍专家点拨

将债务转为权益工具方式进行债务重组的，债权人应当在相关资产符合其定义和确认条件时予以确认。

将债务转为权益工具方式进行债务重组导致债权人将债权转为对联营企业或合营企业的权益性投资的，债权人应当按照本准则第六条（参见表16-5所述）的规定计量其初始投资成本。

放弃债权的公允价值与账面价值之间的差额，应当计入当期损益。

▍专家点拨

对于将债务转为权益工具方式进行的债务重组，由于债权人在拥有或控制相关资产时，通常其收取债权现金流量的合同权利也同时终止，债权人一般可以终止确认该债权。

二、债务人的会计处理（采用将债务转为权益工具方式进行债务重组的）

将债务转为权益工具方式进行债务重组

的,债务人应当在所清偿债务符合终止确认条件时予以终止确认。

专家点拨

由于债务人通过交付资产或权益工具解除了其清偿债务的现时义务,债务人一般可以终止确认该债务。

债务人初始确认权益工具时应当按照权益工具的公允价值计量,权益工具的公允价值不能可靠计量的,应当按照所清偿债务的公允价值计量。

所清偿债务账面价值与权益工具确认金额之间的差额,应当计入当期损益("投资收益"科目)。

债务人因发行权益工具而支出的相关税费等,应当依次冲减资本溢价、盈余公积、未分配利润等。

【例16-6】 2×20年2月10日,智董公司销售一批材料给贵琛公司,价格300万元(无重大融资成分),约定6个月后应结清款项。贵琛公司将该应付款项分类为以摊余成本计量的金融负债,智董公司将该应收款项分类为以公允价值计量且其变动计入当期损益的金融资产。

2×20年6月30日,应收款项和应付款项的公允价值均为255万元。

2×20年8月12日,应收款项和应付款项的公允价值均为228万元。

2×20年8月12日,贵琛公司因无法支付货款与智董公司协商进行债务重组,双方商定智董公司将该债权转为对贵琛公司的股权投资。

2×20年10月20日,智董公司办结了对贵琛公司的增资手续。相关资料如表16-7所示(假定不考虑其他相关税费)。

表16-7 相关资料

项目	债权人(智董公司)	债务人(贵琛公司)
债权债务	应收款项的公允价值为228万元	应付款项的公允价值为228万元 应付款项的账面价值仍为300万元
债转股	智董公司持有的抵债股权占贵琛公司总股本的25%,对贵琛公司具有重大影响	总股本为300万元,贵琛公司股权公允价值不能可靠计量
支付手续费等相关费用	3.6万元	4.5万元

【分析】 债务人将债务转为权益工具,这里的权益工具,是指根据《企业会计准则第37号——金融工具列报》分类为"权益工具"的金融工具,会计处理上体现为股本、实收资本、资本公积等科目。

1. 债权人的会计处理

债务重组采用将债务转为权益工具方式进行的,债权人应当在受让的相关资产符合其定义和确认条件时予以确认。

将债务转为权益工具方式进行债务重组导致债权人将债权转为对联营企业或合营企业的权益性投资的,债权人对联营企业或合营企业投资的成本包括放弃债权的公允价值,以及可直接归属于该资产的税金等其他成本。

放弃债权的公允价值与账面价值之间的差额,应当计入当期损益。

智董公司的账务处理如下:

(1) 2×20年6月30日

借:公允价值变动损益　　　　450 000
　　贷:交易性金融资产——公允价值变动
　　　　　　　　　　　　　　　450 000

(2) 2×20年8月12日

借:公允价值变动损益　　　　270 000
　　贷:交易性金融资产——公允价值变动
　　　　　　　　　　　　　　　270 000

(3) 2×20年10月20日,智董公司对贵琛公司长期股权投资的成本为应收款项公允价值(228万元)与相关税费(3.6万元)的合计231.6万元。

借:长期股权投资——贵琛公司　2 316 000
　　交易性金融资产——公允价值变动
　　　　　　　　　　　　　　　720 000
　　贷:交易性金融资产——成本　3 000 000
　　　　银行存款　　　　　　　　36 000

2. 债务人的会计处理

债务重组采用将债务转为权益工具方式的，债务人初始确认权益工具时应当按照权益工具的公允价值计量；权益工具的公允价值不能可靠计量的，应当按照所清偿债务的公允价值计量。债务人所清偿债务账面价值与权益工具确认金额之间的差额应当计入当期损益。

2×20年10月20日，由于贵琛公司股权的公允价值不能可靠计量，初始确认权益工具公允价值时应当按照所清偿债务的公允价值228万元计量，并扣除因发行权益工具支出的相关税费4.5万元。贵琛公司的账务处理如下：

```
借：应付账款                3 000 000
    贷：实收资本              750 000
        资本公积——资本溢价  1 485 000
        银行存款               45 000
        投资收益              720 000
```

第四节　修改其他条款

修改债权和债务的其他条款，是债务人不以资产清偿债务，也不将债务转为权益工具，而是改变债权和债务的其他条款的债务重组方式，如调整债务本金、改变债务利息、变更还款期限等。

▌专家点拨

经修改其他条款的债权和债务分别形成重组债权和重组债务。

一、债权人的会计处理（采用修改其他条款方式进行债务重组的）

采用修改其他条款方式进行债务重组的，债权人应当按照《企业会计准则第22号——金融工具确认和计量》的规定，确认和计量重组债权。

（一）全部债权终止确认

债务重组采用以修改其他条款方式进行的，如果修改其他条款导致全部债权终止确认，债权人应当按照修改后的条款以公允价值初始计量重组债权，重组债权的确认金额与债权终止确认日账面价值之间的差额，记入"投资收益"科目。

（二）未导致债权终止确认

如果修改其他条款未导致债权终止确认，债权人应当根据其分类，继续以摊余成本、以公允价值计量且其变动计入其他综合收益或者以公允价值计量且其变动计入当期损益进行后续计量。

对于以摊余成本计量的债权，债权人应当根据重新议定合同的现金流量变化情况，重新计算该重组债权的账面余额，并将相关利得或损失记入"投资收益"科目。重新计算的该重组债权的账面余额，应当根据将重新议定或修改的合同现金流量按债权原实际利率折现的现值确定，购买或源生的已发生信用减值的重组债权，应按经信用调整的实际利率折现。对于修改或重新议定合同所产生的成本或费用，债权人应当调整修改后的重组债权的账面价值，并在修改后重组债权的剩余期限内摊销。

▌专家点拨

对于债权人，债务重组通过调整债务本金、改变债务利息、变更还款期限等修改合同条款方式进行的，合同修改前后的交易对手方没有发生改变，合同涉及的本金、利息等现金流量很难在本息之间及债务重组前后做出明确分割，即很难单独识别合同的特定可辨认现金流量。因此通常情况下，应当整体考虑是否对全部债权的合同条款做出了实质性修改。如果做出实质性修改，或者债权人与债务人之间签订协议，以获取实质上不同的新金融资产方式替换债权，应当终止确认原债权，并按照修改后的条款或新协议确认新金融资产。

二、债务人的会计处理（采用修改其他条款方式进行债务重组的）

采用修改其他条款方式进行债务重组的，

债务人应当按照《企业会计准则第22号——金融工具确认和计量》和《企业会计准则第37号——金融工具列报》的规定,确认和计量重组债务。

债务重组采用修改其他条款方式进行的,如果修改其他条款导致债务终止确认,债务人应当按照公允价值计量重组债务,终止确认的债务账面价值与重组债务确认金额之间的差额,记入"投资收益"科目。

如果修改其他条款未导致债务终止确认,或者仅导致部分债务终止确认,对于未终止确认的部分债务,债务人应当根据其分类,继续以摊余成本、以公允价值计量且其变动计入当期损益或其他适当方法进行后续计量。对于以摊余成本计量的债务,债务人应当根据重新议定合同的现金流量变化情况,重新计算该重组债务的账面价值,并将相关利得或损失记入"投资收益"科目。重新计算的该重组债务的账面价值,应当根据将重新议定或修改的合同现金流量按债务的原实际利率或按《企业会计准则第24号——套期会计》第二十三条规定的重新计算的实际利率(如适用)折现的现值确定。

对于修改或重新议定合同所产生的成本或费用,债务人应当调整修改后的重组债务的账面价值,并在修改后重组债务的剩余期限内摊销。

专家点拨

对于债务人,如果对债务或部分债务的合同条款做出实质性修改形成重组债务,或者债权人与债务人之间签订协议,以承担实质上不同的重组债务方式替换债务,债务人应当终止确认原债务,同时按照修改后的条款确认一项新金融负债。其中,如果重组债务未来现金流量(包括支付和收取的某些费用)现值与原债务的剩余期间现金流量现值之间的差异超过10%,则意味着新的合同条款进行了实质性修改或者重组债务是实质上不同的,有关现值的计算均采用原债务的实际利率。

【例16-7】 贵琛公司2×19年12月31日,应付智董公司票据的账面余额为208 000元,其中,8 000元为累计未付的利息,票面年利率为8%。由于贵琛公司连年亏损,资金困难,不能偿付应于2×19年12月31日前支付的应付票据。经双方协商,于2×20年1月1日进行债务重组。智董公司同意将债务本金减至160 000元,免去债务人2×19年12月31日前所欠的全部利息;将利率从8%降低到5%,并将债务到期日延长至2×21年12月31日,利息按年支付。假设智董公司已对该项债权计提坏账准备52 000元,现行类似债权资产市场折现率为5%。

根据上述资料,债务重组后债务的公允价值为160 000元。

【分析】

1. 贵琛公司(债务人)应作如下账务处理

债务重组日原债务应终止确认。

借:应付票据　　　　　　　　208 000
　　贷:应付账款——智董公司(重组债务)
　　　　　　　　　　　　　　160 000
　　　投资收益　　　　　　　 48 000

2. 智董公司(债权人)应作如下账务处理

(1)债务重组日原债权应终止确认。

借:应收账款——贵琛公司(重组债权)
　　　　　　　　　　　　　　160 000
　　坏账准备　　　　　　　　 52 000
　　贷:应收票据　　　　　　 208 000
　　　投资收益　　　　　　　 4 000

(2)2×20年12月31日收到利息8 000元。

借:银行存款　　　　　　　　 8 000
　　贷:财务费用　　　　　　　 8 000

(3)2×21年12月31日收回本金和最后一年利息。

借:银行存款　　　　　　　　168 000
　　贷:应收账款——贵琛公司(重组债务)
　　　　　　　　　　　　　　160 000
　　　财务费用　　　　　　　 8 000

第五节 以多项资产清偿债务或者组合方式进行

组合方式,是采用债务人以资产清偿债务、债务人将债务转为权益工具、修改其他条款三种方式中一种以上方式的组合清偿债务的债务重组方式。

例如,债权人和债务人约定,由债务人以机器设备清偿部分债务,将另一部分债务转为权益工具,调减剩余债务的本金,但利率和还款期限不变;再如,债务人以现金清偿部分债务,同时将剩余债务展期等。

一、债权人的会计处理(以多项资产清偿债务或者组合方式进行债务重组的)

债务重组采用债务人以多项资产清偿债务或者组合方式的,债权人应当首先按照《企业会计准则第22号——金融工具确认和计量》的规定,确认和计量受让的金融资产和重组债权,然后按照受让各项非金融资产的公允价值比例,对放弃债权的公允价值扣除受让金融资产和重组债权确认金额后的净额进行分配,并以此为基础分别确定各项资产的成本。放弃债权的公允价值与账面价值之间的差额,应当计入当期损益。

专家点拨

以多项资产清偿债务或者组合方式进行债务重组的,债权人应当首先按照《企业会计准则第22号——金融工具确认和计量》的规定确认和计量受让的金融资产和重组债权,然后按照受让的金融资产以外的各项资产的公允价值比例,对放弃债权的公允价值扣除受让金融资产和重组债权确认金额后的净额进行分配,并以此为基础按照本准则第六条的规定(表16-5所述)分别确定各项资产的成本。放弃债权的公允价值与账面价值之间的差额,应当计入当期损益。

专家点拨

对于债权人,通常情况下应当整体考虑是否终止确认全部债权。由于组合方式涉及多种债务重组方式,一般可以认为对全部债权的合同条款做出了实质性修改,从而终止确认全部债权,并按照修改后的条款确认新金融资产。

二、债务人的会计处理(以多项资产清偿债务或者组合方式进行债务重组的)

债务重组采用债务人以多项资产清偿债务或者组合方式的,所清偿债务的账面价值与转让资产的账面价值以及权益工具和重组债务的确认金额之和的差额,应当计入当期损益。

专家点拨

以多项资产清偿债务或者组合方式进行债务重组的,债务人应当按照本准则第十一条和第十二条的规定①确认和计量权益工具和重组债务,所清偿债务的账面价值与转让资产的账面价值以及权益工具和重组债务的确认金额之和的差额,应当计入当期损益。

债务重组采用以资产清偿债务、将债务转为权益工具、修改其他条款等方式的组合进行的,对于权益工具,债务人应当在初始确认时按照权益工具的公允价值计量,权益工具的公允价值不能可靠计量的,应当按照所清偿债务的公允价值计量。对于修改其他条款形成的重组债务,债务人应当参照上述"修改其他条款"部分的介绍,确认和计量重组债务。所清偿债务的账面价值与转让资产的账面价值以及权益工具和重组债务的确认金额之和的差额,记入"其

---

① 《企业会计准则第12号——债务重组》第十一条规定,将债务转为权益工具方式进行债务重组的,债务人应当在所清偿债务符合终止确认条件时予以终止确认。债务人初始确认权益工具时应当按照权益工具的公允价值计量,权益工具的公允价值不能可靠计量的,应当按照所清偿债务的公允价值计量。所清偿债务账面价值与权益工具确认金额之间的差额,应当计入当期损益。
《企业会计准则第12号——债务重组》第十二条规定,采用修改其他条款方式进行债务重组的,债务人应当按照《企业会计准则第22号——金融工具确认和计量》和《企业会计准则第37号——金融工具列报》的规定,确认和计量重组债务。

他收益——债务重组收益"或"投资收益"(仅涉及金融工具时)科目。

> **专家点拨**

对于债务人,组合中以资产清偿债务或者将债务转为权益工具方式进行的债务重组,如果债务人清偿该部分债务的现时义务已经解除,应当终止确认该部分债务。组合中以修改其他条款方式进行的债务重组,需要根据具体情况,判断对应的部分债务是否满足终止确认条件。

【例 16-8】 相关资料如表 16-8 所示。

表 16-8 相关资料

2×17年1月1日	贵琛公司(上市公司)取得智董银行贷款 15 000 万元,约定贷款期限为 4 年(即 2×20 年 12 月 31 日到期),年利率 6%,按年付息,贵琛公司已按时支付所有利息
2×20 年 12 月 31 日	贵琛公司出现严重资金周转问题,多项债务违约,信用风险增加,无法偿还贷款本金
2×21 年 1 月 8 日	贵琛公司以摊余成本计量该贷款,截至 2×21 年 1 月 8 日,该贷款的账面价值为 15 000 万元 智董银行同意与贵琛公司就该项贷款重新达成协议,新协议约定: (1) 贵琛公司将一项作为固定资产核算的房产转让给智董银行,用于抵偿债务本金 3 000 万元 该房产账面原值 3 600 万元,累计折旧 1 200 万元,未计提减值准备 (2) 贵琛公司向智董银行增发股票 1 500 万股,用于抵偿债务本金 6 000 万元 面值 1 元/股,占贵琛公司股份总额的 1%,贵琛公司股票于 2×21 年 1 月 8 日的收盘价为 4 元/股 (3) 在贵琛公司履行上述偿债义务后,智董银行免除贵琛公司 1 500 万元债务本金,并将尚未偿还的债务本金 4 500 万元展期至 2×21 年 12 月 31 日,年利率 8% 如果贵琛公司未能履行(1)(2)所述偿债义务,智董银行有权终止债务重组协议,尚未履行的债权调整承诺随之失效 智董银行以摊余成本计量该贷款,已计提贷款损失准备 900 万元,该贷款于 2×21 年 1 月 8 日的公允价值为 13 800 万元,予以展期的贷款的公允价值为 4 500 万元
2×21 年 3 月 5 日	双方办理完成房产转让手续,智董银行将该房产作为投资性房地产核算
2×21 年 3 月 31 日	智董银行为该笔贷款补提了 300 万元的损失准备
2×21 年 5 月 8 日	双方办理完成股权转让手续,智董银行将该股权投资分类为以公允价值计量且其变动计入当期损益的金融资产,贵琛公司股票当日收盘价为 4.02 元/股

不考虑相关税费。

【分析】 组合方式,是采用债务人以资产清偿债务、债务人将债务转为权益工具、修改其他条款三种方式中一种以上方式的组合清偿债务的债务重组方式。

1. 债权人(智董银行)的会计处理

债务重组采用组合方式进行的,一般可以认为对全部债权的合同条款做出了实质性修改,债权人应当按照修改后的条款,以公允价值初始计量重组债权和受让的新金融资产,按照受让的金融资产以外的各项资产在债务重组合同生效日的公允价值比例,对放弃债权在合同生效日的公允价值扣除重组债权和受让金融资产当日公允价值后的净额进行分配,并以此为基础分别确定各项资产的成本。放弃债权的公允价值与账面价值之间的差额,记入"投资收益"科目。

债权人智董银行的账务处理如下:

(1) 2×21 年 3 月 5 日。

投资性房地产成本＝放弃债权在合同生效日的公允价值(13 800 万元)－重组债权和受让金融资产当日公允价值(重组债权公允价值 4 500 万元和受让股权公允价值 6 000 万元)＝3 300(万元)。

借:投资性房地产　　　　　　33 000 000
　贷:贷款——本金　　　　　　33 000 000

(2) 2×21 年 3 月 31 日。

智董银行为该笔贷款补提 300 万元的损失准备。

借:信用减值损失　　　　　　3 000 000
　贷:贷款损失准备　　　　　　3 000 000

(3) 2×21 年 5 月 8 日。

贵琛公司与智董银行以组合方式进行债务重组,同时涉及以资产清偿债务、将债务转为权益工具、债务豁免等修改其他条款的方式,可以认为对全部债权的合同条款做出了实质性修改,债权人在收取债权现金流量的合同权利终止时应当终止确认全部债权,即在 2×21 年 5 月 8 日该债务重组协议的执行过程和结果不确定性消除时,可以确认债务重组相关损益,并按照修改后的条款确认新金融资产。

受让股权的公允价值＝4.02×1 500＝6 030(万元)。

借：交易性金融资产　　　　60 300 000
　　贷款——本金　　　　　45 000 000
　　贷款损失准备　　　　　12 000 000
　贷：贷款——本金　　　　117 000 000
　　　投资收益　　　　　　　　 300 000

2. 债务人(贵琛公司)的会计处理

债务重组采用以资产清偿债务、将债务转为权益工具、修改其他条款等方式的组合进行的,对于权益工具,债务人应当在初始确认时按照权益工具的公允价值计量,权益工具的公允价值不能可靠计量的,应当按照所清偿债务的公允价值计量。对于修改其他条款形成的重组债务,债务人应当参照上述"修改其他条款"部分的介绍,确认和计量重组债务。所清偿债务的账面价值与转让资产的账面价值以及权益工具和重组债务的确认金额之和的差额,记入"其他收益——债务重组收益"或"投资收益"(仅涉及金融工具时)科目。

债务人贵琛公司的账务处理如下：

(1) 2×21年3月5日。

借：固定资产清理　　　　24 000 000
　　累计折旧　　　　　　12 000 000
　贷：固定资产　　　　　36 000 000
借：长期借款——本金　　24 000 000
　贷：固定资产清理　　　24 000 000

(2) 2×21年5月8日。

该债务重组协议的执行过程和结果不确定性于2×21年5月8日消除时,债务人清偿该部分债务的现时义务已经解除,可以确认债务重组相关损益,并按照修改后的条款确认新金融负债。本例中,即使没有"贵琛公司未能履行(1)(2)所述偿债义务,智董银行有权终止债务重组协议,尚未履行的债权调整承诺随之失效"的条款,债务人仍然应当谨慎处理,考虑在债务的现时义务解除时终止确认原债务。

对于债务人,如果对债务或部分债务的合同条款做出实质性修改形成重组债务,或者债权人与债务人之间签订协议,以承担实质上不同的重组债务方式替换债务,债务人应当终止确认原债务,同时按照修改后的条款确认一项新金融负债。其中,如果重组债务未来现金流量(包括支付和收取的某些费用)现值与原债务的剩余期间现金流量现值之间的差异超过10%,则意味着新的合同条款进行了实质性修改或者重组债务是实质上不同的,有关现值的计算均采用原债务的实际利率。

借款的新现金流量现值＝4 500×(1+8%)/(1+6%)＝4 584.91(万元)。

现金流变化＝(4 584.91－4 500)/4 500＝1.9%。

差异未超过10%,因此,针对4 500万元本金部分的合同条款的修改不构成实质性修改,不终止确认该部分负债。

借：长期借款——本金　　　126 000 000
　贷：股本　　　　　　　　　15 000 000
　　　资本公积　　　　　　　45 300 000
　　　长期借款——本金　　　45 849 057
　　　其他收益——债务重组收益　19 850 943

第六节　会计科目和会计分录

以下是第一财税网(www.tax.org.cn)耗时整理的相关会计科目和会计分录,供实际工作中随时查阅、使用。

一、6117 其他收益

(一) 核算内容

企业选择总额法对与日常活动相关的政府

补助进行会计处理的,应增设"6117 其他收益"科目进行核算。

"其他收益"科目核算总额法下与日常活动相关的政府补助以及其他与日常活动相关且应直接计入本科目的项目。

注 与企业日常活动无关的政府补助,通过"营业外收入"科目核算。

新修改后的债务重组会计准则下,对于债权人,债务重组收益,通过"投资收益"科目核算。对于债务人,采用以资产清偿债务方式进行债务重组的,债务人以非金融资产清偿债务,应将所清偿债务账面价值与转让资产账面价值之间的差额,以及所清偿债务和处置组中负债的账面价值之和与处置组中资产的账面价值之间的差额,记入"其他收益——债务重组收益"科目;以多项资产清偿债务或者组合方式进行债务重组的,债务人所清偿债务的账面价值与转让资产的账面价值以及权益工具和重组债务的确认金额之和的差额,记入"其他收益——债务重组收益"或"投资收益"(仅涉及金融工具时)科目。

(二)明细核算

计入本科目的政府补助可以按照类型进行明细核算。

(三)主要账务处理

1. 总额法下与日常活动相关的政府补助

对于总额法下与日常活动相关的政府补助,企业在实际收到或应收时,或者将先确认为"递延收益"的政府补助分摊计入收益时,借记"银行存款""其他应收款""递延收益"等科目,贷记"其他收益"科目。

2. 债务人的会计处理(采用以资产清偿债务方式进行债务重组,债务人以非金融资产清偿债务)

债务人以单项或多项非金融资产(如固定资产、日常活动产出的商品或服务等)清偿债务,或者以包括金融资产和非金融资产在内的多项资产清偿债务的,不需要区分资产处置损益和债务重组损益,也不需要区分不同资产的处置损益,而应将所清偿债务账面价值与转让资产账面价值之间的差额,记入"其他收益——债务重组收益"科目。偿债资产已计提减值准备的,应结转已计提的减值准备。

债务人以包含非金融资产的处置组清偿债务的,应当将所清偿债务和处置组中负债的账面价值之和,与处置组中资产的账面价值之间的差额,记入"其他收益——债务重组收益"科目。处置组所属的资产组或资产组组合按照《企业会计准则第8号——资产减值》分摊了企业合并中取得的商誉的,该处置组应当包含分摊至处置组的商誉。处置组中的资产已计提减值准备的,应结转已计提的减值准备。

3. 债务人的会计处理(以多项资产清偿债务或者组合方式进行债务重组的)

债务重组采用以资产清偿债务、将债务转为权益工具、修改其他条款等方式的组合进行的,对于权益工具,债务人应当在初始确认时按照权益工具的公允价值计量,权益工具的公允价值不能可靠计量的,应当按照所清偿债务的公允价值计量。对于修改其他条款形成的重组债务,债务人应当参照上述"修改其他条款"部分的介绍,确认和计量重组债务。所清偿债务的账面价值与转让资产的账面价值以及权益工具和重组债务的确认金额之和的差额,记入"其他收益——债务重组收益"或"投资收益"(仅涉及金融工具时)科目。

(四)期末余额

期末,应将本科目余额转入"本年利润"科目,本科目结转后应无余额。

附:报表列示

反映计入其他收益的政府补助,以及其他与日常活动相关且计入其他收益的项目。

本项目应根据"其他收益"科目的发生额分析填列。企业作为个人所得税的扣缴义务人,根据《中华人民共和国个人所得税法》收到的扣缴税款手续费,应作为其他与日常活动相关的收益在本项目中填列。

二、6111 投资收益

(一)核算内容

本科目核算企业持有交易性金融资产等的期间内取得的投资收益以及出售交易性金融资产等实现的投资收益或投资损失;企业根据长期股权投资准则确认的投资收益或投资损失。

注 新修改后的债务重组会计准则下,对于债权人,债务重组收益,通过"投资收益"科目核算。对于债务人,采用以资产清偿债务方式进行债务重组的,债务人以非金融资产清偿债务,应将所清偿债务账面价值与转让资产账面价值之间的差额,以及所清偿债务和处置组中负债的账面价值之和与处置组中资产的账面价值之间的差额,记入"其他收益——债务重组收益"科目;以多项资产清偿债务或者组合方式进行债务重组的,债务人所清偿债务的账面价值与转让资产的账面价值以及权益工具和重组债务的确认金额之和的差额,记入"其他收益——债务重组收益"或"投资收益"(仅涉及金融工具时)科目。

(二) 明细核算

本科目应当按照投资项目进行明细核算。

(三) 主要账务处理

1. 交易性金融资产

本科目借方登记企业取得交易性金融资产时支付的交易费用、出售交易性金融资产等发生的投资损失,贷方登记企业持有交易性金融资产等的期间内取得的投资收益以及出售交易性金融资产等实现的投资收益。

2. 长期股权投资

(1) 长期股权投资采用成本法核算的,企业应按被投资单位宣告发放的现金股利或利润中属于本企业的部分,借记"应收股利"科目,贷记本科目。

(2) 长期股权投资采用权益法核算的,资产负债表日,应按被投资单位实现的净利润(以取得投资时被投资单位可辨认净资产的公允价值为基础计算)中企业享有的份额,借记"长期股权投资——损益调整"科目,贷记本科目。

被投资单位发生亏损、分担亏损份额未超过长期股权投资账面价值或分担亏损份额超过长期股权投资账面价值而冲减实质上构成对被投资单位长期净投资的,借记本科目,贷记"长期股权投资——损益调整""长期应收款"。除按照上述步骤已确认的损失外,按照投资合同或协议约定企业将承担的损失,借记本科目,贷记"预计负债"。发生亏损的被投资单位以后实现净利润的,企业计算的应享有的份额,如有未确认投资损失的,应先弥补未确认的投资损失,弥补损失后仍有余额的,借记"预计负债""长期应收款""长期股权投资——损益调整"等科目,贷记本科目。

(3) 处置长期股权投资时,应按实际收到的金额,借记"银行存款"等科目,原已计提减值准备的,借记"长期股权投资减值准备"科目,按其账面余额,贷记"长期股权投资"科目,按尚未领取的现金股利或利润,贷记"应收股利"科目,按其差额,贷记或借记本科目。

处置采用权益法核算的长期股权投资时,应当采用与被投资单位直接处置相关资产或负债相同的基础,对相关的其他综合收益进行会计处理。按照上述原则可以转入当期损益的其他综合收益,应按结转长期股权投资的投资成本比例结转原记入"其他综合收益"科目的金额,借记或贷记"其他综合收益"科目,贷记或借记本科目。

处置采用权益法核算的长期股权投资时,还应按结转长期股权投资的投资成本比例结转原记入"资本公积——其他资本公积"科目的金额,借记或贷记"资本公积——其他资本公积"科目,贷记或借记本科目。

3. 债务重组

对于终止确认的债权,债权人应当结转已计提的减值准备中对应该债权终止确认部分的金额。对于终止确认的分类为以公允价值计量且其变动计入其他综合收益的债权,之前计入其他综合收益的累计利得或损失应当从其他综合收益中转出,记入"投资收益"科目。

(1) 债权人的会计处理(采用以资产清偿债务方式进行债务重组的)。

① 债权人受让金融资产。

债权人受让包括现金在内的单项或多项金融资产的,应当按照《企业会计准则第 22 号——金融工具确认和计量》的规定进行确认和计量。

金融资产初始确认时应当以其公允价值计量。

金融资产确认金额与债权终止确认日账面价值之间的差额,记入"投资收益"科目,但收取的金融资产的公允价值与交易价格(即放弃债权

的公允价值)存在差异的,应当以下规定处理:

A. 在初始确认时,金融资产或金融负债的公允价值依据相同资产或负债在活跃市场上的报价或者以仅使用可观察市场数据的估值技术确定的,企业应当将该公允价值与交易价格之间的差额确认为一项利得或损失。

B. 在初始确认时,金融资产或金融负债的公允价值以其他方式确定的,企业应当将该公允价值与交易价格之间的差额递延。初始确认后,企业应当根据某一因素在相应会计期间的变动程度将该递延差额确认为相应会计期间的利得或损失。该因素应当仅限于市场参与者对该金融工具定价时将予考虑的因素,包括时间等。

② 债权人受让非金融资产。

以资产清偿债务方式进行债务重组的,债权人初始确认受让的金融资产以外的资产时,放弃债权的公允价值与账面价值之间的差额,记入"投资收益"科目。

③ 债权人受让多项资产。

债权人受让多项非金融资产,或者包括金融资产、非金融资产在内的多项资产的,应当按照《企业会计准则第22号——金融工具确认和计量》的规定确认和计量受让的金融资产;按照受让的金融资产以外的各项资产在债务重组合同生效日的公允价值比例,对放弃债权在合同生效日的公允价值扣除受让金融资产当日公允价值后的净额进行分配,并以此为基础分别确定各项资产的成本。

放弃债权的公允价值与账面价值之间的差额,记入"投资收益"科目。

④ 债权人受让处置组。

债务人以处置组清偿债务的,债权人应当分别按照《企业会计准则第22号——金融工具确认和计量》和其他相关准则的规定,对处置组中的金融资产和负债进行初始计量,然后按照金融资产以外的各项资产在债务重组合同生效日的公允价值比例,对放弃债权在合同生效日的公允价值以及承担的处置组中负债的确认金额之和,扣除受让金融资产当日公允价值后的净额进行分配,并以此为基础分别确定各项资产的成本。

放弃债权的公允价值与账面价值之间的差额,记入"投资收益"科目。

(2) 债权人的会计处理(采用修改其他条款方式进行债务重组的)。

① 全部债权终止确认。

债务重组采用以修改其他条款方式进行的,如果修改其他条款导致全部债权终止确认,债权人应当按照修改后的条款以公允价值初始计量重组债权,重组债权的确认金额与债权终止确认日账面价值之间的差额,记入"投资收益"科目。

② 未导致债权终止确认。

如果修改其他条款未导致债权终止确认,债权人应当根据其分类,继续以摊余成本、以公允价值计量且其变动计入其他综合收益或者以公允价值计量且其变动计入当期损益进行后续计量。

对于以摊余成本计量的债权,债权人应当根据重新议定合同的现金流量变化情况,重新计算该重组债权的账面余额,并将相关利得或损失记入"投资收益"科目。重新计算的该重组债权的账面余额,应当根据将重新议定或修改的合同现金流量按债权原实际利率折现的现值确定,购买或源生的已发生信用减值的重组债权,应按经信用调整的实际利率折现。对于修改或重新议定合同所产生的成本或费用,债权人应当调整修改后的重组债权的账面价值,并在修改后重组债权的剩余期限内摊销。

(3) 债权人的会计处理(以多项资产清偿债务或者组合方式进行债务重组的)。

债务重组采用组合方式进行的,一般可以认为对全部债权的合同条款做出了实质性修改,债权人应当按照修改后的条款,以公允价值初始计量重组债权和受让的新金融资产,按照受让的金融资产以外的各项资产在债务重组合同生效日的公允价值比例,对放弃债权在合同生效日的公允价值扣除重组债权和受让金融资产当日公允价值后的净额进行分配,并以此为基础分别确定各项资产的成本。放弃债权的公允价值与账面价值之间的差额,记入"投资收益"科目。

(4)债务人的会计处理(采用以资产清偿债务方式进行债务重组,债务人以金融资产清偿债务)。

债务人以单项或多项金融资产清偿债务的,债务的账面价值与偿债金融资产账面价值的差额,记入"投资收益"科目。偿债金融资产已计提减值准备的,应结转已计提的减值准备。对于以分类为以公允价值计量且其变动计入其他综合收益的债务工具投资清偿债务的,之前计入其他综合收益的累计利得或损失应当从其他综合收益中转出,记入"投资收益"科目。对于以指定为以公允价值计量且其变动计入其他综合收益的非交易性权益工具投资清偿债务的,之前计入其他综合收益的累计利得或损失应当从其他综合收益中转出,记入"盈余公积""利润分配——未分配利润"等科目。

(5)债务人的会计处理(采用将债务转为权益工具方式进行债务重组的)。

将债务转为权益工具方式进行债务重组的,债务人应当在所清偿债务符合终止确认条件时予以终止确认。

债务人初始确认权益工具时应当按照权益工具的公允价值计量,权益工具的公允价值不能可靠计量的,应当按照所清偿债务的公允价值计量。

所清偿债务账面价值与权益工具确认金额之间的差额,应当计入当期损益("投资收益"科目)。

债务人因发行权益工具而支出的相关税费等,应当依次冲减资本溢价、盈余公积、未分配利润等。

(6)债务人的会计处理(采用修改其他条款方式进行债务重组的)。

采用修改其他条款方式进行债务重组的,债务人应当按照《企业会计准则第 22 号——金融工具确认和计量》和《企业会计准则第 37 号——金融工具列报》的规定,确认和计量重组债务。

债务重组采用修改其他条款方式进行的,如果修改其他条款导致债务终止确认,债务人应当按照公允价值计量重组债务,终止确认的债务账面价值与重组债务确认金额之间的差额,记入"投资收益"科目。

如果修改其他条款未导致债务终止确认,或者仅导致部分债务终止确认,对于未终止确认的部分债务,债务人应当根据其分类,继续以摊余成本、以公允价值计量且其变动计入当期损益或其他适当方法进行后续计量。对于以摊余成本计量的债务,债务人应当根据重新议定合同的现金流量变化情况,重新计算该重组债务的账面价值,并将相关利得或损失记入"投资收益"科目。重新计算的该重组债务的账面价值,应当根据将重新议定或修改的合同现金流量按债务的原实际利率或按《企业会计准则第 24 号——套期会计》第二十三条规定的重新计算的实际利率(如适用)折现的现值确定。

对于修改或重新议定合同所产生的成本或费用,债务人应当调整修改后的重组债务的账面价值,并在修改后重组债务的剩余期限内摊销。

(7)债务人的会计处理(以多项资产清偿债务或者组合方式进行债务重组的)。

债务重组采用以资产清偿债务、将债务转为权益工具、修改其他条款等方式的组合进行的,对于权益工具,债务人应当在初始确认时按照权益工具的公允价值计量,权益工具的公允价值不能可靠计量的,应当按照所清偿债务的公允价值计量。对于修改其他条款形成的重组债务,债务人应当参照上述"修改其他条款"部分的介绍,确认和计量重组债务。所清偿债务的账面价值与转让资产的账面价值以及权益工具和重组债务的确认金额之和的差额,记入"其他收益——债务重组收益"或"投资收益"(仅涉及金融工具时)科目。

(四)期末余额

期末,应将本科目余额转入"本年利润"科目,本科目结转后应无余额。

三、1441 抵债资产（金融）

（一）核算内容

本科目核算企业（金融）依法取得并准备按有关规定进行处置的实物抵债资产的成本。

企业（金融）依法取得并准备按有关规定进行处置的非实物抵债资产（不含股权投资），也通过本科目核算。

（二）明细核算

本科目可按抵债资产类别及借款人进行明细核算。抵债资产发生减值的，可以<u>单独设置"抵债资产跌价准备"科目</u>，比照"存货跌价准备"科目进行处理。

（三）主要账务处理

（1）企业取得的抵债资产，按抵债资产的公允价值，借记本科目，按相关资产已计提的减值准备，借记"贷款损失准备""坏账准备"等科目，按相关资产的账面余额，贷记"贷款""应收手续费及佣金"等科目，按应支付的相关税费，贷记"应交税费"科目，按其差额，借记"营业外支出"科目。如为贷方差额，应贷记"资产减值损失"科目。

> **专家点拨**

根据《企业会计准则第 22 号——金融工具确认和计量》的规定，对企业应收款项、合同资产和租赁应收款发生信用减值核算时由原来的"资产减值损失"账户改成"信用减值损失"账户。

（2）抵债资产保管期间取得的收入，借记"库存现金""银行存款""存放中央银行款项"等科目，贷记"其他业务收入"等科目。保管期间发生的直接费用，借记"其他业务成本"等科目，贷记"库存现金""银行存款""存放中央银行款项"等科目。

（3）处置抵债资产时，应按实际收到的金额，借记"库存现金""银行存款""存放中央银行款项"等科目，按应支付的相关税费，贷记"应交税费"科目，按其账面余额，贷记本科目，按其差额，贷记"营业外收入"科目或借记"营业外支出"科目。已计提抵债资产跌价准备的，还应同时结转跌价准备。

> **专家点拨**

"资产处置损益"科目核算企业出售划分为持有待售的非流动资产（金融工具、长期股权投资和投资性房地产除外）或处置组（子公司和业务除外）时确认的处置利得或损失，以及处置未划分为持有待售的固定资产、在建工程、生产性生物资产及无形资产而产生的处置利得或损失。

债务重组中因处置非流动资产产生的利得或损失和非货币性资产交换中换出非流动资产产生的利得或损失也在"资产处置损益"科目核算。

（4）取得抵债资产后转为自用的，应在相关手续办妥时，按转换日抵债资产的账面余额，借记"固定资产"等科目，贷记本科目。已计提抵债资产跌价准备的，还应同时结转跌价准备。

（四）期末余额

本科目期末借方余额，反映企业取得的尚未处置的实物抵债资产的成本。

> **专家点拨**

以上内容中有的属于修订前的债务重组会计准则下的老政策，按照原准则，债权人受让资产应当以公允价值计量。

修订后的债务重组会计准则要求，对于债务重组采用债务人以资产清偿债务方式的，债权人初始确认受让的金融资产以外的资产时以成本计量（现行准则体系中，以其他方式取得的存货、长期股权投资、投资性房地产、固定资产、生物资产、无形资产等金融资产以外的资产，一般以成本计量）。也就是基于放弃债权的公允价值来确定受让资产的初始入账价值，而不再是受让资产本身的公允价值，该变化要求债权人设法确定其放弃债权的公允价值。相应地，债权重组损益的计算也由原准则下的受让资产的公允价值与放弃债权的账面价值之差，修改为放弃债权的公允价值与其账面价值之差。

第十七讲 或有事项

第一节 综合知识

一、相关知识概述

或有事项,是指过去的交易或者事项形成的,其结果须由某些未来事项的发生或不发生才能决定的不确定事项。

小知识

结果不确定的事项必须具备一定的条件才是会计中所说的或有事项

或有事项与不确定性联系在一起。

会计中所说的或有事项与人们对或有事项的直观理解是有区别的。人们一般将或有事项直观地理解为结果不确定的事项。但在会计中,并不是把所有结果不确定的事项称为或有事项。

在会计处理过程中存在的不确定性并不都形成或有事项,如固定资产折旧,虽然存在固定资产使用年限和残值等不确定性,但由于固定资产的原价本身是确定的,其价值最终转移到产品中去也是确定的,因而固定资产折旧不是或有事项。其他的如固定资产大修理、正常维护等,计提存货跌价准备、资产减值准备、金融资产减值准备等,均不属于或有事项。

按照会计上的谨慎性原则,企业应尽量预计可能发生的损失或负债,而不得预计可能发生的收益和资产。

产生或有资产会提高企业的偿债能力;产生或有负债则会降低企业的偿债能力。因此,在对企业的财务报表进行分析时,必须充分注意有关或有项目的报表附注披露,以了解未在资产负债表上反映的或有项目,并在评价企业长期偿债能力时,考虑或有项目的潜在影响。同时,应关注是否存在资产负债表日后的或有事项。

(一)或有事项的特征

或有事项具有以下基本特征:

1. 或有事项是过去的交易或事项形成的一种状况

由过去交易或事项形成,是指或有事项的现存状况是过去交易或事项引起的客观存在。

例如,未决诉讼虽然是正在进行中的诉讼,但该诉讼是企业因过去的经济行为导致起诉其他单位或被其他单位起诉。这是现存的一种状况而不是未来将要发生的事项。未来可能发生的自然灾害、交通事故、经营亏损等,不属于或有事项。

2. 或有事项具有不确定性

结果具有不确定性,是指或有事项的结果是否发生具有不确定性,或者或有事项的结果预计将会发生,但发生的具体时间或金额具有不确定性。

例如,债务担保事项的担保方到期是否承担和履行连带责任,需要根据被担保方债务到期时能否按时还款加以确定。这一事项的结果在担保协议达成时具有不确定性。

3. 或有事项的结果只能由未来发生的事项确定

由未来事项决定,是指或有事项的结果只能由未来不确定事项的发生或不发生才能决定。

例如，债务担保事项只有在被担保方到期无力还款时，企业（担保方）才履行连带责任。

4. 影响或有事项结果的不确定因素不能由企业控制

（二）或有事项的情形

常见的或有事项主要包括：

(1) 未决诉讼或仲裁。

(2) 债务担保。

(3) 产品质量保证（含产品安全保证）。

(4) 承诺。

(5) 亏损合同。

(6) 重组义务。

(7) 商业票据（商业承兑汇票）背书转让或贴现等。

其中，亏损合同、重组义务是《企业会计准则第13号——或有事项》（本讲简称"本准则"或"新准则"）特别规定的或有事项。

（三）或有事项在附注中的披露

企业应当在附注中披露与或有事项有关的下列信息：

1. 预计负债

(1) 预计负债的种类、形成原因以及经济利益流出不确定性的说明。

(2) 各类预计负债的期初、期末余额和本期变动情况。

(3) 与预计负债有关的预期补偿金额和本期已确认的预期补偿金额。

2. 或有负债（不包括极小可能导致经济利益流出企业的或有负债）

(1) 或有负债的种类及其形成原因，包括已贴现商业承兑汇票、未决诉讼、未决仲裁、对外提供担保等形成的或有负债。

(2) 经济利益流出不确定性的说明。

(3) 或有负债预计产生的财务影响，以及获得补偿的可能性；无法预计的，应当说明原因。

3. 企业通常不应当披露或有资产

或有资产很可能会给企业带来经济利益的，应当披露其形成的原因、预计产生的财务影响等。

在涉及未决诉讼、未决仲裁的情况下，按照本准则第十四条披露全部或部分信息预期对企业造成重大不利影响的，企业无须披露这些信息，但应当披露该未决诉讼、未决仲裁的性质，以及没有披露这些信息的事实和原因。

二、会计准则概述

（一）本准则的相关背景

随着我国市场经济的发展，或有事项这一特定的经济现象，已越来越多地存在于企业的经营活动中，并对企业的财务状况和经营成果产生较大的影响。或有事项对企业潜在的财务影响有多大，企业因此而承担的风险又有多少，这些都有必要通过财务报告予以反映，以使财务报告使用者获得充分、详细的信息。

《会计法》明确指出，或有事项应按照国家统一的会计制度的规定，在财务会计报告中予以说明。

1993年年初，我国财政部立项制定或有事项和承诺会计准则并相应成立了项目组。1995年9月，项目组完成了《企业会计准则——或有事项和承诺（征求意见稿）》并对外征求意见。在反馈意见的基础上，于1996年12月形成了《企业会计准则——或有事项（草案）》。2000年4月制定发布了《企业会计准则——或有事项》，自2000年7月1日起在全国所有企业施行。

2006年2月在制定新的准则体系中，对此准则进行了修改，发布了《企业会计准则第13号——或有事项》。该次重新发布的或有事项准则在概念和确认条件上与国际会计准则趋同，使得合理计量并披露重大的不确定性事项对企业财务状况的警示作用得以加强，必将为企业提高风险防范意识起到重要的促进作用。

（二）本准则的适用范围

职工薪酬、建造合同、所得税、企业合并、租赁、保险合同等形成的或有事项，适用其他相关会计准则。

（三）本准则的主要变化

1. 结构发生了变化，定义有增有减或修改

1) 结构

旧准则主要是借鉴国际会计准则的形式，

其结构一般包括引言、定义、或有事项的确认和计量、或有事项的披露附则等部分内容。

与旧准则不同,新准则采用的是中国法律"章节加条文"的形式。新准则分为三章共十五条。

2) 定义

鉴于旧准则结构中单独列有"定义"部分内容,因此,旧准则集中对"或有事项""负债""资产""或有负债""或有资产"五个定义进行了阐述。

与旧准则结构不同,新准则未单独列示"定义"部分内容,其定义是与相关内容一同规范的。

不仅新、旧准则定义的数量有变化,同一定义,新、旧准则也有差异。

如"或有事项":

旧准则定义为"过去的交易或事项形成的一种状况,其结果须通过未来不确定事项的发生或不发生予以证实"。

新准则定义则为"过去的交易或者事项形成的,其结果须由某些未来事项的发生或不发生才能决定的不确定事项"。

2. 新准则增加了内容

(1) 预计负债的初始计量"按照履行相关现时义务所需支出的最佳估计数"。

预计负债应当按照履行相关现时义务所需支出的最佳估计数进行初始计量。企业在确定最佳估计数时,应当综合考虑与或有事项有关的风险、不确定性和货币时间价值等因素。

(2) 预计负债的范围更加具体。

关于预计负债,旧准则未明确提出此概念,只是给出了确认预计负债的条件,即如果与或有事项相关的义务同时符合以下条件,企业应将其确认为负债:

① 该义务是企业承担的现时义务。

② 该义务的履行很可能导致经济利益流出企业。

③ 该义务的金额能够可靠地计量。

与旧准则相比,新准则除提出了"预计负债"概念外,还增加了预计负债的范围。

① 准则明确指出应确认为预计负债的两种情形:

A. 待执行合同变成亏损合同的,该亏损合同产生的义务满足本准则第四条规定的,应当确认为预计负债。

B. 企业承担的重组义务满足本准则第四条规定的,应当确认预计负债。

② 准则明确指出不应确认为预计负债的一种情形。

企业不应当就未来经营亏损确认预计负债。

3. 增加了对预计负债的后续计量规定

(1) 旧准则对预计负债的计量只有初始计量,即按履行相关现时义务所需支出的最佳估计数进行。

(2) 新准则对预计负债的计量分为初始计量和后续计量。

企业应当在资产负债表日对预计负债的账面价值进行复核。有确凿证据表明该账面价值不能真实反映当前最佳估计数的,应当按照当前最佳估计数对该账面价值进行调整。

4. 披露内容的变化

与旧准则相比,新准则关于披露部分,其内容清晰、表述简练并概括、重点更为突出,主要变化在于对预计负债的披露。

执行新准则对企业财务状况的影响分析

由于新准则与旧准则没有原则性的变化,因此新准则对企业权益、损益及资产结构等经济事项的处理基本没有什么影响。执行《企业会计准则第13号——或有事项》对企业财务状况影响主要体现在对已确认预计负债的后续计量上。

第二节 确认和计量

一、预计负债

或有事项的发生，可能使企业承担某种义务。

与或有事项相关的义务

从时间上来讲，这种义务可能是潜在义务，也可能是现时义务。

现时义务包括法定义务和推定义务，它们使得企业除了履行该义务外别无选择。

法定义务是指因合同（通过其明确的或隐含的条款）、法规规定和法律的实施而产生的义务。

推定义务是指因企业的行为而产生的某种义务，其中包括由于以往实务中成型的做法、公开的政策或相当明确的当前声明，企业已向其他方面表明它将承担特定的责任，使得其他方面建立了企业将解除那些责任的有效预期。

（一）预计负债的确认

与或有事项相关的义务同时满足下列三个条件的，应当确认为预计负债：

1. 该义务是企业承担的现时义务

该义务是企业承担的现时义务，是指与或有事项相关的义务是在企业当前条件下已承担的义务。企业没有其他现实的选择，只能履行该现时义务，如法律要求企业履行、有关各方形成企业将履行现时义务的合理预期等。

2. 履行该义务很可能导致经济利益流出企业

履行该义务很可能导致经济利益流出企业，是指履行与或有事项相关的现时义务时，导致经济利益流出企业的可能性超过50%但尚未达到基本确定的程度。

履行或有事项相关义务导致经济利益流出企业的可能性，通常应当结合表17-1所列情况加以判断。

表17-1 履行或有事项相关义务导致经济利益流出企业的可能性

结果的可能性	对应的概率区间
基本确定	大于95%但小于100%
很可能	大于50%但小于或等于95%
可能	大于5%但小于或等于50%
极小可能	大于0但小于或等于5%

3. 该义务的金额能够可靠地计量

该义务的金额能够可靠地计量，是指与或有事项相关的现时义务的金额能够合理地估计。

（二）预计负债的计量

预计负债的计量包括初始计量和后续计量。

1. 预计负债的初始计量

预计负债应当按照履行相关现时义务所需支出的最佳估计数进行初始计量。

企业在确定最佳估计数时，应当综合考虑与或有事项有关的风险、不确定性和货币时间价值等因素。货币时间价值影响重大的，应当通过对相关未来现金流出进行折现后确定最佳估计数。

最佳估计数的确定分两种情况考虑。

（1）如果所需支出存在一个连续范围（或区间，下同），且该范围内各种结果发生的可能性相同的，最佳估计数应当按照该范围内的中间值确定，即最佳估计数应按该范围的上、下限金额的平均数确定。

（2）在其他情况下，最佳估计数应按涉及的项目多少分别确定：

① 或有事项涉及单个项目的，按照最可能发生金额确定。

② 或有事项涉及多个项目的，按照各种可能结果及相关概率计算确定。

预计负债的补偿金额

当企业清偿预计负债所需支出全部或部分预期由

第三方补偿的,补偿金额只有在基本确定能够收到时才能作为资产单独确认,而且确认的补偿金额不应当超过预计负债的账面价值,并且不能作为预计负债的扣减进行处理。例如,发生交通事故等情况时,可以从保险公司获得合理的补偿;在某些索赔诉讼中,企业可以通过反诉的方式对索赔人或第三方另行提出赔偿要求;在债务担保业务中,企业履行担保义务的同时,通常可以向被担保企业提出额外追偿要求。

【例17-1】 2×21年度,智董公司共销售某产品600 000件,销售收入为3 600 000 000元。根据公司的产品质量保证条款,该产品售出后1年内,如发生正常质量问题,公司将负责免费维修。根据以前年度的维修记录,如果发生较小的质量问题,发生的维修费用为销售收入的1%;如果发生较大的质量问题,发生的维修费用为销售收入的2%。根据公司技术部门的预测,本年度销售的产品中,80%不会发生质量问题;15%可能发生较小质量问题;5%可能发生较大质量问题。据此,2×21年12月31日,智董公司应在资产负债表中确认的预计负债金额为9 000 000元[3 600 000 000×(0×80%+1%×15%+2%×5%)]。

2. 预计负债的后续计量

企业应当在资产负债表日对预计负债的账面价值进行复核。有确凿证据表明该账面价值不能真实反映当前最佳估计数的,应当按照当前最佳估计数对该账面价值进行调整,调整金额计入当期损益。但属于会计差错的,应当根据《企业会计准则第28号——会计政策、会计估计变更和差错更正》的规定进行处理。

企业对已经确认的预计负债在实际支出发生时,应当仅限于最初为之确定该预计负债的支出。也就是说,只有与该预计负债有关的支出才能冲减预计负债,否则将会混淆不同预计负债确认事项的影响。

【例17-2】 2×21年12月31日,智董公司因或有事项而确认了一笔金额为1 000 000元的预计负债;同时,公司因该或有事项基本确定可从贵琛公司获得400 000元的赔偿。

【分析】 本例中,智董公司应分别确认一项金额为1 000 000元的预计负债和一项金额为400 000元的资产,而不能只确认一项金额为600 000元(1 000 000－400 000)的预计负债。同时,公司所确认的补偿金额不能超过所确认的预计负债的账面价值1 000 000元。

预计负债账面价值的复核

企业应当在资产负债表日对预计负债的账面价值进行复核。有确凿证据表明该账面价值不能真实反映当前最佳估计数的,应当按照当前最佳估计数对该账面价值进行调整。

估计或有事项相关现时义务的金额时应当考虑的因素

估计或有事项相关现时义务的金额,应当考虑下列因素:

(1) 企业应当充分考虑与或有事项有关的风险和不确定性,并在低估和高估预计负债金额之间寻找平衡点。

(2) 相关现时义务的金额通常应当等于未来应支付的金额。未来应支付金额与其现值相差较大的,如油井或核电站的弃置费用等,应当按照未来应支付金额的现值确定。

(3) 企业应当考虑可能影响履行现时义务所需金额的相关未来事项,如未来技术进步、相关法规出台等。

(4) 企业不应考虑预期处置相关资产的利得。

(三) 预计负债的若干具体项目

为了正确核算企业确认的对外提供担保、未决诉讼、产品质量保证、重组义务、亏损性合同等的预计负债,并区别于其他负债项目,企业应设置"预计负债"科目。该科目借方反映实际发生的费用以及预计负债的冲销额,如支付产品维修费用、因败诉而支付的赔偿款等;贷方反映确认的预计负债金额;期末贷方余额反映企业已确认但尚未支付的预计负债。同时企业应在"预计负债"科目下按形成预计负债的交易或事项设置"产品质量保证""未决诉讼""担保损失""重组损失"等明细科目,进行明细核算。

1. 产品质量保证

产品质量保证是企业为了树立信誉、扩大销售、提高市场竞争能力所采取的对于出售的产品附有的各种各样的质量保证,如对售出产品实行"三包",即包退、包换和包修等措施。

由于产品的质量问题通常在所难免,所以伴随企业对售出产品的质量保证而发生的费用,如修理费用等,其发生的可能性是相当肯定的,其发生的金额往往也可以根据以往经验合理预计,所以产品质量保证通常可以确认为一项预计负债。通常可以在产品售出后,根据产品质量保证条款的规定、产品的销售额以及预计质量保证费用的最佳估计数确认产品质量保证负债金额,在确认时,应借记"销售费用——产品质量保证"科目,贷记"预计负债——产品质量保证"科目;平时,实际发生产品质量保证费用时,应借记"预计负债——产品质量保证"科目,贷记"银行存款"等科目。

注意:核算时,如果发现产品质量保证费用的实际发生额与预计数相差较大,应及时对预计比例进行调整;企业针对特定批次产品确认预计负债,在保修期结束时,应将"预计负债——产品质量保证"余额冲销,不留余额;已对其确认预计负债的产品,如企业不再生产,则应在相应的产品质量保证期满后,将"预计负债——产品质量保证"余额冲销,不留余额。

【例17-3】 赓升公司为机床生产和销售企业。2×21年第一季度、第二季度、第三季度、第四季度分别销售机床200台、300台、400台和350台,每台售价为5万元。对购买其产品的消费者,赓升公司做出如下承诺:机床售出后三年内如出现非意外事件造成的机床故障和质量问题,赓升公司免费保修(含零部件更换)。根据以往的经验,发生的保修费一般为销售额的1‰~1.5‰。假定赓升公司2×21年四个季度实际发生的维修费分别为2万元、20万元、18万元和35万元。同时,假定2×20年"预计负债——产品质量保证"科目年末余额为12万元。

【分析】 此例中,赓升公司因销售机床而承担了现时义务,该义务的履行很可能导致经济利益流出赓升公司,且该义务的金额能够可靠地计量。赓升公司根据《企业会计准则第13号——或有事项》的规定在每季度末确认一项负债。

(1) 第一季度。

发生产品质量保证费用(维修费):

借:预计负债——产品质量保证　　20 000
　　贷:银行存款或原材料等　　　　　20 000

第一季度末应确认的产品质量保证负债金额为:

$200 \times 5 \times (0.01 + 0.015) \div 2 = 12.5(万元)$。

借:销售费用——产品质量保证　　125 000
　　贷:预计负债——产品质量保证　　125 000

第一季度末,"预计负债——产品质量保证"科目余额为225 000元。

(2) 第二季度。

发生产品质量保证费用(维修费):

借:预计负债——产品质量保证　　200 000
　　贷:银行存款或原材料等　　　　　200 000

第二季度末应确认的产品质量保证负债金额为:

$300 \times 5 \times (0.01 + 0.015) \div 2 = 18.75(万元)$。

借:销售费用——产品质量保证　　187 500
　　贷:预计负债——产品质量保证　　187 500

第二季度末,"预计负债——产品质量保证"科目余额为212 500元。

(3) 第三季度。

发生产品质量保证费用(维修费):

借:预计负债——产品质量保证　　180 000
　　贷:银行存款或原材料等　　　　　180 000

第三季度末应确认的产品质量保证负债金额为:

$400 \times 5 \times (0.01 + 0.015) \div 2 = 25(万元)$。

借:销售费用——产品质量保证　　250 000
　　贷:预计负债——产品质量保证　　250 000

第三季度末,"预计负债——产品质量保证"科目金额为282 500元。

(4) 第四季度。

发生产品质量保证费用(维修费):

借:预计负债——产品质量保证　　350 000
　　贷:银行存款或原材料等　　　　　350 000

第四季度末应确认的产品质量保证负债金额为：

$350 \times 5 \times (0.01 + 0.015) \div 2 = 21.875$（万元）。

借：销售费用——产品质量保证　218 750
　　贷：预计负债——产品质量保证　218 750

第四季度末，"预计负债——产品质量保证"科目余额为 151 250 元。

为此，赓升公司应在 2×21 年 12 月 31 日将"预计负债——产品质量保证"科目余额 151 250 元列入资产负债表内"预计负债"项目，并在会计报表附注中作相关披露。应注意的是：

① 如果发现保证费用的实际发生额与预计数相差较大，应及时对预计比例进行调整。

② 如果企业针对特定批次产品确认预计负债，则在保修期结束时，应将"预计负债——产品质量保证"余额冲销，不留余额。

③ 已对其确认预计负债的产品，如企业不再生产了，那么应在相应的产品质量保证期满后，将"预计负债——产品质量保证"余额冲销，不留余额。

要搞清楚与"附有质量保证条款的销售"的区别

1. 相关综合知识

（1）背景。

企业在向客户销售商品时，根据合同约定、法律规定或本企业以往的习惯做法等，可能会为所销售的商品提供质量保证，这些质量保证的性质可能因行业或者客户而不同。

（2）质量保证的分类。

有一些质量保证是为了向客户保证所销售的商品符合既定标准，即保证类质量保证；而另一些质量保证则是在向客户保证所销售的商品符合既定标准之外提供了一项单独的服务，即服务类质量保证。

（3）保证类和服务类质量保证，一般应当分别进行会计处理。

企业提供的质量保证同时包含保证类质量保证和服务类质量保证的，应当分别对其进行会计处理；无法合理区分的，应当将这两类质量保证一起作为单项履约义务按照《企业会计准则第 14 号——收入》进行会计处理。

（4）不能作为单项履约义务的质量保证的会计处理。

对于不能作为单项履约义务的质量保证，企业应当按照《企业会计准则第 13 号——或有事项》的规定进行会计处理。

2. 收入确认和计量的"五步法"

（1）识别与客户订立的合同。

无特殊说明。

（2）识别合同中的单项履约义务。

① 构成单项履约义务的。

A. 单独购买。

企业应当对其所提供的质量保证的性质进行分析，对于客户能够选择单独购买质量保证的，表明该质量保证构成单项履约义务。

B. 单独服务。

对于客户虽然不能选择单独购买质量保证，但是，如果该质量保证在向客户保证所销售的商品符合既定标准之外提供了一项单独服务的，也应当作为单项履约义务。

企业在评估一项质量保证是否在向客户保证所销售的商品符合既定标准之外提供了一项单独的服务时，应当考虑的因素包括：

a. 该质量保证是否为法定要求。

当法律要求企业提供质量保证时，该法律规定通常表明企业承诺提供的质量保证不是单项履约义务，这是因为，这些法律规定通常是为了保护客户，以免其购买瑕疵或缺陷商品，而并非为客户提供一项单独的服务。

b. 质量保证期限。

企业提供质量保证的期限越长，越有可能表明企业向客户提供了保证商品符合既定标准之外的服务。因此，企业承诺提供的质量保证越长有可能构成单项履约义务。

c. 企业承诺履行任务的性质。

如果企业必须履行某些特定的任务以保证所销售的商品符合既定标准（例如，企业负责运输被客户退回的瑕疵商品），则这些特定的任务可能不构成单项履约义务。

② 不构成单项履约义务的。

A. 当企业销售的商品对客户造成损害或损失时，如果相关法律法规要求企业需要对此进行赔偿，该法定要求不会产生单项履约义务。

B. 如果企业承诺，当企业向客户销售的商品由于专利权、版权、商标或其他侵权等原因被索赔而对客户造成损失时，向客户赔偿该损失，该承诺也不会产生单项履约义务。

企业应当按照《企业会计准则第 13 号——或有事项》的规定对上述义务进行会计处理。

(3) 确定交易价格。

无特殊说明。

(4) 将交易价格分摊至各单项履约义务。

作为单项履约义务的质量保证应当按《企业会计准则第 14 号——收入》规定进行会计处理,并将部分交易价格分摊至该项履约义务。

(5) 履行各单项履约义务时确认收入。

无特殊说明。

【例 17-4】 AAA 公司是电脑制造商和销售商,与 BBB 公司签订了销售一批电脑的合同,合同约定:电脑销售价款 360 万元,同时提供"延长保修"服务,即从法定质保 90 天到期之后的 3 年内该企业将对任何损坏的部件进行保修或更换。该批电脑和"延长保修"服务各自的单独售价分别为 320 万元和 40 万元。该批电脑的成本为 144 万元。而且基于其自身经验,该企业估计维修在法定质保的 90 天保修期内出现损坏的部件将花费 2 万元。假设企业在交付电脑时全额收取款项,不考虑相关税费。

【分析】 该销售合同存在销售电脑和"延长保修"服务两项履约义务,分摊的交易价格分别为:销售电脑 320 万元,"延长保修"服务 40 万元。

交付电脑时:

借:银行存款　　　　　　　　3 600 000
　　贷:主营业务收入　　　　　　3 200 000
　　　　合同负债　　　　　　　　　400 000

借:主营业务成本　　　　　　1 440 000
　　贷:库存商品　　　　　　　　1 440 000

借:销售费用　　　　　　　　　 20 000
　　贷:预计负债——产品质量保证　 20 000

"延长保修"分期确认收入时(可以用直线法):

借:合同负债　　　　　　　　　400 000
　　贷:主营业务收入　　　　　　　400 000

2. 未决诉讼和未决仲裁

企业在经营活动中经常会涉及经济诉讼、仲裁等案件,但这些审理中的诉讼、仲裁事项将对企业的财务状况、经营成果和现金流量产生多大影响,企业因此要承担多大风险,具有不确定性。如果这些未决诉讼引起的相关义务符合预计负债确认条件、预计败诉的可能性属于"很可能"、要发生的诉讼等费用也能可靠预计,则企业将预计要发生的支出确认为预计负债,借记"营业外支出""管理费用"等科目,贷记"预计负债——未决诉讼"科目;因败诉实际支付诉讼等费用时,应借记"预计负债——未决诉讼"科目,贷记"银行存款"等科目。

【例 17-5】 赓升公司于当年受到另一家计算机公司怡平公司的起诉,原告声称赓升公司侵犯了该公司的软件版权,要求赓升公司予以赔偿,赔偿金额为 50 万元。在应诉过程中,赓升公司发现,诉讼所涉及的软件主体部分是有偿委托第三家计算机公司映东公司开发的。如果这套软件确有侵权问题,第三家公司应当承担连带责任,对赓升公司予以赔偿(图 17-1)。

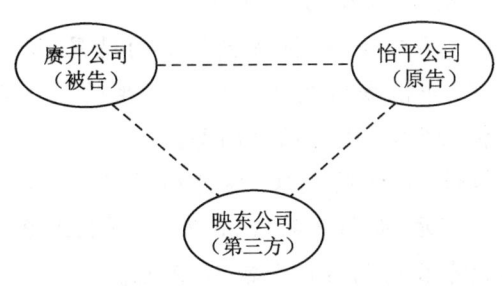

图 17-1　赓升、怡平、映东三个公司之间的关系

(1) 预计负债的确认及初始计量。

企业在年末编制会计报表时,根据法律诉讼的进展情况以及律师的意见,认为对原告予以赔偿的可能性在 50% 以上,最有可能发生的赔偿金额为 30 万元;从第三方映东公司得到补偿基本上可以确定,最有可能获得的赔偿金额为 20 万元。假定诉讼费为 3 万元。

【分析】 分录如下(单位:元):

借:管理费用——诉讼费　　　　 30 000
　　营业外支出——诉讼赔款　　 300 000
　　贷:预计负债——未决诉讼　　 330 000

借:其他应收款　　　　　　　 200 000
　　贷:营业外支出——诉讼赔款　 200 000

按照准则规定,企业因或有事项确认的负债在资产负债表中单列反映,而与所确认负债有关的费用或支出,应在扣除确认的补偿金额后,在利润表中反映。那么,这部分在利润表中反映的"或有损失"能否在计算企业所得税前扣除呢?

由于"或有损失"只是当"很可能导致经济利益流出企业"时进行的合理估计金额,在确认"或有损失"时违背了我国企业所得税税法税前扣除的"确定性"原则。因此,对会计上确认的"或有损失"不得税前扣除。但是,当未来不确定事项的发生或不发生得到证实时,则应当按照实际发生的金额进行税前扣除。

上例中,因或有事项减少"本年利润"13万元,在申报所得税时应当作纳税调整处理。假设赓升公司当年税前利润总额为100万元,不考虑其他纳税调整因素,假设企业所得税税率为25%,当年应纳税所得额应为113万元,应纳企业所得税为28.25万元(113×25%)。

(2) 第二年,根据法院判决的结果,进行账务处理,并根据该笔业务实际发生的损失确认税前扣除金额,进行纳税调整。

假设,经法院判决,赓升公司败诉,支付诉讼费4万元,向原告赔偿35万元,并收到第三家公司映东公司的补偿金额18万元。

【分析】 分录如下(单位:元):

借:管理费用——诉讼费　　　10 000
　　预计负债——未决诉讼　　330 000
　　营业外支出——诉讼赔偿　 50 000
　　　　贷:银行存款　　　　　　390 000
借:银行存款　　　　　　　　180 000
　　营业外支出——诉讼赔偿　 20 000
　　　　贷:其他应收款　　　　　200 000

该笔业务实际发生的损失为21万元(4+35-18),已计入本期损益的金额为8万元(1+5+2),应调减应纳税所得额为13万元(21-8)。

假设赓升公司次年税前利润总额为120万元,不考虑其他纳税调整因素,当年应纳税所得额应为107万元(120-13),应纳所得税额为26.75万元(107×25%)。

小知识

上市公司重大诉讼和仲裁

重大诉讼及仲裁事项是指对上市公司的财务状况、经营成果、声誉、业务活动、未来前景等可能产生较大影响的事项,达到信息披露标准的,上市公司应当及时准确地进行披露。

上市公司在经营活动中经常会遇到诉讼或仲裁,不管是作为原告还是被告,上述事项都会给公司带来某些潜在的权利义务,并对公司当期或者未来的业绩和发展产生一定影响。因此,投资者有权及时知悉这些可能对公司股价产生较大影响的重大诉讼或仲裁事项。

未决诉讼或仲裁可能会影响公司的偿债能力,因此在评价公司长期偿债能力时要考虑其潜在影响。

1. 重大诉讼和仲裁的一般披露标准

根据沪深交易所《股票上市规则》,涉案金额占公司最近一期经审计净资产绝对值10%以上,且绝对金额超过1 000万元(创业板为500万元)的诉讼、仲裁事项应及时披露。

根据《上海证券交易所科创板股票上市规则》,科创板对于应当披露的其他重大事项的监管相较沪主板更为严格,但总体而言没有实质性差别。科创板除涉案金额超过1 000万元的要求之外,还要求涉案金额占公司最近一期经审计总资产或者市值1%以上。

需要注意的是,上交所《临时公告格式指引第八号上市公司涉及诉讼、仲裁公告》规定,可能导致的损益达到公司最近1个会计年度经审计净利润的10%,且绝对金额超过100万元的诉讼、仲裁事项均应当及时披露。

上市公司控股子公司发生的重大诉讼、仲裁事项,视同上市公司发生的事项,达到披露标准的应当予以及时披露。参股公司发生的重大诉讼、仲裁事项,可能对上市公司股票及其衍生品种交易价格产生较大影响的,上市公司应当予以及时披露。

2. 重大诉讼和仲裁的一般披露要点

1) 首次披露

沪深交易所各板块披露的相关格式指引见表17-2。

表17-2 重大诉讼、仲裁的公告格式汇总表

版块	公告格式指引	颁布时间
上交所	《临时公告格式指引第八号上市公司涉及诉讼、仲裁公告》	2016-08-12
深主板	《主板信息披露公告格式第11号——上市公司重大诉讼、仲裁公告格式》	2016-09-28

(续表)

版块	公告格式指引	颁布时间
中小板	《中小板信息披露公告格式第11号——上市公司重大诉讼、仲裁公告格式》	2016-09-27
创业板	《创业板信息披露公告格式第11号——上市公司重大诉讼、仲裁公告格式》	2016-09-28

重大诉讼、仲裁首次披露的要点及注意事项如下：

本次诉讼或仲裁受理情况，包括受理日期、诉讼或仲裁机构名称及所在地、向公司送达诉状或申请材料的时间。

本次诉讼或仲裁案件情况，包括诉讼或仲裁各方当事人、代理人及其单位的姓名或名称，有关纠纷的起因，诉讼或仲裁的请求、依据等。

2）后续披露

诉讼、仲裁事项一般耗时较长，从受理到最终审结少则数月、多则长达数年。在此过程中，随着新证据的发现、审理的推进、双方的协商等，案件会出现一些新的进展和变化。因此上市公司在首次披露有关诉讼起诉、仲裁申请的信息后，还应按分阶段披露原则持续披露后续进展情况。关于诉讼、仲裁事项的披露要点，上交所《临时公告格式指引第八号上市公司涉及诉讼、仲裁公告》规定较为详细，至少披露包括以下几个阶段的要点（深交所公告格式要求相对简略）。

A. 判决、裁定或裁决阶段：说明诉讼判决、裁定或仲裁裁决的结果、时间以及各方当事人对结果的意见。

B. 执行阶段：说明案件自愿执行或执行和解情况。败诉方不履行的，说明申请强制执行的法院名称、时间及申请内容；对执行有异议的，说明书面异议的内容、时间以及有关执行裁定内容。

C. 案件进行调解：说明进行调解的理由、达成调解协议的时间及其内容，收到调解书的时间及其内容。

D. 进入二审程序的：说明上诉的时间、请求、理由、受理的法院等。公司是被上诉的，则需说明收到对方上诉状的时间、对方的请求、理由、受理的法院、本方的答辩等。

E. 进入再审程序的：说明申请再审的时间、请求、理由、受理的法院等。公司被申请再审的，说明收到对方再审申请书的时间、对方的请求、理由、受理的法院、本方的答辩等。

3）重大诉讼和仲裁的特殊披露标准

A. 累计计算原则。上市公司连续12个月内发生的诉讼、仲裁事项涉案金额累计达到前述一般标准的，应当及时披露。已经履行披露义务的诉讼、仲裁事项，不再纳入累计计算范围。

B. 董事会基于案件特殊性认为可能对公司股票及其衍生品种交易价格产生较大影响，或者交易所认为有必要的诉讼、仲裁事项，须及时披露。

C. 涉及公司股东大会、董事会决议被申请撤销或者宣告无效的诉讼，须及时披露。

4）定期报告中重大诉讼和仲裁的披露要点

根据《公开发行证券的公司信息披露内容与格式准则第2号——年度报告的内容与格式》（2017年修订）、《公开发行证券的公司信息披露内容与格式准则第3号——半年度报告的内容与格式》（2017年修订）的要求：

公司应当披露报告期内重大诉讼、仲裁事项。已在上1年度报告中披露，但尚未结案的重大诉讼、仲裁事项，公司应当披露案件进展情况、涉及金额、是否形成预计负债，以及对公司未来的影响。对已经结案的重大诉讼、仲裁事项，公司应当披露案件执行情况。

如以上诉讼、仲裁事项已在临时报告披露且无后续进展的，仅需披露该事项概述，并提供临时报告披露网站的查询索引。如报告期内公司无重大诉讼、仲裁和媒体质疑事项，应当明确说明"本报告期内无重大诉讼、仲裁事项"。

在上市公司的半年度报告、年度报告中，上市公司需按照上述规则对公司相关诉讼、仲裁事项进行披露。

3. 对外担保事项（为其他单位提供债务担保）

企业对外提供担保可能产生的负债，如果符合预计负债的确认条件，应当确认为预计负债。

在担保涉及诉讼的情况下,如果企业已被判决败诉,则应当按照法院判决的应承担的损失金额,确认为预计负债,并计入当期营业外支出(不含诉讼费,实际发生的诉讼费应计入当期的"管理费用"科目,下同);如果已判决败诉,但企业正在上诉,或者经上一级法院裁定暂缓执行,或者由上一级法院发回重审等,企业应当在资产负债表日,根据已有判决结果合理估计可能产生的损失金额,确认为预计负债,并计入当期营业外支出;如果法院尚未判决,企业应向其律师或法律顾问等咨询,估计败诉的可能性,以及败诉后可能发生的损失金额,并取得有关书面意见。如果败诉的可能性大于胜诉的可能性,并且损失金额能够合理估计的,应当在资产负债表日将预计担保损失金额,确认为预计负债,并计入当期营业外支出。

企业当期实际发生的担保诉讼损失金额与已计提的相关预计负债之间的差额,应分别以下情况处理:

(1)企业在前期资产负债表日,依据当时实际情况和所掌握的证据,合理预计了预计负债,应当将当期实际发生的担保诉讼损失金额与已计提的相关预计负债之间的差额,直接计入当期营业外支出或营业外收入。

(2)企业在前期资产负债表日,依据当时实际情况和所掌握的证据,原本应当能够合理估计并确认和计量因担保诉讼所产生的损失,但企业所作的估计却与当时的事实严重不符(如未合理预计损失或不恰当地多计或少计损失),应当视为滥用会计估计,按照重大会计差错更正的方法进行会计处理。

(3)企业在前期资产负债表日,依据当时实际情况和所掌握的证据,确实无法合理确认和计量因担保诉讼所产生的损失,因而未确认预计负债的,则在该项损失实际发生的当期,直接计入当期营业外支出。

资产负债表日后至财务报告批准报出日之间发生的需要调整或说明的担保诉讼事项,按照《企业会计准则第29号——资产负债表日后事项》的有关规定进行会计处理。

【例17-6】 2×19年10月,怡平公司从银行贷款人民币2000万元,期限2年,由赓升公司全额担保;2×20年4月,映东公司从银行贷款美元100万元,期限1年,由赓升公司担保50%;2×21年6月,映曦公司通过银行从G公司贷款人民币1000万元,期限2年,由赓升公司全额担保。

截至2×21年12月31日的情况如下:怡平公司贷款逾期未还,银行已起诉怡平公司和赓升公司;映东公司由于受政策影响和内部管理不善等原因,经营效益不如以往,可能不能偿还到期美元债务;映曦公司经营情况良好,预期不存在还款困难。

【分析】 在本例中,就怡平公司而言,赓升公司很可能须履行连带责任,造成损失,但损失金额是多少,目前还难以预计;就映东公司而言,赓升公司可能须履行连带责任;就映曦公司而言,要求赓升公司履行连带责任的可能性极小。根据《企业会计准则第13号——或有事项》的规定,赓升公司应在2×21年12月31日的会计报表附注中作相关披露(表17-3)。

表17-3 或有负债相关披露

被担保单位	担保金额	财务影响
怡平公司	担保金额2 000万元,2×21年10月到期	怡平公司的银行借款已逾期。出借行×××银行已起诉怡平公司和本公司。由于对怡平公司债务进行金额担保,预期诉讼结果将对本公司的财务造成重大不利影响
映东公司	担保金额50万美元,2×21年4月到期	被担保公司映东公司因受政策的影响以及内部管理不善等原因,本年度效益不如以往,可能不能偿还到期债务。因此,本公司可能承担相应的连带责任而发生损失
映曦公司	担保金额1 000万元,2×23年6月到期	映曦公司目前经营情况良好,预期不存在还款困难。因此,对映曦公司的担保极小可能会给本公司造成不利影响

 小知识

上市公司担保责任

公司在与其他单位进行经济业务交往,会发生许多担保责任。

这些担保项目时间长短不一,有的担保项目涉及公

司的长期负债，有的担保项目涉及公司的短期负债。

在分析公司的长期偿债能力时，投资者应根据有关资料分析担保责任给公司带来的影响（潜在长期负债问题）。

对外担保关乎上市公司的健康发展以及投资者的切身利益，对公司的持续经营能力有着重大影响。根据《关于规范上市公司对外担保行为的通知》的规定，"对外担保"是指上市公司为他人提供的担保，包括上市公司对控股子公司的担保（金融类上市公司除外）。

对外担保由于会给上市公司带来潜在债务风险，故证监会和交易所均将上市公司对外担保决策、运作过程的合理性、合规性作为监管关注的重点事项，而上市公司也根据有关法律法规的要求，在《公司章程》和《对外担保管理制度》中详细规定，将其作为内部控制关键环节加以控制。

对外担保的方式主要有：

1. 一般保证

当事人在保证合同中约定，债务人不能履行债务时，由保证人承担保证责任的为一般保证。一般保证的保证人在主合同纠纷未经判决或者仲裁，并就债务人财产依法强制执行仍不能履行债务前，对债权人可以拒绝承担保证责任。

2. 连带责任保证

当事人在保证合同中约定保证人与债务人对债务承担连带责任的，为连带责任保证。

连带责任保证的债务人在主合同规定的债务履行期届满没有履行债务的，债权人可以要求债务人履行债务，也可以要求保证人在其保证范围内承担保证责任。

3. 抵押

债务人或者第三人不转移对抵押财产的占有，将该财产作为债权担保。债务人不履行债务时，债权人有权依法以抵押财产折价或者以拍卖、变卖该财产的价款优先受偿。

4. 质押

债务人或者第三人将其动产移交债权人占有，将该动产作为债权的担保。债务人不履行债务时，债权人有权依法以该动产折价或者以拍卖、变卖该动产的价款优先受偿。

上市公司对外担保的形式

1. 按担保对象分类

（1）上市公司对外提供担保。

它是指上市公司为他人提供的担保。

（2）上市公司合并报表范围内子公司对外提供担保。

《关于规范上市公司对外担保行为的通知》第一条第七款规定：上市公司控股子公司的对外担保，比照《关于规范上市公司对外担保行为的通知》的规定执行。上市公司控股子公司应在其董事会或股东大会做出决议后及时通知上市公司履行有关信息披露义务。

因此，上市公司控股子公司的对外担保，比照上市公司执行。

（3）上市公司对子公司提供担保。

根据《关于规范上市公司对外担保行为的通知》第四条第二款的规定：通知所称"对外担保"，是指上市公司为他人提供的担保，包括上市公司对控股子公司的担保。

虽然控股子公司通常被纳入合并报表内，上市公司与控股子公司的交易通常也不被列入关联交易的范畴，但根据上述规定，对控股子公司提供担保仍然属于"对外担保"。

根据《上市公司证券发行管理办法》第三十九条："违规对外提供担保且尚未解除"的理解和适用——证券期货法律适用意见第5号所规定的"上市公司及其附属公司"是指上市公司及其合并报表的控股子公司。

另外，根据沪深交易所《股票上市规则》释义：上市公司控股子公司指上市公司持有其50%以上的股份，或者能够决定其董事会半数以上成员的当选，或者通过协议或其他安排能够实际控制的公司。

由于该规定没有为持股设置上限，所以可以理解为全资子公司属于控股子公司，只是控股子公司的特殊情况。

即上市公司对合并报表范围内的全资子公司和控股子公司的担保也算对外担保。

《上海证券交易所科创板股票上市规则》第7.1.17条：上市公司为全资子公司提供担保，或者为控股子公司提供担保且控股子公司其他股东按所享有的权益提供同等比例担保的，可以豁免适用第7.1.16条第一项至第三项的规定，但是公司章程另有规定除外。上市公司应当在年度报告和半年度报告中汇总披露前述担保。

（4）上市公司控股子公司对其他控股子公司提供担保。

根据深交所《主板信息披露业务备忘录第2号——交易和关联交易》（2018年修订）规定：上市公司控股子公司对合并报表内单位提供担保，仅需控股子公司履行审议程序，上市公司及时履行临时信息披露义务；上市公司控股子公司对合并报表外单位提供担保需要履行上市公司审议程序。

其他板块尚无明确规定，建议根据《股票上市规则》7.8条规定：上市公司控股子公司发生的本规则第九章、第十章和第十一章所述重大事件，视同上市公司发生的重大事件，适用前述各章的规定，从严执行。

（5）上市公司及合并报表范围内子公司对关联方提供担保。

虽然2003年颁布的《关于规范上市公司与关联方资金往来及上市公司对外担保若干问题的通知》（简称"56号文"）规定：上市公司不得为控股股东及本公司持股50%以下的其他关联方、任何非法人单位或个人提供担保。

但是在2005年颁布的《关于规范上市公司对外担保行为的通知》（简称"120号文"）规定："须经股东大会审批的对外担保，包括但不限于下列情形：④对股东、实际控制人及其关联方提供的担保。"

"120号文"中有列明："《关于上市公司为他人提供担保有关问题的通知》《关于规范上市公司与关联方资金往来及上市公司对外担保若干问题的通知》（证监发〔2003〕56号）中与本《通知》规定不一致的，按本《通知》执行。"

所以，上市公司可以对股东、控股股东及关联方提供担保。股东大会在审议为股东、实际控制人及其关联方提供的担保议案时，该股东或受该实际控制人支配的股东，不得参与该项表决，该项表决由出席股东大会的其他股东所持表决权的半数以上通过。

（6）对参股公司提供担保。

根据深交所《主板信息披露业务备忘录第2号——交易和关联交易》（2018年修订）规定：上市公司为非全资子公司提供担保的，原则上应当要求子公司的其他股东按出资比例提供同等担保，或以其持有的资产向上市公司提供反担保，同时，应当要求被担保人提供反担保，保证担保的公平对等。

子公司的其他股东因客观原因不能提供同等担保或者反担保的（该条不适用于与控股股东实际控制人共同投资的公司，如该子公司的其他股东为上市公司控股股东、实际控制人及其关联人的，上市公司应当要求该关联股东按出资比例提供同等担保或反担保），上市公司董事会应当充分说明原因，并在分析被担保人的经营情况、偿债能力的基础上，充分说明该笔担保风险的可控性，不对等担保是否损害上市公司利益等。

2. 按担保形式分类

（1）对外担保。

对外担保大部分情况下是信用担保，需要签署最高额保证合同，但是用其他资产去担保其实也是对外担保，如果不及时履行审议披露程序，会受到处罚。

（2）反担保。

提供反担保也属于对外担保，却经常被上市公司所忽视，从而遭到监管机构的处罚。

（3）如何计算担保总额？

《关于规范上市公司对外担保行为的通知》四(2)所称："上市公司及其控股子公司的对外担保总额，是指包括上市公司对控股子公司担保在内的上市公司对外担保总额与上市公司控股子公司对外担保总额之和。"

即对外担保总额占净资产比例的计算口径是：

$$\frac{\sum 上市公司母公司及其各控股子公司对外担保总额}{最近期末经审计的上市公司净资产}$$

注 沪深交易所《股票上市规则》释义中提及"净资产"是指归属于公司普通股股东的期末净资产，不包括少数股东权益金额。所以，这里净资产应该是合并报表口径。

（4）对外担保业务中的常见弊端。

① 担保业务程序不规范。

有的单位担保业务不经过集体决策，一人说了算；有的单位担保业务没有经过审批，控制过程不严格。

② 担保合同或协议不规范，手续不齐全，法律责任不清。

有的单位签订担保合同或协议时，未严格遵守《合同法》的有关规定，未进行严格的审查，合同或协议的法律条款含混不清，合同或协议到期时，无法执行，给单位造成不必要的损失。

③ 担保风险控制机制不健全。

有的单位在担保有效期内，对被担保方的生产经营与财务状况未实行实时监控，被担保方的生产经营与财务状况出现重大变化或恶化等信息未能及时了解和掌握，以致合同或协议债权不能实现，担保财产物资被封存或被起诉。

④ 签订无效担保合同或协议。

有的单位未经国家和有关主管部门批准或者登记，对外担保，或为境外机构向境内债权人担保，或为外商投资企业注册资本、外商投资企业中的外方投资部分的对外债务提供担保等。

（5）担保业务风险。

① 担保业务的主要风险：

A. 对担保申请人的资信状况调查不深，审批不严或越权审批，可能导致企业担保决策失误或遭受欺诈。

B. 对被担保人出现财务困难或经营陷入困境等状况监控不力，应对措施不当，可能导致企业承担法律责任。

C. 担保过程中存在舞弊行为,可能导致经办审批等相关人员涉案或企业利益受损。

② 担保业务风险类别:

A. 按引发风险因素的层次性,可分为系统担保风险和非系统性担保风险。由于国家宏观经济政策变动等因素引发的风险属于系统担保风险。由担保机构决策失误,违规操作等微观因素引起的风险为非系统担保风险。

B. 按风险暴露的程度,可分为隐性担保风险和显性担保风险。还没有暴露,处于潜伏期的风险称为隐性担保风险。已经出现的预警信号,风险征兆较明显的称为显性担保风险。

C. 按风险的可控程度,可分为完全不可控制风险、部分不可控制风险和基本可控制风险。完全不可控制风险,是指由于完全无法预测的因素变动,且对这些因素变动事先无法有效防范所引起的风险,如环境风险等。部分不可控制风险是指那些事先通过采取措施,在一定程度上可以控制的风险,如信用风险等。基本可控制风险是指那些通过指定和实施科学严密的操作规程、管理措施、内部控制制度与监督措施后可以基本控制的风险,如操作风险等。

4. 待执行合同变成亏损合同事项

待执行合同是指合同各方尚未履行任何合同义务,或部分地履行了同等义务的合同。企业与其他方签订的尚未履行或部分履行了同等义务的合同,如商品买卖合同、劳务合同、租赁合同等,均属于待执行合同。

亏损合同是指履行合同义务不可避免会发生的成本超过预期经济利益的合同。其中,"履行合同义务不可避免会发生的成本"应当反映退出该合同的最低净成本,即履行该合同的成本与未能履行该合同而发生的补偿或处罚两者之间的较低者。

自 2022 年 1 月 1 日起施行,企业履行该合同的成本包括履行合同的增量成本和与履行合同直接相关的其他成本的分摊金额。其中,履行合同的增量成本包括直接人工、直接材料等;与履行合同直接相关的其他成本的分摊金额包括用于履行合同的固定资产的折旧费用分摊金额等。

待执行合同不属于本准则规范的内容。待执行合同变为亏损合同的,应当作为本准则规范的或有事项。

待执行合同变成亏损合同的,该亏损合同产生的义务满足预计负债确认条件的,应当确认为预计负债。预计负债的计量反映了退出该合同的最低净成本,即履行该合同的成本与未能履行该合同而发生的补偿或处罚两者之中的较低者。

企业在履行合同义务过程中,如发生的成本预期将超过与合同相关的未来流入的经济利益的,待执行合同即变成了亏损合同,此时,如果与该合同相关的义务无须支付任何补偿即可撤销,通常不存在现时义务,不应确认预计负债。如果与该合同相关的义务不可撤销,企业就存在了现时义务,同时满足该义务很可能导致经济利益流出企业和金额能够可靠地计量的,通常应当确认预计负债。

【例 17-7】 智董公司 2×19 年 1 月采用经营租赁方式租入生产线生产产品,租赁期 3 年,生产的产品预计每年均可获利。2×20 年 12 月,市政规划要求公司迁址,加之宏观政策调整该公司决定停产上述产品,原经营租赁合同为不可撤销合同,还要持续 1 年,生产线无法转租给其他单位。此时,该公司执行原经营租赁合同发生的费用很可能超过预期获得的经济利益,该租赁合同变为亏损合同,应当在 2×20 年 12 月 31 日根据未来期间(2×21 年)应支付的租金确认预计负债。

待执行合同变成亏损合同时,企业拥有部分或全部合同标的资产的,应当先对标的资产进行减值测试并按规定确认减值损失,如预计亏损超过该减值损失,应将超过部分确认为预计负债。企业没有合同标的资产的,亏损合同相关义务满足规定条件时,应当确认为预计负债。

例如,商品销售合同属于待执行合同,在其售价低于成本时,该合同即变为亏损合同,该合同存在全部标的资产(存货)的,应当确认减值损失和存货跌价准备,不确认预计负债;如果合同不存在或者部分不存在标的资产(存货),企业应在满足负债确认条件时确认预计负债。

小知识

准则明确指出不应确认为预计负债的情形

企业不应当就未来经营亏损确认预计负债。

5. 重组事项(承担重组义务)

1) 本准则中重组的概念

重组,是指企业制定和控制的,将显著改变企业组织形式、经营范围或经营方式的计划实施行为。

重组与企业合并和债务重组的区别

重组通常是企业内部资源的调整和组合,谋求现有资产效能的最大化。

企业合并是在不同企业之间的资本重组和规模扩张。

债务重组,是指在不改变交易对手方的情况下,经债权人和债务人协定或法院裁定,就清偿债务的时间、金额或方式等重新达成协议的交易。

例如,智董公司董事会决定关闭一个事业部。如果有关决定尚未传达到受影响的各方,也未采取任何措施实施该项决定,表明该公司没有承担重组义务,不应确认预计负债;如果有关决定已经传达到受影响的各方,各方预期公司将关闭该事业部,通常表明公司开始承担重组义务,同时满足预计负债确认条件的,应当确认预计负债。

2) 表明企业承担了重组义务的情形

同时存在下列情况时,表明企业承担了重组义务:

(1) 有详细、正式的重组计划,包括重组涉及的业务、主要地点、需要补偿的职工人数及其岗位性质、预计重组支出、计划实施时间等。

(2) 该重组计划已对外公告。企业应当按照与重组有关的直接支出确定预计负债金额。直接支出不包括留用职工岗前培训、市场推广、新系统和营销网络投入等支出。

3) 属于重组的事项

属于重组的事项主要包括:

(1) 出售或终止企业的部分业务。

(2) 对企业的组织结构进行较大调整。

(3) 关闭企业的部分营业场所,或将营业活动由一个国家或地区迁移到其他国家或地区。

4) 应当确认为预计负债的重组义务

企业承担的重组义务满足预计负债确认条件的,应当确认为预计负债,并计入当期营业外支出。

企业应当按照与重组有关的直接支出确定预计负债金额,计入当期损益。直接支出不包括留用职工岗前培训、市场推广、新系统和营销网络投入等支出。

由于企业在计量预计负债时,不应当考虑预期处置相关资产的利得或损失,在计量与重组义务相关的预计负债时,不考虑处置相关资产(厂房、店面,有时是一个事业部整体)可能形成的利得或损失,即使资产的出售构成重组的一部分也是如此。这些利得或损失应当单独确认。

6. 票据贴现、背书转让

贴现是指票据持票人在票据未到期前为获得现金向银行贴付一定利息而发生的票据转让行为。贴现按照交易方式,分为买断式和回购式。贴现的期限从其贴现之日起至汇票到期日止。实付贴现金额按票面金额扣除贴现日至汇票到期前1日的利息计算。承兑人在异地的纸质商业汇票,贴现的期限以及贴现利息的计算应另加3日的划款日期。

背书是在票据背面或者粘单上记载有关事项并签章的行为。以背书的目的为标准,将背书分为转让背书和非转让背书。转让背书是指以转让票据权利为目的的背书。非转让背书是指以授予他人行使一定的票据权利为目的的背书。非转让背书包括委托收款背书和质押背书。委托收款背书是背书人委托被背书人行使票据权利的背书。委托收款背书的被背书人有权代背书人行使被委托的票据权利。但是,被背书人不得再以背书转让票据权利。质押背书是以担保债务而在票据上设定质权为目的的背书。被背书人依法实现其质权时,可以行使票据权利。

【例17-8】 XXX公司因销售商品取得一张金额为2 000万元、到期日为2×21年4月3日的商业承兑汇票。2×20年11月3日,因急需资金，XXX公司将所持未到期票据向开户银行申请贴现。经审核，贴现银行同意了XXX公司的申请，并办理了有关手续。

在本例中，因为贴现银行到时不能获得付款，XXX公司负有全额偿付的责任，从而XXX公司因应收票据贴现而承担了一项现时义务，但经济利益是否很可能流出企业尚难确定。根据《企业会计准则第13号——或有事项》的规定，XXX公司应作如下披露。

或有负债：

2×20年11月3日，本公司将一张未到期商业承兑汇票向开户银行进行贴现。贴现票据金额为2 000万元，到期日为2×21年4月3日。开户银行到时不能获得付款时，本公司负有代为付款的义务。

【例17-9】 2×20年度，XXX公司背书转让了三张应收票据，金额合计3 500万元。它们分别是：被背书人YYY公司，票据金额为500万元，到期日为2×21年1月10日；被背书人ZZZ公司，票据金额为1 500万元，到期日为2×21年3月2日；被背书人TTT公司，票据金额1 500万元，到期日为2×21年4月16日。

【分析】 本例中，XXX公司因背书转让应收票据而承担了现时义务。为此，2×20年12月31日，企业应将由此形成的或有负债予以披露。具体如下：

或有负债：

截至2×20年12月31日，本公司背书转让应收票据金额合计3 500万元（表17-4所示）。

表17-4

出票单位	出票日	到期日	被背书金额（元）	被背书人
×××	×××	2×21年1月10日	5 000 000	YYY公司
×××	×××	2×21年3月2日	15 000 000	ZZZ公司
×××	×××	2×21年4月16日	15 000 000	TTT公司

二、或有负债

企业不应当确认或有负债。

或有负债，是指过去的交易或者事项形成的潜在义务，其存在须通过未来不确定事项的发生或不发生予以证实，或过去的交易或者事项形成的现时义务，履行该义务不是很可能导致经济利益流出企业或该义务的金额不能可靠计量。

三、或有资产

企业不应当确认或有资产。

或有资产，是指过去的交易或者事项形成的潜在资产，其存在须通过未来不确定事项的发生或不发生予以证实。

【例17-10】 假定某年3月甲公司因拖欠银行贷款本息被诉，银行除要求本公司偿还本金和利息外，还要求支付罚息等费用，法院对此诉讼正在审理中。由于事实清楚，甲公司很可能败诉，故于被诉当期确认了一项（预计）负债110万元，其中银行罚息100万元，诉讼费10万元，并将此项预计负债计入了当月的利润表和资产负债表。

【分析】 此项会计处理如下（单位：元）：

借：管理费用　　　　　　　　　　100 000
　　营业外支出　　　　　　　　1 000 000
　贷：预计负债　　　　　　　　1 100 000

及至年末，该项诉讼仍未果，而估计银行罚息已升至110万元，企业应在年末对此项预计负债的账面价值进行调整，即调增10万元，使得当年利润表中的"营业外支出"项目增加10万元，当年12月31日的资产负债表中"预计负债"项目也增加10万元。

企业追记会计记录：

借：营业外支出　　　　　　　　　100 000
　贷：预计负债　　　　　　　　　100 000

企业应当在资产负债表日对预计负债的账面价值进行复核。有确凿证据表明该账面价值不能真实反映当前最佳估计数的，应当按照当前最佳估计数对该账面价值进行调整。

这个结果表明，此项未决诉讼所引发的预计负债经过初始计量确认和后续计量确认导致甲企业当年亏损增加120万元，负债也增加了120万元。

第三节　会计科目和会计分录

以下是第一财税网（www.tax.org.cn）耗时整理的相关会计科目和会计分录，供实际工作中随时查阅、使用。

一、2801 预计负债

（一）核算内容

本科目核算企业确认的对外提供担保、未决诉讼、产品质量保证、重组义务、亏损性合同、应付退货款等预计负债。

（二）明细核算

本科目可按形成预计负债的交易或事项进行明细核算。

（三）主要账务处理

（1）企业由对外提供担保、未决诉讼、重组义务产生的预计负债，应按确定的金额，借记"营业外支出"等科目，贷记本科目。由产品质量保证产生的预计负债，应按确定的金额，借记"销售费用"科目，贷记本科目。

由资产弃置义务产生的预计负债，应按确定的金额，借记"固定资产"或"油气资产"科目，贷记本科目。在固定资产或油气资产的使用寿命内，按计算确定各期应负担的利息费用，借记"财务费用"科目，贷记本科目。

（2）实际清偿或冲减的预计负债，借记本科目，贷记"银行存款"等科目。

（3）根据确凿证据需要对已确认的预计负债进行调整的，调整增加的预计负债，借记有关科目，贷记本科目；调整减少的预计负债作相反的会计分录。

（四）期末余额

本科目期末贷方余额，反映企业已确认尚未支付的预计负债。

附：报表列示

按照《企业会计准则第 14 号——收入》（2017 年修订）的相关规定确认为预计负债的应付退货款，应当根据"预计负债"科目下的"应付退货款"明细科目是否在一年或一个正常营业周期内清偿，在资产负债表"其他流动负债"或"预计负债"项目中填列。

二、应收退货成本

（一）核算内容

本科目核算销售商品时预期将退回商品的账面价值，扣除收回该商品预计发生的成本（包括退回商品的价值减损）后的余额。

（二）明细核算

本科目可按合同进行明细核算。

（三）主要账务处理

企业发生附有销售退回条款的销售的，应在客户取得相关商品控制权时，按照已收或应收合同价款，借记"银行存款""应收账款""应收票据""合同资产"等科目，按照因向客户转让商品而预期有权收取的对价金额（即，不包含预期因销售退回将退还的金额），贷记"主营业务收入""其他业务收入"等科目，按照预期因销售退回将退还的金额，贷记"预计负债——应付退货款"等科目；结转相关成本时，按照预期将退回商品转让时的账面价值，扣除收回该商品预计发生的成本（包括退回商品的价值减损）后的余额，借记本科目，按照已转让商品转让时的账面价值，贷记"库存商品"等科目，按其差额，借记"主营业务成本""其他业务成本"等科目。涉及增值税的，还应进行相应处理。

（四）期末余额

本科目期末借方余额，反映企业预期将退回商品转让时的账面价值，扣除收回该商品预计发生的成本（包括退回商品的价值减损）后的余额，在资产负债表中按其流动性计入"其他流动资产"或"其他非流动资产"项目。

附：报表列示

按照《企业会计准则第 14 号——收入》（2017 年修订）的相关规定确认为资产的应收退货成本，应当根据"应收退货成本"科目是否在一年或一个正常营业周期内出售，在"其他流动资产"或"其他非流动资产"项目中填列。

三、1511 长期股权投资

（一）核算内容

本科目核算企业持有的长期股权投资。

（二）明细核算

本科目应当按照被投资单位进行明细核算。

长期股权投资核算采用权益法的，应当分别"投资成本""损益调整""其他综合收益""其他权益变动"进行明细核算。

（三）主要账务处理

1. 企业合并形成的长期股权投资

（1）同一控制下企业合并形成的长期股权投资。

合并方以支付现金、转让非现金资产或承担债务方式作为合并对价的，应在合并日按取得被合并方所有者权益在最终控制方合并财务报表中的账面价值的份额，借记本科目（投资成本），按支付的合并对价的账面价值，贷记或借记有关资产、负债科目，按其差额，贷记"资本公积——资本溢价或股本溢价"科目；如为借方差额，借记"资本公积——资本溢价或股本溢价"科目，资本公积（资本溢价或股本溢价）不足冲减的，应依次借记"盈余公积""利润分配——未分配利润"科目。合并方以发行权益性证券作为合并对价的，应当在合并日按照被合并方所有者权益在最终控制方合并财务报表中的账面价值的份额，借记本科目（投资成本），按照发行股份的面值总额，贷记"股本"，按其差额，贷记"资本公积——资本溢价或股本溢价"；如为借方差额，借记"资本公积——资本溢价或股本溢价"科目，资本公积（资本溢价或股本溢价）不足冲减的，应依次借记"盈余公积""利润分配——未分配利润"科目。

（2）非同一控制下企业合并形成的长期股权投资。

购买方以支付现金、转让非现金资产或承担债务方式等作为合并对价的，应在购买日按照《企业会计准则第 20 号——企业合并》确定的合并成本，借记本科目（投资成本），按付出的合并对价的账面价值，贷记或借记有关资产、负债科目，按发生的直接相关费用（如资产处置费用），贷记"银行存款"等科目，按其差额，贷记"主营业务收入""营业外收入""投资收益"等科目或借记"管理费用""营业外支出""主营业务成本"等科目。购买方以发行权益性证券作为合并对价的，应在购买日按照发行的权益性证券的公允价值，借记本科目（投资成本），按照发行的权益性证券的面值总额，贷记"股本"，按其差额，贷记"资本公积——资本溢价或股本溢价"。企业为企业合并发生的审计、法律服务、评估咨询等中介费用以及其他相关管理费用，应当于发生时借记"管理费用"科目，贷记"银行存款"等科目。

2. 以非企业合并方式形成的长期股权投资

以支付现金、非现金资产等其他方式取得的长期股权投资，应按现金、非现金货币性资产的公允价值或按照《企业会计准则第 7 号——非货币性资产交换》《企业会计准则第 12 号——债务重组》的有关规定确定的初始投资成本，借记本科目，贷记"银行存款"等科目，贷记"营业外收入"或借记"营业外支出"等处置非现金资产相关的科目。

注 债务重组中因处置非流动资产产生的利得或损失和非货币性资产交换中换出非流动资产产生的利得或损失在"资产处置损益"科目核算。

3. 采用成本法核算的长期股权投资的处理

长期股权投资采用成本法核算的，应按被投资单位宣告发放的现金股利或利润中属于本企业的部分，借记"应收股利"科目，贷记"投资收益"科目。

4. 采用权益法核算的长期股权投资的处理

企业的长期股权投资采用权益法核算的，应当分别下列情况进行处理：

（1）长期股权投资的初始投资成本大于投

资时应享有被投资单位可辨认净资产公允价值份额的,不调整已确认的初始投资成本;长期股权投资的初始投资成本小于投资时应享有被投资单位可辨认净资产公允价值份额的,应按其差额,借记本科目(投资成本),贷记"营业外收入"科目。

(2) 资产负债表日,企业应按被投资单位实现的净利润(以取得投资时被投资单位可辨认净资产的公允价值为基础计算)中企业享有的份额,借记本科目(损益调整),贷记"投资收益"科目。被投资单位发生净亏损作相反的会计分录,但以本科目的账面价值减记至零为限;还需承担的投资损失,应将其他实质上构成对被投资单位净投资的"长期应收款"等的账面价值减记至零为限;除按照以上步骤已确认的损失外,按照投资合同或协议约定将承担的损失,确认为预计负债。除上述情况仍未确认的应分担被投资单位的损失,应在账外备查登记。发生亏损的被投资单位以后实现净利润的,应按与上述相反的顺序进行处理。

取得长期股权投资后,被投资单位宣告发放现金股利或利润时,企业计算应分得的部分,借记"应收股利"科目,贷记本科目(损益调整)。

收到被投资单位发放的股票股利,不进行账务处理,但应在备查簿中登记。

(3) 发生亏损的被投资单位以后实现净利润的,企业计算应享有的份额,如有未确认投资损失的,应先弥补未确认的投资损失,弥补损失后仍有余额的,依次借记"长期应收款"科目和本科目(损益调整),贷记"投资收益"科目。

(4) 被投资单位除净损益、利润分配以外的其他综合收益变动和所有者权益的其他变动,企业按持股比例计算应享有的份额,借记本科目(其他综合收益和其他权益变动),贷记"其他综合收益"和"资本公积——其他资本公积"科目。

(5) 处置长期股权投资的处理。

处置长期股权投资时,应按实际收到的金额,借记"银行存款"等科目,原已计提减值准备的,借记"长期股权投资减值准备"科目,按其账面余额,贷记本科目,按尚未领取的现金股利或利润,贷记"应收股利"科目,按其差额,贷记或借记"投资收益"科目。

处置采用权益法核算的长期股权投资时,应当采用与被投资单位直接处置相关资产或负债相同的基础,对相关的其他综合收益进行会计处理。按照上述原则可以转入当期损益的其他综合收益,应按结转的长期股权投资的投资成本比例结转原记入"其他综合收益"科目的金额,借记或贷记"其他综合收益"科目,贷记或借记"投资收益"科目。

处置采用权益法核算的长期股权投资时,还应按结转的长期股权投资的投资成本比例结转原记入"资本公积——其他资本公积"科目的金额,借记或贷记"资本公积——其他资本公积"科目,贷记或借记"投资收益"科目。

(四) 期末余额

本科目期末借方余额,反映企业长期股权投资的价值。

四、1531 长期应收款

(一) 核算内容

本科目核算企业的长期应收款项,包括融资租赁产生的应收款项、采用递延方式具有融资性质的销售商品和提供劳务等产生的应收款项等。

实质上构成对被投资单位净投资的长期权益,也通过本科目核算。

(二) 明细核算

本科目可按债务人进行明细核算。

(三) 主要账务处理

采用递延方式分期收款销售商品或提供劳务等经营活动产生的长期应收款,满足收入确认条件的,按应收的合同或协议价款,借记本科目,按应收合同或协议价款的公允价值(折现值),贷记"主营业务收入"等科目,按其差额,贷记"未实现融资收益"科目。涉及增值税的,还应进行相应的处理。

如有实质上构成对被投资单位净投资的长期权益,被投资单位发生的净亏损应由本企业承担的部分,在"长期股权投资"的账面价值减记至零以后,还需承担的投资损失,应以本科目中实质上构成了对被投资单位净投资的长期权益部分账面价值减记至零为限,继续确认投资损失,借记"投资收益"科目,贷记本科目。除上述已确认投资损失外,投资合同或协议中约定仍应承担的损失,确认为预计负债。

(四) 期末余额

本科目的期末借方余额,反映企业尚未收回的长期应收款。

五、1601 固定资产

(一) 核算内容

本科目核算企业持有的固定资产原价。建造承包商的临时设施,以及企业购置计算机硬件所附带的、未单独计价的软件,也通过本科目核算。

(二) 明细核算

本科目可按固定资产类别和项目进行明细核算。融资租入的固定资产,可在本科目设置"融资租入固定资产"明细科目。

(三) 主要账务处理

(1) 企业购入不需要安装的固定资产,按应计入固定资产成本的金额,借记本科目,贷记"银行存款"等科目。购入需要安装的固定资产,先记入"在建工程"科目,达到预定可使用状态时再转入本科目。

购入固定资产超过正常信用条件延期支付价款、实质上具有融资性质的,按应付购买价款的现值,借记本科目或"在建工程"科目,按应支付的金额,贷记"长期应付款"科目,按其差额,借记"未确认融资费用"科目。

(2) 自行建造达到预定可使用状态的固定资产,借记本科目,贷记"在建工程"科目。已达到预定可使用状态、但尚未办理竣工决算手续的固定资产,应按估计价值入账,待确定实际成本后再进行调整。

(3) 融资租入的固定资产,在租赁期开始日,按应计入固定资产成本的金额(租赁开始日租赁资产公允价值与最低租赁付款额现值两者中较低者,加上初始直接费用),借记本科目或"在建工程"科目,按最低租赁付款额,贷记"长期应付款"科目,按发生的初始直接费用,贷记"银行存款"等科目,按其差额,借记"未确认融资费用"科目。

租赁期届满,企业取得该项固定资产所有权的,应将该项固定资产从"融资租入固定资产"明细科目转入有关明细科目。

(4) 固定资产存在弃置义务的,应在取得固定资产时,按预计弃置费用的现值,借记本科目,贷记"预计负债"科目。在该项固定资产的使用寿命内,计算确定各期应负担的利息费用,借记"财务费用"科目,贷记"预计负债"科目。

(5) 处置固定资产时,按该项固定资产账面价值,借记"固定资产清理"科目,按已提的累计折旧,借记"累计折旧"科目,按其账面原价,贷记本科目。已计提减值准备的,还应同时结转已计提的减值准备。

(四) 期末余额

本科目期末借方余额,反映企业固定资产的原价。

六、1502 债权投资减值准备

注 原"1502 持有至到期投资减值准备"科目改为"1502 债权投资减值准备"科目。

(一) 核算内容

本科目核算企业以摊余成本计量的债权投资以预期信用损失为基础计提的损失准备。

(二) 明细核算

本科目可按债权投资类别和品种进行明细核算。

(三) 主要账务处理

企业应当在资产负债表日计算金融工具(或金融工具组合)预期信用损失。如果该预期信用损失大于该工具(或组合)当前减值准备的账面金额,企业应当将其差额确认为减值损失,借记"信用减值损失"科目,根据金融工具的种类,贷记"贷款损失准备""债权投资减值准备""坏账准备""合同资产减值准备""租赁应收款减值准备""预计负债"(用于贷款承诺及财务担保合同)或"其他综合收益"(用于以公允价值计量且其变动计入其他综合收益的债权类资产,企业可以设置二级科目"其他综合收益——信用减值准备"核算此类工具的减值准备)等科目(上述贷记科目,以下统称"贷款损失准备"等科目);如果资产负债表日计算的预期信用损失小于该工具(或组合)当前减值准备的账面金额(例如,从按照整个存续期预期信用损失计量损失准备转为按照未来12个月预期信用损失计量损失准备时,可能出现这一情况),则应当将差额确认为减值利得,作相反的会计分录。

(四)期末余额

本科目期末贷方余额,反映企业已计提但尚未转销的债权投资减值准备。

七、1631 油气资产(石油天然气开采)/油气资产清理(石油天然气开采)

(一)核算内容

本科目核算企业(石油天然气开采)持有的矿区权益和油气井及相关设施的原价。

企业(石油天然气开采)可以单独设置"油气资产清理"科目,比照"固定资产清理"科目进行处理。

企业(石油天然气开采)与油气开采活动相关的辅助设备及设施在"固定资产"科目核算。

(二)明细核算

本科目可按油气资产的类别、不同矿区或油田等进行明细核算。

(三)主要账务处理

(1)企业购入油气资产(含申请取得矿区权益)的成本,借记本科目,贷记"银行存款""应付票据""其他应付款"等科目。

(2)自行建造的油气资产,在油气勘探、开发工程达到预定可使用状态时,借记本科目,贷记"油气勘探支出""油气开发支出"等科目。

(3)油气资产存在弃置义务的,应在取得油气资产时,按预计弃置费用的现值,借记本科目,贷记"预计负债"科目。在油气资产的使用寿命内,计算确定各期应负担的利息费用,借记"财务费用"科目,贷记"预计负债"科目。

(4)处置油气资产,应按该项油气资产的账面价值,借记"油气资产清理"科目,按已计提的累计折耗,借记"累计折耗"科目,按其账面原价,贷记本科目。已计提减值准备的,还应同时结转减值准备。

(四)期末余额

本科目期末借方余额,反映企业油气资产的原价。

八、使用权资产

(一)核算内容

本科目核算承租人持有的使用权资产的原价。

(二)明细核算

本科目可按租赁资产的类别和项目进行明细核算。

(三)主要账务处理

(1)在租赁期开始日,承租人应当按成本借记本科目,按尚未支付的租赁付款额的现值贷记"租赁负债"科目;对于租赁期开始日之前支付租赁付款额的(扣除已享受的租赁激励),贷记"预付款项"等科目;按发生的初始直接费用,贷记"银行存款"等科目;按预计将发生的为拆卸及移除租赁资产、复原租赁资产所在场地或将租赁资产恢复至租赁条款约定状态等成本的现值,贷记"预计负债"科目。

(2)在租赁期开始日后,承租人按变动后的租赁付款额的现值重新计量租赁负债的,当租赁负债增加时,应当按增加额借记本科目,贷记"租赁负债"科目;除下述(3)中的情形外,当租赁负债减少时,应当按减少额借记"租赁负债"科目,贷记本科目;若使用权资产的账面价值已调减至零,应当按仍需进一步调减的租赁负债金额,借记"租赁负债"科目,贷记"制造费用""销售费用""管理费用""研发支出"等科目。

(3)租赁变更导致租赁范围缩小或租赁期缩短的,承租人应当按缩小或缩短的相应比例,借记"租赁负债""使用权资产累计折旧""使用权资产减值准备"科目,贷记本科目,差额借记或贷记"资产处置损益"科目。

(4)企业转租使用权资产形成融资租赁的,

应当借记"应收融资租赁款""使用权资产累计折旧""使用权资产减值准备"科目,贷记本科目,差额借记或贷记"资产处置损益"科目。

(四) 期末余额

本科目期末借方余额,反映承租人使用权资产的原价。

附:报表列示

反映资产负债表日承租人企业持有的使用权资产的期末账面价值。

该项目应根据"使用权资产"科目的期末余额,减去"使用权资产累计折旧"和"使用权资产减值准备"科目的期末余额后的金额填列。

注 承租方应该在资产负债表中单独列示使用权资产项目。

九、6111 投资收益

(一) 核算内容

本科目核算企业持有交易性金融资产等的期间内取得的投资收益以及出售交易性金融资产等实现的投资收益或投资损失;企业根据长期股权投资准则确认的投资收益或投资损失。

(二) 明细核算

本科目应当按照投资项目进行明细核算。

(三) 主要账务处理

1. 交易性金融资产

本科目借方登记企业取得交易性金融资产时支付的交易费用、出售交易性金融资产等发生的投资损失,贷方登记企业持有交易性金融资产等的期间内取得的投资收益以及出售交易性金融资产等实现的投资收益。

2. 长期股权投资

(1) 长期股权投资采用成本法核算的,企业应按被投资单位宣告发放的现金股利或利润中属于本企业的部分,借记"应收股利"科目,贷记本科目。

(2) 长期股权投资采用权益法核算的,资产负债表日,应按被投资单位实现的净利润(以取得投资时被投资单位可辨认净资产的公允价值为基础计算)中企业享有的份额,借记"长期股权投资——损益调整"科目,贷记本科目。

被投资单位发生亏损、分担亏损份额未超过长期股权投资账面价值或分担亏损份额超过长期股权投资账面价值而冲减实质上构成对被投资单位长期净投资的,借记本科目,贷记"长期股权投资——损益调整""长期应收款"。除按照上述步骤已确认的损失外,按照投资合同或协议约定企业将承担的损失,借记本科目,贷记"预计负债"。发生亏损的被投资单位以后实现净利润的,企业计算的应享有的份额,如有未确认投资损失的,应先弥补未确认的投资损失,弥补损失后仍有余额的,借记"预计负债""长期应收款""长期股权投资——损益调整"等科目,贷记本科目。

(3) 处置长期股权投资时,应按实际收到的金额,借记"银行存款"等科目,原已计提减值准备的,借记"长期股权投资减值准备"科目,按其账面余额,贷记"长期股权投资"科目,按尚未领取的现金股利或利润,贷记"应收股利"科目,按其差额,贷记或借记本科目。

处置采用权益法核算的长期股权投资时,应当采用与被投资单位直接处置相关资产或负债相同的基础,对相关的其他综合收益进行会计处理。按照上述原则可以转入当期损益的其他综合收益,应按结转长期股权投资的投资成本比例结转原记入"其他综合收益"科目的金额,借记或贷记"其他综合收益"科目,贷记或借记本科目。

处置采用权益法核算的长期股权投资时,还应按结转长期股权投资的投资成本比例结转原记入"资本公积——其他资本公积"科目的金额,借记或贷记"资本公积——其他资本公积"科目,贷记或借记本科目。

(四) 期末余额

期末,应将本科目余额转入"本年利润"科目,本科目结转后应无余额。

十、6702 信用减值损失

(一) 核算内容

本科目核算企业计提金融工具确认和计量

会计准则要求的各项金融工具减值准备所形成的预期信用损失。

注 根据《企业会计准则第22号——金融工具确认和计量》可知：对企业应收款项、合同资产和租赁应收款发生信用减值核算时由原来的"资产减值损失"账户改成"信用减值损失"账户。

根据《企业会计准则第22号——金融工具确认和计量》(2017年)应用指南，金融资产减值准备所形成的预期信用损失应通过"信用减值损失"科目核算。因此，企业执行《企业会计准则第22号——金融工具确认和计量》(2017年)后，其发生的坏账准备应通过"信用减值损失"科目核算，不再通过"资产减值损失"科目核算。

（二）主要账务处理

企业应当在资产负债表日计算金融工具（或金融工具组合）预期信用损失。如果该预期信用损失大于该工具（或组合）当前减值准备的账面金额，企业应当将其差额确认为减值损失，借记"信用减值损失"科目，根据金融工具的种类，贷记"贷款损失准备""债权投资减值准备""坏账准备""合同资产减值准备""租赁应收款减值准备""预计负债"（用于贷款承诺及财务担保合同）或"其他综合收益"（用于以公允价值计量且其变动计入其他综合收益的债权类资产，企业可设置二级科目"其他综合收益——信用减值准备"核算此类工具的减值准备）等科目（上述贷记科目，以下统称"贷款损失准备"等科目）；如果资产负债表日计算的预期信用损失小于该工具（或组合）当前减值准备的账面金额（例如，从按照整个存续期预期信用损失计量损失准备转为按照未来12个月预期信用损失计量损失准备时，可能出现这一情况），则企业应当将差额确认为利得，作相反的会计分录。

附：报表列示

反映企业按照《企业会计准则第22号——金融工具确认和计量》（财会〔2017〕7号）的要求计提的各项金融工具信用减值准备所确认的信用损失。

该项目应根据"信用减值损失"科目的发生额分析填列。

第十八讲 收 入

第一节 综合知识

一、相关知识概述

收入,是指企业在日常活动中形成的、会导致所有者权益增加的、与所有者投入资本无关的经济利益的总流入。

其中,日常活动,是指企业为完成其经营目标所从事的经常性活动以及与之相关的活动。企业日常活动举例,如表18-1所示。除非特别说明,本讲中所称商品,既包括商品,也包括服务。

日常活动所形成的经济利益的流入应当确认为收入。

表18-1 企业日常活动举例

企业类型	主要日常活动
工业企业	制造并销售产品
商品流通企业	销售商品
咨询公司	提供咨询服务
软件公司	为客户开发软件
安装公司	提供安装服务
建筑企业	提供建造服务

为了规范收入的确认、计量和相关信息的披露,我国财政部2017年7月5日修订发布了《企业会计准则第14号——收入》(财会〔2017〕22号,本讲以下简称"新收入会计准则""新准则"或"本准则")。

在兼顾我国的市场环境和企业的实际情况,并与国际趋同的基础上,我国采取了分步实施的策略,即在境内外同时上市的企业以及在境外上市并采用国际财务报告准则或企业会计准则编制财务报表的企业(以下简称"境外上市企业")与国际同步执行,以避免出现境内外报表适用准则差异,总结经验和评估影响(特别是会计和税法的协调方面)之后,再将实施范围逐步扩大至境内上市企业及其他非上市企业,为这些企业预留更多的准备时间,确保准则执行质量(表18-2)。

表18-2 新收入会计准则的实施范围和时间安排

企业	执行时间	备注
对于在境内外同时上市的企业以及在境外上市并采用国际财务报告准则或企业会计准则编制财务报告的企业	自2018年1月1日起执行新收入会计准则	这一要求与国际财务报告准则第15号的生效日期保持一致,以避免该类上市公司境内外报表出现差异
对于其他在境内上市的企业	要求自2020年1月1日起执行新收入会计准则	为这些企业预留两年的准备时间,以总结借鉴境外上市公司执行新收入会计准则的经验,确保所有上市公司高质量地执行新准则
对于执行企业会计准则的非上市企业	要求自2021年1月1日起执行新收入会计准则	为这些企业预留近三年的准备时间,以确保准则在该类企业得到平稳有效实施
对于条件具备、有意愿和有能力提前执行新收入会计准则的企业	允许其提前执行本准则	—

可以在合同组合层面应用本准则

本准则规范的是企业与客户之间的单个合同的会计处理。

但是,为便于实务操作,当企业能够合理预计,将本准则规定应用于具有类似特征的合同（或履约义务）组合或应用于该组合中的每一个合同（或履约义务），将不会对企业的财务报表产生显著不同的影响时，企业可以在合同组合层面应用本准则，此时，企业应当采用能够反映该合同组合规模和构成的估计和假设。

二、会计准则概述

（一）本准则的相关背景

1. 修订前的准则

（1）发布时间、准则名称、规范内容、确认收入的方法。

2006年2月，我国财政部发布《企业会计准则第14号——收入》和《企业会计准则第15号——建造合同》，对于企业的收入确认、计量和相关信息的披露进行了规范。

在修订前的准则下，销售商品收入、提供劳务收入和让渡资产使用权收入适用收入会计准则，建造合同形成的收入适用建造合同会计准则；销售商品收入主要以风险和报酬转移为基础确认，提供劳务收入和建造合同收入主要采用完工百分比法确认。

（2）存在问题。

然而，随着市场经济的日益发展、交易事项的日趋复杂，实务中收入确认和计量面临越来越多的问题。

例如，如何划分收入会计准则和建造合同会计准则的边界，如何区分销售商品收入和提供劳务收入，如何判断商品所有权上的主要风险和报酬是否转移，如何区分总额确认收入还是净额确认收入，对于包含多重交易安排或可变对价的复杂合同如何进行会计处理，等等。

这从客观上要求我们对修订前的准则中的收入确认和计量原则予以重新审视，切实解决实务问题。

2. 国际准则

（1）发布时间、准则名称、生效时间。

国际会计准则理事会于2014年5月发布了《国际财务报告准则第15号——客户合同收入》（以下简称"国际财务报告准则第15号"），自2018年1月1日起生效（允许提前执行）。

（2）核心原则。

该准则的核心原则是，主体确认收入的方式应当反映其向客户转让商品或服务的模式，确认金额应当反映主体因交付该商品或服务而预期有权获得的对价金额。

（3）统一的收入确认计量的五步法模型。

准则设定了统一的收入确认计量的五步法模型，即识别与客户订立的合同、识别合同中的单项履约义务、确定交易价格、将交易价格分摊至各单项履约义务、履行每一单项履约义务时确认收入。

3. 本次我国收入会计准则修订发布的目的、时间、名称

为保持我国企业会计准则与国际财务报告准则持续趋同，切实解决我国原先准则实施中存在的具体问题，进一步规范收入确认、计量和相关信息披露，我国财政部借鉴国际财务报告准则第15号，并结合我国实际情况，2017年7月5日修订发布了《企业会计准则第14号——收入》（财会〔2017〕22号）。

（二）本准则的适用范围

《企业会计准则第14号——收入》主要规范了收入的确认、计量和相关信息的披露要求。

企业应用收入会计准则，应当向财务报表使用者提供与客户之间的合同产生的收入及现金流量的性质、金额、时间分布和不确定性等相关的有用信息。

1. 适用本准则的

除以下适用其他准则的各项（如表18-3）之外，本准则适用于所有与客户之间的合同。

企业以存货换取客户的存货、固定资产、无形资产等，按照本准则的规定进行会计处理。

> **专家点拨**
>
> 企业以存货换取客户的固定资产、无形资产等的，按照新收入会计准则的规定进行会计处理，但没有商业实质的非货币性资产交换，不确认收入。其他非货币性资产交换，按照《企业会计准则第7号——非货币性资产交换》的规定进行会计处理。

表 18-3　适用其他准则的各项

交易事项	适用准则
相关金融工具及其他合同权利和义务	《企业会计准则第 22 号——金融工具确认和计量》 《企业会计准则第 23 号——金融资产转移》 《企业会计准则第 24 号——套期会计》 《企业会计准则第 2 号——长期股权投资》 《企业会计准则第 40 号——合营安排》 《企业会计准则第 33 号——合并财务报表》
租赁合同(由《企业会计准则第 21 号——租赁》规范的)	《企业会计准则第 21 号——租赁》
保险合同(由保险合同相关会计准则规范的)	《企业会计准则第 25 号——保险合同》
除存货外的其他非货币性资产交换	《企业会计准则第 7 号——非货币性资产交换》
企业处置固定资产、无形资产等	在确定处置时点以及计量处置损益时,按照本准则的有关规定进行处理

2. 适用其他准则的

企业对外出租资产收取的租金、进行债权投资收取的利息、进行股权投资取得的现金股利等,不适用本准则(如表 18-3 所示)。

▎专家点拨

如果合同对方与企业订立合同的目的是共同参与一项活动(如合作开发一项资产),合同对方和企业一起分担(或分享)该活动产生的风险(或收益),而不是获取企业日常活动产出的商品,则该合同对方不是企业的客户,企业与其签订的该份合同也不属于本准则规范范围。

【例 18-1】　智董公司与客户签订租赁合同,向客户提供起重机租赁服务,同时签订补充协议,约定租赁期结束后将起重机销售给客户。协议约定:客户将起重机用于矿山施工和作业,租期一般 4~10 个月,合同总租金为起重机价款 80%以上;起重机运抵现场后,客户按照起重机价款 35%~45%预付 2~4 个月的租金,剩余租金在剩余租赁期间内分月付清;客户在付款期内未按约定付清全部租金,公司有权解除合同并收回起重机。租赁期满后,客户以起重机的销售价格扣除已支付租金后余值购买租赁起重机,全部价款支付完毕,起重机所有权转让给客户。

请问:上例适用收入会计准则还是租赁准则?

【分析】《企业会计准则第 21 号——租赁》(2018 年修订)第四十二条明确规定:"对于生产商或经销商作为出租人的融资租赁,在租赁期开始日应当按照租赁资产公允价值与租赁收款额按市场利率折现的现值两者孰低确认收入,并按租赁资产账面价值扣除未担保余值的现值后的余额结转销售成本。"

尽管该交易的法律形式是租赁合同,但是该交易主要目的是销售商品,交易的实质是分期收款销售,租金仅是分期收款的一种方式。从该交易的租金安排来看,一项起重机通常使用寿命在 5 年以上,4~10 个月收取起重机价款的 80%作为租金,明显不是常规租赁交易下租金的公允价值。该情形应当按照实质重于形式的原则,作为分期收款销售商品处理更能反映交易的本质。企业应当在客户取得相关商品控制权时,按照有权收取的对价金额确认收入。另外,企业对于合同或协议价款的收取采用递延方式,如果该安排中存在重大融资成分,应当按照假定客户在取得商品控制权时即以现金支付的应付金额(即,现销价格)确定交易价格。应收的合同或协议价款与现销价格之间的差额,应当在合同或协议期间内采用实际利率法进行摊销,计入当期损益。

3. 部分适用本准则,部分适用其他准则的

当企业与客户之间的合同部分属于本准则规范范围,而其他部分属于上述其他企业会计准则规范范围时,如果上述其他企业会计准则明确规定了如何对合同中的一个或多个组成部分进行区分或初始计量,企业应当首先按照这些规定进行处理,并将按照上述其他准则进行初始计量的合同组成部分的金额排除在本准则规定的交易价格之外;否则,企业应当按照本准则对合同中的一个或多个组成部分进行区分和初始计量。

(三) 本准则的主要变化

1. 将修订前的收入和建造合同两项会计准则纳入统一的收入确认模型

(1) 修订前准则。

修订前的收入会计准则和建造合同会计准则在某些情形下边界不够清晰,可能导致类似的交易采用不同的收入确认方法,从而对企业财务状况和经营成果产生重大影响。

(2) 修订后准则。

不再区分销售商品、提供劳务和建造合同等具体交易形式,而是要求采用统一的收入确认模型来规范所有与客户之间的合同产生的收入,并且就"在某一时段内"还是"在某一时点"确认收入提供具体指引,有助于更好地解决目前收入确认的时点问题,提高会计信息可比性。

2. 以控制权转移替代风险报酬转移作为收入确认时点的判断标准

(1) 修订前的准则要求区分销售商品收入和提供劳务收入,并且强调在将商品所有权上的主要风险和报酬转移给购买方时确认销售商品收入,实务中有时难以判断。

(2) 修订后的准则打破商品和劳务的界限,要求企业在履行合同中的履约义务,即客户取得相关商品(或服务)控制权时确认收入,从而能够更加科学合理地反映企业的收入确认过程。

3. 对于某些特定交易(或事项)的收入确认和计量给出了明确规定

(1) 修订前的准则对某些特定交易(或事项)的收入确认和计量没有给出明确规定。

(2) 修订后的准则对于修订前收入会计准则和建造合同会计准则难以解决的某些特定交易(或事项)的收入确认和计量给出了明确规定。

例如,如何区分总额和净额确认收入、附有质量保证条款的销售、附有客户额外购买选择权的销售、向客户授予知识产权许可、售后回购、无需退还的初始费等,这些规定将有助于更好地指导实务操作,从而提高会计信息的可比性。

4. 对于包含多重交易安排的合同的会计处理提供更明确的指引

(1) 修订前的准则对于包含多重交易安排的合同仅提供了非常有限的指引,具体体现在修订前收入会计准则第十五条以及企业会计准则讲解中有关奖励积分的会计处理规定。这些规定远远不能满足当前实务需要。

(2) 修订后的准则对包含多重交易安排的合同的会计处理提供了更明确的指引,要求企业在合同开始日对合同进行评估,识别合同所包含的各单项履约义务,按照各单项履约义务所承诺商品(或服务)单独售价的相对比例将交易价格分摊至各单项履约义务,进而在履行各项履约义务时确认相应的收入,有助于解决此类合同的收入确认问题。

本准则实施影响的分析

从测试结果来看,新收入会计准则对于各企业收入的总体影响不大,但是对企业收入结构有不同程度的影响,这种影响既包括对同一时期不同产品(或服务)收入结构的影响,也包括同一产品(或服务)在不同期间收入结构的影响。

在所有测试企业中,对企业收入总体影响最大的是按照总额或净额确认收入的问题。

除此之外,新收入会计准则对企业资产、负债和税收也有一定的影响。

第二节 收入确认和计量的"五步法"

收入确认和计量大致分为五步:

第一步,识别与客户订立的合同。

第二步,识别合同中的单项履约义务。

第三步,确定交易价格。

第四步,将交易价格分摊至各单项履约义务。

第五步,履行各单项履约义务时确认收入。

其中,第一步、第二步和第五步主要与收入的确认有关,第三步和第四步主要与收入的计量有关(如图18-1所示)。

 小知识

"五步法"核心要求

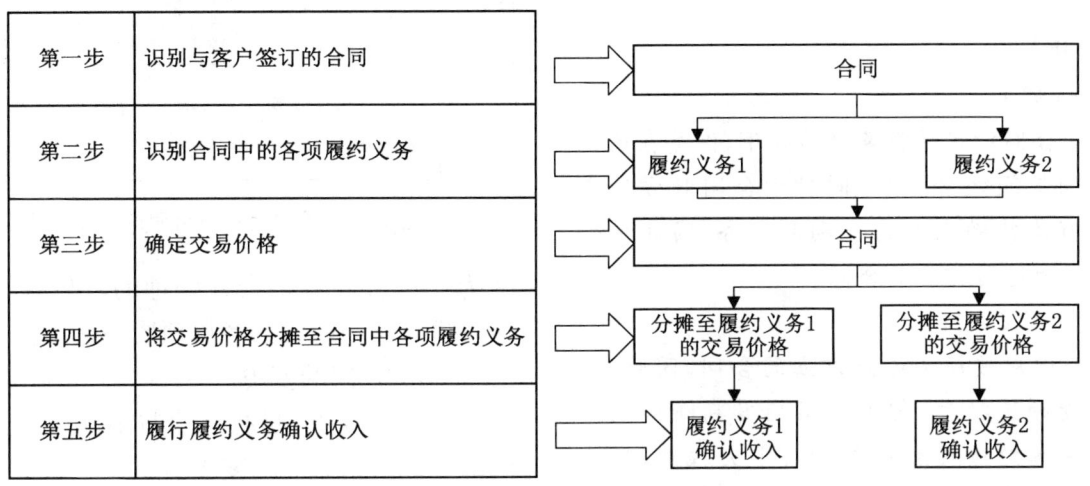

图18-1 "五步法"确认收入的核心要求

一、第一步:识别与客户订立的合同

(一) 合同的含义

本准则所称合同,是指双方或多方之间订立有法律约束力的权利义务的协议。

客户,是指与企业订立合同以向该企业购买其日常活动产出的商品并支付对价的一方。

(二) 合同的形式

合同包括书面形式、口头形式以及其他形式(如隐含于商业惯例或企业以往的习惯做法中等)。

(三) 合同的存续期间

合同存续期间是合同各方拥有现时可执行的具有法律约束力的权利和义务的期间。

实务中,有些合同可能有固定的期间,有些合同则可能没有(如无固定期间且合同各方可随时要求终止或变更的合同、定期自动续约的合同等)。

企业应当确定合同存续期间,并在该期间内按照本准则规定对合同进行会计处理。

(1) 在确定合同存续期间时,无论该合同是否有明确约定的合同期间,该合同的存续期间都不会超过已经提供的商品所涵盖的期间。

(2) 当合同约定任何一方在某一特定期间之后才可以随时无代价地终止合同时,该合同的存续期间不会超过该特定期间。

(3) 当合同约定任何一方均可以提前终止合同,但要求终止合同的一方需要向另一方支付重大的违约金时,合同存续期间很可能与合同约定的期间一致,这是因为该重大的违约金实质上使得合同双方在合同约定的整个期间内均具有有法律约束力的权利和义务。

(4) 当只有客户拥有无条件终止合同的权利时,客户的该项权利才会被视为客户拥有的一项续约选择权,重大的续约选择权应当作为单项履约义务进行会计处理。

【例18-2】 智董公司与客户签订合同,每月为客户提供一次消毒杀菌服务,合同期限为5年。

情形1:5年内,合同各方均有权在每月末无理由要求终止合同,只需提前7个工作日通知对方,无需向对方支付任何违约金。

情形2：5年内，客户有权在每月末要求提前终止合同，且无需向智董公司支付任何违约金。

情形3：5年内，客户有权在每月末要求提前终止合同，但是客户如果在合同开始日之后的6个月内要求终止合同，必须向智董公司支付一定金额的违约金。

【分析】

1. 情形1

尽管合同约定的服务期为5年，但是在已提供服务的期间之外，该合同对于合同双方均未产生具有法律约束力的权利和义务，因此该合同应被视为逐月订立的合同。

2. 情形2

该合同应被视为逐月订立的合同，同时，客户拥有续约选择权，智董公司应当判断提供给客户的该续约选择权是否构成重大权利，从而应作为单项履约义务进行会计处理。

3. 情形3

智董公司需要判断合同约定的违约金是否足够重大，以至于使该合同在合同开始日之后的6个月内对于合同双方都产生了具有法律约束力的权利和义务，如果是，则该合同的存续期间为6个月；否则，与情形2相同，该合同应视为逐月订立的合同。

（四）合同的合并

企业与同一客户（或该客户的关联方）同时订立或在相近时间内先后订立的两份或多份合同，在满足下列条件之一时，应当合并为一份合同进行会计处理（如图18-2所示）。

（1）该两份或多份合同基于同一商业目的而订立并构成一揽子交易，如一份合同在不考虑另一份合同的对价的情况下将会发生亏损。

（2）该两份或多份合同中的一份合同的对价金额取决于其他合同的定价或履行情况，如一份合同如果发生违约，将会影响另一份合同的对价金额。

（3）该两份或多份合同中所承诺的商品（或每份合同中所承诺的部分商品）构成本准则第九条规定的单项履约义务。两份或多份合同合

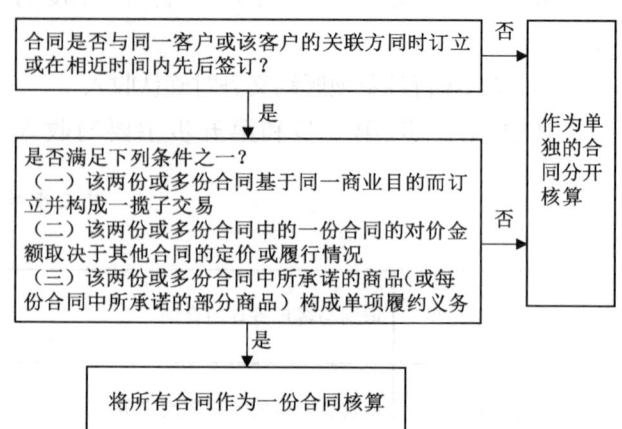

图18-2　合并为一份合同进行会计处理

并为一份合同进行会计处理的，仍然需要区分该一份合同中包含的各单项履约义务。

（五）合同的变更

合同的变更，是指经合同各方批准对原合同范围或价格做出的变更。

合同变更既可能形成新的具有法律约束力的权利和义务，也可能是变更了合同各方现有的具有法律约束力的权利和义务。

与合同初始订立时相同，合同各方可能以书面形式、口头形式或其他形式（如隐含于企业以往的习惯做法中）批准合同变更。

某些情况下，合同各方对于合同范围或价格的变更还存在争议，或者合同各方已批准合同范围的变更，但尚未确定相应的价格变动，企业应当考虑包括合同条款及其他证据在内的所有相关事实和情况，以确定该变更是否形成了新的有法律约束力的权利和义务，或者变更了现有的有法律约束力的权利和义务。

合同各方已批准合同范围变更，但尚未确定相应价格变动的，企业应当按照本准则有关可变对价的规定对合同变更所导致的交易价格变动进行估计。

【例18-3】　智董公司与贵琛公司签订合同，在贵琛公司办公基地内为其修建一座污水处理设施。根据合同约定，贵琛公司应当在合同开始日起15天内允许智董公司进场施工，若导致智董公司未能及时开始施工的任何事件（包括不可抗力的影响），智董公司均能够获得

补偿,补偿金额相当于智董公司因工程延误而直接发生的实际成本。由于当地连降暴雨对施工场地造成了破坏,智董公司直到合同开始日后的45天才开始进场施工,智董公司根据合同约定向贵琛公司提出了索赔申请,但是,直到会计期末,贵琛公司尚未同意对智董公司进行补偿。

【分析】 智董公司对于提出索赔申请的法律依据进行了评估,虽然贵琛公司直到会计期末尚未同意该索赔申请,但是,由于该申请是依据合同约定而提出,是一项有法律约束力的权利。因此,智董公司将该索赔作为合同变更进行会计处理,由于该项变更没有导致向客户提供额外的商品,因此,该合同变更没有变更合同范围,只是变更了合同价格,智董公司在估计交易价格时应当考虑这一合同变更的影响,并遵循将可变对价计入交易价格的限制要求。

企业应当区分下列三种情形对合同变更分别进行会计处理:

1. 合同变更部分作为单独合同

合同变更增加了可明确区分的商品及合同价款,且新增合同价款反映了新增商品单独售价的,应当将该合同变更部分作为一份单独的合同进行会计处理。此类合同变更不影响原合同的会计处理。

判断新增合同价款是否反映了新增商品的单独售价时,应当考虑为反映该特定合同的具体情况而对新增商品价格所做的适当调整。

例如,在合同变更时,企业由于无需发生为发展新客户等所须发生的相关销售费用,可能会向客户提供一定的折扣,从而适当调整新增商品的单独售价,该调整不影响新增商品单独售价的判断。

【例18-4】 智董公司承诺向某客户销售120件产品,每件产品售价1 000元。该批产品彼此之间可明确区分,且将于未来6个月内陆续转让给该客户。智董公司将其中的60件产品转让给该客户后,双方对合同进行了变更,智董公司承诺向该客户额外销售30件相同的产品,这30件产品与原合同中的产品可明确区分,其售价为每件980元(假定该价格反映了合同变更时该产品的单独售价)。上述价格均不包含增值税。

【分析】 由于新增的30件产品是可明确区分的,且新增的合同价款反映了新增产品的单独售价,因此,该合同变更实际上构成了一份单独的、在未来销售30件产品的新合同,该新合同并不影响对原合同的会计处理。

智董公司应当对原合同中的120件产品按每件产品1 000元确认收入,对新合同中的30件产品按每件产品980元确认收入。

2. 合同变更作为原合同终止及新合同订立

合同变更不属于上述第1.种情形,且在合同变更日已转让的商品或已提供的服务(以下简称"已转让的商品")与未转让的商品或未提供的服务(以下简称"未转让的商品")之间可明确区分的,应当视为原合同终止,同时,将原合同未履约部分与合同变更部分合并为新合同进行会计处理。

未转让的商品既包括原合同中尚未转让的商品,也包括合同变更新增的商品。新合同的交易价格应当为下列两项金额之和:一是原合同交易价格中尚未确认为收入的部分(包括已从客户收取的金额);二是合同变更中客户已承诺的对价金额。

【例18-5】 沿用[例18-4],智董公司新增销售的30件产品售价为每件850元(假定该价格不能反映合同变更时该产品的单独售价)。同时,由于客户发现智董公司已转让的60件产品存在瑕疵,要求智董公司对已转让的产品提供每件100元的销售折让以弥补损失。经协商,双方同意将价格折让在销售新增的30件产品的合同价款中进行抵减,金额为6 000元(100×60)。上述价格均不包含增值税。

【分析】 由于6 000元的折让金额与已经转让的60件产品有关,因此应当将其作为已销售的60件产品的销售价格的抵减,在该折让发生时冲减当期销售收入。对于合同变更新增的30件产品,由于其售价不能反映该产品在合同变更时的单独售价,因此,该合同变更不能作为单独合同进行会计处理。

由于尚未转让给客户的产品(包括原合同中尚未交付的60件产品以及新增的30件产品)与已转让的产品是可明确区分的,因此,智董公司应当将该合同变更作为原合同终止,同时,将原合同的未履约部分与合同变更合并为新合同进行会计处理。该新合同中,剩余产品为90件,其对价为85 500元(60 000+25 500),即原合同下尚未确认收入的客户已承诺对价60 000元(1 000×60)与合同变更部分的对价25 500元(850×30)之和,新合同中的90件产品每件产品应确认的收入为950元(85 500÷90)。

【例18-6】 智董公司与客户签订合同,每周为客户的办公楼提供消毒杀菌服务,合同期限为3年,客户每年向智董公司支付服务费20万元(假定该价格反映了合同开始日该项服务的单独售价)。在第2年年末,合同双方对合同进行了变更,将第3年的服务费调整为15万元(假定该价格反映了合同变更日该项服务的单独售价),同时以42万元的价格将合同期限延长3年(假定该价格不反映合同变更日该3年服务的单独售价),即每年的服务费为14万元,于每年年初支付。上述价格均不包含增值税。

【分析】 在合同开始日,智董公司认为其每周为客户提供的消毒杀菌服务是可明确区分的,但由于智董公司向客户转让的是一系列实质相同且转让模式相同的、可明确区分的服务,因此,根据本准则第九条,应当将其作为单项履约义务。在合同开始的前2年,即合同变更之前,智董公司每年确认收入20万元。在合同变更日,由于新增的3年消毒杀菌服务的价格不能反映该项服务在合同变更时的单独售价,因此,该合同变更不能作为单独的合同进行会计处理;由于在剩余合同期间需提供的服务与已提供的服务是可明确区分的,智董公司应当将该合同变更作为原合同终止,同时,将原合同中未履约的部分与合同变更合并为一份新合同进行会计处理。该新合同的合同期限为4年,对价为57万元,即原合同下尚未确认收入的对价15万元与新增的3年服务相应的对价42万元之和,新合同中智董公司每年确认的收入为14.25万元(57÷4)。

3. 合同变更部分作为原合同的组成部分

合同变更不属于上述第1.种情形,且在合同变更日已转让的商品与未转让的商品之间不可明确区分的,应当将该合同变更部分作为原合同的组成部分,在合同变更日重新计算履约进度,并调整当期收入和相应成本等。

【例18-7】 2×20年1月18日,贵琛建筑公司和客户签订了一项总金额为5 000万元的固定造价合同,在客户自有土地上建造一幢全员终身学习大楼,预计合同总成本为4 000万元。假定该建造服务属于在某一时段内履行的履约义务,并根据累计发生的合同成本占合同预计总成本的比例确定履约进度。

截至2×20年年末,贵琛公司累计已发生成本2 000万元,履约进度为50%(2 000÷4 000)。因此,贵琛公司在2×20年确认收入2 500万元(5 000×50%)。

2×21年年初,合同双方同意更改该全员终身学习大楼屋顶的设计,合同价格和预计总成本因此而分别增加1 000万元和600万元。

【分析】 由于合同变更后拟提供的剩余服务与在合同变更日或之前已提供的服务不可明确区分(即该合同仍为单项履约义务),因此,贵琛公司应当将合同变更作为原合同的组成部分进行会计处理。

合同变更后的交易价格为6 000万元(5 000+1 000),贵琛公司重新估计的履约进度为43.48%[2 000÷(4 000+600)],贵琛公司在合同变更日应额外确认收入108.8万元(43.48%×6 000−2 500)。

综上所述,判断合同变更的会计处理的步骤如图18-3所示。

如果在合同变更日未转让的商品为上述第2.和第3.种情形的组合,企业应当分别相应按照上述第2.或第3.种情形的方式对合同变更后尚未转让(或部分未转让)的商品进行会计处理。

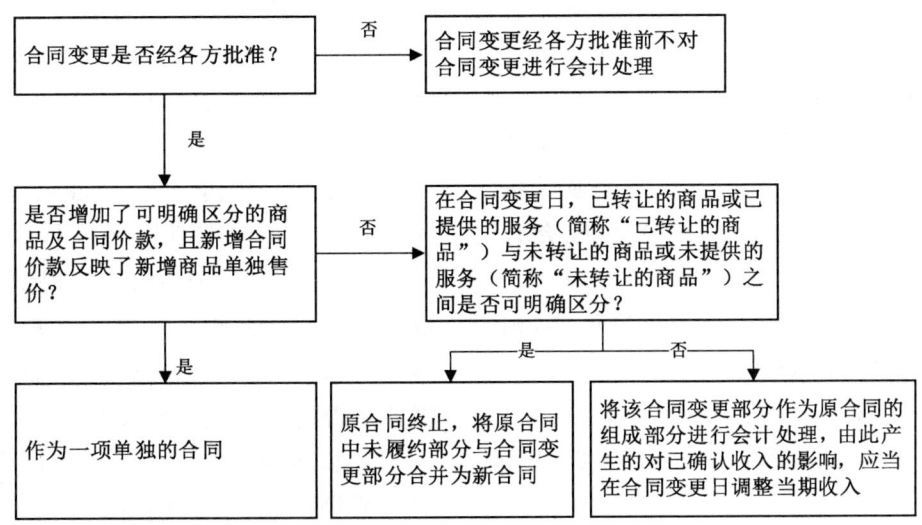

图 18-3 合同变更的会计处理

如何识别与客户订立的合同？

《企业会计准则第 14 号——收入》(财会〔2017〕22 号)规定的合同,是指双方或多方之间订立有法律约束力的权利义务的协议。合同包括书面形式、口头形式以及其他形式(如隐含于商业惯例或企业以往的习惯做法中等)。企业与客户之间的合同同时满足下列五项条件的,企业应当在履行了合同中的履约义务,即在客户取得相关商品控制权时确认收入:一是合同各方已批准该合同并承诺将履行各自义务;二是该合同明确了合同各方与所转让商品相关的权利和义务;三是该合同有明确的与所转让商品相关的支付条款;四是该合同具有商业实质,即履行该合同将改变企业未来现金流量的风险、时间分布或金额;五是企业因向客户转让商品而有权取得的对价很可能收回。

企业在进行上述判断时,需要注意下列三点:

(1) 合同约定的权利和义务是否具有法律约束力,需要根据企业所处的法律环境和实务操作进行判断。

不同的企业可能采取不同的方式和流程与客户订立合同,同一企业在与客户订立合同时,对于不同类别的客户以及不同性质的商品也可能采取不同的方式和流程。企业在判断其与客户之间的合同是否具有法律约束力,以及这些具有法律约束力的权利和义务在何时设立时,应当考虑上述因素的影响。合同各方均有权单方面终止完全未执行的合同,且无需对合同其他方做出补偿的,在应用本准则时,该合同应当被视为不存在。其中,完全未执行的合同,是指企业尚未向客户转让任何合同中承诺的商品,也尚未收取且尚未有权收取已承诺商品的任何对价的合同。

(2) 合同具有商业实质,是指履行该合同将改变企业未来现金流量的风险、时间分布或金额。

关于商业实质,应按照《企业会计准则第 7 号——非货币性资产交换》的有关规定进行判断。

(3) 企业在评估其因向客户转让商品而有权取得的对价是否很可能收回时,仅应考虑客户到期时支付对价的能力和意图(即客户的信用风险)。

当对价是可变对价时,由于企业可能会向客户提供价格折让,企业有权收取的对价金额可能会低于合同标价。企业向客户提供价格折让的,应当在估计交易价格时进行考虑。

【例 18-8】 智董宾馆与贵琛公司于 2×21 年 7 月 15 日签订了一份会议室租赁合同,每天 12 000 元共 7 天。7 月 16 日又签订了一份增加会议室投影仪、音响、会议主持和会务服务等内容的合同,在原租赁合同的基础上,每天增加 1 000 元。

【分析】 智董宾馆与贵琛公司签订的两份合同的商业目的一样,都是服务于客户的会议;两份合同的价格构成了承办会议的总收入;两份合同的义务又必须同时履行,其形成了单项履约义务。因此应将两份合同合并,成为一项办理会议服务的合同。

【例 18-9】 智董瑜伽馆执行的会员政策为:月度会员 900 元,季度会员 2 400 元,年度会员 9 000 元,会员补差即可升级。某客户 2×21 年

1月8日缴纳900元加入月度会员;2月8日补差1500元,升级为季度会员;4月8日又补差6 600元,升级为年度会员。

【分析】 客户会员资格升级前后,瑜伽馆提供的商品不可区分,故瑜伽馆应将会员升级变更部分作为原合同的组成部分进行会计处理。

假设收入金额的计量是按月平均计算,则瑜伽馆每月确认的收入如下:

2×21年1月确认收入:900元。

2×21年2月确认收入:2 400÷3×2−900=700(元)。

2×21年3月确认收入:2 400−900−700=800(元)。

2×21年4月确认收入:9 000÷12×4−2 400=600(元)。

2×21年5月确认收入:9 000÷12=750(元)。

2×21年6~12月每月确认收入:9 000÷12=750(元)。

二、第二步:识别合同中的单项履约义务

(一)综合知识

合同开始日,企业应当对合同进行评估,识别该合同所包含的各单项履约义务,并确定各单项履约义务是在某一时段内履行,还是在某一时点履行,然后,在履行了各单项履约义务时分别确认收入。

1. 什么是履约义务?

履约义务,是指合同中企业向客户转让可明确区分商品的承诺。

2. 在识别合同中所包含的单项履约义务时,应当考虑隐含的承诺

企业承诺向客户转让的商品通常会在合同中明确约定,然而,在某些情况下,虽然合同中没有明确约定,但是企业已公开宣布的政策、特定声明或以往的习惯做法等可能隐含了企业将向客户转让额外商品的承诺。这些隐含的承诺不一定具有法律约束力,但是,如果在合同订立时,客户根据这些隐含的承诺能够对企业将向其转让某项商品形成合理的预期,则企业在识别合同中所包含的单项履约义务时,应当考虑此类隐含的承诺。

例如,企业向客户销售商品,虽然合同没有约定,但是,企业在其宣传广告中宣称,对于购买该商品的客户,企业将为其提供为期5年的免费保养服务,如果该广告使客户对于企业提供的保养服务形成合理预期,企业应当考虑该项服务是否构成单项履约义务。

又如,企业向客户销售软件,根据企业以往的习惯做法,企业会向客户提供免费的升级服务,如果该习惯做法使得客户对于企业提供的软件升级服务形成合理预期,则企业应当考虑该项服务是否构成单项履约义务。

3. 企业需要评估其对于客户的客户所做的承诺是否构成单项履约义务

这里的客户既包括直接购买本企业商品的客户,也包括向客户购买本企业商品的第三方,即"客户的客户",也就是说,企业需要评估其对于客户的客户所做的承诺是否构成单项履约义务,并进行相应的会计处理。

【例18−10】 智董公司与其经销商贵琛公司签订合同,将其生产的产品销售给贵琛公司,贵琛公司再将该产品销售给最终用户。贵琛公司是智董公司的客户。

情形1:合同约定,从贵琛公司购买智董公司产品的最终用户可以享受智董公司提供的该产品正常质量保证范围之外的免费维修服务。智董公司委托贵琛公司代为提供该维修服务,并且按照约定的价格向贵琛公司支付相关费用;如果最终用户没有使用该维修服务,则智董公司无需向贵琛公司付款。

情形2:合同开始日,双方并未约定智董公司将提供任何该产品正常质量保证范围之外的维修服务,智董公司通常也不提供此类服务。智董公司向贵琛公司交付产品时,产品控制权转移给贵琛公司,该合同完成。在贵琛公司将产品销售给最终用户之前,智董公司主动提出免费为向贵琛公司购买该产品的最终用户提供

该产品正常质量保证范围之外的维修服务。

【分析】

1. 情形 1

智董公司在该合同下的承诺包括销售产品以及提供维修服务两项履约义务。

2. 情形 2

智董公司和贵琛公司签订的合同在合同开始日并未包含提供维修服务的承诺，智董公司也未通过其他明确或隐含的方式承诺向贵琛公司或最终用户提供该项服务，因此，智董公司在该合同下的承诺只有销售产品一项履约义务，智董公司因承诺提供维修服务产生的相关义务应当按照《企业会计准则第13号——或有事项》进行会计处理。

（二）应当将向客户转让商品的承诺作为单项履约义务的情形

下列情况下，企业应当将向客户转让商品的承诺作为单项履约义务。

1. 企业向客户转让可明确区分商品（或者商品的组合）的承诺

实务中，企业向客户承诺的商品可能包括企业为销售而生产的产品、为转售而购进的商品或使用某商品的权利（如机票等）、向客户提供的各种服务、随时准备向客户提供商品或提供随时可供客户使用的服务（如随时准备为客户提供软件更新服务等）、安排他人向客户提供商品、授权使用许可、可购买额外商品的选择权等。

其中，企业随时准备向客户提供商品，是指企业保证客户在其需要时能够随时取得相关商品，而不一定是所提供的每一件具体商品或每一次具体服务本身。

例如，瑜伽馆提供的是随时准备在会员需要时向其提供瑜伽服务的承诺，而并非每一次具体的瑜伽服务。

（1）企业向客户承诺的商品作为可明确区分的商品的条件。

企业向客户承诺的商品同时满足下列两项条件的，应当作为可明确区分的商品：

① 客户能够从该商品本身或从该商品与其他易于获得资源一起使用中受益，即该商品本身能够明确区分。

当客户能够使用、消耗或以高于残值的价格出售商品，或者以能够产生经济利益的其他方式持有商品时，表明客户能够从该商品本身获益。对于某些商品而言，客户可以从该商品本身获益，而对于另一些商品而言，客户可能需要将其与其他易于获得的资源一起使用才能从中获益。

其他易于获得的资源，是指企业（或其他企业）单独销售的商品，或者客户已经从企业获得的资源（包括企业按照合同将会转让给客户的商品）或从其他交易或事项中获得的资源。

表明客户能够从某项商品本身或者将其与其他易于获得的资源一起使用获益的因素有很多，例如，企业通常会单独销售该商品等。

需要特别指出的是，在评估某项商品是否能够明确区分时，应当基于该商品自身的特征，而与客户可能使用该商品的方式无关。因此，企业无需考虑合同中可能存在的阻止客户从其他来源取得相关资源的限制性条款。

② 企业向客户转让该商品的承诺与合同中其他承诺可单独区分，即转让该商品的承诺在合同中是可明确区分的。

企业确定了商品本身能够明确区分后，还应当在合同层面继续评估转让该商品的承诺是否与合同中其他承诺彼此之间可明确区分。

这一评估的目的在于确定承诺的性质，即根据合同约定，企业承诺转让的究竟是每一单项商品，还是由这些商品组成的一个或多个组合产出。很多情况下，组合产出的价值应当高于或者显著不同于各单项商品的价值总和。

在确定企业转让商品的承诺是否可单独区分时，需要运用判断并综合考虑所有事实和情况。

通常表明企业向客户转让商品的承诺与合同中的其他承诺不可单独区分的情形。

下列情形通常表明企业向客户转让商品的承诺与合同中的其他承诺不可单独区分：

A. 企业需提供重大的服务以将该商品与合

同中承诺的其他商品进行整合,形成合同约定的某个或某些组合产出转让给客户。

换言之,企业以该商品作为投入,生产或向客户交付其所要求的组合产出。因此,企业应当评估其在合同中承诺的每一单项商品本身就是合同约定的各项产出,还是仅为一个或多个组合产出的投入。

【例18-11】 沿用[例18-7],不涉及合同变更。

【分析】 贵琛公司向客户提供的单项商品可能包括砖头、水泥、人工等,虽然这些单项商品本身都能够使客户获益(如客户可将这些建筑材料以高于残值的价格出售,也可以将其与其他建筑商提供的材料或人工等资源一起使用)。但是,在该合同下,贵琛公司向客户承诺的是为其建造一栋全员终身学习大楼,而并非提供这些砖头、水泥和人工等,贵琛公司需提供重大的服务将这些单项商品进行整合,以形成合同约定的一项组合产出(即写字楼)转让给客户。因此,在该合同中,砖头、水泥和人工等商品彼此之间不能单独区分。

B. 该商品将对合同中承诺的其他商品予以重大修改或定制。

如果某项商品将对合同中的其他商品做出重大修改或定制,实质上每一项商品将被整合在一起(即作为投入)以生产合同约定的组合产出。

例如,企业承诺向客户提供其开发的一款现有软件,并提供安装服务,虽然该软件无需更新或技术支持也可直接使用,但是企业在安装过程中需要在该软件现有基础上对其进行定制化的重大修改,为该软件增加重要的新功能,以使其能够与客户现有的信息系统相兼容。在这种情况下,转让软件的承诺与提供定制化重大修改的承诺在合同层面是不可明确区分的。

【例18-12】 贵琛公司与客户签订合同,向客户出售一台其生产的设备并提供安装服务。该设备可以不经任何定制或改装而直接使用,不需要复杂安装,除贵琛公司外,市场上还有其他供应商也能提供此项安装服务。

【分析】 客户可以使用该设备或将其以高于残值的价格转售,能够从该设备与市场上其他供应商提供的此项安装服务一起使用中获益,也可从安装服务与客户已经获得的其他资源(例如设备)一起使用中获益,表明该设备和安装服务能够明确区分。此外,在该合同中,贵琛公司对客户的承诺是交付设备之后再提供安装服务,而非两者的组合产出。该设备仅需简单安装即可使用,贵琛公司并未对设备和安装提供重大整合服务,安装服务没有对该设备做出重大修改或定制。虽然客户只有获得设备的控制权之后才能从安装服务中获益,但是企业履行其向客户转让设备的承诺能够独立于其提供安装服务的承诺,因此安装服务并不会对设备产生重大影响。该设备与安装服务彼此之间不会产生重大的影响,也不具有高度关联性,表明两者在合同中彼此之间可明确区分。因此,该项合同包含两项履约义务,即销售设备和提供安装服务。

假定其他条件不变,但是按照合同规定只能由贵琛公司向客户提供安装服务。在这种情况下,合同限制并没有改变相关商品本身的特征,也没有改变企业对客户的承诺。虽然根据合同约定,客户只能选择由贵琛公司提供安装服务,但是设备和安装服务本身仍然符合可明确区分的条件,仍然是两项履约义务。

此外,如果贵琛公司提供的安装服务很复杂,该安装服务可能对其销售的设备进行定制化的重大修改,即使市场上有其他的供应商也可以提供此项安装服务,贵琛公司也不能将该安装服务作为单项履约义务,而是应当将设备和安装服务合并作为单项履约义务。

C. 该商品与合同中承诺的其他商品具有高度关联性。

也就是说,合同中承诺的每一单项商品均受到合同中其他商品的重大影响。合同中包含多项商品时,如果企业无法通过单独交付其中的某一单项商品而履行其合同承诺,可能表明合同中的这些商品会受到彼此的重大影响。

例如,企业承诺为客户设计一种实验性的

新产品并负责生产10个样品,企业在生产和测试样品的过程中需要对产品的设计进行不断的修正,导致已生产的样品均可能需要进行不同程度的返工。当企业预计由于设计的不断修正,大部分或全部拟生产的样品均可能需要进行一些返工时,在不对生产造成重大影响的情况下,由于提供设计服务与提供样品生产服务产生的风险不可分割,客户没有办法选择仅购买设计服务或者仅购买样品生产服务。因此,企业提供的设计服务和生产样品的服务是不断交替反复进行的,两者高度关联,在合同层面是不可明确区分的。

【例18-13】 智董公司与客户签订合同,向客户销售一款软件,提供软件安装服务,并且在两年内向客户提供不定期的软件升级和技术支持服务。智董公司通常也会单独销售该款软件、提供安装服务、软件升级服务和技术支持服务。智董公司提供的安装服务通常也可由其他方执行,且不会对软件做出重大修改。智董公司销售的该软件无需升级和技术支持服务也能正常使用。

【分析】 智董公司的承诺包括销售软件、提供安装服务、软件升级服务和技术支持服务。智董公司通常会单独销售软件、提供安装服务、软件升级服务和技术支持服务。该软件先于其他服务交付,且无需经过升级和技术支持服务也能正常使用,安装服务是常规性的且可以由其他服务供应商提供,客户能够从该软件与市场上其他供应商提供的此项安装服务一起使用中获益,也能够从安装服务以及软件升级服务与已经取得的软件一起使用中获益。因此,客户能够从单独使用该合同中承诺的各项商品和服务中获益,或从将其与易于获得的其他商品一起使用中获益,表明这些商品和服务能够明确区分。此外,智董公司虽然需要将软件安装到客户的系统中,但是该安装服务是常规性的,并未对软件做出重大修改,不会重大影响客户使用该软件并从中获益的能力,软件升级服务也一样,合同中承诺的各项商品和服务没有对彼此做出重大修改或定制。智董公司也没有提供重大服务将这些商品和服务整合成一组组合产出。由于智董公司在不提供后续服务的情况下也能够单独履行其销售软件的承诺,因此,软件和各项服务之间不存在高度关联性,表明这些商品在合同中彼此之间可明确区分。因此,该合同中包含四项履约义务,即软件销售、安装服务、软件升级服务以及技术支持服务。

【例18-14】 鑫裕公司与客户签订合同,向客户销售一台其生产的可直接使用的某设备,并且在未来5年内向该客户提供用于该设备的专用耗材。该耗材只有鑫裕公司能够生产,因此客户只能从鑫裕公司购买该耗材。该耗材既可与设备一起销售,也可单独对外销售。

【分析】 鑫裕公司在合同中对客户的承诺包括销售设备和专用耗材。虽然客户同时购买了设备和专用耗材,但是由于耗材可以单独出售,客户可以从将设备与单独购买的耗材一起使用中获益,表明设备和专用耗材能够明确区分。此外,鑫裕公司未对设备和耗材提供重大的整合服务以将两者形成组合产出,设备和耗材并未对彼此做出重大修改或定制,也不具有高度关联性(这是因为,尽管没有耗材,设备无法使用,耗材也只有用于设备才有用,但是鑫裕公司能够单独履行其在合同中的每一项承诺,也就是说,即使客户没有购买任何耗材,鑫裕公司也可以履行其转让设备的承诺;即使客户单独购买设备,鑫裕公司也可以履行其提供耗材的承诺),表明设备和耗材在合同中彼此之间可明确区分。因此,该项合同包含两项履约义务,即销售设备和提供专用耗材。

(2) 判断运输活动是否构成单项履约义务(约定企业需要将商品运送至客户指定的地点的情况下)。

需要说明的是,在企业向客户销售商品的同时,约定企业需要将商品运送至客户指定的地点的情况下,企业需要根据相关商品的控制权转移时点判断该运输活动是否构成单项履约义务。

通常情况下,控制权转移给客户之前发生的运输活动不构成单项履约义务,而只是企业为了履行合同而从事的活动,相关成本应当作为合同履约成本。

相反,控制权转移给客户之后发生的运输活动则可能表明企业向客户提供了一项运输服务,企业应当考虑该项服务是否构成单项履约义务。

【例 18-15】 智董公司与贵琛公司签订合同,向其销售一批产品,并负责将该批产品运送至贵琛公司指定的地点,智董公司承担相关的运输费用。假定销售该产品属于在某一时点履行的履约义务,且控制权在出库时转移给贵琛公司。

【分析】 智董公司向贵琛公司销售产品,并负责运输。该批产品在出库时,控制权转移给贵琛公司。

在此之后,智董公司为将产品运送至贵琛公司指定的地点而发生的运输活动,属于为贵琛公司提供了一项运输服务。如果该运输服务构成单项履约义务,且智董公司是运输服务的主要责任人。智董公司应当按照分摊至该运输服务的交易价格确认收入。

【例 18-16】 智董公司与贵琛公司签订合同,向其销售一批产品,并负责将该批产品运送至贵琛公司指定的地点,智董公司承担相关的运输费用。假定销售该产品属于在某一时点履行的履约义务,且控制权在送达贵琛公司指定地点时转移给贵琛公司。

【分析】 智董公司向贵琛公司销售产品,并负责运输。该批产品在送达贵琛公司指定地点时,控制权转移给贵琛公司。由于智董公司的运输活动是在产品的控制权转移给客户之前发生的,因此不构成单项履约义务,而是智董公司为履行合同发生的必要活动。

小知识

企业为了履行收入合同而从事的运输活动,如果该运输活动不构成单项履约义务,相关运输成本作为合同履约成本,对合同履约成本进行摊销计入损益时如何在利润表中列示?

通常情况下,企业商品或服务的控制权转移给客户之前,为了履行客户合同而发生的运输活动不构成单项履约义务,相关运输成本应当作为合同履约成本,采用与商品或服务收入确认相同的基础进行摊销计入当期损益。该合同履约成本应当在确认商品或服务收入时结转计入"主营业务成本"或"其他业务成本"科目,并在利润表"营业成本"项目中列示。

(3)将该商品与合同中承诺的其他商品进行组合,直到该组合满足可明确区分的条件。

在识别合同中的单项履约义务时,如果合同承诺的某项商品不可明确区分,企业应当将该商品与合同中承诺的其他商品进行组合,直到该组合满足可明确区分的条件。

2. 企业向客户转让一系列实质相同且转让模式相同的、可明确区分商品的承诺

当企业向客户连续转让某项承诺的商品时,如每天提供类似劳务的长期劳务合同等,如果这些商品属于实质相同且转让模式相同的一系列商品,企业应当将这一系列商品作为单项履约义务。

其中,转让模式相同,是指每一项可明确区分的商品均满足本准则第十一条规定的在某一时段内履行履约义务的条件,且采用相同方法确定其履约进度。

【例 18-17】 企业与客户签订为期一年的消毒杀菌服务合同,承诺每天为客户提供消毒杀菌服务。

【分析】 企业每天所提供的服务都是可明确区分且实质相同的,并且,根据控制权转移的判断标准,每天的服务都属于在某一时段内履行的履约义务。

因此,企业应当将每天提供的消毒杀菌服务合并在一起作为单项履约义务进行会计处理。

企业在判断所转让的一系列商品是否实质相同时,应当考虑合同中承诺的性质,当企业承诺的是提供确定数量的商品时,需要考虑这些商品本身是否实质相同。

例如,企业与客户签订 2 年的合同,每月向客户提供工资核算服务,共计 24 次,由于企业提供服务的次数是确定的,在判断每月的服务是否实质相同时,应当考虑每次提供的具体服务是否相同,由于同一家企业的员工结构、工资构成以及核算流程等相对稳定,企业每月提供的该项服务很可能符合"实质相同"的条件;当企业承诺的是在某一期间内随时向客户提供某项服务时,需要考虑企业在该期间内的各个时间段(如每天或每小时)的承诺是否相同,而并非具体的服务行为本身。

例如,企业向客户提供 2 年的宾馆管理服务,具体包括保洁、维修、安保等,但没有具体的服务次数或时间的要求,尽管企业每天提供的具体服务不一定相同,但是企业每天对于客户的承诺都是相同的,即按照约定的宾馆管理标准,随时准备根据需要为其提供相关服务,因此,企业每天提供的该宾馆管理服务符合"实质相同"的条件。

3. 构成单项履约义务——某些情况下,合同中承诺的所有商品组合在一起

某些情况下,合同中承诺的所有商品组合在一起构成单项履约义务。

(三) 通常不构成履约义务——为履行合同而应开展的初始活动

企业为履行合同而应开展的初始活动,通常不构成履约义务,除非该活动向客户转让了承诺的商品。

(四) 不构成单项履约义务——为订立合同而开展的行政管理性质的准备工作

实务中,企业可能会为订立合同而开展一些行政管理性质的准备工作,这些准备工作并未向客户转让任何承诺的商品,因此,不构成单项履约义务。

例如,某瑜伽馆为注册会员建立档案,该活动并未向会员转让承诺的商品,因此不构成单项履约义务。

【例 18-18】 智董公司主要从事高科技产品的研发业务。智董公司与贵琛公司签订购买定制模块产品的合同,合同约定智董公司需向贵琛公司交付的商品为产品设计方案、样片和最终产品 N 套。合同中约定的 3 个阶段如表 18-4 所示,贵琛公司以此作为付款节点:

表 18-4 合同约定的 3 个阶段

阶段	主要工作	时间	交付项	收款进度
1	按照贵琛公司的需求进行设计,并将详细设计方案提交贵琛公司审定	18 个月	详细设计方案	50%
2	按照审定的设计方案生产样片并测试	18 个月	样片及测试报告	32%
3	按照最终版本的样片进行批量生产	5 个月	最终产品 N 套	18%

该交易中技术含量最高的部分为阶段 1;阶段 2 的工作也需要一定的技术能力,但不如阶段 1;阶段 3 的生产工艺较为简单。

智董公司提交详细设计方案后,贵琛公司对方案进行可行性评估和审定,判定设计方案可行之后,智董公司按照该设计方案生产样片。在样片的生产与测试过程中,可能产生不同版本的样片(通常为三轮测试),智董公司需向贵琛公司提交每一版本的样片和测试报告。智董公司通常单独提供研发设计服务,但不从事生产活动,故在该交易中智董公司委托第三方鑫裕公司进行样片的生产和测试,以及最终产品的生产。鑫裕公司由智董公司自行选择,合同由双方协商签订。贵琛公司仅知晓鑫裕公司负责样片的生产和测试,以及最终产品的生产,但不参与智董公司与鑫裕公司之间的交易谈判。鑫裕公司在进行样片的生产和测试的过程中,在智董公司同意的前提下,会对设计方案中的某些参数进行修改。最终版样片通过测试之后,鑫裕公司根据最终版样片生产最终产品,在生产过程中,不会对设计方案及样片进行任何修改。贵琛公司取得智董公司提交的设计方案之后,可以自行选择其他方进行生产和测试,但是由于某些特殊原因,贵琛公司无法与智董公司签订仅提供研发服务的合同,而只能签订采购商品的合同。

请问:智董公司与贵琛公司签订的合同中包含几个单项履约义务?

【分析】 在本例中,智董公司对贵琛公司的承诺包括:提供设计服务、生产测试样片和生产最终产品,智董公司需要分析这些承诺是否可明确区分。

(1) 这些承诺本身是否能够明确区分。

智董公司通常单独提供研发设计服务,市场上有其他供应商(例如鑫裕公司)能够根据设计方案生产测试样片及生产最终产品,贵琛公司可以自行选择其他方进行生产和测试,表明贵琛公司能够从设计服务、生产测试样片和生产最终产品本身或与其他易于获得的资源一起使用中受益。因此,智董公司提供的设计服务、生产测试样片和生产最终产品本身可以明确区分。

(2) 这些承诺在合同中是否可明确区分。

智董公司提交详细设计方案后,贵琛公司对方案进行可行性评估和审定,判定设计方案可行之后,智董公司按照该设计方案进行样片的生产和测试。在样片的生产与测试过程中,智董公司会根据测试结果对设计方案中的某些参数进行修改,进而再根据修改后的设计方案重新生产样片并测试,如此反复,大约需要经过三轮测试,以确定最终的设计方案和样片。最终版本的样片确定之后,交付鑫裕公司用于生产最终产品,最终产品的生产工艺较为简单,且在生产过程中,也不会对设计方案和样片进行任何修改。

在这一过程中,对于智董公司提供的设计服务和样片的生产与测试而言,两者彼此之间具有高度关联性,在合同层面不可明确区分。对于生产最终产品而言,智董公司并未提供重大整合服务将其与合同中的其他承诺(设计方案、样片的生产和测试)整合成组成产出,其没有对其他承诺进行重大修改和定制化,也没有和其他承诺高度关联,因此,生产最终产品在合同层面可以明确区分。

综上所述,智董公司与贵琛公司签订的合同中包含两个单项履约义务:一是提供设计服务和生产测试样片,二是生产最终产品。

【例18-19】 智董公司从事房地产开发业务,根据规划不同,其开发销售的商品房既有毛坯房,也有精装修房。智董公司也可以单独为购房人提供精装修服务。2×21年4月,智董公司就其近期开发的某住宅小区商品房进行预售。智董公司在该项目的备案文件和楼书中,均承诺所销售的商品房为精装修房屋。根据智董公司与购房人签订的预售合同,智董公司销售的商品房为精装修房屋,房屋的装修设计和装修标准由智董公司统一制定,购房人无权选择是否接受装修以及何时开始装修,也不能变更装修的设计方案和装修标准,装修期间不得进入施工现场观看施工,也不得要求施工人员更改施工内容。合同价款为不含装修的毛坯房价格加上精装修价格。装修工程全部完工后,智董公司向购房人发出入住通知书,购房人对精装修房屋进行验收并办理收房手续。

请问:智董公司与购房人签订的精装修商品房销售合同中包含几个单项履约义务?

【分析】 在本例中,智董公司与购房人签订的合同中可能被认为包含两项承诺,即销售毛坯房以及提供精装修服务。由于智董公司单独销售毛坯房,也单独提供精装修服务,表明毛坯房和精装修服务本身能够明确区分。然而,智董公司在合同中承诺向购房人交付的是精装修房屋,智董公司需要提供重大整合服务,将毛坯房和装修服务整合成一个合同约定的组合产出,即精装修房屋,因此两者在合同层面不能明确区分。此外,在上述交易安排中,房屋的装修设计和装修标准由智董公司统一制定,购房人无权选择是否接受装修以及何时开始装修,也不能变更装修的设计方案和装修标准,装修期间不得进入施工现场观看施工,也不得要求施工人员更改施工内容,智董公司并非为购房人提供实质性的装修服务,因此,从业务实质看,智董公司并非为客户提供一项装修服务。

综上所述,智董公司与购房人签订的精装修商品房销售合同中仅包含一个单项履约义务,即销售精装修房屋。

【例18-20】 智董物业管理公司与客户签订一份服务合同,合同期限为一年,打包价格320万元,合同内容包括:保洁服务、保安服务和设备维护服务,以及清扫道路积雪服务。

【分析】 按照履约义务的定义,合同中的

每一项服务都属于可明确区分商品,因此都可以作为一项单独履约义务。但是,由于保洁服务、保安服务和设备维护服务实质相同,每一项服务均满足在某一时段内履行履约义务的条件,而且可采用相同方法确定其履约进度,所以应当将保洁服务、保安服务和设备维护服务合并作为一个单项履约义务。

对于清扫道路积雪服务,由于只有在冬季才会下雪,且清扫时间短暂,因而该项服务与保洁服务、保安服务和设备维护服务的实质不相同,转让模式也不相同,因此应将清扫道路积雪服务作为一个单项履约义务。

三、第三步:确定交易价格

交易价格,是指企业因向客户转让商品而预期有权收取的对价金额。

(一)不计入交易价格的款项

企业代第三方收取的款项(例如增值税)以及企业预期将退还给客户的款项,应当作为负债进行会计处理,不计入交易价格。

(二)合同标价并不一定代表交易价格

合同标价并不一定代表交易价格,企业应当根据合同条款,并结合以往的习惯做法确定交易价格。

(三)在确定交易价格时考虑的影响因素

在确定交易价格时,企业应当考虑可变对价、合同中存在的重大融资成分、非现金对价以及应付客户对价等因素的影响,并应当假定将按照现有合同的约定向客户转移商品,且该合同不会被取消、续约或变更。

(四)在确定交易价格时考虑可变对价因素的影响

1. 可变对价的类型

企业与客户的合同中约定的对价金额可能是固定的,也可能会因折扣、价格折让、返利、退款、奖励积分、激励措施、业绩奖金、索赔等因素而变化。此外,企业有权收取的对价金额,将根据一项或多项或有事项的发生有所不同的情况,也属于可变对价的情形,例如,企业售出商品但允许客户退货时,由于企业有权收取的对价金额将取决于客户是否退货,因此该合同的交易价格是可变的。

2. 判断交易价格是否为可变对价时考虑的因素

企业在判断交易价格是否为可变对价时,应当考虑各种相关因素(如企业已公开宣布的政策、特定声明、以往的习惯做法、销售战略以及客户所处的环境等),以确定其是否会接受一个低于合同标价的金额,即企业向客户提供一定的价格折让。

【**例 18-21**】 智董公司为其客户建造一栋办公楼,合同约定的价款为 5 000 万元,但是,如果智董公司不能在合同签订之日起的 250 天内竣工,则须支付 500 万元罚款,该罚款从合同价款中扣除。上述金额均不含增值税。

【**分析**】 该合同的对价金额实际由两部分组成,即 4 500 万元的固定价格以及 500 万元的可变对价。

企业在判断合同中是否存在可变对价时,不仅应当考虑合同条款的约定,在下列情况下,即使合同中没有明确约定,合同的对价金额也是可变的:

(1)根据企业已公开宣布的政策、特定声明或者以往的习惯做法等,客户能够合理预期企业将会接受低于合同约定的对价金额,即企业会以折扣、返利等形式提供价格折让。

(2)其他相关事实和情况表明,企业在与客户签订合同时即打算向客户提供价格折让。

例如,企业与一新客户签订合同,虽然企业没有对该客户销售给予折扣的历史经验,但是,根据企业拓展客户关系的战略安排,企业愿意接受低于合同约定的价格。

3. 对计入交易价格的可变对价进行估计

合同中存在可变对价的,企业应当对计入交易价格的可变对价进行估计。

(1)可变对价最佳估计数的确定。

在对可变对价进行估计时,企业应当按照期望值或最可能发生金额确定可变对价的最佳估计数。这并不意味着企业可以在两种方法之间随意进行选择,而是应当选择能够更好地预测其有权收取的对价金额的方法,并且对于类似的合同,应当采用相同的方法进行估计。

期望值是按照各种可能发生的对价金额及相关概率计算确定的金额。如果企业拥有大量具有类似特征的合同,企业据此估计合同可能产生多个结果时,按照期望值估计可变对价金额通常是恰当的。

【例18-22】 智董公司生产和销售手机。2×20年3月,智董公司向零售商贵琛公司销售1 000台手机,每台价格为5 000元,合同价款合计500万元。智董公司向贵琛公司提供价格保护,同意在未来3个月内,如果同款手机售价下降,则按照合同价格与最低售价之间的差额向贵琛公司支付差价。智董公司根据以往执行类似合同的经验,预计各种结果发生的概率如表18-5所示。

表18-5 预计各种结果发生的概率

未来3个月内的降价金额(元/台)	概率
0	40%
500	30%
1 000	20%
2 000	10%

上述价格均不包含增值税。

【分析】 智董公司认为期望值能够更好地预测其有权获取的对价金额。假定不考虑本准则有关将可变对价计入交易价格的限制要求,在该方法下,智董公司估计交易价格为每台4 450元(5 000×40%+4 500×30%+4 000×20%+3 000×10%)。

最可能发生金额是一系列可能发生的对价金额中最可能发生的单一金额,即合同最可能产生的单一结果。当合同仅有两个可能结果(例如,企业能够达到或不能达到某业绩奖金目标)时,按照最可能发生金额估计可变对价金额可能是恰当的。

【例18-23】 沿用[例18-21],智董公司对合同结果的估计如下:工程按时完工的概率为90%,工程延期的概率为10%。

【分析】 由于该合同涉及两种可能结果,智董公司认为按照最可能发生金额能够更好地预测其有权获取的对价金额。因此,智董公司估计的交易价格为5 000万元,即为最可能发生的单一金额。

需要说明的是,对于某一事项的不确定性对可变对价金额的影响,企业应当在整个合同期间一致地采用同一种方法进行估计。但是,当存在多个不确定性事项均会影响可变对价金额时,企业可以采用不同的方法对其进行估计。企业在对可变对价进行估计时,应当考虑能够合理获得的所有信息(包括历史信息、当前信息以及预测信息),并且在合理的数量范围内估计各种可能发生的对价金额以及概率。通常情况下,企业在估计可变对价金额时使用的信息,应当与其在对相关商品进行投标或定价时所使用的信息一致。

【例18-24】 智董公司与贵琛公司签订固定造价合同,在贵琛公司的办公基地内为其建造一栋全员终身学习大楼,合同价款为4 000万元。根据合同约定,该项工程的完工日期为2×20年3月31日,如果智董公司能够在该日期之前完工,则每提前一天,合同价款将增加16万元;相反,如果智董公司未能按期完工,则每推迟一天,合同价款将会减少16万元。此外,合同约定,该项工程完工之后将参与省级优质工程奖的评选,如果能够获奖,贵琛公司将额外奖励智董公司150万元。

【分析】 产生可变对价的事项有两项:一是是否按期完工,二是能否获得省级优质工程奖。

智董公司可以采用不同的方法对其进行估计:对于前者,智董公司按照期望值进行估计;对于后者,智董公司按照最有可能的金额进行估计。

(2) 计入交易价格的可变对价金额的限制。

企业按照期望值或最可能发生金额确定可变对价金额之后,计入交易价格的可变对价金额还应该满足限制条件,即包含可变对价的交易价格,应当不超过在相关不确定性消除时,累计已确认的收入极可能不会发生重大转回的金额。企业在评估与可变对价相关的不确定性消除时，累计已确认的收入金额是否极可能不会发生重大转回时，应当同时考虑收入转回的可能性及转回金额的比重。其中，"极可能"是一个比较高的门槛，其发生的概率应远高于"很可能（即，可能性超过50%）"，但不要求达到"基本确定（即，可能性超过95%）"，其目的是避免因为一些不确定性因素的发生导致之前已经确认的收入发生转回；在评估收入转回金额的比重时，应同时考虑合同中包含的固定对价和可变对价，也就是说，企业应当评估可能发生的收入转回金额相对于合同总对价（包括固定对价和可变对价）而言的比重。企业应当将满足上述限制条件的可变对价的金额，计入交易价格。

导致收入转回的可能性增强或转回金额比重增加的因素包括但不限于：

① 对价金额极易受到企业影响范围之外的因素影响，例如市场波动性、第三方的判断或行动、天气状况、已承诺商品存在较高的陈旧过时风险等。

② 对价金额的不确定性预计在较长时期内无法消除。

③ 企业对类似合同的经验（或其他证据）有限，或者相关经验（或其他证据）的预测价值有限。

④ 企业在以往实务中对于类似情况下的类似合同，或曾提供了多种不同程度的价格折扣，或曾给予不同的付款条件。

⑤ 合同有多种可能的对价金额，且这些对价金额分布非常广泛。

需要说明的是，将可变对价计入交易价格的限制条件不适用于企业向客户授予知识产权许可并约定按客户实际销售或使用情况收取特许权使用费的情况。

【例18-25】 2×20年9月1日，智董公司与其分销商贵琛公司签订合同，向贵琛公司销售500件产品，每件产品的售价为400元，合同总价为20万元，贵琛公司当日取得这些产品的控制权。贵琛公司通常在取得产品后的60天内将其对外售出，且贵琛公司在这些产品售出后才向智董公司支付货款。上述价格均不包含增值税。该合同中虽然约定了销售价格，但是基于智董公司过往的实务经验，为了维护与贵琛公司的客户关系，智董公司预计会向贵琛公司提供价格折扣，以便于贵琛公司能够以更加优惠的价格向最终客户销售这些产品，从而促进该产品的整体销量。因此，智董公司认为该合同的对价是可变的。

智董公司已销售该产品及类似产品多年，积累了丰富的经验，可观察的历史数据表明，智董公司以往销售此类产品时会给予客户大约15%的折扣。同时，根据当前市场信息分析，15%的降价幅度足以促进该产品的销量，从而提高其周转率。智董公司多年来向客户提供的折扣从未超过15%。

【分析】 智董公司按照期望值估计可变对价的金额，因为该方法能够更好地预测其有权获得的对价金额。智董公司估计的交易价格为170 000元[400×(1−15%)×500]。同时，智董公司还需考虑有关将可变对价计入交易价格的限制要求，以确定能否将估计的可变对价金额170 000元计入交易价格。根据其销售此类产品的历史经验、所取得的当前市场信息以及对当前市场的估计，智董公司预计，尽管存在某些不确定性，但是该产品的价格将可在短期内确定。因此，智董公司认为，在不确定性消除（即，折扣的总金额最终确定）时，已确认的累计收入金额170 000元极可能不会发生重大转回。因此，智董公司应当于2×20年9月1日将产品控制权转移给贵琛公司时，确认收入170 000元。

【例18-26】 沿用[例18-25]，智董公司虽然有销售类似产品的经验。但是，智董公司的产品较易过时，且产品定价波动性很大。根据以往经验，智董公司针对同类产品给予客户的折扣范围较广（约为销售价格的15%~55%不等）。根据当前市场情况，降价幅度需要达到10%~45%，才能有效地提高该产品周转率。

【分析】 智董公司按照期望值估计可变对价的金额，因为该方法能够更好地预测其有权获得的对价金额。智董公司采用期望值法估计将提供35%的折扣，因此估计的交易价格为

130 000元[400×(1－35％)×500]。同时,智董公司还需考虑有关将可变对价计入交易价格的限制要求,以确定能否将估计的可变对价金额130 000元计入交易价格。由于智董公司的产品价格极易受到超出智董公司影响范围之外的因素(即,产品陈旧过时)的影响,并且为了提高该产品的周转率,智董公司可能需要提供的折扣范围也较广,因此,智董公司不能将该130 000元(即,提供35％折扣之后的价格)计入交易价格,这是因为,将该金额计入交易价格不满足已确认的累计收入金额极可能不会发生重大转回的条件。

但是,根据当前市场情况,降价幅度达到10％～45％,能够有效地提高该产品周转率,在以往的类似交易中,智董公司实际的降价幅度与当时市场信息基本一致。在这种情况下,尽管智董公司以往提供的折扣范围为15％～55％,但是,智董公司认为,如果将110 000元(即,提供45％折扣之后的价格)计入交易价格,已确认的累计收入金额极可能不会发生重大转回。因此,智董公司应当于2×20年9月1日将产品控制权转移给贵琛公司时,确认110 000元的收入,并在不确定性消除之前的每一资产负债表日重新评估该交易价格的金额。

【例18-27】 2×20年1月1日,智董公司与贵琛公司签订合同,向其销售甲产品。合同约定,当贵琛公司在2×20年的采购量不超过1 000件时,每件产品的价格为100元,当贵琛公司在2×20年的采购量超过1 000件时,每件产品的价格为90元。

贵琛公司在第一季度的采购量为75件,智董公司预计贵琛公司全年的采购量不会超过1 000件。2×20年4月,贵琛公司因完成产能升级而增加了原材料的采购量,第二季度共向智董公司采购甲产品500件,智董公司预计贵琛公司全年的采购量将超过1 000件,因此,全年采购量适用的产品单价均将调整为90元。

【分析】 2×20年第一季度,智董公司根据以往经验估计贵琛公司全年的采购量将不会超过1 000件,智董公司按照100元的单价确认收入,满足在不确定性消除之后(即贵琛公司全年的采购量确定之后),累计已确认的收入将极可能不会发生重大转回的要求,因此,智董公司在第一季度确认的收入金额为7 500元(100×75)。

2×20年第二季度,智董公司对交易价格进行重新估计,由于预计贵琛公司全年的采购量将超过1 000件,按照90元的单价确认收入,才满足极可能不会导致累计已确认的收入发生重大转回的要求。因此,智董公司在第二季度确认收入44 250元[90×(500＋75)－7 500]。

(3) 在每一资产负债表日重新估计可变对价金额。

每一资产负债表日,企业应当重新估计可变对价金额(包括重新评估对可变对价的估计是否受到限制),以如实反映报告期末存在的情况以及报告期内发生的情况变化。

【例18-28】 2×20年10月8日,智董公司签订合同,为一只股票型基金提供资产管理服务,合同期限为5年。

智董公司所能获得的报酬包括两部分:

(1) 每季度按照本季度末该基金净值的2％收取管理费,该管理费不会因基金净值的后续变化而调整或被要求退回。

(2) 该基金在5年内的累计回报如果超过15％,则贵琛公司可以获得超额回报部分的25％作为业绩奖励。2×20年12月31日,该基金的净值为10亿元。假定不考虑相关税费影响。

【分析】 智董公司在该项合同中收取的管理费和业绩奖励均为可变对价,其金额极易受到股票价格波动的影响,这是在智董公司影响范围之外的,虽然智董公司以往有类似合同的经验,但是,该经验在确定未来市场表现方面并不具有预测价值。因此,在合同开始日,智董公司无法对其能够收取的管理费和业绩奖励进行估计,也就是说,如果将估计的某一金额的管理费或业绩奖励计入交易价格,将不满足累计已确认的收入金额极可能不会发生重大转回的要求。

2×20年12月31日,智董公司重新估计该合同的交易价格,影响本季度管理费收入金额的不确定性已经消除,智董公司确认管理费收入2 000万元(10亿×2%)。智董公司未确认业绩奖励收入,这是因为,该业绩奖励仍然会受到基金未来累计回报的影响,难以满足将可变对价计入交易价格的限制条件。在后续的每一资产负债表日,智董公司应当重新估计交易价格是否满足将可变对价计入交易价格的限制条件,以确定其收入金额。

(五)在确定交易价格时考虑合同中存在的重大融资成分因素的影响

1. 评估合同中是否存在融资成分以及其对于该合同而言是否重大

当企业将商品的控制权转移给客户的时间与客户实际付款的时间不一致时,如企业以赊销的方式销售商品,或者要求客户支付预付款等,如果各方以在合同中明确(或者以隐含的方式)约定的付款时间为客户或企业就转让商品的交易提供了重大融资利益,则合同中即包含了重大融资成分,企业在确定交易价格时,应当对已承诺的对价金额做出调整,以剔除货币时间价值的影响。

(1)应当考虑所有相关的事实和情况。

在评估合同中是否存在融资成分以及该融资成分对于该合同而言是否重大时,企业应当考虑所有相关的事实和情况,包括:

① 已承诺的对价金额与已承诺商品的现销价格之间的差额,如果企业(或其他企业)在销售相同商品时,不同的付款时间会导致销售价格有所差别,则通常表明各方知晓合同中包含了融资成分。

② 企业将承诺的商品转让给客户与客户支付相关款项之间的预计时间间隔和相应的市场现行利率的共同影响,尽管向客户转让商品与客户支付相关款项之间的时间间隔并非决定性因素,但是,该时间间隔与现行利率两者的共同影响可能提供了是否存在重大融资利益的明显迹象。

(2)企业向客户转让商品与客户支付相关款项之间存在时间间隔并不足以表明合同包含重大融资成分。

企业向客户转让商品与客户支付相关款项之间虽然存在时间间隔,但两者之间的合同没有包含重大融资成分的情形有:

① 客户就商品支付了预付款,且可以自行决定这些商品的转让时间。

例如,企业向客户出售其发行的储值卡,客户可随时到该企业持卡购物;再如,企业向客户授予奖励积分,客户可随时到该企业兑换这些积分等。

【例18-29】 智董公司经营一家专卖店,以主要责任人的身份销售商品给客户。智董公司销售的商品适用不同的增值税税率,如零食等适用税率为13%,粮食等适用税率为9%等。2×20年,智董公司向客户销售了1 000张不可退的储值卡,每张卡的面值为500元,总额为500 000元(1 000×500)。客户可在智董公司经营的任意一家门店使用该等储值卡进行消费。根据历史经验,智董公司预期客户购买的储值卡金额将全部被消费。智董公司为增值税一般纳税人,在客户使用该等储值卡消费时发生增值税纳税义务。

【分析】 智董公司经营一家专卖店,销售适用不同税率的各种商品,并收取商品价款及相应的增值税。因此智董公司销售储值卡收取的款项500 000元中,仅商品价款部分代表智董公司已收客户对价而应向客户转让商品的义务,应当确认合同负债,其中增值税部分,因不符合合同负债的定义,不应确认为合同负债。

智董公司应根据历史经验(例如公司以往年度类似业务的综合税率等)估计客户使用该类储值卡购买不同税率商品的情况,将估计的储值卡款项中的增值税部分确认为应交税费——待转销项税额,将剩余的商品价款部分确认为合同负债。实际消费情况与预计不同时,根据实际情况进行调整;后续每个资产负债表日根据最新信息对合同负债和应交税费的金额进行重新估计。

② 客户承诺支付的对价中有相当大的部分是可变的,该对价金额或付款时间取决于某一未来事项是否发生,且该事项实质上不受客户

或企业控制。例如,按照实际销售量收取的特许权使用费。

③ 合同承诺的对价金额与现销价格之间的差额是由于向客户或企业提供融资利益以外的其他原因所导致的,且这一差额与产生该差额的原因是相称的。例如,合同约定的支付条款是为了向企业或客户提供保护,以防止另一方未能依照合同充分履行其部分或全部义务。

【例18-30】 2×20年1月,智董建筑公司与贵琛公司签订了一项施工总承包合同。合同约定的工期为36个月,工程造价为10亿元(不含税价)。双方每季度进行一次工程结算,并于完工时进行竣工结算,每次工程结算额(除质保金及相应的增值税外)由贵琛公司于工程结算后7个工作日内支付;除质保金外的工程尾款于竣工结算后14个工作日内支付;合同金额的5%作为质保金,用以保证项目在竣工后1年内正常运行,在质保期满后7个工作日内支付。

【分析】 贵琛公司保留了5%的质保金直到项目竣工1年后支付,虽然服务完成时间与贵琛公司付款的时间间隔较长,但是,该质保金旨在为贵琛公司提供工程质量保证,以防智董公司未能完成其合同义务,而并非向贵琛公司提供融资。因此,智董公司认为该合同中不包含重大融资成分,无需就延期支付质保金的影响调整交易价格。

(3) 企业应当在单个合同层面考虑融资成分是否重大。

企业应当在单个合同层面考虑融资成分是否重大,而不应在合同组合层面考虑这些合同中的融资成分的汇总影响对企业整体而言是否重大。

合同中存在重大融资成分的,企业在确定该重大融资成分的金额时,应使用将合同对价的名义金额折现为商品现销价格的折现率。该折现率一经确定,不得因后续市场利率或客户信用风险等情况的变化而变更。企业确定的交易价格与合同承诺的对价金额之间的差额,应当在合同期间内采用实际利率法摊销。

> **专家点拨**
>
> **重大融资成分的折现率**
>
> (1) 国际准则做法。
>
> 合同中存在重大融资成分的,根据国际财务报告准则15号的有关规定,应当将合同对价金额根据融资成分进行调整之后确定交易价格(确认收入的金额),在确定融资成分的影响时,应当使用合同双方进行单独融资交易时所应采取的利率作为折现率,该折现率应当反映接受融资方的信用特征。
>
> 这就要求企业首先根据恰当的折现率确定融资成分,再将扣除融资成分后的合同对价作为交易价格确认收入。
>
> (2) 我国准则做法。
>
> 考虑到我国的市场环境和相关规定,我国采取先以现销价格确定收入金额,再将该金额与合同对价金额的差异作为融资成分处理。

2. 企业应按现销价格(假定客户在取得商品控制权时即以现金支付的应付金额)确定交易价格,剔除货币时间价值的影响,对已承诺的对价金额做出调整

合同中存在重大融资成分的,企业应当按照假定客户在取得商品控制权时即以现金支付的应付金额(即,现销价格)确定交易价格。

3. 简化方法——企业预计客户取得商品控制权与客户支付价款间隔不超过一年的,可以不考虑合同中存在的重大融资成分

为简化实务操作,如果在合同开始日,企业预计客户取得商品控制权与客户支付价款间隔不超过一年的,可以不考虑合同中存在的重大融资成分。企业应当对类似情形下的类似合同一致地应用这一简化处理方法。

4. 合同中存在的重大融资成分的影响,与按照收入会计准则确认的收入要在利润表分别列示

企业在编制利润表时,应当将合同中存在的重大融资成分的影响(即,利息收入和利息支出)与按照本准则确认的收入区分开来,分别列示。企业在按照本准则对与客户的合同进行会计处理时,只有在确认了合同资产(或应收款项)和合同负债时,才应当分别确认相应的利息收入和利息支出。

【例 18-31】 智董公司向客户销售产品一批,合同规定:销售价格为 363 万元,必须在交货后的 24 个月内支付,客户在合同开始时即获得该产品的控制权。该产品的现金售价为 300 万元,它代表了在合同开始时点、按相同条款和条件出售相同产品、并于交货时支付货款的价格。该产品的成本为 240 万元,假定不考虑相关税费。

【分析】 这是一份含有重大融资成分的合同,智董公司应作如下会计处理:

发货时:

借:应收账款　　　　　　　　3 000 000
　贷:主营业务收入　　　　　　3 000 000

结转成本时:

借:主营业务成本　　　　　　2 400 000
　贷:库存商品　　　　　　　　2 400 000

分 24 个月确认利息收入,累计分录为:

借:应收账款　　　　　　　　　630 000
　贷:财务费用　　　　　　　　　630 000

收到款项时:

借:银行存款　　　　　　　　3 630 000
　贷:应收账款　　　　　　　　3 630 000

【例 18-32】 2×19 年 1 月 1 日,智董公司采用分期收款方式向贵琛公司销售一套大型设备,合同约定的销售价格为 9 000 万元,分 3 次于每年 12 月 31 日等额收取。该大型设备成本为 6 750 万元。在现销方式下,该大型设备的销售价格为 7 500 万元。假设不考虑增值税的影响。

【分析】 根据本例的资料,该项分期收款销售商品具有融资性质,智董公司应当确认的销售商品收入金额为 7 500 万元,未实现融资收益费用为 1 500 万元。

根据公式:$3\,000 \times PVA_{r,s} = 7\,500$。

可在多次测试的基础上,用插值法计算出折现率:

当 $r = 9\%$ 时,$PV(9\%, 3, -3\,000) = 7\,593.88 > 7\,500$(万元)。

当 $r = 10\%$ 时,$PV(10\%, 3, -3\,000) = 7\,460.56 < 7\,500$(万元)。

因此,$9\% < r < 10\%$。

用插值法计算出折现率。

$r = 9\% + (10\% - 9\%)/(7\,460.56 - 7\,593.88) \times (7\,500 - 7\,593.88) = 9.70\%$。

各年应计入财务费用的金额如表 18-6 所示。

表 18-6　财务费用和已收本金计算表　　　　　　　　　　　　　　　　单位:万元

日期	未收回的本金 $A_t = A_{t-1} - D_{t-1}$	财务费用 $B = A \times 9.70\%$	收现总额 C	已收本金 $D = C - B$
2×19 年 1 月 1 日	7 500			
2×19 年 12 月 31 日	7 500	727.50	3 000	2 272.50
2×20 年 12 月 31 日	5 227.50	507.07	3 000	2 492.93
2×21 年 12 月 31 日	2 734.57	265.43*	3 000	2 734.57
总计		1 500	9 000	7 500

* 尾数调整。

【分析】 智董公司应作如下账务处理:

(1) 2×19 年 1 月 1 日销售实现时:

借:长期应收款　　　　　　　90 000 000
　贷:主营业务收入　　　　　　75 000 000
　　　未实现融资收益　　　　　15 000 000

借:主营业务成本　　　　　　67 500 000
　贷:库存商品　　　　　　　　67 500 000

(2) 2×19 年 12 月 31 日收到货款时:

借:银行存款　　　　　　　　30 000 000
　贷:长期应收款　　　　　　　30 000 000

借:未实现融资收益　　　　　　7 275 000
　贷:财务费用　　　　　　　　　7 275 000

(3) 2×20 年 12 月 31 日收到货款时:

借：银行存款　　　　　　　　30 000 000
　　贷：长期应收款　　　　　　　　30 000 000
借：未实现融资收益　　　　　5 070 700
　　贷：财务费用　　　　　　　　　5 070 700

(4) 2×21年12月31日收到货款时：

借：银行存款　　　　　　　　30 000 000
　　贷：长期应收款　　　　　　　　30 000 000
借：未实现融资收益　　　　　2 654 300
　　贷：财务费用　　　　　　　　　2 654 300

(六) 在确定交易价格时考虑非现金对价因素的影响——通常按"向客户收取的非现金对价在合同开始日的公允价值"确定交易价格

企业因转让商品而有权向客户收取的对价，有时可能是非现金形式，如实物资产、无形资产、股权、客户提供的广告服务等。

企业在向客户转让商品的同时，如果客户向企业投入材料、设备或人工等商品，以协助企业履行合同，企业应当评估其是否取得了对这些商品的控制权，取得这些商品控制权的，企业应当将这些商品作为从客户收取的非现金对价进行会计处理。

1. 通常按"非现金对价在合同开始日的公允价值"确定交易价格

企业通常应当按照非现金对价在合同开始日的公允价值确定交易价格。

2. 参照其承诺向客户转让商品的单独售价间接确定交易价格

非现金对价公允价值不能合理估计的，企业应当参照其承诺向客户转让商品的单独售价间接确定交易价格。

3. "向客户收取的非现金对价在合同开始日的公允价值"发生变动时，对确定交易价格的影响

非现金对价的公允价值可能会因对价的形式而发生变动（例如，企业有权向客户收取的对价是股票，股票本身的价格会发生变动），也可能会因为其形式以外的原因而发生变动（例如，企业有权收取非现金对价的公允价值因企业的履约情况而发生变动）。

(1) 合同开始日后，非现金对价的公允价值因对价形式而发生变动的，该变动金额不应计入交易价格。

(2) 合同开始日后，非现金对价的公允价值因对价形式以外的原因而发生变动的，应当作为可变对价，按照与计入交易价格的可变对价金额的限制条件相关的规定进行处理。

【例18-33】 智董公司为客户生产一台专用设备。双方约定，如果智董公司能够在30天内交货，则可以额外获得10 000股客户的股票作为奖励。合同开始日，该股票的价格为每股8元；由于缺乏执行类似合同的经验，当日，智董公司估计，该10 000股股票的公允价值计入交易价格将不满足累计已确认的收入极可能不会发生重大转回的限制条件。合同开始日之后的第27天，企业将该设备交付给客户，从而获得了10 000股股票，该股票在此时的价格为每股9元。假定企业将该股票作为以公允价值计量且其变动计入当期损益的金融资产。

【分析】 合同开始日，该股票的价格为每股8元，由于缺乏执行类似合同的经验，当日，智董公司估计，该10 000股股票的公允价值计入交易价格将不满足累计已确认的收入极可能不会发生重大转回的限制条件，因此，智董公司不应将该10 000股股票的公允价值80 000元计入交易价格。合同开始日之后的第27天，智董公司获得了10 000股股票，该股票在此时的价格为每股9元。智董公司应当将股票（非现金对价）的公允价值因对价形式以外的原因而发生的变动，即80 000元（8×10 000）确认为收入，因对价形式原因而发生的变动，即10 000元（90 000－80 000）计入公允价值变动损益。

(七) 在确定交易价格时考虑应付客户对价因素的影响

1. 企业应付客户对价不是为了自客户取得其他可明确区分商品的——将该应付对价"冲减交易价格"

企业在向客户转让商品的同时，需要向客户或第三方支付对价的，应当将该应付对价冲减交易价格，但应付客户对价是为了自客户取得其他可明确区分商品的除外。

(1) 这里的应付客户对价还包括可以抵减应付企业金额的相关项目金额，如优惠券、兑换券等。

(2) 这里的第三方通常指向企业的客户购买本企业商品的一方，即处于企业分销链上的"客户的客户"，例如，企业将其生产的产品销售给经销商，经销商再将这些产品销售给最终用户，最终用户即是第三方。

有时，企业需要向其支付款项的第三方是本企业客户的客户，但处于企业分销链之外，如果企业认为该第三方也是本企业的客户，或者根据企业与其客户的合同约定，企业有义务向该第三方支付款项，则企业向该第三方支付的款项也应被视为应付客户对价进行会计处理。

(3) 应付客户对价中包含可变金额的，企业应当根据本准则有关可变对价的相关规定对其进行估计。

(4) 冲减当期收入的时点。在对应付客户对价冲减交易价格进行会计处理时，企业应当在确认相关收入与支付（或承诺支付）客户对价两者孰晚的时点冲减当期收入。

2. 企业应付客户对价是为了自客户取得其他可明确区分商品的——采用"与企业其他采购相一致的方式"确认所购买的商品

企业应付客户对价是为了自客户取得其他可明确区分商品的，应当采用与企业其他采购相一致的方式确认所购买的商品。

企业应付客户对价超过自客户取得的可明确区分商品公允价值的，超过金额应当作为应付客户对价冲减交易价格。自客户取得的可明确区分商品公允价值不能合理估计的，企业应当将应付客户对价全额冲减交易价格。

【例18-34】 智董公司签订一项合同，向贵琛公司（连锁专卖店）销售商品，合同期限为1年。贵琛公司承诺，在合同期限内以约定价格购买至少价值5 000万元的产品。合同约定，智董公司需在合同开始时向贵琛公司支付1 000万元的不可退回款项，用于贵琛公司更改货架以使其适合放置智董公司产品。

【分析】 智董公司支付贵琛公司的款项并非为获取单独可区分商品，因为智董公司不享有改造货架的任何控制权，因此，智董公司支付的款项应作为后续商品销售收入的抵减项。根据合同约定，贵琛公司承诺购货总价为5 000万元，因此，智董公司支付的1 000万元相当于给予了每项商品20%的折扣。智董公司在确认商品销售收入时，可按20%的折扣计量收入金额。

【例18-35】 智董公司为一家电子商务平台，商家（供应商）在平台上销售商品，自行定价，直接发货给买家，并自行负责售后服务，智董公司代为收取款项。智董公司作为代理人，通过向商家收取平台服务费赚取收入，服务费比例为交易金额的8%，智董公司将代收款项扣除服务费后支付给平台商家。

智董公司为了推广自己的平台，向买家提供优惠券。例如，某买家购买了1 000元商品，使用优惠券后可减免100元，即只需向智董公司支付900元，而智董公司需要支付全额价款1 000元给商家，在支付之前智董公司会扣除平台服务费80元，最终支付给商家920元。通常情况下智董公司赚取的手续费高于优惠券金额，有些情况下手续费也可能会低于优惠券金额。

请问：不考虑相关税费的影响，上述智董公司提供给买家的优惠券应当冲减智董公司的收入还是作为智董公司的销售费用核算？

【分析】《企业会计准则第14号——收入》（2017年修订）下，对供应商和客户之间的关系分析，在一定程度上将影响会计处理结果，而不断创新的商业环境下，供应商与客户之间的关系也日益复杂。按照《企业会计准则第14号——收入》（2017年修订），客户是指与企业订立合同以向企业购买其日常活动产出的商品或服务并支付对价的一方。这个例子中，平台的作用是为商家提供销售的渠道，向商家收取佣金，买家购买的是商家的商品，而不是平台的服务，因而倾向于认为买家不是平台智董公司的客户。

买家不是智董公司的客户，因此智董公司提供给买家的优惠券不属于应付客户对价，而应当视为智董公司的销售费用。

在本例中,智董公司作为代理人,提供交易平台服务,商家为智董公司的客户,考虑到买家并未购买智董公司的服务,也不是上述《企业会计准则第14号——收入》(2017年修订)第十九条所述的"向客户购买本企业商品的第三方",因此可以认为买家并非智董公司的客户。智董公司也没有承诺代商家向买家发放该优惠券。对智董公司而言,向买家提供满1 000减100元的优惠券,目的是提高智董公司平台的知名度,增加智董公司平台的流量,本质上是智董公司的一种宣传推广行为,而非应付客户对价,因此应将100元计入销售费用,智董公司的客户商家仍然实现了1 000元的收入,智董公司从商家获得的收入为80元。

【例18-36】 随着电子商务多年的发展,通过在线商品的推广以促进销售的导流公司应运而生。导流公司的合作方通常为各知名电子商务平台,包括天猫、淘宝、京东、苏宁易购、苹果中国官方商城等。导流公司会与众多营销或电子商务平台签订协议,为平台上的商家提供导流服务。在业务模式上,商家向电子商务平台提交推广需求,电子商务平台将推广需求推送至导流公司,导流公司根据该推广需求设计自身的推广计划、创建在线链接对最终消费者进行营销推广。有意向的最终消费者通过点击导流公司的链接定位到该商家的商品线上销售界面并最终完成交易。交易完成后,商家将全额佣金支付给电子商务平台,电子商务平台扣除一定比例的"软件服务费"后将剩余款项支付给导流公司。

在该业务模式下,电子商务平台制定统一的导流推广规范,导流公司必须先登记注册为电子商务平台认证的合格导流商,电子商务平台根据众多不同导流公司推广渠道的类型、流量质量等因素确定是否与该导流公司合作,并统一设定商家支付给导流公司佣金比例的上下限。如果商家与导流公司针对导流服务质量产生无法解决的纠纷,一般也交由电子商务平台先进行统一协调和处理。

在法律形式上,电子商务平台与商家和导流公司分别签订协议,为双方的导流服务事项提供相关软件服务。但该协议为电子商务平台标准格式条款协议,电子商务平台提供给商家的格式条款与提供给导流公司的格式条款一致,导流公司在与电子商务平台签订的协议上能明确看到商家的权利与义务,商家与电子商务平台签订的协议上也能明确看到导流公司的权利与义务,且协议上均明确注明,商家无需承担"软件服务费",而导流公司则需基于商家支付佣金的一定比例承担"软件服务费"。因此,商家和导流公司均明确知晓,"软件服务费"全部由导流公司承担。

例如,某电子商务平台为建立统一的平台形象,统一为平台上的商家进行电子营销管理。某商家需推广某个商品,该商品的销售价为1 000元,商家如果选择在该电子商务平台进行推广,导流公司的返佣金比例为20%,即当商品销售后,商家将支付商品售价的20%作为其推广成本,电子商务平台基于上述20%返佣金的10%收取软件服务费。从现金流而言,商品成功交易后,最终消费者通过平台的支付渠道支付1 000元给商家,电子商务平台将其中的800元(1 000-1 000×20%)支付给商家,并扣除20元(1 000×20%×10%)的软件使用费之后,将剩余的180元(1 000×20%-20)支付给导流公司。

请问:对于导流公司而言,电子商务平台扣除的"软件服务费"20元应作为收入抵减还是应作为成本费用列示?

【分析】 根据本例的背景信息,考虑到交易的商业逻辑、电子商务平台在上述业务中的作用和影响力、商家向导流公司支付的推广费以及平台向导流公司收取的软件服务费的合同安排形式、定价方式等因素,倾向于将电子商务平台与商家一起视为导流公司的客户,导流公司同时为商家和电子商务平台提供导流服务,导流公司支付给电子商务平台的"软件服务费"按照应付客户对价的原则进行处理。

该软件使用费的经济实质是应付客户对

价,应抵减收入,即导流公司应当按照180元的净额确认收入。

电子商务平台和商家共同构成导流公司的客户。在本例中,电子商务平台统一为平台上的商家进行电子营销管理,接收商家的推广需求,再将该需求推送至其认证合格的导流公司。电子商务平台对于导流公司向商家收取的佣金比例的定价有一定的影响,且负责协调处理商家与导流公司之间因导流服务质量产生的纠纷。在该业务模式下,商家和电子商务平台实质上共同构成了导流公司的客户,导流公司实质上同时为商家和电子商务平台提供了导流服务,使两者同时获益,导流成功后的商品购销交易使商家赚取了相应商品销售的利润,同时,导流过程也为电子商务平台带来更多的用户流量。因此,从商业角度而言,电子商务平台和商家均构成导流公司的客户,导流公司为其提供导流服务,获取佣金收入为200元。

导流公司向平台和商家进行的导流服务在电子商务平台展开,势必需要运用到基于电子商务平台的软件系统环境,导流公司收取导流佣金,并支付"软件服务费"的两项交易无法明确拆分。因此,当同时认定电子商务平台和商家均是导流公司的客户时,由于"软件服务"和导流服务无法明确区分,导流公司支付给电子商务平台的20元视为应付客户对价,且未取得可明确区分的商品或服务,故应当做抵减收入处理。

【例18-37】 智董公司是一家家用机器人生产商,通过经销商销售家用机器人,智董公司将其生产的家用机器人以买断形式销售给经销商,经销商再向最终消费者销售。为了支持经销商,智董公司对各类经销商提供形象店建设补贴和经销商培训补贴。

智董公司要求经销商按照智董公司的统一标准对形象店进行装修,包括整体装修风格、展厅布置等。形象店建成之后需要经过智董公司验收,审批合格后,智董公司将向经销商支付形象店建设补贴款300万元至450万元。

经销商有义务定期参加智董公司组织的相关培训和认证,且需要经过测评,合格之后可享受智董公司给予的培训补贴。培训补贴按照测评分数分级,分数大于85分,给予每天900元补贴;分数在75至85分之间,给予每天600元补贴;分数65至75分之间,给予每天300元补贴。

请问:智董公司支付给经销商的形象店建设补贴和培训补贴应当如何进行会计处理?

【分析】 智董公司向经销商销售其产品,经销商是智董公司的客户。智董公司支付给经销商的形象店建设补贴和培训补贴属于应付客户对价,应当按照准则有关应付客户对价的原则进行会计处理。

智董公司应当首先判断其支付给经销商的上述补贴是否从经销商取得了可明确区分的商品或服务,如果取得,还需进一步分析补贴金额是否超过了该可明确区分商品或服务的公允价值,以确定上述补贴款的会计处理。如果智董公司支付的补贴款并未取得可明确区分的商品或服务,则相关金额应冲减智董公司对经销商的销售收入;如果智董公司支付的补贴款取得了可明确区分的商品或服务,但补贴款金额超过了可明确区分商品或服务的公允价值,则可明确区分商品或服务的公允价值对应的部分作为正常采购进行处理,超过部分应冲减销售收入。

智董公司向经销商支付的补贴款并未取得可明确区分的商品或服务,应当冲减销售收入。

根据智董公司的相关补贴政策,经销商只需按照智董公司的统一标准对形象店进行装修,或者按时参加智董公司组织的相关培训并测评合格,便可以享受智董公司支付的补贴款。在这一过程中,经销商只是对其自有的销售门店进行改良,或对其员工进行培训,智董公司向经销商支付的上述补偿主要目的是对经销商进行激励,而并未从经销商取得可明确区分的商品或服务。因此,智董公司向经销商支付的形象店建设补贴和培训补贴应当冲减销售收入。

四、第四步:将交易价格分摊至各单项履约义务

当合同中包含两项或多项履约义务时,需

要将交易价格分摊至各单项履约义务,以使企业分摊至各单项履约义务(或可明确区分的商品)的交易价格能够反映其因向客户转让已承诺的相关商品而预期有权收取的对价金额。

(一)将交易价格的初始确定金额分摊至合同中的履约义务

1. 分摊的一般原则:时间、金额

合同中包含两项或多项履约义务的,企业应当在合同开始日,按照各单项履约义务所承诺商品的单独售价的相对比例,将交易价格分摊至各单项履约义务。

【例18-38】 智董公司与客户签订合同,向其销售甲、乙、丙三件产品,合同价款为40 000元。甲、乙、丙产品的单独售价分别为10 000元、15 000元和25 000元,合计50 000元。上述价格均不包含增值税。

【分析】
(1)甲产品应当分摊的交易价格为:
8 000元(10 000÷50 000×40 000)。
(2)乙产品应当分摊的交易价格为:
12 000元(15 000÷50 000×40 000)。
(3)丙产品应当分摊的交易价格为:
20 000元(25 000÷50 000×40 000)。

【例18-39】 2×20年3月1日,智董公司与客户签订合同,向其销售甲、乙两项商品,合同价款为10 000元。合同约定,甲商品于合同开始日交付,乙商品在1个月之后交付,只有当甲、乙两项商品全部交付之后,智董公司才有权收取10 000元的合同对价。假定甲商品和乙商品构成两项履约义务,其控制权在交付时转移给客户,分摊至甲商品和乙商品的交易价格分别为2 500元和10 000元,合计12 500元。上述价格均不包含增值税,且假定不考虑相关税费影响。

【分析】 根据交易价格分摊原则,甲商品应当分摊的交易价格为2 000元(2 500÷12 500×10 000),乙产品应当分摊的交易价格为8 000元(10 000÷12 500×10 000),智董公司将甲商品交付给客户之后,与该商品相关的履约义务已经履行,但是需要等到后续交付乙商品时,企业才具有无条件收取合同对价的权利,因此,智董公司应当将因交付甲商品而有权收取的对价2 000元确认为合同资产,而不是应收账款,相应的账务处理如下:

(1)交付甲商品时:

借:合同资产　　　　　　　　　2 000
　　贷:主营业务收入　　　　　　　　2 000

(2)交付乙商品时:

借:应收账款　　　　　　　　　10 000
　　贷:合同资产　　　　　　　　　　2 000
　　　　主营业务收入　　　　　　　　8 000

(1)分摊的时间。

合同开始日。

(2)分摊的金额。

各单项履约义务所承诺商品的单独售价的相对比例。

① 单独售价的直接观察。

单独售价,是指企业向客户单独销售商品的价格。

企业在类似环境下向类似客户单独销售某商品的价格,应作为确定该商品单独售价的最佳证据。

合同或价目表上的标价可能是商品的单独售价,但不能默认其一定是该商品的单独售价。

例如,企业为其销售的产品制定了标准价格,但是,在实务中经常以低于该标准价格的折扣价格对外销售,此时,企业在估计该产品的单独售价时,应当考虑这一因素。

② 单独售价无法直接观察时的合理估计方法。

单独售价无法直接观察的,企业应当综合考虑其能够合理取得的全部相关信息,采用市场调整法、成本加成法、余值法等方法合理估计单独售价。

企业应当最大限度地采用可观察的输入值,并对类似的情况采用一致的估计方法。

应考虑的信息包括:

A. 市场情况,如,商品的市场供求状况、竞争、限制和趋势等。

B. 企业特定因素,如,企业的定价策略和实务操作安排等。

C. 与客户有关的信息，如，客户类型、所在地区和分销渠道等等。

采用的方法：

A. 市场调整法，是指企业根据某商品或类似商品的市场售价，考虑本企业的成本和毛利等进行适当调整后的金额，确定其单独售价的方法。

企业可以对其销售商品的市场进行评估，进而估计客户在该市场上购买本企业的商品所愿意支付的价格，也可以参考其竞争对手销售类似商品的价格，并在此基础上进行必要调整以反映本企业的成本及毛利。

B. 成本加成法，是指企业根据某商品的预计成本加上其合理毛利后的金额，确定其单独售价的方法。

其中，预计成本应当与企业在定价时通常会考虑的成本因素一致，既包括直接成本，也包括间接成本；企业在确定合理毛利时，应当考虑的因素包括类似商品单独售价的毛利水平、行业内的历史毛利水平、行业平均售价、市场情况以及企业的利润目标等。

C. 余值法，是指企业根据合同交易价格减去合同中其他商品可观察单独售价后的余额，确定某商品单独售价的方法。

企业在商品近期售价波动幅度巨大，或者因未定价且未曾单独销售而使售价无法可靠确定时，可采用余值法估计其单独售价。

其中，售价波动幅度巨大，是指企业在相同或相近的时间向不同客户出售同一种商品时的价格差异很大，因而导致企业无法从以往的交易或其他可观察的证据中识别出具有代表性的单独售价。

其中，未定价且未曾单独销售，是指企业尚未对该商品进行定价，且该商品过往未曾单独出售过，即销售价格尚未确定。

例如，企业以 10 万元的价格向客户销售甲、乙、丙三件可明确区分的商品，其中，甲商品和乙商品经常单独对外销售，销售价格分别为 2.5 万元和 4.5 万元，丙商品为新产品，企业尚未对其定价且未曾单独销售，市场上也无类似商品出售。在这种情况下，企业采用余值法估计丙商品的单独售价为 3 万元，即合同价格 10 万元减去甲商品和乙商品的单独售价之和 7 万元（2.5 ＋4.5）后的余额。

专家点拨

余值法的采用

余值法是企业在估计单独售价时可以采用的方法之一。

在本准则的征求意见稿中，我国财政部借鉴了国际财务报告准则第 15 号的规定，要求只有在非常有限的情况下，才可以采用余值法估计单独售价。

但是，根据有关方面的反馈意见，建议考虑结合我国市场环境和实务需要采用变通的做法，允许余值法在更大范围内采用。

我国财政部吸收了这一建议，在新收入会计准则中弱化了对于余值法使用要求的限制。

D. 多种方法相结合，如果合同中存在两项或两项以上的商品，其销售价格变动幅度较大或尚未确定，企业可能需要采用多种方法相结合的方式，对合同所承诺的商品的单独售价进行估计。

例如，企业可能采用余值法估计销售价格变动幅度较大或尚未确定的多项可明确区分商品的单独售价总和，然后再采用其他方法估计其中包含的每一项可明确区分商品的单独售价。

企业采用多种方法相结合的方式估计合同所承诺的每一项商品的单独售价时，应当评估该方式是否满足交易价格分摊的目标，即，企业分摊至各单项履约义务（或可明确区分的商品）的交易价格能够反映其因向客户转让已承诺的相关商品而预期有权收取的对价金额。

例如，当企业采用余值法估计确定的某单项履约义务的单独售价为零或仅为很小的金额时，企业应当评估该结果是否恰当，这是因为合同中包含的可明确区分商品对于客户而言都应该是有一定价值的。

【例 18-40】 2×21 年 3 月 1 日，智董公司与客户签订合同，向其销售甲、乙两项商品，甲商品的单独售价为 1 200 元,乙商品的单独售价为 4 800 元,合同价款为 5 000 元。合同约定,甲商品于合同开始日交付,乙商品在 1 个月之后交付,只有当两项商品全部交付之后,智董公司才有权收取 5 000 元的合同对价。假定甲商品和乙商品分别构成单项履约义务,其控制权在交付时转移给客户。上述价格均不包含增值税,且假定不考虑相关税费影响。

【分析】 首先分摊至甲商品的合同价款为 1 000 元[1 200÷(1 200+4 800)×5 000],分摊至乙商品的合同价款为 4 000 元[4 800÷(1 200+4 800)×5 000]。

智董公司的账务处理如下:

(1) 交付甲商品时:

借:合同资产　　　　　　　1 000
　　贷:主营业务收入　　　　　　1 000

(2) 交付乙商品时:

借:应收账款　　　　　　　5 000
　　贷:合同资产　　　　　　　　1 000
　　　　主营业务收入　　　　　　4 000

2. 分摊合同折扣

(1) 什么是合同折扣?

合同折扣,是指合同中各单项履约义务所承诺商品的单独售价之和高于合同交易价格的金额。

当客户购买的一组商品中所包含的各单项商品的单独售价之和高于合同交易价格时,表明客户因购买该组商品而取得了合同折扣。

(2) 将合同折扣全部分摊至合同中的全部履约义务(按比例)。

企业应当在各单项履约义务之间按比例分摊合同折扣。

(3) 将合同折扣全部分摊至合同中的一项或多项(而非全部)履约义务。

有确凿证据表明合同折扣仅与合同中一项或多项(而非全部)履约义务相关的,企业应当将该合同折扣分摊至相关的一项或多项履约义务。

同时满足下列三项条件时,企业应当将合同折扣全部分摊至合同中的一项或多项(而非全部)履约义务:

① 企业经常将该合同中的各项可明确区分商品单独销售或者以组合的方式单独销售。

② 企业也经常将其中部分可明确区分的商品以组合的方式按折扣价格单独销售。

③ 归属于上述第二项中每一组合的商品的折扣与该合同中的折扣基本相同,且针对每一组合中的商品的分析为将该合同的整体折扣归属于某一项或多项履约义务提供了可观察的证据。

【例 18-41】 智董公司与客户签订合同,向其销售甲、乙、丙 3 种产品,合同总价款为 600 万元,这 3 种产品构成 3 项履约义务。企业经常以 250 万元单独出售甲产品,其单独售价可直接观察;乙产品和丙产品的单独售价不可直接观察,企业采用市场调整法估计的乙产品单独售价为 125 万元,采用成本加成法估计的丙产品单独售价为 375 万元。智董公司通常以 250 万元的价格单独销售甲产品,并将乙产品和丙产品组合在一起以 350 万元的价格销售。上述价格均不包含增值税。

【分析】 3 种产品的单独售价合计为 750 万元,而该合同的价格为 600 万元,该合同的整体折扣为 150 万元。由于智董公司经常将乙产品和丙产品组合在一起以 350 万元的价格销售,该价格与其单独售价之和(500 万元)的差额为 150 万元,与该合同的整体折扣一致,而甲产品单独销售的价格与其单独售价一致,证明该合同的整体折扣仅应归属于乙产品和丙产品。因此,在该合同下,分摊至甲产品的交易价格为 250 万元,分摊至乙产品和丙产品的交易价格合计为 350 万元,智董公司应当进一步按照乙产品和丙产品的单独售价的相对比例将该价格在两者之间进行分摊:乙产品应分摊的交易价格为 87.5 万元(125÷500×350),丙产品应分摊的交易价格为 262.5 万元(375÷500×350)。

有确凿证据表明,合同折扣仅与合同中的一项或多项(而非全部)履约义务相关,且企业采用余值法估计单独售价的,应当首先在该一项或多项(而非全部)履约义务之间分摊合同折扣,然后再采用余值法估计单独售价。

【例18-42】 沿用[例18-41],甲、乙、丙产品的单独售价均不变,合计为750万元,乙、丙产品组合销售的折扣仍为150万元。但是,合同总价款为800万元,智董公司与该客户签订的合同中还包括销售丁产品。丁产品的价格波动巨大,智董公司向不同的客户单独销售丁产品的价格在100万元至300万元之间。

【分析】 由于丁产品价格波动巨大,智董公司计划用余值法估计其单独售价。由于合同折扣150万元仅与乙、丙产品有关,因此,智董公司首先应当在乙、丙产品之间分摊合同折扣。甲、乙和丙产品在分摊了合同折扣之后的单独售价分别为250万元、87.5万元和262.5万元,合计为600万元。然后,智董公司采用余值法估计丁产品的单独售价为200万元(800-600),该金额在智董公司以往单独销售丁产品的价格区间之内,表明该分摊结果符合分摊交易价格的目标,即该金额能够反映智董公司因转让丁产品而预期有权收取的对价金额。

假定合同总价款不是800万元,而是625万元时,智董公司采用余值法估计的丁产品的单独售价仅为25万元(625-600),该金额在智董公司过往单独销售丁产品的价格区间之外,表明该分摊结果可能不符合分摊交易价格的目标,即该金额不能反映智董公司因转让丁产品而预期有权收取的对价金额。在这种情况下,用余值法估计丁产品的单独售价可能是不恰当的,智董公司应当考虑采用其他的方法估计丁产品的单独售价。

【例18-43】 智董公司与客户签订一合同以出售甲、乙、丙3种产品,给予折扣后的交易总价为500万元。甲、乙、丙各产品的单独售价分别为200万元、275万元、225万元,合计700万元。假设智董公司经常将乙及丙产品合并按300万元价格出售,经常将甲产品按200万元出售。

【分析】 合同中200万元的折扣应全部分摊给乙及丙产品:

乙产品分配的交易价格=275÷500×300=165(万元)。

丙产品分配的交易价格=225÷500×300=135(万元)。

甲产品的交易价格=200(万元)。

对于给予客户的现金折扣应当如何进行会计处理?

企业在销售商品时给予客户的现金折扣,应当按照《企业会计准则第14号——收入》(财会〔2017〕22号)中关于可变对价的相关规定进行会计处理。

3. 分摊可变对价及后续变动额

合同中包含可变对价的,该可变对价可能与整个合同相关,也可能仅与合同中的某一特定组成部分有关。

(1)合同中包含可变对价仅与合同中的某一特定组成部分有关时的分摊。

① 包括两种情形:

A. 可变对价可能与合同中的一项或多项(而非全部)履约义务有关。

例如,是否获得奖金取决于企业能否在指定时期内转让某项已承诺的商品。

B. 可变对价可能与企业向客户转让的构成单项履约义务的一系列可明确区分商品中的一项或多项(而非全部)商品有关。

例如,为期两年的消毒杀菌服务合同中,第二年的服务价格将根据指定的通货膨胀率确定。

② 同时满足下列两项条件的,企业应当将可变对价及可变对价的后续变动额<u>全部分摊至与之相关的某项履约义务</u>,或者构成单项履约义务的一系列可明确区分商品中的某项商品:

A. 可变对价的条款专门针对企业为履行该项履约义务或转让该项可明确区分商品所作的努力(或者是履行该项履约义务或转让该项可明确区分商品所导致的特定结果)。

B. <u>企业在考虑了合同中的全部履约义务及支付条款后,将合同对价中的可变金额全部分摊至该项履约义务或该项可明确区分商品符合分摊交易价格的目标。</u>

(2)不满足上述条件时的分摊。

对于不满足上述条件的可变对价及可变对价的后续变动额,以及可变对价及其后续变动额中未满足上述条件的剩余部分,企业应当按照分摊交易价格的一般原则,将其分摊至合同中的各单项履约义务。

专家点拨

对于已履行的履约义务,其分摊的可变对价后续变动额应当调整变动当期的收入。

【例18-44】 智董公司与贵琛公司签订合同,将其拥有的两项专利技术A和B授权给贵琛公司使用。假定两项授权均分别构成单项履约义务,且都属于在某一时点履行的履约义务。合同约定,授权使用专利技术A的价格为400万元,授权使用专利技术B的价格为贵琛公司使用该专利技术所生产的产品销售额的5%。专利技术A和B的单独售价分别为400万元和500万元。智董公司估计其就授权使用专利技术B而有权收取的特许权使用费为500万元。上述价格均不包含增值税。

【分析】 该合同中包含固定对价和可变对价。其中,授权使用专利技术A的价格为固定对价,且与其单独售价一致。授权使用专利技术B的价格为贵琛公司使用该专利技术所生产的产品销售额的5%,属于可变对价,该可变对价全部与授权使用专利技术B能够收取的对价有关,且智董公司基于实际销售情况估计收取的特许权使用费的金额接近B的单独售价。因此,智董公司将可变对价部分的特许权使用费金额全部由B承担符合交易价格的分摊目标。

(二)将交易价格的后续变动金额分摊至合同中的履约义务

1. 相关不确定性的消除或环境的其他变化等导致的交易价格后续变动金额的分摊

合同开始日之后,由于相关不确定性的消除或环境的其他变化等原因,交易价格可能会发生变化,从而导致企业因向客户转让商品而预期有权收取的对价金额发生变化。

交易价格发生后续变动的,企业应当按照在合同开始日所采用的基础将该后续变动金额分摊至合同中的履约义务。

企业不得因合同开始日之后单独售价的变动而重新分摊交易价格。

2. 合同变更导致的交易价格后续变动金额的分摊

对于合同变更导致的交易价格后续变动,应当按照本准则有关合同变更的规定进行会计处理。合同变更之后发生可变对价后续变动的,企业应当区分下列三种情形分别进行会计处理:

(1)合同变更属于本准则第八条(一)规定情形的。

企业应当判断可变对价后续变动与哪一项合同相关,并按照分摊可变对价的相关规定进行会计处理。

(2)合同变更属于本准则第八条(二)规定情形,且可变对价后续变动与合同变更前已承诺可变对价相关的。

企业应当首先将该可变对价后续变动额以原合同开始日确定的单独售价为基础进行分摊,然后再将分摊至合同变更日尚未履行履约义务的该可变对价后续变动额以新合同开始日确定的基础进行二次分摊。

政策依据

第八条 企业应当区分下列3种情形对合同变更分别进行会计处理:

(一)合同变更增加了可明确区分的商品及合同价款,且新增合同价款反映了新增商品单独售价的,应当将该合同变更部分作为一份单独的合同进行会计处理。

(二)合同变更不属于本条(一)规定的情形,且在合同变更日已转让的商品或已提供的服务(以下简称"已转让的商品")与未转让的商品或未提供的服务(以下简称"未转让的商品")之间可明确区分的,应当视为原合同终止,同时,将原合同未履约部分与合同变更部分合并为新合同进行会计处理。

(三)合同变更不属于本条(一)规定的情形,且在合同变更日已转让的商品与未转让的商品之间不可明确区分的,应当将该合同变更部分作为原合同的组成部分进行会计处理,由此产生的对已确认收入的影响,应当在合同变更日调整当期收入。

本准则所称合同变更,是指经合同各方批准对原合同范围或价格做出的变更。

(3) 合同变更之后发生除上述第(一)和(二)种情形以外的可变对价后续变动的。

企业应当将该可变对价后续变动额分摊至合同变更日尚未履行(或部分未履行)的履约义务。

【例18-45】 2×20年9月1日,智董公司与贵琛公司签订合同,向其销售甲产品和乙产品。甲产品和乙产品均为可明确区分商品且两种产品单独售价相同,也均属于在某一时点履行的履约义务。合同约定,甲产品和乙产品分别于2×20年11月1日和2×21年3月31日交付给贵琛公司。合同约定的对价包括5 000元的固定对价和估计金额为1 000元的可变对价。假定智董公司将1 000元的可变对价计入交易价格,满足本准则有关将可变对价金额计入交易价格的限制条件。因此,该合同的交易价格为6 000元。上述价格均不包含增值税。

2×20年12月1日,双方对合同范围进行了变更,贵琛公司向智董公司额外采购丙产品,合同价格增加1 500元,丙产品与甲、乙两种产品可明确区分,但该增加的价格不反映丙产品的单独售价。丙产品的单独售价与甲产品和乙产品相同。

丙产品将于2×21年6月30日交付给贵琛公司。

2×20年12月31日,企业预计有权收取的可变对价的估计金额由1 000元变更为1 200元,该金额符合将可变对价金额计入交易价格的限制条件。因此,合同的交易价格增加了200元,且智董公司认为该增加额与合同变更前已承诺的可变对价相关。

假定上述3种产品的控制权均随产品交付而转移给贵琛公司。

【分析】 在合同开始日,该合同包含两项履约义务,智董公司应当将估计的交易价格分摊至这两项履约义务。由于两种产品的单独售价相同,且可变对价不符合分摊至其中一项履约义务的条件,因此,智董公司将交易价格6 000元平均分摊至甲产品和乙产品,即甲产品和乙产品各自分摊的交易价格均为3 000元。

2×20年11月1日,当甲产品交付给客户时,智董公司相应确认收入3 000元。

2×20年12月1日,双方进行了合同变更。该合同变更属于本准则第八条规定的第(二)种情形,因此该合同变更应当作为原合同终止,并将原合同的未履约部分与合同变更部分合并为新合同进行会计处理。在该新合同下,合同的交易价格为4 500元(3 000+1 500),由于乙产品和丙产品的单独售价相同,分摊至乙产品和丙产品的交易价格的金额均为2 250元。

2×20年12月31日,智董公司重新估计可变对价,增加了交易价格200元。由于该增加额与合同变更前已承诺的可变对价相关,因此应首先将该增加额分摊给甲产品和乙产品,之后再将分摊给乙产品的部分在乙产品和丙产品形成的新合同中进行二次分摊。在本例中,由于甲、乙和丙产品的单独售价相同,在将200元的可变对价后续变动分摊至甲产品和乙产品时,各自分摊的金额为100元。由于智董公司已经转让了甲产品,在交易价格发生变动的当期即应将分摊至甲产品的100元确认为收入。之后,智董公司将分摊至乙产品的100元平均分摊至乙产品和丙产品,即各自分摊的金额为50元,经过上述分摊后,乙产品和丙产品的交易价格金额均为2 300元(2 250+50)。因此,智董公司分别在乙产品和丙产品控制权转移时确认收入2 300元。

五、第五步:履行每一单项履约义务时确认收入

企业应当在履行了合同中的履约义务,即客户取得相关商品控制权时确认收入。企业将商品的控制权转移给客户,该转移可能在某一时段内(即履行履约义务的过程中)发生,也可能在某一时点(即履约义务完成时)发生。

企业应当根据实际情况,首先应当按照准

则规定判断履约义务是否满足在某一时段内履行的条件,如不满足,则该履约义务属于在某一时点履行的履约义务。

对于在某一时段内履行的履约义务,企业应当选取恰当的方法来确定履约进度;对于在某一时点履行的履约义务,企业应当综合分析控制权转移的迹象,判断其转移时点。

(一)在某一时段内履行的履约义务,按履约进度确认收入

1. 在某一时段内履行履约义务的条件

满足下列条件之一的,属于在某一时段内履行履约义务,相关收入应当在该履约义务履行的期间内确认:

(1)客户在企业履约的同时即取得并消耗企业履约所带来的经济利益。

企业在履约过程中是持续地向客户转移企业履约所带来的经济利益的,该履约义务属于在某一时段内履行的履约义务,企业应当在履行履约义务的期间确认收入。对于例如消毒杀菌服务的一些服务类的合同而言,可以通过直观的判断获知,企业在履行履约义务(即提供消毒杀菌服务)的同时,客户即取得并消耗了企业履约所带来的经济利益。对于难以通过直观判断获知结论的情形,企业在进行判断时,可以假定在企业履约的过程中更换为其他企业继续履行剩余履约义务,当该继续履行合同的企业实质上无需重新执行企业累计至今已经完成的工作时,表明客户在企业履约的同时即取得并消耗了企业履约所带来的经济利益。

例如,智董公司承诺将客户的一批货物从A市运送到B市,假定该批货物在途经C市时,由乙运输公司接替智董公司继续提供该运输服务。由于A市到C市之间的运输服务是无需重新执行的,表明客户在智董公司履约的同时即取得并消耗了智董公司履约所带来的经济利益,因此,智董公司提供的运输服务属于在某一时段内履行的履约义务。

企业在判断其他企业是否实质上无需重新执行企业累计至今已经完成的工作时,应当基于下列两个前提:

① 不考虑可能会使企业无法将剩余履约义务转移给其他企业的潜在限制,包括合同限制或实际可行性限制。在上述智董公司提供运输服务的例子中,智董公司为客户提供运输服务时,双方可能会在合同中约定,合同双方均不得解除合同,在进行上述判断时不需要考虑这一约定。

② 假设继续履行剩余履约义务的其他企业将不会享有企业目前已控制的、且在剩余履约义务转移给其他企业后仍然控制的任何资产的利益。

(2)客户能够控制企业履约过程中在建的商品。

企业在履约过程中在建的商品包括在产品、在建工程、尚未完成的研发项目、正在进行的服务等。由于客户控制了在建的商品,客户在企业提供商品的过程中获得其利益,因此,该履约义务属于在某一时段内履行的履约义务,应当在该履约义务履行的期间内确认收入。

【例18-46】 智董公司与客户签订合同,在客户拥有的土地上按照客户的设计要求为其建造厂房。在建造过程中客户有权修改厂房设计,并与智董公司重新协商设计变更后的合同价款。客户每月末按当月工程进度向智董公司支付工程款。如果客户终止合同,已完成建造部分的厂房归客户所有。

【分析】 智董公司为客户建造厂房,该厂房位于客户的土地上,客户终止合同时,已建造的厂房归客户所有。这些均表明客户在该厂房建造的过程中就能够控制该在建的厂房。因此,智董公司提供的该建造服务属于在某一时段内履行的履约义务,企业应当在提供该服务的期间内确认收入。

(3)企业履约过程中所产出的商品具有不可替代用途,且该企业在整个合同期间内有权就累计至今已完成的履约部分收取款项。

① 商品具有不可替代用途。

具有不可替代用途,是指因合同限制或实际可行性限制,企业不能轻易地将商品用于其他用途。

当企业产出的商品只能提供给某特定客户,而不能被轻易地用于其他用途(例如销售给其他客户)时,该商品就具有不可替代用途。在判断商品是否具有不可替代用途时,企业既应当考虑合同限制,也应当考虑实际可行性限制,但无需考虑合同被终止的可能性。

企业在判断商品是否具有不可替代用途时,需要注意下列四点:

A. 判断时点是合同开始日。

企业应当在合同开始日判断所承诺的商品是否具有不可替代用途,此后,除非发生合同变更,且该变更显著改变了原合同约定的履约义务,否则,企业无需重新进行判断。

B. 考虑合同限制。

当合同中存在实质性的限制条款,导致企业不能将合同约定的商品用于其他用途时,该商品满足具有不可替代用途的条件。在判断限制条款是否具有实质性时,应当考虑企业试图把合同中约定的商品用于其他用途时,客户是否可以根据这些限制条款,主张其对该特定商品的权利。如果是,那么这些限制条款就是实质性的;相反,如果合同中约定的商品和企业的其他商品在很大程度上能够互相替换(例如企业生产的标准化产品),而不会导致企业违约,也无需发生重大的成本,则表明该限制条款不具有实质性。此外,如果合同中的限制条款仅为保护性条款,也不应考虑。

例如,企业与客户约定,当企业清算时,不能向第三方转让代客户销售的某商品,该限制条款的目的是在企业清算时为客户提供保护,因此,应作为保护性条款,在判断该商品是否具有可替代用途时不应考虑。

C. 考虑实际可行性限制。

虽然合同中没有限制条款,但是,当企业将合同中约定的商品用作其他用途,将导致企业遭受重大的经济损失时,企业将该商品用作其他用途的能力实际上受到了限制。企业遭受重大经济损失的原因可能是需要发生重大的返工成本,也可能是只能在承担重大损失的情况下才能将这些商品销售给其他客户。例如,企业根据某客户的要求,为其专门设计并生产了一套专用设备,由于该设备是定制化产品,企业如果将其销售给其他客户,需要发生重大的改造成本,表明企业将该产品用于其他用途的能力受到实际可行性的限制,因此,该产品满足"具有不可替代用途"的条件。

D. 基于最终转移给客户的商品的特征判断。

当商品在生产的前若干个生产步骤是标准化的,只是从某一时点(或者某一流程)才进入定制化的生产时,企业应当根据最终转移给客户时该商品的特征来判断其是否满足"具有不可替代用途"的条件。

例如,某家用机器人零部件生产企业,为客户提供定制零部件的生产,该生产通常需要经过四道工序,前两道工序是标准工序,后两道工序是特殊工序,处于前两道工序的在产品,可以用于任一客户的需要,但是,进入第三道工序后的产品只能销售给某特定客户。在企业与该特定客户之间的有关最终产品的合同下,最终产品符合"具有不可替代用途"的条件。

② 企业在整个合同期间内有权就累计至今已完成的履约部分收取款项。

有权就累计至今已完成的履约部分收取款项,是指在由于客户或其他原因终止合同的情况下,企业有权就累计至今已完成的履约部分收取能够补偿其已发生成本和合理利润的款项,并且该权利具有法律约束力。

需要强调的是,合同终止必须是由于客户或其他方而非企业自身的原因所致,在整个合同期间内的任一时点,企业均应当拥有此项权利。

企业在进行判断时,需要注意下列五点:

A. 企业有权收取的该款项应当大致相当于累计至今已经转移给客户的商品的售价,即该金额应当能够补偿企业已经发生的成本和合理利润。

企业有权收取的款项为保证金或仅是补偿企业已经发生的成本或可能损失的利润的,不满足这一条件。补偿企业的合理利润并不意味着补偿金额一定要等于该合同的整体毛利水平。下列两种情形都属于补偿企业的合理利润：a.根据合同终止前的履约进度对该合同的毛利水平进行调整后确定的金额作为补偿金额。b.如果该合同的毛利水平高于企业同类合同的毛利水平，以企业从同类合同中能够获取的合理资本回报或者经营毛利作为利润补偿。此外，当客户先行支付的合同价款金额足够重大（通常指全额预付合同价款），以致能够在整个合同期间内任一时点补偿企业已经发生的成本和合理利润时，如果客户要求提前终止合同，企业有权保留该款项并无需返还，且有相关法律法规支持的，则表明企业能够满足在整个合同期间内有权就累计至今已完成的履约部分收取款项的条件。

B. 该规定并不意味着企业拥有现时可行使的无条件收款权。

企业通常会在与客户的合同中约定，只有在达到某一重要时点、某重要事项完成后或者整个合同完成之后，企业才拥有无条件的收取相应款项的权利。在这种情况下，企业在判断其是否有权就累计至今已完成的履约部分收取款项时，应当考虑，假设在发生由于客户或其他方原因导致合同在该重要时点、重要事项完成前或合同完成前终止时，企业是否有权主张该收款权利，即是否有权要求客户补偿其累计至今已完成的履约部分应收取的款项。

C. 当客户只有在某些特定时点才有权终止合同，或者根本无权终止合同时，客户终止了合同（包括客户没有按照合同约定履行其义务），但是，合同条款或法律法规要求，企业应继续向客户转移合同中承诺的商品并因此有权要求客户支付对价。

此种情况也符合"企业有权就累计至今已完成的履约部分收取款项"的要求。

D. 企业在进行判断时，既要考虑合同条款的约定，还应当充分考虑适用的法律法规、补充或者凌驾于合同条款之上的以往司法实践以及类似案例的结果等。

例如，即使在合同没有明确约定的情况下，相关的法律法规等是否支持企业主张相关的收款权利；以往的司法实践是否表明合同中的某些条款没有法律约束力；在以往的类似合同中，企业虽然拥有此类权利，却在考虑了各种因素之后没有行使该权利，这是否会导致企业主张该权利的要求在当前的法律环境下不被支持等。

E. 企业和客户之间在合同中约定的付款时间进度表，不一定就表明企业有权就累计至今已完成的履约部分收取款项。

这是因为合同约定的付款进度和企业的履约进度可能并不匹配。此种情况下，企业仍需要证据对其是否有该收款权进行判断。

【例18-47】 智董公司与贵琛公司签订合同，针对贵琛公司的实际情况和面临的具体问题，为改善其业务流程提供咨询服务，并出具专业的咨询意见。双方约定，智董公司仅需要向贵琛公司提交最终的咨询意见，而无需提交任何其在工作过程中编制的工作底稿和其他相关资料；在整个合同期间内，如果贵琛公司单方面终止合同，贵琛公司需要向智董公司支付违约金，违约金的金额等于智董公司已发生的成本加上18%的毛利率，该毛利率与智董公司在类似合同中能够赚取的毛利率大致相同。

【分析】 在合同执行过程中，由于贵琛公司无法获得智董公司已经完成工作的工作底稿和其他任何资料，假设在执行合同的过程中，因智董公司无法履约而需要由其他公司来继续提供后续咨询服务并出具咨询意见时，其需要重新执行智董公司已经完成的工作，表明贵琛公司并未在智董公司履约的同时即取得并消耗了智董公司履约所带来的经济利益。然而，由于该咨询服务是针对贵琛公司的具体情况而提供的，智董公司无法将最终的咨询意见用作其他用途，表明其具有不可替代用途；此外，在整个合同期间内，如果贵琛公司单方面终止合同，智董公司根据合同条款可以主张其已发生的成本及合理利润，表明智董公司在整个合同期间内有权就累计至今已完成的履约部分收取款项。因此，智董公司向贵琛公司提供的咨询服务属于在某一时段内履行的履约义务，智董公司应当在其提供服务的期间内按照适当的履约进度确认收入。

【例18-48】 智董公司是一家游轮制造企业,与贵琛公司签订了一份游轮建造合同,按照贵琛公司的具体要求设计和建造游轮。智董公司在自己的办公基地内完成该游轮的建造,贵琛公司无法控制在建过程中的游轮。智董公司如果想把该游轮出售给其他客户,需要发生重大的改造成本。双方约定,如果贵琛公司单方面解约,贵琛公司需向智董公司支付相当于合同总价35%的违约金,且建造中的游轮归智董公司所有。假定该合同仅包含一项履约义务,即设计和建造游轮。

【分析】 游轮是按照贵琛公司的具体要求进行设计和建造的,智董公司需要发生重大的改造成本将该游轮改造之后才能将其出售给其他客户,因此,该游轮具有不可替代用途。然而,如果贵琛公司单方面解约,仅需向智董公司支付相当于合同总价35%的违约金,表明智董公司无法在整个合同期间内都有权就累计至今已完成的履约部分收取能够补偿其已发生成本和合理利润的款项。因此,智董公司为贵琛公司设计和建造游轮不属于在某一时段内履行的履约义务。

综上所述,商品具有不可替代用途和企业在整个合同期间内有权就累计至今已完成的履约部分收取款项这两个要素,在判断是否满足在某一时段履行的履约义务的第(3)种情况时缺一不可,且均与控制权的判断有关联。这是因为,当企业无法轻易地将产出的商品用于其他用途时,企业实际上是按照客户的要求生产商品,在这种情况下,如果合同约定,由于客户或其他方的原因导致合同被终止时,客户必须就企业累计至今已完成的履约部分支付款项,且该款项能够补偿企业已经发生的成本和合理利润,那么企业将因此而防止终止合同时企业未保留该商品或只保留几乎无价值的商品的风险。这与商品购销交易中,客户通常只有在取得对商品的控制权时才有义务支付相应的合同价款是一致的。因此,客户有义务(或无法避免)就企业已经完成的履约部分支付相应款项的情况表明,客户已获得企业履约所带来的经济利益。

【例18-49】 贵琛公司为一家建筑公司,2×21年1月15日,贵琛公司和客户签订了一项总金额为5 000万元的固定造价合同,在客户自有土地上建造一幢全员终身学习大楼,预计合同总成本为4 000万元。

【分析】 由于建筑施工是一项连续的、长时间的服务,因此贵琛公司和客户签订的固定造价合同的承诺是一项单独履约义务,而且是在一时段内履行的履约义务,贵琛公司可以采用投入法(即按累计发生的合同成本占合同预计总成本的比例)确定履约进度,进而确认每一时段内的收入。

2. 在某一时段内履行的履约义务的收入确认

对于在某一时段内履行的履约义务,企业应当在该段时间内按照履约进度确认收入,但是,履约进度不能合理确定的除外。企业应当考虑商品的性质,采用产出法或投入法确定恰当的履约进度,并且在确定履约进度时,应当扣除那些控制权尚未转移给客户的商品和服务。企业按照履约进度确认收入时,通常应当在资产负债表日按照合同的交易价格总额乘以履约进度扣除以前会计期间累计已确认的收入后的金额,确认为当期收入。

1)产出法

产出法是根据已转移给客户的商品对于客户的价值确定履约进度的方法,通常可采用实际测量的完工进度、评估已实现的结果、已达到的里程碑、时间进度、已完工或交付的产品等产出指标确定履约进度。

企业在评估是否采用产出法确定履约进度时,应当考虑具体的事实和情况,并选择能够如实反映企业履约进度和向客户转移商品控制权的产出指标。当选择的产出指标无法计量控制权已转移给客户的商品时,不应采用产出法。

例如,当处于生产过程中的在产品在其完工或交付前已属于客户时,如果该在产品对本合同或财务报表具有重要性,则在确定履约进度时不应使用已完工或已交付的产品作为产出指标,这是因为处于生产过程中的在产品的控制权也已经转移给了客户,而这些在产品并没有包括在产出指标的计量中,因此该指标并未如实反映已向客户转移商品的进度。

又如,如果企业在合同约定的各个里程碑之间向客户转移了重大的商品的控制权,则很可能表明基于已达到的里程碑确定履约进度的方法是不恰当的。实务中,为便于操作,当企业向客户开具发票的对价金额与向客户转让增量商品价值直接相一致时,如企业按照固定的费率以及发生的工时向客户开具账单,企业直接按照发票对价金额确认收入也是一种恰当的产出法。

【例18-50】 智董公司与客户签订合同,为该客户拥有的一条磁悬浮道路更换1 000根轨道,合同价格为100万元(不含税价)。截至2×20年12月31日,智董公司共更换轨道800根,剩余部分预计在2×21年3月31日之前完成。该合同仅包含一项履约义务,且该履约义务满足在某一时段内履行的条件。假定不考虑其他情况。

【分析】 智董公司提供的更换轨道的服务属于在某一时段内履行的履约义务,智董公司按照已完成的工作量确定履约进度。因此,截至2×20年12月31日,该合同的履约进度为80%(800÷1 000),智董公司应确认的收入为80万元(100×80%)。

产出法是根据能够代表向客户转移商品控制权的产出指标直接计算履约进度的,因此通常能够客观地反映履约进度。但是,产出法下有关产出指标的信息有时可能无法直接观察获得,企业为获得这些信息需要花费很高的成本,这就可能需要采用投入法来确定履约进度。

【例18-51】 2×21年1月1日,智董公司与客户签订合同,为其建造一栋全员终身学习大楼,建造期为3年,合同总收入为2 500万元,预计合同总成本为2 000万元。假定该合同仅包含一项履约义务,且满足在某一时段内确认收入的条件。

智董公司采用产出法计量履约进度,其他相关信息如表18-7所示:

表18-7 其他相关信息 单位:元

组成部分	履约进度	使用产出法分摊的收入	实际成本	毛利率	按履约进度计算的成本
地基	42%	10 500 000	10 000 000	4.76%	8 400 000
墙体	24%	6 000 000	5 000 000	16.67%	4 800 000
门窗	16%	4 000 000	2 500 000	37.50%	3 200 000
房顶	18%	4 500 000	2 500 000	44.44%	3 600 000
	100%	25 000 000	20 000 000	20.00%	20 000 000

截至2×21年12月31日,智董公司已完成地基部分的建设,采用产出法确定的履约进度为42%,确认收入金额为1 050万元。智董公司实际发生的成本为1 000万元,按照履约进度计算的成本为840万元。

请问:地基部分的成本应当如何确认?

【分析】 在本例中,截至2×21年12月31日,地基部分实际发生的所有成本并未增加智董公司未来用于履行该合同履约义务的资源,不满足《企业会计准则第14号——收入》(2017年修订)第二十六条作为合同履约成本确认为一项资产的条件。同时,地基部分的建设工作已经完成,该部分实际发生的成本是与履约义务中已经履行的部分(即建设地基)相关的支出,即该支出与企业过去的履约活动相关,根据《企业会计准则第14号——收入》(2017年修订)第二十七条的相关规定,应将其在发生时计入当期损益。

因此,截至2×21年12月31日,地基部分实际发生的成本1 000万元应当计入当期损益。

2) 投入法

投入法是根据企业履行履约义务的投入确定履约进度的方法,通常可采用投入的材料数量、花费的人工工时或机器工时、发生的成本和时间进度等投入指标确定履约进度。当企业从事的工作或发生的投入是在整个履约期间内平均发生时,企业也可以按照直线法确认收入。

【例18-52】 贵琛公司经营一家瑜伽馆。2×20年2月1日,某客户与贵琛公司签订合同,成为贵琛公司的会员,并向贵琛公司支付会员费6 000元(不含税价),可在未来的12个月内在该瑜伽馆健身,且没有次数的限制。

【分析】 客户在会籍期间可随时来瑜伽馆健身,且没有次数限制,客户已使用瑜伽馆健身的次数不会影响其未来继续使用的次数,贵琛公司在该合同下的履约义务是承诺随时准备在客户需要时为其提供健身服务,因此,该履约义务属于在某一时段内履行的履约义务,并且该履约义务在会员的会籍期间内随时间的流逝而被履行。因此,贵琛公司按照直线法确认收入,即每月应当确认的收入为500元(6 000÷12),截至2×20年12月31日,贵琛公司应确认的收入为5 500元(500×11)。

需要说明的是,如果客户购买的是确定数量的服务,如在未来12个月内,客户可随时来瑜伽馆健身500次,则贵琛公司的履约义务是为客户提供这500次健身服务,而不是随时准备为其提供健身服务的承诺。因此,贵琛公司应当按照客户已使用健身服务的次数确认收入。

投入法所需要的投入指标虽然易于获得,但是,投入指标与企业向客户转移商品的控制权之间未必存在直接的对应关系。因此,企业在采用投入法确定履约进度时,应当扣除那些虽然已经发生、但是未导致向客户转移商品的投入。

例如,企业为履行合同应开展一些初始活动,如果这些活动并没有向客户转移企业承诺的服务,则企业在使用投入法确定履约进度时,不应将为开展这些活动发生的相关投入包括在内。

实务中,通常按照累计实际发生的成本占预计总成本的比例(即,成本法)确定履约进度,累计实际发生的成本包括企业向客户转移商品过程中所发生的直接成本和间接成本,如直接人工、直接材料、分包成本以及其他与合同相关的成本。

【例18-53】 智董公司于2×20年12月1日接受一项设备安装任务,安装期为3个月,合同总收入3 000 000元,至年底已预收安装费2 200 000元,实际发生安装费用为1 400 000元(假定均为安装人员薪酬),估计还将发生安装费用600 000元。假定智董公司按实际发生的成本占估计总成本的比例确定安装的履约进度,不考虑增值税等其他因素。

【分析】 智董公司的账务处理如下:

实际发生的成本占估计总成本的比例= 1 400 000÷(1 400 000+600 000)×100% =70%。

2×20年12月31日确认的劳务收入= 3 000 000×70%-0=2 100 000(元)。

(1)实际发生劳务成本:

借:合同履约成本——设备安装　　1 400 000
　　贷:应付职工薪酬　　　　　　　　1 400 000

(2)预收劳务款:

借:银行存款　　　　　　　　　　2 200 000
　　贷:合同负债——××公司　　　　2 200 000

(3)2×20年12月31日确认劳务收入并结转劳务成本:

借:合同负债——××公司　　　　2 100 000
　　贷:主营业务收入——设备安装　　2 100 000
借:主营业务成本——设备安装　　1 400 000
　　贷:合同履约成本——设备安装　　1 400 000

在下列情形下,企业在采用成本法确定履约进度时,可能需要对已发生的成本进行适当的调整:

(1)已发生的成本并未反映企业履行履约义务的进度。

例如,因企业生产效率低下等原因而导致的非正常消耗,包括非正常消耗的直接材料、直接人工及制造费用等,不应包括在累计实际发生的成本中,这是因为这些非正常消耗并没有为合同进度做出贡献,但是,企业和客户在订立合同时已经预见会发生这些成本并将其包括在合同价款中的除外。

(2) 已发生的成本与企业履行履约义务的进度不成比例。

当企业已发生的成本与履约进度不成比例，企业在采用成本法确定履约进度时需要进行适当调整，通常仅以其已发生的成本为限确认收入。对于施工中尚未安装、使用或耗用的商品(本段的商品不包括服务)或材料成本等，当企业在合同开始日就预期将能够满足下列所有条件时，应在采用成本法确定履约进度时不包括这些成本：

① 该商品或材料不可明确区分，即不构成单项履约义务。

② 客户先取得该商品或材料的控制权，之后才接受与之相关的服务。

③ 该商品或材料的成本相对于预计总成本而言是重大的。

④ 企业自第三方采购该商品或材料，且未深入参与其设计和制造，对于包含该商品的履约义务而言，企业是主要责任人。

【例18-54】 2×20年10月，智董公司与客户签订合同，为客户装修一栋全员终身学习大楼，包括安装一部电梯，合同总金额为500万元。智董公司预计的合同总成本为400万元，其中包括电梯的采购成本150万元。

2×20年12月，智董公司将电梯运达施工现场并经过客户验收，客户已取得对电梯的控制权，但是，根据装修进度，预计到2×21年2月才会安装该电梯。截至2×20年12月，智董公司累计发生成本200万元，其中包括支付给电梯供应商的采购成本150万元以及因采购电梯发生的运输和人工相关成本25万元。

假定：该装修服务(包括安装电梯)构成单项履约义务，并属于在某一时段内履行的履约义务，智董公司是主要责任人，但不参与电梯的设计和制造；智董公司采用成本法确定履约进度；上述金额均不含增值税。

【分析】 截至2×20年12月，智董公司发生成本200万元(包括电梯采购成本150万元以及因采购电梯发生的运输和人工等相关成本25万元)，智董公司认为其已发生的成本和履约进度不成比例，因此需要对履约进度的计算做出调整，将电梯的采购成本排除在已发生成本和预计总成本之外。在该合同中，该电梯不构成单项履约义务，其成本相对于预计总成本而言是重大的，智董公司是主要责任人，但是未参与该电梯的设计和制造，客户先取得了电梯的控制权，随后才接受与之相关的安装服务，因此，智董公司在客户取得该电梯控制权时，按照该电梯采购成本的金额确认转让电梯产生的收入。

2×20年12月，该合同的履约进度为20%[(200－150)÷(400－150)]，应确认的收入和成本金额分别为220万元[(500－150)×20%＋150]和200万元[(400－150)×20%＋150]。

企业为履行属于在某一时段内履行的单项履约义务而发生的支出并非均衡发生的，在采用某种方法(例如成本法)确定履约进度时，可能会导致企业对于较早生产的产品确认更多的收入和成本。例如，企业承诺向客户交付一定数量的商品，且该承诺构成单项履约义务，在履约的前期，由于经验不足、技术不成熟、操作不熟练等原因，企业可能会发生较高的成本，而随着经验的不断累积，企业的生产效率逐步提高，导致企业的履约成本逐步下降。这一结果是合理的，因为这表明企业在合同早期的履约情况具有更高的价值，正如企业只销售一件产品的售价可能会高于销售多件产品时的平均价格一样。如果该单项履约义务属于在某一时点履行的履约义务，企业则需要按照其他相关会计准则对相关支出进行会计处理(例如，按照《企业会计准则第1号——存货》，生产商品的成本将作为存货进行累计，企业应选择适当方法计量存货)；不属于其他相关企业会计准则规范范围的，应当按照本准则第二十六条和第二十七条的规定判断将其确认为一项资产还是计入当期损益。

每一资产负债表日，企业应当对履约进度进行重新估计。当客观环境发生变化时，企业也需要重新评估履约进度是否发生变化，以确保履约进度能够反映履约情况的变化,该变化应当作为会计估计变更进行会计处理。对于每一项履约义务,企业只能采用一种方法来确定其履约进度,并加以一贯运用。对于类似情况下的类似履约义务,企业应当采用相同的方法(例如,成本法)确定履约进度。

对于在某一时段内履行的履约义务,只有当其履约进度能够合理确定时,才应当按照履约进度确认收入。企业如果无法获得确定履约进度所需的可靠信息,则无法合理地确定其履行履约义务的进度。<u>当履约进度不能合理确定时,企业已经发生的成本预计能够得到补偿的,应当按照已经发生的成本金额确认收入,直到履约进度能够合理确定为止。</u>

【例18-55】 智董公司为上市公司,以BOT方式从事污水处理业务。为了方便、高效地对不同的BOT项目进行核算考核,智董公司成立专门的项目公司管理各个不同的项目,以项目公司为主体与政府及有关部门签署BOT合同,并由项目公司负责项目实施跟踪管理及建成后的运营。智董公司下属子公司贵琛公司专门从事污水处理厂的建造。项目公司承接BOT项目之后,与贵琛公司签订委托建造合同,委托贵琛公司负责该项目的建造工作。项目公司与政府签订的BOT合同经营期限均为30年。在《企业会计准则解释第2号》颁布前,该公司将上述项目形成的资产按照固定资产核算,根据《企业会计准则解释第2号》的相关规定,该公司将BOT项目形成的资产调整为无形资产。

经调阅该公司BOT项目有关协议,上述协议中均含有污水保底处理量的保底条款。根据协议,如果实际处理量超过保底处理量,则保底处理量部分按基本单价收费,超过部分按超进水单价收费;如果实际处理量未达到保底处理量,则实际处理量按基本单价收费,未达到部分按欠进水单价收费。超进水单价和欠进水单价均低于基本单价,上述污水处理费均是向协议甲方——相关政府部门或授权机构结算收取。

对上述BOT相关业务,有两种会计处理意见:

(1)根据项目公司与有关部门达成的BOT协议,该协议有保底处理量的承诺且项目公司有权向合同授予方收取费用,智董公司应将其确认为金融资产。

(2)虽然BOT协议均有保底处理量的承诺,但由于各个月份实际污水处理量不完全相同,各部分处理单价存在差异,每月结算额均不固定,智董公司应将其确认为无形资产。

请问:智董公司应如何处理BOT相关业务?

【分析】 BOT业务包括建设、经营和移交3个阶段。通常情况下,在BOT的业务安排下,企业首先为政府建造基础设施,建成之后负责在一定期间内对该基础设施进行运营,并在约定的经营期限结束后将该基础设施移交给政府。企业因建造基础设施而提供的建造服务,可能会取得不同形式的对价,企业应当根据前述会计准则的有关规定,在确认建造服务收入的同时,将所取得的对价确认为相应的资产。具体而言,对于所提供的建造服务,如果企业取得的是一项无条件收取固定或可确定金额现金的权利,即无论企业在基础设施运营期间取得运营收入如何,都可以无条件地自合同授予方取得固定或可确定金额的现金的情况下,应当确认为一项金融资产(应收款项);相反,如果企业取得的只是在未来特定期间运营该基础设施、并取得运营收入的权利,且该权利并不构成一项无条件收取固定或可确定现金的权利,该权利不符合金融资产的确认条件,应当确认为一项无形资产(特许经营权)。

在本例中,在智董公司合并报表层面,以合并整体作为一个会计主体而言,该交易的实质为智董公司及其子公司构成的企业集团与政府签订BOT合同,集团整体为政府提供了建造服务。因此,在集团对外部第三方提供了建造服务的情况下,智董公司合并报表内应当确认对第三方的建造收入、成本和相应的利润。智董公司合并报表的最终结果应体现为:集团根据BOT合同约定,确认建造收入并按照贵琛公司实际发生的建造支出确认成本。

智董公司在确认建造收入的同时，应当将所取得的对价确认为相应的资产。从本例涉及的BOT协议的相关合同条款分析，智董公司在经营期限内获得的收费，可分为两部分，即不受实际处理量影响的固定收费（按照"保底处理量×欠进水单价"计算的水费收入）和受实际处理量影响的收费［按照"保底处理量以内的实际处理量×（基本单价－欠进水单价）"以及按照"超过保底处理量的实际处理量×超进水单价"计算的水费收入］。

我们认为，对于不受实际处理量影响的固定收费部分，其实质为智董公司取得的一项无条件地向合同授予方收取确定金额货币资金或其他金融资产的权利，因此应将其确认为金融资产（应收款项）；对于受实际处理量影响的收费部分，则应当按照确认的建造收入金额扣除已确认的金融资产的金额（如适用）确认为无形资产。

【例18-56】 智董软件开发公司（假设适用增值税税率为13%）于2×21年10月18日为客户定制一项软件，工期大约5个月，合同总收入22 600 000元（含税），至2×21年12月31日已发生成本11 000 000元（不考虑进项税额），预收账款12 500 000元。预计开发完整个软件还将发生成本4 000 000元。2×21年12月31日经专业测量师测量，软件的开发程度为60%。

【分析】 2×21年确认收入＝劳务总收入×劳务的完成程度－以前年度已确认的收入＝20 000 000×60%－0＝12 000 000（元）。

2×21年确认营业成本＝劳务总成本×劳务的完成程度－以前年度已确认的营业成本＝（11 000 000＋4 000 000）×60%－0＝9 000 000（元）。

该企业应作如下会计分录：

（1）发生成本时：

借：劳务成本　　　　　　　11 000 000
　　贷：银行存款　　　　　　　11 000 000

（2）预收款项时：

借：银行存款　　　　　　　12 500 000
　　贷：合同负债　　　　　　　12 500 000

（3）确认收入时：

借：合同负债　　　　　　　13 560 000
　　贷：主营业务收入　　　　　12 000 000
　　　　应交税费——应交增值税（销项税额）
　　　　　　　　　　　　　　 1 560 000

（4）结转成本时：

借：主营业务成本　　　　　　9 000 000
　　贷：劳务成本　　　　　　　　9 000 000

发生的成本为11 000 000元，扣除已结转的成本9 000 000元，余额2 000 000元应并入年度资产负债表"存货"项目内反映。

（二）在某一时点履行的履约义务，在商品的控制权转移时确认收入

对于不属于在某一时段内履行的履约义务，应当属于在某一时点履行的履约义务，企业应当在客户取得相关商品控制权时点确认收入。

企业应当在履行了合同中的履约义务，即在客户取得相关商品控制权时确认收入。

取得相关商品控制权，是指能够主导该商品的使用并从中获得几乎全部的经济利益，也包括有能力阻止其他方主导该商品的使用并从中获得经济利益。

【例18-57】 智董公司与客户签订合同建造一项设备，有关条款如下：

（1）在合同签订之初收取25%的合同价款。

（2）40%的合同对价在整个建造期间逐步收取。

（3）剩余35%的合同对价在建造完成并且设备已通过测试后收取。

（4）除非智董公司违约，否则已收取的合同价款不可退回。

（5）如果客户终止合同，智董公司只能获得客户按照相应进度已支付的价款。

（6）企业没有向客户要求获取合同规定以外的进一步补偿的权利。

【分析】 从这些条款可以看出，客户在智董公司履约的同时并未获得履约所带来的经济利益；客户不能够控制智董公司履约过程中在建的商品；在任一时点，客户支付的不可返还的

款项都低于当时已完工部分的设备项目的售价。因此,智董公司应将该合同的履约义务作为在某一时点履行的履约义务确认收入。

小知识

对确认收入的方式、金额的要求

企业确认收入的方式应当反映其向客户转让商品或提供服务(以下简称"转让商品")的模式,收入的金额应当反映企业因转让这些商品或提供这些服务而预期有权收取的对价金额,以如实反映企业的生产经营成果,核算企业实现的损益。

1. 判断商品的控制权是否发生转移时,应当从客户的角度进行分析

企业在判断商品的控制权是否发生转移时,应当从客户的角度进行分析,即客户是否取得了相关商品的控制权以及何时取得该控制权。

2. 取得商品控制权同时包括的三项要素

1)能力

企业只有在客户拥有现时权利,能够主导该商品的使用并从中获得几乎全部经济利益时,才能确认收入。如果客户只能在未来的某一期间主导该商品的使用并从中获益,则表明其尚未取得该商品的控制权。例如,企业与客户签订合同为其生产产品,虽然合同约定该客户最终将能够主导该产品的使用,并获得几乎全部的经济利益,但是,只有在客户真正获得这些权利时(根据合同约定,可能是在生产过程中或更晚的时点),企业才能确认收入,在此之前,企业不应当确认收入。

2)主导该商品的使用

客户有能力主导该商品的使用,是指客户在其活动中有权使用该商品,或者能够允许或阻止其他方使用该商品。

3)能够获得几乎全部的经济利益

客户必须拥有获得商品几乎全部经济利益的能力,才能被视为获得了对该商品的控制。

商品的经济利益,是指该商品的潜在现金流量,既包括现金流入的增加,也包括现金流出的减少。

客户可以通过使用、消耗、出售、处置、交换、抵押或持有等多种方式直接或间接地获得商品的经济利益。

3. 同时满足这五项条件的,企业应当在履行了合同中的履约义务(即在客户取得相关商品控制权)时确认收入

企业与客户之间的合同同时满足下列五项条件的,企业应当在履行了合同中的履约义务,即在客户取得相关商品控制权时确认收入:

(1)合同各方已批准该合同并承诺将履行各自义务。

(2)该合同明确了合同各方与所转让商品相关的权利和义务。

(3)该合同有明确的与所转让商品相关的支付条款。

(4)该合同具有商业实质,即履行该合同将改变企业未来现金流量的风险、时间分布或金额。

合同具有商业实质,是指履行该合同将改变企业未来现金流量的风险、时间分布或金额。

关于商业实质,应按照《企业会计准则第7号——非货币性资产交换》的有关规定进行判断。

(5)企业因向客户转让商品而有权取得的对价很可能收回。

企业在评估其因向客户转让商品而有权取得的对价是否很可能收回时,仅应考虑客户到期时支付对价的能力和意图(即客户的信用风险)。

当对价是可变对价时,由于企业可能会向客户提供价格折让,企业有权收取的对价金额可能会低于合同标价。企业向客户提供价格折让的,应当在估计交易价格时进行考虑。

【例18-58】 智董房地产开发公司与贵琛公司签订合同,向其销售一栋建筑物,合同价款为1 000万元。该建筑物的成本为60万元,贵琛公司在合同开始日即取得了该建筑物的控制权。根据合同约定,贵琛公司在合同开始日支付了10%的保证金100万元,并就剩余90%的价款与智董公司签订了不附追索权的长期融资协议,如果贵琛公司违约,智董公司可重新拥有该建筑物,即使收回的建筑物不能涵盖所欠款项的总额,智董公司也不能向贵琛公司索取进一步的赔偿。

贵琛公司计划在该建筑物内开设一家书店,并以该书店的收益偿还智董公司的欠款。但是,在该建筑物所在的地区,图书行业面临激烈的竞争,且贵琛公司缺乏图书行业的经营经验。

【分析】 贵琛公司计划以该书店产生的收益偿还智董公司的欠款,除此之外并无其他的经济来源,贵琛公司也未对该笔欠款设定任何担保。如果贵琛公司违约,则智董公司可重新拥有该建筑物,但是,根据合同约定,即使收回的建筑物不能涵盖所欠款项的总额,智董公司也不能向贵琛公司索取进一步的赔偿。因此,智董公司对贵琛公司还款的能力和意图存在疑虑,认为该合同不满足合同价款很可能收回的条件。智董公司应当将收到的100万元确认为一项负债。

【例18-59】 智董公司向国外贵琛公司销售一批商品,合同标价为1 000万元。在此之前,智董公司从未向贵琛公司所在国家的其他客户进行过销售,贵琛公司所在国家正在经历严重的经济困难。智董公司预计不能从贵琛公司收回全部的对价金额,而是仅能收回800万元。尽管如此,智董公司预计贵琛公司所在国家的经济情况将在未来2~3年内好转,且智董公司与贵琛公司之间建立的良好关系将有助于其在该国家拓展其他潜在客户。

【分析】 根据贵琛公司所在国家的经济情况以及智董公司的销售战略,智董公司认为其将向贵琛公司提供价格折让,智董公司能够接受贵琛公司支付低于合同对价的金额,即800万元,且估计很可能收回该对价。智董公司认为,该合同满足"有权取得的对价很可能收回"的条件;该公司按照本准则的规定确定交易价格时,应当考虑其向贵琛公司提供的价格折让的影响。因此,智董公司确定的交易价格不是合同标价1 000万元,而是800万元。

专家点拨

合同约定的权利和义务是否具有法律约束力,需要根据企业所处的法律环境和实务操作进行判断。

不同的企业可能采取不同的方式和流程与客户订立合同,同一企业在与客户订立合同时,对于不同类别的客户以及不同性质的商品也可能采取不同的方式和流程。企业在判断其与客户之间的合同是否具有法律约束力,以及这些具有法律约束力的权利和义务在何时设立时,应当考虑上述因素的影响。合同各方均有权单方面终止完全未执行的合同,且无需对合同其他方做出补偿的,在应用本准则时,该合同应当被视为不存在。

其中,完全未执行的合同,是指企业尚未向客户转让任何合同中承诺的商品,也尚未收取且尚未有权收取已承诺商品的任何对价的合同。

实务中,企业在对合同组合中的每一份合同进行评估时,均认为其合同对价很可能收回,但是,根据历史经验,企业预计可能无法收回该合同组合中的全部对价。此时,企业应当认为这些合同满足"因向客户转让商品而有权取得的对价很可能收回"这一条件,并以此为基础估计交易价格。同时,企业应当考虑这些合同下确认的合同资产或应收款项是否存在减值。

【例18-60】 智董供电公司与客户签订2年的供电合同,合同约定:供电公司自2×21年1月1日起每月向客户供电,并在月末收取电费,合同签订日向客户一次收取入网费5万元,合同期限为2年,并预期能够取得2年的全部电费收入。客户从2×21年7月起未支付电费,根据地方政府规定,不能立即停止供电,需要先履行催交程序。经催告后仍不缴费的,则可自首次欠费后的第5个月起停止供电。

【分析】 本例中的合同在合同开始日满足合同成立的五个条件,直到2×21年7月出现了新情况,即客户停止缴费。但是供电公司经评估后认为仍很有可能取得对价,故此时仍满足合同成立的条件,仍可继续确认供电收入,但同时需要考虑计提应收账款的坏账准备。

2×21年9月,客户已持续2个月未缴费,供电公司经评估后认为不是很可能收回对价,此时已不满足合同成立的条件,不能继续确认供电收入。虽然供电公司收取的一次入网费未摊销部分无须退还,但根据地方政府规定,供电公司仍负有向客户转让商品的剩余履约义务(持续到12月),所以此时不能将未摊销的入网费确认为收入,而应继续作为负债处理。

2×21年12月,供电公司已不再负有向客户转让商品的剩余履约义务,供电公司收取的一次入网费未摊销部分也无须退还,所以此时可将未摊销的入网费确认为收入。

4. 不同时满足上述五项条件的,企业只有在不再负有向客户转让商品的剩余义务且已向客户收取的对价无需退回时,才能将已收取的对价确认为收入

对于不符合本准则第五条规定的五项条件的合同,企业只有在不再负有向客户转让商品的剩余义务(例如,合同已完成或取消),且已向客户收取的对价(包括全部或部分对价)无需退回时,才能将已收取的对价确认为收入;否则,应当将已收取的对价作为负债进行会计处理,该负债代表了企业在未来向客户转让商品或者支付退款的义务。其中,企业向客户收取无需退回的对价的,应当在已经将该部分对价所对应的商品的控制权转移给客户,并且已经停止向客户转让额外的商品,也不再负有此类义务时;或者,相关合同已经终止时,将该部分对价确认为收入。

5. 判断客户是否已取得商品控制权时,企业应当考虑的迹象

在判断客户是否已取得商品控制权(即客户是否能够主导该商品的使用并从中获得几乎全部的经济利益)时,企业应当考虑下列五个迹象:

(1)企业就该商品享有现时收款权利,即客户就该商品负有现时付款义务。

当企业就该商品享有现时收款权利时,可能表明客户已经有能力主导该商品的使用并从中获得几乎全部的经济利益。

(2)企业已将该商品的法定所有权转移给客户,即客户已拥有该商品的法定所有权。

当客户取得了商品的法定所有权时,可能表明其已经有能力主导该商品的使用并从中获得几乎全部的经济利益,或者能够阻止其他企业获得这些经济利益,即客户已取得对该商品的控制权。如果企业仅仅是为了确保到期收回货款而保留商品的法定所有权,那么该权利通常不会对客户取得对该商品的控制权构成障碍。

(3)企业已将该商品实物转移给客户,即客户已占有该商品实物。

客户如果已经占有商品实物,则可能表明其有能力主导该商品的使用并从中获得其几乎全部的经济利益,或者使其他企业无法获得这些利益。需要说明的是,客户占有了某项商品实物并不意味着其就一定取得了该商品的控制权,反之亦然。

① 委托代销安排。

这一安排是指委托方和受托方签订代销合同或协议,委托受托方向终端客户销售商品。

在这种安排下,企业应当评估受托方在企业向其转让商品时是否已获得对该商品的控制权,如果没有,企业不应在此时确认收入,通常应当在受托方售出商品时确认销售商品收入。受托方应当在商品销售后,按合同或协议约定的方法计算确定的手续费确认收入。

表明一项安排是委托代销安排的迹象包括但不限于:

A. 在特定事件发生之前(例如,向最终客户出售商品或指定期间到期之前),企业拥有对商品的控制权。

B. 企业能够要求将委托代销的商品退回或者将其销售给其他方(如其他经销商)。

C. 尽管受托方可能被要求向企业支付一定金额的押金,但是,其并没有承担对这些商品无条件付款的义务。

【例18-61】 智董公司委托鑫裕公司销售甲商品200件,甲商品已经发出,每件成本为300元。合同约定鑫裕公司应按每件500元对外销售,智董公司按不含增值税的销售价格的10%向鑫裕公司支付手续费。鑫裕公司对外实际销售100件,开出的增值税专用发票上注明的销售价格为 50 000 元,增值税税额为 6 500 元,款项已经收到。智董公司收到鑫裕公司开具的代销清单时,向鑫裕公司开具一张相同金额的增值税专用发票。假定除上述情况外,不考虑其他因素。

【分析】 智董公司将甲商品发送至鑫裕公司后,鑫裕公司虽然已经实物占有甲商品,但是仅是接受智董公司的委托销售甲商品,并根据实际销售的数量赚取一定比例的手续费。智董公司有权要求收回甲商品或将其销售给其他的客户,鑫裕公司并不能主导这些商品的销售,这些商品对外销售与否、是否获利以及获利多少等不由鑫裕公司控制,鑫裕公司没有取得这些商品的控制权。因此,智董公司将甲商品发送至鑫裕公司时,不应确认收入,而应当在鑫裕公司将甲商品销售给最终客户时确认收入。

根据上述资料,智董公司的账务处理如下:

(1) 发出商品:

借:发出商品——鑫裕公司　　　60 000
　　贷:库存商品——甲商品　　　　　60 000

(2) 收到代销清单,同时发生增值税纳税义务:

借:应收账款——鑫裕公司　　　56 500
　　贷:主营业务收入——销售甲商品　50 000
　　　　应交税费——应交增值税(销项税额)
　　　　　　　　　　　　　　　　6 500

借:主营业务成本——销售甲商品　30 000
　　贷:发出商品——鑫裕公司　　　　30 000

借:销售费用——代销手续费　　　5 000
　　贷:应收账款——鑫裕公司　　　　5 000

(3) 收到鑫裕公司支付的货款:

借:银行存款　　　　　　　　　51 500
　　贷:应收账款——鑫裕公司　　　　51 500

鑫裕公司的账务处理如下:

(1) 收到商品:

借:受托代销商品——智董公司　100 000
　　贷:受托代销商品款——智董公司　100 000

(2) 对外销售:

借:银行存款　　　　　　　　　56 500
　　贷:受托代销商品——智董公司　　50 000
　　　　应交税费——应交增值税(销项税额)
　　　　　　　　　　　　　　　　6 500

(3) 收到增值税专用发票:

借:受托代销商品款——智董公司　50 000
　　应交税费——应交增值税(进项税额)
　　　　　　　　　　　　　　　　6 500
　　贷:应付账款——智董公司　　　　56 500

(4) 支付货款并计算代销手续费:

借:应付账款——智董公司　　　56 500
　　贷:银行存款　　　　　　　　　51 500
　　　　其他业务收入——代销手续费　5 000

② 售后代管商品安排。

售后代管商品是指根据企业与客户签订的合同,已经就销售的商品向客户收款或取得了收款权利,但是直到在未来某一时点将该商品交付给客户之前,仍然继续持有该商品实物的安排。

实务中,客户可能会因为缺乏足够的仓储空间或生产进度延迟而要求与销售方订立此类合同。在这种情况下,尽管企业仍然持有商品的实物,但是,当客户已经取得了对该商品的控制权时,即使客户决定暂不行使实物占有的权利,其依然有能力主导该商品的使用并从中获得几乎全部的经济利益。因此,企业不再控制该商品,而只是向客户提供了代管服务。

在售后代管商品安排下,除了应当考虑客户是否取得商品控制权的迹象之外,还应当同时满足下列四项条件,才表明客户取得了该商品的控制权:

A. 该安排必须具有商业实质,例如,该安排是应客户的要求而订立的。

B. 属于客户的商品必须能够单独识别,例如,将属于客户的商品单独存放在指定地点。

C. 该商品可以随时交付给客户。

D. 企业不能自行使用该商品或将该商品提供给其他客户。实务中,越是通用的、可以和其他商品互相替换的商品,越有可能难以满足上述条件。

需要注意的是,如果在满足上述条件的情况下,企业对尚未发货的商品确认了收入,则企业应当考虑是否还承担了其他的履约义务,例如,向客户提供保管服务等,从而应当将部分交易价格分摊至该履约义务。

【例18-62】 2×20年1月1日,智董公司与贵琛公司签订合同,向其销售一台设备和专用零部件。设备和零部件的制造期为2年。智董公司在完成设备和零部件的生产之后,能够证明其符合合同约定的规格。假定在该合同下,向客户转让设备和零部件是可明确区分的,因此,企业应将其作为两项履约义务,且都属于在某一时点履行的履约义务。

2×21年12月31日,贵琛公司支付了该设备和零部件的合同价款,并对其进行了验收。贵琛公司运走了设备,但是,考虑到其自身的仓储能力有限,且其工厂紧邻智董公司的仓库,因此,要求将零部件存放于智董公司的仓库中,并且要求智董公司按照其指令随时安排发货。贵琛公司已拥有零部件的法定所有权,且这些零部件可明确识别为属于贵琛公司的物品。智董公司在其仓库内的单独区域内存放这些零部件,并应贵琛公司的要求可随时发货,智董公司不能使用这些零部件,也不能将其提供给其他客户使用。

【分析】 2×21年12月31日,设备的控制权已转移给贵琛公司。对于零部件而言,智董公司已经收取合同价款,但是应贵琛公司的要求尚未发货,贵琛公司已拥有零部件的法定所有权并且对其进行了验收,虽然这些零部件实物尚由智董公司持有,但是其满足在售后代管商品的安排下客户取得商品控制权的条件,这些零部件的控制权也已经转移给了贵琛公司。因此,智董公司应当确认销售设备和零部件的相关收入。除此之外,智董公司还为贵琛公司提供了仓储保管服务,该服务与设备和零部件可明确区分,构成单项履约义务。

【例18-63】 智董公司生产并销售平板电脑。2×20年,智董公司与零售商贵琛公司签订销售合同,向其销售9 000台电脑。由于贵琛公司的仓储能力有限,无法在2×20年年底之前接收该批电脑,双方约定智董公司在2×21年按照贵琛公司的指令按时发货,并将电脑运送至贵琛公司指定的地点。2×20年12月31日,智董公司共有上述电脑库存10 000台,其中包括9 000台将要销售给贵琛公司的电脑。然而,这9 000台电脑和其余1 000台电脑一起存放并统一管理,并且彼此之间可以互相替换。

【分析】 尽管是由于贵琛公司没有足够的仓储空间才要求智董公司暂不发货,并按照其指定的时间发货,但是由于这9 000台电脑与智董公司的其他产品可以互相替换,且未单独存放保管,智董公司在向贵琛公司交付这些电脑之前,能够将其提供给其他客户或者自行使用。因此,这9 000台电脑在2×20年12月31日不满足售后代管商品安排下确认收入的条件。

(4)企业已将该商品所有权上的主要风险和报酬转移给客户,即客户已取得该商品所有权上的主要风险和报酬。

企业向客户转移了商品所有权上的主要风险和报酬,可能表明客户已经取得了主导该商品的使用并从中获得其几乎全部经济利益的能力。但是,在评估商品所有权上的主要风险和报酬是否转移时,不应考虑导致企业在除所转让商品之外产生其他单项履约义务的风险。

例如,企业将产品销售给客户,并承诺提供后续维护服务的安排中,销售产品和提供维护服务均构成单项履约义务。企业将产品销售给客户之后,虽然仍然保留了与后续维护服务相关的风险,但是,由于维护服务构成单项履约义务,所以该保留的风险并不影响企业已将产品所有权上的主要风险和报酬转移给客户的判断。

(5)客户已接受该商品。

如果客户已经接受了企业提供的商品,例如,企业销售给客户的商品通过了客户的验收,可能表明客户已经取得了该商品的控制权。合同中有关客户验收的条款,可能允许客户在商品不符合约定规格的情况下解除合同或要求企业采取补救措施。因此,企业在评估是否已经将商品的控制权转移给客户时,应当考虑此类条款。当企业能够客观地确定其已经按照合同约定的标准和条件将商品的控制权转移给客户时,客户验收只是一项例行程序,并不影响企业判断客户取得该商品控制权的时点。

例如,企业向客户销售一批必须满足规定尺寸和重量的产品。合同约定,客户收到该产品时,将对此进行验收。由于该验收条件是一个客观标准,企业在客户验收前就能够确定其是否满足约定的标准,客户验收可能只是一项例行程序。

实务中,企业应当根据过去执行类似合同积累的经验以及客户验收的结果取得相应证据。当在客户验收之前确认收入时,企业还应当考虑是否还存在剩余的履约义务,例如设备安装等,并且评估是否应当对其单独进行会计处理。

相反,当企业无法客观地确定其向客户转让的商品是否符合合同规定的条件时,在客户验收之前,企业不能认为已经将该商品的控制权转移给了客户。这是因为,在这种情况下,企业无法确定客户是否能够主导该商品的使用并从中获得其几乎全部的经济利益。

例如,客户主要基于主观判断进行验收时,该验收往往不能被视为仅仅是一项例行程序,在验收完成之前,企业无法确定其商品是否能够满足客户的主观标准,因此,企业应当在客户完成验收并接受该商品时才能确认收入。

实务中,定制化程度越高的商品,越难以证明客户验收仅仅是一项例行程序。

此外,如果企业将商品发送给客户供其试用或者测评,且客户并未承诺在试用期结束前支付任何对价,则在客户接受该商品或者在试用期结束之前,该商品的控制权并未转移给客户。

需要强调的是,在上述五个迹象中,并没有哪一个或哪几个迹象是决定性的,企业应当根据合同条款和交易实质进行分析,综合判断其是否将商品的控制权转移给客户以及何时转移的,从而确定收入确认的时点。此外,企业应当从客户的角度进行评估,而不应当仅考虑企业自身的看法。

6. 后续期间的评估

企业与客户之间的合同,在合同开始日即满足本准则第五条规定的五项条件的,企业在后续期间无需对其进行重新评估,除非有迹象表明相关事实和情况发生重大变化。

合同开始日,是指合同开始赋予合同各方具有法律约束力的权利和义务的日期,通常是指合同生效日。

例如,企业与客户签订一份合同,在合同开始日,企业认为该合同满足本准则第五条规定的五项条件。但是,在后续期间,客户的信用风险显著升高,企业需要评估其在未来向客户转让剩余商品而有权取得的对价是否很可能收回。如果不能满足很可能收回的条件,则该合同自此开始不再满足本准则第五条规定的相关条件,应当停止确认收入,并且只有当后续合同条件再度满足时或者当企业不再负有向客户转让商品的剩余义务,且已向客户收取的对价无需退回时,才能将已收取的对价确认为收入,但是,不应当调整在此之前已经确认的收入。

【例18-64】 智董公司与贵琛公司签订合同,将一项专利技术授权给贵琛公司使用,并按其使用情况收取特许权使用费。智董公司评估认为,该合同在合同开始日满足本准则第五条规定的五项条件。该专利技术在合同开始日即授权给贵琛公司使用。在合同开始日后的第一年内,贵琛公司每季度向智董公司提供该专利技术的使用情况报告,并在约定的期间内支付特许权使用费。在合同开始日后的第二年内,贵琛公司继续使用该专利技术,但是,贵琛公司的财务状况下滑,融资能力下降,可用资金不足,因此,贵琛公司仅按合同支付了当年第一季度的特许权使用费,而后3个季度仅按象征性金额付款。在合同开始日后的第三年内,贵琛公司继续使用智董公司的专利技术。但是,智董公司得知,贵琛公司已经完全丧失了融资能力,且流失了大部分客户,因此,贵琛公司的付款能力进一步恶化,信用风险显著升高。

【分析】 该合同在合同开始日满足本准则第五条规定的五项条件,因此,智董公司在贵琛公司使用该专利技术的行为发生时,按照约定的特许权使用费确认收入。合同开始后的第二年,由于贵琛公司的信用风险升高,智董公司在确认收入的同时,按照《企业会计准则第22号——金融工具确认和计量》的要求对贵琛公司的应收款项进行减值测试。合同开始日后的第三年,由于贵琛公司的财务状况恶化,信用风险显著升高,智董公司对该合同进行了重新评估,认为不再满足"企业因向客户转让商品而有权取得的对价很可能收回"这一条件,因此,智董公司不再确认特许权使用费收入,同时,按照《企业会计准则第22号——金融工具确认和计量》对现有应收款项是否发生减值继续进行评估。

企业与客户之间的合同,不符合本准则第五条规定的五项条件的,企业应当在后续期间对其进行持续评估,判断其能否满足本准则规定的五项条件。如果企业在此之前已经向客户转移了部分商品,当该合同在后续期间满足五项条件时,企业应当将在此之前已经转移的商品所分摊的交易价格确认为收入。

7. 没有商业实质的非货币性资产交换,无论何时,均不应确认收入

没有商业实质的非货币性资产交换,无论何时,均不应确认收入。从事相同业务经营的企业之间,为便于向客户或潜在客户销售而进行的非货币性资产交换(例如,两家石油公司之间相互交换石油,以便及时满足各自不同地点客户的需求),不应当确认收入。

【例18-65】 智董公司主营业务为提供管理咨询服务,现智董公司与客户贵琛公司控股股东(贵琛公司股东会授权控股股东)签订一份服务合同。合同约定:"贵琛公司控股股东将其持有的贵琛公司25%股份以零对价转让给智董公司,智董公司对贵琛公司整体管理运营进行合理规划并提供日常经营管理咨询,使其在5年后达到特定经营目标,如销售额增长一倍、成本下降25%等。如约定经营目标未实现,则之前转让的25%股份再以零对价转让给贵琛公司控股股东,同时作为补偿,贵琛公司控股股东支付约定的固定咨询服务费。如约定目标实现,智董公司已受让的25%股份无需退还,但不再收取相关服务费用。根据合同日对贵琛公司25%股权的评估,其价值高于约定的固定咨询服务费。上述25%股权尚未正式过户,仅在约定经营目标实现时才办理过户等手续,智董公司在股权正式过户前不参与表决、不享有分红权。"

请问:上述涉及特殊或有收费安排的咨询服务合同应如何进行收入确认?

【分析】 在本例中,智董公司与客户贵琛公司控股股东签订服务合同,对贵琛公司提供管理咨询服务,并依据5年后是否完成约定经营目标,获得约定的咨询服务费或贵琛公司25%股权,在应用收入会计准则五步法时,关键在于识别履约义务、确定交易价格以及在主体履行履约义务时(或履约过程中)确认收入的判断,以下就该关键点进行。

(1) 识别履约义务。

合同开始日,企业应当对合同进行评估,识别该合同所包含的各项履约义务。在本例中,智董公司与贵琛公司控股股东签订服务合同,为贵琛公司提供5年期的管理咨询服务,在履约期内对贵琛公司整体管理运营进行规划并提供日常经营管理咨询服务,为向客户(即贵琛公司控股股东)转让一系列实质相同且转让模式相同的、可明确区分商品(或服务)的承诺,构成一项履约义务。

(2) 确定交易价格。

在本例中,智董公司提供管理咨询服务这项履约义务后,所获得的对价将取决于标的公司是否完成约定经营目标,而获得固定咨询服务费或标的公司25%股权,即智董公司履约义务的一部分交易价格取决于企业是否满足特定绩效条件,并且结果存在不确定性,属于可变对价。

对于合同开始时智董公司所取得贵琛公司25%股权,由于贵琛公司能否实现特定经营目标具有不确定性,而一旦不能实现则需将所取得的贵琛公司25%股权返还给贵琛公司的大股东;而且该25%股权在约定目标实现前并未办理正式过户,在约定的特定经营目标考核期内,智董公司并不享有该股权的分红权,因此智董公司在合同履约开始时并不享有贵琛公司25%股权的当前权益,不能确认相应的股权资产。

在本例中,由于智董公司可能获得的对价只有两个可能结果,即收取固定的咨询服务费或者收取贵琛公司25%股权,智董公司应当预计其最可能发生金额以确定可变对价的最佳估计数。同时,要求计入交易价格的可变对价金额,应当以与可变对价相关的不确定性消除时极可能不会发生累计已确认收入的重大转回为限。本例中,除非智董公司预测贵琛公司在5年后达到特定经营目标的不确定性消除时,极可能收到贵琛公司25%股权,否则应将固定咨询服务费作为其对可变对价的最佳估计。在每个报告期末,智董公司需根据其对贵琛公司5年后是否能达到经营目标的情况进行预期,如发生变化则需更新对可变对价的估计。

(3) 在主体履行履约义务时(或履约过程中)确认收入。

智董公司在5年期内提供的服务是对贵琛公司进行整体管理运营规划并提供日常经营管理咨询。智董公司提供该项服务的同时影响着贵琛公司的经营成果,即客户贵琛公司控股股东在智董公司履约的同时即取得并消耗智董公司履约所带来的经济利益。智董公司提供管理咨询服务的相关工作或投入如果在5年履约期间内平均消耗,可以采用投入法预计履约进度,且按直线法确认为收入可能是恰当的。根据上文分析,5年后是否能达到经营目标受到市场环境、企业经营等多项复杂因素影响,是否能收到25%股权都面临极大的不确定性,仅在与可变对价相关的不确定性被消除时已确认的累计收入金额极可能不会发生重大转回的情况下,主体才应将估计的部分或全部可变对价金额纳入交易价格。如果智董公司仅在5年履约期到期时才能确定是否能收到25%的股权,则其应该在5年履约期内,按直线法摊销约定的固定咨询服务费,在5年期到期达到经营目标的情况下,以贵琛公司25%股权的公允价值减去已确认的固定咨询服务费的金额确认剩余的交易对价。

【例18-66】 智董公司与当地土地储备中心签订协议,受托负责对土地储备中心拥有的若干地块进行土地一级开发,令其达到"七通一平"的建设用地出让条件。

甲地块:收益为土地开发总成本的20%,连同所发生的成本费用与土地储备中心按季度结算。

乙地块:收益分为保底收益和收益分成两部分。保底收益为该合同项下土地开发总成本的20%,连同所发生的成本费用与土地储备中心按季度结算;收益分成为土地储备中心出让该地块所获净收益的60%,在土地使用权出让后结算。

请问:

(1) 对于甲、乙地块,智董公司应如何确认收入?

(2) 如果甲地块不是定期结算,而是在土地使用权出让时方予结算,且土地储备中心明确以该土地使用权出让款项作为向智董公司支付的资金来源(别无其他资金来源)时,以上结论是否发生变化?

【分析】 土地一级开发项目往往开发时间长、占用资金量大,其会计处理结果对公司的经营成果和财务状况的影响较大。虽然各家公司土地一级开发项目涉及的具体合同条款不尽相同,但总体而言,大致可以归类为保底收益、或有分成或者两者兼而有之的模式。保底收益多为依据经核定的开发成本采用成本加成法计算收益。或有分成则多约定为按照政府取得的土地使用权出让净收益的一定比例进行分成。

根据《企业会计准则第14号——收入》(2017年修订),企业应按五个步骤分析其与客户签订合同所产生的收入:

(1) 识别客户合同。
(2) 识别合同中的履约义务。
(3) 确定交易价格。
(4) 将交易价格分摊至合同中的履约义务。
(5) 在主体履行履约义务时(或履约过程中)确认收入。

本例在应用上述五步法时,关键在于确定交易价格以及在主体履行履约义务时(或履约过程中)确认收入的判断,以下就该关键点进行讲解。

(1) 确定交易价格。

由于甲地块属于固定收益率的合同,并且按季结算,交易价格的确定较为容易,因此主要对乙地块的价格确定进行分析。根据协议,乙地块除"开发总成本20%"的保底收益以外的收益部分采用分成方式取得,分成收益为土地储备中心出让该地块所获净收益的60%,在土地使用权出让后结算,这一部分对价属于可变对价。

根据准则第十六条的规定,由于合同中存在可变对价,智董公司可以综合考虑所在地区的土地出让价格、出让条件、土地交易活跃程度等各种相关因素确定乙地块可变对价的最佳估计数,估计的金额应当以"相关不确定性消除时累计已确认收入极可能不会发生重大转回的金额"为上限。每一资产负债表日,智董公司应当重新估计应计入交易价格的可变对价金额。

(2) 在主体履行履约义务时(或履约过程中)确认收入。

例中,甲地块和乙地块的协议中都只包含单一履约义务,且该履约义务符合"客户能够控制企业履约过程中在建的商品",因此,土地一级开发属于在某一时段内履行履约义务。

根据准则第十二条的规定,对于在某一时段内履行的履约义务,企业应当在该段时间内按照履约进度确认收入,但是履约进度不能合理确定的除外。

在本例中,如果甲地块的款项不是定期结算,而是在土地使用权出让时方予结算,且土地储备中心明确以该土地使用权出让款项作为向智董公司支付的资金来源(别无其他资金来源),此种情况下,如果公司综合考虑该土地上是否存在实质性障碍、是否列入年度土地使用权出让计划、定价是否合理、该区域土地交易是否活跃等一系列因素后,认为服务对价很可能收回,土地一级开发合同满足准则第五条的条件,应对甲地块土地一级开发收入的确认参考前面对乙地块分成收益部分的分析进行判断。

另外,在此类业务中还需要关注的问题是,如果智董公司在土地使用权出让环节通过招拍挂方式取得了乙地块土地使用权,那么还应进一步分析一级开发和土地使用权出让是否属于独立的交易。实务中可以观察到,虽然乙地块使用权是智董公司通过招拍挂的方式取得的,但由于智董公司可以分享高达出让该地块所获净收益的60%的收益分成,因此往往有动力以较高的报价参加招拍挂。收益分成越高,智董公司竞价成功的可能性也就越大。如果智董公司进行乙地块一级开发的目的就是为了顺利地获取土地使用权用于自身的二级开发,那么这两项行为是否构成一揽子交易从而影响收入的确认和计量,需要认真考虑,不能一概而论。具体而言,需要结合智董公司和当地土地储备中心之间的合同约定、业务谈判记录、经营计划、一级开发土地和招拍挂土地的地理位置及面积是否一一对应、一级土地开发的定价结构(利润分成和固定收益的比重)、一级开发利润是否合理、参与招拍挂的竞拍人的实际准入情况等方面进行综合判断。

【例18-67】 智董公司为上市公司。智董公司与其客户贵琛公司签订EPC总承包合同,即智董公司受贵琛公司委托,按照合同约定对光伏太阳能电站进行设计、采购、施工、试运行进行承包,电站验收合格后转让给贵琛公司。假定智董公司为贵琛公司建造光伏电站仅包含一项履约义务,且不满足在一段时间内确认收入的条件。

由于光伏电站的资金需求较大,贵琛公司于电站移交时支付全部款项存在困难。智董公司为减少应收款项、加速资金回笼,决定改为通过融资租赁销售模式实施该项目。由智董公司、贵琛公司以及融资租赁公司签署补充协议,约定智董公司将光伏太阳能电站建成后销售给融资租赁公司,再由融资租赁公司向贵琛公司提供融资租赁服务。同时,智董公司和融资租赁公司签订回购担保协议,如果贵琛公司不能按期支付融资租赁款,智董公司需要按约定条件回购该电站项目,如图18-4所示。

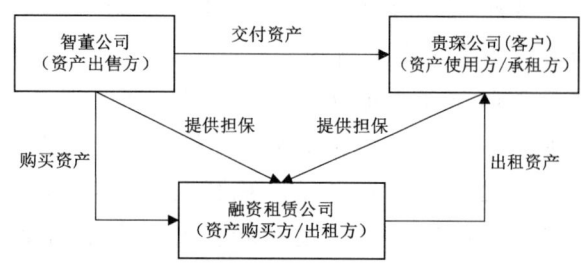

图18-4 担保融资租赁流程

请问:卖方信贷模式下,附有回购义务情形下资产销售方智董公司的收入如何确认?

【分析】 近年来,资本市场出现了较多创新型的经营模式和盈利模式。较传统模式而言,创新模式下的经营活动更为特殊和复杂,在相关收入确认方面需要充分了解业务模式进而判断收入确认条件是否得到满足。

在本例中,智董公司将建成的光伏电站销售给融资租赁公司,再由融资租赁公司向贵琛公司提供融资租赁服务。在法律形式上,融资租赁公司是购买方和出租方,贵琛公司是资产使用方和承租方,但是在交易实质上,融资租赁公司在该业务中仅是为贵琛公司提供融资安排,贵琛公司是该光伏电站真正的购买方,是智董公司的客户。

根据《企业会计准则第14号——收入》(2017年修订)的相关规定,在上述业务模式下,智董公司需要首先评估客户(资产使用方)的信用风险,以判断向客户转让商品而有权取得的对价是否很可能收回,即客户是否很可能按合同约定向融资租赁公司支付融资租赁款。如果智董公司认为向客户转让商品而有权收取的对价很可能收回,且同时满足准则第五条规定的其他条件,在本例中,销售商品属于某一时点履行的履约义务,应在客户取得该商品的控制权时确认收入;如果智董公司认为向客户转让商品而有权收取的对价不是很可能收回,则只有在不再负有向客户转让商品的剩余义务,且已向客户收取的对价无需退回时,才能将已收取的对价确认为收入。在卖方信贷销售模式下,智董公司在销售时面临未来代偿、无法追偿的风险,能否确认收入,在实务中应当根据客户信用风险、承担回购担保责任的重大程度等情况予以判断。

(1)企业应当基于对客户信用状况的了解等相关信息,评估承担回购担保责任的可能性和程度等,进而判断合同价款的可回收性。如果基于历史交易信息,企业对资产使用方的信用状况存在一定的了解和判断,则应根据客户(资产使用方)历史和当前信用状况,综合考虑首付比例、贷款年限与机械使用寿命、产品市场价格走势、客户信用、购买目的等因素,判断销售商品相关的合同价款是否很可能收回。如果企业面临的都是新客户且并无历史信息或其他充分信用证据,则需进行较为谨慎的专业判断。在此模式下,如果买卖双方向融资租赁公司提供担保,但担保物仅为标的资产本身,在未来客户(资产使用方)无法及时付款时出售方还需回购标的资产,则可能表明合同价款收回存在较高不确定性。如果在标的资产抵押的基础上增加了其他担保,如对后续期间回款存在其他支持或担保物,则有可能在一定程度上降低合同价款收回的不确定性。

(2)如果企业经评估后,认为向客户销售商品的合同价款很可能收回,企业承担回购担保责任的风险较低,则在将商品的控制权转移给客户时确认收入。在本例中,通常可认为在商品验收合格交付给客户时,客户取得了该商品的控制权。

(3)如果企业认为可以确认收入,应提供相应支持性证据并予以充分披露,如客户(资产使用方)现金流、信用状况如何、是否存在保证及时回款措施、是否存在标的资产之外的担保物且能在一定的基础上覆盖标的资产的风险等。

此外,智董公司与融资租赁公司签订回购担保协议如果构成财务担保合同,智董公司应根据同业经验及与租赁公司签订的回购条款对回购情况下公司可能承担的回购损失进行合理估计,按照金融工具准则确定的损失准备金额以及该财务担保合同初始确认金额扣除按照收入会计准则相关规定所确定的累计摊销额后的余额孰高进行计量。

【例18-68】 智董上市公司是主要从事工业专用装备及大型特殊钢精锻件的研发、生产、销售和服务的大型锻件生产企业。最近两年，智董公司与无关联第三方公司通过签订销售合同的形式将材料"销售"给第三方公司并委托第三方公司进行加工，同时，与第三方公司签订商品采购合同将加工后的商品购回。具体交易安排如下：

（1）智董公司向无关联第三方销售商品，与无关联第三方签订了销售合同，同日，智董公司与该无关联第三方也签订了采购合同。同日签订的销售合同内容和采购合同内容交易标的、数量是一样的，但交易价格略有差异，一般是采购价格大于销售价格。

（2）智董公司与无关联第三方签订的采购或销售合同的合同要素，类似于加工承揽合同。有的合同标题直接为：智董公司采购（加工）合同或销售（加工）合同，或智董公司加工合同。合同内容显示：委托方为智董公司，加工方为无关联第三方；质量技术标准为按委托方图纸尺寸及技术要求加工；运输费无论是采购合同还是销售合同，一般由无关联的加工方承担。

（3）智董公司与无关联第三方同日签订的外协加工合同（分为采购合同和销售合同）在管理上可一一对应。如，智董上市公司与无关联第三方客户签订"智董公司采购合同"中，如果销售合同编号为 XS-A-2020-08-2A，则对应的采购合同编号为 CG-A-2020-08-2B。

（4）智董公司销售凭证后面有提货单、销售通知单；采购合同后面附有采购入库单。

（5）智董公司对采购合同不具有撤销的权利。

（6）加工方收到待加工的材料后，必须严格按照与智董公司签订的销售（加工）合同要求加工后再销售给智董公司，除此之外，加工方无权按照自身意愿使用或处置该等材料。

（7）加工期间，加工方应妥善保管所加工材料。由于加工方保管不善致使智董公司之供料毁损、灭失的，由加工方承担责任。但非加工方保管不善导致的智董公司之供料毁损、灭失，智董公司承担相应风险。

（8）智董公司提供原材料和主要材料，占比非常小的辅助材料由加工方自行采购。

（9）票据方面，根据销售（加工）合同和相应的采购合同，智董公司分别向加工方开具增值税销售发票，并从加工方取得进项增值税发票。

（10）结算方式：智董公司将材料交给加工方时及加工方将加工完成后的商品交货给智董公司时，双方均记往来款，随后，智董公司将采购价款高于销售价款的差额支付给加工方。

请问：智董公司的上述经济业务作为销售与采购进行会计处理是否适当？

【分析】 在本例中，智董公司与无关联第三方公司通过签订销售合同的形式将原材料"销售"给第三方公司并委托第三方公司进行加工，同时，与第三方公司签订商品采购合同将加工后的商品购回。在这种情况下，应根据合同或协议条款判断加工方是否已经取得对商品的控制权，以确定是否确认销售商品收入。

根据新收入会计准则中对控制转移的考虑，尽管智董公司分别与加工方签订购销合同，且在"购销"环节，智董公司分别开具增值税销售发票并取得进项增值税发票，然而根据合同约定：由于"智董公司对采购合同不具有撤销的权利，且在交易一开始，智董公司即与加工方同时签订销售（加工）和采购（加工）合同，锁定材料销售价格和加工后产品的采购价格"，因此在该交易中，加工方的收益是固定的，在交易一开始即被锁定，加工方并不会承担与加工材料有关的价格变动风险，也不存在加工后的产品销售不出去的风险。

待加工材料发送给加工方后，非加工方保管不善导致的智董公司之供料毁损、灭失，智董公司承担相应风险；此外，"加工方无权按照自身意愿使用或处置该等材料"，说明加工方不能主导加工材料的使用，无法享有与所加工材料所有权有关的报酬，即通过处置或使用等形成的经济利益，加工方不能对该等材料实施有效控制。

虽然企业会计准则没有针对性地明确规定"委托加工"的会计处理,但是通过《企业会计准则第1号——存货》及科目使用说明可以看出,"委托加工物资"为资产负债表中"存货"科目下的明细科目。即委托加工模式下所加工的材料物资,仍然属于委托方的存货。根据智董公司与加工方签署的销售和采购合同,智董公司与加工方的交易实质上属于由委托方提供原料和主要材料,受托方只垫付少量辅助材料,按照委托方的要求加工货物并收取加工费的经营活动,在此交易中,智董公司仍然保留与所加工材料所有权有关的主要风险和报酬,继续对材料实施有效控制,所加工的材料仍然属于智董公司的存货。

综上所述,所加工材料的控制权并未从智董公司转移给加工方,而是仍然保留在智董公司,故智董公司不应确认销售商品收入,而应当将整个业务作为委托加工进行处理。

本例主要针对通过购销合同形式进行委托加工的委托方如何进行会计处理予以分析。而事实上,如果站在受托方的角度,也应当充分考虑在此交易中是否取得了所交易的商品或服务的控制权,恰当判断其应按照总额法还是净额法进行收入确认。

【例18-69】 智董公司是一家房地产开发企业,通过招拍挂方式取得当地政府出让的土地使用权,土地占用面积为5万平方米,规划建筑面积为10万平方米。土地出让合同约定土地出让价款为20亿元,且该出让宗地须配建2万平方米的住宅用于安置被搬迁的居民,并约定以低于同类可售商品房公允价值的固定价格售予回迁业主或其他指定方。

智董公司在预售时与回迁业主或其他指定方按照土地出让合同中约定的销售价格签订商品房买卖合同,并按合同所载销售价格收取销售房款并开具发票。根据合同约定,回迁房销售均价为5 000元/平方米;购买土地使用权时的同类可售商品房市场均价为50 000元/平方米;回迁业主签订回迁房销售合同并交付价款时,同类可售商品房市场均价为60 000元/平方米。

请问:智董公司如何对回迁房销售进行会计处理?

【分析】 回迁房通常是按照城市危旧房改造政策,将危改区内的私房或承租的公房拆除,然后按照回迁政策标准,被拆迁人回迁,取得改造后新建的房屋。对取得的回迁房的收入,应结合相关拆迁补偿协议、企业内部管理等的具体情况,判断交易实质,以确定收入确认的方式。

(1)如果回迁房的经济实质与商品房销售类似,回迁人可选择的房屋类型、配建标准、择房条件等与商品房无差异,如未指定回迁户只能购买特定的楼或楼层、特定的户型或面积,回迁楼的建造标准也与其他商品房类似,则其经济实质是回迁户以原自住的土地和房屋换取房地产开发商准备建造的房屋,并以5 000元/平方米支付补价。

根据交易的实质,5 000元/平方米的补价占整个资产交换金额的比例较小,如低于25%,且由于该非货币性资产交换换入资产与换出资产在风险、时间、金额、未来现金流等方面不同,应作为具有商业实质的非货币性资产交换处理。房地产开发企业是以其建造的房屋换取回迁户原自住的土地和房屋,按照《企业会计准则第14号——收入》(2017年修订)发文通知中的规定"企业以存货换取客户的固定资产、无形资产等的,按照本准则的规定进行会计处理",即这一交易适用收入会计准则,应以其公允价值确认收入,同时结转相应的成本。

根据《企业会计准则第14号——收入》(2017年修订)第十八条的规定:"客户支付非现金对价的,企业应当按照非现金对价的公允价值确定交易价格。非现金对价的公允价值不能合理估计的,企业应当参照其承诺向客户转让商品的单独售价间接确定交易价格。"在本例中,公司首先应根据取得的土地的公允价值来确定作为支付对价的回迁房的公允价值,如果取得土地的公允价值不能合理估计,可以采用房屋的单独售价确定交易价格。在本例中,假设取得土地的公允价值不能合理估计,因此采用房屋的单独售价确定交易价格。智董公司购买的土地使用权成本20亿元(含楼面单价20 000元/平方米),配建的回迁房于取得土地使用权时的公允价值扣除实际收到的回迁业主支付的固定价款合计9亿元(50 000×20 000－5 000×20 000),土地使用权的购置成本合计为29亿元,含楼面单价为29 000元/平方米(29亿元/10万平方米)。假设使回迁房及其他商品房达到预计可交付状态的其他建造成本为10 000元/平方米,回迁房及其他商品房包括土地成本在内的建造成本共计39 000元/平方米。回迁房部分确认收入10亿元(5万元/平方米×2万平方米),相应结转营业成本7.8亿元(39 000元/平方米×2万平方米)。

(2) 在回迁房的经济实质与商品房销售存在显著差距的情况下,可视具体情况的不同进行会计处理:

① 如果房地产企业配建回迁房的目的并非销售回迁房并获取利润,而是为取得土地使用权承担的义务;回迁房的销售对象、价格、交付时间等相关活动于取得土地使用权时均已被约定,企业并未主导或参与回迁房的销售活动。该情况下签订回迁房买卖合同的回迁业主并非是房地产企业的"客户",配建的回迁房是为了取得土地使用权所必须承担的义务,回迁房不确认收入,企业配建回迁房的成本扣除收到的补价,计入土地成本。

在本例中,配建的回迁房交付时不确认收入,回迁房单位成本30 000元/平方米(20 000＋10 000)扣除收到的价款5 000元/平方米,即25 000元/平方米,合计5亿元(25 000×20 000)作为取得其他商品房土地使用权成本的一部分,于其他商品房交付时结转至营业成本。

② 如果建设回迁房的活动实质上是由政府委托房地产企业去进行,价格和面积都是执行此前政府与回迁户达成的补偿标准,房地产企业并没有实际的定价权;建造回迁房的土地是单独划定的,政府已指定用途,指定建造标准,房地产企业对于建设完成的回迁房没有所有权和处置权,回迁房的建设并非企业自主开发销售房地产,而是受政府委托建造。此时,对于回迁房和商品房,企业实际提供了不同商品和服务。该交易的实质是公司以提供回迁房部分的建造服务和现金对价换取政府商品房部分的土地使用权。

根据交易的实质,对于回迁房所对应的土地使用权,企业从未享有其风险和报酬,未取得其控制权,在回迁房的安排中,企业仅仅是提供了建造相关的服务,应确认相关的建造收入,回迁房不承担土地成本。公司以提供回迁房部分的建造服务和现金对价向政府换取商品房部分的土地使用权,属于客户对建造服务支付了非现金对价,根据准则第十八条的规定,公司应首先根据取得的土地的公允价值来确定作为支付对价的回迁房的公允价值,如果取得的土地的公允价值不能合理估计的,可以提供建造服务的单独售价确定交易价格。在本例中,假设取得土地的公允价值不能合理估计,因此采用建造服务的单独售价确定交易价格。

假定企业的回迁房建造成本为10 000元/平方米,成本加成率10%(该比例为企业提供建造服务的合理毛利率),则每平方米的建造收入为11 000元。智董公司应确认建造收入22 000万元(11 000×20 000),建造成本20 000万元(10 000×20 000)。收到的回迁房资金10 000万元,剩余12 000万元(22 000－10 000)作为建设其他商品房的土地成本。

【例18-70】 2×19年1月1日,智董公司向贵琛公司出租全新办公用房一套,租期为3年。办公用房原账面价值为150 000 000元,预计使用年限为25年。租赁合同规定,租赁开始日贵琛公司向智董公司一次性预付租金6 000 000元,第1年年末支付租金500 000元,第2年年末支付租金500 000元,第3年年末支付租金1 250 000元。租赁期满后预付租金不退回,智董公司收回办公用房使用权。

【分析】 该项租赁对于出租人(智董公司)而言不符合融资租赁的任何一条标准,应作为经营租赁处理,并可指定为采用成本模式计量的投资性房地产。出租人(智董公司)确认租金收入时,不能依据各期实际收到租金的金额确定,而应采用直线法平均分配确认各期的租金收入。此项租赁总金额为8 250 000元,按直线法计算,每年应确认的租金收入为2 750 000元(含税),适用增值税税率为6%。

智董公司所作会计分录为:

(1) 2×19年1月1日:

借:银行存款　　　　　　　　　6 000 000
　　贷:合同负债　　　　　　　　　6 000 000

(2) 2×19年12月31日:

借:银行存款　　　　　　　　　　500 000
　　合同负债　　　　　　　　　2 250 000
　　贷:其他业务收入——经营租赁收入
　　　　　　　　　　　　　　　2 594 340
　　　　应交税费——应交增值税(销项税额)
　　　　　　　　　　　　　　　　155 660

(3) 2×20年12月31日:

借:银行存款　　　　　　　　　　500 000
　　合同负债　　　　　　　　　2 250 000
　　贷:其他业务收入——经营租赁收入
　　　　　　　　　　　　　　　2 594 340
　　　　应交税费——应交增值税(销项税额)
　　　　　　　　　　　　　　　　155 660

(4) 2×21年12月31日:

借:银行存款　　　　　　　　　1 250 000
　　合同负债　　　　　　　　　1 500 000
　　贷:其他业务收入——经营租赁收入
　　　　　　　　　　　　　　　2 594 340
　　　　应交税费——应交增值税(销项税额)
　　　　　　　　　　　　　　　　155 660

每年,出租人(智董公司)应按同类固定资产折旧方法计提折旧,作为出租固定资产的成本,记入"其他业务成本"科目。

第三节　合同取得成本、合同履约成本、与合同成本有关的资产的摊销和减值

一、合同履约成本

企业为履行合同可能会发生各种成本,企业应当对这些成本进行分析,属于其他企业会计准则(例如,《企业会计准则第1号——存货》《企业会计准则第4号——固定资产》以及《企业会计准则第6号——无形资产》等)规范范围的,应当按照相关企业会计准则进行会计处理;不属于其他企业会计准则规范范围且同时满足下列条件的,应当作为合同履约成本确认为一项资产。

(一)该成本与一份当前或预期取得的合同直接相关

预期取得的合同应当是企业能够明确识别的合同,例如,现有合同续约后的合同、尚未获得批准的特定合同等。

与合同直接相关的成本包括以下几项。

1. 直接人工

例如,支付给直接为客户提供所承诺服务的人员的工资、奖金等。

2. 直接材料

例如,为履行合同耗用的原材料、辅助材料、构配件、零件、半成品的成本和周转材料的摊销及租赁费用等。

3. 制造费用或类似费用

例如,组织和管理相关生产、施工、服务等活动发生的费用,包括管理人员的职工薪酬、劳动保护费、固定资产折旧费及修理费、物料消耗、取暖费、水电费、办公费、差旅费、财产保险费、工程保修费、排污费、临时设施摊销费等。

4. 明确由客户承担的成本

5. 仅因该合同而发生的其他成本

例如,支付给分包商的成本、机械使用费、设计和技术援助费用、施工现场二次搬运费、生产工具和用具使用费、检验试验费、工程定位复测费、工程点交费用、场地清理费等。

(二) 该成本增加了企业未来用于履行（包括持续履行）履约义务的资源

(三) 该成本预期能够收回

 小知识

发生时计入当期损益的支出

企业应当在下列支出发生时，将其计入当期损益：

(1) 管理费用，除非这些费用明确由客户承担。

(2) 非正常消耗的直接材料、直接人工和制造费用（或类似费用），这些支出为履行合同发生，但未反映在合同价格中。

(3) 与履约义务中已履行（包括已全部履行或部分履行）部分相关的支出，即该支出与企业过去的履约活动相关。

(4) 无法在尚未履行的与已履行（或已部分履行）的履约义务之间区分的相关支出。

【例18-71】 智董公司与贵琛公司签订合同，为贵琛公司信息中心提供管理服务，合同期限为8年。在向贵琛公司提供服务之前，智董公司设计并搭建了一个信息技术平台供其内部使用，该信息技术平台由相关的硬件和软件组成。智董公司需要提供设计方案，将该信息技术平台与贵琛公司现有的信息系统对接，并进行相关测试。该平台并不会转让给贵琛公司，但是，将用于向贵琛公司提供服务。智董公司为该平台的设计、购买硬件和软件以及信息中心的测试发生了成本。除此之外，智董公司专门指派两名员工，负责向贵琛公司提供服务。

【分析】 智董公司为履行合同发生的上述成本中，购买硬件和软件的成本应当分别按照固定资产和无形资产准则进行会计处理。设计服务成本和信息中心的测试成本不属于其他企业会计准则的规范范围，但是这些成本与履行该合同直接相关，并且增加了智董公司未来用于履行履约义务（即提供管理服务）的资源。如果智董公司预期该成本可通过未来提供服务收取的对价收回，则智董公司应当将这些成本确认为一项资产。

智董公司向两名负责该项目的员工支付的工资费用，虽然与向贵琛公司提供服务有关，但是由于其并未增加企业未来用于履行履约义务的资源，因此，应当于发生时计入当期损益。

【例18-72】 智董公司经营一家宾馆，该宾馆是智董公司的自有资产。智董公司在进行会计核算时，除发生的餐饮、商品材料等成本外，还需要计提与宾馆经营相关的固定资产折旧（如酒店、客房以及客房内的设备家具等）、无形资产摊销（如宾馆土地使用权等）费用等，应如何对这些折旧、摊销进行会计处理。

【分析】 智董公司经营一家宾馆，主要通过提供客房服务赚取收入，而客房服务的提供直接依赖于宾馆物业（包含土地）以及家具等相关资产，即与客房服务相关的资产折旧和摊销属于智董公司为履行与客户的合同而发生的服务成本。该成本需先考虑是否满足收入会计准则第二十六条规定的资本化条件，如果满足，应作为合同履约成本进行会计处理，并在收入确认时对合同履约成本进行摊销，计入营业成本。

此外，这些宾馆物业等资产中与客房服务不直接相关的，例如财务部门相关的资产折旧等费用或者销售部门相关的资产折旧等费用，则需要按功能将相关费用计入管理费用或销售费用等科目。

二、合同取得成本

(一) 企业为取得合同发生的增量成本预期能够收回的，应当作为合同取得成本确认为一项资产

1. 什么是增量成本

增量成本，是指企业不取得合同就不会发生的成本，如销售佣金等。

【例18-73】 根据智董公司的相关政策，销售部门的员工每取得一份新的合同，可以获得提成2 000元，现有合同每续约一次，员工可以获得提成1 500元，智董公司预期上述提成均能够收回。

【分析】 智董公司为取得新合同支付给员工的提成2 000元，属于为取得合同发生的增量成本，且预期能够收回，因此，应当确认为一项资产。

同样地，智董公司为现有合同续约支付给

员工的提成1 500元,也属于为取得合同发生的增量成本,这是因为如果不发生合同续约,就不会支付相应的提成,由于该提成预期能够收回,智董公司应当在每次续约时将应支付的相关提成确认为一项资产。

假定:除上述规定外,智董公司相关政策规定,当合同变更时,如果客户在原合同的基础上,向智董公司支付额外的对价以购买额外的商品,则智董公司需根据该新增的合同金额向销售人员支付一定的提成。

在这种情况下,无论相关合同变更属于本准则第八条规定的哪一种情形,智董公司均应当将应支付的提成视同为取得合同(变更后的合同)发生的增量成本进行会计处理。

2. 因现有合同续约或发生合同变更需要支付的额外佣金

企业因现有合同续约或发生合同变更需要支付的额外佣金,也属于为取得合同发生的增量成本。

实务中,当涉及合同取得成本的安排比较复杂时,企业需要运用判断,对发生的合同取得成本进行恰当的会计处理,例如,合同续约或合同变更时需要支付额外的佣金、企业支付的佣金金额取决于客户未来的履约情况或者取决于累计取得的合同数量或金额等。

3. 该资产摊销期限不超过一年时的简化处理方法

为简化实务操作,该资产摊销期限不超过一年的,可以在发生时计入当期损益。企业采用该简化处理方法的,应当对所有类似合同一致采用。

(二)企业为取得合同发生的、除预期能够收回的增量成本之外的其他支出,应当在发生时计入当期损益,除非这些支出明确由客户承担

例如,无论是否取得合同均会发生的差旅费、投标费、为准备投标资料发生的相关费用等。

【例18-74】 智董公司是一家咨询公司,其通过竞标赢得一个新客户,为取得与该客户的合同,智董公司聘请外部律师进行尽职调查支付相关费用为90 000元,为投标而发生的差旅费为60 000元,支付销售人员佣金30 000元。智董公司预期这些支出未来均能够收回。此外,智董公司根据其年度销售目标、整体盈利情况及个人业绩等,向销售部门经理支付年度奖金60 000元。

【分析】 智董公司因签订该客户合同而向销售人员支付的佣金属于为取得合同发生的增量成本,应当将其作为合同取得成本确认为一项资产。

智董公司聘请外部律师进行尽职调查发生的支出、为投标发生的差旅费,无论是否取得合同都会发生,不属于增量成本,因此,应当于发生时直接计入当期损益。

智董公司向销售部门经理支付的年度奖金也不是为取得合同发生的增量成本,这是因为该奖金发放与否以及发放金额还取决于其他因素(包括公司的盈利情况和个人业绩),并不能直接归属于可识别的合同。

(三)为取得合同需要支付的佣金在履行合同的过程中分期支付、且客户违约时企业无需支付剩余佣金或收回已经支付的佣金

为取得合同需要支付的佣金在履行合同的过程中分期支付、且客户违约时企业无需支付剩余佣金的,如果该合同在合同开始日即满足本准则第五条规定的五项条件,该佣金预期能够从客户支付的对价中获得补偿,且取得合同后,收取佣金的一方不再为企业提供任何相关服务,则企业应当将应支付的佣金全额作为合同取得成本确认为一项资产。后续期间,如果客户的履约情况发生变化,企业应当评估该合同是否仍然满足本准则第五条规定的五项条件以及确认为资产的合同取得成本是否发生减值,并进行相应的会计处理。这一处理也同样适用于客户违约可能导致企业收回已经支付的佣金的情况。

(四)当企业发生的合同取得成本与多份合同相关

当企业发生的合同取得成本与多份合同相

关(例如,企业支付的佣金取决于累计取得的合同数量或金额)时,情况可能更为复杂,企业应当根据实际情况进行判断,并进行相应的会计处理。

三、与合同成本有关的资产的摊销

(一)与合同成本有关的资产的摊销基础

根据上述一、和二、确认的与合同履约成本和合同取得成本有关的企业资产(以下简称"与合同成本有关的资产"),应当采用与该资产相关的商品收入确认相同的基础(即,在履约义务履行的时点或按照履约义务的履约进度)进行摊销,计入当期损益。

(二)与合同成本有关的资产的摊销期限和方式

在确定与合同成本有关的资产的摊销期限和方式时,如果该资产与一份预期将要取得的合同(如续约后的合同)相关,则在确定相关摊销期限和方式时,应当考虑该将要取得的合同的影响。

但是,对于合同取得成本而言,如果合同续约时,企业仍需要支付与取得原合同相当的佣金,这表明取得原合同时支付的佣金与未来预期取得的合同无关,该佣金只能在原合同的期限内进行摊销。企业为合同续约仍需支付的佣金是否与原合同相当,需要根据具体情况进行判断。

例如,如果两份合同的佣金按照各自合同金额的相同比例计算,通常表明这两份合同的佣金水平是相当的。但是,实务中,与取得原合同相比,现有合同续约的难度可能较低,因此,即使合同续约时应支付的佣金低于取得原合同的佣金,也可能表明这两份合同的佣金水平是相当的。

(三)增量成本资产的摊销方式

某些情况下,企业将为取得某份合同发生的增量成本确认为一项资产,但是该合同中包含多项履约义务,且这些履约义务在不同的时点或时段内履行。在确定该项资产的摊销方式时,企业可以基于各项履约义务分摊的交易价格的相对比例,将该项资产分摊至各项履约义务,再以与该履约义务(可明确区分的商品)的收入确认相同的基础进行摊销。或者,企业可以考虑合同中包含的所有履约义务,采用恰当的方法确定合同的完成情况,即,应当最能反映该资产随相关商品的转移而被"耗用"的情况,并以此为基础对该资产进行摊销。

通常情况下,上述两种方法的结果可能是近似的,但是,后者无需将合同取得成本特别分摊至合同中的各项履约义务。

(四)与合同成本有关的资产的摊销情况的复核、更新

企业应当根据向客户转让与上述资产相关的商品的预期时间变化,对资产的摊销情况进行复核并更新,以反映该预期时间的重大变化。此类变化应当作为会计估计变更,按照《企业会计准则第28号——会计政策、会计估计变更和差错更正》进行会计处理。

四、与合同成本有关的资产的减值

(一)与合同成本有关的资产的减值的计算

与合同成本有关的资产,其账面价值高于下列第1.项减去第2.项的差额的,超出部分应当计提减值准备,并确认为资产减值损失。

1. 企业因转让与该资产相关的商品预期能够取得的剩余对价

这里,企业应当按照确定交易价格的原则(关于可变对价估计的限制要求除外)预计其能够取得的剩余对价。

2. 为转让该相关商品估计将要发生的成本

估计将要发生的成本主要包括:
(1)直接人工。
(2)直接材料。
(3)制造费用(或类似费用)。
(4)明确由客户承担的成本。
(5)仅因该合同而发生的其他成本等。

(二)与合同成本有关的资产的减值的转回

以前期间减值的因素之后发生变化,使得企业上述第1.项减去第2.项后的差额高于该资产账面价值的,应当转回原已计提的资产减值

准备,并计入当期损益,但转回后的资产账面价值不应超过假定不计提减值准备情况下该资产在转回日的账面价值。

▍专家点拨

与合同成本有关的资产的减值

新收入会计准则下,企业为取得合同和履行合同发生的成本(以下简称"与合同成本有关的资产"),不属于存货、固定资产、无形资产等其他企业会计准则规定范围、但符合资本化条件的,应当确认为一项资产。

根据我国相关的企业会计准则规定,存货和建造合同中在建资产的减值允许转回,而由《企业会计准则第8号——资产减值》规范的非流动资产的减值损失不允许转回,主要是为了防止企业利用该类资产的减值调节利润,该处理与国际准则允许转回的要求不一致。

新收入会计准则下的与合同成本有关的资产,其性质更加类似于存货和建造合同中的在建资产,而非固定资产等非流动资产。因此,新收入会计准则允许此类资产的减值在以后期间转回。

(三)确定与合同成本有关的资产的减值损失

在确定与合同成本有关的资产的减值损失时,企业应当首先对按照其他相关企业会计准则确认的、与合同有关的其他资产确定减值损失;然后,按照上一段的要求确定与合同成本有关的资产的减值损失。

(四)测试相关资产组的减值情况

企业按照《企业会计准则第8号——资产减值》测试相关资产组的减值情况时,应当将按照上述要求确定上述资产减值后的新账面价值计入相关资产组的账面价值。

第四节 特定交易的会计处理

一、附有销售退回条款的销售

(一)相关综合知识

附有销售退回条款的销售,是指客户依照有关合同有权退货的销售方式。合同中有关退货权的条款可能会在合同中明确约定,也有可能是隐含的。

隐含的退货权可能来自企业在销售过程中向客户做出的声明或承诺,也有可能是来自法律法规的要求或企业以往的习惯做法等。

1. 背景

企业将商品转让给客户之后,可能会因为各种原因允许客户选择退货(例如,客户对所购商品的款式不满意等)。

客户选择退货时,可能有权要求返还其已经支付的全部或部分对价、抵减其对企业已经产生或将会产生的欠款或者要求换取其他商品。

2. 不属于的情形

(1)客户取得商品控制权之前退回该商品不属于销售退回。

(2)客户以一项商品换取类型、质量、状况及价格均相同的另一项商品,不应被视为退货。

(3)如果合同约定客户可以将质量有瑕疵的商品退回以换取正常的商品,企业应当按照附有质量保证条款的销售进行会计处理。

3. 运用组合法估计退货率、坏账率、合同存续期间等

对于具有类似特征的合同组合,企业也可以在确定退货率、坏账率、合同存续期间等方面运用组合法进行估计。

4. 每一资产负债表日的重新估计、计量

每一资产负债表日,企业应当重新估计未来销售退回情况,并对上述资产和负债进行重新计量。如有变化,应当作为会计估计变更进行会计处理。

(二)收入确认和计量的"五步法"

1. 识别与客户订立的合同

无特殊说明。

2. 识别合同中的单项履约义务

┃专家点拨

企业在允许客户退货的期间内随时准备接受退货的承诺,并不构成单项履约义务,但可能会影响收入确认的金额。

3. 确定交易价格——因向客户转让商品而预期有权收取的对价金额(即,不包含预期因销售退回将退还的金额)

企业应当遵循可变对价(包括将可变对价计入交易价格的限制要求)的处理原则来确定其预期有权收取的对价金额,即交易价格不应包含预期将会被退回的商品的对价金额。

附有销售退回条款的销售,在客户要求退货时,如果企业有权向客户收取一定金额的退货费,则企业在估计预期有权收取的对价金额时,应当将该退货费包括在内。

4. 将交易价格分摊至各单项履约义务

无特殊说明。

5. 履行各单项履约义务时确认收入——在客户取得相关商品控制权时确认收入

企业应当在客户取得相关商品控制权时,按照因向客户转让商品而预期有权收取的对价金额(即,不包含预期因销售退回将退还的金额)确认收入,按照预期因销售退回将退还的金额确认负债;同时,按照预期将退回商品转让时的账面价值,扣除收回该商品预计发生的成本(包括退回商品的价值减损)后的余额,确认一项资产,按照所转让商品转让时的账面价值,扣除上述资产成本的净额结转成本(表18-8)。

表18-8 附有销售退回条款的销售的会计处理

确认收入	按照因向客户转让商品而预期有权收取的对价金额(即,不包含预期因销售退回将退还的金额)
结转成本	按照所转让商品转让时的账面价值,扣除上述资产成本的净额
确认负债	按照预期因销售退回将退还的金额
确认资产	按照预期将退回商品转让时的账面价值,扣除收回该商品预计发生的成本(包括退回商品的价值减损)后的余额

【例18-75】 智董公司是一家瑜伽器材销售公司。2×20年10月1日,智董公司向贵琛公司销售5 000件瑜伽器材,单位销售价格为2 000元,单位成本为1 600元,开出的增值税专用发票上注明的销售价格为1 000万元,增值税税额假设为130万元。瑜伽器材已经发出,但款项尚未收到。根据协议约定,贵琛公司应于2×20年12月1日之前支付货款,在2×21年3月31日之前有权退还瑜伽器材。智董公司根据过去的经验,估计该批瑜伽器材的退货率约为20%。在2×20年12月31日,智董公司对退货率进行了重新评估,认为只有10%的瑜伽器材会被退回。智董公司为增值税一般纳税人,瑜伽器材发出时纳税义务已经发生,实际发生退回时取得税务机关开具的红字增值税专用发票。假定瑜伽器材发出时控制权转移给贵琛公司。

【分析】 智董公司的账务处理如下:

(1) 2×20年10月1日发出瑜伽器材。

借:应收账款　　　　　　　　11 300 000
　　贷:主营业务收入　　　　　　　8 000 000
　　　　预计负债——应付退货款　　2 000 000
　　　　应交税费——应交增值税(销项税额)
　　　　　　　　　　　　　　　　　1 300 000

借:主营业务成本　　　　　　　6 400 000
　　应收退货成本　　　　　　　1 600 000
　　贷:库存商品　　　　　　　　　8 000 000

(2) 2×20年12月1日前收到货款。

借:银行存款　　　　　　　　11 300 000
　　贷:应收账款　　　　　　　　11 300 000

(3) 2×20年12月31日,智董公司对退货率进行重新评估。

借:预计负债——应付退货款　　1 000 000
　　贷:主营业务收入　　　　　　　1 000 000

借:主营业务成本　　　　　　　　800 000
　　贷:应收退货成本　　　　　　　　800 000

(4) 2×21年3月31日发生销售退回,假定实际退货量为400件,退货款项已经支付。

借:库存商品　　　　　　　　　640 000
　　应交税费——应交增值税(销项税额)
　　　　　　　　　　　　　　　104 000
　　预计负债——应付退货款　　1 000 000
　　贷:应收退货成本　　　　　　　640 000
　　　　主营业务收入　　　　　　　200 000
　　　　银行存款　　　　　　　　　904 000

借：主营业务成本　　　　　　　　160 000
　　贷：应收退货成本　　　　　　　　　160 000

【例18-76】 贵琛公司与客户签订合同，向其销售甲产品。客户在合同开始日即取得了甲产品的控制权，并在90天内有权退货。由于甲产品是最新推出的产品，贵琛公司尚无有关该产品退货率的历史数据，也没有其他可以参考的市场信息。该合同对价为60 500元，根据合同约定，客户应于合同开始日后的第二年年末付款。甲产品在合同开始日的现销价格为50 000元。甲产品的成本为40 000元。退货期满后，未发生退货。上述价格均不包含增值税，假定不考虑相关税费影响。

【分析】 客户有退货权，因此，该合同的对价是可变的。由于贵琛公司缺乏有关退货情况的历史数据，考虑将可变对价计入交易价格的限制要求，在合同开始日不能将可变对价计入交易价格，因此，贵琛公司在甲产品控制权转移时确认的收入为0，其应当在退货期满后，根据实际退货情况，按照预期有权收取的对价金额确定交易价格。此外，考虑到甲产品控制权转移与客户付款之间的时间间隔以及该合同对价与甲产品现销价格之间的差异等因素，贵琛公司认为该合同存在重大融资成分。

贵琛公司的账务处理如下：

（1）在合同开始日，贵琛公司将甲产品的控制权转移给客户。

借：应收退货成本　　　　　　　　40 000
　　贷：库存商品　　　　　　　　　　　40 000

（2）在90天的退货期内。

贵琛公司尚未确认合同资产和应收款项，因此，无需确认重大融资成分的影响。

（3）退货期满日（假定应收款项在合同开始日和退货期满日的公允价值无重大差异）。

借：长期应收款　　　　　　　　　60 500
　　贷：主营业务收入　　　　　　　　　50 000
　　　　未实现融资收益　　　　　　　　10 500
借：主营业务成本　　　　　　　　40 000
　　贷：应收退货成本　　　　　　　　　40 000

在后续期间，贵琛公司应当考虑在剩余合同期限确定实际利率，将上述应收款项的金额与合同对价之间的差额（10 500元）按照实际利率法进行摊销，确认相关的利息收入。此外，贵琛公司还应当按照金融工具相关会计准则评估上述应收款项是否发生减值，并进行相应的会计处理。

【例18-77】 零售商以每件1 000元的价格销售50件甲产品，收到50 000元的货款。按照销售合同，客户可以在30天内退回任何没有损坏的产品，并得到全额现金退款。每件甲产品的成本为750元。零售商预计会有5件（即10%）甲产品被退回，而且即使估算发生后续变化，也不会导致大量收入的转回。零售商预计收回产品的成本不会太大，并认为再次出售产品时还能获得利润。

【分析】 假设不考虑相关税费，作如下会计处理：

将产品的控制权转移给客户时，应确认的收入＝(50－5)×1 000＝45 000(元)。

借：银行存款　　　　　　　　　　50 000
　　贷：主营业务收入　　　　　　　　　45 000
　　　　预计负债——应付退货款　　　　5 000
借：主营业务成本　　　　　　　　33 750
　　应收退货成本　　　　　　　　3 750
　　贷：库存商品　　　　　　　　　　　37 500

如果实际退回2件产品，则：

借：库存商品　　　　　　　　　　1 500
　　贷：应收退货成本　　　　　　　　　1 500

对未退回的3件产品：

借：主营业务成本　　　　　　　　2 250
　　贷：应收退货成本　　　　　　　　　2 250

同时冲减合同负债：

借：预计负债——应付退货款　　　5 000
　　贷：主营业务收入　　　　　　　　　3 000
　　　　银行存款　　　　　　　　　　　2 000

【例18-78】 智董工厂2×20年12月18日销售甲商品一批，售价200 000元，增值税税额假设为26 000元，成本为104 000元。合同规定现金折扣条件为 2/10、1/20、n/30，买方于 2×20 年 12 月 27 日付款。2×21 年 5 月 20 日该批产品因质量严重不合格被退回，企业同时退回所收取的货款。

【分析】 该企业应作如下会计分录：

(1) 销售商品时：

借：应收账款　　　　　　　　　226 000
　　贷：主营业务收入　　　　　　　　　200 000
　　　　应交税费——应交增值税(销项税额)
　　　　　　　　　　　　　　　　　26 000

借：主营业务成本　　　　　　　104 000
　　贷：库存商品　　　　　　　　　　　104 000

(2) 收回货款时：

借：银行存款　　　　　　　　　221 480
　　财务费用　　　　　　　　　　 4 520
　　贷：应收账款　　　　　　　　　　　226 000

(3) 销售退回时：

借：主营业务收入　　　　　　　200 000
　　应交税费——应交增值税(销项税额)
　　　　　　　　　　　　　　　　26 000
　　贷：银行存款　　　　　　　　　　　221 480
　　　　财务费用　　　　　　　　　　　 4 520

借：库存商品　　　　　　　　　104 000
　　贷：主营业务成本　　　　　　　　　104 000

如上述销售退回是在 2×20 年 12 月 31 日以后，2×21 年 4 月 24 日财务报告批准报出日前发生的（假定发生在年终所得税汇算清缴前），该项销售退回应作为资产负债表日后事项处理，在 2×21 年作如下调整分录（假定该企业适用所得税税率为 25%，不考虑其他相关税费）：

借：以前年度损益调整(200 000－4 520)
　　　　　　　　　　　　　　195 480
　　应交税费——应交增值税(销项税额)
　　　　　　　　　　　　　　26 000
　　贷：银行存款　　　　　　　　　　　221 480

借：库存商品　　　　　　　　　104 000
　　贷：以前年度损益调整　　　　　　　104 000

借：应交税费——应交所得税[(195 480－104 000)×
　　25%]　　　　　　　　　　　22 870
　　贷：以前年度损益调整　　　　　　　 22 870

"以前年度损益调整"科目余额 68 610 元应转入"利润分配"科目：

借：利润分配——未分配利润　　 68 610
　　贷：以前年度损益调整　　　　　　　 68 610

二、附有质量保证条款的销售

(一) 相关综合知识

1. 背景

企业在向客户销售商品时，根据合同约定、法律规定或本企业以往的习惯做法等，可能会为所销售的商品提供质量保证，这些质量保证的性质可能因行业或者客户而不同。

2. 质量保证的分类

有一些质量保证是为了向客户保证所销售的商品符合既定标准，即保证类质量保证；而另一些质量保证则是在向客户保证所销售的商品符合既定标准之外提供了一项单独的服务，即服务类质量保证。

3. 保证类和服务类质量保证，一般应当分别进行会计处理

企业提供的质量保证同时包含保证类质量保证和服务类质量保证的，应当分别对其进行会计处理；无法合理区分的，应当将这两类质量保证一起作为单项履约义务按照本准则进行会计处理。

4. 不能作为单项履约义务的质量保证的会计处理

对于不能作为单项履约义务的质量保证，企业应当按照《企业会计准则第 13 号——或有事项》的规定进行会计处理。

(二) 收入确认和计量的"五步法"

1. 识别与客户订立的合同

无特殊说明。

2. 识别合同中的单项履约义务

(1) 构成单项履约义务的。

① 单独购买。

企业应当对其所提供的质量保证的性质进行分析，对于客户能够选择单独购买质量保证的，表明该质量保证构成单项履约义务。

② 单独服务。

对于客户虽然不能选择单独购买质量保

证,但是,如果该质量保证在向客户保证所销售的商品符合既定标准之外提供了一项单独服务的,也应当作为单项履约义务。

企业在评估一项质量保证是否在向客户保证所销售的商品符合既定标准之外提供了一项单独的服务时,应当考虑的因素包括:

A. 该质量保证是否为法定要求。

当法律要求企业提供质量保证时,该法律规定通常表明企业承诺提供的质量保证不是单项履约义务,这是因为,这些法律规定通常是为了保护客户,以免其购买瑕疵或缺陷商品,而并非为客户提供一项单独的服务。

B. 质量保证期限。

企业提供质量保证的期限越长,越有可能表明企业向客户提供了保证商品符合既定标准之外的服务。因此,企业承诺提供的质量保证越有可能构成单项履约义务。

③ 企业承诺履行任务的性质。

如果企业必须履行某些特定的任务以保证所销售的商品符合既定标准(例如,企业负责运输被客户退回的瑕疵商品),则这些特定的任务可能不构成单项履约义务。

(2) 不构成单项履约义务的。

① 当企业销售的商品对客户造成损害或损失时,如果相关法律法规要求企业需要对此进行赔偿,该法定要求不会产生单项履约义务。

② 如果企业承诺,当企业向客户销售的商品由于专利权、版权、商标或其他侵权等原因被索赔而对客户造成损失时,向客户赔偿该损失,该承诺也不会产生单项履约义务。

企业应当按照《企业会计准则第13号——或有事项》的规定对上述义务进行会计处理。

3. 确定交易价格
无特殊说明。

4. 将交易价格分摊至各单项履约义务
作为单项履约义务的质量保证应当按本准则规定进行会计处理,并将部分交易价格分摊至该项履约义务。

5. 履行各单项履约义务时确认收入
无特殊说明。

【例18-79】 智董公司与客户签订合同,销售一部平板电脑。该平板电脑自售出起一年内如果发生质量问题,智董公司负责提供质量保证服务。此外,在此期间内,由于客户使用不当(例如平板电脑进水)等原因造成的产品故障,智董公司也免费提供维修服务。该维修服务不能单独购买。

【分析】 智董公司的承诺包括:销售平板电脑、提供质量保证服务以及维修服务。

智董公司针对产品的质量问题提供的质量保证服务是为了向客户保证所销售商品符合既定标准,因此不构成单项履约义务。智董公司对由于客户使用不当而导致的产品故障提供的免费维修服务,属于在向客户保证所销售商品符合既定标准之外提供的单独服务,尽管其没有单独销售,该服务与平板电脑可明确区分,应该作为单项履约义务。

因此,在该合同下,智董公司的履约义务有两项:销售平板电脑和提供维修服务。智董公司应当按照其各自单独售价的相对比例,将交易价格分摊至这两项履约义务,并在各项履约义务履行时分别确认收入。智董公司提供的质量保证服务,应当按照《企业会计准则第13号——或有事项》的规定进行会计处理。

【例18-80】 赓升公司是企业专用员工手机制造商和销售商,与智董公司签订了销售一批企业专用员工手机的合同。合同约定:企业专用员工手机销售价款1 800万元,同时提供"延长保修"服务,即从法定质保90天到期之后的3年内该企业将对任何损坏的部件进行保修或更换。该批企业专用员工手机和"延长保修"服务各自的单独售价分别为1 600万元和200万元。该批企业专用员工手机的成本为720万元。而且基于其自身经验,该企业估计维修在法定质保的90天保修期内出现损坏的部件将花费10万元。假设企业在交付企业专用员工手机时全额收取款项,不考虑相关税费。

【分析】 该销售合同存在销售企业专用员工手机和"延长保修"服务两项履约义务,分摊的交易价格分别为:销售企业专用员工手机

1 600万元,"延长保修"服务200万元。

交付企业专用员工手机时:

借:银行存款　　　　　　18 000 000
　　贷:主营业务收入　　　　　16 000 000
　　　　合同负债　　　　　　　2 000 000

借:主营业务成本　　　　　7 200 000
　　贷:库存商品　　　　　　　7 200 000

借:销售费用　　　　　　　　100 000
　　贷:预计负债——产品质量保证　100 000

"延长保修"分期确认收入时(可以用直线法):

借:合同负债　　　　　　　2 000 000
　　贷:主营业务收入　　　　　2 000 000

三、判断从事交易时的身份是主要责任人还是代理人后确认收入

(一) 相关综合知识——身份的判断

当企业向客户销售商品涉及其他方参与其中时,企业应当确定其自身在该交易中的身份是主要责任人还是代理人。

用总额法还是净额法确认收入?

总额法或净额法,是指按照企业已收或应收对价总额确认收入,还是按照该金额扣除应支付给供应商的价款后的净额(或者按照既定的佣金金额或比例)确认收入。

无论总额确认收入还是净额确认收入,均不影响企业的利润总额,但对企业的收入规模影响较大。

国际会计准则2009年引入总额法或净额法的判断原则,国际财务报告准则第15号继续保留这一原则。我国很多行业(如百货商场、电子商务平台、运输服务、网络游戏、工程建造、劳务中介等)的收入确认都涉及总额法或净额法的判断。我国实务中的做法不一,导致同类企业收入确认存在差异,一些企业的收入甚至因此而受市场质疑。

在本次修订收入会计准则中,我国财政部参考国际准则的相关规定,增加了总额法或净额法的相关内容,以增强同类企业会计信息的可比性。

1. 主要责任人或代理人的判断原则

(1) 根据承诺的性质(即履约义务的性质)进行判断。

企业在判断其是主要责任人还是代理人时,应当根据其承诺的性质,也就是履约义务的性质,确定企业在某项交易中的身份是主要责任人还是代理人。

① 企业承诺自行向客户提供特定商品的,其身份是主要责任人。

② 企业承诺安排他人提供特定商品的,即为他人提供协助的,其身份是代理人。

自行向客户提供特定商品可能也包含委托另一方(包括分包商)代为提供特定商品。

(2) 判断承诺的性质(即履约义务的性质)的步骤。

企业在判断其是主要责任人还是代理人时,应当以该企业在特定商品转让给客户之前是否能够控制该商品为原则。

① 在确定企业承诺的性质时,企业应当首先识别向客户提供的特定商品。

这里的特定商品,是指向客户提供的可明确区分的商品或可明确区分的一揽子商品,根据前述可明确区分的商品的内容,该特定的商品也包括享有由其他方提供的商品的权利。

例如,旅行社销售的机票向客户提供了乘坐航班的权利,团购网站销售的餐券向客户提供了在指定餐厅用餐的权利等。

当企业与客户订立的合同中包含多项特定商品时,对于某些商品而言,企业可能是主要责任人,而对于其他商品而言,企业可能是代理人。

例如,企业与客户订立合同,向客户销售其生产的产品并且负责将该产品运送至客户指定的地点,假定销售产品和提供运输服务是两项履约义务,企业需要分别判断其在这两项履约义务中的身份是主要责任人还是代理人。

② 然后,企业应当评估特定商品在转让给客户之前,企业是否控制该商品。

企业在将特定商品转让给客户之前控制该商品的,表明企业的承诺是自行向客户提供该商品,或委托另一方(包括分包商)代其提供该商品,因此,企业为主要责任人。相反,企业在特定商品转让给客户之前不控制该商品的,表

明企业的承诺是安排他人向客户提供该商品,是为他人提供协助,因此,企业为代理人。

当企业仅仅是在特定商品的法定所有权转移给客户之前,暂时性地获得该商品的法定所有权时,并不意味着企业一定控制了该商品。

【例18-81】 智董公司经营某购物网站,在该网站购物的消费者可以明确获知在该网站上销售的商品均为其他零售商直接销售的商品,这些零售商负责发货以及售后服务等。智董公司与零售商签订的合同约定,该网站所售商品的采购、定价、发货以及售后服务等均由零售商自行负责,智董公司仅负责协助零售商和消费者结算货款,并按照每笔交易的实际销售额收取8%的佣金。

【分析】 智董公司经营的购物网站是一个购物平台,零售商可以在该平台发布所销售商品信息,消费者可以从该平台购买零售商销售的商品。消费者在该网站购物时,向其提供的特定商品为零售商在网站上销售的商品,除此之外,智董公司并未提供任何其他的商品。这些特定商品在转移给消费者之前,智董公司没有能力主导这些商品的使用,例如,智董公司不能将这些商品提供给购买该商品的消费者之外的其他方,也不能阻止零售商向该消费者转移这些商品,智董公司并未控制这些商品。智董公司的履约义务是安排零售商向消费者提供相关商品,而非自行提供这些商品,智董公司在该交易中的身份是代理人。

【例18-82】 智董公司向客户销售某餐厅的代金券,购买了该代金券的客户可以使用该代金券在指定的餐厅用餐。该代金券一旦售出,不可退还。客户无需提前购买该代金券,只需要在消费时购买即可。根据智董公司和该餐厅的协议约定,代金券在销售给客户之前,智董公司不必要、也没必要承诺预先自行购买该代金券。代金券的销售价格由智董公司和该餐厅共同制定,智董公司在代金券出售时有权收取代金券价格的8%作为佣金。智董公司会协助购买该代金券在餐厅用餐的客户解决与用餐有关的投诉,并对客户进行满意度调查;餐厅负责履行与该代金券有关的义务,包括对不满餐厅服务的客户进行补偿等。

【分析】 向客户提供的特定商品为代金券,该代金券代表了客户可以在指定餐厅用餐(即享受该餐厅提供的餐饮服务)的权利。智董公司不必要,也没有承诺预先自行购买该代金券,只有当客户向其购买代金券时,其才会同时向指定餐厅购买该代金券。对于智董公司而言,该权利仅在转让给客户时才产生,而在转让给客户之前并不存在,智董公司并不能随时主导该权利的使用并从中获益。因此,智董公司在将代金券销售给客户之前,并未控制该代金券,智董公司在该交易中的身份是代理人。

综合考虑所有相关事实和情况进行判断

实务中,企业在判断其在向客户转让特定商品之前是否已经拥有对该商品的控制权时,<u>不应仅局限于合同的法律形式</u>,而应当综合考虑所有相关事实和情况进行判断,这些事实和情况包括但不仅限于:

(1)企业承担向客户转让商品的主要责任。

该主要责任包括就特定商品的可接受性(例如,确保商品的规格满足客户的要求)承担责任等。当存在第三方参与向客户提供特定商品时,如果企业就该特定商品对客户承担主要责任,则可能表明该第三方是在代表企业提供该特定商品。企业在评估是否承担向客户转让商品的主要责任时,应当从客户的角度进行评估,即客户认为哪一方承担了主要责任。例如,客户认为谁对商品的质量或性能负责、谁负责提供售后服务、谁负责解决客户投诉等。

(2)企业在转让商品之前或之后承担了该商品的存货风险。

当企业在与客户订立合同之前已经购买或者承诺将自行购买特定商品时,这可能表明企业在将该特定商品转让给客户之前,承担了该特定商品的存货风险,企业有能力主导特定商品的使用并从中取得几乎全部的经济利益。在附有销售退回条款的销售中,企业将商品销售给客户之后,客户有权要求向该企业退货,这可能表明企业在转让商品之后仍然承担了该商品的存货风险。

(3)企业有权自主决定所交易商品的价格。

企业有权决定与客户交易的特定商品的价格,可能表明企业有能力主导该商品的使用并从中获得几乎全部的经济利益。然而,在某些情况下,代理人可能在一定程度上也拥有定价权(例如,在主要责任人规定的某一价格范围内决定价格),以便其在代表主要责任人向客户提供商品时,能够吸引更多的客户,从而赚取更多的收入。例如,当代理人向主要责任人的客户提供一定折扣优惠,以激励该客户购买主要责任人的商品时,即使代理人有一定的定价能力,也并不表明其身份是主要责任人,代理人只是放弃了一部分自己应当赚取的佣金或手续费而已。

上述相关事实和情况仅为支持对控制权的评估,不能取代控制权的评估,也不能凌驾于控制权评估之上,更不是单独或额外的评估;并且这些事实和情况并无权重之分,其中某一项或几项也不能被孤立地用于支持某一结论。

企业应当根据相关商品的性质、合同条款的约定以及其他具体情况,综合进行判断。不同的合同可能需要采用上述不同的事实和情况提供支持证据。

2. 企业作为主要责任人的情况

当存在第三方参与企业向客户提供商品时,企业向客户转让特定商品之前能够控制该商品的,应当作为主要责任人。

企业作为主要责任人的情形包括:

(1)企业自该第三方取得商品或其他资产控制权后,再转让给客户。

这里的商品或其他资产也包括企业向客户转让的未来享有由其他方提供服务的权利。企业应当评估该权利在转让给客户前,企业是否控制该权利。在进行上述评估时,企业应当考虑该权利是仅在转让给客户时才产生,还是在转让给客户之前就已经存在,且企业一直能够主导其使用,如果该权利在转让给客户之前不存在,则企业实质上并不能在该权利转让给客户之前控制该权利。

【例18-83】 智董公司是一家旅行社,从航空公司购买了一定数量的折扣机票,并对外销售。智董公司向旅客销售机票时,可自行决定机票的价格,未售出的机票不能退还给航空公司。

【分析】 智董公司向客户提供的特定商品或服务为机票,该机票代表了客户可以乘坐特定航班(即享受航空公司提供的飞行服务)的权利。智董公司在确定特定客户之前已经预先从航空公司购买了机票,因此,该权利在转让给客户之前已经存在。智董公司从航空公司购入机票之后,可以自行决定该机票的用途,即是否用于对外销售,以何等价格以及向哪些客户销售等,智董公司有能力主导该机票的使用并且能够获得其几乎全部的经济利益。因此,智董公司在将机票销售给客户之前,能够控制该机票,智董公司在向旅客销售机票的交易中的身份是主要责任人。

(2)企业能够主导第三方代表本企业向客户提供服务。

当企业承诺向客户提供服务,并委托第三方(例如分包商、其他服务提供商等)代表企业向客户提供服务时,如果企业能够主导该第三方代表本企业向客户提供服务,则表明企业在相关服务提供给客户之前能够控制该相关服务。

【例18-84】 智董公司与贵琛公司签订合同,为其写字楼提供消毒杀菌服务,并商定了服务范围及其价格。智董公司每月按照约定的价格向贵琛公司开具发票,贵琛公司按照约定的日期向智董公司付款。双方签订合同后,智董公司委托服务提供商鑫裕公司代表其为贵琛公司提供该消毒杀菌服务,与其签订了合同。智董公司和鑫裕公司商定了服务价格,双方签订的合同付款条款大致上与智董公司和贵琛公司约定的付款条款一致。当鑫裕公司按照与智董公司的合同约定提供了服务时,无论贵琛公司是否向智董公司付款,智董公司都必须向鑫裕公司付款。贵琛公司无权主导鑫裕公司提供未经智董公司同意的服务。

【分析】 智董公司向贵琛公司提供的特定服务是写字楼的消毒杀菌服务,除此之外,智董公司并没有向贵琛公司承诺任何其他的商品。根据智董公司与鑫裕公司签订的合同,智董公司能够主导鑫裕公司所提供的服务,包括要求鑫裕公司代表智董公司向贵琛公司提供消毒杀菌服务,相当于智董公司利用其自身资源履行了该合同。贵琛公司无权主导鑫裕公司提供未经智董公司同意的服务。因此,智董公司在鑫裕公司向贵琛公司提供消毒杀菌服务之前控制了该服务,智董公司在该交易中的身份为主要责任人。

(3) 企业自第三方取得商品控制权后,通过提供重大的服务将该商品与其他商品整合成合同约定的某组合产出转让给客户。

此时,企业承诺提供的特定商品就是合同约定的组合产出。企业只有获得为生产该特定商品所需要的投入(包括从第三方取得的商品)的控制权,才能将这些投入加工整合为合同约定的组合产出。

【例18-85】 智董公司与贵琛公司签订合同,向其销售一台特种设备,并商定了该设备的具体规格和销售价格,智董公司负责按照约定的规格设计该设备,并按双方商定的销售价格向贵琛公司开具发票。该特种设备的设计和制造高度相关。为履行该合同,智董公司与其供应商鑫裕公司签订合同,委托鑫裕公司按照其设计方案制造该设备,并安排鑫裕公司直接向贵琛公司交付设备。鑫裕公司将设备交付给贵琛公司后,智董公司按与鑫裕公司约定的价格向鑫裕公司支付制造设备的对价;鑫裕公司负责设备质量问题,智董公司负责设备由于设计原因导致的问题。

【分析】 智董公司向贵琛公司提供的特定商品是其设计的专用设备。虽然智董公司将设备的制造工作分包给鑫裕公司进行,但是,智董公司认为该设备的设计和制造高度相关,不能明确区分,应当作为单项履约义务。由于智董公司负责该合同的整体管理,如果在设备制造过程中发现需要对设备规格做出任何调整,智董公司需要负责制定相关的修订方案,通知鑫裕公司进行相关调整,并确保任何调整均符合修订后的规格要求。智董公司主导了鑫裕公司的制造服务,并通过必需的重大整合服务,将其整合作为向贵琛公司转让的组合产出(专用设备)的一部分,在该专用设备转让给客户前控制了该专用设备。因此,智董公司在该交易中的身份为主要责任人。

3. 不再是主要责任人

当第三方承担了企业的履约义务并享有了合同中的权利,从而使企业不再负有自行向客户转让特定商品的义务时,企业不再是主要责任人,不应再按照主要责任人确认收入,而应当评估其履约义务是否是为该第三方取得合同,即企业是否为代理人,并确认相应的收入。

(二) 收入确认和计量的"五步法"

1. 识别与客户订立的合同

无特殊说明。

2. 识别合同中的单项履约义务

无特殊说明。

3. 确定交易价格

主要责任人应当按照已收或应收对价总额确认收入。

▍专家点拨

企业为主要责任人的,应当按照其自行向客户提供商品而有权收取的对价总额确认收入。

代理人应当按照预期有权收取的佣金或手续费的金额确认收入。

▍专家点拨

企业为代理人的,应当按照其因安排他人向客户提供特定商品而有权收取的佣金或手续费的金额确认收入,该金额可能是按照既定的佣金金额或比例确定,也可能是按照已收或应收对价总额扣除应支付给提供该特定商品的其他方的价款后的净额确定。

4. 将交易价格分摊至各单项履约义务

无特殊说明。

5. 履行各单项履约义务时确认收入

企业无论是主要责任人还是代理人,均应当在履约义务履行时确认收入。

【例18-86】 智董公司经营一家电子商务平台,平台商家自行负责商品的采购、定价、发货以及售后服务,智董公司仅提供平台供商家与消费者进行交易并负责协助商家和消费者结算货款,智董公司按照货款的5%向商家收取佣金,并判断自己在商品买卖交易中是代理人。

2×20年,智董公司向平台的消费者销售了1 000张不可退的电子购物卡,每张卡的面值为100元,总额100 000元。假设不考虑相关税费的影响。

【分析】 考虑到智董公司在商品买卖交易中为代理人,仅为商家和消费者提供平台及结算服务,并收取佣金,因此,智董公司销售电子购物卡收取的款项100 000元中,仅佣金部分5 000元(100 000×5%,不考虑相关税费)代表智董公司已收客户(商家)对价而应在未来消费者消费时作为代理人向商家提供代理服务的义务,应当确认合同负债。对于其余部分(即95 000元),为智董公司代商家收取的款项,作为其他应付款,待未来消费者消费时支付给相应的商家。

【例18-87】 智董公司为上市公司,主要从事外贸进出口贸易,其中自营进出口贸易收入占总收入的2/3,代理进出口、转口贸易收入占总收入的1/3。智董公司在核算代理进出口、转口贸易业务时,将从客户收取的全部款项和支出的全部款项(包括上述业务中所涉及的进出口商品的采购价款及相关税费)分别按全额确认为收入和成本,但公司代理的进出口商品价值并未计入资产负债表内的存货项目。

从事代理进出口、转口业务时,代理方智董公司通常与委托方进行权利和义务约定,签署代理协议。以代理进口业务为例,委托方自行指定国外供应商,并与国外供应商商定进口合同各项条款,并对国外供应商的资信及其履行对外合同负全部责任。进口合同签署后,委托方作为实际进口方,承担所有进口合同中商品品质、数量、技术指标方面的风险。委托方承担因自身原因、政策和汇率风险等致使合同不能履行或不能全部履行的责任。代理方智董公司则根据委托方拟定的进口合同条款,以智董公司名义与国外供应商签订进口合同。智董公司办理有关进口手续。代理进口过程中的一切税费由委托方承担,如需智董公司代为缴纳的,须由委托方提前汇入智董公司指定账户。

假定贵琛公司委托智董公司进口某商品,并签署代理协议,智董公司开展该项代理进口业务的基本操作流程如下:

(1)合同生效后,贵琛公司安排智董公司签署进口合同。

(2)贵琛公司向智董公司支付开立信用证所需保证金,智董公司收到保证金并经贵琛公司书面确认后,根据进口合同的要求从银行开出信用证,保证金利息归贵琛公司所有。

(3)进口商品装运后,贵琛公司安排海运保险事宜,保险受益人为智董公司。

(4)智董公司收到国外供应商的付款通知后,经贵琛公司书面同意后,智董公司垫付货款。

(5)智董公司收取国外供应商的全套单据包括提货单,商品到港后,智董公司持提货单和报关单等资料办理报关手续,相关费用由贵琛公司承担。

(6)报关完成后,智董公司向贵琛公司发出付款通知单,包括购销汇凭证等。

(7)贵琛公司收到智董公司的付款通知单后,将进口商品的货款及其税费、支付给智董公司的代理佣金等,扣除已支付的保证金后全额折合成人民币支付给智董公司。

(8)智董公司收到货款后,向贵琛公司发送进口商品,代理进出口合同履行完毕。

请问:

(1)智董公司代理进出口业务的收入应按总额确认还是净额确认?

(2)智董公司应在何时确认代理进出口业务收入?

(3)委托代理合同中的商品是否应计入智董公司期末存货?

【分析】 根据会计准则的相关规定,收入是指企业在日常活动中形成的、会导致所有者权益增加的、与所有者投入资本无关的经济利益的总流入。

《企业会计准则第14号——收入》(2017年修订)对于判断主体在一项交易中是作为主要责任人还是代理人提供了具体指引。

(1)在本例中,智董公司的日常活动是根据代理协议为委托人提供代理服务以赚取代理佣金,而并非自身进行进出口贸易买卖商品以赚取商品差价而获利,因此智董公司仅应当将其赚取的代理佣金收入确认为收入,即以净额确认收入。

在本例中,根据智董公司签署的前述代理进口协议中对委托方和代理方的权利、责任条款以及智董公司的业务操作流程,对照《企业会计准则第14号——收入》(2017年修订)的相关规定进行综合分析,我们可以作如下判断:

① 智董公司在从事代理进出口业务中的身份为代理人。

② 智董公司应按净额法确认代理进出口业务的收入,即按智董公司向委托方收取的代理佣金金额确认收入。

(2) 智董公司代理进出口业务收入的确认时间。

智董公司应当根据与贵琛公司签订的代理协议的相关约定进行判断,如果该代理服务满足《企业会计准则第14号——收入》(2017年修订)有关在一段时间内确认收入的条件,智董公司应当在履行合同的期间内按照适当的履约进度确认收入;如果该代理服务不满足在一段时间内确认收入的条件,智董公司应当在该代理服务控制权转移的时点确认收入。假定该代理服务不满足在一段时间内确认收入的条件,根据智董公司代理贵琛公司进口业务的基本操作流程,对照准则的相关规定,如果在智董公司收取贵琛公司货款并向贵琛公司发货后,贵琛公司已经取得该项代理业务相关的控制权,且收入确认的其他条件也都得到满足,则智董公司应在与贵琛公司的代理协议履行完毕时确认代理佣金收入。

(3) 委托代理合同中的商品是否应计入智董公司期末存货。

智董公司作为代理人,在正常情况下对购入的代理货物不需要在资产负债表中确认为存货。但是在极端的情况下,如贵琛公司有违约的可能等,智董公司就需要在资产负债表日根据智董公司与贵琛公司代理协议,以及智董公司与国外供应商签订的购销合同,综合考虑智董公司对进口商品所承担的风险和报酬因素,判断是否应将该商品计入期末存货。

【例18-88】 某上市公司的子公司为一家贸易公司,从事贵金属大宗商品贸易业务,产品是存放于仓储公司的标准产品,通常先与客户签订销售合同,然后再与供应商签订采购合同。贸易公司依据签订的销售合同,以传真件、邮件形式向仓储公司出具提货单,由仓储公司过户或者使用数字证书在其网上的仓储服务平台中自行过户,取得仓储公司出具的过户单据后,贸易公司与客户依据合同约定价格或依据市场行情协商确认结算价,并开具发票后采用总额法确认贸易收入。贸易公司与供应商和客户不存在关联关系,贸易公司与其签订的购货合同与销货合同,除价格条款以外,在产品种类、定价方式、货物数量及保管上基本相同。货物的交割均以仓单过户为标准,且客户与供应商之间的交割日期几乎在同一日期。贸易公司与客户和供应商分别以货币资金结算,一般在货物交割不久后取得或开具发票。

请问:上述大宗商品贸易收入应该采用总额法还是净额法?

【分析】 在本例中,不能简单按照签订合同的先后顺序评估特定商品在转让客户之前企业是否能控制该商品。贸易公司承诺向客户提供大宗商品或者代表提货权的仓单,并非承诺安排他人向客户提供商品。在特定的商品转让给客户之前,贸易公司先控制了该商品,然后转让商品。因此,贸易公司在向客户转让商品之前控制商品。

虽然贸易公司可能因承担商品质量责任向其供应商追索,但是,从客户的角度看,贸易公司是其供应商并承担提供商品的主要责任。

以销定采、零存货是贸易公司的内部管理手段,也是当前技术条件下企业降低成本的先进管理方法,不能将其作为判断总额法和净额法的依据。如果合同明确表明贸易公司与客户和供应商单独签订合同,就货物质量向客户承担责任,很难仅依据毛利较低、购货合同与销货合同数量相同、与客户和供应商交割时间几乎一致,否认贸易公司在向客户转让特定商品之前控制特定商品。

就本例而言,贸易公司采用总额法确认收入是合理的。

【例18-89】 智董上市公司2×20年年报显示,物流贸易收入是其营业收入的主要来源,占总营业收入的75%,同时,物流贸易的毛利率仅为1%。智董公司的物流贸易业务以煤炭、有色金属、矿产品等大宗商品物流贸易为主,具体交易安排如下:

(1) 智董公司大宗商品贸易模式通常为以销定采。智董公司的供应商与智董公司的客户不是关联方,但智董公司在选择供应商时,需征得其客户同意。

(2) 智董公司在同一日期分别与其供应商和客户签订合同,除价格条款外,购货合同与销售合同在产品种类、定价方式、货物数量及保管上均基本相同。

(3) 在实务中,如果由于各种原因,智董公司的供应商未能按照合同约定履行发货义务,如出现延迟发货、品质不符合要求等问题,智董公司的客户将直接与智董公司的供应商协商解决,智董公司不承担由此造成的违约风险。

(4) 交货方式为智董公司的供应商直接将货物发到智董公司客户的仓库。运输途中出现任何问题,供应商承担相应的风险。客户签收货物时,供应商和智董公司同时完成交货义务。

(5) 采购价格和销售价格分别在同一基础定价上减去和加上相同的价差,该正负价差即为智董公司的利润。基础价格由智董公司的供应商和客户根据行业惯例协商确定,上下浮动价差由三方协商确定,智董公司在一组采购和销售业务中获取固定的利润。

(6) 结算方式:智董公司的客户先付款项给智董公司,智董公司收到货款后,将其中采购价款部分支付给供应商。在供应商已经交货的情况下,如果客户不付款或者应收客户的款项不能收回,智董公司无须付款给供应商。

(7) 票据方面,在购和销两个环节,按照合同约定的结算方式进行结算,经智董公司分别与其供应商和客户确认后,取得该次贸易的进项增值税发票,向销售客户开具增值税发票。

请问:智董上市公司应按总额还是净额确认收入?

【分析】 本例中,企业向客户提供的特定商品为客户采购的具体商品。尽管在法律形式上,智董公司分别与供应商和客户签订购销合同,且分别取得进项增值税发票及开具增值税销售发票,但在将客户购买的商品转移给客户之前,智董公司并未控制该商品,具体分析如下:

(1) 智董公司并未承担按照有关合同条款向客户提供商品的主要责任。

智董公司选择供应商需征得客户同意,智董公司无权自主选择供应商。并且无论出现什么情况,供应商未能按照合同约定履行发货义务,客户将直接与供应商协商解决,智董公司并不承担由此造成的违约风险,因此,智董公司并未承担按照有关合同条款向客户提供商品的主要责任。

(2) 智董公司在转让商品之前或之后并未承担该商品的存货风险。

由于合同约定交货方式为供应商直接将货物发到客户的仓库。客户签收货物时,供应商和智董公司同时完成交货义务,运输途中的任何风险均由供应商承担。且在该交易中,销售价格主要由供应商和客户协商确定,智董公司只是按照销售数量获得固定利润。因此在该交易过程中,智董公司并未承担与所交易商品有关的价格变动风险、滞销积压风险,也不会承担商品可能减值或毁损的损失,即智董公司在交易中并未承担所交易商品的存货风险。

(3) 智董公司没有自主定价权。

所交易商品的采购价格和销售价格分别在同一基础定价上减去和加上相同的价差,该正负价差即为智董公司的利润。基础价格由供应商和客户根据行业惯例协商确定,上下浮动价差由三方协商确定,以确保智董公司获取固定利润。因此,对于采购和销售价格,智董公司无自主定价权。

综上所述,虽然智董公司分别与供应商和

客户签署购销合同,但智董公司与供应商之间的交易实质上并不独立于智董公司与客户之间的交易,相关商品在转让给客户之前,智董公司并未取得该商品的控制权,根据收入会计准则的相关判断原则,智董公司在该交易中的承诺仅为安排供应商向客户提供特定商品,其身份是代理人,应按净额法确认和列报收入。

收入按照总额法还是净额法确认虽然不会影响公司的净利润和净资产,但可能对其他一些规模、业绩指标存在重大影响。为便于财务报表使用者更好地理解公司的财务状况和经营成果,上市公司应在财务报表附注中对于收入确认的会计政策和会计估计做出充分的披露。

【例18-90】 智董公司对外提供劳务派遣服务,并根据服务内容和具体业务量收取项目服务费。劳务派遣服务的显著特征在于,劳动力的雇佣和劳动的消耗与使用是分离的。劳务派遣服务中一般包括派遣机构、劳动者以及用工单位三方。

智董公司所提供的劳务派遣具体模式为:派遣机构与劳动者订立劳动合同,经用工单位面试通过后,劳动者作为派遣人员向用工单位给付劳务;派遣机构与用工单位就劳务服务签订服务合同,对服务标准、服务要求、服务收费标准进行约定,并对派遣人员的劳动成果负责。派遣单位需要按条件向用工单位派遣员工,且对所派遣员工提供的服务是否满足用工单位的标准承担责任。如用工单位认为派遣人员不能满足服务标准,则派遣机构有义务更换派遣人员;费用给付方面,用工单位按月向派遣机构支付派遣员工相关工资、社会保险以及劳务/项目服务费,派遣机构无论是否从用工单位收到与服务相关的费用,均需按照约定向派遣人员发放工资、缴纳社保。

请问:智董公司应按总额还是净额确认收入?

【分析】 在本例中,智董公司向用工单位提供的特定服务是劳务服务,虽然实际提供该服务的是派遣人员,但是派遣人员是智董公司按条件选派的,需要按照智董公司与用工单位约定的服务标准和服务要求为用工单位提供劳务,表明智董公司能够主导派遣人员向用工单位提供服务。

智董公司实际承担了按照有关服务合同向用工单位提供服务的主要责任。根据与用工单位的劳动协议,智董公司负有派遣恰当劳动者的合同义务,如果派遣人员不能满足用工单位的要求,智董公司需要无条件为用工单位派遣满足其要求的劳动者,并就派遣人员的劳动成果向用工单位承担违约责任。

派遣机构在选择劳动者,即服务提供者方面存在自主权。尽管劳动者在劳务派遣前需要经过用工单位的面试,但是派遣机构可以自主对劳动者进行选择并签署劳动合同,具有完全的自主权,且需要就劳动者的劳动成果向用工单位负责。无论劳动者派驻与否、是否从用工单位收到服务相关费用,派遣机构仍负有按照劳动合同向劳动者支付工资和社会保险的义务,因此实际风险承担方为智董公司。

在服务定价方面,服务标准、服务要求、服务收费标准均由派遣机构和用工单位协商确认,尽管服务价格中对劳务人员工资、社会保险费以及劳务项目进行了区分,但不存在其他相反证据的情况下,仍可认定智董公司具备自主的定价权。

综合上述因素,智董公司在劳务派遣安排中更多地体现了主要责任人的特征,可按照总额法确认相应收入。

【例18-91】 某物流公司为客户提供综合性的海洋和陆路运输、报关、仓储、配送等一揽子物流服务,假定该一揽子物流服务构成一项单独的履约义务。由于该物流公司自身的运输力量有限,大部分运输环节的服务由物流公司另外委托承运人完成;同时,理货、装卸等环节的服务也大多委托其他公司完成。具体安排如下:

(1)物流公司与客户签署合同,约定物流公司为客户提供的具体服务的内容。例如,客户进口某设备,物流公司负责从境外生产企业仓库提取设备并运至港口、安排舱位并装船、完成进口报关并将设备运送至客户指定的地点。

(2) 根据合同约定，物流公司负责保证客户的全部货物安全、准时、顺利地运抵目的地。

(3) 物流公司与客户商定服务价格，另外与承运人、港口等确定运输服务、装卸服务价格，从中赚取价差。

(4) 客户对于提供运输服务的承运人没有特殊要求，物流公司根据需要及市场情况自主选择承运人。

(5) 客户负责货物运输过程中的保险，物流公司负责谨慎处理货物装卸运输过程的各个环节，如有货物损失，物流公司负责做好证据保全，协助客户向保险公司索赔。物流公司负责协调港口关系，保证承运人及港口尽快装船、卸车，防止压车。同时，物流公司督促承运人及时安排运输。由于物流公司原因造成的货物损毁、压车损失、运输时间延迟，由物流公司承担相关责任。

(6) 承运人、港口等外部单位提供相关服务后，物流公司必须向其支付相关劳务金额，而不论其向客户收取的有关金额是否能够收回。

请问：该物流公司应如何确认转包服务业务的收入？

【分析】

(1) 物流公司在提供物流服务方面承担主要责任。

尽管物流公司会根据需要另外委托承运人完成货物的运输，或委托港口等第三方完成理货、装卸等服务。但在此交易中，物流公司根据需要及市场情况自主选择承运人和客户，并且根据物流公司与客户的合同约定，物流公司负责保证客户的全部货物安全、准时、顺利地运抵目的地，因此，物流公司是物流服务的主要责任人。

(2) 物流公司在交易过程中承担了与服务相关的主要风险。

在交易过程中，由于物流公司原因造成的货物损毁、压车损失、运输时间延迟，由物流公司承担相关责任。

(3) 物流公司具有自主定价权。

物流公司分别与客户商定服务价格，与承运人、港口等确定运输服务、装卸服务价格，从中赚取价差。

综上所述，虽然物流公司未实际提供运输等服务，但物流公司与供应商之间的交易独立于物流公司与客户之间的交易，对于包括运输服务在内的一揽子物流服务，物流公司能够主导承运人等其他方代表其为客户提供服务，物流公司是主要责任人，按照会计准则的相关规定，按总额法确认和列报收入更为合理。

鉴于收入按照总额法还是净额法确认对公司业绩影响重大，为便于财务报表使用者更好地理解公司的财务状况和经营成果，上市公司应在财务报表附注中对于收入确认的会计政策和会计估计做出充分的披露。

【例18-92】 智董公司为贵琛公司生产加工空调配件，主要材料为贵琛公司提供的毛坯件。智董公司向贵琛公司采购原材料后，按照贵琛公司的设计、技术和精度要求，通过其自有的机器设备进行加工生产，再将加工后的零部件销售给贵琛公司。具体交易安排如下：

(1) 智董公司与贵琛公司签订购销合同，并开具发票，贵琛公司将毛坯件以卖断的形式销售给智董公司，智董公司进行加工生产后，形成产品销售给贵琛公司。

(2) 贵琛公司不参与智董公司的实际生产过程，但要求智董公司按照贵琛公司的设计要求验收产品。

(3) 双方约定，按毛坯件成本加加工费的模式进行定价结算，加工费与成本有一定比例关系。

(4) 智董公司向贵琛公司采购的毛坯件，由于数量有限，实际上只用于加工生产贵琛公司的产品，未做其他用途；智董公司生产加工的成品只能销售给贵琛公司，而不允许向第三方销售。

(5) 智董公司对收到的毛坯件承担保管责任，如果在生产过程中，由于智董公司的原因导致毛坯件发生损坏或丢失，智董公司需承担相应责任。

请问：智董公司向贵琛公司销售零部件应当按照总额还是净额确认收入？

【分析】 在本例中，在法律形式上，智董公司与贵琛公司签订了购销合同，智董公司先从贵琛公司采购毛坯件，按照贵琛公司的要求生产加工之后，再将加工好的零部件销售给贵琛公司。但是，在进行会计处理时，智董公司应当根据相关合同或协议条款，判断其是否取得了毛坯件的控制权。如果智董公司取得了毛坯件的控制权，且将该毛坯件用于生产加工产品，则智董公司应当将购入的毛坯件确认为一项存货，该业务的实质为智董公司以自有存货为贵琛公司加工零部件，将加工好的零部件销售给贵琛公司时，按照总额确认收入。相反，如果智董公司未取得毛坯件的控制权，则智董公司购入的毛坯件不能确认为其自身存货，智董公司用该毛坯件为贵琛公司加工零部件时，该业务的实质为智董公司为贵琛公司提供受托加工服务，应当按照净额（即智董公司收取的加工费）确认收入。

根据《企业会计准则第14号——收入》（2017年修订）的相关规定，取得相关商品控制权，是指能够主导该商品的使用并从中获得几乎全部的经济利益。根据上述定义，如果认为智董公司取得了毛坯件的控制权，智董公司应当有能力按照其自身意愿决定该毛坯件的使用方式，并获得其几乎全部的经济利益。例如，智董公司购入毛坯件后，可自行决定将其用于生产加工零部件后再出售或是直接对外出售，可自行决定销售对象和销售价格等。然而，根据智董公司和贵琛公司的约定，智董公司取得毛坯件后，实际上只能将其用于按照贵琛公司的要求为其加工零部件，加工好的零部件也只能销售给贵琛公司，而不能用于其他用途。从定价方式看，智董公司向贵琛公司销售的零部件价格按照毛坯件成本加加工费的方式确定，智董公司并不承担毛坯件价格波动的风险和收益。虽然智董公司需要承担毛坯件在加工过程中发生的损坏或丢失的风险，但这仅是保管风险，并不表明智董公司实质上承担了毛坯件的存货风险。

综上所述，智董公司不能主导毛坯件的使用，并获取其几乎全部经济利益，智董公司并未取得毛坯件的控制权。因此，智董公司从事上述业务的实质是为贵琛公司提供受托加工服务，智董公司仅能按净额确认收入。

【例18-93】 智董旅行社与智董航空公司协商以折扣价格购买一定数量的机票，并且无论智董旅行社能否转售，都必须对这些机票进行支付。智董旅行社自主决定向哪个旅客出售机票，并自主决定向旅客出售机票时的价格。智董旅行社协助旅客解决针对智董航空公司所提供服务的投诉。但是，智董航空公司将自行负责履行与票务相关的义务，包括对客户不满意服务的补救措施。

【分析】 智董旅行社是主要责任人不是代理人，因为：

（1）智董旅行社向智董航空公司购买了机票后，即取得了乘坐特定航班的权利，然后才向客户销售该项权利。

（2）智董旅行社可以自主决定以何价格、向哪个旅客出售机票，或者自行使用（如用于提供员工福利）。

（3）智董旅行社承担了所购机票带来的存货风险。

【例18-94】 2×21年10月5日，智董公司委托贵琛公司销售甲商品100件，协议价为500元/件，该商品实际成本为300元/件，适用的增值税税率为13%。智董公司收到贵琛公司开来的代销清单时确认销售收入并开具增值税专用发票，发票上注明售价为50 000元，增值税税额为6 500元。贵琛公司实际销售时开具的增值税专用发票上注明售价为60 000元，增值税税额为7 800元。假设贵琛公司对代销商品采用进价核算。

【分析】（1）智董公司应作如下会计分录：

① 智董公司将甲商品交付贵琛公司时：

借：发出商品　　　　　　　　　　30 000
　　贷：库存商品　　　　　　　　　　30 000

② 智董公司收到代销清单时：

借：应收账款——贵琛公司　　　　56 500
　　贷：主营业务收入　　　　　　　　50 000
　　　　应交税费——应交增值税（销项税额）
　　　　　　　　　　　　　　　　　　6 500

借：主营业务成本　　　　　　　30 000
　　贷：发出商品　　　　　　　　　　30 000

③收到贵琛公司汇来的货款56 500元时：

借：银行存款　　　　　　　　　56 500
　　贷：应收账款——贵琛公司　　　　56 500

(2)贵琛公司应作如下会计分录：

①收到甲商品时：

借：受托代销商品　　　　　　　50 000
　　贷：受托代销商品款　　　　　　　50 000

②实际销售时：

借：银行存款　　　　　　　　　67 800
　　贷：主营业务收入　　　　　　　　60 000
　　　　应交税费——应交增值税(销项税额)
　　　　　　　　　　　　　　　　7 800

借：主营业务成本　　　　　　　50 000
　　贷：受托代销商品　　　　　　　　50 000

③收到智董公司开具的增值税专用发票时：

借：受托代销商品款　　　　　　50 000
　　应交税费——应交增值税(进项税额)
　　　　　　　　　　　　　　　　6 500
　　贷：应付账款——智董公司　　　　56 500

④实际向智董公司付款时：

借：应付账款——智董公司　　　56 500
　　贷：银行存款　　　　　　　　　　56 500

四、附有客户额外购买选择权(销售激励、客户奖励积分、未来购买商品的折扣券以及合同续约选择权等)的销售

(一)相关综合知识

1. 背景

某些情况下，企业在销售商品的同时，会向客户授予选择权，允许客户可以据此免费或者以折扣价格购买额外的商品。

2. 向客户授予的额外购买选择权的形式

企业向客户授予的额外购买选择权的形式包括销售激励、客户奖励积分、未来购买商品的折扣券以及合同续约选择权等。

企业向客户授予奖励积分，该积分可能有多种使用方式，例如该积分只能用于兑换本企业提供的商品、只能用于兑换第三方的商品，或者客户可以在两者中进行选择。

(二)收入确认和计量的"五步法"

1. 识别与客户订立的合同

无特殊说明。

2. 识别合同中的单项履约义务——附有的客户额外购买选择权向客户提供了重大权利的，作为单项履约义务

对于附有客户额外购买选择权的销售，企业应当评估该选择权是否向客户提供了一项重大权利。

如果客户只有在订立了一项合同的前提下才取得了额外购买选择权，并且客户行使该选择权购买额外商品时，能够享受到超过该地区或该市场中其他同类客户所能够享有的折扣，则通常认为该选择权向客户提供了一项重大权利。该选择权向客户提供了重大权利的，应当作为单项履约义务。

在考虑授予客户的该项权利是否重大时，应根据其金额和性质综合判断。

例如，企业实施一项奖励积分计划，客户每消费10元便可获得1个积分，每个积分的单独售价为0.1元，该积分可累积使用，用于换取企业销售的产品。虽然客户每笔消费所获取的积分的价值相对于消费金额而言并不重大，但是由于该积分可以累积使用，基于企业的历史数据，客户通常能够累积足够的积分来免费换取产品，这可能表明该积分向客户提供了重大权利。

当企业向客户提供了额外购买选择权，但客户在行使该选择权购买商品的价格反映了该商品的单独售价时，即使客户只能通过与企业订立特定合同才能获得该选择权，该选择权也不应被视为企业向该客户提供了一项重大权利。

例如，电信公司与客户签订合同，以套餐的方式向客户销售一部手机和两年的通信服务，包括每月200分钟的语音服务和5G的数据流量，并按月收取固定费用。同时，客户可以根据需要，在任何月份按照约定的价格购买额外的

语音服务和数据流量。如果该约定的价格与其他客户单独购买语音服务和数据流量时的价格相同,则表明电信公司向客户提供的该额外购买选择权并不构成一项重大权利,企业无需分摊交易价格,只有在客户行使选择权购买额外的商品时才需要进行相应的会计处理。

3. 确定交易价格

企业授予客户的奖励积分为客户提供了重大权利从而构成单项履约义务时,企业应当根据具体情况确定收入确认的时点和金额。

(1) 如果该积分只能用于兑换本企业提供的商品,则企业通常只能在将相关商品转让给客户或该积分失效时,确认与积分相关的收入。

(2) 如果该积分只能用于兑换第三方提供的商品,则企业应当分析,对于该项履约义务而言,其身份是主要责任人还是代理人,企业是代理人的,通常应在完成代理服务时(例如协助客户自第三方兑换完积分时)按照其有权收取的佣金等确认收入。

(3) 如果客户可以选择兑换由本企业或第三方提供的商品,则企业可以选择如下两种处理方式:

① 在客户选择如何兑换积分或该积分失效之前,企业需要随时准备为客户兑换积分提供商品,当客户选择兑换本企业的商品时,企业通常只能在将相关商品转让给客户或该积分失效时确认相关收入。

② 当客户选择兑换第三方提供的商品时,企业需要分析其是主要责任人还是代理人,并进行相应的会计处理。

4. 将交易价格分摊至各单项履约义务

(1) 一般处理。

企业提供的额外购买选择权构成单项履约义务的,企业应当按照交易价格分摊的相关原则,将交易价格分摊至该履约义务。

附有的客户额外购买选择权向客户提供了重大权利的,作为单项履约义务。在这种情况下,客户在该合同下支付的价款实际上购买了两项单独的商品:一是客户在该合同下原本购买的商品;二是客户可以免费或者以折扣价格购买额外商品的权利。

企业应当将交易价格在这两项商品之间进行分摊,其中,分摊至后者的交易价格与未来的商品相关,因此,企业应当在客户未来行使该选择权取得相关商品的控制权时,或者在该选择权失效时确认为收入。

客户额外购买选择权的单独售价无法直接观察的,企业应当综合考虑客户行使和不行使该选择权所能获得的折扣的差异以及客户行使该选择权的可能性等全部相关信息后,予以合理估计。

【例18-95】 智董公司以500元的价格向客户销售甲商品,购买该商品的客户可得到一张40%的折扣券,客户可以在未来的30天内使用该折扣券购买智董公司原价不超过500元的任一商品。同时,智董公司计划推出季节性促销活动,在未来30天内针对所有产品均提供10%的折扣。上述两项优惠不能叠加使用。根据历史经验,智董公司预计有80%的客户会使用该折扣券,额外购买的商品的金额平均为250元。上述金额均不包含增值税,且假定不考虑相关税费影响。

【分析】 购买甲商品的客户能够取得40%的折扣券,其远高于所有客户均能享有的10%的折扣,因此,智董公司认为该折扣券向客户提供了重大权利,应当作为单项履约义务。考虑到客户使用该折扣券的可能性以及额外购买的金额,智董公司估计该折扣券的单独售价为60元[250×80%×(40%－10%)]。智董公司按照甲产品和折扣券单独售价的相对比例对交易价格进行分摊,甲商品分摊的交易价格为446元[500÷(500＋60)×500],折扣券选择权分摊的交易价格为54元[60÷(500＋60)×500]。智董公司在销售甲商品时的账务处理如下:

借:银行存款　　　　　　　　　500
　　贷:主营业务收入　　　　　　446
　　　　合同负债　　　　　　　　54

【例18-96】 2×20年1月1日,智董公司开始推行一项奖励积分计划。根据该计划,客户在智董公司每消费10元可获得1个积分,每个积分从次月开始在购物时可以抵减1元。截至2×20年1月31日,客户共消费100 000元,可获得10 000个积分,根据历史经验,智董公司估计该积分的兑换率为80%。上述金额均不包含增值税,且假定不考虑相关税费影响。

【分析】 智董公司认为其授予客户的积分为客户提供了一项重大权利,应当作为单项履约义务。客户购买商品的单独售价合计为100 000元,考虑积分的兑换率,智董公司估计积分的单独售价为8 000元(1×10 000×80%)。智董公司按照商品和积分单独售价的相对比例对交易价格进行分摊:

商品分摊的交易价格=[100 000÷(100 000+8 000)]×100 000=92 592.59(元)。

积分分摊的交易价格=[8 000÷(100 000+8 000)]×100 000=7 407.41(元)。

因此,智董公司应当在商品的控制权转移时确认收入92 592.59元,同时,确认合同负债7 407.41元。

借:银行存款　　　　　　　100 000
　　贷:主营业务收入　　　　92 592.59
　　　　合同负债　　　　　　7 407.41

截至2×20年12月31日,客户共兑换了4 500个积分,智董公司对该积分的兑换率进行了重新估计,仍然预计客户总共将会兑换8 000个积分。因此,智董公司以客户兑换的积分数占预期将兑换的积分总数的比例为基础确认收入。积分当年应当确认的收入为4 166.67元(4 500÷8 000×7 407.41);剩余未兑换的积分为3 240.74元(7 407.41−4 166.67),仍然作为合同负债。

借:合同负债　　　　　　　4 166.67
　　贷:主营业务收入　　　　4 166.67

截至2×21年12月31日,客户累计兑换了8 500个积分。智董公司对该积分的兑换率进行了重新估计,预计客户总共将会兑换9 700个积分。积分当年应当确认的收入为2 324.36元(8 500÷9 700×7 407.41−4 166.67);剩余未兑换的积分为916.38元(7 407.41−4 166.67−2 324.36),仍然作为合同负债。

借:合同负债　　　　　　　2 324.36
　　贷:主营业务收入　　　　2 324.36

(2)简化处理——续约选择权等的简化处理方式:无需将原合同的交易价格分摊。

当客户享有的额外购买选择权是一项重大权利时,如果客户行使该权利购买的额外商品与原合同下购买的商品类似,且企业将按照原合同条款提供该额外商品的,则企业可以无需估计该选择权的单独售价,而是直接把其预计将提供的额外商品的数量以及预计将收取的相应对价金额纳入原合同,并进行相应的会计处理。这是一种便于实务操作的简化处理方式,常见于企业向客户提供续约选择权的情况。

例如,企业与客户签订为期一年的合同,以每件2 000元的价格向客户销售甲产品,数量不限,客户可以选择在合同到期时以与原合同相同的条款续约一年,这款产品通常每年提价20%,由于行使续约选择权的客户可以按原合同价格(低于当年的市场价格)购买甲产品,企业认为该续约选择权向客户提供了重大权利,且符合简化处理的条件,因此,企业可以无需将原合同的交易价格分摊至该续约选择权,而是直接按照每件2 000元的价格确认原合同和续约后的合同下销售的甲产品收入。

5. 履行各单项履约义务时确认收入

(1)附有的客户额外购买选择权,在客户未来行使该选择权取得相关商品的控制权时,或者在该选择权失效时确认为收入。

附有的客户额外购买选择权向客户提供了重大权利的,作为单项履约义务。在这种情况下,客户在该合同下支付的价款实际上购买了两项单独的商品:一是客户在该合同下原本购买的商品;二是客户可以免费或者以折扣价格购买额外商品的权利。企业应当将交易价格在这两项商品之间进行分摊,其中,分摊至后者的交易价格与未来的商品相关,因此,企业应当在客户未来行使该选择权取得相关商品的控制权时,或者在该选择权失效时确认为收入。

(2) 企业授予客户的奖励积分，构成单项履约义务的，确定收入确认的时点：将相关商品转让给客户时、该积分失效时、完成代理服务时（区分兑换由本企业或第三方提供的商品）。

企业授予客户的奖励积分为客户提供了重大权利从而构成单项履约义务时，企业应当根据具体情况确定收入确认的时点和金额。

① 如果该积分只能用于兑换本企业提供的商品，则企业通常只能在将相关商品转让给客户或该积分失效时，确认与积分相关的收入。

② 如果该积分只能用于兑换第三方提供的商品，则企业应当分析，对于该项履约义务而言，其身份是主要责任人还是代理人，企业是代理人的，通常应在完成代理服务时（例如协助客户自第三方兑换完积分时）按照其有权收取的佣金等确认收入。

③ 如果客户可以选择兑换由本企业或第三方提供的商品，则企业可以选择如下两种处理方式：

A. 在客户选择如何兑换积分或该积分失效之前，企业需要随时准备为客户兑换积分提供商品，当客户选择兑换本企业的商品时，企业通常只能在将相关商品转让给客户或该积分失效时确认相关收入。

B. 当客户选择兑换第三方提供的商品时，企业需要分析其是主要责任人还是代理人，并进行相应的会计处理。

【例18-97】 智董公司经营一家购物网站，在该网站销售自营商品。同时，也有其他商家在智董公司的购物网站向消费者销售商品，智董公司为这些商家提供平台服务，并按照商家销售金额的10%收取平台服务费。当消费者在该购物网站购买其他商家销售的商品时，智董公司代为收取款项，智董公司将代收款项扣除服务费后支付给商家。消费者在该购物网站购买智董公司自营商品时，智董公司是主要责任人；消费者在该购物网站购买其他商家的商品时，智董公司是代理人。

根据智董公司的相关政策，消费者在该网站购买智董公司自营商品时，可获得智董公司授予的奖励积分。消费者既可以使用该积分兑换智董公司自营的商品，也可以兑换入驻该购物网站的任一其他商家的商品。当客户选择兑换其他商家的商品时，智董公司按照所兑换商品的货款扣除平台服务费后的净额向该商家支付款项。

2×21年7月1日，消费者温某在该购物网站购买智董公司自营商品，消费30 000元，获取3 000个积分。假定不考虑相关税费。

请问：智董公司分摊至该奖励积分的价款，应当确认为合同负债还是金融负债？

【分析】 消费者在智董公司的购物网站购买智董公司的自营商品，消费者是智董公司的客户，其与智董公司达成的买卖智董公司商品的合同，适用收入会计准则进行会计处理。智董公司在向消费者销售商品的同时，向其授予奖励积分，消费者可使用奖励积分在该网站免费兑换商品。因此，智董公司授予消费者的奖励积分向其提供了一项额外购买选择权，且构成重大权利，应当作为一项单独的履约义务。在这种情况下，消费者购买智董公司自营商品而支付的价款实际上取得了两项单独的商品，一是其原本购买的商品，二是奖励积分。智董公司需要将销售商品收取的价款在两者之间按照其单独售价的相对比例进行分摊，分摊至奖励积分的部分，先确认为负债，在消费者未来使用该奖励积分取得相关商品的控制权，或者在该奖励积分失效时确认收入。

在本例中，由于消费者温某可以使用奖励积分兑换智董公司自营商品或其他商家销售的商品，如果其选择兑换其他商家销售的商品，则智董公司承担了向其他商家支付货款的合同义务，该义务产生于消费者购买智董公司商品并取得奖励积分，适用收入会计准则进行会计处理。在新收入会计准则下，智董公司在销售商品时已经收取的全部合同价款，在消费者温某选择如何兑换奖励积分或该奖励积分失效之前，智董公司需要随时准备为消费者温某兑换积分提供商品。因此，智董公司收取的价款中，分摊至该奖励积分的部分，确认为合同负债。

消费者温某使用积分兑换商品时,智董公司需要判断在该交易中其是主要责任人还是代理人,并相应进行会计处理。

五、授予知识产权许可

(一) 相关综合知识

授予知识产权许可,是指企业授予客户对企业拥有的知识产权享有相应权利。

常见的知识产权包括软件和技术、影视和音乐等的版权、特许经营权以及专利权、商标权和其他版权等。

(二) 收入确认和计量的"五步法"

1. 识别与客户订立的合同

无特殊说明。

2. 识别合同中的单项履约义务

企业向客户授予知识产权许可时,可能也会同时销售商品,这些承诺可能在合同中明确约定,也可能隐含于企业已公开宣布的政策、特定声明或者企业以往的习惯做法中。

在这种情况下,企业应当评估授予客户的知识产权许可是否可与所售商品明确区分,即该知识产权许可是否构成单项履约义务,并进行相应的会计处理。

(1) 构成单项履约义务。

授予客户的知识产权许可,可与所售商品明确区分,则该知识产权许可构成单项履约义务。

(2) 不构成单项履约义务。

授予客户的知识产权许可,不可与所售商品明确区分,则该知识产权许可不构成单项履约义务。

知识产权许可与所售商品不可明确区分的情形包括:

一是该知识产权许可构成有形商品的组成部分并且对于该商品的正常使用不可或缺,例如,企业向客户销售设备和相关软件,该软件内嵌于设备之中,该设备必须安装了该软件之后才能正常使用。

二是客户只有将该知识产权许可和相关服务一起使用才能够从中获益,例如,客户取得授权许可,但是只有通过企业提供的在线服务才能访问相关内容。

> **专家点拨**
>
> 授予客户的知识产权许可不构成单项履约义务的,企业应当将该知识产权许可和所售商品一起作为单项履约义务进行会计处理。

【例18-98】 智董生物制药公司将其拥有的某合成药的专利权许可证授予贵琛公司,授权期限为15年。同时,智董公司承诺为贵琛公司生产该种药品。除此之外,智董公司不会从事任何与支持该药品相关的活动。该药品的生产流程特殊性极高,没有其他公司能够生产该药品。

【分析】 智董公司向贵琛公司授予专利权许可,并为其提供生产服务。由于市场上没有其他公司能够生产该药品,客户将无法从该专利权许可中单独获益,因此,该专利权许可和生产服务不可明确区分,应当将其一起作为单项履约义务进行会计处理。

相反,如果该药品的生产流程特殊性不高,其他公司也能够生产该药品,则该专利权许可和生产服务可明确区分,应当各自分别作为单项履约义务进行会计处理。

3. 确定交易价格

无特殊说明。

4. 将交易价格分摊至各单项履约义务

无特殊说明。

5. 履行各单项履约义务时确认收入

(1) 授予知识产权许可属于某一时段履行的履约义务。

授予客户的知识产权许可构成单项履约义务的,企业应当根据该履约义务的性质,进一步确定其是在某一时段内履行还是在某一时点履行。

企业向客户授予的知识产权许可,同时满足下列三项条件的,应当作为在某一时段内履行的履约义务确认相关收入;否则,应当作为在某一时点履行的履约义务确认相关收入:

① 合同要求或客户能够合理预期企业将从

事对该项知识产权有重大影响的活动。

企业向客户授予知识产权许可之后,还可能会从事一些后续活动,例如市场推广、知识产权的继续开发或者能够影响知识产权价值的日常活动等,这些活动可能会在企业与客户的合同中明确约定,也可能是客户基于企业公开宣布的政策、特定声明或者企业以往的习惯做法而合理预期企业将会从事这些活动。如果企业和客户之间约定共享该知识产权的经济利益(例如,企业收取的特许权使用费基于客户的销售情况确定),虽然并非决定性因素,但是这可能表明客户能够合理预期企业将从事对该项知识产权有重大影响的活动。

企业从事的活动存在下列情况之一的,将会对该项知识产权有重大影响:一是这些活动预期将显著改变该项知识产权的形式(如知识产权的设计、内容)或者功能(如执行某任务的能力);二是客户从该项知识产权中获益的能力在很大程度上来源于或者取决于这些活动,即,这些活动会改变该项知识产权的价值,例如企业授权客户使用其品牌,客户从该品牌获得的利益价值取决于企业为维护或提升其品牌价值而持续从事的活动。当该项知识产权具有重大的独立功能,且该项知识产权绝大部分的经济利益来源于该项功能时,客户从该项知识产权中获得的利益可能不受企业从事的相关活动的重大影响,除非这些活动显著改变了该项知识产权的形式或者功能。具有重大独立功能的知识产权主要包括软件、生物合成物或药物配方以及已完成的媒体内容(例如电影、电视节目以及音乐录音)版权等。

② 该活动对客户将产生有利或不利影响。

企业从事的这些后续活动将直接导致相关知识产权许可对客户产生影响,且这种影响既包括有利影响,也包括不利影响。如果企业从事的后续活动并不影响授予客户的知识产权许可,那么企业的后续活动只是在改变其自己拥有的资产。虽然这些活动可能影响企业提供未来知识产权许可的能力,但将不会影响客户已控制或使用的内容。

③ 该活动不会导致向客户转让某项商品。

企业向客户授予知识产权许可,并承诺从事与该许可相关的某些后续活动时,如果这些活动本身构成了单项履约义务,那么企业在评估授予知识产权许可是否属于在某一时段履行的履约义务时应当不予考虑。

【例18-99】 智董公司是一家设计制作连环漫画的公司,贵琛公司是一家大型房车的运营商。智董公司授权贵琛公司可在5年内使用其2部连环漫画中的角色形象和名称,贵琛公司可以以不同的方式(例如,展览或演出)使用这些漫画中的角色。智董公司的每部连环漫画都有相应的主要角色,并会定期创造新的角色,角色的形象也会随时演变。合同要求贵琛公司必须使用最新的角色形象。在授权期内,智董公司每年向贵琛公司收取5 000万元。

【分析】 智董公司除了授予知识产权许可外不存在其他履约义务。也就是说,与知识产权许可相关的额外活动并未向客户提供其他商品,因为这些活动是企业授予知识产权许可承诺的一部分,且实际上改变了客户享有知识产权许可的内容。智董公司基于下列因素的考虑,认为该许可的相关收入应当在某一时段内确认:一是贵琛公司合理预期(根据智董公司以往的习惯做法),智董公司将实施对该知识产权许可产生重大影响的活动,包括创作角色及出版包含这些角色的连环漫画等;二是合同要求贵琛公司必须使用智董公司创作的最新角色,这些角色塑造得成功与否,会直接对贵琛公司产生有利或不利影响;三是尽管贵琛公司可以通过该知识产权许可从这些活动中获益,但在这些活动发生时并没有导致向贵琛公司转让任何商品。

由于合同规定贵琛公司在一段固定期间内可无限制地使用其取得授权许可的角色,因此,智董公司按照时间进度确定履约进度。

(2) 授予知识产权许可属于在某一时点履行的履约义务。

① 一般规定。

授予知识产权许可不属于在某一时段内履

行的履约义务的,应当作为在某一时点履行的履约义务,在履行该履约义务时确认收入。

在客户能够使用某项知识产权许可并开始从中获利之前,企业不能对此类知识产权许可确认收入。

例如,企业授权客户在一定期间内使用软件,但是,在企业向客户提供该软件的密钥之前,客户都无法使用该软件,因此,企业在向客户提供该密钥之前虽然已经得到授权,但也不应确认收入。

【例18-100】 智董音乐公司将其拥有的一首流行歌曲的版权授予贵琛公司,并约定贵琛公司在两年内有权在国内所有商业渠道(包括电视、广播和网络广告等)使用该流行歌曲。因提供该版权许可,智董公司每月收取4 980元的固定对价。除该版权之外,智董公司无需提供任何其他的商品。该合同不可撤销。

【分析】 智董公司除了授予该版权许可外不存在其他履约义务。智董公司并无任何义务从事改变该版权的后续活动,该版权也具有重大的独立功能(即流行歌曲的录音可直接用于播放),贵琛公司主要通过该重大独立功能获利,而非智董公司的后续活动。因此,合同未要求智董公司从事对该版权许可有重大影响的活动,贵琛公司对此也没有形成合理预期,智董公司授予该版权许可属于在某一时点履行的履约义务,应在贵琛公司能够主导该版权的使用并从中获得几乎全部经济利益时,全额确认收入。

此外,由于智董公司履约的时间与客户付款时间(两年内每月支付)之间间隔较长,智董公司需要判断该项合同中是否存在重大的融资成分,并进行相应的会计处理。

值得注意的是,在判断某项知识产权许可是属于在某一时段内履行的履约义务还是在某一时点履行的履约义务时,企业不应考虑下列因素:一是该许可在时间、地域、排他性以及相关知识产权消耗和使用方面的限制,这是因为这些限制界定了已承诺的许可的属性,并不能界定企业是在某一时点还是在某一时段内履行其履约义务。二是企业就其拥有的知识产权的有效性以及防止未经授权使用该知识产权许可所提供的保证,这是因为保护知识产权的承诺并不构成履约义务,该保护行为是为了保护企业知识产权资产的价值,并且就所转让的知识产权许可符合合同约定的具体要求而向客户提供保证。

② 例外规定——符合条件的基于销售或使用情况的特许权使用费,应当在客户后续销售或使用行为实际发生与企业履行相关履约义务两者孰晚的时点确认收入(须整体采用)。

A. 确认时点。

企业向客户授予知识产权许可,并约定按客户实际销售或使用情况(如按照客户的销售额)收取特许权使用费的,应当在客户后续销售或使用行为实际发生与企业履行相关履约义务两者孰晚的时点确认收入。

B. 适用情形。

这是估计可变对价的一个例外规定,该例外规定只有在下列两种情形下才能使用:一是特许权使用费仅与知识产权许可相关。二是特许权使用费可能与合同中的知识产权许可和其他商品都相关,但是,与知识产权许可相关的部分占有主导地位。当企业能够合理预期,客户认为知识产权许可的价值远高于合同中与之相关的其他商品时,该知识产权许可可能是占有主导地位的。

对于不适用该例外规定的特许权使用费,应当按照估计可变对价的一般原则进行处理。

【例18-101】 智董电影发行公司与贵琛公司签订合同,将其拥有的一部电影的版权授权给贵琛公司,贵琛公司可在其旗下的影院放映该电影,放映期间为5周。除了将该电影版权授权给贵琛公司之外,智董公司还同意在该电影放映之前,向贵琛公司提供该电影的片花,在贵琛公司的影院播放,并且在该电影放映期间在当地知名的广播电台播放广告。智董公司将获得贵琛公司播放该电影的票房分成。

【分析】 智董公司的承诺包括授予电影版权许可、提供电影片花以及提供广告服务。智董公司在该合同下获得的对价为按照贵琛公司实际销售情况收取的特许权使用费,与之相关的授予电影版权许可是占有主导地位的,这是因为,智董公司能够合理预期,客户认为该电影版权许可的价值远高于合同中提供的电影片花和广告服务。因此,智董公司应当在贵琛公司放映该电影的期间按照约定的分成比例确认收入。如果授予电影版权许可、提供电影片花以及广告服务分别构成单项履约义务,智董公司应当将该取得的分成收入在这些履约义务之间进行分摊。

C. 整体采用。

此外,企业使用上述例外规定时,应当对特许权使用费整体采用该规定,而不应当将特许权使用费进行分拆,即部分采用该例外规定进行处理,而其他部分按照估计可变对价的一般原则进行处理。

六、售后回购——确认销售收入(或作为附有销售退回条款的销售交易),或者视为租赁交易、融资交易

客户不具有行使"回售"要求权的重大经济动因的,作为附有销售退回条款的销售交易;企业或者客户到期未行使"回购"权利的,应在该权利到期时确认收入。其他情形,视为租赁交易(回购价格低于原售价)或融资交易(回购价格不低于原售价)(表18-9)。

表18-9 售后回购的会计处理

客户拥有回售选择权	有行使该要求权的重大经济动因	视为租赁交易(回购价格低于原售价)或融资交易(回购价格不低于原售价);到期未行使权利的,应在该权利到期时确认收入
	无行使该要求权的重大经济动因	作为附有销售退回条款的销售交易
远期安排、回购选择权		视为租赁交易(回购价格低于原售价)或融资交易(回购价格不低于原售价);到期未行使权利的,应在该权利到期时确认收入

(一)相关综合知识

售后回购,是指企业销售商品的同时承诺或有权选择日后再将该商品购回的销售方式。

被购回的商品包括原销售给客户的商品、与该商品几乎相同的商品,或者以该商品作为组成部分的其他商品。

一般来说,售后回购通常有三种形式:

(1)企业和客户约定企业有义务回购该商品,即存在远期安排。

(2)企业有权利回购该商品,即企业拥有回购选择权。

(3)当客户要求时,企业有义务回购该商品,即客户拥有回售选择权。

(二)区分两种情形分别进行会计处理

1. 企业因存在与客户的远期安排而负有回购义务或企业享有回购权利的

企业因存在与客户的远期安排而负有回购义务或企业享有回购权利的,尽管客户可能已经持有了该商品的实物,但是,由于企业承诺回购或者有权回购该商品,导致客户主导该商品的使用并从中获取几乎全部经济利益的能力受到限制,因此,在销售时点,客户并没有取得该商品的控制权。

在这种情况下,企业应根据下列情况分别进行相应的会计处理:

(1)回购价格低于原售价的。

应当视为租赁交易,按照《企业会计准则第21号——租赁》的相关规定进行会计处理。

【例18-102】 2×18年4月1日,智董公司向贵琛公司销售一台设备,销售价格为1 000万元,同时双方约定两年之后,即2×20年4月1日,智董公司将以600万元的价格回购该设备。

【分析】 根据合同约定,智董公司负有在两年后回购该设备的义务,因此,贵琛公司并未取得该设备的控制权。假定不考虑货币时间价值,该交易的实质是贵琛公司支付了400万元(1 000-600)的对价取得了该设备2年的使用权。智董公司应当将该交易作为租赁交易进行会计处理。

(2)回购价格不低于原售价的。

应当视为融资交易,在收到客户款项时确认金融负债,而<u>不是终止确认该资产</u>,并将该款项和回购价格的差额在回购期间内确认为利息费用等。

【例18-103】 沿用[例18-102]，假定智董公司将在2×20年4月1日不是以600万元，而是以1000万元的价格回购该设备。

【分析】 假定不考虑货币时间价值，该交易的实质是智董公司以该设备作为质押取得了1000万元的借款，2年后归还本息合计1000万元。智董公司应当将该交易视为融资交易，不应当终止确认该设备，而应当在收到客户款项时确认金融负债，并将该款项和回购价格的差额在回购期间内确认为利息费用等。

2. 企业应客户要求回购商品的

企业负有应客户要求回购商品义务的，应当在合同开始日评估客户是否具有行使该要求权的重大经济动因。

在判断客户是否具有行权的重大经济动因时，企业应当综合考虑各种相关因素，包括回购价格与预计回购时市场价格之间的比较以及权利的到期日等。当回购价格明显高于该资产回购时的市场价值时，通常表明客户有行权的重大经济动因。

（1）客户具有行使该要求权的重大经济动因的。

企业应当将回购价格与原售价进行比较，并按照上述第1种情形下的原则将该售后回购作为租赁交易或融资交易进行相应的会计处理。

【例18-104】 智董公司向贵琛公司销售其生产的一台设备，销售价格为10 000万元，双方约定，贵琛公司在5年后有权要求智董公司以7 500万元的价格回购该设备。智董公司预计该设备在回购时的市场价值将远低于7 500万元。

【分析】 假定不考虑时间价值的影响，智董公司的回购价格7 500万元低于原售价10 000万元，但远高于该设备在回购时的市场价值，智董公司判断贵琛公司有重大的经济动因行使其权利要求智董公司回购该设备。因此，智董公司应当将该交易作为租赁交易进行会计处理。

（2）客户不具有行使该要求权的重大经济动因的。

企业应当将该售后回购作为附有销售退回条款的销售交易进行相应的会计处理。

对于上述两种情形，企业在比较回购价格和原销售价格时，应当考虑货币的时间价值。

在企业有权要求回购或者客户有权要求企业回购的情况下，企业或者客户到期未行使权利的，应在该权利到期时终止确认相关负债，同时确认收入。

七、向客户预收销售商品款项

企业向客户预收销售商品款项的，应当首先将该款项确认为负债，待履行了相关履约义务时再转为收入。当企业预收款项无需退回，且客户可能会放弃其全部或部分合同权利时，企业预期将有权获得与客户所放弃的合同权利相关的金额的，应当按照客户行使合同权利的模式按比例将上述金额确认为收入；否则，企业只有在客户要求其履行剩余履约义务的可能性极低时，才能将上述负债的相关余额转为收入。

【例18-105】 智董公司经营连锁蛋糕店。2×20年，智董公司向客户销售了5 000张储值卡，每张卡的面值为1 000元，总额为500万元。客户可在智董公司经营的任何一家门店使用该储值卡进行消费。根据历史经验，智董公司预期客户购买的储值卡中将有大约相当于储值卡面值金额5%（即250 000元）的部分不会被消费。截至2×20年12月31日，客户使用该储值卡消费的金额为2 000 000元。假定智董公司为增值税一般纳税人，在客户使用该储值卡消费时发生增值税纳税义务。

【分析】 智董公司预期将有权获得与客户未行使的合同权利相关的金额为250 000元，该金额应当按照客户行使合同权利的模式按比例确认为收入。因此，智董公司在2×20年销售的储值卡应当确认的收入金额为1 863 064.74元[(2 000 000+250 000×2 000 000÷4 750 000)÷(1+13%)]。

智董公司的账务处理为：

（1）销售储值卡：

借：库存现金　　　　　　　　　5 000 000
　　贷：合同负债　　　　　　　　4 424 778.76
　　　　应交税费——待转销项税额　575 221.24

(2) 根据储值卡的消费金额确认收入，同时将对应的待转销项税额确认为销项税额：

借：合同负债　　　　　　　　　1 863 064.74
　　应交税费——待转销项税额[2 000 000÷(1+13%)×13%]　　230 088.50
　　贷：主营业务收入　　　　　　1 863 064.74
　　　　应交税费——应交增值税(销项税额)
　　　　　　　　　　　　　　　　230 088.50

八、客户未行使的权利

(一) 相关综合知识

企业因销售商品向客户收取的预收款，赋予了客户一项在未来从企业取得该商品的权利，并使企业承担了向客户转让该商品的义务，因此，企业应当将预收的款项确认为合同负债，待未来履行了相关履约义务，即向客户转让相关商品时，再将该负债转为收入。

某些情况下，企业收取的预收款无需退回，但是客户可能会放弃其全部或部分合同权利，例如，放弃储值卡的使用等。

(二) 确认收入的情形——收入确认和计量的"五步法"

1. 识别与客户订立的合同

无特殊说明。

2. 识别合同中的单项履约义务

无特殊说明。

3. 确定交易价格

(1) 预期将有权获得与客户所放弃的合同权利相关的金额。

企业预期将有权获得与客户所放弃的合同权利相关的金额的，应当按照客户行使合同权利的模式按比例将上述金额确认为收入。

企业在确定其是否预期将有权获得与客户所放弃的合同权利相关的金额时，应当考虑将估计的可变对价计入交易价格的限制要求。

(2) 相关负债余额。

企业只有在客户要求其履行剩余履约义务的可能性极低时，才能将相关负债余额转为收入。

4. 将交易价格分摊至各单项履约义务

无特殊说明。

5. 履行各单项履约义务时确认收入

(1) 预期将有权获得与客户所放弃的合同权利相关的金额时。

(2) 客户要求其履行剩余履约义务的可能性极低时。

(三) 不确认收入的情形

如果有相关法律规定，企业所收取的、与客户未行使权利相关的款项须转交给其他方的(例如，法律规定无人认领的财产需上交政府)，企业不应将其确认为收入。

九、向客户收取无需退回的初始费

(一) 相关综合知识

企业在合同开始日(或邻近合同开始日)向客户收取的无需退回的初始费通常包括入会费、接驳费、初装费等。

企业收取该初始费时，应当评估该初始费是否与向客户转让已承诺的商品相关。

(二) 该初始费与向客户转让已承诺的商品相关，且该商品构成单项履约义务的

企业应当在转让该商品时，按照分摊至该商品的交易价格确认收入。

1. 时间(履行各单项履约义务时确认收入)

转让该商品时。

2. 金额(确定交易价格)

分摊至该商品的交易价格。

(三) 该初始费与向客户转让已承诺的商品相关，但该商品不构成单项履约义务的

企业应当在包含该商品的单项履约义务履行时，按照分摊至该单项履约义务的交易价格确认收入。

1. 时间(履行各单项履约义务时确认收入)

包含该商品的单项履约义务履行时。

2. 金额(确定交易价格)

分摊至该单项履约义务的交易价格。

(四) 该初始费与向客户转让已承诺的商品不相关的

该初始费应当作为未来将转让商品的预收款，在未来转让该商品时确认为收入。

当企业向客户授予了续约选择权，且该选

择权向客户提供了重大权利时,这部分收入确认的期间将可能长于初始合同期限。

1. 时间(履行各单项履约义务时确认收入)

未来转让该商品时。

2. 金额(确定交易价格)

该初始费。

(五)该初始费虽然与履行合同有关,但并没有向客户转让已承诺的商品(从而不构成单项履约义务)

在合同开始日(或邻近合同开始日),企业通常必须开展一些初始活动,为履行合同进行准备,如一些行政管理性质的准备工作,这些活动虽然与履行合同有关,但并没有向客户转让已承诺的商品,因此,<u>不构成单项履约义务</u>。

在这种情况下,即使企业向客户收取的无需退还的初始费与这些初始活动有关(例如,企业为了补偿开展这些活动所发生的成本而向客户收取初始费),也不应在这些活动完成时将该初始费确认为收入,而应当将该初始费作为<u>未来将转让商品的预收款</u>,在未来转让该商品时确认为收入。

1. 时间(履行各单项履约义务时确认收入)

未来转让该商品时。

2. 金额(确定交易价格)

该初始费。

注 为履行合同开展初始活动所发生的支出,应作为"合同履约成本"确认为一项资产或计入当期损益。

企业为履行合同开展初始活动,但这些活动本身并没有向客户转让已承诺的商品的,企业为开展这些活动所发生的支出,应当按照本准则的有关<u>合同履约成本</u>的相关规定确认为一项资产或计入当期损益,并且企业在确定履约进度时,<u>也不应当考虑这些成本</u>,因为这些成本并不反映企业向客户转让商品的进度。

【例 18-106】 智董公司经营一家会员制瑜伽馆。智董公司与客户签订了为期 2 年的合同,客户入会之后可以随时在该瑜伽馆健身。除瑜伽馆的年费 10 000 元之外,智董公司还向客户收取了 250 元的入会费,用于补偿瑜伽馆为客户进行注册登记、准备会籍资料以及制作会员卡等初始活动所花费的成本。智董公司收取的入会费和年费均无需返还。

【分析】 智董公司承诺的服务是向客户提供健身服务(即可随时使用的健身场地),而智董公司为会员入会所进行的初始活动并未向客户提供其所承诺的服务,而只是一些内部行政管理性质的工作。因此,智董公司虽然为补偿这些初始活动向客户收取了入会费,但是该入会费实质上是客户为健身服务所支付的对价的一部分,故应当作为健身服务的预收款,与收取的年费一起在 2 年内分摊确认为收入。

第五节 会计科目和会计分录

以下是第一财税网(www.tax.org.cn)耗时整理的相关会计科目和会计分录,供实际工作中随时查阅、使用。

一、6001 主营业务收入

(一)核算内容

本科目核算企业确认的销售商品、提供服务等主营业务的收入。

(二)明细核算

本科目可按主营业务的种类进行明细核算。

(三)主要账务处理

企业在履行了合同中的单项履约义务时,应按照已收或应收的合同价款,加上应收取的增值税额,借记"银行存款""应收账款""应收票据""合同资产"等科目,按应确认的收入金额,贷记本科目,按应收取的增值税税额,贷记"应交税费——应交增值税(销项税额)""应交税费——待转销项税额"等科目。

合同中存在企业为客户提供重大融资利益的,企业应按照应收合同价款,借记"长期应收款"等科目，按照假定客户在取得商品控制权时即以现金支付而需支付的金额（即现销价格）确定的交易价格，贷记本科目，按其差额，贷记"未实现融资收益"科目；合同中存在客户为企业提供重大融资利益的，企业应按照已收合同价款，借记"银行存款"等科目，按照假定客户在取得商品控制权时即以现金支付的应付金额（即现销价格）确定的交易价格，贷记"合同负债"等科目，按其差额，借记"未确认融资费用"科目。涉及增值税的，还应进行相应的处理。

企业收到的对价为非现金资产时，应按该非现金资产在合同开始日的公允价值，借记"存货""固定资产""无形资产"等有关科目，贷记本科目。涉及增值税的，还应进行相应的处理。

（四）期末余额

期末，应将本科目的余额转入"本年利润"科目，结转后本科目应无余额。

二、6051 其他业务收入

（一）核算内容

本科目核算企业确认的除主营业务活动以外的其他经营活动实现的收入，包括出租固定资产、出租无形资产、出租包装物和商品、销售材料、用材料进行非货币性交换（非货币性资产交换具有商业实质且公允价值能够可靠计量）或债务重组等实现的收入。

企业（保险）经营受托管理业务收取的管理费收入，也通过本科目核算。

（二）明细核算

本科目可按其他业务的种类进行明细核算。

（三）主要账务处理

企业确认其他业务收入的主要账务处理参见"主营业务收入"科目。

（四）期末余额

期末，应将本科目的余额转入"本年利润"科目，结转后本科目应无余额。

三、6401 主营业务成本

（一）核算内容

本科目核算企业确认销售商品、提供服务等主营业务收入时应结转的成本。

（二）明细核算

本科目可按主营业务的种类进行明细核算。

（三）主要账务处理

期末，企业应根据本期销售各种商品、提供各种服务等实际成本，计算应结转的主营业务成本，借记本科目，贷记"库存商品""合同履约成本"等科目。

采用计划成本或售价核算库存商品的，平时的营业成本按计划成本或售价结转，月末，还应结转本月销售商品应分摊的产品成本差异或商品进销差价。

（四）期末余额

期末，应将本科目的余额转入"本年利润"科目，结转后本科目无余额。

四、6402 其他业务成本

（一）核算内容

本科目核算企业确认的除主营业务活动以外的其他经营活动所发生的支出，包括销售材料的成本、出租固定资产的折旧额、出租无形资产的摊销额、出租包装物的成本或摊销额等。

除主营业务活动以外的其他经营活动发生的相关税费，在"税金及附加"科目核算。

采用成本模式计量投资性房地产的，其投资性房地产计提的折旧额或摊销额，也通过本科目核算。

（二）明细核算

本科目可按其他业务成本的种类进行明细核算。

（三）主要账务处理

企业发生的其他业务成本，借记本科目，贷记"原材料""周转材料"等科目。

（四）期末余额

期末，应将本科目的余额转入"本年利润"科目，结转后本科目无余额。

五、合同取得成本

（一）核算内容

本科目核算企业取得合同发生的、预计能

够收回的增量成本。

(二) 明细核算

本科目可按合同进行明细核算。

(三) 主要账务处理

企业发生上述合同取得成本时，借记本科目，贷记"银行存款""其他应付款"等科目；对合同取得成本进行摊销时，按照其相关性借记"销售费用"等科目，贷记本科目。涉及增值税的，还应进行相应的处理。

(四) 期末余额

本科目期末借方余额，反映企业尚未结转的合同取得成本。

附：报表列示

按照《企业会计准则第 14 号——收入》(2017 年修订)的相关规定确认为资产的合同取得成本，应当根据"合同取得成本"科目的明细科目初始确认时摊销期限是否超过一年或一个正常营业周期，在"其他流动资产"或"其他非流动资产"项目中填列，已计提减值准备的，还应减去"合同取得成本减值准备"科目中相关的期末余额后的金额填列。

六、合同取得成本减值准备

(一) 核算内容

本科目核算与合同取得成本有关的资产的减值准备。

(二) 明细核算

本科目可按合同进行明细核算。

(三) 主要账务处理

与合同取得成本有关的资产发生减值的，按应减记的金额，借记"资产减值损失"科目，贷记本科目；转回已计提的资产减值准备时，作相反的会计分录。

(四) 期末余额

本科目期末贷方余额，反映企业已计提但尚未转销的合同取得成本减值准备。

七、合同履约成本

(一) 核算内容

本科目核算企业为履行当前或预期取得的合同所发生的、不属于其他企业会计准则规范范围且按照收入会计准则应当确认为一项资产的成本。

企业因履行合同而产生的毛利不在本科目核算。

(二) 明细核算

本科目可按合同，分别"服务成本""工程施工"等进行明细核算。

(三) 主要账务处理

企业发生上述合同履约成本时，借记本科目，贷记"银行存款""应付职工薪酬""原材料"等科目；对合同履约成本进行摊销时，借记"主营业务成本""其他业务成本"等科目，贷记本科目。涉及增值税的，还应进行相应的处理。

(四) 期末余额

本科目期末借方余额，反映企业尚未结转的合同履约成本。

八、合同履约成本减值准备

(一) 核算内容

本科目核算与合同履约成本有关的资产的减值准备。

(二) 明细核算

本科目可按合同进行明细核算。

(三) 主要账务处理

与合同履约成本有关的资产发生减值的，按应减记的金额，借记"资产减值损失"科目，贷记本科目；转回已计提的资产减值准备时，作相反的会计分录。

(四) 期末余额

本科目期末贷方余额，反映企业已计提但尚未转销的合同履约成本减值准备。

九、应收退货成本

(一) 核算内容

本科目核算销售商品时预期将退回商品的账面价值，扣除收回该商品预计发生的成本(包括退回商品的价值减损)后的余额。

(二) 明细核算

本科目可按合同进行明细核算。

(三) 主要账务处理

企业发生附有销售退回条款的销售的,应在客户取得相关商品控制权时,按照已收或应收合同价款,借记"银行存款""应收账款""应收票据""合同资产"等科目,按照因向客户转让商品而预期有权收取的对价金额(即,不包含预期因销售退回将退还的金额),贷记"主营业务收入""其他业务收入"等科目,按照预期因销售退回将退还的金额,贷记"预计负债——应付退货款"等科目;结转相关成本时,按照预期将退回商品转让时的账面价值,扣除收回该商品预计发生的成本(包括退回商品的价值减损)后的余额,借记本科目,按照已转让商品转让时的账面价值,贷记"库存商品"等科目,按其差额,借记"主营业务成本""其他业务成本"等科目。涉及增值税的,还应进行相应处理。

(四) 期末余额

本科目期末借方余额,反映企业预期将退回商品转让时的账面价值,扣除收回该商品预计发生的成本(包括退回商品的价值减损)后的余额,在资产负债表中按其流动性计入"其他流动资产"或"其他非流动资产"项目。

附:报表列示

按照《企业会计准则第14号——收入》(2017年修订)的相关规定确认为资产的应收退货成本,应当根据"应收退货成本"科目是否在一年或一个正常营业周期内出售,在"其他流动资产"或"其他非流动资产"项目中填列。

十、1462 合同资产

(一) 核算内容

本科目核算企业已向客户转让商品而有权收取对价的权利。

仅取决于时间流逝因素的权利不在本科目核算。

(二) 明细核算

本科目应按合同进行明细核算。

(三) 主要账务处理

企业在客户实际支付合同对价或在该对价到期应付之前,已经向客户转让了商品的,应当按因已转让商品而有权收取的对价金额,借记本科目或"应收账款"科目,贷记"主营业务收入""其他业务收入"等科目;企业取得无条件收款权时,借记"应收账款"等科目,贷记本科目。涉及增值税的,还应进行相应的处理。

(四) 期末余额

附:报表列示

合同资产项目,反映企业按照《企业会计准则第14号——收入》(2018)的相关规定,根据本企业履行履约义务与客户付款之间的关系在资产负债表中列示的合同资产。

"合同资产"项目应根据"合同资产"科目的相关明细科目期末余额分析填列,同一合同下的合同资产和合同负债应当以净额列示,其中净额为借方余额的,应当根据其流动性在"合同资产"或"其他非流动资产"项目中填列,已计提减值准备的,还应以减去"合同资产减值准备"科目中相关的期末余额后的金额填列;其中净额为贷方余额的,应当根据其流动性在"合同负债"或"其他非流动负债"项目中填列。

注 企业应按照《企业会计准则第14号——收入》(财会〔2017〕22号)的相关规定根据本企业履行履约义务与客户付款之间的关系在资产负债表中列示合同资产或合同负债。"合同资产"项目、"合同负债"项目,应分别根据"合同资产"科目、"合同负债"科目的相关明细科目的期末余额分析填列,同一合同下的合同资产和合同负债应当以净额列示,其中净额为借方余额的,应当根据其流动性在"合同资产"或"其他非流动资产"项目中填列,已计提减值准备的,还应减去"合同资产减值准备"科目中相关的期末余额后的金额填列;其中净额为贷方余额的,应当根据其流动性在"合同负债"或"其他非流动负债"项目中填列。

由于同一合同下的合同资产和合同负债应当以净额列示,企业也可以设置"合同结算"科目(或其他类似科目),以核算同一合同下属于在某一时段内履行履约义务涉及与客户结算对价的合同资产或合同负债,并在此科目下设置"合同结算——价款结算"科目反映定期与客户进行结算的金额,设置"合同结算——收入结转"科目反映按履约进度结转的收入金额。资产负债表日,"合同结算"科目的期末余额在借方的,根据其流动性在"合同资产"或"其他非流动资产"项目中填列;期末余额在贷方的,根据其流动性在"合同负债"或"其他非流动负债"项目中填列。

十一、1463 合同资产减值准备

(一) 核算内容

本科目核算合同资产的减值准备。

(二) 明细核算

本科目应按合同进行明细核算。

(三) 主要账务处理

合同资产发生减值的,按应减记的金额,借记"资产减值损失"科目,贷记本科目;转回已计提的资产减值准备时,作相反的会计分录。

注 根据《企业会计准则第 22 号——金融工具确认和计量》的规定,对企业应收款项、合同资产和租赁应收款发生信用减值核算时由原来的"资产减值损失"账户改成"信用减值损失"账户。

(四) 期末余额

本科目期末贷方余额,反映企业已计提但尚未转销的合同资产减值准备。

十二、2204 合同负债

(一) 核算内容

本科目核算企业已收或应收客户对价而应向客户转让商品的义务。

(二) 明细核算

本科目应按合同进行明细核算。

(三) 主要账务处理

企业在向客户转让商品之前,客户已经支付了合同对价或企业已经取得了无条件收取合同对价权利的,企业应当在客户实际支付款项与到期应支付款项孰早时点,按照该已收或应收的金额,借记"银行存款""应收账款""应收票据"等科目,贷记本科目;企业向客户转让相关商品时,借记本科目,贷记"主营业务收入""其他业务收入"等科目。涉及增值税的,还应进行相应的处理。

企业因转让商品收到的预收款适用收入会计准则进行会计处理时,不再使用"预收账款"科目及"递延收益"科目。根据新收入准则对合同负债的规定,尚未向客户履行转让商品的义务而已收或应收客户对价中的增值税部分,因不符合合同负债的定义,不应确认为合同负债。

(四) 期末余额

本科目期末贷方余额,反映企业在向客户转让商品之前,已经收到的合同对价或已经取得的无条件收取合同对价权利的金额。

附:报表列示

反映企业按照《企业会计准则第 14 号——收入》(2018)的相关规定,根据本企业履行履约义务与客户付款之间的关系在资产负债表中列示的合同负债。

"合同负债"项目应根据"合同负债"的相关明细科目期末余额分析填列。

注 企业应按照《企业会计准则第 14 号——收入》(财会〔2017〕22 号)的相关规定根据本企业履行履约义务与客户付款之间的关系在资产负债表中列示合同资产或合同负债。"合同资产"项目、"合同负债"项目,应分别根据"合同资产"科目、"合同负债"科目的相关明细科目的期末余额分析填列,同一合同下的合同资产和合同负债应当以净额列示,其中净额为借方余额的,应当根据其流动性在"合同资产"或"其他非流动资产"项目中填列,已计提减值准备的,还应减去"合同资产减值准备"科目中相关的期末余额后的金额填列;其中净额为贷方余额的,应当根据其流动性在"合同负债"或"其他非流动负债"项目中填列。

由于同一合同下的合同资产和合同负债应当以净额列示,企业也可以设置"合同结算"科目(或其他类似科目),以核算同一合同下属于在某一时段内履行履约义务涉及与客户结算对价的合同资产或合同负债,并在此科目下设置"合同结算——价款结算"科目反映定期与客户进行结算的金额,设置"合同结算——收入结转"科目反映按履约进度结转的收入金额。资产负债表日,"合同结算"科目的期末余额在借方的,根据其流动性在"合同资产"或"其他非流动资产"项目中填列;期末余额在贷方的,根据其流动性在"合同负债"或"其他非流动负债"项目中填列。

【例 18-107】 2×20 年 1 月 1 日,智董建筑公司与贵琛公司签订一项大型设备建造工程合同,根据双方合同,该工程的造价为 31 500 万元,工程期限为一年半,智董公司负责工程的施工及全面管理,贵琛公司按照第三方工程监理公司确认的工程完工量,每半年与智董公司结算一次;预计2×21年6月30日竣工;预计可能发生的总成本为20 000万元。假定该建造工程整体构成单项履约义务,并属于在某一时段履行的履约义务,智董公司采用成本法确定履约进度,增值税税率为9%,不考虑其他相关因素。2×20年6月30日,工程累计实际发生成本7 500万元,智董公司与贵琛公司结算合同价款12 500万元,智董公司实际收到价款11 000万元;2×20年12月31日,工程累计实际发生成本15 000万元,智董公司与贵琛公司结算合同价款5 500万元,智董公司实际收到价款5 500万元;2×21年6月30日,工程累计实际发生成本20 500万元,贵琛公司与智董公司结算了合同竣工价款13 500万元,并支付剩余工程款15 000万元,上述价款均不含增值税额。假定智董公司与贵琛公司结算时即发生增值税纳税义务,贵琛公司在实际支付工程价款的同时支付其对应的增值税税款。

【分析】 智董公司的账务处理:

(1) 2×20年1月1日至6月30日实际发生工程成本时:

借:合同履约成本　　　　　　　75 000 000
　　贷:原材料、应付职工薪酬等　　75 000 000

(2) 2×20年6月30日:

履约进度＝7 500÷20 000＝37.5%。

合同收入＝31 500×37.5%＝11 812.5(万元)。

借:合同结算——收入结转　　　118 125 000
　　贷:主营业务收入　　　　　　118 125 000

借:主营业务成本　　　　　　　75 000 000
　　贷:合同履约成本　　　　　　75 000 000

借:应收账款　　　　　　　　　136 250 000
　　贷:合同结算——价款结算　　125 000 000
　　　　应交税费——应交增值税(销项税额)
　　　　　　　　　　　　　　　　11 250 000

借:银行存款　　　　　　　　　110 000 000
　　贷:应收账款　　　　　　　　110 000 000

当日,"合同结算"科目的余额为贷方687.5万元(12 500－11 812.5),表明智董公司已经与客户结算但尚未履行履约义务的金额为687.5万元,由于智董公司预计该部分履约义务将在2×20年内完成,因此,应在资产负债表中作为合同负债列示。

(3) 2×20年7月1日至12月31日实际发生工程成本时:

借:合同履约成本　　　　　　　75 000 000
　　贷:原材料、应付职工薪酬等　　75 000 000

(4) 2×20年12月31日:

履约进度＝15 000÷20 000＝75%。

合同收入＝31 500×75%－11 812.5
　　　　＝11 812.5(万元)。

借:合同结算——收入结转　　　118 125 000
　　贷:主营业务收入　　　　　　118 125 000

借:主营业务成本　　　　　　　75 000 000
　　贷:合同履约成本　　　　　　75 000 000

借:应收账款　　　　　　　　　59 950 000
　　贷:合同结算——价款结算　　55 000 000
　　　　应交税费——应交增值税(销项税额)
　　　　　　　　　　　　　　　　4 950 000

借:银行存款　　　　　　　　　55 000 000
　　贷:应收账款　　　　　　　　55 000 000

当日,"合同结算"科目的金额为借方5 625万元(11 812.5－5 500－687.5),表明智董公司已经履行履约义务但尚未与客户结算的金额为5 625万元,由于该部分金额将在2×21年内结算,因此,应在资产负债表中作为合同资产列示。

(5) 2×21年1月1日至6月30日实际发生工程成本时:

借:合同履约成本　　　　　　　55 000 000
　　贷:原材料、应付职工薪酬等　　55 000 000

(6) 2×21年6月30日:

由于合同当日已竣工结算,其履约进度100%。

合同收入＝31 500－11 812.5－11 812.5＝7 875(万元)。

借:合同结算——收入结转　　　78 750 000
　　贷:主营业务收入　　　　　　78 750 000

借：主营业务成本　　　　　　55 000 000
　　贷：合同履约成本　　　　　　　55 000 000
借：应收账款　　　　　　　　147 150 000
　　贷：合同结算——价款结算　　135 000 000
　　　　应交税费——应交增值税（销项税额）
　　　　　　　　　　　　　　　12 150 000

借：银行存款　　　　　　　　178 350 000
　　贷：应收账款　　　　　　　　178 350 000

当日，"合同结算"科目的金额为0（5 625＋7 875－13 500）。

第六节　收入的列报和披露

一、收入的列报

(一) 合同资产和合同负债

合同一方已经履约的，即企业依据合同履行履约义务或客户依据合同支付合同对价，企业应当根据其履行履约义务与客户付款之间的关系，在资产负债表中列示合同资产或合同负债。

1. 合同负债

企业在向客户转让商品之前，如果客户已经支付了合同对价或企业已经取得了无条件收取合同对价的权利，则企业应当在客户实际支付款项与到期应支付款项孰早时点，将该已收或应收的款项列示为合同负债。

合同负债，是指企业已收或应收客户对价而应向客户转让商品的义务。

例如，企业与客户签订不可撤销的合同，向客户销售其生产的产品，合同开始日，企业收到客户支付的合同价款1 000元，相关产品将在2个月之后交付给客户，这种情况下，企业应当将该1 000元作为合同负债进行处理。

2. 合同资产

相反，在客户实际支付合同对价或在该对价到期应付之前，企业如果已经向客户转让了商品，则应当将因已转让商品而有权收取对价的权利列示为合同资产，但不包括应收款项。

合同资产，是指企业已向客户转让商品而有权收取对价的权利，且该权利取决于时间流逝之外的其他因素。

企业应当按照《企业会计准则第22号——金融工具确认和计量》评估合同资产的减值，该减值的计量、列报和披露应当按照《企业会计准则第22号——金融工具确认和计量》和《企业会计准则第37号——金融工具列报》的规定进行会计处理。

【例18-108】 2×20年3月1日，智董公司与客户签订合同，向其销售甲、乙两项商品，合同价款为10 000元。合同约定，甲商品于合同开始日交付，乙商品在一个月之后交付，只有当甲、乙两项商品全部交付之后，智董公司才有权收取10 000元的合同对价。假定甲商品和乙商品构成两项履约义务，其控制权在交付时转移给客户，分摊至甲商品和乙商品的交易价格分别为2 000元和8 000元。上述价格均不包含增值税，且假定不考虑相关税费影响。

【分析】 智董公司将甲商品交付给客户之后，与该商品相关的履约义务已经履行，但是需要等到后续交付乙商品时，企业才具有无条件收取合同对价的权利，因此，智董公司应当将因交付甲商品而有权收取的对价2 000元确认为合同资产，而不是应收账款，相应的账务处理如下：

(1) 交付甲商品时：
借：合同资产　　　　　　　　　　2 000
　　贷：主营业务收入　　　　　　　　2 000

(2) 交付乙商品时：
借：应收账款　　　　　　　　　 10 000
　　贷：合同资产　　　　　　　　　　2 000
　　　　主营业务收入　　　　　　　　8 000

3. 应收款项

企业拥有的、无条件（即仅取决于时间流逝）向客户收取对价的权利应当作为应收款项单独列示。

应收款项是企业无条件收取合同对价的权利。只有在合同对价到期支付之前仅仅随着时间的流逝即可收款的权利，才是无条件的收款权。有时，企业有可能需要在未来返还全部或部分的合同对价（例如，企业在附有销售退回条款的合同下收取的合同对价），但是，企业仍然拥有无条件收取合同对价的权利，未来返还合同对价的潜在义务并不会影响企业收取对价总额的现时权利，因此，企业仍应当确认一项应收款项，同时将预计未来需要返还的部分确认为一项负债。

合同资产和应收款项的区别

合同资产和应收款项都是企业拥有的有权收取对价的合同权利，两者的区别在于，应收款项代表的是无条件收取合同对价的权利，即企业仅仅随着时间的流逝即可收款，而合同资产并不是一项无条件收款权，该权利除了时间流逝之外，还取决于其他条件（例如，履行合同中的其他履约义务）才能收取相应的合同对价。因此，与合同资产和应收款项相关的风险是不同的，应收款项仅承担信用风险，而合同资产除信用风险之外，还可能承担其他风险，如履约风险等。

【例 18-109】 2×20 年 1 月 1 日，贵琛公司与客户签订合同，以每件产品 750 元的价格向其销售产品；如果客户在 2×20 年全年的采购量超过 100 万件，该产品的销售价格将追溯下调至每件 625 元。该产品的控制权在交付时转移给客户。在合同开始日，贵琛公司估计该客户全年的采购量能够超过 100 万件。2×20 年 1 月 31 日，贵琛公司交付了第一批产品共 10 万件。上述价格均不包含增值税，且假定不考虑相关税费影响。

【分析】 贵琛公司将产品交付给客户时取得了无条件的收款权，即贵琛公司有权按照每件产品 750 元的价格向客户收取款项，直到客户的采购量达到 100 万件为止。由于贵琛公司估计客户的采购量能够达到 100 万件，因此，根据将可变对价计入交易价格的限制要求，贵琛公司确定每件产品的交易价格为 625 元。

2×20 年 1 月 31 日，贵琛公司交付产品时的账务处理为：

借：应收账款　　　　　　　　　75 000 000
　　贷：主营业务收入　　　　　　62 500 000
　　　　预计负债——应付退货款　12 500 000

4. 在资产负债表中的列示

合同资产和合同负债应当在资产负债表中单独列示。同一合同下的合同资产和合同负债应当以净额列示，不同合同下的合同资产和合同负债不能互相抵销。

5. 可以设置"合同结算"科目（或其他类似科目）

通常情况下，企业对其已向客户转让商品而有权收取的对价金额应当确认为合同资产或应收账款；对于其已收或应收客户对价而应向客户转让商品的义务，应当按照已收或应收的金额确认合同负债。由于同一合同下的合同资产和合同负债应当以净额列示，企业也可以设置"合同结算"科目（或其他类似科目），以核算同一合同下属于在某一时段内履行履约义务涉及与客户结算对价的合同资产或合同负债，并在此科目下设置"合同结算——价款结算"科目反映定期与客户进行结算的金额，设置"合同结算——收入结转"科目反映按履约进度结转的收入金额。资产负债表日，"合同结算"科目的期末余额在借方的，根据其流动性，在资产负债表中分别列示为"合同资产"或"其他非流动资产"项目；期末余额在贷方的，根据其流动性，在资产负债表中分别列示为"合同负债"或"其他非流动负债"项目。

【例 18-110】 智董建筑公司与其客户签订一项总金额为 2 900 万元的固定造价合同，该合同不可撤销。智董公司负责工程的施工及全面管理，客户按照第三方工程监理公司确认的工程完工量，每年与智董公司结算一次；该工程已于 2×18 年 2 月开工，预计 2×21 年 6 月完工；

预计可能发生的工程总成本为2 750万元。到2×19年年底,由于材料价格上涨等因素,智董公司将预计工程总成本调整为3 000万元。2×20年年末根据工程最新情况将预计工程总成本调整为3 050万元。假定该建造工程整体构成单项履约义务,并属于在某一时段内履行的履约义务,该公司采用成本法确定履约进度,不考虑其他相关因素。该合同的其他有关资料如表18-10所示。

表18-10 合同的其他有关资料 单位:万元

项目	2×18年	2×19年	2×20年	2×21年	2×22年
年末累计实际发生成本	770	1 500	2 440	3 050	—
年末预计完成合同尚需发生成本	1 980	1 500	610	—	—
本期结算合同价款	870	980	900	150	
本期实际收到价款	850	950	950	—	150

按照合同约定,工程质保金150万元需等到客户于2×22年底保证期结束且未发生重大质量问题方能收款。上述价款均为不含税价款,不考虑相关税费的影响。

【分析】 智董公司财务处理。

1. 2×18年账务处理如下:

(1) 实际发生合同成本:

借:合同履约成本　　　　　　　　7 700 000
　　贷:原材料、应付职工薪酬等　　　　7 700 000

(2) 确认计量当年的收入并结转成本:

履约进度＝7 700 000÷(7 700 000＋19 800 000)＝28%。

合同收入＝29 000 000×28%＝8 120 000(元)。

借:合同结算——收入结转　　　　8 120 000
　　贷:主营业务收入　　　　　　　　8 120 000

借:主营业务成本　　　　　　　　7 700 000
　　贷:合同履约成本　　　　　　　　7 700 000

(3) 结算合同价款

借:应收账款　　　　　　　　　　8 700 000
　　贷:合同结算——价款结算　　　　8 700 000

(4) 实际收到合同价款

借:银行存款　　　　　　　　　　8 500 000
　　贷:应收账款　　　　　　　　　　8 500 000

2×18年12月31日,"合同结算"科目的余额为贷方58万元(870－812),表明智董公司已经与客户结算但尚未履行履约义务的金额为58万元,由于智董公司预计该部分履约义务将在2×19年内完成,因此,应在资产负债表中作为合同负债列示。

2. 2×19年的账务处理如下:

(1) 实际发生合同成本:

借:合同履约成本　　　　　　　　7 300 000
　　贷:原材料、应付职工薪酬等　　　　7 300 000

(2) 确认计量当年的收入并结转成本,同时,确认合同预计损失:

履约进度＝15 000 000÷(15 000 000＋15 000 000)＝50%。

合同收入＝29 000 000×50%－8 120 000＝6 380 000(元)。

借:合同结算——收入结转　　　　6 380 000
　　贷:主营业务收入　　　　　　　　6 380 000

借:主营业务成本　　　　　　　　7 300 000
　　贷:合同履约成本　　　　　　　　7 300 000

借:主营业务成本　　　　　　　　500 000
　　贷:预计负债　　　　　　　　　　500 000

合同预计损失＝(15 000 000＋15 000 000－29 000 000)×(1－50%)＝500 000(元)。

在2×19年年底,由于该合同预计总成本(3 000万元)大于合同总收入(2 900万元),预计发生损失总额为100万元,由于其中50万元(100×50%)已经反映在损益中,因此应将剩余的、为完成工程将发生的预计损失50万元确认为当期损失。根据《企业会计准则第13号——

或有事项》的相关规定,待执行合同变成亏损合同的,该亏损合同产生的义务满足相关条件的,则应当对亏损合同确认预计负债。因此,为完成工程将发生的预计损失 50 万元应当确认为预计负债。

(3) 结算合同价款:

借:应收账款　　　　　　　　9 800 000
　　贷:合同结算——价款结算　　9 800 000

(4) 实际收到合同价款:

借:银行存款　　　　　　　　9 500 000
　　贷:应收账款　　　　　　　9 500 000

2×19 年 12 月 31 日,"合同结算"科目的余额为贷方 400 万元(58+980-638),表明智董公司已经与客户结算但尚未履行履约义务的金额为 400 万元,由于智董公司预计该部分履约义务将在 2×20 年内完成,因此,应在资产负债表中作为合同负债列示。

3. 2×20 年的账务处理如下:

(1) 实际发生的合同成本:

借:合同履约成本　　　　　　9 400 000
　　贷:原材料、应付职工薪酬等　9 400 000

(2) 确认计量当年的合同收入并结转成本,同时调整合同预计损失:

履约进度 = 24 400 000 ÷ (24 400 000 + 6 100 000) = 80%。

合同收入 = 29 000 000 × 80% - 8 120 000 - 6 380 000 = 8 700 000(元)。

合同预计损失 = (24 400 000 + 6 100 000 - 29 000 000) × (1-80%) - 500 000 = -200 000(元)。

借:合同结算——收入结转　　8 700 000
　　贷:主营业务收入　　　　　8 700 000

借:主营业务成本　　　　　　9 400 000
　　贷:合同履约成本　　　　　9 400 000

借:预计负债　　　　　　　　200 000
　　贷:主营业务成本　　　　　200 000

在 2×20 年年底,由于该合同预计总成本(3 050 万元)大于合同总收入(2 900 万元),预计发生损失总额为 150 万元,由于其中 120 万元(150×80%)已经反映在损益中,因此预计负债的余额为 30 万元(150-120),反映剩余的、为完成工程将发生的预计损失,因此,本期应转回合同预计损失 20 万元。

(3) 结算合同价款:

借:应收账款　　　　　　　　9 000 000
　　贷:合同结算——价款结算　　9 000 000

(4) 实际收到合同价款:

借:银行存款　　　　　　　　9 500 000
　　贷:应收账款　　　　　　　9 500 000

2×20 年 12 月 31 日,"合同结算"科目的余额为贷方 430 万元(400+900-870),表明智董公司已经与客户结算但尚未履行履约义务的金额为 430 万元,由于该部分履约义务将在 2×21 年 6 月底前完成,因此,应在资产负债表中作为合同负债列示。

4. 2×21 年 1~6 月的账务处理如下:

(1) 实际发生合同成本:

借:合同履约成本　　　　　　6 100 000
　　贷:原材料、应付职工薪酬等　6 100 000

(2) 确认计量当期的合同收入并结转成本及已计提的合同损失。

2×21 年 1~6 月确认的合同收入 = 合同总金额 - 截至目前累计已确认的收入 = 29 000 000 - 8 120 000 - 6 380 000 - 8 700 000 = 5 800 000(元)。

借:合同结算——收入结转　　5 800 000
　　贷:主营业务收入　　　　　5 800 000

借:主营业务成本　　　　　　6 100 000
　　贷:合同履约成本　　　　　6 100 000

借:预计负债　　　　　　　　300 000
　　贷:主营业务成本　　　　　300 000

2×21 年 6 月 30 日,"合同结算"科目的余额为借方 150(430-580)万元,是工程质保金,需等到客户于 2×22 年底保质期结束且未发生重大质量问题后方能收款,应当资产负债表中作为合同资产列示。

5. 2×22 年的账务处理:

(1) 保质期结束且未发生重大质量问题:

借:应收账款　　　　　　　　1 500 000
　　贷:合同结算　　　　　　　1 500 000

(2) 实际收到合同价款：

借：银行存款　　　　　　　　　1 500 000
　　贷：应收账款　　　　　　　　　1 500 000

(二) 合同履约成本和合同取得成本

1. 合同履约成本

根据本准则规定确认为资产的合同履约成本，初始确认时摊销期限不超过一年或一个正常营业周期的，在资产负债表中计入"存货"项目；初始确认时摊销期限在一年或一个正常营业周期以上的，在资产负债表中计入"其他非流动资产"项目。

2. 合同取得成本

根据本准则规定确认为资产的合同取得成本，初始确认时摊销期限不超过一年或一个正常营业周期的，在资产负债表中计入"其他流动资产"项目；初始确认时摊销期限在一年或一个正常营业周期以上的，在资产负债表中计入"其他非流动资产"项目。

【例 18-111】 上市公司将其生产的机器设备类产品，先销售给上市公司控股的租赁公司，再由租赁公司以融资租赁的方式租赁给终端客户。上市公司将产品销售给租赁公司，在满足收入确认条件时确认销售收入。租赁公司在将设备租赁给终端客户后，按照租赁准则确认融资租赁收益。期末，由于不存在内部销售形成的资产库存，公司未对已对外出租设备相关内部销售形成的收入进行抵销，在上市公司的合并报表层面，最终反映的收入包括机器设备的产品销售收入以及租赁公司分期实现的利息收入。

请问：公司在合并报表中的列报是否恰当？

【分析】《企业会计准则第 33 号——合并财务报表》2014 年修订中关于合并视角的观点："母公司编制合并财务报表，应当将整个企业集团视为一个会计主体，依据相关企业会计会计准则的确认、计量和列报要求，按照统一的会计政策，反映企业集团整体财务状况、经营成果和现金流量。"也就是说，站在企业集团角度对特殊交易事项予以调整。该例在企业集团的角度是生产商作为出租人的融资租赁，因而在合并财务报表中应该体现对外出售商品的收入以及分期收款产生的融资收益。

综上所述，按照整个企业集团视为一个会计主体及新租赁准则对生产商或经销商作为出租人的融资租赁会计处理，在合并报表中反映为销售商品、融资收益两项损益是合理的。

二、收入的披露

企业应当在财务报表附注中充分披露与收入有关的下列定性和定量信息，以使财务报表使用者能够了解与客户之间的合同产生的收入及现金流量的性质、金额、时间分布和不确定性等相关信息。

(一) 收入确认和计量所采用的会计政策，对于确定收入确认的时点和金额具有重大影响的判断以及这些判断的变更

在披露这些判断及其变更时，企业应当披露下列信息：

1. 履约义务履行的时点

对于在某一时段内履行的履约义务，企业应当披露确认收入所采用的方法（例如，企业是按照产出法还是投入法确认收入，企业如何运用该方法确认收入等），以及该方法为何能够如实地反映商品的转让的说明性信息。对于在某一时点履行的履约义务，企业应当披露在评估客户取得所承诺商品控制权时点时所做出的重大判断。

2. 交易价格以及分摊至各单项履约义务的金额

企业应当披露在确定交易价格（包括但不限于估计可变对价、调整货币时间价值的影响以及计量非现金对价等）、估计计入交易价格的可变对价、分摊交易价格（包括估计所承诺商品的单独售价、将合同折扣以及可变对价分摊至合同中的某一特定部分等）以及计量预期将退还给客户的款项等类似义务时所采用的方法、输入值以及各项假设等信息。

(二) 与合同相关的信息

企业应当单独披露与客户的合同相关的下列信息，除非这些信息已经在利润表中单独

列报：

（1）按照本准则确认的收入，且该收入应当区别于企业其他的收入来源而单独披露。

（2）企业已经就与客户之间的合同相关的任何应收款项或合同资产确认的减值损失，且该减值损失也应当区别于针对其他合同确认的减值损失而单独披露。

1. 本期确认的收入

企业应当将本期确认的收入按照不同的类别进行分解，这些类别应当反映经济因素如何影响收入及现金流量的性质、金额、时间分布和不确定性。此外，企业应当充分披露上述信息，以便财务报表使用者能够理解上述将收入按不同类别进行分解的信息与企业在分部信息中披露的每一报告分部的收入之间的关系。

在确定对收入进行分解的类别时，企业应当考虑其在下列情况下是如何列报和披露与收入有关的信息：

（1）在财务报表之外披露的信息，例如，在企业的业绩公告、年报或向投资者报送的相关资料中披露的收入信息。

（2）管理层为评价经营分部的财务业绩所定期复核的信息。

（3）企业或企业的财务报表使用者在评价企业的财务业绩或做出资源分配决策时，所使用的类似于上述（1）和（2）的信息类型的其他信息。

企业在对收入信息进行分解时，可以采用的类别包括但不限于：商品类型、经营地区、市场或客户类型、合同类型（例如，固定造价合同、成本加成合同等）、商品转让的时间（例如，在某一时点转让或在某一时段内转让）、合同期限（例如，长期合同、短期合同等）、销售渠道（例如，直接销售或通过经销商销售等）等。

2. 应收款项、合同资产和合同负债的账面价值

（1）企业应当披露与应收款项、合同资产和合同负债的账面价值有关的下列信息：

① 应收款项、合同资产和合同负债的期初和期末账面价值。

② 对上述应收款项和合同资产确认的减值损失。

③ 在本期确认的包括在合同负债期初账面价值中的收入。

④ 前期已经履行（或部分履行）的履约义务在本期确认的收入（例如，交易价格的变动）。

（2）企业应当说明其履行履约义务的时间与通常的付款时间之间的关系，以及此类因素对合同资产和合同负债账面价值的影响的定量或定性信息。企业还应当以定性和定量信息的形式说明合同资产和合同负债的账面价值在本期内发生的重大变动。合同资产和合同负债的账面价值发生变动的情形包括：

① 企业合并导致的变动。

② 对收入进行累积追加调整导致的相关合同资产和合同负债的变动，此类调整可能源于估计履约进度的变化、估计交易价格的变化（包括对于可变对价是否受到限制的评估发生变化）或者合同变更。

③ 合同资产发生减值。

④ 对合同对价的权利成为无条件权利（即，合同资产重分类为应收款项）的时间安排发生变化。

⑤ 履行履约义务（即从合同负债转为收入）的时间安排发生变化。

3. 履约义务

企业应当披露与履约义务相关的信息包括：

（1）企业通常在何时履行履约义务，包括在售后代管商品的安排中履行履约义务的时间，例如，发货时、交付时、服务提供时或服务完成时等。

（2）重要的支付条款，例如，合同价款通常何时到期、合同是否存在重大融资成分、合同对价是否为可变金额以及对可变对价的估计是否通常受到限制等。

（3）企业承诺转让的商品的性质，如有企业为代理人的情形，需要着重说明。

（4）企业承担的预期将退还给客户的款项等类似义务。

（5）质量保证的类型及相关义务。

4. 分摊至剩余履约义务的交易价格

企业应当披露与剩余履约义务有关的下列信息：

（1）分摊至本期末尚未履行（或部分未履行）履约义务的交易价格总额。

（2）上述金额确认为收入的预计时间，企业可以按照对于剩余履约义务的期间而言最恰当的时间段为基础提供有关预计时间的定量信息，或者使用定性信息进行说明。

【例18-112】 2×18年7月1日，智董公司与客户签订不可撤销的合同，为其提供植物养护服务，合同期限为2年。根据合同约定，在合同期限内，智董公司在客户需要时为其提供服务，但是每月提供服务的次数最多不超过4次，客户每月向智董公司支付20 000元。智董公司按照时间进度确定其履约进度。上述金额不含增值税税额。

【分析】 截至2×18年年末，该合同下分摊至尚未履行的履约义务的交易价格为360 000元。智董公司在编制其2×18年财务报表时，对于上述金额确认为收入的预计时间披露如表18-11所示。

表18-11 确认为收入的预计时间

金额单位：元

年度	2×19年	2×20年	合计
该合同预计将确认的收入	240 000	120 000	360 000

为简化实务操作，当满足下列条件之一时，企业无需针对某项履约义务披露上述信息：

（1）该项履约义务是原预计合同期限不超过一年的合同中的一部分。

（2）企业有权对该履约义务下已转让的商品向客户发出账单，且账单金额能够代表企业累计至今已履约部分转移给客户的价值。

【例18-113】 2×20年7月1日，贵琛公司与客户签订不可撤销的合同，为其提供消毒杀菌服务，合同期限为2年。根据合同约定，贵琛公司每月至少为客户提供一次服务，收费标准为每小时100元，客户按照贵琛公司的实际工作时间向其支付服务费。

【分析】 贵琛公司按照固定的费率以及实际发生的工时向客户收费，贵琛公司有权对已提供的服务向客户发出账单，且账单金额能够代表贵琛公司累计至今已履约部分转移给客户的价值。因此，贵琛公司可以采用上述简化处理方法。

企业应当提供定性信息以说明其是否采用了上述简化操作方法，以及是否存在任何对价金额未纳入交易价格，从而未纳入对于分摊至剩余履约义务的交易价格所需披露的信息之中，例如，由于将可变对价计入交易价格的限制要求而未计入交易价格的可变对价。

【例18-114】 2×18年7月1日，鑫裕公司与客户签订不可撤销的合同，两年内在客户需要时为其提供消毒杀菌服务。合同价款包括两部分：一是每月50 000元的固定对价；二是最高金额为500 000元的奖金。鑫裕公司预计可以计入交易价格的可变对价金额为375 000元。鑫裕公司按照时间进度确定履约进度。上述金额均不包含增值税。

【分析】 鑫裕公司认为该合同下为客户提供两年的消毒杀菌服务构成单项履约义务，估计的交易价格为1 575 000元（50 000×24＋375 000），鑫裕公司将该金额按照合同期24个月平均确认为收入，即每月确认的收入为65 625元，2×18年确认的收入金额为393 750元（65 625×6），尚未确认的收入为1 181 250元，其中2×19年将确认的收入金额为787 500元（65 625×12），其余的393 750元将于2×20年确认。该合同的下列信息将会包含在2×18年财务报表附注的相关披露之中：

（1）定量披露（表18-12）。

表18-12 定量披露

金额单位：元

年度	2×19年	2×20年	合计
该合同预计将确认的收入	787 500	393 750	1 181 250

（2）定性披露。

奖金125 000元因对可变对价有关的限制要求而未被计入交易价格，因此没有包括在上述披露之中。

【例18-115】 2×18年2月1日，欣奕公司

与客户签订合同,为客户建造一栋全员终身学习大楼,合同对价为2 500万元。欣奕公司在该合同下为客户提供的建造服务构成单项履约义务,且该履约义务在某一时段内履行。欣奕公司在2×18年对该合同确认的收入金额为1 200万元。欣奕公司估计该项工程将于2×19年年底完工,但是也很可能会延期至2×20年3月完工。

【分析】 欣奕公司应当在2×18年的财务报表中披露尚未确认为收入的金额以及预计将该金额确认为收入的时间。由于未来确认收入的时间存在不确定性,欣奕公司对该信息进行定性披露,例如,"2×18年12月31日,分摊至剩余履约义务的交易价格为1 300万元,本公司预计该金额将随着工程的完工进度,在未来12~15个月内确认为收入"。

(三)与合同成本有关的资产相关的信息

企业应当披露与合同成本有关的资产相关的下列信息:

(1)在确定该资产的金额时所运用的判断。
(2)该资产的摊销方法。
(3)按该资产的主要类别(如为取得合同发生的成本、为履行合同开展的初始活动发生的成本等),披露合同取得成本或合同履约成本的期末账面价值。
(4)本期确认的摊销以及减值损失的金额等。

(四)有关简化处理方法的披露

如果企业选择对于合同中存在的重大融资成分或为取得合同发生的增量成本采取简化的处理方法,即企业根据本准则第十七条规定因预计客户取得商品控制权与客户支付价款间隔未超过一年而未考虑合同中存在的重大融资成分,或者根据本准则第二十八条规定因与合同取得成本有关的资产的摊销期限未超过一年而将其在发生时计入当期损益的,企业应当对这一事实进行披露。

政策依据

第十七条 合同中存在重大融资成分的,企业应当按照假定客户在取得商品控制权时即以现金支付的应付金额确定交易价格。该交易价格与合同对价之间的差额,应当在合同期间内采用实际利率法摊销。

合同开始日,企业预计客户取得商品控制权与客户支付价款间隔不超过一年的,可以不考虑合同中存在的重大融资成分。

第二十八条 企业为取得合同发生的增量成本预期能够收回的,应当作为合同取得成本确认为一项资产;但是,该资产摊销期限不超过一年的,可以在发生时计入当期损益。

增量成本,是指企业不取得合同就不会发生的成本(如销售佣金等)。

企业为取得合同发生的、除预期能够收回的增量成本之外的其他支出(如无论是否取得合同均会发生的差旅费等),应当在发生时计入当期损益,但是,明确由客户承担的除外。

第十九讲

政 府 补 助

第一节 综合知识

一、相关知识概述

(一) 什么是政府补助？

政府补助，是指企业从政府无偿取得货币性资产或非货币性资产。

(二) 政府补助的特征

政府补助具有下列特征：

1. 来源政府的经济资源

对于企业收到的来源其他方的补助，有确凿证据表明政府是补助的实际拨付者，其他方只起到代收代付作用的，该项补助也属于来源于政府的经济资源。

2. 无偿性

无偿性即企业取得来源政府的经济资源，不需要向政府交付商品或服务等对价。

【例 19-1】 2×21 年 12 月，智董公司收到财政部门拨款 2 000 万元，系对智董公司 2×21 年执行国家计划内政策价差的补偿。智董公司甲商品单位售价为 7 万元/台，成本为 4 万元/台，但在纳入国家计划内政策体系后，智董公司对国家规定范围内的用户销售甲商品的售价为 5 万元/台，国家财政给予 2 万元/台的补贴。2×21 年智董公司共销售政策范围内甲商品 1 000 件。

【分析】 本例中，智董公司自财政部门取得的款项不属于政府补助，该款项与具有明确商业实质的交易相关，不是公司自国家无偿取得的现金流入，应作为企业正常销售价款的一部分。会计处理如下：

借：应收账款、银行存款　　　7 000
　　贷：主营业务收入　　　　　　　7 000
借：主营业务成本　　　　　　4 000
　　贷：库存商品　　　　　　　　　4 000

【例 19-2】 智董公司为上市公司，从 2×18 年开始受政府委托进口医药类特种原料甲，再将甲销售给国内的生产企业，加工出产品乙销售给最终顾客。产品乙的销售价格由政府确定。由于国际市场上原料甲的价格上涨，而国内产品乙的价格保持稳定不变，形成进销倒挂的局面。2×21 年之前，智董公司销售给生产企业的时候以原料甲的进口价格为基础定价，国家财政对生产企业进行补贴；2×21 年之后，国家规范补贴款管理，改为限定智董公司对生产企业的销售价格，然后对智董公司的进销差价损失由国家财政给予返还，差价返还金额以销售价格减去加权平均采购成本的价差乘以销售给生产企业的数量计算。

问题：智董公司收到的差价返还款是否应作为政府补助进行处理？

【分析】 为了体现一个国家的经济政策，鼓励或扶持特定行业、地区或领域的发展，国家通常会对有关企业予以经济支持，如无偿拨款、担保、放弃或者不收缴应收收入等。《企业会计准则第 16 号——政府补助》(2017 年修订)中将政府补助定义为"企业从政府无偿取得货币性资产或非货币性资产"。政府补助的特点在于其属于来源于政府的经济资源及无偿性。虽然政府补助具有无偿性,但是并不代表任何企业都可以获得。获得政府补助需要满足一定的条件。如何区分企业因满足一定条件(例如企业有某些政府鼓励的行为)而获得了政府补助与政府作为参与交易的一方,要求企业为政府提供某些商品或服务而支付给企业的对价,是实务中该类交易的处理难点。

一般情况下,从政府无偿获得的货币性和非货币性资产属于政府补助,但不是所有来源于政府的货币性和非货币性资产都是政府补助,应该具体问题具体分析。

在本案例中,智董公司从政府取得货币资产,这从形式上符合政府补助的定义,按照政府补助准则,收到的政府补助在总额法下应当确认为"其他收益"。但是这样处理,会导致智董公司的报表呈现主营业务的负毛利和较大金额的其他收益,没有反映智董公司的业务模式和交易实质,也未能反映企业的真实经营状况。

(1) 该部分来自政府的货币资产是政府对企业日常销售价格进行限定之后的补偿。2×21年之后,国家改变补贴管理方式,直接限定智董公司的销售价格,智董公司的进销差价损失由国家财政补贴,来自政府的补贴款本质上是智董公司商品价格的组成部分。从对智董公司财务状况的影响来看,采购并销售甲材料的交易不会给其带来亏损,但是在智董公司的报表中却呈现主营业务的亏损。

(2) 从2×21年前后对比来看,在2×21年之前,国家将补贴直接支付给购买甲原料的生产企业,智董公司按照正常价格销售,不存在政府补助问题;而2×21年之后,国家将补贴直接支付给智董公司,该变化的主要原因是购买甲原料的生产企业数量较多,直接支付给智董公司便于国家的监督和管理,交易的性质不应该因为支付前移发生变化。该补助的实质是对最终顾客的补助,对于前端进口和生产企业而言,都是一种限制正常售价后的价格补偿。

(3) 从交易实质看,智董公司受政府委托进口原料,智董公司为政府提供服务,政府支付的价款为交易对价的一部分。政府补助最本质的特点是无偿性。该案例中,政府给予补贴的原因是智董公司售价被政府管制,差价由政府补偿,这一切都和智董公司进口并销售原料而且没有按正常价格销售有关,不具有无偿性。此外,将在同一项交易中,针对同一标的资产从指定企业收到的销售款作为收入,而将从政府收到的对价部分确认为其他收益,这样处理没有公允地反映交易实质。

综上所述,智董公司从国外进口甲材料,按照限定的价格销售给指定企业,并从政府取得的差价补偿,与其销售商品或提供服务等活动密切相关,属于企业商品或服务的对价或者是对价的组成部分,应适用《企业会计准则第14号——收入》等相关会计准则,不属于政府补助。

政策依据

《企业会计准则第16号——政府补助》(2017年修订)第二条规定:"本准则中的政府补助,是指企业从政府无偿取得货币性资产或非货币性资产。"《企业会计准则第16号——政府补助》(2017年修订)第五条规定:"下列各项适用其他相关会计准则:

(一) 企业从政府取得的经济资源,如果与企业销售商品或提供服务等活动密切相关,且是企业商品或服务的对价或者是对价的组成部分,适用《企业会计准则第14号——收入》等相关会计准则。"

《企业会计准则第16号——政府补助》(2017年修订)第八条规定:"与资产相关的政府补助,应当冲减相关资产的账面价值或确认为递延收益。与资产相关的政府补助确认为递延收益的,应当在相关资产使用寿命内按照合理、系统的方法分期计入损益。按照名义金额计量的政府补助,直接计入当期损益。"

《企业会计准则第16号——政府补助》(2017年修订)第九条规定:"与收益相关的政府补助,应当分情况按照以下规定进行会计处理:

(一) 用于补偿企业以后期间的相关成本费用或损失的,确认为递延收益,并在确认相关成本费用或损失的期间,计入当期损益或冲减相关成本;

(二)用于补偿企业已发生的相关成本费用或损失的,直接计入当期损益或冲减相关成本。"

《企业会计准则第14号——收入》(2017年修订)将收入定义为"企业在日常活动中形成的、会导致所有者权益增加的、与所有者投入资本无关的经济利益的总流入"。

(三) 政府补助的分类

政府补助分为与资产相关的政府补助和与收益相关的政府补助。

1. 与资产相关的政府补助

与资产相关的政府补助是指企业取得的、用于购建或以其他方式形成长期资产的政府补助。

【例19-3】 智董公司是主业为制造业的上市公司。2×21年10月,智董公司某节能技术改造项目正式经当地经济发展局核准,该项目属于国家重点节能技术改造项目,项目总投资为1.8亿元,其中长期资产的建设投资额为1.5亿元,流动资金等其他投资额合计3 000万元。智董公司同时也就该技改项目向当地政府申请补助,补助用途为资产建设投资。2×22年度,智董公司全额收到"中央预算投资"项下的政府补助1 000万元,相关补助文件未明确上述政府补助是与收益相关还是与资产相关。

问题:智董公司收到的政府补助应分类为与资产相关还是与收益相关?

【分析】 按照企业会计准则的有关规定,与资产相关的政府补助,是指企业取得的、用于购建或以其他方式形成长期资产的政府补助。如果政府补助文件明确规定了补助对象,则一般不存在判断的难度。实务中会计处理的难点在于,有时候政府补助的文件并未明确列明其补助的对象。我们认为,上市公司不应因政府文件并未表明补助对象就可以任意将其认定为是与收益相关的政府补助,而应结合公司向政府申请补助时所注明的目的、项目性质、补助用途以及政府下发补助时索引的政策依据等,基于实质重于形式的原则进行综合判断。如果在相关政府补助文件中指明了补助资金所对应的项目,且所对应项目主体为购建资产的,则政府补助应作为与资产相关的政府补助进行会计处理。

在本案例中,智董公司申请补助的项目为节能技术改造项目,项目主体是购建长期资产,且智董公司向政府申请补助时的用途也注明是用于资产建设投资,因此可以判断该补助为与资产相关的政府补助。此外,智董公司还应当在财务报表附注中充分披露将该项政府补助划分为与资产相关的判断依据。

2. 与收益相关的政府补助

与收益相关的政府补助是指除与资产相关的政府补助之外的政府补助。

【例19-4】 智董公司为上市公司,2×21年12月,智董公司与其所在地工业园管委会签订协议,实施异地搬迁扩建。智董公司将在该工业园建设新的厂房。协议约定:

(1)智董公司将以150元/平方米的单价取得20万平方米土地使用权,土地出让金总金额3 000万元。

(2)智董公司交纳全部土地出让金后5个工作日内,管委会以"进园企业科技创新扶持资金"的形式向智董公司支付3 000万元扶持资金。

智董公司认为,在与管委会进行进园谈判时,就提出了科技创新扶持资金的申请,但对方表示当地经济落后,政府财政资金少,能否在引入成功时再提供。因此,考虑到在智董公司交纳土地出让金之后,对方就有财政收入,故约定第一笔科技创新扶持资金应该在对方收到土地出让金之后拨付。公司认为该资金并不是针对土地款进行的补偿,应该作为与收益相关的政府补助。问题:智董公司将3 000万元科技创新扶持资金作为与收益相关的政府补助是否恰当?

【分析】 政府补助的形式多种多样,如财政拨款、财政贴息、税收返还或无偿划拨非货币性资产等。确定了来源于政府的经济资源属于政府补助后,还应当对其进行恰当的分类。根据政府补助准则的规定,政府补助应当划分为与资产相关和与收益相关的政府补助。这两类政府补助给企业带来经济利益或者弥补相关成本费用的形式不同,从而在具体会计处理上存在差别。

同时,对于一些综合性政府补助,在相关文件中未明确不同补助对象的金额,只有一个总金额。通常企业收到的政府补助都是有相关申请文件的,申请文件中通常需要提供补贴对象的相关预算明细。政府审核相关申请文件,最后批准补助的金额,可能是相关预算的全部,也可能是其中的一部分。如果是补贴的全部,则可以直接根据预算明细表,识别其中与资产相关的部分和与收益相关的部分;如果是补贴的一部分,也可以基于补贴占预算的比例,将补贴资金分配到预算明细的不同项目中,从而确定与资产相关的补助金额和与收益相关的补助金额。如果企业并没有相关申请文件,或者相关申请文件中并未提供预算明细,则需要进一步确凿证据(如管理层关于补贴资金使用计划等)作为政府补助不同类别划分的依据。

另外,在实务中还存在政府补助文件中直接列明会计处理方式的情况,如计入资本公积或计为营业外收入。这种情况可能会给会计处理提供方向,但也可能与会计准则有关规定存在冲突,这时如何进行具体会计处理需要具体分析。根据准则规定,与资产相关的政府补助是指用于购建或以其他方式形成长期资产的政府补助。在本案例中,按照协议约定,智董公司收到的第一笔3 000万元资金,是以"进园企业科技创新扶持资金"的形式取得的,并不是针对土地款所进行的补偿,也不是针对随后的厂房建设。之所以要以土地出让金的缴纳为前提,是出于政府财政资金的考虑。此外,智董公司在申请补助时,也是以科技创新扶持的名义提出的申请。

因此,本案例中没有充分证据表明智董公司收到的第一笔3 000万元科技创新扶持资金属于与资产相关的政府补助。按照会计准则的规定,公司应将其作为与收益相关的政府补助处理。

会计准则及相关规定

《企业会计准则第16号——政府补助》(2017年修订)第四条规定:"政府补助分为与资产相关的政府补助和与收益相关的政府补助。与资产相关的政府补助,是指企业取得的、用于购建或以其他方式形成长期资产的政府补助。与收益相关的政府补助,是指除与资产相关的政府补助之外的政府补助。"

《企业会计准则第16号——政府补助》(2017年修订)第十条规定:"对于同时包含与资产相关部分和与收益相关部分的政府补助,应当区分不同部分分别进行会计处理;难以区分的,应当整体归类为与收益相关的政府补助。"

(四)政府补助的列报

1. 报表列示

企业应当在利润表中的"营业利润"项目之上单独列报"其他收益"项目,计入其他收益的政府补助在该项目中反映。

2. 附注披露

应当在附注中单独披露与政府补助有关的下列信息:

(1)政府补助的种类、金额和列报项目。
(2)计入当期损益的政府补助金额。
(3)本期退回的政府补助金额及原因。

二、会计准则概述

(一)本准则的相关背景

为了适应社会主义市场经济发展需要,规范政府补助的会计处理,提高会计信息质量,我国财政部2017年5月10日对《企业会计准则第16号——政府补助》进行了修订(2017年5月10日财会〔2017〕15号,本讲简称"本准则"或"新准则"),自2017年6月12日起在所有执行企业会计准则的企业范围内施行。2006年2月15日财政部印发的《财政部关于印发〈企业会计准则第1号——存货〉等38项具体准则的通知》(财会〔2006〕3号)中的《企业会计准则第16号——政府补助》同时废止。财政部此前发布的有关政府补助会计处理规定与本准则不一致的,以本准则为准。

本准则的修订背景:

1. 政府补助和收入需明确区分

企业从政府取得的经济资源并不一定都是

政府补助,还有可能是政府对企业的资本性投入和政府购买服务。新能源汽车价格补贴、家电下乡补贴等名义上是政府补贴,实际上与企业日常经营活动密切相关且构成了企业商品或服务对价的组成部分,应当作为收入而不是政府补助进行会计处理。实务界希望在政府补助准则中明确规定政府补助和收入的区分原则。

2. 关于会计科目的使用问题

原先政府补助会计准则应用指南规定,政府补助计入营业外收入。但在实务中,部分补助资金与企业日常经营活动密切相关,不宜计入营业外收入。

3. 关于财政贴息的会计处理

实务界对《国际会计准则第 20 号——政府补助的会计和政府援助的披露》中关于财政贴息会计处理持有不同观点,希望在我国政府补助准则中明确财政贴息的处理原则。

(二) 本准则的适用范围

下列各项适用其他相关会计准则:

(1) 企业从政府取得的经济资源,如果与企业销售商品或提供服务等活动密切相关,且是企业商品或服务的对价或者是对价的组成部分,适用《企业会计准则第 14 号——收入》等相关会计准则。

(2) 所得税减免,适用《企业会计准则第 18 号——所得税》。

政府以投资者身份向企业投入资本,享有相应的所有者权益,不适用本准则。

(三) 本准则的主要变化

新的政府补助准则修订的主要内容包括:

1. 增加政府补助的两大特征,明确政府补助准则的适用范围

新准则增加了政府补助的特征,包括无偿性和来源于政府的经济资源,以便于区分企业从政府取得的经济资源是政府补助、政府资本性投资还是政府购买服务。

明确政府以投资者身份向企业投入资本,享有相应的所有者权益,不适用政府补助准则。

明确企业从政府取得的经济资源,如果与企业销售商品或提供服务等活动密切相关,且是企业商品或服务的对价或者是对价的组成部分,适用《企业会计准则第 14 号——收入》等相关会计准则。

另外,针对实务中存在的政府将补助拨付给集团母公司,集团母公司再将其转拨给下属子公司时,下属子公司是否可以确认政府补助等类似问题,新准则进一步明确对企业收到的来源于其他机构的补助,有确凿证据表明政府是补助的实际拨付者,其他机构只是起到代收代付的作用,则该项补助也属于来源于政府的经济资源,符合其他条件的情况下,也可以确认为政府补助。

明确"政府补助"与"收入"的区别

(1) 政府补助是无偿的。

政府与企业之间双向、互惠的交易不属于政府补助。

(2) 政府以投资者身份向企业投入资本,享有企业相应的所有权,政府与企业之间是投资者与被投资者的关系,属于互惠交易。政府拨入的投资补助等专项拨款中,国家相关文件要求作为所有者权益进行会计处理的,不属于本准则规范的政府补助。

(3) 企业与政府发生交易所取得的收入,如果该交易与企业销售商品或提供劳务等日常经营活动密切相关,且来源于政府的经济资源是企业商品或服务的对价或者是对价的组成部分,应当按照《企业会计准则第 14 号——收入》的规定进行会计处理,不适用本准则。

2. 与国际财务报告准则(IFRS)趋同,允许政府补助采用净额法

《国际会计准则 IAS20——政府补助的会计和政府捐助的披露》准则允许政府补助按总额或净额列报。但原政府补助准则只允许采用总额法,而新准则允许采用净额法对政府补助进行核算。

新准则明确与资产相关的政府补助,应当冲减相关资产的账面价值或确认为递延收益并分期计入损益。与收益相关的政府补助,用于补偿企业以后期间的相关成本费用或损失的,确认为递延收益,并在确认相关成本费用或损失的期间,计入当期损益或冲减相关成本;用于补偿企业已发生的相关成本费用或损失的,直接计入当期损益或冲减相关成本。

3. 明确政府补助相关科目的使用，新增"其他收益"报表项目

原先政府补助会计准则应用指南规定，政府补助应计入营业外收入。但在实务中，部分补助资金与企业日常活动密切相关，不适宜计入营业外收入。

新准则明确了企业应当在利润表中的"营业利润"项目之上单独增加"其他收益"项目，规定与日常活动相关的政府补助计入其他收益或冲减相关成本，与企业日常活动无关的政府补助计入营业外收支。

企业有必要增设"其他收益"会计科目。

本准则征求意见稿中使用了"日常经营活动"的表述，而在正式发布的新准则中则改为"日常活动"，与原先《企业会计准则第14号——收入》第二条中"收入"定义中的"日常活动"保持一致。"日常活动"，是指企业为完成其经营目标所从事的经常性活动以及与之相关的活动。

与资产相关政府补助的知识点归纳见表19-1所示。

与收益相关的政府补助——补偿企业以后期间的相关成本费用或损失的知识点归纳见表19-2所示。

与收益相关的政府补助——补偿企业已发生的相关成本费用或损失的知识点归纳见表19-3所示。

表19-1　与资产相关政府补助

与资产相关政府补助	总额法	净额法
与日常活动相关	资产负债表：货币资金（或应收款项）、递延收益 利润表：递延收益分配入"其他收益" 已确认的政府补助退回：先冲减递延收益，不足部分再计入当期损益	资产负债表：货币资金（或应收款项）、冲减资产的账面价值 利润表：进损益的折旧摊销费用减少 已确认的政府补助退回：调整资产账面价值
与日常活动无关	资产负债表：货币资金（或应收款项）、递延收益 利润表：递延收益分配入"营业外收入" 已确认的政府补助退回：先冲减递延收益，不足部分再计入当期损益	资产负债表：货币资金（或应收款项）、冲减资产的账面价值 利润表：进损益的折旧摊销费用减少 已确认的政府补助退回：调整资产账面价值

表19-2　与收益相关的政府补助——补偿企业以后期间的相关成本费用或损失

与收益相关的政府补助——补偿以后期间的	总额法	净额法
与日常活动相关	资产负债表：货币资金（或应收款项）、递延收益 利润表：递延收益分摊入"其他收益" 已确认的政府补助退回：先冲减递延收益，不足部分再计入当期损益	资产负债表：货币资金（或应收款项）、递延收益 利润表：递延收益分期冲减相关成本费用 已确认的政府补助退回：先冲减递延收益，不足部分再计入当期损益
与日常活动无关	资产负债表：货币资金（或应收款项）、递延收益 利润表：递延收益分配入"营业外收入" 已确认的政府补助退回：先冲减递延收益，不足部分再计入当期损益	资产负债表：货币资金（或应收款项）、递延收益 利润表：冲减营业外支出 已确认的政府补助退回：先冲减递延收益，不足部分再计入当期损益

表19-3　与收益相关的政府补助——补偿企业已发生的相关成本费用或损失

与收益相关的政府补助——补偿已发生的	总额法	净额法
与日常活动相关	资产负债表：货币资金（或应收款项） 利润表：计入当期"其他收益" 已确认的政府补助退回：直接计入当期损益	资产负债表：货币资金（或应收款项） 利润表：冲减相关成本费用 已确认的政府补助退回：直接计入当期损益
与日常活动无关	资产负债表：货币资金（或应收款项） 利润表：计入当期"营业外收入" 已确认的政府补助退回：直接计入当期损益	资产负债表：货币资金（或应收款项） 利润表：冲减营业外支出 已确认的政府补助退回：直接计入当期损益

允许政府补助计入"其他收益"

与企业日常经营活动相关的政府补助,应当计入其他收益。与企业日常经营活动无关的政府补助,应当计入营业外收入。

4. 对财政贴息的会计处理做了更加详细的规定

新准则对于财政贴息的会计处理做了更加详细的规定,区分财政将贴息资金拨付给贷款银行和财政将贴息资金直接拨付给受益企业两种情况,为企业提供了不同的核算方法。

对于财政将贴息资金拨付给贷款银行,由贷款银行以政策性优惠利率向企业提供贷款的,企业可以选择下列方法之一进行会计处理:

(1) 以实际收到的借款金额作为借款的入账价值,按照借款本金和该政策性优惠利率计算相关借款费用。

(2) 以借款的公允价值作为借款的入账价值并按照实际利率法计算借款费用,实际收到的金额与借款公允价值之间的差额确认为递延收益。递延收益在借款存续期内采用实际利率法摊销,冲减相关借款费用。

对于财政将贴息资金直接拨付给企业,企业应当将对应的贴息冲减相关借款费用。

财政贴息提供"两种"会计处理方法

1. 财政将贴息资金拨付给贷款银行的会计处理(两种方法选其一)

(1) 以实际收到的贷款金额作为贷款的入账价值,按照该政策性优惠利率计算借款费用。

(2) 以贷款的公允价值(根据同类贷款市场利率计算)作为贷款的入账价值并按照实际利率法计算借款费用,实际收到的金额与贷款入账价值之间的差额确认为递延收益。递延收益在贷款存续期内采用实际利率法摊销,冲减相关借款费用。

2. 财政将贴息资金直接拨付给受益企业(两种方法选其一)

(1) 以实际收到的贷款金额作为贷款的入账价值,按照贷款合同利率计算借款费用,将对应的财政贴息冲减相关借款费用。

(2) 以贷款的公允价值作为贷款的入账价值并按照实际利率法计算借款费用,实际收到的金额与贷款入账价值之间的差额确认为递延收益。其中,贷款的公允价值按照实际利率和扣减了财政贴息后的利息净额计算确定。递延收益在贷款存续期内采用实际利率法摊销,冲减相关借款费用。

5. 修改了与资产相关政府补助的摊销方法

原准则规定:"与资产相关的政府补助,应当确认为递延收益,并在相关资产使用寿命内平均分配,计入当期损益。"而新准则规定:"与资产相关的政府补助,应当确认为递延收益,并在相关资产使用寿命内按合理、系统的方法分期计入损益。"

新准则更强调与资产相关政府补助的摊销方法应当结合各项资产未来经济利益的消耗方式,采用合理系统的方法分摊,而非一定要按照平均法分摊。

6. 将原准则应用指南和企业会计准则讲解中的内容提到准则正文中

新准则将原准则应用指南和企业会计准则讲解中的部分内容提到准则正文中。

例如,相关资产在使用寿命结束前被出售、转让、报废或发生毁损的,应当将尚未分配的递延收益余额转入资产处置当期的损益。

再如,对同时包含与资产相关部分和与收益相关部分的政府补助,应当区分不同部分分别进行会计处理;难以区分的,应当整体归类为与收益相关的政府补助。

第二节 政府补助的确认和计量

一、政府补助的确认条件

政府补助同时满足下列条件的,才能予以确认:

(1) 企业能够满足政府补助所附条件。

(2) 企业能够收到政府补助。

【例19-5】 智董公司为制造业上市公司，2×21年12月20日，智董公司收到了某市经济技术开发区管理委员会《关于给予智董公司科技三项补贴的批复》，该批复同意拨付智董公司2×22年"科技三项"财政补贴资金2 780万元。2×22年1月15日，智董公司实际收取该笔补贴款。

问题：智董公司在编制2×21年年报时是否可以按应收金额确认和计量相关政府补助？

【分析】 在本案例中，智董公司能否在2×21年确认相关政府补助不能一概而论，应着眼于分析和落实企业是否能够符合财政扶持政策规定的相关条件且预计是否能够收到财政扶持资金的"确凿证据"。例如，关注政府补助的发放主体是否具备相应的权力和资质，补助文件中索引的法律依据是否适用，智董公司申请政府补助的流程是否合法合规，智董公司是否已经履行完毕补助文件中的要求，实际收取资金前是否需要政府部门的实质性审核，历史上同类型政府补助的实际发放情况等因素。此外，如果智董公司判断其可以在2×21年确认相关的政府补助，还应按发放补助的单位和补助项目逐项披露应收款项的期末余额、账龄以及预计收取的时间、金额及依据。如智董公司未能在预计时点收到预计金额的政府补助的，还应披露原因。

政策依据

《企业会计准则第16号——政府补助》（2017年修订）第六条规定："政府补助同时满足下列条件的，才能予以确认：

（一）企业能够满足政府补助所附条件；

（二）企业能够收到政府补助。"

《企业会计准则第16号——政府补助》（2017年修订）第七条规定："政府补助为货币性资产的，应当按照收到或应收的金额计量。"

《企业会计准则第16号——政府补助（应用指南）》（2018年修订）指出，政府补助为货币性资产的，应当按照收到或应收的金额计量。如果企业已经实际收到补助资金，应当按照实际收到的金额计量；如果资产负债表日企业尚未收到补助资金，但企业在符合了相关政策规定后就相应获得了收款权，且与之相关的经济利益很可能流入企业，企业应当在这项补助成为应收款时按照应收的金额计量。

中国证监会发布的《上市公司执行企业会计准则监管问题解答》（2013年第1期，总第8期）第四个问答规定如下：

"问题4：上市公司获得的政府补助，是否仅有按照固定的定额标准取得的政府补助才能按照应收金额计量？

解答：根据《企业会计准则第16号——政府补助》的规定，对期末有确凿证据表明能够符合财政扶持政策规定的相关条件且预计能够收到财政扶持资金时，可以按应收金额计量。"

二、政府补助的计量属性

（一）政府补助为货币性资产的

应当按照收到或应收的金额计量。

（二）政府补助为非货币性资产的

应当按照公允价值计量；公允价值不能可靠取得的，按照名义金额计量。

三、与资产相关的政府补助

与资产相关的政府补助，应当冲减相关资产的账面价值或确认为递延收益。与资产相关的政府补助确认为递延收益的，应当在相关资产使用寿命内按照合理、系统的方法分期计入损益。按照名义金额计量的政府补助，直接计入当期损益。

相关资产在使用寿命结束前被出售、转让、报废或发生毁损的，应当将尚未分配的相关递延收益余额转入资产处置当期的损益的，应当将尚未分配的相关递延收益余额转入资产处置当期的损益。

【例19-6】 按照国家有关政策，企业购置先进装备制造设备可以申请补贴以补偿其先进装备制造支出。智董公司于2×18年1月向政府有关部门提交了630万元的补助申请，作为对其购置先进装备制造设备的补贴。2×18年3月18日，智董公司收到了政府补贴款630万元。2×18年4月25日,智董公司购入不需安装的先进装备制造设备一台,实际成本为1 440万元,使用寿命10年,采用直线法计提折旧(不考虑净残值)。2×26年4月,智董公司的这台设备发生毁损而报废。本例中不考虑相关税费等其他因素。

【分析】 智董公司的账务处理如下。

方法一:智董公司选择总额法对此类补助进行会计处理。

(1) 2×18年3月18日实际收到财政拨款,确认递延收益:

借:银行存款　　　　　　　6 300 000
　　贷:递延收益　　　　　　　　6 300 000

(2) 2×18年4月25日购入设备:

借:固定资产　　　　　　　14 400 000
　　贷:银行存款　　　　　　　　14 400 000

(3) 自2×18年5月起每个资产负债表日(月末)计提折旧,同时分摊递延收益:

① 计提折旧(假设该设备折旧费用计入制造费用):

借:制造费用　　　　　　　120 000
　　贷:累计折旧　　　　　　　　120 000

② 分摊递延收益:

借:递延收益　　　　　　　52 500
　　贷:其他收益　　　　　　　　52 500

(4) 2×26年4月设备毁损,同时转销递延收益余额:

借:固定资产清理　　　　　2 880 000
　　累计折旧　　　　　　　11 520 000
　　贷:固定资产　　　　　　　　14 400 000

借:递延收益　　　　　　　1 260 000
　　贷:固定资产清理　　　　　　1 260 000

借:营业外支出　　　　　　1 620 000
　　贷:固定资产清理　　　　　　1 620 000

方法二:智董公司选择净额法对此类补助进行会计处理。

(1) 2×18年3月18日实际收到财政拨款,确认递延收益:

借:银行存款　　　　　　　6 300 000
　　贷:递延收益　　　　　　　　6 300 000

(2) 2×18年4月25日购入设备:

借:固定资产　　　　　　　14 400 000
　　贷:银行存款　　　　　　　　14 400 000

借:递延收益　　　　　　　6 300 000
　　贷:固定资产　　　　　　　　6 300 000

(3) 自2×18年5月起每个资产负债表日(月末)计提折旧:

借:制造费用　　　　　　　67 500
　　贷:累计折旧　　　　　　　　67 500

(4) 2×26年4月设备毁损:

借:固定资产清理　　　　　1 620 000
　　累计折旧　　　　　　　6 480 000
　　贷:固定资产　　　　　　　　8 100 000

借:营业外支出　　　　　　1 620 000
　　贷:固定资产清理　　　　　　1 620 000

四、与收益相关的政府补助

与收益相关的政府补助,应当分情况按照以下规定进行会计处理:

(1) 用于补偿企业以后期间的相关成本费用或损失的,确认为递延收益,并在确认相关成本费用或损失的期间,计入当期损益或冲减相关成本。

(2) 用于补偿企业已发生的相关成本费用或损失的,直接计入当期损益或冲减相关成本。

【例19-7】 智董公司于2×19年2月18日与企业所在地地方政府签订合作协议。根据协议约定,当地政府向智董公司提供800万元奖励基金,用于企业的人才激励和人才引进奖励。智董公司必须按年向当地政府报送详细的资金使用计划,并按规定用途使用资金。

智董公司于2×19年3月18日收到500万元补助资金。分别在2×19年12月、2×20年12月、2×21年12月使用了350万元、225万元、225万元于发放给经理级别高管年度奖金。智董公司选择将该政府补助冲减管理费用。

【分析】 本例中,智董公司在实际收到补

助资金时,应先记入"递延收益"科目,实际按规定用途使用资金时再结转计入当期损益。会计处理如下(分录中的金额以万元为单位):

(1) 2×19年3月18日智董公司实际收到补助资金:

　　借:银行存款　　　　　　　　800
　　　贷:递延收益　　　　　　　　　800

(2) 2×19年12月、2×20年12月、2×21年12月智董公司将补贴资金发放高管奖金时:

　　借:递延收益　　　　　　　　350
　　　贷:管理费用　　　　　　　　　350

　　借:递延收益　　　　　　　　225
　　　贷:管理费用　　　　　　　　　225

　　借:递延收益　　　　　　　　225
　　　贷:管理费用　　　　　　　　　225

【例19-8】 鑫裕公司生产一种先进的模具产品,按照国家相关规定,该企业的这种产品适用增值税先征后返政策,即先按规定征收增值税,然后按实际缴纳增值税税额返还90%。2×21年8月,该企业实际缴纳增值税税额280万元。2×21年9月,该企业实际收到返还的增值税税额252万元。

【分析】 本例中,鑫裕公司收到返还的增值税税额属于与收益相关的政府补助,且用于补偿企业已发生的相关费用,且增值税先征后返属于与企业的日常活动密切相关的补助,应在实际收到时直接计入当期损益(其他收益)。

2×21年9月,鑫裕公司实际收到返还的增值税税额时,会计分录为:

　　借:银行存款　　　　　　2 520 000
　　　贷:其他收益　　　　　　　2 520 000

五、退回已确认的政府补助

已确认的政府补助需要退回的,应当在需要退回的当期分情况按照以下规定进行会计处理:

(1) 初始确认时冲减相关资产账面价值的,调整资产账面价值。

(2) 存在相关递延收益的,冲减相关递延收益账面余额,超出部分计入当期损益。

(3) 属于其他情况的,直接计入当期损益。

【例19-9】 智董公司于2×17年11月与某自贸区政府签订合作协议,在自贸区内投资设立生产基地。协议约定,自贸区政府自协议签订之日起6个月内向智董公司提供900万元产业补贴资金,用于奖励该企业在自贸区内投资并开展经营活动,智董公司自获得补贴起5年内注册地址不得迁离本区。如果智董公司在此期限内提前迁离自贸区,自贸区政府允许智董公司按照实际留在本区的时间保留部分补贴,并按剩余时间追回补贴资金。智董公司于2×18年1月9日收到补贴资金。

【分析】 假设智董公司在实际收到补助资金时,客观情况表明智董公司在未来5年内迁离自贸区的可能性很小,智董公司在收到补助资金时应当计入"递延收益"科目。由于协议约定如果智董公司提前迁离自贸区,自贸区政府有权按扣除实际留在本区时间后的剩余时间追回部分补助,说明企业每留在自贸区内一年,就有权取得与这一年相关的补助,与这一年补助有关的不确定性基本消除,补贴收益得以实现,所以智董公司应当将该补助在5年内平均摊销结转计入损益。本例中,自贸区政府对智董公司的补助是对该企业在自贸区内投资并开展经营活动的奖励,并不指定用于补偿特定的成本费用。智董公司的账务处理如下:

(1) 2×18年1月9日,智董公司实际收到补助资金:

　　借:银行存款　　　　　　9 000 000
　　　贷:递延收益　　　　　　　9 000 000

(2) 2×18—2×22年每年12月31日,智董公司分期将递延收益结转入当期损益:

　　借:递延收益　　　　　　1 800 000
　　　贷:其他收益　　　　　　　1 800 000

假设2×20年1月,智董公司因重大战略调整迁离自贸区,自贸区政府根据协议要求智董公司退回补助540万元:

借：递延收益　　　　　　　　5 400 000
　　贷：其他应付款　　　　　　　　5 400 000

企业收到政府给予的搬迁补偿款应当如何进行会计处理？

企业因城镇整体规划、库区建设、棚户区改造、沉陷区治理等公共利益进行搬迁，收到政府从财政预算直接拨付的搬迁补偿款，应作为专项应付款处理。其中，属于对企业在搬迁和重建过程中发生的固定资产和无形资产损失、有关费用性支出、停工损失及搬迁后拟新建资产进行补偿的，应自专项应付款转入递延收益，并按照《企业会计准则第16号——政府补助》进行会计处理。企业取得的搬迁补偿款扣除转入递延收益的金额后如有结余的，应当作为资本公积处理。

企业收到除上述之外的搬迁补偿款，应当按照《企业会计准则第4号——固定资产》《企业会计准则第16号——政府补助》等会计准则进行处理。

本解释中除特别注明应予追溯调整的以外，其他问题自2009年1月1日起施行。

第三节　政府补助特定业务的会计处理

一、同时包含与资产相关部分和与收益相关部分的政府补助的会计处理

对于同时包含与资产相关部分和与收益相关部分的政府补助，应当区分不同部分分别进行会计处理；难以区分的，应当整体归类为与收益相关的政府补助。

【例19-10】 智董公司2×19年12月申请某国家级研发补贴。申报书中的有关内容如下：本公司于2×19年1月启动人工智能技术开发项目，预计总投资7 200万元、为期3年，已投入资金2 400万元。项目还需新增投资4 800万元（其中，购置固定资产2 400万元、场地租赁费1 200万元、人员费600万元、市场营销600万元），计划自筹资金2 400万元、申请财政拨款2 400万元。

2×20年1月1日，主管部门批准了智董公司的申报，签订的补贴协议规定：批准智董公司补贴申请，共补贴款项2 400万元，分两次拨付。申请批准日拨付1 200万元，结项验收时支付1 200万元。该开发项目假定于2×21年年末完工，2×22年3月1日通过验收并收到第二笔补贴款。假设按年分配递延收益。智董公司对政府补助采用总额法处理。

【分析】 本例属于针对综合性项目的政府补助，因为该项目包括场地租赁费、人员费等费用和购置固定资产，且不能区分哪部分政府补助属于与资产相关的政府补助，哪部分政府补助属于与收益相关的政府补助，因此应按照与收益相关的政府补助原则进行会计处理。

智董公司的账务处理如下（分录中的金额以万元为单位）。

（1）2×20年1月1日，实际收到拨款1 200万元：

借：银行存款　　　　　　　　1 200
　　贷：递延收益　　　　　　　　1 200

（2）自2×20年1月1日至2×21年12月31日，每个资产负债表日，分配递延收益：

借：递延收益　　　　　　　　600
　　贷：其他收益　　　　　　　　600

（3）2×22年项目通过验收，于3月1日实际收到拨付1 200万元：

借：银行存款　　　　　　　　1 200
　　贷：其他收益　　　　　　　　1 200

二、取得政策性优惠贷款贴息的会计处理

企业取得政策性优惠贷款贴息的，应当区分财政将贴息资金拨付给贷款银行和财政将贴息资金直接拨付给企业两种情况，分别按照本准则第十三条和第十四条进行会计处理（如图19-1）。

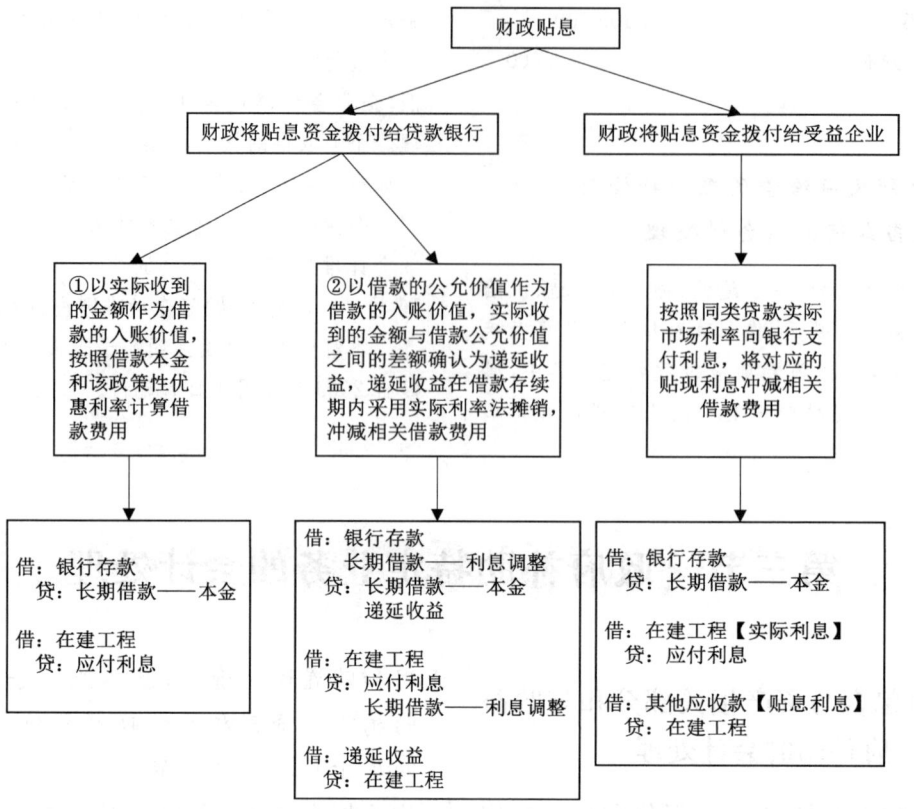

图 19-1 取得政策性优惠贷款贴息的会计处理

(一) 财政将贴息资金拨付给贷款银行

由贷款银行以政策性优惠利率向企业提供贷款的,企业可以选择下列方法之一进行会计处理:

(1) 以实际收到的借款金额作为借款的入账价值,按照借款本金和该政策性优惠利率计算相关借款费用。

(2) 以借款的公允价值作为借款的入账价值并按照实际利率法计算借款费用,实际收到的金额与借款公允价值之间的差额确认为递延收益。递延收益在借款存续期内采用实际利率法摊销,冲减相关借款费用。

企业选择了上述两种方法之一后,应当一致地运用,不得随意变更。

(二) 财政将贴息资金直接拨付给企业

企业应当将对应的贴息冲减相关借款费用。

【例 19-11】 2×21 年 1 月 1 日,鑫裕公司向银行贷款 500 万元,期限 2 年,按月计息,按季度付息,到期一次还本。这笔贷款资金将被用于国家扶持产业,符合财政贴息的条件,财政将贴息资金直接拨付给鑫裕公司。鑫裕公司与银行签订的贷款合同约定的年利率为 12%,鑫裕公司按月计提利息,按季度向银行支付贷款利息,以付息凭证向财政申请贴息资金,财政按年与鑫裕公司结算贴息资金,贴息后鑫裕公司实际负担的年利息率为 6%。

【分析】 鑫裕公司的账务处理如下。

(1) 2×21 年 1 月 1 日,鑫裕公司取得银行贷款 500 万元:

借:银行存款　　　　　　　　5 000 000
　　贷:长期借款——本金　　　　　5 000 000

(2) 2×21 年 1 月 31 日起每月月末,鑫裕公司按月计提利息,应向银行支付的利息金额为 50 000 元(5 000 000×12%÷12),企业实际承担的利息支出为 25 000 元(5 000 000×6%÷12),应收政府贴息为 25 000 元:

借:在建工程　　　　　　　　　50 000
　　贷:应付利息　　　　　　　　　50 000
借:其他应收款　　　　　　　　25 000
　　贷:在建工程　　　　　　　　　25 000

第四节 会计科目和会计分录

与企业日常活动相关的政府补助,应当按照经济业务实质,计入其他收益或冲减相关成本费用。与企业日常活动无关的政府补助,应当计入营业外收支。

以下是第一财税网(www.tax.org.cn)耗时整理的相关会计科目和会计分录,供实际工作中随时查阅、使用。

一、6117 其他收益

(一)核算内容

企业选择总额法对与日常活动相关的政府补助进行会计处理的,应增设"6117 其他收益"科目进行核算。

"其他收益"科目核算总额法下与日常活动相关的政府补助以及其他与日常活动相关且应直接计入本科目的项目。

注 与企业日常活动无关的政府补助,通过"营业外收入"科目核算。

新修改后的债务重组会计准则下,对于债权人,债务重组收益,通过"投资收益"科目核算。对于债务人,采用以资产清偿债务方式进行债务重组的,债务人以非金融资产清偿债务,应将所清偿债务账面价值与转让资产账面价值之间的差额,以及所清偿债务和处置组中负债的账面价值之和与处置组中资产的账面价值之间的差额,记入"其他收益——债务重组收益"科目;以多项资产清偿债务或者组合方式进行债务重组的,债务人所清偿债务的账面价值与转让资产的账面价值以及权益工具和重组债务的确认金额之和的差额,记入"其他收益——债务重组收益"或"投资收益"(仅涉及金融工具时)科目。

(二)明细核算

计入本科目的政府补助可以按照类型进行明细核算。

(三)主要账务处理

1. 总额法下与日常活动相关的政府补助

对于总额法下与日常活动相关的政府补助,企业在实际收到或应收时,或者将先确认为"递延收益"的政府补助分摊计入收益时,借记"银行存款""其他应收款""递延收益"等科目,贷记"其他收益"科目。

2. 债务人的会计处理(采用以资产清偿债务方式进行债务重组,债务人以非金融资产清偿债务)

债务人以单项或多项非金融资产(如固定资产、日常活动产出的商品或服务等)清偿债务,或者以包括金融资产和非金融资产在内的多项资产清偿债务的,不需要区分资产处置损益和债务重组损益,也不需要区分不同资产的处置损益,而应将所清偿债务账面价值与转让资产账面价值之间的差额,记入"其他收益——债务重组收益"科目。偿债资产已计提减值准备的,应结转已计提的减值准备。

债务人以包含非金融资产的处置组清偿债务的,应当将所清偿债务和处置组中负债的账面价值之和,与处置组中资产的账面价值之间的差额,记入"其他收益——债务重组收益"科目。处置组所属的资产组或资产组组合按照《企业会计准则第 8 号——资产减值》分摊了企业合并中取得的商誉的,该处置组应当包含分摊至处置组的商誉。处置组中的资产已计提减值准备的,应结转已计提的减值准备。

3. 债务人的会计处理(以多项资产清偿债务或者组合方式进行债务重组的)

债务重组采用以资产清偿债务、将债务转为权益工具、修改其他条款等方式的组合进行的,对于权益工具,债务人应当在初始确认时按照权益工具的公允价值计量,权益工具的公允价值不能可靠计量的,应当按照所清偿债务的公允价值计量。对于修改其他条款形成的重组债务,债务人应当参照上述"修改其他条款"部分的介绍,确认和计量重组债务。所清偿债务的账面价值与转让资产的账面价值以及权益工具和重组债务的确认金额之和的差额,记入"其他收益——债务重组收益"或"投资收益"(仅涉及金融工具时)科目。

(四) 期末余额

期末,应将本科目余额转入"本年利润"科目,本科目结转后应无余额。

附: 报表列示

反映计入其他收益的政府补助,以及其他与日常活动相关且计入其他收益的项目。

本项目应根据"其他收益"科目的发生额分析填列。企业作为个人所得税的扣缴义务人,根据《中华人民共和国个人所得税法》收到的扣缴税款手续费,应作为其他与日常活动相关的收益在本项目中填列。

二、2401 递延收益

(一) 核算内容

本科目核算企业确认的应在以后期间计入当期损益的政府补助。

(二) 明细核算

本科目可按政府补助的项目进行明细核算。

(三) 主要账务处理

企业收到或应收的与资产相关的政府补助,借记"银行存款""其他应收款"等科目,贷记本科目。在相关资产使用寿命内分配递延收益,借记本科目,贷记"营业外收入"科目。

与收益相关的政府补助,用于补偿企业以后期间相关费用或损失的,按收到或应收的金额,借记"银行存款""其他应收款"等科目,贷记本科目。在发生相关费用或损失的未来期间,按应补偿的金额,借记本科目,贷记"营业外收入"科目。用于补偿企业已发生的相关费用或损失的,按收到或应收的金额,借记"银行存款""其他应收款"等科目,贷记"营业外收入"科目。

(四) 期末余额

本科目期末贷方余额,反映企业应在以后期间计入当期损益的政府补助。

注 企业选择总额法对与日常活动相关的政府补助进行会计处理的,应增设"6117 其他收益"科目进行核算。

"其他收益"科目核算总额法下与日常活动相关的政府补助以及其他与日常活动相关且应直接计入"6117 其他收益"科目的项目。

企业因转让商品收到的预收款适用收入会计准则进行会计处理时,不再使用"预收账款"科目及"递延收益"科目。

三、6301 营业外收入

(一) 核算内容

本科目核算企业发生的各项营业外收入,主要包括非流动资产毁损报废收益、政府补助(不含总额法下与日常活动相关的政府补助)、盘盈利得、捐赠利得等。

(二) 明细核算

本科目可按营业外收入项目进行明细核算。

(三) 主要账务处理

企业确认非流动资产毁损报废收益,比照"固定资产清理""无形资产""原材料""库存商品""应付账款"等科目的相关规定进行处理。

确认的政府补助利得(不含总额法下与日常活动相关的政府补助),借记"银行存款""递延收益"等科目,贷记本科目。

(四) 期末余额

期末,应将本科目余额转入"本年利润"科目,结转后本科目无余额。

注 (1) 企业选择总额法对与日常活动相关的政府补助进行会计处理的,应增设"6117 其他收益"科目进行核算。

"其他收益"科目核算总额法下与日常活动相关的政府补助以及其他与日常活动相关且应直接计入"6117 其他收益"科目的项目。

(2) "资产处置损益"科目核算企业出售划分为持有待售的非流动资产(金融工具、长期股权投资和投资性房地产除外)或处置组(子公司和业务除外)时确认的处置利得或损失,以及处置未划分为持有待售的固定资产、在建工程、生产性生物资产及无形资产而产生的处置利得或损失。

债务重组中因处置非流动资产产生的利得或损失和非货币性资产交换中换出非流动资产产生的利得或损失也在"资产处置损益"科目核算。

(3) 新的《企业会计准则第 12 号——债务重组》下,债务人的债务重组利得记入"其他收益——债务重组收益"或"投资收益"(仅涉及金融工具时)科目。新债务重组会计准则,修改了债务重组的定义,债务重组中涉及的债权和债务与其他金融工具不再区别对待。对于债务重组采用债务人以资产清偿债务方式的,债权人初始确认受让的金融资产以外的资产时,以成本计量。不再区分债务重组利得、损失和资产处置损益,合并作为债务重组相关损益。不要求区分不同资产类型确认处置损益,而是将相关损益合并反应。

债务重组构成权益性交易的,应当适用权益性交易的有关会计处理规定,债权人和债务人不确认构成权益性交易的债务重组相关损益。债务重组构成权益性交易的情形包括:

① 债权人直接或间接对债务人持股,或者债务人直接或间接对债权人持股,且持股方以股东身份进行债务重组。

② 债权人与债务人在债务重组前后均受同一方或相同的多方最终控制,且该债务重组的交易实质是债权人或债务人进行了权益性分配或接受了权益性投入。

例如,智董公司是乙公司股东,为了弥补乙公司临时性经营现金流短缺,智董公司向乙公司提供 1 000 万元无息借款,并约定于 6 个月后收回。借款期满时,尽管乙公司具有充足的现金流,智董公司仍然决定免除乙公司部分本金还款义务,仅收回 200 万元借款。在此项交易中,如果智董公司不以股东身份而是以市场交易者身份参与交易,在乙公司具有足够偿债能力的情况下不会免除其部分本金。因此,智董公司和乙公司应当将该交易作为权益性交易,不确认债务重组相关损益。

债务重组中不属于权益性交易的部分仍然适用《企业会计准则第 12 号——债务重组》。例如,假设前例中债务人乙公司确实出现财务困难,其他债权人对其债务普遍进行了减半的豁免,那么智董公司作为股东比其他债权人多豁免 300 万元债务的交易应当作为权益性交易,正常豁免 500 万元债务的交易适用《企业会计准则第 12 号——债务重组》。

企业在判断债务重组是否构成权益性交易时,应当遵循实质重于形式原则。例如,假设债权人对债务人的权益性投资通过其他人代持,债权人不具有股东身份,但实质上以股东身份进行债务重组,债权人和债务人应当认为该债务重组构成权益性交易。

第二十讲 借款费用

第一节 综合知识

一、相关知识概述

借款费用，是指企业因借款而发生的利息及其他相关成本。它是企业因借入资金所付出的代价。

(一) 借款费用的构成/内容

借款费用包括借款利息、折价或者溢价的摊销、辅助费用以及因外币借款而发生的汇兑差额等(图20-1)。

$$借款费用\begin{cases}借款利息\\折价或者溢价的摊销\\辅助费用\\因外币借款而发生的汇总差额\end{cases}$$

图 20-1 借款费用的组成

注 借款费用包括按照《企业会计准则第22号——金融工具确认和计量》规定的实际利率法计算确定的实际利息、费用(包括折价或者溢价的摊销和辅助费用)以及因外币借款而发生的汇兑差额等。

具体来说，包括以下四项内容。

1. 因借款而发生的利息

因借款而发生的利息包括企业向银行或者其他金融机构等借入资金发生的利息、发行公司债券发生的利息，以及为购建或者生产符合资本化条件的资产而发生的带息债务所承担的利息等。

2. 因借款而发生的折价或溢价的摊销

因借款而发生的折价或者溢价主要是指发行债券等所发生的折价或者溢价，发行债券中的折价或者溢价，其实质是对债券票面利息的调整(即将债券票面利率调整为实际利率)，属于借款费用的范畴。

3. 因外币借款而发生的汇兑差额

因外币借款而发生的汇兑差额，是指由于汇率变动导致市场汇率与账面汇率出现差异，从而对外币借款本金及其利息的记账本位币金额所产生的影响金额。

由于汇率的变化往往和利率的变化相联动，它是企业外币借款所需承担的风险，因此，因外币借款相关汇率变化所导致的汇兑差额属于借款费用的有机组成部分。

4. 因借款而发生的辅助费用

因借款而发生的辅助费用，是指企业在借款过程中发生的诸如手续费、佣金、印刷费等费用，由于这些费用是因安排借款而发生的，也属于借入资金所付出的代价，是借款费用的构成部分。

(二) 借款费用在附注中的披露

企业应当在附注中披露与借款费用有关的下列信息：

(1) 当期资本化的借款费用金额。

(2) 当期用于计算确定借款费用资本化金额的资本化率。

二、会计准则概述

(一) 本准则的相关背景

为了规范借款费用的确认、计量和相关信息的披露，根据《企业会计准则——基本准则》，我国财政部制定了《企业会计准则第17号——

借款费用》(本讲简称"本准则"或"新准则")。

(二) 本准则的适用范围

与融资租赁有关的融资费用,适用《企业会计准则第21号——租赁》。

(三) 本准则的主要变化

1. 扩大了借款费用资本化的资产范围

我国引入"符合资本化条件的资产"这一概念,即不仅指固定资产,还包括需要经过相当长时间的购建或生产活动才可以达到预定可使用状态或者可销售状态的存货和投资性房地产等资产。这样,把旧准则局限于固定资产的范围扩大许多,与国际会计准则可选择的方法基本一致。

2. 扩大了可予资本化的借款范围

旧准则中,专门借款的利息费用才能资本化。新准则与国际准则进行充分的协调,可予资本化的借款范围扩大到专门借款和一般借款。

这一变化也反映了我国企业经济活动的实际情况。有时候企业不可能取得中长期借款,只能取得流动资金借款,很多企业的流动资金借款被用于购建固定资产。另外有些企业的存货生产周期较长,如果不对其利息费用予以资本化,不利于恰当反映企业的财务状况和经营成果。

3. 计算借款费用扣除项目不同,借款利息资本化金额的计算有所差别

(1) 相同点。

旧准则和新准则中借款利息资本化金额的计算方法基本不变,即以原有计算方法计算。

(2) 不同点。

所不同的是为购建或者生产符合资本化条件的资产而借入专门借款。

① 应当以专门借款当期实际发生的利息费用,减去将尚未动用的借款资金存入银行取得的利息收入或进行暂时性投资取得的投资收益后的金额确定。

旧准则不考虑在借款费用中扣除其用于短期投资所获得的投资收益。新准则最终采纳了在借款费用中扣除其用于短期投资所获得的投资收益的做法。

有些借入资金常常在发生符合条件的资产支出之前用作临时性投资,在这种情况下,在确定本期应予资本化的借款费用金额时,自这些资金中获得的投资收益应从发生的借款费用中扣除。如计算专门借款当期实际发生的利息费用时,要按全部借款费用减去将尚未动用的借款资金存入银行取得的利息收入或进行暂时性投资取得的投资收益后的金额确定。这一规定与《国际会计准则第23号——借款费用》"企业为取得某项符合条件的资产而进行的筹资安排可能使主体获得借入资金,并在该资产部分或全部用于符合条件的资产的支出之前,承担相关的借款费用"的规定趋同。

② 占用了一般借款的,企业应当根据累计资产支出超过专门借款的资产支出加权平均数乘以所占用一般借款的资本化率,计算确定一般借款利息应予资本化的利息金额(资本化率应当根据一般借款加权平均利率计算确定)。

4. 折价或者溢价的摊销——只能采用实际利率法

(1) 旧准则规定,借款存在折价或者溢价的,折价或者溢价的摊销可以采用实际利率法,也可以采用直线法。

(2) 新准则仅允许企业采用实际利率法确定每一会计期间应摊销的折价或者溢价金额,并调整每期利息金额。

执行新准则对企业财务状况的影响分析

借款费用的资本化(将借款费用计入相关资产的成本中)或费用化(将借款费用作为费用计入当期的损益中)直接影响到企业财务状况和经营成果的恰当反映。

(1) 会计科目的变化。

由于新准则中纳入借款费用资本化的资产不仅包括企业的固定资产,还包括需要相当长时间的购建或生产活动才能达到预定可使用或可销售状态的存货、投资性房地产资产,所以要增加与核算存货及投资性房地产上的借款费用资本化相关的会计科目的使用。

(2) 会计处理的变化。

由于新准则中纳入借款费用资本化的资产不仅包

括企业的固定资产,还包括需要相当长时间的购建或生产活动才能达到预定可使用或可销售状态的存货、投资性房地产等资产,所以要增加与此相对应的会计核算业务以及相应的会计处理。有些生产周期较长的大型产品,如成套设备、船舶、建筑产品等存货的核算就要加入允许将借款费用转增存货价值的核算内容。

(3) 财务状况和经营成果的变化。

由于新准则扩大了借款费用资本化的资产范围和借款范围,相应地会增加企业的当期资产价值,减少当期财务费用,进而增加当期利润。

第二节 确认和计量

一、借款费用资本化

企业发生的借款费用,可直接归属符合资本化条件的资产(指需要经过相当长时间的购建或者生产活动才能达到预定可使用或者可销售状态的固定资产、投资性房地产和存货等资产)的购建或者生产的,应当予以资本化,计入相关资产成本。

(一) 应予资本化的资产范围和借款范围

1. 借款费用应予资本化的资产范围

符合资本化条件的资产,指需要经过相当长时间的购建或者生产活动才能达到预定可使用或者可销售状态的固定资产、投资性房地产和存货等资产。

建造合同成本、确认为无形资产的开发支出等在符合条件的情况下,也可以认定为符合资本化条件的资产。

政策依据

符合借款费用资本化条件的存货

企业借款购建或者生产的存货中,符合借款费用资本化条件的,应当将符合资本化条件的借款费用予以资本化。

符合借款费用资本化条件的存货,主要包括企业(房地产开发)开发的用于对外出售的房地产开发产品、企业制造的用于对外出售的大型机械设备等。这类存货通常需要经过相当长时间的建造或者生产过程,才能达到预定可销售状态。

其中"相当长时间",是指为资产的购建或者生产所必需的时间,通常为1年以上(含1年)。如果由于人为或者故意等非正常因素导致资产的购建或者生产时间较长的,不属于符合资本化条件的存货。

2. 借款费用应予资本化的借款范围

借款费用应予资本化的借款范围包括专门借款和一般借款。

其中专门借款,是指为购建或者生产符合资本化条件的资产而专门借入的款项,通常签订有标明该用途的借款合同;一般借款是指除专门借款之外的借款。

(二) 借款费用资本化开始——时点的确定、借款费用资本化条件

借款费用必须同时满足以下三个条件,才能允许开始资本化,计入相关资产的成本:

1. 资产支出已经发生

资产支出包括为购建或生产符合资本化条件的资产而以支付现金、转移非现金资产和承担带息债务形式所发生的支出。

(1) 支付现金。

支付现金是指用货币资金支付符合资本化条件的资产的购建或者生产支出。

注 对于购建或生产资产过程中所支付的现金(这里的现金是指广义的现金,它包括库存现金、银行存款和其他货币资金),显然直接占用了相关资金,应该将其包括在支出中。

(2) 转移非现金资产。

转移非现金资产是指企业将自己的非现金资产用于符合资本化条件的资产的购建或生产,如将自产产品用于固定资产建造。

注 对于购建或生产资产过程中所转移的非现金资产,尽管从表面上看,没有直接占用现金,但是,这些非现金

资产的转移实质上导致了资源的流出,占用了相应的资金,只不过以实物的形式表现出来而已。

【例20-1】 智董电瓷公司2×22年3月1日借入一笔长期借款2 000万元,用于建造厂房,厂房于当日开工。3月10日,公司用生产的电瓷换入工程物资一批,价款500万元。尽管公司购入工程物资并没有直接支出现金,但如果公司将生产的电瓷出售,则可形成现金流入500万元,从而可以用来偿还银行借款,避免500万元借款的产生,并节约相应的利息费用。目前公司转出500万元的电瓷,换入工程物资,用于建造厂房,则500万元的借款无法减少或者偿还,相应的利息也就无法避免。其实质是公司资源流出增加500万元,导致借款资金占用增加500万元,所以转移电瓷的金额应该计入建造厂房的"资产支出"中,承担相应的利息费用。

(3)承担带息债务。

承担带息债务是指企业为了购建或者生产符合资本化条件的资产所需用物资等而承担带息应付款项(如带息应付票据),即企业以带息票据购入工程物资,在赊购日即认为资产支出已经发生,如为不带息票据,则应在实际支付票款时作为资产支出的发生日。

注 购建或生产资产过程中承担的带息债务,相当于企业借入资金支付购建或生产资产的相关款项,需要承担利息,导致资源流出。因此,带息负债应包括在购建或生产资产的支出中。

【例20-2】 智董公司于2×21年12月1日开出一张带息票据10万元,购买工程用材料,期限为6个月,票面年利率为6%。这样公司在12月31日编制报表时就需要承担500元(100 000×6%÷12)的利息费用,这与公司向银行借入款项购置工程物资并支付利息,在性质上是一样的。所以,公司承担10万元的带息债务应作为资产支出的组成部分。

如果企业委托其他单位建造固定资产,则企业向受托单位支付第一笔预付款或第一笔进度款时,即认为资产支出已经发生。

【例20-3】 2×21年4月1日,智董公司购买了贵琛公司的一批工程用材料,价款为2 100 000元,智董公司开出一张期限为3个月、月利率为0.6%的商业承兑汇票。2×21年4月30日、5月31日、6月30日,智董公司应分别将利息支出12 600元(2 100 000×0.6%)计入所购建固定资产的成本。如果智董公司开出的商业承兑汇票不带息,则2×21年4月30日、5月31日、6月30日,智董公司不应计算应付票据的利息并将其计入所购建固定资产的成本。

2. 借款费用已经发生

借款费用已经发生指企业已经发生了因购建或生产符合资本化条件的资产而专门借入款项的借款费用或者所占用的一般借款的借款费用。

3. 为使资产达到预定可使用或者可销售状态所必要的购建或者生产活动已经开始

为使资产达到预定可使用或者可销售状态所必要的购建或者生产活动已经开始,指符合资本化条件的资产的实体建造或生产工作已经开始,如主体设备的安装、厂房的实际开工建造等。不包括仅仅持有资产但没有发生为改变资产形态而进行实质上的建造或者生产活动的情况,如只购置了建筑用地但未发生有关房屋建造活动等。

"为使资产达到预定可使用状态所必要的购建或生产活动"的含义

准则所指的"为使资产达到预定可使用状态所必要的购建或生产活动",主要是指资产的实体建造生产工作,那些会改变所购建或生产资产的实体状况的活动均属于此,因为它们是使资产达到预定可使用状态所必需的。相应地,企业发生的与这些活动有关的借款费用就无法避免。所以,"为使资产达到预定可使用状态所必要的购建或生产活动已经开始"构成借款费用开始资本化的一个必要条件。

【例20-4】 2×22年1月1日,智董公司为建造一条电视机生产线,经与建设银行协商后,决定向建设银行借入期限为4年的长期借款。款项已经划入公司。电视机生产线已经开始建造。智董公司为建造生产线尚未动用建设银行的借款。

【分析】 款项已经划入智董公司,所以,借款费用已经发生。电视机生产线已经开始建造,所以,为使资产达到预定可使用状态所必要的购建活动已经开始。智董公司为建造生产线尚未动用建设银行的借款,所以,资产支出尚未发生。

基于上述分析,智董公司虽然因建造生产线而向建设银行借入长期借款,而且该笔借款已经发生借款费用,但是,智董公司不能将此借款费用计入电视机生产线的成本,而只能在发生当期确认为费用,因为它不符合借款费用开始资本化的第一个条件。

【例20-5】 2×21年10月1日,智董公司为建造一幢厂房,经与中国工商银行协商后,决定向中国工商银行借入期限为3年的长期借款。智董公司已经开始用银行存款为建造厂房购买工程用物资,厂房的实体建造工作已经开始。中国工商银行的借款尚未划入公司。

【分析】 智董公司已经开始为建造厂房购买工程用物资,厂房的实体建造工作已经开始,所以,资产支出已经发生,为使资产达到预定可使用状态所必要的购建活动已经开始。中国工商银行的借款尚未划入公司,所以,借款费用尚未发生。

基于上述分析,智董公司虽然因建造厂房而向中国工商银行借入长期借款,并且已经开始用银行存款为建造厂房购买工程用物资,厂房的实体建造工作已经开始,但是,由于智董公司为建造厂房而向中国工商银行借入的长期借款尚未划入公司,相关的借款费用尚未发生。因此,智董公司的借款费用此时不能开始资本化,因为它不符合借款费用开始资本化的第二个条件。

【例20-6】 2×21年8月1日,智董公司为了建造一项固定资产,经与农业银行协商,决定向农业银行借入期限为3年的长期借款。智董公司已经开始使用银行存款购买建造固定资产所需工程用物资;农业银行的借款已经划入公司;由于智董公司尚未就设计方案最后达成协议,固定资产的实体建造还没有开始。

【分析】 智董公司已经开始使用银行存款购买建造固定资产所需工程用物资,所以,资产支出已经发生。农业银行的借款已经划入公司,所以,借款费用已经发生。公司尚未就设计方案最后达成协议,固定资产的实体建造还没有开始,所以,为使资产达到预定可使用状态所必要的购建活动还没有开始。

基于上述分析,智董公司由于不符合借款费用开始资本化的第三个条件,所以,不能将向农业银行借入长期借款发生的借款费用予以资本化,不能计入建造固定资产的成本。

(三)借款费用资本化暂停

1. 条件

符合资本化条件的资产在购建或者生产过程中发生非正常中断、且中断时间连续超过3个月的,应当暂停借款费用的资本化。

非正常中断的成因

非正常中断通常是由于企业管理决策上的原因或者其他不可预见方面的原因等所导致的中断。

例如,企业因与施工方发生了质量纠纷,或者工程或生产用料没有及时供应,或者资金周转发生了困难,或者施工或生产发生了安全事故,或者发生了与资产购建或者生产有关的劳动纠纷等原因,导致资产购建或者生产活动发生中断,均属于非正常中断。

正常中断期间的借款费用应当继续资本化

如果中断是所购建或者生产的符合资本化条件的资产达到预定可使用或者可销售状态必要的程序,即正常中断,借款费用的资本化应当继续进行。

2. 会计处理

在中断期间发生的借款费用应当确认为费用,计入当期损益,直至资产的购建或者生产活动重新开始。

非正常中断与正常中断有显著不同

正常中断仅限于因购建或者生产符合资本化条件的资产达到预定可使用或者可销售状态所必要的程序,

或者事先可预见的不可抗力因素导致的中断。例如，某些工程建造到一定阶段必须暂停下来进行质量或者安全检查，检查通过后方可继续下一步的建造工作，这类中断是在施工前可以预见的，而且是工程建造必须经过的程序，即属于正常中断。

某些地区的工程在建造过程中，由于可预见的不可抗力因素（本地普遍存在的雨季或冰冻季节等原因）导致施工出现停顿，也属于正常中断。例如，智董公司在北方某地建造某工程期间，正遇冰冻季节，工程施工不得不中断，待冰冻季节过后才能继续施工。由于该地区在施工期间出现较长时间的冰冻是正常情况，由此而导致的施工中断属于因可预见的不可抗力因素导致的中断，是正常中断，借款费用的资本化可继续进行，不必暂停。

（四）借款费用资本化金额的确定

企业每期应予资本化的借款费用金额，包括当期应予资本化的利息、借款折价或溢价的摊销、辅助费用和汇兑差额。

在资本化期间（指从借款费用开始资本化时点到停止资本化时点的期间，借款费用暂停资本化的期间不包括在内）内，每一会计期间的利息（包括折价或溢价的摊销）资本化金额，应当按照下列规定确定：

1. 利息（包括折价或溢价的摊销）资本化金额的确定——当期应予资本化的利息（包括折价或溢价的摊销）

（1）限期、限额。

利息资本化金额仅限于资本化期间内。

在资本化期间，每一会计期间的利息资本化金额，不应当超过当期相关借款实际发生的利息金额。

（2）类型。

应予资本化的利息金额根据借款的类别不同分为专门借款和一般借款。

① 借入专门借款——专门借款应予资本化的利息金额的确定。

为购建或者生产符合资本化条件的资产而借入专门借款的，应当以专门借款当期实际发生的利息费用，减去将尚未动用的借款资金存入银行取得的利息收入或进行暂时性投资取得的投资收益后的金额确定。

专门借款发生的利息费用，在资本化期间内，应当全部计入符合资本化条件的资产成本，不计算借款资本化率。

专门借款应当有明确的专门用途，即为购建或者生产某项符合资本化条件的资产而专门借入的款项，通常签订有标明该用途的借款合同。

② 占用一般借款——一般借款应予资本化的利息金额的确定。

在借款费用资本化期间内，为购建或者生产符合资本化条件的资产而占用了一般借款的，企业应当根据累计资产支出超过专门借款部分的资产支出加权平均数乘以所占用一般借款的资本化率，计算确定一般借款应予资本化的利息金额。

资本化率应当根据一般借款加权平均利率计算确定。

$$\text{一般借款加权平均利率} = \text{所占用一般借款当期实际发生的利息之和} \div \text{所占用一般借款本金加权平均数}$$

一般借款应予资本化的利息金额应当按照下列公式计算：

$$\text{一般借款利息费用资本化金额} = \text{累计资产支出超过专门借款部分的资产支出加权平均数} \times \text{所占用一般借款的资本化率}$$

$$\text{所占用一般借款的资本化率} = \text{所占用一般借款加权平均利率}$$

$$= \text{所占用一般借款当期实际发生的利息之和} \div \text{所占用一般借款本金加权平均数}$$

$$\text{所占用一般借款本金加权平均数} = \sum \left[\text{所占用每笔一般借款本金} \times \frac{\text{每笔一般借款在当期所占用的天数}}{\text{当期天数}} \right]$$

【例20-7】 智董公司于2×21年1月1日动工兴建一幢办公楼，工期为1年，工程采用出包方式，分别于2×21年1月1日、7月1日和10月1日支付工程进度款1 500万元、3 000万元和1 000万元。办公楼于2×21年12月31日完工，达到预定可使用状态。

公司为建造办公楼发生了两笔专门借款，分别为：2×21年1月1日专门借款2 000万元，借款期限为3年，年利率为8%，利息按年支付;2×21年7月1日专门借款2 000万元,借款期限为5年,年利率为10%,利息按年支付。闲置专门借款资金均用于固定收益债券短期投资,假定该短期投资月收益率为0.5%。

公司为建造办公楼的支出总额5 500万元(1 500+3 000+1 000)超过了专门借款总额4 000万元(2 000+2 000),占用了一般借款1 500万元。假定所占用一般借款有两笔,分别为:向A银行长期借款2 000万元,期限为2×20年12月1日至2×23年12月1日,年利率为6%,按年支付利息;发行公司债券10 000万元,于2×20年1月1日发行,期限为5年,年利率为8%,按年支付利息。

【分析】 根据上述资料,计算公司建造办公楼应予资本化的利息费用金额如下:

(1) 计算专门借款利息费用资本化金额。

$$\text{专门借款利息资本化金额} = \text{专门借款当期实际发生的利息费用} - \text{将闲置借款金额短期投资取得的投资收益}$$

为简化计算,假定全年按360天计算。专门借款利息费用的资本化金额 = 2 000×8% + 2 000×10%×180÷360 - 500×0.5%×6 = 245(万元)。

(2) 计算一般借款利息费用资本化金额。

$$\text{一般借款利息费用资本化金额} = \text{累计资产支出超过专门借款部分的资产支出加权平均数} \times \text{所占用一般借款的资本化率}$$

累计资产支出超过专门借款部分的资产支出加权平均数 = (4 500 - 4 000)×180÷360 + 1 000×90÷360 = 500(万元)。

一般借款资本化率 = (2 000×6% + 10 000×8%)÷(2 000+10 000) = 7.67%。

一般借款利息费用资本化金额 = 500×7.67% = 38.35(万元)。

(3) 计算建造办公楼应予资本化的利息费用金额。该公司建造办公楼应予资本化的利息费用金额283.35万元,即专门借款利息费用资本化金额245万元和一般借款利息费用资本化金额38.35万元之和。

【例20-8】 智董公司为增值税一般纳税人企业,从2×14年1月1日开始建造一项固定资产,并为建造该项资产从银行借入了500万元的3年期的一般借款,年利率为6%。资产于2×14年4月1日建造完工。为简化计算,假设每月均为30天。

智董公司在2×14年1月至3月间发生的资产支出如下:

1月1日,支付购买工程用物资款项140.40万元,其中增值税进项税额为20.40万元;2月10日,支付建造资产的职工工资9万元;3月15日,将企业的产品用于建造固定资产,该产品的成本为60万元,其中,材料成本为50万元,增值税进项税额为8.50万元,该产品计税价格为100万元,增值税销项税额为17万元,为生产这些产品所耗用的材料价款及增值税进项税额已支付;3月31日,为3月15日用于固定资产建造的本企业产品交纳增值税8.50万元。

【分析】 如果智董公司按月计算应予资本化的借款费用,应根据每月每笔资产支出金额和每笔支出所需要承担借款费用的天数与当月天数之比,计算每月累计支出加权平均数:

1月累计支出加权平均数 = 140.40×30÷30 = 140.40(万元)。

2月累计支出加权平均数 = 140.40×30÷30 + 9×20÷30 = 146.40(万元)。

3月累计支出加权平均数 = 140.40×30÷30 + 9×30÷30 + 68.50×15÷30 + 8.50×0÷30 = 183.65(万元)。

【例20-9】 承[例20-10]。假设其他条件不变,智董公司按季计算应予资本化的借款费用。智董公司应根据2×14年第一季度每笔资产支出金额和每笔支出所需要承担借款费用的天数与当季天数之比,计算第一季度累计支出加权平均数:

公司第一季度累计支出加权平均数 = 140.40×90÷90 + 9×50÷90 + 68.50×15÷90 = 156.82(万元)。

【例20-10】 承[例20-10]。假设其他条件不变,智董公司为建造固定资产而在2×14年1月至3月发生的资产支出如下:

1月1日,支付购买工程用物资款项35.10万元,其中增值税进项税额为5.10万元;1月6日,支付项目设计方案费20万元;1月15日,支付工程用物资款46.80万元,其中增值税进项税额为6.80万元;1月20日,支付建造该项资产的职工工资2万元;1月28日,支付工程用料款32.76万元,其中增值税进项税额为4.76万元;2月6日,将本公司生产的产品用于工程建设,产品成本为4万元,其中材料成本为3万元,增值税进项税额为0.51万元,为生产这些产品所耗用的材料价款及增值税进项税额已支付;2月8日,支付项目顾问费2万元;2月12日,用银行存款购买工程用低值易耗品1.17万元,其中增值税进项税额为0.17万元;2月20日,支付建造该项资产的职工工资2万元;2月28日,缴纳2月6日用于工程建设的本公司产品的增值税应纳税额0.51万元;3月10日,支付工程用物资款29.25万元,其中增值税进项税额为4.25万元;3月20日,支付建造该项资产的职工工资5万元;3月28日,用本企业的产品向外单位换进一批工程用物资,产品成本为30万元,其中材料成本为20万元,增值税进项税额为3.40万元,为生产这些产品所耗用的材料价款及增值税进项税额已支付;3月31日,缴纳3月28日用本企业产品交换工程用物资的增值税应纳税额5.10万元。

智董公司按月计算应予资本化的借款费用。公司可以根据每月每笔资产支出金额和每笔支出所需要承担借款费用的天数与当月天数之比,计算每月累计支出加权平均数。但考虑到每月资产支出的笔数较多,支出发生比较均匀,也可以简化计算,即用每月月初资产支出余额和每月资产支出算术平均数之和作为当月的累计支出加权平均数。具体计算如下:

1月累计支出加权平均数=月初资产支出余额+当月资产支出总额÷2=0+(35.10+20+46.80+2+32.76)÷2=0+136.66÷2=68.33(万元)。

2月累计支出加权平均数=136.66+(4.51+2+1.17+2+0.51)÷2=136.66+10.19÷2=141.76(万元)。

3月累计支出加权平均数=136.66+10.19+(29.25+5+33.40+5.10)÷2=146.85+72.75÷2=183.23(万元)。

【例20-11】 智董公司2×14年1月1日开始建造一项固定资产,一般借款有两项:

(1) 2×14年1月1日借入的3年期借款100万元,年利率为6%。

(2) 2×14年4月1日发行的3年期债券200万元,票面年利率为5%,债券发行价格为170万元,折价30万元(不考虑发行债券发生的辅助费用)。

假定资产建造从1月1日开始,截至3月31日,计算得出的累计支出加权平均数为90万元,截至6月30日,计算得出的累计支出加权平均数为150万元,债券折价采用直线法摊销。2×14年第一季度和第二季度适用的资本化率计算如下:

由于第一季度只有一笔一般借款,资本化率即为该借款的利率,即1.5%(6%×3÷12)。

由于第二季度有两笔一般借款,适用的资本化率为两项一般借款的加权平均利率。加权平均利率计算如下:

$$
\begin{aligned}
加权平均利率 &= \frac{一般借款当期实际发生的利息之和 \pm 当期应摊销的折价或溢价}{借款本金加权平均数} \times 100\% \\
&= \frac{100 \times 6\% \times 3 \div 12 + 200 \times 5\% \times 3 \div 12 + (200-170) \div 3 \times 3 \div 12}{100+170} \times 100\% \\
&\approx 2.41\%
\end{aligned}
$$

(3) 每一会计期间应摊销的折价或者溢价金额——采用实际利率法。

借款存在折价或者溢价的,应当按照实际利率法确定每一会计期间应摊销的折价或者溢价金额,调整每期利息金额。

注 计算利息时,如果所涉及的借款存在折价或者溢价的,应当按照实际利率法确定每一会计期间应摊销的折价或者溢价金额,并调整每期利息金额。

在实际利率法下,企业应当按照期初借款余额乘以实际利率计算确定每期借款利息费用。实际利率是企业在借款期限内未来应支付的利息和本金折现为借款当前账面价值的利率。具体的计算可参照应付债券的核算,如果按照名义(合同)利率和实际利率计算的每期利息费用相差不大的,可以按照名义利率计算确定每期借款利息。

【例20-12】 智董公司于2×18年1月1日折价发行了面值为1250万元公司债券,发行价格为1000万元,票面利率为4.72%,每年年末支付利息59万元(1250×4.72%),当期一次还本。据此,计算该公司债券实际利率r。

【分析】 由于$1000=59\times(1+r)^{-1}+59\times(1+r)^{-2}+59\times(1+r)^{-3}+59\times(1+r)^{-4}+(59+1250)\times(1+r)^{-5}$,由此计算得出$r=10\%$。

假定智董公司发行公司债券募集的资金专门用于建造一条生产线,生产线从2×18年1月1日开始建设,于2×20年年底完工,达到预定可使用状态。公司在2×18年至2×20年每年应予资本化的利息费用为100万元、104万元和109万元,2×21年和2×22年发生的113万元和119万元利息费用应当计入当期损益,不应再予资本化(表20-1)。

表20-1 智董公司按实际利率法确定的每期利息费用

单位:万元

年份	期初公司债券余额(a)	实际利息费用(b)(按10%计算)	每年支付现金(c)	期末公司债券摊余成本($d=a+b-c$)
2×18年	1 000	100	59	1 041
2×19年	1 041	104	59	1 086
2×20年	1 086	109	59	1 136
2×21年	1 136	113	59	1 190
2×22年	1 190	119	1 250+59	0

除公司债券外,其他借款也应当按照上述实际利率法确定每期利息费用。如果按照名义(合同)利率和实际利率计算的每期利息费用相差不大的,可以按照名义利率计算确定每期借款利息。

2. 借款辅助费用资本化金额的确定

应予资本化或计入当期损益的借款辅助费用的发生额,是根据《企业会计准则第22号——金融工具确认和计量》规定,按照实际利率法所确定的金融负债交易费用对每期利息费用的调整额。

借款实际利率与合同利率差异较小的,也可以采用合同利率计算确定利息费用。

专门借款与一般借款发生的辅助费用,均应按上述原则确定其发生额并进行处理。

(1)专门借款发生的辅助费用。

专门借款发生的辅助费用,在所购建或者生产的符合资本化条件的资产达到预定可使用或者可销售状态之前发生的,应当在发生时根据其发生额予以资本化,计入符合资本化条件的资产的成本。

在所购建或者生产的符合资本化条件的资产达到预定可使用或者可销售状态之后发生的,应当在发生时根据其发生额确认为费用,计入当期损益。

(2)一般借款发生的辅助费用。

一般借款发生的辅助费用,也应当按照上述原则确定其发生额并进行处理。

【例20-13】 智董公司为建造一幢厂房于2×22年1月1日按面值发行了1亿元的5年期债券,年利率为8%,按债券面值的2%支付中介机构手续费200万元,已用银行存款支付完毕。厂房的建造工作从2×22年1月1日开始,建造期为3年。

【分析】 智董公司的会计处理如下:

应予资本化的辅助费用金额=200(万元)。

借:在建工程——借款费用　　　2 000 000
　　贷:银行存款　　　　　　　　2 000 000

3. 外币专门借款汇兑差额资本化金额的确定

出于简化核算的考虑,在资本化期间内,外币专门借款本金及其利息的汇兑差额应当予以资本化,计入符合资本化条件的资产成本;除外币专门借款之外的其他外币借款本金及其利息所产生的汇兑差额,应当作为财务费用计入当期损益。

二、借款费用费用化(计入当期损益)

(一)除了可直接归属于符合资本化条件的资产的购建或者生产的借款费用之外的其他借款费用,应当在发生时根据其发生额确认为费用

企业发生的借款费用,可直接归属于符合资本化条件的资产的购建或者生产的,应当予以资本化,计入相关资产成本。其他借款费用,应当在发生时根据其发生额确认为费用,计入当期损益。

小知识

借款辅助费用费用化金额的确定

(1)专门借款发生的辅助费用。

专门借款发生的辅助费用,在所购建或者生产的符合资本化条件的资产达到预定可使用或者可销售状态之后发生的,应当在发生时根据其发生额确认为费用,计入当期损益。

(2)一般借款发生的辅助费用。

一般借款发生的辅助费用,也应当按照上述原则确定其发生额并进行处理。

外币专门借款汇兑差额费用化金额的确定

除外币专门借款之外的其他外币借款本金及其利息所产生的汇兑差额,应当作为财务费用计入当期损益。

(二)"借款费用资本化停止"之后所发生的借款费用,应当在发生时根据发生额确认为费用

当所购建或生产符合资本化条件的资产达到预定可使用状态或者可销售状态时,应当停止其借款费用的资本化;以后发生的借款费用应当在发生时根据发生额确认为费用,计入当期损益。

1."达到预定可使用或者可销售状态的"判断

购建或者生产符合资本化条件的资产达到预定可使用或可销售状态,可从下列几个方面进行判断:

(1)符合资本化条件的资产的实体建造(包括安装)或者生产工作已经全部完成,或者实质上已经完成。

(2)所购建或者生产的符合资本化条件的资产与设计要求、合同规定或者生产要求相符或者基本相符,即使有极个别与设计、合同或者生产要求不相符的地方,也不影响其正常使用或者销售。

(3)继续发生在所购建或生产的符合资本化条件的资产上的支出金额很少或者几乎不再发生。

2.试生产或者试运行

购建或者生产符合资本化条件的资产需要试生产或者试运行的,在试生产结果表明资产能够正常生产出合格产品,或者试运行结果表明资产能够正常运转或者营业时,应当认为该资产已经达到预定可使用或者可销售状态。试生产或者试运行产生的收入与支出的差额,计入或者冲减借款费用。

3.分别完工

如果购建或者生产的符合资本化条件的资产的各部分分别完工,且每部分在其他部分继续建造过程中可供使用或者可对外销售,且为使该部分资产达到预定可使用或可销售状态所必要的购建或者生产活动实质上已经完成的,应当停止与该部分资产相关的借款费用的资本化。

购建或者生产的资产的各部分分别完工,但必须等到整体完工后才可使用或者才可对外销售的,应当在该资产整体完工时停止借款费用的资本化。

【例20-14】2×22年3月6日,智董公司正在开发一片商业园区,该商业园区由若干幢建筑物组成,各个建筑物的功能之间联系不是十分紧密,每幢建筑物在其他建筑物继续建造期间都可以单独投入使用。此时,如果其中的一幢建筑物完工并达到预定可使用状态,那么,智董公司就应停止为建造该幢建筑物发生的借款费用的资本化。

【分析】根据企业会计准则的规定,购建或者生产的资产的各部分分别完工,但必须等

到整体完工后才可使用或者可对外销售的，应当在该资产整体完工时停止借款费用的资本化。

三、借款费用的账务处理

企业发生的借款费用（包括利息、折溢价摊销、辅助费用、汇兑差额等），应按照规定，分别计入有关科目：

（1）属于筹建期间不应计入相关资产价值的借款费用，计入管理费用。

（2）属于经营期间不应计入相关资产价值的借款费用，计入财务费用。

（3）属于发生的与购建或者生产符合资本化条件的资产有关的借款费用，按规定在购建或者生产的资产达到预定可使用或者可销售状态前应予以资本化的，计入相关资产的成本，视资产的不同，分别记入"在建工程""制造费用""研发支出"等科目。

（4）购建或者生产符合资本化条件的资产达到预定可使用或者可销售状态后所发生的借款费用以及规定不能予以资本化的借款费用，计入财务费用。

第三节 会计科目和会计分录

以下是第一财税网（www.tax.org.cn）耗时整理的相关会计科目和会计分录，供实际工作中随时查阅、使用。

一、2001 短期借款

（一）核算内容

本科目核算企业向银行或其他金融机构等借入的期限在1年以下（含1年）的各种借款。

（二）明细核算

本科目可按借款种类、贷款人和币种进行明细核算。

（三）主要账务处理

企业借入的各种短期借款，借记"银行存款"科目，贷记本科目；归还借款作相反的会计分录。资产负债表日，应按计算确定的短期借款利息费用，借记"财务费用""利息支出"等科目，贷记"银行存款""应付利息"等科目。

（四）期末余额

本科目期末贷方余额，反映企业尚未偿还的短期借款。

二、2501 长期借款

（一）核算内容

本科目核算企业以摊余成本计量的向银行或其他金融机构借入的期限在1年以上（不含1年）的各项借款。

（二）明细核算

本科目可按贷款单位和贷款种类，分别"本金""利息调整""应计利息"等进行明细核算。

（三）主要账务处理

（1）企业借入长期借款，应按实际收到的金额，借记"银行存款"科目，贷记本科目（本金）。如存在差额，还应借记本科目（利息调整）。

（2）资产负债表日，应按摊余成本和实际利率计算确定的长期借款的利息费用，借记"在建工程""制造费用""财务费用""研发支出"等科目，按合同利率计算确定的应付未付利息，贷记"应付利息"科目，按其差额，贷记本科目（利息调整）。

实际利率与合同利率差异较小的，也可以采用合同利率计算确定利息费用。

（3）归还的长期借款本金，借记本科目（本金），贷记"银行存款"科目。同时，存在利息调整余额的，借记或贷记"在建工程""制造费用""财务费用""研发支出"等科目，贷记或借记本科目（利息调整）。

（四）期末余额

本科目期末贷方余额，反映企业尚未偿还

的长期借款。

三、1132 应收利息

（一）核算内容

本科目核算企业发放的贷款、各类债权投资、存放中央银行款项、拆出资金、买入返售金融资产等应收取的利息。

企业购入的一次还本付息的债权投资持有期间取得的利息，在"债权投资"科目核算。

（二）明细核算

本科目可按借款人或被投资单位进行明细核算。

（三）主要账务处理

（1）企业取得的交易性金融资产，按支付的价款中所包含的、已到付息期但尚未领取的利息，借记本科目，按交易性金融资产的公允价值，借记"交易性金融资产——成本"科目，按发生的交易费用，借记"投资收益"科目，按实际支付的金额，贷记"银行存款""存放中央银行款项""结算备付金"等科目。

（2）取得的债权投资，应按该投资的面值，借记"债权投资——成本"科目，按支付的价款中包含的、已到付息期但尚未领取的利息，借记本科目，按实际支付的金额，贷记"银行存款""存放中央银行款项""结算备付金"等科目，按其差额，借记或贷记"债权投资——利息调整"科目。

资产负债表日，债权投资为分期付息、一次还本债券投资的，应按票面利率计算确定的应收未收利息，借记本科目，按债权投资摊余成本和实际利率计算确定的利息收入，贷记"投资收益"科目，按其差额，借记或贷记"债权投资——利息调整"科目。

债权投资为一次还本付息债券投资的，应于资产负债表日按票面利率计算确定的应收未收利息，借记"债权投资——应计利息"科目，按债权投资摊余成本和实际利率计算确定的利息收入，贷记"投资收益"科目，按其差额，借记或贷记"债权投资——利息调整"科目。

（3）发生减值的债权投资的利息收入，应当比照"贷款"科目相关规定进行处理。

（4）企业发放的贷款，应于资产负债表日按贷款的合同本金和合同利率计算确定的应收未收利息，借记本科目，按贷款的摊余成本和实际利率计算确定的利息收入，贷记"利息收入"科目，按其差额，借记或贷记"贷款——利息调整"科目。

（5）应收利息实际收到时，借记"银行存款""存放中央银行款项"等科目，贷记本科目。

（四）期末余额

本科目期末借方余额，反映企业尚未收回的利息。

四、2231 应付利息

（一）核算内容

本科目核算企业按照合同约定应支付的利息，包括吸收存款、分期付息到期还本的长期借款、企业债券等应支付的利息。

（二）明细核算

本科目可按存款人或债权人进行明细核算。

（三）主要账务处理

资产负债表日，应按摊余成本和实际利率计算确定的利息费用，借记"利息支出""在建工程""财务费用""研发支出"等科目，按合同利率计算确定的应付未付利息，贷记本科目，按其差额，借记或贷记"长期借款——利息调整""吸收存款——利息调整"等科目。

合同利率与实际利率差异较小的，也可以采用合同利率计算确定利息费用。实际支付利息时，借记本科目，贷记"银行存款"等科目。

（四）期末余额

本科目期末贷方余额，反映企业应付未付的利息。

五、6603 财务费用

（一）核算内容

本科目核算企业为筹集生产经营所需资金等而发生的筹资费用，包括利息支出（减利息收入）、汇兑损益以及相关的手续费、企业发生的现金折扣或收到的现金折扣等。

为购建或生产满足资本化条件的资产发生的应予资本化的借款费用,在"在建工程""制造费用"等科目核算。

(二) 明细核算

本科目可按费用项目进行明细核算。

(三) 主要账务处理

企业发生的财务费用,借记本科目,贷记"银行存款""未确认融资费用"等科目。发生的应冲减财务费用的利息收入、汇兑损益、现金折扣,借记"银行存款""应付账款"等科目,贷记本科目。

(四) 期末余额

期末,应将本科目余额转入"本年利润"科目,结转后本科目无余额。

六、6602 管理费用

(一) 核算内容

本科目核算企业为组织和管理企业生产经营所发生的管理费用,包括企业在筹建期间内发生的开办费、董事会和行政管理部门在企业的经营管理中发生的或者应由企业统一负担的公司经费(包括行政管理部门职工工资及福利费、物料消耗、低值易耗品摊销、办公费和差旅费等)、工会经费、董事会费(包括董事会成员津贴、会议费和差旅费等)、聘请中介机构费、咨询费(含顾问费)、诉讼费、业务招待费、技术转让费、矿产资源补偿费、研究费用、排污费等。

企业(商品流通)管理费用不多的,可不设置本科目,本科目的核算内容可并入"销售费用"科目核算。企业生产车间(部门)和行政管理部门等发生的固定资产修理费用等后续支出,也在本科目核算。

注 房产税、土地使用税(不含与投资性房地产相关的房产税、土地使用税)、车船税、印花税,以前在"管理费用"科目核算。

(二) 明细核算

本科目可按费用项目进行明细核算。

(三) 主要账务处理

(1) 企业在筹建期间内发生的开办费,包括人员工资、办公费、培训费、差旅费、印刷费、注册登记费以及不计入固定资产成本的借款费用等在实际发生时,借记本科目(开办费),贷记"银行存款"等科目。

(2) 行政管理部门人员的职工薪酬,借记本科目,贷记"应付职工薪酬"科目。

(3) 行政管理部门计提的固定资产折旧,借记本科目,贷记"累计折旧"科目。

发生的办公费、水电费、业务招待费、聘请中介机构费、咨询费、诉讼费、技术转让费、研究费用,借记本科目,贷记"银行存款""研发支出"等科目。

按规定计算确定的应交矿产资源补偿费,借记本科目,贷记"应交税费"科目。

(四) 期末余额

期末,应将本科目的余额转入"本年利润"科目,结转后本科目无余额。

七、2702 未确认融资费用

(一) 核算内容

本科目核算企业应当分期计入利息费用的未确认融资费用。

(二) 明细核算

本科目可按债权人和长期应付款项目进行明细核算。

(三) 主要账务处理

(1) 企业融资租入的固定资产,在租赁期开始日,按应计入固定资产成本的金额(租赁开始日租赁资产公允价值与最低租赁付款额现值两者中较低者,加上初始直接费用),借记"在建工程"或"固定资产"科目,按最低租赁付款额,贷记"长期应付款"科目,按发生的初始直接费用,贷记"银行存款"等科目,按其差额,借记本科目。

采用实际利率法分期摊销未确认融资费用,借记"财务费用""在建工程"等科目,贷记本科目。

(2) 购入有关资产超过正常信用条件延期支付价款、实质上具有融资性质的,应按购买价款的现值,借记"固定资产""在建工程"等科目,按应支付的金额,贷记"长期应付款"科目,按其差额，借记本科目。

采用实际利率法分期摊销未确认融资费用，借记"在建工程""财务费用"等科目，贷记本科目。

（四）期末余额

本科目期末借方余额，反映企业未确认融资费用的摊余价值。

八、1441 抵债资产（金融）

（一）核算内容

本科目核算企业（金融）依法取得并准备按有关规定进行处置的实物抵债资产的成本。

企业（金融）依法取得并准备按有关规定进行处置的非实物抵债资产（不含股权投资），也通过本科目核算。

（二）明细核算

本科目可按抵债资产类别及借款人进行明细核算。抵债资产发生减值的，可以单独设置"抵债资产跌价准备"科目，比照"存货跌价准备"科目进行处理。

（三）主要账务处理

（1）企业取得的抵债资产，按抵债资产的公允价值，借记本科目，按相关资产已计提的减值准备，借记"贷款损失准备""坏账准备"等科目，按相关资产的账面余额，贷记"贷款""应收手续费及佣金"等科目，按应支付的相关税费，贷记"应交税费"科目，按其差额，借记"营业外支出"科目。如为贷方差额，应贷记"资产减值损失"科目。

注 根据《企业会计准则第22号——金融工具确认和计量》的规定，对企业应收款项、合同资产和租赁应收款发生信用减值核算时由原来的"资产减值损失"账户改成"信用减值损失"账户。

（2）抵债资产保管期间取得的收入，借记"库存现金""银行存款""存放中央银行款项"等科目，贷记"其他业务收入"等科目。保管期间发生的直接费用，借记"其他业务成本"等科目，贷记"库存现金""银行存款""存放中央银行款项"等科目。

（3）处置抵债资产时，应按实际收到的金额，借记"库存现金""银行存款""存放中央银行款项"等科目，按应支付的相关税费，贷记"应交税费"科目，按其账面余额，贷记本科目，按其差额，贷记"营业外收入"科目或借记"营业外支出"科目。已计提抵债资产跌价准备的，还应同时结转跌价准备。

注 "资产处置损益"科目核算企业出售划分为持有待售的非流动资产（金融工具、长期股权投资和投资性房地产除外）或处置组（子公司和业务除外）时确认的处置利得或损失，以及处置未划分为持有待售的固定资产、在建工程、生产性生物资产及无形资产而产生的处置利得或损失。

债务重组中因处置非流动资产产生的利得或损失和非货币性资产交换中换出非流动资产产生的利得或损失也在"资产处置损益"科目核算。

（4）取得抵债资产后转为自用的，应在相关手续办妥时，按转换日抵债资产的账面余额，借记"固定资产"等科目，贷记本科目。已计提抵债资产跌价准备的，还应同时结转跌价准备。

（四）期末余额

本科目期末借方余额，反映企业取得的尚未处置的实物抵债资产的成本。

九、1604 在建工程/油气勘探支出、油气开发支出（石油天然气开采）

（一）核算内容

本科目核算企业基建、更新改造等在建工程发生的支出。在建工程发生减值的，可以单独设置"在建工程减值准备"科目，比照"固定资产减值准备"科目进行处理。

企业（石油天然气开采）发生的油气勘探支出和油气开发支出，可以单独设置"油气勘探支出""油气开发支出"科目。

（二）明细核算

本科目可按"建筑工程""安装工程""在安装设备""待摊支出"以及单项工程等进行明细核算。

（三）主要账务处理

（1）企业在建工程发生的管理费、征地费、可行性研究费、临时设施费、公证费、监理费及应负担的税费等,借记本科目(待摊支出),贷记"银行存款"等科目。

(2) 企业发包的在建工程,应按合理估计的发包工程进度和合同规定结算的进度款,借记本科目,贷记"银行存款""预付账款"等科目。将设备交付建造承包商建造安装时,借记本科目(在安装设备),贷记"工程物资"科目。

工程完成时,按合同规定补付的工程款,借记本科目,贷记"银行存款"科目。

(3) 企业自营在建工程的主要账务处理。

① 自营的在建工程领用工程物资、原材料或库存商品的,借记本科目,贷记"工程物资""原材料""库存商品"等科目。采用计划成本核算的,应同时结转应分摊的成本差异。涉及增值税的,还应进行相应的处理。

在建工程应负担的职工薪酬,借记本科目,贷记"应付职工薪酬"科目。

辅助生产部门为工程提供的水、电、设备安装、修理、运输等劳务,借记本科目,贷记"生产成本——辅助生产成本"等科目。

在建工程发生的借款费用满足借款费用资本化条件的,借记本科目,贷记"长期借款""应付利息"等科目。

② 在建工程进行负荷联合试车发生的费用,借记本科目(待摊支出),贷记"银行存款""原材料"等科目;试车形成的产品或副产品转为库存商品的,借记"银行存款""库存商品"等科目,贷记本科目(待摊支出)。

注 自 2022 年 1 月 1 日起,企业将固定资产达到预定可使用状态前或者研发过程中产出的产品或副产品对外销售的,应当按照《企业会计准则第 14 号——收入》《企业会计准则第 1 号——存货》等规定,对试运行销售相关的收入和成本分别进行会计处理,计入当期损益,不应将试运行销售相关收入抵销相关成本后的净额冲减固定资产成本或者研发支出。

③ 在建工程达到预定可使用状态时,应计算分配待摊支出,借记本科目(××工程),贷记本科目(待摊支出);结转在建工程成本,借记"固定资产"等科目,贷记本科目(××工程)。

在建工程完工已领出的剩余物资应办理退库手续,借记"工程物资"科目,贷记本科目。

④ 建设期间发生的工程物资盘亏、报废及毁损净损失,借记本科目,贷记"工程物资"科目;盘盈的工程物资或处置净收益作相反的会计分录。

由于自然灾害等原因造成的在建工程报废或毁损,减去残料价值和过失人或保险公司等赔款后的净损失,借记"营业外支出——非常损失"科目,贷记本科目(建筑工程、安装工程等)。

(4) 企业(石油天然气开采)在油气勘探过程中发生的各项钻井勘探支出,借记"油气勘探支出"科目,贷记"银行存款""应付职工薪酬"等科目。属于发现探明经济可采储量的钻井勘探支出,借记"油气资产"科目,贷记"油气勘探支出"科目;属于未发现探明经济可采储量的钻井勘探支出,借记"勘探费用"科目,贷记"油气勘探支出"科目。

企业(石油天然气开采)在油气开发过程中发生的各项相关支出,借记"油气开发支出"科目,贷记"银行存款""应付职工薪酬"等科目。开发工程项目达到预定可使用状态时,借记"油气资产"科目,贷记"油气开发支出"科目。

(四) 期末余额

本科目的期末借方余额,反映企业尚未达到预定可使用状态的在建工程的成本。

十、2004 向中央银行借款(银行)

(一) 核算内容

本科目核算企业(银行)向中央银行借入的款项。

(二) 明细核算

本科目可按借款性质进行明细核算。

(三) 主要账务处理

企业应按实际收到的金额,借记"存放中央银行款项"科目,贷记本科目;归还借款作相反的会计分录。资产负债表日,应按计算确定的向中央银行借款的利息费用,借记"利息支出"科目,贷记"应付利息"科目。

(四) 期末余额

本科目期末贷方余额,反映企业尚未归还

中央银行借款的余额。

十一、2801 预计负债

(一) 核算内容

本科目核算企业确认的对外提供担保、未决诉讼、产品质量保证、重组义务、亏损性合同、应付退货款等预计负债。

(二) 明细核算

本科目可按形成预计负债的交易或事项进行明细核算。

(三) 主要账务处理

(1) 企业由对外提供担保、未决诉讼、重组义务产生的预计负债，应按确定的金额，借记"营业外支出"等科目，贷记本科目。由产品质量保证产生的预计负债，应按确定的金额，借记"销售费用"科目，贷记本科目。

由资产弃置义务产生的预计负债，应按确定的金额，借记"固定资产"或"油气资产"科目，贷记本科目。在固定资产或油气资产的使用寿命内，按计算确定各期应负担的利息费用，借记"财务费用"科目，贷记本科目。

(2) 实际清偿或冲减的预计负债，借记本科目，贷记"银行存款"等科目。

(3) 根据确凿证据需要对已确认的预计负债进行调整的，调整增加的预计负债，借记有关科目，贷记本科目；调整减少的预计负债作相反的会计分录。

(四) 期末余额

本科目期末贷方余额，反映企业已确认尚未支付的预计负债。

附：报表列示

按照《企业会计准则第 14 号——收入》(2017 年修订)的相关规定确认为预计负债的应付退货款，应当根据"预计负债"科目下的"应付退货款"明细科目是否在一年或一个正常营业周期内清偿，在资产负债表"其他流动负债"或"预计负债"项目中填列。

第二十一讲 所得税会计

第一节 综合知识

一、相关知识概述

(一) 所得税会计方法——资产负债表债务法

我国新企业会计准则下，企业所得税会计采用资产负债表债务法。

1. 会计和税法分离的程度和差异的种类、数量直接影响和决定了所得税会计处理方法

所得税会计的形成和发展是所得税法规和企业会计准则规定相互分离的必然结果，两者分离的程度和差异的种类、数量直接影响和决定了所得税会计处理方法。

会计和税法的原则、目的不同

企业的会计核算和税收处理分别遵循不同的原则，服务于不同的目的。

(1) 在我国，会计的确认、计量、报告应当遵循企业会计准则的规定，目的在于真实、完整地反映企业的财务状况、经营成果和现金流量等，为投资者、债权人以及其他会计信息使用者提供对其决策有用的信息。

(2)《中华人民共和国企业所得税法》第二十一条规定："在计算应纳税所得额时，企业财务、会计处理办法与税收法律、行政法规的规定不一致的，应当依照税收法律、行政法规的规定计算。"即企业的应纳税所得额的确定应当遵循国家有关税收法律、法规的规定，目的在于确定一定时期内纳税人应缴纳的税额。

2. 对税前会计利润(即利润总额)与企业所得税法中的应纳税所得额之间差异的会计处理方法

对税前会计利润与应纳税所得额之间差异的会计处理方法，目前共有四种方法可供选择，分别是应付税款法、递延法、利润表债务法和资产负债表债务法。

(1) 应付税款法。

应付税款法是指企业不确认时间差异对所得税的影响金额，按照当期计算的应交所得税确认为所得税费用的方法。

在这种方法下，一定期间的所得税费用等于本期应交所得税，即：

本期所得税费用 = 本期应交所得税

(2) 纳税影响会计法。

纳税影响会计法，是指企业确认时间性差异对所得税的影响金额，按照当期应交所得税和时间性差异对所得税影响金额的合计，确认为当期所得税费用的方法。

在这种方法下，时间性差异对所得税的影响金额，递延和分配到以后各期。

纳税影响会计法，又分为递延法和债务法。

按照我国之前的企业会计制度规定，无论是采用递延法还是债务法(我国会计制度中规定的债务法实质上是一种利润表债务法)，所得税费用的会计核算都是依照收入费用观，从时间性差异出发，将时间性差异对未来所得税的影响视作对本期所得税费用的调整。

① 递延法。

它是纳税影响会计法的一种。递延法下，在税率变动或开征新税时，不需要对原已确认的时间性差异的所得税影响金额进行调整。但是，在转回时间性差异的所得税影响金额时，应当按照原所得税率计算转回。

采用递延法，一定时期的所得税费用包括：

A. 本期应交所得税。

B. 本期发生或转回的时间性差异所产生的递延税款贷项或借项。

存在下列计算等式：

本期所得税费用＝本期应交所得税＋本期发生的时间性差异所产生的递延税款贷项金额－本期发生的时间性差异所产生的递延税款借项金额＋本期转回的前期确认的递延税款借项金额－本期转回的前期确认的递延税款贷项金额

式中，本期发生的时间性差异所产生的递延税款贷项金额＝本期发生的应纳税时间性差异×现行所得税税率；本期发生的时间性差异所产生的递延税款借项金额＝本期发生的可抵减时间性差异×现行所得税税率。

② 利润表债务法。

我国原《企业会计制度》中所规定的"债务法"指的是利润表债务法这一种方法，它是纳税影响会计法的一种。

在采用利润表债务法核算时，在税率变动或开征新税时，应当对原已确认的时间性差异的所得税影响金额进行调整，在转回时间性差异的所得税影响金额时，应当按照现行所得税率计算转回。

采用利润表债务法，一定时期的所得税费用包括：

A. 本期应交所得税。

B. 本期发生或转回的时间性差异所产生的递延所得税负债或递延所得税资产。

C. 由于税率变更或开征新税，对以前各期确认的递延所得税负债或递延所得税资产账面余额的调整数。

存在下列计算等式：

本期所得税费用＝本期应交所得税＋本期发生的时间性差异所产生的递延所得税负债－本期发生的时间性差异所产生的递延所得税资产＋本期转回的前期确认的递延所得税资产－本期转回的前期确认的递延所得税负债＋本期由于税率变动或开征新税调减的递延所得税资产或调增的递延所得税负债－本期由于税率变动或开征新税调增的递延所得税资产或调减的递延所得税负债

式中，本期由于税率变动或开征新税调增或调减的递延所得税资产或递延所得税负债＝累计应纳税时间性差异或累计可抵减时间性差异×(现行所得税税率－前期确认应纳税时间性差异或可抵减时间性差异时适用的所得税税率)，或＝递延税款账面余额－已确认递延税款金额的累计时间性差异×现行所得税税率。

③ 与资产负债表法的比较。

以前我国理论界和实务界存在一种误识，认为利润表债务法是最先进的一种所得税会计处理方法。其实，从利润表债务法与递延法的区别，我们可以看出，利润表债务法试图通过调整因税率变动以及开征新税对企业递延税款期末余额造成的影响，如实反映企业未来应交所得税负债或拥有的递延所得税资产。但是，由于利润表债务法是基于时间性差异的调整分析进行会计处理，秉承的是收入费用观，从一开始资产(负债)的确认即采用倒挤的方式，而不是严格按照资产(负债)的定义出发去进行相应的确认和计量。因此，可以讲，利润表债务法是采用收入费用观的会计处理方法，想要体现资产负债观的原则，其结果既没有满足收入费用观的配比原则，也不符合资产负债观严格的资产、负债定义。

从会计科目设置看，我国之前的《企业会计制度》未单独设置"递延所得税资产"和"递延所得税负债"科目，《企业会计制度》中设置了"递延税款"科目，倾向于将递延所得税项目作为一种纯粹的递延项目，而非资产或负债。"递延税款"科目更多地体现了余额项目的性质，而非传统意义上的会计要素。

递延法和利润表债务法所核算的对象主要是时间性差异，而资产负债表债务法核算的对象主要是暂时性差异，比较这两种差异我们可以发现不同核算方法之间的一些差别：

A. 时间性差异强调的是差异的形成与转回，而暂时性差异强调的是差异的内容。

B. 时间性差异揭示的是某个时期内存在的此类差异，而暂时性差异揭示的是某个时点上存在的此类差异。

(3) 资产负债表债务法。

所得税费用的计算从递延所得税资产和递延所得税负债的确认出发,通过倒轧计算得出,在不发生在权益中确认的交易或事项产生的纳税影响的情况下,简化了所得税费用的会计核算。

采用资产负债表债务法,在不发生在权益中确认的交易或事项产生的纳税影响的情况下,简单来讲,一定时期的所得税费用与本期应交所得税之间存在如下计算等式:

本期所得税费用＝本期应交所得税＋(期末递延所得税负债－期初递延所得税负债)－(期末递延所得税资产－期初递延所得税资产)

3. 本准则规定我国企业所得税会计采用资产负债表债务法

《企业会计准则第18号——所得税》确立了我国所得税会计采用资产负债表债务法,要求企业从资产负债表出发,通过比较资产负债表上列示的资产、负债按照企业会计准则规定确定的账面价值与按照税法规定确定的计税基础,对于两者之间的差异分别应纳税暂时性差异与可抵扣暂时性差异,确认相关的递延所得税负债与递延所得税资产,并在此基础上确定每一会计期间利润表中的所得税费用。

所得税会计的关键

所得税会计的关键在于确定资产、负债的计税基础,资产、负债的计税基础一经确定,即可计算暂时性差异并在此基础上确认递延所得税资产、递延所得税负债以及递延所得税费用。

资产负债表债务法较为完全地体现了资产负债观,在所得税的会计核算方面贯彻了资产、负债的界定。从资产负债表角度考虑,资产的账面价值代表的是企业在持续持有及最终处置某项资产的一定期间内,该项资产能够为企业带来的未来经济利益金额,而其计税基础代表的是在这特定期间内,就该项资产按照税法规定可以税前扣除的金额。当一项资产的账面价值小于其计税基础时,表明该项资产于未来期间产生的经济利益流入低于按照税法规定允许税前扣除的金额,产生可抵减未来期间应纳税所得额的因素,减少未来期间以应交企业所得税的方式流出企业的经济利益,应确认为资产。反之,一项资产的账面价值大于其计税基础的,两者之间的差额将会于未来期间产生应税金额,增加未来期间的应纳税所得额及应交企业所得税,对企业形成经济利益流出的义务,应确认为递延所得税负债。

会计理念的转变——从收入费用观到资产负债观

1. 三种不同的会计报表概念基础

1976年,美国财务会计准则委员会(Financial Accounting Standards Board, FASB)在其公布的一份讨论备忘录《会计报表的概念框架》中指出:由于存在三种不同的企业收益计量理论,因而导致了三种不同的会计报表概念基础——非环接观、收入费用观和资产负债观。

(1) 非环接观。

如今,人们对建立资产负债表与利润表之间的勾稽关系并注重它们的相互衔接已取得一致的共识,而认为资产负债表与利润表分别是各自独立的报表,其数据不需要环接的非环接观已经被摒弃。

因此,当前人们争论较多的是,在会计准则的制定中应当以资产负债观为指导,还是应当以收入费用观为指导。

(2) 收入费用观(亦称损益观、收益观)。

收入费用观要求准则制定者在准则制定中,首先考虑与某类交易相关的收入和费用的直接确认和计量。

(3) 资产负债观。

资产负债观,是指准则制定者在制定规范某类交易或事项的会计准则时,首先试图定义并规范由此类交易产生的有关资产和负债的计量。然后,再根据所定义的资产和负债的变化来确认收益。

在资产负债观下,对交易和事项的会计处理包括确定资产和负债以及与这些交易或事项相关的资产和负债的变动。

美国财务会计准则委员会在所得税会计准则制定中秉持资产负债观,旨在规范确认递延所得税资产或负债,而未涉及所得税费用的核算问题。美国财务会计准则委员会认为只要资产和负债的会计核算符合真实、公允原则,所得税费用会计信息自然真实可靠。

2. 收入费用观与资产负债观差异的典型例证——未实现损益的会计处理

资产负债观与收入费用观之间差异的一个具体表现就是对于未实现损益(亦称未实现利得)的会计处理问题。

(1) 收入费用观。

① 确定收益的计算公式。

收入费用观坚持,必须首先按照实现原则确认收入和费用,然后再根据配比原则,将收入和费用按其经济性质上的一致性联系起来,确定收益。

因此,确定收益的计算公式:

利润 = 收入 − 费用(+直接计入当期利润的利得和损失)

② 优点。

收入费用观下,必须首先确认收入和费用,然后才能据以确定收益,因此可以得到各种性质的收益明细数据,这些明细数据比一个收益总额无疑更为有用,这是收入费用观最大的优点。

③ 缺点。

A. 由于收入和费用都要追溯到原始的交易或事项所确定的数据,因此,历史成本计量成为确认收入和费用的较为现实的计量属性选择。而收入费用观也就几乎具有了历史成本计量的一切弊端,这些弊端随着经济环境变动性和交易活动复杂性的增强,日益显现出来。

B. 此外,收入费用观强调收入和费用必须配比,配比原则是收益确定的核心,而那些不符合配比原则要求但又会对企业的收入或费用产生影响的项目,将作为跨期项目暂计到资产负债表中去,等到下一个会计期间再将其逐步转入利润表。

例如,资产负债表中的各种待摊销费用、递延支出、预计收益等,这使得资产负债表成为前后两期利润表的过渡或中介,大大降低了资产负债表的有用性。

(2) 资产负债观。

① 确定收益的计算公式。

资产负债观认为,企业的收益是企业期末净资产比期初净资产的净增长额,而净资产又是由资产减去负债计算得到的,所以:

收益 = (期末资产 − 期末负债) − (期初资产 − 期初负债)

当然,所有者的投资或向所有者分配利润而造成净资产的增加或减少,不应包括在收益之中。因此,存在如下计算等式:

收益 = 期末净资产 − 期初净资产 − 本期所有者新增投资 + 本期向所有者分配 = (期末资产 − 期末负债) − (期初资产 − 期初负债) − 本期所有者新增投资 + 本期向所有者分配

按照上述等式,在资产负债观下,收益的确定不需要考虑实现问题,只要企业的净资产增加了,就应当作为收益确认。

在本准则制定时,《国际会计准则第12号——所得税》采用了资产负债表债务法,而禁止采用其他方法,体现了在准则制定中由收入费用观转向资产负债观。

以递延所得税资产(负债)的确认为例:

A. 如果会计上某项资产的账面价值低于其计税基础,就意味着未来由该资产转化为成本费用的金额小于税前允许抵扣的金额,在其他因素会计与税法一致的情况下,税前会计利润就会大于应纳税所得额。因此,应当确认一项递延资产。

B. 如果会计上某项资产的账面价值高于其计税基础,就意味着未来由该资产转化为成本费用的金额大于税前允许抵扣的金额,在其他因素会计与税法一致的情况下,税前会计利润就会小于应纳税所得额。因此,应当确认一项递延负债。

其总体指导思想是,站在未来现金流量净增加额的角度,以资产负债观为指导,旨在真实体现资产(负债)未来可收回金额,真实、公允地反映企业资产和负债未来将为企业带来的实际的现金流量。因为,资产和负债的确认,意味着报告企业预期将收回或清偿该项资产或负债的账面金额。如果账面金额的收回或清偿很可能使未来税款支出额大于(小于)没有纳税后果的收回或清偿数额,《国际会计准则第12号——所得税》要求,除了少数例外,企业应确认一项递延所得税负债(递延所得税资产)。如果某一交易或事项发生以后,其结果仅影响资产负债表而未影响利润表中项目,则该项目不应作为在会计利润基础上计算所得税费用的调整项目。

② 优点。

按资产负债观确认的收益属于经济收益,是企业的实际收益。它既考虑交易的影响,也考虑非交易因素的影响,比按照收入费用观确认的会计收益更加全面,对使用者更为有用。

资产负债观收益的确定,不需要考虑实现。只要企业的净资产确实增加了,就应该作为收益的内容予以确认。这样,传统的历史成本模式下受实现原则所限制而不能确认的很多内容,如物价变动、自创商誉等而导致的企业资产或盈利能力的实质上的变化,在资产负债观下可以"名正言顺"地成为收益的一个组成部分。

③ 缺点。

然而资产负债表也存在一定的不足之处:

A. 资产负债观要求采用现行价值对企业资产进行计价,但现实中现行价值可靠性极差。

B. 在资产负债观下，只能求得企业的收益总额，无法得到企业收益各组成部分的明细信息，大大减弱了收益数据对使用者的有用性。

C. 一些暂时性差异在旧差异转回时又产生新的差异，两者抵销的结果是使得差异的转回遥遥无期。因此，对于一些暂时性差异的纳税影响被确认为资产和负债的合理性，有的专家、学者对此存在诸多疑虑。

(3) 资产负债观与收入费用观的区别。

综上可见，两者最大的区别在于：资产负债观下，收益总额相关性强；而收入费用观下，可以得到更为有用的收益明细数据。资产负债观与收入费用观计算的收益总额的差异就是未实现损益。

(4) 在此方面我国税法与会计的差异——以资产减值准备为例。

FAS109要求，如果根据可获得的证据，当一部分或全部所得税资产在未来不能实现时，应确认一项估价备抵，并在所得税会计处理的基本原则中明确规定，若有必要，依据可获得的证据，对于不能实现的纳税利益要冲减递延所得税资产。这些均是资产负债观理念的具体体现，旨在确保资产信息的真实、公允。

① 会计。

传统上我们较为侧重收入费用观。随着经济环境的发展变化，鉴于各国会计准则多要求计提资产减值准备，基于谨慎性原则，我国之前的《企业会计制度》也要求全面计提八项减值准备，确认未实现损失，向资产负债观转变，注重资产的真实可靠性，真实公允地反映企业财务状况。

② 税法。

我国税法不承认资产减值准备的计提，不允许在当期税前抵扣，造成了税前会计利润与应纳税所得额之间较大的差异。

税法政策的制定旨在确定企业当期应纳税所得额，为此要逐项计算哪类收入应当征税，哪类支出可以税前抵扣，这就要求提供收益的明细数据。也就是从税法的角度出发，为征税便利起见，要求会计对应地采用收入费用观以提供税法所需的反映收益明细数据的会计信息。

时间性差异和永久性差异的划分正是体现了这一思路，要求逐项分析每一项收入、费用项目造成税前会计利润与应纳税所得额之间差异的性质及其对企业的纳税影响。但这样做的一个显而易见的弊端是，递延所得税资产（原"递延税款"借方余额）是由会计收益与应税收益比较后倒挤出的差额，因此并不完全符合资产的定义，有时甚至完全不符合资产的定义。

3. 资产负债观的全面确立

(1) 国际。

安然事件等一系列美国会计丑闻之后，美国证券交易委员会（SEC）在其针对会计准则改革的报告中呼吁美国财务会计准则委员会在制定会计准则时，应以资产负债观全面取代收入费用观。

从国际会计准则的发展看，我们不难发现资产负债观正日益得到人们的广泛认同，这表明人们对"真实公允"更为强烈的追求。相比而言，资产负债观更注重交易和事项的实质，并采用一种财务报告使用者易于理解的方式在财务报告中反映这些交易或事项的结果。

(2) 我国。

我国会计准则制定也向资产负债观转变。

与之相对照，原列报在资产负债表中资产中的"递延税款借项"能否给企业带来未来的经济利益流入，以及其计量的方式是否合理，值得我们深思。

一方面我们在大张旗鼓地计提八项减值准备，力求保证资产负债表会计信息的真实公允，积极向资产负债观靠拢；而另一方面又规定采用应付税款法与递延法或利润表债务法进行所得税会计处理，忽视甚至无视产生纳税影响后果的交易或事项对企业当期及后期纳税影响对应的资产（负债）的合理确认与计量，这似乎有点逻辑上的混乱。

因此，在会计理念由收入费用观转向资产负债观的同时，由于税法倾向于收入费用观，两者目的及所处发展阶段不同不可强求。但所得税会计作为会计的一个组成部分应当以整个会计体系的指导理念为根本，秉持资产负债观，力求所得税会计核算体现"真实公允"的原则。

考虑到我国当前及今后相当长一段时期内将致力于国有企业改造，企业重组、合并现象将大量发生，资产重估越来越频繁，从而必将对所得税产生重大的影响。而递延法或利润表债务法均无法反映和处理这方面的暂时性差异，原有的时间性差异概念的内涵和外延均已满足不了实际工作的要求。为此，借鉴采纳暂时性差异的概念，并在所得税会计处理中采用资产负债表债务法，可以说是将差异的影响追本溯源，从源头上保证了会计信息的真实性和完整性。

(二) 所得税会计程序

企业除了在发生特殊交易或事项时，如企业合并，在确认因交易或事项取得的资产、负债时即应确认相关的所得税影响外，一般应于每一资产负债表日进行所得税的核算。

企业进行所得税核算一般应遵循以下程序：

（1）按照相关企业会计准则规定确定资产负债表中除递延所得税资产和递延所得税负债以外的其他资产和负债项目的账面价值。资产、负债的账面价值是指企业按照相关企业会计准则的规定进行核算后在资产负债表中列示的金额。对于计提了减值准备资产的账面价值为其账面余额减去已计提的减值准备后的金额。

例如，智董公司某项应收账款账面余额为2 000万元，企业对此应收账款计提了200万元坏账准备，则其账面价值为1 800万元。该应收账款在资产负债表中的列示金额也为1 800万元。

（2）按照相关企业会计准则中对于资产和负债计税基础的确定方法，以相关的税收法律法规为基础，确定资产负债表中有关资产、负债项目的计税基础。

（3）比较资产、负债的账面价值与其计税基础，对于两者之间存在差异的，分析其产生的原因与性质，除企业会计准则规定的特殊情况外，分别应纳税暂时性差异与可抵扣暂时性差异并乘以企业所得税税率，从而确定资产负债表日递延所得税资产和递延所得税负债的应有金额，并与期初递延所得税资产和递延所得税负债的余额相比较，确定当期应予进一步确认的递延所得税资产和递延所得税负债金额或应予转销的金额，作为构成利润表中所得税费用的其中组成部分——递延所得税。

（4）按照相关的税收法律、法规的规定计算确定当期应纳税所得额，将应纳税所得额与适用的所得税税率计算的结果确认为当期应交所得税，作为利润表中应予确认的所得税费用的其中组成部分——当期所得税。

（5）确定利润表中的所得税费用。

利润表中的所得税费用包括当期所得税和递延所得税两个组成部分，企业在计算确定了当期所得税和递延所得税后，两者之和（或之差），即是利润表中的所得税费用。

（三）所得税列报

1. 在资产负债表中列示

递延所得税资产和递延所得税负债一般应当分别作为非流动资产和非流动负债在资产负债表中列示，要在资产负债表中列示"应交税费——应交所得税"。

2. 在利润表中列示

所得税费用应当在利润表中单独列示。

所得税费用由两部分内容构成：

（1）按照税法规定计算的当期所得税费用（当期应交所得税）。

（2）按照上述规定计算的递延所得税费用，但不包括直接计入所有者权益项目的交易和事项以及企业合并的所得税影响。

3. 在附注中披露

企业应当在附注中披露与所得税有关的下列信息：

（1）所得税费用（收益）的主要组成部分。

（2）所得税费用（收益）与会计利润关系的说明。

（3）未确认递延所得税资产的可抵扣暂时性差异、可抵扣亏损的金额（如果存在到期日，还应披露到期日）。

（4）对每类暂时性差异和可抵扣亏损，在列报期间确认的递延所得税资产或递延所得税负债的金额，确认递延所得税资产的依据。

（5）未确认递延所得税负债的，与对子公司、联营企业及合营企业投资相关的暂时性差异金额。

4. 合并财务报表所得税会计

在编制合并财务报表时，由于需要对企业集团内部交易进行合并抵销处理，由此可能导致在合并财务报表中反映的资产、负债账面价值与其计税基础不一致，存在着差异。

为了使合并财务报表全面反映所得税相关的影响，特别是当期所负担的所得税费用的情况，应当进行所得税会计核算，在确定资产、负债的账面价值与计税基础之间差异的基础上，确认相应的递延所得税资产或递延所得税负债。

二、会计准则概述

(一) 本准则的相关背景

所得税会计是研究如何处理按照企业会计准则计算的税前会计利润(或亏损)与按照税法计算的应纳税所得额(或亏损)之间差异的会计理论和方法。

从国际范围来看,所得税会计处理的方法主要有应付税款法和纳税影响会计法。两种方法的选择,既要考虑永久性差异与暂时性差异处理的需要,又要与各国政治、经济与社会发展需要保持一致。

从20世纪50年代初起,所得税会计处理就已经成为争议最多的会计热点问题。争论主要围绕着所得税的分摊问题展开,具体表现为:为了更好地反映各项收益,所得税能否像其他费用一样在各期间进行分配?如果能够进行分配,其理论基础是什么?如何进行这一分配?

在所得税准则方面,美国是公认的完善程度最高的国家,代表了当今会计规范方面的发展方向。从1962年到现在,已有十几个与所得税相关的会计准则出台。1967年,美国会计原则委员会(APB)发布了第11号意见书。此后,许多批评家对第11号意见书提出批评。他们认为,运用该方法会导致各种不同的解释,在理解和应用上都十分困难。所以,1982年美国会计原则委员会重新考虑所得税会计,1986年,美国会计准则委员会发布了《所得税会计征求意见稿》,几经修改,最终于1992年10月完成了第109号公告,成为应用最广、影响最大的所得税会计准则。该准则显著的变动是以债务法取代递延法来确定所得税支出。

国际会计准则委员会于1985年成立了专门的课题组,集中研究所得税会计准则,并于1989年发布了《所得税会计征求意见稿》(E33),建议采用利润表债务法。1994年10月,国际会计准则委员会再次颁布了《所得税会计征求意见稿》(E49),禁止采用递延法,要求采用资产负债表债务法。理由是:按照债务法确认的递延所得税资产或递延所得税负债更符合资产与负债的定义。1996年国际会计准则委员会正式发布修订后的所得税准则。新发布的准则所采用的方法和原则与1994年10月再次发布的《所得税会计征收意见稿》(E49)基本一致。

在我国,1994年税制改革以前,会计准则与税法在收入、费用、利润、资产、负债等确认和计量方面基本一致,按会计准则规定计算的税前会计利润与按税法规定计算的应税所得额基本一致。1994年税制改革以后,会计准则与税法中对有关收益、费用或损失等的确认方法产生了较大的差异。1994年财政部发布了《企业所得税会计处理暂行规定》,1995年发布了《企业会计准则——所得税会计(征求意见稿)》。由于受当时国家计划的影响,企业财务会计制度的建立服务于财政管理的需要,财政部作为企业财务制度和会计准则的制定者,在出台相关的会计制度与准则时,力求与税法的规定一致。因此,在我国,暂时性差异项目的出现并不多见,即使出现暂时性差异的项目,也会受到税法严格的限制。例如,在折旧问题上,税法规定采用直线法,尽管会计制度允许企业采用加速折旧法,但必须得到税务部门的批准。随着1994年税收制度改革以及财务会计独立性的加强,特别是根据我国社会主义市场经济发展的需要,我国的会计制度与会计准则不断完善,所得税税法与会计制度、会计准则之间在收入与费用的确认与计量方面的差异不断增多。财政部为了更好地协调两者之间的差异,于1994年6月29日出台了《企业所得税会计处理的暂行规定》,明确了企业在产生了永久性差异与时间性差异以后,可以分别选用应付税款法和纳税影响会计法进行处理,并且规定在纳税影响会计法的选择上,企业可以任意选用递延法和债务法,将时间性差异反映在资产负债表的递延税款借方或贷方项目内。

2006年2月我国财政部发布的《企业会计准则第18号——所得税》(本讲简称"本准则"或"新准则")与原规定比较无论是理念还是方法都有重大变化。它充分借鉴了《国际会计准则第12号——所得税》的做法,体现了与国际惯例趋同的原则。

(二) 本准则的适用范围

本准则所称所得税包括企业以应纳税所得额为基础的各种境内和境外税额。

本准则不涉及政府补助的确认和计量,但因政府补助产生暂时性差异的所得税影响,应当按照本准则进行确认和计量。

(三) 本准则的主要变化

新准则主要规范了所得税的会计处理方法及其相关的信息披露,其主要特点如下:

1. 从收入费用观向资产负债观转移——新准则借鉴了《国际会计准则第12号——所得税》并结合我国的实际情况,要求所得税会计采用"资产负债表债务法"

以往的所得税会计核算中,企业对所得税核算会计方法选择的余地很大,既可以选用应付税款法,也可以选择纳税影响会计法。

在采用纳税影响会计法下,既可采用递延法,也可选用债务法(该债务法有时也被称为利润表债务法)。

递延法是把本期由于暂时性差异而产生的影响纳税的金额,保留到这一差异发生相反变化的以后期间予以转销,当税率变更或开征新税时,不调整由于税率的变更或新税的征收对递延税款余额的影响。在递延法下,资产负债表上递延税款的余额并不被认为代表企业真实的收款权利或付款义务。

而债务法要求当税率变动或课征新税的情况下,企业需要按新的税率对资产负债表中递延税款余额进行调整,客观反映了税率变动而引起的企业所得税付款义务或收款权利。所以,新准则要求企业采用债务法核算。

债务法又有利润表债务法和资产负债表债务法之分。利润表债务法注重时间性差异,而资产负债表债务法注重暂时性差异。

时间性差异与暂时性差异的比较

(1) 定义。

时间性差异是指在一个期间产生而在以后的一个或多个期间转回的应纳税所得额与会计利润之间的差额。

暂时性差异是指一项资产或负债的计税基础与其资产负债表账面金额的差额。

(2) 关系。

所有的时间性差异都是暂时性差异,但并非所有的暂时性差异都是时间性差异。

时间性差异侧重于从收入或费用角度分析会计利润和应纳税所得额之间的差异,揭示的是某个会计期间内产生的差异。

暂时性差异则侧重于从资产和负债的角度分析会计收益和应纳税所得额之间的差异,反映的是某个时点上存在的此类差异。它是指资产、负债的计税基础与其列示在财务报表上的账面金额之间的差异,该差异在以后年度当财务报表上列示的资产收回或列示的负债偿还时,会产生应纳税金额或可抵扣税金额。

显然,资产负债表债务法能更真实准确地反映企业某一时点的财务状况,提高会计信息质量。所以,新准则明确提出所得税会计核算必须采用资产负债表债务法。

2. 引入了资产的计税基础、负债的计税基础、暂时性差异、递延所得税资产及递延所得税负债等概念

本准则引入了资产的计税基础、负债的计税基础和暂时性差异等新的概念,实现与国际会计准则接轨。

严格依据资产和负债的定义出发,这是新、旧所得税会计规范基本理论上的差别。

3. 递延所得税资产的确认,充分体现了谨慎性原则的要求,新准则规定递延所得税资产需要计提减值损失

(1) 对于可抵扣暂时性差异,是否应该确认为一项递延所得税资产呢? 新准则借鉴国际会计准则,对此采取了稳健的做法。

因为,如果本期确认一项递延所得税资产,意味着在转销递延所得税资产的期间内将会产生本期所得税费用。如果在转销递延所得税资产的期间内,企业没有足够的应纳税所得额,则意味着不能转销这项所得税资产。

为了与其他资产项目的会计处理保持一致,新准则要求,在资产负债表日,企业应当对递延所得税资产的账面价值进行复核,如果未来期间很可能无法获得足够的应纳税所得额用以抵扣递延所得税资产的利益,应当减记递延所得税资产的账面价值。

(2) 对弥补亏损的会计处理。

我国税法允许企业亏损一般向后递延弥补五年,旧制度关于所得税处理规定中对可结转后期的尚可抵扣的亏损,在亏损弥补当期不确认所得税利益。

新准则要求企业对能够结转后期的尚可抵扣的亏损,应当以可能获得用于抵扣亏损的未来应纳税所得额为限,确认递延所得税资产。使用该方法,企业应当对五年内可抵扣暂时性差异是否能在以后经营期内的应纳税所得额中充分转回做出判断,如果不能,企业不应确认。

【例21-1】 智董公司在 2×19 年至 2×22 年每年应税收益分别为 -1 000 万元、400 万元、200 万元、500 万元,适用税率始终为 25%,假设无其他暂时性差异。

【分析】 (1) 按以前《企业会计制度》的做法。

2×19 年、2×20 年和 2×21 年无所得税相关会计分录,2×22 年弥补亏损后应纳税所得额 100 万元,会计处理(单位:万元)。

借:所得税费用　　　　　　　25
　　贷:应交税费——应交所得税　　25

(2) 按新会计准则的做法(要求采用当期确认法)(单位:万元)。

2×19 年:

借:递延所得税资产　　　　　　250
　　贷:所得税费用——递延所得税费用(补亏减税)
　　　　　　　　　　　　　　　250

2×20 年:

借:所得税费用　　　　　　　100
　　贷:递延所得税资产　　　　　100

2×21 年:

借:所得税费用　　　　　　　50
　　贷:递延所得税资产　　　　　50

2×22 年:

借:所得税费用　　　　　　　125
　　贷:递延所得税资产　　　　　100
　　　　应交税费——应交所得税　25

执行新准则对企业财务状况的影响分析

所得税准则要求企业将递延所得税资产和递延所得税负债分别作为非流动资产和非流动负债在资产负债表中列示,并且要求企业要对递延所得税资产的账面价值进行复核。如果未来期间很可能无法获得足够的应纳税所得额用以抵扣递延所得税资产的利益,应当减记递延所得税资产的账面价值。

从我国企业实际情况分析,资产、负债的账面价值与计税基础存在暂时性差异,进而将产生递延所得税资产和递延所得税负债。执行原会计制度时,绝大部分企业采用应付税款法,不确认递延所得税资产和递延所得税负债;执行新准则后,采用资产负债表债务法,将产生递延所得税资产和递延所得税负债,从而影响企业的财务状况。

第二节　会计账面价值与计税基础的暂时性差异

一、暂时性差异概念、情形

暂时性差异是指资产、负债的账面价值与其计税基础不同产生的差额。

由于资产、负债的账面价值与其计税基础不同,产生了在未来收回资产或清偿负债的期间内,应纳税所得额增加或减少并导致未来期间应交所得税增加或减少的情况,形成企业的资产和负债,在相关暂时性差异发生当期,在符合条件时,应当确认相关的递延所得税资产和递延所得税负债。

(一) 资产、负债的会计账面价值

请参阅本书各相关章节相关内容。

(二) 资产、负债的税法计税基础

企业在取得资产、负债时,应当确定其计税

基础。

1. 资产的计税基础

资产的计税基础是指企业收回资产账面价值过程中，按照税收法律、法规的规定计算应纳税所得额时可以自应税经济利益中抵扣的金额，即某项资产在未来期间计税时按照税收法律、法规规定可以税前扣除的金额。

一项资产的计税基础是当企业收回该项资产的账面金额时，就计税而言可以从流入企业的任何应税经济利益中予以扣除的金额。如果这些经济利益是不纳税的，那么该项资产的计税基础即其账面金额。

简单来讲，一项资产的计税基础就是按照税法的规定，该项资产在销售或使用时，允许作为成本或费用于税前列支的金额。但是如果该资产在减少时产生的经济利益流入无须纳税，那么该资产的计税基础即为其账面金额，例如其他应收款。即：

一项资产的计税基础 = 未来可税前列支的金额

（1）会计与税法处理的异同。

资产在初始确认时，其计税基础一般为取得成本，即企业为取得某项资产支付的成本在未来期间准予税前扣除。

在资产持续持有的过程中，其计税基础是指资产的取得成本减去以前期间按照税收法律、法规规定已经税前扣除的金额后的余额，该余额代表的是按照税法规定，就涉及的资产在未来期间计税时仍然可以税前扣除。如固定资产在特定资产负债表日的计税基础是指其成本扣除按照税收法律、法规规定已在以前期间税前扣除的累计折旧额后的金额。

（2）会计与税法处理的主要具体差异。

① 以公允价值计量且其变动计入当期损益的金融资产。

按照《企业会计准则第 22 号——金融工具确认和计量》的规定，对于以公允价值计量且其变动计入当期损益的金融资产于某一会计期末的账面价值为其公允价值。按税收法律、法规的规定，企业以公允价值计量的金融资产，持有期间公允价值的变动不计入应纳税所得额，在实际处置或结算时，处置取得的价款扣除其历史成本后的差额应计入处置或结算期间的应纳税所得额，即以公允价值计量的金融资产在持有期间市价的波动在计税时不作考虑，有关金融资产在某会计期末的计税基础仍为其取得的实际成本，因此造成在公允价值变动的情况下，以公允价值计量的金融资产账面价值与计税基础之间存在差异。

② 固定资产。

按各种不同方式取得的固定资产，在初始确认时按照企业会计准则规定确定的入账价值一般等于计税基础。但由于企业会计准则与税收法律、法规的规定在折旧方法、折旧年限以及固定资产减值准备的提取等处理方面存在不同，在固定资产在持有期间进行后续计量时，会造成固定资产的账面价值与计税基础之间的差异。

A. 折旧方法、折旧年限的差异。

按企业会计准则的规定，企业应当根据与固定资产有关的经济利益的预期实现方式合理选择折旧方法，如可以按年限平均法计提折旧，也可以按照年数总和法、双倍余额递减法等加速折旧方法计提折旧。税收法律、法规规定，除某些按照规定可以加速折旧的固定资产外，可以税前扣除的折旧额一般应是按照年限平均法计提的折旧。此外会计处理时按照企业会计准则规定折旧年限是由企业根据固定资产的性质和使用情况合理确定的，但税法通常就每一类固定资产的折旧年限做出最低折旧年限的规定。若企业进行会计处理时确定的折旧年限与税收法律、法规规定的不同，也会造成固定资产持有期间账面价值与计税基础的差异。

B. 因计提固定资产减值准备产生的差异。

在持有固定资产期间内，对固定资产计提了减值准备以后，因税收法律、法规规定企业计提的资产减值准备在资产发生实际损失前不允许税前扣除，从而造成了固定资产的账面价值与计税基础的差异。

③ 无形资产。

除内部研究开发形成的无形资产外，以其他方式取得的无形资产，初始确认时按照企业会计准则规定确定的入账价值与按照税收法律、法规规定确定的成本之间一般不存在差异。无形资产的账面价值与计税基础之间的差异主要存在于内部研究开发形成的无形资产、使用寿命不确定的无形资产是否需要摊销及无形资产减值准备的提取。

A. 对内部研究开发形成的无形资产，企业会计准则规定有关内部研究开发活动区分为研究和开发两个阶段。

研究阶段的支出应当费用化，计入当期损益，开发阶段符合资本化条件以后至达到预定用途前发生的支出应当资本化，计入无形资产的成本。对于研究开发费用的税前扣除，税法中规定企业为开发新技术、新产品、新工艺发生的研究开发费用，未形成无形资产计入当期损益的，在按照规定可据实扣除的基础上，还可以按照研究开发费用的50%加计扣除；形成无形资产的，按照无形资产成本的150%摊销*。如该无形资产的确认不是产生于合并交易、同时在确认时既不影响会计利润也不影响应纳税所得额，按照《企业会计准则第18号——所得税》的规定，不确认该暂时性差异的所得税影响。

*注 （1）除制造业、住宿和餐饮业、批发和零售业、房地产业、租赁和商务服务业、娱乐业以外的企业，开展研发活动中实际发生的研发费用，未形成无形资产计入当期损益的，在2018年1月1日至2023年12月31日期间，在按规定据实扣除的基础上，再按照实际发生额的75%在税前加计扣除；形成无形资产的，在上述期间按照无形资产成本的175%在税前摊销。

（2）除烟草制造业以外的制造业企业开展研发活动中实际发生的研发费用，未形成无形资产计入当期损益的，在按规定据实扣除的基础上，自2021年1月1日起，再按照实际发生额的100%在税前加计扣除；形成无形资产的，自2021年1月1日起，按照无形资产成本的200%在税前摊销。

制造业企业是以制造业业务为主营业务，享受优惠当年主营业务收入占收入总额的比例达到50%以上的企业。

制造业的范围按《国民经济行业分类》（GB/T4754—2017）确定，如国家有关部门更新《国民经济行业分类》，从其规定。

收入总额是企业以货币形式和非货币形式从各种来源取得的收入，包括：销售货物收入，提供劳务收入，转让财产收入，股息、红利等权益性投资收益，利息收入，租金收入，特许权使用费收入，接受捐赠收入，其他收入。

（3）企业委托境内的外部机构或个人进行研发活动发生的费用，按照费用实际发生额的80%计入委托方研发费用并按规定计算加计扣除；委托境外（不包括境外个人）进行研发活动所发生的费用，按照费用实际发生额的80%计入委托方的委托境外研发费用。委托境外研发费用不超过境内符合条件的研发费用三分之二的部分，可按规定在企业所得税前加计扣除。

（4）企业共同合作开发的项目，由合作各方就自身实际承担的研发费用分别计算加计扣除。

（5）企业集团根据生产经营和科技开发的实际情况，对技术要求高、投资数额大，需要集中研发的项目，其实际发生的研发费用，可以按照权利和义务相一致、费用支出和收益分享相配比的原则，合理确定研发费用的分摊方法，在受益成员企业间进行分摊，由相关成员企业分别计算加计扣除。

（6）科技型中小企业开展研发活动中实际发生的研发费用，未形成无形资产计入当期损益的，在按规定据实扣除的基础上，自2022年1月1日起，再按照实际发生额的100%在税前加计扣除；形成无形资产的，自2022年1月1日起，按照无形资产成本的200%在税前摊销。

B. 无形资产在后续计量时，会计与税收的差异主要存在于无形资产是否需要摊销及无形资产减值准备的提取。

企业会计准则规定，应根据无形资产使用寿命情况区分为使用寿命有限的无形资产与使用寿命不确定的无形资产两类。对使用寿命不确定的无形资产，不要求摊销，但持有期间每年需进行减值测试。税收法律、法规规定，除外购商誉外，所有的无形资产（不论其使用寿命确定或不确定）成本均应在一定期间内摊销。即对于使用寿命不确定的无形资产，会计处理时不予摊销，但计税时可按照税收法律、法规的规定确定的摊销额允许税前扣除，从而造成该类无形资产的账面价值与计税基础的差异。

因计提无形资产减值准备产生的差异。在持有无形资产期间内，对无形资产计提了减值准备以后，因税收法律、法规规定企业计提的资产减值准备在资产发生实际损失前不允许税前扣除，从而造成了无形资产的账面价值与计税基础的差异。

④ 投资性房地产。

企业持有的投资性房地产进行后续计量时,按照《会计准则第3号——投资性房地产》的规定,可以采用两种模式:第一种是成本模式,采用该模式计量时,投资性房地产的账面价值与计税基础的确定与固定资产、无形资产相同;第二种是在符合规定条件的情况下,可以采用公允价值模式,采用该模式计量时,投资性房地产计税基础的确定类似于固定资产或无形资产计税基础的确定。

⑤ 计提了资产减值准备的相关资产。

资产计提了减值准备后,其账面价值随之下降,但税收法律、法规规定在资产未发生实际损失之前,不允许进行税前扣除,即其计税基础不会因减值准备的计提而发生变化,从而造成了其因减值准备计提后的资产账面价值与计税基础之间的差异。

2. 负债的计税基础

负债的计税基础是指负债的账面价值减去未来期间计算应纳税所得额时按照税收法律、法规规定可予扣除的金额。即:

$$\substack{\text{负债的} \\ \text{计税基础}} = \substack{\text{负债的} \\ \text{账面价值}} - \substack{\text{未来期间按照税收法律、} \\ \text{法规规定可予税前扣除的金额}}$$

(1) 会计与税法处理的相同点。

负债的确认与偿还一般不会影响企业的损益,也不会影响其应纳税所得额,未来期间计算应纳税所得额时按照税法规定可予抵扣的金额为零,计税基础即为账面价值,如短期借款、应付账款等。

(2) 会计与税法处理的差异。

在某些情况下,负债的确认也可能会影响企业的损益,进而影响不同期间的应纳税所得额,使得其计税基础与账面价值之间产生差额,如按照企业会计准则规定确认的某些预计负债。

① 预收账款。

企业在收到客户预付的款项时,因尚未符合收入确认条件,会计上仍将其确认为负债。税收法律、法规的规定中对于收入的确认原则一般与会计规定相同,即会计上未确认收入时,计税时一般也不计入应纳税所得额,该部分经济利益在未来期间计税时可予税前扣除的金额为零,计税基础等于账面价值。

在某些情况下,因不符合企业会计准则规定的收入确认条件未确认为收入的预收款项,但按照税收法律、法规规定应计入当期应纳税所得额时,有关预收账款的计税基础为0,即因其产生时已经计算缴纳企业所得税,未来期间可全额税前扣除。

② 应付职工薪酬。

《企业会计准则第9号——职工薪酬》规定,企业为获得职工提供的服务给予的各种形式的报酬以及其他相关支出均应作为企业的成本费用,在未支付之前确认为负债。税收法律、法规规定中对于企业实际发生的真实、合理的职工薪酬允许税前扣除,但税收法律、法规规定中如果规定了税前扣除标准的,按照企业会计准则规定计入成本费用的金额超过规定标准部分,应进行纳税调整。因超过部分在发生当期不允许税前扣除,在以后期间也不允许税前扣除,即该部分差额对未来期间计税不产生影响,所产生应付职工薪酬负债的账面价值等于计税基础。

③ 企业因销售商品提供售后服务等原因确认的预计负债。

按照《企业会计准则第13号——或有事项》规定,企业对于预计提供售后服务将发生的支出在满足有关确认条件时,销售当期即应确认为费用,同时确认预计负债。如果税收法律、法规规定,与销售产品相关的支出应于实际发生时税前扣除。因该类事项产生的预计负债在期末的计税基础为其账面价值与未来期间可税前扣除的金额之间的差额,即为0。因其他交易或事项中确认的预计负债,应按照税收法律、法规规定的计税原则确定其计税基础。在某些情况下,因有些事项确认的预计负债,税收法律、法规规定其支出无论是否实际发生均不允许税前扣除,即未来期间按照税收法律、法规规定可予抵扣的金额为零,账面价值等于计税基础。

④ 其他负债。

企业的其他负债项目,如应交的罚款和滞纳金等,在尚未支付之前按照会计规定确认为费用,同时作为负债反映。但税收法律、法规规定,罚款和滞纳金不能税前扣除,即该部分费用无论是在发生当期还是在以后期间均不允许税前扣除,其计税基础为账面价值减去未来期间计税时可予税前扣除的金额之间的差额,即计税基础等于账面价值。

其他交易或事项产生的负债,其计税基础应当按照适用税收法律、法规的具体规定确定。

3. 特殊交易或事项(如企业合并)中产生资产、负债计税基础的确定

除企业在正常生产经营活动过程中取得的资产和负债以外,对于某些特殊交易中产生的资产、负债,其计税基础的确定应遵从税收法律、法规规定,如企业合并过程中取得资产、负债计税基础的确定。

《企业会计准则第 20 号——企业合并》规定,视参与合并各方在合并前及合并后是否为同一方或相同的多方最终控制,分为同一控制下的企业合并与非同一控制下的企业合并两种类型。对于同一控制下的企业合并,合并中取得的有关资产、负债基本上维持其原账面价值不变,合并中不产生新的资产和负债;对于非同一控制下的企业合并,合并中取得的有关资产、负债应按其在购买日的公允价值计量,企业合并成本大于合并中取得可辨认净资产公允价值的份额部分确认为商誉,企业合并成本小于合并中取得可辨认净资产公允价值的份额部分计入合并当期损益。

对于企业合并的税收处理,通常情况下,被合并企业应视为按公允价值转让、处置全部资产,计算资产的转让所得,依法缴纳企业所得税。合并企业接受被合并企业的有关资产,计税时可以按经评估确认的价值确定计税基础。另外在考虑有关于企业合并是一般性合并还是特殊性合并时,还需要考虑在合并中涉及的获取资产或股权的比例、非股权支付的比例,具体划分标准和条件应遵从税收法律、法规的规定。

由于企业会计准则与税收法律、法规对企业合并的划分标准不同,处理原则不同,在某些情况下,会造成企业合并中取得的有关资产、负债的入账价值与其计税基础的差异。

二、暂时性差异分类

根据暂时性差异对未来期间应纳税所得额的影响,可分为应纳税暂时性差异和可抵扣暂时性差异。

暂时性差异的形成和分类如图 21-1 所示。

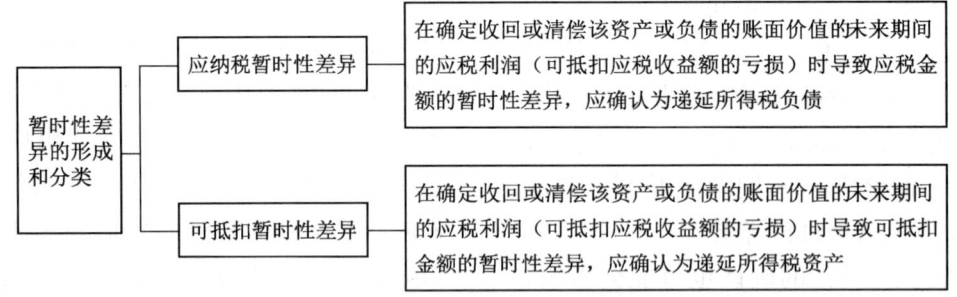

图 21-1 暂时性差异的形成和分类

(一)应纳税暂时性差异

应纳税暂时性差异,是指在确定未来收回资产或清偿负债期间的应纳税所得额时,将导致产生应税金额的暂时性差异。

(二)可抵扣暂时性差异

1. 一般情形

可抵扣暂时性差异,是指在确定未来收回资产或清偿负债期间的应纳税所得额时,将导致产生可抵扣金额的暂时性差异。

2. 特殊情形

某些交易或事项发生后按照税收法律、法规规定能够确定计税基础,但因不符合会计资产、负债确认条件而未体现为资产负债表中的资产或负债,如企业发生的符合条件的广告费和业务宣传费、职工教育经费等,其为零的账面价值与计税基础之间的差异也构成暂时性差异。

 小知识

未作为资产和负债确认(但有账面价值)的项目,按照税法规定可以确定其计税基础的,该计税基础与其账面价值之间的差额也属于暂时性差异。

注 (1)有些项目有计税基础,但没有在资产负债表中确认为资产或负债。例如,研究费用在确定其发生的当期会计利润时,被确认为费用,但要到确定以后期间的应纳税所得额(可抵扣亏损)时才允许作为抵扣项目。《国际会计准则第12号——所得税》认为,该研究费用的计税基础,即税务部门允许在未来期间作为抵扣项目的金额,与零账面金额之间的差额,是会产生递延所得税资产的可抵扣暂时性差异。

(2)如果资产或负债的计税基础不十分明显,《国际会计准则第12号——所得税》依据的基本原则是:只要资产或负债的账面金额的收回或清偿可能使未来税款支付额大于(小于)不产生纳税后果情况下的收回或清偿金额,那么除少数例外,企业应确认递延所得税负债(资产)。

第三节 所得税资产、负债

一、所得税资产(负债)

企业应当将当期和以前期间应交未交的所得税确认为负债,将已支付的所得税超过应支付的部分确认为资产。

存在应纳税暂时性差异或可抵扣暂时性差异的,应当按照本准则规定确认递延所得税负债或递延所得税资产。

注 资产和负债的确认,意味着报告企业预期将收回或清偿该项资产或负债的账面金额。如果账面金额的收回或清偿很可能使未来税款支付额大于(小于)没有纳税后果的收回或清偿数额,《国际会计准则第12号——所得税》要求,除了少数例外,企业应确认一项递延所得税负债(递延所得税资产)。可见,《国际会计准则第12号——所得税》规定采用资产负债表债务法的一个主要出发点就是要真实、公允地反映企业资产和负债未来将为企业带来的实际的现金流。

所得税资产和所得税负债分别如图21-2和图21-3所示。

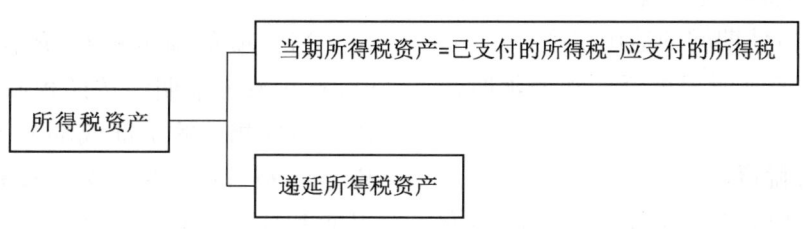

图 21-2 所得税资产

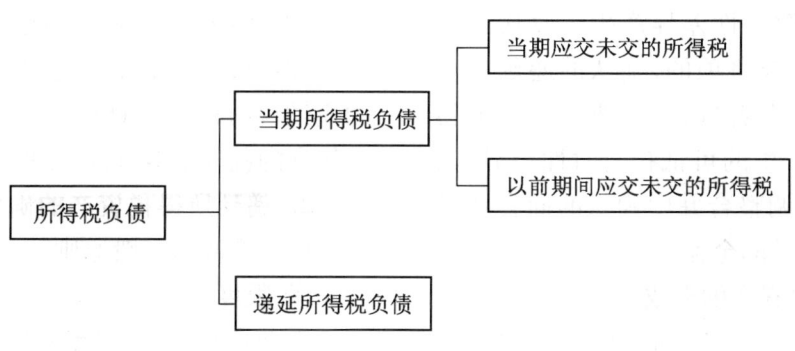

图 21-3 所得税负债

二、当期所得税资产(负债)

资产负债表日,对于当期和以前期间形成的当期所得税负债(或资产),应当按照税法规定计算的预期应缴纳(或返还)的所得税金额计量。

三、递延所得税资产(负债)

资产、负债的账面价值与其计税基础存在差异的,应当按照《企业会计准则第18号——所得税》规定确认所产生的递延所得税资产或递延所得税负债。

递延所得税资产和递延所得税负债的计量,应当反映资产负债表日企业预期收回资产或清偿负债方式的所得税影响,即在计量递延所得税资产和递延所得税负债时,应当采用与收回资产或清偿债务的预期方式相一致的税率和计税基础。

适用税率发生变化的,应对已确认的递延所得税资产和递延所得税负债进行重新计量,除直接在所有者权益中确认的交易或者事项产生的递延所得税资产和递延所得税负债以外,应当将其影响数计入变化当期的所得税费用。

资产负债表日,对于递延所得税资产和递延所得税负债,应当根据税法规定,按照预期收回该资产或清偿该负债期间的适用税率计量。

企业不应当对递延所得税资产和递延所得税负债进行折现。

(一)递延所得税资产

有关交易或事项发生时,对税前会计利润或是应纳税所得额产生影响的,所确认的递延所得税资产应作为利润表中所得税费用的调整;有关的可抵扣暂时性差异产生于直接计入所有者权益的交易或事项的,确认的递延所得税资产也应计入所有者权益;企业合并中取得的有关资产、负债产生的可抵扣暂时性差异,其所得税影响应相应调整合并中确认的商誉或是应计入合并当期损益的金额。

1. 递延所得税资产的形成

(1)一般情形:会计账面价值与计税基础的暂时性差异——可抵扣暂时性差异。

可抵扣暂时性差异是指在确定未来收回资产或清偿负债期间的应纳税所得额时,将导致产生可抵扣金额的暂时性差异。

该差异在未来期间转回时会减少转回期间的应纳税所得额,减少未来期间的应交企业所得税。在可抵扣暂时性差异产生当期,符合确认条件的情况下,应当确认相关的递延所得税资产。

可抵扣暂时性差异通常产生于以下情形:

① 资产的账面价值小于其计税基础,即资产在未来期间产生的经济利益少,按照税法法律、法规规定允许税前扣除的金额多,那么账面价值与计税基础之间的差额,企业在未来期间可以减少应纳税所得额并减少应交企业所得税,形成可抵扣暂时性差异,在符合相关条件时,应当确认相关的递延所得税资产。

② 负债的账面价值大于其计税基础,负债产生的暂时性差异实质上是税收法律、法规规定就该项负债可以在未来期间税前扣除的金额。即:

负债产生的暂时性差异 = 账面价值 − 计税基础 = 账面价值 − (账面价值 − 未来期间计税时税收法律、法规规定可予税前扣除的金额) = 未来期间计税时按照税法规定可予税前扣除的金额

当一项负债的账面价值大于其计税基础时,意味着未来期间按照税收法律、法规规定与该项负债相关的全部或部分支出可以自未来应税经济利益中扣除,减少未来期间的应纳税所得额和应交企业所得税,产生可抵扣暂时性差异,符合相关确认条件时,应确认相关的递延所得税资产。

(2)特殊情形:视同可抵扣暂时性差异处理。

按照税收法律、法规规定允许用以后年度的应纳税所得额弥补的可弥补亏损及可结转以后年度的税款抵减,视同可抵扣暂时性差异处理。

2. 递延所得税资产的确认

(1)确认的一般原则。

① 限度。

企业应当以很可能取得用来抵扣可抵扣暂

时性差异的应纳税所得额为限,确认由可抵扣暂时性差异产生的递延所得税资产。

递延所得税资产产生于可抵扣暂时性差异。资产、负债的账面价值与其计税基础不同产生可抵扣暂时性差异的,在估计未来期间能够取得足够的应纳税所得额用以利用该可抵扣暂时性差异时,应当以很可能取得用来抵扣可抵扣暂时性差异的应纳税所得额为限,确认相关的递延所得税资产。

在可抵扣暂时性差异转回的未来期间内,企业无法产生足够的应纳税所得额用以利用可抵扣暂时性差异的影响,使得与可抵扣暂时性差异相关的经济利益无法实现的,则不应确认递延所得税资产;企业有明确的证据表明其于可抵扣暂时性差异转回的未来期间能够产生足够的应纳税所得额,进而利用可抵扣暂时性差异的,则应以很可能取得的应纳税所得额为限,确认相关的递延所得税资产。

② 与子公司、联营企业、合营企业的投资相关的可抵扣暂时性差异形成的递延所得税资产。

企业对与子公司、联营企业及合营企业投资相关的可抵扣暂时性差异,同时满足下列条件的,应当确认相应的递延所得税资产:

A. 暂时性差异在可预见的未来很可能转回。

B. 未来很可能获得用来抵扣可抵扣暂时性差异的应纳税所得额。

注 对与子公司、联营企业、合营企业的投资相关的可抵扣暂时性差异,同时满足下列条件的,应当确认相关的递延所得税资产:

(1) 暂时性差异在可预见的未来很可能转回。

(2) 未来很可能获得用来抵扣可抵扣暂时性差异的应纳税所得额。

对联营企业和合营企业等的投资产生的可抵扣暂时性差异,主要源于权益法下被投资单位发生亏损时,投资企业按照持股比例确认应予承担的部分相应减少长期股权投资的账面价值,但税法规定长期股权投资的成本在持有期间不变,从而造成了长期股权投资的账面价值小于其计税基础,产生可抵扣暂时性差异。长期股权投资减值准备的计提也会产生可抵扣暂时性差异。

③ 可抵扣亏损和税款抵减形成的递延所得税资产。

企业对于能够结转以后年度的可抵扣亏损和税款抵减,应当以很可能获得用来抵扣可抵扣亏损和税款抵减的未来应纳税所得额为限,确认相应的递延所得税资产。

注 对于按照税法规定可以结转以后年度的可弥补亏损和税款抵减,应视同可抵扣暂时性差异处理。在预计可利用可弥补亏损或税款抵减的未来期间内很可能取得足够的应纳税所得额时,应当以很可能取得的应纳税所得额为限,确认相应的递延所得税资产,同时减少确认当期的所得税费用。

④ 确认以前期间未确认的递延所得税资产。

资产负债表日,有确凿证据表明未来期间很可能获得足够的应纳税所得额用来抵扣可抵扣暂时性差异的,应当确认以前期间未确认的递延所得税资产。

注 在判断企业于可抵扣暂时性差异转回的未来期间是否能够产生足够的应纳税所得额时,应考虑企业在未来期间通过正常的生产经营活动能够实现的应纳税所得额,以及以前期间产生的应纳税暂时性差异在未来期间转回时将增加的应纳税所得额。

(2) 不确认递延所得税资产的特殊情况。

同时具有下列特征的交易中因资产或负债的初始确认所产生的递延所得税资产不予确认:

① 该项交易不是企业合并。

② 交易发生时既不影响会计利润也不影响应纳税所得额(或可抵扣亏损)。

注 某些情况下,企业发生的某项交易或事项不属于企业合并,并且交易发生时既不影响会计利润也不影响应纳税所得额,且该项交易中产生的资产、负债的初始确认金额与其计税基础不同,产生可抵扣暂时性差异的,《企业会计准则第18号——所得税》中规定在交易或事项发生时不确认相关的递延所得税资产。

3. 递延所得税资产的计量

企业在确认递延所得税资产时,应当以预期收回该资产期间的适用企业所得税税率为基础计算确定。

无论相关的可抵扣暂时性差异转回期间如何，递延所得税资产均不要求折现。

企业在确认了递延所得税资产以后，在资产负债表日，应当对递延所得税资产的账面价值进行复核。如果未来期间很可能无法取得足够的应纳税所得额用以利用可抵扣暂时性差异带来的经济利益时，应当减记递延所得税资产的账面价值。减记的递延所得税资产，除原确认时计入所有者权益的递延所得税资产，其减记金额也应计入所有者权益外，其他的情况应增加所得税费用。

因无法取得足够的应纳税所得额利用可抵扣暂时性差异而减记递延所得税资产账面价值的，以后期间根据新的环境和情况判断能够产生足够的应纳税所得额利用可抵扣暂时性差异，使得递延所得税资产包含的经济利益能够实现的，应相应恢复递延所得税资产的账面价值。

递延所得税资产减值如图21-4所示。

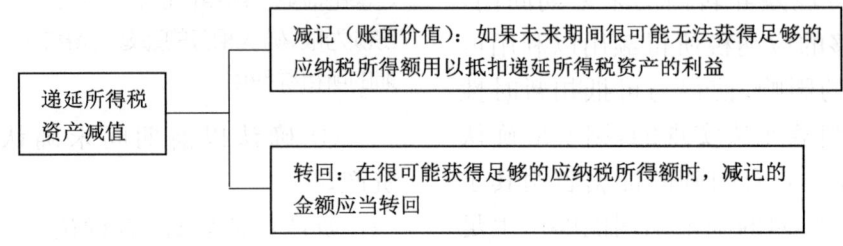

图21-4　递延所得税资产减值

【例21-2】 智董公司2×10年12月31日取得设备一项，账面价值包括买价、运杂费、保险费等为90万元。智董公司该台设备的账面价值和计税基础均为90万元，为简化分析，忽略期末残值。假设智董公司会计制度规定，按直线法折旧：会计折旧年限为5年；税法折旧年限为6年。2×11年至2×16年，各年均实现会计利润100万元（考虑会计折旧后），2×11年至2×14年，企业适用所得税税率为33%[①]，2×15年改为25%。假设除折旧外税法与会计不存在其他差异，且折旧全影响当期损益。

【分析】 有关会计处理如下。

（1）2×11年：

会计年折旧额＝90÷5＝18（万元）。

税法年折旧额＝90÷6＝15（万元）。

2×11年年末，有关所得税会计处理：

固定资产（净值）账面价值与计税基础之差产生的递延所得税资产＝(75－72)×33%＝0.99（万元）。

2×11年期间所得税费用＝100×33%＝33（万元）。

2×11年期间应交所得税＝(100＋3)×33%＝33.99（万元）。

借：所得税费用　　　　　　　　　33
　　递延所得税资产　　　　　　　0.99
　　贷：应交税费——应交所得税　33.99

（2）2×12年至2×14年：会计处理同上。

（3）2×15年：

① 按新所得税税率进行账务处理（单位：万元）。

借：所得税费用　　　　　　　　　25
　　递延所得税资产　　　　　　　0.75
　　贷：应交税费——应交所得税　25.75

② 适用税率变化。适用税率发生变化的，应对已确认的递延所得税资产和递延所得税负债进行重新计量，除直接在所有者权益中确认的交易或者事项产生的递延所得税资产和递延所得税负债以外，应当将其影响数计入变化当期的所得税费用。

递延所得税资产和递延所得税负债的计量，应当反映资产负债表日企业预期收回资产或清偿负债方式的所得税影响，即在计量递延

[①] 自2008年1月1日起，我国企业所得税的税率为25%。此处税率为假设值。

所得税资产和递延所得税负债时,应当采用与收回资产或清偿债务的预期方式相一致的税率和计税基础。

所得税税率改为25%的会计处理,即调整2×11年至2×14年递延所得税资产:

递延所得税资产调整额=0.99×4÷33%×(25%-33%)=-0.96(万元)。

借:所得税费用　　　　　　　　　　0.96
　　贷:递延所得税资产　　　　　　　0.96

(4) 2×16年:税法规定不再计提折旧,递延所得税资产转回。所得税会计处理(单位:万元):

借:所得税费用　　　　　　　　　　25
　　贷:递延所得税资产(15×25%)　　3.75
　　　　应交税费——应交所得税[(100-15)×25%]
　　　　　　　　　　　　　　　　　21.25

计算过程如表21-1和表21-2所示。

表21-1　收入费用观　　　　　　　　　　　　　　　　　　　　　　　　　　　　　　单位:万元

项目＼年度	2×11年	2×12年	2×13年	2×14年	2×15年	2×16年
(会计)可提折旧①	18	18	18	18	18	0
(税务)允提折旧②	15	15	15	15	15	15
折旧后(会计)利润总额③	100	100	100	100	100	100
折旧后(税务)应纳税所得额④	(100+3) 103	(100+3) 103	(100+3) 103	(100+3) 103	(100+3) 103	(100-15) 85
税率⑤	33%	33%	33%	33%	25%	25%
差额(时间性差异)⑥=①-②或④-③	3	3	3	3	3	-15
(会计)"所得税"⑦=③×⑤	33	33	33	33	25.96	25
(税务)应交所得税⑧=④×⑤	33.99	33.99	33.99	33.99	25.75	21.25
递延税款(发生额)⑨=⑧-⑦	0.99	0.99	0.99	0.99	-0.21	-3.75

表21-2　资产负债表债务法　　　　　　　　　　　　　　　　　　　　　　　　　　　单位:万元

项目		2×10年12月31日	2×11年12月31日	2×12年12月31日	2×13年12月31日	2×14年12月31日	2×15年12月31日	2×16年12月31日
账面价值(①)		90	72	54	36	18	0	0
计税基础(②)		90	75	60	45	30	15	0
差额(可抵扣暂时性差异)(③=②-①)		0	3	6	9	12	15	0
税率(④)		33%	33%	33%	33%	33%	25%	25%
递延所得税资产时点值(余额数)(⑤=③×④)		0	0.99	1.98	2.97	3.96	3.75	0
年度		—	2×11年	2×12年	2×13年	2×14年	2×15年	2×16年
各年度递延所得税资产发生额		0	0.99	0.99	0.99	0.99	-0.21	-3.75
差异分录	借:递延所得税资产 贷:所得税费用	—	0.99 0.99	0.99 0.99	0.99 0.99	0.99 0.99	0.75 0.75	-3.75 -3.75
无差异分录	借:所得税费用 贷:应交税费	—	33.99 33.99	33.99 33.99	33.99 33.99	33.99 33.99	25.75 25.75	21.25 21.25
综合分录	借:所得税费用 　　递延所得税资产 贷:应交税费	—	33 0.99 33.99	33 0.99 33.99	33 0.99 33.99	33 0.99 33.99	25.96 -0.21 25.75	25 -3.75 21.25

＊注:自2008年1月1日起,我国企业所得税的税率为25%。此处税率为假设值。

(二) 递延所得税负债

1. 递延所得税负债的形成：会计账面价值与计税基础的暂时性差异——应纳税暂时性差异

应纳税暂时性差异是指在确定未来收回资产或清偿负债期间的应纳税所得额时，将导致产生应税金额的暂时性差异，即在未来期间不考虑该事项影响的应纳税所得额的基础上，由于该暂时性差异的转回，会进一步增加转回期间的应纳税所得额和应交企业所得税金额。在其产生当期应当确认相关的递延所得税负债。

应纳税暂时性差异通常产生于以下情形：

（1）资产的账面价值大于其计税基础。

一项资产的账面价值意味着企业在持续使用或最终出售该项资产时将取得的经济利益的总额，但计税基础意味着该项资产在未来期间可予税前扣除的总额。如果资产的账面价值大于其计税基础，则该项资产未来期间产生的经济利益不能全部税前抵扣，两者之间的差额需要缴税，产生了应纳税暂时性差异。

例如，企业持有的一项交易性金融资产成本为1 000万元，期末公允价值为1 500万元，即期末账面价值为1 500万元，而计税基础仍维持1 000万元不变。由于该项资产的升值部分500万元，在将来处置时将会产生应交企业所得税，产生了应纳税暂时性差异，因此，应在产生两者的差额500万元当期确认相关的递延所得税负债。

（2）负债的账面价值小于其计税基础。

一项负债的账面价值为企业预计在未来期间清偿该项负债时的经济利益流出，而其计税基础则是账面价值在扣除税收法律、法规规定未来期间允许税前扣除的金额之后的差额。负债的账面价值与其计税基础不同产生的暂时性差异，实质上是税收法律、法规规定就该项负债在未来期间可以税前扣除的金额（即与该项负债相关的费用支出在未来期间可予税前扣除的金额）。负债的账面价值小于其计税基础，则意味着就该项负债在未来期间可以税前抵扣的金额为负数，即应在未来期间应纳税所得额的基础上调增，增加未来期间的应纳税所得额和应交企业所得税金额，产生应纳税暂时性差异，应确认相关的递延所得税负债。

2. 递延所得税负债的确认

（1）递延所得税负债确认的原则。

递延所得税负债产生于应纳税暂时性差异。因应纳税暂时性差异在转回期间将增加企业的应纳税所得额和应交所得税，导致企业经济利益的流出，在其发生当期，构成企业应支付税金的义务，应作为负债确认并遵循以下原则：

① 除《企业会计准则第18号——所得税》中明确规定可不确认递延所得税负债的情况以外，企业对于所有的应纳税暂时性差异均应确认相关的递延所得税负债。

除与直接计入所有者权益的交易或事项以及企业合并中取得资产、负债相关的以外，在确认递延所得税负债的同时，应增加利润表中的所得税费用。

② 不确认递延所得税负债的特殊情形。

有些情况下，虽然资产、负债的账面价值与其计税基础不同，产生了应纳税暂时性差异，但出于各方面考虑，《企业会计准则第18号——所得税》中规定不确认相应的递延所得税负债。

除下列交易中产生的递延所得税负债以外，企业应当确认所有应纳税暂时性差异产生的递延所得税负债：

A. 商誉的初始确认。

B. 同时具有下列特征的交易中产生的资产或负债的初始确认：

a. 该项交易不是企业合并。

b. 交易发生时既不影响会计利润也不影响应纳税所得额（或可抵扣亏损）。

企业对与子公司、联营企业及合营企业投资相关的应纳税暂时性差异，应当确认相应的递延所得税负债。但是，同时满足下列条件的除外：

A. 投资企业能够控制暂时性差异转回的时间。

B. 该暂时性差异在可预见的未来很可能不会转回。

(2) 商誉的初始确认。

非同一控制下的企业合并中，企业合并成本大于合并中取得的被购买方可辨认净资产公允价值份额的差额，按照企业会计准则规定应确认为商誉。因会计与税收的划分标准不同，会计上作为非同一控制下的企业合并，但若税收法律、法规规定计税时作为特殊性税务处理的合并情形下，商誉的计税基础为零，其账面价值与计税基础之间的差额形成应纳税暂时性差异。对于商誉的账面价值与其计税基础不同产生的该应纳税暂时性差异，企业会计准则中规定不确认与其相关的递延所得税负债。

(3) 既不影响会计利润也不影响应纳税所得额的交易或事项（除企业合并以外）。

除企业合并以外的其他交易或事项中，如果该项交易或事项发生时既不影响会计利润，也不影响应纳税所得额，则所产生的资产、负债的初始确认金额与其计税基础不同，形成应纳税暂时性差异的，交易或事项发生时不确认相应的递延所得税负债。

(4) 与子公司、联营企业及合营企业投资相关的应纳税暂时性差异。

与子公司、联营企业、合营企业投资等相关的应纳税暂时性差异，一般应确认相关的递延所得税负债，但同时满足以下两个条件的除外：一是投资企业能够控制暂时性差异转回的时间；二是该暂时性差异在可预见的未来很可能不会转回。满足上述条件时，投资企业可以运用自身的影响力决定暂时性差异的转回，如果不希望其转回，则在可预见的未来该项暂时性差异即不会转回，对未来期间不会产生所得税影响，无须确认相应的递延所得税负债。

(5) 采用权益法核算的长期股权投资相关的暂时性差异。

对于采用权益法核算的长期股权投资，其账面价值与计税基础产生的暂时性差异是否应确认相关的所得税影响，应考虑该项投资的持有意图：

① 如果企业拟长期持有该项投资，则因初始投资成本的调整产生的暂时性差异预计未来期间不会转回，对未来期间没有所得税影响；因确认投资损益产生的暂时性差异，如果在未来期间逐期分回现金股利或利润时免税，也不存在对未来期间的所得税影响；因确认应享有被投资单位其他权益的变动而产生的暂时性差异，在长期持有的情况下预计未来期间也不会转回，因此在这种情况下，对于采用权益法核算的长期股权投资账面价值与计税基础之间的差异，一般不确认相关的所得税影响。

② 如果投资企业改变持有意图拟对外出售的情况下，按照税收法律、法规的规定，企业在转让或者处置投资资产时，投资资产的成本准予扣除。在持有意图由长期持有转变为拟近期出售的情况下，因长期股权投资账面价值与计税基础不同产生的有关暂时性差异，均应确认相关的所得税影响。

3. 递延所得税负债的计量

资产负债表日，对于递延所得税负债，应当根据适用税法规定，按照预期清偿该负债期间的适用税率计量，即递延所得税负债应以相关应纳税暂时性差异转回期间按照税法规定适用的所得税税率计量。无论应纳税暂时性差异的转回期间如何，相关的递延所得税负债不要求折现。

另外，应当说明的是，无论是递延所得税资产还是递延所得税负债的计量，均应考虑资产负债表日企业预期收回资产或清偿负债方式的所得税影响，在计量递延所得税资产和递延所得税负债时，应当采用与收回资产或清偿债务的预期方式相一致的税率和计税基础。

【例 21-3】 智董公司 2×10 年 12 月 31 日以 10 000 万元买入一台机器，若会计规定按 5 年用直线法折旧，而税法要求按 4 折旧。为分析方便，不考虑残值。假设各年折旧的全额均影响当年损益；除了折旧外，其他方面会计与税法不存在差异。设 2×11 年至 2×12 年企业所得税税率为 40%，2×13 年起改为 30%。请用资产负债表法进行所得税会计处理。

【分析】 计算过程如表 21-3 和表 21-4 所示。

表 21-3 收入费用观 单位：万元

年度 项目	2×11年	2×12年	2×13年	2×14年	2×15年	合计
①折旧前(会计)利润	8 000	8 000	8 000	8 000	8 000	40 000
②折旧前(税务)应纳税所得额	8 000	8 000	8 000	8 000	8 000	40 000
③(会计)可提折旧	2 000	2 000	2 000	2 000	2 000	10 000
④(税务)允提折旧	2 500	2 500	2 500	2 500	0	10 000
⑤(会计)利润总额(⑤=①-③)	6 000	6 000	6 000	6 000	6 000	30 000
⑥(税务)应纳税所得额(⑥=②-④)	5 500	5 500	5 500	5 500	8 000	30 000
⑦差额(时间性差异⑦=⑤-⑥)	500	500	500	500	-2 000	0
⑧税率	40%	40%	30%	30%	30%	—
⑨(会计)"所得税"(⑨=⑤×⑧)	2 400	2 400	1 700	1 800	1 800	10 100
⑩(税务)应交所得税(⑩=⑥×⑧)	2 200	2 200	1650	1650	2 400	10 100
⑪递延税款(⑪=⑨-⑩)	200	200	50	150	-600	0

表 21-4 资产负债表债务法 单位：万元

项目	2×10年 12月31日	2×11年 12月31日	2×12年 12月31日	2×13年 12月31日	2×14年 12月31日	2×15年 12月31日
账面价值	10 000	8 000	6 000	4 000	2 000	0
计税基础	10 000	7 500	5 000	2 500	0	0
差额(应纳税暂时性差异)	0	500	1 000	1 500	2 000	0
原始计量						
年度	—	2×11年	2×12年	2×13年	2×14年	2×15年
税率	40%	40%	40%	30%	30%	30%
递延所得税负债时点值(余额数)	0	200	400**	450 -100	600	0
各年度递延所得税负债发生额	0	200	200	150	150	-600
重新计量						
年度	—	2×11年	2×12年			
税率	30%	30%	30%			
递延所得税负债时点值(余额数)	0	150	300*			
递延所得税负债(各年度递延所得税负债发生额)	0	150	150			
会计分录						
差异分录	借：所得税费用 贷：递延所得税负债	200 200	200 200	150 150	150 150	-600 -600
无差异分录	借：所得税费用 贷：应交税费	2 200 2 200	2 200 2 200	1 650 1 650	1 650 1 650	2 400 2 400
综合分录	借：所得税费用 贷：应交税费 递延所得税负债 借：所得税费用 贷：递延所得税负债	2 400 2 200 200 — —	2 400 2 200 200 — —	1 800 1 650 150 -100 -100	1 800 1 650 150	1 800 2 400 -600

注 适用税率发生变化的,应对已确认的递延所得税资产和递延所得税负债进行重新计量,除直接在所有者权益中确认的交易或者事项产生的递延所得税资产和递延所得税负债以外,应当将其影响数计入变化当期的所得税费用。

2×13年期初递延所得税负债,本来就是2×12年期末递延所得税负债,但是,2×13年适用税率发生变化,应对已确认的递延所得税负债(共400万元,其中2×11年200万元,2×12年200万元)进行重新计量,除直接在所有者权益中确认的交易或者事项产生的递延所得税负债外,应当将其影响数100万元[(6 000-5 500)×2×(30%-40%)]计入变化当期(2×13年)的所得税费用:

会计分录:

借:所得税费用　　　　　　-100
　　贷:递延所得税负债　　　　-100

可以这样理解(站在会计角度):现在少交400万元,今后转回时只要多交300万元了,因此递延(所得税)负债减少了100万元。

所以,2×13年期初递延所得税负债=400-100=300(万元)。

本来:

借:所得税费用　　　　　　150
　　贷:递延所得税负债(1 500-1 000)×30%　150

但从资产负债观来理解,实际上以上应这样算:

A:递延所得税负债的重新计量:金额为300万元(表21-4中*)。

B:递延所得税负债的原始计量:金额为400万元(表21-4中**)。

A-B=300-400=-100(万元)。

(三) 递延所得税资产、递延所得税负债的转回

递延所得税负债和递延所得税资产确认后,相关的应纳税暂时性差异或可抵扣暂时性差异于以后期间转回的,应当调整原已确认的递延所得税资产、递延所得税负债以及相应的递延所得税费用。

(四) 适用税率变化对已确认递延所得税资产和递延所得税负债的影响

因适用税收法律、法规的变化,导致企业在某一会计期间适用的所得税税率发生变化的,企业应对已确认的递延所得税资产和递延所得税负债按照新的税率进行重新计量。递延所得税资产和递延所得税负债的金额代表的是有关可抵扣暂时性差异或应纳税暂时性差异于未来期间转回时,导致应交企业所得税金额的减少或增加的情况。在适用税率变动的情况下,应对原已确认的递延所得税资产及递延所得税负债的金额进行调整,反映税率变化带来的影响。

第四节　所得税费用、权益

一、所得税费用、权益

(一) 综合规定

企业当期所得税和递延所得税应当作为所得税费用或收益计入当期损益,但不包括下列情况产生的所得税:企业合并,直接在所有者权益中确认的交易或者事项。

所得税的计入如图21-5所示。

(二) 计入所得税费用(或收益)

企业在计算确定当期应交所得税以及递延所得税费用(或收益)以后,利润表中的所得税费用为两者之和。即:

$$\text{所得税费用} = \text{当期所得税费用} + \text{递延所得税费用} \atop (-\text{递延所得税收益})$$

所得税费用(收益)的确认与计量如图21-6所示。

(三) 计入所有者权益

与直接计入所有者权益的交易或者事项相关的当期所得税和递延所得税,应当计入所有者权益。

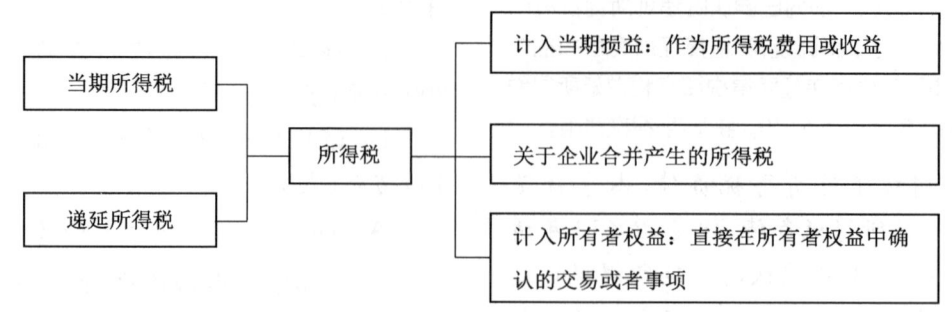

图 21-5　所得税的计入

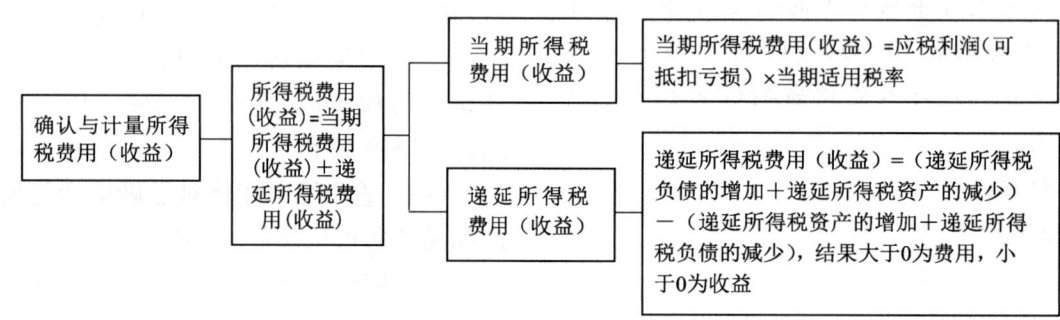

图 21-6　所得税费用(收益)的确认与计量

(四)适用税率变化对所得税费用、权益的影响

除直接计入所有者权益的交易或事项产生的递延所得税资产及递延所得税负债,相关的调整金额应计入所有者权益以外,其他情况下因税率变化产生的调整金额应确认为变化当期的所得税费用(或收益)。

适用税率发生变化(影响数)如图 21-7 所示。

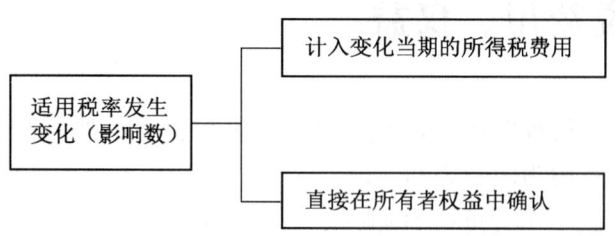

图 21-7　适用税率发生变化(影响数)

【例 21-4】　智董公司 2×14 年 12 月 31 日资产负债表中有关项目金额及其计税基础如表 21-5 所示。

表 21-5　智董公司 2×14 年 12 月 31 日资产负债表

单位:元

	项　目	账面价值	计税基础	暂时性差异	
				应纳税暂时性差异	可抵扣暂时性差异
1	存货	20 000 000	22 000 000		2 000 000
2	无形资产	6 000 000	0	6 000 000	
3	预计负债	1 000 000	0		1 000 000
合计				6 000 000	3 000 000

除上述项目外,该企业其他资产、负债的账面价值与其计税基础不存在差异,且递延所得税资产和递延所得税负债不存在期初余额,适用的所得税税率为 33%①。假定当期按照税法规定计算确定的应交所得税为 600 万元。该企业预计在未来期间能够产生足够的应纳税所得额用来抵扣可抵扣暂时性差异。

该企业计算确认的递延所得税负债、递延所得税资产、递延所得税费用以及所得税费用如下:

---

① 自 2008 年 1 月 1 日起,我国企业所得税的税率为 25%。此处税率为假设值。

递延所得税负债 = 6 000 000 × 33% = 1 980 000（元）。

递延所得税资产 = 3 000 000 × 33% = 990 000（元）。

递延所得税费用 = 1 980 000 − 990 000 = 990 000（元）。

所得税费用 = 6 000 000 + 990 000 = 6 990 000（元）。

二、当期所得税

当期所得税是指企业按照税法规定计算确定的针对当期发生的交易和事项，应向税务部门缴纳的企业所得税金额，即应交企业所得税。

当期所得税应以税收法律、法规等为基础计算确定。企业在计算确定当期企业所得税额时，对于当期发生的交易或事项，会计处理与税收处理存在不同的，应首先在会计利润的基础上，按照税收法律、法规的规定进行纳税调整后，计算得出当期应纳税所得额，其次按照应纳税所得额与适用的企业所得税税率乘积计算确定当期应纳企业所得税额。

按照以下公式计算确定：

应纳税所得额 = 会计利润 ± 纳税调整额

当期应纳企业所得税额 = 应纳税所得额 × 企业所得税税率

注 企业根据税收优惠政策向税务部门申请获得退回的企业所得税，无论是在资产负债表日后、财务报告批准报出日之前收到，还是在财务报告批准报出日之后收到，一律应在实际收到时冲减收到当期的所得税费用，即借记"银行存款"科目，贷记"所得税费用——当期所得税"科目。

三、递延所得税

递延所得税是指按照《企业会计准则第18号——所得税》规定应予确认的递延所得税资产和递延所得税负债金额，即递延所得税资产及递延所得税负债当期发生额的综合结果，但不包括计入所有者权益的交易或事项的所得税影响。

递延所得税 = （期末递延所得税负债 − 期初递延所得税负债） − （期末递延所得税资产 − 期初递延所得税资产）

（一）递延所得税的一般处理

企业因确认递延所得税资产和递延所得税负债产生的递延所得税，通常应当计入所得税费用。

（二）递延所得税的特殊处理——特殊交易或事项中所涉及递延所得税的确认

1. 与直接计入所有者权益的交易或事项相关的所得税

与当期及以前期间直接计入所有者权益的交易或事项相关的当期所得税及递延所得税应当计入所有者权益。直接计入所有者权益的交易或事项有：会计政策变更采用追溯调整法或对前期差错更正采用追溯重述法调整期初留存收益的，同时包含负债及权益成分的金融工具在初始确认时计入所有者权益等。

2. 与企业合并相关的递延所得税

在企业合并中，购买方取得的可抵扣暂时性差异，如购买日取得的被购买方在以前期间发生的未弥补亏损等可抵扣暂时性差异，按照税收法律、法规的规定可以用于抵减以后年度应纳税所得额，但在购买日不符合递延所得税资产确认条件的而不应予以确认。购买日后12个月内，如果取得新的或进一步的信息表明相关情况在购买日已经存在，预期被购买方在购买日可抵扣暂时性差异带来的经济利益能够实现的，应当确认相关的递延所得税资产，同时减少商誉，商誉不足冲减的，差额部分确认为当期损益。除上述情况以外，确认与企业合并相关的递延所得税资产，应当计入当期损益。

3. 与股份支付相关的当期及递延所得税

与股份支付相关的支出在按照企业会计准则规定确认为成本费用时，其相关的所得税影响应区别于税收法律、法规的规定进行处理：如果税收法律、法规规定与股份支付相关的支出不允许税前扣除，则不形成暂时性差异；如果税收法律、法规规定与股份支付相关的支出允许税前扣除，在按照企业会计准则规定确认成本费用的期间内，企业应当根据会计期末取得的信息估计可税前扣除的金额计算确定其计税基础及由此产生的暂时性差异，符合确认条件的情况下应当确认相关的递延所得税。其中预计未来期间可税前扣除的金额超过企业会计准则规定确认的与股份支付相关的成本费用，超过部分的所得税影响应直接计入所有者权益。

第五节 会计科目和会计分录

以下是第一财税网（www.tax.org.cn）耗时整理的相关会计科目和会计分录，供实际工作中随时查阅、使用。

一、1811 递延所得税资产

（一）核算内容

本科目核算企业确认的可抵扣暂时性差异产生的递延所得税资产。

（二）明细核算

本科目应按可抵扣暂时性差异等项目进行明细核算。根据税法规定可用以后年度税前利润弥补的亏损及税款抵减产生的所得税资产，也在本科目核算。

（三）主要账务处理

资产负债表日，企业确认的递延所得税资产，借记本科目，贷记"所得税费用——递延所得税费用"科目。资产负债表日递延所得税资产的应有余额大于其账面余额的，应按其差额确认，借记本科目，贷记"所得税费用——递延所得税费用"等科目；资产负债表日递延所得税资产的应有余额小于其账面余额的差额作相反的会计分录。

企业合并中取得资产、负债的入账价值与其计税基础不同形成可抵扣暂时性差异的，应于购买日确认递延所得税资产，借记本科目，贷记"商誉"等科目。

与直接计入所有者权益的交易或事项相关的递延所得税资产，借记本科目，贷记"资本公积——其他资本公积"科目。

资产负债表日，预计未来期间很可能无法获得足够的应纳税所得额用以抵扣可抵扣暂时性差异的，按原已确认的递延所得税资产中应减记的金额，借记"所得税费用——递延所得税费用""资本公积——其他资本公积"等科目，贷记本科目。

（四）期末余额

本科目期末借方余额，反映企业确认的递延所得税资产。

二、2901 递延所得税负债

（一）核算内容

本科目核算企业确认的应纳税暂时性差异产生的所得税负债。

（二）明细核算

本科目可按应纳税暂时性差异的项目进行明细核算。

（三）主要账务处理

（1）资产负债表日，企业确认的递延所得税负债，借记"所得税费用——递延所得税费用"科目，贷记本科目。资产负债表日递延所得税负债的应有余额大于其账面余额的，应按其差额确认，借记"所得税费用——递延所得税费用"科目，贷记本科目；资产负债表日递延所得税负债的应有余额小于其账面余额的作相反的会计分录。

与直接计入所有者权益的交易或事项相关的递延所得税负债，借记"资本公积——其他资本公积"科目，贷记本科目。

（2）企业合并中取得资产、负债的入账价值与其计税基础不同形成应纳税暂时性差异的，应于购买日确认递延所得税负债，同时调整商誉，借记"商誉"等科目，贷记本科目。

（四）期末余额

本科目期末贷方余额，反映企业已确认的递延所得税负债。

三、6801 所得税费用

（一）核算内容

本科目核算企业确认的应从当期利润总额

中扣除的所得税费用。

(二) 明细核算

本科目可按"当期所得税费用""递延所得税费用"进行明细核算。

(三) 主要账务处理

(1) 资产负债表日，企业按照税法规定计算确定的当期应交所得税，借记本科目（当期所得税费用），贷记"应交税费——应交所得税"科目。

(2) 资产负债表日，根据递延所得税资产的应有余额大于"递延所得税资产"科目余额的差额，借记"递延所得税资产"科目，贷记本科目（递延所得税费用）、"资本公积——其他资本公积"等科目；递延所得税资产的应有余额小于"递延所得税资产"科目余额的差额作相反的会计分录。

企业应予确认的递延所得税负债，应当比照上述原则调整本科目、"递延所得税负债"科目及有关科目。

(四) 期末余额

期末，应将本科目的余额转入"本年利润"科目，结转后本科目无余额。

四、6901 以前年度损益调整

(一) 核算内容

本科目核算企业本年度发生的调整以前年度损益的事项以及本年度发现的重要前期差错更正涉及调整以前年度损益的事项。企业在资产负债表日至财务报告批准报出日之间发生的需要调整报告年度损益的事项，也可以通过本科目核算。

(二) 主要账务处理

(1) 企业调整增加以前年度利润或减少以前年度亏损，借记有关科目，贷记本科目；调整减少以前年度利润或增加以前年度亏损作相反的会计分录。

(2) 由于以前年度损益调整增加的所得税费用，借记本科目，贷记"应交税费——应交所得税"等科目；由于以前年度损益调整减少的所得税费用作相反的会计分录。

(3) 经上述调整后，应将本科目的余额转入"利润分配——未分配利润"科目。本科目如为贷方余额，借记本科目，贷记"利润分配——未分配利润"科目；如为借方余额作相反的会计分录。

(三) 期末余额

本科目结转后应无余额。

五、2221 应交税费

企业会计中核算涉税业务的主要会计科目有"应交税费""税金及附加""所得税费用""递延所得税资产""递延所得税负债""以前年度损益调整""营业外收入""应收出口退税款"等科目。

《增值税会计处理规定》（财会〔2016〕22 号 2016 年 12 月 3 日）自 2016 年 12 月 3 日起施行，国家统一的会计制度中相关规定与该规定不一致的，应按该规定执行。2016 年 5 月 1 日至 2016 年 12 月 3 日之间发生的交易由于本规定而影响资产、负债等金额的，应按该规定调整。《营业税改征增值税试点有关企业会计处理规定》（财会〔2012〕13 号）及《关于小微企业免征增值税和营业税的会计处理规定》（财会〔2013〕24 号）等原有关增值税会计处理的规定同时废止。

(一) 核算内容

"应交税费"科目核算企业按照税法规定计算应缴纳的各种税费，包括增值税、消费税、所得税、资源税、土地增值税、城市维护建设税、房产税、城镇土地使用税、车船税、教育费附加、矿产资源补偿费等。

企业代扣代缴的个人所得税，也通过本科目核算。

企业不需要预计缴纳的税金，如印花税、耕地占用税和车辆购置税等，不在本科目核算。

(二) 明细核算

本科目应当按照"应交税费"的税种进行明细核算。根据《财政部关于印发〈增值税会计处理规定〉的通知》（财会〔2016〕22 号）和《国家税务总局关于印发〈增值税日常稽查办法〉的通知》（国税发〔1998〕44 号）的规定，增值税一般纳税人应当在"应交税费"科目下设置"应交增值税""未交增值税""预交增值税""待抵扣进项税额""待认证进项税额""待转销项税额""增值税留抵税额""简易计税""转让金融商品应交增值税""代扣代交增值税""增值税检查调整"11个明细科目。

(三)主要账务处理

1. 增值税方面

(1)增值税方面的明细科目及专栏设置。

① 增值税一般纳税人(表21-6)。

表21-6 增值税一般纳税人应交增值税各专栏设置

明细科目	专栏	
应交增值税	进项税额	记录一般纳税人购进货物、加工修理修配劳务、服务、无形资产或不动产而支付或负担的、准予从当期销项税额中抵扣的增值税额
	销项税额抵减	记录一般纳税人按照增值税制度规定因扣减销售额而减少的销项税额
	已交税金	记录一般纳税人当月已交纳的应交增值税额
	转出未交增值税	分别记录一般纳税人月度终了转出当月应交未交的增值税额
	减免税款	记录一般纳税人按增值税制度规定准予减免的增值税额
	出口抵减内销产品应纳税额	记录实行"免、抵、退"办法的一般纳税人按规定计算的出口货物的进项税抵减内销产品的应纳税额
	销项税额	记录一般纳税人销售货物、加工修理修配劳务、服务、无形资产或不动产应收取的增值税额
	出口退税	记录一般纳税人出口货物、加工修理修配劳务、服务、无形资产按规定退回的增值税额
	进项税额转出	记录一般纳税人购进货物、加工修理修配劳务、服务、无形资产或不动产等发生非正常损失以及其他原因而不应从销项税额中抵扣、按规定转出的进项税额
	转出多交增值税	分别记录一般纳税人月度终了转出当月应交多交的增值税额
未交增值税		核算一般纳税人月度终了从"应交增值税"或"预交增值税"明细科目转入当月应交未交、多交或预缴的增值税额,以及当月交纳以前期间未交的增值税额
预交增值税		核算一般纳税人转让不动产、提供不动产经营租赁服务、提供建筑服务、采用预收款方式销售自行开发的房地产项目等,以及其他按增值税制度规定应预缴的增值税额
待抵扣进项税额		核算一般纳税人已取得增值税扣税凭证并经税务机关认证,按增值税制度规定准予以后期间从销项税额中抵扣的进项税额。包括:一般纳税人自2016年5月1日后取得并按固定资产核算的不动产或者2016年5月1日后取得的不动产在建工程,按增值税制度规定准予以后期间从销项税额中抵扣的进项税额①;实行纳税辅导期管理的一般纳税人取得的尚未交叉稽核比对的增值税扣税凭证上注明或计算的进项税额
待认证进项税额		核算一般纳税人由于未经税务机关认证而不得从当期销项税额中抵扣的进项税额。包括:一般纳税人已取得增值税扣税凭证、按照增值税制度规定准予从销项税额中抵扣,但尚未经税务机关认证的进项税额;一般纳税人已申请稽核但尚未取得稽核相符结果的海关缴款书进项税额
待转销项税额		核算一般纳税人销售货物、加工修理修配劳务、服务、无形资产或不动产,已确认相关收入(或利得)但尚未发生增值税纳税义务而需于以后期间确认为销项税额的增值税额
增值税留抵税额		核算兼有销售服务、无形资产或者不动产的原增值税一般纳税人,截止到纳入营改增试点之日前的增值税期末留抵税额按照增值税制度规定不得从销售服务、无形资产或不动产的销项税额中抵扣的增值税留抵税额
简易计税		核算一般纳税人采用简易计税方法发生的增值税计提、扣减、预缴、缴纳等业务
转让金融商品应交增值税		核算增值税纳税人转让金融商品发生的增值税额
代扣代交增值税		核算纳税人购进在境内未设经营机构的境外单位或个人在境内的应税行为代扣代缴的增值税

---

① 自2019年4月1日起,纳税人取得不动产或者不动产在建工程的进项税额不再分2年抵扣。

(续表)

明细科目	专栏
增值税检查调整	根据《国家税务总局关于印发〈增值税日常稽查办法〉的通知》(国税发〔1998〕44号)的规定,增值税一般纳税人在税务机关对其增值税纳税情况进行检查后,凡涉及增值税涉税账务调整的,应设立"应交税费——增值税检查调整"专门账户 凡检查后应调减账面进项税额或调增销项税额和进项税额转出的数额,借记有关科目,贷记本科目;凡检查后应调增账面进项税额或调减销项税额和进项税额转出的数额,借记本科目,贷记有关科目;全部调账事项入账后,应结出本账户的余额,并对该余额进行处理。处理之后,本账户无余额

注 "销项税额""出口退税""进项税额转出""转出多交增值税"4个专栏在"应交增值税"明细账的贷方。

② 增值税小规模纳税人(表21-7)。

表21-7 增值税小规模纳税人应交增值税各专栏设置

明细科目	专栏
应交增值税	增值税小规模纳税人只需在"应交税费"科目下设置"应交增值税"明细科目,不需要设置"进项税额""销项税额抵减""已交税金""转出未交增值税""减免税款""出口抵减内销产品应纳税额""销项税额""出口退税""进项税额转出""转出多交增值税"等专栏及除"转让金融商品应交增值税""代扣代交增值税"外的明细科目 小规模纳税人销售收入的核算与一般纳税人相同,也是不含增值税应税销售额,其应纳增值税额,也要通过"应交税费——应交增值税"明细科目核算,只是由于小规模纳税人不得抵扣进项税额,不需在"应交税费——应交增值税"科目的借、贷方设置若干专栏 小规模纳税人"应交税费——应交增值税"科目的借方发生额,反映已缴的增值税额,贷方发生额反映应缴增值税额;期末借方余额,反映多缴的增值税额;期末贷方余额,反映尚未缴纳的增值税额
转让金融商品应交增值税	核算增值税纳税人转让金融商品发生的增值税额
代扣代交增值税	核算纳税人购进在境内未设经营机构的境外单位或个人在境内的应税行为代扣代缴的增值税

(2) 增值税方面的账务处理。

① 取得资产或接受劳务等业务的账务处理。

A. 采购等业务进项税额允许抵扣的账务处理。

一般纳税人购进货物、加工修理修配劳务、服务、无形资产或不动产,按应计入相关成本费用或资产的金额,借记"在途物资"或"原材料""库存商品""生产成本""无形资产""固定资产""管理费用"等科目,按当月已认证的可抵扣增值税额,借记"应交税费——应交增值税(进项税额)"科目,按当月未认证的可抵扣增值税额,借记"应交税费——待认证进项税额"科目,按应付或实际支付的金额,贷记"应付账款""应付票据""银行存款"等科目。

发生退货的,如原增值税专用发票已做认证,应根据税务机关开具的红字增值税专用发票作相反的会计分录;如原增值税专用发票未做认证,应将发票退回并作相反的会计分录。

B. 采购等业务进项税额不得抵扣的账务处理。

一般纳税人购进货物、加工修理修配劳务、服务、无形资产或不动产,用于简易计税方法计税项目、免征增值税项目、集体福利或个人消费等,其进项税额按照增值税制度规定不得从销项税额中抵扣的,取得增值税专用发票时,应借记相关成本费用或资产科目,借记"应交税费——待认证进项税额"科目,贷记"银行存款""应付账款"等科目,经税务机关认证后,应借记相关成本费用或资产科目,贷记"应交税费——应交增值税(进项税额转出)"科目。

C. 购进不动产或不动产在建工程按规定进项税额分年抵扣的账务处理。

一般纳税人自2016年5月1日后取得并按固定资产核算的不动产或者2016年5月1日后取得的不动产在建工程,其进项税额按增值税制度规定自取得之日起分2年从销项税额中抵扣的,应当按取得成本,借记"固定资产""在建工程"等科目,按当期可抵扣的增值税额,借记"应交税费——应交增值税(进项税额)"科目,按以后期间可抵扣的增值税额,借记"应交税费——待抵扣进项税额"科目,按应付或实际支付的金额,贷记"应付账款""应付票据""银行存款"等科目。

尚未抵扣的进项税额待以后期间允许抵扣时,按允许抵扣的金额,借记"应交税费——应交增值税(进项税额)"科目,贷记"应交税费——待抵扣进项税额"科目。

注 自2019年4月1日起,纳税人取得不动产或者不动产在建工程的进项税额不再分2年抵扣。

D. 货物等已验收入库但尚未取得增值税扣税凭证的账务处理。

一般纳税人购进的货物等已到达并验收入库,但尚未收到增值税扣税凭证并未付款的,应在月末按货物清单或相关合同协议上的价格暂估入账,不需要将增值税的进项税额暂估入账。

下月初,用红字冲销原暂估入账金额,待取得相关增值税扣税凭证并经认证后,按应计入相关成本费用或资产的金额,借记"原材料""库存商品""固定资产""无形资产"等科目,按可抵扣的增值税额,借记"应交税费——应交增值税(进项税额)"科目,按应付金额,贷记"应付账款"等科目。

E. 小规模纳税人采购等业务的账务处理。

小规模纳税人购买物资、服务、无形资产或不动产,取得增值税专用发票上注明的增值税应计入相关成本费用或资产,不通过"应交税费——应交增值税"科目核算。

F. 购买方作为扣缴义务人的账务处理。

按照增值税制度规定,境外单位或个人在境内发生应税行为,在境内未设有经营机构的,以购买方为增值税扣缴义务人。境内一般纳税人购进服务、无形资产或不动产,按应计入相关成本费用或资产的金额,借记"生产成本""无形资产""固定资产""管理费用"等科目,按可抵扣的增值税额,借记"应交税费——进项税额"科目(小规模纳税人应借记相关成本费用或资产科目),按应付或实际支付的金额,贷记"应付账款"等科目,按应代扣代缴的增值税额,贷记"应交税费——代扣代交增值税"科目。

实际缴纳代扣代缴增值税时,按代扣代缴的增值税额,借记"应交税费——代扣代交增值税"科目,贷记"银行存款"科目。

② 销售等业务的账务处理。

A. 销售业务的账务处理。

企业销售货物、加工修理修配劳务、服务、无形资产或不动产,应当按应收或已收的金额,借记"应收账款""应收票据""银行存款"等科目,按取得的收入金额,贷记"主营业务收入""其他业务收入""固定资产清理""工程结算"等科目,按增值税制度规定计算的销项税额(或采用简易计税方法计算的应纳增值税额),贷记"应交税费——应交增值税(销项税额)"或"应交税费——简易计税"科目(小规模纳税人应贷记"应交税费——应交增值税"科目)。

发生销售退回的,应根据按规定开具的红字增值税专用发票作相反的会计分录。

按照国家统一的会计制度确认收入或利得的时点早于按照增值税制度确认增值税纳税义务发生时点的,应将相关销项税额计入"应交税费——待转销项税额"科目,待实际发生纳税义务时再转入"应交税费——应交增值税(销项税额)"或"应交税费——简易计税"科目。

按照增值税制度确认增值税纳税义务发生时点早于按照国家统一的会计制度确认收入或利得的时点的,应将应纳增值税额,借记"应收账款"科目,贷记"应交税费——应交增值税(销项税额)"或"应交税费——简易计税"科目,按照国家统一的会计制度确认收入或利得时,应按扣除增值税销项税额后的金额确认收入。

B. 视同销售的账务处理。

企业发生税法上视同销售的行为,应当按照企业会计准则制度相关规定进行相应的会计处理,并按照增值税制度规定计算的销项税额(或采用简易计税方法计算的应纳增值税额),借记"应付职工薪酬""利润分配"等科目,贷记"应交税费——应交增值税(销项税额)"或"应交税费——简易计税"科目(小规模纳税人应计入"应交税费——应交增值税"科目)。

C. 全面试行营业税改征增值税前已确认收入,此后产生增值税纳税义务的账务处理。

企业营业税改征增值税前已确认收入,但因未产生营业税纳税义务而未计提营业税的,在达到增值税纳税义务时点时,企业应在确认应交增值税销项税额的同时冲减当期收入。

已经计提营业税且未缴纳的,在达到增值税纳税义务时点时,应借记"应交税费——应交营业税""应交税费——应交城市维护建设税""应交税费——应交教育费附加"等科目,贷记"主营业务收入"科目,并根据调整后的收入计算确定计入"应交税费——待转销项税额"科目的金额,同时冲减收入。

全面试行营业税改征增值税后,"营业税金及附加"科目名称调整为"税金及附加"科目,该科目核算企业经营活动发生的消费税、城市维护建设税、资源税、教育费附加、房产税、土地使用税、车船税、印花税等相关税费;利润表中的"营业税金及附加"项目调整为"税金及附加"项目。

③ 差额征税的账务处理。

A. 企业发生相关成本费用允许扣减销售额的账务处理。

按增值税制度规定企业发生相关成本费用允许扣减销售额的,发生成本费用时,按应付或实际支付的金额,借记"主营业务成本""存货""工程施工"等科目,贷记"应付账款""应付票据""银行存款"等科目。

待取得合规增值税扣税凭证且纳税义务发生时,按照允许抵扣的税额,借记"应交税费——应交增值税(销项税额抵减)"或"应交税费——简易计税"科目(小规模纳税人应借记"应交税费——应交增值税"科目),贷记"主营业务成本""存货""工程施工"等科目。

B. 金融商品转让按规定以盈亏相抵后的余额作为销售额的账务处理。

金融商品实际转让月末,如产生转让收益,则按应纳税额借记"投资收益"等科目,贷记"应交税费——转让金融商品应交增值税"科目;如产生转让损失,则按可结转下月抵扣税额,借记"应交税费——转让金融商品应交增值税"科目,贷记"投资收益"等科目。

交纳增值税时,应借记"应交税费——转让金融商品应交增值税"科目,贷记"银行存款"科目。

年末,本科目如有借方余额,则借记"投资收益"等科目,贷记"应交税费——转让金融商品应交增值税"科目。

④ 出口退税的账务处理。

为核算纳税人出口货物应收取的出口退税款,设置"应收出口退税款"科目,该科目借方反映销售出口货物按规定向税务机关申报应退回的增值税、消费税等,贷方反映实际收到的出口货物应退回的增值税、消费税等。期末借方余额,反映尚未收到的应退税额。

A. 未实行"免、抵、退"办法的一般纳税人出口货物按规定退税的。

按规定计算的应收出口退税额,借记"应收出口退税款"科目,贷记"应交税费——应交增值税(出口退税)"科目,收到出口退税时,借记"银行存款"科目,贷记"应收出口退税款"科目;退税额低于购进时取得的增值税专用发票上的增值税额的差额,借记"主营业务成本"科目,贷记"应交税费——应交增值税(进项税额转出)"科目。

B. 实行"免、抵、退"办法的一般纳税人出口货物。

在货物出口销售后结转产品销售成本时,按规定计算的退税额低于购进时取得的增值税专用发票上的增值税额的差额,借记"主营业务成本"科目,贷记"应交税费——应交增值税(进项税额转出)"科目。

按规定计算的当期出口货物的进项税抵减内销产品的应纳税额,借记"应交税费——应交增值税(出口抵减内销产品应纳税额)"科目,贷记"应交税费——应交增值税(出口退税)"科目。

在规定期限内,内销产品的应纳税额不足以抵减出口货物的进项税额,不足部分按有关税法规定给予退税的,应在实际收到退税款时,借记"银行存款"科目,贷记"应交税费——应交增值税(出口退税)"科目。

⑤ 进项税额抵扣情况发生改变的账务处理。

A. 因发生非正常损失或改变用途等,原已计入进项税额、待抵扣进项税额或待认证进项税额,但按增值税制度规定不得从销项税额中抵扣的,借记"待处理财产损溢""应付职工薪酬""固定资产""无形资产"等科目,贷记"应交税费——应交增值税(进项税额转出)""应交税费——待抵扣进项税额"或"应交税费——待认证进项税额"科目;原不得抵扣且未抵扣进项税额的固定资产、无形资产等,因改变用途等用于允许抵扣进项税额的应税项目的,应按允许抵扣的进项税额,借记"应交税费——应交增值税(进项税额)"科目,贷记"固定资产""无形资产"等科目。

B. 固定资产、无形资产等经上述调整后,应按调整后的账面价值在剩余尚可使用寿命内计提折旧或摊销。

C. 一般纳税人购进时已全额计提进项税额的货物或服务等转用于不动产在建工程的,对于结转以后期间的进项税额,应借记"应交税费——待抵扣进项税额"科目,贷记"应交税费——应交增值税(进项税额转出)"科目。

注 自2019年4月1日起,纳税人取得不动产或者不动产在建工程的进项税额不再分2年抵扣。

⑥ 月末转出多交增值税和未交增值税的账务处理。

月度终了,企业应当将当月应交未交或多交的增值税自"应交增值税"明细科目转入"未交增值税"明细科目。

A. 对于当月应交未交的增值税,借记"应交税费——应交增值税(转出未交增值税)"科目,贷记"应交税费——未交增值税"科目。

B. 对于当月多交的增值税,借记"应交税费——未交增值税"科目,贷记"应交税费——应交增值税(转出多交增值税)"科目。

⑦ 交纳增值税的账务处理。

A. 交纳当月应交增值税的账务处理。

企业交纳当月应交的增值税,借记"应交税费——应交增值税(已交税金)"科目(小规模纳税人应借记"应交税费——应交增值税"科目),贷记"银行存款"科目。

B. 交纳以前期间未交增值税的账务处理。

企业交纳以前期间未交的增值税,借记"应交税费——未交增值税"科目,贷记"银行存款"科目。

C. 预缴增值税的账务处理。

企业预缴增值税时,借记"应交税费——预交增值税"科目,贷记"银行存款"科目。

月末,企业应将"预交增值税"明细科目余额转入"未交增值税"明细科目,借记"应交税费——未交增值税"科目,贷记"应交税费——预交增值税"科目。

房地产开发企业等在预缴增值税后,应直至纳税义务发生时方可从"应交税费——预交增值税"科目结转至"应交税费——未交增值税"科目。

D. 减免增值税的账务处理。

对于当期直接减免的增值税,借记"应交税费——应交增值税(减免税款)"科目,贷记损益类相关科目。

注 对于当期直接减免的增值税,企业应当根据《增值税会计处理规定》(财会〔2016〕22号)的相关规定进行会计处理,借记"应交税费——应交增值税(减免税款)"科目,贷记"其他收益"科目。

⑧ 增值税期末留抵税额的账务处理。

A. 纳入营改增试点当月月初,原增值税一般纳税人应按不得从销售服务、无形资产或不动产的销项税额中抵扣的增值税留抵税额,借记"应交税费——增值税留抵税额"科目,贷记"应交税费——应交增值税(进项税额转出)"科目。

B. 待以后期间允许抵扣时,按允许抵扣的金额,借记"应交税费——应交增值税(进项税额)"科目,贷记"应交税费——增值税留抵税额"科目。

⑨ 增值税税控系统专用设备和技术维护费用抵减增值税额的账务处理。

按增值税制度规定,企业初次购买增值税税控系统专用设备支付的费用以及缴纳的技术维护费允许在增值税应纳税额中全额抵减的,按规定抵减的增值税应纳税额,借记"应交税费——应交增值税(减免税款)"科目(小规模纳税人应借记"应交税费——应交增值税"科目),贷记"管理费用"等科目。

⑩ 关于小微企业免征增值税的会计处理规定。

小微企业在取得销售收入时，应当按照税法的规定计算应交增值税，并确认为应交税费；在达到增值税制度规定的免征增值税条件时，将有关应交增值税转入当期损益。

2. 应交消费税、资源税和城市维护建设税

（1）企业按规定计算应缴的消费税、资源税、城市维护建设税，借记"税金及附加"等科目，贷记本科目（应交消费税、应交资源税、应交城市维护建设税）。

（2）企业销售的在"固定资产"等科目核算的土地使用权及其地上建筑物，计算应缴的城市维护建设税，借记"固定资产清理"等科目，贷记本科目（应交城市维护建设税）。

（3）企业缴纳消费税、资源税、城市维护建设税，借记本科目（应交消费税、应交资源税、应交城市维护建设税），贷记"银行存款"等科目。

3. 应交所得税

（1）企业按照税法规定计算应缴的所得税，借记"所得税费用"等科目，贷记本科目。

（2）缴纳的所得税，借记本科目，贷记"银行存款"等科目。

4. 应交土地增值税

（1）企业转让的国有土地使用权连同地上建筑物及其附着物一并在"固定资产"或"在建工程"等科目核算的，转让时应缴的土地增值税，借记"固定资产清理"科目，贷记本科目。

（2）缴纳的土地增值税，借记本科目，贷记"银行存款"等科目。

5. 应交房产税、城镇土地使用税和车船税

（1）企业按规定计算应缴的房产税、城镇土地使用税、车船税，借记"税金及附加"科目，贷记本科目（应交房产税、应交城镇土地使用税、应交车船税）。

（2）缴纳的房产税、城镇土地使用税、车船税，借记本科目（应交房产税、应交城镇土地使用税、应交车船税），贷记"银行存款"等科目。

6. 应交个人所得税

（1）企业按规定计算应代扣代缴的职工个人所得税，借记"应付职工薪酬"科目，贷记本科目。

（2）缴纳的个人所得税，借记本科目，贷记"银行存款"等科目。

7. 应交的教育费附加、地方教育附加、矿产资源补偿费

（1）企业按规定计算应缴的教育费附加、矿产资源补偿费，借记"税金及附加""管理费用"等科目，贷记本科目（应交教育费附加、地方教育附加、应交矿产资源补偿费）。

（2）缴纳的教育费附加、地方教育附加、矿产资源补偿费，借记本科目（应交教育费附加、地方教育附加、应交矿产资源补偿费），贷记"银行存款"等科目。

根据《财政部 国家发展改革委关于全面清理涉及煤炭原油天然气收费基金有关问题的通知》（财税〔2014〕74号）规定，自2014年12月1日起，在全国范围统一将煤炭、原油、天然气矿产资源补偿费费率降为零，停止征收煤炭、原油、天然气价格调节基金，取消煤炭可持续发展基金（山西省）原生矿产品生态补偿费（青海省）煤炭资源地方经济发展费（新疆维吾尔自治区）。

（四）期末余额

本科目期末贷方余额，反映企业尚未缴纳的税费；期末如为借方余额，反映企业多缴或尚未抵扣的税金。

附：报表列示

（1）"其他流动资产"或"其他非流动资产"项目。

"应交税费"科目下的"应交增值税""未交增值税""待抵扣进项税额""待认证进项税额""增值税留抵税额"等明细科目期末借方余额应根据情况，在资产负债表中的"其他流动资产"或"其他非流动资产"项目列示。

（2）"其他流动负债"或"其他非流动负债"项目。

"应交税费——待转销项税额"等科目期末贷方余额应根据情况，在资产负债表中的"其他流动负债"或"其他非流动负债"项目列示。

(3)"应交税费"项目。

"应交税费"科目下的"未交增值税""简易计税""转让金融商品应交增值税""代扣代交增值税"等科目期末贷方余额应在资产负债表中的"应交税费"项目列示。

六、4004 其他综合收益

(一) 核算内容

其他综合收益是指企业根据企业会计准则规定未在损益中确认的各项利得和损失扣除所得税影响后的净额。

注 综合收益建立在"资产负债观"基础之上,把全部已确认但未实现的利得或损失纳入财务报表中,反映报告期内企业与所有者以外的其他各方之间的交易或事项所引起的净资产的变动额;综合收益的概念,突破了传统会计收益的实现原则,引入了公允价值,使公允价值作为计量属性的使用成为一种必然的趋势。

在资产负债表中,"其他综合收益"以前并没有作为一个单独的科目,而是计入资本公积中,而现在作为了一个单独的科目,以便和资本公积区分。这种核算方式,有利于使资本公积的核算内容明晰化。资本公积原本核算的内容主要为股东资本性投入的部分,与其他综合收益混在一个科目中,将不便于报表使用者理解和分析。

(二) 明细核算

在此科目下可设置以下明细科目核算:

1. "400401 以后会计期间不能重分类进损益的其他综合收益项目"

主要包括:

(1) 重新计量设定受益计划变动额(职工薪酬"离职后福利")。

根据《企业会计准则第9号——职工薪酬》,有设定受益计划形式离职后福利的企业应当将重新计量设定受益计划净负债或净资产导致的变动计入其他综合收益,并且在后续会计期间不允许转回至损益。

(2) 权益法下不能转损益的其他综合收益(长期股权投资)。

根据《企业会计准则第2号——长期股权投资》,投资方取得长期股权投资后,应当按照应享有或应分担的被投资单位其他综合收益的份额,确认其他综合收益,同时调整长期股权投资的账面价值。投资单位在确定应享有或应分担的被投资单位其他综合收益的份额时,该份额的性质取决于被投资单位其他综合收益的性质,即如果被投资单位的其他综合收益属于"以后会计期间不能重分类进损益"类别,则投资方确认的份额也属于"以后会计期间不能重分类进损益"类别。

(3) 其他权益工具投资公允价值变动(非交易性权益工具投资)。

"其他权益工具投资"科目核算企业指定为以公允价值计量且其变动计入其他综合收益的非交易性权益工具投资。本科目可按其他权益工具投资的类别和品种,分别"成本""公允价值变动"等进行明细核算。

对于指定为以公允价值计量且其变动计入其他综合收益的非交易性权益工具投资,除了获得的股利(属于投资成本收回部分的除外)计入当期损益外,其他相关的利得和损失(包括汇兑损益)均应计入其他综合收益,且后续不得转入当期损益。当其终止确认时,之前计入其他综合收益的累计利得或损失应当从其他综合收益中转出,计入留存收益。

注 套期会计中的"套期损益"明细科目:

(1) 本明细科目核算公允价值套期下对指定为以公允价值计量且其变动计入其他综合收益的非交易性权益工具投资或其组成部分进行套期时,套期工具和被套期项目公允价值变动形成的利得和损失。

(2) 本明细科目可按套期关系进行明细核算。

(3) 主要账务处理:

① 资产负债表日,应当按照套期工具产生的利得,借记"套期工具"科目,贷记本明细科目;套期工具产生损失作相反的会计分录。

② 资产负债表日,应当按照被套期项目因被套期风险敞口形成的利得,借记"被套期项目"科目,贷记本明细科目;被套期项目因被套期风险敞口形成损失作相反的会计分录。

(4) 当套期关系终止时,应当借记或贷记本明细科目,贷记或借记"利润分配——未分配利润"等科目。

(4) 企业自身信用风险公允价值变动(指定为以公允价值计量且其变动计入当期损益的金

融负债)。

企业根据会计准则规定将金融负债指定为以公允价值计量且其变动计入当期损益的金融负债的,该金融负债所产生的利得或损失应当按照下列规定进行处理:

① 由企业自身信用风险变动引起的该金融负债公允价值的变动金额,应当计入其他综合收益。

② 该金融负债的其他公允价值变动计入当期损益。

按照此处①的规定对该金融负债的自身信用风险变动的影响进行处理会造成或扩大损益中的会计错配的,企业应当将该金融负债的全部利得或损失(包括企业自身信用风险变动的影响金额)计入当期损益。该金融负债终止确认时,之前计入其他综合收益的累计利得或损失应当从其他综合收益中转出,计入留存收益。

2. "400402 以后会计期间在满足规定条件时将重分类进损益的其他综合收益项目"

主要包括:

(1) 权益法下可转损益的其他综合收益(长期股权投资)。

根据《企业会计准则第 2 号——长期股权投资》,投资方取得长期股权投资后,应当按照应享有或应分担的被投资单位其他综合收益的份额,确认其他综合收益,同时调整长期股权投资的账面价值。如果被投资单位的其他综合收益属于"以后会计期间在满足规定条件时将重分类进损益"类别,则投资方确认的份额也属于"以后会计期间在满足规定条件时将重分类进损益"类别。

(2) 金融资产重分类计入其他综合收益的金额。

企业将一项以公允价值计量且其变动计入其他综合收益的金融资产重分类为以摊余成本计量的金融资产的,应当将之前计入其他综合收益的累计利得或损失转出,调整该金融资产在重分类日的公允价值,并以调整后的金额作为新的账面价值,即视同该金融资产一直以摊余成本计量。该金融资产重分类不影响其实际利率和预期信用损失的计量。

企业将一项以公允价值计量且其变动计入其他综合收益的金融资产重分类为以公允价值计量且其变动计入当期损益的金融资产的,应当继续以公允价值计量该金融资产。同时,企业应当将之前计入其他综合收益的累计利得或损失从其他综合收益转入当期损益。

按照《企业会计准则第 22 号——金融工具确认和计量》第十八条分类为以公允价值计量且其变动计入其他综合收益的金融资产所产生的所有利得或损失,除减值损失或利得和汇兑损益之外,均应当计入其他综合收益,直至该金融资产终止确认或被重分类。但是,采用实际利率法计算的该金融资产的利息应当计入当期损益。该金融资产计入各期损益的金额应当与视同其一直按摊余成本计量而计入各期损益的金额相等。该金融资产终止确认时,之前计入其他综合收益的累计利得或损失应当从其他综合收益中转出,计入当期损益。企业将该金融资产重分类为其他类别金融资产的,应当根据《企业会计准则第 22 号——金融工具确认和计量》第三十一条规定,对之前计入其他综合收益的累计利得或损失进行相应处理。

(3) 其他债权投资公允价值变动。

金融资产同时符合下列条件的,应当分类为以公允价值计量且其变动计入其他综合收益的金融资产(通过"其他债权投资"科目核算,可按金融资产类别和品种,分别"成本""利息调整""公允价值变动"等进行明细核算):

① 企业管理该金融资产的业务模式既以收取合同现金流量为目标又以出售该金融资产为目标。

② 该金融资产的合同条款规定,在特定日期产生的现金流量,仅为对本金和以未偿付本金金额为基础的利息的支付。

上述分类为以公允价值计量且其变动计入其他综合收益的金融资产所产生的所有利得或损失,除减值损失或利得和汇兑损益之外,均应当计入其他综合收益,直至该金融资产终止确认或被重分类。但是,采用实际利率法计算的该金融资产的利息应当计入当期损益。该金融资产计入各期损益的金额应当与视同其一直按摊余成本计量而计入各期损益的金额相等。该金融资产终止确认时,之前计入其他综合收益的累计利得或损失应当从其他综合收益中转出,计入当期损益。

对于上述分类为以公允价值计量且其变动计入其他综合收益的金融资产(债务工具投资)整体转移满足终止确认条件的,企业在计量该项转移形成的损益时,应当将原计入其他综合收益的公允价值变动累计利得或损失转出(注意不适用于根据《企业会计准则第22号——金融工具确认和计量》准则第十九条,指定为以公允价值计量且其变动计入其他综合收益的非交易性权益工具投资)。

如果涉及转移的金融资产为上述分类为以公允价值计量且其变动计入其他综合收益的金融资产的,不再确认部分的金额对应的原计入其他综合收益的公允价值变动累计额计入当期损益。

(4)其他债权投资信用减值准备。

金融资产同时符合下列条件的,应当分类为以公允价值计量且其变动计入其他综合收益的金融资产(通过"其他债权投资"科目核算,可按金融资产类别和品种,分别"成本""利息调整""公允价值变动"等进行明细核算):

① 企业管理该金融资产的业务模式既以收取合同现金流量为目标又以出售该金融资产为目标。

② 该金融资产的合同条款规定,在特定日期产生的现金流量,仅为对本金和以未偿付本金金额为基础的利息的支付。

对于上述分类为以公允价值计量且其变动计入其他综合收益的金融资产,企业应当在其他综合收益中确认其损失准备(通过"其他综合收益——信用减值准备"科目核算,以预期信用损失为基础计提损失准备),并将减值损失或利得计入当期损益,且不应减少该金融资产在资产负债表中列示的账面价值。

注 "信用减值准备"明细科目:

本明细科目核算企业按照金融工具确认和计量会计准则第十八条分类为以公允价值计量且其变动计入其他综合收益的金融资产以预期信用损失为基础计提的损失准备。

注:《利润表》中"其他债权投资信用减值准备"行项目,反映企业按照《企业会计准则第22号——金融工具确认和计量》(2017年修订)第十八条分类为以公允价值计量且其变动计入其他综合收益的金融资产的损失准备。该项目应根据"其他综合收益"科目下的"信用减值准备"明细科目的发生额分析填列。

(5)现金流量套期储备(有效套期的部分)。

根据《企业会计准则第24号——套期会计》,现金流量套期利得或损失中属于有效套期的部分,应当直接确认为所有者权益(其他综合收益);属于无效套期的部分,应当计入当期损益。对于前者,套期会计准则规定在一定的条件下,将原直接计入所有者权益中的套期工具利得或损失转出,计入当期损益。

注 套期会计中的"套期储备"明细科目:

(1)本明细科目核算现金流量套期下套期工具累计公允价值变动中的套期有效部分。

(2)本明细科目可按套期关系进行明细核算。

(3)主要账务处理:

① 资产负债表日,套期工具形成的利得或损失中属于套期有效部分的,借记或贷记"套期工具"科目,贷记或借记本明细科目;属于套期无效部分的,借记或贷记"套期工具"科目,贷记或借记"套期损益"科目。

② 企业将套期储备转出时,借记或贷记本明细科目,贷记或借记有关科目。

注:《利润表》中"现金流量套期储备"行项目,反映企业套期工具产生的利得或损失中属于套期有效的部分。该项目应根据"其他综合收益"科目下的"套期储备"明细科目的发生额分析填列。

(6)外币财务报表折算差额。

根据《企业会计准则第19号——外币折算》,企业对境外经营的财务报表进行折算时,应当将外币财务报表折算差额在资产负债表中所有者权益项目下单独列示(其他综合收益);企业在处置境外经营时,应当将资产负债表中所有者权益项目下列示的、与该境外经营相关的外币报表折算差额,自所有者权益项目转入处置当期损益,部分处置境外经营的,应当按处置的比例计算处置部分的外币财务报表折算差额,转入处置当期损益。

(7) 根据相关会计准则规定的其他项目(自用房地产或作为存货的房地产转换为以公允价值模式计量的投资性房地产在转换日公允价值大于账面价值部分)

例如,根据《企业会计准则第3号——投资性房地产》,自用房地产或作为存货的房地产转换为以公允价值模式计量的投资性房地产在转换日公允价值大于账面价值部分计入其他综合收益;待该投资性房地产处置时,将该部分转入当期损益等。

3. "400403 所得税影响"等明细科目核算

此前在资本公积中核算的所得税影响现在此科目所得税影响中核算。

4. "套期成本"

(1) 本明细科目核算企业将期权的时间价值、远期合同的远期要素或金融工具的外汇基差排除在套期工具之外时,期权的时间价值等产生的公允价值变动。

(2) 本明细科目可按套期关系进行明细核算。

(3) 主要账务处理。

① 资产负债表日,对于期权的时间价值等的公允价值变动中与被套期项目相关的部分,应当借记或贷记"衍生工具"等科目,贷记或借记本明细科目。

② 企业在将相关金额从其他综合收益中转出时,借记或贷记本明细科目,贷记或借记有关科目。

A. 期权时间价值的会计处理。

企业将期权合同的内在价值和时间价值分开,只将期权的内在价值变动指定为套期工具时,应当区分被套期项目的性质是与交易相关还是与时间段相关,并进行不同的会计处理。

a. 被套期项目与交易相关的,对其进行套期的期权的时间价值具备该项交易成本的特征。

企业应当将期权时间价值的公允价值变动中与被套期项目相关的部分计入其他综合收益,并按照与现金流量套期储备相同的会计处理方法进行处理。

b. 被套期项目与时间段相关的,对其进行套期的期权时间价值具备为保护企业在特定时间段内规避风险所需支付成本的特征。

企业应当将期权时间价值的公允价值变动中与被套期项目相关的部分计入其他综合收益。同时,企业应当按照系统、合理的方法,将期权被指定为套期工具当日的时间价值中与被套期项目相关的部分,在套期关系影响损益或其他综合收益(仅限于企业对指定为以公允价值计量且其变动计入其他综合收益的非交易性权益工具投资的公允价值套期)的期间内摊销,摊销金额从其他综合收益中转出,计入当期损益。由于期权的时间价值在期权到期时将归零,因此在期权存续期内的累计时间价值的公允价值变动等于指定套期时的时间价值。时间价值变动计入其他综合收益的金额应当根据变动的实际情况确定,但从其他综合收益转入当期损益(即摊销)的金额应当按照系统、合理的方法确定。转入和转出的金额最终是一致的,即指定套期时的时间价值。若企业终止运用套期会计,则其他综合收益中剩余的相关金额应当转出,计入当期损益。

期权的主要条款(如名义金额、期限和标的)与被套期项目相一致的,期权的实际时间价值与被套期项目相关;期权的主要条款与被套期项目不完全一致的,企业应当通过对主要条款与被套期项目完全匹配的期权进行估值确定校准时间价值,并确认期权的实际时间价值中与被套期项目相关的部分。在套期关系开始时,期权的实际时间价值高于校准时间价值的,企业应当以校准时间价值为基础,将其累计公允价值变动计入其他综合收益,并将这两个时间价值的公允价值变动差额计入当期损益;在套期关系开始时,期权的实际时间价值低于校准时间价值的,企业应当将两个时间价值中累计公允价值变动的较低者计入其他综合收益,如果实际时间价值的累计公允价值变动扣减累计计入其他综合收益金额后尚有剩余的,应当计入当期损益。

B. 远期合同的远期要素和金融工具的外汇基差的会计处理。

企业将远期合同的远期要素和即期要素分开、只将即期要素的价值变动指定为套期工具的，或者将金融工具的外汇基差单独分拆、只将排除外汇基差后的金融工具指定为套期工具的，可以按照与期权时间价值相同的处理方式对远期合同的远期要素或金融工具的外汇基差进行会计处理，也可以按照常规会计处理方法进行处理。

（三）主要账务处理

请参阅上述内容。

（四）期末余额

请参阅上述内容。

注 资本公积的核算主要与股本投入相关，而其他综合收益属于已经实现但暂时不能计入本年利润或费用的项目。一般来说，资本公积属于已经确定的一个事实，后续期间不会再予以转出。而其他综合收益类似于一个过渡科目，在未来期间还需要予以转出（注：有的项目在以后会计期间不能重分类进损益）。

附：报表列示

反映企业其他综合收益的期末余额。

本项目应根据"其他综合收益"科目的期末余额填列。

注（1）《利润表》中"其他权益工具投资公允价值变动"行项目，反映企业指定为以公允价值计量且其变动计入其他综合收益的非交易性权益工具投资发生的公允价值变动。该项目应根据"其他综合收益"科目的相关明细科目的发生额分析填列。

（2）《利润表》中"企业自身信用风险公允价值变动"行项目，反映企业指定为以公允价值计量且其变动计入当期损益的金融负债，由企业自身信用风险变动引起的公允价值变动而计入其他综合收益的金额。该项目应根据"其他综合收益"科目的相关明细科目的发生额分析填列。

（3）《利润表》中"其他债权投资公允价值变动"行项目，反映企业分类为以公允价值计量且其变动计入其他综合收益的债权投资发生的公允价值变动。企业将一项以公允价值计量且其变动计入其他综合收益的金融资产重分类为以摊余成本计量的金融资产，或重分类为以公允价值计量且其变动计入当期损益的金融资产时，之前计入其他综合收益的累计利得或损失从其他综合收益中转出的金额作为该项目的减项。该项目应根据"其他综合收益"科目下的相关明细科目的发生额分析填列。

（4）《利润表》中"金融资产重分类计入其他综合收益的金额"行项目，反映企业将一项以摊余成本计量的金融资产重分类为以公允价值计量且其变动计入其他综合收益的金融资产时，计入其他综合收益的原账面价值与公允价值之间的差额。该项目应根据"其他综合收益"科目下的相关明细科目的发生额分析填列。

（5）《利润表》中"其他债权投资信用减值准备"行项目，反映企业按照《企业会计准则第22号——金融工具确认和计量》（2017年修订）第十八条分类为以公允价值计量且其变动计入其他综合收益的金融资产的损失准备。该项目应根据"其他综合收益"科目下的"信用减值准备"明细科目的发生额分析填列。

（6）《利润表》中"现金流量套期储备"行项目，反映企业套期工具产生的利得或损失中属于套期有效的部分。该项目应根据"其他综合收益"科目下的"套期储备"明细科目的发生额分析填列。

第二十二讲 外币折算

第一节 综合知识

一、相关知识概述

外币是企业记账本位币以外的货币。

外币业务折算涉及许多内容,主要有以下几项:

(1) 业务发生时的折算。

(2) 业务结算时的折算。

(3) 资产负债表日外币项目的折算。

(4) 各步的折算采用什么汇率。

(5) 各种折算的汇兑差异如何处理。

(一) 记账本位币

记账本位币是指企业经营所处的主要经济环境中的货币。

主要经济环境,通常是指企业主要产生和支出现金的环境,使用该环境中的货币最能反映企业主要交易的经济结果。

记账本位币的选择

企业通常应选择人民币作为记账本位币。业务收支以人民币以外的货币为主的企业,可以按照《企业会计准则第19号——外币折算》第五条规定选定其中一种货币作为记账本位币。但是,编报的财务报表应当折算为人民币。

1. 记账本位币的确定

业务收支以人民币以外的货币为主的单位,可以选定其中一种货币作为记账本位币,但是编报的财务会计报告应当折算为人民币。

我国大多数企业主要产生和支出现金的环境在国内,因此,一般以人民币作为记账本位币。

(1) 企业选定记账本位币应当考虑的因素。

企业记账本位币的选定,应当考虑下列因素:

① 从日常活动收入的角度看,所选择的货币能够对企业商品和劳务销售价格起主要作用,通常以该货币进行商品和劳务销售价格的计价和结算。

② 从日常活动支出的角度看,所选择的货币能够对商品和劳务所需人工、材料和其他费用产生主要影响,通常以该货币进行这些费用的计价和结算。

③ 融资活动获得的资金以及保存从经营活动中收取款项时所使用的货币,即视融资活动获得的资金在其生产经营活动中的重要性,或者企业通常留存销售收入的货币而定。

(2) 境外经营记账本位币的确定。

境外经营通常是指企业在境外的子公司、合营企业、联营企业、分支机构。

当企业在境内的子公司、联营企业、合营企业或者分支机构选定的记账本位币不同于企业的记账本位币时,也应当视同境外经营。

区分某实体是否为该企业的境外经营的关键有两项:一是该实体与企业的关系,是否为企业的子公司、合营企业、联营企业、分支机构;二是该实体的记账本位币是否与企业记账本位币相同,而不是以该实体是否在企业所在地的境外作为标准。

小知识

境外与非境外经营的区别并不绝对是以地域为划分标准

地域上处于境外的企业、子公司、联营、合营或分支机构属于境外经营,而地域上处于境内的企业,也有可能是境外经营。一方面,境内企业的下属子公司、联营、合营及分支机构的记账本位币只要与母公司不同,该子公司、联营、合营及分支机构即为境外经营。也就是说,如果在我国境内经营的企业选择以非人民币为记账本位币,其下属的境内子公司、联营、合营或者分支机构则以人民币为记账本位币,该企业下属的子公司、联营、合营或者分支机构均视为境外经营。会计期末需要将其下属的子公司、联营、合营或者分支机构的会计报表折算为母公司的非人民币的记账本位币后,编制以非人民币为记账本位币的合并会计报表,再将合并会计报表折算成以人民币为货币单位的财务会计报表。另一方面,如果境外企业选择以人民币为记账本位币,该企业虽然仍属于境外经营,但其会计报表的编制是以人民币为货币单位,外币折算主要集中在外币交易发生时的会计处理,外币折算方法与以人民币为记账本位币的境内企业的外币折算处理相一致。

境外经营在确定其记账本位币时也应当考虑选择确定记账本位币需要考虑的上述因素。

同时,由于境外经营是企业的子公司、联营企业、合营企业或者分支机构,因此,境外经营记账本位币的选择还应当考虑该境外经营与企业的关系:

① 境外经营对其所从事的活动是否拥有很强的自主性。

如果境外经营所从事的活动是视同企业经营活动的延伸,该境外经营应当选择与企业记账本位币相同的货币作为记账本位币,如果境外经营所从事的活动拥有极大的自主性,应根据所处的主要经济环境选择记账本位币。

② 境外经营活动中与企业的交易是否在境外经营活动中占有较大比重。

如果境外经营与企业的交易在境外经营活动中所占的比例较高,境外经营应当选择与企业记账本位币相同的货币作为记账本位币;反之,应根据所处的主要经济环境选择记账本位币。

③ 境外经营活动产生的现金流量是否直接影响企业的现金流量、是否可以随时汇回。

如果境外经营活动产生的现金流量直接影响企业的现金流量,并可随时汇回,境外经营应当选择与企业记账本位币相同的货币作为记账本位币;反之,应根据所处的主要经济环境选择记账本位币。

④ 境外经营活动产生的现金流量是否足以偿还其现有债务和可预期的债务。

如果境外经营活动产生的现金流量在企业不提供资金的情况下,难以偿还其现有债务和正常情况下可预期的债务,境外经营应当选择与企业记账本位币相同的货币作为记账本位币;反之,应根据所处的主要经济环境选择记账本位币。

【例22-1】 智董公司(国内公司)为外贸自营出口企业,超过70%的营业收入来自向欧盟各国的出口,其商品销售价格主要受欧元的影响,以欧元计价,因此,从影响商品和劳务销售价格的角度看,智董公司应选择欧元作为记账本位币。

如果智董公司除厂房设施、30%的人工成本在国内以人民币采购外,生产所需原材料、机器设备及70%以上的人工成本以欧元在欧盟市场采购,则可确定智董公司的记账本位币是欧元。但是,如果智董公司的人工成本、原材料及相应的厂房设施、机器设备等95%以上在国内采购并以人民币计价,则难以判定智董公司的记账本位币应选择欧元还是人民币,还需要兼顾考虑以下因素,以确定智董公司的记账本位币:融资活动获得的资金以及保存从经营活动中收取款项时所使用的货币。

如果智董公司取得的欧元营业收入在汇回国内时直接换成了人民币存款,且智董公司对欧元波动产生的外币风险进行了套期保值,智董公司可以确定其记账本位币为人民币。

【例22-2】 贵琛公司为国内一家婴儿配方奶粉加工企业,其原材料牛奶全部来自澳大利亚,主要加工技术、机器设备及主要技术人员均由澳大利亚方面提供,生产的婴儿配方奶粉面向国内出售。为满足采购原材料牛奶等所需澳元的需要,贵琛公司向澳大利亚某银行借款10亿澳元,期限为20年,该借款是贵琛公司当期流动资金净额的4倍。由于原材料采购以澳元结算,且企业经营所需要的营运资金,即融资获得的资金也使用澳元,因此,贵琛公司应当以澳元作为记账本位币。

2. 记账本位币的变更

企业记账本位币一经确定,不得随意变更,除非企业经营所处的主要经济环境发生重大变化。

企业因经营所处的主要经济环境发生重大变化,确需变更记账本位币的,应当采用变更当日的即期汇率将所有项目折算为变更后的记账本位币,折算后的金额作为新的记账本位币的历史成本。由于采用同一即期汇率进行折算,因此,不会产生汇兑差额。当然,企业需要提供确凿的证据证明企业经营所处的主要经济环境确实发生了重大变化,并应当在附注中披露变更的理由。

企业记账本位币发生变更的,其比较财务报表应当以可比当日的即期汇率折算所有资产负债表和利润表项目。

(二)折算汇率

1. 折算汇率的选择——企业通常应当采用即期汇率进行折算;汇率变动不大的,也可以采用即期汇率的近似汇率进行折算

无论在交易日对外币交易进行初始确认时,还是在资产负债表日对外币交易余额进行处理,抑或对外币财务报表进行折算时,均涉及折算汇率的选择。

新准则规定了两种折算汇率,即即期汇率和即期汇率的近似汇率。

汇率

汇率指两种货币相兑换的比率,是一种货币单位用另一种货币单位所表示的价格。

(1) 汇率的类型。

根据表示方式的不同,汇率可以分为直接汇率和间接汇率。

① 直接汇率,是一定数量的其他货币单位折算为本国货币的金额。

② 间接汇率,是指一定数量的本国货币折算为其他货币的金额。

(2) 汇率的表示方式。

我们通常见到的人民币汇率是以直接汇率表示,通常在银行见到的汇率有三种表示方式:买入价、卖出价和中间价。

① 买入价,是指银行买入其他货币的价格。

② 卖出价,是指银行出售其他货币的价格。

③ 中间价,是指银行买入价与卖出价的平均价。

银行的卖出价一般高于买入价,以获取其中的差价。

无论买入价还是卖出价均是立即交付的结算价格,都是即期汇率。

企业在处理外币交易和对外币财务报表进行折算时,应当采用交易发生日的即期汇率将外币金额折算为记账本位币金额反映;也可以采用按照系统合理的方法确定的、与交易发生日即期汇率近似的汇率折算。

外币投入资本

企业收到投资者以外币投入的资本,应当采用交易发生日即期汇率折算,不得采用合同约定汇率和即期汇率的近似汇率折算,外币投入资本与相应的货币性项目的记账本位币金额之间不产生外币资本折算差额。

2. 折算汇率的类型

(1) 即期汇率。

即期汇率是相对于远期汇率而言的,远期汇率是在未来某一日交付时的结算价格。

为方便核算,准则中企业用于记账的即期汇率一般指当日中国人民银行公布的人民币汇率的中间价。但是,在企业发生单纯的货币兑换交易或涉及货币兑换的交易时,仅用中间价不能反映货币买卖的损益,需要使用买入价或卖出价折算。

中国人民银行每日仅公布银行间外汇市场人民币兑美元、欧元、日元、港元的中间价。企业发生的外币交易只涉及人民币与这四种货币之间折算的,可直接采用公布的人民币汇率的中间价作为即期汇率进行折算。企业发生的外币交易涉及人民币与其他货币之间折算的,应以国家外汇管理局公布的各种货币对美元折算率采用套算的方法进行折算。发生的外币交易涉及人民币以外的货币之间折算的,可直接采用国家外汇管理局公布的各种货币对美元折算率进行折算。

(2) 即期汇率的近似汇率。

即期汇率的近似汇率,是指按照系统合理的方法确定的、与交易发生日即期汇率近似的汇率,通常采用当期平均汇率或加权平均汇率等。

当汇率变动不大时,为简化核算,企业在外币交易日或对外币报表的某些项目进行折算时也可以选择即期汇率的近似汇率折算。

即期汇率的近似汇率是"按照系统合理的方法确定的、与交易发生日即期汇率近似的汇率",通常是指当期平均汇率或加权平均汇率等。

以人民币兑美元的周平均汇率为例,假定人民币兑美元每天的即期汇率为:周一7.8,周二7.9,周三8.1,周四8.2,周五8.15,周平均汇率为8.03[(7.8+7.9+8.1+8.2+8.15)÷5]。月平均汇率的计算方法与周平均汇率的计算方法相同。月加权平均汇率需要采用当月外币交易的外币金额作为权重进行计算。

无论采用平均汇率还是加权平均汇率,抑或其他方法确定的即期汇率的近似汇率,该方法应在前后各期保持一致。如果汇率波动使得采用即期汇率的近似汇率折算不适当时,应当采用交易发生日的即期汇率折算。至于何时不适当,需要企业根据汇率变动情况及计算即期汇率的近似汇率的方法等进行判断。

(三) 外币折算在附注中的披露

企业应当在附注中披露与外币折算有关的下列信息:

(1) 企业及其境外经营选定的记账本位币及选定的原因,记账本位币发生变更的,说明变更理由。

(2) 采用近似汇率的,宜用近似汇率的确定方法。

(3) 计入当期损益的汇兑差额。

(4) 处置境外经营对外币财务报表折算差额的影响。

二、会计准则概述

(一) 本准则的相关背景

我国在1992年颁布的《外商投资企业会计制度》中对外币折算做了一般性说明。财政部于1994年发布的《关于外汇管理体制改革后企业外币业务会计处理的规定》则对企业的外币交易业务的会计处理进行了规定。我国1995年颁布实施的《合并会计报表暂行规定》第八条,对外币报表的折算方法做出了明确规定。2001年实施的《企业会计制度》中对外币业务仅做了概念性规定。

可以看出,在我国会计法规体系逐步完善的过程中,各种对外币折算的规定分散于其他各种制度或行政法规中,会计法规体系中并没有系统的、完整的外币折算的会计准则,外币折算实务缺乏有效的指导和监督,不利于我国吸引外资和国内企业参与国际竞争,不利于企业外部投资者对企业财务会计信息的理解。

我国财政部于1995年7月颁布《企业会计准则——外币折算》(征求意见稿)以来,经历了11年之久,经过多方的征求意见和修改,于2006年2月正式颁布《企业会计准则第19号——外币折算》(本讲简称"本准则"或"新准则")以规范我国外币交易的会计处理、外币报表的折算和相关信息的披露。

(二) 本准则的适用范围

下列各项适用其他相关会计准则:

与购建或生产符合资本化条件的资产相关的外币借款产生的汇兑差额,适用《企业会计准则第17号——借款费用》。

外币项目的套期,适用《企业会计准则第24号——套期会计》。

现金流量表中的外币折算,适用《企业会计准则第31号——现金流量表》。

这一范围将原来《合并会计报表暂行规定》中对外币折算方法的规定和《关于外汇管理体

制改革后企业外币业务会计处理的规定》规范的内容合并在一起,与国际会计准则规范的范围相一致。也就是说,外币折算准则适用于不同于记账本位币的外币交易的会计处理,以及下属子公司、联营、合营及分支机构的财务会计报表的货币单位不同于母公司记账本位币的情况下的外币折算。

同时,套期业务中的外币折算、外币专项借款的汇兑差额,由于其业务的特殊性,由专门的会计准则进行规范。现金流量表中的外币折算原理与资产负债表和利润表的外币折算原理不同,由现金流量表准则单独进行规范,外币折算准则均不涉及。

(三) 本准则的主要变化

发布新准则前,有关企业外币折算的会计核算主要通过2000年颁布的《企业会计制度》第九章第117～120条款进行规范。

新准则对比原会计制度主要差异如下所述。

1. 增加了记账本位币的确定

(1) 旧准则。

企业会计制度明确了外币业务是指以记账本位币以外的货币进行的款项收付、往来结算等业务,但是并没有进一步定义什么是记账本位币以及如何选定记账本位币。

(2) 新准则。

新准则不仅明确定义了记账本位币,而且明确企业通常应选择人民币作为记账本位币。业务收支以人民币以外的货币为主的企业,可以依照不同情况选定某种货币作为记账本位币,但是,编报的财务报表应当折算为人民币。

企业选定某种货币作为记账本位币时,要考虑:当该货币主要影响商品和劳务的销售价格时,通常以该货币进行商品和劳务的计价和结算;当该货币主要影响商品和劳务所需人工、材料和其他费用时,通常以该货币进行上述费用的计价和结算;融资活动获得的货币以及保存从经营活动中收取款项所使用的货币。

企业选定某种货币作为境外经营的记账本位币时,要考虑:境外经营对其所从事的活动是否拥有很强的自主性;境外经营活动与企业的交易在境外经营活动中是否占有较大比重;境外经营活动产生的现金流量是否直接影响企业的现金流量并可以随时汇回;境外经营活动产生的现金流量是否足以偿还其现有债务和可预期的债务。

2. 增加了变更记账本位币的规定

(1) 旧准则。

企业会计制度没有关于企业变更记账本位币的规定。

(2) 新准则。

新准则不仅明确规定企业记账本位币一经确定,不得随意变更,而且明确规定企业因经营所处的主要经济环境发生重大变化,确需变更记账本位币的,应当采用变更当日的即期汇率将所有会计项目折算为变更后的记账本位币记账。

3. 增加了处置境外经营的会计处理

(1) 旧准则。

企业会计制度没有关于企业有关境外经营或处置境外经营的会计处理规定。

(2) 新准则。

新准则明确规定企业在处置境外经营时,应当将已列入所有者权益的外币折算差额转入当期损益。

4. 关于分账制记账方法

(1) 旧准则。

企业会计制度和会计实践中应用的外汇交易方法有两种做账制:外汇统账制和外汇分账制。

① 外汇统账制,是以本国货币作为记账本位币,将发生的其他货币的经济业务折合为人民币反映,外币在账簿上只作辅助记录。在外汇统账制下,企业应该将有关外币金额折合为记账本位币金额记账,由此就涉及汇率选择问题。按照国际惯例,一般采用业务发生日的汇率或期初的汇率作为折合汇率。在我国,除了企业接受投资者投入外币资本另有规定外,企业发生的外币业务应以业务发生当日的汇率作为折合汇率。期末,将所有外币账户余额按期末汇率折合为记账本位币金额,其与原来账面

上记账本位币金额之间的差额作为汇兑损益计入当期损益。会计实践中除金融企业外,多数企业都采用此种做账制。

② 外汇分账制,是在外汇交易发生时直接用原币记账,平时不进行折算,也不反映记账本位币金额,如果涉及两种货币的交易,则开设"货币兑换"账户作为账务处理的桥梁,分别与原币的对应账户构成借贷关系。期末,将所有以外币记账的各账户全部发生额按期末汇率折算成记账本位币金额后加以汇总,将汇总后的借贷方差额确认汇兑损益并计入当期损益。会计实践中金融企业和进出口业务涉及多种货币的外贸企业多采用此种做账制,其他企业一般不用。

(2) 新准则。

金融保险企业的外币交易频繁,涉及外币币种较多,可以采用分账制记账方法进行日常核算。资产负债表日,按本准则第十一条的规定分别对货币性项目和非货币性项目进行调整。

采用分账制记账方法,只是账务处理方法不同,但其产生的汇兑差额的确认、计量的结果和列报,应当与统账制处理结果一致。

执行新准则对企业财务状况的影响分析

由于新准则与《企业会计制度》中的相关条款相比,没有太大差异,只是更完善了,因此在采用外币折算准则时对原会计核算和披露方面的影响较小。

对境外经营进行处置时,将已列入外币报表折算差额中的相关部分自所有者权益中转入当期损益,因此若会计期内有境外经营处置业务的,与新准则实施前相比,会对当期损益有影响。

第二节 外币交易的折算

外币交易折算的会计处理主要涉及两个环节:

(1) 在交易日对外币交易进行初始确认,将外币金额折算为记账本位币金额。

(2) 在资产负债表日对相关项目进行折算,因汇率变动产生的差额计入当期损益。

外币交易的概念

外币交易是指以外币计价或者结算的交易。外币是企业记账本位币以外的货币。

外币交易的构成

新准则规范的外币交易包括买入或者卖出以外币计价的商品或者劳务;借入或者借出外币资金;其他以外币计价或者结算的交易。

(1) 买入或者卖出以外币计价的商品或者劳务。

通常情况下指以外币买卖商品,或者以外币结算劳务合同。这里所说的商品是一个泛指的概念,可以是有实物形态的存货、固定资产等,也可以是无实物形态的无形资产、债权或股权等。例如,以人民币为记账本位币的国内甲公司向国外乙公司出口商品,以美元结算货款;再如,甲企业购买境内某公司发行的B股股票,或者购买海外某公司发行的欧元债券等,上述交易均属于甲公司的外币交易。企业与银行发生货币兑换业务,包括与银行进行结汇或售汇,也属于外币交易。

(2) 借入或者借出外币资金。

指企业向银行或非银行金融机构借入以记账本位币以外的货币表示的资金,或者银行或非银行金融机构向人民银行、其他银行或非银行金融机构借贷以记账本位币以外的货币表示的资金,以及发行以外币计价或结算的债券等。

(3) 其他以外币计价或者结算的交易。

指以记账本位币以外的货币计价或结算的其他交易。例如,接受外币现金捐赠等。

外币交易处理的理论

外币交易由于交易日与款项结算日的不同,折算所用的汇率可能不同,相同金额的外币折算为记账货币的金额可能不同,对此的处理有两种观点:一是历史曾出现的一项交易观,另一种是目前普遍为我国及其他国家或地区所采用的两项交易观。

(1) 一项交易观。

一项交易观认为,应当将交易的发生与以后相应款项的结算视为一项交易的两个阶段,从交易日至款项结算日汇率变动的影响作为对原已入账的销售收入或购货成本的调整。这样,企业的销售收入或购货成本在交易日不能确定,须待款项结算时由当日的汇率确定。这与国际上所公认的销售收入应在销售成立时确认的原则相违背,且所提供的会计信息不能反映外币风险的程度。

(2) 两项交易观。

两项交易观认为,交易的发生与相应款项的结算是两项独立的关联交易,交易产生的销售收入或购货成本在交易日由当日的汇率确定,以后不再因汇率的变动而予以调整,汇率变动的风险由因交易而产生的应收或应付款承担。因交易日与款项结算日汇率不同而产生的应收或应付款差额称为汇兑差额。当外币交易已经全部完成,债权债务已结清,产生的汇兑差额为"已实现汇兑差额";当外币交易已完成,但债权未收回或债务未偿付,产生的汇兑差额为"未实现汇兑差额"。对于"未实现汇兑差额",有两种处理方法:一是当期不确认未实现汇兑差额,需递延至外币交易结算的当期确认;二是未实现汇兑差额与已实现汇兑差额均在当期确认。前者是考虑了汇率的反向变动情况,但将产生前后两期净利润的扭曲。而后者则认为,既然存在着会计分期,就应分期反映当期汇率变动的情况,这也与两项交易观的基础是一致的,因此,我国和大多数国家或地区均采用这一方法。除此之外,还有人认为,基于谨慎原则,未实现的汇兑损失应予确认,未实现的汇兑收益应予递延。

一、外币交易的记账方法

外币交易的记账方法有外币统账制和外币分账制两种。

从我国目前的情况看,绝大多数企业采用外币统账制,只有银行等少数金融企业由于外币交易频繁,涉及外币币种较多,可以采用分账制记账方法进行日常核算。

无论是采用分账制记账方法,还是采用统账制记账方法,只是账务处理的程序不同,但产生的结果应当相同,即计算出的汇兑差额相同;相应的会计处理也相同,即均计入当期损益。

(一) 外币统账制

是指企业在发生外币交易时,即折算为记账本位币入账。

(二) 外币分账制

1. 外币分账制的概念

分账制记账方法是一种外币交易的账务处理方法。外币分账制下,企业在日常核算时分别币种记账,资产负债表日,分别货币性项目和非货币性项目进行调整:货币性项目按资产负债表日即期汇率折算,非货币性项目按交易日即期汇率折算;产生的汇兑差额计入当期损益。

采用分账制记账方法,其产生的汇兑差额的处理结果,应当与统账制一致。

 小知识

分账制记账方法

我国的许多金融保险企业均采用分账制记账方法。金融保险企业的外币交易频繁,涉及外币币种较多,可以采用分账制记账方法进行日常核算。

2. 货币兑换的会计处理

企业发生的外币兑换业务或涉及外币兑换的交易事项,应当以交易实际采用的汇率,即银行买入价或卖出价折算。由于汇率变动而产生的折算差额应计入当期损益。

【例22-3】 智董公司的记账本位币为人民币。2×21年6月18日以人民币向中国银行买入5 000美元,智董公司以中国人民银行公布的人民币汇率中间价作为即期汇率,当日的即期汇率为1美元=7.8元人民币,中国银行当日美元卖出价为1美元=7.85元人民币。

【分析】 智董公司当日应作如下会计分录:

借:银行存款(美元)　　　　　　39 000
　　财务费用——汇兑差额　　　　　　250
　贷:银行存款(人民币)　　　　　39 250

分账制记账方法下,为保持不同币种借贷方金额合计相等,需要设置"货币兑换"账户进行核算。实务中又可采取两种方法核算。

(1) 所有外币交易均通过"货币兑换"科目处理。

在这种方法下,会计处理包括以下内容:

① 企业发生的外币交易同时涉及货币性项目和非货币性项目的,按相同外币金额同时记

入货币性项目和"货币兑换（外币）"科目，同时，按以交易发生日即期汇率折算为记账本位币的金额，记入非货币性项目和"货币兑换（记账本位币）"科目。

② 企业发生的交易仅涉及记账本位币外的一种货币反映的货币性项目的，按相同币种金额入账，不需要通过"货币兑换"科目核算；如果涉及两种以上货币，按相同币种金额记入相应货币性项目和"货币兑换（外币）"科目。

③ 期末，应将所有以记账本位币以外的货币反映的"货币兑换"科目余额按期末汇率折算为记账本位币金额，并与"货币兑换（记账本位币）"科目余额相比较，其差额转入"汇兑损益"科目：如为借方差额，借记"汇兑损益"科目，贷记"货币兑换（记账本位币）"科目；如为贷方差额，借记"货币兑换（记账本位币）"科目，贷记"汇兑损益"科目。

④ 结算外币货币性项目产生的汇兑差额计入"汇兑损益"。

【例22-4】 假定智董银行采用分账制记账方法，选定的记账本位币为人民币并以人民币列报财务报表。2×21年9月，智董银行发生以下交易：

（1）9月5日，收到投资者投入的货币资本100 000美元，无合同约定汇率，当日汇率为1美元＝7.8元人民币。

（2）9月10日，以2 000美元购入一台固定资产，当日汇率为1美元＝7.75元人民币。

（3）9月15日，某客户以39 000元人民币购入5 000美元，当日美元卖出价为1美元＝7.8元人民币。

（4）9月20日，发放短期贷款5 000美元，当日汇率为1美元＝7.85元人民币。

（5）9月25日，向其他银行拆借资金10 000欧元，期限为1个月，年利率为3%，当日的汇率为1欧元＝9.5元人民币。

（6）9月30日的汇率为1美元＝8元人民币，1欧元＝10元人民币。

【分析】 对于上述交易，企业应作如下会计分录：

（1）9月5日，收到美元资本投入。

借：银行存款（美元） 100 000
　　贷：货币兑换（美元） 100 000
借：货币兑换（人民币） 780 000
　　贷：实收资本 780 000

（2）9月10日，以美元购入固定资产。

借：固定资产 15 500
　　贷：货币兑换（人民币） 15 500
借：货币兑换（美元） 2 000
　　贷：银行存款（美元） 2 000

（3）9月15日，售出美元。

借：银行存款（人民币） 39 000
　　贷：货币兑换（人民币） 39 000
借：货币兑换（美元） 5 000
　　贷：银行存款（美元） 5 000

（4）9月20日，发放美元短期贷款。

借：贷款（美元） 5 000
　　贷：银行存款（美元） 5 000

（5）9月25日，向其他银行拆借欧元资金。

借：银行存款（欧元） 10 000
　　贷：拆入资金（欧元） 10 000

"货币兑换（美元）"账户的贷方余额为93 000美元（100 000－2 000－5 000），按月末汇率折算为人民币金额余额为744 000元（93 000×8）。

"货币兑换（人民币）"账户有借方余额为725 500元（780 000－15 500－39 000）。

"货币兑换"账户的借方余额合计为725 500元，贷方余额合计为744 000元，借贷方之间的差额为18 500元，即为当期产生的汇兑差额，相应的会计分录为：

借：货币兑换（人民币） 18 500
　　贷：汇兑损益 18 500

（2）外币交易的日常核算不通过"货币兑换"科目，仅在资产负债表日结转汇兑损益时通过"货币兑换"科目处理。

在外币交易发生时直接以发生的币种进行账务处理。期末，由于所有账户均需要折算为记账本位币列报，因此，所有以外币反映的账户余额均需要折算为记账本位币余额。其中,货币性项目以资产负债表日即期汇率折算,非货币性项目以交易日即期汇率折算。折算后,所有账户借方余额之和与所有账户贷方余额之和的差额即为当期汇兑差额,应当计入当期损益。

【例22-5】 承[例22-4]。

【分析】 日常核算中相应会计分录如下:

(1) 9月5日,收到美元资本投入。

借:银行存款(美元) 100 000
  贷:实收资本 100 000

(2) 9月10日,以美元购入固定资产。

借:固定资产 2 000
  贷:银行存款(美元) 2 000

(3) 9月15日,售出美元。

借:银行存款(人民币) 39 000
  贷:银行存款(美元) 39 000

(4) 9月20日,发放美元短期贷款。

借:贷款(美元) 5 000
  贷:银行存款(美元) 5 000

(5) 9月25日,向其他银行拆借欧元资金。

借:银行存款(欧元) 10 000
  贷:拆入资金(欧元) 10 000

资产负债表日,编制账户科目余额(人民币)的调节表(表22-1):非人民币货币性项目以资产负债表日即期汇率折算,非人民币非货币性项目以交易日即期汇率折算。

表22-1 账户科目余额调节表

借方余额账户	币种	外币余额	汇率	人民币余额	贷方余额账户	币种	外币余额	汇率	人民币余额
银行存款	美元	88 000	8	804 000	拆入资金	欧元	10 000	10	100 000
	欧元	10 000	10						
贷款	美元	5 000	8	40 000	实收资本	美元	100 000	7.8	780 000
固定资产	美元	2 000	7.75	15 500					
银行存款	人民币			39 000					
人民币余额合计				898 500	人民币余额合计				880 000
汇兑损益									18 500

相应的会计分录为:

借:货币兑换(人民币) 18 500
  贷:汇兑损益 18 500

二、交易日的会计处理——初始确认

企业发生外币交易的,应在初始确认时采用交易日的即期汇率或即期汇率的近似汇率将外币金额折算为记账本位币金额。这里的即期汇率可以是外汇牌价的买入价或卖出价,也可以是中间价,在与银行不进行货币兑换的情况下,一般以中间价作为即期汇率。

【例22-6】 国内智董公司的记账本位币为人民币。2×21年12月4日,向国外贵琛公司出口商品一批,货款共计80 000美元,尚未收到,当日汇率为1美元=7.8元人民币。假定不考虑增值税等相关税费。

【分析】 智董公司应进行以下账务处理:

借:应收账款 624 000
  贷:主营业务收入 624 000

【例22-7】 国内智董公司的记账本位币为人民币,属于增值税一般纳税企业。2×21年5月12日从国外购入某原材料,共计50 000美元,当日的即期汇率为1美元=7.8元人民币,按照规定计算应缴纳的进口关税为39 000元人民币,支付的进口增值税为55 770元人民币,货款尚未支付,进口关税及增值税已用银行存款支付。

【分析】 相关会计分录如下:

借:原材料 429 000
  应交税费——应交增值税(进项税额)
     55 770
  贷:应付账款——美元 390 000
    银行存款 94 770

【例22-8】 国内智董公司选定的记账本位币是人民币。2×21年7月18日从中国工商银行借入12 000欧元,期限为6个月,年利率为6%,当日的即期汇率为1欧元=10元人民币。假定借入的欧元暂存银行。

【分析】 相关会计分录如下:

　　借:银行存款——欧元　　　　120 000
　　　贷:短期借款——欧元　　　　　120 000

企业收到投资者以外币投入的资本,无论是否有合同约定汇率,均不得采用合同约定汇率和即期汇率的近似汇率折算,而是采用交易日即期汇率折算,这样,外币投入资本与相应的货币性项目的记账本位币金额相等,不产生外币资本折算差额。

【例22-9】 国内智董公司的记账本位币为人民币。2×21年12月12日,与某外商签订投资合同,当日收到外商投入资本20 000美元,当日汇率为1美元=7.8元人民币,假定投资合同约定汇率为1美元=8.2元人民币。

【分析】 智董公司应进行以下账务处理:

　　借:银行存款　　　　　　　　156 000
　　　贷:实收资本　　　　　　　　156 000

三、会计期末或结算日对外币交易余额的会计处理——期末调整或结算

期末(在资产负债表日),企业应当分别外币货币性项目和外币非货币性项目进行处理。

(一)货币性项目

货币性项目,是指企业持有的货币资金和将以固定或可确定的金额收取的资产或者偿付的负债。

货币性项目分为货币性资产和货币性负债。货币性资产包括库存现金、银行存款、应收账款、其他应收款、长期应收款以及准备持有至到期的债券投资等;货币性负债包括短期借款、应付账款、其他应付款、长期借款、应付债券、长期应付款等。

期末或结算货币性项目时,应以当日即期汇率折算外币货币性项目,该项目因当日即期汇率不同于该项目初始入账时或前一期末即期汇率而产生的汇兑差额计入当期损益。

企业为购建或生产符合资本化条件的资产而借入的专门借款为外币借款时,在借款费用资本化期间内,由于外币借款在取得日、使用日及结算日的汇率不同而产生的汇兑差额,应当予以资本化,计入固定资产成本。

对于外币货币性项目,因结算或采用资产负债表日的即期汇率折算而产生的汇兑差额,计入当期损益,同时调增或调减外币货币性项目的记账本位币金额。

注　汇兑差额指的是对同样数量的外币金额采用不同的汇率折算为记账本位币金额所产生的差额。例如,资产负债表日或结算日,以不同于交易日即期汇率或前一资产负债表日即期汇率的汇率折算同一外币金额产生的差额即为汇兑差额。

对于外币货币性项目,资产负债表日或结算日,因汇率波动而产生的汇兑差额作为财务费用处理,同时调增或调减外币货币性项目的记账本位币金额。

【例22-10】 国内智董公司的记账本位币为人民币。2×21年12月4日,向国外贵琛公司出口商品一批,货款共计80 000美元,货款尚未收到,当日即期汇率为1美元=7.8元人民币。假定2×21年12月31日的即期汇率为1美元=7.9元人民币(假定不考虑增值税等相关税费),则:对该笔交易产生的外币货币性项目"应收账款"采用2×21年12月31日的即期汇率1美元=7.9元人民币折算为记账本位币632 000元人民币(80 000×7.9),与其交易日折算为记账本位币的金额624 000元人民币的差额为8 000元人民币,应当计入当期损益,同时调整货币性项目的原记账本位币金额。

【分析】 相应的会计分录为:

　　借:应收账款　　　　　　　　8 000
　　　贷:财务费用——汇兑差额　　8 000

假定2×22年1月31日收到上述货款(结算日),当日的即期汇率为1美元=7.85元人民币,智董公司实际收到的货款80 000美元折算为628 000元人民币(80 000×7.85),与当日应

收账款中该笔货币资金的账面金额 632 000 元人民币的差额为－4 000 元人民币。当日智董公司应作会计分录为：

借：银行存款 628 000
　　财务费用——汇兑差额 4 000
　　贷：应收账款 632 000

【例 22-11】 国内智董公司的记账本位币为人民币。2×21 年 8 月 24 日，向国外供货商怡昌祥公司购入商品一批，商品已经验收入库。根据双方供货合同，货款共计 100 000 美元，货到后 10 日内智董公司付清所有货款。当日即期汇率为 1 美元＝7.8 元人民币。假定 2×21 年 8 月 31 日的即期汇率为 1 美元＝7.9 元人民币（假定不考虑增值税等相关税费），则：对该笔交易产生的外币货币性项目"应付账款"采用 8 月 31 日即期汇率 1 美元＝7.9 元人民币折算为记账本位币为 790 000 元人民币（100 000×7.9），与其交易日折算为记账本位币的金额 780 000 元人民币（100 000×7.8）的差额为 10 000 元人民币，应计入当期损益。

【分析】 相应的会计分录为：

借：财务费用——汇兑差额 10 000
　　贷：应付账款 10 000

9 月 3 日，智董公司根据供货合同以自有美元存款付清所有货款（即结算日）。当日的即期汇率为 1 美元＝7.85 元人民币。智董公司应作会计分录：

借：应付账款 790 000
　　贷：银行存款 785 000
　　　　财务费用——汇兑差额 5 000

【例 22-12】 承[例 22-8]。假定 2×21 年 7 月 31 日的即期汇率为 1 欧元＝10.5 元人民币，则"银行存款——欧元"产生的汇兑差额为 6 000 元人民币[12 000×（10.5－10）]，"短期借款——欧元"产生的汇兑差额为 6 000 元人民币[12 000×（10.5－10）]。由于借贷方均为货币性项目，产生的汇兑差额相互抵销。

【分析】 相应的会计分录为：

借：银行存款——欧元 6 000
　　贷：短期借款——欧元 6 000

2×22 年 1 月 18 日以人民币归还所借欧元，当日银行的欧元卖出价为 1 欧元＝11 元人民币。假定借款利息在到期归还本金时一并支付，则当日应归还银行借款利息 360 英镑（12 000×6%÷12×6），按当日欧元卖出价折算为人民币为 3 960 元（360×11）。

【分析】 相应的会计分录为：

借：短期借款——欧元 126 000
　　财务费用 6 000
　　贷：银行存款——人民币 132 000

借：财务费用 3 960
　　贷：银行存款——人民币 3 960

（二）非货币性项目

非货币性项目是货币性项目以外的项目，如预付账款、预收账款、存货、长期股权投资、交易性金融资产（股票、基金）、固定资产、无形资产等。

以历史成本计量的外币非货币性项目，已在交易发生日按当日即期汇率折算，资产负债表日不应改变其原记账本位币金额，不产生汇兑差额。

【例 22-13】 某外商投资企业怡昌祥公司的记账本位币是人民币。2×21 年 8 月 15 日，进口一台机器设备，设备价款为 500 000 美元，尚未支付，当日的即期汇率为 1 美元＝7.8 元人民币。2×21 年 8 月 31 日的即期汇率为 1 美元＝7.9 元人民币。假定不考虑其他相关税费，该项设备属于企业的固定资产，在购入时已按当日即期汇率折算为人民币 3 900 000 元。由于"固定资产"属于非货币性项目，因此，2×21 年 8 月 31 日，不需要按当日即期汇率进行调整。

但是，由于存货在资产负债表日采用成本与可变现净值孰低计量，因此，在以外币购入存货并且该存货在资产负债表日的可变现净值以外币反映的情况下，在计提存货跌价准备时应当考虑汇率变动的影响。

【例 22-14】 智董公司以人民币为记账本位币。2×21 年 11 月 20 日以每台 2 000 美元的价格从美国某供货商手中购入国际最新型号甲商品10台,并于当日支付了相应货款(假定智董公司有美元存款)。2×21年12月31日,已售出甲商品2台,国内市场仍无甲商品供应,但甲商品在国际市场的价格已降至每台1950美元。

【分析】 假设11月20日的即期汇率是1美元＝7.8元人民币,12月31日的汇率是1美元＝7.9元人民币。假定不考虑增值税等相关税费,智董公司应作会计分录如下:

11月20日,购入甲商品:

借:库存商品——甲　　　　　156 000
　　贷:银行存款　　　　　　　　　156 000

12月31日,由于库存8台甲商品市场价格下跌,表明其可变现净值低于成本,应计提存货跌价准备:

借:资产减值损失　　　　　　　1 560
　　贷:存货跌价准备　　　　　　　1 560

2 000×8×7.8－1 950×8×7.9＝1 560(元人民币)。

本例中,期末,在计算库存商品——甲商品的可变现净值时,在国内没有相应产品的价格,因此,只能依据甲商品的国际市场价格为基础确定其可变现净值,但需要考虑汇率变动的影响。期末,以国际市场价格为基础确定的可变现净值应按照期末汇率折算,再与库存甲商品的记账本位币成本相比较,确定其应提的跌价准备。

对于以成本与可变现净值孰低计量的存货,如果其可变现净值以外币确定,则在确定存货的期末价值时,应先将可变现净值折算为记账本位币,再与以记账本位币反映的存货成本进行比较。

以公允价值计量的股票、基金等非货币性项目,如果期末的公允价值以外币反映,则应当先将该外币按照公允价值确定当日的即期汇率折算为记账本位币金额,再与原记账本位币金额进行比较,其差额作为公允价值变动损益,计入当期损益。

注　以公允价值计量的外币非货币性项目,如交易性金融资产(股票、基金等),采用公允价值确定日的即期汇率折算,折算后的记账本位币金额与原记账本位币金额的差额,作为公允价值变动(含汇率变动)处理,计入当期损益。

【例22-15】 国内智董公司的记账本位币为人民币。2×21年12月5日以每股1.5美元的价格购入贵琛公司B股10 000股作为交易性金融资产,当日即期汇率为1美元＝7.8元人民币,款项已付。2×21年12月31日,由于市价变动,当月购入的贵琛公司B股股票的市价变为每股2美元,当日即期汇率为1美元＝7.6元人民币。假定不考虑相关税费的影响。

【分析】 2×21年12月5日,该公司对上述交易应作以下财务处理:

借:交易性金融资产　　　　　117 000
　　贷:银行存款　　　　　　　　　117 000

根据《企业会计准则第22号——金融工具》规定,交易性金融资产以公允价值计量。由于该项交易性金融资产以外币计价,在资产负债表日,不仅应考虑美元市价的变动,还应一并考虑美元与人民币之间汇率变动的影响,上述交易性金融资产在资产负债表日的人民币金额为152 000元(2×10 000×7.6),与原账面价值117 000元(1.5×10 000×7.8)的差额为35 000元人民币,应计入公允价值变动损益。相应的会计分录为:

借:交易性金融资产　　　　　35 000
　　贷:公允价值变动损益　　　　　35 000

35 000元人民币既包含智董公司所购贵琛公司B股股票公允价值变动的影响,又包含人民币与美元之间汇率变动的影响。

2×22年2月27日,智董公司将所购贵琛公司B股股票按当日市价每股2.2美元全部售出(即结算日),所得价款为22 000美元,按当日汇率为1美元＝7.4元人民币折算为人民币金额为162 800元,与其原账面价值人民币金额152 000元的差额为10 800元人民币。对于汇率的变动和股票市价的变动不进行区分,均作

为投资收益进行处理。因此,售出当日,智董公司应作如下会计分录:

借:银行存款　　　　　　　　162 800
　贷:交易性金融资产　　　　　152 000
　　　投资收益　　　　　　　　 10 800

以公允价值计量且其变动计入其他综合收益的外币货币性金融资产形成的汇兑差额,应当计入当期损益;外币非货币性金融资产形成的汇兑差额,与其公允价值变动一并计入其他综合收益。但是,采用实际利率法计算的金融资产的外币利息产生的汇兑差额,应当计入当期损益,非交易性权益工具投资的外币现金股利产生的汇兑差额,应当计入当期损益。

外币预收账款和预付账款是货币性项目还是非货币性项目,上述项目在资产负债表日是否会产生汇兑损益?

根据外币折算准则第十一条,货币性项目,是指企业持有的货币资金和将以固定或可确定的金额收取的资产或偿付的负债;非货币性项目是指货币性项目以外的项目。在资产负债表日,以历史成本计量的外币非货币性项目,仍采用交易发生日的即期汇率折算,不改变其记账本位币金额。

外币预收账款和预付账款均不满足货币性项目的定义,属于以历史成本计量的外币非货币性项目,企业在资产负债表日应当采用交易发生日的即期汇率折算,不产生汇兑损益。

第三节　外币财务报表的折算

在将企业的境外经营通过合并、权益法核算等纳入企业的财务报表中时,需要将企业境外经营的财务报表折算为以企业记账本位币反映的财务报表,这一过程就是外币财务报表的折算。

一、关键

境外经营及其记账本位币的确定是进行财务报表折算的关键。

二、方法:外币财务报表的折算方法——我国会计准则采用现行汇率法

为与我国《企业会计准则第 33 号——合并财务报表》所采用的实体理论保持一致,我国外币折算准则基本采用现行汇率法。

对外币报表的折算的方法

对外币报表的折算,常见的方法一般有四种:流动和非流动法、货币性与非货币性法、时态法和现行汇率法。

(1)流动和非流动法。

流动和非流动法即:境外经营的资产负债表中的流动资产和流动负债项目按资产负债表日的现时汇率折算,非流动资产和非流动负债及实收资本等项目按取得时的历史汇率折算,留存收益项目为依资产负债表的平衡原理轧差计算而得。利润表上折旧与摊销费用按相应资产取得时的历史汇率折算,其他收入和费用项目按报告期的平均汇率折算,销货成本根据"期初存货+本期购货-期末存货"的关系确定。形成的折算损失,计入报告企业的合并损益中,形成的折算收益,已实现部分予以确认,未实现部分,须予递延,以抵销以后期间形成的损失。

本方法的优点在于能够反映境外经营的营运资金的报告货币等值,不改变境外经营的流动性。本方法的缺点:一是流动性与非流动性的划分与汇率的变动无关;二是对折算结果的处理,掩盖了汇率变动对合并净收益的影响,平滑了各期收益,与实际情况不符。

(2)货币性与非货币性法。

货币性与非货币性法即:货币性资产和负债按期末现时汇率折算,非货币性资产和负债按历史汇率折算。

本方法的优点在于货币性与非货币性的分类恰当地考虑了汇率变动对资产和负债的影响,改正了流动性与非流动性法的缺点。本方法的缺点在于仍然是用分类来解决外币报表的折算,而没有考虑会计计量问题,结果使得有些项目分类未必与所选的汇率相关,如存货项目,根据本方法属非货币性项目,应采用历史汇率折

算,但当存货采用成本与市价孰低计量时,对以市价计量的存货用历史汇率折算显然不合适。

(3) 时态法。

时态法即:资产负债表各项目以过去价值计量的,采用历史汇率,以现在价值计量的,采用现时汇率,产生的折算损益应计入当年的合并净收益。利润表各项目的折算与流动性与非流动性法下利润表的折算相同。

本方法不仅考虑了会计计量基础,而且改正了上述货币性与非货币方法的缺点。但是,该方法是从报告企业的角度考虑问题,境外的子公司、分支机构等均被认为是报告企业经营活动在境外的延伸,与报告企业本身的外币交易原则相一致(有人将这一观点称为母公司货币观),这样,实际上却忽视了境外经营作为相对独立的实体(即,境外实体)的情况。另外,按此方法对外币报表进行折算,由于各项目使用的折算汇率不同,因而产生的折算结果不可能保持外币报表在折算前的原有比率关系。

(4) 现行汇率法(我国采用)。

现行汇率法即:资产和负债项目均应按现时汇率折算,实收资本按历史汇率折算,利润表各项目按当期(年)平均汇率折算,产生的折算损益作为所有者权益的一个单独项目予以列示。

这一折算方法考虑了境外经营作为相对独立实体的情况(有人将这一观点称为子公司货币观),着重于汇率变动对报告企业在境外经营的投资净额的影响,折算的结果使境外经营的会计报表中原有的财务关系不因折算而改变,所改变的仅是其表现方式。

该方法改正了时态法的缺点。但却产生了另外的问题,对所有的资产和负债均以现时汇率折算,如对以历史成本计价的固定资产等按现时汇率折算将显得不伦不类。

【例22-16】 智董公司的记账本位币为人民币,该公司在英国有一家子公司贵琛公司,贵琛公司的记账本位币为英镑。智董公司拥有贵琛公司70%的股权,并能够控制贵琛公司。智董公司采用当期平均汇率折算贵琛公司利润表项目。贵琛公司的有关资料如下:

2×21年12月31日的即期汇率为1英镑=8.61元人民币,2×21年的平均汇率为1英镑=8.88元人民币。实收资本、资本公积发生日的即期汇率为1英镑=10元人民币,2×20年12月31日的股本为1 800万英镑,折算为人民币为18 000万元;盈余公积为180万英镑,折算人民币为2 700万元;未分配利润为420万英镑,折算人民币为6 300万元,智董公司、贵琛公司均在年末提取盈余公积,贵琛公司当年提取的盈余公积为210万英镑。

【分析】 利润表(简表)、所有者权益变动表(简表)和资产负债表(简表)分别见表22-2、表22-3和表22-4。

表22-2 利润表(简表)

编制单位:贵琛公司　　　　　　　　　2×21年度　　　　　　　　　　单位:万元

项　目	期末数(英镑)	折算汇率	折算为人民币金额
一、营业收入	7 200	8.88	63 936
减:营业成本	5 400	8.88	47 952
税金及附加	150	8.88	1 332
管理费用	360	8.88	3 196.8
财务费用	30	8.88	266.4
加:投资收益	90	8.88	799.2
二、营业利润	1 350	—	11 988
加:营业外收入	150	8.88	1 332
减:营业外支出	60	8.88	532.8
三、利润总额	1 440	—	12 787.2
减:所得税费用	390	8.88	3 463.2
四、净利润	1 050	—	9 324
五、其他综合收益的税后净额			
六、综合收益总额	1 050	—	9 324
七、每股收益			

注:为便于排版,在报表中统一以"万元"为单位。在实务中,财务报表应当以"元"为单位列报。

表 22-3 所有者权益变动表(简表)

编制单位:贵琛公司　　　　　　　　　　　　　2×21年度　　　　　　　　　　　　　　单位:万元

项目	实收资本			其他综合收益	盈余公积			未分配利润		所有者权益合计
	英镑	折算汇率	人民币	人民币	英镑	折算汇率	人民币	英镑	人民币	
一、本年年初余额	1 800	10	18 000		180	—	2 700	420	6 300	27 000
二、本年增减变动金额										
(一)综合收益总额										2 704.5
净利润								1 050	9 324	9 324
其他综合收益的税后净额				-6 619.5						-6 619.5
其中:外币报表折算差额				-6 619.5						-6 619.5
(二)利润分配										
提取盈余公积					210	8.88	1 864.8	-210	-1 864.8	0
三、本年年末余额	1 800	10	18 000	-6 619.5	390	—	4 564.8	1 260	13 759.2	29 704.5

表 22-4 资产负债表(简表)

编制单位:贵琛公司　　　　　　　　　　　　2×21年12月31日　　　　　　　　　　　　单位:万元

资产	期末数(英镑)	折算汇率	折算为人民币金额	负债和所有者权益	期末数(英镑)	折算汇率	折算为人民币金额
流动资产:				流动负债:			
货币资金	690	8.61	5 940.9	短期借款	150	8.61	1 291.5
应收账款	690	8.61	5 940.9	应付账款	1 020	8.61	8 782.2
存货	840	8.61	7 232.4	其他流动负债	390	8.61	3 357.9
其他流动资产	720	8.61	6 199.2	流动负债合计	1 560	—	13 431.6
流动资产合计	2 940	—	25 313.4	非流动负债:			
非流动资产:				长期借款	510	8.61	4 391.1
长期应收款	420	8.61	3 616.2	应付债券	300	8.61	2 583
固定资产	1 980	8.61	17 047.8	其他非流动负债	270	8.61	2 324.7
在建工程	270	8.61	2 324.7	非流动负债合计	1 080	—	9 298.8
无形资产	360	8.61	3 099.6	负债合计	2 640	—	22 730.4
其他非流动资产	120	8.61	1 033.2	所有者权益:			
非流动资产合计	3 150	—	27 121.5	实收资本	1 800	10	18 000
				其他综合收益			-6 619.5
				盈余公积	390		4 564.8
				未分配利润	1 260		13 759.2
				所有者权益合计	3 450	—	29 704.5
资产总计	6 090		52 434.9	负债和所有者权益总计	6 090		52 434.9

当期计提的盈余公积采用当期平均汇率折算,期初盈余公积为以前年度计提的盈余公积按相应年度平均汇率折算后金额的累计,期初未分配利润记账本位币金额为以前年度未分配利润记账本位币金额的累计。

外币报表折算差额为以记账本位币反映的净资产减去以记账本位币反映的实收资本、盈余公积及未分配利润后的余额。

三、境外经营的财务报表的折算

企业对境外经营的财务报表进行折算时,应当遵循下列规定:

(1)资产负债表中的资产和负债项目,采用资产负债表日的即期汇率折算,所有者权益项目除"未分配利润"项目外,其他项目采用发生时的即期汇率折算。

(2) 利润表中的收入和费用项目,采用交易发生日的即期汇率折算;也可以采用按照系统合理的方法确定的、与交易发生日即期汇率近似的汇率折算。

按照上述(1)、(2)折算产生的外币财务报表折算差额,在资产负债表中所有者权益项目下单独列示。

比较财务报表的折算比照上述规定处理。

注 在对企业境外经营财务报表进行折算前,应当调整境外经营的会计期间和会计政策,使之与企业会计期间和会计政策相一致,根据调整后会计政策及会计期间编制相应货币(记账本位币以外的货币)的财务报表,再按照以下方法对境外经营财务报表进行折算:

(1) 资产负债表中的资产和负债项目,采用资产负债表日的即期汇率折算,所有者权益项目除"未分配利润"项目外,其他项目采用发生时的即期汇率折算。

(2) 利润表中的收入和费用项目,采用交易发生日的即期汇率或即期汇率的近似汇率折算。

(3) 产生的外币财务报表折算差额,在编制合并报表时,应在合并资产负债表中"其他综合收益"项目列示。

比较财务报表的折算比照上述规定处理。

四、特殊项目的处理

(一)记账本位币不是人民币的财务报表的折算

企业选定的记账本位币不是人民币的,应当按照本准则关于境外经营的财务报表折算规定将其财务报表折算为人民币财务报表。

(二)处于恶性通货膨胀经济中的境外经营的财务报表的折算

企业对处于恶性通货膨胀经济中的境外经营的财务报表,应当按照下列规定进行折算:

(1) 对资产负债表项目运用一般物价指数予以重述,对利润表项目运用一般物价指数变动予以重述,再按照最近资产负债表日的即期汇率进行折算。

(2) 在境外经营不再处于恶性通货膨胀经济中时,应当停止重述,按照停止之日的价格水平重述的财务报表进行折算。

> **政策依据**
>
> **境外经营处于恶性通货膨胀经济的判断**
>
> 恶性通货膨胀经济通常按照以下特征进行判断:
> (1) 最近3年累计通货膨胀率接近或超过100%。
> (2) 利率、工资和物价与物价指数挂钩。
> (3) 公众不是以当地货币、而是以相对稳定的外币为单位作为衡量货币金额的基础。
> (4) 公众倾向于以非货币性资产或相对稳定的外币来保存自己的财富,持有的当地货币立即用于投资以保持购买力。
> (5) 即使信用期限很短,赊销、赊购交易仍按补偿信用期预计购买力损失的价格成交。

(三)少数股东应分担的外币报表折算差额

外币报表折算差额为以记账本位币反映的净资产减去以记账本位币反映的实收资本、资本公积、累计盈余公积及累计未分配利润后的余额。

在企业境外经营为其子公司的情况下,企业在编制合并财务报表时,应按少数股东在境外经营所有者权益中所享有的份额计算少数股东应分担的外币报表折算差额,并入少数股东权益列示于合并资产负债表。

折算差额,并入少数股东权益列示于合并资产负债表。

(四)实质上构成对境外经营净投资的外币货币性项目产生的汇兑差额的处理

母公司含有实质上构成对子公司(境外经营)净投资的外币货币性项目的情况下,在编制合并财务报表时,应分别以下两种情况编制抵销分录:

(1) 实质上构成对子公司净投资的外币货币性项目以母公司或子公司的记账本位币反映,则应在抵销长期应收应付项目的同时,将其产生的汇兑差额转入"其他综合收益"项目。即借记或贷记"财务费用——汇兑差额"项目,贷记或借记"其他综合收益"项目。

(2) 实质上构成对子公司净投资的外币货币性项目以母、子公司的记账本位币以外的货币反映,则应将母、子公司此项外币货币性项目产生的汇兑差额相互抵销,差额转入"其他综合收益"项目。

如果合并财务报表中各子公司之间也存在实质上构成对另一子公司(境外经营)净投资的外币货币性项目,在编制合并财务报表时应比照上述编制相应的抵销分录。

实质上构成对境外经营净投资的外币货币性项目

企业编制合并财务报表涉及境外经营的,如有实质上构成对境外经营净投资的外币货币性项目,因汇率变动而产生的汇兑差额,应列入所有者权益"外币报表折算差额"项目;处置境外经营时,计入处置当期损益。

(五)境外经营的处置

企业可能通过出售、清算、返还股本或放弃全部或部分权益等方式处置其在境外经营中的利益。

在境外经营为子公司的情况下,企业处置境外经营应当按照合并财务报表处置子公司的原则进行相应的会计处理。在包含境外经营的财务报表中,将已列入其他综合收益的外币报表折算差额中与该境外经营相关部分,自所有者权益项目中转入处置当期损益;如果是部分处置境外经营,应当按处置的比例计算处置部分的外币报表折算差额,转入处置当期损益;处置的境外经营为子公司的,将已列入其他综合收益的外币报表折算差额中归属于少数股东的部分,视全部处置或部分处置分别予以终止确认或转入少数股东权益。

第四节 会计科目和会计分录

以下是第一财税网(www.tax.org.cn)耗时整理的相关会计科目和会计分录,供实际工作中随时查阅、使用。

一、6603 财务费用

(一)核算内容

本科目核算企业为筹集生产经营所需资金等而发生的筹资费用,包括利息支出(减利息收入)、汇兑损益以及相关的手续费、企业发生的现金折扣或收到的现金折扣等。

为购建或生产满足资本化条件的资产发生的应予资本化的借款费用,在"在建工程""制造费用"等科目核算。

(二)明细核算

本科目可按费用项目进行明细核算。

(三)主要账务处理

企业发生的财务费用,借记本科目,贷记"银行存款""未确认融资费用"等科目。发生的应冲减财务费用的利息收入、汇兑损益、现金折扣,借记"银行存款""应付账款"等科目,贷记本科目。

(四)期末余额

期末,应将本科目余额转入"本年利润"科目,结转后本科目无余额。

二、6061 汇兑损益(金融)

(一)核算内容

本科目核算企业(金融)发生的外币交易因汇率变动而产生的汇兑损益。

(二)主要账务处理

采用统账制核算的,各外币货币性项目的外币期(月)末余额,应当按照期(月)末汇率折算为记账本位币金额。按照期(月)末汇率折算的记账本位币金额与原账面记账本位币金额之间的差额,如为汇兑收益,借记有关科目,贷记本科目;如为汇兑损失作相反的会计分录。

采用分账制核算的,期(月)末将所有以外币表示的"货币兑换"科目余额按期(月)末汇率折算为记账本位币金额,折算后的记账本位币金额与"货币兑换——记账本位币"科目余额进行比较,为贷方差额的,借记"货币兑换——记账本位币"科目,贷记"汇兑损益"科目;为借方差额的作相反的会计分录。

(三)期末余额

期末,应将本科目的余额转入"本年利润"

科目,结转后本科目应无余额。

三、3002 货币兑换(金融)

(一) 核算内容

本科目核算企业(金融)采用分账制核算外币交易所产生的不同币种之间的兑换。

(二) 明细核算

本科目按币种进行明细核算。

(三) 主要账务处理

(1) 企业发生的外币交易仅涉及货币性项目的,应按相同币种金额,借记或贷记有关货币性项目科目,贷记或借记本科目。

(2) 发生的外币交易同时涉及货币性项目和非货币性项目的,按相同外币金额记入货币性项目和本科目(外币);同时,按交易发生日即期汇率折算为记账本位币的金额记入非货币性项目和本科目(记账本位币)。结算货币性项目产生的汇兑差额计入"汇兑损益"科目。

(3) 期末,应将所有以外币表示的本科目余额按期末汇率折算为记账本位币金额,折算后的记账本位币金额与本科目(记账本位币)余额进行比较,为贷方差额的,借记本科目(记账本位币),贷记"汇兑损益"科目;为借方差额的作相反的会计分录。

(四) 期末余额

本科目期末应无余额。

四、4004 其他综合收益

(一) 核算内容

其他综合收益是指企业根据企业会计准则规定未在损益中确认的各项利得和损失扣除所得税影响后的净额。

注 综合收益建立在"资产负债观"基础之上,把全部已确认但未实现的利得或损失纳入财务报表中,反映报告期内企业与所有者以外的其他各方之间的交易或事项所引起的净资产的变动额;综合收益的概念,突破了传统会计收益的实现原则,引入了公允价值,使公允价值作为计量属性的使用成为一种必然的趋势。

在资产负债表中,"其他综合收益"以前并没有作为一个单独的科目,而是计入资本公积中,而现在作为了一个单独的科目,以便于和资本公积区分。这种核算方式,有利于使资本公积的核算内容明晰化。资本公积原本核算的内容主要为股东资本性投入的部分,与其他综合收益混在一个科目中,将不便于报表使用者理解和分析。

(二) 明细核算

在此科目下可设置以下明细科目核算:

1. "400401 以后会计期间不能重分类进损益的其他综合收益项目"

主要包括:

(1) 重新计量设定受益计划变动额(职工薪酬"离职后福利")。

根据《企业会计准则第9号——职工薪酬》,有设定受益计划形式离职后福利的企业应当将重新计量设定受益计划净负债或净资产导致的变动计入其他综合收益,并且在后续会计期间不允许转回至损益。

(2) 权益法下不能转损益的其他综合收益(长期股权投资)。

根据《企业会计准则第2号——长期股权投资》,投资方取得长期股权投资后,应当按照应享有或应分担的被投资单位其他综合收益的份额,确认其他综合收益,同时调整长期股权投资的账面价值。投资单位在确定应享有或应分担的被投资单位其他综合收益的份额时,该份额的性质取决于被投资单位的其他综合收益的性质,即如果被投资单位的其他综合收益属于"以后会计期间不能重分类进损益"类别,则投资方确认的份额也属于"以后会计期间不能重分类进损益"类别。

(3) 其他权益工具投资公允价值变动(非交易性权益工具投资)。

"其他权益工具投资"科目核算企业指定为以公允价值计量且其变动计入其他综合收益的非交易性权益工具投资。本科目可按其他权益工具投资的类别和品种,分别"成本""公允价值变动"等进行明细核算。

对于指定为以公允价值计量且其变动计入其他综合收益的非交易性权益工具投资,除了获得的股利(属于投资成本收回部分的除外)计入当期损益外,其他相关的利得和损失(包括汇兑损益)均应计入其他综合收益,且后续不得转入当期损益。当其终止确认时,之前计入其他综合收益的累计利得或损失应当从其他综合收益中转出,计入留存收益。

注 套期会计中的"套期损益"明细科目:

(1) 本明细科目核算公允价值套期下对指定为以公允价值计量且其变动计入其他综合收益的非交易性权益工具投资或其组成部分进行套期时,套期工具和被套期项目公允价值变动形成的利得和损失。

(2) 本明细科目可按套期关系进行明细核算。

(3) 主要账务处理:

① 资产负债表日,应当按照套期工具产生的利得,借记"套期工具"科目,贷记本明细科目;套期工具产生损失作相反的会计分录。

② 资产负债表日,应当按照被套期项目因被套期风险敞口形成的利得,借记"被套期项目"科目,贷记本明细科目;被套期项目因被套期风险敞口形成损失作相反的会计分录。

(4) 当套期关系终止时,应当借记或贷记本明细科目,贷记或借记"利润分配——未分配利润"等科目。

(4) 企业自身信用风险公允价值变动(指定为以公允价值计量且其变动计入当期损益的金融负债)。

企业根据会计准则规定将金融负债指定为以公允价值计量且其变动计入当期损益的<u>金融负债</u>的,该金融负债所产生的利得或损失应当按照下列规定进行处理:

① 由企业自身信用风险变动引起的该金融负债公允价值的变动金额,应当计入其他综合收益。

② 该金融负债的其他公允价值变动计入当期损益。

按照此处①的规定对该金融负债的自身信用风险变动的影响进行处理会造成或扩大损益中的会计错配的,企业应当将该金融负债的全部利得或损失(包括企业自身信用风险变动的影响金额)计入当期损益。该金融负债<u>终止确认</u>时,之前计入其他综合收益的累计利得或损失应当从其他综合收益中转出,计入留存收益。

2. "400402 以后会计期间在满足规定条件时将重分类进损益的其他综合收益项目"

主要包括:

(1) 权益法下可转损益的其他综合收益(长期股权投资)。

根据《企业会计准则第2号——长期股权投资》,投资方取得长期股权投资后,应当按照应享有或应分担的被投资单位其他综合收益的份额,确认其他综合收益,同时调整长期股权投资的账面价值。如果被投资单位的其他综合收益属于"以后会计期间在满足规定条件时将重分类进损益"类别,则投资方确认的份额也属于"以后会计期间在满足规定条件时将重分类进损益"类别。

(2) 金融资产重分类计入其他综合收益的金额。

企业将一项以公允价值计量且其变动计入其他综合收益的金融资产重分类为以摊余成本计量的金融资产的,应当将之前计入其他综合收益的累计利得或损失转出,调整该金融资产在重分类日的公允价值,并以调整后的金额作为新的账面价值,即视同该金融资产一直以摊余成本计量。该金融资产重分类不影响其实际利率和预期信用损失的计量。

企业将一项以公允价值计量且其变动计入其他综合收益的金融资产重分类为以公允价值计量且其变动计入当期损益的金融资产的,应当继续以公允价值计量该金融资产。同时,企业应当将之前计入其他综合收益的累计利得或损失从其他综合收益转入当期损益。

按照《企业会计准则第22号——金融工具确认和计量》第十八条分类为以公允价值计量且其变动计入其他综合收益的金融资产所产生的所有利得或损失,除减值损失或利得和汇兑损益之外,均应计入其他综合收益,直至该金融资产终止确认或被重分类。但是,采用实际利率法计算的该金融资产的利息应当计入当期损益。该金融资产计入各期损益的金额应当与视同其一直按摊余成本计量而计入各期损益的金额相等。该金融资产终止确认时,之前计入其他综合收益的累计利得或损失应当从其他综合收益中转出,计入当期损益。企业将该金融资产重分类为其他类别金融资产的,应当根据

《企业会计准则第22号——金融工具确认和计量》第三十一条规定,对之前计入其他综合收益的累计利得或损失进行相应处理。

(3) 其他债权投资公允价值变动。

金融资产同时符合下列条件的,应当分类为以公允价值计量且其变动计入其他综合收益的金融资产(通过"其他债权投资"科目核算,可按金融资产类别和品种,分别"成本""利息调整""公允价值变动"等进行明细核算):

① 企业管理该金融资产的业务模式既以收取合同现金流量为目标又以出售该金融资产为目标。

② 该金融资产的合同条款规定,在特定日期产生的现金流量,仅为对本金和以未偿付本金金额为基础的利息的支付。

上述分类为以公允价值计量且其变动计入其他综合收益的金融资产所产生的所有利得或损失,除减值损失或利得和汇兑损益之外,均应当计入其他综合收益,直至该金融资产终止确认或被重分类。但是,采用实际利率法计算的该金融资产的利息应当计入当期损益。该金融资产计入各期损益的金额应当与视同其一直按摊余成本计量而计入各期损益的金额相等。该金融资产终止确认时,之前计入其他综合收益的累计利得或损失应当从其他综合收益中转出,计入当期损益。

对于上述分类为以公允价值计量且其变动计入其他综合收益的金融资产(债务工具投资)整体转移满足终止确认条件的,企业在计量该项转移形成的损益时,应当将原计入其他综合收益的公允价值变动累计利得或损失转出(注意不适用于根据《企业会计准则第22号——金融工具确认和计量》准则第十九条指定为以公允价值计量且其变动计入其他综合收益的非交易性权益工具投资)。

如果涉及转移的金融资产为上述分类为以公允价值计量且其变动计入其他综合收益的金融资产的,不再确认部分的金额对应的原计入其他综合收益的公允价值变动累计额计入当期损益。

(4) 其他债权投资信用减值准备。

金融资产同时符合下列条件的,应当分类为以公允价值计量且其变动计入其他综合收益的金融资产(通过"其他债权投资"科目核算,可按金融资产类别和品种,分别"成本""利息调整""公允价值变动"等进行明细核算):

① 企业管理该金融资产的业务模式既以收取合同现金流量为目标又以出售该金融资产为目标。

② 该金融资产的合同条款规定,在特定日期产生的现金流量,仅为对本金和以未偿付本金金额为基础的利息的支付。

对于上述分类为以公允价值计量且其变动计入其他综合收益的金融资产,企业应当在其他综合收益中确认其损失准备(通过"其他综合收益——信用减值准备"科目核算,以预期信用损失为基础计提损失准备),并将减值损失或利得计入当期损益,且不应减少该金融资产在资产负债表中列示的账面价值。

注 "信用减值准备"明细科目:

本明细科目核算企业按照金融工具确认和计量会计准则第十八条分类为以公允价值计量且其变动计入其他综合收益的金融资产以预期信用损失为基础计提的损失准备。

《利润表》中"其他债权投资信用减值准备"行项目,反映企业按照《企业会计准则第22号——金融工具确认和计量》(2017年修订)第十八条分类为以公允价值计量且其变动计入其他综合收益的金融资产的损失准备。该项目应根据"其他综合收益"科目下的"信用减值准备"明细科目的发生额分析填列。

(5) 现金流量套期储备(有效套期的部分)。

根据《企业会计准则第24号——套期会计》,现金流量套期利得或损失中属于有效套期的部分,应当直接确认为所有者权益(其他综合收益);属于无效套期的部分,应当计入当期损益。对于前者,套期会计准则规定在一定的条件下,将原直接计入所有者权益中的套期工具利得或损失转出,计入当期损益。

注 套期会计中的"套期储备"明细科目:

(1) 本明细科目核算现金流量套期下套期工具累计公允价值变动中的套期有效部分。

(2) 本明细科目可按套期关系进行明细核算。

(3) 主要账务处理。

① 资产负债表日，套期工具形成的利得或损失中属于套期有效部分的，借记或贷记"套期工具"科目，贷记或借记本明细科目；属于套期无效部分的，借记或贷记"套期工具"科目，贷记或借记"套期损益"科目。

② 企业将套期储备转出时，借记或贷记本明细科目，贷记或借记有关科目。

注：《利润表》中"现金流量套期储备"行项目，反映企业套期工具产生的利得或损失中属于套期有效的部分。该项目应根据"其他综合收益"科目下的"套期储备"明细科目的发生额分析填列。

（6）外币财务报表折算差额。

根据《企业会计准则第 19 号——外币折算》，企业对境外经营的财务报表进行折算时，应当将外币财务报表折算差额在资产负债表中所有者权益项目下单独列示（其他综合收益）；企业在处置境外经营时，应当将资产负债表中所有者权益项目下列示的、与该境外经营相关的外币报表折算差额，自所有者权益项目转入处置当期损益，部分处置境外经营的，应当按处置的比例计算处置部分的外币财务报表折算差额，转入处置当期损益。

（7）根据相关会计准则规定的其他项目（自用房地产或作为存货的房地产转换为以公允价值模式计量的投资性房地产在转换日公允价值大于账面价值部分）。

例如，根据《企业会计准则第 3 号——投资性房地产》，自用房地产或作为存货的房地产转换为以公允价值模式计量的投资性房地产在转换日公允价值大于账面价值部分计入其他综合收益；待该投资性房地产处置时，将该部分转入当期损益等。

3. "400403 所得税影响"等明细科目核算

此前在资本公积中核算的所得税影响现在在此科目所得税影响中核算。

4. "套期成本"

（1）本明细科目核算企业将期权的时间价值、远期合同的远期要素或金融工具的外汇基差排除在套期工具之外时，期权的时间价值等产生的公允价值变动。

（2）本明细科目可按套期关系进行明细核算。

（3）主要账务处理。

① 资产负债表日，对于期权的时间价值等的公允价值变动中与被套期项目相关的部分，应当借记或贷记"衍生工具"等科目，贷记或借记本明细科目。

② 企业在将相关金额从其他综合收益中转出时，借记或贷记本明细科目，贷记或借记有关科目。

A. 期权时间价值的会计处理。

企业将期权合同的内在价值和时间价值分开，只将期权的内在价值变动指定为套期工具时，应当区分被套期项目的性质是与交易相关还是与时间段相关，并进行不同的会计处理。

a. 被套期项目与交易相关的，对其进行套期的期权的时间价值具备该项交易成本的特征。

企业应当将期权时间价值的公允价值变动中与被套期项目相关的部分计入其他综合收益，并按照与现金流量套期储备相同的会计处理方法进行处理。

b. 被套期项目与时间段相关的，对其进行套期的期权时间价值具备为保护企业在特定时间段内规避风险所需支付成本的特征。

企业应当将期权时间价值的公允价值变动中与被套期项目相关的部分计入其他综合收益。同时，企业应当按照系统、合理的方法，将期权被指定为套期工具当日的时间价值中与被套期项目相关的部分，在套期关系影响损益或其他综合收益（仅限于企业对指定为以公允价值计量且其变动计入其他综合收益的非交易性权益工具投资的公允价值套期）的期间内摊销，摊销金额从其他综合收益中转出，计入当期损益。由于期权的时间价值在期权到期时将归零，因此在期权存续期内的累计时间价值的公允价值变动等于指定套期时的时间价值。时间价值变动计入其他综合收益的金额应当根据变动的实际情况确定，但从其他综合收益转入当期损益（即摊销）的金额应当按照系统、合理的方法确定。转入和转出的金额最终是一致的，即指定套期时的时间价值。若企业终止运用套期会计,则其他综合收益中剩余的相关金额应当转出,计入当期损益。

期权的主要条款(如名义金额、期限和标的)与被套期项目相一致的,期权的实际时间价值与被套期项目相关;期权的主要条款与被套期项目不完全一致的,企业应当通过对主要条款与被套期项目完全匹配的期权进行估值确定校准时间价值,并确认期权的实际时间价值中与被套期项目相关的部分。在套期关系开始时,期权的实际时间价值高于校准时间价值的,企业应当以校准时间价值为基础,将其累计公允价值变动计入其他综合收益,并将这两个时间价值的公允价值变动差额计入当期损益;在套期关系开始时,期权的实际时间价值低于校准时间价值的,企业应当将两个时间价值中累计公允价值变动的较低者计入其他综合收益,如果实际时间价值的累计公允价值变动扣减累计计入其他综合收益金额后尚有剩余的,应当计入当期损益。

B. 远期合同的远期要素和金融工具的外汇基差的会计处理。

企业将远期合同的远期要素和即期要素分开、只将即期要素的价值变动指定为套期工具的,或者将金融工具的外汇基差单独分拆、只将排除外汇基差后的金融工具指定为套期工具的,可以按照与期权时间价值相同的处理方式对远期合同的远期要素或金融工具的外汇基差进行会计处理,也可以按照常规会计处理方法进行处理。

(三) 主要账务处理

请参阅上述内容。

(四) 期末余额

请参阅上述内容。

注 资本公积的核算主要与股本投入相关,而其他综合收益属于已经实现但暂时不能计入本年利润或费用的项目。一般来说,资本公积属于已经确定的一个事实,后续期间不会再予以转出。而其他综合收益类似于一个过渡科目,在未来期间还需要予以转出(注:有的项目在以后会计期间不能重分类进损益)。

附:报表列示

反映企业其他综合收益的期末余额。

本项目应根据"其他综合收益"科目的期末余额填列。

注 (1)《利润表》中"其他权益工具投资公允价值变动"行项目,反映企业指定为以公允价值计量且其变动计入其他综合收益的非交易性权益工具投资发生的公允价值变动。该项目应根据"其他综合收益"科目的相关明细科目的发生额分析填列。

(2)《利润表》中"企业自身信用风险公允价值变动"行项目,反映企业指定为以公允价值计量且其变动计入当期损益的金融负债,由企业自身信用风险变动引起的公允价值变动而计入其他综合收益的金额。该项目应根据"其他综合收益"科目的相关明细科目的发生额分析填列。

(3)《利润表》中"其他债权投资公允价值变动"行项目,反映企业分类为以公允价值计量且其变动计入其他综合收益的债权投资发生的公允价值变动。企业将一项以公允价值计量且其变动计入其他综合收益的金融资产重分类为以摊余成本计量的金融资产,或重分类为以公允价值计量且其变动计入当期损益的金融资产时,之前计入其他综合收益的累计利得或损失从其他综合收益中转出的金额作为该项目的减项。该项目应根据"其他综合收益"科目下的相关明细科目的发生额分析填列。

(4)《利润表》中"金融资产重分类计入其他综合收益的金额"行项目,反映企业将一项以摊余成本计量的金融资产重分类为以公允价值计量且其变动计入其他综合收益的金融资产时,计入其他综合收益的原账面价值与公允价值之间的差额。该项目应根据"其他综合收益"科目下的相关明细科目的发生额分析填列。

(5)《利润表》中"其他债权投资信用减值准备"行项目,反映企业按照《企业会计准则第22号——金融工具确认和计量》(2017年修订)第十八条,分类为以公允价值计量且其变动计入其他综合收益的金融资产的损失准备。该项目应根据"其他综合收益"科目下的"信用减值准备"明细科目的发生额分析填列。

(6)《利润表》中"现金流量套期储备"行项目,反映企业套期工具产生的利得或损失中属于套期有效的部分。该项目应根据"其他综合收益"科目下的"套期储备"明细科目的发生额分析填列。

第二十三讲 企业合并

第一节 综合知识

一、相关知识概述

(一) 企业合并的概念

企业合并,是指将两个或者两个以上单独的企业合并形成一个报告主体的交易或事项。

企业合并的目的、原因

企业合并最根本的目的在于谋求利益,最主要的原因是希望加速成长、降低成本、减少风险。

企业的发展扩张,有其内在动力和外在压力,而通过与其他企业的合并,是其谋求利益、增强竞争力的有效途径。换言之,企业合并既有内在动因,也有外在动因。

1. 企业合并的内在动因

(1) 谋求管理协同效应。

如果某企业有一支高效率的管理队伍,有剩余的管理能力,则该企业可以并购那些管理效率低下的企业,实现管理资源的融合,提高管理资源的利用效率,从而获利。

(2) 谋求经营协同效应。

由于经济的互补性及规模经济的存在,企业通过合并可提高其生产经营活动的效率。经营协同效应产生的一个重要的前提是产业中存在规模经济,且在合并前没有达到规模经济。这种规模经济表现在两个方面:

① 生产规模经济。

企业通过合并调整资源配置使其达到最佳经济规模的要求,实现单位产品成本最低,从而提高经济效益。

② 企业规模经济。

企业规模经济表现为企业通过合并可节约管理费用、节省营销费用、集中研究费用、增强企业抵御风险的能力等。

(3) 谋求财务利益。

表现在:

① 提高财务能力。

一般而言,合并后企业整体的偿债能力比合并前单个企业的偿债能力要强。同时,还可降低资本成本。

② 合理避税。

税法一般包含有亏损的递延条款,若被并购企业前几年发生亏损,且未能经由前抵(carryback)所吸收时,此一亏损可以后抵(carryforward)至以后产生盈余的年度。某些国家,如美国,税法上允许将这一亏损转移给并购企业。若并购企业的所得税为正数,则该亏损可以作为其课税所得的减项,因而减少其所得税负担。此外,若合并以后,并购企业及被并企业法律上仍为独立个体,则可事先规划,采取合并报税或分开报税的方式,使企业整体的税赋达到最低。

③ 预期效应。

企业合并往往含有利好的消息,由于预期效应的作用,促使企业股票价格上涨,而这又反过来刺激企业并购行为的发生。

④ 产生立即利润。

有些企业的并购,并非在于控制其他公司,而是购买一家公司后,再化整为零,将各部门、各厂分别出售以获得利润。一些上市公司,通过股票交换方式合并其他企业,可立即增加账面利润,提高每股收益。

(4) 实现战略重组,开展多元化经营。

当前世界的经济表现异常活跃,新经济、新产业不断涌现,许多传统产业的企业为了生存和发展,纷纷将目光投向新经济,调整自己的经营战略。为了以较低成本快速地进入新领域,并购这一领域的企业成为一条很好的途径。同时,企业通过经营相关度较低的不同行业可分散经营风险、稳定收入来源、增加企业资产的安全性。

(5) 获得特殊资产。

企图获取某项特殊资产往往是并购的重要动因。特殊资产可能是一些对企业发展至关重要的专门资产。例如土地是企业发展的重要的资源，一些有实力、有发展前景的企业往往会由于狭小的空间而难以扩展，而另一些经营不善、市场不景气的企业却占有较多的土地和优越的地理位置，这时优势企业就可能并购劣势企业以获取土地这种特殊的资源。另外，并购也可能是为了获取目标企业所拥有的优秀的员工、专业技术、商标、品牌等无形资产。

(6) 降低代理成本。

在企业所有权与经营权相分离的情况下，由于所有者和经营者存在利益的不一致，使代理问题容易产生。通过企业内部组织机制安排可以在一定程度上缓解代理问题，降低代理成本。但当这些机制均不足以控制代理问题时，并购机制不失为一种好的方法。通过公开收购或争夺代理权而造成的接管，将会改选现任经理和董事会成员，从而作为外部控制解决代理问题，降低代理成本。

2. 企业合并的外在动因

(1) 一个国家的产业政策。

产业结构是指产业间的比例及相互关系。一个国家产业结构的调整，产业政策的变化，一定会加剧企业的并购活动。这点在我国表现得尤为突出。

(2) 公司产权结构和治理结构的状况。

企业的并购活动深受公司产权结构和治理结构的影响。若公司的股权比较分散，市场在公司治理结构中起导向作用，则并购容易发生；相反，则并购较难发生。

(3) 激烈的市场竞争。

市场竞争越激烈，为增强竞争力，需要不断地发展壮大自己，也就越激发企业的并购行为。

(4) 资本市场和信用制度的发达程度。

资本市场和信用制度的发达，可使并购的成本大为降低。另外，资本的国际化程度也制约着并购的范围。

(5) 法律因素。

企业的合并有时可能导致垄断，而市场经济的要求维护竞争反对垄断。因此，对合并的法律限制和保护必然存在。这样，法律限制的程度在一定程度上影响并购方式和并购的活跃程度。例如说当前世界各国面对国际市场的竞争，放松了对并购的法律限制，才使得第五次并购浪潮得以涌现。

(二) 企业合并的范围

从其包括的范围上讲，企业合并不仅包括企业与企业之间的合并，而且包括一个企业对另一个企业业务的合并。

企业与企业之间的合并是大家所熟知的，但一个企业合并另一个企业某项业务的企业合并还不为人所熟知。事实上，我国已经出现了企业对另一个企业业务的合并事项，如联想集团合并了IBM公司的个人电脑业务。

(三) 企业合并的方式

无论是同一控制下的企业合并或者非同一控制下的企业合并，实务中存在不同的合并方式，通常情况下，主要有控股合并、吸收合并及新设合并。

1. 控股合并

在控股合并方式下，被合并方或被购买方在合并后仍保持其独立的法人资格继续经营，合并方或购买方应确认企业合并形成的对被合并方或被购买方的投资。

2. 吸收合并

在吸收合并方式下，被合并方或被购买方在合并后被注销法人资格、变更为合并方或购买方的分公司或生产车间等，被合并方或被购买方原持有的资产、负债，在合并后变更为合并方或购买方的分公司或生产车间的资产、负债。

3. 新设合并

在新设合并方式下，参与合并的各方在合并后法人资格均被注销，重新注册成立一家新的企业，参与合并各方的资产、负债，在新的基础上变更为新设企业分公司或生产车间的资产和负债。

(四) 企业合并的分类

企业合并分为同一控制下的企业合并和非同一控制下的企业合并。

1. 同一控制下的企业合并

同一控制下的企业合并是指，参与合并的企业在合并前后均受同一方或相同的多方最终控制且该控制并非暂时性的。

(1) 当事人。

同一控制下的企业合并，在合并日取得对其他参与合并企业控制权的一方为合并方，参与合并的其他企业为被合并方。

(2) 合并日。

合并日，是指合并方实际取得对被合并方控制权的日期。

(3) 情形。

在通常情况下，同一企业集团内部各子公司之间、母子公司之间的合并属于同一控制下企业合并。如母公司将全资子公司的净资产转移至母公司并注销子公司，母公司将其拥有的对一个子公司的权益转移至另一子公司等。从广义上来讲，同属国家国有资产监督管理部门管理的国有企业之间的并购均属于同一控制下的企业合并。

(4) 特点。

同一控制下的企业合并有两个主要特点：

① 从最终实施控制方的角度来看，其所能够实施控制的净资产没有发生变化。

② 由于参与合并的企业同受一方或相同的多方控制，有些合并甚至不是参与合并的企业自愿的，所以交易往往不是按公允价值进行的，很难以双方议定的价格作为核算基础。

(5) 同一控制下的企业合并的判断。

参与合并的企业在合并前后均受同一方或相同的多方最终控制且该控制并非暂时性的，为同一控制下的企业合并。

实施最终控制的一方，通常是指企业集团中的母公司或者有关主管单位。实施最终控制的一方为有关主管单位的，企业合并是指在某一主管单位主导下进行的合并，但如果有关主管单位并未参与企业合并过程中具体商业条款的制定，如并未参与合并定价、合并方式及其他涉及企业合并的具体安排等，不属于同一控制下的企业合并。

相同的多方，是指根据投资者之间的协议约定，为扩大其中某一投资者对被投资单位股份的控制比例，或者巩固某一投资者对被投资单位的控制地位，在对被投资单位的生产经营决策行使表决权时发表相同意见的两个或两个以上的法人或其他组织。

控制并非暂时性，是指参与合并各方在合并前后较长的时间内受同一方或多方控制，控制时间通常在1年以上(含1年)。

一方或相同的多方控制下的企业合并，合并双方的合并行为不完全是自愿进行和完成的，这种企业合并不属于交易行为，而是参与合并各方资产和负债的重新组合。

2. 非同一控制下的企业合并

非同一控制下的企业合并是指，参与合并的各方在合并前后不受同一方或相同的多方最终控制的。

(1) 当事人。

非同一控制下的企业合并，在购买日取得对其他参与合并企业控制权的一方为购买方，参与合并的其他企业为被购买方。

(2) 购买日。

购买日，是指购买方实际取得对被购买方控制权的日期。

(3) 特点。

非同一控制下的企业合并有两个特点：

① 参与合并的各方不受同一方或相同的多方控制，企业合并大多是出自企业自愿的行为。

② 交易过程中各方出于自身利益的考虑会进行激烈的讨价还价，交易以公允价值为基础，作价相对公平合理。

(4) 非同一控制下的企业合并的判断。

参与合并的各方在合并前后不受同一方或相同的多方最终控制的，为非同一控制下的企业合并。

相对同一控制下的企业合并而言，非同一控制下的企业合并是合并各方自愿进行的交易行为，作为一种公平的交易，应当以公允价值为基础进行计量。

(五) 不同合并方式下的会计处理综述

企业严格按照会计准则中有关"控制"的规定，对企业合并做出正确的会计处理。

1. 在控股合并方式下

不论同一控制下的企业合并还是非同一控制下的企业合并，在合并方(或购买方)的个别财务报表中，均体现为母公司(合并方或购买方)对子公司(被合并方或被购买方)的长期股权投资。

(1) 企业合并形成长期股权投资的初始投资成本。

① 同一控制下的控股合并。

合并方在合并中形成的长期股权投资,应当以合并日取得被合并方账面所有者权益的份额作为其初始投资成本。合并方确认的初始投资成本与其付出合并对价账面价值的差额,应当调整资本公积;资本公积不足的,调整盈余公积和未分配利润。进行上述处理后,在合并日的合并财务报表中,对于被合并方在合并日以前实现的留存收益中归属于合并方的部分,应根据不同情况进行适当的调整,自资本公积转入留存收益。

② 非同一控制下的企业合并。

购买方应以付出的资产、发生或承担的负债以及发行的权益性证券的公允价值加上为企业合并发生的各项直接相关费用之和,作为合并中形成的长期股权投资的初始投资成本。其中,作为合并对价付出净资产的公允价值与其账面价值的差额,应作为资产处置损益计入合并当期损益。

(2) 合并日或购买日的确定。

合并日是指合并方实际取得对被合并方控制权的日期。即被合并方净资产或生产经营决策的控制权转移给合并方的日期。

同时满足以下条件的,可认定为实现了控制权的转移:

① 企业合并协议已获股东大会通过。

② 企业合并事项需要经过国家有关部门实质性审批的,已取得有关主管部门的批准。

③ 参与合并各方已办理了必要的财产交接手续。

④ 合并方或购买方已支付了合并价款的大部分(一般应超过50%),并且有能力支付剩余款项。

⑤ 合并方或购买方实际上已经控制了被合并方或被购买方的财务和经营政策,并享有相应的利益及承担风险。

非同一控制下企业合并中的购买日,也应按照上述规定的条件确定。

(3) 合并日或购买日编制合并财务报表。

合并方或购买方可以编制合并日或购买日的合并财务报表,为合并当期期末及以后期间编制合并财务报表提供基础。

① 同一控制下的控股合并。

本质上是两个独立的企业或业务的整合,合并后主体视同在以前期间一直存在,母公司一般应编制合并日的合并财务报表,包括合并资产负债表、合并利润表及合并现金流量表。在合并利润表中,对于被合并方自合并当期期初至合并日实现的净利润,应当在"净利润"下单列"其中:被合并方在合并前实现的净利润"项目反映。合并当期资产负债表日,编制比较报表时,合并方应对比较报表有关项目的期初数进行调整,视同合并后主体在以前期间一直存在。

② 非同一控制下的控股合并。

本质上属于一次或多次完成的交易。被购买方在合并前实现的净利润已经包含在企业合并成本中,母公司在购买日可以编制合并资产负债表,不编制合并利润表和合并现金流量表。购买日的合并资产负债表反映购买方自购买日起能够控制的经济资源,其中对于被购买方有关资产、负债应当按照合并中确定的公允价值列示,合并成本大于合并中取得的各项可辨认资产、负债公允价值份额的差额,确认为合并资产负债表中的商誉。企业合并成本小于合并中取得的各项可辨认资产、负债公允价值份额的差额,在合并资产负债表中调整盈余公积和未分配利润。

非同一控制下的控股合并,购买方应自购买日起设置备查簿,登记其在购买日取得的被购买方可辨认资产、负债的公允价值,为以后期间核算及合并财务报表的编制提供基础资料。

2. 在吸收合并和新设合并方式下

(1) 属于同一控制下的企业合并。

合并方在合并日对合并中取得的被合并方资产、负债应按其原账面价值计量,支付的合并对价账面价值与取得净资产账面价值之间的差额,调整资本公积和留存收益。对于被合并方在合并前实现的留存收益中属于合并方的部分,应视情况进行调整,自资本公积转入留存收益。

（2）属于非同一控制下的企业合并。

购买方在购买日对合并中取得的各项可辨认资产、负债应按其公允价值计量,合并成本与合并中取得的可辨认净资产公允价值的差额,按照上述关于非同一控制下控股合并的相关规定处理。

在企业合并中,购买方对于因企业合并而产生的递延所得税资产,应当如何进行会计处理？

在企业合并中,购买方取得被购买方的可抵扣暂时性差异,在购买日不符合递延所得税资产确认条件的,不应予以确认。购买日后12个月内,如取得新的或进一步的信息表明购买日的相关情况已经存在,预期被购买方在购买日可抵扣暂时性差异带来的经济利益能够实现的,应当确认相关的递延所得税资产,同时减少商誉,商誉不足冲减的,差额部分确认为当期损益；除上述情况以外,确认与企业合并相关的递延所得税资产,应当计入当期损益。

（六）企业合并在附注中的披露

（1）企业合并发生当期的期末,合并方应当在附注中披露与同一控制下企业合并有关的下列信息：

① 参与合并企业的基本情况。

② 属于同一控制下企业合并的判断依据。

③ 合并日的确定依据。

④ 以支付现金、转让非现金资产以及承担债务作为合并对价的,所支付对价在合并日的账面价值；以发行权益性证券作为合并对价的,合并中发行权益性证券的数量及定价原则,以及参与合并各方交换有表决权股份的比例。

⑤ 被合并方的资产、负债在上一会计期间资产负债表日及合并日的账面价值；被合并方自合并当期期初至合并日的收入、净利润、现金流量等情况。

⑥ 合并合同或协议约定将承担被合并方或有负债的情况。

⑦ 被合并方采用的会计政策与合并方不一致所作调整情况的说明。

⑧ 合并后已处置或准备处置被合并方资产、负债的账面价值和处置价格等。

（2）企业合并发生当期的期末,购买方应当在附注中披露与非同一控制下企业合并有关的下列信息：

① 参与合并企业的基本情况。

② 购买日的确定依据。

③ 合并成本的构成及其账面价值、公允价值及公允价值的确定方法。

④ 被购买方各项可辨认资产、负债在上一会计期间资产负债表日及购买日的账面价值和公允价值。

⑤ 合并合同或协议约定将承担被购买方或有负债的情况。

⑥ 被购买方自购买日起至报告期期末的收入、净利润和现金流量等情况。

⑦ 商誉的金额及其确定方法。

⑧ 因合并成本小于合并中取得的被购买方可辨认净资产公允价值的份额计入当期损益的金额。

⑨ 合并后已处置或准备处置被购买方资产、负债的账面价值和处置价格等。

二、会计准则概述

（一）本准则的相关背景

随着经济的全球化和新经济的发展,企业的生存发展环境日新月异,面临更多的机遇和挑战。为更好地生存与发展,企业间并购事件层出不穷、此起彼伏。在本准则制定、发布时,国际上已经经历了五次合并浪潮。

1. "横向合并"浪潮（20世纪初）

工业革命的迅猛发展,导致先进技术的应用和管理组织支配生产要素的能力的提高。集中资源、做大企业是这个时代鲜明的经济特征。作坊并入企业,企业聚成集团,一些小企业消失,一批大公司形成。合并的最终结果是形成了一些行业垄断企业。

2. "纵向合并"浪潮（20世纪20年代）

市场和经济的发展,使企业间的经济联系日趋复杂,各行业间的相互依存和制约越来强,行业巨头们开始了跨行业的联合与并购。金融界尤其是投资银行在这次并购中表现得特别活跃。据统计,60%的企业并购是通过上市收购、收购上市、股票交易等方式在纽约证券交易所进行的。该次并购,使企业的资本结构由简单的股份制变为了金字塔式的复合股份公司制,控股公司就是在这时出现的。该次并购的结果导致了寡头垄断的形成。

3. "多元合并"浪潮(20世纪60年代)

由于市场风险的加剧和以反托拉斯为代表的一系列管制措施,使企业家们更关注跨行业的并购,以分散风险和规避管制。

4. "融资合并"浪潮(20世纪80年代)

20世纪70年代美国经济"滞胀",使得大企业综合症彻底暴露:企业经营绩效低下、内部官僚林立、机制僵化和缺乏创新动力。美国多数大企业进入了一个无所作为的时期。此时,一批活跃在华尔街的金融专家洞察时势,针对企业集团的弱点,迅速组织银团负债融资,收购这些公司取得控股权。同时,重组公司结构,聘请管理专家,在公司获利后将公司卖出。以买卖企业而获利为目的的融资合并成为第四次合并浪潮的特征。

5. 面向新经济的"战略合并"浪潮(20世纪90年代末至今)

经济全球化和网络经济的异军突起,引发了目前方兴未艾、如火如荼的合并浪潮。这次合并浪潮与前几次相比具有以下特点:

(1) 规模更加巨大。

2000年年初,美国在线收购时代华纳,其金额达1 550亿美元;英国达沃收购德国曼内斯曼,其金额达1 850亿美元。其并购金额之巨相当于一个中小国家一年的国民生产总值。

(2) 涉及范围广。

合并几乎涉及所有的行业。不仅国内国外,汽车、通信、金融、传媒等行业的企业合并事件不断出现,而且像时装界这样素以独特客户定位、不屑于规模发展的行业,也暴露出古奇与路易威登合并的消息。合并已成为各行业重组的工具。

(3) 合并已跨越国界。

经济的全球化使合并跨越国界,许多并购事件在全球范围内展开。

(4) 合并形式越来越多样化,合并更为迅速。

许多重大的并购在短短的几个月甚至几周内完成。波音在7个月内兼并麦道,花旗银行与旅行者高达720亿美元的合并也不超过4个月。而奔驰与克莱斯勒400亿美元的合并意向,仅在17分钟内完成。在这次合并浪潮中,最为重要的变化是企业并购的目的不仅仅是获得规模经济、提高市盈率、实现领导人价值等,更是奠定或谋求在未来经济格局和市场竞争中有利的战略地位。

小知识

国际财务报告准则和美国财务会计准则下的企业合并

国际财务报告准则和美国财务会计准则,均不包括同一控制下的企业合并。由于在本准则制定时我国产权交易市场不很成熟,公允价值难以取得,实际工作中出现的绝大部分合并实例为同一控制下的企业合并。例如,在一个企业集团内部的企业合并或在同一所有者控制下的企业合并等。企业合并准则如不规范同一控制下的企业合并,将无法解决我国现实中的企业合并问题。因此,在充分考虑我国实际情况的基础上,将同一控制下的企业合并纳入企业合并准则的范围,明确规定同一控制下的企业合并应当以账面价值为基础进行会计处理,但在合并财务报表中,要求对被合并企业的财务状况和经营成果予以充分披露。

与此同时,企业合并准则也规定了非同一控制下的企业合并,即如果企业合并在不受他方控制的情况下,买卖双方的公允价值能够取得,应当采用公允价值为基础进行会计处理。具体处理方法与《国际财务报告准则第3号——企业合并》是一致的。

从国内来看,新中国成立后,共经历了三次合并浪潮:

(1) 新中国成立初期,对民族资本主义工商业进行利用、限制、改造,完成了公有制经济的"并购"活动。

(2) 改革开放后至1993年,贯彻"两权分离"的改革原则,国有企业间进行一些兼并活动。

(3) 1993年至今,中共十四届三中全会明

确提出"要明确产权关系""让产权流动和重组",为企业的合并活动创造了条件,扫除了一些体制上的障碍;同时,面对经济的全球化和新经济的发展,国内企业纷纷实行战略重组,掀起了一股前所未有的合并浪潮。

以前我国没有制定有关企业合并的会计准则,实务中主要参照财政部颁布的《企业兼并有关会计处理问题暂行规定》《合并会计报表暂行规定》和《关于执行具体会计准则和〈股份有限公司会计制度〉有关会计问题的解答》(以下简称旧准则)。但随着合并方式的创新,尤其是换股合并的出现,这些规定已逐渐不能适应经济发展的要求。此外,由于不同的会计方法对企业利润往往有重大影响,缺乏相应的规范将使合并会计信息缺乏可比性,也不利于投资者了解合并所使用的会计方法。合并会计方法选择的混乱,使证券市场的投资理性受到削弱,因此,制定企业合并会计准则已刻不容缓。

为了规范企业合并的确认、计量和相关信息的披露,根据《企业会计准则——基本准则》,我国财政部制定了《企业会计准则第20号——企业合并》(本讲简称"本准则"或"新准则")。

(二) 本准则的适用范围

1. 比照处理

涉及业务的合并比照本准则规定处理。

2. 不涉及

本准则不涉及下列企业合并:

(1) 两方或者两方以上形成合营企业的企业合并。

(2) 仅通过合同而不是所有权份额将两个或者两个以上单独的企业合并形成一个报告主体的企业合并。

注 仅通过合同而不是所有权份额将两个或者两个以上单独的企业(或特殊目的主体)合并形成一个报告主体的企业合并,也应当按照《企业会计准则第20号——企业合并》第五条至第十九条的规定进行会计处理。

合营企业的概念

投资企业与其他方对被投资单位实施共同控制的,被投资单位为其合营企业。共同控制,是指按照合同约定对某项经济活动所共有的控制,仅在与该项经济活动相关的重要财务和经营决策需要分享控制权的投资方一致同意时存在。

(三) 本准则的主要变化

新企业合并准则与原相关会计制度规定的差异比较:

1. 关于计量模式

原会计制度对企业合并,无论吸收、新设还是控股合并,都是以被合并方的账面价值来计量;新准则分为两种情况:同一控制下的企业合并,采用账面价值计量,非同一控制下的企业合并采用公允价值计量。

注 在颁布新准则之前,我国没有单独的企业合并准则,企业合并业务主要是按照《企业会计制度》中有关长期投资的规定和1996年8月财政部颁发的《企业兼并有关财务问题的暂行规定》执行。对企业合并完全采用账面成本计量,这与新发布的《企业合并准则》中对同一控制下的企业合并行为的处理原则上是相同的。之所以采用账面成本计量,主要是考虑到在本准则制定时我国的企业合并大部分是同一控制下的企业合并。例如中央、地方国资委所控制的企业之间的合并,或者同一企业集团内两个或多个子公司的合并,这不一定是合并方和被合并方双方完全出于自愿的交易行为,合并对价也不是双方讨价还价的结果,不代表公允价值。因此以账面价值作为会计处理的基础,可以避免利润操纵。

同时,新准则认为,非同一控制下的企业合并(包括吸收合并和新设合并)可以有双方的讨价还价,是双方自愿交易的结果。因此有双方认可的公允价值,应当按照公允价值进行核算。非同一控制下的企业合并处理的总体原则是:视同一个企业购买另外一个企业的交易,按照购买法进行核算,按照公允价值确认所取得的资产和负债。

2. 关于股权投资差额(商誉)

(1) 旧准则。

在原制度下,投资成本与投资企业拥有被投资企业的"份额"之间的差额作为股权投资差额处理。

(2) 新准则。

① 非同一控制下的企业合并。

购买方对合并成本大于合并中取得的被购买方可辨认净资产公允价值份额的差额,应当确认为商誉。初始确认后的商誉,应当以其成本扣除累计减值准备后的金额计量。商誉的减值应当按照《企业会计准则第8号——资产减值》处理。

购买方对合并成本小于合并中取得的被购买方可辨认净资产公允价值份额的差额,应当按照下列规定处理:

对取得的被购买方各项可辨认资产、负债及或有负债的公允价值以及合并成本的计量进行复核。经复核后合并成本仍小于合并中取得的被购买方可辨认净资产公允价值份额的,其差额应当计入当期损益。

② 同一控制下的企业合并。

长期股权投资初始投资成本与支付的现金、转让的非现金资产以及所承担债务账面价值之间的差额,应当调整资本公积;资本公积不足冲减的,调整留存收益。

合并方以发行权益性证券作为合并对价的,应当在合并日按照取得被合并方所有者权益账面价值的份额作为长期股权投资的初始投资成本。按照发行股份的面值总额作为股本,长期股权投资初始投资成本与所发行股份面值总额之间的差额,应当调整资本公积;资本公积不足冲减的,调整留存收益。

执行新准则对企业财务状况的影响分析

(1) 由于在本准则制定时我国的企业合并大多是同一控制下的合并,而准则规定同一控制下的合并,按权益结合法进行会计处理,年中合并视同年初就已实现,那么就一定程度上虚增了合并企业利润表中的本年利润,但被合并方在合并前实现的净利润,应当在合并利润表中单项反映。

同时资产按照历史成本计量,不能反映其真实的现时价值,造成资产负债表中,资产少计,从而使资产的成本补偿不足。

(2) 新准则规定,非同一控制下的企业合并,购买方在购买日对作为企业合并对价付出的资产、发生或承担的负债应当按照公允价值计量,公允价值与其账面价值的差额,计入当期损益,即将付出的资产视同销售,应确认损益,这必然使企业损益发生变化。

而按照原制度,按账面价值计量,不产生损益。

第二节 同一控制下的企业合并

同一控制下的企业合并中,被合并方采用的会计政策与合并方不一致的,合并方在合并日应当按照本企业会计政策对被合并方的财务报表相关项目进行调整,在此基础上按照本准则规定确认。

一、同一控制下企业合并的处理原则

对于同一控制下的企业合并,会计处理方法类似于权益结合法。该方法下,是将企业合并看作是两个或多个参与合并企业权益的重新整合,由于最终控制方的存在,从最终控制方的角度,该类企业合并一定程度上并不会造成构成企业集团整体的经济利益流入和流出,最终控制方在合并前后实际控制的经济资源并没有发生变化,有关交易事项不作为出售或购买。

对于同一控制下的企业合并,在合并中不涉及自少数股东手中购买股权的情况下,合并方应遵循以下原则进行相关的处理:

(1) 合并方在合并中确认取得的被合并方的资产、负债仅限于被合并方账面上原已确认的资产和负债,合并中不产生新的资产和负债。

同一控制下的企业合并,从最终控制方的角度,其在企业合并发生前后能够控制的净资产价值量并没有发生变化,因此即便是在合并过程中,取得的净资产入账价值与支付的合并对价账面价值之间存在差额,同一控制下的企业合并中一般也不产生新的商誉因素,即不确认新的资产,但被合并方在企业合并前账面上原已确认的商誉应作为合并中取得的资产确认。

(2) 合并方在合并中取得的被合并方各项

资产、负债应维持其在被合并方的原账面价值不变。被合并方在企业合并前采用的会计政策与合并方不一致的,应基于重要性原则,首先统一会计政策,即合并方应当按照本企业会计政策对被合并方资产、负债的账面价值进行调整,并以调整后的账面价值作为有关资产、负债的入账价值。进行上述调整的一个基本原因是将该项合并中涉及的合并方及被合并方作为一个整体对待,对于一个完整的会计主体,其对相关交易、事项应当采用相对统一的会计政策,在此基础上反映其财务状况和经营成果。

(3) 合并方在合并中取得的净资产的入账价值相对于为进行企业合并支付的对价账面价值之间的差额,不作为资产的处置损益,不影响企业合并当期的利润表,有关差额应调整所有者权益相关项目。

同一控制下的企业合并,本质上不作为购买,而是两个或多个会计主体权益的整合。合并方在企业合并中取得的价值量相对于所放弃价值量之间存在差额的,应当调整所有者权益。在根据合并差额调整合并方的所有者权益时,应首先调整资本公积(资本溢价或股本溢价),资本公积(资本溢价或股本溢价)的余额不足冲减的,应冲减留存收益。

(4) 对于同一控制下的控股合并,应视同合并后形成的报告主体自最终控制方开始实施控制时一直是一体化存续下来的,体现在其合并财务报表上,即由合并后形成的母子公司构成的报告主体,无论是其资产规模还是其经营成果都应持续计算。

编制合并财务报表时,无论该项合并发生在报告期的哪一时点,合并利润表、合并现金流量表均反映的是由母公司构成的报告主体自合并当期期初至合并日实现的损益及现金流量情况。合并资产负债表的留存收益项目,应当反映母公司如果一直作为一个整体运行至合并日应实现的盈余公积和未分配利润的情况。

对于同一控制下的控股合并,在合并当期编制合并财务报表时,应当对合并资产负债表的期初数进行调整,同时应当对比较报表的相关项目进行调整,视同合并后的报告主体在以前期间一直存在。

二、取得的资产和负债的初始计量(初始投资成本)

合并方在企业合并中取得的资产和负债,应当按照合并日在被合并方的账面价值计量。

取得的资产和负债的计量=合并日在被合并方的账面价值

在同一控制下的企业合并中,在被合并方是最终控制方以前年度从第三方收购来的情况下,合并方在编制财务报表时,应如何确定被合并方资产、负债的账面价值?

同一控制下的企业合并,是指参与合并的企业在合并前后均受同一方或相同的多方最终控制,且该控制不是暂时性的。从最终控制方的角度看,其在合并前后实际控制的经济资源并没有发生变化,因此有关交易事项不应视为购买。合并方编制财务报表时,在被合并方是最终控制方以前年度从第三方收购来的情况下,应视同合并后形成的报告主体自最终控制方开始实施控制时起,一直是一体化存续下来的,应以被合并方的资产、负债(包括最终控制方收购被合并方而形成的商誉)在最终控制方财务报表中的账面价值为基础,进行相关会计处理。合并方的财务报表比较数据追溯调整的期间应不早于双方处于最终控制方的控制之下孰晚的时间。

三、支付的合并对价

(1) 合并方取得的净资产账面价值与支付的合并对价账面价值(或发行股份面值总额)的差额,应当调整资本公积;资本公积不足冲减的,调整留存收益。

(2) 为进行企业合并发生的各项直接相关费用。合并方为进行企业合并发生的各项直接相关费用,包括为进行企业合并而支付的审计费用、评估费用、法律服务费用等,应当于发生时计入当期损益。

(3) 为企业合并发行的债券或承担其他债务支付的手续费、佣金等,应当计入所发行债券及其他债务的初始计量金额。

(4) 企业合并中发行权益性证券发生的手

续费、佣金等费用,应当抵减权益性证券溢价收入,溢价收入不足冲减的,冲减留存收益。

合并方为进行企业合并发生的有关费用的处理

合并方为进行企业合并发生的有关费用,指合并方为进行企业合并发生的各项直接相关费用,如为进行企业合并支付的审计费用、资产评估费用以及有关的法律咨询费用等增量费用。企业专设的购并部门发生的日常管理费用,如果该部门的设置并不是与某项企业合并直接相关,而是企业的一个常设部门,其设置目的是寻找相关的购并机会等,维持该部门日常运转的有关费用,不属于与企业合并直接相关的费用,应当于发生时费用化计入当期损益。

同一控制下企业合并进行过程中发生的各项直接相关费用,应于发生时费用化计入当期损益。借记"管理费用"等科目,贷记"银行存款"等科目。

但以下两种情况除外:

(1)以发行债券方式进行的企业合并,与发行债券相关的佣金、手续费等应按照《企业会计准则第22号——金融工具确认和计量》的规定进行核算。该部分费用,虽然与筹集用于企业合并的对价直接相关,但其核算应遵照金融工具准则的原则,有关的费用应计入负债的初始计量金额中。

(2)发行权益性证券作为合并对价的,与所发行权益性证券相关的佣金、手续费等应按照《企业会计准则第37号——金融工具列报》的规定处理。即与发行权益性证券相关的费用,不管其是否与企业合并直接相关,均应自所发行权益性证券的发行收入中扣减,在权益性工具发行有溢价的情况下,自溢价收入中扣除,在权益性证券发行无溢价或溢价金额不足以扣减的情况下,应当冲减盈余公积和未分配利润。

四、同一控制下的吸收合并的会计处理

同一控制下的吸收合并中,合并方主要涉及合并日取得被合并方资产、负债入账价值的确定,以及合并中取得有关净资产的入账价值与支付的合并对价账面价值之间差额的处理。

(一)合并中取得资产、负债入账价值的确定

合并方对同一控制下吸收合并中取得的资产、负债应当按照相关资产、负债在被合并方的原账面价值入账。

应予注意的是,合并方与被合并方在企业合并前采用的会计政策不同的,首先应基于重要性原则,按照合并方的会计政策对被合并方的有关资产、负债的账面价值进行调整,以调整后的账面价值确认。

(二)合并差额的处理

合并方在确认了合并中取得的被合并方的资产和负债后,以发行权益性证券方式进行的该类合并,所确认的净资产入账价值与发行股份面值总额的差额,应记入资本公积(资本溢价或股本溢价),资本公积(资本溢价或股本溢价)的余额不足冲减的,相应冲减盈余公积和未分配利润;以支付现金、非现金资产方式进行的该类合并,所确认的净资产入账价值与支付的现金、非现金资产账面价值的差额,相应调整资本公积(资本溢价或股本溢价),资本公积(资本溢价或股本溢价)的余额不足冲减的,应冲减盈余公积和未分配利润。

(三)合并当期期末比较报表的提供

因被合并方在合并后失去法人资格,其所有的资产、负债均并入合并方的账簿和报表进行核算,合并方在合并当期期末编制的是其个别财务报表。对于同一控制下的吸收合并,在编制比较报表时,无须对以前期间已经编制的比较报表进行调整。

五、同一控制下的控股合并的会计处理

同一控制下的控股合并中,合并方在合并日涉及两个方面的问题:

(1)因该项企业合并形成的对被合并方的长期股权投资的确认和计量。

(2)合并财务报表的编制。

(一)长期股权投资的确认和计量

同一控制下企业合并形成的长期股权投资,合并方应以合并日应享有被合并方账面所有者权益的份额作为形成长期股权投资的初始投资成本。

关于同一控制合并方式下形成长期股权投

资初始投资成本的确认和计量，请参见本书第六讲长期股权投资。

(二) 合并日合并财务报表的编制

同一控制下的企业合并形成母子公司关系的，合并方一般应在合并日编制合并财务报表，反映于合并日形成的报告主体的财务状况、视同该主体一直存在产生的经营成果等。考虑有关因素的影响，编制合并日的合并财务报表存在困难的，下列有关原则同样适用于合并当期期末合并财务报表的编制。编制合并日的合并财务报表时，一般包括合并资产负债表、合并利润表及合并现金流量表。

1. 合并资产负债表

被合并方的有关资产、负债应以其账面价值并入合并财务报表（合并方与被合并方采用的会计政策不同的，指按照合并方的会计政策，对被合并方有关资产、负债进行调整后的账面价值）。合并方与被合并方在合并日及以前期间发生的交易，应作为内部交易，按照本书第三十九讲合并财务报表介绍的原则进行抵销。

在合并资产负债表中，对于被合并方在企业合并前实现的留存收益（盈余公积和未分配利润之和）中归属于合并方的部分，应按以下规定，自合并方的资本公积转入留存收益：

（1）确认企业合并形成的长期股权投资后，合并方账面资本公积（资本溢价或股本溢价）贷方余额大于被合并方在合并前实现的留存收益中归属于合并方的部分，在合并资产负债表中，应将被合并方在合并前实现的留存收益中归属于合并方的部分自"资本公积"转入"盈余公积"和"未分配利润"。在合并工作底稿中，借记"资本公积"项目，贷记"盈余公积"和"未分配利润"项目。

（2）确认企业合并形成的长期股权投资后，合并方账面资本公积（资本溢价或股本溢价）贷方余额小于被合并方在合并前实现的留存收益中归属于合并方的部分，在合并资产负债表中，应以合并方资本公积（资本溢价或股本溢价）的贷方余额为限，将被合并方在企业合并前实现的留存收益中归属于合并方的部分自"资本公积"转入"盈余公积"和"未分配利润"。在合并工作底稿中，借记"资本公积"项目，贷记"盈余公积"和"未分配利润"项目。因合并方的资本公积（资本溢价或股本溢价）余额不足，被合并方在合并前实现的留存收益中归属于合并方的部分在合并资产负债表中未予全额恢复的，合并方应当在会计报表附注中对这一情况进行说明，包括被合并方在合并前实现的留存收益金额、归属于本企业的金额及因资本公积余额不足在合并资产负债表中未转入留存收益的金额等。

2. 合并利润表

合并方在编制合并日的合并利润表时，应包含合并方及被合并方自合并当期期初至合并日实现的净利润。

例如，同一控制下的企业合并发生于2022年2月18日，合并方当日编制合并利润表时，应包括合并方及被合并方自2022年1月1日至2022年2月18日实现的净利润。双方在当期发生的交易，应当按照合并财务报表的有关原则进行抵销。

为了帮助企业的会计信息使用者了解合并利润表中净利润的构成，发生同一控制下企业合并的当期，合并方在合并利润表中的"净利润"项下应单列"其中：被合并方在合并前实现的净利润"项目，反映因准则中的同一控制下企业合并规定的编表原则，导致由于该项企业合并在合并当期自被合并方带入的损益。

3. 合并现金流量表

合并方在编制合并日的合并现金流量表时，应包含合并方及被合并方自合并当期期初至合并日产生的现金流量。涉及双方当期发生内部交易产生的现金流量，应按照合并财务报表准则规定的有关原则进行抵销。

4. 比较报表的编制

同一控制下的企业合并，在编制合并当期期末的比较报表时，应视同参与合并各方在最终控制方开始实施控制时即以目前的状态存在。提供比较报表时，应对前期比较报表进行调整。因企业合并实际发生在当期，以前期间合并方账面上并不存在对被合并方的长期股权投资,在编制比较报表时,应将被合并方的有关资产、负债并入后,因合并而增加的净资产在比较报表中调整所有者权益项下的资本公积(资本溢价或股本溢价)。

第三节 非同一控制下的企业合并

一、合并的取得成本

(一) 合并成本的确定

1. 综合介绍

购买方应当区别下列情况确定合并成本:

(1) 一次交换交易实现的企业合并。

企业合并成本包括购买方为进行企业合并支付的现金或非现金资产、发行或承担的债务、发行的权益性证券等在购买日的公允价值之和。

(2) 通过多次交换交易分步实现的企业合并。

通过多次交换交易分步实现的非同一控制下企业合并,购买日应当按照原持有的股权投资的账面价值加上新增投资成本之和作为初始投资成本,采用成本法核算。

(3) 购买方为进行企业合并发生的各项直接相关费用。

非同一控制下企业合并中发生的与企业合并直接相关的费用,包括为进行合并而发生的会计审计费用、法律服务费用、咨询费用等,应于发生时计入当期损益。

与同一控制下企业合并过程中发生的有关费用相一致,这里所称合并中发生的各项直接相关费用,不包括与为进行企业合并发行的权益性证券或发行的债务性证券相关的手续费、佣金等,该部分费用应比照同一控制下企业合并中类似费用的处理原则处理。

(4) 在合并合同或协议中对可能影响合并成本的未来事项做出约定的。

购买日如果估计未来事项很可能发生并且对合并成本的影响金额能够可靠计量的,购买方应当将其计入合并成本。

> **小知识**
>
> *企业通过多次交易分步实现非同一控制下企业合并的,对于购买日之前持有的被购买方的股权,应当如何进行会计处理?*
>
> 自2010年1月1日起,企业通过多次交易分步实现非同一控制下企业合并的,应当区分个别财务报表和合并财务报表进行相关会计处理:
>
> ① 在个别财务报表中,应当以购买日之前所持被购买方的股权投资的账面价值与购买日新增投资成本之和,作为该项投资的初始投资成本;购买日之前持有的被购买方的股权涉及其他综合收益的,应当在处置该项投资时将与其相关的其他综合收益转入当期投资收益。
>
> ② 在合并财务报表中,对于购买日之前持有的被购买方的股权,应当按照该股权在购买日的公允价值进行重新计量,公允价值与其账面价值的差额计入当期投资收益;购买日之前持有的被购买方的股权涉及其他综合收益的,与其相关的其他综合收益应当转为购买日所属当期投资收益。购买方应当在附注中披露其在购买日之前持有的被购买方的股权在购买日的公允价值、按照公允价值重新计量产生的相关利得或损失的金额。

2. 具体项目

购买方应当按照以下规定确定合并中取得的被购买方各项可辨认资产、负债及或有负债的公允价值。

(1) 作为合并对价的现金及非现金资产的公允价值。

以非货币性资产作为合并对价的,其合并成本为所支付对价的公允价值,该公允价值与作为合并对价的非货币性资产账面价值的差额,作为资产的处置损益,计入合并当期的利润表。购买方应当按照以下规定确定合并中取得的被购买方各项可辨认资产的公允价值:

① 货币资金，按照购买日被购买方的账面余额确定。

② 应收款项，其中的短期应收款项，一般按照应收取的金额作为其公允价值；长期应收款项，应按适当的利率折现后的现值确定其公允价值。在确定应收款项的公允价值时，应考虑发生坏账的可能性及相关收款费用。

③ 存货，对其中的产成品和商品按其估计售价减去估计的销售费用、相关税费以及购买方出售类似产成品或商品估计可能实现的利润确定；在产品按完工产品的估计售价减去至完工仍将发生的成本、估计的销售费用、相关税费以及基于同类或类似产成品的基础上估计出售可能实现的利润确定；原材料按现行重置成本确定。

④ 房屋建筑物、机器设备、无形资产，存在活跃市场的，应以购买日的市场价格为基础确定其公允价值；不存在活跃市场，但同类或类似资产存在活跃市场的，应参照同类或类似资产的市场价格确定其公允价值；同类或类似资产也不存在活跃市场的，应采用估值技术确定其公允价值。

(2) 因企业合并发生或承担的债务的公允价值。

应付账款、应付票据、应付职工薪酬、应付债券、长期应付款，其中的短期负债，一般按照应支付的金额确定其公允价值；长期负债，应按适当的折现率折现后的现值作为其公允价值。

当企业合并合同或协议中提供了视未来或有事项的发生而对合并成本进行调整时，符合《企业会计准则第13号——或有事项》规定的确认条件的，应确认的支出也应作为企业合并成本的一部分。某些情况下，合并各方可能在合并合同或协议中约定对合并成本进行一定的调整。例如，企业合并合同中规定，如果被购买方连续两年净利润超过一定水平，购买方需支付额外的对价。如果在购买日预计被购买方的盈利水平很可能会达到合同规定的标准，应将按照合同或协议约定需支付的金额计入企业合并成本。企业在购买日对于可能需要支付的企业合并成本调整金额进行预计并且计入企业合并成本后，未来期间有关涉及调整成本的事项未实际发生或发生后需要对原估计计入企业合并成本的金额进行调整的，或者在购买日因未来事项发生的可能性较小、金额无法可靠计量等原因导致有关调整金额未包括在企业合并成本中，未来期间因合并合同或协议中约定的事项很可能发生、金额能够可靠计量，符合有关确认条件的，应对企业合并成本进行相应调整。合并方取得的被购买方的或有负债，其公允价值在购买日能够可靠计量的，应确认为预计负债。此项负债应当按照假定第三方愿意代购买方承担，就其所承担义务需要购买方支付的金额作为其公允价值。

(3) 发行的权益性证券的公允价值。

所发行权益性证券存在公开市场，有明确市价可供遵循的，应以该证券的市价作为确定其公允价值的依据，同时应考虑该证券的交易量、限制性条款等因素的影响；发行的权益性证券不存在公开市场，没有明确市价可供遵循的，则应考虑以购买方或被购买方的公允价值为基础确定权益性证券的价值。在确定所发行权益性证券的公允价值时，应当考虑达成企业合并协议并且公开宣布前后一段合理时间内该权益性证券的市场价格。

(4) 递延所得税资产和递延所得税负债。

取得的被购买方各项可辨认资产、负债的公允价值与其计税基础之间存在差额的，应当按照《企业会计准则第18号——所得税》的规定确认相应的递延所得税资产或递延所得税负债，所确认的递延所得税资产或递延所得税负债的金额不应折现。

小知识

非同一控制下的企业合并中，购买方在购买日取得被购买方可辨认资产和负债，应当如何进行分类或指定？

自2010年1月1日起，非同一控制下的企业合并中，购买方在购买日取得被购买方可辨认资产和负债，应当根据企业会计准则的规定，结合购买日存在的合同条款、经营政策、并购政策等相关因素进行分类或指定，

主要包括被购买方的金融资产和金融负债的分类、套期关系的指定、嵌入衍生工具的分拆等。但是，合并中如涉及租赁合同和保险合同且在购买日对合同条款做出修订的，购买方应当根据企业会计准则的规定，结合修订的条款和其他因素对合同进行分类。

（二）合并成本的分配

购买方在购买日应当对合并成本进行分配，按照规定确认所取得的被购买方各项可辨认资产、负债。

非同一控制下的企业合并中，购买方取得了对被购买方净资产的控制权，视合并方式的不同，应分别在合并财务报表或个别财务报表中确认合并中取得的各项可辨认资产和负债。

1. 可辨认资产、负债的确认

（1）可辨认资产、负债的确认原则。

购买方在企业合并中取得的被购买方各项可辨认资产和负债，要作为本企业的资产、负债（或合并财务报表中的资产、负债）进行确认，在购买日，应当满足资产、负债的确认条件。

① 合并中取得的被购买方的各项资产（无形资产除外），其所带来的未来经济利益预期能够流入企业且公允价值能够可靠计量的，应单独作为资产确认。

② 合并中取得的被购买方的各项负债（或有负债除外），履行有关的义务预期会导致经济利益流出企业且公允价值能够可靠计量的，应单独作为负债确认。

（2）企业合并中取得无形资产的确认条件。

企业合并中取得的无形资产在其公允价值能够可靠计量的情况下应单独予以确认。

企业合并中取得的需要区别于商誉单独确认的无形资产一般是按照合同或法律产生的权利，某些并非产生于合同或法律规定的无形资产，需要区别于商誉单独确认的条件是能够对其进行区分，即能够区别于被购买企业的其他资产并且能够单独出售、转让、出租等。

公允价值能够可靠计量的情况下，应区别于商誉单独确认的无形资产一般包括：商标、版权及与其相关的许可协议、特许权、分销权等类似权利、专利技术、专有技术等。

小知识

非同一控制下的企业合并中，购买方应如何确认取得的被购买方拥有的但在其财务报表中未确认的无形资产？

自2013年1月1日起，非同一控制下的企业合并中，购买方在对企业合并中取得的被购买方资产进行初始确认时，应当对被购买方拥有的但在其财务报表中未确认的无形资产进行充分辨认和合理判断，满足以下条件之一的，应确认为无形资产：

① 源于合同性权利或其他法定权利。

② 能够从被购买方中分离或者划分出来，并能单独或与相关合同、资产和负债一起，用于出售、转移、授予许可、租赁或交换。

企业应当在附注中披露在非同一控制下的企业合并中取得的被购买方无形资产的公允价值及其公允价值的确定方法。

（3）企业合并中产生或有负债的确认条件。

为了尽可能反映购买方因为进行企业合并可能承担的潜在义务，对于购买方在企业合并时可能需要代被购买方承担的或有负债，在其公允价值能够可靠计量的情况下，应作为合并中取得的负债单独确认。

企业合并中对于或有负债的确认条件，与企业在正常经营过程中因或有事项需要确认负债的条件不同。在购买日，可能相关的或有事项导致经济利益流出企业的可能性还比较小，但其公允价值能够合理确定的情况下，即需要作为合并中取得的负债确认。

企业合并中取得的或有负债在初始确认以后，企业持续持有该项负债的期间之内，应当按照以下两项金额孰高进行后续计量：

① 按照《企业会计准则第13号——或有事项》应予确认的金额。

② 其初始确认金额减去按照《企业会计准则第14号——收入》的原则确认的累计摊销额后的余额。

2. 可辨认资产、负债的计量

企业合并中取得的资产、负债在满足确认条件后，应以其公允价值计量。

对于被购买方在企业合并之前已经确认的

商誉和递延所得税项目,购买方在对企业合并成本进行分配、确认合并中取得可辨认资产和负债时不应予以考虑。

在按照规定确定了合并中应予确认的各项可辨认资产、负债的公允价值后,其计税基础与账面价值不同形成暂时性差异的,应当按照《企业会计准则第18号——所得税》的规定确认相应的递延所得税资产或递延所得税负债。

(三) 企业合并成本与合并中取得的被购买方可辨认净资产公允价值份额之间差额的处理

1. 购买方对合并成本大于合并中取得的被购买方可辨认净资产公允价值份额的差额,应当确认为商誉

初始确认后的商誉,应当以其成本扣除累计减值准备后的金额计量。

吸收合并情况下,该差额是购买方在其账簿及个别财务报表中应确认的商誉;控股合并情况下,该差额是指合并财务报表中应列示的商誉。

按照购买法核算的企业合并,存在合并差额的情况下,企业合并准则中要求首先要对企业合并成本及合并中取得的各项可辨认资产、负债的公允价值进行复核,在取得的各项可辨认资产和负债均以公允价值计量并且确认了符合条件的无形资产以后,剩余部分构成商誉。

商誉在确认以后,持有期间不要求摊销,每一会计年度年末,企业应当按照《企业会计准则第8号——资产减值》的规定对其进行减值测试,按照账面价值与可收回金额孰低的原则计量,对于可收回金额低于账面价值的部分,计提减值准备,有关减值准备在提取以后,不能够转回。

企业合并如产生巨额商誉,应当予以重点关注。

2. 购买方对合并成本小于合并中取得的被购买方可辨认净资产公允价值份额的差额,应当计入合并当期损益

首先对合并中取得的资产、负债的公允价值,作为合并对价的非现金资产或发行的权益性证券等的公允价值进行复核。复核结果表明所确定的各项可辨认资产和负债的公允价值确定是恰当的,应将企业合并成本低于取得的被购买方可辨认净资产公允价值份额之间的差额,计入合并当期的营业外收入,并在会计报表附注中予以说明。

在吸收合并的情况下,上述企业合并成本小于合并中取得的被购买方可辨认净资产公允价值的差额,应计入合并当期购买方的个别利润表;在控股合并的情况下,上述差额应体现在合并当期的合并利润表中。

(四) 企业合并中确认和计量的暂时确定

如果在购买日或合并当期期末,因各种因素影响无法合理确定作为合并对价付出的各项资产的公允价值或者合并中取得被购买方各项可辨认资产、负债的公允价值,购买方应以暂时确定的价值为基础进行确认和计量。

1. 购买日后12个月内对确认的暂时价值的调整

购买日后12个月内对确认的暂时价值进行调整的,视为在购买日确认和计量。

合并当期期末以暂时确定的价值对企业合并进行处理的情况下,自购买日算起12个月内取得进一步的信息表明需对原暂时确定的企业合并成本或所取得的可辨认资产、负债的暂时性价值进行调整的,应视同在购买日发生,即应进行追溯调整,同时对以暂时性价值为基础提供的比较报表信息,也应进行相关的调整。

2. 超过规定期限后的价值量调整

自购买日算起12个月以后对企业合并成本或合并中取得的可辨认资产、负债价值的调整,应当按照《企业会计准则第28号——会计政策、会计估计变更和差错更正》的原则进行处理,即对于企业合并成本、合并中取得可辨认资产、负债公允价值等进行的调整,应作为前期差错处理。

3. 未确认所产生的递延所得税资产

购买日取得的被购买方在以前期间发生的经营亏损等可抵扣暂时性差异,按照税法规定可以用于抵减以后年度应纳税所得额的,如在购买日因不符合递延所得税资产的确认条件未确认所产生的递延所得税资产,购买日后12个月内,有关的可抵扣暂时性差异所带来的经济利益预计能够实现时,企业应确认相关的递延所得税资产,同时减少由该企业合并所产生的商誉,商誉不足冲减的,差额部分确认为当期损益(所得税费用)。

购买日后超过12个月或在购买日不存在相关情况但购买日以后开始出现的情况导致可抵扣暂时性差异带来的经济利益预期能够实现,如果符合了递延所得税资产的确认条件,确认与企业合并相关的递延所得税资产,应当计入当期损益(所得税费用),不得调整商誉金额。

二、合并支付的对价

购买方在购买日对作为企业合并对价付出的资产、发生或承担的负债应当按照公允价值计量,公允价值与其账面价值的差额,计入当期损益。

小知识

企业应正确对因发行权益性证券而发生的有关费用进行会计处理

企业为发行权益性证券(包括作为企业合并对价发行的权益性证券)发生的审计、法律服务、评估咨询等交易费用,应当分别按照《企业会计准则解释第4号》和《企业会计准则第37号——金融工具列报》的规定进行会计处理;但是,发行权益性证券过程中发生的广告费、路演费、上市酒会费等费用,应当计入当期损益。

小知识

非同一控制下的企业合并中,购买方发生的审计、法律服务、评估咨询等中介费用以及其他相关管理费用,应当如何进行会计处理?

同一控制下的企业合并中,合并方发生的审计、法律服务、评估咨询等中介费用以及其他相关管理费用,应当于发生时计入当期损益。

自2010年1月1日起,非同一控制下的企业合并中,购买方为企业合并发生的审计、法律服务、评估咨询等中介费用以及其他相关管理费用,应当于发生时计入当期损益;购买方作为合并对价发行的权益性证券或债务性证券的交易费用,应当计入权益性证券或债务性证券的初始确认金额。

三、非同一控制下的吸收合并的会计处理

非同一控制下的吸收合并,购买方在购买日应当将合并中取得的符合确认条件的各项可辨认资产、负债,按其公允价值确认为本企业的资产和负债;作为合并对价的有关非货币性资产在购买日的公允价值与其账面价值的差额,应作为资产处置损益计入合并当期的利润表;确定的企业合并成本与所取得的被购买方可辨认净资产公允价值之间的差额,视情况分别确认为商誉或是计入企业合并当期的损益。其具体处理原则与非同一控制下的控股合并类似,不同点在于非同一控制下的吸收合并中,合并中取得的可辨认资产和负债是作为个别报表中项目列示,合并中产生的商誉也是作为购买方账簿及个别财务报表中的资产列示。

四、非同一控制下的控股合并的会计处理

该合并方式下,购买方涉及的会计处理问题主要是两个方面:

(1)购买日因进行企业合并形成的对被购买方的长期股权投资初始投资成本的确定,该成本与作为合并对价支付的有关资产账面价值的差额处理。

(2)购买日合并财务报表的编制。

(一)长期股权投资初始投资成本的确定

非同一控制下的控股合并中,购买方在购买日应当按照确定的企业合并成本(不包括应自被投资单位收取的现金股利或利润),作为形成的对被购买方长期股权投资的初始投资成本。具体请参见本书第六讲长期股权投资的相关介绍。

购买方为取得对被购买方的控制权,以支付非货币性资产为对价的,有关非货币性资产在购买日的公允价值与其账面价值的差额,应作为资产的处置损益,计入合并当期的利润表。

(二)购买日合并财务报表的编制

非同一控制下的控股合并中,购买方一般应于购买日编制合并资产负债表,反映其于购

买日开始能够控制的经济资源情况。

在合并资产负债表中,合并中取得的被购买方各项可辨认资产、负债应以其在购买日的公允价值计量,长期股权投资的成本大于合并中取得的被购买方可辨认净资产公允价值份额的差额,体现为合并财务报表中的商誉;长期股权投资的成本小于合并中取得的被购买方可辨认净资产公允价值份额的差额,应计入合并当期损益,因购买日不需要编制合并利润表,该差额体现在合并资产负债表上,应调整合并资产负债表的盈余公积和未分配利润。

非同一控制下的企业合并中,作为购买方的母公司在进行有关会计处理后,应单独设置备查簿,记录其在购买日取得的被购买方各项可辨认资产、负债的公允价值以及因企业合并成本大于合并中取得的被购买方可辨认净资产公允价值的份额应确认的商誉金额,或因企业合并成本小于合并中取得的被购买方可辨认净资产公允价值的份额计入当期损益的金额,作为企业合并当期以及以后期间编制合并财务报表的基础。企业合并当期期末以及合并以后期间,应当纳入合并财务报表中的被购买方资产、负债等,是以购买日确定的公允价值为基础持续计算的结果。

 小知识

购买子公司少数股权的处理

企业在取得对子公司的控制权,形成企业合并后,购买少数股东全部或部分权益的,实质上是股东之间的权益性交易,企业应当分别母公司个别财务报表以及合并财务报表两种情况进行处理:

(1)母公司个别财务报表中对于自子公司少数股东处新取得的长期股权投资,应当按照《企业会计准则第2号——长期股权投资》的规定确定投资成本。

(2)在合并财务报表中,子公司的资产、负债应以购买日(或合并日)开始持续计算的金额反映。母公司在编制合并财务报表时,因购买少数股权新增加的长期股权投资成本与按照新增持股比例计算应享有子公司自购买日(或合并日)开始持续计算的净资产份额之间的差额,应当调整合并财务报表中的资本公积(资本溢价或股本溢价),资本公积(资本溢价或股本溢价)不足冲减的,调整留存收益。

【例23-1】 智董公司于2×20年11月18日以24 000万元取得对贵琛公司70%的股权(取得该股权时贵琛公司可辨认净资产公允价值总额为30 000万元),能够对贵琛公司实施控制,形成非同一控制下的企业合并。

2×21年11月15日,智董公司又出资9 000万元自贵琛公司的少数股东处取得贵琛公司20%的股权。智董公司与贵琛公司的少数股东在交易前不存在任何关联方关系。2×21年11月15日,贵琛公司有关资产、负债的账面价值和自购买日开始持续计算的金额(对母公司的价值)如表23-1所示。

表23-1 购买日贵琛公司有关资产、负债的账面价值和自购买日开始持续计算的金额

单位:万元

项目	贵琛公司的账面价值	贵琛公司资产、负债自购买日开始持续计算的金额(对母公司的价值)	贵琛公司资产、负债在交易日公允价值(2×20年11月15日)
存货	1 500	1 500	1 800
应收款项	7 500	7 500	7 500
固定资产	12 000	13 800	15 000
无形资产	2 400	3 600	3 900
其他资产	6 600	9 600	10 200
资产合计	30 000	36 000	38 400
应付款项	1 800	1 800	1 800
其他负债	1 200	1 200	1 200
负债合计	3 000	3 000	3 000
净资产	27 000	33 000	35 400

【分析】

1.确定智董公司对贵琛公司长期股权投资的成本

母公司个别财务报表中对于自子公司少数股东处新取得的长期股权投资,应当按照《企业会计准则第2号——长期股权投资》的规定确定投资成本。

2×20年11月18日为该非同一控制下企业合并的购买日,智董公司取得对贵琛公司长期股权投资的成本为24 000万元。

2×21年11月15日,智董公司在进一步取得贵琛公司20%的少数股权时,支付价款9 000

万元。该项长期股权投资在 2×21 年 11 月 15 日的账面余额为 33 000 万元。

2. 编制合并财务报表时的处理

在合并财务报表中,子公司的资产、负债应以购买日(或合并日)开始持续计算的金额反映。母公司在编制合并财务报表时,因购买少数股权新增加的长期股权投资成本与按照新增持股比例计算应享有子公司自购买日(或合并日)开始持续计算的净资产份额之间的差额,应当调整合并财务报表中的资本公积(资本溢价或股本溢价),资本公积(资本溢价或股本溢价)不足冲减的,调整留存收益。

购买少数股权改变了母公司的持股比例,因此需要在购买少数股权日(2×21 年 11 月 15 日)编制合并资产负债表,合并反映企业集团整体的财务状况。

(1) 商誉的计算。

智董公司取得对贵琛公司 70%股权时产生的商誉=24 000－30 000×70%=3 000(万元),即在合并资产负债表中反映的合并商誉为 3 000 万元。

(2) 所有者权益的调整。

合并财务报表中,贵琛公司的有关资产、负债应以其对母公司(智董公司)的价值进行合并,在购买少数股权日(2×21 年 11 月 15 日)子公司可辨认净资产持续计算的金额,即与新取得的 20%股权相对应的被投资单位可辨认资产、负债的金额为 6 600 万元(33 000×20%)。因购买少数股权新增加的长期股权投资成本 9 000 万元与按照新取得的股权比例(20%)计算确定应享有子公司自购买日开始持续计算的可辨认净资产份额 6 600 万元之间的差额 2 400 万元,在合并资产负债表中调整所有者权益相关项目,首先调整资本公积(资本溢价或股本溢价),在资本公积(资本溢价或股本溢价)的金额不足冲减的情况下,调整留存收益(盈余公积和未分配利润)。

五、分步实现的非同一控制下企业合并的会计处理

通过多次交易分步实现的非同一控制下企业合并,购买日应当按照原持有的股权投资的账面价值加上新增投资成本之和作为初始投资成本,采用成本法核算。

购买日之前持有的股权采用权益法核算的,相关其他综合收益应当在处置该项投资时采用与被投资单位直接处置相关资产或负债相同的基础进行会计处理,因被投资方除净损益、其他综合收益和利润分配以外的其他所有者权益变动而确认的所有者权益,应当在处置该项投资时相应转入处置期间的当期损益。购买日之前持有的股权投资,采用金融工具确认和计量准则进行会计处理的,原持有股权的公允价值与账面价值之间的差额以及原计入其他综合收益的累计公允价值变动应当转入留存收益。

【例 23-2】 智董公司于 2×20 年以 6 000 万元取得非关联方贵琛公司 10%的股份,划分为以公允价值计量且其变动计入其他综合收益的金融资产。

2×21 年,智董公司又支付 30 000 万元取得贵琛公司 50%的股份(能够对贵琛公司实施控制)。购买日原来 10%股份的公允价值为 6 300 万元。购买日前,智董公司持有对贵琛公司的股权投资作为其他权益工具投资进行会计处理,购买日前智董公司原持有其他权益工具投资的账面价值为 6 300 万元。

【分析】

本次追加投资支付的对价为 30 000 万元。

购买日智董公司对贵琛公司按成本法核算的初始投资成本为 36 300 万元(6 300+30 000)。

购买日前智董公司原持有的以公允价值计量且其变动计入其他综合收益的金融资产的相关其他综合收益为 300 万元(6 300－6 000),购买日该其他综合收益转入留存收益。

借:长期股权投资——投资成本 363 000 000
　　贷:其他权益工具投资　　　 63 000 000
　　　　银行存款　　　　　　　300 000 000
借:其他综合收益　　　　　　　 3 000 000
　　贷:盈余公积　　　　　　　　　300 000
　　　　利润分配——未分配利润 2 700 000

六、被购买方的会计处理

非同一控制下的企业合并中,购买方通过企业合并取得被购买方100%股权的,被购买方可以按照合并中确定的可辨认资产、负债的公允价值调整其账面价值。除此之外,其他情况下被购买方不应因企业合并改记有关资产、负债的账面价值。

第四节 业务合并

一、相关概念

本准则中的"业务"概念,不同于其他领域、学科中的概念。

(一)业务

业务是指企业内部某些生产经营活动或资产的组合,该组合一般具有投入、加工处理过程和产出能力,能够独立计算其成本费用或所产生的收入,但不构成独立法人资格的部分。例如,企业的分公司、独立的生产车间、不具有独立法人资格的分部等。

企业应当关注企业合并是否构成业务。

(二)业务合并

一个企业对另一企业某分公司、分部或具有独立生产能力的生产车间的并购均属于业务合并。

二、企业合并中取得的经营活动或资产的组合是否构成业务的判断

(一)构成业务的要素

涉及构成业务的合并应当比照《企业会计准则第20号——企业合并》规定处理。业务是指企业内部某些生产经营活动或资产的组合,该组合一般具有投入、加工处理过程和产出能力,能够独立计算其成本费用或所产生的收入。

合并方在合并中取得的生产经营活动或资产的组合(以下简称组合)构成业务,通常应具有下列三个要素:

1. 投入

投入指原材料、人工、必要的生产技术等无形资产以及构成产出能力的机器设备等其他长期资产的投入。

2. 加工处理过程

加工处理过程指具有一定的管理能力、运营过程,能够组织投入形成产出能力的系统、标准、协议、惯例或规则。

3. 产出

产出包括为客户提供的产品或服务、为投资者或债权人提供的股利或利息等投资收益,以及企业日常活动产生的其他的收益。

(二)构成业务的判断条件

合并方在合并中取得的组合应当至少同时具有一项投入和一项实质性加工处理过程,且两者相结合对产出能力有显著贡献,该组合才构成业务。合并方在合并中取得的组合是否有实际产出并不是判断其构成业务的必要条件。

企业应当考虑产出的下列情况分别判断加工处理过程是否是实质性的:

1. 该组合在合并日无产出的,同时满足下列条件的加工处理过程应判断为是实质性的

(1)该加工处理过程对投入转化为产出至关重要。

(2)具备执行该过程所需技能、知识或经验的有组织的员工,且具备必要的材料、权利、其他经济资源等投入,例如技术、研究和开发项目、房地产或矿区权益等。

2. 该组合在合并日有产出的,满足下列条件之一的加工处理过程应判断为是实质性的

(1)该加工处理过程对持续产出至关重要,且具备执行该过程所需技能、知识或经验的有组织的员工。

(2)该加工处理过程对产出能力有显著贡献,且该过程是独有、稀缺或难以取代的。

企业在判断组合是否构成业务时,应当从市场参与者角度考虑可以将其作为业务进行管理和经营,而不是根据合并方的管理意图或被合并方的经营历史来判断。

(三) 判断非同一控制下企业合并中取得的组合是否构成业务,也可选择采用集中度测试

集中度测试是非同一控制下企业合并的购买方在判断取得的组合是否构成一项业务时,可以选择采用的一种简化判断方式。进行集中度测试时,如果购买方取得的总资产的公允价值几乎相当于其中某一单独可辨认资产或一组类似可辨认资产的公允价值的,则该组合通过集中度测试,应判断为不构成业务,且购买方无须按照上述(二)的规定进行判断。

如果该组合未通过集中度测试,购买方仍应按照上述(二)的规定进行判断。

购买方应当按照下列规定进行集中度测试:

1. 计算确定取得的总资产的公允价值

取得的总资产不包括现金及现金等价物、递延所得税资产以及由递延所得税负债影响形成的商誉。购买方通常可以通过下列公式之一计算确定取得的总资产的公允价值:

总资产的公允价值 = 合并中取得的非现金资产的公允价值 + (购买方支付的对价 + 购买日被购买方少数股东权益的公允价值 + 购买日前持有被购买方权益的公允价值 − 合并中所取得的被购买方可辨认净资产公允价值) − 递延所得税资产 − 由递延所得税负债影响形成的商誉

总资产的公允价值 = 购买方支付的对价 + 购买日被购买方少数股东权益的公允价值 + 购买日前持有被购买方权益的公允价值 + 取得负债的公允价值(不包括递延所得税负债) − 取得的现金及现金等价物 − 递延所得税资产 − 由递延所得税负债影响形成的商誉

2. 关于单独可辨认资产

单独可辨认资产是企业合并中作为一项单独可辨认资产予以确认和计量的一项资产或资产组。如果资产(包括租赁资产)及其附着物分拆成本重大,应当将其一并作为一项单独可辨认资产,例如土地和建筑物。

3. 关于一组类似资产

企业在评估一组类似资产时,应当考虑其中每项单独可辨认资产的性质及其与管理产出相关的风险等。下列情形通常不能作为一组类似资产:

(1) 有形资产和无形资产。

(2) 不同类别的有形资产,例如存货和机器设备。

(3) 不同类别的可辨认无形资产,例如商标权和特许权。

(4) 金融资产和非金融资产。

(5) 不同类别的金融资产,例如应收款项和权益工具投资。

(6) 同一类别但风险特征存在重大差别的可辨认资产等。

上述规定自2020年1月1日起施行,不要求追溯调整。

三、会计处理

除了一个企业对另外一个企业的合并外,涉及业务的合并比照本准则规定处理,即应当区分同一控制下的业务合并与非同一控制下的业务合并进行处理。

母公司直接控股的全资子公司改为分公司的,该母公司应如何进行会计处理?

母公司直接控股的全资子公司改为分公司的(不包括反向购买形成的子公司改为分公司的情况),应按以下规定进行会计处理:

(1) 原母公司(即子公司改为分公司后的总公司)应当对原子公司(即子公司改为分公司后的分公司)的相关资产、负债,按照原母公司自购买日所取得的该原子公司各项资产、负债的公允价值(如为同一控制下企业合并取得的原子公司则为合并日账面价值)以及购买日(或合并日)计算的递延所得税负债或递延所得税资产持续计算至改为分公司日的各项资产、负债的账面价值确认。在此基础上,抵销原母公司与原子公司内部交易形成的未实现损益,并调整相关资产、负债,以及相应的递延所得税负债或递延所得税资产。此外,某些特殊项目按如下原则处理:

① 原为非同一控制下企业合并取得的子公司改为分公司的,原母公司购买原子公司时产生的合并成本小于合并中取得的可辨认净资产公允价值份额的差额,应计入留存收益;原母公司购买原子公司时产生的合并成本

大于合并中取得的可辨认净资产公允价值份额的差额，应按照原母公司合并该原子公司的合并财务报表中商誉的账面价值转入原母公司的商誉。原为同一控制下企业合并取得的子公司改为分公司的，原母公司在合并财务报表中确认的最终控制方收购原子公司时形成的商誉，按其在合并财务报表中的账面价值转入原母公司的商誉。

② 原子公司提取但尚未使用的安全生产费或一般风险准备，分别情况处理：原为非同一控制下企业合并取得的子公司改为分公司的，按照购买日起开始持续计算至改为分公司日的原子公司安全生产费或一般风险准备的账面价值，转入原母公司的专项储备或一般风险准备；原为同一控制下企业合并取得的子公司改为分公司的，按照合并日原子公司安全生产费或一般风险准备账面价值持续计算至改为分公司日的账面价值，转入原母公司的专项储备或一般风险准备。

③ 原为非同一控制下企业合并取得的子公司改为分公司的，应将购买日至改为分公司日原子公司实现的净损益，转入原母公司留存收益；原为同一控制下企业合并取得的子公司改为分公司的，应将合并日至改为分公司日原子公司实现的净损益，转入原母公司留存收益。这里，将原子公司实现的净损益转入原母公司留存收益时，应当按购买日（或合并日）所取得的原子公司各项资产、负债公允价值（或账面价值）为基础计算，并且抵销原母公司内部交易形成的未实现损益。

原子公司实现的其他综合收益和权益法下核算的其他所有者权益变动等，应参照上述原则计算调整，并相应转入原母公司权益项下其他综合收益和资本公积等项目。

④ 原母公司对该原子公司长期股权投资的账面价值与按上述原则将原子公司的各项资产、负债等转入原母公司后形成的差额，应调整资本公积；资本公积不足冲减的，调整留存收益。

（2）除上述情况外，原子公司改为分公司过程中，由于其他原因产生的各项资产、负债的入账价值与其计税基础不同所产生的暂时性差异，按照《企业会计准则第18号——所得税》的有关规定进行会计处理。

（3）其他方式取得的子公司改为分公司的，应比照上述（1）和（2）原则进行会计处理。

第五节 会计科目和会计分录

以下是第一财税网（www.tax.org.cn）耗时整理的相关会计科目和会计分录，供实际工作中随时查阅、使用。

一、1711 商誉/商誉减值准备^

（一）核算内容

本科目核算企业合并中形成的商誉价值。

商誉发生减值的，可以单独设置"商誉减值准备"科目，比照"无形资产减值准备"科目进行处理。

（二）主要账务处理

非同一控制下企业合并中确定的商誉价值，借记本科目，贷记有关科目。

（三）期末余额

本科目期末借方余额，反映企业商誉的价值。

二、1511 长期股权投资

（一）核算内容

本科目核算企业持有的长期股权投资。

（二）明细核算

本科目应当按照被投资单位进行明细核算。

长期股权投资核算采用权益法的，应当分别"投资成本""损益调整""其他综合收益""其他权益变动"进行明细核算。

（三）主要账务处理

1. 企业合并形成的长期股权投资

（1）同一控制下企业合并形成的长期股权投资。

合并方以支付现金、转让非现金资产或承担债务方式作为合并对价的，应在合并日按取得被合并方所有者权益在最终控制方合并财务报表中的账面价值的份额，借记本科目（投资成本），按支付的合并对价的账面价值，贷记或借记有关资产、负债科目，按其差额，贷记"资本公积——资本溢价或股本溢价"科目；如为借方差额，借记"资本公积——资本溢价或股本溢价"

科目,资本公积(资本溢价或股本溢价)不足冲减的,应依次借记"盈余公积""利润分配——未分配利润"科目。合并方以发行权益性证券作为合并对价的,应当在合并日按照被合并方所有者权益在最终控制方合并财务报表中的账面价值的份额,借记本科目(投资成本),按照发行股份的面值总额,贷记"股本",按其差额,贷记"资本公积——资本溢价或股本溢价";如为借方差额,借记"资本公积——资本溢价或股本溢价"科目,资本公积(资本溢价或股本溢价)不足冲减的,应依次借记"盈余公积""利润分配——未分配利润"科目。

(2) 非同一控制下企业合并形成的长期股权投资。

购买方以支付现金、转让非现金资产或承担债务方式等作为合并对价的,应在购买日按照《企业会计准则第20号——企业合并》确定的合并成本,借记本科目(投资成本),按付出的合并对价的账面价值,贷记或借记有关资产、负债科目,按发生的直接相关费用(如资产处置费用),贷记"银行存款"等科目,按其差额,贷记"主营业务收入""营业外收入""投资收益"等科目或借记"管理费用""营业外支出""主营业务成本"等科目。购买方以发行权益性证券作为合并对价的,应在购买日按照发行的权益性证券的公允价值,借记本科目(投资成本),按照发行的权益性证券的面值总额,贷记"股本",按其差额,贷记"资本公积——资本溢价或股本溢价"。企业为企业合并发生的审计、法律服务、评估咨询等中介费用以及其他相关管理费用,应当于发生时借记"管理费用"科目,贷记"银行存款"等科目。

2. 以非企业合并方式形成的长期股权投资

以支付现金、非现金资产等其他方式取得的长期股权投资,应按现金、非现金货币性资产的公允价值或按《企业会计准则第7号——非货币性资产交换》《企业会计准则第12号——债务重组》的有关规定确定的初始投资成本,借记本科目,贷记"银行存款"等科目,贷记"营业外收入"或借记"营业外支出"等处置非现金资产相关的科目。

注 债务重组中因处置非流动资产产生的利得或损失和非货币性资产交换中换出非流动资产产生的利得或损失在"资产处置损益"科目核算。

3. 采用成本法核算的长期股权投资的处理

长期股权投资采用成本法核算的,应按被投资单位宣告发放的现金股利或利润中属于本企业的部分,借记"应收股利"科目,贷记"投资收益"科目。

4. 采用权益法核算的长期股权投资的处理

企业的长期股权投资采用权益法核算的,应当分别下列情况进行处理:

(1) 长期股权投资的初始投资成本大于投资时应享有被投资单位可辨认净资产公允价值份额的,不调整已确认的初始投资成本;长期股权投资的初始投资成本小于投资时应享有被投资单位可辨认净资产公允价值份额的,应按其差额,借记本科目(投资成本),贷记"营业外收入"科目。

(2) 资产负债表日,企业应按被投资单位实现的净利润(以取得投资时被投资单位可辨认净资产的公允价值为基础计算)中企业享有的份额,借记本科目(损益调整),贷记"投资收益"科目。被投资单位发生净亏损作相反的会计分录,但以本科目的账面价值减记至零为限;还需承担的投资损失,应将其他实质上构成对被投资单位净投资的"长期应收款"等的账面价值减记至零为限;除按照以上步骤已确认的损失外,按照投资合同或协议约定将承担的损失,确认为预计负债。除上述情况仍未确认的应分担被投资单位的损失,应在账外备查登记。发生亏损的被投资单位以后实现净利润的,应按与上述相反的顺序进行处理。

取得长期股权投资后,被投资单位宣告发放现金股利或利润时,企业计算应分得的部分,借记"应收股利"科目,贷记本科目(损益调整)。收到被投资单位发放的股票股利,不进行账务处理,但应在备查簿中登记。

(3) 发生亏损的被投资单位以后实现净利润的,企业计算应享有的份额,如有未确认投资损失的,应先弥补未确认的投资损失,弥补损失后仍有余额的,依次借记"长期应收款"科目和本科目(损益调整),贷记"投资收益"科目。

(4)被投资单位除净损益、利润分配以外的其他综合收益变动和所有者权益的其他变动,企业按持股比例计算应享有的份额,借记本科目(其他综合收益和其他权益变动),贷记"其他综合收益"和"资本公积——其他资本公积"科目。

5. 处置长期股权投资的处理

处置长期股权投资时,应按实际收到的金额,借记"银行存款"等科目,原已计提减值准备的,借记"长期股权投资减值准备"科目,按其账面余额,贷记本科目,按尚未领取的现金股利或利润,贷记"应收股利"科目,按其差额,贷记或借记"投资收益"科目。

处置采用权益法核算的长期股权投资时,应当采用与被投资单位直接处置相关资产或负债相同的基础,对相关的其他综合收益进行会计处理。按照上述原则可以转入当期损益的其他综合收益,应按结转的长期股权投资的投资成本比例结转原记入"其他综合收益"科目的金额,借记或贷记"其他综合收益"科目,贷记或借记"投资收益"科目。

处置采用权益法核算的长期股权投资时,还应按结转的长期股权投资的投资成本比例结转原记入"资本公积——其他资本公积"科目的金额,借记或贷记"资本公积——其他资本公积"科目,贷记或借记"投资收益"科目。

(四)期末余额

本科目期末借方余额,反映企业长期股权投资的价值。

三、1811 递延所得税资产

(一)核算内容

本科目核算企业确认的可抵扣暂时性差异产生的递延所得税资产。

(二)明细核算

本科目应按可抵扣暂时性差异等项目进行明细核算。根据税法规定可用以后年度税前利润弥补的亏损及税款抵减产生的所得税资产,也在本科目核算。

(三)主要账务处理

资产负债表日,企业确认的递延所得税资产,借记本科目,贷记"所得税费用——递延所得税费用"科目。资产负债表日递延所得税资产的应有余额大于其账面余额的,应按其差额确认,借记本科目,贷记"所得税费用——递延所得税费用"等科目;资产负债表日递延所得税资产的应有余额小于其账面余额的差额作相反的会计分录。

企业合并中取得资产、负债的入账价值与其计税基础不同形成可抵扣暂时性差异的,应于购买日确认递延所得税资产,借记本科目,贷记"商誉"等科目。

与直接计入所有者权益的交易或事项相关的递延所得税资产,借记本科目,贷记"资本公积——其他资本公积"科目。

资产负债表日,预计未来期间很可能无法获得足够的应纳税所得额用以抵扣暂时性差异的,按原已确认的递延所得税资产中应减记的金额,借记"所得税费用——递延所得税费用""资本公积——其他资本公积"等科目,贷记本科目。

(四)期末余额

本科目期末借方余额,反映企业确认的递延所得税资产。

四、2901 递延所得税负债

(一)核算内容

本科目核算企业确认的应纳税暂时性差异产生的所得税负债。

(二)明细核算

本科目可按应纳税暂时性差异的项目进行明细核算。

(三)主要账务处理

(1)资产负债表日,企业确认的递延所得税负债,借记"所得税费用——递延所得税费用"科目,贷记本科目。资产负债表日递延所得税负债的应有余额大于其账面余额的,应按其差额确认,借记"所得税费用——递延所得税费用"科目,贷记本科目;资产负债表日递延所得税负债的应有余额小于其账面余额的作相反的会计分录。

与直接计入所有者权益的交易或事项相关的递延所得税负债,借记"资本公积——其他资本公积"科目,贷记本科目。

(2) 企业合并中取得资产、负债的入账价值与其计税基础不同形成应纳税暂时性差异的,应于购买日确认递延所得税负债,同时调整商誉,借记"商誉"等科目,贷记本科目。

(四) 期末余额

本科目期末贷方余额,反映企业已确认的递延所得税负债。

五、4002 资本公积

(一) 核算内容

本科目核算企业收到投资者出资额超出其在注册资本或股本中所占份额的部分。直接计入所有者权益的利得和损失(不含"其他综合收益"),也通过本科目核算。

注 企业发行认股权和债权分离交易的可转换公司债券,所发行的认股权符合本准则有关权益工具定义的,应当确认为一项权益工具(其他权益工具),并以发行价格减去不附认股权且其他条件相同的公司债券公允价值后的净额进行计量。认股权持有方到期没有行权的,企业应当在到期时将原计入其他权益工具的部分转入资本公积(股本溢价)。

(二) 明细核算

本科目应当分别"资本溢价(股本溢价)""其他资本公积"进行明细核算。

(三) 主要账务处理

(1) 企业接受投资者投入的资本、将债务转为资本等形成的资本公积,借记有关科目,贷记"实收资本"或"股本"科目、本科目(资本溢价或股本溢价)等。

注 企业发行可转换公司债券权益成份现在通过"其他权益工具"科目核算,不再通过"资本公积——其他资本公积"科目核算。"其他权益工具"科目核算企业发行的除普通股以外的归类为权益工具的各种金融工具。发行方发行的金融工具为既有负债成分又有权益工具成分的复合金融工具的,应按实际收到的金额,借记"银行存款"或"存放中央银行款项"等科目,按金融工具的面值,贷记"应付债券——面值"等科目,按负债成分的公允价值与金融工具面值之间的差额,借记或贷记"应付债券——利息调整"等科目,按实际收到的金额扣除负债成分的公允价值后的金额,贷记"其他权益工具"科目。发行复合金融工具发生的交易费用,应当在负债成分和权益成分之间按照各自占总发行价款的比例进行分摊。与多项交易相关的共同交易费用,应当在合理的基础上,采用与其他类似交易一致的方法,在各项交易之间进行分摊。对于分摊至负债成分的交易费用,应当计入该负债成分的初始计量金额(若该负债成分按摊余成本进行后续计量)或计入当期损益(若该负债成分按公允价值进行后续计量且其变动计入当期损益);对于分摊至权益成分的交易费用,应当从权益中扣除。发行方按合同条款约定将发行的除普通股以外的金融工具转换为普通股的,按该工具对应的其他权益工具或金融负债的账面价值,借记"其他权益工具"科目、"应付债券"等科目,按普通股的面值,贷记"实收资本(或股本)"等科目,按其差额,贷记"资本公积——资本溢价(或股本溢价)"等科目(如转股时金融工具的账面价值零头不足转换为1股普通股,发行方以现金或其他金融资产退换零头时,还需按支付的现金或其他金融资产的金额,贷记"银行存款"或"存放中央银行款项"等科目)。"应付债券"科目核算企业为筹集(长期)资金而发行的以摊余成本计量的债券。企业发行的可转换公司债券,应将负债和权益成分进行分拆,分拆后形成的负债成分在"应付债券"科目核算。

企业取得的搬迁补偿款扣除转入递延收益的金额后如有结余的,作为资本公积处理(《企业会计准则解释第3号》)。

与发行权益性证券直接相关的手续费、佣金等交易费用,借记本科目(股本溢价)等,贷记"银行存款"等科目。经股东大会或类似机构决议,用资本公积转增资本,借记本科目(资本溢价或股本溢价),贷记"实收资本"或"股本"科目。

(2) 同一控制下控股合并形成的长期股权投资,应在合并日按取得被合并方所有者权益账面价值的份额,借记"长期股权投资"科目,按享有被投资单位已宣告但尚未发放的现金股利或利润,借记"应收股利"科目,按支付的合并对价的账面价值,贷记有关资产科目或借记有关负债科目,按其差额,贷记本科目(资本溢价或股本溢价);为借方差额的,借记本科目(资本溢价或股本溢价),资本公积(资本溢价或股本溢价)不足冲减的,借记"盈余公积""利润分配——未分配利润"科目。

同一控制下吸收合并涉及的资本公积,比照上述原则进行处理。

(3) 被投资单位除净损益、利润分配以外的其他综合收益变动和所有者权益的其他变动,企业按持股比例计算应享有的份额,借记"长期股权投资"科目(其他综合收益和其他权益变动),贷记"其他综合收益"和"资本公积——其他资本公积"科目。

处置采用权益法核算的长期股权投资时,应当采用与被投资单位直接处置相关资产或负债相同的基础,对相关的其他综合收益进行会计处理。按照上述原则可以转入当期损益的其他综合收益,应按结转的长期股权投资的投资成本比例结转原记入"其他综合收益"科目的金额,借记或贷记"其他综合收益"科目,贷记或借记"投资收益"科目。

处置采用权益法核算的长期股权投资时,还应按结转的长期股权投资的投资成本比例结转原记入"资本公积——其他资本公积"科目的金额,借记或贷记"资本公积——其他资本公积"科目,贷记或借记"投资收益"科目。

(4) 以权益结算的股份支付换取职工或其他方提供服务的,应按照确定的金额,借记"管理费用"等科目,贷记本科目(其他资本公积)。

在行权日,应按实际行权的权益工具数量计算确定的金额,借记本科目(其他资本公积),按计入实收资本或股本的金额,贷记"实收资本"或"股本"科目,按其差额,贷记本科目(资本溢价或股本溢价)。

注 自用房地产或存货转换为采用公允价值模式计量的投资性房地产,按照"投资性房地产"科目的相关规定进行处理,现在已经改为相应调整其他综合收益。

(5) 股份有限公司采用收购本公司股票方式减资的,按股票面值和注销股数计算的股票面值总额,借记"股本"科目,按所注销的库存股的账面余额,贷记"库存股"科目,按其差额,借记本科目(股本溢价),股本溢价不足冲减的,应借记"盈余公积""利润分配——未分配利润"科目;购回股票支付的价款低于面值总额的,应按股票面值总额,借记"股本"科目,按所注销的库存股的账面余额,贷记"库存股"科目,按其差额,贷记本科目(股本溢价)。

注 现金流量套期利得或损失中属于有效套期的部分,应当直接确认为所有者权益(其他综合收益);属于无效套期的部分,应当计入当期损益。对于前者,套期会计准则规定在一定的条件下,将原直接计入所有者权益中的套期工具利得或损失转出,计入当期损益。

资产负债表日,套期工具形成的利得或损失中属于套期有效部分的,借记或贷记"套期工具"科目,贷记或借记"其他综合收益——套期储备"科目;属于套期无效部分的,借记或贷记"套期工具"科目,贷记或借记"套期损益"科目。企业将套期储备转出时,借记或贷记"其他综合收益——套期储备",贷记或借记有关科目。

(四) 期末余额

本科目期末贷方余额,反映企业的资本公积。

六、4201 库存股

(一) 核算内容

本科目核算企业收购、转让或注销的本公司股份金额。

(二) 主要账务处理

(1) 企业为减少注册资本而收购本公司股份的,应按实际支付的金额,借记本科目,贷记"银行存款"等科目。

(2) 为奖励本公司职工而收购本公司股份的,应按实际支付的金额,借记本科目,贷记"银行存款"等科目,同时做备查登记。

将收购的股份奖励给本公司职工属于以权益结算的股份支付,如有实际收到的金额,借记"银行存款"科目,按根据职工获取奖励股份的实际情况确定的金额,借记"资本公积——其他资本公积"科目,按奖励库存股的账面余额,贷记本科目,按其差额,贷记或借记"资本公积——股本溢价"科目。

(3) 股东因对股东大会做出的公司合并、分立决议持有异议而要求企业收购本公司股份的,企业应按实际支付的金额,借记本科目,贷记"银行存款"等科目。

（4）转让库存股，应按实际收到的金额，借记"银行存款"等科目，按转让库存股的账面余额，贷记本科目，按其差额，贷记"资本公积——股本溢价"科目；为借方差额的，借记"资本公积——股本溢价"科目，股本溢价不足冲减的，应借记"盈余公积""利润分配——未分配利润"科目。

（5）注销库存股，应按股票面值和注销股数计算的股票面值总额，借记"股本"科目，按注销库存股的账面余额，贷记本科目，按其差额，借记"资本公积——股本溢价"科目，股本溢价不足冲减的，应借记"盈余公积""利润分配——未分配利润"科目。

（三）期末余额

本科目期末借方余额，反映企业持有尚未转让或注销的本公司股份金额。

第二十四讲 租 赁

第一节 综合知识

一、相关知识概述

租赁,是指在一定期间内,出租人将资产的使用权让与承租人以获取对价的合同。

(一)租赁的识别

1. 识别时间

在合同开始日,企业应当评估合同是否为租赁或者包含租赁。

2. 识别标准

如果合同中一方让渡了在一定期间内控制一项或多项已识别资产使用的权利以换取对价,则该合同为租赁或者包含租赁。

3. 确定合同是否让渡了在一定期间内控制已识别资产使用的权利

为确定合同是否让渡了在一定期间内控制已识别资产使用的权利,企业应当评估合同中的客户是否有权获得在使用期间内因使用已识别资产所产生的几乎全部经济利益,并有权在该使用期间主导已识别资产的使用。

(1)有权获得在使用期间内因使用已识别资产所产生的几乎全部经济利益。

在评估是否有权获得因使用已识别资产所产生的几乎全部经济利益时,企业应当在约定的客户可使用资产的权利范围内考虑其所产生的经济利益。

(2)有权在该使用期间主导已识别资产的使用。

存在下列情况之一的,可视为客户有权主导对已识别资产在整个使用期间内的使用:

① 客户有权在整个使用期间主导已识别资产的使用目的和使用方式。

② 已识别资产的使用目的和使用方式在使用期开始前已预先确定,并且客户有权在整个使用期间自行或主导他人按照其确定的方式运营该资产,或者客户设计了已识别资产并在设计时已预先确定了该资产在整个使用期间的使用目的和使用方式。

小知识

已识别资产

已识别资产通常由合同明确指定,也可以在资产可供客户使用时隐性指定。但是,即使合同已对资产进行指定,如果资产的供应方在整个使用期间拥有对该资产的实质性替换权,则该资产不属于已识别资产。

同时符合下列两个条件时,表明供应方拥有资产的实质性替换权:

(1)资产供应方拥有在整个使用期间替换资产的实际能力。

(2)资产供应方通过行使替换资产的权利将获得经济利益。

企业难以确定供应方是否拥有对该资产的实质性替换权的,应当视为供应方没有对该资产的实质性替换权。

如果资产的某部分产能或其他部分在物理上不可区分,则该部分不属于已识别资产,除非其实质上代表该资产的全部产能,从而使客户获得因使用该资产所产生的几乎全部经济利益。

例如,企业与机场签订了一份合同,使用机场大厅的一定区域摆放可移动摊位销售咖啡。除对区域的大小有明确规定以外,机场有权在合同期内的任何时间改变分配给企业的可移动摊位的位置,机场改变所用区域的位置仅需发生很小的成本,且有利于最有效利用机场大厅的空间。此时,机场具有替换所用区域的实质性权利,该合同并不存在已识别的资产。

【例24-1】 智董公司是一家超市运营企业,与某高铁站运营商贵琛公司签订了使用高铁站内某处商业区域销售商品的3年期合同。合同规定了商业区域的面积,商业区域可以位于高铁站内的任一上车区域,贵琛公司有权在整个使用期间随时调整分配给智董公司的商业区域位置。智董公司使用易于移动的自有售货亭销售商品。高铁站有很多符合合同规定的区域可供智董公司使用。

【分析】(1)贵琛公司在整个使用期间有变更智董公司使用的商业区域的实际能力。

高铁站内有许多区域符合合同规定的商业区域,贵琛公司有权随时将智董公司使用的商业区域的位置变更至其他区域而无需智董公司批准。

(2)贵琛公司通过替换商业区域将获得经济利益。

因为售货亭易于移动,所以贵琛公司变更智董公司所使用商业区域的成本极小。贵琛公司能够根据情况变化最有效地利用高铁站上车区域,因此贵琛公司能够通过替换高铁站内的商业区域获益。智董公司控制的是自有的售货亭,而合同约定的是高铁站内的商业区域,贵琛公司可随意变更该商业区域,因此贵琛公司有替换智董公司所使用商业区域的实质性权利。

因此,尽管合同具体规定了智董公司使用的商业区域的面积,但合同中不存在已识别资产。

4. 无需重新评估合同是否为租赁或者包含租赁

除非合同条款和条件发生变化,企业无需重新评估合同是否为租赁或者包含租赁。

【例24-2】 智董公司(客户)与贵琛公司(信息技术公司)签订了使用一台指定服务器的5年期合同。贵琛公司根据智董公司的指示在智董公司处交付和安装服务器,并在整个使用期间根据需要提供服务器的维修和保养服务。贵琛公司仅在服务器发生故障时替换服务器。智董公司决定在服务器中存储哪些数据以及如何将服务器与其运营整合,并在整个使用期间有权改变这些决定。

【分析】 本例中,合同明确指定了服务器,贵琛公司仅在服务器发生故障时方可替换,合同存在已识别资产。智董公司在整个5年使用期控制服务器的使用,原因如下:

(1)智董公司有权获得在5年使用期使用服务器所产生的几乎全部经济利益。因此,智董公司在整个使用期间拥有服务器的独家使用权。

(2)智董公司有权决定使用该服务器支持其运营的哪些方面以及存储哪些数据,智董公司可就服务器的使用目的和使用方式做出相关决定,且智董公司是使用期间唯一可对服务器的使用做出决定的一方,因此智董公司有权主导服务器的使用。

基于上述分析可以得出结论,该合同包含服务器的租赁,智董公司拥有服务器5年的使用权。

(二)租赁的分拆和合并

1. 租赁的分拆

合同中同时包含多项单独租赁的,承租人和出租人应当将合同予以分拆,并分别各项单独租赁进行会计处理。合同中同时包含租赁和非租赁部分的,承租人和出租人应当将租赁和非租赁部分进行分拆,除非企业适用本准则第十二条[①]的规定进行会计处理,租赁部分应当分别按照本准则进行会计处理,非租赁部分应当按照其他适用的企业会计准则进行会计处理。

同时符合下列条件的,使用已识别资产的权利构成合同中的一项单独租赁:

---

① 本准则第十二条,即:为简化处理,承租人可以按照租赁资产的类别选择是否分拆合同包含的租赁和非租赁部分。承租人选择不分拆的,应当将各租赁部分及与其相关的非租赁部分分别合并为租赁,按照本准则进行会计处理。但是,对于按照《企业会计准则第22号——金融工具确认和计量》应分拆的嵌入衍生工具,承租人不应将其与租赁部分合并进行会计处理。

(1)承租人可从单独使用该资产或将其与易于获得的其他资源一起使用中获利。

(2)该资产与合同中的其他资产不存在高度依赖或高度关联关系。

在分拆合同包含的租赁和非租赁部分时,承租人应当按照各租赁部分单独价格及非租赁部分的单独价格之和的相对比例分摊合同对价,出租人应当根据《企业会计准则第14号——收入》关于交易价格分摊的规定分摊合同对价。

为简化处理,承租人可以按照租赁资产的类别选择是否分拆合同包含的租赁和非租赁部分。承租人选择不分拆的,应当将各租赁部分及与其相关的非租赁部分分别合并为租赁,按照本准则进行会计处理。但是,对于按照《企业会计准则第22号——金融工具确认和计量》应分拆的嵌入衍生工具,承租人不应将其与租赁部分合并进行会计处理。

2. 租赁的合并

企业与同一交易方或其关联方在同一时间或相近时间订立的两份或多份包含租赁的合同,在符合下列条件之一时,应当合并为一份合同进行会计处理:

(1)该两份或多份合同基于总体商业目的而订立并构成一揽子交易,若不作为整体考虑则无法理解其总体商业目的。

(2)该两份或多份合同中的某份合同的对价金额取决于其他合同的定价或履行情况。

(3)该两份或多份合同让渡的资产使用权合起来构成一项单独租赁。

(三)租赁的列报

1. 承租人对租赁的列报

(1)财务报表。

① 资产负债表。

承租人应当在资产负债表中单独列示使用权资产和租赁负债。

其中,租赁负债通常分别非流动负债和一年内到期的非流动负债列示。

② 利润表。

在利润表中,承租人应当分别列示租赁负债的利息费用与使用权资产的折旧费用。

租赁负债的利息费用在财务费用项目列示。

③ 现金流量表。

在现金流量表中,偿还租赁负债本金和利息所支付的现金应当计入筹资活动现金流出,支付的按本准则第三十二条①简化处理的短期租赁付款额和低价值资产租赁付款额以及未纳入租赁负债计量的可变租赁付款额应当计入经营活动现金流出。

(2)附注。

① 租赁。

承租人应当在附注中披露与租赁有关的下列信息:

A. 各类使用权资产的期初余额、本期增加额、期末余额以及累计折旧额和减值金额。

B. 租赁负债的利息费用。

C. 计入当期损益的按本准则第三十二条②简化处理的短期租赁费用和低价值资产租赁费用。

D. 未纳入租赁负债计量的可变租赁付款额。

E. 转租使用权资产取得的收入。

F. 与租赁相关的总现金流出。

G. 售后租回交易产生的相关损益。

H. 其他按照《企业会计准则第37号——金融工具列报》应当披露的有关租赁负债的信息。

② 对短期租赁和低价值资产租赁进行简化处理的事实。

承租人应用本准则第三十二条对短期租赁和低价值资产租赁进行简化处理的,应当披露这一事实。

---

① 本准则第三十二条:对于短期租赁和低价值资产租赁,承租人可以选择不确认使用权资产和租赁负债。做出该选择的,承租人应当将短期租赁和低价值资产租赁的租赁付款额,在租赁期内各个期间按照直线法或其他系统合理的方法计入相关资产成本或当期损益。其他系统合理的方法能够更好地反映承租人的受益模式的,承租人应当采用该方法。

② 本准则第三十二条:对于短期租赁和低价值资产租赁,承租人可以选择不确认使用权资产和租赁负债。做出该选择的,承租人应当将短期租赁和低价值资产租赁的租赁付款额,在租赁期内各个期间按照直线法或其他系统合理的方法计入相关资产成本或当期损益。其他系统合理的方法能够更好地反映承租人的受益模式的,承租人应当采用该方法。

③ 其他。

承租人应当根据理解财务报表的需要,披露有关租赁活动的其他定性和定量信息。此类信息包括：

A. 租赁活动的性质,如对租赁活动基本情况的描述。

B. 未纳入租赁负债计量的未来潜在现金流出。

C. 租赁导致的限制或承诺。

D. 售后租回交易除第五十四条第（七）项之外的其他信息。

E. 其他相关信息。

2. 出租人对租赁的列报

（1）资产负债表。

出租人应当根据资产的性质,在资产负债表中列示经营租赁资产。

（2）附注。

① 融资租赁。

出租人应当在附注中披露与融资租赁有关的下列信息：

A. 销售损益、租赁投资净额的融资收益以及与未纳入租赁投资净额的可变租赁付款额相关的收入。

B. 资产负债表日后连续5个会计年度每年将收到的未折现租赁收款额,以及剩余年度将收到的未折现租赁收款额总额。

C. 未折现租赁收款额与租赁投资净额的调节表。

② 经营租赁。

出租人应当在附注中披露与经营租赁有关的下列信息：

A. 租赁收入,并单独披露与未计入租赁收款额的可变租赁付款额相关的收入。

B. 将经营租赁固定资产与出租人持有自用的固定资产分开,并按经营租赁固定资产的类别提供《企业会计准则第4号——固定资产》要求披露的信息。

C. 资产负债表日后连续5个会计年度每年将收到的未折现租赁收款额,以及剩余年度将收到的未折现租赁收款额总额。

③ 其他。

出租人应当根据理解财务报表的需要,披露有关租赁活动的其他定性和定量信息。此类信息包括：

A. 租赁活动的性质,如对租赁活动基本情况的描述。

B. 对其在租赁资产中保留的权利进行风险管理的情况。

C. 其他相关信息。

二、会计准则概述

（一）本准则的相关背景

2006年2月,我国财政部发布《企业会计准则第21号——租赁》（以下简称"原租赁准则"或"原准则"）,对企业发生的租赁业务的确认、计量和相关信息的列报进行了规范,发挥了积极作用。然而,随着市场经济的日益发展和租赁交易的日趋复杂,承租人会计处理相关问题逐步显现。原租赁准则下,承租人和出租人在租赁开始日,应当根据与资产所有权有关的全部风险和报酬是否转移,将租赁分为融资租赁和经营租赁。对于融资租赁,承租人在资产负债表中确认租入资产和相关负债；对于经营租赁,承租人在资产负债表中不确认其取得的资产使用权和租金支付义务。由此导致承租人财务报表未全面反映因租赁交易取得的权利和承担的义务,也为实务中构建交易以符合特定类型租赁提供了动机和机会,降低了财务报表的可比性。

为此,国际会计准则理事会于2016年1月修订发布了《国际财务报告准则第16号——租赁》（以下简称"国际租赁准则"或"IFRS16"）,自2019年1月1日起实施,其核心变化是取消了承租人关于融资租赁与经营租赁的分类,要求承租人对所有租赁（选择简化处理的短期租赁和低价值资产租赁除外）确认使用权资产和租赁负债,并分别确认折旧和利息费用。

为了适应社会主义市场经济发展需要,规范租赁的确认、计量和相关信息的列报,提高会计信息质量,2018年12月7日,我国财政部修订发布了《企业会计准则第21号——租赁》(财会〔2018〕35号,本讲以下简称"新租赁准则""新准则"或"本准则"),这是进一步完善我国企业会计准则体系,保持与国际财务报告准则持续全面趋同的重要成果。

国际租赁准则自2019年1月1日起实施。本准则自2019年1月1日起施行。为兼顾我国市场环境和企业实际情况,在实施范围和实施时间上采取分步到位的办法。具体如下:

(1)在境内外同时上市的企业以及在境外上市并采用国际财务报告准则或企业会计准则编制财务报表的企业自2019年1月1日起实施,以避免出现境内外报表会计准则适用差异。

(2)其他执行企业会计准则的企业(包括A股上市公司)自2021年1月1日起实施,以为其留出充足准备时间,总结借鉴境外上市企业执行新租赁准则的经验,确保准则实施质量。同时,考虑到企业编制合并财务报表实际需要,允许母公司或子公司在境外上市且按照国际财务报告准则或企业会计准则编制其境外财务报表的企业提前实施,但不应早于其同时执行财政部2017年3月31日印发的《企业会计准则第22号——金融工具确认和计量》和2017年7月5日印发的《企业会计准则第14号——收入》的日期。

执行本准则的企业,不再执行财政部于2006年2月15日印发的《财政部关于印发〈企业会计准则第1号——存货〉等38项具体准则的通知》(财会〔2006〕3号)中的《企业会计准则第21号——租赁》,以及财政部于2006年10月30日印发的《财政部关于印发〈企业会计准则——应用指南〉的通知》(财会〔2006〕18号)中的《〈企业会计准则第21号——租赁〉应用指南》。

此外,鉴于租赁准则新旧变动较大,为帮助相关企业顺利过渡至新租赁准则,新准则提供两种方法:

(1)允许企业采用追溯调整。

(2)根据首次执行本准则的累积影响数,调整首次执行本准则当年年初留存收益及财务报表其他相关项目金额,不调整可比期间信息。同时,在第二种方法下提供了多项简化处理安排。

 小知识

本准则与国际租赁准则的异同

新租赁准则有效借鉴国际准则,又考虑了我国实际情况,除明确使用权资产仅应采用成本模式进行后续计量外,与国际新租赁准则基本趋同,是进一步完善我国企业会计准则体系并保持持续全面趋同的重要成果。

新租赁准则明确企业以出让、划拨或转让方式取得的土地使用权,适用《企业会计准则第6号——无形资产》,而不适用于新租赁准则,与IFRS16的规定存在差别,但预计不会对净资产或净利润产生重大影响。

本准则的修订意义

此次对租赁会计准则的修订完善有以下现实意义:

(1)有利于提高会计信息质量,更好满足报表使用者需求。

新租赁准则下,承租人会计处理不再区分融资租赁和经营租赁,而是统一采用使用权资产模型,有利于全面反映企业因租赁交易取得的权利和相关义务,提升了报表透明度和可比性。同时,新租赁准则对承租人后续计量的改进和完善,以及承租人、出租人的新披露要求都为报表使用者进行经济决策提供了更为相关和可靠的信息。

(2)有利于真实反映企业资产负债情况,防范化解风险。

新租赁准则下,原采用经营租赁方式取得的资产及支付义务需在资产负债表中列示,消除了承租人利用经营租赁进行表外融资的机会,可以更为全面真实地反映企业资产债务情况。

(3)有利于联动企业业务管理与会计管理,推动企业加强风险管理,提高发展质量。

新租赁准则下,做好租赁的识别、使用权资产和租赁负债的计量,需要业务部门提供大量信息并加强合同管理。同时,新准则引入的承租人增量借款利率反映了承租人自身信用风险特征,结合原表外债务的显性化,将促使企业重新梳理评估现有业务和债务结构,加强风险管理,提升发展质量。

(二)本准则的适用范围

本准则适用于所有租赁,但下列各项除外:

(1)承租人通过许可使用协议取得的电影、录像、剧本、文稿等版权、专利等项目的权利,以

出让、划拨或转让方式取得的土地使用权,适用《企业会计准则第6号——无形资产》。

(2) 出租人授予的知识产权许可,适用《企业会计准则第14号——收入》。

(3) 勘探或使用矿产、石油、天然气及类似不可再生资源的租赁,承租人承租生物资产,采用建设经营移交等方式参与公共基础设施建设、运营的特许经营权合同,不适用本准则。

(三) 本准则的主要变化

新租赁准则在租赁定义和识别、承租人会计处理方面作了较大修改,出租人会计处理基本延续现有规定。

修订的主要内容如下:

1. 完善了租赁的定义,增加了租赁识别、分拆、合并等内容

新租赁准则将租赁定义为"在一定期间内,出租人将资产的使用权让与承租人以获取对价的合同",并进一步说明如果合同中一方让渡了在一定期间内控制一项或多项已识别资产使用的权利以换取对价,则该合同为租赁或者包含租赁。

同时,新租赁准则还对包含租赁和非租赁成分的合同如何分拆,以及何种情形下应将多份合同合并为一项租赁合同进行会计处理作了规定。

是否属于"租赁"不再拘泥于合同形式是否为"租赁协议",而应根据"已识别资产""主导使用"等概念进行判断。

租赁拆分和合并概念的引入,使得租赁的计量单元细化到了"单独租赁",类似于新收入会计准则下的"单项履约义务"。

2. 取消承租人经营租赁和融资租赁的分类,要求对所有租赁(短期租赁和低价值资产租赁除外)确认使用权资产和租赁负债

新租赁准则下,承租人不再将租赁区分为经营租赁或融资租赁,而是采用统一的会计处理模型,对短期租赁和低价值资产租赁以外的其他所有租赁均确认使用权资产和租赁负债,并分别计提折旧和利息费用。

短期租赁,是指在租赁期开始日,租赁期不超过12个月的租赁。

低价值资产租赁,是指单项租赁资产为全新资产时价值较低的租赁。

承租人对于短期租赁和低价值资产租赁可以选择不确认使用权资产和租赁负债,而是采用与原经营租赁相似的方式进行会计处理。

3. 改进承租人后续计量,增加选择权重估和租赁变更情形下的会计处理

原租赁准则未对租赁期开始日后选择权重估或合同变更等情形下的会计处理做出明确规范,导致实务中多有争议且会计处理不统一。新租赁准则明确规定发生承租人可控范围内的重大事件或变化,且影响承租人是否合理确定将行使相应选择权的,承租人应当对其是否合理确定将行使续租选择权、购买选择权或不行使终止租赁选择权进行重新评估。

租赁变更,是指原合同条款之外的租赁范围、租赁对价、租赁期限的变更。

企业应视其变更情况将其作为一项单独租赁进行会计处理或重新计量租赁负债。

4. 生产商或经销商作为出租人的融资租赁,可以确认收入

新租赁准则明确了生产商或经销商作为出租人的融资租赁,可以确认收入。

5. 改变售后租回交易的会计处理方法

新租赁准则下,售后租回交易的处理,关键在于资产转让是否满足收入会计准则所规范的"销售",而非对租赁类型(经营租赁或融资租赁)的判断。不符合"销售"条件的,视为融资行为处理,而即使满足销售条件,出售相关的会计处理及确认的损益也与原准则不同。

6. 丰富出租人披露内容,为报表使用者提供更多有用信息

关于出租人发生的经营租赁,原租赁准则仅要求出租人披露各类租出资产的账面价值。新租赁准则要求出租人增加披露相关租赁收入及未折现租赁收款额等信息。此外,出租人还应当根据理解财务报表的需要,披露有关租赁活动的其他定性和定量信息。

小知识

本准则的修订带来的相关影响

总体而言,新租赁准则将会导致承租人资产负债表中的负债大幅增加,从而改变某些关键财务指标,预期对于大量采用经营租赁模式的行业,例如零售、运输、航空、电信等将产生深远影响。此外,虽然出租人的会计处理模式没有发生显著变化,但由于承租人会计处理的变化可能会影响承租人重新架构租赁安排,并进而影响出租人的业务模式及与承租人的商业谈判,其商业影响也不容小觑。

(1) 新模型对财务报表的具体影响。

根据原准则,承租人对融资租赁和经营租赁分别采用"上表"和"不上表"两种截然不同的会计处理,新租赁准则提出全部"上表"的单一模型。除了满足豁免规定的情况外(短期租赁和低价值资产租赁),几乎所有租赁均需要上表,意味着承租人的资产负债表将随着现时经营租赁的租金承诺而相应大幅度膨胀(如图24-1)。此外,经营租赁承租人的费用分摊方式,将由原来的直线法变为与融资租赁一致的"前大后小"模式,即在租赁期的前半段时间内的总费用(即资产折旧加上利息)要高于原准则下直线法确认的经营租赁费用(如图24-2)。

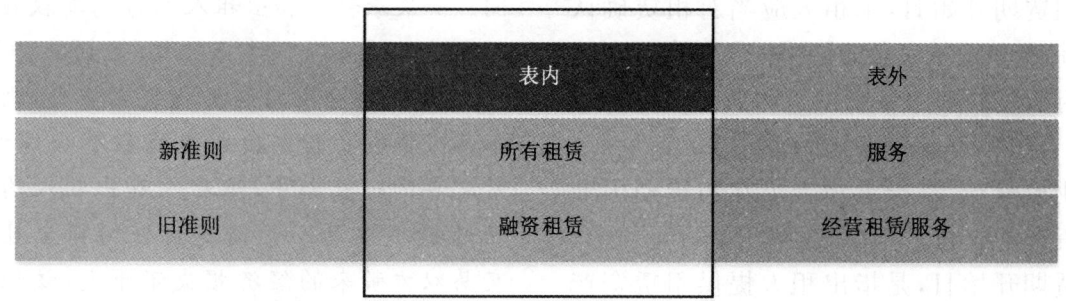

图24-1 新旧模型下租赁对资产负债表的影响对比

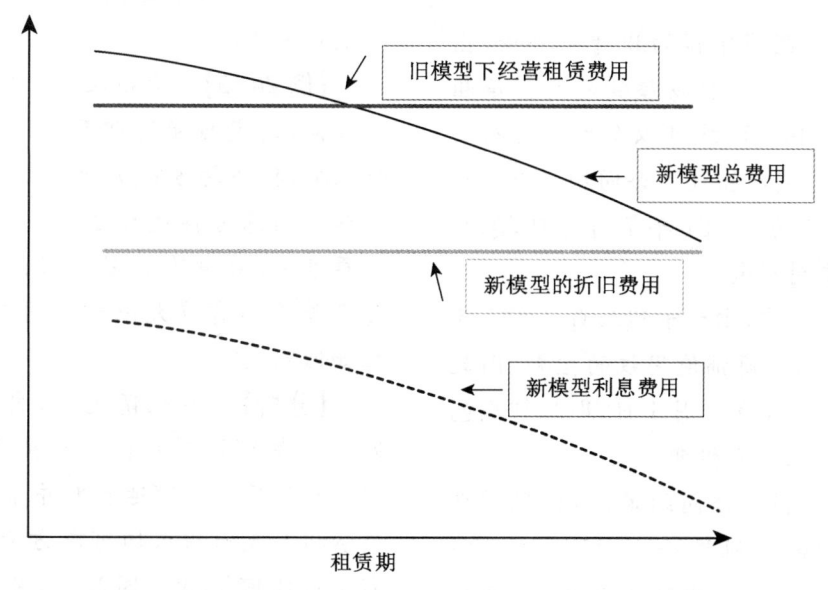

图24-2 新旧模型下经营租赁费用对利润表的影响对比

(2) 对相关财务指标的影响。

① 资产周转率(销售收入/资产总额)。

预期将下降,因为使用权资产将构成资产总额的一部分。

② 资本充足率(负债/权益)。

预期将上升,因为租赁负债的确认将增加企业的负债金额。

③ EBITDA(息税折旧摊销前利润)。

预期将上升,因为EBITDA中不再有租赁费用,而增加的折旧费用和利息费用都将反映在EBITDA之外。

④ 净利润。

由于"前大后小"模式,净利润在租赁开始的最初几年相比原会计模式将会下降。

新租赁准则中承租人的租赁业务均需入表,短期租赁和低价值租赁是仅有的例外情况,能够采用与原准则中经营租赁类似的简化处理。预计"短期租赁"和"低价值租赁"将会成为未来实务中的"必争之地"。

第二节 承租人的会计处理

一、承租人对租赁的确认和初始计量

(一)确认——使用权资产、租赁负债

在租赁期开始日,承租人应当对租赁确认使用权资产和租赁负债,应用本准则第三章第三节进行简化处理的短期租赁和低价值资产租赁除外。

使用权资产,是指承租人可在租赁期内使用租赁资产的权利。

租赁期开始日,是指出租人提供租赁资产使其可供承租人使用的起始日期。

租赁期,是指承租人有权使用租赁资产且不可撤销的期间。

【例24-3】 在某写字楼的租赁安排中,出租人于2×21年4月1日将房屋钥匙交付承租人,承租人在收到钥匙后,就可以自主安排对写字楼的装修布置,并安排搬迁。合同约定有3个月的免租期,起租日为2×21年7月1日,承租人自起租日开始支付租金。

【分析】 此交易中,由于承租人自2×21年4月1日起就已拥有对商铺使用权的控制,因此租赁期开始日为2×21年4月1日,即租赁期包含出租人给予承租人的免租期。

【例24-4】 某租赁合同约定,初始租赁期为1年,如有一方撤销租赁将支付重大罚金;1年期满后,经双方同意可再延长2年,如有一方不同意将不再续期,没有罚金且预计对交易双方带来的经济损失不重大。这种情形下,租赁期应如何确定?

【分析】 租赁期是指承租人有权使用租赁资产且不可撤销的期间,包括合理确定承租人将行使续租选择权的期间和不行使终止租赁选择权的期间。

按照上述租赁合同约定,自租赁期开始日的第1年有强制的权利和义务,是不可撤销期间。如果承租人和出租人双方均有权在未经另一方许可的情况下终止租赁,且罚款金额、预计对交易双方带来的经济损失不重大,则该租赁不再可强制执行。按照上述租赁合同约定,此后2年的延长期中,承租人和出租人均可单方面选择不续约而无需支付任何罚金且预计对交易双方带来的经济损失不重大,该租赁不再可强制执行,因此2年的延长期并非不可撤销期间。

因此,该租赁合同在初始确认时的租赁期应确定为1年。

【例24-5】 承租人与出租人签订了一份租赁合同,约定自租赁期开始日2年内不可撤销,如果撤销,违约方将支付重大罚金,2年期满后,经双方同意可再延长2年,如有一方不同意,将不再续期,且没有罚款。假设承租人对于租赁资产并不具有重大依赖。这种情形下,租赁期应如何确定?

【分析】 在此情况下,自租赁期开始日起的第2年有强制的权利和义务,是不可撤销期间。而此后2年的延长期并非不可撤销期间,因为承租人或出租人均可单方面选择不续约而无需支付任何罚款。因此,该租赁合同在初始确认时的租赁期应确定为2年。

承租人有续租选择权,即有权选择续租该资产,且合理确定将行使该选择权的,租赁期还应当包含续租选择权涵盖的期间。承租人有终止租赁选择权,即有权选择终止租赁该资产,但合理确定将不会行使该选择权的,租赁期应当

包含终止租赁选择权涵盖的期间。发生承租人可控范围内的重大事件或变化,且影响承租人是否合理确定将行使相应选择权的,承租人应当对其是否合理确定将行使续租选择权、购买选择权或不行使终止租赁选择权进行重新评估。

【例24-6】 承租人签订了一份写字楼租赁合同,包括6年不可撤销期限和4年按照市价行使的续租选择权。在搬入该写字楼之前,承租人花费了大量资金对租赁写字楼进行了改良,预计在6年结束时租赁资产改良仍将具有重大价值,且该价值仅可通过继续使用租赁资产实现。

【分析】 在此情况下,承租人合理确定将行使续租选择权,因为如果在6年结束时放弃该租赁资产改良,将蒙受重大经济损失。因此,在租赁开始时,承租人确定租赁期为10年。

承租人发生的租赁资产改良支出及其导致的预计复原支出应当如何进行会计处理?

根据租赁准则第十四条和第十六条,使用权资产是指承租人可在租赁期内使用租赁资产的权利。使用权资产应当按照成本进行初始计量。对于承租人为拆卸及移除租赁资产、复原租赁资产所在场地或将租赁资产恢复至租赁条款约定状态预计将发生的成本,属于为生产存货而发生的,适用《企业会计准则第1号——存货》,否则计入使用权资产的初始计量成本;承租人应当按照《企业会计准则第13号——或有事项》进行确认和计量。参照《企业会计准则——应用指南》(2006)会计科目和主要账务处理,长期待摊费用科目核算企业已经发生但应由本期和以后各期负担的分摊期限在1年以上的各项费用。

因此,承租人发生的租赁资产改良支出不属于使用权资产,应当记入"长期待摊费用"科目。对于由租赁资产改良导致的预计复原支出,承租人应当按照租赁准则第十六条处理。

(二)初始计量

1. 使用权资产

使用权资产应当按照成本进行初始计量。该成本包括:

(1)租赁负债的初始计量金额。

(2)在租赁期开始日或之前支付的租赁付款额,存在租赁激励的,扣除已享受的租赁激励相关金额。

(3)承租人发生的初始直接费用。

(4)承租人为拆卸及移除租赁资产、复原租赁资产所在场地或将租赁资产恢复至租赁条款约定状态预计将发生的成本。

前述成本属于为生产存货而发生的,适用《企业会计准则第1号——存货》。承租人应当按照《企业会计准则第13号——或有事项》对本条第(4)项所述成本进行确认和计量。

租赁激励,是指出租人为达成租赁向承租人提供的优惠,包括出租人向承租人支付的与租赁有关的款项、出租人为承租人偿付或承担的成本等。

初始直接费用,是指为达成租赁所发生的增量成本。

增量成本是指若企业不取得该租赁,则不会发生的成本。

【例24-7】 承租人智董公司就某栋建筑物的某一层楼与出租人贵琛公司签订了为期8年的租赁协议,并拥有2年的续租选择权。有关资料如下:

(1)初始租赁期内的不含税租金为每年10 000元,续租期间为每年12 000元,所有款项应于每年年初支付。

(2)为获得该项租赁,智董公司发生的初始直接费用为4 000元,其中,3 000元为向该楼层前任租户支付的款项,1 000元为向促成此租赁交易的房地产中介支付的佣金。

(3)作为对智董公司的激励,贵琛公司同意补偿智董公司1 000元的佣金。

(4)在租赁期开始日,智董公司评估后认为,不能合理确定将行使续租选择权,因此,将租赁期确定为8年。

(5)智董公司无法确定租赁内含利率,其增量借款利率为每年6%,该利率反映的是智董公司以类似抵押条件借入期限为8年、与使用权资产等值的相同币种的借款而必须支付的利率。

为简化处理,假设不考虑相关税费影响。

【分析】 承租人智董公司的会计处理如下:

第一步,计算租赁期开始日租赁付款额的现值,并确认租赁负债和使用权资产。

在租赁期开始日,智董公司支付第1年的租金10 000元,并以剩余7年租金(每年10 000元)按6%的年利率折现后的现值计量租赁负债。计算租赁付款额现值的过程如下:

剩余7期租赁付款额=10 000×7=70 000(元)。

租赁负债=剩余7期租赁付款额的现值=10 000×(P/A,6%,7)=55 824(元)。

未确认融资费用=剩余7期租赁付款额−剩余7期租赁付款额的现值=70 000−55 824=14 176(元)。

借:使用权资产　　　　　　　　　65 824
　　租赁负债——未确认融资费用　14 176
　贷:租赁负债——租赁付款额　　　　　70 000
　　银行存款(第1年的租赁付款额)　　10 000

第二步,将初始直接费用计入使用权资产的初始成本。

借:使用权资产　　　4 000
　贷:银行存款　　　　　4 000

第三步,将已收的租赁激励相关金额从使用权资产入账价值中扣除。

借:银行存款　　　　1 000
　贷:使用权资产　　　　1 000

综上,智董公司使用权资产的初始成本为:65 824+4 000−1 000=68 824(元)。

2. 租赁负债

租赁负债应当按照租赁期开始日尚未支付的租赁付款额的现值进行初始计量。

在计算租赁付款额的现值时,承租人应当采用租赁内含利率作为折现率;无法确定租赁内含利率的,应当采用承租人增量借款利率作为折现率。

租赁内含利率,是指使出租人的租赁收款额的现值与未担保余值的现值之和等于租赁资产公允价值与出租人的初始直接费用之和的利率。

承租人增量借款利率,是指承租人在类似经济环境下为获得与使用权资产价值接近的资产,在类似期间以类似抵押条件借入资金须支付的利率。

租赁付款额,是指承租人向出租人支付的与在租赁期内使用租赁资产的权利相关的款项,包括:

(1)固定付款额及实质固定付款额,存在租赁激励的,扣除租赁激励相关金额。

(2)取决于指数或比率的可变租赁付款额,该款项在初始计量时根据租赁期开始日的指数或比率确定。

(3)购买选择权的行权价格,前提是承租人合理确定将行使该选择权。

(4)行使终止租赁选择权需支付的款项,前提是租赁期反映出承租人将行使终止租赁选择权。

(5)根据承租人提供的担保余值预计应支付的款项。

【例24-8】 承租人智董公司租入某写字楼的一层楼,为期8年。智董公司有权选择在第4年后提前终止租赁,并以相当于9个月的租金作为罚金。每年的租赁付款额为固定金额180 000元。该写字楼是全新的,并且在周边商业园区的写字楼中处于技术领先水平。上述租赁付款额与市场租金水平相符。

【分析】 在租赁期开始日,智董公司评估后认为,9个月的租金对于智董公司而言金额重大,同等条件下,也难以按更优惠的价格租入其他写字楼,可以合理确定不会选择提前终止租赁,因此其租赁负债不应包括提前终止租赁时需支付的罚金,租赁期确定为8年。

实质固定付款额,是指在形式上可能包含变量但实质上无法避免的付款额。

可变租赁付款额,是指承租人为取得在租赁期内使用租赁资产的权利,向出租人支付的因租赁期开始日后的事实或情况发生变化(而非时间推移)而变动的款项。取决于指数或比率的可变租赁付款额包括与消费者价格指数挂钩的款项、与基准利率挂钩的款项和为反映市场租金费率变化而变动的款项等。

担保余值,是指与出租人无关的一方向出租人提供担保,保证在租赁结束时租赁资产的价值至少为某指定的金额。

未担保余值,是指租赁资产余值中,出租人无法保证能够实现或仅由与出租人有关的一方予以担保的部分。

二、承租人对租赁的后续计量

(一) 成本模式

在租赁期开始日后,承租人应当按照本准则相关规定,采用成本模式对使用权资产进行后续计量。

(二) 资产折旧

承租人应当参照《企业会计准则第4号——固定资产》有关折旧规定,对使用权资产计提折旧。承租人能够合理确定租赁期届满时取得租赁资产所有权的,应当在租赁资产剩余使用寿命内计提折旧。无法合理确定租赁期届满时能够取得租赁资产所有权的,应当在租赁期与租赁资产剩余使用寿命两者孰短的期间内计提折旧。

(三) 资产减值

承租人应当按照《企业会计准则第8号——资产减值》的规定,确定使用权资产是否发生减值,并对已识别的减值损失进行会计处理。

(四) 利息费用

承租人应当按照固定的周期性利率计算租赁负债在租赁期内各期间的利息费用,并计入当期损益。按照《企业会计准则第17号——借款费用》等其他准则规定应当计入相关资产成本的,从其规定。

该周期性利率,是按照本准则相关规定所采用的折现率,或者按照本准则相关规定所采用的修订后的折现率。

(五) 可变租赁付款额(未纳入租赁负债计量的)

未纳入租赁负债计量的可变租赁付款额应当在实际发生时计入当期损益按照《企业会计准则第1号——存货》等其他准则规定应当计入相关资产成本的,从其规定。

【例24-9】 承租人智董公司签订了一项为期15年的不动产租赁合同,每年的租赁付款额为180 000元,于每年年初支付。合同规定,租赁付款额在租赁期开始日后每3年基于过去36个月消费者价格指数的上涨进行上调。租赁期开始日的消费者价格指数为100.9。

【分析】 智董公司在初始计量租赁负债时、应基于租赁期开始日的消费者物价指数确定租赁付款额,无需对后续年度因消费者物价指数而导致的租金变动做出估计。因此,在租赁期开始日,智董公司应以每年180 000元的租赁付款额为基础计量租赁负债。

(六) 重新计量

1. 重新计量租赁负债——租赁期或购买选择权的评估结果变化

在租赁期开始日后,发生下列情形的,承租人应当重新确定租赁付款额,并按变动后租赁付款额和修订后的折现率计算的现值重新计量租赁负债:

(1)发生承租人可控范围内的重大事件或变化,且影响承租人是否合理确定将行使相应选择权的,续租选择权或终止租赁选择权的评估结果发生变化,或者前述选择权的实际行使情况与原评估结果不一致等导致租赁期变化的,应当根据新的租赁期重新确定租赁付款额。

(2)发生承租人可控范围内的重大事件或变化,且影响承租人是否合理确定将行使相应选择权的,购买选择权的评估结果发生变化的,应当根据新的评估结果重新确定租赁付款额。

在计算变动后租赁付款额的现值时,承租人应当采用剩余租赁期间的租赁内含利率作为修订后的折现率;无法确定剩余租赁期间的租赁内含利率的,应当采用重估日的承租人增量借款利率作为修订后的折现率。

2. 重新计量租赁负债——预计应付担保余值的金额或未来租赁付款额发生变动

在租赁期开始日后,根据担保余值预计的应付金额发生变动,或者因用于确定租赁付款额的指数或比率变动而导致未来租赁付款额发生变动的,承租人应当按照变动后租赁付款额的现值重新计量租赁负债。在这些情形下,承租人采用的折现率不变;但是,租赁付款额的变动源自浮动利率变动的,使用修订后的折现率。

3. 相应调整使用权资产的账面价值

承租人在根据上述第 1 项和第 2 项所述准则内容或因实质固定付款额变动重新计量租赁负债时,应当相应调整使用权资产的账面价值。

使用权资产的账面价值已调减至零,但租赁负债仍需进一步调减的,承租人应当将剩余金额计入当期损益。

(七) 租赁发生变更

1. 租赁变更作为一项单独租赁进行会计处理的

租赁发生变更且同时符合下列条件的,承租人应当将该租赁变更作为一项单独租赁进行会计处理:

(1) 该租赁变更通过增加一项或多项租赁资产的使用权而扩大了租赁范围。

(2) 增加的对价与租赁范围扩大部分的单独价格按该合同情况调整后的金额相当。

租赁变更,是指原合同条款之外的租赁范围、租赁对价、租赁期限的变更,包括增加或终止一项或多项租赁资产的使用权,延长或缩短合同规定的租赁期等。

2. 租赁变更未作为一项单独租赁进行会计处理的

租赁变更未作为一项单独租赁进行会计处理的,在租赁变更生效日,承租人应当按照本准则的规定分摊变更后合同的对价,按照本准则的规定重新确定租赁期,并按照变更后租赁付款额和修订后的折现率计算的现值重新计量租赁负债。在计算变更后租赁付款额的现值时,承租人应当采用剩余租赁期间的租赁内含利率作为修订后的折现率;无法确定剩余租赁期间

的租赁内含利率的,应当采用租赁变更生效日的承租人增量借款利率作为修订后的折现率。

租赁变更生效日,是指双方就租赁变更达成一致的日期。

租赁变更导致租赁范围缩小或租赁期缩短的,承租人应当相应调减使用权资产的账面价值,并将部分终止或完全终止租赁的相关利得或损失计入当期损益。其他租赁变更导致租赁负债重新计量的,承租人应当相应调整使用权资产的账面价值。

三、短期租赁和低价值资产租赁的会计处理

短期租赁,是指在租赁期开始日,租赁期不超过 12 个月的租赁。包含购买选择权的租赁不属于短期租赁。

低价值资产租赁,是指单项租赁资产为全新资产时价值较低的租赁。

低价值资产租赁的判定仅与资产的绝对价值有关,不受承租人规模、性质或其他情况影响。低价值资产租赁还应当符合本准则第十条①的规定。承租人转租或预期转租租赁资产的,原租赁不属于低价值资产租赁。

对于短期租赁和低价值资产租赁,承租人可以选择不确认使用权资产和租赁负债。做出该选择的,承租人应当将短期租赁和低价值资产租赁的租赁付款额,在租赁期内各个期间按照直线法或其他系统合理的方法计入相关资产成本或当期损益。其他系统合理的方法能够更好地反映承租人的受益模式的,承租人应当采用该方法。

对于短期租赁,承租人应当按照租赁资产的类别做出本准则第三十二条②所述的会计处理选择。对于低价值资产租赁,承租人可根据每项租赁的具体情况做出本准则第三十二条所

---

① 本准则第十条,即:同时符合下列条件的,使用已识别资产的权利构成合同中的一项单独租赁:承租人可从单独使用该资产或将其与易于获得的其他资源一起使用中获利;该资产与合同中的其他资产不存在高度依赖或高度关联关系。

② 本准则第三十二条:对于短期租赁和低价值资产租赁,承租人可以选择不确认使用权资产和租赁负债。做出该选择的,承租人应当将短期租赁和低价值资产租赁的租赁付款额,在租赁期内各个期间按照直线法或其他系统合理的方法计入相关资产成本或当期损益。其他系统合理的方法能够更好地反映承租人的受益模式的,承租人应当采用该方法。

述的会计处理选择。

按照本准则第三十二条进行简化处理的短期租赁发生租赁变更或者因租赁变更之外的原因导致租赁期发生变化的,承租人应当将其视为一项新租赁进行会计处理。

【例24-10】 承租人与出租人签订了一份租赁合同,约定不可撤销期间为10个月,且承租人拥有5个月的续租选择权。在租赁期开始日,承租人判断可以合理确定将行使续租选择权,因为续租期的月租赁付款额明显低于市场价格。在此情况下,承租人确定租赁期为15个月,不属于短期租赁,承租人不能选择上述简化会计处理。

承租人与出租人签订租赁期为1年的租赁合同,能否简单认定该租赁为短期租赁?

租赁期是指承租人有权使用租赁资产且不可撤销的期间,同时还应包括合理确定承租人将行使续租选择权的期间和不行使终止租赁选择权的期间。在租赁期开始日,企业应当考虑对承租人行使续租选择权或不行使终止租赁选择权带来经济利益的所有相关事实和情况,包括自租赁期开始日至选择权行使日之间的事实和情况的预期变化。例如,承租人进行或预期进行的重大租赁资产改良在可行使相关选择权时预期能为承租人

带来的重大经济利益、租赁资产对承租人运营的重要程度、与终止租赁相关的成本等。

因此,当承租人与出租人签订租赁期为1年的租赁合同时,不能简单认为该租赁的租赁期为1年,而应当基于所有相关事实和情况判断可强制执行合同的期间以及是否存在实质续租、终止等选择权以合理确定租赁期。如果历史上承租人与出租人之间存在逐年续签的惯例,或者承租人与出租人互为关联方,尤其应当谨慎确定租赁期。

企业在考虑所有相关事实和情况后确定租赁期为1年的,其他会计估计应与此一致。例如,与该租赁相关的租赁资产改良支出、初始直接费用等应当在1年内以直线法或其他系统合理的方法进行摊销。

某租赁合同变更导致租赁期缩短至1年以内,承租人应当如何进行会计处理?是否允许改按短期租赁进行会计处理并追溯调整?

根据租赁准则第二十九条、第三十条并参照相关应用指南,租赁变更导致租赁范围缩小或租赁期缩短的,承租人应当相应调减使用权资产的账面价值,并将部分终止或完全终止租赁的相关利得或损失计入当期损益。短期租赁是指在租赁期开始日,租赁期不超过12个月的租赁。

租赁变更导致租赁期缩短至1年以内的,承租人应当调减使用权资产的账面价值,部分终止租赁的相关利得或损失记入"资产处置损益"科目。企业不得改按短期租赁进行简化处理或追溯调整。

第三节 出租人的会计处理

一、出租人的租赁分类

(一)分类时间、具体类别

出租人应当在租赁开始日将租赁分为融资租赁和经营租赁。

租赁开始日,是指租赁合同签署日与租赁各方就主要租赁条款做出承诺日中的较早者。

融资租赁,是指实质上转移了与租赁资产所有权有关的几乎全部风险和报酬的租赁。其所有权最终可能转移,也可能不转移。

经营租赁,是指除融资租赁以外的其他租赁。

(二)在租赁开始日后是否需要对租赁的分类进行重新评估

在租赁开始日后,出租人无需对租赁的分类进行重新评估,除非发生租赁变更。租赁资产预计使用寿命、预计余值等会计估计变更或发生承租人违约等情况变化的,出租人不对租赁的分类进行重新评估。

(三)实质重于形式的分类原则

一项租赁属于融资租赁还是经营租赁取决于交易的实质,而不是合同的形式。

如果一项租赁实质上转移了与租赁资产所

有权有关的几乎全部风险和报酬,出租人应当将该项租赁分类为融资租赁。

(四) 通常分类为融资租赁的情形

一项租赁存在下列一种或多种情形的,通常分类为融资租赁:

(1) 在租赁期届满时,租赁资产的所有权转移给承租人。

(2) 承租人有购买租赁资产的选择权,所订立的购买价款与预计行使选择权时租赁资产的公允价值相比足够低,因而在租赁开始日就可以合理确定承租人将行使该选择权。

(3) 资产的所有权虽然不转移,但租赁期占租赁资产使用寿命的大部分。

(4) 在租赁开始日,租赁收款额的现值几乎相当于租赁资产的公允价值。

(5) 租赁资产性质特殊,如果不作较大改造,只有承租人才能使用。

(五) 也可能分类为融资租赁的情形

一项租赁存在下列一项或多项迹象的,也可能分类为融资租赁:

(1) 若承租人撤销租赁,撤销租赁对出租人造成的损失由承租人承担。

(2) 资产余值的公允价值波动所产生的利得或损失归属于承租人。

(3) 承租人有能力以远低于市场水平的租金继续租赁至下一期间。

(六) 对转租赁的分类

转租出租人应当基于原租赁产生的使用权资产,而不是原租赁的标的资产,对转租赁进行分类。

但是,原租赁为短期租赁,且转租出租人应用本准则第三十二条①对原租赁进行简化处理的,转租出租人应当将该转租赁分类为经营租赁。

【例 24-11】 智董公司(原租赁承租人)与贵琛公司(原租赁出租人)就 1 980 平方米办公场所签订了一项为期 8 年的租赁(原租赁)。在第 5 年年初,智董公司将该 1 980 平方米办公场所转租给鑫裕公司,期限为原租赁的剩余 4 年时间(转租赁)。假设不考虑初始直接费用。

【分析】 智董公司应基于原租赁形成的使用权资产对转租赁进行分类。本例中,转租赁的期限覆盖了原租赁的所有剩余期限,综合考虑其他因素,智董公司判断其实质上转移了与该项使用权资产有关的几乎全部风险和报酬,智董公司将该项转租赁分类为融资租赁。

智董公司的会计处理为:

(1) 终止确认与原租赁相关且转给鑫裕公司(转租承租人)的使用权资产,并确认转租赁投资净额。

(2) 将使用权资产与转租赁投资净额之间的差额确认为损益。

(3) 在资产负债表中保留原租赁的租赁负债,该负债代表应付原租赁出租人的租赁付款额。在转租期间,中间出租人既要确认转租赁的租赁收益,也要确认原租赁的利息费用。

二、出租人对融资租赁的会计处理

(一) 确认——确认应收融资租赁款,终止确认融资租赁资产

在租赁期开始日,出租人应当对融资租赁确认应收融资租赁款,并终止确认融资租赁资产。

(二) 对应收融资租赁款进行初始计量

1. 租赁投资净额

出租人对应收融资租赁款进行初始计量时,应当以租赁投资净额作为应收融资租赁款的入账价值。

租赁投资净额为未担保余值和租赁期开始日尚未收到的租赁收款额按照租赁内含利率折现的现值之和。

租赁收款额,是指出租人因让渡在租赁期内使用租赁资产的权利而应向承租人收取的款项,包括:

(1) 承租人需支付的固定付款额及实质固

---

① 本准则第三十二条:对于短期租赁和低价值资产租赁,承租人可以选择不确认使用权资产和租赁负债。做出该选择的,承租人应当将短期租赁和低价值资产租赁的租赁付款额,在租赁期内各个期间按照直线法或其他系统合理的方法计入相关资产成本或当期损益。其他系统合理的方法能够更好地反映承租人的受益模式的,承租人应当采用该方法。

定付款额,存在租赁激励的,扣除租赁激励相关金额。

(2)取决于指数或比率的可变租赁付款额,该款项在初始计量时根据租赁期开始日的指数或比率确定。

(3)购买选择权的行权价格,前提是合理确定承租人将行使该选择权。

(4)承租人行使终止租赁选择权需支付的款项,前提是租赁期反映出承租人将行使终止租赁选择权。

(5)由承租人、与承租人有关的一方以及有经济能力履行担保义务的独立第三方向出租人提供的担保余值。

2. 转租投资净额

在转租的情况下,若转租的租赁内含利率无法确定,转租出租人可采用原租赁的折现率(根据与转租有关的初始直接费用进行调整)计量转租投资净额。

(三)应收融资租赁款的终止确认和减值

出租人应当按照《企业会计准则第22号——金融工具确认和计量》和《企业会计准则第23号——金融资产转移》的规定,对应收融资租赁款的终止确认和减值进行会计处理。出租人将应收融资租赁款或其所在的处置组划分为持有待售类别的,应当按照《企业会计准则第42号——持有待售的非流动资产、处置组和终止经营》进行会计处理。

(四)可变租赁付款额

出租人取得的未纳入租赁投资净额计量的可变租赁付款额应当在实际发生时计入当期损益。

(五)利息收入的计算和确认——计算并确认租赁期内各个期间的利息收入

出租人应当按照固定的周期性利率计算并确认租赁期内各个期间的利息收入。

该周期性利率,是按照本准则相关规定所采用的折现率,或者按照本准则相关规定所采用的修订后的折现率。

(六)生产商或经销商作为出租人的融资租赁

生产商或经销商作为出租人的融资租赁,在租赁期开始日,该出租人应当按照租赁资产公允价值与租赁收款额按市场利率折现的现值两者孰低确认收入,并按照租赁资产账面价值扣除未担保余值的现值后的余额结转销售成本。

生产商或经销商出租人为取得融资租赁发生的成本,应当在租赁期开始日计入当期损益。

(七)融资租赁发生变更

1. 该变更作为一项单独租赁

融资租赁发生变更且同时符合下列条件的,出租人应当将该变更作为一项单独租赁进行会计处理:

(1)该变更通过增加一项或多项租赁资产的使用权而扩大了租赁范围。

(2)增加的对价与租赁范围扩大部分的单独价格按该合同情况调整后的金额相当。

2. 该变更未作为一项单独租赁

融资租赁的变更未作为一项单独租赁进行会计处理的,出租人应当分别下列情形对变更后的租赁进行处理:

(1)假如变更在租赁开始日生效,该租赁会被分类为经营租赁的,出租人应当自租赁变更生效日开始将其作为一项新租赁进行会计处理,并以租赁变更生效日前的租赁投资净额作为租赁资产的账面价值。

(2)假如变更在租赁开始日生效,该租赁会被分类为融资租赁的,出租人应当按照《企业会计准则第22号——金融工具确认和计量》关于修改或重新议定合同的规定进行会计处理。

出租人在融资租赁中收到的租赁保证金,应当如何进行会计处理?

融资租赁双方在签订某些租赁合同时,会就租赁保证金进行约定,即在租赁期开始日,承租人需向出租人支付租赁保证金,当承租人未能及时支付租金或出现其他违约情况时,出租人将抵扣租赁保证金;如果未发生违约,保证金用于抵扣末期租金,或期满之日予以退还。

根据租赁合同条款,上述租赁保证金属于合同履约保证金,出租人不应冲减应收融资租赁款,而应当单独作为负债核算。

三、出租人对经营租赁的会计处理

（一）租金收入的确认

在租赁期内各个期间，出租人应当采用直线法或其他系统合理的方法，将经营租赁的租赁收款额确认为租金收入。其他系统合理的方法能够更好地反映因使用租赁资产所产生经济利益的消耗模式的，出租人应当采用该方法。

（二）初始直接费用的资本化

出租人发生的与经营租赁有关的初始直接费用应当资本化，在租赁期内按照与租金收入确认相同的基础进行分摊，分期计入当期损益。

（三）资产的折旧、摊销

对于经营租赁资产中的固定资产，出租人应当采用类似资产的折旧政策计提折旧；对于其他经营租赁资产，应当根据该资产适用的企业会计准则，采用系统合理的方法进行摊销。

（四）资产减值处理

出租人应当按照《企业会计准则第8号——资产减值》的规定，确定经营租赁资产是否发生减值，并进行相应会计处理。

（五）可变租赁付款额的处理

出租人取得的与经营租赁有关的未计入租赁收款额的可变租赁付款额，应当在实际发生时计入当期损益。

（六）经营租赁发生变更

经营租赁发生变更的，出租人应当自变更生效日起将其作为一项新租赁进行会计处理，与变更前租赁有关的预收或应收租赁收款额应当视为新租赁的收款额。

第四节　售后租回交易的会计处理

承租人和出租人应当按照《企业会计准则第14号——收入》的规定，评估确定售后租回交易中的资产转让是否属于销售。

一、售后租回交易中的资产转让属于销售时的会计处理

（一）承租人的会计处理

售后租回交易中的资产转让属于销售的，承租人应当按原资产账面价值中与租回获得的使用权有关的部分，计量售后租回所形成的使用权资产，并仅就转让至出租人的权利确认相关利得或损失。

（二）出租人的会计处理

售后租回交易中的资产转让属于销售的，出租人应当根据其他适用的企业会计准则对资产购买进行会计处理，并根据本准则对资产出租进行会计处理。

（三）销售对价的公允价值与资产的公允价值不同，或者出租人未按市场价格收取租金时

1. 会计处理——差额作为预付租金或额外融资

如果销售对价的公允价值与资产的公允价值不同，或者出租人未按市场价格收取租金，则企业应当将销售对价低于市场价格的款项作为预付租金进行会计处理，将高于市场价格的款项作为出租人向承租人提供的额外融资进行会计处理。

2. 承租人调整销售利得或损失，出租人调整租金收入

同时，承租人按照公允价值调整相关销售利得或损失，出租人按市场价格调整租金收入。

在进行上述调整时，企业应当基于以下两者中更易于确定的项目：销售对价的公允价值与资产公允价值之间的差额、租赁合同中付款额的现值与按租赁市价计算的付款额现值之间的差额。

二、售后租回交易中的资产转让不属于销售的会计处理

（一）承租人的会计处理

售后租回交易中的资产转让不属于销售的，承租人应当继续确认被转让资产，同时确认一项与转让收入等额的金融负债，并按照《企业

会计准则第22号——金融工具确认和计量》对该金融负债进行会计处理。

(二) 出租人的会计处理

售后租回交易中的资产转让不属于销售的,出租人不确认被转让资产,但应当确认一项与转让收入等额的金融资产,并按照《企业会计准则第22号——金融工具确认和计量》对该金融资产进行会计处理。

第五节 会计科目和会计分录

以下是第一财税网(www.tax.org.cn)耗时整理的相关会计科目和会计分录,供实际工作中随时查阅、使用。

一、出租人使用的相关会计科目和会计分录

(一) 1461 融资租赁资产

1. 核算内容

本科目核算租赁企业作为出租人为开展融资租赁业务取得资产的成本。

租赁业务不多的企业,也可通过"固定资产"等科目核算。租赁企业和其他企业对于融资租赁资产在未融资租赁期间的会计处理遵循固定资产准则或其他适用的会计准则。

2. 明细核算

本科目可按租赁资产类别和项目进行明细核算。

3. 主要账务处理

(1) 出租人购入和以其他方式取得融资租赁资产的,借记本科目,贷记"银行存款"等科目。

(2) 在租赁期开始日,出租人应当按尚未收到的租赁收款额,借记"应收融资租赁款——租赁收款额"科目,按预计租赁期结束时的未担保余值,借记"应收融资租赁款——未担保余值"科目,按已经收取的租赁款,借记"银行存款"等科目,按融资租赁方式租出资产的账面价值,贷记本科目;融资租赁方式租出资产的公允价值与账面价值的差额,借记或贷记"资产处置损益"科目;按发生的初始直接费用,贷记"银行存款"等科目;差额贷记"应收融资租赁款——未实现融资收益"科目。

4. 期末余额

本科目期末借方余额,反映企业融资租赁资产的成本。

(二) 应收融资租赁款

1. 核算内容

本科目核算出租人融资租赁产生的租赁投资净额。

2. 明细核算

本科目可分别设置"租赁收款额""未实现融资收益""未担保余值"等进行明细核算。

租赁业务较多的,出租人还可以在"租赁收款额"明细科目下进一步设置明细科目核算。

3. 主要账务处理

(1) 在租赁期开始日,出租人应当按尚未收到的租赁收款额,借记"应收融资租赁款——租赁收款额"科目,按预计租赁期结束时的未担保余值,借记"应收融资租赁款——未担保余值"科目,按已经收取的租赁款,借记"银行存款"等科目,按融资租赁方式租出资产的账面价值,贷记"融资租赁资产"等科目,按融资租赁方式租出资产的公允价值与其账面价值的差额,借记或贷记"资产处置损益"科目,按发生的初始直接费用,贷记"银行存款"等科目,差额贷记"应收融资租赁款——未实现融资收益"科目。

企业认为有必要对发生的初始直接费用进行单独核算的,也可以按照发生的初始直接费用的金额,借记"应收融资租赁款——初始直接费用"科目,贷记"银行存款"等科目;然后借记"应收融资租赁款——未实现融资收益"科目,贷记"应收融资租赁款——初始直接费用"科目。

(2) 出租人在确认租赁期内各个期间的利

息收入时,应当借记"应收融资租赁款——未实现融资收益"科目,贷记"租赁收入——利息收入""其他业务收入"等科目。

(3)出租人收到租赁收款额时,应当借记"银行存款"科目,贷记"应收融资租赁款——租赁收款额"科目。

4. 期末余额

本科目的期末借方余额,反映未担保余值和尚未收到的租赁收款额的现值之和。

附:报表列示

本科目余额在"长期应收款"项目中填列,其中,自资产负债表日起一年内(含一年)到期的,在"一年内到期的非流动资产"中填列。出租业务较多的出租人,也可在"长期应收款"项目下单独列示为"其中:应收融资租赁款"。

(三)应收融资租赁款减值准备

1. 核算内容

本科目核算应收融资租赁款的减值准备。

2. 主要账务处理

应收融资租赁款的预期信用损失,按应减记的金额,借记"信用减值损失"科目,贷记本科目。转回已计提的减值准备时,作相反的会计分录。

3. 期末余额

本科目期末贷方余额,反映应收融资租赁款的累计减值准备金额。

(四)6041 租赁收入(租赁)

1. 核算内容

本科目核算租赁企业作为出租人确认的融资租赁和经营租赁的租赁收入。

一般企业根据自身业务特点确定租赁收入的核算科目,例如"其他业务收入"等。

2. 明细核算

本科目可按租赁资产类别和项目进行明细核算。

3. 主要账务处理

(1)出租人在经营租赁下,将租赁收款额采用直线法或其他系统合理的方法在租赁期内进行分摊确认时,应当借记"银行存款""应收账款"等科目,贷记"租赁收入——经营租赁收入"科目。出租人在融资租赁下,在确认租赁期内各个期间的利息收入时,应当借记"应收融资租赁款——未实现融资收益"科目,贷记"租赁收入——利息收入""其他业务收入"等科目。出租人为金融企业的,在融资租赁下,在确认租赁期内各个期间的利息收入时,应当借记"应收融资租赁款——未实现融资收益"科目,贷记"利息收入"等科目。

(2)出租人确认未计入租赁收款额的可变租赁付款额时,应当借记"银行存款""应收账款"等科目,贷记"租赁收入——可变租赁付款额"科目。

4. 期末余额

期末,应将本科目余额转入"本年利润"科目,结转后本科目无余额。

附:报表列示

对于日常经营活动为租赁的企业,其利息收入和租赁收入可以作为营业收入列报。

二、承租人使用的相关会计科目和会计分录

(一)使用权资产

1. 核算内容

本科目核算承租人持有的使用权资产的原价。

2. 明细核算

本科目可按租赁资产的类别和项目进行明细核算。

3. 主要账务处理

(1)在租赁期开始日,承租人应当按成本借记本科目,按尚未支付的租赁付款额的现值贷记"租赁负债"科目;对于租赁期开始日之前支付租赁付款额的(扣除已享受的租赁激励),贷记"预付款项"等科目;按发生的初始直接费用,贷记"银行存款"等科目;按预计将发生的为拆卸及移除租赁资产、复原租赁资产所在场地或将租赁资产恢复至租赁条款约定状态等成本的现值,贷记"预计负债"科目。

(2)在租赁期开始日后,承租人按变动后的租赁付款额的现值重新计量租赁负债的,当租

赁负债增加时,应当按增加额借记本科目,贷记"租赁负债"科目;除下述(3)中的情形外,当租赁负债减少时,应当按减少额借记"租赁负债"科目,贷记本科目;若使用权资产的账面价值已调减至零,应当按仍需进一步调减的租赁负债金额,借记"租赁负债"科目,贷记"制造费用""销售费用""管理费用""研发支出"等科目。

(3) 租赁变更导致租赁范围缩小或租赁期缩短的,承租人应当按缩小或缩短的相应比例,借记"租赁负债""使用权资产累计折旧""使用权资产减值准备"科目,贷记本科目,差额借记或贷记"资产处置损益"科目。

(4) 企业转租使用权资产形成融资租赁的,应当借记"应收融资租赁款""使用权资产累计折旧""使用权资产减值准备"科目,贷记本科目,差额借记或贷记"资产处置损益"科目。

4. 期末余额

本科目期末借方余额,反映承租人使用权资产的原价。

附:报表列示

反映资产负债表日承租人企业持有的使用权资产的期末账面价值。

该项目应根据"使用权资产"科目的期末余额,减去"使用权资产累计折旧"和"使用权资产减值准备"科目的期末余额后的金额填列。

注 承租方应该在资产负债表中单独列示使用权资产项目。

(二) 使用权资产累计折旧

1. 核算内容

本科目核算使用权资产的累计折旧。

2. 明细核算

本科目可按租赁资产的类别和项目进行明细核算。

3. 主要账务处理

① 承租人通常应当自租赁期开始日起按月计提使用权资产的折旧,借记"营业成本""制造费用""销售费用""管理费用""研发支出"等科目,贷记本科目。当月计提确有困难的,也可从下月起计提折旧,并在附注中予以披露。

② 因租赁范围缩小、租赁期缩短或转租等原因减记或终止确认使用权资产时,承租人应同时结转相应的使用权资产累计折旧。

4. 期末余额

本科目期末贷方余额,反映使用权资产的累计折旧额。

(三) 使用权资产减值准备

1. 核算内容

本科目核算使用权资产的减值准备。

2. 明细核算

本科目可按租赁资产的类别和项目进行明细核算。

3. 主要账务处理

(1) 使用权资产发生减值的,按应减记的金额,借记"资产减值损失"科目,贷记本科目。

(2) 因租赁范围缩小、租赁期缩短或转租等原因减记或终止确认使用权资产时,承租人应同时结转相应的使用权资产累计减值准备。

使用权资产减值准备一旦计提,不得转回。

4. 期末余额

本科目期末贷方余额,反映使用权资产的累计减值准备金额。

(四) 租赁负债

1. 核算内容

本科目核算承租人尚未支付的租赁付款额的现值。

2. 明细核算

本科目可分别设置"租赁付款额""未确认融资费用"等进行明细核算。

3. 主要账务处理

(1) 在租赁期开始日,承租人应当按尚未支付的租赁付款额,贷记"租赁负债——租赁付款额"科目;按尚未支付的租赁付款额的现值,借记"使用权资产"科目;按尚未支付的租赁付款额与其现值的差额,借记"租赁负债——未确认融资费用"科目。

(2) 承租人在确认租赁期内各个期间的利息时,应当借记"财务费用——利息费用""在建工程"等科目,贷记"租赁负债——未确认融资费用"科目。

(3) 承租人支付租赁付款额时,应当借记

"租赁负债——租赁付款额"等科目，贷记"银行存款"等科目。

（4）在租赁期开始日后，承租人按变动后的租赁付款额的现值重新计量租赁负债的，当租赁负债增加时，应当按租赁付款额现值的增加额，借记"使用权资产"科目，按租赁付款额的增加额，贷记"租赁负债——租赁付款额"科目，按其差额，借记"租赁负债——未确认融资费用"科目；除下述（5）中的情形外，当租赁负债减少时，应当按租赁付款额的减少额，借记"租赁负债——租赁付款额"科目，按租赁付款额现值的减少额，贷记"使用权资产"科目，按其差额，贷记"租赁负债——未确认融资费用"科目；若使用权资产的账面价值已调减至零，应当按仍需进一步调减的租赁付款额借记"租赁负债——租赁付款额"科目，按仍需进一步调减的租赁付款额现值贷记"营业成本""制造费用""销售费用""管理费用""研发支出"等科目，按其差额，贷记"租赁负债——未确认融资费用"科目。

（5）租赁变更导致租赁范围缩小或租赁期缩短的，承租人应当按缩小或缩短的相应比例，借记"租赁负债——租赁付款额""使用权资产累计折旧""使用权资产减值准备"科目，贷记"租赁负债——未确认融资费用""使用权资产"科目，差额借记或贷记"资产处置损益"科目。

4. 期末余额

本科目的期末贷方余额，反映承租人尚未支付的租赁付款额的现值。

附：报表列示

反映资产负债表日承租人企业尚未支付的租赁付款额的期末账面价值。

该项目应根据"租赁负债"科目的期末余额填列。

自资产负债表日起一年内到期应予以清偿的租赁负债的期末账面价值，在"一年内到期的非流动负债"项目反映。

第二十五讲

会计政策、会计估计变更和差错更正

第一节 综合知识

一、相关知识概述

(一)会计政策

会计政策是指企业在会计确认、计量和报告中所采用的原则、基础和会计处理方法。

企业采用的会计计量基础也属于会计政策。

从本质上讲,会计自始至终都离不开所依恃的会计政策,离不开会计人员的职业判断。会计政策的不同,职业判断的差别,都会导致会计确认和计量出现不同的结果。同时,会计核算非常复杂,会计所处理的经济事项存在很大的不确定性,会计政策的选择、会计估计的判断出现差错也在所难免,这种情况下将直接导致财务报表所反映的财务状况和经营成果错误。

1. 情形

企业应当披露的重要会计政策主要包括:

(1)发出存货成本的计量,是指企业确定发出存货成本所采用的会计处理方法。例如,企业发出存货成本的计量是采用先进先出法还是采用加权平均法、个别计价法等其他计量方法。

(2)长期股权投资的后续计量,是指企业取得长期股权投资后的会计处理方法。例如,企业对被投资单位的长期股权投资是采用成本法,还是采用权益法核算。

(3)投资性房地产的后续计量,是指企业在资产负债表日对投资性房地产进行后续计量所采用的计量方法。例如,企业对投资性房地产的后续计量是采用成本模式,还是采用公允价值模式。

(4)固定资产的初始计量,是指对取得的固定资产初始成本的计量方法。例如,企业取得的固定资产初始成本,是以购买价款还是以购买价款的现值为基础进行计量。

(5)生物资产的初始计量,是指对取得的生物资产初始成本的计量,例如企业未取得生物资产而产生的借款费用是予以资本化还是计入当期损益。

(6)无形资产的确认,是指对无形项目的支出是否确认为无形资产。例如,企业内部研究开发项目开发阶段的支出是确认为无形资产还是在发生时计入当期损益。

(7)非货币性资产交换的计量,是指非货币性资产交换事项中对换入资产成本的计量方法。例如,非货币性资产交换是以换出资产的公允价值作为确定换入资产成本的基础,还是以换出资产的账面价值作为确定换入资产成本的基础。

(8)借款费用的处理,是指借款费用的会计处理方法是资本化还是费用化。

(9)合并政策,是指编制合并财务报表所采用的原则。例如,母公司与子公司的会计年度不一致的处理原则、合并范围的确定原则,等等。

2. 确定、批准、备案

在实际工作中,企业应在国家法律、法规和企业会计准则所规定的会计政策范围内,结合本企业实际情况,确定会计政策,经股东大会或董事会、经理(厂长)会议或类似机构批准,并按照法律、行政法规等的规定报送有关各方备案。

3. 未有规范的

如在实务中某项交易或事项的会计处理，具体会计准则或其应用指南未作规范的，企业应当根据《企业会计准则——基本准则》规定的原则、基础和方法进行处理；待做出具体规定时，从其规定。

4. 一致性、不得随意变更

企业应当对相同或者相似的交易或者事项采用相同的会计政策进行处理。

企业采用的会计政策，在每一会计期间和前后各期应当保持一致，不得随意变更。如需变更，应重新履行上述程序。

（二）会计估计

会计估计是指企业对其结果不确定的交易或事项以最近可利用的信息为基础所作的判断。

1. 情形

需要进行会计估计的项目通常有：

(1) 合同完工进度的确定。

(2) 金融资产公允价值的确定。

(3) 权益工具公允价值的确定。

(4) 承租人对未确认融资费用的分摊；出租人对未实现融资收益的分配。

(5) 存货可变现净值的确定。

(6) 采用公允价值模式下的投资性房地产公允价值的确定。

(7) 固定资产的预计使用寿命与净残值；固定资产的折旧方法。

(8) 生产性生物资产的预计使用寿命与净残值；各类生产性生物资产的折旧方法。

(9) 使用寿命有限的无形资产的预计使用寿命与净残值。

(10) 可收回金额按照资产组的公允价值减去处置费用后的净额确定的，确定公允价值减去处置费用后的净额的方法。

可收回金额按照资产组预计未来现金流量的现值确定的，预计未来现金流量的确定。

(11) 债务人债务重组中转让的非现金资产的公允价值、由债务转成的股份的公允价值和修改其他债务条件后债务的公允价值的确定。

债权人债务重组中受让的非现金资产的公允价值、由债权转成的股份的公允价值和修改其他债务条件后债权的公允价值的确定。

(12) 预计负债初始计量的最佳估计数的确定。

(13) 探明矿区权益、井及相关设施的折耗方法；与油气开采活动相关的辅助设备及设施的折旧方法。

(14) 非同一控制下企业合并成本的公允价值的确定。

(15) 其他重要的会计估计。

2. 确定、批准、备案

企业应当根据企业会计准则的规定，结合本企业的实际情况，确定会计估计，经股东大会或董事会、经理（厂长）会议或类似机构批准，并按照法律、行政法规等的规定报送有关各方备案。

3. 变更

企业的会计估计一经确定，不得随意变更。如需变更，应重新履行上述程序，并按本准则的规定处理。

（三）前期差错

前期差错，是指由于没有运用或错误运用下列两种信息，而对前期财务报表造成省略或错报。

(1) 编报前期财务报表时预期能够取得并加以考虑的可靠信息。

(2) 前期财务报告批准报出时能够取得的可靠信息。

1. 前期差错的构成

前期差错通常包括：

(1) 计算错误。

(2) 应用会计政策错误。

(3) 疏忽或曲解事实以及舞弊产生的影响。

(4) 存货、固定资产盘盈。

2. 前期差错的形成（当期差错和前期差错）

会计差错产生于财务报表项目的确认、计量、列报或披露的会计处理过程中，如果财务报表中包含重要差错，或者差错不重要但是故意造成的（以便形成对企业财务状况、经营成果和现金流量等会计信息某种特定形式的列报），即应认为该财务报表未遵循企业会计准则的规定进行编报。在当期发现的当期差错应当在财务报表发布之前予以更正。当重要差错直到下一期间才被发现,就形成了前期差错。

(四) 相关要求

1. 严格区分会计估计变更和前期差错更正

企业应当严格区分会计估计变更和前期差错更正,对于前期根据当时的信息、假设等作了合理估计,在当期按照新的信息、假设等需要对前期估计金额做出变更的,应当作为会计估计变更处理,不应作为前期差错更正处理。

2. 会计政策和会计估计统一性和前后一致性

会计政策和会计估计应当如实反映企业的交易或事项,应当保持统一性和前后一致性。企业应当对相同或者相似的交易或事项采用相同的会计政策进行处理。

在编制合并财务报表时,企业集团的会计政策应当统一,子公司采用的会计政策应当与母公司保持一致。

同一交易或事项在 A 股和 H 股的财务报告中,应当采用相同的会计政策和会计估计,不得在 A 股和 H 股财务报告中采用不同的会计处理。内地与香港会计准则已经实现等效(长期资产减值转回除外),同时发行 A 股和 H 股公司的财务报告不应存在差异。

同时发行 A 股和 H 股的上市公司,应当如何运用会计政策及会计估计?

内地企业会计准则和香港财务报告准则实现等效后,同时发行 A 股和 H 股的上市公司,除部分长期资产减值损失的转回以及关联方披露两项差异外,对于同一交易事项,应当在 A 股和 H 股财务报告中采用相同的会计政策、运用相同的会计估计进行确认、计量和报告,不得在 A 股和 H 股财务报告中采用不同的会计处理。

3. 重新计算各列报期间的每股收益

按照会计政策、会计估计变更和差错更正准则规定对以前年度损益进行追溯调整或追溯重述的,应当重新计算各列报期间的每股收益。

(五) 附注披露

企业应当在附注中披露与会计政策变更有关的下列信息:

(1) 会计政策变更的性质、内容和原因。

(2) 当期和各个列报前期财务报表中受影响的项目名称和调整金额。

(3) 无法进行追溯调整的,说明该事实和原因以及开始应用变更后的会计政策的时点、具体应用情况。

企业应当在附注中披露与会计估计变更有关的下列信息:

(1) 会计估计变更的内容和原因。

(2) 会计估计变更对当期和未来期间的影响数。

(3) 会计估计变更的影响数不能确定的,披露这一事实和原因。

企业应当在附注中披露与前期差错更正有关的下列信息:

(1) 前期差错的性质。

(2) 各个列报前期财务报表中受影响的项目名称和更正金额。

(3) 无法进行追溯重述的,说明该事实和原因以及对前期差错开始进行更正的时点、具体更正情况。

在以后期间的财务报表中,不需要重复披露在以前期间的附注中已披露的会计政策变更和前期差错更正的信息。

二、会计准则概述

(一) 本准则的相关背景

为了进一步提高会计信息的相关性和可靠性,本着与国际财务报告准则趋同的原则,我国财政部于 2006 年 2 月发布了修订后的会计政策、会计估计变更和差错更正会计准则,称为《企业会计准则第 28 号——会计政策、会计估计变更和差错更正》(本讲简称"本准则"或"新准则")。

(二) 本准则的适用范围

企业会计政策的应用,会计政策、会计估计变更和前期差错更正的确认、计量和相关信息的披露。

会计政策变更和前期差错更正的所得税影响,适用《企业会计准则第 18 号——所得税》。

(三) 本准则的主要变化

1. 准则名称发生变化,准则中有关定义有变化

旧准则的名称为"会计政策、会计估计变更和会计差错更正",修订后新准则的名称为"会计政策、会计估计变更和差错更正"。

新准则在定义方面发生了较大变化,不仅对原有术语的名称进行了修订,还增加了一些新定义:

(1) 取消了"会计估计""会计差错"和"重大会计差错"定义,将会计差错改为"前期差错"。

(2) 增加了"前期差错""会计估计变更""追溯重述法"的定义。

① 前期差错。

前期差错是指由于没有运用或错误运用以下两种信息,而对前期财务报表造成省略或误报:编报前期财务报表时能够合理预计取得并应当加以考虑的可靠信息;前期财务报表批准报出时能够取得的可靠信息。

也就是说,新准则不涉及本期发生的会计差错更正的会计处理,都是针对前期发生的会计差错的会计处理做出规定。

② 会计估计变更。

由于在实务中,对一项变更是会计政策变更、会计估计变更还是前期差错更正的判断经常有分歧,因此,新准则增加了对"会计估计变更"的定义。会计估计变更,是指由于资产和负债的当前状况及预期经济利益和义务发生了变化,从而对资产或负债的账面价值或者资产的定期消耗金额进行调整。

③ 追溯重述法。

新准则增加了对"追溯重述法"的定义。追溯重述法,是指在发现前期差错时,视同该项前期差错从未发生过,从而对财务报表相关项目进行更正的方法。

(3) 修改了"会计政策"的定义。

① 旧准则第三条规定,会计政策,指企业在会计核算时所遵循的具体原则以及企业所采纳的具体会计处理方法。

② 新准则第三条规定,会计政策,是指企业在会计确认、计量和报告中所采用的原则、基础和会计处理方法。

新准则所定义的会计政策,其在内涵和外延上都比较宽泛,实质上包含了会计的基本假设、会计的一般原则和具体原则、会计处理方法,甚至还包含某些非会计假设。企业采用的会计计量基础也属于会计政策。

2. 增加了准则的适用范围条款

新准则第二条规定,会计政策变更和前期差错更正的纳税影响,适用《企业会计准则第18号——所得税》。旧准则没有论及。

3. 增加了会计政策一致性条款

(1) 新准则第三条规定,企业应当对相同或者相似的交易或者事项采用相同的会计政策进行处理。但是,其他会计准则另有规定的除外。

(2) 旧准则没有提及。

4. 进一步规范了关于追溯调整或追溯重述限制的条款

(1) 旧准则。

旧准则第八条规定:会计政策变更的累积影响数如果不能合理确定,会计政策变更应采用未来适用法。

(2) 新准则。

① 当对前期追溯采用会计政策不切实可行时,新准则区分了两种情况提供了解决办法:

A. 确定会计政策变更对列报前期影响数不切实可行的,应当从可追溯调整的最早期间期初开始应用变更后的会计政策。

B. 在当期期初确定会计政策变更对以前各期累积影响数不切实可行的,应当采用未来适用法处理。

② 当以追溯重述法更正前期差错不切实可行时,新准则也区分了两种情况提供了解决办法:

A. 确定前期差错影响数不切实可行的,可以从可追溯重述的最早期间开始调整留存收益的期初余额,财务报表其他相关项目的期初余额也应当一并调整。

B. 也可以采用未来适用法。

5. 前期差错的处理方法

① 旧准则。

旧准则第十五条规定:本期发现的与前期

相关的重大会计差错,如影响损益,应将其对损益的影响数调整发现当期的期初留存收益,会计报表其他相关项目的期初数也应一并调整;如不影响损益,应调整会计报表相关项目的期初数。

② 新准则。

新准则第十二条规定,企业应当采用追溯重述法更正重要的前期差错,但确定前期差错累积影响数不切实可行的除外。

③ 新、旧准则比较。

新、旧准则对比而言,新准则只规范重要的差错,但对于前期重要差错的更正方法是一致的,只是新准则明确称为"追溯重述法"。

6. 会计估计的要求

(1) 新准则第八条规定,会计估计变更的依据应当真实、可靠。

(2) 旧准则没有这方面的规定。

7. 披露差异

(1) 会计政策变更披露。

新准则增加了要披露"会计政策变更的性质""无法进行追溯调整的,开始应用变更后的会计政策的时点、具体应用情况"等信息。

(2) 前期差错更正披露。

新准则增加了要披露"前期差错的性质""无法进行追溯重述的,说明对前期差错开始进行更正的时点、具体更正情况"等信息。

另外,新准则第十八条还增加了以后期间的财务报表中不需要再重复披露的规定。

新准则对企业财务状况的影响分析

(1) 会计政策变更。

新会计准则体系发布以后,所有企业都会或多或少地涉及会计政策变更问题。新准则要求,除有特殊情况的外,会计政策变更采用追溯调整法进行会计处理。变更引起的累积影响数调整期初留存收益,会计报表其他相关项目的期初数也应一并调整。

因此,会计政策变更将直接影响期初的留存收益,使所有者权益出现变动。同时,会计政策变更涉及的相关资产、负债科目的调整,将导致资产、负债结构发生变化。

应用新准则体系如何衔接,可参见《企业会计准则第38号——首次执行企业会计准则》,该准则对政策变更作了详细规定。

(2) 会计估计变更。

会计估计变更时不需要计算变更产生的累积影响数,也不需要重编以前年度会计报表,但应对变更当期和未来期间发生的交易或事项采用新的会计估计进行处理。

可见,会计估计变更不影响以前年度的权益和损益。

如果变更仅在当期有效,那么其影响数将计入当期损益,同时造成相关资产、负债科目的变动;如果变更的影响持续到未来期间,则其影响数还要计入未来期间与前期相同的相关项目中。损益的变动最终会反映于会计主体的所有者权益之中。

因此,会计估计变更主要影响变更当期和未来相关期间的权益、损益和资产结构。

(3) 前期差错更正。

① 重大的前期差错。

对于重大的前期差错,应采用追溯重述法进行更正,需要如同前期差错从未发生过,对财务报表的相关项目进行调整。这将直接增加或减少以前年度的损益、本期期初的权益以及相关的资产、负债科目。

② 非重大的前期差错。

对于非重大的前期差错,如影响损益,则直接计入本期净损益,其他相关项目也作为本期数一并调整;如不影响损益,则调整本期相关项目。即非重大的前期差错仅影响本期的权益、损益和资产结构。

第二节 会计政策变更

一、会计政策变更的基础知识

会计政策变更,是指企业对相同的交易或事项由原来采用的会计政策改用另一会计政策的行为。也就是说,在不同的会计期间执行不同的会计政策。

(一) 条件

1. 法律、行政法规或者国家统一的会计制度等要求变更

这种情况是指,按照法律、行政法规以及国

家统一的会计制度的规定,要求企业采用新的会计政策,则企业应当按照法律、行政法规以及国家统一的会计制度的规定改变原会计政策,按照新的会计政策执行。

【例25-1】《企业会计准则第1号——存货》规定,不允许企业采用后进先出法核算发出存货成本,这就要求执行企业会计准则体系的企业按照新规定,将原来以后进先出法核算发出存货成本改为准则规定可以采用的会计政策。

【例25-2】《企业会计准则第8号——资产减值》规定,已计提固定资产减值准备不允许转回,这就要求执行企业会计准则体系的企业按照新规定改变原允许固定资产减值准备转回的做法,变更原有会计政策。

2. 会计政策变更能够提供更可靠、更相关的会计信息

由于经济环境、客观情况的改变,使企业原采用的会计政策所提供的会计信息,已不能恰当地反映企业的财务状况、经营成果和现金流量等情况。在这种情况下,应改变原有会计政策,按变更后新的会计政策进行会计处理,以便对外提供更可靠、更相关的会计信息。

【例25-3】 智董公司一直采用成本模式对投资性房地产进行后续计量,如果该企业能够从房地产交易市场上持续地取得同类或类似房地产的市场价格及其他相关信息,从而能够对投资性房地产的公允价值做出合理的估计,此时采用公允价值模式对投资性房地产进行后续计量可以更好地反映其价值。这种情况下,该企业可以将投资性房地产的后续计量方法由成本模式变更为公允价值模式。

需要注意的是,除法律、行政法规以及国家统一的会计制度要求变更会计政策的,应当按照国家的相关规定执行外,企业因满足上述第二个条件变更会计政策时,必须有充分、合理的证据表明其变更的合理性,并说明变更会计政策后,能够提供关于企业财务状况、经营成果和现金流量等更可靠、更相关的会计信息的理由。

对会计政策的变更,企业仍应经股东大会或董事会、经理(厂长)会议或类似机构批准,并按照法律、行政法规等的规定报送有关各方备案。如无充分、合理的证据表明会计政策变更的合理性,或者未重新经股东大会或董事会、经理(厂长)会议或类似机构批准擅自变更会计政策的,或者连续、反复地自行变更会计政策的,视为滥用会计政策,按照前期差错更正的方法进行处理。

上市公司的会计政策目录及变更会计政策后重新制定的会计政策目录,除应当按照信息披露的要求对外公布外,还应当报公司上市地交易所备案。未报公司上市地交易所备案的,视为滥用会计政策,按照前期差错更正的方法进行处理。

(二) 意味

会计政策变更,并不意味着以前期间的会计政策是错误的,只是由于情况发生了变化,或者掌握了新的信息、积累了更多的经验,使得变更会计政策能够更好地反映企业的财务状况、经营成果和现金流量。如果以前期间会计政策的运用是错误的,则属于前期差错,应按前期差错更正的会计处理方法进行会计处理。

(三) 判断、分清

对会计政策变更的认定,直接影响着会计处理方法的选择,因此,在会计实务中,企业应当分清哪些情形属于会计政策变更,哪些情形不属于会计政策变更。以下两种情形不属于会计政策变更:

(1) 本期发生的交易或者事项与以前相比具有本质差别而采用新的会计政策。这是因为,会计政策总是针对特定类型的交易或事项,如果发生交易或事项与其他交易或事项有本质区别,那么,企业实际上是为新的交易或事项选择适当的会计政策,并没有改变原有的会计政策。如将自用的办公楼改为出租,不属于会计政策变更,而是采用新的会计政策。

(2) 对初次发生的或不重要的交易或者事项采用新的会计政策。与上述第一种情况类似,初次发生某类交易或事项,或者不重要的交易或事项,采用适当的会计政策,并没有改变原有的会计政策。

【例 25-4】 公司在生产经营过程中原使用少量的低值易耗品，并且价值较低，故企业在领用低值易耗品时一次计入费用；该企业于近期转产，生产新产品，所需低值易耗品比较多，且价值较大，企业对领用的低值易耗品处理方法，改为五五摊销的方法，分摊计入费用。该企业低值易耗品原在企业生产经营中所占的费用比例并不大，改变低值易耗品处理方法后，对损益的影响并不大，属于不重要的事项，会计政策在这种情况下的改变不属于会计政策变更。

二、会计政策变更的处理方法

（一）企业根据法律、行政法规或者国家统一的会计制度等要求变更会计政策的

应当按照国家相关会计规定执行。

（二）会计政策变更能够提供更可靠、更相关的会计信息的

1. 在能切实可行地确定该项会计政策变更累积影响数时

此时应当采用追溯调整法处理，将会计政策变更累积影响数调整列报前期最早期初留存收益，其他相关项目的期初余额和列报前期披露的其他比较数据也应当一并调整。

留存收益包括当年和以前年度的未分配利润和按照相关法律规定提取并累积的盈余公积。

调整期初留存收益是指对期初未分配利润和盈余公积两个项目的调整。

（1）追溯调整法。

追溯调整法，是指对某项交易或事项变更会计政策，视同该项交易或事项初次发生时即采用变更后的会计政策，并以此对财务报表相关项目进行调整的方法。

即应当计算会计政策变更的累积影响数，并相应调整变更年度的期初留存收益以及会计报表的相关项目。

① 追溯调整法的步骤。

追溯调整法的运用通常由以下几步构成：

第一步，计算会计政策变更的累积影响数。

第二步，编制相关项目的调整分录。

第三步，调整列报前期最早期初财务报表相关项目及其金额。

第四步，附注说明。

② 比较财务报表期间的会计政策变更。

采用追溯调整法时，对于比较财务报表期间的会计政策变更，应调整各期间净损益各项目和财务报表其他相关项目，视同该政策在比较财务报表期间上一直采用。对于比较财务报表可比期间以前的会计政策变更的累积影响数，应调整比较财务报表最早期间的期初留存收益，财务报表其他相关项目的数字也应一并调整。因此，追溯调整法是将会计政策变更的累积影响数调整列报前期最早期初留存收益，而不计入当期损益。

（2）会计政策变更累积影响数。

会计政策变更的累积影响数，是指按照变更后的会计政策对以前各期追溯计算的列报前期最早期初留存收益应有金额与现有金额之间的差额。

即会计政策变更的累积影响数，是以下两个金额之间的差额：

① 在变更会计政策的当期，按变更后的会计政策对以前各期追溯计算，所得到的期初留存收益金额。

② 变更会计政策当期期初的留存收益金额。

上述留存收益包括当期和以前各期的未分配利润和按照相关法律规定提取并累积的盈余公积。

调整期初留存收益是指对期初未分配利润和盈余公积两个项目的调整，不考虑由于损益的变化而应当补分配的利润或股利。例如，由于会计政策变化，增加了以前期间可供分配的利润，该企业通常按净利润的 20% 分派股利。但在计算调整会计政策变更当期期初的留存收益时，不应当考虑由于以前期间净利润的变化而需要分派的股利。

上述变更会计政策当期期初的留存收益，即为上期资产负债表所反映的留存收益，可以

从上期资产负债表项目中获得,需要计算确定的是第一项,即按变更后的会计政策对以前各期追溯计算,得到新的期初留存收益金额。

上述留存收益金额,都是指所得税后的净额。即按新的会计政策计算确定留存收益时,应当考虑由于损益变化所导致的递延所得税费用的变化。

会计政策变更的累积影响数,可以通过以下五个步骤计算获得:

第一步,根据新的会计政策重新计算受影响的前期交易或事项。

第二步,计算两种会计政策下的差异。

第三步,计算差异的所得税影响金额。

第四步,确定以前各期的税后差异。

第五步,计算会计政策变更的累积影响数。

2. 在不能切实可行地确定该项会计政策变更累积影响数时

此时应当从可追溯调整的最早期间期初开始应用变更后的会计政策。

3. 在当期期初确定会计政策变更对以前各期累积影响数不切实可行的

此时应当采用未来适用法处理。

未来适用法是指将变更后的会计政策应用于变更日及以后发生的交易或者事项,或者在会计估计变更当期和未来期间确认会计估计变更影响数的方法。

在未来适用法下,不需要计算会计政策变更产生的累积影响数,也无须重编以前年度的财务报表,也不必调整变更当年年初的留存收益,只在变更当年采用新的会计政策,并计算确定会计政策变更对当期净利润的影响数。

企业会计账簿记录及财务报表上反映的金额,变更之日仍保留原有的金额,不因会计政策变更而改变以前年度的既定结果,并在现有金额的基础上再按新的会计政策进行核算。

不切实可行的判断

不切实可行是指企业在采取所有合理的方法后,仍然不能获得采用某项规定所必需的相关信息,而导致无法采用该项规定,则该项规定在此时是不切实可行的。

对于以下特定前期,对某项会计政策变更应用追溯调整法或进行追溯重述以更正一项前期差错是不切实可行的:

(1)应用追溯调整法或追溯重述法的累积影响数不能确定。

(2)应用追溯调整法或追溯重述法要求对管理层在该期当时的意图做出假定。

(3)应用追溯调整法或追溯重述法要求对有关金额进行重大估计,并且不可能将提供有关交易发生时存在状况的证据(如有关金额确认、计量或披露日期存在事实的证据,以及在受变更影响的当期和未来期间确认会计估计变更的影响的证据)和该期间财务报表批准报出时能够取得的信息这两类信息与其他信息客观地加以区分。

在某些情况下,调整一个或者多个前期比较信息以获得与当期会计信息的可比性是不切实可行的。例如,某个或者多个前期财务报表有关项目的数据难以收集,而要再造会计信息则可能是不切实可行的。

对根据某项交易或者事项确认、披露的财务报表项目应用会计政策时常常需要进行估计。本质上,估计是主观行为,而且可能在资产负债表日后才做出。当追溯调整会计政策变更或者追溯重述前期差错更正时,要做出切实可行的估计更加困难,因为有关交易或者事项已经发生了较长一段时间,要获得做出切实可行的估计所需要的相关信息往往比较困难。

在前期采用一项新会计政策或者更正前期金额时,不论是对管理层在某个前期的意图做出假定,还是估计在前期确认、计量或者披露的金额,都不应当使用"后见之明"。

三、会计政策变更的披露

企业应当在附注中披露与会计政策变更有关的下列信息。

(一)会计政策变更的性质、内容和原因

包括:

(1)对会计政策变更的简要阐述。

(2)变更的日期。

(3)变更前采用的会计政策。

(4)变更后所采用的新会计政策。

(5)会计政策变更的原因。

例如,依据法律或会计准则等行政法规、规章的要求变更会计政策时,在财务报表附注中应当披露所依据的文件,如对于由于执行企业会计准则而发生的变更,应在财务报表附注中说明:依据《企业会计准则第××号——××》的要求变更会计政策……

(二)当期和各个列报前期财务报表中受影响的项目名称和调整金额

包括:

(1)采用追溯调整法时,计算出的会计政策变更的累积影响数。

(2)当期和各个列报前期财务报表中需要调整的净损益及其影响金额。

(3)其他需要调整的项目名称和调整金额。

(三)无法进行追溯调整的,说明该事实和原因以及开始应用变更后的会计政策的时点、具体应用情况

包括:

(1)无法进行追溯调整的事实。

(2)确定会计政策变更对列报前期影响数不切实可行的原因。

(3)在当期期初确定会计政策变更对以前各期累积影响数不切实可行的原因。

(4)开始应用新会计政策的时点和具体应用情况。

需要注意的是,在以后期间的财务报表中,不需要重复披露在以前期间的附注中已披露的会计政策变更的信息。

【例25-5】 智董公司2×20年以13 500 000元的价格从股票市场购入甲股票,2×21年又以3 300 000元的价格从股票市场购入乙股票(均以交易为目的,假设不考虑购入股票发生的交易费用,市价一直高于购入成本;假设该公司按当时会计准则允许并采用成本与市价孰低法对购入股票进行计量)。

从2×22年起,智董公司对上述甲、乙股票改按公允价值计量(公司保存的会计资料比较齐备,可以通过会计资料追溯计算)。

假设所得税税率为25%,公司按净利润的10%提取法定盈余公积,按净利润的5%提取任意盈余公积。

智董公司发行有普通股13 500万股,未发行任何稀释性潜在普通股。

"成本与市价孰低法""按公允价值计量"这两种方法下计量的交易性金融资产账面价值如下表25-1所示:

表25-1 交易性金融资产账面价值 单位:元

会计政策 股票	成本与 市价孰低	公允价值 (2×20年年末)	公允价值 (2×21年年末)
甲股票	13 500 000	15 300 000	15 300 000
乙股票	3 300 000	—	3 900 000

【分析】 根据上述资料,智董公司的会计处理如下:

1.计算会计政策变更(改变交易性金融资产计量方法)的累积影响数(表25-2)

表25-2 改变交易性金融资产计量方法后的累计影响数

单位:元

时间	公允价值	成本与 市价孰低	税前差异	所得税 影响	税后差异
2×20年 年末	15 300 000	13 500 000	1 800 000	450 000	1 350 000
2×21年 年末	19 200 000	16 800 000	2 400 000	600 000	1 800 000

智董公司2×22年12月31日的比较财务报表列报前期最早期初为2×21年1月1日。

智董公司在2×20年年末按公允价值计量的账面价值为15 300 000元,按成本与市价孰低计量的账面价值为13 500 000元,两者的所得税影响合计为450 000元,两者差异的税后净影响额为1 350 000元,即为该公司2×21年期初由成本与市价孰低计量改为公允价值计量的累积影响数。

智董公司在2×21年年末按公允价值计量的账面价值为19 200 000元,按成本与市价孰低计量的账面价值为16 800 000元,两者的所得税影响合计为600 000元,两者差异的税后净影响额为1 800 000元,其中1 350 000元是调整2×21年累计影响数,450 000元是调整2×21年当期金额。

智董公司按照公允价值重新计量2×21年年末乙股票账面价值,其结果为公允价值变动收益少计了600 000元,所得税费用少计了

150 000元,净利润少记了 450 000 元。

2. 编制相关项目的调整分录

（1）对 2×20 年有关事项的调整分录。

① 调整会计政策变更累积影响数：

借：交易性金融资产——公允价值变动
　　　　　　　　　　　　　　 1 800 000
　　贷：利润分配——未分配利润　 1 350 000
　　　　递延所得税负债　　　　　　 450 000

② 调整利润分配：

提取盈余公积＝1 350 000×(10%＋5%)＝202 500(元)。

借：利润分配——未分配利润　　　 202 500
　　贷：盈余公积　　　　　　　　　 202 500

（2）对 2×21 年有关事项的调整分录：

① 调整交易性金融资产：

借：交易性金融资产——公允价值变动
　　　　　　　　　　　　　　　 600 000
　　贷：利润分配——未分配利润　 450 000
　　　　递延所得税负债　　　　　 150 000

② 调整利润分配：

计提取盈余公积＝450 000×(10%＋5%)＝67 500(元)。

借：利润分配——未分配利润　　　　 67 500
　　贷：盈余公积　　　　　　　　　　 67 500

3. 调整列报前期最早期初财务报表相关项目及其金额(财务报表略)

智董公司在列报 2×22 年财务报表时,应调整 2×22 年资产负债表有关项目的年初余额、利润表有关项目的上年金额及所有者权益变动表有关项目的上年金额和本年金额。

（1）资产负债表项目的调整：

调增交易性金融资产年初余额 2 400 000 元。

调增递延所得税负债年初余额 600 000 元。

调增盈余公积年初余额 270 000 元。

调增未分配利润年初余额 1 530 000 元。

（2）利润表项目的调整：

调增公允价值变动收益上年金额 600 000 元。

调增所得税费用上年金额 150 000 元。

调增净利润上年金额 450 000 元。

调增基本每股收益上年金额 0.003 3 元。

（3）所有者权益变动表项目的调整：

调增盈余公积上年年初金额 202 500 元,未分配利润上年年初金额 1 147 500 元,所有者权益合计上年年初金额 1 350 000 元。

调增盈余公积上年金额 67 500 元,未分配利润上年金额 382 500 元,所有者权益合计上年金额 450 000 元。

调增盈余公积本年年初金额 270 000 元,未分配利润本年年初金额 1 530 000 元,所有者权益合计本年年初金额 1 800 000 元。

（4）附注说明(略)。

第三节　会计估计变更

会计估计变更,是指由于资产和负债的当前状况及预期经济利益和义务发生了变化,从而对资产或负债的账面价值或者资产的定期消耗金额进行调整。

一、会计估计变更的意味

会计估计变更,并不意味着以前期间会计估计是错误的,只是由于情况发生变化,或者掌握了新的信息,积累了更多的经验,使得变更会计估计能够更好地反映企业的财务状况和经营成果。

如果以前期间的会计估计是错误的,则属于会计差错,按会计差错更正的会计处理办法进行处理。

二、会计估计变更的成因

通常,企业可能由于以下两个原因而发生会计估计变更：

(一) 赖以进行估计的基础发生了变化

企业进行会计估计,总是依赖于一定的基础。如果其所依赖的基础发生了变化,则会计估计也应相应发生变化。

【例 25-6】 智董公司的一项无形资产摊销年限原定为 10 年,以后发生的情况表明,该资产的受益年限已不足 10 年,相应调减摊销年限。

(二) 取得了新的信息,积累了更多的经验

企业进行会计估计是就现有资料对未来所做的判断,随着时间的推移,企业有可能取得新的信息、积累更多的经验,在这种情况下,企业可能不得不对会计估计进行修订,即发生会计估计变更。

三、会计估计变更的依据

会计估计变更的依据应当真实、可靠。

四、会计估计变更的会计处理方法

(一) 未来适用法

对于会计估计变更,企业应采用未来适用法。即在会计估计变更当年及以后期间,采用新的会计估计,不改变以前期间的会计估计,也不调整以前期间的报告结果。

(二) 具体处理方法

1. 会计估计变更仅影响变更当期的,其影响数应当在变更当期予以确认

【例 25-7】 怡昌祥公司对某不含重大融资成分的应收款项,按照整个存续期内预期信用损失的金额计量的损失准备原为 10 万元,由于相关情况变化,该公司按照企业会计准则的要求进行估计后将该损失准备变更为 15 万元。这类会计估计的变更,只影响变更当期,因此,应于变更当期确认。

2. 既影响变更当期又影响未来期间的,其影响数应当在变更当期和未来期间予以确认

【例 25-8】 智董公司的一项可计提折旧的固定资产,其有效使用年限或预计净残值的估计发生变更,影响了变更当期及资产以后使用年限内各个期间的折旧费用,这项会计估计的变更,应于变更当期及以后各期确认。

3. 会计估计变更的影响数应计入变更当期与前期相同的项目中

为了保证不同期间的财务报表具有可比性,会计估计变更的影响如果以前包括在企业日常经营活动的损益中,则以后也应包括在相应的损益类项目中;如果会计估计变更的影响数以前包括在特殊项目中,则以后也相应作为特殊项目反映。

五、会计估计变更的披露

企业应当在附注中披露与会计估计变更有关的下列信息:

(1) 会计估计变更的内容和原因。包括变更的内容、变更日期以及会计估计变更的原因。

(2) 会计估计变更对当期和未来期间的影响数。包括会计估计变更对当期和未来期间损益的影响金额,以及对其他各项目的影响金额。

(3) 会计估计变更的影响数不能确定的,披露这一事实和原因。

【例 25-9】 智董公司有一台管理用设备,原始价值为 84 000 元,预计使用寿命为 8 年,净残值为 4 000 元,自 2×18 年 1 月 1 日起按直线法计提折旧。2×22 年 1 月,由于新技术的发展等原因,需要对原预计使用寿命和净残值做出修正,修改后的预计使用寿命为 6 年,净残值为 2 000 元。假定税法允许按变更后的折旧额在税前扣除。

【分析】 智董公司对上述会计估计变更的会计处理如下:

(1) 不调整以前各期折旧,也不计算累积影响数。

(2) 变更日以后发生的经济业务改按新估计使用寿命提取折旧。

按原估计,每年折旧额为 10 000 元,已提折旧 4 年,共计 40 000 元,固定资产净值为 44 000 元,则第 5 年相关科目的期初余额如下:

```
    固定资产              84 000
减:累计折旧              40 000
    固定资产净值          44 000
```

改变估计使用寿命后,2×22 年 1 月 1 日起

每年计提的折旧费用为 21 000 元[(44 000－2 000)÷(6－4)]。2×22 年不必对以前年度已提折旧进行调整，只需按重新预计的尚可使用寿命和净残值计算确定的年折旧费用，编制会计分录如下：

借：管理费用　　　　　　　21 000
　　贷：累计折旧　　　　　　　　　21 000

(3) 附注说明。本公司一台管理用设备，原始价值为 84 000 元，原预计使用寿命为 8 年，预计净残值为 4 000 元，按直线法计提折旧。由于新技术的发展，该设备已不能按原预计使用寿命计提折旧，本公司于 2×22 年年初变更该设备的使用寿命为 6 年，预计净残值为 2 000 元，以反映该设备的真实耐用寿命和净残值。此估计变更影响本年度净利润减少数为 8 250 元[(21 000－10 000)×(1－25%)]。

第四节　前期差错更正

一、前期差错更正的会计处理方法

企业发现前期差错时，确定前期差错累积影响数切实可行的，应当采用追溯重述法更正重要的前期差错；确定前期差错累积影响数不切实可行的，可以从可追溯重述的最早期间开始调整留存收益的期初余额，财务报表其他相关项目的期初余额也应当一并调整，也可以采用未来适用法。

追溯重述法的会计处理与追溯调整法相同。

(一) 追溯重述法

追溯重述法，是指在发现前期差错时，视同该项前期差错从未发生过，从而对财务报表相关项目进行更正的方法。

企业应当采用追溯重述法更正重要的前期差错，但确定前期差错累积影响数不切实可行的除外。

前期差错重要性的判断

如果财务报表项目的遗漏或错误表述可能影响财务报表使用者根据财务报表所做出的经济决策，则该项目的遗漏或错误是重要的。

前期差错的重要性取决于在相关环境下对遗漏或错误表述的规模和性质的判断。

前期差错所影响的财务报表项目的金额或性质，是判断该前期差错是否具有重要性的决定性因素。一般来说，前期差错所影响的财务报表项目的金额越大、性质越严重，其重要性水平越高。

(二) 重要的前期差错的处理

重要的前期差错，是指足以影响财务报表使用者对企业财务状况、经营成果和现金流量做出正确判断的前期差错。

对于重要的前期差错，企业应当在其发现当期的财务报表中，调整前期比较数据。

具体地说，企业应当在重要的前期差错发现当期的财务报表中，通过下述处理对其进行追溯更正：

(1) 追溯重述差错发生期间列报的前期比较金额。

(2) 如果前期差错发生在列报的最早前期之前，则追溯重述列报的最早前期的资产、负债和所有者权益相关项目的期初余额。

对于发生的重要前期差错，如影响损益，应将其对损益的影响数调整发现当期的期初留存收益，财务报表其他相关项目的期初数也应一并调整；如不影响损益，应调整财务报表相关项目的期初数。

在编制比较财务报表时，对于比较财务报表期间的重要的前期差错，应调整各该期间的净损益和其他相关项目，视同该差错在产生的当期已经更正；对于比较财务报表期间以前的重要的前期差错，应调整比较财务报表最早期间的期初留存收益，财务报表其他相关项目的数字也应一并调整。

【例 25-10】 重要的前期差错的会计处理。

智董公司 2×20 年适用所得税税率为 25%，按净利润的 10% 和 5% 提取法定盈余公积和任意盈余公积。

2×21 年 12 月 31 日，该公司发现 2×20 年漏记一项管理用固定资产的折旧费用 900 000 元（企业所得税申报表中亦未扣除该项费用），无其他纳税调整事项。假定税法允许调整应交所得税。

（1）分析前期差错的影响数。

2×20 年少计折旧费用 900 000 元，多计所得税费用 225 000 元（900 000×25%）；多计净利润 675 000 元；多计应交税费 225 000 元（900 000×25%）；多提法定盈余公积和任意盈余公积 67 500 元（675 000×10%）和 33 750（675 000×5%）。

（2）编制有关项目的调整分录。

① 补提折旧。

借：以前年度损益调整——管理费用
　　　　　　　　　　　　　　 900 000
　贷：累计折旧　　　　　　　　 900 000

② 调整应交所得税。

借：应交税费——应交所得税　 225 000
　贷：以前年度损益调整——所得税费用
　　　　　　　　　　　　　　 225 000

③ 将"以前年度损益调整"科目余额转入未分配利润。

借：利润分配——未分配利润　 675 000
　贷：以前年度损益调整——本年利润
　　　　　　　　　　　　　　 675 000

④ 因净利润减少调减盈余公积。

借：盈余公积——法定盈余公积　 67 500
　　　　　　——任意盈余公积　 33 750
　贷：利润分配——未分配利润　 101 250

（3）财务报表调整和重述（财务报表略）。

智董公司在列报 2×21 年度财务报表时，应调整 2×20 年度财务报表的相关项目。

① 资产负债表项目的调整。

调减固定资产 900 000 元；调减应交税费 225 000 元；调减盈余公积 101 250 元；调减未分配利润 573 750 元。

② 利润表项目的调整。

调增管理费用 900 000 元；调减所得税费用 225 000 元；调减净利润 675 000 元（需要对每股收益进行披露的企业应当同时调整基本每股收益和稀释每股收益）。

③ 所有者权益变动表项目的调整。

调减前期差错更正项目中盈余公积上年金额 101 250 元，未分配利润上年金额 573 750 元，所有者权益合计上年金额 675 000 元。

④ 财务报表附注说明。

本年度发现 2×20 年漏记固定资产折旧 900 000 元，在编制 2×21 年和 2×20 年比较财务报表时，已对该项差错进行了更正。更正后，调减 2×20 年净利润 675 000 元，调增累计折旧 900 000 元。

（三）不重要的前期差错的处理

不重要的前期差错，是指不足以影响财务报表使用者对企业财务状况、经营成果和现金流量做出正确判断的前期差错。

对于不重要的前期差错，企业不需调整财务报表相关项目的期初数，但应调整发现当期与前期相同的相关项目。属于影响损益的，应直接计入本期与上期相同的净损益项目；属于不影响损益的，应调整本期与前期相同的相关项目。

【例 25-11】 不重要的前期差错的会计处理。

智董公司在 2×19 年 12 月 31 日发现，一台价值 9 600 元的管理用固定资产，应于 2×18 年 2 月 1 日开始计提折旧，但在 2×18 年却被全额计入了当期费用。该公司固定资产折旧采用直线法，该资产估计使用年限为 4 年，假设不考虑净残值因素。则在 2×19 年 12 月 31 日更正此差错的会计分录为：

借：固定资产　　　　　　　　　 9 600
　贷：管理费用　　　　　　　　 5 000
　　　累计折旧　　　　　　　　 4 600

假设该项差错直到 2×22 年 2 月后才发现，则不需要做任何分录，因为该项差错已经抵销了。

确定前期差错影响数不切实可行的，可以

从可追溯重述的最早期间开始调整留存收益的期初余额,财务报表其他相关项目的期初余额也应当一并调整,也可以采用未来适用法。当企业确定前期差错对列报的一个或者多个前期比较信息的特定期间的累积影响数不切实可行时,应当追溯重述切实可行的最早期间的资产、负债和所有者权益相关项目的期初余额(可能是当期)。当企业在当期期初确定前期差错对所有前期的累积影响数不切实可行时,应当从确定前期差错影响数切实可行的最早日期开始采用未来适用法追溯重述比较信息。当企业确定所有前期差错(如采用错误的会计政策)累积影响数不切实可行时,应当从确定前期差错影响数切实可行的最早日期开始采用未来适用法追溯重述比较信息,为此在该日期之前的资产、负债和所有者权益相关项目的累积重述部分可以忽略不计。

需要注意的是,为了保证经营活动的正常进行,企业应当建立健全内部稽核制度,保证会计资料的真实、完整。但是,在日常会计核算中也可能由于各种原因造成会计差错,如抄写差错、可能对事实的疏忽和误解以及对会计政策的误用。企业发现会计差错时,应当根据差错的性质及时纠正。对于当期发现的、属于当期的会计差错,应调整本期相关项目。例如,企业将本年度在建工程人员的工资计入了管理费用,则应将计入管理费用的在建工程人员工资调整计入工程成本。对于年度资产负债表日至财务报告批准报出日之间发现的报告年度的会计差错及报告年度前不重要的前期差错,应按照《企业会计准则第29号——资产负债表日后事项》的规定进行处理。

二、前期差错更正涉及的会计科目

企业应设置"以前年度损益调整"科目核算企业本年度发现的重要前期差错更正涉及调整以前年度损益的事项,以及本年度发生的调整以前年度损益的事项。

(1)企业调整增加以前年度利润或减少以前年度亏损,借记有关科目,贷记"以前年度损益调整"科目;调整减少以前年度利润或增加以前年度亏损,借记"以前年度损益调整"科目,贷记有关科目。

(2)由于以前年度损益调整增加的所得税费用,借记"以前年度损益调整"科目,贷记"应交税费——应交所得税"科目或"递延所得税资产"科目或"递延所得税负债"科目;由于以前年度损益调整减少的所得税费用,借记"应交税费——应交所得税"科目或"递延所得税资产"科目或"递延所得税负债"科目,贷记"以前年度损益调整"科目。

(3)经上述调整后,应将"以前年度损益调整"科目的余额转入"利润分配——未分配利润"科目。如为贷方余额,借记"以前年度损益调整"科目,贷记"利润分配——未分配利润"科目;如为借方余额,作相反的会计分录。

三、前期差错更正的在附注的披露

企业应当在附注中披露与前期差错更正有关的下列信息:

(1)前期差错的性质。

(2)各个列报前期财务报表中受影响的项目名称和更正金额。

(3)无法进行追溯重述的,说明该事实和原因以及对前期差错开始进行更正的时点、具体更正情况。

在以后期间的财务报表中,不需要重复披露在以前期间的附注中已披露的前期差错更正的信息。

第五节 会计科目和会计分录

以下是第一财税网(www.tax.org.cn)耗时整理的相关会计科目和会计分录,供实际工作中随时查阅、使用。

一、6901 以前年度损益调整

(一) 核算内容

本科目核算企业本年度发生的调整以前年度损益的事项以及本年度发现的重要前期差错更正涉及调整以前年度损益的事项。企业在资产负债表日至财务报告批准报出日之间发生的需要调整报告年度损益的事项,也可以通过本科目核算。

(二) 主要账务处理

企业调整增加以前年度利润或减少以前年度亏损,借记有关科目,贷记本科目;调整减少以前年度利润或增加以前年度亏损作相反的会计分录。

由于以前年度损益调整增加的所得税费用,借记本科目,贷记"应交税费——应交所得税"等科目;由于以前年度损益调整减少的所得税费用作相反的会计分录。

经上述调整后,应将本科目的余额转入"利润分配——未分配利润"科目。本科目如为贷方余额,借记本科目,贷记"利润分配——未分配利润"科目;如为借方余额作相反的会计分录。

(三) 期末余额

本科目结转后应无余额。

二、1901 待处理财产损溢

(一) 核算内容

本科目核算企业在清查财产过程中查明的各种财产盘盈、盘亏和毁损的价值。物资在运输途中发生的非正常短缺与损耗,也通过本科目核算。企业如有盘盈固定资产的,应作为前期差错记入"以前年度损益调整"科目。

(二) 明细核算

本科目可按盘盈、盘亏的资产种类和项目进行明细核算。

(三) 主要账务处理

(1) 盘盈的各种材料、产成品、商品、生物资产等,借记"原材料""库存商品""消耗性生物资产"等科目,贷记本科目。

盘亏、毁损的各种材料、产成品、商品、生物资产等,盘亏的固定资产,借记本科目,贷记"原材料""库存商品""消耗性生物资产""固定资产"等科目。材料、产成品、商品采用计划成本(或售价)核算的,还应同时结转成本差异(或商品进销差价)。涉及增值税的,还应进行相应处理。

(2) 盘亏、毁损的各项资产,按管理权限报经批准后处理时,按残料价值,借记"原材料"等科目,按可收回的保险赔偿或过失人赔偿,借记"其他应收款"科目,按本科目余额,贷记本科目,按其借方差额,借记"管理费用""营业外支出"等科目。

盘盈的除固定资产以外的其他财产,借记本科目,贷记"管理费用""营业外收入"等科目。

(四) 期末余额

企业的财产损溢,应查明原因,在期末结账前处理完毕,处理后本科目应无余额。

第二十六讲 资产负债表日后事项

第一节 综合知识

一、相关知识概述

资产负债表日后事项，是指资产负债表日至财务报告批准报出日之间发生的有利或不利事项。

这里的"资产负债表日"包括年度末和中期（指短于一个完整的会计年度的报告期间）期末。

这里的"财务报告批准报出日"是指董事会或类似机构批准财务报告报出的日期，通常是指对财务报告的内容负有法律责任的单位或个人批准财务报告向企业外部公布的日期。

例如，对于智董公司2×19年财务报告，2×20年2月15日是审计报告日，3月5日董事会批准报出，3月15日实际报出，则资产负债表日后期间是2×20年1月1日至3月5日。

又如，智董公司2×19年10月有诉讼事项，将于2×20年3月10日判决。2×20年2月进行审计，2×20年3月5日批准报出。此事项为重要事项，3月15日权力机构再次批准财务报告对外报出。此时资产负债表日后期间是2×20年1月1日至3月15日。

董事会或类似机构批准财务报告可以对外公布的日期至实际对外公布的日期之间发生的事项，也属于资产负债表日后事项，由此影响财务报告对外公布日期的，以董事会或类似机构再次批准财务报告对外公布的日期为准。

资产负债表日后事项限定在一个特定的期间内，即资产负债表日至财务报告批准报出日之间发生的事项，它是对资产负债表日存在状况的一种补充或说明。

资产负债表日后事项表明持续经营假设不再适用的，企业不应当在持续经营基础上编制财务报表。

（一）资产负债表日后事项的类型

资产负债表日后事项包括资产负债表日后调整事项和资产负债表日后非调整事项。

1. 调整事项

资产负债表日后调整事项，是指对资产负债表日已经存在的情况提供了新的或进一步证据的事项。

这类事项所提供的新的或进一步的证据有助于对资产负债表日存在状况的有关金额做出重新估计，并据此对资产负债表日所确认的资产、负债和所有者权益，以及资产负债表日所属期间的收入、费用等进行调整。

调整事项的特点是：

（1）在资产负债表日或以前已经存在，资产负债表日后得以证实的事项。

（2）对按资产负债表日存在状况编制的会计报表产生重大影响的事项。

例如，2×19年10月智董公司有一诉讼事项，在2×19年12月31日未结案，而是在2×20年年初结案，则属于资产负债表日后调整事项。

2. 非调整事项

资产负债表日后非调整事项，是指表明资产负债表日后发生的情况的事项。

非调整事项的特点是：

(1) 资产负债表日并未发生或存在，完全是期后才发生的事项。

(2) 对理解和分析财务报告有重大影响的事项。

调整事项与非调整事项的区别在于：调整事项是存在于资产负债表日或以前，资产负债表日后提供了证据对以前已存在的事项所作的进一步说明；而非调整事项是在资产负债表日尚未存在，但在财务会计报告批准报出日之前发生或存在。

例如，智董公司在2×19年年末批准进行债务重组，2×20年1月重组完成，此为调整事项。又如，智董公司在2×20年年初商讨进行债务重组，在2×20年2月重组完成，此为非调整事项。

【例26-1】 甲公司2×19年8月向乙公司购买商品，货款未付，反映在乙公司账上即有一笔应收甲公司的账款。如果2×19年11月甲公司财务状况不佳，到年末还未偿付，乙公司已按应收账款的5%提取了坏账准备；到2×20年2月，乙公司收到通知，甲公司已破产，无法偿还所欠货款，那么乙公司应将此事项作为调整事项，调整2×19年度财务报表。

这是一个非常典型的调整事项的例子。在这个例子中，我们很容易理解甲公司的破产不是一朝一夕的事。实际上甲公司在乙公司的资产负债表日已经无力偿还所欠货款，其后的破产只是间接证实了甲公司的货款在资产负债表日已经是收不回来的。

【例26-2】 承[例26-1]。假设甲公司在2×20年2月发生了一场火灾，这一事项应在甲公司本身的财务报表中作为非调整事项处理，因为火灾并未给甲公司在资产负债表日存在的情况提供任何新资料。

如果将火灾和应收账款两个例子结合在一起，情况就发生了变化。同样是甲公司2×19年8月向乙公司购买商品，货款至年末还未偿付，在2×19年12月31日，乙公司即有一笔应收甲公司的货款。2×20年2月乙公司收到甲公司通知，甲公司发生了一场火灾，烧毁了大部分厂房，已无力偿还所欠货款。由于发生火灾是不可预计的，在资产负债表日也不可能有任何迹象表明即将发生火灾，因此不能为资产负债表日存在的情况提供新的证据，乙公司只能将这一事项作为非调整事项在2×19年度财务报表附注中进行说明。同样是应收甲公司账款这一事项，由于导致收不回来的原因不同，则在乙公司2×19年的财务报表中反映的方式不同（一个作为调整事项调整财务报表，一个作为非调整事项在财务报表附注中说明）。

【例26-3】 甲公司在2×19年10月涉及一个诉讼事项，到年末法庭还没有判决。那么，在年末，该诉讼事项是甲公司的或有事项，甲公司必须按照有关或有事项会计准则的要求，根据或有损失的可能性决定是否计提准备。由于在年末还没有判决，甲公司一般会根据律师的意见做出估计。如果在财务报告报出前，法庭做出判决，或律师修改其法律意见，该事项就成为一个应调整的资产负债表日后事项。

(二) 资产负债表日后事项财会处理概述

1. 资产负债表日后调整事项

企业发生的资产负债表日后调整事项，应当调整资产负债表日的财务报表。

资产负债表日后发生的调整事项应当分别以下四种情况进行账务处理：

(1) 涉及损益的事项。

通过"以前年度损益调整"科目核算。调整增加以前年度收益或调整减少以前年度亏损的事项，以及其调整减少的所得税，记入"以前年度损益调整"科目的贷方；调整减少以前年度收益或调整增加以前年度亏损的事项，以及调整增加的所得税，记入"以前年度损益调整"科目的借方。"以前年度损益调整"科目的贷方或借方余额，转入"利润分配——未分配利润"科目。

 小知识

"以前年度损益调整"会计科目及账务处理

(1) 核算内容。

本科目核算企业本年度发生的调整以前年度损益的事项以及本年度发现的重要前期差错更正涉及调整

以前年度损益的事项。

企业在资产负债表日至财务报告批准报出日之间发生的需要调整报告年度损益的事项,也可以通过本科目核算。

(2) 主要账务处理。

企业调整增加以前年度利润或减少以前年度亏损,借记有关科目,贷记本科目;调整减少以前年度利润或增加以前年度亏损作相反的会计分录。

由于以前年度损益调整增加的所得税费用,借记本科目,贷记"应交税费——应交所得税"等科目;由于以前年度损益调整减少的所得税费用作相反的会计分录。

经上述调整后,应将本科目的余额转入"利润分配——未分配利润"科目。本科目如为贷方余额,借记本科目,贷记"利润分配——未分配利润"科目;如为借方余额作相反的会计分录。

(3) 期末余额。

本科目结转后应无余额。

(2) 涉及利润分配调整的事项。

直接在"利润分配——未分配利润"科目核算。

(3) 不涉及损益以及利润分配的事项。

调整相关科目。

(4) 通过上述账务处理后,还应同时调整财务报表相关项目的数字。

主要包括以下三种:

① 资产负债表日编制的财务报表相关项目的数字。

② 当期编制的财务报表相关项目的年初数。

③ 经过上述调整后,如果涉及财务报表附注的,还应当调整财务报表附注相关项目的数字。

2. 资产负债表日后非调整事项

企业发生的资产负债表日后非调整事项,不应当调整资产负债表日的财务报表。

二、会计准则概述

(一) 本准则的相关背景

财务报告反映企业在规定日期(资产负债表日)的财务状况、经营成果以及截止到规定日期为止的现金流量的变动情况。在实际工作中,有些交易或事项是在资产负债表日以后、财务报告批准报出日之前发生的,而且这些交易或事项对企业报告期的财务状况、经营成果以及现金流量可能会产生较大的影响。为了使财务报告的使用者能够全面、客观地了解企业的财务信息,就必须评价这些交易或事项,以确定这些交易或事项是否应调整将要报出的报告期的财务报告,或仅仅在附注中进行说明即可,以便使用者能够获取与公布日最为相关的可以利用的信息。资产负债表日后事项会计准则正是规范资产负债表日以后发生的交易或事项的会计核算和相关信息的披露。

1980年英国原会计准则委员会发布了《标准会计实务公告第17号——资产负债表日后事项会计》,自1980年9月起开始执行并沿用至今,期间未经过任何修订。澳大利亚会计准则评审委员会于1985年批准了第1002号准则《资产负债表日后发生的事项》,规范会计主体报告日后事项的调整与披露。美国没有专门的资产负债表日后事项准则,但相关内容被列入审计准则公告第1号中。国际会计准则委员会于1978年发布了《国际会计准则第10号——或有事项和资产负债表日后发生的事项》,后经几次修订,形成现在的《国际会计准则第10号——资产负债表日后事项》。

我国于1998年发布了《企业会计准则——资产负债表日后事项》,2006年2月15日重新修订发布的《企业会计准则第29号——资产负债表日后事项》(本讲简称"本准则"或"新准则"),与《国际会计准则第10号——资产负债表日后事项》趋同。

(二) 本准则的适用范围

资产负债表日后事项的确认、计量和相关信息的披露。

(三) 本准则的主要变化

1. 主要差异是将拟分配的以及经审议批准宣告发放的股利或利润作为负债还是在报表附注中进行披露

(1) 旧准则。

资产负债表日后至财务报告批准报出日之

间由董事会或类似机构所制定利润分配方案中分配的股利（或分配给投资者的利润，下同），应按如下方式予以处理：

① 现金股利在资产负债表所有者权益中单独列示。

② 股票股利在会计报表附注中单独披露。

资产负债表日后至财务报告批准报出日之间由董事会或类似机构制定并经股东大会或类似机构批准宣告发放的股利，比照上述规定处理。

（2）新准则。

资产负债表日后，企业利润分配方案中拟分配的以及经审议批准宣告发放的股利或利润，不确认为资产负债表日的负债，但应当在附注中单独披露。因为其不符合负债定义中所强调的现时义务的标准。

修改后的准则，现金股利部分不再确认负债（表26-1），不再影响未分配利润和股东权益。

2. 非调整事项，通常包括的内容范围有少许变化

（1）增加。

旧准则只明确表明了税收政策、外汇汇率发生重大变化，要作非调整事项加以说明，新准

表26-1 资产负债表日后现金股利的会计处理

	新准则	旧准则
是否是调整事项	非调整事项	调整事项
在资产负债表上的影响	不作为负债	流动负债——应付股利
在利润表上的影响	不作利润分配账务处理	未分配利润减少
在股东权益上的影响	不影响股东权益	股东权益减少

则要求资产负债表日后税收政策、外汇汇率以及资产价格发生重大变化都要作非调整事项加以说明，增加了资产价格的变化。

（2）删除。

本准则删除了旧准则中对外巨额投资、对外提供重大担保、对外签订重大抵押合同，需要作为非调整事项的规定。

（3）严格。

对旧准则中只有认为发生重大企业合并或处置子公司的事项才作为非调整事项加以说明更改为更为严格的规定：凡是企业合并或处置子公司的事项都应该作为非调整事项加以说明，而无论其是否重大。因为所谓"重大"涉及会计人员的判断，在实务中反而不好操作。

第二节 资产负债表日后调整事项

调整事项的例子[①]如下：

一、销售退回——资产负债表日后进一步确定了资产负债表日前购入资产的成本或售出资产的收入

以销售退回为例。

这一事项是指，在资产负债表日以前或资产负债表日，根据合同规定所销售的物资已经发出，当时认为该项物资控制权已经转移，货款能够收回，根据收入确认原则确认了收入并结转了相关成本。即在资产负债表日企业确认为已经销售，并在财务报表上反映。但在资产负债表日后至财务报告批准报出日之间所取得的证据证明该批已确认为销售的物资确实已经退回，应作为调整事项进行相关的账务处理，并调整资产负债表日编制的财务报表有关收入、费用、资产、负债、所有者权益等项目的数字。

值得说明的是，资产负债表日后事项中的销售退回，既包括报告年度销售的物资，在报告

---

① 为简化处理，如未作专门说明，本节以下例子均假定如下：财务报告批准报出日是次年3月31日，所得税税率为25%，按净利润的10%提取法定盈余公积，提取法定盈余公积后不再作其他分配；调整事项按税法规定均可调整应交纳的所得税；涉及递延所得税资产的，均假定未来期间很可能取得用来抵扣暂时性差异的应纳税所得额。

年度的资产负债表日后退回；也包括报告年度前销售的物资，在报告年度的资产负债表日后退回。

（一）会计调整

资产负债表所属期间或以前期间所售商品在资产负债表日后退回的，应作为资产负债表日后调整事项处理。

发生于资产负债表日后至财务报告批准报出日之间的销售退回事项，可能发生于年度所得税汇算清缴之前，也可能发生于年度所得税汇算清缴之后，其会计处理分别为：

（1）涉及报告年度所属期间的销售退回发生于报告年度所得税汇算清缴之前，应调整报告年度利润表的收入、成本等，并相应调整报告年度的应纳税所得额以及报告年度应缴纳的所得税等。

【例26-4】 赓升公司2×21年12月20日销售一批商品给映东企业，取得收入100 000元（不含税，增值税税率假设为13%）。赓升公司发出商品后，按照正常情况已确认收入，并结转成本80 000元。此笔货款到年末尚未收到，赓升公司按应收账款的4%计提了坏账准备4 520元。

2×22年1月18日，由于产品质量问题，本批货物被退回。按税法规定该公司计提的坏账准备不可以在税前扣除，本年度除应收映东企业账款计提的坏账准备外，无其他纳税调整事项。

企业于2×22年2月28日完成2×21年所得税汇算清缴。

【分析】 销售退回业务发生在资产负债表日后事项涵盖期间内，应属于资产负债表日后调整事项。

赓升公司的账务处理如下（单位：元）：

（1）2×22年1月18日，调整销售收入。

借：以前年度损益调整　　　　　　100 000
　　应交税费——应交增值税（销项税额）
　　　　　　　　　　　　　　　　　13 000
　　贷：应收账款　　　　　　　　113 000

（2）调整坏账准备余额。

借：坏账准备　　　　　　　　　　4 520
　　贷：以前年度损益调整　　　　4 520

（3）调整销售成本。

借：库存商品　　　　　　　　　　80 000
　　贷：以前年度损益调整　　　　80 000

（4）调整应缴纳的所得税。

借：应交税费——应交所得税(100 000－80 000)×25%
　　　　　　　　　　　　　　　　5 000
　　贷：以前年度损益调整　　　　5 000

（5）调整已确认的递延所得税资产。

借：以前年度损益调整　　　　　　1 130
　　贷：递延所得税资产（4 520－113 000×0)×25%
　　　　　　　　　　　　　　　　1 130

（6）将"以前年度损益调整"科目余额转入未分配利润。

借：利润分配——未分配利润　　　11 610
　　贷：以前年度损益调整(100 000－80 000－4 520－5 000＋1 130)
　　　　　　　　　　　　　　　　11 610

（7）调整盈余公积。

借：盈余公积　　　　　　　　　　1 161
　　贷：利润分配——未分配利润　1 161

（8）调整相关财务报表（略）。

（2）资产负债表日后事项中涉及报告年度所属期间的销售退回发生于报告年度所得税汇算清缴之后，应调整报告年度会计报表的收入、成本等，但按照税法规定在此期间的销售退回所涉及的应缴所得税，应作为本年度的纳税调整事项。

【例26-5】 承上例。假定销售退回的时间改为2×22年3月5日（报告期所得税汇算清缴后）。

【分析】 赓升公司的账务处理如下（单位：元）：

（1）2×22年3月5日，调整销售收入。

借：以前年度损益调整　　　　　　100 000
　　应交税费——应交增值税（销项税额）
　　　　　　　　　　　　　　　　　13 000
　　贷：应收账款　　　　　　　　113 000

（2）调整坏账准备余额。

借：坏账准备　　　　　　　　　　4 520
　　贷：以前年度损益调整　　　　4 520

（3）调整销售成本。

借：库存商品　　　　　　　　80 000
　　贷：以前年度损益调整　　　　　80 000

（4）调整所得税费用。

借：应交税费——应交所得税　　5 000
　　贷：所得税费用　　　　　　　　5 000

（5）调整已确认的递延所得税资产。

借：以前年度损益调整　　　　　1 130
　　贷：递延所得税资产　　　　　　1 130

（6）将"以前年度损益调整"科目余额转入未分配利润。

借：利润分配——未分配利润（100 000＋1 130－80 000－4 520）　　16 610
　　贷：以前年度损益调整　　　　　16 610

（7）调整盈余公积。

借：盈余公积　　　　　　　　　1 661
　　贷：利润分配——未分配利润　　1 661

（8）调整相关财务报表（略）。

（二）在附注中披露

《企业会计准则第29号——资产负债表日后事项》第九条规定："企业应当在附注中披露与资产负债表日后事项有关的下列信息：（一）财务报告的批准报出者和财务报告批准报出日。按照有关法律、行政法规等规定，企业所有者或其他方面有权对报出的财务报告进行修改的，应当披露这一情况。"

要搞清楚与"附有销售退回条款的销售"的区别

1. 相关综合知识

附有销售退回条款的销售，是指客户依照有关合同有权退货的销售方式。合同中有关退货权的条款可能会在合同中明确约定，也有可能是隐含的。

隐含的退货权可能来自企业在销售过程中向客户做出的声明或承诺，也有可能是来自法律法规的要求或企业以往的习惯做法等。

（1）背景。

企业将商品转让给客户之后，可能会因为各种原因允许客户选择退货（例如，客户对所购商品的款式不满意等）。

客户选择退货时，可能有权要求返还其已经支付的全部或部分对价、抵减其对企业已经产生或将会产生的欠款或者要求换取其他商品。

（2）不属于的情形。

① 客户取得商品控制权之前退回该商品不属于销售退回。

② 客户以一项商品换取类型、质量、状况及价格均相同的另一项商品，不应被视为退货。

③ 如果合同约定客户可以将质量有瑕疵的商品退回以换取正常的商品，企业应当按照附有质量保证条款的销售进行会计处理。

（3）运用组合法估计退货率、坏账率、合同存续期间等。

对于具有类似特征的合同组合，企业也可以在确定退货率、坏账率、合同存续期间等方面运用组合法进行估计。

（4）每一资产负债表日的重新估计、计量。

每一资产负债表日，企业应当重新估计未来销售退回情况，并对上述资产和负债进行重新计量。如有变化，应当作为会计估计变更进行会计处理。

2. 收入确认和计量的"五步法"

（1）识别与客户订立的合同。

无特殊说明。

（2）识别合同中的单项履约义务。

企业在允许客户退货的期间内随时准备接受退货的承诺，并不构成单项履约义务，但可能会影响收入确认的金额。

（3）确定交易价格——因向客户转让商品而预期有权收取的对价金额（即，不包含预期因销售退回将退还的金额）。

企业应当遵循可变对价（包括将可变对价计入交易价格的限制要求）的处理原则来确定其预期有权收取的对价金额，即交易价格不应包含预期将会被退回的商品的对价金额。

附有销售退回条款的销售，在客户要求退货时，如果企业有权向客户收取一定金额的退货费，则企业在估计预期有权收取的对价金额时，应当将该退货费包括在内。

（4）将交易价格分摊至各单项履约义务。

无特殊说明。

（5）履行各单项履约义务时确认收入——在客户取得相关商品控制权时确认收入。

企业应当在客户取得相关商品控制权时，按照因向客户转让商品而预期有权收取的对价金额(即,不包含预期因销售退回将退还的金额)确认收入,按照预期因销售退回将退还的金额确认负债;同时,按照预期将退回商品转让时的账面价值,扣除收回该商品预计发生的成本(包括退回商品的价值减损)后的余额,确认一项资产,按照所转让商品转让时的账面价值,扣除上述资产成本的净额结转成本(表26-2)。

表 26-2　附有销售退回条款的销售的会计处理

确认收入	按照因向客户转让商品而预期有权收取的对价金额(即,不包含预期因销售退回将退还的金额)
结转成本	按照所转让商品转让时的账面价值,扣除上述资产成本的净额
确认负债	按照预期因销售退回将退还的金额
确认资产	按照预期将退回商品转让时的账面价值,扣除收回该商品预计发生的成本(包括退回商品的价值减损)后的余额

二、资产减值——资产负债表日后取得确凿证据,表明某项资产在资产负债表日发生了减值或者需要调整该项资产原先确认的减值金额

这一事项主要是指,在资产负债表日以前或在资产负债表日,根据当时资料判断某项资产可能发生了损失或永久性减值,但没有最后确定是否会发生,因而按照当时最佳的估计金额反映在财务报表中。但在资产负债表日至财务报告批准报出日之间,所取得的新的或进一步的证据能证明该事实成立,即某项资产已经发生了损失或永久性减值,则应对资产负债表日所作的估计予以修正。

【例 26-6】　相关资料如下:

2×21 年 6 月,智董公司销售一批物资给贵琛公司,货款为 1 000 000 元(含增值税),合同约定贵琛公司应于收到所购物资后 3 个月内付款。

2×21 年 7 月,贵琛公司收到所购物资并验收入库。但是,由于贵琛公司财务状况不佳,到 2×21 年 12 月 31 日仍未付款。

2×21 年 12 月 31 日,智董公司按预期信用损失法为该项应收账款计提坏账准备 50 000 元,当日资产负债表上"应收账款"项目的金额为 2 000 000 元(其中 950 000 元为该项应收账款)。

2×22 年 2 月 8 日(企业所得税汇算清缴前),智董公司收到人民法院通知,贵琛公司已宣告破产清算,无力偿还所欠部分货款。智董公司预计可收回应收账款的 60%。

【分析】　智董公司在收到人民法院通知(注:资产负债表日后取得确凿证据,表明某项资产在资产负债表日发生了减值或者需要调整该项资产原先确认的减值金额)后,判断该事项属于资产负债表日后调整事项。

智董公司原按预期信用损失法对应收贵琛公司账款计提了 50 000 元的坏账准备(根据当时资料判断某项资产可能发生了损失或永久性减值,但没有最后确定是否会发生,因而按照当时最佳的估计金额反映在财务报表中),按照新的证据(注:在资产负债表日至财务报告批准报出日之间,所取得的新的或进一步的证据能证明该事实成立,即某项资产已经发生了损失或永久性减值,则应对资产负债表日所做的估计予以修正)应计提的坏账准备为 400 000 元(1 000 000×40%),差额 350 000 元应当调整 2×21 年度财务报表相关项目的数字。

智董公司的账务处理如下:

(1)补提坏账准备。

应补提的坏账准备=1 000 000×40%－50 000=350 000(元)。

借:以前年度损益调整——信用减值损失
　　　　　　　　　　　　　　　350 000
　贷:坏账准备　　　　　　　　350 000

(2)调整递延所得税资产。

借:递延所得税资产　　　　　　87 500
　贷:以前年度损益调整——所得税费用
　　(350 000×25%)　　　　　87 500

(3)将"以前年度损益调整"科目的余额转入未分配利润。

借:利润分配——未分配利润　262 500
　贷:以前年度损益调整——本年利润
　　　　　　　　　　　　　　262 500

(4)因净利润减少,调减盈余公积。

借：盈余公积——提取法定盈余公积 26 250
　　　贷：利润分配——未分配利润(262 500×10％)
　　　　　　　　　　　　　　　　　　　26 250

(5) 调整报告年度财务报表相关项目的数字（财务报表略）。

① 资产负债表项目的调整。

调减应收账款 350 000 元，调增递延所得税资产 87 500 元，调减盈余公积 26 250 元，调减未分配利润 236 250 元。

② 利润表项目的调整。

调增信用减值损失 350 000 元，调减所得税费用 87 500 元，调减净利润 262 500 元。

③ 所有者权益变动表项目的调整。

调减净利润 262 500 元，提取盈余公积项目中盈余公积一栏调减 26 250 元，未分配利润调减 236 250 元。

(6) 调整 2×22 年 2 月资产负债表相关项目的年初数（资产负债表略）。

智董公司在编制 2×22 年 1 月的资产负债表时，按照调整前 2×21 年 12 月 31 日的资产负债表的数字作为资产负债表的年初数。

由于发生了资产负债表日后调整事项，智董公司除了调整 2×21 年度资产负债表相关项目的数字外，还应当调整 2×22 年 2 月资产负债表相关项目的年初数，其年初数按照 2×21 年 12 月 31 日调整后的数字填列。

三、诉讼(赔偿)——资产负债表日后诉讼案件结案，法院判决证实了企业在资产负债表日已经存在现时义务，需要调整原先确认的与该诉讼案件相关的预计负债，或确认一项新负债

以已确定获得或支付的赔偿为例。这一事项是指，在资产负债表日以前，或资产负债表日已经存在的赔偿事项，资产负债表日至财务报告批准报出日之间提供了新的证据，表明企业能够收到赔偿款或需要支付赔偿款，这一新的证据如果证明需要对资产负债表日所做的估计调整的，应对财务报表进行调整。

【例 26-7】 赓升公司因违约，于 2×20 年 12 月被怡平公司告上法庭，要求赓升公司赔偿 80 万元。2×20 年 12 月 31 日法院尚未判决，赓升公司按或有事项准则对该诉讼事项确认预计负债 50 万元。2×21 年 3 月 10 日，经法院判决赓升应赔偿怡平 60 万元，赓升、怡平双方均服从判决。判决当日，赓升向怡平支付赔偿款 60 万元。赓升、怡平两公司 2×20 年所得税汇算清缴在 2×21 年 4 月 10 日完成（假定该项预计负债产生的损失不允许税前扣除）。

【分析】 本例中，2×21 年 3 月 10 日的判决证实了赓升、怡平两公司在资产负债表日(2×20 年 12 月 31 日)分别存在现时赔偿义务和获赔权利，因此两公司都应将"法院判决"这一事项作为调整事项进行处理。

(1) 赓升公司的账务处理。

① 2×21 年 3 月 10 日，记录支付的赔款，并调整递延所得税资产。

借：以前年度损益调整　　　　　　　　100 000
　　贷：其他应付款　　　　　　　　　　100 000
借：应交税费——应交所得税　　　　　　25 000
　　贷：以前年度损益调整(100 000×25％)25 000
借：应交税费——应交所得税　　　　　125 000
　　贷：以前年度损益调整　　　　　　　125 000
借：以前年度损益调整　　　　　　　　125 000
　　贷：递延所得税资产　　　　　　　　125 000
借：预计负债　　　　　　　　　　　　500 000
　　贷：其他应付款　　　　　　　　　　500 000
借：其他应付款　　　　　　　　　　　600 000
　　贷：银行存款　　　　　　　　　　　600 000

注　资产负债表日后事项如果涉及货币资金收支项目，均不调整报告年度资产负债表的货币资金项目和现金流量表各项目的数字。本例中，虽然当日已经支付了赔偿款，但在调整财务报表相关数字时，只需调整上述前五笔分录，第六笔分录应作为 2×21 年的会计事项处理。

2×20 年末因确认预计负债 50 万元时已确认相应的递延所得税资产，日后事项发生后递延所得税资产不复存在，故应冲销相应记录。

② 将"以前年度损益调整"科目余额转入未分配利润。

借：利润分配——未分配利润　　　　　75 000
　　贷：以前年度损益调整　　　　　　　75 000

③因净利润变动,调整盈余公积。

借:盈余公积(75 000×10%) 7 500
　　贷:利润分配——未分配利润 7 500

④调整报告年度报表(略)。

(2)怡平企业的账务处理。

①2×21年3月10日,记录收到的赔款。

借:银行存款 600 000
　　贷:以前年度损益调整 600 000

借:以前年度损益调整(600 000×25%)
　　　　　　　　　　　　　　　　　150 000
　　贷:应交税费——应交所得税 150 000

②将"以前年度损益调整"科目余额转入未分配利润。

借:以前年度损益调整 450 000
　　贷:利润分配——未分配利润 450 000

③因净利润增加,补提盈余公积。

借:利润分配——未分配利润 45 000
　　贷:盈余公积(450 000×10%) 45 000

④调整报告年度报表(略)。

四、财务报表舞弊或差错——资产负债表日后发现了财务报表舞弊或差错

这一事项是指资产负债表日后发现报告期或以前期间存在的财务报表舞弊或差错。

企业发生这一事项后,应当将其作为资产负债表日后调整事项,调整报告年度的年度财务报告或中期财务报告相关项目的数字。

资产负债表日后发生的调整事项的账务处理

资产负债表日后发生的调整事项应当分别以下四种情况进行账务处理:

(1)涉及损益的事项通过"以前年度损益调整"科目核算。调整增加以前年度收益或调整减少以前年度亏损的事项,以及其调整减少的所得税,记入"以前年度损益调整"科目的贷方;调整减少以前年度收益或调整增加以前年度亏损的事项,以及调整增加的所得税,记入"以前年度损益调整"科目的借方。"以前年度损益调整"科目的贷方或借方余额,转入"利润分配——未分配利润"科目。

(2)涉及利润分配调整的事项,直接在"利润分配——未分配利润"科目核算。

(3)不涉及损益以及利润分配的事项,调整相关科目。

(4)通过上述账务处理后,还应同时调整财务报表相关项目的数字,主要包括以下三种:

①资产负债表日编制的财务报表相关项目的数字。

②当期编制的财务报表相关项目的年初数。

③经过上述调整后,如果涉及财务报表附注的,还应当调整财务报表附注相关项目的数字。

第三节　资产负债表日后非调整事项

企业发生的资产负债表日后非调整事项,不应当调整资产负债表日的财务报表。

企业发生的资产负债表日后非调整事项,通常包括下列各项:

一、资产价格、税收政策、外汇汇率——资产负债表日后资产价格、税收政策、外汇汇率发生重大变化

以外汇汇率发生重大变化为例。这一事项是指,在资产负债表日后发生的外汇汇率的较大变动。由于企业已经在资产负债表日,按照当时的汇率对有关账户进行调整,因此,无论资产负债表日后的汇率如何变化,均不应影响按资产负债表日的汇率折算的财务报表数字。但是,如果资产负债表日后汇率发生较大变化,应对由此产生的影响在财务报表附注中进行披露。

【例26-8】赓升企业有一笔长期美元贷款,在编制2×20年12月31日的财务报表时已按2×20年年末的汇率进行折算(假设2×20年年末的汇率为1美元兑换7.83元人民币)。假设国家规定从2×21年1月1日起进行外汇管

理体制改革,外汇管理体制改革后人民币对美元的汇率发生重大变化。

【分析】 本例中,赓升企业在资产负债表日已经按照当天的资产计量方式进行处理,或按规定的汇率对有关账户进行调整,因此,无论资产负债表日后的资产价格和汇率如何变化,均不应影响资产负债表日的财务状况和经营成果。但是,如果资产负债表日后资产价格、外汇汇率发生重大变化,应对由此产生的影响在报表附注中进行披露。同样,国家税收政策发生重大改变将会影响企业的财务状况和经营成果,也应当在报表附注中及时披露该信息。

二、发行股票和债券以及其他巨额举债——资产负债表日后发行股票和债券以及其他巨额举债

这一事项是指,企业在资产负债表日以后发行股票、债券以及其他巨额举债等。

企业发行股票或债券以及其他巨额举债是比较重大的事项,虽然这一事项与企业资产负债表日的存在状况无关,但应对这一事项做出披露,以使财务报告使用者了解与此有关的情况及可能带来的影响。

三、拟分配及经审议批准宣告发放的利润——资产负债表日后,企业利润分配方案中拟分配的,以及经审议批准宣告发放的股利或利润

资产负债表日后,企业利润分配方案中拟分配的以及经审议批准宣告发放的股利或利润,不确认为资产负债表日的负债,但应当在附注中单独披露。

资产负债表日后,企业制定利润分配方案,拟分配或经审议批准宣告发放股利或利润的行为,并不会致使企业在资产负债表日形成现时义务,因此虽然发生该事项可导致企业负有支付股利或利润的义务,但支付义务在资产负债表日尚不存在,不应该调整资产负债表日的财务报告,因此,该事项为非调整事项。

但由于该事项对企业资产负债表日后的财务状况有较大影响,可能导致现金较大规模流出、企业股权结构变动等,为便于财务报告使用者更充分了解相关信息,企业需要在财务报告中适当披露该信息。

> **专家点拨**
>
> 该利润分配(不包括分配方案中的股票股利)方案一般是对报告年度的经营成果所作的分配,即增加了应付利润这一流动负债项目,对企业偿债能力提出要求。

四、发生巨额亏损——资产负债表日后发生巨额亏损

企业在资产负债表日后发生巨额亏损,通常属于非调整事项。

五、企业合并或处置子公司——资产负债表日后发生企业合并或处置子公司

企业在资产负债表日后发生企业合并或处置子公司,通常属于非调整事项。

六、诉讼、仲裁、承诺——资产负债表日后发生重大诉讼、仲裁、承诺

资产负债表日后发生的重大诉讼等事项,对企业影响较大,为防止误导投资者及其他财务报告使用者,应当在报表附注中进行相关披露。

七、自然灾害——资产负债表日后因自然灾害导致资产发生重大损失

这一事项是指,资产负债表日后发生的,由于自然灾害导致的资产损失。

自然灾害导致的资产损失,不是企业主观上能够决定的,是不可抗力所造成的。但这一事项对企业财务状况所产生的影响,如果不加以披露,有可能使财务报告使用者产生误解,导致做出错误的决策。因此,自然灾害导致的资产重大损失应作为一个非调整事项在财务报表附注中进行披露。

【例26-9】 赓升企业拥有某外国企业(怡平企业)15%的股权,无重大影响,投资成本2 000 000元。怡平企业的股票在国外的某家股

票交易所上市交易。在编制 2×20 年 12 月 31 日的资产负债表时,赓升企业对怡平企业投资的账面价值按初始投资成本反映。2×21 年 1 月,该国发生疫情造成怡平企业的股票市场价值大幅下跌,赓升企业对怡平企业的股权投资遭受重大损失。

【分析】 本例中,自然灾害导致的资产重大损失对企业资产负债表日后财务状况的影响较大,如果不加以披露,有可能使财务报告使用者做出错误的决策,因此应作为非调整事项在报表附注中进行披露。本例中疫情发生在 2×21 年 1 月,属于资产负债表日后才发生或存在的事项。应当作为非调整事项在 2×20 年度报表附注中进行披露。

第四节　会计科目和会计分录

以下是第一财税网(www.tax.org.cn)耗时整理的相关会计科目和会计分录,供实际工作中随时查阅、使用。

一、6901 以前年度损益调整

(一) 核算内容

本科目核算企业本年度发生的调整以前年度损益的事项以及本年度发现的重要前期差错更正涉及调整以前年度损益的事项。企业在资产负债表日至财务报告批准报出日之间发生的需要调整报告年度损益的事项,也可以通过本科目核算。

(二) 主要账务处理

(1) 企业调整增加以前年度利润或减少以前年度亏损,借记有关科目,贷记本科目;调整减少以前年度利润或增加以前年度亏损作相反的会计分录。

(2) 由于以前年度损益调整增加的所得税费用,借记本科目,贷记"应交税费——应交所得税"等科目;由于以前年度损益调整减少的所得税费用作相反的会计分录。

(3) 经上述调整后,应将本科目的余额转入"利润分配——未分配利润"科目。本科目如为贷方余额,借记本科目,贷记"利润分配——未分配利润"科目;如为借方余额作相反的会计分录。

(三) 期末余额

本科目结转后应无余额。

第二十七讲

每 股 收 益

第一节 综 合 知 识

一、相关知识概述

每股收益是指普通股股东每持有1股普通股所能享有的企业净利润或需承担的企业净亏损。

每股收益是用于反映企业的经营成果，衡量普通股的获利水平及投资风险，是投资者、债权人等信息使用者据以评价企业盈利能力、预测企业成长潜力进而做出相关经济决策的一项重要的财务指标。

(一) 每股收益的用途

该指标有助于投资者、债权人等信息使用者评价企业或企业之间的盈利能力，预测企业成长潜力，进而做出经济决策。

在进行财务分析时，每股收益指标既可用于不同企业间的业绩比较，以评价某企业的相对盈利能力；也可用于企业不同会计期间的业绩比较，以了解该企业盈利能力的变化趋势；另外还可用于企业经营实绩与盈利预测的比较，以掌握该企业的管理能力。

(二) 每股收益的类别

每股收益包括基本每股收益和稀释每股收益两类。

1. 基本每股收益

基本每股收益仅考虑当期实际发行在外的普通股股份。

2. 稀释每股收益

稀释每股收益的计算和列报主要是为了避免每股收益虚增可能带来的信息误导。

例如，一家公司发行可转换公司债券融资，由于转换选择权的存在，这些可转换债券的利率低于正常同等条件下普通债券的利率，从而降低了融资成本，在经营业绩和其他条件不变的情况下，相对提高了基本每股收益金额。要求考虑可转换公司债券的影响，计算和列报稀释每股收益，就是为了能够提供一个更可比、更有用的财务指标。

二、会计准则概述

(一) 本准则的相关背景

1. 国际

关于每股收益的计算，是自1950年以后在美国逐渐发展起来的，该指标主要用于帮助投资者评价企业的获利能力。每股收益指标可以反映企业的经营成果，反映普通股股东所享有的利润，反映企业不同会计期间之间的业绩。由于每股收益指标是以企业发行在外的普通股的股数作为分母所计算的比值，该指标还可以用于不同企业之间的业绩比较。

在本准则制定时，世界各主要资本市场，如美国、英国、澳大利亚、德国、法国、加拿大及日本均制定了每股收益准则，要求上市公司及处于申请上市过程中的企业计算和披露每股收益信息。国际会计准则理事会在其第33号准则中对每股收益的计算、列报和披露等也做出了规定。

2. 我国

在本准则制定时，我国上市公司是按中国

证监会颁布的两个信息披露规则和一项年报编报规则（2001年1月证监会发布的《公开发行证券公司信息披露编报规则第9号——净资产收益率和每股收益的计算及披露》，以下简称披露编报规则）规定的要求来提供每股收益信息。按照中国证监会的规定，准备上市或者已经上市的公司应在招股说明书和年度报告中以利润表附表的形式按全面摊薄法和加权平均法来提供每股收益的信息。

为了规范每股收益的计算方法及其列报，2006年2月，我国财政部根据《企业会计准则——基本准则》，制定了《企业会计准则第34号——每股收益》（本讲简称"本准则"或"新准则"）。这是我国第一次正式颁布关于每股收益的会计准则。

3. 原规定的缺陷

原先的关于每股收益计算和披露的规定存在一定的不足之处，主要表现在：

（1）没有考虑潜在普通股的影响，没有要求计算稀释的每股收益。

以前我国很少存在潜在普通股，所以中国证监会关于每股收益的计算没有考虑潜在普通股的影响，不要求计算稀释的每股收益。

近些年以来，随着资本市场的完善和发展，我国出现了可转换公司债券、认股权、认股权证等潜在普通股。

如果还按原先的每股收益的计算方法来提供每股收益的信息，不考虑这些潜在普通股的影响，那么所提供的信息就无法满足信息使用者的需要，就会明显滞后于我国证券市场的发展。

（2）各期间的每股收益指标缺乏可比性。

原先的关于提供每股收益信息的规定没有要求重新计算各列报期间每股收益。在提供比较财务报表的情况下，当各期的有关数据发生变化时，不重述所列报期间的每股收益，这使得各期间每股收益指标缺乏可比性。

（3）与国际惯例不协调。

无论国际会计准则还是美国、英国等国家关于每股收益的准则，均要求计算基本每股收益和稀释的每股收益。稀释的每股收益主要是指可转换为普通股的优先股、可转换债券、期权及或有可发行股份等潜在普通股可能向普通股的转换中引起对基本每股收益的稀释效应。

我国原先的每股收益的计算没有考虑潜在普通股的影响，不计算稀释的每股收益。这种做法与国际惯例存在明显的不一致。

财政部该次颁布《企业会计准则第34号——每股收益》以规范每股收益的计算及其列报，以适应我国资本市场的发展，规范上市公司每股收益的计算和披露。

（二）本准则的适用范围

本准则适用于普通股或潜在普通股已公开交易的企业，以及正处于公开发行普通股或潜在普通股过程中的企业。

潜在普通股，是指赋予其持有者在报告期或以后期间享有取得普通股权利的一种金融工具或其他合同，包括可转换公司债券、认股权证、股份期权等。

合并财务报表中，企业应当以合并财务报表为基础计算和列报每股收益。

（三）本准则的主要变化

新每股收益准则与原"披露编报规则"差异比较：

1. 原先每股收益计算和列报与新准则的主要差异

（1）要求披露的强制主体不同。

① 旧准则。

原先的做法是基于中国证监会的信息披露要求的。

② 新准则。

新准则由财政部颁布。

（2）要求披露的形式不同。

① 旧准则。

原先的披露一般是在年度报告中采用列表方式提供"截至报告期末公司前三年的主要会计数据和财务指标"中列示摊薄和加权的每股收益，还另以利润表附表形式，分别列示按全面摊薄法和加权平均法计算的净资产收益率及每股收益。既不列入财务报表，也不列入报表附注。

② 新准则。

新准则明确要求每股收益应在利润表中列示,并要求在财务报表附注中披露计算基本和稀释的每股收益时分子(净利润)和分母(普通股加权平均数)及其计算过程。

(3) 每股收益计算和披露的内容不同。

① 旧准则。

原先要求计算披露的只是基于普通股而计算的全面摊薄的每股收益和加权平均的基本每股收益,并未考虑潜在普通股的影响。

② 新准则。

新准则则要求,既要计算和披露基本每股收益,又要考虑存在具有稀释性的潜在普通股情况下,计算和披露稀释的每股收益,同时不需要计算全面摊薄的每股收益。

(4) 每股收益计算的收益基础不同。

① 旧准则。

原先要求计算披露的,既有全面摊薄的每股收益,又有加权平均的基本每股收益,而且计算基本每股收益时,分子包括主营业务利润、营业利润、净利润和扣除非经常性损益后的净利润。

② 新准则。

新准则在计算基本和稀释的每股收益时,是以当期净利润为基础,即分子简化为一个指标。

(5) 当期发行在外普通股加权平均数计算的时间基础不同。

① 旧准则。

原先每股收益计算所涉及的报告期时间、增加和减少股份的时间,是按月计算的。

② 新准则。

新准则计算基本每股收益所涉及的报告期时间、发行在外和回购时间一般按照天数计算,也可以按月份计算。

2. 具体说明

(1) 增加了计算稀释的每股收益指标的要求。

我国上市公司按照证监会发布的《公开发行证券公司信息披露编报规则第9号》计算及披露每股收益,包括按全面摊薄法和加权平均法计算的每股收益。计算基本每股收益时,分子包括主营业务利润、营业利润、净利润和扣除非经常性损益后的净利润。但该做法未考虑潜在普通股的影响。

从世界各主要资本市场的情况看,无论是国际会计准则还是美国、英国等一些国家关于"每股收益"的准则均要求计算基本每股收益和稀释的每股收益。

在本准则制定时我国虽然还不存在优先股,但已有相当一部分企业发行了可转换债券,在股权分置改革中期权、认股权证问题也已经开始出现,部分企业实务中对高层管理人员或职工的股票期权计划的改革也在进行之中。因此,本准则在证监会发布的《公开发行证券公司信息披露编报规则第9号》的基础上,增加了计算稀释的每股收益的内容。

(2) 将计算每股收益的分子简化为净利润。

国际会计准则理事会要求企业在计算和披露以当期净利润为基础的基本和稀释每股收益。本准则将计算每股收益的分子简化为净利润一个指标,主要考虑到与国际准则相协调;同时也与我国在《企业会计准则第30号——财务报表列报》中不再区分主营业务与非主营业务的要求保持一致。

(3) 将配股视同发行新股处理。

本准则未考虑配股中内含送股的因素。因为我国上市公司的股权结构比较特殊,除了流通股以外,还存在非流通股。虽然非流通股与流通股在利润分配方面享有同样的权利,但由于非流通股不流通,没有明确的市场价格,难以计算除权价格和调整系数。因此,本准则采用简化的方法,不考虑配股中内含的红股因素,不计算配股后的理论除权价格及其调整系数,而将配股视为发行新股处理。

由于配股价一般低于相关股票的市场价格,因而包含了红股因素,按照国际财务报告准则的规定,应当计算配股后的理论除权价格,该价格与配股前每股的公允价格相比得到一个调整系数,从而对各列报期间发行在外的普通股股数予以调整,重新计算每股收益。在本准则制定时,对于我国企业来说,完全按照国际财务报告准则的做法存在困难:一是当时国有股、法人股不流通,没有明确的市场价格;二是 A 股、B 股和 H 股由于在不同的市场、以不同的货币进行交易,可能产生不同的影响。在这种情况下,如果统一计算配股中的红股因素和调整系数,困难较大。因此,该准则采用了简化的计算方法,不对股数进行调整,将配股视同新发行的股票,按照发行在外时间计入股数平均数中。

新、老计算基本每股收益公式的区别如表 27-1 所示。

表 27-1 新、老计算基本每股收益公式的区别

	《公开发行证券公司信息披露编报规则第 9 号》	《企业会计准则第 34 号——每股收益》
分子	当期净利润	归属于普通股的当期净利润
分母	总股数的加权平均数	普通股的加权平均数
配股及资本公积转增股本的处理	视作会计期初就发生	作为当期新发行普通股处理,需进行加权处理
Basic EPS=期初发行在外普通股股数+当期发行普通股股数×发行在外时间÷报告期时间 －当期回购普通股股数×回购时间÷报告期时间		

执行新准则对企业财务状况的影响分析

稀释每股收益反映了在考虑了报告期内所有具有稀释性的潜在普通股后,主体在报告期内的经营业绩。

新准则规定企业要在利润表中单独列示稀释的每股收益,即要反映出潜在普通股的影响,这使得财务报告更具有透明性,更真实地反映了企业的经营状况,为投资者提供更准确的决策依据。

第二节 基本每股收益

基本每股收益只考虑当期实际发行在外的普通股股份,按照归属于普通股股东的当期净利润除以当期实际发行在外普通股的加权平均数计算确定。

一、分子的确定

计算基本每股收益时,分子为归属于普通股股东的当期净利润,即企业当期实现的可供普通股股东分配的净利润或应由普通股股东分担的净亏损金额。

发生亏损的企业,每股收益以负数列示。

以合并财务报表为基础计算的每股收益,分子应当是归属于母公司普通股股东的当期合并净利润,即扣减少数股东损益后的余额。

与合并财务报表一同提供的母公司财务报表中企业自行选择列报每股收益的,以母公司个别财务报表为基础计算的每股收益,分子应当是归属于母公司全部普通股股东的当期净利润。

二、分母的确定

计算基本每股收益时,分母为当期发行在外普通股的算术加权平均数,即期初发行在外普通股股数根据当期新发行或回购的普通股股数与相应时间权数的乘积进行调整后的股数。

公司库存股不属于发行在外的普通股,且无权参与利润分配,应当在计算分母时扣除。

计算公式:

发行在外普通股加权平均数 = 期初发行在外普通股股数＋当期新发行普通股股数×已发行时间÷报告期时间－当期回购普通股股数×已回购时间÷报告期时间

其中,作为权数的已发行时间、报告期时间

和已回购时间通常按天数计算,在不影响计算结果合理性的前提下,也可以采用简化的计算方法,如按月数计算。

新发行普通股股数,应当根据发行合同的具体条款,从应收对价之日(一般为股票发行日)起计算确定。通常包括下列情况:

(1) 为收取现金而发行的普通股股数,从应收现金之日起计算。

(2) 因债务转资本而发行的普通股股数,从停计债务利息之日或结算日起计算。

(3) 非同一控制下的企业合并,作为对价发行的普通股股数,从购买日起计算;同一控制下的企业合并,作为对价发行的普通股股数,应当计入各列报期间普通股的加权平均数。

(4) 为收购非现金资产而发行的普通股股数,从确认收购之日起计算。

基本每股收益的计算如图27-1所示。

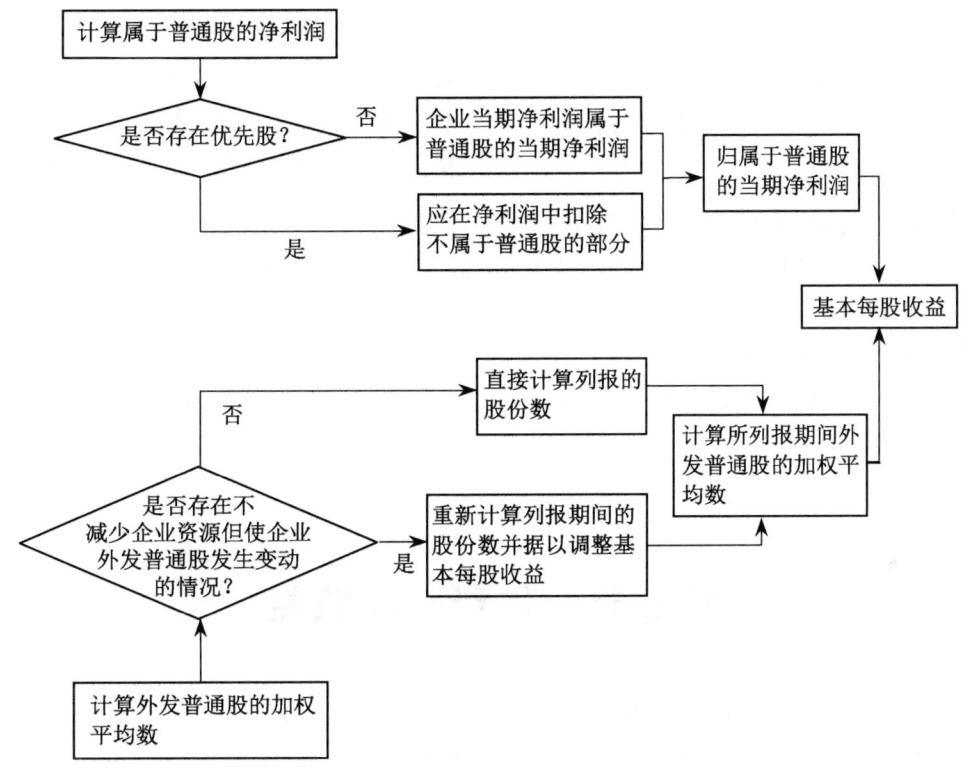

图27-1 基本每股收益的计算

【例27-1】 在不改变企业资源但将引起当期发行在外普通股股数发生变动的情况下,基本每股收益的计算和列报智董公司有关资料如下:

(1) 2×21年1月1日发行在外的普通股为1 500 000股。

(2) 2×21年4月1日出售新增普通股300 000股。

(3) 2×21年7月1日出售普通股200 000股。

(4) 2×21年9月1日,智董公司宣布并支付10%的股票股利。

(5) 2×22年1月15日,智董公司进行了将其股票一分为二的股票分割。该公司的资产负债表日为12月31日,2×21年的财务报表要在2×22年3月3日才对外公布。

(6) 在未考虑股票股利和股票分割之前,2×20年外发普通股的加权平均数为1 200 000股。

(7) 智董公司提供2×20年和2×21年的比较会计报表,其报告的净利润分别为8 000 000元和8 500 000元,无优先股股利。

要求:计算智董公司基本每股收益。

【分析】 在发生不改变企业资源但将引起当期发行在外普通股股数发生变动的情况(如派发股票股利、公积金转增股本、拆股和并股)下,需重新计算所有列报期间的股份数,并追溯调整所有列报期间的每股收益。其目的在于保证会计信息的可比性。

由于智董公司提供两年的比较会计报表,所以在计算基本每股收益时,不仅要计算2×21年的基本每股收益,而且应追溯调整2×20年的基本每股收益。

(1) 确定归属于普通股的净利润。2×20年归属于普通股的净利润为8 000 000元,2×21年归属于普通股的净利润为8 500 000元。

(2) 确定2×20年和2×21年流通在外的股票的加权平均数。

股票股利和股票分割前:

2×20年外发普通股的加权平均数＝1 200 000股。

2×21年外发普通股的加权平均数＝1 500 000×12÷12＋300 000×9÷12＋200 000×6÷12＝1 825 000(股)。

考虑股票股利和股票分割:

2×20年和2×21年外发普通股的加权平均数如表27-2所示。

表27-2　2×20年和2×21年外发普通股的加权平均数

项目	2×21年	2×20年
股票股利和股票分割前外发普通股的加权平均数	1 825 000	1 200 000
10%的股票股利(1 825 000×10%)	182 500	120 000
分割前外发普通股的加权平均数	2 007 500	1 320 000
一分为二的股票分割	2 007 500	1 320 000
流通在外股票的加权平均数	4 015 000	2 640 000

值得注意的是,在该例中,股票分割发生在会计年度结束后但在财务报表报出前。

此时必须按照假定分割是发生在2×21年来计算加权平均数。在追溯调整2×20年的基本每股收益时,应按股票股利和股票分割发生在2×20年来重新计算2×20年外发普通股的加权平均数。

(3) 计算基本每股收益。

2×20年基本每股收益＝8 000 000÷2 640 000≈3.03(元)。

2×21年基本每股收益＝8 500 000÷4 015 000≈2.12(元)。

第三节　稀释每股收益

稀释每股收益,是指企业存在具有稀释性潜在普通股的情况下,以基本每股收益的计算为基础,在分母中考虑稀释性潜在普通股的影响,同时对分子也作相应的调整。

注　稀释每股收益以基本每股收益为基础,假设企业所有发行在外的稀释性潜在普通股均已转换为普通股,从而分别调整归属于普通股股东的当期净利润以及发行在外普通股的加权平均数计算得到每股收益。

潜在普通股

潜在普通股是指赋予其持有者在报告期或以后期间享有取得普通股权利的一种金融工具或其他合同。

目前,我国企业发行的潜在普通股常见的主要有可转换公司债券、认股权证、股份期权等。随着股票交易方式的发展,还会出现新的交易方式,只要会影响普通股股数的,都称为潜在普通股。

稀释性潜在普通股

稀释性潜在普通股,是指假设当期转换为普通股会减少每股收益的潜在普通股。

对于亏损企业而言,稀释性潜在普通股假设当期转换为普通股,将会增加每股亏损的金额。

潜在普通股是否具有稀释性的判断标准是看其对持续经营每股收益的影响;也就是说,假定潜在普通股当期转换为普通股,如果会减少持续经营每股收益或增加持续经营每股亏损,表明具有稀释性,否则,具有反稀释性。

如果公司存在潜在普通股,首先要判断潜在普通股是否具有稀释性。如果潜在普通股不具有稀释性,那么公司只需计算基本每股收益;如果潜在普通股具有稀释性,公司还应当根据具有稀释性的潜在普通股的影响,分别调整归属于普通股股东的当期净利润以及当期发行在外普通股的加权平均数,据以计算稀释的每股收益。

衡量潜在普通股是否具有稀释性时,我国的每股收益准则采用了国际会计准则中的规定,即以是否会减少每股持续正常经营净利润作为衡量潜在普通股是否具稀释性的尺度。持续正常经营净利润,是指在扣除优先股股利和与非持续经营有关的项目后的正常经营净利润,不包括会计政策变更及重大会计差错更正的影响。该项目应结合"终止经营""财务报告的列报"及"会计政策、会计估计变更及前期差错更正"等准则要求提供的信息综合考虑。

如果潜在普通股转换成普通股会增加持续正常经营每股收益或减少持续正常经营每股亏损,则该潜在普通股是具有反稀释性的。具有反稀释性的潜在普通股的影响在计算稀释的每股收益时不予考虑。换言之,在计算稀释的每股收益时,只考虑具有稀释性的潜在普通股的影响,不考虑具有反稀释性或不具有稀释性的普通股的影响。

一、稀释每股收益的计算

(一) 只考虑稀释性潜在普通股的影响

计算稀释每股收益时只考虑稀释性潜在普通股的影响,而不考虑不具有稀释性的潜在普通股。

(二) 稀释性潜在普通股,顺序计入稀释每股收益

稀释性潜在普通股应当按照其稀释程度从大到小的顺序计入稀释每股收益,直至稀释每股收益达到最小值。

(三) 计算每股收益时,要扣除终止经营净利润

一般情况下,每股收益是按照企业当期归属于普通股股东的全部净利润计算而得;但如果企业存在终止经营的情况,应当按照扣除终止经营净利润以后的当期归属于普通股股东的持续经营净利润进行计算。

(四) 相关调整

企业存在稀释性潜在普通股的,应当分别调整归属于普通股股东的当期净利润和发行在外普通股的加权平均数,并据以计算稀释每股收益。

1. 调整归属于普通股股东的当期净利润(分子的调整)

计算稀释每股收益时,应当根据下列事项对归属于普通股股东的当期净利润进行调整:

(1)当期已确认为费用的稀释性潜在普通股的利息。

(2)稀释性潜在普通股转换时将产生的收益或费用。

上述调整应当考虑相关的所得税影响。

对于包含负债和权益成分的金融工具,仅需调整属于金融负债部分的相关利息、利得或损失。

2. 调整发行在外普通股的加权平均数(分母的调整)

计算稀释每股收益时,当期发行在外普通股的加权平均数应当为计算基本每股收益时普通股的加权平均数与假定稀释性潜在普通股转换为已发行普通股而增加的普通股股数的加权平均数之和。

假定稀释性潜在普通股转换为已发行普通股而增加的普通股股数,应当根据潜在普通股的条件确定。当存在不止一种转换基础时,应当假定会采取从潜在普通股持有者角度看最有利的转换率或执行价格。

假定稀释性潜在普通股转换为已发行普通股而增加的普通股股数,应当按照其发行在外时间进行加权平均。以前期间发行的稀释性潜在普通股,应当假设在当期期初转换为普通股;当期发行的稀释性潜在普通股,应当假设在发行日转换为普通股;当期被注销或终止的稀释性潜在普通股,应当按照当期发行在外的时间加权平均计入稀释每股收益;当期被转换或行权的稀释性潜在普通股,应当从当期期初至转换日(或行权日)计入稀释每股收益中,从转换日(或行权日)起所转换的普通股则计入基本每股收益中。

【例27-2】 智董公司于2×21年7月1日发行利率为8%的可转换债券,面值1 000 000元。

根据协议,该可转换公司债每100元债券可转换为面值为1元的普通股110股。2×21年净利润为450 000元,所得税税率为25%,2×21年外发普通股的加权平均数为4 000 000股。

要求:计算基本每股收益和稀释的每股收益。

【分析】 (1)基本每股收益为0.113元(450 000÷4 000 000)。

(2)计算稀释的每股收益。

① 对分子进行调整。可转换债券如果转换为股票后,8%的利息就不需要支付,这使得净利润增加,即:

$1\,000\,000 \times 8\% \times (1-25\%) \div 2 = 30\,000$(元)。

② 计算分母。在假定可转换公司债转换后,普通股股份就会增加,即:

$1\,000\,000 \div 100 \times 110 = 1\,100\,000$(股),加权平均数 $= 1\,100\,000 \times 6 \div 12 = 550\,000$(股)。

所以,稀释的每股收益 $=(450\,000+30\,000) \div (4\,000\,000+550\,000)=0.105\,5$(元)。

【例27-3】 假设智董公司2×21年1月1日发行100 000股期权,股票的平均市场价格20元,期权的行权价格15元,2×21年该公司实现净利润1 200 000元,2×21年发行在外普通股的加权平均数500 000股。

要求:计算基本每股收益和稀释的每股收益。

【分析】 基本每股收益 $= 1\,200\,000 \div 500\,000 = 2.4$(元)。

调整增加的普通股股数 $= 100\,000 - 15 \times 100\,000 \div 20 = 25\,000$(股)。

稀释的每股收益 $= 1\,200\,000 \div (500\,000+25\,000)=2.29$(元)。

二、可转换公司债券

可转换公司债券是指公司依法发行的、在一定期间内依据约定的条件可以转换成股份的公司债券。对于可转换公司债券,可以采用假设转换法判断其稀释性,并计算稀释每股收益。首先,假设这部分可转换公司债券在当期期初(或发行日)即已转换成普通股,从而一方面增加了发行在外的普通股股数,另一方面节约了公司债券的利息费用,增加了归属于普通股股东的当期净利润。然后,用增加的净利润除以增加的普通股股数,得出增量股的每股收益,与原来的每股收益比较。如果增量股的每股收益小于原每股收益,则说明该可转换公司债券具有稀释作用,应当计入稀释每股收益的计算中。

对于可转换公司债券,计算稀释的每股收益时,分子的调整项目为可转换债券当期已确认为费用的利息、溢价或折价摊销等的税后影响额;分母的调整项目为增加的潜在普通股,按照可转换公司债券合同规定,可以转换为普通股的加权平均数。

当期已确认为费用的利息、溢价或折价的摊销金额,按《企业会计准则第22号——金融工具确认和计量》相关规定计算。

三、认股权证、股份期权

认股权证是指公司发行的、约定持有人有权在履约期间内或特定到期日按约定价格向本公司购买新股的有价证券。股份期权是指公司授予持有人在未来一定期限内以预先确定的价格和条件购买本公司一定数量股份的权利,股份期权持有人对于其享有的股份期权,可以在规定的期间内以预先确定的价格和条件购买公司一定数量的股份,也可以放弃该种权利。

对于盈利企业,认股权证、股份期权等的行权价格低于当期普通股平均市场价格时,具有稀释性。对于亏损企业,认股权证、股份期权的假设行权一般不影响净亏损,但增加普通股股数,从而导致每股亏损金额的减少,实际上产生了反稀释的作用,因此,这种情况下,不应当计算稀释每股收益。

对于稀释性认股权证、股份期权,计算稀释每股收益时,一般无需调整分子净利润金额,分母应考虑可以转换的普通股股数的加权平均数与按照当期普通股平均市场价格能够发行的普通股股数的加权平均数的差额。

小知识

对分母普通股加权平均数进行调整的步骤

只需要按照下列步骤对分母普通股加权平均数进行调整：

(1) 假设这些认股权证、股份期权在当期期初（或发行日）已经行权，计算按约定行权价格发行普通股将取得的股款金额。

(2) 假设按照当期普通股平均市场价格发行股票，计算需发行多少普通股能够带来上述相同的股款金额。

(3) 比较行使股份期权、认股权证将发行的普通股数与按照平均市场价格发行的普通股股数，差额部分相当于无对价发行的普通股，作为发行在外普通股股数的净增加。

也就是说，认股权证、股份期权行权时发行的普通股可以视为两部分，一部分是按照平均市场价格发行的普通股，这部分普通股由于是按照市价发行，导致企业经济资源流入与普通股股数同比例增加，既没有稀释作用也没有反稀释作用，不影响每股收益金额；另一部分是无对价发行的普通股，这部分普通股由于是无对价发行，企业可利用的经济资源没有增加，但发行在外普通股股数增加，因此具有稀释性，应当计入稀释每股收益中。

增加的普通股股数 = 拟行权时转换的普通股股数 − 行权价格 × 拟行权时转换的普通股股数 ÷ 当期普通股平均市场价格

其中，普通股平均市场价格的计算，理论上应当包括该普通股每次交易的价格，但实务操作中通常对每周或每月具有代表性的股票交易价格进行简单算术平均即可。股票价格比较平稳的情况下，可以采用每周或每月股票的收盘价作为代表性价格；股票价格波动较大的情况下，可以采用每周或每月股票最高价与最低价的平均值作为代表性价格。无论采用何种方法计算平均市场价格，一经确定，不得随意变更，除非有确凿证据表明原计算方法不再适用。当期发行认股权证或股份期权的，普通股平均市场价格应当自认股权证或股份期权的发行日起计算。

(4) 将净增加的普通股股数乘以其假设发行在外的时间权数，据此调整计算稀释每股收益的分母数。

按照认股权证合同和股份期权合约，认股权证、股份期权等的行权价格低于当期普通股平均市场价格时，应当考虑其稀释性。

四、限制性股票

上市公司采取授予限制性股票的方式进行股权激励的，在其等待期内应当按照以下原则计算每股收益。

（一）等待期内基本每股收益的计算

基本每股收益仅考虑发行在外的普通股，按照归属于普通股股东的当期净利润除以发行在外普通股的加权平均数计算。限制性股票由于未来可能被回购，性质上属于或有可发行股票，因此在计算基本每股收益时不应当包括在内。上市公司在等待期内基本每股收益的计算，应视其发放的现金股利是否可撤销采取不同的方法。

1. 现金股利可撤销

即一旦未达到解锁条件，被回购限制性股票的持有者将无法获得（或需要退回）其在等待期内应收（或已收）的现金股利。等待期内计算基本每股收益时，分子应扣除当期分配给预计未来可解锁限制性股票持有者的现金股利；分母不应包含限制性股票的股数。

2. 现金股利不可撤销

即不论是否达到解锁条件，限制性股票持有者仍有权获得（或不得被要求退回）其在等待期内应收（或已收）的现金股利。对于现金股利不可撤销的限制性股票，即便未来没有解锁，已分配的现金股利也无需退回，表明在分配利润时这些股票享有了与普通股相同的权利，因此，属于同普通股股东一起参加剩余利润分配的其他权益工具。等待期内计算基本每股收益时，分子应扣除归属于预计未来可解锁限制性股票的净利润；分母不应包含限制性股票的股数。

（二）等待期内稀释每股收益的计算

上市公司在等待期内稀释每股收益的计算，应视解锁条件不同采取不同的方法。

1. 解锁条件仅为服务期限条件的

公司应假设资产负债表日尚未解锁的限制性股票已于当期期初（或晚于期初的授予日）全部解锁，并参照股份期权的有关规定考虑限制性股票的稀释性。行权价格低于公司当期普通股平价市场价格时,应当考虑其稀释性,计算稀释每股收益。其中,行权价格为限制性股票的发行价格加上资产负债表日尚未取得的职工服务按《企业会计准则第11号——股份支付》有关规定计算确定的公允价值。锁定期内计算稀释每股收益时,分子应加回计算基本每股收益分子时已扣除的当期分配给预计未来可解锁限制性股票持有者的现金股利或归属于预计未来可解锁限制性股票的净利润。

行权价格 = 限制性股票的发行价格 + 资产负债表日尚未取得的职工服务的公允价值

稀释每股收益 = 当期净利润 ÷ (普通股加权平均数 + 调整增加的普通股加权平均数) = 当期净利润 ÷ [普通股加权平均数 + (限制性股票股数 - 行权价格 × 限制性股票股数 ÷ 当期普通股平均市场价格)]

限制性股票若为当期发行的,则还需考虑时间权数计算加权平均数

2. 解锁条件包含业绩条件的

公司应假设资产负债表日即为解锁日并据以判断资产负债表日的实际业绩情况是否满足解锁要求的业绩条件。若满足业绩条件的,应当参照上述解锁条件仅为服务期限条件的有关规定计算稀释性每股收益;若不满足业绩条件的,计算稀释性每股收益时不必考虑此限制性股票的影响。

政策依据

等待期内企业应如何考虑限制性股票对每股收益计算的影响?

等待期内稀释每股收益的计算:

等待期内计算稀释每股收益时,应视解锁条件不同采取不同的方法:

(1) 解锁条件仅为服务期限条件的,企业应假设资产负债表日尚未解锁的限制性股票已于当期期初(或晚于期初的授予日)全部解锁,并参照《企业会计准则第34号——每股收益》中股份期权的有关规定考虑限制性股票的稀释性。其中,行权价格为限制性股票的发行价格加上资产负债表日尚未取得的职工服务按《企业会计准则第11号——股份支付》有关规定计算确定的公允价值。锁定期内计算稀释每股收益时,分子应加回计算基本每股收益分子时已扣除的当期分配给预计未来可解锁限制性股票持有者的现金股利或归属于预计未来可解锁限制性股票的净利润。

(2) 解锁条件包含业绩条件的,企业应假设资产负债表日即为解锁日并据以判断资产负债表日的实际业绩情况是否满足解锁要求的业绩条件。若满足业绩条件的,应当参照上述解锁条件仅为服务期限条件的有关规定计算稀释性每股收益;若不满足业绩条件的,计算稀释性每股收益时不必考虑此限制性股票的影响。

五、企业承诺将回购其股份的合同

企业承诺将回购其股份的合同中规定的回购价格高于当期普通股平均市场价格时,应当考虑其稀释性。

计算稀释每股收益时,与前面认股权证、股份期权的计算思路恰好相反,具体步骤为:

(1) 假设企业于期初按照当期普通股平均市场价格发行普通股,以募集足够的资金来履行回购合同;合同日晚于期初的,则假设企业于合同日按照自合同日至期末的普通股平均市场价格发行足量的普通股。该假设前提下,由于是按照市价发行普通股,导致企业经济资源流入与普通股股数同比例增加,每股收益金额不变。

(2) 假设回购合同已于当期期初(或合同日)履行,按照约定的行权价格回购本企业股票。

(3) 比较假设发行的普通股股数与假设回购的普通股股数,差额部分作为净增加的发行在外普通股股数,再乘以相应的时间权重,据此调整计算稀释每股收益的分母数。

计算稀释每股收益时,增加的普通股股数按下列公式计算:

增加的普通股股数 = 回购价格 × 承诺回购的普通股股数 ÷ 当期普通股平均市场价格 − 承诺回购的普通股股数

六、子公司、合营企业或联营企业发行的潜在普通股

子公司、合营企业、联营企业发行能够转换成其普通股的稀释性潜在普通股,不仅应当包括在其稀释每股收益计算中,而且还应当包括

在合并稀释每股收益以及投资者稀释每股收益的计算中。

七、多项潜在普通股

每次发行或一系列发行的潜在普通股应当视为不同的潜在普通股,分别判断其稀释性,而不能将其作为总体考虑。

企业对外发行不同潜在普通股的,单独考察其中某潜在普通股可能具有稀释作用,但如果和其他潜在普通股一并考察时可能恰恰变为反稀释作用。

为了反映潜在普通股最大的稀释作用,应当按照各潜在普通股的稀释程度从大到小的顺序计入稀释每股收益,直至稀释每股收益达到最小值。稀释程度根据增量股的每股收益衡量,即假定稀释性潜在普通股转换为普通股的情况下,将增加的归属于普通股股东的当期净利润除以增加的普通股股数的金额。需要强调的是,企业每次发行的潜在普通股应当视作不同的潜在普通股,分别判断其稀释性,而不能将其作为一个总体考虑。通常情况下,股份期权和认股权证排在前面计算,因为其假设行权一般不影响净利润。

对外发行多项潜在普通股的企业应当按照下列步骤计算稀释每股收益:

(1) 列出企业在外发行的各潜在普通股。

(2) 假设各潜在普通股已于当期期初或发行日转换为普通股,确定其对归属于普通股股东当期净利润的影响金额。可转换公司债券的假设转换一般会增加当期净利润金额;股份期权和认股权证的假设行权一般不影响当期净利润。

(3) 确定各潜在普通股假设转换后将增加的普通股股数。

值得注意的是,稀释性股份期权和认股权证假设行权后,计算增加的普通股股数不是发行的全部普通股股数,而应当是其中无对价发行部分的普通股股数。

(4) 计算各潜在普通股的增量股每股收益,判断其稀释性。增量股每股收益越小的潜在普通股稀释程度越大。

(5) 按照潜在普通股稀释程度从大到小的顺序,将各稀释性潜在普通股分别计入稀释每股收益中。分步计算过程中,如果下一步得出的每股收益小于上一步得出的每股收益,表明新计入的潜在普通股具有稀释作用,应当计入稀释每股收益中;反之,则表明具有反稀释作用,不计入稀释每股收益中。

(6) 最后得出的最小每股收益金额即为稀释每股收益。

稀释每股收益的计算如图 27-2 所示。

计算流程如图 27-3 所示。

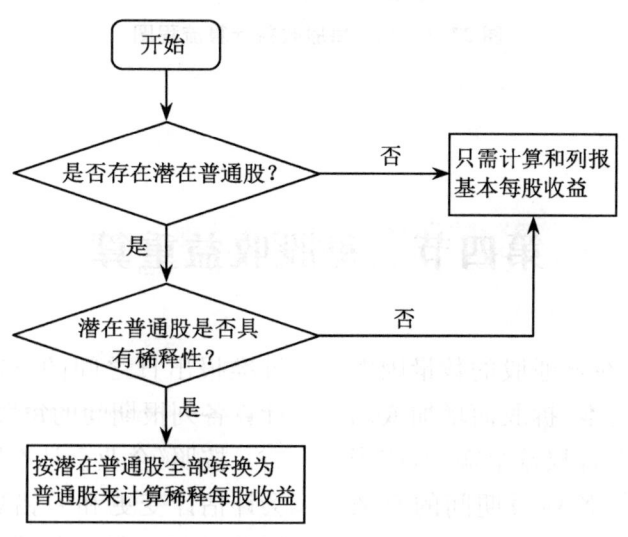

图 27-2 稀释每股收益的计算

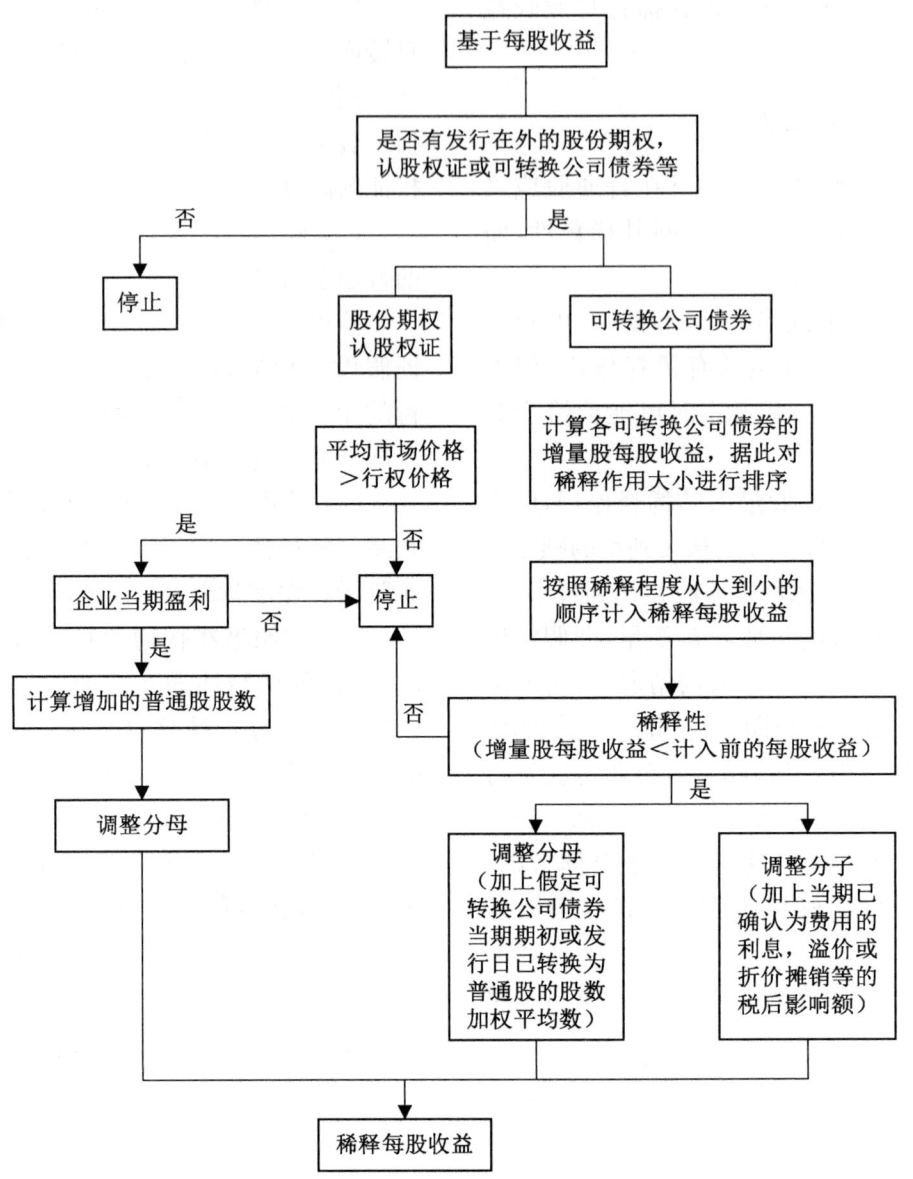

图27-3 稀释每股收益计算流程图

第四节 每股收益重算

发行在外普通股或潜在普通股的数量因派发股票股利、公积金转增资本、拆股而增加或因并股而减少,但不影响所有者权益金额的,应当按调整后的股数重新计算各列报期间的每股收益。

上述变化发生于资产负债表日至财务报告批准报出日之间的,应当以调整后的股数重新计算各列报期间的每股收益。

按照《企业会计准则第28号——会计政策、会计估计变更和差错更正》的规定对以前年度损益进行追溯调整或追溯重述的,应当重新计算各列报期间的每股收益。

一、派发股票股利、公积金转增资本、拆股和并股

企业派发股票股利、公积金转增资本、拆股或并股等，会增加或减少其发行在外普通股或潜在普通股的数量，但并不影响所有者权益金额，这既不影响企业所拥有或控制的经济资源，也不改变企业的盈利能力，即意味着同样的损益现在要由扩大或缩小了的股份规模来享有或分担。

因此，为了保持会计指标的前后期可比性，企业应当在相关报批手续全部完成后，按调整后的股数重新计算各列报期间的每股收益。

上述变化发生于资产负债表日至财务报告批准报出日之间的，应当以调整后的股数重新计算各列报期间的每股收益。这种调整应当以相关报批手续全部完成为前提。

二、配股

配股在计算每股收益时比较特殊，因为它是向全部现有股东以低于当前股票市价的价格发行普通股，实际上可以理解为按市价发行股票和无对价送股的混合体。

（一）关于配股中的送股因素

1. 考虑配股中的送股因素

配股中包含的送股因素具有与股票股利相同的效果，导致发行在外普通股股数增加的同时，却没有相应的经济资源流入。

因此，计算基本每股收益时，应当考虑配股中的送股因素，将这部分无对价的送股（注意不是全部配发的普通股）视同列报最早期间期初就已发行在外，并据以调整各列报期间发行在外普通股的加权平均数，计算各列报期间的每股收益。

为此，企业首先应当计算出一个调整系数，再用配股前发行在外普通股的股数乘以该调整系数，得出计算每股收益时应采用的普通股股数。

计算公式：

每股理论除权价格＝（行权前发行在外普通股的公允价值总额＋配股收到的款项）÷行权后发行在外的普通股股数

调整系数＝行权前发行在外普通股的每股公允价值÷每股理论除权价格

因配股重新计算的上年度基本每股收益＝上年度基本每股收益÷调整系数

本年度基本每股收益＝归属于普通股股东的当期净利润÷（配股前发行在外普通股股数×调整系数×配股前普通股发行在外的时间权重＋配股后发行在外普通股加权平均数）

2. 不考虑配股中的送股因素

企业向特定对象以低于当前市价的价格发行股票的，不考虑送股因素。虽然它与配股具有相似的特征，即发行价格低于市价。但是，后者属于向非特定对象增发股票。而前者往往是企业出于某种战略考虑或其他动机向特定对象以较低的价格发行股票，或者特定对象除认购股份以外还需以其他形式予以补偿，因此，倘若综合这些因素，向特定对象发行股票的行为可以视为不存在送股因素，视同发行新股处理。

（二）关于其他权益工具的股利或利息

企业存在发行在外的除普通股以外的金融工具的，在计算基本每股收益时，基本每股收益中的分子，即归属于普通股股东的净利润不应包含其他权益工具的股利或利息，其中，对于发行的不可累积优先股等其他权益工具应扣除当期宣告发放的股利，对于发行的累积优先股等其他权益工具，无论当期是否宣告发放股利，均应予以扣除。基本每股收益计算中的分母，为发行在外普通股的加权平均股数。

对于同普通股股东一起参加剩余利润分配的其他权益工具，在计算普通股每股收益时，归属于普通股股东的净利润不应包含根据可参加机制计算的应归属于其他权益工具持有者的净利润。

三、以前年度损益的追溯调整或追溯重述

按照《企业会计准则第28号——会计政策、会计估计变更和差错更正》的规定对以前年度损益进行追溯调整或追溯重述的，应当重新计算各列报期间的每股收益。

第五节 每股收益列报

一、在利润表中单独列示

企业应当在利润表中单独列示基本每股收益和稀释每股收益。

(1) 对于普通股或潜在普通股已公开交易的企业以及正处于公开发行普通股或潜在普通股过程中的企业,如果不存在稀释性潜在普通股则应当在利润表中单独列示基本每股收益。

(2) 如果存在稀释性潜在普通股则应当在利润表中单独列示基本每股收益和稀释每股收益。

(3) 编制比较财务报表时,各列报期间中只要有一个期间列示了稀释每股收益,那么所有列报期间均应当列示稀释每股收益,即使其金额与基本每股收益相等。

二、在附注中披露与每股收益有关的信息

企业应当在附注中披露与每股收益有关的下列信息:

(1) 基本每股收益和稀释每股收益分子、分母的计算过程。

(2) 列报期间不具有稀释性但以后期间很可能具有稀释性的潜在普通股。

(3) 在资产负债表日至财务报告批准报出日之间,企业发行在外普通股或潜在普通股发生重大变化的情况。

企业如有终止经营的情况,应当在附注中分别持续经营和终止经营披露基本每股收益和稀释每股收益。

三、以合并财务报表为基础列报的每股收益

企业对外提供合并财务报表的,仅要求其以合并财务报表为基础计算每股收益,并在合并财务报表中予以列报。

与合并财务报表一同提供的母公司财务报表中不要求计算和列报每股收益,如果企业自行选择列报的,应以母公司个别财务报表为基础计算每股收益,并在其个别财务报表中予以列报。

第三篇

特殊行业或特定业务准则篇

第二十八讲 金融工具确认和计量

第一节 综合知识

一、相关知识概述

(一) 金融工具的概念和分类

1. 金融工具的概念

金融工具是指形成一方的金融资产并形成其他方的金融负债或权益工具的合同。

合同的形式多种多样,可以采用书面形式,也可以不采用书面形式。实务中的金融工具合同通常采用书面形式。

一般来说,金融工具包括金融资产、金融负债和权益工具,也可能包括一些尚未确认的项目。

非合同的资产和负债不属于金融工具。

例如,应交所得税是企业按照税收法规规定承担的义务,不是以合同为基础的义务,因此不符合金融工具定义。

2. 金融工具或其组成部分的分类

《企业会计准则第37号——金融工具列报》

第七条 企业应当根据所发行金融工具的合同条款及其所反映的经济实质而非仅以法律形式,结合金融资产、金融负债和权益工具的定义,在初始确认时将该金融工具或其组成部分分类为金融资产、金融负债或权益工具。

(二) 金融资产的概念和分类

1. 金融资产的概念

金融资产,是指企业持有的现金、其他方的权益工具以及符合下列条件之一的资产:

(1) 从其他方收取现金或其他金融资产的合同权利。

例如,企业的银行存款、应收账款、应收票据和发放的贷款等均属于金融资产。

预付账款不是金融资产,因其产生的未来经济利益是商品或服务,不是收取现金或其他金融资产的权利。

(2) 在潜在有利条件下,与其他方交换金融资产或金融负债的合同权利。

例如,企业购入的看涨期权或看跌期权等衍生工具。

(3) 将来须用或可用企业自身权益工具进行结算的非衍生工具合同,且企业根据该合同将收到可变数量的自身权益工具。

【例28-1】 2×20年5月1日,智董公司为上市公司,为回购其普通股股份,与贵琛公司签订合同,并向其支付2000万现金。

根据合同,贵琛公司将于2×20年9月30日向智董公司交付与2000万元等值的智董公司普通股。智董公司可获取的普通股的具体数量以2×20年9月30日智董公司的股价确定。

【分析】 回购普通股股份合同属于将来须用或可用企业自身权益工具进行结算的非衍生工具合同。

智董公司将来须用或可用企业自身权益工具(普通股)进行结算非衍生工具合同,根据该合同将收到可变数量的自身权益工具(普通股)——随着其股价的变动而变动。在这种情况下,智董公司应当确认为一项金融资产。

(4) 将来须用或可用企业自身权益工具进行结算的衍生工具合同,但以固定数量的自身权益工具交换固定金额的现金或其他金融资产的衍生工具合同除外。

其中,企业自身权益工具不包括：

① 应当按照《企业会计准则第37号——金融工具列报》分类为权益工具的可回售工具或发行方仅在清算时才有义务向另一方按比例交付其净资产的金融工具。

② 本身就要求在未来收取或交付企业自身权益工具的合同。

2. 金融资产的分类

金融资产的分类是金融资产确认和计量的基础。企业应当根据其管理金融资产的业务模式和金融资产的合同现金流量特征,将金融资产划分为以下三类：

第一类,以摊余成本计量的金融资产。

第二类,以公允价值计量且其变动计入其他综合收益的金融资产。

第三类,以公允价值计量且其变动计入当期损益的金融资产。

上述分类一经确定,不得随意变更。

(1) 金融资产分类的依据。

① 企业管理金融资产的业务模式。

A. 企业管理金融资产的业务模式的评估。

企业管理金融资产的业务模式,是指企业如何管理其金融资产以产生现金流量。业务模式决定企业所管理金融资产现金流量的来源是收取合同现金流量、出售金融资产还是两者兼有。

a. 在金融资产组合的层次上确定管理金融资产的业务模式。

企业应当在金融资产组合的层次上确定管理金融资产的业务模式,而不必按照单个金融资产逐项确定业务模式。

金融资产组合的层次应当反映企业管理该金融资产的层次。有些情况下,企业可能将金融资产组合分拆为更小的组合,以合理反映企业管理该金融资产的层次。

例如,企业购买一个抵押贷款组合,以收取合同现金流量为目标管理该组合中的一部分贷款,以出售为目标管理该组合中的其他贷款。

b. 确定管理金融资产的业务模式的基础——企业关键管理人员决定的对金融资产进行管理的特定业务目标。

企业应当以企业关键管理人员决定的对金融资产进行管理的特定业务目标为基础,确定管理金融资产的业务模式。

其中,"关键管理人员"是指《企业会计准则第36号——关联方披露》中定义的关键管理人员。

c. 企业的业务模式是一种客观事实,并非企业自愿指定。

企业的业务模式并非企业自愿指定,而是一种客观事实,通常可以从企业为实现其目标而开展的特定活动中得以反映。

企业应当考虑在业务模式评估日可获得的所有相关证据,包括企业评价和向关键管理人员报告金融资产业绩的方式、影响金融资产业绩的风险及其管理方式以及相关业务管理人员获得报酬的方式(例如报酬是基于所管理资产的公允价值还是所收取的合同现金流量)等。

d. 不得以按照合理预期不会发生的情形为基础确定管理金融资产的业务模式。

企业不得以按照合理预期不会发生的情形为基础确定管理金融资产的业务模式。例如,对于某金融资产组合,如果企业预期仅会在压力情形下将其出售,且企业合理预期该压力情形不会发生,则该压力情形不得影响企业对该类金融资产的业务模式的评估。

e. 一个企业可能会采用多个业务模式管理其金融资产。

例如,企业持有一组以收取合同现金流量为目标的投资组合,同时还持有另一组既以收取合同现金流量为目标又以出售该金融资产为目标的投资组合。

f. 如果"金融资产实际现金流量的实现方式"不同于评估业务模式时的预期,在评估新的金融资产的业务模式时才应当考虑。

如果金融资产实际现金流量的实现方式不

同于评估业务模式时的预期,只要企业在评估业务模式时已经考虑了当时所有可获得的相关信息,这一差异不构成企业财务报表的前期差错,也不改变企业在该业务模式下持有的剩余金融资产的分类。

但是,企业在评估新的金融资产的业务模式时,应当考虑这些信息。

注 集团及各子公司应当根据各自的实际情况确定其管理金融资产的业务模式。对于同一金融资产组合,集团和子公司对其管理该组合的业务模式的判断通常一致。

B. 以收取合同现金流量为目标的业务模式。

在以收取合同现金流量为目标的业务模式下,企业管理金融资产旨在通过在金融资产存续期内收取合同付款来实现现金流量,而不是通过持有并出售金融资产产生整体回报。

尽管企业持有金融资产是以收取合同现金流量为目标,但是企业无须将所有此类金融资产持有至到期。因此,即使企业出售金融资产或者预计未来会出售金融资产,此类金融资产的业务模式仍然可能是以收取合同现金流量为目标。企业在评估金融资产是否属于该业务模式时,应当考虑此前出售此类资产的原因、时间、频率和出售的价值,以及对未来出售的预期。但是,此前出售资产的事实只是为企业提供相关依据,而不能决定业务模式。

在以收取合同现金流量为目标的业务模式下,金融资产的信用质量影响着企业收取合同现金流量的能力。为减少因信用恶化所导致的潜在信用损失而进行的风险管理活动与以收取合同现金流量为目标的业务模式并不矛盾。因此,即使企业在金融资产的信用风险增加时为减少信用损失而将其出售,金融资产的业务模式仍然可能是以收取合同现金流量为目标的业务模式。

如果企业在金融资产到期日前出售金融资产,即使与信用风险管理活动无关,在出售只是偶然发生(即使价值重大),或者单独及汇总而言出售的价值非常小(即使频繁发生)的情况

下,金融资产的业务模式仍然可能是以收取合同现金流量为目标。如果企业能够解释出售的原因并且证明出售并不反映业务模式的改变,出售频率或者出售价值在特定时期内增加不一定与以收取合同现金流量为目标的业务模式相矛盾。

此外,如果出售发生在金融资产临近到期时,且出售所得接近待收取的剩余合同现金流量,金融资产的业务模式仍然可能是以收取合同现金流量为目标。

注 不能仅因存在出售情况或者出售超过一定比例而认为管理该金融资产的业务模式不是以收取合同现金流量为目标。

C. 以收取合同现金流量和出售金融资产为目标的业务模式。

在同时以收取合同现金流量和出售金融资产为目标的业务模式下,企业的关键管理人员认为收取合同现金流量和出售金融资产对于实现其管理目标而言都是不可或缺的。例如,企业的目标是管理日常流动性需求同时维持特定的收益率,或将金融资产的存续期与相关负债的存续期进行匹配。

与以收取合同现金流量为目标的业务模式相比,此业务模式涉及的出售通常频率更高、金额更大。因为出售金融资产是此业务模式的目标之一,在该业务模式下不存在出售金融资产的频率或者价值的明确界限。

D. 其他业务模式。

如果企业管理金融资产的业务模式不是以收取合同现金流量为目标,也不是以收取合同现金流量和出售金融资产为目标,则该企业管理金融资产的业务模式是其他业务模式。

例如,企业持有金融资产的目的是交易性的或者基于金融资产的公允价值做出决策并对其进行管理。在这种情况下,企业管理金融资产的目标是通过出售金融资产以实现现金流量。即使企业在持有金融资产的过程中会收取合同现金流量,企业管理金融资产的业务模式也不是以收取合同现金流量和出售金融资产为目标,因为收取合同现金流量对实现该业务模

式目标来说只是附带性质的活动。

同样,对于《企业会计准则第22号——金融工具确认和计量》第二十二条2."以公允价值基础对金融负债组合或金融资产和金融负债组合进行管理和业绩评价"中涉及的金融资产,企业重点关注其公允价值信息,利用公允价值信息来评估相关金融资产的业绩并进行决策。企业管理这些金融资产的业务模式,不是以收取合同现金流量为目标,也不是以收取合同现金流量和出售金融资产为目标。

【例28-2】 应收账款的业务模式。

企业在销售产品时,部分客户会以银行承兑汇票或商业承兑汇票方式结算。对于应收账款和应收票据,企业可能存在多种业务模式对其进行管理,例如:

模式1:持有至对手方付款,期间不发生转让。

企业持有应收账款和应收票据,并预期在信用期满或票据到期时从交易对手方收回。

模式2:持有至对手方付款,但当对手方信用状况恶化时,考虑处置以控制信用风险。

在通常情况下,企业持有应收账款和应收票据,并预期在信用期满或票据到期时从交易对手方收回。而一旦对手方信用状况发生恶化,导致应收账款或应收票据的可回收性产生一定风险时,企业会考虑通过将其卖断给不良资产管理公司等方式处置应收账款或应收票据,以控制企业可能面临的信用风险。

模式3:企业通过多种方式提前处置部分或者全部应收账款或者应收票据,但未能终止确认。

出于流动性考虑,企业可能通过将应收账款保理、资产证券化,将应收票据进行贴现、背书转让等方式,在应收账款信用期满或票据到期前提前处置,以提前收回现金流。由于附追索权等原因,企业虽然转让了应收账款和应收票据法律上的所有权,但是保留了对应收账款和应收票据几乎全部的风险和报酬,因此无法在会计上对其进行终止确认。

模式4:企业通过多种方式提前处置部分或者全部应收账款或者应收票据,并实现终止确认。

出于流动性考虑,企业可能通过将应收账款保理、资产证券化,将应收票据进行贴现、背书转让等方式,在应收账款信用期满或应收票据到期前提前处置,并终止确认部分或全部应收账款和应收票据,以提前收回现金流。

请分析以上4种情景中企业管理应收账款和应收票据的业务模式。

【分析】 对于应收账款和应收票据,业务模式是在新金融工具准则下首先需要考虑的问题,不同的业务模式下后续计量方法也不相同。

在本例中提及的几种情景是实务中较为常见的企业管理应收账款和应收票据的业务模式,由于应收账款和应收票据一般情况下可以通过合同现金流量特征测试(特殊情况下也可能无法通过,例如交易价格挂钩某商品指数),所以通常业务模式即决定了其后续的分类。

如果企业的业务模式是以收取合同现金流量为目标,则应将应收账款和应收票据分类为以摊余成本计量;如果业务模式是以收取合同现金流量和出售金融资产为目标,则应将应收账款和应收票据分类为以公允价值计量且其变动计入其他综合收益;如果业务模式是前两种以外的其他模式,则将应收账款和应收票据分类为以公允价值计量且其变动计入当期损益。

模式1:

这是典型的以收取合同现金流量为目标的业务模式。

模式2:

在以收取合同现金流量为目标的业务模式下,金融资产的信用质量影响着企业收取合同现金流量的能力。为减少因信用恶化所导致的潜在信用损失而进行的风险管理活动与以收取合同现金流量为目标的业务模式并不矛盾。因此,即使企业在金融资产的信用风险增加时为减少信用损失而将其出售,金融资产的业务模式仍然可能是以收取合同现金流量为目标的业务模式。

模式3：

如果企业在金融资产到期日前出售金融资产，即使与信用风险管理活动无关，在出售只是偶然发生（即使价值重大），或者单独及汇总而言出售的价值非常小（即使频繁发生）的情况下，金融资产的业务模式仍然可能是以收取合同现金流量为目标。因此，企业在评估金融资产的业务模式时，应当考虑此前出售此类资产的原因、时间、频率和出售的价值，以及对未来出售的预期，以判断出售是否"频繁且重大"从而无法认定为以收取合同现金流量为目标。但是，准则并没有明确规定"出售"是指会计上的"终止确认"还是指法律上的"转让"，因此，实务中对于这种情形下是否应认定为"出售"存在疑问。

在本例中我们认为，企业在通过保理、资产证券化、贴现或背书转让等形式转让应收账款或应收票据时，如果保留了应收账款和应收票据绝大部分的风险报酬导致其不能终止确认，则可以接受此类交易不会导致企业以收取合同现金流量为目标的业务模式发生变化。

模式4：

不同于模式三，此模式下应收账款和应收票据既存在法律上的转让，也实现了会计上的终止确认，因此按照准则的规定需要考虑出售此类资产的原因、时间、频率和出售的价值，以及对未来出售的预期。如果出售频繁并且金额重大（单独或者汇总），则不应确定为以收取合同现金流量为目标的业务模式。

（2）金融资产的合同现金流量特征。

金融资产的合同现金流量特征，是指金融工具合同约定的、反映相关金融资产经济特征的现金流量属性。

① 评估金融资产的合同现金流量特征时，使用的计价货币。

企业应当使用金融资产的计价货币来评估金融资产的合同现金流量特征。

② 如果合同现金流量特征仅对金融资产的合同现金流量构成极其微小的影响，不影响金融资产的分类。

要做出此判断，企业必须考虑合同现金流量特征在每一会计期间的潜在影响以及在金融工具整个存续期内的累积影响。此外，如果合同现金流量特征（无论某一会计期间还是整个存续期）对合同现金流量的影响超过了极其微小的程度，企业应当进一步判断该现金流量特征是否是不现实的。如果现金流量特征仅在极端罕见、显著异常且几乎不可能的事件发生时才影响该工具的合同现金流量，那么该现金流量特征是不现实的。如果该现金流量特征不现实，则不影响金融资产的分类。

③ 担保事实，并不影响企业对贷款合同现金流量特征的评估。

如果一项贷款具有完全追索权并有抵押品作为担保，该事实并不影响企业对其合同现金流量特征的评估。

④ "本金加利息"的合同现金流量特征的评估。

分类为《企业会计准则第22号——金融工具确认和计量》第十七条和第十八条规范的金融资产，其合同现金流量特征应当与基本借贷安排相一致，即相关金融资产在特定日期产生的合同现金流量仅为对本金和以未偿付本金金额为基础的利息的支付（以下简称"本金加利息的合同现金流量特征"）。无论金融资产的法律形式是否为一项贷款，都可能是一项基本借贷安排。

A. 金融资产本金的含义。

本金是指金融资产在初始确认时的公允价值，本金金额可能因提前还款等原因在金融资产的存续期内发生变动。

B. 金融资产利息的含义。

利息包括对货币时间价值、与特定时期未偿付本金金额相关的信用风险，以及其他基本借贷风险、成本和利润的对价。

C. 金融资产利息的构成要素。

a. 对货币时间价值、与特定时期未偿付本金金额相关的信用风险的对价。

在基本借贷安排中，利息的构成要素中最重要的通常是货币时间价值和信用风险的对价。

例如，智董公司持有一项具有固定到期日的美元债券，债券本金和利息的支付与美国的通胀指数挂钩。该债权投资未利用杠杆，而且对合同的本金进行保护。利息的支付与非杠杆的通胀指数挂钩，实质上将货币时间价值重设为当前水平，债券的利率反映的是考虑通胀影响的真实利率。因此，利息金额是以未偿付本金金额为基础的货币时间价值的对价。

修正的货币时间价值

货币时间价值是利息要素中仅因为时间流逝而提供对价的部分，不包括为所持有金融资产的其他风险或成本提供的对价，但货币时间价值要素有时可能存在修正。在货币时间价值要素存在修正的情况下，企业应当对相关修正进行评估，以确定金融资产是否符合本金加利息的合同现金流量特征。企业可以通过定性或者定量的方式进行评估并做出判断。如果企业经过简单分析即可清晰评估并做出判断，则企业可以通过定性方式进行评估而无需进行详细的定量分析。

修正的货币时间价值要素评估的目标，是确定未折现合同现金流量与假如未对货币时间价值要素进行修正的情形下未折现的合同现金流量（基准现金流量）之间的差异。例如合同约定金融资产的利率定期重设，但重设的频率与利率的期限并不匹配。假设一项金融资产包含每月重设为 1 年期利率的浮动利率条款，则企业每月应收的利息实际上反映了未来 12 个月货币时间价值的平均数，而非当月的货币时间价值（例如，如果在之后 11 个月的期间合同利率逐月提高，则各月货币时间价值的平均数将高于当月的货币时间价值）。也就是说，按合同计算的利息是对实际货币时间价值的修正。这种情况下企业可将该金融资产与具有相同合同条款和相同信用风险的、但浮动利率为每月重设为 1 个月利率的金融工具的合同现金流量（基准现金流量）进行比较。如果两个现金流量存在显著差异，那么该金融资产不符合本金加利息的合同现金流量特征。在进行上述评估时，企业必须考虑修正的货币时间价值在每一报告期间的影响以及在金融工具整个存续期内的累积影响。

在评估修正的货币时间价值时，企业应当考虑可能影响未来合同现金流量的因素。例如，企业持有一项 5 年期债券，该债券的浮动利率每 6 个月重设为 5 年期利率。企业评估当时的利率曲线发现 5 年期利率与 6 个月利率之间不存在显著差异，企业不得简单地得出结论认为其符合本金加利息的合同现金流量特征。企业应当同时考虑 5 年期利率与 6 个月利率之间的关系在债券存续期内会如何变化，是否可能导致债券存续期内未折现合同现金流量与未折现基准现金流量存在显著差异。但是，企业仅需要考虑合理的可能发生的情形，而无须考虑所有可能的情形。

有时，出于宏观经济管理或产业政策考虑等原因，政府监管部门设定某些利率或利率调整等浮动区间。在此情形下，货币时间价值要素虽然有可能不单纯是时间流逝的对价，但如果利率所提供的对价与时间流逝大致相符且并未导致与基本借贷安排不一致的合同现金流量风险敞口或波动性敞口，那么具有该利率的金融资产应当视为符合本金加利息的合同现金流量特征。

b. 对其他基本借贷风险、成本和利润的对价。

利息还可包括与特定时期内持有的金融资产相关的其他基本借贷风险（如流动性风险）和成本（如管理费用）的对价。此外，利息也可包括与基本借贷安排相一致的利润率。

在某些极端经济环境下，利息可能是负值。例如，金融资产的持有人在特定期间内为保证资金安全而支付费用，且支付的费用超过了持有人按照货币时间价值、信用风险及其他基本借贷风险和成本所收取的对价。

D. 不符合本金加利息的合同现金流量特征：合同中包含与基本借贷安排无关的合同现金流量风险敞口或波动性敞口。

如果金融资产合同中包含与基本借贷安排无关的合同现金流量风险敞口或波动性敞口（例如权益价格或商品价格变动敞口）的条款，则此类合同不符合本金加利息的合同现金流量特征。

例如，智董公司持有一项可转换成固定数量的发行人权益工具的债券，则该债券不符合本金加利息的合同现金流量特征，因为其回报与发行人的权益价值挂钩。

又如，如果贷款的利息支付金额与涉及债务人业绩的一些变量（如债务人的净收益）挂钩或者与权益指数挂钩，则该贷款不符合本金加利息的合同现金流量特征。

【例28-3】 智董公司持有一项具有固定到期日且支付浮动市场利率的债券。合同规定了利率浮动的上限。

【分析】 对于固定利率或浮动利率特征的金融工具，只要利息反映了对货币时间价值、与特定时期未偿付本金金额相关的信用风险，以及其他基本借贷风险、成本和利润的对价，则其符合本金加利息的合同现金流量特征。

合同条款设定利率上限，可以看作是固定利率和浮动利率相结合的工具，通过合同设定利率上限可能降低合同现金流量的波动性。

E. 不符合"本金加利息的合同现金流量特征"——包含杠杆因素。

某些金融资产的合同现金流量特征中包含杠杆因素，杠杆导致合同现金流量的变动性增加，不符合利息的经济特征。

例如，期权、远期合同和互换合同等，均属于这种情况。因此，此类合同不符合本金加利息的合同现金流量特征。

F. 是否符合"本金加利息的合同现金流量特征"——不能只看描述，要评估（穿透），看实质。

某些金融资产合同中使用本金和利息描述合同现金流量，但此类合同可能并不符合本金加利息的合同现金流量特征。如果金融资产代表对特定资产或现金流量的投资，则可能属于这种情况。

例如，借款合同规定，随着使用特定收费公路的车辆数目增多，借款合同的利息将增加，此合同产生了与基本借贷安排无关的合同现金流量风险敞口，因此该金融资产不符合本金加利息的合同现金流量特征。

又如，某些合同使用本金和利息描述合同现金流量，但债权人的索偿要求仅限于债务人的特定资产或产生于特定资产的现金流量，此类合同可能不符合本金加利息的合同现金流量特征。然而，债权人的索偿要求仅限于债务人的特定资产或基于特定资产的现金流量并不一定会导致金融资产不符合本金加利息的合同现金流量特征。企业需要对特定的基础资产或其现金流量进行评估（即穿透），以确定待分类的金融资产是否符合本金加利息的合同现金流量特征。如果金融资产的合同条款产生了其他现金流量，或者以一种与代表本金和利息的支付不一致的方式限制了现金流量，则该金融资产不符合本金加利息的合同现金流量特征。

无论基础资产为金融资产或非金融资产，均不会影响合同现金流量评估。在某些情况下，企业可能无法了解基础资产的具体情况（如投资的具体组成、期限、条款等），因而无法对特定的基础资产或其现金流量进行评估，则企业无法确定待分类的金融资产是否符合本金加利息的合同现金流量特征。

G. 是否符合"本金加利息的合同现金流量特征"——金融资产包含导致合同现金流量的时间分布或金额变更的合同条款时。

金融资产包含可能导致其合同现金流量的时间分布或金额变更的合同条款的（如包含可提前还款或者可展期特征），企业应当对相关条款进行评估（如评估提前还款特征的公允价值是否非常小），以确定该金融资产是否符合本金加利息的合同现金流量特征。

在进行上述评估时，企业应当同时评估变更之前和之后可能产生的合同现金流量。企业还可评估导致合同现金流量的时间分布或金额变更的所有或有事项（即触发事件）的性质。例如，合同规定当债务人拖欠的款项达到特定金额时，利率将重设为较高利率；或者当指定的权益指数达到特定水平时，利率将重设为较高利率。在对上述两种金融资产的合同现金流量特征进行评估和比较时，考虑或有事项的性质可在一定程度上为评估其合同现金流量特征提供参考。考虑到根据累计拖欠的金额调整利率可能是为了反映信用风险的增加，而指定的权益指数变化与基本借贷安排无关，因此债务人拖欠的款项达到特定金额时利率上浮的情形更有可能符合本金加利息的合同现金流量特征。

通常情况下，下列涉及合同现金流量的时间分布或金额变更的合同条款，符合本金加利息的合同现金流量特征：

a. 浮动利率包含对货币时间价值、与特定时期未偿付本金金额相关的信用风险（对信用风险的对价可能仅在初始确认时确定，因此可能是固定的）、其他基本借贷风险、成本和利润的对价。

b. 合同条款允许发行人（即债务人）在到期前提前偿付债务，或者允许持有人（即债权人）在到期前将债务工具卖回给发行人，而且这些提前偿付的金额实质上反映了尚未支付的本金及以未偿付本金金额为基础的利息，其中可能包括因提前终止合同而支付或收取的合理补偿。

c. 合同条款允许发行人或持有人延长债务工具的合同期限（即展期选择权），并且展期选择权条款导致展期期间的合同现金流量仅为对本金及以未偿付本金金额为基础的利息的支付，其中可能包含为合同展期而支付的合理的额外补偿。

对于企业以溢价或折价购入或源生的、且具有提前偿付特征的债务工具，如果同时满足下列条件，则其符合本金加利息的合同现金流量特征：

a. 提前偿付金额实质上反映了合同面值和已计提但尚未支付的合同利息，其中可能包括因提前终止合同而支付或收取的合理补偿。

b. 在企业初始确认该金融资产时，提前偿付特征的公允价值非常小。

【例28-4】 智董公司向客户出售汽车时以低于现行市场利率的利率向客户提供融资作为营销激励。

【分析】 由于智董公司提供的利率低于市场利率，该金融资产的初始入账价值将是合同面值的折价。

根据合同约定，客户有权在合同到期前的任一时点以合同面值提前偿还该债务。对于客户来说该融资具有优势（利率低于市场利率），不太可能会选择提前偿付，导致该金融资产提前偿付特征的公允价值非常小。

在此情况下，该金融资产符合本金加利息的合同现金流量特征。

【例28-5】 某金融工具是一项永续工具，按市场利率支付利息，发行人可自主决定在任一时点回购该工具，并向持有人支付面值和累计应付利息。如果发行人无法保持后续偿付能力，可以不支付该工具利息，而且递延利息不产生额外孳息。

【分析】 该工具不符合本金加利息的合同现金流量特征。但是，如果该工具的合同条款要求对递延利息的金额计息，则其可能符合本金加利息的合同现金流量特征。

需要注意的是，仅因为该工具是永续工具并不能判定其不符合本金加利息的合同现金流量特征。永续工具可视为具有连续性的多项展期选择权。如果利息支付具有强制性且必须永久性支付，则可能导致其符合本金加利息的合同现金流量特征。

同样，仅因为该工具可赎回并不能判定其不符合本金加利息的合同现金流量特征。即使赎回金额中包含因提前终止该工具而对持有人做出合理补偿的金额，其也有可能符合本金加利息的合同现金流量特征。

H. 是否符合"本金加利息的合同现金流量特征"——规定债权人持有的金融工具优先劣后顺序时。

在一般的借款合同中，通常都会规定债权人持有的金融工具相对于债务人的其他债权人持有的工具的优先劣后顺序。

对于劣后于其他工具的工具，如果债务人不付款构成违约，并且即使在债务人破产的情况下债权人也拥有收取本金及以未偿付本金金额为基础的利息的合同权利，则该工具可能符合本金加利息的合同现金流量特征。

反之，如果次级特征以任何方式限制了合同现金流量或产生了任何形式的其他现金流量，则该工具不符合本金加利息的合同现金流量特征。

例如，智董公司持有一笔被列为普通债权的应收账款。如果其债务人还有一笔贷款，且该贷款存在抵押物，从而使得债务人破产时其贷款方可优先于普通债权人索偿（但并不影响一般债权人收取尚未支付的本金和其他应付金额的合同权利），则该应收账款也可能符合本金加利息的合同现金流量特征。

Ⅰ.是否符合"本金加利息的合同现金流量特征"——发行人利用多个合同挂钩工具来安排向金融资产持有人付款的优先劣后顺序（分级）时。

在一些交易中，发行人可利用多个合同挂钩工具来安排向金融资产持有人付款的优先劣后顺序（分级）。

对于某一分级的金融资产持有人来说，仅当发行人取得足够的现金流量以满足更优先级的支付时，此类工具的持有人才有权取得对本金和未偿付本金的利息的偿付。

当同时符合下列条件时，企业持有的某一分级的金融资产才符合本金加利息的合同现金流量特征：

a. 分级的合同条款（在未穿透基础资产的情况下），产生的现金流量仅为对本金和以未偿付本金金额为基础的利息的支付（例如该分级的利率未与商品价格指数挂钩）。

b. 基础资产包含一个或多个符合本金加利息的合同现金流量特征的工具（以下称基础工具）。

这里的基础资产，是指穿透到最底层的、源生现金流量而非过手现金流量的资产。

c. 该分级所承担的基础资产的信用风险，等于或小于基础资产本身的信用风险。

例如，分级的信用评级等于或高于假设发行单一工具（不分级），该工具所得到的信用评级。

基础资产中除基础工具外，还可以有满足以下条件的其他工具：

a. 可以降低基础资产中基础工具现金流量波动性，并且当与基础工具相结合时，能够产生仅为对本金和以未偿付本金金额为基础的利息的支付的现金流量（例如，利率上限或下限，或者降低部分或全部基础工具的信用风险的合同）。

b. 可以协调各分级的合同现金流量与基础工具的现金流量，以解决两者在利率（例如，分级的合同现金流量基于固定利率，而基础工具现金流量基于浮动利率）、计价货币（包括通货膨胀因素）以及现金流量的时间分布上的差异。

在执行上述评估时，企业可能无须针对基础资产中的具体每一项工具进行详尽分析。但是，企业必须运用判断并进行充分的分析，以确定基础资产中的工具是否满足上述条件（同时参照下文关于仅构成极其微小影响的合同现金流量特征的指引）。

如果某一分级的金融资产持有人在初始确认时无法按照上述条件进行评估，那么分级的金融资产应当分类为以公允价值计量且其变动计入当期损益的金融资产。如果在初始确认后基础资产可能发生变化，导致基础资产不满足上述条件的，那么分级的金融资产应当分类为以公允价值计量且其变动计入当期损益的金融资产。如果基础资产包含了有抵押物的工具，但抵押物不满足上述对基础资产的要求条件，企业不应当考虑该抵押物的影响，除非企业购买分级金融资产的目的是控制抵押物。

注 除非存在其他导致不符合本金加利息的合同现金流量特征的因素，从"贷款基准利率"调整为"贷款市场报价利率"本身不会导致相关金融资产不符合本金加利息的合同现金流量特征。例如，利率为"贷款市场报价利率＋200基点"的贷款符合本金加利息的合同现金流量特征；再如，利率为"贷款市场报价利率向上浮动20％"的贷款不符合本金加利息的合同现金流量特征。

【例28-6】 某资产证券化信托计划向投资者发行合同挂钩工具。

资产支持证券划分为两层，分别为优先档和次级档。

优先档的本息偿付次序优于次级档。该信托计划投资的基础资产的现金流量仅为对本金和以未偿付本金金额为基础的利息支付的贷款组合。优先档有明确的固定票息，而次级档无明确的票息，次级档的收益取决于基础资产的最终收益水平。

该计划需将收到的贷款本金和利息回收款优先支付给优先档持有人，即待向优先档持有人按合同条款支付了相应的本金及收益后,才能将剩余的回收款支付给次级档持有人。

【分析】(1)从优先档资产支持证券持有人的角度看。

其分级的合同现金流量符合基本借贷安排。因为优先档本身及其基础资产均符合本金加利息的合同现金流量特征,且优先档的信用风险不高于基础资产的信用风险。

(2)从次级档资产支持证券持有人的角度看。

其分级的合同现金流量不符合基本借贷安排。因为次级档本身不符合本金加利息的合同现金流量特征,且次级档承担了高于基础资产的信用风险。

(3)以摊余成本计量的金融资产。

金融资产同时符合下列条件的,应当分类为以摊余成本计量的金融资产:

① 企业管理该金融资产的业务模式是以收取合同现金流量为目标。

② 该金融资产的合同条款规定,在特定日期产生的现金流量,仅为对本金和以未偿付本金金额为基础的利息的支付。

例如,银行向企业客户发放的固定利率贷款,在没有其他特殊安排的情况下,贷款通常可能符合本金加利息的合同现金流量特征。如果银行管理该贷款的业务模式是以收取合同现金流量为目标,则该贷款可以分类为以摊余成本计量的金融资产。再如,普通债券的合同现金流量是到期收回本金及按约定利率在合同期间按时收取固定或浮动利息。在没有其他特殊安排的情况下,普通债券通常可能符合本金加利息的合同现金流量特征。如果企业管理该债券的业务模式是以收取合同现金流量为目标,则该债券可以分类为以摊余成本计量的金融资产。

又如,企业正常商业往来形成的具有一定信用期限的应收账款,如果企业拟根据应收账款的合同现金流量收取现金,且不打算提前处置应收账款,则该应收账款可以分类为以摊余成本计量的金融资产。

(4)以公允价值计量且其变动计入其他综合收益的金融资产。

金融资产同时符合下列条件的,应当分类为以公允价值计量且其变动计入其他综合收益的金融资产:

① 企业管理该金融资产的业务模式既以收取合同现金流量为目标又以出售该金融资产为目标。

② 该金融资产的合同条款规定,在特定日期产生的现金流量,仅为对本金和以未偿付本金金额为基础的利息的支付。

【例28-7】 智董公司在销售中通常会给予客户一定期间的信用期。为了盘活存量资产,提高资金使用效率,智董公司与银行签订应收账款无追索权保理总协议,银行向智董公司一次性授信168亿元人民币,智董公司可以在需要时随时向银行出售应收账款。历史上智董公司频繁向银行出售应收账款,且出售金额重大,上述出售满足金融资产终止确认的规定。

【分析】 应收账款的业务模式符合"既以收取合同现金流量为目标又以出售该金融资产为目标",且该应收账款符合本金加利息的合同现金流量特征,因此应当分类为以公允价值计量且其变动计入其他综合收益的金融资产。

(5)以公允价值计量且其变动计入当期损益的金融资产。

企业分类为以摊余成本计量的金融资产和以公允价值计量且其变动计入其他综合收益的金融资产之外的金融资产,应当分类为以公允价值计量且其变动计入当期损益的金融资产。

例如,企业常见的下列投资产品通常应当分类为以公允价值计量且其变动计入当期损益的金融资产:

① 股票。

股票的合同现金流量源自收取被投资企业未来股利分配以及其清算时获得剩余收益的权利。由于股利及获得剩余收益的权利均不符合《企业会计准则第22号——金融工具确认和计量》关于本金和利息的定义,因此股票不符合本金加利息的合同现金流量特征。在不考虑《企业会计准则第 22 号——金融工具确认和计量》第十九条特殊指定的情况下，企业持有的股票应当分类为以公允价值计量且其变动计入当期损益的金融资产。

② 基金。

常见的股票型基金、债券型基金、货币基金或混合基金，通常投资于动态管理的资产组合，投资者从该类投资中所取得的现金流量既包括投资期间基础资产产生的合同现金流量，也包括处置基础资产的现金流量。基金一般情况下不符合本金加利息的合同现金流量特征。企业持有的基金通常应当分类为以公允价值计量且其变动计入当期损益的金融资产。

③ 可转换债券。

可转换债券除按一般债权类投资的特性到期收回本金、获取约定利息或收益外，还嵌入了一项转股权。通过嵌入衍生工具，企业获得的收益在基本借贷安排的基础上，会产生基于其他因素变动的不确定性。

企业持有的可转换债券不再将转股权单独分拆，而是将可转换债券作为一个整体进行评估，由于可转换债券不符合本金加利息的合同现金流量特征，企业持有的可转换债券投资应当分类为以公允价值计量且其变动计入当期损益的金融资产。

此外，在初始确认时，如果能够消除或显著减少会计错配，企业可以将金融资产指定为以公允价值计量且其变动计入当期损益的金融资产。该指定一经做出，不得撤销。

注 企业持有的符合《中国银保监会办公厅关于进一步规范商业银行结构性存款业务的通知》（银保监办发〔2019〕204 号）定义的结构性存款，通常应当分类为以公允价值计量且其变动计入当期损益的金融资产，记入"交易性金融资产"科目，并在资产负债表中"交易性金融资产"项目列示。

（6）非交易性权益工具投资，在初始确认时，可指定为以公允价值计量且其变动计入其他综合收益的金融资产。

权益工具投资一般不符合本金加利息的合同现金流量特征，因此应当分类为以公允价值计量且其变动计入当期损益的金融资产。然而在初始确认时，企业可以将非交易性权益工具投资指定为以公允价值计量且其变动计入其他综合收益的金融资产，并按照《企业会计准则第 22 号——金融工具确认和计量》第六十五条规定确认股利收入。

该指定一经做出，不得撤销。

企业投资其他上市公司股票或者非上市公司股权的，都可能属于这种情形。

① "非交易性"和"权益工具投资"的界定。

金融资产或金融负债满足下列条件之一的，表明企业持有该金融资产或承担该金融负债的目的是交易性的：

A. 取得相关金融资产或承担相关金融负债的目的，主要是为了近期出售或回购。

例如，企业以赚取差价为目的从二级市场购入的股票、债券和基金等，或者发行人根据债务工具的公允价值变动计划在近期回购的、有公开市场报价的债务工具。

B. 相关金融资产或金融负债在初始确认时属于集中管理的可辨认金融工具组合的一部分，且有客观证据表明近期实际存在短期获利模式。在这种情况下，即使组合中有某个组成项目持有的期限稍长也不受影响。其中，"金融工具组合"指金融资产组合或金融负债组合。

C. 相关金融资产或金融负债属于衍生工具。但符合财务担保合同定义的衍生工具以及被指定为有效套期工具的衍生工具除外。

例如，未作为套期工具的利率互换或外汇期权。

只有不符合上述条件的非交易性权益工具投资才可以进行该指定。此处权益工具投资中的"权益工具"，是指对于工具发行方来说，满足《企业会计准则第 37 号——金融工具列报》中权益工具定义的工具。

例如，普通股对于发行方而言，满足权益工具定义，对于投资方而言，属于权益工具投资。

符合金融负债定义但是被分类为权益工具的特殊金融工具（包括可回售工具和发行方仅在清算时才有义务向另一方按比例交付其净资

产的金融工具)本身并不符合权益工具的定义,因此从投资方的角度也就不符合指定为以公允价值计量且其变动计入其他综合收益的金融资产的条件。

例如某些开放式基金,基金持有人可将基金份额回售给基金,该基金发行的基金份额并不符合权益工具的定义,只是按照《企业会计准则第37号——金融工具列报》符合列报为权益工具条件的可回售工具。这种情况下,投资人持有的该基金份额,不能指定为以公允价值计量且其变动计入其他综合收益的金融资产。

② 基本会计处理原则。

初始确认时,企业可基于单项非交易性权益工具投资,将其指定为以公允价值计量且其变动计入其他综合收益的金融资产,其公允价值的后续变动计入其他综合收益,不需计提减值准备。除了获得的股利收入(明确作为投资成本部分收回的股利收入除外)计入当期损益外,其他相关的利得和损失(包括汇兑损益)均应当计入其他综合收益,且后续不得转入损益。当金融资产终止确认时,之前计入其他综合收益的累计利得或损失应当从其他综合收益中转出,计入留存收益。

需要注意的是,企业在非同一控制下的企业合并中确认的或有对价构成金融资产的,该金融资产应当分类为以公允价值计量且其变动计入当期损益的金融资产,不得指定为以公允价值计量且其变动计入其他综合收益的金融资产。

【例28-8】 购买银行理财产品的分类。

情形1:智董上市公司利用自有资金购买银行理财产品。该理财产品为非保本浮动收益型,期限为6个月,不可转让交易,也不可提前赎回。根据理财产品合约,基础资产为指定的单一固定利率信贷资产,该信贷资产的剩余存续期限和理财产品的存续期限一致,且信贷资产利息收入是该理财产品收入的唯一来源。智董公司购买理财产品的主要目的在于取得理财产品利息收入,一般不会在到期前转让。

情形2:贵琛上市公司利用自有资金购买银行理财产品。该理财产品为非保本浮动收益型,期限为6个月,不可转让交易,也不可提前赎回。根据理财产品合约,基础资产为固定收益类资产池,资产池主要包括存放同业、债券投资及回购交易等,银行有权根据市场情况随时对资产池结构进行调整,目的在于最大化投资收益,理财产品投资收益来源于资产池的投资收益。贵琛公司购买理财产品的主要目的在于取得理财产品投资收益,一般不会在到期前转让。

请问:公司利用自有资金购买银行理财产品,应当如何进行分类?

【分析】

情形1:

该理财产品为非保本浮动收益型,索偿要求仅限于该理财产品基础资产产生的现金流量,属于"无追索权债务工具",智董公司需要"看穿"后对基础资产的现金流量进行评估。

该理财产品的基础资产为指定的单一固定利率信贷资产,该信贷资产的剩余存续期限和理财产品的存续期限一致,且信贷资产利息收入是该理财产品收入的唯一来源,基础资产满足本金加利息的合同现金流量特征;智董公司购买理财产品的主要目的在于取得理财产品利息收入,一般不会到期前转让,智董公司管理理财的业务模式为收取合同现金流量。

因此,智董公司应将购买的该银行理财产品分类为以摊余成本计量的金融资产。

情形2:

该理财产品与情形1的主要区别在于,理财资金投向不是单一的信托贷款,而是固定收益类的资产池,该理财产品采用动态管理模式,主要通过持有基础资产赚取收益以及出售基础资产赚取差价,不满足本金加利息的合同现金流量特征。

因此,智董公司应将购买的该银行理财产品分类为以公允价值计量且其变动计入当期损益的金融资产。

目前实务中,很多银行理财产品无法穿透判断其基础资产是否满足本金加利息的合同现金流量特征,在这种情况下,理财产品只能分类为以公允价值计量且其变动计入当期损益的金融资产。

3. 金融资产的重分类

（1）管理金融资产的业务模式改变时，应对所有受影响的相关金融资产重分类。

企业改变其管理金融资产的业务模式时，应当按照《企业会计准则第22号——金融工具确认和计量》的规定对所有受影响的相关金融资产进行重分类。

① 企业开始或终止某项对其经营影响重大的活动时，其管理金融资产的业务模式才会发生变更。

企业管理金融资产业务模式的变更是一种极其少见的情形。该变更源自外部或内部的变化，必须由企业的高级管理层进行决策，且其必须对企业的经营非常重要，并能够向外部各方证实。因此，只有当企业开始或终止某项对其经营影响重大的活动时（例如当企业收购、处置或终止某一业务线时），其管理金融资产的业务模式才会发生变更。

例如，某银行决定终止其零售抵押贷款业务，该业务线不再接受新业务，并且该银行正在积极寻求出售其抵押贷款组合，则该银行管理其零售抵押贷款的业务模式发生了变更。

② 不属于业务模式变更的情形。

以下情形不属于业务模式变更：

A. 企业持有特定金融资产的意图改变。企业即使在市场状况发生重大变化的情况下改变对特定资产的持有意图，也不属于业务模式变更。

B. 金融资产特定市场暂时性消失从而暂时影响金融资产出售。

C. 金融资产在企业具有不同业务模式的各部门之间转移。

政策依据

《企业会计准则第22号——金融工具确认和计量》

第二十八条 企业发生下列情况的，不属于金融资产或金融负债的重分类：

（一）按照《企业会计准则第24号——套期会计》相关规定，某金融工具以前被指定并成为现金流量套期或境外经营净投资套期中的有效套期工具，但目前已不再满足运用该套期会计方法的条件。

（二）按照《企业会计准则第24号——套期会计》相关规定，某金融工具被指定并成为现金流量套期或境外经营净投资套期中的有效套期工具。

（三）按照《企业会计准则第24号——套期会计》相关规定，运用信用风险敞口公允价值选择权所引起的计量变动。

③ 业务模式变更，才能重分类；仅仅条款变更，不允许重分类，除非构成终止确认。

需要注意的是，如果企业管理金融资产的业务模式没有发生变更，而金融资产的条款发生变更但未导致终止确认的，不允许重分类。如果金融资产条款发生变更导致金融资产终止确认的，不涉及重分类问题，企业应当终止确认原金融资产，同时按照变更后的条款确认一项新金融资产。

④ 企业业务模式的变更必须在重分类日之前生效。

需要注意的是，企业业务模式的变更必须在重分类日之前生效。

例如，银行决定于2×19年3月18日终止其零售抵押贷款业务，并在2×20年1月1日对所有受影响的金融资产进行重分类。在2×19年3月18日之后，其不应开展新的零售抵押贷款业务，或另外从事与之前零售抵押贷款业务模式相同的活动。

【例28-9】 智董公司持有拟在短期内出售的某商业贷款组合。智董公司近期收购了一家资产管理公司（贵琛公司），贵琛公司持有贷款的业务模式是以收取合同现金流量为目标。

【分析】 智董公司决定，对该商业贷款组合的持有不再以出售为目标，而是将该组合与资产管理公司持有的其他贷款一起管理，以收取合同现金流量为目标，则智董公司管理该商业贷款组合的业务模式发生了变更。

⑤ 金融资产自重分类日起采用未来适用法进行会计处理。

企业对金融资产进行重分类,应当自重分类日起采用未来适用法进行相关会计处理,不得对以前已经确认的利得、损失(包括减值损失或利得)或利息进行追溯调整。

重分类日,是指导致企业对金融资产进行重分类的业务模式发生变更后的首个报告期间的第一天。

例如,智董上市公司决定于2×19年6月18日改变其管理某金融资产的业务模式,则重分类日为2×19年7月1日(即下一个季度会计期间的期初);贵琛上市公司决定于2×19年11月18日改变其管理某金融资产的业务模式,则重分类日为2×20年1月1日。

(2)以摊余成本计量的金融资产的重分类的计量。

① 企业将一项以摊余成本计量的金融资产重分类为以公允价值计量且其变动计入当期损益的金融资产的,应当按照该资产在重分类日的公允价值进行计量。原账面价值与公允价值之间的差额计入当期损益。

② 企业将一项以摊余成本计量的金融资产重分类为以公允价值计量且其变动计入其他综合收益的金融资产的,应当按照该金融资产在重分类日的公允价值进行计量。原账面价值与公允价值之间的差额计入其他综合收益。该金融资产重分类不影响其实际利率和预期信用损失的计量。

(3)以公允价值计量且其变动计入其他综合收益的金融资产的重分类的计量。

① 企业将一项以公允价值计量且其变动计入其他综合收益的金融资产重分类为以摊余成本计量的金融资产的,应当将之前计入其他综合收益的累计利得或损失转出,调整该金融资产在重分类日的公允价值,并以调整后的金额作为新的账面价值,即视同该金融资产一直以摊余成本计量。该金融资产重分类不影响其实际利率和预期信用损失的计量。

② 企业将一项以公允价值计量且其变动计入其他综合收益的金融资产重分类为以公允价值计量且其变动计入当期损益的金融资产的,应当继续以公允价值计量该金融资产。同时,企业应当将之前计入其他综合收益的累计利得或损失从其他综合收益转入当期损益。

(4)以公允价值计量且其变动计入当期损益的金融资产的重分类的计量。

① 企业将一项以公允价值计量且其变动计入当期损益的金融资产重分类为以摊余成本计量的金融资产的,应当以其在重分类日的公允价值作为新的账面余额。

② 企业将一项以公允价值计量且其变动计入当期损益的金融资产重分类为以公允价值计量且其变动计入其他综合收益的金融资产的,应当继续以公允价值计量该金融资产。

对以公允价值计量且其变动计入当期损益的金融资产进行重分类的,企业应当根据该金融资产在重分类日的公允价值确定其实际利率。同时,企业应当自重分类日起对该金融资产适用《企业会计准则第22号——金融工具确认和计量》关于金融资产减值的相关规定,并将重分类日视为初始确认日。

(三)金融负债和权益工具的概念和分类

1. 金融负债

(1)金融负债的概念。

金融负债,是指企业符合下列条件之一的负债:

① 向其他方交付现金或其他金融资产的合同义务。

例如,企业的应付账款、应付票据和应付债券(如发行的承诺支付固定利息的公司债券)等均属于金融负债。

预收账款不是金融负债,因其导致的未来经济利益流出是商品或服务,不是交付现金或其他金融资产的合同义务。

② 在潜在不利条件下,与其他方交换金融资产或金融负债的合同义务。

例如,企业签出的看涨期权或看跌期权等(如签出的外汇期权)。

【例28-10】 2×19年4月30日,智董公司与贵琛公司签订6个月后结算的期权合同。

合同规定：智董公司以每股5元的期权费买入6个月后执行价格为198元的鑫裕公司股票(2×19年1月31日该股票价格为168元)的看涨期权。

2×19年10月30日，如果鑫裕公司股票的价格高于198元，则行权对智董公司有利，智董公司将选择执行该期权。

【分析】（1）智董公司享有在潜在有利条件下与其他方(贵琛公司)交换金融资产的合同权利，应当确认一项衍生金融资产。

（2）贵琛公司承担在潜在不利条件下与其他方(智董公司)交换金融资产的合同义务，因此，应当确认一项衍生金融负债。

③ 将来须用或可用企业自身权益工具进行结算的非衍生工具合同，且企业根据该合同将交付可变数量的自身权益工具。

例如企业取得一项金融资产，并承诺两个月后向卖方交付本企业发行的普通股，交付的普通股数量根据交付时的股价确定，则该项承诺是一项金融负债。

④ 将来须用或可用企业自身权益工具进行结算的衍生工具合同（但以固定数量的自身权益工具交换固定金额的现金或其他金融资产的衍生工具合同除外）。

例如以普通股净额结算的股票期权。

需要注意的是，企业对全部现有同类别非衍生自身权益工具的持有方（例如普通股股东）同比例发行配股权、期权或认股权证，使之有权按比例以固定金额的任何货币换取固定数量的该企业自身权益工具的，该类配股权、期权或认股权证应当分类为权益工具。

其中，企业自身权益工具不包括应当按照《企业会计准则第37号——金融工具列报》分类为权益工具的可回售工具或发行方仅在清算时才有义务向另一方按比例交付其净资产的金融工具，也不包括本身就要求在未来收取或交付企业自身权益工具的合同。

《企业会计准则第37号——金融工具列报》规范了金融负债和权益工具的区分。

小知识

"让渡表决权"和"拖卖权"条款是否构成间接义务，从而使相关金融工具符合《企业会计准则第37号——金融工具列报》(财会〔2017〕14号)中金融负债的定义？

假设债权人将债权转为对债务人的股权投资，同时约定在未来某个时点可以询问债务人的母公司是否愿意受让该股权，如果债务人母公司不同意，债权人有权要求：

（1）让渡表决权，即母公司让渡对其子公司股东会表决权给债权人，从而失去对其子公司的控制，但享有的利润和净资产份额不受影响。

（2）拖卖权，即债权人将股权转让给第三方时，有权要求母公司跟随其按相同比例以公允价格出售所持子公司的股权给第三方，并收到股权转让对价。

根据金融工具列报准则及其应用指南，企业不能无条件地避免以交付现金或其他金融资产来履行一项合同义务的，该合同义务符合金融负债的定义。有些金融工具虽然没有明确地包含交付现金或其他金融资产义务的条款和条件，但有可能通过其他条款和条件间接地形成合同义务。例如，企业可能在显著不利的条件下选择交付现金或其他金融资产，而不是选择履行非金融合同义务或交付自身权益工具。

通常情况下，在债务人的母公司合并报表层面，如果能够判断不会在显著不利的条件下选择交付现金或其他金融资产，上述"让渡表决权"和"拖卖权"不构成间接义务，不应因存在上述条款认为相关金融工具符合金融负债的定义。

（2）金融负债的分类。

金融负债的分类是金融负债确认和计量的基础。

企业应当结合自身业务特点和风险管理要求，对金融负债进行合理的分类。对金融负债的分类一经确定不得变更。

① 一般分类——"以摊余成本计量"的金融负债。

除特殊分类以外，企业应当将金融负债分类为以摊余成本计量的金融负债。

② 特殊分类。

A. 以公允价值计量且其变动计入当期损益的金融负债。

这一类包括：交易性金融负债（含属于金融负债的衍生工具）和指定为以公允价值计量且其变动计入当期损益的金融负债。

若满足特定条件，在初始确认时，金融负债可指定为"以公允价值计量且其变动计入当期损益"的金融负债。

在初始确认时，为了提供更相关的会计信息，企业可以将一项金融资产、一项金融负债或者一组金融工具（金融资产、金融负债或者金融资产及负债）指定为以公允价值计量且其变动计入当期损益，但该指定应当满足下列条件之一：

a. 该指定能够消除或显著减少会计错配。

例如，根据《企业会计准则第22号——金融工具确认和计量》规定，有些金融资产被分类为以公允价值计量且其变动计入当期损益，但与之直接相关的金融负债却分类为以摊余成本计量，从而导致会计错配。如果将以上金融负债直接指定为以公允价值计量且其变动计入当期损益，那么这种会计错配就能够消除。

再如，企业拥有某些金融资产且承担某些金融负债，该金融资产和金融负债承担某种相同的风险（例如利率风险），且各自的公允价值变动方向相反、趋于相互抵销。但是，其中只有部分金融资产或金融负债（如交易性）以公允价值计量且其变动计入当期损益，此时会出现会计错配。套期会计有效性难以达到要求时，也会出现类似问题。在这些情况下，如果将所有这些资产和负债均进行公允价值指定，可以消除或显著减少会计错配现象。

需要指出的是，对于上述情况，实务中企业可能难以做到将所涉及的金融资产和金融负债在同一时间进行公允价值指定。如果企业能够将每项相关交易在初始确认时予以公允价值指定，且预期剩下的交易将会发生，那么可以有合理的延迟。此外，公允价值选择权只能应用于一项金融工具整体，不能是某一组成部分。

b. 根据正式书面文件载明的企业风险管理或投资策略，企业以公允价值为基础对金融负债组合或金融资产和金融负债组合进行管理和业绩评价，并在内部以此为基础向关键管理人员报告。

以公允价值为基础进行管理的金融资产组合，由于其按照《企业会计准则第22号——金融工具确认和计量》规定已经被分类为以公允价值计量且其变动计入当期损益，因此，不再将公允价值选择权应用于此类金融资产。此项条件强调的是企业日常管理和评价业绩的方式，而不是关注金融工具组合中各组成部分的性质。

企业将一项金融资产、一项金融负债或者一组金融工具（金融资产、金融负债或者金融资产及负债）指定为以公允价值计量且其变动计入当期损益的，一经做出不得撤销。即使造成会计错配的金融工具被终止确认，也不得撤销这一指定。

c. 在非同一控制下的企业合并中，企业作为购买方确认的或有对价形成的金融负债。

在非同一控制下的企业合并中，企业作为购买方确认的或有对价形成金融负债的，该金融负债应当按照以公允价值计量且其变动计入当期损益进行会计处理。

B. 不符合终止确认条件的金融资产转移或继续涉入被转移金融资产所形成的金融负债。

对此类金融负债，企业应当按照《企业会计准则第23号——金融资产转移》相关规定进行计量。

C. 财务担保合同（不属于上述第 A 项或第 B 项情形）以及贷款承诺（不属于上述第 A 项、以低于市场利率贷款）。

企业作为此类金融负债发行方的，应当在初始确认后按照依据《企业会计准则第22号——金融工具确认和计量》第八章所确定的损失准备金额以及初始确认金额扣除依据《企业会计准则第14号——收入》相关规定所确定的累计摊销额后的余额孰高进行计量。

小知识

据《企业会计准则第37号——金融工具列报》（财会〔2017〕14号），对于因发行永续债支付的利息，其会计处理是否一定与税收处理一致？

根据金融工具列报准则第七条，发行永续债的企业

应当根据永续债合同条款及其所反映的经济实质而非仅以法律形式,结合金融负债和权益工具的定义,在初始确认时将永续债分类为金融负债或权益工具,因发行永续债支付的利息相应作为利息支出或股利分配。

根据《关于永续债企业所得税政策问题的公告》(财政部、税务总局公告2019年第64号),企业发行的永续债,可以适用股息、红利企业所得税政策。符合规定条件的,也可以按照债券利息适用企业所得税政策。其中,符合规定条件是指符合下列条件中5条(含)以上:

(1) 被投资企业对该项投资具有还本义务。

(2) 有明确约定的利率和付息频率。

(3) 有一定的投资期限。

(4) 投资方对被投资企业净资产不拥有所有权。

(5) 投资方不参与被投资企业日常生产经营活动。

(6) 被投资企业可以赎回,或满足特定条件后可以赎回。

(7) 被投资企业将该项投资计入负债。

(8) 该项投资不承担被投资企业股东同等的经营风险。

(9) 该项投资的清偿顺序位于被投资企业股东持有的股份之前。

因此,会计上将永续债作为金融负债或权益工具处理,不一定对应适用税务上的利息或股利政策,反之亦然。企业采取的税收处理办法与会计核算方式不一致的,在进行税收处理时须做出相应纳税调整。

【例28-11】 2×20年1月,智董证券公司作为发起人设立"集合资产管理计划",募集资金人民币20亿元(折合份额20亿份),所有份额拥有相同的收益权。智董证券公司作为资产管理人对该计划进行受托管理。该集合计划存续期为3年,主要投资于中国境内依法发行的股票、债券、证券投资基金、央行票据、短期融资券、证券回购等金融产品,并且资产管理人有权根据市场情况随时对投资组合进行调整以最大化投资收益。该集合计划每年开放一次,供投资者办理参与、退出业务。

为增加集合资产管理计划对投资者的吸引力,智董公司在集合计划成立时投入自有资金1亿元认购1亿份集合计划份额,并以该等份额对应的资产为限,对在推广期认购并持有计划份额满3年到期的委托人承担有限补偿责任,即若计划成立满3年结算时,份额净值加上累计分红小于份额面值(1元),对于差额损失(面值1元—份额净值—累计分红),资产管理人智董公司以上述自有资金认购份额(1亿份)对应的资产为限对委托人进行补偿,直至补足差额损失或投入自有资金参与份额对应的资产补偿完毕为止。在集合计划存续期内,智董公司持有的1亿份额无权转让或退出。除非智董公司违约,否则智董公司作为资产管理人不得被更换。2×20年年末,该集合计划资产净值出现显著下跌。

【分析】 智董证券公司首先应按照《企业会计准则第33号——合并财务报表》(2014年修订)、《企业会计准则第2号——长期股权投资》(2014年修订)以及《企业会计准则第22号——金融工具确认和计量》(2017年修订)的相关规定分析其对该集合计划是否具有控制、共同控制或重大影响。

假设根据相关分析,智董公司对该集合计划不具有控制、共同控制或重大影响,在此基础上进一步分析如下:

(1) 智董公司应分析补偿条款与自有资金认购份额是否能视为独立的两个要素进行会计处理。

协议规定的补偿责任是以自有资金认购份额的净值为限,但并非直接以自有资金认购份额来抵付相关补偿。该份额的净值只代表一个补偿的上限,在实际损失低于该上限的情况下,是按照实际损失来补偿。此外,协议规定在集合计划存续期内,该部分自有资金认购份额无权转让或退出,可以推测即使在非交易过户的情况下,该资产的承继方也会继续承担相应的补偿责任。可见,补偿责任并不会随着智董公司自有资金认购份额的转移而减少,而是一个基于委托人实际损失,以1亿份额的净值为上限的负债。因此自有资金认购份额作为智董公司的一项资产,与该公司承担的补偿责任是相对独立的,应对两者分别进行处理。

(2) 智董公司应根据企业会计准则的相关规定,分别对自有资金认购份额和补偿责任进行会计处理。

① 对自有资金认购份额的处理。

由于集合计划的基础资产是金融产品投资

组合,根据市场情况随时调整以最大化投资收益,表明该集合计划份额产生的合同现金流量,并非仅为对本金和以未偿付本金金额为基础的利息的支付。此外,该集合计划存续期限为3年,是有限寿命主体,不符合指定为以公允价值计量且其变动计入其他综合收益的非交易性权益工具投资的条件。因此,智董公司应根据《企业会计准则第22号——金融工具确认和计量》(2017年修订)的相关规定将该自有资金认购份额分类为以公允价值计量且其变动计入当期损益的金融资产。

② 对补偿责任的处理。

本例中的补偿责任上限虽然会随着相应资产份额净值的波动而变化,但补偿责任本身是针对委托人持有的份额"净值与累计分红之和小于份额面值"的部分,相当于低于本金的损失。智董公司以投入自有资金参与认购份额的资产为限所承担的有限补偿责任,由于集合计划资产净值下跌,形成了一项现时义务,应确认为预计负债。

(3) 金融负债不得进行重分类。

企业对所有金融负债均不得进行重分类。

2. 权益工具

(1) 权益工具的概念。

权益工具,是指能证明拥有某个企业在扣除所有负债后的资产中的剩余权益的合同。

在同时满足下列条件的情况下,企业应当将发行的金融工具分类为权益工具:

① 该金融工具应当不包括交付现金或其他金融资产给其他方,或在潜在不利条件下与其他方交换金融资产或金融负债的合同义务。

② 将来须用或可用企业自身权益工具结算该金融工具。

如为非衍生工具,该金融工具应当不包括交付可变数量的自身权益工具进行结算的合同义务;如为衍生工具,企业只能通过以固定数量的自身权益工具交换固定金额的现金或其他金融资产结算该金融工具。企业自身权益工具不包括应按照《企业会计准则第37号——金融工具列报》第三章分类为权益工具的金融工具,也不包括本身就要求在未来收取或交付企业自身权益工具的合同。

(2) 分类为权益工具的特殊金融工具。

① 可划分为权益工具的特殊金融工具。

A. 可回售工具。

可回售工具,是指根据合同约定,持有方有权将该工具回售给发行方以获取现金或其他金融资产的权利,或者在未来某一不确定事项发生或者持有方死亡或退休时,自动回售给发行方的金融工具。

例如,某些合作制法人的可随时回售的"权益"或者某些开放式基金的可随时赎回的基金份额。

小知识

对于按照《企业会计准则第37号——金融工具列报》(财会〔2017〕14号)第三章分类为权益工具的特殊金融工具,发行方在个别财务报表及企业集团合并财务报表中应当如何分类?投资方能否将持有的上述金融工具指定为以公允价值计量且其变动计入其他综合收益的金融资产?

根据金融工具列报准则及其应用指南,对于可回售工具,例如某些开放式基金的可随时赎回的基金份额,以及发行方仅在清算时才有义务向另一方按比例交付其净资产的金融工具,例如属于有限寿命工具的封闭式基金、理财产品的份额、信托计划等寿命固定的结构化主体的份额,发行方在其个别财务报表中作为权益工具列报,在企业集团合并财务报表中对应的少数股东权益部分,应当分类为金融负债。

上述金融工具对于发行方而言不满足权益工具的定义,因此,对于投资方而言不属于权益工具投资,投资方不能将其指定为以公允价值计量且其变动计入其他综合收益的金融资产。

B. 发行方仅在清算时才有义务向另一方按比例交付其净资产的金融工具。

根据《企业会计准则第37号——金融工具列报》,符合金融负债定义,但同时具有一定特征的、发行方仅在清算时才有义务向另一方按比例交付其净资产的金融工具(例如封闭式基金、理财产品的份额、信托计划等寿命固定的结构化主体的份额,实务中亦称有限寿命工具),应当分类为权益工具。

针对仅在清算时才有义务向另一方按比例

交付其净资产的金融工具的特征要求,与针对可回售工具的其中几条特征要求是类似的,但特征要求相对较少。

只有满足表 28-1 中所示的所有条件,非衍生可回售工具或仅在清算时才有义务按比例交付净资产的工具才可以划分为权益。

表 28-1 非衍生可回售工具划分为权益的条件①

序号	条件	备注
1	该金融工具属于最次级的工具,所属的类别次于其他所有工具类别。即:	该工具在清算时的清偿权是假设主体在分类日即清算的情况下评估的
	清算时对主体资产没有优先于其他工具的要求权	如果主体拥有级别相等但条款不同的两类次级工具,则均不能划分为权益
	在归属于该最次级的类别前无须转换为另一种工具	
2	对于可回售工具而言,所有此类工具均应具有完全相同的特征	例如它们必须都具有可回售特征,并且用于计算回购或赎回价格的公式或其他方法都相同、在清算时级别相同、具有相同的表决权相同的其他特征(如看涨期权、管理费、计价货币)
	对清算产生的义务而言,所有此类工具清算义务需完全相同	发行方对该类别中所有工具都应当在清算时承担按比例份额交付其净资产的同等合同义务
3	赋予持有方在主体清算时按比例份额获得该主体净资产的权利	清算时享有优先权的工具不是有权按比例获得主体净资产的工具。所以,如果一个可回售工具在清算时除了有权获得主体净资产之外还有权获得固定股利,而同类其他工具不具有相同的权利,则该类别的股份不属于权益
4	没有同时具备下列特征的其他金融工具或合同:	
	实质上限制或固定了可回售工具或仅在清算时才有义务按比例交付净资产的工具的持有方所获得的剩余回报	如果一项工具因为与主体所发行的其他工具之间的相互作用而提供固定或有限的回报(例如另一工具参与净资产的分配),则不是权益工具
	现金流量总额实质上基于主体的损益、已确认净资产的变动、已确认和未确认净资产的公允价值变动(不包括该工具或合同的任何影响)	对于非金融合同,如果不能判定与可回售工具持有方签订的非金融合同是否与非工具持有方签订的同等合同类似,则不应将该可回售工具划分为权益
5	仅就可回售工具而言,该工具在存续期内的预计现金流量总额,应当实质上基于该工具存续期内企业的损益、已确认净资产的变动、已确认和未确认净资产的公允价值变动(不包括该工具的任何影响)	在其存续期内归属于该工具的现金流量应取决于主体整体的损益或净资产的变化,而不是主体业务的一部分 在回售义务是获取主体如下项目的等价现金的情况下,该条件即满足:公允价值;账面价值;采用基于净利润的公式所得的公允价值的近似值,例如 EBITDA 的倍数
6	仅就可回售工具而言,除了回售义务本身外,该工具不满足金融负债定义中的任何其他特征	划分为权益的可回售工具除了回售义务外不能有其他的合同义务,因此,不会是复合工具
	对于含有因清算产生的义务的工具而言,并不要求其不能具有其他合同义务,因此这种工具可能是复合工具	

② 特殊金融工具分类为权益工具的基本条件。

A. 可回售工具。

符合金融负债定义,但同时具有一定特征的可回售工具,应当分类为权益工具。

企业在认定可回售工具是否应分类为权益工具时,应当注意以下三点:

a. 在企业清算时具有优先要求权的工具不是有权按比例份额获得企业净资产的工具。

例如,如果一项工具使持有方有权在企业清算时享有除企业净资产份额之外的固定股利,而类别次于该工具的其他工具在企业清算时仅仅享有企业净资产份额,则该工具所属类别中所有工具均不属于在企业清算时有权按比例份额获得企业净资产的工具。

b. 在确定一项工具是否属于最次级类别

---

① 本表的规定仅限于非衍生工具合同。通过发行固定数量的按本表可被划分为权益的金融工具以换取固定金额的现金或其他金融资产的衍生工具合同(如认股权证)本身不能作为权益。

时,应当评估若企业在评估日发生清算时该工具对企业净资产的要求权。同时,应当在相关情况发生变化时重新评估对该工具的分类。

例如,如果企业发行或赎回了另一项金融工具,可能会影响对该工具是否属于最次级类别的评估结果。如果企业只发行一类金融工具,则可视为该工具属于最次级类别。

【例28-12】 智董公司设立时发行了300单位甲类股份,而后发行了30 000单位乙类股份给其他投资人,乙类股份为可回售股份。假定智董公司只发行了甲、乙两种金融工具,甲类股份为智董公司最次级权益工具。

【分析】 在智董公司的整个资本结构中,甲类股份并不重大,且智董公司的主要资本来自乙类股份,但由于乙类股份并非智董公司发行的最次级的工具,因此不应当将乙类股份归类为权益工具。

c.除了发行方应当以现金或金融资产回购或赎回该工具的合同义务外,该工具应当不包括其他符合金融负债定义的合同义务。

《企业会计准则第37号——金融工具列报》对于符合条件的可回售工具的特殊规定,是仅针对回售权规定的一项债务与权益区分的例外。如果可回售工具中包含了回售权以外的其他构成发行方交付现金或其他金融资产的合同义务,则该回售工具不能适用这一例外。

例如,企业发行的工具是可回售的,除了这一回售特征外,还在合同中约定每年必须向工具持有方按照净利润的一定比例进行分配,这一约定构成了一项交付现金的义务,因此企业发行的这项可回售工具不应分类为权益工具。

【例28-13】 智董公司为合伙企业。相关合伙协议约定:新合伙人加入时按确定的金额和财产份额入伙,合伙人退休或退伙时以其财产份额的公允价值予以退还;合伙企业营运资金均来自合伙人,合伙人入伙期间可按财产份额分得合伙企业的利润(但利润分配由合伙企业自主决定);当合伙企业清算时,合伙人可按财产份额获得合伙企业的净资产。

【分析】 由于合伙企业在合伙人退休或退伙时有向合伙人交付金融资产的义务,因而该可回售工具(合伙协议)满足金融负债的定义。同时,其作为可回售工具具备了以下特征:

(1)合伙企业清算时合伙人可按财产份额获得合伙企业的净资产。

(2)该协议属于合伙企业中最次级类别的工具。

(3)所有合伙人权益具有相同的特征。

(4)合伙企业仅有以现金或其他金融资产回购该工具的合同义务。

(5)合伙人入伙期间可获得的现金流量总额,实质上基于该工具存续期内企业的损益、已确认净资产的变动、已确认和未确认净资产的公允价值变动。因而,该金融工具应当确认为权益工具。

政策依据

《企业会计准则第37号——金融工具列报》

第十六条 符合金融负债定义,但同时具有下列特征的可回售工具,应当分类为权益工具:

(一)赋予持有方在企业清算时按比例份额获得该企业净资产的权利。这里所指企业净资产是扣除所有优先于该工具对企业资产要求权之后的剩余资产;这里所指按比例份额是清算时将企业的净资产分拆为金额相等的单位,并且将单位金额乘以持有方所持有的单位数量。

(二)该工具所属的类别次于其他所有工具类别,即该工具在归属于该类别前无须转换为另一种工具,且在清算时对企业资产没有优先于其他工具的要求权。

(三)该工具所属的类别中(该类别次于其他所有工具类别),所有工具具有相同的特征(例如它们必须都具有可回售特征,并且用于计算回购或赎回价格的公式或其他方法都相同)。

(四)除了发行方应当以现金或其他金融资产回购或赎回该工具的合同义务外,该工具不满足本准则规定的金融负债定义中的任何其他特征。

(五)该工具在存续期内的预计现金流量总额,应当实质上基于该工具存续期内企业的损益、已确认净资产的变动、已确认和未确认净资产的公允价值变动(不包括该工具的任何影响)。

可回售工具,是指根据合同约定,持有方有权将该工具回售给发行方以获取现金或其他金融资产的权利,或者在未来某一不确定事项发生或者持有方死亡或退休时,自动回售给发行方的金融工具。

B. 发行方仅在清算时才有义务向另一方按比例交付其净资产的金融工具。

原因在于清算是触发该合同支付义务的唯一条件,因此可以不必考虑其他特征,包括:

a. 不要求考虑除清算以外的其他的合同支付义务(如股利分配)。

b. 不要求考虑存续期间预期现金流量的确定方法(如根据净利润或净资产)。

c. 不要求该类别工具的所有特征均相同,仅要求清算时按比例支付净资产份额的特征相同。

《企业会计准则第 37 号——金融工具列报》

第十七条 符合金融负债定义,但同时具有下列特征的发行方仅在清算时才有义务向另一方按比例交付其净资产的金融工具,应当分类为权益工具:

(一)赋予持有方在企业清算时按比例份额获得该企业净资产的权利。

(二)该工具所属的类别次于其他所有工具类别。

(三)该工具所属的类别中(该类别次于其他所有工具类别),发行方对该类别中所有工具都应当在清算时承担按比例份额交付其净资产的同等合同义务。

产生上述合同义务的清算确定将会发生并且不受发行方的控制(如发行方本身是有限寿命主体),或者发生与否取决于该工具的持有方。

③ 特殊金融工具分类为权益工具的其他条件。

分类为权益工具的可回售工具,或发行方仅在清算时才有义务向另一方按比例交付其净资产的金融工具,除应当具有《企业会计准则第 37 号——金融工具列报》第十六条或第十七条所述特征外,其发行方应当没有同时具备下列特征的其他金融工具或合同:

A. 现金流量总额实质上基于企业的损益、已确认净资产的变动、已确认和未确认净资产的公允价值变动(不包括该工具或合同的任何影响)。

B. 实质上限制或固定了《企业会计准则第 37 号——金融工具列报》第十六条或第十七条所述工具持有方所获得的剩余回报。

在实务中的一些安排下,股东将实质上的企业控制权和利润转让给非股东方享有。例如,智董公司可能与贵琛公司签订包括资产运营控制协议(贵琛公司承包智董公司的运营管理)、知识产权的独家服务协议(智董公司经营所需知识产权由贵琛公司独家提供)、借款合同(智董公司向贵琛公司借款满足营运需要)等系列协议,将经营权和收益转移到贵琛公司。

同时,智董公司股东还可能与贵琛公司签订股权质押协议和投票权委托协议等,将智董公司股东权利转移给贵琛公司。这种情况下,智董公司形式上的股份已经不具有权益工具的实质。因此,《企业会计准则第 37 号——金融工具列报》第十六条、第十七条规定的特殊权益工具,应当排除存在上述安排的情形。

当然,实务中的情况比较复杂。例如,合伙企业的合伙人除了作为企业所有者外,通常也作为企业雇员参与经营,并获取劳动报酬。这类劳动合同也可能形成对企业剩余回报的限制。为避免企业误判,准则又做出规定:在运用上述条件时,对于发行方与《企业会计准则第 37 号——金融工具列报》第十六条或第十七条所述工具持有方签订的非金融合同,如果其条款和条件与发行方和其他方之间可能订立的同等合同类似,不应考虑该非金融合同的影响。但如果不能做出此判断,则不得将该工具分类为权益工具。

下列按照涉及非关联方的正常商业条款订立的工具,不大可能导致满足《企业会计准则第 37 号——金融工具列报》特征要求的可回售工具或发行方仅在清算时才有义务向另一方按比例交付其净资产的金融工具无法被分类为权益工具:

a. 现金流量总额实质上基于企业的特定资产。

b. 现金流量总额基于企业收入的一定比例。

c. 就职工为企业提供的服务给予报酬的

合同。

d. 要求企业为其所提供的产品或服务支付一定报酬（占利润的比例非常小）的合同。

政策依据

《企业会计准则第37号——金融工具列报》

第十八条 分类为权益工具的可回售工具，或发行方仅在清算时才有义务向另一方按比例交付其净资产的金融工具，除应当具有《企业会计准则第37号——金融工具列报》第十六条或第十七条所述特征外，其发行方应当没有同时具备下列特征的其他金融工具或合同：

（一）现金流量总额实质上基于企业的损益、已确认净资产的变动、已确认和未确认净资产的公允价值变动（不包括该工具或合同的任何影响）。

（二）实质上限制或固定了本准则第十六条或第十七条所述工具持有方所获得的剩余回报。

在运用上述条件时，对于发行方与本准则第十六条或第十七条所述工具持有方签订的非金融合同，如果其条款和条件与发行方和其他方之间可能订立的同等合同类似，不应考虑该非金融合同的影响。但如果不能做出此判断，则不得将该工具分类为权益工具。

④ 特殊金融工具在母公司合并财务报表中的处理。

由于将某些可回售工具以及仅在清算时才有义务向另一方按比例交付其净资产的金融工具分类为权益工具而不是金融负债是《企业会计准则第37号——金融工具列报》原则的一个例外，《企业会计准则第37号——金融工具列报》不允许将该例外扩大到发行方母公司合并财务报表中少数股东权益的分类。因此，子公司在个别财务报表中作为权益工具列报的特殊金融工具，在其母公司合并财务报表中对应的少数股东权益部分，应当分类为金融负债。

3. 金融负债和权益工具的区分

企业发行金融工具，应当按照该金融工具的合同条款及其所反映的经济实质而非法律形式，以及金融资产、金融负债和权益工具的定义，在初始确认时将该金融工具或其组成部分分类为金融资产、金融负债或权益工具。

（1）金融负债和权益工具区分的考虑因素。

① 合同所反映的经济实质。

在判断一项金融工具是否应划分为金融负债或权益工具时，应当以相关合同条款及其所反映的经济实质而非仅以法律形式为依据，运用金融负债和权益工具区分的原则，正确地确定该金融工具或其组成部分的会计分类。

对金融工具合同所反映经济实质的评估应基于合同的具体条款。

企业不应仅依据监管规定或工具名称进行划分。

② 工具的特征。

有些金融工具（如企业发行的某些优先股）可能既有权益工具的特征，又有金融负债的特征。企业应当全面细致地分析此类金融工具各组成部分的合同条款，以确定其显示的是金融负债还是权益工具的特征，并进行整体评估，以判定整个工具应划分为金融负债或权益工具，还是既包括负债成分又包括权益工具成分的复合金融工具（图28-1）。

图28-1 复合金融工具、混合金融工具

（2）金融负债和权益工具区分的基本原则。

① 是否存在无条件地避免交付现金或其他金融资产的合同义务。

如果企业不能无条件地避免以交付现金或其他金融资产来履行一项合同义务，则该合同义务符合金融负债的定义。

实务中，常见的该类合同义务情形包括：

A. 不能无条件避免的赎回，即金融工具发行方不能无条件地避免赎回此金融工具。

如果一项合同（根据《企业会计准则第37号——金融工具列报》第三章分类为权益工具的特殊金融工具除外）使发行方承担了以现金或其他金融资产回购自身权益工具的义务，即使发行方的回购义务取决于合同对手是否行使回售权，发行方应当在初始确认时将该义务确认为一项金融负债，其金额等于回购所需支付金额的现值（如远期回购价格的现值、期权行权价格的现值或其他回售金额的现值）。如果发行方最终无须以现金或其他金融资产回购自身权益工具，应当在合同对手回售权到期时将该项金融负债按照账面价值重分类为权益工具。

> [!NOTE]
> **政策依据**
>
> **《企业会计准则第37号——金融工具列报》**
>
> 第十一条 除根据本准则第三章分类为权益工具的金融工具外，如果一项合同使发行方承担了以现金或其他金融资产回购自身权益工具的义务，即使发行方的回购义务取决于合同对手方是否行使回售权，发行方应当在初始确认时将该义务确认为一项金融负债，其金额等于回购所需支付金额的现值（如远期回购价格的现值、期权行权价格的现值或其他回售金额的现值）。如果最终发行方无需以现金或其他金融资产回购自身权益工具，应当在合同到期时将该项金融负债按照账面价值重分类为权益工具。

B. 强制付息，即金融工具发行方被要求强制支付利息。

例如，一项以面值人民币1亿元发行的优先股要求每年按6%的股息率支付优先股股息，则发行方承担了未来每年支付6%股息的合同义务，应当就该强制付息的合同义务确认金融负债。

又如，企业发行的一项永续债，无固定还款期限且不可赎回、每年按8%的利率强制付息。尽管该项工具的期限永续且不可赎回，但由于企业承担了以利息形式永续支付现金的合同义务，因此符合金融负债的定义。

需要说明的是，对企业履行交付现金或其他金融资产的合同义务能力的限制（如无法获得外币、需要得到有关监管部门的批准才能支付或其他法律法规的限制等），并不能解除企业就该金融工具所承担的合同义务，也不能表明该企业无须承担该金融工具的合同义务。

如果企业能够无条件地避免交付现金或其他金融资产，同时所发行的金融工具没有到期日且合同对手没有回售权，或虽有固定期限但发行方有权无限期递延（即无支付本金的义务），则此类交付现金或其他金融资产的结算条款不构成金融负债。

如果企业能够无条件地避免交付现金或其他金融资产，例如能够根据相应的议事机制自主决定是否支付股息（即无支付股息的义务），同时所发行的金融工具没有到期日且合同对手没有回售权，或虽有固定期限但发行方有权无限期递延（即无支付本金的义务），则此类交付现金或其他金融资产的结算条款不构成金融负债。如果发放股利由发行方根据相应的议事机制自主决定，则股利是累积股利还是非累积股利本身不影响该金融工具被分类为权益工具。

实务中，优先股等金融工具发行时还可能会附有与普通股股利支付相连结的合同条款。这类工具常见的连结条款包括"股利制动机制""股利推动机制"等。"股利制动机制"的合同条款要求企业如果不宣派或支付（视具体合同条款而定，下同）优先股等金融工具的股利，则其也不能宣派或支付普通股股利。"股利推动机制"的合同条款要求企业如果宣派或支付普通股股利，则其也须宣派或支付优先股等金融工具的股利。如果优先股等金融工具所连结的是诸如普通股的股利，发行方根据相应的议事机制能够自主决定普通股股利的支付，则"股利制动机制"及"股利推动机制"本身均不会导致相关金融工具被分类为金融负债。对于本段所述判断依据，企业应谨慎地将其适用范围限制在普通股股利支付相连结的情形，不能推广适用到其他情形，例如与交叉保护条款或其他投资者保护条或相连结。

【例28-14】 智董公司发行了一项不可累积永续债。相关情况如下：

（1）无固定还款期限。

（2）可自主决定是否支付利息。

（3）年利率为8%。

（4）合同条款中包含的投资者保护条款：

当发行人未能清偿到期应付的其他债务融资工具、企业债或任何金融机构贷款的本金或利息时，发行人立即启动投资者保护机制（实务中有时将此类保护条款称为"交叉保护"），即主承销商于10个工作日内召开永续债持有人会议。

永续债持有人有权对如下处理方案进行表决：

① 无条件豁免违反约定。

② 有条件豁免违反约定，即如果发行人采取了补救方案（如增加担保），并在20日内完成相关法律手续的，则豁免违反约定。

如上述豁免的方案经表决生效，发行人应无条件接受持有人会议做出的上述决议，并于20个工作日内完成相关法律手续。

如上述方案未获表决通过，则永续债本息应在持有人会议召开日的次日立即到期应付。

【分析】（1）智董公司无法控制是否会对债务产生违约。

因为受市场对生产经营的影响等因素，能否有足够的资金支付到期的债务不在智董公司的控制范围内，即其无法控制是否会对债务产生违约。

（2）智董公司无法控制永续债持有人大会是否会通过债务违约时的豁免方案。

当智董公司对债务产生违约时，其无法控制持有人大会是否会通过上述豁免的方案。而当持有人大会决定不豁免时，永续债本息就到期应付。

（3）推导结论。

智董公司不能无条件地避免以交付现金或其他金融资产来履行一项合同义务，该永续债符合金融负债的定义，应当被分类为金融负债而非权益工具。

除上述示例中的相关条款外，企业还应当注意其他投资者保护条款。

例如，一旦发行人破产或视同清算、发生超过净资产10%以上重大损失、财务指标承诺未达标、财务状况发生重大变化、控制权变更或信用评级被降级、发生其他投资者认定足以影响债权实现的事项等情形，那么该永续债一次到期应付，除非持有人大会通过豁免的决议。在这些合同中，破产往往是指无力偿债、拖欠到期应付款项、停止或暂停支付所有或大部分债务或终止经营其业务，或根据《破产法》规定进入破产程序。由于发行人不能控制能否按时偿债、是否会发生超过净资产10%以上重大损失、财务指标承诺能否达标、财务状况是否发生重大变化、控制权是否会变更或信用等级是否会被降级、是否会发生其他投资者认定足以影响债权实现的事项等情形，进而无法无条件地避免以交付现金或其他金融资产来履行一项合同义务。因此，包含此类条款的永续债也应当被分类为金融负债。

企业应当基于真实、完整的合同进行相关分析和判断。在实务中，有时存在部分条款措词不够严谨或不够明确的情况，企业应当进一步明确合同条款是否会导致发行人存在交付现金或其他金融资产的义务。企业应当确保合同措辞明确，能够以此为基础做出合理的会计判断。另外，某些永续债条款可能也会约定永续债债权人破产清算时的清偿顺序等同于其他债务。在此类情况下，企业应当考虑这些条款是否会导致该永续债分类为金融负债。

判断一项金融工具是划分为权益工具还是金融负债，不受下列因素的影响：

a. 以前实施分配的情况。

b. 未来实施分配的意向。

c. 相关金融工具如果没有发放股利对发行方普通股的价格可能产生的负面影响。

d. 发行方的未分配利润等可供分配权益的金额。

e. 发行方对一段期间内损益的预期。

f. 发行方是否有能力影响其当期损益。

有些金融工具虽然没有明确地包含交付现金或其他金融资产义务的条款和条件，但有可能通过其他条款和条件间接地形成合同义务。

例如，企业可能在显著不利的条件下选择交付现金或其他金融资产，而不是选择履行非金融合同义务，或选择交付自身权益工具。

在实务中，相关合同可能包含利率跳升等特征，往往可能构成发行方交付现金或其他金融资产的间接义务。企业须借助合同条款和相关信息，全面分析判断。

【例28-15】 智董公司发行了一项不可累

积永续债。相关情况如下：

(1) 无固定还款期限。

(2) 可自主决定是否支付利息。

(3) 该永续债票息在智董公司向其普通股股东支付股利时必须支付（即"股利推动机制"）。

智董公司根据相应的议事机制能够自主决定普通股股利的支付；该公司发行该永续债之前多年来均支付普通股股利。

(4) 年利率为8%。

(5) 嵌入看涨期权。

该永续债嵌入了一项看涨期权，允许智董公司在发行第5年及之后以面值回购该永续债。

如果智董公司在第5年末没有回购该永续债，则之后的票息率增加至12%（通常称为"票息递增"特征）。

【分析】

(1) 智董公司没有回购的合同义务。

尽管智董公司有可能在第5年末行使回购权，但是智董公司并没有回购的合同义务。

虽然合同中存在利率跳升安排（票息递增，如果智董公司在第5年末没有回购该永续债，则之后的票息率增加至12%，只有一次利率跳升机会，且跳升幅度为4%，尚不构成《企业会计准则第37号——金融工具列报》第十条所述的间接义务），但该安排不构成企业无法避免的支付义务。

(2) 智董公司没有支付永续债利息的合同义务。

尽管智董公司多年来均支付普通股股利，但由于智董公司能够根据相应的议事机制自主决定普通股股利的支付，并进而影响永续债利息的支付，对智董公司而言，该永续债利息并未形成支付现金或其他金融资产的合同义务。

如果没有其他情形导致该工具被分类为金融负债，则该永续债应整体被分类为权益工具。

② 是否通过交付固定数量的自身权益工具结算。

权益工具是证明拥有企业的资产扣除负债后的剩余权益的合同。因此，对于将来须交付企业自身权益工具的金融工具，如果未来结算时交付的权益工具数量是可变的，或者收到的对价的金额是可变的，则该金融工具的结算将对其他权益工具所代表的剩余权益带来不确定性（通过影响剩余权益总额或者稀释其他权益工具），也就不符合权益工具的定义。

实务中，一项须用或可用企业自身权益工具结算的金融工具是否对其他权益工具的价值带来不确定性，通常与该工具的交易目的相关。如果该自身权益工具是作为现金或其他金融资产的替代品（例如作为商品交易中的支付手段），则该自身权益工具的接收方一般而言需要该工具在交收时具有确定的公允价值，以便得到与接受现金或其他金融资产的同等收益。因此企业所交付的自身权益工具数量是根据交付时的公允价值计算的，是可变的。反之，如果该自身权益工具是为了使持有方作为出资人享有企业（发行人）资产扣除负债的剩余权益，那么需要交付的自身权益工具数量通常在一开始就已商定，而不是在交付时计算确定。

政策依据

《企业会计准则第37号——金融工具列报》

第十条 企业不能无条件地避免以交付现金或其他金融资产来履行一项合同义务的，该合同义务符合金融负债的定义。有些金融工具虽然没有明确地包含交付现金或其他金融资产义务的条款和条件，但有可能通过其他条款和条件间接地形成合同义务。

如果一项金融工具须用或可用企业自身权益工具进行结算，需要考虑用于结算该工具的企业自身权益工具，是作为现金或其他金融资产的替代品，还是为了使该工具持有方享有在发行方扣除所有负债后的资产中的剩余权益。如果是前者，该工具是发行方的金融负债；如果是后者，该工具是发行方的权益工具。在某些情况下，一项金融工具合同规定企业须用或可用自身权益工具结算该金融工具，其中合同权利或合同义务的金额等于可获取或需交付的自身权益工具的数量乘以其结算时的公允价值，则无论该合同权利或合同义务的金额是固定的，还是完全或部分地基于除企业自身权益工具的市场价格以外变量（例如利率、某种商品的价格或某项金融工具的价格）的变动而变动的，该合同应当分类为金融负债。

将来须用或可用企业自身权益工具结算的金融工具应当区分为衍生工具和非衍生工具。

例如,智董公司发行了一项无固定期限、能够自主决定支付本息的可转换优先股。按合同规定,智董公司将在第5年末将发行的该工具强制转换为可变数量的普通股,则该可转换优先股是一项非衍生工具。

又如,智董公司发行一项5年期分期付息到期还本,同时到期可转换为固定数量普通股的可转换债券,则该可转换债券中嵌入的转换权是一项衍生工具。

A. 基于自身权益工具的非衍生工具。

对于非衍生工具,如果发行方未来有义务交付可变数量的自身权益工具进行结算,则该非衍生工具是金融负债;否则,该非衍生工具是权益工具。

某项合同并不仅仅因为其可能导致企业交付自身权益工具而成为一项权益工具。企业可能承担交付一定数量的自身权益工具的合同义务,如果将交付的企业自身权益工具数量是变化的,使得将交付的企业自身权益工具的数量乘以其结算时的公允价值等于合同义务的金额,则无论该合同义务的金额是固定的,还是完全或部分地基于除企业自身权益工具的市场价格以外变量(例如利率、某种商品的价格或某项金融工具的价格)的变动而变化,该合同应当分类为金融负债。

【例28-16】 智董公司与贵琛公司签订一份偿债合同。

合同约定,智董公司偿还所欠贵琛公司债务的方法是:发行2 400万元等值的智董公司自身权益工具。

【分析】 智董公司需偿还的负债金额2 400万元是固定的,但智董公司需交付的自身权益工具的数量随着其权益工具市场价格的变动而变动(属于"可变数量的自身权益工具")。

企业以可变数量的自身权益工具作为合同结算方式,该合同不能证明持有方享有发行方在扣除所有负债后的资产中的剩余权益。

在这种情况下,智董公司发行的该金融工具应当划分为金融负债。

【例28-17】 智董公司发行了名义金额人民币100元的优先股。

合同条款规定,智董公司在5年后将优先股强制转换为普通股,转股价格为转股日前一工作日的该普通股市价。

【分析】 转股价格是变动的,未来须交付的普通股数量是可变的,实质可视作——智董公司将在5年后使用自身普通股并按其市价履行支付优先股每股人民币100元的义务。

企业以可变数量的自身权益工具作为合同结算方式,该合同不能证明持有方享有发行方在扣除所有负债后的资产中的剩余权益。

在这种情况下,该强制可转换优先股整体是一项金融负债。

B. 基于自身权益工具的衍生工具。

对于衍生工具,如果发行方只能通过以固定数量的自身权益工具交换固定金额的现金或其他金融资产进行结算(即"固定换固定"),则该衍生工具是权益工具;如果发行方以固定数量自身权益工具交换可变金额现金或其他金融资产,或以可变数量自身权益工具交换固定金额现金或其他金融资产,或在转换价格不固定的情况下以可变数量自身权益工具交换可变金额现金或其他金融资产,则该衍生工具应当确认为衍生金融负债或衍生金融资产。

例如,发行在外的股票期权赋予了工具持有方以固定价格购买固定数量的发行方股票的权利。该合同的公允价值可能会随着股票价格以及市场利率的波动而变动。但是,只要该合同的公允价值变动不影响结算时发行方可收取的现金或其他金融资产的金额,也不影响需交付的权益工具的数量,则发行方应将该股票期权作为一项权益工具处理。

运用上述"固定换固定"原则来判断会计分类的金融工具常见于可转换债券,具备转股条款的永续债、优先股等。

如果发行的金融工具合同条款中包含在一定条件下转换成发行方普通股的约定且存在交付现金或其他金融资产的义务(例如每年支付

固定股息的可转换优先股中的转换条款),该转股权将涉及发行方是否需要交付可变数量自身权益工具或者是否"固定换固定"的判断。

在实务中,转股条款呈现的形式可能纷繁复杂,发行方应审慎确定其合同条款及所反映的经济实质是否能够满足"固定换固定"原则。

需要说明的是,在实务中,对于附有可转换为普通股条款的可转换债券等金融工具,在其转换权存续期内,发行方可能发生新的融资或者与资本结构调整有关的经济活动,例如股份拆分或合并、配股、转增股本、增发新股、发放现金股利等。通常情况下,即使转股价初始固定,但为了确保此类金融工具持有方在发行方权益中的潜在利益不会被稀释,合同条款会规定在此类事项发生时,转股价将相应进行调整。此类对转股价格以及相应转股数量的调整通常称为"反稀释"调整。原则上,如果按照转股价格调整公式进行调整,可使得稀释事件发生之前和之后,每一份此类金融工具所代表的发行方剩余利益与每一份现有普通股所代表的剩余利益的比例保持不变,即此类金融工具持有方相对于现有普通股股东所享有的在发行方权益中的潜在相对利益保持不变,则可认为这一调整并不违背"固定换固定"原则。如果不做任何调整,也可认为合同双方在此类工具发行时已在其估值中考虑了上述活动的预期影响。但如果做了调整且调整公式无法体现此类工具持有人与普通股股东在相关事件发生前后"同进同退"的原则,则不能认为这一调整符合"固定换固定"原则。

③ 金融负债和权益工具区分的若干说明。

A. 符合条件的以外币计价的配股权、期权或认股权证——分类为权益工具(例外情况)。

一般来说,如果企业的某项合同是通过固定金额的外币(即企业记账本位币以外的其他货币)交换固定数量的自身权益工具进行结算,由于固定金额的外币代表的是以企业记账本位币计价的可变金额,因此不符合"固定换固定"原则。

但是,《企业会计准则第37号——金融工具列报》在"固定换固定"原则下对以外币计价的配股权、期权或认股权证规定了一类例外情况:企业对全部现有同类别非衍生自身权益工具的持有方同比例发行配股权、期权或认股权证,使之有权按比例以固定金额的任何货币交换固定数量的该企业自身权益工具的,该类配股权、期权或认股权证应当分类为权益工具。

这是一类范围很窄的例外情况,不能以类推方式适用于其他工具(如以外币计价的可转换债券)。

【例28-18】 智董公司(假设在中国内地、中国香港、美国多地上市),向其所有的现有普通股股东提供每持有10股普通股可购买其1股普通股的权利,配股价格为配股公告当日股价的80%。

由于该公司在多地上市,受到各国家(或地区)当地的法规限制,配股权行权价的币种须与当地货币一致。

【分析】 这属于《企业会计准则第37号——金融工具列报》在"固定换固定"原则下对以外币计价的配股权的例外情况规定。企业(智董公司)对全部现有同类别非衍生自身权益工具(普通股)的持有方同比例(配股比例为10股配1股)发行配股权,使之有权按比例以固定金额的任何货币交换固定数量的该企业自身权益工具,该类配股权应当分类为权益工具。

B. 或有结算条款的金融工具——一般应当分类为金融负债;满足特定条件时,可分类为权益工具。

a. 什么是附有或有结算条款的金融工具?

附有或有结算条款的金融工具,指是否通过交付现金或其他金融资产进行结算,或者是否以其他导致该金融工具成为金融负债的方式进行结算,需要由发行方和持有方均不能控制的未来不确定事项(如股价指数、消费价格指数变动,利率或税法变动,发行方未来收入、净收益或债务权益比率等)的发生或不发生(或发行方和持有方均不能控制的未来不确定事项的结果)来确定的金融工具。

b. 附有或有结算条款的金融工具,一般应当分类为金融负债。

对于附有或有结算条款的金融工具，发行方不能无条件地避免交付现金、其他金融资产或以其他导致该工具成为金融负债的方式进行结算的，应当分类为金融负债。

c. 附有或有结算条款的金融工具，满足特定条件时，可分类为权益工具。

满足下列条件之一的，发行方应当将其分类为权益工具：

要求以现金、其他金融资产或以其他导致该工具成为金融负债的方式进行结算的或有结算条款几乎不具有可能性，即相关情形极端罕见、显著异常且几乎不可能发生。

只有在发行方清算时，才需以现金、其他金融资产或以其他导致该工具成为金融负债的方式进行结算。

按照《企业会计准则第37号——金融工具列报》第三章分类为权益工具的可回售工具。

实务中，出于对自身商业利益的保障和公平原则考虑，合同双方会对一些不能由各自控制的情况下是否要求支付现金（包括股票）做出约定，这些"或有结算条款"可以包括与外部市场有关的或者与发行方自身情况有关的事项。出于防止低估负债和防止通过或有条款的设置来避免对复合工具中负债成分进行确认的目的，发行方需要针对这些条款确认金融负债，除非能够证明或有事件是极端罕见、显著异常且几乎不可能发生的情况或者仅限于清算事件。

例如，智董公司发行了一项永续债，每年按照合同条款支付利息，但同时约定其利息只在发行方有可供分配利润时才需支付，如果发行方可供分配利润不足则可能无法履行该项支付义务。虽然利息的支付取决于是否有可供分配利润，使得利息支付义务成为或有情况下的义务，但是智董公司并不能无条件地避免支付现金的合同义务，因此该公司应当将该永续债划分为一项金融负债。如果合同的或有结算条款要求只有在发生了极端罕见、显著异常且几乎不可能发生的事件时才会以现金、其他金融资产或以其他导致该工具成为金融负债的方式进行结算，那么可将该或有结算条款视为一项不具有可能性的条款。如果一项合同只有在上述不具有可能性的事件发生时才须以现金、其他金融资产或以其他导致该工具成为金融负债的方式进行结算，在对该金融工具进行分类时，不需要考虑这些或有结算条款，应将该合同确认为一项权益工具。

📕 政策依据

《企业会计准则第37号——金融工具列报》

第十二条 对于附有或有结算条款的金融工具，发行方不能无条件地避免交付现金、其他金融资产或以其他导致该工具成为金融负债的方式进行结算的，应当分类为金融负债。但是，满足下列条件之一的，发行方应当将其分类为权益工具：

（一）要求以现金、其他金融资产或以其他导致该工具成为金融负债的方式进行结算的或有结算条款几乎不具有可能性，即相关情形极端罕见、显著异常且几乎不可能发生。

（二）只有在发行方清算时，才需以现金、其他金融资产或以其他导致该工具成为金融负债的方式进行结算。

（三）按照本准则第三章分类为权益工具的可回售工具。

附有或有结算条款的金融工具，指是否通过交付现金或其他金融资产进行结算，或者是否以其他导致该金融工具成为金融负债的方式进行结算，需要由发行方和持有方均不能控制的未来不确定事项（如股价指数、消费价格指数变动、利率或税法变动、发行方未来收入、净收益或债务权益比率等）的发生或不发生（或发行方和持有方均不能控制的未来不确定事项的结果）来确定的金融工具。

【例28-19】 或有结算条款——首次公开发行。

情形1：智董公司定向发行了8亿元的股票，其可自行决定是否派发股利。如果智董公司进行筹资或首次公开发行（IPO），则其必须按面值赎回该股票。

情形2：智董公司定向发行了8亿元的股票，其可自行决定是否派发股利。如果智董公司在自该股票发行之日起5年内未能成功筹资或首次公开发行（IPO），则其必须按面值赎回该股票。

【分析】

情形1：

智董公司不能保证筹资或IPO的成功，但它确实可以决定是否发起筹资活动或寻求IPO。鉴于智董公司可以通过避免筹资或IPO来避免赎回股票，该工具应分类为权益。

情形2：

鉴于该或有事项（成功筹资或IPO）不受智董公司控制，其属于或有结算条款。由于智董公司不能避免赎回股票，因此该工具应分类为金融负债。

【例28-20】 或有结算条款——控制权变更。

智董公司拟发行优先股，相关资料如下。

合同条款约定：

（1）智董公司可根据相应的议事机制自行决定是否派发股利。

（2）如果智董公司的控股股东发生变更（该事项不受智董公司控制），智董公司必须按面值赎回该优先股。

【分析】 该或有事项（控股股东变更）不受智董公司控制，属于或有结算事项。该优先股属于附有或有结算条款的金融工具。

该优先股不属于可分类为权益工具附有或有结算条款的金融工具，因为满足下列条件之一：

（1）要求以现金、其他金融资产或以其他导致该工具成为金融负债的方式进行结算的或有结算条款几乎不具有可能性，即相关情形极端罕见、显著异常且几乎不可能发生。

（2）只有在发行方清算时，才需以现金、其他金融资产或以其他导致该工具成为金融负债的方式进行结算。

（3）按照《企业会计准则第37号——金融工具列报》第三章分类为权益工具的可回售工具。

因此，对该附有或有结算条款的金融工具（即该优先股），发行方（智董公司）不能无条件地避免交付现金、其他金融资产或以其他导致该工具成为金融负债的方式进行结算（不能无条件地避免赎回股份的义务），应当分类为金融负债。

【例28-21】 或有结算条款——会计或税务法规变更。

智董公司发行了由其自行决定是否派发股利的含8%非累积股利的优先股。

如果适用的税务或会计处理要求被修订，该股份将被赎回。

【分析】 鉴于发行人和持有人均无法控制的或有事项是现实的，且可能导致智董公司在除其清算之外的时间必须交付现金或其他金融资产，该金融工具应分类为一项金融负债。

但是，由于8%的股利可由智董公司自行决定，所以它是智董公司的权益。

因此，该优先股同时包含负债和权益特征，即是一项复合金融工具。

【例28-22】 带有或有结算条款的可续期公司债券。

智董上市公司发行可续期公司债券30亿元。当发生如下情形时，经债券持有人会议做出决议，智董公司本次债券项下所有未偿还本金和相应利息立即到期，由智董公司立即予以兑付：

（1）发行人行业政策或市场环境发生重大不利变化。

（2）财务状况发生重大不利变化。

（3）财务指标承诺未达标。

（4）控制权变更。

（5）智董公司的主体评级或本期债券评级发生严重不利变化。

（6）发生超过净资产15%以上的重大损失。

（7）发生重大诉讼或经济纠纷。

【分析】 在本例中，上述导致本次债券立即到期的各项事项是发行方和持有方均不能控制的未来不确定事项。

根据准则规定，如果这些事项几乎不具有可能性，即相关情形极端罕见、显著异常且几乎不可能发生时，不影响该工具分类为权益工具。准则中对于几乎不具有可能性的定义是相当苛刻的，实务中，一般而言，合同中约定的具有商业实质的条款不能被认定为几乎不具有可能性。

当发生上述事项时,智董公司是否须立即予以兑付由债权人会议决定,智董公司无法控制债权人会议决议,也无法控制上述事项是否发生,进而无法无条件地避免还本付息的合同义务,智董公司应将该可续期公司债券分类为金融负债。

C. 存在结算选择权的衍生工具——应当将其确认为金融负债或金融资产,或可确认为权益工具。

对于存在结算选择权的衍生工具(例如,合同规定发行方或持有方能选择以现金净额或以发行股份交换现金等方式进行结算的衍生工具),发行方应当将其确认为金融负债或金融资产;如果可供选择的结算方式均表明该衍生工具应当确认为权益工具,则应当确认为权益工具。

例如,为防止附有转股权的金融工具的持有方行使转股权而导致发行方的普通股股东的股权被稀释,发行方会在衍生工具合同中加入一项现金结算选择权:发行方有权以等值于所应交付的股票数量乘以股票市价的现金金额支付给工具持有方,而不再发行新股。按照《企业会计准则第 37 号——金融工具列报》规定,发行方应当将这样的转股权确认为衍生金融负债或衍生金融资产。

政策依据

《企业会计准则第 37 号——金融工具列报》

第十三条 对于存在结算选择权的衍生工具(例如合同规定发行方或持有方能选择以现金净额或以发行股份交换现金等方式进行结算的衍生工具),发行方应当将其确认为金融资产或金融负债,但所有可供选择的结算方式均表明该衍生工具应当确认为权益工具的除外。

D. 复合金融工具——在初始确认时将各组成部分分别分类金融负债、金融资产或权益工具。

企业应对发行的非衍生工具进行评估,以确定所发行的工具是否为复合金融工具。企业所发行的非衍生工具可能同时包含金融负债成分和权益工具成分。

对于复合金融工具,发行方应于初始确认时将各组成部分分别分类为金融负债、金融资产或权益工具。

企业发行的一项非衍生工具同时包含金融负债成分和权益工具成分的,应于初始计量时先确定金融负债成分的公允价值(包括其中可能包含的非权益性嵌入衍生工具的公允价值),再从复合金融工具公允价值中扣除负债成分的公允价值,作为权益工具成分的价值。

可转换债券等可转换工具可能被分类为复合金融工具。发行方对该类可转换工具进行会计处理时,应当注意以下方面:

在可转换工具转换时,应终止确认负债成分,并将其确认为权益。

原来的权益成分仍旧保留为权益(从权益的一个项目结转到另一个项目,如从"其他权益工具"转入"资本公积——资本溢价或股本溢价")。

可转换工具转换时不产生损益。

企业通过在到期日前赎回或回购而终止一项仍具有转权的可转换工具时,应在交易日将赎回或回购所支付的价款以及发生的交易费用分配至该工具的权益成分和负债成分。

分配价款和交易费用的方法应与该工具发行时采用的分配方法一致。

价款和交易费用分配后,所产生的利得或损失应分别根据权益成分和负债成分所适用的会计原则进行处理,分配至权益成分的款项计入权益,与债务成分相关的利得或损失计入当期损益。

【例 28-23】 智董公司 2×19 年 1 月 1 日按每份面值 1 000 元发行了 6 000 份可转换债券,取得总收入 6 000 000 元。该债券期限为 3 年,票面年利息为 6%,利息按年支付;每份债券均可在债券发行 1 年后的任何时间转换为 250 股普通股。智董公司发行该债券时,二级市场上与之类似但没有转股权的债券的市场利率为 9%。

假定不考虑其他相关因素。智董公司以摊余成本计量分类为金融负债的应付债券。

【分析】 转股权的结算是以固定数量的债券换取固定数量的普通股,因此该转股权应归类为权益工具。

具体计算和账务处理如下:

(1) 先对负债成分进行计量,债券发行收入与负债成分的公允价值之间的差额则分配到权益成分。

负债成分的现值按9%的折现率(即具有相同信用等级的没有转换选择权的类似债券的市场利率)计算,见表28-2。

表28-2 负债成分的现值按9%的折现率   单位:元

本金的现值:	
第3年年末应付本金6 000 000元(复利现值系数为0.7721835)	4 633 101*
利息的现值:	
3年期内每年应付利息360 000元(年金现值系数为2.5312917)	911 265**
负债成分总额	5 544 366
权益成分金额	455 634
债券发行总收入	6 000 000

注:*本金的现值(按9%折现):$6\,000\,000/1.09^3=4\,633\,101$。
**3年期内每年年末应付的利息(360 000)的现值:第1年末:$360\,000/1.09=330\,275$;第2年末:$360\,000/1.09^2=303\,005$;第3年末:$360\,000/1.09^3=277\,986$。利息的现值合计≈911 265。

(2) 智董公司的账务处理。

① 2×19年1月1日,发行可转换债券:

借:银行存款　　　　　　　　6 000 000
　　应付债券——利息调整　　　455 634
　　贷:应付债券——面值　　　6 000 000
　　　　其他权益工具　　　　　455 634

② 2×19年12月31日,计提和实际支付利息计提债券利息时:

借:财务费用　　　　　　　　　498 993
　　贷:应付利息　　　　　　　　360 000
　　　　应付债券——利息调整　　138 993

实际支付利息时:

借:应付利息　　　　　　　　　360 000
　　贷:银行存款　　　　　　　　360 000

③ 2×20年12月31日,债券转换前,计提和实际支付利息计提债券利息时:

借:财务费用　　　　　　　　　511 502
　　贷:应付利息　　　　　　　　360 000
　　　　应付债券——利息调整　　151 502

实际支付利息时:

借:应付利息　　　　　　　　　360 000
　　贷:银行存款　　　　　　　　360 000

至此,转换前应付债券的摊余成本为5 834 861元(5 544 366+138 993+151 502)。

假定至2×20年12月31日,智董公司股票上涨幅度较大,可转换债券持有方均于当日将持有的可转换债券转为智董公司股份。由于智董公司对应付债券采用摊余成本进行后续计量,因此,在转换日,转换前应付债券的摊余成本应为5 834 861元,而权益成分的账面价值仍为455 634元。在转换日,智董公司发行股票数量为1 500 000股。

对此,智董公司的账务处理如下:

借:应付债券——面值　　　　　6 000 000
　　贷:应付债券——利息调整　　165 139
　　　　股本　　　　　　　　　1 500 000
　　　　资本公积——股本溢价　　4 334 861

借:其他权益工具　　　　　　　455 634
　　贷:资本公积——股本溢价　　455 634

企业可能修订可转换工具的条款以促成持有方提前转换。

例如,提供更有利的转换比率或在特定日期前转换则支付额外的对价。在条款修订日,对于持有方根据修订后的条款进行转换所能获得的对价的公允价值与根据原有条款进行转换所能获得的对价的公允价值之间的差额,企业(发行方)应将其确认为一项损失。

企业发行认股权和债权分离交易的可转换公司债券,所发行的认股权符合《企业会计准则第37号——金融工具列报》有关权益工具定义的,应当确认为一项权益工具(其他权益工具),并以发行价格减去不附认股权且其他条件相同的公司债券公允价值后的净额进行计量。

认股权持有方到期没有行权的,企业应当在到期时将原计入其他权益工具的部分转入资本公积(股本溢价)。

 政策依据

《企业会计准则第37号——金融工具列报》

第十四条 企业应对发行的非衍生工具进行评估,以确定所发行的工具是否为复合金融工具。企业所发行的非衍生工具可能同时包含金融负债成分和权益工具成分。对于复合金融工具,发行方应于初始确认时将各组成部分分别分类为金融负债、金融资产或权益工具。

企业发行的一项非衍生工具同时包含金融负债成分和权益工具成分的,应于初始计量时先确定金融负债成分的公允价值(包括其中可能包含的非权益性嵌入衍生工具的公允价值),再从复合金融工具公允价值中扣除负债成分的公允价值,作为权益工具成分的价值。复合金融工具中包含非权益性嵌入衍生工具的,非权益性嵌入衍生工具的公允价值应当包含在金融负债成分的公允价值中,并且按照《企业会计准则第22号——金融工具确认和计量》的规定对该金融负债成分进行会计处理。

E. 合并财务报表中金融负债和权益工具的区分。

在合并财务报表中对金融工具(或其组成部分)进行分类时,企业应考虑集团成员和金融工具的持有方之间达成的所有条款和条件,以确定集团作为一个整体是否由于该工具而承担了交付现金或其他金融资产的义务,或者承担了以其他导致该工具分类为金融负债的方式进行结算的义务。

例如,某集团一子公司发行一项权益工具,同时其母公司或集团其他成员与该工具的持有方达成了其他附加协议,母公司或集团其他成员可能对相关的支付金额(如股利)做出担保;或者集团另一成员可能承诺在该子公司不能支付预期款项时购买这些股份。在这种情形下,尽管集团子公司(发行方)在没有考虑这些附加协议的情况下,在其个别财务报表中将这项工具分类为权益工具,但是在合并财务报表中,集团与该工具的持有方之间的附加协议的影响意味着集团作为一个整体无法避免经济利益的转移,导致其分类为金融负债。因此,合并财务报表应当考虑这些附加协议或条款,以确保从集团整体的角度反映所签订的所有合同和相关交易。

 政策依据

《企业会计准则第37号——金融工具列报》

第十五条 在合并财务报表中对金融工具(或其组成部分)进行分类时,企业应当考虑企业集团成员和金融工具的持有方之间达成的所有条款和条件。企业集团作为一个整体,因该工具承担了交付现金、其他金融资产或以其他导致该工具成为金融负债的方式进行结算的义务的,该工具在企业集团合并财务报表中应当分类为金融负债。

【例28-24】 智董公司为贵琛公司的母公司,其向贵琛公司的少数股东签出一份在未来9个月后以贵琛公司普通股为基础的看跌期权。

如果9个月后贵琛公司股票价格下跌,贵琛公司少数股东有权要求智董公司无条件地以固定价格购入贵琛公司少数股东所持有的贵琛公司股份。

【分析】 在智董公司的个别财务报表中,由于该看跌期权的价值随着贵琛公司股票价格的变动而变动,并将于未来约定日期进行结算,因此该看跌期权符合衍生工具的定义而确认为一项衍生金融负债。

在贵琛公司财务报表中,少数股东所持有的贵琛公司股份则是其自身权益工具。

而在集团合并报表层面,由于看跌期权使集团整体承担了不能无条件避免的支付现金的合同义务,因此该少数股东权益不再符合权益

工具定义,而应确认为一项金融负债,其金额等于回购所需支付金额的现值。

【例 28-25】 负债与权益的区分。

智董公司(上市公司)与贵琛公司合资设立房地产开发有限公司鑫裕公司,注册资本 15 亿元,其中智董公司出资 12 亿元,占注册资本的 80%,贵琛公司出资 3 亿元,占注册资本的 20%。

2×20 年 4 月,智董公司、贵琛公司与 ABC 信托签署了增资协议,由 ABC 信托发起设立"××股权投资集合信托计划",ABC 信托向鑫裕公司增资 15 亿元。增资完成后,鑫裕公司的注册资本增加至 30 亿元,其中智董公司持有 40%的股权、贵琛公司持有 10%、ABC 信托持有 50%。该信托规模为 30 亿元。根据相关协议安排,智董公司仍然控制鑫裕公司。鑫裕公司定期向信托计划支付固定收益的利息,且 3 年后,信托计划收回所投入全部资金。

【分析】 法律形式上的债务,可能并不一定是会计上的债务,法律形式上的股权,也可能并不一定是会计意义上的权益,实务中应该根据准则的相关判断原则具体判断。

在本例中,鑫裕公司需要定期向信托计划支付固定收益,且该信托有期限,到期需支付所有投资本金,因此,法律上虽然信托是作为股权投资方,但该交易实质上是智董公司通过 ABC 信托从外部引入新的债权人。鑫裕公司应当将该信托计划分类为一项金融负债。

因此,在智董公司合并报表层面,鑫裕公司权益归属于母公司的比例为 80%,而不是法律形式上的 40%。

4. 金融负债和权益工具之间的重分类

由于发行的金融工具原合同条款约定的条件或事项随着时间的推移或经济环境的改变而发生变化,可能会导致已发行金融工具(含《企业会计准则第 37 号——金融工具列报》第三章规定的特殊金融工具)的重分类。

例如,企业拥有可回售工具和其他工具,可回售工具并非最次级类别,并不符合分类为权益工具的条件。如果企业赎回其已发行的全部其他工具后,发行在外的可回售工具符合了分类为权益工具的全部特征和全部条件,那么企业应从其赎回全部其他工具之日起将可回售工具重分类为权益工具。反之,如果原来被分类为权益工具的可回售工具因为更次级的新工具的发行,而不再满足分类为权益工具的条件,则企业应在新权益工具的发行日将可回售工具重分类为金融负债。

发行方原分类为权益工具的金融工具,自不再被分类为权益工具之日起,发行方应当将其重分类为金融负债,以重分类日该工具的公允价值计量,重分类日权益工具的账面价值和金融负债的公允价值之间的差额确认为权益。发行方原分类为金融负债的金融工具,自不再被分类为金融负债之日起,发行方应当将其重分类为权益工具,以重分类日金融负债的账面价值计量。

(四) 金融资产和金融负债的抵销

企业应当正确把握金融资产和金融负债的抵销原则。

满足规定抵销条件的金融资产和金融负债应当以相互抵销后的净额在资产负债表内列示。

企业应当充分考虑相关法律法规要求、合同或协议约定等各方面因素以及自身以总额还是净额结算的意图,对金融资产和金融负债是否符合抵销条件进行评估。

1. 金融资产和金融负债相互抵销的条件

金融资产和金融负债应当在资产负债表内分别列示,不得相互抵销。

但是,同时满足下列条件的,应当以相互抵销后的净额在资产负债表内列示:

(1)企业具有抵销已确认金额的法定权利,且该种法定权利是当前可执行的。

抵销权是债务人根据合同或其他协议,以应收债权人的金额全部或部分抵销应付债权人的金额的法定权利。在某些情况下,如果债务人、债权人和第三方三者之间签署的协议明确表示债务人拥有该抵销权,并且不违反法律法规或其他相关规定,债务人可能拥有以应收第三方的金额抵销应付债权人的金额的法定权利。

抵销权应当不取决于未来事项,而且在企业和所有交易对手方的正常经营过程中,或在出现违约、无力偿债或破产等各种情形下,企业均可执行该法定权利。

在确定抵销权是否可执行时,企业应当充分考虑法律法规或其他相关规定以及合同约定等各方面因素。

当前可执行的抵销权不构成相互抵销的充分条件,企业既不打算行使抵销权(即净额结算),又无计划同时结算金融资产和金融负债的,该金融资产和金融负债不得抵销。

在没有法定权利的情况下,一方或双方即使有意向以净额为基础进行结算或同时结算相关金融资产和金融负债的,该金融资产和金融负债也不得抵销。

专家点拨

抵销协议中将支付或将收取的金额的不确定性并不妨碍企业的抵销权成为当前可执行的法定权利。同样地,抵销时间的不确定性也不妨碍抵销权成为当前可执行的法定权利,因为时间的推移并不意味着该抵销权取决于未来事件。但是,在某些未来事件发生之后则消失或成为不可执行的抵销权不满足抵销条件。例如,如果交易双方约定,在任何一方出现信用评级下降后,抵销条款不再适用或变为不可执行,则该抵销权自始至终都不满足抵销条件。

(2)企业计划以净额结算,或同时变现该金融资产和清偿该金融负债。

当企业分别通过收取和支付总额来结算两项金融工具时,即使该两项工具结算的间隔期很短,但企业需承受的可能是重大的资产信用风险和负债流动性风险,在这种情况下以净额列报并不适合。但是,金融市场中的清算机构的运作机制可能有助于两项金融工具达到同时结算。在这种情况下,若符合《企业会计准则第37号——金融工具列报》第三十二条相关条件,相关的现金流量实际上等于一项净额,企业所承受的信用风险或流动性风险并非针对总额,因而满足净额结算的条件。

政策依据

《企业会计准则第37号——金融工具列报》

第三十二条 企业同时结算金融资产和金融负债的,如果该结算方式相当于净额结算,则满足《企业会计准则第37号——金融工具列报》第二十八条(二)以净额结算的标准。这种结算方式必须在同一结算过程或周期内处理了相关应收和应付款项,最终消除或几乎消除了信用风险和流动性风险。如果某结算方式同时具备如下特征,可视为满足净额结算标准:

(一)符合抵销条件的金融资产和金融负债在同一时点提交处理。

(二)金融资产和金融负债一经提交处理,各方即承诺履行结算义务。

(三)金融资产和金融负债一经提交处理,除非处理失败,这些资产和负债产生的现金流量不可能发生变动。

(四)以证券作为担保物的金融资产和金融负债,通过证券结算系统或其他类似机制进行结算(例如券款对付),即如果证券交付失败,则以证券作为抵押的应收款项或应付款项的处理也将失败,反之亦然。

(五)若发生本条(四)所述的失败交易,将重新进入处理程序,直至结算完成。

(六)由同一结算机构执行。

(七)有足够的日间信用额度,并且能够确保该日间信用额度一经申请提取即可履行,以支持各方能够在结算日进行支付处理。

不满足终止确认条件的金融资产转移,转出方不得将已转移的金融资产和相关负债进行抵销。

企业应当区分金融资产和金融负债的抵销与终止确认。抵销金融资产和金融负债并在资产负债表中以净额列示,不应当产生利得或损失;终止确认是从资产负债表列示的项目中移除相关金融资产或金融负债,有可能产生利得或损失。

2. 金融资产和金融负债不能相互抵销的情形

在下列情况下,通常认为不满足抵销条件,不得抵销相关金融资产和金融负债:

(1)使用多项不同金融工具来仿效单项金

融工具的特征,即"合成工具"。

例如,利用浮动利率长期债券与收取浮动利息且支付固定利息的利率互换,合成一项固定利率长期负债。

(2) 金融资产和金融负债虽然具有相同的主要风险敞口(例如远期合同或其他衍生工具组合中的资产和负债),但涉及不同的交易对手。

(3) 无追索权金融负债与作为其担保物的金融资产或其他资产。

(4) 债务人为解除某项负债而将一定的金融资产进行托管(例如偿债基金或类似安排),但债权人尚未接受以这些资产清偿负债。

(5) 因某些导致损失的事项而产生的义务与预计通过保险合同向第三方索赔而得到的补偿。

3. 总互抵协议

(1) 什么是总互抵协议?

总互抵协议,是指协议所涵盖的所有金融工具中的任何一项合同在发生违约或终止时,就协议所涵盖的所有金融工具按单一净额进行结算。

企业与同一交易对手进行多项金融工具交易时,可能与该交易对手签订涵盖其所有交易的"总互抵协议"。

这些总互抵协议形成的法定抵销权利只有在出现特定的违约事项时,或出现在正常经营过程中不会发生的其他情况时,才会生效并影响单项金融资产的变现和单项金融负债的结算。

(2) 总互抵协议的用途。

这种协议常常被金融机构用于在交易对手破产或发生其他导致交易对手无法履行义务的情况时保护金融机构免受损失。一旦发生触发事件,这些协议通常规定对协议涵盖的所有金融工具按单一净额进行结算。

例如,进行金融衍生品交易的金融机构间可能签订由国际掉期与衍生工具协会(ISDA)制定的衍生品交易主协议,国内金融机构间开展衍生品交易,也可能签订由中国银行间市场交易商协会(NAFMII)制定的衍生品交易主协议,这些协议中可能含有上述互抵条款。

(3) 满足条件,才能抵销总互抵协议下的相关金融资产和金融负债。

总互抵协议的存在本身并不一定构成协议所涵盖的资产和负债相互抵销的依据。

如果总互抵协议仅形成抵销已确认金额的有条件权利,这不符合企业必须拥有当前可执行的抵销已确认金额的法定权利的要求;同时,企业可能没有以净额为基础进行结算或同时变现资产和清偿负债的意图。

二、会计准则概述

(一) 本准则的相关背景

为了规范金融工具的确认和计量,我国财政部于 2017 年 3 月 31 日修订发布了《企业会计准则第 22 号——金融工具确认和计量》(财会〔2017〕7 号,本讲简称"本准则"或"新准则")。

在境内外同时上市的企业以及在境外上市并采用国际财务报告准则或企业会计准则编制财务报告的企业,自 2018 年 1 月 1 日起施行;其他境内上市企业自 2019 年 1 月 1 日起施行;执行企业会计准则的非上市企业自 2021 年 1 月 1 日起施行。执行《企业会计准则第 22 号——金融工具确认和计量》的企业,不再执行财政部于 2006 年 2 月 15 日印发的《财政部关于印发〈企业会计准则第 1 号——存货〉等 38 项具体准则的通知》(财会〔2006〕3 号)中的《企业会计准则第 22 号——金融工具确认和计量》。

执行《企业会计准则第 22 号——金融工具确认和计量》的企业,应当同时执行财政部 2017 年修订印发的《企业会计准则第 23 号——金融资产转移》(财会〔2017〕8 号)和《企业会计准则第 24 号——套期会计》(财会〔2017〕9 号)。

(二) 本准则的适用范围

本准则主要规范了各类企业的金融资产和金融负债的确认和计量、嵌入衍生工具的会计处理、金融工具的减值,以及金融资产和金融负债所产生的相关利得和损失的会计处理。

企业所取得的金融资产和承担的金融负

债,应当按照《企业会计准则第22号——金融工具确认和计量》的要求进行会计处理。

通常情况下,符合《企业会计准则第22号——金融工具确认和计量》中金融工具定义的项目,应当按照《企业会计准则第22号——金融工具确认和计量》规定进行会计处理。

但一些符合金融工具定义的项目适用其他准则,不按照《企业会计准则第22号——金融工具确认和计量》进行会计处理。同时,一些非金融项目合同有可能按照《企业会计准则第22号——金融工具确认和计量》进行会计处理。

1. 涉及其他准则规范的情况(表28-3)

表28-3 涉及其他准则规范的情况

长期股权投资	由《企业会计准则第2号——长期股权投资》规范的对子公司、合营企业和联营企业的投资,适用《企业会计准则第2号——长期股权投资》 但是企业根据《企业会计准则第2号——长期股权投资》对上述投资按照《企业会计准则第22号——金融工具确认和计量》相关规定进行会计处理的,适用《企业会计准则第22号——金融工具确认和计量》 企业持有的与在子公司、合营企业或联营企业中的权益相联系的衍生工具,适用《企业会计准则第22号——金融工具确认和计量》;该衍生工具符合《企业会计准则第37号——金融工具列报》规定的权益工具定义的,适用《企业会计准则第37号——金融工具列报》
职工薪酬	由《企业会计准则第9号——职工薪酬》规范的职工薪酬计划形成的企业的权利和义务,符合金融工具的定义 但由于职工薪酬相关权利和义务的计量具有一定的特殊性,其会计处理适用《企业会计准则第9号——职工薪酬》
股份支付	由《企业会计准则第11号——股份支付》规范的股份支付,适用《企业会计准则第11号——股份支付》 但是,股份支付中属于《企业会计准则第22号——金融工具确认和计量》第八条范围的买入或卖出非金融项目的合同,适用《企业会计准则第22号——金融工具确认和计量》
债务重组	由《企业会计准则第12号——债务重组》规范的债务重组,适用《企业会计准则第12号——债务重组》
或有事项	因清偿按照《企业会计准则第13号——或有事项》所确认的预计负债而获得补偿的权利,适用《企业会计准则第13号——或有事项》
收入	由《企业会计准则第14号——收入》规范的属于金融工具的合同权利和义务,适用《企业会计准则第14号——收入》 但该准则要求在确认和计量相关合同权利的减值损失和利得时应当按照《企业会计准则第22号——金融工具确认和计量》规定进行会计处理的,适用《企业会计准则第22号——金融工具确认和计量》有关减值的规定
企业合并	购买方(或合并方)与出售方之间签订的,将在未来购买日(或合并日)形成《企业会计准则第20号——企业合并》规范的企业合并,且其期限不超过企业合并获得批准并完成交易所必须的合理期限的远期合同,符合《企业会计准则第22号——金融工具确认和计量》关于金融工具和衍生工具的定义,但不适用《企业会计准则第22号——金融工具确认和计量》
租赁	由《企业会计准则第21号——租赁》规范的租赁权利和义务,适用《企业会计准则第21号——租赁》。但下列情况除外: (1) 企业作为出租人的,其租赁应收款的减值、终止确认的会计处理,适用《企业会计准则第22号——金融工具确认和计量》 (2) 企业作为承租人的,其租赁应付款(即租赁负债)的终止确认的会计处理,适用《企业会计准则第22号——金融工具确认和计量》 (3) 租赁中嵌入的衍生工具的会计处理,适用《企业会计准则第22号——金融工具确认和计量》
金融资产转移	金融资产转移,适用《企业会计准则第23号——金融资产转移》
套期会计	套期会计,适用《企业会计准则第24号——套期会计》
保险合同	由保险合同相关会计准则规范的保险合同所产生的权利和义务,适用保险合同相关会计准则。因具有相机分红特征而由保险合同相关会计准则规范的合同所产生的权利和义务,适用保险合同相关会计准则 但对于嵌入保险合同的衍生工具,该嵌入衍生工具本身不是保险合同的,适用《企业会计准则第22号——金融工具确认和计量》
财务担保合同	财务担保合同,是指当特定债务人到期不能按照最初或修改后的债务工具条款偿付债务时,要求发行方向蒙受损失的合同持有人赔付特定金额的合同 目前实务中发行方对财务担保合同有两种处理方式,即按照金融工具相关准则进行会计处理,或者按照保险合同相关准则进行会计处理(如融资性担保公司) 因此,《企业会计准则第22号——金融工具确认和计量》从实务角度出发,规定财务担保合同的发行方可做如下选择: (1) 发行方之前明确表明将此类合同视作保险合同,并且已按照保险合同相关会计准则进行会计处理的,可以选择适用《企业会计准则第22号——金融工具确认和计量》或保险合同相关会计准则 该选择可以基于单项合同,但选择一经做出,不得撤销 (2) 其他情况下,相关财务担保合同适用《企业会计准则第22号——金融工具确认和计量》
分类为权益工具的金融工具	企业发行的按照《企业会计准则第37号——金融工具列报》规定应当分类为权益工具的金融工具,适用《企业会计准则第37号——金融工具列报》

注 （1）关于长期股权投资的排除。

首先需要明确的是，长期股权投资属于金融工具的范畴。对于投资方而言，发生了长期股权投资就等于让渡了该项资金的使用权，属于融出资金的行为，也是股东必尽的义务；股东融出资金后就获取了股东应享有的法定权利，股东也会伺机行使其法定权利来获取持有或转让收入，届时就实现了资金的回流。

按照具体准则之间的分工，企业发生的重大影响以上的权益性投资是由《企业会计准则第 2 号——长期股权投资》来规范的，所以在《企业会计准则第 22 号——金融工具确认和计量》的适用范围中必须将其予以排除。

《企业会计准则第 2 号——长期股权投资》中规定：如果投资方既直接持有最终被投资方的股权，又通过投资性主体等间接持有最终被投资方一部分股权，投资方可以将其间接持有的该部分股权选择以公允价值计量且其变动计入当期损益，而以公允价值计量且其变动计入当期损益的权益性投资恰恰是由《企业会计准则第 22 号——金融工具确认和计量》来规范的，所以《企业会计准则第 22 号——金融工具确认和计量》第六条的 1.中规定的"但是企业根据《企业会计准则第 2 号——长期股权投资》对上述投资按照本准则相关规定进行会计处理的，适用本准则"，这就叫做"例外中又有例外"，这也是我们上述所谈到的相互索引。

由于衍生工具由于《企业会计准则第 22 号——金融工具确认和计量》来加以规范的，即便企业持有了与其在子公司、合营企业或联营企业中的权益相联系的衍生工具，对该衍生工具的会计处理就应该执行《企业会计准则第 22 号——金融工具确认和计量》的相关规定，所以《企业会计准则第 22 号——金融工具确认和计量》第六条的 1.中规定的"企业持有了与其在子公司、合营企业或联营企业中的权益相联系的衍生工具，适用本准则"，这就叫做"你中有我，我中有你"。

由于金融工具中权益工具的确认与计量是由《企业会计准则第 37 号——金融工具列报》来加以具体规范的，企业持有与其在子公司、合营企业或联营企业中的权益相关的衍生工具如果属于《企业会计准则第 37 号——金融工具列报》中所界定权益工具的定义，对该衍生工具的确认与计量自然要遵循《企业会计准则第 37 号——金融工具列报》的相关规定。所以《企业会计准则第 22 号——金融工具确认和计量》第六条的 1.中规定的"该衍生工具符合《企业会计准则第 37 号——金融工具列报》规定的权益工具的定义的，适用《企业会计准则第 37 号——金融工具列报》"，这就叫做"例外之中的区别对待"。

（2）关于职工薪酬的排除。

同样，需要首先明确的是，职工薪酬也属于金融工具的范畴。对于企业而言，企业获取了其职工提供的服务，这种服务的背后就相当于企业融入了资金，但企业在获取其职工提供服务的同时，也必须依法承担向其职工支付薪酬的义务，企业履行该法定义务时就相当于融出了资金。

由于与职工薪酬相关的权利和义务是由《企业会计准则第 9 号——职工薪酬》来加以规范的，所以《企业会计准则第 22 号——金融工具确认和计量》第六条的 2.规定的"由《企业会计准则第 9 号——职工薪酬》规范的职工薪酬计划形成的企业权利和义务，适用《企业会计准则第 9 号——职工薪酬》"，这就叫做"铁路警察各管一段"。

（3）应收账款与租赁不作为金融工具分类与计量影响并不大，因为这两项减值计提仍然适用《企业会计准则第 22 号——金融工具确认和计量》。

2. 属于《企业会计准则第 22 号——金融工具确认和计量》范围的买卖非金融项目的合同

对于能够以现金或其他金融工具净额结算（即不交付非金融项目本身，而是根据双方合同权利义务的价值差以现金或其他金融工具结算），或者通过交换金融工具结算的买入或卖出非金融项目的合同，企业应当将该合同视同金融工具，适用《企业会计准则第 22 号——金融工具确认和计量》。

但企业按照预定的购买、销售或使用要求签订并持有旨在收取或交付非金融项目的合同除外。

以现金或其他金融工具净额结算，或者通过交换金融工具结算的买入或卖出非金融项目的合同可能有以下情况：

（1）合同条款允许合同一方以现金或其他金融工具进行净额结算或通过交换金融工具结算。

（2）合同条款没有明确规定，但是企业具有对类似合同以现金或其他金融工具进行净额结算或通过交换金融工具进行结算的惯例。

（3）企业具有收到合同标的（如贵金属）之后在短期内将其再次出售以从短期波动中获取利润的惯例。

（4）作为合同标的的非金融项目易于转换为现金。

符合上述(2)或(3)所述条件的合同并非企业按照预定的购买、出售或使用要求签订并持有、旨在收取或交付非金融项目的合同,因此属于《企业会计准则第22号——金融工具确认和计量》的范围。

对于符合上述(1)或(4)所述条件的合同,企业应进行评估以确定其是否为按照预定的购买、出售或使用要求签订并持有、旨在收取或交付非金融项目的合同。

【例28-26】 智董上市公司境外子公司贵琛公司,主要从事大宗商品(如大豆、玉米等农产品)贸易业务。

为规避价格风险,贵琛公司的部分农产品采购会与农户签订远期采购合同,合同约定贵琛公司在未来确定时点按照约定价格采购特定数量农产品。贵琛公司同时也会与粮商签订远期销售合同,合同约定贵琛公司在未来确定时点按约定价格交付特定数量的农产品。

上述远期合同所涉及的大宗商品均属于标准化的商品,拥有活跃的交易市场,智董公司将上述远期合同分类为以公允价值计量且其变动计入当期损益的金融资产/负债。

请问:智董公司会计处理是否正确?

【分析】 本例的核心问题在于贵琛公司签订的这些远期合同是否适用金融工具准则:如果适用金融工具准则,则这些远期合同符合衍生工具的定义,应当在表内作为以公允价值计量且其变动计入当期损益的金融资产/负债核算;如果不适用金融工具准则,除非这些合同成为亏损合同,一般无需在表内核算。

在本例中,远期合同所涉及的大宗商品均属于标准化的商品,拥有活跃的交易市场。贵琛公司作为贸易商,一般而言,对于签署的类似合同,会有收到合同约定的大宗商品后将其在短期内出售的惯例(可能并非全部,但往往至少有一部分)。因此,智董公司应将这些远期合同应用金融工具准则,将其作为衍生工具分类为以公允价值计量且其变动计入当期损益的金融资产/负债核算。此时,将远期采购合同与远期销售合同同时作为衍生工具核算,也在一定程度上消除或显著减少会计错配。

【例28-27】 2×19年1月1日,智董公司根据其预计使用需求签订了一份按固定价格购买1 000吨铜的远期合同。

合同规定,智董公司在12个月后可以接受实物交割,或者根据铜的公允价值变动以支付或收取现金进行净额结算。

智董公司打算通过接受实物交割来结算合同,并且对类似合同没有以现金进行净额结算,或者接受铜的交割但在交割后短时间内将其再次出售以从短期波动中获取利润的惯例。

【分析】 对于能够以现金或其他金融工具净额结算(即不交付非金融项目本身,而是根据双方合同权利义务的价值差以现金或其他金融工具结算),或者通过交换金融工具结算的买入或卖出非金融项目的合同,企业应当将该合同视同金融工具,适用《企业会计准则第22号——金融工具确认和计量》。

但此合同属于按照预定的购买、销售或使用要求签订并持有、旨在收取或交付非金融项目的合同,应适用《企业会计准则第22号——金融工具确认和计量》之外的其他相关会计准则。

对于能够以现金或其他金融工具净额结算,或者通过交换金融工具结算的买入或卖出非金融项目的合同,即使企业按照预定的购买、销售或使用要求签订并持有旨在收取或交付非金融项目的合同的,企业也可以将该合同指定为以公允价值计量且其变动计入当期损益的金融资产或金融负债。企业只能在合同开始时做出该指定,并且必须能够通过该指定消除或显著减少会计错配。该指定一经做出,不得撤销。

例如,某些公共事业企业通常会有大量需要进行交割的能源合同,这些合同属于企业按照预定的购买、销售或使用要求签订并持有旨在收取或交付非金融项目的合同。

企业通常使用能源衍生工具对此类合同进行套期。通过选择将实物交割合同指定为以公允价值计量且其变动计入当期损益的金融资产或金融负债,将能够消除会计错配,从而无需采用套期会计。

3. 属于《企业会计准则第 22 号——金融工具确认和计量》范围的贷款承诺

贷款承诺，是指按照预先规定的条款和条件提供信用的确定承诺。

《企业会计准则第 22 号——金融工具确认和计量》适用于下列贷款承诺：

（1）企业指定为以公允价值计量且其变动计入当期损益的金融负债的贷款承诺。

（2）能够以现金或者通过交付或发行其他金融工具净额结算的贷款承诺。

此类贷款承诺属于衍生工具。企业不得仅仅因为相关贷款将分期拨付（如按工程进度分期拨付的按揭建造贷款）而将该贷款承诺视为以净额结算。

（3）如果企业存在先例，在贷款承诺形成贷款资产后随即将该资产出售（即等同于以净额结算贷款承诺），则企业所有的同类贷款承诺均应适用《企业会计准则第 22 号——金融工具确认和计量》。

（4）以低于市场利率贷款的贷款承诺。

所有贷款承诺均适用《企业会计准则第 22 号——金融工具确认和计量》关于终止确认的规定。企业作为贷款承诺发行方的，还适用《企业会计准则第 22 号——金融工具确认和计量》关于减值的规定。同时，所有贷款承诺均应当按照《企业会计准则第 37 号——金融工具列报》的有关要求进行列报。

政策依据

《企业会计准则第 22 号——金融工具确认和计量》的适用范围

第六条　除下列各项外，本准则适用于所有企业各种类型的金融工具：

（一）由《企业会计准则第 2 号——长期股权投资》规范的对子公司、合营企业和联营企业的投资，适用《企业会计准则第 2 号——长期股权投资》，但是企业根据《企业会计准则第 2 号——长期股权投资》对上述投资按照本准则相关规定进行会计处理的，适用本准则。

企业持有的与在子公司、合营企业或联营企业中的权益相联系的衍生工具，适用本准则；该衍生工具符合《企业会计准则第 37 号——金融工具列报》规定的权益工具定义的，适用《企业会计准则第 37 号——金融工具列报》。

（二）由《企业会计准则第 9 号——职工薪酬》规范的职工薪酬计划形成的企业的权利和义务，适用《企业会计准则第 9 号——职工薪酬》。

（三）由《企业会计准则第 11 号——股份支付》规范的股份支付，适用《企业会计准则第 11 号——股份支付》。但是，股份支付中属于本准则第八条范围的买入或卖出非金融项目的合同，适用本准则。

（四）由《企业会计准则第 12 号——债务重组》规范的债务重组，适用《企业会计准则第 12 号——债务重组》。

（五）因清偿按照《企业会计准则第 13 号——或有事项》所确认的预计负债而获得补偿的权利，适用《企业会计准则第 13 号——或有事项》。

（六）由《企业会计准则第 14 号——收入》规范的属于金融工具的合同权利和义务，适用《企业会计准则第 14 号——收入》，但该准则要求在确认和计量相关合同权利的减值损失和利得时应当按照本准则规定进行会计处理的，适用本准则有关减值的规定。

（七）购买方（或合并方）与出售方之间签订的，将在未来购买日（或合并日）形成《企业会计准则第 20 号——企业合并》规范的企业合并且其期限不超过企业合并获得批准并完成交易所必须的合理期限的远期合同，不适用本准则。

（八）由《企业会计准则第 21 号——租赁》规范的租赁的权利和义务，适用《企业会计准则第 21 号——租赁》。但是，租赁应收款的减值、终止确认，租赁应付款的终止确认，以及租赁中嵌入的衍生工具，适用本准则。

（九）金融资产转移，适用《企业会计准则第 23 号——金融资产转移》。

（十）套期会计，适用《企业会计准则第 24 号——套期会计》。

（十一）由保险合同相关会计准则规范的保险合同所产生的权利和义务，适用保险合同相关会计准则。因具有相机分红特征而由保险合同相关会计准则规范的合同所产生的权利和义务，适用保险合同相关会计准则。但对于嵌入保险合同的衍生工具，该嵌入衍生工具本身不是保险合同的，适用本准则。

对于财务担保合同，发行方之前明确表明将此类合同视作保险合同，并且已按照保险合同相关会计准则进行会计处理的，可以选择适用本准则或保险合同相关会计准则。该选择可以基于单项合同，但选择一经做出，不得撤销。否则，相关财务担保合同适用本准则。

财务担保合同，是指当特定债务人到期不能按照最初或修改后的债务工具条款偿付债务时，要求发行方向蒙受损失的合同持有人赔付特定金额的合同。

（十二）企业发行的按照《企业会计准则第37号——金融工具列报》规定应当分类为权益工具的金融工具，适用《企业会计准则第37号——金融工具列报》。

小知识

融资担保、信用证、信用保险等符合"财务担保合同"定义的交易，应当适用保险合同相关会计准则还是《企业会计准则第22号——金融工具确认和计量》

根据《企业会计准则解释第4号》，融资性担保公司发生的担保业务，应当按照《企业会计准则第25号——原保险合同》《企业会计准则第26号——再保险合同》《保险合同相关会计处理规定》等有关保险合同的相关规定进行会计处理。

根据新的金融工具确认计量准则第六条，对于财务担保合同，发行方之前明确表明将此类合同视作保险合同，并且已按照保险合同相关会计准则进行会计处理的，可以选择适用金融工具确认计量准则或保险合同相关会计准则。该选择可以基于单项合同，但选择一经做出，不得撤销。否则，相关财务担保合同适用金融工具确认计量准则。

因此，融资担保、信用证、信用保险等符合"财务担保合同"定义的交易，之前已按照保险合同相关会计准则进行会计处理的，在执行新金融工具确认计量准则时，可以选择适用该准则，也可以选择适用继续保险合同相关会计准则；之前未按照保险合同相关会计准则进行会计处理的，必须适用金融工具确认计量准则。

（三）本准则的主要变化

主要包括以下几个方面：

1. 金融资产分类由原先"四分类"改为"三分类"

（1）修订前。

原先金融工具确认和计量准则按照持有金融资产的意图和目的将金融资产分为四类（即以公允价值计量且其变动计入当期损益的金融资产、持有至到期投资、贷款和应收款项、可供出售金融资产），分类较为复杂，存在一定的主观性，在一定程度上影响了会计信息的可比性。

（2）修订后。

新修订的金融工具确认和计量准则规定以企业持有金融资产的"业务模式"和"金融资产合同现金流量特征"作为金融资产分类的判断依据，将金融资产分类为以摊余成本计量的金融资产、以公允价值计量且其变动计入其他综合收益的金融资产以及以公允价值计量且其变动计入当期损益的金融资产三类，减少了金融资产类别，提高了分类的客观性和会计处理的一致性。

2. 金融资产减值会计由"已发生损失法"改为"预期损失法"

（1）修订前。

原先金融工具确认和计量准则对于金融资产减值的会计处理采用的是"已发生损失法"，即只有在客观证据表明金融资产已经发生损失时，才对相关金融资产计提减值准备。

（2）修订后。

新修订的金融工具确认和计量准则将金融资产减值会计处理由"已发生损失法"修改为"预期损失法"，要求考虑金融资产未来预期信用损失情况，从而更加及时、足额地计提金融资产减值准备，便于揭示和防控金融资产信用风险。

对于购入或源生的未发生信用减值的金融资产，企业应当判断金融工具的违约风险自初始确认以来是否显著增加，如果已显著增加，企业应采用概率加权方法，计算确定该金融工具在整个存续期的预期信用损失，以此确认和计提减值损失准备。如果未显著增加，企业应当按照相当于该金融工具未来12个月内预期信用损失的金额确认和计提损失准备。

3. 简化嵌入衍生工具的会计处理

（1）修订前。

按照原先金融工具确认和计量准则规定，满足一定条件的嵌入衍生工具应当从混合合同中分拆，作为单独的衍生工具进行处理。如无法对嵌入衍生工具进行单独计量，应将混合合同整体指定为以公允价值计量且其变动计入当期损益。此规定涉及的专业判断较多，企业对其理解和把握口径存在差异。

（2）修订后。

修订后的金融工具确认和计量准则对嵌入

衍生工具的会计处理进行了简化：混合合同主合同为金融资产的，应将混合合同作为一个整体进行会计处理，不再分拆；混合合同不属于金融资产的，基本继续沿用原先准则关于分拆的规定。

4. 调整非交易性权益工具投资的会计处理

（1）修订前。

在原先金融工具确认和计量准则下，许多企业将非交易性权益工具投资分类为可供出售金融资产处理，在可供出售金融资产处置时，原计入其他综合收益的累计公允价值变动额可转出计入当期损益。

（2）修订后。

在修订后的金融工具确认和计量准则下，允许企业将非交易性权益工具投资指定为以公允价值计量且其变动计入其他综合收益进行处理，但该指定不可撤销，且在处置时不得将原计入其他综合收益的累计公允价值变动额结转计入当期损益。

5. 关于金融负债计量方面的最主要变化

（1）修订前。

会计主体自身信用造成金融负债公允价值变化计入损益。

（2）修订后。

《企业会计准则第 22 号——金融工具确认和计量》关于金融负债计量方面的最主要变化是会计主体自身信用造成金融负债公允价值变化不再计入损益，而是计入其他综合收益。

第二节　金融工具的确认

企业应当根据金融资产和金融负债确认和终止确认条件，对其进行确认和终止确认。企业初始确认金融资产和金融负债时，通常应当按照公允价值计量。金融资产和金融负债的后续计量与分类密切相关。

一、金融资产或金融负债的确认时间

企业成为金融工具合同的一方时，应当确认一项金融资产或金融负债。

二、金融资产和金融负债的确认条件

根据此确认条件，企业应将《企业会计准则第 22 号——金融工具确认和计量》范围内的衍生工具合同形成的权利或义务，确认为金融资产或金融负债。但是，如果衍生工具涉及金融资产转移，且导致该金融资产转移不符合终止确认条件，则不应将其确认，否则会导致衍生工具形成的权利或义务被重复确认。企业确认金融资产或金融负债的常见情形如下：

（1）当企业成为金融工具合同的一方，并因此拥有收取现金的权利或承担支付现金的义务时，应将无条件的应收款项或应付款项确认为金融资产或金融负债。

（2）因买卖商品或劳务的确定承诺而将获得的资产或将承担的负债，通常直到至少合同一方履约才予以确认。

例如，收到订单的企业通常不在承诺时确认一项资产（发出订单的企业也不在承诺时确认一项负债），而是直到所订购的商品或劳务已装运、交付或提供时才予以确认。若买卖非金融项目的确定承诺适用《企业会计准则第 22 号——金融工具确认和计量》，则该承诺的公允价值净额（若不为零）应在承诺日确认为一项资产或负债。此外，如果以前未确认的确定承诺被指定为公允价值套期中的被套期项目，在套期开始之后，归属于被套期风险的公允价值变动应当确认为一项资产或负债。

（3）适用《企业会计准则第 22 号——金融工具确认和计量》的远期合同，企业应在成为远期合同的一方时（承诺日而不是结算日），确认一项金融资产或金融负债。当企业成为远期合同的一方时，权利和义务的公允价值通常相等，因此该远期合同的公允价值净额为零。如果权利和义务的公允价值净额不为零，则该合同应被确认为一项金融资产或金融负债。

(4) 适用《企业会计准则第22号——金融工具确认和计量》的期权合同,企业应在成为该期权合同的一方时,确认一项金融资产或金融负债。

此外,当企业尚未成为合同一方时,即使企业已有计划在未来交易,不管其发生的可能性有多大,都不是企业的金融资产或金融负债。

三、以常规方式购买或出售金融资产时的确认或终止确认

以常规方式购买或出售金融资产,是指企业按照合同规定购买或出售金融资产,并且该合同条款规定,企业应当根据通常由法规或市场惯例所确定的时间安排来交付金融资产。

如果合同规定或允许对合同价值变动进行净额结算,该合同通常不是以常规方式购买或出售的合同,企业应将其作为衍生工具处理。证券交易所、银行间市场、外汇交易中心等市场发生的证券、外汇买卖交易,通常采用常规方式。

以常规方式买卖金融资产,应当按交易日会计进行确认和终止确认。

交易日是指企业承诺买入或者卖出金融资产的日期。

交易日会计的处理原则包括:

(1) 在交易日确认将于结算日取得的资产及承担的负债。

(2) 在交易日终止确认将于结算日交付的金融资产并确认处置利得或损失,同时确认将于结算日向买方收取的款项。上述交易形成资产和负债的相关利息,通常应于结算日所有权转移后开始计提并确认。

> **政策依据**
>
> **《企业会计准则第22号——金融工具确认和计量》**
> **以常规方式购买或出售金融资产时的确认或终止确认**
>
> 第十条 对于以常规方式购买或出售金融资产的,企业应当在<u>交易日确认将收到的资产和为此将承担的负债</u>,或者在交易日终止确认已出售的资产,同时确认处置利得或损失以及应向买方收取的应收款项。
>
> 以常规方式购买或出售金融资产,是指企业按照合同规定购买或出售金融资产,并且该合同条款规定,企业应当根据通常由法规或市场惯例所确定的时间安排来交付金融资产。

第三节 金融工具的计量

一、金融资产和金融负债的初始计量

(一) 按照公允价值计量

企业初始确认金融资产或金融负债,应当按照公允价值计量。

(二) 相关交易费用

交易费用,是指可直接归属于购买、发行或处置金融工具的增量费用。

增量费用是指企业没有发生购买、发行或处置相关金融工具的情形就不会发生的费用,包括支付给代理机构、咨询公司、券商、证券交易所、政府有关部门等的手续费、佣金、相关税费以及其他必要支出,不包括债券溢价、折价、融资费用、内部管理成本和持有成本等与交易不直接相关的费用。

对于以公允价值计量且其变动计入当期损益的金融资产和金融负债,相关交易费用应当直接计入当期损益;对于其他类别的金融资产或金融负债,相关交易费用应当计入初始确认金额。

但是,企业初始确认的应收账款未包含《企业会计准则第14号——收入》所定义的重大融资成分或根据《企业会计准则第14号——收入》规定不考虑不超过一年的合同中的融资成分的,应当按照该准则定义的交易价格进行初始计量。

【例28-28】 智董公司对应收账款管理的业务模式是以收取合同现金流量和出售金融资产为目标,因此将其分类为以公允价值计量且其变动计入其他综合收益的金融资产(即应收款项融资)。因为预计应收账款的收款期小于1年,所以按照修订后的《企业会计准则第14号——收入》的规定,不存在重大融资成分,可以按照合同对价确认应收账款和收入,金额为30 000元。但是因应收账款的初始确认日与到期日之间存在时间差,其考虑折现影响后的公允价值为29 400元,并不等于合同对价。

请问:在此类业务模式下,应收账款初始入账金额的公允价值与合同对价之间的差异如何处理?

【分析】 根据《企业会计准则第14号——收入》(2017年修订)的规定,合同开始日,企业预计客户取得商品控制权与客户支付价款间隔不超过一年的,可以不考虑合同中存在的重大融资成分。因此,对于实际收款期短于1年的应收账款,可以不考虑重大融资成分,按照合同对价30 000元确认应收账款和收入。这是收入准则对于此类应收账款在初始确认上的简化规定。但是,如果此类应收账款不是以摊余成本计量而是以公允价值计量,在估计公允价值时,相关准则却没有类似的简化规定,无论期限是否短于1年,都需要考虑折现对公允价值的影响,因此考虑折现后应收账款的公允价值可能为29 400元,从而出现了30 000元的合同对价与29 400元的公允价值之间的差异。

根据《企业会计准则第22号——金融工具确认和计量》(2017年修订)第三十三条的规定,企业初始确认的应收账款未包含收入准则所定义的重大融资成分或根据收入准则规定不考虑不超过一年的合同中的融资成分的,应当按照该准则定义的交易价格进行初始计量。而根据《企业会计准则第14号——收入》(2017年修订)第十四条的规定,交易价格是指企业因向客户转让商品而预期有权收取的对价金额。在本例中,该交易价格即是合同对价30 000元。因此,应收账款的初始确认金额应认为是30 000元,而29 400元与30 000元的差异应看成是后续计量时的公允价值变动,该变动应基于应收账款的分类而进行不同的会计处理:如果应收账款被分类为以公允价值计量且其变动计入当期损益,则该变动600元应计入损益;如果应收账款被分类为以公允价值计量且其变动计入其他综合收益,则该变动应计入其他综合收益中。

【例28-29】 智董公司是上市公司,2×17年智董公司投资拟上市公司贵琛,并持有贵琛公司100%股权。2×20年9月1日贵琛公司首次公开发行股票并在A股上市,发行新股总计7 000万股,每股发行价人民币6元。2×17年到2×20年间,贵琛公司发生的费用包括:2×17年、2×18年和2×19年年报会计师审计费用每年150万元,申报报表会计师审计费用600万元,券商承销费600万元,保荐费600万元,财经公关费600万元,上市酒会费300万元。

请问:贵琛公司应如何列报上述各项费用?

【分析】 根据企业会计准则的规定,发行权益工具属于权益性交易,其交易费用可以自发行收入中抵减并计入所有者权益。企业在发行过程中发生的一系列费用,计入所有者权益需满足两个条件:一个是必须和发行有关,另一个是必须实质上是交易费用。

在发行阶段发生的费用,并不一定全部是交易费用。符合交易费用条件的费用应具备两个特征:直接和新增(或增量)。"直接"是指直接归属于金融工具购买、发行或处置的费用。企业发行过程中发生的一些路演等宣传费,就不属于直接相关的费用,因为企业路演的作用主要为广告宣传,与企业发行股份并没有直接的关系。"新增费用"是指企业不购买、发行或处置金融工具就不会发生的费用。企业发行股份需要支付给券商的承销费就是一种新增费用,因为不发行股份,就不需要支付承销费用,而不支付承销费用,就无法发行股份,因此,承销费用不但是新增费用,而且也是直接相关的费用。

在本例中,贵琛公司首次公开发行发生的有关费用,应按照企业会计准则有关交易费用的定义以及会计部函〔2010〕299号处理。

（1）贵琛公司首发申报报表会计师审计费用、券商承销费和保荐费共计1 800万元，属于与发行权益性证券直接相关的新增费用，应自权益性证券的发行溢价中扣减，发行溢价不足扣减或无发行溢价的，应冲减盈余公积，盈余公积不足冲减的，不足部分再从未分配利润中冲减。

（2）贵琛公司发行权益性证券过程中发生的财经公关费和上市酒会费共计900万元，与发行权益性证券并不直接相关，应计入发生年度损益。

（3）2×17年至2×19年年度报告审计费用共计450万元，不属于发行阶段发生的费用，既不是与发行权益性证券直接相关的费用，也不是新增的费用，应计入各相关年度管理费用。

（三）应收项目——已宣告但尚未发放的利息或现金股利

企业取得金融资产所支付的价款中包含的已宣告但尚未发放的利息或现金股利，应当单独确认为应收项目处理。

（四）额外支付的金额

任何额外支付的金额应作为一项费用或收益的抵减项处理，除非其符合确认为其他类型资产的条件。

（五）公允价值计量，与交易价格存在差异时的处理

金融工具初始确认时的公允价值通常指交易价格（即所收到或支付对价的公允价值），但是，如果收到或支付的对价的一部分并非针对该金融工具，该金融工具的公允价值应根据估值技术进行估计。

例如，一项不带息的长期贷款或应收款项公允价值的估计数是以信用等级相当的类似金融工具（计价的币种、条款、利率类型和其他因素相类似）的当前市场利率，对所有未来现金收款额折现所得出的现值。

企业应当根据《企业会计准则第39号——公允价值计量》的规定，确定金融资产和金融负债在初始确认时的公允价值。公允价值通常为相关金融资产或金融负债的交易价格。

金融资产或金融负债公允价值与交易价格存在差异的，企业应当区别下列情况进行处理：

（1）在初始确认时，金融资产或金融负债的公允价值依据相同资产或负债在活跃市场上的报价或者以仅使用可观察市场数据的估值技术确定的，企业应当将该公允价值与交易价格之间的差额确认为一项利得或损失。

（2）在初始确认时，金融资产或金融负债的公允价值以其他方式确定的，企业应当将该公允价值与交易价格之间的差额递延。初始确认后，企业应当根据某一因素在相应会计期间的变动程度将该递延差额确认为相应会计期间的利得或损失。该因素应当仅限于市场参与者对该金融工具定价时将予考虑的因素，包括时间等。

（六）折价

如果企业按低于市场利率发放一项贷款（例如，类似贷款市场利率为8%时，该贷款的利率为5%），并且直接收到一项费用作为补偿，该企业应以公允价值确认这项贷款，即以发放的本金减去收到的费用作为初始确认金额。之后，企业应采用实际利率法将相关折价计入损益。

二、金融资产和金融负债的后续计量

（一）金融资产的后续计量

1. 金融资产后续计量原则

金融资产的后续计量与金融资产的分类密切相关。企业应当对不同类别的金融资产，分别以摊余成本、以公允价值计量且其变动计入其他综合收益或以公允价值计量且其变动计入当期损益进行后续计量。

需要注意的是，企业在对金融资产进行后续计量时，如果一项金融工具以前被确认为一项金融资产并以公允价值计量，而现在它的公允价值低于零，企业应将其确认为一项负债。但对于主合同为资产的混合合同，即使整体公允价值可能低于零，企业应当始终将混合合同

整体作为一项金融资产进行分类和计量。

2. 以摊余成本计量的金融资产的会计处理

金融资产或金融负债的摊余成本,应当以该金融资产或金融负债的<u>初始确认金额</u>经下列调整确定:扣除<u>已偿还的本金</u>;加上或减去<u>累计摊销额</u>(采用<u>实际利率法</u>将该初始确认金额与到期日金额之间的差额进行摊销形成)。

(1) 什么是实际利率法?

实际利率法,是指计算金融资产或金融负债的摊余成本以及将利息收入或利息费用分摊计入各会计期间的方法。

什么是实际利率?

实际利率,是指将金融资产或金融负债在预计存续期的估计未来现金流量折现为该金融资产账面余额(不考虑减值)或该金融负债摊余成本所使用的利率。

什么是经信用调整的实际利率?

经信用调整的实际利率,是指将购入或源生的已发生信用减值的金融资产在预计存续期的估计未来现金流量,折现为该金融资产摊余成本的利率。

在确定经信用调整的实际利率时,应当在考虑金融资产的所有合同条款(例如提前还款、展期、看涨期权或其他类似期权等)以及初始预期信用损失的基础上估计预期现金流量。

浮动利率金融资产或金融负债,对现金流量定期重估

对于浮动利率金融资产或浮动利率金融负债,以反映市场利率波动而对现金流量的定期重估将改变实际利率。如果浮动利率金融资产或浮动利率金融负债的初始确认金额等于到期日应收或应付本金的金额,则未来利息付款额的重估通常不会对该资产或负债的账面价值产生重大影响。

修改或重新议定合同,影响合同现金流量

企业与交易对手方修改或重新议定合同,未导致金融资产终止确认,但导致合同现金流量发生变化的,或者企业修正了对合同现金流量的估计的,应当重新计算该金融资产的账面余额,并将相关利得或损失计入当期损益。重新计算的该金融资产的账面余额,应当根据将重新认定或修改的合同现金流量按金融资产的原实际利率(或者购买或源生的已发生信用减值的金融资产应按经信用调整的实际利率)折现的现值确定。对于修改或重新议定合同所产生的所有成本或费用,企业应当调整修改后的金融资产账面价值,并在修改后金融资产的剩余期限内摊销。

(2) 确定实际利率(或经信用调整的实际利率)时的考虑因素。

① 考虑金融资产或金融负债所有合同条款,但不应当考虑预期信用损失。

在确定实际利率时,应当在考虑金融资产或金融负债所有合同条款(如提前还款、展期、看涨期权或其他类似期权等)的基础上估计预期现金流量,但不应当考虑预期信用损失。

② 无法可靠估计现金流量和预计存续期时,应基于在整个合同期内的合同现金流量。

企业通常能够可靠估计金融工具(或一组类似金融工具)的现金流量和预计存续期。

在极少数情况下,金融工具(或一组金融工具)的估计未来现金流量或预计存续期无法可靠估计的,企业在计算确定其实际利率(或经信用调整的实际利率)时,应当基于该金融工具在整个合同期内的合同现金流量。

③ 构成实际利率(或经信用调整的实际利率)组成部分的各项费用及溢价或折价等。

合同各方之间支付或收取的、属于实际利率或经信用调整的实际利率组成部分的<u>各项费用及溢价或折价</u>等,应当在确定实际利率或经信用调整的实际利率时予以考虑。

A. 构成金融工具实际利率组成部分的各项费用。包括:

a. 企业形成或取得某项金融资产而收取的必不可少的费用。

例如评估借款人财务状况,评估并记录各类担保、担保物和其他担保安排,议定金融工具的合同条款,编制和处理相关文件,达成交易等相关活动而收取的补偿。

b. 企业收取的发放贷款的承诺费用。

若贷款承诺不以公允价值计量,且企业很

可能签订相关借款协议,此费用可视为企业持续涉入取得金融工具的过程而获得的补偿。如果该贷款承诺到期前未发放相关贷款,企业应当在到期日将承诺费用确认为收入。

c. 企业发行以摊余成本计量的金融负债而支付的必不可少的费用。

企业应当区分构成相关金融负债实际利率组成部分的必不可少的费用和涉及提供服务(如投资管理服务)的交易费用。

B. 不构成金融工具实际利率组成部分的各项费用。包括:

a. 企业为贷款提供服务而收取的费用。

b. 企业收取的发放贷款承诺的费用。

前提是贷款承诺不以公允价值计量,且企业签订相关借款协议的可能性较小。

c. 企业因组织银团贷款而收取的费用,且企业自身不保留该贷款的任何一部分(或者虽然保留该贷款的一部分但采用与其他贷款参与者针对类似风险使用的实际利率相同的实际利率)。

企业对于不构成金融工具实际利率组成部分的各项费用,应当按照《企业会计准则第14号——收入》进行会计处理。

C. 摊销期间。

企业通常应当在金融工具的预计存续期内,对实际利率计算中包括的各项费用、支付或收取的贴息、交易费用及溢价或折价进行摊销。但如果上述各项涉及更短的期间,企业应当在这一更短期间内进行摊销。在某些情况下,如果与上述各项相关的变量在该金融工具预计到期日前按市场利率重新定价,那么摊销期间应为截至下一个重新定价日的期间。

例如,如果某浮动利率金融工具的折溢价反映了该金融工具自上一个付息日起应计的利息,或自浮动利率重设为市场利率起所发生的变化,那么该折溢价应当在截至下一个利率重设日的期间内进行摊销。因为在利率重设日,该折溢价所涉及的变量(即利率)将按市场利率重定价,因此该折溢价与截至下一个利率重设日的期间相关。但是,如果该折溢价源自对该

金融工具浮动利率中信用利差的变化,或无需重设为市场利率的其他变量,该折溢价应当在该金融工具的预计存续期内摊销。

以摊余成本计量且不属于任何套期关系的金融资产所产生的利得或损失,应当在终止确认、按照《企业会计准则第22号——金融工具确认和计量》规定重分类、按照实际利率法摊销或按照《企业会计准则第22号——金融工具确认和计量》规定确认减值时,计入当期损益。

(3) 扣除计提的累计信用减值准备(仅适用于金融资产)。

【例28-30】 智董公司2×17年1月8日购入贵琛公司2×17年1月1日发行的5年期固定利率债券,该债券每年付息一次,最后一年偿还本金并付最后一次利息,票面年利率为15%,债券面值为1 000元,智董公司按1 250元(含交易费用)的溢价价格购入900张,票款以银行存款付讫。

【分析】 智董公司在2×17年1月8日购入该债券时,应编制如下会计分录:

借:债权投资——成本　　　　　　900 000
　　　　　　——利息调整　　　　225 000
　贷:银行存款　　　　　　　　1 125 000

【例28-31】 承[例28-30],若智董公司投资贵琛公司债券发生的溢折价采用实际利率法进行摊销,并按年计算利息。

【分析】 有关计算如下:

(1) 投资时投资额=900×1 250=1 125 000(元)。

减:成本=900×1 000=900 000(元)。

债券溢价=1 125 000-900 000=225 000(元)。

(2) 年度终了按实际利率法计算利息调整额(溢价摊销额)和投资收益(利息)。

由于本例中智董公司持有债券系分期付息债券,可根据"债券面值+债券溢价(或减去债券折价)=债券到期应收本金的贴现值+各期收取的债券利息的贴现值"公式,采用"插入法"计算确定实际利率。

根据上述公式,先按8%的利率测试:

$900\,000 \times 0.6806 + 135\,000 \times 3.9927 = 1\,151\,555 > 1\,125\,000$。

上式中，0.6806是根据"期终1元的现值表"查得的5年后收取的1元按8%利率贴现的贴现值；3.9927是根据"年金1元的现值表"查得的5年中每年收取1元按8%的利率贴现的贴现值。

再按9%的利率测试：

$900\,000 \times 0.6499 + 135\,000 \times 3.8897 = 1\,110\,020 < 1\,125\,000$。

上式中，0.6499是根据"期终1元的现值表"查得的5年后收取的1元按9%利率贴现的贴现值；3.8897是根据"年金1元的现值表"查得的5年中每年收取1元按9%的利率贴现的贴现值。

根据"插入法"计算实际利率：

实际利率 $= 8\% + (9\% - 8\%) \times (1\,151\,555 - 1\,125\,000) \div (1\,151\,555 - 1\,110\,020) = 8.64\%$。

采用实际利率法计算的各期利息调整额，如表28-4所示。

表28-4　以摊余成本计量的金融资产（债券）利息调整　　　　　　单位：元

计息日期	应收利息	投资收益	利息调整	以摊余成本计量的金融资产（债券）摊余成本
2×17.1.1				1 125 000
2×17.12.31	135 000	97 200.00 = 1 125 000 × 8.64%	37 800.00 = 135 000 − 97 200.00	1 087 200.00 = 1 125 000 − 37 800.00
2×18.12.31	135 000	93 934.08 = 1 087 200.00 × 8.64%	41 065.92 = 135 000 − 93 934.08	1 046 134.08 = 1 087 200.00 − 41 065.92
2×19.12.31	135 000	90 385.98 = 1 046 134.08 × 8.64%	44 614.02 = 135 000 − 90 385.98	1 001 520.06 = 1 046 134.08 − 44 614.02
2×20.12.31	135 000	86 531.33 = 1 001 520.06 × 8.64%	48 468.67 = 135 000 − 86 531.33	953 051.39 = 1 001 520.06 − 48 468.67
2×21.12.31	135 000	81 948.61 = 450 000 − 97 200.00 − 93 934.08 − 90 385.98 − 86 531.33	53 051.39* = 225 000 − 37 800.00 − 41 065.92 − 44 614.02 − 48 468.67	900 000 = 953 051.39 − 53 051.39
合计	675 000	450 000	225 000	—

注：*利息调整最后一年的摊销额考虑计算过程中的保留小数关系，一般采用倒挤数确定，即本例中2×21年12月31日的债权投资（债券）账面价值应该等于初始成本900 000元。如果实际利率非常精确并且计算时很精确的话，应该是初始成本900 000元。

根据表28-4计算结果，各年年末应编制的会计分录如下。2×17年12月31日，确认投资收益时：

借：应收利息　　　　　　　　　135 000
　　贷：债权投资——利息调整　　　　37 800
　　　　投资收益　　　　　　　　　　97 200

收到利息时：

借：银行存款　　　　　　　　　135 000
　　贷：应收利息　　　　　　　　　135 000

如果该债券以后年度未发生减值，则以后各年的会计分录可根据表28-4所列数据，比照2×17年12月31日所作会计分录编制。

债券到期收回债券本金和最后一期利息时：

借：银行存款　　　　　　　　　1 035 000
　　贷：债权投资——成本　　　　　900 000
　　　　应收利息　　　　　　　　135 000

【例28-32】　仍以[例28-30][例28-31]资料为例，如果智董公司在第4年，即2×20年12月31日，经检查确认该批债券已发生减值，预计到期只能收回本息600 000元。

【分析】　智董公司2×20年12月31日，应作如下处理：

该批债券预计未来现金流量现值 $= 600\,000 \div (1 + 8.64\%) = 552\,282.77$（元）。

未提减值准备前持有至到期债券的账面价值 $= 953\,051.39$（元）。

应计提减值准备=953 051.39-552 282.77
=400 768.62(元)。

计提减值准备的会计处理：

借：信用减值损失 400 768.62
　　贷：债权投资减值准备 400 768.62

2×21年12月31日(第5年年末)，应作如下处理：

应收利息=135 000(元)。

按实际利率计算的利息收益=(953 051.39-400 768.62)×8.64%=47 717.23(元)。

差额=135 000-47 717.23=87 282.77(元)。

借：应收利息 135 000
　　贷：投资收益 47 717.23
　　　　债权投资——利息调整 87 282.77

此时，债券账面余额=953 051.39-87 282.77=865 768.62(元)。(同时，"债权投资减值准备"科目有余额400 768.62元)。

实际收到本息600 000元时：

借：银行存款 600 000
　　债权投资减值准备 400 768.62
　　债权投资——利息调整 34 231.38
　　贷：债权投资——成本 900 000
　　　　应收利息 135 000

3. 以公允价值进行后续计量的金融资产的会计处理

对于以公允价值进行后续计量的金融资产，其公允价值变动形成的利得或损失，除与套期会计有关外，应当按照下列规定处理：

(1)以公允价值计量且其变动计入当期损益的金融资产的利得或损失应当计入当期损益。

【例28-33】 赓升公司2×21年3月8日以银行存款购入智董公司已宣告但尚未分派现金股利的股票100 000股，作为以公允价值计量且其变动计入当期损益的金融资产，每股成交价45.8元，其中，0.5元为已宣告但尚未分派的现金股利，股权登记日为2×21年3月15日。另支付相关税费等交易费用9 000元。企业于2×21年4月15日收到智董公司发放的现金股利。

【分析】 该企业应做如下账务处理：

(1) 3月8日购入股票时：

借：交易性金融资产——成本 4 530 000
　　投资收益 9 000
　　应收股利 50 000
　　贷：银行存款 4 589 000

(2) 4月15日收到现金股利时：

借：银行存款 50 000
　　贷：应收股利 50 000

【例28-34】 赓升公司以公允价值计量且其变动计入当期损益的金融资产采用公允价值进行期末计量。假设该公司2×21年6月30日拥有的以公允价值计量且其变动计入当期损益的金融资产的账面价值和公允价值的资料如表28-5所示。

表28-5 2×21年6月30日金融资产资料

单位：元

项　目	2×21年6月30日		
	账面价值	公允价值	差额
交易性金融资产——债券			
智董公司债券	27 100	25 400	1 700
贵琛公司债券	37 000	34 800	2 200
鑫裕公司债券	112 350	113 000	-650
小计	176 450	173 200	3 250
交易性金融资产——股票			
智董公司股票	72 200	74 000	-1 800
贵琛公司股票	72 100	65 000	7 100
小计	144 300	139 000	5 300
合计	320 750	312 200	8 550

【分析】 根据表28-5的资料，赓升公司应在2×21年6月30日作如下账务处理：

借：公允价值变动损益 8 550
　　贷：交易性金融资产——公允价值变动 8 550

这样，赓升公司2×21年6月30日资产负债表上"交易性金融资产"的金额应为312 200元，反映企业以公允价值计量且其变动计入当期损益的金融资产的公允价值。

【例28-35】 承[例28-34]，赓升公司于2×21年10月18日将贵琛公司债券以45 000元的价格全部出售（不考虑交易费用），2×21年12月31日以公允价值计量且其变动计入当期损益的金融资产账面价值和公允价值资料如表28-6所示。

表28-6　2×21年12月31日金融资产资料

单位：元

项 目	2×21年12月31日		
	账面价值	公允价值	差额
交易性金融资产——债券			
智董公司债券	25 400	27 000	-2 000
鑫裕公司债券	113 000	113 500	-500
小计	138 000	140 500	-2 500
交易性金融资产——股票			
智董公司股票	74 000	77 800	-3 800
贵琛公司股票	65 000	67 500	-2 500
小计	139 000	145 300	-6 300
合计	277 000	285 800	-8 800

【分析】 根据表28-6的资料，赓升公司应作如下账务处理：

（1）2×21年10月18日，贵琛公司债券全部出售时：

借：银行存款　　　　　　　　　　45 000
　　交易性金融资产——公允价值变动　2 200
　　贷：交易性金融资产——成本　　　37 000
　　　　投资收益　　　　　　　　　10 200

借：投资收益　　　　　　　　　　2 200
　　贷：公允价值变动损益　　　　　2 200

（2）2×21年12月31日，期末计量时：

借：交易性金融资产——公允价值变动　8 800
　　贷：公允价值变动损益　　　　　8 800

这样，赓升公司2×21年12月31日资产负债表上"交易性金融资产"的金额为285 800元。

（2）按照《企业会计准则第22号——金融工具确认和计量》第十八条分类为以公允价值计量且其变动计入其他综合收益的金融资产所产生的利得或损失。

除减值损失或利得和汇兑损益外，均应当计入其他综合收益，直至该金融资产终止确认或被重分类。

但是，采用实际利率法计算的该金融资产的利息应当计入当期损益。该类金融资产计入各期损益的金额应当与视同其一直按摊余成本计量而计入各期损益的金额相等。

该类金融资产终止确认时，之前计入其他综合收益的累计利得或损失应当从其他综合收益中转出，计入当期损益。

（3）对于指定为以公允价值计量且其变动计入其他综合收益的非交易性权益工具投资。

除了获得的股利（属于投资成本收回部分的除外）计入当期损益外，其他相关的利得和损失（包括汇兑损益）均应计入其他综合收益，且后续不得转入当期损益。

当其终止确认时，之前计入其他综合收益的累计利得或损失应当从其他综合收益中转出，计入留存收益。

确认股利收入并计入当期损益的条件

企业只有在同时符合下列条件时，才能确认股利收入并计入当期损益：

（1）企业收取股利的权利已经确立。
（2）与股利相关的经济利益很可能流入企业。
（3）股利的金额能够可靠计量。

【例28-36】 贵琛公司2×21年1月1日购入某公司发行的3年期公司债券，票面金额为1 000万元，票面利率为6%，实际利率为5%，共支付价款1 050万元。利息每年支付，本金到期支付。初始确认时，贵琛公司将该债券投资划分为以公允价值计量且其变动计入其他综合收益的金融资产。2×21年12月31日，该债券的市场价格为1 020万元。

【分析】 有关的会计处理如下：

（1）2×21年1月1日购入时：

借：其他债权投资——成本　　　　10 000 000
　　　　　　　　——利息调整　　　 500 000
　　贷：银行存款　　　　　　　　10 500 000

（2）2×21年12月31日，计算该债券的票

面利息、实际利息收入以及利息调整金额,并作相应的账务处理:

票面应收利息:10 000 000×6%=600 000(元)。

实际利息收入:10 500 000×5%=525 000(元)。

利息调整金额:600 000-525 000=75 000(元)。

借:应收利息　　　　　　　　　600 000
　　贷:投资收益　　　　　　　　　525 000
　　　　其他债权投资——利息调整　　75 000

借:银行存款　　　　　　　　　600 000
　　贷:应收利息　　　　　　　　　600 000

(3) 2×21年12月31日,计算该债券的摊余成本、公允价值变动,做出相应的账务处理:

年末摊余成本:10 500 000-75 000=10 425 000(元)。

公允价值变动:10 200 000-10 425 000=-225 000(元)。

借:其他综合收益　　　　　　　　225 000
　　贷:其他债权投资——公允价值变动　225 000

如果贵琛公司2×22年1月1日将该债券重分类为以摊余成本计量的金融资产,调整后的金额为10 425 000元,则所作的账务处理为:

借:债权投资——成本　　　　　　10 000 000
　　　　　　——利息调整　　　　　425 000
　　其他债权投资——公允价值变动　225 000
　　贷:其他债权投资——成本　　　　10 000 000
　　　　　　　　　　——利息调整　　425 000
　　　　其他综合收益　　　　　　　225 000

如果贵琛公司2×22年1月1日将该债券重分类为以公允价值计量且其变动计入当期损益的金融资产,则所作的账务处理为:

借:交易性金融资产　　　　　　　10 200 000
　　其他债权投资——公允价值变动　225 000
　　贷:其他债权投资——成本　　　　10 000 000
　　　　　　　　　　——利息调整　　425 000

借:公允价值变动损益　　　　　　225 000
　　贷:其他综合收益　　　　　　　225 000

注　如果贵琛公司在该债券重分类前已经对该债券计提了减值准备,则应同时借记"其他综合收益——信用减值准备"科目、贷记"债权投资减值准备"科目或"公允价值变动损益"科目。

【例28-37】 2×18年1月1日,智董公司从二级市场购入鑫裕公司债券,支付价款合计1 025 000元(含已到付息期但尚未领取的利息25 000元),另发生交易费用30 000元。该债券面值1 000 000元,剩余期限为2年,票面年利率为5%,每半年末付息一次,其合同现金流量特征满足仅为对本金和以未偿付本金金额为基础的利息的支付。智董公司根据其管理该债券的业务模式和该债券的合同现金流量特征,将该债券分类为以公允价值计量且其变动计入当期损益的金融资产。

其他资料如下:

(1) 2×18年1月5日,收到鑫裕公司债券2×17年下半年利息25 000元。

(2) 2×18年6月30日,鑫裕公司债券的公允价值为1 300 000元(不含利息)。

(3) 2×18年7月5日,收到鑫裕公司债券2×18年上半年利息。

(4) 2×18年12月31日,鑫裕公司债券的公允价值为1 200 000元(不含利息)。

(5) 2×19年1月5日,收到鑫裕公司债券2×18年下半年利息。

(6) 2×19年6月20日,通过二级市场出售鑫裕公司债券,取得价款1 250 000元(含1季度利息12 500元)。

【分析】 假定不考虑其他因素,智董公司的账务处理如下:

(1) 2×18年1月1日,从二级市场购入鑫裕公司债券。

借:交易性金融资产——成本　　　1 000 000
　　应收利息　　　　　　　　　　25 000
　　投资收益　　　　　　　　　　30 000
　　贷:银行存款　　　　　　　　　1 055 000

(2) 2×18年1月5日,收到该债券2×17年下半年利息25 000元。

借:银行存款　　　　　　　　　25 000
　　贷:应收利息　　　　　　　　　25 000

(3) 2×18年6月30日,确认鑫裕公司债券公允价值变动和投资收益。

借:交易性金融资产——公允价值变动
          300 000
 贷:公允价值变动损益   300 000
借:应收利息   25 000
 贷:投资收益   25 000

(4) 2×18年7月5日,收到鑫裕公司债券2×18年上半年利息。

借:银行存款   25 000
 贷:应收利息   25 000

(5) 2×18年12月31日,确认鑫裕公司债券公允价值变动和投资收益。

借:公允价值变动损益   100 000
 贷:交易性金融资产——公允价值变动
          100 000
借:应收利息   25 000
 贷:投资收益   25 000

(6) 2×19年1月5日,收到鑫裕公司债券2×18年下半年利息。

借:银行存款   25 000
 贷:应收利息   25 000

(7) 2×19年6月20日,通过二级市场出售鑫裕公司债券。

借:银行存款   1 250 000
 贷:交易性金融资产——成本 1 000 000
       ——公允价值变动
          200 000
  投资收益   50 000

(二) 金融负债的后续计量

1. 金融负债后续计量的基本原则

企业应当按照以下原则对金融负债进行后续计量:

(1) 以公允价值计量且其变动计入当期损益的金融负债。

以公允价值计量且其变动计入当期损益的金融负债,应当按照公允价值进行后续计量。

(2) 金融资产转移。

金融资产转移不符合终止确认条件或继续涉入被转移金融资产所形成的金融负债。对此类金融负债,企业应当按照《企业会计准则第23号——金融资产转移》相关规定进行计量。

(3) 财务担保合同、贷款承诺。

不属于指定为以公允价值计量且其变动计入当期损益的金融负债的财务担保合同或没有指定为以公允价值计量且其变动计入当期损益并将以低于市场利率贷款的贷款承诺,企业作为此类金融负债发行方的,应当在初始确认后按照依据《企业会计准则第22号——金融工具确认和计量》第八章所确定的损失准备金额以及初始确认金额扣除依据《企业会计准则第14号——收入》相关规定所确定的累计摊销额后的余额孰高进行计量。

(4) 上述金融负债以外的金融负债。

上述金融负债以外的金融负债,应当按摊余成本进行后续计量。

2. 以公允价值进行后续计量的金融负债,其公允价值变动形成利得或损失的会计处理

对于以公允价值进行后续计量的金融负债,其公允价值变动形成利得或损失,除与套期会计有关外,应当计入当期损益。

【例28-38】 2×18年7月1日,智董公司经批准在全国银行间债券市场公开发行10亿元人民币短期融资券,期限为1年,票面年利率5%,每张面值为100元,到期一次还本付息。所募集资金主要用于公司购买生产经营所需的原材料及配套件等。公司将该短期融资券指定为以公允价值计量且其变动计入当期损益的金融负债。假定不考虑发行短期融资券相关的交易费用以及企业自身信用风险变动。

2×18年12月31日,该短期融资券市场价格每张135元(不含利息);2×19年6月30日,该短期融资券到期兑付完成。

【分析】 智董公司账务处理如下(金额单位:万元):

(1) 2×18年7月1日,发行短期融资券。

借:银行存款   100 000
 贷:交易性金融负债   100 000

(2) 2×18年12月31日,年末确认公允价值变动和利息费用。

借：公允价值变动损益　　　35 000
　　贷：交易性金融负债　　　　　　35 000

借：财务费用　　　　　　　2 500
　　贷：应付利息　　　　　　　　　2 500

（3）2×19年6月30日，短期融资券到期。

借：财务费用　　　　　　　2 500
　　贷：应付利息　　　　　　　　　2 500

借：交易性金融负债　　　135 000
　　应付利息　　　　　　　5 000
　　贷：银行存款　　　　　　　　105 000
　　　　公允价值变动损益　　　　 35 000

3. 指定为公允价值计量的金融负债自身信用风险变动的会计处理

企业根据《企业会计准则第22号——金融工具确认和计量》规定将金融负债指定为以公允价值计量且其变动计入当期损益的金融负债的，该金融负债所产生的利得或损失应当按照下列规定进行处理：

（1）由企业自身信用风险变动引起的该金融负债公允价值的变动金额，应当计入其他综合收益。

金融负债信用风险的相关知识

信用风险，是指金融工具的一方不履行义务，造成另一方发生财务损失的风险。

金融负债信用风险引起的公允价值变动与金融负债发行人未能履行特定金融负债义务的风险相关。这一风险未必与发行人的特定信用状况相关。

例如，企业发行一项担保负债和一项无担保负债（假定这两项负债的其他条件完全相同），虽然上述两项负债是由同一个企业发行的，但其信用风险也不同。担保负债的信用风险低于无担保负债的信用风险且有可能几乎为零。

需要注意的是，信用风险不同于与特定资产相关的业绩风险。

特定资产相关的业绩风险与企业未能履行特定义务的风险无关，而是与单项或一组金融资产的业绩较差或完全不履约的风险有关。

例如，以下两种情况与特定资产的业绩风险有关：

（1）具有投资连结特征的负债，合同规定应付给投资者的金额将基于特定资产的业绩情况确定。该投资连结特征对负债公允价值的影响即为与特定资产相关的业绩风险，而非信用风险。

（2）具有以下特征的结构化主体所发行的负债：该结构化主体在法律上是独立的，其资产受破产隔离的保护，唯一的受益者是投资者；该主体未发生任何其他交易，且该主体的资产也无法用作抵押；仅当受破产隔离保护的资产产生现金流量时，该主体才承担向其投资者支付一定金额的义务。这种情况下，负债的公允价值变动主要反映资产的公允价值变动。此类资产的业绩情况对负债公允价值的影响即为与特定资产相关的业绩风险，而不是信用风险。

① 若造成错配，应当将该金融负债的全部利得或损失（包括企业自身信用风险变动的影响金额）计入当期损益。

按照上述的规定对该金融负债的自身信用风险变动的影响进行处理会造成或扩大损益中的会计错配的，企业应当将该金融负债的全部利得或损失（包括企业自身信用风险变动的影响金额）计入当期损益。

为确定将金融负债自身信用风险变动的影响计入其他综合收益是否会造成或扩大损益中的会计错配，企业必须评估金融负债信用风险变动的影响预期是否会被损益中另一项以公允价值计量且其变动计入当期损益的金融工具的公允价值变动所抵销。企业做出上述评估，应当以该金融负债的特征与另一金融工具的特征之间的经济关系为基础。企业应当在金融负债初始确认时做出上述评估，且不得重新评估。一般情况下，企业对类似的经济关系应当保持一致的评估方法。

实务中，企业无需在同一时点确认产生会计错配的所有资产和负债。只要其余的交易预期会发生，允许有合理的递延。

② 由信用风险引起的公允价值变动金额的确定。

一般情况下，企业应当从金融负债的公允价值变动金额中扣除由于市场风险因素引起的市场风险变化所导致的公允价值变动金额，来确定由信用风险引起的公允价值变动金额。

市场风险因素包括基准利率变动、其他企业（或结构化主体）的金融工具价格变动、商品价格变动、外汇汇率变动，以及价格指数或利率指数变动等。

如果企业认为有其他方法能够更公允地计量由信用风险引起的公允价值变动金额，可使用其他方法。

如果计量上述市场风险的唯一变量是可观察基准利率，对于信用风险变动引起的金融负债的公允价值变动金额，企业可以按下列步骤估计：

A. 运用该金融负债的期初公允价值和期初合同现金流量计算出内含报酬率。从该内含报酬率中减去期初可观察基准利率，得到与该金融负债特定相关的部分。

B. 计算出该金融负债期末合同现金流量的现值：

a. 使用的折现率为以下两者之和。

b. 期末可观察基准利率。

内含报酬率中与该金融负债特定相关的利率部分。该现值代表企业信用风险不变情况下，该负债期末应当具有的公允价值。

C. 该金融负债的期末公允价值与上述计算出的金融负债期末合同现金流量的现值之间的差额，即为信用风险变动引起的金融负债的公允价值变动金额。

在运用以上方法时，假设除信用风险和利率风险之外的因素所导致的该金融负债公允价值变动金额不重大。

如果金融负债中包含嵌入衍生工具，则在计算信用风险变动引起的金融负债的公允价值变动金额时，应扣除嵌入衍生工具的公允价值变动金额。

此外，与所有公允价值计量一样，企业用于确定由金融负债信用风险变动引起的金融负债公允价值变动的计量方法，必须最大限度地使用相关的可观察输入值，尽可能少使用不可观察输入值。

（2）该金融负债的其他公允价值变动计入当期损益。

该金融负债终止确认时，之前计入其他综合收益的累计利得或损失应当从其他综合收益中转出，计入留存收益。

4. 以摊余成本计量且不属于任何套期关系一部分的金融负债所产生的利得或损失的会计处理

以摊余成本计量且不属于任何套期关系一部分的金融负债所产生的利得或损失，应当在终止确认时计入当期损益或在按照实际利率法摊销时计入相关期间损益。

企业与交易对手方修改或重新议定合同，未导致金融负债终止确认，但导致合同现金流量发生变化的，应当重新计算该金融负债的账面价值，并将相关利得或损失计入当期损益。重新计算的该金融负债的账面价值，应当根据将重新议定或修改的合同现金流量按金融负债的原实际利率或按《企业会计准则第24号——套期会计》第二十三条规定的重新计算的实际利率（如适用）折现的现值确定。对于修改或重新议定合同所产生的所有成本或费用，企业应当调整修改后的金融负债账面价值，并在修改后金融负债的剩余期限内进行摊销。

政策依据

《企业会计准则第22号——金融工具确认和计量》
第七章　金融工具的计量

第三十三条　企业初始确认金融资产或金融负债，应当按照公允价值计量。对于以公允价值计量且其变动计入当期损益的金融资产和金融负债，相关交易费用应当直接计入当期损益；对于其他类别的金融资产或金融负债，相关交易费用应当计入初始确认金额。但是，企业初始确认的应收账款未包含《企业会计准则第14号——收入》所定义的重大融资成分或根据《企业会计准则第14号——收入》规定不考虑不超过一年的合同中的融资成分的，应当按照该准则定义的交易价格进行初始计量。

交易费用，是指可直接归属于购买、发行或处置金融工具的增量费用。增量费用是指企业没有发生购买、发行或处置相关金融工具的情形就不会发生的费用，包括支付给代理机构、咨询公司、券商、证券交易所、政府有关部门等的手续费、佣金、相关税费以及其他必要支出,不包括债券溢价、折价、融资费用、内部管理成本和持有成本等与交易不直接相关的费用。

第三十四条　企业应当根据《企业会计准则第39号——公允价值计量》的规定,确定金融资产和金融负债在初始确认时的公允价值。公允价值通常为相关金融资产或金融负债的交易价格。金融资产或金融负债公允价值与交易价格存在差异的,企业应当区别下列情况进行处理:

(一)在初始确认时,金融资产或金融负债的公允价值依据相同资产或负债在活跃市场上的报价或者以仅使用可观察市场数据的估值技术确定的,企业应当将该公允价值与交易价格之间的差额确认为一项利得或损失。

(二)在初始确认时,金融资产或金融负债的公允价值以其他方式确定的,企业应当将该公允价值与交易价格之间的差额递延。初始确认后,企业应当根据某一因素在相应会计期间的变动程度将该递延差额确认为相应会计期间的利得或损失。该因素应当仅限于市场参与者对该金融工具定价时将予考虑的因素,包括时间等。

第三十五条　初始确认后,企业应当对不同类别的金融资产,分别以摊余成本、以公允价值计量且其变动计入其他综合收益或以公允价值计量且其变动计入当期损益进行后续计量。

第三十六条　初始确认后,企业应当对不同类别的金融负债,分别以摊余成本、以公允价值计量且其变动计入当期损益或以本准则第二十一条规定的其他适当方法进行后续计量。

第三十七条　金融资产或金融负债被指定为被套期项目的,企业应当根据《企业会计准则第24号——套期会计》规定进行后续计量。

第三十八条　金融资产或金融负债的摊余成本,应当以该金融资产或金融负债的初始确认金额经下列调整后的结果确定:

(一)扣除已偿还的本金。

(二)加上或减去采用实际利率法将该初始确认金额与到期日金额之间的差额进行摊销形成的累计摊销额。

(三)扣除累计计提的损失准备(仅适用于金融资产)。

实际利率法,是指计算金融资产或金融负债的摊余成本以及将利息收入或利息费用分摊计入各会计期间的方法。

实际利率,是指将金融资产或金融负债在预计存续期的估计未来现金流量,折现为该金融资产账面余额或该金融负债摊余成本所使用的利率。在确定实际利率时,应当在考虑金融资产或金融负债所有合同条款(如提前还款、展期、看涨期权或其他类似期权等)的基础上估计预期现金流量,但不应当考虑预期信用损失。

第三十九条　企业应当按照实际利率法确认利息收入。利息收入应当根据金融资产账面余额乘以实际利率计算确定,但下列情况除外:

(一)对于购入或源生的已发生信用减值的金融资产,企业应当自初始确认起,按照该金融资产的摊余成本和经信用调整的实际利率计算确定其利息收入。

(二)对于购入或源生的未发生信用减值、但在后续期间成为已发生信用减值的金融资产,企业应当在后续期间,按照该金融资产的摊余成本和实际利率计算确定其利息收入。企业按照上述规定对金融资产的摊余成本运用实际利率法计算利息收入的,若该金融工具在后续期间因其信用风险有所改善而不再存在信用减值,并且这一改善在客观上可与应用上述规定之后发生的某一事件相联系(如债务人的信用评级被上调),企业应当转按实际利率乘以该金融资产账面余额来计算确定利息收入。

经信用调整的实际利率,是指将购入或源生的已发生信用减值的金融资产在预计存续期的估计未来现金流量,折现为该金融资产摊余成本的利率。在确定经信用调整的实际利率时,应当在考虑金融资产的所有合同条款(例如提前还款、展期、看涨期权或其他类似期权等)以及初始预期信用损失的基础上估计预期现金流量。

第四十条　当对金融资产预期未来现金流量具有不利影响的一项或多项事件发生时,该金融资产成为已发生信用减值的金融资产。

金融资产已发生信用减值的证据包括下列可观察信息:

(一)发行方或债务人发生重大财务困难。

(二)债务人违反合同,如偿付利息或本金违约或逾期等。

(三)债权人出于与债务人财务困难有关的经济或合同考虑,给予债务人在任何其他情况下都不会做出的让步。

(四)债务人很可能破产或进行其他财务重组。

(五)发行方或债务人财务困难导致该金融资产的活跃市场消失。

(六)以大幅折扣购买或源生一项金融资产,该折扣反映了发生信用损失的事实。

金融资产发生信用减值,有可能是多个事件的共同作用所致,未必是可单独识别的事件所致。

第四十一条 合同各方之间支付或收取的、属于实际利率或经信用调整的实际利率组成部分的各项费用、交易费用及溢价或折价等,应当在确定实际利率或经信用调整的实际利率时予以考虑。

企业通常能够可靠估计金融工具(或一组类似金融工具)的现金流量和预计存续期。在极少数情况下,金融工具(或一组金融工具)的估计未来现金流量或预计存续期无法可靠估计的,企业在计算确定其实际利率(或经信用调整的实际利率)时,应当基于该金融工具在整个合同期内的合同现金流量。

第四十二条 企业与交易对手方修改或重新议定合同,未导致金融资产终止确认,但导致合同现金流量发生变化的,应当重新计算该金融资产的账面余额,并将相关利得或损失计入当期损益。重新计算的该金融资产的账面余额,应当根据将重新议定或修改的合同现金流量按金融资产的原实际利率(或者购买或源生的已发生信用减值的金融资产的经信用调整的实际利率)或按《企业会计准则第24号——套期会计》第二十三条规定的重新计算的实际利率(如适用)折现的现值确定。对于修改或重新议定合同所产生的所有成本或费用,企业应当调整修改后的金融资产账面价值,并在修改后金融资产的剩余期限内进行摊销。

第四十三条 企业不再合理预期金融资产合同现金流量能够全部或部分收回的,应当直接减记该金融资产的账面余额。这种减记构成相关金融资产的终止确认。

第四十四条 企业对权益工具的投资和与此类投资相联系的合同应当以公允价值计量。但在有限情况下,如果用以确定公允价值的近期信息不足,或者公允价值的可能估计金额分布范围很广,而成本代表了该范围内对公允价值的最佳估计的,该成本可代表其在该分布范围内对公允价值的恰当估计。

企业应当利用初始确认日后可获得的关于被投资方业绩和经营的所有信息,判断成本能否代表公允价值。存在下列情形(包含但不限于)之一的,可能表明成本不代表相关金融资产的公允价值,企业应当对其公允价值进行估值:

(一)与预算、计划或阶段性目标相比,被投资方业绩发生重大变化。

(二)对被投资方技术产品实现阶段性目标的预期发生变化。

(三)被投资方的权益、产品或潜在产品的市场发生重大变化。

(四)全球经济或被投资方经营所处的经济环境发生重大变化。

(五)被投资方可比企业的业绩或整体市场所显示的估值结果发生重大变化。

(六)被投资方的内部问题,如欺诈、商业纠纷、诉讼、管理或战略变化。

(七)被投资方权益发生了外部交易并有客观证据,包括发行新股等被投资方发生的交易和第三方之间转让被投资方权益工具的交易等。

第四十五条 权益工具投资或合同存在报价的,企业不应当将成本作为对其公允价值的最佳估计。

三、金融工具减值的会计处理

企业应当在资产负债表日对金融资产和信贷承诺等,以预期信用损失为基础确认减值损失,计提减值准备。

企业应当考虑金融资产和信贷承诺等的未来预期信用损失情况,及时、足额地计提减值准备,更加有效反映和防控金融工具的信用风险。

(一)适用减值规定的金融工具

1. 适用情形

如果一项金融工具可能受到该工具发行方、担保方或者其他相关方(如被担保方)信用风险的影响而造成企业未来现金流量的减少或者流出,且该影响不能通过《企业会计准则第22号——金融工具确认和计量》第七章"金融工具的计量"和第九章"利得和损失"相关规定反映在企业当期损益中,则该工具应当适用《企业会计准则第22号——金融工具确认和计量》关于金融工具减值的规定。

2. 适用范围

注意《企业会计准则第22号——金融工具确认和计量》金融工具减值规定的适用范围大于《企业会计准则第22号——金融工具确认和计量》整体适用范围,不仅包括金融资产(通常为企业持有的债务工具),还包括《企业会计准则第22号——金融工具确认和计量》范围以外的资产(如合同资产)、某些金融负债或者尚未确认的确定承诺。

具体包括以下各项:

(1) 按照《企业会计准则第 22 号——金融工具确认和计量》第十七条分类为以摊余成本计量的金融资产（含应收款项）。

> **政策依据**
>
> 《企业会计准则第 22 号——金融工具确认和计量》
>
> 第十七条 金融资产同时符合下列条件的,应当分类为以摊余成本计量的金融资产:
>
> （一）企业管理该金融资产的业务模式是以收取合同现金流量为目标。
>
> （二）该金融资产的合同条款规定,在特定日期产生的现金流量,仅为对本金和以未偿付本金金额为基础的利息的支付。

【例 28-39】 智董公司与贵琛公司存在业务往来,贵琛公司于 2×20 年 9 月向智董公司出具人民币 1 980 万元的商业承兑汇票。该商业承兑汇票于 2×21 年 3 月到期,但贵琛公司由于重大财务困难未能按期支付款项。在 2×20 年财务报表批准报出日,智董公司仍然未收到贵琛公司的欠款。

请问：2×20 年年末,智董公司是否应当对该笔应收票据计提坏账准备？

【分析】 智董公司的该笔应收票据实质上是销售商品或提供劳务形成的应收款项,符合金融资产的定义,应按照《企业会计准则第 22 号——金融工具确认和计量》(2017 年修订)的规定,根据其管理金融资产的业务模式和金融资产的合同现金流量特征相应分类为以摊余成本计量的金融资产、以公允价值计量且其变动计入其他综合收益的金融资产或以公允价值计量且其变动计入当期损益的金融资产。

除非该应收票据分类为以公允价值计量且其变动计入当期损益的金融资产,无论其是否存在发生减值的客观证据,智董公司均应采用预期信用损失的方法对应收票据计提坏账准备。

智董公司在进一步分析该应收票据是否已发生信用减值时,需要确定商业承兑汇票到期时贵琛公司因财务困难未能按期支付款项这一事项是资产负债表日后调整事项还是非调整事项,这取决于贵琛公司的重大财务困难在资产负债表日或资产负债表日以前是否已经存在,若已经存在,则属于调整事项；反之,则属于非调整事项。

如果导致贵琛公司在 2×21 年 3 月因重大财务困难不能按期支付款项的原因是 2×21 年 1 月贵琛公司遭遇了严重火灾导致重大财产损失,则表明贵琛公司重大财务困难在资产负债表日以后才发生,因此属于非调整事项。在这种情况下,在没有其他证据证明该应收票据已发生信用减值时,2×20 年年末该应收票据未发生信用减值。

如果贵琛公司在 2×20 年年末已经存在重大财务困难的迹象（例如,未能按时偿还银行贷款）。贵琛公司在 2×21 年 3 月不能按期支付款项进一步证实了其资产负债表日重大财务困难的情况,则应属于调整事项。在这种情况下,2×20 年底智董公司应收票据已发生信用减值。

(2) 按照《企业会计准则第 22 号——金融工具确认和计量》第十八条分类为以公允价值计量且其变动计入其他综合收益的金融资产。

> **政策依据**
>
> 《企业会计准则第 22 号——金融工具确认和计量》
>
> 第十八条 金融资产同时符合下列条件的,应当分类为以公允价值计量且其变动计入其他综合收益的金融资产:
>
> （一）企业管理该金融资产的业务模式既以收取合同现金流量为目标又以出售该金融资产为目标。
>
> （二）该金融资产的合同条款规定,在特定日期产生的现金流量,仅为对本金和以未偿付本金金额为基础的利息的支付。

(3) 租赁应收款。

租赁,是指在一定期间内,出租人将资产的使用权让与承租人以获取对价的合同。

(4)《企业会计准则第 14 号——收入》定义的合同资产。

合同资产,是指企业已向客户转让商品而有权收取对价的权利,且该权利取决于时间流逝之外的其他因素。

如企业向客户销售两项可明确区分的商品,企业因已交付其中一项商品而有权收取款项,但收取该款项还取决于企业交付另一项商品的,企业应当将该收款权利作为合同资产。

(5)企业做出的贷款承诺(以公允价值计量且其变动计入当期损益的金融负债除外)。

贷款承诺,是指按照预先规定的条款和条件提供信用的确定性承诺。

(6)《企业会计准则第22号——金融工具确认和计量》第二十一条第一款第(三)项规定的财务担保合同。

政策依据

《企业会计准则第22号——金融工具确认和计量》

第二十一条 除下列各项外,企业应当将金融负债分类为以摊余成本计量的金融负债:

(一)以公允价值计量且其变动计入当期损益的金融负债,包括交易性金融负债(含属于金融负债的衍生工具)和指定为以公允价值计量且其变动计入当期损益的金融负债。

(二)金融资产转移不符合终止确认条件或继续涉入被转移金融资产所形成的金融负债。

对此类金融负债,企业应当按照《企业会计准则第23号——金融资产转移》相关规定进行计量。

(三)不属于本条(一)或(二)情形的财务担保合同,以及不属于本条(一)情形的以低于市场利率贷款的贷款承诺。

企业作为此类金融负债发行方的,应当在初始确认后按照依据本准则第八章所确定的损失准备金额以及初始确认金额扣除依据《企业会计准则第14号——收入》相关规定所确定的累计摊销额后的余额孰高进行计量。

在非同一控制下的企业合并中,企业作为购买方确认的或有对价形成金融负债的,该金融负债应当按照以公允价值计量且其变动计入当期损益进行会计处理。

【例28-40】 2×18年年末,智董公司(上市公司)应收商业承兑汇票9.8亿元,其中应收贵琛公司4.8亿元,分类为以摊余成本计量的金融资产,均未计提减值准备;智董公司同时对贵琛公司有应收账款约5亿元,分类为以摊余成本计量的金融资产,已按公司会计政策计提坏账准备。贵琛公司为上市公司,发生严重亏损,年末资产负债率95%,营运资本为负,已发生严重财务困难。

请问:智董公司应收贵琛公司商业承兑汇票期末未计提减值准备是否恰当?

【分析】 以摊余成本计量的应收票据及应收账款,无论其是否存在发生信用减值的客观证据,智董公司均应采用预期信用损失的方法按照整个存续期内预期信用损失或12个月内预期信用损失计提坏账准备。

在本例中,贵琛公司已发生严重财务困难,表明智董公司应收贵琛公司账款及商业承兑汇票均已发生信用减值,智董公司应按照整个存续期内的预期信用损失计量其损失准备,具体核算科目的不同不应影响其减值的判断和计提。在计量预期信用损失时,对于应收票据,应考虑不同票据的违约风险。例如对于银行承兑汇票与商业承兑汇票,由于交易对手方性质不同,其违约风险可能不同;而对于银行承兑汇票,信用等级较高的银行与信用等级不高的银行,其签发的银行承兑汇票的违约风险也可能不同;同样,对于商业承兑汇票,信用和财务状况较好的企业与信用和财务状况较差的企业,其签发的商业承兑汇票的违约风险也可能不同,取得汇票的企业面临的票据减值风险亦可能有所不同。

在实务中,很多公司忽视了对应收票据减值的考虑。无论是应收银行承兑汇票还是应收商业承兑汇票,均应按照企业会计准则预期信用损失的计提要求恰当计提减值。

(二)确认减值损失、计提减值准备的基础——预期信用损失

修订后的《企业会计准则第22号——金融工具确认和计量》,采用"预期信用损失法"对金融工具减值进行会计处理。

该方法与过去规定的、根据实际已发生减值损失确认减值准备的方法有着根本性不同。在预期信用损失法下,减值准备的计提不以减值的实际发生为前提,而是以未来可能的违约事件造成的损失的期望值来计量当前(资产负债表日)应当确认的减值准备。

1. 什么是预期信用损失

预期信用损失,是指以发生违约的风险为权重的金融工具信用损失的加权平均值。

▎专家点拨

(1) 发生违约的风险。

这里的发生违约的风险,可以理解为发生违约的概率。

(2) 信用损失、现金流缺口。

这里的信用损失,是指企业根据合同应收的现金流量与预期能收到的现金流量之间的差额(以下称现金流缺口)的现值。

(3) 收款时间晚于合同规定的时间,也会产生信用损失。

根据现值的定义,即使企业能够全额收回合同约定的金额,但如果收款时间晚于合同规定的时间,也会产生信用损失。

2. 预期信用损失的计量

预期信用损失是以违约概率为权重的、金融工具现金流缺口(即合同现金流量与预期收到的现金流量之间的差额)的现值的加权平均值。

(1) 预期信用损失的基本计算方法。

① 计量中采集和使用的信息。

企业对金融工具预期信用损失的计量方法应当反映能够以合理成本即可获取的、合理且有依据的、关于过去事项、当前状况以及未来经济状况预测的信息。换言之,企业应当采集上述信息,作为金融工具预期信用损失计量的依据。

企业所采集和使用的信息应当既包含与借款人特定因素相关的信息,又包含反映总体经济状况和趋势的信息。企业可同时使用内部和外部的各种数据来源,包括:关于信用损失的企业内部历史经验、企业内部评级、其他企业的信用损失经验、外部评级、外部报告和外部统计数据等。如果企业没有关于特定金融工具的数据来源或此类来源的数据不够充分,那么企业可以使用同行业内对类似金融工具(或一组类似金融工具)的经验数据。

历史信息是企业计量预期信用损失的重要基准。某些情形下,未经调整的历史信息可能是最佳的合理且有依据的信息。而其他情形下,企业可能需要使用当期数据对历史数据进行调整,以反映当前状况和未来预测的影响,并剔除与未来现金流量不相关的历史因素的影响。

企业对预期信用损失的估计,应当反映相关可观察数据的变化并与其保持方向一致(例如,就业率、房价、商品价格的变化可能导致一项或一组金融工具信用损失的变化)。如果存在关于特定金融工具或类似金融工具信用风险的可观察的市场信息(例如针对特定主体的信用风险违约掉期的市场价格),企业应当在预期信用损失计量中予以考虑。企业还应当定期复核用于估计预期信用损失的可观察数据,以减少估计值与实际信用损失之间的差异。

在考虑前瞻性信息时,并不要求企业对金融工具整个预计存续期内的情况做出预测。企业在估计预期信用损失时需要运用的判断程度的高低,取决于具体信息的可获取性。预测的时间跨度越大,具体信息的可获取性越低,则企业在估计预期信用损失时必须运用判断的程度就越高。《企业会计准则第 22 号——金融工具确认和计量》并不要求企业对很远的未来做出详细估计,企业只需根据现有资料对未来情况进行推断。

② 估计预期信用损失的期间。

估计预期信用损失的期间,是指相关金融工具可能发生的现金流缺口所属的期间。根据《企业会计准则第 22 号——金融工具确认和计量》第六十一条,企业计量预期信用损失的最长期限应当为企业面临信用风险的最长合同期限(包括由于续约选择权可能延续的合同期限)。

对于贷款承诺和财务担保合同,计量预期信用损失的最长期限应当为企业承担提供信贷或财务担保的现时义务的最长合同期限。

需要注意的是,估计信用损失的期间,与金融工具是否按整个存续期内预期信用损失金额计量损失准备是两个不同概念。

《企业会计准则第 22 号——金融工具确认和计量》所说的 12 个月内预期信用损失,是指因资产负债表日后12个月内(若金融工具的预计存续期少于12个月则为更短的存续期间)可能发生的违约事件而导致的金融工具在整个存续期内现金流缺口的加权平均现值,而非发生在12个月内的现金流缺口的加权平均现值。

例如,企业预计一项剩余存续期为3年的债务工具在未来12个月内将发生债务重组,重组将对该工具整个存续期内的合同现金流量进行调整,则所有合同现金流量的调整(无论归属在哪个期间)都属于计算12个月内预期信用损失的考虑范围。

某些金融工具可能同时包含贷款和未提用的贷款承诺,企业根据合同规定有通知借款人还款和取消未提用信用额度的能力,但这种能力未将企业所面临信用损失的期间限定在通知期之内,则企业对于此类金融工具确认预期信用损失的期间,应当为其面临信用风险且无法用信用风险管理措施予以缓释的期间,即使该期间超过了最长合同期限(通知期)。

例如,对于信用卡持卡人,银行可以最短提前1天通知撤销循环信用额度。但在实务中,银行只有当持卡人出现违约后才会撤销授信额度,而此时对于阻止全部或部分预期信用损失的发生而言可能已经太迟。因此银行不可能以1天的通知期作为估计预期信用损失的期间。

这类金融工具由于其性质、管理方式以及关于信用风险显著增加的信息的可获得性,通常同时具备下列特征:

A. 不具有固定的存续期或还款结构,且通常具有较短的合同取消期。

B. 出借方依照合同规定取消该合同的能力,无法在该金融工具的一般日常管理中实施,而只有当企业(出借方)已获悉在授信额度层面的信用风险增加后,才可能取消该合同。

C. 企业在组合基础上对该金融工具进行管理。

③ 预期信用损失的概率加权属性。

企业对预期信用损失的估计,是概率加权的结果,应当始终反映发生信用损失的可能性以及不发生信用损失的可能性(即便最可能发生的结果是不存在任何信用损失),而不是仅对最坏或最好的情形做出估计。

实务中,这一要求可能并不需要企业开展复杂的分析。在某些情形下,运用相对简单的模型可能足以满足上述要求,而不需要使用大量具体的情景模拟。

例如,一个较大的具有共同风险特征的金融工具组合(如小额贷款)的平均信用损失,可能是概率加权金额的合理估计值。而在其他情形下,企业可能需要识别关于现金流量金额、时间分布以及各种结果估计概率的具体数值。在这种情形下,预期信用损失应当至少反映发生信用损失和不发生信用损失两种可能性(即企业需要估计发生信用损失的概率和金额)。

④ 折现率。

企业应当采用相关金融工具初始确认时确定的实际利率或其近似值,将现金流缺口折现为资产负债表日的现值,而不是预计违约日或其他日期的现值。如果金融工具具有浮动利率,那么企业应当采用当前实际利率(即最近一次利率重设后的实际利率)对现金流缺口进行折现。

对于购买或源生已发生信用减值的金融资产,企业应当采用在初始确认时确定的经信用调整的实际利率(即购买或源生时将减值后的预计未来现金流量折现为摊余成本的利率)。

对于租赁应收款,企业应当采用按照《企业会计准则第21号——租赁》计量租赁应收款所使用的相同折现率。

对于贷款承诺,企业应当采用在确认源自该承诺的贷款时将应用的实际利率或其近似值。

对于无法确定实际利率的财务担保合同或贷款承诺,企业应当采用反映货币时间价值和相关现金流量特有风险的折现率。

⑤ 担保物的影响。

在预期信用损失计量中,企业对现金流缺口的估计应当反映源自担保物或其他信用增级的预期现金流(即使该现金流的预期发生时间超过了合同期限),前提是该担保物或信用增级属于金融工具合同条款一部分且企业尚未将其在资产负债表中确认。

企业对被担保金融工具的预期现金流缺口

估计,应当反映源自担保物的预期现金流的金额(减去取得和出售该担保物的成本)和时间,无论该抵债是否很可能发生(即对预期现金流量的估计应当反映该担保物抵债的概率,而无论概率的大小)。

对于所有因抵债而获得的担保物,企业均不应将其独立于被担保金融工具单独确认为一项资产,除非该担保物满足《企业会计准则第22号——金融工具确认和计量》或其他企业会计准则规定的资产确认标准。

【例28-41】 智董制造公司经营地域单一且固定。2×19年,智董公司应收账款合计为4亿元。考虑到客户群由众多小客户构成,智董公司根据代表偿付能力的客户共同风险特征对应收账款进行分类。上述应收账款不包含重大融资成分。智董公司对上述应收账款始终按整个存续期内的预期信用损失计量损失准备。

智董公司使用逾期天数与违约损失率对照表确定该应收账款组合的预期信用损失。对照表以此类应收账款预计存续期的历史违约损失率为基础,并根据前瞻性估计予以调整。在每个资产负债表日,智董公司都将分析前瞻性估计的变动,并据此对历史违约损失率进行调整。公司预测下一年的经济形势将恶化。

【分析】 智董公司的逾期天数与违约损失率对照表估计如表28-7所示:

表28-7 智董公司的逾期天数与违约损失率对照表

	未逾期	逾期1～30日	逾期31～60日	逾期61～90日	逾期>90日
违约损失率	0.50%	1.50%	4.00%	5.00%	10.00%

来自众多小客户的应收账款合计40 000 000元,根据逾期天数违约损失率计算其预期信用损失如表28-8所示:

表28-8 预期信用损失　　　　单位:元

	账面余额(A)	违约损失率(B)	按整个存续期内预期信用损失确认的损失准备(账面余额×整个存续期预期信用损失率)(C=A×B)
未逾期	20 000 000	0.50%	100 000
逾期1～30日	8 000 000	1.50%	120 000
逾期31～60日	4 000 000	4.00%	160 000
逾期61～90日	5 000 000	5.00%	250 000
逾期>90日	3 000 000	10.00%	300 000
合计	40 000 000	—	930 000

(2)不同金融工具的预期信用损失有着不同的计算基础。

① 金融资产预期信用损失的计量。

对于金融资产,信用损失应为下列两者差额的现值:

A. 企业依照合同应收取的合同现金流量。

B. 企业预期能收到的现金流量。

② 租赁应收款预期信用损失的计量。

对于租赁应收款,信用损失的计算方法与金融资产相同,其用于确定预期信用损失的现金流量,应当与其按照《企业会计准则第21号——租赁》计量租赁应收款的现金流量口径保持一致。

③ 未提用的贷款承诺预期信用损失的计量。

对于未提用的贷款承诺,信用损失应为下列两者差额的现值:

A. 如果贷款承诺的持有人提用相应贷款,企业应收的合同现金流量。

B. 如果持有人提用相应贷款,企业预期收取的现金流量。

企业对贷款承诺预期信用损失的估计,应当基于对该贷款承诺提用情况的预期。企业在估计12个月的预期信用损失时,应当考虑预计将在资产负债表日后12个月内提用的贷款承诺部分;而在估计整个存续期预期信用损失时,应当考虑预计将在贷款承诺整个存续期内提用的贷款承诺部分。

④ 财务担保合同预期信用损失的计量。

对于财务担保合同,只有当债务人按照所担保的金融工具合同条款发生违约事件时,企业才需要进行赔付。因此,财务担保合同的信用损失是企业就合同持有人发生的信用损失向其做出赔付的预期付款额,减去企业预期向该合同持有人、债务人或其他方收取的金额的差额的现值。

⑤ 购买或源生时未发生信用减值、但在后续资产负债表日已发生信用减值的金融资产预期信用损失的计量。

对于购买或源生时未发生信用减值、但在后续资产负债表日已发生信用减值的金融资产,企业在计量其预期信用损失时,应当基于该金融资产的账面余额与按该金融资产原实际利率折现的预计未来现金流量的现值之间的差额。

⑥ 在计量预期信用损失时运用简便方法。

在不违反《企业会计准则第22号——金融工具确认和计量》第五十八条规定(金融工具预期信用损失计量方法应反映的要素)的前提下,企业可在计量预期信用损失时运用简便方法。

例如,对于应收账款的预期信用损失,企业可参照历史信用损失经验,编制应收账款逾期天数与固定准备率对照表[如,若未逾期为1%;若逾期不到30日为2%;若逾期天数为30~90(不含)日,为3%;若逾期天数为90~180(不含)日,为20%等],以此为基础计算预期信用损失。

⑦ 在对客户群体进行恰当分组的基础上运用计量预期信用损失的简便方法。

如果企业的历史经验表明不同细分客户群体发生损失的情况存在显著差异,那么企业应当对客户群体进行恰当的分组,在分组基础上运用上述简便方法。企业可用于对资产进行分组的标准可能包括:地理区域、产品类型、客户评级、担保物以及客户类型(如批发和零售客户)。

(三) 金融工具减值的三阶段、计量损失准备的期间、利息收入的计算

1. 购买或源生时未发生信用减值的金融工具

可以将金融工具发生信用减值的过程分为3个阶段,对于不同阶段的金融工具的减值有不同的会计处理方法:

(1) 信用风险自初始确认后未显著增加(第一阶段)。

对于处于该阶段的金融工具,企业应当按照未来12个月的预期信用损失计量损失准备,并按其账面余额(即未扣除减值准备)和实际利率计算利息收入(若该工具为金融资产,下同)。

(2) 信用风险自初始确认后已显著增加但尚未发生信用减值(第二阶段)。

对于处于该阶段的金融工具,企业应当按照该工具整个存续期的预期信用损失计量损失准备,并按其账面余额和实际利率计算利息收入。

(3) 初始确认后发生信用减值(第三阶段)。

对于处于该阶段的金融工具,企业应当按照该工具整个存续期的预期信用损失计量损失准备,但对利息收入的计算不同于处于前两阶段的金融资产。对于已发生信用减值的金融资产,企业应当按其摊余成本(账面余额减已计提减值准备,也即账面价值)和实际利率计算利息收入。

上述三阶段的划分,适用于购买或源生时未发生信用减值的金融工具。

> **专家点拨**
>
> *未发生信用减值的资产的利息收入的计算*
>
> 对于处于信用减值第一和第二阶段的金融资产,以及按照《企业会计准则第22号——金融工具确认和计量》第六十三条规定适用实务简化处理的应收款项、合同资产和租赁应收款,企业应当按照该金融资产的账面余额(即不考虑减值影响)乘以实际利率的金额确定其利息收入。

2. 购买或源生时已发生信用减值的金融资产

对于购买或源生时已发生信用减值的金融资产,企业应当仅将初始确认后整个存续期内预期信用损失的变动确认为损失准备,并按其摊余成本和经信用调整的实际利率计算利息收入。

> **专家点拨**
>
> *已发生信用减值的资产的利息收入的计算*
>
> 当对金融资产预期未来现金流量具有不利影响的一项或多项事件发生时,该金融资产成为已发生信用减

值的金融资产。

金融资产发生信用减值,有可能是多个事件的共同作用所致,未必是可单独识别的事件所致。

已发生信用减值的金融资产分两种情形(表28-9):

(1)对于购买或源生时未发生信用减值、但在后续期间发生信用减值的金融资产,企业应当在发生减值的后续期间,按照该金融资产的摊余成本(即账面余额减已计提减值)乘以实际利率(初始确认时确定的实际利率,不因减值的发生而变化)的金额确定其利息收入。

(2)对于购买或源生时已发生信用减值的金融资产,企业应当自初始确认起,按照该金融资产的摊余成本乘以经信用调整的实际利率(即购买或源生时将减值后的预计未来现金流量折现为摊余成本的利率)的金额确定其利息收入。

表28-9 已发生信用减值的金融资产

情形	金融工具减值的三阶段	计量损失准备的期间	利息收入的计算
购买或源生时未发生信用减值的金融工具	信用风险自初始确认后未显著增加	未来12个月	账面余额(即未扣除减值准备)×实际利率
	信用风险自初始确认后已显著增加但尚未发生信用减值	该工具整个存续期	账面余额(即未扣除减值准备)×实际利率
	初始确认后发生信用减值	该工具整个存续期	摊余成本(账面余额减已计提减值准备,也即账面价值)×实际利率
购买或源生时已发生信用减值的金融资产		初始确认后整个存续期	摊余成本(账面余额减已计提减值准备,也即账面价值)×经信用调整的实际利率

小知识

金融资产已发生信用减值的证据

金融资产已发生信用减值的证据包括下列可观察信息:

(1)发行方或债务人发生重大财务困难。

(2)债务人违反合同,如偿付利息或本金违约或逾期等。

(3)债权人出于与债务人财务困难有关的经济或合同考虑,给予债务人在任何其他情况下都不会做出的让步。

(4)债务人很可能破产或进行其他财务重组。

(5)发行方或债务人财务困难导致该金融资产的活跃市场消失。

(6)以大幅折扣购买或源生一项金融资产,该折扣反映了发生信用损失的事实。

对信用风险显著增加的评估

企业应当在资产负债表日评估金融工具信用风险自初始确认后是否已显著增加。

这里的信用风险,是指发生违约的概率。

(1)信用风险自初始确认后是否已显著增加的判断标准。

企业应当通过比较金融工具在初始确认时所确定的预计存续期内的违约概率和该工具在资产负债表日所确定的预计存续期内的违约概率,来判定金融工具信用风险是否显著增加。

企业需要注意以下几点:

① 违约概率。

这里的违约概率,是指在某一时点上所确定的未来期间发生违约的概率,而不是在该时点发生违约的概率。

企业应当以此口径理解《企业会计准则第22号——金融工具确认和计量》第五十二条所说的"资产负债表日发生违约的风险"和"初始确认日发生违约的风险"。

② 贷款承诺和财务担保合同的初始确认日,是该企业做出的不可撤销承诺的生效日。

对于贷款承诺和财务担保合同,由于其在资产负债表日可能尚未在资产负债表中确认,或者在确认前已经对企业形成信用风险敞口,因此其初始确认日的定义不同于其他金融工具,而应当是该企业做出的不可撤销承诺的生效日。

注意这里的初始确认日不一定是承诺日,因为企业做出承诺后,该承诺可能需要履行一定的程序或者满足一定的条件才能生效。

③ 在对信用风险的变化进行评估时,不能简单地比较违约风险随时间推移的绝对变化。

因为预计存续期与违约风险之间的复杂关系,企业在对信用风险的变化进行评估时,不能简单地比较违约风险随时间推移的绝对变化。例如,如果一项预计存续期为10年的金融工具在初始确认时确定的违约概率,与后来预计存续期仅剩5年时确定的违约概率相同,则可能表明其信用风险已经增加。因为一般而言,在信用风险不变的情况下,金融工具的存续期越长,则违约概率越高。随着存续期的消减,违约概率一般也逐渐降低(对于仅在临近到期日才具有重大付款义务的金融工具而言,发生违约的概率不一定随时间的推移而降低)。

实务中,企业可以用未来12个月内发生违约风险的变化作为整个存续期内发生违约风险变化的合理估计,以确定自初始确认后信用风险是否已显著增加。但是,在某些情形下可能并不适合使用未来12个月内发生违约风险的变化来确定是否应当确认整个存续期预期信用损失。例如,合同现金流在预计存续期内不均匀分布,其在未来12个月内没有现金流;或者未来12个月的违约风险不能充分反映相关的宏观经济因素或其他信用因素的变化。

④ 对于自初始确认后信用风险变化的显著性,应当在与初始确认时确定的违约概率相比较的基础上进行考虑。

假如违约概率变化的绝对值一定,则初始确认时违约概率较低的金融工具与初始确认时违约概率较高的金融工具相比,其信用风险变化更为显著。

(2) 企业在评估信用风险变化时需要考虑的因素。

在确定金融工具的信用风险水平时,企业应当考虑以合理成本即可获得的、可能影响金融工具信用风险的、合理且有依据的信息。合理成本即无须付出不必要的额外成本或努力。

企业在评估中可能需要考虑的因素包括:

① 信用风险变化所导致的内部价格指标的显著变化。

例如,同一金融工具或具有相同条款及相同交易对手的类似金融工具,在最近期间发行时的信用利差相对于过去发行时的变化。

② 新金融工具的利率或其他条款发生显著变化。

若现有金融工具在报告日作为新金融工具源生或发行,该金融工具的利率或其他条款将发生的显著变化(如更严格的合同条款、增加抵押品或担保物或者更高的收益率等)。

③ 信用风险的外部市场指标的显著变化。

同一金融工具或具有相同预计存续期的类似金融工具的信用风险的外部市场指标的显著变化。这些指标包括:

A. 信用利差。

B. 针对借款人的信用违约互换价格。

C. 金融资产的公允价值小于其摊余成本的时间长短和程度。

D. 与借款人相关的其他市场信息(如借款人的债务工具或权益工具的价格变动)。

④ 金融工具外部信用评级的显著变化。

金融工具外部信用评级实际或预期的显著变化。

⑤ 对借款人实际或预期的内部信用评级下调。

如果内部信用评级可与外部评级相对应或可通过违约调查予以证实,则更为可靠。

⑥ 预期将导致借款人偿债能力发生显著变化的业务、财务或外部经济状况的不利变化。

例如,实际或预期的利率上升,实际或预期的失业率显著上升。

⑦ 借款人经营成果实际或预期的显著变化。

例如,借款人收入或毛利率下降、经营风险增加、营运资金短缺、资产质量下降、杠杆率上升、流动比率下降、管理出现问题、业务范围或组织结构变更(例如某些业务分部终止经营)。

⑧ 同一借款人发行的其他金融工具的信用风险显著增加。

同一借款人发行的其他金融工具的信用风险显著增加。

⑨ 借款人所处的监管、经济或技术环境的显著不利变化。

例如,技术变革导致对借款人产品的需求下降。

⑩ 作为债务抵押的担保物价值或第三方提供的担保或信用增级质量的显著变化。

这些变化预期将降低借款人按合同规定期限还款的经济动机或者影响违约概率。例如,如果房价下降导致担保物价值下跌,则借款人可能会有更大动机拖欠抵押贷款。

⑪ 预期将降低借款人按合同约定期限还款的经济动机的显著变化。

例如,母公司或其他关联公司能够提供的财务支持减少,或者信用增级质量的显著变化。关于信用增级的质量变化,企业应当考虑担保人的财务状况,次级权益预计能否吸收预期信用损失等。

⑫ 借款合同的预期变更。

包括预计违反合同的行为可能导致的合同义务的免除或修订、给予免息期、利率跳升、要求追加抵押品或担保或者对金融工具的合同框架做出其他变更。

⑬ 借款人预期表现和还款行为的显著变化。

例如,一组贷款资产中延期还款的数量或金额增加、接近授信额度或每月最低还款额的信用卡持有人的预期数量增加。

⑭ 企业对金融工具信用管理方法的变化。

例如,企业信用风险管理实务预计将变得更为积极或者对该金融工具更加侧重,包括更密切地监控或更紧密地控制有关金融工具、对借款人实施特别干预。

⑮ 逾期信息。

在某些情形下,企业通过获得的定性和非统计定量信息,而无须统计模型或信用评级流程处理有关信息,就可以确定金融工具的信用风险是否已显著增加。但在另一些情形下,企业可能需要考虑源自统计模型或信用评级流程的信息。

(3) 企业应尽可能在逾期发生前确定信用风险的显著增加,确定信用风险显著增加的时点应当早于实际发生减值的时点。

① 金融资产发生逾期的概念。

金融资产发生逾期,是指交易对手未按合同规定时间支付约定的款项,既包括本金不能按时足额支付的情况,也包括利息不能按时足额支付的情况。

② 信用风险显著增加作为逾期的主要原因,通常先于逾期发生。

逾期是金融工具信用风险显著增加的常见结果。因此,逾期可能被作为信用风险显著增加的标志。

但是,信用风险显著增加作为逾期的主要原因,通常先于逾期发生。

企业只有在难于获得前瞻性信息,从而无法在逾期发生前确定信用风险显著增加的情况下,才能以逾期的发生来确定信用风险的显著增加。换言之,企业应尽可能在逾期发生前确定信用风险的显著增加。

③ 如果以合理成本无法获得逾期信息以外的前瞻性信息,企业可采用逾期信息来确定信用风险是否显著增加。

如果以合理成本即可获得合理且有依据的前瞻性信息,企业在确定信用风险是否显著增加时,不得仅依赖逾期信息。

然而,如果以合理成本无法获得逾期信息以外的前瞻性信息,企业可采用逾期信息来确定信用风险是否显著增加。

④ 如果合同付款逾期超过(含)30日,通常可以推定金融资产的信用风险显著增加。

无论企业采用何种方式评估信用风险是否显著增加,如果合同付款逾期超过(含)30日,则通常可以推定金融资产的信用风险显著增加,除非企业以合理成本即可获得合理且有依据的信息,证明即使逾期超过30日,信用风险仍未显著增加。例如,如果未能及时付款是由于管理上的疏忽而并非借款人本身的财务困难所致。再如,企业能够获得的历史统计数据表明,发生违约的风险显著增加与逾期超过30日之间不存在相关性。

企业通常应当在金融工具逾期前确认整个存续期内的预期信用损失,因此,如果企业在逾期超过30日前可以确定信用风险显著增加,那么不得适用上述推定。

⑤ 企业确定信用风险显著增加的时点应当早于实际发生减值的时点。

类似地,企业也不得将相关金融资产发生信用减值的时点作为其信用风险显著增加并确认整个存续期预期信用损失的时点,不得将企业内部标准构成违约的时点作为信用风险显著增加并确认整个存续期预期信用损失的时点。总之,企业确定信用风险显著增加的时点应当早于实际发生减值的时点,这是"预期信用损失法"的应有之义。

(4) 信用风险显著增加,通常早于金融资产发生信用减值或者违约。

① 确定信用风险时所采用的违约定义。

企业在确定信用风险时所采用的违约定义,应当与其内部基于信用风险管理目的而采用的违约定义保持一致,并在必要时考虑其他定性指标,例如借款合同对债务人财务指标做出的限制性条款。

② 一项金融工具逾期超过(含)90日,一般应当推定该金融工具已发生违约。

实务中,一些企业以逾期达到一定天数作为违约的标准。

企业可以根据所处环境和债务工具特点对构成违约的逾期天数做出定义,但是,如果一项金融工具逾期超过(含)90日,则企业应当推定该金融工具已发生违约,除非企业有合理且有依据的信息,表明以更长的逾期时间作为违约标准更为恰当。企业应当对所有相关金融工具一致地适用上述关于违约的规定,除非有证据表明对特定金融工具采用不同的违约标准更为恰当。

③ 在评估金融工具自初始确认后信用风险是否显著增加时,不能基于在报告日金融资产发生违约的证据。

通常,在金融资产发生信用减值或者违约之前,信用风险都将显著增加。因此,企业在评估金融工具自初始确认后信用风险是否显著增加时,不能基于在报告日金融资产发生违约的证据。

(5) 在组合基础上评估信用风险是否显著增加。

对于某些金融工具而言,企业在单项工具层面无法以合理成本获得关于信用风险显著增加的充分证据,而在组合基础上评估信用风险是否显著增加则是可行的。例如,对于零售贷款,商业银行可能无法跟踪每个借款人的个人信用变化,从而无法在逾期前识别出信用风险的显著变化。然而,如果所有零售贷款的整体信用风险受当地经济社会环境的影响,银行就应当通过就业率等前瞻性经济指标在组合基础上进行信用风险变化的评估。因此,《企业会计准则第22号——金融工具确认和计量》第四十八条规定了以金融工具组合为基础进行评估的要求。

① 在组合基础上评估信用风险是否显著增加的依据——共同风险特征。

为在组合基础上进行信用风险变化评估,企业可以共同风险特征为依据,将金融工具分为不同组别,从而使有关评估更为合理并能及时识别信用风险的显著增加。企业不应将具有不同风险特征的金融工具归为同一组别,从而形成不相关的结论。

企业可能采用的共同信用风险特征包括:

　　A. 金融工具类型。
　　B. 信用风险评级。
　　C. 担保物类型。
　　D. 初始确认日期。
　　E. 剩余合同期限。
　　F. 借款人所处行业。
　　G. 借款人所处地理位置。
　　H. 贷款抵押率(Loan-To-Collateral,LTC)。

② 企业为评估信用风险变化而确定的金融工具组合,可能变化。

企业为评估信用风险变化而确定的金融工具组合,可能会随着单项资产层面以及组合层面的信用风险相关信息的可获得性的变化而变化。

例如,如果由于企业信息系统的建设,过去无法获得的个人信用的变化信息现在变为可获得,企业就应当从以组合为基础的评估变更为以单项工具为基础的评估。

(6) 修改或重新议定金融资产合同对评估信用风险是否显著增加的影响。

在某些情况(如债务重组)下,企业与其交易对手可能会修改或重新议定金融资产合同。

① 合同修改形成的新金融资产的处理。

如果合同的修改导致现有金融资产的终止确认,并确认修改后的金融资产,企业应当将修改后的金融资产视为新的资产进行减值会计处理。

对于合同修改形成的新金融资产,企业应当将合同修改日作为新资产的初始确认日。通常情况下,在该金融资产符合《企业会计准则第 22 号——金融工具确认和计量》第四十八条关于确认整个存续期内预期信用损失的规定之前,企业应当按照 12 个月内预期信用损失的金额计量其减值准备。但是,在某些特殊情况下,当合同双方做出导致原金融资产终止确认的合同修改后,可能出现表明修改后的新资产在初始确认时已发生信用减值的证据,从而使该金融资产成为一项源生已发生信用减值的资产。

② 合同修改未导致终止确认的合同现金流量变化的处理。

如果合同的修改未导致金融资产终止确认,而导致合同现金流量的时间和金额变化,企业应当按照《企业会计准则第 22 号——金融工具确认和计量》第五十六条规定进行处理。

该情形下,企业应当基于以合理成本即可获得的、合理且有依据的信息,来评估该金融资产自初始确认(初始确认日不因合同的修改而变化)后信用风险是否已显著增加,而不得将该资产直接假定为具有较低的信用风险。如果企业认为该金融资产在合同修改后不再满足确认整个存续期内预期信用损失的标准,应当按照《企业会计准则第 22 号——金融工具确认和计量》第五十条处理。通常情况下,只有债务人在一段时期内一贯地表现出良好的还款行为,企业才能认为相关信用风险已经降低。例如,银行对于客户漏付某笔还款或未全额还清的历史记录,通常不能简单地因为其依照修改后的合同条款及时做出了一次还款行为而消除。

(7) 无需就金融工具初始确认时的信用风险与资产负债表日的信用风险进行比较分析的特殊(简化)情形。

出于简化会计处理、兼顾现行实务的考虑,《企业会计准则第 22 号——金融工具确认和计量》规定了两类特殊情形。在这两类情形下,企业无需就金融工具初始确认时的信用风险与资产负债表日的信用风险进行比较分析。

① 较低信用风险。

如果企业确定金融工具的违约风险较低,借款人在短期内履行其支付合同现金流量义务的能力很强,并且即使较长时期内经济形势和经营环境存在不利变化,也不一定会降低借款人履行其支付合同现金流量义务的能力,那么该金融工具可被视为具有较低的信用风险。例如,企业在具有较高信用评级的商业银行的定期存款可能被视为具有较低的信用风险。

对于在资产负债表日具有较低信用风险的金融工具,企业可以不用与其初始确认时的信用风险进行比较,而直接做出该工具的信用风险自初始确认后未显著增加的假定(企业对这种简化处理有选择权)。

金融工具不能仅因其担保物的价值较高而被视为具有较低的信用风险,也不能仅因为其与其他金融工具相比违约风险较低,或者相对于企业所处的地区的信用风险水平而言风险相对较低而被视为具有较低的信用风险。

如果一项金融工具具有"投资级"以上的外部信用

评级,则该工具可能被视为具有较低信用风险。当然,金融工具并非一定要具有外部评级才能被视为具有较低的信用风险。但是,企业应当始终从市场参与者(参见《企业会计准则第39号——公允价值计量》对"市场参与者"的定义)角度而非自身角度,结合金融工具的所有条款来考虑和确定金融工具是否具有较低的信用风险。

如果某项金融工具在上一资产负债表日被视为具有较低信用风险而在当前资产负债表日不被视为具有较低信用风险,企业不能仅因为这一事实就判定其信用风险显著增加,而仍应当通过比较该工具初始确认时的信用风险和当前资产负债表日的信用风险做出判定。

② 应收款项、租赁应收款和合同资产。

企业对于《企业会计准则第14号——收入》所规定的、不含重大融资成分(包括根据该准则不考虑不超过一年的合同中融资成分的情况)的应收款项和合同资产,应当始终按照整个存续期内预期信用损失的金额计量其损失准备(企业对这种简化处理没有选择权)。

除此之外,《企业会计准则第22号——金融工具确认和计量》还允许企业做出会计政策选择,对包含重大融资成分的应收款项、合同资产和《企业会计准则第21号——租赁》规范的租赁应收款(可分别对应收款项、合同资产和应收租赁款做出不同的会计政策选择),始终按照相当于整个存续期内预期信用损失的金额计量其损失准备。

实务中,企业的评估是一个涉及多重因素的全面分析过程,必须考虑所有与被评估金融工具相关的、以合理成本即可获取的、合理且有依据的信息。

注 企业以预期信用损失为基础,对向其他企业提供的委托贷款、财务担保或向集团内关联企业提供的资金借贷等进行减值会计处理时,应当将其发生信用减值的过程分为三个阶段,对不同阶段的预期信用损失采用相应的会计处理方法,不得采用按照整个存续期内预期信用损失的金额计量损失准备的简化处理方法。

【例28-42】 智董公司是贵琛集团的控股公司,贵琛集团从事生产经营所处的行业具有周期性。鑫裕银行向智董公司发放了一笔贷款。在发放该贷款时,由于预期该行业的全球需求将进一步增长,因此鑫裕银行认为:该行业的总体前景看好;但考虑到原料价格的波动性,以及该行业在经营周期中所处的位置,预计销量会有所下降。

此外,智董公司以往一直致力于扩大经营规模,不断通过收购相关行业公司的多数股份实现外部增长。因此,贵琛集团结构复杂并且一直在发生变化。投资者很难对贵琛集团的预期绩效进行准确分析并对智董公司在控股公司层面可用的现金流量进行预测。在鑫裕银行向智董公司发放贷款时,尽管智董公司的债权人普遍认为其杠杆率尚处于可接受的程度,但由于智董公司有融资即将到期,债权人仍然担心智董公司为其现有债务开展再融资的能力。此外,债权人还担心智董公司是否有能力继续使用其从子公司分得的股息支付当前债务的利息。

在鑫裕银行发放贷款时,基于对该贷款预期存续期内的预测,智董公司的杠杆率与其他的具有相似信用风险的银行客户的杠杆率基本一致。如果不发生违约事件,智董公司的偿债能力比率距离上限还有很大空间。鑫裕银行运用其自有的内部评级方法确定对智董公司贷款的信用风险,得到该贷款的内部信用评级。该内部评级结果以历史、当前和前瞻性信息为基础,旨在反映贷款在存续期内的信用风险。在初始确认时,鑫裕银行认为:该贷款属于高信用风险贷款,具有一定投机因素;认为智董公司受不确定因素(例如对贵琛集团产生现金流量的不确定性预期)的影响可能导致违约。但是,该贷款尚不属于购入或源生的已发生信用减值的金融资产。

在鑫裕银行的资产负债表日之前,智董公司发布公告,由于市场条件持续恶化,贵琛集团的10家重要子公司中的6家销量锐减,但根据对行业周期的预期,这些子公司的销售情况预计将在今后数月中得到显著改善。贵琛集团的另外4家子公司的销量稳定。此外,智董公司还公告宣布,将进行公司重组以整合各子公司。这次公司重组将提高为现有债务进行再融资的灵活性,并提升子公司向智董公司支付股息的能力。

【分析】 尽管预计市场条件会继续恶化,按照《企业会计准则第22号——金融工具确认和计量》第四十八条规定,鑫裕银行认为对智董公司贷款的信用风险自初始确认后并无显著增加。

证明因素如下：

（1）尽管当前销量下降，但鑫裕银行在初始确认时已预计到这一情况。与鑫裕银行在初始确认时的预期相比，这一因素尚未导致更负面的变化。此外，鑫裕银行也预计在接下来的数月中，贵琛集团的销量将有所改善。

（2）考虑到子公司层面对现有债务进行再融资的灵活性得以提高，并且子公司向智董公司支付股息的能力提高，鑫裕银行认为这次公司重组将导致信用提升。不过，鑫裕银行对智董公司在控股公司层面对现有债务进行再融资的能力仍然存在一些担心。

（3）鑫裕银行内部负责跟踪智董公司信用风险的部门认为，各种最新进展尚不足以证明需要变更对智董公司贷款的内部信用风险级别。

因此，鑫裕银行未对该贷款按整个存续期内预期信用损失确认损失准备，但对12个月内预期信用损失的计量进行了更新。

【例28-43】 为取得一项不动产，智董公司从贵琛银行借入一笔8年期贷款，并以该不动产作为该笔贷款的抵押，贷款抵押率（贷款对担保物价值的比率）为45%。该笔贷款在该不动产的担保顺序上排在第一位。在初始确认时，贵琛银行认为该贷款不属于《企业会计准则第22号——金融工具确认和计量》所定义的源生的已发生信用减值的贷款。

自初始确认后，由于宏观经济环境趋差，智董公司的收入和营业利润下降。此外，市场预计监管部门对智董公司所属行业的监管要求可能趋于严格，因而可能进一步对智董公司的收入和营业利润产生负面影响。上述变化可能对智董公司的运营产生重大且持续的负面影响。

由于上述近期最新情况以及预计会出现不利经济状况，贵琛银行预计智董公司的自由现金流量将下降到按合同偿还贷款可能非常紧张的程度。同时贵琛银行估计，如果智董公司的现金流量状况进一步恶化，将可能致使对该公司的贷款无法按合同规定按时偿还，即发生逾期。

此外，近期的第三方评估结果表明，由于房地产价值下跌，该贷款的抵押率已升至75%。

【分析】 在资产负债表日，贵琛银行不能认为对智董公司的贷款只具有较低的信用风险。因此，贵琛银行应当按照《企业会计准则第22号——金融工具确认和计量》第四十八条规定，不考虑其持有担保物的影响，评估智董公司的信用风险自初始确认后是否显著增加。贵琛银行评估发现，现金流量此时即使出现微小恶化都可能导致智董公司无法按合同规定按时还款，因此该贷款在资产负债表日具有高信用风险。所以，贵琛银行认为，该贷款的信用风险（即违约的风险）自初始确认后已显著增加。因而该银行对智董公司的贷款确认了整个存续期内的预期信用损失。

尽管贵琛银行对该贷款确认了整个存续期内的预期信用损失，但是贵琛银行对预期信用损失的计量应当反映预期自担保物上收回的金额，因此该贷款的预期信用损失可能较小。

【例28-44】 智董公司是一家大型全国性物流上市公司。其资本结构中唯一的债务是一项10年期的公开发行的债券。根据该债券募集合同的规定，智董公司不能进一步举债。智董公司按季度向其股东发布报告。贵琛基金是该债券众多投资方之一。贵琛基金在初始确认时认为：债券的违约风险较低，并且智董公司在短期内具有较强的偿债能力；长期来看，经济形势和经营环境存在发生不利变化的可能，但未必一定导致智董公司偿付该债券能力的降低。因此，贵琛基金对该债券的内部信用评级等同于国际信用评级的投资级。

在资产负债表日，贵琛基金对于该债券信用风险的担忧，主要是智董公司营业额所面临的持续压力，这种压力有可能导致智董公司经营活动现金流量下降。

因为贵琛基金仅为智董公司的债券投资人，仅能依赖公开的年报和中期报告，无法取得进一步的非公开信用风险信息，所以其对信用风险变化的评估全部取决于智董公司的公告和其他公开信息,包括评级机构发布的消息和新闻中提到的相关信息。

【分析】 贵琛基金希望对该债券投资采用低信用风险简化处理。因此,在报告日,贵琛基金使用所有以合理成本即可获得的、合理且有依据的信息,评估该债券是否属于低信用风险。在这一评估中,贵琛基金对该债券的内部信用评级进行了重新评估,并认为该债券不再等同于外部信用评级中的投资级债券,理由如下:

(1) 智董公司的最新季报显示,其营业收入同比下降18%,营业利润同比下降10%。

(2) 评级机构对于智董公司的盈利预告做出负面反应,并对其信用级别进行复核以确定是否需要将其由投资级降至非投资级。不过,在报告日,外部信用风险评级暂时保持不变。

(3) 该债券的价格显著下跌,导致到期收益率增高。贵琛基金认为,该债券价格的下跌是由智董公司信用风险增加引起的。因为贵琛基金发现,市场环境并未改变(例如基准利率、流动性等未发生变化),与其同行业企业所发行债券的价格比较可知,该债券价格的下跌可能是智董公司特有因素所导致的,而不是其他一般信用风险指标(例如基准利率变动)导致的。

尽管智董公司目前尚能履行合同义务进行偿付,但其所处的不利经济形势和经营环境导致了重大不确定因素,增加了该债券的违约风险。鉴于上述原因,贵琛基金认为,该债券在资产负债表日不再属于只具有较低信用风险的金融资产。因此,贵琛基金决定评估该债券自初始确认后信用风险是否已显著增加。经过评估,贵琛基金认为,该债券的信用风险自初始确认后已显著增加。

(四) 金融工具减值准备的计提和转回

企业应当在资产负债表日计算金融工具(或金融工具组合)预期信用损失。如果该预期信用损失大于该工具(或组合)当前减值准备的账面金额,企业应当将其差额确认为减值损失,借记"信用减值损失"科目,根据金融工具的种类,贷记"贷款损失准备""债权投资减值准备""坏账准备""合同资产减值准备""租赁应收款减值准备""预计负债"(用于贷款承诺及财务担保合同)或"其他综合收益"(用于以公允价值计量且其变动计入其他综合收益的债权类资产,企业可以设置二级科目"其他综合收益——信用减值准备"核算此类工具的减值准备)等科目(上述贷记科目,以下统称"贷款损失准备"等科目);如果资产负债表日计算的预期信用损失小于该工具(或组合)当前减值准备的账面金额(例如,从按照整个存续期预期信用损失计量损失准备转为按照未来12个月预期信用损失计量损失准备时,可能出现这一情况),则应当将差额确认为减值利得,作相反的会计分录。

注 企业在资产负债表日后终止确认金融资产,属于表明资产负债表日后发生的情况的事项,即非调整事项。如果企业在资产负债表日考虑所有合理且有依据的信息,已采用预期信用损失法基于有关过去事项、当前状况以及未来经济状况预测计提了信用减值准备,不能仅因资产负债表日后交易情况认为已计提的减值准备不合理,并进而调整资产负债表日的财务报表。

(五) 已发生信用损失金融资产的核销

企业实际发生信用损失,认定相关金融资产无法收回,经批准予以核销的,应当根据批准的核销金额,借记"贷款损失准备"等科目,贷记相应的资产科目,如"贷款""应收账款""合同资产"等。若核销金额大于已计提的损失准备,还应按其差额借记"信用减值损失"科目。

【例28-45】 智董公司于2×19年12月22日购入一项公允价值为3 000万元的债务工具,分类为以公允价值计量且其变动计入其他综合收益的金融资产。该工具合同期限为10年,年利率为5%,本例假定实际利率也为5%。初始确认时,智董公司已经确定其不属于购入或源生的已发生信用减值的金融资产。

2×19年12月31日,由于市场利率变动,该债务工具的公允价值跌至2 850万元。智董公司认为,该工具的信用风险自初始确认后并无显著增加,应按12个月内预期信用损失计量损失准备,损失准备金额为90万元。为简化起见,本例不考虑利息。

2×20年1月1日,智董公司决定以当日的公允价值2 850万元,出售该债务工具。

【分析】 智董公司相关账务处理如下:

(1) 购入该工具时:

借:其他债权投资——成本 30 000 000
　　贷:银行存款 30 000 000

(2) 2×19年12月31日:

借:信用减值损失 900 000
　　其他综合收益——其他债权投资公允价值变动 1 500 000
　　贷:其他债权投资——公允价值变动 1 500 000
　　　　其他综合收益——信用减值准备 900 000

智董公司在其2×19年年度财务报表中披露了该工具的累计减值90万元。

(3) 2×20年1月1日:

借:银行存款 28 500 000
　　投资收益 600 000
　　其他综合收益——信用减值准备 900 000
　　其他债权投资——公允价值变动 1 500 000
　　贷:其他综合收益——其他债权投资公允价值变动 1 500 000
　　　　其他债权投资——成本 30 000 000

政策依据

《企业会计准则第22号——金融工具确认和计量》
第八章　金融工具的减值

第四十六条　企业应当按照本准则规定,以预期信用损失为基础,对下列项目进行减值会计处理并确认损失准备:

(一) 按照本准则第十七条分类为以摊余成本计量的金融资产和按照本准则第十八条分类为以公允价值计量且其变动计入其他综合收益的金融资产。

(二) 租赁应收款。

(三) 合同资产。合同资产是指《企业会计准则第14号——收入》定义的合同资产。

(四) 企业发行的分类为以公允价值计量且其变动计入当期损益的金融负债以外的贷款承诺和适用本准则第二十一条(三)规定的财务担保合同。

损失准备,是指针对按照本准则第十七条计量的金融资产、租赁应收款和合同资产的预期信用损失计提的准备,按照本准则第十八条计量的金融资产的累计减值金额以及针对贷款承诺和财务担保合同的预期信用损失计提的准备。

第四十七条　预期信用损失,是指以发生违约的风险为权重的金融工具信用损失的加权平均值。

信用损失,是指企业按照原实际利率折现的、根据合同应收的所有合同现金流量与预期收取的所有现金流量之间的差额,即全部现金短缺的现值。其中,对于企业购买或源生的已发生信用减值的金融资产,应按照该金融资产经信用调整的实际利率折现。由于预期信用损失考虑付款的金额和时间分布,因此即使企业预计可以全额收款但收款时间晚于合同规定的到期期限,也会产生信用损失。

在估计现金流量时,企业应当考虑金融工具在整个预计存续期的所有合同条款(如提前还款、展期、看涨期权或其他类似期权等)。

企业所考虑的现金流量应当包括出售所持担保品获得的现金流量,以及属于合同条款组成部分的其他信用增级所产生的现金流量。

企业通常能够可靠估计金融工具的预计存续期。在极少数情况下,金融工具预计存续期无法可靠估计的,企业在计算确定预期信用损失时,应当基于该金融工具的剩余合同期间。

第四十八条　除了按照本准则第五十七条和第六十三条的相关规定计量金融工具损失准备的情形以外,企业应当在每个资产负债表日评估相关金融工具的信用风险自初始确认后是否已显著增加,并按照下列情形分别计量其损失准备、确认预期信用损失及其变动:

(一) 如果该金融工具的信用风险自初始确认后已显著增加,企业应当按照相当于该金融工具整个存续期内预期信用损失的金额计量其损失准备。无论企业评估信用损失的基础是单项金融工具还是金融工具组合,由此形成的损失准备的增加或转回金额,应当作为减值损失或利得计入当期损益。

(二) 如果该金融工具的信用风险自初始确认后并未显著增加,企业应当按照相当于该金融工具未来12个月内预期信用损失的金额计量其损失准备,无论企业评估信用损失的基础是单项金融工具还是金融工具组合,由此形成的损失准备的增加或转回金额,应当作为减值损失或利得计入当期损益。

未来12个月内预期信用损失,是指因资产负债表日后12个月内(若金融工具的预计存续期少于12个月,则为预计存续期)可能发生的金融工具违约事件而导致的预期信用损失,是整个存续期预期信用损失的一部分。

企业在进行相关评估时,应当考虑所有合理且有依据的信息,包括前瞻性信息。为确保自金融工具初始确认后信用风险显著增加即确认整个存续期预期信用损失,企业在一些情况下应当以组合为基础考虑评估信用风险是否显著增加。整个存续期预期信用损失,是指因金融工具整个预计存续期内所有可能发生的违约事件而导致的预期信用损失。

第四十九条 对于按照本准则第十八条分类为以公允价值计量且其变动计入其他综合收益的金融资产,企业应当在其他综合收益中确认其损失准备,并将减值损失或利得计入当期损益,且不应减少该金融资产在资产负债表中列示的账面价值。

第五十条 企业在前一会计期间已经按照相当于金融工具整个存续期内预期信用损失的金额计量了损失准备,但在当期资产负债表日,该金融工具已不再属于自初始确认后信用风险显著增加的情形的,企业应当在当期资产负债表日按照相当于未来12个月内预期信用损失的金额计量该金融工具的损失准备,由此形成的损失准备的转回金额应当作为减值利得计入当期损益。

第五十一条 对于贷款承诺和财务担保合同,企业在应用金融工具减值规定时,应当将本企业成为做出不可撤销承诺的一方之日作为初始确认日。

第五十二条 企业在评估金融工具的信用风险自初始确认后是否已显著增加时,应当考虑金融工具预计存续期内发生违约风险的变化,而不是预期信用损失金额的变化。企业应当通过比较金融工具在资产负债表日发生违约的风险与在初始确认日发生违约的风险,以确定金融工具预计存续期内发生违约风险的变化情况。

在为确定是否发生违约风险而对违约进行界定时,企业所采用的界定标准,应当与其内部针对相关金融工具的信用风险管理目标保持一致,并考虑财务限制条款等其他定性指标。

第五十三条 企业通常应当在金融工具逾期前确认该工具整个存续期预期信用损失。企业在确定信用风险自初始确认后是否显著增加时,企业无须付出不必要的额外成本或努力即可获得合理且有依据的前瞻性信息的,不得仅依赖逾期信息来确定信用风险自初始确认后是否显著增加;企业必须付出不必要的额外成本或努力才可获得合理且有依据的逾期信息以外的单独或汇总的前瞻性信息的,可以采用逾期信息来确定信用风险自初始确认后是否显著增加。

无论企业采用何种方式评估信用风险是否显著增加,通常情况下,如果逾期超过30日,则表明金融工具的信用风险已经显著增加。除非企业在无须付出不必要的额外成本或努力的情况下即可获得合理且有依据的信息,证明即使逾期超过30日,信用风险自初始确认后仍未显著增加。如果企业在合同付款逾期超过30日前已确定信用风险显著增加,则应当按照整个存续期的预期信用损失确认损失准备。

如果交易对手方未按合同规定时间支付约定的款项,则表明该金融资产发生逾期。

第五十四条 企业在评估金融工具的信用风险自初始确认后是否已显著增加时,应当考虑违约风险的相对变化,而非违约风险变动的绝对值。在同一后续资产负债表日,对于违约风险变动的绝对值相同的两项金融资产,初始确认时违约风险较低的金融工具比初始确认时违约风险较高的金融工具的信用风险变化更为显著。

第五十五条 企业确定金融工具在资产负债表日只具有较低的信用风险的,可以假设该金融工具的信用风险自初始确认后并未显著增加。

如果金融工具的违约风险较低,借款人在短期内履行其合同现金流量义务的能力很强,并且即便较长时期内经济形势和经营环境存在不利变化但未必一定降低借款人履行其合同现金流量义务的能力,该金融工具被视为具有较低的信用风险。

第五十六条 企业与交易对手方修改或重新议定合同,未导致金融资产终止确认,但导致合同现金流量发生变化的,企业在评估相关金融工具的信用风险是否已经显著增加时,应当将基于变更后的合同条款在资产负债表日发生违约的风险与基于原合同条款在初始确认时发生违约的风险进行比较。

第五十七条 对于购买或源生的已发生信用减值的金融资产,企业应当在资产负债表日仅将自初始确认后整个存续期内预期信用损失的累计变动确认为损失准备。在每个资产负债表日,企业应当将整个存续期内预期信用损失的变动金额作为减值损失或利得计入当期损益。即使该资产负债表日确定的整个存续期内预期信用损失小于初始确认时估计现金流量所反映的预期信用损失的金额,企业也应当将预期信用损失的有利变动确认为减值利得。

第五十八条 企业计量金融工具预期信用损失的方法应当反映下列各项要素:

(一)通过评价一系列可能的结果而确定的无偏概率加权平均金额。

(二)货币时间价值。

(三)在资产负债表日无须付出不必要的额外成本或努力即可获得的有关过去事项、当前状况以及未来经济状况预测的合理且有依据的信息。

第五十九条　对于适用本准则有关金融工具减值规定的各类金融工具,企业应当按照下列方法确定其信用损失:

(一)对于金融资产,信用损失应为企业应收取的合同现金流量与预期收取的现金流量之间差额的现值。

(二)对于租赁应收款项,信用损失应为企业应收取的合同现金流量与预期收取的现金流量之间差额的现值。其中,用于确定预期信用损失的现金流量,应与按照《企业会计准则第21号——租赁》用于计量租赁应收款项的现金流量保持一致。

(三)对于未提用的贷款承诺,信用损失应为在贷款承诺持有人提用相应贷款的情况下,企业应收取的合同现金流量与预期收取的现金流量之间差额的现值。企业对贷款承诺预期信用损失的估计,应当与其对该贷款承诺提用情况的预期保持一致。

(四)对于财务担保合同,信用损失应为企业就该合同持有人发生的信用损失向其做出赔付的预计付款额,减去企业预期向该合同持有人、债务人或任何其他方收取的金额之间差额的现值。

(五)对于资产负债表日已发生信用减值但并非购买或源生已发生信用减值的金融资产,信用损失应为该金融资产账面余额与按原实际利率折现的估计未来现金流量的现值之间的差额。

第六十条　企业应当以概率加权平均为基础对预期信用损失进行计量。企业对预期信用损失的计量应当反映发生信用损失的各种可能性,但不必识别所有可能的情形。

第六十一条　在计量预期信用损失时,企业需考虑的最长期限为企业面临信用风险的最长合同期限(包括考虑续约选择权),而不是更长期间,即使该期间与业务实践相一致。

第六十二条　如果金融工具同时包含贷款和未提用的承诺,且企业根据合同规定要求还款或取消未提用承诺的能力并未将企业面临信用损失的期间限定在合同通知期内的,企业对于此类金融工具(仅限于此类金融工具)确认预期信用损失的期间,应当为其面临信用风险且无法用信用风险管理措施予以缓释的期间,即使该期间超过了最长合同期限。

第六十三条　对于下列各项目,企业应当始终按照相当于整个存续期内预期信用损失的金额计量其损失准备:

(一)由《企业会计准则第14号——收入》规范的交易形成的应收款项或合同资产,且符合下列条件之一:

1.该项目未包含《企业会计准则第14号——收入》所定义的重大融资成分,或企业根据《企业会计准则第14号——收入》规定不考虑不超过一年的合同中的融资成分。

2.该项目包含《企业会计准则第14号——收入》所定义的重大融资成分,同时企业做出会计政策选择,按照相当于整个存续期内预期信用损失的金额计量损失准备。企业应当将该会计政策选择适用于所有此类应收款项和合同资产,但可对应收款项类和合同资产类分别做出会计政策选择。

(二)由《企业会计准则第21号——租赁》规范的交易形成的租赁应收款,同时企业做出会计政策选择,按照相当于整个存续期内预期信用损失的金额计量损失准备。企业应当将该会计政策选择适用于所有租赁应收款,但可对应收融资租赁款和应收经营租赁款分别做出会计政策选择。

在适用本条规定时,企业可对应收款项、合同资产和租赁应收款分别选择减值会计政策。

第四节　金融工具的确认和计量专题

一、收益(含利得和损失)的确认和计量

金融负债或权益工具的划分,利息、股利、利得或损失的会计处理:

企业应当按照《企业会计准则第37号——金融工具列报》规定,根据合同条款所反映的经济实质,将所发行的金融工具或其组成部分划分为金融负债或权益工具,并以此确定相关利息、股利、利得或损失的会计处理。

与金融负债或复合金融工具负债成分相关的利息、股利、利得或损失,应当计入当期损益;与权益工具或复合金融工具权益成分相关的利息、股利,应当作为权益的变动处理。

发行方不应当确认权益工具的公允价值变动。

（一）发行方对利息、股利、利得或损失的处理

将金融工具或其组成部分划分为金融负债还是权益工具，决定了发行方对相关利息、股利、利得或损失的会计处理方法。金融工具或其组成部分属于金融负债的，相关利息、股利、利得或损失，以及赎回或再融资产生的利得或损失等，应当计入当期损益。金融工具或其组成部分属于权益工具的，其发行（含再融资）、回购、出售或注销时，发行方应当作为权益的变动处理；发行方不应当确认权益工具的公允价值变动；发行方对权益工具持有方的分配应作利润分配处理，发放的股票股利不影响所有者权益总额。

与权益性交易相关的交易费用应当从权益中扣减。

交易费用是指可直接归属于购买、发行或处置金融工具的增量费用。只有那些可直接归属于发行新的权益工具或者购买此前已经发行在外的权益工具的增量费用才是与权益交易相关的费用。

例如，在企业首次公开募股的过程中，除了会新发行一部分可流通的股份之外，也往往会将已发行的股份进行上市流通，在这种情况下，企业需运用专业判断以确定哪些交易费用与权益交易（发行新股）相关，应计入权益核算；哪些交易费用与其他活动（将已发行的股份上市流通）相关，尽管也是在发行权益工具的同时发生的，但是应当计入损益。

与多项交易相关的共同交易费用，应当在合理的基础上，采用与其他类似交易一致的方法，在各项交易间进行分摊（表28-10）。

表 28-10 交易费用及中介费用处理汇总表

阶段	费用类型	处理原则
IPO进程中的各种中介/交易/其他费用	（1）股改阶段：设立股份、有限变股份等相关中介费用	计入损益
	（2）在制作和报送招股说明书和其他申请文件的申报阶段，发生的中介机构费用，包括保荐费、审计/律师/评估费等	自溢价中扣除
	（3）IPO核准后，在发行阶段发生的与新股直接相关费用，包括招股说明书印刷费、承销费、上网发行费、IPO募集资金的验资费、新股的交易所初始登记费、法定信息披露费等	自溢价中扣除
	（4）其他非法定性质支出（广告/酒会/路演公关等）	计入损益
发行股份购买资产中的中介/交易/其他费用	（1）前期可行性研究费用	计入损益
	（2）与购买资产有关的法律、审计、评估咨询等中介费用，用于确定被购买方状态和交易定价之目的	计入损益
	（3）与权益工具发行直接相关的费用，如承销费、上网发行费、验资费、在交易所的初始登记费等费用（批准发行阶段）	自溢价中扣除
	（4）其他（广告/酒会/路演公关等）	计入损益

利息、股利、利得或损失的会计处理原则同样也适用于复合金融工具。任何与负债成分相关的利息、股利、利得或损失应计入当期损益，任何与权益成分相关的利息、股利、利得或损失应计入权益。发行复合金融工具发生的交易费用，也应当在负债成分和权益成分之间按照各自占总发行价款的比例进行分摊。

例如，企业发行一项5年后以现金强制赎回的非累积优先股。在优先股存续期间内，企业可以自行决定是否支付股利。这一非累积可赎回优先股是一项复合金融工具，其中的负债成分为赎回金额的折现值。负债成分采用实际利率法确认的利息支出应计入当期损益，而与权益成分相关的股利支付应确认为利润分配。如果该优先股的赎回不是强制性的而是取决于持有方是否要求企业进行赎回，或者该优先股需转换为可变数量的普通股，则仍然适用前述会计处理。但是，如果该优先股赎回时所支付的金额还包括未支付的股利，则整个工具是一项金融负债。在这种情况下，支付的所有股利都

应计入当期损益。

政策依据

《企业会计准则第 22 号——金融工具确认和计量》

第九章 利得和损失

第六十四条 企业应当将以公允价值计量的金融资产或金融负债的利得或损失计入当期损益,除非该金融资产或金融负债属于下列情形之一:

(一)属于《企业会计准则第 24 号——套期会计》规定的套期关系的一部分。

(二)是一项对非交易性权益工具的投资,且企业已按照《企业会计准则第 22 号——金融工具确认和计量》第十九条规定将其指定为以公允价值计量且其变动计入其他综合收益的金融资产。

(三)是一项被指定为以公允价值计量且其变动计入当期损益的金融负债,且按照本准则第六十八条规定,该负债由企业自身信用风险变动引起的其公允价值变动应当计入其他综合收益。

(四)是一项按照本准则第十八条分类为以公允价值计量且其变动计入其他综合收益的金融资产,且企业根据本准则第七十一条规定,其减值损失或利得和汇兑损益之外的公允价值变动计入其他综合收益。

第六十五条 企业只有在同时符合下列条件时,才能确认股利收入并计入当期损益:

(一)企业收取股利的权利已经确立。

(二)与股利相关的经济利益很可能流入企业。

(三)股利的金额能够可靠计量。

第六十六条 以摊余成本计量且不属于任何套期关系的一部分的金融资产所产生的利得或损失,应当在终止确认、按照本准则规定重分类、按照实际利率法摊销或按照本准则规定确认减值时,计入当期损益。如果企业将以摊余成本计量的金融资产重分类为其他类别,应当根据本准则第三十条规定处理其利得或损失。

以摊余成本计量且不属于任何套期关系的一部分的金融负债所产生的利得或损失,应当在终止确认时计入当期损益或在按照实际利率法摊销时计入相关期间损益。

第六十七条 属于套期关系中被套期项目的金融资产或金融负债所产生的利得或损失,应当按照《企业会计准则第 24 号——套期会计》相关规定进行处理。

第六十八条 企业根据本准则第二十二条和第二十六条规定将金融负债指定为以公允价值计量且其变动计入当期损益的金融负债的,该金融负债所产生的利得或损失应当按照下列规定进行处理:

(一)由企业自身信用风险变动引起的该金融负债公允价值的变动金额,应当计入其他综合收益。

(二)该金融负债的其他公允价值变动计入当期损益。

按照本条(一)规定对该金融负债的自身信用风险变动的影响进行处理会造成或扩大损益中的会计错配的,企业应当将该金融负债的全部利得或损失(包括企业自身信用风险变动的影响金额)计入当期损益。

该金融负债终止确认时,之前计入其他综合收益的累计利得或损失应当从其他综合收益中转出,计入留存收益。

第六十九条 企业根据本准则第十九条规定将非交易性权益工具投资指定为以公允价值计量且其变动计入其他综合收益的金融资产的,当该金融资产终止确认时,之前计入其他综合收益的累计利得或损失应当从其他综合收益中转出,计入留存收益。

第七十条 指定为以公允价值计量且其变动计入当期损益的金融负债的财务担保合同和不可撤销贷款承诺所产生的全部利得或损失,应当计入当期损益。

第七十一条 按照本准则第十八条分类为以公允价值计量且其变动计入其他综合收益的金融资产所产生的所有利得或损失,除减值损失或利得和汇兑损益之外,均应当计入其他综合收益,直至该金融资产终止确认或被重分类。但是,采用实际利率法计算的该金融资产的利息应当计入当期损益。该金融资产计入各期损益的金额应当与视同其一直按摊余成本计量而计入各期损益的金额相等。

该金融资产终止确认时,之前计入其他综合收益的累计利得或损失应当从其他综合收益中转出,计入当期损益。

企业将该金融资产重分类为其他类别金融资产的,应当根据本准则第三十一条规定,对之前计入其他综合收益的累计利得或损失进行相应处理。

(二)发行在外的除普通股以外的金融工具对每股收益计算的影响

企业应当按照《企业会计准则第 34 号——每股收益》的规定计算每股收益。企业存在发行在外的除普通股以外的金融工具的,在计算每股收益时,应当按照以下原则处理。

1. 基本每股收益的计算

在计算基本每股收益时,基本每股收益中的分子,即归属于普通股股东的净利润,不应包含其他权益工具的股利或利息。其中,对于发行的不可累积优先股等其他权益工具应扣除当期宣告发放的股利,对于发行的累积优先股等其他权益工具,无论当期是否宣告发放股利,均应予以扣除。

基本每股收益计算中的分母,为发行在外普通股的加权平均股数。对于同普通股股东一起参加剩余利润分配的其他权益工具,在计算普通股每股收益时,归属于普通股股东的净利润不应包含根据可参加机制计算的应归属于其他权益工具持有者的净利润。

2. 稀释每股收益的计算

企业发行的金融工具中包含转股条款的,即存在潜在稀释性的,在计算稀释每股收益时考虑的因素与企业发行可转换公司债券、认股权证相同。

《企业会计准则第 37 号——金融工具列报》
收益

第二十一条 金融工具或其组成部分属于金融负债的,相关利息、股利(或股息)、利得或损失,以及赎回或再融资产生的利得或损失等,应当计入当期损益。

第二十二条 金融工具或其组成部分属于权益工具的,其发行(含再融资)、回购、出售或注销时,发行方应当作为权益的变动处理。发行方不应当确认权益工具的公允价值变动。

发行方向权益工具持有方的分配应当作为其利润分配处理,发放的股票股利不影响发行方的所有者权益总额。

第二十三条 与权益性交易相关的交易费用应当从权益中扣减。企业发行或取得自身权益工具时发生的交易费用(例如登记费、承销费、法律、会计、评估及其他专业服务费用,印刷成本和印花税等),可直接归属于权益性交易的,应当从权益中扣减。终止的未完成权益性交易所发生的交易费用应当计入当期损益。

第二十四条 发行复合金融工具发生的交易费用,应当在金融负债成分和权益工具成分之间按照各自占总发行价款的比例进行分摊。与多项交易相关的共同交易费用,应当在合理的基础上,采用与其他类似交易一致的方法,在各项交易间进行分摊。

第二十五条 发行方分类为金融负债的金融工具支付的股利,在利润表中应当确认为费用,与其他负债的利息费用合并列示,并在财务报表附注中单独披露。

作为权益扣减项的交易费用,应当在财务报表附注中单独披露。

二、库存股的确认和计量

回购自身权益工具(库存股)支付的对价和交易费用,应当减少所有者权益,不得确认金融资产。库存股可由企业自身购回和持有,也可由集团合并范围内的其他成员购回和持有。其他成员包括子公司,但是不包括集团的联营和合营企业。此外,如果企业是替他人持有自身权益工具,例如金融机构作为代理人代其客户持有该金融机构自身的股票,那么所持有的这些股票不是金融机构自身的资产,也不属于库存股。

如果企业持有库存股之后又将其重新出售,反映的是不同所有者之间的转让,而非企业本身的利得或损失。因此,无论这些库存股的公允价值如何波动,企业应直接将支付或收取的所有对价在权益中确认,而不产生任何损益。

《企业会计准则第 37 号——金融工具列报》
库存股

第二十六条 回购自身权益工具(库存股)支付的对价和交易费用,应当减少所有者权益,不得确认金融资产。库存股可由企业自身购回和持有,也可由企业集团合并财务报表范围内的其他成员购回和持有。

第二十七条 企业应当按照《企业会计准则第 30 号——财务报表列报》的规定在资产负债表中单独列示所持有的库存股金额。

企业从关联方回购自身权益工具的,还应当按照《企业会计准则第 36 号——关联方披露》的相关规定进行披露。

三、嵌入衍生工具的确认和计量

(一) 主合同、衍生工具及混合合同的相关概念

主合同、衍生工具及混合合同关系见图 28-2。

1. 混合合同

嵌入衍生工具与主合同构成混合合同(如企业持有的可转换公司债券)。

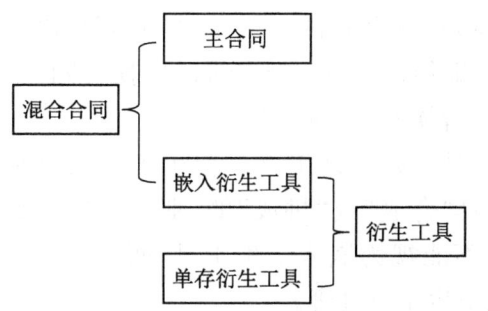

图 28-2 主合同、衍生工具及混合合同关系示意图

2. 主合同

主合同通常包括租赁合同、保险合同、服务合同、特许权合同、债务工具合同、合营合同等。

3. 衍生工具

（1）什么是衍生工具？

衍生工具，是指属于《企业会计准则第22号——金融工具确认和计量》范围并同时具备下列特征的金融工具或其他合同。

① 其价值随特定利率、金融工具价格、商品价格、汇率、价格指数、费率指数、信用等级、信用指数或其他变量的变动而变动，变量为非金融变量（例如特定区域的地震损失指数、特定城市的气温指数等）的，该变量不应与合同的任何一方存在特定关系衍生工具的价值变动取决于标的变量的变化。

例如，智董公司（国内金融企业）与贵琛公司（境外金融企业）签订了一份 1 年期利率互换合约，每半年末智董公司向贵琛公司支付美元固定利息、从贵琛公司收取以 6 个月美元 LIBOR（浮动利率）计算确定的浮动利息，合约名义金额为 1 亿美元。合约签订时，其公允价值为零。假定合约签订半年后，浮动利率（6 个月美元 LIBOR）与合约签订时不同，智董公司将根据未来可收取的浮动利息现值扣除将支付的固定利息现值确定该合约的公允价值。这里的合约的公允价值因浮动利率的变化而改变。

② 不要求初始净投资，或者与对市场因素变化预期有类似反应的其他合同相比，要求较少的初始净投资。

企业从事衍生工具交易不要求初始净投资，通常指签订某项衍生工具合同时不需要支付现金。

例如，智董公司与其他企业签订一项将来买入债券的远期合同，就不需要在签订合同时支付将来购买债券所需的现金。但是，不要求初始净投资，并不排除企业按照约定的交易惯例或规则相应缴纳一笔保证金，例如企业进行期货交易时要求缴纳一定的保证金。缴纳保证金不构成一项企业解除负债的现时支付，因为保证金仅具有"保证"性质。

在某些情况下，企业从事衍生工具交易也会遇到要求进行现金支付的情况，但该现金支付只是相对很少的初始净投资。

例如，从市场上购入备兑认股权证，就需要先支付一笔款项。但相对于行权时购入相应股份所需支付的款项，此项支付往往是很小的。

又如，企业进行货币互换时，通常需要在合同签订时支付某种货币计价的一笔款项，但同时也会收到以另一种货币计价的"等值"的一笔款项，无论是从该企业的角度，还是从其对手（合同的另一方）看，初始净投资均为零。

③ 在未来某一日期结算。

衍生工具在未来某一日期结算，表明衍生工具结算需要经历一段特定期间。衍生工具通常在未来某一特定日期结算，也可能在未来多个日期结算。

例如，利率互换可能涉及合同到期前多个结算日期。另外，有些期权可能由于是价外期权而到期不行权，也是在未来日期结算的一种方式。

远期合同是常见的衍生金融工具。

例如，某项 6 个月后结算的远期合同。根据该合同，合同一方（买方）承诺支付 100 万元现金，以换取面值为 100 万元固定利率债券；合同的另一方（卖方）承诺交付面值 100 万元的固定利率债券以换取 100 万元现金。在这 6 个月的期间内，双方均有交换现金或金融资产的合同权利或义务。如果债券的市价超过 100 万元，情况对买方有利，而对卖方不利；如果市价低于 100 万元，结果正好相反。

可见，买方既有与所持有看涨期权下类似

的合同权利（金融资产），也有与所签出看跌期权下类似的合同义务（金融负债）；卖方既有与所持有看跌期权下类似的合同权利（金融资产），也有与所签出看涨期权下类似的合同义务（金融负债）。与期权相同，这些合同权利和合同义务构成的金融资产和金融负债与合同中的基础金融工具（被交换的债券和现金）有明显的区别。远期合同的双方都有义务在约定时间执行合同，而期权合同仅当期权持有方选择行使权利的情况下才会被执行。

（2）常见的衍生工具类型。

常见的衍生工具包括远期合同、期货合同、互换合同和期权合同等。

（3）嵌入衍生工具类型。

① 什么是嵌入衍生工具？

衍生工具通常是独立存在的，但也可能嵌入到非衍生金融工具或其他合同（主合同）中，这种衍生工具称为嵌入衍生工具。

② 嵌入衍生工具的通常体现形式。

在混合合同中，嵌入衍生工具通常以具体合同条款体现。

例如，智董公司签订了按一般物价指数调整租金的3年期租赁合同。根据该合同，第1年的租金先约定，从第2年开始，租金按前1年的一般物价指数调整。此例中，主合同是租赁合同，嵌入衍生工具体现为一般物价指数调整条款。以下为常见的、可体现嵌入衍生工具的合同条款：可转换公司债券中嵌入的股份转换选择权条款、与权益工具挂钩的本金或利息支付条款、与商品或其他非金融项目挂钩的本金或利息支付条款、看涨期权条款、看跌期权条款、提前还款权条款、信用违约支付条款等。

（4）单独存在的衍生工具。

衍生工具如果附属于一项金融工具但根据合同规定可以独立于该金融工具进行转让，或者具有与该金融工具不同的交易对手方，则该衍生工具不是嵌入衍生工具，应当作为一项单独存在的衍生工具处理。

例如，某贷款合同可能附有一项相关的利率互换。如该互换能够单独转让，那么该互换是一项独立存在的衍生工具，而不是嵌入衍生工具，即使该互换与主合同（贷款合同）的交易对手（借款人）是同一方。

同样，如果某工具是衍生工具与其他非衍生工具"合成"或"拼成"的，那么其中的衍生工具也不能视为嵌入衍生工具，而应作为单独存在的衍生工具处理。

例如，智董公司有一项5年期浮动利率债务工具投资和一项5年期支付浮动利率、收取固定利率的利率互换合同，两者放在一起创造一项"合成"的5年期固定利率债务工具投资。在这种情况下，"合成"工具中的利率互换不应作为嵌入衍生工具处理。

（二）嵌入衍生工具对混合合同的现金流量产生影响的方式

嵌入衍生工具对混合合同的现金流量产生影响的方式，应当与单独存在的衍生工具类似，且该混合合同的全部或部分现金流量随特定利率、汇率、金融工具价格、商品价格、价格指数、费率指数、信用等级、信用指数或其他变量变动而变动，变量为非金融变量的，该变量不应与合同的任何一方存在特定关系。

（三）嵌入衍生工具的核算有两种模式

嵌入衍生工具的核算有两种模式，从混合合同中分拆或不分拆。

（四）不分拆（将该混合合同作为一个整体）

1. 混合合同包含的主合同属于金融工具确认和计量会计准则规范的资产的，企业不应从分拆嵌入衍生工具

混合合同包含的主合同属于《企业会计准则第22号——金融工具确认和计量》规范的资产的，企业不应从该混合合同中分拆嵌入衍生工具，而应当将该混合合同作为一个整体适用《企业会计准则第22号——金融工具确认和计量》关于金融资产分类的相关规定。

2. 将整项混合合同指定为以公允价值计量且其变动计入当期损益

当企业成为混合合同的一方，而主合同不属于《企业会计准则第22号——金融工具确认和计量》规范的资产且包含一项或多项嵌入衍生工具时,《企业会计准则第22号——金融工具确认和计量》要求企业识别所有此类嵌入衍生工具、评估其是否需要与主合同分拆、并且对于需与主合同分拆的嵌入衍生工具,应以公允价值进行初始确认和后续计量。与整项金融工具均以公允价值计量且其变动计入当期损益相比,上述要求可能更为复杂或导致可靠性更差。为此,《企业会计准则第22号——金融工具确认和计量》允许企业将整项混合合同指定为以公允价值计量且其变动计入当期损益。但下列情况除外:

(1) 嵌入衍生工具不会对混合合同的现金流量产生重大改变。

(2) 在初次确定类似的混合合同是否需要分拆时,几乎不需分析就能明确其包含的嵌入衍生工具不应分拆。如嵌入贷款的提前还款权,允许持有人以接近摊余成本的金额提前偿还贷款,该提前还款权不需要分拆。

此外,企业无法根据嵌入衍生工具的条款和条件对嵌入衍生工具的公允价值进行可靠计量的,该嵌入衍生工具的公允价值应当根据混合合同公允价值和主合同公允价值之间的差额确定。使用了上述方法后,该嵌入衍生工具在取得日或后续资产负债表日的公允价值仍然无法单独计量的,企业应当将该混合合同整体指定为以公允价值计量且其变动计入当期损益的金融工具。

(五) 决定是否分拆(根据是否与主合同的经济特征和风险紧密相关,并结合其他条件进行判断)

如果主合同并非《企业会计准则第22号——金融工具确认和计量》范围的资产,企业对嵌入衍生工具进行会计处理时,应当合理地判断其与主合同的关系,根据其经济特征和风险是否与主合同的经济特征和风险紧密相关,并结合其他条件决定是否分拆。

1. 判断时重点关注事项:与主合同的风险敞口是否相似;是否可能会对混合合同的现金流量产生重大改变

企业判断嵌入衍生工具的经济特征和风险是否与主合同的经济特征和风险紧密相关时,应当重点关注嵌入衍生工具与主合同的风险敞口是否相似,以及嵌入衍生工具是否可能会对混合合同的现金流量产生重大改变。

除《企业会计准则第22号——金融工具确认和计量》特殊规定外,一般情况下,如果嵌入衍生工具与主合同的风险敞口不同或者嵌入衍生工具可能对混合合同的现金流量产生重大改变,则嵌入衍生工具的经济特征和风险与主合同的经济特征和风险很可能不紧密相关。

2. 与主合同的经济特征和风险紧密相关的"嵌入衍生工具的经济特征和风险"

下列情况下,嵌入衍生工具的经济特征和风险与主合同的经济特征和风险紧密相关:

(1) 以利率或利率指数为标的,且能改变带息主债务合同或保险合同须支付或收取的利息额的嵌入衍生工具,与主合同紧密相关,除非混合合同的结算可能造成持有人不能收回几乎所有已确认投资,或者嵌入衍生工具可能使持有人在主合同上的初始报酬率至少加倍,并能够使回报率至少达到与主合同条款相同的合同的市场报酬率的两倍。

(2) 嵌入利率下限或利率上限的债务合同或保险合同发行时,若该利率上限等于或高于市场利率,而利率下限等于或低于市场利率,并且该利率上限或下限与主合同之间不存在杠杆关系,那么该利率上限或下限与主合同紧密相关。同样,一项购买或出售某一资产(如某商品)的合同,如果设定了为该资产将支付或收取的价格上限和下限的条款,并且在开始时该价格上限和下限均为价外且与主合同之间没有杠杆关系,则该条款与主合同紧密相关。

(3) 嵌入主债务工具(如双重货币债券)中的外币衍生工具使发行人以外币支付本金或利息,该嵌入外币衍生工具与主债务工具紧密相关。

(4) 嵌入在属于保险合同或非金融工具合同的主合同中的外币衍生工具(例如购买或出售非金融项目的合同以外币标价),如果与主合同没有杠杆关系且不具有期权特征,并且规定

以下述任何一种货币支付,则该外币衍生工具与主合同紧密相关:

① 合同任一主要方的记账本位币。

② 国际商业交往中通常用以对所获得或交付的相关商品或劳务进行标价的货币(例如对原油交易进行标价的美元)。

③ 在交易所处的经济环境中,买卖非金融项目的合同通常使用的货币(例如在当地的商业交易或对外贸易中使用的相对稳定以及流动性较好的货币)。

(5) 如果利息剥离或本金剥离最初是通过分离收取金融工具合约现金流量的权利形成的,而该金融工具本身不包括嵌入衍生工具,且不包含任何未在原主债务合同中列示的条款,则嵌入在利息剥离或本金剥离中的提前偿付选择权与主合同紧密相关。

(6) 主租赁合同的嵌入衍生工具,如果是下述三者之一,则该嵌入衍生工具与主合同紧密相关:

① 与通货膨胀有关的指数(例如消费品物价指数)挂钩的租赁付款额指数(假设该租赁不是杠杆租赁,且该指数与企业自身经济环境中的通货膨胀有关)。

② 基于相关销售额的或有租金。

③ 基于变动利率的或有租金。

(7) 嵌入在主金融工具或主保险合同中的投资联结特征(属于嵌入衍生工具),如果其以单位计价的付款额是以反映基金资产公允价值的当前单位价值计量的,则该投资连结特征与主金融工具或主保险合同紧密相关。投资连结特征是一项要求付款额以内部或外部的投资基金单位计价的合同条款。

(8) 嵌入在主保险合同中的衍生工具,如果与主保险合同互相依赖,使得企业无法单独计量该嵌入衍生工具,则该嵌入衍生工具与主保险合同紧密相关。

3. 不与主合同紧密相关的"嵌入衍生工具的经济特征和风险"

下列情况下,嵌入衍生工具的经济特征和风险不与主合同紧密相关:

(1) 主债务工具中嵌入看跌期权,使得持有人有权要求发行人以一定金额的现金或其他资产回购这项工具,其中现金或其他资产的金额随着某一权益工具或商品价格或指数的变动而变动,该看跌期权不与主债务工具紧密相关。

(2) 债务工具剩余期限展期的选择权或自动展期条款不与主债务工具紧密相关,除非在展期的同时将利率调整至与当前市场利率大致相当的水平。企业发行了一项债务工具,且该债务工具的持有人向第三方签出针对该债务工具的看涨期权时,如果该期权行使后发行人可能被要求参与或协助债务工具的重新流通,则发行人应将此看涨期权视为债务工具的展期。

(3) 嵌入在主债务工具或保险合同中且与权益挂钩的利息或本金支付额(即利息或本金额与权益工具价值挂钩),不与主合同工具紧密相关,因为内含在主合同工具的风险与嵌入衍生工具中的风险不同。

(4) 嵌入在主债务工具或保险合同中且与商品价格挂钩的利息或本金支付额(即利息或本金金额与商品价格挂钩),不与主合同工具紧密相关,因为内含在主合同工具的风险与嵌入衍生工具中的风险不同。

(5) 嵌入在主债务工具或保险合同中的看涨期权、看跌期权或提前偿付选择权不与主合同工具紧密相关,除非在每一行权日,该期权的行权价大致等于主债务工具的摊余成本或主保险合同的账面价值,或者提前偿付选择权的行权价格包含了对债权人的补偿,且该补偿不应超过相当于主合同剩余存续期内的利息损失的现值。利息损失按提前偿付的本金乘以利率差计算。

这里的利率差是指,如果债权人将提前偿付的本金再投资于与主合同相类似剩余期限和条件的工具,该工具的实际利率低于主合同实际利率的差。

企业应当在按照《企业会计准则第37号——金融工具列报》分拆可转换债务工具的权益要素前,评估看涨期权或看跌期权是否与主债务工具紧密相关。

(6) 嵌入在主债务工具中,允许一方(受益人)将特定标的资产的信用风险(受益人可能不实际拥有该项资产)转移给另一方(保证人)的信用衍生工具,不与主债务工具紧密相关。这种信用衍生工具让保证人在不直接拥有标的资产的情况下承担标的资产的相关信用风险。

4. 首先明确主合同的经济特征和风险

通常情况下,企业应当<u>首先明确主合同的经济特征和风险</u>。

如果主合同没有明确的或事先确定的到期日,且代表了在某一企业净资产中的剩余利益,那么该主合同的经济特征和风险即为权益工具的经济特征和风险,而且嵌入衍生工具需要拥有和同一企业相关的权益特征才能视为与主合同紧密相关;如果主合同不是一项权益工具但符合金融工具的定义,那么该主合同的经济特征和风险即为债务工具的经济特征和风险。

5. 多项嵌入衍生工具的会计处理,通常应视同为一项工具处理,但有时需要分开(分别)核算

一项混合合同中的多项嵌入衍生工具通常应视同为一项工具处理。

但是,归类为权益的嵌入衍生工具应与归类为资产或负债的嵌入衍生工具分开核算。

此外,如果某混合合同嵌入了多项衍生工具而这些衍生工具又与不同的风险敞口相关,且这些嵌入衍生工具易于分离并相互独立,则这些嵌入衍生工具应分别进行核算。

6. 可回售工具(属于混合合同)的分拆或不分拆

实务中企业可能持有或发行可回售工具(属于混合合同)。该金融工具的特征在于,持有人拥有将该金融工具回售给发行人以换取一定金额现金或其他金融资产的权利,其中,相关现金或其他金融资产的金额随着可能发生增减变动的权益指数或商品指数的变动而变动。

除非发行人在初始确认时将该可回售工具指定为以公允价值计量且其变动计入当期损益的金融负债,否则,发行人应按《企业会计准则第22号——金融工具确认和计量》的要求分拆嵌入衍生工具(即与权益工具或商品指数挂钩的本金支付),因为该嵌入衍生工具与主合同(债务工具)不紧密相关。

但是,对于可随时回售以换取与企业净资产价值一定比例份额等值的现金的可回售工具(例如,开放式共同基金份额或某些投资联结产品),分拆嵌入衍生工具并对其各组成部分进行核算的结果是,发行人在报告期末以应付的赎回金额来计量混合合同,因此可以不分拆。

(六)嵌入衍生工具的分拆

1. "嵌入衍生工具从混合合同中分拆,作为单独存在的衍生工具"的条件

混合合同包含的主合同不属于《企业会计准则第22号——金融工具确认和计量》规范的资产,且同时符合下列条件的,企业应当从混合合同中分拆嵌入衍生工具,将其作为单独存在的衍生工具处理:

(1)嵌入衍生工具的经济特征和风险与主合同的经济特征和风险不紧密相关。

(2)与嵌入衍生工具具有相同条款的单独工具符合衍生工具的定义。

(3)该混合合同不是以公允价值计量且其变动计入当期损益进行会计处理(即嵌在以公允价值计量且其变动计入当期损益的金融负债中的衍生工具不予分拆)。

【例28-46】 智董公司发行了一项可回售可转换优先股。

该优先股条款约定,若智董公司3年内未能成功上市,则投资者有权在第3年末将该优先股按照约定的收益率回售给智董公司。此外,投资者可以随时将该优先股转换成智董公司的普通股,初始转股价格固定,但当智董公司后续发行新股的价格低于初始转股价格时,投资者有权要求将初始转股价格下调,且下调后不再转回。

【分析】 股份转换权属于嵌入衍生工具,与主债务合同不紧密相关。如果混合合同整体没有指定为以公允价值计量且其变动计入当期损益的金融负债,则应将该股份转换权分拆为单独的衍生工具核算。

2. 评价嵌入衍生工具是否应分拆的时点,对是否分拆的重新评估

当企业在成为混合合同的一方时,即应评

价嵌入衍生工具是否应分拆出来作为单独的衍生工具处理。

随后,除非混合合同条款的变化将对原混合合同现金流量产生重大影响,否则企业不应对是否分拆重新进行评估。

混合合同条款的变化导致原混合合同现金流量发生重大改变的,应重新评估嵌入衍生工具是否应分拆。

企业在确定现金流量调整是否重大时,应当分析判断与嵌入衍生工具、主合同或两者相关的预计未来现金流量发生改变的程度,以及相对于合同以前预计现金流量是否有重大的改变。但是,在同一控制和非同一控制下的企业合并以及合营企业成立中,企业在并购日或成立日可能需要重新评估购入的合同中嵌入衍生工具是否需要分拆。

3. 嵌入衍生工具分拆的依据

嵌入的非期权衍生工具(如嵌入的远期合同或互换合同),应基于标明或暗含的实质性条款将其从主合同中分拆,其在初始确认时的公允价值为零。

以期权为基础的嵌入衍生工具(如嵌入的看跌期权、看涨期权、利率上限、利率下限或互换期权),应基于标明的期权特征的条款将其从主合同中分拆,主合同的初始账面金额即为分拆出嵌入衍生工具后的剩余金额。

4. 从混合合同中分拆时的会计处理

(1)主合同的会计处理。

嵌入衍生工具从混合合同中分拆的,企业应当按照适用的会计准则规定,对混合合同的主合同进行会计处理。

(2)分拆后单独存在的衍生工具的会计处理。

单独存在的衍生工具,通常应采用公允价值进行初始计量和后续计量。

政策依据

《企业会计准则第22号——金融工具确认和计量》
第五章 嵌入衍生工具

第二十三条 嵌入衍生工具,是指嵌入到非衍生工具(即主合同)中的衍生工具。嵌入衍生工具与主合同构成混合合同。该嵌入衍生工具对混合合同的现金流量产生影响的方式,应当与单独存在的衍生工具类似,且该混合合同的全部或部分现金流量随特定利率、金融工具价格、商品价格、汇率、价格指数、费率指数、信用等级、信用指数或其他变量变动而变动,变量为非金融变量的,该变量不应与合同的任何一方存在特定关系。

衍生工具如果附属于一项金融工具但根据合同规定可以独立于该金融工具进行转让,或者具有与该金融工具不同的交易对手方,则该衍生工具不是嵌入衍生工具,应当作为一项单独存在的衍生工具处理。

第二十四条 混合合同包含的主合同属于本准则规范的资产的,企业不应从该混合合同中分拆嵌入衍生工具,而应当将该混合合同作为一个整体适用本准则关于金融资产分类的相关规定。

第二十五条 混合合同包含的主合同不属于本准则规范的资产,且同时符合下列条件的,企业应当从混合合同中分拆嵌入衍生工具,将其作为单独存在的衍生工具处理:

(一)嵌入衍生工具的经济特征和风险与主合同的经济特征和风险不紧密相关。

(二)与嵌入衍生工具具有相同条款的单独工具符合衍生工具的定义。

(三)该混合合同不是以公允价值计量且其变动计入当期损益进行会计处理。

嵌入衍生工具从混合合同中分拆的,企业应当按照适用的会计准则规定,对混合合同的主合同进行会计处理。企业无法根据嵌入衍生工具的条款和条件对嵌入衍生工具的公允价值进行可靠计量的,该嵌入衍生工具的公允价值应当根据混合合同公允价值和主合同公允价值之间的差额确定。使用了上述方法后,该嵌入衍生工具在取得日或后续资产负债表日的公允价值仍然无法单独计量的,企业应当将该混合合同整体指定为以公允价值计量且其变动计入当期损益的金融工具。

第二十六条 混合合同包含一项或多项嵌入衍生工具,且其主合同不属于本准则规范的资产的,企业可以将其整体指定为以公允价值计量且其变动计入当期损益的金融工具。但下列情况除外:

(一)嵌入衍生工具不会对混合合同的现金流量产生重大改变。

(二)在初次确定类似的混合合同是否需要分拆时,几乎不需分析就能明确其包含的嵌入衍生工具不应分拆。如嵌入贷款的提前还款权,允许持有人以接近摊余成本的金额提前偿还贷款,该提前还款权不需要分拆。

第五节　会计科目和会计分录

企业在不违反会计准则规定的前提下，可以根据实际情况自行增设、分拆、合并或简化会计科目（包括一级科目）。

对于企业不存在的交易或者事项，可不设置相关会计科目。

以下是第一财税网（www.tax.org.cn）耗时整理的相关会计科目和会计分录，供实际工作中随时查阅、使用。

一、1002 银行存款

企业可按开户银行和其他金融机构、存款种类等设置"银行存款日记账"，根据收付款凭证，按照业务的发生顺序逐笔登记。

每日终了，应结出余额。"银行存款日记账"应定期与"银行对账单"核对，至少每月核对一次。企业银行存款账面余额与银行对账单余额之间如有差额，应编制"银行存款余额调节表"调节相符。

（一）核算内容

本科目核算以摊余成本计量的、企业存入银行或其他金融机构的各种款项。

（二）主要账务处理

企业增加银行存款，借记本科目，贷记"库存现金""应收账款"等科目；减少银行存款作相反的会计分录。

（三）期末余额

本科目期末借方余额，反映企业存在银行或其他金融机构的各种款项。

二、1012 其他货币资金

（一）核算内容

本科目核算以摊余成本计量的、企业的银行汇票存款、银行本票存款、信用卡存款、信用证保证金存款、存出投资款、外埠存款等其他货币资金。

（二）明细核算

本科目可按银行汇票或本票、信用证的收款单位，外埠存款的开户银行，分别"银行汇票""银行本票""信用卡""信用证保证金""存出投资款""外埠存款"等进行明细核算。

（三）主要账务处理

企业增加其他货币资金，借记本科目，贷记"银行存款"科目；减少其他货币资金，借记有关科目，贷记本科目。

（四）期末余额

本科目期末借方余额，反映企业持有的其他货币资金。

三、1101 交易性金融资产

（一）核算内容

本科目核算企业分类为以公允价值计量且其变动计入当期损益的金融资产。

衍生金融资产在"衍生工具"科目核算。

（二）明细核算

本科目可按金融资产的类别和品种，分别"成本""公允价值变动"等进行明细核算。

企业持有的指定为以公允价值计量且其变动计入当期损益的金融资产可在本科目下单设"指定类"明细科目核算。

（三）主要账务处理

（1）企业取得以公允价值计量且其变动计入当期损益的金融资产，按其公允价值，借记"交易性金融资产——成本"科目，按发生的交易费用，借记"投资收益"科目，按已到付息期但尚未领取的利息或已宣告但尚未发放的现金股利，借记"应收利息"或"应收股利"科目，按实际支付的金额，贷记"银行存款"等科目。

（2）以公允价值计量且其变动计入当期损益的金融资产持有期间收到被投资单位发放的现金股利，或在资产负债表日按分期付息、一次还本债券投资的票面利率计算的利息，或上述股利或利息已宣告但未发放，借记"库存现金""银行存款""应收股利""应收利息"等科目，贷记"投资收益"科目。

（3）资产负债表日，以公允价值计量且其变动计入当期损益的金融资产的公允价值高于其账面余额的差额，借记"交易性金融资产——公允价值变动"科目，贷记"公允价值变动损益"科目；公允价值低于其账面余额的差额作相反的会计分录。

（4）出售以公允价值计量且其变动计入当期损益的金融资产，应按实际收到的金额，借记"银行存款"等科目，按该金融资产的账面余额，贷记"交易性金融资产——成本"科目，贷记或借记"交易性金融资产——公允价值变动"等科目，按其差额，贷记或借记"投资收益"科目。

（四）期末余额

本科目期末借方余额，反映企业持有的交易性金融资产的公允价值。

四、1111 买入返售金融资产（金融）

（一）核算内容

本科目核算以摊余成本计量的、企业（金融）按返售协议约定先买入再按固定价格返售给卖出方的票据、证券、贷款等金融资产所融出的资金。

（二）明细核算

本科目可按买入返售金融资产的类别和融资方进行明细核算。

（三）主要账务处理

企业根据返售协议买入金融资产，应按实际支付的金额，借记本科目，贷记"存放中央银行款项""结算备付金""银行存款"等科目。

资产负债表日，按照计算确定的买入返售金融资产的利息收入，借记"应收利息"科目，贷记"利息收入"科目。

返售日，应按实际收到的金额，借记"存放中央银行款项""结算备付金""银行存款"等科目，按其账面余额，贷记本科目、"应收利息"科目，按其差额，贷记"利息收入"科目。

（四）期末余额

本科目期末借方余额，反映企业买入的尚未到期返售金融资产摊余成本。

五、1121 应收票据

企业应当设置"应收票据备查簿"，逐笔登记商业汇票的种类、号数和出票日、票面金额、交易合同号和付款人、承兑人、背书人的姓名或单位名称、到期日、背书转让日、贴现日、贴现率和贴现净额以及收款日和收回金额、退票情况等资料。商业汇票到期结清票款或退票后，在备查簿中应予注销。

（一）核算内容

本科目核算以摊余成本计量的、企业因销售商品、提供劳务等而收到的商业汇票，包括银行承兑汇票和商业承兑汇票。

（二）明细核算

本科目可按开出、承兑商业汇票的单位进行明细核算。

（三）主要账务处理

企业因销售商品、提供劳务等而收到开出、承兑的商业汇票，按商业汇票的票面金额，借记本科目，按确认的营业收入，贷记"主营业务收入"等科目。涉及增值税销项税额的，还应进行相应的处理。

持未到期的商业汇票向银行贴现，应按实际收到的金额（即减去贴现息后的净额），借记"银行存款"等科目，按贴现息部分，借记"财务费用"等科目，按商业汇票的票面金额，贷记本科目或"短期借款"科目。

将持有的商业汇票背书转让以取得所需物资，按应计入取得物资成本的金额，借记"材料采购"或"原材料""库存商品"等科目，按商业汇票的票面金额，贷记本科目，如有差额，借记或贷记"银行存款"等科目。涉及增值税进项税额的，还应进行相应的处理。

商业汇票到期，应按实际收到的金额，借记"银行存款"科目，按商业汇票的票面金额，贷记本科目。

（四）期末余额

本科目期末借方余额，反映企业持有的商业汇票的票面金额。

六、1122 应收账款/应收保费(保险)/应收手续费及佣金(金融)

(一) 核算内容

本科目核算以摊余成本计量的、企业因销售商品、提供劳务等日常活动应收取的款项。

企业(保险)按照原保险合同约定应向投保人收取的保费,可将本科目改为"1122 应收保费"科目,并按照投保人进行明细核算。

企业(金融)应收取的手续费和佣金,可将本科目改为"1124 应收手续费及佣金"科目,并按照债务人进行明细核算。

因销售商品、提供劳务等,采用递延方式收取合同或协议价款、实质上具有融资性质的,在"长期应收款"科目核算。

(二) 明细核算

本科目可按债务人进行明细核算。

(三) 主要账务处理

企业发生应收账款,按应收金额,借记本科目,按确认的营业收入,贷记"主营业务收入""手续费及佣金收入""保费收入"等科目。收回应收账款时,借记"银行存款"等科目,贷记本科目。涉及增值税销项税额的,还应进行相应的处理。

代购货单位垫付的包装费、运杂费,借记本科目,贷记"银行存款"等科目。收回代垫费用时,借记"银行存款"科目,贷记本科目。

企业与债务人进行债务重组,应当分别债务重组的不同方式进行处理。

(1) 收到债务人清偿债务的款项小于该项应收账款账面价值的,应按实际收到的金额,借记"银行存款"等科目,按重组债权已计提的坏账准备,借记"坏账准备"科目,按重组债权的账面余额,贷记本科目,按其差额,借记"投资收益"科目。

收到债务人清偿债务的款项大于该项应收账款账面价值的,应按实际收到的金额,借记"银行存款"等科目,按重组债权已计提的坏账准备,借记"坏账准备"科目,按重组债权的账面余额,贷记本科目,贷记"信用减值损失"科目。

以下债务重组涉及重组债权减值准备的,应当比照此规定进行处理。

(2) 接受债务人用于清偿债务的非现金资产,应按该项非现金资产的公允价值,借记"原材料""库存商品""固定资产""无形资产"等科目,按重组债权的账面余额,贷记本科目,按应支付的相关税费和其他费用,贷记"银行存款""应交税费"等科目,按其差额,借记"投资收益"科目。涉及增值税进项税额的,还应进行相应的处理。

注 债务重组中因处置非流动资产产生的利得或损失和非货币性资产交换中换出非流动资产产生的利得或损失在"资产处置损益"科目核算。

(3) 将债权转为投资,应按享有股份的公允价值,借记"长期股权投资"科目,按重组债权的账面余额,贷记本科目,按应支付的相关税费和其他费用,贷记"银行存款""应交税费"等科目,按其差额,借记"投资收益"科目。

(4) 以修改其他债务条件进行清偿的,应按修改其他债务条件后债权的公允价值,借记本科目,按重组债权的账面余额,贷记本科目,按其差额,借记"投资收益"科目。

(四) 期末余额

本科目期末借方余额,反映企业尚未收回的应收账款;期末如为贷方余额,反映企业预收的账款。

七、1132 应收利息

(一) 核算内容

本科目核算企业发放的贷款、各类债权投资、存放中央银行款项、拆出资金、买入返售金融资产等应收取的利息。

企业购入的一次还本付息的债权投资持有期间取得的利息,在"债权投资"科目核算。

(二) 明细核算

本科目可按借款人或被投资单位进行明细核算。

(三) 主要账务处理

(1) 企业取得的交易性金融资产,按支付的价款中所包含的、已到付息期但尚未领取的利息,借记本科目,按交易性金融资产的公允价值,借记"交易性金融资产——成本"科目,按发生的交易费用,借记"投资收益"科目,按实际支付的金额,贷记"银行存款""存放中央银行款项""结算备付金"等科目。

(2) 取得的债权投资,应按该投资的面值,借记"债权投资——成本"科目,按支付的价款中包含的、已到付息期但尚未领取的利息,借记本科目,按实际支付的金额,贷记"银行存款""存放中央银行款项""结算备付金"等科目,按其差额,借记或贷记"债权投资——利息调整"科目。

<u>资产负债表日</u>,债权投资为分期付息、一次还本债券投资的,应按票面利率计算确定的应收未收利息,借记本科目,按债权投资摊余成本和实际利率计算确定的利息收入,贷记"投资收益"科目,按其差额,借记或贷记"债权投资——利息调整"科目。

债权投资为一次还本付息债券投资的,应于<u>资产负债表日</u>按票面利率计算确定的应收未收利息,借记"债权投资——应计利息"科目,按债权投资摊余成本和实际利率计算确定的利息收入,贷记"投资收益"科目,按其差额,借记或贷记"债权投资——利息调整"科目。

(3) 发生减值的债权投资的利息收入,应当比照"贷款"科目相关规定进行处理。

(4) 企业发放的贷款,应于<u>资产负债表日</u>按贷款的合同本金和合同利率计算确定的应收未收利息,借记本科目,按贷款的摊余成本和实际利率计算确定的利息收入,贷记"利息收入"科目,按其差额,借记或贷记"贷款——利息调整"科目。

(5) 应收利息实际收到时,借记"银行存款""存放中央银行款项"等科目,贷记本科目。

(四) 期末余额

本科目期末借方余额,反映企业尚未收回的利息。

八、1221 其他应收款

(一) 核算内容

本科目核算企业除存出保证金、买入返售金融资产、应收票据、应收账款、预付账款、应收股利、应收利息、应收代位追偿款、应收分保账款、应收分保合同准备金、长期应收款等以外的其他各种应收及暂付款项。

(二) 明细核算

本科目可按对方单位(或个人)进行明细核算。

(三) 主要账务处理

(1) 采用售后回购方式融出资金的,应按实际支付的金额,借记本科目,贷记"银行存款"科目。销售价格与原购买价格之间的差额,应在售后回购期间内按期计提利息费用,借记本科目,贷记"财务费用"科目。按合同约定返售商品时,应按实际收到的金额,借记"银行存款"科目,贷记本科目。

(2) 企业发生其他各种应收、暂付款项时,借记本科目,贷记"银行存款""固定资产清理"等科目;收回或转销各种款项时,借记"库存现金""银行存款"等科目,贷记本科目。

(四) 期末余额

本科目期末借方余额,反映企业尚未收回的其他应收款项。

九、1231 坏账准备

(一) 核算内容

本科目核算企业以摊余成本计量的应收款项等金融资产以<u>预期信用损失</u>为基础计提的损失准备。

企业应当设置"坏账准备"科目,核算应收款项的坏账准备计提、转销等情况。

"坏账准备"科目的贷方登记当期计提的坏账准备、收回已转销的应收账款而恢复的坏账准备,借方登记实际发生的坏账损失金额和冲减的坏账准备金额。

(二) 明细核算

本科目可按应收款项的类别进行明细核算。

(三) 主要账务处理

企业计提坏账准备时,按照应减记的金额,借记"信用减值损失——计提的坏账准备"科目,贷记"坏账准备"科目。冲减多计提的坏账准备时,借记"坏账准备"科目,贷记"信用减值损失——计提的坏账准备"科目。

企业确实无法收回的应收款项按管理权限报经批准后作为坏账转销时,应当冲减已计提的坏账准备。已确认并转销的应收款项以后又收回的,应当按照实际收到的金额增加坏账准备的账面余额。企业实际发生坏账损失时,借记"坏账准备"科目,贷记"应收账款""其他应收款"等科目。

已确认并转销的应收款项以后又收回的,应当按照实际收到的金额增加坏账准备的账面余额。已确认并转销的应收款项以后又收回时,借记"应收账款""其他应收款"等科目,贷记"坏账准备"科目;同时,借记"银行存款"科目,贷记"应收账款""其他应收款"等科目。

(四) 期末余额

期末贷方余额,反映企业已计提但尚未转销的坏账准备。

十、1303 贷款(银行)/银团贷款、贸易融资、协议透支、信用卡透支、转贷款、垫款(银行)^/保户质押贷款(保险)/质押贷款、抵押贷款(典当)/委托贷款

(一) 核算内容

本科目核算以摊余成本计量的、企业(银行)按规定发放的各种客户贷款,包括质押贷款、抵押贷款、保证贷款、信用贷款等。

企业(银行)按规定发放的具有贷款性质的银团贷款、贸易融资、协议透支、信用卡透支、转贷款以及垫款等,在本科目核算;也可以单独设置"银团贷款""贸易融资""协议透支""信用卡透支""转贷款""垫款"等科目。

企业(保险)的保户质押贷款,可将本科目改为"1303 保户质押贷款"科目。

企业(典当)的质押贷款、抵押贷款,可将本科目改为"1303 质押贷款""1305 抵押贷款"科目。

企业委托银行或其他金融机构向其他单位贷出的款项,可将本科目改为"1303 委托贷款"科目。

(二) 明细核算

本科目可按贷款类别、客户,分别"本金""利息调整""已减值"等进行明细核算。

(三) 主要账务处理

(1) 企业发放的贷款,应按贷款的合同本金,借记本科目(本金),按实际支付的金额,贷记"吸收存款""存放中央银行款项"等科目,有差额的,借记或贷记本科目(利息调整)。

资产负债表日,应按贷款的合同本金和合同利率计算确定的应收未收利息,借记"应收利息"科目,按贷款的摊余成本和实际利率计算确定的利息收入,贷记"利息收入"科目,按其差额,借记或贷记本科目(利息调整)。合同利率与实际利率差异较小的,也可以采用合同利率计算确定利息收入。

收回贷款时,应按客户归还的金额,借记"吸收存款""存放中央银行款项"等科目,按收回的应收利息金额,贷记"应收利息"科目,按归还的贷款本金,贷记本科目(本金),按其差额,贷记"利息收入"科目。存在利息调整余额的,还应同时结转。

(2) 资产负债表日,确定贷款发生减值的,按应减记的金额,借记"信用减值损失"科目,贷记"贷款损失准备"科目。同时,应将本科目(本金、利息调整)余额转入本科目(已减值),借记本科目(已减值),贷记本科目(本金、利息调整)。

资产负债表日,应按贷款的摊余成本和实际利率计算确定的利息收入,借记"贷款损失准备"科目,贷记"利息收入"科目。同时,将按合同本金和合同利率计算确定的应收利息金额进行表外登记。

收回减值贷款时,应按实际收到的金额,借记"吸收存款""存放中央银行款项"等科目,按相关贷款损失准备余额,借记"贷款损失准备"科目,按相关贷款余额,贷记本科目(已减值),按其差额,贷记"信用减值损失"科目。

对于确实无法收回的贷款,按管理权限报经批准后作为呆账予以转销,借记"贷款损失准备"科目,贷记本科目(已减值)。按管理权限报

经批准后转销表外应收未收利息,减少表外"应收未收利息"科目金额。

已确认并转销的贷款以后又收回的,按原转销的已减值贷款余额,借记本科目(已减值),贷记"贷款损失准备"科目。按实际收到的金额,借记"吸收存款""存放中央银行款项"等科目,按原转销的已减值贷款余额,贷记本科目(已减值),按其差额,贷记"信用减值损失"科目。

(四) 期末余额

本科目期末借方余额,反映企业按规定发放尚未收回贷款的摊余成本。

十一、1304 贷款损失准备(银行)(保险)(典当)/委托贷款损失准备

(一) 核算内容

本科目核算企业(银行)以摊余成本计量的贷款以预期信用损失为基础计提的损失准备。

计提贷款损失准备的资产包括客户贷款、拆出资金、贴现资产、银团贷款、贸易融资、协议透支、信用卡透支、转贷款和垫款等。

企业(保险)的保户质押贷款计提的减值准备,也在本科目核算。

企业(典当)的质押贷款、抵押贷款计提的减值准备,也在本科目核算。

企业委托银行或其他金融机构向其他单位贷出的款项计提的减值准备,可将本科目改为"1304 委托贷款损失准备"科目。

(二) 明细核算

本科目可按计提贷款损失准备的资产类别进行明细核算。

十二、1501 债权投资

注 原"1501 持有至到期投资"科目改为"1501 债权投资"科目。

(一) 核算内容

本科目核算企业以摊余成本计量的债权投资的账面余额。

(二) 明细核算

本科目可按债权投资的类别和品种,分别"面值""利息调整""应计利息"等进行明细核算。

(三) 主要账务处理

以摊余成本计量的金融资产的会计处理,主要包括该金融资产实际利率的计算、摊余成本的确定、持有期间的收益确认及将其处置时损益的处理。

以摊余成本计量的金融资产所产生的利得或损失,应当在终止确认、按照规定重分类、按照实际利率法摊销或确认减值时,计入当期损益。

以摊余成本计量的债权投资相关的账务处理如下:

(1) 企业取得的以摊余成本计量的债权投资,应按该投资的面值,借记"债权投资——成本"科目,按支付的价款中包含的已到付息期但尚未领取的利息,借记"应收利息"科目,按实际支付的金额,贷记"银行存款"等科目,按其差额,借记或贷记"债权投资——利息调整"科目。

(2) 资产负债表日,以摊余成本计量的债权投资为分期付息、一次还本债券投资的,应按票面利率计算确定的应收未收利息,借记"应收利息"科目,按该金融资产摊余成本和实际利率计算确定的利息收入,贷记"投资收益"科目,按其差额,借记或贷记"债权投资——利息调整"科目。

以摊余成本计量的债权投资为一次还本付息债券投资的,应按票面利率计算确定的应收未收利息,借记"债权投资——应计利息"科目,按该金融资产摊余成本和实际利率计算确定的利息收入,贷记"投资收益"科目,按其差额,借记或贷记"债权投资——利息调整"科目。

(3) 出售以摊余成本计量的债权投资,应按实际收到的金额,借记"银行存款"等科目,按其账面余额,贷记"债权投资——成本、应计利息"科目,贷记或借记"债权投资——利息调整"科目,按其差额,贷记或借记"投资收益"科目。已计提信用减值准备的,还应同时结转信用减值准备。

企业持有的以摊余成本计量的应收款项、贷款等的账务处理原则,与债权投资大致相同,企业可使用"应收账款""贷款"等科目进行核算。

(四) 期末余额

本科目期末借方余额,反映企业以摊余成本计量的债权投资的摊余成本。

附:报表列示

反映资产负债表日企业以摊余成本计量的长期债权投资的期末账面价值。

该项目应根据"债权投资"科目的相关明细科目期末余额,减去"债权投资减值准备"科目中相关减值准备的期末余额后的金额分析填列。

自资产负债表日起一年内到期的长期债权投资的期末账面价值,在"一年内到期的非流动资产"项目反映。

企业购入的以摊余成本计量的一年内到期的债权投资的期末账面价值,在"其他流动资产"项目反映。

十三、1502 债权投资减值准备

注 原"1502 持有至到期投资减值准备"科目改为"1502 债权投资减值准备"科目。

(一) 核算内容

本科目核算企业以摊余成本计量的债权投资以预期信用损失为基础计提的损失准备。

(二) 明细核算

本科目可按债权投资类别和品种进行明细核算。

(三) 主要账务处理

企业应当在资产负债表日计算金融工具(或金融工具组合)预期信用损失。如果该预期信用损失大于该工具(或组合)当前减值准备的账面金额,企业应当将其差额确认为减值损失,借记"信用减值损失"科目,根据金融工具的种类,贷记"贷款损失准备""债权投资减值准备""坏账准备""合同资产减值准备""租赁应收款减值准备""预计负债"(用于贷款承诺及财务担保合同)或"其他综合收益"(用于以公允价值计量且其变动计入其他综合收益的债权类资产,企业可以设置二级科目"其他综合收益——信用减值准备"核算此类工具的减值准备)等科目(上述贷记科目,以下统称"贷款损失准备"等科目);如果资产负债表日计算的预期信用损失小于该工具(或组合)当前减值准备的账面金额(例如,从按照整个存续期预期信用损失计量损失准备转为按照未来 12 个月预期信用损失计量损失准备时,可能出现这一情况),则应当将差额确认为减值利得,作相反的会计分录。

(四) 期末余额

本科目期末贷方余额,反映企业已计提但尚未转销的债权投资减值准备。

十四、1503 其他债权投资

(一) 核算内容

本科目核算企业按照《企业会计准则第 22 号——金融工具确认和计量》第十八条分类为以公允价值计量且其变动计入其他综合收益的金融资产。

(二) 明细核算

本科目可按金融资产类别和品种,分别"成本""利息调整""公允价值变动"等进行明细核算。

(三) 主要账务处理

请参阅《企业会计准则第 22 号——金融工具确认和计量》。

(四) 期末余额

本科目期末借方余额,反映企业按照《企业会计准则第 22 号——金融工具确认和计量》第十八条分类为以公允价值计量且其变动计入其他综合收益的金融资产的公允价值。

十五、1504 其他权益工具投资

(一) 核算内容

本科目核算企业指定为以公允价值计量且其变动计入其他综合收益的非交易性权益工具投资。

(二) 明细核算

本科目可按其他权益工具投资的类别和品种,分别"成本""公允价值变动"等进行明细核算。

(三) 主要账务处理

(1) 企业取得指定为以公允价值计量且其

变动计入其他综合收益的非交易性权益工具投资,应按该投资的公允价值与交易费用之和,借记"其他权益工具投资——成本"科目,按支付的价款中包含的已宣告但尚未发放的现金股利,借记"应收股利"科目,按实际支付的金额,贷记"银行存款"等科目。

(2) 资产负债表日,指定为以公允价值计量且其变动计入其他综合收益的非交易性权益工具投资的公允价值高于其账面余额的差额,借记"其他权益工具投资——公允价值变动"科目,贷记"其他综合收益——其他权益工具投资公允价值变动"科目;公允价值低于其账面余额的差额作相反的会计分录。

(3) 出售指定为以公允价值计量且其变动计入其他综合收益的非交易性权益工具投资,应按实际收到的金额,借记"银行存款"等科目,按其账面余额,贷记"其他权益工具投资——成本、公允价值变动"科目,按应从其他综合收益中转出的公允价值累计变动额,借记或贷记"其他综合收益——其他权益工具投资公允价值变动"科目,将其差额转入留存收益。

(四) 期末余额

附:报表列示

反映资产负债表日企业指定为以公允价值计量且其变动计入其他综合收益的非交易性权益工具投资的期末账面价值。

该项目应根据"其他权益工具投资"科目的期末余额填列。

十六、2101 交易性金融负债

(一) 核算内容

本科目核算企业分类为以公允价值计量且其变动计入当期损益的金融资产。

衍生金融负债在"衍生工具"科目核算。

(二) 明细核算

本科目可按金融负债类别,分别"本金""公允价值变动"等进行明细核算。

企业持有的指定为以公允价值计量且其变动计入当期损益的金融负债可在本科目下单设"指定类"明细科目核算。

(三) 主要账务处理

"交易性金融资产"科目的借方登记交易性金融资产的取得成本、资产负债表日其公允价值高于账面余额的差额,以及出售交易性金融资产时结转公允价值低于账面余额的变动金额;贷方登记资产负债表日其公允价值低于账面余额的差额,以及企业出售交易性金融资产时结转的成本和公允价值高于账面余额的变动金额。

(四) 期末余额

贷方余额表示企业承担的交易性金融负债。

十七、2201 应付票据

企业应当设置"应付票据备查簿",详细登记商业汇票的种类、号数和出票日期、到期日、票面金额、交易合同号和收款人姓名或单位名称以及付款日期和金额等资料。应付票据到期结清时,在备查簿中应予注销。

(一) 核算内容

本科目核算企业以摊余成本计量的购买材料、商品和接受劳务供应等而开出、承兑的商业汇票,包括银行承兑汇票和商业承兑汇票。

(二) 明细核算

本科目可按债权人进行明细核算。

(三) 主要账务处理

企业开出、承兑商业汇票或以承兑商业汇票抵付货款、应付账款等,借记"材料采购""库存商品"等科目,贷记本科目。涉及增值税进项税额的,还应进行相应的处理。

支付银行承兑汇票的手续费,借记"财务费用"科目,贷记"银行存款"科目。支付票款,借记本科目,贷记"银行存款"科目。

银行承兑汇票到期,企业无力支付票款的,按应付票据的票面金额,借记本科目,贷记"短期借款"科目。

(四) 期末余额

本科目期末贷方余额,反映企业尚未到期的商业汇票的票面金额。

十八、2202 应付账款/应付手续费及佣金(金融)/应付赔付款(保险)

(一) 核算内容

本科目核算企业以摊余成本计量的因购买

材料、商品和接受劳务供应等经营活动应支付的款项。

企业（金融）应支付但尚未支付的手续费和佣金，可将本科目改为"应付手续费及佣金"科目，并按照对方单位（或个人）进行明细核算。

企业（保险）应支付但尚未支付的赔付款项，可将本科目改为"应付赔付款"科目，并按照保险受益人进行明细核算。

（二）明细核算

本科目可按债权人进行明细核算。

（三）主要账务处理

企业购入材料、商品等验收入库，但货款尚未支付，根据有关凭证（发票账单、随货同行发票上记载的实际价款或暂估价值），借记"材料采购""在途物资"等科目，按应付的款项，贷记本科目。

接受供应单位提供劳务而发生的应付未付款项，根据供应单位的发票账单，借记"生产成本""管理费用"等科目，贷记本科目。支付时，借记本科目，贷记"银行存款"等科目。

上述交易涉及增值税进项税额的，还应进行相应的处理。

注 债务重组采用将债务转为权益工具方式进行的，债务人初始确认权益工具时，应当按照<u>权益工具的公允价值</u>计量，权益工具的公允价值不能可靠计量的，应当按照所清偿债务的公允价值计量。所清偿债务账面价值与权益工具确认金额之间的差额，记入"<u>投资收益</u>"科目。债务人<u>因发行权益工具而支出的相关税费等</u>，应当依次冲减<u>资本溢价</u>、盈余公积、未分配利润等。

债务重组构成权益性交易的，应当适用权益性交易的有关会计处理规定，债权人和债务人不确认构成权益性交易的债务重组相关损益。债务重组构成权益性交易的情形包括：

（1）债权人直接或间接对债务人持股，或者债务人直接或间接对债权人持股，且持股方以股东身份进行债务重组。

（2）债权人与债务人在债务重组前后均受同一方或相同的多方最终控制，且该债务重组的交易实质是债权人或债务人进行了权益性分配或接受了权益性投入。

例如，智董公司是贵琛公司股东，为了弥补贵琛公司临时性经营现金流短缺，智董公司向贵琛公司提供1 000万元无息借款，并约定于6个月后收回。借款期满时，尽管贵琛公司具有充足的现金流，智董公司仍然决定免除贵琛公司部分本金还款义务，仅收回200万元借款。在此项交易中，如果智董公司不以股东身份而是以市场交易者身份参与交易，在贵琛公司具有足够偿债能力的情况下不会免除其部分本金。因此，智董公司和贵琛公司应当将该交易作为权益性交易，不确认债务重组相关损益。

债务重组中不属于权益性交易的部分仍然适用《企业会计准则第12号——债务重组》。例如，假设前例中债务人贵琛公司确实出现财务困难，其他债权人对其债务普遍进行了减半的豁免，那么智董公司作为股东比其他债务人多豁免300万元债务的交易应当作为权益性交易，正常豁免500万元债务的交易适用债务重组会计准则。

企业在判断债务重组是否构成权益性交易时，应当遵循实质重于形式原则。例如，假设债权人对债务人的权益性投资通过其他人代持，债权人不具有股东身份，但实质上以股东身份进行债务重组，债权人和债务人应当认为该债务重组构成权益性交易。

（四）期末余额

本科目期末贷方余额，反映企业尚未支付的应付账款余额。

十九、2501 长期借款

（一）核算内容

本科目核算企业以摊余成本计量的向银行或其他金融机构借入的期限在1年以上（不含1年）的各项借款。

（二）明细核算

本科目可按贷款单位和贷款种类，分别"本金""利息调整""应计利息"等进行明细核算。

（三）主要账务处理

企业借入长期借款，应按实际收到的金额，借记"银行存款"科目，贷记本科目（本金）。如存在差额，还应借记本科目（利息调整）。

资产负债表日，应按摊余成本和实际利率计算确定的长期借款的利息费用，借记"在建工程""制造费用""财务费用""研发支出"等科目，按合同利率计算确定的应付未付利息，贷记"应付利息"科目，按其差额，贷记本科目（利息调整）。

实际利率与合同利率差异较小的，也可以

采用合同利率计算确定利息费用。

归还的长期借款本金,借记本科目(本金),贷记"银行存款"科目。同时,存在利息调整余额的,借记或贷记"在建工程""制造费用""财务费用""研发支出"等科目,贷记或借记本科目(利息调整)。

(四) 期末余额

本科目期末贷方余额,反映企业尚未偿还的长期借款。

二十、2502 应付债券

(一) 核算内容

本科目核算企业为筹集(长期)资金而发行的以摊余成本计量的债券。

企业发行的可转换公司债券,应将负债和权益成分进行分拆,分拆后形成的负债成分在本科目核算。

(二) 明细核算

本科目可按照发行的债券种类进行明细核算,并在各类债券中按"面值""利息调整""应计利息"设置明细科目,进行明细核算。

(三) 主要账务处理

企业发行债券,应当按实际收到金额,借记"银行存款"或"存放中央银行款项"等科目,按债务工具的面值,贷记"应付债券——面值"科目,按其差额,贷记或借记"应付债券——利息调整"科目。

在该工具存续期间,计算应付利息并按照实际利率进行摊销时,应按照金融工具确认计量准则中有关金融负债按摊余成本后续计量的规定进行会计处理。

(四) 期末余额

本科目期末贷方余额,反映企业尚未偿还的长期债券摊余成本。

二十一、2231 应付利息

(一) 核算内容

本科目核算企业按照合同约定应支付的利息,包括吸收存款、分期付息到期还本的长期借款、企业债券等应支付的利息。

(二) 明细核算

本科目可按存款人或债权人进行明细核算。

(三) 主要账务处理

资产负债表日,应按摊余成本和实际利率计算确定的利息费用,借记"利息支出""在建工程""财务费用""研发支出"等科目,按合同利率计算确定的应付未付利息,贷记本科目,按其差额,借记或贷记"长期借款——利息调整""吸收存款——利息调整"等科目。

合同利率与实际利率差异较小的,也可以采用合同利率计算确定利息费用。实际支付利息时,借记本科目,贷记"银行存款"等科目。

(四) 期末余额

本科目期末贷方余额,反映企业应付未付的利息。

二十二、3101 衍生工具

(一) 核算内容

本科目核算企业衍生工具的公允价值及其变动形成的衍生金融资产或衍生金融负债。

作为套期工具的衍生工具不在本科目核算。

(二) 明细核算

本科目可按衍生工具类别进行明细核算。

(三) 主要账务处理

企业取得衍生工具,按其公允价值,借记本科目,按发生的交易费用,借记"投资收益"科目,按实际支付的金额,贷记"银行存款""存放中央银行款项"等科目。

资产负债表日,衍生工具的公允价值高于其账面余额的差额,借记本科目,贷记"公允价值变动损益"科目;公允价值低于其账面余额的差额作相反的会计分录。

终止确认的衍生工具,应当比照"交易性金融资产""交易性金融负债"等科目的相关规定进行处理。

(四) 期末余额

本科目期末借方余额,反映企业衍生工具形成资产的公允价值;本科目期末贷方余额,反映企业衍生工具形成负债的公允价值。

附：报表列示

企业衍生金融工具业务具有重要性的，应当在资产负债表资产项下"以公允价值计量且其变动计入当期损益的金融资产"项目和"应收票据"项目之间增设"衍生金融资产"项目，在资产负债表负债项下"以公允价值计量且其变动计入当期损益的金融负债"项目和"应付票据"项目之间增设"衍生金融负债"项目，分别反映企业衍生工具形成资产、负债的期末余额。

二十三、4401 其他权益工具

（一）核算内容

本科目核算企业发行的除普通股以外的归类为权益工具的各种金融工具。

（二）明细核算

本科目可按照发行金融工具的种类等进行明细核算。

（三）主要账务处理

企业发行的金融工具归类为其他权益工具的，应按实际收到的金额，借记"银行存款"或"存放中央银行款项"等科目，贷记本科目。

分类为其他权益工具的金融工具，在存续期间分派股利（含分类为权益工具的工具所产生的"利息"，下同）的，作为利润分配处理。发行方应根据经批准的股利分配方案，按应分配给金融工具持有方的股利金额，借记"利润分配"科目，贷记"应付股利"科目。

发行方发行的金融工具为既有负债成分又有权益工具成分的复合金融工具的，应按实际收到的金额，借记"银行存款"或"存放中央银行款项"等科目，按金融工具的面值，贷记"应付债券——面值"等科目，按负债成分的公允价值与金融工具面值之间的差额，借记或贷记"应付债券——利息调整"等科目，按实际收到的金额扣除负债成分的公允价值后的金额，贷记本科目。

发行复合金融工具发生的交易费用，应当在负债成分和权益成分之间按照各自占总发行价款的比例进行分摊。与多项交易相关的共同交易费用，应当在合理的基础上，采用与其他类似交易一致的方法，在各项交易之间进行分摊。对于分摊至负债成分的交易费用，应当计入该负债成分的初始计量金额（若该负债成分按摊余成本进行后续计量）或计入当期损益（若该负债成分按公允价值进行后续计量且其变动计入当期损益）；对于分摊至权益成分的交易费用，应当从权益中扣除。

由于发行的金融工具原合同条款约定的条件或事项随着时间的推移或经济环境的改变而发生变化，导致原归类为权益工具的金融工具重分类为金融负债的，应当于重分类日，按该工具的账面价值，借记本科目，按该工具的面值，贷记"应付债券——面值"等科目，按该工具的公允价值与面值之间的差额，借记或贷记"应付债券——利息调整"等科目，按该工具的公允价值与账面价值的差额，贷记或借记"资本公积——资本溢价（或股本溢价）"科目，如资本公积不够冲减的，依次冲减盈余公积和未分配利润。发行方以重分类日计算的实际利率作为应付债券后续计量利息调整等的基础。

因发行的金融工具原合同条款约定的条件或事项随着时间的推移或经济环境的改变而发生变化，导致原归类为金融负债的金融工具重分类为权益工具的，应于重分类日，按金融负债的账面价值，贷记本科目，按金融负债的面值，借记"应付债券——面值"等科目，按其差额，借记或贷记"应付债券——利息调整"等科目。

发行方按合同条款约定赎回所发行的除普通股以外的分类为权益工具的金融工具，按赎回价格，借记"库存股——其他权益工具"科目，贷记"银行存款"或"存放中央银行款项"等科目；注销所购回的金融工具，按该工具对应的其他权益工具的账面价值，借记本科目，按该工具的赎回价格，贷记"库存股——其他权益工具"科目，按其差额，借记或贷记"资本公积——资本溢价（或股本溢价）"等科目，如资本公积不够冲减的，依次冲减盈余公积和未分配利润。

发行方按合同条款约定将发行的除普通股以外的金融工具转换为普通股的，按该工具对应的其他权益工具或金融负债的账面价值，借记本科目、"应付债券"等科目,按普通股的面值,贷记"实收资本(或股本)"等科目,按其差额,贷记"资本公积——资本溢价(或股本溢价)"等科目(如转股时金融工具的账面价值零头不足转换为1股普通股,发行方以现金或其他金融资产退换零头时,还需按支付的现金或其他金融资产的金额,贷记"银行存款"或"存放中央银行款项"等科目)。

二十四、4004 其他综合收益

(一) 核算内容

其他综合收益是指企业根据企业会计准则规定未在损益中确认的各项利得和损失扣除所得税影响后的净额。

注 综合收益建立在"资产负债观"基础之上,把全部已确认但未实现的利得或损失纳入财务报表中,反映报告期内企业与所有者以外的其他各方之间的交易或事项所引起的净资产的变动额;综合收益的概念,突破了传统会计收益的实现原则,引入了公允价值,使公允价值作为计量属性的使用成为一种必然的趋势。

在资产负债表中,"其他综合收益"以前并没有作为一个单独的科目,而是计入资本公积中,而现在作为了一个单独的科目,以便于和资本公积区分。这种核算方式,有利于使资本公积的核算内容明晰化。资本公积原本核算的内容主要为股东资本性投入的部分,与其他综合收益混在一个科目中,将不便于报表使用者理解和分析。

(二) 明细核算

在此科目下可设置以下明细科目核算:

1. "400401 以后会计期间不能重分类进损益的其他综合收益项目"

主要包括:

(1) 重新计量设定受益计划变动额(职工薪酬"离职后福利")。

根据《企业会计准则第9号——职工薪酬》,有设定受益计划形式离职后福利的企业应当将重新计量设定受益计划净负债或净资产导致的变动计入其他综合收益,并且在后续会计期间不允许转回至损益。

(2) 权益法下不能转损益的其他综合收益(长期股权投资)。

根据《企业会计准则第2号——长期股权投资》,投资方取得长期股权投资后,应当按照应享有或应分担的被投资单位其他综合收益的份额,确认其他综合收益,同时调整长期股权投资的账面价值。投资单位在确定应享有或应分担的被投资单位其他综合收益的份额时,该份额的性质取决于被投资单位的其他综合收益的性质,即如果被投资单位的其他综合收益属于"以后会计期间不能重分类进损益"类别,则投资方确认的份额也属于"以后会计期间不能重分类进损益"类别。

(3) 其他权益工具投资公允价值变动(非交易性权益工具投资)。

"其他权益工具投资"科目核算企业指定为以公允价值计量且其变动计入其他综合收益的非交易性权益工具投资。本科目可按其他权益工具投资的类别和品种,分别"成本""公允价值变动"等进行明细核算。

对于指定为以公允价值计量且其变动计入其他综合收益的非交易性权益工具投资,除了获得的股利(属于投资成本收回部分的除外)计入当期损益外,其他相关的利得和损失(包括汇兑损益)均应计入其他综合收益,且后续不得转入当期损益。当其终止确认时,之前计入其他综合收益的累计利得或损失应当从其他综合收益中转出,计入留存收益。

注 套期会计中的"套期损益"明细科目:

(1) 本明细科目核算公允价值套期下对指定为以公允价值计量且其变动计入其他综合收益的非交易性权益工具投资或其组成部分进行套期时,套期工具和被套期项目公允价值变动形成的利得和损失。

(2) 本明细科目可按套期关系进行明细核算。

(3) 主要账务处理:

① 资产负债表日,应当按照套期工具产生的利得,借记"套期工具"科目,贷记本明细科目;套期工具产生损失作相反的会计分录。

② 资产负债表日,应当按照被套期项目因被套期风险敞口形成的利得,借记"被套期项目"科目,贷记本明细科目;被套期项目因被套期风险敞口形成损失作相反的会计分录。

(4) 当套期关系终止时,应当借记或贷记本明细科目,贷记或借记"利润分配——未分配利润"等科目。

(4) 企业自身信用风险公允价值变动(指定为公允价值计量且其变动计入当期损益的金融负债)。

企业根据会计准则规定将金融负债指定为以公允价值计量且其变动计入当期损益的金融负债的,该金融负债所产生的利得或损失应当按照下列规定进行处理:

① 由企业自身信用风险变动引起的该金融负债公允价值的变动金额,应当计入其他综合收益。

② 该金融负债的其他公允价值变动计入当期损益。按照此处①的规定对该金融负债的自身信用风险变动的影响进行处理会造成或扩大损益中的会计错配的,企业应当将该金融负债的全部利得或损失(包括企业自身信用风险变动的影响金额)计入当期损益。该金融负债终止确认时,之前计入其他综合收益的累计利得或损失应当从其他综合收益中转出,计入留存收益。

2. "400402 以后会计期间在满足规定条件时将重分类进损益的其他综合收益项目"

主要包括:

(1) 权益法下可转损益的其他综合收益(长期股权投资)。

根据《企业会计准则第2号——长期股权投资》,投资方取得长期股权投资后,应当按照应享有或应分担的被投资单位其他综合收益的份额,确认其他综合收益,同时调整长期股权投资的账面价值。如果被投资单位的其他综合收益属于"以后会计期间在满足规定条件时将重分类进损益"类别,则投资方确认的份额也属于"以后会计期间在满足规定条件时将重分类进损益"类别。

(2) 金融资产重分类计入其他综合收益的金额。

企业将一项以公允价值计量且其变动计入其他综合收益的金融资产重分类为以摊余成本计量的金融资产的,应当将之前计入其他综合收益的累计利得或损失转出,调整该金融资产在重分类日的公允价值,并以调整后的金额作为新的账面价值,即视同该金融资产一直以摊余成本计量。该金融资产重分类不影响其实际利率和预期信用损失的计量。

企业将一项以公允价值计量且其变动计入其他综合收益的金融资产重分类为以公允价值计量且其变动计入当期损益的金融资产的,应当继续以公允价值计量该金融资产。同时,企业应当将之前计入其他综合收益的累计利得或损失从其他综合收益转入当期损益。

按照《企业会计准则第22号——金融工具确认和计量》第十八条分类为以公允价值计量且其变动计入其他综合收益的金融资产所产生的所有利得或损失,除减值损失或利得和汇兑损益之外,均应当计入其他综合收益,直至该金融资产终止确认或被重分类。但是,采用实际利率法计算的该金融资产的利息应当计入当期损益。该金融资产计入各期损益的金额应当与视同其一直按摊余成本计量而计入各期损益的金额相等。该金融资产终止确认时,之前计入其他综合收益的累计利得或损失应当从其他综合收益中转出,计入当期损益。企业将该金融资产重分类为其他类别金融资产的,应当根据《企业会计准则第22号——金融工具确认和计量》第三十一条规定,对之前计入其他综合收益的累计利得或损失进行相应处理。

(3) 其他债权投资公允价值变动。

金融资产同时符合下列条件的,应当分类为以公允价值计量且其变动计入其他综合收益的金融资产(通过"其他债权投资"科目核算,可按金融资产类别和品种,分别"成本""利息调整""公允价值变动"等进行明细核算):

① 企业管理该金融资产的业务模式既以收取合同现金流量为目标又以出售该金融资产为目标。

② 该金融资产的合同条款规定,在特定日期产生的现金流量,仅为对本金和以未偿付本金金额为基础的利息的支付。

上述分类为以公允价值计量且其变动计入其他综合收益的金融资产所产生的所有利得或损失,除减值损失或利得和汇兑损益之外,均应当计入其他综合收益,直至该金融资产终止确认或被重分类。但是,采用实际利率法计算的该金融资产的利息应当计入当期损益。该金融资产计入各期损益的金额应当与视同其一直按摊余成本计量而计入各期损益的金额相等。该金融资产终止确认时,之前计入其他综合收益的累计利得或损失应当从其他综合收益中转出,计入当期损益。

对于上述分类为以公允价值计量且其变动计入其他综合收益的金融资产(债务工具投资)整体转移满足终止确认条件的,企业在计量该项转移形成的损益时,应当将原计入其他综合收益的公允价值变动累计利得或损失转出(注意不适用于根据《企业会计准则第22号——金融工具确认和计量》准则第十九条指定为以公允价值计量且其变动计入其他综合收益的非交易性权益工具投资)。

如果涉及转移的金融资产为上述分类为以公允价值计量且其变动计入其他综合收益的金融资产的,不再确认部分的金额对应的原计入其他综合收益的公允价值变动累计额计入当期损益。

(4)其他债权投资信用减值准备。

金融资产同时符合下列条件的,应当分类为以公允价值计量且其变动计入其他综合收益的金融资产(通过"其他债权投资"科目核算,可按金融资产类别和品种,分别"成本""利息调整""公允价值变动"等进行明细核算):

①企业管理该金融资产的业务模式既以收取合同现金流量为目标又以出售该金融资产为目标。

②该金融资产的合同条款规定,在特定日期产生的现金流量,仅为对本金和以未偿付本金金额为基础的利息的支付。

对于上述分类为以公允价值计量且其变动计入其他综合收益的金融资产,企业应当在其他综合收益中确认其损失准备(通过"其他综合收益——信用减值准备"科目核算,以预期信用损失为基础计提损失准备),并将减值损失或利得计入当期损益,且不应减少该金融资产在资产负债表中列示的账面价值。

注 "信用减值准备"明细科目:

本明细科目核算企业按照金融工具确认和计量会计准则第十八条分类为以公允价值计量且其变动计入其他综合收益的金融资产以预期信用损失为基础计提的损失准备。

《利润表》中"其他债权投资信用减值准备"行项目,反映企业按照《企业会计准则第22号——金融工具确认和计量》(2017年修订)第十八条分类为以公允价值计量且其变动计入其他综合收益的金融资产的损失准备。该项目应根据"其他综合收益"科目下的"信用减值准备"明细科目的发生额分析填列。

(5)现金流量套期储备(有效套期的部分)。

根据《企业会计准则第24号——套期会计》,现金流量套期利得或损失中属于有效套期的部分,应当直接确认为所有者权益(其他综合收益);属于无效套期的部分,应当计入当期损益。对于前者,套期会计准则规定在一定的条件下,将原直接计入所有者权益中的套期工具利得或损失转出,计入当期损益。

注 套期会计中的"套期储备"明细科目:

(1)本明细科目核算现金流量套期下套期工具累计公允价值变动中的套期有效部分。

(2)本明细科目可按套期关系进行明细核算。

(3)主要账务处理。

①资产负债表日,套期工具形成的利得或损失中属于套期有效部分的,借记或贷记"套期工具"科目,贷记或借记本明细科目;属于套期无效部分的,借记或贷记"套期工具"科目,贷记或借记"套期损益"科目。

②企业将套期储备转出时,借记或贷记本明细科目,贷记或借记有关科目。

《利润表》中"现金流量套期储备"行项目,反映企业套期工具产生的利得或损失中属于套期有效的部分。该项目应根据"其他综合收益"科目下的"套期储备"明细科目的发生额分析填列。

(6)外币财务报表折算差额。

根据《企业会计准则第19号——外币折算》,企业对境外经营的财务报表进行折算时,应当将外币财务报表折算差额在资产负债表中所有者权益项目下单独列示(其他综合收益);企业在处置境外经营时,应当将资产负债表中所有者权益项目下列示的、与该境外经营相关的外币报表折算差额，自所有者权益项目转入处置当期损益，部分处置境外经营的，应当按处置的比例计算处置部分的外币财务报表折算差额，转入处置当期损益。

（7）根据相关会计准则规定的其他项目（自用房地产或作为存货的房地产转换为以公允价值模式计量的投资性房地产在转换日公允价值大于账面价值部分）。

例如，根据《企业会计准则第3号——投资性房地产》，自用房地产或作为存货的房地产转换为以公允价值模式计量的投资性房地产在转换日公允价值大于账面价值部分计入其他综合收益；待该投资性房地产处置时，将该部分转入当期损益等。

3.""400403 所得税影响""等明细科目核算

此前在资本公积中核算的所得税影响现在在此科目所得税影响中核算。

4."套期成本"

（1）本明细科目核算企业将期权的时间价值、远期合同的远期要素或金融工具的外汇基差排除在套期工具之外时，期权的时间价值等产生的公允价值变动。

（2）本明细科目可按套期关系进行明细核算。

（3）主要账务处理。

① 资产负债表日，对于期权的时间价值等的公允价值变动中与被套期项目相关的部分，应当借记或贷记"衍生工具"等科目，贷记或借记本明细科目。

② 企业在将相关金额从其他综合收益中转出时，借记或贷记本明细科目，贷记或借记有关科目。

A. 期权时间价值的会计处理。

企业将期权合同的内在价值和时间价值分开，只将期权的内在价值变动指定为套期工具时，应当区分被套期项目的性质是与交易相关还是与时间段相关，并进行不同的会计处理。

a. 被套期项目与交易相关的，对其进行套期的期权的时间价值具备该项交易成本的特征。

企业应当将期权时间价值的公允价值变动中与被套期项目相关的部分计入其他综合收益，并按照与现金流量套期储备相同的会计处理方法进行处理。

b. 被套期项目与时间段相关的，对其进行套期的期权时间价值具备为保护企业在特定时间段内规避风险所需支付成本的特征。

企业应当将期权时间价值的公允价值变动中与被套期项目相关的部分计入其他综合收益。同时，企业应当按照系统、合理的方法，将期权被指定为套期工具当日的时间价值中与被套期项目相关的部分，在套期关系影响损益或其他综合收益（仅限于企业对指定为以公允价值计量且其变动计入其他综合收益的非交易性权益工具投资的公允价值套期）的期间内摊销，摊销金额从其他综合收益中转出，计入当期损益。由于期权的时间价值在期权到期时将归零，因此在期权存续期内的累计时间价值的公允价值变动等于指定套期时的时间价值。时间价值变动计入其他综合收益的金额应当根据变动的实际情况确定，但从其他综合收益转入当期损益（即摊销）的金额应当按照系统、合理的方法确定。转入和转出的金额最终是一致的，即指定套期时的时间价值。若企业终止运用套期会计，则其他综合收益中剩余的相关金额应当转出，计入当期损益。

期权的主要条款（如名义金额、期限和标的）与被套期项目相一致的，期权的实际时间价值与被套期项目相关；期权的主要条款与被套期项目不完全一致的，企业应当通过对主要条款与被套期项目完全匹配的期权进行估值确定校准时间价值，并确认期权的实际时间价值中与被套期项目相关的部分。在套期关系开始时，期权的实际时间价值高于校准时间价值的，企业应当以校准时间价值为基础，将其累计公允价值变动计入其他综合收益，并将这两个时间价值的公允价值变动差额计入当期损益；在套期关系开始时，期权的实际时间价值低于校准时间价值的，企业应当将两个时间价值中累计公允价值变动的较低者计入其他综合收益，如果实际时间价值的累计公允价值变动扣减累计计入其他综合收益金额后尚有剩余的，应当计入当期损益。

B. 远期合同的远期要素和金融工具的外汇基差的会计处理。

企业将远期合同的远期要素和即期要素分开、只将即期要素的价值变动指定为套期工具的，或者将金融工具的外汇基差单独分拆、只将排除外汇基差后的金融工具指定为套期工具的，可以按照与期权时间价值相同的处理方式对远期合同的远期要素或金融工具的外汇基差进行会计处理，也可以按照常规会计处理方法进行处理。

(三) 主要账务处理

请参阅上述内容。

(四) 期末余额

请参阅上述内容。

注 资本公积的核算主要与股本投入相关，而其他综合收益属于已经实现但暂时不能计入本年利润或费用的项目。一般来说，资本公积属于已经确定的一个事实，后续期间不会再予以转出。而其他综合收益类似于一个过渡科目，在未来期间还需要予以转出（注：有的项目在以后会计期间不能重分类进损益）。

附：报表列示

反映企业其他综合收益的期末余额。

本项目应根据"其他综合收益"科目的期末余额填列。

注 (1)《利润表》中"其他权益工具投资公允价值变动"行项目，反映企业指定为以公允价值计量且其变动计入其他综合收益的非交易性权益工具投资发生的公允价值变动。该项目应根据"其他综合收益"科目的相关明细科目的发生额分析填列。

(2)《利润表》中"企业自身信用风险公允价值变动"行项目，反映企业指定为以公允价值计量且其变动计入当期损益的金融负债，由企业自身信用风险变动引起的公允价值变动而计入其他综合收益的金额。该项目应根据"其他综合收益"科目的相关明细科目的发生额分析填列。

(3)《利润表》中"其他债权投资公允价值变动"行项目，反映企业分类为以公允价值计量且其变动计入其他综合收益的债权投资发生的公允价值变动。企业将一项以公允价值计量且其变动计入其他综合收益的金融资产重分类为以摊余成本计量的金融资产，或重分类为以公允价值计量且其变动计入当期损益的金融资产时，之前计入其他综合收益的累计利得或损失从其他综合收益中转出的金额作为该项目的减项。该项目应根据"其他综合收益"科目下的相关明细科目的发生额分析填列。

(4)《利润表》中"金融资产重分类计入其他综合收益的金额"行项目，反映企业将一项以摊余成本计量的金融资产重分类为以公允价值计量且其变动计入其他综合收益的金融资产时，计入其他综合收益的原账面价值与公允价值之间的差额。该项目应根据"其他综合收益"科目下的相关明细科目的发生额分析填列。

(5)《利润表》中"其他债权投资信用减值准备"行项目，反映企业按照《企业会计准则第22号——金融工具确认和计量》(2017年修订)第十八条分类为以公允价值计量且其变动计入其他综合收益的金融资产的损失准备。该项目应根据"其他综合收益"科目下的"信用减值准备"明细科目的发生额分析填列。

(6)《利润表》中"现金流量套期储备"行项目，反映企业套期工具产生的利得或损失中属于套期有效的部分。该项目应根据"其他综合收益"科目下的"套期储备"明细科目的发生额分析填列。

二十五、6101 公允价值变动损益/6102 套期损益

(一) 核算内容

本科目核算企业交易性金融资产、交易性金融负债，以及采用公允价值模式计量的投资性房地产、衍生工具、套期保值业务等公允价值变动形成的应计入当期损益的利得或损失。

指定为以公允价值计量且其变动计入当期损益的金融资产或金融负债公允价值变动形成的应计入当期损益的利得或损失，也在本科目核算。

企业开展套期保值业务的，有效套期关系中套期工具或被套期项目的公允价值变动，也可以单独设置"6102 套期损益"科目核算。

(二) 明细核算

本科目可按交易性金融资产、交易性金融负债、投资性房地产等进行明细核算。

(三) 主要账务处理

(1) 资产负债表日，企业应按交易性金融资

产的公允价值高于其账面余额的差额,借记"交易性金融资产——公允价值变动"科目,贷记本科目;公允价值低于其账面余额的差额作相反的会计分录。

出售交易性金融资产时,应按实际收到的金额,借记"银行存款""存放中央银行款项"等科目,按该金融资产的账面余额,贷记"交易性金融资产"科目,按其差额,借记或贷记"投资收益"科目。

(2) 资产负债表日,交易性金融负债的公允价值高于其账面余额的差额,借记本科目,贷记"交易性金融负债"等科目;公允价值低于其账面余额的差额作相反的会计分录。

处置交易性金融负债,应按该金融负债的账面余额,借记"交易性金融负债"科目,按实际支付的金额,贷记"银行存款""存放中央银行款项""结算备付金"等科目,按其差额,贷记或借记"投资收益"科目。

(3) 采用公允价值模式计量的投资性房地产、衍生工具、套期工具、被套期项目等形成的公允价值变动,按照"投资性房地产""衍生工具""套期工具""被套期项目"等科目的相关规定进行处理。

(四) 期末余额

期末,应将本科目余额转入"本年利润"科目,结转后本科目无余额。

二十六、6702 信用减值损失

(一) 核算内容

本科目核算企业计提金融工具确认和计量会计准则要求的各项金融工具减值准备所形成的预期信用损失。

注 根据《企业会计准则第 22 号——金融工具确认和计量》的规定,对企业应收款项、合同资产和租赁应收款发生信用减值核算时由原来的"资产减值损失"账户改成"信用减值损失"账户。

根据《企业会计准则第 22 号——金融工具确认和计量》(2017 年)应用指南,金融资产减值准备所形成的预期信用损失应通过"信用减值损失"科目核算。因此,企业执行《企业会计准则第 22 号——金融工具确认和计量》(2017 年)后,其发生的坏账准备应通过"信用减值损失"科目核算,不再通过"资产减值损失"科目核算。

(二) 主要账务处理

企业应当在资产负债表日计算金融工具(或金融工具组合)预期信用损失。如果该预期信用损失大于该工具(或组合)当前减值准备的账面金额,企业应当将其差额确认为减值损失,借记"信用减值损失"科目,根据金融工具的种类,贷记"贷款损失准备""债权投资减值准备""坏账准备""合同资产减值准备""租赁应收款减值准备""预计负债"(用于贷款承诺及财务担保合同)或"其他综合收益"(用于以公允价值计量且其变动计入其他综合收益的债权类资产,企业可设置二级科目"其他综合收益——信用减值准备"核算此类工具的减值准备)等科目(上述贷记科目,以下统称"贷款损失准备"等科目);如果资产负债表日计算的预期信用损失小于该工具(或组合)当前减值准备的账面金额(例如,从按照整个存续期预期信用损失计量损失准备转为按照未来 12 个月预期信用损失计量损失准备时,可能出现这一情况),则企业应当将差额确认为利得,作相反的会计分录。

(三) 期末余额

附:报表列示

反映企业按照《企业会计准则第 22 号——金融工具确认和计量》(财会〔2017〕7 号)的要求计提的各项金融工具信用减值准备所确认的信用损失。

该项目应根据"信用减值损失"科目的发生额分析填列。

第二十九讲 金融资产转移和金融负债终止确认

第一节 综合知识

一、相关知识概述

(一)金融资产转移的概念

金融资产(包括单项或一组类似金融资产)转移,是指企业(转出方)将金融资产(或其现金流量)让与或交付给该金融资产发行方之外的另一方(转入方)。

(二)金融资产终止确认的概念

金融资产终止确认,是指企业将之前确认的金融资产从其资产负债表中予以转出。

金融资产终止确认的定义

金融资产转移中通常需要判断是否应终止确认所转移的金融资产。如果企业转移金融资产后不再保留任何与被转移金融资产相关的权利或义务,这种情况下终止确认被转移金融资产的结论通常比较明确。另一种情况是企业在转移金融资产后承担无条件以转让价格回购被转移金融资产的义务,且在回购之前需要支付利息,这种情况下企业承担的被转移金融资产的风险与自身持有的相同金融资产的风险没有实质区别,则不能终止确认被转移金融资产。如果金融资产的转移介于上述两种极端之间,企业在转移金融资产后保留了与被转移金融资产相关的某些权利或义务,则是否能够终止确认被转移金融资产就需要进行更加详细的分析,必须严格按照《企业会计准则第 23 号——金融资产转移》规定的金融资产终止确认流程进行判断。票据背书转让、商业票据贴现、应收账款保理、资产证券化、债券买断式回购、融资融券等业务中都涉及金融资产转移和终止确认的判断和相应会计处理。

《企业会计准则第 23 号——金融资产转移》规定,金融资产终止确认,是指企业将之前确认的金融资产从其资产负债表中予以转出。金融资产满足下列条件之一的,应当终止确认:

(1)收取该金融资产现金流量的合同权利终止。

(2)该金融资产已转移,且该转移满足《企业会计准则第 23 号——金融资产转移》关于终止确认的规定。

在第一个条件下,企业收取金融资产现金流量的合同权利终止,如因合同到期而使合同权利终止,金融资产不能再为企业带来经济利益,应当终止确认该金融资产。在第二个条件下,企业收取一项金融资产现金流量的合同权利并未终止,但若企业转移了该项金融资产,同时该转移满足《企业会计准则第 23 号——金融资产转移》关于终止确认的规定,在这种情况下,企业也应当终止确认被转移的金融资产。

(三)金融负债终止确认的概念

金融负债终止确认,是指企业将之前确认的金融负债从其资产负债表中予以转出。

二、会计准则概述

(一)本准则的相关背景

为了规范金融资产(包括单项或一组类似金融资产)转移和终止确认的会计处理,2017 年 3 月 31 日,我国财政部发布了《关于印发修订〈企业会计准则第 23 号——金融资产转移〉的通知》(财会〔2017〕8 号,本讲简称"本准则"或"新准则")。执行《关于印发修订〈企业会计准则第 23 号——金融资产转移〉的通知》(财会〔2017〕8 号)的企业,不再执行财政部于 2006 年 2 月印发的《企业会计准则第 23 号——金融资产转移》。

新的金融工具准则与国际会计准则理事会发布的《国际财务报告准则第9号——金融工具》(IFRS9)趋同。

虽然新准则要求2018年1月1日起执行，但财政部发文通知允许其他境内上市企业2019年1月1日起施行；执行企业会计准则的非上市企业与符合条件的保险公司延后至2021年1月1日起施行。

(二) 本准则的适用范围

金融资产转移的确认和计量，由《企业会计准则第23号——金融资产转移》规范。

本准则明确了金融资产转移的认定以及金融资产转移是否导致金融资产终止确认的判断原则，规范了金融资产转移和终止确认的相关会计处理。

 政策依据

《企业会计准则第23号——金融资产转移》在合并财务报表层面应用《企业会计准则第23号——金融资产转移》

第三条 企业对金融资产转入方具有控制权的，除在该企业个别财务报表基础上应用本准则外，在编制合并财务报表时，还应当按照《企业会计准则第33号——合并财务报表》的规定合并所有纳入合并范围的子公司（含结构化主体），并在合并财务报表层面应用本准则。

(三) 本准则的主要变化

与上一版相比，没有原则性修改。

修订的金融资产转移准则在维持金融资产转移及其终止确认判断原则不变的前提下，对相关判断标准、过程及会计处理进行了梳理，突出金融资产终止确认的判断流程，对相关实务问题提供了更加详细的指引，增加了继续涉入情况下相关负债计量的相关规定，并对此情况下企业判断是否继续控制被转移资产提供更多指引，对不满足终止确认条件情况下转入方的会计处理和可能产生的对同一权利或义务的重复确认等问题进行了明确。另外，根据《企业会计准则第22号——金融工具确认和计量》的变化进行相应的调整。对于分类为以公允价值变动计入其他综合收益的金融资产中的债务工具，在确定资产转移损益时，其计入其他综合收益的累计金额应予转回；对于继续涉入情况下金融资产发生重分类时，相关负债的计量需要进行追溯调整。

 小知识

进一步明确金融资产转移的判断原则及其会计处理

原先金融资产转移准则规定了金融资产转移的确认和计量，修订后的金融资产转移准则在维持金融资产转移及其终止确认判断原则不变的前提下，对相关判断标准、过程及会计处理进行了梳理，突出金融资产终止确认的判断流程，对相关实务问题提供了更加详细的指引，增加了继续涉入情况下相关负债计量的相关规定，并对此情况下企业判断是否继续控制被转移资产提供更多指引，对不满足终止确认条件情况下转入方的会计处理和可能产生的对同一权利或义务的重复确认等问题进行了明确。

第二节 金融资产的转移（终止确认、继续确认、继续涉入）

一、金融资产转移

(一) 金融资产转移的情形

《企业会计准则第23号——金融资产转移》规定的金融资产转移仅包含两种情形：

(1) 企业将收取金融资产现金流量的合同权利转移给其他方。

(2) 企业保留了收取金融资产现金流量的合同权利，但承担了将收取的该现金流量支付给一个或多个最终收款方的合同义务，且同时满足下列条件：

① 企业只有从该金融资产收到对等的现金

流量时,才有义务将其支付给最终收款方。企业提供短期垫付款,但有权全额收回该垫付款并按照市场利率计收利息的,视同满足本条件。

② 转让合同规定禁止企业出售或抵押该金融资产,但企业可以将其作为向最终收款方支付现金流量义务的保证。

③ 企业有义务将代表最终收款方收取的所有现金流量及时划转给最终收款方,且无重大延误。企业无权将该现金流量进行再投资,但在收款日和最终收款方要求的划转日之间的短暂结算期内,将所收到的现金流量进行现金或现金等价物投资,并且按照合同约定将此类投资的收益支付给最终收款方的,视同满足本条件。

对于符合《企业会计准则第23号——金融资产转移》规定的金融资产转移的两种情形,企业可根据《企业会计准则第23号——金融资产转移》的规定进一步进行风险报酬以及控制的判断;对于除此之外的情形,企业应当继续确认该金融资产。

政策依据

《企业会计准则第23号——金融资产转移》
第三章　金融资产转移的情形及其终止确认

第七条　企业在发生金融资产转移时,应当评估其保留金融资产所有权上的风险和报酬的程度,并分别下列情形处理:

(一) 企业转移了金融资产所有权上几乎所有风险和报酬的,应当终止确认该金融资产,并将转移中产生或保留的权利和义务单独确认为资产或负债。

(二) 企业保留了金融资产所有权上几乎所有风险和报酬的,应当继续确认该金融资产。

(三) 企业既没有转移也没有保留金融资产所有权上几乎所有风险和报酬的[即除本条(一)、(二)之外的其他情形],应当根据其是否保留了对金融资产的控制,分别下列情形处理:

1. 企业未保留对该金融资产控制的,应当终止确认该金融资产,并将转移中产生或保留的权利和义务单独确认为资产或负债。

2. 企业保留了对该金融资产控制的,应当按照其继续涉入被转移金融资产的程度继续确认有关金融资产,并相应确认相关负债。

继续涉入被转移金融资产的程度,是指企业承担的被转移金融资产价值变动风险或报酬的程度。

第八条　企业在评估金融资产所有权上风险和报酬的转移程度时,应当比较转移前后其所承担的该金融资产未来净现金流量金额及其时间分布变动的风险。

企业承担的金融资产未来净现金流量现值变动的风险没有因转移而发生显著变化的,表明该企业仍保留了金融资产所有权上几乎所有风险和报酬。如将贷款整体转移并对该贷款可能发生的所有损失进行全额补偿,或者出售一项金融资产但约定以固定价格或者售价加上出借人回报的价格回购。

企业承担的金融资产未来净现金流量现值变动的风险相对于金融资产的未来净现金流量现值的全部变动风险不再显著的,表明该企业已经转移了金融资产所有权上几乎所有风险和报酬。如无条件出售金融资产,或者出售金融资产且仅保留以其在回购时的公允价值进行回购的选择权。

企业通常不需要通过计算即可判断其是否转移或保留了金融资产所有权上几乎所有风险和报酬。在其他情况下,企业需要通过计算评估是否已经转移了金融资产所有权上几乎所有风险和报酬的,在计算和比较金融资产未来现金流量净现值的变动时,应当考虑所有合理、可能的现金流量变动,对于更可能发生的结果赋予更高的权重,并采用适当的市场利率作为折现率。

第九条　企业在判断是否保留了对被转移金融资产的控制时,应当根据转入方是否具有出售被转移金融资产的实际能力而确定。转入方能够单方面将被转移金融资产整体出售给不相关的第三方,且没有额外条件对此项出售加以限制的,表明转入方有出售被转移金融资产的实际能力,从而表明企业未保留对被转移金融资产的控制;在其他情形下,表明企业保留了对被转移金融资产的控制。

在判断转入方是否具有出售被转移金融资产的实际能力时,企业考虑的关键应当是转入方实际上能够采取的行动。被转移金融资产不存在市场或转入方不能单方面自由地处置被转移金融资产的,通常表明转入方不具有出售被转移金融资产的实际能力。

转入方不大可能出售被转移金融资产并不意味着企业(转出方)保留了对被转移金融资产的控制。但存在看跌期权或担保而限制转入方出售被转移金融资产的,转出方实际上保留了对被转移金融资产的控制。如存在看跌期权或担保且很有价值,导致转入方实际上不能在不附加类似期权或其他限制条件的情形下将该被转移金融资产出售给第三方,从而限制了转入方出售被转移金融资产的能力,转入方将持有被转移金融资产以获取看跌期权或担保下相应付款的,企业保留了对被转移金融资产的控制。

第十条　企业认定金融资产所有权上几乎所有风险和报酬已经转移的,除企业在新的交易中重新获得被转移金融资产外,不应当在未来期间再次确认该金融资产。

第十一条　在金融资产转移不满足终止确认条件的情况下,如果同时确认衍生工具和被转移金融资产或转移产生的负债会导致对同一权利或义务的重复确认,则企业(转出方)与转移有关的合同权利或义务不应当作为衍生工具进行单独会计处理。

第十二条　在金融资产转移不满足终止确认条件的情况下,转入方不应当将被转移金融资产全部或部分确认为自己的资产。转入方应当终止确认所支付的现金或其他对价,同时确认一项应收转出方的款项。企业(转出方)同时拥有以固定金额重新控制整个被转移金融资产的权利和义务的(如以固定金额回购被转移金融资产),在满足《企业会计准则第22号——金融工具确认和计量》关于摊余成本计量规定的情况下,转入方可以将其应收款项以摊余成本计量。

第十三条　企业在判断金融资产转移是否满足本准则规定的金融资产终止确认条件时,应当注重金融资产转移的实质。

(一)企业转移了金融资产所有权上几乎所有风险和报酬,应当终止确认被转移金融资产的常见情形有:

1. 企业无条件出售金融资产。

2. 企业出售金融资产,同时约定按回购日该金融资产的公允价值回购。

3. 企业出售金融资产,同时与转入方签订看跌期权合同(即转入方有权将该金融资产返售给企业)或看涨期权合同(即转出方有权回购该金融资产),且根据合同条款判断,该看跌期权或看涨期权为一项重大价外期权(即期权合约的条款设计,使得金融资产的转入方或转出方极小可能会行权)。

(二)企业保留了金融资产所有权上几乎所有风险和报酬,应当继续确认被转移金融资产的常见情形有:

1. 企业出售金融资产并与转入方签订回购协议,协议规定企业将回购原被转移金融资产,或者将予回购的金融资产与售出的金融资产相同或实质上相同、回购价格固定或原售价加上回报。

2. 企业融出证券或进行证券出借。

3. 企业出售金融资产并附有将市场风险敞口转回给企业的总回报互换。

4. 企业出售短期应收款项或信贷资产,并且全额补偿转入方可能因被转移金融资产发生的信用损失。

5. 企业出售金融资产,同时与转入方签订看跌期权合同或看涨期权合同,且根据合同条款判断,该看跌期权或看涨期权为一项重大价内期权(即期权合约的条款设计,使得金融资产的转入方或转出方很可能会行权)。

(三)企业应当按照其继续涉入被转移金融资产的程度继续确认被转移金融资产的常见情形有:

1. 企业转移金融资产,并采用保留次级权益或提供信用担保等方式进行信用增级,企业只转移了被转移金融资产所有权上的部分(非几乎所有)风险和报酬,且保留了对被转移金融资产的控制。

2. 企业转移金融资产,并附有既非重大价内也非重大价外的看涨期权或看跌期权,导致企业既没有转移也没有保留所有权上几乎所有风险和报酬,且保留了对被转移金融资产的控制。

(二)金融资产转移中向转入方提供非现金担保物的会计处理

企业向金融资产转入方提供了非现金担保物(如债务工具或权益工具投资等)的,企业(转出方)和转入方应当按照下列规定处理:

(1)转入方按照合同或惯例有权出售该担保物或将其再作为担保物的,企业(转出方)应当将该非现金担保物在资产负债表中重新分类,并单独列报。

(2)转入方已将该担保物出售的,应确认出售担保物收到的款项;同时转入方应当就归还担保物义务,按照公允价值确认一项负债。

(3)除企业(转出方)因违约丧失赎回担保物权利外,企业应当继续将担保物确认为一项资产;转入方不得将该担保物确认为资产。

(4)企业(转出方)因违约丧失赎回担保物权利的,应当终止确认该担保物;转入方应当将该担保物确认为一项资产,并以公允价值计量。若转出方因违约丧失赎回担保物权利前,转入方已出售该担保物,则转入方应当终止确认归还担保物的义务。

> 政策依据
>
> 《企业会计准则第23号——金融资产转移》
> **第七章　向转入方提供非现金担保物的会计处理**
>
> 第二十六条　企业向金融资产转入方提供了非现

金担保物(如债务工具或权益工具投资等)的,企业(转出方)和转入方应当按照下列规定进行处理:

(一)转入方按照合同或惯例有权出售该担保物或将其再作为担保物的,企业应当将该非现金担保物在财务报表中单独列报。

(二)转入方已将该担保物出售的,转入方应当就归还担保物的义务,按照公允价值确认一项负债。

(三)除因违约丧失赎回担保物权利外,企业应当继续将担保物确认为一项资产。

企业因违约丧失赎回担保物权利的,应当终止确认该担保物;转入方应当将该担保物确认为一项资产,并以公允价值计量。转入方已出售该担保物的,应当终止确认归还担保物的义务。

二、终止确认

企业在判断金融资产转移是否导致金融资产终止确认时,应当评估其在多大程度上保留了金融资产所有权上的风险和报酬。企业转移了金融资产所有权上几乎所有风险和报酬的,应当终止确认该金融资产,并将转移中产生或保留的权利和义务单独确认为资产或负债;企业保留了金融资产所有权上几乎所有风险和报酬的,应当继续确认该金融资产;企业既没有转移也没有保留金融资产所有权上几乎所有风险和报酬的,应当进一步判断其是否保留了对金融资产的控制。企业未保留对该金融资产控制的,应当终止确认该金融资产,并将转移中产生或保留的权利和义务单独确认为资产或负债;企业保留了对该金融资产控制的,应当按照其继续涉入被转移金融资产的程度确认有关金融资产,并相应确认相关负债。

企业应当在金融资产转移整体满足终止确认条件时,将被转移金融资产在终止确认日的账面价值与因转移金融资产而收到的对价(包含取得的新资产减去承担的新负债)和原直接计入其他综合收益的公允价值变动累计额中对应终止确认部分的金额(涉及转移的金融资产为根据《企业会计准则第22号——金融工具确认和计量》第十八条分类为以公允价值计量且其变动计入其他综合收益的金融资产的情形)之和的差额计入当期损益。

(一)金融资产终止确认的时间

企业应当在收取金融资产现金流量的合同权利终止时终止确认该金融资产。如果该合同权利尚未终止,只有在金融资产已转移,且该转移满足终止确认条件的规定时才能终止确认。

(二)金融资产终止确认的条件

(1)金融资产满足下列条件之一的,应当终止确认:

① 收取该金融资产现金流量的合同权利终止。例如,企业买入一项期权,企业直到期权到期日仍未行权,那么企业在合同权利到期后应当终止确认该期权形成的金融资产。

② 该金融资产已转移,且该转移满足《企业会计准则第23号——金融资产转移》关于金融资产终止确认的规定。

(2)以下情形也会导致金融资产的终止确认:

① 合同的实质性修改。

企业与交易对手方修改或者重新议定合同而且构成实质性修改的,将导致企业终止确认原金融资产,同时按照修改后的条款确认一项新金融资产。

② 核销。

《企业会计准则第22号——金融工具确认和计量》第四十三条规定,当企业合理预期不再能够全部或部分收回金融资产合同现金流量时,应当直接减记该金融资产的账面余额。这种减记构成相关金融资产的终止确认。

政策依据

《企业会计准则第22号——金融工具确认和计量》金融资产的终止确认条件

第十一条 金融资产满足下列条件之一的,应当终止确认:

(一)收取该金融资产现金流量的合同权利终止。

(二)该金融资产已转移,且该转移满足本准则关于金融资产终止确认的规定。

本准则所称金融资产或金融负债终止确认,是指企业将之前确认的金融资产或金融负债从其资产负债表中予以转出。

【例29-1】 智董公司为上市公司，2×20年9月，智董公司与第三方贵琛公司签订股权转让框架协议，将鑫裕公司18%的股权转让给贵琛公司（转让前智董公司将持有的股权确认为金融资产）。

协议明确此次股权转让标的为鑫裕公司18%的股权，总价款18亿元，贵琛公司分三次支付，2×20年支付了第一笔款项8亿元。为了保证贵琛公司的利益，智董公司在2×20年将鑫裕公司8%的股权变更登记为贵琛公司，但贵琛公司暂时并不拥有与该8%股权对应的表决权，也不拥有分配该8%股权对应的利润的权利。

请问：智董公司是否应该在2×20年度确认该8%股权的处置损益？

【分析】 虽然在本例中，名义上智董公司将8%的股权转让给贵琛公司，但是实质上，贵琛公司并没有拥有对应的表决权，也并不享有对应的利润分配权。也就是说，智董公司保留了收取金融资产现金流量的合同权利，且没有承担将收取的现金流量支付给贵琛公司的合同义务。根据准则的规定，实质上该金融资产并未转移，并不符合金融资产终止确认的前提条件。因此，智董公司不应当确认该8%股权的处置损益，应将收到的款项作为预收款项处理。

【例29-2】 智董公司将从第三方客户取得的尚未到期的银行承兑汇票向银行贴现取得资金。

请问：智董公司是否应该终止确认该银行承兑汇票？如何进行贴现息的会计处理？

【分析】（1）银行承兑汇票是否终止确认。

在判断承兑汇票贴现是否将所有权上几乎所有的风险和报酬转移时，应注意承兑汇票的风险不仅包括信用风险，还应综合考虑其他风险，如利率风险、延期付款风险及外汇风险等。

我国票据法规定："汇票到期被拒绝付款的，持票人可以对背书人、出票人以及汇票的其他债务人行使追索权。"因此，无论是银行承兑汇票还是商业承兑汇票，票据贴现或背书后，其所有权相关的信用风险及延期付款风险并没有转移给银行或被背书人。

根据信用风险及延期付款风险的大小，可将应收票据分为两类：一类是由信用等级较高的银行承兑的汇票，其信用风险和延期付款风险很小，相关的主要风险是利率风险；另一类是由信用等级不高的银行承兑的汇票或由企业承兑的商业承兑汇票，此类票据的主要风险为信用风险和延期付款风险。

本例应视情况而定，如果智董公司用于贴现的银行承兑汇票是由信用等级较高的银行承兑，随着票据的贴现，信用风险和延期付款风险很小，并且票据相关的利率风险已转移给银行，因此可以判断票据所有权上的主要风险和报酬已经转移，可以终止确认；如果智董公司用于贴现的银行承兑汇票是由信用等级不高的银行承兑，贴现不影响追索权，票据相关的信用风险和延期付款风险仍没有转移，不应终止确认。

（2）贴现息的会计处理。

应收票据终止确认时，贴现息（即贴现金额和票面金额的差）应在票据终止确认时立即确认为费用，而不是在贴现日至票据到期日之间摊销；应收票据未终止确认时，贴现取得的资金确认为一项金融负债（即银行借款），根据《企业会计准则第22号——金融工具确认和计量》（2017年修订），按摊余成本对银行借款进行后续计量，贴现息应在贴现日至票据到期日之间分摊确认利息费用。

在编制现金流量表时，对于因销售商品或提供劳务从客户取得银行承兑汇票进行贴现的情况，如果票据在贴现时终止确认，贴现取得的现金应作为经营活动现金流入；如果票据在贴现时不满足终止确认条件，贴现取得的现金应作为筹资活动现金流入。如果出票人在票据到期日直接向持票银行付款，即持票银行不向贴现方追索，智董公司账面应收票据与短期借款同时减少，不涉及实际现金收付，现金流量表未反映该交易，企业应在财务报表附注中就此类交易对现金流量的影响予以说明。

（三）金融资产终止确认的原则

金融资产终止确认的一般原则，请参阅《企业会计准则第23号——金融资产转移》的有关规定。

政策依据

《企业会计准则第 23 号——金融资产转移》
第二章　金融资产终止确认的一般原则

第四条　金融资产的一部分满足下列条件之一的，企业应当将终止确认的规定适用于该金融资产部分，除此之外，企业应当将终止确认的规定适用于该金融资产整体：

（一）该金融资产部分仅包括金融资产所产生的特定可辨认现金流量。如企业就某债务工具与转入方签订一项利息剥离合同，合同规定转入方有权获得该债务工具利息现金流量，但无权获得该债务工具本金现金流量，终止确认的规定适用于该债务工具的利息现金流量。

（二）该金融资产部分仅包括与该金融资产所产生的全部现金流量完全成比例的现金流量部分。如企业就某债务工具与转入方签订转让合同，合同规定转入方拥有获得该债务工具全部现金流量一定比例的权利，终止确认的规定适用于该债务工具全部现金流量一定比例的部分。

（三）该金融资产部分仅包括与该金融资产所产生的特定可辨认现金流量完全成比例的现金流量部分。如企业就某债务工具与转入方签订转让合同，合同规定转入方拥有获得该债务工具利息现金流量一定比例的权利，终止确认的规定适用于该债务工具利息现金流量一定比例的部分。

企业发生满足本条（二）或（三）条件的金融资产转移，且存在一个以上转入方的，只要企业转移的份额与金融资产全部现金流量或特定可辨认现金流量完全成比例即可，不要求每个转入方均持有成比例的份额。

第五条　金融资产满足下列条件之一的，应当终止确认：

（一）收取该金融资产现金流量的合同权利终止。

（二）该金融资产已转移，且该转移满足本准则关于终止确认的规定。

（四）金融资产终止确认的判断流程

《企业会计准则第 23 号——金融资产转移》关于终止确认的相关规定，适用于所有金融资产的终止确认。

根据《企业会计准则第 23 号——金融资产转移》的规定，企业在判断金融资产是否应当终止确认以及在多大程度上终止确认时，应当遵循以下步骤。

1. 确定适用金融资产终止确认规定的报告主体层面

企业（转出方）对金融资产转入方具有控制权的，除在该企业个别财务报表基础上应用《企业会计准则第 23 号——金融资产转移》外，在编制合并财务报表时，还应当按照《企业会计准则第 33 号——合并财务报表》的规定合并所有纳入合并范围的子公司（含结构化主体），并在合并财务报表层面应用《企业会计准则第 23 号——金融资产转移》。

在资产证券化实务中，企业通常设立"信托计划""专项支持计划"等结构化主体作为结构化融资的载体，由结构化主体向第三方发行证券并向企业自身购买金融资产。这种情况下，从法律角度看企业可能已将金融资产转移到结构化主体，两者之间实现了风险隔离。但在进行金融资产终止确认判断时，企业应首先确定报告主体，即是编制合并财务报表还是个别财务报表。如果是合并财务报表，企业应当首先按照《企业会计准则第 33 号——合并财务报表》及《企业会计准则解释第 8 号》等有关规定合并所有子公司（含结构化主体），然后将《企业会计准则第 23 号——金融资产转移》的规定应用于合并财务报表，即在合并财务报表层面进行金融资产转移及终止确认分析。

2. 确定金融资产是部分还是整体适用终止确认原则

《企业会计准则第 23 号——金融资产转移》中的"金融资产"既可能指一项金融资产或其部分，也可能指一组类似金融资产或其部分。一组类似金融资产通常指金融资产的合同现金流量在金额和时间分布上相似并且具有相似的风险特征，如合同条款类似、到期期限接近的一组住房抵押贷款等。

当且仅当金融资产（或一组金融资产，下同）的一部分满足下列 3 个条件之一时，终止确认的相关规定适用于该金融资产部分，否则，适用于该金融资产整体：

（1）该金融资产部分仅包括金融资产所产生的特定可辨认现金流量。

如企业就某债务工具与转入方签订一项利息剥离合同，合同规定转入方拥有获得该债务工具利息现金流量的权利，但无权获得该债务工具本金现金流量，则终止确认的规定适用于该债务工具的利息现金流量。

（2）该金融资产部分仅包括与该金融资产所产生的全部现金流量完全成比例的现金流量部分。

如企业就某债务工具与转入方签订转让合同，合同规定转入方拥有获得该债务工具全部现金流量90%份额的权利，则终止确认的规定适用于这些现金流量的90%。如果转入方不止一个，只要转出方所转移的份额与金融资产的现金流量完全成比例即可，不要求每一转入方均持有成比例的现金流量份额。

（3）该金融资产部分仅包括与该金融资产所产生的特定可辨认现金流量完全成比例的现金流量部分。

如企业就某债务工具与转入方签订转让合同，合同规定转入方拥有获得该债务工具利息现金流量90%份额的权利，则终止确认的规定适用于该债务工具利息现金流量90%部分。如果转入方不止一个，只要转出方所转移的份额与金融资产的特定可辨认现金流量完全成比例即可，不要求每一转入方均持有成比例的现金流量份额。在除上述情况外的其他所有情况下，《企业会计准则第23号——金融资产转移》有关金融资产终止确认的相关规定适用于金融资产的整体。

例如，企业转移了公允价值为100万元人民币的一组类似的固定期限贷款组合，约定向转入方支付贷款组合预期所产生的现金流量的前90万元人民币，企业保留了取得剩余现金流量的次级权益。因为最初90万元人民币的现金流量既可能来自贷款本金也可能来自利息，且无法辨认来自贷款组合中的哪些贷款，所以不是特定可辨认的现金流量，也不是该金融资产所产生的全部或部分现金流量的完全成比例的份额。在这种情况下，企业不能将终止确认的相关规定适用于该金融资产90万元人民币的部分，而应当适用于该金融资产的整体。

又如，企业转移了一组应收款项产生的现金流量90%的权利，同时提供了一项担保以补偿转入方可能遭受的信用损失，最高担保额为应收款项本金金额的8%。在这种情况下，由于存在担保，在发生信用损失的情况下，企业可能需要向转入方支付部分已经收到的企业自留的10%的现金流量，以补偿对方就90%现金流量所遭受的损失，导致该组应收款项下实际合同现金流量的分布并非按90%及10%完全成比例分配，因此终止确认的相关规定适用于该组金融资产的整体。

3. 确定收取金融资产现金流量的合同权利是否终止

企业在确定适用金融资产终止确认规定的报告主体层面（合并财务报表层面或个别财务报表层面）以及对象（金融资产整体或部分）后，即可开始判断是否对金融资产进行终止确认。

收取金融资产现金流量的合同权利已经终止的，企业应当终止确认该金融资产。如一项应收账款的债务人在约定期限内支付了全部款项，或者在期权合同到期时期权持有人未行使期权权利，导致收取金融资产现金流量的合同权利终止，企业应终止确认金融资产。

若收取金融资产的现金流量的合同权利没有终止，企业应当判断是否转移了金融资产，并根据有关金融资产转移的相关判断标准确定是否应当终止确认被转移金融资产。

4. 判断企业是否已转移金融资产

企业在判断是否已转移金融资产时，应分以下两种情形作进一步的判断：

（1）企业将收取金融资产现金流量的合同权利转移给其他方。

企业将收取金融资产现金流量的合同权利转移给其他方，表明该项金融资产发生了转移，通常表现为金融资产的合法出售或者金融资产现金流量权利的合法转移。

例如，实务中常见的票据背书转让、商业票据贴现等，均属于这一种金融资产转移的情形。在这种情形下，转入方拥有了获取被转移金融资产所有未来现金流量的权利,转出方应进一步判断金融资产风险和报酬转移情况来确定是否应当终止确认被转移金融资产。

(2) 企业保留了收取金融资产现金流量的合同权利,但承担了将收取的该现金流量支付给一个或多个最终收款方的合同义务。

这种金融资产转移的情形通常被称为"过手安排"。在某些金融资产转移交易中,转出方在出售金融资产后,会继续作为收款服务方或收款代理人等收取金融资产的现金流量,再转交给转入方或最终收款方。这种金融资产转移情形常见于资产证券化业务。

例如,在某些情况下,银行可能负责收取所转移贷款的本金和利息并最终支付给收益权持有者,同时收取相应服务费。根据《企业会计准则第23号——金融资产转移》规定,当企业保留了收取金融资产现金流量的合同权利,但承担了将收取的该现金流量支付给一个或多个最终收款方的合同义务时,当且仅当同时符合以下3个条件时,转出方才能按照金融资产转移的情形进行后续分析及处理,否则,被转移金融资产应予以继续确认:

① 企业(转出方)只有从该金融资产收到对等的现金流量时,才有义务将其支付给最终收款方。

在有的资产证券化等业务中,如发生由于被转移金融资产的实际收款日期与向最终收款方付款的日期不同而导致款项缺口的情况,转出方需要提供短期垫付款项。在这种情况下,当且仅当转出方有权全额收回该短期垫付款并按照市场利率就该垫款计收利息,方能视同满足这一条件。在有转出方短期垫付安排的资产证券化业务中,如果转出方收回该垫款的权利仅优先于次级资产支持证券持有人、但劣后于优先级资产支持证券持有人,或者转出方不计收利息的,均不能满足这一条件。

例如,在一项资产证券化交易中,按照交易协议规定,转出方在设立结构化主体时需要向结构化主体提供现金或其他资产以建立流动性储备,确保在收取基础资产款项发生延误时能够向资产证券化产品的持有者按协议规定付款,被动用的流动性储备只能通过提留基础资产后续产生的现金流量的方式收回。假设转出方合并该结构化主体,在该种情况下,由于转出方出资设立了流动性储备(即提供了垫付款项),在发生收款延误时,转出方有义务向最终收款方支付尚未从基础资产收取的款项,且如果出现基础资产后续产生的现金流量不足的情况转出方没有收回权,导致该交易不满足上述"转出方只有从该金融资产收到对等的现金流量时,才有义务将其支付给最终收款方"的条件。类似地,如果资产证券化协议规定转出方承担或转出方实际承担了在需要时向结构化主体提供现金借款的确定承诺,且该借款只能通过提留基础资产后续产生的现金流的方式收回,则该资产证券化交易也不满足本条件。

如果结构化主体的流动性储备不是由转出方预提或承诺提供的,而是来自基础资产产生的现金流量或者由资产支持证券的第三方次级权益持有者提供,且转出方不控制(即不需合并)该结构化主体,由于转出方没有向结构化主体(即转入方)支付从被转移金融资产取得的现金流量以外的其他现金流量,这种流动性储备安排满足本条件的情形。

② 转让合同规定禁止企业(转出方)出售或抵押该金融资产,但企业可以将其作为向最终收款方支付现金流量义务的保证。

企业不能出售该项金融资产,也不能以该项金融资产作为质押品对外进行担保,意味着转出方不再拥有出售或处置被转移金融资产的权利。但是,由于企业负有向最终收款方支付该项金融资产所产生的现金流量的义务,该项金融资产可以作为企业如期向最终收款方支付现金流量的保证。

③ 企业(转出方)有义务将代表最终收款方收取的所有现金流量及时划转给最终收款方,且无重大延误。

企业无权将该现金流量进行再投资。但是,如果企业在收款日和最终收款方要求的划转日之间的短暂结算期内将代为收取的现金流量进行现金或现金等价物投资,并且按照合同约定将此类投资的收益支付给最终收款方,则视同满足本条件。

这一条件不仅对转出方在收款日至向最终收款方支付日的短暂结算期间内将收取的现金流量再投资做出了限制,而且将转出方为了最终收款人利益而进行的投资严格地限定为现金或现金等价物投资。在这种情况下,现金和现金等价物应当符合《企业会计准则第31号——现金流量表》中的定义,而且不允许转出方在这些现金或现金等价物投资中保留任何投资收益,所有的投资收益必须支付给最终收款方。

例如,如果按照某过手安排,合同条款允许企业将代最终收款方收取的现金流量投资于不满足现金和现金等价物定义的某些理财产品或货币市场基金等产品,则该过手安排不满足本条件,进而不能按照金融资产转移进行后续判断和会计处理。此外,在通常情况下,如果根据合同条款,企业自代为收取现金流量之日起至最终划转给最终收款方的期间超过3个月,则视为有重大延误,进而该过手安排不满足本条件,因此不构成金融资产转移。

5. 分析所转移金融资产的风险和报酬转移情况

企业转移收取现金流量的合同权利或者通过符合条件的过手安排方式转移金融资产的,应根据《企业会计准则第23号——金融资产转移》规定进一步对被转移金融资产进行风险和报酬转移分析,以判断是否应终止确认被转移金融资产。

《企业会计准则第23号——金融资产转移》规定,企业在判断金融资产转移是否导致金融资产终止确认时,应当评估其在多大程度上保留了金融资产所有权上的风险和报酬,即比较其在转移前后所承担的、该金融资产未来净现金流量金额及其时间分布变动的风险,并分别以下情形进行处理:

(1)企业转移了金融资产所有权上几乎所有风险和报酬的,应当终止确认该金融资产,并将转移中产生或保留的权利和义务单独确认为资产或负债。

金融资产转移后,企业承担的金融资产未来净现金流量现值变动的风险与转移前金融资产未来净现金流量现值变动的风险相比不再显著的,表明该企业已经转移了金融资产所有权上几乎所有风险和报酬。

需要注意的是,金融资产转移后企业承担的未来净现金流量现值变动的风险占转移前变动风险的比例,并不等同于企业保留的现金流量金额占全部现金流量的比例。

例如,在一项资产证券化交易中,次级资产支持证券的份额占全部资产支持证券的5%,转出方持有全部次级资产支持证券,这并不意味着转出方仅保留金融资产5%的风险和报酬。实际上,次级资产支持证券向优先级资产支持证券提供了信用增级,而使得基础资产未来现金流量在优先级和次级之间不再是完全成比例分配,因此,转移后企业承担的次级资产支持证券对应的未来净现金流量现值变动的风险可能远大于转移前全部变动风险的5%。

关于这里所指的"几乎所有风险和报酬",企业应当根据金融资产的具体特征做出判断。需要考虑的风险类型通常包括利率风险、信用风险、外汇风险、逾期未付风险、提前偿付风险(或报酬)、权益价格风险等。

在通常情况下,通过分析金融资产转移协议中的条款,企业就可以比较容易地确定是否转移或保留了金融资产所有权上几乎所有的风险和报酬,而不需要通过计算确定。以下情形表明企业已将金融资产所有权上几乎所有的风险和报酬转移给了转入方:

① 企业无条件出售金融资产。

企业出售金融资产时,如果根据与购买方之间的协议约定,在任何时候(包括所出售金融资产的现金流量逾期未收回时)购买方均不能够向企业进行追偿,企业也不承担任何未来损失,此时,企业可以认定几乎所有的风险和报酬已经转移,应当终止确认该金融资产。

例如，某银行向某资产管理公司出售了一组贷款，双方约定，在出售后银行不再承担该组贷款的任何风险，该组贷款发生的所有损失均由资产管理公司承担，资产管理公司不能因该组已出售贷款的包括逾期未付在内的任何未来损失向银行要求补偿。在这种情况下，银行已经将该组贷款上几乎所有的风险和报酬转移，可以终止确认该组贷款。

② 企业出售金融资产，同时约定按回购日该金融资产的公允价值回购。

企业通过与购买方签订协议，按一定价格向购买方出售了一项金融资产，同时约定到期日企业再将该金融资产购回，回购价为到期日该金融资产的公允价值。此时，该项金融资产如果发生公允价值变动，其公允价值变动由购买方承担，因此可以认定企业已经转移了该项金融资产所有权上几乎所有的风险和报酬，应当终止确认该金融资产。同样，企业在金融资产转移以后只保留了优先按照回购日公允价值回购该金融资产的权利的，也应当终止确认所转移的金融资产。

【例29-3】 2×20年3月1日，智董公司将其持有的贵琛上市公司股票转让给鑫裕公司，智董公司与鑫裕公司约定，在5个月后（即8月1日）将按照8月1日贵琛公司股票的市价回购被转让股票。

【分析】 由于智董公司已经将贵琛公司股票的所有价值变动风险和报酬转让给鑫裕公司，可以认定智董公司已经转移了该项金融资产所有权上几乎所有的风险和报酬，应当终止确认其转让的贵琛公司股票。

③ 企业出售金融资产，同时与转入方签订看跌或看涨期权合约，且该看跌或看涨期权为深度价外期权（即到期日之前不大可能变为价内期权）。

此时可以认定企业已经转移了该项金融资产所有权上几乎所有的风险和报酬，应当终止确认该金融资产。

【例29-4】 2×20年3月1日，智董公司将其持有的面值为1 000万元的国债转让给鑫裕公司，并向鑫裕公司签发看跌期权，约定在出售后的5个月内，鑫裕公司可以800万元价格将国债卖回给智董公司。

【分析】 由于国债信用等级高、预计未来5个月内市场利率将维持稳定，智董公司分析认为该看跌期权属于深度价外期权。在此情况下，智董公司应终止确认被转让的国债。

企业需要通过计算判断是否转移或保留了金融资产所有权上几乎所有风险和报酬的，在计算金融资产未来现金流量净现值时，应考虑所有合理、可能的现金流量变动，采用适当的市场利率作为折现率，并采用概率加权平均方法。

（2）企业保留了金融资产所有权上几乎所有风险和报酬的，应当继续确认该金融资产。

企业保留了金融资产所有权上几乎所有风险和报酬的，不应当终止确认该金融资产。

与企业转移了金融资产所有权上几乎所有风险和报酬的判断方法相似，企业在判断是否保留了金融资产所有权上几乎所有的风险和报酬时，应当比较其在转移前后面临的该金融资产未来净现金流量金额及其时间分布变动的风险。企业承担的风险没有因金融资产转移发生显著改变的，表明企业仍保留了金融资产所有权上几乎所有的风险和报酬。

以下情形通常表明企业保留了金融资产所有权上几乎所有的风险和报酬：

① 企业出售金融资产并与转入方签订回购协议，协议规定企业将按照固定价格或是按照原售价加上合理的资金成本向转入方回购原被转移金融资产，或者与售出的金融资产相同或实质上相同的金融资产。

例如，采用买断式回购、质押式回购交易卖出债券等。

② 企业融出证券或进行证券出借。

例如，证券公司将自身持有的证券借给客户，合同约定借出期限和出借费率，到期客户需归还相同数量的同种证券，并向证券公司支付出借费用。证券公司保留了融出证券所有权上几乎所有的风险和报酬。因此,证券公司应当继续确认融出的证券。

③ 企业出售金融资产并附有将市场风险敞口转回给企业的总回报互换。

在附总回报互换的金融资产出售中,企业出售了一项金融资产,并与转入方达成一项总回报互换协议,如转入方将该资产实际产生的现金流量支付给企业以换取固定付款额或浮动利率付款额,该项资产公允价值的所有增减变动由企业(转出方)承担,从而使企业保留了该金融资产所有权上几乎所有的风险和报酬。在这种情况下,企业应当继续确认所出售的金融资产。

④ 企业出售短期应收款项或信贷资产,并且全额补偿转入方可能因被转移金融资产发生的信用损失。

企业将短期应收款项或信贷资产整体出售,符合金融资产转移的条件。但由于企业出售金融资产时做出承诺,当已转移的金融资产将来发生信用损失时,由企业(出售方)进行全额补偿。在这种情况下,企业保留了该金融资产所有权上几乎所有的风险和报酬,因此不应当终止确认所出售的金融资产。这种情形经常出现在资产证券化实务中。例如,企业通过持有次级权益或承诺对特定现金流量担保,实现了对证券化资产的信用增级。如果通过这种信用增级,企业保留了被转移资产所有权上几乎所有的风险和报酬,那么企业就不应当终止确认该金融资产。

⑤ 企业出售金融资产,同时与转入方签订看跌或看涨期权合约,且该看跌期权或看涨期权为一项价内期权。

例如,企业出售某金融资产但同时持有深度价内的看涨期权(即到期日之前不大可能变为价外期权),或者企业出售金融资产而转入方有权通过同时签订的深度价内看跌期权在以后将该金融资产回售给企业。在这两种情况下,由于企业都保留了该项金融资产所有权上几乎所有的风险和报酬,因此不应当终止确认该金融资产。

⑥ 采用附追索权方式出售金融资产。

企业出售金融资产时,如果根据与购买方之间的协议约定,在所出售金融资产的现金流量无法收回时,购买方能够向企业进行追偿,企业也应承担未来损失。此时,可以认定企业保留了该金融资产所有权上几乎所有的风险和报酬,不应当终止确认该金融资产。

(3) 企业既没有转移也没有保留金融资产所有权上几乎所有的风险和报酬的,应当判断其是否保留了对金融资产的控制,根据是否保留了控制分别进行处理。

实务中,可通过分析金融资产转移协议中的条款和现金流量分布实际情况(例如将超额服务费等纳入考虑),计算确定金融资产转移前后所承担的未来现金流量现值变动情况,且实践中存在多种可行的计算方法,以下举例说明了一种常用的方法。企业可以根据具体情况选用合适的计算方法并在附注中进行说明,计算方法一经确定,不得随意变更。

【例29-5】 智董公司向不存在关联方关系的贵琛公司出售剩余期限为30天、总金额为300万元人民币的短期应收账款组合。

根据历史经验,此类应收账款的平均损失率为2%。假设智董公司承诺为应收账款组合最先发生的、不超过应收款总金额1.25%损失的部分提供担保,且该交易被认定为金融资产转移。

【分析】 为了判断其保留的该短期应收账款组合所有权上的风险和报酬的程度,智董公司对应收账款组合的未来现金流量设定了6种不同的合理且可能发生的假设情景进行分析,估计每种情景下的现金流量现值和发生概率,智董公司采用现值变动的绝对值与发生概率的乘积来衡量风险变动程度,计算得出转移前智董公司面临该应收账款组合的现金流量变动总额,即未来现金流量现值预计变动敞口,如表29-1所示。

采用类似的方法可以计算出转移后智董公司面临该应收账款组合的预期现金流量变动情况,如表29-2所示。

表 29-1　未来现金流量现值预计变动敞口　　　　　　　　　　　　　　　　　　　　　单位：元

假设情景	未来现金流量现值 ①	发生概率 ②	概率加权 ③=①×②	现值变动 ④=①-∑③	现值变动概率加权 ⑤=④×②	预计变动 ⑥
低损失	2 970 000	15.00%	445 500	33 150	4 973	4 973
正常损失和少量提前还款	2 955 000	20.00%	591 000	18 150	3 630	3 630
正常损失	2 940 000	35.00%	1 029 000	3 150	1 103	1 103
正常损失和大量提前还款	2 910 000	25.00%	727 500	−26 850	−6 713	6 713
严重损失	2 880 000	4.50%	129 600	−56 850	−2 558	2 558
非常严重损失	2 850 000	0.50%	14 250	−86 850	−434	434
合　计		100%	2 936 850	−116 100	—	19 411

表 29-2　应收账款组合的预期现金流量变动情况　　　　　　　　　　　　　　　　　单位：元

假设情景	未来现金流量现值 ①	发生概率 ②	概率加权 ③=①×②	现值变动 ④=①-∑③	现值变动概率加权 ⑤=④×②	预计变动 ⑥
低损失	30 000	15.00%	4 500	−6 375	−956	956
正常损失和少量提前还款	37 500	20.00%	7 500	1 125	225	225
正常损失	37 500	35.00%	13 125	1 125	394	394
正常损失和大量提前还款	37 500	25.00%	9 375	1 125	281	281
严重损失	37 500	4.50%	1 687.5	1 125	51	51
非常严重损失	37 500	0.50%	187.5	1 125	6	6
合　计		100%	36 375	−750	—	1 913

结论：

根据上述计算，转移后智董公司承受的相对变动为 1 913/19 411=9.86%，表明智董公司已经转移了该应收账款组合所有权上几乎所有的风险和报酬，应当终止确认该应收账款组合。

6. 分析企业是否保留了控制

若企业既没有转移也没有保留金融资产所有权上几乎所有的风险和报酬，按照《企业会计准则第 23 号——金融资产转移》规定，应当判断企业是否保留了对该金融资产的控制。如果没有保留对该金融资产的控制的，应当终止确认该金融资产。

《企业会计准则第 23 号——金融资产转移》此处所述的"控制"概念，与《企业会计准则第 33 号——合并财务报表》中的"控制"概念相比，在适用场景和判断条件上都有所不同。《企业会计准则第 33 号——合并财务报表》中的控制是指投资方拥有对被投资方的权力，通过参与被投资方的相关活动而享有可变回报，并且有能力运用对被投资方的权力影响其回报金额。企业在判断是否保留了对被转移金融资产的控制时，应当重点关注转入方出售被转移金融资产的实际能力。如果转入方有实际能力单方面决定将转入的金融资产整体出售给与其不相关的第三方，且没有额外条件对此项出售加以限制，则表明企业作为转出方未保留对被转移金融资产的控制；在除此之外的其他情况下，则应视为企业保留了对金融资产的控制。

在判断转入方是否具有将转入的金融资产不受额外条件限制地整体出售给与其不相关的第三方的实际能力时，应当关注转入方实际上能够采取的行动。即转入方实际上能够做什么，而不是合同规定转入方可以做什么或不可以做什么。企业在运用上述原则进行判断时，应当遵循以下要求：

（1）如果不存在被转移资产的市场，则处置被转移资产的合同权利几乎没有实际作用。

(2) 如果转入方不能自由地处置被转移金融资产，则处置该资产的能力几乎没有实际作用。这意味着转入方处置被转移资产的能力必须独立于其他人的行为，是一种可单方面行动的能力，并且转入方应当在没有任何限制条件或约束（例如规定如何为被转移资产提供服务或赋予转入方回购该资产的选择权）的情况下即能够处置被转移资产。

根据上述要求，在评估转入方处置被转移金融资产的实际能力时，企业（转出方）应当关注被转移金融资产的市场。如果被转移金融资产可以在活跃市场交易，通常表明转入方有出售被转移资产的实际能力，因为当转入方需要将被转移金融资产交还给企业时，它能够在市场上回购该被转移金融资产。

例如，企业转让了一项上市公司股票，该转让附带有允许企业在未来某个日期从转入方回购该公司股票的期权。假设该股票存在活跃市场，则转入方可以自行向第三方出售该股票，当企业行使期权时，转入方可以方便地在市场上买回该股票履行义务。相应地，如果不存在被转移金融资产的市场，即使合同约定转入方有权处置被转移金融资产，由于该处置权不具有实际作用，因此不能判断为转出方未保留对被转移金融资产的控制。

再如，一般认为，在我国现行法规环境下不良信贷资产转入方可能没有实际能力在市场上方便地处置被转移不良信贷资产。

虽然转入方不大可能出售被转移资产并不意味着企业（转出方）保留了对被转移资产的控制，但是若在金融资产转移时附有一项限制了转入方处置该金融资产的看跌期权或者担保，则意味着企业保留了对被转移资产的控制。

例如，企业转移金融资产时附有一项深度价内看跌期权，这意味着该资产当前的市场价格显著低于行权价，转入方不可能放弃行权而以市场价格将资产出售给第三方。若转入方以不低于行权价的价格将资产出售，则第三方将会要求转入方签发类似的看跌期权。

上述情况下，转入方实际上无法在不附加类似看跌期权或其他限制性条款的情况下出售该金融资产，因此，企业保留了对该金融资产的控制。

企业既没有转移也没有保留金融资产所有权上几乎所有的风险和报酬，且未放弃对该金融资产控制的，应当按照其继续涉入被转移金融资产的程度确认有关金融资产，并相应确认有关负债。在这种情况下确认的有关金融资产和有关负债反映了企业所承担的被转移金融资产价值变动风险或报酬的程度。导致转出方对被转移金融资产形成继续涉入的常见方式有：具有追索权，享有继续服务权，签订回购协议，签发或持有期权或提供担保等。

如果企业对金融资产的继续涉入仅限于金融资产的一部分，例如，企业持有回购一部分被转移金融资产的看涨期权，或者企业保留了某项剩余权益但并未导致企业保留所有权上几乎所有风险和报酬，且企业保留了控制权，则企业应当按照转移日因继续涉入而继续确认部分和不再确认部分的相对公允价值，在两者之间分配金融资产的原账面价值，并按其继续涉入被转移金融资产的部分确认有关金融资产，并相应确认有关负债。

按照上述流程，可将金融资产转移时的终止确认情况总结为表 29-3。

表 29-3 金融资产转移时的终止确认情况

情形		结果
已转移金融资产所有权上几乎所有的风险和报酬		终止确认该金融资产（确认新资产/负债）
既没有转移也没有保留金融资产所有权上几乎所有的风险和报酬	放弃了对金融资产的控制	终止确认该金融资产（确认新资产/负债）
	未放弃对金融资产的控制	按照继续涉入被转移金融资产的程度确认有关资产和负债
保留了金融资产所有权上几乎所有的风险和报酬		继续确认该金融资产，并将收到的对价确认为金融负债

企业认定金融资产所有权上几乎所有风险和报酬已经转移的，除非企业在新的交易中重新获得被转移金融资产，不应当在未来期间再次确认该金融资产。

在金融资产转移不满足终止确认条件的情况下，转入方不应当将被转移金融资产全部或部分确认为自身资产。转入方应当终止确认所支付的现金或其他对价，同时确认一项对转出方的应收款项。企业（转出方）同时拥有以固定金额重新控制整个被转移金融资产的权利和义务的（如以固定金额回购被转移金融资产），在满足《企业会计准则第22号——金融工具确认和计量》关于摊余成本计量规定的情况下，转入方可以将该应收款项以摊余成本计量。

（五）满足终止确认条件的金融资产转移的会计处理

对于满足终止确认条件的金融资产转移，企业应当按照被转移的金融资产是金融资产的整体还是金融资产的一部分，分别按照以下方式进行会计处理：

1. 金融资产整体转移的会计处理

金融资产整体转移满足终止确认条件的，应当将下列两项金额的差额计入当期损益：

（1）被转移金融资产在终止确认日的账面价值。

（2）因转移金融资产而收到的对价，与原直接计入其他综合收益的公允价值变动累计额（涉及转移的金融资产为根据《企业会计准则第22号——金融工具确认和计量》第十八条分类为以公允价值计量且其变动计入其他综合收益的金融资产的情形）之和。

当企业在转移贷款及应收款项等金融资产时，有时会对被转移的金融资产继续提供管理服务。

例如，商业银行在进行资产证券化业务而将信贷资产转移给结构化的信托时，常常与对方签订服务合同，担任贷款服务机构。作为贷款服务商，该商业银行可能收取一定的服务费并发生一定的成本。如果企业在符合终止确认条件的转移中转移了一项金融资产整体，但保留了向该金融资产提供收费服务的权利，则企业应当就该服务合同确认一项服务资产或一项服务负债。如果企业将收取的费用预计不能充分补偿企业所提供的服务，则应当按公允价值确认该服务义务形成的一项服务负债。如果将收取的费用预计超过对服务的充分补偿，则应当将该服务权利确认为一项服务资产，确认的金额应根据《企业会计准则第23号——金融资产转移》第十五条的规定确定，即将保留的服务资产视同继续确认的部分，将该金融资产的原账面价值按照转移日继续确认部分和终止确认部分的相对公允价值分配给继续确认部分。

企业可能保留了收取被转移资产部分利息的权利，作为对其提供服务的补偿。企业在服务合同终止或转移时所放弃的那部分利息，应分配计入服务资产或服务负债。企业未放弃的那部分利息相当于一项仅含利息的剥离应收款。

例如，如果企业在服务合同终止或转移时不放弃任何利息，那么整个息差就是一项仅含利息的剥离应收款。当企业将应收款项账面价值在终止确认部分和继续确认部分之间进行分配时，应考虑上述服务资产的公允价值和仅含利息的剥离应收款的公允价值。

具体计算公式如下：

金融资产整体转移形成的损益 = 因转移收到的对价 - 所转移金融资产账面价值 +/- 原直接计入其他综合收益的公允价值变动累计利得（或损失）

因转移收到的对价 = 因转移交易实际收到的价款 + 新获得金融资产的公允价值 + 因转移获得的服务资产的公允价值 - 新承担金融负债的公允价值 - 因转移承担的服务负债的公允价值

【例29-6】 2×19年1月1日，智董公司将持有的贵琛公司发行的10年期公司债券出售给鑫裕公司，经协商出售价格为561万元人民币，2×18年12月31日该债券公允价值为560万元人民币。该债券于2×18年1月1日发行，智董公司持有该债券时将其分类为以公允价值计量且其变动计入其他综合收益的金融资产，面值（取得成本）为550万元人民币。

【分析】 假设智董公司和鑫裕公司在出售协议中约定,出售后该公司债券发生的所有损失均由鑫裕公司自行承担,智董公司已将债券所有权上的几乎所有风险和报酬转移给鑫裕公司,因此,应当终止确认该金融资产。

根据上述资料,

(1) 确定出售日该笔债券的账面价值。

由于资产负债表日(即 2×18 年 12 月 31 日)该债券的公允价值为 560 万元人民币,而且该债券属于以公允价值计量且其变动计入其他综合收益的金融资产,因此出售日该债券账面价值为 560 万元人民币。

(2) 确定已计入其他综合收益的公允价值累计变动额。

2×18 年 12 月 31 日智董公司计入其他综合收益的利得为 10 万元(560—550)人民币。

(3) 确定智董公司出售该债券形成的损益。

按照金融资产整体转移形成的损益的计算公式计算,出售该债券形成的收益为 11 万元(561—560+10)(包含因终止确认而从其他综合收益中转出至当期损益的 10 万元)。智董公司出售该公司债券业务应作如下账务处理:

借:银行存款　　　　　　　　5 610 000
　贷:其他债权投资　　　　　　5 600 000
　　　投资收益　　　　　　　　　　10 000

同时,将原计入其他综合收益的公允价值变动转出:

借:其他综合收益——公允价值变动　100 000
　贷:投资收益　　　　　　　　　　100 000

因金融资产转移获得了新金融资产或服务资产,或承担了新金融负债或服务负债的,应当在转移日按照公允价值确认该新金融资产或服务资产、金融负债或服务负债,并将该新金融资产和服务资产扣除新金融负债及服务负债后的净额作为对价的组成部分。新获得的金融资产或新承担的金融负债,通常包括看涨期权、看跌期权、担保负债、远期合同、互换等。

【例 29-7】 沿用[例 29-6]资料,智董公司将债券出售给鑫裕公司时,同时签订了一项看涨期权合约,期权行权日为 2×19 年 12 月 31 日,行权价为 650 万元人民币,期权的公允价值为 3 万元人民币,且假定该看涨期权为深度价外期权。其他条件不变。

【分析】 转出方持有的看涨期权属于深度价外期权,即预计该期权在行权日之前不太可能变为价内期权。所以,在转让日,可以判定债券所有权上的几乎所有风险和报酬已经转移给鑫裕公司,智董公司应当终止确认该债券。但同时,由于签订了看涨期权合约,获得了一项新的资产,应当按照在转让日的公允价值(3 万元)确认该期权。

智董公司出售该债券业务应作如下账务处理:

借:银行存款　　　　　　　　5 610 000
　　衍生工具　　　　　　　　　 30 000
　贷:其他债权投资　　　　　　5 600 000
　　　投资收益　　　　　　　　　 40 000

同时,将原计入其他综合收益的公允价值变动转出:

借:其他综合收益——公允价值变动　100 000
　贷:投资收益　　　　　　　　　　100 000

2. 金融资产部分转移的会计处理

企业转移了金融资产的一部分,且该被转移部分满足终止确认条件的,应当将转移前金融资产整体的账面价值,在终止确认部分和继续确认部分(在此种情形下,所保留的服务资产应当视同继续确认金融资产的一部分)之间,按照转移日各自的相对公允价值进行分摊,并将下列两项金额的差额计入当期损益:

(1) 终止确认部分在终止确认日的账面价值。

(2) 终止确认部分收到的对价(包括获得的所有新资产减去承担的所有新负债),与原计入其他综合收益的公允价值变动累计额中对应终止确认部分的金额(涉及部分转移的金融资产为根据《企业会计准则第 22 号——金融工具确认和计量》第十八条分类为以公允价值计量且其变动计入其他综合收益的金融资产的情形)之和。

企业在确定继续确认部分的公允价值时,应当遵循下列规定:

① 企业出售过与继续确认部分类似的金融资产,或继续确认部分存在其他市场交易的,近期实际交易价格可作为其公允价值的最佳估计。

② 继续确认部分没有报价或近期没有市场交易的,其公允价值的最佳估计为转移前金融资产整体的公允价值扣除终止确认部分的对价后的差额。在计量终止确认部分和继续确认部分的公允价值时,除适用上述规定外,企业还应适用《企业会计准则第39号——公允价值计量》相关规定。

《企业会计准则第23号——金融资产转移》

第四章 满足终止确认条件的金融资产转移的会计处理

第十四条 金融资产转移整体满足终止确认条件的,应当将下列两项金额的差额计入当期损益:

(一)被转移金融资产在终止确认日的账面价值。

(二)因转移金融资产而收到的对价,与原直接计入其他综合收益的公允价值变动累计额中对应终止确认部分的金额(涉及转移的金融资产为根据《企业会计准则第22号——金融工具确认和计量》第十八条分类为以公允价值计量且其变动计入其他综合收益的金融资产的情形)之和。企业保留了向该金融资产提供相关收费服务的权利(包括收取该金融资产的现金流量,并将所收取的现金流量划转给指定的资金保管机构等),应当就该服务合同确认一项服务资产或服务负债。如果企业将收取的费用预计超过对服务的充分补偿,应当将该服务权利作为继续确认部分确认为一项服务资产,并按照本准则第十五条的规定确定该服务资产的金额。如果将收取的费用预计不能充分补偿企业所提供服务的,则应当将由此形成的服务义务确认一项服务负债,并以公允价值进行初始计量。

企业因金融资产转移导致整体终止确认金融资产,同时获得了新金融资产或承担了新金融负债或服务负债的,应当在转移日确认该金融资产、金融负债(包括看涨期权、看跌期权、担保负债、远期合同、互换等)或服务负债,并以公允价值进行初始计量。该金融资产扣除金融负债和服务负债后的净额应当作为上述对价的组成部分。

第十五条 企业转移了金融资产的一部分,且该被转移部分整体满足终止确认条件的,应当将转移前金融资产整体的账面价值,在终止确认部分和继续确认部分(在此种情形下,所保留的服务资产应当视同继续确认金融资产的一部分)之间,按照转移日各自的相对公允价值进行分摊,并将下列两项金额的差额计入当期损益:

(一)终止确认部分在终止确认日的账面价值。

(二)终止确认部分收到的对价,与原计入其他综合收益的公允价值变动累计额中对应终止确认部分的金额(涉及转移的金融资产为根据《企业会计准则第22号——金融工具确认和计量》第十八条分类为以公允价值计量且其变动计入其他综合收益的金融资产的情形)之和。对价包括获得的所有新资产减去承担的所有新负债后的金额。

原计入其他综合收益的公允价值变动累计额中对应终止确认部分的金额,应当按照金融资产终止确认部分和继续确认部分的相对公允价值,对该累计额进行分摊后确定。

第十六条 根据本准则第十五条的规定,企业将转移前金融资产整体的账面价值按相对公允价值在终止确认部分和继续确认部分之间进行分摊时,应当按照下列规定确定继续确认部分的公允价值:

(一)企业出售过与继续确认部分类似的金融资产,或继续确认部分存在其他市场交易的,近期实际交易价格可作为其公允价值的最佳估计。

(二)继续确认部分没有报价或近期没有市场交易的,其公允价值的最佳估计为转移前金融资产整体的公允价值扣除终止确认部分的对价后的差额。

三、继续确认

企业保留了被转移金融资产所有权上几乎所有的风险和报酬的,表明企业所转移的金融资产不满足终止确认的条件,不应当将其从企业的资产负债表中转出。

此时,企业应当继续确认所转移的金融资产整体,因资产转移而收到的对价,应当在收到时确认为一项金融负债。

该金融负债与被转移金融资产应当分别确认和计量,不得相互抵销。

在后续会计期间,企业应当继续确认该金融资产产生的收入或利得以及该金融负债产生的费用或损失。

【例29-8】 2×20年4月1日,智董公司将其持有的一笔国债出售给鑫裕公司,售价为50万元人民币。同时,智董公司与鑫裕公司签订了一项回购协议,3个月后由智董公司将该笔国债购回,回购价为50.50万元。2×20年7月1日,智董公司将该笔国债购回。不考虑其他因素。

【分析】 智董公司应作如下账务处理:

(1)判断应否终止确认。

由于此项出售属于附回购协议的金融资产出售,到期后智董公司应按固定价格将该笔国债购回,因此可以判断,智董公司保留了该笔国债几乎所有的风险和报酬,不应终止确认,该笔国债应按转移前的计量方法继续进行后续计量。

(2)2×20年4月1日,智董公司出售该笔国债时:

借:银行存款　　　　　　　　500 000
　　贷:卖出回购金融资产款　　　　500 000

(3)2×20年6月30日,智董公司应按根据未来回购价款计算的该卖出回购金融资产款的实际利率计算并确认有关利息费用,计算得出该卖出回购金融资产的实际利率为4%。

卖出回购国债的利息费用＝500 000×4%×3/12＝5 000(元)。

借:利息支出　　　　　　　　　5 000
　　贷:卖出回购金融资产款　　　　5 000

(4)2×20年7月1日,智董公司回购时:

借:卖出回购金融资产款　　　　505 000
　　贷:银行存款　　　　　　　　　505 000

该笔国债与该笔卖出回购金融资产款在资产负债表上不应抵销;该笔国债确认的收益,与该笔卖出回购金融资产款产生的利息支出在利润表中不应抵销。

政策依据

《企业会计准则第23号——金融资产转移》
第五章　继续确认被转移金融资产的会计处理

第十七条　企业保留了被转移金融资产所有权上几乎所有风险和报酬而不满足终止确认条件的,应当继续确认被转移金融资产整体,并将收到的对价确认为一项金融负债。

第十八条　在继续确认被转移金融资产的情形下,金融资产转移所涉及的金融资产与所确认的相关金融负债不得相互抵销。在后续会计期间,企业应当继续确认该金融资产产生的收入(或利得)和该金融负债产生的费用(或损失),不得相互抵销。

小知识

企业采用附追索权方式出售金融资产,或将持有的金融资产背书转让,是否应当终止确认该金融资产?

企业对采用附追索权方式出售的金融资产,或将持有的金融资产背书转让,应当根据《企业会计准则第23号——金融资产转移》的规定,确定该金融资产所有权上几乎所有的风险和报酬是否已经转移。企业已将该金融资产所有权上几乎所有的风险和报酬转移给转入方的,应当终止确认该金融资产;保留了金融资产所有权上几乎所有的风险和报酬的,不应终止确认该金融资产;既没有转移也没有保留金融资产所有权上几乎所有的风险和报酬的,应当继续判断企业是否对该资产保留了控制,并根据《企业会计准则第23号——金融资产转移》的规定进行会计处理。

本解释自2013年1月1日施行,不要求追溯调整。

【例29-9】 智董公司为一家在深圳证券交易所挂牌交易的非金融类上市公司。智董公司在编制2×19年年度财务报告时,内审部门对当年以下有关业务的处理提出异议:

(1)2×19年1月1日,智董公司与ABC银行签订一项应收账款保理合同,将因销售商品而形成的对贵琛公司的应收账款450万元出售给ABC银行,价款为300万元。在应收贵琛公司货款到期无法收回时,ABC银行不能向智董公司追偿。假定不考虑其他因素,智董公司终止确认了450万元的应收账款。

(2)2×19年2月1日,智董公司将收到的鑫裕公司开出并承兑的不带息商业承兑汇票向XYZ银行贴现,取得贴现款800万元。合同约定,在票据到期日不能从鑫裕公司收到票款时,XYZ银行可向智董公司追偿。该票据系鑫裕公司于2×19年1月1日为支付购料款而开出的,票面金额为1 000万元,到期日为2×19年5月31日。假定不考虑其他因素,智董公司终止确认了该项金融资产。

(3) 2×19年5月1日,智董公司将其一项金融资产出售给贵琛公司,取得出售价款500万元,同时与贵琛公司签订协议,在约定期限结束时按照回购当日的市场价格再将该金融资产回购,智董公司在处理时终止确认了该项金融资产。

(4) 2×19年6月1日,智董公司将其一项金融资产出售给鑫裕公司,同时与鑫裕公司签订了看跌期权合约,但从合约条款判断,该看跌期权是一项重大价内期权,智董公司在处理时终止确认了该项金融资产。

(5) 2×19年8月1日,智董公司将其信贷资产整体转移给LMN信托机构,同时保证对LMN信托公司可能发生的信用损失进行全额补偿,智董公司在处理时终止确认了该金融资产。

【分析】(1) 不附追索权的应收账款出售符合金融资产的终止确认条件,因此智董公司终止确认该项金融资产的处理正确。智董公司应将应收账款的账面价值与收到价款之间的差额计入营业外支出。

(2) 智董公司终止确认该项金融资产的处理不正确。

附追索权方式的应收票据贴现,不应当终止确认相关的金融资产,应当继续确认所转移金融资产整体,并将收到的对价确认为一项金融负债(短期借款)。

(3) 智董公司将金融资产出售,同时与买入方签订协议,在约定期限结束时按当日该金融资产的公允价值回购,因此智董公司已经转移了该项金融资产所有权上几乎所有的风险和报酬,应当终止确认该金融资产。因此智董公司终止确认该项金融资产的处理正确。

(4) 智董公司在将金融资产出售的同时与买入方签订了看跌期权合约,买入方有权将该金融资产返售给智董公司,并且从期权合约的条款设计来看,买入方很可能会到期行权,因此智董公司不应终止确认该金融资产。

(5) 智董公司在将其信贷资产进行转移的同时对买方可能发生的信用损失进行全额补偿,这说明该金融资产相关的风险并没有全部转移,因此智董公司不应终止确认该项金融资产。

四、继续涉入

企业既没有转移也没有保留金融资产所有权上几乎所有风险和报酬,且保留了对该金融资产控制的,应当按照其继续涉入被转移金融资产的程度继续确认该被转移金融资产,并相应确认相关负债。企业所确认的被转移的金融资产和相关负债的计量,应当充分反映企业所保留的权利和承担的义务。

企业应当对因继续涉入被转移金融资产形成的有关资产确认相关收益,对继续涉入形成的有关负债确认相关费用。按继续涉入程度继续确认的被转移金融资产应根据所转移金融资产的原性质及其分类,继续列报于资产负债表中的贷款、应收款项等。相关负债应当根据被转移的资产是按公允价值计量还是摊余成本计量予以计量,使得被转移资产和相关负债的账面价值:

(1) 被转移的金融资产以摊余成本计量的,等于企业保留的权利和义务的摊余成本。

(2) 被转移金融资产以公允价值计量的,等于企业保留的权利和义务按独立基础计量的公允价值。如果所转移的金融资产以摊余成本计量,确认的相关负债不得指定为以公允价值计量且其变动计入当期损益。

(一) 通过对被转移金融资产提供担保方式继续涉入被转移金融资产

企业通过对被转移金融资产提供担保方式继续涉入的,应当在转移日按照金融资产的账面价值和担保金额两者之中的较低者,按继续涉入的程度继续确认被转移资产,同时按照担保金额和担保合同的公允价值之和确认相关负债。

这里的担保金额,是指企业所收到的对价

中，将可能被要求偿还的最高金额。

担保合同的公允价值，通常是指提供担保而收取的费用。

【例 29-10】 智董公司（转出方）持有一组应收账款，该组应收账款的合同到期日为 2×20 年 6 月 30 日，账面价值 1 500 万元。2×20 年 1 月 1 日，智董公司和贵琛公司签订了保理协议，将该组应收账款转让给贵琛公司，转让价格为 1 470 万元。该交易中，智董公司保留了最高 30 日的迟付风险。若应收账款逾期 30 日，则认定为违约，贵琛公司将向其他信用保险公司（与智董公司不相关）索偿。智董公司需要为该迟付风险按实际迟付天数（不超过 30 日）支付年化 5% 的费率。迟付风险担保的公允价值为 6 万元。除了迟付风险，智董公司没有保留任何信用风险或利率风险，也不承担应收账款相关的服务。该组应收账款没有交易市场。

【分析】 智董公司保留了迟付风险，但转移了其他风险。根据测算，智董公司既未转移也未保留该组应收账款所有权上几乎所有风险和报酬。由于该组应收账款没有市场，贵琛公司没有出售被转移资产的实际能力，智董公司保留了对该组应收账款的控制。因此，智董公司继续涉入该组被转移的应收账款。

(1) 智董公司应按以下金额中孰低确认对被转移资产的继续涉入程度：

① 被转移资产的账面价值 1 500 万元。

② 智董公司被要求返还的因转移已收取对价中的最大金额，即担保金额 6.25 万元（1 500×30/360×5%）。

智董公司已担保金额 6.25 万元加上担保的公允价值 6 万元之和为 12.25 万元。智董公司以此初始计量相关负债。相关账务处理如下：

借：银行存款　　　　　　　　14 700 000
　　继续涉入资产　　　　　　　　62 500
　　贷款处置损益　　　　　　　　360 000
　贷：应收账款　　　　　　　15 000 000
　　　继续涉入负债　　　　　　　122 500

(2) 智董公司后续期间的账务处理。

① 摊销担保的对价（分期）：

借：继续涉入负债　　　　　　　60 000
　贷：其他业务收入　　　　　　　60 000

② 如果贵琛公司按时收到所有应收账款，则担保到期失效。随着被转移应收账款的及时付款，智董公司可能被要求返还的最大金额减为零，智董公司在保留迟付风险的后续期间作如下账务处理。

借：继续涉入负债　　　　　　　62 500
　贷：继续涉入资产　　　　　　　62 500

③ 如果发生迟付风险，贵琛公司要求支付 4.5 万元，智董公司账务处理如下：

借：信用减值损失　　　　　　　45 000
　贷：继续涉入资产　　　　　　　45 000

④ 当智董公司实际支付赔偿时，账务处理如下：

借：继续涉入负债　　　　　　　45 000
　贷：银行存款　　　　　　　　　45 000

（二）因持有看涨期权或签出看跌期权而继续涉入以摊余成本计量的被转移金融资产

企业因持有看涨期权或签出看跌期权而继续涉入被转移金融资产，且该金融资产以摊余成本计量的，应当按照其可能回购的被转移金融资产的金额继续确认被转移金融资产，在转移日按照收到的对价确认相关负债。

后续期间，被转移金融资产在期权到期日的摊余成本和相关负债初始确认金额之间的差额，应当采用实际利率法摊销，计入当期损益；同时，调整相关负债的账面价值。相关期权行权的，应当在行权时，将相关负债的账面价值与行权价格之间的差额计入当期损益。

【例 29-11】 贵琛公司持有一笔账面价值（即摊余成本）为 306 万元的长期债券投资，该债券在公开市场不能交易且不易获得，贵琛公司将其分类为以摊余成本计量的金融资产。2×20 年 1 月 1 日，贵琛公司以 300 万元价款将该笔债券出售给鑫裕公司，同时与鑫裕公司签订一项看涨期权合约，行权日为 2×21 年 12 月 31 日，行权价为 315 万元。行权日该债券的摊余成本为 318 万元，公允价值为 312 万元。

【分析】 贵琛公司收取债券未来现金流量（债券本金和利息）的权利没有终止，而将这项权利转移给了鑫裕公司。但是，出售债券所附的看涨期权既不是重大的价内期权也不是重大的价外期权，因此，贵琛公司既没有转移也没有保留该债券所有权上几乎所有的风险和报酬。同时，因债券没有活跃的市场，鑫裕公司不拥有出售该债券的实际能力，所以贵琛公司保留了对该债券的控制。因此，贵琛公司应当按照继续涉入程度确认和计量被转移债券。有关计算和账务处理如下：

2×20年1月1日，贵琛公司应当确认继续涉入形成的负债的入账价值为300万元。

　　借：银行存款　　　　　　　　3 000 000
　　　　贷：继续涉入负债　　　　　　3 000 000

2×20年1月1日至2×21年12月31日，贵琛公司将该负债与行权日债券的摊余成本之间的差额18万元（318－300），采用实际利率法分期摊销并计入损益，使继续涉入形成的负债在2×21年12月31日的账面价值达到3 180 000元。与此同时，贵琛公司继续以摊余成本计量该债券，并且采用实际利率法分期摊销债券行权日的摊余成本与出售日账面价值之间的差额12万元（318－306），使该债券在2×21年12月31日的账面价值达到3 180 000元。

2×21年12月31日，如果贵琛公司行权：

　　借：继续涉入负债　　　　　　3 180 000
　　　　贷：银行存款　　　　　　　　3 150 000
　　　　　　投资收益　　　　　　　　　　30 000

如果贵琛公司不行权：

　　借：继续涉入负债　　　　　　3 180 000
　　　　贷：债权投资　　　　　　　　3 180 000

如果转出方向转入方签出一项看跌期权，其会计处理方法与上例类似。

（三）因持有看涨期权而继续涉入以公允价值计量的被转移金融资产

企业因持有看涨期权而继续涉入以公允价值计量的被转移金融资产的，应当继续按照公允价值计量被转移金融资产，同时按照下列规定计量相关负债：

（1）该期权是价内或平价期权的，应当按照期权的行权价格扣除期权的时间价值后的金额，计量相关负债。

（2）该期权是价外期权的，应当按照被转移金融资产的公允价值扣除期权的时间价值后的金额，计量相关负债。

【例29-12】 2×19年1月1日，智董公司向贵琛公司出售一项分类为以公允价值计量且其变动计入其他综合收益的债务工具投资，该金融资产初始入账价值240万元，出售日的公允价值为312万元。双方签订了一项智董公司可以于2×20年12月31日以315万元购回该资产的看涨期权合约。上述交易中，贵琛公司向智董公司支付对价300万元。假定贵琛公司没有出售该资产的实际能力，即智董公司保留了对该资产的控制。

【分析】 由于智董公司持有一项看涨期权，使得其既没有转移也没有保留该金融资产所有权上几乎所有的风险和报酬，同时也保留了对该金融资产的控制，因此，应当按照继续涉入程度确认有关金融资产和负债。

具体账务处理如下：

（1）2×19年1月1日，智董公司继续按照公允价值确认该金融资产。其在其他综合收益中累计确认的利得为72万元（312－240）。

由于该看涨期权为价外期权（行权价315万元大于转移日资产的公允价值312万元），内在价值为零，智董公司收到的对价低于该金融资产公允价值的差额12万元（312－300）即为期权的时间价值，因此，继续涉入负债的入账价值为300万元（312－12）。账务处理为：

　　借：银行存款　　　　　　　　3 000 000
　　　　贷：继续涉入负债　　　　　　3 000 000

（2）2×19年12月31日，假定资产的公允价值增加为318万元，此时，该期权为价内期权（行权价315＜318），假定其时间价值为6万元。因此，继续涉入负债变为309万元（315－6）。账务处理为：

借:其他债权投资 60 000
  其他综合收益 30 000
 贷:继续涉入负债 90 000

(3) 2×20年12月31日,假定该金融资产的公允价值未发生变动,智董公司将以价内行权。

账务处理为:

借:继续涉入负债 3 090 000
  其他综合收益 60 000
 贷:银行存款 3 150 000

假定资产的公允价值降为309万元,此时,智董公司将不会行权,则智董公司将终止确认该金融资产和继续涉入的负债,账务处理为:

借:继续涉入负债 3 090 000
  其他综合收益 690 000
 贷:其他债权投资 3 180 000
   投资收益 600 000

(四) 因签出看跌期权而继续涉入以公允价值计量的被转移金融资产

企业因签出看跌期权而继续涉入以公允价值计量的被转移金融资产的,应当按照该金融资产的公允价值和该期权行权价格两者的较低者,计量继续涉入形成的资产;同时,按照该期权的行权价格与时间价值之和,计量相关负债。也就是说,如果企业签出的一项看跌期权使其不能终止确认被转移金融资产,则企业仍应按继续涉入的程度继续确认该项资产。由于企业对被转移金融资产公允价值高于期权行权价格的部分不拥有权利,因此,当该金融资产原按照公允价值进行计量时,继续确认该项资产的金额为其公允价值与期权行权价格之间的较低者。

【例29-13】 2×19年12月31日,智董公司向贵琛公司出售一项分类为以公允价值计量且其变动计入其他综合收益的债务工具投资,该投资初始入账价值240万元,转让日的公允价值为291万元。双方还签订了一项看跌期权协议,约定两年后贵琛公司可以288万元的价格返售给智董公司。上述交易中,贵琛公司向智董公司支付对价306万元。假定贵琛公司没有出售该金融资产的实际能力,即智董公司保留了对该资产的控制。

【分析】 由于智董公司签出一项看跌期权,使得其既没有转移也没有保留该金融资产所有权上几乎所有的风险和报酬,同时保留了对该金融资产的控制,因此,应当按照继续涉入程度确认有关金融资产和负债。

具体计算和账务处理如下:

(1) 2×19年12月31日,智董公司应当按照该金融资产的公允价值(291万元)和该期权行权价格(288万元)之间的较低者,确认继续涉入形成的资产为288万元。由于看跌期权的时间价值(额外收款额)为15万元(306-291),因此,继续涉入形成负债的入账金额为303万元(288+15)。

账务处理为:

借:银行存款 3 060 000
 贷:继续涉入负债 3 030 000
   其他债权投资 30 000

(2) 2×20年12月31日,假定资产公允价值下跌为282万元。此时,期权为价内期权(行权价288>282),假设期权时间价值为6万元。因此,继续涉入资产的价值从288万元降为282万元,相应地,继续涉入负债的金额从303万元降为294万元(288+6)。

账务处理为:

借:继续涉入负债 90 000
 贷:其他债权投资 60 000
   其他综合收益 30 000

(3) 2×21年12月31日,假定资产的公允价值没有发生变动,贵琛公司决定在价内行权,智董公司必须以行权价重新取得该投资。

账务处理为:

借:继续涉入负债 2 940 000
 贷:银行存款 2 880 000
   其他综合收益 60 000

(五) 因同时持有看涨期权和签出看跌期权而继续涉入以公允价值计量的被转移金融资产

企业因同时持有看涨期权和签出看跌期权

(即上下限期权)而继续涉入以公允价值计量的被转移金融资产的,应当继续按照公允价值计量被转移金融资产,同时按照下列规定计量相关负债:

(1) 该看涨期权是价内或平价期权的,应当按照看涨期权的行权价格和看跌期权的公允价值之和,扣除看涨期权的时间价值后的金额,计量相关负债。

(2) 该看涨期权是价外期权的,应当按照被转移金融资产的公允价值和看跌期权的公允价值之和,扣除看涨期权的时间价值后的金额,计量相关负债。

【例29-14】 智董公司与贵琛公司签订一项股票转让协议,同时购入一项行权价为330万元的看涨期权,并出售了一项行权价为270万元的看跌期权。

假定转移日该股票的公允价值为300万元,看涨期权和看跌期权公允价值也即时间价值(由于上述期权均为价外期权,因此无内在价值)分别为15万元和6万元,智董公司收到291万元。

【分析】 由于智董公司因卖出一项看跌期权和购入一项看涨期权使所转移股票投资不满足终止确认条件,且按照公允价值来计量该股票投资,因此,智董公司应当在转移日仍按照公允价值确认被转移金融资产。

智董公司应确认的金融资产金额为300万元,由于该看涨期权是价外期权,应确认的继续涉入形成的负债金额为291万元(300+6-15)。

借:银行存款　　　　　　2 910 000
　贷:继续涉入负债　　　　　2 910 000

(六)对金融资产的继续涉入仅限于金融资产一部分

对金融资产的继续涉入仅限于金融资产一部分的,企业应当根据《企业会计准则第23号——金融资产转移》第十六条的规定,按照转移日因继续涉入而继续确认部分和不再确认部分的相对公允价值,在两者之间分配金融资产的账面价值,并将下列两项金额的差额计入当期损益:

(1) 分配至不再确认部分的账面金额(以转移日为准)。

(2) 不再确认部分所收到的对价。

如果涉及转移的金融资产为根据《企业会计准则第22号——金融工具确认和计量》第十八条分类为以公允价值计量且其变动计入其他综合收益的金融资产的,不再确认部分的金额对应的原计入其他综合收益的公允价值变动累计额应当计入当期损益。

政策依据

《企业会计准则第23号——金融资产转移》
第六章　继续涉入被转移金融资产的会计处理

第十九条　企业既没有转移也没有保留金融资产所有权上几乎所有风险和报酬,且保留了对该金融资产控制的,应当按照其继续涉入被转移金融资产的程度继续确认该被转移金融资产,并相应确认相关负债。被转移金融资产和相关负债应当在充分反映企业因金融资产转移所保留的权利和承担的义务的基础上进行计量。企业应当按照下列规定对相关负债进行计量:

(一) 被转移金融资产以摊余成本计量的,相关负债的账面价值等于继续涉入被转移金融资产的账面价值减去企业保留的权利(如果企业因金融资产转移保留了相关权利)的摊余成本并加上企业承担的义务(如果企业因金融资产转移承担了相关义务)的摊余成本;相关负债不得指定为以公允价值计量且其变动计入当期损益的金融负债。

(二) 被转移金融资产以公允价值计量的,相关负债的账面价值等于继续涉入被转移金融资产的账面价值减去企业保留的权利(如果企业因金融资产转移保留了相关权利)的公允价值并加上企业承担的义务(如果企业因金融资产转移承担了相关义务)的公允价值,该权利和义务的公允价值应为按独立基础计量时的公允价值。

第二十条　企业通过对被转移金融资产提供担保方式继续涉入的,应当在转移日按照金融资产的账面价值和担保金额两者的较低者,继续确认被转移金融资产,同时按照担保金额和担保合同的公允价值(通常是提供担保收到的对价)之和确认相关负债。担保金额,是指企业所收到的对价中,可被要求偿还的最高金额。

在后续会计期间,担保合同的初始确认金额应当随担保义务的履行进行摊销,计入当期损益。被转移金融资产发生减值的,计提的损失准备应从被转移金融资产的账面价值中抵减。

第二十一条 企业因持有看涨期权或签出看跌期权而继续涉入被转移金融资产,且该金融资产以摊余成本计量的,应当按照其可能回购的被转移金融资产的金额继续确认被转移金融资产,在转移日按照收到的对价确认相关负债。

被转移金融资产在期权到期日的摊余成本和相关负债初始确认金额之间的差额,应当采用实际利率法摊销,计入当期损益,同时调整相关负债的账面价值。相关期权行权的,应当在行权时,将相关负债的账面价值与行权价格之间的差额计入当期损益。

第二十二条 企业因持有看涨期权或签出看跌期权(或两者兼有,即上下限期权)而继续涉入被转移金融资产,且以公允价值计量该金融资产的,应当分别以下情形进行处理。

(一)企业因持有看涨期权而继续涉入被转移金融资产的,应当继续按照公允价值计量被转移金融资产,同时按照下列规定计量相关负债:

1. 该期权是价内或平价期权的,应当按照期权的行权价格扣除期权的时间价值后的金额,计量相关负债。

2. 该期权是价外期权的,应当按照被转移金融资产的公允价值扣除期权的时间价值后的金额,计量相关负债。

(二)企业因签出看跌期权形成的义务而继续涉入被转移金融资产的,应当按照该金融资产的公允价值和该期权行权价格两者的较低者,计量继续涉入形成的资产;同时,按照该期权的行权价格与时间价值之和,计量相关负债。

(三)企业因持有看涨期权和签出看跌期权(即上下限期权)而继续涉入被转移金融资产的,应当继续按照公允价值计量被转移金融资产,同时按照下列规定计量相关负债:

1. 该看涨期权是价内或平价期权的,应当按照看涨期权的行权价格和看跌期权的公允价值之和,扣除看涨期权的时间价值后的金额,计量相关负债。

2. 该看涨期权是价外期权的,应当按照被转移金融资产的公允价值和看跌期权的公允价值之和,扣除看涨期权的时间价值后的金额,计量相关负债。

第二十三条 企业采用基于被转移金融资产的现金结算期权或类似条款的形式继续涉入的,其会计处理方法与本准则第二十一条和第二十二条中规定的以非现金结算期权形式继续涉入的会计处理方法相同。

第二十四条 企业按继续涉入程度继续确认的被转移金融资产以及确认的相关负债不应当相互抵销。企业应当对继续确认的被转移金融资产确认所产生的收入(或利得),对相关负债确认所产生的费用(或损失),两者不得相互抵销。继续确认的被转移金融资产以公允价值计量的,在后续计量时对其公允价值变动应根据《企业会计准则第22号——金融工具确认和计量》第六十四条的规定进行确认,同时相关负债公允价值变动的确认应当与之保持一致,且两者不得相互抵销。

第二十五条 企业对金融资产的继续涉入仅限于金融资产一部分的,企业应当根据本准则第十六条的规定,按照转移日因继续涉入而继续确认部分和不再确认部分的相对公允价值,在两者之间分配金融资产的账面价值,并将下列两项金额的差额计入当期损益:

(一)分配至不再确认部分的账面金额(以转移日计量的为准)。

(二)不再确认部分所收到的对价。

如果涉及转移的金融资产为根据《企业会计准则第22号——金融工具确认和计量》第十八条分类为以公允价值计量且其变动计入其他综合收益的金融资产的,不再确认部分的金额对应的原计入其他综合收益的公允价值变动累计额计入当期损益。

第三节 金融负债的终止确认

金融负债(或其一部分)的现时义务已经解除的,企业应当终止确认该金融负债(或该部分金融负债)。

【例29-15】 智董公司因购买商品于2×20年4月1日确认了一项应付账款800万元。

按合同约定,智董公司于2×20年5月1日支付银行存款800万元解除了相关现时义务,为此,智董公司应将应付账款800万元终止确认。

【分析】 如果按合同约定,该货款应于2×20年5月1日、5月30日分两次等额清偿。那么,智董公司应在5月1日支付银行存款400万元时,终止确认应付账款400万元,在5月

30日支付剩余的货款400万元时终止确认剩余的应付账款400万元。

一、应当终止确认原金融负债（或其一部分）的情形

（一）金融负债（或其一部分）的现时义务已经解除的情形

出现以下两种情况之一时，金融负债（或其一部分）的现时义务已经解除：

（1）债务人通过履行义务（如偿付债权人）解除了金融负债（或其一部分）的现时义务。

债务人通常使用现金、其他金融资产等方式偿债。

（2）债务人通过法定程序（如法院裁定）或债权人（如债务豁免），合法解除了债务人对金融负债（或其一部分）的主要责任。

（二）以承担新金融负债方式替换原金融负债（或其一部分），且合同条款实质上不同的

企业（借入方）与借出方之间签订协议，以承担新金融负债方式替换原金融负债（或其一部分），且合同条款实质上不同的，企业应当终止确认原金融负债（或其一部分），同时确认一项新金融负债。

其中，"实质上不同"是指按照新的合同条款，金融负债未来现金流量（包括支付和收取的任何费用）现值与原金融负债的剩余期间现金流量现值之间的差异至少相差10%。

有关现值的计算均采用原金融负债的实际利率。

> **政策依据**
>
> 《企业会计准则第22号——金融工具确认和计量》
>
> 第十二条 金融负债（或其一部分）的现时义务已经解除的，企业应当终止确认该金融负债（或该部分金融负债）。
>
> 第十三条 企业（借入方）与借出方之间签订协议，以承担新金融负债方式替换原金融负债，且新金融负债与原金融负债的合同条款实质上不同的，企业应当终止确认原金融负债，同时确认一项新金融负债。
>
> 企业对原金融负债（或其一部分）的合同条款做出实质性修改的，应当终止确认原金融负债，同时按照修改后的条款确认一项新金融负债。
>
> 第十四条 金融负债（或其一部分）终止确认的，企业应当将其账面价值与支付的对价（包括转出的非现金资产或承担的负债）之间的差额，计入当期损益。

（三）债务工具的发行人回购了该工具

如果一项债务工具的发行人回购了该工具，即使该发行人是该工具的做市商或打算在近期将其再次出售，企业（发行人）应当终止确认该债务工具。

金融负债（或其一部分）终止确认的，企业应当将其账面价值与支付的对价（包括转出的非现金资产或承担的负债）之间的差额，计入当期损益。

在某些情况下，债权人解除了债务人对金融负债的主要责任，但要求债务人提供担保（承诺在合同主要责任方拖欠时进行支付）的，债务人应当以其担保义务的公允价值为基础确认一项新的金融负债，并按支付的价款加上新金融负债公允价值之和与原金融负债账面价值的差额确认利得和损失。

企业回购金融负债一部分的，应当在回购日按照继续确认部分和终止确认部分各自的公允价值占整体公允价值的比例，对该金融负债整体的账面价值进行分配。分配给终止确认部分的账面价值与支付的对价（包括转出的非现金资产或承担的负债）之间的差额，应当计入当期损益。

> **政策依据**
>
> 《企业会计准则第22号——金融工具确认和计量》回购金融负债一部分时的继续确认和终止确认
>
> 第十五条 企业回购金融负债一部分的，应当按照继续确认部分和终止确认部分在回购日各自的公允价值占整体公允价值的比例，对该金融负债整体的账面价值进行分配。分配给终止确认部分的账面价值与支付的对价（包括转出的非现金资产或承担的负债）之间的差额，应当计入当期损益。

二、不应当终止确认原金融负债（或其一部分）的情形

企业将用于偿付金融负债的资产转入某个

机构或设立信托,偿付债务的义务仍存在的,不应当终止确认该金融负债,也不能终止确认转出的资产。

也就是说,虽然企业已为金融负债设立了"偿债基金",但金融负债对应的债权人仍然拥有全额追索的权利时,不能认为企业的相关现时义务已解除,从而不能终止确认金融负债。

企业发生的融资融券业务,应当执行何种会计标准?

融资融券业务,是指证券公司向客户出借资金供其买入证券或者出借证券供其卖出,并由客户交存相应担保物的经营活动。企业发生的融资融券业务,分为融资业务和融券业务两类。

关于融资业务,证券公司及其客户均应当按照《企业会计准则第22号——金融工具确认和计量》有关规定进行会计处理。证券公司融出的资金,应当确认应收债权,并确认相应利息收入;客户融入的资金,应当确认应付债务,并确认相应利息费用。

关于融券业务,证券公司融出的证券,按照《企业会计准则第23号——金融资产转移》有关规定,不应终止确认该证券,但应确认相应利息收入;客户融入的证券,应当按照《企业会计准则第22号——金融工具确认和计量》有关规定进行会计处理,并确认相应利息费用。

证券公司对客户融资融券并代客户买卖证券时,应当作为证券经纪业务进行会计处理。

证券公司及其客户发生的融资融券业务,应当按照《企业会计准则第37号——金融工具列报》有关规定披露相关会计信息。

本解释发布前融资融券业务未按照上述规定进行处理的,应当进行追溯调整,追溯调整不切实可行的除外。

第四节 会计科目的设置和主要账务处理

企业在不违反会计准则中规定的前提下,可以根据实际情况自行增设、分拆、合并或简化会计科目(包括一级科目)。

对于企业不存在的交易或者事项,可不设置相关会计科目。

以下是第一财税网(www.tax.org.cn)耗时整理的相关会计科目和会计分录,供实际工作中随时查阅、使用。

一、1518 继续涉入资产

(一) 核算内容

本科目核算企业(转出方)由于对转出金融资产提供信用增级(如提供担保,持有次级权益)而继续涉入被转移金融资产时,企业所承担的最大可能损失金额(即企业继续涉入被转移金融资产的程度)。

(二) 明细核算

企业可以按金融资产转移业务的类别、继续涉入的性质或者被转移金融资产的类别设置本科目的明细科目。

(三) 主要账务处理

企业既没有转移也没有保留金融资产所有权上几乎所有风险和报酬,且保留了对该金融资产控制的,应当按照其继续涉入被转移金融资产的程度继续确认该被转移金融资产,并相应确认相关负债。企业所确认的被转移的金融资产和相关负债,应当反映企业所保留的权利和承担的义务。

(1) 企业应当对因继续涉入被转移金融资产形成的有关资产确认相关收益,对继续涉入形成的有关负债确认相关费用。按继续涉入程度继续确认的被转移金融资产应根据所转移金融资产的原性质及其分类,继续列报于资产负债表中的贷款、应收款项等。相关负债应当根据被转移的资产是按公允价值计量还是摊余成本计量予以计量,使得被转移资产和相关负债的账面价值:

① 被转移的金融资产以摊余成本计量的,等于企业保留的权利和义务的摊余成本。

② 被转移金融资产以公允价值计量的,等

于企业保留的权利和义务按独立基础计量的公允价值。

如果所转移的金融资产以摊余成本计量，确认的相关负债不得指定为以公允价值计量且其变动计入当期损益。

企业通过对被转移金融资产提供担保方式继续涉入的，应当在转移日按照金融资产的账面价值和担保金额两者之中的较低者，按继续涉入的程度继续确认被转移资产，同时按照担保金额和担保合同的公允价值之和确认相关负债。这里的担保金额，是指企业所收到的对价中，将可能被要求偿还的最高金额。担保合同的公允价值，通常是指提供担保而收取的费用。

（2）对金融资产的继续涉入仅限于金融资产一部分的，企业应当按照转移日因继续涉入而继续确认部分和不再确认部分的相对公允价值，在两者之间分配金融资产的账面价值，并将下列两项金额的差额计入当期损益：

① 分配至不再确认部分的账面金额（以转移日为准）。

② 不再确认部分所收到的对价。

如果涉及转移的金融资产为根据《企业会计准则第22号——金融工具确认和计量》第十八条分类为以公允价值计量且其变动计入其他综合收益的金融资产的，不再确认部分的金额对应的原计入其他综合收益的公允价值变动累计额应当计入当期损益。

二、2504 继续涉入负债

（一）核算内容

本科目核算企业在金融资产转移中因继续涉入被转移资产而产生的义务。

（二）明细核算

企业可以按金融资产转移业务的类别、被转移金融资产的类别或者交易对手设置本科目的明细科目。

（三）主要账务处理

企业既没有转移也没有保留金融资产所有权上几乎所有风险和报酬，且保留了对该金融资产控制的，应当按照其继续涉入被转移金融资产的程度继续确认该被转移金融资产，并相应确认相关负债。企业所确认的被转移的金融资产和相关负债，应当反映企业所保留的权利和承担的义务。

（1）企业应当对因继续涉入被转移金融资产形成的有关资产确认相关收益，对继续涉入形成的有关负债确认相关费用。按继续涉入程度继续确认的被转移金融资产应根据所转移金融资产的原性质及其分类，继续列报于资产负债表中的贷款、应收款项等。相关负债应当根据被转移的资产是按公允价值计量还是摊余成本计量予以计量，使得被转移资产和相关负债的账面价值：

① 被转移的金融资产以摊余成本计量的，等于企业保留的权利和义务的摊余成本。

② 被转移金融资产以公允价值计量的，等于企业保留的权利和义务按独立基础计量的公允价值。

如果所转移的金融资产以摊余成本计量，确认的相关负债不得指定为以公允价值计量且其变动计入当期损益。

企业通过对被转移金融资产提供担保方式继续涉入的，应当在转移日按照金融资产的账面价值和担保金额两者之中的较低者，按继续涉入的程度继续确认被转移资产，同时按照担保金额和担保合同的公允价值之和确认相关负债。这里的担保金额，是指企业所收到的对价中，将可能被要求偿还的最高金额。担保合同的公允价值，通常是指提供担保而收取的费用。

（2）对金融资产的继续涉入仅限于金融资产一部分的，企业应当按照转移日因继续涉入而继续确认部分和不再确认部分的相对公允价值，在两者之间分配金融资产的账面价值，并将下列两项金额的差额计入当期损益：

① 分配至不再确认部分的账面金额（以转移日为准）。

② 不再确认部分所收到的对价。

如果涉及转移的金融资产为根据《企业会计准则第22号——金融工具确认和计量》第十

八条分类为以公允价值计量且其变动计入其他综合收益的金融资产的,不再确认部分的金额对应的原计入其他综合收益的公允价值变动累计额应当计入当期损益。

第五节　金融资产转移的披露

《企业会计准则第37号——金融工具列报》对于"金融资产转移"和"已转移金融资产的继续涉入"的定义不同于《企业会计准则第23号——金融资产转移》。

企业应当按照《企业会计准则第37号——金融工具列报》要求,对于已转移尚未终止确认的金融资产,以及已终止确认但继续涉入的金融资产披露相关信息。

一、金融资产转移的披露范围

出于不同的目标,《企业会计准则第37号——金融工具列报》中有关金融资产转移的披露中涉及的"金融资产转移"和"继续涉入"的概念不同于《企业会计准则第23号——金融资产转移》中的概念。

(一) 金融资产转移

《企业会计准则第37号——金融工具列报》所述的"金融资产转移"包含两种情形:

(1) 企业将收取金融资产现金流量的合同权利转移给另一方。

(2) 企业保留了收取金融资产现金流量的合同权利,并承担将收取的现金流量支付给一个或多个收款方的合同义务。这种情形通常被称为"过手协议"。

《企业会计准则第23号——金融资产转移》第六条中定义的"金融资产转移"也包含两种情形,第一种情形与《企业会计准则第37号——金融工具列报》中的要求一致,但是对于第二种情形,还要求该"过手协议"若作为金融资产转移处理,必须同时满足该条第(二)项规定的3个条件。

可以看出,《企业会计准则第37号——金融工具列报》对于"金融资产转移"的定义比《企业会计准则第23号——金融资产转移》更为宽泛。对于未满足3个条件的"过手协议",尽管不是《企业会计准则第23号——金融资产转移》定义的"金融资产转移",但属于《企业会计准则第37号——金融工具列报》定义的"金融资产转移",需进行相应的披露。这是因为《企业会计准则第23号——金融资产转移》规范的是终止确认问题,要防止形式上被转移而实质上未转移的资产出表;而《企业会计准则第37号——金融工具列报》规范的是披露问题,要通过充分地披露让报表使用者了解转移(包括形式上的转移)的金融资产和确认的相关负债的关系。

(二) 继续涉入

"继续涉入",是指企业保留了已转移金融资产中内在的合同权利或义务,或者取得了与已转移金融资产相关的新合同权利或义务。

常规声明和保证、以公允价值回购已转移金融资产的合同,以及同时满足《企业会计准则第23号——金融资产转移》中3个条件的"过手协议"不构成继续涉入。

常规声明和保证是指企业为避免转让无效而做出的陈述,包括转移的真实性以及合理、诚信和公平交易等原则方面的陈述。例如,企业在合同中承诺:其向资产接收方提供的资料、单据及信息是有效、真实、准确且完整的,没有遗漏任何重要信息。而在《企业会计准则第23号——金融资产转移》中,对于既没有转移也没有保留金融资产所有权上几乎所有的风险和报酬,且保留了对该金融资产控制的情形,属于该准则所指的"继续涉入"。《企业会计准则第37号——金融工具列报》定义的"继续涉入"情形(企业保留了已转移金融资产中内在的合同权利或义务,或者取得了与已转移金融资产相关的新合同权利或义务)在《企业会计准则第23号——金融资产转移》中可能被认定为转移了金融资产所有权上几乎所有风险和报酬、保留了几乎所有风险和报酬、既没有转移也没有保留几乎所有风险和报酬3种情况。而只有第3种情况才有可能符合该准则的"继续涉入"定义。因此《企业会计准则第37号——金融工具列报》定义的"继续涉入"也比《企业会计准则第23号——金融资产转移》的定义更为宽泛。这是因为《企业会计准则第37号——金融工具列报》的目的是让报表使用者了解企业保留的风险敞口。企业只要保留了已转移金融资产中内在的合同权利或义务,或者取得了与已转移金融资产相关的新合同权利或义务,就可能有风险敞口。

《企业会计准则第37号——金融工具列报》所述的"继续涉入"是以企业自身财务报告为基础进行考虑的。例如,子公司向非关联的第三方转让一项金融资产,而其母公司对该金融资产存在继续涉入,则子公司在自身财务报表中确定是否继续涉入已转移金融资产时,不应当考虑母公司的涉入;母公司在合并财务报表中确定是否继续涉入已转移金融资产时,应当考虑自身以及集团其他成员对子公司已转移金融资产的继续涉入情况。"继续涉入"可能是源自于转出方与转入方签订的转让协议,也可能是源于与第三方单独签订的与转让相关的协议。但是,如果企业对已转移金融资产的未来业绩不享有任何利益,也不承担与已转移金融资产相关的任何未来支付义务,则不形成继续涉入。

企业,尤其是金融机构,在金融资产转移中,往往还会就被转移金融资产提供相应的服务,收取一定的服务费。在这种情况下,企业应当分析该服务合同是否构成《企业会计准则第37号——金融工具列报》定义的继续涉入。例如银行转让贷款后因提供后续贷款回收及转付服务而收取服务费的情形。如果该服务费的收取金额是以贷款实际回收和转付的金额为依据计算,则该项新的合同权利与已转移贷款相关,构成继续涉入。如果服务费的收取与是否成功回收和转付贷款以及回收和转付的金额和时间无关,则该项新的合同权利与已转移贷款无关,不构成继续涉入。

从《企业会计准则第37号——金融工具列报》关于"金融资产转移"和"继续涉入"的定义,以及《企业会计准则第23号——金融资产转移》关于金融资产终止确认的条件可以看出,尚在资产负债表中的金融资产可能因为转移而引起负债,而已经终止确认的金融资产可能因为继续涉入而引起风险敞口。对这两种情形,企业都需要提供相关信息帮助报表使用者判定其影响。

二、已转移但未整体终止确认的金融资产的披露

《企业会计准则第37号——金融工具列报》第一百零一条对已转移但未整体终止确认的金融资产的披露要求进行了规范。该条第四项所说的"交易对手仅对已转移资产有追索权",是指交易对手仅能对该资产所产生的现金流向企业(转移方)进行追索,而不能对企业其他资产提出权利主张,即"有限追索权"的概念。有限追索权相关资产和负债的公允价值的差额(净头寸),代表着企业在该资产转移后仍保留的经济利益。

无论是金融资产整体转移,还是金融资产部分转移,只要不满足终止确认的条件,均应按照以上要求进行披露。金融资产部分转移是指《企业会计准则第23号——金融资产转移》中第四条所规范的情形。例如,企业只转移了一项金融资产所产生现金流量的40%部分,则企业应该针对该40%部分的金融资产按照《企业会计准则第23号——金融资产转移》判断是否满足终止确认的条件。假设该40%部分的金融资产不满足终止确认的条件,因而未全部终止确认该部分金融资产,那么在这种情况下,这40%部分的金融资产需要按照《企业会计准则第37号——金融工具列报》对于已转移但未整体终止确认的金融资产的披露要求进行相应的披露。如果该40%部分的金融资产满足终止确认

的条件,可以被终止确认,则这40%部分的金融资产不需要按照《企业会计准则第37号——金融工具列报》对于已转移但未整体终止确认的金融资产的披露要求进行相应的披露,但是要考虑企业是否继续涉入该部分已转移金融资产,并按照《企业会计准则第37号——金融工具列报》对于已整体终止确认但转出方继续涉入已转移金融资产的披露要求进行披露。对于剩余的60%部分的金融资产,无论是在以上哪种假设情况下,都不涉及金融资产的转移,因而也无需按照《企业会计准则第37号——金融工具列报》进行披露。

三、已整体终止确认但转出方继续涉入已转移金融资产的披露

在很多情况下,如果企业对于已转移的金融资产仍然继续涉入,则可能意味着该金融资产转移不满足终止确认的条件。但有时也存在尽管企业继续涉入已转移的金融资产,但是该金融资产仍满足整体终止确认条件的情况。例如,附带转入方持有重大价外看跌期权(或转出方持有重大价外看涨期权)的金融资产出售,由于期权为重大价外期权,致使到期时或到期前行权的可能性极小,可以认定企业已经转移了该项金融资产所有权上几乎所有的风险和报酬,应当终止确认这一金融资产。但是由于期权的存在形成了企业对该金融资产的继续涉入。

针对这一情况,在每个资产负债表日,企业应按照类别披露相关信息。各披露类别应当按照企业继续涉入面临的风险敞口类型进行划分。例如,企业可以按照金融工具类别,如担保或看涨期权等进行分类;也可以按照转让类型,如应收账款保理、资产证券化、融券业务等进行分类。企业对某项终止确认的金融资产存在多种继续涉入方式的,可按其中一类进行汇总披露。

《企业会计准则第37号——金融工具列报》第一百零二条对整体终止确认但转出方继续涉入已转移金融资产的披露要求进行了规范。其第一款第一项至第三项的披露要求,企业可以参考表29-4和表29-5进行披露。

表29-4 已转移金融资产的披露要求 单位:万元

继续涉入的类型	因继续涉入确认的资产和负债的账面价值			因继续涉入确认的资产和负债的公允价值		损失的最大风险敞口	因购已转移(已终止确认)资产需要支付的未折现现金流量
	以公允价值计量且其变动计入当期损益的金融资产	以公允价值计量且其变动计入其他综合收益的金融资产	以公允价值计量且其变动计入当期损益的金融负债	资产	负债		
签出的看跌期权			(×)		(×)	×	(×)
购入的看涨期权	×			×			(×)
融券业务			(×)	×	(×)	×	(×)
……							
合计	×		(×)	×	(×)	×	

表29-5 回购已转移金融资产需要支付的未折现现金流量 单位:万元

继续涉入的类型	继续涉入的到期期限							
	合计	1个月之内	1~3个月	3~6个月	6个月~1年	1~3年	3~5年	5年以上
签出的看跌期权	×		×	×	×	×		
购入的看涨期权	×			×	×	×		×
融资业务	×	×	×					

企业按照《企业会计准则第37号——金融工具列报》第一百零二条第一款第三项披露到期期限时，应当合理确定适当数量的时间段。

企业按照《企业会计准则第37号——金融工具列报》第一百零二条第一款第五项披露相关的终止确认利得或损失时，应当披露利得或损失是否是由于该资产各组成部分（例如终止确认的部分和企业保留的部分）的公允价值和该资产整体的公允价值不同造成。如果是，企业还应披露该资产的公允价值计量是否包含可观察市场数据以外的重大输入值。

政策依据

《企业会计准则第37号——金融工具列报》
第八章　金融资产转移的披露

第九十八条　企业应当就资产负债表日存在的所有未终止确认的已转移金融资产，以及对已转移金融资产的继续涉入，按本准则要求单独披露。

本章所述的金融资产转移，包括下列两种情形：

（一）企业将收取金融资产现金流量的合同权利转移给另一方。

（二）企业保留了收取金融资产现金流量的合同权利，但承担了将收取的现金流量支付给一个或多个最终收款方的合同义务。

第九十九条　企业对于金融资产转移所披露的信息，应当有助于财务报表使用者了解未整体终止确认的已转移金融资产与相关负债之间的关系，评价企业继续涉入已终止确认金融资产的性质和相关风险。

企业按照本准则第一百零一条和第一百零二条所披露信息不能满足本条前款要求的，应当披露其他补充信息。

第一百条　本章所述的继续涉入，是指企业保留了已转移金融资产中内在的合同权利或义务，或者取得了与已转移金融资产相关的新合同权利或义务。转出方与转入方签订的转让协议或与第三方单独签订的与转让相关的协议，都有可能形成对已转移金融资产的继续涉入。如果企业对已转移金融资产的未来业绩不享有任何利益，也不承担与已转移金融资产相关的任何未来支付义务，则不形成继续涉入。下列情形不形成继续涉入：

（一）与转移的真实性以及合理、诚信和公平交易等原则有关的常规声明和保证，这些声明和保证可能因法律行为导致转移无效。

（二）以公允价值回购已转移金融资产的远期、期权和其他合同。

（三）使企业保留了收取金融资产现金流量的合同权利但承担了将收取的现金流量支付给一个或多个最终收款方的合同义务的安排，且这类安排满足《企业会计准则第23号——金融资产转移》第六条（二）中的3个条件。

第一百零一条　对于已转移但未整体终止确认的金融资产，企业应当按照类别披露下列信息：

（一）已转移金融资产的性质。

（二）仍保留的与所有权有关的风险和报酬的性质。

（三）已转移金融资产与相关负债之间关系的性质，包括因转移引起的对企业使用已转移金融资产的限制。

（四）在转移金融资产形成的相关负债的交易对手方仅对已转移金融资产有追索权的情况下，应当以表格形式披露所转移金融资产和相关负债的公允价值以及净头寸，即已转移金融资产和相关负债公允价值之间的差额。

（五）继续确认已转移金融资产整体的，披露已转移金融资产和相关负债的账面价值。

（六）按继续涉入程度确认所转移金融资产的，披露转移前该金融资产整体的账面价值、按继续涉入程度确认的资产和相关负债的账面价值。

第一百零二条　对于已整体终止确认但转出方继续涉入已转移金融资产的，企业应当至少按照类别披露下列信息：

（一）因继续涉入确认的资产和负债的账面价值和公允价值，以及在资产负债表中对应的项目。

（二）因继续涉入导致企业发生损失的最大风险敞口及确定方法。

（三）应当或可能回购已终止确认的金融资产需要支付的未折现现金流量（如期权协议中的行权价格）或其他应向转入方支付的款项，以及对这些现金流量或款项的到期期限分析。如果到期期限可能为一个区间，应当以企业必须或可能支付的最早日期为依据归入相应的时间段。到期期限分析应当分别反映企业应当支付的现金流量（如远期合同）、企业可能支付的现金流量（如签出看跌期权）以及企业可选择支付的现金流量（如购入看涨期权）。在现金流量不固定的情形下，上述金额应当基于每个资产负债表日的情况披露。

（四）对本条（一）至（三）定量信息的解释性说明，包括对已转移金融资产、继续涉入的性质和目的，以及企业所面临风险的描述等。其中，对企业所面临风险的描述包括下列各项：

1. 企业对继续涉入已终止确认金融资产的风险进行管理的方法。

2. 企业是否应先于其他方承担有关损失,以及先于本企业承担损失的其他方应承担损失的顺序及金额。

3. 企业向已转移金融资产提供财务支持或回购该金融资产的义务的触发条件。

(五)金融资产转移日确认的利得或损失,以及因继续涉入已终止确认金融资产当期和累计确认的收益或费用(如衍生工具的公允价值变动)。

(六)终止确认产生的收款总额在本期分布不均衡的(例如大部分转移金额在临近报告期末发生),企业应当披露本期最大转移活动发生的时间段、该段期间所确认的金额(如相关利得或损失)和收款总额。

企业在披露本条所规定的信息时,应当按照其继续涉入面临的风险敞口类型分类汇总披露。例如,可按金融工具类别(如附担保或看涨期权继续涉入方式)或转让类型(如应收账款保理、证券化和融券)分类汇总披露。企业对某项终止确认的金融资产存在多种继续涉入方式的,可按其中一类汇总披露。

第一百零三条 企业按照本准则第一百条的规定确定是否继续涉入已转移金融资产时,应当以自身财务报告为基础进行考虑。

第三十讲 套期会计

第一节 综合知识

一、相关知识概述

（一）套期相关知识

1. 什么是套期

套期，是指企业为管理外汇风险、利率风险、价格风险、信用风险等特定风险引起的风险敞口，指定金融工具为套期工具，以使套期工具的公允价值或现金流量变动，预期抵销被套期项目全部或部分公允价值或现金流量变动的风险管理活动。

例如，企业运用商品期货进行套期时，其套期策略通常是，转入（卖出）与现货市场数量相当，但交易方向相反的期货合同，以期在未来某一时间通过期货合同的公允价值变动来补偿现货市场价格变动所带来的价格风险。

又如，企业为规避外汇风险，与某金融机构签订外币期权合同，对现存数额较大的美元敞口进行外汇风险套期。

2. 套期的分类

在套期会计中，套期分为公允价值套期、现金流量套期和境外经营净投资套期。

（1）公允价值套期。

公允价值套期，是指对已确认资产或负债、尚未确认的确定承诺，或上述项目组成部分的公允价值变动风险敞口进行的套期。

该公允价值变动源于特定风险，且将影响企业的损益或其他综合收益。其中，影响其他综合收益的情形，仅限于企业对指定为以公允价值计量且其变动计入其他综合收益的非交易性权益工具投资的公允价值变动风险敞口进行的套期。

以下是公允价值套期的例子：

① 智董公司签订一项以固定利率换浮动利率的利率互换合约，对其承担的固定利率负债的利率风险引起的公允价值变动风险敞口进行套期。

② 某石油公司签订一项6个月后以固定价格购买原油的合同（尚未确认的确定承诺），为规避原油价格风险，该公司签订一项未来卖出原油的期货合约，对该确定承诺的价格风险引起的公允价值变动风险敞口进行套期。

③ 智董公司购买一项看跌期权合同，对持有的选择以公允价值计量且其变动计入其他综合收益的非交易性权益工具投资的证券价格风险引起的公允价值变动风险敞口进行套期。

（2）现金流量套期。

现金流量套期，是指对现金流量变动风险敞口进行的套期。

该现金流量变动源于与已确认资产或负债、极可能发生的预期交易，或与上述项目组成部分有关的特定风险，且将影响企业的损益。

以下是现金流量套期的例子：

① 智董公司签订一项以浮动利率换固定利率的利率互换合约，对其承担的浮动利率债务的利率风险引起的现金流量变动风险敞口进行套期。

② 某橡胶制品公司签订一项未来转入橡胶的远期合同，对3个月后预期极可能发生的与购

买橡胶相关的价格风险引起的现金流量变动风险敞口进行套期。

③ 智董公司签订一项购入外币的外汇远期合同,对以固定外币价格转入原材料的极可能发生的预期交易的外汇风险引起的现金流量变动风险敞口进行套期。

(3) 境外经营净投资套期。

境外经营净投资套期,是指对境外经营净投资外汇风险敞口进行的套期。

境外经营净投资套期中的被套期风险是指境外经营的记账本位币与母公司的记账本位币之间的折算差额。

企业对确定承诺的外汇风险进行套期的,可以将其作为现金流量套期或公允价值套期处理。

例如,某航空公司签订一项3个月后以固定外币金额购买飞机的合同(尚未确认的确定承诺),为规避外汇风险,签订一项外汇远期合同,对该确定承诺的外汇风险引起的公允价值变动或者现金流量变动风险敞口进行套期。

3. 套期工具

(1) 符合条件的套期工具。

套期工具,是指企业为进行套期而指定的、其公允价值或现金流量变动预期可抵销被套期项目的公允价值或现金流量变动的金融工具。

可以作为套期工具的金融工具包括:

① 以公允价值计量且其变动计入当期损益的衍生工具,但签出期权除外。企业只有在对购入期权(包括嵌入在混合合同中的购入期权)进行套期时,签出期权才可以作为套期工具。嵌入在混合合同中但未分拆的衍生工具不能作为单独的套期工具。

衍生工具通常可以作为套期工具。衍生工具包括远期合同、期货合同、互换和期权,以及具有远期合同、期货合同、互换和期权中一种或一种以上特征的工具等。

例如,智董公司为规避库存铜价格下跌的风险,可以卖出一定数量铜期货合同。其中,铜期货合同即是套期工具。

衍生工具无法有效地对冲被套期项目风险的,不能作为套期工具。企业的签出期权(除非该签出期权指定用于抵销购入期权)不能作为套期工具,因为该期权的潜在损失可能大大超过被套期项目的潜在利得,从而不能有效地对冲被套期项目的风险。而购入期权的一方可能承担的损失最多就是期权费,可能拥有的利得通常等于或大大超过被套期项目的潜在损失,可被用来有效对冲被套期项目的风险,因此购入期权的一方可以将购入的期权作为套期工具。

② 以公允价值计量且其变动计入当期损益的非衍生金融资产或非衍生金融负债,但指定为以公允价值计量且其变动计入当期损益、且其自身信用风险变动引起的公允价值变动计入其他综合收益的金融负债除外。

对于指定为以公允价值计量且其变动计入当期损益、且其自身信用风险变动引起的公允价值变动计入其他综合收益的金融负债,由于没有将整体公允价值变动计入损益,不能被指定为套期工具。

需要注意的是,并非所有以公允价值计量且其变动计入当期损益的金融工具均为符合条件的套期工具。企业应当对因运用公允价值选择权而被指定为以公允价值计量且其变动计入当期损益的金融工具进行评估,以确保套期工具的指定并未与运用公允价值选择权的目标相冲突,即不会再次产生已通过运用公允价值选择权消除的会计错配。

③ 对于外汇风险套期,企业可以将非衍生金融资产(选择以公允价值计量且其变动计入其他综合收益的非交易性权益工具投资除外)或非衍生金融负债的外汇风险成分指定为套期工具。

【例30-1】 智董公司的记账本位币为人民币,发行了2 000万美元、年利率5%的固定利率债券,每半年支付一次利息,3年后到期。智董公司将该债券分类为以摊余成本计量的金融负债。智董公司同时签订了3年后到期的、2 000万美元的固定价格销售承诺(尚未确认的确定承诺)。

【分析】 智董公司可以将以摊余成本计量的美元负债的外汇风险成分作为套期工具,对固定价格销售承诺的外汇风险引起的公允价值变动或者现金流量变动风险敞口进行套期。

企业自身权益工具不属于企业的金融资产或金融负债,不能作为套期工具。

(2) 对套期工具的指定。

① 企业在确立套期关系时,应当将前述符合条件的金融工具整体(或外汇风险套期中的非衍生金融资产或非衍生金融负债的外汇风险成分)指定为套期工具。因为企业对套期工具进行计量时,通常以该金融工具整体为对象,采用单一的公允价值基础对其进行计量。

但是,由于期权的时间价值、远期合同的远期要素和金融工具的外汇基差通常具备套期成本的特征且可以单独计量,为便于提高某些套期关系的有效性,《企业会计准则第24号——套期会计》允许企业在对套期工具进行指定时,做出以下例外处理:

A. 对于期权。

企业可以将期权的内在价值和时间价值分开,只将期权的内在价值变动指定为套期工具。期权的价值包括内在价值(立即执行期权时现货价格与行权价格之差所带来的收益)和时间价值(期权的价格与内在价值之差)。随着期权临近到期,期权的时间价值不断减少直至为零。当企业仅指定期权的内在价值变动为套期工具时,与期权的时间价值相关的公允价值变动被排除在套期有效性评估之外,从而能够提高套期的有效性。

B. 对于远期合同。

企业可以将远期合同的远期要素和即期要素分开,只将即期要素的价值变动指定为套期工具。远期合同的即期要素反映了基础项目远期价格和现货价格的差异,而远期要素的特征取决于不同的基础项目。当企业仅指定远期合同的即期要素的价值变动为套期工具时,能够提高套期的有效性。

C. 对于金融工具。

企业可以将金融工具的外汇基差单独分拆,只将排除外汇基差后的金融工具指定为套期工具。外汇基差反映了货币主权信用差异、市场供求等因素所带来的成本。将外汇基差分拆,只将排除外汇基差后的金融工具指定为套期工具,能够提高套期的有效性。

② 企业可以将套期工具的一定比例指定为套期工具,但不可以将套期工具剩余期限内某一时段的公允价值变动部分指定为套期工具。

③ 企业可以将两项或两项以上金融工具(或其一定比例)的组合指定为套期工具(包括组合内的金融工具形成风险头寸相互抵销的情形)。

对于一项由签出期权和购入期权组成的期权(如利率上下限期权),或对于两项或两项以上金融工具(或其一定比例)的组合,其在指定日实质上相当于一项净签出期权的,不能将其指定为套期工具。只有在对购入期权(包括嵌入在混合合同中的购入期权)进行套期时,净签出期权才可以作为套期工具。

对于一项由签出期权和购入期权组成的期权,当同时满足以下条件时,实质上不是一项净签出期权,可以将其指定为套期工具:

A. 企业在期权组合开始时以及整个期间未收取净期权费。

B. 除了行权价格,签出期权组成部分和购入期权组成部分的关键条款是相同的(包括基础变量、计价货币及到期日)。

C. 签出期权的名义金额不大于购入期权的名义金额。

政策依据

《企业会计准则第24号——套期会计》

第六条 对于外汇风险套期,企业可以将非衍生金融资产(选择以公允价值计量且其变动计入其他综合收益的非交易性权益工具投资除外)或非衍生金融负债的外汇风险成分指定为套期工具。

第七条 在确立套期关系时,企业应当将符合条件的金融工具整体指定为套期工具,但下列情形除外:

(一) 对于期权,企业可以将期权的内在价值和时间价值分开,只将期权的内在价值变动指定为套期工具。

(二) 对于远期合同,企业可以将远期合同的远期要素和即期要素分开,只将即期要素的价值变动指定为套期工具。

(三)对于金融工具,企业可以将金融工具的外汇基差单独分拆,只将排除外汇基差后的金融工具指定为套期工具。

(四)企业可以将套期工具的一定比例指定为套期工具,但不可以将套期工具剩余期限内某一时段的公允价值变动部分指定为套期工具。

第八条 企业可以将两项或两项以上金融工具(或其一定比例)的组合指定为套期工具(包括组合内的金融工具形成风险头寸相互抵销的情形)。

对于一项由签出期权和购入期权组成的期权(如利率上下限期权),或对于两项或两项以上金融工具(或其一定比例)的组合,其在指定日实质上相当于一项净签出期权的,不能将其指定为套期工具。只有在对购入期权(包括嵌入在混合合同中的购入期权)进行套期时,净签出期权才可以作为套期工具。

(3)使用单一套期工具对多种风险进行套期。

企业通常将单项套期工具指定为对一种风险进行套期。但是,如果套期工具与被套期项目的不同风险敞口之间有具体对应关系,则一项套期工具可以被指定为对一种以上的风险进行套期。

4. 被套期项目

(1)符合条件的被套期项目。

被套期项目,是指使企业面临公允价值或现金流量变动风险,且被指定为被套期对象的、能够可靠计量的项目。

企业可以将下列单个项目、项目组合或其组成部分指定为被套期项目:

① 已确认资产或负债。

② 尚未确认的确定承诺。

其中,确定承诺,是指在未来某特定日期或期间,以约定价格交换特定数量资源、具有法律约束力的协议;尚未确认,是指尚未在资产负债表中确认。

【例30-2】 智董公司为我国境内机器生产企业,采用人民币作为记账本位币。智董公司与境外贵琛公司签订了一项设备购买合同,约定9个月后按固定的外币价格购入设备,即智董公司与贵琛公司达成了一项确定承诺。同时,智董公司签订了一份外币远期合同,以对该项确定承诺产生的外汇风险进行套期。

【分析】 该确定承诺可以被指定为被套期项目,外币远期合同可以被指定为公允价值套期或现金流量套期中的套期工具。

③ 极可能发生的预期交易。

其中,预期交易,是指尚未承诺但预期会发生的交易。

评估预期交易发生的可能性不能仅依靠企业管理人员的意图,而应当基于可观察的事实和相关因素。在评估预期交易发生的可能性时,企业应当考虑以下因素:

A. 类似交易之前发生的频率。

B. 企业在财务和经营上从事此项交易的能力。

C. 企业有充分的资源(例如,在短期内仅能用于生产某一类型商品的设备)能够完成此项交易。

D. 交易不发生时可能对经营带来的损失和破坏程度。

E. 为达到相同的业务目标,企业可能会使用在实质上不同的交易的可能性(例如,计划筹集资金的企业可以通过获取银行贷款或者发行股票等方式筹集资金)。

F. 企业的业务计划。

此外,企业还应当考虑预期交易发生时点距离当前的时间跨度和预期交易的数量或价值占企业相同性质交易的数量或价值的比例。在其他因素相同的情况下,预期交易发生的时间越远或预期交易的数量或价值占企业相同性质交易的数量或价值的比例越高,预期交易发生的可能性就越小,就越需要有更强有力的证据来支持"极可能发生"的判断。

例如,企业预计将在5年后发生的交易比预计将在5个月后发生的交易的可能性小,判断前者"极可能发生"时需要更多的证据支持;企业预计将在1个月内销售500件商品(假设在过去5个月平均每月的销售量为500件)比预计将在1个月内销售100件商品的可能性小,判断前者

"极可能发生"时需要更多的证据支持。

企业应当明确区分预期交易与确定承诺。

④ 境外经营净投资。

境外经营净投资可以被指定为被套期项目。

境外经营净投资,是指企业在境外经营净资产中的权益份额。

企业既无计划也无可能在可预见的未来会计期间结算的长期外币货币性应收项目(含贷款),应当视同实质构成境外经营净投资的组成部分。因销售商品或提供劳务等形成的期限较短的应收账款不构成境外经营净投资。境外经营可以是企业在境外的子公司、合营安排、联营企业或分支机构。在境内的子公司、合营安排、联营企业或分支机构,采用不同于企业记账本位币的,也视同境外经营。

【例 30-3】 智董公司的记账本位币为人民币,2×20 年 1 月 1 日,智董公司以 1 亿美元从非关联方处购买了境外贵琛公司的全部普通股股份,取得控制权。在购买日,贵琛公司的可辨认净资产的公允价值为 5 000 万美元。智董公司合并财务报表中确认相应商誉 2 500 万美元。同时,在购买日,智董公司向贵琛公司提供长期借款 4 000 万美元,智董公司将其作为长期应收款处理,但智董公司既无计划也无可能在可预见的未来会计期间收回这笔长期应收款。

【分析】 在购买日,如果智董公司计划对贵琛公司的境外经营净投资进行套期,则能够被指定为被套期项目的境外经营净投资的最大金额为 1.15 亿美元,包括所购境外经营的可辨认净资产 5 000 万美元,构成境外经营净投资一部分的商誉 2 500 万美元,以及智董公司对贵琛公司的长期应收款 4 000 万美元。

政策依据

《企业会计准则第 24 号——套期会计》

第九条 被套期项目,是指使企业面临公允价值或现金流量变动风险,且被指定为被套期对象的、能够可靠计量的项目。企业可以将下列单个项目、项目组合或其组成部分指定为被套期项目:

(一)已确认资产或负债。

(二)尚未确认的确定承诺。确定承诺,是指在未来某特定日期或期间,以约定价格交换特定数量资源、具有法律约束力的协议。

(三)极可能发生的预期交易。预期交易,是指尚未承诺但预期会发生的交易。

(四)境外经营净投资。

上述项目组成部分是指小于项目整体公允价值或现金流量变动的部分,企业只能将下列项目组成部分或其组合指定为被套期项目:

(一)项目整体公允价值或现金流量变动中仅由某一个或多个特定风险引起的公允价值或现金流量变动部分(风险成分)。根据在特定市场环境下的评估,该风险成分应当能够单独识别并可靠计量。风险成分也包括被套期项目公允价值或现金流量的变动仅高于或仅低于特定价格或其他变量的部分。

(二)一项或多项选定的合同现金流量。

(三)项目名义金额的组成部分,即项目整体金额或数量的特定部分,其可以是项目整体的一定比例部分,也可以是项目整体的某一层级部分。若某一层级部分包含提前还款权,且该提前还款权的公允价值受套期风险变化影响的,企业不得将该层级指定为公允价值套期的被套期项目,但企业在计量被套期项目的公允价值时已包含该提前还款权影响的情况除外。

(2)企业确定被套期项目时,应当注意以下几点:

① 作为被套期项目,应当会使企业面临公允价值或现金流量变动风险(即被套期风险),在本期或未来期间会影响企业的损益或其他综合收益。与之相关的被套期风险,通常包括外汇风险、利率风险、商品价格风险、股票价格风险等。企业的一般经营风险(如固定资产毁损风险等)不能作为被套期风险,因为这些风险不能具体识别和单独计量。同样地,企业合并交易中,与购买另一个企业的确定承诺相关的风险(不包括外汇风险)也不能作为被套期风险。

② 采用权益法核算的股权投资不能在公允价值套期中作为被套期项目,因为权益法下,投资方只是将其在联营企业或合营企业中的损益份额确认为当期损益,而不确认投资的公允价值变动。与之相类似,对纳入合并财务报表范围的子公司投资也不能作为被套期项目,但对

境外经营净投资可以作为被套期项目,因为相关的套期指定针对的是外汇风险,而不是境外经营净投资的公允价值变动风险。

③ 在运用套期会计时,在合并财务报表层面,只有与企业集团之外的对手方之间交易形成的资产、负债、尚未确认的确定承诺或极可能发生的预期交易才能被指定为被套期项目;在合并财务报表层面,只有与企业集团之外的对手方签订的合同才能被指定为套期工具。对于同一企业集团内的主体之间的交易,在企业个别财务报表层面可以运用套期会计,在企业集团合并财务报表层面不得运用套期会计,但下列情形除外:

A. 在合并财务报表层面,符合《企业会计准则第33号——合并财务报表》规定的投资性主体与其以公允价值计量且其变动计入当期损益的子公司之间的交易,可以运用套期会计。

B. 企业集团内部交易形成的货币性项目的汇兑收益或损失,不能在合并财务报表中全额抵销的,企业可以在合并财务报表层面将该货币性项目的外汇风险指定为被套期项目。

C. 企业集团内部极可能发生的预期交易,按照进行此项交易的主体的记账本位币以外的货币标价,且相关的外汇风险将影响合并损益的,企业可以在合并财务报表层面将该外汇风险指定为被套期项目。

(3) 项目组成部分作为被套期项目的规定和要求。

企业可以将上述已确认资产或负债、尚未确认的确定承诺、极可能发生的预期交易以及境外经营净投资等单个项目整体或者项目组合指定为被套期项目,企业也可以将上述单个项目或者项目组合的一部分(项目组成部分)指定为被套期项目。

项目组成部分是指小于项目整体公允价值或现金流量变动的部分,它仅反映其所属项目整体面临的某些风险,或仅反映一定程度的风险(例如对某项目的一定比例进行指定时)。

企业只能将下列项目组成部分或其组合指定为被套期项目:

① 项目整体公允价值或现金流量变动中仅由某一个或多个特定风险引起的公允价值或现金流量变动部分(风险成分)。

在风险管理实务中,企业经常不是为了对被套期项目整体公允价值或现金流量变动进行套期,而仅为了对特定风险成分进行套期。允许对风险成分进行指定使企业能够更灵活地识别被套期风险。

在将风险成分指定为被套期项目时,该风险成分应当能够单独识别并可靠计量。

在识别可被指定为被套期项目的风险成分时,企业应当基于该等风险及相关套期活动所发生的特定市场环境进行评估,并考虑因风险和市场而异的相关事实和情况(例如相关风险成分是否都有市场报价从而能够可靠计量)。同时,企业应当考虑该风险成分是合同明确的风险成分,还是非合同明确的风险成分。非合同明确的风险成分存在于两种情况:

A. 不构成合同的项目(例如极可能发生的预期交易)。

B. 未明确该风险成分的合同(例如确定承诺中仅包含一项单一价格,并未列明基于不同基础变量的定价公式)。

在企业风险管理活动中,有时企业只对被套期项目的单边风险进行套期,即对被套期项目公允价值或现金流量变动中仅高于或仅低于特定价格或其他变量的部分进行套期。该套期的部分风险也可被视为风险成分,可以被指定为被套期项目。

例如,智童公司预期将购买一批商品,为了管理该批商品未来价格上涨风险,企业可以将因该批商品未来价格上涨而导致的未来现金流量变动风险指定为被套期项目。在这种情况下,企业仅对商品高于特定价格所导致的现金流量损失部分进行指定。企业在风险管理活动中,通常会使用期权作为套期工具进行单边风险的套期。一项购入期权的内在价值,而非时间价值,反映的就是被套期项目的单边风险。

通货膨胀风险一般无法单独识别和可靠计量,因此不能被指定为金融工具的风险成分,除非该通货膨胀风险是合同明确的。但是,在个别情况下,由于通货膨胀环境和相关债务市场的特定因素,企业有可能可以把能够单独识别和可靠计量的通货膨胀风险指定为金融工具的风险成分。例如,企业在某市场环境中发行债券,通货膨胀挂钩债券的交易量和完整的利率期限结构使得该债券市场是一个具有充分流动性的市场,从而能够构造一个零息债券真实利率期限结构。这意味着对相应的货币而言,通货膨胀是市场应予以单独考虑的一项相关因素。在这种情况下,可通过使用零息债券真实利率期限结构将被套期债务工具的现金流量进行折现,来确定通货膨胀风险成分(即类似于无风险利率组成部分的确定方式)。反之,在大多数情况下,通货膨胀风险成分无法单独识别和可靠计量。例如,企业发行仅具有名义利率的债券,而在发行该债券的市场中,通货膨胀挂钩债券的流动性不足以构造零息债券真实利率期限结构。在这种情况下,对市场结构以及相关事实和情况的分析将无法得出通货膨胀是市场予以单独考虑的因素的结论,因此,通货膨胀风险成分不符合指定为被套期项目的条件。在实务中,无论企业实际上使用何种通货膨胀套期工具,上述结论均适用。需要强调的是,已确认的通货膨胀挂钩债券的现金流量中属于合同列明的通货膨胀风险成分(假定不要求对嵌入衍生工具进行单独会计处理)的,该通货膨胀风险能够单独识别和可靠计量,但前提是该工具的其他现金流量不会受到通货膨胀风险成分的影响。

② 一项或多项选定的合同现金流量。

在企业风险管理活动中,企业有时会对一项或多项选定的合同现金流量进行套期。

例如,企业有一笔期限为10年、年利率8%、按年付息的长期银行借款,企业出于风险管理需要,对该笔借款所产生的前5年应支付利息进行套期。

一项或多项选定的合同现金流量可以被指定为被套期项目。

③ 项目名义金额的组成部分。

项目名义金额的组成部分,是指项目整体金额或数量的特定部分,其可以是项目整体的一定比例部分,也可以是项目整体的某一层级部分。

不同的组成部分类型产生不同的会计处理结果。因此,企业在指定名义金额组成部分时应当与其风险管理目标保持一致。

项目名义金额的组成部分包括项目整体的一定比例部分(如一项贷款的合同现金流量的50%部分)和项目整体的某一层级部分。其中,项目某一层级部分可以从已设定但开放式的总体中指定一个层级,也可以从已设定的名义金额中指定一个层级。

项目组成部分与项目总现金流量之间的关系

当金融项目或非金融项目的现金流量的组成部分被指定为被套期项目时,该组成部分应当少于或等于整个项目的现金流量总额。但是,整个项目的所有现金流量可以被指定为被套期项目,而且被套期的只能是某一特定风险(如一项基准利率或者基准商品价格变动所形成的变动风险)。

《企业会计准则第24号——套期会计》

第十二条 企业将一组项目名义金额的组成部分指定为被套期项目时,应当分别满足下列条件:

(一)企业将一组项目的一定比例指定为被套期项目时,该指定应当与该企业的风险管理目标相一致。

(二)企业将一组项目的某一层级部分指定为被套期项目时,应当同时满足下列条件:

1. 该层级能够单独识别并可靠计量。

2. 企业的风险管理目标是对该层级进行套期。

3. 该层级所在的整体项目组合中的所有项目均面临相同的被套期风险。

4. 对于已经存在的项目(如已确认资产或负债、尚未确认的确定承诺)进行的套期,被套期层级所在的整体项目组合可识别并可追踪。

5. 该层级包含提前还款权的,应当符合本准则第九条项目名义金额的组成部分中的相关要求。

本准则所称风险管理目标,是指企业在某一特定套期关系层面上,确定如何指定套期工具和被套期项目,以及如何运用指定的套期工具对指定为被套期项目的特定风险敞口进行套期。

(4) 被套期项目的组合。

当企业出于风险管理目的对一组项目进行组合管理,且组合中的每一个项目(包括其组成部分)单独都属于符合条件的被套期项目时,可以将该项目组合指定为被套期项目。一组风险相互抵销的项目形成风险净敞口,一组风险不存在相互抵销的项目形成风险总敞口。只有当企业出于风险管理目的以净额为基础进行套期时,风险净敞口才符合运用套期会计的条件。判断企业是否以净额为基础进行套期应当基于事实,而不仅仅是声明或文件记录。因此,如果仅仅为了达到特定的会计结果却无法反映企业的风险管理策略和风险管理目标,企业不得运用以净额为基础的套期会计。净敞口套期必须是既定风险管理策略的组成部分,通常应当获得企业关键管理人员的批准。

当企业将形成风险净敞口的一组项目指定为被套期项目时,应当将构成该净敞口的所有项目的项目组合整体指定为被套期项目,不应当将不明确的净敞口抽象金额指定为被套期项目。

风险净敞口并非在任何情况下都符合运用套期会计的条件。在现金流量套期中,企业仅可以将外汇风险净敞口指定为被套期项目,并且应当在套期指定中明确预期交易预计影响损益的报告期间,以及预期交易的性质和数量。

企业根据其风险管理目标,可以将一组项目的一定比例或某一层级指定为被套期项目。当企业将一组项目的某一层级部分指定为被套期项目时,应当同时满足以下条件:

① 该层级能够单独识别并可靠计量。
② 企业的风险管理目标是对该层级进行套期。
③ 该层级所在的整体项目组合中的所有项目均面临相同的被套期风险。
④ 对于已经存在的项目(如已确认资产或负债、尚未确认的确定承诺)进行的套期,被套期层级所在的整体项目组合可识别并可追踪。
⑤ 该层级包含提前还款权的,应当符合《企业会计准则第24号——套期会计》第九条项目名义金额的组成部分中的相关要求。

政策依据

《企业会计准则第24号——套期会计》

第十一条 当企业出于风险管理目的对一组项目进行组合管理、且组合中的每一个项目(包括其组成部分)单独都属于符合条件的被套期项目时,可以将该项目组合指定为被套期项目。

在现金流量套期中,企业对一组项目的风险净敞口(存在风险头寸相互抵销的项目)进行套期时,仅可以将外汇风险净敞口指定为被套期项目,并且应当在套期指定中明确预期交易预计影响损益的报告期间,以及预期交易的性质和数量。

……

第十三条 如果被套期项目是净敞口为零的项目组合(即各项目之间的风险完全相互抵销),同时满足下列条件时,企业可以将该组项目指定在不含套期工具的套期关系中:

(一)该套期是风险净敞口滚动套期策略的一部分,在该策略下,企业定期对同类型的新的净敞口进行套期。

(二)在风险净敞口滚动套期策略整个过程中,被套期净敞口的规模会发生变化,当其不为零时,企业使用符合条件的套期工具对净敞口进行套期,并通常采用套期会计方法。

(三)如果企业不对净敞口为零的项目组合运用套期会计,将导致不一致的会计结果,因为不运用套期会计方法将不会确认在净敞口套期下确认的相互抵销的风险敞口。

(5) 汇总风险敞口作为被套期项目的规定和要求。

企业可以将符合被套期项目条件的风险敞口与衍生工具组合形成的汇总风险敞口指定为被套期项目。在指定此类被套期项目时,企业应当评估该汇总风险敞口是否是由风险敞口与衍生工具相结合,从而产生了不同于该风险敞口的另一个风险敞口,并将其作为针对某项(或几项)特定风险的一个风险敞口进行管理。在这种情况下,企业可基于该汇总风险敞口指定被套期项目。

企业基于汇总风险敞口指定被套期项目时,应当在评估套期有效性和计量套期无效部

分时考虑构成该汇总风险敞口的所有项目的综合影响。但是,构成该汇总风险敞口的项目仍须单独进行会计处理,具体要求如下:

① 作为汇总风险敞口组成部分的衍生工具应当单独确认为以公允价值计量的资产或负债。

② 如果在构成汇总风险敞口的各项目之间指定套期关系,则衍生工具作为汇总风险敞口组成部分的方式应当与该衍生工具在此汇总风险敞口层面上被指定为套期工具的方式保持一致。

例如,对于构成汇总风险敞口的各项目之间的套期关系,如果企业在指定套期工具时将衍生工具的远期要素排除在外,则企业在将该衍生工具作为汇总风险敞口的组成部分指定为被套期项目时也应当将远期要素予以排除。

政策依据

《企业会计准则第24号——套期会计》

第十条 企业可以将符合被套期项目条件的风险敞口与衍生工具组合形成的汇总风险敞口指定为被套期项目。

(二) 套期会计目标

套期会计的目标是在财务报告中反映企业采用金融工具管理因特定风险引起的风险敞口的风险管理活动的影响。

(三) 套期会计分类

企业应当按照《企业会计准则第24号——套期会计》的要求,将套期分为公允价值套期、现金流量套期和境外经营净投资套期,分别进行会计处理。

(四) 套期会计方法

套期会计方法,是指企业将套期工具和被套期项目产生的利得或损失在相同会计期间计入当期损益(或其他综合收益)以反映风险管理活动影响的方法。

对于满足《企业会计准则第24号——套期会计》规定条件的套期,企业可运用套期会计方法进行处理。

套期会计的根本目标就是建立风险管理与财务报告之间的关系。

企业开展套期业务以进行风险管理,但是如果按照常规的会计处理方法,可能会导致损益产生更大的波动,这是因为企业被套期的风险敞口和对风险敞口进行套期的金融工具的确认和计量基础不一定相同。

例如,企业使用衍生工具对某项极可能发生的预期交易的价格风险进行套期,按照常规会计处理方法,该衍生工具应当以公允价值计量且其变动计入当期损益,而预期交易则需到交易发生时才能予以确认,这样,企业利润表反映的损益就会产生较大的波动。

再如,企业使用衍生工具对其持有的存货的价格风险进行套期,按照常规会计处理方法,该衍生工具应当以公允价值计量且其变动计入当期损益,而存货则以成本与可变现净值孰低计量,这同样会导致企业利润表反映的损益产生较大的波动。企业使用金融工具进行风险管理的目的是对冲风险,减少企业损益的波动,而由于常规会计处理方法中有关确认和计量基础不一致,在一定会计期间不仅可能无法如实反映企业的风险管理活动,反而可能会在财务报表上"扩大风险"。因此,尽管从长期来看,被套期项目和套期工具实现了风险的对冲,但是在套期存续期所涵盖的各个会计报告期间内,在常规会计处理方法下有可能会产生会计错配和损益波动。

套期会计方法基于企业风险管理活动,将套期工具和被套期项目产生的利得或损失在相同会计期间计入当期损益(或其他综合收益),有助于处理被套期项目和套期工具在确认和计量方面存在的上述差异,并在企业财务报告中如实反映企业进行风险管理活动的影响。

在套期会计实务中,要明确三个核心要素,即被套期项目(例如原料库存)、套期工具(例如期货合约)和套期关系指定。使用套期会计必须要满足套期有效性的要求,要符合套期有效性的目标,即套期工具和被套项目之间要能对冲风险,而且这种对冲关系不是偶然的关系,针对有效的部分可以采用套期会计进行处理,针对无效的部分应该采用衍生工具相关处理原则进行处理，即以公允价值进行计量且其变动损益计入当期收益。

（五）运用套期会计的条件

公允价值套期、现金流量套期或境外经营净投资套期同时满足下列条件的，才能运用《企业会计准则第24号——套期会计》规定的套期会计方法进行处理：

套期关系仅由符合条件的套期工具和被套期项目组成。

在套期开始时，企业正式指定了套期工具和被套期项目，并准备了关于套期关系和企业从事套期的风险管理策略和风险管理目标的书面文件。该文件至少载明了套期工具、被套期项目、被套期风险的性质以及套期有效性评估方法（包括套期无效部分产生的原因分析以及套期比率确定方法）等内容。

套期关系符合套期有效性要求。

套期有效性，是指套期工具的公允价值或现金流量变动能够抵销被套期风险引起的被套期项目公允价值或现金流量变动的程度。

套期工具的公允价值或现金流量变动大于或小于被套期项目的公允价值或现金流量变动的部分为套期无效部分。

1. 风险管理策略和风险管理目标

企业应当区分风险管理策略和风险管理目标。风险管理策略由企业风险管理最高决策机构制定，一般在企业有关纲领性文件中阐述，并通过含有具体指引的政策性文件在企业范围内贯彻落实。风险管理策略通常应当识别企业面临的各类风险并明确企业如何应对这些风险，风险管理策略一般适用于较长时期的风险管理活动，并且包含一定的灵活性以适应策略实施期间内环境的变化（例如，不同利率或商品价格水平导致不同程度的套期）。

而风险管理目标是指企业在某一特定套期关系层面上，确定如何指定套期工具和被套期项目，以及如何运用指定的套期工具对指定为被套期项目的特定风险敞口进行套期。

因此，风险管理策略可以涵盖许多不同的套期关系，而这些套期关系的风险管理目标旨在落实整体的风险管理策略。

2. 套期有效性要求

套期同时满足下列条件的，企业应当认定套期关系符合套期有效性要求：

（1）被套期项目和套期工具之间存在经济关系。

该经济关系使得套期工具和被套期项目的价值因面临相同的被套期风险而发生方向相反的变动。

如果被套期项目和套期工具之间存在经济关系，则套期工具的价值与被套期项目的价值预期将产生系统性变动，以反映同一基础变量或一组因采用类似的方式来应对被套期风险而存在经济关系的基础变量（例如布伦特原油和西德克萨斯中质原油等）产生的变动。如果基础变量不同但在经济上相关，则有可能发生套期工具的价值和被套期项目的价值呈同向变动的情况，例如，两个相关的基础变量之间的价差产生了变动，而这两个基础变量本身却未发生显著变动。即便如此，当基础变量发生变动的同时，套期工具的价值与被套期项目的价值预期在通常情况下仍将沿着相反方向变动的，套期工具与被套期项目之间仍然存在经济关系。

当对净头寸进行套期时，企业应当考虑净头寸中各项目的价值变动以及套期工具的公允价值变动。

（2）被套期项目和套期工具经济关系产生的价值变动中，信用风险的影响不占主导地位。

由于套期会计方法建立在套期工具和被套期项目所产生的利得和损失能够相互抵销这一基本概念之上，因此套期有效性不仅取决于套期工具和被套期项目之间的经济关系，还取决于信用风险对套期工具和被套期项目价值的影响。信用风险的影响意味着，即使套期工具与被套期项目之间存在经济关系，两者之间相互抵销的程度仍可能变得不规律。这可能是由于套期工具或被套期项目的信用风险的变化所致，而且此类信用风险的变化可能会达到一定程度，使信用风险将主导价值变动。例如，企业使用无担保的衍生工具对商品价格风险敞口进行套期。如果该衍生工具交易对手方的信用状况严重恶化,则与商品价格的变动相比,该交易对手方信用状况的变化对套期工具公允价值所产生的影响可能更大,而被套期项目的价值变动则主要取决于商品价格的变动。

如果由信用风险引起的损失或利得将干扰基础变量的变动对套期工具或被套期项目价值的影响,则信用风险的变化程度导致了信用风险在价值变动中起主导作用。反之,如果基础变量在特定期间内发生很小的变动,即使与信用风险相关的很小的价值变动可能会超过基础变量变动所引起的价值变动,信用风险的变化也未必形成主导作用。

(3) 套期关系的套期比率,应当等于企业实际套期的被套期项目数量与对其进行套期的套期工具实际数量之比。

被套期项目和套期工具的数量可根据其性质采用多种方式进行计量。作为一般原则,套期关系的套期比率应当与从风险管理角度而设定的套期比率相同。在某些情况下,套期比率可能为1:1,因为被套期项目的关键条款将与套期工具的关键条款相匹配;然而在实务中的很多情况下,由于多种原因,实际套期比率可能并非1:1。如果企业对某一项目不足100%的风险敞口(例如,85%)进行套期,则其用来指定套期关系的套期比率应当与上述85%的风险敞口以及企业用于对上述85%的风险敞口进行套期的套期工具实际数量所形成的套期比率相一致。与此类似,如果企业使用名义金额为40个单位的金融工具对某个风险敞口进行套期,则其用来指定套期关系的套期比率应当与上述40个单位(即企业不能使用其所持有的总数中更多的数量单位或更少的数量单位来确定套期比率),以及实际被套期项目的数量所形成的套期比率相一致。

套期比率不应当反映被套期项目和套期工具相对权重的失衡,这种失衡会导致套期无效,并可能产生与套期会计目标不一致的会计结果。因此,在指定套期关系时,企业必须调整由其实际使用的被套期项目数量和套期工具数量形成的套期比率,以避免这种失衡。

如果被套期项目和套期工具的特定权重将导致套期无效部分,企业应当确定该套期无效部分是否具有商业理由。

企业不得为避免确认现金流量套期的无效部分而改变现金流量套期比率,也不得为创造更多的被套期项目公允价值调整而改变公允价值套期比率。这种会计结果不符合套期会计的目标。

3. 套期有效性评价方法

企业应当在套期开始日及以后期间持续地对套期关系是否符合套期有效性要求进行评估,尤其应当分析在套期剩余期限内预期将影响套期关系的套期无效部分产生的原因。企业至少应当在资产负债表日及相关情形发生重大变化将影响套期有效性要求时对套期关系进行评估。

一般情况下,套期工具和被套期项目的公允价值或现金流量变动难以实现完全抵销,因而会出现套期无效部分。套期工具的公允价值或现金流量变动大于或小于被套期项目的公允价值或现金流量变动的部分为套期无效部分。在计量套期无效部分时,企业应当考虑货币的时间价值。套期无效部分的形成源于多方面的因素。这些因素通常包括:

(1) 套期工具和被套期项目以不同的货币表示。

(2) 套期工具和被套期项目有不同的到期期限。

(3) 套期工具和被套期项目内含不同的利率或权益指数变量。

(4) 套期工具和被套期项目使用不同市场的商品价格标价。

(5) 套期工具和被套期项目对应不同的交易对手。

(6) 套期工具在套期开始时的公允价值不等于零。

为计算被套期项目的价值变动,企业可使用其条款与被套期项目的主要条款相匹配的衍生工具(通常称为"虚拟衍生工具")。在使用虚拟衍生工具估计被套期项目的价值时,不能使用仅存在于套期工具中而被套期项目不具备的特征。

例如,对于以外币计价的债务(无论固定利率还是浮动利率),企业在使用虚拟衍生工具计算该债务的价值变动或其现金流量累计变动的现值时,即便实际的衍生工具的不同货币汇兑可能包括汇兑费用,虚拟衍生工具也不能简单地直接反映这种费用,因为被套期项目中可能不包含这项费用。在评估被套期项目和套期工具之间是否存在经济关系时,企业可以采用定性或定量的方法。

如果套期工具和被套期项目的主要条款(例如名义金额、到期期限和基础变量)均匹配或大致相符,企业可以根据此类主要条款进行定性评估。如果套期工具和被套期项目的主要条款并非基本匹配,企业可能需要进行定量评估(例如通过比较被套期风险引起的套期工具和被套期项目公允价值或现金流量变动的比率,或通过采用回归分析方法分析套期工具和被套期项目价值变动的相关性),但两个变量之间仅仅存在某种统计相关性的事实本身不足以有效证明套期工具与被套期项目之间存在经济关系。

企业的风险管理策略是评估套期关系是否符合套期有效性要求的主要信息来源。这意味着,用于决策目的的管理分析信息可作为评估套期关系是否符合套期有效性要求的依据。因此,套期有效性评价方法应当与企业的风险管理策略相吻合,并在套期开始时就在风险管理有关的正式文件中详细加以说明。如果相关情况发生变化从而影响套期有效性,企业可能需要改变评估套期关系是否符合套期有效性要求的方法,以确保该评估仍能够考虑套期关系的相关特征(包括套期无效部分的来源)。当评估套期有效性的方法发生改变时,应当对套期关系书面文件作相应更新。

政策依据

《企业会计准则第24号——套期会计》

第十四条 运用套期会计时,在合并财务报表层面,只有与企业集团之外的对手方之间交易形成的资产、负债、尚未确认的确定承诺或极可能发生的预期交易才能被指定为被套期项目;在合并财务报表层面,只有与企业集团之外的对手方签订的合同才能被指定为套期工具。对于同一企业集团内的主体之间的交易,在企业个别财务报表层面可以运用套期会计,在企业集团合并财务报表层面不得运用套期会计,但下列情形除外:

(一)在合并财务报表层面,符合《企业会计准则第33号——合并财务报表》规定的投资性主体与其以公允价值计量且其变动计入当期损益的子公司之间的交易,可以运用套期会计。

(二)企业集团内部交易形成的货币性项目的汇兑收益或损失,不能在合并财务报表中全额抵销的,企业可以在合并财务报表层面将该货币性项目的外汇风险指定为被套期项目。

(三)企业集团内部极可能发生的预期交易,按照进行此项交易的主体的记账本位币以外的货币标价,且相关的外汇风险将影响合并损益的,企业可以在合并财务报表层面将该外汇风险指定为被套期项目。

(六)套期关系再平衡

1. 套期关系再平衡的相关知识

套期关系由于套期比率的原因而不再符合套期有效性要求,但指定该套期关系的风险管理目标没有改变的,企业应当进行套期关系再平衡。

所称套期关系再平衡,是指对已经存在的套期关系中被套期项目或套期工具的数量进行调整,以使套期比率重新符合套期有效性要求。

基于其他目的对被套期项目或套期工具所指定的数量进行变动,例如仅对特定风险敞口更多或更少的数量进行套期以符合企业的风险管理策略,不构成《企业会计准则第24号——套期会计》所称的套期关系再平衡。

调整套期比率使得企业可以应对由于基础变量或风险变量而引起的套期工具和被套期项目之间关系的变动。例如,当套期关系中的套期工具和被套期项目具有不同但是相关的基础变量(如不同但相关的指数、比率或价格)时,套期关系会随着这两个基础变量之间关系的变动而发生变化。当套期工具和被套期项目之间关系发生的变动能通过调整套期比率得以弥补时,再平衡将可以使得套期关系得到延续。但是,在套期工具与被套期项目之间的关系变动不能通过调整套期比率来弥补的情况下,再平衡并不能促使套期关系得到延续。

(1) 并非所有套期工具的公允价值变动和被套期项目的公允价值或现金流量变动之间抵销程度的变化,均会导致套期工具与被套期项目之间的套期关系的变化。企业应当分析预期将在存续期内影响套期关系的套期无效部分的来源,并评估抵销程度的变化属于下列哪一种情形:

① 抵销程度的变化属于围绕套期比率的正常波动(即能够继续适当反映套期工具与被套期项目之间的关系)。

② 抵销程度的变化表明套期比率不再能够恰当反映套期工具与被套期项目之间的关系。为应对每一特定结果而调整套期比率的做法,并不能减少围绕某个固定套期比率的上下波动及由此产生的套期无效部分。在该情况下,只需对套期无效部分进行确认和计量,而无需做出再平衡。

与此相反,如果抵销程度的变化表明该波动围绕着一个套期比率,而该套期比率不同于当前针对该套期关系所使用的套期比率,或存在偏离目前采用的套期比率的趋势,企业可以通过调整套期比率来降低套期无效部分,而保留原套期比率将显著增加套期的无效部分。在该情况下,企业必须评价套期关系是否反映出被套期项目与套期工具之间权重的失衡,这种失衡可能产生套期无效(无论确认与否),并可能产生与套期会计目标不一致的会计结果。如果套期比率被调整,则会同时影响套期无效部分的确认和计量。

(2) 通常,再平衡中对被套期项目或套期工具数量的调整应当反映企业实际使用的套期工具和被套期项目的数量调整。但是,如果出现下列情况,则企业必须调整根据实际使用的被套期项目或套期工具的数量而得出的套期比率:

① 由企业的套期工具或被套期项目的实际数量变动所产生的套期比率反映出某种失衡,这种失衡可能导致套期无效,并可能产生与套期会计目标不一致的会计结果。

② 企业维持套期工具和被套期项目的实际数量而得出的套期比率在新的情况下反映出某种失衡,这种失衡可能导致套期无效,并可能产生与套期会计目标不一致的会计结果。

企业对套期关系做出再平衡,可以通过增加或减少被套期项目或套期工具数量的方式调整套期比率。但是,数量的减少并不一定意味着那些项目或交易不再存在,或预计不再发生,而是表明其不再是套期关系的一部分。例如,企业减少套期工具的数量,但仍然保留某项衍生工具,该衍生工具仅有一部分将继续作为套期关系中的套期工具。

2. 套期关系再平衡的会计处理

企业对套期关系做出再平衡的,应当在调整套期关系之前确定套期关系的套期无效部分,并将相关利得或损失立即计入当期损益。同时,更新在套期剩余期限内预期将影响套期关系的套期无效部分产生原因的分析,并相应更新套期关系的书面文件。

套期关系再平衡可能会导致企业增加或减少指定套期关系中被套期项目或套期工具的数量。企业增加了指定的被套期项目或套期工具的,增加部分自指定增加之日起作为套期关系的一部分进行处理;企业减少了指定的被套期项目或套期工具的,减少部分自指定减少之日起不再作为套期关系的一部分,作为套期关系终止处理。

(七) 终止运用套期会计——套期关系的终止

企业不得撤销指定并终止一项继续满足套期风险管理目标并在再平衡之后继续符合套期会计条件的套期关系。但是,如果套期关系不再满足套期风险管理目标或在再平衡之后不符合套期会计条件等《企业会计准则第24号——套期会计》规定情形的,则企业必须终止套期关系。

企业应当采用未来适用法,自不再满足套

期会计条件或风险管理目标之日起终止运用套期会计。当只有部分套期关系不再满足运用套期会计的条件时,套期关系将部分终止,其余部分将继续适用套期会计。例如,当对套期关系做出再平衡时,对套期比率进行的调整可能使得部分被套期项目的数量不再构成套期关系的一部分。因此,仅针对不再构成套期关系一部分的被套期项目的数量终止运用套期会计;或者当作为被套期项目的预期交易的部分数量不再极可能发生时,仅对不再极可能发生的被套期项目的数量终止运用套期会计。然而,如果企业曾将预期交易指定为被套期项目,并在后续期间确定该预期交易预计不再会发生,则企业在预测类似的预期交易时,其准确预测预期交易的能力将受到质疑,这将影响对于类似的预期交易是否极可能发生的评估,并进而影响到这些类似的预期交易是否符合被套期项目的评估。

企业发生下列情形之一的,应当终止运用套期会计(包括部分终止运用套期会计和整体终止运用套期会计):

(1) 因风险管理目标发生变化,导致套期关系不再满足风险管理目标。

【例30-4】 假定智董公司共发行有1亿元的浮动利率债券,公司的风险管理策略是在其债务总额中需要维持30%~50%的固定利率债务。

【分析】 为此,公司在债券发行之初,选择了对其中5 000万元的浮动利率债券进行套期,通过互换合同将其转换为固定利率债务。此后,由于市场利率走低,公司管理层决定调低固定利率债务占比至30%。

在此情况下,公司风险管理目标发生了变化,公司将原被套期的5 000万元浮动利率债券中的3 000万元终止运用套期会计。

(2) 套期工具已到期、被出售、合同终止或已行使。

在套期工具已到期、被出售、合同终止或已行使的情况下,套期关系或其一部分不再满足套期会计的条件,因此应当相应终止运用套期会计。

需要说明的是,企业发生下列情形之一的,不作为套期工具已到期或合同终止处理:

① 套期工具展期或被另一项套期工具替换,而且该展期或替换是企业书面文件所载明的风险管理目标的组成部分。

② 由于法律法规或其他相关规定的要求,套期工具的原交易对手方变更为一个或多个清算交易对手方(例如清算机构或其他主体),以最终达成由同一中央交易对手方进行清算的目的。如果存在套期工具其他变更的,该变更应当仅限于替换交易对手方所必须的变更。在将原交易对手方更换为清算交易对手方并确认相应变更的影响时,应当将该影响反映在套期工具的计量中,进而纳入对套期有效性的评估和计量。

例如,对于套期关系中被指定为套期工具的衍生工具,由于新的法律法规要求变更为中央交易对手方,且该变更仅涉及替换交易对手方所必须的变更,则企业应当将原有衍生工具终止确认,并新确认变更交易对手方后的衍生工具,但是变更前的套期关系将作为持续的套期关系进行会计处理,企业无需对套期关系终止运用套期会计。

(3) 被套期项目与套期工具之间不再存在经济关系,或者被套期项目和套期工具经济关系产生的价值变动中,信用风险的影响开始占主导地位。

(4) 套期关系不再满足《企业会计准则第24号——套期会计》所规定的运用套期会计方法的其他条件。

例如,套期工具或被套期项目不再符合条件。在适用套期关系再平衡的情况下,企业应当首先考虑套期关系再平衡,然后评估套期关系是否满足《企业会计准则第24号——套期会计》所规定的运用套期会计方法的条件。

当部分或整体终止运用套期会计时,企业可以对原套期关系中套期工具或被套期项目指定新的套期关系,这种情况并不构成套期关系的延续,而是重新开始一项套期关系。例如,某一套期工具出现严重信用恶化,企业以新的套期工具将其取代,这意味着原套期关系未能实现风险管理目标,因此被整体终止。新的套期工具被指定为对先前被套期的相同风险敞口进行的套期,并形成新的套期关系。在这种情况下,被套期项目的公允价值或现金流量变动的计量起始日应当是新套期关系的指定日,而非原套期关系的指定日。

政策依据

《企业会计准则第24号——套期会计》
第三章 套期关系评估

第十五条 公允价值套期、现金流量套期或境外经营净投资套期同时满足下列条件的,才能运用本准则规定的套期会计方法进行处理:

(一)套期关系仅由符合条件的套期工具和被套期项目组成。

(二)在套期开始时,企业正式指定了套期工具和被套期项目,并准备了关于套期关系和企业从事套期的风险管理策略和风险管理目标的书面文件。该文件至少载明了套期工具、被套期项目、被套期风险的性质以及套期有效性评估方法(包括套期无效部分产生的原因分析以及套期比率确定方法)等内容。

(三)套期关系符合套期有效性要求。

套期有效性,是指套期工具的公允价值或现金流量变动能够抵销被套期风险引起的被套期项目公允价值或现金流量变动的程度。套期工具的公允价值或现金流量变动大于或小于被套期项目的公允价值或现金流量变动的部分为套期无效部分。

第十六条 套期同时满足下列条件的,企业应当认定套期关系符合套期有效性要求:

(一)被套期项目和套期工具之间存在经济关系。该经济关系使得套期工具和被套期项目的价值因面临相同的被套期风险而发生方向相反的变动。

(二)被套期项目和套期工具经济关系产生的价值变动中,信用风险的影响不占主导地位。

(三)套期关系的套期比率,应当等于企业实际套期的被套期项目数量与对其进行套期的套期工具实际数量之比,但不应当反映被套期项目和套期工具相对权重的失衡,这种失衡会导致套期无效,并可能产生与套期会计目标不一致的会计结果。例如,企业确定拟采用的套期比率是为了避免确认现金流量套期的套期无效部分,或是为了创造更多的被套期项目进行公允价值调整以达到增加使用公允价值会计的目的,可能会产生与套期会计目标不一致的会计结果。

第十七条 企业应当在套期开始日及以后期间持续地对套期关系是否符合套期有效性要求进行评估,尤其应当分析在套期剩余期限内预期将影响套期关系的套期无效部分产生的原因。企业至少应当在资产负债表日及相关情形发生重大变化将影响套期有效性要求时对套期关系进行评估。

第十八条 套期关系由于套期比率的原因而不再符合套期有效性要求,但指定该套期关系的风险管理目标没有改变的,企业应当进行套期关系再平衡。

本准则所称套期关系再平衡,是指对已经存在的套期关系中被套期项目或套期工具的数量进行调整,以使套期比率重新符合套期有效性要求。基于其他目的对被套期项目或套期工具所指定的数量进行变动,不构成本准则所称的套期关系再平衡。

企业在套期关系再平衡时,应当首先确认套期关系调整前的套期无效部分,并更新在套期剩余期限内预期将影响套期关系的套期无效部分产生原因的分析,同时相应更新套期关系的书面文件。

第十九条 企业发生下列情形之一的,应当终止运用套期会计:

(一)因风险管理目标发生变化,导致套期关系不再满足风险管理目标。

(二)套期工具已到期、被出售、合同终止或已行使。

(三)被套期项目与套期工具之间不再存在经济关系,或者被套期项目和套期工具经济关系产生的价值变动中,信用风险的影响开始占主导地位。

(四)套期关系不再满足本准则所规定的运用套期会计方法的其他条件。

在适用套期关系再平衡的情况下,企业应当首先考虑套期关系再平衡,然后评估套期关系是否满足本准则所规定的运用套期会计方法的条件。

终止套期会计可能会影响套期关系的整体或其中一部分,在仅影响其中一部分时,剩余未受影响的部分仍适用套期会计。

第二十条 套期关系同时满足下列条件的,企业不得撤销套期关系的指定并由此终止套期关系:

(一)套期关系仍然满足风险管理目标。

(二)套期关系仍然满足本准则运用套期会计方法的其他条件。

在适用套期关系再平衡的情况下,企业应当首先考虑套期关系再平衡,然后评估套期关系是否满足本准则所规定的运用套期会计方法的条件。

第二十一条 企业发生下列情形之一的,不作为套期工具已到期或合同终止处理:

(一)套期工具展期或被另一项套期工具替换,而且该展期或替换是企业书面文件所载明的风险管理目标的组成部分。

(二)由于法律法规或其他相关规定的要求,套期工具的原交易对手方变更为一个或多个清算交易对手方(例如清算机构或其他主体),以最终达成由同一中央交易对手方进行清算的目的。如果存在套期工具其他变更的,该变更应当仅限于达成此类替换交易对手方所必须的变更。

套期关系的评估、再平衡

企业应当按照套期会计准则规定进行套期关系的评估。适用套期关系再平衡的,企业应当进行套期关系再平衡,通过调整套期关系的套期比率,使其重新满足套期有效性要求,从而延续套期关系。企业一旦正式指定套期关系并选择应用套期会计的,只能在企业不再符合套期会计准则规定的特定条件时终止应用套期会计,不得自行终止应用套期会计。

二、会计准则概述

(一)本准则的相关背景

为了规范套期会计处理,我国财政部2017年3月31日修订发布了《企业会计准则第24号——套期会计》(财会〔2017〕9号,本讲简称"本准则"或"新准则")。执行《企业会计准则第24号——套期会计》的企业,不再执行财政部于2006年2月印发的《企业会计准则第24号——套期保值》及2015年11月印发的《商品期货套期业务会计处理暂行规定》(财会〔2015〕18号)。在境内外同时上市的企业以及在境外上市并采用国际财务报告准则或企业会计准则编制财务报告的企业,自2018年1月1日起施行;其他境内上市企业自2019年1月1日起施行;执行企业会计准则的非上市企业自2021年1月1日起施行。

新的金融工具准则与国际会计准则理事会2014年发布的《国际财务报告准则第9号——金融工具》(IFRS 9)趋同。

(二)本准则的适用范围

套期会计的确认和计量,由《企业会计准则第24号——套期会计》规范。

该准则对开展套期业务的企业选择运用套期会计时的会计处理进行了规范。

本准则规范套期会计处理。

(三)本准则的主要变化

1. 套期会计更加如实地反映企业的风险管理活动

原先的套期会计准则对套期会计规定了严格的适用条件,导致实务中企业开展的大量套期业务无法通过套期会计在财务报表中予以反映。

新修订的套期会计准则更加强调套期会计与企业风险管理活动的有机结合,在拓宽套期工具和被套期项目的范围、以定性的套期有效性要求取代原先准则的定量要求、允许通过调整套期工具和被套期项目的数量实现套期关系的"再平衡"等方面实现诸多突破,从而有助于套期会计更好地反映企业的风险管理活动。

2. 套期会计准则拓宽套期工具和被套期项目的范围

增加了允许将以公允价值计量且其变动计入当期损益的非衍生金融工具指定为套期工具。

拓宽了可以被指定的被套期项目的范围,增加了以下符合条件的被套期项目:

(1)允许将非金融项目的组成部分指定为被套期项目。

(2)允许将一组项目的风险总敞口和风险净敞口指定为被套期项目,并且对于风险净敞口套期的列报做出了单独的要求。

(3)允许将包括衍生工具在内的汇总风险敞口指定为被套期项目。

3. 改进套期有效性评估

取消了2006版准则中80%~125%的套期高度有效性量化指标及回顾性评估要求,代之以定性的套期有效性要求,更加注重预期有效性评估。

定性的套期有效性要求的重点是,套期工

具和被套期项目之间应当具有经济关系,使得套期工具和被套期项目的价值因面临相同的被套期风险而发生方向相反的变动,并且套期关系的套期比率不应当反映被套期项目和套期工具相对权重的失衡,否则会产生套期无效以及与套期会计目标不一致的会计结果。

4. 引入套期关系"再平衡"机制

2006版准则要求,如果套期关系不再符合套期有效性要求,企业应当终止套期会计。

新准则引入了灵活的套期关系"再平衡"机制,如果套期关系由于套期比率的原因而不再满足套期有效性要求,但指定该套期关系的风险管理目标没有改变的,企业可以进行套期关系再平衡,通过调整套期关系的套期比率,使其重新满足套期有效性要求,从而延续套期关系,而不必如2006版准则所要求先终止再重新指定套期关系。

5. 增加套期会计中期权时间价值的会计处理方法

原先准则规定,当企业仅指定期权的内在价值为被套期项目时,剩余的未指定部分即期权的时间价值部分作为衍生工具的一部分,应当以公允价值计量且其变动计入当期损益,造成了损益的潜在波动,不利于反映企业风险管理的成果。

修订后的套期会计准则引入了新的会计处理方法,期权时间价值的公允价值变动应当首先计入其他综合收益,后续的会计处理取决于被套期项目的性质,被套期项目与交易相关的,对其进行套期的期权时间价值具备交易成本的特征,累计计入其他综合收益的金额应当采用与现金流量套期储备金额相同的会计处理方法进行处理;被套期项目与时间段相关的,对其进行套期的期权时间价值具备为保护企业在特定时间段内规避风险所需支付成本的特征,累计计入其他综合收益的金额应当按照系统、合理的方法,在套期关系影响损益(或其他综合收益)的期间内摊销,计入当期损益。这种处理方法有利于更好地反映企业交易的经济实质,提供了与其他领域相一致的会计处理方法,提高了会计结果的可比性,减少了企业损益的波动性。

6. 增加套期会计中信用风险敞口的公允价值选择权

修订后的套期会计准则规定,符合一定条件时,企业可以在金融工具初始确认时、后续计量中或尚未确认时,将金融工具的信用风险敞口指定为以公允价值计量且其变动计入当期损益的金融工具;当条件不再符合时,应当撤销指定。

新规定允许企业对金融工具的信用风险敞口选择以公允价值计量且其变动计入当期损益的方式来进行会计处理,以实现信用风险敞口和信用衍生工具公允价值变动在损益表中的自然对冲,而不需要采用套期会计,以此作为套期会计的一种替代,以更好地反映企业管理信用风险活动的结果,提高企业管理信用风险的积极性。

与征求意见稿相比的变化

2016年8月,我国财政部发布了《关于征求〈企业会计准则第22号——金融工具确认和计量(修订)(征求意见稿)〉等3项准则意见的函》(财办会〔2016〕33号),对《企业会计准则第22号——金融工具确认和计量(修订)(征求意见稿)》《企业会计准则第23号——金融资产转移(修订)(征求意见稿)》和《企业会计准则第24号——套期会计(修订)(征求意见稿)》公开征求意见。

正式文件与征求意见稿相比,正式稿将公允价值变动影响其他综合收益的情形,仅限于企业对指定为以公允价值计量且其变动计入其他综合收益的非交易性权益工具投资的公允价值变动风险敞口进行的套期;明确了风险成分也包括被套期项目公允价值或现金流量的变动仅高于或仅低于特定价格或其他变量的部分;明确净敞口为零的项目组合可以指定为被套期项目;增加套期比率失衡及不属于再平衡的情形的表述;增加应当终止运用套期会计的情形(不存在经济关系、信用风险主导);规定摊销开始日不得晚于终止调整被套期项目的时点;增加预期不再极可能发生但可能预期仍然会发生的表述;增加对期权时间价值处理和确定校准时间价值的规定;增加要求追溯调整的情形(期权时间价值、交易对手方变更)。此外,还修改了部分措辞及结构。

第二节 套期会计的具体操作

企业在经营活动中会面临各类风险,其中涉及外汇风险、利率风险、价格风险、信用风险等。对于此类风险敞口,企业可能会选择通过利用金融工具产生反向的风险敞口(即开展套期业务)来进行风险管理活动。

企业符合运用套期会计的条件且选择运用套期会计的,应当按照《企业会计准则第24号——套期会计》的要求进行会计处理,并且应当按照《企业会计准则第37号——金融工具列报》中有关套期会计披露的要求进行信息披露。

一、公允价值套期的确认和计量、会计处理原则

公允价值套期满足运用套期会计方法条件的,应当按照下列规定处理:

(1) 套期工具产生的利得或损失应当计入当期损益。如果套期工具是对选择以公允价值计量且其变动计入其他综合收益的非交易性权益工具投资(或其组成部分)进行套期的,套期工具产生的利得或损失应当计入其他综合收益。

(2) 被套期项目因被套期风险敞口形成的利得或损失应当计入当期损益,同时调整未以公允价值计量的已确认被套期项目的账面价值。被套期项目为按照《企业会计准则第22号——金融工具确认和计量》第十八条分类为以公允价值计量且其变动计入其他综合收益的金融资产(或其组成部分)的,其因被套期风险敞口形成的利得或损失应当计入当期损益,其账面价值已经按公允价值计量,不需要调整;被套期项目为企业选择以公允价值计量且其变动计入其他综合收益的非交易性权益工具投资(或其组成部分)的,其因被套期风险敞口形成的利得或损失应当计入其他综合收益,其账面价值已经按公允价值计量,不需要调整。

需要说明的是,被套期项目为尚未确认的确定承诺(或其组成部分)的,其在套期关系指定后因被套期风险引起的公允价值累计变动额应当确认为一项资产或负债,相关的利得或损失应当计入各相关期间损益。当履行确定承诺而取得资产或承担负债时,应当调整该资产或负债的初始确认金额,以包括已确认的被套期项目的公允价值累计变动额。

公允价值套期中,被套期项目为以摊余成本计量的金融工具(或其组成部分)的,企业对被套期项目账面价值所作的调整应当按照开始摊销日重新计算的实际利率进行摊销,并计入当期损益。该摊销可以自调整日开始,但不应当晚于对被套期项目终止进行套期利得和损失调整的时点。被套期项目为按照《企业会计准则第22号——金融工具确认和计量》第十八条分类为以公允价值计量且其变动计入其他综合收益的金融资产(或其组成部分)的,企业应当按照相同的方式对累计已确认的套期利得或损失进行摊销,并计入当期损益,但不调整金融资产(或其组成部分)的账面价值。

> **政策依据**
>
> **《企业会计准则第24号——套期会计》**
>
> 第二十二条 公允价值套期满足运用套期会计方法条件的,应当按照下列规定处理:
>
> (一) 套期工具产生的利得或损失应当计入当期损益。如果套期工具是对选择以公允价值计量且其变动计入其他综合收益的非交易性权益工具投资(或其组成部分)进行套期的,套期工具产生的利得或损失应当计入其他综合收益。
>
> (二) 被套期项目因被套期风险敞口形成的利得或损失应当计入当期损益,同时调整未以公允价值计量的已确认被套期项目的账面价值。被套期项目为按照《企业会计准则第22号——金融工具确认和计量》第十八条分类为以公允价值计量且其变动计入其他综合收益的金融资产(或其组成部分)的,其因被套期风险敞口形成的利得或损失应当计入当期损益,其账面价值已经按

公允价值计量,不需要调整;

被套期项目为企业选择以公允价值计量且其变动计入其他综合收益的非交易性权益工具投资(或其组成部分)的,其因被套期风险敞口形成的利得或损失应当计入其他综合收益,其账面价值已经按公允价值计量,不需要调整。

被套期项目为尚未确认的确定承诺(或其组成部分)的,其在套期关系指定后因被套期风险引起的公允价值累计变动额应当确认为一项资产或负债,相关的利得或损失应当计入各相关期间损益。当履行确定承诺而取得资产或承担负债时,应当调整该资产或负债的初始确认金额,以包括已确认的被套期项目的公允价值累计变动额。

第二十三条　公允价值套期中,被套期项目为以摊余成本计量的金融工具(或其组成部分)的,企业对被套期项目账面价值所作的调整应当按照开始摊销日重新计算的实际利率进行摊销,并计入当期损益。该摊销可以自调整日开始,但不应当晚于对被套期项目终止进行套期利得和损失调整的时点。被套期项目为按照《企业会计准则第 22 号——金融工具确认和计量》第十八条分类为以公允价值计量且其变动计入其他综合收益的金融资产(或其组成部分)的,企业应当按照相同的方式对累计已确认的套期利得或损失进行摊销,并计入当期损益,但不调整金融资产(或其组成部分)的账面价值。

【例 30-5】 2×19 年 1 月 1 日,智董公司为规避所持有铜存货公允价值变动风险,与某金融机构签订了一项铜期货合同,并将其指定为对 2×19 年前两个月铜存货的商品价格变化引起的公允价值变动风险的套期工具。铜期货合同的标的资产与被套期项目铜存货在数量、质量和产地方面相同。假设不考虑期货市场中每日无负债结算制度的影响。

2×19 年 1 月 1 日,铜期货合同的公允价值为 0,被套期项目(铜存货)的账面价值和成本均为 3 000 000 元,公允价值为 3 300 000 元。2×19 年 1 月 31 日,铜期货合同公允价值上涨了 75 000 元,铜存货的公允价值下降了 75 000 元。2×19 年 2 月 28 日,铜期货合同公允价值下降了 45 000 元,铜存货的公允价值上升了 45 000 元。当日,智董公司将铜存货以 3 270 000 元的价格出售,并将铜期货合同结算。

智董公司通过分析发现,铜存货与铜期货合同存在经济关系,且经济关系产生的价值变动中信用风险不占主导地位,套期比率也反映了套期的实际数量,符合套期有效性要求。

【分析】 假定不考虑商品销售相关的增值税及其他因素,智董公司的账务处理如下:

(1) 2×19 年 1 月 1 日,指定铜存货为被套期项目:

借:被套期项目——库存商品铜　3 000 000
　　贷:库存商品——铜　　　　　　3 000 000

2×19 年 1 月 1 日,被指定为套期工具的铜期货合同的公允价值为 0,不作账务处理。

(2) 2×19 年 1 月 31 日,确认套期工具和被套期项目公允价值变动:

借:套期工具——铜期货合同　75 000
　　贷:套期损益　　　　　　　　75 000

借:套期损益　　　　　　　　75 000
　　贷:被套期项目——库存商品铜　75 000

(3) 2×19 年 2 月 28 日,确认套期工具和被套期项目公允价值变动:

借:套期损益　　　　　　　　45 000
　　贷:套期工具——铜期货合同　45 000

借:被套期项目——库存商品铜　45 000
　　贷:套期损益　　　　　　　　45 000

确认铜存货销售收入:

借:应收账款或银行存款　3 270 000
　　贷:主营业务收入　　　　　　3 270 000

结转铜存货销售成本:

借:主营业务成本　　　　　2 970 000
　　贷:被套期项目——库存商品铜　2 970 000

结算铜期货合同:

借:银行存款　　　　　　　　30 000
　　贷:套期工具——铜期货合同　30 000

注　由于智董公司采用套期进行风险管理,规避了铜存货公允价值变动风险,因此其铜存货公允价值下降没有对预期毛利 300 000 元(即 3 300 000 − 3 000 000)产生不利影响。同时,智董公司运用公允价值套期将套期工具与被套期项目的公允价值变动损益计入相同会计期间,消除了因企业风险管理活动可能导致的损益波动。

【例30-6】 2×18年1月1日,智董公司以每股150元的价格购入贵琛公司股票20 000股(占贵琛公司有表决权股份的3%),且选择将其指定为以公允价值计量且其变动计入其他综合收益的非交易性权益工具投资。为规避该股票价格下跌风险,智董公司于2×18年12月31日签订一份股票远期合同,约定将于2×20年12月31日以每股195元的价格出售其所持的贵琛公司股票20 000股,2×18年12月31日该股票远期合同的公允价值为0。2×20年12月31日,智董公司履行远期合同,出售贵琛公司股票。假设不考虑远期合同的远期要素。

智董公司购入的贵琛公司股票和股票远期合同的公允价值如表30-1所示。

表30-1 单位:元

贵琛公司股票	2×18年12月31日	2×19年12月31日	2×20年12月31日
每股价格	195	180	171
股票公允价值	3 900 000	3 600 000	3 420 000
远期合同公允价值	—	300 000	480 000

【分析】 智董公司进行的套期有效性分析及账务处理如下:

(1)套期有效性分析。

智董公司通过分析发现,贵琛公司股票与远期合同存在经济关系,且价值变动中信用风险不占主导地位,套期比率也反映了套期的实际数量,符合套期有效性要求。

(2)账务处理。

① 2×18年1月1日,确认购入贵琛公司股票:

借:其他权益工具投资 3 000 000
　　贷:银行存款 3 000 000

② 2×18年12月31日,确认贵琛公司股票的公允价值变动:

借:其他权益工具投资 900 000
　　贷:其他综合收益——公允价值变动 900 000

将非交易性权益工具投资指定为被套期项目:

借:被套期项目——其他权益工具投资 3 900 000
　　贷:其他权益工具投资 3 900 000

远期合同的公允价值为0,无须进行会计处理。

③ 2×19年12月31日,确认套期工具公允价值变动:

借:套期工具——远期合同 300 000
　　贷:其他综合收益——套期损益 300 000

确认被套期项目公允价值变动:

借:其他综合收益——套期损益 300 000
　　贷:被套期项目——其他权益工具投资 300 000

④ 2×20年12月31日,确认套期工具公允价值变动:

借:套期工具——远期合同 180 000
　　贷:其他综合收益——套期损益 180 000

确认被套期项目公允价值变动:

借:其他综合收益——套期损益 180 000
　　贷:被套期项目——其他权益工具投资 180 000

履行远期合同,出售贵琛公司股票:

借:银行存款 3 900 000
　　贷:被套期项目——其他权益工具投资 3 420 000
　　　　套期工具——远期合同 480 000

将计入其他综合收益的公允价值变动转出,计入留存收益:

借:盈余公积——法定盈余公积 90 000
　　利润分配——未分配利润 810 000
　　贷:其他综合收益——公允价值变动 900 000

二、现金流量套期的确认和计量、会计处理原则

现金流量套期的目的是将套期工具产生的利得或损失递延至被套期的预期未来现金流量影响损益的同一期间或多个期间。

现金流量套期满足运用套期会计方法条件

的,应当按照下列规定处理:

(1) 套期工具产生的利得或损失中属于有效套期的部分,作为现金流量套期储备,应当计入其他综合收益。现金流量套期储备的金额,应当按照下列两项的绝对额中较低者确定:

① 套期工具自套期开始的累计利得或损失。

② 被套期项目自套期开始的预计未来现金流量现值的累计变动额。每期计入其他综合收益的现金流量套期储备的金额应当为当期现金流量套期储备的变动额。

(2) 套期工具产生的利得或损失中属于无效套期的部分(即扣除计入其他综合收益后的其他利得或损失),应当计入当期损益。

企业应当按照下列规定对现金流量套期储备进行后续处理:

(1) 被套期项目为预期交易,且该预期交易使企业随后确认一项非金融资产或非金融负债,或者非金融资产或非金融负债的预期交易形成一项适用于公允价值套期会计的确定承诺时,企业应当将原在其他综合收益中确认的现金流量套期储备金额转出,计入该资产或负债的初始确认金额。

(2) 对于不属于上述(1)涉及的现金流量套期,企业应当在被套期的预期现金流量影响损益的相同期间,将原在其他综合收益中确认的现金流量套期储备金额转出,计入当期损益。

(3) 如果在其他综合收益中确认的现金流量套期储备金额是一项损失,且该损失全部或部分预计在未来会计期间不能弥补的,企业应当将预计不能弥补的部分从其他综合收益中转出,计入当期损益。

当企业对现金流量套期终止运用套期会计时,在其他综合收益中确认的累计现金流量套期储备金额,应当按照下列规定进行处理:

(1) 被套期的未来现金流量预期仍然会发生的,累计现金流量套期储备的金额应当予以保留,并按照前述现金流量套期储备的后续处理规定进行会计处理。

(2) 被套期的未来现金流量预期不再发生的,累计现金流量套期储备的金额应当从其他综合收益中转出,计入当期损益。被套期的未来现金流量预期不再极可能发生但可能预期仍然会发生,在预期仍然会发生的情况下,累计现金流量套期储备的金额应当予以保留,并按照前述现金流量套期储备的后续处理规定进行会计处理。

政策依据

《企业会计准则第24号——套期会计》

第二十四条 现金流量套期满足运用套期会计方法条件的,应当按照下列规定处理:

(一) 套期工具产生的利得或损失中属于套期有效的部分,作为现金流量套期储备,应当计入其他综合收益。现金流量套期储备的金额,应当按照下列两项的绝对额中较低者确定:

1. 套期工具自套期开始的累计利得或损失。

2. 被套期项目自套期开始的预计未来现金流量现值的累计变动额。

每期计入其他综合收益的现金流量套期储备的金额应当为当期现金流量套期储备的变动额。

(二) 套期工具产生的利得或损失中属于套期无效的部分(即扣除计入其他综合收益后的其他利得或损失),应当计入当期损益。

第二十五条 现金流量套期储备的金额,应当按照下列规定处理:

(一) 被套期项目为预期交易,且该预期交易使企业随后确认一项非金融资产或非金融负债的,或者非金融资产或非金融负债的预期交易形成一项适用于公允价值套期会计的确定承诺时,企业应当将原在其他综合收益中确认的现金流量套期储备金额转出,计入该资产或负债的初始确认金额。

(二) 对于不属于本条(一)涉及的现金流量套期,企业应当在被套期的预期现金流量影响损益的相同期间,将原在其他综合收益中确认的现金流量套期储备金额转出,计入当期损益。

(三) 如果在其他综合收益中确认的现金流量套期储备金额是一项损失,且该损失全部或部分预计在未来会计期间不能弥补的,企业应当在预计不能弥补时,将预计不能弥补的部分从其他综合收益中转出,计入当期损益。

第二十六条 当企业对现金流量套期终止运用套期会计时,在其他综合收益中确认的累计现金流量套期

储备金额,应当按照下列规定进行处理:

(一)被套期的未来现金流量预期仍然会发生的,累计现金流量套期储备的金额应当予以保留,并按照本准则第二十五条的规定进行会计处理。

(二)被套期的未来现金流量预期不再发生的,累计现金流量套期储备的金额应当从其他综合收益中转出,计入当期损益。被套期的未来现金流量预期不再极可能发生但可能预期仍然会发生,在预期仍然会发生的情况下,累计现金流量套期储备的金额应当予以保留,并按照本准则第二十五条的规定进行会计处理。

【例30-7】 智董公司主要从事ABC产品的生产。2×19年1月15日,智董公司与某外商贵琛公司签订了销售合同,合同约定智董公司将于2×19年7月15日将生产的ABC产品销售给贵琛公司。经计算,生产该批塑料制品需甲材料4 000吨,签订合同时甲材料的现货价格为2 250元/吨。智董公司担心甲材料价格上涨,经董事会批准,在期货市场买入了6月交割的4 000吨甲材料期货,并将其指定为ABC产品生产所需的甲材料的套期。当天甲材料期货合约的价格为2 250元/吨,甲材料期货合约与智董公司生产塑料制品所需要的甲材料在数量、品质和产地方面相同。2×19年6月5日,甲材料的现货价格上涨到3 000元/吨,期货合约的交割价格为3 025元/吨。当日,智董公司购入了4 000吨甲材料,同时将期货合约卖出平仓。智董公司对上述期货合约进行了如下会计处理:

(1)将该套期划分为现金流量套期。

(2)将该套期工具利得中属于有效套期的部分,直接计入了当期损益。

(3)将该套期工具利得中属于无效套期的部分,直接计入所有者权益。

【分析】

(1)智董公司将该套期划分为现金流量套期正确。

(2)智董公司将该套期工具利得中属于有效套期的部分,直接计入了当期损益不正确。

理由:按照套期保值准则规定,在现金流量套期下,套期工具利得或损失中属于有效套期的部分,应当直接确认为所有者权益。

此外,在ABC产品出售时,智董公司应当将套期期间计入所有者权益的利得金额转入当期损益。

(3)智董公司将该套期工具利得中属于无效套期的部分,直接计入所有者权益不正确。

理由:按照套期保值准则规定,在现金流量套期下,套期工具利得或损失中属于无效套期的部分,应当计入当期损益。

三、境外经营净投资套期的确认和计量、会计处理原则

对境外经营净投资的套期,包括对作为净投资的一部分进行会计处理的货币性项目的套期,应当按照类似于现金流量套期会计的规定处理:

(1)套期工具形成的利得或损失中属于套期有效的部分,应当计入其他综合收益。全部或部分处置境外经营时,上述计入其他综合收益的套期工具利得或损失应当相应转出,计入当期损益。

(2)套期工具形成的利得或损失中属于套期无效的部分,应当计入当期损益。

多个母公司进行的套期

在一项由境外经营净投资产生的外汇风险的套期中,被套期项目的金额可以等于或小于母公司合并财务报表中该境外经营净资产账面价值。企业可以将被套期风险指定为境外经营的记账本位币与其任何母公司(直接的、中间的或最终的母公司)的记账本位币之间产生的外汇风险敞口。通过中间母公司持有净投资不影响最终母公司所面临外汇风险的性质。但是,境外经营净投资产生的外汇风险敞口只有在合并财务报表中才可能符合套期会计的条件。如果同一境外经营净资产的同一风险被集团内部一家以上的母公司(例如,直接和间接母公司)分别进行套期,则在最终母公司合并财务报表中只有一项套期关系符合套期会计的条件。

如果一项套期关系由较低层次间接母公司在其合并财务报表中进行了指定,那么在更高层次的母公司合并财务报表中可以决定保留该套期关系或重新指定。如果较高层次的母公司决定不保留该套期关系而

是重新指定,那么,在较高层次母公司的合并财务报表中必须先转回较低层次母公司所运用的套期会计,再按照重新指定的套期关系运用套期会计。相反地,套期会计可以在较高层次母公司的合并财务报表中直接指定,不必在较低层次间接母公司的合并财务报表中进行指定。

集团内可以持有套期工具的企业

一项衍生或非衍生金融工具(或衍生和非衍生金融工具的组合)可以被指定为境外经营净投资套期工具。只要满足《企业会计准则第24号——套期会计》对境外经营净投资套期的指定、文件记录和有效性要求,套期工具就可由集团内部的任一家或几家企业持有。如果持有套期工具的企业的记账本位币与投资于境外经营的母公司的记账本位币相同,就较容易进行套期有效性评估,因为在评估套期有效性时,可以假设持有境外经营的母公司也同时持有套期工具。如果持有套期工具的企业的记账本位币与投资于境外经营的母公司的记账本位币不同,评估套期有效性会较为复杂。这种情况下,套期有效性不仅要反映持有套期工具的企业的利得或损失(如果不使用套期会计,应计入合并损益),还应当反映对套期工具重新折算为母公司记账本位币的影响(如果不使用套期会计,应在合并其他综合收益中确认)。有效性的评估并不受套期工具是否是衍生工具的影响,也不受合并方法的影响。

《企业会计准则第24号——套期会计》

第二十七条 对境外经营净投资的套期,包括对作为净投资的一部分进行会计处理的货币性项目的套期,应当按照类似于现金流量套期会计的规定处理:

(一)套期工具形成的利得或损失中属于套期有效的部分,应当计入其他综合收益。

全部或部分处置境外经营时,上述计入其他综合收益的套期工具利得或损失应当相应转出,计入当期损益。

(二)套期工具形成的利得或损失中属于套期无效的部分,应当计入当期损益。

第二十八条 企业根据本准则第十八条规定对套期关系做出再平衡的,应当在调整套期关系之前确定套期关系的套期无效部分,并将相关利得或损失计入当期损益。

套期关系再平衡可能会导致企业增加或减少指定套期关系中被套期项目或套期工具的数量。企业增加了指定的被套期项目或套期工具的,增加部分自指定增加之日起作为套期关系的一部分进行处理;企业减少了指定的被套期项目或套期工具的,减少部分自指定减少之日起不再作为套期关系的一部分,作为套期关系终止处理。

四、一组项目套期的会计处理

(一)风险净敞口套期的会计处理

对于被套期项目为风险净敞口的套期,被套期风险影响利润表不同列示项目的,企业应当将相关套期利得或损失单独列示,不应当影响利润表中与被套期项目相关的损益列示项目(如营业收入或营业成本)金额。

例如,智董公司有一笔由200万美元的预期外币销售收入和150万美元的预期外币费用构成的外汇风险净头寸,该公司利用金额为50万美元的外汇远期合同对该外汇风险净头寸进行套期。

当该外汇风险净头寸影响损益时,该外汇远期合同产生的现金流量套期储备重分类至损益的利得或损失应当与被套期的销售收入和费用区分开来并单独列示。如果销售收入产生的期间早于费用发生的期间,则销售收入仍应当按照即期汇率计量。相关的套期利得或损失应当单独列示,从而在损益中反映出净头寸套期的影响,并相应调整现金流量套期储备。如果被套期的费用将影响以后期间的损益(例如该费用将分期摊销),则之前对费用确认的套期利得或损失应在以后期间重分类至损益,且在利润表中与包含被套期费用的项目区分开单独列示。

再如,企业通过利率互换合同对固定利率债务工具的利率风险进行套期。企业的套期目标旨在将固定利率现金流量转换成浮动利率现金流量。

在对净头寸(例如,一项固定利率资产和一项固定利率负债构成的净头寸)进行套期时,套期工具的应计净利息应当单独列示,以避免将单个套期工具产生的利得或损失净额以相互抵销的总额形式在不同的报表项目中分别列示（即，不得将单项利率互换合同产生的净利息收入列示为利息收入总额和利息支出总额）。

因此企业开展净敞口套期业务的，应当在利润表中增设"净敞口套期收益"项目，将"净敞口套期损益"科目的当期发生额在该项目中列示。

对于被套期项目为风险净敞口的公允价值套期，涉及调整被套期各组成项目账面价值的，企业应当对各项资产和负债的账面价值做相应调整。

《企业会计准则第24号——套期会计》

第二十九条　对于被套期项目为风险净敞口的套期，被套期风险影响利润表不同列报项目的，企业应当将相关套期利得或损失单独列报，不应当影响利润表中与被套期项目相关的损益列报项目金额（如营业收入或营业成本）。

对于被套期项目为风险净敞口的公允价值套期，涉及调整被套期各组成项目账面价值的，企业应当对各项资产和负债的账面价值做相应调整。

（二）其他一组项目套期的会计处理

除上述有关风险净敞口套期会计处理规定外，对于被套期项目为一组项目的公允价值套期，企业在套期关系存续期间，应当针对被套期项目组合中各组成项目，分别确认公允价值变动所引起的相关利得或损失，按照《企业会计准则第24号——套期会计》第二十二条相关规定进行相应处理，计入当期损益或其他综合收益，涉及调整被套期各组成项目账面价值的，应当对各项资产和负债的账面价值做相应调整。

除上述有关风险净敞口套期会计处理规定外，对于被套期项目为一组项目的现金流量套期，企业在将其他综合收益中确认的相关现金流量套期储备转出时，应当按照系统、合理的方法将转出金额在被套期各组成项目中分摊，并按照《企业会计准则第24号——套期会计》第二十五条的规定进行相应处理。

《企业会计准则第24号——套期会计》

第三十条　除本准则第二十九条规定外，对于被套期项目为一组项目的公允价值套期，企业在套期关系存续期间，应当针对被套期项目组合中各组成项目，分别确认公允价值变动所引起的相关利得或损失，按照本准则第二十二条的规定进行相应处理，计入当期损益或其他综合收益。涉及调整被套期各组成项目账面价值的，企业应当对各项资产和负债的账面价值做相应调整。

除本准则第二十九条规定外，对于被套期项目为一组项目的现金流量套期，企业在将其他综合收益中确认的相关现金流量套期储备转出时，应当按照系统、合理的方法将转出金额在被套期各组成项目中分摊，并按照本准则第二十五条的规定进行相应处理。

五、期权时间价值的会计处理

企业将期权合同的内在价值和时间价值分开，只将期权的内在价值变动指定为套期工具时，应当区分被套期项目的性质是与交易相关还是与时间段相关，并进行不同的会计处理。

在评估期权是对与交易相关的被套期项目还是与时间段相关的被套期项目进行套期时，关键在于被套期项目的性质，包括被套期项目影响损益的方式和时间。不论是公允价值套期还是现金流量套期，企业均应当基于被套期项目的性质来评估。

（一）被套期项目与交易相关的，对其进行套期的期权的时间价值具备该项交易成本的特征

如果该被套期项目导致确认一项初始计量包含交易成本的项目（如企业对预期交易或确定承诺涉及的商品价格风险进行套期，并将交易成本纳入存货的初始计量），则期权的时间价值应纳入特定的被套期项目的初始计量。与此类似，对构成预期交易或确定承诺商品销售的商品价格风险进行套期的企业，应当将期权的时间价值作为销售成本的一部分，在被套期的销售确认收入的相同期间计入损益。具体来说，企业应当将期权时间价值的公允价值变动中与被套期项目相关的部分计入其他综合收

益,并按照与现金流量套期储备相同的会计处理方法进行处理。

(二) 被套期项目与时间段相关的,对其进行套期的期权时间价值具备为保护企业在特定时间段内规避风险所需支付成本的特征

例如,如果使用期限为 3 个月的期权对企业的存货在该 3 个月中的价格风险进行套期,期权的时间价值应在这 3 个月期间内采用系统、合理的方法进行摊销计入损益。

又如,在使用外汇期权对境外经营净投资进行为期 12 个月的套期时,期权的时间价值将在这 12 个月期间内进行分摊。当期权被用于对与时间段相关的被套期项目进行套期时,被套期项目的特征(包括被套期项目影响损益的方式和时间)同时会影响期权时间价值的摊销期间,这与运用套期会计时期权内在价值影响损益的期间相一致。

例如,如果使用某一利率期权(利率上限)来防止浮动利率债券利息费用增加,则利率上限的时间价值摊销计入损益的期间与利率上限的内在价值影响损益的期间相同。即:如果使用利率上限对 5 年期浮动利率债券的前 3 年的利率上升风险进行套期,则利率上限的时间价值在前 3 年摊销计入损益;或者如果利率上限是远期起始期权,用于对 5 年期的浮动利率债券的第 2 年至第 3 年的利率上升风险进行套期,则利率上限的时间价值应在第 2 年和第 3 年进行摊销计入损益。具体来说,企业应当将期权时间价值的公允价值变动中与被套期项目相关的部分计入其他综合收益。同时,企业应当按照系统、合理的方法,将期权被指定为套期工具当日的时间价值中与被套期项目相关的部分,在套期关系影响损益或其他综合收益(仅限于企业对指定为以公允价值计量且其变动计入其他综合收益的非交易性权益工具投资的公允价值套期)的期间内摊销,摊销金额从其他综合收益中转出,计入当期损益。由于期权的时间价值在期权到期时将归零,因此在期权存续期内的累计时间价值的公允价值变动等于指定套期时的时间价值。时间价值变动计入其他综合收益的金额应当根据变动的实际情况确定,但从其他综合收益转入当期损益(即摊销)的金额应当按照系统、合理的方法确定。转入和转出的金额最终是一致的,即指定套期时的时间价值。若企业终止运用套期会计,则其他综合收益中剩余的相关金额应当转出,计入当期损益。

期权的主要条款(如名义金额、期限和标的)与被套期项目相一致的,期权的实际时间价值与被套期项目相关;期权的主要条款与被套期项目不完全一致的,企业应当通过对主要条款与被套期项目完全匹配的期权进行估值确定校准时间价值,并确认期权的实际时间价值中与被套期项目相关的部分。在套期关系开始时,期权的实际时间价值高于校准时间价值的,企业应当以校准时间价值为基础,将其累计公允价值变动计入其他综合收益,并将这两个时间价值的公允价值变动差额计入当期损益;在套期关系开始时,期权的实际时间价值低于校准时间价值的,企业应当将两个时间价值中累计公允价值变动的较低者计入其他综合收益,如果实际时间价值的累计公允价值变动扣减累计计入其他综合收益金额后尚有剩余的,应当计入当期损益。

《企业会计准则第 24 号——套期会计》对期权时间价值的会计处理同样适用于由购入期权和签出期权组成的组合期权,该组合期权在被指定为套期工具之日的净时间价值为零(通常被称为"零成本上下限期权")。在这种情况下,即使在套期关系的整个期间内时间价值的累计变动为零,企业也应当将各期间时间价值的变动计入其他综合收益。如果期权的时间价值涉及与交易相关的被套期项目,在套期关系结束时调整被套期项目或是重分类至损益的时间价值为零;如果期权的时间价值涉及与时间段相关的被套期项目,在套期关系结束时期权时间价值相关摊销金额为零。

《企业会计准则第 24 号——套期会计》

第三十一条 企业根据本准则第七条规定将期权

的内在价值和时间价值分开,只将期权的内在价值变动指定为套期工具时,应当区分被套期项目的性质是与交易相关还是与时间段相关。被套期项目与交易相关的,对其进行套期的期权时间价值具备交易成本的特征;被套期项目与时间段相关的,对其进行套期的期权时间价值具备为保护企业在特定时间段内规避风险所需支付成本的特征。企业应当根据被套期项目的性质分别进行以下会计处理:

(一)对于与交易相关的被套期项目,企业应当按照本准则第三十二条的规定,将期权时间价值的公允价值变动中与被套期项目相关的部分计入其他综合收益。对于在其他综合收益中确认的期权时间价值的公允价值累计变动额,应当按照本准则第二十五条规定的与现金流量套期储备金额相同的会计处理方法进行处理。

(二)对于与时间段相关的被套期项目,企业应当按照本准则第三十二条的规定,将期权时间价值的公允价值变动中与被套期项目相关的部分计入其他综合收益。同时,企业应当按照系统、合理的方法,将期权被指定为套期工具当日的时间价值中与被套期项目相关的部分,在套期关系影响损益或其他综合收益(仅限于企业对指定为以公允价值计量且其变动计入其他综合收益的非交易性权益工具投资的公允价值变动风险敞口进行的套期)的期间内摊销,摊销金额从其他综合收益中转出,计入当期损益。若企业终止运用套期会计,则其他综合收益中剩余的相关金额应当转出,计入当期损益。

期权的主要条款(如名义金额、期限和标的)与被套期项目相一致的,期权的实际时间价值与被套期项目相关;期权的主要条款与被套期项目不完全一致的,企业应当通过对主要条款与被套期项目完全一致的期权进行估值确定校准时间价值,并确认期权的实际时间价值中与被套期项目相关的部分。

第三十二条 在套期关系开始时,期权的实际时间价值高于校准时间价值的,企业应当以校准时间价值为基础,将其累计公允价值变动计入其他综合收益,并将这两个时间价值的公允价值变动差额计入当期损益;在套期关系开始时,期权的实际时间价值低于校准时间价值的,企业应当将两个时间价值中累计公允价值变动的较低者计入其他综合收益,如果实际时间价值的累计公允价值变动扣减累计计入其他综合收益金额后尚有剩余的,应当计入当期损益。

六、远期合同的远期要素和金融工具的外汇基差的会计处理

企业将远期合同的远期要素和即期要素分开、只将即期要素的价值变动指定为套期工具的,或者将金融工具的外汇基差单独分拆、只将排除外汇基差后的金融工具指定为套期工具的,可以按照与期权时间价值相同的处理方式对远期合同的远期要素或金融工具的外汇基差进行会计处理,也可以按照常规会计处理方法进行处理。

政策依据
《企业会计准则第24号——套期会计》

第三十三条 企业根据本准则第七条规定将远期合同的远期要素和即期要素分开、只将即期要素的价值变动指定为套期工具的,或者将金融工具的外汇基差单独分拆、只将排除外汇基差后的金融工具指定为套期工具的,可以按照与前述期权时间价值相同的处理方式对远期合同的远期要素或金融工具的外汇基差进行会计处理。

第三节 套期会计的替代方法

企业可以将符合条件的某项面临信用风险的金融工具的整体或部分指定为以公允价值计量且其变动计入当期损益的金融工具,以减少与作为套期工具的信用衍生工具之间会计计量的不匹配,使两者公允价值变动形成自然对冲,从而便于企业管理信用风险,减少损益波动。

一、需求背景、存在问题——会计错配

许多金融机构通过信用衍生工具管理借贷活动产生的信用风险敞口。例如,金融机构运用信用衍生工具对信用风险敞口进行套期以将其贷款或贷款承诺的信用损失风险转移至第三方。

但是根据《企业会计准则第 22 号——金融工具确认和计量》的相关规定,企业的信用衍生工具应当以公允价值计量且其变动计入当期损益,而贷款等并不一定以公允价值计量且其变动计入当期损益(如按摊余成本计量或尚未确认)。因此,在被套期风险敞口未按与信用衍生工具相同的基础进行计量的情况下,将会产生会计错配。

二、无法运用套期会计

由于金融项目的信用风险通常无法单独识别,不属于符合条件的被套期项目,因此使用信用衍生工具对信用风险敞口进行套期的企业将无法运用套期会计。

三、问题的解决方法——选择替代方法:对"被套期风险敞口"采用"以公允价值计量且其变动计入当期损益"的方式计量

为解决这一问题,并允许企业在一定程度上反映其信用风险管理活动,《企业会计准则第 24 号——套期会计》允许企业可以选择采用以公允价值计量且其变动计入当期损益的方式计量被套期风险敞口的方法替代套期会计。

四、指定为以公允价值计量且其变动计入当期损益的金融工具的条件(信用风险敞口的公允价值选择权)

企业使用以公允价值计量且其变动计入当期损益的信用衍生工具管理金融工具(或其组成部分)的信用风险敞口时,可以在该金融工具(或其组成部分)初始确认时、后续计量中或尚未确认时,将其指定为以公允价值计量且其变动计入当期损益的金融工具,并同时做出书面记录,但应当同时满足下列条件:

(1)金融工具信用风险敞口的主体(如借款人或贷款承诺持有人)与信用衍生工具涉及的主体相一致。

(2)金融工具的偿付级次与根据信用衍生工具条款须交付的工具的偿付级次相匹配。

需要说明的是,与《企业会计准则第 22 号——金融工具确认和计量》规定的公允价值选择权不同,《企业会计准则第 24 号——套期会计》规定的对采用信用衍生工具管理信用风险敞口的金融工具的公允价值选择权,有以下灵活性:一是可以在金融工具初始确认后进行指定;二是可以对金融工具的一部分做出指定,而非仅限于金融工具全部;三是可以在一定条件下终止指定。

五、套期会计替代方法的会计处理

金融工具(或其组成部分)被指定为以公允价值计量且其变动计入当期损益的,企业应当在指定时将其账面价值(如有)与其公允价值之间的差额计入当期损益。如该金融工具是按照《企业会计准则第 22 号——金融工具确认和计量》第十八条分类为以公允价值计量且其变动计入其他综合收益的金融资产的,企业应当将之前计入其他综合收益的累计利得或损失转出,计入当期损益。

在选择运用针对信用风险敞口(全部或部分)的公允价值选择权之后,同时满足下列条件的,企业应当对金融工具(或其一定比例)终止以公允价值计量且其变动计入当期损益:

(1)《企业会计准则第 24 号——套期会计》规定的条件不再适用,例如信用衍生工具或金融工具(或其一定比例)已到期、被出售、合同终止或已行使,或企业的风险管理目标发生变化,不再通过信用衍生工具进行风险管理。

(2)金融工具(或其一定比例)按照《企业会计准则第 22 号——金融工具确认和计量》的规定,仍然不满足以公允价值计量且其变动计入当期损益的金融工具的条件。

当企业对金融工具(或其一定比例)终止以公允价值计量且其变动计入当期损益时,该金融工具(或其一定比例)在终止时的公允价值应当作为其新的账面价值。同时,企业应当采用与该金融工具被指定为以公允价值计量且其变动计入当期损益之前相同的方法进行计量。

政策依据

《企业会计准则第 24 号——套期会计》
第五章 信用风险敞口的公允价值选择权

第三十四条 企业使用以公允价值计量且其变动计入当期损益的信用衍生工具管理金融工具（或其组成部分）的信用风险敞口时，可以在该金融工具（或其组成部分）初始确认时、后续计量中或尚未确认时，将其指定为以公允价值计量且其变动计入当期损益的金融工具，并同时做出书面记录，但应当同时满足下列条件：

（一）金融工具信用风险敞口的主体（如借款人或贷款承诺持有人）与信用衍生工具涉及的主体相一致。

（二）金融工具的偿付级次与根据信用衍生工具条款须交付的工具的偿付级次相一致。

上述金融工具（或其组成部分）被指定为以公允价值计量且其变动计入当期损益的金融工具的，企业应当在指定时将其账面价值（如有）与其公允价值之间的差额计入当期损益。如该金融工具是按照《企业会计准则第 22 号——金融工具确认和计量》第十八条分类为以公允价值计量且其变动计入其他综合收益的金融资产的，企业应当将之前计入其他综合收益的累计利得或损失转出，计入当期损益。

第三十五条 同时满足下列条件的，企业应当对按照本准则第三十四条规定的金融工具（或其一定比例）终止以公允价值计量且其变动计入当期损益：

（一）本准则第三十四条规定的条件不再适用，例如信用衍生工具或金融工具（或其一定比例）已到期、被出售、合同终止或已行使，或企业的风险管理目标发生变化，不再通过信用衍生工具进行风险管理。

（二）金融工具（或其一定比例）按照《企业会计准则第 22 号——金融工具确认和计量》的规定，仍然不满足以公允价值计量且其变动计入当期损益的金融工具的条件。

当企业对金融工具（或其一定比例）终止以公允价值计量且其变动计入当期损益时，该金融工具（或其一定比例）在终止时的公允价值应当作为其新的账面价值。同时，企业应当采用与该金融工具被指定为以公允价值计量且其变动计入当期损益之前相同的方法进行计量。

第四节 会计科目和会计分录

企业在不违反会计准则中规定的前提下，可以根据实际情况自行增设、分拆、合并或简化会计科目（包括一级科目）。

对于企业不存在的交易或者事项，可不设置相关会计科目。

以下是第一财税网（www.tax.org.cn）耗时整理的相关会计科目和会计分录，供实际工作中随时查阅、使用。

一、3201 套期工具

（一）核算内容

本科目核算企业开展套期业务（包括公允价值套期、现金流量套期和境外经营净投资套期）的套期工具及其公允价值变动形成的资产或负债。

（二）明细核算

本科目可按套期工具类别或套期关系进行明细核算。

（三）主要账务处理

企业将已确认的衍生工具、以公允价值计量且其变动计入当期损益的非衍生金融资产或非衍生金融负债等金融资产或金融负债指定为套期工具的，应当按照其账面价值，借记或贷记本科目，贷记或借记"衍生工具""交易性金融资产"等科目。

资产负债表日，对于公允价值套期，应当按照套期工具产生的利得，借记本科目，贷记"套期损益""其他综合收益——套期损益"等科目，套期工具产生损失作相反的会计分录；对于现金流量套期，应当按照套期工具产生的利得，借记本科目，按照套期有效部分的变动额，贷记"其他综合收益——套期储备"等科目，按照套期工具产生的利得和套期有效部分变动额的差额，贷记"套期损益"科目，套期工具产生损失作相反的会计分录。

金融资产或金融负债不再作为套期工具核

算的,应当按照套期工具形成的资产或负债,借记或贷记有关科目,贷记或借记本科目。

(四) 期末余额

本科目期末借方余额,反映企业套期工具形成资产的公允价值;本科目期末贷方余额,反映企业套期工具形成负债的公允价值。

二、3202 被套期项目

(一) 核算内容

本科目核算企业开展套期业务的被套期项目及其公允价值变动形成的资产或负债。

(二) 明细核算

本科目可按被套期项目类别或套期关系进行明细核算。

(三) 主要账务处理

企业将已确认的资产、负债或其组成部分指定为被套期项目的,应当按照其账面价值,借记或贷记本科目,贷记或借记"原材料""债权投资""长期借款"等科目。已计提跌价准备或减值准备的,还应当同时结转跌价准备或减值准备。

资产负债表日,对于公允价值套期,应当按照被套期项目因被套期风险敞口形成的利得,借记本科目,贷记"套期损益""其他综合收益——套期损益"等科目;被套期项目因被套期风险敞口形成损失作相反的会计分录。

资产或负债不再作为被套期项目核算的,应当按照被套期项目形成的资产或负债,借记或贷记有关科目,贷记或借记本科目。

(四) 期末余额

本科目期末借方余额,反映企业被套期项目形成的资产;本科目期末贷方余额,反映企业被套期项目形成的负债。

三、6102 套期损益

(一) 核算内容

本科目核算套期工具和被套期项目价值变动形成的利得和损失。

(二) 明细核算

本科目可按套期关系进行明细核算。

(三) 主要账务处理

资产负债表日,对于公允价值套期,应当按照套期工具产生的利得,借记"套期工具"科目,贷记本科目;套期工具产生损失作相反的会计分录。对于现金流量套期,套期工具的利得中属于套期无效的部分,借记"套期工具"科目,贷记本科目;套期工具的损失中属于套期无效的部分,作相反的会计分录。

资产负债表日,对于公允价值套期,应当按照被套期项目因被套期风险敞口形成的利得,借记"被套期项目"科目,贷记本科目;被套期项目因被套期风险敞口形成损失作相反的会计分录。

(四) 期末余额

期末,应当将本科目余额转入"本年利润"科目,结转后本科目无余额。

四、6115 净敞口套期损益

(一) 核算内容

本科目核算净敞口套期下被套期项目累计公允价值变动转入当期损益的金额或现金流量套期储备转入当期损益的金额。

(二) 明细核算

本科目可按套期关系进行明细核算。

(三) 主要账务处理

对于净敞口公允价值套期,应当在被套期项目影响损益时,将被套期项目因被套期风险敞口形成的累计利得或损失转出,贷记或借记"被套期项目"等科目,借记或贷记本科目。

对于净敞口现金流量套期,应当在将相关现金流量套期储备转入当期损益时,借记或贷记"其他综合收益——套期储备",贷记或借记本科目;将相关现金流量套期储备转入资产或负债的,当资产和负债影响损益时,借记或贷记资产(或其备抵科目)负债科目,贷记或借记本科目。

(四) 期末余额

期末,应当将本科目余额转入"本年利润"科目,结转后本科目无余额。

附:报表列示

反映净敞口套期下被套期项目累计公允价

值变动转入当期损益的金额或现金流量套期储备转入当期损益的金额。

本项目应根据"净敞口套期损益"科目的发生额分析填列；如为套期损失，本项目以"一"号填列。

五、6101 公允价值变动损益/6102 套期损益

（一）核算内容

本科目核算企业交易性金融资产、交易性金融负债，以及采用公允价值模式计量的投资性房地产、衍生工具、套期保值业务等公允价值变动形成的应计入当期损益的利得或损失。

指定为以公允价值计量且其变动计入当期损益的金融资产或金融负债公允价值变动形成的应计入当期损益的利得或损失，也在本科目核算。

企业开展套期保值业务的，有效套期关系中套期工具或被套期项目的公允价值变动，也可以单独设置"6102 套期损益"科目核算。

（二）明细核算

本科目可按交易性金融资产、交易性金融负债、投资性房地产等进行明细核算。

（三）主要账务处理

（1）资产负债表日，企业应按交易性金融资产的公允价值高于其账面余额的差额，借记"交易性金融资产——公允价值变动"科目，贷记本科目；公允价值低于其账面余额的差额作相反的会计分录。

出售交易性金融资产时，应按实际收到的金额，借记"银行存款""存放中央银行款项"等科目，按该金融资产的账面余额，贷记"交易性金融资产"科目，按其差额，借记或贷记"投资收益"科目。

（2）资产负债表日，交易性金融负债的公允价值高于其账面余额的差额，借记本科目，贷记"交易性金融负债"等科目；公允价值低于其账面余额的差额作相反的会计分录。

处置交易性金融负债，应按该金融负债的账面余额，借记"交易性金融负债"科目，按实际支付的金额，贷记"银行存款""存放中央银行款项""结算备付金"等科目，按其差额，贷记或借记"投资收益"科目。

（3）采用公允价值模式计量的投资性房地产、衍生工具、套期工具、被套期项目等形成的公允价值变动，按照"投资性房地产""衍生工具""套期工具""被套期项目"等科目的相关规定进行处理。

（四）期末余额

期末，应将本科目余额转入"本年利润"科目，结转后本科目无余额。

六、4004 其他综合收益

（一）核算内容

其他综合收益是指企业根据企业会计准则规定未在损益中确认的各项利得和损失扣除所得税影响后的净额。

注 综合收益建立在"资产负债观"基础之上，把全部已确认但未实现的利得或损失纳入财务报表中，反映报告期内企业与所有者以外的其他各方之间的交易或事项所引起的净资产的变动额；综合收益的概念，突破了传统会计收益的实现原则，引入了公允价值，使公允价值作为计量属性的使用成为一种必然的趋势。

在资产负债表中，"其他综合收益"以前并没有作为一个单独的科目，而是计入资本公积中，而现在作为了一个单独的科目，以便于和资本公积区分。这种核算方式，有利于使资本公积的核算内容明晰化。资本公积原本核算的内容主要为股东资本性投入的部分，与其他综合收益混在一个科目中，将不便于报表使用者理解和分析。

（二）明细核算

在此科目下可设置以下明细科目核算：

1. "400401 以后会计期间不能重分类进损益的其他综合收益项目"

主要包括：

（1）重新计量设定受益计划变动额（职工薪酬"离职后福利"）。

根据《企业会计准则第 9 号——职工薪酬》，有设定受益计划形式离职后福利的企业应当将重新计量设定受益计划净负债或净资产导致的变动计入其他综合收益，并且在后续会计期间

不允许转回至损益。

(2) 权益法下不能转损益的其他综合收益（长期股权投资）。

根据《企业会计准则第2号——长期股权投资》，投资方取得长期股权投资后，应当按照应享有或应分担的被投资单位其他综合收益的份额，确认其他综合收益，同时调整长期股权投资的账面价值。投资单位在确定应享有或应分担的被投资单位其他综合收益的份额时，该份额的性质取决于被投资单位的其他综合收益的性质，即如果被投资单位的其他综合收益属于"以后会计期间不能重分类进损益"类别，则投资方确认的份额也属于"以后会计期间不能重分类进损益"类别。

(3) 其他权益工具投资公允价值变动（非交易性权益工具投资）。

"其他权益工具投资"科目核算企业指定为以公允价值计量且其变动计入其他综合收益的非交易性权益工具投资。本科目可按其他权益工具投资的类别和品种，分别"成本""公允价值变动"等进行明细核算。

对于指定为以公允价值计量且其变动计入其他综合收益的非交易性权益工具投资，除了获得的股利（属于投资成本收回部分的除外）计入当期损益外，其他相关的利得和损失（包括汇兑损益）均应计入其他综合收益，且后续不得转入当期损益。当其终止确认时，之前计入其他综合收益的累计利得或损失应当从其他综合收益中转出，计入留存收益。

注 套期会计中的"套期损益"明细科目：

(1) 本明细科目核算公允价值套期下对指定为以公允价值计量且其变动计入其他综合收益的非交易性权益工具投资或其组成部分进行套期时，套期工具和被套期项目公允价值变动形成的利得和损失。

(2) 本明细科目可按套期关系进行明细核算。

(3) 主要账务处理：

① 资产负债表日，应当按照套期工具产生的利得，借记"套期工具"科目，贷记本明细科目；套期工具产生损失作相反的会计分录。

② 资产负债表日，应当按照被套期项目因被套期风险敞口形成的利得，借记"被套期项目"科目，贷记本明细科目；被套期项目因被套期风险敞口形成损失作相反的会计分录。

(4) 当套期关系终止时，应当借记或贷记本明细科目，贷记或借记"利润分配——未分配利润"等科目。

(4) 企业自身信用风险公允价值变动（指定为以公允价值计量且其变动计入当期损益的金融负债）。

企业根据会计准则规定将金融负债指定为以公允价值计量且其变动计入当期损益的金融负债的，该金融负债所产生的利得或损失应当按照下列规定进行处理：

① 由企业自身信用风险变动引起的该金融负债公允价值的变动金额，应当计入其他综合收益。

② 该金融负债的其他公允价值变动计入当期损益。

按照此处①的规定对该金融负债的自身信用风险变动的影响进行处理会造成或扩大损益中的会计错配的，企业应当将该金融负债的全部利得或损失（包括企业自身信用风险变动的影响金额）计入当期损益。该金融负债终止确认时，之前计入其他综合收益的累计利得或损失应当从其他综合收益中转出，计入留存收益。

2. "400402 以后会计期间在满足规定条件时将重分类进损益的其他综合收益项目"

主要包括：

(1) 权益法下可转损益的其他综合收益（长期股权投资）。

根据《企业会计准则第2号——长期股权投资》，投资方取得长期股权投资后，应当按照应享有或应分担的被投资单位其他综合收益的份额，确认其他综合收益，同时调整长期股权投资的账面价值。如果被投资单位的其他综合收益属于"以后会计期间在满足规定条件时将重分类进损益"类别，则投资方确认的份额也属于"以后会计期间在满足规定条件时将重分类进损益"类别。

(2) 金融资产重分类计入其他综合收益的金额。

企业将一项以公允价值计量且其变动计入

其他综合收益的金融资产重分类为以摊余成本计量的金融资产的,应当将之前计入其他综合收益的累计利得或损失转出,调整该金融资产在重分类日的公允价值,并以调整后的金额作为新的账面价值,即视同该金融资产一直以摊余成本计量。该金融资产重分类不影响其实际利率和预期信用损失的计量。

企业将一项以公允价值计量且其变动计入其他综合收益的金融资产重分类为以公允价值计量且其变动计入当期损益的金融资产的,应当继续以公允价值计量该金融资产。同时,企业应当将之前计入其他综合收益的累计利得或损失从其他综合收益转入当期损益。

按照《企业会计准则第22号——金融工具确认和计量》第十八条分类为以公允价值计量且其变动计入其他综合收益的金融资产所产生的所有利得或损失,除减值损失或利得和汇兑损益之外,均应当计入其他综合收益,直至该金融资产终止确认或被重分类。但是,采用实际利率法计算的该金融资产的利息应当计入当期损益。该金融资产计入各期损益的金额应当与视同其一直按摊余成本计量而计入各期损益的金额相等。该金融资产终止确认时,之前计入其他综合收益的累计利得或损失应当从其他综合收益中转出,计入当期损益。企业将该金融资产重分类为其他类别金融资产的,应当根据《企业会计准则第22号——金融工具确认和计量》第三十一条规定,对之前计入其他综合收益的累计利得或损失进行相应处理。

(3) 其他债权投资公允价值变动。

金融资产同时符合下列条件的,应当分类为以公允价值计量且其变动计入其他综合收益的金融资产(通过"其他债权投资"科目核算,可按金融资产类别和品种,分别"成本""利息调整""公允价值变动"等进行明细核算):

① 企业管理该金融资产的业务模式既以收取合同现金流量为目标又以出售该金融资产为目标。

② 该金融资产的合同条款规定,在特定日期产生的现金流量,仅为对本金和以未偿付本金金额为基础的利息的支付。

上述分类为以公允价值计量且其变动计入其他综合收益的金融资产所产生的所有利得或损失,除减值损失或利得和汇兑损益之外,均应当计入其他综合收益,直至该金融资产终止确认或被重分类。但是,采用实际利率法计算的该金融资产的利息应当计入当期损益。该金融资产计入各期损益的金额应当与视同其一直按摊余成本计量而计入各期损益的金额相等。该金融资产终止确认时,之前计入其他综合收益的累计利得或损失应当从其他综合收益中转出,计入当期损益。

对于上述分类为以公允价值计量且其变动计入其他综合收益的金融资产(债务工具投资)整体转移满足终止确认条件的,企业在计量该项转移形成的损益时,应当将原计入其他综合收益的公允价值变动累计利得或损失转出(注意不适用于根据《企业会计准则第22号——金融工具确认和计量》准则第十九条指定为以公允价值计量且其变动计入其他综合收益的非交易性权益工具投资)。

如果涉及转移的金融资产为上述分类为以公允价值计量且其变动计入其他综合收益的金融资产的,不再确认部分的金额对应的原计入其他综合收益的公允价值变动累计额计入当期损益。

(4) 其他债权投资信用减值准备。

金融资产同时符合下列条件的,应当分类为以公允价值计量且其变动计入其他综合收益的金融资产(通过"其他债权投资"科目核算,可按金融资产类别和品种,分别"成本""利息调整""公允价值变动"等进行明细核算):

① 企业管理该金融资产的业务模式既以收取合同现金流量为目标又以出售该金融资产为目标。

② 该金融资产的合同条款规定,在特定日期产生的现金流量,仅为对本金和以未偿付本金金额为基础的利息的支付。

对于上述分类为以公允价值计量且其变动计入其他综合收益的金融资产,企业应当在其他综合收益中确认其损失准备(通过"其他综合收益——信用减值准备"科目核算,以预期信用损失为基础计提损失准备),并将减值损失或利得计入当期损益,且不应减少该金融资产在资产负债表中列示的账面价值。

注 "信用减值准备"明细科目:

本明细科目核算企业按照金融工具确认和计量会计准则第十八条分类为以公允价值计量且其变动计入其他综合收益的金融资产以预期信用损失为基础计提的损失准备。

《利润表》中"其他债权投资信用减值准备"行项目,反映企业按照《企业会计准则第22号——金融工具确认和计量》(2017年修订)第十八条分类为以公允价值计量且其变动计入其他综合收益的金融资产的损失准备。该项目应根据"其他综合收益"科目下的"信用减值准备"明细科目的发生额分析填列。

(5) 现金流量套期储备(有效套期的部分)。

根据《企业会计准则第24号——套期会计》,现金流量套期利得或损失中属于有效套期的部分,应当直接确认为所有者权益(其他综合收益);属于无效套期的部分,应当计入当期损益。对于前者,套期会计准则规定在一定的条件下,将原直接计入所有者权益中的套期工具利得或损失转出,计入当期损益。

注 套期会计中的"套期储备"明细科目:

(1) 本明细科目核算现金流量套期下套期工具累计公允价值变动中的套期有效部分。

(2) 本明细科目可按套期关系进行明细核算。

(3) 主要账务处理:

① 资产负债表日,套期工具形成的利得或损失中属于套期有效部分的,借记或贷记"套期工具"科目,贷记或借记本明细科目;属于套期无效部分的,借记或贷记"套期工具"科目,贷记或借记"套期损益"科目。

② 企业将套期储备转出时,借记或贷记本明细科目,贷记或借记有关科目。

《利润表》中"现金流量套期储备"行项目,反映企业套期工具产生的利得或损失中属于套期有效的部分。该项目应根据"其他综合收益"科目下的"套期储备"明细科目的发生额分析填列。

(6) 外币财务报表折算差额。

根据《企业会计准则第19号——外币折算》,企业对境外经营的财务报表进行折算时,应当将外币财务报表折算差额在资产负债表中所有者权益项目下单独列示(其他综合收益);企业在处置境外经营时,应当将资产负债表中所有者权益项目下列示的、与该境外经营相关的外币报表折算差额,自所有者权益项目转入处置当期损益,部分处置境外经营的,应当按处置的比例计算处置部分的外币财务报表折算差额,转入处置当期损益。

(7) 根据相关会计准则规定的其他项目(自用房地产或作为存货的房地产转换为以公允价值模式计量的投资性房地产在转换日公允价值大于账面价值部分)。

例如,根据《企业会计准则第3号——投资性房地产》,自用房地产或作为存货的房地产转换为以公允价值模式计量的投资性房地产,在转换日公允价值大于账面价值部分计入其他综合收益;待该投资性房地产处置时,将该部分转入当期损益等。

3. "400403 所得税影响"等明细科目核算

此前在资本公积中核算的所得税影响现在在此科目所得税影响中核算。

4. "套期成本"

(1) 本明细科目核算企业将期权的时间价值、远期合同的远期要素或金融工具的外汇基差排除在套期工具之外时,期权的时间价值等产生的公允价值变动。

(2) 本明细科目可按套期关系进行明细核算。

(3) 主要账务处理。

① 资产负债表日,对于期权的时间价值等的公允价值变动中与被套期项目相关的部分,应当借记或贷记"衍生工具"等科目,贷记或借记本明细科目。

② 企业在将相关金额从其他综合收益中转出时,借记或贷记本明细科目,贷记或借记有关科目。

A. 期权时间价值的会计处理。

企业将期权合同的内在价值和时间价值分开,只将期权的内在价值变动指定为套期工具时,应当区分被套期项目的性质是与交易相关还是与时间段相关,并进行不同的会计处理。

a. 被套期项目与交易相关的,对其进行套期的期权的时间价值具备该项交易成本的特征。

企业应当将期权时间价值的公允价值变动中与被套期项目相关的部分计入其他综合收益,并按照与现金流量套期储备相同的会计处理方法进行处理。

b. 被套期项目与时间段相关的,对其进行套期的期权时间价值具备为保护企业在特定时间段内规避风险所需支付成本的特征。

企业应当将期权时间价值的公允价值变动中与被套期项目相关的部分计入其他综合收益。同时,企业应当按照系统、合理的方法,将期权被指定为套期工具当日的时间价值中与被套期项目相关的部分,在套期关系影响损益或其他综合收益(仅限于企业对指定为以公允价值计量且其变动计入其他综合收益的非交易性权益工具投资的公允价值套期)的期间内摊销,摊销金额从其他综合收益中转出,计入当期损益。由于期权的时间价值在期权到期时将归零,因此在期权存续期内的累计时间价值的公允价值变动等于指定套期时的时间价值。时间价值变动计入其他综合收益的金额应当根据变动的实际情况确定,但从其他综合收益转入当期损益(即摊销)的金额应当按照系统、合理的方法确定。转入和转出的金额最终是一致的,即指定套期时的时间价值。若企业终止运用套期会计,则其他综合收益中剩余的相关金额应当转出,计入当期损益。

期权的主要条款(如名义金额、期限和标的)与被套期项目相一致的,期权的实际时间价值与被套期项目相关;期权的主要条款与被套期项目不完全一致的,企业应当通过对主要条款与被套期项目完全匹配的期权进行估值确定校准时间价值,并确认期权的实际时间价值中与被套期项目相关的部分。在套期关系开始时,期权的实际时间价值高于校准时间价值的,企业应当以校准时间价值为基础,将其累计公允价值变动计入其他综合收益,并将这两个时间价值的公允价值变动差额计入当期损益;在套期关系开始时,期权的实际时间价值低于校准时间价值的,企业应当将两个时间价值中累计公允价值变动的较低者计入其他综合收益,如果实际时间价值的累计公允价值变动扣减累计计入其他综合收益金额后尚有剩余的,应当计入当期损益。

B. 远期合同的远期要素和金融工具的外汇基差的会计处理。

企业将远期合同的远期要素和即期要素分开、只将即期要素的价值变动指定为套期工具的,或者将金融工具的外汇基差单独分拆、只将排除外汇基差后的金融工具指定为套期工具的,可以按照与期权时间价值相同的处理方式对远期合同的远期要素或金融工具的外汇基差进行会计处理,也可以按照常规会计处理方法进行处理。

(三)主要账务处理

请参阅上述内容。

(四)期末余额

请参阅上述内容。

注 资本公积的核算主要与股本投入相关,而其他综合收益属于已经实现但暂时不能计入本年利润或费用的项目。一般来说,资本公积属于已经确定的一个事实,后续期间不会再予以转出。而其他综合收益类似于一个过渡科目,在未来期间还需要予以转出(注:有的项目在以后会计期间不能重分类进损益)。

附:报表列示

反映企业其他综合收益的期末余额。

本项目应根据"其他综合收益"科目的期末余额填列。

注 (1)《利润表》中"其他权益工具投资公允价值变动"行项目,反映企业指定为以公允价值计量且其变动计入其他综合收益的非交易性权益工具投资发生的公允价值变动。该项目应根据"其他综合收益"科目的相关明细科目的发生额分析填列。

(2)《利润表》中"企业自身信用风险公允价值变动"行项目,反映企业指定为以公允价值计量且其变动计入当期损益的金融负债,由企业自身信用风险变动引起的公允价值变动而计入其他综合收益的金额。该项目应根据"其他综合收益"科目的相关明细科目的发生额分析填列。

(3)《利润表》中"其他债权投资公允价值变动"行项目,反映企业分类为以公允价值计量且其变动计入其他综合收益的债权投资发生的公允价值变动。企业将一项以公允价值计量且其变动计入其他综合收益的金融资产重分类为以摊余成本计量的金融资产,或重分类为以公允价值计量且其变动计入当期损益的金融资产时,之前计入其他综合收益的累计利得或损失从其他综合收益中转出的金额作为该项目的减项。该项目应根据"其他综合收益"科目下的相关明细科目的发生额分析填列。

(4)《利润表》中"金融资产重分类计入其他综合收益的金额"行项目,反映企业将一项以摊余成本计量的金融资产重分类为以公允价值计量且其变动计入其他综合收益的金融资产时,计入其他综合收益的原账面价值与公允价值之间的差额。该项目应根据"其他综合收益"科目下的相关明细科目的发生额分析填列。

(5)《利润表》中"其他债权投资信用减值准备"行项目,反映企业按照《企业会计准则第22号——金融工具确认和计量》(2017年修订)第十八条分类为以公允价值计量且其变动计入其他综合收益的金融资产的损失准备。该项目应根据"其他综合收益"科目下的"信用减值准备"明细科目的发生额分析填列。

(6)《利润表》中"现金流量套期储备"行项目,反映企业套期工具产生的利得或损失中属于套期有效的部分。该项目应根据"其他综合收益"科目下的"套期储备"明细科目的发生额分析填列。

第五节 套期会计相关披露、对财务状况和经营成果影响的列报

套期活动属于企业风险管理活动,在符合套期会计应用条件的前提下,企业可以选择应用套期会计。企业应当按照《企业会计准则第24号——套期会计》的规定,对符合条件并选择应用套期会计的套期活动,分别按公允价值套期、现金流量套期及境外经营净投资套期3种类型进行会计处理,同时按照《企业会计准则第37号——金融工具列报》第五十七条至第七十条规定进行披露,以便财务报表使用者理解企业套期关系的性质和这些套期关系对企业当期及未来期间经营成果的影响。

(1)企业应当按照风险类型披露相关定量信息,从而有助于财务报表使用者评价套期工具的条款和条件及这些条款和条件如何影响企业未来现金流量的金额、时间和不确定性。这些要求披露的明细信息应当包括:

① 套期工具名义金额的时间分布。

② 套期工具的平均价格或利率(如适用)。

(2)对于公允价值套期,企业应当以表格形式、按风险类型分别披露与被套期项目相关的下列金额:

① 资产负债表中已确认的被套期项目账面价值,资产项目和负债项目应分别列示。

② 已确认的被套期项目账面价值中所包含的被套期项目累计公允价值套期调整,资产项目和负债项目应分别列示。

③ 被套期项目所属的资产负债表项目(即被套期项目在资产负债表中列示在哪个项目下,如"存货""应付债券""其他流动资产")。

④ 本期用作确认套期无效部分基础的被套期项目价值变动。

⑤ 对于以摊余成本计量的金融工具作为被套期项目的情况,企业应当根据《企业会计准则第24号——套期会计》第二十三条要求对被套期项目价值调整进行摊销。若套期关系先于被套期项目终止(例如由于企业风险管理政策变化),则未摊销的价值调整还将保留在资产负债表中直至摊销完。该情况下,企业应当披露保留在资产负债表中的公允价值套期累计调整额。

(3)对于现金流量套期和境外经营净投资套期,企业应当以表格形式、按风险类型分别披露与被套期项目相关的下列金额:

① 本期用作确认套期无效部分基础的被套期项目价值变动。

② 根据《企业会计准则第24号——套期会计》第二十四条的规定继续按照套期会计处理的现金流量套期储备的余额。

③ 根据《企业会计准则第24号——套期会

计》第二十七条的规定继续按照套期会计处理的境外经营净投资套期计入其他综合收益的余额。

④ 不再适用套期会计的套期关系所导致的现金流量套期储备和境外经营净投资套期中计入其他综合收益的利得和损失的余额。

企业可以按照表30-2披露此类信息。

表30-2 现金流量套期和境外经营净投资套期相关信息披露

2×21年12月31日　　　　　　　　　　　　　　　　　　　　　　　单位：万元

	被套期项目的账面价值		被套期项目公允价值套期调整的累计金额(计入被套期项目的账面价值)		包含被套期项目的资产负债表列示项目	2×21年用作套期无效部分基础的被套期项目公允价值变动	现金流量套期储备
	资产	负债	资产	负债			
现金流量套期							
商品价格风险 ——预期销售 ——终止的套期(预期销售)	不适用 不适用	不适用 不适用	不适用 不适用	不适用 不适用	不适用 不适用	×× 不适用	×× ××
公允价值套期							
利率风险 ——应付债券 ——终止的套期(预期销售)	— —	×× ××	— —	×× ××	应付债券 应付债券	×× ××	不适用 不适用
利率风险 ——应付债券	××	××	××	××	其他流动资产	××	不适用

对于每类套期类型，企业应当按照《企业会计准则第37号——金融工具列报》第六十六条的规定，以表格形式、按风险类型分别披露与套期工具相关金额。企业可以按照表30-3披露此类信息。

表30-3 与套期工具相关金额的披露

2×21年12月31日　　　　　　　　　　　　　　　　　　　　　　　单位：万元

	套期工具的名义金额	被套期工具的账面价值		包含被套期项目的资产负债表列示项目	2×21年用作确认套期无效部分基础的套期工具公允价值变动
		资产	负债		
现金流量套期					
商品价格风险 ——远期销售合同	××	××	××	衍生金融资产/负债	××
公允价值套期					
利率风险 ——利率互换合同	××	××	××	衍生金融资产/负债	××
外汇风险 ——外币贷款	××	××	××	衍生金融资产/负债	××

对于每类套期类型，企业应当按照《企业会计准则第37号——金融工具列报》第六十七条、第六十八条的规定，以表格形式、按风险类型分别披露因采用套期会计所影响的利润表的相关金额。企业可以按照表30-4和表30-5披露此类信息。

表30-4 因采用套期会计所影响的利润表的相关金额的披露(公允价值套期)　　单位：万元

公允价值套期	计入当期损益的套期无效部分	计入其他综合收益的套期无效部分	计入当期损益的利润表列示项目(包括套期无效部分)
利率风险	××	不适用	公允价值变动收益
权益价格风险	××	××	公允价值变动收益

表 30-5　因采用套期会计所影响的利润表的相关金额的披露（现金流量套期）

现金流量套期变动	计入其他综合收益的套期工具的公允价值	计入当期损益的套期无效部分	包含已确认的套期无效部分的利润表列示项目	从现金流量套期储备重分类至当期损益的金额	包含重分类调整的利润表列示项目
商品价格风险					
——商品	××	××	公允价值变动收益	××	营业成本
——终止的套期	不适用	不适用	不适用	××	营业成本

企业因使用信用衍生工具管理金融工具的信用风险敞口而将金融工具（或其一定比例）指定为以公允价值计量且其变动计入当期损益的，应当按照《企业会计准则第37号——金融工具列报》第七十条的规定进行披露。对于用于管理根据《企业会计准则第24号——套期会计》第三十四条的规定被指定为以公允价值计量且其变动计入当期损益的金融工具信用风险敞口的信用衍生工具，企业应当披露每一项工具的名义金额以及当期期初和期末公允价值的调节表。企业可以按照表30-6披露此类信息。

表 30-6　信用衍生工具的披露信息　　　　　　　　　　　　单位：万元

信用衍生工具	名义金额	期初公允价值	本期公允价值变动	除公允价值变动外的影响		期末公允价值
				本期增加	本期减少	
信用衍生工具 A						
信用衍生工具 B						
……						

政策依据

《企业会计准则第37号——金融工具列报》
第四节　套期会计相关披露

第五十七条　企业应当披露与套期会计有关的下列信息：

（一）企业的风险管理策略以及如何应用该策略来管理风险。

（二）企业的套期活动可能对其未来现金流量金额、时间和不确定性的影响。

（三）套期会计对企业的资产负债表、利润表及所有者权益变动表的影响。

企业在披露套期会计相关信息时，应当合理确定披露的详细程度、披露的重点、恰当的汇总或分解水平，以及财务报表使用者是否需要额外的说明以评估企业披露的定量信息。企业按照本准则要求所确定的信息披露汇总或分解水平应当和《企业会计准则第39号——公允价值计量》的披露要求所使用的汇总或分解水平相同。

第五十八条　企业应当披露其进行套期和运用套期会计的各类风险的风险敞口的风险管理策略相关信息，从而有助于财务报表使用者评价：每类风险是如何产生的，企业是如何管理各类风险的（包括企业是对某一项目整体的所有风险进行套期还是对某一项目的单个或多个风险成分进行套期及其理由），以及企业管理风险敞口的程度。与风险管理策略相关的信息应当包括：

（一）企业指定的套期工具。

（二）企业如何运用套期工具对被套期项目的特定风险敞口进行套期。

（三）企业如何确定被套期项目与套期工具的经济关系以评估套期有效性。

（四）套期比率的确定方法。

（五）套期无效部分的来源。

第五十九条　企业将某一特定的风险成分指定为被套期项目的，除应当披露本准则第五十八条规定的相关信息外，还应当披露下列定性或定量信息：

（一）企业如何确定该风险成分，包括风险成分与项目整体之间关系性质的说明。

（二）风险成分与项目整体的关联程度（例如被指定的风险成分以往平均涵盖项目整体公允价值变动的百分比）。

第六十条　企业应当按照风险类型披露相关定量信息，从而有助于财务报表使用者评价套期工具的条款和条件及这些条款和条件如何影响企业未来现金流量的金额、时间和不确定性。这些要求披露的明细信息应当包括：

（一）套期工具名义金额的时间分布。

（二）套期工具的平均价格或利率（如适用）。

第六十一条 在因套期工具和被套期项目频繁变更而导致企业频繁地重设（即终止及重新开始）套期关系的情况下，企业无需披露本准则第六十条规定的信息，但应当披露下列信息：

（一）企业基本风险管理策略与该套期关系相关的信息。

（二）企业如何通过运用套期会计以及指定特定的套期关系来反映其风险管理策略。

（三）企业重设套期关系的频率。在因套期工具和被套期项目频繁变更而导致企业频繁地重设套期关系的情况下，如果资产负债表日的套期关系数量并不代表本期内的正常数量，企业应当披露这一情况以及该数量不具代表性的原因。

第六十二条 企业应当按照风险类型披露在套期关系存续期内预期将影响套期关系的套期无效部分的来源，如果在套期关系中出现导致套期无效部分的其他来源，也应当按照风险类型披露相关来源及导致套期无效的原因。

第六十三条 企业应当披露已运用套期会计但预计不再发生的预期交易的现金流量套期。

第六十四条 对于公允价值套期，企业应当以表格形式、按风险类型分别披露与被套期项目相关的下列金额：

（一）在资产负债表中确认的被套期项目的账面价值，其中资产和负债应当分别单独列示。

（二）资产负债表中已确认的被套期项目的账面价值，针对被套期项目的公允价值套期调整的累计金额，其中资产和负债应当分别单独列示。

（三）包含被套期项目的资产负债表列示项目。

（四）本期用作确认套期无效部分基础的被套期项目价值变动。

（五）被套期项目为以摊余成本计量的金融工具的，若已终止针对套期利得和损失进行调整，则应披露在资产负债表中保留的公允价值套期调整的累计金额。

第六十五条 对于现金流量套期和境外经营净投资套期，企业应当以表格形式、按风险类型分别披露与被套期项目相关的下列金额：

（一）本期用作确认套期无效部分基础的被套期项目价值变动。

（二）根据《企业会计准则第24号——套期会计》第二十四条的规定继续按照套期会计处理的现金流量套期储备的余额。

（三）根据《企业会计准则第24号——套期会计》第二十七条的规定继续按照套期会计处理的境外经营净投资套期计入其他综合收益的余额。

（四）套期会计不再适用的套期关系所导致的现金流量套期储备和境外经营净投资套期中计入其他综合收益的利得和损失的余额。

第六十六条 对于每类套期类型，企业应当以表格形式、按风险类型分别披露与套期工具相关的下列金额：

（一）套期工具的账面价值，其中金融资产和金融负债应当分别单独列示。

（二）包含套期工具的资产负债表列示项目。

（三）本期用作确认套期无效部分基础的套期工具的公允价值变动。

（四）套期工具的名义金额或数量。

第六十七条 对于公允价值套期，企业应当以表格形式、按风险类型分别披露与套期工具相关的下列金额：

（一）计入当期损益的套期无效部分。

（二）计入其他综合收益的套期无效部分。

（三）包含已确认的套期无效部分的利润表列示项目。

第六十八条 对于现金流量套期和境外经营净投资套期，企业应当以表格形式、按风险类型分别披露与套期工具相关的下列金额：

（一）当期计入其他综合收益的套期利得或损失。

（二）计入当期损益的套期无效部分。

（三）包含已确认的套期无效部分的利润表列示项目。

（四）从现金流量套期储备或境外经营净投资套期计入其他综合收益的利得和损失重分类至当期损益的金额，并应区分之前已运用套期会计但因被套期项目的未来现金流量预计不再发生而转出的金额和因被套期项目影响当期损益而转出的金额。

（五）包含重分类调整的利润表列示项目。

（六）对于风险净敞口套期，计入利润表中单列项目的套期利得或损失。

第六十九条 企业按照《企业会计准则第30号——财务报表列报》的规定在提供所有者权益各组成部分的调节情况以及其他综合收益的分析时，应当按照风险类型披露下列信息：

（一）分别披露按照本准则第六十八条（一）和（四）的规定披露的金额。

（二）分别披露按照《企业会计准则第24号——套期会计》第二十五条（一）和（三）的规定处理的现金流量套期储备的金额。

（三）分别披露对与交易相关的被套期项目进行套期的期权时间价值所涉及的金额，以及对与时间段相关的被套期项目进行套期的期权时间价值所涉及的金额。

（四）分别披露对与交易相关的被套期项目进行套期的远期合同的远期要素和金融工具的外汇基差所涉及的金额，以及对与时间段相关的被套期项目进行套期的远期合同的远期要素和金融工具的外汇基差所涉及的金额。

第七十条　企业因使用信用衍生工具管理金融工具的信用风险敞口而将金融工具（或其一定比例）指定为以公允价值计量且其变动计入当期损益的，应当披露下列信息：

（一）对于用于管理根据《企业会计准则第24号——套期会计》第三十四条的规定被指定为以公允价值计量且其变动计入当期损益的金融工具信用风险敞口的信用衍生工具，每一项名义金额与当期期初和期末公允价值的调节表。

（二）根据《企业会计准则第24号——套期会计》第三十四条的规定将金融工具（或其一定比例）指定为以公允价值计量且其变动计入当期损益时，在损益中确认的利得或损失。

（三）当企业根据《企业会计准则第24号——套期会计》第三十五条的规定对该金融工具（或其一定比例）终止以公允价值计量且其变动计入当期损益时，作为其新账面价值的该金融工具的公允价值和相关的名义金额或本金金额，企业在后续期间无须继续披露这一信息，除非根据《企业会计准则第30号——财务报表列报》的规定需要提供比较信息。

第三十一讲 金融工具列报

第一节 综合知识

一、相关知识概述

(一) 金融工具列报的构成

金融工具列报,包括金融工具列示和金融工具披露。

(二) 金融工具列报的信息的要求

金融工具列报的信息,应当有助于财务报表使用者了解企业所发行金融工具的分类、计量和列报的情况,以及企业所持有的金融资产和承担的金融负债的情况,并就金融工具对企业财务状况和经营成果影响的重要程度、金融工具使企业在报告期间和期末所面临风险的性质和程度,以及企业如何管理这些风险做出合理评价。

 小知识

与金融工具相关的信息的额外列报要求

企业应当按照《企业会计准则第30号——财务报表列报》的规定列报财务报表信息。

由于金融工具交易相对于企业的其他经济业务更具特殊性,具有与金融市场结合紧密、风险敏感性强、对企业财务状况和经营成果影响大等特点,对于与金融工具相关的信息,除按照《企业会计准则第30号——财务报表列报》的规定列报外,还应当按照《企业会计准则第37号——金融工具列报》的规定列报。

企业应当按照计量属性并结合自身实际情况对金融工具进行分类,在此基础上在资产负债表和利润表中列报其对财务状况和经营成果的影响,并披露金融资产和金融负债的公允价值信息。企业应当披露套期活动对企业风险敞口的影响,以及采用套期会计对财务报表的影响。

二、会计准则概述

(一) 本准则的相关背景

2006年财政部发布了《企业会计准则第37号——金融工具列报》。2014年进行过一次修订,主要补充了权益工具的分类、抵销的规定和披露要求、金融资产转移的披露要求以及金融资产和金融负债到期期限分析的披露要求,并删除了有关金融工具公允价值的部分披露要求。2017年5月2日,我国财政部又发布了《关于印发修订〈企业会计准则第37号——金融工具列报〉的通知》(财会〔2017〕14号,本讲简称"本准则"或"新准则"),主要是响应《企业会计准则第22号——金融工具确认和计量》《企业会计准则第23号——金融资产转移》和《企业会计准则第24号——套期会计》的修订,新的金融工具准则与国际会计准则理事会发布的《国际财务报告准则第9号——金融工具》(IFRS 9)趋同。

在境内外同时上市的企业以及在境外上市并采用国际财务报告准则或企业会计准则编制财务报告的企业,自2018年1月1日起施行;其他境内上市企业自2019年1月1日起施行;执行企业会计准则的非上市企业自2021年1月1日起施行。执行《企业会计准则第37号——金融工具列报》的企业,不再执行财政部于2014年3月17日印发的《金融负债与权益工具的区分及相关会计处理规定》(财会〔2014〕13号)和2014年6月20日印发的《企业会计准

则第 37 号——金融工具列报》(财会〔2014〕23 号)。

执行财政部于 2017 年修订印发的《企业会计准则第 22 号——金融工具确认和计量》(财会〔2017〕7 号)、《企业会计准则第 23 号——金融资产转移》(财会〔2017〕8 号)、《企业会计准则第 24 号——套期会计》(财会〔2017〕9 号)的企业,应同时执行《企业会计准则第 37 号——金融工具列报》。

(二)本准则的适用范围

权益工具与金融负债的区分等,由《企业会计准则第 37 号——金融工具列报》规范。

企业所取得的金融资产和承担的金融负债,应当按照《企业会计准则第 37 号——金融工具列报》中有关要求进行列报。

该准则规范了金融负债和权益工具的区分,企业发行的金融工具相关利息、股利、利得和损失的会计处理,金融资产和金融负债的抵销,金融工具在财务报表中的列示和披露以及金融工具相关风险的披露。

通常情况下,符合《企业会计准则第22号——金融工具确认和计量》中金融工具定义的项目,应当按照该准则核算,并按照《企业会计准则第 37 号——金融工具列报》列报。一些符合金融工具定义的项目不按照《企业会计准则第 22 号——金融工具确认和计量》核算,也不按照《企业会计准则第 37 号——金融工具列报》列报,或者不按照《企业会计准则第 22 号——金融工具确认和计量》核算,但应按照《企业会计准则第 37 号——金融工具列报》列报。同时,一些非金融项目合同有可能按照《企业会计准则第 22 号——金融工具确认和计量》核算,并按照《企业会计准则第 37 号——金融工具列报》列报。

具体来说,《企业会计准则第 37 号——金融工具列报》适用于所有企业发行或持有的各种类型的金融工具的列报,但表 31-1 所示情况例外。

表 31-1　金融工具的列报的例外情况

子公司、合营安排和联营企业	《企业会计准则第 41 号——在其他主体中权益的披露》要求企业对子公司、合营安排和联营企业的投资按照该准则在财务报表附注中进行披露。但是,涉及与在子公司、合营安排或联营企业中的权益相联系的衍生工具的,该衍生工具的列报适用《企业会计准则第 37 号——金融工具列报》
投资性主体	《企业会计准则第 33 号——合并财务报表》规定,符合投资性主体定义的企业对为其投资活动提供相关服务的子公司以外的其他子公司不合并,并且对这类其他子公司的投资按照公允价值计量且其变动计入当期损益。投资性主体对于为其活动提供相关服务的子公司以外的其他子公司的投资的核算,适用《企业会计准则第 22 号——金融工具确认和计量》,相关的披露要求同时适用《企业会计准则第 37 号——金融工具列报》和《企业会计准则第 41 号——在其他主体中权益的披露》
风险投资机构、共同基金、信托公司或包括投连险基金在内的类似主体	根据《企业会计准则第 2 号——长期股权投资》的规定,风险投资机构、共同基金以及类似主体持有的对联营企业或合营企业的投资,可以在初始确认时按照《企业会计准则第 22 号——金融工具确认和计量》规定以公允价值计量且其变动计入当期损益。如果企业选择按照《企业会计准则第 22 号——金融工具确认和计量》核算这类投资,则相关的披露要求同时适用《企业会计准则第 37 号——金融工具列报》和《企业会计准则第 41 号——在其他主体中权益的披露》 对于通过风险投资机构、共同基金、信托公司或包括投连险基金在内的类似主体间接持有的对联营企业或合营企业的投资,企业选择按照《企业会计准则第 22 号——金融工具确认和计量》规定以公允价值计量且其变动计入当期损益的,其相关的披露要求同时适用《企业会计准则第 37 号——金融工具列报》和《企业会计准则第 41 号——在其他主体中权益的披露》
结构化主体(包括纳入和未纳入合并财务报表范围的结构化主体)	企业在结构化主体(包括纳入和未纳入合并财务报表范围的结构化主体)中权益的披露,适用《企业会计准则第 41 号——在其他主体中权益的披露》。但企业对结构化主体不实施控制或共同控制,且无重大影响的,企业在该结构化主体中权益的披露应当同时适用《企业会计准则第 37 号——金融工具列报》和《企业会计准则第 41 号——在其他主体中权益的披露》
股份支付(含涉及企业发行、回购、出售或注销库存股)	以股份为基础的支付合同虽然符合金融工具的定义,但其核算和列报由《企业会计准则第 11 号——股份支付》规范。但是,按照《企业会计准则第 37 号——金融工具列报》第四条,股份支付合同可能适用《企业会计准则第 37 号——金融工具列报》。此外,股份支付中涉及企业发行、回购、出售或注销库存股适用《企业会计准则第 37 号——金融工具列报》
收入	《企业会计准则第 14 号——收入》规范的属于金融工具的合同权利和义务,其披露适用该准则。但是,确认和计量相关减值损失和利得时应当适用《企业会计准则第 22 号——金融工具确认和计量》的合同权利,应当遵循《企业会计准则第 37 号——金融工具列报》有关信用风险披露的要求

(续表)

债务重组	债务重组中涉及的相关权利、义务的核算和列报,适用《企业会计准则第12号——债务重组》。对于债务重组中涉及的金融资产转移(例如以金融资产清偿债务),应当按《企业会计准则第37号——金融工具列报》要求进行披露
保险合同	保险合同符合金融工具的定义,但因保险合同所涉及的保险负债的计量具有一定的特殊性,其核算和列报由保险合同相关会计准则进行规范,不适用《企业会计准则第37号——金融工具列报》 具有相机分红特征而适用保险合同相关会计准则的金融工具,实质上具有与所有者权益类似的参与分享企业剩余收益的权利。该类金融工具不适用《企业会计准则第37号——金融工具列报》关于金融负债和权益工具区分的规定 对于保险合同中嵌入的、按照《企业会计准则第22号——金融工具确认和计量》规定予以分拆后单独核算的衍生工具,应按照《企业会计准则第22号——金融工具确认和计量》进行核算,其列报适用《企业会计准则第37号——金融工具列报》。如果保险合同中嵌入的衍生工具本身就是一项保险合同,则该嵌入衍生工具的核算和列报适用保险合同相关会计准则。企业选择按照《企业会计准则第22号——金融工具确认和计量》核算的财务担保合同,其列报适用《企业会计准则第37号——金融工具列报》;企业选择按照保险合同相关会计准则进行会计处理的财务担保合同,适用保险合同相关会计准则
职工薪酬	因职工薪酬计划形成的企业的义务,符合金融工具的定义。但由于职工薪酬相关义务的计量具有一定的特殊性,其核算和列报由《企业会计准则第9号——职工薪酬》规范,不适用《企业会计准则第37号——金融工具列报》
买入或卖出非金融项目的合同	买入或卖出非金融项目的合同,如果能够以现金或其他金融工具净额结算或通过交换金融工具结算,且不是为预定的购买、销售或使用要求而签订和持有(即交易目的本身不是为了购买、销售或使用非金融项目),适用《企业会计准则第37号——金融工具列报》。但是,即使上述合同是为预定的购买、销售或使用要求而签订和持有,如果企业根据《企业会计准则第22号——金融工具确认和计量》第八条的规定将该合同指定为以公允价值计量且其变动计入当期损益的金融资产或金融负债(例如,为消除与商品套期工具的计量错配),该合同仍适用《企业会计准则第37号——金融工具列报》
贷款承诺	指定为以公允价值计量且其变动计入当期损益的金融负债的贷款承诺,能够以现金净额结算,或通过交换或发行其他金融工具结算的贷款承诺,以及低于市场利率贷款的贷款承诺,应当按照《企业会计准则第22号——金融工具确认和计量》的规定进行核算。对于适用《企业会计准则第22号——金融工具确认和计量》已确认的贷款承诺的列报,应当适用《企业会计准则第37号——金融工具列报》;对于《企业会计准则第22号——金融工具确认和计量》未规范的贷款承诺,以及其他未确认的金融工具的披露,也适用《企业会计准则第37号——金融工具列报》 例如,银行向某公司做出一项不可撤销贷款承诺,相关合同规定,公司以正在建设中的工程为抵押向银行贷款,银行将根据工程完工进度分期提供贷款,贷款利率按照市场利率确定 本例中,这是一项确定承诺,但不存在净额结算,贷款利率也不低于市场利率。如果银行没有将这项贷款承诺指定为以公允价值计量且其变动计入当期损益的金融负债,那么该项贷款承诺除减值外,在《企业会计准则第22号——金融工具确认和计量》范围之外,但其披露适用《企业会计准则第37号——金融工具列报》
所得税	对于与金融工具相关的交易或事项涉及所得税的,应当按照《企业会计准则第18号——所得税》进行会计处理

准则的适用范围

《企业会计准则第37号——金融工具列报》

第三条 本准则适用于所有企业各种类型的金融工具,但下列各项适用其他会计准则:

(一)由《企业会计准则第2号——长期股权投资》《企业会计准则第33号——合并财务报表》和《企业会计准则第40号——合营安排》规范的对子公司、合营企业和联营企业的投资,其披露适用《企业会计准则第41号——在其他主体中权益的披露》。但企业持有的与在子公司、合营企业或联营企业中的权益相联系的衍生工具,适用本准则。

企业按照《企业会计准则第22号——金融工具确认和计量》相关规定对联营企业或合营企业的投资进行会计处理的,以及企业符合《企业会计准则第33号——合并财务报表》有关投资性主体定义,且根据该准则规定对子公司的投资以公允价值计量且其变动计入当期损益的,对上述合营企业、联营企业或子公司的相关投资适用本准则。

(二)由《企业会计准则第9号——职工薪酬》规范的职工薪酬相关计划形成的企业的权利和义务,适用《企业会计准则第9号——职工薪酬》。

(三)由《企业会计准则第11号——股份支付》规范的股份支付中涉及的金融工具以及其他合同和义务,适用《企业会计准则第11号——股份支付》。但是,股份支付中属于本准则范围的买入或卖出非金融项目的合同,以及与股份支付相关的企业发行、回购、出售或注销的库存股,适用本准则。

(四)由《企业会计准则第12号——债务重组》规范的债务重组,适用《企业会计准则第12号——债务重组》。但债务重组中涉及金融资产转移披露的,适用本准则。

(五)由《企业会计准则第14号——收入》规范的属于金融工具的合同权利和义务,适用《企业会计准则第14号——收入》。由《企业会计准则第14号——收入》要求在确认和计量相关合同权利的减值损失和利得时,应当按照《企业会计准则第22号——金融工具确认和计量》进行会计处理的合同权利,适用本准则有关信用风险披露的规定。

(六)由保险合同相关会计准则规范的保险合同所产生的权利和义务,适用保险合同相关会计准则。

因具有相机分红特征而由保险合同相关会计准则规范的合同所产生的权利和义务,适用保险合同相关会计准则。但对于嵌入保险合同的衍生工具,该嵌入衍生工具本身不是保险合同的,适用本准则;该嵌入衍生工具本身为保险合同的,适用保险合同相关会计准则。

企业选择按照《企业会计准则第22号——金融工具确认和计量》进行会计处理的财务担保合同,适用本准则;企业选择按照保险合同相关会计准则进行会计处理的财务担保合同,适用保险合同相关会计准则。

小知识

《企业会计准则第37号——金融工具列报》(财会〔2017〕14号)涉及的有限寿命工具,如某些封闭式基金、理财产品、信托计划等寿命固定或可确定的结构化主体,是否符合持续经营假设?

根据《企业会计准则——基本准则》及其相关讲解,持续经营,是指在可以预见的将来,企业将会按当前的规模和状态继续经营下去,不会停业,也不会大规模削减业务。在持续经营前提下,会计确认、计量和报告应当以企业持续、正常的生产经营活动为前提。

明确这个基本假设,就意味着会计主体将按照既定用途使用资产,按照既定的合约条件清偿债务,并根据企业会计准则进行确认、计量和报告,而不是按照企业破产清算有关会计处理规定处理。因此,有限寿命本身并不影响持续经营假设的成立。

(三)本准则的主要变化

金融工具列报准则的修订内容主要包括:

(1)调整企业资产负债表和利润表相关列示项目及其披露内容,反映金融资产分类由原先"四分类"改为"三分类"后对企业财务状况和经营成果的影响,保持与金融工具确认和计量准则的一致。

(2)强化企业风险管理目标和策略的披露,促进企业提高风险管理能力和水平。

(3)要求企业充分揭示所面临信用风险、流动性风险和市场风险情况,有助于投资者、债权人和监管部门合理评估企业风险敞口、风险性质、风险程度及其财务影响。

结合新的"预期信用损失法",详细规定了企业信用风险、预期信用损失的计量和减值损失准备等金融工具减值相关信息的列报要求。

(4)结合套期会计的修订,根据套期业务特点、套期会计披露目标和有关金融风险类型,以不同套期类型对套期会计相关风险披露策略、套期工具、被套期项目、套期关系等要求进行了重新梳理,全面修订了套期会计相关披露要求。

(5)完善金融资产证券化等金融资产转移相关信息的披露,包括企业所转移金融资产的性质、金额、风险状况以及企业继续涉入情况等,切实提高企业金融资产转移业务信息的透明度。

小资料

财政部 银保监会关于进一步贯彻落实新金融工具相关会计准则的通知

2020年12月30日 财会〔2020〕22号

自财政部2017年修订发布《企业会计准则第22号——金融工具确认和计量》(财会〔2017〕7号)、《企业会计准则第23号——金融资产转移》(财会〔2017〕8号)、《企业会计准则第24号——套期会计》(财会〔2017〕9号)和《企业会计准则第37号——金融工具列报》(财会〔2017〕14号)(以下简称新金融工具相关会计准则)以来,新金融工具相关会计准则陆续在境内外上市企业平稳实施。为进一步加强对企业实施新金融工具相关会计准则的指导,现就有关问题通知如下。

一、关于尚未执行新金融工具相关会计准则的企业

执行企业会计准则的非上市企业应当自2021年1月1日起执行新金融工具相关会计准则,但下列除外:

(一)适用《商业银行资本管理办法(试行)》(银监会令2012年1号)的非上市企业,执行新金融工具相关会计准则确有困难的,可以推迟至2022年1月1日起执行。企业推迟执行的,应当在2021年4月30日前向财政部会计司和银保监会财务会计部报备相关情况并说明原因,并在其2020年度和2021年度财务会计报告中

披露推迟执行的情况及原因。

（二）适用《关于规范金融机构资产管理业务的指导意见》（银发〔2018〕106号）的资产管理产品，执行新金融工具相关会计准则的日期可以推迟至2022年1月1日。

（三）符合《财政部关于保险公司执行新金融工具相关会计准则有关过渡办法的通知》（财会〔2017〕20号）中关于暂缓执行新金融工具相关会计准则条件的保险公司，执行新金融工具相关会计准则的日期允许暂缓至执行《企业会计准则第25号——保险合同》（财会〔2020〕20号）的日期。

二、关于执行新金融工具相关会计准则的企业

（一）监管资本过渡安排。

自2021年1月1日及以后执行新金融工具相关会计准则的非上市的银行业金融机构，在执行新金融工具相关会计准则的前五年，可以根据自身资本承受能力采用下列监管资本过渡安排：

1. 非上市银行可以将首次执行日因采用预期信用损失法增提贷款损失准备导致的核心一级资本减少额（即增提的贷款损失准备剔除递延所得税影响并扣减当日原准则下"贷款损失准备缺口"后的金额，以下简称调整基数）按照一定比例加回核心一级资本。其中，第一年和第二年按照调整基数的100%加回，第三年按照调整基数的75%加回，第四年按照调整基数的50%加回，第五年按照调整基数的25%加回。

已加回核心一级资本的贷款损失准备，不得纳入同期"超额贷款损失准备"计入二级资本，不得在同期信用风险加权资产计算中用于扣减相应资产账面价值。已加回核心一级资本的贷款损失准备所对应的递延所得税资产，不得用于计算同期信用风险加权资产。已加回核心一级资本的贷款损失准备及其对应的递延所得税资产，不得在同期杠杆率计算时纳入"调整后的表内外资产余额"。同期其他监管资本指标也应考虑上述资本加回的影响。

非上市银行首次执行日因采用预期信用损失法增提的其他信用减值准备，可以参照贷款损失准备采用上述资本加回政策。

2. 非上市的其他银行业金融机构，可以参照非上市银行采用上述资本加回政策。

3. 非上市的银行业金融机构采用上述资本加回政策的，应当在过渡期内定期向银保监会及其派出机构报告采用资本加回的情况、原因、资本加回前后监管指标的变化及其他影响，并在财务会计报告中披露前述情况、原因及影响。

对于2021年1月1日前已执行新金融工具相关会计准则的银行业金融机构，根据需要有关政策另行研究制定，财政部将牵头做好新金融工具相关会计准则实施情况的分析研判。

（二）预期信用损失法的应用

执行新金融工具相关会计准则的企业应当完善相关治理机制和管理措施，加强对准则实施过程的流程控制和动态管理，完善信用风险评估方法。企业在新冠肺炎疫情下应用预期信用损失法，应当重点关注下列问题：

1. 在无须付出不必要的额外成本或努力的前提下，企业应用的预期信用损失法应当反映有关过去事项、当前状况以及未来经济状况预测的合理且有依据的信息。在评估未来经济状况时，既要考虑疫情的影响，也要考虑政府等采取的各类支持性政策。

2. 企业应当加强对预期信用损失法下使用模型的管理，定期对模型进行重检并根据具体情况进行必要的修正。考虑疫情引发的不确定性，应当适当调整模型及其假设和参数。在确定反映疫情影响下经济状况变化的多种宏观经济情景及其权重时，应当恰当运用估计和判断。包括适时调整经济下行情景的权重、考虑政府支持性政策对借款人违约概率及相关金融资产违约损失率的影响等。无法或难以及时通过适当调整模型及其假设和参数反映疫情潜在影响的，企业可以通过管理层"叠加"进行正向或负向调整。企业应当规范管理层"叠加"的运用和审批。

3. 因借款人或客户所在的区域和行业等受疫情影响程度不同，可能导致贷款、应收款项等金融资产的风险特征发生变化，企业应当考虑这些变化对评估信用风险对应相关金融资产所在组别的影响，必要时应当根据相关金融资产的共同风险特征重新划分组别。

4. 银行等金融机构因疫情原因提供临时性延期还款便利的，应当根据延期还款的具体条款和借款人的还款能力等分析判断相关金融资产的信用风险是否自初始确认后已显著增加。例如，银行针对某类贷款的所有借款人提供延期还款便利的，应当进一步分析借款人的信用状况和还款能力等，既应当充分关注并及时识别此类借款人信用风险是否显著增加，也不应当仅因其享有延期还款便利而将所有该类贷款认定为信用风险自初始确认后已显著增加。再如，银行针对某类贷款的延期还款便利仅限于满足特定条件的对象的，应当评估这些特定条件是否表明贷款信用风险自初始确认后已显著增加。

5. 企业应当按照企业会计准则的要求披露确定预期信用损失所采用的估计技术、关键假设和参数等相关信息，并重点披露各经济情景中所使用的关键宏观经济

参数的具体数值、管理层"叠加"调整的影响、对政府等提供的支持性政策的考虑等。

三、组织实施

贯彻实施新金融工具相关会计准则是落实党中央和国务院关于防范化解重大金融风险要求的重要举措，有利于全面揭示企业信用风险、夯实信贷资产质量，有利于强化金融监管、支持实体经济发展，有利于加大宏观经济政策逆周期调节力度，助力做好"六稳"工作和落实"六保"任务。

各地监管局和地方各级财政部门应当充分认识加强新金融工具相关会计准则贯彻实施的重要意义，强化对本地区实施新金融工具相关会计准则的组织领导和监管。财政部将组织开展专题调研或调查，加强对重点银行业金融机构和会计师事务所的督促指导，重点关注预期信用损失法等实施问题，确保新金融工具相关会计准则的有效实施，不断提高企业会计信息质量。财政部将根据准则实施情况择机组织开展专项检查。

银保监会及其派出机构应当加强与财政部门的沟通协调，采取措施持续提升银行业保险业金融机构实施新金融工具相关会计准则的效果，有效发挥准则在揭示风险、强化风险管理方面的积极作用，更好服务实体经济发展。

执行中有任何问题，请及时反馈财政部和银保监会。

第二节　金融工具对财务状况和经营成果影响的列报

一、一般性规定

（一）对金融工具进行归类

企业在对金融工具各项目进行列报时，应当根据金融工具的特点及相关信息的性质对金融工具进行归类，充分披露与金融工具相关的信息，使得财务报表附注中的披露与财务报表列示的各项目相互对应。

例如，对衍生工具进行披露时，将其分为外汇衍生工具、利率衍生工具、信用衍生工具等。

（二）合理确定列报金融工具的详细程度

企业应当按照《企业会计准则第37号——金融工具列报》规定，并根据自身实际情况，合理确定列报金融工具的详细程度，既不应列报大量过于详细的信息从而掩盖了真正重要的信息，也不得列报过于汇总的信息从而难以区分各项交易或相关风险之间的重要差异。

（三）确定列报类型

在确定列报类型时，应当至少按计量属性将金融工具分为以摊余成本计量和以公允价值计量两种类型。企业应在此基础上做进一步分类。

例如，以公允价值计量的金融工具可以进一步分为以公允价值计量且其变动计入当期损益的金融工具和以公允价值计量且其变动计入其他综合收益的金融工具。

（四）披露重要会计政策、计量基础和其他信息

企业应当披露编制财务报表时对金融工具所采用的重要会计政策、计量基础和与理解财务报表相关的其他会计政策等信息，包括企业将金融资产和金融负债指定为以公允价值计量且其变动计入当期损益的相关信息。

（1）对于指定为以公允价值计量且其变动计入当期损益的金融资产，企业应当披露下列信息：

① 指定的金融资产的性质。

② 企业如何满足运用指定的标准

企业应当披露该指定所针对的确认或计量不一致的描述性说明。

"企业如何满足运用指定的标准"，是指关于该项资产或者负债为什么满足《企业会计准则第22号——金融工具确认和计量》中指定公允价值计量有关规定（例如该准则第二十条或第二十二条）的说明。

（2）对于指定为以公允价值计量且其变动计入当期损益的金融负债，企业应当披露下列信息：

① 指定的金融负债的性质。

② 初始确认时对上述金融负债做出指定的标准。

"初始确认时对上述金融负债做出指定的标准",是指企业是根据《企业会计准则第22号——金融工具确认和计量》哪项规定[例如第二十二条第(一)项、第二、项或第二十六条]做出该指定。

(3) 企业如何满足运用指定的标准。

对于以消除或显著减少会计错配为目的的指定,企业应当披露该指定所针对的确认或计量不一致的描述性说明。对于以更好地反映组合的管理实质为目的的指定,企业应当披露该指定符合企业正式书面文件载明的风险管理或投资策略的描述性说明。对于整体指定为以公允价值计量且其变动计入当期损益的混合工具,企业应当披露运用指定标准的描述性说明。

(4) 如何确定每类金融工具的利得或损失。

二、公允价值披露

(一) 公允价值与账面价值的比较

除了可以不披露下列金融资产或金融负债的公允价值况外,企业应当披露每一类金融资产和金融负债的公允价值,并与账面价值进行比较,无论其是否按公允价值计量。

(1) 账面价值与公允价值差异很小的金融资产或金融负债(如短期应收账款或应付账款)。

(2) 包含相机分红特征且其公允价值无法可靠计量的合同。

(3) 租赁负债。

此处的披露类别应当与在资产负债表中列示的类别相一致。

对于在资产负债表中相互抵销的金融资产和金融负债,其公允价值应当以抵销后的金额披露。

(二) 金融资产或金融负债初始确认时交易价格与公允价值差异产生利得或损失的信息披露

金融资产或金融负债初始确认的公允价值与交易价格存在差异时,如果其公允价值并非基于相同资产或负债在活跃市场中的报价,也非基于仅使用可观察市场数据的估值技术,企业在初始确认金融资产或金融负债时不应将该差异确认为利得或损失,而应当将其递延,在后续期间根据相关因素(该因素应当仅限于市场参与者对该金融工具定价时将予考虑的因素,包括时间等)的变动确认利得或损失。

在此情况下,企业应当按金融资产或金融负债的类型披露相关信息,这些信息包括:

(1) 初始确认后续期间在损益中确认交易价格与初始确认的公允价值之间差额时所采用的会计政策,以反映市场参与者对资产或负债进行定价时所考虑的因素(包括时间因素)的变动。

(2) 该项差异期初和期末尚未在损益中确认的金额和本期变动额。

(3) 认定交易价格并非公允价值的最佳证据,以及确定公允价值的证据。

(三) 金融工具公允价值信息披露的豁免

对金融工具公允价值披露的有限豁免,包括:账面价值与公允价值差异很小的金融资产或金融负债(如短期应收、应付账款);包含相机分红特征且其公允价值无法可靠计量的合同;租赁负债。

针对包含相机分红特征且其公允价值无法可靠计量的合同,企业需要披露额外信息以帮助财务报表使用者判断其账面价值和公允价值之间的可能差异:

(1) 对金融工具的描述及其账面价值,以及因公允价值无法可靠计量而未披露其公允价值的事实和说明。

(2) 金融工具的相关市场信息。

(3) 企业是否有意图处置及如何处置这些金融工具。

(4) 之前公允价值无法可靠计量的金融工具终止确认的,应当披露终止确认的事实,终止确认时该金融工具的账面价值和所确认的利得或损失金额。

《企业会计准则第37号——金融工具列报》

第七十一条 除了本准则第七十三条规定情况外,

企业应当披露每一类金融资产和金融负债的公允价值，并与账面价值进行比较。对于在资产负债表中相互抵销的金融资产和金融负债，其公允价值应当以抵销后的金额披露。

第七十二条　金融资产或金融负债初始确认的公允价值与交易价格存在差异时，如果其公允价值并非基于相同资产或负债在活跃市场中的报价确定的，也非基于仅使用可观察市场数据的估值技术确定的，企业在初始确认金融资产或金融负债时不应确认利得或损失。在此情况下，企业应当按金融资产或金融负债的类型披露下列信息：

（一）企业在损益中确认交易价格与初始确认的公允价值之间差额时所采用的会计政策，以反映市场参与者对资产或负债进行定价时所考虑的因素（包括时间因素）的变动。

（二）该项差异期初和期末尚未在损益中确认的总额和本期变动额的调节表。

（三）企业如何认定交易价格并非公允价值的最佳证据，以及确定公允价值的证据。

第七十三条　企业可以不披露下列金融资产或金融负债的公允价值信息：

（一）账面价值与公允价值差异很小的金融资产或金融负债（如短期应收账款或应付账款）。

（二）包含相机分红特征且其公允价值无法可靠计量的合同。

（三）租赁负债。

第七十四条　在本准则第七十三条（二）所述的情况下，企业应当披露下列信息：

（一）对金融工具的描述及其账面价值，以及因公允价值无法可靠计量而未披露其公允价值的事实和说明。

（二）金融工具的相关市场信息。

（三）企业是否有意图处置以及如何处置这些金融工具。

（四）之前公允价值无法可靠计量的金融工具终止确认的，应当披露终止确认的事实，终止确认时该金融工具的账面价值和所确认的利得或损失金额。

三、资产负债表中的列示及相关披露

（一）部分金融资产的信用风险披露

以摊余成本计量以及以公允价值计量且其变动计入其他综合收益的金融资产应当进行减值会计处理并按照《企业会计准则第37号——金融工具列报》第七章第二节披露信用风险相关信息。

企业应当设置专门的备抵账户，按类别记录相关金融资产因信用损失发生的减值，并披露减值准备的期初余额、本期计提、转回、转销、核销及其他变动的金额和期末余额等信息。

若企业将原本分类为以摊余成本计量以及以公允价值计量且其变动计入其他综合收益的金融资产（债务工具投资）指定为以公允价值计量且其变动计入当期损益，则不用对其进行减值会计处理，也不适用《企业会计准则第37号——金融工具列报》第七章第二节规定。但是，这些资产仍然面临信用风险问题，因此企业须按照《企业会计准则第37号——金融工具列报》第四十条披露相关信息。

政策依据

《企业会计准则第37号——金融工具列报》

第四十条　企业将本应按摊余成本或以公允价值计量且其变动计入其他综合收益计量的一项或一组金融资产指定为以公允价值计量且其变动计入当期损益的金融资产的，应当披露下列信息：

（一）该金融资产在资产负债表日使企业面临的最大信用风险敞口。

（二）企业通过任何相关信用衍生工具或类似工具使得该最大信用风险敞口降低的金额。

（三）该金融资产因信用风险变动引起的公允价值本期变动额和累计变动额。

（四）相关信用衍生工具或类似工具自该金融资产被指定以来的公允价值本期变动额和累计变动额。

信用风险，是指金融工具的一方不履行义务，造成另一方发生财务损失的风险。

金融资产在资产负债表日的最大信用风险敞口，通常是金融工具账面余额减去减值损失准备后的金额（已减去根据本准则规定已抵销的金额）。

【例31-1】　智董公司持有的本应以公允价值计量且其变动计入其他综合收益的一组金融资产符合《企业会计准则第22号——金融工具确认和计量》中指定为以公允价值计量且其变动计入当期损益的条件。基于管理需要该企业将该组金融资产指定为以公允价值计量且其变动计入当期损益的金融资产，且在管理中未使

用信用衍生工具或类似工具。

对于指定为以公允价值计量且其变动计入当期损益的金融资产：

（1）截至2×20年12月31日使企业面临的最大信用风险敞口为1 000万元。

（2）信用风险变动引起的公允价值本期变动额为8万元、累计变动额为18万元。这些变动额，是该金融资产公允价值变动扣除由于市场风险因素的变化导致公允价值变动后的金额。市场风险因素的变化包括可观察的利率、商品价格、汇率以及价格指数、利率指数、汇率指数等指数的变动。

此外，该企业还按照《企业会计准则第37号——金融工具列报》第四十三条的规定，披露了该组金融资产因信用风险变动引起的公允价值本期变动额和累计变动额的确定方法。

（二）以公允价值计量的金融负债的披露

企业将某项金融负债指定为以公允价值计量且其变动计入当期损益的，应当按《企业会计准则第37号——金融工具列报》第四十一条或第四十二条的规定披露。

政策依据

《企业会计准则第37号——金融工具列报》

第四十一条　企业将一项金融负债指定为以公允价值计量且其变动计入当期损益的金融负债，且企业自身信用风险变动引起的该金融负债公允价值的变动金额计入其他综合收益的，应当披露下列信息：

（一）该金融负债因自身信用风险变动引起的公允价值本期变动额和累计变动额。

（二）该金融负债的账面价值与按合同约定到期应支付债权人金额之间的差额。

（三）该金融负债的累计利得或损失本期从其他综合收益转入留存收益的金额和原因。

第四十二条　企业将一项金融负债指定为以公允价值计量且其变动计入当期损益的金融负债，且该金融负债（包括企业自身信用风险变动的影响）的全部利得或损失计入当期损益的，应当披露下列信息：

（一）该金融负债因自身信用风险变动引起的公允价值本期变动额和累计变动额。

（二）该金融负债的账面价值与按合同约定到期应支付债权人金额之间的差额。

专家点拨

第四十一条针对的是因自身信用风险变动引起的公允价值变动计入其他综合收益的金融负债。

第四十二条针对的是根据《企业会计准则第22号——金融工具确认和计量》第六十八条第二款将全部利得和损失（包括自身信用风险变动引起的部分）计入当期损益的金融负债。

由于前者涉及其他综合收益在负债终止确认时转入留存收益的情形，因此相比后者多一项披露要求。

【例31-2】　智董公司对指定为以公允价值计量且其变动计入当期损益的金融负债（该金融负债的全部利得或损失计入当期损益）的相关信息披露如表31-2所示。

表31-2　　　　　　　　　单位：元

项　目	2×20年公允价值变动额	因相关信用风险变动引起的公允价值本期变动额	因相关信用风险变动引起的公允价值累计变动额
（1）发行的普通债券	3 709 074	2 505 000	3 103 830
（2）发行的次级债券	11 079 000	6 300 000	90 001 800
合　计	14 788 074	8 805 000	93 105 630

2×20年12月31日，指定为以公允价值计量且其变动计入当期损益的金融负债的账面价值高于按合同约定到期应支付债权人金额174 900元。

（三）金融资产和金融负债互抵协议的影响

为使财务报表使用者了解企业所签订的总互抵协议对企业财务状况的影响，企业需要披露总互抵协议（或类似协议）下的金融资产和金融负债的总额、已抵销金额、列示净额、潜在可能抵销金额以及扣除已抵销和潜在可能抵销金额后的净额。

政策依据

《企业会计准则第37号——金融工具列报》

第四十七条　对于所有可执行的总互抵协议或类似协议下的已确认金融工具，以及符合本准则第二十八条抵销条件的已确认金融工具，企业应当在报告期末以表格形式（除非企业有更恰当的披露形式）分别按金融资产和金融负债披露下列定量信息：

(一) 已确认金融资产和金融负债的总额。
(二) 按本准则规定抵销的金额。
(三) 在资产负债表中列示的净额。
(四) 可执行的总互抵协议或类似协议确定的，未包含在本条(二)中的金额，包括：

1. 不满足本准则抵销条件的已确认金融工具的金额。
2. 与财务担保物(包括现金担保)相关的金额，以在资产负债表中列示的净额扣除本条(四)1后的余额为限。

(五) 资产负债表中列示的净额扣除本条(四)后的余额。

企业应当披露本条(四)所述协议中抵销权的条款及其性质等信息，以及不同计量基础的金融工具适用本条时产生的计量差异。

上述信息未在财务报表同一附注中披露的，企业应当提供不同附注之间的交叉索引。

专家点拨

(1)《企业会计准则第37号——金融工具列报》第四十七条所指的"类似协议"，包括所有可能导致金融资产和金融负债相抵销的协议，例如衍生工具清算协议、总回购协议、证券借贷总协议以及与财务担保物相关的协议等。总互抵协议或类似协议下的已确认金融工具，可能包括衍生工具、买入返售、卖出回购和证券借贷协议等。不属于第四十七条范围的金融工具包括同一机构内的贷款或客户存款(除非其在资产负债表中予以抵销)和仅作为抵押担保协议项下的金融工具等。

(2)《企业会计准则第37号——金融工具列报》第四十七条(二)要求披露按《企业会计准则第37号——金融工具列报》第二十八条规定抵销的金额。在同一安排下予以抵销的已确认金融资产和已确认金融负债的金额将同时在金融资产和金融负债抵销的披露中反映。但是，所披露的金额仅限于予以抵销的金额。例如，企业可能拥有满足第二十八条抵销条件的已确认衍生金融资产和已确认衍生金融负债，如果衍生金融资产的总额大于衍生金融负债的总额，则在金融资产的披露和金融负债的披露中的可予以抵销的金额都应当是衍生金融负债的总额。

(3) 如果企业拥有属于《企业会计准则第37号——金融工具列报》第四十七条所要求披露的工具，但该工具不满足第二十八条规定的抵销条件，则该工具根据第四十七条(三)要求披露的金额等于(一)要求披露的金额。

同时，(三)披露的金额与资产负债表中的单列项目金额应可以勾稽对应。如果企业确定将单列项目金额予以合并或分解可提供更相关的信息，则必须将披露的已合并或分解金额与资产负债表中的单列项目金额相勾稽。

(4)《企业会计准则第37号——金融工具列报》第四十七条(四)2要求企业披露收到或抵押出的作为财务担保物的金融工具的公允价值，披露的金额应当为实际收到或抵押出的担保物公允价值，而不是因返还或收回担保物而确认的应付款项或应收款项的公允价值。

对于单项金融工具，其潜在可能抵销的金额不可能超过列示净额。因此对于每一项金融工具，《企业会计准则第37号——金融工具列报》第四十七条(四)披露的总额不能超过(三)披露的金额。

因此，如果一项金融工具既存在不满足抵销条件的情况(将来可能满足抵销条件，如因一方发生违约而触发)，也存在担保的情况，且两者涉及的金额之和大于当前列示净额，则企业应当调低担保相关金额，使得该工具的潜在可能抵销金额不超过列示净额。

(5) 企业应当披露与《企业会计准则第37号——金融工具列报》第四十七条(四)中所述的可执行的总互抵协议或类似协议下相关的抵销权利的信息，以及对权利性质的描述。例如，企业应当描述其附带条件的抵销权利。对于当前不符合《企业会计准则第37号——金融工具列报》抵销要求的金融工具，企业应当描述其不符合要求的原因。对于所有收到或抵押出的财务担保物，企业应当披露抵押担保协议的相关条款(例如担保物受到限制的情形)。

(6) 根据《企业会计准则第37号——金融工具列报》第四十七条(一)至(五)所进行的定量披露，可以分别按金融工具或交易的类型(例如，衍生工具、回购和逆回购协议或证券借贷安排)提供。企业也可以按金融工具或交易的类型提供(一)至(三)所要求的信息，按交易对手提供(三)至(五)所要求的信息。

如果企业按交易对手提供要求披露的信息，无需列明交易对手的具体名称。为保持可比性，各年度内对交易对手的指定应当保持一致。企业还应当考虑提供有关交易对手的进一步定性信息。在按交易对手披露(三)至(五)所要求的有关金额时，相对于所有交易对手而言单项重要的金额应当单独披露，其余单项不重要的金额可以汇总为一个单列项目披露。

(7) 为满足财务报表使用者评估净额结算安排对企业财务状况现实及潜在影响的需要，除按照《企业会计准则第37号——金融工具列报》第四十七条要求披露金融资产和金融负债抵销相关信息之外，企业还应根据总互抵协议或类似协议的条款提供其他补充信息,如抵销权的条款及其性质等信息。此外,根据《企业会计准则第37号——金融工具列报》第四十七条披露的金融工具可能遵循不同的计量要求(例如,与回购协议相关的应付款项以摊余成本计量,而衍生工具以公允价值计量),因此企业应当披露计量差异的情况。

【例31-3】 金融资产和金融负债抵销的相关披露示例。

(1)抵销的金融资产以及可执行的总互抵协议或类似协议下的金融资产。

如表31-3所示。

(2)抵销的金融负债以及可执行的总互抵协议或类似协议下的金融负债。

如表31-4所示。

表 31-3 单位:百万元

类型	① 已确认金融资产的总额	② 在资产负债表中抵销的金额	③=①-② 在资产负债表中列示的净额	④ 不满足抵销条件的工具	财务担保物	⑤=③-④ 资产负债中列示的净额扣除④中金额后的余额
衍生工具	1 000	-400	600	-400	-150	50
逆回购、证券借贷协议或类似协议	450	—	450	-450	—	—
其他金融工具	—	—	—	—	—	—
合计	1 450	-400	1 050	-850	-150	50

表 31-4 单位:百万元

类型	① 已确认金融负债的总额	② 在资产负债表中抵销的金额	③=①-② 在资产负债表中列示的净额	④ 不满足抵销条件的工具	财务担保物	⑤=③-④ 资产负债中列示的净额扣除④中金额后的余额
衍生工具	800	-400	400	-400	—	—
逆回购、证券借贷协议或类似协议	400	—	400	-400	—	—
其他金融工具	—	—	—	—	—	—
合计	1 200	-400	800	-800	—	—

政策依据

《企业会计准则第37号——金融工具列报》

第三十九条 企业应当在资产负债表或相关附注中列报下列金融资产或金融负债的账面价值:

(一)以摊余成本计量的金融资产。

(二)以摊余成本计量的金融负债。

(三)以公允价值计量且其变动计入其他综合收益的金融资产,并分别反映:

(1)根据《企业会计准则第22号——金融工具确认和计量》第十八条的规定分类为以公允价值计量且其变动计入其他综合收益的金融资产。

(2)根据《企业会计准则第22号——金融工具确认和计量》第十九条的规定在初始确认时被指定为以公允价值计量且其变动计入其他综合收益的非交易性权益工具投资。

(四)以公允价值计量且其变动计入当期损益的金融资产,并分别反映:

(1)根据《企业会计准则第22号——金融工具确认和计量》第十九条的规定分类为以公允价值计量且其变动计入当期损益的金融资产。

(2)根据《企业会计准则第22号——金融工具确认和计量》第二十条的规定指定为以公允价值计量且其变动计入当期损益的金融资产。

(3)根据《企业会计准则第24号——套期会计》第三十四条的规定在初始确认或后续计量时指定为以公允价值计量且其变动计入当期损益的金融资产。

(五)以公允价值计量且其变动计入当期损益的金融负债,并分别反映:

(1)根据《企业会计准则第22号——金融工具确认和计量》第二十一条的规定分类为以公允价值计量且其变动计入当期损益的金融负债。

(2)根据《企业会计准则第22号——金融工具确认和计量》第二十二条的规定在初始确认时指定为以公允价值计量且其变动计入当期损益的金融负债。

(3)根据《企业会计准则第24号——套期会计》第

三十四条的规定在初始确认和后续计量时指定为以公允价值计量且其变动计入当期损益的金融负债。

第四十三条　企业应当披露用于确定本准则第四十条(三)所要求披露的金融资产因信用风险变动引起的公允价值变动额的估值方法,以及用于确定本准则第四十一条(一)和第四十二条(一)所要求披露的金融负债因自身信用风险变动引起的公允价值变动额的估值方法,并说明选用该方法的原因。如果企业认为披露的信息未能如实反映相关金融工具公允价值变动中由信用风险引起的部分,则应当披露企业得出此结论的原因及其他需要考虑的因素。

企业应当披露其用于确定金融负债自身信用风险变动引起的公允价值的变动计入其他综合收益是否会造成或扩大损益中的会计错配的方法。企业根据《企业会计准则第22号——金融工具确认和计量》第六十八条的规定将金融负债因企业自身信用风险变动引起的公允价值变动计入当期损益的,企业应当披露该金融负债与预期能够抵销其自身信用风险变动引起的公允价值变动的金融工具之间的经济关系。

第四十四条　企业将非交易性权益工具投资指定为以公允价值计量且其变动计入其他综合收益的,应当披露下列信息:

(一)企业每一项指定为以公允价值计量且其变动计入其他综合收益的权益工具投资。

(二)企业做出该指定的原因。

(三)企业每一项指定为以公允价值计量且其变动计入其他综合收益的权益工具投资的期末公允价值。

(四)本期确认的股利收入,其中对本期终止确认的权益工具投资相关的股利收入和资产负债表日仍持有的权益工具投资相关的股利收入应当分别单独披露。

(五)该权益工具投资的累计利得和损失本期从其他综合收益转入留存收益的金额及其原因。

第四十五条　企业本期终止确认了指定为以公允价值计量且其变动计入其他综合收益的非交易性权益工具投资的,应当披露下列信息:

(一)企业处置该权益工具投资的原因。

(二)该权益工具投资在终止确认时的公允价值。

(三)该权益工具投资在终止确认时的累计利得或损失。

第四十六条　企业在当期或以前报告期间将金融资产进行重分类的,对于每一项重分类,应当披露重分类日、对业务模式变更的具体说明及其对财务报表影响的定性描述,以及该金融资产重分类前后的金额。

企业自上一年度报告日起将以公允价值计量且其变动计入其他综合收益的金融资产重分类为以摊余成本计量的金融资产的,或者将以公允价值计量且其变动计入当期损益的金融资产重分类为其他类别的,应当披露下列信息:

(一)该金融资产在资产负债表日的公允价值。

(二)如果未被重分类,该金融资产原来应在当期损益或其他综合收益中确认的公允价值利得或损失。

企业将以公允价值计量且其变动计入当期损益的金融资产重分类为其他类别的,自重分类日起到终止确认的每一个报告期间内,都应当披露该金融资产在重分类日确定的实际利率和当期已确认的利息收入。

第四十八条　按照本准则第三章分类为权益工具的可回售工具,企业应当披露下列信息:

(一)可回售工具的汇总定量信息。

(二)对于按持有方要求承担的回购或赎回义务,企业的管理目标、政策和程序及其变化。

(三)回购或赎回可回售工具的预期现金流出金额以及确定方法。

第四十九条　企业将本准则第三章规定的特殊金融工具在金融负债和权益工具之间重分类的,应当分别披露重分类前后的公允价值或账面价值,以及重分类的时间和原因。

第五十条　企业应当披露作为负债或或有负债担保物的金融资产的账面价值,以及与该项担保有关的条款和条件。根据《企业会计准则第23号——金融资产转移》第二十六条的规定,企业(转出方)向金融资产转入方提供了非现金担保物(如债务工具或权益工具投资等),转入方按照合同或惯例有权出售该担保物或将其再作为担保物的,企业应当将该非现金担保物在财务报表中单独列报。

第五十一条　企业取得担保物(担保物为金融资产或非金融资产),在担保物所有人未违约时可将该担保物出售或再抵押的,应当披露该担保物的公允价值、企业已出售或再抵押担保物的公允价值,以及承担的返还义务和使用担保物的条款和条件。

第五十二条　对于按照《企业会计准则第22号——金融工具确认和计量》第十八条的规定分类为以公允价值计量且其变动计入其他综合收益的金融资产,企业应当在财务报表附注中披露其确认的损失准备,但不应在资产负债表中将损失准备作为金融资产账面金额的扣减项目单独列示。

第五十三条　对于企业发行的包含金融负债成分和权益工具成分的复合金融工具,嵌入了价值相互关联的多项衍生工具(如可赎回的可转换债务工具)的,应当披露相关特征。

第五十四条 对于除基于正常信用条款的短期贸易应付款项之外的金融负债,企业应当披露下列信息:

(一)本期发生违约的金融负债的本金、利息、偿债基金、赎回条款的详细情况。

(二)发生违约的金融负债的期末账面价值。

(三)在财务报告批准对外报出前,就违约事项已采取的补救措施、对债务条款的重新议定等情况。

企业本期发生其他违反合同的情况,且债权人有权在发生违约或其他违反合同情况时要求企业提前偿还的,企业应当按上述要求披露。如果在期末前违约或其他违反合同情况已得到补救或已重新议定债务条款,则无需披露。

四、利润表中的列示及相关披露

企业应当披露与金融工具有关的下列收入、费用、利得或损失:

(1)以公允价值计量且其变动计入当期损益的金融资产和金融负债所产生的利得或损失。其中,指定为以公允价值计量且其变动计入当期损益的金融资产和金融负债,以及根据《企业会计准则第22号——金融工具确认和计量》第十九条的规定,必须分类为以公允价值计量且其变动计入当期损益的金融资产和根据《企业会计准则第22号——金融工具确认和计量》第二十一条的规定,必须分类为以公允价值计量且其变动计入当期损益的金融负债的净利得或净损失,应当分别披露。

(2)对于指定为以公允价值计量且其变动计入当期损益的金融负债,企业应当分别披露本期在其他综合收益中确认的和在当期损益中确认的利得或损失。

(3)对于《企业会计准则第22号——金融工具确认和计量》第十八条的规定,分类为以公允价值计量且其变动计入其他综合收益的金融资产,企业应当分别披露当期在其他综合收益中确认的以及当期终止确认时从其他综合收益转入当期损益的利得或损失。

(4)对于《企业会计准则第22号——金融工具确认和计量》第十九条的规定,指定为以公允价值计量且其变动计入其他综合收益的非交易性权益工具投资,企业应当分别披露在其他综合收益中确认的利得和损失以及在当期损益中确认的股利收入。

(5)除以公允价值计量且其变动计入当期损益的金融资产或金融负债外,按实际利率法计算的金融资产或金融负债产生的利息收入或利息费用总额,以及在确定实际利率时未予包括并直接计入当期损益的手续费收入或支出。

(6)企业通过信托和其他托管活动代他人持有资产或进行投资而形成的,直接计入当期损益的手续费收入或支出。

政策依据

《企业会计准则第37号——金融工具列报》

第五十六条 企业应当分别披露以摊余成本计量的金融资产终止确认时在利润表中确认的利得和损失金额及其相关分析,包括终止确认金融资产的原因。

小知识

利得或损失的披露

企业至少应当按金融工具的不同计量基础分别披露利得或损失。

由于金融工具按不同计量基础分类计量,这一披露要求有助于财务报表使用者更好地理解企业金融工具的经营成果。

利息收入或利息费用的披露

企业应披露的利息收入或利息费用为:按实际利率法计算的金融资产或金融负债产生的利息收入或利息费用总额。

手续费收入或支出

企业应分别披露下列手续费收入或支出:

(1)金融资产和金融负债(不含以公允价值计量且其变动计入当期损益的金融资产和金融负债)产生的直接计入当期损益(即在确定实际利率时未包括)的手续费收入或支出。

(2)企业通过信托和其他托管活动代他人持有资产或进行投资而形成的,直接计入当期损益的手续费收入或支出。

对应上述(1)所要求的披露范围取决于企业的业务性质,例如,对于银行发放信用卡的业务,手续费可能包括信用卡的年费收入、处理借贷交易的商户服务佣金、透支手续费等。

第三节 与金融工具相关的风险披露

企业应当按风险类别(信用风险、市场风险和流动性风险)披露金融工具的定性和定量信息,包括风险敞口的来源、风险管理目标、政策和程序、风险敞口的汇总数据、风险集中度信息等,以便于财务报表使用者评估企业所面临风险的性质、程度以及企业风险管理活动的效果。

一、定性和定量信息

(一)定性信息

提供定性披露有助于财务报表使用者将相关披露联系起来,从而了解金融工具所产生风险的性质和程度的全貌。定性披露和定量披露的相互补充使企业披露的信息能够更好地帮助财务报表使用者评估企业所面临的风险敞口。

对金融工具产生的各类风险,企业应当披露下列定性信息:

1. 风险敞口及其形成原因

2. 风险管理目标、政策和程序

(1)企业风险管理的目标和风险偏好设定。

(2)企业风险管理的组织架构。

(3)风险识别、评价、规避和报告流程。

(4)企业的风险报告或计量系统的范围和性质。

(5)企业对风险进行套期或降低风险的政策,包括接受担保物的政策和程序。

(6)企业对这种套期或降低风险的方法的持续有效性进行监控的流程。

(7)企业避免风险过度集中的政策和程序。

3. 计量风险的方法

企业应当披露定性信息与前期相比的所有变化。这些变化可能是企业面临的风险敞口改变或企业管理风险敞口的方式改变。披露这些信息有助于财务报表使用者了解这些变化对未来现金流量的性质、时间和不确定性的影响。

【例31-4】 某集团有关金融工具风险管理定性披露的示例。风险管理本集团在日常活动中面临各种金融工具的风险,主要包括信用风险、流动性风险、市场风险(包括汇率风险、利率风险和商品价格风险)。本集团的主要金融工具包括货币资金、股权投资、债权投资、借款、应收账款、应付账款及可转换债券等。与这些金融工具相关的风险,以及本集团为降低这些风险所采取的风险管理政策如下所述:

董事会负责规划并建立本集团的风险管理架构,制定本集团的风险管理政策和相关指引并监督风险管理措施的执行情况。本集团已制定风险管理政策以识别和分析本集团所面临的风险,这些风险管理政策对特定风险进行了明确规定,涵盖了市场风险、信用风险和流动性风险管理等诸多方面。本集团定期评估市场环境及本集团经营活动的变化以决定是否对风险管理政策及系统进行更新。本集团的风险管理由风险管理委员会按照董事会批准的政策开展。风险管理委员会通过与本集团其他业务部门的紧密合作来识别、评价和规避相关风险。本集团内部审计部门就风险管理控制及程序进行定期的审核,并将审核结果上报本集团的审计委员会。

本集团通过适当的多样化投资及业务组合来分散金融工具风险,并通过制定相应的风险管理政策减少集中于单一行业、特定地区或特定交易对手的风险。

1. 信用风险

信用风险是指交易对手未能履行合同义务而导致本集团产生财务损失的风险。本集团已采取政策只与信用良好的交易对手合作并在必要时获取足够的抵押品,以此缓解因交易对手未能履行合同义务而产生财务损失的风险。本集团只与被评定为等同于投资级别或以上的主体进行交易。评级信息由独立评级机构提供,如不能获得此类信息,本集团将利用其他可公开获得的财务信息及自身的交易记录对主要顾客进行评级。本集团持续监控所面临的风险敞口及众多交易对手的信用评级。信用风险敞口通过对交易对手设定额度加以控制，且每年经风险管理委员会复核和审批。应收账款的债务人为大量分布于不同行业和地区的客户。本集团持续对应收账款债务人的财务状况实施信用评估，并在适当时购买信用担保保险。由于货币资金和衍生金融工具的交易对手是声誉良好并拥有较高信用评级的银行，这些金融工具信用风险较低。

2. 流动性风险

流动性风险是指本集团在履行以交付现金或其他金融资产结算的义务时遇到资金短缺的风险。本集团下属成员企业各自负责其现金流量预测。集团下属财务公司基于各成员企业的现金流量预测结果，在集团层面监控长短期资金需求。本集团通过在大型银行业金融机构设立的资金池计划统筹调度集团内的盈余资金，并确保各成员企业拥有充裕的现金储备以履行到期结算的付款义务。此外，本集团与主要业务往来银行订立融资额度授信协议，为本集团履行与商业票据相关的义务提供支持。

3. 汇率风险

本集团以人民币编制合并财务报表并以多种外币开展业务，因此面临汇率风险，该风险对本集团的交易及境外经营的业绩和净资产的折算均构成影响。若采用套期会计，本集团将记录相关套期活动并持续评估套期有效性。

对于境外经营净投资，本集团通过指定持有的外币净借款并使用外币互换及远期合同对境外经营因美元汇率波动而面临的大部分风险敞口进行套期。

对于本集团外汇交易形成的外汇风险净敞口，本集团的套期政策是寻求对预期交易的外汇风险进行85%～100%的套期（以24个月期限的远期合同为限）。

对于外币债务，本集团使用交叉货币利率互换对外币借款相关的汇率风险进行套期。本集团预计，已进行的套期将持续有效，因此套期无效性不会对利润表构成重大影响。

4. 利率风险

本集团的利率风险敞口主要源自人民币、美元、欧元和英镑的利率波动。为了对利率风险进行管理，本集团于董事会批准限额范围内通过使用利率衍生工具管理付息负债的固定利率及浮动利率敞口的比例。这些风险管理的措施有助于减少本集团财务业绩的波动程度。为便于业务操作及运用套期会计，本集团的政策旨在将固定利率借款占预计净借款的比例维持在45%～65%之间。本集团大部分现有利率衍生工具均被指定为套期工具且预计该类套期是有效的。

5. 商品价格风险

本集团使用商品期货合约对特定商品的价格风险进行套期。所有商品期货合约均对预期在未来发生的原材料采购进行套期。本集团采用商品价格风险总敞口动态套期的策略，根据预期原材料采购的总敞口的变化，动态调整期货合约持仓量，总敞口与期货持仓量所代表的商品数量基本保持一致（由于期货合约商品数量为整数，造成少量净敞口）。

（二）定量信息

对金融工具产生的各类风险，企业应当按类别披露期末风险敞口的汇总数据。该数据应当以向内部关键管理人员提供的相关信息为基础。企业运用多种方法管理风险的，披露的信息应当以最相关和可靠的方法为基础。

关键管理人员是指有权力并负责计划、指挥和控制企业活动的人员。

【例31-5】 智董公司关于外汇风险敞口披露的示例。本集团面临的外汇风险主要为美元汇率波动。除本集团的几个下属子公司以美元进行采购和销售外，本集团的其他主要业务活动以人民币计价结算。2×20年12月31日，除表31-5所述资产为美元计价外，本集团的资产及负债均为人民币计价。

表31-5　　　　　　　　　　　单位：百万元

	2×20年12月31日	2×19年12月31日
现金及现金等价物	×	×
应收账款	×	×

(续表)

	2×20年12月31日	2×19年12月31日
其他应收款	×	×
资产合计	×	×
应付账款	×	×
其他应付款	×	×
短期借款	×	×
负债合计	×	×

除上述基于向关键管理人员提供的信息披露的数据外，《企业会计准则第37号——金融工具列报》还要求企业按照《企业会计准则第37号——金融工具列报》的具体要求披露有关信用风险、流动性风险和市场风险的信息。

企业可以按总额和已扣除风险转移或其他分散风险交易后的净额进行披露。由于这些信息强调金融工具之间的联系，有助于财务报表使用者了解这些联系如何影响企业未来现金流量的性质、时间和不确定性。

企业还应当披露期末风险集中度信息。风险集中度来自具有相似特征并且受相似经济或其他条件变化影响的金融工具。识别风险集中度需要运用判断并应考虑企业的具体情况。风险集中度的披露可能包括：

(1) 管理层确定风险集中度的说明。
(2) 管理层确定风险集中度的参考因素（例如交易对手的信用评级、地理区域、货币种类、市场类型和所处的行业）。
(3) 各风险集中度相关的风险敞口金额。

政策依据

《企业会计准则第37号——金融工具列报》

第七十五条　企业应当披露与各类金融工具风险相关的定性和定量信息，以便财务报表使用者评估报告期末金融工具产生的风险的性质和程度，更好地评价企业所面临的风险敞口。相关风险包括信用风险、流动性风险、市场风险等。

第七十六条　对金融工具产生的各类风险，企业应当披露下列定性信息：

（一）风险敞口及其形成原因，以及在本期发生的变化。

（二）风险管理目标、政策和程序以及计量风险的方法及其在本期发生的变化。

第七十七条　对金融工具产生的各类风险，企业应当按类别披露下列定量信息：

（一）期末风险敞口的汇总数据。该数据应当以向内部关键管理人员提供的相关信息为基础。企业运用多种方法管理风险的，披露的信息应当以最相关和可靠的方法为基础。

（二）按照本准则第七十八条至第九十七条披露的信息。

（三）期末风险集中度信息，包括管理层确定风险集中度的说明和参考因素（包括交易对手方、地理区域、货币种类、市场类型等），以及各风险集中度相关的风险敞口金额。

上述期末定量信息不能代表企业本期风险敞口情况的，应当进一步提供相关信息。

二、信用风险披露

信用风险，是指金融工具的一方不履行义务，造成另一方发生财务损失的风险。

为使财务报表使用者了解信用风险对未来现金流量的金额、时间和不确定性的影响，企业应当披露与信用风险有关的下列信息：

(1) 企业信用风险管理实务的相关信息及其与预期信用损失的确认和计量的关系，包括计量金融工具预期信用损失的方法、假设和信息。

(2) 有助于财务报表使用者评价在财务报表中确认的预期信用损失金额的定量和定性信息，包括预期信用损失金额的变动及其原因。

(3) 企业的信用风险敞口，包括重大信用风险集中度。

(4) 其他有助于财务报表使用者了解信用风险对未来现金流量金额、时间和不确定性的影响的信息。

信用风险信息已经在其他报告（例如管理层讨论与分析）中予以披露并与财务报告交叉索引，且财务报告和其他报告可以同时同条件获得的，则信用风险信息无需重复列报。企业应当根据自身实际情况，合理确定相关披露的详细程度、汇总或分解水平以及是否需对所披露的定量信息作补充说明。

《企业会计准则第37号——金融工具列报》

第七十八条 对于适用《企业会计准则第22号——金融工具确认和计量》金融工具减值规定的各类金融工具和相关合同权利,企业应当按照本准则第八十条至第八十七条的规定披露。

对于始终按照相当于整个存续期内预期信用损失的金额计量其减值损失准备的应收款项、合同资产和租赁应收款,在逾期超过30日后对合同现金流量做出修改的,适用本准则第八十五条(一)的规定。

租赁应收款不适用本准则第八十六条(二)的规定。

信用风险披露的总体要求(本准则第七十九条)如下。

(一)定性披露

1. 信用风险管理实务(本准则第八十一条)

主要包括:

(1)信用风险的评价方法。

(2)对违约的界定。

(3)对已发生减值的判定。

《企业会计准则第37号——金融工具列报》

第八十一条 企业应当披露与信用风险管理实务有关的下列信息:

(一)企业评估信用风险自初始确认后是否已显著增加的方法,并披露下列信息:

1. 根据《企业会计准则第22号——金融工具确认和计量》第五十五条的规定,在资产负债表日只具有较低的信用风险的金融工具及其确定依据(包括适用该情况的金融工具类别)。

2. 逾期超过30日,而信用风险自初始确认后未被认定为显著增加的金融资产及其确定依据。

(二)企业对违约的界定及其原因*。

(三)以组合为基础评估预期信用风险的金融工具的组合方法。

(四)确定金融资产已发生信用减值的依据。

(五)企业直接减记金融工具的政策,包括没有合理预期金融资产可以收回的迹象和已经直接减记但仍受执行活动影响的金融资产相关政策的信息。

(六)根据《企业会计准则第22号——金融工具确认和计量》第五十六条的规定评估合同现金流量修改后金融资产的信用风险的,企业应当披露其信用风险的评估方法以及下列信息:

1. 对于损失准备相当于整个存续期预期信用损失的金融资产,在发生合同现金流修改时,评估信用风险是否已下降,从而企业可以按照相当于该金融资产未来12个月内预期信用损失的金额确认计量其损失准备。

2. 对于符合本条(六)1中所述的金融资产,企业应当披露其如何监控后续该金融资产的信用风险是否显著增加,从而按照相当于整个存续期预期信用损失的金额重新计量损失准备。

注:* 企业披露内容可包括:

① 在定义违约时所考虑的定性和定量因素。

② 是否针对不同类型的金融工具应用不同的定义。

③ 在金融资产发生违约后,关于"恢复率"(即恢复到正常状态的金融资产的数量)的假设。

实务中,对于不同的产品或组合,信用风险显著增加的标准可能不同。在这种情况下,应根据实际情况进行披露。

另外,企业应当披露采用的重要会计政策和会计估计,并结合企业的具体实际披露其重要会计政策的确定依据和财务报表项目的计量基础,及其会计估计所采用的关键假设和不确定因素。考虑到金融工具从12个月预期信用损失转为整个存续期预期信用损失对于减值结果的潜在影响重大,如何定义信用风险显著增加在整个预期信用损失估计中是一个尤其重要的部分。因此,企业应按照《企业会计准则第30号——财务报表列报》的要求做出适当的披露。披露的性质取决于企业确定信用风险显著增加时采用的具体方法。对各种类型的组合产生的不同影响,需要不同程度的披露。

2. 预期信用损失相关会计政策、估计和判断(本准则第八十二条)

主要包括:

(1)确定信用风险、预期信用损失、实际减值的方法、假设和参数。

(2)计算预期信用损失时对前瞻性信息(如经济预测信息)的使用。

(3)上述方法、假设的变动。

《企业会计准则第37号——金融工具列报》

第八十二条 企业应当披露《企业会计准则第

22号——金融工具确认和计量》第八章有关金融工具减值所采用的输入值、假设和估值技术等相关信息,具体包括:

(一)用于确定下列各事项或数据的输入值、假设和估计技术:

1. 未来12个月内预期信用损失和整个存续期的预期信用损失的计量。

2. 金融工具的信用风险自初始确认后是否已显著增加。

3. 金融资产是否已发生信用减值。

(二)确定预期信用损失时如何考虑前瞻性信息,包括宏观经济信息的使用。

(三)报告期估计技术或重大假设的变更及其原因。

企业用于确定信用风险自初始确认后增加程度或衡量金融工具预期信用损失的假设和输入值,可能包括从企业内部历史信息或外部评级报告获得的信息以及关于金融工具的预期寿命和出售抵押品的时间的假设。

企业应当披露采用的重要会计政策和会计估计,并结合企业的具体实际披露其重要会计政策的确定依据和财务报表项目的计量基础,及其会计估计所采用的关键假设和不确定因素。因此,企业应考虑披露影响预期信用损失准备的重要假设及其敏感性分析。

企业应当分析自身实际情况,确定相关参数进行敏感性分析。企业可能需要分析预期信用损失对各项经济情景权重变动的敏感性,还应当考虑该披露的详细程度是否适宜,并可以根据不同组合的特点以及预期信用损失计算中各因素的影响程度来调整披露的详细程度。

(二)预期信用损失金额相关信息

1. 预期信用损失金额本期变动(期初期末余额调节表)(本准则第八十三条)

请参阅:

《企业会计准则第37号——金融工具列报》

第八十三条 企业应当以表格形式按金融工具的类别编制损失准备期初余额与期末余额的调节表,分别说明下列项目的变动情况:

(一)按相当于未来12个月预期信用损失的金额计量的损失准备。

(二)按相当于整个存续期预期信用损失的金额计量的下列各项的损失准备:

1. 自初始确认后信用风险已显著增加但并未发生信用减值的金融工具。

2. 对于资产负债表日已发生信用减值但并非购买或源生的已发生信用减值的金融资产。

3. 根据《企业会计准则第22号——金融工具确认和计量》第六十三条的规定计量减值损失准备的应收账款、合同资产和租赁应收款。

(三)购买或源生的已发生信用减值的金融资产的变动。除调节表外,企业还应当披露本期初始确认的该类金融资产在初始确认时未折现的预期信用损失总额。

2. 计提预期信用损失的金融工具的账面余额本期变动(本准则第八十四条,作为对本准则第八十三条披露内容的补充)

请参阅:

《企业会计准则第37号——金融工具列报》

第八十四条 为有助于财务报表使用者了解企业按照本准则第八十三条规定披露的损失准备变动信息,企业应当对本期发生损失准备变动的金融工具账面余额显著变动情况做出说明,这些说明信息应当包括定性和定量信息,并应当对按照本准则第八十三条规定披露损失准备的各项目分别单独披露,具体可包括下列情况下发生损失准备变动的金融工具账面余额显著变动信息:

(一)本期因购买或源生的金融工具所导致的变动。

(二)未导致终止确认的金融资产的合同现金流量修改所导致的变动。

(三)本期终止确认的金融工具(包括直接减记的金融工具)所导致的变动。

对于当期已直接减记但仍受执行活动影响的金融资产,还应当披露尚未结算的合同金额。

(四)因按照相当于未来12个月预期信用损失或整个存续期内预期信用损失金额计量损失准备而导致的金融工具账面余额变动信息。

3. 合同现金流量修改对预期信用损失的影响(本准则第八十五条)

请参阅:

《企业会计准则第 37 号——金融工具列报》

第八十五条 为有助于财务报表使用者了解未导致终止确认的金融资产合同现金流量修改的性质和影响,及其对预期信用损失计量的影响,企业应当披露下列信息:

(一)企业在本期修改了金融资产合同现金流量,且修改前损失准备是按相当于整个存续期预期信用损失金额计量的,应当披露修改或重新议定合同前的摊余成本及修改合同现金流量的净利得或净损失。

(二)对于之前按照相当于整个存续期内预期信用损失的金额计量了损失准备的金融资产,而当期按照相当于未来 12 个月内预期信用损失的金额计量该金融资产的损失准备的,应当披露该金融资产在资产负债表日的账面余额。

4. 担保物和其他信用增级对预期信用损失的影响(本准则第八十六条)

主要包括:

(1)企业总信用风险敞口(不考虑信用增级)。

(2)信用增级的情况。

(3)信用增级降低信用损失的量化信息。

《企业会计准则第 37 号——金融工具列报》

第八十六条 为有助于财务报表使用者了解担保物或其他信用增级对源自预期信用损失的金额的影响,企业应当按照金融工具的类别披露下列信息:

(一)在不考虑可利用的担保物或其他信用增级的情况下,企业在资产负债表日的最大信用风险敞口。

(二)作为抵押持有的担保物和其他信用增级的描述,包括:

1. 所持有担保物的性质和质量的描述;

2. 本期由于信用恶化或企业担保政策变更,导致担保物或信用增级的质量发生显著变化的说明;

3. 由于存在担保物而未确认损失准备的金融工具的信息。

(三)企业在资产负债表日持有的担保物和其他信用增级为已发生信用减值的金融资产作抵押的定量信息(例如对担保物和其他信用增级降低信用风险程度的量化信息)。

企业既无须披露关于担保物和其他信用增级公允价值的信息,也无须对预期信用损失计算中包含的担保物的价值准确地量化。

担保物和其他信用增级的描述可以包含以下信息:

(1)担保物和其他信用增级的主要类型。

(2)持有的担保物和其他信用增级的数量及其在损失准备方面的作用。

(3)评估和管理担保物和其他信用增级的政策和流程。

(4)担保物和其他信用增级交易对手的主要类型及其信用等级。

(三)信用风险敞口相关信息

1. 不同信用等级资产的风险敞口、不同信用等级上的风险集中度(本准则第八十七条)

《企业会计准则第 37 号——金融工具列报》第八十七条要求披露关于资产负债表日企业的信用风险敞口及重大信用风险集中度的信息。

当一系列交易对手位于同一地理区域或从事类似活动且具有类似的经济特征,从而导致其履行合同义务的能力受到经济或其他状况变化的类似影响时,则存在信用风险集中。

企业应当提供有关信息,以便财务报表使用者能够了解企业是否存在具有某种共同特征、对企业整体具有重大影响的金融工具组合(如同一地区、行业或发行人类型的金融资产)。

如果企业根据《企业会计准则第 22 号——金融工具确认和计量》第四十八条,以组合为基础评估信用风险是否显著增加,则可能无法将确认整个存续期预期信用损失的单项金融资产的账面余额或者贷款承诺和财务担保合同的信用风险敞口分配至各个信用风险等级。在该情况下,企业应将《企业会计准则第 37 号——金融工具列报》第八十七条要求应用于能够直接分配至某一信用风险等级的金融工具,并将在组合基础上计量整个存续期预期信用损失的金融工具的账面余额单独披露(即不分配至某一等级)。

按照《企业会计准则第 37 号——金融工具列报》第八十七条所披露信息的风险等级,应与企业为内部信用风险管理目的而向关键管理人员内部报告时所使用的风险等级一致。但是,获取信用风险等级信息不可行或者成本过高,并且企业按照《企业会计准则第22号——金融工具确认和计量》第五十三条规定采用逾期信息评估自初始确认后信用风险是否显著增加时,企业应提供对这些金融资产基于逾期情况的分析。

对于贷款承诺和财务担保合同,损失准备应确认为一项负债。企业应将关于金融资产损失准备变动的信息披露与关于贷款承诺和财务担保合同损失准备变动的信息披露区分开来。但是,如果一项金融工具同时包含贷款(即金融资产)和未使用的承诺(即贷款承诺)部分,则企业将无法把贷款承诺成分产生的预期信用损失与金融资产成分产生的预期信用损失单独区分开来。据此,贷款承诺的预期信用损失应与金融资产的损失准备一同确认。如果该两项预期信用损失的合计数超过金融资产的账面余额,则预期信用损失应当确认为一项准备(负债)。

政策依据

《企业会计准则第37号——金融工具列报》

第八十七条 为有助于财务报表使用者评估企业的信用风险敞口并了解其重大信用风险集中度,企业应当按照信用风险等级披露相关金融资产的账面余额以及贷款承诺和财务担保合同的信用风险敞口。这些信息应当按照下列各类金融工具分别披露:

(一)按相当于未来12个月预期信用损失的金额计量损失准备的金融工具。

(二)按相当于整个存续期预期信用损失的金额计量损失准备的下列金融工具:

1. 自初始确认后信用风险已显著增加的金融工具(但并非已发生信用减值的金融资产)。

2. 在资产负债表日已发生信用减值但并非所购买或源生的已发生信用减值的金融资产。

3. 根据《企业会计准则第22号——金融工具确认和计量》第六十三条规定计量减值损失准备的应收账款、合同资产或者租赁应收款。

(三)购买或源生的已发生信用减值的金融资产。

【例31-6】 根据简化方法进行风险披露的示例。

智董汽车制造公司为经销商和终端客户提供融资。智董公司将其经销商融资和消费者融资分别作为单独的金融工具类别予以披露,并对其应收账款应用简化方法,即损失准备总是以整个存续期预期信用损失计量。

表31-6为根据简化方法进行风险披露的示例。

表31-6 根据简化方法进行风险披露的示例   单位:百万元

	应收账款逾期天数				
	未逾期或逾期30日	30~60日(含60日)	60~90日(含90日)	90日以上	合计
经销商融资					
预期信用损失率	0.15%	3%	6%	15%	
估计发生违约的账面余额	15 000	1 000	500	200	16 700
整个存续期预期信用损失	23	30	30	30	113
消费者融资					
预期信用损失率	0.25%	4%	9%	18%	
估计发生违约的账面余额	20 000	1 200	300	200	21 700
整个存续期预期信用损失	50	48	27	36	161

2. 不适用《企业会计准则第37号——金融工具列报》减值规定的金融工具信用风险敞口(本准则第八十八条)

对于每一类别的金融工具,企业应当披露在不考虑可利用的担保物或其他信用增级的情况下,企业在资产负债表日的最大信用风险敞口的金额。

金融工具的账面价值能代表最大信用风险敞口的,无需提供此项披露。

最大信用风险敞口的来源也包括企业未在

资产负债表中确认的金融工具(如不可撤销的贷款承诺、财务担保)的信用风险敞口。产生信用风险的交易,以及相应的最大信用风险敞口的某些情况示例如下:

(1)向客户提供信用或在其他机构中存放款项,其最大信用风险敞口为相关金融资产的账面价值。

(2)签订衍生工具合同,例如外汇远期、利率互换以及信用衍生工具。对于以公允价值计量的衍生工具,企业在资产负债表日面临的最大信用风险敞口等于其账面价值。

(3)提供财务担保。

已提供财务担保的最大信用风险敞口等于须履行担保时企业必须支付的最大金额(无论履行担保的可能性如何)。该金额可能显著大于已作为负债确认的金额。

(4)对于在融资额度提供期内不可撤销的或只有当重大不利变化出现时才可撤销的贷款承诺,如果该贷款承诺不能以现金或其他金融资产进行净额结算(例如,银行必须提供贷款全额,而不是仅向企业支付承诺利率和市场利率的差异),则其最大信用风险敞口是承诺的全部金额。这是因为任何未支取的金额在未来是否支取具有不确定性。因此,贷款承诺的最大信用风险敞口金额可能显著大于已确认的负债金额。

> **政策依据**
>
> 《企业会计准则第37号——金融工具列报》
>
> 第八十八条 对于属于本准则范围,但不适用《企业会计准则第22号——金融工具确认和计量》金融工具减值规定的各类金融工具,企业应当披露与每类金融工具信用风险有关的下列信息:
>
> (一)在不考虑可利用的担保物或其他信用增级的情况下,企业在资产负债表日的最大信用风险敞口。金融工具的账面价值能代表最大信用风险敞口的,不再要求披露此项信息。
>
> (二)无论是否适用本条(一)中的披露要求,企业都应当披露可利用担保物或其他信用增级的信息及其对最大信用风险敞口的财务影响。

【例31-7】 智董集团有关金融工具信用风险和最大信用风险敞口的披露示例。

1. 信用风险

信用风险是指因交易对手或债务人未能履行其全部或部分付款义务而造成本集团发生损失的风险。信用风险包括诸如由于整体宏观经济陷入衰退而导致损失的风险。本集团信贷业务主要向各类客户提供贷款、承兑、担保及其他信贷产品,并因此承担信用风险。信用风险是本集团业务经营所面临的重大风险之一。董事会对本集团的信用风险管理承担最终责任。董事会负责审议及批准信用风险管理政策,授权风险管理委员会对信用风险管理实施的有效性进行日常监督;审议和批准风险管理委员会提交的信用风险评估报告并对集团信用风险状况做出评价。风险管理委员会定期召开会议以审阅分析本集团的信贷质量、风险集中度和压力测试等议题,并按季度向董事会报送信用风险评估报告。

2. 信用风险敞口

本集团的信用风险敞口包括涉及信用风险的资产负债表表内项目和表外项目。在资产负债表日,本集团金融资产的账面价值已代表其最大信用风险敞口。资产负债表表外的最大信用风险敞口情况如表31-7所示(不考虑可利用的担保物或其他信用增级)。

表31-7 资产负债表表外的最大信用风险敞口情况

单位:百万元

资产负债表表外项目	2×20年12月31日	2×19年12月31日
担保	4 000	5 000
不可撤销的贷款承诺	8 000	10 000
其他信用承诺	2 500	3 000
合计	14 500	18 000

【例31-8】 应收款项最大信用风险敞口的披露。

智董公司是一家拥有庞大客户群的上市零售企业。客户按照公司的标准信用条款购买商品,公司同时向某些主要客户购买其他商品。

有关其应收款项最大信用风险敞口的披露如表31-8所示。

表31-8 应收款项最大信用风险敞口的披露

单位：百万元

	2×19年12月31日	2×18年12月31日
应收款项账面余额	500 000	400 000
坏账准备	−15 000	−20 000
账面价值	485 000	380 000
应付客户的金额	−68 000	−55 000

本公司与客户订立协议，只有在客户发生拖欠的情况下，应付客户的金额才可以与应收客户的金额进行抵销。因此，本公司在每一资产负债表日面临的最大信用风险敞口为应向客户收取的总金额减去坏账准备后的金额。由于应付款项在资产负债表内不可抵销，因此该最大信用风险敞口未扣减应付客户的金额。

（四）其他有用信息

通过信用增级所确认资产（如担保物）相关信息（本准则第八十九条）。

政策依据

《企业会计准则第37号——金融工具列报》

第八十九条 企业本期通过取得担保物或其他信用增级所确认的金融资产或非金融资产，应当披露下列信息：

（一）所确认资产的性质和账面价值。

（二）对于不易变现的资产，应当披露处置或拟将其用于日常经营的政策等。

三、流动性风险披露

流动性风险，是指企业在履行以交付现金或其他金融资产的方式结算的义务时发生资金短缺的风险。

（一）到期期限分析

1. 总体要求

企业应当披露金融负债按剩余到期期限进行的到期期限分析，以及管理这些金融负债流动性风险的方法：

（1）对于非衍生金融负债（包括财务担保合同），到期期限分析应当基于合同剩余到期期限。

（2）对于衍生金融负债，如果合同到期期限是理解现金流量时间分布的关键因素（如剩余期限为5年的利率互换），到期期限分析应当基于合同剩余到期期限。

对于包含嵌入衍生工具的混合金融工具，尽管应当按照《企业会计准则第22号——金融工具确认和计量》确定是否需要将嵌入衍生工具进行分拆，但在披露上述到期期限分析时，应当将包含嵌入衍生工具的混合金融工具整体视为非衍生金融负债进行披露。

如果有关衍生金融负债合同到期日的信息对了解现金流量的时间分布并非至关重要，则无需披露其合同到期期限分析。例如，企业经常买卖衍生工具（如金融机构交易账户内的衍生金融负债），反映合同的到期日可能对了解现金流量的时间分布并非至关重要，因为衍生金融负债可能被转让（例如买入的期货合约在亏损状态下平仓），而不是在合同到期时通过支付或收取工具规定的合同现金流量结算。在这种情况下，企业仍须提供衍生金融负债的到期期限分析，但该分析可按另外的基础列报。例如，可以基于预计的交易日，或者基于企业预计将在资产负债表日后的短时间内进行处置时需要支付的账面价值（即公允价值），或者基于其在资产负债表日列报的公允价值。

政策依据

《企业会计准则第37号——金融工具列报》

第九十条 企业应当披露金融负债按剩余到期期限进行的到期期限分析，以及管理这些金融负债流动性风险的方法：

（一）对于非衍生金融负债（包括财务担保合同），到期期限分析应当基于合同剩余到期期限。对于包含嵌入衍生工具的混合金融工具，应当将其整体视为非衍生金融负债进行披露。

（二）对于衍生金融负债，如果合同到期期限是理解现金流量时间分布的关键因素，到期期限分析应当基于合同剩余到期期限。

当企业将所持有的金融资产作为流动性风险管理的一部分，且披露金融资产的到期期限分析使财务报表使用者能够恰当地评估企业流动性风险的性质和范围时，企业应当披露金融资产的到期期限分析。

2. 时间段的确定

企业在披露到期期限分析时,应当运用职业判断划分适当的时间段。

企业可以但不限于按下列时间段进行到期期限分析:

(1) 一个月以内(含本数,下同)。
(2) 一个月至三个月以内。
(3) 三个月至一年以内。
(4) 一年至五年以内。
(5) 五年以上。

由于定量披露应基于企业向关键管理人员提供的信息,因此所披露的时间段应与内部报告的时间段相一致。某些企业可能需要采用比其他企业更多的时间段。但无论如何划分时间段,企业均应通过考虑其流动性需求的相应时间,来评价其流动性披露是否提供了有关流动性需求的充分信息。例如,企业可能有在一个月之内到期的重大支付义务,在这种情况下,将第一年内所有支付义务归总至同一个时间段并不恰当。

债权人可以选择收回债权时间的,债务人应当将相应的金融负债列入债权人可以要求收回债权的最早时间段内。例如,对于银行来说,活期存款应包括在存款持有方可要求银行进行偿付的最早时间段内。对于期权来说,持有方可随时行使的美式签出期权应在持有方可行使该期权的最早时间段内披露,而持有方仅在到期日才可行使的欧式期权则应归入到期日所在的时间段内。当交易对手对何时支付具有选择权时,流动性披露应当基于对企业来说"最坏"的情况,即交易对手可要求企业进行偿付的最早日期。例如,未使用的贷款承诺应归入可被要求支取的最早日期的时间段内。同样,对于财务担保合同形成的金融负债,担保人应当将最大担保金额列入相关方可以要求支付的最早时间段内。金融工具如要求分期付款,债务人应当把每期将支付的款项列入相应的最早时间段内。

如果企业发行被分类为金融负债的永续债务,企业应当考虑如何将期限为永续的现金流量纳入到期期限分析。企业还应当通过额外披露说明在永续工具下负有永续支付利息现金流量的义务,并对该永续工具的关键条款(如利率和名义金额)进行描述,以便于财务报表使用者更好地了解企业的流动性风险敞口。

3. 披露金额的确定

企业在披露金融负债到期期限分析时,应将按照《企业会计准则第37号——金融工具列报》规定所披露的金额列入各时间段。列入各时间段内的金融负债金额,应当是未经折现的合同现金流量。例如,通过支付现金方式购买金融资产的远期协议中约定的价格、"付浮动—收固定"且以净现金结算的利率互换形成的净额、预付以总现金流量结算的衍生金融工具合同金额(如货币互换)、贷款承诺总额等。这些未折现的现金流量可能不同于资产负债表所列示的金额。

当应付金额不固定时,应当根据资产负债表日存在的情况确定披露的金额。如果应付金额随着指数的变化而变化,披露的金额可基于资产负债表日指数的水平来确定。

《企业会计准则第37号——金融工具列报》

第九十三条 企业应当披露流动性风险敞口汇总定量信息的确定方法。此类汇总定量信息中的现金(或另一项金融资产)流出符合下列条件之一的,应当说明相关事实,并提供有助于评价该风险程度的额外定量信息:

(一)该现金的流出可能显著早于汇总定量信息中所列示的时间。

(二)该现金的流出可能与汇总定量信息中所列示的金额存在重大差异。

如果以上信息已包括在本准则第九十条规定的到期期限分析中,则无需披露上述额外定量信息。

【例31-9】 有关金融负债和表外担保项目按资产负债表日的合同剩余期限列示的应付现金流量。

智董公司有关金融负债和表外担保项目按资产负债表日的合同剩余期限列示的应付现金流量如表31-9所示。表中披露的金融负债金额为未经折现的现金流量,因而可能与资产负债表中的账面价值有所不同。

表 31-9　金融负债和表外担保项目的应付现金流量　　　　　　　　　　　　　　　　　　　　　　　　单位：万元

	即时偿还	1个月以内	1～3个月	3个月～1年	1～5年	5年以上	总额
非衍生金融负债：							
应付票据	4 000	500	400	100	10	—	5 010
借款	5 000	2 500	3 000	2 000	2 400	300	15 200
应付债券	—	—	375	800	2 100	450	3 725
非衍生金融负债小计	9 000	3 000	3 775	2 900	4 510	750	23 935
衍生金融工具	—	150	250	450	550	350	1 750
担保	—	100	60	220	50	25	455
金融负债和或有负债总额	9 000	3 250	4 085	3 570	5 110	1 125	26 140

注：(1) 本公司持有的衍生工具均按净额结算。
(2) 本公司对外提供担保的最大担保金额按照相关方能够要求支付的最早时间段列示。

(二) 流动性风险管理

《企业会计准则第37号——金融工具列报》并不要求企业在所有情况下披露金融资产的到期期限分析。

有关到期期限分析披露的要求仅适用于金融负债。但是，当企业将所持有的金融资产作为流动性风险管理的一部分(例如，根据企业的流动性需求持有一部分金融资产，这部分金融资产易于出售变现，以满足企业偿付金融负债现金流出的需求)，且披露金融资产的到期期限分析使财务报表使用者能够恰当地评估企业流动性风险的性质和范围时，企业应当披露金融资产的到期期限分析。

企业在披露如何管理流动性风险时，也应披露可能考虑的其他因素。这些因素包括但不限于以下方面：

(1) 企业是否拥有已承诺的贷款额度或其他授信额度。

(2) 是否在中央银行有存款以备流动性之需。

(3) 是否有多样化的资金来源。

(4) 是否有资产或筹资来源方面的重大流动性集中情况。

(5) 是否就管理流动性风险建立了内部控制程序和应急方案。

(6) 是否有包含加速偿还(如在企业信用评级下降时)条款的工具。

(7) 是否有协议约定必要时追加担保物(如为衍生交易追加保证金)。

(8) 是否有协议约定允许企业选择以交付现金、其他金融资产或其自身权益工具来结算负债。

(9) 是否约定交易结算遵循"总互抵协议"等。

四、市场风险披露

金融工具的市场风险，是指金融工具的公允价值或未来现金流量因市场价格变动而发生波动的风险，包括汇率风险、利率风险和其他价格风险。

汇率风险是指金融工具的公允价值或未来现金流量因外汇汇率变动而发生波动的风险。汇率风险可源于以记账本位币之外的外币进行计价的金融工具。

利率风险是指金融工具的公允价值或未来现金流量因市场利率变动而发生波动的风险。利率风险可源于已确认的计息金融工具和未确认的金融工具(如某些贷款承诺)。

其他价格风险是指汇率风险和利率风险以外的市场价格变动而发生波动的风险，无论这些变动是由与单项金融工具或其发行方有关的因素引起的，还是由与市场内交易的所有类似金融工具有关的因素引起的。

其他价格风险可源于商品价格、股票市场指数、权益工具价格以及其他风险变量的变化。

编制市场风险敏感性分析的披露信息可以遵循下列步骤：

(一) 识别风险来源

需要识别企业面临的所有市场风险，包括

汇率风险、利率风险和其他价格风险。

(二) 确定资产负债表日的风险敞口及其影响

《企业会计准则第37号——金融工具列报》要求识别在资产负债表日其公允价值或现金流量受风险因素变化影响的所有金融工具。

对于在资产负债表日已确认的金融工具，如果其现金流量根据合同规定与某一变量相连结，或者其公允价值取决于某一变量，且该变量的变化会影响损益或所有者权益的，企业应将该已确认金融工具纳入敏感性分析。

某些金融工具既不影响损益也不影响所有者权益。

例如，以企业记账本位币计价、以摊余成本计量的固定利率债务工具，该工具相关利率的变动不会影响损益或所有者权益。

又如，根据《企业会计准则第37号——金融工具列报》的规定分类为权益工具的金融工具发行方不再重新计量，既不会影响损益也不会影响所有者权益。这些金融工具无需纳入敏感性分析。

(三) 确定相关风险变量的合理可能变动

企业确定何为相关风险变量的合理可能变动，应考虑企业经营所处的经济环境以及进行评估的时间段。在某一环境下相关风险变量的合理可能变动可能不同于在另一环境下的变动。企业须判断变动的合理范围，且合理可能变动不应包括罕见的"最坏的情况"或"压力测试"。对于相关风险变量的合理可能变动，企业应以本次披露至下一次披露（通常是下一个年度资产负债表日）的期间为时间框架进行评估。

由于合理可能变动的范围较广，因此企业无须披露该范围内的每一变动，仅披露在合理可能变动范围上下限内的变动的影响即可。

(四) 确定披露中的适当汇总水平

企业应汇总敏感性分析的结果以在更大程度上反映企业对市场风险的整体敏感性，但不应将来自重大不同经济环境的风险敞口的不同特征的信息汇总。

例如，对面临恶性通货膨胀地区和低通货膨胀地区的市场风险敞口，企业应当分地区进行敏感性分析。对具有重大汇率风险敞口的每一种货币，应当分币种进行敏感性分析。

企业应当提供整个企业业务的敏感性分析，但是对不同类型的金融工具应当提供不同类型的敏感性分析。

例如，以本币计价的金融工具和以外币计价的金融工具由于面对的风险敞口不同，应当分别进行敏感性分析。

企业可以根据内部管理风险的方式对业务的不同部分提供不同类型的敏感性分析。

例如，一家金融机构可能包括零售银行分部和投资银行分部，并在投资银行分部使用风险价值分析(VaR)进行内部风险管理。企业可以选择对零售银行分部提供传统敏感性分析，对投资银行分部提供风险价值分析。但是，在这种情况下，企业需要审慎考虑如何处理这两个分部之间的交易和风险敞口，以避免披露产生误导。

(五) 计算和列报敏感性分析

企业应披露，假设相关风险变量的合理可能变动应用于资产负债表日的风险敞口时，这些变动对损益和所有者权益的影响。企业无须确定在相关风险变量的所有假设情况下对当期损益和所有者权益的影响金额。但是，企业应当就资产负债表日存在的风险敞口，披露如果相关风险变量在该日发生了合理可能变动而对损益和所有者权益的影响。

例如，如果年末企业有一项浮动利率债务，企业应当假定利率在合理可能的范围内变动，并披露其对当期损益（即利息费用）的影响。企业可以对损益以及所有者权益中的不同项目分别披露敏感性分析。企业也可针对对其具有重大利率风险敞口的每种货币分别披露利率风险的敏感性分析。损益的敏感性分析应与所有者权益的敏感性分析分开披露。

《企业会计准则第37号——金融工具列报》

第九十五条　在对市场风险进行敏感性分析时，应

当以整个企业为基础,披露下列信息:

(一)资产负债表日所面临的各类市场风险的敏感性分析。该项披露应当反映资产负债表日相关风险变量发生合理、可能的变动时,将对企业损益和所有者权益产生的影响。

对具有重大汇率风险敞口的每一种货币,应当分币种进行敏感性分析。

(二)本期敏感性分析所使用的方法和假设,以及本期发生的变化和原因。

第九十六条　企业采用风险价值法或类似方法进行敏感性分析能够反映金融风险变量之间(如利率和汇率之间等)的关联性,且企业已采用该种方法管理金融风险的,可不按照本准则第九十五条的规定进行披露,但应当披露下列信息:

(一)用于该种敏感性分析的方法、选用的主要参数和假设。

(二)所用方法的目的,以及该方法提供的信息在反映相关资产和负债公允价值方面的局限性。

(六)提供额外披露

例如:

(1)金融工具包含了其影响不能由敏感性分析明显反映出来的条款和条件(如金融工具的价值不仅由敏感性分析所选风险变量决定,还由其他变量决定)。

在这种情况下,额外的披露可能包括金融工具的条款和条件、期权被行权后对损益的影响以及企业如何对风险进行管理。

(2)金融资产的流动性低,在交易量少或缺少交易对手的情况下,所计算的损益变动很难实现。

在这种情况下,额外的披露可能包括金融资产缺乏流动性的原因以及企业如何对风险进行管理。

(3)企业对某项资产持有量大,可按照市场报价的折价或溢价进行出售。

在这种情况下,额外的披露可能包括证券的性质、持有比例、对损益的影响以及企业如何对风险进行管理。

政策依据

《企业会计准则第37号——金融工具列报》

第九十七条　按照本准则第九十五条或第九十六条对敏感性分析的披露不能反映金融工具市场风险的(例如期末的风险敞口不能反映当期的风险状况),企业应当披露这一事实及其原因。

第三十二讲
持有待售的非流动资产、处置组和终止经营

第一节 综合知识

一、相关知识概述

(一) 持有待售类别

企业主要通过出售(包括具有商业实质的非货币性资产交换,下同)而非持续使用一项非流动资产或处置组收回其账面价值的,应当将其划分为持有待售类别。

(二) 处置组

处置组,是指在一项交易中作为整体通过出售或其他方式一并处置的一组资产,以及在该交易中转让的与这些资产直接相关的负债。

处置组所属的资产组或资产组组合按照《企业会计准则第8号——资产减值》分摊了企业合并中取得的商誉的,该处置组应当包含分摊至处置组的商誉。

二、会计准则概述

(一) 本准则的相关背景

为进一步规范持有待售的非流动资产和处置组的分类、计量和列报,以及终止经营的列报,提高会计信息质量,保持我国企业会计准则与国际财务报告准则的持续趋同,我国财政部在借鉴《国际财务报告准则第5号——持有待售的非流动资产和终止经营》(IFRS 5)的基础上,结合我国企业实际情况,2017年4月28日发布了《企业会计准则第42号——持有待售的非流动资产、处置组和终止经营》(本讲简称"本准则"或"新准则"),自2017年5月28日起施行。

1. 解决原先准则实施中存在的具体问题

在我国企业会计准则中,有关持有待售的非流动资产、处置组和终止经营的会计处理要求分散在《企业会计准则第2号——长期股权投资》《企业会计准则第4号——固定资产》《企业会计准则第30号——财务报表列报》及相关应用指南、解释和讲解中,这些规定为规范相关业务的会计处理发挥了一定作用,但缺少对持有待售类别的后续计量、持有待售资产减值准备计提等问题的统一细化规定或指引,不利于实务操作。

近年来,随着企业经济业务的不断发展和创新,特别是今年以来国务院化解过剩产能、推动"三去一降一补"工作,对持有待售的非流动资产和处置组及终止经营的会计处理规定亟待补充细化,有必要制定单独的会计准则进行系统性规范,以满足财务报表使用者对财务信息相关性、及时性需求的增加,不断完善我国企业会计准则体系体例,服务于国家供给侧结构性改革需要。

2. 保持与国际财务报告准则第5号持续趋同

2004年3月,国际会计准则理事会发布《国际财务报告准则第5号——持有待售的非流动资产和终止经营》,此后,国际会计准则理事会又先后在发布《国际财务报告准则第11号——合营安排》《国际财务报告准则第13号——公允价值计量》《国际财务报告准则第9号——金融工具》和修订《国际会计准则第1号——财务报

表列报》等准则时对《国际财务报告准则第5号》进行了修订。

注 《国际财务报告准则第5号——持有待售的非流动资产和终止经营》(IFRS 5)，包括将非流动资产或处置组划分为持有待分配给所有者的相关规定，而《企业会计准则第42号——持有待售的非流动资产、处置组和终止经营》对此未进行明确规定。

（二）本准则的适用范围

本准则的分类和列报规定适用于所有非流动资产和处置组。

本准则的计量规定适用于所有非流动资产，但下列各项的计量适用其他相关会计准则：

（1）采用公允价值模式进行后续计量的投资性房地产，适用《企业会计准则第3号——投资性房地产》。

（2）采用公允价值减去出售费用后的净额计量的生物资产，适用《企业会计准则第5号——生物资产》。

（3）职工薪酬形成的资产，适用《企业会计准则第9号——职工薪酬》。

（4）递延所得税资产，适用《企业会计准则第18号——所得税》。

（5）由金融工具相关会计准则规范的金融资产，适用金融工具相关会计准则。

（6）由保险合同相关会计准则规范的保险合同所产生的权利，适用保险合同相关会计准则。

处置组包含适用本准则计量规定的非流动资产的，本准则的计量规定适用于整个处置组。处置组中负债的计量适用相关会计准则。

（三）本准则的主要变化

本准则沿用原先准则的有关规定，细化了计量和列报要求。

1. 明确持有待售类别划分条件

非流动资产或处置组划分为持有待售类别，应当同时满足两个条件：

（1）在当前状况下，仅根据出售此类资产或处置组的惯常条款，即可立即出售。

（2）出售极可能发生，即企业已经就一项出售计划做出决议且获得确定的购买承诺，预计出售将在一年内完成。如果该出售计划需要得到股东或者监管部门批准，应当已经取得批准。

2. 细化持有待售类别的计量

（1）初始计量。

企业初始计量或在资产负债表日重新计量持有待售的非流动资产或处置组时，如果其账面价值高于公允价值减去出售费用后的净额，应当将账面价值减记至公允价值减去出售费用后的净额，减记的金额确认为资产减值损失，计入当期损益，同时计提持有待售资产损失准备。

（2）重分类的处理。

企业应当自划分为持有待售类别起采用追溯调整法处理。

（3）资产减值损失转回的处理。

只允许将划分为持有待售类别后确认的持有待售资产减值损失转回，不允许将划分为持有待售类别前确认的长期资产减值损失转回。

3. 关于终止经营的列报

在利润表中应分别列示持续经营损益和终止经营损益，并在附注中披露有关信息。

第二节　持有待售的非流动资产或处置组

一、持有待售的非流动资产或处置组的分类

（一）持有待售类别的划分条件

非流动资产或处置组划分为持有待售类别，应当同时满足下列条件：

1. 根据类似交易中出售此类资产或处置组的惯例，在当前状况下即可立即出售

【例32-1】 由于智董公司经营范围发生改变，企业计划将生产某产品的全套生产线出售，智董公司尚有一批积压的未完成客户订单。

情形1：智董公司决定在出售生产线的同时，将尚未完成的客户订单一并移交给买方。

情形2：智董公司决定在完成所积压的客户订单后再将生产线转让给买方。

【分析】

情形1，由于在出售日移交未完成客户订单不会影响对该生产线的转让时间，可以认为该生产线符合了在当前状况下即可立即出售的条件。

情形2，由于生产线在完成积压订单后方可出售，在完成所有积压的客户订单前，该生产线在当前状态下不能立即出售，不符合划分为持有待售类别的条件。

2. 出售极可能发生，即企业已经就一项出售计划做出决议且获得确定的购买承诺，预计出售将在一年内完成

有关规定要求企业相关权力机构或者监管部门批准后方可出售的，应当已经获得批准。

确定的购买承诺，是指企业与其他方签订的具有法律约束力的购买协议，该协议包含交易价格、时间和足够严厉的违约惩罚等重要条款，使协议出现重大调整或者撤销的可能性极小。

需要注意的是，除满足其他条件外，企业必须在获得确定的购买承诺后才能将相关的非流动资产或处置组划分为持有待售类别。这一要求比国际财务报告准则更为严格，便于实务中严格执行，并防范利润操纵的情况。

企业专为转售而取得的非流动资产或处置组，在取得日满足"预计出售将在一年内完成"的规定条件，且短期（通常为3个月）内很可能满足持有待售类别的其他划分条件的，企业应当在取得日将其划分为持有待售类别。

【例32-2】 智董公司于2×20年12月18日做出董事会决议，拟将其与控股子公司共同持有的贵琛公司100%股权转让，并拟于2×21年1月初召开股东大会审议该事项。交易各方已就该事项签订协议，并约定协议经双方有权机关批准后生效。2×20年年报合并财务报表中，智董公司将持有的贵琛公司股权重分类至"持有待售资产"。

问题：公司将上述股权划分为持有待售资产是否符合企业会计准则的规定？

【分析】 在本案例中，2×20年年报资产负债表日，智董公司已就处置贵琛公司股权做出了董事会决议，交易双方也已就该事项签订了协议，但股东大会尚未审议。划分为持有待售的条件之一是企业对处置该组成部分做出决议，如需得到股东批准，应当取得股东大会或相应权力机构的批准。因此，在本案例中，如果根据公司章程等规定，一项股权转让交易需经过股东大会批准，且根据相关转让协议，双方股东大会或类似权力机构批准为该协议生效的前提条件的，则拟转让的贵琛公司股权资产在未经股东大会等权力机构批准前，不满足划分为持有待售的条件，不能列报为持有待售资产。

有关批准发生于报告年度资产负债表日后事项期间的，智董公司不能因该批准调整相关资产在报告年度资产负债表日的列报方式。股东大会作为公司的决策程序之一，其审议结果将可能直接改变交易或事项的状态，因其为资产负债表日后新发生事项，根据《企业会计准则第29号——资产负债表日后事项》，应为资产负债表日后非调整事项。

政策依据

《企业会计准则第30号——财务报表列报》（2014年修订）第四十二条规定："同时满足下列条件的企业组成部分（或非流动资产，下同）应当确认为持有待售：该组成部分必须在其当前状况下仅根据出售此类组成部分的惯常条款即可立即出售；企业已经就处置该组成部分做出决议，如按规定需得到股东批准的，应当已经取得股东大会或相应权力机构的批准；企业已经与受让方签订了不可撤销的转让协议；该项转让将在一年内完成。"

《〈企业会计准则第30号——财务报表列报〉应用指南（2014）》规定："本准则规定，同时满足下列条件的企业组成部分（或非流动资产）应当确认为持有待售：

（1）该组成部分必须在其当前状况下仅根据出售此类组成部分的通常和惯用条款即可立即出售。

（2）企业已经就处置该组成部分做出决议，如按规定需得到股东批准的，应当已经取得股东大会或相应权力机构的批准。

(3) 企业已经与受让方签订了不可撤销的转让协议。

(4) 该项转让将在一年内完成。其中：上述条件(1)强调，被划分为持有待售的企业组成部分必须是在当前状态下可立即出售，因此企业应当具有在当前状态下出售该资产或处置的意图和能力，而出售此类组成部分的通常和惯用条款不应当包括出售方所提出的条件；上述条件(2)至(4)强调，被划分为持有待售的企业组成部分其出售必须是极可能发生的，实务中需要结合具体情况进行判断。"

《企业会计准则第42号——持有待售的非流动资产、处置组和终止经营》第六条规定，非流动资产或处置组划分为持有待售类别，应当同时满足下列条件：

(1) 在当前状况下，仅根据出售（或具有商业实质的非货币性资产交换，下同）此类资产或处置组的惯常条款，即可立即出售。

(2) 出售极可能发生，即企业已经就一项出售计划做出决议且获得确定的购买承诺，预计出售将在一年内完成。如果该出售计划需要得到股东或者监管部门批准，应当已经取得批准。

确定的购买承诺，是企业间签订的约束性购买协议，该协议通常具有法律强制执行力，包含交易价格、时间和足够严厉的违约惩罚等所有重要条款，使协议出现重大调整或者撤销的可能性极小。

《企业会计准则第29号——资产负债表日后事项》第二条规定："资产负债表日后事项，是指资产负债表日至财务报告批准报出日之间发生的有利或不利事项。财务报告批准报出日，是指董事会或类似机构批准财务报告报出的日期。资产负债表日后事项包括资产负债表日后调整事项和资产负债表日后非调整事项。资产负债表日后调整事项，是指对资产负债表日已经存在的情况提供了新的或进一步证据的事项。资产负债表日后非调整事项，是指表明资产负债表日后发生的情况的事项。"

(二) 延长一年期限的例外条款——允许在特殊情况下，放松"出售将在一年内完成"的要求，继续将非流动资产或处置组划分为持有待售类别

因企业无法控制的下列原因之一，导致非关联方之间的交易未能在一年内完成，且有充分证据表明企业仍然承诺出售非流动资产或处置组的，企业应当继续将非流动资产或处置组划分为持有待售类别。

1. 意外设定条件

买方或其他方意外设定导致出售延期的条件，企业针对这些条件已经及时采取行动，且预计能够自设定导致出售延期的条件起一年内顺利化解延期因素。

【例32-3】 智董公司计划将整套造纸厂房和设备出售给贵琛公司，智董公司和贵琛公司不存在关联关系，双方已于2×20年9月19日签订了转让合同。因该厂区的污水排放系统存在缺陷，对周边环境造成污染。

情形1：智董公司不知晓土地污染情况，2×20年11月9日，贵琛公司在对生产厂房和设备进行检查过程中发现污染，并要求智董公司进行补救。智董公司立即着手采取措施，预计至2×21年10月底环境污染问题能够得到成功整治。

情形2：智董公司知晓土地污染情况，在转让合同中附带条款，承诺将自2×20年10月1日起开展污染清除工作，清除工作预计将持续8个月。

情形3：智董公司知晓土地污染情况，在协议中标明智董公司不承担清除污染义务，并在确定转让价格时考虑了该污染因素，预计转让将于9个月内完成。

【分析】

情形1：在签订转让合同前，买卖双方并不知晓影响交易进度的环境污染问题，属于符合延长一年期限的例外事项，在2×20年11月9日发现延期事项后，智董公司预计将在一年内消除延期因素，因此仍然可以将处置组划分为持有待售类别。

情形2：虽然买卖双方已经签订协议，但在污染得到整治前，该处置组在当前状态下不可立即出售，不符合划分为持有待售类别的条件。

情形3：由于卖方不承担清除污染义务，转让价格已将污染因素考虑在内，该处置组于协议签署日即符合划分为持有待售类别的条件。

2. 发生罕见情况

因发生罕见情况，导致持有待售的非流动资产或处置组未能在一年内完成出售，企业在最初一年内已经针对这些新情况采取必要措施且重新满足了持有待售类别的划分条件。

【例32-4】 智董公司拟将一栋原自用的办公楼转让,于2×20年12月9日与贵琛公司签订了房产转让协议,预计将于10个月内完成转让,假定该办公楼于签订协议当日符合划分为持有待售类别的条件。2×21年发生全球金融危机,市场状况迅速恶化,房地产价格大跌,贵琛公司认为原协议价格过高,决定放弃购买,并于2×21年9月25日日按照协议约定缴纳了违约金。智董公司决定在考虑市场状况变化的基础上降低办公楼售价,并积极开展市场营销,于2×21年12月1日与鑫裕公司重新签订了房产转让协议,预计将于9个月内完成转让,智董公司和贵琛公司不存在关联关系。

【分析】 智董公司与贵琛公司之间的房产转让交易未能在一年内完成,原因是发生市场恶化、买方违约的罕见事件。在将办公楼划分为持有待售类别的最初一年内,智董公司已经重新签署转让协议,并预计将在2×21年12月1日开始的一年内完成,使办公楼重新符合了持有待售类别的划分条件。因此,智董公司仍然可以将该资产继续划分为持有待售类别。

(三) 不再继续满足划分条件的处理——不再满足持有待售类别划分条件、部分资产或负债从持有待售的处置组中移除后的会计处理

持有待售的非流动资产或处置组不再满足持有待售类别划分条件的,企业不应当继续将其划分为持有待售类别。

部分资产或负债从持有待售的处置组中移除后,处置组中剩余资产或负债新组成的处置组仍然满足持有待售类别划分条件的,企业应当将新组成的处置组划分为持有待售类别,否则应当将满足持有待售类别划分条件的非流动资产单独划分为持有待售类别。

【例32-5】 假设在[例32-4]中,智董公司尽管降低了写字楼售价并积极开展市场营销,但在2×21年12月9日前始终没有找到合适买家,企业也没有将该写字楼用于经营出租的计划。

【分析】 写字楼不再满足持有待售类别的划分条件,智董公司应当根据实际情况,重新将该写字楼作为固定资产。

(四) 因出售对子公司的投资等原因导致其丧失对子公司控制权时的会计处理

企业因出售对子公司的投资等原因导致其丧失对子公司控制权的,无论出售后企业是否保留部分权益性投资,应当在拟出售的对子公司投资满足持有待售类别划分条件时,在母公司个别财务报表中将对子公司投资整体划分为持有待售类别,在合并财务报表中将子公司所有资产和负债划分为持有待售类别。

(五) 拟结束使用而非出售的非流动资产或处置组,不划分为持有待售类别

企业不应当将拟结束使用而非出售的非流动资产或处置组划分为持有待售类别。

持有待售类别不包括拟结束使用而非出售的非流动资产或处置组,例如报废、弃置、自行清算或关闭(但是,这些情形可能会作为终止经营进行披露)。

【例32-6】 惠勤造纸厂拥有一条生产某类纸张的生产线,由于市场需求变化,该类纸张的销量锐减,惠勤造纸厂决定暂停该生产线的生产,但仍然对其进行定期维护,待市场转好时重启生产。

【分析】 由于生产线属于暂停使用,惠勤造纸厂不应当将其划分为持有待售类别。

二、持有待售的非流动资产或处置组的计量

本准则对于取得日划分为持有待售类别的非流动资产或处置组的计量、持有待售类别的初始计量和后续计量等进行了细化规范。

本准则有关非流动资产的计量规定,不适用于以下项目:金融资产/保险合同产生的权利、公允价值计量的投资性房地产、递延所得税资产、职工薪酬形成的资产(例如,计划资产)。

(一) 取得日划分为持有待售类别的非流动资产或处置组的计量

对于取得日划分为持有待售类别的非流动资产或处置组,企业应当在初始计量时比较假

定其不划分为持有待售类别情况下的初始计量金额和公允价值减去出售费用后的净额,以两者孰低计量。除企业合并中取得的非流动资产或处置组外,由非流动资产或处置组以公允价值减去出售费用后的净额作为初始计量金额而产生的差额,应当计入当期损益。

取得日划分为持有待售类别的非流动资产或处置组的计量

企业应当在初始计量时比较假定其不划分为持有待售类别情况下的初始计量金额和公允价值减去出售费用后的净额,以两者孰低计量。除企业合并中取得的非流动资产或处置组外,由非流动资产或处置组以公允价值减去出售费用后的净额作为初始计量金额而产生的差额,应当计入当期损益。

(二)持有待售类别的初始计量和后续计量

企业将非流动资产或处置组首次划分为持有待售类别前,应当按照相关会计准则规定计量非流动资产或处置组中各项资产和负债的账面价值。

企业初始计量或在资产负债表日重新计量持有待售的非流动资产或处置组时,其账面价值高于公允价值减去出售费用后的净额的,应当将账面价值减记至公允价值减去出售费用后的净额,减记的金额确认为资产减值损失,计入当期损益,同时计提持有待售资产减值准备。对于持有待售的处置组确认的资产减值损失金额,如果该处置组包含商誉,应当先抵减处置组中商誉的账面价值,再根据处置组中适用本准则计量规定的各项非流动资产账面价值所占比重,按比例抵减其账面价值。

【例32-7】 2×21年2月18日智董公司与贵琛公司签订不可撤销合同,将某资产组进行出售,当日该资产组(包含三个单项固定资产、一项无形资产、商誉)的账面价值为100万元,以前未计提减值准备。2×21年6月30日办理完毕产权过户手续。

【分析】 2×21年2月18日智董公司的会计处理如下:

情况一:假定该资产组合同约定价格(公允价值)为115万元,估计处置费用为5万元。

按照账面价值100万元与公允价值减去处置费用后的净额110万元(115-5)孰低进行计量。不调整资产组的账面价值。

情况二:该资产组合同约定价格(公允价值)为95万元,处置费用为5万元。

按照账面价值100万元与公允价值减去处置费用后的净额90万元(95-5)孰低进行计量。调整资产组账面价值:

借:资产减值损失　　　　　　　　10
　　贷:商誉、固定资产(无形资产)减值准备　　10

【例32-8】 智董公司计划出售一项固定资产,该固定资产于2×21年6月30日被划分为持有待售固定资产,公允价值为335万元,预计处置费用为5万元。该固定资产购买于2×14年12月18日,原值为1000万元,预计净残值为零,预计使用寿命为10年,采用年限平均法计提折旧,取得时已达到预定可使用状态。不考虑其他因素。

【分析】 2×21年6月30日,智董公司该项固定资产的账面价值为350万元(1000-1000/10×6.5),该项固定资产公允价值减去处置费用后的净额为330万元(335-5),应对该项资产计提减值准备20万元(350-330),故该持有待售资产在资产负债表中列示金额应为330万元。

后续资产负债表日持有待售的处置组公允价值减去出售费用后的净额增加的,以前减记的金额应当予以恢复,并在划分为持有待售类别后适用本准则计量规定的非流动资产确认的资产减值损失金额内转回,转回金额计入当期损益。已抵减的商誉账面价值和划分为持有待售类别前确认的资产减值损失不得转回。

这与《企业会计准则第8号——资产减值》的规定相一致,由于相关资产的性质在划分为持有待售类别后已经由非流动资产转化为流动资产,所以只允许将划分为持有待售类别后确认的持有待售资产减值损失转回,不允许将划分为持有待售类别前确认的长期资产减值损失转回。

持有待售的非流动资产或处置组中的非流动资产不应计提折旧或摊销，持有待售的处置组中负债的利息和其他费用应当继续予以确认。

非流动资产或处置组因不再满足持有待售类别的划分条件而不再继续划分为持有待售类别或非流动资产从持有待售的处置组中移除时，应当按照以下两者孰低计量：

（1）划分为持有待售类别前的账面价值，按照假定不划分为持有待售类别情况下本应确认的折旧、摊销或减值等进行调整后的金额。

（2）可收回金额。

企业终止确认持有待售的非流动资产或处置组时，应当将尚未确认的利得或损失计入当期损益。

持有待售类别的初始计量和后续计量

企业初始计量或在资产负债表日重新计量持有待售的非流动资产或处置组时，其账面价值高于公允价值减去出售费用后的净额的，应当将账面价值减记至公允价值减去出售费用后的净额，减记的金额确认为资产减值损失，计入当期损益，同时计提持有待售资产减值准备。

《企业会计准则第42号——持有待售的非流动资产、处置组和终止经营》使用了"公允价值减去出售费用后的净额"的表述，有别于《企业会计准则第8号——资产减值》中确定可收回金额的"公允价值减去处置费用后的净额"的表述。

对于持有待售的处置组确认的资产减值损失金额，应当先抵减处置组中商誉的账面价值，再根据处置组中适用《企业会计准则第42号——持有待售的非流动资产、处置组和终止经营》计量规定的各项非流动资产账面价值所占比重，按比例抵减其账面价值。

由于相关资产的性质在划分为持有待售类别后已经由非流动资产转化为流动资产，同时考虑到与《企业会计准则第8号——资产减值》的规定相一致，《企业会计准则第42号——持有待售的非流动资产、处置组和终止经营》只允许将划分为持有待售类别后确认的持有待售资产减值损失转回，不允许将划分为持有待售类别前确认的长期资产减值损失转回（表32-1）。

表32-1 差异

《企业会计准则第42号——持有待售的非流动资产、处置组和终止经营》	IFRS 5
后续资产负债表日持有待售的非流动资产公允价值减去出售费用后的净额增加的，以前减记的金额应当予以恢复，并在划分为持有待售类别后确认的资产减值损失金额内转回，转回金额计入当期损益。划分为持有待售类别前确认的资产减值损失不得转回	主体对于资产的公允价值减去出售费用后的余额的后续增加，应确认利得，但不得超过按照本国际财务报告准则或以前按照《国际会计准则第36号——资产减值》确认的累计减值损失

《企业会计准则第42号——持有待售的非流动资产、处置组和终止经营》

第十二条 企业将非流动资产或处置组首次划分为持有待售类别前，应当按照相关会计准则规定计量非流动资产或处置组中各项资产和负债的账面价值。

第十三条 企业初始计量或在资产负债表日重新计量持有待售的非流动资产或处置组时，其账面价值高于公允价值减去出售费用后的净额的，应当将账面价值减记至公允价值减去出售费用后的净额，减记的金额确认为资产减值损失，计入当期损益，同时计提持有待售资产减值准备。

第十四条 对于取得日划分为持有待售类别的非流动资产或处置组，企业应当在初始计量时比较假定其不划分为持有待售类别情况下的初始计量金额和公允价值减去出售费用后的净额，以两者孰低计量。除企业合并中取得的非流动资产或处置组外，由非流动资产或处置组以公允价值减去出售费用后的净额作为初始计量金额而产生的差额，应当计入当期损益。

第十五条 企业在资产负债表日重新计量持有待售的处置组时，应当首先按照相关会计准则规定计量处置组中不适用本准则计量规定的资产和负债的账面价值，然后按照本准则第十三条的规定进行会计处理。

第十六条 对于持有待售的处置组确认的资产减值损失金额，应当先抵减处置组中商誉的账面价值，再根据处置组中适用本准则计量规定的各项非流动资产账面价值所占比重，按比例抵减其账面价值。

第十七条 后续资产负债表日持有待售的非流动资产公允价值减去出售费用后的净额增加的，以前减记的金额应当予以恢复，并在划分为持有待售类别后确认的资产减值损失金额内转回，转回金额计入当期损益。

划分为持有待售类别前确认的资产减值损失<u>不得转回</u>。

第十八条 后续资产负债表日持有待售的处置组公允价值减去出售费用后的净额增加的，以前减记的金额应当予以恢复，并在划分为持有待售类别后适用本准则计量规定的非流动资产确认的资产减值损失金额内转回，转回金额计入当期损益。已抵减的商誉账面价值，以及适用本准则计量规定的非流动资产在划分为持有待售类别前确认的资产减值损失<u>不得转回</u>。

第十九条 持有待售的处置组确认的资产减值损失后续转回金额，应当根据处置组中除商誉外适用本准则计量规定的各项非流动资产账面价值所占比重，按比例增加其账面价值。

第二十条 持有待售的非流动资产或处置组中的非流动资产不应计提折旧或摊销，持有待售的处置组中负债的利息和其他费用应当继续予以确认。

第二十一条 非流动资产或处置组因不再满足持有待售类别的划分条件而不再继续划分为持有待售类别或非流动资产从持有待售的处置组中移除时，应当按照以下两者孰低计量：

（一）划分为持有待售类别前的账面价值，按照假定不划分为持有待售类别情况下本应确认的折旧、摊销或减值等进行调整后的金额。

（二）可收回金额。

第二十二条 企业终止确认持有待售的非流动资产或处置组时，应当将尚未确认的利得或损失计入当期损益。

三、持有待售的非流动资产和处置组的列报

企业应当在资产负债表中区别于其他资产单独列示持有待售的非流动资产或持有待售的处置组中的资产，区别于其他负债单独列示持有待售的处置组中的负债。持有待售的非流动资产或持有待售的处置组中的资产与持有待售的处置组中的负债不应当相互抵销，应当分别作为流动资产和流动负债列示。

政策依据

《企业会计准则第42号——持有待售的非流动资产、处置组和终止经营》

第二十三条 企业应当在资产负债表中区别于其他资产单独列示持有待售的非流动资产或持有待售的处置组中的资产，区别于其他负债单独列示持有待售的处置组中的负债。持有待售的非流动资产或持有待售的处置组中的资产与持有待售的处置组中的负债不应当相互抵销，应当分别作为流动资产和流动负债列示。

第二十六条 对于当期首次满足持有待售类别划分条件的非流动资产或处置组，<u>不应当调整</u>可比会计期间资产负债表。

第三十一条 非流动资产或处置组不再继续划分为持有待售类别或非流动资产从持有待售的处置组中移除的，企业应当在当期利润表中将非流动资产或处置组的账面价值调整金额作为持续经营损益列报。企业的子公司、共同经营、合营企业、联营企业以及部分对合营企业或联营企业的投资不再继续划分为持有待售类别或从持有待售的处置组中移除的，企业应当在当期财务报表中相应调整各个划分为持有待售类别后可比会计期间的比较数据。企业应当在附注中披露下列信息：

（一）企业改变非流动资产或处置组出售计划的原因。

（二）可比会计期间财务报表中受影响的项目名称和影响金额。

第三节 终 止 经 营

一、终止经营的条件

终止经营，是指企业满足下列条件之一的、能够单独区分的组成部分，且该组成部分已经处置或划分为持有待售类别：

（1）该组成部分代表一项独立的主要业务或一个单独的主要经营地区。

（2）该组成部分是拟对一项独立的主要业务或一个单独的主要经营地区进行处置的一项相关联计划的一部分。

（3）该组成部分是专为转售而取得的子公司。

【例32-9】 智董家具公司在全国拥有198家连锁门店，智董公司决定将其位于深圳市的5家连锁门店中的一家门店Y出售，并于2×21年5月18日与贵琛公司正式签订了转让协议，假设该门店Y符合持有待售类别的划分条件。判断Y是否构成智董公司的终止经营。

【分析】 尽管门店Y是一个处置组，也符合持有待售类别的划分条件，但由于它只是一个连锁销售点，不能代表一项独立的主要业务或一个单独的主要经营地区，也不构成拟对一项独立的主要业务或一个单独的主要经营地区进行处置的一项相关联计划的一部分，因此该处置组并不构成企业的终止经营。

【例32-10】 智董集团公司决定出售其专门从事商场管理的下属子公司欣奕公司，商场管理构成智董公司的一项主要业务。欣奕子公司管理一个商场集团和一个连锁超市。为获取最大收益，智董公司决定允许将商场集团和连锁超市出售给不同买家，但商场集团和超市的转让是相互关联的，即两者或者均出售，或者均不出售。智董公司于2×21年9月8日与怡平公司就转让连锁超市正式签订了协议，假设此时连锁超市符合了持有待售类别的划分条件，但商场集团尚不符合持有待售类别的划分条件。判断商场集团和连锁超市是否构成智董公司的终止经营。

【分析】 处置商场集团和连锁超市构成一项相关联的计划，虽然商场集团和连锁超市可能出售给不同买家，但分别属于对一项独立的主要业务进行处置的一项相关联计划的一部分，因此连锁超市符合终止经营的定义，商场集团在未来符合持有待售类别划分条件时也符合终止经营的定义。

不是所有划分为持有待售类别的处置组都符合终止经营的定义，因为有些处置组可能不是"能够单独区分的组成部分"或不符合终止经营定义中的规模条件；也不是所有终止经营都划分为持有待售类别，因为有些终止经营在资产负债表日前已经处置。

二、终止经营的列报

在利润表中分别列示持续经营损益和终止经营损益，在附注中进一步披露详细信息。

在利润表主表中列示有关终止经营损益的信息，有利于报表使用者了解哪些经营将无法为企业创造现金流量，使得财务报表更真实地反映企业经营成果，但也不能提供过多有关终止经营的信息。因此，准则要求在利润表中单独反映终止经营损益，其他细化信息在附注中披露即可。

【例32-11】 智董集团公司拥有子公司欣奕公司，并为其专门租入一栋写字楼作为办公场所，现智董公司决定将欣奕子公司转让给怡昌祥公司，转让完成后，欣奕公司将整体搬迁至怡昌祥公司的写字楼。由于欣奕公司目前办公所在地的租期未满，智董公司必须承担将办公楼低于原租金转租或者提前终止租赁合同的损失。假设欣奕子公司符合持有待售类别的划分条件和终止经营的定义。

【分析】 尽管如果不出售欣奕子公司，与租赁办公楼相关的损失就不会发生，但对于出售欣奕子公司本身而言，该损失并不是必不可少的，不是与出售欣奕子公司直接相关的增量成本。因此，在对欣奕子公司以账面价值与公允价值减去出售费用后的净额孰低计量时，不应当将办公楼低于原租金转租或者提前终止租赁合同的损失作为出售费用处理，但应当在利润表中将其列示在"终止经营净利润"中，并在附注中作为终止经营费用的一部分披露。

> 政策依据
> 《企业会计准则第42号——持有待售的非流动资产、处置组和终止经营》

第二十四条 企业应当在利润表中分别列示持续经营损益和终止经营损益。不符合终止经营定义的持有待售的非流动资产或处置组，其减值损失和转回金额及处置损益应当作为持续经营损益列报。终止经营的减值损失和转回金额等经营损益及处置损益应当作为终止经营损益列报。

第二十五条 企业应当在附注中披露下列信息：

（一）持有待售的非流动资产或处置组的出售费用和主要类别，以及每个类别的账面价值和公允价值。

（二）持有待售的非流动资产或处置组的出售原因、方式和时间安排。

（三）列报持有待售的非流动资产或处置组的分部。

（四）持有待售的非流动资产或持有待售的处置组中的资产确认的减值损失及其转回金额。

（五）与持有待售的非流动资产或处置组有关的其他综合收益累计金额。

（六）终止经营的收入、费用、利润总额、所得税费用（收益）和净利润。

（七）终止经营的资产或处置组确认的减值损失及其转回金额。

（八）终止经营的处置损益总额、所得税费用（收益）和处置净损益。

（九）终止经营的经营活动、投资活动和筹资活动现金流量净额。

（十）归属于母公司所有者的持续经营损益和终止经营损益。非流动资产或处置组在资产负债表日至财务报告批准报出日之间满足持有待售类别划分条件的，应当作为资产负债表日后非调整事项进行会计处理，并按照本条（一）至（三）的规定进行披露。

企业专为转售而取得的持有待售的子公司，应当按照本条（二）至（五）和（十）的规定进行披露。

第二十七条 对于当期列报的终止经营，企业应当在当期财务报表中，将原来作为持续经营损益列报的信息重新作为可比会计期间的终止经营损益列报，并按照本准则第二十五条（六）、（七）、（九）、（十）的规定披露可比会计期间的信息。

第二十八条 拟结束使用而非出售的处置组满足终止经营定义中有关组成部分的条件的，应当自停止使用日起作为终止经营列报。

第二十九条 企业因出售对子公司的投资等原因导致其丧失对子公司控制权，且该子公司符合终止经营定义的，应当在合并利润表中列报相关终止经营损益，并按照本准则第二十五条（六）至（十）的规定进行披露。

第三十条 企业应当在利润表中将终止经营处置损益的调整金额作为终止经营损益列报，并在附注中披露调整的性质和金额。可能引起调整的情形包括：

（一）最终确定处置条款，如与买方商定交易价格调整额和补偿金。

（二）消除与处置相关的不确定因素，如确定卖方保留的环保义务或产品质量保证义务。

（三）履行与处置相关的职工薪酬支付义务。

第三十二条 终止经营不再满足持有待售类别划分条件的，企业应当在当期财务报表中，将原来作为终止经营损益列报的信息重新作为可比会计期间的持续经营损益列报，并在附注中说明这一事实。

第四节 会计科目和会计分录

以下是第一财税网(www.tax.org.cn)耗时整理的相关会计科目和会计分录，供实际工作中随时查阅、使用。

一、1481 持有待售资产

（一）核算内容

本科目核算持有待售的非流动资产和持有待售的处置组中的资产。

（二）明细核算

本科目按照资产类别进行明细核算。

（三）主要账务处理

企业将相关非流动资产或处置组划分为持有待售类别时，按各类资产的账面价值或账面余额，借记本科目，按已计提的累计折旧、累计摊销等，借记"累计折旧""累计摊销"等科目，按各项资产账面余额，贷记"固定资产""无形资产""长期股权投资""应收账款""商誉"等科目，适用《企业会计准则第42号——持有待售的非流动资产、处置组和终止经营》计量规定的非流动资产已计提减值准备的，还应同时结转已计提的减值准备。

注 对于取得日划分为持有待售类别的非流动资产或处置组，企业应当在初始计量时比较假定其不划分为持有待售类别情况下的初始计量金额和公允价值减去出售费用后的净额，以两者孰低计量。

（四）期末余额

本科目期末借方余额，反映企业持有待售的非流动资产和持有待售的处置组中资产的账面余额。

附：报表列示

反映资产负债表日划分为持有待售类别的非流动资产及划分为持有待售类别的处置组中的流动资产和非流动资产的期末账面价值。

该项目应根据"持有待售资产"科目的期末余额，减去"持有待售资产减值准备"科目的期末余额后的金额填列。

注 企业如有划分为持有待售的非流动资产及划分为持有待售的处置组中的资产，应当在资产负债表资产项下"存货"项目和"一年内到期的非流动资产"项目之间增设"划分为持有待售的资产"项目，反映资产负债表日划分为持有待售的非流动资产及划分为持有待售的处置组中的资产的期末余额；如有划分为持有待售的处置组中的负债，应当在资产负债表负债项下"其他应付款"项目和"一年内到期的非流动负债"项目之间增设"划分为持有待售的负债"项目，反映资产负债表日划分为持有待售的处置组中的负债的期末余额。

二、1482 持有待售资产减值准备

（一）核算内容

本科目核算适用《企业会计准则第42号——持有待售的非流动资产、处置组和终止经营》计量规定的持有待售的非流动资产和持有待售的处置组计提的允许转回的资产减值准备和商誉的减值准备。

（二）明细核算

本科目按照资产类别进行明细核算。

（三）主要账务处理

初始计量或资产负债表日，持有待售的非流动资产或处置组中的资产发生减值的，按应减记的金额，借记"资产减值损失"科目，贷记本科目。后续资产负债表日持有待售的非流动资产或处置组中的资产减值转回的，按允许转回的金额，借记本科目，贷记"资产减值损失"科目。

（四）期末余额

本科目期末贷方余额，反映企业已计提但尚未转销的持有待售资产减值准备。

三、2245 持有待售负债

（一）核算内容

本科目核算持有待售的处置组中的负债。

（二）明细核算

本科目按照负债类别进行明细核算。

（三）主要账务处理

企业将相关处置组划分为持有待售类别时，按相关负债的账面余额，借记"应付账款""应付职工薪酬"等科目，贷记本科目。

（四）期末余额

本科目期末贷方余额，反映企业持有待售的处置组中负债的账面余额。

附：报表列示

反映资产负债表日处置组中与划分为持有待售类别的资产直接相关的负债的期末账面价值。

本项目应根据"持有待售负债"科目的期末余额填列。

注 企业如有划分为持有待售的非流动资产及划分为持有待售的处置组中的资产，应当在资产负债表资产项下"存货"项目和"一年内到期的非流动资产"项目之间增设"划分为持有待售的资产"项目，反映资产负债表日划分为持有待售的非流动资产及划分为持有待售的处置组中的资产的期末余额；如有划分为持有待售的处置组中的负债，应当在资产负债表负债项下"其他应付款"项目和"一年内到期的非流动负债"项目之间增设"划分为持有待售的负债"项目，分别反映资产负债表日划分为持有待售的处置组中的资产、负债的期末余额。

四、6103 资产处置损益

（一）核算内容

本科目核算企业出售划分为持有待售的非流动资产（金融工具、长期股权投资和投资性房地产除外）或处置组（子公司和业务除外）时确认的处置利得或损失，以及处置未划分为持有待售的固定资产、在建工程、生产性生物资产及无形资产而产生的处置利得或损失。

债务重组中因处置非流动资产产生的利得

或损失和非货币性资产交换中换出非流动资产产生的利得或损失也在本科目核算。

（二）明细核算

本科目按照处置的资产类别或处置组进行明细核算。

（三）主要账务处理

企业处置持有待售的非流动资产或处置组时，按处置过程中收到的价款，借记"银行存款"等科目，按相关负债的账面余额，借记"持有待售负债"科目，按相关资产的账面余额，贷记"持有待售资产"科目，按其差额借记或贷记本科目，已计提减值准备的，还应同时结转已计提的减值准备；按处置过程中发生的相关税费，借记本科目，贷记"银行存款""应交税费"等科目。

（四）期末余额

期末，应将本科目余额转入"本年利润"科目，本科目结转后应无余额。

附：报表列示

反映企业出售划分为持有待售的非流动资产（金融工具、长期股权投资和投资性房地产除外）或处置组（子公司和业务除外）时确认的处置利得或损失，以及处置未划分为持有待售的固定资产、在建工程、生产性生物资产及无形资产而产生的处置利得或损失。债务重组中因处置非流动资产（金融工具、长期股权投资和投资性房地产除外）产生的利得或损失和非货币性资产交换中换出非流动资产（金融工具、长期股权投资和投资性房地产除外）产生的利得或损失也包括在本项目内。

该项目应根据"资产处置损益"科目的发生额分析填列；如为处置损失，以"—"号填列。

第三十三讲

生 物 资 产

第一节 综合知识

一、相关知识概述

生物资产,是指有生命的动物和植物。生物资产是与农业生产相关的有生命的动物和植物,其中涵盖收获时点的农产品。《企业会计准则第5号——生物资产》(本讲简称"本准则"或"新准则")所称"农业",包括种植业、畜牧养殖业、林业和水产业等行业。

有生命的动物和植物具有生物转化的能力,这种能力导致生物资产质量或数量发生变化,通常表现为生长、蜕化、生产和繁殖等。生物资产的形态、价值以及产生经济利益的方式,随其出生、成长、衰老、死亡等自然规律和生产经营活动不断变化。企业从事农业生产的目的,就是增强生物资产的生物转化能力,最终获得更多的符合市场需要的农产品。

农产品与生物资产密不可分,当其附在生物资产上时,构成生物资产的一部分。收获时点的农产品的成本,应当采用规定的方法,从消耗性或生产性生物资产生产成本中转出,确认为收获时农产品的成本。

收获的农产品从生物资产这一母体分离开始,不再具有生命和生物转化能力,应当作为存货处理,如奶牛产出的牛奶、绵羊产出的羊毛、肉猪宰杀后的猪肉、收获后的蔬菜、果树采摘的水果等。

(一)生物资产的分类

1. 消耗性生物资产

消耗性生物资产,是指为出售而持有的、或在将来收获为农产品的生物资产,包括生长中的大田作物、蔬菜、用材林以及存栏待售的牲畜等。

消耗性生物资产类似企业的存货,如农田中的小麦作物可以收获为农产品小麦,农田中的蔬菜可用于出售,用材林是以生产木材为主要目的的林木,薪炭林是以生产燃料为目的的林木,存栏待售的牲畜可以屠宰出售。消耗性生物资产与企业一般存货显著不同的是它们是有生命的资产。

2. 生产性生物资产

生产性生物资产,是指为产出农产品、提供劳务或出租等目的而持有的生物资产,包括经济林、薪炭林、产畜和役畜等。

生产性生物资产具备自我生长性,属于有生命的劳动手段,类似企业的固定资产。例如,经济林可生产果品、食用油料、饮料、工业原料和药材,产畜能提供仔畜、畜产品,役畜可供人役使进行田间作业、运输作业。

与消耗性生物资产相比较,生产性生物资产最大的不同点在于其持有目的。消耗性生物资产持有的目的是出售(如用材林)或者即将收获为农产品(如玉米、大豆等农作物),而生产性生物资产持有的目的则是为了在生产经营中长期地、多次反复地使用,利用其进行繁殖(如产畜、种畜),或者不断产出农产品(如果树、橡胶树、奶牛),或者是长期役用(如役畜)。

3. 公益性生物资产

公益性生物资产,是指以防护、环境保护为

主要目的的生物资产,包括防风固沙林、水土保持林和水源涵养林等。

公益性生物资产不能直接为企业带来经济利益,但具有服务潜能,有助于企业从相关资产获得经济利益。如防风固沙林和水土保持林能带来防风固沙、保持水土的效能,风景林有美化环境、休息游览的效能。

(二) 生物资产的确认条件

生物资产同时满足下列条件的,才能予以确认:

(1) 企业因过去的交易或者事项而拥有或者控制该生物资产。

(2) 与该生物资产有关的经济利益或服务潜能很可能流入企业。

(3) 该生物资产的成本能够可靠地计量。

(三) 生物资产在附注的披露

1. 企业应当在附注中披露与生物资产有关的信息

(1) 生物资产的类别以及各类生物资产的实物数量和账面价值。

(2) 各类消耗性生物资产的跌价准备累计金额,以及各类生产性生物资产的使用寿命、预计净残值、折旧方法、累计折旧和减值准备累计金额。

(3) 天然起源生物资产的类别、取得方式和实物数量。

(4) 用于担保的生物资产的账面价值。

(5) 与生物资产相关的风险情况与管理措施。

2. 企业应当在附注中披露与生物资产增减变动有关的信息

(1) 因购买而增加的生物资产。

(2) 因自行培育而增加的生物资产。

(3) 因出售而减少的生物资产。

(4) 因盘亏或死亡、毁损而减少的生物资产。

(5) 计提的折旧及计提的跌价准备或减值准备。

(6) 其他变动。

二、会计准则概述

(一) 本准则的相关背景

生物资产是农业企业最为重要的生产资料,除具一般资产特性外,生物资产还具有再生性、周期性、外部性以及生物资产市场的不完备性等特征。它是农业企业的收益之源,从性质上说,它是农业企业重要的长期资产。农业企业的任务是为生物资产的顺利转化提供条件管理,农产品是农业企业的主要经营产品。因此,有必要对生物资产制定有别于普通资产的会计确认、计量标准和披露、核算方法。

农业是国民经济的基础部门。经济再生产与自然再生产相互交织的特点使农业活动具有自己的特殊性,农业活动的特殊性又必然导致农业组织形式和农业会计核算有别于其他行业。农业活动的复杂性及农业会计主体的多样性,使农业会计标准体系的构成内容更为丰富多样,其制定的任务比其他行业也更为艰巨。

从本准则制定时情况看,我国农业会计标准主要面向的是原国有农场和村集体经济组织,还没有面向规范的股份制,尤其是农业及涉农上市公司的农业会计标准。2000年发布并于2003年生效的《国际会计准则第41号——农业》对农业会计核算和信息披露做出了重大改革,主要体现在对生长中的生物资产和收获时的农产品均按公允价值减去预计至销售将发生的费用计价。这意味着,国际会计准则已将农业生物资产的计价由历史成本基础转向公允价值基础。

国际会计准则委员会自1994年就决定立项制定关于农业的国际会计准则,1996年公布了农业会计准则的原则草案,经过历时4年的征求意见和修改,2000年12月国际会计准则委员会终于正式批准并发布了这一准则。经过如此长的时间才发布正式稿,足以看出这一准则制定的艰难性。2001年6月30日生效的澳大利亚"自产和再生资产准则"也明确要求对农业生物资产按市场净现值计量。实际上,由于农业活动的特殊性,国际会计准则委员会和各个国家会计准则制定机构都视农业会计准则为一块难啃的"骨头"。在本准则制定时世界上只有国际会计准则委员会和澳大利亚会计准则委员会专门制定了生物资产的会计准则。

我国是农业大国，不仅单纯从事农业生产的单位众多，而且涉足农业的大中型企业也不少，在本准则制定时我国上市公司中直接从事农业生产活动的公司就有四十多家。而且，随着市场经济的发展，投资农业及相关领域的国内外企业或其他机构还会大大增加。因此，制定既与国际会计准则相协调，又适合中国国情的农业会计准则已经迫在眉睫，研究农业会计的概念框架和实务标准具有重要的现实意义。

在我国，1993年制定的分行业会计制度中的《农业企业会计制度》因2001年《企业会计制度》的颁布而面临修改、补充和废弃。财政部于2004年颁布了《农业会计核算办法》，并自2005年起实施。我国理论界对生物资产会计还处于认识的初始阶段，缺乏对该领域的深入研究，实务界对生物资产的计量也充满随意性，而且随着资本市场的发展壮大，我国资本市场中已经有三十多家农业类上市公司，投资者也迫切需要这些公司能够提供参照统一会计准则标准编制的财务报告。此外，我国的对外投资企业需要按照《国际会计准则第41号——农业》提供会计报表，国内的农业企业要吸引外资也需要按此准则提供会计报表给国外的投资人，以确定可能的投资报酬。因而，随着与国际经济联系的日益密切，制定适合我国国情的生物资产会计准则势在必行。

为了适应资本市场发展，规范农业类企业会计核算方法和披露，2006年2月15日财政部颁发了《企业会计准则——生物资产》。

（二）本准则的适用范围

下列各项适用其他相关会计准则：

（1）收获后的农产品，适用《企业会计准则第1号——存货》。

（2）与生物资产相关的政府补助，适用《企业会计准则第16号——政府补助》。

（三）本准则的主要变化

（1）分类中将公益性生物资产进行单独分类核算，不计提折旧和减值准备。

（2）新准则中生物性资产的折旧方法可以采取年限平均法、工作量法、产量法。在原办法的折旧方法列举的基础上增加了"产量法"，取消了"年限总和法和双倍余额递减法"。

（3）新准则中结转农产品的方法应当采取加权平均法、个别计价法、蓄积量比例法和轮伐期年限法。在原办法列举的结转方法增加了"蓄积量比例法和轮伐期年限法"，取消了"移动加权平均法""先进先出法""后进先出法"。

（4）界定了公益性生物资产的确认标准。

新准则认为，企业拥有或控制的公益性生物资产，虽然不能直接为企业带来经济利益，但具有服务潜能，有助于企业从相关资产获得经济利益，因此应当确认为生物资产。因此，新准则中公益性生物资产的确认标准与消耗性和生产性生物资产有所不同，引入了"服务潜能"的概念。

（5）规范了生物资产减值的会计处理。

对生物资产减值的会计处理，新准则没有采用资产减值准则中有关减值迹象的判断等进行减值测试的方法，这主要是考虑到生物资产与其他资产相比具有显著的特点，即生物资产本身具有自我生长性，有时短暂的减值可能会通过以后的自我生长而得以恢复其价值，特别是林木资产生长周期短则几十年、长则上百年。因此，新准则对生物资产减值的会计处理采取了较为简化的方式，即只在有确凿证据表明生物资产遭受自然灾害、病虫害、动物疫病侵袭等，导致其成本高于可收回金额或可变现净值时，才计提减值准备或跌价准备，并且减值准备或跌价准备一经计提不得转回，体现了生物资产的特性。

（6）新准则要求企业在资产负债表长期资产类中单独列示生物资产的账面价值总额和各类生物资产的账面价值，同时，期末披露其公允价值。要求每个会计期末编制期初与期末生物资产增减变动表。

执行新准则对企业财务状况的影响分析

新准则的颁布对规范农业这一特殊行业的特有经济活动的会计处理是一个非常大的突破，但由于生物资产的计量未参考国际会计准则的公允价值模式,新准则对上市企业的财务状况和经营业绩的影响总体来说不算很大。

减值准备提取及报表列报的规范化,更加严格地要求了农业企业财务状况的表达。随着市场经济的发展、农产品市场的完善,采用公允价值计量将成为将来发展的一大趋势,届时,将会对企业财务状况产生较大影响。

第二节 初始计量

一、计量的一般规定

(一)一般按实际成本进行初始计量

生物资产应当按照成本进行初始计量。准则规定,企业取得消耗性、生产性、公益性生物资产,均按其实际成本进行初始计量。

生物资产的计量

生物资产的计量如表33-1所示。

生物资产初始计量实际成本的确定

本准则还对不同取得方式下实际成本的确定进行说明,如表33-2所示。

表33-1 生物资产的计量

类别	初始计量	后续支出	摊销	减值准备
消耗性生物资产	按取得时的实际成本计量	某些情形下确认为当期费用 某些情形下予以资本化(本准则第六条)	不计提折旧	减值测试,计提跌价准备
生产性生物资产	按取得时的实际成本计量	某些情形下确认为当期费用 某些情形下(达到预定生产经营目的后)予以资本化(本准则第十四条)	对进入正常生产期、可以多年连续收获或连续提供劳务的计提折旧	减值测试,计提减值准备
公益性生物资产	按取得时的实际成本计量	达到预定公益目的后发生的管护费用等后续支出,确认为当期费用	不计提折旧	不计提减值准备

表33-2 生物资产初始计量实际成本的确定

类别	外购	自行营造	天然起源
消耗性生物资产	购买价格、相关税费、运输费、保险费及其他可直接归属于购买该资产的其他支出	自行栽培大田作物和蔬菜:收获前发生的必要支出 自行营造林木类消耗性生物资产:郁闭成林前的必要支出 自行繁殖育肥畜:出售前发生的必要支出 水产养殖动植物:出售或入库前的必要支出	参照人工培育的同类消耗性生物资产的实际成本确定
生产性生物资产	购买价格、相关税费、运输费、保险费及其他可直接归属于购买该资产的其他支出	自行营造的林木类生产性生物资产:达到预定生产经营目的前发生的必要支出 自行繁殖的产畜和役畜:成龄前发生的必要支出	无规定
公益性生物资产	购买价格、相关税费、运输费、保险费及其他可直接归属于购买该资产的其他支出	自行营造的林木类公益性生物资产:达到预定公益目的前发生的必要支出	参照人工培育的同类公益性生物资产的实际成本确定

从表33-2可以看出,三类生物资产在确定外购取得资产实际成本的原则相同。消耗性生物资产和公益性生物资产在确定天然起源的资产实际成本的原则也相同。至于自行营造方式,三类生物资产分别根据某时点(初始计量资本化终止点)之前的必要支出确定,如自行营造的消耗性生物资产按出售或收获前的必要支出确定,自行营造的生产性生物资产按达到产出农产品、提供劳务或出租目的之前的必要支出确定,自行营造的公益性生物资产按达到预定公益目的之前的必要支出确定。

(二) 满足规定条件的，可采用公允价值计量

生物资产通常按照成本计量，但有确凿证据表明其公允价值能够持续可靠取得的除外。

采用公允价值计量的生物资产，应当同时满足以下两个条件。

(1) 生物资产有活跃的交易市场，该生物资产能够在交易市场中直接交易。活跃的交易市场，是指同时具有以下特征的市场：

① 市场内交易的对象具有同质性。
② 可以随时找到自愿交易的买方和卖方。
③ 市场价格的信息是公开的。

(2) 能够从交易市场上取得同类或类似生物资产的市场价格及其他相关信息，从而对生物资产的公允价值做出科学合理的估计。

同类或类似的生物资产，是指品种相同、质量等级相同或类似、生长时间相同或类似、所处气候和地理环境相同或类似的有生命的动物和植物。

【例33-1】 2×21年4月30日，海南海口农业公司某生产性生物资产账面余额为23 000元，公允价值为22 000元；某消耗性生物资产账面余额为12 000元，公允价值为14 000元；某公益性生物资产账面余额为2 100元，公允价值为2 300元。假定海南海口农业公司对生物资产采用公允价值计量，不考虑其他因素。

【分析】 海南海口农业公司的会计处理如下(单位：元)：

借：公允价值变动损益　　　　　1 000
　　贷：生产性生物资产　　　　　　1 000
借：消耗性生物资产　　　　　　2 000
　　公益性生物资产　　　　　　　200
　　贷：公允价值变动损益　　　　　2 200

(三) 应计入生物资产成本的借款费用

按照《企业会计准则第17号——借款费用》处理。

消耗性林木类生物资产发生的借款费用，应当在郁闭时停止资本化。

二、外购生物资产的成本

外购生物资产的成本包括购买价款、相关税费、运输费、保险费以及可直接归属于购买该资产的其他支出。

企业基于产品价格等因素的考虑，可能以一笔款项购入多项没有单独标价的生物资产。如果这些生物资产均符合生物资产的定义，并满足生物资产的确认标准，则应将各项资产单独确认为生物资产，并按各项生物资产公允价值的比例对总成本进行分配，分别确定各项生物资产的入账价值。如果以一笔款项购入的多项资产中还包括生物资产以外的其他资产，则应按类似的方法予以处理。

【例33-2】 海南海口农业公司从市场上一次性购买了10头种母猪。海南海口农业公司为此共支付价款65 600元，发生的运输费为400元、装卸费为600元，款项全部以银行存款支付。

【分析】 种母猪属于产畜，应属生产性生物资产。据准则确定应计入生物资产成本的金额，包括买价、运输费、保险费、装卸费等，即种母猪的入账金额为66 600元(65 600＋400＋600)。

【例33-3】 为降低购买成本，2×21年6月8日，海南海口农业公司从市场上一次性购买了混群核算的5头种牛、3头肉猪和10株橡胶树苗。海南海口农业公司为此共支付价款40 000元，发生的运输费为800元、保险费为500元、装卸费为600元，款项全部以银行存款支付。假设5头种牛、3头肉猪、10株橡胶树苗分别满足生物资产的定义及其确认标准，公允价值分别为20 000元、14 000元、6 000元；假设不考虑相关税费。

【分析】 海南海口农业公司的会计处理如下。

(1) 海南海口农业公司计算确定5头种牛、3头肉猪和10株橡胶树苗的取得成本。

① 确定应计入生物资产成本的金额，包括买价、运输费、保险费、装卸费等，即：

40 000＋800＋500＋600＝41 900(元)。

② 确定5头种牛、3头肉猪和10株橡胶树苗的价值分配比例。

5头种牛应分配的生物资产价值比例为：

$20\,000 \div (20\,000 + 14\,000 + 6\,000) \times 100\% = 50\%$。

3头肉猪应分配的生物资产价值比例为：

$14\,000 \div (20\,000 + 14\,000 + 6\,000) \times 100\% = 35\%$。

10株橡胶树苗应分配的生物资产价值比例为：

$6\,000 \div (20\,000 + 14\,000 + 6\,000) \times 100\% = 15\%$。

③ 确定5头种牛、3头肉猪和10株橡胶树苗各自的入账价值。

5头种牛的入账价值 = $41\,900 \times 50\% = 20\,950$（元）。

3头肉猪的入账价值 = $41\,900 \times 35\% = 14\,665$（元）。

10株橡胶树苗的入账价值 = $41\,900 \times 15\% = 6\,285$（元）。

(2) 会计分录（单位：元）。

借：生产性生物资产——种牛　　20 950
　　　　　　　　　　——橡胶树苗　6 285
　　消耗性生物资产　　　　　　14 665
　贷：银行存款　　　　　　　　41 900

三、自行栽培、营造、繁殖或养殖的消耗性生物资产的成本

(一) 自行栽培的大田作物和蔬菜的成本

包括在收获前耗用的种子、肥料、农药等材料费、人工费和应分摊的间接费用等必要支出。

(二) 自行营造的林木类消耗性生物资产的成本

包括郁闭前发生的造林费、抚育费、营林设施费、良种试验费、调查设计费和应分摊的间接费用等必要支出。

(三) 自行繁殖的育肥畜的成本

包括出售前发生的饲料费、人工费和应分摊的间接费用等必要支出。

(四) 水产养殖的动物和植物的成本

包括在出售或入库前耗用的苗种、饲料、肥料等材料费、人工费和应分摊的间接费用等必要支出。

【例33-4】 智董林业有限责任公司的下属森林班统一组织培植管护一片森林。

2×22年3月，发生森林管护费用共计200 000元，其中，本月应付人员薪酬100 000元，仓库领用库存肥料80 000元，管护设备折旧20 000元。

管护费用按照森林面积比例分配。管护总面积为5 000公顷，其中，作为用材林的A树林共计4 000公顷，已郁闭的占80%，其余的尚未郁闭；作为水土保持林的B树林共计1 000公顷，全部已郁闭。

【分析】 计算过程：

未郁闭A树林应分配共同费用的比例 = $4\,000 \times (1 - 80\%) \div 5\,000 = 0.16$。

已郁闭A树林应分配共同费用的比例 = $4\,000 \times 80\% \div 5\,000 = 0.64$。

已郁闭B树林应分配共同费用的比例 = $1\,000 \div 5\,000 = 0.2$。

未郁闭A树林应分配的共同费用 = $200\,000 \times 0.16 = 32\,000$（元）。

已郁闭A树林应分配的共同费用 = $200\,000 \times 0.64 = 128\,000$（元）。

已郁闭B树林应分配的共同费用 = $200\,000 \times 0.2 = 40\,000$（元）。

智董公司编制会计分录：

借：消耗性生物资产——用材林（A树林）
　　　　　　　　　　　　　　　32 000
　　管理费用　　　　　　　　168 000
　贷：应付职工薪酬　　　　　100 000
　　　原材料　　　　　　　　 80 000
　　　累计折旧　　　　　　　 20 000

四、自行营造或繁殖的生产性生物资产的成本

(一) 自行营造的林木类生产性生物资产的成本

包括达到预定生产经营目的前发生的造林费、抚育费、营林设施费、良种试验费、调查设计费和应分摊的间接费用等必要支出。

(二) 自行繁殖的产畜和役畜的成本

包括达到预定生产经营目的（成龄）前发生

的饲料费、人工费和应分摊的间接费用等必要支出。达到预定生产经营目的,是指生产性生物资产进入正常生产期,可以多年连续稳定产出农产品、提供劳务或出租。

【例 33-5】 智董公司自 2×17 年初开始自行营造 100 公顷花梨树,当年发生种苗费 845 000 元,平整土地和定植所需机器设备折旧费 277 500 元。

自营造开始正常生产周期为 6 年,假定各年均匀发生抚育肥料及农药费 208 750 元、人工费 375 000 元、每年应分摊管护费用 2 012 500 元。

2×17 年至 2×22 年,智董公司自行营造生产性资产达到预定生产经营目的。

不考虑相关税费等其他因素。

【分析】 智董公司编制会计分录:

1. 2×17 年,发生种苗费、平整土地等费用:

借:生产性生物资产——未成熟生产性生物资产
　　　　　　　　　　　　　　　1 122 500
　贷:原材料——种苗　　　　　　845 000
　　　累计折旧　　　　　　　　　277 500

2. 2×17 年至 2×22 年,每年发生抚育肥料及农药费、人工费、应分摊管护费用:

借:生产性生物资产——未成熟生产性生物资产
　　　　　　　　　　　　　　　2 596 250
　贷:原材料——肥料及农药　　　208 750
　　　应付职工薪酬　　　　　　　375 000
　　　银行存款　　　　　　　　2 012 500

3. 2×17 年至 2×22 年,智董公司自行营造生产性资产达到预定生产经营目的:

借:生产性生物资产——成熟生产性生物资产
　　　　　　　　　　　　　　　16 700 000
　贷:生产性生物资产——未成熟生产性生物资产
　　　　　　　　　　　　　　　16 700 000

注 生产性生物资产成本总额=1 122 500+2 596 250×6=16 700 000(元)。

五、自行营造的公益性生物资产的成本

应当按照郁闭前发生的造林费、抚育费、森林保护费、营林设施费、良种试验费、调查设计费和应分摊的间接费用等必要支出确定。

【例 33-6】 2×21 年 2 月,海南海口农业公司利用国家资金营造的公益林达到预定目的,共发生支出 23 000 元,其中 12 000 元为工人的工资和福利费,3 000 元为分摊的间接费用。

【分析】 海南海口农业公司的会计处理如下(单位:元):

借:公益性生物资产　　　　　　23 000
　贷:农业生产成本　　　　　　　3 000
　　　应付职工薪酬　　　　　　20 000

六、投资者投入生物资产的成本

应当按照投资合同或协议约定的价值确定,但合同或协议约定价值不公允的除外。

【例 33-7】 海南海口农业公司系股份有限公司,其注册资本为 100 000 元。2×21 年 6 月 30 日,海南海口农业公司接受江西南坑农业公司以某生产性生物资产进行投资。该生产性生物资产的原价为 56 000 元,已计提折旧 16 620 元。双方经协商确认的价值为 44 380 元,占江西南坑农业公司注册资本的 30%。假定不考虑其他相关税费。

【分析】 海南海口农业公司的账务处理如下(单位:元):

借:生产性生物资产　　　　　　44 380
　贷:股本——江西南坑农业公司　30 000
　　　资本公积——股本溢价　　　14 380

七、天然起源的生物资产的成本

天然起源的生物资产的成本应当按照名义金额确定。天然林等天然起源的生物资产,在企业有确凿证据表明能够拥有或者控制时,才能予以确认。

企业拥有或控制的天然起源的生物资产,通常并未进行相关的农业生产,主要通过政府补助的方式取得,如政府向企业直接无偿划拨天然林等;或者政府向企业无偿划拨土地、河流湖泊,企业间接取得天然生长的天然林、水生动植物等。

天然起源的生物资产的公允价值无法可靠地取得,应当按照名义金额确定该生物资产的成

本,同时计入当期损益,名义金额为1元人民币。

八、非货币性资产交换、债务重组和企业合并取得的生物资产的成本

应当分别按照《企业会计准则第7号——非货币性资产交换》《企业会计准则第12号——债务重组》和《企业会计准则第20号——企业合并》确定。

九、林木类消耗性生物资产的资本化

(一) 郁闭及郁闭度

郁闭通常指林木类消耗性生物资产的郁闭度达0.20以上(含0.20)。郁闭度是指森林中乔木树冠遮蔽地面的程度,它是反映林分密度的指标,以林地树冠垂直投影面积与林地面积之比表示,完全覆盖地面为1。根据联合国粮农组织规定,郁闭度达0.20以上(含0.20)的为郁闭林(其中一般以0.20~0.69为中度郁闭,0.70以上为密郁闭);0.20以下(不含0.20)的为疏林(未郁闭林)。

不同林种、不同林分等对郁闭度指标的要求有所不同,例如,以降低雨水冲刷为主要目标的水土保持林要求郁闭度相对较高;以培育珍贵大径材为主要目标的林木要求郁闭度相对较低。企业应当结合历史经验数据和自身实际情况,确定林木类消耗性生物资产的郁闭度及是否达到郁闭。

(二) 消耗性生物资产郁闭前的相关支出应予资本化,郁闭后的相关支出计入当期费用

郁闭是判断消耗性生物资产相关支出(包括借款费用)资本化或者费用化的时点。

郁闭之前的林木类消耗性生物资产处在培植阶段,需要发生较多的造林费、抚育费、营林设施费、良种试验费、调查设计费相关支出,这些支出应当予以资本化计入林木成本;郁闭之后的林木类消耗性生物资产基本上可以比较稳定地成活,一般只需要发生较少的管护费用,应当计入当期费用。

因择伐、间伐或抚育更新性质采伐而进行补植所发生的支出,应予以资本化。

第三节 后续计量

一、后续支出

(1) 因择伐、间伐或抚育更新性质采伐而补植林木类生物资产发生的后续支出应当计入林木类生物资产的成本。

(2) 生物资产在郁闭或达到预定生产经营目的后发生的管护、饲养费用等后续支出,应当计入当期损益。

上述规定可归纳为初始计量资本化终止点之后发生的后续支出应确认为当期费用,因择伐、间伐而补植林木类消耗性、生产性生物资产的后续支出应资本化。

二、折旧

企业对达到预定生产经营目的的生产性生物资产,应当按期计提折旧,并根据用途分别计入相关资产的成本或当期损益。

企业应当根据生产性生物资产的性质、使用情况和有关经济利益的预期实现方式,合理确定其使用寿命、预计净残值和折旧方法。

可选用的折旧方法包括年限平均法、工作量法、产量法等。生产性生物资产的使用寿命、预计净残值和折旧方法一经确定,不得随意变更。但是,符合本准则第二十条规定的除外。

企业确定生产性生物资产的使用寿命,应当考虑下列因素:

(1) 该资产的预计产出能力或实物产量。

(2) 该资产的预计有形损耗,如产畜和役畜衰老、经济林老化等。

(3) 该资产的预计无形损耗,如因新品种的

出现而使现有的生产性生物资产的产出能力和产出农产品的质量等方面相对下降、市场需求的变化使生产性生物资产产出的农产品相对过时等。

企业至少应当于每年年度终了对生产性生物资产的使用寿命、预计净残值和折旧方法进行复核。使用寿命或预计净残值的预期数与原先估计数有差异的,或者有关经济利益预期实现方式有重大改变的,应当作为会计估计变更,按照《企业会计准则第28号——会计政策、会计估计变更和差错更正》处理,调整生产性生物资产的使用寿命或预计净残值或者改变折旧方法。

【例33-8】 海南海口农业公司有一生产性生物资产原价为500 000元,预计使用年限为20年,预计净残值率为2%;假设海南海口农业公司没有为该生产性生物计提减值准备。计算该生产性生物的折旧率和折旧额。

【分析】 年折旧率=(1-2%)÷20=4.9%。

月折旧率=4.9%÷12=0.41%。

月折旧额=500 000×0.41%=2 050(元)。

上述折旧率是按个别生产性生物资产单独计算的,称为个别折旧率,即某项生产性生物资产在一定期间的折旧额与该项生产性生物资产原价的比率。此外,还有分类折旧率和综合折旧率。

【例33-9】 海南海口农业公司的一头奶牛原价为8 000元,预计生产牛奶20 000千克,预计净残值率为5%,本月生产牛奶400千克。计算该头奶牛的月折旧额。

【分析】 每千克牛奶折旧额=8 000×(1-5%)÷20 000=0.38(元/千克)。

月折旧额=400×0.38=152(元)。

【例33-10】 2×21年3月,海南海口农业公司主要种植小麦、玉米、大豆的农田防护林本月应计提的折旧为300元,奶牛应计提的折旧为600元。

【分析】 海南海口农业公司的会计处理如下(单位:元):

借:农业生产成本　　　　　　　　900
　　贷:生产性生物资产累计折旧　　　　900

三、减值

企业至少应当于每年年度终了对消耗性生物资产和生产性生物资产进行检查,有确凿证据表明由于遭受自然灾害、病虫害、动物疫病侵袭或市场需求变化等原因,使消耗性生物资产的可变现净值或生产性生物资产的可收回金额低于其账面价值的,应当按照可变现净值或可收回金额低于账面价值的差额,计提生物资产跌价准备或减值准备,并计入当期损益。上述可变现净值和可收回金额,应当分别按照《企业会计准则第1号——存货》和《企业会计准则第8号——资产减值》确定。

消耗性生物资产减值的影响因素已经消失的,减记金额应当予以恢复,并在原已计提的跌价准备金额内转回,转回的金额计入当期损益。

生产性生物资产减值准备一经计提,不得转回。公益性生物资产不计提减值准备。

消耗性和生产性生物资产的减值迹象:企业至少应当于每年年度终了对消耗性和生产性生物资产进行检查,有确凿证据表明上述生物资产发生减值的,应当计提消耗性生物资产跌价准备或生产性生物资产减值准备。

(一)上述生物资产存在下列情形之一的,通常表明该生物资产可变现净值或可收回金额低于其账面价值

(1)遭受旱灾、水灾、冻灾、台风、冰雹等自然灾害等原因,造成消耗性或生产性生物资产发生实体损坏,影响该资产的进一步生长或生产,从而降低其产生未来经济利益的能力。

(2)遭受病虫害或者疯牛病、禽流感、口蹄疫等动物疫病侵袭等原因,造成消耗性或生产性生物资产的市场价格大幅度持续下跌,并且在可预见的将来无回升的希望。

(3)因消费者偏好改变而使企业的消耗性或生产性生物资产收获的农产品的市场需求发生变化,导致市场价格逐渐下跌。

(4)因企业所处经营环境,如动植物检验检疫标准等发生重大变化,从而对企业产生不利影响,导致消耗性生物资产或生产性生物资产的市场价格逐渐下跌。

(5) 其他足以证明消耗性或生产性生物资产实质上已经发生减值的情形。

(二) 上述生物资产存在下列情形之一的，通常表明该生物资产的可变现净值或可收回金额为零

(1) 因遭受自然灾害、病虫害、动物疫病侵袭等原因，造成死亡或即将死亡且无转让价值的消耗性或生产性生物资产。

(2) 动植物检验检疫标准等发生重大改变，禁止转让的消耗性或生产性生物资产，如发生禽流感等动物疫病而禁止转让禽类动物等。

(3) 其他足以证明已无实用价值和转让价值的消耗性或生产性生物资产。

【例33-11】 2×14年12月31日，海南海口农业公司对橡胶园（经济林，生产性生物资产）进行检查时发现其可能发生减值。橡胶园尚可使用5年，预计其在未来4年内产生的现金流量分别为400 000元、360 000元、320 000元、250 000元；第5年产生的现金流量以及使用寿命结束时处置形成的现金流量合计为200 000元；在考虑相关风险的基础上，公司决定采用5%的折现率。假设2×14年12月31日该橡胶园的账面价值为1 500 000元，以前年度没有计提生产性生物资产减值准备。

【分析】 有关计算过程如表33-3所示。

表33-3 生产性生物资产未来现金流量贴现表

单位：元

年度	未来现金流量	折现率	现值系数	现值
2×15年	400 000	5%	0.952 4	380 960
2×16年	360 000	5%	0.907 0	326 520
2×17年	320 000	5%	0.863 8	276 416
2×18年	250 000	5%	0.822 7	205 675
2×19年	200 000	5%	0.783 5	156 700
合 计				1 346 271

该企业橡胶园的账面价值为1 500 000元，可收回金额为1 346 271元，其账面价值大于可收回金额的差额为153 729元（1 500 000－1 346 271）。因此，应计提153 729元的减值准备。

第四节 终 止 计 量

一、收获或出售

(一) 消耗性生物资产

对于消耗性生物资产，应当在收获或出售时，按照其账面价值结转成本。

结转成本的方法包括加权平均法、个别计价法、蓄积量比例法、轮伐期年限法等。

(二) 生产性生物资产

生产性生物资产收获的农产品成本，按照产出或采收过程中发生的材料费、人工费和应分摊的间接费用等必要支出计算确定，并采用加权平均法、个别计价法、蓄积量比例法、轮伐期年限法等方法，将其账面价值结转为农产品成本。

收获之后的农产品，应当按照《企业会计准则第1号——存货》处理。

二、改变用途

生物资产改变用途后的成本，应当按照改变用途时的账面价值确定。

三、出售、盘亏或死亡、毁损

生物资产出售、盘亏或死亡、毁损时，应当将处置收入扣除其账面价值和相关税费后的余额计入当期损益。

【例33-12】 2×22年1月31日，海南海口农业公司库存小麦20吨，成本为2 000元。假定不考虑其他因素。

【分析】 海南海口农业公司的会计处理如下（单位：元）：

```
借：农产品                    2 000
    贷：消耗性生物资产              2 000
```

【例33-13】 2×22年2月，海南海口农业公司出售活鱼3 000千克，每千克成本为7.25元，每千克销售价格为8元。假定不考虑相关税费。

【分析】 海南海口农业公司的会计处理如下（单位：元）：

```
借：应收账款                  24 000
    贷：主营业务收入              24 000
借：主营业务成本               21 750
    贷：消耗性生物资产            21 750
```

【例33-14】 2×21年9月30日，海南海口农业公司丢失2头母猪，账面原价为1 500元，已计提折旧600元，未计提减值准备。经研究决定由保卫人员赔偿600元。假定不考虑其他因素。

【分析】 海南海口农业公司的会计处理如下（单位：元）：

```
借：待处理财产损溢              900
    生产性生物资产累计折旧         600
    贷：生产性生物资产             1 500
借：其他应收款                  600
    管理费用                    300
    贷：待处理财产损溢             900
```

第五节　会计科目和会计分录

以下是第一财税网（www.tax.org.cn）耗时整理的相关会计科目和会计分录，供实际工作中随时查阅、使用。

一、1405 库存商品/开发产品（房地产开发）/农产品（农业）

（一）核算内容

本科目核算企业库存的各种商品的实际成本（或进价）或计划成本（或售价），包括库存产成品、外购商品、存放在门市部准备出售的商品、发出展览的商品以及寄存在外的商品等。

接受来料加工制造的代制品和为外单位加工修理的代修品，在制造和修理完成验收入库后，视同企业的产成品，也通过本科目核算。

企业（房地产开发）的开发产品，可将本科目改为"1405 开发产品"科目。

企业（农业）收获的农产品，可将本科目改为"1405 农产品"科目。

（二）明细核算

本科目可按库存商品的种类、品种和规格等进行明细核算。

（三）主要账务处理

（1）企业生产的产成品一般应按实际成本核算，产成品的入库和出库，平时只记数量不记金额，期（月）末计算入库产成品的实际成本。生产完成验收入库的产成品，按其实际成本，借记本科目、"农产品"等科目，贷记"生产成本""消耗性生物资产""农业生产成本"等科目。

产成品种类较多的，也可按计划成本进行日常核算，其实际成本与计划成本的差异，可以单独设置"产品成本差异"科目，比照"材料成本差异"科目核算。

采用实际成本进行产成品日常核算的，发出产成品的实际成本，可以采用先进先出法、加权平均法或个别认定法计算确定。

对外销售产成品（包括采用分期收款方式销售产成品），结转销售成本时，借记"主营业务成本"科目，贷记本科目。采用计划成本核算的，发出产成品还应结转产品成本差异，将发出产成品的计划成本调整为实际成本。

（2）购入商品采用进价核算的，在商品到达验收入库后，按商品进价，借记本科目，贷记"银行存款""在途物资"等科目。委托外单位加工收回的商品，按商品进价，借记本科目，贷记"委托加工物资"科目。

购入商品采用售价核算的，在商品到达验收入库后，按商品售价，借记本科目，按商品进价,贷记"银行存款""在途物资"等科目,按商品售价与进价的差额,贷记"商品进销差价"科目。委托外单位加工收回的商品,按商品售价,借记本科目,按委托加工商品的账面余额,贷记"委托加工物资"科目,按商品售价与进价的差额,贷记"商品进销差价"科目。

对外销售商品(包括采用分期收款方式销售商品),结转销售成本时,借记"主营业务成本"科目,贷记本科目。采用进价进行商品日常核算的,发出商品的实际成本,可以采用先进先出法、加权平均法或个别认定法计算确定。采用售价核算的,还应结转应分摊的商品进销差价。

(3)企业(房地产开发)开发的产品,达到预定可销售状态时,按实际成本,借记"开发产品"科目,贷记"开发成本"科目。期末,企业结转对外转让、销售和结算开发产品的实际成本,借记"主营业务成本"科目,贷记"开发产品"科目。

企业将开发的营业性配套设施用于本企业从事第三产业经营用房,应视同自用固定资产进行处理,并按营业性配套设施的实际成本,借记"固定资产"科目,贷记"开发产品"科目。

(四)期末余额

本科目期末借方余额,反映企业库存商品的实际成本(或进价)或计划成本(或售价)。

二、1421 消耗性生物资产(农业)/消耗性生物资产跌价准备^

(一)核算内容

本科目核算企业(农业)持有的消耗性生物资产的实际成本。消耗性生物资产发生减值的,可以单独设置"消耗性生物资产跌价准备"科目,比照"存货跌价准备"科目进行处理。

(二)明细核算

本科目可按消耗性生物资产的种类、群别等进行明细核算。

(三)主要账务处理

(1)外购的消耗性生物资产,按应计入消耗性生物资产成本的金额,借记本科目,贷记"银行存款""应付账款""应付票据"等科目。

(2)自行栽培的大田作物和蔬菜,应按收获前发生的必要支出,借记本科目,贷记"银行存款"等科目。自行营造的林木类消耗性生物资产,应按郁闭前发生的必要支出,借记本科目,贷记"银行存款"等科目。自行繁殖的育肥畜、水产养殖的动植物,应按出售前发生的必要支出,借记本科目,贷记"银行存款"等科目。

(3)取得天然起源的消耗性生物资产,应按名义金额,借记本科目,贷记"营业外收入"科目。

(4)产畜或役畜淘汰转为育肥畜的,按转群时的账面价值,借记本科目,按已计提的累计折旧,借记"生产性生物资产累计折旧"科目,按其账面余额,贷记"生产性生物资产"科目。已计提减值准备的,还应同时结转减值准备。

育肥畜转为产畜或役畜的,应按其账面余额,借记"生产性生物资产"科目,贷记本科目。已计提跌价准备的,还应同时结转跌价准备。

(5)择伐、间伐或抚育更新性质采伐而补植林木类消耗性生物资产发生的后续支出,借记本科目,贷记"银行存款"等科目。林木类消耗性生物资产达到郁闭后发生的管护费用等后续支出,借记"管理费用"科目,贷记"银行存款"等科目。

(6)农业生产过程中发生的应归属于消耗性生物资产的费用,按应分配的金额,借记本科目,贷记"农业生产成本"科目。

(7)消耗性生物资产收获为农产品时,应按其账面余额,借记"农产品"科目,贷记本科目。已计提跌价准备的,还应同时结转跌价准备。

(8)出售消耗性生物资产,应按实际收到的金额,借记"银行存款"等科目,贷记"主营业务收入"等科目。按其账面余额,借记"主营业务成本"等科目,贷记本科目。已计提跌价准备的,还应同时结转跌价准备。

(四)期末余额

本科目期末借方余额,反映企业消耗性生物资产的实际成本。

三、1621 生产性生物资产(农业)

(一)核算内容

本科目核算企业(农业)持有的生产性生物

资产原价。

（二）明细核算

本科目可按"未成熟生产性生物资产"和"成熟生产性生物资产"，分别生物资产的种类、群别、所属部门等进行明细核算。

生产性生物资产发生减值的，可以单独设置"生产性生物资产减值准备"科目，比照"固定资产减值准备"科目进行处理。

（三）主要账务处理

（1）企业外购的生产性生物资产，按应计入生产性生物资产成本的金额，借记本科目，贷记"银行存款"等科目。

（2）自行营造的林木类生产性生物资产、自行繁殖的产畜和役畜，应按达到预定生产经营目的前发生的必要支出，借记本科目（未成熟生产性生物资产），贷记"银行存款"等科目。

（3）天然起源的生产性生物资产，应按名义金额，借记本科目，贷记"营业外收入"科目。

（4）育肥畜转为产畜或役畜，应按其账面余额，借记本科目，贷记"消耗性生物资产"科目。已计提跌价准备的，还应同时结转跌价准备。

产畜或役畜淘汰转为育肥畜，按转群时的账面价值，借记"消耗性生物资产"科目，按已计提的累计折旧，借记"生产性生物资产累计折旧"科目，按其账面余额，贷记本科目。已计提减值准备的，还应同时结转减值准备。

（5）未成熟生产性生物资产达到预定生产经营目的时，按其账面余额，借记本科目（成熟生产性生物资产），贷记本科目（未成熟生产性生物资产）。已计提减值准备的，还应同时结转减值准备。

（6）择伐、间伐或抚育更新等生产性采伐而补植林木类生产性生物资产发生的后续支出，借记本科目，贷记"银行存款"等科目。生产性生物资产达到预定生产经营目的后发生的管护、饲养费用等后续支出，借记"管理费用"科目，贷记"银行存款"等科目。

（7）处置生产性生物资产，应按实际收到的金额，借记"银行存款"等科目，按已计提的累计折旧，借记"生产性生物资产累计折旧"科目，按其账面余额，贷记本科目，按其差额，借记或贷记"资产处置损益"科目。已计提减值准备的，还应同时结转减值准备。

（四）期末余额

本科目期末借方余额，反映企业生产性生物资产的原价。

四、1622 生产性生物资产累计折旧（农业）

（一）核算内容

本科目核算企业（农业）成熟生产性生物资产的累计折旧。

（二）明细核算

本科目可按生产性生物资产的种类、群别、所属部门等进行明细核算。

（三）主要账务处理

企业按期（月）计提成熟生产性生物资产的折旧，借记"农业生产成本""管理费用"等科目，贷记本科目。处置生产性生物资产还应同时结转生产性生物资产累计折旧。

（四）期末余额

本科目期末贷方余额，反映企业成熟生产性生物资产的累计折旧额。

五、1623 公益性生物资产（农业）

（一）核算内容

本科目核算企业（农业）持有的公益性生物资产的实际成本。

（二）明细核算

本科目可按公益性生物资产的种类或项目进行明细核算。

（三）主要账务处理

（1）企业外购的公益性生物资产，按应计入公益性生物资产成本的金额，借记本科目，贷记"银行存款"等科目。

（2）自行营造的公益性生物资产，应按郁闭前发生的必要支出，借记本科目，贷记"银行存款"等科目。

（3）天然起源的公益性生物资产，应按名义金额，借记本科目，贷记"营业外收入"科目。

（4）消耗性生物资产、生产性生物资产转为公益性生物资产的，应按其账面余额或账面价值，借记本科目，按已计提的生产性生物资产累计折旧，借记"生产性生物资产累计折旧"科目，按其账面余额，贷记"消耗性生物资产""生产性生物资产"等科目。已计提跌价准备或减值准备的，还应同时结转跌价准备或减值准备。

（5）择伐、间伐或抚育更新等生产性采伐而补植林木类公益性生物资产发生的后续支出，借记本科目，贷记"银行存款"等科目。林木类公益性生物资产郁闭后发生的管护费用等其他后续支出，借记"管理费用"科目，贷记"银行存款"等科目。

（四）期末余额

本科目期末借方余额，反映企业公益性生物资产的原价。

六、1901 待处理财产损溢

（一）核算内容

本科目核算企业在清查财产过程中查明的各种财产盘盈、盘亏和毁损的价值。物资在运输途中发生的非正常短缺与损耗，也通过本科目核算。企业如有盘盈固定资产的，应作为前期差错记入"以前年度损益调整"科目。

（二）明细核算

本科目可按盘盈、盘亏的资产种类和项目进行明细核算。

（三）主要账务处理

（1）盘盈的各种材料、产成品、商品、生物资产等，借记"原材料""库存商品""消耗性生物资产"等科目，贷记本科目。

盘亏、毁损的各种材料、产成品、商品、生物资产等，盘亏的固定资产，借记本科目，贷记"原材料""库存商品""消耗性生物资产""固定资产"等科目。材料、产成品、商品采用计划成本（或售价）核算的，还应同时结转成本差异（或商品进销差价）。涉及增值税的，还应进行相应处理。

（2）盘亏、毁损的各项资产，按管理权限报经批准后处理时，按残料价值，借记"原材料"等科目，按可收回的保险赔偿或过失人赔偿，借记"其他应收款"科目，按本科目余额，贷记本科目，按其借方差额，借记"管理费用""营业外支出"等科目。

盘盈的除固定资产以外的其他财产，借记本科目，贷记"管理费用""营业外收入"等科目。

（四）期末余额

企业的财产损溢，应查明原因，在期末结账前处理完毕，处理后本科目应无余额。

七、5001 生产成本/农业生产成本（农业）/开发成本（房地产开发）

（一）核算内容

本科目核算企业进行工业性生产发生的各项生产成本，包括生产各种产品（产成品、自制半成品等）、自制材料、自制工具、自制设备等。

企业（农业）进行农业生产发生的各项生产成本，可将本科目改为"5001 农业生产成本"科目，并分别种植业、畜牧养殖业、林业和水产业确定成本核算对象（消耗性生物资产、生产性生物资产、公益性生物资产和农产品）和成本项目，进行费用的归集和分配。

企业（房地产开发）可将本科目改为"5001 开发成本"科目。

（二）明细核算

本科目可按基本生产成本和辅助生产成本进行明细核算。

基本生产成本应当分别按照基本生产车间和成本核算对象（产品的品种、类别、定单、批别、生产阶段等）设置明细账（或成本计算单，下同），并按照规定的成本项目设置专栏。

（三）主要账务处理

（1）企业发生的各项直接生产成本，借记本科目（基本生产成本、辅助生产成本），贷记"原材料""库存现金""银行存款""应付职工薪酬"等科目。

各生产车间应负担的制造费用，借记本科目（基本生产成本、辅助生产成本），贷记"制造费用"科目。

辅助生产车间为基本生产车间、企业管理

部门和其他部门提供的劳务和产品,期(月)末按照一定的分配标准分配给各受益对象,借记本科目(基本生产成本)、"管理费用""销售费用""其他业务成本""在建工程"等科目,贷记本科目(辅助生产成本)。

企业已经生产完成并已验收入库的产成品以及入库的自制半成品,应于期(月)末,借记"库存商品"等科目,贷记本科目(基本生产成本)。

(2) 生产性生物资产在产出农产品过程中发生的各项费用,借记"农业生产成本"科目,贷记"库存现金""银行存款""原材料""应付职工薪酬""生产性生物资产累计折旧"等科目。

农业生产过程中发生的应由农产品、消耗性生物资产、生产性生物资产和公益性生物资产共同负担的费用,借记"农业生产成本——共同费用"科目,贷记"库存现金""银行存款""原材料""应付职工薪酬""农业生产成本"等科目。

期(月)末,可按一定的分配标准对上述共同负担的费用进行分配,借记"农业生产成本——农产品""消耗性生物资产""生产性生物资产""公益性生物资产"等科目,贷记"农业生产成本——共同费用"科目。

应由生产性生物资产收获的农产品负担的费用,应当采用合理的方法在农产品各品种之间进行分配;如有尚未收获的农产品,还应当在已收获和尚未收获的农产品之间进行分配。

生产性生物资产收获的农产品验收入库时,按其实际成本,借记"农产品"科目,贷记本科目(农产品)。

(四) 期末余额

本科目期末借方余额,反映企业尚未加工完成的在产品成本或尚未收获的农产品成本。

八、6103 资产处置损益

(一) 核算内容

本科目核算企业出售划分为持有待售的非流动资产(金融工具、长期股权投资和投资性房地产除外)或处置组(子公司和业务除外)时确认的处置利得或损失,以及处置未划分为持有待售的固定资产、在建工程、生产性生物资产及无形资产而产生的处置利得或损失。

债务重组中因处置非流动资产产生的利得或损失和非货币性资产交换中换出非流动资产产生的利得或损失也在本科目核算。

(二) 明细核算

本科目按照处置的资产类别或处置组进行明细核算。

(三) 主要账务处理

企业处置持有待售的非流动资产或处置组时,按处置过程中收到的价款,借记"银行存款"等科目,按相关负债的账面余额,借记"持有待售负债"科目,按相关资产的账面余额,贷记"持有待售资产"科目,按其差额借记或贷记本科目,已计提减值准备的,还应同时结转已计提的减值准备;按处置过程中发生的相关税费,借记本科目,贷记"银行存款""应交税费"等科目。

(四) 期末余额

期末,应将本科目余额转入"本年利润"科目,本科目结转后应无余额。

附:报表列示

反映企业出售划分为持有待售的非流动资产(金融工具、长期股权投资和投资性房地产除外)或处置组(子公司和业务除外)时确认的处置利得或损失,以及处置未划分为持有待售的固定资产、在建工程、生产性生物资产及无形资产而产生的处置利得或损失。债务重组中因处置非流动资产(金融工具、长期股权投资和投资性房地产除外)产生的利得或损失和非货币性资产交换中换出非流动资产(金融工具、长期股权投资和投资性房地产除外)产生的利得或损失也包括在本项目内。

该项目应根据"资产处置损益"科目的发生额分析填列;如为处置损失,以"一"号填列。

九、6701 资产减值损失

(一) 核算内容

本科目核算企业计提各项资产减值准备所形成的损失。

注 根据《企业会计准则第 22 号——金融工具确认和计

量》的规定,对企业应收款项、合同资产和租赁应收款发生信用减值核算时由原来的"资产减值损失"账户改成"信用减值损失"账户。

(二) 明细核算

本科目可按资产减值损失的项目进行明细核算。

(三) 主要账务处理

(1) 企业的存货、长期股权投资、固定资产、无形资产等资产发生减值的,按应减记的金额,借记本科目,贷记"存货跌价准备""长期股权投资减值准备""固定资产减值准备""无形资产减值准备"等科目。

在建工程、工程物资、生产性生物资产、商誉、抵债资产、损余物资、采用成本模式计量的投资性房地产等资产发生减值的,应当设置相应的减值准备科目,比照上述规定进行处理。

(2) 企业计提存货跌价准备等,相关资产的价值又得以恢复的,应在原已计提的减值准备金额内,按恢复增加的金额,借记"存货跌价准备"等科目,贷记本科目。

(四) 期末余额

期末,应将本科目余额转入"本年利润"科目,结转后本科目无余额。

第三十四讲 石油天然气开采

第一节 综合知识

一、相关知识概述

石油天然气行业，是指从事石油天然气勘探、开发、开采和运销业务的行业。根据国际上通行的划分，将石油天然气业务分为上游活动和下游活动两部分。上游活动是指勘探、发现、取得和开发石油天然气储量直到储量能够开始被销售和使用之前的各种活动，利用开采设施将石油天然气从井下提升到地面并进行必要的处理过程也被列入上游活动范围之内；下游活动是指对石油天然气进行炼制、加工、进行分配和销售的过程。石油天然气行业的上游及下游活动都涉及会计问题，但上游活动的生产经营特征明显区别于其他行业，而下游属于加工业，与其他行业（如化工行业等）区别不十分明显。因此，国际会计准则委员会及美国财务会计准则委员会对油气会计核算规范的研究和制定都集中于上游活动，即石油天然气生产活动。

> **小知识**
> **我国原石油天然气开采会计处理存在的问题**
> （1）油气资产的折旧、折耗与摊销采用直线法，不能真正体现配比原则。
> （2）对油气资产不进行减损测试，石油企业的高风险性揭示不充分。
> （3）油气矿产基本上不转让，转让收益确定问题基本不存在。
> （4）披露的信息仍不完整，没有要求披露储量数量、各环节的资本化成本和油气储量的标准化计量。
> （5）最重要的是没有石油企业共同遵守的油气会计

准则，影响会计信息的可比性。

石油天然气生产成本的确认和计量如图 34-1所示。

（一）矿区的划分

矿区，是指企业进行油气开采活动所划分的区域或独立的开发单元。

矿区的划分是计提油气资产折耗、进行减值测试等的基础。

矿区的划分应当遵循以下原则：

（1）一个油气藏可作为一个矿区。

（2）若干相临且地质构造或储层条件相同或相近的油气藏可作为一个矿区。

（3）一个独立集输计量系统为一个矿区。

（4）一个大的油气藏分为几个独立集输系统并分别进行计量的，可分为几个矿区。

（5）采用重大新型采油技术并实行工业化推广的区域可作为一个矿区。

（6）在同一地理区域内不得将分属不同国家的作业区划分在同一个矿区或矿区组内。

（二）油气资产

油气资产，是指油气开采企业所拥有或控制的井及相关设施和矿区权益。

油气资产属于递耗资产。

递耗资产是指通过开采、采伐、利用而逐渐耗竭，以致无法恢复或难以恢复、更新或按原样重置的自然资源，如矿藏等。

开采油气所必需的辅助设备和设施（如房屋、机器等），作为一般固定资产管理，适用《企业会计准则第4号——固定资产》。

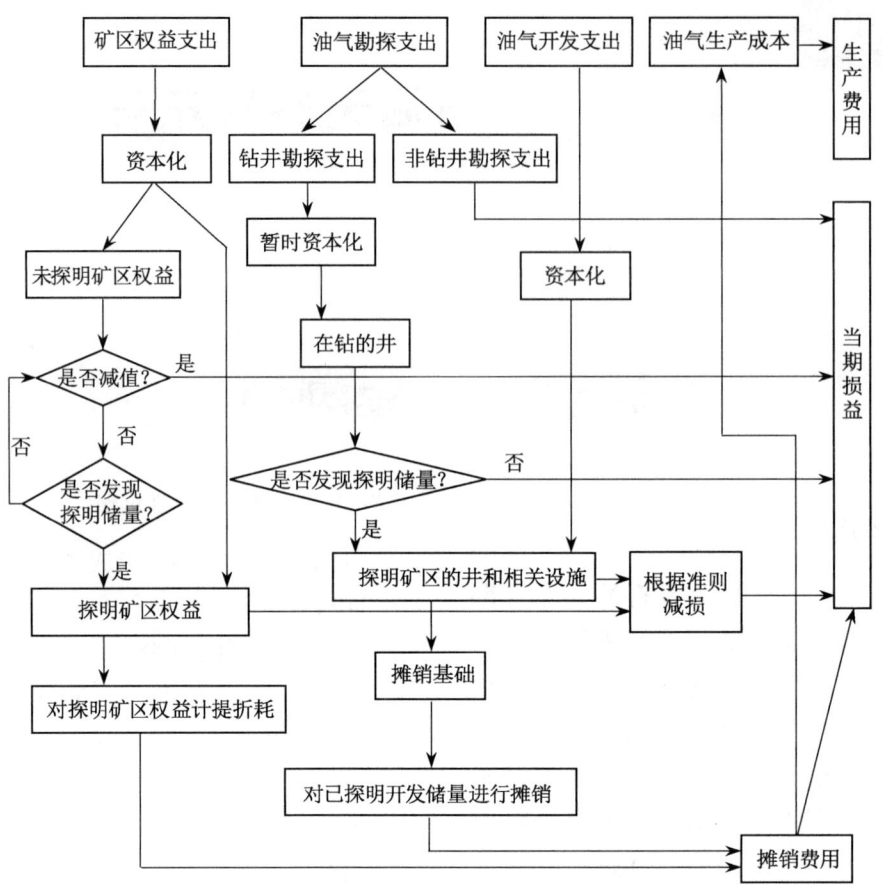

图 34-1　石油天然气生产成本的确认和计量

(三) 石油天然气开采在附注中的披露

企业应当在附注中披露与石油天然气开采活动有关的下列信息：

（1）拥有国内和国外的油气储量年初、年末数据。

（2）当期在国内和国外发生的矿区权益的取得、油气勘探和油气开发各项支出的总额。

（3）探明矿区权益、井及相关设施的账面原值，累计折耗和减值准备累计金额及其计提方法；与油气开采活动相关的辅助设备及设施的账面原价，累计折旧和减值准备累计金额及其计提方法。

二、会计准则概述

(一) 本准则的相关背景

为了规范石油天然气（简称油气）开采活动的会计处理和相关信息的披露，根据《企业会计准则——基本准则》，我国财政部制定了《企业会计准则第 27 号——石油天然气开采》（本讲简称"本准则"或"新准则"）。

(二) 本准则的适用范围

石油天然气（以下简称油气）开采活动的会计处理和相关信息的披露。

油气开采活动以外的油气储存、集输、加工和销售等业务的会计处理，适用其他相关会计准则。

(三) 本准则的主要变化

1. 井及相关设施折耗的计算方法

井及相关设施折耗计算的方法主要有直线法和单位产量法两种。原规定采用直线法，新准则允许在直线法和单位产量法中选用一种方法。

（1）直线法（平均年限法）。

① 支持采用直线法的主要理由。

A. 最主要的原因是直线法简单，便于实务操作。

B. 如果每年的产量相对比较稳定,直线法和单位产量法计提的折旧额并没有显著的差异。

C. 由于储量估计经常变化,单位产量法使单位产量的折旧也会经常变化。即使两年间的产量是完全相同,某成本中心的单位产量折旧总额也会变化很大。

② 反对采用直线法的主要理由。

A. 由于在资产的使用年限内,每年的产量都不一样,直线法将违反成本与收益相配比的原则。单位成本带来的收益应该相等,但直线法并不能反映单位成本相同的收益。

B. 由于早期不恰当的折旧费用,直线法可能使投产前成本的剩余的账面价值比例大于剩余储量的比例。在储量被全部开采之前的很长时间里,直线法需要记录成本中心的减损。

C. 如果可折旧年限小于储量的期望寿命,直线法可能存在不恰当配比的问题。

(2) 单位产量法。

单位产量法的原理是某成本中心发生的资本化成本和勘查开发该成本中心可采储量密切相关。因此每个产量单位应承担相同数量的成本。单位产量法可以以矿物或矿物含量的物理数量为计算基础,也可以以矿物的价值为计算基础。单位产量法假定固定资产的服务潜力随着使用程度而减退,因此将年限平均法中固定资产的有效使用年限改为这项资产所能生产的产品或劳务数量。单位产量法实质上是一种特殊的工作量法。

支持和反对单位产量法的主要理由基本上与上述支持和反对直线法的主要理由相对应。

单位产量法的一个前提是生产的矿物产量在开发期间内不可能保持不变。例如在石油业中,开始几年年产量要高于随后几年的年产量。如果采用直线法,则开始几年单位产量的折旧比随后几年单位产量的折旧低。再考虑到生产后期单位生产成本上升的事实,意味着直线法可能歪曲企业的经营成果,即开始几年的利润比较大,而随后年份的利润较低。后期单位生产成本上升的部分原因是许多生产成本保持不变,产量却在降低。另外还可能由于单位变动成本增加,因为越来越难开采,需要支出更多的设备维修费用。单位产量法更能反映消耗资产的方式。其他支持和反对采用单位产量法观点正好与支持和反对直线折旧法的观点相反。

2. 新准则允许提取弃置支出准备

(1) 旧准则。

对于矿区废弃处置准备的会计处理没有规定。

(2) 新准则。

考虑到以下因素,新准则允许提取弃置支出准备。

① 石油企业在生产过程结束放弃生产时,不可避免地对环境造成影响。随着公众环保意识的不断提高,国家相关部门有关环保法规、制度日益建立健全,在会计核算中对弃置支出准备加以考虑,成为一个非常重要也急需关注的课题。

② 与其他行业相比,一般而言,石油企业为油气生产建造的各类设施的规模大,生产结束时拆除设施和恢复场地的费用也大,为了客观真实地反映每期的损益情况,提取弃置支出准备成为必要。

③ 国际上,《国际会计准则第37号——准备、或有负债和或有资产》、美国FAS143号以及英国石油行业会计委员会发布实务公报(SORP)都对弃置支出准备的会计处理进行了规定,本着与国际惯例接轨的原则,应该提取弃置支出准备。

新准则规定:法律规定或合同约定企业需要承担矿区废弃处置义务的,且该义务的金额能够可靠计量的,应当将该义务确认为负债,并相应增加井及相关设施的账面价值。没有将废弃处置义务确认为负债的,在废弃时发生的拆卸、搬移、场地清理等支出,应当计入当期损益。

企业确认井及相关设施的成本时,应当根据《环境保护法》和矿区所在地法律法规的要求,与利益相关方达成的协议,预计矿区废弃时应当承担的弃置义务。

弃置义务应当以矿区为基础进行预计,通

常涉及井及相关设施的弃置、拆移、填埋、清理、恢复生态环境等。

对于符合《企业会计准则第11号——或有事项》中预计负债确认条件的弃置义务,应确认为预计负债,同时计入井及相关设施成本。

执行新准则对企业财务状况的影响分析

(1) 井及相关设施折耗采用单位产量法的影响。

新准则允许在平均年限法和产量法中选用一种方法,如果企业选择产量法,与原来的平均年限法相比,将产生井及相关设施折耗差异,需要与税法规定的折旧方法相协调。产量法的一个前提是生产的矿物产量在开发期间内不可能保持不变。在石油业中,开始几年年产量要高于随后几年的年产量,如果采用平均年限法,则开始几年单位产量的折旧比随后几年单位产量的折旧低。再考虑到生产后期单位生产成本上升的事实,意味着直线法可能歪曲企业的经营成果,即开始几年的利润比较大,而随后年份的利润较低。后期单位生产成本上升的部分原因是许多生产成本保持不变,产量却在降低。另外,可能由于单位变动成本增加,因为越来越难开采,需要支出更多的设备维修费用。产量法更能反映消耗资产的方式。因此运用产量法后,可以减少前期利润的水分,盈实后期利润,会对企业利润表产生影响。

(2) 提取弃置支出准备的影响。

企业提取弃置支出准备,将同时增加资产和负债,影响企业的财务状况。在正常生产年份提取弃置支出成本,会减少当期的利润,但是会减轻弃置年份的财务压力。这将为石油企业缓解环保压力、合理分摊支出提供会计处理依据。

第二节 矿区权益的会计处理

矿区权益,是指企业取得的在矿区内勘探、开发和生产油气的权利。

一、矿区权益的分类

矿区权益分为探明矿区权益和未探明矿区权益。

探明矿区,是指已发现探明经济可采储量的矿区;未探明矿区,是指未发现探明经济可采储量的矿区。

探明经济可采储量,是指在现有技术和经济条件下,根据地质和工程分析,可合理确定的能够从已知油气藏中开采的油气数量。

二、矿区权益的确认和计量

为取得矿区权益而发生的成本应当在发生时予以资本化。

企业取得的矿区权益,应当按照取得时的成本进行初始计量:

(1) 申请取得矿区权益的成本包括探矿权使用费、采矿权使用费、土地或海域使用权支出、中介费以及可直接归属于矿区权益的其他申请取得支出。

(2) 购买取得矿区权益的成本包括购买价款、中介费以及可直接归属于矿区权益的其他购买取得支出。

矿区权益取得后发生的探矿权使用费、采矿权使用费和租金等维持矿区权益的支出,应当计入当期损益。

【例34-1】 江西地质勘探公司决定到芦溪县勘探油气,申请取得矿区权益,支付探矿权价款50万元,采矿权价款30万元,土地使用权支出10万元,其他相关支出2万元。矿区权益取得后发生探矿权使用费20万元,采矿权使用费2万元。

【分析】 为取得矿区权益而发生的支出应当在发生时予以资本化,作为矿区权益的取得成本。申请取得矿区权益的,矿区权益支出包括探矿权价款、采矿权价款、土地使用权支出、中介费以及与申请取得矿区权益有关的其他支出。因此,本例中应资本化为矿区权益的取得成本是92万元(50+30+10+2);矿区权益取得后发生费用即22万元应计入当期损益。

三、矿区权益的折耗

企业应当采用产量法或年限平均法对探明矿区权益计提折耗。

采用产量法计提折耗的,折耗额可按照单个矿区计算,也可按照若干具有相同或类似地质构造特征或储层条件的相邻矿区所组成的矿区组计算。

计算公式如下:

探明矿区权益折耗额 = 探明矿区权益账面价值 × 探明矿区权益折耗率

探明矿区权益折耗率 = 探明矿区当期产量 ÷ (探明矿区期末探明经济可采储量 + 探明矿区当期产量)

四、矿区权益的减值

企业对于矿区权益的减值,应当分不同情况确认减值损失:

(1) 探明矿区权益的减值,按照《企业会计准则第8号——资产减值》处理。

(2) 对于未探明矿区权益,应当至少每年进行一次减值测试。

单个矿区取得成本较大的,应当以单个矿区为基础进行减值测试,并确定未探明矿区权益减值金额。单个矿区取得成本较小且与其他相邻矿区具有相同或类似地质构造特征或储层条件的,可按照若干具有相同或类似地质构造特征或储层条件的相邻矿区所组成的矿区组进行减值测试。

未探明矿区权益公允价值低于账面价值的差额,应当确认为减值损失,计入当期损益。未探明矿区权益减值损失一经确认,不得转回。

油气资产的减值

企业的矿区权益(探明矿区权益和未探明矿区权益)、井及相关设施等油气资产如发生减值,应当分情况进行处理:

(1) 探明矿区权益、井及相关设施的减值。

适用《企业会计准则第8号——资产减值》,其中:井及相关设施成本应当根据剔除已确认为预计负债的弃置费用后的净额进行减值测试。

(2) 未探明矿区权益的减值。

应当至少每年进行减值测试。按照单个矿区进行减值测试的未探明矿区权益,其可收回金额低于其账面价值的,应当将其账面价值减记至可收回金额,减记的金额确认为油气资产减值损失;按照矿区组进行减值测试并计提准备的,确认的减值损失不分摊至单个矿区权益的账面金额。

(3) 油气资产减值。

一经确认,以后会计期间不得转回。

五、矿区权益的转让

企业转让矿区权益的,应当按照下列规定进行处理:

(1) 转让全部探明矿区权益的,将转让所得与矿区权益账面价值的差额计入当期损益。

转让部分探明矿区权益的,按照转让权益和保留权益的公允价值比例,计算确定已转让部分矿区权益账面价值,转让所得与已转让矿区权益账面价值的差额计入当期损益。

(2) 转让单独计提减值准备的全部未探明矿区权益的,转让所得与未探明矿区权益账面价值的差额,计入当期损益。

转让单独计提减值准备的部分未探明矿区权益的,如果转让所得大于矿区权益账面价值,将其差额计入当期损益;如果转让所得小于矿区权益账面价值,以转让所得冲减矿区权益账面价值,不确认损益。

(3) 转让以矿区组为基础计提减值准备的未探明矿区权益的,如果转让所得大于矿区权益账面原值,将其差额计入当期损益;如果转让所得小于矿区权益账面原值,以转让所得冲减矿区权益账面原值,不确认损益。

转让该矿区组最后一个未探明矿区的剩余矿区权益时,转让所得与未探明矿区权益账面价值的差额,计入当期损益。

六、对未探明矿区权益的两种会计处理方法

(1) 未探明矿区(组)内发现探明经济可

采储量而将未探明矿区（组）转为探明矿区（组）的,应当按照其账面价值转为探明矿区权益。

（2）未探明矿区因最终未能发现探明经济可采储量而放弃的,应当按照放弃时的账面价值转销未探明矿区权益并计入当期损益。因未完成义务工作量等因素导致发生的放弃成本,计入当期损益。

未探明矿区权益的减值

未探明矿区权益应当至少每年进行一次减值测试。按照单个矿区进行减值测试的,其公允价值低于账面价值的,应当将其账面价值减记至公允价值,减记的金额确认为油气资产减值损失;按照矿区组进行减值测试并计提减值准备的,确认的减值损失不分摊至单个矿区权益的账面价值。

第三节 油气勘探的会计处理

油气勘探,是指为了识别勘探区域或探明油气储量而进行的地质调查、地球物理勘探、钻探活动以及其他相关活动。

一、油气勘探的确认和初始计量

（一）油气勘探支出的构成

油气勘探支出包括钻井勘探支出和非钻井勘探支出。

（1）钻井勘探支出。

主要包括钻探区域探井、勘探型详探井、评价井和资料井等活动发生的支出。

（2）非钻井勘探支出。

主要包括进行地质调查、地球物理勘探等活动发生的支出。

（二）会计处理方法——成果法

石油天然气行业广泛采用一种以历史成本计量石油天然气资产的会计方法——成果法。它的基本特点是,与探明储量相关的成本才予以资本化,再按一定的标准以折旧、折耗和摊销的方式计入开采出来的石油天然气产品成本之中。如果发生的成本不能直接导致探明储量,这些成本就要作为当期费用处理。

由于部分井段发现探明经济可采储量,确定部分井段发现了探明经济可采储量的,发现探明经济可采储量的有效井段的钻井勘探支出结转为井及相关设备成本,无效井段钻井勘探累计支出转入当期损益。

钻井勘探支出的处理采用成果法

对于钻井勘探支出的资本化应当采用成果法,即只有发现了探明经济可采储量的钻井勘探支出才能资本化,结转为井及相关设施成本,否则计入当期损益。

【例34-2】 承[例34-1]。在勘探作业中,该公司发生以下费用:地质调查费5亿元;地球物理勘探成本10亿元;其他非钻井成本20亿元;形成的固定资产60亿元;钻探探井及其他费用200亿元,其中,干井80亿元,成功探井120亿元。成功探井钻井工时共5 000小时,有效井段探井耗时3 000小时,无效井段耗时2 000小时。

【分析】 油气勘探支出包括钻井勘探支出和非钻井勘探支出。其中,钻井勘探支出主要包括钻探区域探井、勘探型详探井、评价井和资料井等活动发生的支出;非钻井勘探支出主要包括进行地质调查、地球物理勘探等活动发生的支出。

本例中发生的非钻井勘探支出为35亿元（20+10+5）,据准则应计入当期损益。发生的钻井勘探支出为260亿元（60+200）。

本例中,发现探明经济可采储量的有效井段的钻井勘探支出是72亿元（120÷5 000×3 000）,应结转为井及相关设备支出;无效井段钻井勘探累计支出是128亿元[80+（120÷

5 000×2 000)］，应转入当期损益。

二、钻井勘探支出

钻井勘探支出在完井后，确定该井发现了探明经济可采储量的，应当将钻探该井的支出结转为井及相关设施成本。

确定该井未发现探明经济可采储量的，应当将钻探该井的支出扣除净残值后计入当期损益。

确定部分井段发现了探明经济可采储量的，应当将发现探明经济可采储量的有效井段的钻井勘探支出结转为井及相关设施成本，无效井段钻井勘探累计支出转入当期损益。

未能确定该探井是否发现探明经济可采储量的，应当在完井后一年内将钻探该井的支出予以暂时资本化。

在完井一年时仍未能确定该探井是否发现探明经济可采储量，同时满足下列条件的，应当将钻探该井的资本化支出继续暂时资本化，否则应当计入当期损益：

（1）该井已发现足够数量的储量，但要确定其是否属于探明经济可采储量，还需要实施进一步的勘探活动。

（2）进一步的勘探活动已在实施中或已有明确计划并即将实施。"已有明确计划"，是指企业管理层已通过了该计划并已开始组织实施，如已拨付资金、已制定出明确的时间表或已将相关计划任务落实给相关部门和人员。

钻井勘探支出已费用化的探井又发现了探明经济可采储量的，已费用化的钻井勘探支出不作调整，重新钻探和完井发生的支出应当予以资本化。

钻井勘探支出资本化采用成果法

钻井勘探支出的资本化，国际同行业有成果法和全部成本法两种。

按照成果法，只有发现了探明经济可采储量的钻井勘探支出才能资本化，结转为井及相关设施成本；否则计入当期损益。全部成本法要求全部钻井勘探支出均应资本化。

本准则的规定类似"成果法"。

三、非钻井勘探支出

非钻井勘探支出于发生时计入当期损益。

第四节　油气开发的会计处理

油气开发，是指为了取得探明矿区中的油气而建造或更新井及相关设施的活动。

油气开发活动所发生的支出，应当根据其用途分别予以资本化，作为油气开发形成的井及相关设施的成本。

油气开发形成的井及相关设施的成本主要包括：

（1）钻前准备支出，包括前期研究、工程地质调查、工程设计、确定井位、清理井场、修建道路等活动发生的支出。

（2）井的设备购置和建造支出，井的设备包括套管、油管、抽油设备和井口装置等，井的建造包括钻井和完井。

（3）购建提高采收率系统发生的支出。

（4）购建矿区内集输设施、分离处理设施、计量设备、储存设施、各种海上平台、海底及陆上电缆等发生的支出。

在探明矿区内，钻井至现有已探明层位的支出，作为油气开发支出；为获取新增探明经济可采储量而继续钻至未探明层位的支出，作为钻井勘探支出处理（按照本准则第十三条和第十四条）。

【例34-3】　承［例34-2］。公司勘探成功并转入开发，为了开发探明储量，建造用于开采、处理、集输、储存石油和天然气的设施,共发生表34-1所示的费用。

表34-1 各项目所发生的费用　　单位:亿元

项　目	金　额
油气生产井	450
注入井	200
资料研究井	30
联合站	20
集输站	50
计量站	3
井场装置	8
热采设施	40
集输管线	6
油气处理设施	25
储油设施	5
污水处理及其他环保设备	300

(续表)

项　目	金　额
油气内供排水	7
供电及通信设施	100
其他油气田生产设施	2
道路桥涵	200
办公用房屋及设备	2
其他管理用固定资产	30
合　计	1 478

【分析】 油气开发活动所发生的支出,应当根据其用途分别予以资本化,作为油气开发形成的井及相关设施的初始成本。

本例中,油气开发支出活动发生的支出按用途可划分为两类:油气井及相关设施为1 246亿元、形成的固定资产为232亿元,据准则应分别予以资本化。

第五节　油气生产的会计处理

油气生产,是指将油气从油气藏提取到地表以及在矿区内收集、拉运、处理、现场储存和矿区管理等活动。

一、油气生产的确认和计量

油气的生产成本包括相关矿区权益折耗、井及相关设施折耗、辅助设备及设施折旧以及操作费用等。操作费用包括油气生产和矿区管理过程中发生的直接和间接费用。

【例34-4】 承[例34-3]。开发完成后,开采原油、伴生天然气,本月共开采原油4 000万吨,伴生天然气31 804立方米,采用产量系数法计算各种产品的成本,折算系数为:1.225千立方米折算为1吨原油。固定资产按直线法计提折旧,假定折旧年限为10年,估计残值率为10%,油气资产折耗采用直线法计算,折耗年限为12年,估计残值率为10%,月初固定资产原值总额为292亿元(232+60),应计入油气生产成本的固定资产原值为200亿元,其余部分计入管理费用及其他相关成本,月初油气资产原值为1 318亿元。本月开采过程中发生有关费用如表34-2所示。

表34-2 本月发生的相关费用　　单位:亿元

项　目	金　额
直接材料成本	20
直接燃料费	5
直接人员费用	10
直接动力费	3
驱油物注入费	35
井下作业费	2
测井试井费	15
稠油热采费	8
油气处理费	50
轻烃回收费	40
天然气净化费	3
运输费	5
维护及修理费	90
其他直接费	10

(续表)

项 目	金 额
厂矿管理费	9
自用油气产品	5
输油输气成本	20
辅助生产成本	4
折旧、折耗	9.7
合计	343.7

【分析】 企业应当采用产量法或直线法对井及相关设施计提折耗。① 本例中采用的折耗计提方法是直线法。

应计入油气生产成本的固定资产月折旧额
$=200×(1-10\%)÷10÷12=1.5$(亿元)。

应计入油气生产成本的油气资产月折耗额
$=1\,318×(1-10\%)÷12÷12=8.2$(亿元)。

由于产出原油和天然气两种产品,按产量系数法分配:

31 804 立方米÷1 255 立方米×1 吨=25(吨)。

4 000 万吨原油的生产成本$=343.7÷(4\,000+0.002\,5)×4\,000=343.699\,8$(亿元)。

31 804 立方米天然气的生产成本$=343.7÷(4\,000+0.002\,5)×0.002\,5=20\,000$(元)。

原油单位生产成本$=343.699\,8×10\,000÷4\,000=859.25$(元/吨)。

天然气单位生产成本$=20\,000÷31\,804=0.63$(元/立方米)。

二、对井及相关设施计提折耗

油气资产的折耗,是指油气资产随着当期开发进展而逐渐转移到所开采产品(油气)成本中的价值。

企业应当采用产量法或年限平均法对井及相关设施计提折耗。

井及相关设施包括确定发现了探明经济可采储量的探井和开采活动中形成的井,以及与开采活动直接相关的各种设施。

采用产量法计提折耗的,折耗额可按照单个矿区计算,也可按照若干具有相同或类似地质构造特征或储层条件的相邻矿区所组成的矿区组计算。计算公式如下:

矿区井及相关设施折耗额＝期末矿区井及相关设施账面价值×矿区井及相关设施折耗率

矿区井及相关设施折耗率＝矿区当期产量÷(矿区期末探明已开发经济可采储量＋矿区当期产量)

探明已开发经济可采储量,包括矿区的开发井网钻探和配套设施建设完成后已全面投入开采的探明经济可采储量,以及在提高采收率技术所需的设施已建成并已投产后相应增加的可采储量。

油气资产的折耗

企业应当采用产量法或年限平均法对油气资产计提折耗。

(1)产量法(亦称单位产量法)。

该方法是以单位产量为基础对探明矿区权益的取得成本和井及相关设施成本计提折耗。

采用该方法对油气资产计提折耗时,矿区权益应以探明经济可采储量为基础,井及相关设施以探明已开发经济可采储量为基础。

(2)年限平均法(亦称直线法)。

该方法将油气资产成本均衡地分摊到各会计期间。采用该方法计算的每期油气资产折耗金额相等。企业采用的油气资产折耗方法,一经确定,不得随意变更。

未探明矿区权益不计提折耗。

三、辅助设备及设施的会计处理

地震设备、建造设备、车辆、修理车间、仓库、供应站、通信设备、办公设施等辅助设备及设施,应当按照《企业会计准则第 4 号——固定资产》处理。

企业承担的矿区废弃处置义务,满足《企业会计准则第 13 号——或有事项》中预计负债确认条件的,应当将该义务确认为预计负债,并相

---

① 油气资产的价值不随年限的增加而减少,它的递耗与地下储量密切相关,所以油气资产的价值补偿采用产量法更符合配比原则。目前我国大部分油气行业企业采取的是直线法,随着我国油气企业对探明经济可采储量评估准确性的提高,产量法亦将为企业选择。

应增加井及相关设施的账面价值。不符合预计负债确认条件的,在废弃时发生的拆卸、搬移、场地清理等支出,应当计入当期损益。

矿区废弃,是指矿区内的最后一口井停产。

 **小知识**

弃置义务

在确认井及相关设施成本时,弃置义务应当以矿区为基础进行预计,主要涉及井及相关设施的弃置、拆移、填埋、清理和恢复生态环境等所发生的支出。

四、井及相关设施、辅助设备及设施的减值

井及相关设施、辅助设备及设施的减值,应当按照《企业会计准则第8号——资产减值》处理。

第六节 会计科目和会计分录

以下是第一财税网（www.tax.org.cn）耗时整理的相关会计科目和会计分录,供实际工作中随时查阅、使用。

一、1604 在建工程/油气勘探支出、油气开发支出(石油天然气开采)^

(一) 核算内容

本科目核算企业基建、更新改造等在建工程发生的支出。在建工程发生减值的,可以单独设置"在建工程减值准备"科目,比照"固定资产减值准备"科目进行处理。

企业(石油天然气开采)发生的油气勘探支出和油气开发支出,可以单独设置"油气勘探支出""油气开发支出"科目。

(二) 明细核算

本科目可按"建筑工程""安装工程""在安装设备""待摊支出"以及单项工程等进行明细核算。

(三) 主要账务处理

(1)企业在建工程发生的管理费、征地费、可行性研究费、临时设施费、公证费、监理费及应负担的税费等,借记本科目(待摊支出),贷记"银行存款"等科目。

(2)企业发包的在建工程,应按合理估计的发包工程进度和合同规定结算的进度款,借记本科目,贷记"银行存款""预付账款"等科目。将设备交付建造承包商建造安装时,借记本科目(在安装设备),贷记"工程物资"科目。

工程完成时,按合同规定补付的工程款,借记本科目,贷记"银行存款"科目。

(3)企业自营在建工程的主要账务处理。

① 自营的在建工程领用工程物资、原材料或库存商品的,借记本科目,贷记"工程物资""原材料""库存商品"等科目。采用计划成本核算的,应同时结转应分摊的成本差异。涉及增值税的,还应进行相应的处理。

在建工程应负担的职工薪酬,借记本科目,贷记"应付职工薪酬"科目。

辅助生产部门为工程提供的水、电、设备安装、修理、运输等劳务,借记本科目,贷记"生产成本——辅助生产成本"等科目。

在建工程发生的借款费用满足借款费用资本化条件的,借记本科目,贷记"长期借款""应付利息"等科目。

② 在建工程进行负荷联合试车发生的费用,借记本科目(待摊支出),贷记"银行存款""原材料"等科目;试车形成的产品或副产品转为库存商品的,借记"银行存款""库存商品"等科目,贷记本科目(待摊支出)。

注 自2022年1月1日起,企业将固定资产达到预定可使用状态前或者研发过程中产出的产品或副产品对外销售的,应当按照《企业会计准则第14号——收入》《企业会计准则第1号——存货》等规定,对试运行销售相关的收入和成本分别进行会计处理,计入当期损益,不应将试运行销售相关收入抵销相关成本后的净额冲减固定资产

成本或者研发支出。

③ 在建工程达到预定可使用状态时，应计算分配待摊支出，借记本科目（××工程），贷记本科目（待摊支出）；结转在建工程成本，借记"固定资产"等科目，贷记本科目（××工程）。

在建工程完工已领出的剩余物资应办理退库手续，借记"工程物资"科目，贷记本科目。

④ 建设期间发生的工程物资盘亏、报废及毁损净损失，借记本科目，贷记"工程物资"科目；盘盈的工程物资或处置净收益作相反的会计分录。

由于自然灾害等原因造成的在建工程报废或毁损，减去残料价值和过失人或保险公司等赔款后的净损失，借记"营业外支出——非常损失"科目，贷记本科目（建筑工程、安装工程等）。

（4）企业（石油天然气开采）在油气勘探过程中发生的各项钻井勘探支出，借记"油气勘探支出"科目，贷记"银行存款""应付职工薪酬"等科目。属于发现探明经济可采储量的钻井勘探支出，借记"油气资产"科目，贷记"油气勘探支出"科目；属于未发现探明经济可采储量的钻井勘探支出，借记"勘探费用"科目，贷记"油气勘探支出"科目。

企业（石油天然气开采）在油气开发过程中发生的各项相关支出，借记"油气开发支出"科目，贷记"银行存款""应付职工薪酬"等科目。开发工程项目达到预定可使用状态时，借记"油气资产"科目，贷记"油气开发支出"科目。

（四）期末余额

本科目的期末借方余额，反映企业尚未达到预定可使用状态的在建工程的成本。

二、1631 油气资产（石油天然气开采）/油气资产清理（石油天然气开采）^

（一）核算内容

本科目核算企业（石油天然气开采）持有的矿区权益和油气井及相关设施的原价。

企业（石油天然气开采）可以单独设置"油气资产清理"科目，比照"固定资产清理"科目进行处理。

企业（石油天然气开采）与油气开采活动相关的辅助设备及设施在"固定资产"科目核算。

（二）明细核算

本科目可按油气资产的类别、不同矿区或油田等进行明细核算。

（三）主要账务处理

（1）企业购入油气资产（含申请取得矿区权益）的成本，借记本科目，贷记"银行存款""应付票据""其他应付款"等科目。

（2）自行建造的油气资产，在油气勘探、开发工程达到预定可使用状态时，借记本科目，贷记"油气勘探支出""油气开发支出"等科目。

（3）油气资产存在弃置义务的，应在取得油气资产时，按预计弃置费用的现值，借记本科目，贷记"预计负债"科目。在油气资产的使用寿命内，计算确定各期应负担的利息费用，借记"财务费用"科目，贷记"预计负债"科目。

（4）处置油气资产，应按该项油气资产的账面价值，借记"油气资产清理"科目，按已计提的累计折耗，借记"累计折耗"科目，按其账面原价，贷记本科目。已计提减值准备的，还应同时结转减值准备。

（四）期末余额

本科目期末借方余额，反映企业油气资产的原价。

三、1632 累计折耗（石油天然气开采）

（一）核算内容

本科目核算企业（石油天然气开采）油气资产的累计折耗。

（二）明细核算

本科目可按油气资产的类别、不同矿区或油田进行明细核算。

（三）主要账务处理

企业按期（月）计提油气资产的折耗，借记"生产成本"等科目，贷记本科目。处置油气资产时，还应同时结转油气资产累计折耗。

（四）期末余额

本科目期末贷方余额，反映企业油气资产的累计折耗额。

四、6604 勘探费用（石油天然气开采）

（一）核算内容

本科目核算企业（石油天然气开采）在油气勘探过程中发生的地质调查、物理化学勘探各项支出和非成功探井等支出。

（二）明细核算

本科目可按勘探项目进行明细核算。

（三）主要账务处理

企业油气勘探过程中发生的各项非钻井勘探支出，借记本科目，贷记"银行存款""累计折旧""应付职工薪酬"等科目。油气勘探过程中发生的各项钻井勘探支出中属于未发现探明经济可采储量的钻井勘探支出，借记本科目，贷记"油气勘探支出"科目。

（四）期末余额

期末，应将本科目余额转入"本年利润"科目，结转后本科目无余额。

五、2801 预计负债

（一）核算内容

本科目核算企业确认的对外提供担保、未决诉讼、产品质量保证、重组义务、亏损性合同、应付退货款等预计负债。

（二）明细核算

本科目可按形成预计负债的交易或事项进行明细核算。

（三）主要账务处理

（1）企业由对外提供担保、未决诉讼、重组义务产生的预计负债，应按确定的金额，借记"营业外支出"等科目，贷记本科目。由产品质量保证产生的预计负债，应按确定的金额，借记"销售费用"科目，贷记本科目。

由资产弃置义务产生的预计负债，应按确定的金额，借记"固定资产"或"油气资产"科目，贷记本科目。在固定资产或油气资产的使用寿命内，按计算确定各期应负担的利息费用，借记"财务费用"科目，贷记本科目。

（2）实际清偿或冲减的预计负债，借记本科目，贷记"银行存款"等科目。

（3）根据确凿证据需要对已确认的预计负债进行调整的，调整增加的预计负债，借记有关科目，贷记本科目；调整减少的预计负债作相反的会计分录。

（四）期末余额

本科目期末贷方余额，反映企业已确认尚未支付的预计负债。

附：报表列示

按照《企业会计准则第 14 号——收入》（2017 年修订）的相关规定确认为预计负债的应付退货款，应当根据"预计负债"科目下的"应付退货款"明细科目是否在一年或一个正常营业周期内清偿，在资产负债表"其他流动负债"或"预计负债"项目中填列。

第三十五讲

保 险 合 同

第一节 综合知识

一、相关知识概述

保险合同,是指企业(合同签发人)与保单持有人约定,在特定保险事项对保单持有人产生不利影响时给予其赔偿,并因此承担源于保单持有人重大保险风险的合同。

保险事项,是指保险合同所承保的、产生保险风险的不确定未来事项。

保险风险,是指从保单持有人转移至合同签发人的除金融风险之外的风险。

(一) 保险合同的识别、合并和分拆

企业应当评估各单项合同的保险风险是否重大,据此判断该合同是否为保险合同。对于合同开始日经评估符合保险合同定义的合同,后续不再重新评估。

企业基于整体商业目的而与同一或相关联的多个合同对方订立的多份保险合同,应当合并为一份合同进行会计处理,以反映其商业实质。

保险合同中包含多个组成部分的,企业应当将下列组成部分予以分拆,并分别适用相关会计准则:

(1) 符合《企业会计准则第 22 号——金融工具确认和计量》分拆条件的嵌入衍生工具,适用金融工具相关会计准则。

(2) 可明确区分的投资成分,适用金融工具相关会计准则,但与投资成分相关的合同条款符合具有相机参与分红特征的投资合同定义的,应当适用本准则。

(3) 可明确区分的商品或非保险合同服务的承诺,适用《企业会计准则第 14 号——收入》。

保险合同经上述分拆后的剩余组成部分,适用本准则。

投资成分,是指无论保险事项是否发生均须偿还给保单持有人的金额。

保险合同服务,是指企业为保险事项提供的保险保障服务、为不具有直接参与分红特征的保险合同持有人提供的投资回报服务,以及代具有直接参与分红特征的保险合同持有人管理基础项目的投资相关服务。

企业应当根据保险合同分拆情况分摊合同现金流量。合同现金流量扣除已分拆嵌入衍生工具和可明确区分的投资成分的现金流量后,在保险成分(含未分拆嵌入衍生工具、不可明确区分的投资成分和不可明确区分的商品或非保险合同服务的承诺,下同)和可明确区分的商品或非保险合同服务的承诺之间进行分摊,分摊至保险成分的现金流量适用本准则。

(二) 保险合同的分组

企业应当将具有相似风险且统一管理的保险合同归为同一保险合同组合。

企业应当将同一合同组合至少分为下列合同组:

(1) 初始确认时存在亏损的合同组。

(2) 初始确认时无显著可能性在未来发生亏损的合同组。

(3) 该组合中剩余合同组成的合同组。

企业不得将签发时间间隔超过一年的合同

归入同一合同组。

企业可以按照获利水平、亏损程度或初始确认后在未来发生亏损的可能性等,对合同组作进一步细分。

企业应当以合同组合中单项合同为基础,逐项评估其归属的合同组。但有合理可靠的信息表明多项合同属于同一合同组的,企业可以多项合同为基础评估其归属的合同组。

企业针对不同特征保单持有人设定不同价格或承诺不同利益水平的实际能力因法律法规或监管要求而受到限制,并将因此限制而导致合同组合中的合同被归入不同合同组的,企业可以不考虑相关限制的影响,将这些合同归入同一合同组。

二、会计准则概述

(一)本准则的相关背景

2006年,我国财政部发布了《企业会计准则第25号——原保险合同》和《企业会计准则第26号——再保险合同》(财会〔2006〕3号),规范了原保险合同和再保险合同的会计处理。2009年,我国财政部发布了《保险合同会计处理规定》(财会〔2009〕15号),进一步规范保险混合合同分拆、重大保险风险测试和保险合同准备金计量等问题。上述会计准则及相关会计处理规定(以下统称原准则)增强了保险行业会计信息透明度,对于规范实务中保险合同会计处理起到了很好的指导作用。

然而,随着我国保险市场的较快增长和金融创新的不断深化,原准则在实施中暴露出一些突出问题,例如,收入提前确认导致收入与费用确认期间不配比、收入中包含投资成分导致保险公司与其他金融机构的收入信息不可比、精算假设调整对未来利润的影响计入当期损益导致个别保险公司粉饰业绩等。针对这些问题,有必要通过修订原准则加以规范。

国际会计准则理事会分别于2017年5月和2020年6月发布《国际财务报告准则第17号——保险合同》和《对〈国际财务报告准则第17号〉的修订》(以下统称国际保险合同准则),自2023年1月1日起实施。根据中国企业会计准则与国际财务报告准则趋同路线图,我国企业会计准则应与国际财务报告准则保持持续趋同。在此背景下,我国财政部会计司自2018年初启动了对我国保险合同准则的修订项目。

2020年12月,我国财政部修订发布了《企业会计准则第25号——保险合同》(本讲简称"新保险合同准则""本准则"或"新准则")。这是进一步完善我国企业会计准则体系、保持与国际财务报告准则持续趋同的重要成果。

国际保险合同准则自2023年1月1日起实施。为兼顾我国市场环境和企业实际能力,在实施范围和实施时间上采取分步到位的办法。具体如下:

(1)在境内外同时上市的企业以及在境外上市并采用国际财务报告准则或企业会计准则编制财务报表的企业自2023年1月1日起实施,以避免出现境内外报表会计准则适用差异。

(2)其他执行企业会计准则的企业(包括境内上市公司)自2026年1月1日起实施,以为其留出充足准备时间,总结借鉴境外上市企业执行新保险合同准则的经验,确保准则实施质量。同时,允许企业提前执行。

此外,鉴于保险合同准则新旧变动较大,为帮助相关企业顺利过渡至新保险合同准则,新准则提供三种衔接方法:一是全面追溯调整法;二是修正的追溯调整法,该方法下提供了多项简化处理安排;三是公允价值法。

(二)本准则的适用范围

1. 适用于保险合同会计准则的

本准则适用于下列保险合同:

(1)企业签发的保险合同(含分入的再保险合同)。

(2)企业分出的再保险合同。

(3)企业在合同转让或非同一控制下企业合并中取得的上述保险合同。

签发保险合同的企业所签发的具有相机参与分红特征的投资合同适用本准则。

再保险合同,是指再保险分入人(再保险合同签发人)与再保险分出人约定,对再保险分出人由对应的保险合同所引起的赔付等进行补偿的保险合同。

具有相机参与分红特征的投资合同,是指赋予特定投资者合同权利以收取保证金额和附加金额的金融工具。附加金额由企业(合同签发人)基于特定项目回报相机决定,且预计构成合同利益的重要部分。

2. 适用其他相关会计准则的各项

下列各项适用其他相关会计准则:

(1) 由《企业会计准则第 6 号——无形资产》《企业会计准则第 14 号——收入》和《企业会计准则第 21 号——租赁》规范的基于非金融项目未来使用情况等形成的合同权利或义务,分别适用《企业会计准则第 6 号——无形资产》《企业会计准则第 14 号——收入》和《企业会计准则第 21 号——租赁》。

(2) 由《企业会计准则第 9 号——职工薪酬》和《企业会计准则第 11 号——股份支付》规范的职工薪酬计划、股份支付等形成的权利或义务,分别适用《企业会计准则第 9 号——职工薪酬》和《企业会计准则第 11 号——股份支付》。

(3) 由《企业会计准则第 14 号——收入》规范的附有质量保证条款的销售,适用《企业会计准则第 14 号——收入》。

(4) 生产商、经销商和零售商提供的余值担保,以及租赁合同中由承租方提供的余值担保,分别适用《企业会计准则第 14 号——收入》和《企业会计准则第 21 号——租赁》。

(5) 企业合并中的或有对价,适用《企业会计准则第 20 号——企业合并》。

(6) 财务担保合同,适用《企业会计准则第 22 号——金融工具确认和计量》《企业会计准则第 23 号——金融资产转移》《企业会计准则第 24 号——套期会计》和《企业会计准则第 37 号——金融工具列报》(以下统称金融工具相关会计准则)。企业明确表明将此类合同视作保险合同,并且已按照保险合同相关会计准则进行会计处理的,应当基于单项合同选择适用本准则或金融工具相关会计准则。选择一经做出,不得撤销。

(7) 符合保险合同定义的信用卡合同或类似合同,如果定价时未单独评估和反映单一保单持有人的保险风险,合同条款中除保险保障服务以外的部分,适用金融工具相关会计准则或其他相关会计准则。

3. 选择适用

(1) 符合保险合同定义但主要以固定收费方式提供服务的合同,同时符合下列条件的,企业可以选择适用《企业会计准则第 14 号——收入》或本准则:

① 合同定价不反映对单个保单持有人的风险评估。

② 合同通过提供服务而非支付现金补偿保单持有人。

③ 合同转移的保险风险主要源于保单持有人对服务的使用而非服务成本的不确定性。

该选择应当基于单项合同,一经做出,不得撤销。

(2) 符合保险合同定义但对保险事项的赔偿金额仅限于清算保单持有人因该合同而产生的支付义务的合同(如包含死亡豁免条款的贷款合同),企业可以选择适用金融工具相关会计准则或本准则。该选择应当基于保险合同组合,一经做出,不得撤销。

(三) 本准则的主要变化

新保险合同准则在保险服务收入确认、保险合同负债计量等方面作了较大修改。修订的主要内容如下:

1. 完善保险合同定义和合同合并分拆

原准则下的保险合同定义未对保险风险对保单持有人影响、保险风险包含内容等做出明确要求,导致实务中对保险合同的理解不一致。

新准则完善了保险合同的定义,明确保险合同必须在特定保险事项对保单持有人产生"不利影响"且转移了"重大保险风险"时,才符合保险合同的定义。此外,新准则还对原准则未予明确的保险合同合并和分拆做出了规范,以反映保险合同的商业实质。

2. 引入保险合同组概念

原准则对保险合同的计量单元未作明确要

求,实务中保险公司采取的计量单元大小不一,可能导致利润分摊不合理、损失确认不及时等问题。

为更好地反映保险合同风险及盈亏水平等相关信息,新准则引入了保险合同组合和合同组的概念,要求保险公司将具有相似风险且统一管理的保险合同归类为一个保险合同组合,并以盈利水平等为基础,将合同组合细分为合同组,确认和计量均以合同组为基础单元。为更好地体现保险服务业绩,避免不同时期签订的保险合同因盈亏相抵而不恰当地影响各期损益,新准则要求保险公司不得将签发时间间隔超过一年的合同归入同一合同组。

3. 完善保险合同计量模型

原准则区分寿险合同和非寿险合同,规定了保险合同准备金和保险合同收入的计量方法。

新准则不再区分保险业务类型,而是以保险合同组基于组内各合同权利和义务估计的未来现金流量按照当前可观察折现率折现后的现值为基础,考虑非金融风险影响和未赚利润,计量保险合同负债,作为保险合同计量的一般模型。

此外,针对具有直接参与分红特征的保险合同,新准则考虑其合同实质,提供了浮动收费法的特殊计量要求;针对亏损合同,新准则提供了亏损部分的特殊处理规定;针对1年以内的短期险合同或满足其他规定条件的保险合同,新准则提供了保费分配法的简化处理;针对分出再保险合同,新准则提出了减少分出再保险合同与对应的保险合同会计错配的相关处理规定。

4. 调整保险服务收入确认原则

原准则规定只有保险与非保险部分能够区分且可单独计量时,才能对保险合同进行分拆,否则在通过重大保险风险测试的情形下,应当将该合同整体作为保险合同处理,对应的保费计入保险服务收入。上述规定导致保险公司确认的收入中包含了无论保险事项是否发生均须偿还给保单持有人的金额,即具有保户储蓄性质的投资成分,与新收入准则下确认收入的原则不符。

新准则要求,保险公司必须分拆保险合同中可明确区分的投资成分和其他非保险服务成分,对于不可分拆的投资成分,其对应的保费也不得计入保险服务收入。新准则关于保险服务收入确认原则的调整将更真实反映保险公司的经营成果,更好地体现"保险姓保",同时也与银行等其他金融机构确认收入的原则保持一致。

5. 改进合同服务边际计量方式

原准则未明确合同服务边际在初始确认后如何反映未来提供服务的变化,实务中绝大多数保险公司将当期做出的有利精算假设调整确认为当期利润,导致当期利润确认不合理,甚至存在通过滥用调整假设操纵利润的风险。

新准则要求保险公司在保险合同组初始确认时确定合同服务边际,且合同服务边际应在每个资产负债表日根据未来提供服务的变化进行调整,在后续提供服务的期间内摊销。新准则的这一改进将更真实地反映合同服务边际在后续期间的变化,有利于降低利润操纵的空间,为财务报表使用者提供决策有用信息。

6. 新增具有直接参与分红特征的保险合同计量方法

原准则对具有直接参与分红特征的保险合同的计量未作特别规定,导致现行会计实务未能适当体现此类保险合同的特征。

新准则规定,对于具有直接参与分红特征的保险合同,因投资收益率变动等金融假设变化引起的与未来服务相关的浮动收费现金流量变动额,应当调整合同服务边际。这一特殊计量要求不同于新准则对不具有直接参与分红特征的保险合同的相关会计处理规定,更能体现具有直接参与分红特征的保险合同的实质,避免此类合同因金融假设变动导致保险公司当期利润和净资产的大幅波动。

7. 规范分出再保险合同的会计处理

原准则区别分入业务和分出业务,对再保险合同做出了不同于原保险合同的会计处理规定。

新准则统一了原保险合同和再保险合同的会计处理,明确规定除了准则特别规定的关于合同服务边际确认等少数差异外,再保险合同适用与原保险合同相同的会计处理原则。同时,为保持分出再保险合同与对应的保险合同的会计匹配,新准则规定在计量分出再保险合同的履约现金流量和合同服务边际时,需要考虑与对应的保险合同的关联性,以更好地体现分出再保险合同用于弥补对应的保险合同未来赔付的商业实质。

8. 优化财务报表列报

(1)新准则简化了资产负债表项目,要求保险公司按照保险合同组合的余额分别列示保险合同负债和保险合同资产、分出再保险合同资产和分出再保险合同负债,更好地体现了保险合同的权利和义务。

(2)根据利润驱动因素区分保险公司的保险服务业绩和投资业绩,并在利润表中予以反映。

(3)新准则进一步强化了披露要求,使得保险公司的风险敞口、盈利能力和利润来源等信息更加清晰透明。

新保险合同准则的发布实施将对保险行业产生的积极影响

新保险合同准则的发布实施将对保险行业产生以下积极影响:

(1)有利于促进保险行业高质量发展,更好体现"保险姓保"。

新保险合同准则要求保费收入分期确认并剔除投资成分,将导致保险公司特别是寿险公司的收入出现较大幅度下降,但可以更真实地反映保险公司的实际收入水平。而且,根据会计配比原则,收入和费用将同步下降,因此新准则对保险公司净利润和净资产等财务状况和经营成果的影响相对有限,根据对国内6家大型保险公司执行新准则的模拟测试结果也基本印证了上述事实。新准则对保险公司收入确认原则的调整,合理挤出了保费收入中含有的较大"水分",将有效抑制保险公司盲目扩大收入规模的短期冲动,有助于保险公司重新聚焦可带来长期收益的保障型保险产品,更加谨慎地研发具有合理利润率的投资型保险产品,促进保险行业高质量发展,真正体现"保险姓保"的保险本源。需要说明的是,执行新准则导致收入规模下降的问题并非我国特有,根据同行测算,欧洲等保险公司执行国际保险合同准则同样会出现收入规模的大幅下降。

(2)有利于抑制保险公司粉饰财务业绩,提高会计信息质量。

保险合同的计量高度依赖精算假设和精算结果。原准则下,精算假设调整对未来利润的影响直接计入当期损益,导致个别保险公司为粉饰当期财务业绩不惜虚假调整精算假设。新保险合同准则下,精算假设调整对未来利润的有利影响不允许计入当期损益,而必须在未来提供服务的期间逐步确认,使得保险公司利用调整精算假设来调节当期利润的目的落空,一定程度上抑制了利润操纵行为,有助于提高会计信息质量。

(3)有利于增强我国保险公司综合实力,提升我国保险行业国际形象。

与国际财务报告准则趋同的新保险合同准则代表了当前全球保险会计领域的先进水平。该准则的发布实施,特别是保险合同负债的计量、保险服务收入和保险服务费用的确认等,需要保险公司的财务部门、精算部门、业务部门、销售部门、信息技术部门等的精诚合作、协同发力,有利于促进提升保险公司精细化管理水平和综合竞争实力,有利于锻造一批优秀的复合型保险会计专业人才。同时,实施新保险合同准则也有利于我国保险公司与国际同行对标,提升我国保险行业的国际形象和国际影响力。

第二节 保险合同的确认

企业应当在下列时点中的**最早时点**确认其签发的合同组:

(1)责任期开始日。

(2)保单持有人首付款到期日,或者未约定首付款到期日时企业实际收到首付款日。

(3)发生亏损时。

合同组合中的合同符合上述时点要求时,企业应当根据本准则第三章相关规定评估其归属的合同组,后续不再重新评估。

责任期,是指企业向保单持有人提供保险合同服务的期间。

企业应当将合同组确认前已付或应付的、系统合理分摊至相关合同组的保险获取现金流量,确认为保险获取现金流量资产。保险获取现金流量,是指因销售、核保和承保已签发或预计签发的合同组而产生的,可直接归属于其对应合同组合的现金流量。

合同组合中的合同归入其所属合同组时,企业应当终止确认该合同对应的保险获取现金流量资产。

资产负债表日,如果事实和情况表明保险获取现金流量资产可能存在减值迹象,企业应当估计其可收回金额。保险获取现金流量资产的可收回金额低于其账面价值的,企业应当计提资产减值准备,确认减值损失,计入当期损益。导致以前期间减值因素已经消失的,应当转回原已计提的资产减值准备,计入当期损益。

第三节 保险合同的计量

一、一般规定

企业应当以合同组作为计量单元。

企业应当在合同组初始确认时按照履约现金流量与合同服务边际之和对保险合同负债进行初始计量。

合同服务边际,是指企业因在未来提供保险合同服务而将于未来确认的未赚利润。

本准则第六章对分出的再保险合同组确认和计量另有规定的,从其规定。

(1) 履约现金流量包括下列各项:

① 与履行保险合同直接相关的未来现金流量的估计。

② 货币时间价值及金融风险调整。

③ 非金融风险调整。

非金融风险调整,是指企业在履行保险合同时,因承担非金融风险导致的未来现金流量在金额和时间方面的不确定性而要求得到的补偿。

履约现金流量的估计不考虑企业自身的不履约风险。

企业可以在高于合同组或合同组合的汇总层面估计履约现金流量,并采用系统合理的方法分摊至合同组。

(2) 未来现金流量的估计应当符合下列要求:

① 未来现金流量估计值为无偏的概率加权平均值。

② 有关市场变量的估计应当与可观察市场数据一致。

③ 以当前可获得的信息为基础,反映计量时存在的情况和假设。

④ 与货币时间价值及金融风险调整分别估计,估计技术适合合并估计的除外。

企业估计未来现金流量时应当考虑合同组内各单项合同边界内的现金流量,不得将合同边界外的未来现金流量用于合同组的计量。

企业有权要求保单持有人支付保费或者有实质性义务向保单持有人提供保险合同服务的,该权利或义务所产生的现金流量在保险合同边界内。

(3) 存在下列情形之一的,表明企业无实质性义务向保单持有人提供保险合同服务:

① 企业有实际能力重新评估该保单持有人的风险,并据此可重新设定价格或承诺利益水平以充分反映该风险。

② 企业有实际能力重新评估该合同所属合同组合的风险,并据此可重新设定价格或承诺利益水平以充分反映该风险,且重新评估日前对应保费在定价时未考虑重新评估日后的

风险。

(4) 企业应当采用适当的折现率对履约现金流量进行货币时间价值及金融风险调整,以反映货币时间价值及未包含在未来现金流量估计中的有关金融风险。适当的折现率应当同时符合下列要求:

① 反映货币时间价值、保险合同现金流量特征以及流动性特征。

② 基于与保险合同具有一致现金流量特征的金融工具当前可观察市场数据确定,且不考虑与保险合同现金流量无关但影响可观察市场数据的其他因素。

企业在估计履约现金流量时应当考虑非金融风险调整,以反映非金融风险对履约现金流量的影响。企业应当单独估计非金融风险调整,不得在未来现金流量和折现率的估计中隐含非金融风险调整。

(5) 企业应当在合同组初始确认时计算下列各项之和:

① 履约现金流量。

② 在该日终止确认保险获取现金流量资产以及其他相关资产或负债对应的现金流量。

③ 合同组内合同在该日产生的现金流量。

上述各项之和反映为现金净流入的,企业应当将其确认为合同服务边际;反映为现金净流出的,企业应当将其作为首日亏损计入当期损益。

企业应当在资产负债表日按照未到期责任负债与已发生赔款负债之和对保险合同负债进行后续计量。未到期责任负债包括资产负债表日分摊至保险合同组的、与未到期责任有关的履约现金流量和当日该合同组的合同服务边际。已发生赔款负债包括资产负债表日分摊至保险合同组的、与已发生赔案及其他相关费用有关的履约现金流量。

(6) 对于不具有直接参与分红特征的保险合同组,资产负债表日合同组的合同服务边际账面价值应当以期初账面价值为基础,经下列各项调整后予以确定:

① 当期归入该合同组的合同对合同服务边际的影响金额。

② 合同服务边际在当期计提的利息,计息利率为该合同组内合同确认时、不随基础项目回报变动的现金流量所适用的加权平均利率。

③ 与未来服务相关的履约现金流量的变动金额,但履约现金流量增加额超过合同服务边际账面价值所导致的亏损部分,以及履约现金流量减少额抵销的未到期责任负债的亏损部分除外。

④ 合同服务边际在当期产生的汇兑差额。

⑤ 合同服务边际在当期的摊销金额。

企业应当按照提供保险合同服务的模式,合理确定合同组在责任期内各个期间的责任单元,并据此对根据本准则第二十九条(一)至(四)调整后的合同服务边际账面价值进行摊销,计入当期及以后期间保险服务收入。

企业因当期提供保险合同服务导致未到期责任负债账面价值的减少额,应当确认为保险服务收入;因当期发生赔案及其他相关费用导致已发生赔款负债账面价值的增加额,以及与之相关的履约现金流量的后续变动额,应当确认为保险服务费用。企业在确认保险服务收入和保险服务费用时,不得包含保险合同中的投资成分。

企业应当将合同组内的保险获取现金流量,随时间流逝进行系统摊销,计入责任期内各个期间的保险服务费用,同时确认为保险服务收入,以反映该类现金流量所对应的保费的收回。

企业应当将货币时间价值及金融风险的影响导致的未到期责任负债和已发生赔款负债账面价值变动额,作为保险合同金融变动额。企业可以选择将货币时间价值及金融风险的影响导致的非金融风险调整变动额不作为保险合同金融变动额。

(7) 企业应当考虑持有的相关资产及其会计处理,在合同组合层面对保险合同金融变动额的会计处理做出下列会计政策选择:

① 将保险合同金融变动额全额计入当期保险财务损益。

② 将保险合同金融变动额分解计入当期保险财务损益和其他综合收益。选择该会计政策的,企业应当在合同组剩余期限内,采用系统合理的方法确定计入各个期间保险财务损益的金额,其与保险合同金融变动额的差额计入其他综合收益。

保险财务损益,是指计入当期及以后期间损益的保险合同金融变动额。保险财务损益包括企业签发的保险合同的承保财务损益和分出的再保险合同的分出再保险财务损益。

企业应当将非金融风险调整账面价值变动中除保险合同金融变动额以外的金额计入当期及以后期间损益。

(8) 对于本准则适用范围内的具有相机参与分红特征的投资合同,企业应当按照本准则有关保险合同的规定进行会计处理,但下列各项特殊规定除外:

① 初始确认的时点为企业成为合同一方的日期。

② 企业有支付现金的实质性义务的,该义务所产生的现金流量在合同边界内。企业有实际能力对其支付现金的承诺进行重新定价以充分反映其承诺支付现金的金额及相关风险的,表明企业无支付现金的实质性义务。

③ 企业应当按照投资服务的提供模式,在合同组期限内采用系统合理的方法对合同服务边际进行摊销,计入当期及以后期间损益。

对于中期财务报表中根据本准则做出的相关会计估计处理结果,企业应当就是否在本年度以后中期财务报表和年度财务报表中进行调整做出会计政策选择,并一致应用于本准则适用范围内的合同组。

企业对产生外币现金流量的合同组进行计量时,应当将保险合同负债视为货币性项目,根据《企业会计准则第19号——外币折算》有关规定处理。资产负债表日,产生外币现金流量的合同组的汇兑差额应当计入当期损益。企业根据本准则第三十四条规定选择将保险合同金融变动额分解计入当期保险财务损益和其他综合收益的,与计入其他综合收益的金额相关的汇兑差额,应当计入其他综合收益。

二、具有直接参与分红特征的保险合同组计量的特殊规定

企业应当在合同开始日评估一项合同是否为具有直接参与分红特征的保险合同,后续不再重新评估。

(1) 具有直接参与分红特征的保险合同,是指在合同开始日同时符合下列条件的保险合同:

① 合同条款规定保单持有人参与分享清晰可辨认的基础项目。

② 企业预计将基础项目公允价值变动回报中的相当大部分支付给保单持有人。

③ 预计应付保单持有人金额变动中的相当大部分将随基础项目公允价值的变动而变动。

企业应当按照基础项目公允价值扣除浮动收费的差额,估计具有直接参与分红特征的保险合同组的履约现金流量。

浮动收费,是指企业因代保单持有人管理基础项目并提供投资相关服务而取得的对价,等于基础项目公允价值中企业享有份额减去不随基础项目回报变动的履约现金流量。

(2) 对于具有直接参与分红特征的保险合同组,资产负债表日合同组的合同服务边际账面价值应当以期初账面价值为基础,经下列调整后予以确定:

① 当期归入该合同组的合同对合同服务边际的影响金额。

② 基础项目公允价值中企业享有份额的变动金额,但以下情形除外:

A. 企业使用衍生工具或分出再保险合同管理与该金额变动相关金融风险时,对符合本准则规定条件的,可以选择将该金额变动中由货币时间价值及金融风险的影响导致的部分计入当期保险财务损益。但企业将分出再保险合同的保险合同金融变动额分解计入当期保险财务损益和其他综合收益的,该金额变动中的相应部分也应予以分解。

B. 基础项目公允价值中企业享有份额的减

少额超过合同服务边际账面价值所导致的亏损部分。

C. 基础项目公允价值中企业享有份额的增加额抵销的未到期责任负债的亏损部分。

③ 与未来服务相关且不随基础项目回报变动的履约现金流量的变动金额,但以下情形除外:

A. 企业使用衍生工具、分出再保险合同或以公允价值计量且其变动计入当期损益的非衍生金融工具管理与该履约现金流量变动相关金融风险时,对符合本准则规定条件的,可以选择将该履约现金流量变动中由货币时间价值及金融风险的影响导致的部分计入当期保险财务损益。但企业将分出再保险合同的保险合同金融变动额分解计入当期保险财务损益和其他综合收益的,该履约现金流量变动中的相应部分也应予以分解。

B. 该履约现金流量的增加额超过合同服务边际账面价值所导致的亏损部分。

C. 该履约现金流量的减少额抵销的未到期责任负债的亏损部分。

④ 合同服务边际在当期产生的汇兑差额。

⑤ 合同服务边际在当期的摊销金额。企业应当按照提供保险合同服务的模式,合理确定合同组在责任期内各个期间的责任单元,并据此对根据上述①至④调整后的合同服务边际账面价值进行摊销,计入当期及以后期间保险服务收入。

企业可以对上述②和③中的变动金额进行合并调整。

(3) 企业采用风险管理措施对具有直接参与分红特征的保险合同产生的金融风险予以缓释时,同时符合下列条件的,对本准则第四十二条(二)和(三)相关金额变动中由货币时间价值及金融风险的影响导致的部分,可以选择不调整合同服务边际:

① 企业制定了关于风险管理目标和策略的书面文件。

② 保险合同与用于风险管理的衍生工具、分出再保险合同或以公允价值计量且其变动计入当期损益的非衍生金融工具之间存在经济抵销关系。

③ 经济抵销关系产生的价值变动中,信用风险的影响不占主导地位。

企业不再符合上述条件时,应当自不符合之日起,将本准则第四十二条(二)和(三)相关金额变动中由货币时间价值及金融风险的影响导致的部分调整合同服务边际,之前已经计入保险财务损益的金额不予调整。

对于企业不持有基础项目的具有直接参与分红特征的保险合同组,企业应当根据本准则第三十四条规定,对保险合同金额变动额进行会计处理。对于企业持有基础项目的具有直接参与分红特征的保险合同组,企业根据本准则第三十四条规定,选择将保险合同金融变动额分解计入当期保险财务损益和其他综合收益的,计入当期保险财务损益的金额应当等于其持有的基础项目按照相关会计准则规定计入当期损益的金额。本准则第四十二条对保险合同金融变动额的会计处理另有规定的,从其规定。

分入和分出的再保险合同不适用本节规定。

三、亏损保险合同组计量的特殊规定

合同组在初始确认时发生首日亏损的,或合同组合中的合同归入其所属亏损合同组而新增亏损的,企业应当确认亏损并计入当期保险服务费用,同时将该亏损部分增加未到期责任负债账面价值。初始确认时,亏损合同组的保险合同负债账面价值等于其履约现金流量。

(1) 发生下列情形之一导致合同组在后续计量时发生亏损的,企业应当确认亏损并计入当期保险服务费用,同时将该亏损部分增加未到期责任负债账面价值:

① 因与未来服务相关的未来现金流量或非金融风险调整的估计发生变更,导致履约现金流量增加额超过合同服务边际账面价值。

② 对于具有直接参与分红特征的保险合同组,其基础项目公允价值中企业享有份额的减少额超过合同服务边际账面价值。

（2）企业在确认合同组的亏损后，应当将未到期责任负债账面价值的下列变动额，采用系统合理的方法分摊至未到期责任负债中的亏损部分和其他部分：

① 因发生保险服务费用而减少的未来现金流量的现值。

② 因相关风险释放而计入当期损益的非金融风险调整的变动金额。

③ 保险合同金融变动额。

分摊至亏损部分的金额不得计入当期保险服务收入。

（3）企业在确认合同组的亏损后，应当按照下列规定进行后续计量：

① 将因与未来服务相关的未来现金流量或非金融风险调整的估计变更所导致的履约现金流量增加额，以及具有直接参与分红特征的保险合同组的基础项目公允价值中企业享有份额的减少额，确认为新增亏损并计入当期保险服务费用，同时将该亏损部分增加未到期责任负债账面价值。

② 将因与未来服务相关的未来现金流量或非金融风险调整的估计变更所导致的履约现金流量减少额，以及具有直接参与分红特征的保险合同组的基础项目公允价值中企业享有份额的增加额，减少未到期责任负债的亏损部分，冲减当期保险服务费用；超出亏损部分的金额，确认为合同服务边际。

四、保险合同组计量的简化处理规定

符合下列条件之一的，企业可以采用保费分配法简化合同组的计量：

（1）企业能够合理预计采用本节简化处理规定与根据本准则前述章节规定计量合同组未到期责任负债的结果无重大差异。企业预计履约现金流量在赔案发生前将发生重大变化的，表明该合同组不符合本条件。

（2）该合同组内各项合同的责任期不超过一年。

企业对其签发的保险合同采用保费分配法时，应当假设初始确认时该合同所属合同组合内不存在亏损合同，该假设与相关事实和情况不符的除外。

企业采用保费分配法时，合同组内各项合同初始确认时的责任期均不超过一年的，可以选择在保险获取现金流量发生时将其确认为费用，计入当期损益。

企业采用保费分配法计量合同组时，初始确认时未到期责任负债账面价值等于已收保费减去初始确认时发生的保险获取现金流量（根据本准则第五十二条规定选择在发生时计入当期损益的除外），减去（或加上）在合同组初始确认时终止确认的保险获取现金流量资产以及其他相关资产或负债的金额。

资产负债表日未到期责任负债账面价值等于期初账面价值加上当期已收保费，减去当期发生的保险获取现金流量（根据本准则第五十二条规定选择在发生时计入当期损益的除外），加上当期确认为保险服务费用的保险获取现金流量摊销金额和针对融资成分的调整金额，减去因当期提供保险合同服务而确认为保险服务收入的金额和当期已付或转入已发生赔款负债中的投资成分。

合同组内的合同中存在重大融资成分的，企业应当按照合同组初始确认时确定的折现率，对未到期责任负债账面价值进行调整，以反映货币时间价值及金融风险的影响。合同组初始确认时，如果企业预计提供保险合同服务每一部分服务的时点与相关保费到期日之间的间隔不超过一年，可以不考虑合同中存在的重大融资成分。

相关事实和情况表明合同组在责任期内存在亏损时，企业应当将该日与未到期责任相关的履约现金流量超过按照本准则第五十三条确定的未到期责任负债账面价值的金额，计入当期保险服务费用，同时增加未到期责任负债账面价值。

企业应当根据与已发生赔案及其他相关费用有关的履约现金流量计量已发生赔款负债。相关履约现金流量预计在赔案发生后一年内支付或收取的，企业可以不考虑货币时间价值及金融风险的影响，且一致应用于本准则第五十五条规定的相关履约现金流量的计算。

企业应当将已收和预计收取的保费，在扣除投资成分并根据本准则第五十四条规定对重大融资成分进行调整后，分摊至当期的金额确认为保险服务收入。

企业应当随时间流逝在责任期内分摊经调整的已收和预计收取的保费；保险合同的风险在责任期内不随时间流逝为主释放的，应当以保险服务费用预计发生时间为基础进行分摊。

第四节 保险合同的确认和计量专题

一、分出的再保险合同组的确认和计量

企业对分出的再保险合同组进行确认和计量，除本节另有规定外，应当按照本准则有关保险合同的其他相关规定进行处理，但本准则第五章关于亏损合同组计量的相关规定不适用于分出的再保险合同组。

（1）企业应当将同一分出的再保险合同组合至少分为下列合同组：

① 初始确认时存在净利得的合同组。

② 初始确认时无显著可能性在未来产生净利得的合同组。

③ 该组合中剩余合同组成的合同组。

企业可以按照净成本或净利得水平以及初始确认后在未来产生净利得的可能性等，对分出的再保险合同组作进一步细分。

企业不得将分出时间间隔超过一年的合同归入同一分出的再保险合同组。

（2）企业应当在下列时点中的最早时点确认其分出的再保险合同组：

① 分出的再保险合同组责任期开始日。

② 分出的再保险合同组所对应的保险合同组确认为亏损合同组时。

（3）分出的再保险合同组分出成比例责任的，企业应当在下列时点中的最早时点确认该合同组：

① 分出的再保险合同组责任期开始日和任一对应的保险合同初始确认时点中较晚的时点。

② 分出的再保险合同组所对应的保险合同组确认为亏损合同组时。

企业在初始确认其分出的再保险合同组时，应当按照履约现金流量与合同服务边际之和对分出再保险合同资产进行初始计量。分出再保险合同组的合同服务边际，是指企业为在未来获得再保险分入人提供的保险合同服务而产生的净成本或净利得。

企业在估计分出的再保险合同组的未来现金流量现值时，采用的相关假设应当与计量所对应的保险合同组保持一致，并考虑再保险分入人的不履约风险。

企业应当根据分出的再保险合同组转移给再保险分入人的风险，估计非金融风险调整。

（4）企业应当在分出的再保险合同组初始确认时计算下列各项之和：

① 履约现金流量。

② 在该日终止确认的相关资产或负债对应的现金流量。

③ 分出再保险合同组内合同在该日产生的现金流量。

④ 分保摊回未到期责任资产亏损摊回部分的金额。

企业应当将上述各项之和所反映的净成本或净利得，确认为合同服务边际。净成本与分出前发生的事项相关的，企业应当将其确认为费用并计入当期损益。

企业应当在资产负债表日按照分保摊回未到期责任资产与分保摊回已发生赔款资产之和对分出再保险合同资产进行后续计量。分保摊回未到期责任资产包括资产负债表日分摊至分出的再保险合同组的、与未到期责任有关的履

约现金流量和当日该合同组的合同服务边际。分保摊回已发生赔款资产包括资产负债表日分摊至分出的再保险合同组的、与已发生赔款及其他相关费用的摊回有关的履约现金流量。

（5）对于订立时点不晚于对应的保险合同确认时点的分出的再保险合同，企业在初始确认对应的亏损合同组或者将对应的亏损保险合同归入合同组而确认亏损时，应当根据下列两项的乘积确定分出再保险合同组分保摊回未到期责任资产亏损摊回部分的金额：

① 对应的保险合同确认的亏损。

② 预计从分出再保险合同组摊回的对应的保险合同赔付的比例。

企业应当按照上述亏损摊回部分的金额调整分出再保险合同组的合同服务边际，同时确认为摊回保险服务费用，计入当期损益。企业在对分出的再保险合同组进行后续计量时，应当调整亏损摊回部分的金额以反映对应的保险合同亏损部分的变化，调整后的亏损摊回部分的金额不应超过企业预计从分出再保险合同组摊回的对应的保险合同亏损部分的相应金额。

（6）资产负债表日分出的再保险合同组的合同服务边际账面价值应当以期初账面价值为基础，经下列各项调整后予以确定：

① 当期归入该合同组的合同对合同服务边际的影响金额。

② 合同服务边际在当期计提的利息，计息利率为该合同组内合同确认时、不随基础项目回报变动的现金流量所适用的加权平均利率。

③ 根据本准则第六十七条第一款计算的分保摊回未到期责任资产亏损摊回部分的金额，以及与分出再保险合同组的履约现金流量变动无关的分保摊回未到期责任资产亏损摊回部分的转回。

④ 与未来服务相关的履约现金流量的变动金额，但分摊至对应的保险合同组且不调整其合同服务边际的履约现金流量变动而导致的变动，以及对应的保险合同组采用保费分配法计量时因确认或转回亏损而导致的变动除外。

⑤ 合同服务边际在当期产生的汇兑差额。

⑥ 合同服务边际在当期的摊销金额。企业应当按照取得保险合同服务的模式，合理确定分出再保险合同组在责任期内各个期间的责任单元，并据此对根据上述①至⑤调整后的合同服务边际账面价值进行摊销，计入当期及以后期间损益。

再保险分入人不履约风险导致的履约现金流量变动金额与未来服务无关，企业不应当因此调整分出再保险合同组的合同服务边际。

企业因当期取得再保险分入人提供的保险合同服务而导致分保摊回未到期责任资产账面价值的减少额，应当确认为分出保费的分摊；因当期发生赔款及其他相关费用的摊回导致分保摊回已发生赔款资产账面价值的增加额，以及与之相关的履约现金流量的后续变动额，应当确认为摊回保险服务费用。

企业应当将预计从再保险分入人收到的不取决于对应的保险合同赔付的金额，作为分出保费的分摊的减项。企业在确认分出保费的分摊和摊回保险服务费用时，不得包含分出再保险合同中的投资成分。

（7）符合下列条件之一的，企业可以采用保费分配法简化分出的再保险合同组的计量：

① 企业能够合理预计采用保费分配法与不采用保费分配法计量分出再保险合同组的结果无重大差异。企业预计履约现金流量在赔案发生前将发生重大变化的，表明该合同组不符合本条件。

② 该分出的再保险合同组内各项合同的责任期不超过一年。

企业采用保费分配法计量分出的再保险合同组时，根据本准则第六十七条第一款计算的亏损摊回部分的金额应当调整分出再保险合同组的分保摊回未到期责任资产账面价值，同时确认为摊回保险服务费用，计入当期损益。

二、合同转让或非同一控制下企业合并中取得的保险合同的确认和计量

企业对合同转让或非同一控制下企业合并中取得的保险合同进行确认和计量，除本节另有规定外，应当适用本准则其他相关规定。

企业在合同转让或非同一控制下企业合并中取得的保险合同,应当视为在转让日(或购买日)订立该合同,并根据本准则相关规定将该合同归入其所属合同组。

企业在合同转让或非同一控制下企业合并中为取得保险合同而收到或支付的对价,应当视为收取或支付的保费。

企业在合同转让或非同一控制下企业合并中取得保险合同的会计处理适用《企业会计准则第 20 号——企业合并》等其他会计准则的,应当根据相关会计准则进行处理。

三、保险合同的修改和终止确认

(1)保险合同条款的修改符合下列条件之一的,企业应当终止确认原合同,并按照修改后的合同条款确认一项新合同:

① 假设修改后的合同条款自合同开始日适用,出现下列情形之一的:

A. 修改后的合同不属于本准则的适用范围。

B. 修改后的合同应当予以分拆且分拆后适用本准则的组成部分发生变化。

C. 修改后的合同的合同边界发生实质性变化。

D. 修改后的合同归属于不同的合同组。

② 原合同与修改后的合同仅有其一符合具有直接参与分红特征的保险合同的定义。

③ 原合同采用保费分配法,修改后的合同不符合采用保费分配法的条件。

保险合同条款的修改不符合上述条件的,企业应当将合同条款修改导致的现金流量变动作为履约现金流量的估计变更进行处理。

保险合同约定的义务因履行、取消或到期而解除的,企业应当终止确认保险合同。

(2)企业终止确认一项保险合同,应当按照下列规定进行处理:

① 调整该保险合同所属合同组的履约现金流量,扣除与终止确认的权利义务相关的未来现金流量现值和非金融风险调整。

② 调整合同组的合同服务边际。

③ 调整合同组在当期及以后期间的责任单元。

(3)企业修改原合同并确认新合同时,应当按照下列两项的差额调整原合同所属合同组的合同服务边际:

① 因终止确认原合同所导致的合同组履约现金流量变动金额。

② 修改日订立与新合同条款相同的合同预计将收取的保费减去因修改原合同而收取的额外保费后的保费净额。

企业在计量新合同所属合同组时,应当假设于修改日收到上述②中的保费净额。

企业因合同转让而终止确认一项保险合同的,应当按照因终止确认该合同所导致的合同组履约现金流量变动金额与受让方收取的保费之间的差额,调整该合同所属合同组的合同服务边际。

企业因合同修改或转让而终止确认一项保险合同时,应当将与该合同相关的、由于会计政策选择而在以前期间确认为其他综合收益的余额转入当期损益;但对于企业持有基础项目的具有直接参与分红特征的保险合同,企业不得仅因终止确认该保险合同而进行上述会计处理。

第五节 保险合同的列报

一、资产负债表和利润表相关项目的列示及披露

企业应当根据自身实际情况,合理确定列报保险合同的详细程度,避免列报大量不重要信息或不恰当汇总实质性不同信息。企业可以按照合同类型、地理区域或报告分部等对保险合同的信息披露进行恰当汇总。

(1)企业应当在资产负债表中分别列示与保险合同有关的下列项目:

① 保险合同资产。

② 保险合同负债。

③ 分出再保险合同资产。
④ 分出再保险合同负债。

企业签发的保险合同组合账面价值为借方余额的,列示为保险合同资产;分出的再保险合同组合账面价值为贷方余额的,列示为分出再保险合同负债。

保险获取现金流量资产于资产负债表日的账面价值应当计入保险合同组合账面价值。

(2) 企业应当在利润表中分别列示与保险合同有关的下列项目:
① 保险服务收入。
② 保险服务费用。
③ 分出保费的分摊。
④ 摊回保险服务费用。
⑤ 承保财务损益。
⑥ 分出再保险财务损益。

(3) 企业应当在附注中分别就签发的保险合同和分出的再保险合同,单独披露未到期责任负债(或分保摊回未到期责任资产)和已发生赔款负债(或分保摊回已发生赔款资产)余额调节表,以反映与保险合同账面价值变动有关的下列信息:
① 保险合同负债和保险合同资产(或分出再保险合同资产和分出再保险合同负债)的期初和期末余额及净额,及净额调节情况。
② 未到期责任负债(或分保摊回未到期责任资产)当期变动情况,亏损部分(或亏损摊回部分)应单独披露。
③ 已发生赔款负债(或分保摊回已发生赔款资产)当期变动情况,采用保费分配法的保险合同应分别披露未来现金流量现值和非金融风险调整。
④ 当期保险服务收入。
⑤ 当期保险服务费用,包括当期发生赔款及其他相关费用、保险获取现金流量的摊销、亏损部分的确认及转回和已发生赔款负债相关履约现金流量变动。
⑥ 当期分出保费的分摊。
⑦ 当期摊回保险服务费用,包括摊回当期发生赔款及其他相关费用、亏损摊回部分的确认及转回和分保摊回已发生赔款资产相关履约现金流量变动。
⑧ 不计入当期损益的投资成分,保费返还可以在此项合并披露。
⑨ 与当期服务无关但影响保险合同账面价值的金额,包括当期现金流量、再保险分入人不履约风险变动额、保险合同金融变动额、其他与保险合同账面价值变动有关的金额。当期现金流量应分别披露收到保费(或支付分出保费)、支付保险获取现金流量、支付赔款及其他相关费用(或收到摊回赔款及其他相关费用)。

(4) 对于未采用保费分配法的保险合同,企业应当在附注中分别就签发的保险合同和分出的再保险合同,单独披露履约现金流量和合同服务边际余额调节表,以反映与保险合同账面价值变动有关的下列信息:
① 保险合同负债和保险合同资产(或分出再保险合同资产和分出再保险合同负债)的期初和期末余额及净额,及净额调节情况。
② 未来现金流量现值当期变动情况。
③ 非金融风险调整当期变动情况。
④ 合同服务边际当期变动情况。
⑤ 与当期服务相关的变动情况,包括合同服务边际的摊销、非金融风险调整的变动、当期经验调整。
⑥ 与未来服务相关的变动情况,包括当期初始确认的保险合同影响金额、调整合同服务边际的估计变更、不调整合同服务边际的估计变更。
⑦ 与过去服务相关的变动情况,包括已发生赔款负债(或分保摊回已发生赔款资产)相关履约现金流量变动。
⑧ 与当期服务无关但影响保险合同账面价值的金额,包括当期现金流量、再保险分入人不履约风险变动额、保险合同金融变动额、其他与保险合同账面价值变动有关的金额。当期现金流量应分别披露收到保费(或支付分出保费)、支付保险获取现金流量、支付赔款及其他相关费用(或收到摊回赔款及其他相关费用)。

(5) 企业应当在附注中披露关于保险获取

现金流量资产的下列定量信息：

① 保险获取现金流量资产的期初和期末余额及其调节情况。

② 保险获取现金流量资产减值准备当期计提和当期转回情况。

③ 期末保险获取现金流量资产预计在未来按适当的时间段终止确认的相关信息。

(6) 对于未采用保费分配法的保险合同，企业应当在附注中分别就签发的保险合同和分出的再保险合同，披露当期初始确认的保险合同对资产负债表影响的下列信息：

① 未来现金流出现值，保险获取现金流量的金额应单独披露。

② 未来现金流入现值。

③ 非金融风险调整。

④ 合同服务边际。

对于当期初始确认的亏损合同组以及在合同转让或非同一控制下企业合并中取得的保险合同，企业应当分别披露其对资产负债表影响的上述信息。

(7) 对于未采用保费分配法的签发的保险合同，企业应当在附注中披露与本期确认保险服务收入相关的下列定量信息：

① 与未到期责任负债变动相关的保险服务收入，分别披露期初预计当期发生的保险服务费用、非金融风险调整的变动、合同服务边际的摊销、其他金额（如与当期服务或过去服务相关的保费经验调整）。

② 保险获取现金流量的摊销。

对于未采用保费分配法的保险合同，企业应当在附注中分别就签发的保险合同和分出的再保险合同，披露期末合同服务边际在剩余期限内按适当的时间段摊销计入利润表的定量信息。

企业应当披露当期保险合同金融变动额的定量信息及其解释性说明，包括对保险合同金融变动额与相关资产投资回报关系的说明。

(8) 企业应当披露与具有直接参与分红特征的保险合同相关的下列信息：

① 基础项目及其公允价值。

② 根据本准则第四十二条和第四十三条规定，将货币时间价值及金融风险的影响金额计入当期保险财务损益或其他综合收益对当期合同服务边际的影响。

对于具有直接参与分红特征的保险合同组，企业选择将保险合同金融变动额分解计入当期保险财务损益和其他综合收益的，根据本准则第四十四条规定，因是否持有基础项目的情况发生变动导致计入当期保险财务损益的计量方法发生变更的，应当披露变更原因和对财务报表项目的影响金额，以及相关合同组在变更日的账面价值。

二、与保险合同计量相关的披露

(1) 企业应当披露与保险合同计量所采用的方法、输入值和假设等相关的下列信息：

① 保险合同计量所采用的方法以及估计相关输入值的程序。企业应当披露相关输入值的定量信息，不切实可行的除外。

② 上述①中所述方法和程序的变更及其原因，以及受影响的合同类型。

③ 与保险合同计量有关的下列信息：

A. 对于不具有直接参与分红特征的保险合同，区分相机抉择与其他因素导致未来现金流量估计变更的方法。

B. 确定非金融风险调整的计量方法及计量结果所对应的置信水平，以及非金融风险调整变动额根据本准则第三十三条在利润表中的列示方法。

C. 确定折现率的方法，以及用于不随基础项目回报变动的现金流量折现的收益率曲线（或收益率曲线范围）。

D. 确定投资成分的方法。

E. 确定责任单元组成部分及相对权重的方法。

企业选择将保险合同金融变动额分解计入当期保险财务损益和其他综合收益的，应当披露确定保险财务损益金额的方法及其说明。

(2) 对于采用保费分配法计量的保险合同组，企业应当披露下列信息：

① 合同组适用保费分配法的判断依据。

② 未到期责任负债（或分保摊回未到期责任资产）和已发生赔款负债（或分保摊回已发生赔款资产）的计量是否反映货币时间价值及金融风险的影响。

③ 是否在保险获取现金流量发生时将其确认为费用。

三、与风险相关的披露

企业应当披露与保险合同产生的保险风险和金融风险等相关的定性和定量信息。金融风险包括市场风险、信用风险、流动性风险等。

（1）对于保险合同产生的各类风险，企业应当按类别披露下列信息：

① 风险敞口及其形成原因，以及在本期发生的变化。

② 风险管理的目标、政策和程序以及计量风险的方法及其在本期发生的变化。

③ 期末风险敞口的汇总数据。该数据应当以向内部关键管理人员提供的相关信息为基础。期末风险敞口不能反映企业本期风险敞口变动情况的，企业应当进一步提供相关信息。

④ 风险集中度信息，包括企业确定风险集中度的说明和参考因素（如保险事项类型、行业特征、地理区域、货币种类等）。

企业应当披露相关监管要求（如最低资本要求、保证利率等）对本准则适用范围内的合同的影响。保险合同分组时应用本准则第十五条规定的，企业应当披露这一事实。

（2）企业应当对保险风险和市场风险进行敏感性分析并披露下列信息：

① 资产负债表日保险风险变量和各类市场风险变量发生合理、可能的变动时，将对企业损益和所有者权益产生的影响。

对于保险风险，敏感性分析应当反映对企业签发的保险合同及其经分出的再保险合同进行风险缓释后的影响。

对于各类市场风险，敏感性分析应当反映保险合同所产生的风险变量与企业持有的金融资产所产生的风险变量之间的关联性。

② 本期进行敏感性分析所使用的方法和假设，以及在本期发生的变化及其原因。

（3）企业为管理保险合同所产生的风险，采用不同于本准则第一百零一条中所述方法进行敏感性分析的，应当披露下列信息：

① 用于敏感性分析的方法、选用的主要参数和假设。

② 所用方法的目的，以及该方法提供信息的局限性。

企业应当披露索赔进展情况，以反映已发生赔款的实际赔付金额与未经折现的预计赔付金额的比较信息，及其与资产负债表日已发生赔款负债账面价值的调节情况。

索赔进展情况的披露应当从赔付时间和金额在资产负债表日仍存在不确定性的重大赔付最早发生期间开始，但最长披露期限可不超过十年。赔付时间和金额的不确定性在未来一年内将消除的索赔进展信息可以不披露。

（4）企业应当披露与保险合同所产生的信用风险相关的下列信息：

① 签发的保险合同和分出的再保险合同分别于资产负债表日的最大信用风险敞口。

② 与分出再保险合同资产的信用质量相关的信息。

（5）企业应当披露与保险合同所产生的流动性风险相关的下列信息：

① 对管理流动性风险的说明。

② 对资产负债表日保险合同负债和分出再保险合同负债的到期期限分析。

到期期限分析应当基于合同组合，所使用的时间段至少应当为资产负债表日后一年以内、一年至两年以内、两年至三年以内、三年至四年以内、四年至五年以内、五年以上。列入各时间段内的金额可以是未来现金流量现值或者未经折现的合同剩余净现金流量。

到期期限分析可以不包括采用保费分配法计量的保险合同负债和分出再保险合同负债中与未到期责任相关的部分。

③ 保单持有人可随时要求偿还的金额。企业应当说明该金额与相关保险合同组合账面价值之间的关联性。

第四篇

报告准则篇

第四章

报告的规则

第三十六讲 财务报表列报

第一节 综合知识

一、相关知识概述

财务报表是对企业财务状况、经营成果和现金流量的结构性表述。

（一）财务报表的组成

财务报表至少应当包括下列组成部分：资产负债表；利润表；现金流量表；所有者权益（或股东权益，下同）变动表；附注。

财务报表上述组成部分具有同等的重要程度。

（二）财务报表列报方面的基本要求

1. 依据各项会计准则确认和计量的结果编制财务报表

企业应当根据实际发生的交易和事项，遵循《企业会计准则——基本准则》（以下简称"基本准则"）各项具体会计准则及解释的规定进行确认和计量，并在此基础上编制财务报表。

企业应当在附注中对这一情况做出声明，只有遵循了企业会计准则的所有规定时，财务报表才应当被称为"遵循了企业会计准则"。同时，企业不应以在附注中披露代替对交易和事项的确认和计量，也就是说，企业采用的不恰当的会计政策，不得通过在附注中披露等其他形式予以更正，企业应当对交易和事项进行正确的确认和计量。

此外，如果按照各项会计准则规定披露的信息不足以让报表使用者了解特定交易或事项对企业财务状况、经营成果和现金流量的影响时，企业还应当披露其他的必要信息。

2. 编制基础

企业应当以持续经营为基础编制财务报表。持续经营是会计的基本前提，也是会计确认、计量及编制财务报表的基础。在编制财务报表的过程中，企业管理层应当全面评估企业的持续经营能力。企业管理层在对企业持续经营能力进行评估时，应当利用其所有可获得的信息，评估涵盖的期间应包括企业自资产负债表日起至少12个月，评估需要考虑的因素包括宏观政策风险、市场经营风险、企业目前或长期的盈利能力、偿债能力、财务弹性以及企业管理层改变经营政策的意向等。评价结果表明对持续经营能力产生重大怀疑的，企业应当在附注中披露导致对持续经营能力产生重大怀疑的影响因素以及企业拟采取的改善措施。

企业在评估持续经营能力时应当结合考虑企业的具体情况。通常情况下，如果企业过去每年都有可观的净利润，并且易于获取所需的财务资源，则对持续经营能力的评估易于判断，这表明企业以持续经营为基础编制财务报表是合理的，而无须进行详细的分析。反之，如果企业过去多年有亏损的记录等情况，则需要通过考虑更加广泛的相关因素来做出评价，如目前和预期未来的获利能力、债务清偿计划、替代融资的潜在来源等。

企业如果存在以下情况之一，则通常表明其处于非持续经营状态：企业已在当期进行清算或停止营业；企业已经正式决定在下一个会计期间进行清算或停止营业；企业已确定在当期或下一个会计期间没有其他可供选择的方案而将被迫进行清算或停止营业。企业处于非持续经营状态时，应当采用清算价值等其他基础编制财务报表，如破产企业的资产采用可变现净值计量、负债按照其预计的结算金额计量等。在非持续经营情况下，企业应当在附注中声明财务报表未以持续经营为基础列报、披露未以持续经营为基础的原因以及财务报表的编制基础。

3. 编制原则

除现金流量表按照收付实现制编制外，企业应当按照权责发生制编制其他财务报表。在采用权责发生制会计的情况下，当项目符合基本准则中财务报表要素的定义和确认标准时，企业就应当确认相应的资产、负债、所有者权益、收入和费用，并在财务报表中加以反映。

4. 报告期间

企业至少应当按年编制财务报表。根据《中华人民共和国会计法》的规定，会计年度自公历1月1日起至12月31日止。因此，企业在编制年度财务报表时，可能存在年度财务报表涵盖的期间短于一年的情况，如企业在年度中间（如3月1日）开始设立等。在这种情况下，企业应当披露年度财务报表的实际涵盖期间及其短于一年的原因，并应当说明由此引起财务报表项目与比较数据不具可比性这一事实。

5. 依据重要性原则单独或汇总列报项目

关于项目在财务报表中是单独列报还是汇总列报，应当依据重要性原则来判断。总的原则是，如果某项目单个看不具有重要性，则可将其与其他项目汇总列报；如具有重要性，则应当单独列报。企业应当遵循如下规定：

（1）性质或功能不同的项目，一般应当在财务报表中单独列报，但是不具有重要性的项目可以汇总列报。例如，存货和固定资产在性质上和功能上都有本质差别，必须分别在资产负债表上单独列报。

（2）性质或功能类似的项目，一般可以汇总列报，但是对其具有重要性的类别应该单独列报。例如，原材料、低值易耗品等项目在性质上类似，均通过生产过程形成企业的产品存货，因此可以汇总列报，汇总之后的类别统称"存货"，在资产负债表上单独列报。

（3）项目单独列报的原则不仅适用于报表，还适用于附注。某些项目的重要性不足以在资产负债表、利润表、现金流量表或所有者权益变动表中单独列示，但对附注却具有重要性，在这种情况下应当在附注中单独披露。例如，对某制造业企业而言，原材料、在产品、库存商品等项目的重要性不足以在资产负债表上单独列示，因此在资产负债表上汇总列示，但是鉴于其对该制造业企业的重要性，应当在附注中单独披露。

（4）本准则规定在财务报表中单独列报的项目，企业应当单独列报。其他会计准则规定单独列报的项目，企业应当增加单独列报项目。

重要性是判断财务报表项目是否单独列报的重要标准。重要性是指在合理预期下，如果财务报表某项目的省略或错报会影响使用者据此做出经济决策的，则该项目就具有重要性。企业在进行重要性判断时，应当根据所处环境，从项目的性质和金额大小两方面予以判断：一方面，应当考虑该项目的性质是否属于企业日常活动，是否显著影响企业的财务状况、经营成果和现金流量等因素；另一方面，判断项目金额大小的重要性，应当通过单项金额占资产总额、负债总额、所有者权益总额、营业收入总额、营业成本总额、净利润、综合收益总额等直接相关或所属报表单列项目金额的比重加以确定。企业对于各个项目的重要性判断标准一经确定，不得随意变更。

报表项目的增减

企业对不存在相应业务的报表项目可结合本企业的实际情况进行必要删减，企业根据重要性原则并结合本企业的实际情况可以对确需单独列示的内容增加报表项目。

6. 单独列报的项目

本准则规定在财务报表中单独列报的项目，应当单独列报。其他会计准则规定单独列报的项目,应当增加单独列报项目。

7. 财务报表项目金额间的相互抵销

财务报表项目应当以总额列报,资产和负债、收入和费用、直接计入当期利润的利得项目和损失项目的金额不能相互抵销,即不得以净额列报,但企业会计准则另有规定的除外。例如,企业欠客户的应付款不得与其他客户欠本企业的应收款相抵销,否则就掩盖了交易的实质。再如,收入和费用反映了企业投入和产出之间的关系,是企业经营成果的两个方面,为了更好地反映经济交易的实质、考核企业经营管理水平以及预测企业未来现金流量,收入和费用不得相互抵销。

本准则规定以下三种情况不属于抵销:

(1)一组类似交易形成的利得和损失以净额列示的,不属于抵销。例如,汇兑损益应当以净额列报,为交易目的而持有的金融工具形成的利得和损失应当以净额列报。但是,如果相关的利得和损失具有重要性,则应当单独列报。

(2)资产或负债项目按扣除备抵项目后的净额列示,不属于抵销。例如,资产计提的减值准备,实质上意味着资产的价值确实发生了减损,资产项目应当按扣除减值准备后的净额列示,这样才反映了资产当时的真实价值。

(3)非日常活动产生的利得和损失,以同一交易形成的收益扣减相关费用后的净额列示更能反映交易实质的,不属于抵销。非日常活动并非企业主要的业务。非日常活动产生的损益以收入扣减费用后的净额列示,更能有利于报表使用者的理解。例如,非流动资产处置形成的利得或损失,应当按处置收入扣除该资产的账面金额和相关销售费用后的净额列报。

8. 财务报表表首的列报要求

财务报表通常与其他信息(如企业年度报告等)一起公布,企业应当将按照企业会计准则编制的财务报告与一起公布的同一文件中的其他信息相区分。

企业在财务报表的显著位置(通常是表首部分)应当至少披露下列基本信息:

(1)编报企业的名称。如果企业名称在所属当期发生了变更的,还应明确标明。

(2)对资产负债表而言,应当披露资产负债表日;对利润表、现金流量表、所有者权益变动表而言,应当披露报表涵盖的会计期间。

(3)货币名称和单位。按照我国企业会计准则的规定,企业应当以人民币作为记账本位币列报,并标明金额单位,如人民币元、人民币万元等。

(4)财务报表是合并财务报表的,应当予以标明。

9. 列报的一致性

可比性是会计信息质量的一项重要质量要求,目的是使同一企业不同期间和同一期间不同企业的财务报表相互可比。财务报表项目的列报应当在各个会计期间保持一致,不得随意变更。这一要求不仅只针对财务报表中的项目名称,还包括财务报表项目的分类、排列顺序等方面。

在下列情况下,企业可以变更财务报表项目的列报:会计准则要求改变财务报表项目的列报;企业经营业务的性质发生重大变化或对企业经营影响较大的交易或事项发生后,变更财务报表项目的列报能够提供更可靠、更相关的会计信息。企业变更财务报表项目列报的,应当根据本准则的有关规定提供列报的比较信息。

10. 比较信息的列报

企业在列报当期财务报表时,至少应当提供所有列报项目上一个可比会计期间的比较数据,以及与理解当期财务报表相关的说明,目的是向报表使用者提供对比数据,提高信息在会计期间的可比性。列报比较信息的这一要求适用于财务报表的所有组成部分,即既适用于四张报表,也适用于附注。

通常情况下,企业列报所有列报项目上一个可比会计期间的比较数据,至少包括两期各报表及相关附注。当企业追溯应用会计政策或追溯重述,或者重新分类财务报表项目时,按照《企业会计准则第28号——会计政策、会计估计变更和差错更正》等的规定,企业应当在一套完整的财务报表中列报最早可比期间期初的财务报表,即应当至少列报三期资产负债表、两期其他各报表(利润表、现金流量表和所有者权益变动表)及相关附注。其中,列报的三期资产负债表分别指当期期末的资产负债表、上期期末(当期期初)的资产负债表,以及上期期初的资产负债表。

企业根据本准则的规定确需变更财务报表项目列报的,应当至少对可比期间的数据按照当期的列报要求进行调整,并在附注中披露调整的原因和性质,以及调整的各项目金额。但是,在某些情况下,对可比期间比较数据进行调整是不切实可行的。例如,企业在以前期间可能没有按照可以进行重新分类的方式收集数据,并且重新生成这些信息是不切实可行的,则企业应当在附注中披露不能调整的原因,以及假设金额重新分类可能进行的调整的性质。

关于企业变更会计政策或更正差错时要求的对比较信息的调整,由《企业会计准则第28号——会计政策、会计估计变更和差错更正》规范。

关于比较信息的列报(适用于已执行新金融准则、新收入准则和新租赁准则的企业)(财会〔2019〕6号):

按照《企业会计准则第28号——会计政策、会计估计变更和差错更正》和《企业会计准则第30号——财务报表列报》的规定,企业变更会计政策或发生重要的前期差错更正,采用追溯调整法的,应当对可比会计期间的比较数据进行相应调整。

为了提高信息在会计期间的可比性,向报表使用者提供与理解当期财务报表更加相关的比较数据,企业可以增加列报首次执行各项新准则当年年初的资产负债表。企业无论是否增加列报首次执行当年年初的资产负债表,均应当按照相关规定,在附注中分别披露首次执行各项新准则对当年年初财务报表相关项目的影响金额及调整信息。

二、会计准则概述

(一)本准则的相关背景

财务报表是对企业财务状况、经营成果和现金流量的结构性表述,也是企业财务会计确认与计量的最终结果体现。企业在生产经营过程中通过应用会计准则,需要经过一套完整的结构化的报表体系,科学地进行列报。投资者等使用者主要是通过财务报表来了解和掌握企业当前的财务状况、经营成果和现金流量等情况,从而预测企业的未来发展趋势,进而做出相关决策。因此,财务报表是向投资者等报表使用者提供决策有用信息的媒介和渠道,是沟通投资者、债权人等使用者与企业管理层之间信息的桥梁和纽带。

为了有效规范企业财务报表的列报,我国财政部于2006年2月15日发布了《企业会计准则第30号——财务报表列报》(财会〔2006〕3号,以下简称"原准则"),并于2007年1月1日起在上市公司范围内施行,鼓励其他企业执行。该准则对财务报表的组成,财务报表列报的基本要求。资产负债表、利润表、所有者权益变动表的列示和附注的披露内容、结构及其编制方法等问题进行了规范,有利于进一步提高财务报表列报质量,提升会计信息质量,并有序推进我国企业会计准则与国际财务报告准则的持续趋同。

近年来,随着企业经济业务的不断发展,有关交易和事项的会计处理也在不断发展和改进之中,财务报表列报的内容也需要随之不断发展和改进,尤其是其他综合收益项目如何在财务报表中列报亟待规范。例如,随着金融工具的不断创新,公允价值计量在财务报表中得到了日益广泛的应用,会计确认和计量中出现了越来越多的其他综合收益项目,如现金流量套期工具产生的利得或损失中属于有效套期的部分等。又如,《国际会计准则第3号——投资性房地产》引入了公允价值,自用房地产或作为存货的房地产转换为以公允价值模式计量的投资性房地产在转换日公允价值大于账面价值部分计入其他综合收益。再如,随着我国社会保障法律体系逐渐完善,企业向职工提供福利的形式不断丰富,其中包括设定受益计划的福利形式,重新计量设定受益计划净负债或净资产的变动也属于其他综合收益。

国际会计准则理事会于2007年9月发布了对《国际会计准则第1号——财务报表列报》（以下简称《国际会计准则第1号》）的修订，正式引入了"综合收益"的概念，并在利润表中加以反映。对此，我国于2009年6月11日发布了《企业会计准则解释第3号》，在利润表中增加了"其他综合收益"和"综合收益总额"项目，对原准则进行了有效改进和补充，也实现了与国际列报准则的持续趋同，并且在实务中实施良好。为了进一步规范其他综合收益项目的列报，国际会计准则理事会于2011年6月16日发布了《对〈国际会计准则第1号——财务报表列报〉的修订》——《其他综合收益项目的列报》，将其他综合收益项目划分为"满足特定条件时后续将重分类计入损益的项目"和"不能重分类计入损益的项目"两类区别列报，对其他综合收益的列报问题进一步予以改进，有助于报表使用者评估其他综合收益项目对企业整体业绩的影响。《国际会计准则第1号》的修改完善为我国进一步改进财务报表列报提供了有益参考。

为了规范财务报表的列报，保证同一企业不同期间和同一期间不同企业的财务报表相互可比，我国财政部制定了《企业会计准则第30号——财务报表列报》，自2014年7月1日起施行（财会〔2014〕7号，财会〔2006〕3号中的《企业会计准则第30号——财务报表列报》同时废止，修订后的财务报表列报准则，本讲简称"本准则"或"新准则"）。

为解决执行企业会计准则的企业在财务报告编制中的实际问题，规范企业财务报表列报，提高会计信息质量，针对2017年施行的《企业会计准则第42号——持有待售的非流动资产、处置组和终止经营》（财会〔2017〕13号）和《企业会计准则第16号——政府补助》（财会〔2017〕15号）的相关规定，我国财政部对一般企业财务报表格式进行了修订（《关于修订印发一般企业财务报表格式的通知》，2017年12月25日，财会〔2017〕30号）。

为解决执行企业会计准则的企业在财务报告编制中的实际问题，规范企业财务报表列报，提高会计信息质量，针对2019年1月1日起分阶段实施的《企业会计准则第21号——租赁》（财会〔2018〕35号，以下称"新租赁准则"），以及企业会计准则实施中的有关情况，我国财政部对一般企业财务报表格式进行了修订（财会〔2019〕6号，2019年4月30日）。财政部于2018年6月15日发布的《财政部关于修订印发2018年度一般企业财务报表格式的通知》（财会〔2018〕15号）同时废止。财会〔2019〕6号文件适用于执行企业会计准则的非金融企业2019年度中期财务报表和年度财务报表及以后期间的财务报表。财政部于2017年印发了《企业会计准则第22号——金融工具确认和计量》（财会〔2017〕7号）、《企业会计准则第23号——金融资产转移》（财会〔2017〕8号）、《企业会计准则第24号——套期会计》（财会〔2017〕9号）、《企业会计准则第37号——金融工具列报》（财会〔2017〕14号）（以下称"新金融准则"）、《企业会计准则第14号——收入》（财会〔2017〕22号，以下称"新收入准则"），自2018年1月1日起分阶段实施。执行企业会计准则的非金融企业中，未执行新金融准则、新收入准则和新租赁准则的企业应当按照企业会计准则和财会〔2019〕6号文件附件1的要求编制财务报表；已执行新金融准则、新收入准则和新租赁准则的企业应当按照企业会计准则和财会〔2019〕6号文件附件2的要求编制财务报表；已执行新金融准则但未执行新收入准则和新租赁准则的企业，或已执行新金融准则和新收入准则但未执行新租赁准则的企业，应当结合财会〔2019〕6号文件附件1和附件2的要求对财务报表项目进行相应调整。执行企业会计准则的金融企业应当按照《财政部关于修订印发2018年度金融企业财务报表格式的通知》（财会〔2018〕36号）的要求编制财务报表，结合财会〔2019〕6号文件的格式对金融企业专用项目之外的相关财务报表项目进行相应调整。

（二）本准则的适用范围

本准则统一了各行业财务报表的编制要

求,同时兼顾了金融企业的特殊性,对财务报表列报格式和内容以及附注披露要求等做出了规范。因此,本准则是对财务报表列报的原则性和框架性的规定,是企业列报财务报表的最低要求,不仅适用于一般企业,也适用于金融企业等特殊行业企业。企业应当根据本准则及应用指南的规定,并结合自身经营活动的性质,确定本企业适用的财务报表格式;企业如存在特殊项目或特殊行业企业确有特别需要的,可以结合本企业的实际情况,在本准则应用指南规定的财务报表格式的基础上对财务报表格式进行相应调整和补充。

按照财务报表编报期间的不同,财务报表可以分为中期财务报表和年度财务报表,都应遵循本准则的规定;同时,企业编制中期财务报表的,还应当遵循《企业会计准则第32号——中期财务报告》。

按照财务报表编报主体的不同,财务报表可以分为个别财务报表和合并财务报表,都应遵循本准则的规定;同时,企业编制合并财务报表的,还应当遵循《企业会计准则第33号——合并财务报表》。

财务报表的组成部分包括资产负债表、利润表、现金流量表、所有者权益变动表和附注,本准则对资产负债表、利润表、所有者权益变动表和附注的列报和披露进行了规范;同时,企业编制现金流量表的,还应当遵循《企业会计准则第31号——现金流量表》,但是本准则对财务报表列报的基本要求同样适用于现金流量表的列报。

(三) 本准则的主要变化

修订后的准则较原准则主要是适应上市公司财务报表列表要求的调整和其他会计准则修订变化,对财务报表列报的原有规定予以调整和补充说明,并对可能发生影响企业列表信息相关性和有效性的事项,新增了财务报表列表要求。

第二节 资产负债表

资产负债表是反映企业在某一特定日期的财务状况的会计报表,即反映了某一特定日期关于企业资产、负债、所有者权益及其相互关系的信息。它是企业经营活动的静态反映。

资产负债表是根据"资产=负债+所有者权益"这一平衡公式,依照一定的分类标准和一定的次序,将某一特定日期的资产、负债、所有者权益的具体项目予以适当的排列编制而成。

资产负债表主要反映资产、负债和所有者权益三方面的内容。

通过资产负债表,可以反映企业在某一特定日期所拥有或控制的经济资源、所承担的现时义务和所有者对净资产的要求权,帮助财务报表使用者全面了解企业的财务状况、分析企业的偿债能力等情况,从而为其做出经济决策提供依据。

一、资产负债表列报的总体要求

(一) 分类别列报

资产负债表列报应当如实反映企业在资产负债表日所拥有的资源、所承担的负债以及所有者所拥有的权益。资产负债表应当按照资产、负债和所有者权益三大类别分类列报。

资产负债表中的资产反映由过去的交易、事项形成并由企业在某一特定日期所拥有或控制的、预期会给企业带来经济利益的资源。

资产负债表中的负债反映在某一特定日期企业所承担的、预期会导致经济利益流出企业的现时义务。

资产负债表中的所有者权益是企业资产扣除负债后的剩余权益。资产负债表中的所有者权益类一般按照净资产的不同来源和特定用途进行分类,资产负债表中的所有者权益类应当按照实收资本(或股本)资本公积、其他综合收益、盈余公积、未分配利润等项目分项列示。

(二) 资产和负债按流动性列报

1. 流动性列报方面综合知识

资产负债表上资产和负债应当按照流动性分别分为流动资产和非流动资产、流动负债和非流动负债列示。资产应当按照流动资产和非流动资产两大类别在资产负债表中列示，在流动资产和非流动资产类别下进一步按性质分项列示。负债应当按照流动负债和非流动负债在资产负债表中进行列示，在流动负债和非流动负债类别下再进一步按性质分项列示。流动性，通常按资产的变现或耗用时间长短或者负债的偿还时间长短来确定。企业应当先列报流动性强的资产或负债，再列报流动性弱的资产或负债。

对于一般企业(如工商企业)而言，通常在明显可识别的营业周期内销售产品或提供服务，应当将资产和负债分别分为流动资产和非流动资产、流动负债和非流动负债列示，有助于反映本营业周期内预期能实现的资产和应偿还的负债。但是，对于银行、证券、保险等金融企业而言，其销售产品或提供服务不具有明显可识别营业周期，在经营内容上也不同于一般企业，导致其资产和负债的构成项目也与一般企业有所不同，具有特殊性，金融企业的有些资产或负债无法严格区分为流动资产和非流动资产。在这种情况下，按照流动性列示往往能够提供可靠且更相关信息，因此，金融企业等特殊行业企业等可以大体按照流动性顺序列示所有的资产和负债。

对于从事多种经营的企业，可以采用混合的列报基础进行列报，即对一部分资产和负债按照流动资产和非流动资产、流动负债和非流动负债列报，同时对其他资产和负债按照流动性顺序列报，但前提是能够提供可靠且更加相关的信息。

2. 流动资产和非流动资产的划分

资产满足下列条件之一的，应当归类为流动资产：

(1) 预计在一个正常营业周期中变现、出售或耗用。

这主要包括存货、应收账款等资产。需要指出的是，变现一般针对应收账款等而言，指将资产变为现金；出售一般针对产品等存货而言；耗用一般指将存货(如原材料)转变成另一种形态(如产成品)。

(2) 主要为交易目的而持有。

例如，一些根据《企业会计准则第22号——金融工具确认和计量》划分的交易性金融资产。但是，并非所有交易性金融资产均为流动资产，如自资产负债表日起超过12个月到期且预期持有超过12个月的衍生工具应当划分为非流动资产或非流动负债。

(3) 预计在资产负债表日起一年内(含一年，下同)变现。

(4) 自资产负债表日起一年内，交换其他资产或清偿负债的能力不受限制的现金或现金等价物。

流动资产以外的资产应当归类为非流动资产。

对于同时包含资产负债表日后一年内和一年之后预期将收回或清偿金额的资产和负债单列项目，本准则还要求企业应当披露超过一年后预期收回或清偿的金额。例如，金融企业资产负债表中的资产和负债项目按照流动性顺序列示，有些资产或负债项目中同时包含了资产负债表日后一年内和一年之后预期收回或清偿的金额。针对这些项目，企业应当在附注中披露资产负债表日后一年之后预期收回或清偿的金额。再如，房地产开发企业的正常营业周期通常长于一年，其已经开发完工和正在开发的房地产作为存货在资产负债表的流动资产部分列示，企业对于该存货还应当在附注中披露资产负债表日后一年之后预期收回的金额。

3. 流动负债与非流动负债的划分

流动负债的判断标准与流动资产的判断标准相类似。负债满足下列条件之一的，应当归类为流动负债：

(1) 预计在一个正常营业周期中清偿。

(2) 主要为交易目的而持有。

(3) 自资产负债表日起一年内到期应予以清偿。

(4) 企业无权自主地将清偿推迟至资产负债表日后一年以上。

关于可转换工具负债成分的分类,本准则还规定,负债在其对手方选择的情况下可通过发行权益进行清偿的条款与在资产负债表日负债的流动性划分无关。企业在应用流动负债的判断标准时,应当注意以下两点:

① 企业对资产和负债进行流动性分类时,应当采用相同的正常营业周期。

② 企业正常营业周期中的经营性负债项目即使在资产负债表日后超过一年才予清偿的,仍应划分为流动负债。经营性负债项目包括应付账款、应付职工薪酬等,这些项目属于企业正常营业周期中使用的营运资金的一部分。

4. 资产负债表日后事项对流动负债与非流动负债划分的影响

流动负债与非流动负债的划分是否正确,直接影响到对企业短期和长期偿债能力的判断。企业在判断流动负债与非流动负债的划分时,对于资产负债表日后事项对流动负债与非流动负债划分的影响,需要特别加以考虑。总的判断原则是,企业在资产负债表上对负债流动和非流动的划分,应当反映在资产负债表日有效的合同安排,考虑在资产负债表日起一年内企业是否必须无条件清偿,而资产负债表日之后(即使财务报告批准报出日前)的再融资、展期或提供宽限期等行为,与资产负债表日判断负债的流动性状况无关。

(1) 资产负债表日起一年内到期的负债。

对于在资产负债表日起一年内到期的负债,企业有意图且有能力自主地将清偿义务展期至资产负债表日后一年以上的,应归类为非流动负债;不能自主地将清偿义务展期的,即使在资产负债表日后、财务报告批准报出日前签订了重新安排清偿计划协议,该项负债在资产负债表日仍应当归类为流动负债。

(2) 在资产负债表日或之前企业违反长期借款协议。

企业在资产负债表日或之前违反了长期借款协议,导致贷款人可随时要求清偿的负债,应当归类为流动负债。这是因为,在这种情况下,债务清偿的主动权并不在企业,企业只能被动地无条件归还贷款,而且该事实在资产负债表日即已存在,所以该负债应当作为流动负债列报。但是,如果贷款人在资产负债表日或之前同意提供在资产负债表日后一年以上的宽限期,在此期限内企业能够改正违约行为,且贷款人不能要求随时清偿的,在资产负债表日的此项负债并不符合流动负债的判断标准,应当归类为非流动负债。

企业的其他长期负债存在类似情况的,应当比照上述有关规定进行处理。

注 资金集中管理涉及非流动项目的,企业还应当按照《企业会计准则第 30 号——财务报表列报》关于流动性列示的要求,分别在流动资产和非流动资产、流动负债和非流动负债列示。

(三) 列报相关的合计、总计项目

资产负债表中的资产类至少应当列示流动资产和非流动资产的合计项目;负债类至少应当列示流动负债、非流动负债以及负债的合计项目;所有者权益类应当列示所有者权益的合计项目。但是,按照企业的经济性质列报"流动资产合计""非流动资产合计""流动负债合计""非流动负债合计"等项目不切实可行的,则无须列报这些项目。例如,金融企业等特殊行业企业的资产和负债按照流动性顺序列报的情况。

资产负债表遵循了"资产＝负债＋所有者权益"这一会计恒等式,把企业在特定时日所拥有的经济资源和与之相对应的企业所承担的债务及偿债以后属于所有者的权益充分反映出来。因此,资产负债表应当分别列示资产总计项目和负债与所有者权益之和的总计项目,并且这两者的金额应当相等。

二、资产负债表的结构

资产负债表一般由表头、表体两部分组成。

表头部分应列明报表名称、编制单位名称、资产负债表日、报表编号和计量单位;表体部分是资产负债表的主体,列示了用以说明企业财务状况的各个项目。

资产负债表的表体格式一般有两种:报告式资产负债表和账户式资产负债表。报告式资产负债表是上下结构,上半部分列示资产各项目,下半部分列示负债和所有者权益各项目。账户式资产负债表是左右结构,左边列示资产各项目,反映全部资产的分布及存在状态;右边列示负债和所有者权益各项目,反映全部负债和所有者权益的内容及构成情况。不管采取什么格式,资产各项目的合计一定等于负债和所有者权益各项目的合计。

我国企业的资产负债表采用账户式结构,分为左右两方,左方为资产项目,大体按资产的流动性大小排列,流动性大的资产如"货币资金""交易性金融资产"等排在前面,流动性小的资产如"长期股权投资""固定资产"等排在后面。右方为负债及所有者权益项目,一般按要求清偿时间的先后顺序排列,"短期借款""应付票据"及"应付账款"等需要在一年以内或者长于一年的一个正常营业周期①内偿还的流动负债排在前面,"长期借款"等在一年以上才需偿还的非流动负债排在中间,在企业清算之前不需要偿还的所有者权益项目排在后面。

账户式资产负债表中的资产各项目的合计等于负债和所有者权益各项目的合计,即资产负债表左方和右方平衡。

通过账户式资产负债表,可以反映资产、负债、所有者权益之间的内在关系,即"资产＝负债＋所有者权益"。

三、资产负债表的格式

一般企业财务报表格式(适用于已执行新金融准则、新收入准则和新租赁准则的企业),见表36-1;执行企业会计准则的金融企业应当按照《财政部关于修订印发2018年度金融企业财务报表格式的通知》(财会〔2018〕36号)的要求编制财务报表,结合财会〔2019〕6号文件的格式对金融企业专用项目之外的相关财务报表项目进行相应调整。

表36-1 资产负债表　　　　　　　　　　　　　　　　　　会企01表

编制单位:　　　　　　　　　　　　　年　月　日　　　　　　　　　　　　　单位:元

资产	期末余额	上年年末余额	负债和所有者权益(或股东权益)	期末余额	上年年末余额
流动资产:	0		流动负债:		
货币资金			短期借款		
交易性金融资产			交易性金融负债		
衍生金融资产			衍生金融负债		
应收票据			应付票据		
应收账款			应付账款		
应收款项融资			预收款项		
预付款项			合同负债		
其他应收款			应付职工薪酬		
存货			应交税费		

---

① 关于正常营业周期。本准则在判断流动资产、流动负债时所指的正常营业周期,是指企业从购买用于加工的资产起至实现现金或现金等价物的期间。正常营业周期通常短于一年,在一年内有几个营业周期。但是,因生产周期较长等导致正常营业周期长于一年的,尽管相关资产往往超过一年才变现、出售或耗用,仍应当划分为流动资产。例如,房地产开发企业开发用于出售的房地产开发产品,造船企业制造的用于出售的大型船只等,从购买原材料进入生产,到制造出产品出售并收回现金或现金等价物的过程,往往超过一年。在这种情况下,与生产循环相关的产成品、应收账款、原材料尽管超过一年才变现、出售或耗用,仍应作为流动资产列示。当正常营业周期不能确定时,企业应当以一年(12个月)作为正常营业周期。

(续表)

资产	期末余额	上年年末余额	负债和所有者权益（或股东权益）	期末余额	上年年末余额
合同资产			其他应付款		
持有待售资产			持有待售负债		
一年内到期的非流动资产			一年内到期的非流动负债		
其他流动资产			其他流动负债		
流动资产合计			流动负债合计		
非流动资产：			非流动负债：		
债权投资			长期借款		
其他债权投资			应付债券		
长期应收款			其中：优先股		
长期股权投资			永续债		
其他权益工具投资			租赁负债		
其他非流动金融资产			长期应付款		
投资性房地产			预计负债		
固定资产			递延收益		
在建工程			递延所得税负债		
生产性生物资产			其他非流动负债		
油气资产			非流动负债合计		
使用权资产			负债合计		
无形资产			所有者权益（或股东权益）：		
开发支出			实收资本（或股本）		
商誉			其他权益工具		
长期待摊费用			其中：优先股		
递延所得税资产			永续债		
其他非流动资产			资本公积		
非流动资产合计			减：库存股		
			其他综合收益		
			专项储备		
			盈余公积		
			未分配利润		
			所有者权益（或股东权益）合计		
资产总计			负债和所有者权益（或股东权益）总计		

四、资产负债表的编制

（一）资产负债表项目的填列方法

资产负债表各项目均需填列"期末余额"和"上年年末余额"两栏。

资产负债表的"上年年末余额"栏内各项数字，应根据上年年末资产负债表的"期末余额"栏内所列数字填列。如果上年度资产负债表规定的各个项目的名称和内容与本年度不相一致，应按照本年度的规定对上年年末资产负债表各项目的名称和数字进行调整，填入本表"上年年末余额"栏内。

资产负债表的"期末余额"栏主要有以下几种填列方法：

1. 根据总账科目余额填列

如："短期借款""资本公积"等项目，根据"短期借款""资本公积"各总账科目的余额直接填列。

2. 根据总账科目余额计算填列

有些项目则需根据几个总账科目的期末余额计算填列。

如"货币资金"项目，需根据"库存现金""银行存款""其他货币资金"三个总账科目的期末余额的合计数填列。

3. 根据明细账科目余额计算填列

(1) "应付账款"项目。

需要根据"应付账款"和"预付账款"两个科目所属的相关明细科目的期末贷方余额计算填列。

(2) "预付款项"项目。

需要根据"应付账款"科目和"预付账款"科目所属的相关明细科目的期末借方余额减去与"预付账款"有关的坏账准备贷方余额计算填列。

(3) "预收款项"项目。

需要根据"应收账款"科目和"预收账款"科目所属相关明细科目的期末贷方金额合计填列。

(4) "开发支出"项目。

需要根据"研发支出"科目中所属的"资本化支出"明细科目期末余额计算填列。

(5) "应付职工薪酬"项目。

需要根据"应付职工薪酬"科目的明细科目期末余额计算填列。

(6) "一年内到期的非流动资产""一年内到期的非流动负债"项目。

需要根据相关非流动资产和非流动负债项目的明细科目余额计算填列。

(7) "未分配利润"项目。

需要根据"利润分配"科目中所属的"未分配利润"明细科目期末余额填列。

4. 根据总账科目和明细账科目余额分析计算填列

(1) "长期借款"项目。

需要根据"长期借款"总账科目余额扣除"长期借款"科目所属的明细科目中将在一年到期且企业不能自主地将清偿义务展期的长期借款后的金额计算填列。

(2) "其他非流动资产"项目。

应根据有关科目的期末余额减去将于一年内(含一年)收回数后的金额计算填列。

(3) "其他非流动负债"项目。

应根据有关科目的期末余额减去将于一年内(含一年)到期偿还数后的金额计算填列。

5. 根据有关科目余额减去其备抵科目余额后的净额填列

(1) 资产负债表中"应收票据""应收账款""长期股权投资""在建工程"等项目。

应当根据"应收票据""应收账款""长期股权投资""在建工程"等科目的期末余额减去"坏账准备""长期股权投资减值准备""在建工程减值准备"等备抵科目余额后的净额填列。

(2) "投资性房地产"(采用成本模式计量)、"固定资产"项目。

应当根据"投资性房地产""固定资产"科目的期末余额，减去"投资性房地产累计折旧""投资性房地产减值准备""累计折旧""固定资产减值准备"等备抵科目的期末余额，以及"固定资产清理"科目期末余额后的净额填列。

(3) "无形资产"项目。

应当根据"无形资产"科目的期末余额，减去"累计摊销""无形资产减值准备"等备抵科目余额后的净额填列。

6. 综合运用上述填列方法分析填列

如资产负债表中的"存货"项目，需要根据"原材料""库存商品""委托加工物资""周转材料""材料采购""在途物资""发出商品""材料成本差异"等总账科目期末余额的分析汇总数，再减去"存货跌价准备"科目余额后的净额填列。

(二) 资产负债表项目的填列说明

1. 资产项目的填列说明

(1) "货币资金"项目。

反映企业库存现金、银行结算户存款、外埠存款、银行汇票存款、银行本票存款、信用卡存款、信用证保证金存款等的合计数。

本项目应根据"库存现金""银行存款""其他货币资金"科目期末余额的合计数填列。

【例36-1】 2×20年12月31日,智董公司"库存现金"科目余额为0.3万元,"银行存款"科目余额为302.7万元,"其他货币资金"科目余额为297万元,则2×20年12月31日,智董公司资产负债表中"货币资金"项目"期末余额"栏的列报金额:0.3+302.7+297=600(万元)。

注 关于直接存入、拆借财务公司的资金。对于成员单位未归集至集团母公司账户而直接存入财务公司的资金,成员单位应当在资产负债表"货币资金"项目中列示,根据重要性原则并结合本企业的实际情况,成员单位还可以在"货币资金"项目之下增设"其中:存放财务公司款项"项目单独列示;财务公司应当在资产负债表"吸收存款"项目中列示。对于成员单位未从集团母公司账户而直接从财务公司拆借的资金,成员单位应当在资产负债表"短期借款"项目中列示;财务公司应当在资产负债表"发放贷款和垫款"项目中列示。

以上所称的财务公司,是指依法接受银保监会的监督管理,以加强企业集团资金集中管理和提高企业集团资金使用效率为目的,为企业集团成员单位提供财务管理服务的非银行金融机构。

(2)"交易性金融资产"项目。

反映资产负债表日企业分类为以公允价值计量且其变动计入当期损益的金融资产,以及企业持有的指定为以公允价值计量且其变动计入当期损益的金融资产的期末账面价值。

该项目应根据"交易性金融资产"科目的相关明细科目期末余额分析填列。

自资产负债表日起超过一年到期且预期持有超过一年的以公允价值计量且其变动计入当期损益的非流动金融资产的期末账面价值,在"其他非流动金融资产"项目反映。

(3)"应收票据"项目。

反映资产负债表日以摊余成本计量的、企业因销售商品、提供服务等收到的商业汇票,包括银行承兑汇票和商业承兑汇票。

该项目应根据"应收票据"科目的期末余额,减去"坏账准备"科目中相关坏账准备期末余额后的金额分析填列。

【例36-2】 2×20年12月31日,智董公司"应收票据"科目的余额为3 900万元;"坏账准备"科目中有关应收票据计提的坏账准备余额为135万元,则2×20年12月31日,智董公司资产负债表中"应收票据"项目"期末余额"栏的列报金额=3 900-135=3 765(万元)。

(4)"应收账款"项目。

反映资产负债表日以摊余成本计量的、企业因销售商品、提供服务等经营活动应收取的款项。

该项目应根据"应收账款"科目的期末余额,减去"坏账准备"科目中相关坏账准备期末余额后的金额分析填列。

(5)"应收款项融资"项目。

反映资产负债表日以公允价值计量且其变动计入其他综合收益的应收票据和应收账款等。

(6)"预付款项"项目。

反映企业按照购货合同规定预付给供应单位的款项等。

本项目应根据"预付账款"和"应付账款"科目所属各明细科目的期末借方余额合计数,减去"坏账准备"科目中有关预付账款计提的坏账准备期末余额后的净额填列。如"预付账款"科目所属明细科目期末为贷方余额的,应在资产负债表"应付账款"项目内填列。

(7)"其他应收款"项目。

反映企业除应收票据、应收账款、预付账款等经营活动以外的其他各种应收、暂付的款项。

本项目应根据"应收利息""应收股利"和"其他应收款"科目的期末余额合计数,减去"坏账准备"科目中相关坏账准备期末余额后的金额填列。其中的"应收利息"仅反映相关金融工具已到期可收取但于资产负债表日尚未收到的利息。基于实际利率法计提的金融工具的利息应包含在相应金融工具的账面余额中。

注 关于企业集团母公司账户归集、拆借的资金。企业根据相关法规制度,通过内部结算中心、财务公司等对母公司及成员单位资金实行集中统一管理的,对于成员单位归集至集团母公司账户的资金,成员单位应当在资产负债表"其他应收款"项目中列示,或者根据重要性原则并结合本企业的实际情况,在"其他应收款"项目之上增设"应收资金集中管理款"项目单独列示;母公司应当在资产负债表"其他应付款"项目中列示。对于成员单位从集团母公司账户拆借的资金,成员单位应当在资产负债表"其他应付款"项目中列示;母公司应当在资产负债表

"其他应收款"项目中列示。

(8)"存货"项目。

反映企业期末在库、在途和在加工中的各种存货的可变现净值或成本(成本与可变现净值孰低)。存货包括各种材料、商品、在产品、半成品、包装物、低值易耗品、发出商品等。

本项目应根据"材料采购""原材料""库存商品""周转材料""委托加工物资""发出商品""生产成本""受托代销商品"等科目的期末余额合计数,减去"受托代销商品款""存货跌价准备"科目期末余额后的净额填列。材料采用计划成本核算,以及库存商品采用计划成本核算或售价核算的企业,还应按加或减材料成本差异、商品进销差价后的金额填列。

注 按照《企业会计准则第14号——收入》(财会〔2017〕22号)的相关规定确认为资产的合同履约成本,应当根据"合同履约成本"科目的明细科目初始确认时摊销期限是否超过一年或一个正常营业周期,在"存货"或"其他非流动资产"项目中填列,已计提减值准备的,还应减去"合同履约成本减值准备"科目中相关的期末余额后的金额填列。

【例36-3】 2×20年12月31日,智董公司有关科目余额如下:"发出商品"科目借方余额为2 400万元,"生产成本"科目借方余额为900万元,"原材料"科目借方余额为300万元,"委托加工物资"科目借方余额为600万元,"材料成本差异"科目贷方余额为75万元,"存货跌价准备"科目贷方余额为300万元,"受托代销商品"科目借方余额1 200万元,"受托代销商品款"科目贷方余额为1 200万元,则2×20年12月31日,智董公司资产负债表中"存货"项目"期末余额"栏的列报金额=2 400+900+300+600−75−300+1 200−1 200=3 825(万元)。

(9)"合同资产"项目。

反映企业按照《企业会计准则第14号——收入》(2018)的相关规定,根据本企业履行履约义务与客户付款之间的关系在资产负债表中列示的合同资产。

"合同资产"项目应根据"合同资产"科目的相关明细科目期末余额分析填列,同一合同下的合同资产和合同负债应当以净额列示,其中净额为借方余额的,应当根据其流动性在"合同资产"或"其他非流动资产"项目中填列,已计提减值准备的,还应以减去"合同资产减值准备"科目中相关的期末余额后的金额填列;其中净额为贷方余额的,应当根据其流动性在"合同负债"或"其他非流动负债"项目中填列。

注 企业应按照《企业会计准则第14号——收入》(财会〔2017〕22号)的相关规定根据本企业履行履约义务与客户付款之间的关系在资产负债表中列示合同资产或合同负债。"合同资产"项目、"合同负债"项目,应分别根据"合同资产"科目、"合同负债"科目的相关明细科目的期末余额分析填列,同一合同下的合同资产和合同负债应当以净额列示,其中净额为借方余额的,应当根据其流动性在"合同资产"或"其他非流动资产"项目中填列,已计提减值准备的,还应减去"合同资产减值准备"科目中相关的期末余额后的金额填列;其中净额为贷方余额的,应当根据其流动性在"合同负债"或"其他非流动负债"项目中填列。

由于同一合同下的合同资产和合同负债应当以净额列示,企业也可以设置"合同结算"科目(或其他类似科目),以核算同一合同下属于在某一时段内履行履约义务涉及与客户结算对价的合同资产或合同负债,并在此科目下设置"合同结算——价款结算"科目反映定期与客户进行结算的金额,设置"合同结算——收入结转"科目反映按履约进度结转的收入金额。资产负债表日,"合同结算"科目的期末余额在借方的,根据其流动性在"合同资产"或"其他非流动资产"项目中填列;期末余额在贷方的,根据其流动性在"合同负债"或"其他非流动负债"项目中填列。

(10)"持有待售资产"项目。

反映资产负债表日划分为持有待售类别的非流动资产及划分为持有待售类别的处置组中的流动资产和非流动资产的期末账面价值。

该项目应根据"持有待售资产"科目的期末余额,减去"持有待售资产减值准备"科目的期末余额后的金额填列。

注 关于持有待售的非流动资产的列报。

对于根据企业会计准则划分为持有待售的非流动资产(如固定资产、无形资产、长期股权投资等)的列报,被划分为持有待售的非流动资产应当归类为流动资产;本准则同时规定,被划分为持有待售的非流动负债应当归类为流动负债。

持有待售的非流动资产既包括单项资产也包括处置组。处置组是指在一项交易中作为整体通过出售或其他方式一并处置的一组资产以及在该交易中转让的与这些资产直接相关的负债。因此，无论是被划分为持有待售的单项非流动资产还是处置组中的资产，都应当在资产负债表的流动资产部分单独列报；类似地，被划分为持有待售的处置组中的与转让资产相关的负债应当在资产负债表的流动负债部分单独列报。

【例36-4】 智董公司计划出售一项固定资产，该固定资产于2×20年12月31日被划分为持有待售固定资产，其账面价值为945万元，从划归为持有待售的下个月起停止计提折旧，不考虑其他因素，则2×20年12月31日，智董公司资产负债表中"持有待售资产"项目"期末余额"栏的列报金额为945万元。

(11)"一年内到期的非流动资产"项目。

通常反映预计自资产负债表日起一年内变现的非流动资产。

本项目应根据有关科目的期末余额分析填列。

对于按照相关会计准则采用折旧(或摊销、折耗)方法进行后续计量的固定资产、使用权资产、无形资产和长期待摊费用等非流动资产，折旧(或摊销、折耗)年限(或期限)只剩一年或不足一年的，或预计在一年内(含一年)进行折旧(或摊销、折耗)的部分，不得归类为流动资产，仍在各该非流动资产项目中填列，不转入"一年内到期的非流动资产"项目。

注 自资产负债表日起一年内到期的长期债权投资的期末账面价值，在"一年内到期的非流动资产"项目反映。

(12)"其他流动资产"项目。

按照《企业会计准则第14号——收入》(财会〔2017〕22号)的相关规定确认为资产的合同取得成本，应当根据"合同取得成本"科目的明细科目初始确认时摊销期限是否超过一年或一个正常营业周期，在"其他流动资产"或"其他非流动资产"项目中填列，已计提减值准备的，还应减去"合同取得成本减值准备"科目中相关期末余额后的金额填列。

按照《企业会计准则第14号——收入》(财会〔2017〕22号)的相关规定确认为资产的应收退货成本，应当根据"应收退货成本"科目是否在一年或一个正常营业周期内出售，在"其他流动资产"或"其他非流动资产"项目中填列。

注 企业购入的以公允价值计量且其变动计入其他综合收益的一年内到期的债权投资的期末账面价值，在"其他流动资产"项目反映。

(13)"债权投资"项目。

反映资产负债表日企业以摊余成本计量的长期债权投资的期末账面价值。

该项目应根据"债权投资"科目的相关明细科目期末余额，减去"债权投资减值准备"科目中相关减值准备的期末余额后的金额分析填列。

自资产负债表日起一年内到期的长期债权投资的期末账面价值，在"一年内到期的非流动资产"项目反映。

企业购入的以摊余成本计量的一年内到期的债权投资的期末账面价值，在"其他流动资产"项目反映。

(14)"其他债权投资"项目。

反映资产负债表日企业分类为以公允价值计量且其变动计入其他综合收益的长期债权投资的期末账面价值。

该项目应根据"其他债权投资"科目的相关明细科目期末余额分析填列。

自资产负债表日起一年内到期的长期债权投资的期末账面价值，在"一年内到期的非流动资产"项目反映。

企业购入的以公允价值计量且其变动计入其他综合收益的一年内到期的债权投资的期末账面价值，在"其他流动资产"项目反映。

(15)"长期应收款"项目。

反映企业租赁产生的应收款项和采用递延方式分期收款、实质上具有融资性质的销售商品和提供劳务等经营活动产生的应收款项。

本项目应根据"长期应收款"科目的期末余额，减去相应的"未实现融资收益"科目和"坏账准备"科目所属相关明细科目期末余额后的金额填列。

(16)"长期股权投资"项目。

反映投资方对被投资单位实施控制、重大影响的权益性投资,以及对其合营企业的权益性投资。

本项目应根据"长期股权投资"科目的期末余额,减去"长期股权投资减值准备"科目的期末余额后的净额填列。

(17)"其他权益工具投资"项目。

反映资产负债表日企业指定为以公允价值计量且其变动计入其他综合收益的非交易性权益工具投资的期末账面价值。

该项目应根据"其他权益工具投资"科目的期末余额填列。

(18)"其他非流动金融资产"项目。

自资产负债表日起超过一年到期且预期持有超过一年的以公允价值计量且其变动计入当期损益的非流动金融资产的期末账面价值,在"其他非流动金融资产"项目反映。

(19)"固定资产"项目。

反映资产负债表日企业固定资产的期末账面价值和企业尚未清理完毕的固定资产清理净损益。

该项目应根据"固定资产"科目的期末余额,减去"累计折旧"和"固定资产减值准备"科目的期末余额后的金额,以及"固定资产清理"科目的期末余额填列。

【例36-5】 2×20年12月31日,智董公司"固定资产"科目借方余额为12 000万元,"累计折旧"科目贷方余额为6 000万元,"固定资产减值准备"科目贷方余额为1 500万元,"固定资产清理"科目借方余额为1 500万元,则2×20年12月31日,智董公司资产负债表中"固定资产"项目"期末余额"栏的列报金额＝12 000－6 000－1 500＋1 500＝6 000(万元)。

(20)"在建工程"项目。

反映资产负债表日企业尚未达到预定可使用状态的在建工程的期末账面价值和企业为在建工程准备的各种物资的期末账面价值。

该项目应根据"在建工程"科目的期末余额,减去"在建工程减值准备"科目的期末余额后的金额,以及"工程物资"科目的期末余额,减去"工程物资减值准备"科目的期末余额后的金额填列。

(21)"使用权资产"项目。

反映资产负债表日承租人企业持有的使用权资产的期末账面价值。

该项目应根据"使用权资产"科目的期末余额,减去"使用权资产累计折旧"和"使用权资产减值准备"科目的期末余额后的金额填列。

(22)"无形资产"项目。

反映企业持有的专利权、非专利技术、商标权、著作权、土地使用权等无形资产的成本减去累计摊销和减值准备后的净值。

本项目应根据"无形资产"科目的期末余额,减去"累计摊销"和"无形资产减值准备"科目期末余额后的净额填列。

【例36-6】 2×20年12月31日,智董公司"无形资产"科目借方余额为2 400万元,"累计摊销"科目贷方余额为600万元,"无形资产减值准备"科目贷方余额为300万元,则2×20年12月31日,智董公司资产负债表中"无形资产"项目"期末余额"栏的列报金额＝2 400－600－300＝1 500(万元)。

(23)"开发支出"项目。

反映企业开发无形资产过程中能够资本化形成无形资产成本的支出部分。本项目应当根据"研发支出"科目中所属的"资本化支出"明细科目期末余额填列。

(24)"长期待摊费用"项目。

反映企业已经发生但应由本期和以后各期负担的分摊期限在一年以上的各项费用。长期待摊费用中在一年内(含一年)摊销的部分,在资产负债表"一年内到期的非流动资产"项目填列。

本项目应根据"长期待摊费用"科目的期末余额,减去将于一年内(含一年)摊销的数额后的金额分析填列。

(25)"递延所得税资产"项目。

反映企业根据所得税准则确认的可抵扣暂时性差异产生的所得税资产。

本项目应根据"递延所得税资产"科目的期末余额填列。

(26)"其他非流动资产"项目。

反映企业除上述非流动资产以外的其他非流动资产。

本项目应根据有关科目的期末余额填列。

注 (1)按照《企业会计准则第14号——收入》(财会〔2017〕22号)的相关规定确认为资产的合同取得成本,应当根据"合同取得成本"科目的明细科目初始确认时摊销期限是否超过一年或一个正常营业周期,在"其他流动资产"或"其他非流动资产"项目中填列,已计提减值准备的,还应减去"合同取得成本减值准备"科目中相关的期末余额后的金额填列。

(2)按照《企业会计准则第14号——收入》(财会〔2017〕22号)的相关规定确认为资产的合同履约成本,应当根据"合同履约成本"科目的明细科目初始确认时摊销期限是否超过一年或一个正常营业周期,在"存货"或"其他非流动资产"项目中填列,已计提减值准备的,还应减去"合同履约成本减值准备"科目中相关的期末余额后的金额填列。

(3)按照《企业会计准则第14号——收入》(财会〔2017〕22号)的相关规定确认为资产的应收退货成本,应当根据"应收退货成本"科目是否在一年或一个正常营业周期内出售,在"其他流动资产"或"其他非流动资产"项目中填列。

2. 负债项目的填列说明

(1)"短期借款"项目。

反映企业向银行或其他金融机构等借入的期限在一年以下(含一年)的各种借款。

本项目应根据"短期借款"科目的期末余额填列。

【例36-7】 2×20年12月31日,智董公司"短期借款"科目的余额如下所示:银行质押借款30万元,信用借款140万元,则2×20年12月31日,智董公司资产负债表中"短期借款"项目"期末余额"栏的列报金额=30+120=150(万元)。

(2)"交易性金融负债"项目。

反映企业资产负债表日承担的交易性金融负债,以及企业持有的直接指定为以公允价值计量且其变动计入当期损益的金融负债的期末账面价值。

该项目应根据"交易性金融负债"科目的相关明细科目期末余额填列。

(3)"应付票据"项目。

反映资产负债表日以摊余成本计量的、企业因购买材料、商品和接受服务等开出、承兑的商业汇票,包括银行承兑汇票和商业承兑汇票。

该项目应根据"应付票据"科目的期末余额填列。

【例36-8】 2×20年12月31日,智董公司"应付票据"科目的余额如下所示:75万元的银行承兑汇票,30万元的商业承兑汇票,则2×20年12月31日,智董公司资产负债表中"应付票据"项目"期末余额"栏的列报金额=75+30=105(万元)。

(4)"应付账款"项目。

反映资产负债表日以摊余成本计量的、企业因购买材料、商品和接受服务等经营活动应支付的款项。

该项目应根据"应付账款"和"预付账款"科目所属的相关明细科目的期末贷方余额合计数填列。

(5)"预收款项"项目。

反映企业按照购货合同规定预收供应单位的款项。

本项目应根据"预收账款"和"应收账款"科目所属各明细科目的期末贷方余额合计数填列。如"预收账款"科目所属明细科目期末为借方余额的,应在资产负债表"应收账款"项目内填列。

(6)"合同负债"项目。

反映企业按照《企业会计准则第14号——收入》(2018)的相关规定,根据本企业履行履约义务与客户付款之间的关系在资产负债表中列示的合同负债。

"合同负债"项目应根据"合同负债"的相关明细科目期末余额分析填列。

注 企业应按照《企业会计准则第14号——收入》(财会〔2017〕22号)的相关规定根据本企业履行履约义务与客户付款之间的关系在资产负债表中列示合同资产或合同

负债。"合同资产"项目、"合同负债"项目,应分别根据"合同资产"科目、"合同负债"科目的相关明细科目的期末余额分析填列,同一合同下的合同资产和合同负债应当以净额列示,其中净额为借方余额的,应当根据其流动性在"合同资产"或"其他非流动资产"项目中填列,已计提减值准备的,还应减去"合同资产减值准备"科目中相关的期末余额后的金额填列;其中净额为贷方余额的,应当根据其流动性在"合同负债"或"其他非流动负债"项目中填列。

由于同一合同下的合同资产和合同负债应当以净额列示,企业也可以设置"合同结算"科目(或其他类似科目),以核算同一合同下属于在某一时段内履行履约义务涉及与客户结算对价的合同资产或合同负债,并在此科目下设置"合同结算——价款结算"科目反映定期与客户进行结算的金额,设置"合同结算——收入结转"科目反映按履约进度结转的收入金额。资产负债表日,"合同结算"科目的期末余额在借方的,根据其流动性在"合同资产"或"其他非流动资产"项目中填列;期末余额在贷方的,根据其流动性在"合同负债"或"其他非流动负债"项目中填列。

(7)"应付职工薪酬"项目。

反映企业为获得职工提供的服务或解除劳动关系而给予的各种形式的报酬或补偿。企业提供给职工配偶、子女、受赡养人、已故员工遗属及其他受益人等的福利,也属于职工薪酬。职工薪酬主要包括短期薪酬、离职后福利、辞退福利和其他长期职工福利。

本项目应根据"应付职工薪酬"科目所属各明细科目的期末贷方余额分析填列。外商投资企业按规定从净利润中提取的职工奖励及福利基金,也在本项目列示。

【例36-9】 2×20年12月31日,智董公司"应付职工薪酬"科目明细项目为:工资、奖金、津贴和补贴210万元,社会保险费(含医疗保险、工伤保险)15万元,设定提存计划(含基本养老保险费)7.5万元,住房公积金6万元,工会经费和职工教育经费1.5万元,则2×20年12月31日,智董公司资产负债表中"应付职工薪酬"项目"期末余额"栏的列报金额=210+15+7.5+6+1.5=240(万元)。

(8)"应交税费"项目。

反映企业按照税法规定计算应交纳的各种税费,包括增值税、消费税、城市维护建设税、教育费附加、企业所得税、资源税、土地增值税、房产税、城镇土地使用税、车船税、矿产资源补偿费等。企业代扣代缴的个人所得税,也通过本项目列示。企业所交纳的税金不需要预计应交数的,如印花税、耕地占用税等,不在本项目列示。

本项目应根据"应交税费"科目的期末贷方余额填列,如"应交税费"科目期末为借方余额,应以"一"号填列。需要说明的是,"应交税费"科目下的"应交增值税""未交增值税""待抵扣进项税额""待认证进项税额""增值税留抵税额"等明细科目期末借方余额应根据情况,在资产负债表中的"其他流动资产"或"其他非流动资产"项目列示;"应交税费——待转销项税额"等科目期末贷方余额应根据情况,在资产负债表中的"其他流动负债"或"其他非流动负债"项目列示;"应交税费"科目下的"未交增值税""简易计税""转让金融商品应交增值税""代扣代交增值税"等科目期末贷方余额应在资产负债表中的"应交税费"项目列示。

(9)"其他应付款"项目。

反映企业除应付票据、应付账款、预收账款、应付职工薪酬、应交税费等经营活动以外的其他各项应付、暂收的款项。

本项目应根据"应付利息""应付股利""其他应付款"科目的期末余额合计数填列。其中,"应付利息"科目仅反映相关金融工具已到期应支付但于资产负债表日尚未支付的利息。基于实际利率法计提的金融工具的利息应包含在相应金融工具的账面余额中。

注 关于企业集团母公司账户归集、拆借的资金。企业根据相关法规制度,通过内部结算中心、财务公司等对母公司及成员单位资金实行集中统一管理的,对于成员单位归集至集团母公司账户的资金,成员单位应当在资产负债表"其他应收款"项目中列示,或者根据重要性原则并结合本企业的实际情况,在"其他应收款"项目之上增设"应收资金集中管理款"项目单独列示;母公司应当在资产负债表"其他应付款"项目中列示。对于成员单位从集团母公司账户拆借的资金,成员单位应当在资产负债表"其他应付款"项目中列示;母公司应当在资产负债表"其他应收款"项目中列示。

（10）"持有待售负债"项目。

反映资产负债表日处置组中与划分为持有待售类别的资产直接相关的负债的期末账面价值。

本项目应根据"持有待售负债"科目的期末余额填列。

（11）"一年内到期的非流动负债"项目。

反映企业非流动负债中将于资产负债表日后一年内到期部分的金额，如将于一年内偿还的长期借款。

本项目应根据有关科目的期末余额分析填列。

注 自资产负债表日起一年内到期应予以清偿的租赁负债的期末账面价值，在"一年内到期的非流动负债"项目反映。

"递延收益"项目中摊销期限只剩一年或不足一年的，或预计在一年内（含一年）进行摊销的部分，不得归类为流动负债，仍在该项目中填列，不转入"一年内到期的非流动负债"项目。

（12）"其他流动负债"项目。

按照《企业会计准则第 14 号——收入》（财会〔2017〕22 号）的相关规定确认为预计负债的应付退货款，应当根据"预计负债"科目下的"应付退货款"明细科目是否在一年或一个正常营业周期内清偿，在"其他流动负债"或"预计负债"项目中填列。

（13）"长期借款"项目。

反映企业向银行或其他金融机构借入的期限在一年以上（不含一年）的各项借款。

本项目应根据"长期借款"科目的期末余额，扣除"长期借款"科目所属的明细科目中将在资产负债表日起一年内到期且企业不能自主地将清偿义务展期的长期借款后的金额计算填列。

【例 36-10】 2×20 年 12 月 31 日，智董公司"长期借款"科目余额为 465 万元，其中自贵琛银行借入的 15 万元借款将于一年内到期，智董公司不具有自主展期清偿的权利，则智董公司 2×20 年 12 月 31 日资产负债表中"长期借款"项目"期末余额"栏的列报金额＝465－15＝450（万元），"一年内到期的非流动负债"项目"期末余额"栏的列报金额为 15 万元。

（14）"应付债券"项目。

反映企业为筹集长期资金而发行的债券本金及应付的利息。

本项目应根据"应付债券"科目的期末余额分析填列。对于资产负债表日企业发行的金融工具，分类为金融负债的，应在本项目填列，对于优先股和永续债还应在本项目下的"优先股"项目和"永续债"项目分别填列。

（15）"租赁负债"项目。

反映资产负债表日承租人企业尚未支付的租赁付款额的期末账面价值。

该项目应根据"租赁负债"科目的期末余额填列。

自资产负债表日起一年内到期应予以清偿的租赁负债的期末账面价值，在"一年内到期的非流动负债"项目反映。

（16）"长期应付款"项目。

反映资产负债表日企业除长期借款和应付债券以外的其他各种长期应付款项的期末账面价值。

该项目应根据"长期应付款"科目的期末余额，减去相关的"未确认融资费用"科目的期末余额后的金额，以及"专项应付款"科目的期末余额填列。

（17）"预计负债"项目。

反映企业根据或有事项等相关准则确认的各项预计负债，包括对外提供担保、未决诉讼、产品质量保证、重组义务以及固定资产和矿区权益弃置义务等产生的预计负债。

本项目应根据"预计负债"科目的期末余额填列。企业按照《企业会计准则第 22 号——金融工具确认和计量》（2018）的相关规定，对贷款承诺等项目计提的损失准备，应当在本项目中填列。

注 按照《企业会计准则第 14 号——收入》（财会〔2017〕22 号）的相关规定确认为预计负债的应付退货款，应当根据"预计负债"科目下的"应付退货款"明细科目是否在一年或一个正常营业周期内清偿，在"其他流动负债"或"预计负债"项目中填列。

企业按照《企业会计准则第 22 号——金融工具确认和计量》（财会〔2017〕7 号）的相关规定对贷款承诺、财务担保合同等项目计提的损失准备，应当在"预计负债"项目中填列。

(18)"递延收益"项目。

反映尚待确认的收入或收益。本项目核算包括企业根据政府补助准则确认的应在以后期间计入当期损益的政府补助金额、售后租回形成融资租赁的售价与资产账面价值差额等其他递延性收入。

本项目应根据"递延收益"科目的期末余额填列。

本项目中摊销期限只剩一年或不足一年的，或预计在一年内（含一年）进行摊销的部分，不得归类为流动负债，仍在本项目中填列，不转入"一年内到期的非流动负债"项目。

(19)"递延所得税负债"项目。

反映企业根据所得税准则确认的应纳税暂时性差异产生的所得税负债。

本项目应根据"递延所得税负债"科目的期末余额填列。

(20)"其他非流动负债"项目。

反映企业除以上非流动负债以外的其他非流动负债。

本项目应根据有关科目期末余额，减去将于一年内（含一年）到期偿还数后的余额分析填列。非流动负债各项目中将于一年内（含一年）到期的非流动负债，应在"一年内到期的非流动负债"项目内反映。

3. 所有者权益项目的填列说明

(1)"实收资本（或股本）"项目。

反映企业各投资者实际投入的资本（或股本）总额。

本项目应根据"实收资本（或股本）"科目的期末余额填列。

【例36-11】 智董公司是由赓晟公司于2×02年3月1日注册成立的有限责任公司，注册资本为人民币15 000万元，赓晟公司以货币资金人民币15 000万元出资，占注册资本的100%，持有智董公司100%的权益。上述实收资本已于2×02年3月1日经相关会计师事务所出具的验资报告验证。该资本投入自2×02年至2×20年年末未发生变动，则2×20年12月31日，智董公司资产负债表中"实收资本（或股本）"项目"期末余额"栏的列报金额为15 000万元。

(2)"其他权益工具"项目。

反映资产负债表日企业发行在外的除普通股以外分类为权益工具的金融工具的期末账面价值。

对于资产负债表日企业发行的金融工具，分类为金融负债的，应在"应付债券"项目填列，对于优先股和永续债，还应在"应付债券"项目下的"优先股"项目和"永续债"项目分别填列；分类为权益工具的，应在"其他权益工具"项目填列，对于优先股和永续债，还应在"其他权益工具"项目下的"优先股"项目和"永续债"项目分别填列。

(3)"资本公积"项目。

反映企业收到投资者出资超出其在注册资本或股本中所占的份额以及直接计入所有者权益的利得和损失等。

本项目应根据"资本公积"科目的期末余额填列。

(4)"其他综合收益"项目。

反映企业其他综合收益的期末余额。

本项目应根据"其他综合收益"科目的期末余额填列。

(5)"专项储备"项目。

反映高危行业企业按国家规定提取的安全生产费的期末账面价值。

本项目应根据"专项储备"科目的期末余额填列。

(6)"盈余公积"项目。

反映企业盈余公积的期末余额。

本项目应根据"盈余公积"科目的期末余额填列。

(7)"未分配利润"项目。

反映企业尚未分配的利润。

本项目应根据"本年利润"科目和"利润分配"科目的余额计算填列。未弥补的亏损在本项目内以"-"号填列。

【例36-12】 承[例36-1]至[例36-11]，智董公司编制的2×20年12月31日的资产负债表如表36-2所示。

表 36-2　资产负债表

会企 01 表

编制单位：智董公司　　　　　　　　　　　2×20 年 12 月 31 日　　　　　　　　　　　　单位：元

资产	期末余额	上年年末余额	负债和所有者权益（或股东权益）	期末余额	上年年末余额
流动资产：			流动负债：		
货币资金	6 000 000		短期借款	1 500 000	
交易性金融资产			交易性金融负债		
衍生金融资产			衍生金融负债		
应收票据	37 650 000		应付票据	1 050 000	
应收账款			应付账款		
应收款项融资			预收款项		
预付款项			合同负债		
其他应收款			应付职工薪酬	2 400 000	
存货	38 250 000		应交税费		
合同资产			其他应付款		
持有待售资产	9 450 000		持有待售负债		
一年内到期的非流动资产			一年内到期的非流动负债	150 000	
其他流动资产			其他流动负债		
流动资产合计	91 350 000		流动负债合计	5 100 000	
非流动资产：			非流动负债：		
债权投资			长期借款	4 500 000	
其他债权投资			应付债券		
长期应收款			其中：优先股		
长期股权投资			永续债		
其他权益工具投资			租赁负债		
其他非流动金融资产			长期应付款		
投资性房地产			预计负债		
固定资产	60 000 000		递延收益		
在建工程			递延所得税负债		
生产性生物资产			其他非流动负债		
油气资产			非流动负债合计	4 500 000	
使用权资产			负债合计	9 600 000	
无形资产	15 000 000		所有者权益（或股东权益）：		
开发支出			实收资本（或股本）	150 000 000	
商誉			其他权益工具		
长期待摊费用			其中：优先股		
递延所得税资产			永续债		
其他非流动资产			资本公积		
非流动资产合计	75 000 000		减：库存股		
			其他综合收益		
			专项储备		
			盈余公积		
			未分配利润	6 750 000	
			所有者权益（或股东权益）合计	156 750 000	
资产总计	166 350 000		负债和所有者权益（或股东权益）总计	166 350 000	

第三节　利　润　表

利润表，亦称损益表，是反映企业在一定会计期间的经营成果的会计报表，反映了企业经营业绩的主要来源和构成。

通过利润表，可以反映企业在一定会计期

间收入、费用、利润(或亏损)的金额和构成情况,为财务报表使用者全面了解企业的经营成果、分析企业的获利能力及盈利增长趋势、做出经济决策提供依据。

一、利润表列报的总体要求

企业在利润表中应当对费用按照功能分类,分为从事经营业务发生的成本、管理费用、销售费用和财务费用等。企业的活动通常可以划分为生产、销售、管理、融资等,每种活动上发生的费用所发挥的功能并不相同,因此,按照费用功能法将其分开列报,有助于使用者了解费用发生的活动领域。

但是,由于银行、保险、证券等金融企业的日常活动与一般企业不同,具有特殊性,金融企业可以根据其特殊性列示利润表项目。例如,商业银行将利息支出作为利息收入的抵减项目、将手续费及佣金支出作为手续费及佣金收入的抵减项目列示等。

与此同时,本准则还规定,企业应当在附注中披露费用按照性质分类的利润表补充资料,可将费用分为耗用的原材料、职工薪酬费用、折旧费用、摊销费用等,以有助于报表使用者预测企业的未来现金流量。

二、利润表的结构

利润表的结构有单步式和多步式两种。

单步式利润表是将当期所有的收入列在一起,所有的费用列在一起,然后将两者相减得出当期净损益。

我国企业的利润表采用多步式格式,即通过对当期的收入、费用、支出项目按性质加以归类,按利润形成的主要环节列示一些中间性利润指标,分步计算当期净损益,以便财务报表使用者理解企业经营成果的不同来源。

利润表一般由表头、表体两部分组成。表头部分应列明报表名称、编制单位名称、编制日期、报表编号和计量单位。表体部分为利润表的主体,列示了形成经营成果的各个项目和计算过程。

为了使财务报表使用者通过比较不同期间利润的实现情况,判断企业经营成果的未来发展趋势,企业需要提供比较利润表。为此,利润表金额栏分为"本期金额"和"上期金额"两栏分别填列。

三、利润表的格式

一般企业财务报表格式(适用于已执行新金融准则、新收入准则和新租赁准则的企业),见表36-3;执行企业会计准则的金融企业应当按照《财政部关于修订印发2018年度金融企业财务报表格式的通知》(财会〔2018〕36号)的要求编制财务报表,结合财会〔2019〕6号文件的格式对金融企业专用项目之外的相关财务报表项目进行相应调整。

表36-3 利润表

会企02表

编制单位:　　　　　　　　　　年　月　　　　　　　　　　单位:元

项　目	本期金额	上期金额
一、营业收入		
减:营业成本		
税金及附加		
销售费用		
管理费用		
研发费用		
财务费用		
其中:利息费用		

(续表)

项　目	本期金额	上期金额
利息收入		
加：其他收益		
投资收益（损失以"－"号填列）		
其中：对联营企业和合营企业的投资收益		
以摊余成本计量的金融资产终止确认收益（损失以"－"号填列）		
净敞口套期收益（损失以"－"号填列）		
公允价值变动收益（损失以"－"号填列）		
信用减值损失（损失以"－"号填列）		
资产减值损失（损失以"－"号填列）		
资产处置收益（损失以"－"号填列）		
二、营业利润（亏损以"－"号填列）		
加：营业外收入		
减：营业外支出		
三、利润总额（亏损总额以"－"号填列）		
减：所得税费用		
四、净利润（净亏损以"－"号填列）		
（一）持续经营净利润（净亏损以"－"号填列）		
（二）终止经营净利润（净亏损以"－"号填列）		
五、其他综合收益的税后净额		
（一）不能重分类进损益的其他综合收益		
1. 重新计量设定受益计划变动额		
2. 权益法下不能转损益的其他综合收益		
3. 其他权益工具投资公允价值变动		
4. 企业自身信用风险公允价值变动		
……		
（二）将重分类进损益的其他综合收益		
1. 权益法下可转损益的其他综合收益		
2. 其他债权投资公允价值变动		
3. 金融资产重分类计入其他综合收益的金额		
4. 其他债权投资信用减值准备		
5. 现金流量套期储备		
6. 外币财务报表折算差额		
……		
六、综合收益总额		
七、每股收益：		
（一）基本每股收益		
（二）稀释每股收益		

(续表)

 **小知识**

综合收益的列报

综合收益,是指企业在某一期间除与所有者以其所有者身份进行的交易之外的其他交易或事项所引起的所有者权益变动。综合收益总额项目反映净利润和其他综合收益扣除所得税影响后的净额相加后的合计金额。其他综合收益,是指企业根据其他会计准则规定未在当期损益中确认的各项利得和损失。

企业应当以扣除相关所得税影响后的净额在利润表上单独列示各项其他综合收益项目,并且其他综合收益项目应当根据其他相关会计准则的规定分为下列两类列报。

(1) 不能重分类进损益的其他综合收益。

① 职工薪酬(离职后福利)——重新计量设定受益计划变动额——重新计量设定受益计划净负债或净资产导致的变动。

根据《企业会计准则第9号——职工薪酬》,有设定受益计划形式离职后福利的企业,应当将重新计量设定受益计划净负债或净资产导致的变动计入其他综合收益,并且在后续会计期间不允许转回至损益。

② 长期股权投资——权益法下不能转损益的其他综合收益。

根据《企业会计准则第2号——长期股权投资》,投资方取得长期股权投资后,应当按照应享有或应分担的被投资单位其他综合收益的份额,确认其他综合收益,同时调整长期股权投资的账面价值。投资单位在确定应享有或应分担的被投资单位其他综合收益的份额时,该份额的性质取决于被投资单位的其他综合收益的性质,即如果被投资单位的其他综合收益属于"以后会计期间不能重分类进损益"类别,则投资方确认的份额也属于"以后会计期间不能重分类进损益"类别。

③ 指定为以公允价值计量且其变动计入其他综合收益的非交易性权益工具投资——其他权益工具投资公允价值变动。

"其他权益工具投资"科目核算企业指定为以公允价值计量且其变动计入其他综合收益的非交易性权益工具投资。"其他综合收益"科目可按其他权益工具投资的类别和品种,分别"成本""公允价值变动"等进行明细核算。

对于指定为以公允价值计量且其变动计入其他综合收益的非交易性权益工具投资,除了获得的股利(属于投资成本收回部分的除外)计入当期损益外,其他相关的利得和损失(包括汇兑损益)均应计入其他综合收益,且后续不得转入当期损益。

当其终止确认时,之前计入其他综合收益的累计利得或损失应当从其他综合收益中转出,计入留存收益。

④ 指定为以公允价值计量且其变动计入当期损益的金融负债——企业自身信用风险公允价值变动。

企业根据会计准则规定将金融负债指定为以公允价值计量且其变动计入当期损益的金融负债的,该金融负债所产生的利得或损失应当按照下列规定进行处理:

A. 由企业自身信用风险变动引起的该金融负债公允价值的变动金额,应当计入其他综合收益。

B. 该金融负债的其他公允价值变动计入当期损益。

按照此处A的规定对该金融负债的自身信用风险变动的影响进行处理会造成或扩大损益中的会计错配的,企业应当将该金融负债的全部利得或损失(包括企业自身信用风险变动的影响金额)计入当期损益。

该金融负债终止确认时,之前计入其他综合收益的累计利得或损失应当从其他综合收益中转出,计入留存收益。

(2) 将重分类进损益的其他综合收益。

① 长期股权投资——权益法下可转损益的其他综合收益。

根据《企业会计准则第2号——长期股权投资》,投资方取得长期股权投资后,应当按照应享有或应分担的被投资单位其他综合收益的份额,确认其他综合收益,同时调整长期股权投资的账面价值。如果被投资单位的其他综合收益属于"以后会计期间在满足规定条件时将重分类进损益"类别,则投资方确认的份额也属于"以后会计期间在满足规定条件时将重分类进损益"类别。

② 其他债权投资(以公允价值计量且其变动计入其他综合收益的金融资产)——其他债权投资公允价值变动。

金融资产同时符合下列条件的,应当分类为以公允价值计量且其变动计入其他综合收益的金融资产(通过"其他债权投资"科目核算,可按金融资产类别和品种,分别"成本""利息调整""公允价值变动"等进行明细核算):

A. 企业管理该金融资产的业务模式既以收取合同现金流量为目标又以出售该金融资产为目标。

B. 该金融资产的合同条款规定,在特定日期产生的现金流量,仅为对本金和以未偿付本金金额为基础的利息的支付。

上述分类为以公允价值计量且其变动计入其他综合收益的金融资产所产生的所有利得或损失,除减值损失或利得和汇兑损益之外,均应当计入其他综合收益,直至该金融资产终止确认或被重分类。但是,采用实际利率法计算的该金融资产的利息应当计入当期损益。该金融资产计入各期损益的金额应当与视同其一直按摊余成本计量而计入各期损益的金额相等。该金融资产终止确认时,之前计入其他综合收益的累计利得或损失应当从其他综合收益中转出,计入当期损益。

对于上述分类为以公允价值计量且其变动计入其他综合收益的金融资产(债务工具投资)整体转移满足终止确认条件的,企业在计量该项转移形成的损益时,应当将原计入其他综合收益的公允价值变动累计利得或损失转出(注意不适用于根据《企业会计准则第22号——金融工具确认和计量》准则第十九条指定为以公允价值计量且其变动计入其他综合收益的非交易性权益工具投资)。如果涉及转移的金融资产为上述分类为以公允价值计量且其变动计入其他综合收益的金融资产的,不再确认部分的金额对应的原计入其他综合收益的公允价值变动累计额计入当期损益。

③ 其他债权投资(以公允价值计量且其变动计入其他综合收益的金融资产)——其他债权投资信用减值准备。

金融资产同时符合下列条件的,应当分类为以公允价值计量且其变动计入其他综合收益的金融资产(通过"其他债权投资"科目核算,可按金融资产类别和品种,分别"成本""利息调整""公允价值变动"等进行明细核算):

A. 企业管理该金融资产的业务模式既以收取合同现金流量为目标又以出售该金融资产为目标。

B. 该金融资产的合同条款规定,在特定日期产生的现金流量,仅为对本金和以未偿付本金金额为基础的利息的支付。

对于上述分类为以公允价值计量且其变动计入其他综合收益的金融资产,企业应当在其他综合收益中确认其损失准备(通过"其他综合收益——信用减值准备"科目核算,以预期信用损失为基础计提损失准备),并将减值损失或利得计入当期损益,且不应减少该金融资产在资产负债表中列示的账面价值。

④ 金融资产重分类——金融资产重分类计入其他综合收益的金额。

企业将一项以公允价值计量且其变动计入其他综合收益的金融资产重分类为以摊余成本计量的金融资产的,应当将之前计入其他综合收益的累计利得或损失转出,调整该金融资产在重分类日的公允价值,并以调整后的金额作为新的账面价值,即视同该金融资产一直以摊余成本计量。该金融资产重分类不影响其实际利率和预期信用损失的计量。

A. 企业将一项以公允价值计量且其变动计入其他综合收益的金融资产重分类为以公允价值计量且其变动计入当期损益的金融资产的,应当继续以公允价值计量该金融资产。同时,企业应当将之前计入其他综合收益的累计利得或损失从其他综合收益转入当期损益。

B. 按照《企业会计准则第22号——金融工具确认和计量》第十八条分类为以公允价值计量且其变动计入其他综合收益的金融资产所产生的所有利得或损失,除减值损失或利得和汇兑损益之外,均应当计入其他综合收益,直至该金融资产终止确认或被重分类。但是,采用实际利率法计算的该金融资产的利息应当计入当期损益。该金融资产计入各期损益的金额应当与视同其一直按摊余成本计量而计入各期损益的金额相等。该金融资产终止确认时,之前计入其他综合收益的累计利得或损失应当从其他综合收益中转出,计入当期损益。

C. 企业将该金融资产重分类为其他类别金融资产的,应当根据《企业会计准则第22号——金融工具确认和计量》第三十一条规定,对之前计入其他综合收益的累计利得或损失进行相应处理。

⑤ 外币折算——外币财务报表折算差额。

根据《企业会计准则第19号——外币折算》,企业对境外经营的财务报表进行折算时,应当将外币财务报表折算差额在资产负债表中所有者权益项目下单独列示(其他综合收益);企业在处置境外经营时,应当将资产负债表中所有者权益项目下列示的、与该境外经营相关的外币报表折算差额,自所有者权益项目转入处置当期损益,部分处置境外经营的,应当按处置的比例计算处置部分的外币财务报表折算差额,转入处置当期损益。

⑥ 套期会计——现金流量套期储备(现金流量套期利得或损失中属于有效套期的部分)。

根据《企业会计准则第24号——套期会计》,现金流量套期利得或损失中属于有效套期的部分,应当直接确认为所有者权益(其他综合收益);属于无效套期的部分,应当计入当期损益。对于前者,套期保值准则规定在一定的条件下,将原直接计入所有者权益中的套期工具利得或损失转出,计入当期损益。

⑦ 投资性房地产等——根据相关会计准则规定的其他项目。

例如,根据《企业会计准则第3号——投资性房地产》,自用房地产或作为存货的房地产转换为以公允价值模式计量的投资性房地产在转换日公允价值大于账面价值部分计入其他综合收益;待该投资性房地产处置时,将该部分转入当期损益等。

四、利润表的编制

利润表编制的原理是"收入－费用＝利润"

的会计平衡公式和收入与费用的配比原则。企业在生产经营中不断地取得各项收入,同时发生各种费用,收入减去费用剩余部分为企业的盈利。如果企业经营不善,发生的生产经营费用超过取得的收入,超过部分为企业的亏损。将取得的收入和发生的相关费用进行对比,对比结果表现为企业的经营成果。企业将经营成果的核算过程和结果编成报表,即利润表。

(一)利润表项目的填列方法

我国一般企业利润表的主要编制步骤和内容如下:

第1步,以营业收入为基础,减去营业成本、税金及附加、销售费用、管理费用、研发费用、财务费用,加上其他收益、投资收益(或减去投资损失)、净敞口套期收益(或减去净敞口套期损失)、公允价值变动收益(或减去公允价值变动损失)、资产减值损失、信用减值损失、资产处置收益(或减去资产处置损失),计算出营业利润。

第2步,以营业利润为基础,加上营业外收入,减去营业外支出,计算出利润总额。

第3步,以利润总额为基础,减去所得税费用,计算出净利润(或净亏损)。

第4步,以净利润(或净亏损)为基础,计算出每股收益。

第5步,以净利润(或净亏损)和其他综合收益为基础,计算出综合收益总额。

利润表各项目均需填列"本期金额"和"上期金额"两栏。其中"上期金额"栏内各项数字,应根据上年该期利润表的"本期金额"栏内所列数字填列。"本期金额"栏内各期数字,除"基本每股收益"和"稀释每股收益"项目外,应当按照相关科目的发生额分析填列。如"营业收入"项目,根据"主营业务收入""其他业务收入"科目的发生额分析计算填列;"营业成本"项目,根据"主营业务成本""其他业务成本"科目的发生额分析计算填列。

(二)利润表主要项目的填列说明

1."营业收入"项目

反映企业经营主要业务和其他业务所确认的收入总额。

本项目应根据"主营业务收入"和"其他业务收入"科目的发生额分析填列。

【例36-13】 贵琛公司为热电企业,其经营范围包括电、热的生产和销售;发电、输变电工程的技术咨询;电力设备及相关产品的采购、开发、生产和销售等。贵琛公司2×20年度"主营业务收入"科目发生额明细如下所示:电力销售收入合计24 000万元,热力销售收入合计4 200万元;"其他业务收入"科目发生额合计1 800万元。则贵琛公司2×20年度利润表中"营业收入"项目"本期金额"栏的列报金额=24 000+4 200+1 800=30 000(万元)。

2."营业成本"项目

反映企业经营主要业务和其他业务所发生的成本总额。

本项目应根据"主营业务成本"和"其他业务成本"科目的发生额分析填列。

【例36-14】 贵琛公司2×20年度"主营业务成本"科目发生额合计22 500万元、"其他业务成本"科目发生额合计1 500万元,则贵琛公司2×20年度利润表中"营业成本"项目"本期金额"栏的列报金额=22 500+1 500=24 000(万元)。

3."税金及附加"项目

反映企业经营业务应负担的消费税、城市维护建设税、教育费附加、资源税、土地增值税、房产税、车船税、城镇土地使用税、印花税等相关税费。

本项目应根据"税金及附加"科目的发生额分析填列。

【例36-15】 贵琛公司2×20年度"税金及附加"科目的发生额如下:城市维护建设税合计150万元,教育费附加合计90万元,房产税合计1 200万元,城镇土地使用税合计60万元,则贵琛公司2×20年度利润表中"税金及附加"项目"本期金额"栏的列报金额=150+90+1 200+60=1 500(万元)。

4."销售费用"项目

反映企业在销售商品过程中发生的包装费、广告费等费用和为销售本企业商品而专设的销售机构的职工薪酬、业务费等经营费用。

本项目应根据"销售费用"科目的发生额分析填列。

5. "管理费用"项目

反映企业为组织和管理生产经营发生的管理费用。

本项目应根据"管理费用"科目的发生额分析填列。

【例36-16】贵琛公司2×20年度"管理费用"科目发生额合计数为1 800万元。则贵琛公司2×20年度利润表中"管理费用"项目"本期金额"栏的列报金额为1 800万元。

6. "研发费用"项目

反映企业进行研究与开发过程中发生的费用化支出,以及计入管理费用的自行开发无形资产的摊销。

该项目应根据"管理费用"科目下的"研究费用"明细科目的发生额,以及"管理费用"科目下的"无形资产摊销"明细科目的发生额分析填列。

7. "财务费用"项目

(1)"财务费用"项目下的"利息费用"项目。

反映企业为筹集生产经营所需资金等而发生的应予费用化的利息支出。

该项目应根据"财务费用"科目的相关明细科目的发生额分析填列。该项目作为"财务费用"项目的其中项,以正数填列。

(2)"财务费用"项目下的"利息收入"项目。

反映企业按照相关会计准则确认的应冲减财务费用的利息收入。

该项目应根据"财务费用"科目的相关明细科目的发生额分析填列。该项目作为"财务费用"项目的其中项,以正数填列。

【例36-17】贵琛公司2×20年度"财务费用"科目的发生额如下所示:银行长期借款利息费用合计1 200万元,银行短期借款利息费用270万元,银行存款利息收入合计24万元,银行手续费支出合计54万元,则贵琛公司2×20年度利润表中"财务费用"项目"本期金额"栏的列报金额=1 200+270-24+54=1 500(万元)。

8. "其他收益"项目

反映计入其他收益的政府补助,以及其他与日常活动相关且计入其他收益的项目。

本项目应根据"其他收益"科目的发生额分析填列。

企业作为个人所得税的扣缴义务人,根据《中华人民共和国个人所得税法》收到的扣缴税款手续费,应作为其他与日常活动相关的收益在本项目中填列。

注 与企业日常活动无关的政府补助,通过"营业外收入"科目核算。

新修改后的债务重组会计准则下,对于债权人,债务重组收益,通过"投资收益"科目核算。对于债务人,采用以资产清偿债务方式进行债务重组的,债务人以非金融资产清偿债务,应将所清偿债务账面价值与转让资产账面价值之间的差额,以及所清偿债务和处置组中负债的账面价值之和与处置组中资产的账面价值之间的差额,记入"其他收益——债务重组收益"科目;以多项资产清偿债务或者组合方式进行债务重组的,债务人所清偿债务的账面价值与转让资产的账面价值以及权益工具和重组债务的确认金额之和的差额,记入"其他收益——债务重组收益"或"投资收益"(仅涉及金融工具时)科目。

9. "投资收益"项目

反映企业以各种方式对外投资所取得的收益。

本项目应根据"投资收益"科目的发生额分析填列。如为投资损失,本项目以"-"号填列。

其中,"以摊余成本计量的金融资产终止确认收益"项目,反映企业因转让等情形导致终止确认以摊余成本计量的金融资产而产生的利得或损失。该项目应根据"投资收益"科目的相关明细科目的发生额分析填列;如为损失,以"-"号填列。

注 新修改后的债务重组会计准则下,对于债权人,债务重组收益,通过"投资收益"科目核算。对于债务人,采用以资产清偿债务方式进行债务重组的,债务人以非金融资产清偿债务,应将所清偿债务账面价值与转让资产账面价值之间的差额,以及所清偿债务和处置组中负债的账面价值之和与处置组中资产的账面价值之间的差额,记入"其他收益——债务重组收益"科目;以多项资产清偿债务或者组合方式进行债务重组的,债务人所清偿债务的账面价值与转让资产的账面价值以及权益工具和重组债务的确认金额之和的差额,记入"其他收益——债务重组收益"或"投资收益"(仅涉及金融工具时)科目。

【例 36-18】 贵琛公司 2×20 年度"投资收益"科目的发生额如下所示:按权益法核算的长期股权投资收益合计 870 万元,按成本法核算的长期股权投资收益合计 600 万元,处置长期股权投资发生的投资损失合计 1 500 万元,则贵琛公司 2×20 年度利润表中"投资收益"项目"本期金额"栏的列报金额=870+600-1 500=-30(万元)。

10."净敞口套期收益"项目

反映净敞口套期下被套期项目累计公允价值变动转入当期损益的金额或现金流量套期储备转入当期损益的金额。

本项目应根据"净敞口套期损益"科目的发生额分析填列;如为套期损失,本项目以"-"号填列。

11."公允价值变动收益"项目

反映企业应当计入当期损益的资产或负债公允价值变动收益。

本项目应根据"公允价值变动损益"科目的发生额分析填列,如为净损失,本项目以"-"号填列。

12."信用减值损失"项目

反映企业按照《企业会计准则第 22 号——金融工具确认和计量》(财会〔2017〕7 号)的要求计提的各项金融工具信用减值准备所确认的信用损失。

该项目应根据"信用减值损失"科目的发生额分析填列。

13."资产减值损失"项目

反映企业有关资产发生的减值损失。

本项目应根据"资产减值损失"科目的发生额分析填列。

【例 36-19】 贵琛公司 2×20 年度"资产减值损失"科目的发生额如下所示:存货减值损失合计 255 万元,固定资产减值损失合计 567 万元,无形资产减值损失合计 78 万元,则贵琛公司 2×20 年度利润表中"资产减值损失"项目"本期金额"栏的列报金额=255+567+78=900(万元)。

14."资产处置收益"项目

反映企业出售划分为持有待售的非流动资产(金融工具、长期股权投资和投资性房地产除外)或处置组(子公司和业务除外)时确认的处置利得或损失,以及处置未划分为持有待售的固定资产、在建工程、生产性生物资产及无形资产而产生的处置利得或损失。债务重组中因处置非流动资产(金融工具、长期股权投资和投资性房地产除外)产生的利得或损失和非货币性资产交换中换出非流动资产(金融工具、长期股权投资和投资性房地产除外)产生的利得或损失也包括在本项目内。

该项目应根据"资产处置损益"科目的发生额分析填列;如为处置损失,以"-"号填列。

15."营业利润"项目

反映企业实现的营业利润。如为亏损,本科目以"-"号填列。

16."营业外收入"项目

反映企业发生的除营业利润以外的收益,主要包括与企业日常活动无关的政府补助、盘盈利得、捐赠利得(企业接受股东或股东的子公司直接或间接的捐赠,经济实质属于股东对企业的资本性投入的除外)等。

该项目应根据"营业外收入"科目的发生额分析填列。

注 新修改后的债务重组会计准则下,对于债权人,债务重组收益,通过"投资收益"科目核算。对于债务人,采用以资产清偿债务方式进行债务重组的,债务人以非金融资产清偿债务,应将所清偿债务账面价值与转让资产账面价值之间的差额,以及所清偿债务和处置组中负债的账面价值之和与处置组中资产的账面价值之间的差额,记入"其他收益——债务重组收益"科目;以多项资产清偿债务或者组合方式进行债务重组的,债务人所清偿债务的账面价值与转让资产的账面价值以及权益工具和重组债务的确认金额之和的差额,记入"其他收益——债务重组收益"或"投资收益"(仅涉及金融工具时)科目。

【例 36-20】 贵琛公司 2×20 年度"营业外收入"科目的发生额如下所示:接受无偿捐赠利得 204 万元,现金盘盈利得合计 6 万元,则贵琛公司2×20年度利润表中"营业外收入"项目"本期金额"栏的列报金额＝204＋6＝210（万元）。

17. "营业外支出"项目

反映企业发生的除营业利润以外的支出，主要包括公益性捐赠支出、非常损失、盘亏损失、非流动资产毁损报废损失等。

该项目应根据"营业外支出"科目的发生额分析填列。

"非流动资产毁损报废损失"通常包括因自然灾害发生毁损、已丧失使用功能等原因而报废清理产生的损失。

企业在不同交易中形成的非流动资产毁损报废利得和损失不得相互抵销，应分别在"营业外收入"项目和"营业外支出"项目进行填列。

【例36-21】 贵琛公司2×20年度"营业外支出"科目的发生额如下所示：固定资产盘亏损失42万元，罚没支出合计30万元，捐赠支出合计12万元，其他支出6万元，则贵琛公司2×20年度利润表中"营业外支出"项目"本期金额"栏的列报金额＝42＋30＋12＋6＝90（万元）。

18. "利润总额"项目

反映企业实现的利润。如为亏损，本项目以"－"号填列。

19. "所得税费用"项目

反映企业应从当期利润总额中扣除的所得税费用。

本项目应根据"所得税费用"科目的发生额分析填列。

【例36-22】 贵琛公司2×20年度"所得税费用"科目的发生额合计假设为108万元，则贵琛公司2×20年度利润表中"所得税费用"项目"本期金额"栏的列报金额为108万元。

20. "净利润"项目

反映企业实现的净利润。如为亏损，本项目以"－"号填列。

"（一）持续经营净利润"和"（二）终止经营净利润"项目，分别反映净利润中与持续经营相关的净利润和与终止经营相关的净利润；如为净亏损，以"－"号填列。该两个项目应按照《企业会计准则第42号——持有待售的非流动资产、处置组和终止经营》的相关规定分别列报。

21. "其他综合收益的税后净额"项目

反映企业根据企业会计准则规定未在损益中确认的各项利得和损失扣除所得税影响后的净额。

（1）不能重分类进损益的其他综合收益。

①"重新计量设定受益计划变动额"项目。

有设定受益计划形式离职后福利的企业，应当将重新计量设定受益计划净负债或净资产导致的变动计入其他综合收益，并且在后续会计期间不允许转回至损益。

②"权益法下不能转损益的其他综合收益"项目。

投资方取得长期股权投资后，应当按照应享有或应分担的被投资单位其他综合收益的份额，确认其他综合收益，同时调整长期股权投资的账面价值。如果被投资单位的其他综合收益属于"以后会计期间不能重分类进损益"类别，则投资方确认的份额也属于"以后会计期间不能重分类进损益"类别。

③"其他权益工具投资公允价值变动"项目。

反映企业指定为以公允价值计量且其变动计入其他综合收益的非交易性权益工具投资发生的公允价值变动。

该项目应根据"其他综合收益"科目的相关明细科目的发生额分析填列。

④"企业自身信用风险公允价值变动"项目。

反映企业指定为以公允价值计量且其变动计入当期损益的金融负债，由企业自身信用风险变动引起的公允价值变动而计入其他综合收益的金额。

该项目应根据"其他综合收益"科目的相关明细科目的发生额分析填列。

（2）将重分类进损益的其他综合收益。

①"权益法下可转损益的其他综合收益"项目。

投资方取得长期股权投资后，应当按照应享有或应分担的被投资单位其他综合收益的份额,确认其他综合收益,同时调整长期股权投资的账面价值。如果被投资单位的其他综合收益属于"以后会计期间在满足规定条件时将重分类进损益"类别,则投资方确认的份额也属于"以后会计期间在满足规定条件时将重分类进损益"类别。

②"其他债权投资公允价值变动"项目。

反映企业分类为以公允价值计量且其变动计入其他综合收益的债权投资发生的公允价值变动。企业将一项以公允价值计量且其变动计入其他综合收益的金融资产重分类为以摊余成本计量的金融资产,或重分类为以公允价值计量且其变动计入当期损益的金融资产时,之前计入其他综合收益的累计利得或损失从其他综合收益中转出的金额作为该项目的减项。

该项目应根据"其他综合收益"科目下的相关明细科目的发生额分析填列。

③"金融资产重分类计入其他综合收益的金额"项目。

反映企业将一项以摊余成本计量的金融资产重分类为以公允价值计量且其变动计入其他综合收益的金融资产时,计入其他综合收益的原账面价值与公允价值之间的差额。

该项目应根据"其他综合收益"科目下的相关明细科目的发生额分析填列。

④"其他债权投资信用减值准备"项目。

反映企业按照《企业会计准则第22号——金融工具确认和计量》(财会〔2017〕7号)第十八条分类为以公允价值计量且其变动计入其他综合收益的金融资产的损失准备。

该项目应根据"其他综合收益"科目下的"信用减值准备"明细科目的发生额分析填列。

⑤"现金流量套期储备"项目。

反映企业套期工具产生的利得或损失中属于套期有效的部分。

该项目应根据"其他综合收益"科目下的"套期储备"明细科目的发生额分析填列。

⑥"外币财务报表折算差额"项目。

企业对境外经营的财务报表进行折算时,应当将外币财务报表折算差额在资产负债表中所有者权益项目下单独列示(其他综合收益)。

⑦"其他"项目。

例如,根据《企业会计准则第3号——投资性房地产》,自用房地产或作为存货的房地产转换为以公允价值模式计量的投资性房地产在转换日公允价值大于账面价值部分计入其他综合收益。

22. "综合收益总额"项目

反映企业净利润与其他综合收益(税后净额)的合计金额。

23. "每股收益"项目

包括基本每股收益和稀释每股收益两项指标,反映普通股或潜在普通股已公开交易的企业,以及正处在公开发行普通股或潜在普通股过程中的企业的每股收益信息。

【**例36-23**】承[例36-13]至[例36-22],贵琛公司编制的2×20年度利润表如表36-4所示。

表36-4 利润表

会企02表

编制单位:贵琛公司　　　　　　　　　　2×20年　　　　　　　　　　单位:元

项　目	本期金额	上期金额
一、营业收入	300 000 000	
减:营业成本	240 000 000	
税金及附加	15 000 000	
销售费用		
管理费用	18 000 000	
研发费用		
财务费用	15 000 000	
其中:利息费用	15 240 000	

(续表)

项　目	本期金额	上期金额
利息收入	240 000	
加：其他收益		
投资收益（损失以"－"号填列）	－300 000	
其中：对联营企业和合营企业的投资收益	8 700 000	
以摊余成本计量的金融资产终止确认收益（损失以"－"号填列）		
净敞口套期收益（损失以"－"号填列）		
公允价值变动收益（损失以"－"号填列）		
信用减值损失（损失以"－"号填列）		
资产减值损失（损失以"－"号填列）	－9 000 000	
资产处置收益（损失以"－"号填列）		
二、营业利润（亏损以"－"号填列）	2 700 000	
加：营业外收入	2 100 000	
减：营业外支出	900 000	
三、利润总额（亏损总额以"－"号填列）	3 900 000	
减：所得税费用	1 080 000	
四、净利润（净亏损以"－"号填列）	2 820 000	
（一）持续经营净利润（净亏损以"－"号填列）	2 820 000	
（二）终止经营净利润（净亏损以"－"号填列）		
五、其他综合收益的税后净额		
（一）不能重分类进损益的其他综合收益		
1. 重新计量设定受益计划变动额		
2. 权益法下不能转损益的其他综合收益		
3. 其他权益工具投资公允价值变动		
4. 企业自身信用风险公允价值变动		
……		
（二）将重分类进损益的其他综合收益		
1. 权益法下可转损益的其他综合收益		
2. 其他债权投资公允价值变动		
3. 金融资产重分类计入其他综合收益的金额		
4. 其他债权投资信用减值准备		
5. 现金流量套期储备		
6. 外币财务报表折算差额		
……		
六、综合收益总额	2 820 000	
七、每股收益：		
（一）基本每股收益		
（二）稀释每股收益		

第四节 所有者权益变动表

所有者权益变动表是反映构成所有者权益的各组成部分当期的增减变动情况的报表。

所有者权益变动表应当全面反映一定时期所有者权益变动的情况，不仅包括所有者权益总量的增减变动，还包括所有者权益增减变动的重要结构性信息，有助于报表使用者理解所有者权益增减变动的根源。

一、所有者权益变动表列报的总体要求

根据基本准则的规定，所有者权益是指企业资产扣除负债后由所有者享有的剩余权益。所有者权益的来源包括所有者投入的资本（包括实收资本和资本溢价等资本公积）、其他综合收益、留存收益（包括盈余公积和未分配利润）等。所有者权益变动表应当反映构成所有者权益的各组成部分当期的增减变动情况。综合收益和与所有者（或股东）的资本交易导致的所有者权益的变动，应当分别列示。与所有者的资本交易，是指与所有者以其所有者身份进行的、导致企业所有者权益变动的交易。

二、所有者权益变动表的结构

在所有者权益变动表上，企业至少应当单独列示反映下列信息的项目：

（1）综合收益总额。
（2）会计政策变更和差错更正的累积影响金额。
（3）所有者投入资本和向所有者分配利润等。
（4）提取的盈余公积。
（5）实收资本、其他权益工具、资本公积、其他综合收益、专项储备、盈余公积、未分配利润的期初和期末余额及其调节情况。

所有者权益变动表以矩阵的形式列示：一方面，列示导致所有者权益变动的交易或事项，即所有者权益变动的来源，对一定时期所有者权益的变动情况进行全面反映；另一方面，按照所有者权益各组成部分（即实收资本、其他权益工具、资本公积、库存股、其他综合收益、盈余公积、未分配利润）列示交易或事项对所有者权益各部分的影响。

三、所有者权益变动表的格式

一般企业财务报表格式（适用于已执行新金融准则、新收入准则和新租赁准则的企业），见表36-5；执行企业会计准则的金融企业应当按照《财政部关于修订印发2018年度金融企业财务报表格式的通知》（财会〔2018〕36号）的要求编制财务报表，结合财会〔2019〕6号文件的格式对金融企业专用项目之外的相关财务报表项目进行相应调整。

四、所有者权益变动表的编制

（一）所有者权益变动表项目的填列方法

所有者权益变动表各项目均需填列"本年金额"和"上年金额"两栏。

所有者权益变动表"上年金额"栏内各项数字，应根据上年度所有者权益变动表"本年金额"栏内所列数字填列。上年度所有者权益变动表规定的各个项目的名称和内容同本年度不一致的，应对上年度所有者权益变动表各项目的名称和数字按照本年度的规定进行调整，填入所有者权益变动表的"上年金额"栏内。

表 36-5　所有者权益变动表

会企 04 表

编制单位：　　　　　　　　　　　　　　　　　　年度　　　　　　　　　　　　　　　　　　单位：元

项目	本年金额										上年金额									
	实收资本（或股本）	其他权益工具			资本公积	减：库存股	其他综合收益	专项储备	盈余公积	未分配利润	所有者权益合计	实收资本（或股本）	其他权益工具			资本公积	减：库存股	其他综合收益	专项储备	盈余公积	未分配利润	所有者权益合计
		优先股	永续债	其他									优先股	永续债	其他							
一、上年年末余额																						
加：会计政策变更																						
前期差错更正																						
其他																						
二、本年年初余额																						
三、本年增减变动金额（减少以"－"号填列）																						
（一）综合收益总额																						
（二）所有者投入和减少资本																						
1. 所有者投入的普通股																						
2. 其他权益工具持有者投入资本																						
3. 股份支付计入所有者权益的金额																						
4. 其他																						
（三）利润分配																						
1. 提取盈余公积																						
2. 对所有者（或股东）的分配																						
3. 其他																						
（四）所有者权益内部结转																						
1. 资本公积转增资本（或股本）																						
2. 盈余公积转增资本（或股本）																						
3. 盈余公积弥补亏损																						
4. 设定受益计划变动额结转留存收益																						
5. 其他综合收益结转留存收益																						
6. 其他																						
四、本年年末余额																						

所有者权益变动表"本年金额"栏内各项数字一般应根据"实收资本（或股本）""其他权益工具""资本公积""库存股""其他综合收益""专项储备""盈余公积""利润分配""以前年度损益调整"科目的发生额分析填列。

企业的净利润及其分配情况作为所有者权益变动的组成部分，不需要单独编制利润分配表列示。

（二）所有者权益变动表的主要项目说明

1. "上年年末余额"项目

反映企业上年资产负债表中实收资本（或股本）、其他权益工具、资本公积、库存股、其他综合收益、专项储备、盈余公积、未分配利润的年末余额。

2. "会计政策变更""前期差错更正"项目

分别反映企业采用追溯调整法处理的会计政策变更的累积影响金额和采用追溯重述法处理的会计差错更正的累积影响金额。

3. "本年增减变动金额"项目

（1）"综合收益总额"项目。

反映净利润和其他综合收益扣除所得税影响后的净额相加后的合计金额。

（2）"所有者投入和减少资本"项目。

反映企业当年所有者投入的资本和减少的资本。

①"所有者投入的普通股"项目。

反映企业接受投资者投入形成的实收资本（或股本）和资本溢价或股本溢价。

②"其他权益工具持有者投入资本"项目。

反映企业发行的除普通股以外分类为权益工具的金融工具的持有者投入资本的金额。

该项目应根据金融工具类科目的相关明细科目的发生额分析填列。

③"股份支付计入所有者权益的金额"项目。

反映企业处于等待期中的权益结算的股份支付当年计入资本公积的金额。

（3）"利润分配"项目。

反映企业当年的利润分配金额。

（4）"所有者权益内部结转"项目。

反映企业构成所有者权益的组成部分之间当年的增减变动情况。

①"资本公积转增资本（或股本）"项目。

反映企业当年以资本公积转增资本或股本的金额。

②"盈余公积转增资本（或股本）"项目。

反映企业当年以盈余公积转增资本或股本的金额。

③"盈余公积弥补亏损"项目。

反映企业当年以盈余公积弥补亏损的金额。

④"设定受益计划变动额结转留存收益"项目。

反映企业因重新计量设定受益计划净负债或净资产所产生的变动计入其他综合收益，结转至留存收益的金额。

⑤"其他综合收益结转留存收益"项目。

主要反映：

A. 企业指定为以公允价值计量且其变动计入其他综合收益的非交易性权益工具投资终止确认时，之前计入其他综合收益的累计利得或损失从其他综合收益中转入留存收益的金额。

B. 企业指定为以公允价值计量且其变动计入当期损益的金融负债终止确认时，之前由企业自身信用风险变动引起而计入其他综合收益的累计利得或损失从其他综合收益中转入留存收益的金额等。

该项目应根据"其他综合收益"科目的相关明细科目的发生额分析填列。

【例36-24】 鑫裕公司2×19年12月31日所有者权益各项目余额如下：股本15 000 000元，盈余公积300 000元，未分配利润150 000元。2×20年，鑫裕公司获得综合收益总额为840 000元（其中，净利润600 000元），提取盈余公积60 000元，分配现金股利300 000元，鑫裕公司2×20年度所有者权益变动表如表36-6所示。

表36-6 所有者权益变动表

2×20年度

编制单位：鑫裕公司　　　　　　　　　　　　　　　　　　　　　　　　　　　　　　　　会企04表
　　　单位：元

项目	本年金额									上年金额								
	实收资本（或股本）	其他权益工具			资本公积	减：库存股	其他综合收益	专项储备	盈余公积	未分配利润	所有者权益合计	实收资本（或股本）	其他权益工具			资本公积	减：库存股	其他综合收益	专项储备	盈余公积	未分配利润	所有者权益合计
		优先股	永续债	其他									优先股	永续债	其他						
一、上年末余额	15 000 000								300 000	150 000	15 450 000										
加：会计政策变更																						
前期差错更正																						
其他																						
二、本年年初余额	15 000 000								300 000	150 000	15 450 000										
三、本年增减变动金额（减少以"-"号填列）						240 000			60 000	240 000	540 000										
（一）综合收益总额							240 000			600 000	840 000										
（二）所有者投入和减少资本																						
1. 所有者投入的普通股																						
2. 其他权益工具持有者投入资本																						
3. 股份支付计入所有者权益的金额																						
4. 其他																						
（三）利润分配										60 000	−360 000	−300 000										
1. 提取盈余公积										60 000	−60 000	0										
2. 对所有者（或股东）的分配											−300 000	−300 000										
3. 其他																						
（四）所有者权益内部结转																						
1. 资本公积转增资本（或股本）																						
2. 盈余公积转增资本（或股本）																						
3. 盈余公积弥补亏损																						
4. 设定受益计划变动额结转留存收益																						
5. 其他综合收益结转留存收益																						
6. 其他																						
四、本年年末余额	15 000 000						240 000			360 000	390 000	15 990 000	15 000 000								300 000	150 000	15 450 000

 **小知识**

一般企业财务报表格式（适用于未执行新金融准则、新收入准则和新租赁准则的企业）

一般企业财务报表格式（适用于未执行新金融准则、新收入准则和新租赁准则的企业）（表36-7）：

表36-7　所有者权益变动表　　　　　　　　　　　　　　　　　　　　　　　　会企04表

编制单位：　　　　　　　　　　　　年度　　　　　　　　　　　　　　　　　　单位：元

项　目	本年金额										上年金额									
	实收资本（或股本）	其他权益工具			资本公积	减：库存股	其他综合收益	专项储备	盈余公积	未分配利润	所有者权益合计	实收资本（或股本）	其他权益工具			资本公积	减：库存股	其他综合收益	专项储备	盈余公积	未分配利润	所有者权益合计
		优先股	永续债	其他									优先股	永续债	其他							
一、上年年末余额																						
加：会计政策变更																						
前期差错更正																						
其他																						
二、本年年初余额																						
三、本年增减变动金额（减少以"－"号填列）																						
（一）综合收益总额																						
（二）所有者投入和减少资本																						
1. 所有者投入的普通股																						
2. 其他权益工具持有者投入资本																						
3. 股份支付计入所有者权益的金额																						
4. 其他																						
（三）利润分配																						
1. 提取盈余公积																						
2. 对所有者（或股东）的分配																						
3. 其他																						
（四）所有者权益内部结转																						
1. 资本公积转增资本（或股本）																						
2. 盈余公积转增资本（或股本）																						
3. 盈余公积弥补亏损																						
4. 设定受益计划变动额结转留存收益																						
5. 其他																						
四、本年年末余额																						

有关项目说明：

"其他权益工具持有者投入资本"项目，反映企业发行的除普通股以外分类为权益工具的金融工具的持有者投入资本的金额。

该项目应根据金融工具类科目的相关明细科目的发生额分析填列。

第五节 附注披露

附注是对在资产负债表、利润表、现金流量表和所有者权益变动表等报表中列示项目的文字描述或明细资料，以及对未能在这些报表中列示项目的说明等。

本准则对附注的披露要求是对企业附注披露的最低要求，应当适用于所有类型的企业，企业还应当按照各项会计准则的规定在附注中披露相关信息。

附注主要起到两方面的作用：

（1）附注的披露，是对资产负债表、利润表、现金流量表和所有者权益变动表列示项目含义的补充说明，以帮助财务报表使用者更准确地把握其含义。例如，通过阅读附注中披露的固定资产折旧政策的说明，使用者可以掌握报告企业与其他企业在固定资产折旧政策上的异同，以便进行更准确的比较。

（2）附注提供了对资产负债表、利润表、现金流量表和所有者权益变动表中未列示项目的详细或明细说明。例如，通过阅读附注中披露的存货增减变动情况，财务报表使用者可以了解资产负债表中未单列的存货分类信息。

通过附注与资产负债表、利润表、现金流量表和所有者权益变动表列示项目的相互参照关系，以及对未能在财务报表中列示项目的说明，可以使财务报表使用者全面了解企业的财务状况、经营成果和现金流量以及所有者权益的情况。

一、附注披露的总体要求

附注相关信息应当与资产负债表、利润表、现金流量表和所有者权益变动表等报表中列示的项目相互参照，以有助于使用者联系相关联的信息，并由此从整体上更好地理解财务报表。

企业在披露附注信息时，应当以定量、定性信息相结合，按照一定的结构对附注信息进行系统合理的排列和分类，以便使用者理解和掌握。

二、附注披露的主要内容

附注一般应当按照下列顺序至少披露有关内容。

（一）企业的基本情况

（1）企业注册地、组织形式和总部地址。

（2）企业的业务性质和主要经营活动。如企业所处的行业、所提供的主要产品或服务、客户的性质、销售策略、监管环境的性质等。

（3）母公司以及集团最终母公司的名称。

（4）财务报告的批准报出者和财务报告批准报出日。如果企业已在财务报表其他部分披露了财务报告的批准报出者和批准报出日信息，则无须重复披露；或者已有相关人员签字批准报出财务报告，可以其签名及其签字日期为准。

（5）营业期限有限的企业，还应当披露有关其营业期限的信息。

（二）财务报表的编制基础

企业应当根据本准则的规定判断企业是否持续经营，并披露财务报表是否以持续经营为基础编制。

（三）遵循企业会计准则的声明

企业应当声明编制的财务报表符合企业会计准则的要求，真实、完整地反映了企业的财务状况、经营成果和现金流量等有关信息，以此明确企业编制财务报表所依据的制度基础。如果企业编制的财务报表只是部分地遵循了企业会计准则，附注中不得做出这种表述。

（四）重要会计政策和会计估计

1. 重要会计政策的说明

企业应当披露采用的重要会计政策，并结合企业的具体实际披露其重要会计政策的确定依据和财务报表项目的计量基础。其中,会计政策的确定依据主要是指企业在运用会计政策过程中所做的重要判断,这些判断对在报表中确认的项目金额具有重要影响。例如,企业如何判断持有的金融资产是债权投资而不是交易性投资,企业如何判断与租赁资产相关的所有风险和报酬已转移给企业从而符合融资租赁的标准,投资性房地产的判断标准是什么等。财务报表项目的计量基础包括历史成本、重置成本、可变现净值、现值和公允价值等会计计量属性,如存货是按成本还是按可变现净值计量的等。

2. 重要会计估计的说明

企业应当披露重要会计估计,并结合企业的具体实际披露其会计估计所采用的关键假设和不确定因素。

重要会计估计的说明,包括可能导致下一个会计期间内资产、负债账面价值重大调整的会计估计的确定依据等。例如,固定资产可收回金额的计算需要根据其公允价值减去处置费用后的净额与预计未来现金流量的现值两者之间的较高者确定,在计算资产预计未来现金流量的现值时需要对未来现金流量进行预测,并选择适当的折现率,企业应当在附注中披露未来现金流量预测所采用的假设及其依据、所选择的折现率为什么是合理的等。又如,对于正在进行中的诉讼提取准备,企业应当披露最佳估计数的确定依据等。

(五) 会计政策和会计估计变更以及差错更正的说明

企业应当按照《企业会计准则第 28 号——会计政策、会计估计变更和差错更正》的规定,披露会计政策和会计估计变更以及差错更正的情况。

(六) 报表重要项目的说明

企业应当按照资产负债表、利润表、现金流量表、所有者权益变动表及其项目列示的顺序,采用文字和数字描述相结合的方式披露报表重要项目的说明。报表重要项目的明细金额合计,应当与报表项目金额相衔接。

企业还应当在附注中披露如下信息:

(1) 费用按照性质分类的利润表补充资料,可将费用分为耗用的原材料、职工薪酬费用、折旧费用、摊销费用等。具体的披露格式如表 36-8 所示。

表36-8 费用按照性质分类的利润表补充资料

项　　目	本期金额	上期金额
耗用的原材料		
产成品及在产品存货变动		
职工薪酬费用		
折旧费和摊销费用		
非流动资产减值损失		
支付的租金		
财务费用		
其他费用		
……		
合　　计		

(2) 关于其他综合收益各项目的信息。

包括:

① 其他综合收益各项目及其所得税影响。

② 其他综合收益各项目原计入其他综合收益、当期转出计入当期损益的金额。

③ 其他综合收益各项目的期初和期末余额及其调节情况。

上述①和②的具体披露格式如表 36-9 所示,③的具体披露格式如表 36-10 所示。

(3) 在资产负债表日后、财务报告批准报出日前提议或宣布发放的股利总额和每股股利金额(或向投资者分配的利润总额)。

(4) 终止经营的收入、费用、利润总额、所得税费用和净利润,以及归属于母公司所有者的终止经营利润。企业披露的上述数据应当是针对终止经营在整个报告期间的经营成果。

① 终止经营,是指满足下列条件之一的已被企业处置或被企业划归为持有待售的、在经营和编制财务报表时能够单独区分的组成部分:

A. 该组成部分代表一项独立的主要业务或一个主要经营地区。

表 36-9　其他综合收益各项目及其所得税影响和转入损益情况

项　目	本期发生额			上期发生额		
	税前金额	所得税	税后净额	税前金额	所得税	税后净额
一、以后不能重分类进损益的其他综合收益						
1. 重新计量设定受益计划净负债或净资产的变动						
2. 权益法下在被投资单位不能重分类进损益的其他综合收益中享有的份额						
3. 指定为以公允价值计量且其变动计入其他综合收益的非交易性权益工具投资的公允价值变动						
4. 指定为以公允价值计量且其变动计入当期损益的金融负债因企业自身信用风险引起的公允价值变动						
……						
二、以后将重分类进损益的其他综合收益						
1. 权益法下在被投资单位以后将重分类进损益的其他综合收益中享有的份额						
减：前期计入其他综合收益当期转入损益						
小　计						
2. 其他债权投资(以公允价值计量且其变动计入其他综合收益)公允价值变动						
减：前期计入其他综合收益当期转入损益						
小　计						
3. 其他债权投资(以公允价值计量且其变动计入其他综合收益)信用减值准备						
减：前期计入其他综合收益当期转入损益						
小　计						
4. 金融资产重分类计入其他综合收益的金额						
减：前期计入其他综合收益当期转入损益						
小　计						
5. 现金流量套期损益的有效部分						
减：前期计入其他综合收益当期转入损益						
转为被套期项目初始确认金额的调整额						
小　计						
6. 外币财务报表折算差额						
减：前期计入其他综合收益当期转入损益						
小　计						
7. 转换为以公允价值模式计量的投资性房地产其公允价值大于账面价值部分						
减：前期计入其他综合收益当期转入损益						
小　计						
……						
三、其他综合收益合计						

表 36-10　其他综合收益各项目的调节情况

项目	重新计量设定受益计划净负债或净资产的变动	权益法下在被投资单位不能重分类进损益的其他综合收益中享有的份额	指定为以公允价值计量且其变动计入其他综合收益的非交易性权益工具投资的公允价值变动	指定为以公允价值计量且其变动计入当期损益的金融负债因企业自身信用风险引起的公允价值变动	权益法下在被投资单位以后将重分类进损益的其他综合收益中享有的份额	其他债权投资（以公允价值计量且其变动计入其他综合收益）公允价值变动	其他债权投资（以公允价值计量且其变动计入其他综合收益）信用减值准备	金融资产重分类计入其他综合收益的金额	现金流量套期损益的有效部分	外币财务报表折算差额	转换为以公允价值模式计量的投资性房地产其公允价值大于账面价值部分	其他综合收益合计
一、上年年初余额												
二、上年增减变动金额（减少以"－"号填列）												
三、本年年初余额												
四、本年增减变动金额（减少以"－"号填列）												
五、本年年末余额												

B. 该组成部分是拟对一项独立的主要业务或一个主要经营地区进行处置计划的一部分。

C. 该组成部分仅仅是为了再出售而取得的子公司。其中,企业的组成部分,是指企业的一个部分,其经营和现金流量无论从经营上或从财务报告目的上考虑,均能与企业内其他部分清楚划分。企业组成部分在其经营期间是一个现金产出单元或一组现金产出单元,通常可能是一个子公司、一个事业部或事业群,拥有经营的资产,也可能承担负债,由企业高管负责。

② 同时满足下列条件的企业组成部分（或非流动资产）应当确认为持有待售:

A. 该组成部分必须在其当前状况下仅根据出售此类组成部分的通常和惯用条款即可立即出售。

B. 企业已经就处置该组成部分做出决议,如按规定需得到股东批准的,应当已经取得股东大会或相应权力机构的批准。

C. 企业已经与受让方签订了不可撤销的转让协议。

D. 该项转让将在一年内完成。

其中,上述条件 A 强调,被划分为持有待售的企业组成部分必须是在当前状态下可立即出售,因此企业应当具有在当前状态下出售该资产或处置的意图和能力,而出售此类组成部分的通常和惯用条款不应当包括出售方所提出的条件;上述条件 B 至 D 强调,被划分为持有待售的企业组成部分其出售必须是极可能发生的,实务中需要结合具体情况进行判断。

注　自 2022 年 1 月 1 日起,企业应当在附注中单独披露试运行销售（即:企业将固定资产达到预定可使用状态前或者研发过程中产出的产品或副产品对外销售）的相关收入和成本金额、具体列报项目以及确定试运行销售相关成本时采用的重要会计估计等相关信息。

（七）或有和承诺事项、资产负债表日后非调整事项、关联方关系及其交易等需要说明的事项

企业应当按照相关会计准则的规定进行披露。

（八）有助于财务报表使用者评价企业管理资本的目标、政策及程序的信息

资本管理受行业监管部门监管要求的金融

等行业企业,除遵循相关监管要求外,如我国商业银行遵循中国银监会《商业银行资本管理办法(试行)》进行有关资本充足率等的信息披露,还应当按照本准则的规定,在财务报表附注中披露有助于财务报表使用者评价企业管理资本的目标、政策及程序的信息。

企业应当基于可获得的信息充分披露如下内容:

(1) 企业资本管理的目标、政策及程序的定性信息,包括:对企业资本管理的说明;受制于外部强制性资本要求的企业,应当披露这些要求的性质以及企业如何将这些要求纳入其资本管理之中;企业如何实现其资本管理的目标。

(2) 资本结构的定量数据摘要,包括资本与所有者权益之间的调节关系等。例如,有的企业将某些金融负债(如次级债)作为资本的一部分,有的企业将资本视作扣除某些权益项目(如现金流量套期产生的利得或损失)后的部分。

(3) 自前一会计期间开始上述(1)和(2)中的所有变动。

(4) 企业当期是否遵循了其受制的外部强制性资本要求,以及当企业未遵循外部强制性资本要求时,其未遵循的后果。

企业按照总体对上述信息披露不能提供有用信息时,还应当对每项受管制的资本要求单独披露上述信息。例如,跨行业、跨国家或地区经营的企业集团可能受一系列不同的资本要求监管。

第三十七讲 现金流量表

第一节 综合知识

一、相关知识概述

现金流量表,是指反映企业在一定会计期间现金和现金等价物流入和流出的报表。

在现金流量表中,现金及现金等价物被视为一个整体。《企业会计准则第31号——现金流量表》(本讲简称"本准则"或"新准则")提及现金时,均包括现金和现金等价物(如图37-1所示)。

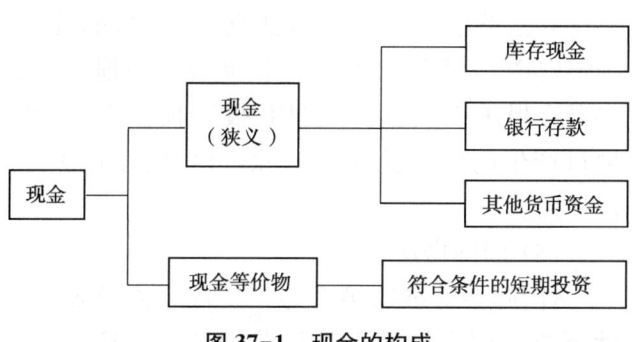

图37-1 现金的构成

现　金

现金,是指企业库存现金以及可以随时用于支付的存款。不能随时用于支取的存款不属于现金。

现金等价物

现金等价物,是指企业持有的期限短、流动性强、易于转换为已知金额现金、价值变动风险很小的投资。

期限短,一般是指从购买日起三个月内到期。

现金等价物通常包括三个月内到期的短期债券投资。权益性投资变现的金额通常不确定,因而不属于现金等价物。

企业应当根据具体情况,确定现金等价物的范围,一经确定不得随意变更。

现金流量的概念

现金流量,是指企业现金和现金等价物的流入和流出。

企业现金形式的转换不会产生现金的流入和流出。例如,企业从银行提取现金,是企业现金存放形式的转换,并未流出企业,不构成现金流量。同样,现金与现金等价物之间的转换也不属于现金流量,例如,企业用现金购买短期到期的国库券。

(一) 现金流量表的用途

在市场经济条件下,企业的现金流转情况在很大程度上影响着企业的生存和发展。企业现金充裕,就可以及时购入必要的材料物资和固定资产、及时支付工资、偿还债务、支付股利和利息;反之,轻则影响企业的正常生产经营,重则危及企业的生存。现金管理已经成为企业财务管理的一个重要方面,受到企业管理人员、投资者、债权人以及政府监管部门的关注。

企业通过编制的现金流量表有助于评价企业支付能力、偿债能力和周转能力,有助于预测企业未来现金流量,有助于分析企业收益质量及影响现金净流量的因素。

(二) 现金流量表的结构

现金流量表应当分别经营活动、投资活动和筹资活动列报现金流量。

根据企业业务活动的性质和现金流量的来源,现金流量表在结构上将企业一定期间产生的现金流量分为三类:经营活动产生的现金流量、投资活动产生的现金流量和筹资活动产生的现金流量。

 **小知识**

自然灾害损失、保险索赔等特殊项目的现金流量分类、列报

对于企业日常活动之外的、不经常发生的特殊项目，如自然灾害损失、保险赔款、捐赠等，应当根据其性质，分别归并到经营活动、投资活动和筹资活动现金流量类别中单独列报。例如，对于自然灾害损失和保险赔款，如果能够确指属于流动资产损失，应当列入经营活动产生的现金流量；属于固定资产损失，应当列入投资活动产生的现金流量。

（三）现金流量表的编制原则

从编制原则上看，现金流量表按照收付实现制原则编制，将权责发生制下的盈利信息调整为收付实现制下的现金流量信息，便于信息使用者了解企业净利润的质量。

（四）现金流量表的编制方法及程序

1. 直接法和间接法

编制现金流量表时，列报经营活动现金流量的方法有两种：一是直接法；二是间接法。

（1）直接法。

直接法，是指通过现金收入和现金支出的主要类别列示经营活动的现金流量。

使用直接法报告经营活动现金流量，就是在现金流量表中直接列示经营活动各项现金流入与现金流出的大类金额（如销售商品、提供劳务收到的现金，支付给职工以及为职工支付的款项等），从而可以向报表使用者直接提供经营活动现金流入与现金流出的来源与去向。

在直接法下，一般是以利润表中的营业收入为起算点，调节与经营活动有关的项目的增减变动，然后计算出经营活动产生的现金流量。

采用直接法编报的现金流量表，便于分析企业经营活动产生的现金流量的来源和用途，预测企业现金流量的未来前景。

（2）间接法。

在间接法下，将净利润调节为经营活动现金流量，实际上就是将按权责发生制原则确定的净利润调整为现金净流入，并剔除投资活动和筹资活动对现金流量的影响。

尽管间接法不能提供经营活动各大类的现金流入与现金流出金额，但便于经营活动现金流量与净利润的对比，可以反映净利润的质量。

采用间接法编报的现金流量表，便于将净利润与经营活动产生的现金流量净额进行比较，了解净利润与经营活动产生的现金流量差异的原因，从现金流量的角度分析净利润的质量。

在间接法下，对净利润的调整项目可以分为三类：

第一类是没有支付现金但在计算净利润时已经扣减的项目，如资产减值准备、固定资产折旧、无形资产摊销、递延所得税负债、赊购且已耗用的存货等，该类项目的金额应该加回。

第二类是没有实际收到现金但在计算净利润时已经加计的项目，如应收账款、应收票据等形成的销售收入，该类项目的金额应该减除。

第三类是不属于经营活动的损益，如处置固定资产、无形资产和其他长期资产的损益、固定资产报废损失、财务费用、投资损益等，该类项目产生的净收益应该减除，产生的净损失应该加回。

（3）国际做法。

《国际会计准则第7号——现金流量表》鼓励企业采用直接法报告经营活动现金流量，因为采用直接法提供的信息有助于信息使用者评估主体未来现金流量，而间接法却不具有这一优点。

（4）我国做法。

我国现金流量表准则要求企业采用直接法编制现金流量表，同时也要求在附注中披露将净利润调节为经营活动现金流量的信息。因此，我国企业编制现金流量表，既要使用直接法，也要使用间接法。

2. 工作底稿法、T型账户法和分析填列法

在具体编制现金流量表时，可以采用工作底稿法或T型账户法，也可以根据有关科目记录分析填列。

(1) 工作底稿法。

采用工作底稿法编制现金流量表，是以工作底稿为手段，以资产负债表和利润表数据为基础，对每一项目进行分析并编制调整分录，从而编制现金流量表。

工作底稿法的程序是：

第一步，将资产负债表的期初数和期末数过入工作底稿的期初数栏和期末数栏。

第二步，对当期业务进行分析并编制调整分录。编制调整分录时，要以利润表项目为基础，从"营业收入"开始，结合资产负债表项目逐一进行分析。在调整分录中，有关现金和现金等价物的事项，并不直接借记或贷记现金，而是分别记入"经营活动产生的现金流量""投资活动产生的现金流量""筹资活动产生的现金流量"有关项目，借记表示现金流入，贷记表示现金流出。

第三步，将调整分录过入工作底稿中的相应部分。

第四步，核对调整分录，借方、贷方合计数均已经相等，资产负债表项目期初数加减调整分录中的借贷金额以后，也等于期末数。

第五步，根据工作底稿中的现金流量表项目部分编制正式的现金流量表。

(2) T型账户法。

采用T型账户法编制现金流量表，是以T型账户为手段，以资产负债表和利润表数据为基础，对每一项目进行分析并编制调整分录，从而编制现金流量表。

T型账户法的程序是：

第一步，为所有的非现金项目（包括资产负债表项目和利润表项目）分别开设T型账户，并将各自的期末期初变动数过入各该账户。如果项目的期末数大于期初数，则将差额过入和项目余额相同的方向；反之，过入相反的方向。

第二步，开设一个大的"现金及现金等价物"T型账户，每边分为经营活动、投资活动和筹资活动三个部分，左边记现金流入，右边记现金流出。与其他账户一样，过入期末期初变动数。

第三步，以利润表项目为基础，结合资产负债表分析每一个非现金项目的增减变动，并据此编制调整分录。

第四步，将调整分录过入各T型账户，并进行核对，该账户借贷相抵后的余额与原先过入的期末期初变动数应当一致。

第五步，根据大的"现金及现金等价物"T型账户编制正式的现金流量表。

(3) 分析填列法。

分析填列法是直接根据资产负债表、利润表和有关会计科目明细账的记录，分析计算出现金流量表各项目的金额，并据以编制现金流量表的一种方法。

(五) 现金流量采取总额抑或净额列报

现金流量应当分别按照现金流入和现金流出总额列报。

但是，下列各项可以按照净额列报：

(1) 代客户收取或支付的现金。

(2) 周转快、金额大、期限短项目的现金流入和现金流出。

(3) 金融企业的有关项目，包括短期贷款发放与收回的贷款本金、活期存款的吸收与支付、同业存款和存放同业款项的存取、向其他金融企业拆借资金，以及证券的买入与卖出等。

总额与净额列示的问题

在编制现金流量表时，现金流量一般应当以总额反映，从而全面揭示企业现金流量的方向、规模和结构。

但是，对于那些代客户收取或支付的现金以及周转快、金额大、期限短的项目的现金收入和现金支出应当以净额列示。因为这些现金流量项目周转快，在企业停留的时间短，企业加以利用的余地比较小，现金流量净额更能说明企业的支付能力和偿债能力；相反，以总额反映反而会对企业支付能力和偿债能力的评价以及对未来现金流量的预测产生误导。

以净额反映的项目主要有：

(1) 银行发放的短期贷款和吸收的活期储蓄存款等。

(2) 代客户收取或支付的款项等（如证券公司代收

的客户证券买卖交割费、印花税等；旅游公司代游客支付的房费、餐费、交通费、文娱费、行李托运费、门票费、票务费、签证费等费用）。

另外，金融企业由于其存贷款业务的数额巨大，比较频繁，因而其下列项目应以净额列示：

(1) 短期贷款发放与收回。
(2) 后期存款的吸收与支付。
(3) 同业存款和存放同业款项的存取。
(4) 向其他金融企业拆借资金。
(5) 经营证券业务的企业，证券的买入与卖出。
(6) 委托存款与委托贷款。

（六）现金流量的方向构成及其对财务状况的影响

在现金流量表补充资料部分采用间接法将净利润调整为经营活动现金流量时，应将公允值产生差额计入当期损益的部分作为调整项目单独列示。

新准则不涉及会计要素的确认和计量，对财务状况不会有影响。表37-1从现金流量的方向构成及其对企业财务状况影响的角度进行分析。

表 37-1　现金流量的方向构成及其对企业财务状况的影响

经营活动现金流量	筹资活动现金流量	投资活动现金流量	分析结果
−	+	+	企业靠借债维持经营活动所需资金，财务状况可能恶化，应重点分析投资活动现金流量净额是来源于投资回收还是投资收益，如果为前者，则企业将面临非常严峻的形势
−	−	+	企业财务状况已经十分危险，偿还债务依靠投资活动现金流量，如果投资活动现金流量主要来自投资回收，则已面临破产，要高度警惕
−	+	−	企业靠借债维持日常生产经营活动，且继续扩大生产规模。企业如果处于投入时期并且行业前景可观，一旦渡过难关，还可能发展，否则非常危险
−	−	−	这种情况往往发生在高速扩张的企业，由于对市场预测的失误等原因，经营活动现金流出大于流入，投资效率低下，使投入的大量扩张资金难以收回，财务状况非常危险
+	+	+	表明企业经营和投资收益良好，但其仍继续筹资，这时需要了解是否有良好的投资机会，否则会造成资金的浪费
+	−	+	企业债务已进入偿还期，但有足够强的偿债能力，经营和投资活动良性循环，财务状况稳定、安全
+	+	−	这种情况往往发生在企业扩张时期，在经营状况良好的前提下，通过筹资进行投资，但应分析投资项目的未来投资报酬率
+	−	−	企业经营状况良好，在偿还前欠债务的同时继续投资，但应关注经营状况的变化，防止经营状况恶化导致财务状况恶化

二、会计准则概述

（一）本准则的相关背景

《企业会计准则——现金流量表》于1998年3月20日颁布，并于1998年1月1日起在全国施行，我国财政部又于2001年1月18日进行了修订。它的颁布、实施，对于进一步规范企业现金流量表的编制方法及其应提供的信息，提高会计信息质量，推动我国证券市场乃至整个市场经济的发展，有着非常重要的意义。

根据会计实务工作中的执行情况和经济环境的变化，借鉴国际财务报告准则，本着与国际财务报告准则趋同的原则，为了规范现金流量表的编制和列报，我国财政部于2006年2月对原现金流量表准则再次进行了修订。修订后的现金流量表准则称为《企业会计准则第31号——现金流量表》。

（二）本准则的适用范围

合并现金流量表的编制和列报，适用《企业会计准则第33号——合并财务报表》。

（三）本准则的主要变化

1. 关于定义

取消了"现金流量指企业现金和现金等价物的流入和流出"的定义，增加了现金流量表的定义。新准则规定，现金流量表是指反映企业在一定会计期间现金和现金等价物流入和流出的报表。

2. 关于适用范围

新准则第三条规定，合并现金流量表的编

制和列报适用《企业会计准则第33号——合并财务报表》，明确与其他准则的分工，即本准则只规范个别现金流量表的编制和列报。旧准则没有这方面的规定。

3. 关于"购买或处置子公司及其他营业单位产生的现金净额"项目的单独列示

新准则第十三条规定，在投资活动产生的现金流量中单独列示"购买或处置子公司及其他营业单位产生的现金净额"项目；旧准则没有单独列示这个项目。

4. 新准则简化了金融企业现金流量项目的列报

（1）新准则。

新准则第十一条规定，金融企业可以根据行业特点和现金流量实际情况，合理确定现金流量项目的类别。只是给出金融企业现金流量列报的原则规定，没有列出具体项目。

（2）旧准则。

旧准则第十七条、第十八条、第十九条，对金融（包括保险）企业经营活动现金流量的内容作了较详细的规定。

5. 将净利润调节为经营活动现金流量的信息中增加了"公允价值变动损益"调整项目

（1）新准则体系中主要在金融工具、投资性房地产、企业合并、债务重组和非货币性资产交换等方面采用了公允价值计量，公允价值计量与原账面价值的差额计入当期损益。因此在现金流量表补充资料部分采用间接法将净利润调整为经营活动现金流量时，应将公允价值与原账面价值产生差额计入当期损益的部分作为调整项目单独列示。旧准则没有列示这个项目。

（2）新准则依据《企业会计准则第18号——所得税》"递延税款"项目改为"递延所得税资产和递延所得税负债"项目。

6. 在第六章披露部分增加了企业应当在附注中披露与现金和现金等价物有关的信息

信息包括：

（1）现金和现金等价物的构成及其在资产负债表中的相应金额。

（2）企业持有但不能由母公司或集团内其他子公司使用的大额现金和现金等价物金额。

旧准则没有这方面的披露规定。

第二节　经营活动现金流量

经营活动，是指企业投资活动和筹资活动以外的所有交易和事项。

一、经营活动的认定

各类企业由于行业特点不同，对经营活动的认定存在一定差异。

对于工商企业而言，经营活动主要包括销售商品、提供劳务、购买商品、接受劳务、支付职工薪酬、支付税费等。

对于商业银行而言，经营活动主要包括吸收存款、发放贷款、同业存放、同业拆借等。

对于保险公司而言，经营活动主要包括原保险业务和再保险业务等。

对于证券公司而言，经营活动主要包括自营证券、代理承销证券、代理兑付证券、代理买卖证券等。

二、经营活动现金流量的获取途径

主要有：

（1）企业的会计记录。

（2）根据下列项目对利润表中的营业收入、营业成本以及其他项目进行调整：

① 当期存货及经营性应收和应付项目的变动。

② 固定资产折旧、无形资产摊销、计提资产减值准备等其他非现金项目。

③ 属于投资活动或筹资活动现金流量的其他非现金项目。

三、经营活动现金流量至少应单独列示反映的信息项目

包括：

（1）销售商品、提供劳务收到的现金。
（2）收到的税费返还。
（3）收到其他与经营活动有关的现金。
（4）购买商品、接受劳务支付的现金。
（5）支付给职工以及为职工支付的现金。
（6）支付的各项税费。
（7）支付其他与经营活动有关的现金。

四、金融企业现金流量项目的确定

金融企业可以根据行业特点和现金流量实际情况，合理确定经营活动现金流量项目的类别。

第三节 投资活动现金流量

投资活动，是指企业长期资产的购建和不包括在现金等价物范围的投资及其处置活动。

长期资产是指固定资产、无形资产、在建工程、其他资产等持有期限在一年或一个营业周期以上的资产。

这里所讲的投资活动，既包括实物资产投资，也包括金融资产投资。

这里之所以将"包括在现金等价物范围内的投资"排除在外，是因为已经将包括在现金等价物范围内的投资视同现金。

一、投资活动的认定

不同企业由于行业特点不同，对投资活动的认定也存在差异。

例如，交易性金融资产所产生的现金流量，对于工商企业而言，属于投资活动现金流量，而对于证券公司而言，属于经营活动现金流量。

二、至少应当单独列示反映的项目

投资活动产生的现金流量至少应当单独列示反映下列信息的项目：

（1）收回投资收到的现金。
（2）取得投资收益收到的现金。
（3）处置固定资产、无形资产和其他长期资产收回的现金净额。
（4）处置子公司及其他营业单位收到的现金净额。
（5）收到其他与投资活动有关的现金。
（6）购建固定资产、无形资产和其他长期资产支付的现金。
（7）投资支付的现金。
（8）取得子公司及其他营业单位支付的现金净额。
（9）支付其他与投资活动有关的现金。

第四节 筹资活动现金流量

一、筹资活动的概念

筹资活动，是指导致企业资本及债务规模和构成发生变化的活动。

这里所说的资本，既包括实收资本（股本），也包括资本溢价（股本溢价）。

这里所说的债务，指对外举债，包括向银行借款、发行债券以及偿还债务等。

通常情况下，应付账款、应付票据等商业应付款等属于经营活动，不属于筹资活动。

二、至少应单独列示反映的项目

筹资活动产生的现金流量至少应单独列示反映的信息项目：

(1) 吸收投资收到的现金。
(2) 取得借款收到的现金。
(3) 收到其他与筹资活动有关的现金。
(4) 偿还债务支付的现金。
(5) 分配股利、利润或偿付利息支付的现金。
(6) 支付其他与筹资活动有关的现金。

第五节 现金流量表列报格式及编写说明

一、适用范围

现金流量表格式分别一般企业、商业银行、保险公司、证券公司等企业类型予以规定。企业应当根据其经营活动的性质，确定本企业适用的现金流量表格式。

政策性银行、信托投资公司、租赁公司、财务公司、典当公司应当执行商业银行现金流量表格式规定，如有特别需要，可以结合本企业的实际情况，进行必要调整和补充。

担保公司应当执行保险公司现金流量表格式规定，如有特别需要，可以结合本企业的实际情况，进行必要调整和补充。

资产管理公司、基金公司、期货公司应当执行证券公司现金流量表格式规定，如有特别需要，可以结合本企业的实际情况，进行必要调整和补充。

二、列报格式及有关内容说明

（一）一般企业现金流量表列报格式及有关内容说明

一般企业现金流量表格式如表37-2和表37-3所示。

表37-2 现金流量表
（适用于已执行新金融准则、新收入准则和新租赁准则的企业）

现金流量表　　　　　　　　　　　　　　　会企03表
编制单位：　　　　　年　月　　　　　　　　单位：元

项　目	本期金额	上期金额
一、经营活动产生的现金流量：		
销售商品、提供劳务收到的现金		
收到的税费返还		
收到其他与经营活动有关的现金		
经营活动现金流入小计		
购买商品、接受劳务支付的现金		
支付给职工以及为职工支付的现金		
支付的各项税费		
支付其他与经营活动有关的现金		
经营活动现金流出小计		
经营活动产生的现金流量净额		
二、投资活动产生的现金流量：		
收回投资收到的现金		
取得投资收益收到的现金		
处置固定资产、无形资产和其他长期资产收回的现金净额		
处置子公司及其他营业单位收到的现金净额		
收到其他与投资活动有关的现金		

(续表)

项　目	本期金额	上期金额
投资活动现金流入小计		
购建固定资产、无形资产和其他长期资产支付的现金		
投资支付的现金		
取得子公司及其他营业单位支付的现金净额		
支付其他与投资活动有关的现金		
投资活动现金流出小计		
投资活动产生的现金流量净额		
三、筹资活动产生的现金流量：		
吸收投资收到的现金		
取得借款收到的现金		
收到其他与筹资活动有关的现金		
筹资活动现金流入小计		
偿还债务支付的现金		
分配股利、利润或偿付利息支付的现金		
支付其他与筹资活动有关的现金		
筹资活动现金流出小计		
筹资活动产生的现金流量净额		
四、汇率变动对现金及现金等价物的影响		
五、现金及现金等价物净增加额		
加：期初现金及现金等价物余额		
六、期末现金及现金等价物余额		

有关项目说明：
　　企业实际收到的政府补助，无论是与资产相关还是与收益相关，均在"收到其他与经营活动有关的现金"项目填列。

表37-3　现金流量表

（适用于未执行新金融准则、新收入准则和新租赁准则的企业）

现金流量表　　　　　　　　　　　　　　　　　　　会企03表

编制单位：　　　　　　　　　年　月　　　　　　　　　　　单位：元

项　目	本期金额	上期金额
一、经营活动产生的现金流量：		
销售商品、提供劳务收到的现金		
收到的税费返还		
收到其他与经营活动有关的现金		
经营活动现金流入小计		
购买商品、接受劳务支付的现金		
支付给职工以及为职工支付的现金		
支付的各项税费		
支付其他与经营活动有关的现金		
经营活动现金流出小计		
经营活动产生的现金流量净额		

(续表)

(续表)

项　目	本期金额	上期金额
二、投资活动产生的现金流量：		
收回投资收到的现金		
取得投资收益收到的现金		
处置固定资产、无形资产和其他长期资产收回的现金净额		
处置子公司及其他营业单位收到的现金净额		
收到其他与投资活动有关的现金		
投资活动现金流入小计		
购建固定资产、无形资产和其他长期资产支付的现金		
投资支付的现金		
取得子公司及其他营业单位支付的现金净额		
支付其他与投资活动有关的现金		
投资活动现金流出小计		
投资活动产生的现金流量净额		
三、筹资活动产生的现金流量：		
吸收投资收到的现金		
取得借款收到的现金		
收到其他与筹资活动有关的现金		
筹资活动现金流入小计		
偿还债务支付的现金		
分配股利、利润或偿付利息支付的现金		
支付其他与筹资活动有关的现金		
筹资活动现金流出小计		
筹资活动产生的现金流量净额		
四、汇率变动对现金及现金等价物的影响		
五、现金及现金等价物净增加额		
加：期初现金及现金等价物余额		
六、期末现金及现金等价物余额		

有关项目说明：

企业实际收到的政府补助，无论是与资产相关还是与收益相关，均在"收到其他与经营活动有关的现金"项目填列。

1. 经营活动产生的现金流量

(1) "销售商品、提供劳务收到的现金"项目。

反映企业本期销售商品、提供劳务收到的现金，以及前期销售商品、提供劳务本期收到的现金(包括销售收入和应向购买者收取的增值税销项税额)和本期预收的款项，减去本期销售本期退回的商品和前期销售本期退回的商品支付的现金。

企业销售材料和代购代销业务收到的现金，也在本项目反映。

【例37-1】 赓升公司2×21年销售收入3 750 000元，增值税销项税额为637 500元；应收账款期初余额为900 000元，期末余额为1 800 000元；应收票据期初余额为800 000元，期末余额为200 000元。无其他影响因素。

【分析】 销售商品、提供劳务收到的现金 = 3 750 000 + 637 500 + (900 000 - 1 800 000) + (800 000 - 200 000) = 4 087 500(元)。

(2) "收到的税费返还"项目。

反映企业收到返还的增值税、所得税、消费

税、关税和教育费附加返还款等各种税费。

（3）"收到其他与经营活动有关的现金"项目。

反映企业收到的罚款收入、经营租赁收到的租金等其他与经营活动有关的现金流入，金额较大的应当单独列示。

（4）"购买商品、接受劳务支付的现金"项目。

反映企业本期购买商品、接受劳务实际支付的现金（包括增值税进项税额），以及本期支付前期购买商品、接受劳务的未付款项和本期预付款项，减去本期发生的购货退回收到的现金。

【例37-2】 怡平公司2×21年支付购买商品的价款为325 000元，支付的增值税进项税额为55 250元。应付账款期初余额为167 000元，期末余额为240 000元；应付票据期初余额为85 600元，期末余额为32 000元；本年度预付货款50 000元，同时因退货而收到销货方退回的现金43 750元。

【分析】 购买商品、接受劳务支付的现金 = 325 000 + 55 250 + (167 000 − 240 000) + (85 600 − 32 000) + 50 000 − 43 750 = 367 100（元）。

（5）"支付给职工以及为职工支付的现金"项目。

反映企业本期实际支付给职工的工资、奖金、各种津贴和补贴等职工薪酬，但是应由在建工程、无形资产负担的职工薪酬以及支付的离退休人员的职工薪酬除外。

【例37-3】 鑫裕公司2×21年实际发生工资性支出850 000元，其中生产人员工资428 000元，管理人员工资150 000元，在建工程人员工资188 000元，离退休人员工资84 000元。同时，鑫裕公司还为在职职工按工资的5.5%交纳医疗保险，为在职职工按工资的25.5%交纳养老保险，另外支付一线生产工人住房困难补助267 000元。

【分析】 鑫裕公司2×21年现金流量表有关项目的金额计算如下：

支付给职工以及为职工支付的现金 = 428 000 × (1 + 5.5% + 25.5%) + 150 000 × (1 + 5.5% + 25.5%) + 267 000 = 1 024 180（元）。

购建固定资产、无形资产和其他长期资产所支付的现金 = 188 000 × (1 + 5.5% + 25.5%) = 246 280（元）。

支付的其他与经营活动有关的现金 = 84 000（元）。

（6）"支付的各项税费"项目。

反映企业本期发生并支付的、本期支付以前各期发生的以及预交的教育费附加、矿产资源补偿费、印花税、房产税、土地增值税、车船税等税费，但计入固定资产价值、实际支付的耕地占用税、本期退回的增值税、所得税等除外。

（7）"支付其他与经营活动有关的现金"项目。

反映企业支付的罚款支出、支付的差旅费、业务招待费、保险费、经营租赁支付的租金等其他与经营活动有关的现金流出，金额较大的应当单独列示。

2. 投资活动产生的现金流量

（1）"收回投资收到的现金"项目。

反映企业出售、转让或到期收回除现金等价物以外的交易性金融资产、长期股权投资而收到的现金，以及收回长期债权投资本金而收到的现金，但长期债权投资收回的利息除外。

【例37-4】 欣奕公司2×21年处置一笔长期债权投资，收回本金86 900元，收到利息21 725元；处置一笔长期股权投资取得收入568 000元（其中含2×21年应发而未发的股利8 000元）；处置持有的短期国债，收到本金20 000元，取得利息300元；一项长期股权投资（账面价值350 000元）因被投资单位经营不善，只收回汽车两辆，估计市场价值为100 000元；本期收到现金股利125 000元。

【分析】 收回投资所收到的现金 = 86 900 + 568 000 = 654 900（元）。

处置的长期股权投资中含有应发而未发的股利8 000元，由于是在处置时一并收到，全部计入"收回投资所收到的现金"项目；如果股利是单独收回,则应计入"取得投资收益所收到的现金"。

(2)"取得投资收益收到的现金"项目。

反映企业因股权性投资而分得的现金股利,从子公司、联营企业或合营企业分回利润而收到的现金,以及因债权性投资而取得的现金利息收入,但股票股利除外。

【例37-5】 资料同[例37-4]。

【分析】 取得投资收益所收到的现金＝21 725＋300＋125 000＝147 025(元)。

(3)"处置固定资产、无形资产和其他长期资产收回的现金净额"项目。

反映企业出售、报废固定资产、无形资产和其他长期资产所取得的现金(包括因资产毁损而收到的保险赔偿收入),减去为处置这些资产而支付的有关费用后的净额,但现金净额为负数的除外。

【例37-6】 赓升公司2×21年处置一项固定资产,其原值为96 000元,已提折旧91 200元,处置取得收入12 000元,发生清理支出2 850元;毁损一项固定资产,其原值为35 000元,已提折旧8 000元,取得保险赔偿收入32 000元,发生清理支出6 000元。

【分析】 处置固定资产、无形资产和其他长期资产所收回的现金净额＝(12 000－2 850)＋(32 000－6 000)＝35 150(元)。

(4)"处置子公司及其他营业单位收到的现金净额"项目。

反映企业处置子公司及其他营业单位所得的现金减去相关处置费用后的净额。

(5)"购建固定资产、无形资产和其他长期资产支付的现金"项目。

反映企业购买、建造固定资产、取得无形资产和其他长期资产所支付的现金及增值税款、支付的应由在建工程和无形资产负担的职工薪酬现金支出,但为购建固定资产而发生的借款利息资本化部分、融资租入固定资产所支付的租赁费除外。

(6)"投资支付的现金"项目。

反映企业取得的除现金等价物以外的权益性投资和债权性投资所支付的现金以及支付的佣金、手续费等附加费用。

(7)"取得子公司及其他营业单位支付的现金净额"项目。

反映企业购买子公司及其他营业单位购买出价中以现金支付的部分,减去子公司或其他营业单位持有的现金和现金等价物后的净额。

(8)"收到其他与投资活动有关的现金""支付其他与投资活动有关的现金"项目。

反映企业除上述(1)至(7)各项目外收到或支付的其他与投资活动有关的现金流入或流出,金额较大的应当单独列示。

3. 筹资活动产生的现金流量

(1)"吸收投资收到的现金"项目。

反映企业以发行股票、债券等方式筹集资金实际收到的款项,减去直接支付给金融企业的佣金、手续费、宣传费、咨询费、印刷费等发行费用后的净额。

【例37-7】 怡昌祥公司2×21年增资扩股,发行股票800万股,每股发行价格2元,另支付证券发行佣金100万元,支付会计师事务所审计费用、证券公司咨询费用等50万元。

【分析】 吸收投资所收到的现金＝800×2－100＝1 500(万元);支付的其他与筹资活动有关的现金＝50(万元)。

(2)"取得借款收到的现金"项目。

反映企业举借各种短期、长期借款而收到的现金。

(3)"偿还债务支付的现金"项目。

反映企业以现金偿还债务的本金。

【例37-8】 惠勤公司2×21年偿还长期借款本息108万元,其中利息8万元;从另外一家金融企业取得长期借款50万元。

【分析】 偿还债务所支付的现金为100万元;分配股利、利润或偿付利息所支付的现金为8万元;借款收到的现金为50万元。

企业取得借款与偿还借款应分别反映,分别填列,不得相互抵销。在本例中,借款所取得的50万元应单独在"借款收到的现金"项目中单独反映,不得与偿还的 100 万元相互抵销。

(4)"分配股利、利润或偿付利息支付的现金"项目。

反映企业实际支付的现金股利、支付给其他投资单位的利润或用现金支付的借款利息、债券利息。

(5)"收到其他与筹资活动有关的现金""支付其他与筹资活动有关的现金"项目。

反映企业除上述(1)至(4)项目外,收到或支付的其他与筹资活动有关的现金流入或流出,包括以发行股票、债券等方式筹集资金而由企业直接支付的审计和咨询等费用、为购建固定资产而发生的借款利息资本化部分、融资租入固定资产所支付的租赁费、以分期付款方式购建固定资产以后各期支付的现金等。

4."汇率变动对现金及现金等价物的影响"项目

汇率变动对现金的影响,指企业外币现金流量及境外子公司的现金流量折算成记账本位币时,所采用的是现金流量发生日的即期汇率或按照系统合理的方法确定的、与现金流量发生日即期汇率近似的汇率,而现金流量表"现金及现金等价物净增加额"项目中外币现金净增加额是按资产负债表日的即期汇率折算的。这两者的差额即为汇率变动对现金的影响。

编制现金流量表时,应当将企业外币现金流量以及境外子公司的现金流量折算成记账本位币。外币现金流量以及境外子公司的现金流量,应当采用现金流量发生日的即期汇率或按照系统合理的方法确定的、与现金流量发生日即期汇率近似的汇率折算。

汇率变动对现金的影响应当作为调节项目,在现金流量表中单独列报。

在编制现金流量表时,对当期发生的外币业务,也可不必逐笔计算汇率变动对现金的影响,可以通过现金流量表补充资料中"现金及现金等价物净增加额"与现金流量表中"经营活动产生的现金流量净额""投资活动产生的现金流量净额""筹资活动产生的现金流量净额"三项之和比较,其差额即为"汇率变动对现金的影响"。

(二)商业银行现金流量表列报格式及有关内容说明

商业银行现金流量表列报格式如表 37-4 所示。

表 37-4　现金流量表

会商银 03 表

编制单位:　　　　　　　　　　　　　　　___年___月　　　　　　　　　　　　　　　单位:元

项　目	本期金额	上期金额
一、经营活动产生的现金流量		
客户存款和同业存放款项净增加额		
向中央银行借款净增加额		
向其他金融机构拆入资金净增加额		
收取利息、手续费及佣金的现金		
收到其他与经营活动有关的现金		
经营活动现金流入小计		
客户贷款及垫款净增加额		
存放中央银行和同业款项净增加额		
支付手续费及佣金的现金		
支付给职工以及为职工支付的现金		
支付的各项税费		
支付其他与经营活动有关的现金		
经营活动现金流出小计		
经营活动产生的现金流量净额		

(续表)

项　目	本期金额	上期金额
二、投资活动产生的现金流量		
收回投资收到的现金		
取得投资收益收到的现金		
收到其他与投资活动有关的现金		
投资活动现金流入小计		
投资支付的现金		
购建固定资产、无形资产和其他长期资产支付的现金		
支付其他与投资活动有关的现金		
投资活动现金流出小计		
投资活动产生的现金流量净额		
三、筹资活动产生的现金流量		
吸收投资收到的现金		
发行债券收到的现金		
收到其他与筹资活动有关的现金		
筹资活动现金流入小计		
偿还债务支付的现金		
分配股利、利润或偿付利息支付的现金		
支付其他与筹资活动有关的现金		
筹资活动现金流出小计		
筹资活动产生的现金流量净额		
四、汇率变动对现金及现金等价物的影响		
五、现金及现金等价物净增加额		
加：期初现金及现金等价物余额		
六、期末现金及现金等价物余额		

除下列项目以外的其他项目，比照一般企业现金流量表列报有关内容说明处理。

1. 经营活动产生的现金流量

（1）"客户存款和同业存放款项净增加额"项目。

反映商业银行本期吸收的境内外金融机构以及非同业存放款项以外的各种存款的净增加额。

（2）"向中央银行借款净增加额"项目。

反映商业银行本期向中央银行借入款项的净增加额。

（3）"向其他金融机构拆入资金净增加额"项目。

反映商业银行本期从境内外金融机构拆入款项所取得的现金，减去拆借给境内外金融机构款项而支付的现金后的净额。

（4）"收取利息、手续费及佣金的现金"项目。

反映商业银行本期收到的利息、手续费及佣金收入现金数。

（5）"客户贷款及垫款净增加额"项目。

反映商业银行本期发放的各种客户贷款，以及办理商业票据贴现、转贴现融出及融入资金等业务的款项的净增加额。

（6）"存放中央银行和同业款项净增加额"项目。

反映商业银行本期存放于中央银行以及境内外金融机构的款项的净增加额。

2. 筹资活动产生的现金流量

"发行债券收到的现金"项目，反映商业银行本期发行债券收到的本金。

（三）保险公司现金流量表列报格式及有关内容说明

保险公司现金流量表列报格式如表37-5所示。

表 37-5 现金流量表   会保 03 表

编制单位：　　　　　　　　　　　　　　　___年___月　　　　　　　　　　　　　　单位：元

项　目	本期金额	上期金额
一、经营活动产生的现金流量		
收到原保险合同保费取得的现金		
收到再保业务现金净额		
保户储金及投资款净增加额		
收到其他与经营活动有关的现金		
经营活动现金流入小计		
支付原保险合同赔付款项的现金		
支付手续费及佣金的现金		
支付保单红利的现金		
支付给职工以及为职工支付的现金		
支付的各项税费		
支付其他与经营活动有关的现金		
经营活动现金流出小计		
经营活动产生的现金流量净额		
二、投资活动产生的现金流量		
收回投资收到的现金		
取得投资收益收到的现金		
收到其他与投资活动有关的现金		
投资活动现金流入小计		
投资支付的现金		
质押贷款净增加额		
购建固定资产、无形资产和其他长期资产支付的现金		
支付其他与投资活动有关的现金		
投资活动现金流出小计		
投资活动产生的现金流量净额		
三、筹资活动产生的现金流量		
吸收投资收到的现金		
发行债券收到的现金		
收到其他与筹资活动有关的现金		
筹资活动现金流入小计		
偿还债务支付的现金		
分配股利、利润或偿付利息支付的现金		
支付其他与筹资活动有关的现金		
筹资活动现金流出小计		
筹资活动产生的现金流量净额		
四、汇率变动对现金及现金等价物的影响		
五、现金及现金等价物净增加额		
加：期初现金及现金等价物余额		
六、期末现金及现金等价物余额		

除下列项目以外的其他项目,比照一般企业现金流量表列报有关内容说明处理。

1. 经营活动产生的现金流量

(1)"收到原保险合同保费取得的现金"项目。

反映保险公司本期收取的原保险合同保费和再保险合同分保费款项。

(2)"收到再保业务现金净额"项目。

反映保险公司本期从事再保险业务从再保险分出人或再保险接受人实际收到的款项。

(3)"保户储金及投资款净增加额"项目。

反映保险公司本期实际向投保人收取的以租金利息为保费收入的储金,以及投资型保险业务的投资本金。

(4)"支付原保险合同赔付款项的现金"项目。

反映保险公司本期实际支付的原保险合同赔付款项和再保险合同的赔付款项。

(5)"支付手续费及佣金的现金"项目。

反映保险公司本期实际支付的手续费、佣金等现金流出。

2. 投资活动产生的现金流量

"质押贷款净增加额"项目,反映保险公司本期发放保户质押贷款的净额。

(四)证券公司现金流量表列报格式及有关内容说明

证券公司现金流量表列报格式如表 37-6 所示。

表 37-6 现金流量表

会证 03 表

编制单位：　　　　　　　　　　　　　___年___月　　　　　　　　　　　　　单位：元

项　目	本期金额	上期金额
一、经营活动产生的现金流量		
处置交易性金融资产净增加额		
收取利息、手续费及佣金的现金		
拆入资金净增加额		
回购业务资金净增加额		
收到其他与经营活动有关的现金		
经营活动现金流入小计		
支付利息、手续费及佣金的现金		
支付给职工以及为职工支付的现金		
支付的各项税费		
支付其他与经营活动有关的现金		
经营活动现金流出小计		
经营活动产生的现金流量净额		
二、投资活动产生的现金流量		
收回投资收到的现金		
取得投资收益收到的现金		
收到其他与投资活动有关的现金		
投资活动现金流入小计		
投资支付的现金		
购建固定资产、无形资产和其他长期资产支付的现金		
支付其他与投资活动有关的现金		
投资活动现金流出小计		
投资活动产生的现金流量净额		
三、筹资活动产生的现金流量		

(续表)

项　目	本期金额	上期金额
吸收投资收到的现金		
发行债券收到的现金		
收到其他与筹资活动有关的现金		
筹资活动现金流入小计		
偿还债务支付的现金		
分配股利、利润或偿付利息支付的现金		
支付其他与筹资活动有关的现金		
筹资活动现金流出小计		
筹资活动产生的现金流量净额		
四、汇率变动对现金及现金等价物的影响		
五、现金及现金等价物净增加额		
加：期初现金及现金等价物余额		
六、期末现金及现金等价物余额		

除经营活动产生的现金流量项目以外的其他项目，比照一般企业现金流量表列报有关内容说明处理：

(1)"处置交易性金融资产净增加额"项目。

反映证券公司本期处置交易性金融资产所取得的现金，减去相关处置费用后的净额。

(2)"拆入资金净增加额"项目。

反映证券公司本期从境内外金融机构拆入款项所取得的现金，减去拆借给境内外金融机构款项而支付的现金后的净额。

(3)"回购业务资金净增加额"项目。

反映证券公司本期按回购协议卖出票据、证券、贷款等金融资产所融入的现金，减去按返售协议约定先买入再按固定价格返售给卖出方的票据、证券、贷款等金融资产所融出的现金后的净额。

第六节　附注披露

现金流量表附注适用于一般企业、商业银行、保险公司、证券公司等各类企业。

一、现金流量表补充资料披露格式

企业应当采用间接法在现金流量表附注中披露将净利润调节为经营活动现金流量的信息，如表 37-7 所示。

表 37-7　现金流量表补充资料披露格式

补充资料	本期金额	上期金额
1.将净利润调节为经营活动现金流量：		
净利润		
加：资产减值准备		
固定资产折旧、油气资产折耗、生产性生物资产折旧		

(续表)

补充资料	本期金额	上期金额
无形资产摊销		
长期待摊费用摊销		
处置固定资产、无形资产和其他长期资产的损失(收益以"一"号填列)		
固定资产报废损失(收益以"一"号填列)		
公允价值变动损失(收益以"一"号填列)		
财务费用(收益以"一"号填列)		
投资损失(收益以"一"号填列)		
递延所得税资产减少(增加以"一"号填列)		
递延所得税负债增加(减少以"一"号填列)		
存货的减少(增加以"一"号填列)		
经营性应收项目的减少(增加以"一"号填列)		
经营性应付项目的增加(减少以"一"号填列)		
其他		
经营活动产生的现金流量净额		
2.不涉及现金收支的重大投资和筹资活动：		
债务转为资本		
一年内到期的可转换公司债券		
融资租入固定资产		
3.现金及现金等价物净变动情况：		
现金的期末余额		
减：现金的期初余额		
加：现金等价物的期末余额		
减：现金等价物的期初余额		
现金及现金等价物净增加额		

二、现金流量表补充资料披露说明

(一) 将净利润调节为经营活动现金流量的信息

企业应当在附注中披露将净利润调节为经营活动现金流量的信息。

至少应当单独披露对净利润进行调节的下列项目：

资产减值准备；固定资产折旧；无形资产摊销；长期待摊费用摊销；处置固定资产、无形资产和其他长期资产的损益；固定资产报废损失；公允价值变动损益；财务费用；投资损失；递延所得税资产和递延所得税负债；存货；经营性应收项目；经营性应付项目。

将净利润调节为经营活动现金流量

在我国，现金流量表补充资料应采用间接法反映经营活动产生的现金流量情况，以对现金流量表中采用直接法反映的经营活动现金流量进行核对和补充说明。

采用间接法列报经营活动产生的现金流量时，需要对4大类项目进行调整：

(1) 实际没有支付现金的费用。

(2) 实际没有收到现金的收益。

(3) 不属于经营活动的损益。

(4) 经营性应收应付项目的增减变动。

(二) 当期取得或处置子公司及其他营业单位的信息

企业应当在附注中以总额披露当期取得或处置子公司及其他营业单位的下列信息：

(1) 取得或处置价格。

(2) 取得或处置价格中以现金支付的部分。

(3) 取得或处置子公司及其他营业单位收到的现金。

(4) 取得或处置子公司及其他营业单位按照主要类别分类的非现金资产和负债。

当期取得或处置子公司及其他营业单位有关信息的披露格式(表37-8)：

表37-8 当期取得或处置子公司及其他营业单位有关信息的披露格式

项　目	金　额
一、取得子公司及其他营业单位的有关信息	
1. 取得子公司及其他营业单位的价格	
2. 取得子公司及其他营业单位支付的现金和现金等价物	
减：子公司及其他营业单位持有的现金和现金等价物	
3. 取得子公司及其他营业单位支付的现金净额	
4. 取得子公司的净资产	
流动资产	
非流动资产	
流动负债	
非流动负债	
二、处置子公司及其他营业单位的有关信息	
1. 处置子公司及其他营业单位的价格	
2. 处置子公司及其他营业单位收到的现金和现金等价物	
减：子公司及其他营业单位持有的现金和现金等价物	
3. 处置子公司及其他营业单位收到的现金净额	
4. 处置子公司的净资产	
流动资产	
非流动资产	
流动负债	
非流动负债	

(三) 重要非现金流量的披露——不涉及当期现金收支、但影响企业财务状况或在未来可能影响企业现金流量的重大投资和筹资活动

对于不涉及当期现金收支，但影响企业财务状况或可能在未来影响企业现金流量的重大投资、筹资活动，也应在会计报表附注中加以说明，如企业以承担债务形式购置资产等。

例如，企业融资租入设备，将形成的负债计入"租赁负债"账户，当期并不支付设备款及租金，但以后各期必须为此支付现金，从而在一定期间内形成了一项固定的现金支出。

企业应当在附注中披露不涉及当期现金收支、但影响企业财务状况或在未来可能影响企业现金流量的重大投资和筹资活动，主要包括：

(1) 债务转为资本，反映企业本期转为资本的债务金额。

(2) 一年内到期的可转换公司债券，反映企业一年内到期的可转换公司债券的本息。

(3) 融资租入固定资产，反映企业本期融资租入的固定资产。

(四) 与现金和现金等价物有关的信息

企业应当在附注中披露与现金和现金等价物有关的下列信息：

(1) 现金和现金等价物的构成及其在资产负债表中的相应金额。

(2) 企业持有但不能由母公司或集团内其他子公司使用的大额现金和现金等价物金额。

企业持有现金及现金等价物余额但不能被集团使用的情形多种多样，例如，国外经营的子公司，由于受当地外汇管制或其他立法的限制，其持有的现金及现金等价物，不能由母公司或其他子公司正常使用。

现金和现金等价物的披露格式（表37-9）：

表37-9 现金和现金等价物的披露格式

项　目	本期金额	上期金额
一、现金		
其中：库存现金		
可随时用于支付的银行存款		
可随时用于支付的其他货币资金		
可用于支付的存放中央银行款项		
存放同业款项		
拆放同业款项		
二、现金等价物		
其中：三个月内到期的债券投资		
三、期末现金及现金等价物余额		
其中：母公司或集团内子公司使用受限制的现金和现金等价物		

注 自2021年12月30日起，企业应当在附注中披露企业实行资金集中管理的事实，作为"货币资金"列示但因资金集中管理支取受限的资金的金额和情况，作为"货币资金"列示、存入财务公司的资金金额和情况，以及与资金集中管理相关的"其他应收款""应收资金集中管理款""其他应付款"等列报项目、金额及减值有关信息。

第三十八讲 中期财务报告

第一节 综合知识

一、相关知识概述

（一）中期财务报告的概念

中期财务报告，是指以中期为基础编制的财务报告。

"中期"，是指短于一个完整的会计年度（自公历1月1日起至12月31日止）的报告期间，它可以是一个月、一个季度或者半年，也可以是其他短于一个会计年度的期间，如1月1日至9月30日的期间等。

（二）编制中期财务报告应遵循的原则

1. 与年度财务报告相一致的会计政策

企业在编制中期财务报告时，应当将中期视同为一个独立的会计期间，所采用的会计政策应当与年度财务报表所采用的会计政策相一致，包括会计要素确认和计量原则相一致。

企业在编制中期财务报告时不得随意变更会计政策。

2. 重要性原则

企业在确认、计量和报告各中期财务报表项目时，对项目重要性程度的判断，应当以中期财务数据为基础，不应以年度财务数据为基础。中期会计计量与年度财务数据相比，可在更大程度上依赖于估计，但是，企业应当确保所提供的中期财务报告包括了相关的重要信息。

应注意：

（1）重要性程度的判断应当以中期财务数据为基础，而不得以预计的年度财务数据为基础。

这里所指的"中期财务数据"，既包括本中期的财务数据，也包括年初至本中期末的财务数据。

（2）重要性原则的运用应当保证中期财务报告包括了与理解企业中期末财务状况和中期经营成果及其现金流量相关的信息。

企业在运用重要性原则时，应当避免在中期财务报告中由于不确认、不披露或者忽略某些信息而对信息使用者的决策产生误导。

（3）重要性程度的判断需要根据具体情况作具体分析和职业判断。

通常，在判断某一项目的重要性程度时，应当将项目的金额和性质结合在一起予以考虑，而且在判断项目金额的重要性时，应当以资产、负债、净资产、营业收入、净利润等直接相关项目数字作为比较基础，并综合考虑其他相关因素。在一些特殊情况下，单独依据项目的金额或者性质就可以判断其重要性。

3. 及时性原则

为了体现企业编制中期财务报告的及时性原则，中期财务报告计量相对于年度财务数据的计量而言，在很大程度上依赖于估计。

二、会计准则概述

（一）本准则的相关背景

为了规范中期财务报告的内容和编制中期财务报告应当遵循的确认与计量原则，根据《企业会计准则——基本准则》，我国财政部制定了《企业会计准则第32号——中期财务报告》（本讲简称"本准则"或"新准则")。

 小知识

核心问题与理论基础

1. 三大核心问题

中期财务报告准则重点是解决三大核心问题：

(1) 当财务报告期间短于一个完整的会计年度时，应该采用什么样的会计政策。

(2) 对资产、负债、收入、费用等会计要素应如何确认和计量。

(3) 中期财务报表应如何进行列报。

而上述三个问题都直接或间接地与中期财务报告所依据的理论基础相关。

2. 中期财务报告的理论基础

目前，在国际上，中期财务报告的理论基础有两种观点：一是独立观，二是一体观。我国中期财务报告准则采用独立观。

(1) 独立观。

① 概念。

独立观就是将每一中期视为一个独立的会计期间。根据这种观点，中期财务报告所采用的会计政策和确认、计量原则与年度财务报告相一致，其中所应用的会计估计、成本分配和应计项目的处理也与年度财务报告相一致。

② 优点。

应用独立观编制中期财务报告，优点是企业在编制中期财务报告时可以直接采用编制年度财务报告时已有会计政策和确认、计量原则，便于实务操作，而且中期财务报告所反映的财务状况和经营业绩相对比较可靠，不易被操纵。

③ 缺点。

缺点是容易导致各中期收入与费用的不合理配比，既影响企业业绩的评价，又可能导致各中期列报的收益波动较大，影响会计信息使用者对年度结果的预测。

(2) 一体观。

① 概念。

一体观就是将每一中期视为年度会计期间的有机组成部分，认为每一中期都是会计年度整体不可分割的一部分，而非独立的会计期间。根据这种观点，中期财务报告中应用的会计估计、成本分配、递延和应计项目的处理均必须考虑全年将要发生的情况，即需要顾及会计年度剩余期间的经营成果，所以，会计年度内发生的成本与费用，需要以年度预计活动水平为基础，分配至各个中期。

② 优点。

应用一体观编制中期财务报告，优点是可以避免因会计期间的缩短而导致的各中期收益的非正常波动，从而有利于年度收益的预测。

③ 缺点。

缺点是许多成本和费用需要以年度结果为基础进行估计，因此需要建立在较高职业判断能力的基础上，而且估计可能缺乏客观、可靠的依据，容易导致收益操纵，影响中期财务报告的可靠性。

3. 国内外有关情况

在本准则制定时，世界上只有美国、中国台湾等少数国家和地区采用一体观，国际会计准则以及英国、澳大利亚等国的中期财务报告准则均以独立观为主导。鉴于我国证券市场不够成熟，会计人员的职业判断能力相对较弱，为减少会计操纵，有效地增强会计信息的可靠性，我国中期财务报告准则采用独立观。

4. 中期财务报告中独立观的体现

中期财务报告的独立观贯穿在中期财务报告准则的始终，主要体现在以下4个方面：

(1) 中期财务报告采用的会计政策应与年度财务报告相一致。例如，收入确认方法、所得税处理方法、股权投资处理方法、外币折算方法、借款费用的处理方法、存货的计价方法等，中期财务报告应与年度财务报告一致。

(2) 各会计要素在中期的确认和计量标准，应该与年度财务报告相一致。

(3) 中期的会计计量应当以年初至本中期末为其基础，不得因为报告频率的不同而导致年度财务报告结果的差异。

(4) 中期财务报告的组成、格式与年度财务报告相一致。企业编制的中期财务报告至少应当包括资产负债表、利润表、现金流量表和附注，而且上述报表均必须是完整报表，不得编制简化报表，这些要求与年度财务报告也完全一致。

(二) 本准则的适用范围

中期财务报告的内容和编制中期财务报告应当遵循的确认与计量原则。

(三) 本准则的主要变化

1. 关于结构

(1) 旧准则。

旧准则主要是借鉴国际会计准则的形式，其结构一般包括引言，定义，中期财务报告的内容，在年度会计报表中的披露、确认和计量，中

期会计政策变更的处理等内容。

(2) 新准则。

新准则采用中国特色的行文方式,新准则分为三章(第一章总则,第二章中期财务报告的内容,第三章确认和计量)共14条的形式进行阐述。

2. 关于重要性的表述

(1) 旧准则。

企业在确认、计量和披露在中期财务报告中列报的各会计报表项目时,应当遵循重要性原则。在判断项目的重要性程度时,应当以中期财务数据为基础,不应以预计的年度财务数据为基础;而且,与年度财务数据相比,中期会计计量可在更大程度上依赖于估计。企业应当保证所提供的中期财务报告包括了与理解企业中期期末财务状况和中期经营成果及其现金流量相关的信息。

(2) 新准则。

新准则第九条指出,企业在确认、计量和报告各中期财务报表项目时,对项目重要性程度的判断,应当以中期财务数据为基础,不应以年度财务数据为基础。中期会计计量与年度财务数据相比,可在更大程度上依赖于估计,但是,企业应当确保所提供的中期财务报告包括了相关的重要信息。

新准则没有明确要求应当遵守重要性原则,但是,实际上仍然要以重要性原则作为判断项目的依据。

执行新准则对企业财务状况的影响分析

中期财务报告准则不含会计要素的确认和计量,所以执行新中期报告准则对企业财务状况不会产生实质影响。

第二节 中期财务报告概述

一、中期财务报告的构成

中期财务报告包括月度财务报告、季度财务报告、半年度财务报告,也包括年初至本中期末的财务报告。

中期财务报告至少应当包括以下部分:

(1) 资产负债表。

(2) 利润表。

(3) 现金流量表。

(4) 附注。

其中,资产负债表、利润表、现金流量表和附注是中期财务报告至少应当编制的法定内容,对其他财务报表或者相关信息,如所有者权益(或股东权益)变动表等,企业可以根据需要自行决定。

基本每股收益和稀释每股收益应当在中期利润表中单独列示。

二、中期财务报告的期间基础

在编制中期财务报告时,中期会计计量应当以年初至本中期末为基础,财务报告的频率不应当影响年度结果的计量。也就是说,无论企业中期财务报告的频率是月度、季度还是半年度,企业中期会计计量的结果最终应当与年度财务报表中的会计计量结果相一致。为此,企业中期财务报表的计量应当以年初至本中期末为基础,即企业在中期应当以年初至本中期末作为中期会计计量的期间基础,而不应当以本中期作为会计计量的期间基础。

三、中期财务报告的格式、内容

(一) 综述

中期资产负债表、利润表和现金流量表的格式和内容,应当与上年度财务报表相一致。但如果当年新施行的会计准则对财务报表格式和内容作了修改的,中期财务报表应当按照修改后的报表格式和内容编制,与此同时,在中期财务报告中提供的上年度比较财务报表的格式和内容也应当作相应的调整。

(二) 附注

附注可适当简化，要遵循重要性原则：

中期财务报告中的附注相对于年度财务报告中的附注而言，是适当简化的。

中期财务报表附注的编制应当遵循重要性原则。如果某项信息没有在中期财务报告附注中披露，会影响到投资者等信息使用者对企业财务状况、经营成果和现金流量判断的正确性，那么就认为这一信息是重要的。但企业至少应当在中期财务报告附注中披露中期财务报告准则规定的信息。

1. 中期财务报告附注应当以年初至本中期末为基础披露

编制中期财务报告的目的是向报告使用者提供自上年度资产负债表日之后所发生的重要交易或者事项，因此，中期财务报告中的附注应当以"年初至本中期末"为基础进行编制，披露自上年度资产负债表日之后发生的，有助于理解企业财务状况、经营成果和现金流量变化情况的重要交易或者事项，而不应当仅仅披露本中期所发生的重要交易或者事项。

2. 财务报表项目重新分类的说明

财务报表项目在报告中期作了调整或者修订的，上年度比较财务报表项目有关金额应当按照本年度中期财务报表的要求重新分类，并在附注中说明重新分类的原因及其内容，无法重新分类的，应当在附注中说明不能重新分类的原因。

3. 重大估计变更的披露

在同一会计年度内，以前中期财务报告中报告的某项估计金额在最后一个中期发生了重大变更、企业又不单独编制该中期财务报告的，应当在年度财务报告的附注中披露该项估计变更的内容、原因及其影响金额。

4. 中期财务报告附注至少应当包括的内容

（1）中期财务报表所采用的会计政策与上年度财务报表相一致的声明。

企业在中期会计政策发生变更的，应当说明会计政策变更的性质、内容、原因及其影响数；无法进行追溯调整的，应当说明原因。

（2）会计估计变更的内容、原因及其影响数；影响数不能确定，应当说明原因。

（3）前期差错的性质及其更正金额；无法进行追溯重述的，应当说明原因。

（4）企业经营的季节性或者周期性特征。

（5）存在控制关系的关联方发生变化的情况；关联方之间发生交易的，应当披露关联方关系的性质、交易类型和交易要素。

（6）合并财务报表的合并范围发生变化的情况。

（7）对性质特别或者金额异常的财务报表项目的说明。

（8）证券发行、回购和偿还情况。

（9）向所有者分配利润的情况，包括在中期内实施的利润分配和已提出或者已批准但尚未实施的利润分配情况。

（10）根据《企业会计准则第35号——分部报告》规定披露分部报告信息的，应当披露经营分部的分部收入与分部利润（亏损）。

（11）中期资产负债表日至中期财务报告批准报出日之间发生的非调整事项。

（12）上年度资产负债表日以后所发生的或有负债和或有资产的变化情况。

（13）企业结构变化情况，包括如企业合并，对被投资单位具有重大影响、共同控制或者控制的长期股权投资的购买或者处置，终止经营等。

（14）其他重大交易或者事项，包括重大的长期资产转让及其出售情况、重大的固定资产和无形资产取得情况、重大的研究和开发支出、重大的资产减值损失等。

企业在提供上述第（5）项和第（10）项有关关联方交易、分部收入与分部利润（亏损）信息时，应当同时提供本中期（或者本中期末）和本年度年初至本中期末的数据，以及上年度可比中期（或者可比期末）和上年度年初至上年可比中期末的比较数据。

四、中期合并财务报表和母公司财务报表

企业上年度编制合并财务报表的，中期期

末应当编制合并财务报表。上年度财务报告除了合并财务报表，还包括母公司财务报表的，中期财务报告也应当包括母公司财务报表。

具体而言：

(1) 上年度编报合并财务报表的企业，其中期财务报告也应当编制合并财务报表，而且合并财务报表的合并范围、合并原则、编制方法和合并财务报表的格式与内容等也应当与上年度合并财务报表相一致。但当年新企业会计准则有新规定的除外。

(2) 上年度财务报告包括了合并财务报表，但报告中期内处置了所有应纳入合并范围的子公司的，中期财务报告应包括当年子公司处置前的相关财务信息。

(3) 企业在报告中期内新增子公司的，在中期末就应当将该子公司财务报表纳入合并财务报表的合并范围。

(4) 应当编制合并财务报表的企业，如果在上年度财务报告中除了提供合并财务报表之外，还提供了母公司财务报表，那么在其中期财务报告中除了应当提供合并财务报表之外，也应当提供母公司财务报表。

五、比较报表

为了提高财务报表信息的可比性、相关性和有用性，企业在中期末除了编制中期末资产负债表、中期利润表和现金流量表之外，还应当提供前期比较财务报表。

中期财务报告应当按照下列规定提供比较财务报表：

(1) 本中期末的资产负债表和上年度末的资产负债表。

(2) 本中期的利润表、年初至本中期末的利润表以及上年度可比期间的利润表。其中，上年度可比期间的利润表包括：上年度可比中期的利润表和上年度年初至上年可比中期末的利润表。

(3) 年初至本中期末的现金流量表和上年度年初至上年可比中期末的现金流量表。

【例38-1】 2×21年第3季度财务报告提供的会计报表包括的内容如表38-1所示。

表38-1　2×21年第3季度财务报告提供的会计报表

报表类别	本年度中期会计报表时间（或者期间）	上年度比较会计报表时间（或者期间）
资产负债表	2×21年9月30日	2×20年12月31日
利润表（本中期）	2×21年7月1日至9月30日	2×20年7月1日至9月30日
利润表（年初至本中期末）	2×21年1月1日至9月30日	2×20年1月1日至9月30日
现金流量表	2×21年1月1日至9月30日	2×20年1月1日至9月30日

企业在中期财务报告中提供比较财务报表时的注意事项

(1) 企业在中期内按新准则规定，对财务报表项目进行了调整，则上年度比较财务报表项目及其金额应当按照本年度中期财务报表的要求进行重新分类，以确保其与本年度中期财务报表的相应信息相互可比。同时，企业还应当在附注中说明财务报表项目重新分类的原因及内容。如果企业因原始数据收集、整理或者记录等方面的原因，无法对比较财务报表中的有关项目及其金额进行重新分类，应当在附注中说明不能进行重新分类的原因。

(2) 企业在中期内发生了会计政策变更的，其累积影响数能够合理确定、且涉及本会计年度以前中期财务报表净损益和其他相关项目数字的，应当予以追溯调整，视同该会计政策在整个会计年度一贯采用；对于比较财务报表可比期间以前的会计政策变更的累积影响数，应当根据规定调整比较财务报表最早期间的期初留存收益，财务报表其他相关项目的数字也应当一并调整。同时，在附注中说明会计政策变更的性质、内容、原因及其影响数；无法追溯调整的，应当说明原因。

(3) 对于在本年度中期内发生的调整以前年度损益事项，企业应当调整本年度财务报表相关项目的年初数，同时，中期财务报告中相应的比较财务报表也应当为已经调整以前年度损益后的报表。

第三节 中期财务报告中各会计要素的确认和计量

一、基本原则

中期财务报告中各会计要素的确认和计量原则应当与年度财务报表所采用的原则相一致。

即企业在中期根据所发生交易或者事项，对资产、负债、所有者权益（股东权益）收入、费用和利润等各会计要素进行确认和计量时，应当符合相应会计要素定义和确认、计量标准，不能因为财务报告期间的缩短（相对于会计年度而言）而改变。

二、会计政策及变更

企业在中期不得随意变更会计政策，应当采用与年度财务报表相一致的会计政策。

如果上年度资产负债表日之后按规定变更了会计政策，且该变更后的会计政策将在本年度财务报表中采用，中期财务报表应当采用该变更后的会计政策。

企业在中期发生了会计政策变更的，应当按照《企业会计准则第28号——会计政策、会计估计变更和差错更正》规定处理，并在财务报表附注中作相应披露。

会计政策变更的累积影响数能够合理确定、且涉及本会计年度以前中期财务报表相关项目数字的，应当予以追溯调整，视同该会计政策在整个会计年度一贯采用；同时，上年度可比财务报表也应当作相应调整。除非国家规定了相关的会计处理方法，一般情况下，中期会计政策变更时，企业应当根据中期财务报告准则的要求，对以前年度比较财务报表最早期间的期初留存收益和比较财务报表其他相关项目的数字进行追溯调整；同时，涉及本会计年度内会计政策变更以前各中期财务报表相关项目数字的，也应当予以追溯调整，视同该会计政策在整个会计年度和可比财务报表期间一贯采用。

反之，会计政策变更的累积影响数不能合理确定，以及不涉及本会计年度以前中期财务报表相关项目数字的，应当采用未来适用法。同时，在财务报表附注中说明会计政策变更的性质、内容、原因及其影响数，如果累积影响数不能合理确定的，也应当说明理由。

1. 会计政策变更发生在会计年度内第1季度的处理

企业的会计政策变更发生在会计年度的第1季度，则企业除了计算会计政策变更的累积影响数并作相应的账务处理之外，在财务报表的列报方面，只需要根据变更后的会计政策编制第1季度和当年度以后季度财务报表，并对根据中期财务报告准则要求提供的以前年度比较财务报表最早期间的期初留存收益和比较财务报表的其他相关项目数字作相应调整。

在财务报表附注的披露方面，应当披露会计政策变更对以前年度的累积影响数（包括对比较财务报表最早期间期初留存收益的影响数和以前年度可比中期损益的影响数）和对第1季度损益的影响数，在当年度第1季度之后的其他季度财务报表附注中，则应当披露第1季度发生的会计政策变更对当季度损益的影响数和年初至本季度末损益的影响数。

2. 会计政策变更发生在会计年度内第1季度之外的其他季度的处理

企业的会计政策变更发生在会计年度内第1季度之外的其他季度，如第2季度、第3季度等，其会计处理相对于会计政策变更发生在第1季度而言要复杂一些。企业除了应当计算会计政策变更的累积影响数并作相应的账务处理之外，在财务报表的列报方面，还需要调整以前年度比较财务报表最早期间的期初留存收益和比较财务报表其他相关项目的数字，以及在会计政策变更季度财务报告中或者变更以后季度财务报告中所涉及的本会计年度内发生会计政策变更之前季度财务报表相关项目的数字。

在附注披露方面,企业需要披露会计政策变更对以前年度的累积影响数,主要有:

(1) 对比较财务报表最早期间期初留存收益的影响数。

(2) 以前年度可比中期损益的影响数,包括可比季度损益的影响数和可比年初至季度末损益的影响数。

(3) 对当年度变更季度、年初至变更季度末损益的影响数。

(4) 当年度会计政策变更前各季度损益的影响数。此外,在发生会计政策变更以后季度财务报表附注中也需要作相应披露。

【例38-2】 智董公司在第3季度发生了会计政策变更,在其第3季度财务报告中,需要追溯调整的报表项目和附注内容有:

(1) 上年度年初留存收益和上年度末资产负债表。

(2) 上年度第3季度利润表和上年度年初至第3季度末利润表相关项目的数字。

(3) 在会计报表附注中说明会计政策变更对以前年度累积影响数、上年度年初留存收益影响数、上年度第3季度净利润影响数、上年度年初至第3季度末净利润影响数。

(4) 本年度第3季度净利润影响数、本年度年初至第3季度末净利润影响数和本年度第1、2季度净利润影响数。

三、会计估计及变更

在同一会计年度内,以前中期财务报表项目在以后中期发生了会计估计变更的,以后中期财务报表应当反映该会计估计变更后的金额,但对以前中期财务报表项目金额不作调整。同时,该会计估计变更应当按照本准则的规定在附注中作相应披露。

四、收入的确认和计量——季节性、周期性或者偶然性取得的收入的确认和计量

企业取得季节性、周期性或者偶然性收入,应当在发生时予以确认和计量,不应当在中期财务报表中预计或者递延,但会计年度末允许预计或者递延的除外。

五、费用的确认和计量——会计年度中不均匀发生的费用的确认与计量

企业在会计年度中不均匀发生的费用,应当在发生时予以确认和计量,不应在中期财务报表中预提或者待摊,但会计年度末允许预提或者待摊的除外。通常情况下,与企业生产经营和管理活动有关的费用往往是在一个会计年度的各个中期内均匀发生的,各中期之间发生的费用不会有较大差异。但是,对于一些费用,如员工培训费等,往往集中在会计年度的个别中期内。对于这些会计年度中不均匀发生的费用,企业应当在发生时予以确认和计量,不应当在中期财务报表中予以预提或者待摊。也就是说,企业不应当为了使各中期之间收益的平滑而将这些费用在会计年度的各个中期之间进行分摊。如果会计年度内不均匀发生的费用在会计年度末允许预提或者待摊,则在中期末也允许预提或者待摊。

第三十九讲 合并财务报表

第一节 综合知识

一、相关知识概述

合并财务报表，是指反映母公司和其全部子公司形成的企业集团整体财务状况、经营成果和现金流量的财务报表。

母公司，是指控制一个或一个以上主体（含企业、被投资单位中可分割的部分，以及企业所控制的结构化主体等，下同）的主体。结构化主体，是指在确定其控制方时没有将表决权或类似权利作为决定因素而设计的主体。

子公司，是指被母公司控制的主体。

（一）合并财务报表的特点

与个别财务报表相比，合并财务报表具有下列特点：

（1）合并财务报表反映的对象是由母公司和其全部子公司组成的会计主体。

（2）合并财务报表的编制者是母公司，但所对应的会计主体是由母公司及其控制的所有子公司所构成的合并财务报表主体（简称"合并集团"）。

（3）合并财务报表是站在合并财务报表主体的立场上，以纳入合并范围的企业个别财务报表为基础，根据其他有关资料，抵销母公司与子公司、子公司相互之间发生的内部交易，考虑了特殊交易事项对合并财务报表的影响后编制的，旨在反映合并财务报表主体作为一个整体的财务状况、经营成果和现金流量。

（二）合并财务报表的组成

合并财务报表至少应当包括下列组成部分：合并资产负债表，合并利润表，合并现金流量表，合并所有者权益（或股东权益，下同）变动表，附注。

企业集团中期期末编制合并财务报表的，至少应当包括合并资产负债表、合并利润表、合并现金流量表和附注。

（三）合并财务报表的编制者、编制合并财务报表的豁免规定

为了规范合并财务报表的编制和列报，根据《企业会计准则——基本准则》，我国财政部制定了《企业会计准则第33号——合并财务报表》（2014年2月17日修订，财会〔2014〕10号，本讲简称"本准则"或"新准则"）。

母公司应当编制合并财务报表。如果母公司是投资性主体，且不存在为其投资活动提供相关服务的子公司，则不应编制合并财务报表。除上述情况外，本准则不允许有其他情况的豁免。

本准则主要规范合并财务报表合并范围的确定及合并财务报表的编制和列报，以及特殊交易在合并财务报表中的处理，不涉及外币财务报表的折算和在子公司权益的披露。外币报表的折算由《企业会计准则第19号——外币折算》（简称"外币折算准则"）和《企业会计准则第31号——现金流量表》（简称"现金流量表准则"）规范；在子公司权益的披露由《企业会计准则第41号——在其他主体中权益的披露》规范。

关于合并范围的豁免

1. 增加了投资性主体的豁免

原准则不包括投资性主体的豁免，《国际财务报告准则第10号——合并财务报表》（IFRS10）豁免投资性

主体编制合并财务报表。对此问题,有三种意见。

（1）多数意见认为,修订后的长期股权投资准则将风险投资机构、共同基金以及类似主体持有的权益性投资排除在长期股权投资准则之外,明确这类投资可适用金融工具确认和计量准则,因此,应豁免投资性主体编制合并财务报表,对其子公司采用公允价值计量,且这种处理与国际财务报表准则保持了一致。

（2）有意见认为,国际会计准则理事会做出投资性主体合并范围排除的规定,是基于投资性主体的投资目的是通过资本增资、投资收益获得回报,以公允价值计量该等投资,可以为报表使用者提供更相关的财务信息。但我国的市场活跃程度与国外发达地区存在明显差异,直接从公开市场中获取公允价值比较困难,需要运用估计。一旦运用会计估计来确定公允价值,计量的可靠性就会存在问题,从而使得报表的相关性下降。因此,就我国情况而言,采用公允价值计量投资性主体的投资并非最佳选择,换言之,并不一定能给报表使用者提供最为相关的信息。

（3）另有意见认为,在投资性主体的个别财务报表中将其控制的投资作为交易性金融资产,与在合并财务报表中将其纳入合并范围并不矛盾。在我国的现行实务中,由于母公司个别财务报表与合并财务报表是一并报出的,在投资性主体的个别财务报表中按公允价值列报其控制的投资,在合并财务报表中纳入所控制投资的财务状况、经营成果和现金流量,可以全面满足报表使用者的需求。因此,不建议对投资性主体豁免编制合并财务报表。

本准则采纳了第一种意见,主要理由:一是随着我国市场经济的发展,投资性主体越来越多,这类主体所采用的业务模型与其他大多数主体不同,对其所有投资都是基于公允价值管理,且在对内对外进行业绩评价、提供决策依据的时候也都以公允价值为基础;二是如果投资性主体将子公司纳入合并范围,但对合营企业、联营企业等投资可能采用公允价值计量,将影响不同被投资方的可比性;三是随着我国资本市场的不断完善,评估行业及风险投资行业不断发展,公允价值应用已逐步广泛。为遵循与《国际财务报告准则第10号——合并财务报表》（IFRS10）的趋同,本准则规定投资性主体豁免编制合并财务报表。

2. 关于部分企业集团编制合并财务报表的豁免

原准则要求所有母公司都应当编制合并财务报表。实务中,部分企业反映它们并无编制提供合并财务报表的信息需求,建议参考《关于执行〈企业会计制度〉和相关会计准则有关问题解答（二）》中的有关规定豁免部分企业集团编制合并财务报表,即国有资产授权经营管理的企业、股票上市的企业、需要编制合并财务报表的外贸企业、需要对外提供合并财务报表的其他企业必须编制合并财务报表,除此之外的企业集团是否编制合并财务报表由企业管理当局自行确定。《国际财务报告准则第10号——合并财务报表》（IFRS10）中没有类似的规定。对此问题,主要有两种意见。

（1）多数意见认为,没有必要在准则中引入豁免性规定。主要理由:一是合并财务报表是集团母公司股东了解投资全貌和考核管理层的重要途径,也是投资者和政府有关部门了解企业全貌的主要信息来源,如果允许企业管理层自行确定是否编制合并财务报表,将会引起负面影响。目前国有企业、集体企业和外商投资企业的报表决策数据均是按照合并财务报表的口径统计的,如果豁免,将对数据统计和分析产生很大影响,前后不一致的口径也容易对决策产生误导。二是《国际财务报告准则第10号——合并财务报表》（IFRS10）规定母公司只有同时满足四个条件才能够豁免编制合并财务报表,而上述豁免没有任何条件,这将会导致很多企业包括亏损企业的母公司不将其纳入合并财务报表,合并财务报表缺乏真实性。

（2）部分意见认为,有必要做出豁免规定。主要理由:在一定范围内做出豁免规定,能够降低企业编制成本。他们认为可以豁免编制合并财务报表的企业集团包括但不限于以下几类:

① 非上市或发行债券的民营企业及外商投资企业,若企业自身没有使用合并报表的需求,建议可以豁免编制合并财务报表。

② 有外部融资需求,但资金提供方仅要求提供母公司报表的企业集团应当予以豁免。需要银行贷款的企业,母公司自身的经营状况和经济效益情况可能对银行来说更为看重。

③ 很多企业对外提供财务报表时,其主要使用者是税务机关,而税务机关通常可能更关注母公司个别财务报表。

④ 按企业会计准则核算的事业单位,如无须对外提供合并报表,可由企业管理层自行确定是否需要编制合并报表。

⑤ 拥有50%以下股权但通过协议有实质控制的中小企业,可由企业管理层自行确定是否需要编制合并报表等。

本准则采纳了第一种意见,要求除投资性主体外,所有企业集团都应编制合并财务报表。

（四）外币财务报表折算

外币财务报表折算,适用《企业会计准则第19号——外币折算》和《企业会计准则第

31号——现金流量表》。

（五）在子公司权益的披露

关于在子公司权益的披露，适用《企业会计准则第41号——在其他主体中权益的披露》。

关于母子公司交互持股的抵销处理

原准则不包括母子公司交互持股时如何进行抵销处理的规定，《国际财务报告准则第10号——合并财务报表》(IFRS10)也不包括此部分内容。但是，实务中不少企业集团存在母子公司交互持股的情况，我国财政部就本准则是否应当予以规范及如何规范广泛征求了意见。对此问题，主要有两种意见。

（1）绝大多数意见认为，应当规范母子公司交互持股的抵销处理，且财政部提供的采用库存股法的处理比较恰当，能够真实反映集团公司的整体信息。

（2）个别反馈意见认为，不宜在准则中对企业集团内母子公司交互持股事项做出规范，以避免虚增公司资本之嫌。

本准则从实务需要出发采纳了第一种意见。

吸收整合解释等相关内容

本准则吸纳了已发布的解释、年报通知、司便函等文件相关规定。

（1）明确规定购买少数股权、不丧失控制权情况下处置部分对子公司投资交易在合并财务报表层面应作为权益性交易进行会计处理。

（2）明确规定因抵销未实现内部销售损益导致合并资产负债表中资产、负债的账面价值与其在所属纳税主体的计税基础之间产生暂时性差异的，在合并财务报表层面应确认相应的所得税影响。

（3）明确规定因处置部分股权投资或其他原因丧失对原有子公司控制权的，在合并财务报表层面应视为处置子公司同时取得一项新的投资性资产，对剩余股权应按照其丧失控制权日的公允价值进行重新计量。

（4）明确规定子公司当期综合收益中属于少数股东权益的份额，应当在合并利润表中综合收益总额项目下以"归属于少数股东的综合收益总额"项目列示。

（5）明确规定子公司少数股东分担的当期亏损超过了少数股东在该子公司期初所有者权益中所享有的份额的，其余额仍应当冲减少数股东权益。

（六）合并范围

合并财务报表的合并范围应当以控制为基础予以确定，不仅包括根据表决权（或类似权利）本身或者结合其他安排确定的子公司，也包括基于一项或多项合同安排决定的结构化主体。

控制，是指投资方拥有对被投资方的权力，通过参与被投资方的相关活动而享有可变回报，并且有能力运用对被投资方的权力影响其回报金额。控制的定义包含三项基本要素：一是投资方拥有对被投资方的权力，二是因参与被投资方的相关活动而享有可变回报，三是有能力运用对被投资方的权力影响其回报金额。在判断投资方是否能够控制被投资方时，当且仅当投资方具备上述三要素时，才能表明投资方能够控制被投资方。

1. 投资方拥有对被投资方的权力

投资方拥有对被投资方的权力是判断控制的第一要素，这要求投资方需要识别被投资方并评估其设立目的和设计、识别被投资方的相关活动以及对相关活动进行决策的机制、确定投资方及涉入被投资方的其他方拥有的与被投资方相关的权利等，以确定投资方当前是否有能力主导被投资方的相关活动。

（1）评估被投资方的设立目的和设计。

被投资方可能是一个有限责任公司、股份有限公司、尚未进行公司制改建的国有企业，也可能是一个合伙企业、信托、专项资产管理计划等。在少数情况下，也可能包括被投资方的一个可分割部分。

在判断投资方对被投资方是否拥有权力时，通常要结合被投资方的设立目的和设计。评估被投资方的设立目的和设计，有助于识别被投资方的哪些活动是相关活动、相关活动的决策机制、被投资方相关活动的主导方以及涉入被投资方的哪一方能从相关活动中取得可变回报。

① 被投资方的设计安排表明表决权是判断控制的决定因素。

当对被投资方的控制是通过持有其一定比例表决权或潜在表决权的方式时，在不存在其他改变决策的安排的情况下，主要根据通过行使表决权来决定被投资方的财务和经营政策的情况判断控制。例如,在不存在其他因素时,通常持有半数以上表决权的投资方控制被投资方,但是,当章程或者其他协议存在某些特殊约定(如被投资方相关活动的决策需要三分之二以上表决权比例通过)时,拥有半数以上但未达到约定比例等并不意味着能够控制被投资方。

② 被投资方的设计安排表明表决权不是判断控制的决定因素。

当表决权仅与被投资方的日常行政管理活动有关,不能作为判断控制被投资方的决定性因素,被投资方的相关活动可能由其他合同安排规定时,投资方应结合被投资方设计产生的风险和收益、被投资方转移给其他投资方的风险和收益,以及投资方面临的风险和收益等一并判断是否控制被投资方。

需要强调的是,在判断控制的各环节都需要考虑被投资方的设立目的和设计。

(2) 识别被投资方的相关活动及其决策机制。

① 被投资方的相关活动。

被投资方为经营目的而从事众多活动,但这些活动并非都是相关活动,相关活动是对被投资方的回报产生重大影响的活动。

识别被投资方相关活动的目的是确定投资方对被投资方是否拥有权力。不同企业的相关活动可能是不同的,应当根据企业的行业特征、业务特点、发展阶段、市场环境等具体情况来进行判断,这些活动可能包括但不限于下列活动:商品或劳务的销售和购买;金融资产的管理;资产的购买和处置;研究与开发;融资活动。对许多企业而言,经营和财务活动通常对其回报产生重大影响。

② 被投资方相关活动的决策机制。

投资方是否拥有权力,不仅取决于被投资方的相关活动,还取决于对相关活动进行决策的方式。例如,对被投资方的经营、融资等活动做出决策(包括编制预算)的方式,任命被投资方的关键管理人员、给付薪酬及终止劳动合同关系的决策方式等。

相关活动一般由企业章程、协议中约定的权力机构(如股东会、董事会)来决策。特殊情况下,相关活动也可能根据合同协议约定等由其他主体决策,如专门设置的管理委员会等。有限合伙企业的相关活动可能由合伙人大会决策,也可能由普通合伙人或者投资管理公司等决策。

被投资方通常从事若干相关活动,并且这些活动可能不是同时进行的。当两个或两个以上投资方能够分别单方面主导被投资方的不同相关活动时,能够主导对被投资方回报产生最重大影响的活动的一方拥有对被投资方的权力,此时,通常需要考虑的因素包括:被投资方的设立目的和设计;影响被投资方利润率、收入和企业价值的决定因素;每一投资方有关上述因素的决策职权范围及其对被投资方回报的影响程度;投资方承担可变回报风险的大小。

(3) 确定投资方拥有的与被投资方相关的权力。

通常情况下,当被投资方从事一系列对其回报产生显著影响的经营及财务活动,且需要就这些活动连续地进行实质性决策时,表决权或类似权利本身或者结合其他安排,将赋予投资方拥有权力。但在一些情况下,表决权不能对被投资方回报产生重大影响(如表决权可能仅与日常行政活动有关),被投资方的相关活动由一项或多项合同安排决定。

① 投资方拥有多数表决权的权力。

表决权是对被投资方经营计划、投资方案、年度财务预算方案和决算方案、利润分配方案和弥补亏损方案、内部管理机构的设置、聘任或解聘公司经理及确定其报酬、公司的基本管理制度等事项进行表决而持有的权利。表决权比例通常与其出资比例或持股比例是一致的,但公司章程另有规定的除外。

通常情况下,当被投资方的相关活动由持有半数以上表决权的投资方决定,或者主导被投资方相关活动的管理层多数成员(管理层决策由多数成员表决通过)由持有半数以上表决权的投资方聘任时,无论该表决权是否行使,持

有被投资方过半数表决权的投资方拥有对被投资方的权力,但下述两种情况除外:

A. 存在其他安排赋予被投资方的其他投资方拥有对被投资方的权力。

例如,存在赋予其他方拥有表决权或实质性潜在表决权的合同安排,且该其他方不是投资方的代理人时,投资方不拥有对被投资方的权力。

B. 投资方拥有的表决权不是实质性权利。

例如,有确凿证据表明,由于客观原因无法获得必要的信息或存在法律法规的障碍,投资方虽持有半数以上表决权但无法行使该表决权时,该投资方不拥有对被投资方的权力。

投资方在判断是否拥有对被投资方的权力时,应当仅考虑与被投资方相关的实质性权利,包括自身所享有的实质性权利以及其他方所享有的实质性权利。

a. 实质性权利。

实质性权利是持有人在对相关活动进行决策时有实际能力行使的可执行权利。判断一项权利是否为实质性权利,应当综合考虑所有相关因素,包括权利持有人行使该项权利是否存在财务、价格、条款、机制、信息、运营、法律法规等方面的障碍;当权利由多方持有或者行权需要多方同意时,是否存在实际可行的机制使得这些权利持有人在其愿意的情况下能够一致行权;权利持有人是否可从行权中获利等。实质性权利通常是当前可执行的权利,但某些情况下当前不可行使的权利也可能是实质性权利。对于投资方拥有的实质性权利,即便投资方并未实际行使,也应在评估投资方是否对被投资方拥有权力时予以考虑。

有时,其他投资方也可能拥有可行使的实质性权利,使得投资方不能控制被投资方。其他投资方拥有的可行使的实质性权利包括提出议案的主动性权利和对议案予以批准或否定的被动性权利,当这些权利不仅仅是保护性权利时,其他方拥有的这些权利可能导致投资方不能控制被投资方。

b. 保护性权利。

保护性权利是指仅为了保护权利持有人利益却没有赋予持有人对相关活动的决策权。通常包括应由股东大会(或股东会,下同)行使的修改公司章程,增加或减少注册资本,发行公司债券,公司合并、分立、解散或变更公司形式等事项持有的表决权。例如,少数股东批准超过正常经营范围的资本性支出或发行权益工具、债务工具的权利。再如,贷款方限制借款方从事损害贷款方权利的活动的权利,这些活动将对借款方信用风险产生不利影响从而损害贷款方权利,以及贷款方在借款方发生违约行为时扣押其资产的权利等。

保护性权利通常只能在被投资方发生根本性改变或某些例外情况发生时才能够行使,它既没有赋予其持有人对被投资方拥有权力,也不能阻止被投资方的其他投资方对被投资方拥有权力。仅享有保护性权利的投资方不拥有对被投资方的权力。

保护性权利通常只能在被投资方发生根本性改变或某些例外情况发生时才能够行使,但并不是所有在例外情况下行使的权利或在不确定事项发生时才能行使的权利都是保护性权利。例如,当被投资方的活动和回报已被预先设定,只有在发生某些特定事项时才需要进行决策,且这些决策将对被投资方的回报产生重大影响时,这些特定事项引发的活动才属于相关活动,就此行使的权利就不是保护性权利。对于有权主导这些相关活动的投资者,在判断其对被投资方是否拥有权力时,不需要考虑这些特定事项是否已经发生。

对于被投资方作为特许权经营方(被特许人)的情况,特许经营协议通常赋予特许人保护特许品牌的权利,也赋予特许人一些与被特许人经营相关的决策权。一般而言,这些权利并不限制其他方做出对被特许人回报产生重大影响的决策权利,也不一定使得特许人当前有能力主导对被特许人的相关活动。被特许人依据特许经营协议的条款能够自行决定其业务运营。在对被投资方进行分析时,需要区分两种不同的权利:一是当前有能力做出对被特许人回报产生重大影响的决策权利,二是有能力做出保护特许品牌的决策权利。被特许人的法律形式和资本结构等基本决策也可以由特许人之外的其他方行使并会对被特许人的回报产生重大影响。当其他方享有现时权利使其当前有能力主导被特许人的相关活动时,特许人没有拥有对被特许人的权力。特许人提供的财务支持越少,特许人面临的被特许人的回报的可变性越小,则特许人就越有可能只拥有保护性权利。

投资方持有被投资方半数以上表决权的情况通常包括三种:一是投资方直接持有被投资方半数以上表决权,二是投资方间接持有被投资方半数以上表决权,三是投资方以直接和间接方式合计持有被投资方半数以上表决权。

② 投资方持有被投资方半数或以下表决权,但通过与其他表决权持有人之间的协议能够控制半数以上表决权。

投资方自己持有的表决权虽然只有半数或以下,但通过与其他表决权持有人之间的协议使其可以持有足以主导被投资方相关活动的表决权,从而拥有对被投资方的权力。该类协议安排需确保投资方能够主导其他表决权持有人的表决,即其他表决权持有人按照投资方的意愿进行表决,而不是投资方与其他表决权持有人协商并根据双方协商一致的结果进行表决。

③ 投资方拥有多数表决权但没有权力。

确定持有半数以上表决权的投资方是否拥有权力,关键在于该投资方现时是否有能力主导被投资方的相关活动。当其他投资方现时有权力能够主导被投资方的相关活动,且其他投资方不是投资方的代理人时,投资方就不拥有对被投资方的权力。当表决权不是实质性权利时,即使投资方持有被投资方多数表决权,也不拥有对被投资方的权力。例如,被投资方相关活动被政府、法院、管理人、接管人、清算人或监管人等其他方主导时,投资方虽然持有多数表决权,但也不可能主导被投资方的相关活动。被投资方自行清算的除外。

④ 持有被投资方半数或半数以下表决权。

持有半数或半数以下表决权的投资方(或者虽持有半数以上表决权,但表决权比例仍不足以主导被投资方相关活动的投资方,本部分以下同),应综合考虑下列事实和情况,以判断其持有的表决权与相关事实和情况相结合是否赋予投资方拥有对被投资方的权力。

A. 投资方持有的表决权份额相对于其他投资方持有的表决权份额的大小,以及其他投资方持有表决权的分散程度。

投资方持有的绝对表决权比例或相对于其他投资方持有的表决权比例越高,其现时能够主导被投资方相关活动的可能性越大;为否决投资方意见而需要联合的其他投资方越多,投资方现时能够主导被投资方相关活动的可能性越大。

B. 投资方和其他投资方持有的潜在表决权。

潜在表决权是获得被投资方表决权的权利,如可转换工具、可执行认股权证、远期股权购买合同或其他期权所产生的权利。确定潜在表决权是否赋予其持有者权力时需要考虑下列三方面:

a. 潜在表决权工具的设立目的和设计,以及投资方涉入被投资方其他方式的目的和设计。

b. 潜在表决权是否为实质性权利,判断控制仅考虑满足实质性权利要求的潜在表决权。

c. 投资方是否持有其他表决权或其他与被投资方相关的表决权,这些权利与投资方持有的潜在表决权结合后是否赋予投资方拥有对被投资方的权力。

C. 其他合同安排产生的权利。

投资方可能通过持有的表决权和其他决策权相结合的方式使其当前能够主导被投资方的相关活动。例如,合同安排赋予投资方能够聘任被投资方董事会或类似权力机构多数成员,这些成员能够主导董事会或类似权力机构对相关活动的决策。但是,在不存在其他权利时,仅仅是被投资方对投资方的经济依赖(如供应商和其主要客户的关系),不会导致投资方对被投资方拥有权力。

D. 其他相关事实或情况。

如果根据上述 A 至 C 所列因素尚不足以判

断投资方是否控制被投资方,根据本准则第十六条,应综合考虑投资方享有的权利、被投资方以往表决权行使情况及下列事实或情况进行判断:

a. 投资方是否能够任命或批准被投资方的关键管理人员,这些关键管理人员能够主导被投资方的相关活动。

b. 投资方是否能够出于自身利益决定或者否决被投资方的重大交易。

c. 投资方是否能够控制被投资方董事会等类似权力机构成员的任命程序,或者从其他表决权持有人手中获得代理投票权。

d. 投资方与被投资方的关键管理人员或董事会等类似权力机构中的多数成员是否存在关联关系(如被投资方首席执行官与投资方首席执行官为同一人)。

e. 投资方与被投资方之间是否存在特殊关系。在评价投资方是否拥有对被投资方的权力时,应当适当考虑这种特殊关系的影响,这种特殊关系可能为投资方享有权力提供了证据。特殊关系通常包括:被投资方的关键管理人员是投资方的现任或前任职工,被投资方的经营活动依赖于投资方(例如,被投资方依赖于投资方提供经营活动所需的大部分资金,投资方为被投资方的大部分债务提供了担保,被投资方在关键服务、技术、供应或原材料方面依赖于投资方,投资方掌握了诸如专利权、商标等对被投资方经营而言至关重要的资产,被投资方依赖于投资方为其提供具备与被投资方经营活动相关专业知识等的关键管理人员等),被投资方活动的重大部分有投资方参与其中或者以投资方的名义进行,投资方自被投资方承担可变回报的风险(或享有可变回报的收益)的程度远超过其持有的表决权或其他类似权利的比例(例如,投资方承担或有权获得被投资方回报的比例为70%,但仅持有不到半数的表决权)等。

投资方持有被投资方表决权比例越低,否决投资方提出的关于相关活动的议案所需一致行动的其他投资者数量越少,投资者就越需要在更大程度上运用上述证据,以判断是否拥有主导被投资方相关活动的权力。

在被投资方的相关活动是通过表决权进行决策的情况下,当投资方持有的表决权比例不超过半数时,投资方在考虑了所有相关情况和事实后仍不能确定投资方是否拥有被投资方的权力的,投资方不控制被投资方。

E. 权力来自表决权之外的其他权利。

投资方对被投资方的权力通常来自表决权,但有时,投资方对一些主体的权力不是来自表决权,而是由一项或多项合同安排决定的。例如,证券化产品、资产支持融资工具、部分投资基金等结构化主体。主导该主体相关活动的依据通常是合同安排或其他安排形式。有关结构化主体的判断见《企业会计准则第41号——在其他主体中权益的披露》。

由于主导结构化主体的相关活动不是来自表决权(或类似权利),而是由合同安排决定的,这无形中加大了投资方有关是否拥有对该类主体权力的判断难度。投资方需要评估合同安排,以评价其享有的权利是否足够使其拥有对被投资方的权力。在评估时,投资方通常应考虑下列四方面。

a. 在设立被投资方时的决策及投资方的参与度。

在评估被投资方的设立目的和设计时,投资者应考虑设立被投资方时的决策及投资方的参与度,以判断相关交易条款与参与特点是否为投资方提供了足以获得权力的权利。参与被投资方的设立本身虽然不足以表明参与方控制被投资方,但可能使参与方有机会获得使其拥有对被投资方权力的权利。

b. 相关合同安排。

投资方需考虑结构化主体设立之初的合同安排是否赋予投资方主导结构化主体相关活动的权利。例如,看涨期权、看跌期权、清算权等可能为投资方提供权力的合同安排。在评估对结构化主体是否拥有权力时,应当考虑投资方在这些合同安排中享有的决策权。

c. 仅在特定情况或事项发生时开展的相关活动。

结构化主体的活动及其回报在其设计时就已经明确，除非特定情况或事项发生。当特定情况或事项发生时，只有对结构化主体回报产生重大影响的活动才属于相关活动。相应地，对这些相关活动具有决策权的投资方才享有权力。决策权依赖于特定情况或特定事件的发生这一事实本身并不表示该权利为保护性权利。

d. 投资方对被投资方做出的承诺。

为确保结构化主体持续按照原定设计和计划开展活动，投资方可能会做出一些承诺（包括明确的承诺和暗示的承诺），因而可能会扩大投资方承担的可变回报风险，由此促使投资方更有动机获取足够多的权利，使其能够主导结构化主体的相关活动。投资方做出的确保此类主体遵守原定设计经营的承诺可能是投资方拥有权力的迹象，但其本身并不赋予投资方权力，也不会阻止其他方拥有权力。

2. 因参与被投资方的相关活动而享有可变回报

判断投资方是否控制被投资方的第二项基本要素是，因参与被投资方的相关活动而享有可变回报。可变回报是不固定的并可能随被投资方业绩而变动的回报，可能是正数，也可能是负数，或者有正有负。投资方在判断其享有被投资方的回报是否变动以及如何变动时，应当根据合同安排的实质，而不是法律形式。例如，投资方持有固定利率的交易性债券投资时，虽然利率是固定的，但该利率取决于债券违约风险及债券发行方的信用风险，因此，固定利率也可能属于可变回报。再如，管理被投资方资产获得的固定管理费也属于可变回报，因为管理者是否能获得此回报依赖于被投资方是否能产生足够的收益用于支付该固定管理费。其他可变回报的例子包括：

① 股利、被投资方经济利益的其他分配（如被投资方发行的债务工具产生的利息）、投资方对被投资方投资的价值变动。

② 因向被投资方的资产或负债提供服务而得到的报酬、因提供信用支持或流动性支持收取的费用或承担的损失、被投资方清算时在其剩余净资产中所享有的权益、税务利益，以及因涉入被投资方而获得的未来流动性。

③ 其他利益持有方无法得到的回报。

例如，投资方将自身资产与被投资方的资产一并使用，以实现规模经济，达到节约成本、为稀缺产品提供资源、获得专有技术或限制某些运营或资产，从而提高投资方其他资产的价值。

投资方的可变回报通常体现为从被投资方获取股利。

受法律法规的限制，投资方有时无法通过分配被投资方利润或盈余的形式获得回报。例如，当被投资方的法律形式为信托机构时，其盈利可能不是以股利形式分配给投资者。此时，需要根据具体情况，以投资方的投资目的为出发点，综合分析投资方是否获得除股利以外的其他可变回报，被投资方不能进行利润分配并不必然代表投资方不能获取可变回报。

另外，即使只有一个投资方控制被投资方，也不能说明只有该投资方才能获取可变回报。例如，少数股东可以分享被投资方的利润。

3. 有能力运用对被投资方的权力影响其回报金额

判断控制的第三项基本要素是，有能力运用对被投资方的权力影响其回报金额。只有当投资方不仅拥有对被投资方的权力、通过参与被投资方的相关活动而享有可变回报，并且有能力运用对被投资方的权力来影响其回报的金额时，投资方才控制被投资方。因此，拥有决策权的投资方在判断是否控制被投资方时，需要考虑其决策行为是以主要责任人（实际决策人）的身份进行还是以代理人的身份进行。此外，在其他方拥有决策权时，投资方还需要考虑其他方是否是以代理人的身份代表该投资方行使决策权。

（1）投资方的代理人。

代理人是相对于主要责任人而言的，代表主要责任人行动并服务于该主要责任人的利益。主要责任人可能将其对被投资方的某些或全部决策权授予代理人，但在代理人代表主要责任人行使决策权时,代理人并不对被投资方拥有控制。主要责任人的权力有时可以通过代理人根据主要责任人的利益持有并行使,但权力行使人不会仅仅因为其他方能从其行权中获益而成为代理人。

在判断控制时,代理人的决策权应被视为由主要责任人直接持有,权力属于主要责任人而非代理人,因此,投资方应当将授予代理人的决策权视为自己直接持有的决策权,即使被投资方有多个投资方且其中两个或两个以上投资方有代理人。

决策者在确定其是否为代理人时,应综合考虑该决策者与被投资方以及其他方之间的关系,尤其需要考虑下列四项。

① 决策者对被投资方的决策权范围。

在评估决策权范围时,应考虑相关协议或法规允许决策者决策的活动,以及决策者对这些活动进行决策时的自主程度。与该评估相关的因素包括但不限于:被投资方的设立目的与设计、被投资方面临的风险及转移给其他投资方的风险,以及决策者在设计被投资方过程中的参与程度。例如,如果决策者参与被投资方设计的程度较深(包括确定决策权范围),则可能表明决策者有机会,也有动机获得使其有能力主导相关活动的权利,但这一情况本身并不足以认定决策者必然能够主导相关活动。允许决策者(如资产管理人)主导被投资方相关活动的决策权范围越广,越能表明决策者拥有权力,但并不意味着该决策者一定是主要责任人。

② 其他方享有的实质性权利。

其他方享有的实质性权利可能会影响决策者主导被投资方相关活动的能力。其他方持有实质性罢免权或其他权利并不一定表明决策者是代理人。存在单独一方拥有实质性罢免权并能够无理由罢免决策者的事实,足以表明决策者是代理人。当拥有此权利者超过一方,且不存在未经其他方同意即可罢免决策者的一方时,这些权利本身不足以表明决策者为其他方的代理人。在罢免决策者时需要联合起来行使罢免权的各方的数量越多,决策者的其他经济利益(薪酬和其他利益)的比重和可变动性越强,则其他方所持有的权利在判断决策者是否是代理人时的权重就越轻。

在判断决策者是否是代理人时,应考虑其他方所拥有的限制决策者决策的实质性权利,这与考虑上述罢免权的方法相似。例如,决策者决策所需取得认可的其他方的数量越少,该决策者越有可能是代理人。在考虑其他方持有的权利时,应评估被投资方董事会(或其他权力机构)可行使的权利及其对决策权的影响。

③ 决策者的薪酬水平。

相对于被投资方活动的预期回报,决策者薪酬的比重(量级)和可变动性越大,决策者越有可能不是代理人。当同时满足下列两项时,决策者有可能是代理人:一是决策者的薪酬与其所提供的服务相称;二是薪酬协议仅包括在公平交易基础上有关类似服务和技能水平商定的安排中常见的条款、条件或金额。决策者不能同时满足上述两个条件的,不可能是代理人。

④ 决策者因持有被投资方的其他利益而承担可变回报的风险。

持有被投资方其他利益表明该决策者可能是主要责任人。对于在被投资方持有其他利益(如对被投资方进行投资或提供被投资方业绩担保)的决策者,在判断其是否为代理人时,应评估决策者因该利益所面临的可变回报的风险。评估时,决策者应考虑:

A. 决策者享有的经济利益(包括薪酬和其他利益)的比重和可变动性。决策者享有的经济利益的比重和可变动性越大,该决策者越有可能是主要责任人。

B. 决策者面临的可变回报风险是否与其他投资方不同,如果是,这些不同是否会影响其行为。例如,决策者持有次级权益,或向被投资方提供其他形式的信用增级,表明决策者可能是主要责任人。

决策者还应评估所承担的可变回报风险相对于被投资方回报总体变动的风险而言的程度。该评估主要应根据预期从被投资方的活动中得到的回报,但也应考虑决策者通过持有其他利益而承担的被投资方可变回报的最大风险。

综合上述四项因素的分析,当存在单独一方持有实质性罢免权并能无理由罢免决策者时,决策者属于代理人。除此以外,需综合考虑上述四项因素以判断决策者是否作为代理人行使决策权。在不同事实和情况下(如资产管理人的薪酬或其他因素不同),形成控制所要求的投资比例可能会不同。

(2)实质代理人。

在判断控制时,投资方应当考虑与所有其他方之间的关系、他们是否代表投资方行动(识别投资方的"实质代理人"),以及其他方之间、其他方与投资方之间如何互动。上述关系不一定在合同安排中列明。当投资方(或有能力主导投资方活动的其他方)能够主导某一方代表其行动时,被主导方为投资方的实质代理人。在这种情况下,投资方在判断是否控制被投资方时,应将其实质代理人的决策权以及通过实质代理人而间接承担(或享有)的可变回报风险(或权利)与其自身的权利一并考虑。

根据各方的关系,表明一方可能是投资方的实质代理人的情况包括但不限于:投资方的关联方;因投资方出资或提供贷款而取得在被投资方中权益的一方;未经投资方同意,不得出售、转让或抵押其持有的被投资方权益的一方(不包括此项限制系通过投资方和其他非关联方之间自愿协商同意的情形);没有投资方的财务支持难以获得资金支持其经营的一方;被投资方权力机构的多数成员或关键管理人员与投资方权力机构的多数成员或关键管理人员相同;与投资方具有紧密业务往来的一方,如专业服务的提供者与其中一家重要客户的关系。

4. 对被投资方可分割部分的控制

投资方通常应当对是否控制被投资方整体进行判断。但在少数情况下,如果有确凿证据表明同时满足下列条件并且符合相关法律法规规定的,投资方应当将被投资方的一部分(简称"该部分")视为被投资方可分割部分,进而判断是否控制该部分:

(1)该部分的资产是偿付该部分负债或该部分其他权益的唯一来源,不能用于偿还该部分以外的被投资方的其他负债。

(2)除与该部分相关的各方外,其他方不享有与该部分资产相关的权利,也不享有与该部分资产剩余现金流量相关的权利。

因此,实质上该部分的所有资产、负债及相关权益均与被投资方的其他部分相隔离,即:该部分的资产产生的回报不能由该部分以外的被投资方其他部分使用,该部分的负债也不能用该部分以外的被投资方资产偿还。

如果被投资方的一部分资产和负债及相关权益满足上述条件,构成可分割部分,则投资方应当基于控制的判断标准确定其是否能够控制该可分割部分,包括考虑该可分割部分的相关活动及其决策机制,投资方是否有能力主导可分割部分的相关活动并据以从中取得可变回报等。如果投资方控制该可分割部分,则应将其进行合并。此时,其他方在考虑是否控制并合并被投资方时,应仅对被投资方的剩余部分进行评估,不包括该可分割部分。

5. 控制的持续评估

控制的评估是持续的,当环境或情况发生变化时,投资方需要评估控制的三项基本要素中的一项或多项是否发生了变化。如果有任何事实或情况表明控制的三项基本要素中的一项或多项发生了变化,投资方应重新评估对被投资方是否具有控制。

(1)如果对被投资方的权力的行使方式发生变化,该变化必须反映在投资方对被投资方权力的评估中。例如,决策机制的变化可能意味着投资方不再通过表决权主导相关活动,而是由协议或者合同等其他安排赋予其他方主导相关活动的现时权利。

(2)某些事件即使不涉及投资方,也可能导致该投资方获得或丧失对被投资方的权力。例如,其他方以前拥有的能阻止投资方控制被投资方的决策权到期失效,则可能使投资方因此而获得权力。

(3)投资方应考虑因其参与被投资方相关

活动而承担的可变回报风险敞口的变化带来的影响。

例如,如果拥有权力的投资方不再享有可变回报(如与业绩相关的管理费合同到期),则该投资方将由于不满足控制三要素的第二要素而丧失对被投资方的控制。

(4) 投资方还应考虑其作为代理人或主要责任人的判断是否发生了变化。

投资方与其他方之间整体关系的变化可能意味着原为代理人的投资方不再是代理人;反之亦然。例如,如果投资方或其他方的权利发生了变化,投资方应重新评估其代理人或主要责任人的身份。

投资方有关控制的判断结论,或者初始评估其是主要责任人或代理人的结果,不会仅因为市场情况的变化(如因市场情况的变化导致被投资方的可变回报发生变化)而变化,除非市场情况的变化导致控制三要素的一项或多项发生了变化,或导致主要责任人与代理人之间的关系发生变化。

6. 投资性主体

母公司应当将其全部子公司(包括母公司所控制的被投资单位可分割部分、结构化主体)纳入合并范围。如果母公司是投资性主体,则只应将那些为投资性主体的投资活动提供相关服务的子公司纳入合并范围,其他子公司不应予以合并,应按照公允价值计量且其变动计入当期损益。

一个投资性主体的母公司如果其本身不是投资性主体,则应当将其控制的全部主体,包括投资性主体以及通过投资性主体间接控制的主体,纳入合并财务报表范围。

(1) 投资性主体的定义。

投资性主体的定义中包含了三个需要同时满足的条件:一是该公司以向投资方提供投资管理服务为目的,从一个或多个投资者获取资金;二是该公司的唯一经营目的,是通过资本增值、投资收益或两者兼有而让投资者获得回报;三是该公司按照公允价值对几乎所有投资的业绩进行计量和评价。

① 以向投资方提供投资管理服务为目的。

投资性主体的主要活动是向投资者募集资金,且其目的是为这些投资者提供投资管理服务,这是一个投资性主体与其他主体的显著区别。

② 唯一经营目的是通过资本增值、投资收益或两者兼有而获得回报。

投资性主体的经营目的一般可能通过其设立目的、投资管理方式、投资期限、投资退出战略等体现出来。例如,一个基金在募集说明书中可能说明其投资的目的是实现资本增值、一般情况下的投资期限较长、制定了比较清晰的投资退出战略等,这些描述与投资性主体的经营目的是一致的;反之,一个基金的经营目的如果是与被投资方合作开发、生产或者销售某种产品,则说明其不是一个投资性主体。

A. 向投资方或第三方提供投资相关服务。

投资性主体为实现其经营目的,可能向投资方或者第三方提供投资咨询、投资管理、投资的日常行政管理及支持等服务,这些服务并不影响该主体符合投资性主体的条件,即使这些服务构成其业务的重要部分,因为这些服务是投资性主体经营的延伸。

B. 向被投资方提供其他服务和支持。

投资性主体可能向被投资方提供管理或战略建议服务,或者贷款或担保等财务方面的支持,当这些活动与其获取资本增值或者投资收益的整体目的一致,且这些活动本身并不构成一项单独的重要收入来源时,该主体的经营目的仍然可能符合投资性主体的经营目的。当投资性主体设立专门为被投资方提供投资咨询、投资管理等服务的子公司时,该投资性主体应该合并这一子公司。

C. 投资目的及回报方式。

主体有时出于多种目的投资于另一个主体,例如,从事高科技产品研发、生产和销售的企业集团,发起设立了一家基金专门投资于一些尚处于研发初期的创新企业以获取资本增值。同时,企业集团与该基金签订协议,双方约定:如果其中某项高科技产品研发成功,该集团享有优先购买权。这种情况下,该基金的经营目的除了获取资本增值外,还包含了为其企业集团获取新产品开发的渠道,获取资本增值并不是该基金的唯一经营目的,因此,该基金不符合投资性主体的条件。

不符合投资性主体投资目的及回报的情况包括但不仅限于:该主体或其所在企业集团其他成员购买、使用、交换或开发被投资方的流程、资产或技术,该主体与被投资方就开发、生产、销售或提供产品或服务达成合营安排或其他协议,被投资方为该主体的借款提供财务担保或以被投资方的资产作为抵押,该主体的关联方持有的、可从所在集团其他成员处购买该主体持有的被投资方所有者权益的购买选择权,该主体或所在集团其他成员与被投资方的关联方之间的非公允交易且该交易属于被投资方或该主体经营活动的重大组成部分等。

当主体的投资战略是投资于同一个行业、地区或者市场的多个主体以在被投资方之间形成协同效应时,即使该主体存在上述非公允交易,该主体也不会仅因为被投资方之间的交易而被认定为不符合投资性主体。

D. 退出战略。

投资性主体与非投资性主体的一个区别是投资性主体不打算无限期持有其投资。退出战略明确了其退出投资的时间表,没有退出战略,可能表明其计划无限期地持有相关投资。这是因为权益性投资和非金融资产投资通常是无限期持有的。将有期限的债务工具持有至到期,可以视为存在退出战略,因为主体不可能无限期持有这类债务工具。没有退出战略的永续债投资,表明可能该主体计划无限期持有。仅针对违约事项的退出机制不被视为退出战略。

③ 按照公允价值对投资业绩进行计量和评价。

投资性主体定义的基本要素之一是以公允价值作为其首要的计量和评价属性,因为相对于合并子公司财务报表或者按照权益法核算对联营企业或合营企业的投资而言,公允价值计量所提供的信息更具有相关性。公允价值计量体现在:在会计准则允许的情况下,在向投资方报告其财务状况和经营成果时应当以公允价值计量其投资;向其关键管理人员提供公允价值信息,以供他们据此评估投资业绩或做出投资决策。但投资性主体没有必要以公允价值计量其固定资产等非投资性资产或其负债。

(2) 投资性主体的特征。

投资性主体通常应当具备下列四个特征:一是拥有一个以上投资;二是拥有一个以上投资者;三是投资者不是该主体的关联方;四是该主体的所有者权益以股权或类似权益存在。当主体不完全具备上述四个特征时,需要审慎评估,判断是否有确凿证据证明。

虽然缺少其中一个或几个特征,但该主体仍然符合投资性主体的定义。

① 拥有一个以上投资。

一个投资性主体通常会同时持有多项投资以分散风险、最大化回报,但通过直接或间接持有对另一投资性主体(该主体持有多项投资)的一项投资的主体也可能是投资性主体。当主体刚设立、尚未寻找到多个符合要求的投资项目,或者刚处置了部分投资、尚未进行新的投资,或者该主体正处于清算过程中时,即使主体仅持有一项投资,该主体仍可能为投资性主体。另外,如果某项投资要求较高的最低出资额,单个投资方很难进行如此高额的投资时,可能设立投资性主体用以募集多个投资方的资金进行集中投资。

② 拥有一个以上投资者。

投资性主体通常拥有多个投资者,拥有多个投资者使投资性主体或其所在企业集团中的其他企业获取除资本增值、投资收益外的收益的可能性减小。当主体刚刚设立、正在积极识别合格投资者,或者原持有的权益已经赎回、正在寻找新的投资者,或者处于清算过程中时,即使主体仅拥有一个投资者,该主体仍可能符合投资性主体的定义。还有一些特殊的投资性主体,其投资者只有一个,但其目的是代表或支持一个较大的投资者集合的利益而设立的。例如,智董公司设立一个年金基金,其目的是支持该企业职工退休后福利,该基金的投资者虽然只有一个,但代表了一个较大的投资者集合的利益,仍然属于投资性主体。

③ 投资者不是该主体的关联方。

投资性主体通常拥有若干投资者,这些投资者既不是其关联方,也不是所在集团中的其他成员,这一情况使得投资性主体或其所在企业集团中的其他企业获取除资本增值、投资收益外的收益的可能性减小。但是,关联投资者的存在并非表明该主体一定不是投资性主体。例如,某基金的投资方之一可能是该基金的关键管理人员出资设立的企业,其目的是更好地激励基金的关键管理人员,这一安排并不影响该基金符合投资性主体的定义。

④ 该主体的所有者权益以股权或类似权益存在。

投资性主体通常是单独的法律主体,但没有要求投资性主体必须是单独的法律主体。但无论其采取何种形式,其所有者权益通常采取股权或者类似权益的形式(如合伙权益),且净资产按照所有者权益比例份额享有。然而,拥有不同类型的投资者,并且其中一些投资者可能仅对某类或某组特定投资拥有权利,或者不同类型的投资者对净资产享有不同比例的分配权的情况,并不说明该主体不是一个投资性主体。

(3) 投资性主体的转换。

投资性主体的判断需要持续进行,当有事实和情况表明构成投资性主体定义的三项要素发生变化,或者任何典型特征发生变化时,应当重新评估其是否符合投资性主体。

当母公司由非投资性主体转变为投资性主体时,除仅将为其投资活动提供相关服务的子公司纳入合并财务报表范围编制合并财务报表外,企业自转变日起对其他子公司不应予以合并,其会计处理参照部分处置子公司股权但不丧失控制权的处理原则:终止确认与其他子公司相关资产(包括商誉)及负债的账面价值,以及其他子公司相关少数股东权益(包括属于少数股东的其他综合收益)的账面价值,并按照对该子公司的投资在转变日的公允价值确认一项以公允价值计量且其变动计入当期损益的金融资产,同时将对该子公司的投资在转变日的公允价值作为处置价款,其与当日合并财务报表中该子公司净资产(资产、负债及相关商誉之和,扣除少数股东权益)的账面价值之间的差额,调整资本公积(资本溢价或股本溢价),资本公积不足冲减的,调整留存收益。

当母公司由投资性主体转变为非投资性主体时,应将原未纳入合并财务报表范围的子公司于转变日纳入合并财务报表范围,将转变日视为购买日,原未纳入合并财务报表范围的子公司于转变日的公允价值视为购买的交易对价,按照非同一控制下企业合并的会计处理方法进行会计处理。

(七) 合并程序

1. 合并财务报表的编制原则

合并财务报表作为财务报表,必须符合财务报表编制的一般原则和基本要求。这些基本要求包括真实可靠、内容完整、重要性等。合并财务报表的编制除了遵循财务报表编制的一般原则和要求外,还应遵循一体性原则,即,合并财务报表反映的是由多个主体组成的企业集团的财务状况、经营成果和现金流量。在编制合并财务报表时应当将母公司和所有子公司作为整体来看待,视为一个会计主体,母公司和子公司发生的经营活动都应当从企业集团这一整体的角度进行考虑,包括对项目重要性的判断。

在编制合并财务报表时,对于母公司与子公司、子公司相互之间发生的经济业务,应当视为同一会计主体的内部业务处理,对合并财务报表的财务状况、经营成果和现金流量不产生影响。另外,对于某些特殊交易,如果站在企业集团角度的确认和计量与个别财务报表角度的确认和计量不同,还需要站在企业集团角度就同一交易或事项予以调整。

2. 编制合并财务报表的前期准备工作

合并财务报表的编制涉及多个子公司,为了使编制的合并财务报表准确、全面反映企业集团的真实情况,必须做好一系列的前期准备工作。

(1) 统一母子公司的会计政策。

会计政策是编制财务报表的基础。统一母公司和子公司的会计政策是保证母子公司财务报表各项目反映内容一致的基础。只有在财务报表各项目反映的内容一致的情况下,才能对其进行加总,编制合并财务报表。因此,在编制合并财务报表前,应统一要求子公司所采用的会计政策与母公司保持一致。对一些境外子公司,由于所在国或地区法律、会计政策等方面的原因,确实无法使其采用的会计政策与母公司所采用的会计政策保持一致,则应当要求其按照母公司所采用的会计政策,重新编报财务报表,也可以由母公司根据自身所采用的会计政策对境外子公司报送的财务报表进行调整,以重编或调整编制的境外子公司的财务报表,作为编制合并财务报表的基础。

需要注意的是,中国境内企业设在境外的子公司在境外发生的交易或事项,因受法律法规限制等境内不存在或交易不常见,企业会计准则未做出规范的,可以将境外子公司已经进行的会计处理结果,在符合基本准则的原则下,按照国际财务报告准则进行调整后,并入境内母公司合并财务报表的相关项目。

(2) 统一母子公司的资产负债表日及会计期间。

母公司和子公司的个别财务报表只有在反映财务状况的日期和反映经营成果的会计期间都一致的情况下,才能进行合并。为了编制合并财务报表,必须统一企业集团内母公司和所有子公司的资产负债表日和会计期间,使子公司的资产负债表日和会计期间与母公司的资产负债表日和会计期间保持一致,以便子公司提供相同资产负债表日和会计期间的财务报表。

对于境外子公司,由于当地法律限制确实不能与母公司财务报表决算日和会计期间一致的,母公司应当按照自身的资产负债表日和会计期间对子公司的财务报表进行调整,以调整后的子公司财务报表为基础编制合并财务报表,也可以要求子公司按照母公司的资产负债表日和会计期间另行编制报送其个别财务报表。

(3) 对子公司以外币表示的财务报表进行折算。

对母公司和子公司的财务报表进行合并,其前提必须是母子公司个别财务报表所采用的货币计量单位一致。外币业务比较多的企业应该遵循外币折算准则有关选择记账本位币的相关规定,在符合准则规定的基础上,确定是否采用某一种外币作为记账本位币。在将境外经营纳入合并范围时,应该按照外币折算准则的相关规定进行处理。

(4) 收集编制合并财务报表的相关资料。

合并财务报表以母公司和其子公司的财务报表以及其他有关资料为依据,由母公司合并有关项目的数额编制。为编制合并财务报表,母公司应当要求子公司及时提供下列有关资料:

① 子公司相应期间的财务报表。

② 采用的与母公司不一致的会计政策及其影响金额。

③ 与母公司不一致的会计期间的说明。

④ 与母公司及与其他子公司之间发生的所有内部交易的相关资料,包括但不限于内部购销交易、债权债务、投资及其产生的现金流量和未实现内部销售损益的期初、期末余额及变动情况等资料。

⑤ 子公司所有者权益变动和利润分配的有关资料。

⑥ 编制合并财务报表所需要的其他资料。

 小知识

关于是否允许母子公司的会计期间最多有三个月差异

原准则不允许统一会计期间不切实可行时母子公司的会计期间最多有三个月差异,《国际财务报告准则第10号——合并财务报表》(IFRS10)允许在统一母子公司会计期间不切实可行时母子公司会计期间最多存在三个月差异,同时要求在附注中披露这一情况及相应的原因。对此问题,主要有两种意见。

(1) 大多数意见认为,统一会计期间不切实可行时不应当允许母子公司的会计期间最多有三个月差异。主要理由:一是资产负债表是反映公司某一时点财务状况的数据表,三个月的时间有可能会引起较大财务状况

的变化,将导致合并财务报表反映的财务数据并不是客观真实的;二是允许差异三个月,对于差异六个月的企业集团不公平;三是对于某些业务季节性比较强的企业,该差异性可能会对报表数据有显著影响;四是允许该差异存在可能导致个别企业利用这一规定达到调节财务报表利润的目的;五是我国的会计年度和财政年度是统一的,一般不会存在统一会计期间不切实可行的现象。

(2) 部分意见认为,统一会计期间不切实可行时应当允许母子公司的会计期间最多有三个月差异。

原准则施行 7 年来实务中对此没有异议,本准则维持了原准则的规定。国际会计准则理事会也认可这一做法。

3. 合并财务报表的编制程序

(1) 设置合并工作底稿。

合并工作底稿的作用是为合并财务报表的编制提供基础。在合并工作底稿中,对母公司和纳入合并范围的子公司的个别财务报表各项目的数据进行汇总、调整和抵销处理,最终计算得出合并财务报表各项目的合并数。

(2) 将个别财务报表的数据过入合并工作底稿。

将母公司和纳入合并范围的子公司的个别资产负债表、个别利润表、个别现金流量表及个别所有者权益变动表各项目的数据过入合并工作底稿,并在合并工作底稿中对母公司和子公司个别财务报表各项目的数据进行加总,计算得出个别资产负债表、个别利润表、个别现金流量表及个别所有者权益变动表各项目合计数额。

(3) 编制调整分录和抵销分录。

根据本准则第三十条、第三十四条、第四十一条和第四十五条等编制调整分录与抵销分录,进行调整抵销处理是合并财务报表编制的关键和主要内容,其目的在于将因会计政策及计量基础的差异对个别财务报表的影响进行调整,以及将个别财务报表各项目的加总数据中重复的因素等予以抵销或调整等。

(4) 计算合并财务报表各项目的合并金额。

在母公司和纳入合并范围的子公司个别财务报表项目加总金额的基础上,分别计算合并财务报表中各资产项目、负债项目、所有者权益项目、收入项目和费用项目等的合并金额。其计算方法如下。

① 资产类项目。

其合并金额根据该项目加总的金额,加上该项目调整分录与抵销分录有关的借方发生额,减去该项目调整分录与抵销分录有关的贷方发生额计算确定。

② 负债类和所有者权益类项目。

其合并金额根据该项目加总的金额,减去该项目调整分录与抵销分录有关的借方发生额,加上该项目调整分录与抵销分录有关的贷方发生额计算确定。

③ 收入、收益、利得类项目。

其合并金额根据该项目加总的金额,减去该项目调整分录与抵销分录的借方发生额,加上该项目调整分录与抵销分录的贷方发生额计算确定。

④ 成本费用、损失类项目和有关利润分配的项目。

其合并金额根据该项目加总的金额,加上该项目调整分录与抵销分录的借方发生额,减去该项目调整分录与抵销分录的贷方发生额计算确定。

⑤ "专项储备"和"一般风险准备"项目。

由于既不属于实收资本(或股本)资本公积,也与留存收益、未分配利润不同,在长期股权投资与子公司所有者权益相互抵销后,应当按归属于母公司所有者的份额予以恢复。

(5) 填列合并财务报表。

根据合并工作底稿中计算出的资产、负债、所有者权益、收入、成本费用类以及现金流量表中各项目的合并金额,填列生成正式的合并财务报表。

合并所有者权益变动表也可以根据合并资产负债表和合并利润表进行编制。

4. 报告期内增减子公司的处理

(1) 增加子公司。

母公司因追加投资等原因控制了另一个企业即实现了企业合并,应当根据《企业会计准则第 20 号——企业合并》(简称"企业合并准则")的规定编制合并日或购买日的合并财务报表。

在企业合并发生当期的期末和以后会计期间，母公司应当根据本准则的规定编制合并财务报表，分别情况进行处理。

① 同一控制下企业合并增加的子公司或业务。

视同合并后形成的企业集团报告主体自最终控制方开始实施控制时一直是一体化存续下来的。编制合并资产负债表时，应当调整合并资产负债表的期初数，合并资产负债表的留存收益项目应当反映母子公司视同一直作为一个整体运行至合并日应实现的盈余公积和未分配利润的情况，同时应当对比较报表的相关项目进行调整；编制合并利润表时，应当将该子公司或业务自合并当期期初至报告期末的收入、费用、利润纳入合并利润表，而不是从合并日开始纳入合并利润表，同时应当对比较报表的相关项目进行调整。由于这部分净利润是因企业合并准则所规定的同一控制下企业合并的编表原则所致，而非母公司管理层通过生产经营活动实现的净利润，因此，应当在合并利润表中单列"其中：被合并方在合并前实现的净利润"项目进行反映；在编制合并现金流量表时，应当将该子公司或业务自合并当期期初到报告期末的现金流量纳入合并现金流量表，同时应当对比较报表的相关项目进行调整。

② 非同一控制下企业合并或其他方式增加的子公司或业务。

应当从购买日开始编制合并财务报表，在编制合并资产负债表时，不调整合并资产负债表的期初数，企业以非货币性资产出资设立子公司或对子公司增资的，需要将该非货币性资产调整恢复至原账面价值，并在此基础上持续编制合并财务报表；编制合并利润表时，应当将该子公司或业务自购买日至报告期末的收入、费用、利润纳入合并利润表；在编制合并现金流量表时，应当将该子公司购买日至报告期期末的现金流量纳入合并现金流量表。

(2) 处置子公司。

在报告期内，如果母公司处置子公司或业务，失去对子公司或业务的控制，被投资方从处置日开始不再是母公司的子公司，不应继续将其纳入合并财务报表的合并范围，在编制合并资产负债表时，不应当调整合并资产负债表的期初数；在编制合并利润表时，应当将该子公司或业务自当期期初至处置日的收入、费用、利润纳入合并利润表；在编制合并现金流量表时，应将该子公司或业务自当期期初至处置日的现金流量纳入合并现金流量表。

5. 合并资产负债表

合并资产负债表应当以母公司和子公司的资产负债表为基础，在抵销母公司与子公司、子公司相互之间发生的内部交易对合并资产负债表的影响后，由母公司合并编制。

(1) 母公司对子公司的长期股权投资与母公司在子公司所有者权益中所享有的份额应当相互抵销，同时抵销相应的长期股权投资减值准备。

子公司持有母公司的长期股权投资，应当视为企业集团的库存股，作为所有者权益的减项，在合并资产负债表中所有者权益项目下以"减：库存股"项目列示。

子公司相互之间持有的长期股权投资，应当比照母公司对子公司的股权投资的抵销方法，将长期股权投资与其对应的子公司所有者权益中所享有的份额相互抵销。

(2) 母公司与子公司、子公司相互之间的债权与债务项目应当相互抵销，同时抵销相应的减值准备。

(3) 母公司与子公司、子公司相互之间销售商品（或提供劳务，下同）或其他方式形成的存货、固定资产、工程物资、在建工程、无形资产等所包含的未实现内部销售损益应当抵销。

对存货、固定资产、工程物资、在建工程和无形资产等计提的跌价准备或减值准备与未实现内部销售损益相关的部分应当抵销。

(4) 母公司与子公司、子公司相互之间发生的其他内部交易对合并资产负债表的影响应当抵销。

(5) 因抵销未实现内部销售损益导致合并资产负债表中资产、负债的账面价值与其在所属纳税主体的计税基础之间产生暂时性差异的,在合并资产负债表中应当确认递延所得税资产或递延所得税负债,同时调整合并利润表中的所得税费用,但与直接计入所有者权益的交易或事项及企业合并相关的递延所得税除外。

子公司所有者权益中不属于母公司的份额,应当作为少数股东权益,在合并资产负债表中所有者权益项目下以"少数股东权益"项目列示。

关于"少数股东权益"和"非控制性权益"的用词表达

原准则对非控制方持有的被投资方权益一直使用"少数股东权益"一词表达,《国际财务报告准则第10号——合并财务报表》(IFRS10)则使用"非控制性权益"一词表达,两者意思完全一致,但用词不同。关于是否需要按照国际准则修改用词表达,主要有两种意见。

(1) 多数意见认为,在没有实质性内容改变的情况下,应尽可能不要修改。

(2) 部分意见认为,有必要将"少数股东权益"改为"非控制性权益"。主要理由:控制是确定合并范围的唯一标准,而股权的多少并非判断控制的唯一标准,因此,持有少数股东权益的投资方不一定不是控制方,使用"非控制性权益"不仅较好地表达了这层意思,而且可以避免与国际财务报告准则用词的不一致。

本准则继续采用了"少数股东权益"一词,主要原因在于该词已为大家所熟悉,且执行中不存在歧义。

6. 合并利润表

合并利润表应当以母公司和子公司的利润表为基础,在抵销母公司与子公司、子公司相互之间发生的内部交易对合并利润表的影响后,由母公司合并编制。

(1) 母公司与子公司、子公司相互之间销售商品所产生的营业收入和营业成本应当抵销。

母公司与子公司、子公司相互之间销售商品,期末全部实现对外销售的,应当将购买方的营业成本与销售方的营业收入相互抵销。

母公司与子公司、子公司相互之间销售商品,期末未实现对外销售而形成存货、固定资产、工程物资、在建工程、无形资产等资产的,在抵销销售商品的营业成本和营业收入的同时,应当将各项资产所包含的未实现内部销售损益予以抵销。

(2) 在对母公司与子公司、子公司相互之间销售商品形成的固定资产或无形资产所包含的未实现内部销售损益进行抵销的同时,也应当对固定资产的折旧额或无形资产的摊销额与未实现内部销售损益相关的部分进行抵销。

(3) 母公司与子公司、子公司相互之间持有对方债券所产生的投资收益、利息收入及其他综合收益等,应当与其相对应的发行方利息费用相互抵销。

(4) 母公司对子公司、子公司相互之间持有对方长期股权投资的投资收益应当抵销。

(5) 母公司与子公司、子公司相互之间发生的其他内部交易对合并利润表的影响应当抵销。

子公司当期净损益中属于少数股东权益的份额,应当在合并利润表中净利润项目下以"少数股东损益"项目列示。

子公司当期综合收益中属于少数股东权益的份额,应当在合并利润表中综合收益总额项目下以"归属于少数股东的综合收益总额"项目列示。

母公司向子公司出售资产所发生的未实现内部交易损益,应当全额抵销"归属于母公司所有者的净利润"。

子公司向母公司出售资产所发生的未实现内部交易损益,应当按照母公司对该子公司的分配比例在"归属于母公司所有者的净利润"和"少数股东损益"之间分配抵销。子公司之间出售资产所发生的未实现内部交易损益,应当按照母公司对出售方子公司的分配比例在"归属于母公司所有者的净利润"和"少数股东损益"之间分配抵销。

子公司少数股东分担的当期亏损超过了少数股东在该子公司期初所有者权益中所享有的份额的,其余额仍应当冲减少数股东权益。

母公司在报告期内因同一控制下企业合并增加的子公司以及业务,应当将该子公司以及业务合并当期期初至报告期末的收入、费用、利润纳入合并利润表,同时应当对比较报表的相关项目进行调整,视同合并后的报告主体自最终控制方开始控制时点起一直存在。

因非同一控制下企业合并或其他方式增加的子公司以及业务,应当将该子公司以及业务购买日至报告期末的收入、费用、利润纳入合并利润表。

母公司在报告期内处置子公司以及业务,应当将该子公司以及业务期初至处置日的收入、费用、利润纳入合并利润表。

7. 合并现金流量表

合并现金流量表应当以母公司和子公司的现金流量表为基础,在抵销母公司与子公司、子公司相互之间发生的内部交易对合并现金流量表的影响后,由母公司合并编制。

本准则提及现金时,除非同时提及现金等价物,均包括现金和现金等价物。

编制合并现金流量表应当符合下列要求:

(1) 母公司与子公司、子公司相互之间当期以现金投资或收购股权增加的投资所产生的现金流量应当抵销。

(2) 母公司与子公司、子公司相互之间当期取得投资收益、利息收入收到的现金,应当与分配股利、利润或偿付利息支付的现金相互抵销。

(3) 母公司与子公司、子公司相互之间以现金结算债权与债务所产生的现金流量应当抵销。

(4) 母公司与子公司、子公司相互之间当期销售商品所产生的现金流量应当抵销。

(5) 母公司与子公司、子公司相互之间处置固定资产、无形资产和其他长期资产收回的现金净额,应当与购建固定资产、无形资产和其他长期资产支付的现金相互抵销。

(6) 母公司与子公司、子公司相互之间当期发生的其他内部交易所产生的现金流量应当抵销。

合并现金流量表及其补充资料也可以根据合并资产负债表和合并利润表进行编制。

母公司在报告期内因同一控制下企业合并增加的子公司以及业务,应当将该子公司以及业务合并当期期初至报告期末的现金流量纳入合并现金流量表,同时应当对比较报表的相关项目进行调整,视同合并后的报告主体自最终控制方开始控制时点起一直存在。因非同一控制下企业合并增加的子公司以及业务,应当将该子公司购买日至报告期末的现金流量纳入合并现金流量表。

母公司在报告期内处置子公司以及业务,应当将该子公司以及业务期初至处置日的现金流量纳入合并现金流量表。

8. 合并所有者权益变动表

合并所有者权益变动表应当以母公司和子公司的所有者权益变动表为基础,在抵销母公司与子公司、子公司相互之间发生的内部交易对合并所有者权益变动表的影响后,由母公司合并编制。

(1) 母公司对子公司的长期股权投资应当与母公司在子公司所有者权益中所享有的份额相互抵销。

子公司持有母公司的长期股权投资以及子公司相互之间持有的长期股权投资,应当按照本准则第三十条规定处理。

(2) 母公司对子公司、子公司相互之间持有对方长期股权投资的投资收益应当抵销。

(3) 母公司与子公司、子公司相互之间发生的其他内部交易对所有者权益变动的影响应当抵销。

合并所有者权益变动表也可以根据合并资产负债表和合并利润表进行编制。

有少数股东的,应当在合并所有者权益变动表中增加"少数股东权益"栏目,反映少数股东权益变动的情况。

二、会计准则概述

(一) 本准则的相关背景

为了规范合并财务报表的编制和列报,我国财政部2014年1月26日修订发布了《企业会计准则第33号——合并财务报表》(财会〔2014〕10号),自2014年7月1日起在所有执行企业会计准则的企业范围内施行。

《企业会计准则第33号——合并财务报表》的修订背景:

(1) 解决原准则实施中存在的具体问题。

原准则于2007年开始实施后,根据调研和实务反映,原准则在执行中主要存在两个问题:一是原准则有规范,但针对具体业务缺乏明确的处理,如原准则要求抵销母子公司内部交易的影响,但未明确逆流交易如何抵销等;二是出现了一些新的经济业务,原准则对此没有规范,如因结构化主体的出现而对控制判断的影响等。这样,使得企业在编制合并财务报表时不知道如何处理,或者处理方法不尽一致,导致企业集团之间的合并财务报表缺乏信息可比性,不利于财务报表使用者全面了解并评估企业集团的财务状况和经营成果等。为解决实务中的新问题、新情况,推动企业会计准则的有效实施、降低企业信息编制成本,有必要修订原准则,明确新问题、新情况的相应处理。

(2) 吸收解释、年报通知等相关内容以完善我国准则体系。

原准则发布后,我国财政部陆续通过企业会计准则解释第1至6号、《关于执行会计准则的上市公司和非上市企业做好2009年年报工作的通知》(财会〔2009〕16号)、《关于不丧失控制权情况下处置部分对子公司投资会计处理的复函》(财会便〔2009〕14号)等文件形式对准则中的部分内容进行了修订和完善,以解决实务中出现的新问题。但由于上述规定散见在不同文件中,而且有的文件法律层次较低,不便于企业贯彻实施。

原准则执行7年来,有必要将散见于解释、年报通知、司便函等文件中的有关规定进行全面梳理和整合,修订并完善合并财务报表准则。

(3) 保持与国际财务报告准则的持续趋同。

国际会计准则理事会于2011年5月发布《国际财务报告准则第10号——合并财务报表》(IFRS 10),以取代《国际会计准则第27号——合并财务报表和单独财务报表》有关合并财务报表的部分以及《解释公告第12号——合并:特殊目的主体》。《国际财务报告准则第10号——合并财务报表》(IFRS10)以控制作为判断合并范围的唯一标准,明确规定了控制的定义和判断原则,并就各种情况下如何应用控制原则提供了详细指引,包括实质性控制的判断、主要责任人与代理人的判断、潜在表决权的考虑等。根据国际财务报告准则的新变化,遵循2010年发布的《中国企业会计准则与国际财务报告准则持续趋同路线图》,有必要及时对我国合并财务报表准则进行修订。

(二) 本准则的适用范围

合并财务报表的编制和列报。

外币财务报表折算,适用《企业会计准则第19号——外币折算》和《企业会计准则第31号——现金流量表》。

关于在子公司权益的披露,适用《企业会计准则第41号——在其他主体中权益的披露》。

(三) 本准则的主要变化

1. 关于控制的定义和具体判断原则

原准则规定,控制是指一个企业能够决定另一个企业的财务和经营政策,并能据以从另一个企业的经营活动中获取利益的权力;此后,通过解释等方式,增加了母公司有关控制特殊目的主体的判断,主要应考虑四方面的因素:一是母公司为融资、销售商品或提供劳务等特定经营业务的需要直接或间接设立特殊目的主体;二是母公司具有控制或获得控制特殊目的主体或其资产的决策权;三是母公司通过章程、合同、协议等具有获取特殊目的主体大部分利益的权力;四是母公司通过章程、合同、协议等承担了特殊目的的主体的大部分风险。上述规定与原国际财务报告准则的要求一致。

IFRS10修订了控制的定义和判断原则,要求只有具备控制定义的三要素时,投资方对被投资方才具有控制:一是投资方对被投资方拥有权力;二是通过参与被投资方相关活动而取得可变回报;三是运用对被投资方的权力影响回报金额。

本准则根据IFRS10修订控制的定义及其判断原则对我国原准则进行了修订,同时增加了相应的解释。

2. 关于是否允许母子公司的会计期间最多有三个月差异

原准则不允许统一会计期间不切实可行时母子公司的会计期间最多有三个月差异,IFRS10

允许在统一母子公司会计期间不切实可行时母子公司会计期间最多存在三个月差异,同时要求在附注中披露这一情况及相应的原因。

原准则施行7年来实务中对此没有异议,本准则维持了原准则的规定。国际会计准则理事会也认可这一做法。

统一会计期间不切实可行时不应当允许母子公司的会计期间最多有三个月差异。主要理由:

(1) 资产负债表是反映公司某一时点财务状况的数据表,三个月的时间有可能会引起较大财务状况的变化,将导致合并财务报表反映的财务数据并不是客观真实的。

(2) 允许差异三个月,对于差异六个月的企业集团不公平。

(3) 对于某些业务季节性比较强的企业,该差异性可能会对报表数据有显著影响。

(4) 允许该差异存在可能导致个别企业利用这一规定达到调节财务报表利润的目的。

(5) 我国的会计年度和财政年度是统一的,一般不会存在统一会计期间不切实可行的现象。

3. 关于母子公司交互持股的抵销处理

原准则不包括母子公司交互持股时如何进行抵销处理的规定,IFRS10 也不包括此部分内容。但是,实务中不少企业集团存在母子公司交互持股的情况,本准则从实务需要出发,规范母子公司交互持股的抵销处理,且提供的采用库存股法的处理比较恰当,能够真实反映集团公司的整体信息。

4. 关于"少数股东权益"和"非控制性权益"的用词表达

原准则对非控制方持有的被投资方权益一直使用"少数股东权益"一词表达,IFRS10 则使用"非控制性权益"一词表达,两者意思完全一致,但用词不同。

本准则继续采用了"少数股东权益"一词,主要原因在于该词已为大家所熟悉,且执行中不存在歧义。在没有实质性内容改变的情况下,应尽可能不要修改。

5. 吸收整合解释等相关内容

本准则吸纳了已发布的解释、年报通知、司便函等文件相关规定:

(1) 明确规定购买少数股权、不丧失控制权情况下处置部分对子公司投资交易在合并财务报表层面应作为权益性交易进行会计处理。

(2) 明确规定因抵销未实现内部销售损益导致合并资产负债表中资产、负债的账面价值与其在所属纳税主体的计税基础之间产生暂时性差异的,在合并财务报表层面应确认相应的所得税影响。

(3) 明确规定因处置部分股权投资或其他原因丧失对原有子公司控制权的,在合并财务报表层面应视为处置子公司同时取得一项新的投资性资产,对剩余股权应按照其丧失控制权日的公允价值进行重新计量。

(4) 明确规定子公司当期综合收益中属于少数股东权益的份额,应当在合并利润表中综合收益总额项目下以"归属于少数股东的综合收益总额"项目列示。

(5) 明确规定子公司少数股东分担的当期亏损超过了少数股东在该子公司期初所有者权益中所享有的份额的,其余额仍应当冲减少数股东权益。

第二节 合 并 处 理

一、长期股权投资与所有者权益的合并处理(同一控制下企业合并)

在一般情况下,企业取得子公司的途径主要有两条:

对外进行直接投资组建新的被投资企业使其成为子公司,包括单独投资组建全资子公司、与其他企业合资组建非全资子公司等情况。

通过企业合并，对现有的企业的股权进行并购，使其成为子公司，包括购买同一控制下的企业的股权使其成为直接的子公司、购买非同一控制下的企业的股权使其成为子公司两种情况。

（一）同一控制下取得子公司合并日合并财务报表的编制

母公司在合并日可以编制合并日的合并资产负债表、合并利润表、合并现金流量表等合并财务报表。

母公司在将购买取得子公司股权登记入账后，在编制合并日合并资产负债表时，只需将对子公司长期股权投资与子公司所有者权益中母公司所拥有的份额相抵销。

（二）直接投资及同一控制下取得子公司合并日后合并财务报表的编制

编制合并日后合并财务报表时，首先，将母公司对子公司长期股权投资由成本法核算的结果调整为权益法核算的结果，使母公司对子公司长期股权投资项目反映其在子公司所有者权益中所拥有权益的变动情况；其次，将母公司对子公司长期股权投资项目与子公司所有者权益项目等内部交易相关的项目进行抵销处理，将内部交易对合并财务报表的影响予以抵销；最后，在编制合并日合并工作底稿的基础上，编制合并财务资产负债表。

1. 长期股权投资成本法核算的结果调整为权益法核算的结果

将成本法核算调整为权益法核算时，应当自取得对子公司长期股权投资的年度起，逐年按照子公司当年实现的净利润中属于母公司享有的份额，调整增加对子公司长期股权投资的金额，并调整增加当年投资收益；对于子公司当期分派的现金股利或宣告分派的股利中母公司享有的份额，则调整冲减长期股权投资的账面价值，同时调整减少原投资收益。之所以要按子公司分派或宣告分派的现金股利调整减少投资收益，是因为在成本法核算的情况下，母公司在当期的财务报表中已按子公司分派或宣告分派的现金股利确认投资收益。

在取得子公司长期股权投资的第 2 年，将成本法调整为权益法核算的结果时，则在调整计算第一年年末权益法核算的对子公司长期股权投资的金额的基础上，按第二年子公司实现的净利润中母公司所拥有的份额，调增长期股权投资的金额；按子公司分派或宣告分派的现金股利中母公司所拥有的份额，调减长期股权投资的金额。以后年度的调整，则比照上述做法进行调整处理。

子公司除净损益以外所有者权益的其他变动，在按照权益法对成本法核算的结果进行调整时，应当根据子公司本期除损益以外的所有者权益的其他变动而计入资本公积或其他综合收益的金额中所享有的金额，对长期股权投资的金额进行调整。在以后年度将成本法调整为权益法核算的结果时，也应当持续考虑这一因素对长期股权投资的金额进行调整。

2. 合并抵销处理

在合并工作底稿中，按照上述权益法核算的要求，对长期股权投资的金额进行调整后，长期股权投资的金额正好反映母公司在子公司所有者权益中所拥有的份额。要编制合并财务报表，在此基础上还必须按编制合并财务报表的要求进行合并抵销处理，将母公司与子公司之间的内部交易对合并财务报表的影响予以抵销。

编制合并财务报表时，首先，必须将母公司对子公司长期股权与子公司所有者权益中所拥有的份额予以抵销。根据母公司在子公司所有者权益中拥有份额的多少不同，可以将子公司分为全资子公司和非全资子公司。对于全资子公司，进行抵销处理时将对子公司长期股权投资的金额与子公司所有者权益全额抵销；而对于非全资子公司，则将长期股权投资与子公司所有者权益中母公司所拥有的金额进行抵销，不属于母公司的份额，即属于子公司少数股东的权益，应将其转为少数股东权益。

其次，还必须将对子公司的投资收益与子公司当年利润分配相抵销，使合并财务报表反映母公司股东权益变动的情况。从单一企业来讲,当年实现的净利润加上年初未分配利润是企业利润分配的来源,企业对其进行分配,提取盈余公积、向股东分配股利以及留待以后年度的未分配利润(未分配利润可以理解为将这部分利润分配到下一会计年度)等,则是利润分配的去向。而子公司当年实现的净利润,可以分为两部分:一部分属于母公司所有,即母公司的投资收益;另一部分则属于少数股东所有,即少数股东本期收益。为了使合并财务报表反映母公司股东权益的变动情况及财务状况,则必须将母公司投资收益、少数股东收益和期初未分配利润与子公司当年利润分配以及未分配利润的金额相抵销。□

值得注意的是,子公司发行累积优先股等其他权益工具的,无论当期是否宣告发放其股利,在计算列报母公司合并利润表中的"归属于母公司股东的净利润"时,应扣除当期归属于除母公司之外的其他权益工具持有者的可累积分配股利,扣除金额应在"少数股东损益"项目中列示;子公司发行不可累积优先股等其他权益工具的,在计算列报母公司合并利润表中的"归属于母公司股东的净利润"时,应扣除当期宣告发放的归属于除母公司之外的其他权益工具持有者的不可累积分配股利,扣除金额应在"少数股东损益"项目中列示。子公司发行的累积或不可累积优先股等其他权益工具的,在资产负债表和股东权益变动表的列报原则与利润表相同。

二、长期股权投资与所有者权益的合并处理(非同一控制下企业合并)

(一)非同一控制下取得子公司购买日合并财务报表的编制

根据现行企业会计准则,非同一控制下取得子公司,母公司编制购买日的合并资产负债表时,因企业合并取得的子公司各项可辨认资产、负债及或有负债应当以公允价值在合并财务报表中列示。母公司合并成本大于取得的子公司可辨认净资产公允价值份额的差额,作为合并商誉在合并资产负债表中列示。

1. 按公允价值对非同一控制下取得子公司的财务报表进行调整

在非同一控制下取得子公司的情况下,母公司为进行企业合并要对子公司的资产负债进行估值,然而子公司作为持续经营的主体,一般情况下,即一般不将该估值而产生的资产、负债公允价值的变动登记入账,其对外提供的财务报表仍然是以各项资产和负债原来的账面价值为基础编制的,其提供的购买日财务报表一般也是以各项资产和负债原账面价值为基础编制的。为此,母公司要编制购买日的合并财务报表,则必须按照购买日子公司资产、负债的公允价值对其财务报表项目进行调整。这一调整是通过在合并工作底稿中编制调整分录进行的,实际上相当于将各项资产、负债的公允价值变动模拟入账,然后以购买日子公司各项资产、负债的公允价值为基础编制购买日的合并财务报表。

2. 母公司长期股权投资与子公司所有者权益抵销处理

在编制购买日的合并资产负债表时,需要将母公司对子公司长期股权投资与子公司所有者权益中所拥有的份额予以抵销。母公司对非同一控制下取得的子公司长期股权投资进行账务处理时,母公司是按子公司资产、负债的公允价值确定其在子公司所有者权益中所拥有的份额,合并成本超过这一金额的差额则作为合并商誉处理。经过上述按公允价值对子公司财务报表调整处理后,在编制合并财务报表时则可以将长期股权投资与子公司所有者权益所拥有的份额相抵销。在非全资子公司的情况下,不属于母公司所拥有的份额在抵销处理时则结转为少数股东权益。在抵销处理时,应当注意的是,母公司在子公司所有者权益中所拥有的份额是按资产和负债的公允价值为基础计算的,也是按公允价值进行抵销,少数股东权益也是按资产和负债的公允价值为基础计算调整后的金额确定的。

3. 编制合并工作底稿并编制合并财务报表

在按公允价值对子公司财务报表项目进行

调整,并编制合并抵销分录,将母公司对子公司长期股权投资与子公司所有者权益中母公司所持有的份额进行抵销处理后,则可以编制购买日合并工作底稿。

(二) 非同一控制下取得子公司购买日后合并财务报表的编制

母公司在非同一控制下取得子公司后,在未来持有该子公司的情况下,每一会计期末都需要将其纳入合并范围,编制合并财务报表。

首先,应当以购买日确定的各项可辨认资产、负债及或有负债的公允价值为基础对子公司的财务报表进行调整。

其次,将母公司对子公司的长期股权投资采用成本法核算的结果,调整为权益法核算的结果,对公司的财务报表进行相应的调整。

再次,则是通过编制合并抵销分录,将母公司对子公司长期股权投资与子公司所有者权益等内部交易对合并财务报表的影响予以抵销。

最后,则是在编制合并工作底稿的基础上,计算合并财务报表各项目的合并数,编制合并财务报表。

三、内部商品交易的合并处理

(一) 内部销售收入和内部销售成本的抵销处理

内部销售收入是指企业集团内部母公司与子公司、子公司相互之间(以下称成员企业)发生的购销活动所产生的销售收入。内部销售成本是指企业集团内部母公司与子公司、子公司相互之间发生的内部销售商品的销售成本。

1. 购买企业内部购进的商品当期全部实现销售时的抵销处理

在这种情况下,对于销售企业来说,销售给其他成员企业商品与销售给集团外部企业情况下的会计处理相同,即在本期确认销售收入、结转销售成本、计算损益,并在其个别利润表中反映;对于购买企业来说,一方面要确认销售收入,另一方面要结转销售内部购进商品的成本,并在其个别利润表中分别作为营业收入和营业成本反映,并确认损益。这也就是说,对于同一购销业务,在销售企业和购买企业的个别利润表都作了反映。但从企业集团整体来看,这一购销业务只是实现了一次销售,其销售收入只是购买企业销售该产品的销售收入,其销售成本只是销售企业销售该商品的成本。销售企业销售该商品的收入属于内部销售收入,相应的购买企业销售该商品的销售成本则属于内部销售成本。因此,在编制合并财务报表时,就必须将重复反映的内部销售收入与内部销售成本予以抵销。进行抵销处理时,应借记"营业收入"等项目,贷记"营业成本"等项目。

2. 购买企业内部购进的商品未实现对外销售时的抵销处理

在内部购进的商品未实现对外销售的情况下,从销售企业来说,同样是按照一般的销售业务确认销售收入,结转销售成本,计算销售利润,并在其利润表中列示。这一业务从整个企业集团来看,实际上只是商品存放地点发生变动,并没有真正实现企业集团对外销售,不应确认销售收入、结转销售成本以及计算损益。因此,对于该内部购销业务,在编制合并财务报表时,应当将销售企业由此确认的内部销售收入和内部销售成本予以抵销。对于这一经济业务,从购买企业来说,则以支付的购货价款作为存货成本入账,并在其个别资产负债表中作为资产列示。这样,购买企业的个别资产负债表中存货的价值中就包含有销售企业实现的销售毛利。销售企业由于内部购销业务实现的销售毛利,属于未实现内部销售损益。

存货价值中包含的未实现内部销售损益是由于企业集团内部商品购销活动所引起的。在内部购销活动中,销售企业将集团内部销售作为收入确认并计算销售利润。而购买企业则是以支付购货的价款作为其成本入账;在本期内未实现对外销售而形成期末存货时,其存货价值中也相应地包括两部分内容:一部分为真正的存货成本(即销售企业销售该商品的成本),另一部分为销售企业的销售毛利(即其销售收入减去销售成本的差额)。对于期末存货价值中包括的这部分销售毛利,从企业集团整体来看,并不是真正实现的利润。因为从整个企业整体来看,集团内部企业之间的商品购销活动实际上相当于一个企业内部物资调拨活动,既不会实现利润,也不会增加商品的价值。正是从这一意义上来说,将期末存货价值中包括的这部分销售企业作为利润确认的部分,称之为未实现内部销售损益。如果合并财务报表将母公司与子公司财务报表中的存货简单相加,则虚增存货成本。因此,在编制合并资产负债表时,应当将存货价值中包含的未实现内部销售损益予以抵销。

对于内部购进的商品部分实现对外销售部分形成期末存货的情况,可以将内部购买的商品分解为两部分来理解:一部分为当期购进并全部实现对外销售;另一部分为当期购进但未实现对外销售而形成期末存货。

对于内部销售收入的抵销,也可按照如下方法进行抵销处理:

(1) 按照内部销售收入的数额,借记"营业收入"项目,贷记"营业成本"项目。

(2) 按照期末存货价值中包含的未实现内部销售损益的数额,借记"营业成本"项目,贷记"存货"项目。

3. 购买企业内部购进的商品作为固定资产使用时的抵销处理

在集团内成员企业将自身的产品销售给其他成员企业作为固定资产使用的情况下,对于销售企业来说是作为普通商品销售并进行会计处理的,即在销售时确认收入、结转成本和计算损益,并以此在其个别财务报表中列示;对于购买企业来说,则以购买价格(在此不考虑安装及运输费用)作为固定资产原值记账,该固定资产入账价值中既包含销售企业生产该产品的成本,也包含销售企业由于该产品销售所实现的销售利润。购买企业虽然以支付给销售企业的购买价格作为固定资产原价入账,但从整个企业集团来说,只能以销售企业生产该产品的成本作为固定资产原价在合并财务报表中反映。因此,编制合并利润表时应将销售企业由于该固定资产交易所实现的销售收入、结转的销售成本予以抵销;并将内部交易形成的固定资产原价中包含的未实现内部销售损益予以抵销。

(二) 连续编制合并财务报表时内部销售商品的合并处理

在连续编制合并财务报表的情况下,首先必须将上期抵销的存货价值中包含的未实现内部销售损益对本期期初未分配利润的影响予以抵销,调整本期期初未分配利润的数额;然后再对本期内部购进存货进行合并处理。其具体合并处理程序和方法如下:

(1) 将上期抵销的存货价值中包含的未实现内部销售损益对本期期初未分配利润的影响进行抵销。即按照上期内部购进存货价值中包含的未实现内部销售损益的数额,借记"期初未分配利润"项目,贷记"营业成本"项目。这一抵销分录,可以理解为上期内部购进的存货中包含的未实现内部销售损益在本期视同为实现利润,将上期未实现内部销售损益转为本期实现利润,冲减当期的合并销售成本。

(2) 对于本期发生内部购销活动的,将内部销售收入及内部销售成本予以抵销。即按照销售企业内部销售收入的数额,借记"营业收入"项目,贷记"营业成本""存货"项目。

(3) 将期末内部购进存货价值中包含的未实现内部销售损益予以抵销。

对于期末内部购买形成的存货(包括上期结转形成的本期存货),应按照购买企业期末内部购入存货价值中包含的未实现内部销售损益的数额,借记"未分配利润(期初)""营业成本"项目,贷记"存货"项目。

(三) 存货跌价准备的合并处理

1. 初次编制合并财务报表时存货跌价准备的合并处理

根据现行企业会计准则的规定,企业必须定期或者至少于年度终了时,对存货进行全面清查,采用成本与可变现净值孰低法进行期末计价,按单个存货项目计提存货跌价准备。其存货清查的范围既包括从企业集团外部购进形成的存货，也包括从企业集团内部购进形成的存货；采用成本与可变现净值孰低法进行期末计价的范围，也包括从企业集团内部购进形成的期末存货。当企业本期计提的存货跌价准备中包括对内部购进形成的存货计提的跌价准备时，则涉及如何将对内部购进的存货计提的跌价准备进行抵销的问题。

某一商品因毁损、陈旧过时而导致其可变现净值下跌，从而计提跌价准备时，从整个企业集团来说，对这一毁损、陈旧的商品同样必须计提跌价准备。也就是说，某一商品在企业集团内某一成员企业计提跌价准备，对于企业集团来说也同样必须计提跌价准备。某一商品计提跌价准备的金额，从单一企业来说，为该商品可变现净值低于取得成本的差额；而从企业集团来说，则是该商品可变现净值与企业集团范围内取得该商品成本的差额。

从商品的可变现净值来说，某一商品的可变现净值，无论对于企业集团还是持有该商品的企业来说，基本上都是一致的。从商品的取得成本来说，持有内部购进商品的企业，该商品的取得成本包括销售企业所实现的利润，而对于企业集团整体来说，则是指从外部购买该商品的成本或生产这一产品的生产成本。编制合并财务报表时，计提存货跌价准备应当是将该商品的可变现净值与从企业集团的取得成本进行比较确定的计提金额。

对内部购进形成的存货计提跌价准备的合并处理，从购买企业来看有两种情况：第一种情况是，购买企业本期期末内部购进存货的可变现净值低于其取得成本，但高于销售企业销售成本。第二种情况是，购买企业本期期末内部购进存货的可变现净值既低于该存货的取得成本，也低于销售企业的该存货的取得成本。

在第一种情况下，从购买企业个别财务报表来说，购买企业按该存货的可变现净值低于其取得成本的金额，一方面，确认存货跌价准备并在其个别资产负债表中通过抵销存货项目的金额列示；另一方面，在利润表中作为资产减值损失列示。但从合并财务报表来说，随着内部购进存货包含的未实现内部销售损益的抵销，该存货在合并财务报表中列示的成本为抵销未实现内部销售损益后的成本。当该存货的可变现净值低于购买企业的取得成本，但高于该存货在合并财务报表中成本时，则不需要计提存货跌价准备。个别财务报表中计列的相应的存货跌价准备，也应予以抵销。进行合并处理时，应当按照购买企业本期计提存货跌价准备的金额，借记"存货"项目，贷记"资产减值损失"项目。

在第二种情况下，从购买企业个别财务报表来说，购买企业按该存货的可变现净值低于其取得成本的金额确认存货跌价准备。确认的存货跌价准备的金额，一方面，在其个别资产负债表中通过抵销存货项目列示；另一方面，在利润表中作为资产减值损失列示。购买企业在个别财务报表中确认的存货跌价准备的金额，既包括购买企业取得成本高于销售企业销售成本（即取得成本）的差额（即抵销的未实现内部销售损益），也包括销售企业销售成本高于该商品可变现净值的差额。但从合并财务报表来说，随着内部购进存货价值中包含的未实现内部销售损益的抵销，在合并财务报表中列示的该存货的成本为抵销未实现内部销售损益后的成本。相对于购买企业该存货的取得成本高于销售企业销售该存货成本的差额部分计提的跌价准备的金额，已因未实现内部销售损益的抵销而抵销，故在编制合并财务报表时，也须将这部分金额予以抵销；而相对于销售企业销售该存货成本高于该存货可变现净值的部分而计提的跌价准备的金额，无论从购买企业来说，还是对于整个企业集团来说，都是必须计提的存货跌价准备，必须在合并财务报表中予以反映。进行抵销处理时，应当按购买企业本期计提的存货跌价准备中内部购进商品取得成本高于销售企业取得成本的数额，借记"存货"项目，贷记"资产减值损失"项目。

2. 连续编制合并财务报表时存货跌价准备的合并处理

在连续编制合并财务报表进行合并处理时，首先，将上期资产减值损失中抵销的存货跌价准备对本期期初未分配利润的影响予以抵销,即按上期资产减值损失项目中抵销的存货跌价准备的数额,借记"存货"或"营业成本"项目,贷记"期初未分配利润"项目。其次,对于本期对内部购进存货在个别财务报表中补提或者冲销的存货跌价准备也应予以抵销,借记"存货"项目,贷记"资产减值损失"项目。

至于抵销存货跌价准备的数额,应当分别不同的情况进行处理。当本期内部购进存货的可变现净值低于持有该存货企业的取得成本但高于抵销未实现内部销售损益后的取得成本(即销售企业的取得成本)时,其抵销的存货跌价准备的金额为本期存货跌价准备的增加额。当本期内部购进存货的可变现净值低于抵销未实现内部销售损益后的取得成本(即销售企业的取得成本)时,其抵销的存货跌价准备的金额为相对于购买企业该存货的取得成本高于销售企业销售成本的差额部分计提的跌价准备的数额扣除期初内部购进存货计提的存货跌价准备的金额后的余额,即本期期末存货中包含的未实现内部销售损益的金额减去期初内部购进存货计提的存货跌价准备的金额后的余额。

四、内部债权债务的合并处理

母公司与子公司、子公司相互之间的债权和债务项目,是指母公司与子公司、子公司相互之间的应收账款与应付账款、预付账款和预收账款、应付债券与债券投资等项目。对于发生在母公司与子公司、子公司相互之间的这些项目,从债权方企业来说,在资产负债表中表现为一项债权资产;而从债务方来说,一方面形成一项负债,另一方面同时形成一项资产。发生的这种内部债权债务,从母公司与子公司组成的集团整体角度来看,它只是集团内部资金运动,既不增加企业集团的资产,也不增加负债。为此,在编制合并财务报表时也应当将内部债权债务项目予以抵销。

在编制合并资产负债表时需要进行合并处理的内部债权债务项目主要包括:

(1)应收账款与应付账款。

(2)应收票据与应付票据。

(3)预付账款与预收账款。

(4)长期债券投资与应付债券。

(5)应收股利与应付股利。

(6)其他应收款与其他应付款。

(一)内部应收应付款项及其坏账准备的合并处理

企业对于包括应收账款、应收票据、预付账款以及其他应收款在内的所有应收款项,应当根据其预计可收回金额变动情况,确认信用减值损失,计提坏账准备。这里的应收账款、应收票据等也包括应收子公司账款、应收子公司票据等。在对子公司的应收款项计提坏账准备的情况下,在编制合并财务报表时,随着内部应收款项的抵销,与此相联系也须将该内部应收款项计提的坏账准备予以抵销。将内部应收款项抵销时,按内部应付款项的金额,借记"应付账款""应付票据"等项目,贷记"应收账款""应收票据"等项目;将内部应收款项计提的坏账准备抵销时,按各内部应收款项计提的相应坏账准备期末余额,借记"应收账款""应收票据"等项目,贷记"信用减值损失"项目。

(二)连续编制合并财务报表时内部应收款项及其坏账准备的合并处理

在连续编制合并财务报表进行合并处理时,首先,将内部应收款项与应付款项予以抵销,即按内部应付款项的数额,借记"应付账款""应付票据"等项目,贷记"应收账款""应收票据"等项目。其次,应将上期信用减值损失中抵销的各内部应收款项计提的相应坏账准备对本期期初未分配利润的影响予以抵销,即按上期信用减值损失项目中抵销的各内部应收款项计提的相应坏账准备的数额,借记"应收账款""应收票据"等项目,贷记"期初未分配利润"项目。再次,对于本期各内部应收款项在个别财务报表中补提或者冲销的相应坏账准备的数额也应予以抵销,即按照本期期末内部应收款项在个别资产负债表中补提的坏账准备的数额,借记"应收账款""应收票据"等项目,贷记"信用减值损失"项目;或按照本期期末各内部应收款项在个别资产负债表中冲销的相应坏账准备的数额，借记"信用减值损失"项目，贷记"应收账款""应收票据"等项目。

在第三期编制合并财务报表的情况下，必须先将第二期各内部应收款项期末余额相应的坏账准备予以抵销；再将内部应收款项与应付款项等内部债权债务相抵销；最后将第三期内部应收款项的坏账准备与第二期内部应收款项的坏账准备进行比较，计算确定本期内部应收款项坏账准备的增加或减少数额，并将其予以抵销。其抵销分录与第二期编制的抵销分录相同。首先，借记"应收账款""应收票据"等项目，贷记"期初未分配利润"项目，将第二期编制合并财务报表时抵销的坏账准备对第三期期初未分配利润的影响予以抵销，调整期初未分配利润的数额；其次，借记"应付账款""应付票据"等项目，贷记"应收账款""应收票据"等项目，将内部应收款项与应付款项等内部债权债务予以抵销；再次，如果第三期内部应收款项坏账准备的期末余额大于第二期内部应收款项坏账准备的期末余额，补提内部应收账款坏账准备时，借记"应收账款""应收票据"等项目，贷记"信用减值损失"项目；如果第三期内部应收款项坏账准备期末余额小于第二期内部应收款项期末余额，冲减内部应收账款坏账准备时，则借记"信用减值损失"项目，贷记"应收账款""应收票据"等项目。

五、内部固定资产交易的合并处理

内部固定资产交易，是指企业集团内部发生的与固定资产有关的购销业务。根据销售企业销售的是产品还是固定资产，可以将企业集团内部固定资产交易划分为两种类型：第一种类型是企业集团内部企业将自身使用的固定资产变卖给企业集团内的其他企业作为固定资产使用；第二种类型是企业集团内部企业将自身生产的产品销售给企业集团内的其他企业作为固定资产使用。此外，还有另一类型的内部固定资产交易，即企业集团内部企业将自身使用的固定资产变卖给企业集团内的其他企业作为普通商品销售。这种类型的固定资产交易，属于固定资产的内部处置，在企业集团内部发生的情况极少，一般情况下发生的数量也不大。

严格说来，内部固定资产交易属于内部商品交易，其在编制合并财务报表时的抵销处理与一般内部商品交易的抵销处理有相同之处。但由于固定资产取得并投入使用后，往往要跨越若干个会计期间，并且在使用过程中通过计提折旧将其价值转移到产品生产成本或各会计期间费用之中去，因而其抵销处理也有其特殊性。由于其跨越若干会计期间，则涉及使用该固定资产期间编制合并财务报表的期初未分配利润的调整问题；由于固定资产需要计提折旧，则涉及每一次计提折旧中包含的未实现内部销售损益的抵销问题，也涉及每期累计折旧中包含的未实现内部销售损益的抵销问题。相对来说，内部固定资产交易的抵销处理，要比一般的内部商品交易的抵销处理复杂得多。

为了便于理解，本节将财务报表中的"固定资产"项目，细化为"固定资产原价"项目、"累计折旧"项目以及"固定资产净值"项目三个项目，来介绍内部交易固定资产相关的合并抵销处理。

（一）内部固定资产交易当期的合并处理

1. 内部固定资产交易但当期未计提折旧的抵销处理

（1）企业集团内部固定资产变卖交易的抵销处理。

在合并工作底稿中编制抵销分录时，应当按照该内部交易固定资产的转让价格与其原账面价值之间的差额，借记"资产处置收益"项目，贷记"固定资产原价"项目。如果该内部交易的固定资产转让价格低于其原账面价值，则按其差额，借记"固定资产原价"项目，贷记"资产处置收益"项目。

（2）企业集团内部产品销售给其他企业作为固定资产的交易的抵销处理。

在合并工作底稿中编制抵销分录将其抵销时，应当借记"营业收入"项目，贷记"营业成本"项目和"固定资产原价"项目。其中借记"营业收入"项目的数额,为销售企业销售该产品的销售收入;贷记"营业成本"项目的数额为销售企业销售该产品结转的销售成本;贷记"固定资产原价"项目的数额为销售企业销售该产品的销售收入与销售成本之间的差额,即该内部交易所形成的固定资产原价中包含的未实现内部销售损益的数额。

2. 内部固定资产交易且当期计提折旧的合并处理

在发生内部固定资产交易当期编制合并财务报表时,首先,必须将该内部固定资产交易相关销售收入、销售成本以及形成的固定资产原价中包括的未实现内部销售损益予以抵销。其次,购买企业使用该内部交易固定资产并计提折旧,其折旧费用计入当期损益。由于购买企业是以该固定资产的取得成本作为其原价计提折旧,在取得成本中包含有销售企业由于该内部固定资产交易所实现的损益(即未实现内部销售损益),相应地在该内部交易固定资产使用过程中其各期计提的折旧额中,也包含有未实现内部销售损益摊销的金额。因此还必须将当期该内部交易固定资产计提的折旧额中相当于未实现内部销售损益的摊销金额即多计提折旧的数额,从该内部交易固定资产当期计提的折旧费用和该固定资产累计折旧中予以抵销。其合并抵销处理如下:

(1) 将内部交易固定资产相关的销售收入、销售成本以及其原价中包含的未实现内部销售损益予以抵销。

即按销售企业由于该固定资产交易所实现的销售收入,借记"营业收入"项目,按照其销售成本,贷记"营业成本"项目,按照该内部交易固定资产的销售收入与销售成本之间的差额(即原价中包含的未实现内部销售损益的数额),贷记"固定资产原价"项目。

(2) 将内部交易固定资产当期因未实现内部销售损益而多计提的折旧费用和累计折旧予以抵销。

对固定资产计提折旧,企业进行会计处理时,一方面增加当期的费用,另一方面形成累计折旧。对因内部交易固定资产当期使用多计提的折旧进行抵销处理时,应按当期多计提的数额,借记"累计折旧"项目,贷记"管理费用"等项目(为便于理解,这里有关内部交易固定资产均假定为管理用固定资产,其各期多计提的折旧费用均通过"管理费用"项目进行抵销处理)。

(二) 内部交易固定资产取得后至处置前期间的合并处理

在以后的会计期间,具体抵销程序如下:

(1) 将内部交易固定资产原价中包含的未实现内部销售损益抵销,并调整期初未分配利润,即按照固定资产原价中包含的未实现内部销售损益的数额,借记"期初未分配利润"项目,贷记"固定资产原价"项目。

(2) 将以前会计期间内部交易固定资产多计提的累计折旧抵销,并调整期初未分配利润,即按照以前会计期间抵销该内部交易固定资产因包含未实现内部销售损益而多计提的累计折旧额,借记"累计折旧"项目,贷记"期初未分配利润"项目。

(3) 将当期由于该内部交易固定资产因包含未实现内部销售损益而多计提的折旧费用予以抵销,并调整本期计提的累计折旧额,即按照本期该内部交易的固定资产多计提的折旧额,借记"累计折旧"项目,贷记"管理费用"等费用项目。

(三) 内部交易固定资产清理期间的合并处理

对于销售企业来说,因该内部交易固定资产实现的利润,作为期初未分配利润的一部分结转到以后的会计期间,直到购买企业对该内部交易固定资产进行清理的会计期间。从购买企业来说,对内部交易固定资产进行清理的会计期间,在其个别财务报表中表现为固定资产原价和累计折旧的减少;该固定资产清理收入减去该固定资产净值以及有关清理费用后的余额,则在其个别利润表中以"资产处置收益"项目列示。固定资产清理时可能出现三种情况:

(1) 期满清理。

(2) 超期清理。

(3) 提前清理。

编制合并财务报表时,应当根据具体情况进行合并处理。

1. 内部交易固定资产使用期限届满进行清理期间的合并处理

在内部交易固定资产使用期限届满进行清理的会计期间期末,购买企业内部固定资产实体已不复存在,因此不存在着未实现内部销售损益抵销问题,包括未实现内部销售损益在内的该内部交易固定资产的价值全部转移到各会计期间实现的损益之中。从整个企业来说,随着该内部交易固定资产的使用期满,其包含的未实现内部销售损益也转化为已实现利润。从销售企业来说,因该内部销售所实现的利润,作为期初未分配利润的一部分已结转到购买企业对该内部交易固定资产使用期满进行清理的会计期间。为此,编制合并财务报表时首先必须调整期初未分配利润。其次,在固定资产进行清理的会计期间,在未进行清理前仍处于使用之中,仍须计提折旧,本期计提折旧中仍然包含因内部未实现销售损益而多计提的折旧额,因此也需要将当期多计提的折旧额予以抵销。

2. 内部交易固定资产超期使用进行清理期间的合并处理

内部交易固定资产超期使用进行清理时,在内部交易固定资产清理前的会计期间,该固定资产仍然按包含未实现内部销售损益的原价及计提的累计折旧,在购买企业的个别资产负债表中列示;销售企业因该内部交易固定资产所实现的利润,作为期初未分配利润的一部分结转到购买企业对该内部交易固定资产进行清理的会计期间。因此,首先需要将该固定资产原价中包括的未实现内部销售损益予以抵销,并调整期初未分配利润。其次,要将以前会计期间因内部交易固定资产原价中包含的未实现内部销售利润而多计提的累计折旧予以抵销。最后,由于在该固定资产使用期满的会计期间仍然需要计提折旧,本期计提折旧中仍然包含有多计提的折旧,因此需要将多计提的折旧费用予以抵销,并调整已计提的累计折旧。

对于超期使用后再进行清理的内部交易的固定资产,由于清理当期其实物已不存在,不存在着固定资产原价中包含未实现内部销售损益的抵销问题;同时,该固定资产累计折旧也随着固定资产清理而转销,也不存在着固定资产使用多计提折旧的抵销问题。也可以这样理解,即当内部交易固定资产超期使用进行清理的情况下,其包含的未实现内部销售损益,随着其折旧计提完毕,其包含的未实现内部销售损益已实现。因此,在编制对该内部交易固定资产进行清理的会计期间的合并财务报表时,不需要进行合并处理。

3. 内部交易固定资产使用期限未满提前进行清理期间的合并处理

在这种情况下,购买企业内部交易固定资产实体已不复存在,因此不存在着未实现内部销售损益抵销问题,但由于固定资产提前报废,固定资产原价中包含的未实现内部销售损益随着清理而成为实现的损益。对于销售企业来说,因该内部交易固定资产所实现的利润,作为期初未分配利润的一部分结转到购买企业对该内部交易固定资产进行清理的会计期间。为此,首先必须调整期初未分配利润;其次在固定资产进行清理前仍需计提折旧,本期计提折旧中仍然包含有多计提的折旧,需要将多计提的折旧费用予以抵销。

六、内部无形资产交易的合并处理

内部无形资产交易是企业集团内部发生交易的一方涉及无形资产的交易,如企业集团内部某一成员企业将自身拥有的专利权、专有技术等转让出售给其他成员企业作为无形资产继续使用。对于内部无形资产交易,在编制合并财务报表时,首先必须将由于转让出售无形资产所产生的收入、成本及购入企业无形资产入账价值中包含的未实现内部销售损益予以抵销;其次,随着无形资产价值的摊销,无形资产价值中包含的未实现内部销售损益也随之计入当期费用,为此也必须对内部交易无形资产摊销计入相关费用项目进行抵销处理。

为了便于理解，本节将财务报表中的"无形资产"项目，细化为"无形资产"项目、"累计摊销"项目以及"无形资产净额"项目等三个项目，来介绍内部交易无形资产相关的合并抵销处理。

（一）内部无形资产交易当期的合并处理

进行合并处理时，按照内部交易时该无形资产账面价值中包含的未实现内部销售损益的数额，借记"资产处置收益"项目，按交易时该内部交易无形资产账面价值中包含的未实现内部销售损益的数额，贷记"无形资产"项目；同时按本期该内部交易无形资产摊销额中包含的未实现内部销售损益的数额（即该无形资产价值中包含的未实现内部销售损益除以该无形资产的摊销年限得出的金额）借记"累计摊销"项目，贷记"管理费用"项目。

（二）内部交易无形资产持有期间的合并处理

进行合并处理时，按受让时内部交易无形资产价值中包含的未实现内部销售损益的数额，借记"期初未分配利润"项目，贷记"无形资产"项目；按上期期末该内部交易无形资产累计摊销金额中包含的已摊销未实现内部销售损益的数额，借记"累计摊销"项目，贷记"期初未分配利润"项目；按本期因该内部交易无形资产价值中包含未实现内部销售损益而多计算的摊销金额，借记"累计摊销"项目，贷记"管理费用"项目。

（三）内部无形资产交易摊销完毕的期间的合并处理

从购买企业来说，该内部交易无形资产到期时，其账面价值已摊销完毕，包含于其中的未实现内部销售损益的数额也摊销完毕，无形资产账面价值经摊销后为零。对于转让企业来说，因该内部交易无形资产实现的收益，作为期初未分配利润的一部分结转到以后的会计期间，直到购买企业对该内部交易无形资产到期的会计期间。从整个企业来说，随着该内部交易无形资产的使用期满，其包含的未实现内部销售损益也转化为已实现损益。由于销售企业因该内部交易无形资产所实现的收益，作为期初未分配利润的一部分结转到购买企业该内部交易无形资产到期的会计期间，为此首先必须调整期初未分配利润。其次，在该无形资产到期的会计期间，本期无形资产摊销额中仍然包含无形资产价值中包含的未实现内部销售损益的摊销额，这一数额仍须进行抵销处理。

七、所得税会计相关的合并处理

在编制合并财务报表时，由于需要对企业集团内部交易进行合并抵销处理，由此可能导致在合并财务报表中反映的资产、负债账面价值与其计税基础不一致，存在着差异。为了使合并财务报表全面反映所得税相关的影响，特别是当期所负担的所得税费用的情况，应当进行所得税会计核算，在计算确定资产、负债的账面价值与计税基础之间差异的基础上，确认相应的递延所得税资产或递延所得税负债。

（一）内部应收款项相关所得税会计的合并处理

在编制合并财务报表时，随着内部债权债务的抵销，也必须将内部应收账款计提的坏账准备予以抵销。通过对其进行合并抵销处理后，合并财务报表中该内部应收账款已不存在，由内部应收账款账面价值与计税基础之间的差异所形成的暂时性差异也不能存在。在编制合并财务报表时，对持有该集团内部应收款项的企业因该暂时性差异确认的递延所得税资产则需要进行抵销处理。

（二）内部交易存货相关所得税会计的合并处理

企业在编制合并财务报表时，应当将纳入合并范围的母公司与子公司以及子公司相互之间发生的内部交易对个别财务报表的影响予以抵销，其中包括内部商品交易所形成的存货价值中包含的未实现内部销售损益的金额。对于内部商品交易所形成的存货，从持有该存货的企业来说，假定不考虑计提资产减值损失，其取得成本就是该资产的账面价值，这其中包括销售企业因该销售所实现的损益，这一取得成本也就是计税基础。由于所得税是以独立的法人实体为对象计征的,这一计税基础也是合并财务报表中该存货的计税基础。此时,账面价值与其计税基础是一致的,不存在暂时性差异,也不涉及确认递延所得税资产或递延所得税负债的问题。但在编制合并财务报表过程中,随着内部商品交易所形成的存货价值包含的未实现内部销售损益的抵销,合并资产负债表所反映的存货价值是以原来内部销售企业该商品的销售成本列示的,不包含未实现内部销售损益。由此导致在合并资产负债表所列示的存货的价值与持有该存货的企业计税基础不一致,存在着暂时性差异。这一暂时性差异的金额就是编制合并财务报表时所抵销的未实现内部销售损益的数额。从合并财务报表编制来说,对于这一暂时性差异,则必须确认递延所得税资产或递延所得税负债。

(三) 内部交易固定资产等相关所得税会计的合并处理

对于内部交易形成的固定资产,编制合并财务报表时应当将该内部交易对个别财务报表的影响予以抵销,其中包括将内部交易形成的固定资产价值中包含的未实现内部销售利润予以抵销。对于内部交易形成的固定资产,从持有该固定资产的企业来说,假定不考虑计提资产减值损失,其取得成本就是该固定资产的账面价值,其中包括销售企业因该销售所实现的损益,这一账面价值与其计税基础是一致的,不存在着暂时性差异,也不涉及确认递延所得税资产或递延所得税负债的问题。但在编制合并财务报表时,随着内部交易所形成的固定资产价值所包含的未实现内部销售损益的抵销,合并资产负债表中所反映的该固定资产价值不包含这一未实现内部销售损益,也就是说是以原销售企业该商品的销售成本列示的,因而导致在合并资产负债表所列示的固定资产价值与持有该固定资产的企业计税基础不一致,存在着暂时性差异。这一暂时性差异的金额就是编制合并财务报表时所抵销的未实现内部销售损益的数额。从合并财务报表来说,对于这一暂时性差异,在编制合并财务报表时必须确认相应的递延所得税资产或递延所得税负债。

八、特殊交易的会计处理

(一) 追加投资的会计处理

追加投资既包括母公司购买少数股东拥有的子公司股权的情况,也包括企业因追加投资等原因能够对非同一控制下的被投资方实施控制的情况。追加投资的会计处理应分别个别财务报表和合并财务报表进行会计处理,个别财务报表的会计处理,合并财务报表中的会计处理应当分别以下情况:

(1) 母公司购买子公司少数股东拥有的子公司股权的,因购买少数股权新取得的长期股权投资与按照新增持股比例计算应享有子公司自购买日(或合并日)开始持续计算的净资产份额之间的差额,应当调整资本公积(资本溢价或股本溢价),资本公积不足冲减的,调整留存收益。

(2) 企业因追加投资等原因能够对非同一控制下的被投资方实施控制的,对于购买日之前持有的被购买方的股权,应当按照该股权在购买日的公允价值进行重新计量,公允价值与其账面价值之间的差额计入当期投资收益;购买日之前持有的被购买方的股权涉及权益法核算下的其他综合收益以及除净损益、其他综合收益和利润分配外的其他所有者权益变动(简称"其他所有者权益变动")的,与其相关的其他综合收益、其他所有者权益变动应当转为购买日所属当期收益,由于被投资方重新计量设定受益计划净负债或净资产变动而产而产生的其他综合收益除外。

企业通过多次交易分步实现非同一控制下企业合并的,在合并财务报表上,首先,应结合分步交易的各个步骤的协议条款,以及各个步骤中所分别取得的股权比例、取得对象、取得方式、取得时点及取得对价等信息来判断分步交易是否属于"一揽子交易"。各项交易的条款、条件以及经济影响符合以下一种或多种情况的,通常应将多次交易事项作为"一揽子交易"进行会计处理:

① 这些交易是同时或者在考虑了彼此影响的情况下订立的。

② 这些交易整体才能达成一项完整的商业结果。

③ 一项交易的发生取决于至少一项其他交易的发生。

④ 一项交易单独看是不经济的，但是和其他交易一并考虑时是经济的。

如果分步取得对子公司股权投资直至取得控制权的各项交易属于"一揽子交易"，应当将各项交易作为一项取得子公司控制权的交易，并区分企业合并的类型分别进行会计处理。

如果不属于"一揽子交易"，在合并财务报表中，还应区分企业合并的类型分别进行会计处理。对于分步实现的非同一控制下企业合并，购买日之前持有的被购买方的股权，应当按照该股权在购买日的公允价值进行重新计量，公允价值与其账面价值的差额计入当期投资收益；购买日之前持有的被购买方的股权涉及权益法核算下的其他综合收益、其他所有者权益变动的，应当转为购买日所属当期收益，由于被投资方重新计量设定受益计划净负债或净资产变动而产生的其他综合收益除外。

（3）通过多次交易分步实现的同一控制下企业合并。

对于分步实现的同一控制下企业合并，根据企业合并准则，同一控制下企业合并在编制合并财务报表时，应视同参与合并的各方在最终控制方开始控制时即以目前的状态存在进行调整。在编制比较报表时，以不早于合并方和被合并方同处于最终控制方的控制之下的时点为限，将被合并方的有关资产、负债并入合并方合并财务报表的比较报表中，并将合并而增加的净资产在比较报表中调整所有者权益项下的相关项目。

为避免对被合并方净资产的价值进行重复计算，合并方在取得被合并方控制权之前持有的股权投资，在取得原股权之日与合并方和被合并方同处于同一方最终控制之日孰晚日起至合并日之间已确认有关损益、其他综合收益以及其他净资产变动，应分别冲减比较报表期间的期初留存收益或当期损益。

（二）处置对子公司投资的会计处理

处置对子公司的投资既包括母公司处置对子公司长期股权投资但不丧失控制权的情况，也包括处置对子公司长期股权投资而丧失控制权的情况。处置子公司的会计处理应分别个别财务报表和合并财务报表进行会计处理，合并财务报表中的会计处理应当分别以下情况。

1. 母公司在不丧失控制权的情况下部分处置对子公司的长期股权投资的

处置价款与处置长期股权投资相对应享有子公司自购买日或合并日开始持续计算的净资产份额之间的差额，应当调整资本公积（资本溢价或股本溢价），资本公积不足冲减的，调整留存收益。

2. 母公司因处置对子公司长期股权投资而丧失控制权的

（1）一次交易的处置。

母公司因处置部分股权投资或其他原因丧失了对原有子公司控制的，在合并财务报表中，对于剩余股权，应当按照丧失控制权日的公允价值进行重新计量。处置股权取得的对价和剩余股权公允价值之和，减去按原持股比例计算应享有原有子公司自购买日开始持续计算的净资产的份额与商誉之和的差额，计入丧失控制权当期的投资收益。

此外，与原有子公司的股权投资相关的其他综合收益、其他所有者权益变动，应当在丧失控制权时转入当期损益，由于被投资方重新计量设定受益计划净负债或净资产变动而产生的其他综合收益除外。

（2）多次交易分步处置子公司。

① 会计处理。

企业通过多次交易分步处置对子公司股权投资直至丧失控制权，在合并财务报表中，首先，应结合分步交易的各个步骤的交易协议条款、分别取得的处置对价、出售股权的对象、处置方式、处置时点等信息来判断分步交易是否属于"一揽子交易"。

如果分步交易不属于"一揽子交易",则在丧失对子公司控制权以前的各项交易,应按照上述"母公司在不丧失控制权的情况下部分处置对子公司的长期股权投资"的有关规定进行会计处理。

如果分步交易属于"一揽子交易",则应将各项交易作为一项处置原有子公司并丧失控制权的交易进行会计处理。其中,对于丧失控制权之前的每一次交易,处置价款与处置投资对应的享有该子公司自购买日开始持续计算的净资产账面价值的份额之间的差额,在合并财务报表中应当计入其他综合收益,在丧失控制权时一并转入丧失控制权当期的损益。

② 所得税影响。

根据我国《企业所得税法》的相关规定,符合条件的居民企业之间的股息、红利等权益性投资收益为免税收入。因此,通常情况下,当居民企业持有另一居民企业的股权意图为长期持有,通过股息、红利或者其他协同效应获取回报时,其实质所得税率为零,不存在相关所得税费用。只有当居民企业通过转让股权获取资本利得收益时,该笔资产转让利得才产生相应的所得税费用。

实务中,由于股权投资的处置往往需要董事会和股东大会的审议,涉及重大交易还需要相关监管部门的审批核准,后续公司还要进行股权交割和工商登记变更等手续,期间涉及流程和手续较多,从公司有明确意图处置股权至实际转移之间往往存在跨期的情况。如果资产负债表日股权处置已由股东大会等权力机构审议通过,也经相关监管部门审批批准,即使尚未办理实际转移手续等,公司处置该项长期股权投资的意图已经十分清晰,将股权处置损益的所得税影响延迟到下一会计期间进行处理往往会导致低估递延所得税负债、高估利润的情况。因此,如果预期出现母公司处置股权至实际转移之间存在跨期的情况,母公司应在合并财务报表中考虑上述递延所得税的影响。

(三) 因子公司的少数股东增资而稀释母公司拥有的股权比例

有时,子公司的其他股东对子公司进行增资,由此稀释了母公司对子公司的股权比例。在这种情况下,应当按照增资前的母公司股权比例计算其在增资前子公司账面净资产中的份额,该份额与增资后按母公司持股比例计算的在增资后子公司账面净资产份额之间的差额计入资本公积。资本公积不足冲减的,调整留存收益。

(四) 交叉持股的合并处理

交叉持股,是指在由母公司和子公司组成的企业集团中,母公司持有子公司一定比例股份,能够对其实施控制,同时子公司也持有母公司一定比例股份,即相互持有对方的股份。

母子公司有交互持股情形的,在编制合并财务报表时,对于母公司持有的子公司股权,与通常情况下母公司长期股权投资与子公司所有者权益的合并抵销处理相同。对于子公司持有的母公司股权,应当按照子公司取得母公司股权日所确认的长期股权投资的初始投资成本,将其转为合并财务报表中的库存股,作为所有者权益的减项,在合并资产负债表中所有者权益项目下以"减：库存股"项目列示；对于子公司持有母公司股权所确认的投资收益（如利润分配或现金股利）,应当进行抵销处理。子公司将所持有的母公司股权分类为以公允价值计量且其变动计入其他综合收益的金融资产,按照公允价值计量的,同时冲销子公司累计确认的公允价值变动。

子公司相互之间持有的长期股权投资,应当比照母公司对子公司的股权投资的抵销方法,将长期股权投资与其对应的子公司所有者权益中所享有的份额相互抵销。

(五) 逆流交易的合并处理

如果母子公司之间发生逆流交易,即子公司向母公司出售资产,则所发生的未实现内部交易损益,应当按照母公司对该子公司的分配比例在"归属于母公司所有者的净利润"和"少数股东损益"之间分配抵销。

子公司之间出售资产所发生的未实现内部交易损益,应当按照母公司对出售方子公司的持股比例在"归属于母公司所有者的净利润"和"少数股东损益"之间分配抵销。

(六) 其他特殊交易

对于站在企业集团合并财务报表角度的确认和计量结果与其所属的母公司或子公司的个别财务报表层面的确认和计量结果不一致的,在编制合并财务报表时,应站在企业集团角度对该特殊交易事项予以调整。

随着我国市场经济的快速发展和各类型经济交易的日益复杂化、多元化,在母、子公司个别财务报表及在母公司合并财务报表中,部分特殊交易由于会计主体假设的不同而导致对同一事项的会计处理结果存在差异。在这种情况下,仅仅通过常规的抵销分录难以真实、全面地反映企业集团整体财务状况、经营成果和现金流量状况,需要站在企业集团合并财务报表的角度对这类交易予以调整。例如,母公司将借款作为实收资本投入子公司用于长期资产的建造,母公司应在合并财务报表层面反映借款利息的资本化金额。再如,子公司作为投资性房地产的大厦,出租给集团内其他企业使用,母公司应在合并财务报表层面作为固定资产反映。

【例39-1】 2×21年1月1日,智董公司用银行存款90 000 000元购得贵琛公司80%的股份,取得对贵琛公司的控制权(假定智董公司与贵琛公司的企业合并属于非同一控制下的企业合并,初始取得成本等于计税基础)。智董公司在2×21年1月1日建立的备查簿(表39-1)中记录了购买日(2×21年1月1日)贵琛公司可辨认资产、负债及或有负债的公允价值信息。

表39-1 智董公司备查簿——贵琛公司

2×21年1月1日 单位:万元

项目	购买日账面价值	购买日公允价值	公允价值与账面价值的差额	合并财务报表调整	备注
流动资产	11 700	11 700	0	0	
非流动资产	6 000	6 300	300	0	
其中:固定资产——全员终身学习大厦	1 800	2 100	300	0	该大厦的剩余折旧年限为20年,采用年限平均法计提折旧
资产总计	17 700	18 000	300	0	
流动负债	4 500	4 500	0	0	
非流动负债	2 700	2 700	0	75	
其中:递延所得税负债	0	0	0	75	
负债合计	7 200	7 200	0	75	
股本	6 000	6 000	0	0	
资本公积	4 500	4 800	300	225	全员终身学习大厦公允价值与账面价值的差额扣除所得税的影响后的金额
盈余公积	0	0	0	0	
未分配利润	0	0	0	0	
股东权益合计	10 500	10 800	300	225	
负债和股东权益总计	17 700	18 000	300	0	

2×21年1月1日,贵琛公司股东权益总额为105 000 000元,其中:股本为60 000 000元,资本公积为45 000 000元,盈余公积为0,未分配利润为0。

智董公司和贵琛公司2×21年12月31日个别资产负债表分别见表39-2和表39-3,2×21年利润表、现金流量表和所有者权益变动表分别见表39-4~表39-6。

表39-2　资产负债表(简表)

会企01表

编制单位：智董公司　　2×21年12月31日　　单位：万元

资产	期末余额	年初余额	负债和所有者权益	期末余额	年初余额
流动资产：			流动负债：		
货币资金	3 000	9 000	应付票据	3 000	3 000
应收票据	4 200	3 000	应付账款	9 000	6 000
其中：应收贵琛公司票据	1 200	0	合同负债	600	900
应收账款	5 400	3 900	其中：预收贵琛公司账款	300	0
其中：应收贵琛公司账款	1 425	0	应付职工薪酬	3 000	6 300
预付款项	2 310	0	应交税费	2 400	3 000
存货	3 000	11 400	流动负债合计	18 000	19 200
其中：向贵琛公司购入存货	3 000	0	非流动负债：		
流动资产合计	17 910	27 300	长期借款	6 000	6 000
非流动资产：			应付债券	1 800	1 800
债权投资	600	600	非流动负债合计	7 800	7 800
其中：持有贵琛公司债券	600	600	负债合计	25 800	27 000
其他债权投资	0	0			
长期股权投资	14 100	5 100	所有者权益：		
其中：对贵琛公司投资	9 000	0	实收资本(股本)	12 000	12 000
固定资产	12 300	9 900	资本公积	2 400	2 400
其中：向贵琛公司购入固定资产	600	0	其他综合收益	0	0
无形资产	1 871.25	2 100	盈余公积	3 103.5	2 196
递延所得税资产	18.75	0	未分配利润	3 496.5	1 404
非流动资产合计	28 890	17 700	所有者权益合计	21 000	18 000
资产总计	46 800	45 000	负债和所有者权益总计	46 800	45 000

表39-3　资产负债表(简表)

会企01表

编制单位：贵琛公司　　2×21年12月31日　　单位：万元

资产	期末余额	年初余额	负债和所有者权益	期末余额	年初余额
流动资产：			流动负债：		
货币资金	1 500	900	应付票据	1 200	900
应收票据	900	300	其中：应付票据——智董公司	1 200	
应收账款	2 280	1 800	应付账款	1 500	1 800
预付款项	1 200	0	其中：应付智董公司账款	1 500	
其中：预付智董公司账款	300	0	合同负债		150
存货	3 300	8 700	应付职工薪酬	300	1 050
流动资产合计	9 180	11 700	应交税费	180	600
非流动资产：			流动负债合计	3 180	4 500
债权投资			非流动负债：		
其他债权投资	2 400	2 100	长期借款	2 100	2 100

(续表)

资产	期末余额	年初余额	负债和所有者权益	期末余额	年初余额
长期股权投资			应付债券	600	600
固定资产	6 300	3 900	其中：应付债券——智董公司	600	600
其中：向智董公司购入固定资产	324		递延所得税负债	75	
无形资产			非流动负债合计	2 775	2 700
			负债合计	5 955	7 200
非流动资产合计	8 700	6 000	所有者权益：		
			股本	6 000	6 000
			资本公积	4 500	4 500
			其他综合收益	225	0
			盈余公积	300	0
			未分配利润	900	0
			所有者权益合计	11 925	10 500
资产总计	17 880	17 700	负债和所有者权益总计	17 880	17 700

表39-4　利润表（简表）

会企02表

2×21年度　　　　　　　　　　　　　　　　　　　　　　　　　　　　单位：万元

项目	智董公司	贵琛公司
一、营业收入	26 100	18 420
减：营业成本	13 275	13 710
税金及附加	900	375
销售费用	45	30
管理费用	300	186
研发费用		
财务费用	900	120
其中：利息费用	900	120
利息收入		
加：其他收益		
投资收益（损失以"－"号填列）	1 500	
其中：对联营企业和合营企业的投资收益		
以摊余成本计量的金融资产终止确认收益（损失以"－"号填列）		
净敞口套期收益（损失以"－"号填列）		
公允价值变动收益（损失以"－"号填列）		
信用减值损失（损失以"－"号填列）	－75	
资产减值损失（损失以"－"号填列）		
资产处置收益（损失以"－"号填列）	－30	
二、营业利润（亏损以"－"号填列）	12 075	3 999
加：营业外收入		
减：营业外支出		
三、利润总额（亏损总额以"－"号填列）	12 075	3 999
减：所得税费用	3 000	999

(续表)

项目	智董公司	贵琛公司
四、净利润（净亏损以"－"号填列）	9 075	3 000
五、其他综合收益的税后净额		225
（一）不能重分类进损益的其他综合收益		
（二）将重分类进损益的其他综合收益		225
1. 权益法下可转损益的其他综合收益		
2. 其他债权投资公允价值变动		225
六、综合收益总额	9 075	3 225
七、每股收益：		
（一）基本每股收益		
（二）稀释每股收益		

表39-5　现金流量表（简表）

2×21年度

会企03表

单位：万元

项目	智董公司	贵琛公司
一、经营活动产生的现金流量：		
销售商品、提供劳务收到的现金	23 385	17 970
收到的税费返还		
收到其他与经营活动有关的现金		
经营活动现金流入小计	23 385	17 970
购买商品、接受劳务支付的现金	4 260	9 810
支付给职工以及为职工支付的现金	3 300	750
支付的各项税费	5 460	2 274
支付其他与经营活动有关的现金	135	66
经营活动现金流出小计	13 155	12 900
经营活动产生的现金流量净额	10 230	5 070
二、投资活动产生的现金流量：		
收回投资收到的现金		
取得投资收益收到的现金	1 500	0
处置固定资产、无形资产和其他长期资产收回的现金净额	360	0
处置子公司及其他营业单位收到的现金净额		
收到其他与投资活动有关的现金		
投资活动现金流入小计	1 860	0
购建固定资产、无形资产和其他长期资产支付的现金	2 790	2 400
投资支付的现金		
取得子公司及其他营业单位支付的现金净额	9 000	0
支付其他与投资活动有关的现金		
投资活动现金流出小计	11 790	2 400
投资活动产生的现金流量净额	－9 930	－2 400
三、筹资活动产生的现金流量：		
吸收投资收到的现金		
取得借款收到的现金		
收到其他与筹资活动有关的现金		

(续表)

项目	智董公司	贵琛公司
筹资活动现金流入小计	0	0
偿还债务支付的现金		
分配股利、利润或偿付利息支付的现金	6 300	2 070
支付其他与筹资活动有关的现金		
筹资活动现金流出小计	6 300	2 070
筹资活动产生的现金流量净额	−6 300	−2 070
四、汇率变动对现金及现金等价物的影响		
五、现金及现金等价物净增加额	−6 000	600
加：年初现金及现金等价物余额	9 000	900
六、年末现金及现金等价物净增加额	3 000	1 500

表 39-6　所有者权益变动表（简表）

2×21 年度

会企 04 表
单位：万元

项　目	智董公司						贵琛公司					
	实收资本（或股本）	资本公积	其他综合收益	盈余公积	未分配利润	所有者权益合计	实收资本（或股本）	资本公积	其他综合收益	盈余公积	未分配利润	所有者权益合计
一、上年年末余额	12 000	2 400	0	2 196	1 404	18 000	6 000	4 500	0	0	0	10 500
加：会计政策变更												
前期差错更正												
二、本年年初余额	12 000	2 400	0	2 196	1 404	18 000	6 000	4 500	0	0	0	10 500
三、本年增减变动金额（减少以"−"号填列）				907.5	2 092.5	3 000			225	300	900	1 425
（一）综合收益总额					9 075	9 075			225		3 000	3 225
（二）所有者投入和减少资本												
（三）利润分配				907.5	−6 982.5	−6 075				300	−2 100	−1 800
1. 提取盈余公积				907.5	−907.5	0				300	−300	
2. 对所有者（或股东）的分配					−6 075	−6 075					−1 800	−1 800
四、本年年末余额	12 000	2 400	0	3 103.5	3 496.5	21 000	6 000	4 500	225	300	900	11 925

假定贵琛公司的会计政策和会计期间与智董公司一致；智董公司和贵琛公司适用的所得税税率均为 25%；除智董公司应收账款、贵琛公司其他债权投资存在暂时性差异外，智董公司的其他资产和负债、贵琛公司的其他资产和负债均不存在暂时性差异，在合并财务报表层面出现暂时性差异均符合递延所得税资产或递延所得税负债的确认条件。

智董公司在编制由智董公司和贵琛公司组成的企业集团 2×21 年合并财务报表时，存在以下内部交易或事项需在合并工作底稿中进行抵销或调整处理。

（1）智董公司 2×21 年利润表的营业收入中 105 000 000 元系向贵琛公司销售产品实现的销售收入，该产品销售成本为 90 000 000 元。贵琛公司在本期将该产品全部售出，其销售收入为 150 000 000 元，销售成本为 105 000 000 元，反映在贵琛公司 2×21 年的利润表中。

对此，编制合并财务报表将内部销售收入和内部销售成本予以抵销时，应在合并工作底稿（表 39-7）中编制如下抵销分录：

　　借：营业收入　　　　　　　　　　　105 000 000
　　　　贷：营业成本　　　　　　　　　　105 000 000

表 39-7　合并工作底稿(简表)

2×21 年度

单位：万元

项　目	智董公司报表金额	贵琛公司报表金额	合计金额	调整分录与抵销分录 借方	调整分录与抵销分录 贷方	少数股东权益	合并金额
（利润表项目）							
营业收入	26 100	18 420	44 520	(1) 10 500 (3) 3 000 (6) 900			30 120
减：营业成本	13 275	13 710	26 985	(4) 600	(1) 10 500 (3) 3 000 (6) 810		13 275
税金及附加	900	375	1 275				1 275
销售费用	45	30	75				75
管理费用	300	186	486	(10) 3 (12) 15	(7) 30		474
财务费用	900	120	1 020		(2) 60		960
加：投资收益(损失以"－"号填列)	1 500		1 500	(2) 60 (14) 1 440 (23) 2 391	(13) 2 391		0
信用减值损失(损失以"－"号填列)	−75		−75		(18) 75		0
资产处置收益(损失以"－"号填列)	−30		−30		(9) 30		0
营业利润	12 075	3 999	16 074	18 909	16 896		14 061
利润总额	12 075	3 999	16 074	18 909	16 896		14 061
减：所得税费用	3 000	999	3 999	(11) 6.75 (19) 18.75	(5) 150 (8) 15 (12) 3.75		3 855.75
净利润	9 075	3 000	12 075	18 934.5	17 064.75		10 205.25
归属于母公司股东的净利润							9 706.5
少数股东损益				(7) 4.5	(4) 90 (6) 13.5	(23) 597.75	498.75
其他综合收益的税后净额		225	225				225
（一）归属于母公司所有者的其他综合收益的税后净额		180	180				180
1. 不能重分类进损益的其他综合收益							
2. 将重分类进损益的其他综合收益		180	180				180
(2) 其他债权投资公允价值变动		180	180				180
（二）归属于少数股东的其他综合收益的税后净额		45	45			45	45
综合收益总额	9 075	3 225	12 300	18 934.5	17 064.75		10 430.25
归属于母公司所有者的综合收益总额							9 886.5

(续表)

项目	智董公司报表金额	贵琛公司报表金额	合计金额	调整分录与抵销分录 借方	调整分录与抵销分录 贷方	少数股东权益	合并金额
归属于少数股东的综合收益总额							543.75
(所有者权益变动表项目)							
未分配利润——年初	1 404	0	1 404	(23) 0			1 404
未分配利润——本期							
其中：归属于母公司股东的净利润	9 075	3 000	12 075	18 934.5	17 064.75		9 706.5
提取盈余公积	907.5	300	1 207.5		(23) 300		907.5
对所有者(或股东)的分配	6 982.5	1 800	8 782.5		(23) 1 800		6 982.5
未分配利润——年末	3 496.5	900	4 396.5	(16) 888.75　19 823.25	(23) 888.75　20 053.5	498.75	4 128
(资产负债表项目)							
流动资产：							
货币资金	3 000	1 500	4 500				4 500
应收票据	4 200	900	5 100		(21) 1 200		3 900
其中：应收贵琛公司票据	1 200		1 200		(21) 1 200		0
应收账款	5 400	2 280	7 680	(18) 75	(17) 1 500		6 255
其中：应收贵琛公司账款	1 425		1 425	(18) 75	(17) 1 500		0
预付款项	2 310	1 200	3 510		(20) 300		3 210
其中：预付智董公司账款		300	300		(20) 300		0
存货	3 000	3 300	6 300		(4) 600		5 700
其中：向贵琛公司购入存货	3 000		3 000		(4) 600		2 400
流动资产合计	17 910	9 180	27 090	75	3 600		23 565
非流动资产：							
债权投资	600		600		(22) 600		0
其中：持有贵琛公司债券	600		600		(22) 600		0
其他债权投资		2 400	2 400				2 400
长期股权投资	14 100		14 100	(13) 2 391　(15) 180	(14) 1 440　(16) 10 131		5 100
其中：对贵琛公司投资	9 000		9 000	(13) 2 391　(15) 180	(14) 1 440　(16) 10 131		0
固定资产	12 300	6 300	18 600	(7) 30　(9) 30　(12) 300	(6) 90　(10) 3　(12) 15		18 852
其中：贵琛公司——全员终身学习大厦		1 710	1 710	(12) 300	(12) 15		1 995
向贵琛公司购入固定资产	600		600	(7) 30	(6) 90		540
向智董公司购入固定资产		324	324	(9) 30	(11) 3		351
无形资产	1 871.25		1 871.25				1 871.25
商誉				(16) 420			420

(续表)

项 目	智董公司报表金额	贵琛公司报表金额	合计金额	调整分录与抵销分录 借方	调整分录与抵销分录 贷方	少数股东权益	合并金额
递延所得税资产	18.75		18.75	(5) 150 (8) 15	(19) 18.75		165
非流动资产合计	28 890	8 700	37 590	3 516	12 297.75		28 808.25
资产总计	46 800	17 880	64 680	3 591	15 897.75		52 373.25
流动负债:							
应付票据	3 000	1 200	4 200	(21) 1 200			3 000
其中: 应付票据——智董公司		1 200	1 200	(21) 1 200			0
应付账款	9 000	1 500	10 500	(17) 1 500			9 000
其中: 应付账款——智董公司		1 500	1 500	(17) 1 500			0
合同负债	600		600	(20) 300			300
其中: 预收贵琛公司账款	300		300	(20) 300			0
应付职工薪酬	3 000	300	3 300				3 300
应交税费	2 400	180	2 580				2 580
流动负债合计	18 000	3 180	21 180	3 000			18 180
非流动负债:							
长期借款	6 000	2 100	8 100				8 100
应付债券	1 800	600	2 400	(22) 600			1 800
其中: 应付债券——智董公司		600	600	(22) 600			0
递延所得税负债		75	75	(12) 3.75	(11) 6.75 (12) 75		153
非流动负债合计	7 800	2 775	10 575	603.75	81.75		10 053
负债合计	25 800	5 955	31 755	3 603.75	81.75		28 233
所有者权益:							
实收资本(股本)	12 000	6 000	18 000	(16) 6 000			12 000
资本公积	2 400	4 500	6 900	(16) 4 725	(12) 225		2 400
其他综合收益		225	225	(16) 225	(15) 180		180
盈余公积	3 103.5	300	3 403.5	(16) 300			3 103.5
未分配利润	3 496.5	900	4 396.5	(1) 10 500 (2) 60 (3) 3 000 (4) 600 (6) 900 (10) 3 (11) 6.75 (12) 15 (14) 1440 (16) 888.75 (19) 18.75 (23) 2 391 (23) 0 19 823.25	(1) 10 500 (2) 60 (3) 3 000 (5) 150 (6) 810 (7) 30 (8) 15 (9) 30 (12) 3.75 (13) 2 391 (18) 75 (23) 300 (23) 1 800 (23) 888.75 20 053.5	498.75	4 128
少数股东权益	0	0		(4) 90 (6) 13.5	(7) 4.5	(16) 2 427.75	2 328.75

(续表)

项 目	智董公司报表金额	贵琛公司报表金额	合计金额	调整分录与抵销分录 借方	调整分录与抵销分录 贷方	少数股东权益	合并金额
所有者权益合计	21 000	11 925	32 925	31 176.75	20 463	1 929	24 140.25
负债和所有者权益总计	46 800	17 880	64 680	34 780.5	20 544.75	1 929	52 373.25
(现金流量表项目)							
一、经营活动产生的现金流量：							
销售商品、提供劳务收到的现金	23 385	17 970	41 355	(25) 10 800 (26) 900			29 655
经营活动现金流入小计	23 385	17 970	41 355		11 700		29 655
购买商品、接受劳务支付的现金	4 260	9 810	14 070	(25) 10 800			3 270
支付给职工以及为职工支付的现金	3 300	750	4 050				4 050
支付的各项税费	5 460	2 274	7 734				7 734
支付其他与经营活动有关的现金	135	66	201				201
经营活动现金流出小计	13 155	12 900	26 055	10 800			15 255
经营活动产生的现金流量净额	10 230	5 070	15 300	10 800	11 700		14 400
二、投资活动产生的现金流量：							
取得投资收益收到的现金	1 500		1 500		(24) 1 500		0
处置固定资产、无形资产和其他长期资产收回的现金净额	360		360		(27) 360		0
投资活动现金流入小计	1 860		1 860		1 860		0
购建固定资产、无形资产和其他长期资产支付的现金	2 790	2 400	5 190	(26) 900 (27) 360			3 930
取得子公司及其他营业单位支付的现金净额	9 000		9 000	(28) 900			8 100
投资活动现金流出小计	11 790	2 400	14 190	2 160			12 030
投资活动产生的现金流量净额	-9 930	-2 400	-12 330	2 160	1 860		-12 030
三、筹资活动产生的现金流量：							
分配股利、利润或偿付利息支付的现金	6 300	2 070	8 370	(24) 1 500			6 870
其中：子公司支付给少数股东的股利、利润		360	360				360
筹资活动现金流出小计	6 300	2 070	8 370	1 500			6 870
筹资活动产生的现金流量净额	-6 300	-2 070	-8 370	1 500			-6 870
现金及现金等价物净增加额	-6 000	600	-5 400	14 460	13 560		-4 500
年初现金及现金等价物余额	9 000	900	9 900		(28) 900		9 000
年末现金及现金等价物余额	3 000	1 500	4 500	14 460	14 460		4 500

(2) 贵琛公司2×21年确认的应向智董公司支付的债券利息费用为600 000元(假设该债券的票面利率与实际利率相差较小,发生的债券利息费用不符合资本化条件)。

在编制合并财务报表时,应将内部债券投资收益与应付债券利息费用相互抵销,在合并工作底稿中其抵销分录为:

借:投资收益 600 000
  贷:财务费用 600 000

(3) 贵琛公司 2×21 年利润表的营业收入中有 30 000 000 元系向智董公司销售商品实现的销售收入,对应的销售成本为 24 000 000 元。智董公司购进的该商品 2×21 年未对外销售,全部形成期末存货。

在编制合并财务报表时,在合并工作底稿中应进行如下抵销处理:

借:营业收入 30 000 000
  贷:营业成本 30 000 000

借:营业成本 6 000 000
  贷:存货 6 000 000

借:少数股东权益 900 000
  贷:少数股东损益 900 000

该交易为逆流交易,还需按照少数股东在未实现内部交易损益中所占份额(金额),并考虑所得税影响,抵销少数股东权益。

6 000 000×(1－25%)×20%＝900 000(元)。

同时,确认该存货可抵扣差异性的递延所得税影响:6 000 000×25%＝1 500 000(元)。

借:递延所得税资产 1 500 000
  贷:所得税费用 1 500 000

(4) 贵琛公司 2×21 年以 9 000 000 元的价格将其生产的产品销售给智董公司,销售成本为 8 100 000 元,因该内部固定资产交易实现的销售利润为 900 000 元。智董公司购买该产品作为行政管理用固定资产使用,按 9 000 000 元入账。假设智董公司对该固定资产按 3 年的使用寿命采用年限平均法计提折旧,预计净残值为 0。该固定资产交易时间为 2×21 年 1 月 1 日,本讲为简化抵销处理,假定智董公司该内部交易形成的固定资产 2×21 年按 12 个月计提折旧。

在合并工作底稿中有关抵销处理如下:

① 与该固定资产相关的销售收入、销售成本以及原价中包含的未实现内部销售损益的抵销。

借:营业收入 9 000 000
  贷:营业成本 8 100 000
    固定资产——原价 900 000

借:少数股东权益 135 000
  贷:少数股东损益 135 000

该交易为逆流交易,还需按照少数股东在未实现内部交易损益中所占份额(金额),并考虑所得税影响,抵销少数股东权益。

900 000×(1－25%)×20%＝135 000(元)。

② 抵销该固定资产当期多计提的折旧额。

该固定资产折旧年限为 3 年,原价为 9 000 000 元,预计净残值为 0,2×21 年计提的折旧额为 3 000 000 元,而按抵销其原价中包含的未实现内部销售损益后的原价,2×21 年应计提的折旧额为 2 700 000 元,当期多计提的折旧额为 300 000 元。应当按 300 000 元分别抵销管理费用和累计折旧。

借:固定资产——累计折旧 300 000
  贷:管理费用 300 000

通过上述抵销分录,在合并工作底稿中固定资产累计折旧额减少 300 000 元,管理费用减少 300 000 元,在合并财务报表中该固定资产的累计折旧额为 2 700 000 元,该固定资产当期计提的折旧费为 2 700 000 元。

借:少数股东损益 45 000
  贷:少数股东权益 45 000

300 000×(1－25%)×20%＝45 000(元)。

③ 同时,确认该固定资产可抵扣差异性的递延所得税影响:(900 000－300 000)×25%＝150 000(元),其中,300 000 元为当年已在智董公司所得税前扣除的金额。

借:递延所得税资产 150 000
  贷:所得税费用 150 000

(5) 智董公司将其账面价值为 3 900 000 元某项固定资产以 3 600 000 元的价格出售给贵琛公司作为管理用固定资产来使用。

智董公司因该内部固定资产交易发生处置损失300 000元。假设贵琛公司以3 600 000元作为该项固定资产的成本入账,贵琛公司对该固定资产按5年的使用寿命采用年限平均法计提折旧,预计净残值为0。该固定资产交易时间为2×21年7月1日,本讲为简化抵销处理,假定贵琛公司该内部交易形成的固定资产2×21年按6个月计提折旧。

在合并工作底稿中有关抵销处理如下:

① 该固定资产的处置损失与固定资产原价中包含的未实现内部销售损益的抵销。

借:固定资产——原价　　　　300 000
　　贷:资产处置收益　　　　　　　300 000

② 抵销该固定资产当期少计提的折旧额。

该固定资产折旧年限为5年,原价为3 600 000元,预计净残值为0,2×21年计提的折旧额为360 000元,而按抵销其原价中包含的未实现内部销售损益后的原价2×21年应计提的折旧额为390 000元,当期少计提的折旧额为30 000元,应当按30 000元分别增加管理费用和累计折旧。

借:管理费用　　　　　　　　30 000
　　贷:固定资产——累计折旧　　　30 000

通过上述抵销分录,在合并工作底稿中固定资产累计折旧额增加了30 000元,管理费用增加了30 000元,在合并财务报表中该固定资产的累计折旧为390 000元,该固定资产当期计提的折旧费为390 000元。

③ 同时,确认该固定资产的应纳税差异性的递延所得税影响:(300 000－30 000)×25%＝67 500(元),其中,30 000元为当年已在贵琛公司所得税税前扣除的金额。

借:所得税费用　　　　　　　67 500
　　贷:递延所得税负债　　　　　　67 500

(6) 贵琛公司2×21年实现净利润30 000 000元,为了便于说明合并所有者权益变动表的编制,本讲假定贵琛公司2×21年即进行了利润分配。计提法定盈余公积3 000 000元,分派现金股利18 000 000元,其中:向智董公司分派现金股利14 400 000元,向其他股东分派现金股利3 600 000元,未分配利润为9 000 000元。贵琛公司因持有的其他债权投资的公允价值变动计入当期其他综合收益的金额为2 250 000元。2×21年12月31日,贵琛公司股东权益总额为119 250 000元,其中股本为60 000 000元,资本公积为45 000 000元,其他综合收益为2 250 000元,盈余公积为3 000 000元,未分配利润为9 000 000元。

2×21年12月31日,智董公司个别资产负债表中对贵琛公司的长期股权投资的金额为90 000 000元,拥有贵琛公司80%的股份(假定未发生减值)。智董公司在个别资产负债表中采用成本法核算该项长期股权投资。

根据《企业会计准则第33号——合并财务报表》的规定,在合并工作底稿中对贵琛公司的长期股权投资由成本法调整为权益法。

《企业会计准则第2号——长期股权投资》规定,投资企业在采用权益法确认应享有被投资单位净损益的份额时,应当以取得投资时被投资单位各项可辨认资产、负债等的公允价值为基础,对被投资单位的净利润进行调整后确认。在本例中,智董公司在编制2×21年合并财务报表时,应当首先根据智董公司备查簿中记录的贵琛公司可辨认资产、负债在购买日(2×21年1月1日)的公允价值的资料(见表39-1),调整贵琛公司的净利润。按照智董公司备查簿中的记录,在购买日,贵琛公司可辨认资产、负债及或有负债的公允价值与账面价值存在差异仅有一项,即全员终身学习大厦,公允价值高于账面价值的差额为3 000 000元(21 000 000－18 000 000),按年限平均法每年应补计提的折旧额为150 000元(3 000 000÷20)。假定全员终身学习大厦用于贵琛公司的总部管理。在合并工作底稿中应作的调整分录如下:

借:固定资产　　　　　　　3 000 000
　　贷:资本公积　　　　　　　　2 250 000
　　　　递延所得税负债　　　　　　750 000

借：管理费用　　　　　　　　　　　150 000
　　贷：固定资产——累计折旧　　　　　　　150 000

借：递延所得税负债　　　　　　　　37 500
　　贷：所得税费用　　　　　　　　　　　　37 500

据此，以贵琛公司2×21年1月1日各项可辨认资产、负债等的公允价值为基础，考虑递延所得税后，重新确定的2×21年净利润为：30 000 000－150 000＋37 500＝29 887 500（元）有关调整分录如下：

① 确认智董公司在2×21年贵琛公司实现净利润29 887 500元中所享有的份额23 910 000元（29 887 500×80%）。

借：长期股权投资——贵琛公司　　23 910 000
　　贷：投资收益——贵琛公司　　　　　23 910 000

② 抵销智董公司在2×21年原按成本法确认的贵琛公司宣告分派现金股利时确认的投资收益14 400 000元。

借：投资收益——贵琛公司　　　　14 400 000
　　贷：长期股权投资——贵琛公司　　　14 400 000

③ 确认智董公司在2×21年贵琛公司其他综合收益中所享有的份额1 800 000元（2 250 000×80%）。

借：长期股权投资——贵琛公司　　1 800 000
　　贷：其他综合收益——贵琛公司　　　　1 800 000

①～③合并调整分录为：

借：长期股权投资——贵琛公司　　11 310 000
　　贷：投资收益——贵琛公司　　　　　9 510 000
　　　　其他综合收益——贵琛公司　　　1 800 000

经过上述调整，智董公司对贵琛公司长期股权投资经调整后的2×21年12月31日金额为101 310 000元（投资成本90 000 000＋权益法调整增加的长期股权投资11 310 000），贵琛公司经调整的2×21年12月31日股东权益总额为121 387 500元，具体调整如下：

股东权益账面余额119 250 000元－调整前未分配利润9 000 000元＋（调整后净利润29 887 500元－分配的现金股利18 000 000元－按调整前计提的盈余公积3 000 000元）＋全员终身学习大厦购买日公允价值高于账面价值的差额扣除所得税的影响后的金额2 250 000元＝110 250 000＋8 887 500＋2 250 000＝121 387 500（元）。

贵琛公司股东权益中20%的部分，即24 277 500元（股东权益调整后余额121 387 500×20%）属于少数股东权益，在抵销处理时应作为少数股东权益处理。在合并工作底稿中抵销分录如下：

借：股本　　　　　　　　　　　60 000 000
　　资本公积　　　　　　　　　47 250 000
　　其他综合收益　　　　　　　 2 250 000
　　盈余公积　　　　　　　　　 3 000 000
　　未分配利润——年末　　　　 8 887 500
　　商誉　　　　　　　　　　　 4 200 000
　　贷：长期股权投资　　　　　　　　101 310 000
　　　　少数股东权益　　　　　　　　 24 277 500

需要说明的是：

一是商誉金额应根据《企业会计准则第20号——企业合并》的规定确定，本例中商誉4 200 000元＝智董公司购买日（2×21年1月1日）支付的合并成本90 000 000元－（购买日贵琛公司的所有者权益总额105 000 000元＋贵琛公司固定资产公允价值增加额扣除所得税的影响后的金额2 250 000元）×80%。

二是"资本公积"＝45 000 000＋2 250 000＝47 250 000（元）。此处的2 250 000元是按照智董公司备查簿中的记录，在购买日，贵琛公司可辨认资产、负债及或有负债的公允价值与账面价值存在差异仅有一项，即全员终身学习大厦，公允价值高于账面价值的差额为3 000 000元（21 000 000－18 000 000），根据会计准则规定，扣除所得税的影响后的金额计入资本公积。

（7）智董公司2×21年个别资产负债表中应收账款14 250 000元（假定不含增值税，下同）为2×21年向贵琛公司销售商品发生的应收销货款的账面价值，智董公司对该笔应收账款计提的坏账准备为750 000元。贵琛公司2×21年个别资产负债表中应付账款15 000 000元（假定不含增值税，下同）系2×21年向智董公司购进商品存货发生的应付购货款。

在编制合并财务报表时,应将内部应收账款与应付账款相互抵销;同时还应将内部应收账款计提的坏账准备予以抵销并确认递延所得税的影响,在合并工作底稿中其抵销分录为:

借:应付账款　　　　　　　15 000 000
　贷:应收账款　　　　　　　　15 000 000

借:应收账款——坏账准备　　　750 000
　贷:信用减值损失　　　　　　　 750 000

借:所得税费用　　　　　　　 187 500
　贷:递延所得税资产　　　　　　 187 500

(8) 智董公司2×21年个别资产负债表中合同负债3 000 000元(假定不含增值税,下同)为贵琛公司预付账款;应收票据12 000 000元(假定不含增值税,下同)为贵琛公司2×21年向智董公司购买商品105 000 000元时开具的票面金额为12 000 000元的商业承兑汇票;贵琛公司应付债券6 000 000元为智董公司所持有(智董公司划归为债权投资)。对此,在编制合并资产负债表时,在合并工作底稿中应编制如下抵销分录:

将内部合同负债与内部预付账款抵销时,应编制如下抵销分录:

借:合同负债　　　　　　　3 000 000
　贷:预付款项　　　　　　　　3 000 000

将内部应收票据与内部应付票据抵销时,应编制如下抵销分录:

借:应付票据　　　　　　　12 000 000
　贷:应收票据　　　　　　　　12 000 000

将内部债权投资与应付债券抵销时,应编制如下抵销分录:

借:应付债券　　　　　　　6 000 000
　贷:债权投资　　　　　　　　6 000 000

(9) 智董公司和贵琛公司2×21年度所有者权益变动,如表39-6所示。

智董公司拥有贵琛公司80%的股份。在合并工作底稿中智董公司按权益法调整的贵琛公司本期投资收益为23 910 000元(29 887 500×80%),贵琛公司本期少数股东损益为5 977 500元(29 887 500×20%)。贵琛公司年初未分配利润为0,贵琛公司本期计提的盈余公积3 000 000元、分派现金股利18 000 000元、未分配利润8 887 500元(29 887 500元－分派的现金股利18 000 000元－按调整前计提的盈余公积3 000 000元)。为此,对贵琛公司2×21年利润分配进行抵销处理时,在合并工作底稿中应编制如下抵销分录:

借:投资收益　　　　　　　23 910 000
　少数股东损益　　　　　　 5 977 500
　未分配利润——年初　　　　　　 0
　贷:提取盈余公积　　　　　　3 000 000
　　对所有者(或股东)的分配　18 000 000
　　未分配利润——年末　　　 8 887 500

(10) 2×21年,智董公司收到贵琛公司向其支付的债券利息费用600 000元和贵琛公司分派的2×21年现金股利14 400 000元。

在编制合并财务报表时,应在合并工作底稿中编制如下抵销分录:

借:分配股利、利润或偿付利息支付的现金
　　　　　　　　　　　　　15 000 000
　贷:取得投资收益收到的现金　15 000 000

(11) 智董公司2×21年向贵琛公司销售商品的价款105 000 000元中实际收到贵琛公司支付的银行存款78 000 000元,同时贵琛公司还向智董公司开具了票面金额为12 000 000元的商业承兑汇票。贵琛公司2×21年向智董公司销售商品30 000 000元的价款全部收到。

在编制合并财务报表时,应在合并工作底稿中编制如下抵销分录:

借:购买商品、接受劳务支付的现金
　　　　　　　　　　　　108 000 000
　贷:销售商品、提供劳务收到的现金
　　　　　　　　　　　　　108 000 000

(12) 贵琛公司2×21年1月1日向智董公司销售商品9 000 000元的价款全部收到。在编制合并财务报表时,应在合并工作底稿中编制如下抵销分录:

借：购建固定资产、无形资产和其他长期资产支付的现金　　　　　　　　　　　9 000 000
　　贷：销售商品、提供劳务收到的现金　9 000 000

(13) 智董公司向贵琛公司出售固定资产的价款3 600 000元全部收到。在编制合并财务报表时，应在合并工作底稿中编制如下抵销分录：

借：购建固定资产、无形资产和其他长期资产支付的现金　　　　　　　　　　　3 600 000
　　贷：处置固定资产、无形资产和其他长期资产收回的现金净额　　　　　　　3 600 000

(14) 智董公司在购买日(2×21年1月1日)支付银行存款9 000 000元购得贵琛公司80%的股份从而取得对贵琛公司的控制权，使贵琛公司成为其子公司。在该日，贵琛公司实际持有货币资金9 000 000元，在编制合并现金流量表时，应在合并工作底稿中编制如下抵销分录：

借：取得子公司及其他营业单位支付的现金净额　　　　　　　　　　　　　　　9 000 000
　　贷：年初现金及现金等价物余额　9 000 000

根据以上资料，通过合并工作底稿编制智董公司与贵琛公司组成的企业集团2×21年的合并资产负债表、合并利润表、合并现金流量表和合并所有者权益变动表，分别参见表39-8～表39-11，限于篇幅，其合并财务报表附注略。

表39-8　合并资产负债表(简表)　　　　　　　　　　　　　　　　　　　　　　　会合01表

编制单位：智董公司　　　　　2×21年12月31日　　　　　　　　　　单位：万元

资产	期末余额	年初余额	负债和所有者权益	期末余额	年初余额
流动资产：			流动负债：		
货币资金	4 500		短期借款		
交易性金融资产			交易性金融负债		
衍生金融资产			衍生金融负债		
应收票据	3 900		应付票据	3 000	
应收账款	6 255		应付账款	9 000	
预付款项	3 210		预收款项		
其他应收款			合同负债	300	
存货	5 700		应付职工薪酬	3 300	
合同资产			应交税费	2 580	
持有待售资产			其他应付款		
一年内到期非流动资产			持有待售负债		
其他流动资产	0		一年内到期的非流动负债		
流动资产合计	23 565		其他流动负债		
非流动资产：					
债权投资			流动负债合计	18 180	
其他债权投资	2 400		非流动负债：		
长期应收款			长期借款	8 100	
长期股权投资	5 100		应付债券	1 800	
其他权益工具投资			其中：优先股		
其他非流动金融资产			永续债		
投资性房地产			租赁负债		
固定资产	18 852		长期应付款		

(续表)

资产	期末余额	年初余额	负债和所有者权益	期末余额	年初余额
在建工程			预计负债		
生产性生物资产			递延收益		
油气资产			递延所得税负债	153	
使用权资产			其他非流动负债	0	
无形资产	1 871.25		非流动负债合计	10 053	
开发支出			负债合计	28 233	
商誉	420		所有者权益:		
长期待摊费用			实收资本(股本)	12 000	
递延所得税资产	165		其他权益工具		
其他非流动资产			其中:优先股		
非流动资产合计	28 808.25		永续债		
			资本公积	2 400	
			减:库存股		
			其他综合收益	180	
			盈余公积	3 103.5	
			未分配利润	4 128	
			归属于母公司所有者权益合计	21 811.5	
			少数股东权益	2 328.75	
			所有者权益合计	24 140.25	
资产总计	52 373.25		负债和所有者权益总计	52 373.25	

表39-9 合并利润表(简表)

会合02表

编制单位:智董公司　　　　2×21年度　　　　单位:万元

项　目	本年金额	上年金额
一、营业收入	30 120	
减:营业成本	13 275	
税金及附加	1 275	
销售费用	75	
管理费用	474	
研发费用		
财务费用	960	
其中:利息费用	960	
利息收入		
加:其他收益		
投资收益(损失以"-"号填列)		
其中:对联营企业和合营企业的投资收益		

(续表)

项 目	本年金额	上年金额
以摊余成本计量的金融资产终止确认收益(损失以"－"号填列)		
净敞口套期收益(损失以"－"号填列)		
公允价值变动收益(损失以"－"号填列)		
信用减值损失(损失以"－"号填列)		
资产减值损失(损失以"－"号填列)		
资产处置收益(损失以"－"号填列)		
二、营业利润(亏损以"－"号填列)	14 061	
加：营业外收入		
减：营业外支出		
三、利润总额(亏损总额以"－"号填列)	14 061	
减：所得税费用	3 855.75	
四、净利润(净亏损以"－"号填列)	10 205.25	
(一)按经营持续性分类		
1.持续经营净利润(净亏损以"－"号填列)	10 205.25	
2.终止经营净利润(净亏损以"－"号填列)		
(二)按所有权归属分类		
1.归属于母公司股东的净利润(净亏损以"－"号填列)	9 706.5	
2.少数股东损益(净亏损以"－"号填列)	498.75	
五、其他综合收益的税后净额	225	
(一)归属于母公司所有者的其他综合收益的税后净额	180	
1.不能重分类进损益的其他综合收益		
2.将重分类进损益的其他综合收益	180	
(1)权益法下可转损益的其他综合收益		
(2)其他债权投资公允价值变动	180	
(二)归属于少数股东的其他综合收益的税后净额	45	
六、综合收益总额	10 430.25	
归属于母公司所有者的综合收益总额	9 886.5	
归属于少数股东的综合收益总额	543.75	
七、每股收益		
(一)基本每股收益		
(二)稀释每股收益		

表 39-10　合并现金流量表(简表)

会合 03 表

编制单位：智童公司　　　　　　2×21 年度　　　　　　单位：万元

项 目	本年金额	上年金额
一、经营活动产生的现金流量		
销售商品、提供劳务收到的现金	29 655	
收到的税费返还		

(续表)

项　目	本年金额	上年金额
收到其他与经营活动有关的现金	0	
经营活动现金流入小计	29 655	
购买商品、接受劳务支付的现金	3 270	
支付给职工以及为职工支付的现金	4 050	
支付的各项税费	7 734	
支付其他与经营活动有关的现金	201	
经营活动现金流出小计	15 255	
经营活动产生的现金流量净额	14 400	
二、投资活动产生的现金流量		
收回投资收到的现金		
取得投资收益收到的现金	0	
处置固定资产、无形资产和其他长期资产收回的现金净额	0	
处置子公司及其他营业单位收到的现金净额		
收到其他与投资活动有关的现金		
投资活动现金流入小计	0	
购建固定资产、无形资产和其他长期资产支付的现金	3 930	
投资支付的现金		
取得子公司及其他营业单位支付的现金净额	8 100	
支付其他与投资活动有关的现金		
投资活动现金流出小计	12 030	
投资活动产生的现金流量净额	−12 030	
三、筹资活动产生的现金流量		
吸收投资收到的现金		
其中：子公司吸收少数股东投资收到的现金		
取得借款收到的现金		
发行债券收到的现金		
收到其他与筹资活动有关的现金		
筹资活动现金流入小计	0	
偿还债务支付的现金		
分配股利、利润或偿付利息支付的现金	6 870	
其中：子公司支付给少数股东的股利、利润	360	
支付其他与筹资活动有关的现金		
筹资活动现金流出小计	6 870	
筹资活动产生的现金流量净额	−6 870	
四、汇率变动对现金及现金等价物的影响		
五、现金及现金等价物净增加额	−4 500	
加：年初现金及现金等价物余额	9 000	
六、年末现金及现金等价物余额	4 500	

表39-11 合并所有者权益变动表（简表）

编制单位：智董公司　　　　2×21年度　　　　　　　　　　　　　　　　　　　　　　　　　　　合合04表
单位：万元

项目	本年金额 归属于母公司所有者权益								少数股东权益	所有者权益合计	上年金额（略） 归属于母公司所有者权益								少数股东权益	所有者权益合计
	实收资本（或股本）	其他权益工具	资本公积	减：库存股	其他综合收益	专项储备	盈余公积	未分配利润	其他			实收资本（或股本）	其他权益工具	资本公积	减：库存股	其他综合收益	专项储备	盈余公积	未分配利润	其他
一、上年末余额	12 000		2 400				2 196	1 404		2 145	20 145									
加：会计政策变更																				
前期差错更正																				
二、本年年初余额	12 000		2 400				2 196	1 404		2 145①	20 145									
三、本年增减变动金额（减少以"-"号填列）					180			2 724		183.75	3 995.25									
（一）综合收益总额					180			9 706.5		543.75	10 430.25									
（二）所有者投入和减少资本																				
1.所有者投入的普通股																				
2.其他权益工具持有人投入资本																				
3.股份支付计入所有者权益的金额																				
4.其他																				
（三）利润分配							907.5	−6 982.5		−360	−6 435									
1.提取盈余公积							907.5	−907.5												
2.对所有者（或股东）的分配								−6 075		−360	−6 435									
3.其他																				
（四）所有者权益内部结转																				
1.资本公积转增资本（或股本）																				
2.盈余公积转增资本（或股本）																				
3.盈余公积弥补亏损																				
4.设定受益计划变动额结转留存收益																				
5.其他综合收益结转留存收益																				
6.其他																				
四、本年年末余额	12 000		2 400		180		3 103.5	4 128		2 328.75	24 140.25									

① 2 145=[10 500+300×(1−25%)]×20%。

第三节 合并财务报表格式和列示说明

合并财务报表至少包括合并资产负债表、合并利润表、合并所有者权益变动表和合并现金流量表。

对于纳入合并财务报表的子公司既有一般工商企业,又有金融企业等的,如果母公司在企业集团经营中权重较大,以母公司主业是一般企业还是金融企业确定其报表类别,根据集团其他业务适当增加其他报表类别的相关项目;如果母公司在企业集团经营中权重不大,以企业集团的主业确定其报表类别,根据集团其他业务适当增加其他报表类别的相关项目;对于不符合上述情况的,合并财务报表采用一般企业报表格式,根据集团其他业务适当增加其他报表类别的相关项目。

为解决企业在合并财务报表编制中的实际问题,针对2019年1月1日起分阶段实施的《企业会计准则第21号——租赁》(财会〔2018〕35号,以下称新租赁准则),以及企业会计准则实施中的有关情况,在《财政部关于修订印发2019年度一般企业财务报表格式的通知》(财会〔2019〕6号)和《财政部关于修订印发2018年度金融企业财务报表格式的通知》(财会〔2018〕36号)的基础上,我国财政部对合并财务报表格式进行了修订。

《财政部关于修订印发2018年度合并财务报表格式的通知》(财会〔2019〕1号)同时废止。

我国财政部对合并财务报表格式的修订情况介绍
(财会〔2019〕16号 2019年9月19日)

1. 涵盖情况

《关于修订印发合并财务报表格式(2019版)的通知》(财会〔2019〕16号 2019年9月19日)附件中的合并财务报表格式涵盖母公司和从事各类经济业务的子公司的情况,包括一般企业、商业银行、保险公司和证券公司等。

2. 适用对象、执行时间、报表项目调整
(1)适用对象。

《关于修订印发合并财务报表格式(2019版)的通知》(财会〔2019〕16号 2019年9月19日)适用于执行企业会计准则的企业2019年度合并财务报表及以后期间的合并财务报表。

财政部于2017年先后印发了《企业会计准则第22号——金融工具确认和计量》(财会〔2017〕7号)、《企业会计准则第23号——金融资产转移》(财会〔2017〕8号)、《企业会计准则第24号——套期会计》(财会〔2017〕9号)、《企业会计准则第37号——金融工具列报》(财会〔2017〕14号)(以下称新金融准则)、《企业会计准则第14号——收入》(财会〔2017〕22号,以下称新收入准则),自2018年1月1日起分阶段实施。

(2)执行时间、报表项目调整。

① 已执行新金融准则、新收入准则和新租赁准则的企业。

应当按照企业会计准则和《关于修订印发合并财务报表格式(2019版)的通知》(财会〔2019〕16号 2019年9月19日)附件的要求编制合并财务报表。

② 已执行新金融准则但未执行新收入准则和新租赁准则的企业,或已执行新金融准则和新收入准则但未执行新租赁准则的企业。

应当结合《关于修订印发合并财务报表格式(2019版)的通知》(财会〔2019〕16号 2019年9月19日)附件的要求对合并财务报表项目进行相应调整。

③ 未执行新金融准则、新收入准则和新租赁准则的企业。

应当结合《财政部关于修订印发2019年度一般企业财务报表格式的通知》(财会〔2019〕6号)的要求,对合并财务报表项目进行相应调整。

④ 以金融企业为主的企业集团,应调整合并报表项目后编制。

以金融企业为主的企业集团,应以金融企业财务报表格式为基础,结合一般企业财务报表格式和《关于修订印发合并财务报表格式(2019版)的通知》(财会〔2019〕16号 2019年9月19日)的要求,对合并财务报表项目进行调整后编制。

3. 增加或删减合并报表项目

企业应根据重要性原则并结合本企业实际情况,对确需单独列示的内容,可增加合并财务报表项目;对不存在相应业务的合并财务报表项目,可进行必要删减。

4. 合并财务报表格式主要变动说明

与《财政部关于修订印发 2018 年度合并财务报表格式的通知》(财会〔2019〕1 号)附件中的合并财务报表格式相比,《关于修订印发合并财务报表格式(2019 版)的通知》(财会〔2019〕16 号 2019 年 9 月 19 日)附件 1 中的合并财务报表格式的主要变动如下:

一是根据新租赁准则和新金融准则等规定,在原合并资产负债表中增加了"使用权资产""租赁负债"等行项目,在原合并利润表中"投资收益"行项目下增加了"其中:以摊余成本计量的金融资产终止确认收益"行项目。

二是结合企业会计准则实施有关情况调整了部分项目,将原合并资产负债表中的"应收票据及应收账款"行项目分拆为"应收票据""应收账款""应收款项融资"三个行项目,将"应付票据及应付账款"行项目分拆为"应付票据""应付账款"两个行项目,将原合并利润表中"资产减值损失""信用减值损失"行项目的列报行次进行了调整,删除了原合并现金流量表中"为交易目的而持有的金融资产净增加额""发行债券收到的现金"等行项目,在原合并资产负债表和合并所有者权益变动表中分别增加了"专项储备"行项目和列项目。

一、合并资产负债表

合并资产负债表见表 39-12 所示:

表 39-12　合并资产负债表①　　　　　　　　　　　　　　　　　　　　　会合 01 表

编制单位:　　　　　　　　　　　　　　年　月　日　　　　　　　　　　　　　　　单位:元

资产	期末余额	上年年末余额	负债和所有者权益(或股东权益)	期末余额	上年年末余额
流动资产:			**流动负债:**		
货币资金			短期借款		
结算备付金*			向中央银行借款*		
拆出资金*			拆入资金*		
交易性金融资产			交易性金融负债		
衍生金融资产			衍生金融负债		
应收票据			应付票据		
应收账款			应付账款		
应收款项融资			预收款项		
预付款项			合同负债		
应收保费*			卖出回购金融资产款*		
应收分保账款*			吸收存款及同业存放*		
应收分保合同准备金*			代理买卖证券款*		
其他应收款			代理承销证券款*		
买入返售金融资产*			应付职工薪酬		
存货			应交税费		
合同资产			其他应付款		
持有待售资产			应付手续费及佣金*		
一年内到期的非流动资产			应付分保账款*		
其他流动资产			持有待售负债		
流动资产合计			一年内到期的非流动负债		
非流动资产:			其他流动负债		
发放贷款和垫款*			流动负债合计		
债权投资			**非流动负债:**		
其他债权投资			保险合同准备金*		
长期应收款			长期借款		

---

① 表格中标注"*"的项目为金融企业专用行项目。

(续表)

资产	期末余额	上年年末余额	负债和所有者权益(或股东权益)	期末余额	上年年末余额
长期股权投资			应付债券		
其他权益工具投资			其中：优先股		
其他非流动金融资产			永续债		
投资性房地产			租赁负债		
固定资产			长期应付款		
在建工程			预计负债		
生产性生物资产			递延收益		
油气资产			递延所得税负债		
使用权资产			其他非流动负债		
无形资产			非流动负债合计		
开发支出			负债合计		
商誉			所有者权益(或股东权益)：		
长期待摊费用			实收资本(或股本)		
递延所得税资产			其他权益工具		
其他非流动资产			其中：优先股		
非流动资产合计			永续债		
			资本公积		
			减：库存股		
			其他综合收益		
			专项储备		
			盈余公积		
			一般风险准备*		
			未分配利润		
			归属于母公司所有者权益(或股东权益)合计		
			少数股东权益		
			所有者权益(或股东权益)合计		
资产总计			负债和所有者权益(或股东权益)总计		

金融企业资产负债表中的有关行项目在本表中的列示说明：

(1) 金融企业资产负债表中的"现金及存放中央银行款项"行项目在本表中的"货币资金"行项目中列示。

(2) 金融企业资产负债表中的"存放同业款项""融出资金"行项目在本表中的"拆出资金"行项目中列示。

(3) 金融企业资产负债表中的"应收款项"行项目在本表中的"应收票据""应收账款""应收款项融资"行项目中列示。

(4) 金融企业资产负债表中的"存出保证金""应收代位追偿款""保户质押贷款"行项目在本表中的"其他流动资产"行项目中列示。

(5) 金融企业资产负债表中的"应收分保未到期责任准备金""应收分保未决赔款准备金""应收分保寿险责任准备金""应收分保长期健康险责任准备金"行项目在本表中的"应收分保合同准备金"行项目中列示。

(6) 金融企业资产负债表中"金融投资"行项目下的"交易性金融资产""债权投资""其他债权投资""其他权益工具投资"子项目分别在本表中的"交易性金融资产""债权投资""其他债权投资""其他权益工具投资"行项目中列示。

（7）金融企业资产负债表中的"存出资本保证金""独立账户资产"行项目在本表中的"其他非流动资产"行项目中列示。

（8）金融企业资产负债表中的"应付短期融资款"行项目在本表中的"短期借款"行项目中列示。

（9）金融企业资产负债表中的"应付款项"行项目在本表中的"应付票据""应付账款"行项目中列示。

（10）金融企业资产负债表中的"应付赔付款"行项目在本表中的"应付账款"行项目中列示。

（11）金融企业资产负债表中的"预收保费"行项目在本表中的"预收款项"行项目中列示。

（12）金融企业资产负债表中的"同业及其他金融机构存放款项""吸收存款"行项目在本表中的"吸收存款及同业存放"行项目中列示。

（13）金融企业资产负债表中的"应付保单红利"行项目在本表中的"其他应付款"行项目中列示。

（14）金融企业资产负债表中的"保户储金及投资款"行项目在本表中的"其他流动负债"行项目中列示。

（15）金融企业资产负债表中的"未到期责任准备金""未决赔款准备金""寿险责任准备金""长期健康险责任准备金"行项目在本表中的"保险合同准备金"行项目中列示。

（16）金融企业资产负债表中的"独立账户负债"行项目在本表中的"其他非流动负债"行项目中列示。

（17）金融企业资产负债表中的"其他资产""其他负债"行项目进行分析后在本表相关项目中列示。

（18）有贵金属业务的,在本表中增加"贵金属"行项目对相关贵金属资产进行列示。

注　（1）在所有者权益项目下增加的"归属于母公司所有者权益合计",用于反映企业集团的所有者权益中归属于母公司所有者权益的部分,包括实收资本（或股本）资本公积、库存股、其他综合收益、盈余公积、专项储备、一般风险准备、未分配利润、其他等项目的金额。

（2）在所有者权益项目下,增加的"少数股东权益"项目,用于反映非全资子公司的所有者权益中不属于母公司的份额。

二、合并利润表

合并利润表见表 39-13 所示：

表 39-13　合并利润表①　　　　　会合 02 表

编制单位：　　　　　年　月　　　　　单位：元

项　目	本期金额	上期金额
一、营业总收入		
其中：营业收入		
利息收入*		
已赚保费*		
手续费及佣金收入*		
二、营业总成本		
其中：营业成本		
利息支出*		
手续费及佣金支出*		
退保金*		
赔付支出净额*		
提取保险责任准备金净额*		
保单红利支出*		

---

① 表格中标注"＊"的项目为金融企业专用行项目。

(续表)

项　目	本期金额	上期金额
分保费用*		
税金及附加		
销售费用		
管理费用		
研发费用		
财务费用		
其中：利息费用		
利息收入		
加：其他收益		
投资收益（损失以"－"号填列）		
其中：对联营企业和合营企业投资收益		
以摊余成本计量的金融资产终止确认收益		
汇兑收益（损失以"－"号填列）*		
净敞口套期收益（损失以"－"号填列）		
公允价值变动收益（损失以"－"号填列）		
信用减值损失（损失以"－"号填列）		
资产减值损失（损失以"－"号填列）		
资产处置收益（损失以"－"号填列）		
三、营业利润（亏损以"－"号填列）		
加：营业外收入		
减：营业外支出		
四、利润总额（亏损总额以"－"号填列）		
减：所得税费用		
五、净利润（净亏损以"－"号填列）		
（一）按经营持续性分类		
1. 持续经营净利润（净亏损以"－"号填列）		
2. 终止经营净利润（净亏损以"－"号填列）		
（二）按所有权归属分类		
1. 归属于母公司股东的净利润（净亏损以"－"号填列）		
2. 少数股东损益（净亏损以"－"号填列）		
六、其他综合收益的税后净额		
（一）归属于母公司所有者的其他综合收益的税后净额		
1. 不能重分类进损益的其他综合收益		
（1）重新计量设定受益计划变动额		
（2）权益法下不能转损益的其他综合收益		
（3）其他权益工具投资公允价值变动		
（4）企业自身信用风险公允价值变动		
……		
2. 将重分类进损益的其他综合收益		
（1）权益法下可转损益的其他综合收益		
（2）其他债权投资公允价值变动		
（3）金融资产重分类计入其他综合收益的金额		
（4）其他债权投资信用减值准备		
（5）现金流量套期储备		

(续表)

项　目	本期金额	上期金额
（6）外币财务报表折算差额		
……		
（二）归属于少数股东的其他综合收益的税后净额		
七、综合收益总额		
（一）归属于母公司所有者的综合收益总额		
（二）归属于少数股东的综合收益总额		
八、每股收益		
（一）基本每股收益		
（二）稀释每股收益		

金融企业利润表中的有关行项目在本表中的列示说明：

（1）金融企业利润表中的"其他业务收入"行项目在本表中的"营业收入"行项目中列示。

（2）金融企业利润表中的"赔付支出"与"减：摊回赔付支出"行项目的净额在本表中的"赔付支出净额"行项目中列示。

（3）金融企业利润表中的"提取保险责任准备金"与"减：摊回保险责任准备金"行项目的净额在本表中的"提取保险责任准备金净额"行项目中列示。

（4）金融企业利润表中的"业务及管理费"与"减：摊回分保费用"行项目的净额在本表中的"管理费用"行项目中列示。

（5）金融企业利润表中的"其他资产减值损失"行项目在本表中的"资产减值损失"行项目中列示。

（6）金融企业利润表中的"其他业务成本"行项目在本表中的"营业成本"行项目中列示。

注　（1）在"净利润"项目下增加的"归属于母公司所有者的净利润"和"少数股东损益"两个项目，分别反映净利润中由母公司所有者享有的份额和非全资子公司当期实现的净利润中归属于少数股东的份额。同一控制下企业合并增加子公司的，当期合并利润表中还应在"净利润"项目下增加"其中：被合并方在合并前实现的净利润"项目，用于反映同一控制下企业合并中取得的被合并方在合并日前实现的净利润。

（2）在"综合收益总额"项目下增加的"归属于母公司所有者的综合收益总额"和"归属于少数股东的综合收益总额"两个项目，分别反映综合收益总额中由母公司所有者享有的份额和非全资子公司当期综合收益总额中归属于少数股东的份额。

（3）关于合并利润表中净利润部分的列报。

根据《企业会计准则第42号——持有待售的非流动资产、处置组和终止经营》的相关规定，企业应当在利润表中分别列示持续经营损益和终止经营损益。企业可以参考以下格式（表39-14）对合并利润表中的净利润部分进行列报：

表39-14

项　目	本期金额	上期金额
……（略）		
四、净利润（净亏损以"－"号填列）		
（一）按经营持续性分类：		
1. 持续经营净利润（净亏损以"－"号填列）		
2. 终止经营净利润（净亏损以"－"号填列）		
（二）按所有权归属分类：		
1. 少数股东损益（净亏损以"－"号填列）		
2. 归属于母公司股东的净利润（净亏损以"－"号填列）		
……（略）		

三、合并现金流量表

合并现金流量表见表39-15：

表39-15　合并现金流量表①　　　　　　　　　　会合03表

编制单位：　　　　　　　　　　年　　月　　　　　　　　　　单位：元

项　　目	本期金额	上期金额
一、经营活动产生的现金流量		
销售商品、提供劳务收到的现金		
客户存款和同业存放款项净增加额*		
向中央银行借款净增加额*		
向其他金融机构拆入资金净增加额*		
收到原保险合同保费取得的现金*		
收到再保业务现金净额*		
保户储金及投资款净增加额*		
收取利息、手续费及佣金的现金*		
拆入资金净增加额*		
回购业务资金净增加额*		
代理买卖证券收到的现金净额*		
收到的税费返还		
收到其他与经营活动有关的现金		
经营活动现金流入小计		
购买商品、接受劳务支付的现金		
客户贷款及垫款净增加额*		
存放中央银行和同业款项净增加额*		
支付原保险合同赔付款项的现金*		
拆出资金净增加额*		
支付利息、手续费及佣金的现金*		
支付保单红利的现金*		
支付给职工及为职工支付的现金		
支付的各项税费		
支付其他与经营活动有关的现金		
经营活动现金流出小计		
经营活动产生的现金流量净额		
二、投资活动产生的现金流量		
收回投资收到的现金		
取得投资收益收到的现金		
处置固定资产、无形资产和其他长期资产收回的现金净额		

---

① 表格中标注"*"的项目为金融企业专用行项目。

(续表)

项 目	本期金额	上期金额
处置子公司及其他营业单位收到的现金净额		
收到其他与投资活动有关的现金		
投资活动现金流入小计		
购建固定资产、无形资产和其他长期资产支付的现金		
投资支付的现金		
质押贷款净增加额*		
取得子公司及其他营业单位支付的现金净额		
支付其他与投资活动有关的现金		
投资活动现金流出小计		
投资活动产生的现金流量净额		
三、筹资活动产生的现金流量		
吸收投资收到的现金		
其中：子公司吸收少数股东投资收到的现金		
取得借款收到的现金		
收到其他与筹资活动有关的现金		
筹资活动现金流入小计		
偿还债务支付的现金		
分配股利、利润或偿付利息支付的现金		
其中：子公司支付给少数股东的股利、利润		
支付其他与筹资活动有关的现金		
筹资活动现金流出小计		
筹资活动产生的现金流量净额		
四、汇率变动对现金及现金等价物的影响		
五、现金及现金等价物净增加额		
加：期初现金及现金等价物余额		
六、期末现金及现金等价物余额		

金融企业现金流量表中的有关行项目在本表中的列示说明：

（1）金融企业现金流量表中"一、经营活动产生的现金流量"下的"返售业务资金净增加额"行项目（银行、证券公司专用）在本表中的"支付其他与经营活动有关的现金"行项目中列示。

（2）金融企业现金流量表中"二、投资活动产生的现金流量"下的"返售业务资金净增加额"行项目（保险公司专用）在本表中的"支付其他与投资活动有关的现金"行项目中列示。

（3）金融企业现金流量表中"回购业务资金净增加额"行项目（保险公司专用）在本表中的"收到其他与筹资活动有关的现金"行项目中列示。

注　合并现金流量表的格式与《企业会计准则第31号——现金流量表》应用指南（2006）中现金流量报表的格式基本相同。

四、合并所有者权益变动表

合并所有者权益变动表见表39-16：

表 39-16　合并所有者权益变动表①　　　　　　　　　　　　　　　　　　会合 04 表

编制单位：　　　　　　　　　　　　　　　　　　　年度　　　　　　　　　　　　　　　　　　　单位：元

项　目	本年金额											上年金额										
	归属于母公司所有者权益										少数股东权益	所有者权益合计	归属于母公司所有者权益										少数股东权益	所有者权益合计
	实收资本（或股本）	其他权益工具 || 资本公积	减：库存股	其他综合收益	专项储备	盈余公积	一般风险准备*	未分配利润	小计			实收资本（或股本）	其他权益工具 || 资本公积	减：库存股	其他综合收益	专项储备	盈余公积	一般风险准备*	未分配利润	小计		
		优先股	永续债												优先股	永续债										
一、上年年末余额																								
加：会计政策变更																								
前期差错更正																								
其他																								
二、本年年初余额																								
三、本年增减变动金额（减少以"－"号填列）																								
（一）综合收益总额																								
（二）所有者投入和减少资本																								
1. 所有者投入的普通股																								
2. 其他权益工具持有者投入资本																								
3. 股份支付计入所有者权益的金额																								
4. 其他																								
（三）利润分配																								
1. 提取盈余公积																								
2. 提取一般风险准备*																								
3. 对所有者（或股东）的分配																								
4. 其他																								
（四）所有者权益内部结转																								
1. 资本公积转增资本（或股本）																								
2. 盈余公积转增资本（或股本）																								
3. 盈余公积弥补亏损																								
4. 设定受益计划变动额结转留存收益																								
5. 其他综合收益结转留存收益																								
6. 其他																								
四、本年年末余额																								

注　"少数股东权益"栏目，反映少数股东权益变动的情况。另外，参照合并资产负债表中的"专项储备""一般风险准备""资本公积""其他综合收益"等项目的列示，合并所有者权益变动表中应单列上述各栏目反映。

---

① 表格中标注"*"的项目为金融企业专用行项目。

第四十讲 在其他主体中权益的披露

第一节 综合知识

一、相关知识概述

在其他主体中的权益,是指通过合同或其他形式能够使企业参与其他主体的相关活动并因此享有可变回报的权益。

参与方式包括持有其他主体的股权、债权,或向其他主体提供资金、流动性支持、信用增级和担保等。企业通过这些参与方式实现对其他主体的控制、共同控制或重大影响。

其他主体包括企业的子公司、合营安排(包括共同经营和合营企业)、联营企业以及未纳入合并财务报表范围的结构化主体等。

结构化主体

在判断某一主体是否为结构化主体,以及判断该主体与企业的关系时,应当综合考虑结构化主体的定义和特征。结构化主体通常具有下列特征中的多项或全部特征:

(1)业务活动范围受限。

通常情况下,结构化主体在合同约定的范围内开展业务活动,业务活动范围受到了限制。例如,从事信贷资产证券化业务的结构化主体,在发行资产支持证券募集资金和购买信贷资产后,根据相关合同,其业务活动是将来源于信贷资产的现金向资产支持证券投资者分配收益。

(2)有具体明确的目的,而且目的比较单一,结构化主体通常是为了特殊目的而设立的主体。

例如,有的企业发起结构化主体是为了将企业的资产转让给结构化主体以迅速回收资金,并改变资产结构来满足资产负债管理的需要;有的企业发起结构化主体是为了满足客户特定的投资需求,吸引到更多的客户;还有的企业发起结构化主体是为了专门从事研究开发活动,或开展租赁业务等。

(3)股本(如有)不足以支撑其业务活动,必须依靠其他次级财务支持。

次级财务支持是指承受结构化主体部分或全部预计损失的可变权益,其中的"次级"代表受偿顺序在后。股本本身就是一种次级财务支持,其他次级财务支持包括次级债权、对承担损失做出的承诺或担保义务等。通常情况下,结构化主体的股本占资产规模的份额较小,甚至没有股本。当股本很少或没有股本,不足以支撑结构化主体的业务活动时,通常需要依靠其他次级财务支持来为结构化主体注入资金,支撑结构化主体的业务活动。

(4)通过向投资者发行不同等级的证券(如分级产品)等金融工具进行融资,不同等级的证券,信用风险及其他风险的集中程度也不同。

例如,以发行分级产品的方式融资是对各级产品的受益权进行了分层配置。购买优先级的投资者享有优先受益权,购买次级的投资者享有次级受益权。投资期满后,投资收益在逐级保证受益人本金、预期收益及相关费用后的余额归购买次级的投资者,如果出现投资损失,先由购买次级的投资者承担。由于不同等级的证券具有不同的信用风险、利率风险或流动性风险,发行分级产品可以满足不同风险偏好投资者的投资需求。

企业披露的在其他主体中权益的信息,应当有助于财务报表使用者评估企业在其他主体中权益的性质和相关风险,以及该权益对企业财务状况、经营成果和现金流量的影响。

二、会计准则概述

(一) 本准则的相关背景

对企业在其他主体中的权益进行充分的信息披露,有助于财务报表使用者了解权益的性质、风险及其财务影响。目前,有关在其他主体中、权益的披露要求分散在原《企业会计准则第2号——长期股权投资》和原《企业会计准则第33号——合并财务报表》之中,要求企业披露的内容涉及子公司、联营企业和合营企业,但未涉及共同经营和结构化主体。有限的披露要求难以帮助财务报表使用者全面了解企业在其他主体中权益的性质和风险,特别是企业在结构化主体中权益的风险。

2008年国际金融危机爆发后,金融稳定理事会、相关监管者认为有关表外主体的风险披露亟须改善。为此,国际会计准则理事会整合了《国际会计准则第27号——单独财务报表》《国际会计准则第28号——在联营企业和合营企业中的投资》和《国际会计准则解释公告第12号——合并:特殊目的主体》中的披露要求,根据新制定的《国际财务报告准则第10号——合并财务报表》扩充了有关子公司的披露要求,并且增加了有关结构化主体的披露要求,在此基础上形成了《国际财务报告准则第12号——在其他主体中权益的披露》。

为进一步规范企业在其他主体中权益的披露,提高会计信息质量,保持我国企业会计准则与国际财务报告准则的持续趋同,在借鉴《国际财务报告准则第12号——在其他主体中权益的披露》的基础上,根据我国有关准则实施以来的执行情况和征求意见过程中收集的反馈意见,结合我国企业实际情况,我国财政部2014年3月14日发布了《企业会计准则第41号——在其他主体中权益的披露》(财会〔2014〕16号,本讲简称"本准则"或"新准则"),自2014年7月1日起在所有执行企业会计准则的企业范围内施行。

(二) 本准则的适用范围

本准则适用于企业在子公司、合营安排、联营企业和未纳入合并财务报表范围的结构化主体中权益的披露。

企业同时提供合并财务报表和母公司个别财务报表的,应当在合并财务报表附注中披露本准则要求的信息,不需要在母公司个别财务报表附注中重复披露相关信息。

下列各项的披露适用其他相关会计准则:

(1) 离职后福利计划或其他长期职工福利计划,适用《企业会计准则第9号——职工薪酬》。

(2) 企业在其参与的但不享有共同控制的合营安排中的权益,适用《企业会计准则第37号——金融工具列报》。但是,企业对该合营安排具有重大影响或该合营安排是结构化主体的,适用本准则。

(3) 企业持有的由《企业会计准则第22号——金融工具确认和计量》规范的在其他主体中的权益,适用《企业会计准则第37号——金融工具列报》。但是,企业在未纳入合并财务报表范围的结构化主体中的权益,以及根据其他相关会计准则以公允价值计量且其变动计入当期损益的在联营企业或合营企业中的权益,适用本准则。

第二节 重大判断和假设的披露

一、对控制、共同控制、重大影响的判断

企业应当披露对其他主体实施控制、共同控制或重大影响的重大判断和假设,以及这些判断和假设变更的情况。

企业在其他主体中持有权益的,应当判断通过持有该权益企业能否对其他主体实施控制、共同控制或重大影响,并在财务报表附注中披露对控制、共同控制和重大影响的总体判断依据,针对某些具体情况做出的重大判断和假设,以及权益性质改变导致企业得出与原先不同的结论时所做的重大判断和假设。具体情况

包括但不限于下列各项：

（1）企业持有其他主体半数或以下的表决权但仍控制该主体的判断和假设，或者持有其他主体半数以上的表决权但并不控制该主体的判断和假设。

（2）企业持有其他主体20%以下的表决权但对该主体具有重大影响的判断和假设，或者持有其他主体20%或以上的表决权但对该主体不具有重大影响的判断和假设。

（3）企业通过单独主体达成合营安排的，确定该合营安排是共同经营还是合营企业的判断和假设。

（4）确定企业是代理人还是委托人的判断和假设。

企业应当根据合并财务报表准则的规定，判断企业是代理人还是委托人。

二、对投资性主体的判断及主体身份的转换

企业应当披露按照合并财务报表准则被确定为投资性主体的重大判断和假设，以及虽然不符合合并财务报表准则有关投资性主体的一项或多项特征但仍被确定为投资性主体的原因。合并财务报表准则规定了投资性主体的判断依据。企业被确定为投资性主体时，根据本准则，企业应当披露与这一认定相关的重大判断和假设。如果企业不具备合并财务报表准则中所列举的投资性主体特征中的一项或多项特征，但仍被确定为投资性主体的，企业应当披露做出这一认定的原因。

企业（母公司）由非投资性主体转变为投资性主体的，应当披露该变化及其原因，并披露该变化对财务报表的影响。企业被认定为投资性主体，根据合并财务报表准则，企业应当仅将为其投资活动提供相关服务的子公司（如有）纳入合并范围并编制合并财务报表；其他子公司不应当予以合并，母公司对其他子公司的投资应当按照公允价值计量且其变动计入当期损益。对停止纳入合并财务报表范围的子公司，相关权益的会计处理方法由成本法转为以公允价值计量且其变动计入当期损益，会计处理方法的转变会对企业的财务报表产生影响。针对这项变化，企业应当在变化当期的财务报表附注中披露下列信息：

（1）对其主体身份变化这一情况及其原因予以说明。

（2）对变化当日不再纳入合并财务报表范围子公司的投资的公允价值，以及按照公允价值重新计量产生的利得或损失以及相应的列报项目。

企业（母公司）由投资性主体转变为非投资性主体的，应当披露该变化及其原因。

关于重要性原则的应用

企业在其他主体中的权益类型多样，规模不一，所产生的财务影响的程度也有所不同。为了防止企业披露大量不必要的信息导致财务报表使用者无法识别真正有用的信息，也为了防止企业将具有不同特征的权益进行汇总披露，导致信息过于笼统，不利于财务报表使用者了解和评价相关权益的性质和风险，企业在确定信息披露的详细程度时应当应用重要性原则。本准则对不同类型、不同特点的权益分别规定了相应的披露要求。对企业或企业集团而言重要的权益，需要单独且详尽地披露；对企业或企业集团而言重要性程度不足以单独披露的权益，可以汇总披露。此外，如果按照本准则的要求披露的信息还无法实现本准则的目标时，企业应当披露额外的信息来确保本准则的目标得以实现。

第三节　在子公司中权益的披露

一、企业集团的构成情况

企业应当在合并财务报表附注中披露企业集团的构成，包括子公司的名称、主要经营地、注册地（一般指国家或地区）、业务性质、企业的持股比例（或类似权益比例，下同）等。企

业对子公司的持股比例不同于企业持有的表决权比例的,还应当披露该表决权比例。企业可以采用表40-1的格式来反映企业集团的构成情况。

表40-1　企业集团的构成情况

子公司名称	主要经营地	注册地	业务性质	持股比例

二、重要的非全资子公司的相关信息

子公司少数股东持有的权益对企业集团重要的,企业还应当在合并财务报表附注中披露下列信息:

(1) 子公司少数股东的持股比例。子公司少数股东的持股比例不同于其持有的表决权比例的,企业还应当披露该表决权比例。

(2) 当期归属于子公司少数股东的损益以及向少数股东支付的股利。

(3) 子公司在当期期末累计的少数股东权益余额。

(4) 子公司的主要财务信息。

如果单个非全资子公司的少数股东权益对企业集团而言并不重要,则不需要披露上述信息。

除子公司的主要财务信息外,企业可以采用表40-2的格式来披露上述(1)~(3)项要求的信息。

表40-2　重要的非全资子公司的相关信息

子公司名称	少数股东的持股比例	当期归属于少数股东的损益	当期向少数股东支付的股利	期末累计少数股东权益

本准则要求企业披露重要非全资子公司的主要财务信息,以帮助财务报表使用者了解重要的少数股东权益对整个企业集团的业务活动和现金流量的影响。重要非全资子公司的主要财务信息包括流动资产、非流动资产、流动负债、非流动负债、营业收入、净利润、综合收益等。企业可以采用表40-3的格式来披露重要非全资子公司的主要财务信息。

表40-3　重要非全资子公司的主要财务信息

	本期数			上期数		
	智董公司	贵琛公司	……	智董公司	贵琛公司	……
流动资产						
非流动资产						
资产合计						
流动负债						
非流动负债						
负债合计						
营业收入						
净利润						
综合收益总额						
经营活动现金流量						

这些信息是根据少数股东的持股比例计算出来的金额。表40-3的数据还需要经过一定调整,包括以合并日子公司可辨认资产和负债的公允价值为基础进行的调整,以及因母公司与子公司会计政策不一致而按照母公司会计政策对子公司财务报表进行的调整等,但不需要抵销企业集团成员企业之间的内部交易。

企业在子公司中的权益(或权益的一部分)按照《企业会计准则第30号——财务报表列报》划分为持有待售资产的,不需要披露该子公司的上述主要财务信息。

关于对重要的非全资子公司的信息披露要求

企业存在非全资子公司的,企业集团合并财务报表中的少数股东权益和少数股东损益等项目将有相应的金额。企业应当运用重要性原则判断站在企业集团的角度非全资子公司少数股东持有的权益是否重要,如果重要,企业应当根据本准则的要求在合并财务报表附注中单独披露重要非全资子公司的相关信息。相关信息包括少数股东的持股比例、当期少数股东损益的金额和向少数股东支付的股利、少数股东权益的余额,以及非全资子公司的主要财务信息。非全资子公司的主要财务信息包括资产、负债、营业收入、净利润、综合收益、现金流量等,实际上是对合并财务报表中的少数股东权益和少数股东损益等项目的重要组成部分展开说明。这些信息来源于重要非全资子公司的财务报表,不是根据少数股东的持股比例计算出来的金额。这一披露要求旨在通过在合并财务报表附注中对重要的少数股东权益进行深入、全面的说明,来帮助财务报表使用者了解重要的非全资子公司的情况及其对整个企业集团的业务活动和现金流量的影响。

三、对使用企业集团资产和清偿企业集团债务的重大限制

使用企业集团资产和清偿企业集团债务存在重大限制的,企业应当在合并财务报表附注中披露下列信息:

(1)该限制的内容,包括对母公司或其子公司与企业集团内其他主体相互转移现金或其他资产的限制,以及对企业集团内主体之间发放股利或进行利润分配、发放或收回贷款或垫款等的限制。

(2)子公司少数股东享有保护性权利,并且该保护性权利对企业使用企业集团资产或清偿企业集团负债的能力存在重大限制的,该限制的性质和程度。

(3)该限制涉及的资产和负债在合并财务报表中的金额。

企业集团成员企业使用企业集团资产和清偿企业集团债务可能因法律、行政法规的规定以及合同协议的约定而受到重大限制。本准则要求企业根据重要性原则判断限制是否重大,并在合并财务报表附注中披露对使用企业集团资产和清偿企业集团债务存在的重大限制。

此外,子公司的少数股东可能享有保护性权利。根据合并财务报表准则,保护性权利是指仅为了保护权利持有人利益却没有赋予持有人对相关活动决策权的一项权利。例如,根据协议,母公司动用子公司资产、清偿子公司债务必须经过子公司少数股东的批准。保护性权利对企业使用企业集团资产或清偿企业集团负债的能力存在重大限制的,企业应当披露该限制的性质和程度。

上述重大限制对企业集团的资产和负债产生一定影响,企业应当在合并财务报表附注中披露该限制涉及的资产和负债在合并财务报表中的金额。

关于对使用企业集团资产和清偿企业集团债务的重大限制的范围

根据原《企业会计准则第33号——合并财务报表》准则应用指南的规定,企业应当在合并财务报表附注中披露子公司向母公司转移资金的能力受到严格限制的情况。与原有规定相比,本准则中重大限制的范围有所扩大,既包括子公司向母公司转移资金受到的重大限制,也包括母公司向子公司,或子公司之间转移资金的能力受到的重大限制。

母公司和子公司都是企业集团的成员企业,站在集团角度,它们共同构成企业集团这一整体,但各成员企业同时也是独立的法律主体,成员企业使用企业集团的

资产、清偿企业集团的债务可能因法律、行政法规的规定以及合同协议的约定而受到重大限制。这些重大限制将对成员企业之间的业务活动产生影响，进而影响企业集团的业务活动。所以本准则要求企业根据重要性原则判断限制是否重大，并在合并财务报表附注中披露对使用企业集团资产和清偿企业集团债务的重大限制的内容及涉及的金额。

四、纳入合并财务报表范围的结构化主体的相关信息

企业存在纳入合并财务报表范围的结构化主体的，应当在合并财务报表附注中披露与该结构化主体相关的风险信息。与结构化主体相关的风险主要是指企业或其子公司需要依合同约定或因其他原因向结构化主体提供财务支持或其他支持，包括帮助结构化主体取得财务支持。

支持不属于企业日常的经营活动，通常是由特定事项触发的交易。例如，当纳入合并财务报表范围的结构化主体流动性紧张或资产信用评级被降低时，企业作为母公司可能需要向结构化主体提供流动性支持，或与结构化主体进行资产置换来提高结构化主体的资产信用评级，使结构化主体恢复到正常的经营状态。"财务支持"（直接或间接地向结构化主体提供经济资源）通常包括：向结构化主体无偿提供资金；增加对结构化主体的权益投资；向结构化主体提供长期贷款；豁免结构化主体所欠的债务；从结构化主体购入资产，或购买结构化主体发行的证券；按照偏离市场公允价值的价格与结构化主体进行交易，造成企业资源的净流出；企业就结构化主体的经营业绩向第三方提供保证或承诺；其他情形。"其他支持"通常是非财务方面的支持，如提供人力资源管理或其他管理服务等。

（一）有合同约定的情况

对纳入合并财务报表范围的结构化主体，合同约定企业或其子公司向该结构化主体提供财务支持的，应当披露提供财务支持的合同条款，包括可能导致企业承担损失的事项或情况。

（二）没有合同约定的情况

对纳入合并财务报表范围的结构化主体，在没有合同约定的情况下，企业或其子公司当期向该结构化主体提供了财务支持或其他支持，企业应当披露所提供支持的类型、金额及原因，包括帮助该结构化主体获得财务支持的情况。其中，企业或其子公司当期对以前未纳入合并财务报表范围的结构化主体提供了财务支持或其他支持并且该支持导致企业控制了该结构化主体的，企业还应当披露决定提供支持的相关因素。

（三）向结构化主体提供支持的意图

对纳入合并财务报表范围的结构化主体，企业存在向该结构化主体提供财务支持或其他支持的意图的，应当披露该意图，包括帮助该结构化主体获得财务支持的意图。"意图"是指企业基本决定将在未来期间向结构化主体提供财务支持或其他支持，具体表现为适当级别的企业高管批准了企业向结构化主体提供支持的计划或者方案。如果计划或者方案仅处于酝酿阶段，尚未获得企业高管批准，则不属于本准则所称的意图，也不需要进行披露。

关于纳入合并财务报表范围的结构化主体的相关风险信息

结构化主体具有一定的特殊性。企业（母公司）的子公司中有结构化主体的，对于与该结构化主体相关的权益，除了像对其他子公司权益一样披露共性的信息外，还要披露与结构化主体相关的风险信息。与结构化主体相关的风险主要是指企业或其子公司需要依合同约定或其他原因向结构化主体提供财务支持或其他支持，包括帮助结构化主体取得财物支持。

站在企业集团的角度，如果企业或其子公司在报告期内向结构化主体提供财务支持，集团成员企业之间的交易在编制合并财务报表时将作抵销处理，不影响合并财务报表中的损益金额，但交易本身会对提供支持方的股东产生影响，甚至可能给股东造成损失。而且，向结构化主体提供支持通常是由特定事项触发的。例如，当结构化主体的资产信用评级被降低时，企业作为母公司与结构化主体进行资产置换来恢复结构化主体资产的

信用评级,这一交易虽然不影响合并财务报表中的损益金额,但资产信用评级被降低对于企业和企业集团而言也是一种风险。所以,合同约定向纳入合并财务报表范围的结构化主体提供财务支持的,应当披露合同条款;没有合同约定但提供了支持的,应当披露支持的类型、金额及原因;存在提供支持意图的,还应当披露该意图。

五、企业在其子公司的所有者权益份额发生变化的情况

(一) 不丧失控制权的情况

企业在其子公司所有者权益份额发生变化且该变化未导致企业丧失对子公司控制权的,应当在合并财务报表附注中披露该变化对本企业所有者权益的影响。在不丧失控制权的情况下,子公司仍纳入合并财务报表范围,但这一交易会影响合并财务报表中少数股东权益等金额,对本企业所有者权益产生影响,本准则要求企业在合并财务报表附注中披露该变化对本企业所有者权益的影响。

【例40-1】 智董公司持有贵琛公司80%的股权,能够对贵琛公司实施控制。2×21年1月,智董公司将其持有的贵琛公司的部分股份对外出售(占贵琛公司股份的20%),该项交易未导致智董公司丧失对贵琛公司的控制权。

【分析】 智董公司在2×21年报的合并财务报表附注中对该项交易的披露如下:智董公司于2×21年1月处置部分对贵琛公司的投资(占贵琛公司股份的20%),但未丧失对贵琛公司的控制权。处置股权取得的对价为2600万元,该项交易导致少数股东权益增加2400万元,资本公积增加200万元。

(二) 丧失控制权的情况

企业丧失对子公司控制权的,如果企业还有其他子公司并需要编制合并财务报表,应当在合并财务报表附注中披露按照合并财务报表准则计算的下列信息:

(1) 由于丧失控制权而产生的利得或损失以及相应的列报项目。

(2) 剩余股权在丧失控制权日按照公允价值重新计量而产生的利得或损失。

【例40-2】 智董公司持有贵琛公司60%的股权,能够对贵琛公司实施控制。2×21年6月,智董公司将其持有的贵琛公司的部分股份对外出售(占贵琛公司股份的40%),该项交易导致智董公司丧失了对贵琛公司的控制权,但仍对贵琛公司具有重大影响。

【分析】 智董公司在2×21年报的合并财务报表附注中对该项交易的披露如下:智董公司2×21年6月处置部分对贵琛公司的投资(占贵琛公司股份的40%),丧失了对贵琛公司的控制权。处置股权取得的对价为6000万元,该项交易的收益为720万元,列示在合并财务报表的"投资收益"项目中。处置当日剩余股权的公允价值为3000万元,剩余股权按照公允价值计量而产生的利得为200万元。

六、投资性主体的相关信息

企业按照合并财务报表准则被确定为投资性主体,且存在未纳入合并财务报表范围的子公司,并对该子公司权益按照公允价值计量且其变动计入当期损益的,应当在财务报表附注中对该情况予以说明。同时,应当披露该子公司的基础信息和与权益相关的风险信息。

(一) 未纳入合并财务报表范围的子公司的基础信息

企业(母公司)是投资性主体的,对未纳入合并财务报表范围的子公司,企业应当披露下列基础信息:

(1) 子公司的名称、主要经营地及注册地(一般指国家或地区)。

(2) 企业对子公司的持股比例。

持股比例不同于企业持有的表决权比例的,企业还应当披露该表决权比例。企业的子公司也是投资性主体且该子公司存在未纳入合并财务报表范围的下属子公司的,企业应当按照上述要求披露该下属子公司的相关信息。

(二) 与权益相关的风险信息

企业是投资性主体的,对其在未纳入合并财务报表范围的子公司中的权益,应当披露与该权益相关的风险信息:

(1) 该未纳入合并财务报表范围的子公司以发放现金股利、归还贷款或垫款等形式向企业转移资金的能力存在重大限制的,企业应当披露该限制的性质和程度。

(2) 企业存在向未纳入合并财务报表范围的子公司提供财务支持或其他支持的承诺或意图的,企业应当披露该承诺或意图,包括帮助该子公司获得财务支持的承诺或意图。在没有合同约定的情况下,企业或其子公司当期向未纳入合并财务报表范围的子公司提供财务支持或其他支持的,企业应当披露提供支持的类型、金额及原因。

(3) 合同约定企业或未纳入合并财务报表范围的子公司向未纳入合并财务报表范围,但受企业控制的结构化主体提供财务支持的,企业应当披露相关合同条款,以及可能导致企业承担损失的事项或情况。在没有合同约定的情况下,企业或其未纳入合并财务报表范围的子公司当期向原先不受企业控制且未纳入合并财务报表范围的结构化主体提供财务支持或其他支持,并且所提供的支持导致企业控制该结构化主体的,企业应当披露决定提供上述支持的相关因素。

第四节 在合营安排或联营企业中权益的披露

一、合营安排和联营企业的基础信息

存在重要的合营安排或联营企业的,企业应当披露下列信息:

(1) 合营安排或联营企业的名称、主要经营地及注册地。

(2) 企业与合营安排或联营企业的关系的性质,包括合营安排或联营企业活动的性质,以及合营安排或联营企业对企业活动是否具有战略性等。

(3) 企业的持股比例。

持股比例不同于企业持有的表决权比例的,企业还应当披露该表决权比例。

对于重要的合营安排或联营企业,企业可以采用表40-4的格式披露合营安排或联营企业的基础信息。

表40-4 重要合营安排或联营企业的基础信息

企业名称	主要经营地	注册地	持股比例	业务性质	对企业活动是否具有战略性

二、重要的合营企业和联营企业的主要财务信息

对于重要的合营企业或联营企业,企业除了应当披露基础信息外,还应当披露对合营企业或联营企业投资的会计处理方法,从合营企业或联营企业收到的股利,以及合营企业或联营企业在其自身财务报表中的主要财务信息。合营企业或联营企业的主要财务信息,包括流动资产、非流动资产、流动负债、非流动负债、营业收入、净利润、终止经营的净利润、其他综合收益、综合收益总额等。由于企业对合营企业相关活动的参与程度更高,对于重要的合营企业,除披露上述信息外,还需要披露的信息有:现金和现金等价物;财务费用(能够区分利息收入和利息费用的,分别披露利息收入和利息费用);所得税费用。

企业对重要的合营企业或联营企业投资采用权益法进行会计处理的,上述主要财务信息应当是按照权益法对合营企业或联营企业相关财务信息调整后的金额。同时,企业应当披露

将上述主要财务信息按照权益法调整至企业对合营企业或联营企业投资账面价值的调节过程。企业对上述合营企业或联营企业投资采用权益法进行会计处理但该投资存在公开报价的,还应当披露其公允价值。

对于重要的合营企业,企业对其投资按照权益法进行会计处理的,可以采用表 40-5 的格式披露合营企业的主要财务信息和相关信息。

表 40-5 重要合营企业的主要财务信息①

	本期数			上期数		
	智董公司	贵琛公司	……	智董公司	贵琛公司	……
流动资产						
其中:现金和现金等价物						
非流动资产						
资产合计						
流动负债						
非流动负债						
负债合计						
净资产						
按持股比例计算的净资产份额						
调整事项						
对合营企业权益投资的账面价值						
存在公开报价的权益投资的公允价值						
营业收入						
财务费用						
所得税费用						
净利润						
其他综合收益						
综合收益总额						
企业本期收到的来自合营企业的股利						

表 40-5 数据来源于重要合营企业的财务报表,不是根据持股比例计算出来的金额。来源于合营企业财务报表的数据还需要经过一定调整,例如,以取得投资时被投资方可辨认资产和负债的公允价值为基础进行的调整,或者因被投资方与企业的会计政策不一致而对被投资方财务信息进行的调整等,但不需要抵销企业与合营企业之间的内部交易。假设智董公司是对贵琛公司享有共同控制的合营方,在取得对贵琛公司的投资时,贵琛公司一项固定资产的账面价值为 500 万元,公允价值为 600 万元,剩余摊销年限为 10 年。在编制表 40-5 时,智董公司应当以 600 万元为基础调整贵琛公司财务报表的金额,按调整后的金额填列"非流动资产"项目、"净利润"项目,以及"综合收益"项目等。

表 40-5 还包括企业当期从合营企业收到的股利、存在公开报价的投资的公允价值等信息,以及按照权益法调整至企业对合营企业投资账面价值的调节过程。表中的"调整事项"包括取得投资时形成的商誉,即取得投资时企业的初

---

① 存在终止经营的净利润的,还应当在本表中单列项目披露。

始投资成本大于投资时应享有合营企业可辨认净资产公允价值份额的金额,还包括抵销企业与合营企业之间的内部交易、减值准备等其他事项。

对于重要的联营企业,企业对其投资按照权益法进行会计处理的,可以采用表40-6的格式披露联营企业的主要财务信息。除了在披露项目上简化外,表40-6的内容和编制方法与表40-5一致。

企业根据其他相关会计准则,对重要的合营企业或联营企业投资采用权益法以外的其他方法进行会计处理的,需要区分两种情况:

(1)企业是投资性主体的,不需要披露合营企业或联营企业的主要财务信息。

(2)企业不是投资性主体的,在财务报表附注中所披露的合营企业或联营企业的主要财务信息直接来源于合营企业或联营企业的财务报表,不需要经过调整,也不包括调节过程。

企业在合营企业或联营企业中的权益(或权益的一部分)按照《企业会计准则第30号——财务报表列报》划分为持有待售资产的,不需要披露合营企业或联营企业的上述主要财务信息。

表40-6　重要联营企业的主要财务信息①

	本期数			上期数		
	智薹公司	贵琛公司	……	智薹公司	贵琛公司	……
流动资产						
非流动资产						
资产合计						
流动负债						
非流动负债						
负债合计						
净资产						
按持股比例计算的净资产份额						
调整事项						
对联营企业权益投资的账面价值						
存在公开报价的权益投资的公允价值						
营业收入						
净利润						
其他综合收益						
综合收益总额						
企业本期收到的来自联营企业的股利						

三、不重要的合营企业和联营企业的汇总财务信息

企业在单个合营企业或联营企业中的权益不重要的,应当分别就合营企业和联营企业两类披露下列信息:

(1)按照权益法进行会计处理的对合营企业或联营企业投资的账面价值合计数。

(2)对合营企业或联营企业的净利润、终止经营的净利润、其他综合收益、综合收益等项目,企业按照其持股比例计算的金额的合计数。企业是投资性主体的,不需要披露上述信息。

对于不重要的合营企业或联营企业,企业可以采用表40-7的格式披露汇总财务信息。

---

① 存在终止经营的净利润的,还应当在本表中单列项目披露。

表40-7 不重要合营企业和联营企业的汇总信息①

项　目	本期数	上期数
合营企业：		
投资账面价值合计		
下列各项按持股比例计算的合计数		
净利润		
其他综合收益		
综合收益总额		
联营企业：		
投资账面价值合计		
下列各项按持股比例计算的合计数		
净利润		
其他综合收益		
综合收益总额		

四、与企业在合营企业和联营企业中权益相关的风险信息

（一）对转移资金能力的重大限制

合营企业或联营企业以发放现金股利、归还贷款或垫款等形式向企业转移资金的能力存在重大限制的，企业应当披露该限制的性质和程度。例如，某联营企业与银行（银行是独立第三方，不是联营企业的投资方）签订借款合同，合同约定：如果联营企业未能清偿到期债务，就不能向其投资方支付股利。在这种情况下，联营企业向企业（投资方）转移资金的能力就受到了限制，如果该项限制属于重大限制，企业应当在其财务报表附注中披露该项限制的性质和程度。

（二）超额亏损

企业对合营企业或联营企业投资采用权益法进行会计处理，被投资方发生超额亏损且投资方不再确认其应分担合营企业或联营企业损失份额的，应当披露未确认的合营企业或联营企业损失份额，包括当期份额和累积份额。在合营企业或联营企业发生超额亏损的情况下，企业可以采用表40-8的格式披露企业应分担的超额亏损，也可以用文字形式披露相关信息。

表40-8 企业对合营企业或联营企业发生超额亏损的分担额

被投资单位名称	前期累积未确认的损失份额	本期未确认的损失份额（或本期实现净利润的分享额）	本期末累积未确认的损失份额
合营企业：			
（1）			
小　计			
联营企业：			
（1）			
小　计			
合　计			

---

① 存在终止经营的净利润的，还应当在本表中单列项目披露。

【例 40-3】 智董公司持有贵琛公司 40% 的股权，能够对贵琛公司实施重大影响。2×21 年度，贵琛公司发生巨额亏损。智董公司在其 2×21 年报的财务报表附注中对该事项披露如下：2×21 年度贵琛公司亏损 10 000 万元，本公司按照持股比例应分担损失 4 000 万元，但本公司对贵琛公司权益投资的账面价值仅为 3 500 万元，本公司不存在长期应收款等其他实质上构成对贵琛公司净投资的权益项目，本公司确认了 3 500 万元的投资损失，当期未确认的对贵琛公司投资的损失份额为 500 万元，本期末累积未确认的对贵琛公司投资的损失份额为 500 万元。

【分析】 智董公司也可以采用表格的形式披露（表 40-9）。

表 40-9 企业对合营企业或联营企业发生超额亏损的分担额

2×21 年　　　　　　　　　　　　　　　　　　　　　　　　　　　　　　　　　　　单位：万元

被投资单位名称	前期累积未确认的损失份额	本期未确认的损失份额	本期末累积未确认的损失份额
联营企业：			
贵琛公司	0	500	500
合　计	0	500	500

（三）与对合营企业投资相关的未确认承诺

企业应当单独披露与其对合营企业投资相关的未确认承诺。未确认承诺是指企业已做出但未确认的各项承诺，既包括企业单独做出的未确认承诺，又包括企业与其他参与方共同做出的未确认承诺中企业所承担的份额。

未确认承诺的具体内容包括但不限于：

（1）企业因下列事项而做出的提供资金或资源的未确认承诺。

例如，企业对合营企业的出资承诺，对于合营企业承担的资本性支出企业将提供支持的承诺，企业承诺从合营企业购买或代表合营企业购买设备、存货或服务等无条件购买义务，企业向合营企业承诺提供贷款或其他财务支持，以及企业做出的与对合营企业投资相关的其他不可撤销的承诺。

（2）企业购买合营企业其他参与方在合营企业的全部或部分权益的未确认承诺。

企业是否需要履行这一承诺通常取决于特定事件是否在未来期间发生。

【例 40-4】 2×21 年 7 月 1 日，智董公司、贵琛公司和欣郁公司共同出资设立丁企业，出资比例分别为 50%、40% 及 10%，各参与方的表决权比例与其出资比例相同。假设根据协议，智董公司和贵琛公司对丁企业具有共同控制，且该合营安排为合营企业。协议约定，贵琛公司承诺欣郁公司在丁企业成立届满 3 年后，欣郁公司可以选择将其在丁企业中的财产份额全部转让给贵琛公司，由贵琛公司一次性全额向欣郁公司支付欣郁公司初始投资成本的 120%。欣郁公司的初始投资成本为 150 万元，贵琛公司承担的未确认承诺为 180 万元。

【分析】 贵琛公司在其 2×21 年报的财务报表附注中对该项未确认承诺披露如下：本公司对丁企业（2×21 年 7 月成立）享有共同控制，表决权比例为 40%。根据协议，如果丁企业的参与方欣郁公司选择在丁企业成立届满 3 年后将其在丁企业中财产份额转让给本公司，本公司需要一次性全额向欣郁公司支付 180 万元。

（四）或有负债

企业应当单独披露与其对合营企业或联营企业投资相关的或有负债，但不包括极小可能导致经济利益流出企业的或有负债。企业应当按照《企业会计准则第 13 号——或有事项》来判断某一事项是否属于或有负债。如果企业与合营企业的其他参与方、联营企业的其他投资方共同承担某项或有负债，企业应当在财务报表附注中披露在该项或有负债中企业所承担的份额。在或有负债较多的情况下，企业可以按照或有负债的类别进行汇总披露。

小知识

关于共同经营与合营企业的信息披露差异

合营安排分为共同经营和合营企业。企业存在重要合营安排的,应当披露合营安排(包括共同经营和合营企业)的基础信息,包括名称、主要经营地及注册地,企业与合营安排的关系的性质,以及企业的持股比例等。但企业只需披露重要的合营企业的主要财务信息。这是因为,在共同经营中,企业作为享有共同控制的合营方将其在共同经营中的权益具体化为企业的资产、负债、收入、费用等项目,即与共同经营相关的信息已经包含在企业财务报表相应的资产、负债、收入、费用等项目中,不需要再重复披露其财务信息。在合营企业中,企业作为享有共同控制的合营方,对合营企业的投资在企业或企业集团的财务报表中体现为长期股权投资项目或金融资产项目。为了帮助财务报表使用者更好地了解企业在合营企业中的权益,深入解析长期股权投资或金融资产的重要组成部分,本准则要求单独披露重要合营企业的资产、负债、收入、净利润、综合收益等信息。这些信息来源于合营企业的财务报表,不是根据持股比例计算出来的金额,反映的是重要合营企业财务状况和经营业绩的概况,以帮助财务报表使用者了解重要合营企业的情况并评价相关权益的风险。

第五节 在未纳入合并财务报表范围的结构化主体中权益的披露

一、未纳入合并财务报表范围的结构化主体的基础信息

对于未纳入合并财务报表范围的结构化主体,企业应当披露该结构化主体的性质、目的、规模、活动及融资方式,包括与之相关的定性信息和定量信息。其中,结构化主体的规模通常以资产总额或者所发行证券的规模来表示,融资方式包括股权融资、债权融资以及其他融资方式。本准则不要求逐个披露结构化主体的信息,企业应当按照重要性原则来确定信息披露的详细程度,只要不影响财务报表使用者评价企业与结构化主体之间的关系及企业因涉入结构化主体业务活动而面临的风险,企业可以根据需要汇总披露相关信息。

二、与权益相关资产负债的账面价值和最大损失敞口

企业在未纳入合并财务报表范围的结构化主体中有权益的,还应当披露下列信息:

(1)在财务报表中确认的与企业在未纳入合并财务报表范围的结构化主体中权益相关的资产和负债的账面价值及其在资产负债表中的列报项目。

(2)在未纳入合并财务报表范围的结构化主体中权益的最大损失敞口及其确定方法。

最大损失敞口应当是企业因在结构化主体中持有权益而可能发生的最大损失。在确定最大损失敞口时,不需要考虑损失发生的可能性,因为最大损失敞口并不是企业的预计损失。企业不能量化最大损失敞口的,应当披露这一事实及其原因。

(3)在财务报表中确认的与企业在未纳入合并财务报表范围的结构化主体中权益相关的资产和负债的账面价值与其最大损失敞口的比较。

最大损失敞口为优先级债券在资产负债表日的账面价值(公允价值)。

次级债券列示在财务报表的"债权投资"项目中。最大损失敞口为次级债券在资产负债表日的账面价值(摊余成本)。

信用违约互换列示在财务报表的"衍生金融负债"项目中。最大损失敞口为相关贷款全部违约情况下企业需要偿付的本金和利息之和。

三、企业是结构化主体的发起人但在结构化主体中没有权益的情况

企业发起设立未纳入合并财务报表范围的结构化主体,资产负债表日在该结构化主体中

没有权益的,企业不披露与权益相关的资产负债的账面价值及最大损失敞口。但作为发起人,企业通常与其发起的结构化主体之间保持着业务联系,仍可能通过涉入结构化主体的相关活动而承担风险。本准则要求此类企业披露下列信息。

(一)企业作为该结构化主体发起人的认定依据,即如何判断企业是该结构化主体的发起人

企业的发起人身份可能给企业带来一定风险。例如,当结构化主体的经营遇到困难时,企业作为发起人很可能向结构化主体提供财务支持或其他支持,在帮助结构化主体渡过难关的同时维护企业的声誉。存在下列情况的,可能说明企业是结构化主体的发起人:

(1)企业单独创建了结构化主体。
(2)企业参与创建结构化主体,并参与结构化设计的过程。
(3)企业是结构化主体的最主要的服务对象,例如,结构化主体为企业提供资金,或者结构化主体所从事的业务活动是企业主要业务活动的组成部分,企业即使没有发起结构化主体,自身也要开展这些业务活动。
(4)企业的名称出现在结构化主体的名称或结构化主体发行的证券的名称中。
(5)其他能够说明企业是结构化主体发起人的情形。

(二)分类披露企业当期从该结构化主体获得的收益及收益类型

企业作为发起人,即使在结构化主体中没有权益,也可能取得来自结构化主体的收益。例如,向结构化主体提供管理或咨询服务并收取服务费;向结构化主体转移资产而取得收益;以及原先在结构化主体中持有权益,当期处置了相关权益,虽然资产负债表日企业不再持有权益,但当期取得了处置收益。对当期从结构化主体获得的收益及其类型,企业应当分类披露。

(三)当期转移至该结构化主体的所有资产在转移时的账面价值

【例 40-5】 智董公司发起多个结构化主体,但在结构化主体中均不持有权益。

【分析】 2×21年,智董公司从其发起的结构化主体获得收益的情况以及当期向结构化主体转移资产的情况,如表 40-10 所示。

表 40-10 当期转移至该结构化主体的所有资产在转移时的账面价值

2×21年 单位:万元

结构化主体类型	当期从结构化主体获得的收益			当期向结构化主体转移资产账面价值
	服务收费	向结构化主体出售资产的利得(损失)	合 计	
信用资产证券化	10	8	18	258
投资基金	5	—	5	—
合 计	15	8	23	258

四、向未纳入合并财务报表范围的结构化主体提供支持的情况

企业应当披露其向未纳入合并财务报表范围的结构化主体提供财务支持或其他支持的意图,包括帮助该结构化主体获得财务支持的意图。

在没有合同约定的情况下,企业当期向结构化主体(包括企业前期或当期持有权益的结构化主体)提供财务支持或其他支持的,还应当披露提供支持的类型、金额及原因,包括帮助该结构化主体获得财务支持的情况。

五、未纳入合并财务报表范围结构化主体的额外信息披露

如果企业按照本准则要求披露的有关未纳

入合并财务报表范围的结构化主体的信息,仍不能充分反映相关风险及其对企业的影响,企业还应当额外披露信息。

(1) 合同约定企业在特定情况下需要向未纳入合并财务报表范围的结构化主体提供财务支持或其他支持的,企业应当披露相关的合同条款及有关信息。有关信息包括在何种情况下企业需要向结构化提供支持并可能因此遭受损失,是否存在其他约定对企业向结构化主体履行支持义务产生约束,在多方向结构化主体提供支持的情况下各方提供支持的先后顺序等。

(2) 企业因在未纳入合并财务报表范围的结构化主体中持有权益而当期遭受损失的,企业应当披露损失的金额,包括计入当期损益的金额和计入其他综合收益的金额。

(3) 企业在未纳入合并财务报表范围的结构化主体中持有权益,如果企业当期取得与该权益相关的收益,企业应当披露收益的类型。收益类型主要包括服务收费、利息收入、利润分配收入、处置债权或股权的收益,以及企业向结构化主体转移资产取得的收益等。

(4) 在合同约定企业和其他主体需要承担未纳入合并财务报表范围结构化主体的损失的情况下,企业应当披露企业和其他主体需要承担损失的最大限额以及承担损失的先后顺序。

(5) 企业应当披露第三方提供的,对企业在未纳入合并财务报表范围的结构化主体中权益的公允价值或风险可能产生影响的流动性支持、担保、承诺等。

(6) 企业应当披露当期未纳入合并财务报表范围的结构化主体在融资活动中遇到的困难,主要是指债务融资或股权融资遇到的困难。

(7) 企业应当披露与未纳入合并财务报表范围的结构化主体融资业务有关的信息,包括融资形式(如商业票据、中长期票据)及其加权平均期限。特别是当结构化主体投资长期资产但资金来源于短期负债时,企业需要分析该结构化主体资产和负债的期限结构,并披露这一情况。

关于披露要求的主要变化

与原有对子公司、合营企业、联营企业的披露要求相比,变化主要体现在以下三个方面:一是梳理和整合了对企业在子公司、合营企业、联营企业中权益的披露要求,明确规定企业应当在财务报表附注中披露有关子公司、合营企业和联营企业的主要财务信息;二是充实和优化了披露内容,不仅要求披露有关权益的基础信息,还要求披露相关风险信息;三是增加了对企业在共同经营和结构化主体中权益的披露要求,特别是增加了对未纳入合并财务报表范围的结构化主体的披露要求,有助于财务报表使用者更好地了解表外主体的风险。这一变化的目的是通过更加充分、透明的信息披露,帮助财务报表使用者了解企业在其他主体中权益的性质、相关风险和这些权益对企业财务状况、经营成果和现金流量的影响,评价权益的价值,从而有助于财务报表使用者做出相关决策。

关于未纳入合并财务报表范围的结构化主体

未纳入合并财务报表范围的结构化主体主要分两种情况:一是企业在结构化主体中有权益的,二是企业在结构化主体中没有权益但企业是结构化主体发起人的。针对第一种情况,企业应当披露相关权益的账面价值和最大损失敞口,这些信息能够反映相关权益的风险。针对第二种情况,企业作为结构化主体的发起人,往往与结构化主体之间保持着非常密切的业务关系,即使企业在结构化主体中没有权益,这种业务关系也可能对企业的风险和收益产生影响。特别是在企业借助结构化主体开展重大融资和投资业务的情况下,如果结构化主体的运营出现问题,不但可能降低企业来源于结构化主体的收益,甚至可能影响企业正常的经营活动。所以,对这一情况本准则要求披露企业作为结构化主体发起人的认定依据,企业当期从结构化主体获得的收益及其类型,以及当期转移至该结构化主体的所有资产在转移时的账面价值。

需要说明的是,本准则并不要求逐个披露未纳入合并财物报表范围的结构化主体的信息。对于有些企业而言,与之相关的结构化主体数量较多,企业应当按照重要性原则来确定信息披露的详细程度,只要不影响财务报表使用者评价企业与结构化主体之间的关系及企业因涉入结构化主体业务活动而面临的风险,企业可以根据需要披露汇总信息。但如果企业按照本准则要求披露的信息仍不能充分反映相关风险及其对企业的影响,企业还应当披露额外信息。

第四十一讲 分部报告

第一节 综合知识

一、相关知识概述

企业(或企业集团,下同)在披露分部信息时,应当区分经营分部和报告分部。

(一)经营分部的概念

经营分部,是指企业内同时满足下列条件的组成部分:

1. 该组成部分能够在日常活动中产生收入、发生费用

企业的管理总部或某些职能部门可能不赚取收入,或对于企业而言其赚取的收入仅仅是偶发性的,在这种情况下,这些部门就不是经营分部或经营分部的一个组成部分。

2. 企业管理层能够定期评价该组成部分的经营成果,以决定向其配置资源、评价其业绩

此处的"企业管理层"强调的是一种职能,而不必是具有特定头衔的某一具体管理人员。该职能主要是向企业的经营分部配置资源,并评价其业绩。

通常情况下,企业管理层可能是企业的董事长、总经理,但是,也可能是由其他人员组成的管理团队。

3. 企业能够取得该组成部分的财务状况、经营成果和现金流量等有关会计信息

不是企业的每个组成部分都必须是经营分部或经营分部的一个组成部分。

(二)经营分部的确定

1. 确定经营分部的依据

企业应当以内部组织结构、管理要求、内部报告制度为依据确定经营分部。

2. 分别确定为不同的经营分部

经济特征不相似的经营分部,应当分别确定为不同的经营分部。

3. 合并为一个经营分部

在实务中,并非所有的经营分部均作为独立的经营分部来考虑。在某些情况下,两个或两个以上的经营分部如果具有相似的经济特征,这些经营分部经常会表现出相似的长期财务业绩,如长期平均毛利率、资金回报率、未来现金流量等。此时,将他们合并披露可能更为恰当。

具有相似经济特征的两个或多个经营分部同时满足下列条件的,可以合并为一个经营分部:

(1)产品或劳务的客户类型相同或相似。

产品或劳务的客户类型,包括大宗客户、零散客户等。

对于购买产品或接受劳务的同一类型的客户,如果其销售条件基本相同,例如相同或相似的销售价格、销售折扣,相同或相似的售后服务,因而具有相同或相似的风险和报酬。而不同的客户,其销售条件不尽相同,由此可能导致其具有不同的风险和报酬。

(2)销售产品或提供劳务的方式相同或相似。

销售产品或提供劳务的方式,包括批发、零售、自产自销、委托销售、承包等。

企业销售产品或提供劳务的方式不同,其

承受的风险和报酬也不相同。例如,在赊销方式下,可以扩大销售规模,但发生的收账费用较大,并且发生应收账款坏账的风险也很大;而在现销方式下,则不存在应收账款的坏账问题,不会发生收账费用,但销售规模的扩大有限。

(3) 各单项产品或劳务的性质相同或相似。

各单项产品或劳务的性质,包括产品或劳务的规格、型号、最终用途等。

一般情况下,生产的产品和提供的劳务的性质相同或相似的,其风险、报酬率及其成长率可能较为接近,因此,可以将其划分到同一业务分部之中。而对于性质完全不同的产品或劳务,则不能将其划分到同一业务分部之中。

(4) 生产过程的性质相同或相似。

生产过程的性质,包括采用劳动密集或资本密集方式组织生产、使用相同或者相似设备和原材料、采用委托生产或加工方式等。

对于其生产过程相同或相似的,可以将其划分为一个业务分部,如按资本密集型和劳动密集型划分业务部门。对于资本密集型的部门来说,其占用的设备较为先进,占用的固定资产较多,相应所负担的折旧费也较多,其经营成本受资产折旧费用影响较大,受技术进步因素的影响也较大;而对于劳动密集型部门来说,其使用的劳动力较多,相对而言劳动力的成本即人工费用的影响较大,其经营成果受人工成本的高低影响很大。

(5) 生产产品或提供劳务受法律、行政法规的影响相同或相似。

生产产品或提供劳务受法律、行政法规的影响,包括经营范围或交易定价机制等。

企业生产产品或提供劳务总是处于一定的经济法律环境之下,其所处的环境必然对其经营活动产生影响。对在不同法律环境下生产的产品或提供的劳务进行分类,进而向会计信息使用者提供不同法律环境下产品生产或劳务的信息,有利于会计信息使用者对企业未来的发展走向做出判断和预测。对相同或相似法律环境下的产品生产或劳务提供进行归类,以提供其经营活动所生成的信息,同样有利于明晰地反映该类产品生产和劳务提供的会计信息。例如,商业银行、保险公司等金融企业易受特别的、严格的监管政策,在考虑该类企业确定分部产品和劳务是否相关时,应当考虑所受监管政策的影响。

二、会计准则概述

(一) 本准则的相关背景

1. 分部报告的必要性

伴随着世界经济一体化,企业的活动范围已不再受国家和地区的限制而日益全球化。跨行业、跨地区经营成为一种全球性的发展趋势,而信息技术、交通技术等外部条件的飞速发展,为企业跨行业、跨地区、跨国界经营提供了条件。

由于不同行业面临不同风险,不同国家或地区的政治、经济和社会等方面的差异又会直接或间接影响企业利益,使得投资者和其他财务报告使用者对企业在不同行业、不同国家或地区的分部信息的关注程度不亚于其对企业总体信息的关注。

对于从事多种业务的企业来说,有关各种业务的信息及市场行情的变化,常常与有关企业整体的信息是一样重要的,所以反映企业的各种信息对于企业的经济决策具有重要意义。

就企业集团编制合并会计报表来说,虽然合并会计报表总括反映了企业集团完整、全面的财务状况和经营成果,但是合并会计报表的高度概括性必然带来其无法披露细节信息的局限,难以反映同一企业集团内部不同地区、不同行业的各个所属企业的盈利水平、增长趋势、存在风险等情况,因此合并会计报表不能满足财务报告使用者希望据此做出有效决策的需求。为了克服合并会计报表的这种先天不足,让财务报告使用者更好地理解企业以往的经营业绩,评估企业的风险和报酬,并对未来的发展趋势做出合理的预测和判断,披露分部财务信息就成为一项恰当的补救措施,分部报告应运而生。

2. 国际背景

自20世纪60年代起,国际上就出现了有关分部信息披露的制度。英国和美国是最早提出分部财务报告要求的国家。1965年英国的股票交易所率先要求上市公司编制分部财务报告，披露分行业的营业额和利润额以及分地区的营业额。1967年英国公司法中首次做出公司应披露分部财务信息的法律规定，1990年英国原会计准则委员会发布了标准会计实务公告第25号《分部报告》。1969年美国证券交易委员会要求在美国证交会登记的公司披露行业信息，1976年美国财务会计准则委员会发布了财务会计准则公告第14号《企业分部财务报告》，要求企业按行业、国外经营、主要客户和出口销售披露分部信息，1997年美国财务会计准则委员会又对此进行了修订，并发布了新的财务会计准则公告第131号《分部报告》，为美国企业分部报告的信息披露建立了指南。继英美之后，加拿大、澳大利亚等多数西方国家及欧共体也以不同形式、不同程度地提出了分部报告的要求。1981年国际会计准则委员会发布了国际会计准则第14号《按分部编制财务数据》，并于1997年重新进行了修订。

3. 我国情况

为了规范分部报告的编制和相关信息的披露，中国证监会在《公开发行股票公司信息披露的内容与格式准则第2号——年度报告的内容与格式》的附件《会计报表指引》中，对分部信息披露的内容做过简单规定；《企业会计制度》对分部报表做了规定；财政部2001年11月2日印发了《企业会计准则——分部报告》（征求意见稿）。

2006年2月财政部首次正式发布《企业会计准则第35号——分部报告》。新分部报告准则共3章，包括总则、报告分部的确定、分部信息的披露。

2009年6月11日，我国财政部印发了《企业会计准则解释第3号》（财会〔2009〕8号），自2009年1月1日起，原有关确定地区分部和业务分部以及按照主要报告形式、次要报告形式披露分部信息的规定不再执行。

《企业会计准则第35号——分部报告》和《企业会计准则解释第3号》相关规定(本讲简称分部报告准则、"本准则"或"新准则")主要规范了企业分部报告的编制方法和应披露的信息。首次执行日后，比较财务报表中涉及前期分部报告信息的，应当按照分部报告准则的规定披露。

（二）本准则的适用范围

分部报告的编制和相关信息的披露。

（三）本准则的主要变化

分部报告准则与《企业会计制度》有关规定（以下简称原制度）相比，主要差异如下：

1. 不再要求同时披露业务分部和地区分部信息

原制度要求，企业应当同时披露业务分部和地区分部的信息，并且详简程度相同。

分部报告准则规定，企业应当以经营分部为基础确定报告分部，并披露分部的相关信息，不再区分业务分部和地区分部，也不再区分主要报告形式和次要报告形式，披露分部的相关信息。

2. 取消了编制分部报告的豁免条款

原制度规定，如果某一分部的对外营业收入总额占企业全部营业收入总额90%及以上的，则不需编制分部报告。

分部报告准则规定，企业存在多种经营或跨地区经营的，应当按照分部报告准则规定披露分部信息，不再强调某一分部的对外营业收入总额占企业全部营业收入总额90%的量化标准。

3. 改变了确定报告分部的重要性标准

分部报告准则和原制度均规定了确定报告分部的三个重要性标准，但对于第二个标准两者规定不同。原制度规定的标准是，分部营业利润占所有盈利分部的营业利润合计的10%或以上；或者分部营业亏损占所有亏损分部的营业亏损合计的10%或以上。

分部报告准则规定的标准是，该分部的分部利润（亏损）的绝对额，占所有盈利分部利润合计额或者所有亏损分部亏损合计额的绝对额两者中较大者的10%或者以上。

执行新准则对企业财务状况的影响分析

本准则的颁布,对企业的盈利不会产生直接影响,但是,将促进企业改进成本核算方法,并且提高会计报告的质量,使其更全面地反映企业的运营情况。企业对其收入和成本结构的披露,也将有助于分析师更加准确地把握企业的业务,完善盈利预测模型,提高预测的准确性。分析师以往经常抱怨的上市公司"打闷包"现象(是指将不同明细业务的收入、成本等数据合计在一起披露),将会得到有效遏制。

第二节 报告分部的确定

报告分部是指符合经营分部定义,按规定应予披露的经营分部。

一、报告分部的确定基础

报告分部的确定应当以经营分部为基础,而经营分部的划分通常是以不同的风险和报酬为基础,而不论其是否重要。

二、报告分部的确定应当考虑重要性原则

存在多种产品经营或者跨多个地区经营的企业可能会拥有大量、规模较小、不是很重要的经营分部,而单独披露数量如此之多的但规模较小的经营分部信息不仅会给财务报表使用者带来困惑,给财务报表编制者也带来不必要的披露成本。因此,报告分部的确定应当考虑重要性原则,通常情况下,符合重要性标准的经营分部才能确定为报告分部。

三、经营分部满足10%重要性标准时,报告分部的确定

经营分部满足下列条件之一的,应当将其确定为报告分部:

(1) 该经营分部的分部收入占所有分部收入合计的10%或者以上。

(2) 该分部的分部利润(亏损)的绝对额,占所有盈利分部利润合计额或者所有亏损分部亏损合计额的绝对额两者中较大者的10%或者以上。

(3) 该分部的分部资产占所有分部资产合计额的10%或者以上。

四、经营分部未满足10%重要性标准时,报告分部的确定

经营分部未满足上述10%重要性标准的,可以按照下列规定确定报告分部:

(1) 企业管理层如果认为披露该经营分部信息对会计信息使用者有用,那么可以将其确定为报告分部。在这种情况下,无论该经营分部是否满足10%的重要性标准,企业都可以直接将其指定为报告分部。

(2) 将该经营分部与一个或一个以上具有相似经济特征、满足经营分部合并条件的其他经营分部合并,作为一个报告分部。对经营分部10%的重要性测试可能会导致企业拥有大量未满足10%数量临界线的经营分部,在这种情况下,如果企业没有直接将这些经营分部指定为报告分部,可以将一个或一个以上具有相似经济特征、满足经营分部合并条件的一个以上的经营分部合并成一个报告分部。

(3) 不将该经营分部直接指定为报告分部,也不将该经营分部与其他未作为报告分部的经营分部合并为一个报告分部的,企业在披露分部信息时,应当将该经营分部的信息与其他组成部分的信息合并,作为其他项目单独披露。

五、报告分部75%的标准

(一) 达到75%的标准

企业的经营分部达到规定的10%重要性标准确认为报告分部后,确定为报告分部的经营分部的对外交易收入合计额占合并总收入或企

业总收入的比重应当达到75%的比例。

（二）未达到75%的标准

如果未达到75%的标准，企业必须增加报告分部的数量，将其他未作为报告分部的经营分部纳入报告分部的范围，直到该比重达到75%。此时，其他未作为报告分部的经营分部很可能未满足前述规定的10%的重要性标准，但为了使报告分部的对外交易收入合计额占合并总收入或企业总收入的总体比重能够达到75%的比例要求，也应当将其确定为报告分部。

六、报告分部的数量

（一）报告分部的数量通常不应当超过10个

根据前述的确定报告分部的原则，企业确定的报告分部数量可能超过10个，此时，企业提供的分部信息可能变得非常繁琐，不利于会计信息使用者理解和使用。因此，报告分部的数量通常不应当超过10个。

（二）如果报告分部的数量超过10个，应考虑合并

如果报告分部的数量超过10个，企业应当考虑将具有相似经济特征、满足经营分部合并条件的报告分部进行合并，以使合并后的报告分部数量不超过10个。

七、为提供可比信息确定报告分部

企业在确定报告分部时，除应当遵循相应的确定标准以外，还应当考虑不同会计期间分部信息的可比性和一致性。

（一）上期可能满足但本期可能并不满足报告分部的确定条件

对于某一经营分部，在上期可能满足报告分部的确定条件从而确定为报告分部，但本期可能并不满足报告分部的确定条件。

此时，如果企业认为该分部仍然重要，单独披露该分部的信息能够更有助于报表使用者了解企业的整体情况，则不需考虑经营分部确定为报告分部的条件，仍应当将该经营分部确定为本期的报告分部。

（二）本期可能满足但上期可能并不满足报告分部的确定条件

对于某一经营分部，在本期可能满足报告分部的确定条件从而确定为报告分部，但上期可能并不满足报告分部的确定条件从而未确定为报告分部。此时，出于比较目的提供的以前会计期间的分部信息应当予以重述，以将该经营分部反映为一个报告分部，即使其不满足确定为报告分部的条件也是如此。如果重述所需要的信息无法获得，或者不符合成本效益原则，则不需要重述以前会计期间的分部信息。不论是否对以前期间相应的报告分部信息进行重述，企业均应当在报表附注披露这一事实。

第三节 分部信息的披露

一、分部信息的披露基础

企业应当以对外提供的财务报表为基础披露分部信息；对外提供合并财务报表的企业，应当以合并财务报表为基础披露分部信息。

二、描述性信息

描述性信息主要包括确定报告分部考虑的因素、报告分部的产品和劳务的类型。其中，确定报告分部考虑的因素，通常包括企业管理层是否按照产品和服务、地理区域、监管环境差异或综合各种因素进行组织管理。

三、每一报告分部的利润（亏损）总额、资产总额、负债总额信息

（一）每一报告分部的利润（亏损）总额信息

每一报告分部的利润（亏损）总额信息，包括利润（亏损）总额组成项目的信息。

企业管理层在计量报告分部利润（亏损）时运用了下列数据，或者未运用下列数据但定期提供给企业管理层的，应当在附注中披露每一报告分部的下列信息：

（1）对外交易收入和分部间交易收入。

（2）利息收入和利息费用。

但是，报告分部的日常活动是金融性质的除外。报告分部的日常活动是金融性质的，可以仅披露利息收入减去利息费用后的净额，同时披露这一处理方法。

（3）折旧费用和摊销费用，以及其他重大的非现金项目。

（4）采用权益法核算的长期股权投资确认的投资收益。

（5）所得税费用或所得税收益。

（6）其他重大的收益或费用项目。

（二）每一报告分部的资产总额、负债总额信息

每一报告分部的资产总额、负债总额信息包括资产总额组成项目的信息。

企业管理层在计量报告分部资产时运用了下列数据，或者未运用下列数据但定期提供给企业管理层的，应当在附注中披露每一报告分部的下列信息：

（1）采用权益法核算的长期股权投资金额。

（2）非流动资产（不包括金融资产、独立账户资产、递延所得税资产）金额。

报告分部的负债金额定期提供给企业管理层的，企业应当在附注中披露每一报告分部的负债金额。

四、分部会计政策

分部会计政策，是指编制合并财务报表或企业财务报表时采用的会计政策，以及与分部报告特别相关的会计政策。

由于分部信息是企业整体会计信息的一个分解，企业提供分部信息所采用的会计政策，应当与编制企业集团合并财务报表或企业财务报表时所采用的会计政策一致。同时，由于分部信息不同于企业整体会计信息，某些分部信息对于外部会计信息使用者来说是有用的和相关的，因此，企业提供分部信息时除采用以编制企业集团合并财务报表或企业财务报表时相一致的会计政策以外，还会采用一些与分部特别相关的会计政策。与分部报告特别相关的会计政策包括分部的基础等。

企业应当披露分部会计政策。但是，如果分部会计政策与合并财务报表或企业财务报表一致，并且已按《企业会计准则第30号——财务报表列报》和《企业会计准则第33号——合并财务报表》等的规定在附注中进行了相关披露，则不需要在披露分部信息时重复披露。

有些会计政策变更只与分部报告相关，例如确定报告分部利润（亏损）使用的计量方法发生的变更等，这种变更不会影响到企业合并财务报表或企业财务报表的总额信息。当企业改变了其分部信息采用的会计政策，并且这种变更对分部信息产生了实质性影响时，企业应当披露这一变更情况，以及这些变更产生的影响，具体按照《企业会计准则28号——会计政策、会计估计变更和差错更正》的规定披露，并按规定提供相关比较数据。如果提供比较数据不切实可行，应当说明原因。例如，企业因管理战略改变对经营业务范围做出变更或对经营地区做出调整，使企业原已确定的报告分部所面临的风险和报酬产生较大差异，从而使企业必须改变原对分部所做的分类。在这种情况下，企业就应当对此项分部会计政策变更予以披露。

此外，企业改变分部的分类且提供比较数据不切实可行的，应当在改变分部分类的年度，分别披露改变前和改变后的报告分部信息。

企业应当在附注中披露计量每一报告分部利润（亏损）的下列会计政策：

（1）分部间转移价格的确定基础。

（2）相关收入和费用分配给报告分部的基础。

（3）确定报告分部例如（亏损）使用的计量方法发生变化的性质，以及这些变化产生的影响。

分部间转移价格的确定及其变更

企业在计量分部之间发生的交易收入时,需要确定分部间转移交易价格。

一般情况下,分部之间的交易定价不同于市场公允交易价格,为准确计量分部间转移交易,企业在确定分部间交易收入时,应当以实际交易价格为基础计量。

转移价格的确定基础应当在附注中予以披露。同时,因企业不同期间生产的产品的成本等不同,可能会导致不同期间分部间转移价格的确定产生差异,对于转移交易价格的变更情况,也应当在附注中进行披露。

企业应当在附注中披露计量每一报告分部资产、负债的下列会计政策:

(1) 分部间转移价格的确定基础。

(2) 相关资产或负债分配给报告分部的基础。

五、报告分部信息与企业信息总额的衔接

企业披露的分部信息,应当与合并财务报表或企业财务报表中的总额信息相衔接。

(一) 报告分部收入总额应当与企业收入总额相衔接

报告分部收入包括可归属于报告分部的对外交易收入和对其他分部交易收入。

报告分部收入总额在与企业收入总额进行衔接时,需要将报告分部之间的内部交易进行抵销。

各个报告分部的收入总额,加上未包含在任何报告分部中的对外交易收入金额之和,扣除报告分部之间交易形成的收入总额,应当与企业收入总额一致。

分部收入

分部收入,是指可归属于分部的对外交易收入和对其他分部交易收入。

(1) 经营分部主要由可归属于经营分部的对外交易收入构成,通常为营业收入,可归属经营分部的收入来源于两个渠道:

① 可以直接归属经营分部的收入,即直接由经营分部的业务交易而产生。

② 可以间接归属于经营分部的收入,即将企业交易产生的收入在相关经营分部之间进行分配,按属于某经营分部的收入金额确认为分部收入。

(2) 分部收入通常不包括下列项目:

① 利息收入(包括因预付或借给其他分部款项而确认的利息收入)和股利收入(采用成本法核算的长期股权投资取得的股利收入),但分部的日常活动是金融性质的除外。

② 资产处置利得、营业外收入,如处置固定资产净收益、出售无形资产净收益、固定资产盘盈、罚没收益等。

③ 处置投资产生的净收益,但分部的日常活动是金融性质的除外。

④ 采用权益法核算的长期股权投资确认的投资收益,但分部的日常活动是金融性质的除外。

(二) 报告分部利润(亏损)总额应当与企业利润(亏损)总额相衔接

报告分部利润(亏损)是报告分部收入总额,扣除报告分部费用总额之后的差额。

报告分部利润(亏损)总额与企业利润(亏损)总额进行衔接时,需要将报告分部之间的内部交易产生的利润(亏损)进行抵销。各个报告分部的利润(亏损)总额,加上未包含在任何报告分部中的利润(亏损)金额之和,扣除报告分部之间交易形成的利润(亏损)金额之和,应当与企业利润(亏损)总额一致。

分部费用

分部费用,是指可归属于经营分部的对外交易费用和对其他分部交易费用。

分部费用主要由可归属经营分部的对外交易费用构成,通常包括营业成本、税金及附加、销售费用等。

与分部收入的确认相同,归属于经营分部的费用也来源于两个渠道:

(1) 可以直接归属于经营分部的费用,即直接由经营分部的业务交易而发生。

(2) 可以间接归属经营分部的费用,即将企业交易发生的费用在相关分部之间进行分配,按属于某经营分部的费用金额确认为分部费用。

分部费用通常不包括下列项目：

(1) 利息费用(包括因预付或借给其他分部款项而确认的利息费用)，如发行债券等，但分部的日常活动是金融性质的除外。

(2) 资产处置损失、营业外支出，如处置固定资产、无形资产等发生的净损失。

(3) 处置投资发生的净损失，但分部的日常活动是金融性质的除外。

(4) 采用权益法核算的长期股权投资确认的投资损失，但分部的日常活动是金融性质的除外。

(5) 与企业整体相关的管理费用和其他费用。

分部利润(亏损)

分部利润(亏损)，是指分部收入减去分部费用后的余额。不属于分部收入和分部费用的项目，在计算分部利润(亏损)时不得作为考虑的因素。

(三) 分部资产总额应当与企业资产总额相衔接

企业资产总额由归属于报告分部的资产总额和未分配给各个报告分部的资产总额组成。

报告分部资产总额加上未分配给各个报告分部的资产总额的合计额，与企业资产总额相一致。

分部资产

分部资产，是指分部经营活动使用的可以归属于该经营分部的资产，不包括递延所得税资产。

如果与两个或多个经营分部共用资产相关的收入和费用也分配给这些经营分部，该共用资产应分配给这些经营分部。

共用资产的折旧费或摊销费在计量分部经营成果是被扣减的，该资产应包括在分部资产中。

企业在计量分部资产时，应当按照分部资产的账面价值进行计量，即扣除相关累计折旧或摊销额以及累计减值准备后的金额计量。

(四) 报告分部负债总额应当与企业负债总额相衔接

企业负债总额由归属于报告分部的负债总额和未分配给各个报告分部的负债总额组成。

分部负债总额加上未分配给各个报告分部的负债总额的合计额，与企业负债总额相一致。

分部负债

分部负债，是指分部经营活动形成的可归属该分部的负债，不包括递延所得税负债。

如果与两个或多个经营分部共同承担的负债相关的分配给这些经营分部，该共同承担的负债也应当分配个这些经营分部。

分部资产与分部利润(亏损)、分部费用等之间存在的对应关系

通常情况下，分部资产与分部利润(亏损)、分部费用等之间存在一定的对应关系，即：

(1) 如果分部利润(亏损)包括利息或股利收入，分部资产中就应当包括相应的应收账款、贷款、投资或其他金融资产。

(2) 如果分部费用包括某项固定资产的折旧费用，分部资产中就应当包括该项固定资产。

(3) 如果分部费用包括某项无形资产或商誉的摊销额或减值额，分部资产中就应当包括该项无形资产或商誉。

六、报告分部的比较信息

企业在披露分部信息时，为可比起见，应当提供前期的比较数据。

(一) 本期满足报告分部的确定条件确定为报告分部

对于某一经营分部，如果本期满足报告分部的确定条件确定为报告分部，即使前期没有满足报告分部的确定条件未确定为报告分部，也应当提供前期的比较数据。但是，重述信息不切实可行的除外。

(二) 企业内部组织结构改变导致报告分部组成发生变化

企业内部组织结构改变导致报告分部组成发生变化的，应当提供前期比较数据。但是，提供比较数据不切实可行的除外。

企业未提供前期比较数据的，应当在报告分部组成发生变化的当年，同时披露新的报告分部和旧的报告分部为基础编制的分部信息。

七、未作为报告分部信息组成部分进行披露的内容

除已经作为报告分部信息组成部分的披露

内容外,企业还应当披露下列信息:

(一) 每一收入

每一产品和劳务或每一类似产品和劳务的对外交易收入。但是,披露相关信息不切实可行的除外。

企业披露相关信息不切实可行的,应当披露这一事实。

企业披露的每一产品和劳务或每一类似产品和劳务的对外交易收入金额,应当以用于编制企业财务报表的信息为基础。

(二) 收入总额

企业取得的来自本国的对外交易收入总额,以及企业从其他国家或地区取得的对外交易收入总额。但是,披露相关信息不切实可行的除外。

企业披露相关信息不切实可行的,应当披露这一事实。

如果企业从某个国家或地区取得的对外交易收入金额重要,应当单独予以披露。

(三) 非流动资产

企业取得的位于本国的非流动资产(不包括金融资产、独立账户资产、递延所得税资产)总额,以及企业位于其他国家或地区的非流动资产(不包括金融资产、独立账户资产、递延所得税资产)总额。但是,披露相关信息不切实可行的除外。

企业披露相关信息不切实可行的,应当披露这一事实。

如果企业从某个国家或地区取得的非流动资产金额重要,应当单独予以披露。

(四) 企业对主要客户的依赖程度

企业与某一外部客户交易收入占合并总收入或企业总收入的10%或以上,应当披露这一事实以及来自该外部客户的总收入和相关报告分部的特征。

企业不需要报告主要客户的身份,每一报告分部也不要报告来自该客户的收入。

第四十二讲 关联方披露

第一节 综合知识

一、相关知识概述

（一）关联方的概念

一方控制、共同控制另一方或对另一方施加重大影响，以及两方或两方以上同受一方控制、共同控制或重大影响的，构成关联方。

控制，是指有权决定一个企业的财务和经营政策，并能据以从该企业的经营活动中获取利益。

共同控制，是指按照合同约定对某项经济活动所共有的控制，仅在与该项经济活动相关的重要财务和经营决策需要分享控制权的投资方一致同意时存在。

重大影响，是指对一个企业的财务和经营政策有参与决策的权力，但并不能够控制或者与其他方一起共同控制这些政策的制定。

（二）关联方交易的概念

关联方交易，是指关联方之间转移资源、劳务或义务的行为，而不论是否收取价款。

（三）附注披露

1. 披露范围

（1）一般规定。

企业财务报表中应当披露所有关联方关系及其交易的相关信息。

对外提供合并财务报表的，对于已经包括在合并范围内各企业之间的交易不予披露，但应当披露与合并范围外各关联方的关系及其交易。

（2）无论是否发生关联方交易，均应当披露的信息（母公司和子公司）。

企业无论是否发生关联方交易，均应当在附注中披露与母公司和子公司有关的下列信息：

① 母公司和子公司的名称。母公司不是该企业最终控制方的，还应当披露最终控制方名称。母公司和最终控制方均不对外提供财务报表的，还应当披露母公司之上与其最相近的对外提供财务报表的母公司名称。

② 母公司和子公司的业务性质、注册地、注册资本（或实收资本、股本）及其变化。

③ 母公司对该企业或者该企业对子公司的持股比例和表决权比例。

2. 披露内容

企业与关联方发生关联方交易的，应当在附注中披露该关联方关系的性质、交易类型及交易要素（图42-1）。

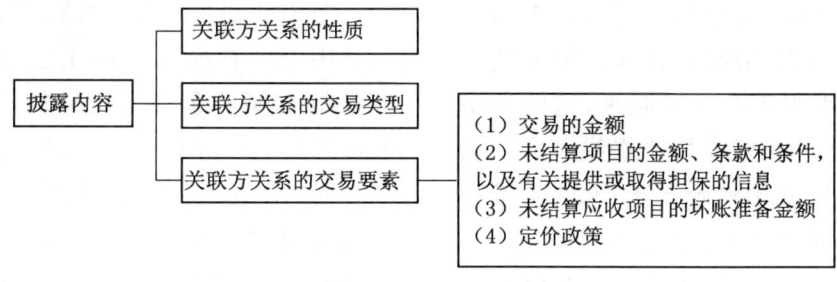

图 42-1 关联方披露内容

交易要素至少应当包括：

(1) 交易的金额。

(2) 未结算项目的金额、条款和条件，以及有关提供或取得担保的信息。

(3) 未结算应收项目的坏账准备金额。

(4) 定价政策。

3. 披露要求

(1) 分别披露。

关联方交易应当分别关联方以及交易类型予以披露。

(2) 合并披露。

类型相似的关联方交易，在不影响财务报表阅读者正确理解关联方交易对财务报表影响的情况下，可以合并披露。

4. 公平交易披露

企业只有在提供确凿证据的情况下，才能披露关联方交易是公平交易。

二、会计准则概述

(一) 本准则的相关背景

我国关联交易会计规范的演进历程可以分为三个阶段。

第一阶段开始于1997年颁布《关联方关系及其交易的披露》。在"琼民源"利用关联交易虚构利润的事件发生以后，我国财政部于1997年5月发布了该准则。该准则首次对关联方的范围进行了界定，即以控制、联合控制和重大影响作为判断是否存在关联方关系的主要依据，同时规定上市公司应该在会计报表附注中披露关联方关系以及关联交易的各项要素，包括交易的金额或相应比例、未结算项目的金额或相应比例、定价政策等。

第二阶段以1999年颁布《非货币性交易准则》和《债务重组准则》为起点。随着资本市场的发展，包括资产置换、股权转让在内的非货币性交易以及债务重组逐渐发展起来，这两种交易形式被越来越多的关联方用来操纵利润。为了规范这两类业务，我国财政部于1999年发布了《非货币性交易准则》和《债务重组准则》。

《非货币性交易准则》的核心思想是将非货币性交易分为两大类：一类是同类非货币性资产交换，另一类是不同类非货币性资产交换。对于同类非货币性资产交换，一般应以换出资产的账面价值作为换入资产的入账价值，不确认损益；对于不同类非货币性资产交换，一般应以换入资产的公允价值作为其入账价值，换入资产公允价值与换出资产账面价值的差额计入当期损益。

《债务重组准则》规定，债务人以非现金资产清偿债务的，应将重组债务的账面价值与转让的非现金资产的公允价值之间的差额作为债务重组收益，计入当期损益；转让的非现金资产的公允价值与其账面价值之间的差额作为资产转让损益，计入当期损益。

第三阶段是修订准则和出台暂行规定。

上述两个准则都引入了公允价值计量属性，以公允价值作为资产的入账价值并以此为基础确认损益。从理论上讲，采用公允价值计量属性，能够真实地反映上市公司的财务状况和经营成果，这也是与国际惯例接轨的需要。但是在准则发布后，公允价值却成为利润操纵者手中有利的武器。之所以会出现这样的结果，是因为当时我国并不完全具备推广公允价值的经济环境。因而，公允价值的引入，对上市公司的关联交易利润操纵行为并没有起到应有的规范作用。因此2001年1月财政部修订了《非货币性交易准则》和《债务重组准则》，这次修订的核心内容是以可靠性较强的"账面价值"取代主观性较强的"公允价值"，并且一般情况下不确认交易损益。新的《债务重组准则》将债务人产生的重组债务的账面价值与支付的现金或非现金资产的账面价值之间的差额不再计入当期损益而是列为资本公积。

两个准则修订后，虽然大大缩小了上市公司利用资产置换和债务重组调节利润的空间。但是却出现了非货币交易货币化、资本公积利润化等新的操纵利润的手段。

面对上市公司愈演愈烈的利用显失公允的关联交易操纵利润的行为，为了真实反映上市公司与关联方之间交易的经济实质，我国财政部于2001年12月制定并发布了《关联方之间出售资产等有关会计处理的暂行规定》。其核心内容是,上市公司与关联方之间的交易,如果没有确凿证据表明交易价格是公允的,对显失公允的交易价格部分,不得确认为当期利润,应当作为资本公积处理,且不得用于转增资本或弥补亏损。

综上所述,从关联方披露会计准则到《暂行规定》等一系列会计规范的演变可以看出,由于资本市场上关联交易问题的突出显现,以及证券监管机关对上市公司信息披露监管改革的不断深化,我国关联交易会计规范有着以防止企业操纵利润为目的的方向演变的倾向。有时会出现以会计技术规范来校正企业管理者的道德偏差的现象。这种思路是否符合会计准则制定的本来目的,其可行性和实际效果值得进一步研究。

为满足建立完整的会计准则体系,适应企业之间各种交易形式的发展变化,进一步规范关联方及其交易的信息披露,我国财政部对原关联方准则进行了修订,于2006年2月15日发布了《企业会计准则第36号——关联方披露》(本讲简称"本准则"或"新准则"),自2007年1月1日起在上市公司范围内施行,鼓励其他企业执行。

(二) 本准则的适用范围

关联方及其交易的信息披露。

(三) 本准则的主要变化

1. 新准则采用了与其他准则基本一致的体系结构

(1) 新准则。

其内容由总则、关联方、关联方交易和披露共四章内容组成。

(2) 旧准则。

其内容由引言、定义、关联方关系、关联方交易、披露和附则共六部分组成。

2. 新准则对部分定义做出了调整

(1) 关联方构成——既含直接也含间接"控制、共同控制另一方或对另一方施加重大影响"。

① 旧准则。

原关联方准则中明确:"在企业财务和经营决策中,如果一方有能力直接或间接控制、共同控制另一方或对另一方施加重大影响,本准则将其视为关联方;如果两方或多方受一方控制,本准则也将其视为关联方。"

② 新准则。

新关联方披露准则中则做出如下表述:"一方控制、共同控制另一方或对另一方施加重大影响,以及两方或两方以上同受一方控制、共同控制或重大影响的,构成关联方。"

新准则中"一方控制、共同控制另一方或对另一方施加重大影响"既含直接控制、共同控制另一方或对另一方施加重大影响,也含间接控制、共同控制另一方或对另一方施加重大影响。

(2) 共同控制——仅在与该项经济活动相关的重要财务和经营决策需要分享控制权的投资方一致同意时存在。

① 旧准则。

原关联方准则中规定:"共同控制,是指按合同约定对某项经济活动所共有的控制。"

② 新准则。

新关联方披露准则在旧准则定义的基础上进一步强调:"共同控制仅在与该项经济活动相关的重要财务和经营决策需要分享控制权的投资方一致同意时存在。"

这说明即使有长期的合同约定存在,也不能保证长期持续地实现共同控制,一旦分享控制权的投资各方对合同约定的某项经济活动涉及的相关重要财务政策或经营政策存在意见分歧,就无法形成合同约定的共同控制。

(3) 重大影响——但并不能够控制或者与其他方一起共同控制这些政策的制定。

① 旧准则。

原关联方披露准则中规定:"重大影响,是指对一个企业的财务和经营政策有参与决策的权力,但并不能够决定这些政策。"

② 新准则。

新关联方准则在定义中则将旧准则定义中的"但并不能够决定这些政策"改为"但并不能

够控制或者与其他方一起共同控制这些政策的制定",使相关定义的表述更加贴切。

(4)新准则中取消了旧准则中"母公司""子公司""合营企业"和"联营企业"的定义表述。

3. 新准则扩展了关联方的范围

(1)新准则将构成企业关联方的范围扩展到母公司的关键管理人员或与其关系密切的家庭成员。

例如,A企业为子公司,甲企业为母公司,则甲企业董事长李某及其配偶王某均为A企业的关联方。

(2)新关联方披露准则将构成企业关联方的范围也扩展到企业主要投资者个人、关键管理人员或与其关系密切的家庭成员共同控制或施加重大影响的其他企业。

例如,甲企业董事长李某的子女拥有乙企业20%的股权,则甲企业与乙企业为关联方,双方的关系及交易应当披露。

(3)新关联方准披露则明确规定,与该企业共同控制合营企业的合营者不应视为关联方。

例如,A企业、B企业共同合营甲企业,若A、B企业之间不存在经济业务关联或不能通过合营的甲企业建立业务关联,则A、B企业相互不应视为关联方。旧准则未对此内容做出规定。

4. 新准则涉及关联方交易类型的修订

(1)删去了"抵押",只保留了"担保"。

原关联方准则列示的关联方交易类型中含担保和抵押;新关联方披露准则在列示的关联方交易类型删去了"抵押",只保留了"担保"。

(2)提供资金:"从权益性资金"到"股权投资"。

① 旧准则。

原关联方准则列示的关联方交易类型中包括提供资金,并说明提供的资金包括以现金或实物形式的贷款或权益性资金。

② 新准则。

新关联方准披露则中说明提供资金指贷款或股权投资。股权投资不仅包括以现金或实物形式进行投资,也包括以无形资产进行投资。

(3)"管理方面的合同"被"代表企业或由企业代表另一方进行债务结算"取代原关联方准则列示的关联方交易类型中包括管理方面的合同。新关联方披露准则中删去这一内容,取而代之的关联方交易类型是,代表企业或由企业代表另一方进行债务结算。

5. 新准则取消了有关个别财务报表中关联方关系及其交易信息披露的豁免

(1)旧准则。

旧准则不要求在与合并财务报表一同提供的母公司财务报表中披露关联方交易。

(2)新准则。

新准则规定,企业对外提供合并财务报表的,不必在合并财务报表中披露包括在合并财务报表中的企业集团成员之间的交易,但在个别财务报表中仍然应当披露有关关联方关系及其交易的信息。

6. 新准则对有关信息披露内容作了增减

在披露问题上,新准则和旧准则相比,在披露的深度上比旧准则更进一步,要求在母公司不是最终控制方的情况下,披露最终控制方的名称,要求披露双方未结算款项所提取的坏账准备。更注重交易的实质,在能够提供确切的证据的情况下,可以披露关联交易为公平交易。

(1)增加的内容和要求。

① 新关联方披露准则在"披露"一章有关应当在附注中披露的与母公司和子公司有关信息中增加了"母公司不是该企业最终控制方的,还应当披露最终控制方名称""母公司和最终控制方均不对外提供财务报表的,还应当披露母公司之上与其最相近的对外提供财务报表的母公司名称"的要求,以保证存在多层投资控制关系的企业集团,有效披露其多层关联方关系及交易。

② 新关联方披露准则补充了要求企业必须披露"未结算项目提供或取得担保的信息""未结算应收项目的坏账准备金额信息"的条款。

③ 新关联方披露准则中增加了第十二条:"企业只有在提供确凿证据的情况下,才能披露关联方交易是公平交易。"此条款强调关联方交

易的公允性。企业应披露关联交易的定价政策,但只有在提供充分证据的情况下,企业才能披露关联方交易采用了与公平交易相同的条款。

例如,A公司与B公司发生商品交易,若有确凿的证据表明该笔商品交易价格是参照同类商品的市场价格制定的,且企业对非关联方同期销售同类商品的比例占全部销售量的40%以上,企业可披露其交易为公平交易。

(2) 减少的内容和要求。

① 新关联方披露准则在"披露"一章有关应当在附注中披露的与母公司和子公司有关信息中删去了要求披露"企业主营业务"的内容。

② 新关联方披露准则取消了旧准则中企业可对关联方交易金额或比例、未结算项目的金额或相应比例的披露选择,而要求企业必须披露关联方交易的金额和未结算项目的金额、条款和条件,但未要求企业必须披露关联方交易比例和未结算项目的比例。

执行新准则对企业财务的影响分析

(1) 关联交易关系及其交易的信息披露更反映实质,披露内容更加客观,为报表使用者提供更加真实、全面、可靠的企业关联交易信息。

(2) 强调需提供充分证据披露关联方交易是公平交易的条款,使企业的报表信息更加公允,但同时给企业带来取得证据的难度和披露成本。

(3) 关联交易范围的扩大,如由按照重要性原则披露关联交易改为披露全部关联交易信息,合并报表增加关联交易披露信息,由披露直接控制关系的企业改为披露直接和间接控制关系的企业信息,将给企业带来较大的工作量和难度,尤其是多层组织体系的集团企业,披露全部关联交易也可能分散对重要关联方交易的关注程度。

第二节 关 联 方

一、关联方的判断

判断是否是关联方,关键是看是否具有控制、共同控制和重大影响。

在判断是否存在关联方关系时,应当遵循实质重于形式的原则。

(一) 控制

获取控制权的方式有:

1. 以所有权方式达到控制的目的

一方拥有另一方半数以上的表决权资本,包括一方直接、间接、直接和间接拥有另一方半数以上的表决权资本。

一方直接拥有另一方半数以上表决权资本,是指一方通过自身的投资达到拥有另一方半数以上表决权资本。

一方间接拥有另一方表决权资本,是指一方通过子公司而对子公司的子公司拥有半数以上表决权的控制权。

一方直接和间接拥有另一方半数以上表决权资本的控制权,是指母公司虽然只拥有另一方半数以下的表决权资本,但通过与子公司所拥有的表决权资本的合计,而达到拥有其半数以上的表决权资本的控制权。

当一方直接、间接、直接和间接拥有另一方半数以上表决权资本时,通常认为一方可以控制另一方的财务和经营政策。如母、子公司,但母、子公司关系的存在不仅仅依据投资比例来确定,还应当看他们之间是否存在控制与被控制关系,当相互之间具有投资与被投资关系,并具有控制与被控制关系时,才构成母、子公司。

2. 以所有权和其他方式达到控制的目的

一方拥有另一方表决权资本的比例虽不超过半数,但通过拥有的表决权资本和其他方式达到控制。例如,通过与其他投资者的协议,拥有另一方半数以上表决权资本的控制权等。

3. 以法律或协议形式达到控制的目的

例如，A 某拥有一家企业 70% 表决权资本，A 某与其儿子签订一项协议。通过此项协议，A 某将其拥有的全部表决权资本转让给其儿子，以此转让为交换，A 某的儿子同意父亲在其健在时对这部分股份具有表决权。在这种情况下，A 某虽然将该企业的表决权资本转让给了儿子，但保留了对该企业的控制权。

(二) 共同控制

共同控制的特征在于：两方或多方按合同约定共同决定某一经济活动的财务和经营政策。

形成共同控制的情况有：

（1）投资各方出资比例相同，根据合同规定，投资各方按照出资比例控制被投资企业，从而形成共同控制。

（2）投资各方出资比例不同，但按照合同规定，被投资企业的财务和经营政策由投资各方共同决定，任何一方不能单方面做出决策，从而形成共同控制。

对于共同控制各方，不能仅仅因为共同控制被控制企业，就将共同控制各方作为关联方，除非该共同控制各方存在相互控制、共同控制或重大影响，如合营企业。

(三) 重大影响

参与决策的途径主要包括：在董事会或类似的权力机构中派有代表；参与政策的制定过程；互相交换管理人员，或使其他企业依赖于本企业的技术资料等。

如果一方拥有另一方 20% 以下表决权资本，并没有其他实施重大影响的途径，可认为不具有重大影响。在拥有表决权资本的情况下，确定是否存在重大影响的一个重要因素，是该投资者的所有权相对于其他投资者的所有权的集中程度。另外，在确定一方是否能对另一方施加重大影响时，应视其实际影响能力而定。例如，A 企业拥有 B 企业 15% 表决权资本，同时，按照协议规定，B 企业可以使用 A 企业的某项专利，以此为条件，B 企业产品的更新换代必须经 A 企业的同意，在这种情况下，A 企业事实上对 B 企业具有重大影响。

获得表决权资本是实施重大影响的基本前提，在董事会或类似权力机构中派有代表、互相交换管理人员等，是实施重大影响的几种具体表现形式。

重大影响和控制的主要区别就在于：控制不仅仅能够参与企业的财务与经营政策的决策，还能够决定是否采纳这些政策；而重大影响仅仅是能够参与企业的财务与经营政策的决策，但不具有是否采纳这些政策的最终决定权。

二、关联方的构成

下列各方构成企业的关联方：

（1）该企业的母公司。

（2）该企业的子公司。

（3）与该企业受同一母公司控制的其他企业。

（4）对该企业实施共同控制的投资方。

（5）对该企业施加重大影响的投资方。

（6）该企业的合营企业。

（7）该企业的联营企业。

该企业的主要投资者个人及与其关系密切的家庭成员。主要投资者个人，是指能够控制、共同控制一个企业或者对一个企业施加重大影响的个人投资者。

该企业或其母公司的关键管理人员及与其关系密切的家庭成员。关键管理人员，是指有权力并负责计划、指挥和控制企业活动的人员。与主要投资者个人或关键管理人员关系密切的家庭成员，是指在处理与企业的交易时可能影响该个人或受该个人影响的家庭成员。

该企业主要投资者个人、关键管理人员或与其关系密切的家庭成员控制、共同控制或施加重大影响的其他企业。

从一个企业的角度出发，与其存在关联方关系的各方具体包括以下几类。

(一) 该企业的母公司

不仅包括直接或间接地控制该企业的其他企业，也包括能够对该企业实施直接或间接控制的单位等。

1. 某一个企业直接控制一个或多个企业

例如,母公司控制一个或若干个子公司,则母公司与子公司之间存在关联方关系。

2. 某一个企业通过一个或若干中间企业间接控制一个或多个企业

例如,母公司通过其子公司,间接控制子公司的子公司,表明母公司与其子公司的子公司存在关联方关系。

3. 一个企业直接地和通过一个或若干中间企业间接地控制一个或多个企业

例如,母公司对某一企业的投资虽然没有达到控股的程度,但由于其子公司也拥有该企业的股份或权益,如果母公司与其子公司对该企业的投资之和达到拥有该企业的控制权,则母公司直接和间接地控制该企业,表明母公司与该企业之间存在关联方关系。

(二)该企业的子公司

包括直接或间接地被该企业控制的其他企业,也包括直接或间接地被该企业控制的企业、单位、基金等特殊目的实体。

(三)与该企业受同一母公司控制的其他企业

例如,A公司和B公司同受C公司控制,从而A公司和B公司之间构成关联方关系。

(四)对该企业实施共同控制的投资方

这里的共同控制包括直接的共同控制和间接的共同控制。对企业实施直接或间接共同控制的投资方与该企业之间是关联方关系,但这些投资方之间并不能仅仅因为共同控制了同一家企业而视为存在关联方关系。

例如,A、B、C三个企业共同控制D企业,从而A和D,B和D,以及C和D成为关联方关系。如果不存在其他关联方关系,A和B、A和C以及B和C之间不构成关联方关系。

(五)对该企业施加重大影响的投资方

这里的重大影响包括直接的重大影响和间接的重大影响。

对企业实施重大影响的投资方与该企业之间是关联方关系,但这些投资方之间并不能仅仅因为对同一家企业具有重大影响而视为存在关联方关系。

(六)该企业的合营企业

合营企业包括合营企业的子公司。合营企业是以共同控制为前提的,两方或多方共同控制某一企业时,该企业则为投资者的合营企业。

例如,A、B、C、D企业各占F企业有表决权资本的25%,按照合同规定,投资各方按照出资比例控制F企业,由于出资比例相同,F企业由A、B、C、D企业共同控制,在这种情况下,A和F、B和F、C和F以及D和F之间构成关联方关系。

(七)该企业的联营企业

联营企业包括联营企业的子公司。联营企业和重大影响是相联系的,如果投资者能对被投资企业施加重大影响,则该被投资企业应被视为投资者的联营企业。

(八)该企业的主要投资者个人及与其关系密切的家庭成员

主要投资者个人,是指能够控制、共同控制一个企业或者对一个企业施加重大影响的个人投资者。

(1)某一企业与其主要投资者个人之间的关系。

例如,张三是A企业的主要投资者,则A企业与张三构成关联方关系。

(2)某一企业与其主要投资者个人关系密切的家庭成员之间的关系。

例如,A企业的主要投资者张三的儿子与A企业构成关联方关系。

(九)该企业或其母公司的关键管理人员及与其关系密切的家庭成员

关键管理人员,是指有权力并负责计划、指挥和控制企业活动的人员。

通常情况下,企业关键管理人员负责管理企业的日常经营活动,并且负责制定经营计划、战略目标、指挥调度生产经营活动等,主要包括董事长、董事、董事会秘书、总经理、总会计师、财务总监、主管各项事务的副总经理以及行使类似决策职能的人员等。

(1)某一企业与其关键管理人员之间的关系。

例如,A企业的总经理与A企业构成关联方关系。

(2) 某一企业与其关键管理人员关系密切的家庭成员之间的关系。

例如，A 企业的总经理张三的儿子张小三与 A 企业构成关联方关系。

（十）该企业主要投资者个人、关键管理人员或与其关系密切的家庭成员控制、共同控制的其他企业

与主要投资者个人、关键管理人员关系密切的家庭成员，是指在处理与企业的交易时可能影响该个人或受该个人影响的家庭成员，例如，父母、配偶、兄弟姐妹和子女等。对于这类关联方，应当根据主要投资者个人、关键管理人员或与其关系密切的家庭成员对两家企业的实际影响力具体分析判断。

(1) 某一企业与受该企业主要投资者个人控制、共同控制的其他企业之间的关系。

例如，A 企业的主要投资者 H 拥有 B 企业 60% 的表决权资本，则 A 和 B 存在关联方关系。

(2) 某一企业与受该企业主要投资者个人关系密切的家庭成员控制、共同控制的其他企业之间的关系。

例如，A 企业的主要投资者 Y 的妻子拥有 B 企业 60% 的表决权资本，则 A 和 B 存在关联方关系。

(3) 某一企业与受该企业关键管理人员控制、共同控制的其他企业之间的关系。

例如，A 企业的关键管理人员 H 控制了 B 企业，则 A 和 B 存在关联方关系。

(4) 某一企业与受该企业关键管理人员关系密切的家庭成员控制、共同控制的其他企业之间的关系。

例如，A 企业的财务总监 Y 的妻子是 B 企业的董事长，则 A 和 B 存在关联方关系。

（十一）该企业关键管理人员提供服务的提供方与服务接受方

提供关键管理人员服务的主体（以下简称服务提供方）向接受该服务的主体（以下简称服务接受方）提供关键管理人员服务的，服务提供方和服务接受方之间是否构成关联方关系应当具体分析判断。

(1) 服务接受方在编制财务报表时，应当将服务提供方作为关联方进行相关披露。服务接受方可以不披露服务提供方所支付或应支付给服务提供方有关员工的报酬，但应当披露其接受服务而应支付的金额。

(2) 服务提供方在编制财务报表时，不应仅仅因为向服务接受方提供了关键管理人员服务就将其认定为关联方，而应当按照《企业会计准则第 36 号——关联方披露》判断双方是否构成关联方并进行相应的会计处理。

不构成企业的关联方的情形

仅与企业存在下列关系的各方，不构成企业的关联方：

(1) 与该企业发生日常往来的资金提供者、公用事业部门、政府部门和机构，以及因与该企业发生大量交易而存在经济依存关系的单个客户、供应商、特许商、经销商和代理商之间，不构成关联方关系。

(2) 与该企业共同控制合营企业的合营者之间，通常不构成关联方关系。

(3) 仅仅同受国家控制而不存在控制、共同控制或重大影响关系的企业，不构成关联方关系。

(4) 受同一方重大影响的企业之间不构成关联方。

关于企业与其所属企业集团其他成员企业等相关的关联方判断

该问题主要涉及《企业会计准则第 36 号——关联方披露》（财会〔2006〕3 号，以下简称第 36 号准则）等准则。

除第 36 号准则第四条规定外，下列各方构成关联方，应当按照第 36 号准则进行相关披露：

（一）企业与其所属企业集团的其他成员单位（包括母公司和子公司）的合营企业或联营企业。

（二）企业的合营企业与企业的其他合营企业或联营企业。

除第 36 号准则第五条和第六条规定外，两方或两方以上同受一方重大影响的，不构成关联方。

第 36 号准则中所指的联营企业包括联营企业及其子公司，合营企业包括合营企业及其子公司。

本解释自 2020 年 1 月 1 日起施行，不要求追溯调整。

第三节 关联方交易

关联方交易的类型通常包括购买或销售商品、购买或销售商品以外的其他资产、提供或接受劳务、担保、提供资金（贷款或股权投资）、租赁、代理、研究与开发项目的转移、许可协议、代表企业或由企业代表另一方进行债务结算、关键管理人员薪酬。

存在关联方关系的情况下，关联方之间发生的交易为关联方交易，关联方的交易类型主要有如下几种。

一、购买或销售商品

购买或销售商品是关联方交易较常见的交易事项，例如，企业集团成员企业之间互相购买或销售商品，形成关联方交易。

二、购买或销售除商品以外的其他资产

例如，母公司出售给其子公司设备或建筑物等。

三、提供或接受劳务

例如，A企业是B企业的联营企业，A企业专门从事设备维修服务，B企业的所有设备均由A企业负责维修，B企业每年支付设备维修费用300万元，该维修服务构成A企业与B企业的关联方交易。

四、担保

担保包括在借贷、买卖、货物运输、加工承揽等经济活动中，为了保障其债权实现而实行的担保等。当存在关联方关系时，一方往往为另一方提供为取得借款、买卖等经济活动中所需要的担保。

五、提供资金（贷款或股权投资）

例如，企业从其关联方取得资金，或权益性资金在关联方之间的增减变动等。

六、租赁

租赁通常包括经营租赁和融资租赁等，关联方之间的租赁合同也是主要的交易事项。

七、代理

代理主要是依据合同条款，一方可为另一方代理某些事务，如代理销售货物或代理签订合同等。

八、研究与开发项目的转移

在存在关联方关系时，有时某一企业所研究与开发的项目会由于一方的要求而放弃或转移给其他企业。

九、许可协议

当存在关联方关系时，关联方之间可能达成某项协议，允许一方使用另一方商标等，从而形成了关联方之间的交易。

十、债务结算

代表企业或由企业代表另一方进行债务结算。

十一、关键管理人员薪酬

企业支付给关键管理人员的报酬，也是一项主要的关联方交易。

关联方交易还包括就某特定事项在未来发生或不发生时所做出的采取相应行动的任何承诺，例如（已确认及未确认的）待执行合同。